序　文

朱夫子家禮之書序言曰凡禮有本文自其施於
家者言之則名分之守愛敬之實其本也冠昏喪
祭儀章度數者其文也其本者有家日用之常體
固不可以一日而不脩其文然前代傳統冠昏喪
祭一心一律民俗常行之禮也郊特牲云萬物本
乎天人本乎祖禮云祭則致其嚴君子之祭禮也
必當寅畏而盡誠則至若操文告祝顧爲禮儀之
末節而臨祭而告有事則告蓋出於事死如生之
義也豈可闕如而沒沒也哉方今士不師古世無
知禮卒當祠堂告冠婚喪祭而次間惟茲行禮祝
辭之末節亦莫知所措而無所質疑則告朔之禮
其亦將幷羊而亡矣尤可歎惜也嗚呼斯人也慨
然於斯本之一字無脫家禮本書而參照以丘儀
會成五禮儀輯覽備要便覽增解艮齋禮書及古
禮猶恐等書而未洽採摭先儒諸說其正其變衷
隨事添附註補間爲一書而名之曰家禮抄解非
徒取便於繙閱亦可以見其崇禮之美意而欲爲
有助於奉先之一道唯朱夫子之意云爾

　　　　　己卯孟冬後學潭陽後人田桂賢謹序

(증보) 가례초해서

원본(原本) 가례초해(家禮抄解)를 2007년초에 펴내었으니 어언 8년여 성상(星霜)이 지나고 있다. 그간 변변치 못하였음에도 불구(不拘)하고 찾아 주신 강호제현(江湖諸賢)께 먼저 고개 숙여 감사함을 표한다.

이제 그에 보답하기 위하여 아쉬움을 보충하기로 마음먹고 가례초해(家禮抄解) 전문(全文)을 원문(原文) 그대로 옮겨 놓으면서 미진(未盡)한 본문(本文)에 대한 주해문(註解文)을 필요한대로 추기(追記)하고 예경적(禮經的) 정례(正禮)로 전하여짐은 아니나 주로 동국(東國)에서 세속적(世俗的)으로 행하여지는 속례(俗禮)를 선유(先儒)의 설(說)이나 풍속(風俗)에서 찾아낸 사례(事例) 중 타교적(他教的)이거나 무속(巫俗)에 근접한 예는 거부(拒否) 유가적(儒家的) 예에 가깝다 인정되는 사례(事例) 만을 선별(選別) 첨록(添錄) 증보(增補)하였다.

그러나 작금의 세상은 서구화(西歐化) 현대화(現代化)의 명분하에 급속히 개화(改化)되고 있어 그 여파의 작용으로 일부는 자유분방(自由奔放)한 사고방식(思考方式)의 변화에 의거 신효(信孝)로 얽혀진 가족제도(家族制度)가 흘뜨려저 차츰 개인주의화(個人主義化)되어 가고 있다. 라 정의(定義)한다 하여도 과언(過言)은 아니리라.

다만 연중(然中)이라 할지라도 약간의 유학적(儒學的) 본능이 잠재되어 있다면 본 증보(增補) 가례초해(家禮抄解)로 하여금 기본(基本) 예도(禮度)를 읽혀 인의예지신(仁義禮智信)을 비롯 그 근본인 효(孝) 생활에 그저 일조(一助)하게 되기를 바랄 따름이다.

2016년 11월 20일 새벽에

초암 전계현 삼가 쓰다.

凡例

一. 此編以家禮爲主而朱子家禮本文不敢一字無脫

一. 此書諸家之儀禮傳統禮書拔萃收錄

一. 家禮本因而丘儀編入儀節於其間

一. 家禮本文或有未備之節文則引他書補之

一. 家禮本文皆用單行書之添入補註及先儒說添入者皆
　　雙書二段下(家禮抄解縱書原本)

一. 禮法用語及祭具各種服式名稱等今俗不符合亦爲參
　　考收錄

一. 所引禮書及先儒說或有通關於家禮各條文則亦隨事
　　編入必明書儒

一. 先儒說皆以標號其引用說處書名下附目引用出書名
　　題下音順列書添

一. 告祝狀書之式皆出家禮儀節會成五禮儀備要三禮儀
　　便覽等書及俗禮

一. 以圖添各係於逐卷之下而諸具服式於添本條之下

一. 引丘儀備要便覽之禮有吉祭改葬返葬者亦別卷詳載
　　補入

一. 諸家之說及鄉禮臣民儀家禮之所不及而今依諸書之
　　例輒敢附增補

一. 家禮本文未備之節改莎草外祀笏記則引五禮儀及俗
　　禮以補之祭禮下

一. 標示記號之意 ⊙家禮及儀節儀 ◆告祝式 ◎家禮
　　外重要儀 ◆附說 ○別說分別

引用出書名(인용출서명)

一. 全載禮書(전재예서)

家禮(朱子家禮): 朱子○七卷三冊首部圖式

二. 主引用禮書(주인용예서)

家禮儀節: 文莊公瓊山丘濬所纂○八卷四冊

三. 引用出諸書名(인용출제서명)(가나다순)

ㄱ部 ○家禮考證○家禮補疑○家禮源流○家禮酌通○家禮集考○家禮輯覽○家禮增解○家禮輯要○家禮輯解○家禮或問○家禮會成○家禮彙通○艮齋先生文集○艮齋禮說○葛庵先生文集○擊蒙要訣○謙齋集○經國大典○古今帝王創制原始○高麗史○穀梁傳○公羊傳○觀感錄○九禮忽記○龜峯集○龜川集○國朝大全五禮儀○國朝喪禮補編○近齋禮說○近齋集

ㄴ部 ○南溪禮說○南溪集○老子○老洲集○論語

ㄷ部 ○大明集解○大山集○大典會通○大學衍義補○大學章句大全○陶庵集○讀禮輯要○讀禮通考○東巖先生文集

ㅁ部 ○梅山禮說○梅山集○明齋集○孟子集註大全○蒙喩篇

ㅂ部 ○白虎通○屛溪集

ㅅ部 ○沙溪全書○史記○四禮考證○四禮集儀○四禮便覽○四禮纂說○四禮笏記○事物紀原集類○士儀○三國史記○三禮儀○喪禮備要○常變纂要○常變通考○書經集傳○書儀○釋名○釋門儀範○釋親考○性理大全○省齋集○星湖家禮疾書○星湖禮說○星湖先生僿說○素王事紀○續五禮儀○續集儀○遂庵集○荀子全書○詩經正解○愼獨齋先生全書

ㅇ部 ○語類○呂氏春秋○與猶堂全書○旅軒集○禮記集說○禮記注疏○禮疑類輯○禮疑續輯○五禮輯略○五服便覽○溫公家範○王充論衡○牛溪集○愚伏集○尤庵先生文集○原本茶毘文○月塘先生集○六禮笏記○栗谷全書○儀禮經傳○儀禮經傳通解○儀禮經傳通解續○疑禮類說○疑禮問答○疑禮問解○疑禮通攷○儀式圖說○二禮演輯○二禮便考○爾雅註疏○二程全書

ㅈ部 ○全齋集○存齋集○周禮○朱子大全○中庸大全○重峯集

ㅊ部 ○靑莊館全書○祝辭大全○春秋左傳

ㅌ部 ○太學志○澤堂集○通典(開元禮)○退溪先生禮說○退溪先生文集

ㅎ部 ○霞谷集○寒岡先生文集○韓非子○漢書○笏記觀感錄○華城城役儀軌○淮南子○宦鄕要則○皇壇儀○皇壇增修儀○孝經註疏○朽淺集○後漢書

(增補家禮抄解) 大別目錄(대별목록)

第 五 篇 祭禮(제례)

細別目錄(세별목록)

(增補家禮抄解)

第 一 篇　通禮(통례)

제 1 장　祠堂(사당)

◆出后立后法度(출후입후법도)

◎立後諸節(입후제절)

제 2 장 심의 제도(深衣制度)

제 3 장 司馬氏居家雜儀(사마씨거가잡의).

제 3 장 雜儀(잡의)
제 1 절 居鄕雜儀(거향잡의)

第 二 篇 관례(冠禮)

제 1 장 관(冠)

第 三 篇 혼례(昏禮)

제 1 절 의혼(議昏)

제 2 절 목욕(沐浴) 습(襲) 전(奠)
위위(爲位) 반함(飯含)

제 3 절 영좌(靈座) 혼백(魂魄) 명정(銘旌)

제 4 절 소렴(小斂) 단(袒) 괄발(括髮)
문(免) 좌(髽) 전(奠) 대곡(代哭)

◉凡重喪未除而遭輕喪則制其服而哭之月朔設位服其服而哭之旣畢返重服其

제 3 장 치장(治葬)

제 1 절 사후토(祠后土) 천광(穿壙)조명기(造明器)

제 2 절 천구(遷柩) 조조(朝祖) 전(奠)부(賻)
진기(陳器) 조전(祖奠)

제 7 절 대상(大喪)

제 8 절 담제(禫祭)

제 6 장 거상 잡의(居喪雜儀)

제 7 장 처상 예절(妻喪禮節)

제 1 절 처 졸곡(妻卒哭)

제 2 절 처 부제(妻祔祭)

◎國朝五禮儀(국조오례의)
≪士大夫庶人喪(사대부서인상)≫
●初終(초종)

제 6 절 지방 기제(紙牓忌祭)

제 7 절 忌祭儀笏記(기제의홀기)

제 8 절 묘제(墓祭)

제 9 절 제후토(祭后土)

◎省墓(성묘)

제 4 장 종서(終書)

⊙朱子家禮圖式(주자가례도식)

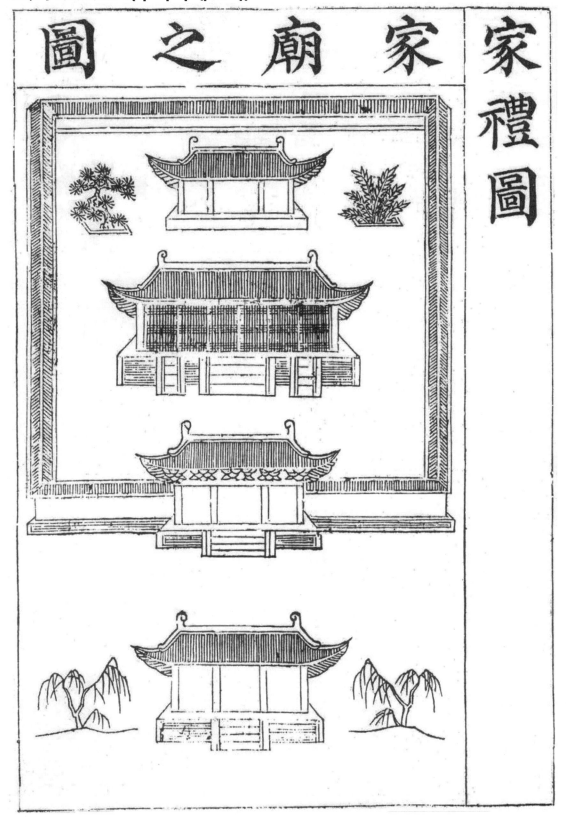

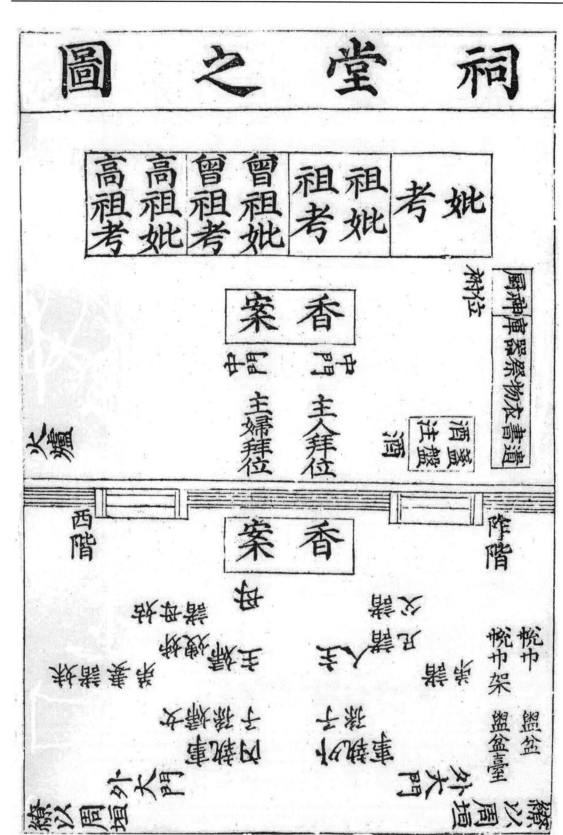

祠堂之圖

深衣前圖

袷暗
緣廣二寸

祛　袂　衣身二尺二寸　袂　祛

續衽鉤邊

裳緣廣寸半與袷同　裳前後共十二幅　袼指處縫合此處裳續鉤邊

曰齊　裳下

祛袖口也尺有二寸圍之
則二尺有四寸緣廣寸半

深衣後圖

圖掩相襟兩前衣深著

裁衣後法　　裁衣前法

裁衣前法

正身二尺二
寸中綴領處
斜長四寸庶
綴裳相接處
平正優於著
也

裁衣後法

正身二尺二
寸中負繩處
斜長一寸而
綴裳相接則
著時腰間綴
痕平正

曲裾縫制　曲裾成制　曲裾裁制

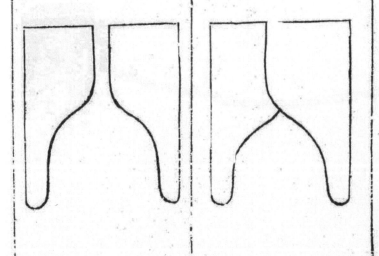

闊一尺四寸　闊八寸
除兩旁各一
寸縫外實用
一尺二寸
除兩旁各一
寸縫外實用
六寸

闊一尺四寸　闊八寸

深　衣　冠

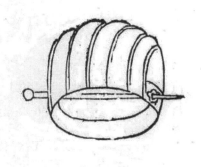

玉藻云天子素帶朱裏終辟諸侯素帶終辟大夫素帶辟垂註云大夫辟其紐及末士辟其末而已○按終充也天子以素爲帶以朱爲裏從腰後也辟緣也充辟緣謂盡緣之也紐兩耳至紳皆緣之也諸侯亦然但不朱裏耳大夫緣其兩耳及紳腰後則不緣也士惟緣其紳腰及兩耳皆不緣也

糊紙爲之武高寸許廣三寸袤四寸上爲五梁廣如武之袤而長八寸跨頂前後下著於武屈其兩端各半寸自外向內而黑漆之武之兩旁半寸之上竅以受笄笄用齒骨凡白物○王普制度云緇布冠用烏紗漆爲之不如紙尤堅硬

履之圖

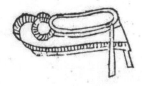

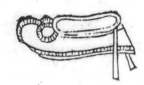

用黑繒六尺許中屈之右邊就屈處
為橫幅左邊反屈之自幅左四五寸
間斜縫向左圓曲而下遂循左邊至
于兩末復反所縫餘繒使之向裏以
幅當額前裹之至兩耳旁各綴一帶
廣二寸長二尺自巾外過頂後相結
而垂之

滾衣用白履狀如今之履絇絇音劬繶繶
音益純音準綦音忌四者以繪絇者
謂履頭屈修或繪為鼻繶者縫中紃
音旬也純謂履口緣也綦所以繫履
也或用黑履白純禮亦宜然

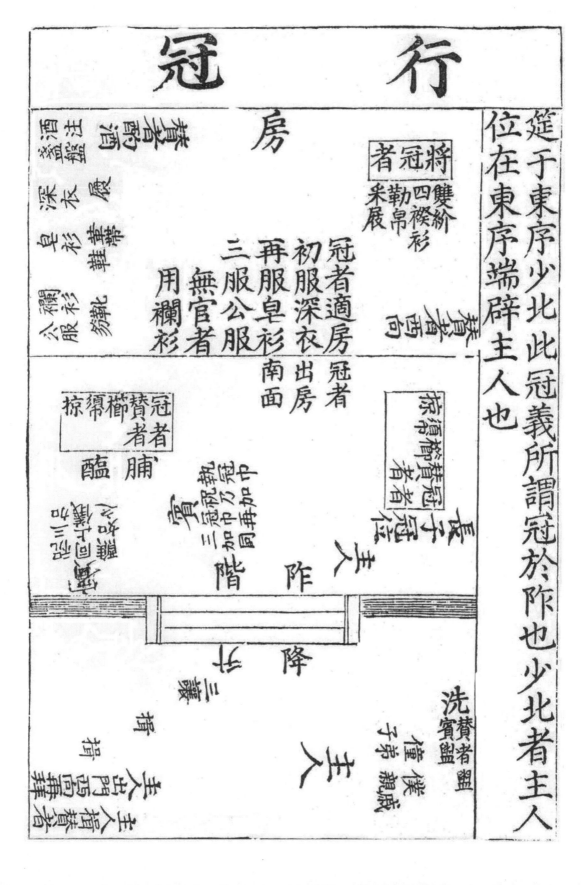

行 冠

延于東序少北此冠義所謂冠於阼也少北者主人
位在東序端辟主人也

房

將冠者　雙紒衫勒帛采屨

贊者兩向

冠者適房　冠者
初服深衣出房南面
再服皂衫
三服公服
無官者
用襴衫

櫛纚帨冠巾　贊冠者
長子冠侍者

掠醮　冠者　贊者　脯　櫛　纚

主人　阼階　賓

降 三讓

主人　揖 升

主人揖　主人出門西向立　揖

洗贊者盥　僕　子弟親戚

主人出門西向賓

圖　禮

堂

記云適子冠於
阼以著代也庶
子不於阼而冠
於房外南面非
代故也記云
於客位嘉有成
也是適子於客
位也而尊之此
則成而不尊故
因冠之處家醮

脯

延于堂少西堂西乃賓客之位此冠義所謂醴於客
位也賈疏云必以西為客位者地道尊右故也

堂

長子醮位　祭啐受酒拜升冠者降拜

眾子冠位醮仍席

脯醢設洗

西　階

庭

碑

冠者對降

降

冠者冠帽子

賓字之

賓　主人

賓　東向答賓者拜贊者

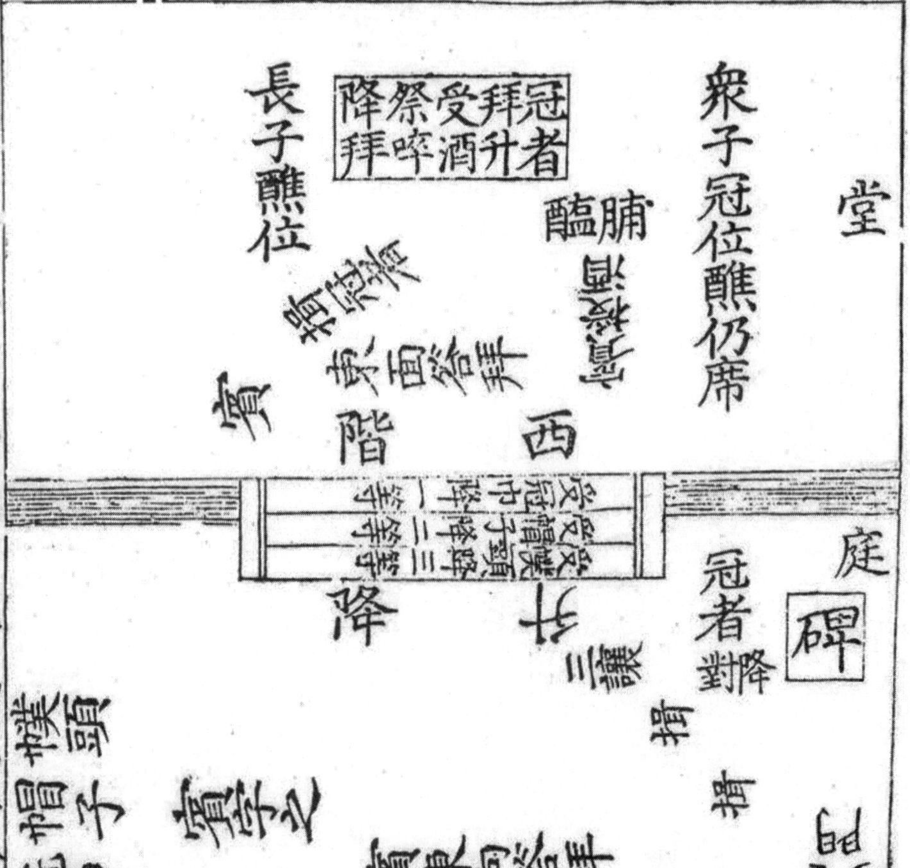

昏禮親迎之圖

父
袗玄
女從者
女　次純衣　出立
姆　纚笄衣　女母之左
宵衣
几莚　出房外
主人不降送
婦戒女不降

婦從圖降出
主人不降送

舅母及門內
申父母之命

玄端再拜

玄端再拜

纚笄
宵衣
純衣

紗帽
皂衫
角帶
皂靴

衣紗帽
皂衫
角帶

從者
奠鴈
執雁

隔事
從車
圍隨其後

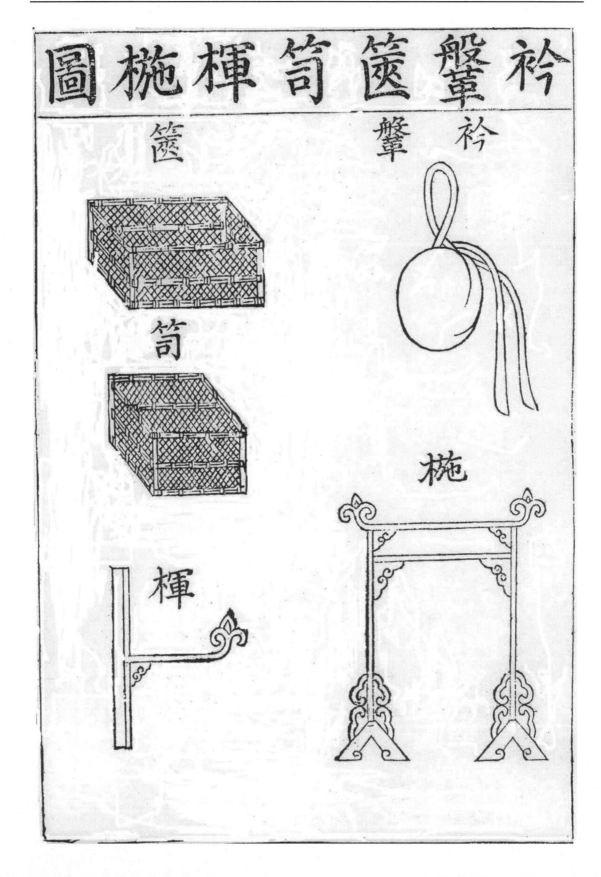

衿罄篋笥楎椸圖

篋

笥

楎

罄　衿

椸

小斂圖

陳小斂衣衾

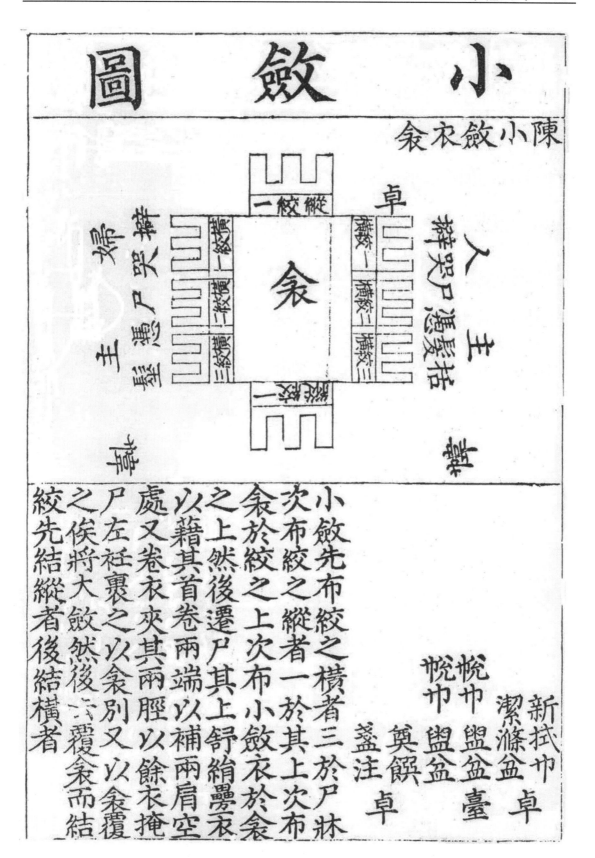

主人　辮髻括髮

主婦髻

卓

縱絞一

橫絞三　橫絞三

衾

橫絞三　橫絞三

縱絞一

置尸牀笄髻

髻　斬衰

絰

新拭巾
潔滌盆卓
帨巾盥盆臺
帨巾盥盆
奠饌卓
盞注

小斂先布絞之橫者三於尸牀
次布絞之縱者一於其上次布
衾於絞之上次布小斂衣於衾
之上然後遷尸遷尸以補絹襯衣
以藉其首卷兩端以補兩肩空
處又卷衣夾其兩脛以餘衣掩
尸左衽裹之以衾別又以衾覆
之俟將大斂然後去覆衾而結
絞先結縱者後結橫者

襲含哭位之圖

尊行　婦女　尊行　丈夫　尊行

男眾人主

下以功期姓同

奠

尸以衾
覆之

銘旌　椸倚塊卓　堂

飯含沐浴　衣

同姓婦女以服爲次
女喪衆婦主

主婦衆婦女以服爲次

女

栗　陳　衾　沐　櫛　米　錢
　　　　巾　一　椸實　三
　　　巾　一　　　于小囊
　　　　　　　　　　　結于神

大斂圖

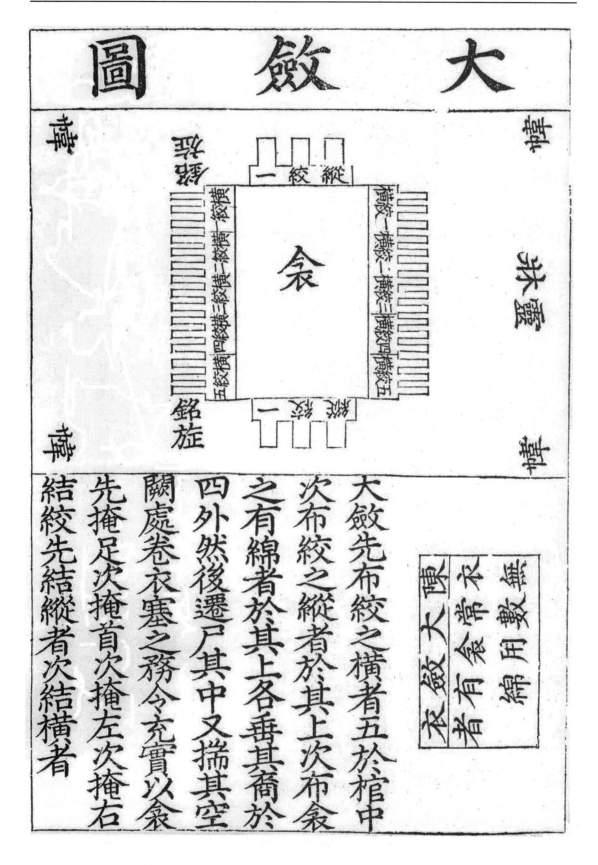

韠　　　　縱絞一　　　　　横絞一　韠
銘旌　　　　衾　　　　横絞二　横絞三
　　　　　　縱絞一　横絞四　横絞五
韠　　　　　　　　　　　　　　　　韠

陳大斂衣者有常數衾用衣斂大

大斂先布絞之横者五於棺中
次布絞之縱者於其上次布衾
之有綿者於其上各垂其裔於
四外然後遷尸其中又揙其空
闕處卷衣塞之務令充實以衾
先掩足次掩首次掩左次掩右
結絞先結縱者次結横者

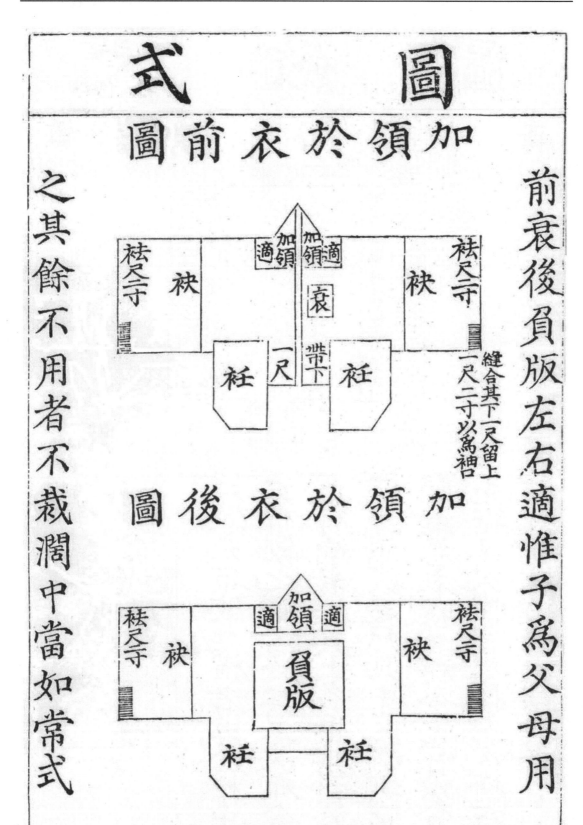

式圖

加領於衣前圖

加領於衣後圖

前衰後負版左右適惟子爲父母用
縫合其下一尺留上
一尺二寸以爲裳

之其餘不用者不裁闊中當如常式

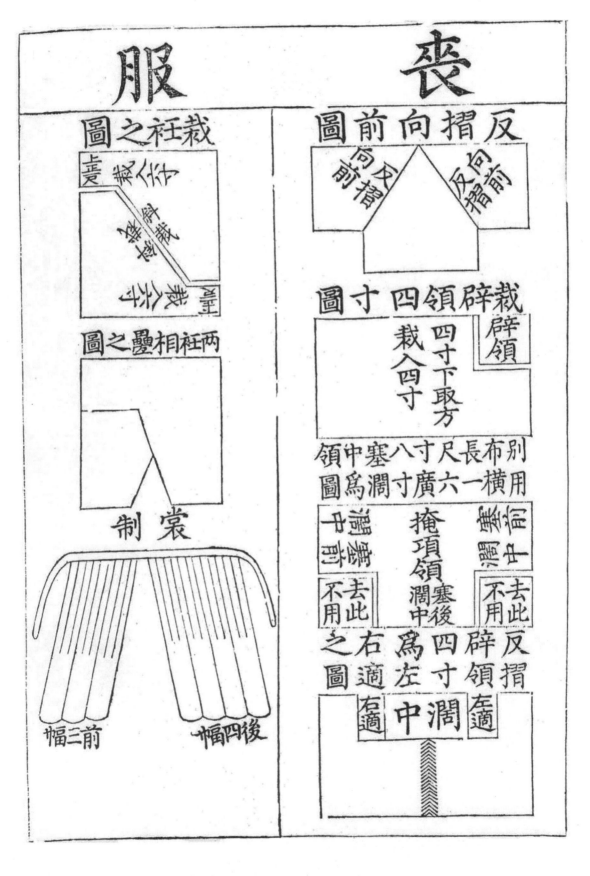

服　　喪

裁衽之圖

兩衽相疊之圖

裳制

前三幅　　　後四幅

反摺向前圖

向反前摺　　反向前摺

裁辟領四寸圖

四寸下取方

裁入四寸

別用布一横廣六寸長尺八寸塞中為潤領中塞圖

掩項領潤塞後中為左

辟領四寸

反摺

左適

右適　為左　辟領　反摺

去此不用　　去此不用

之右適圖

右適　中潤　左適

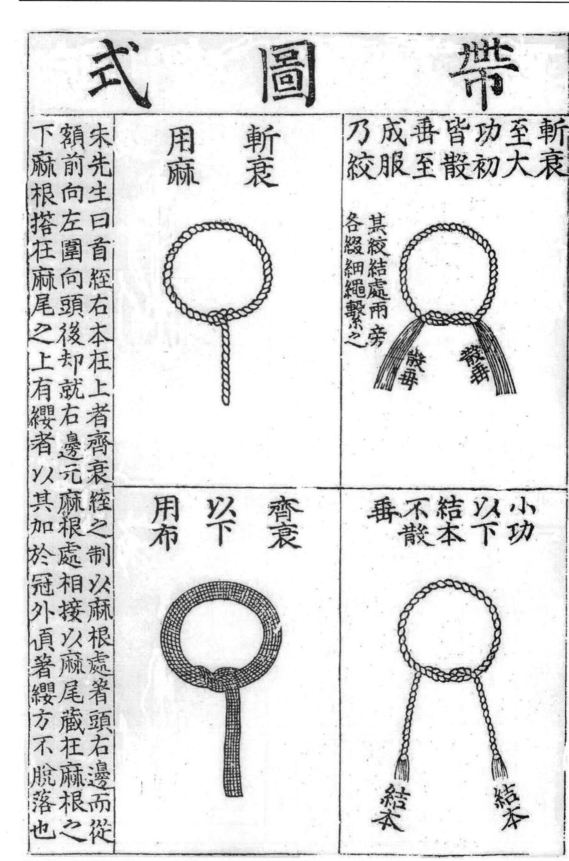

式　圖　帶

斬衰
用麻

斬衰大功至
皆散
功初
垂至散
成服
乃絞

其絞結處兩旁
各綴細繩繫小之

齊衰以下
用布

小功以下
結本
不散垂

結本　結本

朱先生曰首絰右本在上者齊衰絰之制以麻根處著頭右邊而從額前向左圍向頭後却就右邊元麻根處相接以麻尾藏在麻根之下麻根搭在麻尾之上有纓者以其加於冠外頂著纓方不脫落也

絞　絰　冠

斬衰首絰

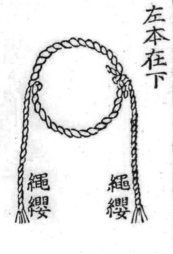

左本在下

繩纓　繩纓

大功冠
並同
齊衰

小功冠
三辟積向左
餘與齊衰同

緦麻冠
澡纓辟積同小
功餘與齊衰同

斬衰冠

三辟積向右

繩纓

繩纓

繩纓

齊衰首絰

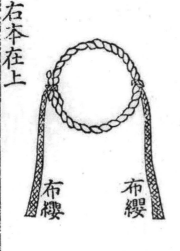

右本在上

布纓　布纓

齊衰冠

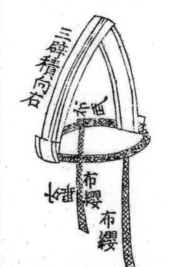

三辟積向右

布纓　布纓

士喪禮疏曰麻在首在腰皆曰絰經腰曰帶〇問絰帶之制朱
先生曰首絰大一搤只是拇指與第二指一圍腰絰較小絞帶又小於腰絰腰
絰象大帶兩頭長垂下絞帶象革帶一頭有弧子以一頭串於中而束之

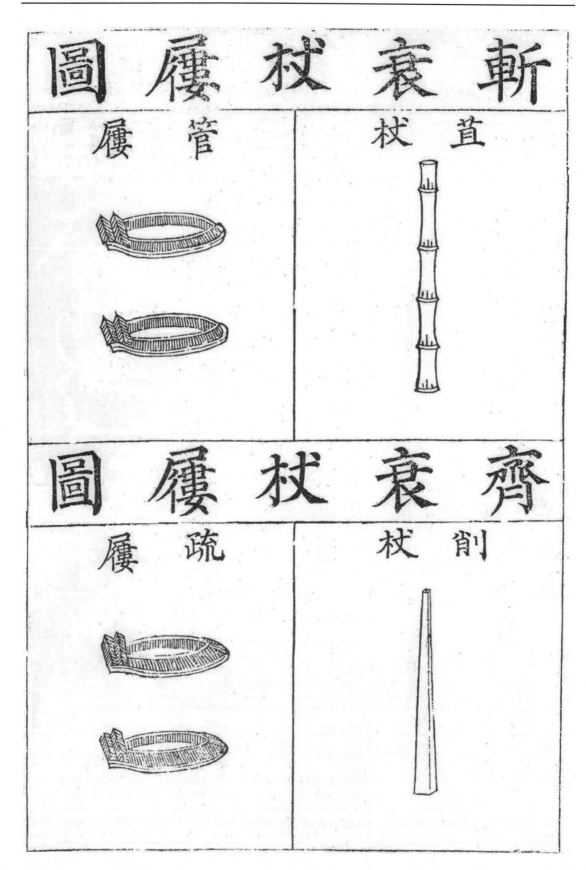

斬衰杖屨圖

菅屨　苴杖

齊衰杖屨圖

疏屨　削杖

喪祭器具之圖

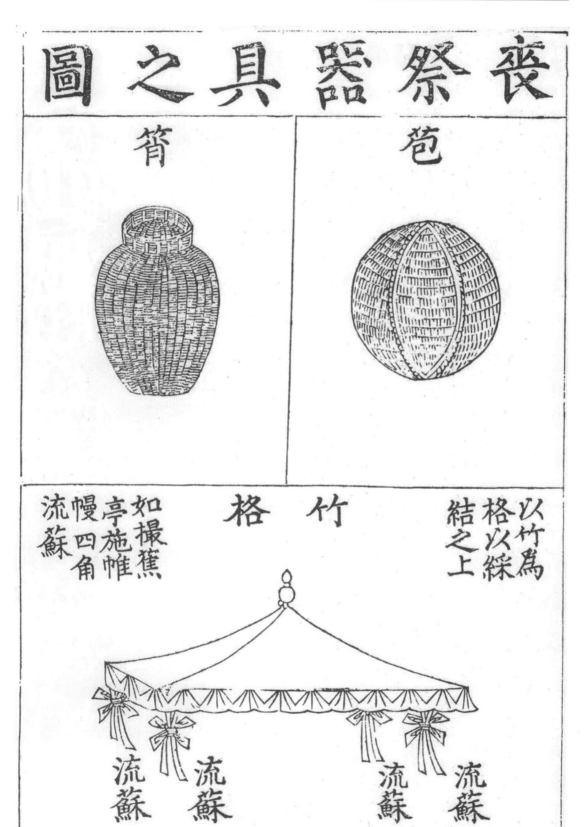

筲

苞

竹格

以竹為
格以綵
結之上

如撮蕉
亭施帷
幔四角
流蘇

流蘇

流蘇

流蘇

流蘇

之圖

兩柱近上更爲方枘

加橫扃

扃兩頭出柱外者更

加小扃

杠兩頭施橫杠

橫杠上施短杠

短杠更加小杠

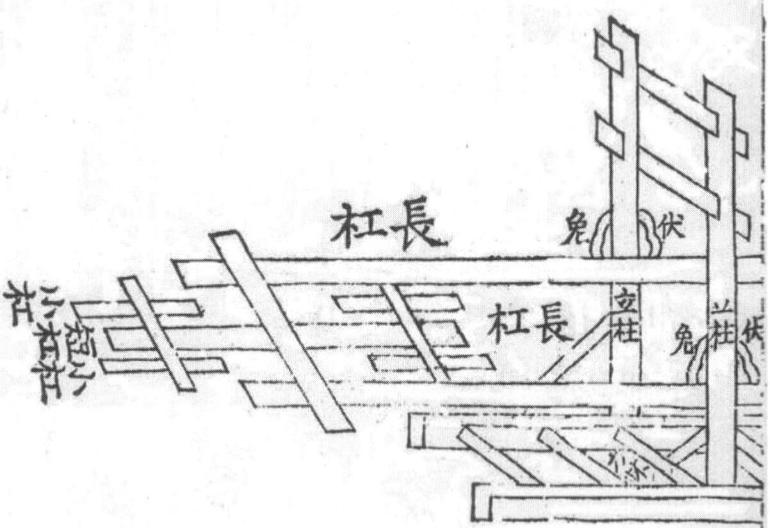

柳車之制具見三家禮圖及書儀註中然書儀云今旣難備略設帷幨花頭等不必繁華高大今家禮從俗爲轝且爲竹格已有其制用以作圖易柳車云

喪　　　　轝

翣

喪大記君飾棺黼翣二黻翣二畫翣二皆戴圭大夫士戴綏註

車行持之以㠔車既窆樹於壙中障柩尺度畫制載本章註

兩長杠上加伏兔附杠

處為圓鑿

別作小方衺戴柩

旁立兩柱柱外施圓

柄入鑿中長出其外

小短杠　杠

祖姑嫁無當作緦麻　姑嫁小功當作大功　從姊妹嫁緦麻當作小功

服之圖

直系	旁一	旁二	旁三	旁四
高祖母　齊衰三月				
曾祖母　齊衰五月	曾祖姑　緦麻　嫁無			
祖母　齊衰杖朞	祖姑　小功　嫁無	從祖姑　緦麻　嫁無		
母　齊衰三年	姑　嫁小功	從祖姑從姑　小功　嫁緦	再從姑　緦麻　嫁無	
妻　齊衰杖朞（父舊衰）	姊妹　大功　嫁大功	從姊妹　大功　嫁緦麻	再從姊妹　小功　嫁緦	三從姊妹　緦麻　嫁無
子婦　適朞　衆大功	姪女　小功　嫁大功	從姪女　小功　嫁緦	再從姪女　緦麻　嫁無	
孫婦　適小功　衆緦麻	姪孫女　小功　嫁緦	從姪孫女　緦麻　嫁無		
曾孫婦　無服	曾姪孫女　緦麻　嫁無			
玄孫婦　無服				

姑姊妹女子子在室服並與男子同嫁反者亦同適人無夫與子者爲其兄弟姊妹及兄弟之子不杖期

凡女適人者爲其私親皆降一等惟祖及曾高祖不降爲兄弟之爲父後者不降爲兄弟姪者不降爲兄弟姪之妻不降

從祖當作再從

本宗五（服圖）

嫡孫父卒為祖若
曾高祖承重者斬
衰三年為祖母曾
高祖母承重者齊
衰三年

高祖父　齊衰　三月

曾祖父　齊衰　五月

祖父　齊衰不杖朞

父　斬衰　三年

己

子　衆朞　長三年

孫　衆朞　適大功　長三年適不杖朞

曾孫　緦麻

玄孫　緦麻

曾祖伯叔祖伯叔父母伯叔父母兄弟　緦麻　小功　不杖朞

姪　妻小功　妻大功

姪孫　不杖朞　小功　婦緦麻

曾姪孫　婦無　緦麻

從祖叔伯從祖父母從父兄弟從姪　緦麻　小功　大功　小功

妻無　妻緦麻

從姪孫　婦無　緦麻

再從叔伯再從兄弟再從姪　緦麻　小功　大功　小功

妻無　妻無

三從兄弟　小功　緦麻

妻無　總麻

凡男為人後者為
其私親皆降一等
惟本生父母降服
不杖期申心喪三
年其本生父母亦
為之降服不杖期

服制之圖

父

父有子已。上有大功己已。元不同居齊衰。不同服。則無父服同居。附異父。母之兄弟姊妹各服小功五月。

繼母

謂父再娶之母。義服齊衰三年。○繼母齊衰。為長子三年。○繼母報服。為眾子三年。齊衰杖期。○乃為三年。母出則無繼服。母若父卒。從繼服。母出則已。○繼母之母乃服期。○報服不期。為繼母之兄弟姊妹小功。

母

期而為祖後則無服。○庶子為君母為君。其眾子為君齊衰。○眾子為君之衆子杖期齊衰。長子杖期。○三年齊衰。為君○君斬衰。三年○齊衰。為君之妾。女君不為其妾。父君不杖其母。期○母君不杖庶母。慈己者謂己小乳養。自己小乳義服。小功義服。○乳養謂之乳母義服。正服齊衰三年。

乳母

謂小乳哺曰乳。○母義服緦麻同宗及三歲以下道棄之子者與親母同。

嫁母

謂父亡母再嫁為降服。不杖期○乃杖期。母嫁為女子已杖期○子為母已杖大功。母嫁為適人。○母嫁女報○父前夫之子從已不杖期。子為父後者不服。○子為服不從已。不杖期。

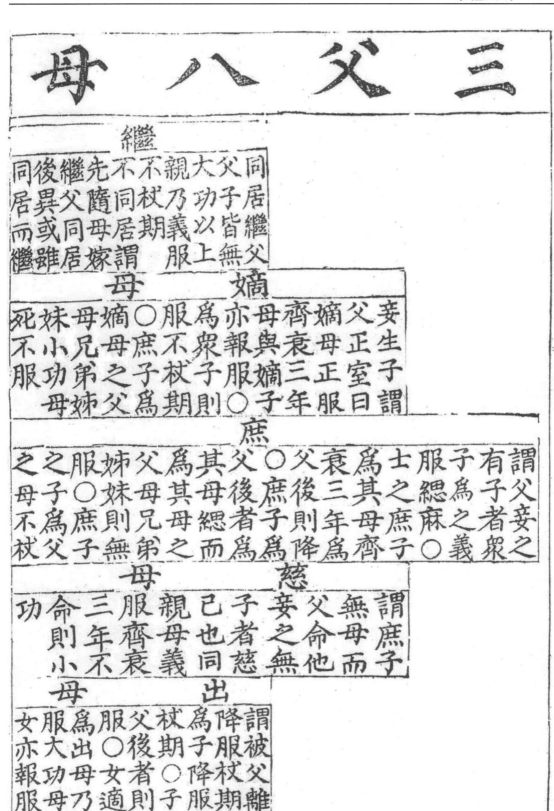

三父八母

繼

同居繼父

父子皆無上服
大功乃義以
不親同杖期居謂
不同居
不隨母居嫁
繼先父隨母同居
後異或同居雖居
同居而繼

嫡　母

妾生子謂之庶子有謂父妾之眾之
父正室正室曰正服子為父妾
嫡母正室
齊衰三年正服
母與眾嫡子
亦報服
為不杖子則○
服不杖期則○
嫡母○服庶子之子為之父
母兄弟姊
妹小功
死不服

庶

父妾之眾之
為子者父妾眾之
士之眾子緦麻義
為其庶子齊
○父衰三年為其後緦而
父後者則為三年齊衰
為庶者子
父母其母緦
姊妹兄弟之
為庶子無父子不杖
○姊妹則兄弟之
之母不杖父

慈

謂庶子
父無母而他
妾之命無
父命妾之慈
子者也同
親母義
服齊衰
已也
子者義同

母

功則小
命三年不
三年齊衰不

出

謂被父離棄
降父○
為子服杖期母
杖後者○降杖不
父出○母乃適人不為降
服大功母
女亦報服
為降

妻爲夫黨服圖

夫爲祖曾高
祖及祖母曾高
高祖母承重
著並從夫服

夫爲入後其
妻爲本生舅
姑服大功

姑
服
大
功

		高祖夫總麻	
父	母		
曾祖夫總麻			
父	母		
姑夫祖總麻	祖夫大功	父叔夫祖伯總麻	
夫姑祖麻姑	父母	舅三年斬衰	父伯夫叔麻母伯	父伯夫叔麻母叔
夫堂姑總麻姊妹麻	夫親姑小功	姑齊衰三年	舅父夫伯功大	兄弟夫麻堂
	夫姊妹小功	夫齊衰三年	姒弟夫婦兄嫂兄小功	婦夫姪
姪夫女從堂總麻	夫堂姪女功	女夫姪年期	子衆斬衰長子三年	婦夫姪
		婦夫姪小功	婦衆子期杖嫡婦大功杖期	婦夫姪孫功大麻總功小
	女夫堂姪孫麻	孫夫女麻姪功	婦夫姪孫功大麻總	姪夫孫曾總麻
	女夫曾姪孫麻	孫麻曾總	孫麻曾總玄麻	

外族母黨妻黨服圖

外祖父母小功
外祖父母緦麻
祖父母緦麻
婦人為夫外祖父母小功

母之兄弟婦人
舅　小功
為夫之舅緦麻

母之姊妹婦人
從母　小功
為夫從母緦麻

妻父母緦麻
母親母雖嫁出猶服
妻之母別娶亦同妻

舅姑之子
舅之子曰內兄弟
舅之子曰甥
婦緦麻

姑之子曰外兄弟
姑　緦麻
姊妹之子曰甥
甥　小功
婦緦麻

從母之子
姊妹謂從
兩姨兄弟
從母之子也

己身

婿　緦麻外
女之子也
外孫　緦麻
婦服並同

姊妹之女
甥女　小功
曰甥女

後

木主
趺式

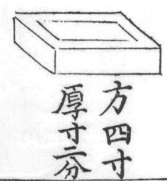

故某官某公諱某字某第幾神主

竅　竅

連頷三分之二居後

方四寸
厚寸二分

中其書曰故其第幾官其神主公陷諱公譔

并身出一寸高趺寸上一尺二尺八分

中某官潤身長一尺二寸八分

其旁以通中如身厚三分之一居二分之

之一謂四分圓徑在之七上寸

上之一謂

以書屬稱粉塗其前面

號幾行如即某處公士秀才之名謂高曾祖或考稱旁題主

才之名即曰某

祀之名即曰某奉祀子加贈以易

世則筆滌而夏之麗廟以

墻外改中不改之灑廟

神主式

禮經及家禮舊本於高祖考上皆用皇字大
德年間省部禁止回避皇字今用顯可也

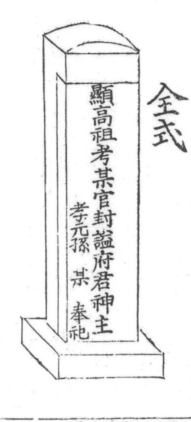

前　　全式

分式　三分之一居前

顯高祖考某官封諡府君神主
孝元孫　某　奉祀

顯高祖考某官封諡府君神主
孝元孫　某　奉祀

伊川先生云作主用
栗取法於時日月辰
趺方四寸象歲之四
時高尺有二寸象十
二月身博三十分象
月之日之日身跌皆厚
二月之日厚十二
日之辰一身跌皆厚
上五分為圓首寸之
下勒前為領而判之
一居前二居後　前四分後
八居前
分陷中以書爵姓名

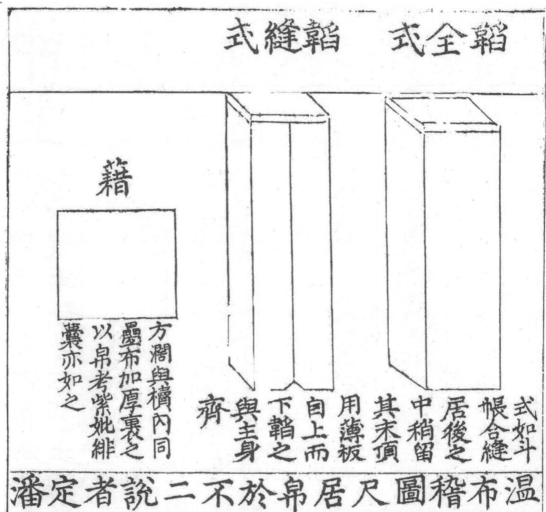

韜縫式　　韜全式

藉

式如斗帳合縫
居後之中稍留其末頂
用薄板自上而下韜之
與主身齊

下韜之
與主身齊

方闊與櫝內同
疊布加厚裏之
以帛考紫妣緋
囊亦如之

溫公有圖子所謂三司
布帛尺者是也繼從此會
稽司馬侍郎家求得此周
尺其間有古尺布帛尺
圖其居其左右以周三尺校之周
尺居其尺其正是七寸五分弱布
帛尺於是自隱而著圖主式及今
不敢造主因制始定
二尺長短庶幾無用其嘉
說於其旁然無惑也
者可以曉然
定癸酉季秋乙卯臨海
潘時舉仲善父識

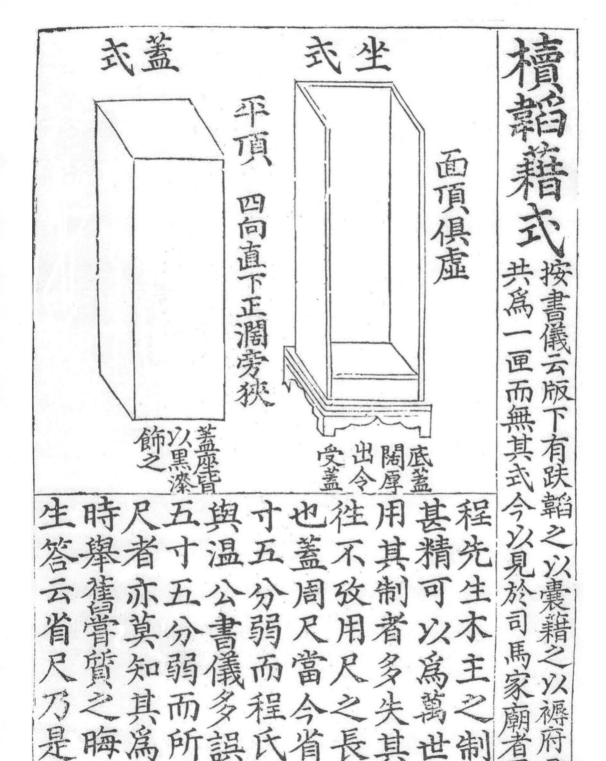

櫝韜籍式

式蓋

式坐

平頂　四向直下正濶旁狹

面頂俱虛

飾之

蓋座皆以黑漆

底蓋

闊厚

出令

受蓋

程先生木主之制取象甚精可以爲萬世法然用其制者多失其眞往往不敢用尺之長短故今省尺七寸五分弱而程氏文集蓋周尺當與溫公書儀多誤註爲省尺五寸五分弱而所謂省尺者亦莫知其爲何尺時舉舊嘗質之晦翁先生答云省尺乃是京尺

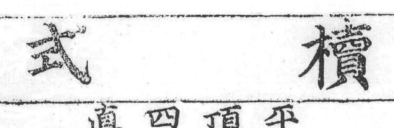

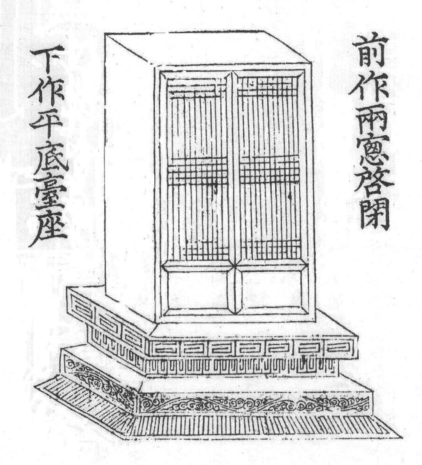

尺　式

當今省尺五分弱

古尺

當三司布帛尺七寸五分弱當浙尺八寸四分

周尺

神主用周尺亦見南軒家所刻本

三司布帛尺半　比上周尺更加三寸四分

即是省尺又名京尺當周尺一尺三寸四分當浙尺一尺一寸三分

右司馬公家石刻本

劉氏埞孫曰呂汲公家祭儀曰古者小宗有四有繼禰之宗
繼祖之宗繼曾祖之宗繼高祖之宗所以主祭祀而統族人
後世宗法既廢散無所統祭祀之禮家自行之支子之儀略
祭祭不必告於宗子今宗法雖未易復而宗子主祭之儀略
可舉行宗子爲士庶子爲大夫以上牲祭於宗子之家故今
議家廟雖因支子而立亦宗子主其祭而用其支子命數所
得之禮可合禮意○先生曰祭祀須是用宗子法方不亂不
然前面必有不可處置者○父在主祭子出仕官不得祭父
没宗子主祭庶子出仕官祭時其禮亦合減殺不得同宗子
○宗子只得立適雖庶長立不得若無適子則亦立庶子所
謂世子之同母弟世子之親弟亦小
是次適也是庶子不得立也○大宗法既立不得亦當立小
宗法祭自高祖以下親盡則請出高祖就伯叔位服未盡者
祭之嫂則別處後其子私祭之今世禮全亂了

大宗小宗圖

諸侯						
諸侯	別子 百世不遷					
世世爲諸侯		高祖				
			曾祖			
				祖		
					禰	
						身事五宗 無大宗則事四宗
	繼別大宗	繼高祖小宗	繼曾祖小宗	繼祖小宗	繼禰小宗	

正寢時祭之圖

高祖考 高祖妣	曾祖考 曾祖妣	祖考 祖妣	考 妣
□	□	□	□
茅沙	茅沙	茅沙	茅沙

香案
茅沙

酒注　盞盤
受胙盤
酒架
玄酒架

祝板　主筒　湯瓶火爐　香匙火筯

卓　　　　　　　　　　　　　卓

陳饌大牀
巾盆
巾架盆臺

每位設饌之圖

家禮圖終

妣位

考位

○圖式不合(도식불합)

丘文莊公儀節曰文公家禮五卷而不聞有圖今本載于卷首不言作者而圖註多不合於
本書今數其大者言之通禮云立祠堂而圖以爲家廟一也深衣緇冠冠梁包武而屈其末
圖安梁於武之上二也本文黑屨而圖下註用白三也喪禮陳襲衣不用質殺而圖陳之四
也本文大斂無布絞之數而圖有之五也大斂無棺中結絞之文而圖下註結于棺中六也
或問圖固非朱子作矣何以祠堂章下有主式見喪禮及前圖八字曰南離舊本止云主式
見喪禮治葬章並無見前圖三字不知近本何據改治葬章三字爲見前圖也由是推之則
圖爲後人贅入昭然矣○金文元公輯覽曰圖之不合於本文非但此也祠堂圖下子孫序
立與本文不相應一也冠禮公服皂衫深衣東領北上而圖西領南上二也櫛𩠐掠置席左
而圖在右三也昏禮主人與婿無再拜之禮而圖有之四也喪禮陳小斂衣衾在東壁下而
圖在北壁下五也襲含時尸南首而圖北首六也襲主人爲位坐于床東奠北而圖次於東
南七也小斂衣衾以卓子陳于堂東壁下而圖陳于北壁下八也大斂絞布之數裂布爲五
條而圖十五條九也翣只二角而圖三角十也大轝橫杠上施短杠短杠上更加小杠而圖
則小杠上更加小杠十一也祖姑姊妹出嫁則皆降一等而圖降二等十二也妻爲夫黨
衆子嫡婦不杖期而圖竝杖期爲夫堂姑夫堂昆弟夫從祖姑皆無服而圖幷緦麻十三也
本生父母爲其子之爲人後者降服大功而圖爲之不杖期十四也其他與本文不同處甚
多而至如主式圖有大德字大德是元成宗年號則圖非朱子所爲益明矣

> 儀節濬按家禮諸圖舊載於卷首今分列各卷之末者便考閱也舊以家廟祠堂爲首而大小宗圖在主
> 式之後今首宗法者家禮大義所繫也今圖不用古諸侯別子之說而易以始祖者就今人家言之也除
> 去家廟圖者以通禮止有祠堂而無家廟況朱子明言古之廟制不見於經且今士庶人之家亦有不得
> 立者祠堂圖下舊本就附親屬序立之位今別出者欲人易曉也尺式主圖舊載喪禮今移之於前者蓋
> 今人家未必皆有祠堂自高曾以來神主未必皆如式也故載之於此使始創祠立主者有所考焉餘見
> 各圖下註

○家禮序(가례서)

晦菴朱先生

凡禮有本有文自其施於家者言之則名分之守愛敬之實其
本也冠昏喪祭儀章度數者其文也其本者有家日用之常體
固不可以一日而不脩其文又皆所以紀綱人道之始終雖其
行之有時施之有所然非講之素明習之素熟則其臨事之際
亦無以合宜而應節是亦不可一日而不講且習焉者也三代
之際禮經備矣然其存於今者宮廬器服之制出入起居之節
皆已不宜於世世之君子雖或酌以古今之變更爲一時之法
然亦或詳或略無所折衷至或遺其本而務其末緩於實而急
於文自有志好禮之士猶或不能擧其要而困於貧窶者尤患
其終不能有以及於禮也熹之愚蓋兩病焉是以嘗獨究觀古
今之籍因其大體之不可變者而少加損益於其間以爲一家
之書大抵謹名分崇愛敬以爲之本至其施行之際則又略浮
文敦(敦一作敷)本實以竊自附於孔子從先進之遺意誠願
得與同志之士熟講而勉行之庶幾古人所以脩身齊家之道
謹終追遠之心猶可以復見而於國家所以崇化導民之意亦
或有小補云

楊氏復曰先生服母喪參酌古今咸盡其變因成喪葬祭禮又推之於冠昏名曰家禮既
成爲一童行竊之以逃先生易簣其書始出行於世今按先生所定家鄉邦國王朝禮專
以儀禮爲經及自述家禮則又通之以古今之宜故冠禮則多取司馬氏昏禮則參諸司
馬氏程氏喪禮本之司馬氏後又以高氏爲最善及論祔遷則取橫渠遺命治喪則以書
儀疎略而用儀禮祭禮兼用司馬氏程氏而先後所見又有不同節祠則以韓魏公所行
者爲法若夫明大宗小宗之法以寓愛禮存羊之意此又家禮之大義所繫蓋諸書所未
暇及而先生於此尤拳拳也惜其書既亡至先生沒而後出不及再脩以幸萬世於是竊
取先生平日去取折衷之言有以發明家禮之意者若昏禮親迎用溫公入門以後則從
伊川之類是也有後來議論始定若祭禮祭始祖先(先一作初)祖而後不祭之類是也
有不用疏家之說若深衣續衽鉤邊是也有用先儒舊義與經傳不同若喪服辟領婦人
不杖之類是也凡此悉附於逐條之下云○黃氏幹曰昔者聞諸先師曰禮者天理之節
文人事之儀則也蓋自天高地下萬物散殊而禮之制已存乎其中矣於五行則爲火於
四序則爲夏於四德則爲亨莫非天理之自然而不可易人稟五常之性以生禮之體雖

具於有生之初形而爲恭敬辭遜著而爲威儀度數則又皆人事之當然而不容已也聖
人沿人情而制禮旣本於天理之正隆古之世習俗醇厚亦安行於是理之中世降俗末
人心邪僻天理湮晦於是始以是爲强世之具矣先儒取其施於家者著爲一家之書爲
斯世慮至切也晦菴先生以其本末詳略猶有可疑斟酌損益更爲家禮務從本實以惠
後學蓋以天理不可一日而不存則是禮亦不可一日而間缺也先生教人自格物致知
誠意正心以修其身皆所以正人心復天理也則禮其可緩與迨其晚年討論家鄕侯國
王朝之禮以復三代之隆典未及脫藁而先生歿矣此百世之遺恨也則是書以就而切
於人倫日用之常學者其可不盡心與學者得是書而習之又於先生之所以教人者深
致意焉然後知是書之作無非天理之自然人事之當然而不可一日缺也見**明**信之
篤守之固禮教之行庶乎有望矣〇黃氏瑞曰其書始成爲一童行竊以逃先生易簀其
書始出今行於世然其間有與先生晚歲之論不合者故未嘗爲學者道也〇陳氏淳曰
嘉定辛未歲過溫陵先生季子敬之倅郡出示家禮一編云此往年僧寺所亡本也有士
人錄得會先生葬日携來因得之〇李氏方子曰乾道五年九月先生丁母祝令人憂居
喪盡禮參酌古今因成喪葬祭禮推之於冠昏共爲一編命曰家禮〇潛按武林應氏作
家禮辨謂文公先生於紹熙甲寅八月跋三家禮範云某嘗欲因司馬氏之書參考諸家
之說裁定增損擧綱張目以附其後顧以衰病不能及已勉齋先生家禮後序云文公以
先儒之書本末詳略猶有可疑斟酌損益更爲家禮迨其晚年討論家鄕侯國王朝之禮
未及脫藁而先生沒此百世之遺恨也今且以其書之出不同置之姑以年月考之宋光
宗紹熙甲寅文公已於三家禮範自言顧以衰病不能及已豈於孝宗乾道已丑已有此
書**況**勉齋先生亦云未及脫藁而文公沒則是書非文公所編不待辨而明矣文公集中
有與門人言及家禮已成四卷並家禮序文此門人編入以爲張本耳應氏此言謂家禮
爲未成之書雖成而未盡用可也乃倂以爲無此書可乎旣無此書則胡爲而有此序且
序文決非朱子不能作而謂門人編入以爲張本決不然也**況**其所引勉齋跋語所謂未
及脫藁者指經傳通解也非謂家禮也三家禮範序所云是亦謂未及參攷諸家裁定增
損使無遺恨爾非謂無是書也黃陳李楊諸子皆出自朱門親授指教皆不以爲疑而應
氏生元至正間一旦乃肆意辨論以爲非朱子所編斷斷乎出於門人附會無疑且謂其
妄意增損三家禮範之文殊乘禮經又謂附註穿鑿尤甚噫應氏之爲此言其亦淺妄之
甚矣其辨中所言姅禮略如冠禮及謂祝穆爲文公甥皆可笑愚恐學者惑於其說故載
其語而略辨之〇周氏復曰文公門人三山楊復附註於逐條之下者可謂有功於家禮
矣復別出之以附于書之後恐其間斷文公本書也抑文公此書欲簡便而易行故與儀
禮或有不同(如婦人用今之衰裳弔喪者拘俗而答拜之類)其所同者又不能無詳略
之異(如昏禮之六禮喪禮襲斂用衣多少之類)楊氏往往多不滿之意復竊謂儀禮存
乎古家禮通於今儀禮備其詳家禮擧其要蓋並行而不悖也故文公雖著家禮而尤拳
拳於編集儀禮之書遺命治喪必令參酌儀禮書儀而行之其意蓋可見矣好古而欲盡
禮者固有儀禮在楊氏之說有不得而盡錄云〇潛按文公家禮五卷而不聞有圖今刻
本載于卷首而不言作者夫書不盡言故圖以**明**之今卷首圖註多不合於本書豈文公
所作自相矛盾哉今數其大者言之通禮云立祠堂而圖以爲家廟一也深衣緇冠冠梁
包武而屈其本圖則安梁於武之上二也本文黑屨而圖下註用白三也喪禮陳襲衣有
深衣等物而不用儀禮質殺二冒而圖乃陳之四也本文大斂無布絞之類而圖有之五
也大斂無棺中結絞之文而圖下註則結於棺中六也然其**明**白可曉者尺式圖下載天
台潘時擧說未識歲月亡嘉定癸酉是時距文公沒時慶元庚申十有三年矣豈可謂爲

文公作哉反考楊氏儀禮圖序有云相彥肅作特牲少牢二禮圖質先師先師喜曰更得
冠昏圖乃爲佳耳蓋儀禮元未有圖故先師欲與學者考證以成之也由是觀之則家禮
卷首諸圖非文公作彰彰然明矣近觀南監本上饒周氏以楊氏附註間斷家禮本文別
出之於本書卷帙之後以爲附錄載喪服辟領六圖於其所錄之中及觀通解喪服圖式
衰制下亦云此圖係某先師文公家禮纂出則圖爲楊氏作也然有可疑者附註於大斂
條下引高氏說大斂之絞橫者五裂爲六片而用五而圖用布五幅而裂其兩端各爲十
五楊氏於儀禮大斂殯圖明註斂席左東殯位在西君視大斂圖亦然而卷首大斂圖下
註乃於棺中結大斂之絞則又有不可曉者豈楊氏前後所見自異同歟姑書所疑以候
考禮之君子質焉或曰信如此言圖固非朱子作矣何以祠堂章下有主式見喪禮及前
圖八字愚按南離家禮舊本於立祠堂下註圖外止云主式見喪禮治葬章並無見前圖
三字不知近本何據改治葬章二字爲見前圖也由是推之則圖爲後人贅入昭然矣〇
黃氏瑞節曰家禮以宗法爲主所謂非嫡長子不敢祭其父皆是意也至於冠昏喪祭莫
不以宗法行其間云

○家禮儀節序(가례의절서)

禮之在天下不可一日無也中國所以異於夷狄人類所以異於禽獸
以其有禮也禮其可一日無乎成周以禮持世上自王朝以至于士庶
人之家莫不有其禮秦火之厄所餘無幾漢魏以來王朝郡國之禮雖
或有所施行而民庶之家則蕩然無餘矣士夫之好禮者在唐有孟詵
在宋有韓琦諸人雖或有所著述然皆略而未備駁而未純文公先生
因溫公書儀参以程張二家之說而爲家禮一書實萬世人家通行之
典也議者乃謂此書初成爲人所竊去雖文公亦未盡行噫文公之身
動容周旋無非禮者方其存時固無俟乎此書今其旣沒之後有志欲
行古禮者舍此將何據哉禮之在人家如菽粟布帛然不可斯須無之
讀書以爲儒而不知行禮猶農而無耒耜工而無繩尺也尚得爲農工
哉夫儒教所以不振者異端亂之也異端所以能肆行者以儒者失禮
之柄也世之學儒者徒知讀書而不能執禮而吾禮之柄遂爲異教所
竊弄而不自覺自吾失吾禮之柄而彼因得以乘間陰竊吾喪祭之土
苴以爲追薦禱禳之事而吾之士大夫名能文章通經術者亦且甘心
隨其步趣遵其約束而不以爲非無怪乎擧世之人靡然從之安以爲
常也世儒方呶呶然作爲文章以攻擊異端爲事噫吾家之禮爲彼所
竊去而不知所以反求顧欲以口舌爭之哉失其本矣竊以謂家禮一
書誠闢邪說正人必之本也使天下之人人誦此書家行此禮愼終有
道追遠有儀則彼自息矣儒道豈有不振也哉然世之好議人者已懵
然於儀文節度之間而忌人有爲也聞有行禮者則曰彼行某事未合
於禮彼行某禮有戾於古甚者又曰彼行之不盡何若我不行之之爲
愈也殊不思人之行禮如其讀書然讀書者未必皆能造於聖賢之域
然錯認金根爲金銀者較之倂與金銀不識者果孰勝哉濬生遐方自
少有志於禮學意謂海內文獻所在其於是禮必能家行而人習之也
及出而北仕於中朝然後知世之行是禮者蓋亦鮮焉詢其所以不行
之故咸曰禮文深奧而其事未易以行也是以不揆愚陋竊取文公家
禮本註約爲儀節而易以淺近之言使人易曉而可行將以均諸窮鄉
淺學之士若夫通都鉅邑明經學古之士自當考文公全書又由是而
上進於古儀禮云

　　　　　　　　成化甲午春二月甲子　瓊山丘濬序

第 一 篇　通禮(통례)

此篇所著皆所謂有家日用之常體不可一日而不修者

이편 속에 밝혀 놓은 내용은 모두 소위 대부가(大夫家)라면 날마다 써야 하는 상례(常禮)의 토대로서 배워서 마음과 몸을 닦지 않고서는 하루를 옳게 넘길 수 없느니라.

此通祠堂深衣居家雜儀三章而名之

본 통례편(通禮篇)에는 사당(祠堂), 심의(深衣), 거가잡의(居家雜儀)의 삼장(三章)으로 이름하여 기록하였느니라.

◆總論(총론)

○孔子曰吾說夏禮夏禮祀不足徵也吾學殷禮有宋存焉吾學周禮今用之吾從周註周禮乃時王之制孔子旣不得位則從周而已○程子曰行禮不可全泥古視時之風氣自不同故所處不得不異若全用古物亦不相稱雖聖人作須有損益○朱子曰古禮繁縟後人於禮日益疎略然居今而欲行古禮亦恐情文不相稱不若只就今人所行禮中刪修令有節文制數等威足矣又曰古禮難行聖人有作必因今之禮而裁酌其中取其簡易易曉而可行又曰古人於禮直如今人相揖終日周同於其間自然使人有感他處後世安得如此又曰古禮不可全用如古服古器今皆難用又曰必欲一如古人衣服冠屨之纖悉畢備其勢也行不得○尤庵曰所謂各自異行者有家禮五禮儀及要訣等書之不同故也當一從家禮而猶或有疑文然後補以他書則合於大一統之義而無此弊也然一家長上堅執先世所行而不至甚乖於禮則亦難直情徑行似當勉從若其甚不可行者則亦當盡吾誠敬宛轉開悟而已此外更無善處之道也○南溪曰前日所行者乃時俗仍習之禮也今此所定乃家禮當行之事自不相同以朱子所謂子孫曉得祖先便曉得之意推之似亦不必申告但若累代承祀之家事體稍異雖告祝而行之亦可矣○曾子問孔子曰祭成喪者必有尸尸必以孫孫幼則使人抱之無孫則取於同姓可也

◆祠(사)

郊特牲社所以神地之道也地載萬物天垂象取財於地取法於天是以尊天而親地也故敎民美報焉家主中霤而國主社示本也註聖人知地道之大故立社以祭所以神而明之也美報美善其報之之禮也上古穴居故有中霤之名中霤與社皆土神卿大夫之家主祭土神於中霤天子諸侯之國主祭土神於社此皆以示其爲載物生財之本也○馬氏曰天以生物爲功而其功幽故聖人闔之而爲郊所以明天之道也地以成物爲功而其功顯故聖人則敍之而爲社所以神地之道也以天遠於人則尊而不親地近於人則親而不尊故在天則明之欲民尊而親之也在地則神之欲民親而尊之也萬物本乎天而亦本乎土故家以中霤爲主國以社爲主者示其不敢忘本之意也○嚴陵方氏曰載物以利民用故言取財於地垂象以示民則故言取法於天取財則有所養養者母道也故親而不尊取法則有所敎敎者父道也故尊而不親○小記尊祖故敬宗敬宗所以尊祖禰也疏宗是先祖正體尊崇其祖故敬宗子所以敬宗子者尊崇祖禰之義也○增解考證按廟制經無明文但室有東西廂曰廟無曰寢爾雅之文前廟後寢鄭康成之說兩下五架之制見于賈公彦之疏至於體制向背則賈氏以爲諸侯五廟太祖廟居中二昭居東二穆居西大夫三廟亦然諸家所說如此而已矣

◆深衣(심의)

深衣篇嚴陵方氏曰經曰有虞氏深衣而養老傳曰庶人服短褐深衣則自天子至于庶人皆服之也以其義之深名之○藍田呂氏曰此篇純記深衣之制度而已古者衣裳殊制所以別上下也唯

深衣之制衣連裳而不殊蓋私燕之服爾○深衣註朝服祭服喪服皆衣與裳殊惟深衣不殊則其
被於體也深邃故名深衣制同而名異者有四焉純之以采曰深衣純之以素曰長衣純之以布曰
麻衣著在朝服祭服之內曰中衣但大夫以上助祭用冕服自祭用爵弁服則以素爲中衣士祭用
朝服則以布爲中衣也皆謂天子之大夫與士也喪服亦有中衣檀弓云練衣黃裏縓緣是也但不
得繼揜尺耳○楊氏曰深衣制度惟續衽鉤邊一節難考鄭註續衽二字文義甚明特疏家亂之耳
鄭註云續猶屬也衽在裳旁者也屬連之不殊裳前後也鄭意蓋言凡裳前三幅後四幅既分前後
則其旁兩幅分開而不相屬惟深衣裳十二幅交裂裁之皆名爲衽所謂續衽者指在裳旁兩幅言
之謂屬連裳旁兩幅不殊裳之前後也又衣圖云既合縫了又再覆縫方便於著以合縫者爲
續衽覆縫爲鉤邊○嚴陵方氏曰深衣之作其來尙矣故以古者冠篇首袂在前以應規袷在中以
應矩縫在後以應繩齊在下以應權衡短毋見膚則其形不褻雖約而不失於儉長毋被土則其物
不費雖隆而不過於奢衽襟也與裳相續故謂之續衽居裳之邊曲以鉤束焉故曰鉤邊玉藻所謂
衽當旁是也要縫之博居不齊之半玉藻所謂縫齊倍要是也以縫齊爲倍則要縫爲半矣此所以
互言之○儀節按玉藻袷二寸緣半寸今家禮深衣制度不言袷尺度則何止言袂緣廣二寸今擬
宜如古禮用布濶二寸長如衣身爲袷而加緣寸半於其上庶全一衣之制云○按家禮卷首圖有
裁衣前後法今倂入衣前後圖○按深衣制度乃溫公據禮深衣篇所新製非古相傳者也愚於考
證疑其裳製於禮深衣篇文勢不倫固已着其說矣後又得吳興敖繼公說謂衣六幅裳六幅通十
二幅吳草廬亦謂裳以六幅布裁爲十二片不可言十二幅又但言裳之幅而不言衣之幅尤不可
良以敖說爲是蓋衣裳各六幅象一歲十二月之六陰六陽也愚因參以白雲朱氏之說衣身用布
一幅袖用一幅別用一幅裁領又用一幅交解裁兩片爲內外襟綴連衣身則衣爲六幅矣裳用布
六幅裁十二片後六片如舊式前四片綴連外襟二片連內綴上衣下裳通爲十二幅則於深衣本
章文勢順矣舊製無襟故領微直而不方今以領之兩端各綴內外襟上穿着之際右襟之末斜交
於左脅左襟之末斜交於右脅自然兩領交會方如矩矣或謂衣連裳不殊通一幅布爲之如此則
無要矣玉藻謂齊倍要者何也

제 1 장　祠堂(사당)

◉祠堂(사당)

此章本合在祭禮篇今以報本反始之心尊祖敬宗之意實有家名分之守所以開業傳世
之本也故特著此冠于篇端使覽者知所以先立乎其大者而凡後篇所以周旋升降出入
向背之曲折亦有所據以攷焉然古之廟制不見於經且今士庶人之賤亦有所不得爲者
故特以祠堂名之而其制度亦多用俗禮云

> 司馬溫公曰宋仁宗時嘗詔聽太子少傅以上皆立家廟而有司終不爲之定制度惟文潞公立廟於西京
> 他人皆莫之立故今但以影堂言之○朱子曰古命士得立家廟家廟之制內立寢廟中立正廟外立門四
> 面墻圍之非命士止祭於堂上只祭考妣伊川謂無貴賤皆祭自高祖而下但祭有豐殺疏數不同廟向南
> 坐皆東嚮伊川於此不審乃云廟皆東嚮(祖先位面東自廳側直入其所反轉面西入廟中)其制非是古
> 人所以廟面(廟面之而疑皆)東向坐者盖戶在東牖在西坐於一邊乃是奧處也○嘗欲立一家廟小五
> 架屋以後架作一長龕(此下四堂字竝疑室)堂以板隔截作四龕堂堂置位牌堂外用簾子小小祭祀時
> 亦可只就其處大祭祀則請出或堂或廳上皆可○唐大臣皆立廟於京師宋朝惟文潞公法唐杜佑制立
> 一廟在西京雖如韓司馬家亦不曾立廟(杜佑廟祖宗時尙在長安)○劉氏垓孫曰伊川先生云古者庶
> 人祭於寢士大夫祭於廟庶人無廟可立影堂今文公先生乃曰祠堂者蓋以伊川先生謂祭時不可用影
> 故改影堂曰祠堂云

◉사당(祠堂)

이　장(章)은　본래는　제례편(祭禮篇)에　합하여　있어야　하나　오늘날에는　태어난　시조

(始祖)로 돌아가 그 근본을 잊지 않고 은혜를 갚으려는 마음과 조상을 존경하고 종계(宗系)를 공경하는 뜻과 지체 있는 가문의 명분을 지키는 곳으로서 사당(祠堂)을 열어 조상을 대대로 후손에게 이어줘야 하는 까닭이니라. 그러한 고로 사당제도(祠堂制度) 일체를 지어 이를 관례편(冠禮篇) 앞 첫머리에 붙였으며 이 편을 보는 자로 하여금 행할 바로서 깨닫게 하여 사당을 먼저 세우게 하는 것이 그 큰 까닭이니라.

그리고 사당을 중히 여기는 자는 대체로 후편에서의 기거동작(起居動作)으로서 층계(層階)를 오르내리고 들고나며 따름과 마침의 복잡한 내막 역시 살펴 보게 되면 증거로 삼을 수가 있는 것이니라. 그러나 옛날의 사당제도는 경서(經書)에서 찾아 볼 수가 없으며 또 오늘날 사서인(士庶人)의 예법(禮法)은 저급(低級)하나 또한 있는바 대로 할 수 없이 예로부터 전하여 내려오는 것을 모조리 근본 되는 것은 소용되는 바대로 기록하여 사당(祠堂)이라 이름을 붙이고 그 제도 역시 세속(世俗)의 예법을 많이 인용하여 일러놓았느니라.

◆古廟制(고묘제)

爾雅室有東西廂曰廟無東西廂有室曰寢○月令寢廟註前曰廟後曰寢廟接神之處寢衣冠所藏○王制天子七廟三昭三穆與太祖之廟而七諸侯五廟二昭二穆與太祖之廟而五大夫三廟一昭一穆與太祖之廟而三士一廟庶人祭於寢註士諸侯之中士下士名曰官師者上士二廟○祭法王立七廟一壇一墠曰考廟曰王考廟曰皇考廟曰顯考廟曰祖考廟皆月祭之遠廟爲祧有二祧享嘗乃止去祧爲壇(築土去壇爲墠)除地壇墠有禱焉祭之無禱乃止去墠爲鬼諸侯立五廟一壇一墠曰考廟曰王考廟曰皇考廟皆月祭之顯考廟祖考廟享嘗乃止去祧爲壇去壇爲墠壇墠有禱焉祭之無禱乃止去墠爲鬼大夫立三廟二壇曰考廟曰王考廟曰皇考廟享嘗乃止顯考祖考無廟有禱焉爲壇祭之去壇爲鬼適士二廟一壇曰考廟曰王考廟享嘗乃止皇考無廟有禱焉爲壇祭之去壇爲鬼官師一廟曰考廟王考無廟而祭之去王考爲鬼庶士庶人無廟死曰鬼註王皇皆君也顯明也祖始也名先人以君明始者尊本之意也適士上士也官師中士下士庶士府史之屬疏父廟曰考考成也謂父有成德之美也王考廟祖廟也王君也謂祖有君成之德也祖尊於父故加君名也皇考廟者曾祖也皇大也君也曾祖轉尊又加大君之稱也顯考高祖也顯明居四廟最上故以高祖目之祖考者祖始也此廟爲王家之始故云祖考○周禮小宗伯辨廟祧之昭穆註祧遷主所藏之廟自始祖之後父曰昭子曰穆諸侯無二祧謂始封太祖廟爲祧周以文武爲二祧文王稱穆武王稱昭文武後穆之木主入文王祧昭之木主入武王祧○張子曰宗子爲士立二廟支子爲大夫當三廟是曾祖廟爲大夫立然立於宗子之家○朱子曰官師謂諸有司之長只及禰却於禰廟並祭祖不及曾高○士庶人雖祭三代却無廟亦不可謂僭古所謂廟體面甚大皆具門堂寢室非如今人但以一室爲之○天子之山節藻梲複廟重檐諸侯不得爲矣諸侯之黝堊斲礱大夫不得爲矣大夫之蒼楹斲桷士又不得爲矣獨門堂寢室之合度然後可名於宮○芝峯類說曰宣廟朝建宗廟時欲倣古制大臣執不可遂依前制議者惜之

◆祠堂(사당)

補註按古者天子諸侯大夫士不拘廟之多寡其廟主皆分左右爲昭穆及朱子定家禮廟主皆自西而列蓋宗廟有爵者之所宜立也昭穆因始祖之所由分古者天子諸侯大夫士凡有功德於民者雖其爵有尊卑皆得以立廟祭祀爲始祖使其子孫世守之爲大宗家故其廟主有始祖居中而高曾祖禰得分左右爲昭穆至於庶人無廟則無始祖文公以祠堂代廟不敢私祭始祖故神主遂不能分昭穆而但以西爲上也○按家禮以西爲上特因時王之制宋朝太廟亦以西爲上補註說恐非朱子意也○藍田呂氏曰凡主祭者出仕卽告于廟以槽載位版而行於官所權立祭堂以祭之

◆古者宮廟之制(고자궁묘지제)

儀禮旁通圖爾雅曰室有東西廂曰廟無東西廂有室曰寢西南隅謂之奧西北隅謂之屋漏東北

隅謂之宧(盈之反)東南隅謂之窔(一弔反)東西牆謂之序牖戶之間謂之扆宮中之門謂之闈門側之堂謂之塾廟中路謂之唐堂途謂之陳(唐與陳皆堂下至門之徑待廟堂異其名爾)又曰枨(干結反)謂之闑根謂之楔(革轄反又先結反)橛(巨月反)謂之闑(魚列反)蓋界于門者枨也亦謂之闑旁于門者根也亦謂之楔中于門者橛也亦謂之闑士喪疏云房戶之外由半以南謂之堂士昏疏云其內由半以北亦謂之堂堂中北牆謂之墉士昏尊于室中北墉下是也堂下之牆曰壁士虞饎爨在東壁是也坫有東坫西坫士喪疏云堂隅有坫以土爲之是也塾有內外士冠註云西塾門外西堂是也月令曰其祀中霤古者複穴以居是以名室爲中霤又有門內霤燕禮賓執脯以賜鍾人于門內霤是也○鄭氏曰前曰廟後曰寢月令凡新物先薦寢廟賈疏祭在廟薦在寢

◆立廟西京(입묘서경)

司馬溫公曰先王之制自天子至於官師皆有廟及秦非笑聖人蕩滅典禮務尊君卑臣天子之外無敢營宗廟者漢世公卿貴人多建祠堂於墓所在都邑則鮮焉魏晉以降漸復廟制其後遂著於令以官品爲世數之差唐世貴臣皆有廟及五代禮頹教墜廟制遂廢宋興夷亂蘇疲久而未講仁宗閎羣臣貴窮公相而祖禰食于寢儕於庶人聽文武官依舊式立家廟於是共奏請自平章事以上立四廟東宮少保以上立三廟詔如其請公卿無肯唱衆爲之者獨平章事文公首奏乞立廟河南詔可之

◆廟祭世數(묘제세수)

○祭三代四代之說(제삼대사대지설)(庶人無廟大夫以下無主并論)

晦齋曰高祖有服不祭甚非文公家禮祭及高祖盖亦本於程氏之禮也然禮大夫三廟士二廟無祭及高祖之文故朱子亦以祭高祖爲僭且今國朝禮典六品以上祭三代不可違也竊意高祖雖無廟亦不可專廢其祭春秋俗節率其子孫詣墓祭之庶無違禮意而亦不至忘本也○退溪曰祭四代古禮亦非盡然禮記大傳大夫有事省於其君干祫及其高祖說者謂祫本諸侯祭名以大夫行合祭高祖之禮有自下干上之義故云干祫以此觀之祭四代本諸侯之禮大夫則家有大事必告於其君而後得祭高祖而告之不常祭也後來程子謂高祖有服之親不可不祭朱子家禮因程子說而立爲祭四代之禮盖古者代各異廟其制甚鉅故代數之等不可不嚴後世只爲一廟分龕以祭制殊簡率猶可通行代數故變古如此所謂禮雖古未有可以義起者此也今人祭三代者時王之制也祭四代者程朱之制也力可及則通行恐無妨也○頤庵曰時祭則拘於國法止於曾祖而高祖則只行墓祭忌祭五代祖則只行墓祭於寒食秋夕六代祖之墓祭則只行於寒食○沙溪曰祭三代乃時王之制然高祖當祭不但程朱有明訓我東先賢如退溪栗谷諸先生皆祭高祖云○問今人不祭高祖如何程子曰高祖自有服不祭甚非某家却祭高祖又曰自天子至於庶人五服未嘗有異皆至高祖服旣如是祭祀亦須如是○朱子曰考諸程子之言則以爲高祖有服不可不祭雖七廟五廟亦止於高祖雖三廟一廟以至祭寢亦必及於高祖但有疏數之不同疑此最爲得祭祀之本意今以祭法考之雖未見祭必及高祖之文然有月祭享嘗之別則古者祭祀以遠近疏數亦可見矣禮家又言大夫有事省於其君干祫及其高祖此則可爲立三廟而祭及高祖之驗○問士庶當祭幾代曰古時一代卽有一廟其禮甚多今旣無廟又於禮祭四代亦無害○又曰栗谷擊蒙要訣亦從國制只祭三代然家禮旣以四代定爲中制故好禮之家多從家禮○同春問古者庶人只祭考妣國制亦然所謂庶人若是未入仕之通稱則只祭考妣似爲太略沙溪曰程子曰雖三廟一廟以至祭寢亦必及於高祖又曰雖庶人必祭及高祖今世遵此禮者不爲無據○尤庵曰廟祭世數盖栗谷以四代爲是而時王之制不敢違故著於要訣者以三代爲定也正如朱子以父在服母期爲是其見於語類者甚詳而及纂家禮則乃因國朝三年之制此豈非夫子從周之義也○問程子曰雖庶人祭及高祖比天子諸侯止有疏數朱子曰祭法有月祭享嘗之別古者以遠近爲疏數尤庵曰豐殺疏數程子說似以貴賤言朱子則以遠近言之然皆論古禮如是也古禮則世各異廟故可得如此今世則同處一廟此禮恐是行不得○南溪曰祭三代古今通行之禮栗谷之反從時制不可非也但大明會典及我國五禮儀皆許士大夫以從文公家禮是亦不以祭四代

爲罪也然則從程朱祭高祖恐不至未安○尤庵曰庶人雖無廟豈無居室耶有居室則必有寢矣○問朱子曰古之非命士祭於堂伊川曰庶人祭於寢然則常時位牌藏於何所尤庵曰說者謂古者大夫以下無主或謂有主先師金先生嘗言謂之有主者似勝此盖主無主而言

◆祭三代家告祠祭四代當否(제삼대가고사제사대당부)

愚伏曰祭三代固是時王之制而程朱之論皆以爲高祖有服不可不祭退溪先生謂士子好禮之家從古禮祭四代亦不爲僭其由告辭于先廟而不爲祧出未知如何○同春問愚伏曰云云沙溪曰如今祭四代雖違古禮與國法鄙家從程朱之說亦祭四代哀亦依愚伏之言不爲祧出未爲不可○又問寒門祭三代自先世已然故高祖神主於宗子旣爲親盡而遞遷之先考以最長房奉祭矣今者孤哀若欲祭四代而仍奉不遷則有若奪宗實深未安未知如何雖已遞遷於宗家而祭四代本合禮意具此由以告而仍奉祭之亦未爲不可耶沙溪曰哀旣非宗子有宗孫在果不可擅斷因留奉祭似難便祧出爲可同春追後所錄曰到今思之具其由告辭而還奉於宗家似當悔不可追

◆牌子(패자)

愚伏曰位牌似是牌子則與神主不同朱子所謂不須二片相合者然班祔條註在位牌西邊安云者又似指神主未詳○愚按語類問向見人設主有父在子死而主牌書父主祀字如何朱子曰此類只得不寫若尊長則寫云則主與牌恐當時混稱之也

◆祠堂影堂同異(사당영당동이)

程子曰古者庶人祭於寢士大夫祭於廟庶人無廟可立影堂○劉氏垓孫曰伊川云祭時不可用影故文公改影堂曰祠堂○退溪曰自宗廟之制廢士大夫祭先之室謂之影堂盖奉安畵像於此而祭之故稱影堂影堂卽祠堂也

◆寢廟正廟(침묘정묘)

士虞禮註鬼神所在曰廟○檀弓疏室有東西廂曰廟無東西廂有室曰寢○通典說者以爲古宗廟前制廟後制寢以象人君之居前有朝後有寢廟以藏主以四時祭寢有衣冠几杖象生之具以薦新物秦始出寢起於墓側漢因而弗改故陵上稱寢殿起居衣服象生人之具古寢之意也○文獻通考先儒謂廟藏神主而祭以四時寢藏衣冠几杖之具而祭之以新物然國語大寒取名魚登水禽嘗之寢廟月令四時新物皆先薦寢廟蓋有寢者薦於寢無寢者薦於廟非謂薦止於寢也○方氏曰旣曰寢又曰廟何也蓋王者之於祖禰以人道事之則有寢以神道事之則有廟天子七廟而周官隸僕止掌五寢者以二祧將毀先除其寢事有漸故也祭神道也薦人道也

◆小祭大祭(소제대제)

集說註小祭如節祀之類大祭如四時及正朝之類(按)正朝謂之大祭與家禮不同

◆士大夫(사대부)

通典賀循曰古者六卿天子上大夫也今之九卿光祿大夫諸秩中二千石者當之古之大夫亞於六卿今之五營校尉郡守諸秩二千石者當之上士亞於大夫今之尙書丞郎御史及秩千石縣令在官六品者當之古之中士亞於上士今之東宮洗馬舍人六百石縣令在官七品者當之古之下士亞於中士今之諸縣令長丞尉在官八品九品者當之

◆昭穆(소목)

說文昭本作佋父爲昭南面子爲穆北面○孝經註昭明也穆敬也故昭南面穆北面孫從祖坐○中庸小註王制所謂三昭三穆昭在左左爲陽昭者陽明之義穆在右右爲陰穆者幽陰之義以周言之書於文王曰穆考文王詩於武王曰率見昭考父穆則子昭父昭則子穆也子孫亦以爲序祭統所謂昭與昭齒穆與穆齒是也○集說朱子欲獻議以復昭穆不果○朱子曰周禮建國之神位太祖在北二昭二穆以次而南蓋太祖之廟始封之君居之昭之北廟二世之君居之穆之北廟三世之君居之昭之南廟四世之君居之穆之南廟五世之君居之廟皆南向主皆東向及其祫于太

廟之室中則惟太祖東向自如而爲最尊之位群昭之入于此者皆列於北牖下而南向群穆之入于此者皆列於南牖下而北向南向者取其向明故謂之昭北向者取其深遠故謂之穆○尤庵曰昭穆之制甲爲昭則甲之子乙爲穆乙之子丙爲昭丙之子丁爲穆故祖孫爲一班也爲父子不可同席故自然如是也

◆大宗小宗(대종소종)

張子曰夫所謂宗者以已之旁親兄弟來宗已所以得宗之名又曰言宗子者宗主祭祀○小記註謂之小宗者以其將遷也○潛室陳氏曰宗法爲諸子之庶子設恐其流派浸多姓氏分錯易至殽亂故於源頭有大宗以統之則人同知尊祖分派處有小宗以統之則人各知敬禰大宗是始祖正派下雖其後支分派別皆同宗此祖則合族皆服齊衰三月初不以親屬近遠論是爲百世不遷之宗小宗是禰正派下親盡則絶繼禰者親兄弟宗之爲之服期繼祖者則從兄弟宗之爲之服大功繼曾祖者再從兄弟宗之爲之服小功繼高祖者三從兄弟宗之爲之服緦麻自此以後代常趲一代是爲五世則遷之宗宗法之立適長之尊有君道焉大宗所以統其宗族凡合族中有大事當稟大宗而後行小宗所以統其兄弟如同禰者有大事則同禰之兄弟當稟繼禰之小宗而後行一族之中大宗只是一人小宗儘多故一人之身從下數至始祖大宗惟一數至高祖小宗則四此古者宗族人情相親人倫不亂豈非明適庶之分有君臣之義由大宗小宗之法而然歟

◆影堂(영당)

退溪曰自家廟之制廢士大夫祭先之室謂之影堂盖奉安畫像於此而祭之故稱影影堂卽祠堂也(祠堂之名始於家禮前此稱影堂)○問伊川曰庶人無廟可立影堂又一說曰祭時不可用影一髮不相似所祭已是他人何兩說之不同耶庶人可立影堂或指賤人不立祠版者言之南溪曰末段所論得之○問圃隱先祖眞像奉於祠堂則士子展謁時便自難便別立影堂於祠堂之傍似便尤庵曰二主之不可分離旣有朱子之訓何敢違貳然左相之意旣以士子展謁爲疑則亦似難處第未知兩堂相去遠近如何果如咫尺則不可謂分離朱子所謂則留影於家而奉神主之官之謂也祭時并設於影及奉影合祭於神主之示未有所考然恐不必如此○所論祠堂必如家禮始祖之制可行於久遠而無疑且事事皆便矣且念此祠展謁者紛然自四親以下無與於受拜而徒失幽貞之意其在子孫之意亦甚未安矣幸以稟於諸公隨地勢造建別廟則事有據而且順矣

◆不可用影(불가용영)

集說問祭時如何不可用影曰程子謂若用影祭須無一毫差方可若多一莖鬚便是別人○寋齋瑣綴錄予先世遺像皆歷年久楮繪墨色漫漶滅裂不可把玩乃命繪史王琚仍舊摹新共爲一軸而各贊四言六句於其中庶歲時忌日懸揭簡便久而不至於散失故也昔者儒先君子有云影像一髮不似則爲他人矣意若可有可無此必爲當時子孫曾識祖父母者言而非爲後世子孫言也蓋後世子孫未嘗親覩平生之丰儀安知其似與否若賢子孫於一覩之頃豈無僾然若有見乎其位而或感慕奮勵思所以修身飭行冀無忝於所生者哉是又不可泥先儒之一言而遂視之若故紙也

◆報本反始之心(보본반시지심)

郊特牲天神與人鬼也萬物本乎天人本乎祖此所以配上帝也郊之祭也大報本反始也○嚴陵方氏曰萬物皆天地所生而人則祖之所生如是則祖與天合矣故推祖以配天故曰此所以配上帝人物所本如此安可以不知報本而反始　故言郊之祭大報本反始也

◆尸義(시의)

檀弓虞而立尸○祭統祭之道孫爲王父尸所使爲尸者於祭者子行也父北面而事之所以明子事父之道也此父子之倫也註祭祖則用孫皆取於同姓之適孫疏無問成人與幼皆得爲之石林葉氏曰取於己子則無別故爲尸者子行也○士虞記男男尸女女尸必使異姓不使賤者註異姓婦也賤者庶孫之妾也疏男尸先使適孫無適孫乃使庶孫女尸先使適孫妻無適孫妻乃使適孫

妾無妾乃使庶孫妻卽不得使庶孫妾喪中之祭皆男女別尸雖同時在殯皆異几祭於廟同几〇
特牲饋食禮筮尸註以孫之倫爲尸〇曾子問孔子曰祭成喪者必有尸尸必以孫孫幼則使人抱
之無孫則取於同姓可也註人以有子孫爲成人子不殤父義由此也疏成人有爲人父之道〇士
虞記尸服卒者之上服註士玄端士之妻宵衣〇郊特牲尸神象也〇通典木主在尸之南〇自周
以前天地宗廟社稷一切祭享凡皆立尸秦漢以降中華則無矣註古之立尸中華與夷狄同〇程
子曰古人祭祀用尸極有深意魂氣必求其類而依之〇朱子曰周公祭泰山召公爲尸墓祭則家
人爲尸〇性齋曰按古者始死作重(平聲)以主神殯而置之埋虞而埋之乃作木主以依神又有
尸衣以遺衣坐於木主之後爲神象尸必以孫行者取其血氣之相感而且明其昭穆敎子以事親
之道也至於山川之祭亦皆有尸故召公爲泰山之尸禮曰五嶽視三公召公位三公故以類象之
也程子所云魂氣求其類而依之者誠達理之論而此禮之廢已久聖人至意不可復行至有不識
尸之名義而目爲尸童者尸豈童也哉禮所云抱孫者謂若無長孫而有幼孫則使人抱之非尸必
以童也〇又按尙書大傳曰維十有三祀帝(舜也)乃稱王而八唐郊猶以丹朱爲尸云則堯舜之
時已有尸也開元禮有獻尸酌等節而至宋無聞則宋以前猶有尸矣〇程子曰古人祭祀用尸極
有深意盖人之魂氣旣散無尸則不饗無主則不依又曰祭而立尸古人質矣又曰古者男爲男尸
女爲女尸自周以來女無可以爲尸者故無女尸後世遂無尸能爲尸者亦非尋常人〇語類尸用
無父母者爲之故曰祭祀不爲尸〇禮記義疏曰禮近則有嫌遠則無嫌故天子不以公爲尸以卿
爲尸諸侯不以卿爲尸以大夫爲尸則不以子爲尸以孫爲尸亦此義尸必正嫡所生必無父又必
無爵兼此三者而又卜之吉乃用則其人甚難故或及至幼耳

◆祠版(사판)(版一名牌子)

通典蔡謨曰今代祠版乃禮之廟主也今版書名號亦是題主之意安昌公荀勖祠制神版皆正長
一尺一寸博四寸五分厚五寸八分大書某祖考某封之神座夫人某氏之神座藏以帛囊白縑裏
盛如昏禮囊版版與囊合於竹箱中以帛緘之檢封曰祭版〇朱子答潘立之書宗子之家立主其
支子則只用牌子其形如木主而不判前後不爲陷中及兩窺不爲櫝〇朱子曰士人家用牌子溫
公用大版子又曰伊川制士庶不用主只用牌子牌子不須二片相合及窺身丂以通中又曰牌子
無定制須似主之大小但不爲判合陷中

◆神輀(신뉴)

明文安公劉基不用木主不用畫像止用一輀大書三代考妣之靈

◆神座(신좌)

黃長濬(東觀餘論)曰近世商於耕夫得漢世石刻有云園公神座綺里神座角里神座又各有神
祚机皆漢隸三輔舊事云漢惠帝爲四皓作碑於其所隱處此神座及祚机豈亦當時所立耶

◆塑像(소상)

漢文翁成都石室設孔子像及七十二弟子像塑〇顧炎武日知錄曰古之喪也有重祔也有主祭
也有尸無所謂像也宋王招魂賦始有像設君室之文尸禮廢而像事興盖在戰國之時矣

◆神帛(신백)

許愼五經異義曰卿大夫無主依神以几筵故少牢之祭但有尸無主又曰大夫束帛依神士結茅
爲菆(音贊)〇左傳典司宗祏又曰孔悝反祏于西圃杜預曰宗廟中藏主祏室孔穎達曰祏者於
廟之北壁內爲石室以藏木主有事則出而祭之旣祭納於石室祏字從示神之也許愼初据反祏
于西圃之文謂祏石主也言大夫以石爲主後更言無主鄭康成駁云少牢饋食禮大夫祭也束帛
依神特牲饋食禮士祭也結茅爲菆孔獨有主者或時末代之君賜之使祀其所出之君也諸侯不
祀天而魯郊諸侯不祖天子而鄭祖厲王皆時君之賜也〇士虞禮以其班祔賈疏大夫士無主以
幣主其神〇徐乾學曰古禮無神帛自許愼鄭玄誤以大夫士無木主遂謂大夫束帛依神士結茅
爲菆自魏晉以迄唐宋士大夫守許鄭之說不敢立主易之以祠版未盡用神帛之制自程子定爲

木主之制式家禮初喪神帛所以代重非許鄭所謂神帛○沙溪曰經傳未見大夫士無主之文

⊙君子將營宮室先立祠堂於正寢之東(군자장영궁실선립사당어정침지동)(曲禮君子將營宮室宗廟爲先)

祠堂之制三間外爲中門(輯覽中門對外門而言外門在南墻中門在堂南壁)中門外爲兩階皆(增解士冠禮註阼猶酢也東階所以答酢賓客)三級東曰阼階西曰西階皆下隨地廣狹以屋覆之令可容家衆敘立又爲遺書(輯覽按開元禮疾病有遺言則書之即是遺書)衣物(增解周禮春官遺衣服藏焉若將祭祀則各以其服授尸註遺衣服大斂之餘也尸當服卒者之上服以象生時)祭器庫及神廚(沙溪曰臨祭時炊爨酒饌之所)於其東繚以周垣別爲外門常加局閉若家貧地狹則止立一間不立廚庫而東西壁下置立兩櫃西藏遺書衣物東藏祭器亦可正寢謂前堂也地狹則於廳事之東亦可凡祠堂所在之宅宗子世守之不得分析○凡屋之制不問何向背但以前爲南後爲北左爲東右爲西後皆放此

⊙군자(君子)가 장차 집을 지을 때는 먼저 사당(祠堂)을 정침(正寢) 동쪽에 세운다.

사당(祠堂)은 세 칸으로 지어 밖으로 중문(中門)을 내고 중문 밖으로는 양쪽으로 층계를 삼단(三段)으로 만든다. 동쪽 층계를 조계(阼階)라 하고 서쪽 층계를 서계(西階)라 한다. 층계 아래로 터의 크고 작음에 따라 지붕 처마가 덮이게 세워 가족들이 차서 대로 늘어설 서립옥(敘立屋)을 세운다. 또 유서(遺書)와 의물(衣物)과 제기(祭器)를 보관할 창고와 주방(廚房)을 그 동쪽으로 세우고 사당 주위를 담으로 둘러친다. 따로 외문을 세우고 문에는 경폐(局閉)를 달아 평상시에는 잠가 놓는다.

가세(家勢)가 빈한(貧寒)하여 터가 좁으면 한 칸만을 세우고 주방은 세우지 않으며 동쪽과 서쪽 사당 벽 밑으로 양쪽에 궤짝을 놓고 서쪽 궤짝에는 유서(遺書)와 의물(衣物)을 보관하고 동쪽 궤짝에는 제기(祭器)를 보관한다. 또한 정침(正寢)의 당(堂) 앞에다 세워도 괜찮으며 터가 협소하면 청사(廳事) 동쪽에다 세워도 그 또한 괜찮다. 사당이 있는 집 종자(宗子)가 세세(世世)로 수호(守護)를 해야 하며 나눠 가져서는 아니 된다.

집을 지을 때는 모두 향배(向背)가 어찌 되였든 불문하고 앞을 남쪽이라 하고 뒤를 북쪽이라 하며 왼쪽을 동쪽이라 하고 오른쪽을 서쪽이라 한다. 이후 모두 이를 본뜬다.

◆寢東南向(침동남향)

曲禮君子將營宮室宗廟爲先註君子有位者也宗廟所以奉先故先營之○祭義右社稷而左宗廟註右陰也地道之所尊故右社稷左陽也人道之所鄕故左宗廟位宗廟於人道所鄕亦不死其親之意○朱子曰堂室皆南向但室戶在室南壁之東偏而南向牖在室南壁之西偏而南向故以室西南隅爲奧而爲尊者之居所謂宗室牖下旣以西南爲尊者之位則固以東向爲尊矣非謂廟東向而太祖東向也

◆正寢之東(정침지동)

儀禮士喪禮死于適室註適室正寢之室也適寢圖燕寢在後正寢在前疏天子諸侯曰路寢卿大夫士曰適室亦謂適寢摠而言之皆謂之正寢○朱子曰古人宮室之制前有門中有堂後有寢凡爲屋三重而通以牆圍之謂之宮堂即正寢也寢即燕寢也○又曰家廟要就人居住神依人不可離外做廟又在外則婦女遇雨時難出入○堯卿問先生家廟只在廳事之側曰便是力不能辦古

之家廟甚闊所謂寢不踰廟是也○鄭道可問祠堂之制欲依家禮而圖有未解正寢是今之中堂
廳事是今之外廳否退溪李先生曰正寢與廳事非係祠堂之制正寢今之東西軒待賓客之處然
古人正寢皆在前而不在東西故曰正寢前堂也廳事如今大門內小廳所謂斜廊者耳又問早晚
營構欲略倣堂寢之制曰若用古制甚善第恐或有異冝處耳○答鄭子中曰古人謂正寢爲前堂
蓋古之正寢皆在人家正南故祠廟皆在其東而無所礙今人正寢或東或西其在西者祠堂難立
於其東不得不隨地勢爾

◆祠堂構造(사당구조)

五架屋三間內鋪甓或作板樓用席鋪陳中間前庋下爲門爲之中門俗於每間前庋下立四扇門
使之開闔謂之分閤門外爲兩階在東楹之東曰阼階在西楹之西曰西階階皆三級○家禮本註
不問何向背但以前爲南後爲北若家貧地狹則止立一間

◆序立屋(서립옥)

家禮本註祠堂階下隨地廣狹以屋覆之令可容家衆序立○按沙溪曰其制當與祠堂前簷相接
今陵寢丁字閣亦其制也四靐下註香卓設於兩階之間然則香卓豈可設於雨暘之下乎沙溪說
雖如此然丁閣之制不獨有嫌於僭以本註推之亦似未然旣爲家衆序立而作則當用家衆之位
矣爲子孫者或至數十百人之多將何以分內外位於丁閣縱屋之下乎本註不曰隨地長短而曰
隨地廣狹則其爲橫屋明矣尤菴亦以橫屋爲是若慮兩階間香卓之設於雨暘之下則置香卓於
橫屋中間亦自爲兩階間何必當階然後爲兩階間也禮書言兩楹間者亦多不與楹相當而直以
東西之間言之者矣

◆廚庫(주고)

縱立三間於序立屋之東西向其北一間藏遺書衣物中一間藏祭器南一間爲神廚以備作祭需
或臨祭更煖之處

◆周垣(주원)

祠堂及廚庫繚以方垣前作外門

◆外門(외문)

在祠堂庭南當祠堂中門其東西屬以周垣

◆大櫃二(대궤2)

若立一間祠不得立廚庫則於祠堂內東西壁下各置一櫃西藏遺書衣物東藏祭器

◆天子諸侯殿屋五架棟宇(천자제후전옥오가동우)

士冠禮疏殷人始爲四注夏后重屋但兩下爲之不四注矣故兩下屋名爲夏屋天子諸侯皆四注
○朱子大全殿屋五架其棟則中三間爲一棟橫指東西至兩序之上而盡逮自此處分爲四棟邪
指四隅上接橫棟下與霤齊(註此其上棟之制所謂四阿也)其宇則橫棟前後卽爲南北兩下橫
棟盡外卽爲東西兩下四棟之旁四面㰆桶覆堂廉出階外者謂之廡(註說文云廡堂下周屋也)
其屋盡水下處謂之霤四面之簷其水皆多故其簷皆以霤名(註此其下字之制也)

◆卿大夫士廈屋五架棟宇(경대부사하옥오가동우)

士冠禮註周制卿大夫以下其室爲廈屋兩下而(按大全有四字)周之○朱子大全廈屋五間皆
爲橫棟棟之前後皆爲兩下之宇橫棟盡外有板下垂謂之搏風搏風之下亦爲兩廡連接南北以
覆側階但其廡亦不出搏風之外耳廈屋南北兩下之廡與殿屋同故其簷亦謂之霤東西兩廡則
但爲腰簷不連棟下水不能多故但謂之榮謂之翼而不得以霤名(註士冠疏乃直指搏風爲榮誤
矣)○士昏禮疏中脊爲棟棟前一架爲楣楣前接簷爲庋棟一名阿棟北一楣下有室戶棟在室外
○大全堂之上東西有楹註楹柱也古之築室者以垣墉爲基而屋其上惟堂上有兩楹而已楹設
於前楣之下按釋宮曰梁上楹謂之棁棁侏儒柱也梁楣也侏儒柱在梁之上則楹在楣之下可知

○兩夾堂外旣無墻亦合有柱否云無柱則兩屋角懸空無寄託處○沙溪曰殿屋廈屋之制自後庋至前庋通五架一大梁梁上南北各立短柱以擎前後楣○愚按釋宮楣謂之梁註門戶上橫木又曰宎廇謂之梁註大梁又曰其上楹謂之梲註侏儒柱云則楣與宎廇通謂之梁而但有大小縱橫之別侏儒柱是在宎廇之上而所以柱楣者然則兩楹是設於宎廇頭前庋下而與兩序端相齊矣且與大記疏兩楹南近堂廉之說相合矣大全所謂楹設於楣下云者可疑抑庋亦通謂之楣耶

◆卿大夫士廈屋(경대부사하옥)

朱子大全廈屋前五間後四間堂中三間之後分爲兩間東房西室堂中間之前爲兩楹間東間之前爲東楹之東又少東爲阼階上少北爲東序西間之前爲西楹之西又少西爲賓階上少北爲西序序卽墙也(註設位在東西序者負墙而立)其南爲序端東序之東西序之西爲夾亦謂之廂其前爲東西堂其後爲東西夾室夾外之廣爲側階房後爲北階(註此其地之盤也)○按鄭氏曰天子諸侯有左右房大夫士惟有東房西室云則殿屋五間屋制並與此廈屋同而但有左右房爲少異耳大全專釋殿屋而兼及廈屋故今𦋅括爲廈屋說

◆廈屋室房戶牖(하옥실방호유)

爾雅西南隅謂之奧西北隅謂之屋漏東北隅謂之宦(音夷)東南隅謂之窔(音夷)東南隅謂之窔(音要亦作突)註戶在東西南隅最爲深隱故曰奧窔亦隱暗也東北陽始起育養萬物故曰宦宦養也孫炎曰屋漏當室日光所漏入也鄭謂當室之白西北隅得戶明者○朱子曰戶在室南壁之東偏牖在室南壁之西偏牖一名鄕○士虞記註牖扇在內○士昏禮疏房半以北謂之北堂無北壁亦無北戶○朱子曰房戶宜當南壁東西之中北堂通名房中又曰東夾之北通爲房中

◆廈屋堂後寢(하옥당후침)

大全古者爲堂自半以前虛之爲堂半以後實之爲室○爾雅廟中路謂之唐註中唐有甓○士喪禮疏堂上行事非專一所若近戶卽言戶東戶西近房卽言房外房東近楹卽言東楹西楹近序卽言東序西序近階卽言東階西階其堂半以南無所係屬者卽以堂言之梲淅米于堂是也○大記疏堂廉謂堂基南畔廉稜之上隱義云堂上近南霤爲廉是也兩楹南近堂廉○士昏禮疏坫在堂角以土爲之或謂堂隅爲坫又坫有二文若論昏反坫在兩楹間近南築土爲之以反爵○朱子曰堂之側邊曰堂廉堂之四周皆有廉○問凡行禮事有楹內楹外之別兩楹立於前庋下則有楹內而無楹外矣沙溪曰楹外簷下階上有餘地亦可行事○愚按古之堂制與今異本不設板而只鋪甓於堂基耳爾雅註所謂中唐有甓是也故堂之前廉在於楹外而自房室外至前廉同一平地也大記疏所謂近南霤爲廉兩楹南近堂廉是也今世則以板高設於堂基之上以兩楹爲限故堂廉與兩楹齊古則盡階三級便上堂今則盡階後又有一級盡此四級然後上堂故楹外階上行禮之際頗覺窒礙所以有此無楹外之疑問而沙翁未有明辨故僭論及之○爾雅釋宮室有東西廂曰廟無東西廂有室曰寢疏凡太室有東西廂夾室及前室有序墻者曰廟但有太室者曰寢○朱子曰顧命疏寢有東夾西夾則正寢亦有夾與廟矣釋宮所謂無東西廂者或者廟之寢也歟

◆廈屋階與霤(하옥계여류)

士冠禮註每階有東西兩廉○朱子曰阼階切近東序之西正當房戶之東壁○東面階則東堂之階其西堂有西面階也北堂有北階○鄕飮酒禮磬懸於階間縮霤註縮縱也霤雨霤處也

◆廈屋陳制(하옥진제)

爾雅廟中路謂之唐堂途謂之陳註堂下至門徑名陳○朱子曰堂途謂之陳北屬階南接門內霤

◆廈屋庭與碑(하옥정여비)

大全堂下至門謂之庭三分庭一在北設碑○聘禮註宮必有碑所以識日景知陰陽也又曰設碑近如堂深堂深謂從堂廉北至房室之壁三分庭一在北設碑而碑如堂深則庭蓋三堂之深也○祭義祭之日君牽牲入廟門麗于碑疏麗繫也以綱貫繫中庭碑中○孫氏曰古之所謂碑者乃葬祭饗聘之際所植一大木耳而其字從石者將取其堅且久乎○朱子曰檀弓云公室視豊碑三家

視桓楹豈天子諸侯以石故謂之碑大夫以下用木故謂之楹歟廟中同謂之碑則固皆謂石也

◆厦屋門(하옥문)

士冠禮布席于門中闑西閾外註闑門槷門之中央所竪短木也閾閫也○爾雅註閾門限謂門下橫木爲內外之限也其門之兩房木則謂之根根闑之間謂之中門○朱子曰奇曰戶隻扇偶曰門雙扇門中有闑兩旁有根古人常掩左扇○爾雅門側之堂謂之塾註門之內外其東西皆有塾一門而塾四其外塾南向內塾北向也○朱子曰大夫士惟外門內門而已諸侯則三天子則五庠序則惟有一門○士冠禮註適東壁者出闈門也時母在闈門外婦人入廟由闈門○奔喪疏婦人入自闈門升自側階闈門東邊之門○爾雅註闈門相通小門在旁壁也○士虞記註閈門如今東西掖門疏漢時掖門若人左右掖

◆厦屋墻(하옥장)

大全自門以北皆周以墻註墻者墉壁之總名室中謂之墉房與夾亦謂之墉堂上謂之序堂不謂之壁謂之墻其實一也隨所在而異其名爾

◆宮室之制(궁실지제)

王制寢不踰廟葉氏曰寢所常安而踰廟嫌於事親○按古者廟制與生人居寢同○士喪禮疏天子諸侯謂之路寢卿大夫士謂之適室亦謂之適寢皆謂正寢○大全寢之後有下室註士喪禮註下室如今之內堂賈氏曰下室燕寢也然則下室於天子諸侯則爲小寢也廟寢在廟之北則下室在適寢之後可知內則命士以上父子異宮賈氏曰若不命之士父子雖大院同居其中亦隔別各有門戶則下室之外又有異宮也○喪服傳子不私其父則不成爲子故有東宮有西宮有南宮有北宮異居而同財有餘則歸之宗不足則資之宗疏昆弟之子各自私朝其父故不得私其父不成爲人子之法也命士以上父子異宮不命之士父子縱同宮亦隔別爲四方之宮也○內則陳註宮室之制前有路寢次則君之燕寢次夫人正寢卿大夫以下前有適寢次則燕寢次則適妻之寢側室者燕寢之旁室也

◆卿大夫士厦屋論(경대부사하옥론)

朱子曰宮室之名制不盡見於經其可攷者宮必南向廟在寢東皆有堂有門其外有大門(周禮建國之神位右社稷左宗廟宮南鄉而廟居左則廟在寢東也寢廟之大門一曰外門其北盖直寢故士喪禮注以寢門爲內門中門凡旣入外門其向廟也皆曲而東行又曲而北案聘禮公迎賓于大門內每門每曲揖及廟門賈氏曰諸侯五廟太祖之廟居中二昭居東二穆居西每廟之前兩旁有隔墻墻皆有閤門諸侯受聘于太祖廟太祖廟以西隔墻有三大門東行至太祖廟凡經三閤門故曰每門也大夫三廟其墻與門亦然故賓門大夫迎賓入亦每門每曲揖乃及廟門其說當考大夫士之門惟外門內門而已諸侯則三天子則五庠序則惟有一門鄉飮酒射禮主人迎賓于門外入門即三揖至階是也)堂之屋南北五架中脊之架曰棟次棟之架曰楣(鄉射禮記曰序則物當棟堂則物當楣注曰是制五架之屋也正中曰棟次曰楣前曰庪賈氏曰中脊爲棟棟前一架爲楣楣前接檐爲庪今見於經者惟棟與楣而已棟一名阿又曰凡堂皆五架則五架之屋通上下而其廣狹隆殺則異爾)後楣以北爲室與房(後楣之下以南爲堂以北爲室與房室與房東西相連爲之案少牢饋食禮主人室中獻祝祝拜于席上坐受注曰室中迫狹賈氏曰棟南兩架北亦兩架棟北楣下爲室南壁而開戶以兩架之間爲室故云迫狹也序之制則無室)人君左右房大夫士東房西室而已(案聘禮賓館于大夫士君使卿還王于舘也賓亦退負右房則大夫亦有右房矣又鄉飮酒禮記薦出自左房少牢饋食禮主婦薦自東房亦有左房東房之稱當攷)室中西南隅謂之奧(邢昺曰室戶不當中而近東西南隅最爲深隱故謂之奧而祭祀及尊者常處焉)東南隅謂之宧(烏吊反○郭氏曰宧亦隱闇(補)程氏復心曰窔音怡室東北隅養也宧亦作窔)西北隅謂之屋漏(曾子問謂之當室之白孫炎曰當室日光所漏入也鄭謂當室之白西北隅得戶明者經止曰西北隅)室南其戶戶東而牖西(說文曰戶半門也牖穿壁以木爲交窗也月令正義古者窟居開其上取明兩因雷之是以後人戶室爲中雷閞牖者象中雷之取明也牖一名鄉其扇在內案士虞禮祝闔牖牖

戶如食間啓戶啓牖鄉注牖先闔後啓扇在內也鄉牖一名是也)戶牖之間謂之依(郭氏曰窓東
戶西也觀禮斧依亦以設之于此而得依名士昏禮注曰戶西者尊處以尊者及賓客位于此故又
曰客位)戶東曰房戶之間(士冠禮注房西室戶東也寢廟以室爲主故室戶專得戶名凡言戶者
皆室戶若房戶則兼言房而別之大夫士房戶之間於堂爲東西之中人君之制經無明證按釋宮
曰兩階間謂之鄉郭氏曰人君南向當階間則人君之室正中其西爲右房而戶牖間設依處正中
矣又按詩斯干曰築室百堵西南其戶箋曰天子之寢左右房異於一房者之室戶也正義大夫惟
有一東房故室戶偏東與房相近天子諸侯旣有右房則室當在其中其戶正中比一房之室戶爲
西當放)房戶之西曰房外(士冠禮注房之戶於房南壁亦當近東)房中半以北曰北堂有北階(士
昏禮記婦洗在北堂直室東隅注北堂房中半以北賈氏曰房與室相連爲之房無北壁故得北堂
之名按婦洗在北堂而士虞禮主婦洗足爵于房中則北堂亦通名房中矣)堂之上東西有楹(楹
柱也古之築室者以垣墉爲基而屋其上惟堂上有兩楹而已楹之設於前楣以下按釋宮曰梁上
楹謂之梲梲侏儒柱也梁楣也侏儒柱在梁之上則楹在楣之下又可知矣)堂東西之中曰兩楹間
(公食大夫禮致豆寶陳于楹外簠簋陳於楹內兩楹間言楹內外矣又言兩楹間知凡言兩楹間者
不必與楹相當謂堂東西之中爾)南北之中曰中堂(聘禮受王于中堂與東楹之間注中堂南北
之中也賈氏曰後楣以南爲堂堂凡四架前楣與棟之間爲南北堂之中案士喪禮注中以南謂之
堂賈氏曰堂上行事非專一所若近戶卽言戶東戶西近房卽言房外房東近楹卽言東楹西楹近
序卽言東序西序近階卽言東階西階其堂半以南無所繼屬者卽以堂言之祝淅米于堂是也)堂
之東西牆謂之序(郭氏曰所以序別內外)序之外謂之夾室(公食大夫禮大夫立于東夾南注東
於堂賈氏曰序以西爲正堂序東有夾室今立于堂下當東夾是東於堂也又案公食禮宰東夾北
西面賈氏曰位在北堂之南與夾室相當特牲饋食禮豆籩鉶在東房注東房房中之東當夾北則
東夾之北通爲房中矣室中之西與右房之制無明文東夾之北爲房中則西夾之北盖通爲室中
其有兩房者則西夾之北通爲右房也歟)夾室之前曰箱亦曰東堂西堂(觀禮記注東箱東夾之
前相翔待事之處特牲饋食禮注西堂西夾之前近南爾賈氏曰卽西箱也釋宮曰室有東西箱曰
廟郭氏曰夾室前堂是東箱亦曰東堂西箱亦曰西堂也釋宮又曰無東西箱有室曰寢案書顧命
疏寢有東夾西夾士喪禮死于適寢主人降襲経于序東注序東東夾前則王寢亦有夾與箱矣釋
宮所謂無東西箱者或者謂廟之寢也歟凡無夾室者則序以外通謂之東堂西堂按雜記夫人奔
喪升自側階注側階旁階奔喪曰婦人奔喪升自東階注東階東面階東面階則東堂之階其西堂
有西面階也)東堂下西堂下曰堂東堂西(大射儀賓之弓矢止于西堂下其將射也賓降取弓矢
于堂西卽西堂下也特牲饋食禮主婦視喜爨于西堂下記曰餴爨在西壁則自西壁以東皆謂之
西堂下矣又案大射儀執冪者升自西階注羞膳者從而東由堂東升自北階立于房中則東堂下
可以達北堂也)堂角有坫(士冠禮注坫在堂角賈氏釋士喪禮堂隅有坫以土爲之或謂堂隅爲
坫也)堂之側邊曰堂廉(喪大記正義堂廉堂基南畔廉稜之上也又案鄉射禮衆弓倚于堂西矢
在其上注上堂西廉則堂之四周皆有廉也)升堂兩階其東階曰阼階(士冠禮注阼酢也東階所
以答酢賓客也每階有東西兩廉聘禮饔鼎設于西階前當內廉此則西階之東廉以其近堂之中
故曰內廉也士之階三等按士冠禮降三等受爵弁注下至也賈氏曰匠人云天子之堂九尺賈馬
以爲階九等諸侯堂宜七尺階七等大夫宜五尺階五等士宜三尺故階三等也兩階各在楹之外
而近序)堂下至門謂之庭三分庭一在北設碑(聘禮注宮必有碑所以識日景知陰陽也又曰設
碑近如堂深堂深謂從堂廉北至房室之壁三分庭一在北設碑而碑如堂深則庭盖三堂之深也
又案鄉射之侯去堂三十丈大射之侯去堂五十四丈則庭之深可知而其隆殺之度從可推矣○
(補)孫氏何曰古之所謂碑者乃葬祭饗聘之際所植一大木耳而其字從石者將取其堅且久乎)
堂塗謂之陳(郭氏曰堂下至門徑也其北屬階其南接門內霤按凡入門之後皆三揖至階昏禮注
三揖者至內霤將曲揖旣曲北面揖當碑揖賈氏曰至內霤將曲者至門內霤主人將東賓將西賓
主相背時也旣曲北面者賓主各至堂塗北行向堂時也又案聘禮饔鼎設于西階前陪鼎當內廉
注辟堂塗也則堂塗在階廉之內矣)中門屋爲門門之中有闑(士冠禮注闑㯱也釋宮曰樀在地

者謂之臬郭氏曰即門橜也然則臬者門中所樹短木在地者也其東曰闑東其西曰闑西)門限謂
之閾(釋宮曰秩謂之閾郭氏曰閾門限邢昺曰謂門下橫木爲內外之限也其門之兩旁木則謂之
根根闑之間則謂之中門)闑謂之扉(邢昺曰闑門扉也其東扉曰左扉門之廣狹按士昏禮納徵
儷皮記曰執皮左首隨入注隨入爲門中阨狹匠人云廟門容大扃七箇大扃牛鼎之扃長三尺七
箇二丈一尺彼天子廟門此士之廟門降殺甚小故云阨狹也推此則自士以上宮室之制雖同而
其廣狹則異矣)夾門之堂謂之塾(釋宮曰門側之堂謂之塾郭氏曰夾門堂也門之內外其東西
皆有塾一門而塾四其外塾南向內塾北向也凡門之內兩塾之間謂之寧謂之寧者以人君門外
有正朝視朝則於此寧立故耳周人門與堂脩廣之數不著於經案匠人云夏后氏世室堂脩二七
廣四脩一堂脩謂堂南北之深其廣則益以四分脩之一也門堂三之二室三之一門堂通謂門與
塾其廣與脩取數於堂得其三之二室三之一者兩室與門各居一分也以夏后氏之制推之則周
人之門殺於堂之數亦可得而知矣)門之內外東方曰門東西方曰門西(特牲饋食禮注凡向內
以入爲左右向外以出爲左右士冠禮注又曰以入爲左右則門西爲左門東爲右以出爲左右則
門東爲左門西爲右天子諸侯門外之制其見於經者天子有屛諸侯有朝釋宮曰屛謂之樹郭氏
曰小墻當門中曲禮正義天子外屛屛在路門之外諸侯內屛屛在路門之內釋宮又曰門屛之間
謂之寧謂寧在門之內屛之外此屛據諸侯內屛而言也諸侯路寢門外則有正朝大門外則有外
朝諸侯三朝其燕朝在寢燕禮是也正朝與外朝之制度不見於經盖不可得而考矣)寢之後有下
室(士喪禮注下室如今之內堂正寢廳事賈氏曰下室燕寢也然則上之下室於天子諸侯則爲小
寢也又案喪服傳有東宮有西宮有南宮有北宮異宮而同財內則由命士以上父子皆異宮賈氏
釋士昏禮異宮者別有寢若不命之士父子雖大院同居其中亦隔別各有門戶則下室之外又有
異宮也)自門以北皆周以墻(按墻者墉壁之總名室中謂之墉房與夾亦謂之墉堂上謂之序室
房與夾謂之墉堂下謂之壁謂之墻其實一也隨所在而異其名爾堂下之壁闈門在焉士虞禮注
闈門如今東西掖門釋宮曰宮中之門謂之闈郭氏曰謂相通小門也是正門之外又有闈門而在
旁壁也)人君之堂屋爲四注大夫士則南北兩下而已(按考工記殷四阿重屋注四阿若今之四
注屋殷人始爲四注則夏后氏之屋南北兩下而已周制天子諸侯得爲殿屋四注卿大夫以下但
爲夏屋兩下四注則南北東西皆有霤兩下則雖南北有霤而東西有榮霤者說文屋水流也徐鍇
曰屋簷滴也榮者說文屋梠之兩頭起者爲榮又曰梠齊謂之檐楚謂之梠郭璞注上林賦曰南榮
屋南檐也然則檐之東西起者曰榮謂之榮者爲屋之榮飾謂之屋翼者言其軒張如翬斯飛耳門
之屋雖人君亦兩下爲之凡屋之檐亦謂之宇士喪禮注宇梠也說文宇屋邊也釋宮曰檐謂之樀
郭氏曰屋梠邢昺曰屋檐一名樀一名梠又名宇皆屋之四垂也宇西階上者西階之上上當宇也
階之上當宇則堂廉與坫亦當宇矣特牲饋食禮主婦視食喜饎饗于西堂下注南齊于坫其記又注口
南北直屋梠是也階上當宇故階當霤)此其著於經而可考者也(禮經雖亡闕然於覲見天子之
禮於燕射聘食見諸侯之禮餘則見大夫士之禮宮室之名制不見其有異特其廣狹隆殺不可考
耳案書多士傳天子之堂廣九雉三分其廣以二爲內五分內以一爲高東房西房北堂各三雉公
侯七雉三分廣以二爲內五分內以一爲高東房西房北堂各二雉伯子男五雉三分廣以二爲內
五分內以一爲高東房西房北堂各一雉士三雉三分廣以二爲內五分內以一爲高有室無房堂
注廣榮間相去也雉長三丈內堂東西序之內也高穹高也此傳說房堂及室與經亦不合然必有
所據姑存之以備參考見大全○語類李丈問太廟堂室之制朱子曰古制是不可曉禮說士堂後
一架爲室盖甚窄狹天子便待加得五七架亦窄狹不知周家三十以上神主位次相通如何行禮
室在堂後一間從堂內左角爲戶而入西壁如今之墻上爲龕太祖居之東向旁兩壁有牖卣昭列
於北牖下而南向卣穆列於南牖下而北向堂又不爲神位而爲人所行禮之地天子設黼扆於中
受諸侯之朝○又曰宮即墻也○又曰書言天子有應門春秋書魯有雉門禮記云魯有庫門皆無
云諸侯有皋應者則皋應爲天子之門明矣

⊙爲四龕以奉先世神主(위사감이봉선세신주)

祠堂之內以近(增解一作後)北一架爲四龕每龕內置一卓大宗及繼高祖之小宗則高祖居西(卽第一龕)曾祖次之(卽第二龕)祖次之(卽第三龕)父次之(卽第四龕○爾雅註高最上也祖始也曾重也○輯覽宋朝太廟亦以西爲上)繼曾祖之小宗則不敢祭高祖而虛其西龕一繼祖之小宗則不敢祭曾祖而虛其西龕二繼禰之小宗則不敢祭祖而虛其西龕三若大宗世數未滿則亦虛其西龕如小宗之制神主皆藏於櫝中置於卓上(北端)南向龕外各垂小簾簾外設香卓於堂中置香爐香盒於其上(爐西盒東)兩階之間又設香卓亦如之(輯覽按兩階間所設盖爲晨謁及出入告辭時所用)非嫡長子則不敢祭其父若與嫡長同居則死而後其子孫爲立祠堂於私室且隨所繼世數爲龕(尤菴曰支子壓於宗家故只計世數爲龕而不敢爲四也)俟其出而異居乃備其制若生而異居則預於其地立齋以居如祠堂之制死則因以爲祠堂○主式見喪禮治葬章(治葬章一作及前圖)(丘氏曰圖非朱子作矣南雝舊本止云主式見喪禮治葬章不知近本何據改治葬章爲見前圖也)

程子曰管攝天下人心收宗族厚風俗使人不忘本須是明譜系收世族立宗子法宗子法壞則人不知來處以至流轉四方往往親未絶不相識又曰今無宗子故朝廷無世臣若立宗子法則人知尊祖重本人旣重本則朝廷之勢自尊古者子弟從父兄今父兄從子弟由不知本也○宗子法廢後世譜牒尙有遺風譜牒又廢人家不知來處無百年之家骨肉無統雖至親恩亦薄○張子曰宗法若立則人各知來處朝廷大有所益或問朝廷何所益曰公卿各保其家忠義豈有不立忠義旣立朝廷豈有不固○司馬溫公曰所以西上者神道尙右故也○或問廟主自西而列朱子曰此也不是古禮○問諸侯廟制太祖居北而南向昭廟二在其東南穆廟二在其西南皆南北相重不知當時每廟一室或共一室各爲位也曰古廟制自太祖而下各是一室陸農師禮象圖可考西漢時高祖廟文帝顧成廟各在一處但無法度不同一處至東漢明帝謙貶不敢自當立廟祔於光武廟其後遂以爲例至唐太廟及群臣家廟悉如今制以西爲上也至禰處謂之東廟今太廟之制亦然○大傳云別子爲祖繼別爲宗繼禰者爲小宗有百世不遷之宗有五世卽遷之宗何也君適長爲世子繼先君正統自母弟以下皆不得宗其次適爲別子不得禰其父又不可宗嗣君又不可無統屬故死後立爲大宗之祖所謂別子爲祖也其適子繼之則爲大宗直下相傳百世不遷別子若有庶子又不敢禰別子死後立爲小宗之祖其長子繼之則爲小宗五世則遷別子者謂諸侯之弟別於(於一作爲)正適故稱別子也爲祖者自與後世爲始祖謂此別子子孫爲卿大夫立此別子爲始祖也繼別爲宗謂別子之世世長子當繼別子與族人爲不遷之宗也繼禰者爲小宗禰謂別子之庶子以庶子所生長子繼此庶子與兄弟爲小宗也五世則遷者上從高祖下至玄孫之子高祖廟毀不復相宗又別立宗也然別子之後族人衆多或繼高祖者與三從兄弟爲宗至子五世或繼曾祖者與再從兄弟爲宗至孫五世或繼祖者與同堂兄弟爲宗至曾孫五世或繼禰者與親兄弟爲宗至玄孫五世皆自小宗之祖以降而言也魯季友乃桓公別子所自出(所自出朱子曰衍文)故爲一族之大宗滕文之昭武王爲天子以次則周公爲長故滕謂魯爲宗國又有有大宗而無小宗者皆適則不立小宗也有有小宗而無大宗者無適則不立大宗也今法長子死則主父喪用次子不用姪若宗子法立則用長子之子○楊氏復曰先生云人家族衆或主祭者不可以祭及叔伯父之類則須令其嗣子別得祭之今且說同居同出於曾祖便有從兄弟及再從兄弟祭時主於主祭者其他或子不得祭其父母若恁地衰倣一處祭不得要好則主祭之嫡孫當一日祭其曾祖及祖及父餘子孫與祭次日却令次位子孫自祭其祖及父又次日却令次位子孫自祭其父之倣箇樣子方可使以下士大夫行之○排祖先時以客位西邊爲上高祖第一高祖母次之只是正排看(看疑着)正面不曾對排曾祖祖父皆然其中有伯叔伯叔母兄弟嫂婦無人主祭而我爲祭者各以昭穆論○黃氏瑞節曰神主位次放宗法也今依本註姑以小宗法明之小宗有四繼高祖之小宗者身爲玄孫及祀小宗之祖爲高祖而曾祖祖父次之繼曾祖之小宗者身爲曾孫及祀小宗之祖爲曾祖而以上吾不得祀矣繼祖之小宗者身爲孫及祀小宗之祖爲祖而以上不得祀矣繼禰之小宗者身爲子小宗之祖爲禰而以上不得祀矣不得祀者以上爲大宗之祖吾不得而祀之也大宗亦然先君世子大宗以(以一作而)下又不得而祀之也朱子云宗法須宗室及世族之家先行之方使以下士大夫行之然家禮以宗法爲主所謂非嫡長子不敢祭其父皆是意也至於冠昏喪祭莫不以宗法行其間云

◉네 감실(龕室)로 하여 선대(先代) 신주(神主)를 봉안(奉安)한다.

사당(祠堂) 안 북쪽 벽에 가깝게 횡(橫)으로 횃대를 걸고 네 감실(龕室)로 나눈다. 매 감실 내(內)에는 탁자 하나씩을 놓는다. 대종가(大宗家)나 고조(高祖)를 이어가는 소종가(小宗家)에서는 서쪽 감실에 고조고비(高祖考妣) 신주(神主)를 봉안(奉安)하고 다음 감실에 증조고비(曾祖考妣) 신주(神主)를 봉안하고 다음 감실에 조고비(祖考妣) 신주 또 다음 감실 즉 동쪽 감실에 고비(考妣) 신주를 봉안한다.

증조를 이어가는 소종가(小宗家)에서는 고조고비 신주를 봉안하는 서쪽 감실 한 칸을 비우고 할아버지를 이어가는 소종가에서는 증조고비 신주를 봉안하는 둘째 감실 까지 비우고 아버지만 이어가는 소종가에서는 서쪽으로 세 감실을 비운다. 만약 대종가 라 하여도 세대수가 사대(四代) 미만이면 소종가 제도와 같다. 신주는 모두 주독(主櫝)에 안치하여 탁자 위 북단에서 남향케 한다.

고비(考妣)의 자리는 고서비동(考西妣東)이다. 감실 앞에는 매 감실 마다 발을 치고 발 밖 당(堂)의 중앙에 향탁(香卓)을 놓고 그 위에 향로(香爐)와 향합(香盒)을 두되 향로는 서쪽이며 그 동쪽에 향합을 둔다. 양 층계 사이 (또는 서립옥(叙立屋)이 있으면 서립옥 북단) 중앙에 또 그와 같이 향탁을 둔다.

적장자(嫡長子)가 아니면 그의 아버지는 본 사당에 신주를 봉안하고 제사(祭祀)치 못한다. 만약 적장자(嫡長子)와 같이 살다 죽었으면 그 자손이 사실(私室)에 사당을 세우고 봉사(奉祀)를 하고 또 세대수대로 감실을 두고 기다리다 분가(分家)를 하게 되면 그 신주를 모시고 나가 제도와 같이 갖춘다. ○만약 생전에 분가하여 살면 그 터에 미리 사당을 제도와 같이 세우고 살다 죽으면 제도에 따라 사당에 봉안한다. ○신주 만드는 격식은 상례편(喪禮篇) 치장장(治葬章) 도식(圖式)에 상세히 기술되어 있다.

◆四龕室(사감실)

補註此四堂字恐當作室盖古者堂屋五架中脊之架曰棟次棟之架曰楣後楣之下以南爲堂以北爲室與房今當以近北一架爲四龕室以前四架爲堂張子曰祭堂後作一室都藏位版如朔望薦新只設於室惟分至之祭設於堂此之謂也○爾雅古者爲堂自半已前虛之謂之堂半已後實之爲室○韻會牌蒲街切牓也○翰墨大全家禮納采條奉以告祠堂註無祠堂或畫影或寫立位牌

◆奉先世神主(봉선세신주)

朱子曰廟中自高祖以下每世爲一室而考妣各自爲主(同匣)兩娶三娶者伊川則謂廟中只當以元妣配而繼室者祭之他所恐於人情不安唐人自有此議云當並配出妻入廟決然不可爲子孫者只合歲時就其家之廟拜之若相去遠則設位望拜可也族祖及諸旁親皆不當祭有不可忘者亦倣此例足矣

◆祭四代(제사대)

或問今人不祭高祖何如程子曰高祖自有服不祭甚非某家却祭高祖又曰自天子至於庶人五服未嘗有異皆至高祖服既如是祭亦須如是○朱子曰考程子之言則以高祖有服不可不祭雖七廟五廟亦止於高祖雖三廟一廟亦必及於高祖但有疏數之不同爾此最得祭祀之本意今以祭法考之雖未見祭必及高祖之文然有月祭享嘗之別則古者祭祀以遠近爲疏數亦可見矣禮家又言大夫有事省於其君干祫及其高祖此則亦可爲立三廟而祭及高祖之驗(干者自下而干上之義以卑者而行尊者之禮故謂之干)○或問官師一廟而庶人祭及三代却是違禮朱子曰廟有門堂寢室其體面甚大今但以一室爲之雖祭及三代不可謂之僭○侯氏(延訓)曰洪武年間儀註亦有孝孫祭高曾祖禰考妣祝文則此又時制也(考壽考也妣媲也與考相媲也謝氏曰易云有子考無咎又曰意承考也書曰事厥考則考妣皆非死而後稱蓋古者通稱後世乃異之爾)

◆以西爲上(이서위상)

會成祠堂幷列四龕高祖居中東第一龕曾祖居中西第一龕祖居近東壁一龕禰居近西壁一龕按大明會典祠堂圖下云朱子祠堂神主位次以西爲上今品官士庶祭祀遵用時制奉高祖居中東第一龕曾祖而下則以次而列〇周氏曰古者廟皆南向而各有室神主在室則皆東向先王之祭有堂事有室事設始祖東向之位於室中昭北穆南左右相向以次而東此室事也堂事室事皆父昭在左子穆在右則古之神道尙左彰彰然矣〇侯氏廷訓曰以西爲上之制神道尙右之說其來已遠似難遽變但行之雖久而人心至今未安義雖有取於常情皆若有違至我聖祖太廟之制出自獨斷不沿於舊可謂酌古準今得人心之安者矣

◆列主以西爲上之非(열주이서위상지비)

或問廟制皆當以西爲上朱子曰此也不是古禮周氏曰古者廟皆南向而各有室神主在室則皆東向先王之祭有堂事有室事設始祖南向之位於堂上昭東穆西左右相向以次而南此堂事也設始祖東向之位於室中昭北穆南左右相向以次而東此室事也堂事室事皆父昭在左子穆在右則古之神道尙左彰彰然矣自漢明帝乃有尙右之說唐宋以來皆爲同堂異室以西爲上之制然則古者室事始祖東向則左昭右穆以次而東者不得不以西爲上後世南向之位旣非東向之制而其位次尙循以西爲上之轍則廢昭穆之禮矣〇浦江鄭氏祠堂列爲五位以第四世祖考居中右第一位妣居中左第一位高曾祖禰四考以次而右四妣以次而左丘文莊曰此固以西爲上也及其並列四世之考則曾居高之右祖又居曾之右則又似以東爲上不知何義愚謂禮事死如事生墓死道也尙可共穴而葬以同夫婦之道主生道也乃不得共櫝而享可乎是左右分列之失不但爲上之制不一已也〇侯氏曰以西爲上之制神道尙右之說其來已遠似難遽變但行之雖久而人心至今未安義雖有取常情皆若有違朱子明謂非古禮特以其時宋太廟皆然嘗欲獻議而未果家禮之作姑從時制至我

◆神主(신주)

問古者大夫無主或曰有主何說爲是沙溪曰諸家說可參考士虞疏大夫無木主以幣主其神天子諸侯有木主許愼五經異義曰按公羊說卿大夫非有土之君不得祫享昭穆故無主大夫束帛依神士結茅爲菆徐邈曰左傳稱孔悝反祏(註祏盛主石函所以避火災)又公羊大夫聞君喪攝主而往(註攝斂神主不暇待祭)皆大夫有主之文自天子及士並有其禮但制度降殺爲殊禮言重主道也埋重則立主大夫士有重亦宜有主以記別座位有尸無主何以爲別今按經傳未見大夫士無主之文意有者爲長歟〇讀禮通考注琬曰大夫士之廟祀也謂之無主者鄭玄許愼也謂之有主者徐邈淸河王懌也廟所以樓主大夫三廟士一廟使其無主則祭於寢足矣廟何爲者檀弓重主道也商主綴重焉周主重徹焉並非指天子諸侯爲說也則大夫士宜有主者一孔子曰祭祀之有尸也宗廟之有主也示民有事也以此坊民民猶忘其親亦非專指天子諸侯也則大夫士宜有主者二也斯可以闢許鄭之妄矣〇問庶人亦可用主否朱子曰用亦不妨

◆祀版別號學生(사판별호학생)

艮齋曰蘆沙祀版遺囑題以別號無礙至於凡常士者之用此及改學生爲別號而改題累世神主恐未合禮學生之稱似始於沙翁而遂爲禮家之程式今反以爲羞恥則恐未免識者之笑矣〇尤菴論程書號行而曰號是別號今以本文考之似未然蓋本文屬稱註稱謂官或號行如處士秀才幾郞幾翁據此則號是處士秀才非如今某庵某齋也而尤翁直以別號當之未知是如何陶庵曰神主稱別號雖無例恐不害於義況有程子之言乎程子之言別有出處則已若以上所擧者言則恐非程子本指□加博詢可也

◆神主牌子(신주패자)

艮齋曰牌子之說余始據語類庶人家用主亦不妨及梅山庶人神主不當書學生孺人二說而謂今之窮閻賤氓亦無不可立主之義矣後見近齋言禮不下庶人所當禁者賤隷之娶着紗帽常漢

之葬立木主僭踰則名分紊矣又見程子白屋之家不可用主只用牌子可矣之訓遂改前見以爲
常賤之好禮者不宜立主而只用牌子如朱子不爲判合陷中之敎則恐無僭踰之嫌矣今因來間
而𥅿思之不免復有疑端盖語類言伊川制士庶不用主只用牌子又言今人未仕只用牌子到任
滿不中換了(同春曰謂未仕用牌子旣仕不可易牌子而有主)大全答曾光祖書又言主式固無
官品之限萬一繼世無官亦難遽易(鏡湖曰謂易神主爲牌子也)但繼此不當作耳(沙溪曰謂不
作神主也)語類又言若是士人只用主亦無大利害執此諸條以觀之程書白屋之家只指士人之
未仕者非必幷包窮閻賤氓而言也語類庶人家及士庶兩庶字亦是如此與近梅所言庶人之專
指常賤者自別也

◆祠堂祭始祖之非(사당제시조지비)

丘文莊曰浦江鄭氏家儀首列祠堂祭及始祖古者庶人祭於寢拘於古者固已謂祭四代爲僭矣
又加之始祖可乎鄭氏猶有可諉在他人家則僭分甚矣然則始祖之祭獨不可行乎曰必如程子
所謂冬至祭之可也

◆奉影像(봉영상)

朱子曰古禮廟無二主其意以爲祖考之精神旣散欲其萃聚於此故不可以二今有祠版又有影
是有二主矣必欲適古今之宜宗子所在奉二主蓋不失萃聚祖考精神之義(註二主常相從則精
神不分矣)○神主惟長子得奉祀之官則以自隨影像則諸子各傳一本自隨無害也○問圃隱先
祖眞像奉於祠堂則士子展謁時便自難便別立影堂於祠堂之傍似便而有違於朱子二主不可
分離之訓何如尤菴曰朱子之訓何敢違貳然旣以士子展謁爲疑則亦似難處第兩堂相去果是
呎尺則不可謂分離朱子所謂則留影於家而奉神主之官之謂也祭時並設於影及奉影合祭於
神主之示未有所考然恐不必如此○祠堂必如家禮始祖之制可行於久遠而無疑且事事皆便
矣隨地勢造建別廟則事有據而且順矣○輯覽尹魯齋直先世遺像歲時忌日懸揭曰子孫於一
覩之頃優然若有見乎其位而或有感慕奮勵思所以修身飭行無忝所生者不可泥先儒一言而
視若古紙也○問高祖畫像藏在家廟若出視則當拜之乎旅軒曰見祖先遺像安得無拜

◆考妣合櫝(고비합독)

祭統鋪筵設同几爲依神也陳註人生則形氣異故夫婦之倫在於有別死則精氣無間共設一几
故祝辭云以某妃配○朱子曰考妣各自爲主同匣

◆四妣合櫝(사비합독)

艮齋曰禮記註虞氏說有十繼母之語朱子大全何叔京墓誌有四妣皆封安人之文俗下無四位
合櫝之說無稽之甚也今當追造繼妣祀版而合行祭薦不容少緩其追後立主之說詳見梅山禮
說可考而行也

◆繼母之祀(계모지사)

或問朱子曰橫渠謂祔葬祔祭止用一人譬之一室中豈容二妻以義斷之須祔以首娶繼室別爲
一所可也程氏祭儀乃謂奉祀之人是繼所生卽以所生之母配繼娶無子祔祭別位二說何如朱
子曰程說恐誤橫渠之說亦推之太過也唐會要中有論凡嫡母先後皆當並祔合祭只從唐人所
議爲允○按喪小記婦祔於祖姑祖姑有三人則祔於親者是可爲嫡母並祔之證

◆繼妣合櫝(계비합독)

張子曰其葬其祔雖爲同穴同筵几然譬之人情一室中豈容二妻以義斷之須祔以首娶○朱子
曰配祭只用元妃繼室則爲別廟○問程氏祭儀凡配只用正妻一人或奉祀之人是再娶所生卽
以所生配若奉祀者是再娶之子乃用所生配而正妻無子遂不得配可乎曰程先生此說恐誤唐
會要中有論凡是適母無先後皆當並祔合祭與古者諸侯之禮不同又曰橫渠之說似亦推之太
過○兩娶三娶者唐人自有此議云當並配○勉齋曰按小記云婦祔於祖姑祖姑有三人則祔於
親者祖姑二人皆得祔廟則再娶之妻自可祔廟程子張子特考之不詳朱先生所辨正合禮經○

尤菴曰父之所娶雖至於四何害於合櫝配食也

◆嫁母不祔廟(가모불부묘)

朱子曰嫁母者生不可以入于廟死不可以祔于廟

◆婦出死於父家祭之別室(부출사어부가제지별실)

問有姑出歸父母家他日捨兄弟姪之外無爲主者旣無所祔豈忍其神之無歸乎朱子曰古法旣
廢隣家里尹決不肯祭他人之親則從宜而祀之別室其亦可也

◆出母之祀(출모지사)

朱子曰出妻入廟決然不可爲子孫者只合歲時就其家之廟拜之若相去遠則設位望拜可也

◆庶母之祀(서모지사)

程子曰庶母決不可入祠堂其子當祀之私室主櫝之式則一盖式有法象不可損益損益則不成
矣(法象詳後神主式下)○丘文莊曰若嫡母無子而庶母之子主祀恐亦當祔嫡母之側

◆庶母不入廟(서모불입묘)

程子曰庶母不可立廟子當祀於私室○問庶孽以長房立祠奉祧主則其妻或其子死其神主恐
當入於祠堂而至於其母乃是妾則決不可許入一祠似當安於別室同春曰承嫡者之母許入於
先廟丘氏有此論老先生嘗以不識義理斥之○問庶母死其長子承重則次子當祀於私室歟遂
菴曰似合情禮

◆適婦立後主祭(적부입후주제)

退溪曰長子無後而死爲之立後而傳之長婦此正當道理也人家父母之情多牽愛次子而欲與
之爲次子者亦多不知爲兄立後之爲義而欲自得之因卒歸於不善處者尤可歎也○沙溪曰長
子妻立後則當奉祀也又反思之長子妻無子已移宗於次子到今立後必有辨爭之端未知國典
舊例之如何也○南溪曰主婦在而未及立後則祥禫改題等節皆當以攝主主之且以或兄或姪
祔於祖廟俟異日立後一並改正○爲長子成人而死者不立後非古也旣立後矣而不使承先祀
又無於禮者也昔有問夷齊當立之義晦翁曰看來叔齊雖以父命終非正理恐只當立伯夷曰伯
夷終不肯立奈何曰國有賢大臣則必請於天子而立之不問其情願矣然則今日之義乃是門長
事也具其本末告廟還宗終似得禮○陶菴曰今以承重孫死無子不立曾孫而立子或立孫則是
亡子亡孫無罪而見廢也寧有是理

◆婦人主祭(부인주제)

周元陽祭錄婦祭舅姑祝辭云顯舅顯姑妻祭夫曰顯辟○南溪曰必無男主然後用女主○芝村
曰婦人主祭以無可主之男不獲已而有之

◆嫁母子主祭(가모자주제)

尤菴曰禮有嫁母之子爲父後之文何嘗以母嫁而奪宗於他人乎

◆妾子主祭(첩자주제)

尤菴曰大典立後條嫡妾俱無子然後方許立後據此則有妾子者當承重矣

◆次子之長子主祭(차자지장자주제)

問長子無後而死不立後次子死而有子又季子生存則誰當奉祀沙溪曰次子之子當奉死也○
同春曰長子無嗣則次子當代之次子雖歿其子若在則當承重雖非正嫡猶是次嫡何可捨之而
第三子主祀耶○尤菴曰兄亡而弟及禮之大節目也長子旣死無後則宗移次子而次子之子爲
宗子矣正程子所謂旁枝達爲直幹者也禮家所謂傳重非正體者也季子何敢自謂於序爲體而
折其已直之幹奪其已傳之重乎千不是萬不是

◆兄亡弟及稱攝當否(형망제급칭섭당부)

艮齋曰禮經有兄亡弟及之文兄死無后則其弟代之一如其兄之爲不可以攝言之但兄妻在而欲立後則其弟難於遽行主人之事也此尤翁所論恐當從之

◆長子妻嫁無育庶子陞嫡(장자처가무육서자승적)

艮齋曰長子妻嫁無育只有庶子幾人者擇庶子之賢者以繼宗祀此是正理故先賢多以陞嫡爲是矣有子而議立後旣不可而無嫡母不須問嫁母之子不得爲宗子自是世俗之見禮無所據勿疑其所行也

◆妾子雖無父命當承嫡(첩자수무부명당승적)

艮齋曰妾子雖無父命亦當承嫡此無可疑蓋國典嫡妾俱無子然後方許立後故尤翁謂妾子當承重旣承重則亦當稱孝子若疑此有父命而然又有不然者今有遺腹妾子則豈可以未承父命而不得奉祀耶

◆主幼攝祭(주유섭제)

問子幼則人爲之攝否朱子曰攝主但主其事名則宗子主之〇朱子曰主祭事據禮合以甲之長孫爲之若不能則以尊長攝行可也如又疾病則以次攝似亦無害異時甲之長孫長成却改正不放〇退溪曰宗子死繼後子雖在襁褓亦當書其名而季也爲攝主可也

◆長子死長孫又死長孫之弟當攝祀(장자사장손우사장손지제당섭사)

長子死長孫又司而無子長子有弟長孫亦有弟誰當攝祀長孫之弟攝祀然後可免一廟二主之弊矣

◆次子攝祀諸位無祝單獻(차자섭사제위무축단헌)

艮齋曰長子無后次子攝祀則立后前不祧位以下一向無祝單獻雖甚未安然欲如某家次子改題三獻之例則干統之嫌重於未安之私恐無變通之路矣

◆支子攝主不敢改題(지자섭주불감개제)

艮齋曰支子權攝主祭改題有南溪說不知此可遵否鄙見宗孫死而有妻將立后而諸父禫后何敢改題先代祀板乎增解如此處極多每欲與諸友一番整理過而精力日短有志未就可恨耳

◆非大宗無相後之義(비대종무상후지의)

艮齋曰非大宗無相後之義此雖註疏說而其義則實天地間直上直下之正理而後世帝王不以爲意人家亦鮮有行之者豈易父移天是小事歟雖大宗立後母得取疎遠亦必告本官本官轉報上營上營聚而聞於禮官禮官取旨回下一年分兩次爲之〇禮非大宗無相後之義此是天地之間亭亭當當直上直下之正理玩而味之尤覺其義之精而仁之至也後世此禮不行故父子之倫大亂父子亂則君臣夫婦如之何其可正也人家立後之變所聞所見有不忍言者今以必宗子始須立後立法如繼禰之宗無後非兄弟之子無得取以爲後繼祖之宗無得踰五寸繼曾祖之宗無得踰七寸餘皆以是爲差要之取最尊位以下子孫使奉其祀而朝家立案時必取帳籍檢考無誤然後方許入啓若欺罔上聽以遠爲近者事覺父子皆依律定罪罷繼當時禮官亦與重勘如此庶幾人倫明正無復紊亂淫僻之罪是爲敎民定志之道也未知後之人君能取以用之否也〇古者非大宗不敢立後此聖人體人子之至情斷以大義也後世此義不明小宗支子無不立後則某甲生時以子立弟後告弟几筵此愛弟之心也其門長具由告君而立案使其子母敢辭焉則此又族人可爲之道也然此姑以俗例言之至於爲子者據禮則非大宗無相後之義據律則已孤者無移天之文據情則爲人子者又只有守經之理矣此子之辭之也夫孰得以非之以故先師之敎如彼也愚每於後世立子之無節竊深痛之以爲賢者得君行道此一款必與從頭整理過今擬令國人必宗子方許立後而繼禰者必取親弟之子繼祖者必取從兄弟及親弟之子繼曾祖以上倣此母得遠求疏族其法則必告本郡本郡報營營報禮曹禮曹啓稟立案如此則庶幾人倫正而王法重

矣鄙報前書之意實從禮義源頭處說下來如今所喩却去後人情勝處商量講究所以未合也

◆祭三代(제삼대)

本朝大典文武官六品以上祭三代七品以下祭二代庶人則只祭考妣○晦齋曰今國朝禮典六
品以上祭三代不可違也○俟氏廷訓曰洪武年間儀註亦有孝孫祭高曾祖禰考妣祝文則此又
時制也○輯覽按要訣亦從國制只祭三代然家禮旣以祭四代定爲中制故好禮之家多從家禮
○尤菴曰祭三代國制也祭四代家禮也樊宗在京者從家禮在鄕者從國制矣數十年前同春立
議皆從家禮○南溪曰祭三代古今通行之禮栗谷之從時制不可非也但大明會典及五禮儀皆
許士大夫以從文公家禮是亦不以祭四代爲罪也然則從程朱祭高祖恐不至未安

◆伯兄早歿無嗣永無立後之道其弟殷及當否(백형조몰무사영무입후지도기제은급당부)

非百世不遷之宗而立后原非禮意而今約齋伯兄永無立后之道則用殷及之禮未爲不可而後
賢多不分大宗小宗而每有奪宗之論愚未敢質言

◆支子祭宗子主禮(지자제종자주례)

小記庶子不祭禰疏若庶子是下士宗子是庶人此下士立廟於宗子之家供其牲物宗子主其禮
若俱爲下士宗子自祭庶子不得祭○曾子問曰宗子爲士庶子爲大夫其祭也如之何孔子曰以
上牲祭於宗子之家祝曰孝子某爲介子某薦其常事註貴祿重宗也上牲大夫小牢也介副也

◆非嫡長子則不敢祭其父(비적장자즉불감제기부)

大傳庶子不祭明其宗也通解朱子曰謂非大宗則不得祭別子之爲祖者非小宗則各不得祭其
四小宗所主之祖禰也小記則云庶子不祭禰明其宗也又云庶子不祭祖明其宗也文意重複似
是衍字而鄭氏曲爲之說疏亦從之恐不如大傳語雖簡而事反該悉也

◆有大宗而無小宗(유대종이무소종)

語類問有小宗而無大宗曰此說公子之宗也謂如人君有三子一嫡而二庶則庶宗其嫡是謂有
大宗而無小宗皆庶則宗其庶長是謂有小宗而無大宗○按儀禮經傳及註疏公子不得宗其君
故君命一人爲宗以領公子而諸公子宗之嫡子爲宗則宗之以大宗之禮庶子爲宗則宗之以小
宗之禮皆公子昆弟中禮也他族則無之

⊙龕室之具(감실지구)

(龕)祠堂內近北一架四分而以板隔之○감. 즉 감실. 사당 안의 북쪽 벽 가까이 횃대 하나를 걸
고 넷으로 나누어 칸막이를 한다. (大卓)四用以置各龕內其北端以奉神主東西端以奉祔主南端
容設饌○대탁 4. 즉 제사상. (坐褥)卽方席用以鋪於卓上者隨位各具○좌욕. 즉 방석. ○신주 방
석. (座面紙)俗用油紙隨卓各具○좌면지. 즉 기름 먹인 종이. ○탁자 마다 편다. (拭巾)隨卓
各具○식건. ○탁자 닦는 수건. (簾)四用以垂於龕前者○렴 4. 즉 발. ○각 감실 앞에 늘어트
려 친다. (席)卽(地衣)用以鋪於堂內者○석. 즉 자리. (香案)二一設於堂內一設於兩階間用以陳
爐盒匕筯者○향안 2. ○향로와 향합 향수저를 받쳐 놓는 탁자. (香爐)二○향로 2. (香盒)二
○향합 2. (香匕)二○향비 2. 즉 향을 향합에서 향로에 떠 넣는 수저. (火筯)二○화저 2.
즉 불 젓가락

⊙旁親之無後者以其班祔(방친지무후자이기반부)

伯叔祖父母祔于高祖(增解問祔於高祖者或於其宗孫爲再從孫則如何尤菴曰孫祔於祖自是正禮奉祀者
之疎戚不須論也)伯叔父母祔于曾祖妻若兄弟若兄弟之妻(尤菴曰其夫不得爲妻立廟故姑附於宗家)
祔于祖(尤菴曰其祖生存則中一而祔于高祖禮也○集說妻死夫之祖母在則祔於高祖妣)子姪(子婦姪婦同)

祔于父(孫若孫婦中一而祔于祖)皆西向(卓上東端正位東南)主櫝並如正位姪之父自立祠堂則遷
而從之○程子曰無服之殤(韻會殤痛也或作傷○備要七歲以下)不祭下殤(備要十一歲至八歲)之祭
終父母之身中殤(備要十五歲至十二歲)之祭終兄弟之身長殤(備要十九歲至十六歲)之祭終兄
弟之子之身成人(備要丈夫冠婦人許嫁)而無後者其祭終兄弟之孫之身此皆以義起者也(禮
運禮也者義之實也恊諸義而恊則禮雖先王未之有可以義起也註實者囗制也禮者義之囗 制義者禮之
權度禮一囗 不易義隨時制宜故恊合於義而合當爲者則雖先王未有此禮可酌之於義而創爲之禮焉此
所以三代損益不相襲也○小記庶子不祭殤與無後者殤與無後者從祖祔食)

楊氏復曰按祔位謂旁親無後及卑幼先亡者祭禮纔祭高祖畢卽使人酌獻祔于高祖者曾祖祖考皆然
故祝文說以某人祔食尙饗詳見後祭禮篇四時祭條○劉氏垓孫曰先生云如祔祭伯叔則祔于曾祖之
傍一邊在位牌西邊安伯叔母則祔曾祖母東邊安兄弟嫂妻婦則祔于祖(于祖下疑脫父字)母之傍伊
川云曾祖兄弟無主者亦不祭不知何所據而云伊川云只是義起也○遇大時節請祖先于堂或廳上
坐次亦如在廟時排定祔祭旁親者右丈夫左婦女坐以就裏爲大凡祔於此者不從昭穆了只以男女左
右大小分排在廟却各從昭穆祔

⊙손(孫) 없는 방친(旁親)을 대에 맞게 사당에 합사한다.
백숙조부모(伯叔祖父母)는 고조(高祖)에게, 백숙부모(伯叔父母)는 증조(曾祖)에게 곁들이고 처(妻)나 형제, 형제의 처는 조부(祖父)에게 곁들이고 아들과 조카는 아버지께 곁들이되 모두 탁자 동단 남쪽에서 서쪽으로 향하게 한다. 주독(主櫝)은 정위(正位)와 같게 하고 신위(神位)의 자리는 고북비남(考北妣南)이다.

정자(程子)가 이르기를 복(服)이 없는 어린아이 죽음은 제사치 않으며 하상(下殤)의 제사는 부모의 죽음으로 마치고 중상(中傷)의 제사는 형제의 죽음으로 마치고 장상(長殤)의 제사는 형제의 아들 죽음으로 마친다. 관례(冠禮)나 혼인한 이가 후사(後嗣)가 없을 때의 제사는 형제의 손 죽음으로 끝난다. 이 모두 오상(五常)의 하나인 의(義)에서 비롯된 것이다. 라 하셨다.

◆旁親之無後者(방친지무후자)
中庸或問自吾父祖曾高謂之正統其伯叔曾高伯叔父祖衆子昆弟皆爲旁親○或問禮旣有爲後之文則所謂旁親之無後者亦可以有後而曰無後者何也愚曰按曾子問孔子曰宗子爲殤而死庶子不爲後註雖是宗子死在殤年無爲人父之道故也曰然則成人而無後者何也曰按喪服傳爲人後者孰後後大宗也曷爲後大宗也尊之統也又按通典張湛謂曹述初曰禮所稱爲人後後大宗所以承正統若非大宗之主所繼非正統之重無相後之義

◆班祔(반부)
士虞禮以其班祔註班次也疏以孫祔於祖孫與祖昭穆同故以孫連屬於祖而祭之○小記庶子不祭殤與無後從祖祔食註庶子所以不得祭此二者以已是父之庶子不得立父廟故不得自祭其殤子也不得立祖廟故無後之兄弟已亦不得祭也祖廟在宗子之家此殤與此無後者當祭祖之時亦與祭於祖廟故曰從祖祔食○集說或問祠堂內則孫祔祖龕若孫死而祖在則祔何處曰按禮記祔於高祖龕妻死夫之祖母在亦然

◆祔位排定(부위배정)
補註按祔位有一祔祭有二蓋四龕神主以西爲上先高祖考妣次曾祖考妣次祖考妣次考妣其祔位伯祖父母叔祖父母祔于高祖伯父母叔父母祔于曾祖妻若兄弟若兄弟之妻祔于祖子姪祔于父皆西向以北爲上此合男女而言也至於祔祭小小祭祀只就其處四龕神主不動祔祭神主則以東西分男女祭伯叔祖父祔于高祖考西邊東向祭伯叔祖母祔于高祖妣東邊西向祭伯叔父祔于曾祖考西邊東向祭伯叔母祔于曾祖妣東邊西向祭兄弟祔于祖考西邊東向祭兄弟嫂妻婦祔于祖妣東邊西向若大祭祀則出神主于堂或寢惟高祖考在西邊南向高祖妣在東邊

南向曾祖考祖考與考皆西邊東向曾祖妣祖妣與妣皆東邊西向祔主若伯祖祔于祖考之上叔祖祔于祖考之下伯祖母祔于祖妣之上叔祖母祔于祖妣之下伯父祔于父之上叔父祔于父之下伯母祔于母之上叔母祔于母之下正位與祔位皆分男女而言也○退溪曰今按本註正位如在廟時排定補註云云未詳何義○或曰附註云右丈夫左婦女然則祔位之夫婦當分左右耶愚荅曰所謂丈夫婦女似指兄弟與姊妹或子與女之謂若兄弟之妻則當與兄弟合櫝何可分而貳之也○或曰劉氏垓孫引朱子說以爲如祔祭伯叔則附于曾祖之傍西邊安伯叔母則祔于曾祖母之傍東邊安所謂伯叔伯叔母則明是夫妻而此說合櫝何可分云者與劉說不同按伯叔父與伯叔母皆死則當合櫝而祔于右矣若伯叔母先死則當姑祔於左矣朱子之意恐當如此

◆父先亡母喪祥畢祔母考龕當否(부선망모상상필부모고감당부)

艮齋曰備要祔廟告辭下所引丘氏與或者兩說厚齋答朴宗岳書取丘儀而下說歸之以未決之辭矣然以古禮意推之父雖先入廟不當於母祥之日遽爲幷坐且當祔於曾祖妣爲善故泉翁於便覽專取下說而丘儀則初不擧論矣○父母偕喪則幷祔兩櫝於曾祖之龕矣

◆孫祔祖几筵祥后入廟却用中一之制(손부조궤연상후입묘각용중일지제)

艮齋曰問有人問有孫死而祖爲主未及行祔而其祖又亡祖喪葬后當行孫喪祔祭而疑於所祔盖祖在時當中一而祔於高祖今祖亡而猶祔高祖却似無謂若欲祔於祖喪几筵則孫喪三年后入廟又無可祔處云云答孫卒哭后祔祭固宜行於王父几筵(雜記王父死未練祥而孫又死猶是祔於王父此可以旁照也)而大祥畢入廟却當用中一而祔之禮盖王父之主尙在象設而未及入廟則其處變恐不得不然耳

◆無後者班祔(무후자반부)

小記庶子不祭殤與無後者殤與無後者從祖祔食○又曰妾母不世祭註於子祭於孫止○程子曰庶母不得入廟子當祀於私室○按龕中班祔今之說難行者未始不以狹窄爲辭然時祭設位條有祔位東序西向北上或兩序相向尊者居西之文倣此而通變之則一龕中雖東西各屢位亦無難容之慮矣何可滯泥於本註西向之語以狹窄爲憂而遽廢孫祔祖之正禮也

◆祔妾(부첩)

喪服小記云妾祔於祖之妾祖無妾則間曾祖而祔高祖之妾若高祖又無妾當易牲而祔於女君可也(女君嫡室也易牲謂妾牲卑不可祭於嫡室故易之如祖爲大夫孫爲士孫死祔祖則用大夫牲以士牲卑不可祭於尊也)

◆祔姪(부질)

凡無嗣之姪先已祔祭而後其父異居立祠堂者則遷其主而從之

◆祔孫(부손)

或問孫死而祖在則祔何處馮氏(善)曰按禮記祔於曾祖龕妻死而夫之祖母在者亦然

◆祔殤(부상)(殤傷也男女未成人而死可哀傷也若已冠笄嫁娶者皆謂之成人)

不滿八世者爲無服之殤不祭八歲至十一歲爲下殤其祭終父母之身十二歲至十五歲爲中殤其祭終兄弟之身十六歲至十九歲爲長殤其祭終兄弟之子之身成人而無後者其祭終兄弟之孫之身其主制及列位並同旁親

◆參禮祔位無拜當否(참례부위무배당부)

艮齋曰參禮主人先斟正位長子次斟祔位餘人先降復位主人始行拜禮此與時祭異故祔位無拜歟但斟正位畢以其俟徧斟諸祔位之故不拜而立視無或未安歟管見欲正位獻拜畢始使長子諸祔位酌獻恐得

◎宗法(종법)

性理大全書治道二宗法: 程子曰宗子繼別爲宗言別則非一也如別子五人五人各爲大宗所謂兄弟宗之者謂別子之子繼禰者之兄弟宗其小宗子也〇宗子無法則朝廷無世臣立宗子則人知重本朝廷之勢自尊矣古者子弟從父兄今也父兄從子弟由不知本也人之所以順從而不辭者以其有尊卑上下之分而已苟無法以聯屬之可乎〇凡小宗以五世爲法親盡則族散若高祖之子尙存欲祭其父則見爲宗子者雖是六世七世亦須計會今日之宗子然後祭其父宗子有君道〇後世骨肉之間多至仇怨忿爭其實爲爭財使之均布立之宗法官爲法則無所爭〇立宗非朝廷之所禁但患人自不能行之〇凡大宗與小宗皆不在廟數〇禮長子不得爲人後若無兄弟又繼祖之宗絶亦當繼祖禮雖不言可以義起〇凡人家法須令每有族人遠來則爲一會以合族雖無事亦當每月一爲之古人有花樹韋家會法可取也然族人每有吉凶嫁娶之類更須相與爲禮使骨肉之意常相通骨肉日疎者只爲不相見情不相接爾

張子曰宗子之法不立則朝廷無世臣且如公卿一日崛起於貧賤之中以至公相宗法不立旣死遂族散其家不傳宗法若立則人人各知來處朝廷大有所益或問朝廷何所益曰公卿各保其家忠義豈有不立忠義旣立朝廷之本豈有不固今驟得富貴者止能爲三四十年之計造宅一區及其所有旣死則衆子分裂未幾蕩盡則家遂不存如此則家且不能保又安能保國家〇夫所謂宗者以己之旁親兄弟來宗己所以得宗之名是人來宗己宗於人也所以繼禰則謂之繼禰之宗繼祖則謂之繼祖之宗曾高亦然〇言宗子者謂宗主祭祀宗子爲士庶子爲大夫以上牲祭於宗子之家非獨宗子之爲士爲庶人亦然〇宗子之母在不爲宗子之妻服非也宗子之妻與宗子共事宗廟之祭者豈可夫婦異服故宗子雖母在亦當爲宗子之妻服也東酌犧象西酌罍尊須夫婦共事豈可母子共事也未娶而死則難立後爲其無母也如不得已須當立後又須幷其妾母與之大不得已也未娶而死有妾之子則自是妾母也〇古所謂支子不祭也者惟使宗子立廟主之而已支子雖不得祭至於齊戒致其誠意則與祭者不異與則以身執事不可與則以物助之但不別立廟爲位行事而已後世如欲立宗子當從此義雖不與祭情亦可安

朱子曰宗子法雖宗子庶子孫死亦許其子孫別立廟〇問周制有大宗之禮乃有立適之義立適以爲後故父爲長子權其重者若然今大宗之禮廢無立適之法而子各得以爲後則長子少子當爲不異庶子不得爲長子三年者不必然也父爲長子三年者亦不可以適庶論也曰宗子雖未能立然服制自當從古是亦愛禮存羊之意不可妄有改易也如漢時宗子法已廢然其詔令猶云賜民當爲父後者爵一級是此禮意猶在也豈可謂宗法廢而諸子皆得爲父後乎

北溪陳氏曰神不歆非類民不祀非族古人繼嗣大宗無子則以族人之子續之取其一氣脉相爲感通可以嗣續無間此亦至正大公之擧而聖人所不諱也後世理義不明人家以無嗣爲諱不肯顯立同宗之子多是潛養異姓之兒陽若有繼而陰已絶矣蓋自春秋鄫子取莒公子爲後故聖人書曰莒人滅鄫非莒人滅之也以異姓主祭祀滅亡之道也秦以呂政絶晉以牛睿絶亦皆一類然在今世論之立同宗又不可泛蓋姓出於上世聖人之所造正所以別生分類自後有賜姓匿姓者又皆混雜故立宗者又不可恃同姓爲憑須擇近親有來歷分明者立之則一氣所感父祖不至失祀今世多有以女子之子爲後以姓雖異而有氣類相近似勝於姓同而屬疎者然賈充以外孫韓謐爲後當時太常博士秦秀已議其昏亂紀度是則氣類雖近而姓氏實異此說亦斷不可行

潛室陳氏曰宗法爲諸子之庶子設恐其後流派寖多姓氏紛錯易至殽亂故於源頭有大宗以統之則人同知尊祖分派處有小宗以統之則人各知敬禰且始封之君其適子襲封則庶子爲大夫大夫不得以禰諸侯故自別爲大夫之祖是謂別子爲祖也別子之適子則爲大宗使繼其祖之所自出從此直下適子世爲大宗合族同宗之是謂繼別爲宗也別子之庶子又不得以禰別子却待其子繼之而自別爲禰繼禰者遂爲小宗凡小宗之適子服屬未盡常爲小宗凡小宗之庶子又別爲禰而其適子又各爲小宗兄弟同宗之謂繼禰爲小宗是也大宗是始祖正派下雖其傍支分派

別皆同宗此祖則合族皆服齊衰九月初不以親屬近遠論是爲百世不遷之宗小宗是禰正𤱷下親盡則絕如繼禰者親兄弟宗之爲之服朞繼祖者則從兄弟宗之爲之服大功繼曾祖者再從兄弟宗之爲之服小功繼高祖者三從兄弟宗之爲之服緦自此以後代常遞一代是爲五世則遷之宗宗法之立嫡長之尊有君道爲大宗所以統其宗族凡合族中有大事當稟大宗而後行小宗所以統其兄弟如同禰者有大事則同禰之兄弟當稟繼禰之小宗而後行一族之中大宗只是一人小宗儘多故一人之身從下數至始祖大宗惟一數至高祖小宗則四此古者宗族人情相親人倫不亂豈非明嫡庶之分有君臣之義由大宗小宗之法而然歟

◆宗法(종법)

禮有大宗小宗大以率小小統於大故人紀修而骨肉親也夫立適以長適適相承禮之正也適子死而無子則立第二適子禮之變而亦得其正也無冢適而但有妾子則承重繼序乃人倫之常也適庶俱無子則取族人之子立以爲嗣是先聖王後賢王之制也其有攝主者卽一時權宜之道而亦禮之所許也

(小己)別子爲祖繼別爲宗繼禰者爲小宗有五世而遷之宗其繼高祖者也是故祖遷於上宗易於下尊祖故敬宗敬宗所以尊祖禰也〇(大傳)別子爲祖繼別爲宗繼禰者爲小宗有百世不遷之宗有五世則遷之宗百世不遷者別子之後也宗其繼別子之所自出者百世不遷者也宗其繼高祖者五世則遷者也尊祖故敬宗敬宗尊祖之義也〇(大傳)自仁率親(親父母也)等而上之至于祖自義率祖順而下之至于禰故人道親親也親親故尊祖尊祖故敬宗敬宗故收族收族故宗廟嚴〇省齋曰別子者諸侯之支子也適子妾子皆云別子(穀梁傳燕周之分子分子者別子之謂也亦曰公子也)別子之適子繼此別子而爲百世不遷之宗也族人皆宗之繼禰爲小宗者所繼者只是禰也而昆弟(親兄弟)尊之爲小宗也繼祖而從父昆弟(同堂兄弟今云四寸)宗之繼曾祖而從祖昆弟(再從兄弟今云六寸)宗之繼高祖而族昆弟(三從兄弟今云八寸)宗之至於五世而親屬絕者爲五世則遷之宗也雖四從之族人不復宗之故曰祖遷於上宗易於下〇宗其繼別子之所自出者繼別子者則是別子之適子也此適子之所自出者則是別子也此不過反復言之以明其繼別爲宗者宗其繼別者之所自出也或以爲有出公廟故百世不遷至引魯鄭之有周廟及漢諸侯之有漢廟以證之又以三家之雍徹爲祭桓(桓公)之證則不亦惑乎盖祭其所自出惟天子之禮也故曰王者禘其祖之所自出(大傳)孔子曰魯之郊禘非禮也以此觀之魯有周廟僭也非禮也孔子又曰相維辟公天子穆穆奚取於三家之堂觀此則三家之祭桓亦僭也非禮也其餘後世之紛紛行僭何足爲據耶禮曰支子不祭若諸侯而立出王廟別子而立出公廟則是支子而祭也〇鄭康成曰諸侯不祀天而魯郊諸侯不祖天子而鄭祖厲王皆時君所賜也〇漢文帝紀諸侯各立大宗廟使者侍祠如淳曰若光武廟在章陵南陽太守稱使者往祭是也不使庶王祭者諸庶不得祖天子也凡臨祭祀宗廟皆爲侍祭〇大宗能率小宗小宗能率羣弟統理族人(白虎通)〇程子曰宗子繼別爲宗言別則非一也如別子五人五人各爲大宗所謂兄弟之子宗之者謂別子之子繼禰者之兄弟宗其小宗者也又曰管攝天下人心收宗族厚風俗使人不忘本須是立宗子法又曰宗子法壞則人不知來處流轉四方不相識〇潛室陳氏曰始封之君其適子襲封則庶子爲大夫大夫不得禰諸侯故自爲大夫之祖是爲別子爲祖也別子立適爲大宗從此直下世世爲大宗是謂繼別爲宗別子之庶子又不得禰別子待其子繼之自別爲禰繼庶者爲小宗小宗之庶子又別爲禰而其適子又各爲小宗〇儀禮(喪服)傳婦人必有歸宗曰小宗〇馬融曰歸者歸父母之宗也昆弟之爲父後者小宗〇王肅曰嫌所宗者惟大故曰小宗明各自宗其爲父後者也〇四箋曰大傳小記再言繼禰者爲小宗小宗者繼禰之定名也馬融王肅皆以爲爲父後者名曰小宗其義確然鄭必以小宗有四之說交亂其間抑何故也經曰歸宗曰小宗者明但繼其父者雖不繼祖皆得爲之期年也鄭賈二公忽以大宗子齊縗三月之說交亂其間抑何故也若如鄭說大宗子姊妹適人者將爲昆弟三月乎小宗者繼禰之定名非別子支孫之謂也〇又曰父旣沒長兄之爲父後者爲繼禰之小宗也傳言歸之宗資(或子誤)之宗本据昆弟而言〇朱子曰人君有三子一適而二庶則庶宗其適是謂有大宗而無小宗皆庶則宗其庶長是謂有小宗而無大宗〇

省齋曰君有子二三或十數則適長爲君第二以下皆爲別子別子之子立其祠則其別子之子孫皆宗之第三第四之子孫亦各宗其第三第四之宗也是謂大宗其第三第四子之子又各爲宗則是小宗也

◆大宗小宗之別(대종소종지별)

沙溪曰儀禮經傳及註疏公子不得宗其君故君命一人爲宗以領公子而諸公子宗之嫡子爲宗則宗之以大宗之禮庶子爲宗則宗之以小宗之禮皆公子昆弟中禮也他族則無之○問家禮四龕章小註大傳別子條末端云有有大宗而無小宗者皆適則不立小宗也有小宗而無大宗者無適則不立大宗也其義可得聞歟尤庵曰假如仁祖大王只誕龍城麟坪兩大君而無崇善樂善則是有大宗而無小宗也只有崇善樂善而已則是有小宗而無大宗也○麟坪非大宗也是大宗之祖也至福寧然後麟坪諸子孫宗之而始有大宗之名也○凡大宗有二一是諸別子之長子各自爲大宗此則只其別子之子孫宗此繼別者而言一是有諸兄弟相宗者魯爲兄弟之長故其同姓諸侯皆謂之宗國是也此則古制也○朱子曰人君有三子一適而二庶則庶宗其適是謂有大宗而無小宗皆庶則宗其庶長是謂有小宗而無大宗○儀禮經傳註疏公子不得宗其君故君命一人爲宗以領公子而諸公子宗之適子爲宗則宗之以大宗之禮庶子爲宗則宗之以小宗之禮○以本朝言之則龍城(麟坪之兄無年者)爲大宗麟坪以下諸王子皆宗之爲大宗假如但有崇善以下而無大君則仁祖命崇善爲小宗矣然則此二條與上一條各爲一說也上一條別子之子始爲宗此二條別子自爲宗○皆適則不立小宗○以本朝言之則假如仁祖大王只有龍城麟坪而無崇善以下則是皆適也各自爲大宗而不立庶子之小宗也此亦自爲一說也○滕是周公母弟也然以古制言之則雖是周公之母弟而皆宗周公也○魯季友乃桓公別子所自出朱子曰所自出三字衍文○季友以年則雖居孟叔之下而似是莊公之母弟故爲一族之宗也○又問以儀禮註疏適子爲宗則宗之以大宗之禮之說觀之則只別子之居長者當爲大宗而以皆是適也各自爲大宗之說觀之則別子兄弟皆是同母則無論長次皆爲大宗與上註疏之說不同未知別子母弟皆當爲大宗耶當爲小宗耶尤庵曰大宗小宗有兩說以周公爲長故滕謂魯爲宗國之說觀之則雖同母之弟皆當從其次長(次長謂嗣君之次也)矣以皆適不立小宗之說觀之則嗣君之母弟各自爲大宗此二說者不可合而爲一也竊謂生時則嗣君之次長爲一族之長而諸母弟以下及諸庶皆宗之已死之後則其諸母弟之子孫各尊之爲大宗之祖各自百世不遷然則二說亦當通爲一義矣○別子之適繼別子爲大宗○以本朝言之則麟坪非大宗只爲大宗之祖至福寧然後始爲大宗而麟坪之諸子孫宗之百世不遷福昌以下則又爲小宗之祖而其子繼之者各自爲小宗○南溪曰別子有二法一則君之次子爲一宗之始祖是也一則庶人起家爲公卿大夫其子孫立之爲始祖不復祖其庶人盖周家貴貴之義如此

◆嫡長子(적장자)

儀禮父爲長子(喪服斬縗三年者)傳曰體於上又乃將所傳重也○馬氏(融)曰體者適適相承也正謂體在長子之上上正於高祖體重其正故服三年○鄭氏(玄)曰不言適子通上下也亦言立適以長又曰重其當先祖之正體又以其將代已爲宗廟主也又曰祖禰之正體(母爲長子註)○賈氏(公彦)曰以其父祖適適相承於上已又是適承之於後故云正體於上(母爲長子疏亦曰先祖之正體)又曰雖承重不得三年有四種一則正體不得傳重謂適子有廢疾不堪主宗廟也二則傳重非正體庶孫爲後是也三則體而不正立庶子爲後是也四則正而不體立適孫爲後是也○省齋曰經曰正體於上馬鄭皆以正體於祖禰以上釋之賈亦云正體於上又云先祖之正體而及其爲四種之說則非正體於祖禰乃反正體於子孫也其言自相矛盾頗與經旨不合甚可異也○雷次宗曰父子一體也而適長獨正故曰體旣爲正體又將傳重兼有二義此是賈說所本也○星湖曰正體於上鄭賈之解不同賈意父體於祖已體於父以正體上承云爾非祖之體也尹邵南曰喪服母爲長子註不敢以已尊降祖禰之正體云則正體者係於祖禰而不係於已然則雖適孫亦可謂之正體○朱子曰凡正體在乎上者謂下正猶爲庶也正體謂祖之適也下正謂禰之適也雖

爲禰適而於祖猶爲庶故禰適謂之庶也○省齋曰禮有適子無適孫故父之嫡於祖爲庶也此義極精而人或不究直以禰之適爲庶則大害於義也○朱子曰漢時宗子法已廢然猶云賜民當爲父後者爵一級是禮意猶在也豈可謂宗法廢而諸子皆得爲父後乎

◆適孫(적손)

周平王太子洩父(甫)蚤死立其子林是爲桓王(周本記)○省齋曰禮爲長子斬以其將傳重也生則將傳重雖死而未傳重與傳重無異故猶斬也然則平王斬於洩父矣○景王爲太子壽三年壽無子而死猶服斬則况洩父有子將傳重必斬無疑矣○洩父雖未受重猶受重也是桓王雖受國於平王猶受國於洩父也愚則曰桓王洩父之子平王之孫也○公儀仲子(魯之同姓)之喪舍孫而立子孔子曰否立孫(檀弓)○省齋曰公儀仲子之喪有適孫而不立故檀弓譏之若本無適孫而立第二子亦名長子則何不可之有○周禮適子死立適孫爲後(檀弓註)○春秋公羊傳何休曰適子有孫而死質家親親先立弟文家尊尊先立孫○省齋曰按質家殷也文家周也殷雖立弟而仲壬之崩竟立太甲(太丁之子湯之適孫)此亦尊尊也其後沃甲傳于祖丁(祖辛之子)南庚傳于陽甲(祖丁之子)則中間之兄弟相及必皆有不得已之故而然也()史記云自仲丁以來諸弟爭立九世亂然終必歸正則殷亦未嘗以立弟爲定禮也

◆次適(차적)

儀禮(喪服斬縗章)疏適妻所生皆名適子第一子死則取適妻所生第二長者立之亦名長子○春秋公羊傳立適以長立子以貴何休曰質家親親先立弟(見上)○己亥立公子禂穆叔不欲曰太子死有母弟則立之○周本紀景王太子(名壽)蚤卒景王愛子朝(景王適子)欲立之會崩國人立長子猛(亦景王適子是爲悼王)子朝攻殺猛晉入攻子朝而立丐是爲敬王(猛母弟)○省齋曰景王爲太子壽服斬(左傳叔向云王有三年之喪)而猶欲立朝則爲長子三年亦不係於長子之有子無子矣○孔子世家伯魚生子思(即鯉之次子)子思生子上子上生子家(史記)○省齋曰通典有子思哭嫂之說則子思有兄矣而子思承孔子之後則孔子亦不爲長子立後而立第二子矣吳澂羅虞臣雖云子思兄死而使其子白續伯父以祭然孔子世家之文旣如是分明則其說自歸無据矣然長子無子然後方立次子若長子有子則非次子所可抗也或者雖以殷有太甲(太丁子湯孫)而外丙仲壬相繼爲及(弟繼兄曰及)王爲證然此必太甲幼小又或有不獲已之事而然也觀於放桐之事可見矣然終必復立太甲則殷禮亦以立孫爲正也○長子無後次子以父命承重後長子婦立後曰只欲承亡夫之祀豈敢毀先人之遺命次子之子曰伯父早歿伯母立後則當奉祀二人固讓南溪朴氏曰昔有問夷齊當立之義晦翁曰叔齊雖以父命終非正理只當立伯夷國有賢大臣則必請於天子而立之不問其情願然則今日之義乃門長事也具其本末告廟還宗似得禮(南溪禮說)○按此與夷齊事恐不同夷齊則生存而此則長子歿而無子父命次子承重者也且其次子旣死而至于次子之子則移宗久矣然則次子之子讓其奉祀非但棄其祖命乃自易其父之宗統也未知其可也○宋武帝時有司奏疢伯世子喪無嗣求進次息爲世子下禮官議博士孫武曰晉濟北疢荀勖長子連卒以次子輯拜世子今宜爲例典曹郎諸葛雅之曰長子早卒無嗣進立次息以爲世子取諸左氏(春秋傳世子死有母弟則立弟)理義無違(傳郁議見繼後孫○宋書禮志)

◆次孫(차손)

晉蔣萬問范宣適孫亡無後次子之後可得傳祖重否宣答曰禮爲祖後者三年不言適庶通之矣無後猶取繼况見有孫而不承之耶庶孫之異於適者但父不爲之三年祖不爲之周而孫服祖不得殊也(通典)○晉或人問徐邈適孫承重在喪中亡其從弟已孤又未有子姪相繼疑於祭祀邈答今見有諸孫而祖無後甚非禮意禮宗子在外則庶子攝祭可依此使一孫攝主攝主則本服如故禮大功者主人之喪猶爲之練祥再祭况諸孫耶若周旣除當以素服臨祭依心喪以終三年(通典)○北齊天保中刀柔爲中書今時議者以爲五等爵邑承襲者無適子立適孫無適孫立適子弟

無適子弟立適孫弟柔以爲無適孫則立適曾孫不應立適子弟議曰柔按立適以長故議長子爲
適子適子死以適子之子爲適孫適孫死則會玄亦然然則適子之名本爲傳重故喪服曰庶子不
爲長子三年不繼祖與禰也微子適子死立適子之弟行殷禮也子游問諸孔子孔子曰否立孫註
云據周禮然則商以適子死立適子之母弟周以適子死立適子之子爲適孫故公羊之議適子有
孫而死質家親親先立弟文家尊尊先立孫且考之禮喪服之爲祖母三年者大宗傳重故也今議
以適子死而立適子母弟者則爲父後矣適子母弟本非承適以無適故得爲父後則適孫之弟理
亦應得爲父後是父卒然後爲祖後者服斬既得爲祖服斬而不得爲傳重者未之聞也若用商(或
喪誤)家親親之義本不應適子死而立適孫若從周家尊尊之文又豈宜舍其子而立其弟或文或
質愚用惑焉又曰假令夫雖有廢疾婦猶以適名適名既存而欲廢其子者其如禮何(北齊書)

◆攝主(섭주)

朱子曰主祭合以甲之長孫爲之若其不能則以目今尊長攝行可也如又疾病則以次攝異時
甲之長孫長成却改正〇退溪曰宗子死繼后子雖在襁褓亦當書其名而季也攝主可也〇又答
寒岡弟爲攝主嫂叔行禮極礙若避嫌於主婦則出繼仲兄爲亞獻賤婦爲終獻何如之問曰恐當
如此〇又曰父不與祭而使子弟攝行則當依宗子在他國而命介子代祭之例曰孝子某使子某
〇又曰宗子粵在他國而命介子代祭之例曰孝子某使子某敢昭告于云云〇葛菴曰長孫奉祀
則父子易世今推而上之使叔父攝祀未安安且令次孫權攝以待長孫立後〇問攝主祝文攝之
之意當書何處退溪曰當告於攝行之初祭其後則年月日下只當云攝祀事子某敢昭告于云云
〇曾子問孔子曰宗子居於他國庶子爲大夫其祭也祝曰孝子某使介子某執其常事〇又宗
子爲士庶子爲大夫其祭也如之何孔子曰以上牲祭於宗子之家祝曰孝子某爲介子某薦其常
事註廟在宗子家也孝子宗子也介子庶子也〇又若宗子有罪居於他國庶子爲大夫其祭也祝
曰孝子某使介子某執其常事攝主註介子非當主祭者細註嚴陵方氏曰四時之祭禮之常也故
曰常事用介子之牲而祭則言爲介子某薦言薦之於彼以介子攝爲祭主故言使介子某執言執
之於此〇逐菴曰宗子有疾病不得參祭則祝辭改曰孝孫某有疾病介子某代行薦禮敢昭告于
云云〇又曰家廟大小薦宗子有故則使子弟代行可也〇問宗子既老傳重於其子則與有故而
不與祭者有間若以受重而遽稱孝則於心決有所不能安同春曰只當曰孝子某衰耗不堪當事
使子某云云可也〇尤庵曰所祭於攝主爲子姪則當用祭子弟之祝而不拜矣〇又曰家禮附註
引古禮使介子云云所謂介子既主祭者之弟也〇又曰俗禮改云孝子某有故代叔父或兄云云
而祖先之稱當從代者之屬云未知必合於禮否也〇又曰凡祭事主人有故則使人攝行例也所
攝之中如有尊行則子弟似不敢爲攝主矣〇問妻喪父或老病不能主喪則當如何可使其子主
之而其神主亦可以顯妣書之耶書以亡室而祭祀使其子攝行否若攝行則其祝辭措語如何南
溪曰只使其子爲攝主稱以亡室而行祭可也既擧攝主之意於祝頭則餘辭無所變〇明齋曰主
人有故時有叔父又有一弟則其弟當奉祀〇又曰攝主之設發源於曾子問〇問初獻主人有故
兄弟代行則主婦亞獻似未安尤菴曰主人兄弟與兄嫂行禮似有難便朱子於昏禮有禮相妨之
言今此祭禮似亦當相準也〇南溪曰既曰使子某告于云云則便是攝行也攝主妻姑爲主婦〇
又曰祖先忌辰父兄在外其祝辭若父兄有命則用使介子告例爲當〇沙溪曰虞祔以後主喪者
之妻當爲主婦祭祀之禮必夫婦親之故也〇公羊傳昭公十五年大夫聞君之喪攝主而往注主
謂已主祭者故使兄弟若宗人攝行主事而往不廢祭者古禮也

◆庶子(서자)

儀禮(喪服)庶子爲父後疏無冢適惟有妾子父死承後〇春秋左傳穆叔曰太子死有母弟則立
之無則立長(杜云庶子則以年)年均擇賢義均則卜古之道也〇公羊傳(隱元年)立適以長不以
賢立子以貴不以長(庶子先立毋貴者右媵最貴)〇唐律適妻年五十以上無子者得立庶以長
〇唐六典無適子無適孫以次立適子同母弟無母弟立庶子無庶子立適孫同母弟無母弟立庶
孫曾玄以下準此〇元制適子死立適孫以及適曾玄孫若無則立適子之弟如無則立庶子〇大

明會典凡封爵如無適子孫以庶長子承襲若適庶子孫俱無方許弟姪襲替○永樂二年令妾婢所生均爲庶子不論母之次序只以年長者承襲○嘉靖令云聚樂人之女爲妾生子雖長男亦不準襲庶次男承襲○經國大典適長子無後則衆子衆子無後則妾子奉祀○良妾子無後則賤妾子承重○長子只有妾子願以弟之子爲後者聽欲自與妾子別爲一支者亦聽○適長子有妾子者非同生弟之子勿許爲後(文獻備考嘉靖癸丑承傳)○省齋曰季武子(宿)無適子立庶子紇叔孫豹無適立庶子(若昭子女)三桓之中世皆以妾子承重周劉獻公立庶子盆(文公)宋大夫華亥立庶子輕衛石駘仲立庶子石祁子齊靖郭君立庶子田文(孟嘗君)○按古禮立嗣之法未有捨已之子而取他子者矣但適庶分嚴必也無適子適孫然後立妾子亦必擇賢故春秋之義以貴以德獨與立適以長有異也○朱子曰宗子只得立適雖庶長不得立若無適則立庶○又按晉王戎傳子萬年十九卒有庶子興戎所不齒以從弟惜子爲嗣此爲後人之疑然無適立庶聖人之禮也庶雖賤祖先之血脉而己之所生也何可不以爲子也王戎之庶子旣曰不齒則必是病廢癡狂之類不可以列於人故也秦蕙田之必謂婢妾子不可主鬯云而以王戎爲證非倫常之正也○傳重非正體庶孫爲後是也(儀禮疏)

◆次子之子(차자지자)

退溪曰長子無子次子之子承重指適子孫而言雖有妾産未可遽承代也○省齋曰長子無後雖次子之庶子其爲血孫一也恐不當捨之而取族人子也其曰未可遽承代云者只爲愼重而然耶○沙溪曰長子無後而死不立後次子死而有子又季子生存次子之子當奉祀○省齋曰此或父命移宗於次子生時而不欲爲長子立後者耶

◆繼後子(계후자)

儀禮喪服斬縗爲人後者傳曰同宗則可爲之後爲所後者若子又曰爲人後者後大宗也大宗者尊之統也大宗者收族者也不可絶故族人以支子後大宗也適子不得後大宗(又曰以下不杖期傳○按凡繼祖之宗皆可以同宗之支子爲後)○註爲所後之親如親子○疏適子不得後他故取支子又曰小宗適子亦當立後公羊傳爲人後者爲之子○通典漢石渠議戴聖曰大宗無後族無庶子已有一適子當絶父祀以後大宗○省齋曰獨子後大宗之議始於戴聖古禮則不然(聞人通漢則以爲大宗有絶子不繼其父宣帝曰戴聖議是也)○敫繼公曰適子不得後大宗則大宗有時而絶矣)○又晉范汪祭典曰廢小宗昭穆不亂廢大宗昭穆亂矣豈得不廢小宗以繼大宗乎范甯(汪之子穆帝時人)曰適子不得後大宗但云以支子繼大宗則此乃小宗不可絶之明文也小宗之家各統昭穆何必亂乎○省齋曰范氏父子各立異議而甯之所据禮所謂支子可也之義也○二程全書程子曰長子雖不得爲人後若無兄弟又繼祖之宗絶亦當繼祖後○大明令凡無子許令同宗昭穆相當之姪承繼先盡同父周親(朞年服者)及大功小功緦廳如無方許擇立遠劵及同姓爲嗣以宗法爲主四宗俱無人然後及疎劵遠族○經國大典適妾俱無子者告官立同宗支子爲後○一邊父母俱歿一邊父母及門長上言本曹回啓許令立後(典錄通考註兩家父母同命立之父歿則母告官○讀禮通考劉敞曰諸侯將立後必告天子大夫必告於君然後見于祖)文獻備考嘉靖丙申承傳無適子有妾子者以嫡族疎遠者爲後則有妾子者與無後同依大典適妾俱無子乃許繼後○省齋曰古禮及國典未有有妾子而以他子繼後者也(問解曰儀禮國典皆以支子爲後有一宰臣引通典說陳訴以其弟獨子爲後因成規例)

◆次繼子(차계자)

射儀孔子射於矍相之圃射至于司馬使子路出廷射曰賁(僨)軍之將亡國之大夫與爲人後者不八註與猶奇也後人者一人而已旣有爲者而往奇之(疏旣有人後之相爲配合己更往之是配合之外更有奇也)是貪財也○陳氏澔曰人有死而無子者則宗族旣爲之立後矣此人復來爲後也○省齋曰射者軍禮也故有司馬也僨軍覆敗其軍也與猶及也爲人後謂慢令而後於人也軍志所謂後至者是也此蓋言敗軍之將及後至者也而鄭乍見爲人後三字與喪服爲人後同謬引爲說曲解與字以杜撰之孔又信其言而傳會之大非經旨也疑漢唐之時古禮旣壞或有旣立後

而夏往爲後者故其言如此矣然彼先爲後者生存而又有往奇者則誠非禮意若大宗立後不幸死而無子則不可不夏立其後此與第一子死而立第二子亦名長子無以異矣何不可之有也但今世所謂次養者先繼子無後則又取他子所後父死則服斬待其生子以承先繼之後此非先王之禮也夫爲所後父服斬者承重故也旣不承重則降服其本生父母而三年於不承重之他人豈不傷倫之甚乎愚謂旣爲次繼則承重可也(又或有親生子死則取族人子亦如之○文獻備考長子死後夏立後主祭祀則長子之婦不可假冢婦之名依衆子例按此所生子無後而夏取他子爲第二子者也而猶以繼子承重也)○漢書張安世兄賀有一子早卒以安世小男彭祖爲子封陽都侯賀有孤孫霸七歲拜散騎常侍賜爵關內侯○省齋曰旣有適孫而又取弟之子爲子爲子非禮也○唐書盧簡辭無子以弟簡求子貽殷元禧二人爲子○宋留從效無子以兄從願子紹鏆紹鎡爲子○按此恐非一取二子或是死而夏取耶然非禮之正也

◆繼後孫(계후손)

宋書禮志宋孝武時博士傅都曰胙土之君在(謂父在)而世子卒厥嗣未育(謂無孫)次子有子自宜紹爲世孫(爲長子死者立後○喪服傳斬縗章爲所後者之祖父母則父在之子死而立後古禮也)若其未也(次子無子)無容遠搜輕屬(不當取族人之子爲長子立後)承綱繼體(綱讀作統沈約撰宋書而諱昭明)父在立子允稱情典(當立次子)○安嬪有二子長永陽次德興大院君永陽無子以興寧君爲後宣廟以爲非親孫使河源君奉之(相臣沈守慶議以河源奉祀遂爲法式○金東岡簡及李栗谷議幷見立嗣後生子而繼子奉祠條)○類編立適之禮父命爲重父意若欲爲長子立後則非次子所可抗或父歿而無立後者次子姑爲攝主待長子立後

◆立嗣後生子而繼子奉祀(입사후생자이계자봉사)附生子而繼子還本

宋胡安國取兄子寅爲子後生二子宏寧而以寅爲長子(名臣錄胡寅傳曰文定之長子○朱子大全曰胡公明仲出爲季父後)○周書豆盧寧未有子養弟之子勣及生子讚遂以勣爲世子及寧薨勣襲爵○계신雜錄昌化章氏昆弟二人皆未有子其兄先抱育族人一子未幾其妻得子誚其弟言兄旣有子盡以所抱與我兄告其妻猶在蓐曰不然未有子而抱之甫得子而棄之人其謂何且新生那可保也弟請不已媛曰不得已寧以我新生與之弟初不敢當卒與之已而二子皆成立長曰翊季曰詡翊之子樵栩詡之孫鑄鑑皆相繼登第遂爲名族婦人有識尤可尙也○大明律立嗣之後却生親子家産均分○國朝受敎(嘉靖癸丑)立嗣後生親子親子奉祀繼後子論以衆子母得紛紜罷繼○四箋爲衆子則旣不持重於所後何以斬縗旣不斬縗於所後何以降本生當時受敎雖如此實未嘗施行故今俗無此法○續大典凡無子立後者旣出立案雖或生子當爲第二子以立後者奉祀○宣廟朝金宇顒(東岡)箚子曰禮爲人後者爲之子旣爲己子則初不論親屬之遠近也今永陽取興寧爲後則是適孫也而可奪其宗乎○問解完城君崔鳴吉立後後生子請從胡文定故事以繼後子奉祀如所生仁祖允之遂爲定式(以禮判建議)○通典晉賀循取從子紘爲子後生子遣紘歸本○賀嶠無子取兄羣之子率養爲己子率生過周而嶠妾張生纂率還本嶠妻于氏上表乞以爲養子異於立後乞不還尙書張闓議引賀循事嚴詞斥之謂宜還本(率乳哺賀妻養率二十餘年已至成人而還)○省齋曰罷繼之議創於魏晉以下明律因之國典則論以衆子恐非得中矣我東先儒之論亦多不一採其尤著者鋒之于左使知禮者去就之○李文成公珥曰父之於子子之於父其恩情一也子旣捨生父而父其所後則父獨不能捨親子而以繼後子爲適乎若父捨親子爲無理則子捨生父無理尤甚矣爲父者其意以爲彼非親子我若生子吾當罷繼爲子者示以爲彼非親父彼若生子吾當退去云爾則父子懷二心以相賊其家道何如耶是故禮爲人後女適人者降服一等而女被出則有還服之文子無還服之議其不許罷繼明矣癸丑年受敎論以衆子者雖引大明令此敎不久施罷禮官誤置于新定科條兄爲衆子弟爲適子甚乖情理此受敎不可擧行但柳和先朝已許罷繼只當依明令自今立爲不罷之法永成金石之典天下之爲父子者定○又曰爲人後與親子無毫髮之殊當以兄弟之序定其奉祀如靈川副正俓旣奉壽璿之祀則其奉陽原之祀無疑矣安嬪之祀則先王後宮非立宗之屯因一時特命定于河

源君鍠亦不害理矣若宗法決不可亂也

◆出繼後本宗無嗣還承(출계후본종무사환승)

通典漢諸葛亮取兄瑾子喬爲子後亮有子瞻以喬爲適故改字伯松(本字仲愼)喬卒(喬年二十五年)後諸葛恪被誅絶祀亮旣自有後遣喬子攀還嗣瑾祀○或問曰爲人後時有昆弟後昆弟亡無後當卽還不(平聲)許猛答曰傳云適子不得後大宗推此而論小宗無支子大宗自絶矣子不絶父之後本宗無嗣於義得還出後者還本追服(通典○晉惄紹子眕早夭以從孫翰襲封成帝時翰以無兄弟自表還本宗)○宋史禮志蔡延慶父褎故太尉齊之弟也齊初無子子延慶後齊有子而褎絶請復本宗禮官以請許之大明律若有親生子及本生父母無子欲還者聽○續大典爲人後者本生父母絶嗣罷繼歸宗許其所後家改立後○若所後父母已死不得改立後則從旁親班祔例權奉其神主俾不絶嗣

◆出後而無故還本(출후이무고환본)

晉羊祜無子取弟子伊爲子祜薨伊不服重祜妻表聞伊辭曰伯生存養已伊不敢違然無父命故還本生尙書彭權議子之出養必由父命無父命而出是爲叛子於是下詔從之○省齋曰羊伊於其伯父生則爲子死則背之傷恩悖倫莫此爲甚始之出養不由本生之父命則已是叛子也終之還歸不由所後之父命則又是叛子也彭權强欲右袒羊伊爲不叛之子而反不免再作叛子也晉主不辨是非而從其議何也況羊祜元勳豈可使絶其祀乎○晉王廙曰爲人後而不爲制服非禮也還爲其親斬亦非禮也若不服所後復抑本恩是凡爲後者有不服三年也愚謂不爲所後服則宜還爲其親服斬○省齋曰王廙所論非謂當斬於本生惡其兩廢而寧還本服也然若曰爲後於人則何可不斬所後而斬本生乎此實還本而已者也○後周書柳慶出後於第四叔及遭父喪(本生父)曰若出後之家夏有苴斬之服可奪此以從彼今四叔薨背已久豈容奪禮而違天性時論不能抑遂以苦塊終喪○省齋曰柳慶事不可爲典也初若謂旁親而不爲後則已矣爲之後而還斬於本生則是還歸本生也何可曰爲四叔之後乎

◆弟繼兄(제계형)

春秋胡氏傳嬰齊者公子遂之子公孫歸父之弟也歸父出奔齊魯人傷其無後也于是使嬰齊後之此可謂亂昭穆之序失父子之親矣(省齋曰徐氏乾學之論亦與胡傳同)○唐書淮陽王道元無子詔封其弟道明爲淮陽王以奉道元之嗣○宋王欽若子從益無子以叔二子爲後

◆間代繼後(간대계후)

晉荀顗無子以兄孫徽爲嗣何琦從父以孫紹族祖琦曰卿士之家別宗無後不可絶若昆弟以孫若曾孫後之理宜然也○王敞曰立孫但得祭祖而使曾祖不食則先人將恐於爲厲非立後之道也(省齋曰曾祖不食爲後者孫則於已之曾祖爲五代孫故親盡不祭也此但無祔非以祖爲禰也)○通典庾蔚之曰間代取後禮未之聞○唐白樂天無子以姪孫阿新爲後(寒岡曰非禮之正也)○宋史禮志元豊國子博士孟開請以姪孫宗顔爲孫据荀顗無子以兄孫爲嗣○我朝璿源譜撫安君芳蕃昭悼君芳碩(太祖之別子)皆以他宗之子間代立後○大明律立後者不得尊卑失序以亂宗族○大典尊屬與兄弟及孫不相爲後○省齋曰近世或有爲間代立後之說者曰漢宣帝爲昭帝後於其所後有祖而無父此謂間代立後也帝王家不惟立後者爲然凡受重於祖者皆與間代立後無異周平王太子洩父死洩父之子桓王也此時無追崇之禮洩父不入宗廟則桓王亦以平王爲禰廟矣大夫以下繼別大宗亦可如之(以上幷或說)此甚可惑也夫帝王之統雖曰嚴截昭穆之序之證而欲令上下通行甚謬戾矣○顧炎武立從子洪愼之子世樞爲孫○徐氏乾學曰舅氏亭林先生立從子洪愼之子世樞爲孫或曰無子而立孫非昭穆之序是使世樞有祖而無禰也先生卽有子而殤殤不立後盍擇諸族兄弟之子以爲嗣乎余應之曰不然自夫子之告子游已謂三代以下天下爲家各親其親各子其子爲人之同情是則兄弟之子必親於從兄弟之子從兄弟之子必親於族兄弟之子也明矣古人之立宗也自非大宗五世親盡則族屬絶苟謂兄弟之

子無當立者舍兄弟之孫不立而立疎遠族屬之子爲嗣其於祖若考之意果無憾乎有國者之繼
世與士大夫之承家其理則一而已矣吾外家顧氏侍郞公有二子贊善公爲大宗夢庵公繼禰之
宗也夢庵公有子未昏而夭貞孝王孺人服喪縗歸於顧又十二年而先生方在襁褓夢庵公撫以
立之爲貞孝後先生實贊善公之孫吾外祖寅瑤公之子於寅瑤公子孫爲至親寅瑤公諸孫洪善
冢嫡也洪泰孤子不得爲人後吾仲舅子嚴失明年老洪愼一子非支子不得爲人後洪愼生三子
矣立世樞爲先生後不亦可乎晉荀顗無子以徽嗣中興初以顗兄玄孫序爲顗後封臨淄公荀氏
潁川名族子孫甚繁豈無昭穆之倫可立爲子而獨以從孫嗣其必不捨親屬而立他也禮之權而
不失經者也何琦之從父以孫紹族祖故雷次宗釋儀禮爲人後者之文以爲不言所後之父者或
後祖父或後高曾所後備於其中庾純云爲人後者三年或爲子或爲孫若荀太尉養兄孫以爲孫
是小記所謂爲祖後者也祖所養孫猶子而孫奉祖猶父無改父祖之差同三年也(已上庾說)何
庾古所稱知禮之君子其言鑿鑿如此惟庾蔚之謂間代取嗣古未之聞然試以各親其親之常情
準之則必喟然發寤以爲不悖於先王之道矣故昭穆相續其常也如親屬無當立者不得已而立
從孫爲孫如父子之誼仍不改其昭穆之倫亦勢之不得不然而世人之許與余故詳論之以告吾
母黨云(出讀禮通考)○省齋曰徐乾學所論雖欲爲顧氏辨其母黨之謗其言苟且無經可據至
若所引雷庾之說非但非儀禮之旨抑恐非雷庾之本意也喪服爲人後者傳曰爲所後者之祖父
妻若子鄭註爲所後之親如親子賈疏死者祖父母則爲後者之曾祖父母也妻卽爲後者母也又
曰黨云爲人後者爲所後之父闕此五字者以其所後之父或早卒或後祖父或後曾高祖也蓋所
後者卽指爲後者之父也故鄭云爲所後之親如親子禮文分明如此未有不爲父而稱人爲子者
不爲子而稱人爲父者又未有無父而但有祖無祖而但有曾高者故禮曰爲人後者爲之子也所
後者若先已早卒而或祖若曾高在則是雖若爲後於祖以上實則爲子於其父以承祖以上也人
倫昭穆之不可亂明矣若如徐說無父而烏有祖無祖而烏有曾高乎至若雹庾所言恐亦不過備
說所後及三年服之義也豈必謂無父而只繼其祖乎後人之間代立後者每藉口於荀顗然彼非
周公孔子乃末世之失禮則何足爲常典乎理固不易故徐亦畢竟云不得已立從孫爲孫如父子
之誼仍不改其昭穆之倫此謂恩則如父子而序則爲祖孫也然無父而有祖其於終不成倫理何
哉若夫有國者之繼世尤不當爲引天下不可一日無君則雖兄繼弟叔繼姪甚或至祖繼孫亦不
可已也此非爲子於弟於姪於孫也只繼其國統也何可曰與士大夫承家一理也哉○五禮通考
晉阮孚無子從孫廣嗣劉頌無子從孫驚襲封○齊王煥出繼從祖中書令球○魏王春以兄孫叔
明爲後○宋王彥林請以弟彥通爲叔祖繼絶孫詔如所請○李昉繼從祖父後○元魏璠以從孫
初爲後○秦氏蕙田曰世人拘泥反以立孫爲失序而强借夭殤之子或扱立兄弟夭殤之子而後
以孫繼之此似乎得禮而實爲矯誣知禮君子直須名正言順定祖孫之分可也

◆獨子後大宗以其庶子還承其父(독자후대종이기서자환승기부)

通典魏田瓊曰長子後大宗則成宗子禮諸父無後祭於宗家後以其庶子還承其父○類編獨子
後大宗以其子還繼本生終非承代之義也然不但國朝近例如此田瓊以其庶子還承○其父則
便成爲後之孫國家亦必以是歸重則是君命也卽無論昭穆之如何只得遵之而已如欲變而通
之必須有位識禮者上告于君改易爲典可也○省齋曰禮適子不得後大宗故曰支子可也況獨
子而可後於人乎絶其親而不祀人情之所不安也後世有一適子(石渠識)後大宗之議往往以
獨子出後而不得已以其庶子還承其父田瓊諸葛喬之事是已我東亦多已行者然畢竟有不成
倫序處何也獨子而出後則本生之親無子無子則還承之子無父矣天下無無父之人又無貳尊
之義若祖其本生祖而父其父則父旣父其所後父又父其本生也此貳尊也愚謂雖還承其祀旣
無昭穆之序則(中庸宗廟之序所以辨昭穆也)其屬稱恐當曰本生祖而已也(今世所拘者有戶
籍及試劵封彌而此則但書本生祖可也○今人或別取遠族以承本生然子旣有血屬則捨己之
親取他之疎決非情禮也)○通典還繼所生祖者猶不得著代

◎老而傳重(노이전중)

◆傳重(전중)

同春問老而傳重於情理似未安何以則不失處變之禮沙溪曰語類以爲難行然大全有告廟傳
重之文可攷○語類問七十老而傳則適子適孫主祭如此則廟中神主都用改換作適子適孫名
奉祀然父母猶在於心安乎朱子曰然此等也難行且得躬親耳○大全致仕告家廟文曰行年七
十衰病侵凌筋骸弛廢已蒙聖恩許令致事所有家政當傳子孫而嗣子旣亡藐孤孫鑑次當承緒
又以年幼未堪跪奠今已定議屬之奉祀而使二子坌在相與佐之云云○問宗子旣老傳重於其
子則與有故而不能與祭者有間若以受重而遽稱孝子則於心決有所不能安同春曰只當曰孝
子某衰耗不堪事使子某云云可也也外無變通之理○曲禮七十曰老而傳註傳家事任子孫是
謂宗子之父○王制七十不與賓客之事八十齊喪之事弗及也註八十不齊則不祭也子代之祭
是謂宗子不孤○問老而傳適子適孫主祭則廟中神主都用改換作適子適孫名奉祀然父母猶
在於心安乎朱子曰然此等也難行且得躬親耳○南唐曰老而傳子代父行事也改題遞遷是存
亡易世事也代父行事則可而父在易世則不可本不可作一事行之也父有廢疾子代之執喪儀
亦同此○四未軒曰老而傳重不與祭其祝告依曾子問孝子某使介子某執其常事之例恐得

◆老而傳重告辭(노이전중고사)

熹至愚不肖蒙被 先祖遺德獲祗祀事五十餘年歲時戰棘罔敢怠忍至于今玆行年七十衰病侵
凌筋骸弛廢已蒙 聖恩許令致仕所有家政當傳于孫而嗣子旣亡藐孤孫鑑次當承緒又以年幼
未堪跪奠今已定議屬之奉祀而使二子坌在相與佐之俟其成童加冠于首乃躬厥事伏惟 祖考
擁佑顧歆承承無斁熹之衰病勢難支久加以恩靈尙延喘息之間猶當黽勉提摠大網不使荒頹
以辱先訓伏惟 祖考實鑑臨之

◆傳重告辭(전중고사)

維 歲次干支幾月干支朔幾日干支孝孫某敢昭告于 顯高祖考某官府君 顯高祖妣某封某氏
(諸位列書)某行年七十筋骸益痼不能跪奠將依古禮老傳之文所有家事付于子(或孫)某至於廟室
遞遷改題自朱先生以爲難行今欲令某因攝祀事所祭之位亦稱其屬如是行事庶無所礙玆當
歲首敢告厥由

◆老傳重告辭(노전중고사)

維歲次某甲正月某甲朔朝孝玄孫某敢因歲祀昭告于 顯高祖考妣(以下列書)某至愚不肖蒙被
先世遺德獲奉祀事幾餘年歲時戰兢罔敢怠忍至于今玆行年七十有幾歲衰病侵凌筋骸弛廢
宗事家政當傳子孫而嗣子某年已幾歲恐當承緒玆以傳重伏惟祖考擁佑顧歆永永無斁某不
勝大願顧今某衰病勢難支久加以恩靈尙延喘息之間則猶當黽勉提摠大網不使荒頹以辱先
訓伏惟尊靈實鑑臨之謹告

◆出后立后法度(출후입후법도)

◆立後(입후)喪禮成服條互見

喪服爲人後者疏出後大宗也○喪服傳何如而可爲之後同宗則可爲之後何如而可以爲人後
支子可也疏支子可也者以其他家適子當自爲小宗故取支子適子旣不得後人則無後亦當有
立後之義○丘氏曰按大明令凡無子許令同宗昭穆相當之姪承繼先取同父周親次及大功小
功緦麻如無則方許擇遠房及同姓爲嗣不許養異姓爲嗣以亂宗族立同姓者亦不得尊卑失序
以亂宗族且凡爲人後者除大宗外其餘必有父在承父之命方許出繼已孤之子不許○大典嫡
妾俱無子者告官立同宗支子爲後兩家父同命立之父歿則母告官以同宗之長子爲後者及一
邊父母俱歿者並勿聽情理可矜則或因一邊父母及門長上言本曹回啓許令立後○尤菴曰據
禮則人之長子不可取以爲後○非大宗而繼後載於家禮會成所引皇祖之制可考而知也○高
皇帝頒敎凡繼後不可捨近取遠近者盡然後求於遠者有服者盡然後求於無服者大明令雖忽
諸何可遠也○南溪曰禮經古義大宗及貴爲大夫者外不可立後而今世雖支子遠族皆必繼絕

程朱諸賢既不能正而反助之至使繼絶之義太重離宗之道太輕以至終廢班祔一路此區區所
以欲質於百世之前而不可得者也○通考徐乾學曰古禮大宗無子則立後未有小宗無子而立
後者也小宗無後者古有從祖祔食之禮則雖未嘗繼嗣而其祭祀固未如絶也

◆得罪倫常不得奉祀(득죄윤상부득봉사)

尤庵曰禮有嫡子廢疾不得承重之文今沈得祥之父既以凶悖之人得罪倫常則其重於廢疾也
懸矣況其祖父判官公及其祖母前後有治命至使得祥不得奉祀則其絶之也嚴矣今祖父母俱
沒之後乃敢違命奉祀似無其理矣○又曰泰伯以至德逃而既已逃之則周家之宗歸於王季況
今逃者其敗人倫賊天理不可容於覆載也其可以宗統之嚴而歸之於其人乎且其逃者之次子
不知其父之死生如或生也則何敢越父而承祖之統乎如或其死也則未知其次子葬於墓而作
主祔於廟乎不然而承統何敢生意乎且聞其逃者盜其妻弟率其長子而逃使其子稱其妻弟爲
母則其子不從故殺之云未知信否今其次子不知其兄之死生而敢爲承重乎爲官者當以亂家
子斥之使不容於境內可矣適統承否何敢論也

◆嫁母子爲後(가모자위후)

尤庵曰禮有嫁母之子爲父後之文何嘗以母嫁而奪宗於他人乎子思之母嫁於庶氏而未聞子
思不得爲孔子及泗水侯後也宗法至嚴何人敢生變通之議也

◆不告君不立後(불고군불입후)

艮齋曰鳳巖蔡先生與從兄書畧云父子天屬之親也人之有子無子皆天所爲而惟人君代天理
物是亦天也故能使無子者有子苟非人君雖嚴父固不敢命其子況祖之於孫乎世或有不告於
君而名爲父子者皆僞也滅倫悖義孰甚焉試觀先賢所論其辭義之嚴正爲如何哉世降俗薄禮
敎掃地制度節文之細無一不從衆至於關繫綱常而萬世不可易者亦且不敢違衆每一念至極
庸悼歎此須有命數然爲儒者者正宜明目張膽要以扶持爲心可也○不告君而私自立後非禮
之大者一也間一世而奉祖爲禰非禮之大者二也故來喩之謂以倫以法以禮以義俱不當如是
者已自得正矣如又以身後立案論之雖有陶菴說之可據者然今日則無可告處亦末如之何矣
然則不得不以屛溪所云無禮斜則雖曰出繼實則自在之訓從事已矣

◆立後必告君(입후필고군)

通考劉敞曰諸侯將立後必告於天子而見於祖大夫將立後必告於諸侯而見於祖○沙溪曰立
後必告禮曹然後爲之子只告本官則只爲養子而已不得爲繼後子○尤菴曰父子天性也惟人
君代天理物故命他子以繼無子之人故中庸言繼絶世必以人君言也鄙所謂告君之式恐缺於
古經云者意以爲古禮非但昏禮日月亦必告君凡民生子自名以上皆以藉告則況此立後是人
倫之一大事也豈敢私爲而不告於君乎豈立後而告者亦同於生子而告之禮故不別立文耶朱
子大全程氏表所謂爲人無後者而聞官立後恐是聞官自是當時令格故程氏如此矣本朝繼絶
之法甚嚴必兩家父母呈狀後問備虛實又問兩家門長無異辭然後該曹入啓自上允下該曹乃
備擧事實成給公文然後乃爲父子其嚴且謹如此其可不命於君而私爲之乎國有令甲雖小事
不可違況父子天倫是何等大事而私敢擅輒耶

◆獨子爲大宗後(독자위대종후)

程子曰禮長子雖不得爲人後若無兄弟又繼祖之宗節亦當繼祖後禮雖不言可以義起○四未
軒曰通典漢石渠議大宗無後族無庶子已有一適子當絶父祀以後大宗故我朝有一宰臣引通
典說陳訴以其弟獨子爲後因成規例然若於族中有可以繼後者則恐不必然

◆立后以同宗支子爲后(입후이동종지자위후)

儀禮及國典皆然○南溪曰禮經大宗及貴爲大夫外不可立后而今世雖支子遠族皆必立后班
祔一路遂絶誠足慨然

◆長子無后次子雖有獨子當繼大宗后(장자무후차자수유독자당계대종후)

通典戴聖曰大宗不可絶族無庶子則當絶父以后大宗○田瓊曰長子后大宗則成宗子禮諸父無后祭於宗家曰後以其庶子還承其父○程子曰禮長子雖不得爲人后若無兄弟又繼祖之宗絶則亦當繼祖爲后禮雖不言可以義起○沙溪曰儀禮國典皆以同宗支子爲后黃秋浦陳訴以其弟暢之獨子璉爲后因成規例○寒岡曰不可以私親之故而絶先祖之祀程子之意恐出於此○南溪曰終禮經以同宗支子爲后旣無大宗無后之患亦無絶父後人之碍矣

◆繼后不可捨近取遠(계후불가사근취원)

大明令尤庵曰有服盡者然後求於無服者何可違明令

◆立后有難從遺命(입후유난종유명)

南溪曰遺命莫重然大宗絶祀其重比遺命尤甚如有可爲則具由告祠堂立后而不用遺命方爲大正然若無一家門長可主此事者亦難得成

◆立后必聞官(입후필문관)

沙溪曰立后者必命於君乃其法也父母具沒者或門長上言○尤庵曰原州朴門以奴僕代訴雖非士大夫家規例然朝家猶聽其訴況以族兄弟豈不可陳訴乎○南溪曰聞官一節古今禮典及程朱諸書皆無而國典爲然恐難捨國典而泛從禮制

◆未聞官立后者未可服所后之服(미문관입후자미가복소후지복)

尤庵曰所后母喪未聞官而服喪三年題主稱子旣誤於前云者是矣旣已許之則雖未聞官不可不服云者不可從國有令甲雖小事不可違況父子天倫是何等大事而私敢擅專耶當待 上言蒙允然後追後服喪似合通典之說矣通典有喪後出系子從出系公文到日服喪盡三年之禮矣

◆立后後生已子則以所后子爲長子(입후후생이자즉이소후자위장자)

通典諸葛亮無子以兄之子喬爲后及亮有子瞻而以喬爲嫡子○晉賀循取從子紘爲子後有晚生子遣紘歸本宗○宋胡文定公取從子寅爲子後生二子然以寅爲后○嘉靖癸丑 受敎曰立嗣後生親子親子奉祀季子論以衆子母得紛紜罷繼○栗谷曰癸丑受敎論以衆子者雖引大明令者只論義同兄弟均分財物耳非謂論以衆子也此敎雖立而不久旋罷盖兄爲衆子弟爲嫡子甚乖情理此敎不可擧行 仁祖朝崔鳴吉立后後生己子以系子爲長子 上允之

◆閒世立後之非(한세입후지비)

艮齋曰閒世立后台監旣曰禮經無據程朱無敎又曰大是妄發不須多言則士夫行之也是妄發帝王施之也是妄發儒林言之也是妄發奈何復曰在朝家親親尙賢之道爲盛典也愚聞親親之道父子爲大若使人自有父而入於無父烏在其親親之道乎又聞賢者之所以爲賢以其篤於父子君臣之倫若使人自有父而入於無父烏在其尙賢之道乎父子如此則君臣可知人心安得不偏頗世道安得不壞亂使台監處掌禮之地其將以爲無禮而請止之乎抑以爲盛典而啓行之乎年前奉拜時語及省齋以於于間世立后爲非而謂台監疏辭之未安則台監遽答曰此吾未悉而誤達之過也昨來某人問台監所以答省書者何如而無所明示豈當時有答而今忘不記耶今彼之所遭方與朝家相關而欲得台監一言之敎以爲奉行之資而所敎雖先有禮無所據大是妄發等語而其結辭乃以爲繼絶存凶朝家盛典彼將何所適從耶大抵儒者立言設敎欲上與天地合下與後聖契將以爲萬世法程非適爲一時苟且之計耳伏願高明亟體斯義▯下一轉語以破使人無父之亂禮而用扶叔世將倒之太極焉○蘆沙據石渠議許人閒代爲后者爲數四矣余謂無子而有孫無孫而有曾玄以下無父而有祖無祖而有曾高以上皆爲亂父子之倫而天理之所必無人心之所不安也是安忍敎人爲之乎夫言者心聲也德之符也德厚者其言合義而近情德薄者其論乖義而遠情故輔潛庵有云若就言上看得分明其德無餘蘊矣崔台則嘗以鬼神出后爲

斁倫之大者而用於奏御文字矣及問蘆說之得失則乃以朝家曠蕩之典一句籠罩之然則曩所
謂鬼神出后獨非朝廷之命耶是知君子之於本原心術不可以不明且正也若夫文章氣節須從
學識中做將出來乃爲至善耳〇所詢禮疑據鄙見上自父子孫曾以及遺裔遠胤天下之正理如
無父而有先祖無子而有後孫則名不正而言不順矣近見蘆沙集許閒世立后此則雖曰有據旣
乖禮意不可爲訓也閒一代猶然况累世乎昔正廟時朴忠臣(篪)柳於于(夢寅)立后此是當時禮
官之失恐未可謂百王不易之法也今剛菴台上疏請立李忠簡公(墢)后而上令掌禮院議處云
禮官苟能直據天理而不拘近例則安有非禮之禮乎梅山先生言古法必有與者受者然後乃可
立後沙翁長子夫妻俱歿無受之者故不得立後而傳重於愼齋(止此)夫祖在猶以子死而不得
立孫况李公絶嗣今已數百年其孰爲受之者如之何其可以爲之後乎蓋闕數十世而立遠孫旣
不可矣奉數十世祖先而爲之后又不可之大者且爲之后者異時遭父喪而欲服斬則有出繼之
名而無出繼之實矣欲降朞則此人生於父而無所天之地矣鄙人之學去用權地位尙遠只知守
經之爲道不敢▣有他說也〇一哥示以李台疏請立二哥爲李忠簡公嗣孫不知欲用傍裔攝祀
例乎則亦可爲也若名爲直孫而用立后之禮則二哥於所后旣無服斬之親於所生又用出繼之
制則二哥於是乎爲無父之人矣天下萬古豈容有無父之子乎使二哥問於李台曰我將以誰爲
父未知如何對又問君子之道已之所不欲勿以施於人則凣施於人者皆已之所可爲也大監而
遭此變則亦將棄所生之天而處無父之地乎未知又如何對以李台之明豈不念及於此而謾使
二哥爲此千人萬人所不忍爲之事乎吾故曰此必用攝祀之禮而幽明之閒可以兩無憾矣(使忠
簡公而有靈豈肯安於無子而有孫之禮乎〇與李聖杓斗馥下同)〇所示李台書使人釋疑何幸
何幸喪服傳曰爲人后者孰后后大宗也又曰何如而可以爲后支子可也通典張湛曰若非大宗
所繼非正統之重無相后之義余謂此義直可與天地俱立而不可亂也後世敎化陵夷利欲橫溢
非大宗而立后以長子而出繼者往往有之擧不識聖人制禮孝子重父之義也况後來▣有閒世
立后之規則於是乎人有無父之人此天下萬古之大變禮家之所宜辨明朝廷之所宜禁截也而
乃有爲之助者一則曰其義甚大於古有據二則曰直以後孫載錄名正言順三則曰後世人情拘
於昭穆代次故已被注疏家壞鑿今日何人以何大力量能擔夯此論觀其辭意不惟不以爲重難
乃反以爲大義而恨不得大力量人以定之不知此是何見絶不可曉也今李台之論乃如此此僕
所以喜見而樂道之也但以其題主爲疑者誠然誠然據鄙見言之此但承命而爲祭祀之攝主初
非用直孫之禮則當云顯幾代族祖父母云云族孫某攝祀此卽李台第一說也其所引或說只書
官職命祀孫奉祀云者恐涉無稽不敢爲說〇此事雖有前人已例揆以天理直是非禮之禮非德
之德曷可諉以有據而冒行之哉柳省齋於於于事旣曰謬例鳳峀金丈又深以蘆沙說爲非宋約
齋與成氏書亦以直孫奉祀爲非禮而斥之諸公豈好爲大言以喝罵前人哉奉祀受服是一串事
若旣爲直孫於彼又行本服於此則是二統也不可爲矣如以爲彼直孫之故不服所生之親則是
又無父也尤不可爲也若以告君而不可擅便則李台宜再疏而辨理之且李台之見鄙書在前疏
蒙允之後猶以鄙說爲是而令用族祖之例此時豈不念及於愼重之道而率易爲之歟後來却被
蘆說所誤乃謂先輩已有定論何必後生紛紛之說此豈特再數廊柱之失明是三思私意之起矣
豈不可惜望以是聞於李台如有理到之論鄙何敢不服記得程先生之言曰父子定理無所逃於
天地之閒(試使人問於蘆沙與李台曰古今天下亦有二統之禮與無父之人乎則如何做對)安
得天分(此四字極好看)不有私心則行一不義殺一不辜(此下帶而得天下四字意看)有所不爲
(何等仁勇)有分毫私(分毫私終成山嶽變可畏可畏)便不是王者事旨▣言乎鄙常三復而歎抑
今因此禮而爲一奉誦於尊座想亦玩之有味而服之無斁也請召二哥一番解說而使之曉徹亦
非細補也所云曠蕩恩典當時禮官不及推究原頭義理參酌情文禮數而誤定其規者故有識之
士目之以一時謬例非所謂萬世正法也今日禮官以前代忠賢傍裔奉祀可以兩行不悖之意奏
達於天陛而蒙允則豈非美典之可以爲訓於世乎若必欲使人棄其所生之天立於無父之地而
苟有識道理重彝倫者抵死不敢聞命則將若之何今世尙門地崇官職故不顧人之非笑而冒昧
行之是爲朝家之所宜禁止奈何反導之使爲切切憂歎不能已也

◆身死妻嫁不許立后之非(신사처가불허입후지비)

艮齋曰身死妻嫁謂之同於未娶而不許立后愚未敢以爲然也橫渠所言未娶而死其意與此大異不可相證至於宗子死後次子以已子立爲后既而兄妻改適次子卬 無他子者來喩欲罷繼歸宗而用兄凶弟及之禮此尤未安盖其兄死無罪而爲之弟者忍以其嫂之無義自已之無嗣遽還其已立之子而奪之宗此於天理人情果何如也苟有見於天倫之重宗法之嚴者不待叔齊之賢而知所處矣且如所論則宗子之爲宗子與否專係於其妻之守義與否顧安有此理且若以母嫁而不爲之立后則嫁母之子爲父后聖人何爲制此無義之禮而著之於經乎故尤翁嘗言何可以母嫁而奪宗於人乎此皆可思也愚每謂吾人論禮論事須是從性命道理上裁度出來不可向世俗意見上遷就將去今且見喩無乃爲東俗所囿而然歟若不深思其故而力與克下則將來之失必漸至於失於忍失於薄矣愚竊懼焉

◆出後人屬稱(출후인속칭)

程子曰既是爲人後者便須將所後者呼之以爲父母不如是則不正也後之立疑義者只見禮不杖期內有爲人後者爲其父母報便道須是稱親禮文盖言出爲人後則本父母反呼之以爲叔爲伯也故須著道爲其父母以別之非謂却將本父母亦稱父母也○伊川代彭思永論濮王稱親疏曰濮王陛下所生之父於屬爲伯陛下濮王出繼之子於屬爲姪此天地大義生人大倫○問先儒濮議稱皇考是否朱子曰不是又曰所後父與所生父相對坐其子來喚所後父爲父終不成又喚所生父爲父這自是道理不如此○栗谷曰爲人後者爲之子是常經通義反以所生父爲伯叔父則與親子無毫髮之殊父子既如此則祖孫之倫亦定矣○尤菴曰養他子爲後家禮列此於義服條鄙意以爲可謂之子而不可謂之體○問養字不可言於所後南塘曰語類喪服條爲所養父母斬衰三年朱子亦以所後父母爲養父母也○沙溪曰朱子代劉玶述玶之兄珙行狀曰從弟玶謹狀盖珙與玶是子羽之子而玶出後於子羽之弟子翬故朱子以從弟稱之

◆孤子出後之式(고자출후지식)

大明令孤子不許爲人後夫爲人後者爲之子則稱其所生爲伯爲叔不承父命而輒稱已父母爲伯叔可乎是貪利而忘親也○沙溪曰立後者必命於君乃其法也父母俱歿者或門長上言云

◆孤子不出后(고자불출후)

艮齋曰孤子不出后自是天理人倫之至前據有無不須問呂新吾所謂據經不如據理是也況潘時既孤叔父欲使後己以親歿無所受命辭朱子特書之以爲後世法大明令亦不許孤子出後而以忘親貪利斥之則爲人子者宜知所以自處也所舉問解說朽淺所謂父母俱歿據無嗣而逝者立文故只云不可立后耶不云不可出后也沙翁答語亦據大典父母俱歿情理可矜則門長上言許令立後之說而云也今鏡湖不及細察截去問辭而載其說於孤子出後式(此五字前後經傳所無而始見於增解之篇殊使人駭歎)以致人錯認沙翁本指此宜力辨不可放過也儀禮喪服爲人後者疏出後大宗故任鹿門曰禮經立後專爲大宗原無支子立後之文況無父之子尤無爲人後之理此甚明白無可疑者余按禮已孤不卬 名說者曰名父所命沒而改之是棄其父也父沒卬 名且如此況父沒易父其罪尤當如何哉○前書所稟只是說已孤者無出后之義雖有君命亦當辭免云爾非謂君上雖不聽施而當終於拒逆也尊誨謂以當者言之以無父爲辭而拒僉同之宗議君父之成命絶其祖宗之祀而不恤是豈以父之心爲心者乎愚竊謂若不就倫理源頭上理會孤子所以自處之義與所以處孤子之道而若但以君上之命壓之而已則卬 沒可說又若但以以親心爲心之說責之而已則大宗無後祖祀將絶則將自求爲之后亦不必待宗議之發君命之下矣然而父者子之天也無父而移所天天理人情之所必不忍也禮君子已孤不卬 名說者曰名者父所命也父歿而改之棄其父也名者一時之命也而猶不忍改於父歿之後況無父命而輒以其父爲伯叔父者可忍而爲之乎故雖以尊意亦猶曰當至誠痛苦力爲乞免之圖(來書止此)此又天理人情之所不能無也然若徒以以親心爲心爲十分道理則既有宗議又有君命亦何必爲乞免之圖乎且若乞免而得請則祖宗之祀之絶將依舊矣烏在其以親心爲心之意乎愚故曰以父之

心爲心之義恐此處用不得也蓋孤子不出後自是不可易之道理然則不惟當者有可辭之義而
已雖爲人君者亦不當使之爲後於人也此大明令孤子不許爲人後之說所以爲百王不易之法
而我國大典法義之所以爲未善也小宗獨子之說恐與此不相似蓋身爲小宗而有獨子者當絕
父祀以繼大宗此雖與禮經不同而爲其子者畢竟是受命於父則可以義起如程子之訓無不可
者矣此與親歿無所受命而不敢棄其父者大相不同矣未知尊意以爲如何○禮疑思得曰 如何
使禮律原來如彼而學人乃爲謗讟有所變遷其罪與國之降臣同古者降城凶子(以城降人及凶
人之子)國有大赦不得與焉此士之論禮所以分外審愼而不敢苟然爲之也今賢者之欲守經庶
幾孤城垂凶而以死守之者誰敢曰不是但旣名入后而爲母子十八年矣禮有養同宗如親母之
文異日喪祭只以養母處之非擅改禮律以避世禍之比也蓋已孤則前之服喪正犯禮律所禁且
未曾立案則沙翁謂之養子而不得爲繼后子然則旣遂孤子不出后之孝心又不負叔母依姪子
之至情此於經權之際幽明之間兩行而無所乖戾矣

◆獨子出後(독자출후)

通典問大宗無後族無庶子已有一適子當絕父祀以後大宗否戴聖云大宗不可絕言適子不爲
後者不得先庶耳族無庶子則當絕父以後大宗田瓊曰以長子後大宗則成宗子禮諸父無後祭
於宗家後以其庶子還承其父○程子曰禮長子雖不得爲人後若無兄弟又繼祖之宗絕亦當繼
祖爲後禮雖不言可以義起○沙溪曰通典及程子說是長子爲後之證然與禮經不同○尤菴曰
獨子不可爲後而曾有一宰臣引通典絕父祀以後大宗之說陳訴以其弟獨子爲後因成規例宰
臣卽秋浦也

◆次子攝祀諸位無祝單獻(차자섭사제위무축단헌)

艮齋曰長子無后次子攝祀則立后前不祧位以下一向無祝單獻雖甚未安然欲如某家次子改
題三獻之例則干統之嫌重於未安之私恐無變通之路矣

◆有庶子立族姪之非(유서자입족질지비)

艮齋曰有庶子而立族姪爲嗣者是仕宦家忍心害理之悖習而爲之子者無亦爲與爲人后者耶
父子而如此者果能盡忠於君乎明良相遇宜停薦停望而痛革其弊也

◆非大宗無相後之義(비대종무상후지의)

艮齋曰非大宗無相後之義此雖註疏說而其義則實天地間直上直下之正理而後世帝王不以
爲意人家亦鮮有行之者豈易父移天是小事歟雖大宗立後母得取疎遠亦必告本官本官轉報
上營上營聚而聞於禮官禮官取旨回下一年分兩次爲之○禮非大宗無相後之義此是天地之
間亭亭當當直上直下之正理玩而味之尤覺其義之精而仁之至也後世此禮不行故父子之倫
大亂父子亂則君臣夫婦如之何其可正也人家立後之變所聞所見有不忍言者今以必宗子始
須立後立法如繼禰之宗無後非兄弟之子無得取以爲後繼祖之宗無得踰五寸繼曾祖之宗無
得踰七寸餘皆以是爲差要之取最尊位以下子孫使奉其祀而朝家立案時必取帳籍檢考無誤
然後方許入啓若欺罔上聽以遠爲近者事覺父子皆依律定罪罷繼當時禮官亦與重勘如此庶
幾人倫明正無復紊亂淫僻之罪是爲敎民定志之道也未知後之人君能取以用之否也○古者
非大宗不敢立後此聖人體人子之至情斷以大義也後世此義不明小宗支子無不立後則某甲
生時以子立弟後告弟几筵此愛弟之心也其門長具由告君而立案使其子母敢辭焉則此又族
人可爲之道也然此姑以俗例言之至於爲子者據禮則非大宗無相後之義據律則已孤者無移
天之文據情則爲人子者又只有守經之理矣此子之辭之也夫孰得以非之以故先師之敎如彼
也愚每於後世立子之無節竊深痛之以爲賢者得君行道此一款必與從頭整理過今擬令國人
必宗子方許立後而繼禰者必取親弟之子繼祖者必取從兄弟及親弟之子繼曾祖以上倣此毋
得遠求疎族其法則必告本郡本郡報營營報禮曹禮曹啓稟立案如此則庶幾人倫正而王法重
矣鄙報前書之意實從禮義源頭處說下來如今所喩却去後人情勝處商量講究所以未合也

◆十代宗孫無子則求之同十代以下(십대종손무자즉구지동십대이하)

問繼禰之宗無子則以兄弟之子爲子繼祖之宗無子則以從兄弟之子爲子(無兄弟之子故耳)推以至於繼曾祖繼高祖之宗亦當以此例之此恐爲天理之至人倫之正但未知其高祖以下皆獨子僅僅相承而今將絶焉則當何以爲之後乎且未知其繼十代之宗自高祖以下又如右之所陳者亦不可泛求於遠族(遠族亦以同十代以下言)以爲之後乎答高祖以下(止)何以爲之後非人力所能與也若闊狹於此又成後世泛及之弊矣繼十代宗孫無子則亦當求之於同十代以下同宗支子可也

◆殤及無後者祭皆以義起者(상급무후자제개이의기자)

禮運禮也者義之實也協諸義而協則禮雖先王未之有可以義起也陳註禮一定不易義隨時制宜故協合於義而合當爲則雖先王未有此禮可酌於義而創爲之〇小記庶子不祭殤與無後者殤與無後者從祖祔食疏不祭殤者以已是父庶不合立父廟故不得自祭其子之殤殤尙不祭成人無後不祭可知云不祭無後者已是祖庶不合立祖廟故兄弟無後者不得祭之已若是曾祖之庶亦不得祭諸父無後者是不合立曾祖廟故也

◆爲亡子立嗣不當以從姪爲後(위망자입사불당이종질위후)

艮齋曰尊曾祖考何不爲亡子立嗣乃命從姪爲後耶從姪雖長於亡子一歲今當爲亡子立嗣而還其宗事爲第一義如無昭穆可合者從姪不得已仍奉其祀恐爲處變之一道也

◆本生無後歸宗(본생무후귀종)

大明令若所養父母有親生子及本生父母無子欲還者聽若所養父母無子而捨去者杖流〇大典爲人後者本生父母絶嗣則罷繼歸宗許其所後家改立後若所後父母已死不得改立後則從旁親班祔例〇沙溪曰出後者本生親無後則兩家父相議歸宗古有其例而兩家父死則子不可擅自罷繼〇南溪曰彼此俱無父則不當擅自罷繼而歸宗第必有門長告官議處之擧否不敢輕議

◆無禮斜罷繼歸宗(무례사파계귀종)

艮齋曰無禮斜當罷繼云云以愚之人地居今之世何敢有此擧措矣乎况金之甥姪見此貴顯彼若仍舊且將得其力豈肯聽此一夫之言而捨自家所必得之利行擧世所希有之事以受時人所共咻之言也耶此必無之理也近聞錦伯尙云某也應只論禮然爾至於罷繼必非其所使也(金歸宗前愚無片言及此則謂之論禮亦非實事但味其言猶有紓究之意矣)不謂丈席不信愚言只憑傳說以爲斷案使人憮然失圖也竊觀丈席於此事一則曰駭俗二則曰礙眼後生之惑滋甚大凡儒者之於汚世當以變化爲心譬之運甕須是身在甕外方可若在甕內如何動得今不能超然於流俗之外而纔以礙眼爲慮則從上聖賢何所望于後學幷世民庶何所賴乎儒林哉春秋之世卿士之拜君皆於堂上如有不從者豈不駭俗而孔子乃獨違衆而拜不乎戰國之時天下諸侯莫有喪三年者而滕文公特然行之亦豈不礙眼而孟子乃獨稱善而敎之禮焉以此觀之彼俗眼之疾視讒口之誣言何嘗入得他胷次耶夫不從流俗矍相之所示同乎流俗鄒聖之所斥也今世無父命無君命而輒爲他人之子者與夫一爲人所養則不顧私絶所天之爲不孝而因仍苟且以終其身者是果禮義之所出乎抑不得不謂之流俗也使孔孟復起將所與乎所斥乎此不難知之是非也〇愚昔侍先師言近世出後之無禮先師旣然之復敎之云是爲世諱毋得輕言愚謹守之近聞某人之罷還本宗不惟不非之亦頗扶護之此與先師之意寔不相戾第鄕人以罕見也羣起而毁之曰彼旣受服承祀矣何敢罷還其扶護之者亦惡得無罪愚按大明令孤子不許爲人後而曰夫爲人後者稱所生爲伯爲叔不承父命而輒稱以父爲伯叔可乎是貪利忘親也本朝立法亦令立後者必告禮曹其私爲父子者論罪帳籍勿施科榜拔去今某人十歲而孤內無所承上不請命而輒爲族叔子反服所生不杖朞此在幼穉之日雖不足罪實則亂倫也逮其覺悟從復因循苟且焉爾則得無忘親貪利之歸乎今某人能因其良心發見而反之正焉此爲犯大明律乎犯本朝律乎

如以爲罪則前日之慢君棄親爲罪乎今日之畏法守經爲罪乎夫孔子非萬世禮樂之宗主乎聖
人言繼絶世必以人君言又於釁相之射斥去與爲人後者說者曰與干也有所利而爲之也潘時
以親歿無所受命辭爲叔父後則朱夫子大書特書以爲後世爲人子者之法有人養於伯父身死
而有子伯父在日外內族親成文定係及祖死其孫爲之承重題主而尤菴先生特以無君命之故
謂不可以定父子祖孫又於李(三龜)閔(汝疊)金(汝亮)事立論峻正皆以私絶其父爲大罪及李
公按湖南則移書告之曰大明法令使不聞官者一切勿許爲父子則名正言順而大亂乃止後來
羣賢擧守之不變今某人之事使三聖賢者復旣則在所恕乎在所斥乎禮已孤不﹖名說者曰名
父所命父死﹖之似遺棄其父今父沒而﹖其父者此於天理人情何如也孟子謂沈同曰有所悅
而不告於王私與吾子之爵祿則可乎況爲人子而悅於人親之遺體持以與之獨可乎如以服斬
承祀爲重而謂不當改則其私絶根本而戕滅天理者獨可謂事體小而不之改乎今雖世敎衰而
士大夫家往往有告君者惟委巷窮閻之人惜費憚勞而不以爲意士人之言行操執將誰所適從
也今考之以王法參之以聖訓揆之以天理人情則某人之改正爲是耶爲非耶今必以某人爲不
孝則須如委巷窮閻之人冥然其覺而爲悖德悖禮之行而後乃得爲孝也耶若曰何不立案則此
在其親戚之列者據實陳籲而爲之可也苟有父子之性者豈忍安於父他人而自去告君也乎若
曰擧世之所斥田愚何敢獨異是又有可疑者昔匡章通國皆稱不孝獨孟子哀其志而不與之絶
此非聖賢至公至仁之心而後人不可學也耶且身爲士子所以立德酬世者初無定法惟徇世俗
之好惡而不慮夫壞禮亂紀之原自我始也則豈前聖所望於後學之意也耶凡此數者愚皆疑晦
而未能明晰竊願幷世君子有以敎之

◆長子妻嫁無育庶子陞嫡(장자처가무육서자승적)

艮齋曰長子妻稼無育只有庶子幾人者擇庶子之賢者以繼宗祀此是正理故先賢多以陞嫡爲
是矣有子而議立後旣不可而無嫡母不須問嫁母之子不得爲宗子自是世俗之見禮無所據勿
疑其所行也

◆妾子雖無父命當陞嫡(첩자수무부명당승적)

艮齋曰妾子雖無父命亦當承嫡此無可疑盖國典嫡妾俱無子然後方許立後故尤翁謂妾子當
承重旣承重則亦當稱孝子○若疑此有父命而然又有不然者今有遺腹妾子則豈可以未承父
命而不得奉祀耶

◆立后無禮斜議(입후무례사의)

艮齋曰所示立后無禮斜議一篇義亦可爲而文又典雅可誦第念專繫倫綱大變有非吾輩所能
決者況又引賤子與心石書以爲據此在不肖不覺怵然心動而不敢安此所以向有所求而未之
應者也須﹖從儒家後賢爛商而審定不可自我率然而爲義起之論也如何如何﹖思之末世人心
渝薄始之見利而往後或失勢而罷者安知不曰雖告廟承祀先賢定論則以無禮斜者謂之私絶
所天云爾耶如此則人家大亂自我而生是豈不分外商量耶淺慮及此未知盛見又以爲如何○
立后無啓下處處義尊喩謂若大宗則且依宋書告廟例行之不甚害義鄙見亦然然非大宗而
用此例則異日罷係歸宗之人亦不少矣此却不可不慮也

◆有庶子立族姪之非(유서자입족질지비)

艮齋曰有庶子而立族姪爲嗣者是仕宦家忍必害理之悖習而爲之子者無亦爲與爲人后者耶
父子而如此者果能盡忠於君乎明良相遇宜停薦停望而痛革其弊也

◆父母俱沒有兄弟者兄以弟後大宗(부모구몰유형제자형이제후대종)

禮輯孤子不可出繼然有適兄繼父後値伯父無子兄以禮法遣之何不可哉

◆以其次子還承本宗之非(이기차자환승본종지비)

南溪曰以庶子還承其父不察昭穆終不過如今侍養之類而已豈承後之謂㢱○四未軒曰通典
田瓊曰長子後大宗則成宗子禮諸父無后祭於宗家後以其庶子還承其父然間代繼后便同無

后擇同姓昭穆相當者爲後恐當

◆異姓爲後(이성위후)(收養子奉祀說附)

朱子曰立異姓爲後此固今人之失○陳北溪淳曰神不歆非類民不祀非族古人繼嗣大宗無子
則以族人之子續之取其一氣脈相爲感通可以嗣續無間後世義理不明人家無嗣不肯顯立同
宗之子多是潛養異姓之兒陽若有繼而陰已絶矣蓋自春秋鄅子取莒公子爲後故聖人書曰莒
人滅鄅非莒人滅之也以異姓主祭祀滅亡之道也秦以呂政絶晉以牛睿絶亦皆一類然在今世
論之立同宗又不可泛蓋姓出於上世聖人之所造所以別生分類自後有賜姓變姓者又皆混雜
故立宗者又不可恃同姓爲憑須擇近親來歷分明者立之則一氣所感父祖不至失祀○通典魏
時或爲四孤論曰遇兵飢饉有賣子者有棄溝壑者有生而父母亡無緦親其死必也者有俗人以
五月生子妨忌之不擧者有家無兒收養成人禮異姓不爲後使還本姓爲可否史于叔達議曰此
四孤者非其父母不生非遇公嫗不濟既生既育由於二家棄本背恩實未之可今宜子竭其力報
於公嫗養育之恩若終爲報父在爲母之服別立宮宇而祭之畢已之年也○尤菴曰國法三歲前
收養始得卽同已子然此指喪服而言不必使之奉祀也若是異姓則非族之祀朱子明言其不享
其意甚嚴矣○愚按收養子奉祀之禮若是被養於本宗者則當依上侍養條尤菴所論其主當各
祔于其祖之龕而收養子供其牲物而助祭可也如無所祔則祭之別室亦可也若其被養於外族
及異姓者則神不歆非類民不祀非族乃古訓也朱子以外孫奉祀猶爲非族之祀況於無親之異
姓乎尤翁之訓又甚嚴正亦當各祔其主於其祖之龕而以物助祭一如本宗之禮如其都無所祔
處則亦甚難處如此者不得已或依通典所論別立宮宇而祭之之說藏主於別室而權祭耶然終
非正禮也

◆立後之儀(입후지의)

鄉校禮輯先期五日會族人立贊相戒聘使厥明詣祠堂焚香再拜跪告曰維年月日某敢昭告于
某府君某年齡漸衰未得胤子竊懼世業承守無託玆擇某之第幾子某昭穆相應資性可進情禮
無礙謹行聘禮立以爲嗣敢告厥明(先期三日)使齎幣詣其子生父之門主人揖入再拜興使奠
幣拱揖請曰某親某未有胤子先祀無託惟吾子第幾子某揆於禮法應與承繼玆不以某不能爲
儀使將幣以聘惟吾子以禮成之主人辭曰某不敏敎忝義方某之子某又資稟魯鈍恐負重託吾
子雖有命未敢敬承使復請曰某之來聘也某子稽諸譜系告諸家廟薰沐束幣實使某致先人之
禮惟吾子圖之主人對曰吾子達先人之意已命某敢不敬順遣子某備董擇焉使再拜曰敬聞
嘉命主人答拜主人詣祠堂焚香再拜跪告曰某親某未有胤子玆使某來致先人之禮聘某第幾
子某往繼宗祀禮法相應不能辭避是庸虔告再拜興主使感在寢臽子至堂中北面父命之曰某
親某年衰未有胤子使使聘汝爲嗣吾謹以禮允許汝其往欤子辭曰不肯負罪方與一二兄弟敬
體庭訓黽勉不及懼不成人不敢聞他命父再命曰母親某之聘汝也前人苗裔本則一矣身之諸
父情則親矣戒使致幣禮則修矣不可辭也汝其往欤子哭再拜且辭曰兒荷大人顧復昊天罔極
圖保末由不敢受他命願終辭之父三命曰嗟余子汝聽余命某親某之聘汝盛服秉幣告諸先人
玆使者之來也實致先人之禮汝其敬承先命以往子東面哭再拜曰兒負罪深重矣父命勿哭乃
起父命受聘幣子再拜興主人遂禮使使復命主人乃戒賓厥明(先一日)嗣父家說父母席于寢
正中近北說子席(一初相見席于堂正南楣北一承嗣命拜席于堂下庭中)陳服于房冠衣一襲
鞋條一膳席三盥具一厥明使者俟于嗣子門左主人主婦帥子詣祠堂跪告曰某第幾子某謹奉
祖命今日出繼與某爲嗣謹告子四拜乃辭于父母諸親屬父命之曰善事嗣父嗣母致眷致敬愼
厥身修母貽憂辱又曰爾父恪守先獻隨當有胤爾其愛護敬導均受常産克友克眷以光昭世德
子應曰諾母命之曰敬服膺爾父定命子應曰不敢忘俯伏再拜降自西階使先入報子至父母坐
正寢使導子入北面鞠躬四拜父母立受相導子入房更服出鞠躬四拜父母坐受跪父母命曰吾
兒吾以年齡漸衰且老宗事未得付託特聘汝爲嗣子承守世業玆命汝名曰某汝夙夜敬念愼修
言行敦叙彝倫以無墜祖宗之緖子應曰謹承命惟不堪是懼俯伏興父母入坐內寢相導子入問

安侍者供酒饌子酌酒進饌于父母前揖曰請饌父母坐受飲食之乃命設嗣子席于席西使侍者
授酒供菜子詣親席揖升席正立啐酒嘗菜父母曰咬菜根儉德也由是充其宗祊其昌乎子詣親
席前跪曰敢不受敎侍者供饌子酌酒取饌進(揖請升席如前)飲酒用饌父母曰庖人治饌刲以
方烹調以宜吾兒治身處物日乾夕惕方以立本宜以制動吾之宗祊其昌乎子又詣親席前跪曰
敢不受敎侍者供飯子取飯進親席前揖曰請加餐乃飯供茶畢撤席主人帥嗣子謁祠堂告曰某
孫某年踰五十未擧胤子深懼覆墜幸賴祖德啓佑請命致聘得某親某第幾子某過房與之更名
立爲嗣子尙冀先靈陰騭世業永承告畢遂謁見諸親屬乃禮使迎賓成禮而退

◆異姓奉祀(이성봉사)

春秋(襄六年)莒人鄫穀梁傳曰立異姓以莅祭祀滅亡之道也(范甯曰莒是鄫甥立以爲後非其
族類故言滅)○晉賈充無嗣及卒充夫人郭氏表充遺意以外甥韓謐爲充子(一云充子黎民三
歲而夭充妻郭槐以外孫謐爲黎民子○博士秦秀議曰充捨宗族不授而以異姓爲後悖禮溺情
以亂大倫○通典)○王肅曰異姓爲後者隆其所後降其本親尙可曰知禮乎哉(庾蔚之之論亦
然○通典)○北溪陳氏曰近世有以女子之子爲後姓雖異而氣類相近似勝於姓同而屬疎者○
省齋曰氣類雖近而姓氏實異陳說可謂不知所本矣○大明律不得養異姓爲後以亂宗族○五
代史歐陽脩義兒傳世道衰人倫壞異類合爲父子開平顯德聞天下五代而實八姓其三出於丐
養號義兒用成功業其亡也亦由焉

◆侍養(시양)

通典何琦曰別宗無後宗緒不可絶魏之宗聖遠繼宣尼荀顗無子以兄孫爲嗣此成比也庾蔚之
曰間代取後禮未之聞宗聖時王所命以尊先聖本不計數恐不得引而比也○寒岡曰立後無他
子姪行則今世多以族孫爲侍養者然非古禮也○尤菴曰侍養固是非禮而外孫奉祀則朱子又
斥之以非族撥以正禮則其主當各祔于其祖之龕矣○所繼之序旣是祖孫則正皇祖所謂昭穆
失序者卽呈官改正寧有可疑只是改正之後無他族人之可托者則依俗人侍養例仍奉其祀雖
不正當而似亦愈於有所受而無所處矣○芝村曰尹月汀妾子昶無子而死其妻李氏呈禮曹謂
以尹白沙暄之妾曾孫世雲爲子蓋爲曾孫行也該曹啓曰古人以孫行爲子卽漢之冠恂晉之荀
顗唐之白居易是也我朝宋斯敏以其弟明誼曾孫順年爲子古人已行之迹班班可考依情願定
給如何傳曰孫行爲子古今雖有國典無常規養子侍養子名號雖殊承重奉祀則一也特爲侍養
子成案定給可也云該曹則請許爲子而傳敎則以侍養子定給所謂承重奉祀者亦令主管其家
事之意耶

◆侍養奉祀當否(시양봉사당부)

退溪曰異姓人侍養自是人家苟且之事然旣云奉祀則不容無安神設祭之所仍指其所爲廟亦
勢所必至然比廟制亦當稍減損乃爲得之○問白樂天以姪孫因爲繼後何也寒岡曰孫不可以
爲後旣無他子姪行則今世多以族孫爲侍養者然非古禮也樂天事盖其門中無他子姪之可後
者出於不得已非禮之正也○同春問有人自三歲時被養於其從母若奉祀則屬號及旁題何以
書之沙溪曰古禮無據不敢爲說○尤庵曰侍養禮無其文惟國法三歲前收養始得卽同己子然
此指喪服而言不必使之奉祀也若是異姓則非族之祀朱子明言其不享其意甚嚴矣一世猶不
可況曾祖耶○又曰尊丈所繼之序旣是祖孫則正皇祖所謂昭穆失序者卽呈官改正寧有可疑
只是改正之後無他族人之可托者則依俗人侍養例仍奉其祀雖不正當而似亦踰於有所受而
歸無處故當時奉告者如此矣

◎立後諸節(입후제절)

◆出后立后告辭式(출후입후고사식)
◆立後告由(입후고유)如廟中有事告儀

喪出後立后者發喪告辭見初喪變禮祝式○葬後期後立後成服日新喪神主改題告辭○喪出
後立后者先祖祠堂告辭○本親喪中出后者本親几筵改服告辭○出系子之子還系本生祖告
辭○以上告辭並見立后條祝式

◆立后告辭(입후고사)

維歲次云云顯某代祖考某官府君(以下諸位具配列書)某代孫某無祠(宗子死後立后則曰宗孫某
死而無祠)今以某親某之子某立以爲后不勝感愴謹以酒果用伸虔告謹告

◆喪出後立后發喪告辭(상출후입후발상고사)

服人代告曰某親○用亡者之屬稱○某之子某立以爲後今日發喪敢告

◆葬後立后者新喪神主改題告辭(장후입후자신상신주개제고사)

季子某今已成服敢以改題之禮敢告

●南溪曰初發喪時必有攝主預告之事若猶未也則似當先行此禮方成次第矣

◆喪出後立后者先祖祠堂告辭(상출후입후자선조사당고사)

維歲次云云顯某代祖考某官府君(以下諸位具配列書)孝某代孫某歿而無嗣今以某(宗孫名)
之某親某之子某立以爲后不勝感愴(云云上同)

●南溪曰喪中立后者專於新喪無入廟行祭之事恐當待卒哭後喪人躬行告廟○渼浩曰告廟
當成服後行之盖不先告廟而朝祖時隨柩入廟太無端○按朝祖非喪人之事葬前告廟似難行

◆本親喪中出后者本親几筵改服告辭(본친상중출후자본친궤연개복고사)

孝子某之仲弟(排行隨改)某出爲某親之后禮當服斬於所后降於本親今將改服(若小祥則
改曰除服)敢告

◆出系子之子還承本生祖告辭(출계자지자환승본생조고사)

長子某死無后某(長子名)之弟某出系某親而有子某今以某之子某還立爲某(長子名)之
后以爲承重敢告

⊙置祭田(치제전)

初立祠堂則計見田每龕取其二十之一以爲祭田親盡則以爲墓田(備要歲一祭之○尤菴曰
親盡之祖祭田以爲墓田旣有明文何可移之於最長房乎)後凡正位祔位皆放此宗子主之以給祭用
上世初未置田則合墓下子孫之田(龜峯曰非謂田在墓下乃其墓子孫之田云)計數而割之皆立約
聞官不得典賣(考證典猶言典當也相質定價之謂)

⊙위토(位土)를 정하여 둔다.

처음으로 사당(祠堂)을 세우면 자손의 전답(田畓)을 헤아려 매 감실(龕室)마다 이십
분지 일씩을 취하여 위토(位土)로 삼고 세대가 다하여 신주를 묘소에 매안(埋安)하게
되면 그 묘(墓)의 위토로 삼는다.

이후 모든 정위(正位)나 부위(祔位) 모두 이를 본뜬다. 이 제전(祭田)을 종자(宗子)가
주관하여 거기서 나오는 소출(所出)로 제사(祭祀) 경비로 쓴다. 처음부터 제전(祭田)
을 두지 못하였으면 각 묘(墓)에 따른 자손들의 전답을 합하여 앞과 같은 계산으로
모두 제전을 세워 서로 약정하고 관(官)에 등록하여 전당(典當) 잡히거나 팔지 못하
게 한다.

◆祭田(제전)

尤菴曰親盡之祖祭田以爲墓田旣有明文何可移之於最長房乎○遂菴曰卽今士夫家別無置
祭田者只有所謂奉祀條田民而已長房或有頻易者田土奴婢屢換其主則保存未易毋寧不動
以厚宗家爲愈老先生之意亦如此而然耶在宗家之道選之似得○巍巖曰尤菴曰親盡祖之祭
田以爲墓田不可移於最長房云然則家廟大小祀享則長房主之而獨墓祭諸位徑自迭掌而歲
一行之否蓋祭田本爲祭祀而置也似當隨主所在以給祭用而至埋主然後爲墓田於事未爲甚
晩而於理未爲甚悖未知如何

◆祭田復舊因遺訓告辭(제전복구인유훈고사)

艮齋曰尊祖妣孺人仁孝之心貫徹幽明而左右今旣克體先志以成厥事則亦何可以不告也須
因參禮告由爲得告辭在下○維歲次云云顯祖妣某封某氏某昔奉戒辭祭田見斥縱綠貧竇目
則不暝汝苟成家復還舊物毋謂我死必以告余恭惟至誠心不忍忘幸蒙陰佑獲完祭田謹因朔
參用伸虔告謹告

◆祭田見失聞官歸正(제전견실문관귀정)

問親盡祖祧後若宗家仍執其田不奉祀事則諸子孫欲聞官推得以爲墓祭之資何如尤菴曰初
置祭田時立約聞官則見失之後聞官旣正何可已乎若是族人則私以義理開諭不聽然後聞官
穩當

⊙具祭器(구제기)

牀席倚卓盥盆火爐酒食之器隨其合用之數皆具貯於庫中而封鎖之不得他用無庫則
貯於櫃中不可貯者列於外門之內(增解祭器坐席皆不可雜用)

⊙제기(祭器)를 갖춘다.

제사상과 자리, 교의(交倚), 탁자, 세수대야, 화로, 술과 제수음식을 담을 제기(祭器)
를 쓰이는 용도대로 갖춰 창고에 저장하고 잠가두고는 다른 용도로 사용치 않게 한
다. 창고가 없으면 궤짝에라도 저장하고 그렇게도 저장할 수 없으면 사당 외문 안에
다 보관한다.

◆祭器(제기)

倚卓子牀席香爐香合香匙燭檠茅沙盤祝版环玟酒注盞盤盞茶瓶茶盞幷托椀楪子匙筯酒尊
玄酒尊托盤盥盤幷架帨巾幷架火爐○王制大夫祭器不假祭器未成不造燕器○曲禮凡家造
祭器爲先○又曰無田祿者不設祭器有田祿者先爲祭服君子雖貧不粥祭器雖寒不衣祭服○
又曰祭服敝則焚之祭器敝則埋之註人所用則焚之焚之陽也鬼神所用則埋之埋之陰也劉氏
曰不焚不埋則移於他用無已瀆於神明哉

◆代用燕器或木器(대용연기혹목기)

儀節祭器人家貧不能備者用燕器代之亦可○問祭器皆用木器如何尤菴曰此儉素無苟費之
意恐無害也然家禮許用燕器所謂燕器者生人常用之器也

◆具祭器(구제기)

丘儀倚卓子牀席香爐香合香匙燭檠茅沙盤祝板环玟酒注盞盤盞茶瓶茶盞幷托椀楪子匙筯
酒尊玄酒尊托盤盥盤幷架帨巾幷架火爐○曲禮凡家造祭器爲先又曰祭服敝則焚之祭器敝
則埋之註人所用則焚之焚之陽也鬼神所用則埋之埋之陰也劉氏曰不焚不埋則移於他用無
已瀆於神明◻

⊙祭器之具(제기지구)

(椅)俗稱交椅隨位各具○의. 즉 교의. (坐褥)長廣與椅板同隨位各具○좌욕. 즉 방석. (大卓)卽
祭牀隨位各具○대탁. 즉 제사상. (座面紙)隨卓各具○좌면지. 즉 제사상에 펴는 백지. (小卓)

二卽東西卓○소탁 2. (大牀)卽中排床○대상. (拭巾)隨卓各具○식건. 즉 속칭 마른 행주. (香案)○향안. (香爐)○향로. (香盒)○향합. (香)○향. (香匕)○향비. (火筯)○화저. 즉 불 젓가락. (燭臺)每位各一若合設則具一雙. ○촉대. 즉 촛대. (燭)○촉. 즉 초. (帟幕)周禮註帟 平帳也幕之小者在幄內承塵者上及四旁皆有帷○역막. ○위를 가려 먼지를 막는 적은 장막. 위 와 사방을 둘러 가려 친 적은 장막. (屏)○병. 즉 병풍. 或(簾)○혹 렴. 즉 발. (席)卽地衣又 有主人主婦拜席○석. 즉 자리. (笥)隨櫝各具○사. 즉 상자. (蓋座)忌祭時一位奉出者○개좌. (茅束)五家禮附註截茅八寸餘(周尺)作束束以紅立于盤內○備要一撮○모속 5. 즉 띠 묶음. ○ 여덟 치로 잘라 중간을 붉은 끈으로 동여 매어 모반에 꽂아 세운다. (茅盤)五家禮附註用瓷匜 盂廣一尺餘(周尺)或黑漆小盤○備要用椀○모반 5. 즉 모속(茅束)을 꽂아 세우는 그릇. (祝板) 四家禮本註長一尺高五寸○備要周尺○魏氏曰祝板非有法象稍大不妨○축판 4. (祝文紙)長 廣與板同○축문지. (硯)○연. 즉 벼루. (筆)○필. 즉 붓. (墨)○묵. 즉 먹. (环珓)書儀取大竹根 判之○備要長二寸(周尺)○或用具磨作圓二片○배교. 제삿날을 정할 때 점을 치는 기구. (环 珓盤)○배교반. ○배교를 던져 점을 치는 소반. (酒瓶)○주병. 즉 술병. (酒架)○주가. 즉 술 병 시렁. (酒注)○주주. 즉 주전자. (盞盤)每位各一又有酹酒者盤卽盞臺○잔반. 즉 술잔과 받 침 접시. (拭巾)○식건. (玄酒瓶)○현주병. 즉 정화수 병. (醋楪)○초접. 즉 식초 그릇. (匕) ○비. 즉 숟가락. (筯)○저. 즉 젓가락. (匕筯楪)○비저접. 즉 수저 그릇. (果器)○과기. (脯 器)○포기. (醢器)○해기. 즉 젓장기. (蔬菜器)並卽大楪○소채기. (醬器)卽鐘子○장기. 즉 종지. (飯器)蓋具○반기. 즉 덮개 있는 주발. (羹器)蓋具○갱기. 즉 덮개 있는 국 그릇. (魚 肉器)椀或楪○어육기. (餠器)卽大楪○병기. 즉 대접. (麵器)卽椀○면기. 즉 면식 류 그릇. (炙器)卽大楪○적기. 즉 대접. (徹酒器)卽椀○철주기. (徹炙器)卽大楪○철적기. 즉 대접. (受胙盤)卽楪○수조반. (受胙匕)○수조비. (受胙席)○수조석. (分胙盒)○분조합. (潔滌盆) ○결척분. 즉 그릇을 씻는 물동이. (拭巾)○식건. (釜)○부. 즉 솥. (甑)○증. 즉 떡시루. (匕) ○비. 즉 숟가락. (勺)○작. 즉 국자. (筐)○광. 즉 광주리. (篚)○비. 대나무로 둥글게 만든 바구니. (俎板)○조판. 떡 등을 괴는 도마. (椀)○완. 즉 주발. (盎)○앙. 즉 동이. (盤)○반. 즉 대소쿠리. (刀)○도. 즉 칼. (火爐)○화로. (炙鐵)○적철. 즉 적쇠. (祭服)○제복. (炬) ○거. 즉 횃불. (盥盆)四○관분 4. 즉 세수대야. (盆臺)二○분대 2. 즉 세수대야 받침대. (勺) 四○작 4. (帨巾)四○세건 4. 즉 수건. (巾架)二○건가 2. 즉 수건 걸이. (沐浴盆)二○목 욕분 2. 즉 목욕통. (帨巾)二○세건 2. 즉 목욕 수건.

⊙主人晨謁於大門之內(주인신알어대문지내)

主人謂宗子主此堂之祭者晨謁深衣(朱子行狀具幅巾履)焚香(於兩階間香卓○增解按詣階間所設 香卓焚香及要訣皆無焚香之節)再拜

⊙주인은 새벽이 되면 대문 안으로 들어가 알현(謁見)한다.

주인이라 함은 사당 제사를 주관하는 종자(宗子)로서 매일 새벽이 되면 심의(深衣)를 입고 분향재배 알현(謁見)한다.

◆晨謁(신알)

語類先生每日早起子弟在書院皆先着衫到影堂前擊板俟先生出旣啓門先生升堂率子弟以 次列拜炷香又拜而退子弟一人詣土地之祠炷香而拜隨侍登閣拜先聖像方坐書院受早揖飮 湯○問先生早晨入影堂展拜而昏暮無復再入如何朱子曰向見趙丞相於影堂行昏定之禮或

在燕集之後竊疑未安故每常只循舊禮晨謁而已

◆諸子晨謁(제자신알)

栗谷曰雖非主人隨主人同謁不妨○沙溪曰無主人而獨行不可○尤菴曰揆以生時則諸子晨昏各自如儀且家禮諸子出入時告廟一如長子但不開中門爲異據此則獨於晨謁有所不敢者未知其義也又曰以諸兄弟出入必告之文觀之則晨謁之禮亦不係主人之有無矣○同春曰晨謁之禮以出入之儀言之雖無主人餘人亦有拜辭之節且以象生時論之亦無不可獨拜之理

◆支子孫晨謁(지자손신알)

艮齋曰旣云主祠堂者每晨謁于大門之內則支子支孫隨主人代主人皆可無主人則只就大門外展拜而退亦似謹嚴

◆晨謁焚香(신알분향)

艮齋曰晨謁焚香愚以家禮爲主而行之比見竹本諸說疑其未穩而奉質何幸盛見之相同也每日焚香只是獻誠非以降神不可謂之褻也語類所記自是一義當別看也雖添階間字其兩度拜禮近於煩未敢質言○蔚陵香極荷留意曾因難求晨謁代爇蕭艾今可以終身如禮矣前輩有謂每晨焚香疑於煩瀆然此非求神只是獻誠恐無嫌於瀆也要訣去此雖從簡語類每早炷香當以此爲正

⊙晨謁儀禮節次(신알의례절차)

每日夙興先命子弟洗手焚香主人具衣冠至門內
詣香案前○跪○焚香○俯伏興拜興拜興平身

⊙매일 새벽 사당 알현하는 의례절차.

매일 일찍 일어나 먼저 자제(子弟)에 명하여 손을 씻고 향을 피우게 하고 주인은 의관(衣冠)을 갖추고 대문 안으로 들어간다. ○주인은 향안(香案) 앞으로 간다. ○무릎을 꿇고 앉는다. ○분향한다. ○부복하였다 일어나 재배 평신한다.

◆焚香酹酒(분향뇌주)

郊特牲周人尙臭灌用鬯臭鬱合鬯臭陰達淵泉蕭合黍稷臭陽達於墻屋(註)祭必用鬯臭又擣鬱金香草之汁和合鬯酒使香氣滋深故曰鬱合鬯也以臭以求諸陰其臭下達於淵泉矣蕭香蒿合黍稷而燒之使達墻屋以求諸陽也○朱子曰書儀以香代爇蕭乃道家以此物氣味香而供養神明非爇蕭之比○酹酒有兩說一用鬱鬯灌地以降神則惟天子諸侯有之一是祭酒蓋古者飮食必祭今以鬼神自不能祭故代之祭也○問酹酒是少傾是盡傾曰降神是盡傾○楊氏曰三獻奠酒不當澆之於地家禮初獻取盞祭之茅上者也

◆焚香再拜有無義(분향재배유무의)

按凡焚香及再拜之節諸說甲乙未有一定然細究則皆有意義家禮晨謁條曰晨謁於大門之內焚香再拜其謁之禮入門而先再拜升阼階而焚香焚香而又再拜也(焚香者報神也)故語類云先生早起率子弟列拜炷香又拜此是先再拜而焚香焚香而又再拜之證也出入告條曰經宿而歸則焚香再拜其焚香之前雖不言再拜旣入廟則不可不拜此當以晨謁例之故略之也又曰經旬以上則再拜焚香告告畢又再拜此爲遠去故有告詞而其拜禮則同也又曰經月而歸則開中門立階下再拜升焚香告再拜降復位再拜其先再拜焚香告再拜者與前同而其降復位再拜者爲經月故添一拜辭之節也此皆有品節之義也而其晨謁之焚香經宿之焚香焚香於阼階經旬經月之焚香焚香於堂中堂中爲有告詞也正至朔參條曰焚香再拜酹于茅上再拜降復位與在位者皆再拜參神此亦不言焚香前再拜者當日晨謁之拜自有前例故不別言之而又將有卓前焚香則阼階之焚香不宜疊行故不言也其酹酒再拜者降神之拜也其降復位與在位者皆再拜參神者參神之拜也再拜二字屬於參神猶言參神再拜也故參神之下更不言再拜也盖降神獨

主人之事而參神則乃主人與在位共參之事故列拜也時祭奉主就位條但言焚香而不言再拜
者此亦有廟中已行之例故略之也不然則旣無大門內之拜又無焚香後之拜者豈有是理若果
無拜則時祭之日都闕謁廟之禮告詞之拜耶所以星湖先生曰晨謁禮自依禮不廢祭之日必先
有拜又曰焚香告詞時疑亦有拜又曰廟中報魂時似當有拜愚亦曰焚香告詞後有拜無可疑也
時祭降神條曰焚香少退灌于茅再拜其焚香而無拜者已於廟中奉主時先爲報神行焚香之拜
故就位後只更一炷以接續香氣而已故無復疊拜星湖之論亦如此矣虞祭降神條曰焚香再拜
酹之茅上再拜此又有焚香酹酒之各再拜凡虞卒祥禫皆同者几筵之祭雖與廟祀有異亦不可
無一焚香焚香則又不可無一再拜故有焚香之拜也其實則同於廟中之焚香拜也○問解曰家
禮朔望焚香灌酒各再拜時祭只於灌酒一再拜時祭一再拜恐闕誤故備要添補兩再拜未知得
否○南溪曰退溪以爲不可曉沙溪於備要添入之然儀節及要訣皆從家禮愚不欲經添○書儀
喪祭與吉祭皆有焚香再拜而酹酒後無拜○按時祭十日條開中門再拜升焚香再拜告再拜降
復位與在位者皆再拜禫卜日條入祠堂再拜焚香告再拜降與在位者皆再拜有事則告條如正
至朔日之儀此皆參考者○程子曰家祭凡拜皆當以兩拜爲禮若有祝有告辭神則有四拜六拜
之禮(按)四拜二再拜也六拜三再拜也

⊙出入必告(출입필고)(左傳公行告于宗廟)

主人主婦近出則入大門瞻禮(輯覽按簷禮猶言揖丘儀男子唱喏婦人立拜○考證瞻禮瞻仰而致禮也)而
行歸亦如之經宿而歸則焚香(於兩階間香卓)再拜遠出經旬以上則再拜焚香(跪)告(云云)
又再拜而行歸亦如之但告(云云)經月而歸則開中門立於階下再拜升自阼階焚香(跪)告
畢再拜降復位再拜餘人亦然但不開中門○凡主婦謂主人之妻○凡升降惟主人由阼
階主婦及餘人雖尊長亦由西階(栗谷曰東主位也主人由阼階故主婦以下不得不由西階非所以尊也)
○凡拜男子再拜則婦人四拜謂之俠拜其男女相答拜亦然

⊙문밖 출입할 때는 반드시 고(告)한다.

주인과 주부(主婦)는 근(近)거리를 나갈 때는 대문 안에 들어가 첨례(瞻禮) 즉 허리를
구부려 절을 하고 나가고 돌아와서도 그와 같게 한다.

하루를 지나 자고 와야 할 곳을 가게 되면 분향재배하고 열흘 이상 지나 돌아올 먼
곳을 가게 되면 재배(再拜) 분향하고 다음과 같이 고하고 또 재배 후 떠났다 돌아와
서도 역시 그와 같게 하되 다음과 같이 고한다.

한 달쯤 지나 돌아 올 곳을 가게 되면 중문(中門)을 열고 충계 아래에서 재배를 하고
동쪽충계로 올라가 분향하고 다음과 같이 고(告)한 후 또 재배하고 내려와 제자리에
서서 재배하고 떠났다 와서도 그와 같게 한다. 여타 가족도 그와 같게 하되 다만 중
문을 열지 않는다. 주부는 주인의 처(妻)를 이름이다.

충계를 오르고 내리는 데는 조계(阼階) 즉 동쪽충계로는 오직 주인만이 오르내리며
주부 및 다른 사람은 비록 존장(尊長)일지라도 서쪽충계로 오르내린다.

모든 절은 남자는 재배이며 여자는 사배(四拜)를 하되 협배(俠拜)를 한다. 남녀가 서
로 답배(答拜) 역시 그와 같다.

◆婦人拜(부인배)

周禮九曰肅拜鄭註肅拜但俯下手今揖擪是也推手曰揖引手曰擪儀禮婦拜扱地坐奠菜于几
東席上還又拜如初註扱地手至地也婦人扱地猶男子稽首卪以手至地謂之扱地今重其禮故
扱地禮拜○少儀婦人吉事雖有君賜肅拜爲尸坐則不手拜肅拜爲喪主則不手拜註肅拜如今
婦人拜左傳三肅使者亦此拜手拜則手至地而頭在手上如今男子拜婦人以肅拜爲正故雖君

賜之重亦肅拜而受若爲夫與長子之喪主則稽顙故不手拜若有喪而不爲主則手拜內則凡女拜尙右手註右陰也○通鑑周天元詔內外命婦皆執笏其拜宗廟及天臺皆俛伏如男子○語錄問古者婦人以肅拜爲正何謂肅拜朱子曰兩膝齊跪手至地而頭不下爲肅拜手拜亦然爲喪主則頭亦至地不肅拜樂府說婦人云伸腰再拜跪伸腰亦是頭不下也又曰古人坐也是跪其拜亦容易婦人首飾盛多自難俯伏地上周天元令命婦爲男子拜史官書之以表其異則古者婦人之拜首不至地可知也然則婦人之拜當以沈拜頗合於古○按本註凡拜男子再拜婦人四拜謂之俠拜盖主立拜言也今南方婦女皆立而又手屈膝以拜北方婦女見容輒俯伏地上謂之磕頭以爲重禮禮之輕者亦立而拜但比南方略淺耳考之古禮及儒先之說盖婦人當以肅拜爲正大略似是兩膝齊跪伸腰低頭俯引其手以爲禮而頭不至地也今北俗磕頭則頗扱地稽顙之禮惟可用之昏禮見舅姑及喪禮爲夫與子主之時尋常見人宜略如所擬肅拜儀可也南俗立拜已久不可驟變但須深屈其膝毋但如北俗之沾裙又手以右爲尙每拜以四爲節如所謂俠拜者若夫見舅姑則當扱地爲喪主則稽顙不爲喪主則手拜庶幾得古禮之意云

◆瞻禮(첨례)

輯覽按瞻禮猶言揖丘儀男子唱喏婦人立拜○考證瞻禮瞻仰而致禮也○尤菴曰近出則元無告禮矣瞻禮之儀甚簡省何故廢之如不得已則以單拜代之似爲近之○愚按瞻禮丘儀云唱喏而會成云唱喏揖時聲據此輯覽所謂揖恐是盖每朝詣影堂前唱喏見下附註溫公雜儀說

◆拜禮(배례)

省齋曰禮主於敬拜者敬之始而禮之先也周禮有稽首頓首空首等拜又有奇拜褒拜肅拜之節稽首者拜頭至地最重之禮臣拜君之拜也空首者拜頭至手君拜臣之拜也古者臣與君行禮當拜於堂下君辭之乃升成拜此燕禮所云升成拜復再拜稽首者也盖臣先拜君答拜臣又拜猶男女之俠拜也頓首者拜頭叩地自敵者相拜之拜也奇拜者一拜也亦君答臣之拜也杜子春云雅拜丘瓊山云端拜此一拜之所本而今俗相見之通儀也褒拜者再拜也此再拜之所本也肅拜者但俯下手卽引手作揎也拜中最輕乃軍禮也而婦人則以肅拜爲正也又拜而後稽顙曰吉拜齊衰不杖以下者拜也稽顙而後拜曰凶拜三年服者之拜○溫公家儀有四拜六拜之文家禮有俠拜之儀明制有三拜九叩頭之節又有端肅之式其四拜者似是兩再拜也六拜者似是三再拜也俠拜者婦人先再拜男子答再拜婦人又再拜此朱子所云男子再拜婦人四拜者也三拜九叩頭者疑出於左傳秦澠晉惠公而晉大夫三拜申包胥乞師於秦九頓首季平子稽顙於叔孫昭子子家駒再拜稽顙於齊侯皆以君亡國失而非古禮也後世又有端肅者時人書簡例稱頓首再拜百拜皆非其實故以端肅定爲儀式也今我東之俗凡私相見則一拜祭則再拜惟臣於君所肅命則四拜曰肅拜至若侍於殿上者出入時不北向而拜只一橫拜於楹外曰曲拜則無所据也又如三公之於百僚道伯之於守令皆無答拜文臣之於武臣秩少差則亦多坐受其拜此若公座則可矣而私室則不可也禮曰主人敬客則先拜客客敬主人則先拜主人此鄕黨之禮也不如是則非尊尊老老之道也○公羊傳頭至手曰拜手說文註空首拜頭至手所謂拜手也吉凶所同之禮稽首尙稽遲古禮也頓首主於以顙叩觸故謂之稽顙凶禮也○又程子曰納拜之禮不可容易非已所尊敬有德義服人者不可余平生只拜二人盖納拜者似是今所云進前拜也卽彼坐而我拜拜而坐受也此非父執有德義者不可也○說文跪拜也拜首至手也註跪所以拜也既跪而拱手而頭俯至於手與心平是之謂頭至手荀卿曰平衡曰拜是也頭不至於地周禮謂之空首空首者對稽首頓首之頭着地言也稽首者頭亦下至於地荀卿所謂下衡曰稽首是也頓首者拜頭至地叩觸其額荀卿所謂至地曰稽顙也周禮之頓首卽他經之稽顙凡言拜拜手稽首拜稽首者先空首而後稽首也言拜而後稽顙者先空首而後頓首也言稽顙而拜者先頓首而後空首也言稽顙而不拜者徒頓首而不空首也凡稽首未有用於凶頓首未有不用於凶○又論語曰拜下禮也此謂臣拜君也君父俱尊則拜父亦當拜下也唐崔山南琯祖母唐夫人事姑孝每朝拜於階下宋柳開曰皇考治家嚴弟婦等拜堂下此必子拜於下婦亦拜下也程子雖云君臣有貴賤故拜於堂下父子

主恩故拜於堂上婦於舅姑義合有貴賤故拜下然義合非與於貴賤故星湖已辨之矣朱子曰子
婦一例不當分別此爲的定之論也家禮婦拜於階下豈婦獨下而子拜於上也嶺南之俗子出外
而還必拜於堂下此古禮之所本也又朋友相接必拜今則漸不如古云可慨也○賈誼容經云拜
以磬折之容寧速無遲背項之狀如屋之互○內則適子庶子祇事宗子宗婦雖貴富不敢以貴富
入宗子之家不敢以貴富加於父兄宗族○內則姑**姉**妹女子子已嫁而返兄弟不與同席而坐不
與共器而食(國語公父文伯之母敬姜者季康子之從祖叔母也康子往焉**闈**門而與之言皆不踰
閾孔子聞之曰男女之別禮之大經公父氏之婦動中禮矣)○士昏記疏婦人不以名行以姓氏爲
名○家禮註婦人自稱於已之尊長則曰兒卑幼則以屬於夫黨尊長則曰新婦卑幼則曰老婦非
親戚而往來者各以其黨爲稱○二程全書程子曰凡人家法令每有族人遠來則爲一會以合族
雖無事亦當每月一爲之古人有花樹韋家宗會法○外書程正叔言同姓相見當致親親之意而
不可敍齒以拜蓋昭穆高下未可知也○省齋曰宋時譜系猶有未明者程子之言如此也我東士
大夫皆有譜牒昭穆分明則可以爲禮然疎遠之親年齒相懸則相敬可也

◆凡拜(범배)

春官大祝辨九擯(古拜字)

一曰稽首註拜頭至地疏先以兩手拱至地又引頭至地多時也拜中最重臣拜君之拜
二曰頓首註拜頭叩地疏先以兩手拱至地又引頭至地首頓地即擧若以首叩物然此平敵相拜
三曰空首註拜頭至手所謂拜手疏先以兩手拱至地乃頭至手以其頭不至地故名空首君答臣
拜
四曰振動註戰栗變動之拜
五曰吉拜
六曰凶拜註吉拜拜而后稽顙齊衰不杖期以下者凶拜稽顙而后拜三年服者疏稽顙是頓首但
觸地無容
七曰奇拜
八曰褒拜註奇讀爲奇偶之奇謂一拜答臣下拜褒讀爲報報拜再拜拜神與尸
九曰肅拜註俯下手今揖擅是也疏肅拜拜中最輕惟軍中有此拜婦人亦以肅拜爲正推手曰揖
引手曰擅九拜之中稽首頓首空首正拜也肅拜婦人之正拜也其餘五者附此四種逐事生名振
動凶拜褒拜附稽首吉拜附頓首奇拜附空首
●賈誼容經拜以磬折之容吉事尙左凶事尙右隨首以擧項衡以下寧速無遲項背之狀如屋之
互拜容也○朱子曰兩手下爲拜註拜字從兩手下又曰杜子春說大祝九拜處解奇拜云拜時先
屈一膝今之雅拜是也夫特以先屈一膝爲雅拜則他拜皆當齊屈兩膝如今之禮拜明矣○鄕校
禮輯凡下拜之禮一揖少退再一揖即俯伏以兩手齊按地先跪左足次屈右足略蟠旋左邊稽首
至地即起先起右足以雙手齊按膝上次起左足仍一揖而後拜其儀度以詳緩爲敬不可急迫又
曰凡作揖時用稍闊其足則立穩揖則須直其膝曲其身低其頭眼看自己鞋頭爲準兩手圓供而
下使手只可至膝畔不得入膝內尊長前作揖手須過膝下擧手至眼而下與長者揖擧手至口而
下畢則手隨起時又於胷前

◆婦人俠拜(부인협배)

少牢饋食禮亞獻條主婦拜獻尸尸拜受主婦拜選爵註俠拜也○特牲饋食禮主婦亞獻尸尸拜
受主婦拜選註不俠拜士妻儀簡○少儀婦人吉事雖君賜肅拜爲尸坐則不手拜肅拜爲喪主則
不手拜註肅拜拜低頭也手拜手至地也婦人以肅拜爲正凶事乃手拜爲喪主不手拜者爲夫與
長子當稽顙也其餘亦手拜而已疏手拜周禮空首也肅拜是婦人之常而昏禮拜扱地以新來爲
婦盡禮舅姑故也○朱子曰兩膝齊跪手至地而頭不下爲肅拜手拜亦然婦人首飾盛多自難俯
伏地上○儀節按婦人拜蓋主立拜言也今南方婦女皆立而叉手屈膝以拜若見舅姑則扱地爲

喪主則稽顙不爲喪主則手拜庶得禮意

◆拜儀(배의)

按禮主於敬拜者敬之始而禮之先也周禮有稽首頓首空首等拜又有奇拜褒拜肅拜之節稽首者拜頭至地最重之禮臣拜君之拜也空首者拜頭至手君拜臣之拜也古者臣與君行禮當拜於堂下君辭之乃升成拜此燕禮所云升成拜復再拜稽首者也盖臣先拜君答拜臣又拜猶男女之俠拜也頓首者拜頭叩地自敵者相拜之拜也奇拜者一拜也亦君答臣之拜也杜子春云雅拜丘瓊山云端拜此一拜之所本而今俗相見之通儀也褒拜者再拜也此再拜之所本也肅拜者但俯下手卽引手作揖也拜中最輕乃軍禮也而婦人則以肅拜爲正也又拜而後稽顙曰吉拜齊衰不杖以下者拜也稽顙而後拜曰凶拜三年服者之拜○溫公家儀有四拜六拜之文家禮有俠拜之儀明制有三拜九叩頭之節又有端肅之式其四拜者似是兩再拜也六拜者似是三再拜也俠拜者婦人先再拜男子答再拜婦人又再拜此朱子所云男子再拜婦人四拜者也三拜九叩頭者疑出於左傳秦獲晉惠公而晉大夫三拜中包胥乞師於秦九頓首季平子稽顙於叔孫昭子子家駒再拜稽顙於齊(或諸之誤)侯皆以君亡國失而非古禮也後世又有端肅者時人書劄例稱頓首再拜百拜皆非其實故以端肅定爲儀式也今我東之俗凡私相見則一拜祭則再拜惟臣於君所肅命則四拜曰肅拜至若侍於殿上者出入時不北向而拜只一橫拜於榮外曰曲拜則無所据也又如三公之於百僚道伯之於守令皆無答拜文臣之於武臣秩少差則亦多坐受其拜此若公座則可矣而私室則不可也禮曰主人敬客則先拜客客敬主人則先拜主人此鄕黨之禮也不如是則非尊尊老老之道也○公羊傳頭至手曰拜手說文註空首拜頭至手所謂拜手也吉凶所同之禮稽首尙稽遲吉禮也頓首主於以顙叩觸故謂之稽顙凶禮也○又(按)程子曰納拜之禮不可容易非已所尊敬有德義服人者不可余平生只拜二人蓋納拜者似是今所云進前拜也卽彼坐而我拜拜而坐受也此非父執有德義者不可也○說文跪拜也拜首至手也註跪所以拜也旣跪而拱手而頭俯至於手與心平是之謂頭至手荀卿曰平衡曰拜是也頭不至於地周禮謂之空首空首者對稽首頓首之頭着地言也稽首者頭亦下至於地荀卿所謂下衡曰稽首是也頓首者拜頭至地叩觸其額荀卿所謂至地曰稽顙也周禮之頓首卽他經之稽顙凡言拜拜手稽首拜稽首者先空首而後稽首也言拜而後稽顙者先空首而後頓首也言稽顙而拜者先頓首而後空首也言稽顙而不拜者徒頓首而不空首也凡稽首未有用於凶頓首未有不用於凶○又(按)論語曰拜下禮也此謂臣拜君也君父俱尊則拜父亦當拜下也唐崔山南琯祖母唐夫人事姑孝每朝拜於階下宋柳開曰皇考治家嚴弟婦等拜堂下此必子拜於下婦亦拜下也程子雖云君臣有貴賤故拜於堂下父子主恩故拜於堂上婦於舅姑義合有貴賤故拜下然義合非與於貴賤故星湖已辨之矣朱子曰子婦一例不當分別此爲的定之論也家禮婦拜於階下豈婦獨下而子拜於上也嶺南之俗子出外而還必拜於堂下此古禮之所本也又朋友相接必拜今則漸不如古云可慨也○賈誼容經云拜以磬折之容寧速無遲背項之狀如屋之互

⊙出入儀禮節次(출입의례절차)

(主人立階下)鞠躬拜興拜興平身○詣香案前○跪○焚香○告辭曰孝孫某將遠出某所敢告歸則云歸自某所敢見○俯伏興拜興拜興平身○禮畢(餘人出入皆如此儀但不開中門)

⊙외출할 때와 돌아와서 사당에 고하는 의례절차.

(주인은 층계 아래에 선다) ○국궁(鞠躬) 재배 평신(平身)한다. ○향안 앞으로 간다. ○무릎을 꿇고 앉는다. ○분향한다. ○다녀올 곳을 고한다. ○부복하였다 일어서서 재배 평신한다. ○예를 마친다. (다른 사람들도 출입할 때 모두 이와 같은 의식으로 고한다. 다만 중문(中門)은 열지 않는다)

◆出告辭式(출고사식)

某將適某所敢告

◆나갈 때 고사식.

모는 앞으로 모소(某所)를 다녀 오겠삽기 감히 고하나이다.

◆入告辭式(입고사식)

某今日歸自某所敢見

◆돌아와서의 고사식.

모는 오늘 모 소에서 돌아왔삽기 감히 알현하나이다.

⊙正至朔望則參(정지삭망즉참)

正至(考證卽正朝冬至也)朔望前一日灑掃齋宿厥明夙興開門軸簾每龕設新果(增解程子曰月朔必薦新又曰嘗新必薦享後方可薦數則瀆必曰告朔而薦○張子曰朔望用一獻之禮取時之新物曰薦○家禮會通朱子宗法朔望薦新俗節時祭以時物○東萊宗法薦新以朔望)一大盤於卓上每位茶盞托酒盞盤各一於神主櫝前設束茅聚沙於香卓前別設一卓於阼階上置酒注盞盤一於其上酒一瓶於其西盥盆帨巾各二於阼階下東南有臺架者在西爲主人親屬所盥無者在東爲執事者所盥巾皆在北(又設主婦內執事盥盆帨巾於西階下西南凡祭同)主人以下盛服入門就位主人北面於阼階下主婦北面於西階下主人有母則特位於主婦之前(栗谷曰奉祀妾子之母固不當立於主婦之前矣亦豈可立於主婦之後乎當立於主婦之西稍前)主人有諸父諸兄則特位於主人之右少前重行(增解輯覽按重行者主人前伯叔父爲一行主人兄弟爲次行主人子姪又爲次下主人之孫又爲次下是爲重行○沙溪曰諸父異行兄弟則有少前少退之異非重行也)西上有諸母姑嫂姊則特位主婦之左少前重行東上諸弟在主人之右少退子孫外執事者在主人之後重行西上主人弟之妻及諸妹在主婦之左少退子孫婦女內執事者在主婦之後重行東上立定主人盥帨(帨一作洗)升搢笏啓櫝(便覽櫝蓋置於櫝坐東近北)奉諸考神主置於櫝前主婦盥帨升奉諸妣神主置于考東次出祔主亦如之命長子長婦或長女盥帨升分出諸祔主之卑者亦如之皆畢主婦以下先降復位主人詣香卓前降神搢笏焚香再拜少退立執事者盥帨升開瓶實酒于注一人奉注詣主人之右一人執盞盤詣主人之左主人跪執事者皆跪主人受注斟酒反注取盞盤奉之左執盤右執盞酹于茅上以盞盤授執事者(便覽執事者皆降復位)出笏俛伏興少退再拜降伏位與在位者皆再拜參神主人升搢笏執注斟酒先正位次祔位次命長子斟諸祔位之卑者主婦升執茶筅執事者執湯瓶隨之點茶如前命長婦或長女亦如之子婦執事者先降(便覽謂長子降)復位主人出笏與主婦分立於香卓之前東西再拜降復位少頃與在位者皆再拜辭神(便覽主人主婦升斂主櫝之如啓櫝儀降復位執事者升徹酒果降簾闔門降)而退○冬至則祭始祖畢行禮如上儀○準禮舅沒則姑老不預於祭又曰支子不祭故今專以世嫡宗子夫婦爲主人主婦其有母及諸父母兄嫂者則設特位於前如此○望日不設酒不出主(儀節啓櫝)主人點茶(要訣今國俗無用茶之禮當於望日只啓櫝不酹酒只焚香使有差等)長子佐之先降主人立於香卓之南再拜乃降餘如上儀(栗谷曰不出主只啓櫝不酹酒只焚香)○凡言盛服者有官則幞頭公服帶靴笏進士則幞頭襴衫帶處士則幞頭皁衫帶無官者通用帽子衫帶又不能具則或深衣或凉衫有官者亦通服帽子以下但不爲盛服婦人則假髻大衣長裙女在室者冠子背子衆妾假髻背子

楊氏復曰先生云元旦則在官者有朝謁之禮恐不得專精於祭事某鄉里却止於除夕前三四日行事此亦更在斟酌也○劉氏璋曰司馬溫公註影堂雜儀凡月朔則執事者於影堂裝香具茶酒常食數品主人以下皆盛服男女左右叙立於常儀主人主婦親出祖考以下祠版置於位焚香主人以下俱再拜執事者

斟祖考前茶酒以授主人主人搢笏跪酹茶酒執笏俛伏興帥男女俱再拜次酹祖妣以下皆徧納祠版出徹月望不設食不出祠版餘如朔儀影堂門無事常閉每旦子孫詣影堂前唱喏出外歸亦然若出外再宿以上歸則入影堂再拜將遠適及遷官凡大事則盥手焚香以其事告退各再拜有時新之物則先薦于影堂忌日則去華飾之服薦酒食如月朔不飮酒不食肉思慕如居喪禮君子有終身之喪忌日之謂也舊儀不見客受弔於禮無之今不取遇水火盜賊則先救先公遺文次祠版次影然後救家財

⊙동지(冬至) 그리고 매월 초하루 보름이면 참배(參拜)한다.

동짓날과 그리고 초하루 보름에는 하루 전날 사당(祠堂)을 깨끗이 청소를 하고 재숙(齋宿) 다음날 일찍 일어나 사당 문을 열고 발을 걷어 올린 후 매 감실(龕室) 마다 새로운 과실(果實) 한 대반(大盤)씩을 진설(陳設)하고 신주독(神主櫝) 앞에는 찻잔과 술잔을 각각 놓고는 향탁(香卓) 앞에 모반(茅盤)에 모래를 담아 놓고 그 위에 모속(茅束)을 꽂아 놓는다. 동쪽 층계 위에 별도로 탁자를 놓고 그 위에 주전자와 강신(降神) 잔반 하나를 둔다.

그 서쪽에는 술병을 놓아둔다. 세수대야와 수건을 각각 둘씩을 동쪽층계아래 동남쪽으로 놓되 대야받침에 대야를 받치고 수건거리에 수건을 걸어서 서쪽으로 놓아 주인과 친속(親屬)의 손 씻는 곳으로 하고 세수대야 받침과 수건거리 없이 그 동쪽으로 놓아 집사자(執事者)가 이용케 한다. 주부와 내집사(內執事) 손 씻는 곳은 서쪽층계 아래서 남쪽에 그와 같게 하여 주부용은 동쪽이며 집사용은 서쪽으로 놓아둔다.

주인 이하 모두 성복(成服)을 하되 유관자(有官者)는 복두(幞頭)에 공복(公服)을 입고 띠를 두르고 가죽신을 신으며 진사(進士)는 복두(幞頭)를 쓰고 난삼(襴衫)에 띠를 두르고 처사(處士)는 복두에 조삼(皁衫)을 입고 띠를 두르며 무관자(無官者)는 통용 모자를 쓰고 통용 옷에 띠이며 또 이렇게도 갖출 수 없으면 심의(深衣)나 양삼(凉衫)을 입고 유관자(有官者) 역시 통상복(通常服式)으로 하나 다만 성복하였다 할 수는 없다.

부인은 관(冠)을 쓰고 치마를 입되 대의(大衣)에 긴치마며 출가하지 않은 여식들은 관자(冠子)에 배자를 입으며 소실(小室)은 자식이 있으면 관을 쓰고 배자(背子)를 입는다. 여러 첩들은 머리를 틀어 올리고 배자를 입는다.

모두 성복 후 사당 문을 열고 들어가 자리에 서되 주인은 동쪽층계 아래에서 북쪽으로 향하여 서고 주부는 서쪽 층계 아래에서 북쪽으로 향하여 선다.

주인의 모친이 계시면 특별한 자리로 하여 주부 앞이며 주인의 백숙부(伯叔父)나 여러 형들은 특별히 주인의 오른편에서 조금 앞으로 나와 항렬대로 겹쳐 서되 북쪽이 상석이며 서쪽이 상석이다. 주인의 백숙모, 형수, 누이가 있으면 특별한 자리로 주부의 왼편에서 조금 앞으로 나와 항렬대로 겹쳐 서되 북쪽이 상석이며 동쪽이 상석이다. 주인의 여러 동생은 주인 오른편에서 조금 물러나 서되 서쪽이 상석이며 주인의 장자와 장손은 주인의 뒤에 항렬대로 북쪽을 상석으로 겹으로 서고 주인의 여러 아들과 여러 손자들은 주인의 동생 뒤에 항렬대로 겹으로 서되 서쪽이 상석이며 외집사는 주인의 장손 뒤에 선다.

주인의 장자부(長子婦)와 장손부는 주부의 뒤에 항렬대로 겹으로 서며 주인의 동생 처들과 여러 여동생은 주부의 왼편에서 항렬대로 겹으로 서되 동쪽이 상석이며 주인의 여러 자부와 여러 손부들은 주부의 왼편에서 주인의 여동생들의 뒤에 항렬대로 겹으로 서되 동쪽이 상석이며 북쪽이 상석이다. 내집사(內執事)는 장손부(長孫婦) 뒤에 선다.

정하여진 자리에 모두 서면 주인은 손을 씻고 사당으로 올라가 홀(笏)을 관복 띠에 꽂고 고조고위부터 여러 남자들의 신주 주독(主櫝)을 열고 신주를 모셔내어 주독 앞에 모시고 주부는 손을 씻고 사당으로 올라가 고조비(高祖妣)부터 여러 여자 신주들을 주독을 열고 모셔내어 남자신주 동편으로 모신다.

다음으로 부위(祔位) 신주 내모시기를 그와 같게 한다. 또 장자와 장자부 또는 장녀로 하여금 손을 씻고 사당으로 올라와 나뉘어 낮은 신주 내모시기를 그와 같게 한다.

모두 마쳤으면 주부 이하는 먼저 내려와 제 자리에 서고 주인은 향탁 앞으로 나아가 강신한다. 홀을 관복 띠에 꽂고 분향 재배한 후 조금 물러나 서면 집사자가 손을 씻고 올라와 한 사람은 병을 열어 식건(拭巾)으로 병 입을 닦고 술을 주전자에 따라 들고 주인의 오른쪽으로 나아가 서고 또 한 사람은 손을 씻고 강신 잔반을 들고 주인의 왼쪽으로 나아가 선다.

주인이 무릎을 꿇고 앉으면 집사들도 모두 무릎을 꿇고 앉는다. 주인은 우(右)집사로부터 주전자를 받아 좌(左)집사자의 빈 잔에 술을 따른 뒤 주전자는 되돌려 주고 잔반을 받아 들고 왼손으로 반을 잡고 오른손으로 잔을 잡아 모사(茅莎) 위에 술을 따르고 빈 잔반을 좌집사자에게 준다. 집사자들은 잔반과 주전자를 제자리에 두고 먼저 내려와 제자리에 서고 주인은 홀을 빼어 잡고 부복하고 있다 일어나 조금 뒤로 물러나 재배를 하고 제자리로 내려오면 모두 참신 재배한다.

주인이 사당으로 올라가 홀을 관복 띠에 꽂고 주전자로 술을 따르되 먼저 고조고비부터 정위(正位)에 따르고 다음으로 부위(祔位)에 따른다. 장자에게 명하여 낮은 여러 부위 잔에 따르게 한다. 주부가 사당으로 올라가 찻잔을 들면 여자 집사는 손을 씻고 찻병(茶瓶)을 들고 따라 올라가 찻잔에 차를 따르면 주부는 찻잔을 제자리에 놓는다. 정위 부터 부위 앞에 차 올리기를 마쳤으면 낮은 부위는 큰 며느리나 장녀에게 명하여 차 따르기를 그와 같게 하고 장부와 집사들은 먼저 내려와 제자리에 선다.

주인은 홀을 빼어 들고 향탁 앞에서 동쪽으로 서고 주부는 주인의 서쪽으로 나뉘어 서서 재배하고 내려와 제자리에서면 주인 이하 참례자 모두 사신(辭神) 재배한다. 주인과 주부는 올라가 신주를 주독에 다시 모시기를 내 모실 때의 의식과 같게 하고 내려와 제자리에 서면 집사자가 올라가 술과 과실을 물리고 발을 내린 후 중문을 닫고 내려오면 모두 물러난다.

동지(冬至)에는 시조(始祖) 제사를 마치고 위와 같은 의식으로 예를 행한다. ○보름날 참배 때는 술을 올리지 않고 신주도 내모시지 않으며 주인이 차만 올리되 장자가 돕고 먼저 내려가면 주인은 향탁 남쪽에서 재배하고 내려온다. 이후는 모두 위의 의식(儀式)과 같다.

◆盛服(성복)

丘儀按今時制冠服與前代異非惟不宜於俗且不得其制今擬有官者宜服烏紗帽盤領袍革帶皂靴生員服儒巾襴衫絲條皂靴無官者平定巾直領衣絲條靴或履或深衣幅巾命婦珠冠背子霞帔或假髻盤領袍香茶帶非命婦假髻服時制衣裙之新潔者

◆重行西上(중행서상)

補註謂重行者若伯父與叔父伯母與叔母云云是也謂西上者以西爲上若伯父在叔父之左諸兄在諸弟之左是也謂東上者以東爲上若伯母在叔母之右諸嫂在諸弟婦之右是也至於大祭祀則出主於堂於正寢幷祔位神主亦有重列者若大伯叔祖祔于曾祖伯叔祖祔于祖之類是也

祔正位者考以東爲上若大伯祖父在曾祖考之左大叔祖父在曾祖考之右是也妣以西爲上若大伯祖母在曾祖妣之右大叔祖母在曾祖妣之左是也祔側位者以北爲上若伯祖父在祖考之上叔祖父在祖考之下伯祖母在祖妣之上叔祖母在祖妣之下是也但神主位次則男西女東子孫位次則男東女西此陰陽之別○按重行者主人前行伯叔父爲一行主人兄弟爲次行主人子姪又爲次下主人之孫又爲次下是謂重行補註說可疑○王制男子由右女子由左註右有力而左無爲故其所由如此

◆參薦之日無晨謁(참천지일무신알)

艮齋曰問本菴曰凡參薦之日當無晨謁蓋將有事於神主則無用先爲門外之虛拜家禮於參若時祭不先拜於未出主之前者可證也按墓祭陳饌前主人詣墓所再拜以此例之參薦日晨謁恐不可已答尤菴所論先師所行皆如本菴說當遵無疑墓祭陳饌前行拜恐與祠堂不同矣

◆支子不祭(지자불제)

曲禮支子不祭祭必告于宗子疏支子庶子也祖禰廟在適子家庶子賤不敢輒祭若宗子有疾不堪當祭則庶子代攝可也猶必告于宗子然後祭

◆正至朔參薦品(정지삭참천품)

儀節殽菜之類隨宜○東萊宗法朔望設茶酒時果遇新麥出則設湯餠新米出則設飯侑以時味○要訣脯果隨宜或設餠亦可若正朝冬至則別設饌數品冬至則加以豆粥若冬至行時祭則不行參禮有新物則須於朔望俗節並設若五穀可作飯者則當具饌數品同設○沙溪曰五穀何可一一皆薦如大小麥及新米作飯或作餠上之爲可○三禮儀薦新略倣五禮儀定著穀如麥稻黍稷之類並作飯以薦菽則熟之與果同薦果如櫻桃杏李林禽甜瓜西瓜梨棗栗柿之類菜如蕨瓜茄子之類魚如石魚葦魚銀魚白魚靑魚之類有飯羹則用匙筯楪魚菜熟者用筯楪○問要訣朔望設脯餠恐不如家禮之爲簡南溪曰似亦從俗禮而恐未安○尤菴曰朔望之儀極其簡省所謂大盤實今俗名之大貼也若是則雖祭及高祖之家並朔望不過新果八大貼而已所薦之酒亦用一宿而成者則亦不甚難矣○家禮大祭祀外雖無設飯之文然薦新專爲五穀而設則不可生用勢須作飯○陶菴曰麥飯之薦似不悖於禮而鄙人則設羹進茶之節自前行之○龜峯曰小小不關新物不須爾

◆降神(강신)

按下時祭條附註北溪陳氏之說則此降神亦在參神之下而丘儀亦然未知何也愚意大祭祀時奉主出置他所則不可虛視必拜肅之故降神在後時祭禰祭忌祭是也若小祭祀時只就其處而神主不動則先降後參朔望及節祀是也又按設位而行祭則必先降後參始祖先祖是也據此則祭紙榜及墓祭疑亦皆然擊蒙要訣墓祭先降後參似有此意但家禮本文先參後降恐難違也

◆焚香(분향)

溫公書儀以香代爇蕭○朱子曰亦似僭灌獻爇蕭乃天子諸侯禮爇蕭欲以通陽氣今太廟亦用之或以爲焚香可當爇蕭然焚香乃道家以氣味香而供養神明非爇蕭之比

◆姑老不與於祭(고노불여어제)

內則註老謂傳家事於長婦○士昏禮記註禮七十老而傳八十齊喪之事不及若是者子代其父爲宗子疏按曲禮七十曰老而傳註傳家事於子也是謂宗子之父又王制八十齊喪之事不及也註八十不齊則不祭也子代之祭○語類問七十老而傳則嫡子嫡孫主祭如此則廟中神主都用改換作嫡子嫡孫名奉祀然父母猶在於心安乎曰然此等也難行也且得躬親耳又問嫡孫主祭則便須祧六世七世廟主自嫡孫言之則當祧若叔祖尙在則乃是祧其高曾祖於心安乎曰也只得如此聖人立法一定而不可易兼當時人習慣亦不以爲異也○又曰在禮雖有七十曰老而傳則祭祀不預之說然亦自期儻年至此必不敢不自親其事然自去年來拜跪已難至冬間益艱辛

今年春間僅能立得住遂使人代拜今立亦不得了然七八十而不衰非特古人今人亦多有之不知某安得如此衰也

◆婦人拜(부인배)

家禮通禮篇祠堂章出入必告條按婦人四拜謂之俠拜○春官大祝辨九拜九曰肅拜註俯下手今揖擪是也疏肅拜拜中最經九拜之中稽首頓首空首正拜也肅拜婦人之正拜也○少儀婦人吉事雖君賜肅拜爲尸坐則不手拜肅拜爲喪主則不手拜註肅拜拜低頭也手拜手至地也婦人以肅拜爲正凶事乃手拜爲喪主不手拜者爲夫與長子當稽顙也其餘亦手拜而已疏手拜周禮空首也○朱子曰兩膝齊跪手至地而頭不下爲肅拜手拜亦然婦人首飾盛多自難俯伏地上○禮記內則凡女拜尙右手註尙左尙右陰陽之別也

◆搢笏(진홀)

小學註搢揷也揷於大帶笏者忽也書以備忽忘者○玉藻笏度二尺有六寸其中博三寸其殺六分而去一註中廣三寸天子諸侯大夫士之笏皆然天子諸侯則從中以上稍稍漸殺至上首止廣二寸半是六分三寸而去其一也其大夫士又從中殺至下亦廣二寸半故惟中間廣三寸也○陸氏曰此言諸侯之笏降殺以兩則大夫二尺四寸士二尺二寸歟○朱子曰漢初有秉笏奏事又曰執簿亦笏之類只是爲備遺亡故手執眼觀口誦於君前有所指畫不敢用手故以笏指畫今世遂以爲常執之物

◆束茅(속모)

天官祭祀供蕭茅註蕭字或爲茜茜讀爲縮束茅立之祭前沃酒其上酒滲下去若神飮之故謂之縮疏束茅立之祭前者取士虞禮束茅立几東所以籍酒○說文束茅加于祼圭而灌鬯酒是爲茜○士虞禮苴刌茅長五寸束之祝取苴降洗之升入設于几東席上東縮佐食取黍稷祭于苴三取膚祭祭如初祝取奠觶祭亦如之註苴猶籍也籍祭也孝子將納尸事親爲神疑於其位設苴以定之耳或曰苴主道也則特牲少牢當有主象而無何乎疏特牲少牢吉祭有主象亦宜設苴而無苴是苴爲籍祭非主道也○周禮註必用茅者謂其體順理直柔而潔白承祭祀之德當如此

◆聚沙(취사)

考證以酒沃地曰酹後世用沙代之者卽澆地之義○三禮儀當依劉氏初祖祭例用盤○會通截第一揖許長八寸立沙中束之

◆祠版(사판)

通典晉蔡謨曰今代有祠版乃禮之廟主也主亦有題今版書名號亦是題主之意安昌公荀氏昂祠制神版皆正側長一尺二寸博四寸五分厚五寸八分大書某人神座書訖蠟油炙令入理刮拭之○朱子曰按他所引或作厚五寸八分此八分字連下大書爲文故徐潤云不必八分楷書亦可其作五寸者明是後人誤也若博四寸五分厚五寸八分則側面闊於正面矣決無此理

◆進士(진사)

事物記原周諸侯貢賢于天子升之太學曰造士大樂正論造士之秀者以告于王以升諸司馬曰進士隋大業中始置進士科試以詩賦○考證進士謂應擧者唐因隋制每歲仲冬郡縣館監試其成者長吏會僚屬設賓主陳俎豆備管絃行鄕飮禮歌鹿鳴之詩召者艾紱少長而觀焉旣餞與計偕而進於禮部謂之進士其不在館學而得者謂之鄕貢進士得弟者謂之前進士宋又因唐制

◆處士(처사)

史註士未仕處士也猶女未嫁曰處女也○愚謂如宗朝賜號林逋亦謂之處士蓋以別於常人之無官者

◆茶(다)

考證茶木名生南方樹似梔子高至數十尺花白如薔薇實如栟櫚蔕如丁香其名一曰茶二曰檟

三曰䓯四曰茗五曰荈茶之盛行於世自晋始春早摘其芽火焙而杵碎和膏作團餠有龍團鳳團
之名〇丘氏曰古人飮茶用末先置末茶於器中投以滾湯點以冷水用茶筅

◆茶筅(다선)

丘儀按本註主婦執茶筅(蘚典切)點茶蓋先設盞托至是乃注湯于盞用茶筅點之古人飮茶用
末所謂點茶者先置末茶於器中然後投以滾湯點以冷水而用茶筅調之筅之制不見於書傳惟
元謝宗可茶筅詩此君一節瑩無瑕夜聽松風漱玉華萬縷引風歸蟹眼半瓶飛雪起龍牙其形狀
彷彿見矣今人煎茶葉而此猶云點茶者存舊也或謂茶筅卽蔡氏茶錄所謂茶匙非是〇退溪曰
筅以竹爲之調之

◆笏(홀)

小學註搢紳也紳於大帶笏者忍也所以備忍忘也〇玉藻笏天子以球玉諸侯以象大夫以魚須
文竹士竹本象可也笏度二尺有六寸其中博三寸其殺六分而去一陳註文飾也以鮫魚須飾竹
成文士遠尊而伸故飾以象中廣三寸天子諸侯從中以上漸漸稍殺至首廣二寸半是六分三寸
而去一大夫士又從中殺至下亦廣二寸半陸氏曰此言諸侯之笏也降殺以兩則大夫二尺四寸
士二尺二寸歟士以竹本爲正用象亦許故曰象可也〇凡有指畫於君前用笏〇朱子曰笏只是
備遺忘或於君前有所指畫不敢用手故以笏指畫今世遂用以爲常執之物〇三禮儀搢笏一節
儀節闕之今依不用

◆幞頭(복두)

高承(事物記原)古以皁羅三尺裹頭號頭巾三代皆冠列品黔首以皁絹裹髮至周武帝依古三
尺裁爲幞頭至唐焉周交解爲之用一尺八寸左右三福象三才重繫前脚法二儀〇朱子曰幞頭
乃周武帝所製之常冠用布一方幅前兩角綴兩大帶後兩角綴兩小帶覆頂四垂因以前邊抹額
而繫大帶於腦後復收後角而繫小帶於髻前以代古冠亦名折上巾唐宦冠以鐵線揷帶中又恐
壞其中以桐木爲骨子常令幞頭高起如新謂之軍容頭到本朝又以藤做骨子以紗糊於上後又
以漆紗爲之

◆公服(공복)

朱子曰古今之制祭祀用冕服朝會用朝服皆用直領垂之而不加紳束則如今婦人之服交搶於
前而束帶焉則如今男子之衣皆未嘗上領也今之上領公服乃夷狄之戎服自五胡之末流入中
國至隋煬帝時巡遊無度乃令百官戎服從駕三品以上服紫五品以上服緋六品以下服綠〇自
漢以下祭祀用冕服朝服則所謂進賢冠絳紗袍隋煬帝始令百官戎服唐人謂之便服又謂從省
服乃今公服也〇古公服是法服朱衣皁緣冠則三公用貂蟬御史用獬〇齊氏曰後世朝祭服綠
緋紫蓋不特制度盡變於拓拔魏而其色已失其正矣〇考證朱子釋上領之義曰聯綴斜帛湊成
盤曲之勢以就正圓然則我國團領公服疑亦出於此矣

◆帶(대)

炙轂子曰唐興服志有所謂九環帶秦時反揷垂頭始名腰帶唐初向下揷垂又名𦝣尾一品至三
品金銙四品六品花犀銙七品九品銀銙庶人鐵銙宋時其制有六庶僚黑角帶至侍從而特賜帶
者爲荔子中書舍人至權侍郞紅鞓黑犀帶權尙書御史中丞至給事中金花御仙帶翰林學士以
上正尙書御仙帶執政官宰相方頭毛文帶〇南溪曰革帶以革爲之卽唐九環帶如今品帶〇按
據冠禮公服用革帶疑卽九環帶之類

◆襴衫(난삼)

韻會衣與裳連曰襴今文省作襴〇事物記原唐馬周以三代布深衣著襴及裾名襴衫以爲上士
之服今舉子所衣者〇朱子曰直領者古禮也上衣下裳者是也上領有襴者今禮也今之公服上
衣下襴相屬而不殊者是也〇大明集禮宋公服曲領大袖下施橫襴洪武二十四年定生員巾服
之制襴衫用玉色絹布爲之寬袖〇沙溪曰昔隨先君起京見國子監儒生以藍絹爲衣以靑黑絹

廣四五寸飾領緣及袖端與裔末領則圓也是襴衫云○尤菴曰頃年閔尙書鼎重貿襴衫一件於
燕市而見贈其制如本朝團領而但傍耳但一葉質靑而緣黑云是皇祖所製館學生所服也未知
宋朝所謂襴衫亦如此否 弟朱子嘗言衣有橫闌故謂之襴此則別以橫布著衣前如屋之有闌于
矣據此則燕市所貿與朱子所言恐不同也以黑爲之者謂之皁衫以白爲之者謂之凉衫其制則
皆當如襴衫也

◆帽子(모자)

通典上古衣毛帽皮則帽名之始也○興服志帽義取覆首其本纚也古者冠下有纚以繒爲之後
世施幘于冠因裁纚爲帽自乘輿宴居至庶人皆服之歷代皆有梁始漆爲今樣○朱子曰帽本只
是巾前二脚縛於後後二脚反前縛於上○看角抵圖所畫觀戲者盡是冠帶那時猶只是軟帽搭
在頭上帶只是一條小皮穿幾箇孔用那胯子縛住今來帽子做得恁地高硬帶做得恁地重大且
是費錢皁衫更費重向疑其必廢今果人罕用也○薄太后以帽絮提文帝則帽已自此時有了○
桶頂帽子乃隱士之冠○伊川所戴帽桶八寸簷七分四直○劉氏曰帽用漆紗爲之上有虛簷○
儀節帽子皁衫其制不可考今世帽子有二等所謂大帽者乃是笠子用蔽雨日所謂小帽者以皺
紗或羅或段爲之二帽之外別無他帽○考證幞頭帽子其初皆以巾覆髻而後世漸變其制遂並
行於世

◆衫(삼)

考證卽皁衫也○愚按輯覽引興服志以士人淸襴袖褾撰庶人四袴衫當之而 弟此上文旣擧皁
衫此繼云無官者通用衫帶則是通用皁衫之意也朱子常以紗帽皁衫並稱曰衫帽又冠禮曰通
用皁衫是亦有官無官通用之意也恐當從考證作皁衫

◆皁衫(조삼)

韻會皁又作皁祚栗之屬黃氏曰祚實卽橡也其房可以染黑故謂之皁斗俗因謂黑爲皁○問士
祭服朱子曰應擧者用襴衫幞頭不應擧者用皁衫幞頭又問帽子皁衫如何曰亦可然亦只當凉
衫

◆凉衫(양삼)

考證卽白凉衫○事物記原近歲京師士人朝服乘馬以黲衣蒙之謂之凉衫亦古遺法也儀禮曰
朝服加景但不知古人制度如何○朱子曰宣和末京師士人行道間猶著衫帽至渡江戎馬中乃
變爲白凉衫後來軍興又變爲紫衫皆戎服也○尤菴曰以朱子說觀之凉衫亦是盤領之制而記
原以爲古之遺法者未詳其意又曰竊意凉衫如古之景衣古人出入旣著正服後以單布爲衣加
於正服之上以禦塵後世以此因以爲正服耳景衣見儀禮但不如後世之盤領矣

◆道袍(도포)

艮齋曰道袍愚亦聞是中州道士所服然以此承祭便成時王之制尤翁言行錄亦以深衣道袍幷
言梅山禮說亦言道袍出自皇朝而始行於宣廟時然則恐似勝於今俗周衣也(道袍本道釋所服
則誠似不雅然今旣已成禮俗則無乃不必拘也歟盤領本出胡制焚香本出僧家而後世諸賢皆
不嫌而用之此或可爲傍證也耶不敢質言)韋丈今改以深衣則更善矣

◆三生衣(삼생의)

艮齋曰近見中原人所刻陶靖節小象倣其上服製得一衣而領應太極衣二幅應兩儀袂四幅應
四象裳八幅(後裾四幅前兩襟各二幅)應八卦而聯綴於上衣裳兩旁前後幅不縫合而各用三
幅(牡在後牝在前以象陰陽互根之義)應六爻袂口不縫合用黑繒爲緣如深衣而廣則二三寸
(指尺)腋下析開處亦緣之名之曰三生衣帶則大帶革帶絛兒皆可首用幅巾(程子冠紫陽巾之
屬亦可)曩忠州士人金氏(永植)來問近有所製衣裳否或有衣制新定之謗余出以示之金見之
以爲道袍行衣究其所由起亦只如此又曰今但用於自身而未曾今國中人士皆服之此又何害
此似必公而見正者昔黃義剛見朱子衣裳問制度曰也無制度但畫象多如此故效之問有尺寸

否曰也無稽考處(見語類雜記言行門)竊意先生當時所御必異於俗制故黃氏疑而問之今之
以衣制見非者亦無足怪也○孔子儒服與大夫士庶不同(見禮記註)二程被服異人衫則大袖
冠則闊幅元祐間人多效之至紹聖中猶有襲之者張文潛贈趙景平詩云明道新墳草已春遺風
猶得見門人(見事文類聚)○朱子倣古人畫象製得上衣(見語類)溫公之深衣尤菴之野服陶菴
之衰裳其制皆異於前世所傳(見書儀宋書附錄四禮便覽)溪湖之行衣去道袍入裏裗二幅梅
山之燕衣就周衣圻腋下兩傍(見梅山集)又如諸葛公之綸巾陶靖節之葛巾伊川冠之四直晦
翁巾之再疊亦皆隨時異制未知某官能一一彈駁邪今日之事大者如賊臣之脅君父國母人子
之棄親喪小者如狹袖袍窄管袴短簷笠皆朝士之所宜沫血飲泣明目張瞻而極言竭論明辨痛
關者而今某官不此之爲乃獨於窮山一措大燕居之服深恨其臺啓之未出可謂不識輕重之分
者何足與之計較得失哉

◆大衣(대의)

事物記原商周之代內外命婦服諸翟唐命婦服裙襦大袖爲禮衣開元中婦見舅姑戴步搖揷翠
釵今大衣之制盖起于此實錄大袖在背子下身與衫齊而袖大以爲禮服○考證大衣之爲大袖
明矣○問大衣非命婦亦可服否朱子曰可○南溪曰大袖本國長衫

◆長裙(장군)

記原隋煬帝作長裙十二破名仙裙今大衣中有之○胡珵(蒼梧雜志)婦人只是大衣但有橫帔
直帔之異耳陳魏之間謂裙爲帔○尤菴曰大衣長裙各自一件不相連續也○南溪曰大袖長裙
之制帶則未有所考

◆背子(배자)

記原秦二世詔衫子上朝服加背子其制袖短于衫身與衫齊而大袖○二儀實錄隋大業中內官
多服半臂今背子也江湖之間或曰綽子士人競服今俗名褡穫○蒼梧雜志背子本婢妾之服以
其行直主母之背故名背子後來習俗相承遂爲男女辨貴賤之服○問背子乃婢姐之服以其在
背後故謂之背子朱子曰見說國初時至尊常時禁中只裹帽着背子不知是如何○前輩子弟平
時家居皆裹帽着背子否則以爲非禮○南溪曰背子本國蒙頭衣

◆行縢(행등)

按內則云幅屨着紊詩云邪幅在下毛傳曰幅偪也所以自偪束鄭箋云邪幅如今行縢偪束其脛
自足至膝縢訓緘也行而緘足故名行縢邪纏束之故名邪幅云此實盛服之不可闕者而家禮無
之可疑

◆靴(화)

釋名靴本胡服趙武靈王所作○事物記原武靈王好胡服常服短靿以黃皮爲之後漸以長靿軍
戎通服唐馬周以麻爲之殺其靿加以靴氈故事胡虜之服不許著入殿省馬同加飾乃許○朱子
曰靴乃上馬鞋也今世之服大抵皆胡服如上領衫靴鞋之類先王冠服掃地盡矣中國衣冠之亂
自晉五胡後來遂相承襲元魏隋唐大抵皆胡服○考證按先王之制舃與屨而已周禮屨人掌王
及后之赤舃黑舃素屨葛屨鄭註曰複下曰舃禪下曰屨後世朝祭之服皆用靴無復舃屨之制此
朱子所以歎也○少儀凡祭於室中堂上無跣疏跣脫屨也

◆冠子(관자)

事物記原自黃帝制爲冠冕而婦人之首飾無文至周始有不過副笄而已漢宮掖承恩者始賜芙
蓉冠子或碧或緋則自漢始矣○考證古者婦人不冠以笄固髻而已按周禮副有衡笄註衡維持
冠者鄭鍔曰所謂冠者指副而言也然以其覆首而言曰冠非若男子之冠後漢輿服志夫人紺繒
幗釋名云后夫人之首飾上有垂珠步則搖通鑑巾幗婦人之服註幗婦人之喪冠以巾覆髮如帕
之類又如後世花冠珠冠之類隨世益巧又按士冠禮註今未冠笄者著卷幘疏曰漢時男女未冠

笄者首著卷幘以布帛圍繞髮際爲之此曰冠子云者意當時必有覆首以飾而名之以冠如漢人卷幘者其制不可考○愚按居家雜儀及昏笄喪等禮成人婦人皆通用冠子恐不必以未冠笄者卷幘爲證

◆假髻(가괄)

二儀實錄燧人氏婦人束髮爲髻但以髮相纏而無物繫縛髻繼也言女子必有繼于人也○周禮王后首服爲副編次衡笄註副之言覆覆首爲飾若今步搖服之從王祭編編列髮爲之若今假紒(按與髢同)服之以祭次次第髮長短爲之所謂髮髢也服之以見王衡垂于副之兩旁當耳其下以紞懸瑱笄卷髮者○孔氏曰副之言覆所以覆首爲飾編列他髮假作紒形加於首上○少牢饋食禮主婦被錫註被錫讀爲髲髢古者或剔賤者刑者之髮以被婦人之紒爲飾因名髲髢周禮所謂次也○朱子曰環髻卽假髻也以形言則曰環髻以制言則曰假髻○考證按孔氏說則副亦假髻而爲制略可想矣○沙溪曰假髻者編髮爲之無首飾曰特髻○南溪曰中國之俗婦人爲髻與男子同○屛溪曰髻者華制也卽今婦人之辮髮胡俗也我國文物無異中華而獨此辮髮之制不改可歎○愚按假髻之制以禮註及孔氏朱子諸說參之恐是以他髮編列而回纏作髻外圓內虛如環以冒於本髻之上矣少牢註所謂剔髮被紒爲飾亦此意也蓋以內則文考之古者櫛纚(縱同)笄總男女皆同然則以六尺之繒韜髮作髻是謂之纚而又施笄總然後男子則加冠於其上婦人則不冠而以副編次加之爲飾後世則無以纚韜髮之制只以髮束之爲髻後施掠頭如今網巾之制矣然其加假髻於本髻之上以爲飾則與古不異矣古語云城中好高髻四方高一尺此則譏其太高耳然則不滿尺者乃爲中制也忌祭條所謂特髻去飾者卽只束本髮爲髻而不加假髻爲飾耳蓋髻形之回纏如螺鬢而輯覽假髻圖則全不類髻形可疑抑或以髮回纏之際必須靠著於物而後可成髻樣則似當有以竹若木爲骨子矣然則輯覽只以骨子畫之耶又按英廟朝嘗禁辮髮之俗而未頒假髻之式事遂寢而竟使中華古制不行於東方可恨

◆除夕行事(제석행사)

續綱目註十二月三十日歲除故云除夕○荊楚記年隨夜盡故具酒饌以延新年○語類問先生除夜有祭否曰無○丘儀按祭夕自有除夕之禮履端之祭隔年行之恐亦未安今朝廷於元朝行大朝賀禮而孟春時享亦於別日行之今擬有官者以次日行事

◆唱喏(창야)

華使許國曰喏字出漢書兩手垂下作揖之狀○金河西曰喏音若唱喏揖也○會成揖相傳云唱喏想古人相揖必作此聲不默然也唱喏者引氣之聲也宋人記虜延事實云虜揖不作聲名曰啞揖不如是者爲不知禮衆所呷笑契丹之人手於胷前亦不作聲是謂相揖宋人以爲怪卽宋以前人中國之揖作聲可知今日承元之後揖不作聲久矣而其名唱喏猶存獨官府升堂公座與皁排衙引聲稱揖豈非唱喏之謂歟此固自有本也○或曰喏音惹揖也詞曲曰一箇唱百箇喏謂一人呼唱於上衆人應喏於下如將帥在菅幕下軍卒投謁於前者列立於庭將師發一令語則衆下齊聲以應凡里巷子弟謁父兄亦然因謂揖曰唱喏未詳是否但家禮集註說云揖者拱手着胷也恐非所謂唱喏也今中朝俗以鞠躬拱手爲唱喏

◆用醴代茶(용례대다)

雲坪曰古禮醴酒並設醴重於酒家禮因書儀朔參用茶酒並者乃唐宋時俗尙之故耳我國旣無茶俗尙醴由是則茶代以醴合於古而不忘本且望日旣不用酒茶之降神甚不便矣

⊙正至朔參儀禮節次(정지삭참의례절차)

(主人以下各具盛服)○序立(男列於左女列於右每一世列爲一行)○盥洗(立定主人主婦及子婦將出主者皆洗拭訖)○啓櫝○出主(主人出考主主婦出妣主其餘子婦出祔主各置正位之左皆畢)○復位(主婦以下先降復位)○降神(執事者洗手上階開瓶實酒於注一人奉注詣主人右一人執盞盤詣主人左)○主人詣香案前○跪○焚香(主人焚香畢右執事者跪進酒注左執事者跪以盞盤向主人主人受酒斟酒於盞反注於右執事

者取盤盞自捧之二執事者皆起)○酹酒(主人左手執盞盡酹茅沙上畢置盞香案上)○俯伏興(少退)○鞠躬拜興拜興平身○復位○參神(主人以下凡在位者皆拜)○鞠躬拜興拜興拜興平身○主人斟酒(主人升自執酒注斟酒於逐位神主前空盞中先正位次祔位次命長子斟諸祔位之卑者畢主人稍後立)○主婦點茶(主婦執瓶斟茶於各正祔或命子弟捧茶托主婦位前空盞中命長婦長女斟諸祔捧盞逐位以獻亦可位之卑者畢主婦退與主人並立拜)○鞠躬拜興拜興平身○復位(主人主婦各復其位)○辭神(衆拜)○鞠躬拜興拜興拜興拜興平身●奉主入櫝●禮畢

⊙정월 초하루 동지 매월 초하루 보름 참배 의례절차.

(주인 이하 각각 성복을 한다) ○차서 대로 늘어선다. (남자는 좌측에 서고 여자는 우측에 서며 매 한 세대 마다 한 열로 선다) ○손을 씻는다. (바르게 제 자리에 섰으면 주인, 주부 및 아들, 며느리들 중 앞으로 신주를 내 모실 이는 모두 손을 씻는다) ○신주 독을 연다. ○신주를 내모신다. (주인은 남자 신주를 내 모시고 주부는 여자 신주를 내 모시고 그 외 부위 신주는 아들과 며느리가 정위의 왼쪽으로 내모신다. 모두 마쳤으면) ○제자리로 물러난다. (주부 이하만 모두 물러나 제 자리에 선다)

●행강신례.

(집사자는 손을 씻고 충계 위의 병을 열고 술을 주전자에 따라 한 사람은 주전자를 들고 주인의 오른쪽으로 나아가고 또 한 사람은 잔반을 들고 주인의 왼쪽으로 나아간다) ○주인은 향안 앞으로 간다. ○무릎을 꿇고 앉는다. ○분향한다. (주인이 분향을 마쳤으면 우집사자는 무릎을 꿇고 앉아 주전자를 주인에게 준다. 좌집사자는 무릎을 꿇고 앉아 잔반을 주인 앞으로 향한다. 주인은 주전자를 받아 들고 잔에 술을 따르고 주전자는 되돌려주고 좌집사자의 잔을 받아 받들면 양 집사는 모두 일어나 제자리로 물러나 선다) ○강신한다. (주인은 왼손으로 잔을 잡아 모사 위에 기우려 따르고 잔을 향안 위에 놓는다) ○부복하였다 일어선다. (조금 뒤로 물러선다) ○국궁 재배 평신한다. ○제자리로 물러선다.

●행참신례.

(주인 이하 참례자 모두 절을 한다) ○국궁 사배 평신한다.

●행헌주례.

주인은 술을 따른다. (주인은 위전으로 올라가 스스로 주전자를 들고 위(位)의 순서에 따라 신주 앞의 빈 잔에 먼저 정위에 다음으로 부위에 따르고 장자에게 명하여 낮은 부위에게 따르게 한다. 마쳤으면 주인은 조금 뒤로 물러나 선다) ○주부는 올라가 차를 따라 올린다. (주부는 차를 각 정위와 부위에 따르되 혹은 자제에게 차 병을 들게 하여 주부는 위전의 빈 잔에 따른다. 장부나 장녀에게 명하여 모든 어린 부위에 따라 올리되 위전으로 따라 다니며 잔을 받들어 올리는 것도 가하다. 부위의 어린자에게도 마쳤으면 주부는 물러나 주인과 같이 서서 절을 한다) ○국궁 재배 평신한다. ○제자리로 물러나 선다. (주인과 주부는 각자 먼저 자리로 물러나 선다)

●행사신례.

(참례자 모두 절을 한다) ○국궁 사배 평신한다. ○신주를 독(櫝)에 받들어 넣는다. ○예를 모두 마친다.

⊙望日儀禮節次(망일의례절차)

序立○盥洗○啓櫝○主人詣香案前○跪○焚香○俯伏興拜興拜興平身○主人點茶(長子助之)○復位○參神(衆拜)○鞠躬拜興拜興拜興拜興平身○禮畢

儀節按本註條主婦執茶筅執事者執湯瓶隨之點茶蓋以神主櫝前先設盞托至是乃注湯于盞用茶筅點

之耳古人飲茶用末所謂點茶者先置末茶於器中然後投以滾湯點以冷水而用茶筅調之茶筅之製不見
於書傳惟元謝宗可有詠茶筅詩味其所謂此君一節瑩無瑕夜聽松風漱玉華萬縷引風歸蟹眼半瓶飛雪
起龍牙之句則其形狀亦可彷彿見矣今人燒湯煎葉茶而此猶云點茶者存舊也或謂茶筅卽蔡氏茶錄所
謂茶匙非是

⊙보름 차사 의례절차.

차서 대로 선다. ○신주 독을 연다. ○주인은 향안 앞으로 간다. ○무릎을 꿇고 앉는
다. ○분향한다. ○부복하였다 일어나 재배 평신한다. ○주인은 차를 따라 올린다. (장
자가 돕는다) ○제자리로 물러나 선다. ○행참신례. (모두 절한다) ○국궁 사배 평신
한다. ○예를 마친다.

⊙朔望之具(삭망지구)

(執事者)外內子弟婦女親戚○집사자. 의식을 돕는 사람. (果)每龕各一大盤祔位同○과. 즉 과
실. (酒)○주. 즉 술. (盞盤)每位各一祔位同○잔반. 즉 술잔과 받침. (茅束)用以立於沙上者
○모속. (茅盤)用以盛沙者○모반. 모속을 꽂아 세우는 그릇. (卓)○탁. 즉 탁자. (酒瓶)○주
병. 즉 술병. (酒注)○주주. 즉 주전자. (盞盤)用以酹酒者○잔반. (盤)用以奉祭饌者○반. 즉
대반. (幞頭)今用紗帽○복두. 지금의 사모. (公服)卽團領○공복. 즉 단령. (帶)卽品帶○대. 즉
품대. (靴)○화. 즉 가죽신. ○幞頭以下有官者盛服○복두이하 유관자 성복. (幞頭)今用軟巾○
복두. 지금은 연건을 쓴다. (襴衫)○란삼. (帶)卽鈴帶○대. 즉 령대. (靴)○화. ○軟巾以下進
士盛服○연건이하 진사복. (幞頭)亦軟巾○복두. 또는 연건. (皂衫)卽上衣梁黑者○조삼. (帶)
卽革帶○대. 즉 혁대. (鞋)卽革鞋○혜. 즉 가죽신. ○軟巾以下處士盛服 (帽子)卽笠子○모자.
(衫)道袍直領之類○삼. 즉 도포나 직령. (帶)卽常時所帶○대. ○帽子以下無官者所服○모자
이하 무관자 복. (凉衫)卽白衫○량삼. (深衣)○심의. ○緇冠幅巾大帶絛履具有官者無官者通服.
(冠)女在室者通服○관. (帔)○피. 즉 치마. (大衣)裁用色紬制如俗唐衣而寬大長至膝但袖大紬
長二尺二寸(周尺)圜袂一名大袖或稱圓衫(卽五禮儀本國長衫)○대의. 즉 원삼. (長裙)制用六幅
交解爲十二幅聯而爲裙長拖地(卽五禮儀本國裳用常服帷裳亦可)○장군. 즉 열두 폭 긴치마. (宵
衣)○소의. ○제사 때 여자 제복으로 검은 깁으로 된 부인 복. (帶)○대. (背子)女在室者通服
○배자. ○冠以下婦人盛服○관이하 부인 성복. (假髻)衆妾所服○가계. (盥盆)四○一有臺主人
親屬所盥一無臺執事者所盥一有臺主婦親屬所盥一無臺內執事所盥○관분 4. 즉 세수대야. (盆
臺)二○분대 2. 즉 세수대야 받침. (勺)四○작 4. 즉 국자. (帨巾)四○二有架二無架○龜峯
曰男女盥巾必異○세건 4. 즉 수건. (巾架)二○건가 2. 즉 수건거리. ○凡器用之重出而易知者
不復懸註惟制度儀文之可考者逐處懸註以見某條

◆參神降神先後義(참신강신선후의)

按不出主而祭於本所者先降後參出主而祭於他所者先參後降盖參禮及始祖先祖之祭祭於
本所時祭忌祭禰祭之類祭於他所故不出主則告詞曰敢請尊靈降居神位出主則曰敢請神主
出就正寢觀此則參降先後之義可知矣○設位而無主及紙牓行事之類先降後參墓祭先參

⊙俗節則獻以時食(속절즉헌이시식)

節如淸明寒食重午中元重陽之類凡鄕俗所尙者食如角黍(增解周處風土記端午烹鶩以菰葉
裹糯米爲粽以象陰陽相包裹未分散謂之角黍五越五日祭汨灑之遺俗也)凡其節之所尙者薦以大盤間
以蔬果(尤庵曰蔬果卽蔬菜之蔬也山殽野蔬自是酒席之所設何必問古禮之有無)禮如正至朔日之儀(晦
齋曰世俗正朝寒食端午秋夕皆詣墓拜掃今不可偏廢是日晨詣祠堂薦食仍詣墓奠拜)
　問俗節之祭如何朱子曰韓魏公處得好謂之節祠殺於正祭但七月十五日用浮屠設素饌祭某不用○

又答張南軒曰今日俗節古所無有故古人雖不祭而情亦自安今人旣以此爲重至於是日必具殽羞相宴樂而其節物亦各有宜故世俗之情至於是日不能不思其祖考而復以其物享之雖非禮之正然亦人情之不能已者且古人不祭則不敢以燕况今於此俗節旣已據經而廢祭而生者則飮食宴樂隨俗自如非事死如事生事亡如事存之意也又曰朔旦家廟用酒果望旦用茶重午中元九日之類皆名俗節大祭時每位用四味請出木主俗節小祭只就家廟止二味朔旦俗節酒止一上斟一盃○楊氏復曰時祭之外各因鄕俗之舊以其所尙之時所用之物奉以大盤陳於廟中而以告朔之禮奠焉則庶幾合乎隆殺之節而盡乎委曲之情可行於久遠而無疑矣

⊙세속(世俗)의 명절에는 그 시절에 나는 음식물을 드린다.

명절(名節)은 청명(淸明), 한식(寒食), 중오(重午), 중원(中元), 중양(重陽) 등이며 대체로 향촌(鄕村)마다의 풍속에는 숭상하는 것이 각서(角黍) 즉 떡과 같은 음식이며 그 계절에서 제일 좋은 음식으로 드리되 큰 소반에 담아 제사상의 중간에 놓고 소채와 과실을 드리되 그 진설 예법은 정지삭참(正至朔參) 때 의식과 모두 같게 한다.

◆俗節(속절)

朱子答張南軒書曰今日俗節古所無有故古人雖不祭而情亦自安今人旣以此爲重至於是日必具殽羞相宴樂而其節物亦各有宜故世俗之情至於是日不能不思其祖考而必以其物饗之雖非禮之正然亦人情之不能已者且古人不祭則不敢以宴今人於此俗禮旣已據經廢祭而生者則飮食宴樂隨俗自如非事死如生事亡如存之意也○又曰韓魏公家於七月十五日用浮屠設饌以祭某家却不用○又曰元旦則在官者有朝謁之禮恐不得專精於祭事某鄕里却止於除夕前三四日行事此亦更在斟酌也丘文莊云除夕自有除夕之禮履端之祭隔年行之恐亦未安今朝廷於元旦行大朝賀禮而孟春時享亦於別日行之今擬有官者以次日行事

◆薦新(천신)

退溪居家若得節物或異味則或乾或醢遇節祀時祭則薦之蓋先生支子未得行薦新禮於家廟故也○栗谷曰有新物則薦須於朔望俗節並設若五穀可作飯者則當具饌數品同設禮禮如朔參之儀雖望日亦出主酹酒若魚果之類及菽小麥等不可作飯者則於晨謁之時啓櫝而單獻焚香再拜單獻之物隨得卽薦不必待朔望俗節凡新物未薦前不可先食若在他鄕則不必然

◆凡其節之所尙者(범기절지소상자)

玉燭寶典寒食煮糯及麥粥硏杏仁爲酪別造餳沃之○嚴有翼(藝花雌黃)寒食以糆爲蒸餅團棗附之名曰棗糕○天寶遺事端午造粉團角黍飣金盤中纖妙可愛以小角弓射中者得食盖粉團膩滑難射○吳均齊諧記九日世人效袒景登高飮菊花酒婦人帶茱萸紫囊○夢華錄重九都人以粉糆蒸糕上挿剪綵小旗果實如石榴栗黃松子肉銀杏之類○東萊宗法節物立春薦春餅元宵薦圓子二月杜薦杜飯秋杜同寒食薦稠餳蒸菜端午薦團粽七夕薦果食重陽薦茱菊糕○要訣時食如藥飯艾餅水團之類若無俗尙之食則當具餅果數品○三禮儀時食正朝餅羹上元藥飯淸明花煎或艾餅端午蒸餅或松餅荐七霜花(按饅頭俗稱霜花)或水團秋夕引餅重陽菊煎或栗餅冬至豆粥花煎菊煎若不及則以他食代之○問冬至豆粥辟瘟之具上元藥飯飼烏之物不薦何如寒岡曰初出辟瘟飼烏而遂以成俗豈不聞節物各有宜人情於是日不能不思其祖考而復以其物享之者乎○遂菴曰上元黏飯人或中毒故鄙家不用

◆寒食(한식)

韻府群玉冬至後百四日五日六日有疾風暴雨爲寒食○丹陽集龍星木之位春屬東方心爲大火懼火盛故禁火而寒食有龍忌之禁荊楚歲時記去冬至一百五日即有疾風甚雨故禁火爲之熟食故云寒食節○史介之推三月初一日爲火所焚人哀之爲之寒食○張子曰周禮四時變火惟季春最嚴以其大火心星其時太高故先禁火以防其太盛旣禁火須爲數日糧旣有食復思其

祖先祭祀○南溪曰考曆書淸明必前寒食或後各一日其不可滾同明矣

◆重午(중오)

按重午端午日風土記仲夏端午註端始也又王月五日午時爲天中節

◆中元(중원)

翰墨全書七月十五日中元節道經以是日爲天眞朝元又地官下降定人間善惡正月十五日爲上元十月十五日爲下元

◆重陽(중양)

翰墨全書魏文帝書云九爲陽數其日與月幷應故曰重陽

◆獻以始食(헌이시식)

小學註薦後方食一飮食不敢忘父母未薦而遽食新則是死其親而無其心○語類問行時祭則俗節如何曰某家且兩存之問莫簡於時祭否曰是要得不行須是自家亦不飮酒始得○晦齋李先生彦迪曰按世俗正朝寒食端午秋夕皆詣墓拜掃今不可偏廢是日晨詣祠堂薦食仍詣墓所奠拜

◆角黍(각서)

按角黍粽也風土記以菰葉裹糯米五月五日祭汨羅之遺俗也又裹糯米爲粽以象陰陽相包裹未分散也糯粘米粽(子貢切)蘆竹葉裹米

◆蔬果(소과)

尤菴曰蔬果卽蔬菜之蔬也山殽野蔬自是酒席之所設何必問古禮之有無○愚按蔬果脯醢魚肉米麪食羹飯是家禮之祭饌而其小祭祀則只用蔬果脯醢或只用蔬果大祭祀則並用魚肉以下是家禮之常法而吉凶皆然此只用蔬果恐是小祭祀故也○南溪曰炙則乃大祭三獻所用恐不必設

⊙俗節時食之具(속절시식지구)

(湯餠)○탕병. 즉 국수. 일설에는 메밀 국수. (藥飯)○약반. 즉 약밥. (艾餠)○애병. 즉 쑥떡. (角黍)即菰葉裹糯米作粽者五月五日時食東俗不尙角黍但以俗稱端午草爛搗和作靑餠○각서. 즉 갈대 잎 등 풀잎에 찹쌀가루를 싸서 찐 떡. (蒸餠)○증병. ○멥쌀가루에 술을 조금 부어 부풀려 찐 떡 즉 증편. (水團)○수단. ○유월 유두에 찹쌀가루나 밀가루를 빚어 한 푼 반 길이로 썰어 꿀물에 넣고 빚어 시루에서 쪄낸 여름 음식. 일명 상화고 또는 상화병. (霜花)○상화. 속칭 질편. (棗栗饍)○조율고. ○대추와 밤을 섞어 만든 떡. (蘿葍饍)○라복고. 즉 무떡. (豆粥)○두죽. 즉 콩죽(팥죽). (煎藥)○전약. 즉 수정과. (臘肉)鹿家雉鴈之類凡田獵所獲○납육. ○사슴, 돼지, 꿩, 기러기 등 사냥으로 잡은 짐승고기. (蔬菜)用宜於時節者○소채. (匕筯楪)或止具筯隨位各設○비저접. 즉 수저대접. ○湯餠以下每龕各一器酒果外加設○餘並同上朔參條.

⊙俗節儀禮節次(속절의례절차)

(主人以下各具盛服)○序立(男列於左女列於右每一世列爲一行)○盥洗(立定主人主婦及子婦將出主者皆洗拭訖)○啓櫝○出主(主人出考主主婦出妣主其餘子婦出祔主各置正位之左皆畢)○復位(主婦以下先降復位)○降神(執事者洗手上階開瓶實酒於注一人奉注詣主人右一人執盞盤詣主人左)○主人詣香案前○跪○焚香(主人焚香畢右執事者跪進酒注左執事者跪以盞盤向主人主人受酒斟酒於盞反注於右執事者取盤盞自捧之二執事者皆起)○酹酒(主人左手執盞盡酹茅沙上畢置盞香案上)○俯伏興(少退)○鞠躬拜興拜興平身○復位○參神(主人以下凡在位者皆拜)○鞠躬拜興拜興拜興拜興平身○主人斟酒(主人升自執酒注斟酒於逐位神主前空盞中先正位次祔位次命長子斟諸祔位之卑者畢主人稍後立)

○主婦點茶(主婦執瓶斟茶於各正祔或命子弟捧茶托主婦位前空盞中命長婦長女斟諸祔捧盞逐位以獻亦可位之卑者畢主婦退與主人並立拜或命子弟奉茶托主婦奉盞逐位以獻亦可)○鞠躬拜興拜興平身○復位(主人主婦各復其位)○辭神(衆拜)○鞠躬拜興拜興拜興拜興平身○奉主入櫝○禮畢

◉속절 의례절차.

(주인 이하 각각 성복을 한다) ○차서 대로 선다. (남자는 좌측에 서고 여자는 우측에 서며 매 한 세대마다 한열로 선다) ○손을 씻는다. (바르게 자리에 섰으면 주인 주부 및 아들 며느리 들 중 앞으로 신주를 내모실 이는 모두 손을 씻는다) ○신주 독을 연다. ○신주를 내모신다. (주인은 남자 신주를 내 모시고 주부는 여자 신주를 내 모시고 그 외 부위 신주는 아들과 며느리가 정위(正位)의 왼쪽으로 내 모신다. 모두 마쳤으면) ○제자리로 물러난다. (주부 이하만 모두 물러나 제자리에 선다)

●행강신례.

(집사자는 손을 씻고 층계 위의 병을 열고 술을 주전자에 따라 한 사람은 주전자를 들고 주인의 오른쪽으로 나아가고 또 한 사람은 잔반을 들고 주인의 왼쪽으로 나아간다) ○주인은 향안(香案) 앞으로 나아간다. ○무릎을 꿇고 앉는다. ○분향한다. (주인이 분향을 마쳤으면 우집사자는 무릎을 꿇고 앉아 주전자를 주인에게 준다. 좌집사자는 무릎을 꿇고 앉아 잔반을 주인 앞으로 향한다. 주인은 주전자를 받아 들고 잔에 술을 따르고 주전자는 되돌려 주고 좌집사자의 잔을 받아 받들면 양 집사는 모두 일어나 제자리로 물러나 선다) ○강신한다. (주인은 왼손으로 잔을 잡아 모사 위에 기우려 따르고 잔을 향안 위에 놓는다) ○부복하였다 일어선다. (조금 뒤로 물러선다.) ○국궁 재배 평신한다. ○제자리로 물러선다.

●행참신례.

(주인 이하 참례자 모두 절을 한다) ○국궁 사배 평신한다.

●행헌주례.

주인은 술을 따른다. (주인은 위전으로 올라가 스스로 주전자를 들고 위(位)의 순서에 따라 신주 앞의 빈 잔에 먼저 정위에 다음으로 부위에 따르고 장자(長子)에게 명하여 낮은 부위에게 따르게 한다. 마쳤으면 주인은 조금 뒤로 물러나 선다) ○주부는 올라가 차를 따라 올린다. (주부는 차를 각 정위와 부위에 따르되 혹은 자제에게 차 병을 들게 하여 주부는 위전의 빈 잔에 따른다. 장부나 장녀에게 명하여 모든 부위에 따라 올리되 위전으로 따라다니며 잔을 받들어 올리는 것도 가하다. 부위의 어린자에게도 마쳤으면 주부는 물러나 주인과 같이 서서 절을 한다) ○국궁 재배 평신한다. ○제자리로 물러나 선다. (주인과 주부는 각자 먼저 자리로 물러나 선다)

●행사신례.

(참례자 모두 절을 한다) ○국궁 사배 평신한다. ○신주를 독에 받들어 모신다. ○예를 모두 마친다.

◉지방(紙榜) 설 참사예법.(節祀同)

楊氏復曰先生云元旦則在官者有朝謁之禮恐不得專精於祭事某鄕里却止於除夕前三四日行事此亦更在斟酌也

◆元旦(원단)

杜臺卿(玉燭寶典)正月爲端月履於始也其一日爲元旦○元日書正月一日歲之元月之元日之元故謂之三元節廟祠履端之祭上下慶賀之禮此最爲重

●하루 전날부터 재계(齋戒)를 하고 잔다.

●이날 아침 일찍 일어나 제청(祭廳)을 청소한 뒤 신위의 자리를 설위(設位)하고 제사 기구를 진열한다.

주인은 남자들과 같이 정침을 청소하고 교의(交倚)와 탁자를 닦아 청결하게 한다. 신위의 자리는 정침 북쪽 벽 아래 서쪽에 고조고비(高祖考妣) 자리를 차리되 북쪽으로 병풍을 쳐 두르고 교의 둘을 놓고 그 앞에 탁자 하나를 놓는다. 그와 같이 동쪽으로 증조고비(曾祖考妣) 조고비(祖考妣)와 고비(考妣)의 자리를 세대마다 그와 같이 차리되 붙이지 않으며 부위(祔位)의 자리는 모두 동쪽 벽 밑으로 북쪽이 상석으로 하여 서쪽으로 향하게 차린다.

만약 부위가 많으면 동쪽과 서쪽 벽 밑으로 하되 서쪽이 상좌(上座)이며 모두 북쪽을 상석으로 하여 서로 마주하게 한다. 처 이하의 부위(祔位)는 동쪽 벽 밑에 조금 사이를 두고 그와 같이 한다. 향안(香案)은 당의 중앙에 놓은 뒤 향로를 그 위에 놓고 그 동쪽으로 향합을 둔다. 모사(茅莎)는 향안 앞에 놓고 촛대를 매 위 마다 탁자 위에 놓는다.

다른 탁자 하나를 그 동쪽으로 놓고 주전자와 강신(降神) 잔반을 그 위에 둔다. 그 동쪽으로 세수대야와 수건을 다른 탁자를 놓고 그 위에 올려 놓는다.

●진설(陳設)

기제(忌祭)와 같다. 다만 떡국을 진설(陳設)하며 진찬(進饌)과 진적(進炙)의 예가 없다.

◆正朝別設饌數品(정조별설찬수품)

儀節殽菜之類隨宜○東萊宗法朔望設茶酒時果遇新麥出則設湯餅新米出則設飯侑以時味○要訣脯果隨宜或設餅亦可若正朝冬至則別設饌數品冬至則加以豆粥若冬至行時祭則不行參禮有新物則須於朔望俗節並設若五穀可作飯者則當具饌數品同設○沙溪曰五穀何可一一皆薦如大小麥及新米作飯或作餅上之爲可○三禮儀薦新略倣五禮儀定著穀如麥稻黍稷之類並作飯以薦菽則熟之與果同薦果如櫻桃杏李林禽話瓜西瓜梨棗栗柿之類菜如蕨瓜茄子之類魚如石魚葦魚銀魚白魚靑魚之類有飯羹則用匙**飯楪**魚菜熟者用**飯楪**○問要訣朔望設脯餅恐不如家禮之爲簡南溪曰似亦從俗禮而恐未安○尤菴曰朔望之儀極其簡省所謂大盤實今俗名之大貼也若是則雖祭及高祖之家並朔望不過新果八大貼而已所薦之酒亦用一宿而成者則亦不甚難矣○家禮大祭祀外雖無設飯之文然薦新專爲五穀而設則不可生用勢須作飯○陶菴曰麥飯之薦似不悖於禮而鄙人則設羹進茶之節自前行之○龜峯曰小小不關新物不須爾

●주인 이하 성복(成服)

심의(深衣) 또는 도포(道袍) 유건(儒巾) 등이며 갖추지 못하였으면 반소매, 반바지가 아닌 통용복이다.

> 家禮凡言盛服者有官則幞頭公服帶笏進士則幞頭襴衫帶處士則幞頭皂衫帶無官者通用帽子衫帶又不能具則或深衣或凉衫有官者亦通服帽子以下但不爲盛服婦人則假髻大衣長裙女在室者冠子背子衆妾假髻背子特牲饋食禮主婦宵衣

●서립(序立)

주인 이하 위전(位前)으로 들어가 남자는 동쪽 여자는 서쪽에 서되 남자는 서쪽이 상석이며 여자는 동쪽이 상석으로 하여 모두 북쪽을 상석으로 세대마다 한열로 겹으로 선다.

增解補註神主位次則男西女東子孫位次則男東女西此陰陽之別〇愚按神主男面故男居西尙右也
子孫北面故男居東亦尙右也即王制所謂男子由右女子由左之義且阼是主人位故也

●지방(紙榜)을 교의(交倚)에 세운다.

주인 주부는 손을 씻고 주인은 남자 지방을 주부는 여자 지방을 교의에 바르게 세운
다.

儀節立定主人主婦及子婦將出主者皆洗拭訖〇主人出考主主婦出妣主其餘子婦出祔主各置正位
之左皆畢

●강신례(降神禮).

주인은 향안(香案) 앞으로 가서 분향 재배하고 조금 뒤로 물러나 서면 집사자 한 사
람이 손을 씻고 주전자를 들고 주인의 오른편에 서고 또 집사자 한 사람이 손을 씻
고 강신 잔반을 들고 주인의 왼편에 선다. 주인이 무릎을 꿇고 앉으면 좌우 집사 모
두 마주하여 무릎을 꿇고 앉는다.

주인은 우집사자로부터 주전자를 받아 좌집사자의 잔에 술을 따르고 주전자는 되돌
려 주고 잔반을 받아 오른손으로 잔을 들고 왼 손으로 반을 잡고는 모사(茅莎) 위에
술을 따르고 빈 잔반을 집사에게 되돌려 주면 집사들은 모두 일어나 주전자와 잔반
을 제 자리에 두고 물러나 제자리에 서고 주인은 부복하였다 일어나 뒤로 조금 물러
나 재배하고 물러나 제 자리에 선다.

●참신례(參神禮).

주인 이하 모두 재배한다.

●헌주례(獻酒禮).

주인은 주전자를 들고 위전으로 올라가 먼저 정위 다음 부위의 잔에 술을 따르되 먼
저 고위(考位) 잔에 다음 비위(妣位) 잔에 가득 따르고 낮은 부위는 장자가 손을 씻
고 올라가 그와 같게 하고 매 위 개반(開飯)을 하고 삽시정저(扱匙正筋) 후 먼저 물
러나 제자리에 선다. 주부와 장자부가 손을 씻고 숙수(熟水)를 올리고 장자부(婦)는
먼저 제자리로 물러나 서고 주인은 향안 앞 동쪽에서고 주부(主婦)는 그 서쪽에 서서
재배를 하고 제자리에 선다.

●사신례(辭神禮).

철시복반(徹匙覆飯)후 주인 이하 재위자 모두 재배한다.

●지방을 거둔다. (지방을 불 사른다)

주인 주부는 위전으로 가서 주인은 남자 지방 주부는 여자 지방을 내려 주인이 향안
앞에서 무릎을 꿇고 앉아 불사른다.

●철상(徹床).

주부와 집사자들은 철상 한다.

●추석(秋夕).

옛날에는 술을 올리지 않고 차(茶)만 올려 속칭 차례(茶禮)라 하고 강신하지 않고 다
만 분향만 하였다. 그때 생산 되는 제일 좋은 음식으로 설날 의식과 모두 같게 한다.

要訣時食如藥飯艾餠水團之類若無俗尙之食則當具餠果數品如朔參之儀有新物則薦須於朔望俗
節幷設若五穀可作飯者則當具饌數品同設禮如朔參之儀雖望日亦出主酹酒若魚果之類及菽小麥
等不可作飯者則於晨謁之時啓櫝而單獻焚香再拜單獻之物隨得即薦不必待朔望俗節凡新物未薦
前不可先食若在他鄕則不必然

⊙有事則告(유사즉고)

如正至朔日之儀(增解韓魏公曰古者告祀但告于稱今或時祭徧告先世)但獻茶酒再拜訖主婦先降
復位主人立於香卓之南(儀節主人以下皆跪)祝(輯覽祝祭主贊辭者)執版(儀節祝版臨祭置于酒注卓
上讀畢置于案上香爐之左)立於主人之左(東向)跪(主人以下皆跪)讀之畢(置版於香卓上)興主人再
拜降復位餘並同(儀節焚祝文)○告授官祝版(云云)貶降(云云)○告追贈則止告所贈之龕
別設香卓於龕前(增解按焚黃則此當有先命善書者以黃紙錄制書一通以盤盛置香案上正中一節)又設一
卓於其東置淨水紛盞刷子(竹刀木賊帨巾○會成是蘸水洗舊字之具)硯墨筆於其上餘並同但祝
版(云云)若因事特贈則別爲文以叙其意(儀節錄制書一通以盤盛置香案上)告畢(主人)再拜(儀節
主人復位跪祝東面立宣制書畢俯伏興執事者奉所錄制書即香案前並祝文焚之)主人進奉主置卓上執事
者洗去舊字別塗以粉俟乾命善書者(儀并見下大祥改題條)改題(備要盞子西向立改題之)所贈官
封陷中不改洗水以灑祠堂之四壁主人奉主置故處乃降復位後同○主人生嫡長子則
滿月(內則子生三月見○陶菴滿三月○尤庵曰滿月謂日數滿一月)而見如上儀但不用祝(沙溪曰所告之
辭多則用版少則只以口語告之鄙家並用版)主人立於香卓之前(跪)告(云云)告畢立於香卓東南西
向主婦抱子進立於兩階之間(儀節以子授乳母)再拜主人乃降復位(儀節主人主婦俱復位以子授
乳母)後同○冠昏則見本篇(備要家有喪亦當告也)○凡言祝版者用版長一尺高五寸以紙書
文黏於其上畢則揭而焚之其首尾皆如前但於故高祖考故高祖妣自稱孝元孫於故曾
祖考故曾祖妣自稱孝曾孫於故祖考故祖妣自稱孝孫於故考故妣自稱孝子有官封諡
則皆稱之無則以生時行第稱號加于府君之上妣曰某氏夫人凡自稱非宗子不言孝○
告辭之祝四代共爲一版自稱以其最尊者爲主止告正位不告祔位茶酒則並設之

朱子曰焚黃近世行之墓次不知於禮何據張魏公贈諡只告于廟疑爲得禮但今世皆告墓恐未免隨俗
耳○楊氏復曰按先生文集有焚黃祝文云告于家廟亦不云告墓也

⊙일이 있으면 고한다.

고(告)하는 의식은 정지삭참(正至朔參) 의식과 같게 한다. 다만 차와 술을 올리고 재
배한 후 주부는 먼저 내려가 제자리에 서고 주인은 향탁(香卓) 남쪽에 서고 축관(祝
官)은 축판을 들고 주인의 왼편에서 무릎을 꿇고 앉으면 주인 이하 모두 무릎을 꿇고
앉는다. 축관은 다음과 같이 고하고 마치면 주인 이하 모두 일어서고 축관은 축판을
향안 위에 올려놓고 제자리로 내려온다. 주인은 재배를 하고 내려와 제자리에 선다.
이후 의식은 모두 위와 같다.

관직을 받았거나 관직이 내렸으면 다음과 같이 고하고 의식은 위와 같다.

사후(死後)에 조정(朝廷)에서 관위(官位)의 내림이 있으면 추증(追贈)된 감실(龕室)에
만 고한다. 감실 앞에 향탁을 놓고 또 탁자 하나를 그 동쪽에 두고 깨끗한 물과 분가
루 잔과 쇄자(刷子), 벼루, 먹, 붓을 그 위에 놓아 둔다. 그 외 의식은 모두 위 의식
과 같다. 다만 당해(當該) 고비(考妣)의 관(官)과 봉(封)을 개제(改題)를 하되 길제(吉
祭) 때 개제의식(改題儀式)과 같게 하여 개제를 하고 마쳤으면 주인이 신주를 받들어
제자리에 모시고 내려와 제자리에 선다. 이후는 모두 같다.

주인이 적장자(嫡長子)를 얻어 한 달이 차면 위 의식과 같게 하여 알현한다. 다만 축
관 없이 주인이 향탁 앞에 서서 다음과 같이 고하고 마쳤으면 향탁의 동남쪽에 서서
서쪽으로 향하여 서고 주부는 아이를 안고 양 층계 사이로 나아가 서면 주인은 재배
를 하고 내려온다. 이후는 모두 같다.

관례나 혼례 때 역시 고한다. 의식은 관례와 혼례 본 편에 있다. ○축문은 사대를 함

께 쓰며 최존칭(最尊稱) 명으로 고한다. ○축문에 고하기를 정위(正位)에만 고하고 부위(祔位)에는 고하지 않으나 술과 차(茶)는 같게 진설한다.

◈焚黃祝文式(분황축문식)

見通禮追贈儀或自作之亦可

◆焚黃文一(분황문1)

恭惟先君天賦異質孝友之行足繼前修雅健之文追古作者爵壽弗稱隕於半途施及後人叨被寵祿追榮七命始列從班而先夫人亦膺顯號厚德之報不其在玆竝命帝庭璽封霊(雙)檢贊辭褒異視昔有加惟是音容日荒月遠生我勞瘁追養靡從祗奉命書舍爵以告涕泗摧咽不知所云尚饗

◆焚黃文二(분황문2)

熹賴遺訓竊祿於朝獲被慶恩追榮禰廟亦有年矣比以鉤黨廢錮憂畏過深以故及今始克祗奉命書以告於寢廟惟我先考洞視今古靡有遺情陟降如存尚克歆此丕顯休命顧熹衰頹年迫告休使我皇考未躋極品而先夫人亦未克正小君之號流根之報無復後期永念及此痛恨何極仰惟慈廳俯鑒愚衷尚啓後人不日昌大熹瞻望恩靈不勝感慕摧咽之至謹告

◆焚黃文三(분황문3)

日者天子始郊舼慶寓內熹以職秩得從大夫之後故我亡室錫號有加恭奉制書俯仰悼歎惟爾有靈尚克嘉之謹告

◆贈官告先考文(증관고선고문)

儀節:往歲天子用祀泰壇上帝降歆福祚昭答慶賜之澤覃及萬方中外幽明罔不咸賴謂熹名秩有列內朝降以命書賁其彌廟顧念孤藐祿不逮親祗奉明恩益深哀慕玆用齊祓致告寢庭欽惟神靈服此休顯熹雖不肖敢不敬恭惟孝惟忠無或荒墜嗣有褒賜尚克嘉之覆其後人延於永世

◆致仕告家廟文(치사고가묘문)

維慶元五年歲次己未六月辛酉朔孝孫具位熹敢因時享昭告于祖考之靈熹至愚不肖蒙被先世遺德獲祗祀五十餘年歲時戰兢罔敢怠忍至于今玆行年七十衰病侵淩筋骸弛廢已蒙聖恩許令致事所有家政當傳子孫而嗣子旣亡藐孤孫鑑次當承緖又以年幼未堪跪奠今已定議屬之奉祀而使二子埜在相與佐之俟其成童加冠于首乃躬厥事異時朝廷察熹遺忠或有恩意亦令首及伏惟祖考擁佑顧歆永永亡斁熹不勝大願其諸家務小當計度區處分屬埜等及諸孫息使有分職以守門戶尋別其告而施行之熹之衰病勢難支久如以恩靈尚延喘息之間猶當龜勉提總大綱不使荒頹以辱先訓伏惟祖考實鑒臨之謹告

◆遷居告家廟文(천거고가묘문)

熹罪戾不天幼失所怙抵奉遺訓往依諸劉卜葬卜居亦旣累歲時移事改存沒未安乃眷此鄉實亦祖考所嘗愛賞而欲卜居之地今旣定宅敢伸虔告以安祖考之靈伏惟降鑒永奠厥居垂之子孫世永無極

◆傳家告先祠文(전가고선사문)

艮齋曰愚愚魯不才蒙被先德奉承禰祀垂四十年常懼無誠神不歆格攝生無術衰疾侵尋腰脊先虛拜起有掣年未七十禮無傳家然且從權實由病甚加以世亂弑后幽君沫血腐心力莫討賊羣凶環立所忌吾儒愚以虛名莫能自保滅影鏟跡歲時難歸嗣子旣亡有孤鎰孝次當承緖亦旣長成夫婦備官可堪跪奠次子華九相與佐之赫赫先靈擁護睠顧永永無斁不勝血誠如以冥恩尚延喘息時或歸拜躬親參事值玆元朝彌增感慕伏惟祖考實賜鑑臨謹告

◆子生見廟再拜(자생견묘재배)

艮齋曰家禮嫡長子生見廟主婦抱子再拜前輩多主蒙上文挾拜之說而此以曾子問君薨世子
生而見之儀推之所謂子拜稽顙哭是捧子之人拜而稽顙具哭也家禮之主婦再拜特代子拜故
不用四拜也○生子見廟主婦再拜是代子拜(此見曾子問註捧子之人拜條)不用挾拜而鏡湖
不察添入小註蒙上挾拜及偶然二說此當刪去(本註便覽亦於再拜不添主婦四拜則似認再拜
爲主人事文義決不如此此亦當刪)

◆入廟不諱(입묘불휘)

艮齋曰問梅山曰入廟不諱云云父與祭則父爲主故不當諱父不與祭則子爲主故當諱按父雖
不與祭子旣代行則恐不可謂爲主而梅翁之以與祭不與祭分當諱與不當諱恐未知如何答所
詢二條鄙意亦曾如此

◆焚黃(분황)

瑣碎錄唐上元三年前制勅皆用白紙多有蠧食自後並用黃紙○朱子曰以黃紙謄詔命宣畢焚
之○考證必錄而焚之者命書不可焚也○沙溪曰古之制誥用黃紙故謄以黃紙替焚之今則敎
旨旣用白雖用白以焚似不妨

◆非宗子不言孝(비종자불언효)

禮運祝以孝告陳註孝事祖宗之道○郊特牲祭稱孝子孝孫以其義稱也陳註祭主於孝以祭之
義爲稱也○曾子問孔子曰宗子死稱名不言孝身歿而已註孝宗子之稱但言子某疏宗子在得
言介子今宗子死身又無爵故不得稱介呂氏曰不言介明無所助也陳註身歿而已者庶子身死
其子則庶子之適子祭稱之時可稱孝○遂菴曰孝之爲字從老從子有子承老之義故惟宗子於
祖先正統稱之介子不敢稱

◆讀祝(독축)

問讀祝聲高低退溪曰太高不可太低亦不可要使在位者得聞可也

◆維(유)

書經講義註凡策書年月必以維字發之

◆孝子(효자)

雜記祭稱孝子孝孫喪稱哀子哀孫註祭吉祭也卒哭以後爲吉祭故稱孝自虞以前爲凶祭故稱
哀方氏曰祭所以追養而盡於一身之終喪所以哭亡而止於三年孝則爲子孫終身之行故祭稱
孝哀則發於聲音見於衣服盖三年之禮而已故喪稱哀○按丘儀自初虞至禫於先祖稱孝於亡
者稱哀此與雜記不同

◆敢昭告于(감소고우)

士虞禮註敢昧冒之辭昭(韻會)明也

◆妣位鄉貫(비위향관)

尤菴曰妣位只書某氏而不書鄉貫自銘旌神主誌石石碑而皆然本朝則李姓聚李姓金姓娶金
姓故不得已書鄉貫以別之中朝人見漢陰李公夫人李氏旌門大駭曰爾國雖云禮義之邦猶未
免胡俗云顯廟嘗爲絜令以禁之矣今聞時輩以賤臣之所建白而不用云然則鄉貫之書將不得
免矣

◆府君(부군)

語類無爵曰俯君夫人漢人碑已有只是尊神之辭府君如官府之君或謂之明府今人亦謂父爲家府

◉贈官告廟行儀禮節次(증관고묘행의례절차)

前一日齋宿其日夙興陳設並如正至朔日之儀

序立(如前)○盥洗○啓櫝○出主○復位○降神○主人詣香案前○跪○焚香○酹酒(盡傾茅沙上)○俯

伏興拜興拜興拜興平身○復位○參神(衆拜)○鞠躬拜興拜興拜興拜興平身○主人斟酒(畢少後立)○主婦點茶(畢二人並拜)○鞠躬拜興拜興平身○主婦復位(主人不動)○跪(主人以下皆跪)○讀祝(祝執版立主人之左跪讀之無祝則曰告辭)○俯伏興拜興拜興拜興平身○復位○辭神(衆拜)○鞠躬拜興拜興拜興拜興平身○奉主入櫝(不出主不用此)○焚祝文(揭祝文焚之留版○無祝則不)○禮畢

⊙관직이 올랐을 때 사당에 고하는 의례절차.

하루 전날부터 재계하고 자고 그날 일찍 일어나 진설하기를 정지삭일 의식과 모두 같게 한다. 차서 대로 선다. ○손을 씻는다. ○신주 독을 연다. ○신주를 내놓는다. ○제자리로 물러나 선다.

●행강신례.

주인은 향안(香案) 앞으로 나간다. ○무릎을 꿇고 앉는다. ○분향한다. ○강신한다. (술을 모사 위에 모두 따른다) ○부복(俯伏)하였다 일어나 재배 평신한다. ○제자리로 물러나 선다.

●행참신례.

(모두 절한다) ○국궁 사배 평신한다.

●행헌주례.

주인은 술을 따라 올린다. (마쳤으면 뒤로 조금 물러나 선다) ○주부는 차를 따라 올린다. (마쳤으면 두 사람은 같이 절을 한다) ○국궁 재배 평신한다. ○주부는 제자리로 물러나 선다. (주인은 그 자리에 그냥 있는다) ○무릎을 모두 꿇고 앉는다. (주인 이하 모두 무릎을 꿇고 앉는다) ○독축한다. (축관은 축판을 들고 주인의 왼쪽에서 무릎을 꿇고 앉아 독축한다. 축이 없으면 증관 된 뜻을 고하여 아뢴다) ○부복하였다 일어나 재배 평신한다. ○제자리로 물러나 선다.

●행사신례.

(모두 절한다) ○국궁 사배 평신한다. ○신주를 받들어 독에 모신다. (신주를 내놓지 않았으면 이는 생략한다) ○축문을 불사른다. (축문을 높이 들고 불사른다. ○축문이 없으면 생략한다) ○예를 마친다.

⊙追贈告廟儀禮節次(추증고묘의례절차)

前一日齋宿其日夙興惟啓所贈之主櫝陳設茶酒盞果脯於其前別於本龕前設香案前置茅沙又設一卓子於其東置淨水刷子粉盞筆墨於上其酒注瓶盞盥盤帨巾卓子並設如前○補先日命善書者以黃紙錄制書一通以盤盛置香案上正中

序立(如前儀)○盥洗○啓櫝(惟啓所贈之櫝)○出主(主人出考主主婦出妣主畢)○復位○詣香案前○跪○焚香○告辭(主人自告)○俯伏興拜興拜興平身○請主(主人進奉主置於卓子上執事者洗去舊字別塗以粉俟乾)○題主(命善書者改題所贈官封題畢以所洗之水灑四壁之上)○奉主(主人奉考主主婦奉妣主置於櫝前)○復位○降神(如前儀)○主人詣香案前○跪○焚香○酹酒○俯伏興拜興拜興平身○復位○參神(主人以下皆拜)○鞠躬拜興拜興拜興拜興平身○主人詣神位前(如贈二代或三代則如時祭儀詣某考妣神位前)○跪(執事者以盞授主人)○祭主(少傾茅沙上)○奠酒(執事者接盞置考主前)○祭酒(如前)○奠酒(執事者置妣主前)○俯伏興拜興拜興平身(少後立)○主婦點茶(點訖復位)○跪(主人以下皆跪)○讀祝○俯伏興拜興拜興平身○主人復位○跪(主人以下皆跪)○宣制辭(祝東面立宣之畢)○俯伏興平身○焚黃(執事者捧所錄制書黃紙卽香案前倂祝文焚之焚畢)○辭神(衆拜)○鞠躬拜興拜興拜興拜興平身○奉主入櫝○禮畢(案此追贈儀蓋在官行之者若請告還鄕其儀別補附時祭篇後)

⊙사후 관직의 오름이 있을 때 그 사당에 고하고 개제(改題)하는 의례절차.

하루 전에 재계하고 자고 그날 일찍 일어나 오직 증관(贈官) 된 신주 독만 연다. 진설은 술잔과 과실과 포를 그 앞에 별도로 진설한다. 본 감실 앞에 향안을 놓고 그 앞에 모사를 둔다. 또 탁자 하나를 그 동쪽으로 놓고 깨끗한 물과 쇄자(刷子)(글자를 긁어내는 칼), 흰 분가루 잔, 붓과 먹을 그 위에 놓고 주전자와 술병, 강신 잔과 세수 대야, 수건, 탁자 등을 모두 전과 같이 벌려놓는다.

하루 전날 글씨 잘 쓰는 이를 시켜 황지에 칙서(勅書) 한 통을 베껴 써서 소반에 받쳐 향안 위에 노와 둔다. ○차서 대로 선다. (앞 의식과 같다) ○손을 씻는다. ○독을 연다. (오직 증직(贈職)을 받은 신주 독만 연다) ○신주를 내놓는다. (주인은 남자 신주를 내 놓고 주부는 여자 신주를 내 놓는다 마쳤으면) ○제자리로 물러나 선다. ○향안 앞으로 간다. ○무릎을 꿇고 앉는다. ○분향한다. ○추증 된 관봉을 고한다. (주인이 고한다) ○부복하였다 일어나 재배하고 평신한다. ○신주를 개제(改題)함을 고한다. (주인은 나아가 신주를 받들어 탁자 위에 놓으면 집사자는 옛 글자를 지우고 닦아낸 후 별도로 흰 분가루를 바르고 마르기를 기다린다) ○신주를 고쳐 쓴다. (글씨 잘 쓰는 이에게 일러 관(官)과 봉(封)의 오른 곳을 고쳐 쓴다. 개제를 마쳤으면 그 감실을 물을 뿌려 바닥과 네 벽을 청소를 한다) ○신주를 받들어 낸다. (주인은 남자 신주를 받들고 주부는 여자 신주를 받들어 신주 독 앞에 내놓는다) ○제자리로 물러나 선다.

●행강신례.

(앞의 의식과 같다) ○주인은 향안 앞으로 간다. ○무릎을 꿇고 앉는다. ○분향한다. ○강신한다. ○부복하였다 일어나 재배하고 평신한다. ○제자리로 물러나 선다.

●행참신례.

(주인 이하 모두 절한다.) ○국궁 사배 평신한다.

●행헌주례.

주인은 신위 앞으로 간다. (증관을 두 세대 또는 세 세대가 같이 받았을 때 시제 의식과 같이 모 고비 전으로 나가시오 라고 한다) ○무릎을 꿇고 앉는다. (집사자는 잔에 술을 따라 주인에게 준다.) ○삼제를 한다. (모사 위에 조금씩 기우려 따른다) ○술잔을 올린다. (집사자는 잔을 받아 남자 신주 앞에 올린다) ○삼제한다. (앞과 같이 한다.) ○술잔을 올린다. (집사자는 여자 신주 앞에 올린다) ○부복하였다 일어나 재배하고 평신한다. (조금 뒤로 물러나 선다) ○주부는 차를 따라 올린다. (차 올리기를 마쳤으면 제자리로 물러나 선다) ○무릎을 꿇고 앉는다. (주인 이하 모두 무릎을 꿇고 앉는다) ○독축한다. ○부복하였다 일어나 재배하고 평신한다. ○주인은 물러나 제자리에 선다. ○무릎을 꿇고 앉는다. (주인 이하 모두 무릎을 꿇고 앉는다) ○조서(詔書)를 고한다. (축관은 동쪽으로 향하여 서서 조서를 고한다. 마쳤으면) ○부복하였다 일어나 평신한다. ○황지(黃紙)를 불사른다. (집사자는 제서(制書)를 베껴 쓴 황지를 받들고 향안 앞으로 나아간다. 이때 축문도 함께 불사른다. 사르기를 마쳤으면)

●행사신례.

(모두 절한다) ○국궁 사배 평신한다. ○신주를 받들어 독에 넣는다. ○예를 마친다.

⊙生子見廟儀禮節次(생자견묘의례절차)

主人生嫡長子則滿月而見如上儀嫡孫亦如之生餘子則殺其儀

序立○盥洗○啓櫝○出主○復位○降神○主人詣香案前○跪○焚香○酹酒○俯伏興拜興拜興平身○復位○參神(衆拜)○鞠躬拜興拜興拜興平身○主人斟酒(畢少退立)○主婦點茶(畢二人並拜)○鞠躬拜興拜興平身○主婦復位(主人不動)○跪(主人跪)○告辭○俯伏興(立於香案東南西向)○主婦抱孫見(主婦抱子立兩階間若子弟婦或姪孫婦則立其後)○拜興拜興拜興拜興平身○復位(主人主婦俱復位以子授乳母)○辭神(衆拜)○鞠躬拜興拜興拜興拜興平身○奉主入櫝○禮畢(若生餘子孫則不設茶酒止啓櫝不出主儀節)○就位○盥洗○啓櫝○詣香案前○跪○焚香○告辭○俯伏興拜興拜興平身○主婦抱孫見○拜興拜興拜興復位○(衆拜)鞠躬拜興拜興拜興拜興平身○禮畢

⊙아들을 낳았을 때 사당 알현하는 의례절차.

주인은 적장자(嫡長子)를 출산하였으면 한달 만에 위 의식과 같이 사당에 알현한다. 적손 역시 의식은 같으며 그 외 자손들은 그 의식을 하지 않는다.

차서 대로 선다. ○손을 씻는다. ○신주 독을 연다. ○신주를 내모신다. ○제자리로 물러나 선다.

●행강신례.

주인은 향안 앞으로 간다. ○무릎을 꿇고 앉는다. ○분향한다. ○강신한다. ○부복하였다 일어나 재배 평신한다. ○제자리로 물러나 선다.

●행참신례.

(모두 절한다) ○국궁 사배 평신한다.

●헌주례.

주인은 술을 따라 올린다. (마쳤으면 조금 뒤로 물러나 선다) ○주부는 차를 따라 올린다. (마쳤으면 두 사람은 같이 절한다) ○국궁 재배하고 평신한다. ○주부는 제자리로 물러나 선다. (주인은 그대로 있는다) ○무릎을 꿇고 앉는다. (주인은 무릎을 꿇고 앉는다) ○고하여 아뢴다. ○부복하였다 일어선다. (향안 동남쪽에서 서쪽으로 향하여 선다) ○주부는 손(孫)을 안아 뵈인다. (주부는 아이를 안고 양 층계 사이에 선다. 만약 자제부나 질손부면 그 뒤에 선다) ○사배 평신한다. ○제자리로 물러선다. (주인 주부 다 같이 제자리로 물러나 선다. 아들은 유모가 받는다)

●행사신례.

(모두 절한다) ○국궁 사배 평신한다. ○신주를 받들어 독에 넣는다. ○예를 모두 마친다.

◆生子名某(생자명모)

內則子生三月之末擇日妻以子見于父父執子之右手咳而名之○凡父在孫見於祖祖亦名之禮如子見父無辭冢子未食而見必執其右手適子庶子已食而見必循其首註天子諸侯尊別世子雖同母禮則異矣未食已食焉正緩庶之義疏必以手撫循其首示恩愛之情也按內則三月而名與家禮不同

◆補焚黃告祭儀(보분황고제의)

祠堂章下雖有封贈告廟儀然止一獻況今朝官三年推恩封贈皆許請告焚黃恭奉恩命千里還鄉光榮父母而所行之禮之於一獻無乃太簡乎今儗準時祭禮爲之儀注

⊙焚黃祭儀禮節次(분황제의례절차)補

祠堂章下雖有封贈告廟儀然止一獻況今朝官三年推恩封贈皆許請告焚黃恭奉恩命千里還鄉光榮父母而所行之禮止於一獻無乃太簡乎今擬準時祭禮爲之儀注先期齊戒省牲設位陳器皆如時祭儀是日夙興主人詣祠堂○詣香案前○跪○焚香○請主曰今以子某列官於朝追贈考妣請告焚

黃敢請顯考某官府君顯妣某封某氏神主出就正寢恭伸祭告○俯伏興(執事者以盤盛主捧之主人前導至正寢安於座○若仕者有父兄改云今某子某或弟某如告墓不用此節)○序立(若仕者有父兄則父兄主祭仕者立本位)○參神○鞠躬拜興拜興拜興拜興平身○降神○盥洗○詣香案前○跪○上香○酹酒○俯伏興拜興拜興平身○復位○進饌○初獻禮○詣顯考神位前○跪○祭酒○奠酒○俯伏興拜興拜興平身○詣顯妣神位前○跪○祭酒○奠酒○俯伏興拜興拜興平身○詣讀祝位○跪○皆跪○讀祝(祝立主人之左跪讀之畢興)○宣制詞(禮生一人立香案前面東讀之畢)○俯伏興○鞠躬拜興拜興平身○復位○奉饌○亞獻禮(有父兄則父兄行初獻仕者行亞獻)○盥洗○詣顯考神位前○跪○祭酒○奠酒○俯伏興拜興拜興平身○詣顯妣神位前○跪○祭酒○奠酒○俯伏興拜興拜興平身○復位○奉饌○終獻禮○盥洗○詣顯考神位前○跪○祭酒○奠酒○俯伏興拜興拜興平身○詣顯妣神位前○跪○祭酒○奠酒○俯伏興拜興拜興平身○復位○奉饌○侑食○闔門○啓門○獻茶(竝同時祭)○焚黃(於香案前倂祝文焚之)○辭神○鞠躬拜興拜興拜興拜興平身○禮畢

⊙분황제(焚黃祭) 의례절차.

먼저 하루를 재계하고 제사에 쓸 짐승을 살핀 뒤 제사기구를 늘어놓고 위(位) 차리기를 시제(時祭)의식과 같게 한다. 이날 일찍 일어나 주인은 사당으로 간다.

●분향례.

향안 앞으로 간다. ○무릎을 꿇고 앉는다. ○분향한다. ○청하여 주인이 고하기를 이제 자모(子某)는 고비에게 조정에서 벼슬 품계의 추증(追贈)의 내림이 있어 청하옵건대 분황(焚黃)을 고하고저 감히 청하오니 공경하옵는 아버님 모관 부군과 공경 하옵는 어머님 모봉 모씨 신주께서는 정침으로 나가시옵소서. 공손히 제사를 올리며 고하겠나이다. ○부복하였다 일어선다. (집사자는 소반에 신주를 담아 받들면 주인이 앞에서 인도하여 정침에 이르면 신주를 자리에 안치한다. ○만약 벼슬한 이에게 부친이나 형이 있으면 고쳐 이르기를 이제 모의 아들 모 혹은 동생 모와 같이 고하고 묘(墓)에서는 이 구절을 사용치 안는다.) ○차서 대로 선다. (만약에 벼슬한 이에게 아버지나 형이 있으면 아버지나 형이 주인이 되고 벼슬을 받은 이는 본위에 선다)

●행참신례.

국궁 사배 평신한다.

●행강신례.

손을 씻는다. ○향안 앞으로 간다. ○무릎을 꿇고 앉는다. ○분향한다. ○강신한다. ○부복하였다 일어나 재배 평신한다. ○제자리로 물러선다.

●행초헌례.

현고(顯考) 신위 앞으로 간다. ○무릎을 꿇고 앉는다. ○삼제한다. ○헌주한다. ○부복하였다 일어나 재배 평신한다. ○현비(顯妣) 신위 앞으로 간다. ○무릎을 꿇고 앉는다. ○삼제한다. ○헌주한다. ○부복하였다 일어나 재배 평신한다. ○독축 위(位)로 간다. ○무릎을 꿇고 앉는다. ○모두 무릎을 꿇고 앉는다. ○독축한다. (축관은 주인의 왼쪽에서 무릎을 꿇고 앉아 독축하고 마치면 일어선다.) ○조칙서(詔勅書)를 고한다. (예생(禮生) 한 사람이 향안 앞에 서서 동쪽으로 향하여 조칙서를 고하고 마치면) ○부복하였다 일어선다. ○국궁 재배 평신한다. ○제자리로 물러나 선다. ○적을 올린다.

●행아헌례.

(아버지나 형이 있으면 아버지나 형이 초헌을 하고 벼슬을 받은 이가 아헌을 한다). ○손을 씻는다. ○현고 신위 앞으로 간다. ○무릎을 꿇고 앉는다. ○삼제한다. ○헌주

한다. ○부복하였다 일어나 평신한다. ○현비 앞으로 간다. ○무릎을 꿇고 앉는다. ○삼제한다. ○헌주한다. ○부복하였다 일어나 재배 평신한다. ○적을 올린다.

●행종헌례.

손을 씻는다. ○현고 신위 앞으로 간다. ○무릎을 꿇고 앉는다. ○삼제한다. ○헌주한다. ○부복하였다 일어나 재배 평신한다. ○현비 신위 앞으로 간다. ○무릎을 꿇고 앉는다. ○삼제한다. ○헌주한다. ○부복하였다 일어나 재배 평신한다. ○제자리로 물러나 선다. ○적을 올린다. ○첨작한다. ○문을 닫고 나온다. ○문을 열고 들어 간다. ○차를 올린다. (시제와 모두 같다) ○황지를 불사른다. (향안 앞에서 축문과 같이 불사른다)

●행사신례.

○국궁 사배 평신한다. ○예를 마친다.

◆授官告辭式(수관고사식)凡告祝以家禮爲主而如年月干支改皇爲顯等句語

多從備要書之餘倣此○若官者之母已沒雖在祔位亦當有告○凡告祝備要便覽爲主只今不用去年號幾年以下皆倣此○四代共一板

維

歲次干支幾月干支朔幾日干支孝玄孫(繼曾祖以下之宗隨屬稱)某官某敢昭告
于

顯高祖考某官府君

顯高祖妣某封某氏(曾祖考妣至考妣列書祔位不書○非宗子則只告官者祖先之位)某(非宗子則此下當添之某親某四字)以某月某日蒙

恩授某官(要訣告及第則曰授某科某第及第告生進則曰授生員或進士某等入格)奉承

先訓獲霑祿位(要訣及第則曰獲參出身生進則曰獲升國庠)餘慶所及不勝感慕(貶降則改蒙恩以下二十一字言貶某官荒墜先訓皇恐無地備要若諸父諸兄則荒墜以下改以他語)

謹以酒果用伸虔告謹告

◆관직을 받았을 때의 고사식.

세차 모 간지 기월 기일 효 현손 모관 모는 감히 밝혀 고하나이다. 공경하옵는 고조할아버님 모관 부군과 고조할머님 모봉 모씨와 공경하옵는 증조할아버님 모관 부군과 증조할머님 모봉 모씨와 공경하옵는 할아버님 모관 부군과 할머니 모봉 모씨와 공경하옵는 아버님 모관 부군과 어머님 모봉 모씨께 모는 모월 모일 국은을 입어 모 벼슬을 받았사옵니다. 선조의 가르침의 은혜를 입어 녹봉과 지위를 받았사오니 남은 것은 경사스러운 자리에 함께하여야 하온데 감모함을 이길 수 없사와 삼가 주과를 정성껏 드리오며 삼가 고하고 삼가 고하나이다.

◆追贈告辭式(추증고사식)若因事特贈則別爲文以敍其意

維

歲次干支幾月干支朔幾日干支孝(親盡祖則去孝字)某親某官某(弟以下不名)敢
昭告于(妻去敢字弟以下但云告于)

顯某親某官府君

顯某親某封某氏(妻弟以下改顯爲亡下同○卑幼去府君二字)奉某月某日

制書(當改以敎旨)贈

顯某親某官

顯某親某封某奉承

先訓竊位于

朝祇奉

恩慶有此

襃贈祿不及養摧咽難勝(儀節此下有敬錄以焚益增哀殞八字當採用又當云所贈官封今將改題神主〇祖以上位改祿不以下八字爲敬錄以焚不勝感愴妻改襃贈以從贈改祿不以下八字以他語弟以下改某封以下二十五字以他語)謹以酒果用伸虔告謹告(朱子曰焚黃近世行之墓次不知於禮何據張魏公贈諡只告于廟疑爲得體但今世皆告墓恐未免隨俗耳)

◈사후에 관봉(官封)의 오름 조서(詔書)를 받았을 때 당해 감실에 고하는 고사식.

세차 모 간지 기월 기일 모친 모관 모는 감히 밝혀 고하나이다. 공경하옵는 모친 모관 부군과 모친 모봉 모씨는 모월 모일에 조정에서 벼슬 내림의 제서(制書)를 받았사온데 공경하옵는 모친께서는 모관을 공경하옵는 모비께서는 모봉을 받았사옵니다. 모가 선조의 이끄심에 저의 덕은 없으면서 외람되게 그 지위에 있게 되었사옵니다. 조정을 공경하고 섬기시어 국은의 경사가 있사옵고 이제 포상으로 녹(錄)을 내리셨사옵니다. 봉양할 당시에 미치지 못하였사오니 복받치는 오열을 이길 수 없사옵니다. 삼가 주과를 정성껏 펴 올리며 삼가 고하고 삼가 고하나이다.

◈嫡子生告辭式(적자생고사식)

某之婦某氏以某月某日生子名某敢見

◈맏아들을 얻었을 때 사당 알현 고사식.

모의 부인 모씨가 모월 모일에 출산한 아들 이름 모가 감히 알현하나이다.

⊙或有水火盜賊則先救祠堂遷神主遺書次及祭器然後及家財易世則改題主而遞遷之(혹유수화도적즉선구사당천신주유서차급제기연후급가재역세즉개제주이체천지)

改題遞遷禮見喪禮大祥章大宗之家始祖親盡則藏其主於墓所(五禮儀若有親盡之祖始爲功臣而百世不遷者則代數外別立一龕祭之)而大宗猶主其墓田以奉其墓祭歲率宗人一祭之百世不改其第二世以下祖親盡及小宗之家高祖親盡則遷其主而埋之其墓田則諸位迭掌而藏率其子孫一祭之亦百世不改也

　　或問而今士庶亦有始基之祖莫亦只祭得四代以上則可不祭否朱子曰而今祭四代(四代下一有但四代三字)已爲僭古者官師亦只祭得二代若是始基之祖想亦只存得墓祭〇楊氏復曰此章云始祖親盡則藏其主於墓所喪禮大祥章亦云若有親盡之祖而其別子也則祝版云云告畢而遷于墓所不埋夫藏其主於墓所而不埋則墓所必有祠堂以奉墓祭

⊙혹 수재나 화재, 도적이 있을 때는 먼저 사당을 구하여야 한다. 신주와 유서(遺書)를 옮기고 다음에 제기를 옮긴 후 가재도구를 옮긴다. 세대가 바뀌면 신주를 고쳐 써서 감실을 옮긴다.

개제(改題)하여 감실(龕室)을 옮기는 예법과 의식은 상례장(喪禮章) 대상조(大祥條)에 있다. 대종가에서 시조가 세대가 다하면 그 신주를 묘소에 묻고 대종가의 주인이 그 묘전(墓田)으로 묘제를 해마다 종인(宗人)들을 거느리고 한번씩 묘소에서 제사 받들기를 영원히 고치지 않는다.

제 2 세대 이후 조상부터 세대가 다하고 또 소종가에서 고조가 세대가 다하면 그 신주를 묘소로 옮겨 묻고 세대가 다한 모든 조상들은 그에 따른 묘전을 번갈아 맡아 해마다 그 자손들을 데리고 묘소에서 한번씩 제사 지내기를 역시 영원히 고쳐서는 아니 된다.

◆祭四代已爲僭(제사대이위참)

語類士庶當祭幾代曰古時一代卽有一廟其禮甚多今於禮制大段虧缺而士庶皆無廟但溫公禮祭三代伊川祭自高祖始疑其過要之旣無廟又於禮煞缺祭四代亦無害○晦齋曰按程子言高祖有服不祭甚非文公家禮祭及高祖蓋亦本於程氏之禮也然禮大夫三廟士二廟無祭及高祖之文故朱子亦以祭高祖爲僭且今國朝禮典六品以上祭三代不可違也竊意高祖雖無廟亦不可全廢其祭春秋俗節率其子孫詣墓祭之庶無違禮意而亦不至忘本也○頤菴曰時祭則拘於國法止於曾祖而高祖則只行墓祭忌祭五代祖則只行墓祭於寒食秋夕六代祖之墓祭則只行於寒食○侯氏廷訓曰洪武年間儀注亦有孝孫祭高曾祖禰考妣祝文則此又時制也○按栗谷擊蒙要訣亦從國制只祭三代然家禮旣以四代定爲中制故好禮之家多從家禮

◆廟主火(묘주화)

檀弓有焚其先人之室則三日哭故曰新宮火亦三日哭陳註先人之室宗廟也魯焚宣公之廟神主初入故曰新宮○退溪曰神主火燒則於前日安神之所設虛位改題焚香設祭或云正寢爲當室屋猶存則當題主於家不當之墓前已返之魂豈可往依於體魄所在之處乎又曰屋雖盡燒不當題主於墓慰安則可倣虞禮而用素服行之○沙溪曰火焚神主則當依新宮災三日哭而已不爲製服耳○問家廟失火而衰麻之中未敢變服改題主時當何服且爲位於被災之所以改神主爲限耶愼獨齋曰禮宗廟焚易服三日哭當依此行之而憂中以孝服布深衣行事題主時亦如此似可設位則三日之外久設未可知又問四位神主改造未易其間先世忌祀几筵朔望及日祭當行否曰不得停廢○問宗子死未斂火災及廟斂殯後改造神主告辭措語何以爲之陶菴曰家禍孔酷祠屋告災宗子纔亡尸事無人三日之哭有禮莫伸伏惟神魂何所依泊玆於前日安神之所設位改題神主旣成仰冀尊靈是憑是依○按或云喪中廟主火改造題主當以孤哀子屬稱書之此說甚誤如此則三年之內因火災而徑行易世遞遷之禮矣其可乎其屬稱及旁題皆依舊題之恐當

◆勳臣不祧(훈신불조)

祭法馬氏註曰天子之廟七而其功德之大則數有加焉諸侯五世而已雖有功德而數不增先王之禮如此也王制太祖無可毀之理爲無功德者言之○五禮儀若有親盡之祖始爲功臣而百世不遷者則代數之外別立一龕祭之○旅軒曰不遷之位豈可並數於四代乎旣有國令雖祀五代無害○南溪曰沙溪以爲高祖當出旅軒以爲旣有國令雖祀五代無害尤庵以爲立高祖廟於墓所未必皆當其疑於僭者在龕而不在世欲倣古禮官師一廟祖禰共享之義以處之○尤庵答李選曰貴宗兩大君一功臣俱是不遷之位又奉四親則祭七世也若從家禮藏廟之儀則俱爲不遷之位而雖十功臣亦無所礙矣○類編曰今人之僭在於祭四代若革此不祭則其當祭之始祖何疑之有雖有數世勳臣自是國制然也祭之而已○四龕之外又添始基之祖尤覺未安故朱子有遷于墓所不埋之說然只立廟於山原一祭之外無人汎掃或人家弊殘至於不能庇護則誠爲未安今之時制只許祭及三世而其別子及有功勳者雖累世皆定爲不遷之主若只遵此制雖於古禮有所未合居今之世行今之法聖人亦且肯之矣同堂異室之制自天子達國家立法之意必不獨容其別立一廟也審矣然則有累世功勳者雖六世七世之多未有嫌於一廟之奉如以累世爲僭則不祭斯可矣今不能不祭而反欲別立一廟別立與同堂果有僭不僭之殊耶又況別立尤覺犯分不可爲也古者群主各廟唯諸侯之中下士祖禰共廟則別立之重於同堂可知太祖之不別

廟天下之所共而大夫士猝然獨行其可乎哉今人祭四代而又祭始祖誠與國家無別此特祭四世之過也非祭始祖之過也乃不欲動於法外之四世反遷當祭之始祖奚可哉如曰朱子家禮亦不可不從而必祭高祖則雖有與國家無別之嫌只得如此而已更無他道理也盖天子定爲三昭三穆諸侯二昭二穆則大夫之祭四世豈非僭乎雖大夫亦當有太祖而今或不然者豈非闕乎以凡情言之僭者廢之闕者舉之當矣朱子許其僭而難其闕必有微意或者宋時廟制未定皆祭四世而不許其祭始祖故四世已僭遷墓不埋之說不得已云爾耶○按不遷之廟有二義而各自爲禮始祖而不遷者子孫尊之也此王制所云太祖之廟○大夫三廟一昭一穆與太祖之廟而三○(註)太祖別子始爵者大傳曰別子爲祖謂此雖非別子始爵者亦然凡有數條一是別子初雖爲大夫中間廢退至其遠世子孫始得爵命者則以爲太祖別子不得爲太祖也二是別子及子孫不得爵命者後世始得爵命自得爲太祖三是全非諸侯子孫異姓爲大夫者及他國之臣初來仕爲大夫者亦得爲太祖此皆殷制若其周制別子始爵其後得立別子爲太祖若非別子之後雖爲大夫但立父祖曾祖三廟而已隨時而遷不得立始爵者爲太祖故祭法云大夫三廟曰考廟曰王考廟曰皇考廟註非別子○大傳所云別子爲祖○(註)諸侯之庶子別爲始祖也又若始來在此國者後世亦以爲祖○陳氏曰別子有三一是諸侯適子之弟別於正適二是異姓公子來自他國別於本國不來者三是庶姓之起於是邦爲卿大夫別於不仕者皆稱別子○是也功臣而不遷者國家寵之也此朱子祧廟議所云宗不在禮數之正是也始祖限於廟制之內而不遷功臣別於廟祭之外而不遷故始祖未必是功臣而若或有始祖而爲功臣者則無可議焉至若繼世而封勳者國家所以厚待功臣而使子孫特祀之也則旣非越法又非違禮有何僭逼之嫌乎然世或言有功臣不遷之位則高祖當遞遷或言高祖出祭于別室或言藏主墓所俱爲不遷之位雖十功臣無礙或言不遷位別作祠堂或曰始祖別立廟諸說紛紛恐皆未久盖始祖之祭三世之廟禮經所著過此常制則僭也故朱子曰如今祭四代已爲僭然家禮又祭高祖則高祖亦不可出也高祖而可出則若有二三世封勳曾祖與祖考又將盡出耶古禮世各異廟降殺以兩不敢蹴制東京以來同堂異室而已雖天子諸侯不別立太祖之廟則異廟重於共廟尤嫌於僭也且同堂而五世六世別廟而五世六世有何降殺之別耶古無墓祠至漢始起園寢公卿多建祠堂於墓所○通典古宗廟前廟後寢廟以藏主寢有衣冠秦始出寢起於墓側漢因而不改故陵上稱寢殿○然此非爲不遷之位而設也家禮始祖親盡則藏主於墓所云親盡之祖而別子也則遷于墓所不埋此只言別子而爲始祖者也非指功臣不遷之位似不當引以爲證且立祠於墓所而祭之則雖十世而非僭何也夫聖人之制爲廟數非但品節其貴賤實亦參酌其貧富也天子而用仂則七廟而已下士而無田則一廟而已其五三二廟亦皆量其可而適於中也過此則濫且僭也然其有大功德於民國而爲百世不遷之主亦禮之所許也故封之爵邑錫之田祿俾作世享者寵命也雖使子孫祀之其實國家祀之也爲子孫者乃以爲疑或祧其始祖或遷其高曾則其世代之數僅如凡人而不祭其當祭之祖反不如凡人是豈國家厚待功臣之本意又豈子孫追孝之道耶愚謂若從古禮與國制祭三世而有一功臣則爲四龕無嫌於僭矣若從家禮而祭四世則並功臣爲五龕此不過古禮家禮之別而其僭不僭非所言也○類編曰四世僭也僭而猶祭得朱子爲重而國之祀典又不可不從也使朝廷之法得行必不捨四世之家而偏禁五世也○至於累世封勳者問解雖引大典始爲功臣不遷之文以爲第二以下祧遷之論然始爲功臣云者功臣非人人世世而爲之者則槩言其始爲者也未必謂連世有功而獨以最初者不遷也是以每有功臣無論幾世各施不祧之典則此國家之禮令子孫之不可以黜其祖而不祀者也然稽之先王之廟制終有犯分之嫌豈可與帝王之世室比而同之哉是在大宗伯稟命于朝廷定爲世代之數而行之已矣○馬氏曰天子之廟其數止於七而其功德之大者則數有加焉諸侯止五廟而已雖有功德數不增雖無功德數不減先王之禮如此○又按宗廟文廟從享及祠院祀享之忠勳儒賢世或用不遷之例然旣無先王之禮又無時王之制則是僭也恐不敢擅行○南溪曰宗廟配享文廟從祀之人其主不遷云者似因禋隱神版事以致訛傳盖古今配從甚多而未聞有果如此言者○明齋曰非功臣則雖享於祠院不可不遷於廟也子孫以祖先之有德業而私自不祧近於世室無乃僭耶又曰如從祀文廟不敢遷禮無所

據法無其文○(按)五禮通考方氏觀承曰先世有德行道藝雖爵位不顯是亦古之鄕先生沒而可祭於社者而子孫豈不可以俎豆終古也耶然而此恐臆斷而無古禮可據矣

◆不遷之位廟(불천지위묘)

大典始爲功臣者代雖盡不遷別立一室○五禮儀始爲功臣而百世不遷者則代數外(註三代)別立一龕祭之○問有不遷之位則高祖當遞遷或特設不遷位於四龕外否沙溪曰四龕外又特設則五龕也乃全用諸侯之禮僭不可爲也吾宗家五代祖乃不遷之位故四代祖雖未代盡而出安別室耳○若連四代策勳而皆不遞遷則祖與考亦不得入廟豈有是理大典只言始爲功臣則第二以下祧遷亦可知也或者因大典別立一室之文欲別立一廟廟與室果同乎○屛溪曰沙翁所謂別室乃宅中一淨室也非別廟也○尤菴曰祠堂章附註別子條旣曰百世不遷遞遷條云藏其主於墓所二者誠似有異然其所謂不遷云者不遷於他所而猶主於大宗之祠也然則其所謂藏主者雖與在廟者有異而宗子主之則一也其神主旣藏於墓所則時祭忌祭當準禮廢之而楊氏旣曰有祠堂以奉廟祭云則是墓祭之名猶在而其實行之於神主也所重在於不埋其主若其歲一祭墓則與小宗親盡者無異矣曾見完南君先兆則廣平大君是始祖故其墓下有祠堂而藏主至今祭之家禮之文旣如此而時俗亦有行之者則今之士大夫只得如此行之而已蓋藏主墓所恐是朱子以義起者而亦只是士夫禮也○答李君晦曰據家禮則撫安廣平各爲別子當各就其墓所立廟依東俗享之於四名曰二墓同在一處則同廟尤便又曰國法始爲功臣者別立一龕於曾祖之上以祭之此則國法令士大夫只祭三代故加設一龕而亦符於家禮祭四代之文矣老先生旣依家禮祭四代而又有不遷之位故不得已遷出高祖此旣非國法又非家禮矣愚嘗以爲不遷之位遷於墓所而不埋還奉高祖於廟中似合於家禮又不違於國法待功臣之意矣○試嘗論之延平是始爲功臣則延陽自當遞出而延城則以大宗之故當百世不遷矣以人以功延城久食而延陽餕而者豈是道理故愚嘗稟於愼老以爲國制狹隘而多礙若從家禮藏墓之儀則三延俱爲不遷之位而三延之後雖有十功臣亦無所礙矣仍請以此附入問解中而愼齋終不肯可每一思之恨未得力爭而歸一也○雲坪曰別子藏主家禮是朱子初年所作而晚年與門人編成通解則却復致嚴於宗廟之制祖不可遷而廟不可外此沙翁所以不敢從遷于墓所之論也

◆大宗別廟(대종별묘)

尤菴答鄭景由曰不遷之位當別立祠於墓所而藏其主矣第老先生(即圃隱)墓下已有書院則又別立祠似涉重復然則當立於宗家如李益齋影堂之爲而神主畵像幷安於此矣○同春曰家禮大宗始祖藏主於墓所云者朱夫子於此必十分斟酌立定此制也何可捨之而刱出新制耶但念墓所有遠近形勢有難易設令立廟於墓有難便之勢則亦當權宜處變不失家禮之意也○芝村曰今若就嫡長家立一廟只奉延城府院君神主而嫡長之高祖以下四代神主則又自爲奉安於他所或別立祠則事事平順矣尤菴以爲時忌祭準禮當廢豈以廟在墓所以奉墓祭爲名故耶然此則雖在墓下乃是宗家也旣就宗家而立廟則時忌祭似當一如平日行之○問不遷位立廟墓所勢或未及則欲別立廟於祠堂之傍如何遂菴曰祠堂傍別立廟禮法無可據不敢言○立別廟以奉不遷位則第二功臣幷爲奉安無妨

◆庶孽奉祧主(서얼봉조주)

農巖曰最長房奉祀宜通庶孽至於庶人只祭考妣不當授以爲說矣旣用宋賢定禮通祀四代則豈以妾子而獨用古庶人之禮耶況妾子亦有有官職者此說尤不通矣○問祧主子孫有庶孽猶不可以最長房論歟沙溪曰庶孽地位雖卑其於祖先均是子孫據程子說則初無不可奉祭之義但嫡兄弟盡歿後奉祭似不妨○問親盡之祖庶曾孫與嫡玄孫誰爲奉祀愼獨齋曰庶曾孫當奉祀若貧殘不可奉祀則嫡玄孫奉祀無妨○陶菴曰禮解云嫡兄弟盡歿後奉祀夫兄弟之倫序豈不重而弟旣先於兄則其他可推而知也此事議論多歧而以不論昭穆必令嫡先於庶爲定論矣○旁題祝辭自稱爲庶恐得之○南塘曰儀禮長子條鄭註曰立嫡以長賈疏曰嫡妻所生皆名嫡子朱子曰宗子只得立嫡雖庶長立不得若無嫡子則亦立庶子只此可見嫡庶之分嚴於長少之

別也立祠爲奉祀也而以嫡爲先則遞遷奉祀其義一也豈有在廟則先嫡而遞遷則先庶乎宗孫
代盡嫡孫繼之嫡孫旣盡庶孫繼之宗以統族嫡以統庶莫非一統之義也沙溪所謂嫡兄弟盡歿
後奉祀者恐得禮意之本也若謂在兄弟則先嫡而在叔姪則先庶則未知兄弟與叔姪有何異同
之義耶一主嫡庶之分一主昭穆之序義例亦恐不一矣○同春曰妾子以最長房奉祧主則其母
不可同入一祠

◆妾母祭代限(첩모제대한)

小記妾母不世祭註以其非正於子祭於孫止○問小記妾祔於妾祖姑疏妾母不世祭於孫否則
妾無廟矣朱子曰妾母不世祭則永無妾祖姑矣疏說或未可從也恐於禮或容有別廟但未有考
耳○問妾子爲父後其母神主當祭於別室而但未知必至玄孫易世而後埋置否沙溪曰庶孼雖
不可一從只祭考妣之法亦當祭三代而已豈至玄孫易世之後乎○南溪曰小記云妾祔於妾祖
姑朱子曰妾母不世祭則永無妾祖姑矣恐於禮容或有別廟以此推之妾孫承重者似當以別廟
祭其祖母○尤菴曰朱子旣主妾祖姑之文而以妾母不世祭之說爲可疑似難違貳抑有可疑者
古禮適士二廟官師一廟然則妾母何至於祭及其孫耶○按或曰記云妾母不世祭云云宗子祭
庶母則不世祭子祭其母則當世祭○陶菴曰爲人妾者祭止於其子於禮爲正妾子旣不能奉其
禰位則不可以傳序之義論也苟以情有所未忍則於孫猶可三世四世則不可祧遷尙何可論

◆文廟從祀宗廟配享人祧遷(문묘종사종묘배향인조천)

芝村曰文廟從享諸賢之不祧國典之不載固也安文成以前固不可知惟圃隱祠版尙存其後靜
菴則聞亦不祧栗谷繼後時畏齋以爲栗谷旣享文廟當百世不祧玄石則以爲自宋朝無此法設
或有朝令亦當有後世譏議圃隱事似因前朝功臣而然尤翁於圃隱事已疑之至乙丑秋定以爲
不當祧蓋因畏相言而是之也今此沙溪祠版祧遷已久還奉之擧措重難子孫之必欲更待朝令
而後行之者其勢然矣左相旣陳稟而自上敎以爲當爲不遷之位則玄石雖以後世譏議爲辭此
便爲時王之制當否似不可論矣惟其當否則誠有未知者有功於國家者旣許不遷則有功於斯
文者 亦宜一體宗廟配食人亦無不遷之事惟孝宗世室後尤翁代作祝文使告以宗廟庭享旣將
百世不祧則私家祠版亦當如之云又以此意推之雖不入於文廟或儒先或忠臣朝令立祠而官
給祭奠者其私家祠版之或祧或埋亦未知其如何○遂菴曰雖是名賢旣非始基之祖又非功臣
則於禮於法無百世不埋之義○陶菴曰文廟從享之大賢太廟配食之功臣皆當不遷此外則皆
僭也爲子孫者安敢以私情而擅行耶湖南此弊最多不獨眉菴家而已恐不可不盡爲釐正然旣
無釐正朝令則其子孫之賢者只當自爲之而百拜告辭之前又當先爲具由以告矣

◆最長死其子親未盡猶還次長(최장사기자친미진유환차장)

問最長者死其子雖亦親未盡而門中又有諸父諸兄則當遷奉於其房耶沙溪曰然○尤菴問家
兄三年後高曾二世神主當遷于弟家而家姪以爲曾祖則渠亦未親盡因請奉祀云愚意此於禮
意決不可從旣遷而早晚復還其於卽遠無退之義有何所害同春曰恐當○問宗子死而嫡孫承
重則祧主已遷于最長之房矣嫡孫又死無後而宗子之弟代奉其祀則其祧主當還入於祠堂耶
沙溪曰當還奉

◆最長房之義(최장방지의)

問最長房之房字沙溪曰以朱子說觀之古人累世同居者於一門之內子孫各有私房亦若儀禮
所謂南宮北宮者祠堂若有親盡之主當遷而族人有親未盡者則遷于其中最長者之房以祭之
也○語類朱子曰賀州有一人家共一大門門裏有兩廊皆是子房如學舍僧房每私房有客來則
自辦飮食引上大廳請尊長伴五盞後卽回私房別置酒云云

◆長房遞奉之節(장방체봉지절)

問凡祧主當遷於最長房最長者死其子雖亦親未盡而門中又有諸父諸兄則當遷奉於其房耶
沙溪曰然○愼獨齋曰遞遷之主應奉於最長房小宗合大宗之嫌不當致疑也先君亦奉祖禰小

宗而曾祭高祖遞遷之主且改題之○尤庵問家兄三年後高曾二世神主當遷於弟家而家姪以
爲高祖固然矣曾祖則渠亦未親盡因請奉祀云愚意此於禮意決不可從旣遷而早晩復還其於
卽遠母退之義有何所害愚見如此未知不悖否同春曰來敎恐當○又問或云最長房死則其所
奉神主當卽遷于次長不待三年喪畢云此說如何同春曰三年喪畢合祭而或埋或遷禮意本然
次長則不待三年此有出處否○又問最長房之不必待喪畢而遞遷祧主者非有所考只爲最長
之奉祧主其事體與宗家有異只欲權奉祭祀而復三年廢祭有所未安故有前書之疑耳同春曰
次長房不待喪畢而奉歸祧主者以事勢言之則誠如所敎第未見古據爲可疑耳○尤庵曰家兄
亡後鄙意以爲凡最長房之禮專爲祭祀而設也三年內昧然廢祭有所不安故欲於家兄葬後移
安於鄙家問於同春答以當待三年後吉祭時也俄聞尼城尹都憲於從兄尹掌令葬後卽移奉於
其家云鄙意以爲此雖非古禮甚安於人情彼旣以大家行之則已成俗例從之不亦宜乎遂於葬
後移安於鄙家矣○南溪曰當待三年詳見家禮大祥條可推而行也○陶庵曰最長房死則其所
奉神主遷于次長不待三年之畢近世士大夫家多行之者以愚所聞祧遷在於最長房之喪過葬
後而來示則以爲成服後彼此所聞未知孰是而成服後則無乃太遽耶大抵此事始出於尼山之
尹而尤翁以爲可行經禮雖無可據而實以三年廢祭爲未安故也愚意亦以爲長房事體非與宗
家等不必待其喪畢吉祭之後次長之當奉者告由遷奉遷後始行改題似得之○問亡父三年內
祧主姑欲仍奉陶庵曰哀之情願如此一家之間所當體諒而許其三年後祧遷也

◆長房奉祧主(장방봉조주)

沙溪曰最長者不能遷奉姑當安於別室若退溪祭春秋之說無妨最長房旣不奉祀則恐不可以
是人爲主○寒岡曰最長房窶且不慧而不肯則固難强焉所謂最長房不比宗子之截然難犯鄙
意次長之房權宜奉祀出於不得已之勢而或未爲不可耶○尤菴曰祧主長旁不能奉遷則宗子
姑安於別室是師門所行也然長房改題旁註似當鄙家則所祧子孫合力就長房家搆小祠而奉
遷祭時亦合力助之○陶菴曰士大夫子孫淪落貧殘雖序當最長而不能尸先祀者類多此別廟
之不得已而作者也然其間禮節實甚難處又曰長房當次者雖在窮鄕情願奉往則許之苟不能
然而勢不可奈何則始可爲權奉別廟之議矣然遞遷之日長房當次者不可不來以其名旁題行
祀告以不能奉往權安別廟之由其後祀事來則躬行否則祝文云玄孫某使某親某云云行三獻
爲當○問宗子死而無子有將遷奉於最長房之廟而合祭無人可主欲待合祭後移奉則無其期
奈何或云措辭以告而當遷奉如何陶菴曰如或說權宜行之無害

◆最長房不能奉祀則安別室或次長房(최장방불능봉사즉안별실혹차장방)

問親盡之主當遷於長房而勢有所不能則安于別室不得已也四時之享共設於正寢則涉於祭
五代之僣享日之曉先就別室行事如何退溪曰親盡之主共設於正寢實爲未安奉安別室只於
春秋設祭似爲處變之宜然終未必其當否○按寒岡曰長房不比宗子之截然難犯鄙意次長權
宜奉祀或未爲不可明齋以爲雖使次長奉祀旁題恐不當直書奉祀葛庵亦以爲必以最長房爲
主然後似不失禮意此諸家說互相發明故幷錄之以備參考

◆長房遠不得移奉祧主則告廟而使諸族攝行(장방원부득이봉조주즉고묘이사제족섭행)

大山與京中宗人書曰五代祖高祖二位叔父以最長移奉而不行下世三年喪畢禮當遷安於次
長之房而執事遠在千里矣神道尙靜數數移奉恐貽震搖之患且念長房承祀其禮分之嚴恐與
宗庶有間是以季父權宜承奉以修歲時之祀而季父又不幸姪等欲權奉兩祀則祭及五代於禮
不許且高祖位祀止於姪等之身今執事若遷奉二主而行萬一異時事有不可知者則姪等又當
奉主而來千里遷動之頻極涉震懼又不可逆慮異時之難處而只奉一位凡此曲折百端礙窒無
已則有一焉季父喪畢卽用宗子越在他國之例以長房遠在使某等攝祀之意措辭以告于廟時
節薦嘗與此間宗族輪番將事此亦權宜之道也○按寒岡以祧主在京遠不能奉來先告事由曰

某今年迫八旬遠奉神主而來深深恐爲後日難處之患玆用紙牓奉祀事不勝感懼之至云云亦
爲處變之一道故幷錄之

◆不遷位題主所稱(불천위제주소칭)

沙溪曰不遷位稱先祖可也或稱幾代祖亦可始祖之稱似有嫌於厥初生民之祖○尤菴曰本朝
大君即家禮所謂別子也當稱始祖其下不遷位則稱先祖○同春曰傍題當書以孝幾代孫

◆祧主改題奉安節次(조주개제봉안절차)

問祧主遷於最長房則當以主祀者所稱改題其節次當在於遷奉之日而旁題不稱孝只稱曾玄
孫乎沙溪曰然○尤菴曰祧主改題自是遷奉者之事則非舊主人之所當與也旣遷之後亦當有
酒果告由之禮其時改題似宜○南溪曰祧廟奉遷改題之禮如追贈禮似當○陶菴曰祧主改題
不必於宗家爲之長房遷奉至家後告辭曰某官府君某封某氏下係之以宗子親盡某以長房禮
當遷奉今將改題謹以酒果云云○寒岡曰奉父母祭者又奉曾祖祧主則曾祖當安於西之第二
龕考妣當安於東之最下龕第一龕與第三龕則當虛之矣又考妣前當以曾祖考妣以長房奉來
之意略敍以告又曰其安祠堂適在仲月時事之時則具盛饌爲當不然則用酒果以告

◆最長房有故次長房奉祀當否(최장방유고차장방봉사당부)

寒岡曰最長房窶且不慧而不肎則固難强焉旣有次長房則親猶未盡建祠墓山無乃或未安乎
彼所謂最長房不比宗子之截然難犯鄙意次長之房權宜奉祀無乃出於不得已之勢而或未爲
不可乎

◆次長房移奉節次(차장방이봉절차)

尤菴曰最長房死則其所奉神主即遷于次長不待三年喪畢蓋最長之奉祧主其事體與宗家有
異只欲權奉祭祀而復三年廢祭有所永安○最長房死而移於次長房當在何時此問最切此鄙
家曾所經歷者也欲於家兄葬後移安於鄙家而同春以爲當待三年後吉祭時也俄聞尼山尹都
憲於長房葬後即移奉於其家云雖非古禮甚安於人情彼旣以大家行之則已成俗例從之宜矣
遂於葬後移安於鄙家○陶菴曰長房事體非與宗家等不必待其喪畢次長之當奉者告由遷奉
後改題似宜○問亡父三年內祧主姑欲仍奉曰哀之情願如此一家之間所當體諒而許其三年
後祧遷也

◆最長房喪中次長移奉當否(최장방상중차장이봉당부)

南溪曰當待三年○按明齋曰長房遞遷爲祭祀也今乃三年廢祭未安喪家卒祔後奉遷云盖移
奉之遲速議論不一故幷存之以備參考

◆攝祀家祧遷(섭사가조천)

尤庵曰所諭喪終祧遷之禮似非權代者所敢當者此義至精彼時金家來問時此義最爲難處故
疑以次子之辭免爲得也○陶庵曰云云三年後祧遷一節似非權攝者所敢爲必待宗孫長成則
亦太遲久八九歲而能將事則亦當行之矣○又曰盖攝祀之稱但以喪不可以無主婦人又不可
主喪故用一時權宜之道而今又因此改題四世之廟禰遷當祧之位是便以宗子自居矣豈不爲
萬萬未安乎就此禮律事勢之間斟酌變通是所謂義起者非盛德者誰敢爲之是以守經之外卒
無可奉塞勤問者也至於行祭旣曰攝祀則祖廟考位似無異同雖於祝辭稱孫而備禮亦何至大
害於義耶然而此亦一獻爲正法也

◆宗子死無子祧主移奉之節(종자사무자조주이봉지절)

問宗子死而無子有將遷奉於最長之廟而合祭無人可主欲於合祭前移奉則無禮可據欲待合
祭後移奉則亦無其期奈何或云措辭以告而當遷奉無大害否陶庵曰此事初出於尼尹家尤庵
亦以爲可行苟以廢祭爲未安則如或說權宜行之似亦無害如何○所引尤庵語非謂直同本事
或可房照耳

◆祧主不遷於長房則奉別室或別廟當否(조주불천어장방즉봉별실혹별묘당부)

問親盡之主當遷於最長房而勢有未能云云退溪曰親盡之主四時共設於正寢實爲未安奉安別室只於春秋設祭似爲處變之宜然終未必其當否〇沙溪曰最長者不能遷奉姑當安於別室矣四代後仍安家廟則僭不可爲也若退溪祭春秋之說無妨最長房旣不奉祀則恐不可以是人爲主也〇南溪問云云旣不能奉祧主則恐不可以最長房主祭最長房改題旁註而以宗子攝行未知如何尤庵曰祧遷之主長房不能奉遷則宗子姑安於別室云者是師門所行也旣安於別室則是權安也雖不改題豈有兩高祖之嫌哉然如來示而改題者尤似正當矣盖此事每由於長房貧殘之致故鄙家則所祧子孫合力就長房家搆小祠而奉遷祭時亦合力助之此最合宜矣;如何〇問五代祖神主姑安于別室己而改題主事或曰沙溪云最長房旣不奉祀不可以是人爲主以此叅之則當以主祀者爲主云云遂庵曰親盡祧遷之後以五代孫之名改書傍註甚無義意勢將以親未盡最長房書傍註而姑爲權安於別室矣〇問庶孽殘替不堪奉祀宗孫代數漸遠則宗家別室亦可并祭六七世耶南溪曰非但庶孽雖巨室子孫亦多零替難奉祀者此今世之巨患也然彼親猶未盡則不可徑埋其主主在別室則又不可以代數論也〇又曰大夫祭三代三代各立廟有室有堂事體甚重今則只以一廟中各立龕室爲代矣親盡之主旣在四龕之外則雖安於一家內別室不成五代數也〇陶庵曰尊門別廟之立於禮無當今則三世旁題各異而同安一室之內尤爲未安爲最長房者宜各移奉于其家其貧弊之甚勢有所萬萬不可能者則一位因奉別廟諸孫合力具祭物而祝辭則以最長房爲主某使某云云不害爲權宜至於并安則不可也〇又曰士大夫子孫淪落貧殘雖序當最長而不能尸先祀者類多此別廟之不得已而作者也然其間禮節實甚難處以來示數條言之題主則以親未盡者續稱書之而旁題則獨不書旣無旁題則其屬稱將安所着落耶問解答姜博士問意有所指恐未爲不可旁題之的證也至於無旁題而讀祝三獻設有世俗權行之例終不成道理也然今之爲別廟者輒指最長當奉者而曰某家貧獘與某家同或仍奉而不遷又或一位二位以至于三儼然成數龕家廟制樣而實則無主者矣夫神者依於人者也親未盡而奉於其家則氣魄精神自相感通雖或家力不給香火數缺而人神相依之理固自如也彼尸祀者未必盡知此義而禮意則實如此若別廟則廟貌雖侈享祀雖豐旣無主者與不祭無異惡在其親未盡祭不廢之意也今聞尊門最長之人居在別廟相望之地雖曰貧窮旣與異鄕淪落者絶異則至今仍奉別廟實有未敢曉者愚意則兩位改題移奉不可一日少緩此後長房之當次者雖在窮鄕情願奉往則許之苟不能然而勢不可奈何則始可爲權奉別廟之議矣然遞遷之日長房當次者不可不使來以其名旁題行祀告以不能奉往權安別廟之由其後祀事來則躬行否則祝文玄孫某使某親某云云行三獻爲當以旣死者名祝設如來示所慮遠外旣不得聞知則此亦何害於義理也其人旣沒則祧主又當遷而之他矣云云

◆庶孽長房(서얼장방)

沙溪曰庶孽雖卑其於祖先均是子孫據程子說則初無不可奉祀之義但適兄弟盡歿然後奉祀似不妨〇按同春曰妾子以最長房捧祧主則其母不可同入一祠密庵曰庶孽事力不及奉祀者亦當爲別廟

◆庶孽奉祧主(서얼봉조주)

同春問國法庶人只祭考妣則祧主子孫有庶孽猶不可以最長房論歟但古者士族未受命者皆稱庶人則只祭考妣之法恐不可行也此法旣不可行則庶孽亦不當只祭考妣嫡兄弟皆歿則似可奉祭曾祖矣沙溪曰庶孽地位雖卑其於祖先均是子孫據程子說則初無不可奉祭之義但嫡兄弟盡沒後奉祭似不妨(愚伏答同春曰沙溪說甚當)〇問親盡之祖有庶曾孫若嫡玄孫則庶曾孫奉祀乎嫡玄孫奉祀乎愼獨齋曰庶曾孫當奉祀若貧賤不可以奉祀者則嫡玄孫奉祀無妨〇問問解云庶孽地位(止)似不妨(見上)所謂嫡兄弟指玄孫兄弟行乎或謂不必專謂玄孫兄弟也雖有曾玄嫡孫姑舍是而庶孫行高者必先祧奉此於禮意未知如何續錄則云雖有嫡玄孫庶

曾孫當奉祀二說何所適從陶庵曰禮解盖許庶孼以遞奉祧主而亦云嫡兄弟盡沒後奉祀無妨
夫兄弟之倫序豈不重而弟旣先於兄則其他可推而知也續錄可○處頗多此條亦其一耳往年
吾舅丹巖閔相國以此事發難議論多歧不侫亦嘗參聞而卒以不論昭穆必令嫡先於庶爲定論
矣○又曰鄙家祧廟遷於庶從叔而旁題只稱玄孫矣左右之言固爲直截然或添或刊於旣題之
後亦涉重難雖不書於旁題而祝辭則自稱爲庶恐得之○問庶孼以最長房立祠奉先祖神主其
母乃是妾則決不可許入一祠同春曰云云(詳見妾子諸禮條中承重妾子祭其母條)

◆承重妾子祭其母(승중첩자제기모)祭祖母及代數稱號及庶孼奉祧廟者祭其母

幷論

同春問庶子祭其母當何稱祭之當何所丘氏曰若嫡母無子而庶母之子主祭恐亦當祔其母於
嫡母之側此可遵行否沙溪曰程朱之說可考妾母豈有與嫡母同祔之理乎丘說大違於禮不可
從也○程子曰庶母不可入廟子當祀於私室○問妾母之稱朱子曰恐也只得稱母他無可稱在
經只得云妾母不然無以別於他母也又曰吊人妾母之死合稱云何曰恐也得只隨其子平日所
稱而稱之或曰五峰稱妾母爲小母南軒亦然據爾雅亦有小姑之文五峰想亦本此○問子之生
母死題主何稱祭於何所曰今法五服年月篇中母字下註云生己者則但謂之母矣若避嫡母則
只稱亡母而不稱姓以別之可也伊川云祭於私室○問妾母若世祭其孫宜何稱自稱云何曰世
祭與否未可知若祭則稱爲祖母而自稱孫無疑矣○又問妾子爲父後則其母神主當藏於別室
而祭之但未知必至玄孫易世而後埋置否沙溪曰庶孼雖不可一從只祭考妣之法亦當祭三代
而已豈至玄孫易世之後乎○問庶孼以最長房立祠於家以奉先祖神主則此與承嫡而主父祀
者無異其妻或其子死則其神主恐當入於祠堂而至於其母乃是妾則決不可許入一祠之中似
當安於別室其庶孼必欲同入一祠則任其所爲亦或不至於大段不可耶同春曰承嫡者之母許
入於先廟丘氏似有此論老先生常以不識義理斥之恐不可不謂之大段事也

◆出後子孫不用最長房之制(출후자손불용최장방지제)

同春問先考庶弟雖存而出繼於人赤可奉祭耶愚伏曰旣是庶孼又是出繼之人以本宗最長房
論之未知如何○南溪曰出後子孫難用最長房之制○又曰以遞遷本法參之未見已祧之主歷
祀於別宗諸孫以成二本之嫌者此正胡氏所謂心雖無窮禮則有限○陶庵曰旣爲人後而奉遷
所生高祖一如長房例則大有乖於不貳統之義高祖兄弟幷入一室亦其不可行之驗也○又曰
出繼者旣非其子孫則不可以最長房論也然近世或有立別廟移奉限其身死前不廢祭祀死後
方埋安者固出於情理之所未忍而非禮之正也

◆祧主埋安處(조주매안처)

程子曰廟主旣祧埋於所葬處○朱子曰古者始祖之廟有夾室祧主皆藏於此自天子至士庶皆
然今士庶家不敢立始祖廟故祧主無安頓處只得如伊川說埋於兩階間而已今人家廟亦安有
所謂兩階但擇淨處埋之可也思之不若埋于始祖墓邊緣無筒始祖廟所以難處只得如此○古
人埋桑主於兩階間蓋古者階間人不甚行今則混雜亦難埋於此只得埋於墓所○問埋主墓所
何方尤菴曰朱子云埋于始祖墓邊然只云墓邊而不言左右鄙意或左或右恐皆無妨鄙家則埋
於本墓之右邊○遂菴曰祧主埋安於本位墓後西邊可也

◆埋主節次(매주절차)

尤菴曰埋主節目未有所考當於本墓後右邊旣掘坎以木匣先安于坎中然後以主櫝安于木匣
中子孫皆再拜而辭畢閉匣門而掩土緊築加以莎草世多有盛於甕而埋之者或云歲久發見水
盈甕中神主浮泛云又曰去其櫝而埋之心有所不忍矣○問埋主時似當告墓曰略以酒果告之
似宜○問埋主告辭栗谷曰今就潔地奉安先主永訣終天不勝悲感敢以淸酌用伸虔告云云○
愚按若埋墓右而告墓則恐當改潔地曰墓右又奉安之安恐當作埋如何○問埋主時坐置臥置
之節南溪曰常時用坐式而祀之今已永祧恐當臥置○陶菴曰祧主埋安時子孫之擧哀情禮俱

得

◆殤與無後者歲一祭(상여무후자세일제)

南溪曰禮云庶殤不祭準此程子所定已爲從厚而若於墓祭猶且百世不改則無乃太過乎至於
成人無後者恐或宜然然與有子孫者無別亦未知恰當否也且墓或在他所者及其主初不祔食
於祖如俗所謂收養外孫奉祀之類亦將盡用此禮耶

◆外先無後墓歲一祭(외선무후묘세일제)

南溪曰閔氏五世祖考妣神主當祧久矣外孫奉祀雖非禮自本宗言之則無後之祔位也祔位之
置祭田與正位無異當行歲祭於其墓無疑且念吾家田民皆出於閔氏今受人之托享人之財産
而使其應行之墓祭闕而不擧義所不敢出也恐當別置祭田使墓僕謹厚者看守主事之人時往
行禮庶不負其屬托恩義也

◆宗子法(종자법)

程子曰凡言宗者以祭祀爲主族人宗主於此而祭祀也又曰晉攝天下人心收宗族厚風俗使人
不忘本須是明譜系收世族立宗子法宗子法壞則人不知來處以致流轉四方往往親未絶不相
識又曰今無宗子故朝廷無世臣若立宗子法則人知尊祖重本人旣重本則朝廷之勢自尊古者
子弟從父兄今父兄從子弟由不知本也〇張子曰宗法若立則人各知來處朝廷大有所益或問
朝廷何所益曰公卿各保其家忠義豈有不立忠義旣立朝廷豈有不固〇呂汲公曰古者宗子所
以主祭祀而統族人後世宗法散無所統祭祀之禮家自行之今宗子法雖未易復而宗子主祭之
義畧可擧行〇朱子曰祭祀須是用宗子法方不亂又曰宗法祭祀之禮須是世族之家行之做箇
㨾子方可使以下士大夫行之

◆小宗大宗(소종대종)

禮大傳曰別子爲祖繼別爲宗繼禰爲小宗有百世不遷之宗有五世則遷之宗百世不遷者別子
之後也宗其繼別子者百世不遷者也宗其繼高祖者五世則遷者也〇疏謂大宗則一小宗有四
有繼禰之小宗則同父兄弟宗之有繼祖之小宗則同堂兄弟宗之有繼曾祖之小宗則再從兄弟
宗之有繼高祖之小宗則三從兄弟宗之至於四從則親屬盡絶所謂五世則遷者也是謂小宗〇
籃田呂氏曰凡祭皆宗子主之謂父之嫡長子主父之祭祖之世長孫主祖之祭曾祖之世曾孫主
曾祖之祭高祖之世玄孫主高祖之祭(若無長則其次主之)〇朱子曰宗子只得立嫡雖庶長立
不得若世子死則立世子之親弟亦是次嫡也是庶子不得立也又曰若無嫡子則亦立庶子(世子
謂適子)〇丘文莊曰別子法乃三代封建諸侯之制於今人家不相合今擬以始遷及初有封爵者
爲始祖凖古之別子又以始祖之長子凖古繼別之宗是爲大宗至於高曾祖禰爲小宗者四此雖
非古制實則古人之意也

◆宗子有故庶子代祭(종자유고서자대제)有故謂疾病及出他所

曲禮曰支子不祭祭必告於宗子(支子庶子也)〇疏謂祖禰廟在適子之家庶子賤不敢輒(一作
攝)祭若宗子有疾不堪當祭則庶子代攝可也猶必告於宗子然後祭〇孔子曰若宗子居他國庶
子爲大夫其祭也祝曰孝某使介子某執其常事不假不配不歸肉(不假不受胙也不配不以某
人祔食也不歸肉謂不散胙於人留與預祭者共燕)

◆庶子行祭(서자행제)

內則曰庶子若富則具二牲獻其賢者於宗子(賢猶善也)疏謂擇牲之善者獻宗子使之祭而用
其不善者以私祭也私祭謂己之祖禰也〇喪服小記曰庶子不祭殤與無後者殤與無後者從祖
祔食盖庶子不得立父廟故不得祭其殤子與無後之子也〇程子曰古所謂支子不祭者惟使宗
子立廟主之而已支子雖不祭至於齋戒致其誠意則與主祭者不異可與則以身執事不可與則
以物助但不別立廟爲位行事而已後世如欲立宗子當從此義雖不祭情亦可安若不立宗子徒
欲廢祭適足以長惰慢之志不若使之祭猶愈於已也〇朱子曰凡弟異居廟初不異只合兄祭而

弟與執事或以物助之爲宜而相去遠者則兄家立主弟不立主只於祭時旋設位以紙榜標記逐位祭畢焚之似亦得禮之變

◆庶子代爲宗子(서자대위종자)

若宗子死而無子則次主人代之然必告於宗子之墓而後祭於其家亦不敢稱孝子但稱子某有爵者稱介子某庶子死後庶子之嫡子繼宗則祭稱之時始可稱孝

◆補繼絶嗣(보계절사)

丘文莊曰黃潤玉謂大宗絶立後小宗絶不立後爲今制然觀宋儒陳淳謂古人繼嗣大宗無子則以族人之子續之而不及小宗則我朝親藩初封未有繼別之子而國絶則不爲立繼盖古禮也親藩且然況庶民乎然則今庶民無子者往往援律令以爭承繼非歟謹按○聖祖得國之初著大明令與天下約法有云凡無子許令同宗昭穆相當之姪承繼先儘同父周親次及大功小功緦麻如無方許擇立遠房及同姓爲嗣若立嗣之後却生親子其家產並許與元立均分並不許乞養異姓爲嗣以亂宗族立同姓者亦不得尊卑失序以亂宗族其後天下既定又命官定律有立嫡子違法條云若養同宗之人爲子所養父母無子而捨去者杖一百發付所養父母收管若有親生子及本生父母無子欲還者聽若立嗣雖係同宗而尊卑失序其子歸宗改正立應繼之人其遺棄小兒年三歲以下雖異姓仍聽收養卽從其姓切詳律令之文所謂立嗣之後却生親子并所養父母無子而捨去及若有親生子等辭皆謂其人生前立嗣也無有死後追立之文○聖祖之意盖以興滅繼絶必前代帝王功臣賢人之後不可絶其嗣使其不血食也先王制禮不下庶人庶人之家若其生前自立繼嗣及將昭穆相應之人自幼鞠養從其自便然又恐其前既立繼而後又有子或所養之人而中道背棄及有尊卑失序者故立爲律令以禁戒之也令如漢高祖入關之約法律乃令蕭何所次者也斷此獄者當以律文爲正若夫其人既死之後有來告爭承繼者其意非是欲承其宗無非利其財產而已若其人係軍匠籍官府雖脇之使繼彼肯從戌春秋推見至隱而誅人之意請自今以後其人若係前代名人之後或在今朝曾有顯官者以宗法爲主先求繼禰小宗次繼祖之宗次繼曾祖之宗又次繼高祖之宗此四宗者俱無人然後及踈房遠族及同姓之人若其人生前或養同宗之子雖其世系比諸近泒稍遠然昭穆若不失序亦不必更求之他所以然者以其於所養之人有鞠育之恩氣雖不純而心已相孚故也凡有爲人後者除大宗外其餘必有父在承父之命方許出繼已孤之子不許所以不許者爲人後者爲之子則稱其所生或爲伯或爲叔不承父命而輒稱已父母爲伯叔可乎是貪利而忘親也如此則傳序既明而爭訟亦息矣

◆外孫不可爲嗣(외손불가위사)

北溪陳氏曰今世多以女之子爲後以姓雖異而氣類相近然賈充以外孫韓謐爲後秦秀已議其昏亂紀度是則氣類雖近而姓氏實異此說斷不可行

◆通禮考證(통례고증)

曲禮君子將營宮室宗廟爲先按宗廟大夫三士二庶人祭於寢然今世大夫士無世官不敢立廟宜只如家禮立爲祠堂○凡家造祭器爲先按祭器人家貧不能備者用燕器代之亦可○支子不祭祭必告于宗子疏曰支子庶子也祖禰廟在適子之家庶子賤不敢輒祭若宗子有疾不堪當祭則庶子代攝可也猶必告于宗子然後祭○曾子問宗子爲士庶子爲大夫則以上牲祭於宗子之家祝曰孝子某爲介子某薦其常事若宗子居他國庶子爲大夫其祭也祝曰孝子某使介子某執其常事不假謂不受胙也不配謂不以某人祔食也不歸肉謂不散胙於人留與豫祭者共燕(以上節文)○喪小記庶子不祭殤與無後者殤與無後者從祖祔食○內則庶子若富則具二牲獻其賢者於宗子賢猶善也謂擇牲之善者獻宗子使之祭而用其不善者以私祭也夫婦皆齊而宗敬焉終事而後敢私祭也私祭謂已之祖禰也○少儀未嘗不食新嘗者薦新物於寢廟也未嘗則不忍先食○程子曰古所謂支子不祭者惟使宗子立廟主之而已支子雖不祭至於齊戒致其誠意則與主祭者不異可與則以身執事不可與則以物助但不別立廟爲位行事而已後世如欲立宗子

當從此義雖不祭情亦可安若不立宗子徒欲廢祭適足旵以長惰慢之志不若使之祭猶愈於已也○庶母不可入祠堂其子當祀之私室主櫝之制則一若嫡母無子而庶母之子主宗祀恐亦當祔嫡母之側○張子曰奠酒奠安置也若言奠摯奠枕是也謂注之於地非也○司馬溫公曰所以西上者神道尙右故也○藍田呂氏曰凡祭皆宗子主之宗子謂父之嫡長子主父之祭祖之世長孫主祖之祭曾祖之祭曾祖之世曾孫主曾祖之祭高祖之祭高祖之世玄孫主高祖之祭若無長則其次主之○凡主祭者出仕卽告于廟以櫝載位版而行於官所權立祭堂以祭之○凡主祭者有故謂疾病及出他所次主人攝之殺其禮○朱子曰祭祀須是用宗子法又曰父在時父主祭子出仕宦不得祭父沒之後宗子主祭庶子出仕宦祭時其禮亦合減殺不得同宗子○祭自高祖以下親盡則請出高祖就伯叔位服未盡者祭之○人家族衆或主祭者不可以祭及叔伯父之類則須令其嗣子別得祭之今且說同居同出於曾祖便有從兄弟及再從兄弟祭時主於主祭者其他或子不得祭其父母若恁地袞做一處祭不得要好則主祭之嫡孫當一日祭其曾祖及祖及父餘子孫與祭次日却令次位子孫自祭其祖及父又次日却令次位子孫自祭其父此却有古宗法意○古人宗子越在他國則不得祭而庶子居者代之今人主祭者游宦四方或貴仕於朝又非古人越在他國之比則以其田祿修其薦享尤不可闕不得一身去國而以支子代之也宗子所在宜奉二主以從之支子所得自主之祭則當留以奉祀不得隨宗子而徙也○兄弟異居廟初不異只合兄祭而弟與執事或以物助之爲宜而相去遠者則兄家立主弟不立主只於祭時旋設位以紙榜標記逐位祭畢焚之似亦得禮之變○問酹酒是少傾是盡傾曰降神是盡傾○酹酒有兩說一用鬱鬯灌地以降神惟天子諸侯有之一是祭酒蓋古者飮食必祭以鬼神不能祭故代之也○焚黃近世行之墓次不知於禮何據張魏公贈謚只告于廟疑爲得體但今世皆告墓恐未免隨俗耳按楊氏曰先生文集有焚黃祝文曰告于家廟亦不云告墓也○今日俗節古所無有故古人雖不祭而情亦自安今人旣以此爲重至於是日必具殽羞相宴樂而其節物亦各有宜故世俗之情至於是日不能不思其祖考而復以其物享之雖非禮之正然亦人情之不能已者元旦則在官者有朝謁之禮恐不得專精於祭事某鄕里却止於除夕前三四日行事此亦更在斟酌也按除夕自有除夕之禮履端之祭隔年行之恐亦未安今朝廷於元旦行大朝賀禮而孟春時享亦於別日行之今疑有官者以次日行事○薦新告廟吉凶相襲似不可行未葬可廢旣葬則使輕服或已除者入廟行禮可也四時大祭旣葬亦不可行如韓魏公所謂節祠者則如薦新行之可也又云正祭三獻受胙非居喪所可行而俗節則惟普同一獻不讀祝不受胙也○出妻入廟決然不可無可疑者爲子孫者只合歲時就其家之廟拜之若相去遠則設位望拜可也族祖及諸旁親皆不當祭有不可忘者亦倣此例足矣○上谷郡君謂伊川曰今日爲我祀父母明日不復祀矣是亦祭其外家

◆婦人拜考證(부인배고증)

周禮大祝辨九拜九曰肅拜鄭註曰肅拜但俯下手今揖撎是也推手曰揖引手曰撎○儀禮婦拜扱地坐奠菜于几東席上還又拜如初扱地手至地也婦人扱地猶男子稽首疏曰以手至地謂之扱地今重其禮故扱地也(按)婦人以肅拜爲正蓋肅拜乃婦人之常而昏禮拜扱地以其新來爲婦盡禮於舅姑也○少儀婦人吉事雖有君賜肅拜爲尸坐則不手拜肅拜爲喪主則不手拜鄭註曰肅拜拜低頭也手拜手至地也婦人以肅拜爲正凶事乃手拜耳爲喪主不手拜者爲夫與長子當稽顙也其餘亦手拜而已○孔氏正義曰此一節論婦人拜儀婦人吉禮不手拜但肅拜肅拜如今婦人拜也吉事及君賜悉然也○陳氏曰肅拜如今婦人拜也左傳三肅使者亦此拜手拜則手至地而頭在手上如今男子拜也婦人以肅拜爲正故雖君賜之重亦肅拜而受若爲夫與長子之喪主則稽顙故不手拜若有喪而不爲主則手拜矣○內則凡女拜尙右手註曰右陰也按檀弓孔子與門人立拱而尙右之註尙謂右手在上也○通鑑周天元詔內外命婦皆執笏其拜宗廟及天臺皆俛伏如男子按謂之如則前此不如此可知矣○語錄問古者婦人以肅拜爲正何謂肅拜朱子曰兩膝齊跪手至地頭不下爲肅拜手拜亦然爲喪主則頭亦至地不肅拜樂府說婦人云伸腰再拜跪伸腰亦是頭不下也不知婦人膝不跪地而變爲今之拜始於何時程泰之

以爲始於武后非也○古人席地而坐有問於人則略起身時其膝至地故謂之跪若婦人之拜在古亦跪古樂府云伸腰拜手跪則婦人當跪而拜但首不至地耳○古人坐也是跪其拜亦容易婦人首飾盛多自難俯伏地上周天元令命婦爲男子拜史官書之以表其異則古者婦人之拜首不至地可知也然則婦人之拜當以深拜頗合於古按本註凡拜男子再拜婦人四拜謂之俠拜蓋主立拜言也今世俗南方婦女皆立而叉手屈膝以拜北方婦女見客輒俯伏地上謂之磕頭以爲重禮禮之輕者亦立而拜但比南方略淺耳考之古禮及儒先之說蓋婦人當以肅拜爲正所謂肅拜之儀鄭氏於周禮註以爲俯下手爲肅拜於少儀疏以爲拜低頭而朱子亦云兩膝齊跪手至地頭不下爲肅拜又云當跪而拜但首不至地耳今其儀雖不可曉但以此數說推之大略似是兩膝齊跪伸腰低頭俯引其手以爲禮而頭不至地也今北俗磕頭則類扱地稽顙之禮惟可用之昏禮見舅姑及喪禮爲夫與子主之時尋常見人宜略如所擬肅拜儀可也南俗立拜已久不可驟變但須深屈其膝毋但如北俗之沾裙叉手以右爲尚每拜以四爲節如所謂俠拜者若夫見舅姑則當扱地爲喪主則稽顙不爲喪主則手拜庶幾得古禮之意云

◆宗法考證(종법고증)

大宗一小宗四承大宗者身繼五宗祢之次了身事四宗有大宗則事五宗(祢謂父也)○人傳別子爲祖別子者謂諸侯適子之弟別於正適也爲祖者別與後世爲始祖也繼別爲宗謂別子之適長子繼別子與族人爲百世不遷之宗也繼祢者爲小宗謂別子之次子以其長子繼已爲小宗而其同父兄弟宗之也有百世不遷之宗宗其繼別子者是也是謂大宗有五世則遷之宗大宗則一小宗有四有繼祢之小宗則同父兄弟宗之有繼祖之小宗則同堂兄弟宗之有繼曾祖之小宗則再從兄弟宗之有繼高祖之小宗則三從兄弟宗之至於四從則親屬盡絶所謂五世則遷者也是謂小宗

제 2 장 심의 제도(深衣制度)

◉深衣制度(심의제도)

此章本在冠禮之後今以前章已有其文又平日之常服故次前章

　　朱子曰去古益遠其冠服制度僅存而可見者獨有此耳然遠方士子亦所罕見往往人自爲制詭異不經近於服妖甚可歎也

◉심의제도.

이장은 원래는 관례편(冠禮篇) 뒤에 있었던 것이나 앞장에 이미 그에 관한 글이 있고 또 평일에 항상 입는 옷이기에 전장(前章) 사당장(祠堂章) 뒤로 하였느니라.

◆深衣制度(심의제도)

深衣本註朝服祭服喪服皆衣與裳殊惟深衣不殊則其被於體也深邃故名深衣制同而名異者有四焉純之以采曰深衣純之以素曰長衣純之以布曰麻衣著在朝服祭服之內曰中衣但大夫以上助祭用冕服自祭用爵弁服則以素爲中衣士祭用朝服則以布爲中衣也皆謂天子之大夫與士也○丘儀去古日遠古服不復可見幸而遺制尙略見於禮記玉藻而其義則詳著於深衣之篇後之君子猶得以推求其制於編簡之中溫公始倣古製深衣以爲燕居之服而文公先生亦服之樂平馬氏曰冕服之外惟深衣其用冣廣自天子至於庶人皆可服之蓋深衣者聖賢之法服也裁製縫衽動合禮法故賤者貴者可服朝廷可服燕私亦可服天子服之以養老諸侯服之以祭膳卿大夫服之以夕視私朝庶人服之以賓祭盖亦未嘗有等級也古人衣服之制不復存獨深衣則戴記言之甚備然其制雖具存而後世苟有服之者非以詭異貽譏則以懦緩取哂雖康節大賢亦有今人不敢服之說司馬溫公必居獨樂園而後服之呂滎公朱文公必休致而後服之然則三君

子當居官蒞職見用於世之時亦不敢服以取駁於俗觀也盖例以物外高人之野服視之可勝慨
犹按馬氏此言則在宋服之者固已鮮矣況今又數百年後犹幸而文公之道大明于今世家禮爲
人家日用不可無之書居官蒞職者固當尊時制若夫隱居不仕及致政家居者又宜依古製爲一
襲生以爲祭燕之服死以爲襲斂之具豈非復古之一端犹然家禮本書儀其言頗略其制不盡備
○語類衣服當適於體康節向溫公說某今人着今之服亦未是問古人制深衣正以爲士之貴服
且謂完且不費極是好上至天子亦服之不知士可以常服否曰可以儐相可以治軍旅如此貴重
恐不可常服曰朝玄端夕深衣已是從簡便了且如深衣有大帶了又有組以束之今人已不用組
了凡是物事纔是有兩件定是廢了一件

◆古者深衣(고자심의)

深衣篇古者深衣蓋有制度以應規矩繩權衡短毋見膚長毋被土續衽鉤邊要縫半下註朝服祭
服喪服皆衣與裳殊惟深衣不殊則其被於體也深邃故名深衣制同而名異者有四焉純之以采
曰深衣純之以素曰長衣純之以布曰麻衣著在朝服祭服之內曰中衣但大夫以上助祭用冕服
自祭用爵弁服則以素爲中衣士祭用朝服則以布爲中衣也皆謂天子之大夫與士也喪服亦有
中衣○嚴陵方氏曰深衣之作其來尚矣故以古者冠篇首袂在前以應規袷在中以應矩縫在後
以應繩齊在下以應權衡短毋見膚則其形不褻雖約而不失於儉長毋被土則其物不費雖隆而
不過於奢衽襟也○藍田呂氏曰深衣之用上下不嫌同名吉凶不嫌同制男女不嫌同服諸侯朝
朝服夕深衣大夫士朝玄端夕深衣庶人吉服深衣而已此上下同也有虞氏深衣而養老將軍文
子除喪受弔練冠深衣親迎女在途而壻之父母死深衣縞總以趨喪此吉凶男女之同也蓋簡便
之服非朝祭皆可服之也○儀節按古者衣裳異制惟深衣之制衣與裳連而不殊自天子至於庶
人之通服也以其被於體也深邃而又取義之深故衣以深名焉去古日遠古服不復可見已幸而
遺制尙略見於禮記之玉藻而其義則詳著於深衣之篇後之君子猶得以推求其制度於編簡之
中宋司馬溫公始倣古製深衣以爲燕居服而文公先生亦服之紹興間王普著深衣制度家禮頗
采用之其後趙汝梅有說牟仲裒有刊誤馮公亮有考證近世朱伯賢又有深衣考義與家禮不盡
合今一祖家禮兼用附註之說而折衷於古禮且文以淺近之言使覽者易曉云○樂平馬氏曰三
代時衣服之制其可考見者雖不一然除冕服之外惟深衣其用最廣自天子至於庶人皆可服之
蓋深衣者聖賢之法服也裁製縫紝動合禮法故賤者可服貴者亦可服朝廷可服燕私亦可服天
子服之以養老諸侯服之以祭膳卿大夫士服之以夕視私朝庶人服之以賓祭蓋亦未嘗有等級
也古人衣服之制不復存獨深衣則戴記言之甚備然其制雖具存而後世苟有服之者非以詭異
貽譏則以儒緩取哂雖康節大賢亦有今人不敢服古衣之說司馬溫公必居獨樂園而後服之呂
榮公朱文公必休致而後服之然則三君子當居官蒞職見用於世之時亦不敢服此以取駁於俗
觀也蓋例以物外高人之野服視之矣可勝慨哉按馬氏此言則深衣之在宋服之者固已鮮矣況
今又數百年後哉幸而文公之道大明于今世家禮爲人家日用不可無之書居官蒞職者固當遵
時制若夫隱居不仕及致政家居諸人宜依古製爲一襲生以爲祭燕之服死以爲襲斂之具豈非
復古之一端也哉然家禮本書儀其言頗略具製不盡備今考經史諸說以爲深衣考證俾學古者
有所折衷云

◆深衣(심의)

艮齋曰姜氏以下諸儒深衣裳前襟後裾用正裁(正裁與正幅不同尊論不察而混言之恐誤矣)
惟當旁之衽斜裁此似有據盖論語註深衣無襞積而有殺縫無有上當帶著腰傍字看此傍字是
身之兩傍非每幅之一傍若不用江氏諸說則與註意相戾矣然此衣之制其說不一今何敢以孤
陋之見妄自主張姑欲置之以竢博聞者決焉○論語集註於朝祭服必著要旁字而於深衣刪此
二字省文也然則深衣是要無襞積而旁有殺縫者旁人身兩旁也今家禮深衣之制不獨傍有殺
縫前襟後裾亦皆殺縫與集註不同竊詳註意似是前後八幅皆正裁而不交解合除左右一寸則
腰圍爲七尺二寸也其腋下四幅上狹下廣狹頭二寸廣頭二尺而各除左右一寸則狹者成角廣

者一尺八寸而下齊爲十四尺四寸也不如此則與朝祭服要有襞積而傍無殺縫之文不相反對
矣曾見金徵味根錄載深衣之制正如此此似可從今記之以俟識者正焉○江永羣經補義周秉
中四書典故辨正黃式三論語後案三書所論皆謂前襟後裾正裁左右旁袥交裂其說甚長不能
盡載讀者就考四書合纂大成鄉黨篇可也(朱子大全標疑下同)○家禮無帶下尺而此書云衣
只到帶處此半幅綴於其下此乃後來定論也下段答語云近年禮官註云上領不盤此見下六十
九卷君臣服議議作於丁未而此書又出於其後去家禮之作近二十年矣語類淳錄云今俗喪服
之制下用橫布作欄(恐襴)惟斬衰用不得此又以帶下尺爲俗制然恐當以此書爲正未知如何

◆深衣染色當否(심의염색당부)

艮齋曰昨詢深衣染色當否據古用白而止然今欲爲尊慈堂老人製壽衣而老人欲用靑此雖非
告然且從之未爲害盖袥是深衣而尤翁許用靑色便覽婦人襲諸具深衣註亦云玄衣素禋此可
爲證也家間孫婦及它女子令服深衣而以其年淺亦聽染色但士子深衣雖吉禮只當用白不可
容他說宋錦初云禮服未聞有用白布者又云朝聘聽朔上下衣冠盡白非禮制此說誤故黃以周
云皮弁絲衣非凶服白爲正色古人尙之宋氏忌白世俗之見也曾記語類亦言古人不諱白皮弁
用白鹿皮爲之但加飾焉顧氏日知錄二十四卷有論白衣數段可試告之

◉裁用白細布度用指尺(재용백세포도용지척)

中指中節爲尺

> 司馬溫公曰凡尺寸皆當用周尺度之周尺一尺當今省尺五寸五分弱○楊氏復曰說文云周制寸尺咫
> 尋皆以人之體爲法

◉백세포(白細布)로 짓되 척도(尺度)는 지척이다.

지척(指尺)은 중지(中指)의 중절(中節)을 한치로 한다.

◆中指中節(중지중절)

中指中節爲寸按中指中節乃屈指節向內兩紋尖相距節爲寸處則鍼經所謂同身寸也裁製之
際又當量人身長短廣狹爲之庶與體稱

◆體爲法(체위법)

說文人手動脉爲寸口十寸爲尺婦人手八寸爲咫周制以八寸爲尺十尺爲丈人長八尺故曰丈
夫○蔡氏曰周家十寸八寸皆爲尺○陳氏曰以十寸之尺起度則十尺爲丈十丈爲引以八寸之
尺起度則八尺爲尋倍尋爲常

◉衣全四幅其長過脅下屬於裳(의전사폭기장과협하속어상)

用布二幅中屈下垂前後共爲四幅(增解備要長二尺二寸○龜峯曰裁衣時衣長二尺三寸而一寸
爲連裳縫資則可以回肘)如今之直領衫但不裁破腋下其下過脅而屬於裳處約圍七尺二
寸(增解補註幅廣二尺二寸四幅八尺八寸除負繩之縫與領旁之屈積各寸及兩腋之餘前後各三寸約
圍七尺二寸)每幅屬裳三幅

◉상의(上衣)는 전부 네 폭으로 그 길이는 늑골(肋骨)을 지나 그 밑에 치마를 붙인다.

베 두 폭을 중간을 접어 앞뒤로 늘어트려 네 폭을 같게 한다. 지금의 직령(直領) 윗
도리와 같다. 다만 겨드랑이 밑을 가르지 않고 그 아래 늑골을 지나 치마를 붙인다.
치마를 붙이는 곳의 둘레는 일곱 자 두 치이며 매 폭에 치마 세 폭씩 붙인다.

◆裁衣法(재의법)

用布二幅(布幅廣狹以一尺八寸爲則)中摺前後爲四葉其在前兩葉每葉長二尺六寸裁時從

一邊修起除去四寸留二尺二寸漸漸脩至將近邊處不動(比修起處留長四寸)其在後兩葉每葉長二尺三寸亦從一邊修起除去一寸留二尺二寸漸漸斜修至將近邊處不動(比修起處留長一寸)○按家禮衣身長二尺二寸今前加四寸後加一寸者裁法也不如此則兩襟相疊衣領交而不齊矣

◆衣裁(의재)補註

用布二幅長四尺四寸中屈之爲二尺二寸下除寸餘爲腰縫及兩腋之餘縫長二尺一寸所以爲衣之長幅廣二尺二寸四幅八尺八寸除負繩之縫與領旁之屈積各寸及兩腋之餘前後各三寸許約圍七尺二寸所以爲衣之廣也按衣全四幅如今之直領衫但不裁破腋下俗所謂對襟是也丘儀從白雲朱氏之說欲於身上加內外兩襟左掩其右今人又裁破腋下而縫合之綴小帶於右邊如世常服之衣非古制也

⊙裳交解十二幅上屬於衣其長及踝(상교해십이폭상속어의기장급과)

用布六幅每幅裁爲二幅一頭廣一頭狹狹頭當廣頭之半以狹頭向上而連其縫以屬於衣其屬衣處約圍七尺二寸每三幅屬衣一幅其下邊及踝處約圍丈四尺四寸

⊙치마 폭은 매 폭을 엇갈리게 자른 열 두 폭의 윗부분을 상의에 붙인다. 그 기장은 발 뒤꿈치까지 미치게 한다.

베 여섯 폭을 매 폭을 두 폭으로 자르되 한끝은 좁고 한끝은 넓게 비스듬히 두 폭으로 자르면 한쪽 끝은 넓고 한쪽 끝은 좁게 되어 열두 폭이 된다. 좁은 끝을 위로 향하게 하여 이어 상의에 꿰매 붙인다. 상의 한 폭에 세 폭씩 모두 붙이면 그 둘레는 윗도리와 같이 일곱 자 두 치가 된다. 그 길이는 발 뒤꿈치까지 미치게 하고 아래 단 둘레의 길이는 한 장(丈) 넉자 네 치가 된다.

◆十二幅天數十二月(십이폭천수십이월)

深衣篇制十有二幅以應十有二月袂圜以應規曲袷如矩以應方負繩及踝以應直下齊如權衡以應平細註長樂陳氏曰十二月者天數也袂圜以應規而圜者天之體曲袷如矩以應方而方者地之象也負繩及踝以應直下齊如權衡以應平而直與平者人之道何以知其然耶玉藻曰戴晃璪十有二旒則天數也蓋天地大數不過十二故月之至于十二而後成歲功猶之深衣也必十二幅而後可以爲衣之良也唯夫衣之數有以合乎天之數此所以爲十二月之應也著不息者天也而袂者動而不息也著不動者地也而衿者靜而不動也孟子曰規矩方圜之至也而文中子曰圜者動方者靜其見天地之心乎此其意也至於平則不傾也直則不屈也書曰平康正直語曰人之生也直此又足以見負繩下齊之義也○儀節按朱子語錄讀書先文勢而後義理今以深衣此章文勢觀之則所謂制十有二幅以應十有二月一句似通一衣而言也若專以爲裳不應列於袂袷之上蓋上衣下裳效法天地不應顚倒易置如此況其下文先言袂次袷次負繩而後及於齊亦自有次第可見然自漢以來先儒皆以爲裳豈敢一旦臆決以爲必然姑書所見以矣

◆裳(상)

補註古者布幅長四尺四寸廣二尺二寸深衣腰廣七尺二寸若用布六幅廣一丈三尺二寸交解爲十二幅則狹頭在上每幅七寸三分有奇十二幅共八尺八寸廣頭在下每幅一尺四寸六分有奇十二幅廣一丈七尺六寸又除裳十二幅合縫及前襟反屈各寸則腰得七尺五寸下得一丈六尺三寸則上多三寸下多一尺九寸即截去之上屬於衣本舊註當如此說則續衽鉤邊一句終難解蓋禮記制十有二幅以應十有二月指深衣所用之布非謂裳十二幅也蓋衣袖共四幅裳四幅及續衽鉤邊四幅所謂十二幅也蓋裳用布四幅長四尺四寸除腰縫及下齊反屈長四尺二寸廣八尺八寸除負繩及左右續衽合縫與前襟反屈各寸又餘八寸即截去之爲七尺二寸又用布二

幅長四尺四寸廣二尺二寸斜截爲四幅下廣二尺二寸四幅廣八尺八寸內除各合縫八寸又餘
八寸亦截去之爲七尺二寸續於裳之兩旁禮記所謂續衽鉤邊者是也又曰黃潤玉云古者朝祭
衣短有裳惟深衣長邃無裳不知禮記明言腰縫半下旣有腰縫豈得無裳

◆合衣裳法(합의상법)

衣之前後四葉每葉屬裳三幅(窄頭向上)四葉共十二幅衣裳相接處爲腰腰圍約七尺二寸裳
之下邊爲齊(音咨)齊圍約一丈四尺四寸衣左右加兩袖衣上加領凡領及裳邊袂口俱用皁絹
緣之

◆狹布裁法(협포재법)

愚按布幅之滿二尺二寸者裁法固如此而但我東布幅甚狹或不滿一尺八寸者多矣以此甚狹
之布裁爲二片安得如法乎故如欲以狹布裁裳則一幅只取一片狹頭占八寸廣頭占一尺四寸
其一邊布則剪去之以爲領及衣系之用(通十二幅之長不截而疊作十二葉裁去一邊則其布甚
長可以他用)總以十二幅取十二片作裳則如法矣惟於裁衣時殊覺有碍然變而通之亦無不可
今試以一尺八寸之布論之則衣四幅廣通爲七尺二寸於此除却領旁屈積各寸而其餘負繩及
遠袂之縫則用屬幅之制而不削幅則四幅廣只成七尺較裳腰不足二寸許矣此則綴裳時不得
已小犯於袂幅矣且袂用一幅則最短不足以庇手當依反屈及肘不以一幅爲拘之文加設半幅
許惟以及肘爲準則似不至甚悖未知如何

◉園袂(원메)

用布二幅各中屈之如衣之長(增解按當依龜峯說袂幅亦各長四尺六寸而中屈之除兩頭各一寸
爲縫削也)屬於衣之左右(備要不削邊幅)而縫合其下以爲袂其本之廣如衣之長而漸圓殺
之以至袂口則其徑一尺二寸

楊氏復曰左右袂各用布一幅屬於衣又按深衣篇云袂之長短反屈之及肘夫袂之長短以反屈及肘爲
準則不以一幅爲拘

◉소매는 둥글게 한다.

베 두 폭으로 각각 중간을 접어 기장은 위 의신(衣身)과 같게 하여 의신 좌우에 붙이
고 그 아래를 꿰매어 소매를 만든다. 꿰매기를 시작할 때 겨드랑이 밑의 의신(衣身)
과 같게 꿰매기 시작하여 점점 둥글게 꿰매어 소매 입구를 한자 두 치 되게 남기고
올려 꿰맨다.

◆圓袂(원메)

補註兩腋之餘三寸屬以二尺二寸幅之袖則二尺有五寸也內除衣袂續處合縫及袂口反屈各
寸許則二尺二寸也蓋袂之前後長四尺二寸廣二尺二寸如月之半圓合左右袂如月之全圓也
○本篇袼之高下可以運肘袂之長短反屈之及肘註袼袖與衣接當腋下縫合處也運回轉也肘
臂中曲節衣四幅而腰縫七尺而寸又除負繩之縫與領旁之屈積各寸則兩腋之餘前後各三寸
許續以二尺二寸幅之袖則二尺有五寸也然周尺二尺五寸不滿今舊尺二尺僅足齊手無餘可
反屈也曰反屈及肘則接袖初不以一幅爲拘矣凡經言短毋見膚長毋被土及袼可運肘袂反及
肘皆以人身爲度而不言尺寸者良以尺度布幅有古今之異而人身亦有大小長短之殊故也朱
子云度用指尺中指中節爲寸則各自與身相稱矣

◉方領(방령)

兩襟相掩衽在腋下則兩領之會自方

◉방령(方領)

양 가슴에 옷깃을 서로 여며 싸면 겨드랑이 아래에서 양 옷깃이 모여 자연히 모가

나게 한다

◆方領(방령)

補註衣之兩肩上各裁入三寸而反摺之就綴於兩襟左右相會其形自方非別有所謂領也蓋袂圓在外領方在內有錢圓含方之象一說裁入反摺即剪去之別用布一條自項後摺轉向前綴兩襟上左右齊反摺之廣表裏各二寸除反屈禮記所謂袼二寸是也〇丘儀按玉藻袼二寸緣寸半今家禮深衣制度不言袼尺度幾何止言領緣廣二寸今擬宜如古禮用布闊二寸長如衣身爲袼而加緣寸半於其上庶全一衣之制云又按近時人有斜入三寸裁領法臆說無據不可從且衣必有領而後緣可施信如其說是有緣而無領矣玉藻所謂袼二寸者果何物也況家禮本文既有方領又有黑緣其爲異物亦明矣

◆裁領法(재령법)

用布一條闊二寸爲領如常衣法然後加緣其上〇按近時人有斜入三寸裁領法臆說無據不可從且衣必有領而後緣可施信如其說則是有緣而無領矣玉藻所謂袼二寸者果何物也況家禮制度本文既有方領又有黑緣其爲二物亦明矣於乎衣而無領豈得爲衣哉

◆領之會方(영지회방)

玉藻袼(刦)二寸陳註袼曲領也其廣二寸方氏曰以交而合故謂之袼辨則奇合則偶故二寸〇儀節按玉藻袼二寸緣寸半今家禮不言袼尺度幾何止言領緣廣二寸今宜如古禮用布濶二寸長如衣身爲袼而加緣寸半於其上庶全一衣之制云〇補註衣之兩肩上各裁入三寸而反摺即剪去之別用布一條自項後摺轉向前綴兩襟上左右(按)備要作綴左右摺剪處齊反摺之長(按)謂與反摺剪去之處齊也)表裡各二寸(按)當以濶六寸之布夾縫而歸二寸於縫削別表裡成二寸)除反屈(按)即上所謂領旁屈積各寸也除反屈之縫削一寸而縮之也)禮記所謂袼二寸是也蓋袂圓在外領方在內有錢圓含方之象〇愚按領與袂內外方圓似有天圓含地方之象

◆小帶(소대)

補註古者深衣不綴小帶當腰中惟束以大帶而已〇問深衣小帶家禮及備要不言何也遂菴曰衣之有紐古今何異家禮是草本備要從家禮故偶然遺漏也

⊙曲裾(곡거)

用布一幅如裳之長交解裁之如裳之制但以廣頭向上布邊向外左掩其右交映(映一作脚)垂之如燕尾狀又稍裁其內旁太半(輯覽十分之六)之下令漸如魚腹而末爲鳥喙(韻會許穢切獸口)內向綴於裳之右旁(增解從孔氏在裳一邊之說)禮記深衣續袵鉤邊鄭(鄭玄字康成青州此海人東漢之末隱德不仕徵爲大司農而不就年七十四而卒)註鉤邊若今曲裾(增解按據附註說則意漢時屬連裳旁幅而覆縫左右交鉤者謂之曲裾)

　蔡氏淵曰司馬所載方領與續袵鉤邊之制引證雖詳而不得古意先生病之嘗以理玩經文與身服之宜而得其說謂方領者只是衣領既交自有如矩之象謂續袵鉤邊者只是連續裳旁無前後幅之縫(增解按前後幅之縫謂以前後兩幅分開而各縫其邊使不相屬之意也無此各縫則是合縫其前後幅而連之使之不殊裳前後之意也然此縫字疑是殊字之誤也)左右交鉤即是鉤邊非有別布一幅裁之如鉤而綴于裳旁也方領之說先生已修之家禮矣而續袵鉤邊則未及修焉〇楊氏復曰深衣制度惟續袵鉤邊一節難考按禮記玉藻深衣疏皇氏熊氏孔氏三說皆不同皇氏以喪服之袵廣頭在上深衣之袵廣頭在下喪服與深衣二者相對爲袵孔氏以衣下屬幅而下裳上屬幅而上衣裳二者相對爲袵此其不同者一也皇氏以袵爲裳之兩旁皆有孔氏以袵爲裳之一邊所有此其不同者二也皇氏所謂廣頭在上爲喪服之袵者能氏又以此爲齊祭服之袵一以爲吉服之袵一以爲凶服之袵此其不同者三也家禮以深衣續袵之制兩廣頭向上似與皇氏喪服之袵能氏齊祭服之袵相類此爲可疑是以先生晚歲所服深衣去家禮舊說曲裾之制而不用蓋有深意恨未得聞其說之詳也及得蔡淵所聞始知先師所以去舊說曲裾之意復(復一作後)又取禮記深衣篇熟讀之始知鄭康成註續袵二字文義甚明特疏家亂之耳按鄭註曰續猶屬也袵在裳旁者也屬連之不殊裳前後也鄭註之意蓋謂凡裳前三幅後四幅夫既分前後則其旁兩幅

分開而不相屬惟深衣裳十二幅交裂裁之皆名爲衽見玉藻衽當旁註所謂續衽者指在裳旁兩幅言之謂屬連裳旁兩幅不殊裳前後也疏家不詳考其文義但見衽在裳旁一句意謂別用布一幅裁之如鉤而垂於裳旁妄生穿鑿(退溪曰不得直通而旁穿曲鑿之意)紛紛異同愈多愈亂自漢至今二千餘年讀者皆求之於別用一幅布之中而註之本義爲其掩蓋而不可見夫疏所以釋註也今推尋鄭註本文其義如此而皇氏熊氏等所釋其謬如彼皆可以一掃而去之矣先師晚歲知疏家之失而未及修定愚故著鄭註於家禮深衣曲裾之下以破疏家之謬且以見先師晚歲已定之說云○劉氏璋曰深衣之制用白細布鍛濯灰治使之和熟其人肥大則布幅隨而闊瘦細則幅隨而狹不必拘於尺寸裳十二幅以應十有二月袂圓應規袂袖口也曲袷如矩應方袷者交領也負繩及踝應直負繩謂背後縫上下相當而取直如繩之正非謂用縫爲負繩也踝足跟也及踝者裳止其足取長無被土之義下齊如權衡應平裳下曰齊(音咨)齊緝也取齊(如字)平若衡而無低昂參差也規矩繩權衡五法已施故聖人服之先王貴之可以爲文可以爲武可以儐相可以治軍旅自士以上深衣爲之次庶人吉服深衣而已夫事尊者蓋以多飾爲孝具大父母衣純(音準)以繢(胡對切)純緣也繢畫也畫五采以爲文相次而(畫後人有以織錦爲純以代繢文者)具父母衣純以靑孤子純以素今用黑繒以從簡易也

⊙곡거(曲裾)

베 한 폭을 치마 기장과 같게 하여 엇걸리게 자르기를 치마 마를 때와 같게 한다. 다만 넓은 곳을 위로하고 베의 옆 변을 밖으로 향하게 하여 좌측으로 싼다. 우측과 같이 늘어뜨리면 제비꼬리 모양이 된다. 또 조금 안으로 절반쯤 아래에서 점점 넓게 하여 물고기 배 형태로 하여 끝은 새의 부리와 같이 뾰족하게 구부러지게 갈구리 같게 하여 안으로 하고 치마의 우측에 꿰매 붙인다.

예기(禮記) 심의편(深衣篇)에는 옷섶에 이어 붙이고 옆에 대구(단추)를 단다 고 하였으며 정현(鄭玄) 주해(註解)에 구변(鉤邊)(단추)은 지금의 곡거(曲裾)와 같다 고 하였다.

◆續衽鉤邊(속임구변)

儀節當裳之兩旁自腋下至齊前後相交處皆合縫之使相連續不開(是謂續衽)又覆縫其邊如俗所謂鉤針者(是謂鉤邊)○續連屬也衽裳之旁幅也鉤有交互之義邊者裳幅之側謂其相掩而交鉤也○蔡氏淵曰司馬公所載方領與續衽鉤邊之制引註雖詳而不得古意先生病之嘗以理玩經文與身服之宜而得其說謂方領者只是衣領旣交自有如矩之象(按此朱子亦只謂衣領交有如矩之象未嘗謂緣卽領也)謂續衽鉤邊者只是連續裳旁無前後幅之縫左右交鉤卽爲鉤邊非有別布一幅裁之如鉤而綴于裳旁也方領之說先生已脩之家禮矣而續衽鉤邊則未及脩焉○楊氏復曰先生晚歲所服深衣去家禮舊說曲裾之制而不用蓋有深意恨未得聞其說之詳也及得蔡淵所聞始知先師所以去舊說曲裾之意復又取禮記深衣篇熟讀之始知鄭康成註續衽二字文義甚明特疏家亂之耳按鄭註曰續猶屬也衽在裳旁者也屬連之不殊裳前後也鄭註之意蓋謂凡裳前三幅後四幅夫旣分前後則其旁兩幅分開而不相屬惟深衣裳十二幅交裂裁之皆名爲衽見玉藻衽當旁註所謂續衽者指在裳旁兩幅言之謂屬連裳旁兩幅不殊裳前後也疏家不詳考其文義但見衽在裳旁一句意謂別用布一幅裁之如鉤而垂於裳旁妄生穿鑿紛紛異同愈多愈亂自漢至今二千餘年讀者皆求之於別用一幅布之中而註之本義爲其掩蓋而不可見先師晚歲知疏家之失而未及修定愚故著鄭註於家禮深衣曲裾之下以破疏家之謬且以見先師晚歲已定之說云○按白雲朱氏曰衽說文曰衿註交衽爲襟爾雅衣皆爲襟通作衿正義云深衣外衿之邊有緣則深衣有衽明矣宜用布一幅交解裁之上尖下闊內連衣爲六幅下屬於裳玉藻曰深衣衽當旁王氏謂衿下施衿趙氏謂上六幅皆是也又曰續衽鉤邊邊謂邊也縫也衽邊斜幅旣無旁屬別裁立布而鉤之續之衽下若今之貼邊經曰續衽鉤邊正以鉤邊續於衽也後人不察至有無衽之衣朱氏此說與家禮不合蓋欲於衣身上加內外兩衿如世常服之衣別裁直布鉤而續之衽下以爲續衽鉤邊如此則便於穿著但以非家禮本制不敢從姑存以備一說○又按深衣制度乃溫公據深衣篇所新製非古相傳者也愚於考證疑其裳制於深衣篇文勢不倫固

已著其說矣後又得吳興敖繼公說謂衣六幅裳六幅通十二幅吳草廬亦云裳以六幅布裁爲十
二片不可言十二幅又但言裳之幅而不言衣之幅尤不可良以敖說爲是蓋衣裳各六幅象一歲
十二月之六陰六陽也愚因參以白雲朱氏之說衣身用布一幅袖用一幅別用一幅布裁領又用
一幅交解裁兩片爲內外襟綴連衣身則衣爲六幅矣裳用布六幅裁十二片後六片如舊式前四
片綴連外襟二片連內襟上衣下裳通爲十二幅則於深衣本章文勢順矣舊制無襟故領微直而
不方今以領之兩端各綴內外襟上穿着之際右襟之末斜交於左脅左襟之末斜交於右脅自然
兩領交會方如矩矣或謂衣連裳不殊通一幅布爲之如此則無要矣玉藻謂倍要者何也○輯覽
補註按禮記註引衣圖云旣合縫了又再覆縫方便於着以合縫爲續衽以覆縫爲鉤邊本註蔡氏
淵謂續衽鉤邊者只是連續裳傍前後幅之縫左右交鉤卽爲鉤邊愚按二說俱未甚明白若深衣
果裳十二幅則其腰與十二幅各合縫爲續衽裳前兩襟及下齊反屈爲鉤邊邊卽純邊之邊也後
細思之禮記十二幅指深衣一身所用之布屈裾則用布二幅斜裁爲四幅廣頭在下尖頭在上續
裳之兩旁故謂之續衽在裳之兩旁故謂之鉤邊玉藻所謂衽當旁是也

◆可以爲文爲武(가이위문위무)

本篇註深衣之用上下不嫌同名吉凶不嫌同制男女不嫌同服諸侯朝朝服夕深衣大夫士朝玄
端夕深衣庶人吉服深衣而已此上下同也有虞氏深衣而養老將軍文子除喪受弔練冠深衣親
迎女在途而壻之父母死深衣縞**總**以趨喪此吉凶男女之同蓋簡便之服非朝祭皆可服之也○
方氏曰端冕則有敬色所以爲文介胄則有不可辱之色所以爲武端冕不可以爲武介胄不可以
爲文兼之者惟深衣而已玉藻夕深衣深衣燕居之服也端冕雖所以修禮容亦有時而燕處則深
衣可以爲文矣介胄雖所以臨戎事亦有時而燕處則深衣可以爲武矣雖可爲文非若端冕可以
視朝臨祭特可贊禮而爲擯相而已雖可爲武非若介胄可以臨衝特可運籌以治軍旅而已

⊙黑緣(흑연)

緣用黑繒領表裏各二寸(備要按朱子大全寸半)袂口裳邊表裏各一寸半(深衣純袂緣純邊廣
各寸半註純謂緣之袂謂其口邊衣裳之側)袂口布外別此緣之廣

⊙옷 가장자리를 검은 천으로 싸 돌린다.

검은 비단으로 옷깃 겉과 속을 각각 두 치로 싸고 소매 입구의 소매 끝 변은 겉과
속을 각각 한치 반으로 싸 돌리되 그와 같이 하여 외부로 넓혀 잇대어 부친다.

◆黑緣(흑연)

深衣具父母大父母衣純以續具父母衣純以靑如孤子衣純以素純袂緣純邊廣各寸半註續畫文也純衣
之緣也袂緣緣袖口也純邊緣襟旁及下也各廣一寸半袷則廣二寸也○呂氏曰三十以下無父者可以稱
孤若三十之上有爲人父之道不言孤也純袂緣純邊三事也謂袂口裳下衣裳邊皆純也○長樂陳氏曰具
父母大父母純以續備五采以爲樂也具父母純以靑體少陽以致敬也孤子純以素存凶飾以致哀也小功
純以線則大祥緣以布吉時夕服緣以采○儀節用皐絹爲之領及袂口裳邊表裏皆用寸半領及裳邊內外
則夾縫在本布上袂口則綴連布之外(即所謂袂口布外別此緣之廣也)○按家禮領緣用二寸袂口裳邊
用寸半今不然者考禮記玉藻袷二寸緣廣寸半不分領與裳袂則皆寸半矣今擬領亦用寸半與裳袂同俾
少露領也否則是袷爲虛設矣

⊙大帶(대대)

帶用白繒(儀節用白絹或用布)廣四寸夾縫之其長圍腰而結於前再繚之爲兩耳乃垂其餘
爲紳下與裳齊(玉藻紳長制士三尺)以黑繒飾其紳(玉藻並紐約用組三寸長齊于帶方氏曰紐則
帶之交結也合並其紐用組以約則帶始束而不可解長齊于帶言組之垂與紳齊也三寸其廣也)復以五
采絛廣三分約其相結之處長與紳齊

⊙대대(大帶)

대대는 흰 비단으로 광이 네 치 되게 협봉(夾縫)한다. 그 길이는 허리를 두 번 돌려 매되 양쪽으로 토끼 귀처럼 귀를 내어 매고 그 나머지를 늘어뜨린다. 흑증포(黑繒布)로 가를 장식하고 띠 끝을 치마 끝과 가지런하게 한다. 그 띠 위에 다시 광이 서푼 되는 청(青), 황(黃), 적(赤), 백(白), 흑(黑)의 오색으로 만든 끈으로 매되 매는 법은 대대(大帶)와 같게 매고 그 길이는 치마 끝까지 모두 가지런하게 늘어뜨린다.

◆大帶(대대)

儀節士以練爲帶單用之而韠緝其兩邊故謂之繂腰及兩耳皆不緣惟緣其紳(今本註夾縫之合如禮單用爲是)○紐則帶之交結也合幷其紐用組以紃則帶始束而不可解矣下齊於帶言紀之垂與紳齊也(按家禮用綵條以結帶本此)○輯覽士冠禮緇帶註黑繒帶也士帶博二寸再繚四寸屈垂三尺疏黑繒帶者謂以黑飾白繒帶也玉藻士練帶率下裨又言士緇裨率與繂同謂緶緝也裨飾也蓋以練熟白繒單作帶體其廣二寸而緶緝其兩邊又以緇飾其垂下之兩末與兩邊也再繚四寸屈垂三尺者帶之垂者必反屈向上又垂而下大夫則裨其屈與垂者士則惟裨其向下垂者而不裨其屈者○補註古者深衣不綴小帶當腰中惟束以大帶而已按本註帶用白繒廣四寸禮記又曰士緇辟二寸再繚四寸蓋白繒四寸而緶緝其兩邊各寸卽二寸也而再繚腰一匝則亦是四寸矣○玉藻大夫素帶辟垂士練帶率下辟○丘氏曰辟讀爲紕帶之緣也大夫之帶止緣其兩耳及垂下之紳士以練爲帶單用之而緶緝其兩邊故謂之繂腰及兩耳皆不緣惟緣其紳今本註夾縫之合如禮單用爲是○大全以繒緣紳之兩旁及下表裏各半寸

◆五綵條(오채조)

玉藻幷紐約用組三寸長齊于帶註紐則帶之交結也合幷其紐用組以紃則帶始束而不可解長齊于帶言組之垂與紳齊也三寸其廣也愚按寸當作分○何氏曰組用青小條爲之

◆大帶(대대,再考)

士冠禮緇帶註黑繒帶也士帶博二寸再繚四寸屈垂三尺疏黑繒帶者謂以黑飾白繒帶也屈垂三尺者帶之垂者必反屈向上又垂而下○玉藻大夫素帶辟垂士練帶率下辟註辟讀如裨冕之裨謂以繒采飾其側也人君充之大夫裨其紐及末士裨其末而已紐兩耳也率繂之也士以下皆禪不合而繂積陳註素熟絹也辟讀如紕緣也練繒也大夫素帶緣其兩耳及紳士以練爲帶單用之而緶緝其兩邊故謂之繂惟緣其紳故云下辟○士緇辟二寸再繚四寸註士裨垂以緇是謂緇帶大夫以上以素皆廣四寸士以練廣二寸再繚之陳註再繚腰一匝則亦是四寸矣

◆不用組(불용조)

朱子曰深衣有大帶了又有組以束之今人已不用組了凡是物事纔有兩件定是廢了一件

◉緇冠(치관)

糊紙爲之武高寸許廣三寸袤四寸(儀節兩旁各廣三寸前後各長四寸)上爲五梁廣如武之袤而長八寸跨頂前後下著於武屈其兩端各半寸自外向內而黑漆之武之兩旁半寸之上竅以受笄笄用齒骨凡白物

◉치관.

종이를 풀로 붙여 두껍게 배접하여 무(武)(관의 바탕)의 높이를 한치쯤으로 하여 돌려 붙이되 광(廣) 즉 머리의 좌우 넓이를 세치 무(武) 즉 머리의 전후의 넓이를 네치 되게 하여 놓고 그 위에 오량(五梁)을 붙인다.

광은 무(武)의 전후 즉 네 치 되게 하고 길이는 여덟 치로 하여 앞에서 관(冠)의 뒤쪽으로 넘겨 앞과 뒤의 무(武)의 아래에 오량의 양끝을 각각 반 치씩 접어 밖에서 안으로 향하게 하여 붙인다. 검게 옷 칠을 하고 무의 양 옆 반 치 위에 비녀를 꽂을 구

명을 낸다. 비녀는 치골(齒骨)로 한쪽은 둥근 머리를 하고 한쪽은 끝이 뾰족하게 하여 흰 것으로 한다.

오량 접는 법은 두꺼운 종이를 사방 여덟 치 되게 하여 주름을 종(從)으로 한 줄을 잡되 육 푼(六分) 육 리(六釐)를 반으로 접어 안으로 붙인다. 또 팔 푼으로 한 줄이 되게 접어 붙이기를 이와 같이 다섯 번을 접어 붙여 오 량을 만든다. 마지막 량은 넓이 팔 푼을 남겨 접어 붙이고 그 중 육 푼 육 리를 반으로 안으로 접어 붙이면 량(梁)의 넓이는 네 치가 된다. 량을 중간을 접어 양끝을 반 치씩 접어 무의 외부에서 안으로 붙인다.

상투에 얹어 쓸 때는 량의 접은 방향이 좌측으로 향하게 한다.

◆緇冠(치관)

補註糊紙或用烏紗加漆爲之裁一長條其長一尺四寸許其高寸許圍以爲武其圍之兩旁各廣三寸前後各長四寸又用一長條廣八寸許長八寸許上襞積以爲五梁則廣四寸縫皆向左彎其中跨頂前後下著于武屈其兩端各半寸自外向內而黑漆之又於武之兩旁半寸之上爲竅以受笄笄用白骨或象牙爲之(以上備要)○家禮簡易糊紙爲胎加柒以烏紗裏之其制先裁一條長一尺四寸高一寸圍以爲武前後各四寸旁各三寸又用一長條廣八寸長八寸上襞積爲五梁向左彎其中跨頂前後○補註裁一長條其長一尺四寸許其高寸許圍以爲武圍之兩旁各廣三寸前後各長四寸又用一長條廣八寸許長八寸許上辟積以爲五梁則廣四寸縫皆向左○大全前後三寸左右四寸上爲五梁辟積左縫廣四寸長八寸著於武外反屈其兩端各半寸內向○丘儀按深衣篇無有冠制而緇布冠古用以爲始加之服然亦冠而敝之非常服也至溫公始服深衣冠緇冠而裹以幅巾朱子效之亦非古制也若夫幅巾之制古者有冠而無巾止以冪尊罍瓜果之用不加於首也至漢去罪人冠而加以黑幪所謂巾幘者特爲庖人賤者之服士大夫以爲首服者始見于郭林宗折角巾亦非古制然世承用已久姑書于此使有所考云○冠梁辟積法外面楓廣各六分內面楓廣各六分有奇(用指尺)緇冠梁廣八寸折半得四寸者爲二一分爲楓間者六各廣六分六釐有奇一分爲楓者五各廣八分而相間分之爲楓間者六爲梁者五五梁居其中(以上輯覽)○士冠禮註凡梁黑六入爲玄七入爲緇○士冠禮緇布冠缺項靑組纓屬于缺註缺讀如頍緇布冠無笄著頍圍髮際結項中隅爲四綴以固冠也項中有繩亦由固頍爲之疏隅爲四綴者武下別有頍項於首四隅爲綴上綴於武也頍之兩頭皆爲繩別以繩穿繩中結之以二條組爲纓兩相屬於頍而下垂乃於頤下結之也○家語懿子曰始冠必加緇布之冠何也孔子曰示不忘古太古冠布齊則緇之其緌也吾未之聞今則冠而弊之可也註唐虞以上曰太古重古始冠冠其齊冠雜記曰大白緇布之冠不緌大白即白布冠今喪冠也齊則緇之者鬼神尙幽暗也緌纓飾太古質盖亦無飾故云未聞賈疏齊則緇之亦謂祭前若祭時自著祭服太古吉凶同服以白布爲喪冠當自夏禹以下孔疏後世不復用爲齊冠但初加暫用冠罷則弊棄之可也賈疏冠而弊之據士而言若庶人則猶著之故詩云彼都人士臺笠緇撮是庶人用緇布冠籠其髮以爲常服也(以上增解)

◆武(무)

韻會冠卷也○曲禮註文者上之道武者下之道足在體之下曰武卷在冠之下亦曰武

◆梁(량)

大全襞積左縫廣四寸○補註用一條廣八寸許長八寸許○儀節冠梁襞積法外面楓廣各八分內面楓廣各六分有奇(註用指尺)梁廣八寸折半得四寸者爲二一分爲楓間者六各廣六分六釐有奇一分爲楓廣者五各廣八分而相間分之爲楓間者六爲梁者五五梁居其中縫皆向左

◉幅巾(복건)

用黑繒(儀節用皁絹)六尺(備要或全幅)許中屈之右邊就屈處爲橫楓左邊反屈之自楓左

四五寸間斜縫向左圓曲而下遂循左邊至于兩末(增解按據大全先就右邊勒之爲巾額而俗於兩末亦爲巾額雖非朱子所言從之恐宜)復反所縫餘繒使之向裏以帞當額前裹之(補註成巾著之則額前突起頂後圓曲矣)至兩鬢旁(大全兩旁三寸許○儀節對兩耳處)各綴一帶廣二寸長二尺自巾外過頂後相結而垂之(大全繫帶於腦後餘者垂之)

⊙복건.

검은 비단 여섯 자쯤으로 중간을 접어 우변의 접은 곳을 횡첩(橫帞)(전면)으로 하고 좌변의 접은 곳 귀 끝에서 우변 쪽으로 네 치 지점과 접은 곳 귀에서 아래로 다섯 치 지점을 엇비스듬히 둥근 곡선으로 꿰매고 좌변을 따라 내려 가며 꿰맨다. 다시 뒤집어 꿰맨 곳이 안으로 향하게 하여 횡첩을 전면으로 향하게 하여 머리에 쓰고 앞이마를 싸서 양 귀 앞에 끈의 넓이가 두 치 되는 끈 길이를 두자 되게 하여 꿰매 달아 복건의 폭 밖으로 뒤 폭을 싸 돌려 뒤 정수리 밑에서 매고 뒤로 늘어트린다.

◆緇冠而裹以幅巾(치관이과이복건)

玉藻始冠緇布冠自諸侯下達冠而敝之可也註冠禮初加緇布冠諸侯以下通用存古故用之非時王之制也故旣用即敝棄之可矣○儀節按禮深衣篇無有冠制而緇布冠古用以爲始加之服然亦冠而敝之非常服也至宋溫公始服深衣冠緇冠而裹以幅巾朱子效之亦非古制也若夫幅巾之制古者有冠而無巾中止以冪羃羃瓜果之用不加於首也至漢去罪人冠而加以黑幭所謂巾幘者特爲庖人賤者之服士大夫以爲首服者始見于郭林宗所角巾此後晉人又有接䍦白葛等巾於是始大著矣幅巾固非古制然世承用已久姑書於此使有所考云

◆幅巾(복건)

大全深衣制度用黑繒六尺許刺一邊作巾額當中作帞兩旁三寸許各綴一帶廣一寸許長二尺許循帞中上反屈之當幅之中斜縫向後去其一角而復反之使巾頂正圓乃以額帞當頭前向後圍裹而繫其帶於腦後餘者垂之○補註用皀絹六尺許當中屈摺爲兩葉就右邊屈處摺作小橫帞子又翻轉從帞子左邊四五寸間斜縫一路向左圓曲而下循左邊至于兩末又將翻轉使所縫餘剩絹藏在裏却以帞子當額前裹之其作帞子也就右邊屈處用指提起少許摺向右又提起小許摺向左兩相捼着用線綴住而空其中間○或曰幅巾之制右邊就屈處爲橫帞子者自右邊向左邊反屈之處而言其橫也其作橫帞子則就右邊屈處兩旁用指提起少許摺向左又提起少許摺向右兩相捼着用線綴住而補註云與衰裳帞子少異者衰裳帞子則屈其兩邊相捼在上幅巾橫帞子則屈其兩邊相捼在裏也左邊翻屈之者右邊就屈處作橫帞子時伸屈平鋪而後爲之至於畢作帞子則左邊還翻屈之斜縫向左至于兩末復翻轉所縫餘繒使之藏在裏故橫帞子捼在裏與衰裳帞子少異也如此而成巾着之則額前突起頂後圓曲矣○朱子大全用黑繒六尺許刺一邊作巾額當中作帞兩旁三寸許各綴一帶廣二寸許長二尺許循帞中上反屈之當幅之中斜縫向後去其一角而復反之使巾頂正圓乃以額帞當頭前向後圍裹而繫其帶於腦後餘者垂之

◆巾上加笠雅俗相參(건상가립아속상참)

艮齋曰幅巾來訪是先輩之所目擊而親書者也巾上加笠是後人之所耳聞而傳說者也况華陽語錄又明言冠則華制也笠則俗制也人皆重俗而賤華不亦陋乎云爾則笠爲明制未審果有的據乎詩經之臺笠李白之頭戴笠子日影午東坡之出不御笠楊誠齋之傘不如笠丘瓊山之笠子蔽雨日此類未知果皆如今俗所著至於沈與求水母詩復如緇笠絶兩纓李雅亭士小節丈夫笠子是夷俗則明是今日所御者而未見其出於皇明之遺制也曾見李雲明氏幅巾上必加笠子先師聞之以爲雅俗相參盖未善也及愚與幼七用幅巾深衣拜年則笑而領之愚所聞見如是而已

⊙黑履(흑리)

白絇繶純綦

劉氏垓孫曰履之有絇謂履頭以條爲鼻或用繒一寸屈之爲絇所以受繫穿貫者也繶謂履縫中紃(音句)
也以白絲爲下緣故謂之繶純者飾也綦屬於跟所以繫履者也

◉검은 신.

신의 코에는 흰 장식을 하고 신의 바닥 위 선은 오색 끈으로 두르고 신의 위선은 보
기 좋게 꾸미고 신 뒤에는 끈을 단다.

◆黑屨(흑구)

儀節按黑屨註下云白絇繶純綦而卷首圖(卷末圖)下註則云深衣用白屨蓋以屨順裳色深衣
裳旣用白則屨亦合用白矣又禮黑屨以靑爲絇繶純白屨以黑爲絇繶純深衣用白屨則當用黑
色爲飾若黑屨又裳以靑爲飾不用白也按勉齋作文公行狀云先生未明而起深衣幅巾方屨拜
家廟及先聖及觀考亭石刻遺像則其服乃上衣下裳之制而其巾亦非幅巾高而便虛而明兩脚
下垂冠形外見僅足容髮亦比緇冠而小心甚疑之遇博古者輒訪之無有知者及觀大全集載其
晚年所作容位榜有云遵用舊京故事以野服從事然上衣下裳大帶方屨自不爲簡其所便者但
取束帶足以爲禮解帶是以燕居然後如畫像之服乃晚年致仕之野服非深衣也求其制度不可
得後於羅氏玉露中得其衣之制度乃上衣下裳用黃白靑皆可直領兩帶結之如道服長與膝齊
裳必用黃中及兩旁皆四幅頭帶皆用其一色取黃裳之義也別以白絹爲大帶兩旁皆以靑或白
緣之謂之野服又謂之便服惟巾冠之制不可考始附於此以俟知者

◆黑屨(흑리)

事物記原世本草曰菲麻皮曰履實錄曰三代皆以皮爲之單底曰履複底曰舃古今註舃以木置
履下乾腊不畏泥濕履乃屨之不帶者蓋祭服謂之舃朝服謂之履燕服謂之屨也○士冠禮屨夏
用葛玄端黑屨靑絇純純博寸冬皮屨可也註屨色同冠絇之爲言拘也狀如刀衣鼻在屨頭以爲
行戒○書儀黑屨白緣夏用繒冬用皮(自註)云複下曰舃單下曰屨周禮屨有五色近世惟赤黑
二舃赤貴而黑賤今用黑屨白緣亦從其下古者夏葛屨冬皮屨今無以葛爲屨者故從衆○丘儀
按禮黑屨當作白履爲是用白布作履如世俗所謂鞋者而稍寬大旣成用皁緣條一條約長尺三
四寸許當中交屈之以其屈處綴履頭近底處立起出履頭一二寸歧爲二復綴其餘條於履面上
雙交如舊圖所畫者分其兩稍綴履口兩邊緣處是之謂絇於牙底相接處用一細絲條周圍綴於
縫中是之謂繶又於履口納足處周圍皆緣以皁絹廣一寸是之謂純又於履後跟綴二皁帶以繫
之如世俗鞋帶是之謂綦如黑履則用皁布爲之而以白或靑爲絇繶純綦又按黑履註白絇繶純
綦而卷首圖註則深衣用白屨蓋以屨順裳色深衣裳旣用白則屨亦合用白矣又禮黑屨以靑爲
絇繶純白屨以黑爲絇繶純深衣用白屨則當用黑色爲飾若黑屨又當以靑爲飾不用白也○士
喪禮註綦屨繫也疏綦屨繫也者經云繫于踵則綦當屬于跟後以兩端向前與絇相連于脚跗踵
足之上合結之名爲繫于踵也○語類綦鞋口帶也古人皆旋繫今人只從簡易綴之於上如假帶
然

◆白(백)

儀節按禮黑屨以靑爲絇繶純白屨以黑爲絇繶純深衣用白屨則當用黑色爲飾若黑屨又當以
靑爲飾不用白也

◆絇(구)

韻書音劬○士冠禮註絇拘持也狀如刀衣鼻在屨頭以爲行成○儀節用皁絲條一條約長尺三
四寸許當中交屈之以其屈處綴履頭近底處立起出履頭一二寸歧爲二復綴其餘條於履面上
雙交如舊圖所畫者分其兩稍綴履口兩邊緣處是之謂絇○備要履頭以條爲絇所以受繫穿貫
者

◆繶(억)韻書音益

士冠禮註繶縫中紃也○儀節於牙底相接處用一細絲條周圍綴於縫中是之謂繶

◆純(준)韻書音準

士冠禮註純緣也○儀節於履口納足處周圍皆緣以皂絹廣一寸是之謂純○考證按周禮註以條爲口緣廣一寸而丘氏用皂絹疑從俗

◆綦(기)韻書音忌

儀節於履後跟綴二皂帶以繫之如世俗鞋帶是之謂綦○士喪禮綦繫于踵疏綦屬于跟後以兩端向前與絇相連于脚跗踵足之上合結之名爲繫于踵也○朱子曰綦鞋口帶也古人皆旋繫今人只從簡易綴之於上如假帶然○南溪曰士喪禮繫法甚密至朱子時從簡易如今繫草鞋者故云然

◆野服(야복)附鶴氅說

朱子休致後客位㕑目曰榮陽呂公嘗言京洛致仕官與人相接皆以閒居野服爲禮而歎外郡或不能然其指深矣熹衰朽無狀雖幸已叨誤恩許致其事而前此或蒙賓客不鄙下訪初亦未敢遽援此禮便以老大野逸自居近緣久病艱於動作遂不免遵用舊京故俗輒以野服從事然而上衣下裳大帶方履比之凉衫自不爲簡其所便者但取束帶足以爲禮解帶可以燕居免有拘絆纏繞之患脫著疼痛之若而已切望深察恕此病人且使窮鄕下邑得以復見祖宗盛時京都舊俗其美如此亦補助風化之一端也○儀節按文公行狀云先生未明而起深衣幅巾方履拜家廟及先聖及觀考亭石刻遺像則其服乃上衣下裳之制而其巾亦非幅高巾而便虛而明兩脚下垂冠形外見僅足容髮亦比緇冠而小心甚疑之遇博古者輒訪之無有知者及觀大全集載其晚年所作客位榜有云遵用舊京故事以野服從事然上衣下裳大帶方履自不爲簡其所便者但取束帶足以爲禮解帶足以燕居然後知畵像之服乃晚年致仕之野服非深衣也求其制度不可得後於羅氏玉露中得其衣之制度乃上衣下裳用黃白青皆可直領兩帶結之緣以皂如道服長與膝齊裳必用黃中及兩旁皆四幅頭帶皆用其一色取黃裳之義也別以白絹爲大帶兩旁皆以青或皂緣之謂之野服又謂之便服惟巾冠之制不可考○尤菴曰所謂直領非如我東所謂直領但如今喪服以全幅直下也所謂兩帶即小帶也所謂頭帶謂裳頭橫帶摠十二幅者也白絹爲大帶據上衣而言蓋當時朝服如今之盤領蓋始自隋煬帝至宋未改上衣下裳還爲閑居之服矣○遂菴答李汝九曰上衣下裳之制如今朝服模樣而白繒黑緣矣家臾曾作圖子不知置處書問得報後當更達○即曰野服則今之士人之野居者服之何妨用之於大斂亦無所不可若鶴氅恐反不如道袍矣○鶴氅有大小二制大者如袍而甚偉小者如今之掛子先生所著者是如袍之制也(裁用白方絲紬或白紬度用布帛尺)

◆衣全四幅長與膝齊(의전사폭장여슬제)

用紬二幅各長三尺六寸中屈下垂前後共爲四幅如深衣但少殺腋下九分有奇而旁縫其下三寸自肩至腋九寸自前緣至腋廣六寸八分半下齊廣七寸四分半也

◆圓袂(원메)

用紬二幅各二尺中屈之屬於衣之左右而縫合其下以爲圓袂袂口五寸五分其長惟當以自衣袂相屬處至袂口一尺二寸餘爲準不以一幅爲枸

◆方領(방령)

兩肩上各裁入廣一寸七分長七寸三分許反摺即剪去之別用紬廣四寸七分長一尺九寸七分自項後摺轉向前綴左右摺剪處則表裡各二寸合爲四寸

◆裳(상)

用紬廣五寸三分長一尺八寸八分者前三幅後四幅每幅作三㡇別用紬廣二寸長六寸許縱摺之綴前後七幅而夾縫之

◆黑緣(흑연)
用黑絹緣領及袂口衣邊裳下邊表裡各一寸二分

◆大帶(대대)
用繪廣二寸三分長六尺七寸夾縫之以黑絹表裡各二分許飾其紳一尺六寸五分

◎深衣考證(심의고증)

樂平馬氏曰三代時衣服之制其可考見者雖不一然除冕服之外惟深衣其用最廣自天子至於庶人皆可服之蓋深衣者聖賢之法服也裁製縫紝動合禮法故賤者可服貴者亦可服朝廷可服燕私亦可服天子服之以養老諸侯服之以祭膳卿大夫士服之以夕視私朝庶人服之以賓祭蓋亦未嘗有等級也古人衣服之制不復存獨深衣則戴記言之甚備然其制雖其存而後世苟有服之者非以詭異貽譏則以懦緩取哂雖康節大賢亦有今人不敢服古衣之說司馬溫公必居獨樂園而後服之呂榮公朱文公必休致而後服之然則三君子當居官涖職見用於世之時亦不敢服此以取駭於俗觀也蓋倒以物外高人之野服視之矣可勝慨哉按馬氏此言則深衣之在宋服之者固已鮮矣況今又數百年後哉幸而文公之道大明於今世家禮爲人家日用不可無之書居官涖職者固當遵時制若夫隱居不仕及致政家居者人宜依古制爲一襲生以爲祭燕之服死以爲襲斂之具豈非復古之一端也哉然家禮本書儀其言頗畧其製不盡備今考經史諸說以爲深衣考證俾考古者有所折衷云

제 3 장 司馬氏居家雜儀(사마씨거가잡의).

◉司馬氏居家雜儀(사마씨거가잡의)

此章本在昏禮之後今按此乃家居平日之事所以正倫理篤恩愛者其本皆在於此必能行此然後其儀章度數有可觀焉不然則節文雖具而本實無取君子所不貴也故亦列於首篇使覽者知所先焉

◉사마씨(司馬氏)의 집안에서의 잡다한 의례.

이장은 본래는 혼례편 뒤에 있었다. 이제 살펴보니 이는 곧 집에 있을 때 집안을 잘 다스리고 평상시 행하는 일에 지켜야 할 도리를 바르게 하고 은혜와 사랑을 그 근본으로 함이 모두 다 있고 이에 능히 법도 마다 정한 제도가 있으니 이와 같이 행한 연후에는 이장을 잘 살펴 본 것을 옳았다 하지 않겠는가?

이 장(章)을 잘 살펴 보지 않으면 아무리 사리에 맞게 정한 조리를 갖췄다 하여도 근본을 살펴 행하지 않게 될 것이니 군자라도 존귀하게 여기지 않게 되는 것이니라. 그러하기 때문에 혼례편에서 분리하여 수편(首篇)으로 옮겨 놓으면 살펴 보는 자로 하여금 먼저 깨닫고 행하지 않겠는가?

凡爲家長必謹守禮法以御群子弟及家衆分之以職(謂使之掌倉廩庫庖廚舍業田園之類)授之以事(謂朝夕所幹及非常之事)而責其成功制財用之節量入以爲出稱家之有無以給上下之衣食及吉凶之費皆有品節而莫不均壹裁省冗費禁止奢華常須稍存贏餘以備不虞補註此節言家長御群子弟及家衆之事〇集說註凡理財先輸貢賦供徭役後及家事

무릇 가장(家長)은 반드시 예법을 엄하게 지켜 이로써 가족을 거느리고 자제와 집안 식구들에게 직분을 나눠 주워 그 일이 바르게 이뤄지도록 재촉한다. 재물의 쓰임이를 절제하고 수입을 헤아려 지출하고 집안의 형편에 맞도록 위 어른과 아랫사람의 옷과 음식 및 길흉사(吉凶事) 비용을 쓰기를 모두 등차 있게 세워 불균형이 없게 한다. 쓸데없는 비용을 살펴 모두 알맞게 줄이고 절감하여 사치와 호화로움을 금지하고 항상 적게 쓰고 남긴 것과 있을 때 남긴 것을 비축하여 뜻 밖의 일에 대비하여야 하느니라.

凡諸卑幼事無大小毋得專行必咨稟(輯覽咨謀也)於家長易曰家人有嚴君焉父母之謂也(家人封象傳辭)安有嚴君在上而其下敢直行自恣不顧者乎雖非父母當時爲家長者亦當咨稟而行之則號令出於一人家政始可得而治矣

무릇 모든 아이들은 크고 작은 일을 모두 이룰 수 없는 것이니라. 어머니는 반드시 가장과 상의한 연후 허락을 받아 그의 뜻대로 행하게 하여야 하느니라.

◆補註(보주)

此節言卑幼事家長之道○程傳家人之道必有所尊嚴而君長者謂父母也雖一家之小無尊嚴則孝敬衰無君長則法度廢有嚴君而家道正家者國之則也○要訣凡事父母者一事一行毋敢自專必稟命而後行若事之可爲者父母不許則必委曲陳達頜可而後行若終不許亦則不可直遂其情也

凡爲子爲婦者毋得蓄私財俸祿及田宅所入盡歸之父母舅姑當用則請而用之不敢私假不敢私與內則曰子婦無私貨無私蓄無私器不敢私假不敢私與婦或賜之飮食衣服布帛佩帨茝(昌改切)蘭則受而獻諸舅姑舅姑受之則喜如新受賜若反賜之則辭不得命如更受賜藏之以待乏鄭康成曰待舅姑之乏也不得命者不見許也又曰婦若有私親兄弟將與之則必復請其故賜而後與之夫人子之身父母之身也身且不敢自有況敢有財帛乎若父子異財互相假借則是有子富而父母貧者父母飢而子飽者賈誼(考證洛陽人年十八以能誦詩書屬文稱於郡中河南守吳公召置門下後薦之文帝召爲博士後爲梁王太傅卒年二十二)所謂借父耰(音憂)鉏慮有德色母取箕箒立而誶(音碎)語不孝不義孰甚於此

무릇 자식 된 자나 며느리 된 자는 제 것이 없는 것이니 사사로이 저축한 재물, 봉록(俸祿), 전답과 집안 길쌈 등에서 얻어진 재물은 남김없이 부모님과 시부모님께 드리고 쓰고자 할 때는 당연히 말씀을 드리고 허락을 얻은 뒤 쓰되 무단히 빌려 주거나 빌려 써서도 아니 되느니라.

凡子事父母(孫事祖父母同)婦事舅姑(孫婦亦同)天欲明咸起盥(音管洗手也)漱櫛(阻瑟切梳頭也)總(所以束髮今之頭䯻)具冠帶(丈夫帽子衫帶婦人冠子背子)昧爽(謂天明暗相交之際)適父母舅姑之所省問(丈夫唱喏婦人道萬福仍問侍者夜來安否何如侍者曰安乃退其或不安節則侍者以告此卽禮之晨省也)父母舅姑起子供藥物(藥物乃關身之切務人子當親自檢數調煮供進不可但委婢僕脫若有誤卽其禍不測)婦具晨羞(俗謂點心易曰在中饋詩云惟酒食是議凡烹調飮膳婦人之職也近年婦女驕倨皆不肯入疱廚今縱不親執刀匕亦當檢校監視務令精潔)供其畢乃退各從其事將食婦請所欲於家長(謂父母舅姑或當時家長也卑幼各不得恣所欲)退具而供之尊長舉筯子婦乃各退就食丈夫婦人各設食於他所依長幼而坐其飮食必均壹幼子又食於他所亦依長幼席地而坐男坐於左女坐於右及夕食亦如之既夜父母舅姑將寢則安置而退(丈夫唱喏婦女道安置此卽禮之昏定也)居閒無事則侍於父母舅姑之所容貌必恭執事必謹言語應對必下氣怡聲出入起居必謹扶衛之不敢涕唾喧呼於父母舅姑之側父母舅姑不命之坐不敢坐不命之退不敢退

무릇 자식이 부모를 섬기고 며느리가 시부모를 섬김에는 날이 밝으려 하면 일어나 양치질을 하고 세수 후 머리를 감고 빗질을 하여 머리를 틀어 올려 동여매고 의관을 갖추고 있다가 동이 트면 부모님 시부모님이 계신 곳으로 찾아가서 부모님 시부모님이 잠을 깨셨으면 문안을 드리고 아들은 약을 드리고 며느리는 새벽에 잡수실 것을 드린다. 모두 마쳤으면 이내 물러나서 각각 자기가 할 일에 종사한다.

며느리는 가장에게 조반에 잡수시고 싶은 것을 여쭙고 물러나서 그대로 갖춰 존장(尊長)에게 드리고 수저를 드시면은 아들과 며느리는 곧 물러나 식소(食所)로 간다. 장부(丈夫)와 부인들은 다른 곳에 달리 차려놓고 식사를 한다. 그와 같이하여 어른과 아이들이 앉는다. 그 음식은 반드시 어린이들도 같이 하여 또 다른 곳에 역시 그와 같이하여 큰 자와 어린 자들은 땅에 자리를 펴고 앉아 식사를 하되 남자는 왼쪽에 앉고 여자는 오른쪽에 앉아 식사를 하며 저녁식사 역시 그와 같게 한다.

이미 밤이 되면 부모님 시부모님이 주무시도록 금침을 펴 드리고 물러나되 모두 마치고 조용히 부모님 시부모님 처소에서 모시고 있을 때 용모는 반드시 겸손하고 공손하게 하여 모실 것이며 반드시 말을 삼갈 것이며 대답할 때는 반드시 기운을 가라앉히고 온화한 목소리로 대답할 것이며 들고 날 때 행동거지는 반드시 조심하여 행할 것이며 곁에서 모시고 있을 때는 감히 눈물을 보이거나 침을 뱉거나 아이를 울리거나 탄식하는 소리를 내서는 아니 된다. 부모님 시부모님이 앉으라는 명이 없으면 감히 앉지 못하며 물러가라는 명이 없으면 감히 물러나서는 아니 되느니라.

◆父子師生間拜揖之節(부자사생간배읍지절)

南溪曰定省時拜揖之禮諸生久欲講問而不能得蓋事親之禮莫備於內則而無其節朱子嘗論朝夕哭無拜日常侍者無拜禮子必俟父母起然後拜此亦可見大抵經傳皆無父子君臣師生朝夕進見之節父子朔望出入之拜始見家禮君臣之禮亦非謝恩陳賀出入之時則雖經筵進見無別儀耳師生之禮始見栗谷院規似可據此而行也○愚按會成云唱喏揖時聲且節孝徐先生每晨夕具公服揖其母云則於父母前有揖可知且明道曰邵堯夫初學於李挺之師禮甚嚴雖在野店飯必襴坐必拜云則師生之拜此可爲據耶

凡子受父母之命必籍記而佩之時省而速行之事畢則返命焉或所命有不可行者則和色柔聲具是非利害而白之待父母之許然後改之若不許苟於事無大害者亦當曲從若以父母之命爲非而直行已志雖所執皆是猶爲不順之子況未必是乎

무릇 자식이 부모의 명을 받으면 문서에 명(命)을 적어 몸에 지니고 그때 마다 살펴보고 속히 행하고 일을 마쳤으면 돌아와 고한다. 혹 말씀과 같이 행하지 못할 일이 있으면 온화한 안색과 부드러운 목소리로 옳고 그름과 이해득실을 자세히 사뢰고 기다린다. 이에 부모님의 허락이 계시면 고쳐 행하고 허락하지 않으시면 다만 일에 큰 해가 없도록 당연히 제 의사를 굽혀 따라야 한다. 다만 부모님의 명이 어긋난다 하여 제 생각대로 행하면 비록 제 생각이 모두 옳게 실행되었다 하더라도 도리어 장래에 더더욱 순종치 않는 자식이 될 것이 틀림없지 않겠는가?

凡父母有過下氣怡色柔聲以諫諫若不入起敬起孝悅則復諫不悅與其得罪於鄕黨州閭寧孰諫父母怒不悅而撻之流血不敢疾怨起敬起孝

　楊氏復曰父母有過下氣怡聲以諫所謂幾諫也父母怒而撻之猶不敢怨況下於此者乎諫不入起敬起
　孝諫而怒亦起敬起孝敬孝之外豈容有他念哉是說也聖人著之論語矣

무릇 부모님이 잘못이 있거든 기운을 가라 앉히고 온화한 얼굴빛을 하고 부드러운 목소리로 간언을 하여야 한다. 만약 간언(諫言)을 받아 주지 않아도 다시 공경하고 곧 효도를 해야 한다. 부모님이 기뻐하실 때 다시 간(諫)한다. 기꺼이 받아들여질 수 없는데도 간하면 향리에서 그에 대한 죄를 받을 것이니 어찌 여러 번을 간하랴. 부모님이 노여워하시고 화를 내시어 매를 흠씬 때려 피가 흐를지라도 감히 부모님을 원망하지 않아야 하며 다시 공경을 하고 곧 효도를 해야 하느니라.

◆鄕黨州閭(향당주려)

曲禮註二十五家爲閭四閭爲族五百家爲黨二千五百家爲州萬二千五百家爲鄉

凡爲人子弟者不敢以貴富加於父兄宗族(加謂恃其富貴不率卑幼之禮)

무릇 자식 된 자나 아우 된 자는 감히 귀하여 지거나 부유하더라도 부모나 형, 일가들을 업신여겨서는 아니 되느니라.

凡爲人子者出必告反必面有賓客不敢坐於正廳(有賓客坐於書院無書院則坐於廳之旁側)升降不敢由東階上下馬不敢當廳凡事不敢自擬於其父

　　楊氏復曰告工毒反告與面同反言面者從外來宜知親之顏色安否爲人親者無一念而忘其子故有倚閭倚門之望爲人子者無一念而忘其親故有出告反面之禮生則出告反面沒則告行飲至事凶如事存也

무릇 자식 된 자가 행함에 있어 출타 할 때는 반드시 연유를 고하고 돌아와서도 반드시 뵈인다. 손님이 정청(正廳)에 계실 때는 감히 앉아서는 아니 되며 감히 동쪽층계로는 오르내리지 않으며 감히 정청 앞에서는 말에 타고 내리지 않는다. 모든 일에 감히 부친께서 하시는 것과 같이 자신이 이를 본떠 행하여서는 아니 되느니라.

◆父子間多是愛逾於敬(부자간다시애유어경)

人家父子間多是愛逾於敬必須痛洗舊習極其尊敬父母所坐臥處子不敢坐臥所接客處子不敢接私客上下馬處子不敢上下馬可也

凡父母舅姑有疾子婦無故不離側親調嘗藥餌而供之父母有疾子色不滿容不戲笑不宴遊舍置餘事專以迎醫檢方合藥爲務疾已復初(顏氏家訓曰父母有疾子拜醫以求藥蓋以醫者親之存亡所繫豈可傲忽也)

무릇 부모와 시부모가 병환이 나셨으면 아들과 며느리는 다른 연고가 없으면 부모의 곁을 떠나서는 아니 되느니라. 약을 드릴 때는 자신이 직접 맛을 보고 드려야 한다. 부모님이 병환이 나셨을 때 자식들은 깜짝 놀라는 모습이 얼굴에 가득하여서는 아니 되며 익살을 떨어도 아니 되고 집에서 잔치를 베풀고 놀아서도 아니 된다. 다른 일들을 제쳐놓고 오로지 의원(醫院)을 맞이하여 처방을 하고 약을 조제하는 것을 곰곰이 살피어 병환이 전과같이 회복하여 완쾌되도록 힘써야 하느니라.

◆調嘗藥餌(조상약이)

韻會調和也餌仍吏切粉米蒸屑皆餌也○小學註嘗謂度其所堪也○徐氏曰攻疾之物曰藥可以服食曰餌○呂氏曰藥不瞑眩厥疾不瘳則攻疾之藥未嘗無毒好惡或失其性劑量或失其宜寒熟補瀉或反其用小則益甚甚則至于喪身爲人臣子者不嘗試而用之不忠不孝莫大焉此許世子止以不嘗藥之過所以被弑君之名也

凡子事父母父母所愛亦當愛之所敬亦當敬之至於犬馬盡然而況於人乎

　　楊氏復曰孝子愛敬之心無所不至故父母之所愛敬者雖犬馬之賤亦愛敬之況人乎哉故舉其尤者言之若兄若弟吾父母之所愛也吾其可以不愛乎若薄之是薄吾父母也若親若賢吾父母之所敬也吾其可不敬之乎若嫚之是嫚吾父母也推類而長莫不皆然若晉武惑馮紞之讒不思太后之言而疎齊王攸唐高宗溺武氏之寵不念太宗顧託之命而殺長孫無忌皆禮經之罪人也

무릇 자식이 부모를 섬김에 있어 부모가 사랑하는 바를 자식도 역시 사랑하고 부모가 공경하는 바를 자식 역시 공경한다. 개나 말에 이르기까지 모두 그렇게 할진대 황차 사람에게서야 더할 나위 있겠는가?

◆無忌(무기)

唐史武氏故荊州都督士彠之女年十四太宗召入後宮爲才人太宗崩武氏爲尼高宗詣寺見之

納之後宮拜爲昭儀先是太宗疾篤詔長孫無忌褚遂良入臥內謂太子曰無忌遂良在汝勿憂天下又謂遂良曰無忌盡忠於我我有天下多其力也我死勿令讒人間之有頃上崩太子即位一日召無忌等顧謂曰皇后無子武昭儀有子今欲立昭儀爲后何如遂良對曰伏請妙擇天下令族何必武氏上大怒命引出昭儀在簾中大言曰何不撲殺此獠無忌曰遂良受先朝顧命有罪不可加刑武后以無忌不助已深惡之削無忌官黔州安置尋殺之

◆王攸(왕유)

晉書齊獻王攸親賢好施愛經籍能屬文善尺牘爲世所楷才望出武帝之右特爲文帝所寵愛及寢疾爲武帝斂淮南王陳思王事而泣執攸手而授之太后王氏臨終亦流涕謂武帝曰桃符性急而汝爲兄不慈恐不能相容以是屬汝汝勿忘我言言訖而崩武帝嘗疾篤得愈荀勖馮紞見朝野之望屬在攸攸素惡勖紞傾諂勖以太子愚劣恐攸得立有害於已使馮紞說武帝曰陛下前日疾若不愈齊王爲公卿百姓所歸太子雖欲高讓其得免乎宜遣還藩鎮帝陰納之乃出攸爲大司馬都督青州軍事遣就國群臣諫皆不聽攸知勖紞構已憤怨發病猶催上道遂嘔血而卒桃符攸小字也

凡子事父母樂其心不違其志樂其耳目安其寢處以其飲食忠養之(增解此亦內則曾子言也○小學註樂其心喩父母於道也不違其志能養志也怡聲而問所以樂其耳也柔色以溫所以樂其目也定於昏所以安其寢也省於晨所以安其處也夫養之以物止足以養其口體養之以忠則足以養其志矣○要訣今人多是被養於父母不能以已力養其父母若此奄過日月則終無忠養之時也必須躬幹家事自備甘旨然後子職乃修)幼事長賤事貴皆於此

劉氏璋曰樂其心者謂左右侍養也晨昏定省也出入從遊也起居奉侍也必當賾討(韻會賾士革反幽深難見也註雜亂也)其心之所好者所惡者何在苟非悖乎大義則葸不可從所以安固老者之行以適其氣也樂其耳目者非聲色之末也善言常入於親耳善行常悅於親目皆所以樂之也安其寢處者謂當室庭除必完潔簟席氍褥衾枕帳幄必修治之類

무릇 자식이 부모를 섬김에 있어 부모님의 마음을 즐겁게 하여 드리고 부모님의 뜻을 어기지 않으며 부모님이 듣고 보시는 것을 즐겁게 하여 드리고 부모님이 주무실 때의 잠자리는 편안하게 하여 드리고 부모님에게 음식을 드림에는 정성을 다하여 봉양하기를 어린아이 기르듯 섬겨야 하느니라. 귀하거나 천하거나 모두 이와 같이 하여야 하느니라.

◆忠養之(충양지)

此亦內則曾子言也○小學註樂其心喩父母於道也不違其志能養志也怡聲而問所以樂其耳也柔色以溫所以樂其目也定於昏所以安其寢也省於晨所以安其處也夫養之以物止足以養其口體養之以忠則足以養其志矣○要訣今人多是被養於父母不能以已力養其父母若此奄過日月則終無忠養之時也必須躬幹家事自備甘旨然後子職乃修

◆賾討(색토)

韻會賾士革切幽深難見也討探也○按繫辭聖人有以見天地之賾本義賾雜亂也今以爲探討之義此與所謂雜亂者不同意者探索義理於雜亂之中故以爲探索之意猶治亂而曰亂

凡子婦未敬未孝不可遽有憎疾姑敎之若不可敎然後怒之若不可怒然後笞之屢笞而終不改子放婦出然亦不明言其犯禮也子甚宜其妻父母不悅出子不宜其妻父母曰是善事我子行夫婦之禮焉沒身不衰

무릇 아들과 며느리가 공경치 않거나 효도치 않는다고 경악하여 미워함이 있어서는 아니 된다. 잠시 힘써 가르쳐주고 훈계를 하여도 따르지 않을 때에 화를 내야 한다. 격노하여 가르쳐도 따르지 않을 때는 볼기를 친다. 여러 번 볼기를 맞아도 끝내 고쳐

지지 않는 자식은 내쫓고 며느리는 되돌려 보낸다. 그렇기는 하나 그 역시 분명히 가르치지 않았다면 예법에 어긋나는 일이다. 아들이 심히 옳았다 하여도 그 처부모는 따르려 하지 않을 것이며 쫓겨난 자식이 옳지 못하였으면 그 처부모는 제자식이 섬기기를 옳게 하였다면 부부간의 예로서 행하기를 어찌 몸을 다하고 기(氣)가 다하도록 하지 않았겠는가 라 할 것이니라.

◆子放婦出當否(자방부출당부)

問婦固可出子乃天屬之親何可放乎尤菴曰尹吉甫惑於蜂裳之讒出其子雜儀似指此等而言然不可以吉甫之信讒爲是也○陶菴曰孔門出婦見於戴記者多此書元不足盡信而設令有是事此可謂齊家之道而謂之家齊則未也豈亦聖人所不能盡之一證耶若下於聖人而有此變故者則直當以不能齊家責之夫女子偏性雖失聽婉之美君子識量當從隱直之義況兄平生讀得幾卷書而乃不能容一婦女耶匹夫匹婦不獲其所仁者之所深恥如子而內有甚宜之心婦而中抱伊何之寃則其有傷於倫紀何如也我國俗之不輕許離貳者其意有在雖是一時暫出亦豈可容易爲之耶

凡爲宮室必辨內外深宮固門內外不共井不共浴堂不共廁男治外事女治內事男子晝無故不處私室婦人無故不窺中門男子夜行以燭婦人有故出中門必擁蔽其面(如蓋頭面帽之類)男僕非有繕修及有大故(謂水火火盜賊之類)不入中門入中門婦人必避之不可避(亦謂如水火盜賊之類)亦必以袖遮其面女僕無故不出中門有故出中門亦必擁蔽其面(雖小婢亦然)鈴下蒼頭但主通內外之言傳致內外之物毋得輒升堂室入疱廚

무릇 궁실(宮室)은 반드시 견고한 담 깊은 곳에 내외(內外)로 나누고 문(門)을 낸다. 내외가 우물을 함께 사용치 않으며 욕탕을 함께 사용치 않으며 내외가 측간(厠間)을 함께 사용치 않는다. 남자는 집 밖 일을 다스리고 주부는 집 안 일을 다스린다. 남자는 낮에 까닭 없이 자기 방을 비우지 않으며 부인은 까닭 없이 중문(中門)을 기웃거리지 않는다.

남자는 밤이면 촛불을 잡고 다니며 부인은 볼일이 있어 중문을 나설 때는 반드시 개두(蓋頭)로 얼굴을 가려야 하며 남자 종들은 손 볼일이 있거나 큰일이 있지 않고서는 중문을 들어 갈수 없으며 일이 있어 들어가면 부인들은 반드시 피해야 하며 만약 피할 수 없을 때는 반드시 소매 자락이라도 얼굴을 가려야 한다.

여종은 까닭 없이 중문을 나와서는 아니 된다. 까닭이 있어 중문을 나설 때는 반드시 개두로 얼굴을 가려야 한다. 우두머리 종은 다만 주인 주부가 내외로 전할 말씀과 물품을 내외로 전하다가 당(堂)과 실(室)에 오르거나 부엌에 갈 일이 있어도 대수롭지 않게 들어가서는 아니 되느니라.

◆蓋頭(개두)

王氏曰按唐會要云唐初宮人著羃羅而全身障蔽雖起自戎夷王公之家亦用之永徽之後惟戴皁羅方五尺亦曰幞頭即今之蓋頭也○考證蓋頭即伊川所謂蒙頭

凡卑幼於尊長晨亦省問夜亦安置(丈夫唱喏婦人道萬福安置)坐而尊長過之則起出遇尊長於塗則下馬不見尊長經再宿以上則再拜五宿以上則四拜賀冬至正旦六拜朔望四拜凡拜數或尊長臨時減而止之則從尊長之命吾家同居宗族衆多冬至朔望聚於堂上(此假設南面之堂若宅舍異制臨時從宜)丈夫處左西上婦人處右東上(左右謂家長之左右)皆北向共爲一列各以長幼爲序(婦以夫之長幼爲序不以身之長幼爲序)共拜家長畢長兄立於門之左長姊立於門之右皆南向諸弟妹以次拜訖各就列丈夫西上婦人東上共受卑幼

拜(以宗族多若人人致拜則不勝煩勞故同列共受之)受拜訖先退後輩立受拜於門東西如前輩之儀若卑幼自遠方至見尊長遇尊長三人以上同處者先共再拜敍寒暄問起居訖又三再拜而止(晨夜唱喏萬福安置若尊長三人以上同處亦三而止所以避煩也)

무릇 항렬이 낮거나 어린아이들은 집안 어른에게 새벽마다 침소(寢所)로 찾아가 살피고 여쭙기를 안녕히 주무셨습니까? 밤새 안부를 묻는다. 앉아있을 때 어른이 지나가면 일어나서야 하고 출타(出他)중 길에서 존장(尊長)을 만나게 되면 말에서 내려와야 하고 존장을 이틀 이상 뵙지 못하고 자고 되돌아올 곳으로 떠나게 되면 두 번 절을 하고 떠나며 닷새 이상 자고 와야 할 곳으로 떠나게 되면 네 번 절을 하고 떠난다.

동지(冬至)와 정월초하루 하례(賀禮)에는 여섯 번 절을 하고 매월 초하루 보름이면 네 번 절을 한다. 모든 절의 수는 혹 존장이 그때마다 감하여 그만하라 하면 존장의 명에 따른다.

내 집에서는 함께 사는 식구들이 많아서 동지나 삭망(朔望) 때는 당(堂)으로 모여 남자들은 당의 좌측에서 서쪽을 상석으로 삼고 부인들은 당의 우측에서 동쪽을 상석으로 삼아 모두 북향하여 각기 어른과 아이로 차서(次序)를 정하여 한열씩 되어 다 같이 가장에게 절을 한다. 마쳤으면 장형(長兄)은 문의 왼쪽에 서고 큰누이는 문 오른쪽에 서서 모두 남쪽으로 향하여 서면 모든 남동생들과 여동생들은 두 번째로 절을 한다. 마쳤으면 각 항렬대로 열을 이뤄 남자 어른들은 서쪽을 상석으로 삼고 부인들은 동쪽을 상석으로 삼아 항렬이 낮거나 어린이들의 절을 같이 받는다. 절 받기를 마쳤으면 위 항렬 즉 절을 받은 동배(同輩)들은 물러나고 그 다음 동배들이 후배들의 절을 받되 문의 동서로 서서 절 받기를 전배(前輩)의 의식과 같게 한다.

만약 항렬이 낮거나 어린 사람이 먼 곳으로 찾아가 존장을 뵙거나 존장을 만났을 때 세분 이상 한곳에 계시면 먼저 세분을 향하여 재배를 하고 차서 대로 더위와 추위에 어떠하신지를 안부를 여쭙고 문안(問安)을 마쳤으면 또 세분에게 재배하고 마쳐야 하느니라.

◆尊長(존장)
朱子曰尊者謂長於己二十歲已上在父行者長者謂長於己十歲已上在兄行者

⊙冬至朔望儀禮節次(동지삭망의례절차)
是日昧爽拜祠堂畢先設主人主婦坐席於聽事正中

序立(男左女右男西上女東上主人之弟弟婦並妹爲一行子姪及其婦幷女子爲一行孫男孫婦孫女爲一行俟主人主婦坐定)○鞠躬拜興拜興拜興拜興平身○長者就次(就主人諸弟中推其最長者一人立主人右其妻立主婦右弟姪以下依前行次序立拜之)○鞠躬拜興拜興拜興拜興平身(拜訖又以次推其長者出就次拜之如前儀拜遍)○分班(主人諸子姪輩行同者分班對立男左女右互相拜)○鞠躬拜興拜興平身(拜訖諸孫行拜其諸父如前就次儀其自相拜如分班儀)

⊙동지와 초하루 보름 인사 의례절차.
이날 밤이 새어 날이 밝으면 사당 뵙기를 마치고 먼저 주인과 주부가 앉을 자리를 청사 중앙에 편다. ○차서 대로 선다. (남자는 왼쪽 여자는 오른쪽으로 서되 남자는 서쪽이 상석이며 여자는 동쪽이 상석으로 주인의 동생과 제부는 자매와 같이 한 열로 서고 아들과 조카들은 그 며느리와 딸들과 같이 한 열이 되어 서고 손자와 손부(孫婦) 손녀딸들도 한열이 되어 주인과 주부가 자리에 앉기를 기다린다) ○국궁(鞠躬) 사배 평신(四拜平身)한다. ○최 장자는 자리로 나온다. (주인의 여러 동생 중 최 장자

한 사람을 추대하여 주인의 오른쪽에 서고 그 부인은 주부의 오른쪽에 서면 그 아우와 조카 이하는 앞의 행한 바와 같이 차서 대로 서서 절을 한다) ○국궁 사배 평신한다. (절하기를 마쳤으면 또 다음 차례로 그 중 어른을 추대하여 자리에 나오면 절하기를 앞과 같은 의식으로 두루 미치게 절을 한다) ○차서 대로 따로따로 한다. (주인 여러 아들 조카는 항렬이 같은이끼리 따로따로 나뉘어 서되 남자는 왼쪽 여자는 오른쪽으로 마주하여 서서 서로 절을 한다) ○국궁 재배 평신한다. (절하기를 마쳤으면 여러 손자 항렬은 그들의 모든 부친 항렬에 절을 하되 자리로 나아가는 의식은 앞과 같으며 그들 스스로 절을 분반의식(分班儀式)과 같이 절을 한다)

凡受女壻及外甥拜立而扶之扶謂撝策外孫則立而受之可也

무릇 사위와 처남의 절은 일어섰다 앉아 부인의 숙배(肅拜) 같이 손을 땅에 집고 허리와 고개를 숙여 반절로 받고 외손의 절은 서서 받는 것이 옳으니라.

◆扶謂撝策(부위추책)

韻會撝初尤切拘也○退溪曰撝策未詳○廣韻手撝也○考證按涑水記聞种放以處士召見眞宗待以殊禮名動四海謁歸終南恃恩驕倨王嗣宗知長安放至通判以下群謁放小倦垂拜接之而已嗣宗內不平放召姪出拜嗣宗嗣宗坐受之放怒嗣宗曰向者通判以下拜君君扶之而已此白丁耳嗣宗名位不輕胡爲不得坐受其拜云云此以小倦垂拜接之謂之扶盖不敢受拜而半荅也撝策恐是俗語謂以手拘執而扶策以起也○愚按撝拘也策杖也謂將欲俯伏荅拜而似拘於手中所杖之策不果然者盖半荅也此於扶字義亦通然旣無明據不敢質言

◆異姓親稱號(이성친칭호)

問外族八寸兄弟之子宜不得以親屬爲名但其父則自稱兄弟而其子便將路人視之亦似不可若以戚丈戚末稱之無所背否尤菴曰東俗於無服外親施引太長恐非古義然朱子於程允夫實外親再從則是無服之親而猶稱以吾弟於允夫之父稱叔父此可爲法然君子小人之澤皆五世而斬此以同姓言也同姓猶止於五世則異姓尤當有隆殺之義也○彌甥二字出左傳矣鄭林塘於我先祖雙淸堂爲外孫而淸陰又林塘之外孫故於雙淸堂自稱爲彌甥矣

凡節序及非時家宴上壽於家長卑幼盛服序立如朔望之儀先再拜子弟之最長者一人進立於家長之前幼者一人搢笏執酒盞立於其左一人搢笏執酒注立於其右長者搢笏跪斟酒祝曰伏願某官備膺五福保族宜家尊長飮畢授幼者盞注反其故處長者出笏俛伏興退與卑幼皆再拜家長命諸卑幼坐皆再拜而坐家長命侍者徧酢諸卑幼諸卑幼皆起序立如前俱再拜就坐飮訖家長命易服皆退易便服還復就坐

무릇 절기(節氣)의 명절 또는 명절은 아니나 가장의 상수(上壽)에 잔치를 베풀 때 항렬이 낮은 이와 연하(年下)인 사람은 성복을 하고 차서 대로 서되 삭망 때 의식과 같게 선다.

먼저 재배를 하고 자제 중에서 최 장자 한 사람이 가장(家長) 앞으로 나아가면 유자(幼者) 한 사람이 홀(笏)을 조복 띠에 꽂고 술잔을 들고 그의 왼편에 서고 또 한 사람이 홀(笏)을 조복(朝服) 띠에 꽂고 주전자를 들고 그의 왼쪽에 선다. 장자(長者)는 홀을 조복 띠에 꽂고 무릎을 꿇고 앉아 술을 따라 올리며 축사(祝辭)에 왈(曰) 엎드려 원하옵건대 모관(某官)께서는 오복(五福)을 갖춰 받으시어 가족을 보호하시고 집안을 화목하게 하여 주옵소서. 라 한다. 존장은 술을 마시고 잔을 주면 유자(幼者)들은 잔과 주전자를 제자리에 둔다. 장자(長者)는 홀(笏)을 빼어 들고 부복(俯伏)하였다 일어나 비유자(卑幼者)들과 같이 모두 재배를 한다.

가장이 비유 자들에게 모두 앉으라고 명하면 비유자 모두 재배하고 앉는다. 가장(家

長)이 시자(侍者)에게 명하여 비유자 모두에게 두루 술잔이 미치게 하여 술을 따르게 한다. 비유자(卑幼者)들은 모두 일어나 차서 대로 서기를 앞 의식과 같이 서서 함께 재배를 하고 자리로 나아가 술을 마신다. 모두 마셨으면 가장은 옷을 바꿔 입으라고 명하면 모두 물러나 편복(便服)으로 바꿔 입고 다시 돌아와 자리에 나아가 앉는다.

凡子始生若爲之求乳母必擇良家婦人(增解按良家古民庶家也古詩云聞道選良家又唐史募兵行賞有奴與良人無貴賤之議盖古者選宮女選兵必皆於良家而擇乳母亦必於此也今人亦以民庶爲良人)秒溫謹者(乳母不良非惟敗亂家法兼令所飼之子性行亦類之)子能食飼之敎以右手子能言敎之自名及唱喏萬福安置稍有知則敎之以恭敬尊長有不識尊卑長幼者則嚴訶禁之(古有胎敎況於已生子始生未有知固擧以禮況於已有知孔子曰幼成若天性習慣如自然顔氏家訓曰敎婦初來敎子嬰孩故於其始有知不可不使之知尊卑長幼之禮若侮詈父母歐擊兄姊父母不加訶禁反笑而獎之彼旣未辨好惡謂禮當然及其旣長習以成性乃怒而禁之不可復制於是父疾其子子怨其父殘忍悖逆無所不至蓋父母無深識遠慮不能防微杜漸溺於小慈養成其惡故也)六歲敎之數(謂一十百千萬)與方名(謂東西南北)南子始習書字女子始習女工之小者七歲男女不同席不共食始誦孝經論語雖女子亦宜誦之自七歲以下謂之孺子早寢晏起食無時八歲出入門戶及即席飲食必後長者始敎之(敎之下一有必)謙讓男子誦尙書女子不出中門九歲男子誦春秋及諸史始爲之講解使曉義理女子亦爲之講解論語孝經及列女傳女戒之類略曉大意(古之賢女無不觀圖史以自鑒如曹大家之徒皆精通經術議論明正今人或敎女子以作歌詩執俗樂殊非所宜也)十歲男子出就外傳居宿於外讀詩禮傳爲之講解使知仁義禮智信自是以往可以讀孟荀楊子博觀群書凡所讀書必擇其精要者而讀之(如禮記學記大學中庸樂記之類他書放此)其異端非聖賢之書傳宜禁之勿使妄觀以惑亂其志觀書皆通始可學文辭女子則敎以婉娩(娩音晩婉娩柔順貌)聽從及女工之大者(女工謂蠶桑織績裁縫及爲飲膳不惟正是婦人之職兼欲使之知衣食所來之艱難不敢恣爲奢麗至於纂組華巧之物亦不必習也)未冠笄者質明而起總角靧(靧音悔洗面也)面以見尊長佐長者供養祭祀則佐執酒食若旣冠笄則皆責以成人之禮不得復言童幼矣

무릇 자식이 처음 태어나 만약 유모(乳母)를 구하려 하면 반드시 섬세하고 온화하며 부지런한 양가(良家) 집 부인으로 택한다.

아들이 능히 밥을 먹을 수 있을 때는 오른손을 쓰게 가르치고 말을 배울 때는 제 이름과 인사말을 가르치고 일정한 장소에서 생활하게 한다. 차차 깨달음이 있으면 존장(尊長)을 공경하는 법을 가르치고 깨닫지 못하는 것이 있으면 집안 식구들은 엄히 꾸짖어 가르치고 잘못된 버릇은 하지 못하게 가르친다.

여섯 살이 되면 숫자와 방위를 가르치되 남자아이에게는 글씨를 연습시키고 여자아이는 여자가 하는 일 중에서 작은 일을 가르친다. 일곱 살이 되면 남녀를 한 자리에 앉히지 않으며 한 자리에서 식사도 하지 않게 한다. 처음으로 효경(孝經)과 논어(論語)를 읽히고 비록 여자아이라도 당연히 읽힌다.

일곱 살 이전에는 아이라 이르는데 일찍 자고 늦게 일어나며 때 없이 먹는 것이다. 여덟 살이 되면 문을 열고 출입하는 법과 자리에 앉는 법과 음식은 반드시 어른보다 뒤에 식사하는 법을 가르친다. 비로소 이때부터 겸양지덕(謙讓智德)을 가르친다. 남자는 서경(書經)을 읽히고 여자는 중문 밖을 나가지 못하게 한다.

아홉 살이 되면 남자는 춘추(春秋)와 여러 사기(史記)를 읽히되 처음으로 풀이케 하여 뜻과 이치를 깨닫게 한다. 여자 역시 논어(論語) 효경(孝經)과 열녀전(烈女傳)을 풀이케 하여 여자가 경계해야 할 것들을 대략 큰 뜻을 깨닫게 한다.

열 살이 되면 남자는 바깥 스승에게 찾아가서 취학하게 하여 그 곳에서 숙식(宿食)하며 예전(禮傳) 시전(詩傳)을 읽고 뜻을 해석하여 익히게 하여 인의예지신(仁義禮智信)을 깨닫게 한다. 그쯤 되면 이때부터는 스스로 찾아 다니며 맹자(孟子), 순자(荀子), 양자(楊子) 등을 읽고 많은 책을 널리 보되 모든 독서는 반드시 정요(精要)한 책을 택하여 읽어야 한다. 즉 정요(精要)한 책이라 함은 예기(禮記), 학기(學記), 대학(大學), 중용(中庸), 악기(樂記) 등 서(書)를 이름이다. 사악한 도서거나 현인(賢人)이 주석(註釋)한 서경(書經)이 아니면 읽어서는 아니 된다. 그런 책을 보게 되면 거짓을 보는 것이고 미혹하고 어지러운 것이다. 책을 읽고 잊어버리지 않고 모두 통달하려면 처음부터 시서(詩書), 육례(六藝), 즉 예(禮), 악(樂), 사(射), 어(御), 서(書), 수(數)등과 그 운(韻)을 배워야 한다.

여자는 용모를 유순하게 하고 온순하여 시키는 대로 잘 순종하게 가르치며 여자가 할 일로 길쌈하여 옷 짓고 밥짓는 큰일을 가르친다. 남녀가 아직 관례(冠禮)나 계례(筓禮)를 하지 않았으면 새벽 일찍 일어나 세수를 한 후 머리를 총각머리를 하고 존장께 문안 인사를 한 후 형이나 언니를 도와 부모를 봉양한다. 제사 때면 제수 갖추는 일을 돕는다.

만약 이미 관례나 계례(筓禮)를 하였으면 모두 어른의 예대로 해야 하며 다시는 아이와 같이 하지 못하느니라.

◆胎教(태교)

韻會胎婦孕三月也○大戴禮靑史氏記古胎教之法王后腹之七月而就宴室太師持銅而御戶左太宰持升而御戶右太卜持蓍龜而御堂下諸官皆以其職御於門內比三月若王后所求聲音非禮樂則太師撫樂而稱不習所求滋味者非正味則太宰荷升不敢煎調而曰不敢以待王太子○列女傳太任娠文王目不視惡色耳不聽淫聲口不出傲言生文王而明聖太任教之以一而識百卒爲同宗君子謂太任謂能胎教

◆讀書(독서)

學者常存此心不被事物所勝而必須窮理明善然後當行之道曉然在前可以進步故入道莫先於窮理窮理莫先乎讀書以聖賢用心之跡及善惡之可效可戒者皆在於書故也凡讀書者必端拱危坐敬對方冊專心致志精思涵泳(涵泳者熟讀深思之調)深解義趣而每句必求踐履之方若口讀而心不體身不行則書自書我自我何益之有先讀小學於事親敬兄忠君弟長隆師親友之道一一詳玩而力行之次讀大學及或問於窮理正心修已治人之道一一眞知而實踐之次讀論語於求仁爲己涵養本源之功一一精思而深體之次讀孟子於明辨義利遏人慾存天理之說一一明察而擴充之次讀中庸於性情之德推致之功位育之妙一一玩索而有得焉次讀詩經於性情之邪正善惡之褒戒一一潛繹感發而懲創之次讀禮經於天理之節文儀則之度數一一講究而有立焉次讀書經於二帝三王治天下之大經大法一一領要而遡本焉次讀易經於吉凶存亡進退消長之幾一一觀玩而窮研焉次讀春秋於聖人賞善罰惡抑揚操縱之微辭奧義一一精硏而契悟焉五書五經循環熟讀理會不已使義理日明而宋之先正所著之書如近思錄家禮心經二程全書朱子大全語類及他性理之說宜閒閒精讀使義理常常浸灌吾心無時閒斷而餘力亦讀史書通古今達事變以長識見若異端雜類不正之書則不可頃刻披閱也凡讀書必熟讀一冊盡曉義趣貫通無疑然後乃改讀他書不可貪多務得忙迫涉獵也

◆禮記(예기)

考證即小戴記也按虞氏曰禮記乃儀禮之傳其言多與儀禮相爲表裡但周禮儀禮皆周公所作而禮記則漢儒所錄周禮雖得之於河間獻王時無有傳之者至漢末乃行於世惟儀禮之書漢初已行故高堂生傳之蕭奮蕭奮傳之孟卿孟卿傳之后蒼后蒼傳之戴德戴聖二戴因習儀禮而錄

禮記云云聖乃德之兄子也大戴禮八十五篇小戴禮四十九篇○周氏曰周禮乃太平之成法儀
禮又次之禮記者雜記先王之法言而尙多漢儒傳會之疵此學者所宜精擇○朱子曰或謂禮記
是漢儒所記恐不然漢儒最純者莫如董仲舒仲舒之文最純者莫如三策何嘗有禮記中說話來
如樂記所謂天高地下萬物散殊而禮制行矣流而不息合同而化而樂興焉仲舒如何說到這裡
想必是古來流傳得此箇文字如此

◆華巧之物不必習(화교지물불필습)

小學集解小學之道在於早諭敎非惟男子爲然女子亦莫不然也故自能言即敎以應對之緩七
年即敎以男女異席而早其別八年即敎以出入飲食之讓至于十歲則使不出閨門朝夕聽受姆
師之敎敎以女德敎以女工敎以相助祭祀之禮凡所聞見無一不出于正而柔順貞靜之德成矣
迨夫旣莘而嫁故能相助君子而宜其家人朱氏所謂孝不衰於舅姑敬不違於夫子慈不違於卑
幼義不咈於夫之兄弟而家道成矣世變日下習俗日靡閨門之內至或敎之以習俗樂歌曲以蕩
其思治纂組事華靡以壞其質養成驕恣妬悍之性以敗人之家殄人之世者多矣嗚呼配匹之際
生民之始萬福之原爲人父母可不戒哉

◆總角(총각)

內則三月之末翦髮爲鬌男角女羈陳註鬌所存留不翦者也嚴氏曰夾囟曰角兩髻也午達曰羈
三髻也○男女未冠莘者總角陳註總聚其髮而結束之爲角方氏曰男角女羈此兼男女而止曰
角者舉男以該之也○按宋時則男女皆總角故冠禮莘禮皆曰雙紒

凡內外僕妾鷄初鳴咸起櫛總盥漱衣服男僕灑掃廳事及庭鈴下蒼頭灑掃中庭女僕灑
掃堂室設倚卓陳盥漱櫛靧之具主父主母旣起則拂牀襞(襞音壁疊衣也)衾侍立左右以
備使令退而具飲食得間則浣濯紉縫先公後私及夜則復拂牀展衾當晝內外僕妾惟主
人之命各從其事以供百役

무릇 안팎 종과 첩들은 첫닭이 울면 모두 일어나 양치질과 세수를 하고 빗질을 하여
속발을 하고 옷을 입고 남자 종은 청사와 정원을 물 뿌리고 쓸고 닦는다. 머리에 종
이 달린 푸른 두건을 쓴 종은 중문 안 정원을 물 뿌리고 쓸며 여자 종은 집안을 물
뿌리고 청소를 하고 안방과 바깥방 앞에는 의자와 탁자를 놓고 그 위에 세수대야와
양치질 할 것과 빗 그리고 세수할 때 소용되는 용품을 놓아둔다.

바깥주인과 안주인이 이미 일어나면 시종들은 침상의 먼지를 털고 침구를 개어두고
좌우에서 모시고 시키는 일에 대비하고 서있는다. 물러나면 모두 조반상을 차린다.
시간을 얻어 옷을 빨고 꿰맬 때는 주인 것을 먼저 하고 제 것을 후에 한다. 밤이 되
면 다시 침상의 먼지를 털고 이불을 편다. 그 날 낮에 안팎 종과 첩들은 오직 주인의
명에 따라 주인 섬기기에 모든 것을 받쳐야 하느니라.

◆妾子嫡母稱號(첩자적모칭호)

退溪曰妾子之於嫡母稱於人則曰嫡母可也但以方言稱於母前及家內則別無可當之稱恐只
得如今人家婢御稱主母之辭而已蓋於父旣不得稱曰父主於母安得而直稱曰母主耶○栗谷
曰妾子於嫡母稱號退溪之言似合義理

凡女僕同輩(謂兄弟所使)謂長者爲姊後輩(謂諸子舍所使)謂前輩爲姨(內則云雖婢妾衣服
飲食必後長者鄭康成曰人貴賤不可以無禮故使之序長幼)務相雍睦其有鬪爭者主父主母聞之
即訶禁之不止即杖之理曲者杖多一止一不止獨杖不止者

　　要訣婢僕代我之勞當先恩而後威乃得其心君之於民主之於僕其理一也君不恤民則民散民散則國
　　亡主不恤僕則僕散僕散則家敗勢所必至其於婢僕必須軫念飢寒資給衣食使得其所有過惡則先
　　須勤勤敎誨使之改革敎之不改然後乃施楚撻使其心知厥主之楚撻出於敎誨而非所以憎嫉然後可

使改心革面矣

무릇 여자 종끼리는 동배일 때는 연장자를 누이 즉 언니라 부르고 후배는 전배(前輩)를 이모(姨母)라 부른다. 일은 서로 화목하게 하여야 한다. 그들끼리 다투거나 싸움이 있을 때는 바깥 주인이나 안주인은 이를 들으면 즉시 꾸짖어 그치게 한다. 꾸짖어도 그치지 않으면 즉시 곤장(棍杖)을 치되 잘못 한자를 더 많이 쳐서 한번으로 그치게 한다. 한번으로 그치지 않으면 그치지 않은 자만 곤장을 쳐야 하느니라.

凡男僕忠信可任者重其祿能幹家事次之其專務欺詐背公徇私屢爲盜竊弄權犯上者逐之

要訣婢僕男女不可混處男僕非有所使令則不可輒入內女僕皆當使有定夫不可使淫亂若淫亂不止者則當黜使別居毋令污穢家風婢僕當令和睦若有鬪鬩喧噪者則當痛加禁制

무릇 남자 종에서 성실하고 거짓이 없는 자 있으면 녹봉(祿俸)을 곱으로 주워서 책임자로 함도 가하다. 재간이 있어 집안일은 다음이고 그 일을 맡아 하면서 공정한 경영을 하지 않고 배반하여 자주 사사로이 도둑질을 하고 농간질을 하고 권세를 함부로 부려 종이 주인 행세를 하는 자는 내쫓아 버려야 하느니라.

凡女僕年滿不願留者縱之勤舊少過者資而嫁之其兩面二舌飾虛造讒離間骨肉者(增解問考證曰相親附如骨之於肉妄意親屬本祖先同一筋骨血肉故謂之骨肉南溪曰此無古訓當更參考)逐之屢爲盜竊者逐之放蕩不勤者逐之有離叛之志者逐之

무릇 여종은 나이가 찼을 때 있기를 원치 않으면 제 마음대로 가게하고 지난 날에 부지런하였고 과실이 적은 자는 재물을 주어 출가를 시키고 두 얼굴과 두 혀로 거짓을 만들어 헐뜯고 골육지친 간을 이간질 하였으면 내쫓아 보내고 자주 도둑질을 한 자도 내쫓고 방탕하거나 부지런하지 못하여도 내보내고 배반하여 도망치려는 뜻이 있는 자도 내쫓아야 하느니라.

◆撫安僕隷(무안복예)

旅軒曰撫安僕隷之事亦無非道理所在大槩忠義之性雖曰愚夫同得又豈可一一望之於僕隷之徒乎爲家長者只當不失其大綱毋察其小過而雖或橫逆者間作亦不可專責其在下者而顧吾所以御之者無乃失其道乎以是自省此亦豈非進德之地乎

◉附參祭數目饌品(부참제수목찬품)

◇朔參每龕(삭참매감)

果一大盤(卓子南端)酒二盞(北端)

◇望參每龕(망참매감)

果一大盤

◇正至俗節每位(정지속절매위)

匙筯一楪(非羹飯團粥則只用筯○北端中)果一盤　酒一盞　蔬一器(中中)肉湯一器　時食一器(中西)○正朝餅羹○上元藥飯○淸明花煎惑艾餅○端午蒸餅或松餅○荐七霜花或水團○秋夕引餅(不蜜)○重陽菊煎或栗餅○冬至豆粥(花煎加蜜少許菊煎同餘餅並以蜜豆屑作裹惟水團豆粥別用蜜器)

◇有事則告每位(유사즉고매위)

酒一盞　果一盤　脯一楪(中中)

◇五穀薦新每位(오곡천신매위)

匙筯一楪　飯一椀(北端或西或東)秋麥(早端午晚五月十五日)新稻(早七夕晚七月十五日黍若熟則同薦)黍(黃粘者○早七月十五日晚八月一日)稷(八月十五日○諸日及俗節時祭若有告則別薦亦可○菽薦法與果苽同但用熟)酒一盞脯一楪(或用醢○中西)蔬一器(或用菹○中中)肉湯一器(或用魚○中

東)

◇果菜魚薦新每龕(과채어천신매감)

果各一大盤 櫻桃(此下見上晨謁若値朔望俗節時祭則當幷薦不用本儀) 杏李 林禽 甛瓜 西瓜 梨
栗 棗 柿 菜各一器(菜魚熟者用筋楪) 蕨 瓜 茄子 魚各一器 石魚 葦魚 銀魚 白魚 靑魚

제 3 장 雜儀(잡의)

제 1 절 居鄕雜儀(거향잡의)

按呂氏鄕約有四其一曰禮俗相交而朱子增損禮俗相交以爲目而友有四焉曰尊卑輩行曰造
請拜揖曰請召送迎曰弔慶贈遺今本呂氏舊條而折衷以朱子之所增損者其間又稍酌以時俗
之宜揭網分目使人易曉附書於家禮雜儀之後雖曰鄕儀是亦人家日用之不可無者也

◎輩行之等(배행지등)

謂長於己三十歲以上者父之執友及無服親在父行者及異爵者皆是

○長者(장자)

謂長於己十歲以下在兄行者

○敵者(적자)

謂年上下不滿十歲者長於己爲稍長少於己爲稍少

○少者(소자)

謂少於己十歲以下者

○幼者(유자)

謂少於己二十歲以下者

◎相見之禮(상견지례)

○禮見(예견)

凡有三時節謂歲首冬至四孟月朔(辭見)謂久出而歸則見遠適將行則辭出入不及一月者否
(謝賀)謂己有賀事當謝人有慶事當慶賀如壽旦生子陞官受封起第之類

○燕見(연견)

禮見之外有五(候問)謂久不相見或有疾恙之類○(唁慰)謂有驚恐被訟失物之類○(白事)謂
有事務相於請求央托之類○(質疑)謂已有事體未明書義未曉執問講解之類○(經過)謂有
事偶過所居因便問訊之類

◎往還之數(왕환지수)

凡禮見如時節辭見謝賀皆冠帶具名紙躬詣門下行四拜禮燕見亦具冠帶或便服但不具名紙
行揖禮

○尊長於少幼(존장어소유)

尊長受謁若不報其歲首冬至則具己名帖令子躬報之或少者有可敬者尊者屈尊報之隨意○
長者歲首冬至具名帖躬報之餘若謝賀之類令子弟以己名帖代行長者或自行亦隨意○凡尊
長無事而至少者幼者之家唯所服

○敵者(적자)

更相往還或有故不能行則以書或傳語告之

○免禮(면례)

凡當行禮而有恙故皆當使人白之或遇雨雪則尊長先使人諭止來者

◎名帖之類(명첩지류)

○名紙(명지)

幼少於尊長用之用白紙一方幅揩書其上曰侍生姓某再拜侍生或作學生鄉生契家子再拜或作拜謝拜賀惟其宜

○名帖(명첩)

敵者以下用之用箋紙一小片書其上曰某拜或謝或賀惟所宜或於姓名上稱老拙辱交之類及地名邦望亦可

◎進退之節(진퇴지절)

○見尊長(견존장)

至門外下馬俟於外次痛名主人出迎則趨揖之告退則降階出門主人送則揖而退若命之上馬則三辭許則揖而退出大門乃上馬不許則從其命

○見敵者(견적자)

至門外下馬使人痛名俟于廡下或廡側主人出迎則趨相揖告退則就階上馬若客徒行則主人送于門外

○見少者(견소자)

凡少者以下則尊長先遣人通名入門下馬退則就階上馬

○禮節(예절)

凡見敵者以上入門必問主人食否有他幹否度於無所妨則通名有所妨則少俟或且退若有急事則不係此○凡見主人語終不更端則告退及主人有倦色或方幹事而有所俟者皆告退可也尊長於幼少則否

◎迎送之禮(영송지례)

○尊長(존장)

少幼先聞尊長來則具衣冠以俟若門外下馬或徒行則出迎于門外若不及入門下馬據所至迎之退則送上馬徒行則送于大門外既揖則隨其行數步望其行遠乃入

○適者(적자)

俟其通名具衣冠據所在出迎退則送上馬徒行則送于中門外無中門則送至大門

○少者(소자)

俟其通名方具衣冠將命者出請賓入主人迎于庭下既退則送至上馬處○凡迎送入則主人先導出則賓先退

◎拜揖之禮(배읍지례)

○見尊長(견존장)

禮見則四拜燕見則揖之若旅見則少者爲一列幼者爲一列先請納拜蒙允然後四拜如不允則再拜畢復請納拜後兩拜許則再拜之不允則止揖而退主人命之坐則致謝訖揖而坐

○見敵者(견적자)

禮見則再拜燕見則揖之

○見少者(견소자)
禮見賓拜則少者必力辭燕見主人先拜則賓辭而止

○答拜(답배)
尊長之於幼者則跪而扶之少者則跪扶而荅其半若尊者長者齒皆殊絶則幼者少者堅請納拜尊者許則立而受之長者許則跪而扶之

◎道塗之禮(도도지례)
○遇尊長(우존장)
凡遇尊長於道皆徒行則趨進揖尊長與之言則對否則立於道側以俟尊長已過乃得而行或皆承馬于尊者則回避避之不及則下馬立於道旁於長者則立馬道側供揖之俟長者過乃行若已徒行而尊長承馬則回避之避之不及則致言免其下若已乘馬而尊長徒行望見則下馬前揖已避亦然過旣遠乃上馬若尊長令上馬則固避

○遇敵者(우적자)
皆乘馬則分道相揖而過彼徒行而不及避則下馬揖之過則上馬

○遇少者(우소자)
遇少者以下皆乘馬彼不及避則揖之而過或欲下則固辭之彼徒行不及避則下馬揖之于幼者不必下

◎請召之禮(청소지례)
○請尊長(청존장)
凡召尊長飲食必親往投書面致其意諾則拜之長者辭則止旣許赴至日黎明復遣子弟迎之旣至明日親往拜辱若專召他容則不可兼請尊長如禮薄不必書

○召敵者(소적자)
召敵者以書簡旣赴召明日交使相謝

○召少者(소소자)
召少者以書列客目或傳言明日賓躬謝主人

○赴尊長召(부존장소)
若有衆客則約之同往始見則拜其見召主人辭則止明日又親拜賜主人預辭則書簡謝之非專召請而不拜

○赴敵者召(부적자소)
始見則揖謝之明日傳言謝之

○赴少者召(부소자소)
始見以言謝之明日傳言致謝

◎齒位之序(치위지서)
○聚會(취회)
凡聚會皆鄕人則坐以齒非士類則否若有親則別序若有他客有爵者則坐以爵不相妨者猶以齒若有異爵者雖鄕人亦不以齒(異爵謂古之上大夫如今之在京堂上官是)

○專召(전소)

若特請召或迎勞出餞皆以專召者爲上客不論齒爵餘爲衆賓坐如常儀如昏禮則姻家爲上客

◎獻酢之禮(헌초지례)

○燕集(연집)

凡燕席設衆賓席每席器具如常儀又先設卓子于兩楹間置酒盞洗器于其上

○主人獻上客(주인헌상객)

主人降席立于卓子東西之向客亦降席立于卓子西東向主人取盃就器洗之上客辭之主人洗畢置盃卓子上親執酒注斟之以注授執事者遂執盃以獻上客客受之直盃卓子上主人向西再拜客東向再拜客起取酒東向跪祭(傾少許于地)起立飮之訖以授贊者遂拜主人主人荅拜

○上客酢主人(상객초주인)

拜訖客取盃就器洗主人辭之洗畢置盃卓子上執注斟酒以注授執事者執盃以酢主人主人受之置卓子上客再拜祭興飮之以盃授贊者各再拜如前儀

○獻衆賓(헌중빈)

命贊者遍取衆賓酒盃一一親洗之衆賓合辭以辭主人執注斟酒以次獻衆賓衆賓各授盃以授贊者各置于席前若主人是尊長則衆賓旅拜是敵者以下則皆揖不拜衆賓拜揖畢各跪祭興飮之復拜揖飮遍乃就坐如常儀(若是婚會則以姻家爲上客其獻不以長少皆如前儀)

○拜節(배절)

若敵者爲上客皆如尊長之儀惟卒飮不拜若少者爲上客亦如前儀但上客先拜主人辭則止或上客于主人當納其拜則跪而扶之惟婚會姻家爲上客雖少者亦荅拜

◎勞餞之禮(노전지례)

○迎勞(영로)

尊長者自遠歸所厚者迎于近郊俟于道左邸舍俟其至下馬進揖不問訊起居尊長復上馬則從其家見之乃退若尊長不下馬命之上馬則上馬立俟于道側拱揖之如敵者則馬上拱揖問勞畢請所迎者先行若堅辭之則或先或後不可在所迎者之先少者不必迎

○餞送(전송)

尊長遠行少者幼者送之不過五里敵者不過三里或以情之厚薄爲遠近亦可各期會於一處拜揖如禮有飮食則就飮食之不具飮食則拜畢送之上馬隨行數十步行者堅辭則立馬目送行者去數十百步然後退

◎慶弔之禮(경조지례)

○慶賀(경하)

有吉事則慶之如冠子生子預薦及登第進名之類皆可賀昏禮雖得不賀然以物助其賓客之費亦不可缺凡慶賀禮有贈助之物

○弔唁(조언)

有凶事則弔之如喪葬水火之類凡凶事有贈助之儀弔喪見喪禮

◎獻遺之禮(헌유지례)

○獻尊者(헌존자)

凡有所獻于尊長前以狀列其物白而後獻若辭一再則止

○遺敵者(유적자)

則以書簡辭再三則止

○遺少者(유소자)
或傳言或以幅紙書其名

제 2절 朱子增損呂氏鄕約(주자증손여씨향약)

朱子曰鄕約家有藏本且欲流行其實恐亦難行然使讀者見之因前輩所以敎人善俗者而知自修之目亦庶乎其人少補耳○欲修呂氏鄕約削去書過行罰之類爲貧富可通行者所懼自修不力無以率人然果能行之彼此交警亦不爲無助耳楊氏廉曰宋史呂大防傳謂所著有鄕約朱子文以鄕約爲大鈞著橫渠言秦俗之化先自和叔有力和叔大鈞字也亦足以證鄕約之出於大鈞矣○按丘儀居鄕雜儀本呂氏舊條而折衷以朱子之增損者其間文稍酌以時俗之宜今撫附諸條之下

凡鄕之約四一曰德業相勸二曰過失相規三曰禮俗相交四曰患難相恤衆推有齒德者一人爲都約正有學行者二人副之約中月輪一人爲直月(都副正不與之)置三籍凡願入約者書于一籍德業可觀者書于一籍過失可規者書于一籍眞月掌之月終則以告于約正而授于其次

◆德業相勸(덕업상권)

德謂見善必行聞過必改能治其身能治其家能事父兄能敎子弟能御僮僕能肅政敎能事長上能睦親故能擇交遊能守廉介能廣施惠能守寄託能救患難能導人爲善能規人過失能爲人謀事能爲衆集事能解鬪爭能決是非能興利除害能居官擧職業謂居家則事父兄敎子弟待妻妾在外則事長上接朋友敎後生御僮僕至于讀書治田營家濟物畏法令謹租賦好禮樂射御書數之類○在件德業同約之人各自進修互相勸勉會集之日相與推擧其能者書于籍以警勵其不能者○古靈陳氏行狀爲仙居令敎其民曰爲吾民者父義母慈兄友弟恭子孝夫婦有恩男女有別子弟有學鄕閭有禮貧窮患難親戚相救昏姻死喪隣保相助無墮農業無作盜賊無學賭博無好爭訟無以惡陵善無以富吞貧行者讓路耕者讓畔頒白者不負戴於道路則爲禮義之俗矣朱子曰古靈諭俗一文平正簡易許多事都說盡可見他一箇大肚襟包得許多也

◆過失相規(과실상규)

過失謂犯義之過六犯約之過四不修之過五犯義之過

●一曰酗博鬪訟(일왈후박투송)

酗謂縱酒喧競博謂賭博財物鬪謂鬪毆罵詈訟謂告人罪惡意在害人誣賴爭訟得己不己者若事干負累及爲人侵損而訴之者非

●二曰行止踰違(이왈행지유위)

踰禮違法衆惡皆是

●三曰行不恭遜(삼왈행불공손)

侮慢齒德者持人短長者悖强陵人者知過不改聞諫愈甚者

●四曰言不忠信(사왈언불충신)

或爲人謀事陷人於惡或與人要約退則背之或忘說事端熒惑衆聽者

●五曰造言誣毀(오왈조언무훼)

誣人過惡以無爲有以小爲大面是背非或作嘲詠匿名文書及發揚人之私隱無狀可求及喜談人之舊過者

●六曰營私太甚(육왈영사태심)

與人交易傷於掊克者專務進取不恤餘事者無故而好干求假貸者受人寄託而有所欺者

犯約之過一曰德業不相勸二曰過失不相規三曰禮俗不相成四曰患難不相恤不修之過

●一曰交非其人(일왈교비기인)

所交不限士庶但凶惡及遊惰無行衆所不齒者而已朝夕與之遊處則爲交非其人若不得已而
暫往還者非

●二日遊戲怠惰(이왈유희태타)

遊謂無故出入及謁見人止務閒適者戲謂戲笑無度及意在侵侮或馳馬擊鞠者怠惰謂不修事
業及家事不治門庭不潔者

●三日動作無儀(삼왈동작무의)

謂進退太疎野及不恭者不當言而言及當言而不言者衣冠太華飾及全不完整者不衣冠而入
街市者

●四日臨事不恪(사왈임사불각)

主事廢忘期會後時臨事怠慢者

●五日用度不節(오왈용도불절)

謂不計有無過爲侈費者不能安貧非道營求者

右件過失同約之人各自省察互相規戒小則密教之大則衆戒之不聽則會集之日直月以告于
約正約正以義理誨諭之謝過請改則書于籍以俟其爭辨不服與終不改者皆聽其出約

●退溪先生鄉立約條父母不順者(퇴계선생향립약조부모불순자)不孝之罪邦有常刑故
姑擧其次●兄弟相鬩者(형제상혁자)兄曲弟直均罰兄直弟曲止罰弟曲直相半兄輕弟重●家道
悖亂者(가도패란자)夫妻毆罵出其正妻妾悖逆者減等男女無別嫡妾倒置以妾爲妻以孼爲嫡嫡不
撫孼孼反凌嫡　●事涉官府有關鄉風者(사섭관부유관향풍자)　●妄作威勢擾官行私者
(망작위세요관행사자)　●鄉長凌辱者(향장능욕자)　●守身孀婦誘脅汚奸者(수신
상부유협오간자)以上極罰上中下
●親戚不睦者(친척불목자)●正妻疎薄者(정처소박자)妻有罪者減等●里不和者(리
불화자)●儕輩相毆罵者(제배상구매자)●不顧廉恥汚壞士風者(불고염치오괴사풍
자)●恃强凌弱侵奪起爭者(시강릉약침탈기쟁자)●無賴結黨多行狂悖者(무뢰결당
다행광패자)●公私聚會是非官政者(공사취회시비관정자)●造言搆虛陷人罪累者
(조언구허함인죄루자)●患難力及坐視不救者(환난력급좌시불구자)●受官差任憑
公作弊者(수관차임빙공작폐자)●婚姻喪祭無故過時者(혼인상제무고과시자)●不
有執綱不從鄉令者(불유집강불종향령자)●不伏鄉論反懷仇怨者(불복향론반회구
원자)●執綱循私胥入鄉叅者(집강순사서입향참자)●舊官餞亭無故不叅者(구관전
정무고불참자)已上中罰上中下
●公會晩到者(공회만도자)●紊坐失儀者(문좌실의자)●座中喧爭者(좌중훤쟁자)
●空座退便者(공좌퇴편자)●無故先出者(무고선출자)已上下罰上中下

◆禮俗相交(예속상교)

禮俗之交一曰尊幼輩行二曰造請拜揖三曰請召送迎四曰慶吊贈遺尊幼輩行凡五等曰尊者
(謂長於己二十歲以上在父行者○丘儀無服親在父行者及異爵者皆是)曰長者(謂長於己十
歲以上在兄行者)曰敵者(謂年上下不滿十歲者長者爲稍長少者爲稍少)曰少者(謂少於己十
歲以下者)曰幼者(謂少於己二十歲以下者)造諸拜揖凡三條曰凡少者幼者於尊者長者歲首
冬至四孟月朔辭見賀謝皆爲禮見(皆具門狀用幞頭公服腰帶執笏無官具名紙用幞頭襴衫腰
帶繫鞋惟四孟通用帽子皂衫腰帶○凡當行禮而有羔故皆先使人白之或遇雨雪則尊長先使
人諭上來者)此外候問起居質疑白事及赴請召皆爲燕見(深衣凉衫皆可尊長令免去之)尊者
受謁不報(歲首冬至具己名榜子令子弟報之如其服○丘儀或少者有可敬者尊者屈尊報之)
長者歲首冬至具榜子報之如其服餘令子弟以己名榜子代行凡敵者歲首冬至辭見賀謝相往

還(門狀名紙同上惟止服帽子)凡尊者長者無事而至少者幼者之家惟所服(深衣凉衫道服背
子可也敵者燕見亦然)曰凡見尊者長者門外下馬俟於外次乃通名(凡往見人入門必問主人
食否有他客否有他幹否度無所妨乃命展刺有妨則少俟或且退後皆倣此○丘儀若有急事則
不係此)主人使將命者先出迎客客趨入至廡間主人出降階客趨進主人揖之升堂禮見四拜而
後坐燕見不拜(旅見則旅拜少者幼者自爲一列幼者拜則跪而扶之少者拜則跪扶而答其半若
尊者長者齒德殊絶則少者幼者堅請納拜尊者許則立而受之長者許則跪而扶之拜訖則揖而
退主人命之坐則致謝訖揖而坐○丘儀燕見則揖之若旅見則少者爲一列幼者爲一列先請納
拜蒙允然後四拜如不允則再拜畢復請納拜許則再拜不允則止揖而退)退(凡相見主人語終
不更端則告退或主人有倦色或方幹事而有所俟者皆告退可也後皆倣此)則主人送于廡下若
命之上馬則三辭許則揖而退出大門乃上馬不許則從其命凡見敵者門外下馬使人通名俟于
廡下或廳側禮見則再拜(稍少者先拜旅見則特拜)退則主人請就階上馬(徒行則主人送于門
外)凡少者以下則先遣人通名主人具衣冠以俟客入門下馬則趨出迎揖升堂(丘儀若不及入
門下馬則據所至迎之)來報禮則再拜謝(客止之則止)退則就階上馬(客徒行則迎于大門之外
送亦如之仍隨其行數步揖之則止望其行遠乃入○丘儀凡迎送入則主人先導出則賓先退)曰
凡遇尊長於道皆徒行則趨進揖尊長與之言則對不則立於道側以俟尊長已過乃揖而行或皆
乘馬於尊者則回避之於長者則立馬道側揖之俟過乃揖而行若已徒行而尊長乘馬則回避之
(凡徒行遇所識乘馬皆倣此)若已乘馬而尊長徒行望見則下馬前揖已避亦然過旣遠乃上馬
若尊長令上馬則固辭遇敵者皆乘馬則分道相揖而過彼徒行而不及避則下馬揖之過則上馬
遇少者以下皆乘馬彼不及避則揖之而過彼徒行不及避則下馬揖之(於幼者則不必下可也)
請召迎送凡四條曰凡請尊長飲食親往扠書(禮簿則不必書專召他客則不可兼召尊長○丘儀
諾則拜之長者辭則止旣許赴至日黎明復遣子孫迎之)旣來赴明日親往謝之召敵者以書簡明
日交使相謝召少者用客目明日客親往謝(丘儀赴尊長召始見則拜其見召主人辭則止明日又
親拜賜非專召不拜敵者召始見揖謝之少者召始見以言謝之明日皆傳言謝之)曰凡聚會皆鄕
人則坐以齒(非士類則不)若有親則別敍若有他客有爵者則坐以爵(不相妨者坐以齒)若有異
爵者雖鄕人亦不以齒(異爵謂命士大夫以上命陞朝官是○丘儀異爵謂古之上大夫如今之在
京堂上官)若特請召或迎勞出錢皆以專召者爲上客如昏禮則姻家爲上客皆不以齒爵爲序曰
凡燕集初坐別設卓子於兩楹間置大杯於其上(丘儀置酒盞洗器)主人降席立於卓東西向上
客亦降席立於卓西東向主人取杯親洗上客辭主人(丘儀主人洗畢)置杯卓子上親執酒斟之
以器授執事者(丘儀以注授執事)遂執杯以獻上客上客受之復置卓子上主人西向再拜上客
東向再拜興取酒東向跪祭遂飲(丘儀起立飲之)以杯授贊者遂拜主人答拜(若少者以下爲客
飲畢而拜則主人跪受如常)上客酢主人如前儀主人乃獻衆賓如前儀惟獻酒不拜(若衆賓中
有齒爵者則特獻如上客之儀不酢若昏會姻家爲上客則雖少亦答其拜曰凡有遠出遠歸者則
迎送之少者幼者不過五里敵者不過三里各期會於一處拜揖如禮有飲食則就飲食之少者以
下俟其旣歸又至其家省之慶吊贈遺凡四條曰凡同約有吉事則慶之(冠子生子預薦登第進官
之屬皆可賀昏禮雖曰不賀然禮有賀娶妻者蓋但以物助其賓客之費而已)有凶事則吊之(喪
葬水火之類)每家只家長一人與同約者俱往其書問亦如之若家長有故或與所慶吊者不相接
者則其次者當之曰凡慶禮如常儀有贈物(用幣帛酒食果實之屬衆議量力定數多不過四五千
少至一二百如情分厚薄不同則從其厚薄○久儀凡有所獻於尊長以狀列其物白而後獻若辭
一再則止遺敵者以書簡辭再三則止遺少者或傳言或以幅紙書其名)或其家力有不足則同約
爲之借助器用及爲營幹凡吊禮聞其初喪未易服則率同約者深衣而往哭吊之(凡吊尊者則爲
首者致辭而旅拜敵以下則不拜主人拜則答之少者以下則扶之不識生者則不吊不識死者則
不哭)且助其凡百經營之事主人旣成服則相率素幞頭素襴衫素帶(皆以白生紗絹爲之)具酒
果食物而往奠之(死者是敵以上則拜而奠以下則奠而不拜主人不易服則亦不易服賻禮用錢
帛衆議其數如慶禮)及葬又相率致贈俟發引則素服而送之(贈如賻禮或以酒食犒其役夫及

爲之幹事)及卒哭及小祥及大祥皆常服吊之曰凡喪家不可具酒食衣服以待吊客吊客亦不可受曰凡聞所知之喪或遠不能往則遣使致奠就外次衣吊服再拜哭而送之(惟至親篤友爲然)過朞年則不哭情重則哭朞墓〇右禮俗相交之事直月主之有期日者爲之期日當斜集者督其違慢凡不如約者告約正而詰之且書于籍語類先生有疾及諸生省問必正冠坐揖略無倦接之意諸生有未及壯年者待之亦周詳〇先生病少愈旣出寢室客至必見見必降階肅之去必送至階下諸生夜聽講退則不送或在座有外客則自降階送之先生於客退必立視其車行不復顧然後退而鮮衣及應酬他事或客方登車猶相面或以他事稟者不領之或前客纔登車而尙留之客輒有所稟議亦令少待〇大全休致後客位咨曰滎陽呂公嘗言京洛致仕官與人相接皆以閒居野服爲禮而歎外郡或不能然其指深矣熹衰朽無狀雖幸已叨誤恩許致其事而前此或蒙賓客不鄙下訪初未敢遽援此禮便以老大野逸自居近緣久病艱於動作屈伸俯仰皆不自由遂不免遵用舊京故俗輒以野服從事然而上衣下裳大帶方履比之凉衫自不爲簡其所便者但取束帶足以爲禮鮮帶可以燕居免有拘絆纏繞之患脫著疼痛之苦而已圻望深察恕此病人且使窮鄕下邑得以復見祖宗戚時京都舊俗其美如此亦補助風敎之一端也至於筋骸攣縮轉動艱迎候不時攀送不及區區之意亦非敢慢幷冀有以容之又大幸也熹悚恐拜聞熹衰病之餘不堪拜跪歲時享祀已廢其禮親舊相訪亦望察此非應受者幷告權免庶幾還答之間不至欠闕禮數而優可以免於趨避覆跌之虞千萬幸甚熹又上聞

◆患難相恤(환난상휼)

患難之事七

●一曰水火(일왈수화)

小則遣人救之甚則親往多率人救且吊之

●二曰盜賊(이왈도적)

近者同力追捕有力者爲告之官司其家貧則爲之助出募賞

●三曰疾病(삼왈질병)

小則遣人問之甚則爲訪醫藥貧則助其養疾之費

●四曰死喪(사왈사상)

闕人則助其幹辦之財則賻贈借貸

●五曰孤弱(오왈고약)

孤遺無依者若能自贍則爲之區處稽其出納或聞于官司或擇人敎之及爲求昏姻貧者協力濟之無令失所若有侵欺之者衆人力爲之辨理若稍長而放逸不檢亦防察約束之無令陷於不義

●六曰誣枉(육왈무왕)

有爲人誣枉過惡不能自伸者勢可以閒於官府則爲言之有方略可以救鮮則爲鮮之或其家因而失所者衆共以財濟之

●七曰貧乏(칠왈빈핍)

有安貧守分而生計太不足者衆以財濟之或爲之假貸置產以歲月償之

右患難相恤之事凡有當救恤者其家告于約正急則同約之近者爲之告約正命直月徧告之且爲之斜集而程督之凡同約者財物器用車馬人僕皆有無相假若不急之用及有所妨者則不必借可借而不借及踰期不還及損壞借物者論如犯約之過書于籍隣里或有緩急雖非同約而先聞知者亦當救助或不能救助則爲之告于同約而謀之有能如此者則亦書其善於籍以告鄕人

以上鄕約四條本出藍田呂氏今取其他書及附已意稍增損之以通于今而又爲月旦集會讀約之禮如左

方曰凡預約者月朔皆會(朔日有故則前期三日別定一日直月報會者所居遠者惟赴孟朔又遠者歲一再至可也)直月率錢具食(每人不過一二百孟朔具果酒二行麪飯一會餘月則去酒果

或直設飯可也)會日夙興約正副正直月本家行禮若會族罷皆深衣俟于鄉校設先聖先師之像于北壁下(無鄉校則別擇一寬閒處)先以長少叙拜於東序(凡拜尊者跪而扶之長者跪而答其半稍長者俟其俯伏而答之)同約者如其服而至(有故則先一日使人告于直月同約之家子弟雖未能入籍亦許隨衆叙拜未能叙拜亦許侍立觀禮但不與飲食之會或別率錢略設點心於他處)俟於外次旣集以齒爲序立於門外東向北上約正以下出門西向南上(約正與齒最尊者正相向)揖迎入門至庭中北面皆再拜約正升堂上香降與在位者皆再拜(約正升降皆自阼階)揖分東西向立(如門外之位)約正三揖客三讓約正先升客從之(約正以下升自阼階餘人升自西階)皆北向立(約正以下西上餘人東上)約正少進西向立副正直月次其右少退直月引尊者東向南上長者西向南上(皆以約正之年推之後倣此西向者其位在約正之右少進餘人如故)約正再拜凡在位者皆再拜(此拜尊者)尊者受禮如儀(惟以約正之年爲受禮之節)退北壁下南向東上立直月引長者東面如初禮退則立於尊者之西東上(此拜長者拜時惟尊者不拜)直月又引稍長者東向南上約正與在位者皆再拜稍長者答拜退立于西序東向北上(此拜稍長者拜時尊者長者不拜)直月又引稍少者東面北上拜約正約正答之稍少者退立於稍長者之南直月以次引少者東北向西北上拜約正約正受禮如儀拜者復位又引幼者亦如之旣畢揖各就次(同列未講禮者拜於西序如初)頃之約正揖就坐(約正坐堂東南向約中年最尊者坐堂西南向副正直月次約正之東南向西上餘人以齒爲序東西相向以北爲上若有異爵者則坐於尊者之西南向東上)直月抗聲讀約一過副正推設其意未達者許其質問於是約中有善者衆推之有過者直月紏之約正詢其實狀于衆無異辭乃命直月書之直月遂讀記善籍一過命執事以記過籍徧呈在坐各默觀一過旣畢乃食食畢少休復會於堂上或說書或習射講論從容(講論須有益之事不得輒道神恠邪僻悖亂之言及私議朝廷州縣政事得失及揚人過惡違者直月紏而書之)至晡乃退

제 3 절 養老儀(양노의)

◆養老之禮(양노지례)

有虞氏以燕禮夏后氏以饗禮殷人以食禮周人兼用之食三老五更於太學父事三老兄事五更所以教諸侯之弟也旣養老而後乞言有善則記之爲惇史國朝成宗戊戌行於成均舘季春之月擇吉辰所司先奏定三師三公三少致仕者用德行年高三老五更各一人羣老無數擇史官二人克惇史前三日設大次于學堂之後隨地之宜設三老五更次于學堂南門外之西羣老次于其後俱東向設羣官次文官于門外之東重行西向武官于羣老之西重行東向皆北上前一日有司具祭先師先聖之牲帛陳設如儀又設先老位于廟門之前陳設如儀設御座于堂上東序西向三老席于西楹之東近北南向五更席于西階上東向羣老之席位國老三人于三老之西衆國老于堂下西階之西東面北上庶老于國老之後設宮懸于堂庭登歌于堂上設文官五品以上位于懸東六品以下在其南俱重行西向北上武官五品以上位于懸西六品以下在其南當文官俱重行東向北上學生分位于文武官之後設尊于東楹之西北向左玄酒有坫以置爵先具牢饌其日皇帝服通天冠絳紗袍鑾駕出宮遣使者安車迎三老五更于其第俱朝服進賢冠前後導從如常惇史朝服從之國老庶老則有司先戒之各服其服俱集其次鑾駕將至太學官帥諸生俯伏迎駕于太學路左學生俱靑衿服上入御次具冕服酌獻文廟退入大次命官釋奠于先老通事舍人引從駕之官皆就門外位太樂令帥工入就位太常少卿贊三老五更俱出次引立于門外之西東面北上太常博士引太常卿升立于學堂北戶之內當戶北向侍中奏外辦皇帝出戶御明倫堂侍衛如常侍中負寶陪從殿中監進大珪皇帝執大珪博士引太常卿太常卿引皇帝[協律郎跪俛伏擧麾太和之樂作皇帝降迎三老于門內之東西面立侍臣從立于皇帝之後太常卿與博士]退立于左皇帝立定樂止三老五更扶玉杖各二人夾扶左右太常少卿引導惇史執筆以從三老入門舒和之樂作三老五更立于門西東面北上奉禮引羣官及學生隨入立於其後太常卿前奏請再拜退

復位皇帝再拜三老五叓去杖以答再拜稽首畢皇帝揖進三老在前五叓從仍杖夾扶如初至階
皇帝揖升自阼階三老五叓升自賓階國老三人從升俱就座後揖立國老庶老立于堂下之位羣
官及學生各就位樂止侍衛之官量入從升皇帝西面再拜三老三老南面答再拜稽首皇帝西面
再拜五叓五叓東面答再拜稽首休和之樂作三老五叓俱坐三公授几九卿正履上行酳侑之禮
殿中監尙食奉御進珍羞及黍稷等皇帝省之遂設于三老前樂止太常卿引皇帝詣三老座前以
大珪授侍臣割牲執醬而饋訖太常卿引皇帝詣酒尊所取爵侍中貫酌酒太常卿引皇帝進執爵
而酳侍臣進大珪皇帝復執大珪尙食奉御以次進珍羞酒食于五叓前國老庶老皆坐乃設酒食
于國老庶老前國老庶老皆食皇帝卽座以樂侑食太樂令引工升奏韶和之樂三終上遂乞言三
老乃論五孝六順典訓大綱五叓亦如之皇帝虛躬聽受惇史執筆錄善言羣老各進陳戒之辭訖
三老以下降筵太常少卿及奉禮引導皆如初太常卿引皇帝從以降階太和之樂作皇帝逡巡立
于階前樂止三老五叓出羣臣從之出舒和之樂作太常卿引皇帝升立于階上三老五叓出門樂
止侍中前奏禮畢退復位太常卿引皇帝還大次三老五叓升安車導從而還通事舍入引羣官及
學生以次出鑾駕還宮明日三老五叓以下皆詣闕表謝恩

제 4 절 上壽儀禮節次(상수의례절차)

是日行拜賀禮訖子弟修具畢請家長夫婦並坐於中堂諸卑幼皆盛服
序立(世爲一行男左女右)○鞠躬拜興拜興平身○長者詣尊座前(長者進立於家長之前如弟
則云長弟幼者一人執盞立於其左一人執注立於其右)○跪(長者及二幼者俱跪)○斟酒(長者受盞幼
者執注斟酒訖二幼起)○祝壽(長者擧手奉盞祝曰)伏願尊親履玆長至(正旦則改長至爲歲端生
旦則改云對玆爲慶)備膺五福保族宜家(祝畢家長受盞飮訖以盞授幼者反其故處長者)○俯伏
興平身○復位(與卑幼俱拜)○鞠躬拜興拜興拜興拜興平身○酢酒(拜訖侍者注酒於盞授
家長家長命長者至前親以酒授之)○受酒(長者受酒置於席端)○鞠躬拜興拜興平身(取酒)○
跪(飮之畢)○興(長者命侍者以次酢諸卑幼皆出位跪飮畢執事者擧食卓入擺列男列於外女列於內
婦女辭拜入內席)○命坐(家長命諸卑幼坐惟未冠及冠而未昏者不得坐)○鞠躬拜興拜興平身
(諸卑幼俱拜而後坐)○各就席(乃以次行酒或三行或五行子弟迭起勸侑隨宜畢)○各出席○鞠
躬拜興拜興平身○禮畢

◆장수한 어른 잔치에 잔 올리는 의례절차.

이날(명절) 행하는 하례(賀禮)의 절하기를 마치고 하례에 갖춰놓은 모든 것을 잘 정
돈하기를 마쳤으면 가장부부를 같이 당의 중간에 앉기를 청하고 모든 비유자들은 모
두 성복을 한다. ○차서 대로 선다. (한 세대씩 한열로 하되 남자는 좌측 여자는 우측
이다) ○국궁 재배 평신한다. ○장자(자손 중 연장자)는 존좌(尊座)(가장 부부가 앉은
자리) 앞으로 나간다. 장자가 가장 앞으로 나아가 서면 (아우가 이와 같이 할 때는
장제(長弟)라 한다) 유자(幼者)(장자 보다 어린 자) 한 사람이 잔을 잡고 그의 좌측에
서고 한 사람은 주전자를 들고 그의 우측에 선다) ○무릎을 꿇고 앉는다. (장자와 유
자 두 사람도 함께 무릎을 꿇고 앉는다) ○술을 따른다. (장자가 잔을 받으면 유자는
들고 있는 주전자로 잔에 술을 따른다. 마쳤으면 유자는 일어선다) ○오래 사시기를
비는 축사(祝辭)를 한다. (장자는 잔을 받들어 들고 축사를 아뢴다) 엎드려 원하옵건
대 존친께서는 복록(福祿)이 이에 오래도록 이르게 하시고 (정월 초하루에는 장지(長
至)를 세단(歲端)으로 하고 생일에는 이자장지(履玆長至)를 대자위경(對玆爲慶)으로
고친다) 오복을 갖춰 받아 가족을 보호하시고 가내가 화목하게 하여 주옵소서. 축수
를 마치면 가장은 잔을 받아 술을 마시고 마쳤으면 잔을 유자에게 준다. 유자는 장자
의 먼저 섰던 자리로 되돌아온다) ○부복하였다 일어나 평신한다. ○제자리로 물러나

선다. (부복하였다 일어나서 유자와 같이 절을 한다) ○국궁 사배 평신한다. ○가장(家長)은 술잔을 돌린다. (절하기를 마쳤으면 심부름하는 이는 주전자와 술잔을 가장에게 준다. 가장은 장자를 앞으로 나오게 명하여 친히 술을 따라 준다) ○술을 받는다. (장자는 술을 받아 자리의 끝에 놓는다) ○국궁 재배 평신한다. (술잔을 든다) ○무릎을 꿇고 앉는다. (술을 마신다. 마쳤으면) ○일어 선다. (장자는 심부름하는 이에게 명하여 여러 비유자(항렬이 낮거나 어린자)에게 차례대로 술잔을 돌리게 한다. 차례로 나와 무릎을 꿇고 앉아 술 마시기를 모두 마쳤으면 집사는 식탁을 들고 들어와 벌려놓는다. 남자 열은 바깥으로 하고 여자들은 안으로 하되 부녀자들은 절을 하고 안의 자리로 들어간다) ○앉으라고 하명한다. (가장은 모든 비유자에게 앉으라고 명한다. 이때 관례를 하지 않았거나 관례는 하였으나 미혼자도 부득이 앉아야 된다고 생각된다) ○국궁 재배 평신한다. (모든 비유자들도 함께 절을 하고 앉는다) ○각자의 자리로 간다. (곧 이어 주연을 혹 삼 순배(三巡杯) 혹 오 순배로 행하되 자제들이 번갈아 일어나 주고받고 권하기를 안주도 같이 따라 한다. 마쳤으면) ○각자의 자리로 간다. ○국궁 재배 평신한다. ○예를 모두 마친다.

◆上壽笏記(상수홀기)

設父席於堂北壁下少東設小卓一於其前○父升席自西方南向坐○設母席於北壁下少西設小卓一於其前○母升席自西方南向坐○設卓於堂東壁下近北置酒注於盞盤其上(注東盞西)○又設卓於堂南端多置酒盞於其上○丈夫盛服立於父席前西上北向○婦人盛服立於母席前東上北向○丈夫婦人皆再拜(婦人夾拜)○最長者一人進立於父席前幼者一人執酒盞立於其坐東向○一人執酒注於立其右西向○最長者受盞○執注者斟酒反奠于故處復位○最長者跪置卓上祝曰伏願大人履玆歲端(南至晬辰隨時稱之)備應五福保族宜家○父飲畢授幼子盞○幼子反奠于酒注卓上復初立位○最長者進母席前○幼子一人執酒盞立於其左東面○一人執酒注立於其右西面○最長者受盞執注斟酒者反奠于故處復位○最長者跪置卓上祝曰伏願母親履玆歲端備應五福保族宜家○母飲畢授幼子盞○幼子反奠于酒注卓上復初立位○最長者俛伏興退與在位者皆再拜○父命諸長幼坐長幼皆再拜而坐○父命諸侍者偏酬諸長幼○諸長皆起立○侍者實酒授長者○長者受酒坐奠于席北端興再拜取酒坐卒飲授侍者盞興再拜○侍者以盞實酒詣諸長幼前諸長幼皆再拜受卒飲酒皆再拜而退○侍者撤席及卓子

제 5 절 家書(가서)

◆上祖父母父母書(상조부모부모서)_{上外祖父母同}

按溫公書儀有上祖父母父母書又有上內外尊屬書尊屬謂伯叔祖父母伯叔父母姑舅妗母姨夫姨母及妻之父母也又有上內外長屬書長屬謂兄嫂姊內外兄姊及姊夫也書儀各自爲式今倂而一之分註于下云

司馬溫公

某啓孟春猶寒(時候隨月)伏惟 某親尊體起居萬福述先時往來書云云尊屬改起居爲動止(長屬)改起居萬福爲動止康和 某在此與新婦以下各循常若有尊長在此則於與新婦字上添侍奉某親康寧外字乞不賜遠念(長屬)改此句爲幸不念及○凡此皆平安之儀若有不安者即不用此句後準此下述事云云未由 省侍(尊屬)改省侍爲省覲(長屬)改爲參省伏乞倍加 調護(尊屬)改調護爲保重(長屬)改爲保燮下情不任瞻戀之至(尊屬)改瞻戀爲瞻仰(長屬)改下情以下爲卑情不勝依戀謹奉狀不備(長屬)狀爲啓孫某再拜上男則稱男女則稱女其姪甥壻於(尊屬)弟妹內外弟妹隨所當稱惟與妻之父母書不稱新婦則改新婦以下爲家中骨肉 某親几前(尊屬)同(長屬)則改几前爲左

右按世俗翰墨等書於上祖父母父母書俱稱膝下今稱几前若從俗稱膝下似亦無害

◆與內外幼屬書(여내외유속서)

幼謂弟妹表弟妹又有與子孫書及與卑屬書卑屬謂兄弟之子孫幾弟妹則云幾妹○(子孫)則云告某(卑屬)則云告幾某官春寒寒暄隨時想與諸尊幼或云長幼隨事○子孫及卑屬想下添汝字休宜述先時往來書○子孫與卑屬俱作吉健兄此粗如常述事云云○子孫稱吾卑屬稱翁或伯叔俱改此粗常爲此與骨肉幷如常不悉子孫卑屬皆不具兄告卑屬作幾翁子孫作翁某親卑屬稱幾某官子孫稱名

◆非時家宴(비시가연)

補註此節言家宴上壽之儀○按非時家宴如賀受官賀生辰之類○語類問誕辰亦受子弟壽酒否曰否衣服易否曰否一例不受人物事問在官所還受人壽儀否曰否然也有行不得處如作州則可以不受蓋可以自由若有監司所在只得按例與之受蓋他生日時又用還他某在潭州如此在南康漳州不受亦不送大全陳安卿問程子曰人無父母生日當倍悲痛如先生舊時亦嘗有壽母生朝及大碩人生朝與向日賀高倅詞恐非先生筆不審又何也豈在人子自已言則非其所宜而爲父母待親朋則其情又有不容已處否然恐爲此則是人子以禮律身而以非禮事其親以非禮待於人也其義如何曰此等事是力量不足放過了處然亦或有不得已者其情各不同也

◆生日上壽當否(생일상수당부)

程子曰人無父母生日當倍悲痛更安忍置酒張樂以爲樂若具慶者可矣○問誕辰亦受子弟壽酒否朱子曰否一例不受人物事問在官所還受人壽儀否曰否然也有行不得處如作州則可以不受蓋可以自由若有監司所在只得按例與之受蓋他生日時又用還他某在潭州如此在南康漳州不受亦不選問程子曰人無父母生日當倍悲痛如先生舊時亦嘗有壽母生朝及大碩人生朝與向日賀高倅詞恐非先生筆不審又何也豈在人子自已言則非其所宜而爲父母待親朋則其情又有不容已處否然恐爲此則是人子以禮律身而以非禮事其親以非禮待於人也其義如何曰此等事是力量不足放過了處然亦或有不得已者其情各不同也

제 6 절 稱號(칭호)

◎君臣(군신)

◆天子(천자): 陛下(폐하) 聖上(성상) ◆國王(국왕): 殿下(전하) ◆楓宸(풍신): 九重(구중) 至尊(지존) 主上(주상) 君王(군왕) 聖上(성상) ◆先朝(선조): 先帝(선제) 先王(선왕) ◆今朝(금조) 今上(금상) 當宁(당저) ◆太子(태자): 世子(세자) 東宮(동궁) 底下(저하) 元良(원량) 儲君(저군) 春宮(춘궁) 离筵(리연) 春邸(춘저) 鶴禁(학금) 儲貳(저이) 貳極(이극) ◆皇后(황후): 王后(왕후) 王妃(왕비) 中壼(중곤) 中殿(중전) 坤殿(곤전) 內殿(내전) 椒房(초방) ◆後宮(후궁): 後苑(후원) 妃嬪(비빈) ◆宰相(재상): 老爺(노야) 閤下(합하) ◆監營(감영): 巡營(순영) 節下(절하) 棠軒(당헌) 蓮幕(연막) 牙軒(아헌) ◆兵營(병영): 牙門(아문) 麾下(휘하) 籌軒(주헌) ◆水營(수영): 水寨(수채) 檣牙(장아) ◆都事(도사): 亞營(아영) 貳衙(이아) ◆邑宰(읍재): 政閣(정각) 琴軒(금헌) 鈴閣(령각) 仁閣(인각) 黃堂(황당) 東閣(동각) 政軒(정헌) ◆邊將(변장): 鎭下(진하) 戎軒(융헌) 鎭軒(진헌) 鎭衙(진아) ◆虞侯(우후): 副衙(부아) ◆察訪(찰방): 郵軒(우헌) ◆監牧(감목): 牧軒(목헌) 牧衙(목아) ◆裨將(비장): 佐幕(좌막) ◆冊房(책방): 記室(기실) ◆儒士(유사): 大雅(대아) 碩士(석사) 文右(문우) 几下(기하)

◎父子(부자)

◆父親(부친) 嚴親(엄친) 嚴君(엄군) 家嚴(가엄) 家君(가군) 大人(대인) 郎罷(낭파)

◆母親(모친): 慈親(자친) 慈母(자모) 慈堂(자당) 母氏(모씨) 天只(천지) ◆春府(춘부): 尊大爺(존대야) 尊公(존공) 尊君(존군) 大庭(대정) 尊堂(존당) 萱堂(훤당) 大夫人(대부인) ◆父母(부모): 爺孃(야양) 兩親(양친) 具慶(구경) ◆慈侍(자시): 褊親(편친) 寡母(과모) ◆子女(자녀): 豚兒(돈아) 迷兒(미아) 女息(여식) 阿团(아건) 天屬(천속) ◆令胤(영윤): 胤子(윤자) 胤君(윤군) 賢郞(현랑) 令愛(영애) ◆養子(양자): 過房(과방) 螟蛉(명령) ◆子婦(자부): 媳婦(식부) ◆長婦(장부): 冢婦(총부) ◆生男(생남): 添丁(첨정) 弄璋(롱장) ◆生女(생녀): 弄瓦(롱와) ◆處女(처녀): 處子(처자) 室女(실녀) 閨秀(규수) 小嬌(소교)

◎祖孫(조손)

◆祖父(조부): 大父(대부) 大母(대모) 王母(왕모) ◆尊王爺(존왕야): 王大夫人(왕대부인) ◆重侍(중시): 重慶(중경) ◆孫子(손자): 世兒(세아) 鄙孫(비손) ◆令仍(령잉): 賢仍(현잉) ◆外孫(외손): 彌甥(미생) 宅相(택상) 畫獅(화사)

◎兄弟(형제)

◆家兄(가형): 舍伯(사백) ◆舍弟(사제): 卯君(묘군) ◆姊氏(자씨) ◆阿妹(아매) ◆令伯(령백) ◆仲氏(중씨) ◆季氏(계씨) ◆從氏(종씨) ◆叔叔(숙숙) ◆伯嫂(백수) ◆丘嫂(구수) ◆小姑(소고) ◆妯娌(축리) 娣姒(제사) ◆連妗(연금) ◆妹夫(매부): 妹兄(매형) ◆妻男(처남); 姻弟(인제) ◆姨從(이종): 婭壻(아서)

◎夫婦(부부)

◆夫壻(부서): 夫子(부자) 君子(군자) 所天(소천) 卿卿(경경) 良人(량인) 郞君(랑군) 漢子(한자) 藁砧(고침) ◆室妻(실처); 室人(실인) 荊妻(형처) 細君(세군) 室家(실가) 荊布(형포) ◆賢閤(현합): 內閤 內相(내상) 室內(실내) 貴眷(귀권) 正娘子(정낭자) ◆小家(소가): 賤率(천솔) 賤畜(천축) ◆副室(부실): 別室(별실) 側室(측실) 小室(소실) 小娘子(소낭자) ◆妾子(첩자): 妾孥(첩노) 家眷(가권) 家累(가루) 家小(가소) ◆後娶(후취): 塡房(전방) 續絃(속현) ◆寡婦(과부): 嫠婦(리부) ◆早寡(조과): 靑孀(청상)

◎叔姪(숙질)

◆伯父(백부): 世父(세부) ◆仲父(중부) ◆叔父(숙부) ◆季父(계부) ◆伯母(백모) ◆叔母(숙모) ◆大阮(대원); 阮丈(원장) ◆堂叔(당숙) ◆姑母(고모) ◆內舅(내구) 外叔: 渭陽(위양) ◆妗母(금모)외숙모 ◆姨母(이모) ◆姪子(질자): 猶子(유자) ◆阿咸(아함): 小阮(소원) ◆甥姪(생질)

◎翁壻(옹서)

◆妻父(처부): 丈人(장인) 岳父(악부) 岳丈(악장) 婦翁(부옹) 外舅(외구) 聘君(빙군) 聘丈(빙장) ◆妻母(처모): 岳母(악모) 外姑(외고) 聘母(빙모) ◆令岳(영악): 泰山(태산) 冰淸(빙청) ◆女壻(여서): 館甥(관생) 東床(동상) ◆令壻(영서): 壻郞(서랑) 玉潤(옥윤) ◆新壻(신서): 嬌客(교객) ◆附查頓(부사돈): 姻婭(인아)

◎師生(사생)

◆先生(선생): 師父(사부) 函丈(함장) 丈席(장석) 西席(서석) 絳帳(강장) ◆弟子(제자): 門人(문인) 門徒(문도) 門生(문생) 徒弟(도제) 學子(학자)

◎朋友(붕우)

◆尊丈(존장): 父執(부집)　◆洞丈(동장): 洞兄(동형)　◆座下(좌하): 足下(족하)　◆侍生(시생): 侍下生(시하생) 後生(후생)　◆小弟(소제): 洞弟(동제)

◎鬼神(귀신)

◆上帝(상제): 玉皇(옥황)　◆地祇(지기): 后土夫人(후토부인)　◆造物(조물): 化翁(화옹) 眞宰(진재) 黔嬴(검영)　◆日御(일어): 羲和(희화)　◆月御(월어): 望舒(망서) 嫦娥(상아)　◆星精(성정): 星妃(성비)　◆風伯(풍백): 蜚廉(비렴) 封姨(봉이) 巽二(손이) 少女(소녀)　◆電公(박공): 阿香(아향)　◆雲師(운사): 屛翳(병예)　◆雨師(우사): 靈窿(령륭)　◆霜神(상신): 靑女(청녀)　◆雪神(설신): 膝六(슬육)　◆火神(화신): 回祿(회록)　◆春神(춘신): 靑帝(청제) 木帝(목제) 東君(동군) 太昊(태호) 句芒(구망)　◆夏神(하신): 赤帝(적제) 祝融(축융)　◆秋神(추신): 白帝(백제) 蓐收(욕수)　◆冬神(동신): 黑帝(흑제) 顓頊(전욱) 玄冥(현명)　◆旱鬼(한귀): 旱魃(한발)　◆東方精(동방정): 蒼龍(창룡)　◆南方精(남방정): 朱雀(주작)　◆西方精(서방정): 白虎(백호)　◆北方精(북방정): 玄武(현무)　◆中央精(중앙정): 句陳(구진)　◆東海神(동해신): 阿明(아명)　◆南海神(남해신): 祝融(축융)　◆西海神(서해신): 巨乘(거승)　◆北海神(북해신): 禺强(우강)　◆海神(해신): 海若(해약)　◆河神(하신): 河伯(하백)　◆水神(수신): 馮夷(풍이) 陽侯(양후) 天吳(천오) 無支祈(무지기)　◆波神(파신): 靈胥(령서)　◆土神(토신): 夷羊(이양)　◆西域神(서역신): 牟尼佛(모니불) 空王(공왕)　◆夜叉(야차): 木客(목객)　◆餓鬼(아귀): 饕餮(도철)　◆寶玉神(두옥신)　◆夜雨神(야우신): 嬴羌(이강)　◆門符(문부): 欝壘(울루)　◆附堠人(부후인): 長丞(장승)

⊙家禮抄解通禮圖式(가례초해통례도식)

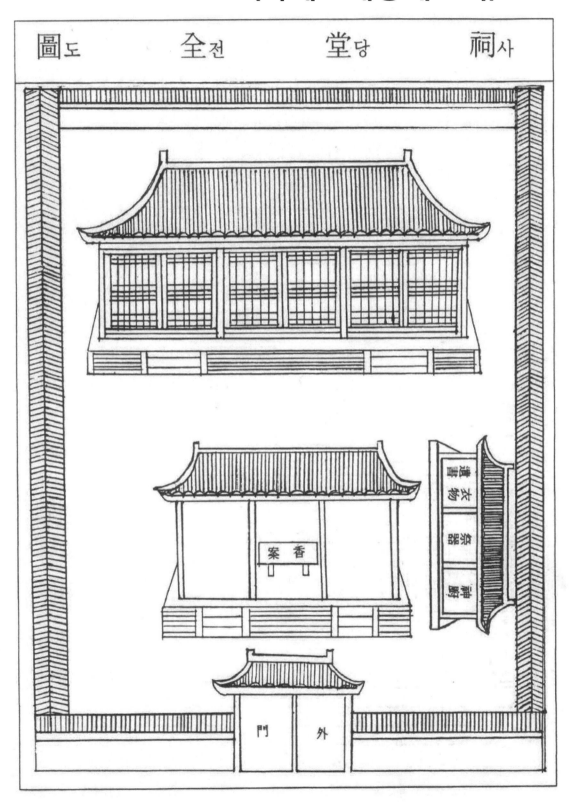

○집람사당도(家禮輯覽祠堂圖)(添補)

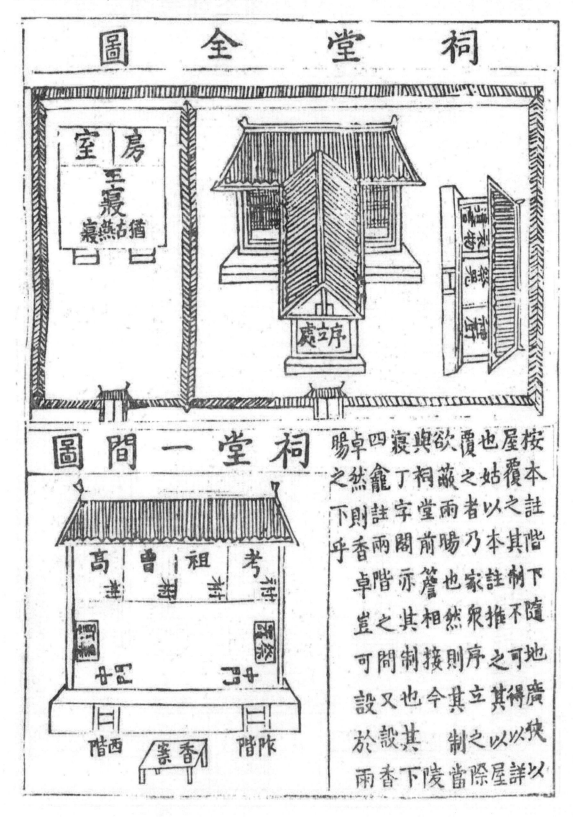

○편람사당도(便覽祠堂圖)(添補)

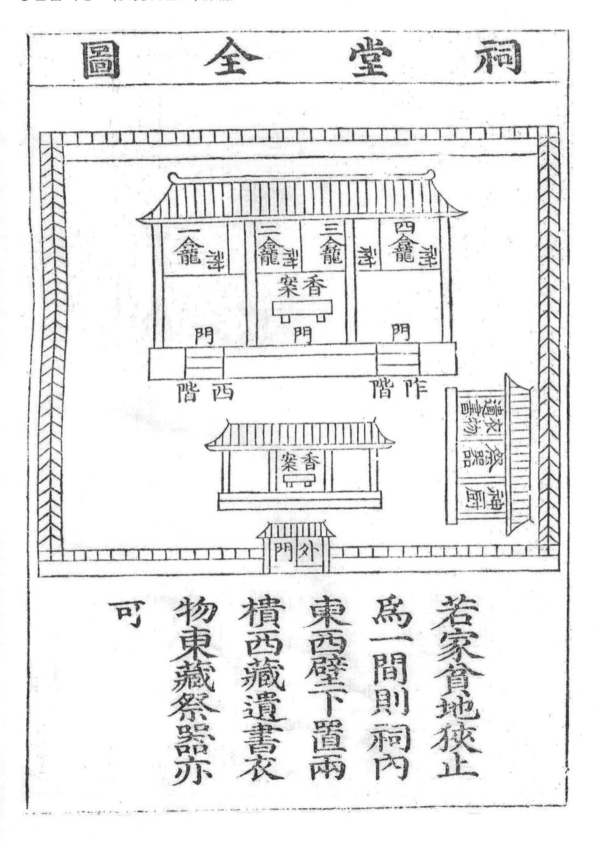

祠堂全圖

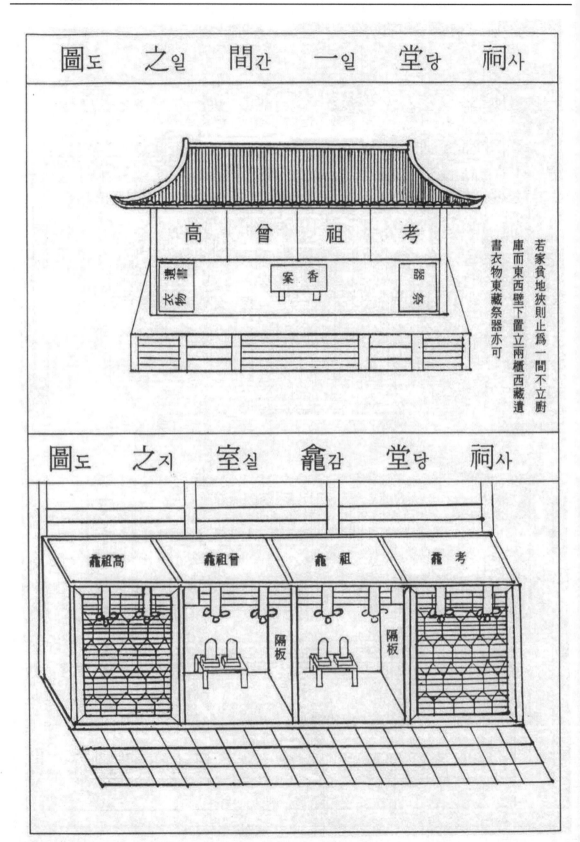

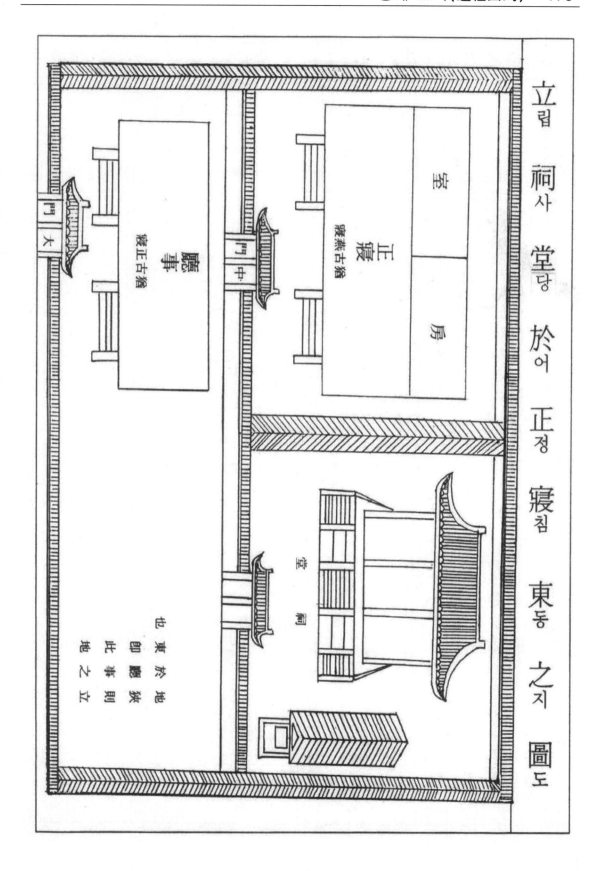

立립祠사堂당於어正정寢침東동之지圖도

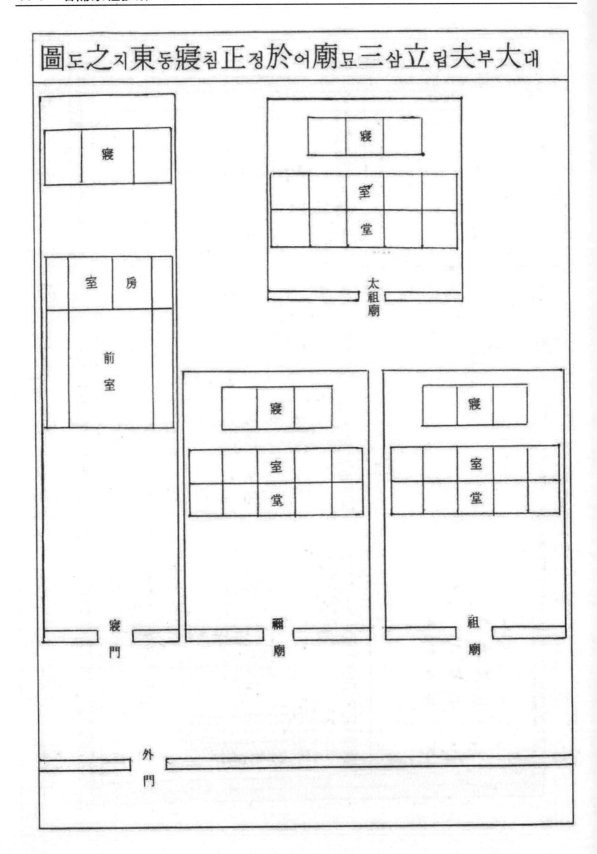

大夫立三廟於正寢之東圖

卿경大대夫부士사廈하屋옥五오架가棟동宇우圖도

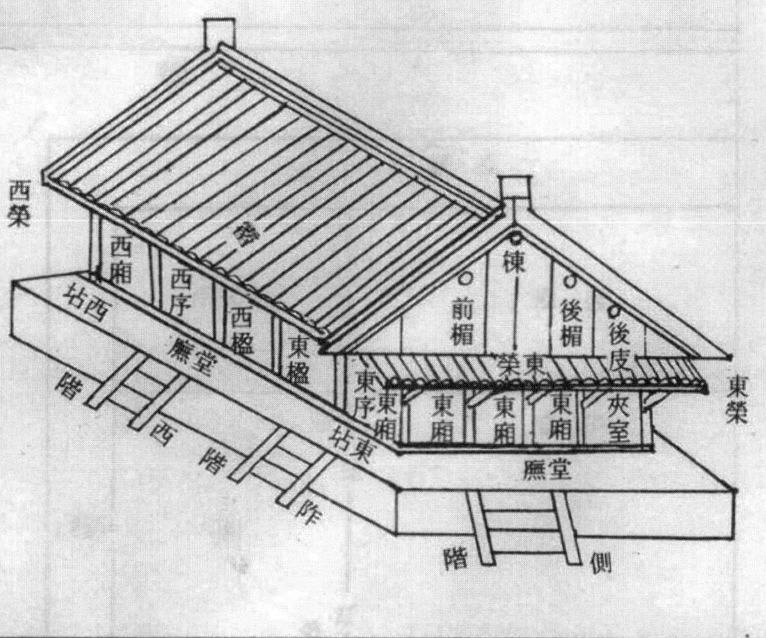

西榮
霤
西廂
西序
西楹
東楹
西坫
廡堂
階
西階
阼
棟
前楣
後楣
後庋
東榮
東序
東廂
東廂
東廂
東廂
夾室
東坫
廡堂
階
側

士冠禮註周制卿大夫以下其室爲廈屋兩下而周之○朱子大全廈屋五間皆爲橫棟棟之前後皆爲兩下之宇橫棟盡外有板下垂謂之搏風搏風之下亦爲兩廡連接南北以覆側階但其廡亦不出搏風之外耳廈屋南北兩下之廡與殿屋同故其簷亦謂之霤東西兩廡則但爲腰簷不連棟下水不能多故但謂之榮謂之翼而不得以霤名○士昏禮疏中脊爲棟棟前一架爲楣楣前接簷爲皮棟一名阿棟北一楣下有室戶棟在室外○大全堂之上東西有楹註楹柱也古之築室者以垣墉爲基而屋其上惟堂上有兩楹而已楹設於前楹之下按釋宮曰梁上楹謂之梲梲侏儒柱也梁楣也侏儒柱在梁之上則楹在楣之下可知

○집람궁려도(輯覽宮廬圖)(添補)(참고　좌행도식)

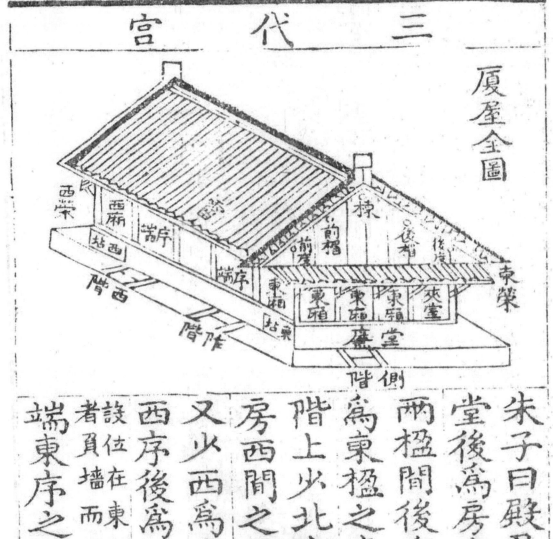

朱子曰殿屋五間前皆為
堂後為房室中間之前為
兩楹間後為室東間之前
為東楹之東又少東為胙
階上少北為東序後為東
房西間之前為西楹之西
又少西為賓階上少北為
西序後為西房序即墙也
者設位在東西序墙而立也
端東序之東西序之西為

○집람궁려도(輯覽宮廬圖)(添補)(참고 좌행도식)

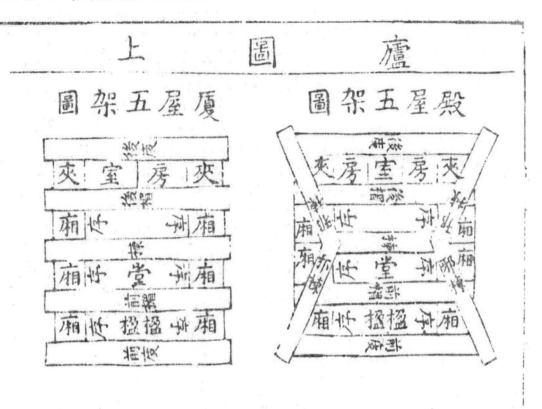

夾廊亦謂之廟又說文云亦廟
序也此亦廟

可見一但疑序宇
下脫一外宇

堂其後爲東西夾室夾外
之廣爲側階房後爲北階

其前爲東西
一棟橫指東西至兩序之
其棟則中三間爲
此其地盤也

上而盡遂自此廈分爲四
棟邪指四隅上接橫棟下
與霤齊所謂四阿也制其
此其上棟之制

宇則橫棟前後即爲南北
兩下橫棟盡外即爲東西
兩下四棟之旁即各連所

○집람궁려도(輯覽宮廬圖)(添補)(참고 좌행도식)

向兩下四面檐桶覆堂簾出階外者謂之廡說文云

也周屋其屋盡水下處謂之雷此其下宇○廈屋則前

五間後四間無西房堂中三間東房西室之後其餘並如殿屋

之制但五間皆為橫棟之前後皆為兩下之宇橫

棟盡外有版下垂謂之搏風搏風之下亦為兩廡接

連南北以覆側階但其廡亦不出搏風之外耳疏儀禮云

卿大夫下為廈屋其室兩下而四周之○殿屋四阿連下為廡四面之簷

其水皆多故其簷皆得以雷為名○殿

廡與殿屋同故其簷亦謂之雷東西兩廡則但為腰

簷不連棟下又不出搏風之外雖或有水亦不能多

故但謂之榮謂之翼而不得以雷名也之名疏乃腰簷乃直

○楷搏風誤矣
○見搏大金

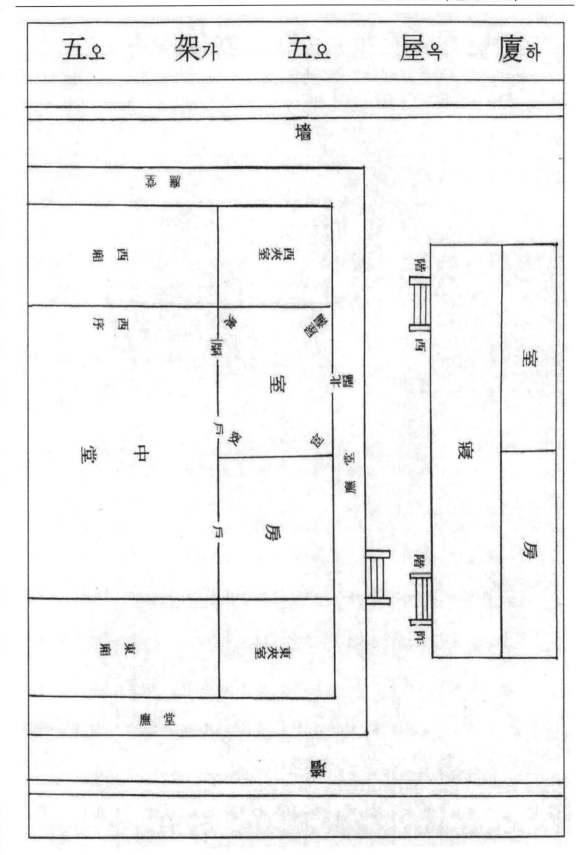

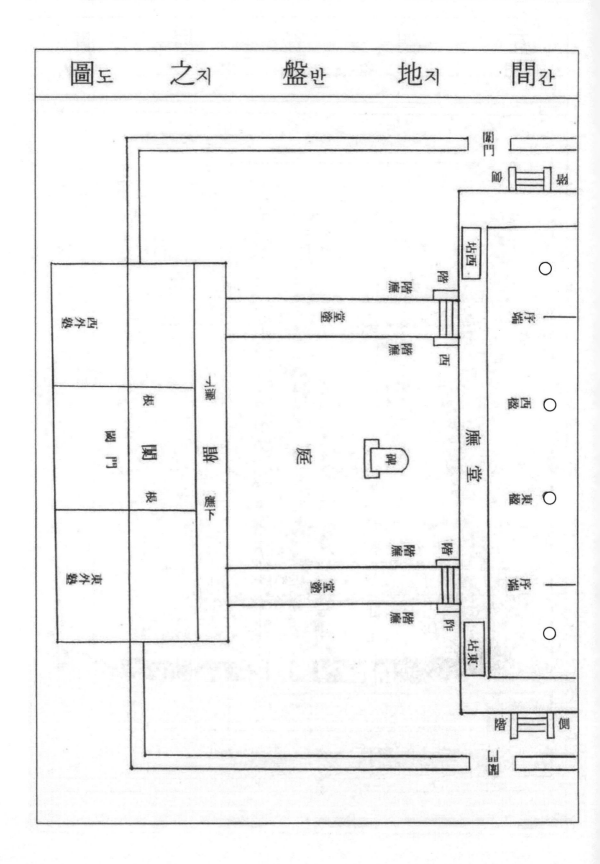

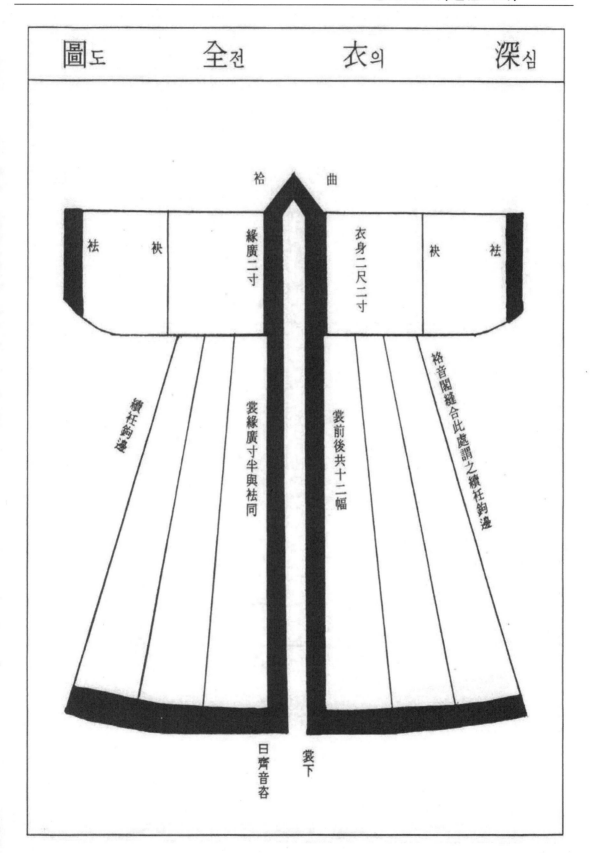

圖도　後후　衣의　深심

曲袷

負繩謂衣裳背

後縫一直相當

袂　袪

袪　袂

此邊既合縫了再覆縫方便於着
以合縫者爲續衽覆縫爲鉤邊

此邊內外各用裁開斜處合縫

通前後爲七尺二寸

要中三倍於袪口之數

下齊倍要通前後爲一丈四尺四寸

圖도 掩엄 相상 襟금 兩양 前전 著착 衣의 深심

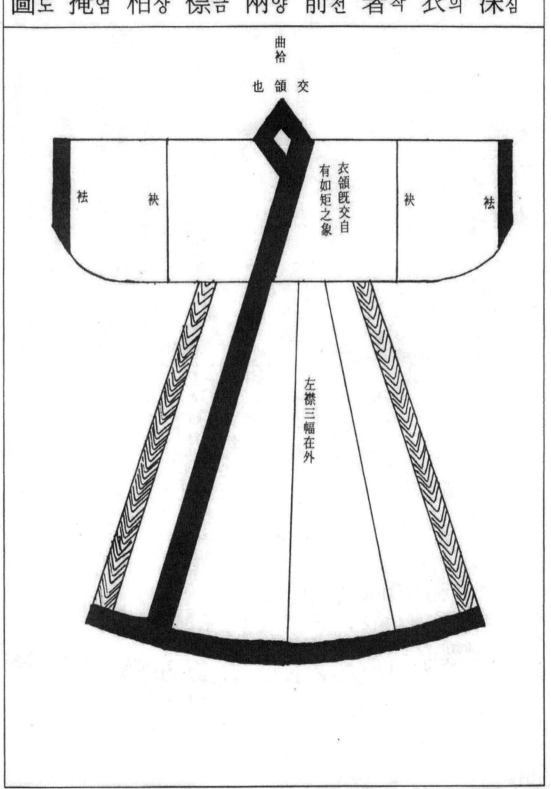

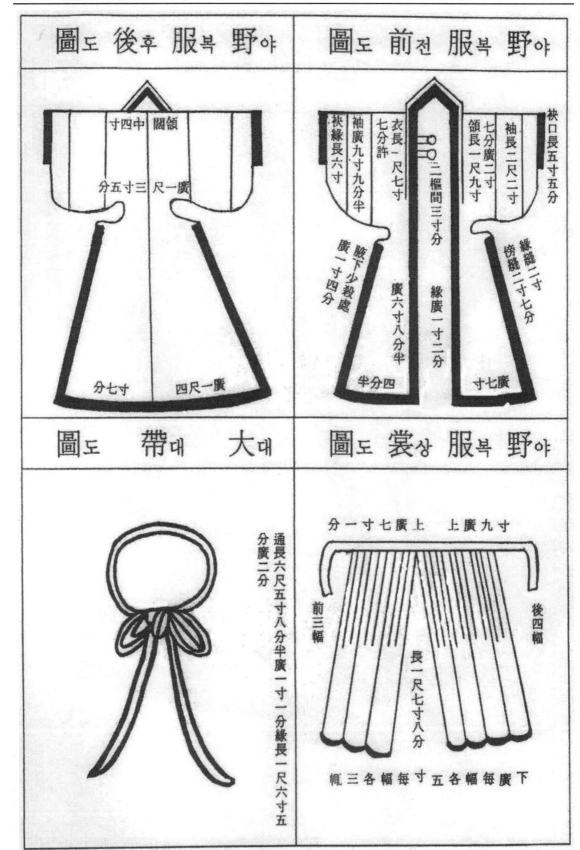

圖도 後후 服복 野야

關領 中四寸

廣一尺三寸五分

廣一尺四 寸七分

圖도 前전 服복 野야

衣長一尺七寸許
袖廣九寸九分半
袂緣長六寸

領長一尺九寸
七分廣二寸
袖長二尺二寸
袂口長五寸五分

二幅間三寸分
緣廣一寸二分
廣六寸八分半

腋下少殺處
廣一寸四分

緣縫二寸
旁縫二寸七分

四分半
廣七寸

圖도 帶대 大대

通長六尺五寸八分半廣一寸一分緣長一尺六寸五分廣二分

圖도 裳상 服복 野야

上廣七寸一分　上廣九寸

前三幅　後四幅

長一尺七寸八分

下廣每幅各五寸　每幅各三幅

增解愚按此野服制度本非先有尺寸之定法而持

撰成衣制者也只是就尤翁所製已成之衣而

尺較量以知此為幾尺寸此為幾分幾釐耳然

則固與深衣制度之本有定法者不同矣且凡尺

寸有長短此布幅有闊狹人之體則有肥瘦大小之不

同若不量此而惟欲一遵此之制則有瘦小者或不勝

其寬長肥大者又不堪其窄短矣惟當以玉露本

制定其大體規模以朱子所謂衣服當適於體之

說為裁衣之大法隨人體而量定尺寸以裁之則

庶無不相稱之患矣

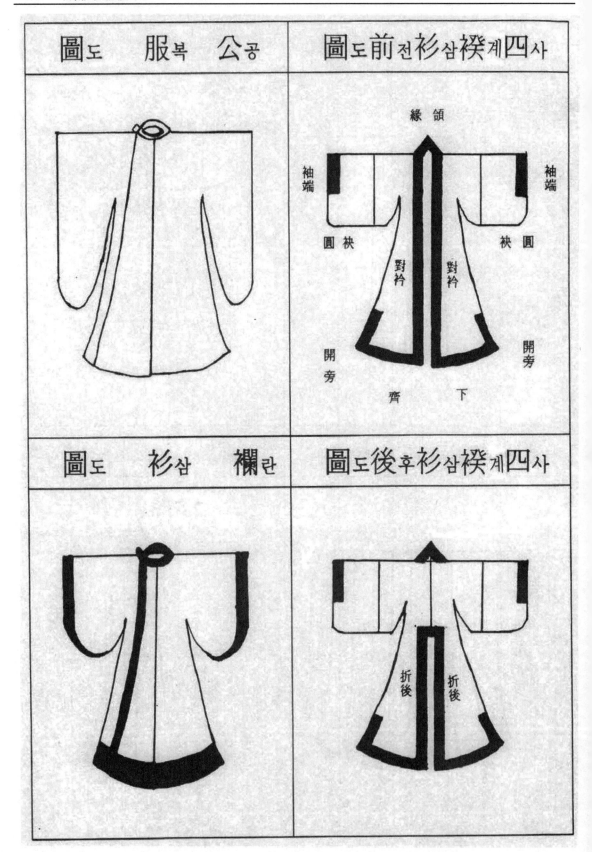

圖도　服복　公공

圖도前전衫삼襆계四사
領
緣
袖端　　　　　袖端
圓袂　　　　　　袂圓
對衿　　　對衿
開旁　　　　　　開旁
齊　　　下

圖도　衫삼　襴란

圖도後후衫삼襆계四사
折後　折後

子자　　　背배　　圖도　　　衫삼

裙군　　　長장　　圖도　衣의　大대

大대 帶대 圖도

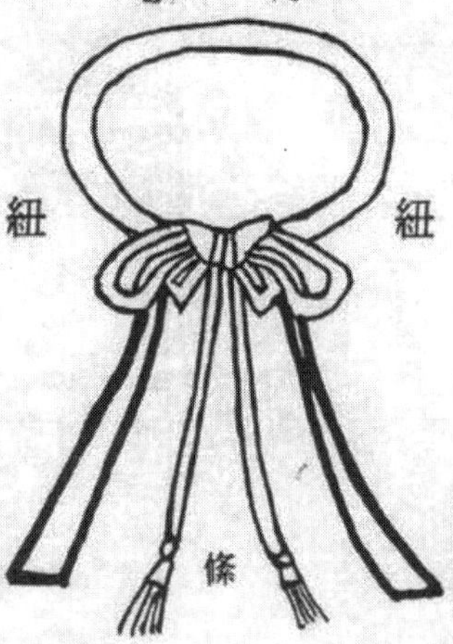
再繚
紐
紐
紳緣半寸
絛
紳緣半寸

玉藻云天子素帶朱裏終辟諸侯素帶終辟大夫素帶辟垂註云大夫辟其紐及末士辟其末而已○按終充也辟緣也充辟謂盡緣之也紐兩耳也天子以素爲帶以朱爲裏從腰後至紳皆緣之也諸侯亦然但不朱裏耳大夫緣其兩耳及紳腰後則不緣也士惟緣其紳腰及兩耳皆不緣也

緇치 布포 冠관 圖도

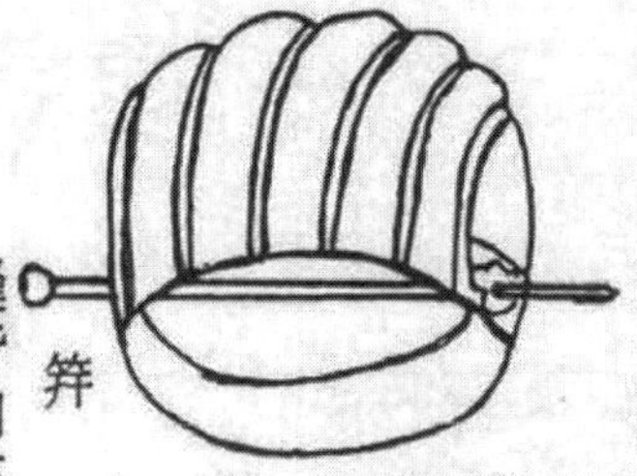
縫皆向左
笄
武高寸許
三寸廣

糊紙爲之武高寸許廣三寸袤四寸上爲五梁廣如武之袤而長八寸跨頂前後下著於武屈其兩端各半寸自外向內而黑漆之武之兩旁半寸之上竅以受笄笄用齒骨凡白物○王普制度云緇布冠用烏紗漆爲之不如紙尤堅硬

幅복巾건圖도

用黑繒六尺許中屈之右邊就屈處爲橫㡇左邊反屈之自㡇左四五寸間斜縫向左圓曲而下遂循左邊至于兩末復反所縫餘繒使之向裏以㡇當額前裹之至兩耳旁各綴一帶廣二寸長二尺自巾外過頂復相結而垂之

黑흑履리圖도

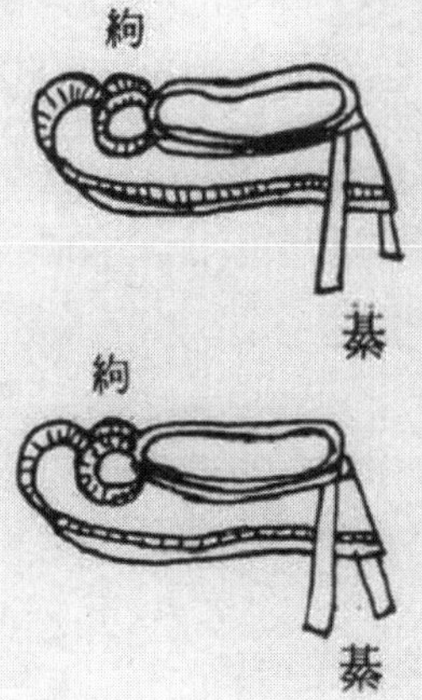

深衣用白屨狀如今之履絇音劬繶音憶純音準綦音忌四者以緇絇者謂屨頭以修或繒爲鼻繶者縫中紃音旬也純謂屨口緣也綦所以繫屨也或用黑屨白純禮亦宜然

○집람삼대복도(家禮輯覽三代服圖)(補添)

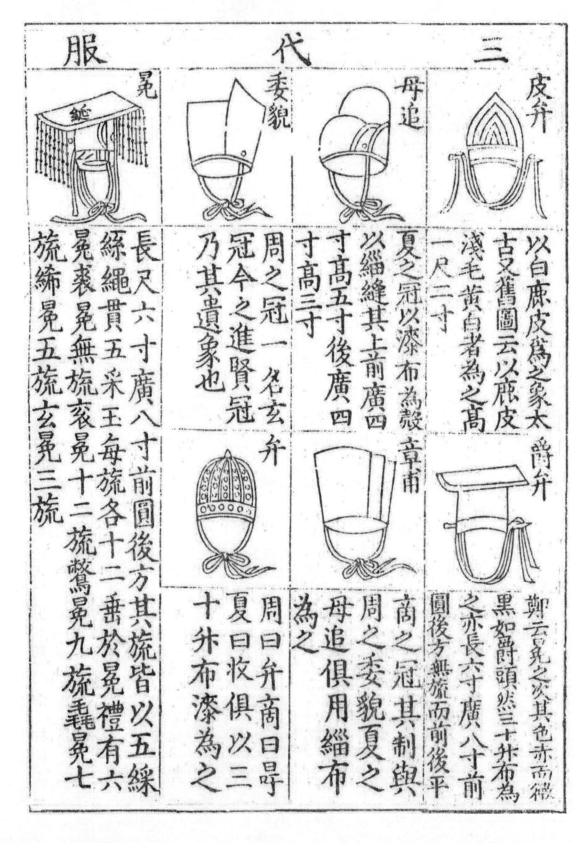

服　　代　　三

冕　委貌　母追　皮弁　爵弁

以白鹿皮爲之象太
古又舊圖云以鹿皮
淺毛黄白者爲之高
一尺二寸

夏之冠以漆布爲殼
以緇縫其上前廣四
寸高五寸後廣四
寸高三寸

章甫

周之冠一名玄弁
冠今之進賢冠
乃其遺象也

長尺六寸廣八寸前圓後方其旒皆以五綵
絲繩貫五采玉每旒各十二旒於冕禮有六
冕衮冕無旒衮冕十二旒鷩冕九旒毳冕七
旒絺冕五旒玄冕三旒

鄭云冕之次其色赤而微
黑如爵頭然三十升布爲
之赤長六寸廣八寸前
圓後方無旒而前後平

周之委貌夏之
母追俱用緇布
爲之

高之冠其制與
周曰弁商曰冔
夏曰收俱以三
十升布漆爲之

○집람삼대복도(家禮輯覽三代服圖)(添補)

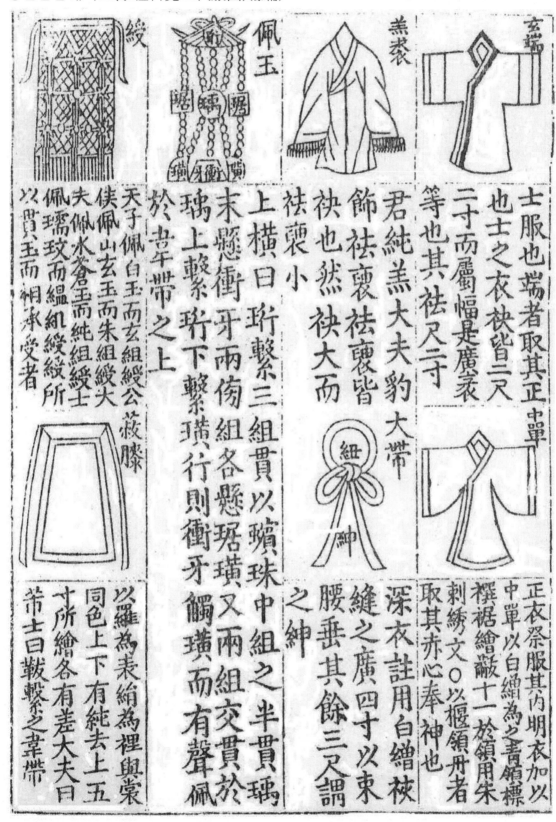

綬　紞　佩玉　羔裘　玄端

士服也端者取其正中單
也士之衣袂皆二尺
二寸而屬幅是廣袤
等也其袪尺二寸

君純羔大夫豹大帶
飾袪襃袪襃皆
袂也然袂大而
袪襃小

上橫曰珩繫三組貫以蠙珠中組之半貫瑀
末懸衝牙兩傍組各懸琚瑀又兩組交貫於
瑀上繫珩下繫瑀琚行則衝牙觸瑀而有聲佩
於當年帶之上

天子佩白玉而玄組綬公薦綟
侯佩山玄玉而朱組綬大
夫佩水蒼玉而純組綬士
佩瓀玫而縕組綬所
以貫玉而組承受者

紳

以羅為表絹為裏與裳
同色上下有純去上五
寸所繪各有差大夫曰
帶士曰韠繫之韋帶

深衣註用白繒裬
縫之廣四寸以束
腰垂其餘三尺謂
之紳

正衣祭服其內明衣加以
中單以白繒為之青領標
襈裾繪黻十一於領用朱
刺繡文○以襺領冊者
取其赤心奉神也

○집람관량작첩도(家禮輯覽冠梁作帆圖)(添補)

冠梁作帆圖

方八寸
廣六分六釐有奇
廣八分摺之為梁
廣六分六釐有奇
廣八分摺之為梁
廣六分六釐有奇
廣八分摺之為梁
廣六分六釐有奇
廣八分眉之為梁
廣六分六釐有奇
廣八分摺之為梁
廣六分六釐有奇
廣八分摺之為梁
廣六分六釐有奇
方八寸

冠　　　紲

補註糊紙或用烏紗加黍為之裁一長條其長一尺四寸許其
高寸許圍以為武其圍之兩旁各廣三寸前後各長四寸又用
一長條廣八寸許長八寸許上裹積以為五梁則廣四寸縫皆
向左彎其中跨頂前後下著于武屈其兩端各半寸自外向內
而黑柒之又於武之兩旁半寸之上為竅以受笄笄用白骨或
象牙為之

按原圖梁在武上實誤
而朱子大全圖亦然原
圖恐本於此

吉祭時兩著

笄
武　高寸許
三寸

○집람복건도(家禮輯覽幅巾圖)(添補)

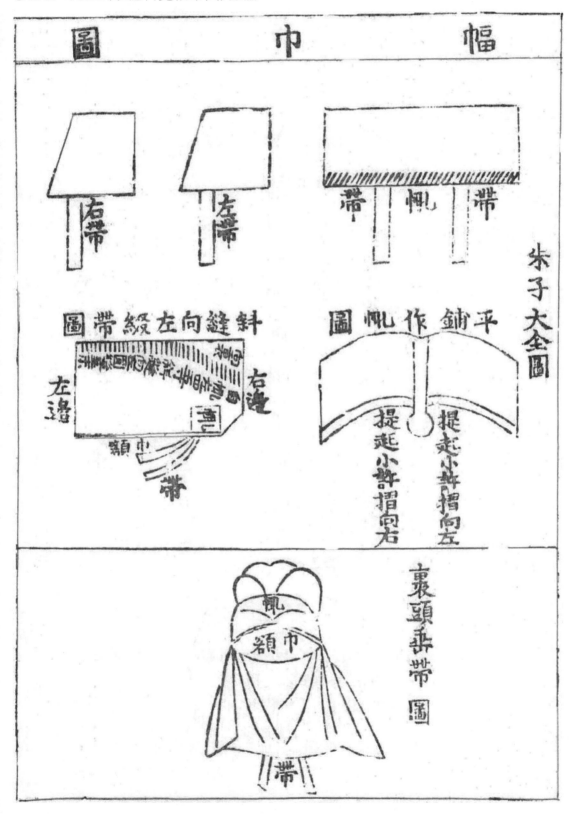

玄현 端단 圖도

士服也端者取其
正也士之衣袂皆
二尺二寸而屬幅
是廣袤等也其袪
尺二寸

羔고 裘구 圖도

君純羔大夫豹
飾袪袖袪袖皆
袂也然袪大而
袪袖小　袂大而

中중 單단 圖도

正衣祭服其內明衣
加以中單以白繒爲
之靑領標襈裾繪截
十一於領用朱刺繡
文　○　以襈領丹者取
其赤心奉神也

縞호 衣의 圖도

婦人服

細繪爲之戰國策
強弩之餘不能穿
魚縞是薄繪也

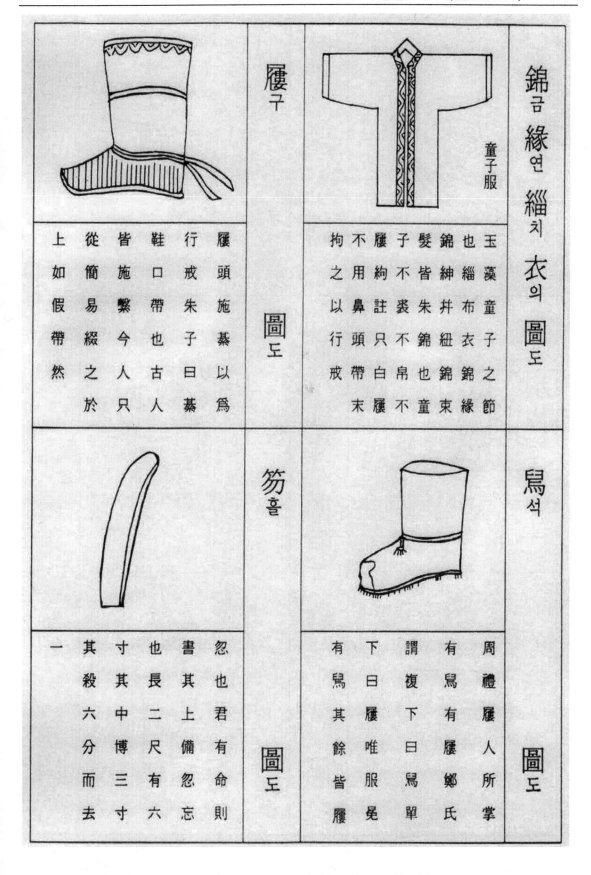

錦금 緣연 緇치 衣의 圖도

童子服

玉藻童子之節
也緇布衣錦緣錦
紳并紐錦束髮
皆朱錦也童子
不裘不帛不屨
絇註只不白屨
不用鼻頭帶履
拘之以行戒末履

舃석 圖도

周禮屨人所掌
有舃有屨鄭氏
謂複下曰舃單
下曰屨唯服冕
有舃其餘皆履

履구 圖도

履頭施慕以為
行戒朱子曰慕
鞋口帶也古人
皆施繁今人
從簡易綴之於只
上如假帶然於

笏홀 圖도

忽也君有命則
書其上備忽忘
也其長二尺有
寸其中博三寸
一殺六分而去

幞복 頭두 圖도

帶대 圖도

帽모 子자 圖도

勒륵 帛백 圖도

靴화 圖도

鞋혜 圖도

叉手圖 (차수도)

凡叉手之法以左手緊把右
手大拇指其左手小指向右
手腕右手四指皆直以左手
大指向上如以右手掩其胸
手不可太着胸須令稍去胸
二三寸許方爲叉手法也

祗揖圖 (저읍도)

事林廣記凡作揖時用稍闊其足立則穩己
揖頭須直其威儀時曲其身其頭立則自畔
不得手入膝內身方美使手低只眼可至膝
畢則手隨時起長前作揖手須過膝下若
手不不得只出一而叉於胸前揖手時須全
非見尊長之禮也拇指在胸前袖外謂之鮮

展拜圖 (전배도)

凡下拜之禮一揖小退再一揖以
兩手齊按地先跪在足次伸右即俯伏還
左畔稽首至地即起先起右足以右足齊
按膝上起次起左足連兩拜起右足以雙
少退揖再兩拜進前却敍間進前敍寒喧
然初連四拜却敍寒喧亦得閒敍賀語不

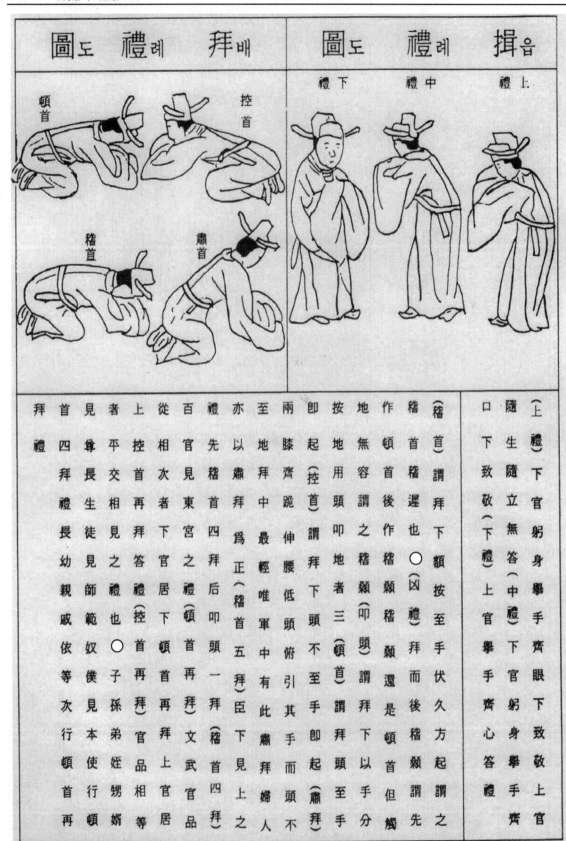

揖禮圖　　上禮　中禮　下禮

拜禮圖　　頓首　控首　稽首　肅首

(上禮)下官躬身舉手齊眼下致敬上官
隨生隨立無答(中禮)下官躬身舉手齊
口下致敬(下禮)上官舉手齊心答禮

(稽首)謂拜下額按至手伏久方起
稽首稽顙遲也○(凶禮)拜而後稽顙謂先
作頓首後作稽顙還是頓首但觸
地無容用頭叩地謂之稽顙(叩頭)謂之
按地用頭叩地者三(頓首)謂拜下頭至手
即起(控首)謂拜下頭不至手即起(肅拜)
兩膝齊跪伸腰低頭俯引其手而頭不
至地拜中最輕唯軍中有此肅拜婦人
亦以肅拜為正(稽首五拜)叩頭一拜(稽首四拜)
禮先稽首四拜后見上之
百官稽首四拜后見上之
從相見次者東宮之禮(頓首)頓首再拜
上控首再拜下官之禮(頓首)頓首再拜官
者平交相見答禮也(控首)頓首再拜官文武
見尊長生徒見之師範也○控首子孫弟姪甥婚行頓
首四拜禮長幼親戚奴僕見本使行頓
拜禮長幼親戚依等次行頓首再行頓

中중 指지 中중 節절 爲위 寸촌 圖도

尺指量寸法圖

伸指量寸法圖

中二節

丘文莊濬曰家禮裁深衣及衰服皆用
中指中節爲寸蓋以人身有長短指節以定
人人殊與人身相爲長短鍼經以之定
愈穴無有差爽者況用以裁衣豈有不
稱禮也哉但世人往往昧於下取法於下
鍼經圖列于其上而以度兩橫文著之於下
鍼經云中指第二節內橫文兩橫文相去
爲一寸又云中指中節兩橫文上下相去
長短爲一寸謂之同身寸註云若屈指去
即旁取指側中節上下兩文角相去遠
近爲一寸若伸中指即正取第二條橫文自上長
下橫文至中節從上與第二之寸橫文長
者相去遠近爲一寸與屈指之寸長短
亦相合然人之身手指或有異者寸長短
指文亦各不同更在詳度之也至于

式식	尺척	禮례	家가

右司馬公家石刻本

即是省尺又名京尺當周尺一尺三寸四分當浙尺一尺一寸三分

神主用周尺亦見南軒家所刻本

三
司布
帛尺
半
比上
周尺
更加
三寸
四分

當三司布帛尺七寸五分弱當浙尺八寸四分

周尺

當今省尺五寸五分弱

古尺

喪_상禮_례備_비要_요尺_척式_식

周尺

周制尺度以指絞爲度故指尺謂之周尺

造禮器尺半

布帛尺半

營造尺半

右以正統十一年詳定尺樣刻于石

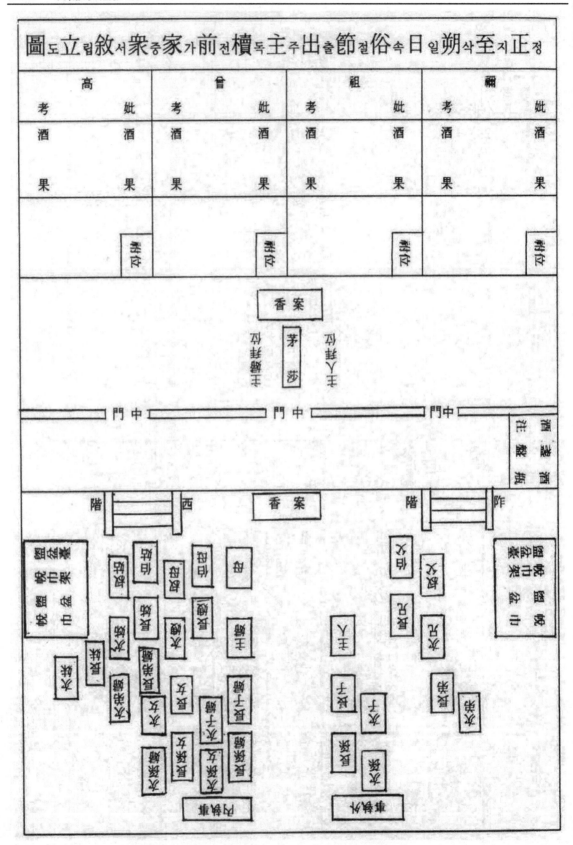

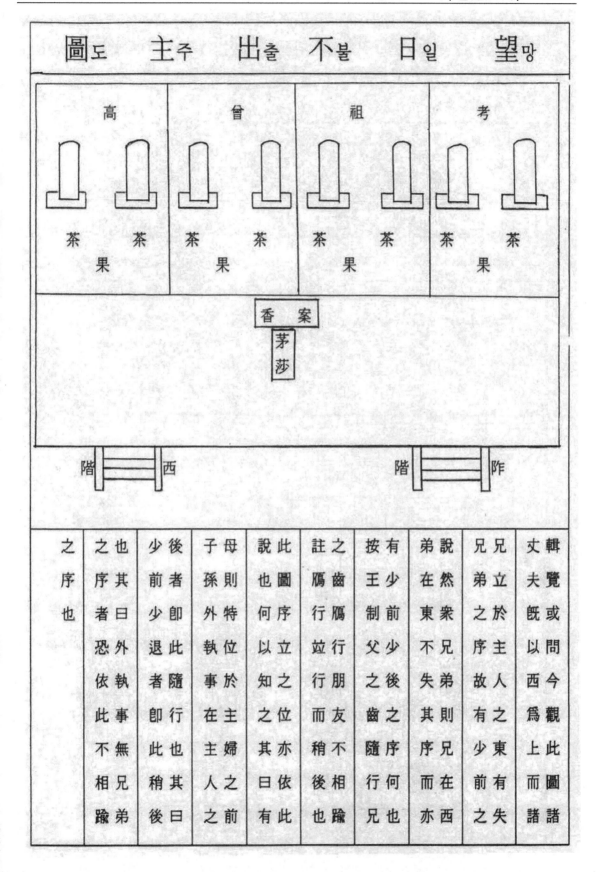

望日不出主圖

高　曾　祖　考

茶果　茶果　茶果　茶果　茶果　茶果　茶果　茶果

香案
茅莎

西階　　阼階

丈夫輯覽既以西爲上而圖諸
或問今觀此失諸
兄兄弟之序故人之有少前之失
弟在東不失其序則兄在西
說然衆兄弟則兄在西而亦
按有少前少後之齒隨行何兄也
王制父少之齒隨行
註鴈行鴈行朋友而稍後也
之齒行鴈行朋友而稍後相踐
說此圖何以立之位其亦曰有
也序以知之其亦曰依此
子孫外特執事於在主人之前
母則外執事在主婦人之前
後者即此退者隨行也其曰
少前少退者即此稍後曰
之也其曰外執事無兄弟
之序者恐依此不相踐
序也

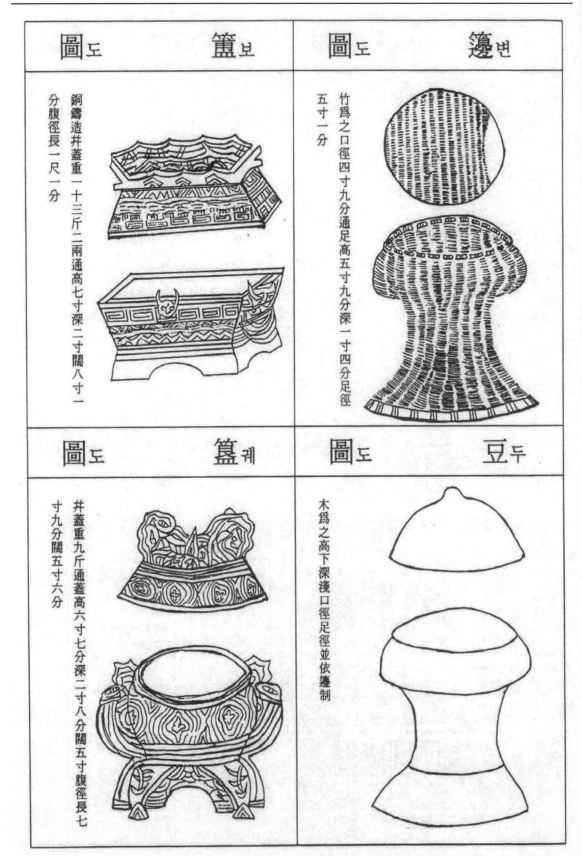

圖도　簠보

銅鑄造并蓋重一十三斤二兩通高七寸深二寸闊八寸一分腹徑長一尺一分

圖도　籩변

竹爲之口徑四寸九分通足高五寸九分深一寸四分足徑五寸一分

圖도　簋궤

并蓋重九斤通蓋高六寸七分深二寸八分闊五寸腹徑長七寸九分闊五寸六分

圖도　豆두

木爲之高下深淺口徑足徑並依籩制

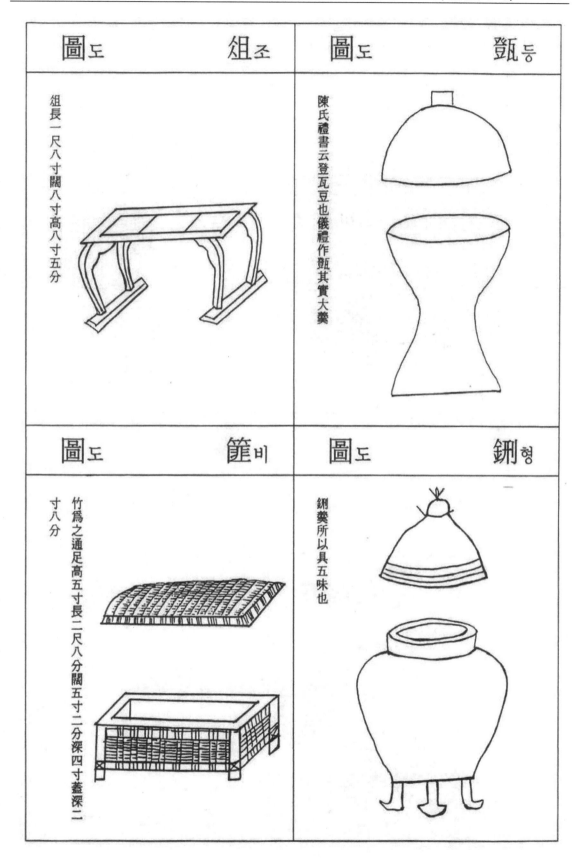

圖도　俎조

俎長一尺八寸闊八寸高八寸五分

圖도　甂등

陳氏禮書云登瓦豆也儀禮作甂其實大羹

圖도　篚비

竹爲之通足高五寸長二尺八分闊五寸二分深四寸蓋深二寸八分

圖도　鉶형

鉶羹所以具五味也

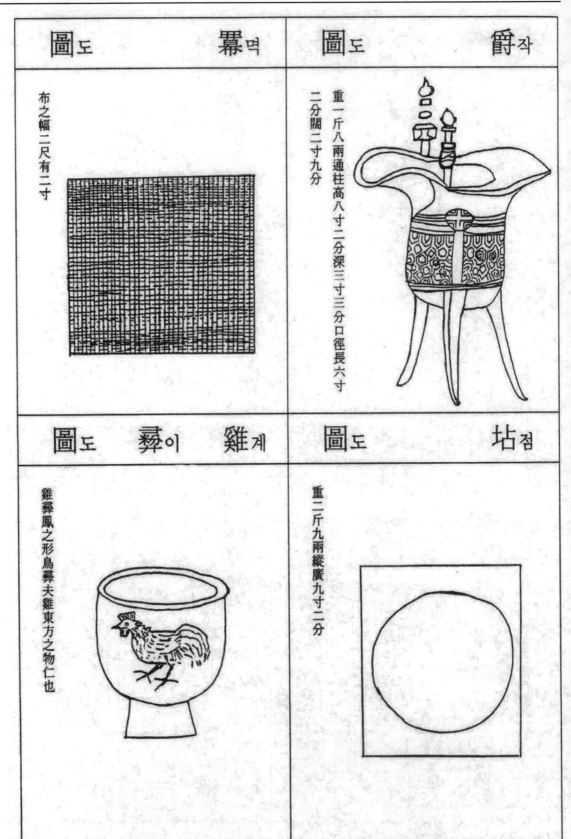

圖도　　幂멱

布之幅二尺有二寸

圖도　　爵작

重一斤八兩通柱高八寸二分深三寸三分口徑長六寸
二分闊二寸九分

圖도　彝이　雞계

雞彝鳳之形鳥彝夫雞東方之物仁也

圖도　　坫점

重二斤九兩縱廣九寸二分

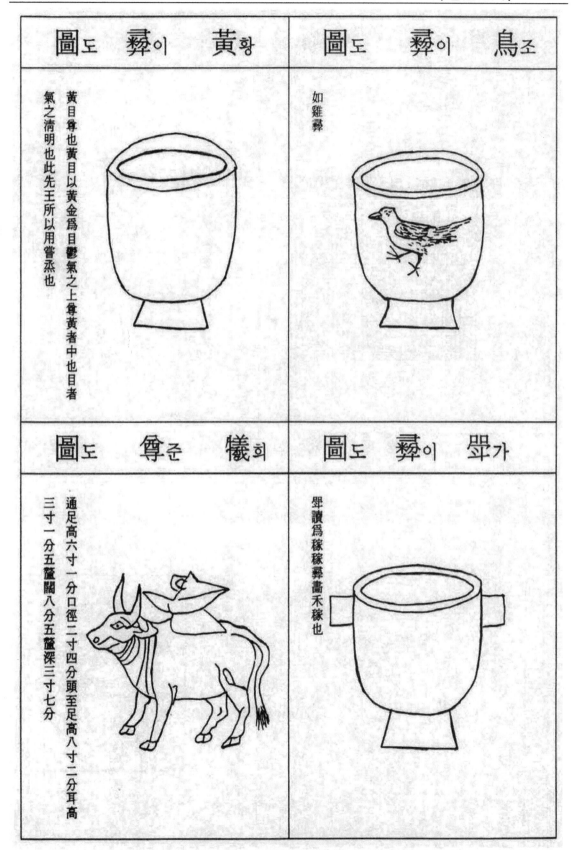

圖도 彜이 黃황

黃目彜也黃目以黃金爲目鬱氣之上尊黃者中也目者氣之淸明也此先王所以用嘗烝也

圖도 彜이 鳥조

如雞彜

圖도 尊준 犧희

通足高六寸一分口徑二寸四分頭至足高八寸二分耳高三寸一分五釐闊八分五釐深三寸七分

圖도 彜이 斝가

斝讀爲稼稼彜畫禾稼也

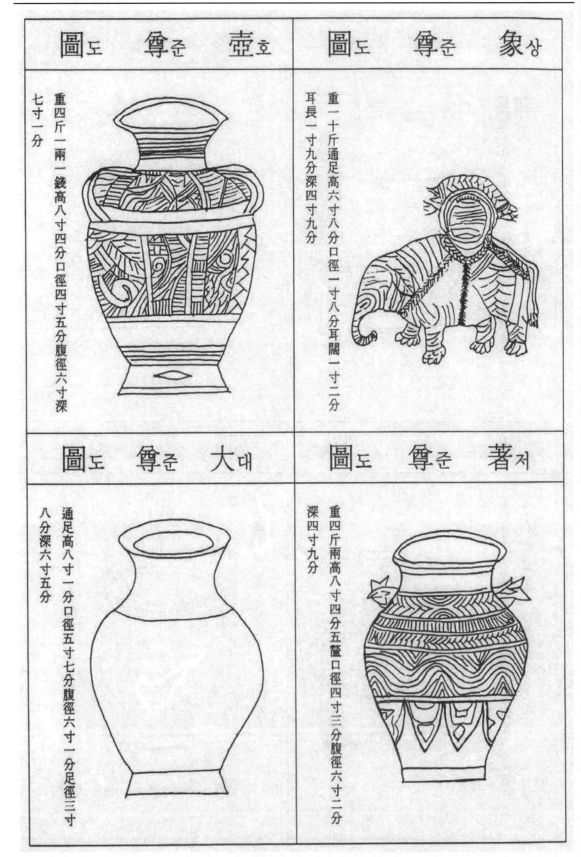

壺호　尊준　圖도

重四斤一兩一錢高八寸四分口徑四寸五分腹徑六寸深七寸一分

象상　尊준　圖도

重一十斤通足高六寸八分口徑一寸八分耳闊一寸二分耳長一寸九分深四寸九分

大대　尊준　圖도

通足高八寸一分口徑五寸七分腹徑六寸一分足徑三寸八分深六寸五分

著저　尊준　圖도

重四斤兩高八寸四分五釐口徑四寸三分腹徑六寸二分深四寸九分

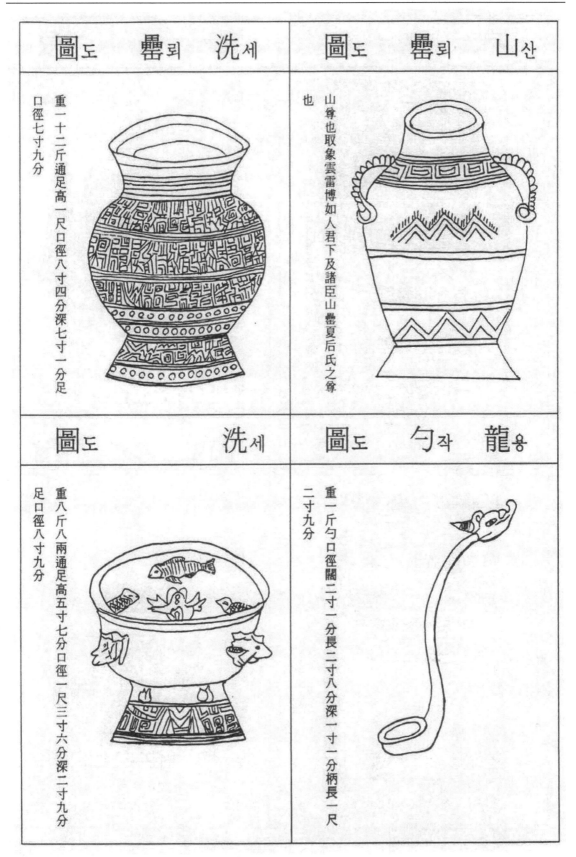

洗세 罍뢰 圖도

口徑七寸九分

重一十二斤通足高一尺口徑八寸四分深七寸一分足

山산 罍뢰 圖도

也

山尊也取象雲雷博如人君下及諸臣山罍夏后氏之尊

洗세 圖도

足口徑八寸九分

重八斤八兩通足高五寸七分口徑一尺三寸六分深二寸九分

龍용 勺작 圖도

二寸九分

重一斤勺口徑闊二寸一分長二寸八分深一寸一分柄長一尺

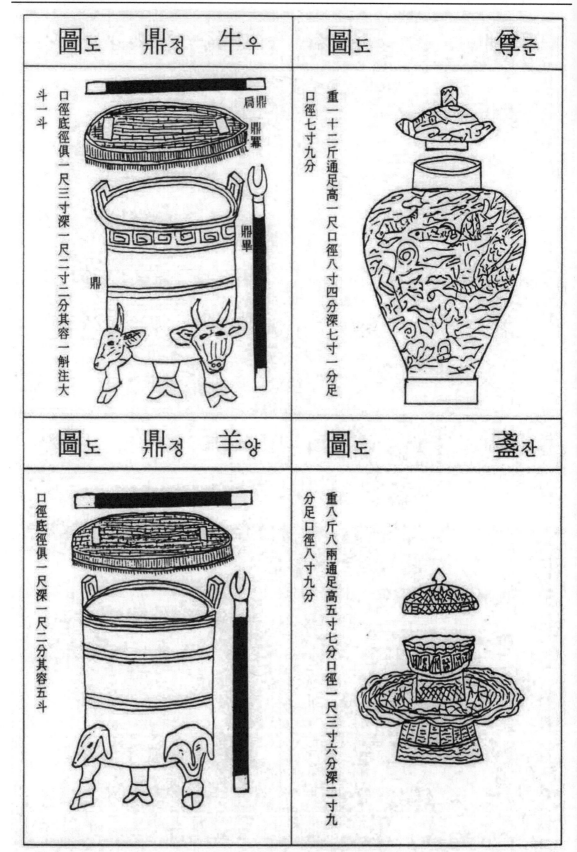

圖도　鼎정　牛우

斗一斗　　局鼎　鼎冪　鼎畢　鼎

口徑底徑俱一尺三寸深一尺二寸二分其容一斛注大

圖도　尊준

重一十二斤通足高一尺口徑八寸四分深七寸一分足

口徑七寸九分

圖도　鼎정　羊양

口徑底徑俱一尺深一尺二分其容五斗

圖도　盞잔

重八斤八兩通足高五寸七分口徑一尺三寸六分深二寸九

分足口徑八寸九分

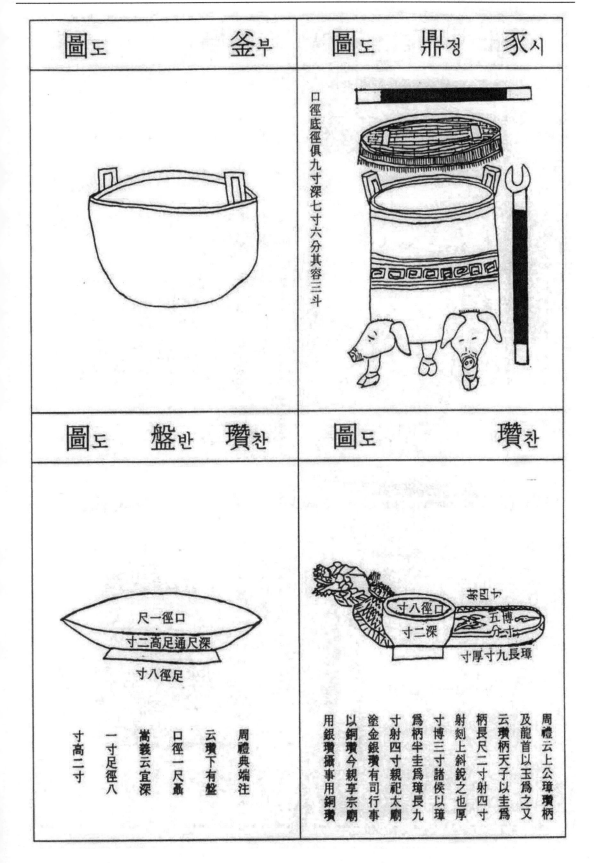

圖도　　　　釜부

圖도　鼎정　豕시

口徑底徑俱九寸深七寸六分其容三斗

圖도　盤반　瓚찬

圖도　　　瓚찬

口徑一尺
深通足高二寸
足徑八寸

周禮典端注
云瓚下有盤
口徑一尺畾
崇義云宜深
一寸足徑八
寸高二寸

口徑八寸
深二寸
博五
長九寸厚寸
小圭

周禮云上公璋瓚柄
及龍首以玉爲之又
云瓚柄天子以圭爲
柄長尺二寸射四寸
射剡上斜銳之也厚
寸博三寸諸侯以璋
爲柄半圭爲璋長九
寸射四寸親祀太廟
以銅瓚今親享宗廟
塗金銀瓚有司行事
用銀瓚攝事用銅瓚

圖도　錡기

周禮註有
足曰錡無
足曰釜可
用煮蘋藻
以供祭

圖도　匕비

禮書長三尺
或五尺有黍
稷之匕有牲
體之匕有疏
匕三匕以棘

圖도　鬲력

實五穀厚半
寸唇寸郭璞
云曲脚鼎也
亦用陶以烹
飪達水火之
氣

圖도　鑊확

周禮亨人掌
共鼎以給水
火之齊祭祀
共大羹鉶羹
註鑊煮肉及
魚腊之器

筵연 圖도

司几筵祀先
王設莞繒次
三重之席皆
有純蒲筵長
二尺三寸舊
圖無純

玉옥 爵작 圖도

周禮太宰享
先王贊玉爵
○木爵制同
受一升見長
六寸漆赤中
畫雲氣

筥거 筐광 圖도

筐筥皆以竹爲
之祭祀之器詩
註方曰筐圓曰
筥筐行幣帛及
盛物筥但可實
物而已

几궤 圖도

司几筵五几
左右玉彫漆
阮氏圖几長
五尺高二尺
廣二尺兩端
赤中央黑漆

圖도 椸이	圖도 篋협
架也 卽衣 爲椸 橫竿	長也 者狹而 篋則隋 隋方曰 鄭氏曰

圖도 楎휘	圖도 笥사
曰楎 植者	笥 簞方曰 註圓曰 器曲禮 及衣之 說文飯

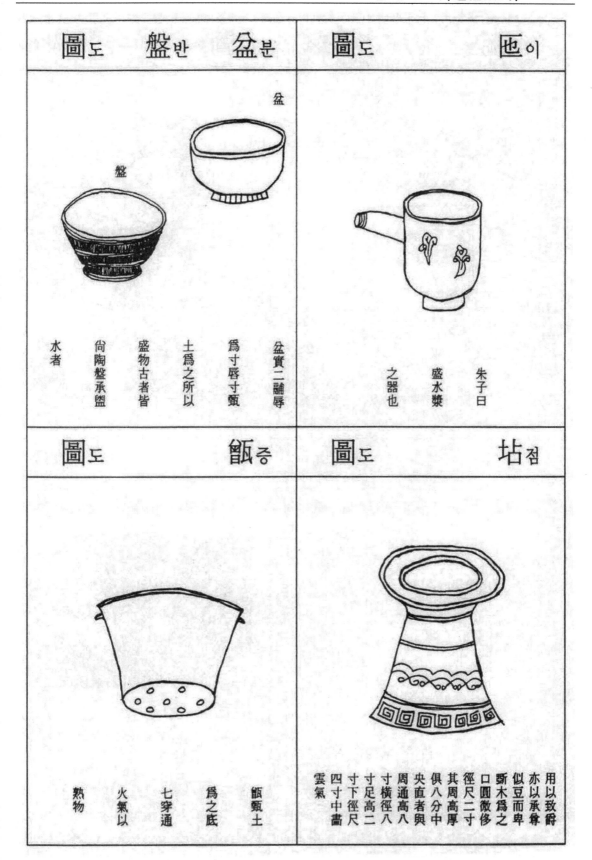

盆圖도　盤반　盆분

盆
盤

盆實二鬴辱
爲寸唇寸甄
土爲之所以
盛物古者皆
尚陶盤承盥
水者

匜이　圖도

朱子曰
盛水漿
之器也

甑증　圖도

甑甑土
爲之底
七穿通
火氣以
熟物

坫점　圖도

用以致爵
亦以承尊
似豆而卑
斲木爲之
口圓微侈
徑尺二寸
其周高厚
周通高八
央直者與
俱八分中
寸足高二
寸下徑尺
四寸中畫
雲氣

簠보 圖도

外方內圓盛稻粱之器口徑六寸四角二寸挫寸四高有蓋象龜其中受十三升

觚고 圖도

梓人爲飲器觚三升獻以爵而酬以觚陳氏云爵體八觚鄭氏引記作斝

簋궤 圖도

內方外圓盛黍稷之器所盛之數及蓋之形制與簠同

壺호 圖도

方壺　　圓壺

容一斛舊圖雲飾禮書無飾

無飾

圖도　　　　卓탁

圖도　　　　倚의

板판　　　　祝축

圖도　　　　牀상

高五寸

臨祭以祭書文粘
於其上而置酒注
卓上讀畢置香案
上香爐北

香향 爐로

茅모 莎사 觸촉 圖도

束茅

長八寸

茅盤

촉 燭 觸繁

圖도

环배 玟교 圖도

盤

竹

盒

环玟

椀완 匙시 樏 圖도

匙

椀

節

樏

茶다 器기 圖도

茶盞

茶笈

茶托

盥관 盆분 臺대 圖도

瓶병 圖도

果과 器기 圖도

酒주 注주 圖도

餅병 器기 圖도

筋　火

火화 爐로 圖도

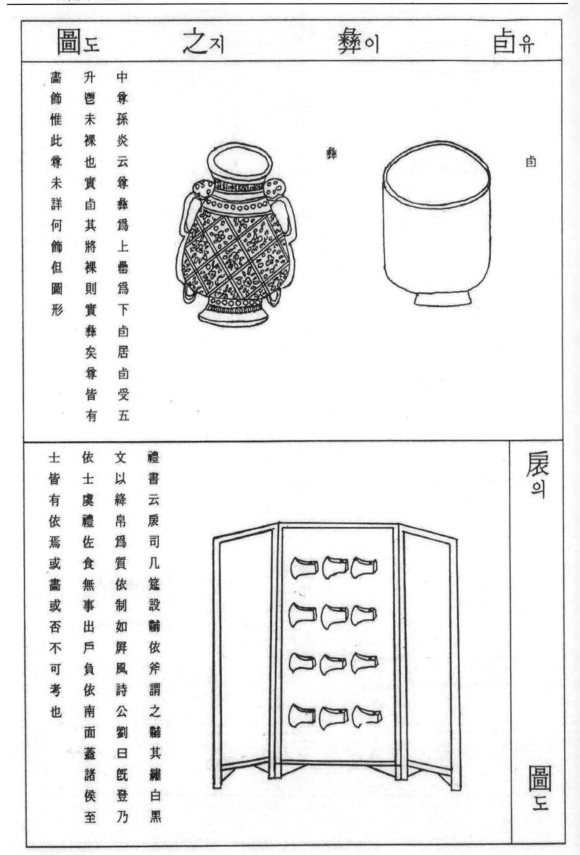

圖도　之지　彝이　卣유

彝　卣

中尊孫炎云尊彝爲上罍爲下卣居卣受五
升罍未祼也實卣其將祼則實彝矣尊皆有
畵飾惟此尊未詳何飾但圖形

扆의

禮書云扆司几筵設黼依斧謂之黼其繡白黑
文以絳帛爲質依制如屏風詩公劉曰旣登乃
依士虞禮佐食無事出戶負依南面蓋諸侯至
士皆有依焉或畵或否不可考也

圖도

第 二 篇 관례(冠禮)

⊙冠禮(관례)

冠義凡人之所以爲人者禮義也禮義之始在於正容體齊顔色順辭令容體正顔色齊辭
令順而後禮義備以正君臣親父子和長幼君臣正父子親長幼和而后禮義立故冠而后
服備服備而后容體正顔色齊辭令順故曰冠者禮之始也是故古者聖王重冠

> 疏曰冠禮起早晩書傳無正文世本云黃帝造旒冕是冕起於黃帝也黃帝以前以羽皮爲冠以後乃用布
> 帛其冠之年天子諸侯皆十二○呂氏曰冠昏射鄕燕聘天下之達禮也儀禮所載謂之禮者禮之經也禮
> 記所載謂之義者皆擧其經之節文以述其制作之義也○長樂陳氏曰二十而冠始學禮蓋男子者陽之
> 類也而二十則爲陰之數矣二十而冠者以陰而成乎陽女陰類也而十五則陽之數矣十有五年而笄者
> 以陽而成乎陰陰陽之相成性命之相通也○石林葉氏曰義以爲質禮以行之人之道也脩人道者亦必
> 有制故男子二十而冠冠之始也欲其容體正顔色齊辭令順而已及夫體正而不失足於人色齊而不失
> 色於人辭順而不失口於人則人道備故言禮義備及夫君臣正而朝廷肅父子親而閨門定長幼和而宗
> 族有禮則人道正矣故言禮義立

⊙관례.

예기(禮記) 관의편(冠義篇)의 가르침이다. 대체로 사람을 사람스럽다 할 수 있는 까닭은 예의(禮義)이니라. 예의라 하는 것의 근본은 바른 몸 가짐에 있음으로 안색(顔色)을 엄숙하게 하고 사람과의 대화를 순(順)하게 하여야 하느니라. 몸 가짐을 바르게 하고 안색을 엄숙하게 하며 사람과의 대화를 순하게 할 수 있게 된 연후라야 예의가 갖춰진 것이니 이와 같이 됨으로써 임금과 신하가 바르게 되고 부모와 자식이 친애(親愛)하고 어른과 어린 자가 화목하게 되는 것이니라.

바르게 된 임금과 신하와 친애하는 부모와 자식과 화목한 어른과 어린 자가 된 이후라야 예의가 세워졌다 할 수 있는 것이니라. 그러한 고로 관례를 치른 뒤에 복식(服式)이 갖춰지고 복식이 갖춰진 뒤라야 몸가짐이 바르게 되고 안색이 엄숙하게 되며 사람과의 대화가 순하게 되는 것이기에 예로부터 일러 관례를 예(禮)의 시작이라 하였느니라. 이러한 까닭에 옛날의 성왕(聖王)들은 관례를 중히 여겼느니라.

冠義成人之者將責成人禮焉也責成人禮焉者將責爲人子爲人弟爲人臣爲人少者之
禮行(去聲)焉將責四者之行於人其禮可不重與故孝弟忠順之行立而后可以爲人可以
爲人而后可以治人也故聖王重禮故曰冠者禮之始也嘉事之重者也是故古者重冠重
冠故行之於廟行之於廟者所以尊重事尊重事而不敢擅重事不敢擅重事所以自卑而
尊先祖也註呂氏曰所謂成人者非謂四體膚革異於童稚也必知人倫之備焉親親貴貴長長不失其序
之謂備此所以爲人子爲人弟爲人臣爲人少者之禮行孝弟忠順之行立也有諸已然後可以責諸人故成
人然後可以治人也古者重事必行之廟中昏禮納采至親迎皆主人筵几於廟聘禮君親拜迎於大門之外
而廟受爵有德祿有功君親策命于廟喪禮旣啓則朝廟皆所以示有所尊而不敢專也冠禮者人道之始所
不可後也孝子之事親也有大事必告而後行沒則行諸廟猶是義也故大孝終身慕父母者非終父母之身
終其身之謂也細註馬氏曰成人禮者爲人子則孝爲人弟則弟爲人臣則忠爲人少則順責之以四者之行
此禮之所以重也尊重事者不忘其先也不敢擅重事者事不專於已也不專於已所以自卑不忘其本所以
尊先祖也○廬陵胡氏曰前責以三行者責成人之漸也此責以四行者責成人之備孟子曰不得乎親不可以
爲人故必四行立而后可以爲人也曰可以者亦猶所謂事親若曾子者可也蓋臣子之身所能爲者皆所當

爲也故但曰可而已不以曾子之孝爲有餘也嘉事謂嘉會足以合禮傳曰嘉事不體何以能久

제 1 장 관(冠)

⊙冠禮(관례)
◆冠禮(관례)

補註冠義疏曰冠禮起早晚書傳無正文世本黃帝造旒冕是冕起於黃帝也黃帝以前以羽皮爲
冠以後乃用布帛其冠之年天子諸侯皆十二○左註歲星爲年紀十二而周於天天道備故人君
子十二可以冠自夏殷天子皆十二而冠○鄭康成曰天子之子則二十而冠○補註今按儀禮所
存者惟士冠自士以上有大夫諸侯天子冠禮見於家語冠頌大戴公冠與禮記特牲玉藻遺文斷
缺不全而大槩亦可考如趙文子冠則大夫禮也魯襄公邾隱公冠則諸侯禮也周成王冠則天子
禮也大夫無冠禮古者五十而爵何大夫冠禮之有其冠也則服士服行士禮而已始冠緇布冠自
諸侯達天子始冠加玄冠其詳見於儀禮經傳通解○郊特牲適子冠於阼以著代也醮於客位加
有成也三加彌尊喩其志也冠而字之敬其名也註著代顯其爲主人之次也酌而無酬酢曰醮客
位在戶牖之間加有成加禮於有成之人也三加始加緇布冠次加皮弁次加爵弁也喩其志者使
其知擴充志意以稱尊服也此適子之禮若庶子則冠於房戶外南面醮亦戶外也夏殷之禮醮用
酒每一加而醮周則用醴三加畢乃揔一醴也方氏曰冠者成人之服阼者主人之階成人則將代
父而爲之主故冠於阼以著代著則所以明之也醮則以酒澤之也每一加則一醮蓋酒所以饗賓
客之物故醮於客位冠於阼則是以主道期之也醮於客位則是以賓禮崇之也以其有成人之道
故以是禮加之故曰加有成也然緇布之粗不若皮弁之精皮弁之質不若爵弁之文故曰三加彌
尊服彌尊則志宜彌大故曰喩其志也以冠禮考之非特冠彌尊而衣也屨也亦彌尊非特衣屨彌
尊至於祝辭醮辭亦然所以喩其志則一而已○儀禮疏君父之前稱名至於他人稱字是字敬名
也○丘儀按今冠禮三加之冠未必彌尊者拘於時服非若古人服制可以上下通服○曾子問將
冠子冠者至揖讓而入聞齊衰大功之喪如之何孔子曰內喪則廢外喪則冠而不醴徹饌而掃卽
位而哭如冠者未至則廢如將冠子而未及期日而有齊衰大功之喪因喪服而冠註冠者賓與贊
夫子言若是大門內之喪則廢大門外之喪喪在他處可以加冠但三加而止不醴醴及饌具悉徹
去掃除冠之位使更新卽位而哭未及期日在期日之前也因著喪之成服而加喪冠也齊衰以下
可因喪服而冠斬衰不可按孔子曰武王崩成王年十三而嗣立明年夏六月旣葬冠而朝于廟此
因變除而冠也以此觀之斬衰不可之言恐未然也○雜記以喪冠者雖三年之喪可也旣冠於次
入哭踊三者三乃出註遭喪以其冠月則喪服因冠矣非其冠月待變除卒哭而冠次廬也疏三者
三謂每哭一節而三踊如此者三凡爲九踊○司馬公曰因喪而冠恐於今難行丘儀今世俗有行
之者○語類古禮惟冠禮最易行只一家事如昏禮須兩家皆好禮方得行喪禮臨時哀痛中少有
心力及之祭禮則終獻之儀煩多皆是難行○易氏宗曰冠成人之道古人賀冠不賀昏良有以也
但古禮在今多不可行且如始加用幅巾今則拘於俗而不能服三加用襆頭今則限於制而不敢
服故程子云行冠禮若制古服而冠冠了又不常服卽是僞也必須用時之服此說最爲允當且今
世俗以包網巾爲冠則此一節亦當重者至於生員用儒巾庶人用方巾而小帽又通乎上下卽程
子所謂時服也昔孔子居魯縫掖居宋章甫而不變一邦之俗而況今天下所通行乎余故僭以裹
巾爲始加小帽爲再加頭巾爲三加用今時之言易古服之說庶幾名稱其實而周旋之間不爲虛
設矣至如及席之時將冠者跪賓詣冠者前祝畢亦跪此禮亦無謂蓋旣云責以成人之道正欲使
之知長幼之序況賓乃主人所請以教冠者加冠之際冠者跪而受之亦不爲過何故使賓亦跪耶
又如旣醮之後冠者拜賓賓荅賓復位拜亦不荅於人情似亦不安夫禮緣人情而設人情不安
而行禮其如禮何余故於此二處亦僭削之其三加祝辭仍用前二句者以今人冠無定時而兄弟
存否又不能盡同故也按易氏於家禮肆加攻斥汰哉甚矣覽者詳之○會成按戴禮云冠無樂春

秋傳云君冠必以金石之樂節之許愼云人君飯擧樂而冠無樂非禮意也陳祥道云儀禮士冠無
金石之樂而左氏云然此蓋國君之禮歟今世冠禮不行而於昏喪之禮必廣秦音樂況冠禮旣有
左氏許愼之言爲證如有能行之者苟不察其制禮之意而於三加醮字之際見廟醴賓之時肆焉
用樂以娛之則其僭禮殊甚矣志復古禮者尙知所以愼之哉○冠義曰凡人之所以爲人者禮義
也禮義之始在於正容體齊顏色順辭令容體正顏色齊辭令順而理義備以正君臣親父子和長
幼君臣正父子親長幼和而後禮義立故冠而後服備服備而後容體正顏色齊辭令順故曰冠者
禮之始也○朱子曰古禮惟冠禮最易行又曰冠禮比他禮却易行又曰冠昏之禮如欲行之當須
使冠昏之人易曉其言乃爲有益如三加之辭出門之戒若只以古語告之彼將謂何曰只以今之
俗語告之使之易曉乃佳○士冠禮鄭玄目錄冠於五禮爲嘉禮○孔氏穎達曰按略說云古人冒
而句領註云三皇時以冒復頭句領繞頸世本云黃帝造旒冕蓋前此以羽皮爲冠至是乃用布也
○後漢輿服志聖人見鳥獸有冠角頔胡之制乃作冠冕纓蕤以爲首飾○冠義凡人之所以爲人
者禮義也禮義之始在於正容體齊顏色順辭令容體正顏色齊辭令順而後禮義備以正君臣親
父子和長幼君臣正父子親長幼和而後禮義立故冠而后服備服備而后容體正顏色齊辭令順
故曰冠者禮之始也是故古者聖王重冠古者冠禮筮日筮賓所以敬冠事敬冠事所以重禮重禮
所以爲國本也註國以禮爲本○故適子冠於阼以著代也醮於客位加有成也三加彌尊喩其志
也冠而字之敬其名也註阼謂東序少北近主位也若不醴則醮用酒於客位敬而成之也戶西爲
客位庶子冠於房戶外又因醮焉不代父也冠者初加緇布冠次皮弁次爵弁每加益尊則志益大
也通解按此本無適子字蓋傳誦之訛也今以郊特牲文更定○見於母母拜之見於兄弟兄弟拜
之成人而與爲禮也玄冠玄端奠摯於君遂以摯見於鄕大夫鄕先生以成人見也註鄕先生同鄕
老而致仕者○成人之者將責成人禮焉也責成人禮焉者將責爲人子爲人弟爲人臣爲人少者
之禮行焉將責四者之行於人其禮可不重歟通解按首句之字疑行○故孝悌忠順之行立而后
可以爲人可以爲人而后可以治人也故聖王重禮故曰冠者禮之始也嘉事之重者也是故古者
重冠重冠故行之於廟行之於廟者所以尊重事尊重事而不敢擅重事所以自卑而尊先祖也○
朱子曰冠禮昏禮不知起於何時○纂要冠者禮之始也成人之道也將責以孝悌忠順之行而後
可以爲人其禮顧不重歟後世此禮久廢蓋不惟四責之道鮮克擧之而夫三加之儀文亦或有未
備者乃備其文則將求其道矣

⊙冠(관)

楊氏復曰有言書儀中冠禮簡易可行者先生曰不獨書儀古冠禮亦自簡易

양복(楊復)이 말하기를 서의(書儀)에 있는 관례(冠禮)는 간편하고 쉬워 행하기가
좋다고 여쭈니 선생(朱子)께서 말씀하시기를 서의(書儀) 뿐만 아니라 옛날의 관례
역시 간편하고 쉬움을 따랐느니라.

◆君大夫士冠(군대부사관)

家語冠頌邾隱公旣即位將冠使大夫因孟懿子問禮於孔子子曰其禮如世子之冠雖天子之元
子猶士也其禮無變天下無生而貴者故也古者王世子雖幼其即位則尊爲人君人君治成人之
事者何冠之有懿子曰今邾君之冠非禮也孔子曰諸侯之有冠禮也夏之末造也有自來矣今無
譏焉天子冠者武王崩成王年十有三而嗣立周公屑家宰攝政明年夏六月旣葬冠成王而朝于
祖以見諸侯周公命祝雍作頌曰達而勿多也祝雍曰辭使王近於民遠於年嗇於時惠於財親賢
而任能其頌曰令月吉日王始加元服去王幼志心是袞職欽若昊天六合是式率爾祖考永永無
極此周公之制也懿子曰諸侯之冠其所以爲賓主何也孔子曰公冠則以卿爲賓公自爲主其禮
也則如士饗之以三獻之禮無介無樂皆玄端公玄端與皮弁皆韠公冠四加玄冕祭其酬幣于賓
則束帛乘馬天子擬焉註嗇愛也愛於時不以無事棄日也饗饗賓也士於賓以一獻之禮君禮於
臣本無介無樂亦饗時也冠者成人代父宜盡孝子之感左傳曰以金石之樂節之謂冠時爲節也

四當爲三字之誤也疏諸侯尙四加則天子當五加袞冕也通解按本文但言玄端皮弁玄冕而不言爵弁則三加鄭說爲是天子三加其袞冕歟○玉藻始加緇布冠自諸侯下達冠而獘之可也○玄冠朱組纓天子之冠也緇布冠諸侯之冠也註玄者天之色也則雜以地之色故以爲天子諸侯降殺之變○儀禮圖今按儀禮所存者惟士冠自士以上有大夫諸侯天子冠禮見於家語冠頌大戴公冠與禮記特牲玉藻遺文斷缺不全而大槩亦可考如趙文子冠則大夫禮也魯襄公邾隱公冠則諸侯禮也周成王冠則天子禮也大夫無冠禮古者五十而后爵何大夫冠禮之有其冠也則服士服行士禮而已始冠緇布冠自諸侯達天子始冠加玄冠○延平周氏曰天子元子諸侯世子皆用士禮果元子世子之年未及冠而天子崩國君薨則元子世子亦有君道而復用士禮可乎○會成按戴禮云冠無樂春秋傳云君冠必以金石之樂節之許愼云人君飯擧樂而冠無樂非禮意也陳詳道云儀禮士冠無金石之樂而左氏云然此蓋國君之禮歟苟不察其制禮之意而於三加醮字之際見廟醴賓之時肆焉用樂以娛之則其僭禮殊甚矣

◆五服因喪而冠(오복인상이관)

雜記以喪冠者雖三年之喪可也旣冠於次入哭踊三者三乃出疏三踊者三凡九踊冠用二月假令正月遭喪則二月不得因喪而冠必待變除受服之節乃可冠矣陳註當冠而遭五服之喪則因成喪服而遂加冠此禮無分服之輕重故曰雖三年之喪可也○曾子問孔子曰如將冠子而未及期日而有齊衰大功小功之喪則因喪服而冠陳註齊衰以下可因喪服而冠斬衰不可輯覽按孔子曰武王崩成王年十三而嗣立明年夏六月旣葬冠而朝于廟此因變除而冠也以此觀之則斬衰不可之言恐未然也○開元禮以其冠月因喪服而冠也非因冠月待變除卒哭而冠也○司馬溫公曰因喪而冠恐於今難行○儀節今世俗有行之者○市南曰古者筮日於廟其禮甚重與後世告廟略同日月旣卜不可進退而遭喪成服適値其時則雖未行吉禮而猶必因喪以冠者重其失時也若未筮戒而遭喪者則亦何必因喪乎○若年歲當冠而遭期以上喪則雖未卜日者似只當因喪而冠蓋壯年重喪不可著童子之服亦曰月頗久似與功緦不同○芝村曰昏禮身在主昏之先而冠禮則不擧者蓋固有因喪而冠故也○愚按古禮則因喪而冠其喪冠故有期功喪冠禮家禮則以行盛禮言故不許期喪芝村說恐是家禮言外意

◆期服中冠當否(기복중관당부)

尤菴曰期服中冠昏家禮雖有異同之文同春嘗言可以互看俱不可行和叔則以爲冠不可行而昏則可行愚於二者未知其孰是也○冠昏禮雖有言身不言身之異愚嘗以爲可互看而諸議有不然者○問期服中加冠祭其几筵時頭戴草笠身著衰裳出於南溪禮說云南塘曰期喪而冠大違禮制旣失大體求盡小節眞是緦小功之察也況本領旣失則亦無善後之道矣曲爲之說則人將以曲說爲據而尤易於犯禮矣○期服加冠以喪冠冠之則人豈非之哉

◆父及己功緦服中冠(부급기공시복중관)

雜記大功之末可以冠子可以嫁子父小功之末可以冠子可以嫁子可以取婦已雖小功旣卒哭可以冠取妻下殤之小功則不可註此皆謂可用吉禮之時凡冠者其時當冠則因喪而冠之陳註下殤小功自期而降本服重故不可冠取也張子曰疑大功之末已下十二字爲衍宜直云父大功之末云云父大功之末則是已小功之末也而已之子緦麻之末也故可以冠取凡卒哭之後是末也已雖小功旣卒哭可以冠取妻是已自冠取也○尤菴曰人家或有經年不葬者若待其葬則冠昏有失時者故先師嘗謂過三月則雖未葬當以已葬處之此恐合於人情禮意也○無母者外祖父母服中冠昏之疑鄙意終有所滯礙小功葬前不許冠娶雖見於雜記然朱子旣斟酌古今定爲中制而只限大功未葬則今何敢遽舍朱子之訓而從雜記之文乎大抵今人於本宗小功雖新死不復拘於吉禮而獨於外服加察故前日有東人重外家之說矣○緦服成服後卽許飮酒食肉則冠禮之行於是日亦似無妨然若以一日之內吉凶相襲爲未安則稍退亦可○市南曰長殤大功之末似無不可行冠禮之理家禮只言大功未葬而不言降大功者此實參酌古今爲之中制也

◆將冠聞喪(장관문상)

曾子問曰將冠子冠者至揖讓而入聞齊衰大功之喪如之何孔子曰內喪則廢外喪則冠而不醴徹饌而掃即位而哭如冠者未至則廢註冠者賓及贊者內喪同門也不醴不醴子也其廢者喪成服因喪而冠

◆冠位(관위)

郊特牲適子冠於阼以著代也醮於客位加有成也三加彌尊喩其志也冠而字之敬其名也

◉男子年十五至二十皆可冠(남자년십오지이십개가관)

司馬溫公曰古者二十而冠皆所以責成人之禮蓋將責爲人子爲人弟爲人臣爲人少者之行於其人故其禮不可以不重也近世以來人情輕薄過十歲而總角者少矣彼責以四者之行豈知之哉往往自幼至長愚駿若一由不知成人之道故也今雖未能遽革且自十五以上俟其能通孝經論語粗知禮義然後冠之其亦可也

◉남자는 나이 십오 세에서 이십 세 안에 모두 관례(冠禮)를 해야 한다.

사마온공(司馬溫公)께서 이르시기를 옛날에는 나이 이십이 되면 모두 관례를 하였다. 이른바 성인(成人)의 책임을 권유함으로써 장차 자식으로서 아우로서 신하로서 젊은이가 행할 바를 일러 줌으로 그가 바르게 행하게 함에서이다. 그런고로 관례를 하지 않았으면 중히 여기지 않았는데 근래에 와서 인정이 경박하여져 십여 세가 지나면 총각이 드물다. 그가 당연히 하라고 권유한 네 가지의 행할 바를 어찌 알겠는가?

가끔 키는 다 자랐으나 나이가 어려 어리석어서 하나하나를 행함에 본디가 알지 못하는 것이니라. 이제 능히 따를 수 있다 하여도 앞으로는 고쳐서 십 오세 이상이 되기를 기다렸다 효경(孝經)과 논어(論語)가 능통하여 사람으로서 행할 바 도리를 대강 깨우친 연후에 관례(冠禮)를 행하는 것이 모두 옳게 될 것이니라. 하셨다.

◆二十而冠(이십이관)

曲禮二十曰弱冠○內則二十而冠始學禮○士冠禮記無大夫冠禮而有昏禮古者五十而后爵何大夫冠禮之有註大夫或時改娶有昏禮疏五十命爲大夫故無冠禮然有德行年未二十而得爲大夫則是大夫亦不以二十而始冠也若諸侯則魯襄公年十二而冠天子則成王亦十二而冠若天子之子則祭法有天子下祭殤五之文年十九已卜爲殤故知二十乃冠也○冠義註長樂陳氏曰二十而冠始學禮蓋男子者陽之類也而二十則爲陰之數矣二十而冠者以陰而成乎陽女陰類也而十五則陽之類矣十有五年而笄者以陽而成乎陰陰陽之相成性命之相通也

◆擇日(택일)

按擇日古禮筮日今不能然但正月內擇一日可也既有定日豫爲訪求合用之人措辦當用之物然後告廟戒賓庶行禮之時不致失誤今具如左

◆合用之人(합용지인)

(賓)主人擇子弟親識習禮者爲之○(贊)賓自擇之或主人自擇○(執事者)用子弟爲之○(禮生)今人家子弟未必皆習禮況禮多曲折非有引導唱贊者不能一一中節今擬請習禮者一人爲禮生引導唱贊如官府行禮之儀先期演習然後行之庶幾無失

◆合用之物(합용지물)

帷帳○灰○櫛○頭繩○纚○椋○網巾○簪○深衣○幅巾○履○大帶○帽子○儒巾○四方平定巾○盤○領袍○直身鞋○靴○襪○條

◆儀禮通解士冠禮冠禮條目(의례통해사관례관례조목)

筮日○戒賓○筮賓○宿賓○爲期○陳器服○卽位○迎賓○始加○再加○三加○禮
冠者○冠者見母○字冠者○賓出就次○冠者見兄弟姑姉○奠摯於君及鄕大夫鄕先
生○禮賓(通解按已上正禮已具以下皆禮之變)○醮(通解按不禮而醮乃當時國俗不同有如此者)
○殺(疏此論夏殷殺牲醮子之事)○孤子冠○庶子冠○母不在

⊙必父母無期以上喪始可行之(필부모무기이상상시가행지)

大功未葬亦不可行

⊙반드시 부모가 기년(期年) 이상의 상(喪)이 없어야 관례
를 행(行)할 수 있다.

대공(大功)의 상(喪)에 아직 장례(葬禮) 전이면 역시 관례를 할 수 없다.

◆喪中冠(상중관)

雜記大功之末可以冠子可以嫁子父小功之末可以冠子可以嫁子可以取婦已雖小功既卒哭
可以冠取妻下殤之小功則不可註末服之將除也舊說以末爲則卒哭後然大功卒哭後尙有六
月恐不可言末小功既言末又言卒哭則末非卒哭明矣下言父小功之末則上文大功之末是據
己身而言舊說父及己身俱在大功之末或小功之末恐亦不然下殤之小功自期服而降以本服
重故不可冠娶也張子曰大功之末可以冠子可以嫁子父小功之末可以冠子可以嫁子可以娶
婦疑大功之末已下十二字爲衍宜直云父大功之末云父大功則是己小功之末也而己之子緦
麻之末也故可以冠取也蓋冠取者固已無服矣凡卒哭之後皆是末也所以言衍者以上十二字
義無所附著己雖小功既卒哭可以冠取妻是己自冠取妻也

◆擇日(택일)

丘文莊曰古禮筮日今不能然但擇日可也既有定日豫爲訪求合用之人措辦當用之物然後告
廟戒賓庶行禮之時不致失誤○按本註云古禮筮日今但正月內擇一日丘文莊從之攷之後漢
志曰正月甲子若丙子爲吉日加元服獻帝傳曰興平元年正月甲子帝加元服獻帝起居注曰建
安十八年正月壬子濟北王加冠此皆以正月冠者也夏小正記二月冠子之時也博物記曰孝昭
帝冠辭曰欽奉仲春之吉辰普傳大道之郊域秉率百福之休靈始加昭明之元服此皆以二月冠
者也王彪之曰禮冠自卜日不必三元也禮夏冠用葛屨冬冠用皮屨此又以四時皆可冠者也夫
儀禮筮日之法固不能行至於擇日則或不當以正月二月拘也蓋禮也者履也履而泰然後安如
拘以定時則如春秋之弱而强冠尹穀之冠二子以見先人者皆將有所不安而廢之矣何貴於君
子之行禮哉

⊙前期三日主人告于祠堂(전기삼일주인고우사당)

古禮筮日今不能然但正月內擇一日可也主人謂冠者之祖父自爲繼高祖之宗子者若
非宗子則必繼高祖之宗子主之有故則命其次宗子若其父自主之告禮見祠堂章祝云
云若族人以宗子之命自冠其子其祝版亦以宗子爲主曰使介子某○若宗子已孤而自
冠則亦自爲主人祝版前同但云某將以某月某日加冠於首謹以後同

⊙관례(冠禮)일 삼일 전에 주인은 사당(祠堂)에 고(告)한다.

옛날 예(禮)에는 관례(冠禮) 날을 점(占)을 쳐 정하였으나 지금은 점을 치지 않고
다만 정월 내에 하루를 택하여 행한다. 주인은 조부나 부친(父親)으로 고조(高祖)를
계승하는 종가(宗家) 집 종자(宗子)가 주인이 된다. 만약 종가 집 아들이 아니면
반드시 고조(高祖)를 이어가는 종자(宗子)가 주인이 되며 유고 시(有故時)는 다음

차종자(次宗子)에게 명하여 행하게 한다. 이같이 그 부친이 고할 때 고하는 예법은 사당장(祠堂章)을 살피고 축문은 다음과 같다. 만약 족인(族人)이 종자의 명을 받아 스스로 그 아들을 관례를 할 때도 축문에는 종자를 주인으로 하여 본문과 같이 쓴다.

만약 종자(宗子)가 이미 홀로 되어 스스로 관례를 할 때도 자신을 주인으로 축문을 쓰되 축문은 앞은 같으며 다만 모장이모월모일가관어수근이(某將以某月某日加冠於首謹以)라 이르고 이후는 같다.

◆冠者祖母在祔位別告(관자조모재부위별고)

艮齋曰繼禰之宗將行孫冠冠者之祖母在權祔之位當別有告

◆正月內擇一日(정월내택일일)

會成按本註古禮筮日今但正月內擇一日丘文莊從之後漢志正月甲子若丙子爲吉日加元服獻帝紀興平元年正月甲子帝加元服建安十八年正月壬子濟北王加冠此皆以正月冠者也夏小正記二月冠子之時也博物記孝昭帝冠辭曰欽奉仲春之吉辰晋專大道之郊域秉率百福之休靈始加昭明之元服此皆以二月冠者也王彪之曰禮冠自卜日不必三元也禮夏冠用葛屨冬冠用皮屨此又以四時皆可冠者也夫儀禮筮日之法固不能行至於擇日則或不當以正月二月拘也

◆筮日(서일)

士冠禮筮于廟門註筮者以著問日吉凶於易也廟謂禰廟不於堂者嫌著之靈由廟神疏著草之靈者易者周禮太卜掌三易一曰連山二曰歸藏三曰周易不筮月者夏小正云二月綏多士女冠子取妻時也有常月故不筮〇主人玄冠朝服緇帶素韠即位于門東西向註玄冠委貌也朝服者十五升布衣而素裳也衣不言色者衣與冠同也緇帶黑繒帶也素韠白韋韠也疏裳韠同色素韠故知裳亦積白素絹爲之韠屨同色素韠則白屨也〇有司如主人服即位于西方東面北上註有司主人之史府吏以下也〇筮與席所卦者具饌于西塾註筮謂著也所卦者所以畵地記爻饌陳也具俱也西塾門外西堂也疏記爻用木也今則用錢其法同耳〇布席于門中閫西閾外西面註閫門橜也閾閫也〇筮人執筴抽上韇兼執之進受命於主人註韇藏筮之器也疏筴即著也言上韇者其制有上下下者向上承之上者向下韜之也〇宰自右少退贊命註贊佐也命告也佐主人告筮也少儀曰詔辭自右通解按所贊之辭未聞蓋當云某有子某將以來日某加冠於其首庶幾從之〇筮人許諾右還即席坐西面卦者在左(還音旋)註卦者有司主畵地識爻者疏按少牢得主人命訖史曰諾西面于門西抽下韇左執筮右兼執韇以擊筮遂述命乃釋韇立筮此亦宜然但彼卿大夫禮有述命此士禮略不述命耳又二正記大夫著五尺故立筮士著三尺當坐筮〇卒筮書卦執以示主人主人受眡反之註書卦執者筮人以方寫所得之卦反還也疏方版也〇筮人還東面旅占卒進告吉註旅衆也與其屬共占之疏卜筮之法洪範云三人占從二人之言筮時連山歸藏周易幷用夏殷以不變爲占周易以變者爲占亦三人各占一易三占從二三吉爲大吉一凶爲小吉三凶爲大凶一吉爲小凶〇若不吉則筮遠日如初儀疏曲禮云旬之內曰近某日旬之外曰遠某日〇徹筮席宗人告事畢註宗人有司主禮者

◆大小宗告廟(대소종고묘)

問若冠者是宗子之三從弟則只告於高祖乎冠者之曾祖祖父又若異廟則亦各其宗子告之耶南溪曰似當只告於冠者所自出之主而異廟者不必並告行禮後因其宗子而謁之而已告時冠者亦不參〇命其次宗子者繼高之宗有故使繼曾之宗行禮於曾祖廟也若其父自主者繼高之宗有故使冠者之父代告於高祖廟而行禮也二項各不同繼曾之宗自告其祖廟安有介子某之稱耶〇愚按若繼高宗子有故命次宗子主之則固當各告于其廟而又當攝告于高祖祠堂據自冠其子宗子主祝之文可知然次宗子既以宗子之命代爲冠主則或各只告于其祖之廟耶

⦿告于祠堂儀禮節次(고우사당의례절차)

序立(男左女右世爲一行上見通禮)○盥洗○啓櫝○出主○復位○降神○主人詣香案前
○跪○焚香○酹酒(盡傾茅沙上)○俯伏興拜興拜興平身○復位○參神(衆拜)○鞠躬拜
興拜興拜興平身○主人斟酒○主婦點茶(畢二人並拜)○鞠躬拜興拜興平身○主
婦復位(主人不動)○跪(主人以下皆跪)○讀祝○俯伏興拜興拜興平身○復位○辭神(衆
拜)○鞠躬拜興拜興拜興平身○焚祝文○奉主入櫝○禮畢

⊙사당에 고하는 의례절차.

차서 대로 선다. (남자는 왼편에 서고 부녀자는 오른편에 선다. 세대 마다 한 열이 되
어 서며 위 통례를 살펴보고 그대로 따른다) ○손을 씻는다. ○신주 독을 연다. ○신
주를 받들어 내모신다.

●행강신례.

주인은 향안 앞으로 간다. ○주인은 무릎을 꿇고 앉는다. ○강신한다. (모사 위에 모
두 따른다) ○부복하였다 일어나 재배 평신한다. ○제자리로 물러나 선다.

●행참신례.

(모두 절한다) ○국궁배흥배흥(拜興拜興) 평신한다.

●행헌주례.

주인은 잔에 술을 따른다. ○주부는 차를 따른다. (마쳤으면 주인 주부는 같이 절한다)
○국궁 배흥배흥 평신한다. ○주부는 물러나 제자리에 선다. (주인은 제자리에 서 있
는다) ○무릎을 꿇고 앉는다. (주인 이하 모두 무릎을 꿇고 앉는다) ○독축한다. ○부
복하였다 일어나 재배 평신한다. ○제자리로 물러나 선다.

●행사신례.

(모두 절한다) ○국궁 배흥배흥 평신한다. ○축문을 불사른다. ○신주를 독에 넣는다.
○예를 모두 마친다.

◆告辭式(고사식)若冠者之母已歿雖在祔位亦當有告下同

維
歲次干支幾月干支朔幾日干支孝玄孫繼曾祖以下之宗隨屬稱某官某敢昭告
于
顯高祖考某官府君
顯高祖妣某封某氏曾祖考妣至考妣列書祔位不書○非宗子之子則只告冠者祖先之位某
之非宗子之子則此下當添某親某之四字子某若宗子自冠則去之子某三字年漸長成將
以某月某日加冠於其若宗子自冠則去其字首謹以酒果用伸虔告謹告

◆사당 고사식.

세차 모 간지 기월 기일 효 현손 모관 모는 공경하옵는 고조할아버님 모관 부군과
고조할머님 모봉 모씨와 공경하옵는 증조할아버님 모관 부군과 증조할머님 모봉
모씨와 공경하옵는 할아버님 모관 부군과 할머님 모봉 모씨와 공경하옵는 아버님
모관 부군과 어머님 모봉 모씨께 감히 밝혀 고하나이다. 모의 아들 모가 나이가 이미
장성하여 앞으로 모월 모일에 그의 머리에 관을 씌우려 하옵니다. 삼가 주과를 펴
올리고 삼가 고하고 삼가 고하나이다.

⊙戒賓(계빈)

古禮筮賓今不能然但擇朋友賢而有禮者一人可也(士冠禮註賓主人之僚友古者有吉事則樂與賢者歡成之有凶事則欲與賢者哀戚之疏同官爲僚同志爲友)是日主人深衣詣其門所戒者出見如常儀啜茶畢戒者起言曰某有子某若某之某親有子某將加冠(士冠禮作加布疏布謂緇布冠也)於其首願吾子之敎之也對曰某不敏恐不能供事以病吾子敢辭戒者曰(士冠禮有某猶二字)願吾子之終敎之也對曰吾子重有命某敢不從地遠則書初請之辭爲書遣子弟致之所戒者辭使者固請乃許而復書曰吾子有命某敢不從(士冠禮主人再拜賓答拜主人退賓拜送)○若宗子自冠則戒辭但曰某將加冠於首後同

⊙빈자(賓者)를 초청한다.

옛날에는 점을 쳐 관례를 주관하고 훈계할 빈자(賓者) 즉 주례자를 정하였으나 요즘은 그렇게 하지 않는다. 다만 친구 중에서 어질고 예(禮)에 밝은 자 한 사람을 택한다.

이날 주인은 심의(深衣)를 입고 손님으로 청할 친구 집 문전에 이르면 소님으로 청할 빈자(賓者)는 평상시의 의례(儀禮)와 같이 나와 마중한다. 차(茶) 접대가 끝나면 찾은 자가 일어나 정중히 말한다. 모(某)의 아들 모가 있는데 장차 그의 머리에 관(冠)을 씌우려 합니다. 원컨대 그대가 훈교(訓敎)를 하여 주오. 하면 훈계할 손님으로 청할 빈자(賓者)가 답하기를 모는 불민해서 관례에 관하여 능하게 갖춰지지 않아 두렵고 그대에게 흠이 될까 하여 사양하겠습니다. 라고 답하면 재차 청한다. 원컨대 그대가 나의 자식을 끝까지 가르쳐 주시오. 하면 대답 왈 그대가 거듭 분부가 있으니 모 감히 따르지 않을 수 있겠습니까?

허락되어 약속 되면 주인은 재배하고 손님으로 청할 빈자도 답배한다. 주인이 물러나면 빈자(賓者)는 배송(拜送)한다. 길이 멀면 서신(書信)으로 청하되 자제(子弟)를 보낸다. 빈자(賓者)는 사양하고 심부름 간 자가 간절하게 청하면 이에 허락하고 답신을 보낸다.

만약 종자 자신의 관례이면 다만 모장가관어수(某將加冠於首)라 이르고 이후는 모두 같다.

◆地遠則書(지원즉서)

丘儀按家禮戒賓辭乃儀禮本文語意簡奧非今世所宜又按書儀使者不能記其辭則爲書如儀中之辭後云某上一辭爲一紙使者以次達之賓䓝亦然今畧括其辭爲書如在某郡姓某再拜奉啓某官執事(稱呼隨宜)某有子某(若某親之子某)年及成人將以某月某日加冠於其首求所以敎之者僉曰以德以齒咸莫吾子宜至日不棄寵臨以惠敎之則某之父子感荷無極矣未及躬詣門下尙祈照亮不宣具位姓某再拜復書某郡姓某再拜奉復某官執事(稱呼隨宜)某無似伏承吾子不棄召爲冠賓深恐不克供事以病盛禮然嚴命有加敢不勉從至日謹當躬造治報不虔餘需面旣不宣具位姓某再拜奉復按禮有賓對曰某不敏恐不能供事以病吾子敢辭主人曰某願吾子之終敎之也據此當再有書請但以今人家請賓須是預先使人通知然後發書不必過爲虛文可也若有欲盡禮者如禮再書往復亦可

◆筮賓(서빈)

士冠禮前期三日筮賓如求日之儀註筮賓筮其可使冠子者賢者恆吉通解按前已廣戒衆賓此又擇其賢者筮之吉則宿之以爲正賓不吉則仍爲衆賓不嫌於預戒也

◆賓者請書式(빈자청서식)儀節按家禮戒賓辭乃儀禮本文語意簡奧非今世所

宜又按書儀使者不能記其辭則爲書如儀中之辭後云某上一辭爲一紙使者以次達之賓䓝亦然今畧括其辭爲書如左

某郡姓某再拜奉啓備要本朝進御文字皆稱啓字私書恐不敢用代以白字○後倣此

某官執事某非宗子之子則此下當添之某親某四字有子某若宗子自冠則去有子某三字年及成人將以某月某日加冠於其若宗子自冠則去其字首求所以敎之者僉曰以德以齒咸莫吾子宜至日不棄

寵臨以惠敎之則某之父子若宗子自冠則去之父子三字感荷無極矣未及躬詣門下尚祈照亮不宣

　　　　　　　　　　　　具位姓某再拜具位上當有年月日後倣此

◆빈자청서식.

모군의 모는 모관 집사 모씨께 재배하고 아뢰옵나이다. 모의 자식이 있는데 나이가 성인이 되어 장차 모월 모일 그의 머리에 관을 씌우려 하옵니다. 훈계할 분을 모시려 하옵는데 모두 이르기를 연세와 학덕이 그대 같은 분이 없다 하오니 버리지 마시옵고 그날 영광된 왕림으로 은혜로운 가르침을 주신다면 모의 부자(父子) 감사히 은혜를 받음이 끝이 없겠나이다. 미처 찾아 뵙지 못하오나 바라옵건대 진실로 만복을 받으시기를 빌겠나이다. 다 쓰지 못하고 이만 줄이나이다.

◆皮封式(피봉식)

上狀

某官執事　　　　　　　　　具位姓某謹封

◆復書式(복서식)儀節按禮有賓對曰某不敏恐不能供事以病吾子敢辭主人曰某願吾
子之終敎之也據此當再有書請但以今人家請賓須是預先使人通知然後發書不必過爲虛文可也若有欲盡禮者如禮再書往復亦可

某郡姓某再拜奉復

某官執事某無似伏承吾

子不棄召爲冠賓深恐不克供事以病盛禮然嚴命有加敢不勉從至日謹當躬造治報弗虔餘需面旣不宣

　　　　　　　　　　　　具位姓某再拜奉復

◆답서.

모군 모는 모관 집사께 재배하고 답신을 받들어 올립니다. 보잘것없는 모를 그대가 잊지 않으시고 관빈(冠賓)으로 초청하여주시니 관례를 훌륭하게 갖추지 못하여 성대한 예식에 흠이 나지는 않을까 심히 두렵습니다. 하오나 존엄하신 분부가 있사오니 감히 따르지 않을 수 없사옵니다. 그날 제가 가서 치러 보답하겠사옵니다. 여타는 만나서 상의 하겠사오며 다 말씀 드리지 못하고 이만 줄입니다.

◆皮封式(피봉식)

上狀

某官執事　　　　　　　　　具位姓某謹封

⊙前一日宿賓(전일일숙빈)

遣子弟以書致辭曰(云云)答書曰(云云)○若宗子自冠則辭之所改如其戒賓(增解按若從

古禮當宿贊者一人如戒賓儀或但以書致辭如宿賓）

⊙하루 전에 손님(賓)이 와 묵는다.

자제(子弟)를 보내어 서신으로 다음과 같이 알린다. 빈자(賓者) 역시 서신(書信)으로 다음과 같이 답한다. ○만약 종자 스스로 관례를 하면 서신의 내용을 계빈(戒賓) 때와 같이 고친다.

◆宿賓(숙빈)

士冠禮乃宿賓賓出門左西面再拜主人東面答拜乃宿賓賓許主人再拜賓答拜主人退賓拜送宿贊冠者一人亦如之註宿進也贊冠者佐賓爲執事者疏進之使知冠日當來贊者皆降一等取之賓主皆下士則亦取下士爲之禮窮則同也通解正賓或不來則將不得成禮故雖已戒之而又宿之非正賓則不更宿佐賓雖輕亦必擇其賢而習禮者爲之不來則亦有關故並宿之(以上增解)○士冠禮註宿進也謂進之使知冠日當來○補註宿賓是隔宿戒之上戒賓是親往此宿賓是遣子弟俗言爲覆請也○語類問宿賓曰是戒肅賓也是隔宿戒之(以上輯覽)

◆致辭書式(치사서식)

　　某上
　某官執事稱呼隨宜某將以來日加冠於非宗子之子則此下當添某之某親某之六字子
　　某若宗子自冠則去於子某三字吾子既許以惠臨矣敢宿
　　　某再拜上

◆치사서식.

모관 집사께 모 올리나이다. 모는 내일 자식 모에게 관을 씌우려 하옵는데 그대가 이미 은혜롭게 허락하셨사와 왕림하여 주실 것을 감히 거듭 알립니다.

◆復書式(복서식)

　　某復
　某官執事承命以來日行禮既蒙見宿敢不夙興
　　　某再拜上

◆답서.

모는 모관 집사께 답서를 드립니다. 분부를 받들어 내일 관례를 행할 것을 이미 받았사온데 거듭 명을 받았으니 감히 일찍 서두르지 않을 수 있겠습니까.

◆皮封式(피봉식)皆同前式

⊙陳設(진설)

設盥帨於廳事如祠堂之儀以帟幕爲房於廳事之東北或廳事無兩階則以堊畫而分之(並設席)後倣此

司馬溫公曰古禮謹嚴之事皆行之於廟今人既少家廟其影堂亦褊陜難以行禮但冠於外廳笄在中堂可也士冠禮設洗直於東榮南北以堂深水在洗東今私家無霤洗故但用盥盆帨巾而已(盥濯手也帨手巾也)廳事無兩階則分其中央以東者爲阼階西者爲賓階無室無房則暫以帟幕截其北爲室其東北爲房此皆據廳堂南向者言之○劉氏璋曰冠義曰古禮筮日筮賓所以敬冠事冠者禮之始也嘉事之重者也是故古者重冠重冠故行之於廟者所以尊重事尊重事而不敢擅重事所以自卑而尊先祖也○儀節按畫敷布長子席在阼階上之東少北西向衆子則少西南向宗子自冠則如長子之席少南

⊙진설.

세수대야와 수건을 사당에 진열할 때와 같이 청사(廳舍)에 진열하고 청사 동북쪽에
역막(帟幕)을 세워 방으로 한다. 혹 청사에 양쪽 층계가 없으면 흰 분 칠을 하여 층
계를 표한다. 이후의 예에서도 이와 같이한다.

◆陳設(진설)

丘儀凡冠者席與賓主位次皆用石灰依圖界畫至日按畫敷布又於便室或用帷幕隔一處爲賓
次

◆士冠禮(사관례)

儀禮篇名○大全郭子從問庶人吉凶皆得而同行士禮以禮窮則同故不別制禮焉不審然否曰
恐當如此○按冠禮只擧士而名之至於昏喪亦然士冠禮疏周禮六官六十敍官之法事急者爲
先不問官之大小儀禮見其行事之法賤者爲先故以士冠爲先無大夫冠禮諸侯冠次之天子冠
又次之其昏禮亦士爲先大夫次之諸侯次之天子爲後又按曲禮禮不下庶人註庶人卑賤且貧
富不同故經不言庶人之禮古之制禮者皆自士而始也先儒云其有事則假士禮而行之蓋家禮
所以只據士禮而作者恐亦是此意歟

◆筮日筮賓(서일서빈)

士冠禮註筮者以蓍問日吉凶於易也疏鄭知筮以蓍者曲禮云龜曰卜蓍曰筮○郭璞曰上有蔭
蓋著下有千岭蔡凡蟲之知莫善於龜凡草之靈莫善於著著龜自有靈也○本註筮日所以求夫
天之吉筮賓所以擇夫人之賢然筮而不卜何哉蓋古者大事用卜小事用筮天下之事始爲小終
爲大冠爲禮之始聖王之所重者重其始而已非大事也故止用筮焉至於喪祭之愼終則所謂大
事也故於是乎用卜

◆盥帨(관세)

士冠禮贊者洗于房中(註)洗盥而洗爵者(疏)凡洗爵者先盥此經不具故註明之○丘儀按冠禮
不但設盥帨于堂下而房中亦當設也然儀禮所謂洗特言洗爵耳盥乃註家增入也若人家窄狹
就於堂下所設盥洗處先洗爵特入房中亦可

⊙厥明夙興陳冠服(궐명숙흥진관복)

有官者(增解考證宋時朝官或郊祀覃恩或遺表恩澤子孫雖在襁褓得以授官故云有官)公服帶靴笏
無官者襴衫帶靴通用皀衫(革帶鞋)深衣大帶履櫛㝱掠皆卓子陳于房中(士冠禮房中西
墉下)東領北上(士冠禮疏喪大記與士喪禮服或西領或南領此東領者嘉禮異於凶禮冠時先用卑服
北上便也)酒注盞盤亦以卓子陳于服北(士冠禮醴尊勺觶脯醢南上註洗在北堂)幞頭帽子冠
笄巾各以一盤盛之蒙以帕以卓子陳于西階下執事者一人守之長子則布席(增解三禮
圖士蒲筵長七尺廣三尺三寸無純)于阼階上之東少北西向衆子則少西南向(增解南溪曰上言
布席阼階上云云統言長子衆子之異下筵于東序者正布長子之席元非疊)○宗子自冠則如長子之
席少南

　程子曰今行冠禮若制古服而冠冠了又不常著却是僞也必須用時之服

⊙그 다음날 날이 밝으면 일찍 일어나 관례복을 진열한다.

유관자(有官者)는 공복(公服)에 띠와 가죽신에 홀(笏)이며 무관자는 난삼(襴衫)에 띠
와 가죽신이다. 통용 조삼(皀衫)과 심의(深衣)와 큰 띠, 신, 머리 빗, 상투 맬 끈, 망
건(網巾)을 방 중앙에 탁자를 놓고 그 위에 모두 진열하되 북쪽을 상석으로 하여 옷
깃을 동쪽으로 향하게 한다. 주전자와 잔반, 수저, 포(脯), 육장(肉醬)을 역시 탁자에
진열하여 의복 탁자 북쪽에 놓되 남쪽이 상석이다.

복두(幞頭)와 모자 또 관(冠)과 비녀 수건을 각각 소반에 담아 보자기로 덮어 탁자에

진열해서 서쪽층계 아래에 두고 집사자 한 사람이 보살핀다. 장자(長子)는 동쪽 층계 위 동편에서 조금 북쪽에서 서쪽으로 향하여 자리를 펴고 여러 차자(次子)들은 장자 자리 조금 서쪽에서 남향한다.

종자 스스로 관례를 하게 되면 장자의 자리에서 조금 남쪽에 자리를 편다.

◆櫛䚞掠(즐수략)

按本條下註有陳櫛䚞掠於房中而溫公書儀合䚞用櫛篦總幍頭四物其自註云總是頭䚞幍頭是掠頭也家禮去篦用櫛䚞掠三物櫛是梳子頭䚞即是總禮註所謂裂練繒以束髮是也掠頭今無其制考喪禮篇解免字謂裂布或縫絹廣方自項向前交於額上郤繞髻後如着掠頭則其制亦可以意推矣今皆不用擬以時制網巾代之

◆冠服(관복)

士冠禮爵弁服纁裳純衣緇帶韎韐註此與君祭之服爵弁者冕之次其色赤而微黑如爵頭然其布三十升纁裳淺絳裳純衣絲衣也餘衣皆布唯冕與爵弁服用絲耳先裳後衣者欲令下近緇明衣與帶同色韎韐靺也合韋爲之染以第蒐因名焉齊人名蒨爲韎韐冠弁不與衣陳而言於上以冠名服耳疏冕以木爲體上玄下纁低前一寸二分取其俛謂冕爵弁制大同前後平故不得爲冕〇皮弁服素積緇帶素韠註此與君視朔之服皮弁者以白鹿皮爲冠積猶辟也以素爲裳辟蹙其要中皮弁之衣布十五升疏用白布衣素白繒也〇玄端玄裳黃裳雜裳可也緇帶爵韠註此暮夕於朝之服玄端即朝服之衣易其裳耳上士玄裳中士黃裳下士雜裳雜裳者前玄後黃爵韋爲韠不以玄冠名服者是爲緇布冠陳之疏以其正幅故得端名易其裳者朝服素裳此易以三等之裳也不言革帶者大帶所以束衣革帶所以繫韠及佩擧韠則有革帶可知〇緇布冠缺項青組纓屬于缺緇纚廣終幅長六尺皮弁笄爵弁笄緇組紘纁邊同篋註緇布冠無笄有笄者屈組爲紘垂爲飾無笄者纓而結其條纁邊組側赤也以上凡六物疏髮之長者不過六尺故纚六尺足以韜髮韜訖乃爲紒也有笄謂弁屈組爲紘者以一條組繫於左笄上遶頤下右向上仰屬於笄有餘則因垂爲飾也組側赤者以緇爲中以纁爲邊側而織之也六物謂頍項青組纓爲一纚爲二二弁笄紘各一通爲六物〇爵弁皮弁緇布冠各一匴執以待于西坫南註匴竹器坫在堂角疏上文直擧冠以表服冠實不陳也緇布冠士爲初加冠訖則弊之不用庶人則常著之故詩云臺笠緇撮漢之小吏亦裳服之〇屨夏用葛玄端黑屨素積白屨爵弁纁屨冬皮屨可也〇冠頌孟懿子曰始冠必加緇布之冠何也孔子曰示不忘古太古冠布齊則緇之其緌也吾未之聞今則冠而弊之可也〇懿子曰三王之冠其異何也孔子曰周弁殷冔夏收一也註弁名出於槃大也冔名出於幠覆也收言收斂髮也疏此條論第三所加之冠指爵弁而言〇三王共皮弁素積疏此條論第二所加之冠自大子達於士以其質素故三王同之無改〇委貌周道也章甫殷道也母追夏后氏之道也註委貌玄冠委安也以安正容貌章明也以表明丈夫也母發聲也追猶堆也以其形名之疏此條論始加之冠三代皆用緇布但周爲委貌之形殷爲章甫之形夏爲母追之形爲不同耳

◆章甫緇冠(장보치관)

艮齋曰章甫緇布冠也夏曰母追(音牟堆)商曰章甫周曰委貌(言委曲有禮貌)其制相比皆以漆布爲之三代常服行道之冠此輔潛菴語今見論語浴沂章小註委貌有梁正張鎰兩本(見聶崇義三禮圖黃以周愷書通故)而未知果合古制與否然好禮君子用之亦善至於緇布冠據士冠禮經文註疏以製之庶無大錯服以行路雖未可輕爲然士類之近居者往還尋訪戴著亦足爲以禮導俗之一事歟

◆委貌之制(위모지제)

艮齋曰委貌金仁山云今失其制聶崇義三禮圖註論梁正圖曰因阮氏之本而與前三法形制又殊其總論則曰此四狀盖後世變亂法度隨時造作古今之制或見乎文張氏鎰僅得之沙溪輯覽只載一狀而形制又與聶氏不同黃氏禮書通故又俱載梁張二本而形制又與聶書同古制今難

追考且依晦翁論神主尺度得一書爲據之訓曾傚梁本制得而承祭時用深衣則以之代幅巾而此間士友亦有見從者不謂盛意亦同而至謂復古之一漸何幸如之

◆大帶用帛革帶用革(대대용백혁대용혁)

良齋曰內則男鞶賈氏許愼服虔杜預皆以爲大帶獨鄭玄註云小囊盛帨巾者陳氏祥道據諸說而謂鄭爲誤然大帶天子諸侯大夫皆用素士用練無用革之文黃氏以周云凡大帶用帛以束衣革帶用革以佩玉佩及事佩鞶字從革決非大帶此說得之

◆東領北上(동령북상)

士冠禮陳服于西墉下東領北上疏喪大記與士喪禮服或西領或南領此東領者此嘉禮異於凶禮故士之冠時先用卑服北上便也

◆席(석)

三禮圖士蒲筵長七尺廣三尺三寸無純○漢書文帝莞蒲爲席

⊙冠禮之具(관례지구)

(執事者)○집사자. (卓)三○탁 3. 즉 탁자. (緇冠)上見深衣條○尤菴曰緇冠只用家禮寸數則髻大者高闊頗不著不得已當稍寬其寸數以相著爲度○艮禮緇梁武方圓俱有前賢說(尤庵主圓冠峰主方)而考三禮圖冕前圓後方則著於頭者無不圓未必如尤菴之言且冕上玄下朱取天地之色則緇撮之梁圓武方亦天地之象冠峯所論恐得正義但緇冠大者著頬頬圍髮際此則自圓又不當拘耶○치관. ○위심의조 참조. (公服)○공복. (笏)○홀. ○천자 이하 공경대부가 옥이나 상아 대나무로 만들어 손에 들거나 허리띠에 꽂고 다니는 적은 쪽판. (筓)用以揷於冠者圓首尖末○家禮本註用齒骨凡白物○계. 즉 비녀. ○치포관을 쓰고 꽂는 비녀. (幅頭)即國朝新恩所著者略似紗帽今代用皇朝儒巾或稱軟巾○복두. ○사모와 비슷하고 두 단으로 되였으며 뒤에는 날개가 양쪽으로 나 있고 후주(後周) 무제(武帝)가 처음 만들었으며 전각 복두와 교각 복두가 있다. (幅巾)用以加於緇冠上者凡服深衣必著緇冠加幅巾後凡言深衣皆傚此其制用黑繒或紬長六尺四寸許廣一尺四寸許(指尺)中摺其長爲兩葉而反屈之就屈處圓殺一角如規合縫循其邊而下至于兩末而止下邊及不縫處皆摺二寸許爲緣而翻轉之使縫餘及緣皆藏在裏爲長三尺廣一尺二寸通廣二尺四寸旣而從不殺邊中屈處提起左旁小許摺向左又提起右旁少許摺向右兩相輳著相輳在內用線綴住而空其中爲(□子)從□子兩旁循邊而下左右每三寸許當鬢旁各綴小帶一廣二寸長二尺用巾覆首以□當額前裹之以兩小帶自巾外過頂相結於腦後而垂其餘○복건. ○심의를 입을 때는 반드시 치관을 쓰고 치관 위에 복건을 덧쓴다. 심의를 말할 때는 모두 이와 같다. (深衣)用白細布鍛濯灰治爲之布廣二尺二寸(指尺)後凡言布帛廣全幅者皆傚此衣用布二幅各長四尺六寸中屈下垂前後共爲四幅兩肩上中屈處各裁入三寸縫合背後直縫除縫餘兩邊各一寸則兩肩上裁入合爲四寸自裁入處向前反摺至衣下卽翦去之以備綴領○儀節家禮衣長二尺二寸今裁法前加四寸後加一寸裁時其在前兩葉從一邊修起除去四寸漸漸斜修至將近邊處不動其後兩葉亦從一邊修起除去一寸漸漸斜修至將近邊處不動不如此則兩衿相疊衣領交而不齊矣○便覽按若從裁法則 (衣)用布長五尺一寸前垂二尺七寸後垂二尺四寸 (領)用布長五尺八寸自項後摺轉向前綴於肩上左右至摺翦處表裏各二寸衣初裁時通前後四幅廣八尺八寸除背後縫餘兩邊各一寸及兩衿摺翦處各三寸則爲八尺左右各綴領廣二寸則爲八尺四寸又除兩腋之餘前後各三寸則爲七尺二寸以備下聯於裳聯裳時除縫餘一寸則衣長爲二尺二寸每幅屬裳三幅 (裳)用布六幅其長隨體之長短並衣身以及踝爲準交解爲十二幅一頭廣一頭狹廣頭爲一尺四寸狹頭爲八寸以狹頭向上而聯其縫每幅兩邊各除縫餘一寸則上頭每幅六寸通廣七尺二寸下齊每幅一尺二寸通廣十四尺四寸上屬於衣背後衣裳之縫相當直下此縫兩幅皆用不裁開處(俗稱直緒)合縫其當兩腋之縫前後幅皆用裁開處(俗稱解緒)合縫 (圓袂)用布二幅各長四尺六寸中屈之屬於衣之左右而縫合其下爲袂除縫餘一寸爲長二尺二寸如衣之長袖端下旁圓殺如規縫之留袂口一尺二寸屬衣處各除縫餘一寸袂口綴緣處又各除一寸而衣屬袖處亦除縫餘各一寸則袖廣通衣兩腋餘二寸爲二尺二寸袂之長短反詘之及肘不以一幅爲拘 (黑緣)用黑繒飾領及袂口裳旁下除表裏各一寸

半領及裳旁下除則疊縫在布上袂口則布外別綴此緣之廣○丘氏曰按白雲朱氏曰袵說文曰衿註交袵爲襟爾雅襟通作衿正義云深衣外衿之邊有緣則深衣有袵明矣宜用布一幅交解裁之上尖下闊內連衣爲六幅下屬於裳玉藻曰深衣袵當旁王氏謂袷下施衿趙氏謂上六幅皆是也後人不察至有無袵之衣朱氏此說蓋欲於衣身上加內外兩衿如世常服之衣如此則便於穿著但以非家禮本制不敢從姑存以備一說○又曰深衣制度乃溫公據禮深衣篇所新製非古相傳者也愚於考證疑其裳制于深衣篇文勢不倫固已著其說矣後又得吳興敖繼公說謂衣六幅裳六幅通十二幅吳草廬亦謂裳以六幅裁爲十二片不可言十二幅又但言裳之幅而不言衣之幅尤不可良以敖說爲是蓋衣裳各六幅象一歲十二月之六陰六陽也愚因參以白雲朱氏之說衣身用布二幅袖用二幅別用一幅裁領又用一幅交解裁兩片爲內外衿綴連衣身則衣爲六幅矣裳用布六幅裁十二片後六片如舊式前四片綴連外衿二片綴連內衿上衣下裳通爲十二幅則於深衣本章文勢順矣舊制無衿故領微直而不方今以領之兩端各綴內外衿上穿著之際右衿之末斜交於左脅左衿之末斜交於右脅自然兩領交會方如矩矣○便覽按家禮云裳每三幅屬衣一幅而若丘氏說也又用布一幅交解兩片爲內外衿則衿之闊頭向下者恰受裳之狹頭向上者二片之廣每裳二片屬衣一幅然後可無空闕處如是則裳居後爲四片居前者內外各爲四片其云後六片如舊式者成不得矣○심의. ○통례 심의 조 참조. **(大帶)**用以帶於深衣者其制用白繒廣四寸許夾縫之爲廣二寸長圍腰而結於前再繚之爲兩耳乃垂其餘爲紳下與裳齊以黑繒飾其紳兩旁及下表裏各半寸大夫則兩耳亦緣之○대대. 즉 심의에 매는 허리띠. **(絛)**用以約結大帶相結處者其制用五色絲織成廣三分或用青小組爲之長可中屈而垂其兩末與紳齊○조. 즉 심의 끈. ○대대와 함께 허리에 매는 끈으로 오색실로 굵기가 서푼 되게 꽈 양끝에는 수술을 달고 길이는 대대와 같다. **(履)**用黑絹或皂布褙紙爲材又用二白帶或組長二尺餘橫綴於履後跟又於履頭以絛爲絇而受繫穿貫○緇冠以下始加服○리. 즉 신. **(帽子)**丘氏曰今世帽子有貳等所謂大帽者乃是笠子以蔽雨日所謂小帽者或紗或羅或緞爲之○(圖會)用帛六瓣縫成之其制類古皮弁特縫間少玉飾耳此爲齊民之服○모자. ○세속에는 모자가 둘이 있다 대모인 우천 시나 햇빛을 가리는 삿갓과 소모인 깁 또는 망사 혹은 비단으로 만든 작은 모자가 있다. **(皂衫)**按昔有問皂衫之制世所罕傳者尤菴答曰如今黑團領凡上衣之染黑者皆可用又答人問有再加常服之說常服即今道袍之類雖非染黑今制染青者亦可代用○조삼. ○지금의 흑단령과 같으며 도포로도 대용한다. **(革帶)**用以帶於皂衫者○혁대. ○조삼을 입을 때 띤다. **(鞋)**尤菴曰革履謂之鞋又履之無絇謂之鞋○혜. ○지금의 구두처럼 위를 졸라매어 잘 벗어지지 않게 만든 신. ○帽子以下再加服 **(幞頭)**即國朝新恩所著者略似紗帽今代用皇朝儒巾或稱軟巾○복두. 사모와 비슷한데 요즘은 유건이나 연건으로 대용하기도 한다. **(襴衫)**用藍絹或玉色絹布爲材○沙溪曰以青黑絹廣四五寸飾領緣及袖端與裔末○尤菴曰制如團領而但傍耳一葉○난삼. ○제법은 단령(團領)과 비슷하다. **(帶)**用以帶於襴衫者皇朝太學儒服襴衫之帶名絛帶一名鈴帶其制織絲爲之再圍腰其贏縮處有二小鈴垂其餘於後兩末相合處有一大鈴無則代以細絛帶○대. 즉 띠 ○난삼에 매는 띠이다. 조정의 최고 학부인 태학의 학자들이 난삼을 입고 매는 띠로 이름은 조대 또는 일명 영대라고도 하며 제작법은 명주실로 꼰다. 허리에 두 번 두르고 앞에서 동여맨다. 맨 곳에 작은 방울 두 개를 달고 남은 끈을 늘어트려 양끝이 서로 합치는 곳에 큰 방울 한 개를 단다. 이와 같은 띠가 없으면 가느다란 조대로 대용한다. **(靴)**○화. 즉 가죽신. ○幞頭以下三加服 **(櫛)**用以理髮者盛以函○즐. 즉 머리빗. **(掠)**儀節代網巾○用以包髮者織종爲之○량. 즉 망건. **(盤)**帕具○三加各具○반. 즉 대반. **(脯醢)**幷盛于楪醮時以盤捧之○어포. 즉 어포 육장(肉醬). **(角柶)**用以祭醴者○士冠禮註狀如匕○각사. 즉 숟가락. **(酒瓶)**○주병. 즉 술병. **(酒架)**○주가. 즉 술병시렁. **(酒注)**○주주. 즉 주전자. **(盞盤)**○잔반. ○脯以下用以醮冠者者

⊙主人以下序立(주인이하서립)

主人以下盛服就位主人阼階下少東西向子弟親戚僮僕在其後重行西向北上擇子弟親戚習禮者一人爲儐立於門外西向(儀節請習禮者爲禮生引導唱贊立於阼階西西向)將冠者雙紒四䙆衫(便覽丘氏曰紒是髻字作兩圓圈子也)勒帛采屐在房中南面若非宗子之子則其

父立於主人之右尊則少進卑則少退○宗子自冠則服如將冠者而就主人位

⊙주인 이하 차서 대로 제자리에 선다.

주인 이하 성복(盛服)을 하고 자리로 나아가 주인은 동쪽 층계 아래에서 조금 동쪽으로 가 서쪽으로 향하여 서고 자제(子弟), 친척, 하인들은 주인 뒤에 겹으로 서되 북쪽이 상석으로 하여 선다. 자제나 친척 중에서 예와 의식에 익숙한 자로 예생(禮生)을 택하여 문밖에서 서쪽으로 향하여 서서 손님 즉 주례자를 인도케 한다.

장관자(將冠者)는 쌍 갈래 머리를 하고 사규삼(四규衫)을 입고 행전을 치고 고운 신을 신고 방에서 남향하여 서 있는다.

만약 종가 집 아들이 아니면 장관자의 부친은 주인의 오른편에서 손위 사람이면 조금 앞으로 나가 서고 손아래 사람이면 뒤로 조금 물러나 선다.

종자 스스로 장관자면 관례를 하는 자신이 주인의 자리에 나가 선다.

◆四褉衫(사규삼)

儀節不知其制考玉篇廣韻等書並無규 字惟車服志史炤釋文曰규 音睽桂反衣居分也李薦師友談記有云國朝面賜緋卽四규 義襴衫事物記原衫下註云有缺骻衫庶人服之卽今四袴衫也紀原宋高承作所謂今者指宗時言也豈四袴衫卽此四규 耶又按書儀始加適房服四규 衫無四규 衫卽服衫則是四규 衫亦可無也況此服非古制殊非深衣之比隨時不用可也○遂菴曰규 衣裾分也前後左右皆규 制如今之常著單衣而後亦不合縫者也○士冠禮將冠者采衣疏童子尙華故衣此

◆勒帛采屐(늑백채극)

韻會勒歷德切絡也屐竭戟切屬也○文獻通考葉氏曰大父家居及見賓客頂帽而繫勒帛勒帛亦垂紳之意雖施之外不爲簡或云勒帛不便於摺笏故易背子○考證歐陽公以朱抹劉幾試券謂之紅勒帛蘇子瞻詩紅線勒帛光繞脅觀此其形可想○異苑介子推抱木燒死晉文公伐以製屐司馬晉遂爲常服古今註屐卽舄之制而木底曰齒○儀節按勒帛采屐者書儀無采屐而于勒帛下有素字自註云幼時多躡采將冠可以素謂之躡意勒帛乃用以裹足者也屐是木履今云采屐疑是以采帛代木爲之謂之勒帛采屐似是以帛裹足納屐中也此蓋當時童子服今不必深泥惟隨時用童子所常服者代之似亦無害○輯覽按勒帛之制見於葉氏說而丘儀如此似未之考也○愚按以葉氏說及蘇詩觀之勒帛乃是繞腰之物卽帶也書儀初加易服云無四규 衫止用衫勒帛云則此言衣與帶也又勒帛素屐註幼時多躡采屐將冠可以素屐云則此帶與履也儀節乃以勒帛采屐同作在足之物謂以勒帛裹足納屐中蓋臆說而誤者也後世以勒帛爲行縢之說蓋本於此詳見喪禮襲條

⊙賓至主人迎入升堂(빈지주인영입승당)

賓自擇其子弟親戚習禮者爲贊冠者俱盛服至門外(便覽先入次改服)東面立贊者在右少退儐者入告主人主人出門左西向再拜賓答拜主人揖贊者贊者報揖主人遂揖而行賓贊從之入門分庭而行揖讓而至階又揖讓而升主人由阼階先升少東西向賓由西階繼升少西東向贊者盥帨由西階升立於房中西向儐者筵于東序少北西面(便覽衆子則少西南向宗子自冠則如長子之席少南)將冠者出房南面○若非宗子之子則其父從出迎賓入從主人後賓而升立於主人之右如前

⊙빈(賓)(주례자)이 도착하면 주인은 나아가 영접하여 들어와 당으로 오른다.

주례자가 관자(冠者) 집 자제나 친척 중에서 예(禮)에 익숙한 자를 찬관자(贊冠者)로 택한다. 문밖 처소에서 예복으로 갖춰 입고 동향하여 서고 찬관자는 그의 우측에서 조금 뒤로 물러나 선다. 찬관자가 주례자를 인도하여 주인에게 알리면 주인은 문밖으로 나와 좌측에서 서향하여 재배하면 주례자 역시 답배한다.

주인이 찬관자에게 읍(揖)하면 찬관자도 답으로 읍한다. 주인은 드디어 읍하고 인도하면 주례자와 찬관자가 따라 문으로 들어가 정원(庭園)에서 주인은 동쪽 층계 쪽으로 주례자와 찬관자는 서쪽 층계 쪽으로 나뉘어 조용히 읍을 하고 층계 앞에 이른다. 또 공손히 읍을 하고 오른다. 주인은 동쪽 층계로 먼저 올라 동쪽으로 조금 가서 서쪽으로 향하여 서고 주례자는 서쪽 층계로 올라 서쪽으로 조금 가서 동쪽으로 향하여 선다.

찬관자는 손을 씻고 서쪽 층계로 올라가 방 중앙에서 서쪽으로 향하여 선다. 빈자(儐者)(인도 하는 이)의 자리는 동쪽 방 벽에서 조금 북쪽에서 서쪽으로 향하여 선다. 장관자는 방에서 나와 관례석에서 남쪽으로 향하여 선다.

만약 종자의 아들이 아니면 그의 부친은 주인을 따라 나아가 주례자를 맞이하여 들어 오되 주례자의 뒤를 따라 올라가 주인의 오른편에 서되 앞의 의식과 같게 선다. (역자 주: 주례자는 빈(賓)을 편의상 세속어(世俗語)로 칭한 것이며 이하 이와 같다)

◆衆子冠席(중자관석)

艮齋曰衆子冠席及醮席以鄉飲禮註例之冠者當統於宗子而亦以東爲上家禮之席右南向本於士冠禮之筵西南面將由右升也筵末啐酒亦以席西頭言明矣冠峯不察曲禮朱書只言室中布席而反以疏說爲誤大抵後儒不分室堂布席之異故其說愈多而其差愈甚矣

◆贊者立於房中(찬자입어방중)

士冠禮贊者立于房中西面南上註立于房中近其事也南上尊於主人之贊者疏贊與主贊俱是執勞役之事者也以其物皆在房中故不立於堂上而先入房並立又尊敬賓之贊者故位在南面西居上也按此叅通解而與本䟽略異○朱子曰今詳贊者西面則負東牖而在將冠者之東矣

◆升堂之禮(승당지례)

朱子曰鄉飲酒禮主客列兩邊主人一拜客答一拜又拜一拜又答一拜却不交拜某赴省試時衆士人拜知擧知擧受拜了却在堂上令衆人少立使人大喝云知擧答拜方拜二拜是古拜禮猶有存者近年問人則便已交拜是二三十年間此禮又失了○愚伏曰主人先再拜賓答之不可一時並行○尤菴曰宗子迎賓而拜之禮也若其父與祖亦拜則是二主也○按士冠禮若庶子則冠于房外南面遂醮焉註房外謂尊東也據此若衆子則當筵于房西室戶東所設酒尊之東而南面卽上文所謂衆子則少西南面是也蓋古禮醮則設尊於此禮則設尊於房○又按或曰雖族人之長子行禮於宗家而宗子主之則以衆子禮行之此說恐未然雖族人之長子自當行禮於其家而宗子就而主之耳恐未必行於宗家且其父共主其禮則又恐不必以衆子禮行之

◆宗子自冠迎賓(종자자관영빈)

士冠禮若孤子則冠之日主人紒而迎賓拜揖讓立于序端皆如冠主註冠主冠者親父若宗兄也

⊙賓迎入儀禮節次(빈영입의례절차)

禮生唱○序立(主人立東階下少東西向子弟親戚童僕重行在後北上儐立門外西向賓贊既至門外儐入至主人前曰)○賓至(唱)○請迎賓(主人出門外見賓)○賓主相見(主東賓西)○鞠躬拜興拜興平身○主人見贊者○揖平身(主人側身就贊者揖之贊者報揖此揖乃作揖)○主人揖賓請行(主人舉手作揖遜狀請賓行賓贊從之入門分庭而行此揖乃揖讓之揖非作揖之揖)○升階(至階

主人與手揖賓請升凡三次)〇賓主各就位(主人先由東階升卽東席西向賓繼由西階升卽西席東向
非宗子之子其父立主人之右)〇贊者盥帨(贊者洗訖由西階升立于房中西向)〇儐者布席(儐按畵
布冠者之席長子則于東階上之少北西向衆子則少西南向按圖布之)〇將冠者出房(南面立於席右
向席)〇贊者奠櫛(贊者用筥盛梳子網巾置于席左興立於將冠者之左櫛側瑟反按儀禮櫛實于簞註
簞筥也今補入)

⊙주례자 영입 하는 의례절차.

예생(禮生)이 창(唱)을 한다. 〇차서 대로 서시오. (주인은 동쪽 층계 아래에서 조금
동쪽으로 가서 서쪽으로 향하여 서고 자제 친척과 아이와 종들은 그 뒤에 겹으로 서
되 북쪽이 상석이다. 인도하는 이는 문밖에서 서쪽으로 향하여 선다 주례자와 찬자가
이미 문밖에 도착하면 인도하는 이가 들어와 주인 앞에 이르러 알리기를) 〇주례자가
도착 하였습니다. (창을 한다) 〇주인은 주례자를 맞이하여 들기를 청하시오. (주인은
문밖으로 나아가 주례자에게 인사를 한다) 〇주인과 주례자는 서로 인사를 하시오.
(주인은 동쪽이며 주례자는 서쪽이다) 〇국궁 재배 평신하시오. 〇주인은 찬조자와
인사하시오. 〇읍 평신 하시오. (주인은 친히 찬조자 옆에서 읍을 하면 찬조자도 답으
로 읍을 하되 이때의 읍은 즉 두 손을 잡는 읍이다) 〇주인은 읍을 하고 주례자에게
들어가기를 청하시오. (주인은 손을 들어 겸손한 모양으로 읍을 하고 주례자에게 들
기를 청하면 주례자와 찬조자는 문으로 따라 들어가 마당에서 나뉘어 간다. 이때의
읍은 사양하는 읍으로 하되 읍을 양손을 맞잡지 않은 읍으로 한다) 〇층계를 오르시
오. (층계에 이르면 주인과 같이 양손으로 하는 읍으로 주례자에게 오르기를 청하되
대체로 세 번을 한다) 〇주인과 주례자는 각각 자리로 가시오. (주인이 먼저 동쪽 층
계로 올라 곧 동쪽의 자리에서 서쪽으로 향하여 서고 주례자가 이어 서쪽 층계로 올
라 곧 서쪽의 자리에서 동쪽으로 향하여 선다. 종자의 아들이 아니면 그의 아버지는
주인의 오른쪽에 선다) 〇찬조자는 손을 씻으시오. (찬조자가 손을 씻고 서쪽층계로
올라 방의 중앙에서 서쪽으로 향하여 선다) 〇인도하는 이는 자리를 펴시오. (인도하
는 이가 화문석을 관자의 자리에 편다 장자이면 동쪽 층계 위에서 조금 북쪽으로 가
서 서쪽으로 향하게 펴고 차자들이면 조금 서쪽으로 가서 남쪽으로 향하게 편다) 〇
장관자는 방에서 나오시오. (자리에서 남쪽을 바라보고 서되 자리의 오른쪽으로 향하
여 선다) 〇찬조자는 빗을 드리시오. (찬조자는 빗과 망건이 들어있는 상자를 자리의
왼쪽으로 놓고 일어나 장관자의 왼쪽에 선다)

⊙賓揖將冠者就席爲加冠巾冠者適房服深衣納履出(빈읍장관자취석위가관건관자적방복심의납리출)

賓揖將冠者出房立于席右(增解按席右卽席之北席外之地)向席贊者取櫛帨掠置于席左
(輯覽席之南端)興立於將冠者之左賓揖將冠者卽席西向跪贊者卽席如其向跪爲之櫛
合紒(儀節包網巾訖贊者降)施掠賓乃降主人亦降賓冠畢主人揖升復位執事者以冠巾盤
進(士冠禮執冠者升一等東面授賓)賓降一等受冠笄執之(士冠禮賓右手執項左手執前)正容徐
詣將冠者前向之祝曰(云云)乃跪加之贊者以巾跪進賓受加之興復位揖(士冠禮冠者興
賓揖之)冠者適房釋四□ 衫服深衣加大帶納履出房正容南向立良久〇若宗子自冠則
賓揖之就席賓降盥畢主人不降餘並同
　楊氏復曰書儀始加以巾家禮又先以冠笄乃加巾者蓋冠笄正是古禮

⊙주례자는 장관자(將冠者)에게 읍(揖)을 하고 자리에 이르러 치관(緇冠)과 복건(幅巾)을 머리에 씌운다. 장관자는

방으로 들어가 심의(深衣)를 입고 신을 신고 나온다.

주례자가 읍을 하면 장관자(將冠者)는 방에서 나와 관례석에서 남쪽으로 향하여 선다. 주례자는 오른쪽으로 향하여 서고 찬조자는 빗과 머리를 빗어 올려 묶을 끈과 망건을 관례석의 왼편에 놓고 일어나 장관자의 왼쪽에 선다. 주례자가 읍을 하면 장관자는 제자리에서 서쪽으로 향하여 무릎을 꿇고 앉는다.

찬조자도 제자리에서 주례자와 같이 그를 향하여 무릎을 꿇고 앉아 빗으로 머리를 빗겨 합하여 상투를 틀어 끈으로 묶고 망건을 씌운 뒤 내려온다. 주례자가 이어 층계를 내려가면 주인 역시 내려 간다. 주례자가 손을 씻고 나면 주인은 읍을 하고 주례자와 주인은 올라와 제자리에 선다.

집사자가 치관(緇冠)과 복건(幅巾) 소반을 들고 서쪽 층계로 올라오면 주례자는 한 층계 내려가 치관과 비녀와 복건(幅巾) 소반을 받아 들고 근엄한 얼굴빛을 하고 천천히 장관자 앞으로 가서 그를 향하여 다음과 같이 축사를 한다. 축사를 마치면 무릎을 꿇고 앉아 치관을 씌우고 비녀를 꽂으면 찬조자는 복건을 무릎을 꿇고 앉아 주례자에게 준다. 주례자는 복건을 받아 장관자의 머리에 씌우면 찬조자는 복건 끈을 뒤로 매어주고 주례자와 찬조자는 일어나 제자리에 선다.

관자(冠者)(이때부터는 관을 썼으므로 관자라 칭한다)는 일어나 읍을 하면 주례자 찬조자 역시 읍을 한다. 관자는 방으로 들어가 사규삼(사규삼의 제법이 명문화 되어 전래 되지 않아 그 제법과 형태는 명확하지 않으나 가례 본주에는 있음)을 벗고 심의를 입는다. 허리에 대대를 매고 신을 신고 용모를 바르게 잡고 얼마쯤 있다가 방에서 나와 남쪽으로 향하여 선다.

만약 종자 스스로 관례를 하게 되면 주례자에게 읍을 하고 관례석으로 간다. 주례자가 내려가 손을 씻고 올라 올 때 주인으로 내려 가지 않으며 그 외의 의식은 모두 같다.

◆加冠巾(가관건)

補註冠謂緇布冠巾謂幅巾履謂黑履○玉藻始冠緇布冠自諸侯下達冠而敝之可也註冠禮初加緇布冠諸侯以下通用存古故用之非時王之制也故旣用卽敝棄之○玄冠朱組纓天子之冠也緇布冠諸侯之冠也註夫始冠之冠或以玄或以緇者反本復古也然玄則存乎天之色緇則雜以地之色故以爲天子諸侯降殺之變齊之冠一以玄者以陰幽思也○儀節按孟懿子曰始冠必加緇布冠何也孔子曰示不忘古今冠禮始加以緇冠幅巾亦此意也或者乃以其非世所常服而別以他巾代之蓋亦不考禮之過也且古之時冠而敝之今恐其拂時而不之常服冠畢而藏之亦可也

⊙始加儀禮節次(시가의례절차)

禮生唱○賓揖將冠者卽席(賓擧手揖之將冠者卽席)○跪(將冠者卽席西向跪贊者亦卽席如其向跪)○櫛髮(贊者改其髮梳之)○合紒(包網巾訖贊者降)○行始加禮○賓詣盥洗所(賓降階主人從之賓洗畢)○復位(主人揖賓升俱復初位)○執事者進冠筓(以盤子盛冠筓簪子進至階)○賓降受(賓降階一等受冠筓執之正容徐行)○詣將冠者前(賓向將冠者)○祝辭(賓祝)曰吉月令日始加元服棄爾幼志順爾成德壽考維祺以介景福○跪(賓跪)○加冠筓(以冠筓簪子加將冠者之首贊者代簪之)○加幅巾(贊者又以幅巾跪進賓受加之)○興(賓起)○復位○冠者興(起)○賓揖冠者適房易服(賓擧手揖之冠者入房解童子服服深衣加大帶納履)○冠者出房(出房南而立未卽席)

⊙시가례(始加禮) 의례절차.

예생(禮生)이 창을 한다. ○주례자는 읍을 하고 장관자(將冠者)는 자리에 앉으시오. (주례자가 손을 들어 읍을 하면 장관자는 자리에 앉는다) ○무릎을 꿇고 앉으시오. (장관자가 서쪽으로 향하여 무릎을 꿇고 앉으면 찬조자 역시 그를 향하여 같이 무릎을 꿇고 앉는다) ○머리를 빗기시오. (찬조자(贊助者)는 그의 머리를 가지런하게 빗질을 한다) ○상투를 트시오. (망건을 둘러 씌우기를 마쳤으면 찬조자는 내려온다) ○행시가례. ○주례자는 관소(盥所)로 가시오. (주례자가 층계로 내려가면 주인도 따라 내려가야 하며 주례자가 손 씻기를 마치면) ○제자리로 와 서시오. (주인은 읍을 하고 주례자와 함께 올라와 다시 처음의 자리에 선다) ○집사는 관과 비녀 소반을 드리시오. (관과 비녀가 든 상자를 층계로 와서 받친다) ○주례자는 층계를 내려가 받으시오. (주례자는 한 층계 내려가서 관과 비녀 상자를 받아 들고 정중한 모습으로 천천히 온다) ○주례자는 장관자 앞으로 오시오. (주례자는 장관자를 향한다) ○축사를 하시오. (주례자는 축사를 한다) ○무릎을 꿇고 앉으시오. (주례자는 무릎을 꿇고 앉는다) ○관(冠)을 씌우고 비녀를 꽂으시오. (장관자의 머리에 관을 씌우고 비녀를 꽂을 때 찬조자가 대신 비녀를 꽂는다) 복건(幅巾)을 씌우시오. (찬조자가 또 무릎을 꿇고 앉아 복건을 받치면 주례자는 받아 씌운다) ○일어서시오. (주례자는 일어선다) ○제자리에 가 서시오. ○관자는 일어서시오. (일어선다) ○주례자는 읍을 하고 관자는 방으로 들어가 옷을 바꿔 입으시오. (주례자가 손을 들어 읍을 하면 관자는 방으로 들어가 동자복(童子服)을 벗고 심의를 입고 대대를 두르고 신을 신는다) ○관자는 방에서 나오시오. (방에서 나와 앉지 않고 남쪽으로 향하여 선다)

◆始加禮祝辭式(시가례축사식)

　吉月令日始加元服棄爾幼志順爾成德壽考維祺以介景福

◆시가(始加) 축사식.

길월 길일에 처음으로 성인의 의관(衣冠)을 갖춰 주노니 그대는 어릴 적 생각을 버리고 그대는 도리를 따르며 덕을 성취하고 오래오래 살며 큰 복을 받아 편안할 지어다.

⊙再加帽子服皂衫革帶繫鞋(재가모자복조삼혁대계혜)

賓揖冠者卽席跪(便覽賓乃降主人亦降賓盥畢主人揖升俱復位)執事者以帽子盤進賓降二等受之執以詣冠者前祝之曰(云云○儀節贊者徹巾冠○龜峯曰執事者受冠巾入房)乃跪加之(便覽贊者結縰)興復位(便覽冠者亦興)揖冠者適房釋深衣服皂衫革帶繫鞋出房立
　　楊氏復曰儀禮書儀再加賓盥如初

⊙두 번째로 모자를 쓰고 조삼(皂衫)을 입고 가죽 대대(大帶)를 두르고 끈이 달린 신을 싣는다.

주례자가 읍을 하면 관자는 그 자리에서 무릎을 꿇고 앉는다. 집사자가 모자 소반을 들고 층계를 오르면 주례자는 둘째 층계로 내려가 받아 들고 관자 앞에 이르러 다음과 같이 축사를 한다. 축사를 마치면 찬자(贊者)는 복건과 치관(緇冠)을 벗겨 집사에게 주면 방에 들여 놓고 제자리에 선다.

주례자는 무릎을 꿇고 앉아 모자를 씌우면 찬자는 모자 끈을 매어주고 주례자와 찬자는 일어나 제자리에 선다. 관자 역시 일어나 읍을 하고 방으로 들어가 심의를 벗고 조삼(皂衫)과 가죽 띠를 매고 끈이 달린 신을 신고 방에서 나와 관례석에 선다.

◆再加服(재가복)

今擬以時樣帽子直領衣絲條布鞋或皮鞋○按所謂帽子皀衫者其制不可考惟文公語錄有云前輩士大夫家居常服紗帽皀衫革帶又云溫公冠禮先裹巾次裹帽又云今來帽子做得恁地高硬旣不便於從事又且費錢皀衫更費重向疑其必廢今果人罕用也由是數言推之則帽子必是以紗爲之溫公時猶以軟幅裹頭至文公時始爲高硬之制與皀衫俱不用於世也然此亦非古服乃是一時之制在當時已不用今不用之亦可故擬代以時制但今世所戴帽子有二等所謂大帽者乃是笠子用以蔽兩日之具決不可用惟所謂小帽者以皺紗或羅或段爲之此雖似褻服然今世之人通貴賤以爲燕居常服環衛及近方官舍以事朝見者亦往往戴之今世除此二帽之外別無他帽必不得已用以再加其紗製者似亦可用

◆鞋(혜)

事物記原鞾夏商皆以草爲之周以麻晋永嘉中以絲或云馬周始以麻爲之名鞋也○尤菴曰丘儀有布鞋皮鞋之文鞋蓋以布皮爲之者而其制未詳然其形淺而以組繫之故於鞋言繫履與靴其形深故言納也○履之無絇謂之鞋

◉再加儀禮節次(재가의례절차)

禮生唱○賓揖冠者卽席(賓擧手揖之卽席)○跪(冠者跪)○行再加禮○執事者進再加服(執事者以盤子盛帽子進至階)○賓降受(降階二等受之)○詣冠者前○祝辭(賓祝)曰吉月令辰乃申爾服謹爾威儀淑愼爾德眉壽萬年享受胡福○(祝畢贊者徹巾冠○按儀禮及舊本皆作胡今本作遐改從舊)○跪(賓跪)○加帽(以帽子加冠者之首)○興(賓起)○復位○冠者興(起)○賓揖冠者適房易服(賓擧首揖之冠者入房釋深衣服直領衣絲條繫鞋)○冠者出房(出南面立)

◉재가(再加) 의례절차.

예생(禮生) 창홀(唱笏). ○주례자가 읍을 하면 관자는 앉으시오. (주례자가 손을 들어 읍을 하면 관자는 앉는다) ○무릎을 꿇고 앉으시오. (관자는 무릎을 꿇고 앉는다) ○행재가례. ○집사자는 모자 소반을 받치시오. (집사자는 모자가 든 상자를 들고 층계로 와서 받친다) ○주례자는 내려가 받으시오. (두 층계를 내려가 받는다) ○관자 앞으로 오시오. ○축사를 하시오. (주례자가 축사를 한다) ○(축사를 마치면 찬조자는 관과 망건을 벗긴다) ○무릎을 꿇고 앉으시오. (주례자는 무릎을 꿇고 앉는다) ○모자를 씌우시오. (관자의 머리에 모자를 씌운다) ○일어 서시오. (주례자는 일어선다) ○제자리로 가시오. ○관자도 일어서시오. (일어선다) ○주례자는 읍을 하고 관자는 방으로 들어가 옷을 바꿔 입으시오. (주례자가 손을 머리까지 들어 읍을 하면 관자는 방으로 들어가 심의를 벗고 직령(直領)을 입고 큰 띠를 매고 혜(鞋)를 신는다) ○관자는 방에서 나오시오. (나와 남쪽으로 향하여 선다)

◆再加祝辭式(재가축사식)

　吉月令辰乃申爾服謹爾威儀淑愼爾德眉壽永年享受遐福

◆재가(再加) 축사식.

길한 달 좋은 때에 거듭 그대에게 옷을 입히노니 그대는 스스로 경계하여 예의에 맞게 위엄 있는 거동을 하고 그대는 덕을 맑게 하여 오래 살며 영원토록 큰 복을 누릴지어다.

◉三加幞頭公服革帶納靴執笏若襴衫納靴(삼가복두공복혁대납화집홀약난삼납화)

禮如再加惟執事者以幞頭盤進賓降沒階(士冠禮降三等註下至地)受之(便覽執以詣冠者前)

○祝辭曰(云云)贊者徹帽賓乃(跪)加幞頭(便覽贊者結纓○儀節興復位冠者亦興揖冠者適房釋襴衫服襴衫加帶納靴出房立)執事者受帽徹櫛入于房(增解冠巾帽櫛及冠席並當徹入)餘並同

⊙**세 번째로 복두(幞頭)를 쓰고 공복에 가죽띠를 두르고 가죽신을 신고 홀을 잡는다. 만약 갖추지 못하였으면 란삼(襴衫)에 가죽신을 신는다.**

예법은 재가(再加) 의식과 같다. 다만 집사자가 복두(幞頭) 소반을 들고 층계를 오르면 주례자는 마지막 층계에서 복두 소반을 받아 들고 올라와 다음과 같이 축사를 한다. 축사를 마치면 찬조자는 모자를 벗겨 집사에게 주면 집사는 모자를 받아 빗과 같이 방에 들여 놓는다. 주례자는 무릎을 꿇고 앉아 복두를 관자의 머리에 씌우면 찬조자는 복두 끈을 매여주고 주례자와 찬조자는 일어나 제자리에 선다. 관자도 일어나 읍을 하고 방으로 들어가 옷을 벗고 공복에 가죽띠를 두르고 가죽신을 신고 방에서 나와 선다. 그 외는 모두 같다.

◆**三加幞頭(삼가복두)**

丘儀今擬爲生員者儒巾襴衫皂絲條皂靴餘人平定巾盤領袍絲條皂靴按此三加用幞頭公服而溫公書儀亦云幞頭靴笏則是幞頭在宋時上下通服也今惟有官者得用幞頭而襴衫專爲生員之服且世未有旣官而後冠者其幞頭公服革帶靴笏不可用故擬代以時制如此○集說問無官者不宜用幞頭帽子則以何者爲三加曰國朝親王冠禮以網巾爲始加士民所當法也則再加冠幷或幅巾三加時制頭巾可也(服則用時服)○便覽按家禮陳冠服條註有有官者公服此條正文有公服革帶納靴執笏之語蓋宋時多未冠而官者故有是制而今無未冠而官者公服一節似無所用正文中删去九字

◆**無疆(무강)**

小學註正猶善也咸悉也黃謂髮白而變黃耇老人面凍梨色如浮垢皆壽徵也無疆猶言無窮也言當歲月之正悉加爾三者之服當爾兄弟無故之時以成就其德爾德旣成則必有無窮之壽而受天福慶矣○按簡易三加祝辭無兄弟俱在一句

⊙**三加儀禮節次(삼가의례절차)**

禮生唱○賓揖冠者卽席(賓擧手揖之卽席)○跪(冠者跪)○行三加禮○執事者進三加服(執事者以盤子盛巾進至階)○賓降受(降三級階受之)○詣冠者前○祝辭(賓祝)曰以歲之正以月之令咸加爾服兄弟具在以成厥德黃苟無疆受天之慶(祝畢贊者徹帽授執事者)○跪(賓跪)○加巾(以巾加冠者之首)○興(賓起)○復位○冠者興○賓揖冠者適房○徹櫛(執事者收去梳子之類入于房儐者)○設醮席(衆子仍舊席不用此句○若長子則改席于堂中間少西南向)○冠者出房(南向立)

⊙**삼가례(三加禮) 의례절차.**

예생(禮生) 홀창(笏唱) ○주례자(主禮者)는 읍(揖)을 하고 관자(冠者)는 자리에 앉는다.(주례자가 손을 들어 읍을 하며 관자는 자리에 앉는다) ○무릎을 꿇고 앉으시오. (관자는 무릎을 꿇고 앉는다) ○행삼가례. ○집사는 삼가례복을 받치시오. (집사자는 복두가 든 상자를 들고 층계로 와 받친다) ○주례자는 내려가 받으시오. (세 층계 내려가서 받는다) ○관자 앞으로 가시오. ○축사를 하시오. (축사를 마치면 찬조자는 모자를 벗겨 집사에게 준다) ○무릎을 꿇고 앉으시오. (주례자는 무릎을 꿇고 앉는다) ○관자의 머리에 건을 씌워 주시오. (건을 관자의 머리에 씌워 준다) ○일어서시오. (주례자는 일어선다) ○제자리로 물러나 서시오. ○관자는 일어 서시오. ○주례자는 읍을 하고 관자는 방으로 들어 가시오. ○빗 등을 치우시오. (집사는 빗 등을 거두어 가지고 빈자의 방으로 들어간다) ○초례 할 자리를 펴시오. (차자 들은 앞의 자리는 그대로 따르되 이 구절은 쓰지 않으며 ○만약에 장자이면 자리를 바꿔 당의 중간에서 조금 서쪽에서 남쪽을 향하게 한다) ○관자는 방에서 나오시오. (남쪽으로 향하여 선다)

◈三加祝辭式(삼가축사식)

以歲之正以月之令咸加爾服兄弟具在以成厥德黃耈無彊受天之慶

◈삼가 축사식.

새해 정초 좋은 날 그대에게 관례의 복식을 다 입혀 주웠으니 형제와 함께 큰 덕을 이룰지이며 건강하게 오래 살고 하늘에서 내리시는 경사를 받을지어다.

◉乃醮(내초)

長子則儐者改席于堂中間少西南向衆子則仍故席贊者(士冠禮贊者洗于房中註洗東北面盥而洗爵)酌酒于房中出房立于冠者之左賓揖冠者就席右南向乃取酒(士冠禮賓受醴于戶東疏賓自至房戶贊者西向授賓)就席前北向祝之曰(云云)冠者再拜升席南向受盞賓復位東向答拜(儀節贊者以楪脯醢楪幷置一小盤自房中出)冠者進席前跪(儀節左手執盞右手執脯醢楪置于席前空地○士冠禮卽筵坐左執觶右祭脯醢)祭酒(士冠禮祭醴三)興就席末跪啐酒興降席授贊者盞(便覽贊者受以授執事者執事者受盞徹脯醢斂祭俱入于房贊者退立于賓左少退)南向再拜賓東向答拜冠者遂拜贊者(儀節略側身西向拜)贊者賓左東向少退答拜

> 司馬溫公曰古者冠用醴或用酒醴則一獻酒則三醮今私家無醴以酒代之但改醴辭甘醴惟原爲旨酒旣清耳所以從簡○劉氏垓孫曰其曰醮者卽禮記所謂醮於客位加有成也

◉이어 초례(醮禮)를 한다.

장자(長子)일 때는 인도자는 초례 자리를 바꿔 당의 중간에서 서쪽으로 조금 물러나 남향케 하고 그 외 아들들은 가례 자리에서 초례를 한다. 찬조자는 방에서 술을 따라 들고 나와 관자의 좌측에 서고 주례자는 읍을 하고 초례석으로 나아가 관자의 우측에서 남향하여 술을 받아 들고 초례석 앞으로 나아가 북쪽으로 향하여 다음과 같이 축사를 한다. 축사를 마치면 관자는 재배하고 자리에 올라 남쪽으로 향하여 술잔을 받는다. 주례자는 제자리에 와서 동쪽으로 향하여 답배를 한다.

찬조자는 방으로 들어가 술안주인 포(脯)와 육장(肉醬) 소반을 들고 나오면 관자는 왼손으로 술잔을 잡고 오른손으로 안주소반을 들고 자리 앞 끝으로 가 무릎을 꿇고 앉아 포와 육장 소반을 빈 곳에 놓고 왼손의 잔을 오른손으로 쥐고 땅에 조금씩 세 번 기우려 제주를 한 후 포와 육장을 조금씩 떼어 놓고 일어나 자리 서쪽 끝에 가서 무릎을 꿇고 앉아 술을 마시고 자리에서 내려가 찬조자에게 잔을 건네 준다.

찬조자는 잔을 받아 집사자에게 주고 집사자는 잔을 받아 들고 제주 때 떼어 놓은 포와 육장도 거둬 모두 방으로 들여 놓는다.

찬조자는 물러나 주례자의 왼쪽에서 조금 물러나 선다. 관자가 남향하여 재배하면 주례자도 동쪽으로 향하여 답배한다. 관자는 찬조자에게 나아가 절을 하면 찬조자도 동쪽으로 향하여 답배한다.

◈醮(초)

韻會子肖切說文冠娶祭名○士冠禮若不醴則醮用酒註酌而無酬酢曰醮疏醴亦無酬酢而不

名醮者醴是疏醴太古之物自然質宜無酬酢酒則宜有酬酢故以其無酬酢而名醮取醮盡之義
也又疏適子冠周一醴夏殷三醮○朱子曰其用醴與三醮爲適而加耳庶子則皆一醮以酒

◆禮無母醮子(예무모초자)

艮齋曰禮無母醮子之文而先生云然可疑家禮云若宗子已孤而自昏則不用此禮李鏡湖引繼
善答問而曰與此不同恐當以家禮爲正今以年條考之繼善答問在家禮之後明矣不知當如何

◆脯醢不用亦可(포해불용역가)

儀節按家禮本書儀略去儀禮薦脯醢一節然溫公以人家無醴旣改甘醴惟厚作旨酒旣淸矣而
下文嘉薦令芳古註謂脯醢芳也若去薦脯醢一節則是此一句爲虛設矣今補入若從簡省不用
亦可

◆祭之(제지)

曲禮註古人不忘本每食必每品出少許置於豆間之地以報先代始爲飮食之人謂之祭○朱子
曰古人祭酒於地祭食於豆間有板盛之卒食徹去○馬氏曰古者於爨則祭先炊於樂則祭樂祖
將射則祭後用火則祭司爟用龜則祭先卜養老則祭先老於馬則祭馬祖馬社於田則祭先嗇司
嗇於學則祭先聖先師凡此不忘本也又況飮食之間哉

◆就席末啐酒(취석말쵀주)

士昏禮註啐七內切嘗也○鄕飮酒義啐酒成禮也於席末言是席之正非專爲飮食也爲行禮也
此所以貴禮而賤財也註啐謂飮主人酒而入口所以成主人之禮也席末席西頭也按儀禮祭薦
祭酒嚌肺皆在席之中惟啐酒在席末嚌是嘗之名祭酒是末飮之稱敬主人之物故祭薦祭酒嚌
肺皆在席中啐酒入於己故在席末於席上者是貴禮於席末啐酒是賤財也○呂氏曰敬禮也食
財也人之所以爭者無禮而志於財也如知貴禮而賤財先禮而後財之義則敬讓行矣

◆東向答拜(동향답배)

丘儀此下補入薦脯醢一節贊者以楪盛脯自房中出冠者進席前跪左手執盞右手執脯醢楪置
于席前空地上按家禮本書儀略去儀禮薦脯醢一節然溫公以人家無醴旣改甘醴惟厚作肯酒
旣淸矣而下文嘉薦令芳古註謂脯醢芳也若去薦脯醢一節則是此一句爲虛設矣今補入若從
簡省不用亦加

◆三醮(삼초)

士冠禮疏適子周冠一醴夏殷三醮○通解按不醴而醮乃當時國俗不同有如此者周禮有不同
未必夏殷法也又曰一醮以酒者正也其用醴與三醮爲適而加耳庶子則皆一醮以酒足矣○曾
子問疏醴重醮輕醴是古之酒故醴則三加之後總一醴之醮則每一加而行一醮也

◉醮禮儀禮節次(초례의례절차)

禮生唱○行醮禮○贊者酌酒(贊者酌酒于房中出房立於冠者之左)○賓揖冠者卽席(賓舉手
揖冠者立席右南向)○賓受酒(贊者捧酒授賓賓受之)○詣醮席(北向)○祝辭(賓祝)曰旨酒旣
淸嘉薦令芳拜受祭之以定爾祥承天之休壽考不忘○冠者鞠躬拜興拜興平身(賓不答)
○冠者升席(南向)○受酒(受而立)○賓復位(東向立答冠者向時所拜)○鞠躬拜興拜興平身
(賓拜畢○冠者不答)○補○贊者薦脯醢(贊者以楪盛脯自房中出)○冠者進席前○跪○祭脯
醢(冠者左手執盞右手執脯醢楪置于席前空地上)○祭酒(傾酒少許于地)○興○退就席末○跪
○啐酒(飮酒少許○啐子對切)○興○降席授盞(以盞授贊者執事者徹脯醢楪)○冠者拜賓(冠
者南向拜)○鞠躬拜興拜興平身(賓東向答拜)○拜贊者(冠者略側身西向拜贊者)○鞠躬拜興
拜興平身(贊者立賓左東向少退答拜)

◉초례(醮禮) 의례절차.

예생 홀창. ○행초례. ○찬자는 술을 따르시오. (찬자는 방에서 술을 따라 가지고 나와 관자의 왼쪽에 선다) ○주례자는 읍을 하고 관자는 앉으시오. (주례자는 손을 들어 읍을 하고 관자의 자리 오른편에서 남쪽으로 향하여 선다) ○주례자는 술잔을 받으시오. (찬자가 술을 받들어 주례자에게 주면 주례자는 받아 가지고 간다) ○초례석으로 가시오. (북쪽으로 향한다) ○축사하시오. (주례자는 축사를 한다) ○관자는 국궁 재배 평신하시오. (실행에서는 국궁 배흥배흥 평신으로 하여야 함) ○주례자는 답배치 않는다) ○관자는 자리로 올라가시오. (남쪽으로 향한다) ○술잔을 받으시오. (받아 가지고 서 있는다) ○주례자는 다시 제자리로 가시오. (동쪽으로 향하여 서서 답으로 관자를 향하여 그때 그곳에서 절을 한다) ○국궁 재배 평신하시오. (주례자가 절을 마치면 관자는 답배치 않는다) ○찬자는 포와 육장 소반을 옮기시오. (찬자는 포가 담긴 접시를 가지고 방에서 나온다) ○관자는 자리 앞으로 가시오. ○무릎을 꿇고 앉으시오. ○포해(脯醢)를 떼어 제(祭)하시오. (관자는 왼손으로 잔을 쥐고 오른손으로 포해 그릇을 들어 자리 앞 빈 땅 위에 놓는다) ○땅에 제주를 하시오. (땅에 조금 기울인다) ○일어 서시오. ○자리 끝으로 가시오. ○무릎을 꿇고 앉으시오. ○술을 마시시오. (술을 조금 맛 본다) ○일어서시오. ○자리에서 내려와 잔을 찬자에게 주시오. (잔을 찬자에게 주면 집사는 포해(脯醢) 그릇을 치운다) ○관자는 주례자에게 절을 하시오. (관자는 남쪽으로 향하여 절한다) ○국궁 재배 평신하시오. (주례자는 동쪽으로 향하여 답배 한다) ○찬자에게 절을 하시오. (관자는 약간 몸을 옆으로 서쪽을 향하여 찬자에게 절을 한다) ○국궁 재배 평신하시오. (찬자는 주례자의 왼쪽에 서서 동쪽으로 향하여 조금 물러나 답배를 한다)

◆醮禮祝辭式(초례축사식)

旨酒既清嘉薦令芳拜受祭之以定爾祥承天之休壽考不忘(曲禮註不忘古人 ○士冠禮註不忘長有令名)

◆초례 축사식.

맑고 좋은 술을 아름다운 그대에게 주노니 이 술을 감사한 마음으로 절하고 받아 제주를 하여라. 그대는 두루 갖춰 바르게 잡아 졌으니 하늘을 받들고 오늘을 잊지 말고 편안하게 오래 살지어다.

◉賓字冠者(빈자관자)

賓降階(士冠禮直西序)東向主人降階西向冠者降自西階少東南向賓字之曰(云云)曰伯某父仲叔季唯所當冠者對曰(云云儀節冠者再拜賓不答)賓或別作辭命以字之之意亦可

◉주례자는 관자의 자(字)를 지여 준다.

주례자는 서쪽 층계로 내려가 동쪽으로 향하여 서고 주인은 동쪽 층계로 내려가 처음의 자리에서 서쪽으로 향하여 선다.

관자는 서쪽 층계로 내려가 동쪽으로 조금 가서 남쪽으로 향하여 서면 주례자는 자(字)를 지어 주고 다음과 같이 축사를 한다. 축사를 마치면 관자는 다음과 같이 답한다. 혹 주례자가 축사를 별작(別作)하여 그 뜻을 알려도 역시 무방하다.

◆字冠者(자관자)

曲禮註冠成人之服也夫成人則人以字稱我矣則人之名非我所當名也又況有長幼之序貴賤之別其可名之哉女子之筓猶男子之冠閨門之內亦當敬其名也○湯氏鐸曰凡人之對賓則稱名不可稱字非惟對賓終身對人言語及發書簡皆不可棄父母命名而謬稱表德不然孔聖人何

以終身稱丘未嘗自稱仲尼也〇潛溪宋氏曰古之人生子三月而名年二十加布於其首始字之字之所以尊其名也亦周禮之彌文也後世於字之外又加別稱果禮意乎孫於祖禰例稱字如儀禮所載是也弟子於師例稱字如孟子稱仲尼是也非惟此降及中世有字其諸父諸祖者夫人之尊者莫逾於祖若父師又其次焉尙皆字而不避蓋字之乃尊之也自謟諛卑佞之習勝天下之人**眀眀**焉不敢字其友者亦有之嗚呼世之不古若者寧獨此哉〇會成若古之帝王先聖先賢泊兇惡不忠不孝之人名字不可全犯宜愼之

◆伯仲叔季(백중숙계)

士冠禮註伯仲叔季長幼之稱甫是丈夫之美稱孔子爲尼甫周大夫有嘉甫宋大夫有孔甫是其類甫或作父音甫疏伯仲叔季若兄弟四人則依此稱之〇檀弓幼名冠字五十以伯仲死謚ㅅ周道也註殷以上有生號仍爲死後之稱更無別謚堯舜禹湯之例是也周則死後別立謚〇朱子曰儀禮疏少時便稱伯某甫至五十乃去某甫而專稱伯仲此說爲是如今人於尊者不敢字之而曰幾丈之類〇葉氏曰子生三月而父名之非特父名之人亦名之也至冠則成人矣非特人不得名之父亦不名焉故加之字而不名所以尊名也五十爲大夫則益尊矣有位於朝非特人不字父與君亦不字焉故但曰伯仲而不字所以尊字也或言士冠禮既冠而字曰伯某父仲叔季唯其所當則固已稱伯仲何待於五十疑檀弓之誤此不然始冠而字者伯仲皆在上此但以其序次之所以爲字者在下某甫也如伯牛仲弓叔肹季友之類是已至於五十爲大夫尊其爲某甫者則去之故但言伯仲而冠之以氏伯仲皆在下如召伯南仲榮叔南季之類是也檀弓言伯仲者去其爲某甫者而言伯仲爾〇集說去伯甫二字〇曲禮男女異長註各爲伯仲示不相干雜之義也

◆字(자)

檀弓幼名冠字五十以伯仲死謚周道也疏殷以上有生號仍爲死後之稱更無別謚堯舜禹湯之例是也周則死後別立謚宋氏曰古之人生子三月而名年二十而冠始字之字之所以尊其名亦周禮之彌文也葉氏曰或曰士冠禮既冠而字曰伯某甫仲叔季唯其所當則固已稱伯仲何待於五十疑檀弓之誤此不然始冠而字者伯仲皆在上所以爲字者在下某甫也如伯牛仲弓叔盼季友之類是已至於五十爲大夫尊其爲某甫者而去之故但言伯仲而冠之以氏伯仲皆在下如召伯南仲榮叔南季之類是也檀弓言伯仲者去其某甫者而言伯仲也

◆稱人不可不稱字(칭인불가불칭자)

潛溪宋氏曰古之人生子三月而名年二十加巾於其首始字之字之所以尊其名也亦周禮之彌文也後世於字之外又加別稱果禮意乎孫於祖稱例稱字如儀禮所載是也弟子於師例稱字如孟子稱仲尼是也非惟此然也降及中世有字其諸父者矣有字其諸祖者矣夫人之尊者莫逾於祖若父師又其次焉尙皆字而不避蓋字之乃尊之也自謟諛卑佞之習勝天下之人**眀眀**焉不敢字其友者亦有之矣世之不右若也嗚呼世之不古若者寧獨此哉

◆字辭(자사)

按家禮本註云或別作辭命以字之之意亦可今採劉屛山文公字辭以爲式使有作者準此可也

◆字朱元晦祝辭(자주원회축사)劉屛山

冠而欽名粵惟古制朱氏子熹幼而騰異交朋尙焉請祝以字字以元晦表名之義木晦於根春容曄敷人晦於身神明內腴昔者曾子稱其友曰有若無實若虛不斥厥名而傳於書雖百世之遠也揣其氣象知顔氏如愚迹參並遊英馳俊驅豈無他人夫誰敢居自諸子言志回欲無伐一宣於聲終身弗越陋巷閴然其光烈烈從事於斯惟參也無慚貫道雖一省身則三夾輔孔門翶翔兩驂學的欲正吾知斯之爲指南惟先吏部文儒之粹彪炳育珍又華其繼來玆講磨融融熹熹眞聰廓開如原之方駛望洋渺瀰老我縮氣古人不云乎純亦不已悵友道之衰變切切而唯唯子德不日新則時予之恥勿謂此耳充之益充借曰合矣宜養於蒙言而思逴動而思躓凜乎惴惴惟曾顔是畏

◆虞采虞集字辭(우채우집자사)吳草廬

著雍因敦相月六賨虞氏二子艸突而成旣加元服乃敬其名字采曰受字集曰生采也維孟集也維伯爰加爾字用勗爾德埶采埶受忠信於禮埶集埶生道義於氣禮喩夫采受者其本如繪之初質以素粉義在夫集生者其效如耘之熟苗以長茂予告汝采自誠而明行有餘力一貫粗精予告汝集自明而誠及其成功四體充盈念念一貫表裏無僞言動威儀浸浸可備事事一是俯仰無怍盛大周流進進罔覺采匪詞華集匪辯博希賢希聖爾有家學相門有嗣禮義有傳是究是圖毋忝爾先

◆字說(자설)

字說雖非古然寓警戒之意使初冠者顧名思義不爲無補今采文公所作者以爲式

◆劉生瑾字說(유생근자설) 文公先生 二通

古之君子學以爲已非求人之知也故從師親友以求先王之道心思口講而躬行之旣自得於已矣而謙虛晦默若無有焉今之人則反是是以譬之古之君子如抱美玉而深藏不市後之人則以石爲玉而又衒之也劉氏甥瑾自其先大父大夫公而予之名矣將冠以其父命來求字敍字之曰懷甫告之以古人之意瑾以勉旃毋以石爲玉而又衒之也

◆魏甥恪字叙(위생각자서)

商頌曰自古在昔先民有作溫恭朝夕執事有恪作之言爲也恪之言敬也夫人飽食逸居而無所作爲於世則蠢然天地之一蠹也故人不可以無作然作而不敬其所作也終無成矣魏氏甥茂孫讀書能講說然余患其無所作爲之志恪敬之心因其來請名字也名之曰恪而以元作字之恪也其敬聽余言毋怠毋忽

◆嫡庶男女所稱(적서남녀소칭)

白虎通義伯仲叔季法四時嫡長稱伯伯禽是也庶長稱孟魯孟氏是也男女異長各自有伯仲法陰陽各自有終始也

◆兄弟衆多者所稱(형제중다자소칭)

尤菴曰兄弟衆多者其最長者稱伯弟二稱仲弟三以下皆稱叔最末稱季似當○愚按尤菴此說亦據周公十昆弟所稱而言

◆不可自稱字(불가자칭자)

湯氏曰凡人之對賓則稱名不可稱字非惟對賓終身對人言語及發書簡皆不可棄父母命名而謬稱表德不然孔聖何以終身則稱丘未嘗自稱仲尼也

⊙授字儀禮節次(수자의례절차)

禮生唱○賓主俱降階(賓降階東向主人降階西向)○冠者降階(冠者降自西階少東南向)○祝辭(賓祝)曰禮儀旣備吉月令日昭告爾字爰字孔嘉髦士攸宜宜之于嘏(叶音古)永保受之伯某甫(或仲叔季惟所當)○冠者對辭曰某不敏敢不夙夜祇奉○(補)鞠躬拜興拜興平身(冠者拜賓不答○按家禮無此再拜之文今補之者蓋以下文冠者見于鄕先生有誨焉且拜而不答況賓祝之以辭乎)○禮畢

⊙자(字)를 지어 주는 의례절차.

예생 창홀. ○주례자와 주인은 다같이 층계를 내려가시오. (주례자는 층계를 내려가 동쪽으로 향하고 주인은 층계를 내려가 서쪽으로 향한다) ○관자도 층계를 내려가시오. (관자는 서쪽층계로 내려가 조금 동쪽으로 가 남쪽으로 향하여 선다) ○축사하시오. (주례자는 축사를 한다) ○관자는 답사하시오. ○(補)국궁 재배 평신하시오. (관자가 절을 할 때 주례자는 답배치 않는다) ○예를 마칩니다.

◆字冠者祝辭式(자관자축사식) 賓或別作辭命以字之之意亦可

禮儀旣備令月吉日昭告爾字爰字孔嘉髦士攸宜宜之于嘏永受保之

◆자관자(字冠者) 축사.

관례의식을 이미 갖췄으니 길월 길일 그대에게 자(字)를 밝혀 알려 주노라. 이에 자가 심히 아름다워 준수한 선비로서 마땅히 복을 받고 영원히 보전할지어다.

◆冠者答辭式(관자답사식)

某雖不敏敢不夙夜祗奉

◆관자(冠者) 답사.

모 비록 불민하오나 어찌 감히 지성껏 일생 동안 받들지 않겠사옵니까.

◆稱人不可不稱字(칭인불가불칭자)

潛溪宋氏曰古之人生子三月而名年二十加巾於其首始字之字之所以尊其名也亦周禮之彌文也後世於字之外又加別稱果禮意乎孫於祖禰例稱字如儀禮所載是也弟子於師例稱字如孟子稱仲尼是也非惟此然也降及中世有字其諸父者矣有字其諸祖者矣夫人之尊者莫逾於祖若父師又其次焉尙皆字而不避蓋字之乃尊之也自諂諛卑佞之習勝天下之人睊睊焉不敢字其友者亦有之矣世之不古若也嗚呼世之不古若者寧獨此哉

◉出就次(출취차)

賓(儀節揖主人曰盛禮旣成)請退主人(揖)請禮賓(儀節曰某有薄酒敢禮從者賓辭曰某不敢當主人請曰姑少留賓曰敢不從命主人揖)賓送出就(士冠禮註不出外門○儀節贊從之○便覽衆賓皆從之至)次(儀節賓主對揖主人乃退還入命執事治具○便覽徹醮席及所陳冠服卓房中之陳亦並徹之)

◉주례자는 처소로 나간다.

주례자가 물러가기를 청하면 주인은 예로서 주연(酒宴)을 베풀겠다고 청하면 주례자는 처소로 나간다.

◆出就次(출취차)

士冠禮註次門外更衣處也必帷幕簟席爲之疏次者舍之名以其行禮衣服或與常服不同更衣之時須入於次故云更衣處也○賓出主人送於廟門外請醴賓賓禮辭許賓就次註不出外門將醴之醴當作禮謂以禮禮之也禮賓謝其勤勞也○丘儀行禮畢賓揖主人曰盛禮旣成請退主人揖賓曰某有薄酒敢醴從者賓辭曰某不敢當主人請曰姑少留賓曰敢不從命賓主對揖賓出贊從之至客次主人命執事治具

◉主人請儀禮節次(주인청의례절차)

行禮畢賓揖主人○曰盛禮旣成請退(主人揖賓)○曰某有薄酒敢醴從者(賓辭)○曰某不敢當(主人請)○曰故少留(賓曰)○敢不從命(主人乃擧手揖賓送出外贊從之至客次)○揖平身(賓主對揖主人乃退命執事治具)

◉주인청(主人請) 의례절차.

관례를 마치고 주례자는 주인에게 읍을 하고. ○왈 성대한 예식이 이미 이루어졌사오니 물러가기를 청하옵니다. (주인이 주례자에게 읍을 하고) ○왈 모에게 박주(薄酒)의 예가 있사오니 송구하옵니다. 따라 주옵소서. (주례자는 사양의 말을 한다) ○주례자 답 왈 모 감히 감당하지 못하겠사옵니다. (주인이 청한다) ○청하여 왈 잠시 머물러 주옵소서. (주례자가 답한다) ○감히 말씀에 따르지 않으오릿까. (주인은 손을 위로 들어 읍을 하고 주례자를 객차로 보낼 때 찬조자가 객차(客次)까지 안내케 한다) ○주인은 읍을 하였다 바로 선다. (주례자와 주인은 마주하여 읍을 하고 주인은 곧 물러나 집사자에게 명하여 접대할 준비를 하게한다)

⊙主人以冠者見于祠堂(주인이관자견우사당)

如祠堂章內生子而見之儀但改告辭曰(云云)冠者進立於兩階間再拜餘並同○若宗子自冠則改辭曰某今日冠畢敢見遂再拜降復位餘並同○若冠者私室有曾祖祖以下祠堂則各因其宗子而見自爲繼曾祖以下之則自見

⊙주인과 관자(冠者)는 사당을 알현한다.

사당장에 아들을 낳았을 때 알현(謁見)하는 의식과 모두 같게 한다. 축사를 마치고 관자는 양 층계 사이에서 재배를 한다. 이후는 모두 같다.

만약 종자 자신이 관례를 할 때는 이르기를 모는 오늘 관례를 마치고 감히 알현하나이다. 라고 한 뒤 재배하고 제자리로 내려온 이후의 예는 모두 같다.

만약 관자 사실에 증조부나 조부 이하의 사당이 있으면 각각 그 속한 종자의 인도(引導)하에 알현하고 자신이 증조를 이어가는 종자이면 스스로 알현한다.

◆冠者祖母在祔位別告(관자조모재부위별고)

艮齋曰繼禰之宗將行孫冠冠者之祖母在權祔之位當別有告

⊙見于祠堂儀禮節次(견우사당의례절차)

主人以下盛服○序立(男左女右世爲一行詳見圖)○盥洗(立定主人主婦及子婦將出主者皆洗拭訖)○啓櫝○出主(主人出考主主婦出妣主其餘子婦出祔主各置正位之左皆畢)○復位(主婦以下先降復位)○降神(執事者洗手上階開瓶實酒于注一人奉注詣主人右一人執盞盤詣主人左)○主人詣香案前○跪○焚香(主人焚香畢右執事者跪進酒注左執事者亦跪以盞盤向主人主人受注斟酒于盞反注于右執事者取盤盞自捧之二執事者皆起)○酹酒(主人左手執盤右手執盞盡酹茅沙上畢置盞香案上)○俯伏興(少退)○鞠躬拜興拜興平身○復位○參神(主人以下凡在位者皆拜)○鞠躬拜興拜興拜興拜興平身○主人斟酒(主人自執酒注斟酒于逐位神主前空盞中先正位次祔位次命長子斟諸祔位之卑者畢主人稍後立)○主婦點茶(主婦執瓶斟茶于各正祔位前空盞中命長婦長女斟諸祔位之卑者畢主婦退與主人並立拜命子弟捧茶托主婦捧盞逐位以獻亦可)○鞠躬拜興拜興平身○復位(主人不動)○跪(主人跪)○告辭(有祝則曰)讀祝曰某之子某(若某親之子某)今日冠畢敢見(宗子自冠則止曰某今日冠畢敢見)○俯伏興平身○復位○冠者見(冠者兩階間拜)○鞠躬拜興拜興拜興拜興平身(宗子自冠去興平身復位冠者見鞠躬五句)○復位○辭神(衆拜)○鞠躬拜興拜興拜興拜興平身(有祝文則曰)○焚祝文○奉主入櫝○禮畢

⊙관자 사당 알현 의례절차.

주인 이하 성복을 한다. ○차서 대로 선다. (남자는 왼편 여자는 오른편으로 한 세대 한열씩으로 서되 서립도(序立圖)를 상세히 살펴본다) ○손을 씻는다. (바르게 섰으면 주인과 주부 및 아들과 며느리 등 앞으로 신주를 내모실 이들은 모두 손을 씻고 마쳤으면) ○주독을 연다. ○신주를 내모신다. (주인은 남자 신주를 주부는 여자 신주를 내모시고 그 밖에 아들과 며느리는 낮은 부위 신주를 각각 정위 왼편으로 내모신다. 모두 마쳤으면) ○제자리로 물러나 선다. (주부 이하는 먼저 제자리로 물러나 선다)

●행강신례.

(집사들은 손을 씻고 층계 위의 병을 열어 주전자에 술을 담아 한 사람이 주전자를

들고 주인의 우측으로 가고 한 사람은 잔반을 들고 주인의 좌측으로 간다) ○주인은 향안(香案) 앞으로 간다. ○무릎을 꿇고 앉는다. ○분향한다. (주인이 분향을 마치면 우집사자가 무릎을 꿇고 앉아 술 주전자를 준다. 좌집사자 역시 무릎을 꿇고 앉아 잔반을 주인 앞으로 향하면 주인은 주전자를 받아 잔에 술을 따르고 주전자는 우집사자에게 되돌려 주고 잔반을 받아 받들면 양 집사자는 모두 일어선다) ○강신한다. (주인은 왼손으로 반을 쥐고 오른손으로 잔을 잡아 모사 위에 모두 따라 강신한다. 마쳤으면 잔은 향안 위에 놓는다) ○부복하였다 일어선다. (조금 뒤로 물러나 선다) ○국궁(鞠躬) 재배 평신한다. ○제자리로 물러나 선다.

●행참신례.
(주인 이하 전체 참례자는 모두 절한다) ○국궁 사배 평신한다.

●행헌주례.
주인은 헌주(獻酒)한다. (주인은 자신이 술 주전자를 들고 신위를 따라 가며 술 따르기를 신주 앞 빈 잔에 먼저 정위 다음 부위에 따르고 다음 낮은 부위는 장자에게 일러 모든 낮은 부위에 따르게 한다. 마쳤으면 주인은 조금 뒤로 물러나 선다) ○주부는 차(茶)를 따른다. (주부는 병을 들고 차 따르기를 각 정(正) 부위(祔位) 앞 빈 잔에 따르고 맏며느리나 장녀에게 일러 모든 낮은 부위에 따르게 하고 마쳤으면 주부는 주인과 더불어 같이 서서 절을 하고 자제에게 일러 차 기구 탁자를 받들고 주부는 잔을 받들고 위를 따라가며 또 드리는 것도 가하다) ○국궁 재배 평신한다. ○제자리로 물러나 선다. (주인은 그 자리에 서있는다) ○무릎을 꿇고 앉는다. (주인은 무릎을 꿇고 앉는다) ○고한다. ○주인은 부복하였다 일어선다. ○제자리로 물러나 선다. ○관자 알현한다. (관자는 양 층계 사이에서 절한다) ○국궁 사배 평신한다. (종자 자신의 관례를 할 때는 흥평신복위(興平身復位)를 빼고 관자견국궁(冠者見鞠躬)의 다섯 자로 한다) ○제자리로 물러나 선다.

●행사신례.
(모두 절한다) ○국궁 사배 평신한다. (축문이 있었으면 분 축문이라 이른다) ○신주를 독에 봉안한다. ○예를 마친다.

◆祠堂告辭式(사당고사식)
某之子某儀節若某親之子某今日冠畢敢見儀節宗子自冠則止曰某今日冠畢敢見

◆사당 고사식.
모의 아들 모가 금일 관례를 마치고 감히 알현하옵니다.

⊙冠者見于尊長(관자견우존장)
父母堂中南面坐諸叔父兄在東序諸叔父南向諸兄西向諸婦女在西序諸叔母姑南向諸姉嫂東向冠者北向拜父母父母爲之起同居有尊長則父母以冠者詣其室拜之尊長爲之起還就東西序每列再拜應答拜者答若非宗子之子則先見宗子及諸尊於父者於堂乃就私室見於父母及餘親○若宗子自冠有母則見于母如儀族人宗之者皆來見於堂上宗子西向拜其尊長每列再拜受卑幼者拜

司馬溫公曰冠義曰見於母母拜之見於兄弟兄弟拜之成人而與爲禮也今則難行但於拜時母爲之起立可也下見諸父及兄放此

⊙관자(冠者)는 존장(尊長)을 뵙고 인사한다.
부모는 당의 중간에서 남쪽으로 향하여 앉고 여러 숙부(叔父)와 형들은 동편 벽 쪽에서 숙부들은 남쪽으로 향하여 앉고 형들은 서쪽으로 향하여 앉는다.

여자들은 서편 벽 쪽에서 여러 숙모 고모(姑母)는 남쪽으로 향하여 앉고 누이와 형수는 동쪽으로 향하여 앉는다.

관자는 부모님께 북쪽으로 향하여 절을 한다. 부모는 관자를 위하여 일어선다. 함께 모시고 동거하는 존장(尊長)이 계시면 부모는 관자를 데리고 그 방으로 가서 절을 하게 한다. 존장은 관자를 위하여 일어선다. 다시 돌아와 동쪽과 서쪽에 차서 대로 매열에 재배하면 절 받은 이들도 답배한다.

만약 종자의 아들이 아니면 먼저 종자와 여러 존장과 손위 항렬을 당에서 인사를 하고 사실(私室)로 가서 부모와 그 외 친족에게 절을 한다.

만약 종자 스스로 관례를 하였을 때는 모친(母親)이 계시면 모친을 의례와 같이 뵙고 족인 종친들은 모두 와서 당상(堂上)에서 인사를 한다. 종자(宗子)는 존장에게 서쪽으로 향하여 절을 하고 매 열 마다 차서 대로 거듭 절을 하고 항렬이 낮거나 어린이에게서는 절을 받는다.

◆尊長爲之起(존장위지기)

按尊長謂祖父母或伯父伯母諸尊於父母者也蓋此堂中之位則專爲父母設而父母爲最尊故諸尊於父母者若皆並坐則坐於父母之上爲不便又不可坐於父母之下故皆詣其室拜之據上文只擧叔父叔母之文可知也昏禮見舅姑亦然

◆母拜之(모배지)

冠義註母之拜子先儒疑焉惟石梁王氏云記者不知此禮爲適長子代父承祖者與祖爲正體故禮之異於衆子也斯言盡之矣葉氏曰母兄弟雖在所親而比於父則有所屈故與其爲禮則拜之而不及父則是父不可屈也○士冠禮冠者奠觶于薦東降筵北面坐取脯降自西階適東壁北面見于母母拜受子拜送母又拜註適東壁者出闈門也時母在闈門外婦人入廟由闈門婦人於丈夫雖其子猶俠拜

⊙見于尊長儀禮節次(견우존장의례절차)

鞠躬拜興拜興拜興拜興平身(父母四拜餘再拜)

⊙어른에게 인사하는 의례절차.

국궁 사배 평신한다. (부모에게는 사배를 하고 그 외는 재배한다)

◆見母母拜(견모모배)

士冠禮冠者奠觶于薦東降筵北面坐取脯降自西階適東壁北面見于母(疏不見父與賓者盖冠畢則已見也)母不在則(疏言不在者或歸寧或疾病也)使人受脯于西階下○冠義見於母母拜之註母之拜子先儒疑焉疏脯自廟中來故拜受非拜子也呂氏方氏說皆非也惟石梁王氏云記者不知此禮爲適子代父承祖者與祖爲正體故禮之異於衆子也斯言盡之矣○司馬溫公曰今則難行但於拜時母爲之起立可也○朱夫子之改拜爲起盖從溫公說而酌古今之宜也

⊙乃禮賓(내예빈)

主人以酒饌延賓及儐贊者酬之以幣而拜謝之幣多少隨宜賓贊有差

司馬溫公曰士冠禮乃禮賓以一獻之禮註一獻者獻酢酬賓主人各兩爵而禮成又曰主人酬賓束帛儷皮註束帛十端也儷皮兩鹿皮也又曰贊者皆與贊冠者爲介註介賓之輔以贊爲之尊之也鄉飲酒禮賢者爲賓其次爲介又曰賓出主人送于門外再拜歸賓俎註使人歸諸賓家也今慮貧家不能辦故務從簡易

⊙곧 이어 손님 접대를 한다.

주인은 주찬(酒饌)으로 주례자와 인도자 찬자(贊者)와 같이 오래도록 술잔을 돌리고 주례자가 떠날 때 폐백(幣帛)을 주며 절을 하고 감사함을 표한다. 폐백(幣帛)은 크고 적게 하되 주례자와 찬조자에 따라서 차등이 있게 함이 마땅하다.

⊙禮賓宴儀禮節次(예빈연의례절차)

主人至客次迎賓主人先行客從之儐贊禮生反諸親朋各以序隨至堂階主人以手揖賓請升賓辭讓主人先升自東階賓繼升自西階贊以下各以序升

就位(賓主以下各序立如常儀)○致辭(主人拱手向賓前)曰某子(若孫姪隨所稱)加冠賴吾子敎之敢辭(主人拜)○鞠躬拜興拜興平身(賓答拜)○謝贊者鞠躬拜興拜興平身(謝儐同上若贊儐卑幼不敢當拜揖之可也)○主人獻酒○賓酢酒(主人獻贊儐以下如常儀酒遍)○請升席(主人自席末先升賓次升贊儐及陪席者以次皆升坐)○行酒(冠者及執事者行酒或三行或五行)○進饌(或三或五隨)○奉幣(執事以盤捧幣進主人受以獻賓賓受以授從者)○賓辭主人○鞠躬拜興拜興平身(主人答拜以次奉贊者儐者幣及贊者儐者謝主人主人答拜皆同)○送賓(至大門外)○揖平身(俟賓上馬)○歸賓俎

⊙예빈연(禮賓宴) 의례절차.

주인은 참관한 손님에게로 가서 연회석으로 안내한다. 주인이 먼저 가고 찬조자와 예생과 모든 친척과 벗들을 안내하여 각각 차서(次序)에 따라 당에 이를 때 주인은 층계에서 읍을 하고 손으로 주례자에게 오를 것을 청하면 주례자는 사양을 한다. 주인이 먼저 동계로 오르면 주례자가 뒤이어 서계(西階)로 오르고 찬조자 이하 각각 차서대로 오른다.

자리로 간다. (주례자와 주인 이하 각각 일상의 의례와 같이 차서 대로 선다) ○치사를 한다. (주인은 두 손을 마주잡고 주례자 앞으로 향하여 이르기를) 모의 자식의 머리에 귀하가 관을 씌워 주고 훈교를 받았으니 감사하옵니다. (주인은 절을 한다) ○국궁 재배 평신한다. (주례자가 답배한다) ○찬자에게 사례(謝禮)로 국궁 재배 평신한다. (인도한 이에게도 사례로 위와 같이 하며 만약 찬자나 빈자가 항렬이 낮거나 어리면 절을 하지 않고 읍으로 하는 것이 옳다) ○주인은 술을 따라 준다. ○주례자는 술을 따라 주인에게 돌린다. (주인은 찬자와 빈자 이하에게도 술 따르기를 일상의 의례와 같이 두루 술을 돌린다) ○자리로 오를 것을 청한다. (주인이 먼저 자리의 끝으로 오르면 주례자가 다음으로 오르고 찬자 빈자 및 배석자가 다음으로 모두 올라가 자리에 앉는다) ○술을 돌린다. (관자 및 집사자가 술을 돌리되 혹은 삼 순배 혹은 오 순배로 한다.) ○찬을 올린다. (혹 세 번 혹 다섯 번 형편에 따른다.) ○폐백을 준다. (집사가 폐백을 소반에 받들어 주인에게 드리면 받아 주례자에게 드린다. 주례자는 받아서 시종에게 준다) ○주례자는 주인에게 감사의 인사를 한다. ○국궁 재배 평신한다. (주인은 답배를 하고 다음으로 찬자와 빈자에게 폐백을 주면 찬자와 빈자도 주인에게 감사의 절을 하면 주인도 답배하기를 모두 앞과 같게 한다) ○주례자를 환송한다. (대문 밖까지 나간다) ○읍을 하고 평신 한다. (주례자가 말에 오를 때까지 기다린다) ○주례자가 돌아가면 철상한다.

⊙禮賓(예빈)

士冠禮贊者爲介○儀節親朋有來觀者並待之○鄕飮酒禮乃席(註敷席也)賓主人介衆賓之席(註賓席牖前南面主人席阼階上西面介席西階上東面衆賓於賓席之西疏同南面圖坐不盡則東面北上○主人親屬席于主人之後西面北上)○大全設卓於兩楹間置大桮於其上(酒注及洗

栖水亦陳於卓上令執事者守之)○儀節主人至次迎賓主人先行賓從之贊儐禮生及諸親朋
各以序隨至堂(堂恐當)階主人揖賓請升賓辭主人先升自東階賓繼升自西階贊以下各
以序升就位主人拱手向賓曰某子加冠賴吾子敎之敢辭主人再拜賓答拜辭(主人謝也)
贊者再拜謝儐同上(贊儐皆答拜)○大全主人降席立於卓東西向上客(卽賓下同)亦降席
立於卓西東向主人取栖親洗上客辭主人(洗畢)置栖卓上親執酒斟之以器(卽注)授執
事者遂執栖以獻上客上客受之復置卓上主人西向再拜上客東向再拜取酒東向跪祭
遂飮以栖授贊者(卽執事者)遂拜(鄕飮酒禮疏遂拜不起因拜也)主人答拜(一拜)上客酢主人
(如主人獻賓儀)○鄕飮酒禮主人酬賓(主人取栖洗置卓上執酒斟之以注授執事者取酒西向跪
祭遂飮以栖授執事者遂拜興賓答拜主人復洗栖賓辭主人洗畢置栖卓上執酒斟之以注授執事者遂執
栖以酬賓賓受之復置卓上東向再拜主人西向再拜賓取酒復位奠於席前而不擧)○儀節主人獻贊
(如獻賓儀)○鄕飮酒禮介酢主人(贊取栖洗主人辭贊洗畢執栖授主人主人受之置卓上執酒斟之
以注授執事者取酒西向跪祭遂飮以栖授執事者遂拜興贊答拜復位)○儀節主人獻儐(如獻贊儀○
儐復位)○大全主人乃獻衆賓如前儀惟獻不拜(鄕飮酒禮衆賓每一人獻則不拜受爵坐祭立飮
不拜授主人爵復位)○儀節酒遍請(主人請也)升席主人自席末先升賓次升贊儐及陪席者
以次皆升坐冠者及執事者行酒或三行或五行饌隨宜(盡歡賓請退執事者徹栖盤)執事者
以盤奉幣(幣各有差○主人降席就兩楹間賓以下皆降席)主人受以獻賓賓(就兩楹間)受以授從
者賓謝再拜主人答拜以次捧贊者及儐者幣贊儐謝(再拜)主人答拜送賓至大門外揖竢
賓上馬歸賓俎

便覽按家禮此段本註本於書儀不無疏畧而士冠禮曰禮賓以一獻之禮一獻之禮卽鄕飮酒禮而若用
鄕飮全文則儀文太繁難於奉行故以士冠禮註所云獻酬酢賓主人各兩爵而禮成爲主取用朱子增損
鄕約兼採丘儀而錄之如此

⊙편람 손님 접대하는 예법.

손님 접대를 찬자(贊者)가 돕는다. 친한 벗들이 와서 참관한 분이 있으면 모두 함께
대접한다. 곧 자리를 펴고 주례자와 주인과 여러 손님 모두의 자리는 주례자는 들창
앞에서 남쪽으로 향하고 주인의 자리는 동쪽 층계 위에서 서쪽으로 향하게 하고 그
외 모든 자리는 서쪽 층계 위에서 동쪽으로 향하게 배열하되 여러 손님의 좌석은 주
례자석 서쪽에서 다같이 남쪽으로 향하게 하고 좌석이 부족하면 동쪽으로 향하게 하
되 북쪽이 상석이다. 주인의 친속 좌석은 주인의 뒤에서 서쪽으로 향하게 하되 북쪽
이 상석이다. 양 기둥 사이에 탁자를 놓고 그 위에 잔을 놓되 주전자와 잔을 씻을 물
동이를 함께 놓고 집사자가 돌본다.

주인이 주례자의 처소로 가서 맞아 들이되 주인이 앞서고 주례자가 따른다. 찬자는
예생과 모든 친한 벗들을 인도하여 차서 대로 따라 당의 층계에 이르면 주인은 주례
자에게 읍을 하고 오르기를 청한다. 주례자가 사양을 하면 주인이 먼저 동쪽층계로
오르고 이어 주례자는 서쪽층계로 오른다. 찬자 이하 각각 차서대로 올라 자리로 간
다.

주인은 두 손을 마주잡고 주례자를 향하여 모의 자식에게 관을 씌우고 그대의 가르
침을 얻어 감사하옵니다. 라 하고 주인이 재배를 하면 주례자도 답배한다. 찬조자에
게도 감사함을 표하고 또 재배하고 관례를 도운 이에게도 감사함을 표하고 그와
같이하면 그들도 모두 답배한다.

주인이 좌석으로 내려가 탁자 동쪽에서 서쪽으로 향하여 서면 상객(上客) (주례자를
상객으로 호칭)역시 좌석으로 내려가 서쪽에서 동쪽으로 향하여 선다. 주인은 친히

잔을 물로 씻으면 상객이 인사로 사양을 한다. 씻은 잔을 탁자에 놓고 친히 술을 따라 집사자에게 잔을 주면 집사자는 잔을 받아 상객에게 받친다. 상객이 잔을 받아 탁자 위에 놓으면 주인은 서쪽으로 향하여 재배하고 상객은 동쪽으로 향하여 재배한다. 상객은 술잔을 들고 동쪽으로 향하여 무릎을 꿇고 앉아 제주를 하고 술을 마신 후 찬자 즉 집사자에게 잔을 주고 수배(手拜) 즉 앉아서 두 번 절하고 일어서면 주인은 답배하되 한번만 절한다. 상객이 잔을 돌리되 주인이 상객에게 잔을 받치던 의례와 모두 같게 한다.

주인은 찬자에게 술을 드리되 상객에게 한 의례대로 한다. 다음으로 주인은 인도한 이에게 술을 들이되 찬자에게 한 의례대로 한다. 인도한 이는 제자리로 온다. 주인은 이어 여러 손님에게 앞의 의식과 같이 술잔을 돌리되 절은 하지 않는다. 술이 두루 미쳤으면 주인은 연회석으로 오르기를 청하고 주인이 먼저 오르면 상객이 다음으로 오르고 찬자, 인도한 이, 배석자가 차례대로 올라 좌석에 앉으면 관자와 집사가 술을 따라 돌리되 삼 순배(三巡杯) 오 순배를 돌리며 안주는 형편에 따라 차려낸다.

상객은 아주 즐거워할 때 물러가기를 청하면 집사자는 술잔 소반을 물린다. 집사는 폐백(幣帛) 소반을 받든다. 주인이 양 기둥 사이로 내려가면 상객 이하 모두 내려가 자리한다. 주인이 폐백을 받아 상객에게 드리면 상객은 양 기둥 사이로 내려가 폐백을 받아 시종에게 주고 감사의 재배를 한다. 주인은 답배를 하고 찬조자와 인도한 이에게도 폐백을 주면 그들도 감사의 재배를 하면 주인은 역시 답배를 한다. 상객을 대문 밖까지 환송하되 말에 오를 때까지 읍을 하고 상객이 돌아가면 철상 한다.

◆一獻之禮(일헌지례)

執事者設卓子于堂上房西室戶東置酒尊玄酒尊各一酒注一盞盤各二於其上玄酒在酒尊西脯醢各四楪於房中又設賓席於戶牖間南面設主人席於東序西面贊儐席於西序東面北上又設賓贊儐降立位於西階下當西序東面北上○主人出就賓次導賓而入贊儐從之揖讓如初升主人阼階上北面立賓西階上北面立贊儐隨至西階下當西序東面北上立○主人詣尊所斟酒于盞執而詣賓席前西北面立賓西階上北面再拜主人少退賓進受盞復西階上位主人阼階上北面答拜賓少退執事者薦脯醢于賓席前賓升席自西方跪左執盞右祭脯醢遂祭酒興席末(西端)坐啐酒西階上北面坐卒飲奠盞再拜執盞興主人阼階上答拜○賓執盞詣尊所斟酒于盞執而進立於主人席前東南面立主人阼階上再拜賓少退主人進受盞復阼階上位賓西階上答拜主人少退執事者薦脯醢于主人席前主人升席自北方跪左執盞右祭脯醢遂祭酒興席末(北端)跪啐酒降席北自席前適阼階上北面坐卒飲奠盞再拜執盞興賓西階上答拜○主人執盞詣尊所斟酒于盞執之阼階上北面坐奠盞再拜執盞興賓西階上答拜主人跪祭主卒飲奠盞再拜執盞興賓西階上答拜主人執盞詣尊所斟酒于盞執而詣賓席前北面立賓西階上再拜主人少退主人進坐奠盞于薦西賓辭主人退復位賓進坐取盞興復西階上位主人阼階上答拜賓進北面坐奠盞于薦東(不飲者)復西階上位主人揖降賓降階立于階西當序東面○主人阼階下與贊揖讓升主人阼階上北面立贊西階上北面立主人詣尊所斟酒于盞執而詣贊席前西南面立贊西階上北面再拜主人少退贊進北面受盞復位主人就贊右北面再拜贊少退主人立于西階東執事者薦脯醢于贊席前贊升席自北方跪祭脯醢及酒興自南方降席西階上北面坐卒飲奠盞再拜執盞興主人贊右答拜○贊授主人盞主人詣尊所斟酒于盞立于西階上贊右坐奠盞再拜執盞興贊答拜主人坐祭酒卒飲奠盞再拜執盞興贊答拜主人復阼階揖降贊降立于賓南○主人獻儐儐酢主人如贊禮○主人與賓揖讓升賓厭(音曄以手向身引之)贊贊厭儐俱升皆卽席隨其向坐進饌行酒主人起賓贊儐亦起執事者以盤奉幣進主人受以獻賓賓受以授從者主人再拜賓答拜執事者以盤奉幣進主人受之以酬贊者贊者受之以授從者酬儐者亦如之主人拜贊儐贊儐答拜主人揖賓贊儐坐進酒隨宜徹饌賓贊出主人出門外主人再拜賓贊不答拜

⊙冠者遂出見于鄉先生及父之執友(관자수출견우향선생급부지집우)

冠者拜先生執友皆答拜若有誨之則對如對賓之辭且拜之先生執友不答拜

⊙관자(冠者)는 모두 마치고 나아가 동리 노인들과 부친의 친구들을 찾아 뵙는다.

관자가 동리 어른들과 부친 친구들에게 절을 하면 모두 답배한다. 훈교(訓敎)의 말씀이 있으면 주례자가 말씀할 때 대하듯 대하고 또 절을 하면 어른들과 부친 친구들은 답배하지 않는다.

◆易服執友(역복집우)

士冠禮乃易服服玄冠玄端爵韠奠摯見於君遂以摯見於鄉大夫鄉先生註易服不朝服者非朝事也摯雉也鄉先生鄉中老人爲鄉大夫致仕者疏初冠時服玄端加緇布冠緇布冠冠而弊之故易玄冠○曲禮執友註僚友官同者執友志同者同師之友其執志同故曰執友

◆鄉先生(향선생)

士冠禮註鄉中老人爲鄉大夫致仕者疏卽鄉飲酒與鄉射記所謂先生書傳所謂父師亦有士之少師

◆簡便行禮(간편행례)

按鄭氏家儀有或因事故倉卒簡便行禮之儀今恐人家有力不能備禮者略放其儀別爲儀節付其下○儀節是日夙興告祠堂如朔日之儀不用祝(先期擇親屬)一人爲賓子弟一人爲贊一爲禮生主人立堂下東階上賓立西階上禮生(唱)○鞠躬拜興拜興平身執事者布冠者席于主人後少北)(唱)將冠者卽席○跪○梳髮○合髻○行加冠禮○賓盥○進冠(斦執事者捧進賓受之行至冠者前)○祝辭(用始加之辭如賓不能祝不用亦可)○跪(賓跪)○加巾○興○復位○冠者興易服(冠者改舊服著時服納靴出降下階立少東南向賓字冠者賓主俱降階)○祝辭(用前辭若賓不能祝只曰字汝曰某冠者對辭若如冠無祝辭此亦不用)○鞠躬拜興拜興平身○禮畢(冠畢見于祠堂尊長俱如上儀)

⊙鄉先生見儀禮節次(향선생견의례절차)

冠者見鄉先生及父執友○鞠躬拜興拜興拜興拜興平身(先生若有敎言則對曰)○某不敏敢不夙夜祇奉○鞠躬拜興拜興平身(不答拜)

⊙동리 어른 찾아 뵙는 의례절차.

관자는 동리 노인들과 부친의 동료와 친구 분을 찾아 뵙는다. ○국궁 사배 평신한다. ○(훈교의 말씀이 있으면) 모 불민하오나 일생 동안 정성껏 받들지 않겠사옵니까. ○국궁 재배 평신한다. (답배치 않는다.)

제 2 장 계(笄)

⊙笄禮(계례)

◆笄(계)

補註笄簪也婦人不冠以簪固髻而已○內則曰十有五年而笄○曲禮女子許嫁笄而字○雜記
女雖未許嫁年二十而笄禮之婦人執其禮燕則鬈首疏賀瑒云十五許嫁而笄則主婦及女賓爲
笄禮未許嫁而笄則婦人禮之無女賓不備儀也既未許嫁雖已笄猶以少者處之故既笄之後尋
常在家燕居則復去笄而分髮爲鬌紒也通解按賀說得之然有未盡許嫁笄則主婦當戒外姻爲
女賓使之著笄而逐禮之未許嫁而笄則不戒女賓而自以家之諸婦行笄禮也○士昏禮記女子
許嫁笄而醴之稱字祖廟未毀敎于公宮三月若祖廟已毀則敎于宗室註祖廟女高祖爲君者之
廟也以有緦麻之親就尊者之宮敎以婦德婦言婦容婦功宗室大宗之家疏許嫁者用醴禮之不
許嫁者當用酒醮之此謂諸侯同族之女言緦麻者舉最疏而言親者可知與君絶服者皆於大宗
之家敎之○劉氏補註曰笄今簪也婦人之首飾也女子笄則當許嫁之時然嫁止於二十以其二
十而不嫁則爲非禮○問笄禮鮮行遂菴曰尤菴先生宅曾行此禮可以取則矣○屛溪曰髻者華
制也卽今婦人之辮髮胡俗也尤翁晚年使一門婦女行笄禮士友間今或有行之者

⊙女子許嫁笄(여자허가계)

年十五雖未許嫁亦笄

⊙여자가 혼인을 허락 하였으면 계례(笄禮)를 한다.

여자 나이가 십오 세가 되었으면 비록 혼인을 허락하지 아니하였어도 역시 계례(笄禮)
를 한다.

◆十五而笄(십오이계)

曲禮女子許嫁笄而字註許嫁則十五而笄未許嫁則二十而笄亦成人之道也故字之○內則十
有五年而笄二十而嫁註十五許嫁則笄未許嫁者二十而笄方氏曰三五而圓者月也故女子之
年至是數而笄○士昏禮註許嫁已受納徵禮也

◆未許嫁亦笄(미허가역계)

雜記雖未許嫁年二十而笄禮之婦人執其禮註朱子曰許嫁笄則主婦當戒外姻爲女賓使之著
笄而逐禮之未許嫁笄則不戒女賓而自以家之諸婦行笄禮也陳氏曰婦人執其禮無禮賓不備
儀也○燕則鬈首註既笄之後去之猶若女有鬌紒也疏既未許嫁雖已笄猶以少者處之故既笄
之後尋常在家燕居則復去笄而分髮爲鬌紒也○朱子曰未許嫁而笄則不戒女賓而自以家之
諸婦行笄禮也○士冠禮燕則鬈(音卷)首疏既未許嫁雖已笄猶以少者處之故既笄之後尋常
燕居則復去笄而分髮爲鬌紒也

⊙母爲主(모위주)

宗子主婦則於中堂非宗子而與宗子同居則於私室與宗子不同居則如上儀

⊙계례의 주인은 모친(母親)이다.

종자의 부인이 주부이면 중당(中堂)에서 행하고 종자의 여식(女息)이 아니면서 종자
와 같이 살면 사실(私室)에서 행하고 종자와 같이 살지 않으면 위 의식과 같이한다.

◆主婦爲主(주부위주)

書儀主婦執其禮註主婦謂笄者之祖母母及諸母嫂凡婦女之爲家長者皆可○南溪曰笄禮殺
於冠禮無告祠堂一節故不用宗婦爲主

⊙前期三日戒賓一日宿賓(전기삼일계빈일일숙빈)

賓亦擇親姻(增解考證親謂己之親姻謂夫之親爾雅壻之黨謂姻兄弟)婦女之賢而有禮者爲之
以牋紙書其辭使人致之辭如冠禮但子作女冠作笄吾子作某親或某封○凡婦人自稱
於己之尊長則曰兒卑幼則以屬(增解韻會屬珠玉切親眷也○考證或姑或姊之類也)於夫黨尊

長則曰新婦卑幼則曰老婦非親戚而往來者各以其黨爲稱後放此

⊙계례 삼일 전에 빈자(주례자)를 정하고 하루 전에 재차 알린다.

주례자를 또한 택하되 친척이나 혼인할 시가(媤家) 집 부녀자 중에서 어질고 예(禮)가 올바른 이에게 편지에 그 사연을 써서 사람을 보내어 알리기를 관례와 같게 한다. 서한 서식에 아들자(子)자를 계집녀(女)자로 고치고 갓관(冠)자를 비녀계(笄)자로 고치며 오자(吾子) 자(字)를 모친(某親) 또는 모봉(某封) 이라 고친다.

모든 부인이 자기를 칭(稱)할 때 자기보다 존장이면 아(兒)라 하고 항렬이 낮거나 어리면 속한대로 쓰되 남편 댁의 존장이면 신부(新婦)라 하고 항렬이 낮거나 어리면 노부(老婦)라 쓰고 친척이 아닌 오고 가는 일가이면 각각 그 일가의 칭하는 칭호로 쓴다. 이후 이와 같다.

◆賓請書式(빈청서식)

忝親非親則云辱交或辱識下同某氏拜啓

某親某封粧次笄禮久廢兹有女年適可笄欲擧行之伏聞吾親閑於禮度

敢屈非親則改夫人孺人隨所稱惠臨以敎之不勝幸甚家禮本註凡婦人稱於已之尊長

則曰兒卑幼則以屬於夫黨尊長則曰新婦卑幼則曰老婦非親戚而往來者以其黨爲稱

月　日某氏拜啓

◆초청서식.

첨친(忝親) 모씨는 모친 모봉께 절하며 아뢰나이다. 저에게는 계례를 하여서 옛 것을 버리게 할 여식이 있사온데 계례 할 나이가 차 예를 거행코자 하옵니다. 듣자 하오니 우리 친척께서 예와 법도에 밝다 하옵는 바 죄송하오나 은혜로서 왕림하시어 훈교(訓敎)하여주신다면 매우 다행함이 그지없겠사옵니다.

◆復書式(복서식)

忝親某氏拜復

某親某封粧次蒙不棄

召爲笄賓自念粗俗不足以相盛禮然旣有

命敢不勉從謹此奉復

月　日某氏拜復

◆답서.

첨친(忝親) 모씨가 모친 모봉께 절하며 답신을 올립니다. 저를 잊으시지 않으시고 계례의 빈자(賓者)로 불러주시니 제가 생각하옵건대 속격(俗格)에 자세하지 못하여 성대한 예식안내에 부족할까 하옵는데 그러나 이미 분부가 있사오니 감히 근면히 따르지 않을 수 있사오리까. 삼가 이에 답서를 받들어 올리나이다.

⊙陳設(진설)

如冠禮但於中堂布席如衆子之位(不設門外次○增解按如冠禮衆子席房外南面也○儀節依圖界畫如衆子冠禮)

⊙계례의 자리를 설치한다.

관례와 같게 한다. 다만 당의 중간에 자리를 펴고 차녀 이하의 여식 계례의 자리도 같다. ○대문 밖에 주례자의 처소는 설치하지 않는다.

⊙厥明陳服(궐명진복)

如冠禮但用背子冠笄

⊙그날 날이 밝으면 계례복을 진열한다.

관례와 같다. 다만 배자와 관과 비녀다.

◆笄(계)

設文笄音鷄簪也其端刻鷄形○實錄女媧之女以荊枝及竹爲笄以貫髮至堯以銅爲之舜以象牙玳瑁爲之○士冠禮疏笄有二種一是安髮之笄男子婦人俱有一是冠笄皮弁笄爵弁笄唯男子有而婦人無也○遂菴曰笄者安髮之笄以縱韜髮作髻訖橫施此笄于髻中以固髻○南溪曰中國之俗婦人爲髻與男子同其飾恐不必異○愚按以縱(纚同)韜髮作髻(紒同)而施笄古者男女皆同考於內則櫛縱笄總之文可知也至唐時亦然崔山南祖母唐夫人每朝櫛縱笄拜階下乳其姑可見矣然後漢鄭康成註儀禮已變縱而以幓頭言則縱至漢已無矣是可疑也家禮髻制亦男女皆同此陳服而言如冠禮則櫛縰掠在其中至宋又變幓爲掠矣加冠笄而言如冠禮則以雙紒梳髮合紒而施掠亦可知也纚與掠之其制少異冠禮詳之而掠則蓋如今網巾矣其合髻施掠之制若與男子不同則必皆詳著之矣然書儀則云無幘頭幘頭卽掠頭也儀節亦但云合紒而無包網巾之文然則據此二書婦人無網巾矣此未可詳也

⊙笄禮之具(계례지구)

(侍者)守冠卓子○시자. ○탁자를 보살피는 사람. (卓)三一陳冠笄一陳背子一陳注盞○탁 3. 즉 탁자. ○탁자 하나에는 관과 비녀 진열, 또 한 탁자에는 배자 진열, 또 한 탁자에는 주전자와 잔반 진열. (冠)卽中國鳳冠爲命婦服俗稱華冠○관. 즉 속칭 화관. (笄)卽簪○계. 즉 비녀. (纚)士冠禮○用以包髮裹髻者用黑繒長六尺(周尺)疊爲之自頂而前交於額上却繞於髻一名縱古者男女通用今男子網巾卽此遺制○사. ○부녀자의 머리를 싸 덮어 뒤로 자락이 늘어지게 만든 머리싸개. (背子)用色紬或絹爲之長與裙齊對衿開旁圓袂或半臂或無袖○五禮儀本國蒙頭衣○배자. ○비단으로 기장은 치마와 같게 한다. 깃은 옆으로 열리게 하고 소매는 둥글게 하되 혹 반팔 혹 소매가 없게도 한다. (盤)○반. 즉 대반. (酒注)○주주. 즉 주전자. (盞盤)幷用以醮笄者者○잔반.

⊙序立(서립)

主婦如主人之位將笄者雙紒衫子房中南面

⊙서열 대로 늘어선다.

주부는 주인의 자리와 같다. 장계자(將笄者)는 쌍계머리를 하고 삼자(衫子)를 입고 방 가운데서 남쪽으로 향하여 선다.

◆雙紒(쌍계)

內則男角女羈註嚴氏曰夾囟曰角兩髻也午達曰羈三髻也○男女未冠笄者總角註方氏曰男角女羈此兼男女而止曰角者擧男以該之○按據此內則說女未笄者三紒而此云雙紒則宋時女亦總角與男子同也

⊙賓至主婦迎入升堂(빈지주부영입승당)

如冠禮但不用贊者(便覽以侍者代之)主婦升自阼階(便覽賓升自西階○儀節各就位主婦東賓西侍者布席于東階之東少西南向)

⊙주례자가 도착하면 주부가 영접하여 들어와 당(堂)으로 오른다.

관례와 같다. 다만 찬조자는 두지 않으며 주부는 동쪽 층계로 오른다.

◆不用贊者(불용찬자)

書儀贊亦賓自擇婦女爲之○王氏曰家禮筓不用贊幼女多羞不用贊決不能行

⊙賓爲將筓者加冠筓適房服背子(빈위장계자가관계적방복배자)

略如冠禮但祝用始加之辭不能則省

⊙주례자는 장계자(將筓者)에게 비녀를 꽂고 관을 씌워주면 방으로 들어가 배자(背子)를 입는다.

대략 관례와 같다. 다만 관례 때 시가(始加)의 축사를 쓰되 능하지 못하면 적어 살펴보며 한다.

◆加冠筓(가관계)

儀節將筓者出房侍者奠櫛席左賓以手導將筓者卽席西(當作南)向跪侍者如其向跪解髮梳之爲之合髮(爲髻)賓降階主婦亦降洗訖主婦請賓復初位侍者以冠筓盤進賓詣將筓者前祝曰(云云)跪加冠筓起復位筓者興適房易服徹櫛(侍者徹)筓者服上衣(背子)出房○按旣有冠字則不可髮上加冠依古禮用纚包髮以承冠似當

⊙加冠筓儀禮節次(가관계의례절차)

序立(主婦東階下少東西向女眷重行在後北上)○賓至○請迎賓(主婦出中門見賓)○賓主相見○拜興拜興拜興拜興○請升堂○賓主各就位(主婦東賓西)○布席(侍者布席于東階之東少西南向)○將筓者出房○侍者奠櫛(贊者取梳篦之類置席左)○賓揖將筓者卽席(賓以手導將筓者卽席西向立)○跪(筓者跪侍者亦如其向跪)○櫛髮(解髮梳之)○合紒(爲之合髮)○行加筓禮○賓降盥洗(賓降階主婦亦降洗訖)○復位(主婦請賓復初位)○侍者進冠筓(侍者以冠筓盤進)○賓詣將筓者前○祝辭(賓祝)曰吉月令日始加元服棄爾幼志順爾成德壽考維祺以介景福○跪(賓跪)○加冠筓○興(賓起)○復位○筓者興適房易服○徹櫛○筓者出房(服上衣出)

⊙비녀를 꽂고 관을 씌우는 의례절차.

차서 대로 선다. (주부는 동쪽층계 아래 조금 동쪽에서 서쪽으로 향하여 서고 부녀자 친족들은 그 뒤에 겹으로 서되 북쪽이 상석이다) ○주례자 도착. ○주례자를 맞아 들인다. (주부가 중문까지 나가 영접한다) ○주례자와 주부는 서로 인사한다. ○사배한다. ○당으로 오를 것을 청한다. ○주례자와 주부는 각각 제자리로 간다. (주부는 동쪽이고 주례자는 서쪽이다) ○자리를 편다. (시자(侍者)는 동쪽층계 동쪽에서 조금 서쪽으로 남향하여 자리를 편다) ○장계자는 방에서 나온다. ○시자는 빗을 준다. (찬자가 빗과 빗치개비를 받아 자리 좌측에 놓는다) ○주례자는 읍을 하고 장계자 자리로 간다. (주례자는 장계자를 손수 인도하여 자리로 가서 서쪽으로 향하여 선다) ○무릎을 꿇고 앉는다. (장계자는 무릎을 꿇고 앉고 시자 역시 같이 그를 향해 무릎을 꿇고 앉는다) ○머리를 빗긴다. (머리를 풀어 빗질을 한다) ○결발을 한다. (머리를 틀어 올린다) ○행가계례. ○주례자는 내려가 손을 씻는다. (주례자가 층계를 내려오면 주부

역시 내려온다. 주례자가 손 씻기를 마치면) ○제자리로 오른다. (주부가 주례자에게
오르기를 청하여 처음의 자리로 다시 가 선다) ○시자는 비녀와 관(冠) 소반을 받친
다. (시자가 비녀와 관 소반을 받친다) ○주례자는 장계자 앞으로 간다. ○축사를 한
다. (주례자는 아래와 같이 축사를 한다) ○무릎을 꿇고 앉는다. (주례자는 무릎을 꿇
고 앉는다) ○비녀를 꽂고 관을 씌운다. ○일어선다. (주례자는 일어선다) ○제자리로
물러나 선다. ○계자는 일어나 방으로 들어가 옷을 바꿔 입는다. ○빗을 들여 놓는다.
○계자는 방에서 나온다. (겉옷을 바꿔 입고 나온다)

◆笄祝辭式(계축사식)用冠禮始加祝醮與字辭亦同冠禮但字辭改髦士爲女士

吉月令日始加元服棄爾幼志順爾成德壽考維祺以介景福

◆축사식.

좋고 좋은 날 비로소 그대에게 첫 복식을 갖춰 주노니 그대는 어릴 적 생각을 버리
고 도리를 따르며 덕을 성취하고 오래 살며 큰 복 받기를 비노라.

⊙乃醮(내초)

如冠禮辭亦同

⊙이어 초례(醮禮)를 한다.

초례의식은 관례와 같으며 축사식 역시 같다.

◆醮禮(초례)

儀節侍者酌酒立于笄者之左賓揖(以手導之)笄者卽席笄者立席右南向賓受酒詣醮席祝曰(
云云)笄者四拜賓答拜笄者跪受酒祭酒啐酒興四拜

⊙醮禮儀禮節次(초례의례절차)

行醮禮○侍者酌酒(立於笄者之左)○賓揖笄者卽席(笄者立席右南面)○賓受酒○詣醮席
○祝辭曰旨酒旣淸嘉薦令芳拜受祭之以定爾祥承天之休壽考不忘○笄者拜興拜興
拜興拜興(賓答拜)○跪(笄者跪)○受酒祭酒(傾少許於地)○啐酒(略飮少許)○拜興拜興拜
興拜興

⊙초례 의례절차.

행초례. ○시자는 술을 따른다. (계자의 왼편에 선다) ○주례자는 계자에게 읍(揖)을
하고 곧 자리로 나아가 선다. (계자의 오른편에서 남쪽을 향하여 선다) ○주례자는 술
잔을 받는다. ○초례석으로 간다. ○축사를 다음과 같이 한다. ○계자(笄者)는 사배한
다. (주례자 답배) ○무릎을 꿇고 앉는다. (계자는 무릎을 꿇고 앉는다) ○술을 받아
제주를 한다. (땅에 조금 따른다) ○술을 맛본다. (대체적으로 조금 맛본다) ○계자는
사배한다.

◆醮禮祝辭式(초례축사식)

旨酒旣淸嘉薦令芳拜受祭之以定爾祥承天之休壽考不忘

◆초례(醮禮)축사식.

맑고 좋은 술을 아름다운 그대에게 주노니 이 술을 감사한 마음으로 절을 하고 받아
제주(祭酒)를 하여라. 그대는 두루 갖춰 바르게 잡아졌으니 하늘을 받들고 편안하게
오래 살며 오늘을 잊지 말지어다.

⊙乃字(내자)
如冠禮但改祝辭髦士爲女士

⊙곧 이어 자(字)를 지어 준다.
관례와 같다. 다만 축사에 모사(髦士)를 여사(女士)라 한다.

◆字禮(자례)
儀節賓主俱降笄主東賓西笄者降自西階少東南向賓祝(云云)曰某笄者四拜賓不答拜(賓休于他所)

⊙授字儀禮節次(수자의례절차)
賓主俱降階(主東賓西)〇笄者降階(笄者降自西階少東南向)〇祝辭(賓祝)曰禮儀旣備昭告爾字女士攸宜永受保之曰某笄〇拜興拜興拜興拜興(賓不答拜)〇禮畢

⊙자(字)를 지어주는 의례절차.
주례자와 주부는 다같이 층계를 내려간다. (주부는 동쪽층계로 주례자는 서쪽층계로) 〇계자도 층계 아래로 내려 가시오. (계자는 서쪽층계로 내려가 조금 동쪽으로 가서 남향한다) 〇축사를 다음과 같이 한다. 〇계자 답 왈 (모 비록 불민하오나 어찌 감히 지성껏 받들지 않겠나이까) 〇계자는 사배를 한다. (주례자는 답배치 않는다) 〇예를 마친다.

◆授字祝辭式(수자축사식)
禮儀旣備令月吉日昭告爾字爰字孔嘉女士攸宜宜之于嘏永受保之

◆자(字)를 내리는 축사식.
계례 의식을 이미 갖추었으니 그대에게 자(字)를 밝혀 알려 주겠노라. 행실이 군자와 같이 준수한 여자로서 마땅히 영원히 간직하고 보전할지어다.

⊙主人以笄者見于祠堂(주인이계자견우사당)(補入)

⊙주인과 계자(笄者)는 사당을 알현(謁見)한다.

⊙見于祠堂儀禮節次(견우사당의례절차)
序立〇盥洗〇啓櫝〇詣香案前〇跪〇焚香〇告辭曰(云云)〇俯伏興拜興拜興平身〇笄者見(立西階上少東)〇拜興拜興拜興拜興〇(主人主婦)鞠躬拜興拜興平身〇禮畢

⊙사당에 알현하는 의례절차.
차서 대로 선다. 〇손을 씻는다. 〇독을 연다. 〇향안 앞으로 간다. 〇무릎을 꿇고 앉는다. 〇분향한다. 〇다음과 같이 고한다. 〇부복하였다 일어나 재배 평신한다. 〇계자 알현한다. (서쪽 층계 위에서 조금 동쪽으로 가 선다) 〇사배한다. 〇(주인 주부) 국궁 재배 평신한다. 〇예를 마친다.

◆祠堂謁見告辭式(사당알현고사식)〇主人自告
某之(非宗子之女則此下當添某親某之四字)第幾女今日笄畢敢見

◆사당 알현 고사식.
모의 몇째 여식 모가 금일 계례를 마치고 감히 알현 하나이다.

◉筓者見于尊長(계자견우존장)(補入)

以上皆如冠儀而少省

◉계자는 존장에게 인사한다.

모두 위의 관례 의식과 같게 하되 약간 간소하게 한다.

◉乃禮賓皆如冠儀(내예빈개여관의)

程子曰冠禮廢天下無成人或欲如魯襄公十二而冠此不可冠所以責成人事十二年非可責之時旣冠
矣且不責以成人事則終其身不以成人望之也徒行此節文何益雖天子諸侯亦必二十而冠〇劉氏璋
曰筓今簪也婦人之首飾也女子筓則當許嫁之時然嫁止於二十以其二十而不嫁則爲非禮

◉곧 이어 손님 접대를 하되 예는 관례 의식과 같게 한다.

◎冠禮笏記(관례 홀기)

◉告廟(고묘)

前期三日遍設果品一盤於每龕卓上(諸品隨宜)〇設盞各一于每位櫝前〇別設一卓于
阼階上置祝版酒瓶酒注盞盤於其上〇設盥盆帨巾各二阼階下東南(盆有臺帨有架者在西
主人所盥無臺無架者在東爲執事者所盥幷巾在盆北)〇主人以下盛服就阼階下北面序立(世爲一行)
〇主婦以下北面於西階下〇主人盥帨升啓櫝〇退詣香卓前跪上香(闔再拜)〇執事者
二人盥洗升升自西階就阼階上卓前〇一人開瓶實酒于注奉詣主人之右跪〇一人執
盞盤進跪于主人之左〇主人受注斟酒反注取盞盤奉之左執盤右執盞酹于茅上〇反
盞盤于執事者〇俛伏興少退再拜〇執事者奠注及盞盤于故處〇主人與執事者皆降
復位〇主人主婦以下並再拜叅神〇主人升詣元位前立〇執事二人升〇一人取注詣
主人之右〇一人取元位前盞盤詣主人之左〇主人受注斟酒反注取盞盤奉奠于故處
次詣妣位前如初以次詣諸位前如初執事者反注于故處降復位〇主人退詣香卓前跪
〇祝升自西階就阼階上取版詣主人之左跪〇在位者皆跪〇祝讀告辭〇畢置版于香
卓東端興降復位〇在位者皆興〇主人俛伏興再拜降復位〇與在位者皆再拜辭神〇
主人升斂櫝降復位〇執事者升徹酒果及茅沙祝版闔門〇退徹酒注盞盤卓降復位〇
主人以下皆退

◉陳設(진설)

是日夙興設盥盆水罍沃枓帨巾各二於阼階下東南(有臺架者在西爲賓所盥無臺架者在東爲贊
者所盥)〇設席于其南〇設房中之洗于北堂直室東隅襴衫鈴帶靴道袍組帶白鞋深衣
大對黑履各卓陳于房中西墉下東領北上〇櫛網巾及撮髮繩並實于箪置于卓南〇蒲
筵二在其南〇卓設醴尊于服北〇設篚實勺觶匙于尊北陳脯邊醢豆于篚北〇幞頭軟
巾緇冠各一匲執事者三人執以待于西階下南面東上設賓主拜席于門外東西〇若醮用
酒則設尊于房戶間兩有禁〇玄酒在其西〇加勺于尊南柄〇盛觶于篚設于洗西〇陳邊豆于房中服北〇不設房中
之洗

◉序立(서립)

主人盛服立于阼階下少東西向〇兄弟子姓俱盛服立于其後重行北上〇賓者立於門

內之東北面○沃洗者一人立于洗東西向○將冠者采衣紒在房中當戶南向立

⊙迎賓(영빈)

賓盛服至于門外東面立○贊者在右少退○賓者出門外西面○還入告賓至○主人出門左西向立○儐隨出立于主人之右少退○主人再拜○賓答再拜○主人揖贊者○贊者報揖○主人揖賓○賓答揖○主人先入門內西面立儐從○賓入門內東面立贊者從之○主人揖○賓答揖○又分庭而行至陳相向揖○至碑相向揖○主人至阼階下西面立○賓至西階下東面立○主人揖賓請先升(請先升)○賓答揖辭(某不敢)○主人又揖請(某固願吾子之先升)○賓又揖辭(某固不敢)主人又揖請(某終願吾子之先升)○賓又揖辭(某終不敢聞命)○主人由阼階升先右足○賓由西階升先左足○並涉級聚足連步以上○主人立于東序端西面○賓立于西序東面○贊者就洗西跪盥沃洗者沃之○贊者盥洗帨手興由西階升入房中立于將冠者之東西面○儐由西階升立于贊者之北○執事者(執冠巾幞頭者)於位東面○儐取筵一出陳于東序少北西向退復位(房中)○將冠者出房外戶西南面立(若支子則席于戶西南面)

⊙始加(시가)

贊者取櫛巾簞出跪奠于席南端興立於其左○賓揖將冠者卽席西向跪○贊者卽其後如其向跪○爲之櫛髮合紒施網巾○興立于其左○賓降自西階○主人降立阼階下○賓立西階前東面辭(某也行事不敢煩吾子)○主人對(吾子辱有事某不敢在堂)○賓就洗南北面坐盥沃洗者沃之◑賓盥帨畢興詣西階下○與主人揖讓○主人先升復位◑賓升就冠席前跪整網巾○興由西階降一等西面立○執緇冠者升二等東面授賓遂退復位○賓受冠右執項左執前正容徐詣冠席前立祝(令月吉日始加元服棄爾幼志順爾成德壽考維祺介爾景福)○乃跪加之興復位○贊者進冠席前跪卒(結纓)興退復位○冠者興○賓揖之○贊者以冠者適房釋采衣服深衣加大帶納履○出房外正容南面立良久○贊者立于其左少北○(若支子則贊者奠櫛簞于席東端○將冠者卽席南向跪○以下幷如儀)

⊙再加(재가)

賓揖冠者卽席跪○賓降○主人降○賓辭(辭見上下同)○主人對○賓就洗南北面坐盥帨手○興詣西階○下與主人揖讓○主人先升復位○賓升就冠者前跪整巾興○降西階二等西面立○執軟巾者升一等東面授賓遂退復位○賓受巾右執項左執前正容徐詣冠者前立祝(吉月令辰乃申爾服敬爾威儀淑愼爾德眉壽萬年永受胡福)○贊者進詣冠者之後跪去緇冠奠于席南端退復位○賓乃跪加軟巾興復位○贊者進冠者前跪卒紘興退復位○冠者興○賓揖○贊者以冠者適房釋深衣大帶履服道袍加組帶著鞋○出房正容南面立良久○贊者立于其左

⊙三加(삼가)

賓揖冠者卽席跪○賓降○主人降○賓辭○主人對○賓就洗南北面坐盥帨手○興詣西階下與主人揖讓○主人先升復位○賓升就冠者前跪整巾興○降西階沒等西面立○執幞頭者進賓前東面授賓遂退復位○賓受幞頭右執項左執前正容徐詣冠者前立祝(以歲之正以月之令咸加爾服兄弟俱在以成厥德黃耇無疆受天之慶)○贊者進詣冠者之後跪去軟巾奠于冠東退復位○賓乃跪加幞頭興復位○贊者進冠者前跪卒紘興退復位○冠者興○賓揖○贊者以冠者適房釋道袍組帶鞋服襴衫加鈴帶納靴◑出房正容南面立良

久○贊者立于其左○賓出徹筵櫛冠巾入藏于房○(若支子則不徹筵)

⊙醮(초)

按古禮醴則一醮酒則三醮醴則三加後一醮而醮則每加一醮祝辭亦各不同家禮無醴而只用
一醮於三加之後今擬以適子則依古用醴而庶子則依家禮用醮恐或無妨

儐取筵一出陳于室戶西南面退復位○贊者入取觶于篚盥洗于房中○帨手奉觶詣尊
所酌醴加匙覆之面葉出立于房戶外西面○賓揖○冠者就席右南面立○賓就房戶外
東面受觶加匙面枋(柄)就席前北向立祝(甘醴維厚嘉薦令芳拜受祭之以定爾祥承天之休壽考不忘)
○冠者再拜受觶○賓復位東向○贊者入取脯醢于房出奠于席前(脯西醢東)退立于賓
左少退東向○冠者卽席跪左執觶右取脯擩于醢祭之豆間○以匙祭醴于地三○興就
席右端跪啐醴扱匙興○降席南向跪奠觶再拜興○賓東向答拜○冠者略側身西向贊
者再拜○贊者答拜○冠者左取觶興奠于薦東降席立○儐出徹觶及脯醢祭具並入藏
于房○(若醮用酒則贊者降西階就洗西東面坐盥○取爵于篚洗畢興○升詣尊所跪實酒○興立于冠者之左○
賓揖○冠者就席右南向立○賓受觶就冠席前立祝祝辭改甘醴維厚爲旨酒旣清)

⊙字(자)

賓降階直西序東向○主人降立于阼階下少東西向○冠者降立西階下少東南向○賓
字之(禮儀旣備令月吉日昭告爾字爰字孔嘉髦士攸宜宜之于嘏永受保之曰某父○冠者再拜對某雖不敏敢不夙
夜祇奉)

⊙賓出(빈출)

賓向主人揖請退(盛禮旣成請退)○主人報揖請留(某有薄酒敢禮從者)○賓辭(某不敢當)○主人
固請(姑小留)○賓許(敢不從命)○主人揖○賓報揖出○贊者降從之○主人及儐送至門外
○賓贊並出就次

⊙見廟(견묘)

設果品盞盤于每位前○具茅沙香案酒注酒瓶盞盤卓盥盆帨巾如初(並同前告廟時)○主
人以下序立○主人盥帨升啓櫝○降神再拜○在位者皆再拜參神○主人獻酒跪○祝
升取版讀告辭(某之子某今日冠畢敢見)○主人俛伏興立於香案東南西向○冠者進立于兩
階間再拜○主人降復位○在位者皆再拜辭神○主人升斂櫝○執事者徹○闔門退

⊙見尊長(견존장)

父母在堂中分東西坐南面○諸叔父在東序南向立○諸兄西向立○諸叔母姑在西序
南向立○諸姊嫂東向立○冠者就東楹外北面再拜○父爲之起○冠者就西楹外北面
再拜○母爲之起○冠者就東序北面再拜○諸父坐而扶之○冠者又就西序北面再拜
○諸叔母姑坐而扶之○冠者又就東序東面再拜○諸兄坐而扶之○冠者又就西序西
面再拜○諸姊坐而扶之諸嫂答拜○(若冠者祖在則先拜祖父母○次拜父母○同居有尊長則父母以
冠者詣其所拜之○尊長爲之起○冠者還就東西序每列再再○應答拜者答○受卑幼者拜)

⊙見先生(견선생)

冠者乃釋襴幞易服笠子靑袍出見鄕先生及父之執友皆再拜○先生執友皆答拜○有
誨言則冠者拜之(先生不答拜)

⊙禮賓(예빈)

主人治具○設賓席于堂北南面○主人席于阼階上西面○贊者席于西階上東面○衆

賓席于賓席之西南面○主人親屬席于主人之後西面北上○設尊于房戶之間加勺○實爵于尊南○具殽羞陳于房中○(按獻儐則設席亦當與衆賓爲列○衆賓坐不盡則東面北上)○主人至次迎賓先行○賓及贊儐衆賓以序行至階○主人揖賓請升○賓揖辭○主人先升就位○賓贊以下各以序升就位○主人向賓再拜致謝(某之子加冠賴吾子敎之敢謝)○賓答拜○主人謝贊者再拜○贊者答拜○主人拜儐○儐答拜○主人就尊所跪取爵實酒興詣賓席前獻賓○賓拜主人少退○賓受爵○主人復位答拜○執事者進殽羞于賓席前退○賓卽席跪祭酒啐酒興就席西坐卒爵遂拜執爵興○主人答拜○賓以爵詣尊所跪實酒就主人席前酢主人○主人拜賓少退○主人進受爵○賓復位答拜○執事者進殽羞于主人席前退○主人卽席跪祭酒啐酒興就席右坐卒爵遂拜執爵興○賓答拜○主人以爵詣尊所實酒就贊者席前獻之○贊者拜主人少退○贊者受爵○主人答拜復位○執事者進殽羞于贊者席前退○贊者卽席跪祭酒啐酒興就席右坐卒爵遂拜執爵興○主人答拜○贊者以爵進授主人○主人受爵○贊者退復位○主人就尊所實酒詣儐獻之○儐拜受爵○主人答拜復位○執事者進殽羞于儐席前退○儐卽席跪祭酒啐酒興就席右坐卒爵遂拜執爵興○主人答拜○儐以爵進授主人○主人受爵○儐退復位○主人以爵實酒以次獻衆賓畢○賓主以下並升席坐○行酒無算○執事者奉幣于盤以進○主人起受之詣進于賓席前○賓興再拜○主人復位答拜○執事者又以幣進○主人受之進于贊者席前○贊者興再拜○主人復位答拜○執事者又以幣進○主人受之進于儐席前○儐興再拜○主人復位答拜○賓及贊儐各以幣授從者○賓主以下皆降階分庭而出○至門外相向立○主人再拜○賓不答皆逡巡而退

◆婦人拜(부인배)

周禮大祝辨九拜九曰肅拜鄭註曰肅拜但俯下手今揖擪是也推手曰揖引手曰擪○儀禮婦拜扱地坐奠菜于几東席上還又拜如初扱地手至地也婦人扱地猶男子稽首疏曰以手至地謂之扱地今重其禮故扱地也(按)婦人以肅拜爲正蓋肅拜乃婦人之常而昏禮拜扱地以其新來爲婦盡禮於舅姑也○少儀婦人吉事雖有君賜肅拜爲尸坐則不手拜肅拜爲喪主則不手拜鄭註曰肅拜低頭也手拜手至地也婦人以肅拜爲正凶事乃手拜耳爲喪主不手拜者爲夫與長子當稽顙也其餘亦手拜而已○孔氏正義曰此一節論婦人拜儀婦人吉禮不手拜但肅拜肅拜如今婦人拜也吉事及君賜悉然也○陳氏曰肅拜如今婦人拜也左傳三肅使者亦此拜手拜則手至地而頭在手上如今男子拜也婦人以肅拜爲正故雖君賜之重亦肅拜而受若爲夫與長子之喪主則稽顙故不手拜若有喪而不爲主則手拜矣○內則凡女拜尙右手註曰右陰也按檀弓孔子與門人立拱而尙右之註尙謂右手在上也○通鑑周天元詔內外命婦皆執笏其拜宗廟及天臺皆俛伏如男子按謂之如則前此不如此可知矣○語錄問古者婦人以肅拜爲正何謂肅拜朱子曰兩膝齊跪手至地頭不下爲肅拜手拜亦然爲喪主則頭亦至地不肅拜樂府說婦人云伸腰再拜跪伸腰亦是頭不下也不知婦人膝不跪地而變爲今之拜始於何時程泰之以爲始於武后非也○古人席地而坐有問於人則略起身時其膝至地故謂之跪若婦人之拜在古亦跪古樂府云伸腰拜手跪則婦人當跪而拜但首不至地耳○古人坐也是跪其拜亦容易婦人首飾盛多自難俯伏地上周天元令命婦爲男子拜史官書之以表其異則古者婦人之拜首不至地可知也然則婦人之拜當以深拜頗合於古按本註凡拜男子再拜婦人四拜謂之俠拜蓋主立拜言也今世俗南方婦女皆立而又手屈膝以拜北方婦女見客輒俯伏地上謂之磕頭以爲重禮禮之輕者亦立而拜但比南方略淺耳考之古禮及儒先之說蓋婦人當以肅拜爲正所謂肅拜之儀鄭氏於周禮註以爲俯下手爲肅拜於少儀疏以爲拜低頭而朱子亦云兩膝齊跪手至地頭不下爲肅拜又云當跪而拜但首不至地耳今其儀雖不可曉但以此數說推之大略似是兩膝齊跪伸腰低頭俯引其手以爲禮而頭不至地也今北俗磕頭則類扱地稽顙之禮惟可用之昏禮見舅姑及喪禮爲

夫與子主之時尋常見人宜略如所擬肅拜儀可也南俗立拜已久不可驟變但須深屈其膝毋但如北俗之沾裙叉手以右爲尙每拜以四爲節如所謂俠拜者若夫見舅姑則當扱地爲喪主則稽顙不爲喪主則手拜庶幾得古禮之意云(通禮婦人拜考證互見)

◆冠禮雜儀(관례잡의)

按家禮本書儀於通禮則有居家雜儀喪禮則有居喪雜儀今倣喪儀則例補入冠昏祭雜儀冠義曰凡人之所以爲人者禮義也禮義之始在於正容體齊顔色順辭令(言人爲禮以此三者爲始)容體正顔色齊辭令順而後禮義備以正君臣親父子和長幼(言三始旣備乃可以求三行也)君臣正父子親長幼和而後禮義立(立猶成也)故冠而後服備服備而後容體正顔色齊辭令順故曰冠者禮之始也註方氏曰容體欲其可度故曰正顔色欲其可觀故曰齊辭令欲其可從故曰順〇石林葉氏曰義以爲質禮以行之人之道也脩人道者亦必有新故男子二十而冠冠之始也欲其容體正顔色齊辭令順而已及夫體正而不失足旅人色齊而不失色於人辭順而不失口於人則人道備故言禮義備及夫君臣正而朝廷肅父子親而閨門定長幼和而宗族有禮則人道正矣故言禮義立

〇冠義成人之者將責成人禮焉也責成人禮焉者將責爲人子爲人弟爲人臣爲人少者之禮行焉將責四者之行於人其禮可不重與故孝慈忠順之行立而后可以爲人可以爲人而后可以治人也

註呂氏曰所謂成人者非謂四體膚革異於童稚也必知人倫之備焉親親貴貴長長不失其序之謂備此所以爲人子爲人弟爲人臣爲人少者之禮行孝弟忠順之行立也有諸已然後可以責諸人故成人然後可以治人也〇馬氏曰成人禮者爲人子則孝爲人弟則弟爲人臣則忠爲人少則順貴之以四者之行此禮之所以重也〇廬陵胡氏曰前責以三行者責成人之漸此貴以四行者責成人之備孟子曰不得乎親不可以爲人故必四行立而后可以爲人也

〇國語晉趙文子冠見欒武子武子曰美哉華則榮矣實之不知請務實乎見中行宣子宣子曰美哉惜也吾老矣見范文子文子曰而今可以戒矣見郤駒伯駒伯曰美哉然而壯不若老者多矣見韓獻子獻子曰戒之此謂成人成人在始與善始與善善進善不善蔑由至矣始與不善不善進不善善亦蔑由至矣如草木之産也各以其物人之有冠猶宮室之有墻屋也糞除而已又何加焉見智武子武子曰吾子勉之(按此卽禮所謂見於執友執友誨之者也)

◆冠禮之始(관례지시)

冠義陸曰冠音古亂反鄭云名冠義者以記冠禮成人之義孔穎達疏正義曰案鄭目錄云名曰冠義者以其記冠禮成人之義此於別錄屬吉事但冠禮起早晚書傳旣無正文案略說稱周公對成王云古人冒而句領注云古人謂三皇時以冒覆頭句領繞頸至黃帝時則有冕也故世本云黃帝造火食旒冕是冕起於黃帝也但黃帝以前則以羽皮爲之冠皇帝以後乃用布帛其冠之年卽天子諸侯十二而冠故襄九年左傳云國君十五而生子冠而生子禮也又云一星終也是十二年歲星一終案文王十五而生武王尙有兄伯邑考金縢云王與大夫盡弁時成王十五而著弁則成王已冠矣是天子十二而冠與諸侯同又祭法云王下祭殤五若不早冠何因下祭五等之殤大夫冠之年幾無文案喪服大夫爲昆弟之長殤大夫旣爲昆弟長殤則不二十始冠也其士則二十而冠也曲禮云二十曰弱冠是也其天子之子亦早冠所以祭殤有五其諸侯之子皆二十冠也故下檀弓云君之適長殤及大夫之適長殤是也

◆大夫無冠禮(대부무관례)

家禮會成冠禮補註云儀禮所存者惟士冠禮自士以上有大夫諸侯天子冠禮見於家語冠頌大戴公冠與禮記特牲玉藻者雖遺文斷缺不全而大槩亦可考如趙文子冠則大夫禮也魯襄公邾隱公冠則諸侯禮也周成王冠則天子禮也大夫無冠禮古者五十而後爵何大夫冠禮之有其冠

也則服士服行士禮而已

◆緯冕(불면)

白虎通緯冕緯者何謂也緯者蔽也行以蔽前緯蔽者小有事因以別尊卑彰有德也天子朱緯諸侯赤緯詩云朱緯斯皇室家君王又赤緯金舃會同有繹又云赤緯在股皆謂諸侯也書曰黼黻衣黃朱緯亦謂諸侯也並見衣服之制故遠別之謂黃朱亦赤矣大夫蔥衡別於君矣天子大夫亦紱蔥衡士韠韐朱赤者或盛色也是以聖人塗法之用爲緯服爲百王不易也緯以韋爲之者反古不忘本也上廣一尺下廣二尺天一地二也長三尺法天地人也所以有冠者卷(註:中語辭典巾部八畫巾+卷同以下卷同)也所以卷持其髮也人懷五常莫不貴德示成禮有脩飾首別成人也士冠經曰冠耳字之敬其名也論語曰冠者五六人童子六七人禮所以十九見正者而冠何漸三十之人耳男子陽也成於陰故二十而冠曲禮曰二十弱冠言見正何以知不謂正月也以禮士冠經曰夏葛履冬皮履明非歲之正月也皮弁者何謂也所以法古至質冠名也弁之言樊也所以樊持其髮也上古之時質先加服皮以鹿皮者取其文章也禮曰三王共皮弁素積裳也腰中辟積至質不易之服反古不忘本也戰伐田獵此皆服之麻冕者何周宗廟之冠也禮曰周冕而祭又曰殷哻夏收而祭此三代宗廟之冠也十一月之時陽氣冕仰黃泉之下萬物被施前冕而後仰故謂之冕謂之詡者十二月之時施氣受化詡張而後得牙故謂之詡謂之收者十二月之時氣收本擧生萬物而達出之故謂之收冕仰不同故前後乖也詡張故萌大時物亦牙萌大也收而達故前蔥大者在後時物亦前蔥也緌所以用麻爲之者女功之始亦不忘本也卽不忘本不用皮皮乃太古未有禮文之服故論語曰麻冕禮也尚書曰王麻冕冕所以前後遂征者何示進賢退不能也垂旒者示不現邪纊塞耳示不聽讒也故水淸無魚人察無徒明不尙極知下故禮玉藻曰十有二旒前後遂征禮器曰天子麻冕朱錄藻垂十有二旒者法四時十二月也諸侯九旒大夫七旒士爵弁無旒委貌者何謂也周朝廷埋政事行道德之冠名士冠經曰委貌周道章甫殷道母追夏后氏之道所以謂之委貌何周統十一月爲正萬物萌小故爲冠飾最小故曰委貌委貌者委曲有貌也殷統十二月爲正其飾微大故曰章甫章甫者尙未與極其本相當也夏者統十三月爲正其飾最大故曰母追母追者言其追太也爵弁者周人宗廟之冠也禮郊特牲曰周弁士冠經曰周弁殷哻夏收爵何以知指謂其色又乍言爵弁乍但言弁周之冠色所以爵何爲周尙赤所以不純赤但如爵頭何以本制冠者法天天色玄者不失其質故周加赤殷加白夏之冠色純玄何以知殷加白也周加赤知殷加白也夏殷士冠不異何古質也以士冠禮知之

◆冠禮考證(관례고증)

儀禮贊者洗于房中古註曰洗盥而洗爵者疏曰凡洗爵者無盥此經不具故古註明之按此則冠禮不但設盥帨于堂下而房中亦當設也然儀禮所謂洗特言洗爵耳盥乃註家增入也若人家窄狹就於堂下所設盥帨處先洗爵持入房中亦可〇薦脯醢註曰贊冠者也脯乾肉醢肉醬冠者卽筵坐左執觶右祭脯醢古坐是苑筵是席觶酒器儀節增入祭脯醢本此〇醴辭曰甘醴惟厚嘉薦令芳古註嘉善也善薦謂脯醢芳香(按)書儀古用醴或用酒醴則一獻酒則三獻今私家無醴以酒代之改醴辭甘醴惟厚作旨酒旣淸矣夫溫公改醴爲酒者以禮不可虛僞也醴與酒一物但有醇醨之異用以相代似亦無害而公必易古辭者欲名實之相稱也況醴辭明有嘉薦令芳一句今旣擧之以醮冠者而不用古禮薦脯醢一節可乎今補入〇賓出主人送於廟門外不出外門將醴之請醴賓賓禮辭許賓就次此禮當作禮謂以醴禮之也禮賓者謝其勤笏也次門外更衣處也(按)禮辭一辭而許曰敢辭再辭而許曰固辭三辭曰終辭不許也今日禮辭許則一辭而許矣〇乃禮賓以一獻之禮主人酬賓束帛儷皮註飮賓客而從以財貨曰酬束帛十端也(一匹兩端十端五匹也)儷皮兩鹿皮也(按)書儀曰端四文尺臨時隨意凡君子使人必報之至於昏喪相禮者當有以酬之若主人實貧相禮者亦不當受也索取決不可賓出主人送于外門外再拜歸賓俎歸賓俎使人歸諸賓家也(按)古註一獻之禮有薦有俎其牲未聞則似古亦或用牲矣但無明文耳今擬富家用之亦可貧無力者不用可也(按)士冠禮一篇無非切於行冠禮者今絟錄此數條者蓋文公

已用之以爲行禮之儀文節制者今不復載所不載者偶有闕遺今稍補之耳恐觀者未暇詳考故
表出之昏喪祭放此〇冠義古者冠禮筮日筮賓所以敬冠事敬冠事所以重禮重禮所以爲國本
也(按)今家禮於日與賓惟擇之而已〇見於母母拜之見於兄弟兄弟拜之成人而與爲禮也(按)
溫公曰此禮今難行但於拜時母爲起立可也〇冠者禮之始也嘉事之重者也謂此禮乃嘉禮之
最重者是故古者重冠重冠故行之於廟(按)溫公曰今人少家廟但冠於外廳筓於中堂可也〇
郊特牲始冠之緇布之冠也大古冠布齊則緇之謂上古之時冠之用布齊時所服者以緇色爲之
其綏也孔子曰吾未之聞也孔子言吾未聞其有垂下之綏纓冠而敝之可也註云此冠後世不復
用而初冠暫用之不忘古也(又見家禮始加服條下引家語孔子答懿子語)故適子冠於阼以著
代也顯其爲主人之次也醮於客位加有成也酌而無酬酢曰醮加禮於有成之人也三加彌尊喩
其志也始加緇布冠次加皮弁又次加爵弁緇衣之粗不若皮弁之精皮弁之質不若爵弁之文服
益尊則喩益大故曰喩其志〇(按)今冠禮三加之冠未必彌尊者拘於時服非若古人服制可以
上下通服也曾子問曰將冠子冠者至謂賓贊揖讓而入聞齊衰大功之喪如之何孔子曰內喪則
廢謂死者在大門之內外喪謂死者在大門之外則冠而不禮行三加禮而不醮徹饌而掃卽位而
哭徹去饌具掃除冠之位次而後卽位擧哀冠者未至則廢亦謂賓贊如將冠子而未及期日謂在
期日之先有齊衰大功小功之喪則因喪服而冠因着喪之成服而加喪冠也雜記以喪冠者雖三
年之喪可也旣冠於次謂居喪之次入哭踊三者三乃出三者三言一次三踊凡三次三踊也司馬
公曰因喪而冠恐於今難行(按)今世俗有行之者禮記註疏冠禮始早晚書傳無正文世本曰黃
帝造旃冕是冕起於黃帝也黃帝以前以羽皮爲冠以後乃用布帛其冠之年天子諸侯皆十二程
子曰冠禮廢天下無成人或欲如魯襄公十二而冠此不可所以責成人事十二年非可責之時旣
冠矣且不責以成人事則終其身不以成人望之也徒行此節文何益雖天子諸侯亦二十而冠按
家禮十五至二十皆可冠不必二十也又曰今行冠禮若制古服而冠冠了又不常服却是僞也必
須用時之服按古禮始加緇布冠再加皮弁三加爵弁緇布冠亦是當時不用之服豈是爲哉今家
禮始加用深衣幅巾而再加三加以時服似亦是存古之意宜從之不必泥程子此說也朱子曰古
禮惟冠禮最易行又曰冠禮比他禮却易行〇冠昏之禮如欲行之當須使冠昏之人易曉其言乃
爲有益如三加之辭出門之戒若只以古語告之彼將謂何曰只以今之俗語告之使之易曉乃佳

⦿冠禮圖式(관례도식)

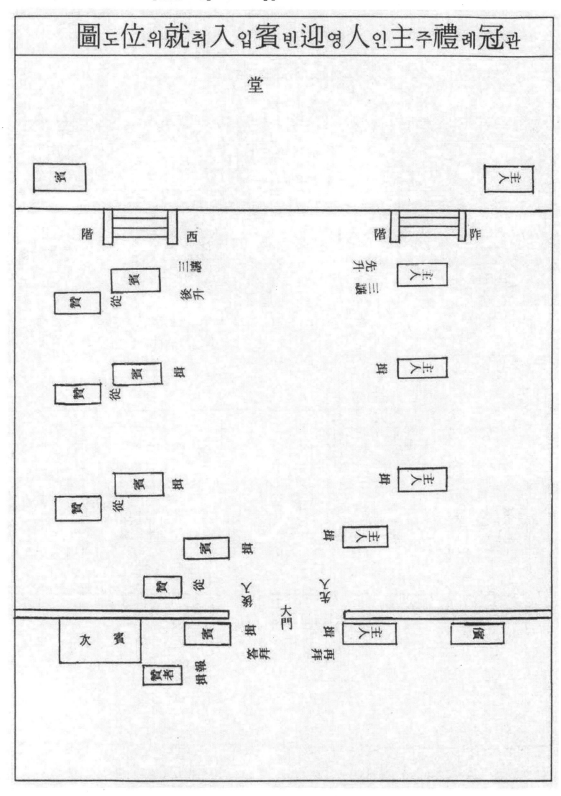

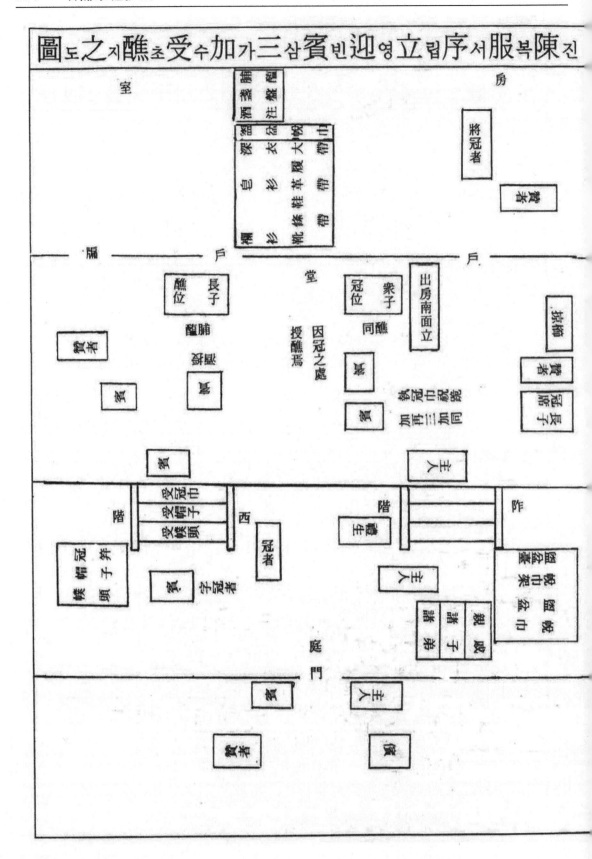

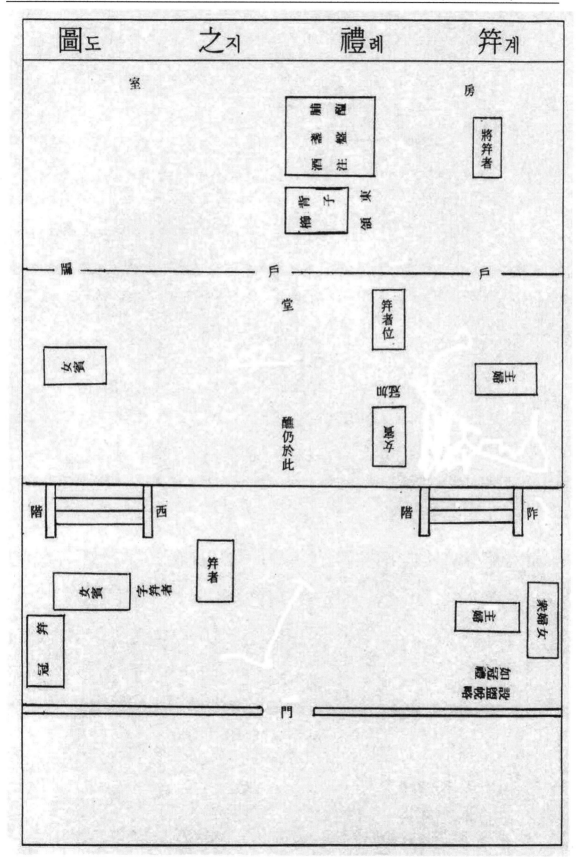

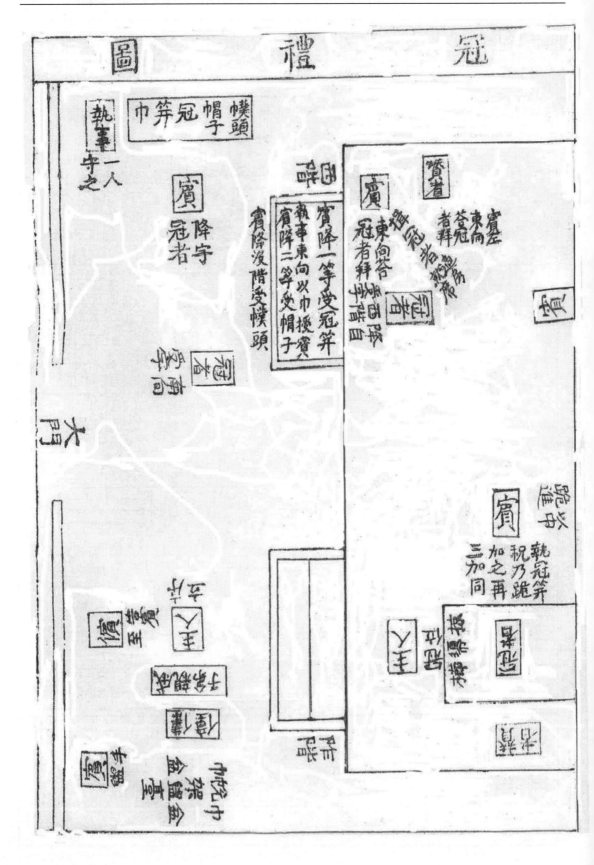

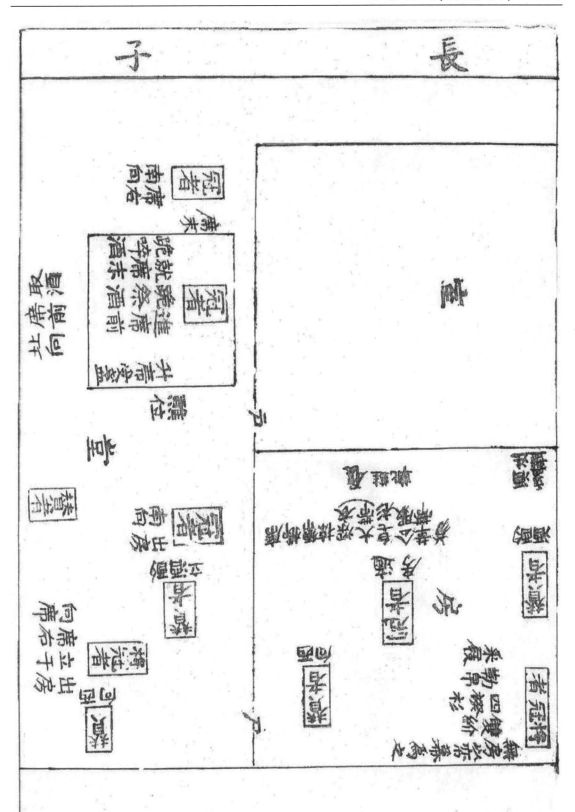

衆子冠禮圖

室

房

贊者

醮位仍此

冠者

冠位

衆子加冠

堂

盥

洗

餘並同長子冠禮

西階

階阼

大門

第 三 篇 혼례(昏禮)

昏義昏禮者將合二姓之好上以事宗廟而下以繼後世也故君子重之是以昏禮納采問名納吉納徵請期皆主人筵几於廟而拜迎於門外入揖讓而升聽命於廟所以敬愼重正昏禮也

疏曰謂之昏者娶妻之禮以昏爲期因名焉必以昏者取陽往陰來之義○呂氏曰物不可以苟合而已故受之以賁天下之情不合則不成而其所以合也敬則克終苟則易離必受之以致飾者所以敬而不苟也昏禮者其受賁之義乎○藍田呂氏曰夫夫婦然後有父子故天地不合萬物不生大昏萬世之嗣也此昏禮所以不可不敬也故曰將合二姓之好上以事宗廟下以繼後世也○方氏曰納采者納鴈以爲采擇之禮也問名者問女生之母名氏也納吉者得吉卜而納之也納徵者納幣以爲昏姻之證也請期者請昏以之期日也夫采擇自我而名氏在彼故首之以納采而次之以問名此資人謀以達之也謀既達矣則宜貴鬼謀以決之故又次之以納吉焉人謀鬼謀皆恊從矣然後納幣以徵之請日以期之故其序如此

예기(禮記) 혼의편(昏義篇)의 가르침이다. 혼인이라 하는 것은 두 성씨가 호합(好合)하여 위로는 종묘를 섬기고 아래로는 후세를 이어가는 것이니라. 그러한 고로 군자는 혼인을 중(重)히 여기느니라. 이러하기 때문에 혼례에는 납채(納采), 문명(問名), 납길(納吉), 납징(納徵), 청기(請期)에는 모두 주인이 사당에 진중히 베풀어 고하고 문밖에서 절하며 영접하여 들어와 읍하고 사양하며 층계를 올라와 사당에서 명을 듣는 것이니 공경하고 삼가며 조심해야 하는 것은 혼인의 정도(正道)인 까닭이니라.

◆昏禮(혼례)

昏義昏禮者將合二姓之好上以事宗廟而下以繼後世也故君子重之是以昏禮納采問名納吉納徵請期皆主人筵几於廟而拜迎於門外入揖讓而升聽命於廟所以敬愼重正昏禮也父親醮子而命之迎男先於女也子承命以迎主人筵几於廟而拜迎於門外壻執鴈入揖讓升堂再拜奠鴈蓋親受之於父母也降出御婦車而壻授綏御輪三周先俟于門外婦至壻揖婦以入共牢而食合巹而醑所以合體同尊卑以親之也敬愼重正而后親之禮之大體而所以成男女之別而立夫婦之義也男女有別而後夫婦有義夫婦有義而後父子有親父子有親而後君臣有正故曰昏禮者禮之本也夫禮始於冠本於昏重於喪祭尊於朝聘和於鄉射此禮之大體也夙興婦沐浴以俟見質明贊見婦於舅姑婦執笲棗栗段脩以見贊醴婦婦祭脯醢祭醴成婦禮也舅姑入室婦以特豚饋明婦順也厥明舅姑共饗婦以一獻之禮奠酬舅姑先降自西階婦降自阼階以著代也成婦禮明婦順又申之以著代所以重責婦順焉也婦順者順於舅姑和於室人而後當於夫以成絲麻布帛之事以審守委積蓋藏是故婦順備而後內和理內和理而後家可長久也故聖王重之是以古者婦人先嫁三月祖廟未毀敎于公宮祖廟旣毀敎于宗室敎以婦德婦言婦容婦功敎成祭之牲用魚芼之以蘋藻所以成婦順也○郊特牲天地合而后萬物興焉夫昏禮萬世之始也取於異姓所以附遠厚別也幣必誠辭無不腆告之以直信信事人也信婦德也壹與之齊終身不改故夫死不嫁男子親迎男先於女剛柔之義也天先乎地君先乎臣其義一也執摯以相見敬章別也男女有別然後父子親父子親然後義生義生然後禮作禮作然後萬物安無別無義禽獸之道也壻親御授綏親之也親之也者親之也敬而親之先王之所以得天下也出乎大門而先男帥女女從男夫婦之義由此始也婦人從人者也幼從父兄嫁從夫夫死從子夫也者夫也夫也者以知帥人者也玄冕齊戒鬼神陰陽也將以爲社稷主爲先祖後而可以不致敬乎共牢而食同尊卑也故婦

人無爵從夫之爵坐以夫之齒器用陶匏尚禮然也三王作牢用陶匏厥明婦盥饋舅姑卒食婦餕
餘私之也舅姑降自西階婦降自阼階授之室也昏禮不用樂幽陰之義也樂陽氣也昏禮不賀人
之序也○嚴陵方氏曰天地合萬物興昏禮之合二姓蓋本於此有夫婦然後有父子父子所以傳
世故曰昏禮萬世之始必取異姓所以附遠不取同姓所以厚別且於遠不附則人情無以通於別
不厚則人道無以辨昏姻者所以通人情而辨人道而已幣所以將昏姻之意辭所以通昏姻之情
辭無不腆者則告之以直故也幣必誠者則告之以信故也故繼言告之以直信以事人者必以信
而婦人以事人爲事故信爲婦德也上燕言直而下不釋直者蓋信而無僞則直在其中矣不改則
不改而他適也以其不可改故雖夫死不嫁

◆婚義(혼의)

禮疏曰謂之昏者娶妻之禮以昏爲期因名焉必以昏者取陽往陰來之義○丘文莊曰世俗不知
昏之爲義往往拘忌陰陽家書選擇時辰雖昕旦晝夜亦皆成禮殊爲紕繆○又曰古有六禮家禮
畧去問名納吉請期止用納采納幣親迎以從簡省今擬以問名併入納采而以納吉請期併入納
幣以備六禮之目然惟於書辭之間問及其名而已其實無所增益也

◆婚禮(혼례)

補註謂之昏者以昏爲期因名焉必以昏者取陽往陰來之義世俗往往拘忌陰陽家書選擇時辰
雖昕朝晝夜亦皆成禮殊爲紕繆○曾子問孔子曰宗子雖七十無無主婦非宗子雖無主婦可也(
疏)凡人年六十無妻者不復娶以陽道絶故也而宗子領宗男於外宗婦領宗女於內昭穆事重不
可廢闕故雖年七十亦猶娶也(陳註)此謂大宗之無子或子幼者若有子有婦可傳繼者則可不
娶矣○語類今之士大夫多是死於慾古人法度好天子一娶十二女諸侯一娶九女老則一齊老
了都無許多患○曾子問昏禮既納幣有吉日女之父母死則如之何孔子曰壻使人吊如壻之父
母死則女之家亦使人吊父喪稱父母喪稱母父母不在則稱伯父世母壻已葬壻之伯父致命女
氏曰某之子有父母之喪不得嗣爲兄弟使某致命女氏許諾而不敢嫁禮也壻免喪女之父母使
人請壻不取(上聲)而後嫁之禮也女之父母死壻亦如之○娶女有吉日而女死如之何曰壻齊
衰而吊既葬而除之夫死亦如之○親迎女在塗而壻之父母死如之何曰女改服布深衣縞總以
趨喪女在塗女之父母死則女反○壻親迎女未至而有齊衰大功之喪則如之何曰男不入改服
於外次女入改服於內次然後卽位而哭除喪則不復昏禮乎曰祭過時不祭禮也又何反於初
(註)有吉日者期日已定也彼是父喪則此稱父之名彼是母喪則此稱母之名吊之某之子此某
字是伯父之名不得嗣爲兄弟者言繼此不得爲夫婦也夫婦同等有兄弟之義亦親之之辭不曰
夫婦者未成昏嫌也使某致命此某字是使者之名致謂致還其許昏之命○若夫死女以斬衰往
吊既葬而除之(大全)郭子從問曾子問娶有吉日而女死如之何孔子曰云云夫死亦如之服用
斬衰恐今難行荅曰未見難行處但人自不肯行耳○布深衣縞總婦人未成服之服也女子在室
爲父三年父卒亦爲母三年已嫁則期今既在塗非在室矣則只用奔喪之禮而服期○此特問齊
衰大功之喪者以小功及緦輕不廢昏禮禮畢乃哭若女家有齊衰大功之喪女亦不反歸也曾子
又問除喪之後豈不更爲昏禮乎孔子言祭重昏輕重者過時尙廢輕者豈更復行乎○白虎義不
娶同姓恥與禽獸同外屬小功已上亦不得娶也

◆六禮(육례)

納采者昏禮貴男先於女媒妁之言既達則女氏許之矣男氏猶不敢必也故納幣擇之禮以求之
采擇也問名者問女氏之名將歸而加諸卜筮也納吉者歸卜於廟得吉兆復遣使者往女氏納之
昏姻之事於是乎定也納幣一名納徵徵成也證也納幣帛以成昏禮且以爲證也親迎者親往迎
婦至家成禮亦男先於女之義也○方氏曰采擇自我而名氏在彼故首之以納采而次之以問名
此資人謀以達之也謀既達矣則宜貴鬼謀以決之故又次之以納吉焉人謀鬼謀皆恊從矣然後
納幣以徵之請日以期之親迎以成之故其序如此

◆親親(친친)

人道親親爲大故父子有親君臣有義夫婦有別長幼有序朋友有信天彝之性而聖人之敎也君爲臣綱父爲子綱夫爲妻綱此三綱也師長爲君臣之紀諸父兄帝爲父子之紀諸舅朋友爲夫婦之紀此六紀也堯典之親九族○白虎通曰父族四父之姓一族父之女昆弟適人者子二族己女昆弟適人者子三族己女適人者子四族母族三母之父母一族母之昆弟二族母之女昆弟三族妻族二妻之父一族妻之母一族孔安國曰從高祖至玄孫許愼曰九族不得但施同姓何琦曰九代之親亦不躅別外親○周禮之敎六行(孝友睦婣任恤)皆親親之推也世降而敎弛或有不知其屬稱者余甚懼馬採而述之

◆姓氏(성씨)

(書)錫土姓註錫之土以立國錫之姓以立宗○(左傳)天子建德因生以賜姓胙之土而命之氏疏姓者生也以此爲祖令之相生雖下及百世而此姓不改族者屬也與其子孫共相連屬其傍支別屬則各自爲氏○(說文)姓人所生也因生以姓從女生○(白虎通)姓者生也人所禀天氣以生者也吹律定姓○(史記)註天子賜姓命氏諸侯命族族者氏之別名也姓者所以統係百世使不相別也氏者所以別子孫之所出故世本之篇言姓則在上言氏則在下也○(語類)姓氏大槩姓只是女子別故字從女男則從氏氏如孟孫叔孫季孫是也姓則同姓後世子孫或以氏爲姓三代以上經賜姓者爲姓如姚如姒如姬之類是正姓○東萊呂氏曰三代之時曰姓者統其祖考之所自出也百世而不變者也曰氏者別其子孫之所自分也數世而一變者也天子建德因生而賜姓其得姓雖同而子孫別以爲氏者不勝其多有以王父之字爲氏有以先世之謚爲氏有以所居之官爲氏有以加封之邑爲氏者矣孟仲季臧東門子叔同出於魯也游國封印公父伯張同出於鄭也向華蕩樂鱗魚仲老同出於宋也欒高崔國叔仲東郭同出於齊也尋其流可知其源尋其葉可知其根自秦漢以來氏族之制出於上之所賜下之所更者絶無而僅有至於世守一氏傳千餘年而不變天下皆是也其變非若古之屢其列非若古之多可謂簡而易知者然人罕有能辨氏族之源者王之氏一也吾不知出於元城之王耶宜春之王耶卭城之王耶劉之氏之一也吾不知出於陶唐之劉耶奉春之劉耶元海之劉耶氏之石者未必能辨其爲周衛之石及後趙之石是以知譜牒之學不可不講也○(鄭樵通志序)曰三代之前姓氏分而爲二男子稱氏婦人稱姓氏以別貴賤貴者有氏賤者有名無氏故姓可以呼爲氏氏不可呼爲姓姓所以別婚姻故有同姓異姓庶姓之別氏同姓不同者婚姻可通姓同氏不同者婚姻不可通○(段玉裁說文註)因生以爲姓若神農母居姜水因以爲姓黃帝母居姬水因以爲姓舜母居姚虛因以爲姓

◆家娶年歲先後(가취년세선후)

尤庵問男子三十而有室女子二十而嫁不幾於過時歟沙溪曰家語及內則可考○家語哀公問曰曲禮男子三十而有室女子二十而有夫豈不晚哉孔子曰夫禮言其極不是過也男子二十而冠有爲人父之端女子十五而許嫁有適人之道○內則註方氏曰嫁必止於二十娶必止於三十陰以少爲美陽以壯爲强故也○尤庵曰男子三十而有室女子二十而嫁是禮也女子雖少而嫁先於男者理勢然也寧有越次之嫌乎故禮曰男女異序

◆不娶同姓(불취동성)

家語孔子曰同姓爲宗有合族之義故繫之以姓而弗別綴之以食而弗殊雖百世昏姻不通周道然也註君有食族人之禮雖親盡不異之殊食多少也○晉語司空季子曰昔少典娶于有蟜氏生黃帝炎帝黃帝以姬水成炎帝以姜水成成而異德故黃帝爲姬炎帝爲姜異姓則異類雖近男女相及以生民也同姓雖遠男女不相及畏瀆敬也瀆則生怨怨亂毓災災毓滅性是故娶妻避其同姓畏亂災也註少典黃帝之先也炎帝在黃帝前言生者謂二帝本所出也成謂生長也相及嫁娶也毓生也○曲禮娶妻不娶同姓故買妾不知其姓則卜之○朱子曰氏如孟孫叔孫是也子孫或以氏爲姓只有三代以上經賜姓者爲姓如姚如姒如姬之類是正姓唐時尙有氏不同而同出者不得爲昏姻○大典鄕貫雖異姓字若同則毋得昏娶○南溪曰同姓不娶之義其見於禮記家語者可謂詳矣舜娶於堯殷人五世而通昏淳古聖賢之事不敢深究周公制禮始有同姓不娶之法

而孔子答季桓子之問又不翅日星矣斯所謂禮樂至周大備郁郁乎文哉吾從周者也繼此以往
雖百世不能易則後學所當恪守而不敢變者也○尤菴曰貫異而姓同者東俗不嫌通昏得罪禮
法深矣今者中朝家新行禁條以禮法導民而民乃不從可乎○中朝則惟王莽妻是王氏然莽旣
簒凡劉氏皆改爲王氏其子婦劉氏則不改爲王是則莽猶知同姓爲嫌也○南塘曰安東權金之
同源政如魯宋之同源同出於帝嚳然姓旣分而年代又遠則不嫌於通昏權金之通昏又何嫌乎
百世昏姻不通周道也而周之禮如此則尤無可疑矣

◆異姓親通昏(이성친통혼)

白虎通義不娶同姓者重人倫防淫佚恥與禽獸同也外屬小功以上亦不得娶也○朱子曰同異
之理如同姓本親以下去漸疎異姓本疎他日昏姻却又親○問舅姑之子爲昏曰據律中不許然
自仁宗之女嫁李璋家乃是舅姑之子故歐陽公曰公私皆已通行此句最是把崿這事又如魯初
間與宋世爲昏後又與齊世爲昏其間皆有舅姑之子者從古已然只怕位不是○退溪曰異姓七
寸非有族義古之道也族義已盡故通昏但據禮律猶訃其尊卑之行若非同行則已爲亂倫有禁
今俗都不訃耳○問退溪據禮律猶訃尊卑之行云者可疑旣爲親屬竭故通昏則寧訃其尊卑耶
所謂禮律指何書愼獨齋曰禮律訃尊卑之說僕亦致疑禮律未知指何書○尤菴曰本宗雖百世
昏姻不通而古人爲舅壻者甚多其輕重之倫豈不懸絶而吾東則一切反是○異姓議親以華制
言之則當無問遠近而東俗則雖八九寸之外猶且驚恠惟巨室大家之好古者謹於同姓而不必
拘於異姓之親漸成風俗則雖稍近而亦不爲嫌矣親戚旣疎而昏嬌復合朱子以爲聚散之理自
然如此夫豈非禮而朱子言之○南溪曰禮有稱母從兄弟爲從舅之文程子稱橫渠以表叔(註橫
渠爲程子父表弟)朱子於汪尙書自稱以表姪(註汪爲朱子外祖妹子)又稱程允夫以內弟(註程
爲韋齋內弟復亨之子)然後始知中國猶以五寸六寸爲外族而所謂七寸八寸則終無見處矣至
於通昏則母之從**姊**妹以下通典尊卑不通昏議矣以我國之俗言則亦當限以七寸八寸之親矣
安有十寸而不可通昏者乎夫如呂希哲黃輅之徒皆有內外**姊**妹之稱又有緦麻之服尙無妨於
昏姻**況**於此乎○或曰從**姊**妹之爲姑婦兄弟之爲亞壻妻甥妹夫之互爲者於禮義無妨而今俗
以爲大禁俗情亦似難擺脫

◆異姓破族昏(이성파족혼)

退溪曰異姓七寸非有族義古之道也族義已盡故通昏但據禮律猶計其尊卑之行若非同行則
不許爲昏同行謂如六寸八寸兄弟**姊**妹同行然者也尊卑不同如七寸九寸叔姪然者也失此則
以爲亂倫有禁今俗都不計耳○愼獨齋曰禮律計尊卑議昏之說僕亦致疑禮律未知指何書也
漢惠帝娶甥女古人有言之者大明律亦言倫序之當辨無乃指近親通昏而無倫序者耶我國地
狹大姓之家遠近間多是族人若計族行則免於亂倫者鮮矣若七寸則族義似盡而一家生八寸
何可通昏乎倫序亦不當論耳退溪先生說恐不可從也○尤庵曰親戚旣疎而昏嬌復合朱子以
爲散聚之理自然如此夫豈非禮而朱子言之○又曰異姓議親以華制言之則當無問遠近而東
俗則雖八九寸之外猶且驚怪惟巨室大家之好古者謹於同姓而不必拘於異姓之親漸成風俗
則雖稍近而亦不爲嫌矣○南溪曰外從兄弟**姊**妹爲婚者自秦漢始事見事文類聚後遂成俗不
但呂榮公爲然黃勉齋子輅又娶朱子女孫盖大傳言同姓百世不通昏姻而不及外姓故中國不
以爲嫌也然通典袁准謂之非禮至○大明太祖定式令天下勿昏云又曰愚自少時意謂本宗旣
以十寸謂之親同姓只許袓免則我國雖重外族當以八寸爲限使有內外輕重之別可也及後考
據諸書禮有稱母從兄弟爲從舅之文程子稱橫渠以表叔(橫渠爲程子父表弟)朱子於汪尙書
自稱以表姪(汪爲朱子外祖妹子)又稱程允夫以內弟(程爲朱子父韋齋內弟復亨之子盖再從
親也)然後始知中國猶以五寸六寸爲外族而所謂七寸八寸則終無見處矣至於通昏則漢之鍾
瑾宋之呂希哲黃輅皆娶內外**姊**妹而母之從**姊**妹以下通典外屬無服然尊卑不通昏議及退溪
答李淳書詳言之今以禮律言則固非所疑於尊卑之科矣以中國之道言則本無異姓七寸八寸
之親矣以我國之俗言則亦當限以七寸八寸之親矣然則安有十寸而不可通昏者乎第念世人

或於異姓八寸情誼深厚無異近族之故其子皆多講以戚分仍稱叔姪者謂之厚風則容亦有之求之禮義未見其可據之文孟子所謂非禮之禮非義之義大人不爲者恐指此類而發也或乃因此又疑一邊稱兄弟叔姪一邊結以昏姻爲未安者夫如鍾呂黃之徒皆有姊妹之稱又有總麻之服矣尙無所妨於昏姻況於此乎不信禮義儒賢而信世人君子所不取

◆喪娶犯律(상취범률)

艮齋曰某人喪娶竟以日昨行之而藉重於余云天下事眞無所不有也始其人之來問也余旣告以人情之所不忍禮律之所不許而又將公州嚴生以妹嫁喪者妄稱全翁許而遂被儒罰之事子細說與而彼終擧起復以爲言余誦大典納采後父母死亦待三年違者杖一百之文而曰法制搶攘小人所幸君子所懼豈可以士族而行此傷化壞禮之行哉旣出門令吳君追呼再囑其後高明親至其家而三囑若是而乃得不明斷之謗不亦可笑之甚乎春秋魯莊公母喪未再朞而納幣納幣猶譏而況於昏嫁乎金史有妻亡服內及居祖喪昏娶律朞服猶然而況於親喪乎裔戎猶然而況於華人乎唐高宗時衡山公主將出降長孫氏于志寧上疏言公王縱使服隨例除不宜情隨例改心喪之內方復成昏非惟違於禮經亦是人情不可於是詔公主待三年然後成禮今聞彼之心喪不過數月當盡如此而何苦犯義犯律得罪網紀也晦庵夫子嘗言義理精微難見且如利害粗而易見底然鳥獸已有不知之者噫執謂可以人而同於翔走矣乎

◆受賄稼女罰(수회가녀벌)

艮齋曰稱以士族受賄嫁女者有罰〇近聞吾黨中乃有嫁女而納貨者此是裔戎之風宜擯斥而不齒昔趙相汝愚有昏家典庫事晦翁移書切責至有天下之士將以夷虜之道疑於門下而不入其鄉之語此見聖賢篤於友誼之風幸望以此意徧告近郡學侶也昔有高士以布裳木屐嫁女者此雖似太儉其視號爲爲學而從夷者豈非天淵之懸耶

◆名字(명자)

(檀弓)幼名冠字〇(內則)曰子生三月之末妻以子見於父父執子之右手咳而名之凢名子者不以日月不以國不以隱疾士大夫之子不敢與世子同名〇(曲禮)名子不以國不以日月不以隱疾不以山川王氏子墨曰申繻所謂以德命爲義者也又慮其子若孫之離避也〇男女異長陳氏曰各爲伯仲不相干雜之義也〇父前子名君前臣名〇男子二十冠而字女子許嫁笄而字〇(郊特牲)冠而字之敬其名也〇儀禮士冠祝辭昭告爾字〇(按)名字排行之法始於晉宋如德宗德文義符義眞之類二名而取其一字爲行也如劉琦劉琮單名而取其偏傍爲行也此則兄弟而排行也至如陳球之二子瑀璠弟子珪與其父同行王彪之臨之納之準之興之進之之六世同行不知何謂也〇(曲禮)卒哭乃諱禮不諱嫌名二名不偏諱逮事父母則諱王父母不逮事父母則不諱王父母君所無私諱大夫之所有公諱詩書不諱臨文不諱廟中不諱婦諱不出門大功小功不諱入門而問諱〇(按)司馬遷父名談故史記季布傳改趙談爲趙同范燁父名泰故後漢書郭泰鄭泰皆改爲太李翶父名楚金故其所爲文以今爲玆〇古無生而諱者漢宣帝詔曰其更諱詢云則諱法自西漢尤重矣〇周公作詩不諱文王武王名〇晉曹志桓父名植而奏記武帝云幹植不強〇三國時呂岱傳張承與岱書云功以權成此不諱孫權名也〇古不諱字故子字其父則儀禮筮宅之辭云哀子某爲其父某甫楚詞屈原稱皇考曰伯庸孫字祖則中庸子思稱仲尼姪字叔則漢哀種稱盎曰絲孔門弟子亦皆字其師而不諱也〇司馬朗年九歲人有道其父字朗曰慢人親者不敬其親者也常林亡歲有父黨造門問伯先林不答曰臨子字父何拜之有三國之時已有諱字之俗也〇通典晉江統上言臣叔父春爲宜春令與縣同名故事皆得改選云云吏人係屬朝夕從事官位之號發言所稱若指實而語則違經典諱尊之意若托事回避則有廢官擅犯云云吏人不得表其官稱子孫不得言其位號若改易私名以避官稱則違春秋不奪人親之義臣以爲身名與官職同者宜與觸父祖名爲比體元康七年勅尙書身名與官職同者與觸父祖諱同例〇晉右將軍王遐司馬劉曇父名遐曇求解職博士許幹議曰按禮君子不奪人親曇自列父與將軍同名可使換官也嘗見儀禮通解親屬篇有宗族有母黨有妻黨有昏姻與其遠從無據之戚分曷若近

取有名之妻黨昏姻爲更親厚而尤近於朱子所謂聚散之理矣〇陶庵曰外屬無服然尊卑不通昏議云云古人謂昏姻爲兄弟以疎族重與結親而不失其序如是而後方可順理退翁之論極嚴正然尤翁已不能行其言其出於語類一條錄上幸於此參量以決之如何〇先生將以外孫尹周教爲再從孫女之女婿盖異姓九寸叔姪爲夫婦也

제 1 절 의혼(議昏)

◆身有喪(신유상)

喪服父卒則爲母疏內則云有考二十三年而嫁鄭註云故謂父母喪也若前遭조母喪後遭父喪自然爲母期爲父三年二十三而嫁可知若前遭父喪服未闋卽得爲母三年則是有故二十四而嫁假令女年二十正月而遭父喪至大祥女年二十二又遭母喪至後年十三月大祥女是二十三而嫁此是父服將除遭母喪猶不得申三年之驗也〇問內則云女子二十而嫁有故二十三年嫁不止一喪而已故鄭並云父母喪也若前遭父服未闋卽得爲母三年則是有故二十四而嫁不止二十三也朱子曰內則之說亦大槩言之耳少遲不過一年二十四而嫁亦未爲晚也〇尤菴曰經文父卒則爲母三年自是父卒後爲母之常禮也疏說必引有故二十三年嫁之文曲爲左驗似是節上生枝支離蔓延之說也然勉齋續撰通解旣已收錄朱先生又曰喪禮詳略皆已得中然則其不敢輕議審矣竊謂其服旣除則雖曰心喪而自是無服之人故可嫁而無嫌也耶已嫁者旣許其歸于夫家則未嫁者之嫁恐無異同耶〇疏說非常情所及雖勉齋載之續解終不敢以爲必然而信之也〇南溪曰二十三年嫁疏說大傷拘滯

◆壻婦當昏有父母喪(서부당혼유부모상)

曾子問曰昏禮旣納幣有吉日女之父母死則如之何孔子曰壻使人弔如壻之父母死則女之家亦使人弔父喪稱父母喪稱母父母不在則稱伯父世母壻已葬壻之伯父致命女氏曰某之子有父母之喪不得嗣爲兄弟使某致命女氏許諾而不敢嫁禮也壻免喪女之父母使人請壻弗取而后嫁之禮也女之父母死壻亦如之陳註有吉日期日已定也彼是父喪則此稱父名母喪則稱母名弔之父母或在他所則稱伯父伯母名壻雖已葬其親而喪期尙遠不欲使彼女失嘉禮之時故使人致命使之別嫁他人某是伯父之名不得嗣爲兄弟言繼此不得爲夫婦夫婦同等有兄弟之義不曰夫婦未成昏嫌也致謂還致許昏之命也女氏雖許諾而不敢以女嫁於他人及壻祥禫後女之父母使人請壻成昏壻終不娶而後此女嫁於他族禮也羅欽順曰陳說謬也安有昏姻之約旣定直以喪故須之三年乃從而改嫁與別娶也盖不娶不許者免喪之初不忍遽爾從吉故辭其請亦所謂禮辭也其後必再有往復昏禮乃成〇曾子問曰親迎女在塗而壻之父母死如之荷孔子曰女改服布深衣縞總以趍喪女在塗而女之父母死則女反陳註縞生白絹也布爲深衣縞爲總婦人始喪未成服之服也故服此以奔舅姑之喪〇問曾子問云云開元禮除喪之後束帶相見不行初昏之禮趍喪後事皆不言之何也朱子曰趍喪之後男居外次女居內次自不相見除喪而後束帶相見於是而始入御開元之制必有所據〇大典昏姻一依家禮前期納采之後雖有兩家父母喪亦待三年違者家長杖一百

◆壻婦當昏有期功以下喪(서부당혼유기공이하상)

曾子問曰如壻親迎女未至而有齊衰大功之喪則如之何孔子曰男不入改服於外次女入改服於內次然後卽位而哭曾子問曰除喪而不復昏禮乎孔子曰祭過時不祭禮也又何反於初陳註特問齊衰大功之喪者以小功及緦輕不廢昏禮禮畢乃哭耳若女家有齊衰大功之喪女亦不反歸也疏若婦已揖遜入門內喪則廢外喪則行昏禮約上冠禮之文然昏禮重於冠故雜記云大功之末可以冠子小功之末可以取妻也過時不祭謂四時常祭也祭重而昏輕重者過時尙廢輕者

不復可知○開元禮旣虞卒哭壻入束帶相見而已不行初昏之禮○愼獨齋曰外祖喪未葬而行
昏不當論也○尤菴曰緦小功不廢昏禮云者似通門內門外喪而言也然叔父之下殤及外祖父
母雖曰小功而亦有難行者○問昏娶只隔兩三日彼此遭服則奈何同春曰新郎新婦有服則當
退行只主人有服則使門長主之以過似宜

◆父母有重喪(부모유중상)

李繼善問孝述議親十年展轉牽制尙未成畢老母欲令今冬畢親但先兄几筵未徹老母乃齊衰
三年之服復有妨礙然主昏却是叔父欲姑從鄕俗就親不知可否若就畢摯歸凡百從殺衣服皆
從淡素不知可否朱子答曰叔父主昏却可娶婦無嫌禮律皆可考也但母在而叔父主昏恐亦未
安可更詳考也又問禮壻將親迎父醮而命之今孝述父兄俱歿上惟母在旁尊有叔父不知往迎
之時當受母命耶爲復受叔父之命耶曰當受命於母然母旣有服又似難行記得春秋隱二年公
羊傳有母命其諸父兄而諸父兄以命使者之說恐可檢看爲叔父稱母之命以命之否更詳之(按
與家禮不同見醮子條)又問禮婦盥饋舅姑若舅已歿不知可以叔父受盥饋禮否曰叔父無盥饋
之文蓋盥姑受禮禮相妨也母若有服則亦難行此禮要是本領末正百事相礙耳○尤菴曰冠禮
輕於昏禮而家禮尙云父母無期以上喪乃可行則母有親喪何可行昏禮乎朱子所答李繼善之
問似與家禮有異而又終以大本已失爲說則其意可知○昏禮只言主昏者而不言父母故世俗
使宗子主昏則父母雖斬衰猶行之是不可也○三年內子女昏姻雖宗子主之而如醮禮醴婦等
事皆父母之事故守禮之家牢執不行矣○玄石問嘗以冠禮父母無期以上喪昏禮身及主昏者
無期以上喪兩文交互奉稟敎以當通看區區之心常不安矣蓋一則曰父母一則曰身及主昏已
非可通看之義又見大全李繼善問答亦有叔父主昏却可娶婦無嫌禮律皆可考之文參以通典
何承天父有伯母慘祖爲昏主不嫌於昏之義似當一以主昏爲主然則父母之在斬衰期後者尙
可無礙況於心喪者乎此義頗甚直截誠以昏嫁失時爲人倫莫大之事也今若必以通看之義行
之則其或喪慘相仍至有六七年不得成昏者此亦不可不慮未知崇意復以爲如何曰昏禮視冠
禮事體又別其醮子醮女見婦受饋禮婦等縟儀不但如冠禮之子拜而起立而已冠禮旣以重服
不可行則昏禮可知故愚每以爲冠昏通看者以此而已今示諭商證極其詳密可破古今拘攣之
弊矣又朱先生論君喪三年而一月之後許軍民云則其微意可知矣但與李繼善本領不正之文
又相妨礙愚於此亦難決定其從違矣大抵家禮冠昏異同之文以道理言之則愚見似長以文勢
觀之則高見似順若得朱先生論昏禮以失時爲重之訓來說方得無礙受○遂菴曰冠禮以父母
爲言而昏禮變爲主昏者似有意思朱子答李繼善問母雖在齊衰叔父主昏則可娶婦觀於此可
知○芝村曰玄石每以爲冠昏區別立文必有所以及至晩年定著要解曰豈昏姻失時爲人道之
大患故書儀有此區別主昏之制以通其變而家禮仍之耶其意蓋曰小祥後則可行也尤翁於此
以爲難斷而然其答玄石之書曰以文勢觀之則高見似順云且以親舊所行言之如子三台稚久
相皆於草土中行子女兩昏矣○大典身在喪中子之期服未盡而徑行昏禮者以不謹居喪律論

◆父母有期喪(부모유기상)

通典問父有伯母慘女服小功祖尊統一家未可嫁孫女否何承天曰祖爲昏主不嫌於昏徐野人
曰禮許變通記所稱父大功者當非有祖之家○遂菴曰身無期服可行親迎之禮其父只有醮子
一事雖有服行之何妨至饗舅姑之日其儀稍盛此則減殺行之無妨退行之亦無妨因此而以致
昏姻失時則豈非大可念者乎見舅姑果是大節目如以退行爲重難則以平服權停饗禮而行之
何不可之有○主昏者有期服則或次宗子或門長主昏可也

◆父母有心喪(부모유심상)

尤菴曰儀禮疏則雖己之心喪亦當行禮況於主者之心喪乎以此意其不妨也○家禮只言主昏
者之有期服而不言心喪則未知期服與心喪同異之如何耳鄙家初欲以朱先生取疏說之意行
之而勿疑矣以諸君子之論猶未歸一稍退昏期拱而俟之○南溪曰父母之在斬衰期後者尙可
無礙況於心喪乎○愚按南溪所謂斬衰無礙者以有宗子主昏也尤菴所謂心喪退昏期者以已

自主昏故也

◆妻若壻當昏死(처약서당혼사)

曾子問曰取女有吉日而女死如之何孔子曰壻齊衰而弔旣葬而除之夫死亦如之陳註若夫死女以斬衰往弔旣葬而除也○問此禮恐今難行朱子曰未見難行處但人自不肯行耳○答應仁仲書曰趙氏聘幣無實之之所故遣歸之今旣不受未有以處欲如來喩納之於壙則今已葬欲實小田以給墓戶則亦不必如此之多反復思之惟有別以他女再結姻好之爲善而家間諸女及孫雖多而年歲無相當者其最長者才十有二耳再三籌度皆未有計聞幾道太夫人至爲悲慟變食此意尤不敢忘耳○芝村曰先生以所曾受之幣爲無可置之處而還送之其不可納壙等曲折亦誠然矣但又若以此幣欲移用於他女者然未知於道理如何也如歐陽公呂東萊諸賢皆聘妻弟爲後妻雖於已成婦者猶爲之嫁娶況此固亦何妨然納幣時必有昏書其言已不相當況此一幣而兩用尤無專一之義此爲可疑○退溪曰曾子問註夫死女以斬衰往弔先儒云聖人不能設法以禁再嫁此女必無禁嫁之理吾東婦女不許再嫁則此女成服往弔亦恐難行也○問納幣而其將爲夫者死則當如何尤菴曰禮記以爲當奔喪往哭旣葬除之夫死妻亡俱各如此而此等禮今難行之只當還送納幣

◆女未廟見死(여미묘견사)

曾子問曰女未廟見而死則如之何孔子曰不遷於祖不祔於皇姑壻不杖不菲不次歸葬于女氏之黨示未成婦也陳註不遷於祖不遷柩朝於壻之祖廟也壻齊衰期但不杖不草屨不別處哀次耳女之父母自降服大功○尤菴曰後世不親迎者多故婦或生子而尙在其室者有焉豈有生子而猶未成婦之理也

◆妻亡改娶(처망개취)

喪服父在爲母傳何以期也屈也父必三年然後娶達子之志也疏子於母屈而期心喪猶三年故父雖爲妻期而除然必三年乃娶者通達子之心喪之志故也○輯覽按國制士大夫妻亡者三年後改娶若因父母之命或年過四十無子者許期年後改娶○尤菴曰殷孫再娶在其前妻三年內心有不安呈禮曺得其批然後乃敢行禮

◆儀禮通解士昏禮條目(의례통해사혼례조목)

納采○問名○醴賓○納吉○納徵○請期○陳器饌○親迎○婦至(按此節內有卽席沃盥交設饌卽筵坐祭薦黍稷肺三飯三酳撤脫服布席燭出媵御餕諸節卽是同牢禮也)○婦見○醴婦○婦饋○饗婦○饗送者○祭行(註三月後祭行謂助祭)○奠菜(疏三月廟見祭禰)○壻見婦之父母

⊙男子年十六至三十女子年十四至二十(남자연십육지삼십여자년십사지이십)

司馬溫公曰古者男三十而娶女二十而嫁今令文(增解考證法令之文)男年十五女年十三以上並聽昏嫁今爲此說所以參古今之道酌禮令(增解按謂禮經與令文)之中順天地之理合人情之宜也

⊙남자는 십육 세에서 삼십세 전에 여자는 십사세에서 이십세 전에 혼인을 하여야 한다.

사마온공(司馬溫公) 말씀이다. 옛날 사람은 남자는 삼십에 장가를 들고 여자는 이십에 출가(出嫁)를 하였는데 지금은 영문(令文)으로 남자는 십오 세 여자는 십삼 세 이상 되면 다 같이 영(令)을 따라 장가를 들고 시집을 간다. 지금 이 말씀대로 하는 까닭은 옛날과 지금의 도리(道理)를 헤아리고 예도(禮度)와 법령의 중도(中道)를 참작함이니 천지(天地)의 이치에 순응하고 인정(人情)의 마땅함에도 합당함이니라.

◆男必三十而有室女必二十而有夫(남필삼십이유실여필이십이유부)

家語哀公問禮男必三十而有室女必二十而有夫也豈不晩哉孔子曰夫禮言其極也不是過也
男子二十而冠有爲人父之端女子十五許嫁有適人之道於此而往則爲昏矣群生閉藏乎陰而
爲化育之始故聖人因時以合偶男女窮天數也霜降而婦功成嫁娶者行焉氷洋而農桑起昏禮
而殺於此註陰謂冬也冬藏物而爲化育始季秋霜降嫁娶者始詩云將子無怒秋以爲期泮散也
正月農事起蠶者采桑昏禮始殺言未止也至二月會男女之無夫家者奔者期盡此月詩云士如
歸妻迨氷未泮○通解按周禮媒氏凡男女自成名以上皆書年月日名焉令男三十而娶女二十
而嫁又按孔子曰霜降逆女氷泮殺止而媒氏又言中春之月令會男女此皆昏禮之大期也○方
氏曰嫁必止於二十娶必止於三十陰以少爲美陽以壯爲强故也○陳止齋曰詩序以摽有梅爲
男女及時是說也聖人之慮天下也血氣旣壯難盡自檢情實旣開奚顧禮義故昏欲及時者所以
全節行於未破之日學欲及時者所以全智慮於未知之時

◆主婚(주혼)

尤庵曰宗子雖未娶旣當家主祭則族人昏娶亦當爲主矣若幼稚未省人事則以此爲主恐涉於
僞矣當以族人之長爲主矣且旣爲宗子則雖族屬之尊者亦當以此爲主此則有家禮明文矣○
問裴幼華問舍弟幼章爲伯父後是爲宗孫幼華娶時幼章以宗孫主昏可乎幼章娶時幼華以堂
兄主昏可乎族軒答賢史之昏賢弟主之賢弟之昏賢史主之云旣以宗孫爲重則兄弟之昏宗孫
皆當主之若以兄弟爲重則弟昏兄當主之而弟主兄昏兄主弟昏無乃錯雜乎尤庵曰一以宗子
主其兄之昏一以門長主其弟之昏皆有所據何以謂之錯雜乎○市南曰冠昏時宗子遠居則可
謂有故矣其父主之似無可疑旣自主其禮書辭假宗子之稱謂亦不近情與宗家主祭之義差有
不同○問宗子次宗子皆有故則當以宗子之長子主之否抑以門長主之否南溪曰似當用門長
○遂庵曰宗子有故則當昏家家長主之矣○問娶婦時彼家旣無主昏之人又無同姓强近之親
昏書外面何以書之新婦外祖主之耶抑其母親主之耶寒岡曰遠族中亦無姓同者耶世俗無姓
親則不免母親主之○主婚謂壻之祖父父或兄及凡爲家長者宗子自昏則以族人之長爲主(孤
而無族長者母舅主之無母舅者父執里宰皆可)

◆昏姻不必合婚筭命(혼인불필합혼산명)

王氏曰昏姻男女之始不爲不重但今人昏配聖賢良法反不之信專溺於陰陽術數筭命合婚誤
男女嫁娶過時者多矣且人之貴賤貧富壽夭冥漠之中自有一定不可曉者設若陰陽術數可盡
信則富貴壽皆可求而夭下無貧賤夭者矣不如只依禮取男女年齒相等容貌端重性行之有家
法者自然吉無不利

◆男女昏嫁先後(남녀혼가선후)

尤菴曰男子三十而有室女子二十而嫁是禮也女子雖少而嫁先於男者理勢然也寧有越次之
嫌乎故禮曰男女異序○如或有故先女昏則可先男昏則不可

◉身及主昏者無期以上喪乃可成昏(신급주혼자무기이상상내가성혼)

大功未葬亦不可主昏○凡主昏如冠禮主人之法(士婚禮記支子則稱其宗弟則稱其兄註支子
庶昆弟也稱其宗子命使者弟宗子母弟)但宗子自昏則以族人之長爲主(士昏禮記宗子無父母命
之親皆沒已躬命之)

◉혼인할 본인과 주혼자(主昏者)는 기년이상(期年以上)의 복(服)이 없어야 혼인을 할 수 있다.

주혼자(主昏者)가 대공상(大功喪)에 아직 장례(葬禮)치 아니하였으면 혼인할 수 없다. ○모든 주혼자는 관례 때 주인이 되는 법과 같다. 다만 종자(宗子) 자신이 혼인을 하게 되면 친족 중 존장(尊長)을 주혼자로 삼는다.

◆宗子幼少主昏之節(종자유소주혼지절)

尤菴曰宗子雖未娶旣當家主祭則族人昏娶亦當爲主若或幼穉未省人事則以此爲主涉於僞矣當以族人之長爲主且旣爲宗子則雖族屬之尊者亦當以此爲主

◆無期以上喪可成昏(무기이상상가성혼)

士昏禮三族之不虞(註)三族謂父昆弟己昆弟子昆弟虞度也不億度謂猝有死喪此三族者己及子皆爲服期期服則踰年欲及今之吉也雜記大功之末可以冠子嫁子(疏)父昆弟則伯叔及伯叔母己昆弟則己之親兄弟子昆弟則己之嫡子庶子○喪服父在爲母(傳)何以期也屈也父必三年然後娶達子之志也(疏)子於母屈而期心喪猶三年故父雖爲妻期而除然必三年乃娶者通達子之心喪故也○按國制士大夫妻亡者三年後改娶若因父母之命或年過四十無子者許期年後改娶

◆族人之長爲主(족인지장위주)

士昏禮宗子無父母命之親皆沒己躬命之支子則稱其宗弟則稱其兄(註)命之命使者躬猶親也言宗子無父是有有父者禮七十老而傳子代其父爲宗子其取也父命之支子庶昆弟也稱其宗子命使者弟宗子母弟(疏)命使者謂納采以下至請期五者皆命使者也按隱二年秋九月紀裂繻來逆女傳裂繻者何紀大夫也何以不稱使昏禮不稱主人何休云爲養廉遠恥也然則曷稱稱諸父兄師友休云禮有母母當命諸父兄師友稱諸父兄師友以行然則紀有母乎曰有有則何以不稱母母不通也休云禮婦人無外事但得命諸父兄師友耳母命不得達故不得稱母又所以遠別也若然直使子之父兄師友命使者不自親命使者此註云命之命使者似母親命者鄭略言之其實使子父兄師友命使者也○會成孤而無族長者母舅主之無母舅者父執里宰皆可○大全李繼善問議親十年展轉牽制尙未成畢老母欲令今冬畢親但先兄几筵未撤老母乃齊衰三年之服復有妨礙然主昏却是叔父欲姑從鄕俗就親不知可否若就畢挈歸凡百從殺衣服皆從淡素不知可否曰若叔父主昏卽可娶婦無嫌禮律皆可考也但母在而叔父主昏恐亦未安可更詳也又問禮壻將親迎父醮而命之今孝述(繼善名)父兄俱沒上惟母在旁尊有叔父不知往迎之時當受母命耶爲復受叔父之命耶曰當受命於母然母旣有服又似難行記得春秋隱二年公羊傳有母命其諸父兄而諸父兄以命使者之說恐可檢看爲叔父稱母之命之否更詳之更以上條幷考之

⊙必先使媒氏往來通言俟女氏許之然後納采(필선사매씨왕래통언사여씨허지연후납채)

司馬溫公曰凡議昏姻當先察其壻與婦之性行及家法何如勿苟慕其富貴壻苟賢矣今雖貧賤安知異時不富貴乎苟爲不肖今雖富盛安知異時不貧賤乎婦者家之所由盛衰也苟慕其一時之富貴而娶之彼挾其富貴鮮有不輕其夫而傲其舅姑養成驕妬之性異日爲患庸有極乎借使因婦財以致富依婦勢以取貴苟有丈夫之志氣者能無愧乎又世俗好於襁褓童幼之時輕許爲昏亦有指復爲昏者及其旣長或不肖無賴或身有惡疾或家貧凍餒或喪服相仍或從宦遠方遂至棄信負約速獄致訟者多矣是以先祖太尉嘗曰吾家男女必俟旣長然後議昏旣通書不數月必成昏故終身無此悔乃子孫所當法也

⊙반드시 먼저 중매(中媒)로 하여금 오고 가며 논의한 후 여자 집의 허락이 있은 연후에 납채(納采)를 한다.

사마온공(司馬溫公)이 말씀하셨느니라. 대저 혼인을 논의할 때는 먼저 신랑이나 신부의 성행과 가문의 법도가 어떠한가를 살펴야 하지 구차하게 부귀를 흠모하지 마라. 신랑이 진실로 현명하다면 지금은 비록 빈천하지만 잘 다스려 깨달으면 다음날 부귀하여 지지 않겠으며 진실로 미련하면 지금은 비록 부자로 넉넉하다 한들 어찌 다음날 빈천하여지지 않겠느냐? 한 가정의 흥망성쇠는 지어미로 말미암은 바인데 진실로 한때의 부귀를 흠모하여 장가를 든다면 그 부귀 때문에 그가 방자하고 시부모를 없인 여기며 지아비를 가벼이 여기는 이 적지 아니 있느니라.

교만과 질투의 성품을 키워 다음날 환난이 되어 파경에 이르는 것이 보통이니라. 가령 여자 집의 재산으로 부자가 되거나 처가의 세도에 의하여 귀하게 된다면 진실로 장부의 지기(志氣)가 있는 자라면 능히 부끄러움이 없겠느냐?

또 말씀하셨다 세속에서는 강보(襁褓)의 어린아이 때 사랑하여 혼인을 가벼이 허락하거나 또는 배 안에 있을 때 혼인을 하기로 지목하였다가 혼인할 자가 장성함에 이르러서 혹 불초 무례하다거나 혹 몸에 못된 병이 있다거나 혹 집이 가난하여져서 추위에 얼고 굶주리거나 혹은 상(喪)을 연거푸 입는다거나 혹은 벼슬을 따라 멀리 변방으로 나가게 되면 신의를 버리고 약속까지 저버려 송사(訟事)로 옥에까지 이르는 자 많았었느니라.

이에 선조께서 일찍이 이르시기를 우리 집안의 아들 딸들은 반드시 기다렸다가 성장을 한 연후에 혼인을 논의하고 서신 주고 받기를 두 서너 달을 넘기지 않고 다 마치고 반드시 혼인을 성립하여라. 하셨기 때문에 평생 이런 후회는 없었으며 이리하여 자손들의 당연한 법이 되었다. 하였느니라.

◆媒氏(매씨)

曲禮男女非有行媒不相知名非受幣不交不親故日月以告君齊戒以告鬼神爲酒食以召鄕黨僚友以厚其別也取妻不娶同姓故買妾不知其姓則卜之註行媒謂氏之往來也名謂男女之名也受幣然後親交之禮分定○增解韻會媒謀也謀合二姓也女氏猶言女家也○士昏禮註昏必由媒交接所以養廉恥

◆昏姻(혼인)

白虎通昏時行禮故曰昏婦人因人故曰姻○士昏禮疏男曰昏女曰姻者義取壻昏時往取女則因之而來及其親則女氏稱昏男氏稱姻義取送女者昏時往男家因得見之故也

◆女有不取(여유불취)

家語孔子曰女有五不取逆家子者謂其逆德也亂家子者謂其亂倫也世有刑人者謂其棄於人也有惡疾子者謂其棄於天也喪父長子謂其無受命也○問上世不賢而子孫賢則如之何朱子曰所謂不取者是世世爲惡不能改者非指一世而言也如喪父長子不娶却可疑若然則無父之女不復嫁此不可曉○眞氏曰父雖喪而母賢則其敎女必有法又非所拘也○問孀婦於理似不可娶如何程子曰然凡娶以配身也若取失節者以配身是已失節也

◆求草帖(구초첩) 此初時所討帖子

侯氏曰昏姻不可無媒而媒者之言不可盡信其欺紿反覆釀成禍端或負約致訟無已甚則夫婦因而嫌隙相棄者多矣據家禮議昏必使媒氏往來通言侯女氏許之然後納采而大明律昏姻條下亦云凡男女定昏之初若有殘疾老幼庶出過房乞養者務要兩家明白通知各從所顧寫立昏書依禮聘嫁使今之議昏者皆知禮守法則何禍端之有哉意竊擬聞之於朝着爲令凡議昏者兩家必先使媒氏往來通言有草帖定帖以爲證據雖欲負約不可得矣○草帖式某人(女之父姓名)本貫某府某縣某鄕某里(長次)女年幾歲某年月日時生母某氏所出右憑大媒某與令嗣第

幾官議親者某年月日草帖

제 2 절　납채(納采)

⊙納采(납채)

納其采擇之禮卽今世俗所謂言定也

⊙납채.

납채(納采)란 신랑 집에서 신부를 선택하였다는 예(禮)이다. 즉 지금의 세속에서 이른 바 정혼(定昏)하였다는 말이다.

◆昏禮有六禮(혼례유육례)

昏義昏禮納采問名納吉納徵請期(註)方氏曰納采者納鴈以爲采擇之禮也問名者問女生之母名氏也納吉者得吉卜而納之也納徵者納幣以爲昏姻之證也請期者請昏姻之期日也藍田呂氏曰昏禮之節納采問名納吉納徵請期親迎其別有以必至於六者敬則不苟別則致詳也○士昏禮疏納采言納者恐女家不許故言納問名不言納女氏已許故也納吉納徵言納恐女家翻悔不受故更云納請期親迎不言納者納幣則昏禮已成女家不得移改故也昏禮有六尊卑皆同○補註昏禮有六禮納采者納采擇之禮於女氏也問名問女氏之名將歸而卜其吉凶也納吉者歸卜於廟得吉兆復使使者往告昏姻之事於是乎定矣納徵者徵成也使使者納幣以成昏禮也請期者請成昏之期也親迎者親往迎歸至家成禮也○儀節按古有六禮家禮略去問名納吉請期止用納采納幣親迎以從簡省今擬以問名倂入納采而納吉請期倂入納幣以備六禮之目然惟於書辭之間略及其名而已其實無所增益也

◆納采(납채)

士昏禮下達納采(註)達通達也將欲與彼合昏姻必先使媒氏下通其言女氏許之使人納其采擇之禮(疏)言納者恐女氏不受若春秋內納之義納采言納者以其始相采擇恐女家不許故言納問名不言納者女氏已許故不言納也納吉言納者男家卜吉往與女氏恐女家翻悔不受故更言納也納徵言納者納幣帛則昏禮成復恐女家不受故更云納也請期親迎不言納者納幣則昏禮已成女家不得移改故皆不言納也其昏禮有六尊卑皆同○程子曰納采謂壻氏爲女氏所采故致禮以成其意

◆納采而壻死女守義合葬立後(납채이서사여수의합장입후)

所示納采而壻死女守義不嫁年三十而死兩家相議合葬今欲立後此是人世所罕聞之奇節爲之感奮三歎明有王氏所行與此相似立從姪顧炎武爲嗣及明亡不食而死遺命炎武不仕異朝今爲此家立後當以王氏爲據勿疑其所行也

⊙主人具書(주인구서)

主人卽主昏者書用牋紙如世俗之禮若族人之子則其父具書告于宗子(增解問宗子旣主昏則其父具書何也南溪曰如祠堂班祔父母在則具饌而祭于宗家其父具書亦其例也雖女家若是族人之女則安知其父之不爲具書盖當蒙上文故耳)

⊙주인은 서신을 갖춘다.

주인 즉 주혼자는 편지지에 세속의 예와 같이 편지를 쓴다. 만약 족인(族人)의 아들이면 신랑의 아버지는 서식을 갖춰 종자(宗子)에게 알린다. (편자 주. 지금 세속에서

는 사성(四星) 즉 신랑의 사주(四柱)를 도식(圖式)과 같이 갖춰 신부 집으로 보낸다)

◆補具書(보구서)

補按儀禮士昏禮下達納采用鴈而書儀亦云使者盛服執生鴈家禮削去不用從簡也今國朝定制庶民昏姻定爲三等其禮許用絹布猪羊鵝酒果麵之類世俗往往踰制奢侈狃於見聞已久而行古禮者過於落漠如此蓋人情有所不堪今擬用鵝酒果合之類如富而有力者用羊酒亦可但不可太過耳

◆具書式(구서식)

士昏禮記問名曰某旣受命將加諸卜敢請女爲誰氏註某使者名誰氏者謙也不必其主人之女疏恐非主人之女假外人之女收養之若他女主人當對云某氏名有二種一是名字之名三月之名是也一是名號之名以姓氏爲名之類也問名而云誰氏者婦人不以名行不問三月之名也○對曰吾子有命且以備數而擇之某不敢辭註卒曰某氏不記之者明爲主人之女○昏義孔疏問名者問其女所生母之姓名言女之母何姓氏也○五禮儀書式具銜姓名時維孟春(註隨時改稱)台候(註二品以上稱台候三品稱重候四品至六品通稱雅候七品以下稱裁候)多福某之子某(註若某親某之子某)年旣長成未有伉儷謹行納采之儀伏惟照鑒不宣○三禮儀伊川有聘定啓文公有黃氏回啓遵用此法尤宜○問遠地醮子者昏書月日尤菴曰以告之以直信之義觀之則從遣書之日書之似當

◆納采書式(납채서식)

　　某郡姓某啓

　某郡某官執事伏承

　尊慈不鄙寒微曲從媒議許以

　　令愛姑姊妹姪女孫女隨所稱貺室僕之非宗子之子則此下當添某親某之四字男某若宗子

　　自昏而族人之長主之則改男爲某親玆有先人之禮謹專人納采伏惟

　尊慈俯賜

　鑑念不宣

　　某年某月某日某郡姓某啓

⊙납채 서식.

모 군에 사는 모가 모 군에 계시는 모 집사께 사뢰나이다. 엎드려 높으신 사랑을 봉승(奉承)하옵니다. 가난하고 지체도 변변치 못하온데 비천하다 생각하지 않으시고 매씨(妹氏)의 말을 곡진히 따르시어 사랑하시는 따님을 제 자식 모의 아내로 주시니 이에 선대(先代)로부터 내려오는 예법이 있사와 삼가 사람을 보내어 납채를 드리옵니다. 엎드려 생각하옵건대 높으신 사랑으로 굽어 살펴 주옵소서. 거울삼아 생각하겠아오며 드릴 말씀은 많사오나 이만 줄이나이다.

◆皮封式(피봉식)

　上狀

　　某郡某官執事

◆告宗子書(고종자서)

　措辭隨宜告以某日納采仍請爲主

⊙夙興奉以告祠堂(숙흥봉이고사당)

如告冠儀(儀節陳設如常儀用盤盛書置香案上)其祝(云云)○若宗子自昏則自告

⊙아침 일찍 일어나 서신을 받들어 사당에 고한다.

관례(冠禮) 의식과 같다. 서신(書信)을 소반에 담아 향안(香案) 위에 놓고 다음과 같이 고한다. ○만약 종자(宗子) 자신이 혼인을 하게 되면 종자 자신이 고한다.

⊙壻告祠堂儀禮節次(서고사당의례절차)

陳設如常儀用盤子盛書置香案上

序立(男左女右世爲一行詳見通禮)○盥洗○啓櫝○出主○復位○降神○主人詣香案前○跪○焚香○酹酒(盡傾茅沙上)○俯伏興拜興拜興平身○復位○參神○鞠躬拜興拜興拜興平身○主人斟酒○主婦點茶(畢二人幷拜)○鞠躬拜興拜興平身○主婦復位(主人不動)○跪(主人以下皆跪)○讀祝○俯伏興平身(主人獨拜)○鞠躬拜興拜興平身○復位○辭神(衆拜)○鞠躬拜興拜興拜興平身○焚祝文○奉主入櫝○禮畢

⊙신랑 집 사당에 고하는 의례절차.

차서 대로 선다. (남자는 왼편 여자는 오른편으로 한 세대 한열로 서되 통례편을 살펴보고 그와 같이 한다) ○손을 씻는다. ○신주 독을 연다. ○신주를 내모신다. ○제자리로 물러나 선다. ○행강신례. ○주인은 향안 앞으로 간다. ○무릎을 꿇고 앉는다. ○분향한다. ○강신한다. (모사 위에 모두 기우려 따른다) ○부복하였다 일어나 재배 평신한다. ○제자리로 물러나 선다. ○행참신례. ○국궁 사배 평신 한다. ○주인은 헌주한다. ○주부는 차를 따라 올린다. (마쳤으면 두 사람은 같이 절을 한다) ○국궁 재배 평신한다. ○주부는 제자리로 물러나 선다. (주인은 그 자리에 있는다) ○무릎을 꿇고 앉는다. (주인 이하 모두 무릎을 꿇고 앉는다) ○독축한다. ○부복하였다 이러나 선다. (주인만 절한다) ○국궁 재배 평신한다. ○제자리로 물러나 선다. ○행사신례. (모두 절한다) ○국궁 사배 평신한다. ○축문을 불사른다. ○신주를 독에 받들어 넣는다. ○예를 마친다.

◆祠堂告辭式(사당고사식)若昏者之母已歿雖在祔位亦當有告下同○祠堂有事則告條

維

歲次干支幾月干支朔幾日干支孝玄孫繼曾祖以下之宗隨屬稱某官某敢昭告于
　顯高祖考某官府君
　顯高祖妣某封某氏曾祖考妣至考妣列書祔位不書○非宗子之子則只告昏者祖先之位某之非宗子之子則此下當添某親某之四字子某若宗子自昏則去之子某三字年已長成未有伉儷再娶則去年已以下八字已議再娶則此下當添再字娶某官某郡姓名之女今日納采不勝感愴謹以酒果用伸虔告謹告

◆사당 고사식.

세차 모 간지 기월 기일 효현손 모는 공경하옵는 고조할아버님 모관 부군과 고조할머님 모봉 모씨와 공경하옵는 증조할아버님 모관 부군과 증조할머님 모봉 모씨와 공경하옵는 할아버님 모관 부군과 할머님 모봉 모씨와 공경하옵는 아버님 모관 부군과 어머님 모봉 모씨께 감히 밝혀 고하나이다. 모의 아들 모가 나이가 이미 장성하였으나 배필이 없더니 모군 모씨의 여식에게 혼인하기로 이미 논의되어 오늘 납채(納采)하게 되었사와 감모하여 몹시 슬픔이 이보다 더할 수 없사옵니다. 삼가 주과(酒果)를 펴 올리고 정성을 다하여 삼가 고하고 삼가 고하나이다.

⊙乃使子弟爲使者如女氏女氏主人出見使者(내사자제위사자여여씨여씨주인출견사자)

使者盛服如女氏(便覽先設次于大門外之西入竢于次○儀節賓至女家門外媒氏先入告)女氏亦宗子爲主(便覽執事者設卓于中庭)主人盛服出見使者(儀節主人出門外迎賓擧手作揖遜狀請賓行凡三次主人先登東階賓登西階升堂東西相向立揖執事者擧書案于廳上賓主各就坐)非宗子之女則其父位於主人之右尊則少進卑則少退啜茶畢使者起(義節主人亦起)致辭曰(云云)從者以書進使者以書授主人主人對曰(云云)北向再拜使者避不答拜使者請退俟命出就次若許嫁者於主人爲姑**姊**則不云春愚又弗能敎餘辭並同

⊙이어 곧 사자(使者)(심부름꾼)를 자제(子弟)로 하여 여자 집으로 보내면 여자 집주인은 나와서 사자를 맞이한다.

사자(使者)는 의관을 갖추고 여자 집으로 간다. 여자 집에서는 먼저 대문 밖 서쪽에 사자가 잠시 머무를 처소를 설치한다. 사자는 처소에 들어가 기다린다. 매씨(妹氏) 즉 중매인이 먼저 들어가 알리면 집사는 뜰에 서함(書函)을 받쳐 놓을 탁자를 준비한다.

여자 집 역시 종자(宗子)를 주인으로 삼아 의관(衣冠)을 갖추고 출영한다. 사자 역시 처소에서 나와 동쪽으로 향하여 서면 주인이 문밖에서 영접하여 읍을 하고 맞아들인다. 이때 사자의 시종(侍從) 역시 따라 들어가 함을 탁자 위에 올려놓는다.

주인은 동쪽층계로 올라 서쪽으로 향하여 서고 사자는 서쪽층계로 올라 동쪽으로 향하여 선다. 사자는 극진히 다음과 같이 고하고 마치면 시종이 서함을 사자에게 받친다. 사자는 서함을 받아 양 기둥 사이에서 남쪽으로 향하여 주인에게 준다. 주인은 다음과 같이 답사를 하고 서함을 받아 집사에게 주고 북향 재배를 한다. 이때 사자는 뒤로 물러나 피하고 답배치 않는다. 사자는 물러가기를 청하고 문밖 처소로 나와 분부를 기다린다.

종자의 여식이 아니면 그의 부친은 주인의 오른쪽에서 항렬이 높으면 앞으로 조금 나와 서고 수하면 뒤로 조금 물러나 선다.

◆使者(사자)

儀節按儀禮用賓而家禮本溫公書儀用子弟爲使者恐與女氏主人非敵難於行禮今擬兩家通往來者一人如世俗所謂保親者用以代賓○集說註世俗今用媒人及刀鑷人奉書及羊酒果實之屬○士昏禮使者玄端至擯者出請事入告主人如賓服迎于門外再拜賓不答拜揖入至于廟門揖入三揖至于階三讓主人以賓升西面賓升西階當阿東面致命主人阼階上北面再拜授于楹間南面賓降出主人降授老鴈擯者出請賓執鴈請問名主人許賓入授如初禮註使者夫家之屬擯者有司佐禮者請猶問也雖知猶問重愼也阿棟也入當深示親親南面並授也老群吏之尊者

⊙書進儀禮節次(서진의례절차)

賓至女家門外媒氏先入告主人執事者陳禮物于大門內用盤子盛書函置卓子上○賓至○請迎賓(主人出門外迎賓)○主人揖請行(主人擧手作揖遜狀請賓行凡二次主人先登東階賓登西階非宗子之女則其父位主人之右尊則少進卑則少退)○升堂(東西相向立)○揖平身(賓至相唱喏)○陳書

幣(執事者舉書案于廳上禮物陳庭中納帛有幣帛則以置階前或卓子上)○賓主各就坐(主賓俱坐)
○奉茶(執事者以茶進啜訖)○賓興主人亦起進書(執事者以書授賓賓以奉主人)○主人受書
(受以授執事者北向拜)○鞠躬拜興拜興平身(賓避席屏立不敢○此拜乃謝書非拜)○請賓就次

⊙서함(書函)을 전하는 의례절차.

손님이 여자 집 대문밖에 도착하면 매씨가 먼저 들어가 주인에게 알리고 집사자는
예물을 대문 안에 진열하고 소반에 서함을 담아 대문 안 탁자 위에 놓는다. ○손님이
도착 한다. ○손님을 영접하여 들인다. (주인은 대문 밖으로 나가 손님을 맞이한다)
○주인은 읍을 하고 들기를 청한다. (주인은 손을 들어 겸손한 태도로 읍을 하고 손
님에게 들기를 무릇 두어 차례 청하고 주인이 먼저 동쪽층계로 오르면 손님은 서쪽
층계로 오른다. ○종손의 여식이 아니면 그 부친의 자리는 주인의 오른쪽에서 수상
(手上)이면 앞으로 조금 나가 서고 수하면 조금 뒤로 물러나 선다) ○당으로 오른다.
(동쪽과 서쪽으로 서로 마주하여 선다) ○읍을 하고 허리를 굽혀 인사를 한다. (도착
한 손님과 서로 인사를 한다) ○서찰과 폐함을 올린다. (집사는 서함 탁자를 들어 청
사 위로 올리고 예물을 진열하되 비단이 있으면 뜰 안으로 들여 놓는데 폐백은 층계
앞에 혹 탁자 위에 놓기도 한다) ○손님과 주인은 각각 앉는다. (주인과 손님은 다같
이 앉는다) ○차를 올린다. (집사자는 차를 올린다. 다 마셨으면) ○주인은 일어서고
빈(賓) 역시 일어나서 서함을 준다. (집사자가 서함을 손님에게 주면 손님은 주인에게
바친다) ○주인은 서함을 받는다. (서함을 받아 집사에게 주고 북쪽으로 향하여 절을
한다) ○국궁 재배 평신한다. (손님은 자리를 피하여 물러나 서 있어야지 감히 절을
하여서는 아니 된다. ○이 절은 곧 서함에 감사하다는 절이 아니기 때문이다) ○손님
은 처소로 가기를 청한다.

◆使者致辭(사자치사)

吾子有惠貺室某婿名也某婿名之某親某官有先人之禮使者某使名請納采

◆사자 치사(使者致辭).

오자(吾子)께서 은혜롭게 베푸심이 있어 모의 아내로 주시니 모의 모친 모관의 선조
예법이 있어 사자 모가 납채를 청하옵니다.

◆主人答辭(주인답사)

某之子若妹姪孫春愚又弗能敎若許嫁者於主人爲姑姊則不云春愚又弗能敎吾子命
之某不敢辭

◆주인 답사.

모의 자식이 우매하고 가르침도 부족하온데 당신께서 이르시니 모 감히 무슨 말씀을
드려야 할지 모르겠습니다.

⊙遂奉書以告于祠堂(수봉서이고우사당)

如婿家之儀祝(云云)儀節以盤盛婿家書置香案上

⊙서신을 받들고 사당으로 가서 고한다.

신랑 집 의식과 모두 같다. 축식은 다음과 같다. (사위 집에서 온 서신을 소반에 담아
향안 위에 올려놓고 고한다)

◆告于祠堂(고우사당)

士昏禮主人筵于戶西西上右几註主人女父也筵爲神布席也戶西者尊處將以先祖之遺體許人故受其禮於禰廟也○儀節以盤盛壻家書置香案上禮物陳案前或庭中○輯覽按某郡姓名者宗子也其非宗子之子則當曰某郡姓名某親某之子也

⊙女家告祠堂儀禮節次(여가고사당의례절차)

陳設如常儀用盤子盛書置香案上

序立(男左女右世爲一行詳見通禮)○盥洗○啓櫝○出主○復位○降神○主人詣香案前○跪○焚香○酹酒(盡傾茅沙上)○俯伏興拜興拜興平身○復位○參神○鞠躬拜興拜興拜興拜興平身○主人斟酒○主婦點茶(畢二人幷拜)○鞠躬拜興拜興平身○主婦復位(主人不動)○跪(主人以下皆跪)○讀祝○俯伏興平身(主人獨拜)○鞠躬拜興拜興平身○復位○辭神(衆拜)○鞠躬拜興拜興拜興拜興平身○焚祝文○奉主入櫝○禮畢

⊙신부 집 사당에 고하는 의례절차.

차서 대로 선다. (남자는 왼편 여자는 오른편으로 한 세대 한 열로 서되 통례편을 살펴보고 그와 같이한다) ○손을 씻는다. ○신주 독을 연다. ○신주를 내모신다. ○제자리로 물러나 선다.

●행강신례.

○주인은 향안 앞으로 간다. ○무릎을 꿇고 앉는다. ○분향한다. ○강신한다. (모사 위에 모두 기우려 따른다) ○부복하였다 일어나 재배 평신한다. ○제자리로 물러나 선다.

●행참신례.

○국궁 사배 평신한다. ○주인은 헌주한다. ○주부는 차를 따라 올린다. (마쳤으면 두 사람은 같이 절을 한다) ○국궁 재배 평신한다. ○주부는 제자리로 물러나 선다. (주인은 그 자리에 있는다) ○무릎을 꿇고 앉는다. (주인 이하 모두 무릎을 꿇고 앉는다) ○독축한다. ○부복하였다 일어선다. (주인만 절한다) ○국궁 재배 평신한다. ○제자리로 물러나 선다.

●행사신례.

(모두 절한다) ○국궁 사배 평신한다. ○축문을 불사른다. ○신주를 독에 받들어 넣는다. ○예를 마친다.

◆告辭式(고사식)若嫁者之母已歿雖在祔位亦當有告下同○同祠堂有事則告條

維

歲次干支幾月干支朔幾日干支孝玄孫屬稱隨改見上告式某官某敢昭告于

顯高祖考某官府君

顯考祖妣某封某氏曾祖考妣至考妣列書祔位不書○非宗子之女則只告昏者祖先之位某

之非宗子之女則此下當添某親某之四字第幾女年漸長成已許嫁某官某郡姓

名之子今日納采不勝感愴謹以酒果用伸虔告謹告

◆사당 고사식.

세차 모 간지 기월 기일 효현손 모관 모는 공경하옵는 고조할아버님 모관 부군과 고조할머님 모봉 모씨와 공경하옵는 증조할아버님 모관 부군과 증조할머님 모봉 모씨와 공경하옵는 할아버님 모관 부군과 할머님 모봉 모씨와 공경하옵는 아버님 모관 부군과 어머님 모봉 모씨께 감히 밝혀 고하나이다. 모의 몇째 여식이 이미 나이가 장성하여 모군 모관 모의 아들에게 혼인할 것을 허락하였사온데 금일 납채가 있사와 감동하고 사모하여 몹시 슬픔을 이길 수 없사와 주과를 펴 올리고 삼가 고하고 삼가 고하나이다.

◉出以復書授使者遂禮之(출이복서수사자수례지)

主人出延使者升堂(儀節主賓東西對坐如前執事者以書進主人)授以復書使者受之(儀節以授從者)請退主人請禮賓(士昏禮擯者出請賓告事畢入告出請禮賓禮辭許○士昏記禮辭曰子爲事故至於某之室某有先人之禮請醴從者對曰某旣得將事矣敢辭曰先人之禮敢固以請曰某辭不得命敢不從也○儀節主人曰敢備薄禮請醴從者賓曰敢辭主人固請賓曰敢不從命)乃以酒饌(五禮儀饌品不過三果)禮使者使者至是始與主人交拜揖如常日賓客之禮(儀節賓再拜主人荅拜主人就東階客就西階俱北面主人獻酒降階酌酒至賓席前)其從者亦禮之別室皆酬以幣(儀節賓謝再拜主人答拜送賓至大門外揖拱竢賓上馬)

◉당(堂)으로 나와 답서를 사자(使者)에게 주고 예를 베푼다.

주인이 사당에서 나와 당에 오르면 집사자가 답서를 주인에게 주고 주인은 답서를 받아 사자(使者)에게 준다. 사자는 받아서 시종(侍從)에게 주고 물러가기를 청한다.

주인이 손님의 예가 있으니 오르기를 청하면 사자는 예로서 사양을 하다 허락을 하고 예를 베푸는 좌석에 이르면 비로소 처음으로 주인과 절을 나누고 읍을 하되 평상시 손님 접대하는 의식과 같게 한다. 자리에 앉으면 술과 음식으로 사자를 접대하고 시종 역시 별실에서 접대한다. 마치면 폐백(幣帛)을 모두에게 전한다. 사자가 고마운 뜻을 표하며 재배하면 주인은 답배하고 손님을 대문 밖까지 전송(餞送)하되 손님이 말에 올라 떠날 때까지 읍을 하고 보낸다.

◆禮之(예지)

士昏禮擯者出請賓告事畢入告出請醴(當爲禮)賓賓禮辭許主人徹几改筵東上側尊甒醴于房中主人迎賓于廟門外揖讓如初升主人北面再拜賓西階上北面答拜贊者酌醴加角柶面葉出于房主人受醴面枋筵前西北面賓拜受醴復位主人阼階上拜送贊者薦(進)脯醢賓卽筵坐左執觶祭脯醢以柶祭醴三西階上北面坐啐醴建柶興坐奠觶遂拜主人答拜賓卽筵奠于薦左降筵北面坐取脯主人辭賓降授人脯出主人送于門外(註)禮賓者欲厚之徹几改筵者鄕爲神今爲人側尊亦言無玄酒側尊於房中亦有篚有籩豆如冠禮之設

◉送賓儀禮節次(송빈의례절차)

主人告祠堂畢出見賓○各就位(主賓東西對坐如前)○復書(執事者以書進主人主人以奉賓)○受書(賓受之以授從者主人曰)○敢備薄禮請醴從者(賓曰)○敢辭(主人固請賓曰)○敢不從命鞠躬拜興拜興平身(賓拜主人主人答拜)○各就位(主人就東階客就西階俱北面)○主人獻酒(主人降階酌酒至賓席前奉酒于賓賓趨席末主人以揖送酒賓趨席末受之而揖且遍揖坐客而後飲如常儀飲畢復揖主人主人報之)○賓酢酒(賓降階酌酒以奉主人如前儀飲畢主人以盞置卓子上)○請升席(主人自席末先升賓次升媒氏及陪席者以次皆升坐)○執事者行酒(或三行五行隨意)○進饌(或三或五如俗)○奉幣○賓謝主人賓出席○鞠躬拜興拜興平身主人答拜○送賓至門外○揖平身主人拱俟賓上馬

◉손님과 작별하는 의례절차.

주인은 사당에 고하기를 마치고 나와 손님을 만난다. ○각각 자리로 간다. (주인과 손님은 동서로 나뉘어 앞과 같이 면대하여 앉는다) ○답서를 준다. (집사자가 서신을 주인에게 드리면 주인은 답서를 손님에게 준다) ○답서를 받는다. (손님이 답서를 받아 종자에게 주면 주인이 말하기를) ○감히 종자에게 박주(薄酒)가 준비 되였사옵니다. (손님이 대답하기를) ○감히 사양 하겠나이다. (주인이 거듭 청하면 손님이 말하기를) ○감히 말씀을 따르지 않을 수 있겠사옵니까. 라 하며 국궁 재배 평신한다. (손님이 절을 하면 주인은 답배한다) ○각각 제자리로 간다. (주인은 동쪽층계로 가고 손님은 서쪽층계로 가서 다 같이 북쪽을 향한다) ○주인은 술을 따라 올린다. (주인은 층계로 내려가 술을 따라 들고 손님의 자리 앞으로 가서 술을 손님에게 주면 손님은 자리 끝으로 급히 간다. 주인이 술을 건네주고 읍을 하면 손님은 자리 끝에서 술을 빨리 받아 들고 읍을 한다. 또 두루 미치게 읍을 하면 손님은 앉아 마시기를 평상시 의례와 같이 한다. 마시기를 마쳤으면 주인에게 다시 읍을 하고 주인에게 그와 같이한다) ○손님은 술을 주인에게 돌린다. (손님이 층계 아래로 내려가 술을 따라 주인에게 앞의 의식과 같이 바친다. 주인은 술을 다 마셨으면 잔을 탁자 위에 놓는다) ○자리로 오를 것을 청한다. (주인은 말석으로 먼저 오르고 손님이 다음으로 오르며 매씨와 배석자 들이 다음으로 올라 모두 앉는다) ○집사는 술을 돌려가며 모두 따른다. (혹 삼 순배 혹 오 순배 등 주량에 따른다) ○찬을 올린다. (혹 삼 회 오 회 세속에서와 같이 한다) ○폐백을 준다. ○손님이 사의를 표한다. (주인과 손님은 자리에서 나간다) ○국궁 재배 평신한다. (주인은 답배한다.) ○손님을 환송한다. (대문밖에 이른다) ○몸을 굽혀 읍을 한다. (주인은 양 손을 마주하여 쥐고 기다리며 손님은 말에 오른다)

◆復書式(복서식)

　　某郡姓某啓

　　某郡某官_{執事稱呼隨宜}伏承

尊慈不棄寒陋過聽媒氏之言擇僕之_{改措語見壻家書式}第幾女某_{若某親之幾女}

　某作配令似_{或作某親弟姪隨稱}弱息春愚又不能教_{姑姉妹則去弱息以下八字}旣辱

　采擇敢不拜從伏惟

尊慈特賜

鑑念不宣

　　　　　　　　　　　　　年　月　日　　　　　　　　某郡姓某啓

◆답장서식.

모 군의 모가 사뢰나이다. 모 군의 모관 집사께 엎드려 봉승하옵니다. 높으신 사랑으로 빈한하고 미천하온데 버리시지 않으시고 매씨(妹氏)의 말을 과하게 들으시어 제 몇째 여식 모를 택하시어 짝 지워 주시니 제 여식이 연약하고 어리석으며 능하게 가르치지도 못하였사온데 죄송하옵게도 며느리로 택하여 주셨사와 대단히 감사하옵니다. 중히 은혜를 입었사온데 감히 굽혀 따르지 않을 수 있겠사옵니까. 엎드려 생각하옵건대 높으신 사랑으로 굽어 살펴 주옵소서. 거울삼아 생각하며 드릴 말씀은 많사오나 이만 줄이나이다.

◆名帖復書式(명첩복서식)

　　父某

　　母某氏

女某行幾某甲子年幾月幾日某時生

◆명첩 답장식.

부(父) 누구 모(母) 모씨 녀(女) 모년 모월 모일 모시 생

◆皮封式(피봉식)同前式

⊙使者復命壻氏主人復以告于祠堂(사자복명서씨주인복이고우사당)

不用祝(儀節以盤盛所復書及名帖子置置香案上改讀祝爲告辭某之子某聘某官某郡姓某之**第**幾女某某年某月某日某時生今日納采且問名禮畢敢告)

⊙사자(使者)가 돌아와 아뢰면 신랑 집주인은 답서를 사당에 고한다.

축문은 쓰지 않는다. ○답서를 소반에 담아 향안(香案) 위에 올려 놓고 고한다.

◆告于祠堂(고우사당)

儀節以盤盛所復書及名帖子置香案上改讀祝爲告辭某之子某聘某官某郡姓某之**第**幾女某某年某月某日某時生今日納采且問名禮畢敢告○(按)據三禮儀當刪某年以下九字及且問名三字○問設酒果亦與前告同耶路近卽日復命則一日再行參事否尤菴曰設或再設恐亦無害

⊙復命儀禮節次(복명의례절차)

賓至門外壻氏主人出迎○揖平身(問勞隨俗)○升堂○各就位坐訖○奉茶畢○興各起○進書(從者以書進賓以奉主人)○受書(主人受書以授從者補)○鞠躬拜興拜興平身(主人再拜賓退避)○聽賓就次(今所以補此者蓋以女氏受壻家之書旣再拜而壻家受女家之書不拜可乎)

⊙복명 의례절차.

사자(使者)가 대문밖에 도착하면 사위 집 주인은 나와 영접한다. ○읍하고 평신한다. (속례에 따라 노고를 묻는다) ○당으로 오른다. ○각각 자리로 간다. (앉았으면) ○차를 올린다. (마쳤으면) ○일어선다. (각각 일어선다) ○서찰을 바친다. (종자가 서찰을 바치면 주인에게 드린다) ○서찰을 받는다. (주인은 서찰을 받아 종자에게 준다) ○국궁 재배 평신한다. (주인이 재배할 때 사자는 물러나 피한다) ○사자(使者)를 처소로 가기를 청한다. (이것들을 보입(補入)한 까닭은 곧 어찌 여자 집에서는 사위 집 서찰을 받고 이미 재배를 하였는데 사위 집에서는 여자 집 서찰을 받고 절을 하지 않는 것이 옳겠는가)

⊙壻家告祠堂儀禮節次(서가고사당의례절차)

陳設如常儀用盤子盛書置香案上
序立(男左女右世爲一行詳見通禮)○盥洗○啓櫝○出主○復位

●降神(강신)

主人詣香案前○跪○焚香○酹酒(盡傾茅沙上)○俯伏興拜興拜興平身○復位

●參神(참신)

鞠躬拜興拜興拜興拜興平身○主人斟酒○主婦點茶(畢二人幷拜)○鞠躬拜興拜興

平身○主婦復位(主人不動)○跪(主人以下皆跪)○告辭某之子某聘某官某郡姓某之第
幾女某某年某月某日某時生今日納采且問名禮畢敢告○俯伏興平身(主人獨拜)○鞠
躬拜興拜興平身○復位

●辭神(사신)(衆拜)
○鞠躬拜興拜興拜興平身○焚祝文○奉主入櫝○禮畢

⊙신랑집 사당에 고하는 의례절차.
차서 대로 선다. (남자는 왼편 여자는 오른편으로 한 세대 한 열로 서되 통예편을 살
펴보고 그와 같이한다) ○손을 씻는다. ○신주 독을 연다. ○신주를 내놓는다. ○제자
리로 물러나 선다.

●행강신례.
주인은 향안 앞으로 간다. ○무릎을 꿇고 앉는다. ○분향한다. ○강신한다. (모사 위에
모두 기우려 따른다) ○부복하였다 일어나 재배 평신한다. ○제자리로 물러나 선다.

●행참신례.
국궁 사배 평신 한다. ○주인은 헌주한다. ○주부는 차를 따라 올린다. (마쳤으면 두
사람은 같이 절을 한다) ○국궁 재배 평신한다. ○주부는 제자리로 물러나 선다. (주
인은 그 자리에 있는다) ○무릎을 꿇고 앉는다. (주인 이하 모두 무릎을 꿇고 앉는다)
○독축한다. ○부복하였다 일어선다. (주인만 절한다) ○국궁 재배 평신한다. ○제자
리로 물러 나선다.

●행사신례.
(모두 절한다) ○국궁 사배 평신한다. ○축문을 불사른다. ○신주를 독에 받들어 넣는
다. ○예를 마친다.

◆告辭式(고사식)主人自告○祠堂有事則告條○以盤子盛所復書及名帖子置香案上○出
儀節

某之子某(改措語見上壻家書式)聘某官某郡姓某之第幾女今日納采禮畢敢
告

◆사당 고사식.
모의 아들 모가 모군 모관 성모의 몇째 여식에게 납채의 예를 마쳤삽기 감히 고하나
이다.

제 3 절 납폐(納幣)

納幣(납폐)
古禮有問名納吉今不能盡用止用納采納幣以從簡便

⊙납폐.
옛날 예법에는 문명(問名)과 납길(納吉)의 예가 있었으나 지금은 모두 없어져서 행할
수가 없어 폐하고 납채와 납폐만 쓰도록 하여 간편하게 따르도록 하였다.

◆納幣(납폐)
禮輯納幣卽古納徵禮○士昏禮疏按春秋傳公如齊納幣不言納徵者孔子制春秋變周之文從

殷之質也故指幣禮而言周文故以義言昏禮有六五禮皆用鴈惟納徵不用鴈以有束帛爲贄故
也納此則昏禮成故云徵也〇呂氏曰古之聘士聘女皆以幣交恭敬不可以虛拘也正潔之女非
禮則不行猶正潔之士非其招則不往也故以聘士之禮聘之徵成也證也所以成其信而不渝也

⊙納幣(납폐)

幣用色繒(士昏禮玄纁〇增解爾雅玄纁天地正色〇書儀幣旣染爲玄纁則不堪他用且恐貧家不能辦
故但用雜色繒)貧富隨宜少不過兩多不踰十今人更用釵(增解按古詩云兩股金釵已相許則釵
是兩股)釧(增解韻會樞絹切鐶也〇通俗文臂環謂之釧)羊酒果實之屬(增解按儀節納采條云今國
朝定制庶民昏姻許用猪羊鵝酒果麵之類又云行古禮則過於落漠云則昏用羊酒果實意是宋時俗禮至
明時猶然而又幷用於納采矣)亦可

⊙납폐(納幣).

폐백(幣帛)은 채색비단으로 하되 빈부(貧富)에 따라 당연히 적게는 한 필(匹)을 넘지
않게 하며 많게는 다섯 필을 넘지 않게 한다. 요즘 사람들은 다시 비녀, 팔찌, 짐승,
술, 실과 같은 것도 하는데 역시 좋은 것이다.

◆幣用色繒(폐용색증)

士昏禮納徵玄纁束帛儷皮(註)用玄纁者象陰陽備也束帛十端也周禮曰凡嫁子娶妻入幣純(
側其反)帛無過五兩儷兩也執束帛以致命兩皮爲庭實(疏)周禮鄭註云納幣用緇婦人陰也凡
娶禮必用其類五兩十端也必言兩者欲得其配合之名十者象五行十日相成士大夫乃以玄纁
束帛天子加以穀圭諸侯加以大璋若彼據庶人空用緇色無纁故鄭云用緇婦人陰此玄纁俱有
故云象陰陽備也〇(記)皮帛必可制(疏)可制爲衣物此亦是敎婦以誠信之義也〇(補註)按雜
記一束束五兩兩五尋註此謂昏禮納徵也一束十卷也八尺爲尋每五尋爲匹兩端卷至中則五
匹爲五箇兩卷故曰束五兩鄭氏曰四十尺謂之匹猶匹偶之匹言古人每匹作兩箇卷子〇五禮
儀幣用紬或布二品以上玄三纁二三品以下至庶人玄纁各一

◆納幣(납폐)

士昏禮疏按春秋傳莊二十二年冬公如齊納幣不言納徵者孔子制春秋變周之文從殷之質也
故指幣禮而言周文故以義言〇昏義納徵(註)納徵者納幣以聘之也古之聘士聘女皆以幣交
恭敬不可以虛拘也正潔之女非禮則不行猶正潔之士非其招則不往也故以聘士之禮聘之是
以有儷皮束帛以摯見之禮見之

◆納幣品數(납폐품수)

士昏禮納徵玄纁束帛儷皮註徵成也用玄纁者象陰陽備也束帛十端也周禮曰凡幣無過五兩
儷兩也執束帛以致命兩皮爲庭實皮鹿皮疏五兩十端也必言兩者蓋取配合之義陽奇而陰偶
三玄而二纁也士大夫以玄纁束帛天子加穀圭諸侯加以大璋庶人用緇〇雜記納幣一束束五
兩兩五尋陳註一束十卷也八尺爲尋每五尋爲匹從兩端卷至中則五匹爲五箇兩卷矣故曰束
五兩鄭氏曰每卷二丈合之則四十尺謂之匹猶匹偶之匹古人每匹作兩箇卷子〇旣夕禮制幣
疏朝貢及巡狩禮皆以丈八尺爲制幣用制者取以儉爲節昏禮幣用二丈取成數〇(按)士昏禮
疏五兩是爲三玄二纁則是合兩卷爲一而數之一兩爲一四三與二合爲五匹也家禮葬時之贈
幣則玄六纁四是亦五匹而但分兩卷而各數之六與四其卷雖十而匹實五也然則此昏幣之曰
兩曰十亦是贈幣分兩卷各數之例而其兩則一匹也其十則五匹也一匹兩卷故曰兩十卷亦然
矣或曰兩爲兩匹十爲十匹者誤矣〇問古人納幣五兩只五匹耳恐太簡難行朱子曰計繁簡則
是以利言矣且吾儕無望於復古則風俗更敬誰變〇五禮儀幣用紬或布二品以上玄三纁二三
品至庶人玄纁各一

◆問名納吉今不能盡用(문명납길금불능진용)

古有六禮家禮略去問名納吉請期止用納采納幣親迎以從簡省今擬以問名倂入納采而以納吉請期倂入納幣以備六禮之目然惟於書辭之間略及其名而已其實無所增益也

⊙具書遣使如女氏女氏受書復書禮賓使者復命並同納采之儀 (구서견사여여씨여씨수서복서예빈사자복명병동납채지의)

禮如納采但不告廟(增解儀節儀禮納徵辭曰有先人之禮夫禮之行必稱先人恐亦當告廟○愚按士昏禮女家之筵几于廟六禮皆同而此云不告廟則女家亦必然矣是家禮損益之義)使者致辭改采爲幣從者以書幣進(便覽置書幣于卓上又擧幣置兩楹間)使者以書授主人主人對曰(云云)乃授書執事者受幣主人再拜使者避之復進請命主人授以復書餘並同

> 楊氏復曰昏禮有納采問名納吉納徵請期親迎六禮(方氏曰納采自我而名氏在彼故首之以納采而次之以問名此資人謀以達之也謀旣達矣則宜貴鬼謀以次之故又次之以納吉人謀鬼謀皆恊從然後納幣以徵之請日以期之親迎以成之故其序如此○程子曰豈有問名了而又卜苟卜不吉事可已耶若此等處難信○問古人納采後又納吉若卜不吉則如何朱子曰便休)家禮略去問名納吉止用納采納幣以從簡便但親迎以前更有請期一節有不可得而略者今以例推之請期具書遣使如女氏女氏受書復書禮賓使者復命並同納采之儀使者致辭曰吾子有賜命某旣申受命矣使某也請吉日主人曰某旣前受命矣(增解按本記此下有惟是三族之不虞一句註三族父昆弟已昆弟子昆弟不虞謂卒有死喪)惟命是聽賓曰某命某聽命於吾子主人曰某固惟命是聽(士昏禮註主人辭者陽唱陰和期日宜由夫家來也)賓曰某受命吾子不許某敢不告期曰某日(昏義註女氏固辭然後告期者賓主之義不敢先也)主人曰某敢不謹須餘並同

⊙서식을 갖춘 서찰(書札)을 사자에게 주워 여자 집으로 보내면 여자 집에서는 서찰을 받고 손님의 예를 갖추고 답서를 보낸다. 사자(使者)는 복명(復命)하기를 납채 때 의식과 모두 같게 한다.

납폐 의식은 모두 납채 때와 같다. 다만 사당에는 고하지 않는다. 사자는 다음과 같이 극진히 치사(致辭)를 하고 마치면 시종이 서함과 폐백을 사자에게 받친다. 사자가 서함을 주인에게 주면 주인은 다음과 같이 답사를 하고 서함을 받아 집사에게 주고 주인은 북향재배 한다. 이때 사자는 피하였다가 다시 나와 명을 청하면 주인은 답서를 준다. 이후는 모두 납채 때 의식과 같다.

⊙夙興主人以書告于祠堂(숙흥주인이서고우사당)(補)

陳設如常儀用盤子盛書及幣帛置香案上○家禮納幣不告廟按儀禮納徵辭曰有先人之禮儷安東帛夫禮之行必稱先人恐亦當告今補入

⊙(보)아침 일찍 일어나 주인은 서신을 사당에 고한다.

평상시와 같이 진설을 하고 서신과 폐백을 소반에 담아 향안 위에 올려 놓는다.

◆具書(구서)

丘儀書式忝親某郡姓某啓某郡某官尊親家執事(稱呼隨宜)伏承嘉命許以令女貺室僕之子某(若某親

之子某)加之卜占已叶吉垂玆有先人之禮敬遣使者行納徵禮謹涓吉日以請曰某日甲子實惟昏期可否惟命端拜以俟伏惟尊慈特賜鑒念不宣(若昏期尙遠去謹涓以下至以俟二十三字)年月日忝親某再拜○丘儀家禮納采納幣皆具書近世彌文往往過於騈儷今考大全集有回黃勉齋家啓雖用四六而辭意典雅因采以爲式然無聘啓謹以程伊川所作者補之○程伊川聘定啓伏以古重大昏盖將傳萬世之嗣禮稱至敬所以合二姓之歡顧族望之非華愧聲猷之不競不

量非偶妄意高門以某第幾男雖已勝冠未諧受室恭承賢閤第幾小娘子性質甚茂德容有光輒
緣事契之家敢有昏姻之願豈期謙厚遽賜允從穆卜良辰恭伸言定有少儀物具如別牋○文公
先生回啓摳衣問政凤仰吏師之賢受幣結昏玆喜德門之舊遠承嘉命良慰鄙懷令兄察院位第
四令姪直卿宣敎勵志爲儒久知爲已熹第二女子服勤女事殊不逮人雖貪同氣之求實重量材
之愧惟異日執箒以見倘免非儀則他年覆瓿之傳庶無隆失此爲欣幸曷可云喩○五禮儀具銜
姓名時維孟春(隨時改稱)台候(二品以上稱台候三品稱重候四品至六品通稱雅候七品以下
稱裁候)多福某之子某(若某親某之子某)年旣長成未有伉儷謹行納采之禮伏惟照鑒不宣年
月日

◉壻家告祠堂儀禮節次(서가고사당의례절차)

陳設如常儀用盤子盛書置香案上

序立(男左女右世爲一行詳見通禮)○盥洗○啓櫝○出主○復位○降神○主人詣香案前
○跪○焚香○酹酒(盡傾茅沙上)○俯伏興拜興拜興平身○復位○參神○鞠躬拜興拜
興拜興平身○主人斟酒○主婦點茶(畢二人幷拜)○鞠躬拜興拜興平身○主婦復
位(主人不動)○跪(主人以下皆跪)○讀祝○俯伏興平身(主人獨拜)○鞠躬拜興拜興平身
○復位○辭神(衆拜)○鞠躬拜興拜興拜興平身○焚祝文○奉主入櫝○禮畢

◉신랑 집 사당에 고하는 의례절차.

차서 대로 선다. (남자는 왼편 여자는 오른편으로 한 세대 한 열로 서되 통예편을 살
펴보고 그와 같이 한다) ○손을 씻는다. ○신주 독을 연다. ○신주를 내모신다. ○제
자리로 물러나 선다.

●행강신례.

주인은 향안 앞으로 간다. ○무릎을 꿇고 앉는다. ○분향한다. ○강신한다. (모사 위에
모두 기우려 따른다) ○부복하였다 일어나 재배 평신한다. ○제자리로 물러나 선다.

●행참신례.

국궁 사배 평신 한다. ○주인은 헌주(獻酒)한다. ○주부는 차를 따라 올린다. (마쳤으
면 두 사람은 같이 절을 한다) ○국궁 재배 평신한다. ○주부는 제자리로 물러나 선
다. (주인은 그 자리에 있는다) ○무릎을 꿇고 앉는다. (주인 이하 모두 무릎을 꿇고
앉는다) ○독축한다. ○부복하였다 일어선다. (주인만 절한다) ○국궁 재배 평신한다.
○제자리로 물러나 선다.

●행사신례.

(모두 절한다) ○국궁 사배 평신한다. ○축문을 불사른다. ○신주를 독에 받들어 넣는
다. ○예를 마친다.

◆告祠堂告辭式(고사당고사식)

　　　維
歲次某干支幾月干支朔幾日干支孝玄孫繼曾祖以下之宗隨屬稱某官某敢昭
　　告于
　顯高祖考某官府君
　顯高祖妣某封某氏曾祖考妣至考妣列書○非宗子之子則只告昏者祖先之位某之非宗
　　　子則此下當添某親某之四字子某若宗子自昏則去之子某三字已聘某官某郡某氏
　　之第幾女爲婦卜之叶吉今行納幣禮且以日期爲請曰某月某日甲子

吉宜成昏不勝感愴謹以酒果用伸虔告謹告若昏期尙遠去且以日期以下至宜
成昏十七字

◆사당 고사식.

세차 모 간지 기월 기일 효 현손 모관 모는 감히 공경하옵는 고조할아버님 모관 부
군과 고조할머님 모봉 모씨와 공경하옵는 증조할아버님 모관 부군과 증조할머님 모
봉 모씨와 공경하옵는 할아버님 모관 부군과 할머님 모봉 모씨와 공경하옵는 아버님
모관 부군과 어머님 모봉 모씨께 감히 밝혀 고하나이다. 모의 아들 모가 이미 모관인
모군 모씨의 몇째 여식에게 장가들기로 약조가 되여 며느리로 점을 쳐 궁합이 맞아
이제 납폐의 예를 행하고자 하오며 또 날을 받아 알리기를 모월 모일이 마땅하게 길
하여 혼례를 올리려 하오니 감모하여 비창함이 이보다 더할 수는 없사옵니다. 삼가
주과를 펴 올리며 삼가 고하고 삼가 고하나이다.

◆聘定啓(빙정계)

儀節按家禮納采納幣皆具書近世彌文往往過于騈驪今考大全集有回黃勉齋家啓雖用四六
而辭意典雅因采以爲式然無聘啓謹以程伊川所作者補之(按聘啓附以後賢所作回啓附文公
他作)○程伊川伏以古重大昏蓋將傳萬世之嗣禮稱至敬所以合二姓之歡顧族望之非華愧聲
猷之弗競不量非偶妄意高門以第幾男雖已勝冠未諧受室恭承賢閤第幾小娘子性質甚茂德
容有光輒緣事契之家敢有昏姻之願豈期謙厚遽賜允從穆卜良辰恭伸言定有少儀物具如別
牋○回啓朱文公回黃氏啓樞衣問政夙仰吏師之賢受帛結昏玆喜德門之舊遠承嘉命良慰鄙
懷令兄察院位第四令姪直卿宣敎厲志爲儒久知爲已熹第二女子服勤女事殊不逮人雖貪同
氣之求實重量材之愧惟異日執笄以見倘免非儀則他年覆瓿之傳庶無墜失此爲欣幸曷可喩
云○又回范氏啓兩翁抗議已偕許國之忠再世聯姻遂忝通家之好及玆幸會夫豈偶然伏承某
人詩禮有聞方謹好逑之擇而熹女德容未習亦期吉士之歸誤煩匪斧之求遽委儷皮之聘欽承
嘉命實重永懷雖唐虞世祿之榮莫容攀附然鴻燿素風之懿或可庶幾欣荷之私敷陳罔旣○愚
伏長子昏啓生男願有室固是父母之同情娶婦欲得賢蓋爲宗祀之大計恭承嘉命慶叶靈著伏
惟詩禮家傳和柔閨範酒醬籩豆之敎自有齊不出之年榛栗棗脩之儀命以順毋怠之事僕之第
一子某年方在冠職是承家同氣之求不待良媒而定先人之禮敬遣從弟以將○同春昏啓易貴
乾坤詩首關雎生民之始萬福之源某之子某年至弱冠未有嘉配伏承尊命許以令女旣室玆卜
吉日謹以奉幣○尤菴昏啓蟬聯世家仰風聲而馳義鹿皮舊典敷直信而紹嘉恭陳鄙辭冀垂盛
念伏惟尊令女德容方著將期吉士之求某之子某學業未成猥叶匪斧之議雖唐虞世祿之懿莫
容攀援然朱陳素風之休庶幾承應其爲欣賀罔盡輸傾○尤庵答人曰書式用儀節所載固無不
可然以執事文獻而不用程朱四六之式有嫌於沽

◉書進儀禮節次(서진의례절차)

賓至女家門外媒氏先入告主人執事者陳禮物于大門內用盤子盛書函置卓子上
賓至○請迎賓(主人出門外迎賓)○主人揖請行(主人擧手作揖遜狀請賓行凡二次主人先登東
階賓登西階非宗子之女則其父位主人之右尊則少進卑則少退)○升堂(東西相向立)○揖平身(賓
至相唱喏)○陳書幣(執事者擧書案于廳上禮物陳庭中納帛有幣帛則以置階前或卓子上)○賓主
各就坐(主賓俱坐)○奉茶(執事者以茶進啜訖)○賓興主人亦起進書(執事者以書授賓賓以奉
主人)○主人受書(受以授執事者北向拜)○鞠躬拜興拜興平身(賓避席屛立不敢○此拜乃謝書
非拜)○請賓就次

◉서함을 전하는 의례절차.

손님이 여자 집 대문밖에 도착하면 매씨가 먼저 들어가 주인에게 알리고 집사자는

예물을 대문 안에 진열하고 소반에 서함을 담아 탁자에 올려 놓는다. ○손님이 도착한다. ○손님을 영접하여 들인다. (주인은 대문 밖으로 나가 손님을 맞이한다) ○주인은 읍을 하고 들기를 청한다. (주인은 손을 들어 겸손한 태도로 읍을 하고 손님에게 들기를 무릇 두어 차례 청하고 주인이 먼저 동쪽층계로 오르면 손님은 서쪽층계로 오른다. ○종손의 여식이 아니면 그의 아버지의 자리는 주인의 오른쪽에서 수상(手上)이면 앞으로 조금 나가 서고 수하면 조금 뒤로 물러나 선다) ○당으로 오른다. (동쪽과 서쪽으로 서로 마주하여 선다) ○읍을 하고 허리를 굽혀 인사를 한다. (도착한 손님과 서로 인사를 한다) ○서찰과 폐함을 올린다. (집사자는 서함 탁자를 들어 청사위로 올리고 예물을 진열하되 비단이 있으면 뜰 안으로 들여놓는데 폐백은 층계 앞에 혹 탁자 위에 놓기도 한다) ○손님과 주인은 각각 앉는다. (주인과 손님은 다같이 앉는다) ○차를 올린다. (집사자는 차를 올린다. 다 마셨으면) ○주인은 일어서고 빈(賓) 역시 일어나서 서함을 준다. (집사자가 서함을 손님에게 주면 손님은 주인에게 받친다) ○주인은 서함을 받는다. (서함을 받아 집사자에게 주고 북쪽으로 향하여 절을 한다) ○국궁 재배 평신한다. (손님은 자리를 피하여 물러나서 있어야지 감히 절을 하여서는 아니 된다. ○이 절은 곧 서함에 감사하다는 절이 아니다) ○손님을 처소로가기를 청한다.

◆使者致辭(사자치사)

吾子有惠貺室某也壻名某壻名之某親某官有先人之禮使者某使名請納幣

◆사자치사(使者致辭)

오자(吾子)께서 은혜롭게 베푸심이 있어 모의 아내로 주시니 모의 모친 모관 선조의 예법이 있어 사자(使者) 모가 납폐를 청하옵니다.

◆主人答辭(주인답사)

吾子順先典貺某重禮某不敢辭不承命

◆주인답사.

오자께서 선대의 법식에 따라 많은 예물을 주시니 감히 사양할 수 없사와 받들지 않을 수 없사옵니다.

◆壻家書式(서가서식)

忝親某郡姓某啓
某郡某官尊親家執事稱呼隨時伏承
嘉命許以
令女貺室僕之某若某親之子某加之卜占已叶吉兆玆有先人之禮敬遣使者行納幣禮謹涓吉日以請曰某日甲子實惟昏期可否惟命端拜以俟伏惟
尊慈特賜
鑒念不宣若昏期尙遠去謹涓以下至以俟二十二字

　　　　　　　　　　年　月　日　　　　　　忝親姓某再拜

◆서가(壻家) 혼서식.

첨친(忝親)인 모군에 사는 모가 모군에 계시는 모관 존친(尊親) 댁 집사께 엎드려 글월을 올리나이다. 훌륭하게 가르치신 영애(令愛)를 저의 자식 모의 아내로 주시기를 허락하였사옵니다. 뿐만 아니오라 이미 점괘가 길조(吉兆)이드니 맞았사오며 이에 선대(先代)의 예법이 있어 삼가 사자(使者)를 보내어 폐백의 예를 행하오며 삼가 길일을 택한 날짜가 모년 모월 모일로 청하옵니다. 살피시어 혼인 날짜의 가부를 정하여 주옵소서. 오직 좋은 날로 하명하여 주시기를 굽어 기다리겠나이다. 엎드려 생각하옵건대 높으신 사랑으로 굽어 살펴 주옵소서. 거울삼아 생각하며 드릴 말씀은 많사오나 이만 줄이나이다.

◈皮封式(피봉식)

上狀
某郡某官尊親執事

忝親姓某謹封

⊙遂奉書以告于祠堂(수봉서이고우사당)(補)
陳設如常儀用盤子盛書及幣帛置卓子上餘物陳庭中

⊙혼서지를 받들어 사당에 고한다.
일상 의례와 같이 진설을 하고 혼서지와 폐백을 소반에 담아 탁자 위에 두고 나머지 물품은 뜰 가운데 진열한다.

⊙女家告祠堂儀禮節次(여가고사당의례절차)
陳設如常儀用盤子盛書置香案上
序立(男左女右世爲一行詳見通禮)○盥洗○啓櫝○出主○復位○降神○主人詣香案前○跪○焚香○酹酒(盡傾茅沙上)○俯伏興拜興拜興平身○復位○參神○鞠躬拜興拜興拜興拜興平身○主人斟酒○主婦點茶(畢二人幷拜)○鞠躬拜興拜興平身○主婦復位(主人不動)○跪(主人以下皆跪)○讀祝○俯伏興平身(主人獨拜)○鞠躬拜興拜興平身○復位○辭神(衆拜)○鞠躬拜興拜興拜興拜興平身○焚祝文○奉主入櫝○禮畢

⊙사당에 고하는 의례절차.
차서 대로 선다. (남자는 왼편 여자는 오른편으로 한 세대 한 열로 서되 통례편을 살펴보고 그와 같이 한다) ○손을 씻는다. ○신주 독을 연다. ○신주를 내놓는다. ○제자리로 물러 나선다.
●행강신례.
주인은 향안 앞으로 간다. ○무릎을 꿇고 앉는다. ○분향한다. ○강신한다. (모사 위에 모두 기우려 따른다) ○부복하였다 일어나 재배 평신한다. ○제자리로 물러나 선다.
●행참신례.
국궁 사배 평신 한다.
●행헌주례.
주인은 헌주한다. ○주부는 차를 따라 올린다. (마쳤으면 두 사람은 같이 절을 한다) ○국궁 재배 평신한다. ○주부는 제자리로 물러나 선다. (주인은 그 자리에 있는다) ○무릎을 꿇고 앉는다. (주인 이하 모두 무릎을 꿇고 앉는다) ○독축한다. ○부복하였다 일어선다. (주인만 절한다) ○국궁 재배 평신한다. ○제자리로 물러나 선다.
●행사신례.
(모두 절한다) ○국궁 사배 평신한다. ○축문을 불사른다. ○신주를 독에 받들어 넣는다. ○예를 마친다.

◆女家祠堂告辭式(여가사당고사식)

維

歲次干支幾月干支朔幾日干支孝玄孫_{屬稱隨改見上告式}某官某敢昭告于

　　顯高祖考某官府君

　　顯高祖妣某封某氏_{列書見上告式○非宗子之女則只告昏者祖先之位某之非宗子之女則}

　　　此下當添某親某之四字第幾女某已許某官某郡某氏之子爲昏今日報吉且

　　　行納幣因以期日爲請曰某月某日甲子吉宜成昏不勝感愴謹以酒果

　　　用伸虔告謹告_{昏期尙遠去因以至宜成昏十七字}

⊙女氏受書復書禮賓(여씨수서복서예빈)_{(補)儀節}

並同納采

⊙신부집에서는 혼서지를 받고 손님에게 예를 베푼다.

모두 납채 때 의식과 같다.

⊙送賓儀禮節次(송빈의례절차)

主人告祠堂畢出見賓

各就位(主賓東西對坐如前)○復書(執事者以書進主人主人以奉賓)○受書(賓受之以授從者主人曰)○敢備薄禮請禮從者(賓曰)○敢辭(主人固請賓曰)○敢不從命鞠躬拜興拜興平身(賓拜主人主人答拜)○各就位(主人就東階客就西階俱北面)○主人獻酒(主人降階酌酒至賓席前奉酒于賓賓趍席末主人以揖送酒賓趍席末受之而揖且遍揖坐客而後飲如常儀飲畢復揖主人主人報之)○賓酢酒(賓降階酌酒以奉主人如前儀飲畢主人以盞置卓子上)○請升席(主人自席末先升賓次升媒氏及陪席者以次皆升坐)○執事者行酒(或三行五行隨意)○進饌(或三或五如俗)○奉幣○賓謝主人賓出席○鞠躬拜興拜興平身主人答拜○送賓至門外○揖平身主人拱俟賓上馬

⊙손님과 작별하는 의례절차.

주인은 사당에 고하기를 마치고 나와 손님을 만난다. ○각각 자리로 간다. (주인과 손님은 동서로 나뉘어 앞과 같이 면대하여 앉는다) ○답서를 준다. (집사자가 서신을 주인에게 드리면 주인은 답서를 손님에게 준다) ○답서를 받는다. (손님이 답서를 받아 종자에게 주면 주인이 말하기를) ○감히 종자에게 박주(薄酒)가 준비 되었사옵니다. (손님이 대답하기를) ○감히 사양하겠나이다. (주인이 거듭 청하면 손님이 말하기를) ○감히 말씀을 따르지 않을 수 있겠사옵니까. 라 하며 국궁 재배 평신한다. (손님이 절을 하면 주인은 답배한다) ○각각 제자리로 간다. (주인은 동쪽층계로 가고 손님은 서쪽층계로 가서 다 같이 북쪽으로 향한다) ○주인은 술을 따라 올린다. (주인은 층계로 내려가 술을 따라 들고 손님의 자리 앞으로 가서 술을 손님에게 주면 손님은 자리 끝으로 급히 간다. 주인이 술을 건네주고 읍을 하면 손님은 자리 끝에서 술을 빨리 받아 들고 읍을 한다. 또 두루 미치게 읍을 하면 손님은 앉아 마시기를 평상시 의례와 같이한다. 마시기를 마쳤으면 주인에게 다시 읍을 하고 주인에게 그와 같이 한다) ○손님은 술을 주인에게 돌린다. (손님이 층계 아래로 내려가 술을 따라 주인에게 앞의 의식과 같이 바친다. 주인은 술을 다 마셨으면 잔을 탁자 위에 놓는다) ○자리로 오를 것을 청한다. (주인은 말석으로 먼저 오르고 손님이 다음으로 오르며 매씨와 배석자들이 다음으로 올라 모두 앉는다) ○집사자는 술을 돌려 가며 모두 따른다. (혹

삼 순배 혹 오 순배 등 주량에 따른다) ○찬을 올린다. (혹 삼 회, 오 회, 시속에서와 같이한다) ○폐백을 준다. ○손님이 사의를 표한다. (주인과 손님은 자리에서 나간다) ○국궁 재배 평신한다. (주인은 답배한다) ○손님을 환송한다. (대문 밖에 이른다) ○몸을 굽혀 읍을 한다. (주인은 양손을 마주하여 쥐고 기다리며 손님은 말에 오른다)

◈復書式(복서식)

僉親某郡姓某啓

某官某郡尊親家執事伏承

嘉命委禽寒宗顧惟弱息敎訓無素切恐不堪姑姉妹則去顧惟以下十二字卜

旣叶吉僕何敢辭玆又蒙順先典貺以重禮辭旣不獲敢不重拜若夫昏

期惟命是聽敬備以須伏惟

尊慈特賜

鑒念不宣若昏期尙遠去若夫昏期至敬備以須十二字

　　　　　　　　　　　　某年某月某日　　　　　　　　僉親某再拜

◈답서.

첨친(僉親)인 모군의 모가 모군 모관 존친(尊親) 집사께 부복하고 받들어 아뢰옵나이다. 훌륭하신 분부를 입사와 한미(寒微)한 집안이온 데 혼사(昏事) 일을 뜻대로 하게 맡겨주시니 크게 용기가 나옵니다. 나이 어린 여식을 돌이켜 볼 때 본래가 가르친바 없어 온통 감당하지 못할까 심히 두렵사옵니다. 혼사 날은 이미 점을 쳤다 하오니 따를 뿐이오며 제가 어찌 핑계가 있겠사오며 이에 또 선대의 예도가 있어 중한 예물을 주시오니 사양할 수 없사오며 감히 거듭 인사 드리옵나이다. 정하여 주신 혼사 날을 따를 뿐으로 오직 하명에 삼가 따름에 미리 준비하고 기다리겠나이다. 엎드려 생각하옵건대 높으신 사랑을 받았사와 이를 거울 삼아 항상 생각 하겠사옵니다. 드릴 말씀은 많사오나 이만 줄이나이다.

◉使者復命並同納采之儀(사자복명병동납채지의)儀節

並同納采

◉심부름간 자가 돌아와 복명하기를 납채 의식과 모두 같게 한다.

모두 납채 때 의식과 같게 한다.

◉復命儀禮節次(복명의례절차)

賓至門外壻氏主人出迎

揖平身(問勞隨俗)○升堂○各就位坐訖○奉茶畢○興各起○進書(從者以書進賓以奉主人)○受書(主人受書以授從者補)○鞠躬拜興拜興平身(主人再拜賓退避)○聽賓就次(今所以補此者蓋以女氏受壻家之書旣再拜而壻家受女家之書不拜可乎)

◉사자(使者)가 돌아와 아뢰는 의례절차.

사자가 대문밖에 도착하면 사위 집 주인은 나와 영접한다. ○읍하고 평신 한다. (속례에 따라 노고를 묻는다) ○당으로 오른다. ○각각 자리로 간다. (앉았으면) ○차를 올린다. (마쳤으면) ○일어선다. (각각 일어선다) ○서찰을 준다. (종자가 서찰을 받치면 주인에게 드린다) ○서찰을 받는다. (주인은 서찰을 받아 종자에게 준다) ○국궁 재배 평신한다. (주인이 재배할 때 사자는 물러나 피한다.) ○사자를 처소로 가기를 청한다. (이것들을 보입(補入)한 까닭은 곧 어찌 여자 집에서는 사위 집 서찰을 받고 이미 재배를 하였는데 사위 집에서는 여자 집 서찰을 받고 절을 하지 않는 것이 옳겠는가)

⊙壻氏主人復以告于祠堂(서씨주인복이고우사당)(補)

以盤子盛所奉書置香案上

⊙신랑 집 주인은 신부 집 답장을 받들고 사당에 고한다.

답서를 소반에 담아 받들어 들고 사당으로가 향안 위에 올려 놓는다.

⊙壻家告于祠堂儀禮節次(서가고우사당의례절차)

陳設如常儀用盤子盛書置香案上

序立(男左女右世爲一行詳見通禮)○盥洗○啓櫝○出主○復位○降神○主人詣香案前○跪○焚香○酹酒(盡傾茅沙上)○俯伏興拜興拜興平身○復位○參神○鞠躬拜興拜興拜興平身○主人斟酒○主婦點茶(畢二人幷拜)○鞠躬拜興拜興平身○主婦復位(主人不動)○跪(主人以下皆跪)○告辭曰某之子某(若非宗子則某親之子某)聘定某郡某官之女爲婦今日行納幣禮畢將以某月某日成昏敢告敢告○俯伏興平身(主人獨拜)○鞠躬拜興拜興平身○復位○辭神(衆拜)○鞠躬拜興拜興拜興平身○焚祝文○奉主入櫝○禮畢(若昏期尙遠去將以以下成昏八字)儀節按家禮於昏之六禮止用其三愚合問名於納采而以納吉請期附納幣以備六禮之數若是人家納幣未卽親迎者遂以期日爲請失之太早宜如附註別行請期一節爲是儀節凡具書受書復書禮賓復命告祠堂並同紬采(祝文)並同納幣但男家則去其中卜之叶吉四字及改今爲旣改且爲將女家則去其中日報旨且行納幣因八字其餘並同(書式)並同納幣但男家書中去加之卜占已叶吉非玆有先人之禮十四字改敬字作今字女家書中去顧惟弱息至重拜若夫四十字惟云旣蒙貺以嘉幣今定昏期惟命是聽敬備以須伏惟以下並同(告辭)中去今日行納幣禮畢七字餘並同

⊙사당에 고하는 의례절차.

차서 대로 선다. (남자는 왼편 여자는 오른편으로 한 세대 한 열로 서되 통례편을 살펴보고 그와 같이 한다) ○손을 씻는다. ○신주 독을 연다. ○신주를 내놓는다. ○제자리로 물러나 선다.

●행강신례.

주인은 향안 앞으로 간다. ○무릎을 꿇고 앉는다. ○분향한다. ○강신한다. (모사 위에 모두 기우려 따른다) ○부복하였다 일어나 재배 평신한다. ○제자리로 물러나 선다.

●행참신례.

국궁 사배 평신 한다.

●행헌주례.

주인은 헌주한다. ○주부는 차를 따라 올린다. (마쳤으면 두 사람은 같이 절을 한다) ○국궁 재배 평신한다. ○주부는 제자리로 물러나 선다. (주인은 그 자리에 있는다) ○무릎을 꿇고 앉는다. (주인 이하 모두 무릎을 꿇고 앉는다) ○독축한다. ○고하기를 모의 아들 모가 모군 모관의 여식과 혼인하기로 약정한 며느리를 위하여 금일 납폐의 예를 마치고 앞으로 모월 모일에 혼인을 이루게 되었사와 감히 고하나이다. ○부복하였다 일어선다. (주인만 절한다) ○국궁 재배 평신한다. ○제자리로 물러나 선다.

●행사신례.

(모두 절한다) ○국궁 사배 평신한다. ○축문을 불사른다. ○신주를 독에 받들어 넣는다. ○예를 마친다.

◆期日相議擇定(기일상의택정)

尤菴曰問名納吉古禮然矣丘儀有之然將不卜則問名不亦虛乎旣不卜則所謂納吉者何事也古人重卜筮必就於廟其禮甚嚴今人旣不知其法而所謂卜之者不過詢於索糈之盲人而曰卜云則近於誣矣故鄙家依家禮不用問名納吉之儀而惟日期則不可不相知故與女家相議擇定矣

◆六禮(육례)

補註問名問女氏之名將歸而卜其吉凶也納吉歸卜於廟得吉垂復使使者往告納徵者徵成也使使者納幣以成昏禮也請期者請成昏之期也餘見本註○士昏禮疏名有二種一者是名字之名三月之名是也一者是名號之名故孔安國以舜爲名鄭君目錄以曾子爲姓名亦據子爲名○楊氏復曰今按昏義問名疏曰問名者問其女之所生母之姓名故昏禮云爲誰氏言女之母何姓氏也(此說與儀禮疏義不同)○語類問古人納采後又納吉若卜不吉則如何曰便休○方氏曰采擇自我而名氏在彼故首之以納采而次之以問名此資人謀以達之也謀旣達矣則宜貴鬼謀以決之故又次之以納吉焉人謀鬼謀皆恊從矣然後納幣以徵之請日以期之親迎以成之故其序如此

제 4 절　친영(親迎)

朱子曰親迎之禮恐從伊川之說爲是近則迎於其國遠則迎於其館○今妻家遠要行禮一則令妻家就近處設一處却就彼往迎歸館行禮一則妻家出至一處壻卽就彼迎歸至家成禮○有問昏禮今有士人對俗人結姻士人欲行昏禮而彼家不從如何曰這也只得宛轉使人去與他商量但古禮也省徑人何故故一作苦不行

◆親迎(친영)

喪大記註迎逢也凡言迎者先之也若逆彼來而後往焉○楊氏復曰今按婦至主人揖入升自西階道婦入也夫先卽席婦尙立於尊西南面膝御沃盥交道其志而後贊者徹尊冪擧者出鼎入陳于阼階南載牲于俎設豆訖而後俎入又設對饌後布婦對席及贊者告饌具夫揖婦卽對筵皆坐夫正席於先婦布席於後者先後唱隨之義也又其序先祭而後食旣三飯卒食而後三酳一酳再酳用爵三酳用卺一酳以肝從再酳三酳無從其一酳也主人拜受爵贊戶內北面荅拜酳婦亦如之三酳禮成而後贊酌戶外尊以自酢奠爵拜皆荅拜卒爵拜皆荅拜興於是主人出婦復位主人出者將向房脫服也婦復位者婦人不宜出復入故因舊位而立也於是徹室中之饌設于房使御布婦席膝布夫席疏云前布同牢席夫在西婦在東示陰陽交會有斬也今乃夫在東婦在西易處者取陽往就陰男女各於其方

◆親迎遭喪(친영조상)

曾子問曰親迎女在途而壻之父母死則如之何孔子曰女改服(更其嫁時衣)布深衣(今擬用素服)縞總(以生白絹束髮)以趨喪如女在途而女之父母死則女反○丘文莊曰女已在途聞其父母死尙且反還其家今世乃有停喪嫁娶或因葬送昇歸者此何禮也○曾子又問曰如親迎女未至而有齊衰大攺之喪則如之何孔子曰男不入改服於外(更其親迎之服於門外之次)女入改服於內次(更嫁服於門內之次)然後卽位而哭○丘文莊曰疏曰曾子不問小功者雜記云小攺可以冠子取婦明小攺輕不廢昏禮待昏禮畢乃哭也又云此謂在途聞齊衰大攺廢昏禮若婦已揖遜入門內喪則廢外喪則行如冠禮也○又云除喪不復昏乎謂行禮時遭喪不能備除喪之後補行之也孔子曰祭過時不祭禮也又何反於初言祭重而昏輕重者過時尙廢輕者不復補可知

◉前期一日女氏使人張陳其壻之室(전기일일여씨사인장진기서지실)

世俗謂之鋪房(尤庵曰鋪房豈以鋪陳牀席而得名耶)然所張陳者但氈褥帳幔帷幬應用之物
(五禮儀衾褥用錦紬木綿)其衣服鎖之篋笥不必陳也○司馬溫公曰文中子曰昏娶而論財
夷虜之道也夫昏姻者所以合二姓之好上以事宗廟下以繼後世也今世俗之貪鄙者將
娶婦先問資裝之厚薄將嫁女先問聘財之多少至於立契約云某物若干某物若干(曲禮
陳註若如也未定之辭數始於一而成於十干字從一從十故言若干謂或如一或如十顔註食貨志云干箇
也謂當如此箇數意亦近之)以求售其女者亦有旣嫁而復欺紿負約者是乃馹儈賣婢鬻奴
之法豈得調之士大夫昏姻哉其舅姑旣被欺紿則殘虐其婦以攄其忿由是愛其女者務
厚其資裝以悅其舅姑者殊不知彼貪鄙之人不可盈厭資裝旣竭則安用汝女哉於是質
其女以責貨於女氏貨有盡而責無窮姑昏姻之家往往終爲仇讐矣是以世俗生男則喜
生女則戚至有不擧其女者用此故也然則議昏姻有及於財者皆勿與爲昏姻可也

⊙하루 전날 신부 집에서는 사람을 시켜 신랑이 있을 방을 갖춰 놓고 그 방을 신랑의 방으로 한다.

세속(世俗)에서는 신랑이 신부 집으로 친영(親迎)을 와 머물 처소를 포방(鋪房)이라 이른다. 그러한 곳에 베풀어 진열할 것은 다만 요를 펴고 장막(帳幕)을 치되 여러 폭을 이어 댄 휘장(揮帳)을 둘러치고 한 면을 휘장을 늘어트리고 위를 덮어 가린다. 경우에 따라 사용할 물품과 신랑의 의복상자는 자물쇠로 채워서까지 진열할 필요는 없다.

사마온공(司馬溫公)과 문중자(文中子) 말씀에 장가를 들고 시집을 가는데 재물을 논(論)하는 것은 오랑캐와 종들이나 하는 짓이다. 대저 혼인이란 두 성씨가 사이 좋게 합하여 행하는 일로서 위로는 종묘(宗廟)를 섬기고 아래로는 후세(後世)를 이어가는 것이니라.

요즘 세속에서 탐욕스럽고 비루(鄙陋)한 자들은 장차 장가들 때 먼저 재물과 혼수의 후박(厚薄)을 묻고 장차 시집갈 여자는 먼저 줄 재물의 다소를 묻고 심지어는 모 물 얼마 모물(某物) 얼마라 일러 약속을 굳게 세워 모와 팔기도 하느니라. 그 여자가 이미 약속한 물건을 가지고 시집을 가면 다시 약속을 어기고 속여 장사꾼에게 팔기도 하고 노비 법에 올려 여종으로 파니 어찌 사대부라 이름을 듣겠는가?

혼인함에 있어 시부모가 이미 속임을 당하였다면 그 며느리에게 잔인하고 포악하게 그 분노를 펼 것이니라. 이러하기 때문에 시부모가 좋아 하도록 그 여자는 재물과 차림을 후하게 하여 그 것으로 시부모를 기쁘게 하려 하나 류(類) 달은 저쪽을 알지 못함이며 욕심 많고 비루한 사람은 만족함이란 불가능 한 것이니 재물과 차림이 다 없어지면 너 이 계집아 어디에 썼느냐 이같이 질책하며 그 여자에게 돈을 요구하니 여자의 있는 돈이 다 하였음에도 요구는 한이 없기 때문에 혼인한 집들이 왕왕 종말에는 원수가 되기도 하느니라. 대저 세속에서는 아들을 낳으면 기뻐하고 딸을 낳으면 괴롭히 까지 이르러 또 그 여자는 일어나지 못하다 이로서 죽느니라. 그렇다면 혼인을 논의함에 있어서 재물이 미치는 곳이 모두 없을 때 더불어 혼인함이 옳을 것이니라. 하셨느니라.

◆鋪房(포방)

書儀古雖無之然今世俗所用不可廢也○尤菴曰鋪房豈以鋪陳牀席而得名耶

◆馹儈(장쾌)

韻會馹子郎切儈古外切郭泰曰段干木晋國之大馹卒爲魏之名賢註馹會也合兩家之賣買後
漢獨行傳王君公儈牛自隱註儈平會兩家賣買之價也又貨殖傳馹儈註會二家交易者又曰馹

馬儈也○儀節駔子助切儈音膾

◆若干(약간)

曲禮陳註若如也未定之辭數始於一而成於十干字從一從十故言若干謂或如一或如十顏註食貨志云干箇也謂當如此箇數意亦近之

⊙厥明壻家設位于室中(궐명서가설위우실중)

設倚卓子兩位東西(便覽壻東婦西)相向蔬果盤盞匕筯如賓客之禮(儀節卓子列食品如常○五禮儀饌品不過七果庶人隨宜或五果)酒壺在東位之後(士昏禮尊于室中北墉下有禁玄酒在西絺冪加勺皆南枋)又以卓子置合巹一於其南又南北設二盥盆勺於室東偶(便覽帨巾在盥北○增解按士昏禮疏曰南北有二洗云則蓋爲壻婦盥而設於南北矣然則東字疑是兩字之誤儀節刪東字)又設酒壺盞注於室外(士昏禮尊于房戶之東無玄酒篚在西)或別室以飮從者○巹音謹以小匏一判而兩之

⊙그 다음날 날이 밝으면 신랑 집에서는 방 가운데에 예를 갖출 자리를 설치한다.

의자와 탁자를 놓되 동편에 신랑의 자리를 서편에 신부의 자리를 설치해서 동서로 마주보게 한다. 소채와 과실과 잔반 수저를 손님 접대하는 예처럼 한다. 술병은 동편에 놓고 현주는 술병 서쪽에 놓으며 또 탁자에 합근잔(合巹盞) 즉 신부와 신랑이 나눠 술을 마실 표주박을 둘로 나눈 바가지를 그 남쪽에 놓는다. 또 남북으로 세수대야와 물을 뜰 적은 그릇을 방의 동쪽 귀퉁이에 놓되 수건을 세수대야 북쪽으로 놓는다. 또 술병과 술잔과 주전자를 실외 또는 별실에 둬 시종들이 마시게 한다. ○근(巹)이란 적은 박을 두 쪽으로 나눈 것을 말한다.

◆壻家設位(서가설위)

士昏禮期初昏陳三鼎于寢門外東方北面北上其實特豚合升去蹄擧肺脊二祭肺二魚十有四腊一肫髀不升皆飪設扃鼏(註)期取妻之日鼎三者升豚魚腊也寢壻之室也特猶一也合升合左右胖升於鼎擧肺脊者食時所先擧肺者氣之主周人尙焉脊者體之正食時祭之二者夫婦各一凡魚之正十五而減一爲十四欲其敵偶腊兎腊肫或作腒全也飪熟也扃所以扛鼎鼏覆之髀爲脾鼏亡狄反○饌于房中醢醬二豆葅醢四豆兼巾之黍稷四敦皆蓋大羹湆在爨(註)醢醬以醢和醬巾爲禦塵蓋爲尙溫大羹湆煮肉汁也太古之羹無塩菜爨火上敦音對(疏)敦皆有蓋者飯宜湆○又尊于室中北墉下有禁玄酒在西絺冪加勺皆南枋(註)禁所以庪甒者玄酒不忘古也絺粗葛今文枋作柄○又尊于房戶之東無玄酒篚在南實四爵合巹(註)無玄酒略之也夫婦酌於內尊其餘酌於外尊四爵兩巹凡六爲夫婦各三酳一升曰爵

◆東西相向(동서상향)

南溪曰倚者壻婦之位也或陳而不用○愚按大全趙壻親迎禮亦設倚卓恐倚卽坐倚卓卽設饌卓也據朱子說今人有倚子若對賓客時合當垂足坐又據居家雜儀灑掃室堂說倚卓之文及葬禮下帳註牀帳茵席倚卓之類象平生而小之文則古者饗賓賓主皆坐倚設卓而平日所用者故昏禮壻婦就坐飮食時亦皆坐於倚而設饌於卓耳書儀亦云設倚卓各二東西相向置盃匕著蔬果於卓上云耳大全亦然○儀節卓子列食品如常○五禮儀饌品不過七果庶人隨宜或五果

◆設蔬果設饌(설소과설찬)

問或有中設一牀對坐成禮者如何退溪曰似非禮意壻東婦西當各用饌牀○愚按士昏禮陳三鼎于門外饌于房中待壻婦入室同牢之時設饌及俎於壻婦前(詳在下)略似特牲少牢等祭禮而與曲禮生人進食之禮絶不同矣家禮此條先設蔬果於卓上而其下就坐飮食條乃曰斟酒設饌何耶竊以禮意推之恐亦是朱子從家禮中祭禮先設蔬果後進饌之規也今以壻卓西向者言之先設蔬果於卓子西端果居外行蔬居次行盤盞匕筯及醢醬設於東端匕筯居中待壻婦就坐

飲食之時設魚肉米麵食羹飯(有匕**筯**則有羹飯明矣)一衣祭禮進饌之規而但如士昏禮右羹
矣婦卓亦如之是所謂設饌也或謂設饌倣祭禮非嘉慶之禮所宜也且此旣曰如賓客之禮云則
尤豈可倣祭禮也曰子未考士昏禮疏耶其陳饌條疏曰祭時祭肺擧肺俱有魚皆十五生人唯有
擧肺七魚今此得有二肺魚十五者記論取婦玄冕齊戒鬼神陰陽也故與祭禮同又同牢條疏曰
移黍席上從祭祀法云云則家禮之倣祭禮立文者朱子豈無所據耶又安知當日賓客之禮所設
亦皆如是耶(又按)下婦饋舅姑條亦先設蔬果後薦饌與此同恐此卽是當日饋饗間常行之禮
而因以爲祭禮故朱子亦循俗而著之於家禮之祭禮耳然則當日賓客之禮與祭禮本非有二致
也且古禮則倣祭法而設昏饌家禮則象饋饗(卽昏饌)而制祭法此又不同處也然則尤豈有嘉
慶不宜之嫌也丘氏未達而改此條曰卓子列食品下條曰擧饌案于壻婦前云則其失朱子之意
大矣但其饌品則士昏禮本減於特牲少牢等禮則此亦不必如時祭等禮之盛也然此亦臆見何
敢質言謹書所疑以俟知者

◆室中交拜(실중교배)

問凡大禮皆行於堂而此設位獨於室何也南溪曰初昏親迎之禮自當行於室中恐非冠禮之比
○愚按古嘉禮行於廟者則必在堂如冠禮及昏之納采以下諸禮是也若行於寢者則必在室同
牢禮是也故家禮從之

◉壻家設位之具(서가설위지구)

(席)卽地衣○석. 즉 땅 위에 자리. (椅)二卽坐交椅俗用方席○의 2. 즉 교의. ○세속의 방석.
(交拜席)設於卓南○교배석. (卓)三二設同牢饌一置卺桮○탁 3. 즉 둘은 교배 찬 상 하나는
합근배 상. (燭臺)二俗用紅燭○又用紅羅炷○촉대 2. 홍등용. (果)五禮儀不過七果庶人隨宜或
五果○과. 즉 과실. 일곱 가지나 다섯 가지. (蔬)幷二分○소. 즉 소채 2인분. (酒甁)○주병.
즉 술병. (玄酒甁)○현주병. 즉 정화수병. (禁)卽架用以安甁者○금. 즉 병 시렁. (酒注)○주
주. 즉 주전자. (盞盤)用以爲初酌再酌者○잔반. (卺桮)用以爲第三酌者俗或承以小盤○家禮本
註以小匏一判而兩之○근배. ○두 쪽으로 나눈 표주박. (匕筯楪)二○비저접 2. 즉 수저 대접.
(盥盆)二有臺屑及婦所盥○관분 2. 즉 세수대야. (勺)二○작 2. 즉 국자. (帨巾)二有架○세
건 2. 즉 수건. (酒甁)○주병. 즉 술병. (盞盤)○잔반. 즉 술잔. ○幷飮從者之具

◉女家設次于外(여가설차우외)

門外次(以帟幕設於大門外之西)

◉신부 집에서는 신랑이 머무를 처소를 밖에 설치한다.

문밖 처소는 대문 밖 서쪽으로 장막을 설치한다.

◆設次(설차)

便覽以帟設於大門外之西○增解按卽大門外壻所入俟之次古禮則無之

◉初昏壻盛服(초혼서성복)

世俗新壻帶(帶書儀作戴)花勝擁蔽其面殊失丈夫之容體勿用可也

朱子曰昏禮用命服及是古禮如士乘墨車而執鴈皆大夫之禮也冠帶只是燕服非所以重正昏禮不若
從古之爲正○黃氏端節曰士昏禮謂之攝盛蓋以士而服大夫之服乘大夫之車則當執大夫之贄也

◉초저녁에 신랑은 성복을 한다.

세속에서는 신랑의 얼굴을 화승(化勝)으로 둘러 가리는데 장부의 용모와 자태를 크게
잃는 것이니 사용치 않는 것이 옳다.

◆初昏(초혼)

鄭康成曰日入三商爲昏疏商謂商量是漏刻之名故三光靈曜亦日入三刻爲昏不盡爲明(按)
馬氏云日未出日沒後皆云二刻半前後共五刻今云三商者據整數而言其實二刻半也○士昏
禮記禮凡行事必用昏昕(註)用昕使者用昏壻也(疏)用昕使者謂男氏使向女家納采問名納吉
納徵請期五者皆用昕卽明之始君子擧事尙早故用朝旦也用昏壻也者謂親迎時也○程子曰
禮雖曰初昏然當量居之遠近

◆壻盛服(서성복)

士昏禮主人爵弁纁裳緇袘從者畢玄端乘墨車從車二乘(註)主人壻也壻爲婦主爵弁而纁裳
玄冕之次大夫以上親迎冕服冕服迎者鬼神之鬼神之者所以重之親之纁裳者衣緇衣不言衣
與帶而言袘者空其文明其與袘俱用緇袘謂緣袘之言施以緇緣裳象陽氣下施從者有司也乘
貳車從行者也畢猶皆也(疏)冕服迎者鬼神之鬼神之者所以重之親之者郊特牲文象陽氣下
施者男陽女陰男女相交接示行事有漸故云士雖無臣其僕隷皆曰有司乘貳車從壻大夫以下
有貳車士無貳車亦是攝盛也○五禮儀有職者不拘時散公服文武兩班子孫與及第生員紗帽
角帶庶人笠子絛兒其不能備紗帽角帶者笠子絛兒亦可衣服皆用綿紬木綿

◆花勝(화승)

司馬相如傳西王母皬然白首戴勝而穴處註勝婦人首飾也漢代謂之華勝○荊楚歲時記人日
剪綵爲花勝以相遺後人因以帖首以爲飾

◆用命服乘墨車(용명복승묵거)

春官再命受服(註)謂受玄冕之服列國之大夫再命於子男爲卿卿大夫自玄冕以下如孤之服
王之中士亦再命則爵弁服也○補註按儀禮士昏親迎主人爵弁乘墨車註士而乘墨車攝盛也
疏大夫以上自祭用朝服助祭用玄冕士家自祭用玄端助祭用爵弁今士親迎用爵弁是用助祭
之服以爲攝盛則卿大夫親迎當用玄冕攝盛也天子諸侯尊不攝盛宜用家祭之服以迎則天子
當服袞冕而五等諸侯皆玄冕周禮巾車王之車有玉輅金輅象輅革輅木輅諸侯自金輅以下孤
乘夏篆卿乘夏縵大夫墨車士棧車庶人役車今士乘墨車則庶人當乘棧車大夫乘夏縵卿乘夏
篆天子諸侯亦不假攝盛矣

◉主人告于祠堂(주인고우사당)

如納采之儀祝版(云云)○若宗子自昏則自告

朱子曰儀禮雖無娶妻告廟之文而左傳曰圍布几筵告於莊共之廟是古人亦有告廟之禮問今婦人入
門卽廟見蓋擧世行之近見鄕里諸賢頗信氏先配後祖之說後世紛紛之言不足據莫若從古爲正否曰
左氏固難盡信然其後說親迎處亦有布几筵告廟而來之說恐所謂後祖者譏其失此禮耳

◉주인은 사당에 고한다.

납채 의식과 같으며 축식은 다음과 같다. ○만약 종자 자신의 혼인이면 자신이 고한
다.

◆先配後祖(선배후조)

問婦當日廟見非禮否朱子曰固然溫公如此是取左氏先配後祖之說豈可取不足憑之左氏而
棄可信之儀禮乎○問先配後祖一段更沒分曉朱子曰便是他記禮皆差某嘗言左氏不是儒者
只是箇曉事該博會做文章之人○尤菴曰頗信左氏先配後祖之說云者蓋謂鄕里諸賢信左傳
所譏鄭忽先配後祖之說也今居甫之問無所譏二字故使人難曉蓋左傳陳鍼子所譏之意則以
爲鄭忽將以親迎而來陳也不先告於祖廟而徑來逆婦是爲先配後祖云而諸賢錯認此文以爲
鄭忽自陳迎婦而歸不先告於祖廟而徑與婦爲配故鍼子譏之也遂因以迎婦入門卽廟見爲禮
也先生所答之說以爲左氏他說固難盡信然此說則有據其後說親迎處有楚圍布几筵告廟來
鄭之文則今鍼子所譏鄭忽者似指將行之時不告廟而不指已歸後不告也此則左氏不爲無據

也據左傳則楚圍事在鄭忽後故云其後也○儀節左傳鄭公子忽如陳逆婦嬀陳鍼子送女先配
而后祖鍼子曰是不爲父母誣其祖矣非禮也何以能育註逆迎也嬀陳姓也今世俗新婦入門卽
先拜祖而後成昏往往擧此以籍口朱子曰此說與儀禮不同疑左氏不足信或所據者當時之俗
禮而言非先王之正法也又曰恐其所謂後祖者亦譏其先失布几筵告廟之禮耳儀節按爲(爲一
作嬀)氏謂鍼子初譏自謂鄭忽當迎婦不先告廟註家引公子圍告時公之廟而後行爲証卽非婦
入門時事

⊙壻家告于祠堂儀禮節次(서가고우사당의례절차)

主人以下盛服○序立(男左女右世爲一行詳見通禮)○盥洗○啓櫝○出主(主人出考主主婦
出妣主)○復位(主婦以下先降復位)○降神(執事者洗手上階開瓶實酒于注一人奉注詣主人右一
人執盞盤詣主人左)○主人詣香案前跪○焚香(旣焚香畢右執事者跪進酒注左執事者亦跪以盞
盤向主人主人受注斟酒于盞反注于右執事者取盤盞自捧之二執事者皆起)○酹酒(主人左手執盤右
手執盞盡酹茅沙上畢置盞香案上)○俯伏興(少退)○鞠躬拜興拜興平身○復位○參神(主人
以下凡在位者皆拜)○鞠躬拜興拜興拜興拜興平身○主人斟酒(主人升自執酒注斟酒于逐位
神主前空盞中先正位次祔位次命長子斟諸祔位之卑者畢主人稍後立)○主婦點茶(主婦執瓶斟茶
于各正祔位前空盞中命長婦長女斟諸祔位之卑者畢主婦退與主人並立拜)○鞠躬拜興拜興平身
○復位(主人不動)○跪(主人跪)○讀祝(畢)○俯伏興平身○復位○子將親迎見(壻立兩階
間拜)○鞠躬拜興拜興拜興拜興平身○復位○辭神(衆拜)○鞠躬拜興拜興拜興拜興平
身○焚祝文○禮畢

⊙사당 고사 의례절차.

주인 이하 성복을 한다. ○차서 대로 선다. (남자는 왼편 여자는 오른편으로 세대 마
다 한 줄이 되어 서되 통례의 서립도를 자세히 살펴 그와 같이한다) ○손을 씻는다.
○신주 독을 연다. ○신주를 내놓는다. (주인은 남자 신주를 주부는 여자 신주를 내모
신다) ○제자리로 간다. (주부 이하는 먼저 제자리로 물러선다)

●행강신례.

(집사자는 손을 씻고 층계 위의 병을 열어 술을 주전자에 담아 한 사람은 주전자를
받들고 주인의 오른편으로 가고 한 사람은 잔반을 들고 주인의 왼편으로 나간다) ○
주인은 향안 앞으로 나아가 무릎을 꿇고 앉는다. ○분향한다. (이미 분향을 마쳤으면
우집사자는 무릎을 꿇고 앉아 술 주전자를 주인에게 드리면 좌집사자는 역시 무릎을
꿇고 앉아 잔반을 주인 앞으로 향한다. 주인은 주전자로 술을 잔에 따르고 주전자는
우집사자에게 되돌려 주고 잔반을 받아 받들고 있으면 좌우 집사자는 모두 일어난다)
○강신한다. (주인은 왼손으로 반을 쥐고 오른손으로 잔을 잡아 모사 위에 다 따르고
마치면 잔반은 향안 위에 둔다) ○부복하였다 일어선다. (뒤로 조금 물러나 선다) ○
국궁 재배 평신한다. ○제자리로 물러나 선다.

●행참신례.

(주인 이하 자리에 있는 이 모두 절한다) ○국궁 사배 평신한다.

●행헌주례.

주인은 술을 따라 올린다. (주인은 올라가 스스로 술 주전자를 들고 위전을 따라가며
신주 앞 빈 잔에 술을 따르되 먼저 정위 다음으로 부위이며 그 뒤 장자에게 일러 낮
은 부위에 술을 따르게 하고 마쳤으면 제자리로 물러나고 주인은 조금 뒤로 물러선
다) ○주부는 차를 따라 올린다. (주부는 차(茶)병을 들고 차를 각 정 부위 앞 빈 잔
에 따르고 맏며느리나 큰딸에게 일러 낮은 부위에 따르게 하고 마쳤으면 제자리로
물러서고 주부는 뒤로 물러나 주인과 같이 서서 절을 한다) ○국궁 재배 평신한다.

○제자리로 물러선다. (주인은 그 자리에 서 있는다) ○무릎을 꿇고 앉는다. (주인은 무릎을 꿇고 앉는다) ○독축한다. (마쳤으면) ○부복하였다 일어선다. ○제자리로 물러나 선다. ○앞으로 친영(親迎) 갈 신랑은 알현 한다. (신랑은 양 층계 사이에서 절을 한다) ○국궁 사배 평신한다. ○제자리로 물러나 선다.

●행사신례.
(모두 절한다) ○국궁 사배 평신한다. ○축문을 불사른다. ○예를 마친다.

◆祠堂告辭式(사당고사식)同上祠堂有事則告生子條

維
歲次干支幾月干支朔幾日干支孝玄孫屬稱隨改見上納采告式某官某敢昭告于
　顯高祖考某官府君
　　顯高祖妣某封某氏列書及改措語見上納采告式某之子某改措語見上納采告式將以
　　　今日親迎于某官某郡某氏不勝感愴謹以酒果用伸虔告謹告

◆사당 고사식.
세차 모 간지 기월 기일 효 현손 모관 모 공경하옵는 고조할아버님 모관 부군과 고조할머님 모봉 모씨와 공경하옵는 증조할아버님 모관 부군과 증조할머님 모봉 모씨와 공경하옵는 할아버님 모관 부군과 할머님 모봉 모씨와 공경하옵는 아버님 모관 부군과 어머님 모봉 모씨께 감히 밝혀 고하나이다. 모의 아들 모가 오늘 모 관인 모군의 모씨 집으로 친영(親迎)을 떠나옵니다. 감동하고 사모하여 몹시 슬픔을 이길 수 없사와 주과를 펴 올리고 삼가 정성을 다하여 삼가 고하고 삼가 고하나이다.

⊙遂醮其子而命之迎(수초기자이명지영)
先以卓子設酒注盤盞於堂上(便覽東序少北)主人盛服坐於堂之東序西向設壻席於其西北南向壻升自西階立於席西(增解按卽席外)南向贊者(儀節擇子弟習禮者一人爲贊)取盞斟酒執之詣壻席前壻再拜升席南向受盞跪祭酒(儀節傾少許于地)興就席末跪啐酒(儀節若飮少許)興降席西授贊者盞又再拜進詣父坐前東向跪父命之曰往迎爾相承我宗事勉率以敬若則有常壻曰諾惟恐不堪不敢忘命俛伏興(儀節再拜)出非宗子之子則宗子告于祠堂而其父醮于私室如儀但改宗事爲家事○若宗子已孤而自昏則不用此禮
　司馬溫公曰贊者兩家各擇親戚婦人習於禮者爲之凡壻及婦人行禮皆贊者相導之

⊙사당에 고하기를 마치고 혼인할 아들을 초례(醮禮)를 하고 맞아 오기를 명한다.
먼저 당(堂)위에 탁자를 놓고 그 위에 주전자와 잔반을 놓는다. 주인은 성복을 하고 당의 동쪽 벽에서 서쪽으로 향하여 앉고 신랑의 자리는 그 서북쪽에서 남쪽으로 향하여 자리를 편다.

신랑이 서쪽 층계로 올라와 자리 서편에서 남쪽으로 향하여 서면 찬자(贊者)는 잔을 취하여 술을 따라 들고 신랑 앞으로 간다. 신랑은 재배를 하고 자리로 올라 남쪽으로 향하여 잔을 받아 들고 무릎을 꿇고 앉아 제주를 하고 일어나 자리 끝으로 가서 무릎을 꿇고 앉아 술을 마시고 일어나 자리 서쪽으로 내려가서 찬자에게 잔을 주고 또 재배하고 아버지가 앉은 자리 앞으로 가서 동쪽으로 향하여 무릎을 꿇고 앉으면 아버지는 당부의 하명으로 이르기를 가서 너의 아내를 맞이하여 와서 우리 종묘를 이어 받들어 섬기고 근면하며 공경하고 순종케 할 것이며 너는 본을 받아 상도(常道)

있게 하여라. 라고 이르면 신랑이 하명에 답하기를 네 생각 하옵건대 감당치 못할까 두렵사오며 감히 하명하심을 잊을 수 있겠사옵니까. 라 답하고 부복하였다 일어나 나간다.

종자가 아닌 자의 아들이면 종자가 사당에 고하고 그의 아버지가 사실에서 초례를 의식과 같게 하되 다만 하명에 종사(宗事)를 가사(家事)로 고친다.

만약 종자가 이미 아버지를 여의어 홀로 되여 스스로 혼인을 하면 초례는 하지 않는다.

◆祖之醮孫(조지초손)

問祖父醮孫父母序立之次朽淺曰嘗見中原人禮書婦見舅姑也祖父母並南向舅姑立於東西疑亦據此父母立於東西耶○愚按婦見舅姑祖父母南向之說中原人禮說恐誤蓋古禮及家禮皆婦見舅姑於堂上然後舅姑以其婦就見於尊者之室蓋以此堂之位舅姑爲尊而祖父母位次不便故也見舅姑既如此則其他醮子醮女婦饋饗婦等禮恐皆當準此今於醮禮祖父若醮孫豈可坐於牖下南向之客位而其父乃在於東序之主位乎且非但位次非便此本文既曰非宗子之子則宗子告于祠堂而其父醮于私室云則醮是其父之事非主昏者之事則其祖雖主昏恐無醮孫之義矣蓋曾已醮其父矣豈宜更醮其子亦若饗婦其祖既已授室著代於子婦豈宜更行於孫婦耶書儀亦有祖父醮孫祖父母醮孫女之文可疑

◉壻家醮禮儀禮節次(서가초례의례절차)

先以卓子盛酒注盤盞於堂上設主人座於東序西向設壻席於其西北南向○擇子弟之習禮者一人爲贊者○非宗子之子則其子醮於私室

請升座(父升座畢)○壻就位(壻先立于階下至是升自西階立于席西南向)○贊者酌酒(贊者取酒斟于盤盞執詣壻席前)○鞠躬拜興拜興平身(壻拜訖)○升醮席(壻升席南向)○跪(贊者授壻酒)○受酒(壻受之)○祭酒(傾少許于地)○興○退就席末○跪○啐酒(略飮少許)○興○降席(壻降席西授盞于贊者)○鞠躬拜興拜興平身○詣父座前(壻詣父座前東向)○跪○聽訓戒(父曰云云壻答曰云云)○俯伏興拜興拜興平身(若宗子已孤而自昏則不用此禮)

◉신랑 초례 의례절차.

먼저 탁자에 주전자와 잔반을 놓아 당(堂)위에 놓는다. 주인의 자리는 동쪽 벽 밑에서 서쪽으로 향하게 펴고 신랑의 자리는 서북쪽에서 남쪽으로 향하게 편다. ○자제 중에서 습례자(習禮者) 한 사람을 택하여 찬자로 삼는다. ○비종자의 아들은 그의 사실에서 초례를 한다.

당(堂)의 자리로 오르기를 청한다. (부친이 자리로 올라 앉기를 마치면) ○신랑은 자리로 간다. (신랑은 먼저 층계 아래에 와 서있다 이때 서쪽층계로 올라 서쪽좌석에서 남쪽을 향하여 서있는다) ○찬자는 술을 따른다. (찬자는 잔반에 술을 따라 들고 신랑 자리 앞으로 간다) ○국궁 재배 평신한다. (신랑이 절을 마치면) ○초례의 자리로 오른다. (신랑은 자리에 올라 남쪽으로 향한다) ○무릎을 꿇고 앉는다. (찬자는 술을 신랑에게 준다) ○제주를 한다. (땅에 조금 기우려 따른다) ○일어선다. ○자리 끝으로 간다. ○무릎을 꿇고 앉는다. ○술을 맛본다. (대략 조금 맛본다) ○일어선다. ○자리에서 내려온다. (신랑은 자리 서쪽으로 내려와 잔을 찬자에게 준다) ○국궁 재배 평신한다. ○부친 좌석 앞으로 간다. (신랑이 부친 좌석 앞으로 가서 동쪽으로 향하면) ○무릎을 꿇고 앉는다. ○훈계의 말을 한다. (부친이 이르기를 앞과 같이 이르면 신랑이 앞과 같이 답한다) ○부복하였다 일어나 재배 평신한다. (만약 종자가 이미 홀로 되어 스스로 혼인을 하면 이 예는 행하지 않는다)

◉壻出乘馬(서출승마)

以(此下一有二字)燭前導(便覽註徒役持炬居前照道○俗用一人執鴈前行○三禮儀執鴈者亦居炬次)

◉신랑은 나아가 말을 타고 간다.

등롱(燈籠)을 두 사람이 들고 앞에서 인도한다. 횃불 든 이가 앞길을 밝히고 한 사람이 기러기를 들고 횃불을 따라 앞서간다.

◆燭前導(촉전도)

士昏禮執燭前馬註使徒役持炬火居前炤道○喪大記註古者未有蠟燭呼火炬爲燭○程子曰今用燭四或二○五禮儀二品以上炬十柄三品以下炬六柄○三禮儀執鴈者亦居炬次

◉至女家俟于次(지여가사우차)

壻下馬于大門外入俟于次(增解南溪曰上文所設幕次)

◉여자 집에 도착하면 처소에서 기다린다.

신랑은 말에서 내려 대문 밖 처소에 들어가 기다린다.

◆擯者請(빈자청)

士昏禮記賓至擯者請對曰吾子命某以玆初昏使某將請承命對曰某固敬具以須註賓壻也命某某壻父名將行也使某行昏禮來迎

◉女家主人告于祠堂(여가주인고우사당)

如納采之儀祝(云云)

◉신부 집 주인은 사당에 고한다.

납채 의식과 같으며 축은 다음과 같다.

◆告于祠堂(고우사당)

士昏禮主人筵于戶西西上右几疏以先祖之遺體許人將告神故女父於廟設神席乃迎壻

◉女家告于祠堂儀禮節次(여가고우사당의례절차)

陳設如常儀○主人以下盛服○序立(男左女右世爲一行詳見通禮)○盥洗○啓櫝○出主(主人出考主主婦出妣主)○復位(主婦以下先降復位)○降神(執事者洗手上階開甁實酒于注一人奉注詣主人右一人執盞盤詣主人左)○主人詣香案前○跪○焚香(旣焚香畢右執事者跪進酒注左執事亦跪以盞盤向主人主人受注斟酒于盞反注于右執事者取盤盞自捧之二執事者皆起)○酹酒(主人左手執盤右手執盞盡酹茅沙上畢置盞香案上)○俯伏興(少退)○鞠躬拜興拜興平身○復位○參神(主人以下凡在位者皆拜)○鞠躬拜興拜興拜興拜興平身○主人斟酒(主人升自執酒注斟酒于逐位神主前空盞中先正位次祔位次命長子斟諸祔位之卑者畢主人稍後立)○主婦點茶(主婦執甁斟茶于各正祔位前空盞中命長婦長女斟諸祔位之卑者畢主婦退與主人並立拜)○鞠躬拜興拜興平身○主婦復位(主人不動)○跪(主人以下皆跪)○讀祝(畢)○俯伏興平身○復位○女將適人辭(女立兩階間拜)○鞠躬拜興拜興平身○復位○辭神(衆拜)○鞠躬拜興拜興拜興拜興平身○焚祝文○奉主入櫝○禮畢

◉신부집에서 사당에 고하는 의례절차.

진설은 평상시 진설과 같다. ○주인 이하 성복한다. ○차서 대로 선다. (남자는 왼편

여자는 오른편으로 한 세대를 한 열로 하되 통례를 자세히 살펴보고 그와 같이한다)
○손을 씻는다. ○신주 독을 연다. ○신주를 내모신다. ○제자리로 물러나 선다.

●행강신례.
주인은 향안 앞으로 간다. ○무릎을 꿇고 앉는다. ○분향한다. ○강신한다. (모사 위에 모두 기우려 따른다) ○부복하였다 일어나 재배 평신한다. ○제자리로 물러나 선다.

●행참신례.
(모두 절한다) ○국궁 사배 평신한다.

●행헌주례.
주인은 술을 따라 올린다. ○주부는 차를 따라 올린다. (마쳤으면 두 사람은 같이 절한다) ○국궁 재배 평신한다. ○제자리로 물러나 선다. (주인은 움직이지 않는다) ○무릎을 꿇고 앉는다. (주인은 무릎을 꿇고 앉는다) ○독축. (마치면) ○부복하였다 일어나 평신한다. ○제자리로 물러나 선다. ○신부가 하직 인사를 한다. (신부는 양 층계 사이에서 절을 한다) ○사배. ○제자리로 물러선다.

●행사신례.
(모두 절한다) ○국궁 사배 평신한다. ○축문을 불사른다. ○신주를 독에 받들어 넣는다. ○예를 마친다.

◈女家祠堂告辭式(여가사당고사식)

維
歲次干支幾月干支朔幾日干支孝玄孫屬稱隨改見上納采告式某官某敢昭告于
顯高祖考某官府君
顯高祖妣某封某氏列書及改措語見上納采告式某之改措語見上納采告式第幾女將
以今日歸于某官某郡姓名尤菴曰恐脫之子二字不勝感愴謹以酒果用伸
虔告謹告

◈신부 집 사당 고사식.
세차 모 간지 기월 기일 효현손 모관 모는 공경하옵는 고조할아버님 모관 부군과 고조할머님 모봉 모씨와 공경하옵는 증조할아버님 모관 부군과 증조할머님 모봉 모씨와 공경하옵는 할아버님 모관 부군과 할머님 모봉 모씨와 공경하옵는 아버님 모관 부군과 어머님 모봉 모씨께 감히 밝혀 고하나이다. 모의 몇째 여식이 금일 모군의 모관 모씨의 아들에게 시집을 가옵니다. 감동하고 사모함에 슬픔이 이보다 더할 수가 없사와 주과를 펴 올리고 삼가 정성을 다하여 고하고 삼가 고하나이다.

⊙遂醮其女而命之(수초기녀이명지)
女盛飾(士昏禮女次純衣纁袡)姆相之立於室外南向(士昏禮姆在其右)父坐東序西向母坐西序東向設女席於母之東北南向贊者(儀節擇侍女一人爲贊者)醮以酒如壻禮姆導女出於母左父起命之曰敬之戒之夙夜無違舅姑之命母送至西階上爲之整冠斂帔命之曰勉之敬之夙夜無違爾閨門之禮諸母姑嫂姊送至于中門之內爲之整裙衫申以父母之命曰謹聽爾父母之言夙夜無愆非宗子之女則宗子告于祠堂而其父醮於私室如儀

⊙곧 이어 초례(醮禮)를 하고 그가 딸에게 이른다.
신부는 활옷으로 단장을 하고 모부(姆婦)와 같이 방밖에서 남쪽으로 향하여 서고 아버지는 동쪽 벽에서 서쪽으로 향하여 앉고 어머니는 서쪽 벽에서 동쪽으로 향하여 앉는다. 신부의 자리는 어머니의 동북쪽에서 남쪽으로 향하게 하여 설치한다.

찬자(贊者)가 술을 따라 초례(醮禮)하기를 신랑초례 의식과 같게 하고 모부가 신부를 인도하여 어머니 왼편으로 나가면 아버지는 일어나 이르기를 공경하고 경계하여 하시라도 시부모님의 말씀을 어기지 말거라. 이르고 어머니는 서쪽층계 위까지 나와 보내며 관과 옷 매무새를 바르게 고쳐주며 근면하고 공경하며 하시라도 네 규문(閨門)의 예법을 어기지 말거라. 이르며 보낸다.

여러 어머니와 고모 올케 언니들이 중문 안까지 나와 보내며 상하 옷을 거듭 고쳐주며 부모님의 명을 삼가 하여 듣고 네 부모님의 말씀을 하시라도 어그러짐이 없도록 하여라. 이르고 보낸다. 종자의 딸이 아니면 종자가 사당(祠堂)에 고하고 그의 아버지가 사실(私室)에서 의식과 같이 초례를 한다.

◆醮禮(초례)

士昏禮女次純衣纁袡立于房中南面姆纚笄宵衣在其右女從者畢袗玄纚笄被穎黼在其後註宵讀爲綃綺屬也姆亦玄衣以綃爲領從者姪娣袗同也袗玄上下玄也穎禪也疏姪娣媵也〇記父醴女而俟迎者母南面于房外女出于母左父西面戒之必有正焉若衣若笄母戒諸西階上不降註父醴女于房中南面母薦焉女奠爵于薦東立位而俟壻壻至父出使擯者請事母出南面于房外示親授壻且當戒女

◆女盛飾(여성식)

士昏禮女次純衣纁袡註次首飾也今時髢也純衣絲衣亦玄矣袡亦緣也袡之言任也以纁緣其衣象陰氣上任也凡婦人不常施袡盛昏禮爲此服疏不言常者以婦人之服不殊裳司服註云婦人尙專一連衣裳不異其色是也褖衣是士妻助祭之服尋常不用纁爲袡今用之故云盛昏禮爲此服〇尤菴曰袡亦是深衣而但緣用紅色爲異帶亦如深衣之帶而亦以紅緣其袡之旁及下也〇袡衣古制則連上衣下裳而緣之以紅今裁用靑色而以紅緣之猶爲愈於純用俗制〇有整冠之文則當用冠而不必用假髻矣但未知冠制亦如今人所用者耶〇按或曰國俗之辮髮爲首飾實近胡佩紅長衫亦非雅服意不如花冠袡衣之謹嚴而近古若首用冠而衣用大袖長裙則爲合於家禮然大袖長裙旣未詳其制只用上衣下裳而已則無或近於太簡〇陶菴曰古者昏用袡衣玄衣而纁裳義有所取好禮之家當製用以爲變俗復古之漸矣〇南溪曰女飾當以時服爲主所謂時服宋時則大衣長裙其首飾〇婦若從壻攝盛則似當用假髻大衣長裙然恐用冠子背子或冠子大衣長裙爲當背子旣曰本國蒙頭衣大袖旣曰本國長衫則其制不難知矣今罷此制而用華冠袡衣恐甚不然何者婦人冠子起於後代而純衣纁袡乃周制也旣非儀禮又非家禮一今一古湊合而成之恐當歸正〇愚按纁袡者取陰氣上任之義與壻服緇袘陽氣下施之義相應衣矣然則必壻服緇袘然後言可婦服纁袡矣不然而徒用纁袡恐未免爲半上落下之歸矣南溪所謂冠子大衣長裙恐爲定論〇五禮儀衣服用綿紬

◆祖之醮孫女當否(조지초손녀당부)

按女雖有祖父主昏而其醮則恐當其父爲之據此非宗子之女一條可知書儀亦有祖父母醮孫女之文然古禮父醴女而母薦脯醢者母則主親愛故也祖母則尊嚴豈宜爲孫女薦脯於祖父醮時耶

◆姆(모)

士昏禮姆纚笄宵衣在其右(註)姆婦人年五十無子出而不復嫁能以婦道敎人者若今時乳母纚綢髮笄今時簪宵讀爲綃姆亦玄衣以綃爲領因以爲名且相別耳姆在女右當詔以婦禮(疏)少儀詔辭自右地道尊右之義〇儀節擇乳母或老女僕一人爲姆是日女盛飾姆相之立於室外又擇侍女一人爲贊者

◉女家醮禮儀禮節次(여가초례의례절차)

設父座于廳事之東西向母座于西東向女席於母座之東南向○擇乳母或老女僕一人爲姆是日女盛飾姆相之立於室外○又擇侍女之一人爲贊者請升座(父東母西對坐補諸親屬以次東西序列姆導女出至兩階間北向立其有父之尊屬先一日父母導之就其室辭)○辭父母○拜興拜興拜興拜興○辭親屬(或逐位或東西向各四拜)○拜興拜興拜興拜興(拜畢)○行醮禮○女就席(姆導女趍席右北向)○贊者酌酒(女侍者用盞酌酒執詣女席前)○拜興拜興拜興拜興○升席(女自席右升席)○跪受酒(贊以酒授女)○祭酒(女受酒傾少許于地)○啐酒(以盞略沾唇)○拜興拜興拜興拜興○父命辭(姆導女出於母左父起命之曰)○戒之敬之夙夜毋違爾舅姑之命(或易以俗語曰戒謹小心早晚聽爾公婆言)○(語)母命辭(姆導女至西階上母起送之整其冠被命之曰)○勉之敬之夙夜毋違爾閨門之禮(易以俗語曰勉力敬謹早晚守爾閨門禮數)○諸母命辭(諸母及諸姑嫂姊送至于中門之外申以父母之命曰諸母或作姑嫂姊隨其所有補)○聽爾父母之言易以俗語曰謹聽爾爺娘的言語曰按家禮上有醮女一節而無女辭父母親屬之儀夫以女子生長閨門與諸親屬共聚處一旦出以適人略無辭別之禮似非人情故今補之又古訓戒辭非今世女子所曉擬以俗語代之祔于各條之下

⊙신부 초례 의례절차.

부친의 자리는 청사의 동쪽에서 서쪽으로 향하게 하여 펴고 모친의 자리는 서쪽에서 동쪽으로 향하게 하고 신부의 자리는 모친의 앉은자리 동쪽에서 남쪽으로 향하게 한다. ○또 유모 혹은 늙은 여자 종 중 한 사람을 택하여 보모로 삼고 이날 신부는 혼례 복으로 치장을 하고는 보모와 같이 문밖에 서 있는다. ○또 시녀 중 한 사람을 택하여 찬자(贊者)로 삼는다. 좌석으로 오르기를 청한다. (부친은 동쪽 모친은 서쪽으로 서로 마주하여 앉는다. (補入)친속은 다음으로 동과 서로 서열대로이다. 보모가 신부를 데리고 나가 양 층계 사이에서 북쪽으로 향하여 서고 그의 부모 보다 손위 친속은 하루 전에 부모의 인도로 그의 사실로 가서 이르는 말씀을 듣는다) ○부친과 모친에게 작별 인사를 한다. ○사배를 한다. ○친속들에게 작별 인사를 한다. (혹 한 사람 한 사람 자리마다 혹은 동편과 서편으로 향하여 각각 사배를 한다) ○사배를 한다. (절을 마치면) ○행초례. ○신부는 자리로 나간다. (보모(保姆)가 신부를 인도하여 종종 거름으로 나아가 자리의 오른쪽에서 북쪽으로 향한다) ○찬자는 술을 따른다. (여자 시종이 잔에 술을 따라 들고 신부 자리 앞으로 나아간다) ○사배를 한다. ○자리로 오른다. (신부는 자기의 자리 오른쪽 자리에 오른다) ○무릎을 꿇고 앉아 술을 받는다. (찬자는 신부에게 술잔을 준다) ○제주를 한다. (신부는 술을 받아 땅에 조금 기우려 따른다) ○술을 맛본다. (이때에 대략 술로 입술만 적신다) ○사배를 한다. ○부친이 하명한다. (보모가 신부를 인도하여 모친의 왼편으로 나가면 부친은 일어나 하명으로 아래와 같이 이른다. 혹 세속의 말로 바꿔서 이르기를 경계하고 삼가며 조심할 것이며 항시 너의 노모와 어른들의 말씀을 조심하여 듣거라) ○모친이 하명을 한다. (보모와 신부가 서쪽층계 위에 이르면 모친은 일어나 따라 나가 보내며 그의 관과 치마를 매만져 주며 하명의 말씀을 이르기를 아래와 같이한다. 세속의 말로 바꿔 말하자면 근면하고 공경하기를 힘쓸 것이며 항상 네 규문의 예법을 헤아려 지키거라) ○여러 어머니들이 하명의 말씀을 한다. (여러 어머니 및 여러 고모 올케 언니들은 밖에까지 나아가 보내며 거듭하여 부모님의 하명을 명심하여라. 여러 어머니는 이르고 혹 고모 올케 언니는 그들이 있는 바 대로 짓기도 한다)

⊙醮女之具(초녀지구)

(姆)卽女師若今乳母以背子長衣之類爲其盛服用玄色○모. 즉 여사 혹 유모. (贊者)○찬자. 즉 일을 돕는 이. (席)用以爲醮席者○석. 즉 초례석. (冠)見上冠禮幷陳服條○尤菴曰註有整冠斂

帔之文當用冠○관. 즉 화관. (袡衣)色玄連衣裳不異色用綾綺之屬爲之以素紗爲裏以纁緣衣下袂長二尺二寸袂口一尺二寸(指尺)一名純衣○便覽按歷考禮書袡衣宵衣緣衣同是一衣而其制之可據者不過玄衣不殊裳以素紗爲裏袂長二尺二寸袂口一尺二寸而袡則但有纁緣爲異耳尤菴有兩說一則以爲袡制未能考欲用古制則連上衣下裳而緣之以紅一則以爲袡亦是深衣而但緣用紅色爲異今亦未敢信其必然註疏以爲袍制而古人袿袍亦不可考然想與男子之袍不甚遠矣且緣衣是周禮王后六服之一六服制度無異特色章各殊爾周禮圖只有服之之象而衣制則未嘗著也就考三才圖會有所畵皇后褘衣制度恰與男子袍相似惟文章燦爛而已褖衣士妻得以服之則當去其文章倣此製成庶幾寡過矣今擬參酌而作一通用之服於嫁時則以纁襈衣下四五寸謂之袡衣於見舅姑及祭祀賓客及襲時皆去緣而用之以代宵衣褖衣用素爲之以代古之布深衣用於初喪易服時及忌祭則制約而用博庶爲近正之衣而可革時俗婦人服雜澆之弊矣蓋婦人質畧尙專一德無所兼故古者婦人服必連衣裳不異色至秦始皇方令短作衫衣裙之分自秦始也今世之短衣長裳卽莫嗣所謂服妖者家禮以大衣長裙爲盛服朱子旣因時制而從之則賢於今服遠矣而猶失尙專一之義又起隋唐之世則不可謂先○玄衣素裏衣身用黑絹二幅中屈不垂通衣裳長可曳地綴內外衿亦通衣裳而衣身通廣令可容當人之身衣身兩邊接袖處度二尺二寸爲袖斜入裁破腋下一尺留一尺二寸爲袼袼下兩邊並前後幅及衿旁皆反摺直下翦去之又用三幅長可自袼下至衣未交解裁之爲六幅一頭尖一頭闊尖頭向上闊頭向下二綴於左旁袼下一尺之下二綴於右旁亦如之二各綴一於內外兩衿旁亦如之並衣身下垂者前後合四幅內外衿下垂者二幅則爲裳十二幅聯之而平其下齊領則如俗所謂(唐領)者以綴之袖各用一幅長四尺四寸許中屈爲二尺二寸許綴於衣身兩旁縫合其下爲袂而袂端不圓袂口一尺二寸縫合袂口下一尺大夫妻袂長三尺三寸袂口一尺八寸○염의. ○여자가 혼인 할 때 입는 겉옷. (帶)用錦爲之制如男子之帶廣二寸許○尤菴曰帶亦如深衣之帶而以紅緣其紳之旁及下○대. 심의 띠와 같다. (帔)用色纁爲之其制對衿無袖開旁長與裙齊旁及裔末皆有緣如蒙頭衣無袖背子之類中國婦人加於衣上謂之霞帔爲命婦服○피. ○소매가 없고 배자와 비슷하다. (裙)卽裳在衫下者○군. 즉 치마. (衫子)用以承上衣者○삼자. ○부인의 겉옷. (卓)用以陳注盞者○탁. 즉 탁자. ○주전자와 잔반을 놓는 탁자. (酒注)○주주. 즉 주전자. (盞盤)並用以醮女者○잔반. (盛服)主人主婦所服○성복.

⦿主人出迎壻入奠鴈(주인출영서입전안)

主人迎壻于門外(儀節壻至門外主人迎之主東壻西主人擧手揖遜請壻行壻辭主人先入壻從之)揖讓以入(士昏禮揖入三揖至于階三讓○便覽捧鴈者進鴈)壻執鴈(便覽左首)以從至于廳事主人升自阼階立西向壻升自西階北向跪置鴈於地主人侍者受之壻俛伏興再拜主人不答拜若族人之女則其父從主人出迎(增解按入從主人後賓而升恐亦當如冠禮)立於其右尊則少進卑則少退○凡贄用生鴈左首以生色繒交絡之無則刻木爲之取其順陰陽往來之義程子曰取其不再偶也

　問主人揖壻入壻北面而拜主人不答拜何也朱子曰乃爲奠鴈而拜主人自不應答拜

⦿주인은 나아가 신랑을 영접하고 신랑은 들어와 기러기를 받친다.

주인은 대문 밖에서 사위를 영접한다. 사위는 처소에서 나와 동쪽으로 향하여 서고 주인은 서쪽으로 향하여 겸손하게 읍을 하고 들어간다.

시종이 기러기를 신랑에게 주면 신랑은 기러기를 머리가 왼편으로 향하게 받아 들고 따라 들어가 청사에 이르면 주인은 동쪽층계로 올라가 서쪽으로 향하여 서고 사위는 서쪽층계로 올라가 북쪽으로 향하여 무릎을 꿇고 앉아 기러기를 땅에 놓는다.

주인의 시종이 기러기를 받아 들고 가면 사위는 부복하였다 일어나 재배한다. 주인은 답배치 않는다. 만약 족인(族人)의 여식일 때는 그의 부친은 주인을 따라 나가 영접한다. 섰을 때는 주인의 오른편에서 손위면 앞으로 조금 나가 서고 손아래면 조금 뒤로 물러나 선다.

모든 폐백용 생 기러기는 머리를 왼쪽으로 향하게 하고 산채로 유색 비단보로 둘러 싸 묶는다. 생 기러기가 없으면 나무로 조각을 하여 사용한다. 기러기를 취하여 그렇게 따르는 것은 음(陰)과 양(陽)이 오고 가 혈연관계가 없는 사람과 친족관계를 맺는 의식이다. 정자(程子)가 이르기를 기러기를 사용하는 것은 두 번 배필(配匹)하지 않는다는 의미라 하였느니라.

◆奠鴈(전안)

士昏禮主人玄端迎于門外西面再拜賓東面答拜主人揖入賓執鴈從至于廟門揖入三揖至于階三讓主人升西面賓升北面奠鴈再拜稽首降出婦從降(註)賓壻也○楊氏曰今不立廟制不須親迎于廟○丘儀壻至門外主人大門外迎之主東壻西主人舉手揖遜請壻行壻辭主人先入壻從之至廳事按儀禮主人出迎西面再拜賓東面答拜以見古人重大昏之義或欲行之可於賓至出迎下補入賓主再拜一節主人先拜壻答拜又按士昏禮六禮皆用鴈家禮惟用之親迎從簡省也○集說從者盤盛隨入以鴈盤授壻奠置于地

◆禽者左首(금자좌수)

曲禮執禽者左首註禽鳥也首尊主人在左故橫捧而以首授主人疏左陽也首亦陽也左首謂橫捧之○士昏禮註用鴈爲贄取其順陰陽往來疏取其木落南翔氷泮北徂能順陰陽往來以明婦人從夫之義

◆順陰陽往來(순음양왕래)

士昏禮疏鴈木落南翔氷泮北徂夫爲陽婦爲陰今用鴈者亦取婦人從夫之義○(按)朱子於此既曰順陰陽往來之義又云鴈亦攝盛之意蓋既許攝盛則雖庶人不得用匹又昏禮摯不用死故不得不越雉而用鴈也據此則攝盛之義似長

◆用生鴈(용생안)

曲禮飾羔鴈者以繢(註)飾覆之也畫布爲雲氣以覆羔與鴈爲相見之贄也○士相見禮下大夫相見以鴈飾之以布維之以索(註)飾之以布謂裁縫衣其身也維謂繫聯其足(疏)按曲禮云飾羔鴈者以繢彼天子卿大夫非直以布上又畫之此諸侯卿大夫執摯維與天子之臣同飾羔鴈者直用布爲飾無繢彼不言士則天子之士與諸侯之士同亦無飾士賤故無別也○士昏禮記摯不用死(註)摯鴈也(疏)凡摯亦有用死者是以尙書云二生一死摯死謂雉卽士摯今此亦是士禮恐用死鴈故云不用死也

◆不答拜(불답배)

昏義註壻再拜而奠鴈則屈體以尙其恭也○士昏禮註賓升奠鴈拜主人不答拜明主爲授女耳(疏)按納采等禮皆拜獨於此主人不答拜明主爲授女耳

◆刻木鴈(각목안)

儀節按白虎通云昏禮贄不用死雉故用鴈也刻木爲鴈近於死無則代以旱鵝蓋鵝形色類鴈足皆剢屬故借以代之或謂交絡爲兩鴈非是又按古者執贄相見大夫用鴈士用匹故儀禮謂昏禮用鴈爲下達蓋言士亦得通執大夫所贄之鴈也是卽所謂攝盛也家禮仍書儀謂取其順陰陽往來之義又引程子不再偶之言質之儀禮似非古意今若主二說所取之義則壻所奠必用鴈決不可以他物代之無則刻木爲之可也若主儀禮攝盛之義則執贄爲禮於昏義本無所取苟類似之物亦可用以代之矣矧鴈之爲物不常有於四時而閩廣之地亦所不到鵝形類於鴈借以代之亦無害刻木爲鴈近於用死恐非嘉慶之禮所宜或者謂不當用鵝當替以巾帕無所據

◉奠鴈禮儀禮節次(전안례의례절차)

壻至門外○賓至請迎(主人出大門外迎之主東壻西)○揖讓請行(主人擧手揖遜請壻行壻辭主
人先入壻從之至廳事)○升階(主人升自東階立西向壻升自西階北向)○跪(壻跪)○奠鴈(置鴈于
地主人侍者受之)○俯伏興拜興拜興平身

　　主人立不答拜按附註引儀禮主人出迎西向再拜賓東西答拜以見古人重大昏之儀或欲行之可於賓
　　至出迎下補入賓主再拜一節鞠躬拜興拜興平身主人先拜壻答拜

⊙전안례(奠鴈禮) 의례절차.

사위가 대문밖에 도착하였으면 ○손님들이 도착하였으니 영접하여 들기를 청한다.
(주인은 대문 밖으로 나가 영접하되 주인은 동편이며 사위는 서편이다) ○겸손히 읍
을 하고 들기를 청한다. (주인은 두 손을 들어 읍을 하고 겸손하게 앞서 들기를 청하
면 사위는 사양을 한다. 주인이 먼저 들어가면 사위가 뒤따라 들어가 청사 앞에 이른
다) ○층계로 올라간다. (주인은 동쪽층계로 올라 서쪽으로 향하여 서고 사위는 서쪽
층계로 올라 북쪽으로 향하여 선다) ○사위는 무릎을 꿇고 앉는다. ○기러기를 받친
다. (신랑이 기러기를 땅에 놓으면 주인의 시종이 받아 들고 간다) ○부복하였다 일어
나 재배 평신한다. (주인은 답배치 않는다)

◆奠雁笏記(전안홀기)

主人迎壻于門外西面再拜○壻東面答拜○主人揖入○壻執雁以從○當曲揖○當陳揖○當碑揖○至
兩階下相讓○主人先升自阼階西面立○壻升自西階北面跪○置雁於地○主人侍者受之○壻俛伏興
再拜

⊙姆奉女出登車(모봉녀출등거)

姆奉女(便覽集說有帕蒙頭)出中門(大全至于廳事)壻揖之降自西階主人不降壻遂出女從
之壻擧轎簾以俟姆辭曰未敎不足與爲禮也女乃登車(大全姆奉婦登車下簾)

⊙모부(姆婦)가 신부를 도와 수레로 나가 오른다.

모부가 신부를 도우면서 중문으로 나가면 신랑은 읍을 하고 서쪽층계로 내려가고 주
인은 내려가지 않는다. 신랑이 나가면 신부가 따라 나간다. 신랑이 가마의 발을 들고
기다리면 모부가 겸손하게 말한다. 잘 가르치지를 못하여 예도(禮度)가 부족합니다.
라 한다. 신부가 곧 수레에 오른다. 모부가 신부를 받들고 수레에 오르면 발을 내린
다.

◆登車(등거)

士昏禮婦車亦如之有裧註亦如之者車同等士妻之車夫家共之大夫以上嫁女則自以車送之
裧車裳幃周禮謂之容車有容則固有蓋○婦乘以几註乘以几者尙安徐也疏謂登車時也若尸
乘以几之類以重其初昏與尸同也記婦乘以几從者二人坐持几相對註持几者重愼之疏上經
雖云婦乘以几不見從者二人持之故記之也若王后則履石今人猶用臺是石几之類也

⊙登車儀禮節次(등거의례절차)

壻奠鴈畢姆奉女出中門○壻揖新人行(壻擧手揖遜請女行降自西階先出女從之至轎邊)○壻
擧簾(壻擧轎簾以俟姆致辭曰)○未敎不足以爲禮○請升轎(女登轎)

⊙수레에 오르는 의례절차.

신랑이 전안례(奠鴈禮)를 마치면 모부(姆婦)는 신부를 받들어 잡고 중문으로 나간다.
○신랑이 읍을 하고 신부는 나간다. (신랑은 손을 들어 읍을 하고 공손히 신부에게
나갈 것을 청하고 스스로 서쪽층계로 내려와 앞서나가면 신부는 따라 나가 가마 옆

에 이른다) ○신랑은 가마 발을 든다. (신랑이 가마의 발을 들고 기다리면 모부는 이르기를 잘 가르치지를 못하여 예도가 부족합니다) ○가마에 오르기를 청한다. (신부는 가마에 오른다)

◉壻乘馬先婦車(서승마선부거)

婦車亦以二燭前導

◉신랑은 말을 타고 신부 수레에 앞서간다.

신부 수레 역시 등롱(燈籠) 둘이 앞에서 인도한다.

◉至其家導婦以入(지기가도부이입)

壻至家(便覽大門外下馬)立于廳事俟婦下車揖之導以入(士昏禮及寢門揖入升自西階○大全贊者導壻揖婦而先婦從之適其室)

◉신랑은 집에 도착하면 신부를 인도하여 들어간다.

신랑은 집에 도착하면 청사(廳事)에 서서 신부가 가마에서 내리기를 기다리다 읍을 하고 맞아들이되 서쪽층계로 올라 찬자(贊者)가 앞서 인도하고 신랑은 읍을 하고 신부를 앞서가면 신부는 따라가 방으로 들어간다.

◆婦從之(부종지)

士昏禮婦至主人揖婦以入及寢門揖入升自西階膝布席于奧夫入于室卽席婦尊西南面疏主人與妻俱升西階○按士昏禮壻婦當俱升西階○大全贊者導壻揖婦而先婦從之○儀節入室

◉婦入儀禮節次(부입의례절차)

壻至家立于廳事以俟○請下車(婦下車)○壻揖新人行(壻舉手揖婦先行導以入室)

◉신부가 방으로 들어가는 의례절차.

신랑은 집에 도착하면 청사에서 기다린다. ○가마에서 내릴 것을 청한다. (신부는 가마에서 내린다) ○신랑은 읍을 하고 신부를 인도하여 들어간다. (신랑은 손을 들어 읍을 하고 앞에서 신부를 인도하여 방으로 들어간다)

◉壻婦交拜(서부교배)

婦從者布壻席(增解按卽拜席)於東方壻從者(便覽溫公曰各以其家女僕爲之)布婦席於西方(便覽皆於室中卓之南)壻盥于南婦從者沃之進帨婦盥于北壻從者沃之進帨壻(大全爲婦舉蒙頭)揖婦就席婦拜壻答拜(便覽語類婦先二拜夫答一拜婦又二拜夫又答一拜)

　　司馬溫公曰從者皆以其家女僕爲之女從者沃壻盥於南壻從者沃女盥於北夫婦始接情有廉恥從者交導其志○女子與丈夫爲禮則俠(音夾)拜男子以再拜爲禮女子以四拜爲禮古無壻婦交拜之儀今從俗

◉신랑과 신부는 절을 교환한다.

신부의 시종이 신랑의 자리를 동쪽으로 펴고 신랑의 시종이 신부의 자리를 서쪽에 편다. 신랑은 신부의 시종이 남쪽의 세수대야에서 수건을 물에 축여주면 손을 씻고 신부는 신랑의 시종이 북쪽 세수대야에서 수건에 물을 축여주면 손을 씻는다.

신랑이 신부의 몽두의(蒙頭衣) 즉 머리가리개를 벗겨준 후 신부에게 읍을 하고 제자리로 돌아간다. 신부가 먼저 재배 하면 신랑은 답으로 일배(一拜) 하고 또 신부가 재배 하면 신랑은 또 답으로 일배 한다.

◆交拜(교배)

語類問溫公儀婦先拜夫程儀夫先拜婦或以爲妻者齊也當齊拜何者爲是曰古者婦人與男子爲禮皆俠拜每拜以二爲禮昏禮婦先二拜夫答一拜婦又二拜夫又答一拜冠禮雖見母母亦俠拜

◆昏席壻西婦東(혼석서서부동)

艮齋曰勸人三加親迎亦以禮導俗之一事信乎學者之有益於人也昏席壻西婦東自是儀禮然爾西者爲東面東者爲西面也疏云取便本庵云順陰陽之位皆是也

◆婦從者(부종자)

士昏禮女從者畢袗玄纚笄被穎黼在其後(註)女從者謂姪娣也袗同也同玄者上下皆玄也穎禪也卿大夫之妻刺黼以爲領士妻始嫁施禪黼於領上假盛飾耳言被明非常服

◆昏禮交拜外人入觀之非(혼례교배외인입관지비)

艮齋曰婚禮交拜時世俗或有不辨內外而使外人皆見此非禮也南溪答李德明書言室中之事非衆賓男子所可與而又非夫婦所得自爲者故必使兩家親戚婦人爲贊此意極好溫公禮亦用婦人爲贊然則人家婦女必須敎以昏笄喪祭之儀亦庶幾以禮導俗之一助耳

◆交拜笏記(교배홀기)

婦從者布壻席於東方○壻從者布婦席於西方○壻盥于南婦從者沃之○進帨○婦盥于北壻從者沃之○進帨○壻揖婦就席(儀節壻婦各就席)○婦先二拜○壻答一拜(按本註只有婦拜壻答拜之文然朱子曰古者婦人與男子爲禮皆俠拜每拜以二爲禮昏禮婦先二拜夫答一拜婦又二拜夫又答一拜此則禮家所通行丘儀則婦先四拜壻答二拜)○婦又二拜○壻又答一拜

◆合卺禮笏記(합근례홀기)

壻揖婦就坐壻東婦西○從者斟酒設饌(儀節從者擧饌案于壻婦前以盞盛酒分進于壻婦前)○壻婦祭酒擧殽(郊特牲註骨有肉曰殽○儀節壻婦各傾酒少許于地各以殽少許置卓子上空處○考證擧謂擧而祭之)○又斟酒壻揖婦擧飮(儀節各擧飮下同○尤庵曰初言祭酒擧殽壻婦一時行之之禮也再言壻揖婦擧飮者自飮而導婦使飮也)○不祭無殽○又取卺分置壻婦之前斟酒(儀節從者以兩卺不斟酒和合以進壻婦各執其一也○問今俗夫婦合卺繫以紅絲相換交飮是有據否明齋曰卺是不異爵之義也分置壻婦之前斟酒各飮而已焉有換飮之理)○壻揖婦擧飮不祭無殽(尤庵曰再斟三斟不祭者以初斟已祭故也)○壻出就他室○姆與婦留室中(士昏禮疏婦人不宜出復入故因舊位而立)○徹饌置室外(士昏禮註爲媵御餕之徹尊不設有外尊也)○設席(士昏禮御衽于奧媵衽良席在東皆有枕北止註衽臥席也婦人稱夫曰良止足也疏御布婦席媵布夫席亦示交接有漸之義同牢席夫西婦東今乃易處者取陽往就飮)○壻從者餕婦之餘婦從者餕壻之餘(輯覽此條儀禮在燭出之後)

⊙就坐飮食畢壻出(취좌음식필서출)

壻揖婦就坐(便覽椅上當卓)壻東婦西(增解按即上文設倚卓東西相向之位)從者斟酒設饌壻婦祭酒擧殽(儀節壻婦各傾酒少許于地各以殽少許置卓子上空處)又斟酒壻揖婦擧飮(增解尤菴曰壻揖婦擧飮者自飮而導婦使飮也)不祭無殽又取卺分置壻婦之前斟酒(儀節以兩卺不斟酒和合以進壻婦各執其一)壻揖婦擧飮不祭無殽壻出就他室姆與婦留室中徹饌置室外設席(士昏禮御衽于奧媵衽良席在東皆有枕北止○便覽褥衾枕具設于奧北趾壻席在東婦席在西壻從者布婦席婦從者布壻席)壻從者餕婦之餘婦從者餕壻之餘

　司馬溫公曰古者同牢之禮壻在東西面婦在東西面蓋古人尙右故壻在西尊之也今人旣尙左且從俗○劉氏璋曰儀禮疏云卺謂牢(牢本疏作半)瓢以一匏分爲兩瓢謂之卺壻之與婦各執一片以酳故云合卺而酳○昏義曰婦至壻揖婦以入共牢而食合卺而酳所以合禮同尊卑以親之也

⊙자리로 가서 음식을 마치면 신랑은 밖으로 나온다.

신랑이 신부에게 읍을 하고 신랑은 탁자의 동편에 신부는 서편의 자리에 앉는다. 시종(侍從)이 술을 따르고 탁자에 음식을 차려낸다. 신랑이 신부에게 읍을 하고 신랑과 신부는 제주를 하고 술을 마신 후 안주를 든다. 또 술을 따르면 신랑이 읍을 하고 술을 마시면 신부도 마시되 이때는 제주(祭酒)치 않으며 안주도 들지 않는다.

또 박 한 통을 두 쪽으로 가른 표주박을 신랑과 신부 앞에 나눠놓고 술을 따르면 신랑이 읍을 하고 마시면 신부도 마시되 이때도 제주치 않으며 안주도 들지 않는다. 마쳤으면 신랑은 다른 방으로 가고 모부(姆婦)와 신부는 방에 있고 시종들은 상을 물리되 방 밖으로 내어놓고 침구를 편다. 요와 이불 베개를 아랫목에 발이 북쪽으로 향하게 하여 신랑은 동쪽이며 신부는 서쪽으로 편다. 남긴 음식은 신랑의 시종은 신부가 남긴 음식을 먹고 신부의 시종은 신랑이 남긴 음식을 먹는다.

◆졸栢(근배)

儀節以兩졸不斟酒和合以進壻婦各執其一○按或曰世或以졸杯相換交飮者非也此說誠然然此禮亦由於儀節兩졸和合之說也丘氏亦因俗禮而有此説耶

◆酳(윤)

韻會士刃切士昏禮註酳漱也酳之言演也漱所以潔口且演安其所食(疏)按特牲註酳猶衍也是獻尸也謂之酳者尸旣卒食又頤衍養樂之又小牢註酳猶羨也旣食之而又飮之所以樂之三註不同者文有詳略相兼乃具此三酳俱不言獻皆云酳直取其潔故註云漱所以潔口演安其所食亦頤衍養樂之義

◆席(석)

便覽褥衾枕具設于奧北趾壻席在東婦席在西壻從者布婦席婦從者布壻席○增解士昏禮御衽于奧滕衽良席在東皆有枕北止註衽臥席也婦人稱夫曰良止古文作趾疏御布婦席滕布夫席亦示交接有漸之義同牢席夫西婦東今乃易處者取陽往就陰也

◆斟酒設饌(짐주설찬)

士昏禮贊者設醬于席前菹醢在其北俎入設于豆東魚次腊特于俎北贊設黍于醬東稷在其東設湆于醬南(註)豆東菹醢之東饌要方也(疏)醬與菹醢俱在豆醬東有黍稷故知在菹醢東也豆東兩俎醬東黍稷是要方○設對醬于東菹醢在其南北上設黍于腊北其西稷設湆于醬北御布對席贊啓會郤于敦南對敦于北(註)對醬婦醬也設之當特俎啓發也古文郤爲給(疏)壻東面設醬在南爲右婦西面則醬在北爲右皆以右手取之爲便故知設之當特俎東也菹在醬南其南有醢若壻醢在菹北從南向北陳爲南上此從北向南陳亦醢在菹南爲北上湆卽上文大羹湆在爨者郤仰也謂仰於地也○丘儀從者舉饌案于壻婦前以盞盛酒分進于壻婦前○士昏禮贊告具揖婦卽對筵皆坐皆祭祭薦黍稷肺(註)贊者西面告饌具薦菹醢○贊爾黍授肺脊皆食以湆醬皆祭舉食舉也三飯卒食(註)爾移也移置席上便其食也皆食食黍也以用也謂用口啜湆用指巿醬古文黍作稷卒已也同牢示親不主爲食起三飯而成禮也(疏)舉謂舉肺以其舉以祭以食故名肺爲舉則上文云祭者祭肺也少牢十一飯特牲九飯而禮成此獨三飯故云○贊洗爵酳主人主人拜受贊戶內北面答拜酳婦亦如之皆祭贊以肝從皆振祭嚌肝皆實于菹豆卒爵皆拜贊答拜受爵(註)肝肝炙也飮酒宜有肴以安之○丘儀壻婦各傾酒少許于地各以殽少許置卓子上空處○壻揖婦婦起答拜各舉飮○士昏禮再酳如初無從三酳用졸亦如之(疏)以其初酳有從再酳如初無從三酳用졸亦無從○丘儀從者以兩졸不斟酒和合以進壻婦各執其一○士昏禮主人出婦復位(註)復尊西南面之位(疏)婦人不宜出復入故因舊位而立○御衽于奧滕衽良席在東皆有枕北止(註)衽臥席也婦人稱夫曰良止足也古文作趾(疏)使御布婦席使滕布夫席此亦示交接有漸之義○士昏禮乃徹于房中如設于室尊否(註)徹室中饌設于房中爲滕御餕

之尊不設有外尊也○韻會從才用切隨行也餕祖峻切食人之餘曰餕○曲禮餕餘不祭(註)尸餕鬼神之餘臣餕君之餘賤餕貴之餘下餕上之餘皆餕也○士昏禮媵餕主人之餘御餕婦餘(疏)亦陰陽交接之義

◆就坐飮食(취좌음식)

士昏禮擧者盥出擧鼎入陳于阼階南匕俎從設北面載執而俟註執俎而立俟豆先設○贊者設醬于席前葅醢在其北俎入設于豆東魚次腊特于俎北註豆東葅醢之東○贊設黍于醬東稷在其東設涪于醬南註饌要方也涪大羹涪煮肉汁也太古之羹無塩菜疏豆東兩俎醬東黍稷是要方也○設對醬于東葅醢在其南北上設黍于腊北其西稷設涪于醬北註對醬婦醬也疏壻東向設醬在南爲右婦西面則醬在北爲右皆以右手取之爲便若壻醢在葅北爲南上此醢在葅南爲北上也○御布對席贊啓會卻于敦南對敦于北註啓發也會蓋也疏卻仰也謂仰於地○贊告具揖婦卽對筵皆坐皆祭祭薦黍稷肺註贊者西面告饌具也壻揖婦使卽席薦葅醢○贊爾黍授肺脊皆食以涪醬皆祭擧食擧也三飯卒食註爾移也移置席上便其食也皆食食黍也以用也謂用口啜涪用指帀醬同牢示親不主爲食三飯而成禮也疏玉藻云食坐盡前謂臨席前畔則不得移黍於席上此鬼神陰陽故從祭祀法也擧謂擧肺以其擧以祭以食故名肺爲擧○贊洗爵酌醋主人主人拜受贊戶內北面答拜醋婦亦如之皆祭贊以肝從皆振祭嚌肝皆實于葅豆卒爵皆拜贊答拜受爵註醋酌內尊肝肝炙也飮酒宜有肴以安之疏以下文云贊酌外尊故知此酌內尊○再醋如初無從三酳用巹亦如之註亦無從也○贊洗爵酌于戶外尊入戶西北面奠爵拜皆荅拜坐祭卒爵拜皆荅拜興疏言皆者夫婦也三酳乃酌外尊自酌者略賤者也○主人出婦復位乃徹于房中如設于室尊否註復尊西南面之位

⊙飮食合巹拜儀禮節次(음식합근배의례절차)

壻婦至室中○盥洗(壻盥于南婦從者沃之進帨巾婦盥于北壻從者沃之進帨巾)○壻揖婦就席(壻婦各卽席婦先拜壻答拜)○拜興拜興拜興拜興(婦四拜壻再拜畢)○壻揖婦就坐(各就坐婦東壻西)○擧饌案(從者擧饌案于壻婦前)○進酒(從者以盞盛酒分進于壻婦前)○祭酒(壻婦各傾酒少許于地)○擧殽(各以殽少許置卓子上空處從者又斟上酒)○請飮(壻揖婦婦起答拜各擧飮)○合巹(從者以兩巹不斟酒和合以進壻婦各執其一)○請飮(壻揖婦起答拜各飮訖)○徹饌案○請卽席(壻婦各就原拜席)○拜興拜興拜興拜興(壻兩拜婦四拜)○禮畢○餕餘(壻從者餕婦之餘婦從者餕壻之餘)

⊙식사를 하고 술을 마시는 합근배(合巹拜) 의례절차.

신랑과 신부가 방안으로 들어와 있으면 ○손을 씻는다. (신랑은 남쪽 세수대야에서 신부의 시종이 수건에 물을 축여주면 손을 씻고 신부는 신랑 시종이 북쪽 세수대야에서 수건에 물을 축여주면 손을 씻는다) ○신랑은 읍을 하고 신부와 자리로 간다. (신랑과 신부는 곧 자리에서 신부가 먼저 절을 하면 신랑은 답배를 한다) ○사배를 한다. (신부는 사배를 하고 신랑은 재배를 한다) ○신랑은 읍을 하고 신부는 자리로 가 앉는다. (각각 자리로 가서 앉되 신부는 동쪽이며 신랑은 서쪽이다) ○찬 상을 들고 온다. (시종이 찬 상을 들고 와 신랑과 신부 앞에 놓는다) ○술을 올린다. (시종들이 잔에 술을 따라 들고 각기 나뉘어 신랑과 신부 앞에 받친다) ○제주를 한다. (신랑과 신부는 술을 땅에 조금 기우려 제주한다) ○안주를 든다. (각각 안주를 조금 탁자 위 빈 곳에 놓는다. 시종이 또 술을 그 위에 따른다) ○술 마시기를 청한다. (신랑이 읍을 하면 신부는 일어나 답으로 절을 하고 각각 잔을 들어 마신다) ○합환주 표주박에 술을 합하여 준다. (시종들은 두 합환주 표주박에 술을 따르지 않고 술을 섞어서 신랑과 신부에게 드리면 각각 표주박 하나씩을 든다) ○들기를 청한다. (신랑이 읍을 하면 신부는 일어나 답으로 절을 하고 각기 마신다. 마쳤으면) ○철상을 한다. ○자리로 간다. (신랑과 신부는 각기 처음 절을 하였던 자리로 간다) ○사배를 한다. (신랑은 재배를 하고 신부는 사배를 한다) ○예를 마친다. ○남은 음식을 나눈다. (신랑의 시종들은 신부가 남긴 음식을 먹고 신부의 시종들은 신랑이 남긴 음식을 먹는다)

◆同牢笏記(동뢰홀기)
壻盥于南婦從者進帨○婦盥于北壻從者進帨○設饌于兩席前○俎設于中特豚合升○壻揖婦就坐贊啓會○壻以會祭飯○取肺祭于豆間○婦祭如壻禮○壻婦三飯卒食○從者斟酒進于壻婦○壻揖婦祭酒○並飮卒爵擧殽○從者又斟酒進○壻揖婦祭酒○並飮卒爵○從者又取卺分置壻婦之前斟酒進○壻揖婦祭酒○並飮卒爵○壻起出

⊙復入脫服燭出(복입탈복촉출)
壻脫服婦從者受之婦脫服壻從者受之(便覽士昏禮觸出媵註女從者侍于戶外)○司馬溫公曰古詩云結髮爲夫婦言自少年束髮卽爲夫婦猶李廣言結髮與匈奴戰也今世俗昏姻乃有結髮之禮謬誤可笑勿用可也

⊙신랑이 다시 방으로 들어가 옷을 벗으면 시종은 촛불을 켜놓고 나온다.
신랑이 옷을 벗으면 신부의 시종이 받고 신부가 옷을 벗으면 신랑의 시종이 받는다. ○사마온공(司馬溫公) 말씀에 옛 시문(詩文)에 이르기를 머리를 틀어 올려 부부를 만들었으나 속발(束髮)하였다고 아이까지 부부라 하기에는 망설여 지네. 라 하였고 결발사(結髮師)인 이광(李廣)의 말이다. 흉노전보다 더 어지러운 뒤라야 결발(結髮)을 한다. 하였다. 지금 세속에서는 혼인을 하면 곧 결발 의식이 있는데 웃을만한 잘못으로 그리하지 말아야 한다.

◆脫服(탈복)
士昏禮主人入親說婦之纓註入者從房還入室也婦人筓而著纓有繫也○燭出註昏禮畢將臥息○媵侍于戶外呼則聞註爲尊者有所徵求○主人說服于房媵受婦說服于室御受疏與沃盥同亦交接有漸

◆結髮之禮(결발지례)
集覽按韻續篇今世昏禮取夫與婦髮合而結之古無有也伊川曰昏禮結髮甚無義意欲去久矣伊川旣言非義而至今未能革豈非習俗之久未易遽革歟

⊙主人禮賓(주인예빈)
男賓於外廳女賓(便覽賓皆從者)於中堂(儀節隨鄕俗禮凡女家送來者皆酬以幣)古禮明日饗從者今從俗
　司馬溫公曰不用樂註云曾子問曰娶婦之家三日不擧樂思嗣親也今俗昏禮用樂殊爲非禮

⊙주인은 손님을 접대한다.
남자손님은 외청(外廳)에서 여자손님은 중당(中堂)에서 접대한다. 옛날의 예법에는 다음날 따라온 이들을 접대하였는데 요즘은 시속에 따른다.

◆饗送者(향송자)
凡女家送來者皆酬以幣

◆禮賓(예빈)
補註賓卽從者○士昏禮壻饗婦送者丈夫婦人如舅姑饗禮(疏)舅姑存自饗送者今舅姑沒故

壻兼饗如舅姑幷有贈錦之等○舅饗送者以一獻之禮酬以束錦(註)送者女家有司也爵至酬
賓又從之以束錦所以相厚(疏)知送者是女家有司故左氏云齊侯送姜氏非禮也凡公女嫁于
敵國**姊**妹則上卿送之以禮於先君公子則下卿送之於大國雖公子亦上卿送之於天子則諸卿
皆行公不自送於小國則上大夫送之以此而言尊無送卑之法則大夫亦遣臣送之士無臣故知
有司送之○姑饗婦人送者酬以束錦(註)婦人送者隷子弟之妻妾凡饗速之(疏)尊無送卑故知
婦人送者是隷子弟之妻妾也凡饗速之者按聘禮饗速賓則知此舅姑饗送者亦速之也凡速者
皆就**舘**速之若然婦人送者亦當有**舘**男子則主人親速其婦送者不親速以其婦人迎客不出門
當別遣人速之

제 5 절 폐백(幣帛)

⊙婦見舅姑(부견구고)

신부는 시부모에게 폐백을 드린다.

⊙明日夙興婦見于舅姑(명일숙흥부견우구고)

婦夙興盛服(士昏禮宵衣○三禮儀大衣長裙)俟見舅姑坐於堂上東西相向(便覽舅東姑西)各
置卓子於前家人男女少於舅姑者立於兩序如冠禮之**叙**(儀節姆引婦侍女以盤盛贄幣從之)
婦進立於阼階下北面拜舅(儀節四拜)升(士昏禮自西階○儀節姆婦至舅前從者以贄幣授婦)奠
贄(曲禮婦人之摯脯脩棗栗)幣于卓子上舅撫之侍者以入婦降又拜畢詣西階下北面拜姑
升奠贄幣(五禮儀腶脩無則用乾肉)姑擧以授侍者婦降又拜○若非宗子之子而與宗子同
居則先行此禮於舅姑之私室與宗子不同居則如上儀

　司馬溫公曰古者拜于堂上今拜于下恭也可從衆

⊙신부는 다음날 일찍 일어나 시부모를 뵙는다.

신부는 일찍 일어나 성복(盛服)을 하고 시부모 뵙기를 기다린다. 시부모가 앉을 자리
는 당(堂) 안에서 동쪽에는 시아버지의 자리이며 그 서쪽에는 시어머니의 자리로 서
로 마주보게 하고 존장을 제외한 남녀 가족들은 시부모의 양 벽 쪽으로 서되 관례
때 서는 차례대로 늘어선다.

모부(姆婦)가 신부를 인도하고 시종이 폐백(幣帛)소반을 들고 따른다. 신부가 동쪽층
계 아래에 나아가 서서 시아버지께 북향재배를 한 후 세수대야에서 손을 씻고 폐백
함을 들고 서쪽층계로 올라 대추와 밤이든 폐백 함을 시아버지 앞 탁자 위에 드리면
시아버지는 폐백 함을 어루만진다.

시종이 들어와서 거둬 들이면 신부는 내려와서 또 절을 한다. 마쳤으면 신부는 서쪽
층계 아래로 가서 시어머니께 북향재배를 하고 올라가 시어머니 앞 탁자 위에 폐백
함을 드리면 시어머니는 폐백 함을 들어 시종에게 준다. 신부는 내려와 또 절을 한다.

만약 종자의 아들이 아니면서 같이 살면 시부모가 거처하는 사실(私室)에서 먼저 뵙
고 종자와 같이 살지 않으면 위의 의식과 같게 한다.

◆幣帛(폐백)

士昏禮夙興婦沐浴纚笄宵衣以俟見註待見於舅姑寢門外疏不著純衣纁袇者彼嫁時之盛服
今已成昏故退從此服○質明贊見婦于舅姑席于阼舅卽席席于房外南面姑卽席婦執笲棗栗
自門入升自西階進拜奠于席舅坐撫之興**荅**拜婦還又拜降階受笲腶脩升進北面拜奠于席姑

坐舉以興拜授人註筓竹器而衣者進拜者東面拜奠之者舅奠不敢授也還又拜於先拜處婦人
與丈夫爲禮俠拜疏棗栗取其早自敬謹股脩取其斷斷自脩也舅直撫之而已姑則親舉之若親
授之然故云舅尊不敢授士冠禮母於子尙俠拜

◆古單用贄(고단용지)

尤菴曰據古禮則棗栗奠于舅股脩奠于姑〇世俗單用贄從俗無妨〇古禮及家禮贄之器數無
文而世俗並盛棗栗于一器從俗恐無妨〇五禮儀棗栗無則用時果〇愚按古禮南贄大者玉帛
女贄不過棗脩則士昏禮婦贄但用棗栗股脩者正也家禮之兼用幣雖從俗禮而乃用男贄之大
者未知於禮意如何也世俗之單用贄實得古義從之恐宜

◆不親迎見舅姑(불친영견구고)

尤菴曰女親迎翌日當見舅姑而今旣過兩月咫尺不得見則已是變禮也且旣不親迎故有此相
妨節目正朱子所謂本領未正百事俱礙者夫旣不親迎而欲致詳於見舅姑一節是不能三年而
緦小功是察者也要之隨便宜以行似當矣

◆奠贄幣(전지폐)

曲禮婦人之摯椇榛脯脩棗栗(註)摯贄同執物以爲相見之禮也椇形似珊瑚味**甜**美一名石李
榛似栗而小脯卽今之脯也脩用肉煆治加薑桂乾之脯形方正脩形稍長並棗栗六物婦初見舅
姑以此爲摯也左傳女摯不過榛栗棗脩以告虔也陳氏曰禮云無辭不相接也無禮不相見也欲
民之無相瀆也又云君子於其所尊不敢質也故貴至於邦君賤至於庶人以至婦人童子相見不
依贄不足以爲禮贄而不稱德不足以爲義此玉帛禽鳥榛栗棗脩之用所以不一也〇士昏禮婦
執筓(音煩)棗栗自門入升自西階進拜奠于席舅坐撫之興答拜婦還又拜降階受筓股脩升進
北面拜奠于席姑坐舉以興拜授人(註)筓竹器而衣者其形蓋如今之筥筲蘆矣進拜者進東面
乃拜奠之者舅尊不敢授也還又拜者還於先拜處拜婦人與丈夫爲禮則俠拜人有司姑執筓以
起答婦拜授有司徹之舅則宰徹之(疏)按春秋註股脩者脯也禮婦人見舅以棗栗爲贄見姑以
股脩爲贄見夫人至尊兼而用之棗栗取其早自謹敬股脩取其斷斷自脩也知筓有衣者記云筓
緇被纁裡加于橋註被表也婦見舅姑以飾爲敬是有衣也姑奠于席不授而云舅尊不敢授者但
舅直撫之而已至姑則親舉之若親授之然故於舅云尊不敢授也〇五禮儀棗脩無則用時果股
脩無則用乾肉〇丘儀姆引婦至舅前四拜從者以贄幣授婦婦以贄幣置卓子上舅受之婦復位
獨拜詣姑前亦如之

◆婦見舅姑壻見外舅姑答拜與否(부견구고서견외구고답배여부)

艮齋曰婦見舅姑婿見外舅姑皆有答拜是古禮而家禮不盡從禮壻如常儀恐非指拜儀而儀節
所謂如納采禮賓之儀觀下文跪扶之云則亦非指拜且納采條主人交拜揖云云以常日賓客之
禮推之亦是長幼懸殊處恐未必答拜也

⊙奠幣儀禮節次(전폐의례절차)

婦夙興盛服俟見侍女以盤盛贄幣從之舅姑並坐堂中東西相向各置卓子其前家人男女少於舅姑者以
次立於兩序〇按集禮舅姑並南面坐堂中今人家多如此或從俗亦可
舅姑坐定〇序立(壻婦並立兩階間)〇鞠躬拜興拜興拜興拜興平身(壻婦俱拜拜畢壻先退〇
家禮無壻拜之文今從俗補之)〇詣舅位前(姆引婦至舅前)〇拜興拜興拜興拜興〇獻贄幣(從
者以贄幣授婦婦以贄幣置卓子上舅受之)〇復位〇拜興拜興拜興拜興婦獨拜(婦獨拜)〇詣
姑位前(姆引婦至姑前)〇拜興拜興拜興拜興〇獻贄幣(從者以贄授婦婦置幣卓子上姑受之)
〇復位〇拜興拜興拜興拜興(姆引婦退立)

⊙폐백 드리는 의례절차.

시부모가 자리에 앉으면. 〇차서 대로 선다. (신랑과 신부는 양 층계 사이에 나란히 선다) ○국궁 사배 평신한다. (신랑과 신부는 함께 절을 하고 마치면 신랑은 먼저 물러난다. ○가례(家禮)에는 신랑이 절하는 예문은 없으나 이제 속례(俗禮)를 따라서 보충하였다) ○신부는 시아버지 앞으로 간다. 모부(姆婦)가 신부를 인도하여 시아버지 앞으로 간다) ○신부는 사배를 한다. ○폐백을 드린다. (시종이 폐백 함을 신부에게 주면 신부가 폐백 함을 시아버지 앞 탁자 위에 놓으면 시아버지는 받는다) ○신부는 제자리로 물러나 선다. ○신부는 사배를 한다. (모부가 신부를 인도하여 시어머니 앞으로 간다) ○신부는 사배를 한다. ○폐백을 드린다. (시종이 폐백 함을 신부에게 바친다. 신부가 폐백 함을 시어머니 앞 탁자 위에 놓으면 시어머니는 받는다) ○신부는 제자리로 물러나 선다. ○신부는 사배를 한다. (모부가 신부를 인도하여 물러난다)

◆廳狹舅姑不能東西相向坐或幷南面坐(청협구고불능동서상향좌혹병남면좌)

儀節集禮舅姑幷南面坐堂中今人家多如此或從俗亦可

◆祖父母臨禮席位次(조부모임예석위차)

禮輯如有祖父母則祖父母幷南面坐婦獻贄拜禮如舅姑之儀舅姑則立於東面受拜凡親屬俱各爲一列相拜○按明齋曰婦見祖父母亦似當有幣行禮之時則當先見於舅姑舅姑以婦就見於其祖父母矣婦見祖父母時其舅姑則似當侍立於左右大山曰舅姑之於婦其尊無對若以祖父母臨之則舅姑有所壓而不能專其尊故舅姑東西主壁而受婦拜然後舅姑以婦見於其實禮意婉轉儘有曲折盖今俗例以祖舅姑及舅姑一席受婦拜故有是相碍之端愚意祖舅姑少俟婦見舅姑自其室出坐禮席而舅姑侍立東西受拜則庶無相碍未知如何

⊙舅姑禮之(구고례지)

如父母醮女之儀(便覽士昏記庶婦使人醮之疏於房外之西)

⊙시부모가 신부에게 예를 베푼다.

부모가 딸에게 초례 하는 의식과 같다.

⊙舅姑禮之儀禮節次(구고례지의례절차)

禮婦○設席(執事者設婦席于姑座之東南向)○婦就席(姆引婦起席右北向)○酌酒(侍者斟酒于盞捧主舅姑前)○拜興拜興拜興拜興婦拜(婦拜)○升席(婦自席右升席)○跪(侍者授盞于婦)○受酒(婦受之)○祭酒(傾少許于地)○啐酒(飲沾唇)○興(授盞于從者)○拜興拜興拜興拜興○禮畢(降自西階)非宗子之子而與宗子同居則行此禮於其私室

⊙시부모가 신부를 대접하는 의례절차.

신부에게 예를 베푼다. ○자리를 편다. (집사자가 신부의 자리를 펴되 시어머니가 앉은 자리 동쪽에서 남쪽으로 향하게 하여 편다) ○신부는 자리로 간다. (모부(姆婦)가 신부를 인도하여 신부의 자리 오른편에서 북쪽으로 향하여 선다) ○시자는 술을 따른다. (시종은 잔에 술을 따라 들고 시부모 앞으로 간다) ○사배를 한다. (신부) ○자리로 오른다. (신부는 스스로 자리 오른쪽으로 올라 선다) ○무릎을 꿇고 앉는다. (시종이 잔을 신부에게 준다) ○신부는 술잔을 받는다. (신부는 술잔을 받아 든다) ○제주를 한다. (땅에 조금 기울인다) ○술을 맛본다. (입술만 적신다) ○신부는 일어선다. (시종에게 술잔을 준다) ○사배를 한다. ○예를 마친다. (스스로 서쪽층계로 내려온다. ○종자의 아들이 아니거나 또는 종자와 같이 살면 이 예는 그의 사실에서 행한다)

◆庶婦醮禮(서부초례)

士昏禮記庶婦則使人醮之註適婦酌之以醴尊之庶婦醮之以酒卑之疏適婦用醴於客位庶婦
醮以酒於房外之西○按家禮則無長婦衆婦之別同用酒醮而其位無明文恐皆當一從古禮戶
牖間及房外西之位也

⊙婦見于諸尊長(부견우제존장)

婦既受(受一作行)禮降自西階同居有尊於舅姑者則舅姑以婦見於其室(增解按卽雜記所
謂各就其寢)如見舅姑之禮還拜諸尊長于兩序如冠禮(儀節應受拜者少進立受之○溫公書儀
長屬雖多共爲一列受拜以從簡便)無贄小郎小姑皆相拜非宗子之子而與宗子同居則既受
禮詣其堂上拜之如舅姑而還見于兩序其宗子及尊長不同居則廟見而後往

⊙신부는 여러 어른들을 뵙는다.

신부는 시부모가 베푸는 예를 마치고 서쪽층계로 내려와 동거중인 시부모 보다 위
항열(行列)이 계시면 시부모는 신부와 그가 거처하는 방으로 가서 시부모 뵙던 의례
와 같이 한다.

여러 어른들은 양서(兩序) 즉 동쪽과 서쪽에 돌아가며 절하기를 관례(冠禮) 때와 같
게 하고 폐백은 없다. 신랑의 형제 자매에게는 서로 맞절을 한다.

종자의 아들이 아니면서 동거중인 자는 시부모 예를 받은 후 당으로 올라가 종자와
존장(尊長)과 양서(동쪽과 서쪽으로 남녀가 갈라 있음)에 두루 절하기를 시부모 의식
과 같게 하고 같이 살지 않으면 사당을 알현하고 간다.

◆婦見諸尊長(부견제존장)

補註按今世人家娶婦親屬畢聚宜留至次日行見舅姑禮畢先見本族尊長及卑幼次見諸親屬
又按雜記婦見舅姑兄弟姊妹皆立于堂下西向北上是見已(句)則見諸父各就其寢註立于堂
下則婦之入也已過其前此卽是見之矣不復各特見也諸父旁尊故明日各詣其寢而見之無還
拜諸尊長于兩序小郎小姑皆相拜之禮而家禮本註亦從俗用之○丘儀長屬應受拜者少進立
婦四拜長屬皆受之退幼屬應相拜者少進婦居左卑幼居右如小姑小郎之類俱荅拜按書儀長
屬雖多共爲一列受拜以從簡便然婦新入門未必知孰爲長幼須姑一一命之或無姑則親屬之
長者代之

◆少郎少姑(소랑소고)

廣記謂小叔曰郎叔又曰小郎謂小姑曰女姒(音種)又曰女叔○昏義疏女姒謂壻之姊女叔謂
壻之妹○考證謝道蘊王凝之之妻也凝之弟獻之嘗與客談議詞理將屈道蘊遣婢白獻之曰欲
爲小郎解圍小郎是夫之弟也顧況去婦詞曰回頭語小姑莫嫁如兄夫小姑是夫之妹也

⊙相見禮儀禮節次(상견례의례절차)

舅姑既以婦見同居尊長畢還拜兄弟姊妹親屬之在兩序者其長屬應受拜者少進立
見尊長○拜興拜興拜興拜興(長屬皆受之長屬退幼屬應相拜者少進)○卑幼見○拜興拜興
(婦居左卑幼居右如小姑小郎之類俱答拜)
　按書儀長屬雖多共爲一列受拜以從簡便然婦新入門未必知孰爲長幼須姑一一命之或無姑則親屬
　之長者代之

⊙서로 인사하는 의례절차.

시부모 폐백을 마치고 신부가 동거중인 존장 뵙기도 마쳤으면 돌아와 인사할 때 형
제자매 친속들은 동쪽으로 남자들이 서고 서쪽으로 여자들이 서되 절 받을 이들은
조금 앞으로 나와 선다. ○행견존장. ○사배를 한다. (손위 어른들이 모두 절을 받고

어른들이 물러나면 수하자들은 조금 앞으로 나와 서로 맞절을 한다) ○행비유견. ○ 재배를 한다. (신부는 좌측에 있고 수하자는 우측에 있으며 형제 자매들도 같이 함께 답배를 한다)

⊙若冢婦則饋于舅姑(약총부즉궤우구고)

是日食時婦家具盛饌酒壺婦從者設蔬果卓子于堂上舅姑之前(增解按士昏禮設饌如取女禮云則此設蔬果薦饌之式亦當略如同牢儀)設盥盆于阼階東南帨架在東舅姑就坐(姆引婦)婦盥升自西階洗盞斟酒置舅卓子上降俟舅飮畢又拜(增解愚按書儀婦先薦饌于舅姑前食畢婦降拜舅升洗盃斟酒置舅卓子上降俟舅飮畢又拜遂獻姑如獻舅儀云則其云又拜者以前已拜姑也此無薦饌拜而曰又者行也三禮儀則刪又字)遂獻姑(儀節婦洗盞斟酒)進酒姑受飮畢婦降拜遂執饌(便覽婦執饌也)升薦于舅姑之前(儀節從者以盤盛湯至婦自捧詣舅姑前置卓子上以盤盛飯或饅頭至婦自捧詣舅姑前置卓子上)侍立姑後以俟卒食徹飯侍者徹饌分置別室婦就餕姑之餘婦從者餕舅之餘壻從者又餕婦之餘非宗子之子則於私室如儀

司馬溫公曰士昏禮婦盥饋特豚合升側載註側載者右胖載之舅俎左胖載之姑俎今恐貧者不辦殺特故但具盛饌而已

⊙만약 맏며느리이면 시부모에게 친정(親庭)에서 보내준 음식을 올려드린다.

이날 식사 때가 되면 신부 집에서 가져온 찬과 술병을 당위의 시부모 앞 상에 시종이 소채와 과실을 차려놓고 동쪽층계 아래 동남쪽으로 세수대야를 두고 수건거리에 수건을 걸어 그 동남쪽에 놓는다.

시부모가 자리에 앉으면 모부가 신부를 인도하여 손을 씻은 후 서쪽층계로 올라가 잔을 씻어 술을 따라 시아버지 상에 드리고 내려와 드시기를 기다린다. 시아버지가 술을 드시면 절을 하고 다시 층계로 올라가 잔을 씻어 술을 따라 시어머니께 드리고 내려와 기다린다. 시어머니가 술을 다 드시면 절을 한다.

시종이 국과 밥을 가져오면 신부가 음식을 가지고 올라가 시부모 앞 상에 드리고 신부는 시어머니 뒤에 서서 식사가 끝나기를 기다린다. 식사를 마치면 시종이 찬을 거둬 별실에 나눠놓는다. 신부는 시어머니가 남긴 음식을 먹고 신부의 시종은 시아버지가 남긴 음식을 먹고 신랑 집 시종은 신부가 남긴 음식을 먹는다.

종자의 아들이 아니면 이 의식은 자기 방에서 그와 같이한다.

◆饋于舅姑(궤우구고)

士昏禮舅姑入于室婦盥饋特豚合升側載無魚腊無稷並南上其他如取女禮註饋者婦道旣成成以孝養在鼎曰升在俎曰載載胖故云側載○婦贊成祭卒食一酳無從疏贊成祭者謂授之○婦徹設席前如初婦餕舅辭易醬註婦餕將餕也疏辭易醬者醬乃以指㡒之嫌淬汚○婦餕姑之贊食卒姑酳之婦拜受姑拜送婦徹于房中媵御餕姑酳之雖無娣媵先註古者嫁女必姪娣從謂之媵姪兄之子娣女弟也娣尊姪卑若或無娣猶先媵客之也媵餕舅餘御餕姑餘也

◆冢婦則饋(총부즉궤)

韻會冢展勇切大也○小學註冢婦長婦也○士昏禮註饋者婦道旣成成以孝養○記庶婦則使人醮之不饋(註)庶婦庶子之婦也使人醮之不饗也酒不酬酢曰醮亦有脯醢適婦酌之以醴尊之庶婦酌之以酒卑之其儀則同不饋者共養統於適魏氏曰據此則衆婦不饋矣今王昏禮第三日妃詣帝君前捧膳不云冢婦介婦也且子婦新昏正要使之知事親敬長之禮何冢婦介婦之別乎若介婦不饋適足以長其驕慢之氣此不可泥古但於饋時使弟奉酒於兄介婦奉酒於冢婦以

此爲別可也○大全李繼善問按禮婦盥饋舅姑若舅已沒不知可以叔父受盥饋禮否曰叔父無
盥饋之文蓋與姑受禮禮相妨也

◆庶婦饋禮(서부궤례)

士昏禮記庶婦則使人醮之婦不饋註不饋者共養統於適也○魏氏堂曰據此則衆婦不饋矣子
婦新昏政要使之知事親敬長之禮何冢婦介婦之別乎若介婦不饋適足以長其驕慢之氣此不
可泥古但於饋時使弟奉酒於兄介婦奉酒於冢婦以此爲別可也○書儀古者庶婦不饋然饋主
供養雖庶不可闕也

◆祖舅姑無饋(조구고무궤)

按或曰有祖父母者饋禮則當只行於舅姑盖祖父母則其姑已行之矣此說恐是且以上見舅姑
言之婦見舅姑後舅姑以其婦就見於尊於舅姑者之室即祖舅姑也盖以婦道所重專主於舅姑
故也且若幷行饋當先饋祖舅姑然則與先見舅姑之義豈不相戾耶當與醮饗□禮參究

⊙饋于舅姑儀禮節次(궤우구고의례절차)

是日食時婦家具酒饌遣人送至壻家用卓子盛如堂儀置于廳事○又設盥盆巾架東階下東南帨架在其
東請就位(舅姑並坐訖婦拜)○拜興拜興拜興拜興○擧饌案(執事者奉婦家所設饌案各置舅姑
前)○盥洗(姆引婦盥手洗盞斟酒于盞奉之)○詣舅位前○拜興拜興○進酒○跪(俟飲訖)○
興(受盞)○復位○拜興拜興拜興拜興(婦退洗盞斟酒于盞奉之)○詣姑位前○拜興拜興○
進酒○跪(俟飲訖)○興(受盞)○復位○拜興拜興拜興拜興○進湯(從者以盤盛湯至婦自捧
詣舅姑前置卓子上)○進飯(從者以盤盛飯婦自捧詣舅姑前置卓子上食訖或饅頭)○徹饌案○餕
餘(婦就餕姑之餘婦之餘以餕從者)

⊙친정에서 보내온 음식을 시부모에게 드리는 의례절차.

이날 식사 때에 신부 집에서 인편에 보내온 술과 찬을 신랑 집에서 상에 차려 당에
서와 같은 의식으로 청사에 차려 놓는다. ○또 세수대야와 수건거리에 수건을 걸어
동쪽층계 아래 동남쪽으로 놓되 수건거리가 세수대야 동쪽이다.

시부모는 자리로 나아가 앉는다. (시부모가 다 같이 자리에 앉으면 신부는 절을 한다)
○신부는 사배를 한다. ○찬(饌)상을 올린다. (집사들은 신부 집에서 보내온 찬(饌)상
을 시부모 앞에 각각 한 상(床)씩 올린다) ○신부는 손을 씻는다. (모부(姆婦)가 신부
를 인도하여 손을 씻고 잔을 닦아 잔에 술을 따라 받들어 들고 간다) ○신부는 시아
버지 앞으로 간다. ○재배를 한다. ○술잔을 드린다. ○무릎을 꿇고 앉는다. (잔을 비
울 때까지 기다린다) ○일어선다. (잔을 받는다) ○제자리로 물러나 선다. ○사배를
한다. (신부는 물러나 잔을 씻어 잔에 술을 따라 받들어 들고 간다) ○시어머니 앞으
로 간다. ○재배를 한다. ○술잔을 드린다. ○무릎을 꿇고 앉는다. (다 드시기를 기다
려 마쳤으면) ○일어선다. (잔을 받는다) ○제자리로 물러나 선다. ○사배를 한다. ○
탕을 올린다. (시종이 소반에 탕을 받쳐들고 오면 신부는 손수 받들어 들고 시부모
앞 상에 올려 드린다) ○밥을 올려 드린다. (시종이 밥 주발을 소반에 담으면 신부는
손수 두 손으로 받들어 들고 시부모 앞 상위에 올려 드린다. 식사를 마쳤으면) ○상
을 물린다. ○남은 음식을 나눈다. (신부는 시어머니가 남긴 것을 먹고 신부가 남긴
것은 시종이 먹는다)

⊙舅姑饗之(구고향지)

如禮婦之儀(儀節設三饌案待婦饋畢擧以入舅姑婦各一湯飯隨宜)禮畢舅姑先降自西階婦降
自阼階(郊特牲舅姑先降自西階婦降自阼階授之室也○昏義舅姑先降自西階婦降自阼階以著代也

○士昏禮歸婦俎于婦氏人)

⊙시부모가 음식을 대접한다.

신부가 시부모에게 행한 의식과 같다. 예를 마치고 시부모는 먼저 서쪽층계로 내려오
고 신부는 동쪽층계로 내려온다.

◆舅姑饗之(구고향지)

士昏禮舅姑共饗婦以一獻之禮奠酬舅姑先降自西階婦降自阼階歸婦俎于婦氏人註以酒食
勞人曰饗言俎則饗禮有牲矣歸婦俎以反命於女之父母明其得禮疏此亦與禮婦同在客位共
饗者舅獻而姑薦脯醢雜記云卷三牲之俎歸于賓館是賓所當得也饗時設几而不倚爵盈而不
飮肴乾而不食故歸俎

◆舅姑共饗婦(구고공향부)

昏義厥明舅姑共饗婦以一獻之禮奠酬舅姑先降自西階婦降自阼階以著代也註厥明昏禮之
又明日也昏禮註云舅姑共饗婦者舅獻爵姑薦脯醢又云舅洗于南洗洗爵以獻婦也姑洗于北
洗洗爵以酬婦也賈疏云舅獻姑酬共成一獻仍無妨姑薦脯醢此說是也但婦酢舅更爵自薦又
云奠酬酬酢皆不言處所以例推之舅姑之位當如婦見舅席于阼姑席于房外而婦行更爵自薦
及奠獻之禮歟○疏曰舅酌酒于阼階獻婦婦西階上拜受卽席祭薦祭酒畢於西階上北面卒爵
婦酢舅舅於阼階上受酢飮畢乃酬婦更爵先自飮畢更酌酒以酬姑姑受爵奠於薦左不擧爵正
禮畢也降階各還燕寢也○方氏曰阼者主人之階子之代父將以爲主於外婦之代姑將以爲主
於內故此與冠禮並言著代也○藍田呂氏曰父老則傳之子姑老則傳之婦故冠禮子始冠著其
代父之意焉昏禮婦始見著其代姑之意焉明所以冠所以昏者其責在是也故曰以著代○石梁
王氏曰此皆爲冢婦也今按此一節難曉儀禮圖亦不詳明闕之以俟知者○士昏禮舅姑共饗婦
以一獻之禮奠酬舅姑先降自西階婦降自阼階歸婦俎于婦氏人註以酒食勞人曰饗言俎則饗
禮有牲矣歸婦俎以反命於女之父母明其得禮疏此亦與禮婦同在客位共饗者舅獻而姑薦脯
醢雜記云卷三牲之俎歸于賓館是賓所當得也饗時設几而不倚爵盈而不飮肴乾而不食故歸
俎此饗婦婦亦不食故歸之也

◆婦由降自阼階(부유강자조계)

郊特牲舅姑降自西階婦降自阼階授之室也○嚴陵方氏曰夫尊則婦亦尊夫卑則婦亦卑故曰
同尊卑尊卑同故爵齒亦從夫而已以爵齒各有尊卑故也盥所以致其潔饋所以致其養以舅姑
之尊而降自賓階以婦之卑而降自主人之階者示授之室而爲之主男以女爲室故以室主之又
曰昏姻之禮在子則有代父之序在婦則有代姑之序所以不賀則一也

◆不饗孫婦(불향손부)

南溪曰家事任長如醮見饋饗等禮何嘗上關於祖父母耶○朽淺曰長孫之妻亦是著代之冢婦
饋饗等禮恐難廢之而降自阼階一節在其中矣○愚按祖不當醮饋愚已略辨於上矣且以饗禮
言之祖舅姑曾已授室著代於其子婦矣其子婦又以授之其孫婦可也今祖舅姑豈宜奪其已授
之室沒其已著之代而更行於其孫婦耶○士昏禮記註庶婦則使人醮之不饗也○尤菴曰介婦
無饋舅姑之文舅姑亦無饗之之儀○南溪曰家事任長如醮見饋饗等禮何嘗上關於祖父母耶

◆婦見舅姑壻見外舅姑答拜與否(부견구고서견외구고답배여부)

艮齋曰婦見舅姑壻見外舅姑皆有答拜是古禮而家禮不盡從禮壻如常儀恐非指拜儀而儀節
所謂如納采禮賓之儀觀下文跪扶之云則亦非指拜且納采條主人交拜揖云云以常日賓客之
禮推之亦是長幼懸殊處恐未必答拜也

⊙舅姑饗之儀禮節次(구고향지의례절차)

饗婦(是日舅姑先令侍者設三饌案待婦饋畢命擧以)○入擧饌案(舅姑前各一其一置舅姑旁之東

少南)○斟酒(侍者捧酒盞至姑側)○詣舅姑前(婦立介兩間)○拜興拜興拜興拜興○跪(侍者以盞授婦)○受酒○啐酒(畧沾脣)○興(授盞于從者)○拜興拜興拜興拜興(湯飯隨宜畢)○降階(舅姑先降自西階婦降自阼階)

⊙시부모가 신부 대접하는 의례절차.

신부를 대접한다. (이날 시부모는 먼저 시자(侍者)들에게 명하여 상을 셋 차려 놓게 하고 기다리다 신부의 궤식(饋食)이 끝나면 명하여 들고 오게 한다) ○찬 상을 들고 들어온다. (시부모 앞에 각각 한 상(床)씩을 놓고 그 한 상은 시부모 옆 동쪽에서 조금 남쪽으로 놓는다) ○술을 따른다. (시자가 술잔을 받들어 들고 시어머니 옆으로 간다) ○시부모 앞으로 간다. (신부는 두 분 사이 가까이 선다) ○사배한다. ○무릎을 꿇고 앉는다. (시자가 술잔을 신부에게 준다) ○술잔을 받는다. ○술을 맛본다. (대략 입술만 적신다) ○일어선다. (술잔을 시자에게 준다) ○사배한다. (식사는 형편에 따른다 마쳤으면) ○층계를 내려온다. (시부모는 서쪽층계로 내려오고 신부는 동쪽층계로 내려온다)

제 6 절 사당 알현(祠堂謁見)

廟見(묘견)

⊙三日主人以婦見于祠堂(삼일주인이부견우사당)

古者三月而廟見今以其太遠改用三日如子冠而見之儀但告辭曰(云云)

⊙삼일 째 되는 날 주인이 신부를 데리고 사당을 알현한다.

옛날에는 석 달이 지난 뒤에 사당을 찾아 뵈었으나 지금은 그렇게 하면 너무 길어 삼 일로 고쳐 아들 관례 때 사당알현 의식과 같게 고쳐 행하고 있다. 축사는 다음과 같다.

◆三月而廟見(삼월이묘견)

士昏禮若舅姑旣沒則婦入三月乃奠菜(註)奠菜者以筐祭菜也蓋用菫(疏)必三月者三月一時天氣變婦道可以成之故也此言舅姑俱沒者若舅沒姑存則當時見姑三月亦廟見舅若舅存姑沒婦人無廟可見或更有繼姑自然如常禮也此註云奠菜者以筐按下云婦執筭菜筐卽筭一也鄭知菜蓋用菫者舅姑存時用棗栗腶脩義取早起肅栗治腶自脩則此亦取謹敬○席于廟奧東面右几席于北方南面(註)廟考妣之廟(疏)祭統設同几卽同席此卽別席者此旣廟見若生時見舅姑舅姑別席異面是以今亦異席別面象生不與常祭同也鄭知廟考妣廟象生時見舅姑故知考妣廟也○老醴婦于房中南面如舅姑醴婦之禮(註)因於廟見羹之(疏)舅姑生時見訖舅姑使贊醴婦於寢之戶牖間今舅姑沒者使老醴婦於廟之房中其禮則同使老及處所則別也○語類問旣爲婦便當廟見必三月之久何也曰三月而後事定三月以前恐更有可去等事至三月不可去則爲婦定矣故必待三月而后廟見○又曰昏禮廟見舅姑之亡者而不及祖蓋古者宗子法行非宗子之家不可別立廟故但有禰廟今只共廟如何只見禰而不見祖此當以義起亦見祖可也

◆改用三日(개용삼일)

程子曰女旣嫁父母使人安之謂之致女古者三月而廟見始成婦也○朱子曰古人是從下做上其初且是行夫婦禮次日方見舅姑服事舅姑已及三月不得罪於舅姑方得奉祭祀○三月然後事定三月以前恐更有可去等事至三月不可去則爲婦定矣故廟見此後方反馬馬是婦初歸時所承車至此方送還母家○又曰古人三月方見祖廟某恩量今亦不能三月之久亦須第二日見舅姑第三日廟見乃安亦當行

◆婦先見祖舅姑(부선견조구고)

艮齋曰婦先見祖舅近考得鄒景楊家禮集成亦言有祖父母者祖父母幷南面坐婦獻贄拜禮舅
姑立於東西受拜同居有尊長云云今承來敎亦以先見祖舅爲定恐得禮意矣從下做上只言其
先見夫次舅姑次祠堂之序而已恐非幷及於先舅姑次祖次曾祖之分也○朱子曰婦旣歸姑與
之爲禮喜家事之有承贊也偶錄作有傳也姑坐客位而婦坐主位姑降自西階婦降自阼階此見
語類郊特牲門按此姑有舅姑未七十不曾傳家之時其婦歸無可替傳之家事而遽行此禮於舅
姑無恙之日則可謂之得禮乎以此推之有祖舅姑者婦當先見祖舅姑也○父母泛稱同居尊者
決無是理子與婦先坐正堂見婦然後乃以見於父母之私室亦決無是理又如無舅而有姑渠先
見婦乃以見於舅姑亦決無是理理之所無聖賢豈敎人行之耶內則子事父母恐是包祖以上言
家禮婦見舅姑此亦當包祖舅姑以上看也

◆舅姑沒婦見廟(구고몰부견묘)

朱子曰昏禮廟見舅姑之亡者而不及祖蓋古者宗子法行非宗子之家不可別立祖廟故但有禰
廟今只共廟如何只見禰而不見祖此當以義起亦見祖可也○南溪曰舅姑旣沒則婦入三月乃
奠菜卽士昏禮文也家禮無此節目恐當依本文用告事之儀而已其與祖先共廟者只行通共拜
謁之禮而已○儀節若宗子自昏則告辭云某今畢昏敢以新婦某氏見行四拜禮畢新婦點茶復
位又四拜

◆不親迎見廟(불친영견묘)

問新婦三日廟見蓋謂親迎者若經年若踰時而後來則見舅姑卽拜祠堂後行見尊長饋舅姑之
禮如何沙溪曰來示得之退溪說亦然○問娶婦過三年始眷歸入門卽令廟見如何寒岡曰某以
此事稟于李先生曰今之時異於古雖未歸而久修婦道又或生子而後始歸如是而尙待三日無
乃執泥不通乎存羊之義亦不可不取如何先生荅曰此處存羊之義恐用不得然今以淺見思之
初歸入門卽詣祠堂亦似太遽入門而拜舅姑齊宿而廟見恐爲穩當

◆婦見于祠堂(부견우사당)

士昏禮記婦入三月然後祭行註於祭乃行謂助祭也疏此據舅在無姑不須見廟則助祭或舅沒
姑老者廟見之後亦得助祭此謂適婦也○若舅姑旣沒則婦入三月乃奠菜註奠菜以篚祭菜也
蓋用堇疏三月一時天氣變婦道可成也此言舅姑旣沒者若舅沒姑存則當時見姑三月亦廟見
舅若舅存姑沒則婦人無廟或更有繼姑自然如常禮也用堇者取謹敬○席于廟奧東面右几席
于北方南面疏祭統云設同几同几卽同席此別席者廟見若生時見舅姑舅姑別席異面今亦異
席別面象生不與常祭同也○祝盥婦盥于門外婦執笲菜祝師婦以入祝告稱婦之姓曰某氏來
婦敢奠嘉菜于皇舅某子婦拜扱地坐奠菜于几東席上還又拜如初註某氏者齊女則曰姜氏魯
女則曰姬氏來婦言來爲婦皇君也扱地手至地也猶男子稽首疏某子若張子李子也婦人肅拜
爲正今重其禮故扱地也○婦降堂取笲菜入祝曰某氏來婦敢告于皇姑某氏奠菜于席如初禮
註於姑言敢告舅奠於姑○婦出祝闔牖戶老醴婦于房中南面如舅姑醴婦之禮註老群吏之尊
者疏廟之房中○曾子問孔子曰三月而廟見稱來婦也擇日而祭於禰成婦之義也

◆廟見舅姑(묘견구고)

語類昏禮廟見舅姑之亡者而不及祖蓋古者宗子法行非宗子之家不可別立祖廟故但有禰廟
今只共廟如何只見禰而不見祖此當以義起亦見祖可也○便覽按朱子義起之論是見祖廟之
謂也非奠菜之謂也如蚤孤者取婦入門不可不追伸饋奠之禮欲行此禮者若同見祖廟而只奠
禰位則誠爲未安並奠於高祖以下則事涉挮長先於正寢設考妣兩位出主行薦如儀禮又依家
禮見于祖廟則恐兩行不悖矣

⊙舅姑旣沒則奠菜(구고기몰즉전채)

士昏禮若舅姑既沒則婦入三月乃奠菜(註奠菜者以籩祭菜也盖用董疏此言舅姑俱沒者若舅沒姑存則當時見姑三月亦廟見舅若舅存姑沒婦人無廟可見或更有繼姑自然如常禮也此註云奠菜者以籩按下云婦執筭菜筥卽筭一也鄭知菜盖用董者舅姑存時用棗栗腶脩義取早起肅栗治腶自修則此亦取謹敬)席于廟奧東面右几席于北方南面(註廟考妣之廟疏祭統說同几卽同席此別分席者此既廟見若生時見舅姑舅姑別席異面是以今亦異席別面象生不與常祭同也)祝盥婦盥于門外(疏生見舅姑在外沐浴)婦執筭菜祝帥婦以入祝告稱婦之姓曰某氏來歸敢奠嘉菜于皇舅某子(疏若張子李子○通典註皇君也某子者若今言某官府君也)婦拜扱地(註手至地也猶男子稽首)坐奠菜于几東席上還又拜如初婦降堂取筭菜入祝曰某氏來歸敢告于皇姑某氏奠菜于席如初禮婦出祝闔牖戶老醴婦于房中南面如舅姑醴婦之禮(疏舅姑生時使贊醴婦於寢之戶牖之間今舅姑沒者使老醴婦於廟之房中其禮則同使老及處所則別也)壻饗婦送者丈夫婦人如舅姑饗禮(疏舅姑存自饗從者今舅姑沒故壻無饗丈夫婦人幷有繒錦之等)○婦入三月然後祭行(註三月之後於祭乃行謂助祭也疏此據舅在無姑或舅沒姑老者若舅在無姑三月不須廟見則助祭)○曾子問三月而廟見擇日而祭於禰○語類朱子曰昏禮廟見舅姑之亡者而不及祖盖古者宗子法行非宗子之家不可別立祖廟故但有禰廟今只共廟如何只見禰而不見祖此當以義起亦見祖可也

⊙시부모가 이미 작고하였을 때 신부의 사당 알현 의식.

만약 시부모가 이미 작고 하셨으면 신부는 혼인한지 석 달 만에 소채를 올리고 알현한다. 만약 시아버지는 작고하시고 시어머니는 생존하여 계시면 당시에 시어머니께 폐백을 드리며 뵙고 석 달 뒤에 시아버지 사당을 알현한다. 또 시아버지는 생존하여 계시고 시어머니가 작고 하였으면 부인의 사당이 없거나 혹 계(繼)시어머니가 계시면 자연히 일반 세속의 예를 따른다.

축관과 신부는 문밖에서 손을 씻고 신부는 소채 폐백함을 든다. 축관은 신부를 인도하여 사당으로 들어가 다음과 같이 고하면 신부는 폐백함을 집사자에게 주고 앉아서 땅을 집고 절을 하고 다시 폐백함을 받아 시아버지 신위 전에 올리고 또 처음과 같이 절을 한다.

신부는 당에서 내려와 시어머니 폐백함을 들고 당으로 들어간다. 축관이 다음과 같이 고하면 폐백 함 드리기를 처음과 같이한다. 신부가 나오면 축관은 폐백함을 철회하고 문을 닫고 물러난다.

⊙婦見于祠堂儀禮節次(부견우사당의례절차)

陳設如常儀

序立○盥洗○啓櫝○出主○復位○降神○詣香案前○跪○上香○酹酒(執事者跪進盤盞主人受之傾茅沙上)○俯伏興拜興拜興平身(稍後立)○復位○參神(衆拜)○鞠躬拜興拜興拜興拜興平身○主人斟酒(主人執注立斟于逐位神主前)○主婦點茶(畢分立香案前)○鞠躬拜興拜興平身○主婦復位(主人不動)○跪○告辭(曰)○某之子某(若某親之子某)以某日昏畢新婦某氏敢見○俯伏興平身○新婦見(壻婦並立兩階間並拜古無壻拜之禮今從俗補之)○鞠躬拜興拜興拜興拜興平身○復位○辭神(衆拜)○鞠躬拜興拜興拜興拜興平身

　若宗子自昏則告辭云某今昏畢敢以新婦某氏見行四拜禮畢新婦點茶各位又四拜

⊙신부가 사당 알현하는 의례절차.

진설은 평상시 행하는 상도대로 한다.

차서 대로 선다. ○손을 씻는다. ○신주독을 연다. ○신주를 내놓는다.

●행강신례.

주인은 향안 앞으로 간다. ○무릎을 꿇고 앉는다. ○분향한다. ○강신한다. (집사자가 나아가 무릎을 꿇고 앉아 잔반을 주인에게 주면 모사 위에 기우려 따른다) ○부복 하였다 일어나 재배한다. (조금 뒤로 물러나 선다) ○제자리로 물러나 선다.

●**행참신례.**
(모두 절한다) ○국궁 사배평신 한다. ○주인은 술을 따른다. (주인은 주전자를 들고 신주 앞 각 위를 따라가며 잔에 술을 따른다) ○주부는 차를 따른다. (마쳤으면 향안 앞에 나뉘어 선다) ○국궁 재배평신 한다. ○주부는 제자리로 물러나 선다. (주인은 제자리에 있는다) ○무릎을 꿇고 앉는다. ○고한다 (후첨 한 것임) ○부복 하였다 일어 난다.

●**행신부알현.**
(신랑과 신부는 양 충계 사이에 나란히 서서 같이 절을 한다. 고례에는 신랑이 절하는 예는 없으나 지금 세속의 예를 따라 보충한 것임) ○국궁 사배평신 한다. ○제자리로 물러나 선다.

●**행사신례.**
(모두 절한다) ○국궁 사배평신 한다.
만약 종자 자신의 혼인이면 고사(告辭)에 이르기를 모 이제 혼례를 마치고 감히 신부 모씨와 알현하나이다. 라 하고 사배를 한다. 절을 마치고 신부는 각 위마다 차를 따르고 또 사배를 한다.

◆廟見告辭式(묘견고사식)
　　某之子某非宗子之子則某之上當添某親二字以某日昏畢新婦某氏敢見

◆사당 알현 고사식.
모의 아들 모가 모일 혼례식을 마치고 새 며느리 모씨가 감히 알현하나이다.

◆宗子自昏告辭式(종자자혼고사식)
　　某今昏畢敢以新婦某氏敢見

◆종자 자신의 혼례 사당 고사식.
모는 이제 혼례를 마치고 신부 모씨가 감히 알현하나이다.

◆舅姑廟告辭式(구고묘고사식)奉主時當別有告辭
　　某氏婦姓來婦敢奠嘉菜于
　皇舅某子便覽當改某子爲某官府君
　　某氏來婦敢告于

◆시부모 사당 고사식.
모씨가 시아버지 어느 아들 며느리로 들어와서 감히 가채(맛 좋은 푸른 과실)로 전을 올리나이다.
　　皇姑便覽此下當添某封二字某氏奠菜于便覽舅在則當移用奠嘉菜之文
모씨가 며느리로 들어와 시어머니 모씨께 감히 고하며 푸른 과실로 전을 올리나이다.

제 7 절　재행(再行)

壻見婦之父母(서견부지부모)

◉明日壻往見婦之父母(명일서왕견부지부모)

婦父迎送揖讓如客禮(儀節從者執幣隨壻婦父升立于東少北壻立于西少南)拜(便覽壻拜也)卽跪(便覽婦父跪也)而扶之(便覽恐是推兩手而辭之之意○儀節從者授壻幣壻以奉婦父受之以授從者)入見婦母婦母闔門左扉(便覽東扉也)立于門內(便覽西面)壻(便覽東面)拜于門外(儀節以幣奉婦母從者受以入婦母答拜)皆有幣婦父非宗子卽先見宗子夫婦不用幣如上儀然後見婦之父母

◉다음날 신랑은 신부 집으로 가서 신부의 부모에게 인사를 한다.

신부의 부친은 사위를 맞이하고 보낼 때 공손히 읍하기를 일반 빈객의 의례와 같게 한다. 종자는 폐백 함을 들고 신랑을 따르고 신부의 아버지는 동쪽층계로 올라가 조금 북으로 가 서고 사위는 서쪽층계로 올라가 조금 남쪽으로 서서 절을 하면 신부의 부친은 곧 무릎을 꿇고 부축한다. 안으로 들어가 신부 모친을 뵙는다. 신부의 모친은 문을 닫고 왼쪽문안에 서 있으면 사위는 문 밖에서 절을 한다. 모두에게 폐백이 있다. 신부의 부친이 종자가 아니면 먼저 종자(宗子) 부부를 폐백 없이 뵙기를 위의 의식과 같게 한 연후 신부의 부모를 뵙는다.

◉見婦之父母儀禮節次(견부지부모의례절차)

其日壻盛服往婦家至大門外立侍者先入

壻至○請出迎(婦父出大門外迎之)○揖壻請行(婦父舉手揖壻入先行壻從之從者執贄幣隨壻婦父升自東階壻自西階)○各就位(婦父立于東少北壻立西少南)○鞠躬拜興拜興拜興拜興平身(婦父跪而扶之)○奉贄幣(從者授壻幣壻以奉婦父受之以授從者)○見外姑(婦母闔門左扉立于門內壻拜于門外)○鞠躬拜興拜興拜興拜興平身○奉贄幣(壻以奉婦母從者受以入)

◉婦家廟見儀禮節次(부가묘견의례절차)

婦父引壻至祠堂前婦父拜○鞠躬拜興拜興平身○跪○上香○告辭曰某之女某(若某親之女某)壻某來見○俯伏興平身○新壻見(壻立兩階間)○鞠躬拜興拜興拜興拜興平身(畢壻父)○鞠躬拜興拜興平身○禮畢(按禮止有壻見婦黨諸親而先廟見之儀今據集禮等書補之蓋生女適人生者旣有謁見之禮而於死者漠然不相干況又有已孤而嫁者乎)

◆祠堂告辭式(사당고사식)

　某之女某(若某親之女某)壻某來見

◆사당고사식

모의 여식 모의 신랑 모가 와서 알현하옵니다.

◉次見婦黨諸親(차견부당제친)

不用幣婦女相見如上儀(儀節婦父引壻有尊長則就所居見之卑幼見或答拜或跪而扶之隨婦父所命)

◉다음으로 신부 집안 여러 친척들을 뵙는다.

폐백이 없으며 신부 집 부녀자들과도 서로 인사를 나누기를 위의 의식과 같이한다.

◉見尊長儀禮節次(견존장의례절차)

婦父引壻回廳事有尊長則就所居見之

鞠躬拜興拜興拜興拜興平身(無幣)○卑幼見(皆再拜或答或跪而扶之隨婦父所命)

◉婦家禮壻如常儀(부가례서여상의)

親迎之夕不當見婦母及諸親及設酒饌以婦未見舅姑故也

◉신부 집에서 사위에 대한 예는 평상의 의례와 같게 한다.

친영하던 날 저녁에 신부의 모친과 친척들을 뵙지 않고 또 주찬을 베풀지 않은 것은 신부가 아직 시부모를 뵙지 않았기 때문이다.

◉禮壻儀禮節次(예서의례절차)

其日預設酒席如時俗儀婦父曰

今備薄酒敢醴從者(壻辭之不獲壻答曰)○敢不從命(壻拜)○鞠躬拜興拜興平身(答拜)○各就位(婦父立東階上壻西階俱北向)○主人酌酒(婦父特酒以奉壻壻趨席末受之而揖又遍揖在席諸親)○壻跪(壻跪而飮婦父以一手扶之)○啐酒興揖平身○壻酢酒(壻降階洗盞斟酒以奉婦父婦父亦受而遍揖在席者)○跪(壻跪婦父以一手扶之飮訖)○興(壻起婦父以盞置酒案上)○詣升席(婦父及諸陪者皆席于東席壻獨席於西序少南近階)○執事者行酒(或三行或五行隨宜)○進饌(如時俗儀酒闌壻起)○壻拜謝○鞠躬拜興拜興平身(婦父跪而扶之)○答壻幣(或巾服幣帛之類隨宜壻受之以授從者)○鞠躬拜興拜興平身(亦跪而扶之)○送壻(至大門外)○揖平身今許于禮壻儀者以鄕俗有尊壻太過者又有卑壻太甚者按集禮等書謹酌中道以爲此儀

제 8 절 昏禮笏記(혼례홀기)

◉奠雁(전안)

主人迎壻于門外西面再拜○壻東面答拜○主人揖入○壻執鴈以從○當曲揖○當陳揖○當碑揖○至兩階下相讓○主人先升自阼階西面立○壻升自西階北向跪○置鴈於地○主人侍者受之○壻俛伏興再拜

◉交拜(교배)

壻席于東○婦席于西○姆導婦出○壻揖婦就席立○婦先再拜○壻答再拜(再拜一拜之誤)○婦又再拜○壻答一拜(新入)

◉同牢(동뢰)

壻盥于南婦從者進帨○婦盥于北壻從者進帨○設饌于兩席前○俎設于中特豚合升○壻揖婦就坐○贊啓會○壻以會祭飯○取肺祭于豆間○婦祭如壻禮○壻婦三飯卒食○從者斟酒進于壻婦○壻揖婦祭酒○並飮卒爵擧殽○從者又斟酒進○壻揖婦祭酒○並飮卒爵○從者又取卺分置壻婦之前斟酒進○壻揖婦祭酒○並飮卒爵○壻起出

◆回昏(회혼)

尤菴曰回昏禮云者近出於士大夫家第念三代之盛世登壽域其得百年者甚多故有人君問百年之禮雖曰三十而有室至九十則正是回昏之歲也今俗之所行者若果宜於天道合於人理則

聖人必制爲節文以敎於民矣且以婦人言之再行醮禮與一與之醮云者其名義不甚正當竊恐不可使此名習於人之耳目也然人子之情至於是日不能昧然經過則不過設酌以賀略如生朝之儀者其或無妨耶大抵此事必須先定其當行與否然後有服無服從可問也苟曰可行而不可已則當看家禮身及主昏者無期以上條而處之也○南溪曰回昏之禮今不免從俗行之則似當略倣昏禮設同牢床東西對坐傳杯之儀而已若拜跪諸節恐不必一一遵行以損安老之大致也擧樂一般旣非初昏之比又何必全然廢却耶○陶庵曰回昏禮禮無出處世俗所行不過襲謬有識之家則都不設昏儀只子姓親黨會集上壽而已此猶可倣從俗則不可

◆回昏禮(회혼례)

尤庵曰回昏禮云者近出於士大夫家云云第念三代之盛世登壽域其得百年者甚多故有人君問百年之禮雖曰三十而有室至九十則正是回昏之歲也今俗之所行者若果宜於天道合於人理則聖人必制爲節文以敎於民矣且以婦人言之再行醮禮與一與之醮云者其名義不甚正當竊恐不可使此名習於人之耳目也然人子之情至於是日不能昧然經過則不過設酌以賀略如生朝止義者其或無妨耶大抵此事必須先定其當行與否然後有服無服從可問也苟曰可行而不可已則當看家禮身及主昏者無期以上條而處之也○南溪曰所喩回昏之禮遍考禮書終無此文想古無此禮而然也今不免從俗行之則似當略倣昏禮設同牢床東西對坐傳杯之儀而已若拜跪諸節恐不必一一遵行以損安老之大致也擧樂一般旣非初昏之比又何必全然廢却耶○陶庵曰回昏禮禮無出處世俗所行不過襲謬有識之家則都不設昏儀只子姓親黨會集上壽而已此猶可倣從俗則不可

◆昏禮雜儀(혼례잡의)

曲禮曰男女非有行媒不相知名(行媒謂媒氏往來也名男女之名也)非受幣不交不親(受幣然後親交之禮定)娶妻不取同姓(按白虎通曰重人倫防淫佚心與禽獸同也)買妾不知其姓則卜之(卜其吉凶)○郊特牲壹與之齊終身不改故夫死不嫁男子親迎男先於女剛柔之義也天先乎地君先乎臣其義一也執摯以相見敬章別也男女有別然後父子親父子親然後義生義生然後禮作禮作然後萬物安無別無義禽獸之道也○又曰出乎大門而先男帥女女從男夫婦之義由此始也○又曰共牢而食同尊卑也故婦人無爵從夫之爵坐以夫之齒○昏義敬愼重正而後親之禮之大體而所以成男女之別而立夫婦之義也男女有別而後夫婦有義夫婦有義而後父子有親父子有親而後君臣有正故曰昏禮者禮之本也○成婦禮明婦順又申之以著代所以重責婦順焉也婦順者順於舅姑和於室人而後當於夫以成絲麻布帛之事以審守委積蓋藏○家語魯哀公問於孔子曰禮男必三十而有室女必二十而有夫也豈不晚哉孔子曰夫禮言其極也(男極於三十女極於二十爲則)男子二十而冠有爲人父之端女子十五許嫁有適人之道於此而往則爲昏矣女子者順男子之敎而長其理者也是故無專制之義有三從之道女有五不取逆家子不取(爲其逆德)亂家子不取(爲其類不正)世有刑人不取有惡疾不取喪父長子不取(爲其無所受命按眞西山曰五不取擇婦之良法也先儒以爲疑若父雖喪而母賢則其敎子必有法又非所拘也)○魯師春姜曰夫婦以順從爲務貞慤爲首故婦人事夫有五平旦纚笄而朝則有君臣之嚴沃盥饋食則有父子之敬報反而行則有兄弟之道期必信則有朋友之信寢席之交而後有夫婦之際○王吉上疏曰夫婦人倫大綱夭壽之萌也世俗昏娶大蚤未知爲人父母之道而有子是以敎化不明而多夭○文中子曰昏娶而論財夷虜之道也君子不入其鄕古者男女之族各擇德焉不以財爲禮○又曰早昏少娶敎人以偸妾媵無數敎人以亂且貴賤有等一夫一婦庶人之職也○匡衡曰妃匹之際生民之始萬福之原昏姻之禮正然後品物遂而天命全○胡安定曰嫁女必須勝吾家者勝吾家則女之事人必欽必戒娶婦必須不若吾家者不若吾家則婦之事舅姑必執婦道○伊川曰世人多謹於擇婿而忽於擇婦其實婿易見婦難知所繫甚重豈可忽哉○或問孀婦於理似不可取如何伊川曰然凡取婦以配身若取失節者以配身是已失節也○哀氏曰男女議親不可貪其門閥之高資産之厚苟人物不相當則子女終身抱恨況有不和而生他事

者乎○又曰人家有男雖欲擇婦有女雖欲擇婿又須自量我家子女如何如我子凡下若娶美婦豈特不和或生他事如我女不如彼子萬一不和卒爲所棄男女婚嫁切須自揣○又曰又男女不可於幼小之時便議婚姻大抵女欲得託男欲得偶若論目前悔必在後蓋富貧盛衰更迭不常男女之賢否須年長可見若早議婚姻事無變易固爲甚善或昔富而今貧或昔貴而今賤或所議之婿流蕩不肖或所議之女狼戾不檢甚或有惡病廢疾從其前約則事關宗祀背其前約則有乖禮義爭訟由之而興矣○又曰間有幼小議親便取歸家世俗所謂豚養鮮有完全長而仳離者多矣其故何在蓋男女年及婚嫁情寶已開一見交固雖有過失各相吞容若夫鬌齓相聚嬉戲致爭飮食致爭平時相怒已積於胸中縱及長成雖已好合而平昔積忿終不能平必至於睽離而後已○又曰凡人家嫁女須隨家力不可勉強然或財産寬餘亦不可視爲他人不以分給今世固有生男不得力而依托女家而身後葬祭皆由女子者豈可謂生女之不如男也稍或家道尋常必欲望高倍費財産致破自家亦不深思之過也○又曰大抵固不可無媒而媒者之言不可盡信其言語反覆給女家則曰男富給男家則曰女美至給女家則曰男家不求備禮且明聘定之資給男家則厚其所遣之賄且虛指數目輕信其言而成昏則責恨見欺夫妻反目至於仳離者有矣

◆將昏遇喪(장혼우상)

曾子問曰昏禮旣納幣有吉日女之父母死則如之何孔子曰婿使人弔如婿之父母死則女之家亦使人弔父喪稱父母喪稱母父母不在則稱伯父世母婿已葬婿之伯父致命女氏曰某之子有父母之喪不得嗣爲兄弟使某致命女氏許諾而不敢嫁禮也婿免喪女之父母使人請婿弗娶而后嫁之禮也女之父母死婿亦如之註有吉日期日已定也彼是父喪則此稱父之名弔之彼是母喪則此稱母之名弔之○親迎女在塗而婿之父母死如之何曰女改服布深衣縞總以趨喪女在塗而女之父母死則女反註縞生白絹也總束髮也長八寸布爲深衣縞爲總婦人始喪未成服之服也故服此以奔舅姑之喪女子在室爲父三年父卒爲母三年已嫁則期今旣在塗非在室矣止用奔喪之禮而服期○婿親迎女未至而有齊衰大功之喪則如之何曰男不入改服於外次女入改服於內次然後卽位而哭又問除喪則不復昏禮乎曰祭過時不祭禮也又何反於初註此特問齊衰大功之喪者以小功及緦輕不廢昏禮禮畢乃哭也若女家有齊衰大功之喪女亦不反歸也又問除喪之後豈不更爲昏禮乎曰祭重而昏輕重者過時尙廢輕者豈可復行乎○取女有吉日而女死如之何曰婿齊衰而弔旣葬而除之夫死亦如之註若夫死女以斬衰往弔旣葬而除也方氏曰以其嘗請期故齊衰而弔然未成婦也故旣葬而除之○葉味道問有吉日而女之父母死婿使人弔之如未有吉日獨不當弔乎朱子曰恐無不弔之理○又問親迎男女遭喪之禮曾子問之詳矣今有男就成於女家久而未歸若婿之父母死則女之奔喪如之何女之父母死則其女之制服如之何曰此乃原頭不是且倣在塗之禮行之可也然旣嫁則服當自降旣除而歸夫家耳○郭子從問女改服趨喪恐亦有礙開元禮除喪後束帶相見不行初昏之禮趨喪後事皆不言之何也曰趨喪之後男居外次女居內次自不相見除喪而後束帶相見於是而始入御開元之禮必有据矣○(東)鄭道可問納采而婿之父母死則世之人或送衰服於婦家是如何退溪曰當依曾子問納幣有吉日而婿之父母死處之送衰服不可也○又問定昏未納采而婿之父母死則奈何曰未納采不可以定昏論○又問納采而婿之父母死則當待服除爲昏若婿死則奈何曰曾子問吉日而女死條夫亦如之註夫死女以斬衰弔葬而除也未論許嫁與否然先儒云聖人不能設法以禁再嫁此女必無禁嫁之理況吾東方婦女不許再嫁則此女成服往弔亦恐難行

◆昏禮考證(혼례고증)

士昏禮下達納采用鴈(下達者鴈本大夫摯而自士以下皆得通用也是則所謂攝盛者也按士昏禮六禮皆用鴈家禮惟用之親迎者從簡省也)使者玄端至擯者出請事入告主人如賓服迎于門外再拜賓不荅拜揖入(註謂使者夫家之屬卽下所謂賓也所謂屬者如主人是上士則屬是中士主人是中士則屬是下士其位分不甚相遠今人家旣無官屬卽得用子弟爲使者愚以爲用弟猶可若用子則於婿爲兄弟列恐於主人難行禮故間擇兩家通往來稍畢者一人爲之似亦可行)○

主人玄端迎于門外西面再拜賓東面答拜主人揖入賓執鴈從至于廟門揖入三揖至于階三讓主人升西面賓升北面奠鴈(賓謂壻也楊氏謂今不立廟制雖不親迎于廟而勉齋定龔氏親迎禮主人迎于門外西面再拜賓東面答拜主人揖入三揖三讓主人升西面賓升北面奠鴈按此似亦可從)壻御婦車授綏姆辭不受(註曰壻御者親而下之綏所以引升車者節車僕人禮姆辭不受者謙也按書儀謂今無綏故擧簾代之)○凡行事必用昏所受諸禰廟(行禮用平旦親迎用黃昏詳見下)○宗子無父母命之(命謂命使者)支子則稱其宗弟則稱其兄(謂宗子之弟)○辭無不腆無辱(腆善也厚也賓不言幣不善主人不謝來辱蓋以使者之來承其主之命故也)摯不用死(摯鴈也)○郊特牲夫昏禮萬世之始也取於異姓所以附遠厚別也(託於遠嫌之人重其有別之禮)辭無不腆(辭以通昏姻之情必厚善)幣必誠(幣以將昏姻之意必誠實)告之以直信(正直誠信)信事人也信婦德也(事人之道爲婦之德)○出乎大門而先男帥女女從男夫婦之義由此始也(謂親迎之時壻先導)○婦盥饋舅姑卒食婦餕餘私之也(私之猶言恩也)舅姑降自西階婦降自阼階授之室也(阼主人之位言子旣有婦則以主家之事付之也)○昏禮不賀人之序也(人之序謂相承代之次第也)○昏義昏禮者將合二姓之好(去)上以事宗廟下以繼後世也故君子重之是以昏禮納采(納鴈以爲采擇之禮)問名(問女生之母名氏也)納吉(得吉卜而納之也)納徵(又謂之納徵者納幣以爲婚姻之證也)請期(請昏姻之日期也)皆主人筵几於廟而拜迎於門外入揖讓而升聽命於廟所以敬愼重正昏禮也(按古者六禮皆布筵几於廟則不止納采告廟明矣)○曾子問孔子曰嫁女之家三夜不息燭思相離也(欲相離故不能寢)取婦之家三日不擧樂思嗣親也(按郊特牲亦云昏禮不樂幽陰之義也合而觀之以理言則幽陰之禮不可用樂以情言則代親之感不忍用樂今擧世用之不以爲恠何也昔裵嘉昏會用樂猶有一薛方士非之今則擧時宴之矣知禮若子不用可也)○曾子問曰親迎女在塗而壻之父母死則如之何孔子曰女改服(更其嫁時衣)布深衣(今擬用素服)縞總(以生白絹束髮)以趨喪如女在塗而女之父母死則女反(女已在塗聞其父母死尙且反還其家今世乃有停喪嫁娶或因葬送而异歸者此何禮也)○如親迎女未至而有齊衰大功之喪則如之何(曾子又問)孔子曰男不入改服於外(更其親迎之服於門外之次)女入改服於外次(更嫁服於門內之次)然後卽位而哭(就喪位擧哀○按疏曰曾子不問小功者雜記云小功可以冠子取婦明小功輕不廢婚禮待昏禮畢乃哭也又云此謂在塗聞齊衰大功廢昏禮若婦已揖遜入門內喪則廢外喪則行如冠禮也)又問除喪不復昏乎(又問行禮時遭喪不能備禮除喪之後復補行乎)孔子曰祭過時不祭禮也又何反於初(言祭重而昏輕重者過時尙廢輕者不復補可知)○左傳鄭公子忽如陳逆婦嬀(逆迎也嬀陳姓也)陳鍼子送女先配(配合)而后祖(廟見)鍼子曰是不爲父母誣其祖矣非禮也何以能育(今世俗新婦入門卽先拜祖而後成昏往往擧此以籍口朱子曰此說與儀禮不同疑左氏不足信或所據者當時之俗禮而言非先王之正法也又曰恐其所謂後祖者亦譏其先失布几筵告廟之禮耳(按)爲氏謂鍼子初譏自謂鄭忽當迎婦不先告廟註家引公子圖告時公之廟而後行爲証卽非婦入門時事)○註疏曰謂之昏者娶妻之禮以昏爲期因名焉必以昏者取陽往陰來之義(今世俗不知昏之爲義往往拘忌陰陽家書選擇時辰雖所旦晝夜亦皆成禮殊爲紕繆)○朱子曰士人欲行昏禮而彼家不從只得宛轉使人與之議古禮也省徑人何苦不行○李涪刊誤鴈非時莫能致故以鵝替之爾雅云舒鴈鵝鵝亦鴈之屬也(按涪唐人則唐時已用鵝替鴈矣或者謂不當用鵝當替以巾帕無所據)

⊙昏禮圖式(혼례도식)

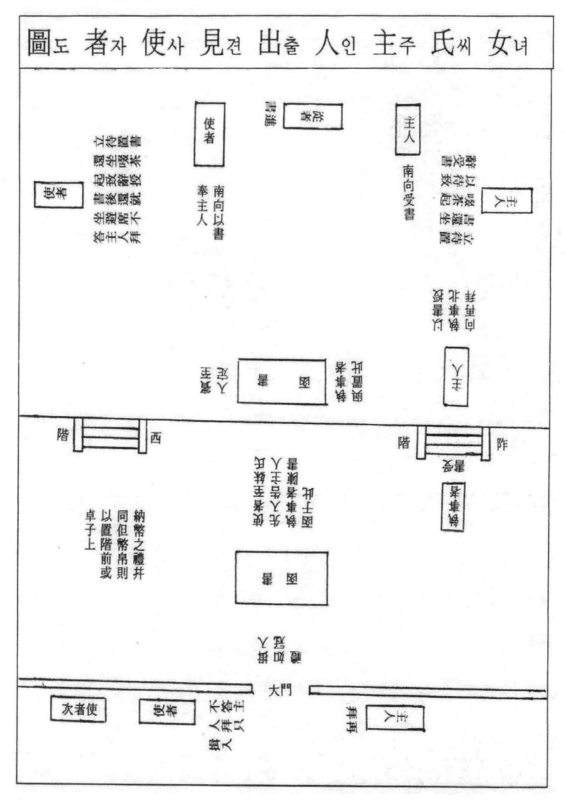

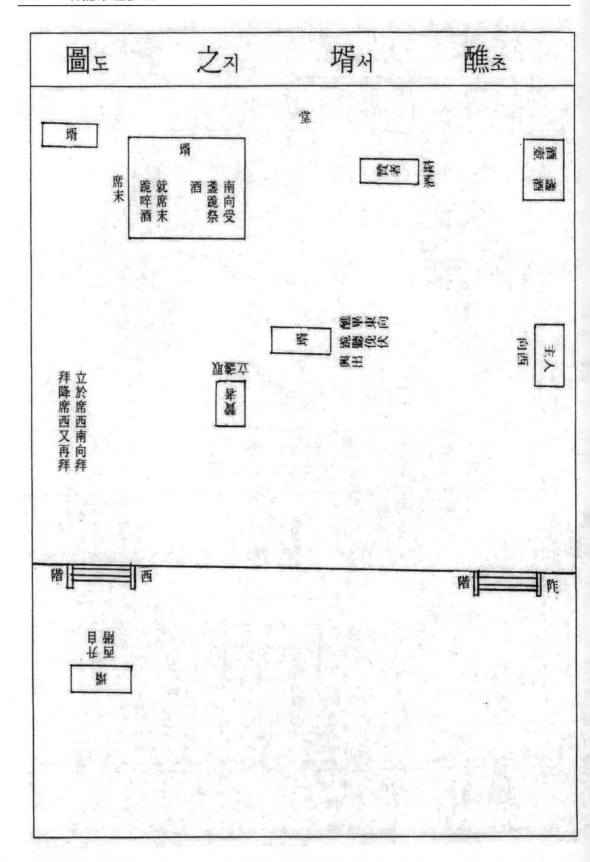

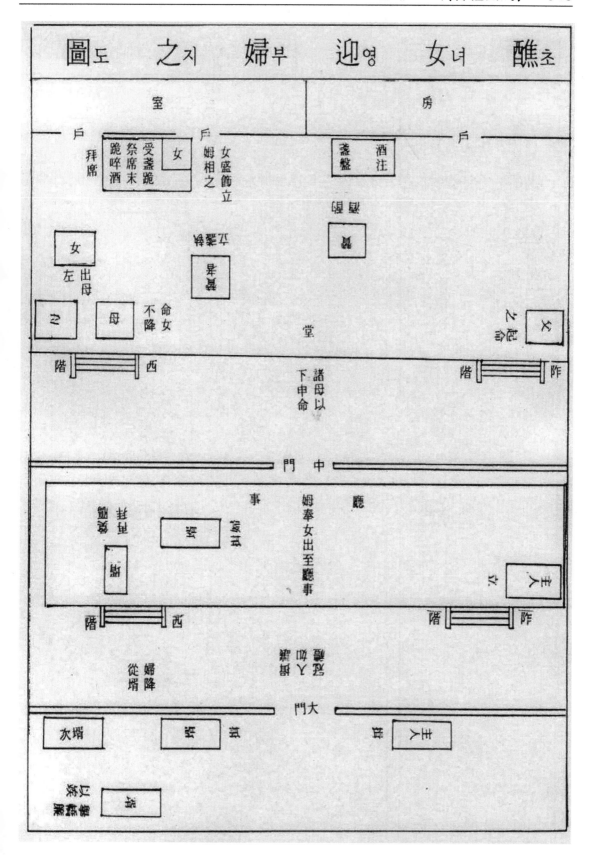

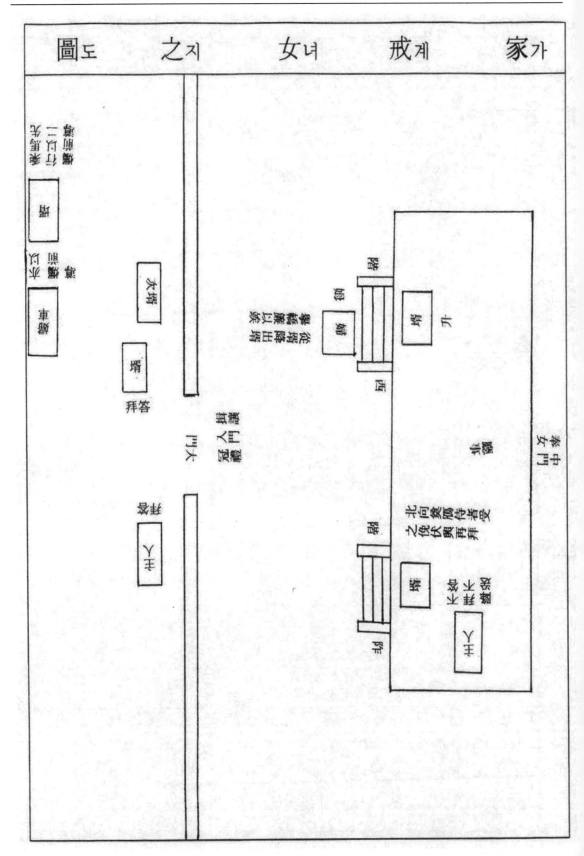

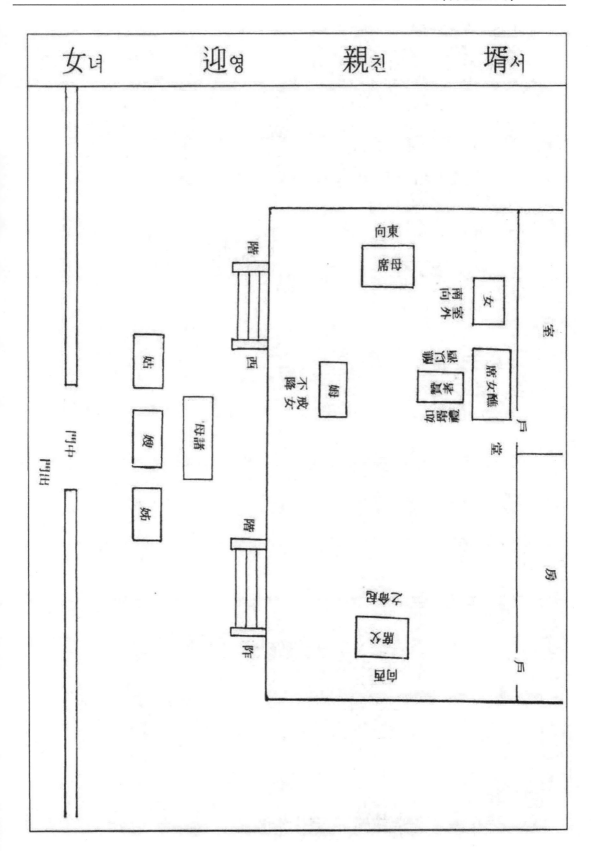

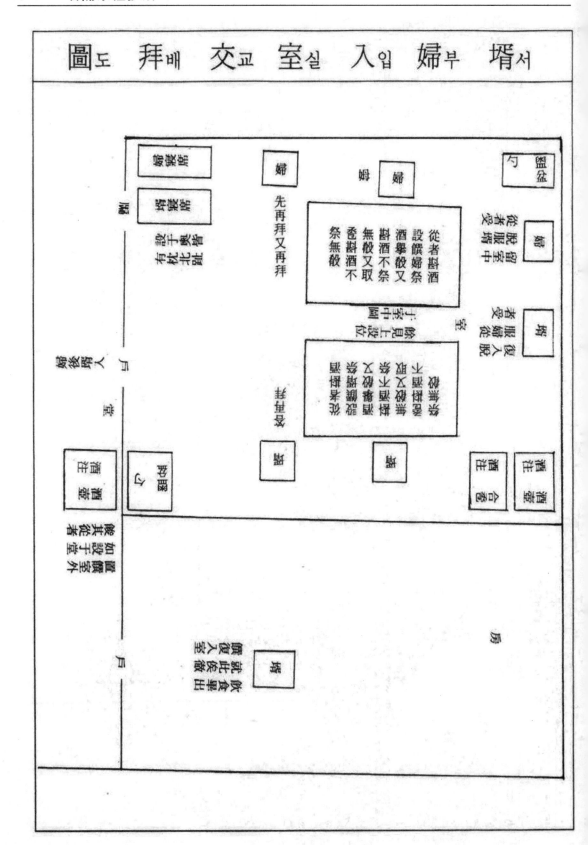

坐좌 飮음 食식 徹철 饌찬 之지 圖도

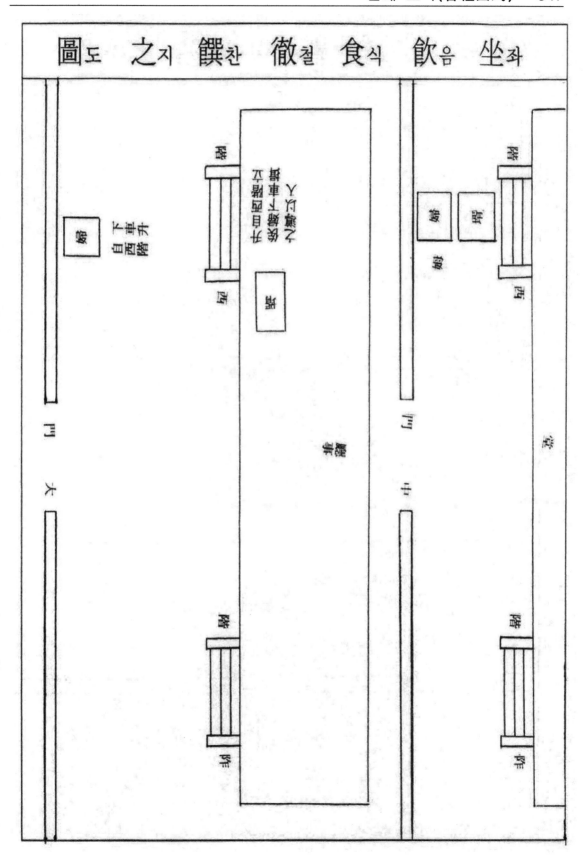

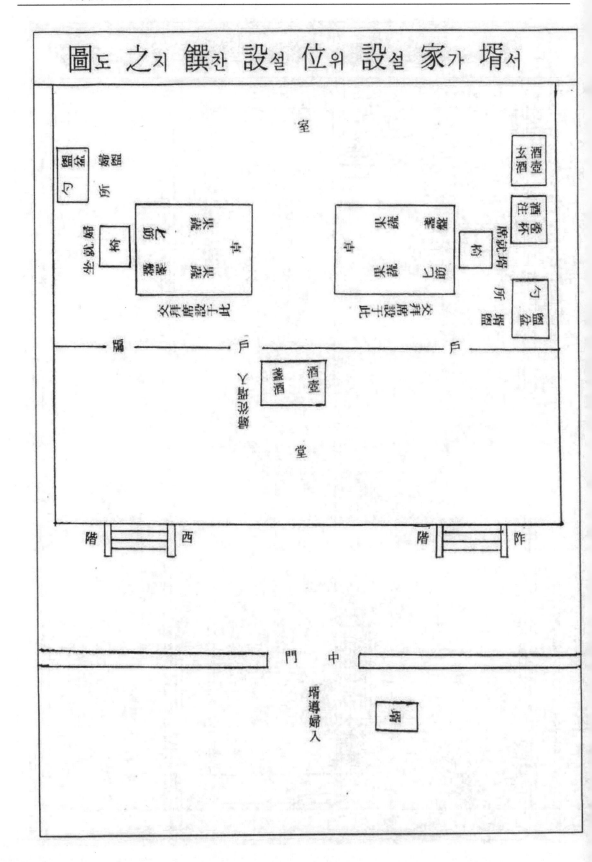

圖도 之지 饌찬 設설 位위 設설 家가 壻서

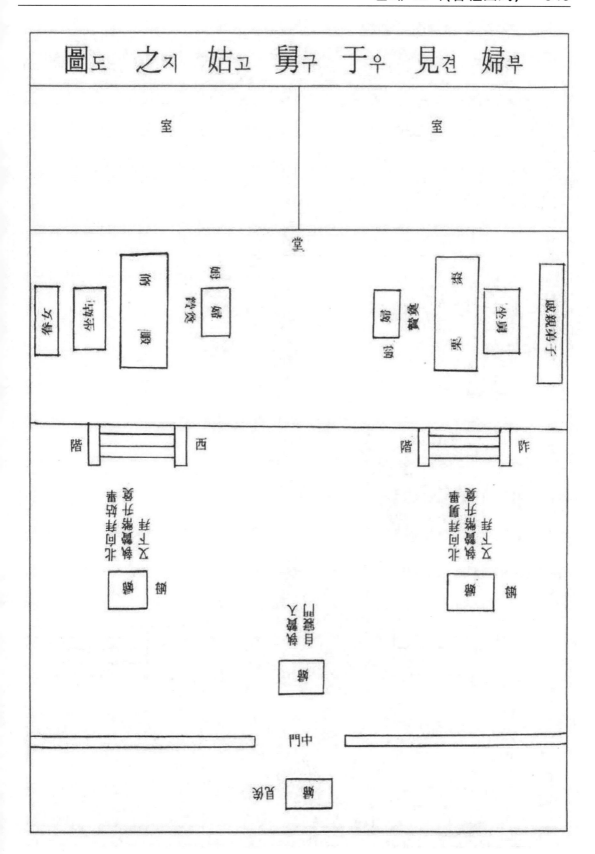

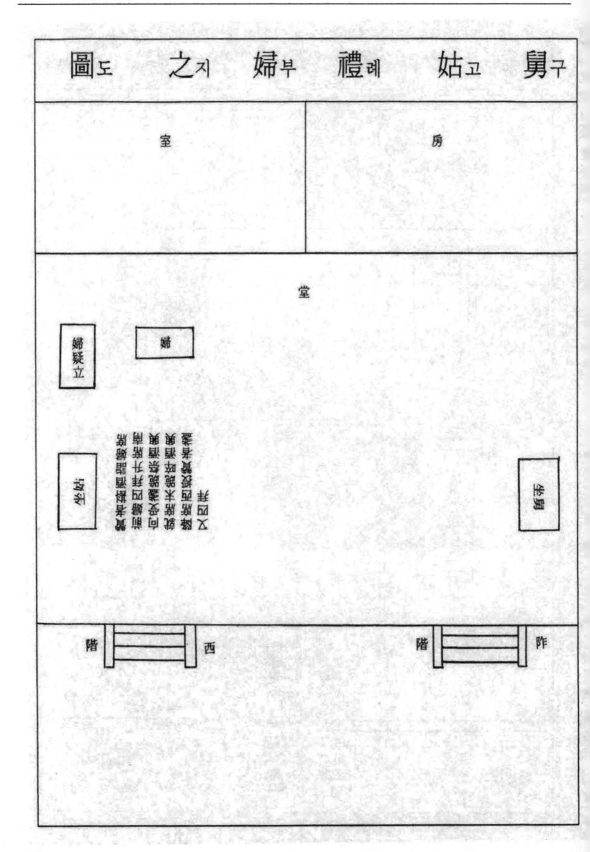

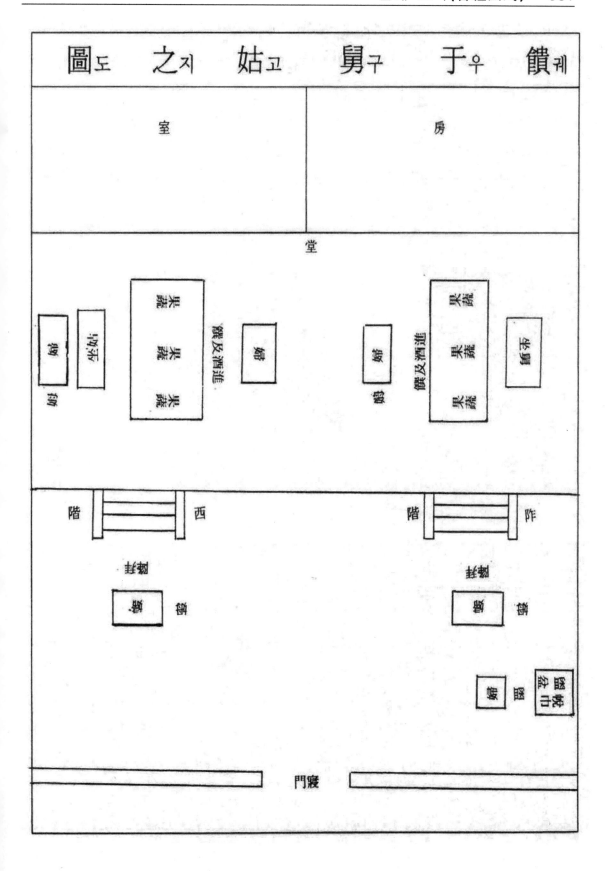

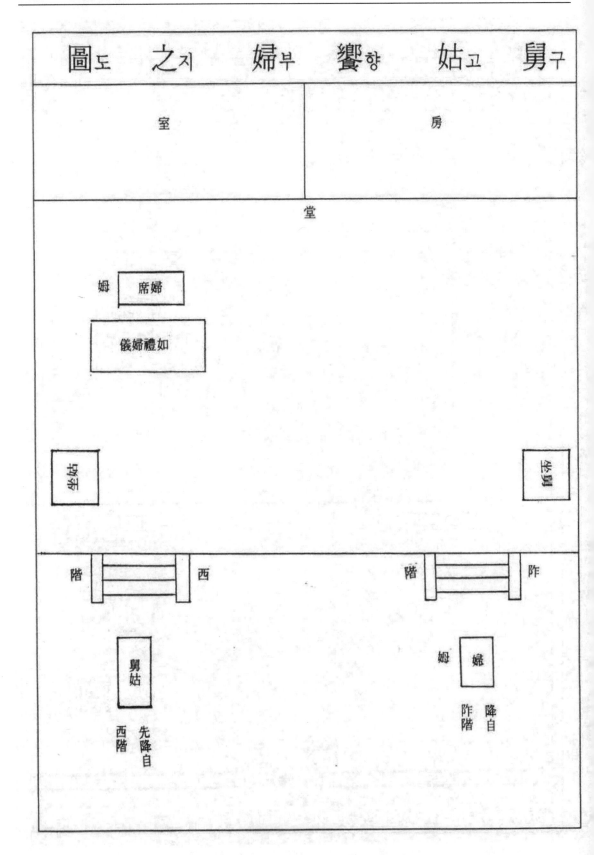

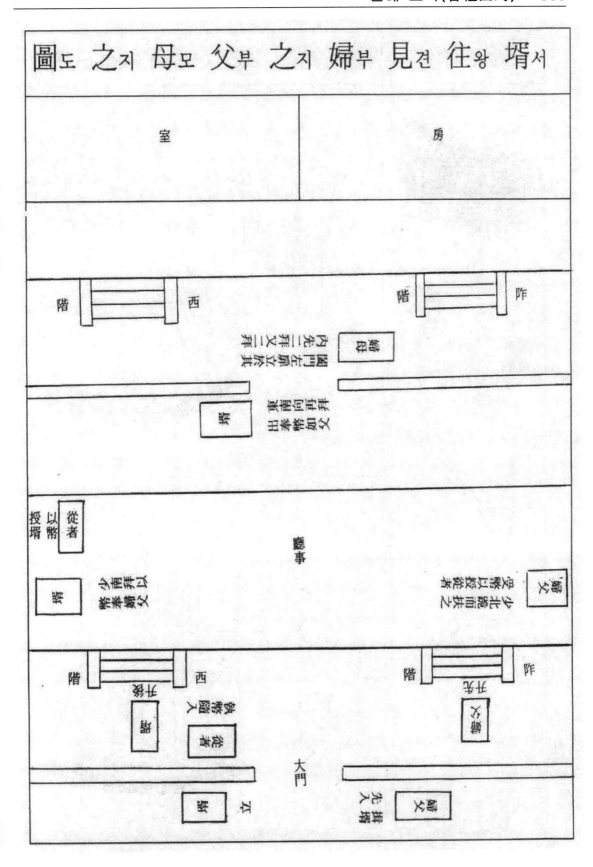

壻往見婦之父母之圖

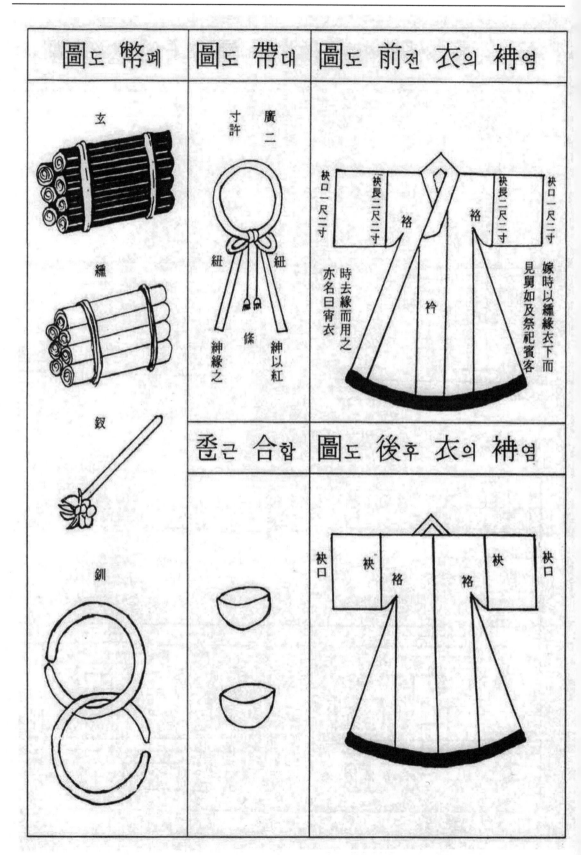

士사 昏혼 禮례 同동 牢뢰 設설 饌찬 之지 圖도

東向

右 腊
右 俎 豚俎 豚
右 腊 豚俎
向 醯醢 黍 黍稷會
右 醯醢 大羹

西向

會 會
大羹 豆
醬醢 豆 向
黍 俎 豚俎
魚俎 菹 豆 同牢
腊俎 醢 豆

三삼 禮례 儀의 同동 牢뢰 設설 饌찬 之지 圖도

饌	分	一		

圖도　饌찬　設설　牢뢰　同동

向향　西서　卓탁　壻서

（同牢設饌圖 ― 篆書로 된 器物名 및 방위 표시）

乙卯向　向北　亥乙（방위 표시）

定五耳禮蓋儀昏三禮禮設儀饌諸之書從參祭互法撰	於禮禮儀意則故多今用以俗士規昏而禮恐家不禮合	然世所欲從行古家禮家不同不宜固於為可三歟	則增解同而牢設家饌則之不式然士故昏今禮

──────

右에서 왼쪽으로 읽는 본문(세로 글):

士卽香之醴醬本家文禮而祭家饌禮之之醴所樣遵而述其者在也右如者醴卽醬士卽

飰左藥右卽便古之生義人也進羹食飯之亦從醴醴樣遵而述其者在也右如者醴卽醬

禮南儀之魚肉也炙肝胏從盤士昏從六者俱麵是家米禮食之及祭脯饌從之也

蔬菹醢果也從大家抵禮參用五古禮今儀之而沈大菜體及一醢從家士昏禮之之

祭禮設饌卽本與士特牲疏少牢等禮祭同法而之但昏也禮且有考醴士昏醴昏

之而昏藥從在祭右法為益少有不所同據則耳九尤為疏家之明證而家禮

式식　　書서　柱주　四사　　星성　四사

太歲幾月幾日某時生

時則干支

一尺二寸

式식　　書서　　紙지　　日일　　擇택

奠鴈太歲幾月幾日某時

月　　日

某官後人某

時則干支

○증해혼례도(家禮增解婚禮圖)(添補)

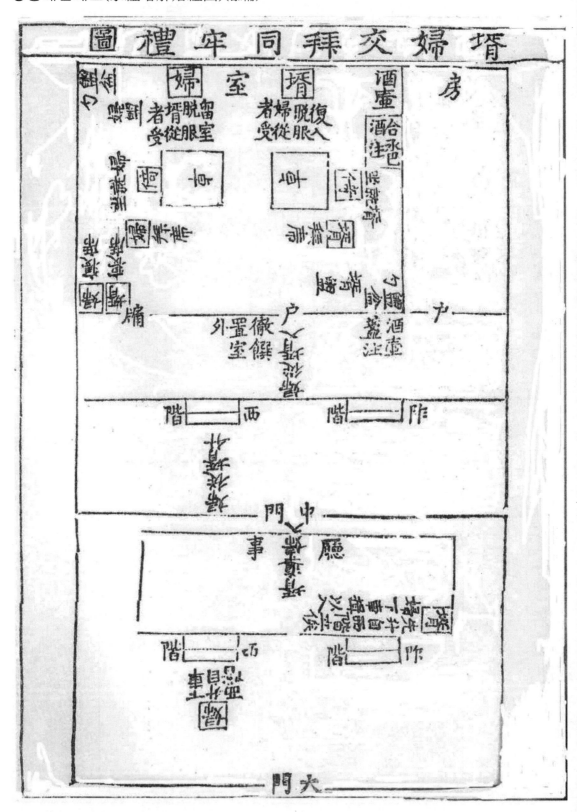

第 四 篇 상례(喪禮)

檀弓始死充充如有窮旣殯瞿瞿如有求而弗得旣葬皇皇如有望而弗至練而慨然祥而廓然

疏曰事盡理屈爲窮親始死孝子匍匐而哭之心形充屈如急行道極無所復去窮急之容也瞿瞿眼目速瞻之貌如有所失而求覓之不得然也皇皇猶栖栖也親歸草土孝子心無所依託如有望彼來而彼不至也至小祥但慨歎日月若馳之速也至大祥則情意寥廓不樂而已

예기(禮記) 단궁편(檀弓篇)의 가르침이다. 친상(親喪)을 당하게 되면 도(道)를 잃고 허둥거리기를 궁극(窮極)함이 있을 것 같이 하며 이미 빈소(殯所)를 갖추게 되면 놀라서 눈을 휘둥그렇게 뜨고 두리번거리며 구(求)함이 있을 것 같이 하나 그러나 얻지 못 하는 것이며 이미 장사를 지내고 나서도 마음이 몹시 급하여 허둥지둥 대며 바람이 있는 것 같이 하나 그러나 돌아 오지 않는 것이며 소상(小祥)을 지내고 나면 몹시 슬퍼하게 되고 이미 대상(大祥)을 지내고 탈상을 하게 되면 집안이 텅 빈 것 같은 것이니라.

◆喪禮(상례)

喪服註不忍言死而言喪喪者棄亡之辭○檀弓子路曰傷哉貧也生無以爲養死無以爲禮也孔子曰啜菽飮水盡其歡斯之謂孝斂手足形還葬而無椁稱其財斯之謂禮○孟子曰不得不可以爲悅無財不可以爲悅得之爲有財古之人皆用之吾何爲獨不然吾聞之也君子不以天下儉其親註不得謂法制所不當得得之爲有財言得之而又爲有財也或曰爲當作而送終之禮所當得爲而不自盡是爲天下愛惜此物而薄於吾親也○王制六十歲制七十時制八十月制九十日脩唯絞紟衾冒死而后制註歲制謂棺也不易可成故云歲制衣物之難得者須三月可辦故云時制衣物之易得者一月可就故云月制至九十則棺衣皆具無事於制作但每日修理之恐或有不完整也絞與紟皆用十五升布爲之凡衾皆五幅士小斂緇衾禎裏大斂則二衾冒所以韜尸象生時玄衣纁裳也此四物須死乃制以其易成故也○檀弓喪具君子恥具一日二日而可爲也者君子不爲也○子游曰飯於牖下小斂於戶內大斂於阼殯於客位祖於庭葬於墓所以卽遠也故喪事有進而無退註飯者尸沐浴後以米及貝實尸口中也時尸在室西牖下南首也斂者包裹斂藏之也小斂在戶內大斂出在東階未忍離其爲主之位也主人奉尸斂于棺則在西階矣掘肂於西階之上肂陳也謂陳尸於坎也置棺于肂中而塗之謂之殯及啓而將葬則設祖奠於祖廟之中庭而後行自牖下而戶內而阼而客位而庭而墓皆一節遠於一節此謂有進而往無退而還也○雜記凡婦人從其夫之爵位註治婦人喪事皆以夫爵位尊卑爲等降無異禮也○開元禮凡內喪皆內贊者行○曾子問女未廟見而死則如之何孔子曰不遷於祖不祔於皇姑壻不杖不菲不次歸葬于女氏黨示未成婦也○下殤土周葬于園遂輿機而往塗邇故也今墓遠則其葬也如之何曰吾聞諸老聃曰昔者史佚有子而死下殤也墓遠召公謂曰何以不棺斂於宮中史佚曰吾何敢乎哉召公言於周公周公曰豈不可史佚行之註不遷祖不遷柩而朝於壻之祖廟也不祔皇姑以未廟見壻不別處喪次女之父母自降服大功○土周塈周興猶抗也機者興尸之具木爲之狀如牀而無脚以繩橫直維繫之抗擧而往塈周之所史佚周初良史也墓遠不葬於園也言猶問也吳氏曰周人葬下殤之禮不用棺但以衣斂尸而置之尸牀不用車載衆手昇之以往曾子問去墓近者可如此若去墓遠則興尸以往而不用棺不用車似若不可孔子遂引老聃所言史佚之事以荅蓋史

佚曾葬下殤之子而其墓遠方疑於輿尸之不可而召公勸以棺斂於宮中則如成人而載以喪車不昇機也史佚以前未有此禮故有所不敢於是召公爲佚問之周公周公曰豈不可蓋禮有從權而義起者墓近則昇機墓遠則棺斂而車載以往雖前時禮所未有然亦無害於義也史佚依周公所言行之○開元禮三殤之喪始死浴襲及大小斂與成人同其長殤有棺及大棺中殤下殤有棺靈筵祭奠進食葬送哭泣之位與成人同其苞牲及明器長殤三分減一中殤三分減二唯不復魄無含事辦而葬不立神主旣虞而除靈座其虞祝辭云維年月朔日子父告子某(若兄云告弟某若弟云弟某昭告某兄)日月易往奄及反虞悲念相續心彦如燬(兄云悲痛猥至情何可處弟云哀痛無已五情如割)今以(弟祭兄則云謹以)潔牲嘉薦普淖明齊溲酒薦虞事于子某(某兄弟某)魂其饗之(弟祭兄云尙饗)凡無服四歲以上畧與下殤同又無靈筵唯大斂小斂奠而已三歲以下斂以瓦棺葬于園又不奠○檀弓戰于郎隅人與其隣重汪踦往皆死焉魯人欲勿殤重汪踦問於仲尼仲尼曰能執干戈以衛社稷雖欲勿殤不亦可乎註戰于郎魯哀公十一年齊伐魯隅人昭公子公爲也魯人以踦有成人之行欲以成人之喪禮葬之而孔子善其權禮之當也○開元禮凡死於外者小斂而返則子素服衰巾帕頭徒跣而從大斂而返亦如之凡死於外者斂而返毀門西墻而入○曲禮鄰有喪舂不相里有殯不巷歌註五家爲鄰相者以音聲相勸蓋舂人歌以助舂二十五家爲里巷歌歌於巷也

◆喪(상)

士喪禮註喪於五禮屬凶禮○喪服註不忍言死而言喪喪者棄凶之辭○孝經子曰孝子之喪親也哭不偯禮無容言不文服美不安聞樂不樂食旨不甘此哀戚之情也三日而食敎民無以死傷生毀不滅性此聖人之政也喪不過三年示民有終也爲之棺槨衣衾而擧之陳其簠簋而哀戚之擗踊哭泣哀以送之卜其宅兆而安厝之爲之宗廟以鬼享之生事愛敬死事哀戚生民之本盡矣死生之義備矣孝子之事親終矣註不偯氣竭而息聲不委曲無容稽顙觸地無容不文不爲文飾擧謂擧而納於棺簠簋陳奠器也宅墓穴也兆塋域也○檀弓子游曰飯於牖下小斂於戶內大斂於阼殯於客位祖於庭葬於墓所以卽遠也故喪事有進而無退陳註大斂在東階未忍離主位奉尸斂于棺則在西階及葬設祖奠於祖廟之中庭自牖下而戶內而阼而客位而庭而墓皆一節遠於一節此所謂有進而往無退而還也○論語子曰喪與其易也寧戚朱子曰易者治也言治喪禮至於習熟也喪者人情之所不得已者若習治其禮有可觀則是樂於喪而非哀戚之情也○大戴記凡不孝生於不仁愛也不仁愛生於喪祭之禮不明故有不孝之獄則飾喪祭之禮○經解喪祭之禮所以明臣子之恩也喪祭之禮廢則臣子之恩薄而倍死忘生者衆矣○荀子曰凡禮事生飾歡也送死飾哀也祭祀飾敬也師旅飾威也是百王之所同古今之所一也○曲禮臨喪不笑望柩不歌入臨不翔鄰有喪舂不相里有殯不巷歌臨喪則必有哀色執紼不笑陳註臨哭也不翔不爲容也相者舂人歌以助舂也巷歌歌於巷也○周禮黨正凡其黨之喪紀敎其禮事掌其禁戒○問喪禮制度朱子曰恐怕儀禮也難行孔子曰行夏之時乘殷之輅已是厭周文之類了某怕聖人出來也只隨今風俗立一箇限制須從寬簡○又荅胡伯量曰見公說喪禮太繁掣禮不如此看說得人都心悶須討箇活物事弄如弄活蛇相似方好公今只是弄得一條死蛇不濟事某嘗說古者之禮今只是存他一箇大槩令勿散失使人知其意義要之必不可盡行如始喪一段必若欲盡行則必無哀戚哭泣之情況只依今世俗之禮亦未爲失但使哀戚之情盡耳○問喪禮沙溪曰當以朱子易簀時遺命爲準然記者不一具列于左朱子行狀先生病革門人問溫公喪禮曰疎略問儀禮頷之言行錄諸生入問病因請曰萬一不諱當用書儀乎先生搖首然則當用儀禮乎亦搖首然則以儀禮書儀參用之乎乃頷之○同春曰言行錄似詳備當從○南溪曰家禮旣已前亡故遺命之意以爲家禮旣亡與其全用疎略之書儀只當依經禮而參酌行之云爾○文公以前當用儀禮以後當用家禮禮家之大體也但家禮卷及再修故丘氏儀節金氏備要亦不得已作數百年前士大夫多用儀節今則全用備要然備要因文公遺命多用士喪禮之文却與家禮酌古通今之意煞有出入○尤菴曰家禮闕略處不補以他書甚有窒礙處此備要之所以有功於後學也

◆有罪者喪禮(유죄자상례)

文王世子公族有死罪則磬于甸人反命于公公素服不舉爲之變如其倫之喪無服註不於市朝隱之也甸人掌郊野之官懸縊殺之曰磬君於同姓則緦衰以弔今無服者不往弔也倫謂親疏之比也○公族之罪刑于隱者不弔不爲服哭于異姓之廟爲忝祖遠之也素服居外不聽樂私喪之也骨肉之恩無絶也龜峯曰不但公族私喪亦可倣此而行之也○通典李彝曰昔公孫敖爲亂而亡襄仲猶率兄弟而哭不廢親愛春秋所善○王制大夫廢其事終身不仕死以士禮葬之陳註廢其事如敗國珍民或敗常亂俗生則擯棄死則貶降

◆喪具(상구)

王制六十歲制七十時制八十月制九十日修唯絞紟衾冒死而後制陳註歲制謂棺也不易可成故歲制衣物之難得者須三月可辦故云時制衣物之易得者則一月可就故云月制至九十則棺衣皆具無事於制作但每日修理之恐或有不完整也○檀弓子思曰喪三日而殯凡附於身者必誠必信勿之有悔焉耳矣三月而葬凡附於棺者必誠必信勿之有悔焉耳矣方氏曰必誠謂於死者無所欺必信謂於生者無所疑○喪具君子恥具一日二日而可爲也者君子不爲也陳註喪具恥於早爲而畢具者嫌不以久生期其親也一日二日而可爲所謂絞紟衾冒死而後制者也丘氏曰恥具謂恥成其制非謂不畜其質也○子游問喪具夫子曰稱家之有無子游曰有亡惡乎齊夫子曰有母過禮苟亡矣斂首足形還葬縣棺而封人豈有非之者哉註還音旋還之言便也言已斂卽葬不待三月封當爲窆不設碑絭不備禮陳註惡乎齊言何以爲厚薄之劑量也縣棺謂以手懸繩而下之○喪不慮居毀不危身喪不慮居爲無廟也毀不危身爲無後也劉氏曰喪禮稱家之有無不可勉爲厚葬而致有敗家之慮家廢則宗廟不能以獨存不可過爲哀毀致有亡身之危以死傷生則君子謂之無子此二者防賢者之過禮○孟子曰不得不可以爲悅無財不可以爲悅得之爲有財古之人皆用之吾何爲獨不然註不得謂法制所不當得○王制喪用三年之仂註喪大事用三歲之什一○喪祭用不足曰暴有餘曰浩註暴猶甋也浩猶饒也○問世俗爲親備不虞必制於閏月南溪曰閏月之說乃俗談不足論也

◆始死(시사)

喪大記註疾病之甚也以賓客將來候問故掃潔所居之內外若君與大夫之病則徹去樂縣士則去琴瑟東首於北牖下者東首向生氣也按儀禮宮廟圖無北牖而西北隅謂之屋漏以天光漏入而得名或者北牖指此乎古人病將死則廢牀而置病者於地以始生在地庶其生氣復反而得活及死則復擧尸而置之牀上手足爲四體各一人持之爲其不能自屈伸也男女皆改服亦擬賓客之來也貴者朝服庶人深衣纊新綿也屬之口鼻觀其動否以驗氣之有無也男子不死於婦人之手婦人不死於男子之手惡其褻也○金華應氏曰埽庭及堂正家之常道今於此又皆埽者肅外內以謹變致潔敬以謹終也樂縣琴瑟自其疾卽不作則聲音固已久闃於耳矣徹而去之亦不欲接於目也○李氏曰東首所以歸魂于陽北牖下所以反魄于陰使之各歸其眞宅而已男子不死於婦人之手婦人不死于男子之手以齊終也○馬氏曰君子於其生也欲內外之有別於其死也欲始終之不褻則男女之分明夫婦之化興昔者曾子寢疾病樂正子春坐於牀下曾元曾申坐於足童子隅坐而執燭論語亦云召門弟子曰啓予足啓予手則曾子之死唯弟子與子侍側而已○嚴陵方氏曰孟子曰養生者不足以當大事唯送死可以當大事周官以喪禮哀死亡則喪無非大事也○喪大記始卒主人啼兄弟哭婦人哭踊註啼者哀痛之甚嗚咽不能哭如嬰兒失母也兄弟情稍輕故哭有聲婦人之踊似雀之跳足不履地問喪篇云爵踊是也○山陰陸氏曰主人啼而不哭兄弟哭而不踊婦人哭踊殺於上矣蓋踊所以動體安心下氣也○又曰旣正尸子坐于東方卿大夫父兄子姓立于東方有司庶士哭于堂下北面夫人坐于西方內命婦姑姊妹子姓立于西方外命婦率外宗哭于堂上北面註此言國君之喪正尸遷尸於牖下南首也姓猶生也子姓子所生謂衆子孫也內命婦子婦世婦之屬姑姊妹君之姑姊妹也子姓君女孫也外命婦卿大夫之妻也外宗謂姑姊妹之女○金華應氏曰男東女西陰陽之大分也喪遽哀迫人雜事叢完謹男女之辨

而各以類從則紛糾雜亂者有倫矣主東賓西內外之大統也男主居東之上而內之家長雖若母
亦在其西則示一國一家之有主而內外族姓之尊卑咸有所統攝矣

제 1 장　　초종(初終)

◆終(종)

喪大記疾病外內皆埽註東首於北牖下廢牀徹褻衣加新衣體一人男女改服屬纊以俟絕氣註
病疾之甚也東首於北牖下者東首向生氣也無北牖而西北隅謂之屋漏以天光漏入而得名古
人病將死則廢牀而置病者於地以始生在地庶其生氣復反而得活李氏曰東首所以歸魂于陽
北牖下所以反魂于陰使之各歸其眞宅而已男子不死於婦人之手婦人不死于男子之手以齊
終也○程叔子曰正終大事也必就正寢不沒于婦人之手曾子易簀而沒豈笱然乎○儀節正寢
卽今人家所居正廳也按士喪禮鄭氏謂爲士喪其父母之禮今家禮亦然所謂遷居正寢者惟家
主爲然餘人則各迁於其所居之室中○會成居喪執喪爲喪之儀○嚴陵方氏曰以身言之則曰
居以禮言之則曰執以事言之則曰爲合言之其實一也

제 1 절　　종(終)

◆初終(초종)

檀弓君子曰終小人曰死註終者對始而言死則澌盡無餘之謂也君子行成德立有始有卒故曰
終小人與群物同朽腐故曰死黃氏曰終以道言死以形言○丘儀若病勢度不可起則先設牀于
正寢中子弟共扶病者出居牀上東首旣遷則戒內外安靜毋得諠譁驚擾仍令人坐其旁視手足
男子不絕婦人之手婦人不絕男子之手(補)問病者有何言有則書于紙無則否(出大明集禮)撤
去舊衣加新衣置新綿于口鼻之間以俟氣絕病者氣將絕則鋪薦席褥于地俟其氣絕扶居其上
以衾覆之以一箇橫口中楔齒使不合可以含至是婦女入男女哭擗無數

⊙疾病遷居正寢(질병천거정침)

凡疾病(陳氏曰總言曰疾病甚曰病)遷居正寢(儀節惟家主爲然餘人各遷于其所居室中○喪大記
外內皆掃東首於北牖不廢牀註置於地○士喪記徹褻衣加新衣御者四人坐持體男女改服)內外安靜
以俟氣絕(士喪記屬纊疏置口鼻之上以爲候)男子不絕於婦人之手婦人不絕於男子之手

⊙병(病)이 위중하면 정침(正寢)으로 옮겨 누인다.

무릇 병환이 위중하면 정침(正寢)으로 옮겨(상대기 북쪽 들창 밑에 머리를 동쪽으로
향하게 누인다) 뉘이고 내외를 조용히 하여 편안하게 하고 임종(臨終)을 맞는다. 남
자는 부인의 손에서 절명(絶命)치 않게 하고 부인은 남편의 손에서 절명치 않게 한다.

◆不絕於婦人(불절어부인)

士喪記本註備藝疏按喪大記註云君子重終爲其相藝若然疾時使御者持體幷死于其手故喪
大記云其母之喪則內御者抗衾而浴僖公薨于小寢註云小寢夫人寢也禮男子不絕于婦人之
手今僖公薨于小寢譏其近女室是男子不絕于婦人之手也○會成君子于其生也欲內外之有
別于其死也欲始終之不藝則男女之分明夫婦之化興此所以男子不死于婦人之手婦人不死
于男子之手也

◆內外安靜(내외안정)

士喪禮記內外皆掃註爲客來問○書儀誼譁奔走固病者所惡也悲哀哭泣傷病者心臥呼撼捽尤爲不可使病者驚怛搖頓而死皆未免爲不終天年○士喪禮記徹褻衣加新衣御者四人皆坐持體屬纊註加新衣故衣垢汚爲來人穢汚之○備要按古禮有廢牀之節附註及儀節皆收錄但我國人平時不用牀則無所施耳

◆遷居正寢(천거정침)

士喪禮死于適室註適室正寢之室疏適室亦謂適寢言正寢者對燕寢與側室非正喪大記云君夫人卒於路寢大夫世婦卒於適寢內子未命則死於下室遷尸于寢士之妻皆死于私寢鄭註云死者必皆於正處以此言之妻皆與夫同處路寢適寢皆謂之正寢○士喪禮記寢東首於北墉下疏東首向生氣之所墉謂墻○儀節正寢卽今正廳遷居正寢惟家主爲然餘人各遷於其所居室中○會成問疾篤遷出外寢能不傷其心乎擧扶遷動或致奄絶能無憾乎馮氏曰喪大記云云蓋貴者宜遷而無嫌者不必遷也

◆卒於正寢(졸어정침)

或問父母疾病人子宜禱鬼神否馮氏曰論語註云疾病行禱五祀蓋臣子迫切之至情有不能自己者昔周公欲代武王死但告於宗廟庾黔婁欲代父死每夜止稽顙北辰非若後世宰牛殺牲諂祭非鬼也若欲行禱但焚香拜懇于所當祭鬼神不必賂神固不在賂也○丘文莊曰鄭氏謂士喪禮爲士喪其父母之禮今家禮亦然所謂遷居正寢者惟家主爲然餘人則各遷於其所居之室中○溫公曰近世孫宣公臨薨遷於外寢蓋君子謹終不得不爾○或問病篤遷出外寢能不傷其心乎子之于親心忍遷乎擧扶遷動或致奄絶能無憾乎馮氏曰喪大記云君夫人大夫世婦卒於正寢內子未命則死下室遷尸於寢士之妻皆死於私寢蓋貴者宜遷賤而無嫌者不必遷也且當溫公時遷者亦少不然公何獨稱孫宣公一人哉

◆夫婦不絶於其手(부부불절어기수)

按此卽士喪記文亦見大記其註云君子重終爲其相褻○書儀凡疾病婦人侍疾者雖至親當處數步之外婦人疾病男子亦然○問將逝者之母或其父欲見之則奈何南溪曰恐非父母之謂○會成君子于其生也欲內外之有別于其死也欲終始之不褻則男女之分明夫婦之化與○程叔子曰正終大事也必就正寢不沒于婦人之手曾子易簀而沒豈苟然乎○遂菴曰雖出於不褻男女之義而以此文褻觀之則不但夫婦間而已

◆割肉救親(할육구친)

韓昌黎(名愈唐人)作鄠人對曰鄠有以孝爲旌門者乃本其自於鄠人曰彼剔股以奉母疾瘳大夫以聞其令尹令尹以聞其上上俾聚土以旌其門使勿輸賦以爲後勸鄠大夫常曰他邑有是人乎愈曰母疾則止於烹粉藥石以爲是(註是字或事字)未聞毀傷支體以爲養在敎未聞有如此者苟不傷於義則聖賢當先象而爲之也是不幸因而致死則毀傷滅絶之罪有歸矣其爲不孝得無甚乎○大學或問朱子曰以其可以求知於世而爲之則雖割股廬墓亦爲人耳○如孝是明德然自有當然之則不及固不是若過其則必有刲股之事○刲股固自不是若誠心爲之不求人知亦庶幾今有以此要譽者○禹景善問人子遇親之病迫切之至思所以調治救藥者庸有極哉但用人肉而治人病天下寧有是理耶明知不然而姑且試之明理者所不爲也金濯纓作非鄠人對以攻昌黎公曰就令善醫者引方書以爲非人肉合藥無良云爾則將以彼爲誕坐視其母之死而不從耶性傳亦以爲苟有善醫者必不爲此言濯纓雖惑於此言昌黎則必不惑於此言也如何退溪曰此事當以昌黎與公說爲正○栗谷語錄退溪問曰朱子以割股爲過中當親之病劇人子以迫切之心無所不用其極或割股而得瘳親病所謂至誠感天者也此乃人子向親至善之心也雖謂之中可也但其割之之際有一毫私意則此是不及者也朱子不爲分析言之而但曰過中者何也栗谷曰此雖人子愛親之至誠而或有感天之時揆之事理實非天下之常道也況其割之之際

其人心術外人何可察也若果爲至善之中則以曾子之孝豈有不割者乎無已則有一焉一時神
醫如華陀者出而言曰此病必須取他人血而補之然後得瘳云其子卽割已肉補親血而得瘳則
恐是得中也退溪擊節歎賞

◆疾病行禱(질병행도)

士喪禮記乃行禱于五祀註盡孝子之情○朱子曰禱是正理自合有應不可謂知其無是而姑爲
之也○今自是無所可禱如儀禮五祀之類今人尋常皆不曾祀○病而與聞乎禱則是不安其死
而詔於鬼神以苟須臾之生君子豈爲是哉○集說問宜禱鬼神否曰士喪禮行禱五祀蓋孝子迫
切之至情有不能自己者昔周公欲代武王死但告于宗廟庾黔婁欲代父死每夕稽顙北辰非若
後世宰牛殺牲詔祭非鬼而無益也若欲行禱當師二公

◉遷居正寢儀禮節次(천거정침의례절차)

若病勢度不可起則先設牀于正寢中○凡喪禮儀節特揭出以曉人非用以唱贊也後倣此
遷居正寢(子弟共扶病者出居牀上東首東首者受生氣也)○戒內外(旣遷則戒內外安靜毋得喧嘩
驚擾仍令人坐其旁視手足男子不死婦人之手婦人不死男子之手)○補書遺(言問病者有何言有則
書于紙無則否出大明集禮)○加新衣(徹去舊衣加新衣喪大記用朝衣今但用新者可也)

◉정침으로 옮겨 모시는 의례절차.

만약 병세가 쾌유가 불가능하면 먼저 정침 중앙에 침상을 갖춰 놓는다. ○상(喪)을 치
르는 모든 의례절차를 의례대로 깨우쳐 줄 이를 두고 홀창(笏唱)으로 진행치 않으며
이하(以下) 이를 본뜬다.

정침으로 옮겨 모신다. (자손과 형제들은 함께 병자를 침상에서 부축하여 내모시어
머리가 동쪽으로 가게 누인다. 머리를 동쪽으로 두는 것은 생기(生氣)를 받는다는 것
이다)

안과 밖을 경계하여 엄숙하고 조용하게 한다. (이미 옮겨 모셨으면 내외를 경계하여
엄숙하고 조용히 해야 하며 떠들썩하여서는 안되며 안정을 시켜 전처럼 모두 곁에
앉아 수족을 주무른다. 남자는 부인의 손에서 부인은 남자의 손에서 절명치 않게 한
다)

유언을 물어 적는다. (병자가 하는 말이 어떤 것이든 있으면 종이에 적어둔다) 새 옷
으로 갈아 입힌다. (헌 옷을 벗기고 새 옷으로 갈아 입힌다)

◉旣節乃哭(기절내곡)

儀節以衾覆之男女哭擗無數

司馬溫公曰疾病謂疾甚時也近世孫宣公臨薨遷于外寢蓋君子謹終不得不爾也○高氏曰廢牀寢於
地註人始生在地故廢牀寢於地庶其生氣之復也本出儀禮及禮記喪大記○劉氏璋曰凡人病危篤氣
微難節乃屬纊以俟氣絕纊乃今之新綿易爲搖動置口鼻之上以爲候也

◉이미 운명(殞命)을 하였으면 곧 곡(哭)을 한다.

홑이불로 시신을 덮고 남녀는 가슴을 치며 한없이 슬피 곡한다.

◆絕命(절명)

丘文莊曰東首者受生氣也書遺言本大明集禮補之加衣喪大記疏貴者用朝服今但加新者可
也廢床寢地禮在屬纊之前高氏厚終禮則屬纊在廢床之前今從高氏者恐禮有妨於死者也所
以寢地者人之初生在地病將死故下復其初生冀其脫死重生乃人子迫切之至情也古禮楔齒
用角柶柶用角爲之長六寸兩頭屈曲爲將含恐死者口閉故以柶柱齒令開而受含也今以**箭**代

之○馬氏曰君子于其生也欲內外之有別于其死也欲始終之不褻則男女之分明夫婦之化興此所以男子不死于婦人之手婦人不死于男子之手也○陸氏筆記云諸侯不死婦人之手非惟不瀆亦以絶婦寺矯命之禍

◆哭(곡)

喪大記始卒主人啼兄弟哭婦人哭踊陳註啼者哀痛之甚鳴咽不能哭婦人之踊似雀之踊足不離地○凡哭尸于室者二手承衾而哭註哀慕若欲攀援○孝經哭不偯註氣竭而息聲不委曲○間傳斬衰之哭若往而不反齊衰之哭若徃而反大功之哭三曲而偯小功緦麻哀容可也陳註徃而不反一擧而至氣絶似不回聲也偯餘音之委曲也小功緦情輕雖哀聲之從容可也○雜記曾申問於曾子曰哭父母有常聲乎曰中路嬰兒失其母焉何常聲之有陳註謂無復音節胡氏曰孔子不取弁人孺子泣而此取嬰兒哭者此泛問哭時故擧重謂始死時也彼在襲斂當哭踊有節故異○書儀皆哭各盡哀止哭後乃復

◆子時死者定死日(자시사자정사일)

問鷄鳴前子時死者當從何日尤菴曰日分必終於亥而始於子初二日之子自不干於初一日也

◆廢牀寢地(폐상침지)

大記疾病外內皆掃寢東首於北牖下廢牀徹褻衣加新衣體一人男女改服屬纊以俟氣絶註古人病將死則廢牀而置病者於地及死則復擧尸而置之牀土手足爲四體各一人持之爲其不能自屈伸也男女皆改服亦擬賓客之來也貴者朝服庶人深衣○丘儀按此廢牀寢地在屬纊之前而高氏厚終禮則屬纊在廢牀之前今從高氏者恐有妨於將死者也

⊙屬纊儀禮節次(속광의례절차)

置新綿于口鼻之間以俟氣絶(綿不動則是氣絶)○廢牀寢地(病者氣將絶則鋪薦席褥于地俟其氣絶則扶居其上以衾覆之楔齒以一筯橫口中楔齒使不合可以含按古禮楔齒用角柶柶用角爲之長六寸兩頭屈曲爲將含恐死者口閉故以柶柱齒令開而受含也今以筯代之)○擧哀(至是婦女入男女哭擗無數以上初喪禮自補入以下若倉卒不能盡從惟用遷居正寢屬纊廢牀寢地楔齒擧哀五節亦可)

⊙임종(臨終) 의례절차.

새 솜을 입과 코 사이에 대여 숨을 거뒀는지를 살핀다. (솜이 움직이지 않으면 숨을 거둔 것이다) ○침상에서 내려 땅에 누인다. (병자가 앞으로 숨을 거둘 것 같으면 땅에 자리와 요를 펴놓고 있는다. 숨을 거뒀으면 그 위에 눕히고 이불을 덮는다. 설치(楔齒)로 입을 벌려 괴여 놓는다) ○모두 슬피 곡한다.

⊙復(복)

侍者(備要內喪用女御後凡言侍者皆倣此)一人以死者之上服嘗經衣者(士喪禮左何荷也之扱音挿領于帶)左執領右執要自前榮(喪大記註屋翼也)升屋中霤(喪大記註屋脊也)北面招以衣(喪大記疏哭訖乃復○士喪禮記招而左註陽主生故招用左)三呼曰某人復畢卷衣降(士喪禮降衣于前受用篋)覆尸上男女哭擗無數(士喪禮復者降自後西榮)○上服謂有官則公服無官則襴衫皂衫深衣婦人大袖背子呼某人者從生時之號

司馬溫公曰士喪禮復者一人升自前東榮中屋北面招以衣曰皐某復三註皐長聲也今升屋而號慮其驚衆但就寢庭之南男子稱名婦人稱字或稱官封或依常時所稱○高氏曰今淮南風俗民有暴死則使數人升其居屋及於路傍遍呼之亦有蘇活者豈復之餘意歟○劉氏璋曰喪大記曰凡復男子稱名女人稱字復聲必三者禮成於三也

⊙혼(魂)을 부른다.

시종(侍從) 한 사람이 망자(亡者)의 겉옷을 왼손으로 동정을 잡고 오른손으로 중간을 쥐고 지붕으로 올라가 북쪽으로 향하여 옷을 흔들며 세 번 부르되 모인 복(某人復)이라 외치고 옷을 말아 가지고 내려와 시신의 가슴 위에 덮는다. 남녀는 발을 구르고 몸부림치며 곡하기를 한없이 한다.

겉옷이란 유관자(有官者)는 공복(公服)이고 무관자는 난삼(襴衫)이나 조삼(皀衫) 또는 심의(深衣) 등이며 부인은 배자(背子)로 혼(魂)을 부르되 모인에는 생시 부르던 칭호(稱號)로 한다.

◆復(복)

士喪禮註復者招魂復魄也疏出入之氣謂之魂耳目聰明謂之魄死者魂神去離於魄今欲招取來復歸于魄○檀弓復盡愛之道也有禱祠之心焉望返諸幽求諸鬼神之道也北面求諸幽之義也註行禱五祀而不能回其生又爲之復是盡其愛親之道而禱祀之心猶未忘於復之時也望返諸幽望其自幽而返也鬼神處幽暗北乃幽陰之方故求諸鬼神之幽者必向北也○喪大記註死者不可以復生萬物自然之理也於死而必爲復旣而卒不能復聖人制此豈虛禮歟人情而已矣孝子之情苟可以生死而肉骨者無不爲已況於萬一有復生之道何憚而不設此禮哉○檀弓邾妻復之以矢註疾而死行之可也兵刃之下肝腦塗地豈有再生之理復之用矢不亦誣乎○小記復與書銘自天子達於士其辭一也註周禮天子之復曰皐天子復諸侯則曰皐某甫復此言天子達於士其辭一者殷以上質不諱名故臣可以名君歟○通典婦人稱姓○士喪禮復者一人以爵弁服簪裳于衣註爵弁服純衣纁裳也禮以冠名服疏按雜記云士弁而祭於公冠而祭於已是士服爵弁助祭於君玄冠自祭於家廟士復用助祭之服則諸侯以下皆用助祭之服可知簪連也若常時衣服衣裳令各別此招魂取其便故連裳於衣朝服平生所服冀精神識之而來反衣○大記註復各以死者之祭服以其求於神故也○士喪禮記疏必用左者招魂所以求生左陽陽主生故用左也○禮運註所以升屋者以魂氣之在上○月令註古者陶復陶穴皆開其上以漏光明故雨霤之後因名室中爲中霤○大記註三號畢乃捲斂此衣自前投而下司服者以篋受之復之小臣卽自西北榮而下也○士喪禮註不由前降不以虛反也疏凡復者緣孝子之心望得魂氣復反復而不蘇則是虛反今降自後是不欲虛反也○士喪禮升自阼階以衣尸註衣尸者覆之若得魂反之

◆招魂(초혼)

士喪禮復者一人註復者招魂復魂也疏出入之氣謂之魂耳目聰明謂之魂死者魂氣去離於魄今欲招取魂來復歸于魄○檀弓復盡愛之道也有禱祀之心焉望返諸幽求諸鬼神之道也北面求諸幽之義也陳註行禱五祀而不能回其生禱祀之心猶未忘於復之時也望返諸幽望其自幽而返也○喪大記惟哭先復復而後行死事疏氣絶卽哭哭訖乃復復而不生得行死事○禮運天望而地藏疏天望謂始死望天而招魂地藏謂葬地而藏尸○朱子曰人死雖是魂魄各自飛散要之魄又較定須是招魂來復這魄要他相合復不獨是要他活是要聚他魂魄不敎便散了聖人敎人子孫常常祭祀也是要去聚得他

◆上服嘗經衣者(상복상경의자)

士喪禮以爵弁服註士復用助祭之服○喪大記陳註以死者之祭服以其求於神故也○士喪禮記復者朝服疏朝服平生所服冀精神識之而來反衣○愚案家禮嘗經衣云者似是冀精神識之而來反之意而但士喪記疏則以復者之朝服言豈宜冀魂來反於復者之衣乎古禮必以死者之爵弁服復而覆尸正以嘗經衣故也此疏若移於爵弁服之下則恐穩當

◆路上遭喪呼復(노상조상호복)

問路中遭喪則當於路上呼復而禮當用死者之祭服然勢難猝備死者之小衫亦可耶艮齋答只得如此軍中有用矢招魂之禮(若親身小衫必脫而後則只用用帶履之屬亦可)

◆禮成於三(예성어삼)

今獻彙言古人觀會通以行典禮多以三數爲制蓋三者數之節也情文之中也達之天下可以經也故冠禮三加射禮三耦賓主相見之禮三讓三辭郊廟百神之祀致齊三日喪禮孝子三日水漿不入口喪服止於三年娶婦三月而廟見其明罰也止於三就三居其矜恤也止於三有其黜陟幽明也止於三考其建官之極止於三公三孤敎之以賓興也止於三物數以三爲制何莫下不然不及者則失之儉而固也過之者則失之奢而濫也惟其稱也故君子愼焉

◆輟哭而復(철곡이복)

愚伏曰今人有死而復生者多言魂氣始升猶眷戀形體欲還入宅之而怕人環哭叫眊不得便入云以理求之神道尙靜似當如此復時宜令孝子暫時輟哭以專望返之誠乃盡愛之道觀疏家哭訖乃復之文則古人亦必輟哭而復矣

◆復後始用衾覆(복후시용금복)

艮齋曰儀禮復而後始以衾幠之丘儀却於旣絶之下卽以衿覆之恐非禮意而備要便覽增解皆取之有不敢知矣

◆哭擗無數(곡벽무수)

問喪動尸擧柩哭踊無數惻怛之心痛疾之意悲哀志懣氣盛故袒而踊之所以動體安心下氣也註哭踊本有數此言無數者又在常節之外也懣煩也○臨川吳氏曰動尸謂初死至斂時衆柩謂啓殯至葬時動親之尸擧親之柩孝子哀甚故哭踊無數懣與悶同心煩臠也氣盛氣懣塞也袒而踊以運動其身體體動則庶幾可以安靜其心使不煩臠降下其氣使不懣塞也○又婦人不宜袒故發胷擊心爵踊殷殷田田如壞牆然悲哀痛疾之至也故曰辟踊哭泣哀以送之送形而往迎精而反也註發開也爵踊似爵之跳足不離地也殷殷田田擊之聲也辟拊心也○臨川吳氏曰婦人以發胷擊心代男子之袒男踊如人之跳足起而高女踊如爵之跳足不離地○嚴陵方氏曰形者成之終精者生之始送之而往所以愼終迎之而反則念始之者也

◆卒不能復(졸불능복)

馬氏曰始死者人以不忍之心而望其重(平)生故復以服招之庶幾神依是而來也北面呼者求諸幽陰也夫死者不可復生萬物自然之理也于死而必爲復旣復而卒不能復聖人于此禮非徒設者亦以禮義之經非從天降也非從地出也人情而已矣孝子之情苟可以生死而肉骨者無不爲已況于萬一有復之時聖人何憚而不設此禮哉○高氏曰今淮南風俗民有暴死則使數人升其居室及於路傍遍呼之亦有蘇活者豈復之餘意歟

◆殤喪不復(상상불복)

開元禮三殤之喪不復魂○開元禮三殤之喪無含事

⊙復儀禮節次(복의례절차)

遣一人持死者之上衣曾經服者左執領右執要(上衣卽今俗所謂上蓋衣也)

升屋(自前升屋北面)○招呼(呼曰)○某人復(凡三次男子稱名或字及行第婦人稱姓氏或行第隨常所稱呼)○捲衣○降(自屋後下以所捲衣覆尸上)○哭擗(復畢男女哭擗無數)

⊙초혼(招魂) 의례절차.

죽은 이가 생전에 입었던 겉옷을 가지고 한 사람을 일찍 경복인을 보내되 왼손으로 깃을 잡고 오른손으로 중간을 쥐게 한다. (겉옷이란 지금 세속에서 이른바 겉에 덧입는 옷이다) 지붕으로 올라간다. (지붕 앞으로 올라가서 북쪽을 향한다)

혼을 부른다. (부르기를 모인(某人)이라 반복하여 모두 세 번 부르되 남자는 이름이나 자(字)를 연세에 따라 부르고 부인은 성씨나 혹은 연세에 따라 평상시에 부르던 칭호를 부른다)

옷을 둘둘 만다. 내려온다. (지붕의 뒤로 내려와서 시신 있는 곳으로 가 둘둘 만 옷으로 시신의 위에 덮는다)

가슴을 치며 슬피 곡한다. (복을 마치면 남녀 복인(服人)들은 가슴을 치며 한없이 슬피 곡한다)

⊙楔齒綴足(설치철족)(補)

士喪禮楔齒用角柶(入口使不合)綴足用燕几(拘綴使不辟戾)覆以衾(備要斂衾四裔使無隙以辟蠅)

⊙입을 벌려 괴이고 수족을 펴 묶는다.

각사(角柶)로 입을 벌려 괴이고 수족(手足)을 바르게 펴 묶고 이불로 머리까지 덮는다.

◆楔齒綴足(설치철족)

士喪禮楔齒用角柶疏此角柶與扱醴角柶制別屈之如軛中央入口兩末向上喪大記疏楔拄也將含恐口閉故以柶拄齒令開儀節楔齒以一筯橫口中楔齒使不合可以含○備要綴足用几註爲將屨恐其辟戾也○儀節楔齒用角柶柶用角爲之長六寸兩頭屈曲爲將含恐死者口閉故以柶柱齒令開而受含也今以筯代之○備要角柶用角爲之長六寸屈之如軛中央入口兩末向上所以楔齒者几有足所以綴足者○便覽按此一節家禮所無而依備要添入蓋楔綴已是見於經者而非徒此也頭面肢體以至眼睫鬚髮必今正直手足肘膝亦當以溫手按摩使其伸舒矣或因凡具未辦斂若不能如期而於斯時也或有泛忽則手辟足戾將有難言之憂必須以時入審可也孔子曰敬爲上哀次之子思曰附於身者必誠必信勿之有悔附於身者猶然况於身體乎孝子之盡其誠信尤當在於正尸之節也

◆楔齒不用(설치불용)

艮齋曰愚亦曾用摺紙但去之之時上下齒合不得不微壓面部此大不安故紙亦不用而欲納米於唇齒之間未知如何

⊙立喪主(입상주)

凡主人謂長子無則長孫承重(陳氏曰承重承祖宗重事也)以奉饋奠(奔喪凡喪父在父爲主父歿兄弟同居各主其喪親同長者主之不同親者主之○增解按書儀無此一句及下尊親者主賓之文而直繼以奔喪父在父爲主之說)其與賓客爲禮則同居之親且尊者主之(雜記姑姊妹其夫死夫黨無兄弟使夫之族人主喪妻黨雖親不主)

　司馬溫公曰奔喪曰凡喪父在父爲主註與賓客爲禮宜使尊者○父沒兄弟同居各主其喪註各爲妻子之喪爲主也○親同長者主之註昆弟之喪宗子主之○不同親者主之註從父昆弟之喪也雜記曰姑姊妹其夫死而夫黨無兄弟使夫之族人主喪妻之黨雖親弗主夫若無族矣則前後家東西家無有則里尹主之喪大記曰喪有無後無無主若子孫有喪而祖父主之子孫執喪祖父拜賓

⊙상주(喪主)를 세운다.

무릇 주인이라 함은 장자(長子)를 이름이다. 장자가 없을 때는 장손(長孫)이 그의 아버지를 대신하여 주인이 되여 전례(奠禮)를 올리고 상례(喪禮)를 주관하며 제사(祭祀)를 받든다. 그와 더불어 빈객(賓客)의 접대의 예는 동거하는 친족 중 어른이 주관한다.

◆立喪主(입상주)

凡主人謂死者長子無則長孫承重者尊奉饋奠衆子雖多不主○承重者承宗子之重事也宋蘇頌曰古者貴賤不同禮諸侯大夫世有爵祿故有大宗小宗主祭承重之義則喪服從而異制匹士庶人不預焉近代不世爵宗廟不立尊卑亦無所統其長子孫與衆子孫無以異也生而情禮則一

死而喪服獨異恐非先王制禮之本意乞詔禮官酌古今收族主祭之禮立爲宗子繼祖以異於衆子孫之法士庶人不當同用一律使人知尊祖不違禮敎也據此則士庶人長孫無承重禮今制凡長子死之長孫皆得承重無分貴賤

◆喪主(상주)

小記大功者主人之喪有三年者則必爲之再祭朋友虞祔而已註大功者主人之喪謂從父兄弟來主此死者之喪也三年者謂死者之妻與子也妻旣不可爲主而子又幼小別無近親故從父兄弟主之必爲之主行練祥二祭朋友但可爲之虞祔而已應氏曰死生相恤人道之當然今其身死而妻子惸弱適無父母兄弟之至親者則大功當任其責而至於終喪或適無小功之親則朋友當任其責而至逾葬使其不幸而無大功則小功以下其可以坐視乎又不幸而無朋友則爲鄰者其可以恝然乎是以體朋友死無所歸於我殯之義則練祥不必大功而親黨皆不可得以辭推行有死人尙或墐之之心則虞練不必朋友而凡相識者皆不得而拒特其情有厚薄處之各不同凡遇人之急難而處事之變者不可不知○雜記凡主兄弟之喪雖疏亦虞之註小功緦麻疏服之兄弟也彼無親者主之而已主其喪則當爲之畢虞祔也○小記大夫不主士之喪註謂士死無主後其親屬有爲大夫者不得主其喪尊故也○丘儀用同居之尊且親者一人爲之如無同居者擇族屬之親賢者又無族屬則用親戚又無親戚則用執友亦可專主與賓客爲禮蓋親者主饋奠尊者主賓客凡喪皆然○會成父在而子有母之喪父主饋奠而行揖禮其子隨之哭拜死者之子幼不能主喪妻又不可爲主則兄弟主之至於終喪其子則以衰抱之人爲之拜

◆父在有母喪(부재유모상)

父在而子有母之喪父主饋奠而行揖禮其子隨之哭拜○朱子曰父存子無主喪之禮又曰妻之喪夫自爲主以子爲喪主未安

◆宗子沒而其長子先亡無嗣令長子之弟爲喪主(종자몰이기장자선망무사령장자지제위상주)

良齋曰宗子沒而其長子先亡無嗣令長子之弟爲喪主矣後宗子之母死而有宗子之弟在則誰當爲主以服則子重而孫輕以行則叔尊而姪卑當以宗子之弟爲主而拜賓贈幣之節皆令行之至於題主祥禫却仍長子之弟主之盖如此然後統序有歸一之義廟祠無二主之嫌矣禫後不擧祫事不入正龕待長子立後而改題合檀是爲得禮若以立後之淹遲享先之不備攝祀者欲行吉祭遞遷則是近於干統而爲禮家之大禁先賢於此咸以別嫌明微重宗嚴統爲第一義以絶覬覦而防禍變洵萬世不易之常道也後學何敢有異議於其間哉

◆里尹主之(이윤주지)

大全葉味道問按雜記姑姊妹其夫死而夫黨無兄弟使夫之族人主喪妻之黨雖親不主夫若無族則前後家東西家無有則里尹主之或曰主之而祔於夫之黨今賀孫有姑其夫家出反歸父母家旣耆耄他日捨兄弟姪之外無爲主者但不知旣無所祔豈忍其神之無歸乎曰古法旣廢鄰家里尹決不肯祭他人之親則從宜而祀之別室其亦可也○疏王度記云百戶爲里里一尹其祿如庶人在官者

◆父在父爲主(부재부위주)

奔喪凡喪父在父爲主陳註父在而子有妻子之喪則父主之統於尊也疏按服問云君所主夫人妻太子適婦不云主庶婦若此所言則亦主庶婦與服問違者服問所言通命士以上父子異宮則庶子各主其私喪今此言是同宮者也○朱子曰凡妻之喪夫自爲主以子爲喪主未安○尤菴曰無論嫡庶與同宮異宮一主於父在父爲主之說然後無有妨礙抵牾之弊矣○孫及孫婦喪據禮則其祖當爲主周時貴貴大夫不主庶子故庶子各主其子後世不然故無長庶皆其父主之

◆父在有妻子喪(부재유처자상)

會成云父在而有妻子之喪亦父主之統于尊也祖在則祖主之

◆在遠或老病父猶主喪(재원혹노병부유주상)

問爲長子斬衰者爲妻期者當官在遠或老病則其子主之乎尤菴曰凡喪父在父爲主則無論父
之在遠與老病亦當以父爲主而攝行之矣惟七十老而傳然後子得爲主矣○雲坪曰傳家未聞
有改題遞遷之禮也蓋所傳者只是筋力行事也爲主之義則未嘗變也

◆兄弟子幼者之喪(형제자유자지상)

會成云死者之子幼不能主喪妻又不可爲主則兄弟主之至於終喪其子則以衰抱之人爲之拜

◆兄弟無子者之喪(형제무자자지상)

禮有無後無無主同父母之兄弟死而無子孫者推兄弟中長者爲主無親兄弟則由從親兄弟推
之主者與死者雖疎亦當爲之畢虞祔之祭○金華應氏曰死生之相收恤人道之當然今其身死
而又妻子惸弱適無父母兄弟之至親者則大功當任其責至于終喪使其不幸而無大功以爲之
依則小功以下其可以坐視乎或又無小功以下之親也則朋友當任其責而至于逾葬又不幸而
無朋友以爲之助則爲隣者又可以恝然乎是以禮朋友死無所歸于我殯之義則練祥不必大功
而親黨皆不可得而辭推行有死人尙或殣近之之心則虞祔不特朋友而凡相識者皆不可得而
拒特其情有孚薄則其處之有不同自其篤于義者言之則各有加爲無害也凡遇人之急難而處
事之變者不可以不知

◆兄亡無嗣弟攝主親喪(형망무사제섭주친상)

尤菴曰禮經有兄亡弟及之文兄死無後則其弟代之一如其兄之爲不可以攝言之也但兄妻在
而欲立後則其弟難於遽行主人之事也○宗法至嚴有長子妻則待其立後承宗而不敢遽從兄
亡弟及之文矣然禮無婦人主喪之義疑禮問解雖兩引或說以爲婦人主喪之證而亦曰終非正
禮此誠出於千萬不得已者也或云以次子主之而具由告於柩以終當待長子妻立後歸宗之意
似好云○婦人主喪終是非禮莫如急急立後疾速啓下凡百皆順矣

◆兄亡無嗣弟攝主祖父母喪(형망무사제섭주조부모상)

問無嫡孫有次孫而遭祖喪者當以期服主喪而問解似有持重三年之意未知如何陶菴曰次孫
雖主喪宜不敢持重三年問解說恐難從○問兄亡有嫂無子其祖母死主喪題主何以爲之同春
曰弟爲攝主以待其兄立後恐當

◆妾喪(첩상)

會成云妾死則君主其喪其附祭亦君自主若二祥之祭則使其子主之君則弔服與祭其殯與祭
皆不以正室

◆嫡孫亡失祖母死次孫攝主(적손망실조모사차손섭주)

南溪曰人遭亡失其兄之變又其祖母沒子仁廈卿謂當立其子采竊以爲恐不然似只有攝主一
路而已

◆無子有妻兄弟主喪(무자유처형제주상)

遂菴曰無後之喪只有妻與兄弟則治喪兄弟爲之練祥禫妻主之○愚按小記大功者主人之喪
有三年者則必爲之再祭疏妻不可爲主子猶幼少故大功者主之云則妻在而大功者尙主其二
祥況兄弟乎治喪與練祥恐皆當以兄弟主之未知如何

◆婦人死而無夫與子(부인사이무부여자)

禮婦人死而无夫與子夫之兄弟主之无兄弟則夫之族人主之無族人則東西家前後家通無則
閭胥里宰本親雖親勿主盖女之適人者于本親皆降服明其爲外人也朱子曰古禮旣廢隣家里
尹決不肯祭他人之親故無族人者本親從宜祀于別室可也

◆有幼子兄弟攝主其喪(유유자형제섭주기상)

會成死者之子幼不能主喪妻又不可爲主則兄弟主之至於終喪其子則以衰抱之人爲之拜○愚按朱子荅李繼善兄亡有襁褓之子主喪而孝述爲攝之問曰攝主但主其事名則宗子主之會成所謂兄弟主之者恐亦不過主其事而已

◆不主姑姊妹喪(불주고자매상)

雜記姑姊妹其夫死而夫黨無兄弟使夫之族人主喪妻之黨雖親不主

◆外孫主喪(외손주상)

尤菴曰東西家里尹尙且主人之喪況外孫乎然若有本家之親有所不敢焉爾

◆賓客爲禮立主(빈객위례입주)

儀節補立主賓用同居之尊且親者一人爲之如無同居者擇族屬之親賢者又無族屬則用親戚又無親戚則用執友亦可專主與賓客爲禮○雲坪曰父與祖何以稱同居之親且尊者此後之學者所以多不能知其意甚至於丘儀用執友主賓客其悖禮極矣○周禮肆師相其禮註相其適子疏庶子無事適子則有拜賓送賓之事○喪大記其無女主則男主拜女賓于寢門內其無男主則女主拜男賓于阼階下子幼則以衰抱之人爲之拜疏此喪無主而使人攝者禮也○喪服小記男主必使同姓婦主必使異姓疏男主以接男賓女主以接女賓或無適子適婦爲正主以他人攝主若攝男主必使喪家同姓之男若攝女主必使喪家異姓之女謂同宗之婦○愚案古禮則饋奠與拜賓同是主人事雖衆子亦不敢故必其無主人或子幼然後使人攝之行拜賓如大記小記等說耳家禮則主人奉饋奠尊親者禮賓客是一喪之中却有二主與古不同而儀節因之又別立主賓其所謂親戚執友亦雜記所謂東西家里尹之義而苐雜記則無主而攝之者也儀節則主人自在而又必爲此絶非禮意矣盖家禮此禮似以溫公所謂子孫執喪祖父拜賓之禮而言之矣然溫公則以父在父爲主之禮言之則爲主而拜賓自是正禮家禮則不分父在與否此是不同處然歷考家禮自襲後親友入哭及弔奠賻條以至葬禮之及墓與反哭皆以主人拜賓無尊者主之之禮與此條自相逕庭惟弔禮末段略說若尊長拜賓禮亦同此謂與孝子拜賓之禮同也可見弔禮承此條而爲父在父爲主如溫公儀者尤明矣然則此條雖無父爲主之明文而亦當活看耶意或其有闕誤而然耶誠可疑也

◆喪祭男主(상제남주)

艮齋曰喪祭以男主爲重故雖有高祖母之尊必傳重於玄孫若玄孫婦而不以爲嫌玄孫若玄孫婦受之而不以爲僭若玄孫早死無育又無繼絶之望萬不獲已而用婦人爲主則舍尊者而必令卑者爲主抑何義歟若曰旣降之重不可復升則假使玄孫婦身死或他適此後喪祭更無可主之人乎是甚可疑若又曰如此者可使玄孫母爲主則旣降之重復升於上等耳但可升之於母而不可使高祖母主之亦何義歟假使母又死則祖母主之祖母又死則曾祖母主之曾祖母又死而後高祖母始得爲主則男主自上而下女主必由卑而及於尊此又有何等精義於其閒耶節節可疑梅翁論姑婦在者統於尊之云恐難猝然立說破也

◆妻黨雖親不主(처당수친불주)

本註婦人於本親降服以其成於外族也故本族不可主其喪

⊙主婦(주부)

謂亡者之妻無則主喪者之妻(初喪則亡者之妻虞祔祭以後則主喪者之妻)

⊙주부(主婦)

주부는 망자(亡者)의 처(妻)로 한다. 망자의 처가 없으면 주상자(主喪者)의 처로 한다. ○우부제(虞祔祭) 전은 망자의 처가 주부가 되고, 후는 주상자의 처가 주부가 된다.

◆初喪主婦(초상주부)

沙溪曰初喪則亡者之妻當爲主婦時未傳家於冢婦故也虞祔以後則主喪者之妻當爲主婦祭
祀之禮必夫婦親之故也

◆承重祖喪主婦(승중조상주부)

增解按有人遭承重祖喪而其祖母及其母其妻俱在疑其誰爲主婦愚意以爲葬後主婦則自有
喪主之妻在矣若初喪主婦則禮曰七十老而傳若其祖年過七十已傳家於其父而其父先亡則
其祖初喪其母當爲主婦蓋姑亦老而傳於冢婦故也若其祖未及傳家而其父先亡則其祖初喪
其祖母當爲主婦其母則無傳家之義矣蓋此傳家與婦人承重服喪之禮不同矣未知如何○艮
禮曾祖死曾孫承重誰當爲主婦母與祖母決不可與承重者共事而爲主婦矣曾孫婦只服本服
則服緦者可以爲主婦乎然則曾祖將爲無主婦之喪矣於禮既不備於情又至不忍也吾故曰曾
孫婦當從夫服而爲主婦祖母自應服舅姑服母又當依小記屬從所從雖沒也服之說已矣退沙
梅三先生皆有定論不可違也

◆次子承重者主婦(차자승중자주부)

按或曰長子死無後次子承重則雖有長婦喪主妻當爲主婦

⊙護喪(호상)

以子弟知禮能幹者爲之凡喪事皆稟之(儀節親友或鄉鄰中素習禮者爲相禮喪事皆聽之處分
而以護喪)

⊙호상(護喪).

자제 중에서 예에 능하고 재간이 있는 자로 하여 모든 상(喪)에 대한 일을 모두 상의
하여 처리한다.

◆護喪(호상)

檀弓杜橋之母喪宮中無相以爲沽也疏沽龘畧也孝子喪親悲迷不復自知禮節事儀皆須人相
導而杜橋家母死宮中不立相導故時人謂其於禮爲龘畧也○家語孔子在衛司徒敬子卒夫子
弔焉主人不哀夫子哭不盡聲而退蘧伯玉曰衛鄙俗不習喪禮煩吾子相焉孔子許之○丘儀按
喪必有相久矣况禮廢之後人家子弟未必皆知禮宜議親友或鄉隣之素習禮者一人爲相禮凡
喪事皆聽處分而以護喪助焉○語類某嘗說古者之禮今只是存他一箇大檃令勿散失使人知
其意義要之必不可盡行如始喪一段若欲盡行則必無哀戚哭泣之情何者方哀苦荒迷之際有
何心情一一如古禮之繁細委曲古者有相禮者所以導孝子爲之若欲孝子一一盡依古禮必躬
必親則必無哀戚之情矣况只依今俗之禮亦未爲失但使哀戚之情盡耳

◆立主賓(입주빈)

用同居之尊且親者一人爲之如無同居者擇族屬之親賢者又無族屬則用親戚又無親戚則用
執友亦可專主與賓客爲禮

◆立相禮(입상례)

儀節補立相禮按司徒敬子之喪孔子爲之相杜橋母喪宮中無相時人譏其粗畧則喪必有相也
久矣况禮廢之後人家子弟未必皆知禮宜議親友或鄉隣中之素習禮者一人爲相禮凡喪事皆
聽之處分而以護喪助焉○周禮肆師凡卿大夫之喪相其禮註相其適子疏庶子無事適子則有
拜賓送賓之事○檀弓杜橋之母之喪宮中無相以爲沽也疏沽龕略也孝子喪親悲迷不復自知
禮節皆須人相導而杜橋母死宮中不立相故時人謂於禮龕略○家語孔子在衛司徒敬子卒夫
子弔焉主人不哀夫子哭不盡聲而退蘧伯玉請曰衛鄙俗不習喪禮煩吾子辱相焉孔子許之○
外書伊川主溫公喪事子瞻周視無闕禮乃曰正叔喪禮何其熟也又曰軾聞居喪未葬讀喪禮太

中康寧何爲讀喪禮乎伊川不荅鄒志完聞之日伊川之母先亡獨不可以治喪禮乎○朱子曰東坡見伊川主司馬公之喪譏其父在何以學得喪禮如此然後人遂爲伊川解說道伊川先丁母艱也不消如此人自少讀書如禮記儀禮都便已理會了古人謂居喪讀喪禮亦平時理會了到這時更把來溫審不是方理會○方哀苦荒迷之際有何心情一一如古禮之繁細委曲古者有相禮者所以導孝子爲之若欲孝子一一盡依古禮必躬必親則必無哀戚之情矣

◉司書司貨(사서사화)

以子弟或吏僕爲之

◉장부를 기록하고 글 쓸 이와 재정(財政)의 수입지출과 부의금(賻儀金)을 기록할 자를 정한다.

자제나 혹은 부리는 종(從) 중에서 정하기도 한다.

◆書貨(서화)

置二曆其一書凡喪禮當用之物及財貨出入其一書親賓賻襚祭奠之數○凡喪事合當用之物相禮者俱命司貨豫爲之備及所用之人亦當與護喪議豫求其人庶臨時得用不致缺乏

◆司貨(사화)

置三曆其一書吊客姓名其一書凡喪禮當用之物及財貨出入其一書親賓賻襚祭奠之數○凡喪事合當用之物相禮者俱命司貨豫爲之備及所用之人亦當與護喪議豫求其人庶臨時得用不致缺乏今謹詳其目如左

◉乃易服不食(내역복불식)

妻子婦妾皆去冠及上服被髮男子(士喪記註服深衣)扱上衽(喪大記註扱前衿於帶○備要婦人白長衣)徒跣(問喪註無履而空跣)餘有服者皆去華飾(儀節華飾謂凡衣服之有色者男子腰帶婦人首飾簪珥之類)爲人後者爲本生父母及女子已嫁者皆不被髮徒跣諸子三日不食期九月之喪三不食五月三月之喪再不食(間傳註朋友與斂焉則一不食)親戚隣里爲糜粥以食之尊長强之少食可也○扱上衽謂揷衣前襟之帶華飾謂錦繡紅紫金玉珠翠之類(問喪三日不擧火)

◉곧이어 의복을 고쳐 입고 음식을 금한다.

처와 자식, 며느리, 소실들은 관과 겉옷을 벗고 머리를 푼다. 남자들은 옷자락을 띠에 꽂고 맨발이 된다. 그 외 유복자들은 모두 화려한 옷을 벗고 치장한 장식을 뗀다. 양자간 자가 친가 부모에게 출가한 여식이 친정 부모의 상에는 머리를 풀지 않고 맨발이 되지 않는다. 자식들은 삼 일을 먹지 않으며 일년과 구월 복인 들은 세끼를 먹지 않고 오월과 삼월 복인 들은 두 끼를 먹지 않는다. 이웃이나 친척이 죽을 쑤어 권하고 존장이 강권하면 조금 먹음도 가하다.

위 옷섶을 꽂는다는 것은 겉 옷의 깃을 꽂는다는 것이며 화려한 장식이라 함은 울긋불긋한 화려한 옷과 금과 옥 비취색의 진주 류 등이다.

◆易服(역복)

小記註親始死子服布深衣去吉冠猶有笄纚○檀弓夫子曰始死羔裘玄冠者易而已疏養疾者朝服羔裘玄冠卽朝服也始死則去朝服着深衣○楊氏復曰自始死至成服白布深衣不改○集說今俗有外穿孝服內穿色服者不宜○按丘儀易服一條移於未立喪主護喪之前者蓋以爲親死一刻未可以華飾故也然禮廢不講久矣豈人家皆有知禮者而必知去華飾服素之義乎況親始死一家號通擗踊急遽奔遑之際何暇及此節目乎此家禮所以必先立其護喪之知禮者而後

次及易服之節也

◆被髮(피발)

問喪親始死鷄(笄)斯(色買反)註鷄斯讀爲笄纚(縱同)笄骨笄也纚韜髮之繒也親始死孝子去其冠惟留笄纚也○丘儀歷考古禮並無有所謂被髮者惟唐開元禮有男子易以白布衣被髮女子易以靑縑衣被髮之說溫公謂笄纚今人平日所不服被髮尤哀毀無容故從開元禮愚按今人雖無韜髮之纚然實用笄以貫髮今其包網巾與纚頗相似今擬初喪卽去冠帽露出網巾骨笄至括髮時始去之似亦同古意然不敢自是姑記于此○會成長子衆子去帽露網巾骨簪妻妾婦女去假髻及金銀飾露髮爲髻皆去上服服淡色常服餘人皆去華飾又曰舊禮徒跣上有被髮一節今據丘公論去之其曰去帽露網巾去假髻露髮亦據文莊論補之也

◆初喪袒免之親亦當去華飾(초상단면지친역당거화식)

問初喪易服以記疏袒身去飾也之文觀之則袒免之親亦當去華飾云云答艮齋袒免之親似當同去華飾來說亦似得之

◆居喪有疾(거상유질)

會成云居喪有疾者飲酒食肉疾止復初身有瘍(羊)則浴頭有創(窓)則沐

◆年老居喪(연노거상)

會成云禮五十不備居喪禮節六十不毀七十惟衰麻在身飲酒食肉處于內

◆居喪不可過毀(거상불가과훼)

會成云禮毀不危身謂孝子不可過毀而致有亡身之危盖身者親之遺體哀固所以愛親毀而傷生則是不愛身不愛身是不愛親矣故毀而不勝喪或至于死此于不慈不孝盖下不足以傳後故比于不慈上不足以奉先故此于不孝

◆借親不孝(차친불효)

會成云李東谷管見曰父母垂死人子幾不欲生之時今人反以送死爲緩惟以借親爲急父母死未即入棺乃禁家人擧哀棄親喪之禮而講合巹之儀實括髮之戚而脩結髮之好此夷狄禽獸所不忍爲而世俗樂爲之雖詩禮之家亦相擧而行恬不爲恠悲夫

◆初喪告廟(초상고묘)

問初喪時告廟措辭何以爲之艮齋答先師禮說有云幾代孫某今日喪逝敢告使服輕者替告矣

◆糜粥飲食之(미죽음식지)

問喪親始死惻怛之心痛疾之意傷腎乾肝焦肺水漿不入口三日不擧火故隣里爲之糜粥以飲食之痛疾在心故口不甘味註糜厚而粥薄薄者以飲之厚者以食之也山陰陸氏曰傷腎乾肝焦肺傷傷而已乾於是爲甚乾猶可也焦又甚矣

◉易服不食儀禮節次(역복불식의례절차)

易服(妻子婦妾皆去冠乃上服諸有服男子皆揷上衣之前衿於帶餘有服者皆夫華飾華飾謂凡衣服之有色者男子腰帶婦人首飾簪珥之類)○被髮徒跣(爲人後者爲本生父母及女子已嫁者則不被髮徒跣)○不食(諸子三日不食期九月之喪三不食五月三月之喪再不食親戚隣里爲糜粥以食之尊長强之少食可也)(補)○男女哭擗無數(哭少間卽議以不數事)

◉옷을 고쳐 입고 금식(禁食)하는 의례절차.

옷을 고쳐 입는다. (처, 자식, 자부, 소실들은 모두 관을 벗고 이어 유복의 남자들은 모두 겉옷의 앞 겉옷자락을 띠에 꽂고 그 외 유복자들은 화려한 옷은 벗고 장식을 뗀다. 화려한 장식이라 함은 모든 옷의 색깔이 있는 것으로 남자들은 요대(腰帶) 부인들은 머리를 장식한 비녀와 귀걸이 등이다) 머리를 풀고 맨발이 된다. (양자(養子)된 자가 본생가(本生家) 부모를 위하여 이미 출가한 여식이 친정 부모를 위하여는 머리를 풀지 않고 맨발이 되지 않는다)

금식(禁食)한다. (자녀 모두는 삼 일을 금식하고 일년과 구월 복인(服人)은 세끼를 금식하고 오월 복인과 삼월 복인은 두 끼를 금식하되 친척이나 이웃에서 미음을 쒀 가지고 와 먹으라고 권하거나 존장이 간곡히 권하면 조금 먹는 것도 괜찮다)

◉奠(전)(補)

士喪禮 執事者以卓置脯醢(檀弓註始死以生時庋閣上所餘脯醢爲奠)升自阼階祝盥手洗盞斟酒奠于尸東當肩

曾子問註凡喪奠主人以悲哀不暇執事故不親奠○便覽按古禮有始死奠而家禮則有襲奠備要仍之蓋以襲在當日故也今或襲斂過期甚或至於多日其閒全無使神憑依之節豈非未安之甚者乎玆依古禮移置于此如無閣餘酒脯之屬雖別具亦可且一日一奠誠不忍廢若累日未襲者每日一易爲當○又曰果菜及他品亦可

◉전제(奠祭)(補)

집사자가 탁자에 포와 육장을 진설(陳設)하여 동쪽층계로 올라오면 축관은 세수대야에서 손을 씻고 잔에 술을 따라 올릴 때 시신(屍身)의 동쪽 어깨 쪽으로 올려야 한다.

◉治棺(치관)

護喪命匠擇木爲棺油杉爲上栢次之土杉(尤菴曰油卽松之有脂者土杉其無脂者)爲下其制方直頭大足小僅取容身勿令高大及爲虛簷高足內外皆用灰漆(輯覽灰骨灰也○南溪曰謂以骨灰漆之取其有光)內仍用瀝靑(朱子諱松爲油杉松脂爲瀝靑)厚半寸以上以煉熟秫米灰鋪其底厚四寸許加七星板(備要先作木匣如棺底大內施松板厚五分板上穿七孔如北斗狀以黑繒或紙貼其上面或只用板一片如上制)各釘大鐵環動則以大索貫而擧之○司馬溫公曰棺欲厚然太厚則重而難以致遠又不必高大占地使壙中寬易致摧毀宜深戒之椁雖聖人所制自古用之然板木歲久終歸腐爛徒使壙中寬大不能牢固不若不用之爲愈也孔子葬鯉有棺而無椁又許貧者還葬而無椁今不欲用非爲貧也乃欲保安亡者爾○程子曰雜書有松脂入地千年爲茯苓萬年爲琥珀之說蓋物莫久於此故以塗棺古人已有用之者

高氏曰伊川先生謂棺之合縫以松脂塗之則縫固而木堅註云松脂與木性相入而又利水蓋今人所謂瀝靑者是也須以少蚌粉黃蠟淸油合煎之乃可用不然則裂矣其棺椁之間亦宜以此灌之○胡氏泳曰松脂塗縫之說未然先生葬時蔡氏兄弟主用松脂嘗問用黃蠟麻油否答云用油蠟則松脂不得全其性矣此言有理但彭止堂作訓蒙云灌以松脂宜於北方江南用之適爲蟻房彭必有攷更詳之○劉氏璋曰凡送死之道唯棺與椁爲親身之物孝子所宜盡之初喪之日擇木爲棺恐倉卒未得其木灰漆亦未能堅完或値暑月尸難久留古者國君卽位而爲椑備力切歲一漆之今人亦有生時自爲壽器者此乃猶行其道非豫凶事也其木油杉及栢爲上毋事高大以圖美觀唯棺周於身椁周於棺足矣棺內外皆用布裹漆務令堅實余嘗見前人獎墓掩壙之後卽以松脂溶化灌於棺外其厚尺餘後爲人侵掘松脂歲久凝結愈堅斧斤不能加得免大患今有葬者用之可謂宜矣

◉관을 짠다.

호상(護喪)이 목공(木工)을 시켜 관(棺)을 짤 나무를 고르게 한다. 관을 짤 나무로는 유삼(油杉)(송진이 있는 소나무) 나무가 제일 좋고 다음이 백목(栢木)이며 토삼(土杉)(송진이 없는 나무) 나무가 제일 못하다. 관을 짜는 방법은 사방을 곧게 짜는 것과 두부는 크고 하부는 작게 하여 간신히 시신(屍身)을 들여 놓게 짜기도 한다.

이를 것도 없이 높고 크게 하고 덮개를 처마같이 하고 다리를 높게 하는 것은 헛된 짓이다. 안과 밖을 모두 재를 칠하여 검게 하고 여러 번 옻 칠을 한다. 안에는 여러 번 역청(瀝靑)을 녹여 부어 두께가 반 치 이상 되게 하고 차조 쌀을 태워 빻아 반죽을 하여 그 바닥에 골고루 편다. 두께 네 치쯤 되는 칠성판(七星板)을 바닥에 놓는다. 네 귀에는 각각 움직이는 철 고리를 박아 하관(下棺)할 때 굵은 밧줄을 꿰여 들게 한다.

사마온공(司馬溫公)이 이르기를 관을 짤 때 크게 하려는데 그러나 너무 크면 무거워 멀리 운구하기가 어려우며 또 필요 없이 높고 크면 땅을 많이 차지하게 되는데 광중(壙中)으로 하여금 넓고 크면 하관은 쉬우나 기(氣)가 꺾일 것이니 땅을 훼손시키는 외관(外棺)은 깊이 경계함이 옳으며 아무리 성인(聖人)이라 하여도 옛날부터 그렇게 만들어 쓴 곳의 판목도 세월이 오래되면 끝내 썩어 흐트러져 흙으로 돌아가고 말더라.

다만 광 중으로 하여금 넓고 크게 해서는 안 되는 것은 견고하게 할 수 없는 것이며 효용이 직게 하는 것과 같다고 할 수 있다. 공자(孔子)의 아들 리(鯉)의 장례에도 관은 썼으나 외관은 쓰지 않았다. 또 허(許)나라의 가난한 이들은 즉시 장사를 치르면서도 외관이 없었으며 지금은 쓰지 않으려고 하는 것은 가난하여서가 아니라 이내 망자(亡者)를 보호하고 안정되게 하려 함이니라.

정자(程子)가 이른 잡서(雜書)에 있기를 송진(松津)은 땅속에 묻어 놓으면 천 년을 간다. 하고 복령(茯苓)은 만년이 되면 호박(琥珀)이 된다는 말씀은 대개 이것 같이 오래 가는 물질은 없다는 것이며 그렇기 때문에 옛 사람들은 자자손손 역청(瀝靑)을 관(棺)에 발라 쓰고 있었다. 라고 하셨다.

◆棺木杉(관목삼)

說文杉似松而材良○輯覽譯語油杉南松也○寒岡曰油杉常以爲朱子避諱而以松爲杉如大全中松迲謂之杉迲油杉則盖指木品之性剛者如黃膓之類土杉則木品柔而最下者也或言油杉自有別種今關北三水等處俗名益竭木木性甚剛如以油灌最爲佳品云未知是否○尤菴曰朱子諱松言衫油衫卽松之有脂者土衫其無脂者○程子曰吾少時謀葬曾祖積年精思欲知何物能後骨而朽後咸陽原上有人伐東漢時墓栢棺尙在又韓脩王城圮得古栢木皆堅潤如新諺有松千栢萬之說於是知栢最可久求堅莫如栢求完莫如漆然二物亦不可保栢有入土數百年而不朽者有數十年而朽者人多以爲栢心不朽而心之朽者見亦多矣

◆棺(관)

韻會棺古安切所以掩屍又古玩切以棺殮也○檀弓有虞氏瓦棺夏后氏堲(稷)周殷人棺椁周人牆置翣註瓦棺始不衣薪也堲周或謂之土周堲者火之餘燼盖治土爲甎而四周於棺之坎也殷世始爲棺椁周人爲飾棺之具盖彌文矣馬氏曰自虞氏瓦棺而至夏后氏堲周周之有椁之象商人以瓦棺堲周皆陶治之器而陶治出於土及其久也必復於土不能無使土侵膚遂以木易之木足以勝土而仁人孝子所以深慮長思者未有易此聖人之法相待而後備故周人則緣商人之棺椁飾之以墙置翣棺椁以比化墙置翣以爲觀美皆所以盡孝子之心無使之惡於死而已○周人以殷人之棺椁葬長殤以夏后氏之堲周葬中殤下殤以有虞氏之瓦棺葬無服之殤○孟子曰古者棺椁無度中古棺七寸椁稱之註度厚薄尺寸也中古周公制禮時也椁稱之與棺相稱也饒氏曰周七寸只如今四寸許○五禮儀大夫士庶人棺厚二寸椁三寸○大記大夫裏棺用玄綠士不綠疏裏棺謂以繒貼棺裏也玄繒貼四方綠繒貼四角士不綠者悉用玄也○按俗禮先以白紙立鋪於棺內四墻數重次以乾燥正灰三四斗隨宜鋪底二三寸許加七星板于灰上前立鋪紙次次疊藏之無使灰出外布褥席于其上

◆治棺制(치관제)

會成云其制方直頭大足小僅取容身勿令高大及爲虛簷高足內外皆用灰漆內仍用瀝靑鎔瀉厚半寸以上以煉熟糯米灰鋪其底厚四寸許加以紙紙上加七星板其底四隅各釘大鐵鐶動則以大索貫而奉之○按古之葬者無棺無槨厚衣之以薪至虞氏始以瓦爲棺夏后氏則以磚四周于瓦棺之坎謂之堲周堲燒熟陶器卽磚也或又謂之土周商人以瓦棺堲周皆陶冶之器而陶冶出于土及其久也必復于土不能免土之親膚則以木爲棺槨易之其棺卽虞之瓦棺其槨卽夏之堲周也至于其後則周人飾之以爲觀美者○溫公曰棺欲厚然大厚則重而難以致遠又不必高大占地使壙中寬易致摧毀宜深戒之槨雖聖人所制自古用之然板木歲久終歸腐闌徒使壙中空大不能牢固不若不用之爲愈也孔子葬鯉有棺而無槨又許貧者還葬而無槨今不欲用非爲貧也欲保安亡者爾○程子曰雜書有松脂入地千年爲茯苓萬年爲琥珀之說物莫有久于此者故以塗棺蓋松脂與木性相入而又利水卽今所謂瀝靑者是也胡氏泳曰松脂塗縫之說未然先生葬時蔡氏兄弟主用松脂嘗問用黃蠟麻油否荅應用油蠟則松脂不得全其性矣此言有理但彭止堂訓蒙云灌以松脂宜于北方江南用之適爲蟻房彭必有考更詳之○又記葬用栢棺事曰古人之葬欲比化者不使土親膚今奇玩之物尙宝藏固密以防損汚況親之遺骨當如何哉世俗淺識惟欲不見而已又有求速化之說是豈知必誠必信之義且非欲其不化也未化之間保藏當如是爾吾自少時謀葬曾祖虞部以下積年累歲精意思㴱欲知何物能後骨而朽後聞咸陽原上有人發東漢時墓栢棺尙在又韓脩王城坅得古柏木皆堅潤如新諺有松千栢萬之說於是知柏最可以久然意猶未已因觀雜書有松脂入地千年爲茯苓萬年爲琥珀之說疑物莫久於此遂以柏爲棺而塗以松脂特出臆計非有稽也不數月嵩山法王寺下鄕民穿地得古棺裹以松脂乃知古人已用之矣自是三十四年七經喪事求安之道思之至矣地中之事察之詳矣地中之患有二惟蟲與水而已所謂毋使土親膚不惟以土爲汚有土則有蟲蟲之侵骨甚可畏也世人墓中多置鐵以辟土獸希有之物尙知備之蟲爲必有而不知備何也惟木堅縫完則不能入求堅莫如柏欲完莫如漆然二物亦不能保柏有入土數百年而不朽者亦有數十年而朽者人多以爲柏心不朽而心朽者見亦多矣(後缺)○湯氏曰世之木工謂柏之有油者曰油柏無油者曰柴柏油柏則除標之外皆耐久柴柏雖木心亦不耐久也未知信否當考

◆生前治棺(생전치관)

丘濬曰人至六十則死期將近矣故必預爲制之恐其一旦不測倉卒之變難于措置縱能成之亦多苟且取其木旣非良漆亦不固或至暑月遂至穢惡外聞孝子事親爲可以豫凶事爲解而不先事爲備哉且古者國君卽位而爲椑(碑)歲一漆之況士庶乎(椑卽棺謂之椑者漆之櫝匕然也)○按王制曰六十者歲制七十者時制八十者月制九十者日脩皆慮夫倉卒故爾又禮謂喪具一日二日而可爲者君子恥爲之嫌其不以久生待親此具蓋指絞衾之類丘文莊以爲恥者恥成其制非謂不蓄其質也

◆瀝靑(역청)

輯覽按或云嘗因遷葬者見其棺中則瀝靑已化爲糞土無復有其性蓋松脂之所以千年化爲茯苓者以其有生氣也至瀝靑則雜以蚌粉黃蠟淸油又煎火爲用則已失其生氣也安有爲茯苓之理乎此言頗有理用者詳之又按朱子曰木棺瀝靑似亦無益然則莫若只用於縫合處而已○按俗方松脂作末以矗布篩下八斤黃蠟以刀割碎法油少蚌粉各五兩五錢合煎乃用則棺內上下四方可足塗也或松脂一斤黃蠟法油少蚌粉各七錢弱合煎八次於事爲便法油先秤鍾子知其兩數次盛法油於其中秤之可知錢數

◆七星板(칠성판)

集說先作木匡如棺底大足高三四寸用板一片歆木匡內穿七星穴○問穿七星之義退溪曰南斗司生北斗司死○五禮儀厚五分

⊙治棺之具(치관지구)

(木工)○목공. (漆匠)○칠장. 즉 칠공(漆工). (松板)無白邊者爲上厚二寸半或三寸用(營造尺)長廣隨宜○송판. ○두께 두 치 반 또는 세치로 길이와 넓이는 형상에 따른다. (衽)卽小腰俗稱銀釘用八所以連合棺之上下縫者其制用松木長三寸或二寸八分廣二寸六分厚二寸二分或二寸就中央從兩邊各鉅八九分留中八分不動乃自四角斜鵦去其兩邊至中間八分處則兩端大而中小○或用鐵釘長五寸二十箇以加棺之上下及四角○임. 즉 나비 모양의 은살대. (松脂)一斤許用以塗棺內合縫者若棺內外溶瀉則加備○송지. 즉 송진. 관의 이음 새에 칠하여 붙이고 틈새를 막는다. (松烟)一升許所以漆棺者○송연. 즉 소나무 그을음. ○한 되쯤으로 관에 바른다. (酒)所以和松烟者或用糊○주. 즉 술. ○그을음을 술로 개어 바른다. 혹 풀에 개기도 한다. (全漆)七八合所以和眞末塗棺縫者若漆棺又用漆布則二升許○전칠. 즉 순 옻진. ○관의 이음새에 바르고 관을 칠한다. (黑繒)或紬或綿布十二尺(布帛尺)幅狹則十八九尺幷褙紙用無繒用厚白紙七八張所以塗棺內四方及蓋者○흑증. 즉 생명주나 무명으로 열 두 자나 폭이 좁으면 열 일곱 여덟 자로 두껍게 종이와 배접하고 배접하지 않은 흰 종이 일곱 여덟 장으로 관의 안 사방과 덮개에 바른다. (綠綾)一二尺所以貼棺內四角者○喪大記大夫裏棺用玄綠士不綠註大夫四面玄四角綠士悉用玄○녹릉. 즉 초록 비단 한 두 자로 관의 네 귀에 붙인다. (七星板)先作木匣如棺底大內施松板厚五分板上穿七孔如北斗狀以黑繒或紙貼其上面○或只用板一片如上制○칠성판. ○관의 바닥에 맞게 자른다. 두께는 오 푼이며 바닥에 혹 비단이나 종이를 바르고 북두칠성 형상으로 구멍을 뚫는다. ○혹은 단지 송판 한쪽을 위 만드는 것과 같이하여 쓰기도 한다.

⊙訃告于親戚僚友(부고우친척료우)

護喪司書爲之發書若無則主人自訃親戚不訃僚友自餘書問悉停以書來弔者並須卒哭後答之

⊙친척과 동료, 벗에게 부고를 보내어 알린다.

호상(護喪)과 사서(司書)는 부서(訃書)를 발송한다. 만약 호상과 사서(司書)를 두지 못하였으면 주인이 직접 부서(訃書)를 친척에게 보내고 부서를 내지 못한 동료나 벗과 그 밖에 서신으로 조문한 이 모두 기다렸다 서신과 직접 와서 조문한 이 모두 졸곡(卒哭) 때 까지 기다린 후 답서를 보낸다.

◆訃告(부고)

旣夕禮記註赴走告也今文作訃疏言赴取急疾之意雜記作訃者義取以言語相通亦一塗也○士喪禮乃赴于君主人西階東南面命赴者拜送有賓則拜之入坐于牀東註臣君之股肱耳目死當有恩疏此謂因命赴者有賓拜之若不因命赴者則不出○檀弓疏生時與人有恩識者今死則其家宜使人赴告士喪禮孝子自命赴者註云大夫以上則父兄代命之士則自命赴可也○雜記凡訃於其君曰君之臣某死大夫訃於同國適敵者曰某不祿訃於士亦曰某不祿士訃於同國大夫士曰某死註適者謂同國大夫士卑故其辭降於大夫

◆訃告式(부고식)

艮翁訃告必令子弟發書主喪之名書之未安而闕之則族多者亡者喪者使人難知此宜議疏族或親友爲之○訃告考妣始因大夫人與貞夫人淑夫人相疊又遭令人孺人之喪亦稱大夫人皆有礙故意其當書考妣令示網目凡例先薨卒後諡之說而謂此爲未安固當從之但父之稱大人某官語順若母喪則未得穩稱不知當如何謝氏言考妣古者通稱非死而後稱南溪亦言古者或稱生母爲先妣然則所定近式亦不至害禮否但古今異俗更須與諸友商確(妻喪只稱室人爲得)

◆孤哀子(고애자)

按禮喪稱哀子哀孫祭稱孝子孝孫而書儀於父亡則稱孤子母亡則稱哀子父母俱亡則稱孤哀

子不知何所據也凡禮中所言孤子如當室及不純采之類皆謂已孤之子非謂所自稱也而鄭氏禮註亦云三十以下無父稱孤明三十以上不得謂孤也今旣行右禮父母喪俱宜稱哀子然世俗祖承已父恐卒難變或欲隨俗亦可

◆告祠堂(고사당)

備要家有喪亦當告也蓋禮君薨祝取群廟之主藏諸祖廟註象爲凶事而聚也以此推之可知其必告也○尤菴曰似當告於初終矣酒果則恐不可設也○遂菴曰使無服者告之則何待成服後○陶菴曰但無告廟之文故世俗行之者甚少然子生旣告則其死也安得無告家禮亦無所見不敢擅爲補入然事莫大於死生如欲行之則似當在訃告之前

◆訃告書式(부고서식)

某親某人以某月某日得疾不幸於某月某日棄世專人_{不專人則改人爲書訃}告

年　月　日護喪姓名上
　某位座前

◆부고서식.

모친 모인이 모월 모일에 병환이 나셔서 불행하게도 모월 모일에 작고 하셨기에 인편에 부음을 전하여 드립니다.

◆皮封式(피봉식)

　　　　訃告
　　　某位座前

◆訃告書式(부고서식)_{俗禮}

　　　　訃告
某大人某貫某公以老患不幸於某月某日某時別世玆以專人_{不專人則改人爲}書告訃

嗣子	某	
次子	某	
孫	某	
婿		姓名
發引	某月某日某時	
發引地	某郡某洞某所	
葬地	某郡某洞東麓先塋下	
護喪	姓名	

제 2 절 목욕(沐浴) 습(襲) 전(奠)
위위(爲位) 반함(飯含)

⊙執事者設幃及牀遷尸掘坎(집사자설위급상천시굴감)

執事者以幃障臥內侍者設牀於尸牀前縱置之施簀去薦設席枕遷尸其上南首覆以衾掘坎于屛處潔地(既夕記廣尺輪二尺深三尺南其壤)

⊙집사자는 휘장과 시신을 옮길 욕상(浴牀)을 차려놓고 구덩이를 파놓는다.

집사자들은 휘장을 누운 시신을 안으로 하여 가려 치고 시자(侍者)는 목욕상을 차리기를 시상 앞에 종(從)으로 놓고 대자리를 편다. 밑에 깔았던 자리와 베개는 버리고 시신을 그 위로 옮겨 머리가 남쪽으로 가게 하여 이불로 덮어 놓는다. 구덩이를 파놓되 멀리 정결한 곳에 파놓는다.

◆設幃及牀(설위급상)

補註幃聯白布爲之今幃幕是也床謂襲牀禮始死廢牀而置尸於地及復而不生則尸復登牀○丘儀尸牀以木爲之去其足○按士喪禮帷堂註事小訖也疏事小訖者以其未襲斂必帷之者鬼神尙幽闇故也又君使人弔徹帷註徹帷□(羌據反開戶)之事畢則下之疏徹幃□之者謂褰帷而上非謂全徹去知事畢則下之者按下君使人襚徹帷明此事畢下之可知又卒斂徹帷註尸已飾又按雜記朝夕哭不帷註朝夕之間孝子欲見殯故哭則褰擧其帷哭畢乃垂下之又按檀弓尸未設飾故帷堂小斂而徹註人死斯惡之矣未設飾故帷堂蓋以防人之所惡也小斂則既設飾故徹焉此傳說與士喪禮疏說不同未詳何據又按黃勉齋續儀禮經傳通解只存鬼神尙幽闇之說而不引檀弓此說其去取可知也但後來考禮之家皆不從疏說而只取檀弓文如丘氏儀節及補註是已愚亦以爲若從士喪疏說則是卽死其親而爲鬼也恐非孝子之意也且小斂後徹之者尸已飾而將奉尸夷于堂恐礙於事故也

◆掘坎(굴감)

士喪禮甸人掘坎于階間少西疏按既夕記掘坎南順廣尺輪二尺深三尺南其壤○集說問檀弓掘室中之地作坎以牀架坎上尸於其上浴令浴汁入坎家禮掘坎屛處不同何也曰屛處坎乃埋餘水巾櫛今人不設尸牀不掘室中尸浴盆內從俗便也

◆南首(남수)

檀弓葬於北方北首陳註殯猶南首未忍以鬼神待其親也葬則終死事故北首方氏曰南方以陽而明北方以幽而陰人之生也則自幽而出乎明故生者南鄕及其死也則自明而反乎幽故死者北首○朱子曰必謂尸當南首亦無正經可考只喪大記大斂陳衣君北領大夫西領土南領以此推之恐國君以上當北首耳然不敢必以爲然○輯覽檀弓曰南首以南方昭明也人之生也則自幽而出乎明故自沐浴至殯猶南首者不忍以鬼神待其親云則南首出禮記而朱子謂無正經可考者慮氏以禮記爲儀禮之傳朱子所謂正經蓋指儀禮也○愚按輯覽所引檀弓說乃合陳註與方說而檗括者非禮記本經此所謂南首出禮記云者愚未敢知也

⊙遷尸儀禮節次(천시의례절차)

設幃堂(縫白布爲幃幠以障內外不用薦及氈褥)○設尸床(從置于尸前施簀設席枕)○遷尸牀上(執事者盥手共遷尸于牀上南首覆以衾)○掘坎(掘于偏僻潔淨處)

⊙시신을 욕상으로 옮기는 의례절차.

당(堂)에 휘장을 설치한다. (백포를 연이여 꿰매어 휘장과 막을 만들어 내외를 가려 친다. 짚자리와 담요는 쓰지 안는다) ○시상(尸床)을 설치한다. (시신 앞에 시상을 종으로 놓고 대자리를 깔고 베개를 놓는다) ○시신을 욕상(浴床) 위로 옮겨놓는다. (집사들은 손을 씻고 협력하여 시신을 욕상 위로 머리가 남쪽으로 향하게 하여 옮겨놓고 이불로 덮어놓는다) ○구덩이를 파놓는다. (구덩이를 파되 한쪽으로 치우치어 후미진 정결하고 깨끗한 곳에 판다)

◉陳襲衣(진습의)

以卓子陳于堂前東壁下西領南上(士喪禮疏襲事以其初死先成先陳後成後陳喪事遽備之而已)幅巾一充耳二用白纊(士喪禮瑱用白纊註瑱充耳纊新綿疏生時君用玉臣用象示不聽讒今死者直用纊塞而已)如棗核大所以塞耳者也幎目帛方尺二寸所以覆面者也握手用帛長尺二寸廣五寸所以裹手者也深衣一大帶一履二袍襖汗衫袴襪勒帛裹肚之類隨所用之多少

楊氏復曰儀禮士喪襲三稱衣單複具曰稱三稱者爵弁服皮弁服褖衣設冒櫜之註云冒韜尸者制如直囊上曰質下曰殺其用之先以殺韜足而上後以質韜首而下齊手君錦冒黼殺綴旁七大夫玄冒黼殺綴旁五士緇冒䄙殺綴旁三凡冒質長與手齊殺三尺○劉氏璋曰古者人死不冠但以帛裹其首謂之掩士喪禮掩練帛廣終幅五尺析其末註掩裹首也析其末爲將結於頤下又還結於項中蓋以襲斂主於保庇肌體貴於柔軟緊實冠則磊嵬難安況今幞頭以鐵爲脚長三四尺帽用漆紗爲之上有虛簷置於棺中何由安帖莫若襲以常服上加幅巾深衣大帶及履既合於古又便於事幅巾所以當掩也其制如今之暖帽深衣帶履自有制度若無深衣帶履止用衫勒帛鞋亦可其幞頭腰帶靴笏俟葬時安於棺上可也○幎目用緇方尸二寸充之以絮四角有繫於後結之握手用玄纁長尺二寸廣五寸令裹親膚據從手內置之長尺二寸中掩之手繞相對也兩端各有繫先以一端繞掔一匝還從上自貫又以一端向上鉤中指反與繞掔者結於掌後節也

◉수의(褖衣)를 진열한다.

당(堂) 앞 동쪽 벽 아래 탁자에 진열하기를 남쪽을 상석(上席)으로 하여 옷깃을 서쪽으로 가게 놓는다. 복건(幅巾) 하나, 귀막이, 충이(充耳) 둘, 즉 흰 솜으로 큰 대추씨 같이 만들어 귀를 막는 것이다.

멱목(幎目)은 사방 한자 두 치 되는 명주로 만들어 얼굴을 덮는 것이다. 악수(握手)는 길이 한자 두 치 넓이 다섯 치 되는 명주로 만들어 양손을 싸는 것이다. 심의(深衣) 하나, 큰 심의 띠 하나, 신 두 짝, 저고리, 적삼, 바지, 버선, 행전, 배를 싸 덮는 과두(裹肚) 등 쓰이는 용도에 따라 많게도 하고 적게도 한다.

◆爵弁服(작변복)

士喪禮爵弁服純衣註謂生時爵弁所衣之服也古者以冠名服死者不冠疏凡襲斂之服無問尊卑皆先盡上服生時服即士之常服以助祭者也

◆皮弁服(피변복)

士喪禮註皮弁所衣之服也其服白布衣素裳也疏知其服白布衣素裳者士冠禮註衣與冠同色裳與屨同色以皮弁白而白屨故士冠禮素積白屨是也

◆婦人襲衣(부인습의)

集說問襲斂之禮無婦人何也曰想亦只以類推亦當襲以常服而加大袖可也今俗用大袖長襖子皆可○備要女喪則圓衫或蒙頭衣或長襖子○同春曰嫁時衣何可不用唯袡衣大記既云復不以袡則似不當用耳○巍巖曰襲婦人服則不別言之以參禮盛服及復條觀之則婦人服自在矣○尤菴曰紅長衫是東俗嫁時之服禮嫁時服不以襲則今製此用之未知如何聞京中內喪用靑黑色製衫云無乃爲宜耶以正禮則依通解續所載婦人喪服之制如男子深衣而用之似可矣○婦人襲當用深衣可考於曾子問矣○陶菴曰今俗以深衣謂非婦人之服絶無行之者以古禮廢而俗制勝故也深衣者於古爲貴賤文武男女吉凶通用之服俗制無稽古禮有據去彼取此有何可疑若有一二家始之則或可以變俗矣○五禮儀大帶女則表裡靑紬○南溪曰婦人服士昏

禮有純衣纁袡周禮內司服有王后六服皆不言帶家禮吉凶通用大袖長裙亦不言帶獨士喪禮男子婦人並具経帶故婦人平日所用之帶有難考據自漢以後始有婦人帶制至唐宋轉具大帶革帶見文獻通考終非經禮○愚按內則婦事舅姑有櫛縰笄總衣紳之文則婦人帶古已有之矣○尤菴曰婦人用深衣則用深衣之帶○備要若女喪有常著彩鞋則用之○上用袍襖下用裳

◆握手用玄纁(악수용현훈)

奇高峯(名大升)曰按劉氏引疏不完使人難曉記疏云以握繫一端繞擊還從上自貫反與其一端結之者按上文握手用玄纁裏長尺二寸今裹親膚囗從手內置之長尺二寸中掩之手纁相對也云云此乃疏家引經釋記故其言如此云者指註也上文指經也今指記也攄謂囗以爲言盖旣曰長尺二寸而記又曰裹親膚乃囗其從手內置之中掩之而言也今字囗字皆爲虛字幹旋而劉氏所引以今作令而去註文一節及上文二字故囗字不見來歷而手纁相對四字無所着落宜乎後學之疑惑也今宜正之纁下有裏字而削去今囗兩字及手纁相對也五字則文簡而意明矣○愚嘗考註疏之說則兩手各用一握之義分明可見而或云只用一握兩端上下角皆有繫分置兩手於其兩端四寸中各以其繫結之使之不散云其說無囗疏所謂廣三寸中央又容四指而已云者握手通長一尺二寸三分其長則各四寸乃就其中央四寸處樓斂挾少使其間適足以容四指四寸而爾雅釋名所謂握以物置尸手中使握之也又留其餘兩端各四寸不動以待裹手之際可掩其手表也又所謂長尺二寸裹手一端繞於手表必重宜於上掩者屬一繫於下角云者以其握手中央四寸置之手內又以其兩端各四寸掩其手表則必重疊相掩耳又所謂囗從手內置之長尺二寸中掩之手纁相對也云者以中央四寸置於手內而所餘兩端各四寸重掩其手表則其兩端之廣表纁與之相對而適足無餘欠耳或云纁相對者謂其分置兩手於一握之兩端而繫之則其兩手纁相對而不散云若如是說則其重在於繫手而不在於裹手家禮所謂握手者裹手之義安在經曰握手長尺二寸廣五寸子夏記曰裹親膚賈氏所謂今指子夏所作記文而言也卿本誤作令裏故致得握手用一之誤盖作裏字而兩手各用一握然後可以裹手而於裹字爲當矣只用一握則但主於繫綴兩手而於裹義無當矣今只辨裹裏之是非則用二用一之得失自可見矣○景任嘗荅鄙書曰示握手說鄙生自十年以前作此見解每見人說當用一輒据鄭注辨之而但未知樓中旁寸必令當掌處狹少是何義意且疏云廣三寸中央又容四指而已是乃令拇指在外又安在其裹手耶以此未免致疑思之未透前夏忽有人來說用一爲是之義甚勤而正說破平日致疑處以故不欲膠守初見意彼說或是故前日以爲稟質耳非決以用一爲是也大槩疏所謂繞於手表必重云者用一則說不行來喩得之句絶皆精當只是記所謂裹親膚一句所以備經文之未備文順理明自無可疑不知高明何病於此必欲改裹爲裏又改疏中令字爲今耶若如來說則賈當於今字下着言字不當作如此短澁文句有如始學語孩兒話也且令裏親膚一句在儀禮則猶可如此讀在家禮註中上面本無本經記裹親膚一句又何可如此讀耶全不成文理全不成意味幸暫舍是已之心叅校彼此反復尋繹則不難見矣愚荅曰吾家有唐板諸本令裏皆作今裹盖經言握手長尺二寸記言裹親膚賈疏所謂今指記文而言也若如令說則記所謂裹親膚之裹幷改作裏字然後乃可通也高明謂經可以如此讀賈疏則不可如此讀夫賈疏出於何文耶何可異視之乎盖所謂裹者卽朱子所謂裹手之裸也反復讀之文理通暢無有疑礙但家禮註中劉氏所引賈疏文勢短澁非本文如此也周復纂集註說時刪節賈疏故令人難曉也今將經記註疏追一句讀仰質焉景任荅曰握手說句讀明白儘無可疑惟是記文裹親膚賈疏令裏親膚兩句本自文從字順而高明必欲改裹爲裏終始堅執不肯聽人說話此深所未曉○纁淺絳色

◉襲之具(습지구)

(牀)○상. 즉 습상. (席)○석. 즉 자리. (褥)○욕. 즉 요. (枕)○침. 즉 베개. (卓)○탁. 즉 탁자. (幅巾)制見上通禮深衣條○복건. ○머리를 뒤로 싸 덮는 두건. (網巾)大明集禮○用以包髮者以黑繒爲之制如囗網巾○망건. ○상투를 틀고 머리카락이 흩어지지 않게 하기 위하여 이마에서 뒤통수까지 둘러 쓰게 말총으로 만든 것이다. 염복의 망건으로는 혹 명주로 만듦.

(深衣)制上深衣條○심의. 或(團領)備要○卽公服○혹 단령. 즉 공복. (褡護)記原○卽無袖氅衣對衿聯旁析後者用以承團領者○並嘗有官者若不用深衣則用之○답호. 즉 소매 없는 새틸 옷.

(直領)備要○卽俗制常服上衣不能具深衣者用之○직령. (帶)條具○備要無則用平日所帶○輯覽士喪禮緇帶註黑繒之帶疏按玉藻士練帶緇辟是黑繒之帶紳者而言也但生時著服不重各設帶此襲時三服俱著共一帶爲異也○대. 즉 끈으로 된 띠. (裹肚)用以包裹腹腰者用紬或綿布爲之廣全幅長匝身四角有繫○輯覽手鑑裹古火切包也肚徒古切腹肚也頥菴曰卽俗之小帖裹也愚嘗問于景任曰家禮裹肚之用最在內乃屍身親近之物必是如今包裹腹腰之物景任苦曰來示無疑○과두. 배와 허리를 싸 덮는 배 싸개. (袍襖)儀節有綿者○韻書袍長襦○卽藝衣如俗中亦莫冬衣之類○輯覽手鑑袍薄毛切襖烏老切大記註袍衣之有著者乃襹衣也○玉藻註用舊絮則謂之袍○會成襖有綿者○포오. 즉 겉옷. (汗衫)卽近身之小衫俗稱的衫用紬或綿布爲之按韻書謂衻冕下白紗中單據此則當爲今俗氅衣之類果然則當別具小衫矣中單之制見下成服條中衣註○輯覽韻府群玉汗衫燕朝褻冕有白紗中單漢王與項籍戰汗透中單改名汗衫○한삼 즉 적삼. (袴)有絮用紬或綿布爲之○고. 즉 바지. (單袴)備要○在袴內襯身者用紬或綿布或布爲之○단고. 즉 홑바지. (小帶)新補用以束袴於腰者俗稱腰帶○소대. 즉 바지를 매는 허리끈. (勒帛)制見上冠禮序立條○늑백. 즉 행전. (履)制見上冠禮陳冠服條○리. 즉 신. ○幅巾以下男子服 (掩)士喪禮練帛廣終幅長五尺周尺註裹首也○析其兩末爲四脚或用黑繒爲之○엄. 얼굴 싸 덮는 얼굴싸개. (纚)士冠禮○用以包髮裹髻者用黑繒長六尺(周尺)疊爲之自頂而前交於額上却繞於髻一名縰古者男女通用今男子網巾卽此遺制○사. ○부녀자의 머리를 싸 덮는 머리싸개. (深衣)制同男子服但玄衣素裏○심의. 或(褖衣)褖或作祿○周禮六服圖釋褖衣色黑○周禮內司服疏六服皆袍制不襌以素紗裏之通衣裳○士喪禮疏赤緣謂之褖者爾雅文彼釋嫁時褖衣此褖衣雖不赤緣褖衣之名同○制見上昏禮醮女條褕衣註○輯覽士喪禮註黑衣裳赤緣之謂褖褖之言緣也所以表袍者也疏知此褖衣是黑衣裳者以其士冠禮陳三服玄端皮弁爵弁有玄端無褖衣此士喪襲亦陳三服與彼同此無玄端有褖衣故知此褖衣則玄端也但此玄端連衣裳與婦人褖衣同故變名褖衣也○혹은 단의. ○부인의 예복. 或(圓衫)卽大衣用色絹或之制見上通禮朔參條○便覽按備要所謂圓衫卽家禮之大袖而俗制圓衫則對衿後長前短又於袖端以彩帛施數層謂之燕香袖詭異不經若去燕香袖使前後無長短得與裙齊則爲有袖背子制見上冠禮笄陳服條○혹은 원삼. ○부인의 예복. (長襦子)備要○袖狹俗稱長衣○장오자. ○소매가 좁은 긴 옷. (帶)條具制同男子帶不用深衣則用錦帶制見上昏禮醮女條○대. ○끈으로 된 허리띠를 함께 갖춘다. (衫子)用以承上衣者○삼자. 즉 적삼. (袍襖)俗稱赤古里三稱○포오. 즉 저고리. (小衫)新補卽近身者○소삼. 즉 속적삼. (裹肚)俗稱腰帶制同男子裹肚但下兩角無繫○과두. ○남자와 같으나 아래 양 끝에 끈이 없다. (裳)備要或用二○상. 즉 치마. (袴)○고. 즉 바지. (單袴)備要○단고. 즉 단 속옷. (彩鞋)備要○채혜. 즉 신. ○掩以下婦人服 (充耳)家禮本註用白纊如棗核大所以塞耳者○俗用雲綿○士喪禮瑱用白纊註瑱充耳疏充塞也生時人君用玉臣用象示不聽讒今死者直用纊塞耳而已異於生也○충이. ○흰 솜으로 큰 대추씨 같이 만든 귀마개. (幎目)家禮本註帛方尺二寸所以覆面者○備要用指尺下同○士喪禮用緇裏註充之以絮疏四角有繫○或用紬爲之○멱목. ○얼굴을 싸 덮는 것으로 네 귀에 끈을 단다. ○韻會幎莫狄切士喪禮幎目用緇方尺二寸裏著組繫註幎讀若詩曰葛藟縈之之縈疏以其葛藟縈于樹木此面衣亦縈於面目故從之 (握手)家禮本註用帛長尺二寸廣五寸所以裹手者○備要三分其長取中央四寸從兩邊各裁入一寸削約之以纁爲裏充之以絮兩端下角有繫○繫長一端尺五六寸一端三尺許○或用紬爲之○輯覽士喪禮握手用玄纁裹長尺二寸廣五寸牢中旁寸著組繫註牢讀爲樓樓謂削約握之中央以安手也今文樓爲纋(憂)旁爲方疏名此衣爲握以其在手故言握手不謂以手握之牢讀爲樓云云者經云廣五寸牢中方則中央廣五寸容四指指一寸則四寸四寸之外仍有八寸皆五寸也讀從樓者義取樓斂挾少之意削約者謂削之使約少也○奇高峯(名大升)曰按著充之以絮也組繫爲可結也纁經云醫笄用桑長四寸纋中又曰握手二用玄帛纁裹長尺二寸廣五寸三分其長取中央四寸從兩邊各裁入一寸削約之充以絮下端兩角各有繫按儀禮本條握手二右手則只一繫左手兩端皆有繫今從左手者家禮既不用決故從無決者耳○又曰近世握手用一長尺二寸兩端各留四寸就中央四寸削其兩邊各一寸或削一邊寸許兩端上下角皆有繫

其設之兩手分置兩端四寸中先以下角之繫繞擘一匝還從上自貫又以上角之繫從季指繞出手表鉤中指反與繞擘者結之則兩母指在中央削處之表相結不散○退溪曰今人或云握手用一幅裹手非也○악수. 즉 손 싸개. (襪)有絮○말. 즉 버선. ○充耳以下男子婦人通用 (冒)士喪禮註韜尸者○用絹紬玄七尺餘造禮器尺中屈之縫合一邊而不縫邊上下兩葉各綴小帶三大夫五此所謂質又用纁七尺中屈之縫合一邊而不縫邊旁綴小帶亦如之此所謂殺上曰質下曰殺○輯覽雜記疏冒者所以掩尸形也自襲以至小斂雖已著衣若不設冒尸象形見爲人所惡故設冒○喪大記註質殺其制縫合一頭又縫連一邊餘一邊不縫兩囊皆然不縫之邊上下安七帶綴以結之○丘儀今小斂有衾不用亦可然用之亦無害今世用於旣斂之上非是○모. ○두 폭으로 시신을 싸는 자루로 상(上)은 질(質)이라 하고 하(下)는 살(殺)이라 한다. (擧布)俗用以兜尸腋而擧者用布三四尺布帛尺○거포. ○시신의 머리와 겨드랑이에 넣어 들어 옮길 때 사용. (盥盆)○관분. 즉 세수대야. (帨巾)○세건. 즉 수건.

⊙沐浴飯含之具(목욕반함지구)

以卓子陳于堂前西壁下南上錢三實于小箱(士喪禮貝三實于笄○備要珠三或金玉錢貝盛以箱置南端)米二升以新水淅令精實于盌櫛一(備要組一笄一囊五)沐巾一浴巾二上下體各用其一也(備要衣一)

⊙시신을 목욕시키고 구슬과 쌀을 입에 물리는 기구를 갖춘다.

탁자를 당의 서쪽 벽 밑으로 놓고는 남쪽으로 먼저 동전 세 잎을 작은 상자에 담아 놓고 쌀 두 되를 새물로 씻어 잘 대껴 일어 주발에 담아 놓는다. 머리 빗 하나, 머리 닦을 수건 한 장, 상 하체 닦을 수건 각각 한 장씩을 탁자 위에 차례 대로 진열한다.

◆沐浴飯含之具(목욕반함지구)

士喪禮稻米一豆實於筐祝淅米于堂南面用盆管人受潘奠于垼用重鬲註祝夏祝也淅汰也疏用鬲先煮潘後煮釁懸於重○喪大記御者差沐于堂上君沐粱大夫沐稷士沐粱甸人爲垼于西墙下陶人出重鬲甸人取所徹廟之西北厞薪用爨之陳註差猶摩也君與士同沐粱者士卑不嫌於僭上也垼鬼竈也疏士喪禮沐稻此云士沐粱盖天子之士也差率而上之天子沐黍黍爨燃也取復魄人所徹正寢西北厞以煮沐汁取此薪者示主人已死此堂無復用也○春官小宗伯王崩以秬鬯漲疏以秬鬯浴尸使之香○檀弓飯用米貝不忍虛也不以食道用美焉爾疏死者旣無所知不忍虛其口必用米貝者以食道褻米貝美尊之不敢用褻方氏曰不忍虛則無致死之不仁不以食道則無致生之不知汪氏曰含者天子飯以玉諸侯以珠大夫以璧士以貝庶人以錢禮運曰飯腥穀梁氏謂貝玉曰含則二者雖皆爲口實而用則不同○禮運飯腥陳註上古未有火化之法以生稻米爲含也○周禮含人共飯米疏飯米沐米與重鬲所盛用米皆同

◆沐浴(목욕)

喪大記御者差沐于堂上君沐粱大夫沐稷士沐粱甸人爲垼(役)于西墙下管人受沐乃煮之註差摩也謂淅粱或稷之潘汁以沐髮也君與士同用粱者士卑不嫌於僭上也垼塊竈也將沐時甸人取西墙下之土爲塊竈管人受沐汁於堂上之御者而下往西墙於垼竈鬲中煮之令溫○按五禮儀國喪內侍以粱米潘及湯各盛于盆入註云潘淅米汁湯煮檀香水據此香水只於君喪用之而世俗士庶人或有用之者非也

◆飯含(반함)

禮運飯腥註飯腥者用上古未有火化之法以生稻米爲含也○檀弓註飯卽含也以用米故謂之飯含○雜記註含玉之形制如璧舊註分寸大小未聞○河西曰含去聲琀同○集說問飯之義曰檀弓云不忍其口之虛故用此美潔之物以實之今俗以珠銀之屑置其口其餘意歟○汪氏曰含者何口實也實者何實以玉食之美也玉食者何天子飯以玉諸侯以珠大夫以璧士以貝庶人以

錢是也然則何以實之孝子事死如生不忍虛其親口之意他日塗車芻靈之制亦猶是不忍之心
夫安得不敬雜記天子飯九貝諸侯七大夫五士三周禮天子飯含用玉此蓋異代之制不同如此
本註謂飯含也是卽以飯爲含參之禮運曰飯腥穀梁氏謂貝玉曰含二者雖皆爲口實而用則不
同謂之飯含則可謂之飯含也則不可學者

◆含用柳匙當否(함용류시당부)

艮齋曰問含用柳匙何意士喪記始死奠用吉器於匙何獨不然云云答含用柳匙謂俗禮不可從
來諭恐得

◉沐浴之具(목욕지구)

(釜)或大鼎用煖沐浴水者○부. 즉 솥. ○목욕물 데우는 솥. (盆)二所以盛潘及水者○분 2. 즉
물동이. ○쌀 씻은 뜨물 한 동이, 물 한 동이. (潘)淅米汁所以沐髮者大夫以稷士以粱按五禮儀
君喪用香湯今士庶家或用之僭也○번. 즉 쌀 뜨물. (沐巾)一○목건 1. ○머리 닦는 수건. (浴
巾)二皆用布一尺上下體各用一○욕건 2. ○모두 베 한자로 상 하체 각 한 장. (櫛)一○즐 1.
즉 머리 빗. (組)用黑段或繒所以束髮者○조. 즉 끈. ○머리카락을 묶는 끈. (笄)用桑木爲之長
四寸所以安髮者兩頭闊中央狹男女俱用○계. 즉 비녀. ○뽕나무를 네 치로 하여 중간은 가늘고
양끝은 굵게 하며 남녀 같다. (小囊)五以色紬爲之四囊各書手足左右字以表之所以盛爪者一所
以盛頭髮者○소낭 5. 즉 작은 주머니 다섯 개. ○주머니 네 개에는 수족 좌우라는 명을 적어
손과 발톱을 담고 주머니 하나에는 빠진 머리카락을 담는다. (明衣)士喪記明衣裳用布袂屬幅
長下膝有前後裳不襞長及穀(註足跗也)所以浴後貼身者或用單衣○명의. 즉 죽은 이를 목욕 후
속에 입히는 옷. (坎)士喪記廣尺輪縱也二尺深三尺南其壤所以埋巾櫛楔齒及沐浴水者○감. 즉
구덩이. ○광이 한자 종(縱)으로 두자 깊이 석자이며 수건 빗 설치 목욕물 등을 묻는
다.

◉飯含之具(반함지구)

(珠)三按古者君用珠而今國俗士庶人通用儀節及五禮儀亦許用之金玉錢貝俱可○주 3. 즉 구슬
셋. (箱)所以盛珠者○상. 즉 구슬상자. (米)二升以新水淅令精○미 2되. 즉 깨끗함 물에 인 쌀.
(椀)盛米者○완. 즉 주발. (幎巾)用布方二尺爲之所以覆面者○멱목. ○베 사방 두 자로 만들
어 얼굴을 덮는다. (匙)抄米者○시. 즉 숟가락. (盥盆)○관분. 즉 세수대야. (帨巾)孝子所
盥○세건. 즉 수건.

◉乃沐浴(내목욕)

侍者(盥手)以湯(備要潘及水各盛于盆)入主人以下皆出帷外北面(士喪禮疏辟奠于室西南隅
○備要哭)侍者沐髮(備要以潘)櫛之(便覽用紙承落髮)晞以巾撮爲髻(備要用組乃施笄女喪亦
用落髮盛于囊○便覽以組束髮以笄橫置髮上用髮纏繞於笄復用餘組重束安髮○喪大記斂衾去死衣
○備要悉去病時衣及復衣)抗衾而浴(備要以水士喪禮母喪則內御者浴○便覽先靧面次盥手始抗
衾而浴先上體次下體水當各用)拭以巾(備要上下體各用一)剪爪(備要左右手足爪各盛于囊俟大斂
納于棺中設明衣還覆以衾○便覽先剪左右手爪次剪左右足爪如有落髮及平日落齒則亦盛于囊)其
沐浴餘水幷巾櫛棄于坎而埋之(士喪禮主人入卽位)

◉이어 목욕을 시킨다.

시자(侍者) 즉 염습 하는 이가 손을 씻고 뜨물동이를 가지고 들어오면 주인 이하 모
두 휘장 밖으로 나가 북쪽으로 향하여 있고 시자는 뜨물로 머리를 감기고 수건으로
물기를 닦은 후 빗질을 하여 머리카락을 모와 끈으로 묶고 상투를 틀어 비녀를 꽂는
다. 병중에 입었던 옷을 모두 벗기고 이불을 들고 목욕을 시킨다.

먼저 세수를 시키고 다음 손을 씻긴 후 이불을 들고 먼저 상체 다음 하체를 씻기고 수건으로 물기를 닦되 상 하체 각각 다른 수건으로 닦는다. 양 손톱과 양 발톱을 깎고 낙발(落髮)과 평시 낙치(落齒)를 작은 주머니에 각각 담아 대렴 때까지 둔다. 이불로 시신을 덮고 목욕 후 남은 물과 수건 빗을 구덩이에 묻는다.

◆撮爲髻(최위계)

備要用組施笄女喪亦用組笄所落髮盛于囊○士喪禮鬠會笄用桑長四寸緇中註桑之爲言喪也用爲笄取其名也長四寸不冠故也緇笄之中央以安髮疏以髻爲鬠義取以髮會取之意爲喪所用故用桑以聲名之凡笄有二種一是安髮之笄男子婦人俱有卽此笄是也一是爲冠笄皮弁爵弁笄唯男子有而婦人無也知死者不冠者下記其母之喪鬠無笄註無笄猶丈夫之不冠也以此言之生時男子冠婦人笄今死婦人不笄則知男子亦不冠也○鬠用組乃笄註用組束髮○記其母之喪鬠無笄註無笄猶丈夫之不冠○愚嘗問于屛溪曰撮髻之儀古者男女皆同而今則絶異女喪撮髻何以爲之荅曰髻者華制也卽今婦人之辮髮胡俗也尤翁晚年使一家婦女行笄禮士友間今或有行之者如平日行之者襲時亦依其髻樣而撮之宜矣平日不行者雖欲作髻死生異制亦不可得只可隨便爲之我國文物無異中華而獨此辮髮之制不改若是掣礙可歎

◉沐浴儀禮節次(목욕의례절차)

侍者以盆盛湯入○喪主以下出幃(於幃外北面立)○擧哀(俱哭)○沐(侍者解髮沐之晞以巾且以組撮髮爲髻)○浴(侍者以手抗其所覆之衾先澡其上身以巾拭之又澡其下身別一巾拭之畢還覆以衾)○剪爪(盛于囊俟大斂納于棺)○埋餘水(其沐浴餘水幷巾櫛棄于所掘坎埋之)

◉시신 목욕 의례절차.

시자(侍者)가 데운 물동이를 들고 들어간다. ○주인 이하 복인 들은 휘장 밖으로 나간다. (휘장 밖으로 나와 북쪽으로 향하여 있는다) ○모두 곡한다. (다같이 곡한다) ○머리를 감긴다. (시자가 시신의 머리를 풀어 감기고 수건으로 물기를 닦고 다시 머리를 모와 묶어 상투를 틀어 올린다) ○몸을 씻긴다. (시자가 시신을 덮은 이불을 들고 먼저 상체를 씻기고 수건으로 물기를 닦고 또 하체를 씻기고 다른 수건으로 물기를 닦는다. 마쳤으면 다시 이불로 덮는다) ○손톱과 발톱을 깎는다. (작은 주머니에 담아서 대렴 때까지 뒀다 관에 넣는다) ○남은 물을 묻는다. (목욕 후 남은 물과 수건과 빗을 함께 구덩이에 묻는다)

◉設氷(설빙)(補)

備要喪大記註沐浴以後襲斂以前之事也士喪禮疏先納氷槃乃設牀於其上袒(單也)簀去席而遷尸通氷之寒氣○士用水○便覽按此一節家禮所無而依備要添入禮註雖曰浴後斂前之事而當暑恐宜隨得卽設不必拘於浴之前後也○增解喪大記君設大盤造氷焉大夫設夷盤造氷焉士幷瓦盤無氷設牀禮第有枕註造納也禮第袒簀也謂無席如浴時牀也禮自仲春之後尸旣襲旣小斂先納氷盤中乃設牀於其上而遷尸焉秋凉而止士不用氷以瓦盤盛水耳士喪禮君賜氷亦用夷盤疏瓦盤小故幷盤無席亦通寒氣也旣襲謂大夫也旣小斂謂士也皆是死之明日陳註此謂沐浴以後襲斂以前之事按備要沐浴後設氷蓋從陳設也

◉어름을 편다.(보)

시신을 목욕시킨 뒤 습렴하기 전 어름을 대반에 펴 시상 위에 먼저 놓고 시신을 그 위에 누인다.

◉襲(습)

(會成襲復衣也向去其衣今復著之故謂之襲)侍者(盥手)別設襲沐於幃外施薦席褥枕先置大帶深衣(備要或公服直領衣及女喪所用俱見襲具)袍襖汗衫袴(便覽並單袴小帶女喪並裳)襪勒帛裹肚之類於其上(便覽先以深衣至汗衫疊複之領下直縫處及至左右袖端用線綴住袴與單袴亦疊複而綴住其腰)遂擧以入置欲沐之西(便覽於浴牀上侍者四人分立左右微擧下體別以新席承籍之一人執袴腰納尸足於袴引袴漸上著之著左右襪用勒帛束脛至膝仍結其繫重引袴腰整而斂之結小帶用裹肚包裹腹腰而結其繫女喪則用裳著于裹肚上結小帶)遷尸於其上(備腰衣之皆右衽〇便覽侍者一人奉尸首令直一人奉兩足又左右各一人夾奉以布一幅橫納于當腋處各執其一端齊心共力擧而遷之令尸腰正在衣領上納尸手于袖共擧尸漸漸下之而又二人分在左右各以一手自袂口入迎執尸手又各以一手執尸領引上整之抽出當腋處橫布不用右衽結小帶)悉去病時衣及復衣(尤菴曰復衣欲後去之其後置之靈座)易以新衣(增解按此悉去病時衣以下一條備腰移上沐浴條而剛去易以新衣四字)但未著幅巾深衣(便覽深衣古者於此時不著今從便並著但未斂衽未結紐以待卒襲)履(備要覆以衾侍者撤浴牀)

⊙수의(襚衣)를 입힌다.

시자는 손을 씻고 휘장 밖에 습상(襲牀)을 별설하고 그 위에 자리를 펴고 요와 베개를 먼저 놓고 그 위에 심의 띠, 심의(深衣), 그 위에 겉옷, 적삼, 바지 등을 펴놓고 버선, 행전, 배 덮개 등을 놓는다. 먼저 심의에 겉옷과 한삼(汗衫)을 소매를 꿰어 깃과 깃 그리고 소매를 서로 붙여 꿰맨다. 바지와 홑바지 역시 서로 꿰어 허리춤을 서로 붙여 꿰맨다. 모두 마쳤으면 습상을 들고 들어가 욕상 서쪽에 놓는다.

시자 네 사람이 욕상 좌우로 나뉘어 서서 하체를 조금 들면 시자 한 사람이 습상 위의 바지를 옮겨 바지의 허리춤을 잡고 시신의 발에 바지를 조금씩 당겨 입힌다. 좌우 발에 버선을 신기고 또 행전을 정강이에 꿰여 동여맨다. 바지춤을 두어 번 당겨 가지런히 하여 왼편으로 오므려 허리끈을 맨다. 과두(裹肚)로 배를 싸 덮고 그 끈으로 허리에 매고 여자는 과두 위에 치마를 입히고 허리끈을 맨다.

시신을 습상 위로 옮긴다. 시자(侍者) 한 사람이 시신의 머리를 바르게 두 손으로 받들어 들고 또 한 사람은 양 발을 두 손으로 받들어 들고 또 좌우에 한 사람씩 나뉘어 베 한 폭을 겨드랑이에 두 손으로 받들어 끼워 넣어 각기 한 쪽 끝을 잡고 공력을 들이고 합심하여 시신의 허리가 의복 위에 바르게 있게 들어 옮긴다.

시신의 손을 소매에 꿰이고 시신을 들어 조금씩 아래로 내리면 또 두 사람이 각기 좌우에서 한 손씩을 소매 입구 안으로 집어 넣어 시신의 손을 잡고 또 각기 한 손으로 옷깃을 위로 잡아당겨 바르게 입힌다. 겨드랑이의 옮기던 횡포(橫布)를 빼고 옷섶을 왼쪽으로 여미고 고름을 맨다. 복건(幅巾)은 씌우지 않으며 심의(深衣)도 여미지 않고 신도 신기지 않는다.

시자는 시신을 이불로 덮고 욕상을 철회한다.

◆服中死者襲衣(복중사자습의)

備要按退溪李先生曰服中死者襲用素服黑巾帶小斂正服亦用素其餘雜用吉服大斂入棺孝服一具與吉服一具對置左右則似有服盡用吉之意不至長爲地下凶服之人愚意一人之身並用吉凶之服非吉非凶亦恐未妥恨不及就質也已卯諸儒議定喪中死者襲斂皆用吉服喪服則陳於靈牀旣葬而撤恐似得之〇按已卯諸儒之議詳在大斂靈牀條及初虞埋魂帛條此所謂旣葬撤云者是沙翁從寒岡之論也問解說則以待服盡爲可云而一從已卯諸儒本議耳

◆祖與父偕喪襲斂先後(조여부해상습렴선후)

問祖父母與父母偕死則襲斂將何後先沙溪曰襲斂與窆葬有異不可以先輕後重爲拘當以尊

卑爲主而先祖後父也然古禮無據不敢以爲是又曰若父喪差先一二日則當以先死爲先也成
服亦然

◆左衽不紐(좌임불뉴)

喪大記小斂大斂皆左衽結絞不紐疏衽衣襟也生向右左手解抽帶便也死則襟向左示不復解
結絞不紐者生時帶並爲屈紐使易抽解死時無復解義故畢結之不爲紐也○按士喪禮註遷尸
於襲上而衣之凡衣死者左衽不紐開元禮亦如此而家禮至於小斂始有之是亦未忍遽死其親
移之於小斂耶○更按左衽不紐之說喪大記家禮士喪註三者各是一意大記則言之於大小斂
左衽指衣服而言不紐指結絞而言家禮言之於小斂其左衽不紐指餘衣之掩而言此在未結以
絞之前矣士喪註則言之於襲時是襲衣皆左衽不紐矣蓋士喪本經元無左衽不紐之文而鄭註
因大記大小斂之文而用之於襲時其誤無疑矣大記則左衽與不紐自是兩事而家禮則合爲一
事亦將何所適從耶奇高峯及退溪門人力主鄭氏自襲左衽之說恐不可也

◉襲儀禮節次(습의례절차)

侍者先於幃外空處設襲牀

設襲牀(施薦席褥枕加衣帶等物於其上)○擧襲牀(遂擧以入置浴牀之右)○遷尸于襲牀上(執
事共擧尸置牀上)○易衣(悉去病時衣及復衣易以新衣但未着幅巾深衣履復衣不用襲斂)

◉습(襲) 의례절차.

시자(侍子)가 먼저 휘장 밖 빈 곳에 습상(襲牀)을 설치한다.
습상을 설치한다. (자리를 펴고 요와 베개를 놓고 옷과 띠 등 수의를 그 위에 놓는다)
○습상을 들어 옮긴다. (습상을 들고 들어가 욕상(浴牀) 오른쪽에 놓는다) ○옷을 갈
아 입힌다. (병 시에 입었던 옷은 하나도 남김 없이 벗기고 헌 옷을 새 옷으로 갈아
입힌다. 다만 복건과 심의와 신은 입히고 신기지 않는다. 생전에 입던 헌 옷은 입히
지 않는다)

◉徙尸牀置堂中間(사시상치당중간)

卑幼則各於室中間(儀節當堂正中南首○朱子曰妻喪則少西以避正中)餘言在堂者倣此

◉시상(尸牀)을 당(堂)의 중간으로 옮겨놓는다.

항렬(行列)이 낮거나 어린이는 사실(私室)의 중간이며 머리를 남쪽으로 향하게 하며
처의 상에는 한 중간을 피하며 그 외 시신이 당에 있다. 라고 말할 때는 이와 같다.

◆堂中間南首(당중간남수)

喪大記既正尸註正尸遷尸於牖下南首也○便覽按古禮奉尸于堂在小斂後家禮則在襲後今
依本文錄之而堂有中門則可以闔門行事若無門而只設幃隔障則勢有難行者蓋尸觸風則致
浮氣入棺尙遠何可遽爲徙尸經累日於堂中也不惟此時難行雖小斂後亦難卽行似當於室中
間徙置待大斂時奉遷于堂也

◉乃設奠(내설전)

執事者以卓子置脯醢升自阼階祝盥手洗盞斟酒奠于尸東當肩(南溪曰左脯右醢爲是○
鄕射禮疏邊在右豆在左○士喪禮大斂奠則設于奧東面而菹在醢南菹南栗栗東脯則右脯左醢尤明矣)
巾之(備要若日昏先設燭以照饌設巾後還滅之凡奠同○輯覽當奠酒一盞而至虞始具三獻之禮)○
祝以親戚爲之

　　劉氏璋曰士喪禮復者降楔齒綴足卽奠脯醢與酒于尸東鄭註鬼神無象設奠以憑依之開元禮五品以
　　上如士喪禮六品以下襲而後奠今不以官品高下沐浴正尸然後設奠於事爲宜奠謂斟酒奉至卓上而
　　不酹主人虞祭然後親奠酹巾者以辟塵蠅也

⊙이어 곧 전제(奠祭)를 올린다.

집사가 탁자에 포와 육장(肉醬)을 상에 받쳐 들고 동쪽층계로 올라와 시신의 동쪽 어깨 쪽에 놓으면 축관은 손을 씻고 잔을 씻어 술을 잔에 따라 올린 후 상보로 덮는다. ○축관은 친척 중에서 택한다.

◆奠(전)

檀弓始死之奠其餘閣也與疏始死之奠者鬼神所依於飮食故必有祭酹但始死未容改異故以生時庋閣上所餘脯醢以爲奠也閣架橙之屬人老及病飮食不離寢故近置室裏閣上若死仍用閣之餘奠者不容改新也陳註閣所以庋置飮食蓋以生時庋閣上所飮脯醢爲奠也方氏曰人之始死以禮則未暇從其新以情則未忍易其舊故以閣上所餘脯醢以爲奠也○又註始死卽爲脯醢之奠將葬則有包裹牲體之遣旣葬則有虞祭之食何嘗見死者享之乎然自上世以來未聞有舍而不爲者爲此則報本反始之思自不能已矣豈復有倍之之意乎○雜記註喪奠只用脯醢而已者蓋以死者不食糧故遣奠亦只用牲體而不用黍稷牲體與脯醢之義同皆是用肉(按)飯含用米殯後有饋食不食糧之說恐未安○開元禮襲奠以脯醢酒用吉器內喪內贊者皆受於戶外而設之○按士喪禮楔齒綴足後奠脯醢醴酒疏小斂一豆一籩大斂兩豆兩籩此始死俱言亦無過一豆一籩而已下記云若醴若酒鄭註云或卒無醴用新酒此醴酒俱言亦科用其一不並用以其小斂酒醴俱有此則未具是其差以此觀之大小斂奠當俱用酒醴而家禮只言奠酒而不言醴者何恐亦是溫公所謂今私家無醴以廢歟然則當奠酒一盞而至虞始具三獻之禮本朝五禮儀則凡襲斂奠皆連奠三盞未知何處○南溪曰左脯右醢爲是

◆奠于尸東(전우시동)

檀弓註萬物生於東而死於北小斂之奠於東方孝子未忍死其親之意也

⊙設奠儀禮節次(설전의례절차)

既設奠案
祝盥洗(祝盥手洗盞斟酒)○奠酒(奠于卓子上而不酹)○罩巾(以巾覆酒醢之類)

⊙전(奠) 올리는 의례절차.

미리 차려놓은 전상에,
축관(祝官)은 손을 씻는다. (축관은 손을 씻고 잔을 씻어 술을 따른다) ○헌주(獻酒)한다. (강신(降神)치 않고 상위에 올린다) ○상보로 덮는다. (상보로 상을 덮는다)

⊙主人以下爲位而哭(주인이하위위이곡)

主人坐於牀東奠北衆男應服三年者坐其下皆藉以稿同姓期功以下各以服次坐于其後皆西向南上尊行以長幼坐于牀東北壁下南向西上藉以席薦主婦衆婦女坐于牀西藉以稿同姓婦女以服爲次坐于其後皆東向南上尊行以長幼坐于牀西北壁下南向東上藉以席薦妾婢立於婦女之後別設幃以障內外異姓之親丈夫坐於幃外之東北向西上婦人坐於帷外(外一作內)之西北向東上皆藉以席以服爲行無服在後○若內喪則同姓丈夫尊卑坐于幃外之東北向西上異姓丈夫坐于幃外之西北向東上(儀節自是以後凡爲位哭皆如此儀)○三年之喪夜則寢於尸旁藉稿枕塊羸病者藉以草薦可也期以下寢於側近男女異室外親歸家可也

⊙주인 이하 정하여진 자리에서 곡을 한다.

주인은 시상(尸牀)의 동쪽에서 전탁(奠卓) 북쪽에 앉고 삼 년 복을 입는 여러 아들들은 그 아래 모두 짚자리를 펴고 무릎을 꿇고 앉으며 같은 성씨의 기년(期年) 이하 남자 복인들은 그 뒤에 차서 대로 앉되 모두 남쪽을 상석으로 하여 서쪽으로 향하여 앉는다. 손위 항렬은 나이 순으로 시상의 동쪽에서 북쪽 벽 아래 앉되 돗자리를 펴고 남쪽을 상석으로 삼아 서쪽으로 향하여 앉는다.

주부와 여러 며느리 딸들은 시상의 서쪽에서 짚자리를 깔고 앉으며 동성 부녀자들은 복의 차서 대로 그 뒤에 앉되 남쪽을 상석으로 삼아 동쪽으로 향하여 앉는다. 항렬이 높은 이들은 나이 순으로 시상의 서쪽의 북쪽 벽 아래에서 동쪽을 상석으로 삼아 남쪽으로 향하여 돗자리를 펴고 앉고 첩과 종들은 부녀자의 뒤에 선다.

달리 휘장을 처서 내외를 구분하여 성씨가 다른 남자 친척들은 휘장 밖 동쪽에서 북쪽으로 향하여 앉되 서쪽을 상석으로 삼는다. 이성 부녀자들은 휘장 밖 서쪽에서 북쪽으로 향하여 앉되 동쪽을 상석으로 삼는다. 모두 평상시 자리를 펴고 앉되 복의 경중으로 차서 대로 앉는다. 무복의 종인(宗人)들은 그 뒤에 있는다.

만약 여자의 상(喪)이면 동성 남자들은 높은 항렬과 낮은 항렬이 휘장 밖 동쪽에서 북쪽으로 향하여 앉되 서쪽이 상석이며 다른 성씨 남자들의 자리는 휘장 밖 서쪽에서 북쪽으로 향하여 앉되 동쪽이 상석이다.

삼년상 복인들은 밤에 잘 때 시신 옆에서 짚자리에 흙덩이를 베개로 삼으며 병약자는 부들 자리를 펴는 것도 가하며 기년 이하의 복인은 가까운 옆에서 자고 남녀는 별실에서 자며 그 외 무복지친(無服之親)은 집에 돌아가 밤을 지내도 된다.

◆爲位而哭(위위이곡)

丘儀自是以後凡言爲位哭皆如此儀○檀弓註凡哭必爲位者所以敍親疏恩紀之差方氏曰位者哭泣之位也親有遠近服有輕重不可以無辨故哭泣之際各爲之位焉○大記註男東女西陰陽之大分也喪遽哀迫人雜事叢先謹男女之辨而各以類從則紛糾雜亂者有倫矣主東賓西內外之大統也男主居東之上而內之家長雖若母亦在其西則示一國一家之有主而內外族姓之尊卑咸有所統攝矣○士喪禮親者在室註謂大功以上○衆婦人戶外北面衆兄弟堂下北面註小功以下疏同是小功以下而男子在堂下者以其婦人有事自堂及房不合在下○旣夕註自死至於殯自啓至於葬主人及兄弟恒在內位疏自死至殯在內位據在殯宮中自啓至葬在內位據在祖廟中處雖不同在內不異故總言之云在內位者始死未小斂已前位在尸東小斂後位在阼階下自啓之後在廟位亦在阼階下也○開元禮諸尊者於卑幼之喪及嫂叔兄娣弟姪婦哭朝晡之間非有事則休於別室○若舍窄則宗親丈夫在戶外之東北面西上外姻丈夫在戶外之西北西東上

◉就位哭儀禮節次(취위곡의례절차)

就位○(主人)坐於尸牀東奠北○(衆男)應服三年者坐主人之下皆藉藁草同姓丈夫期功以下以服爲次坐主人衆男之後西面南上○(尊行)以長幼坐于牀東北壁下南向西上藉以席薦○(主婦)坐于尸牀西對主人○(衆婦)坐主婦之下對衆男皆藉以藁○(同姓婦女)以服爲次坐主婦衆婦之後東面南上○(尊行)以長幼坐于尸牀西北壁下南向東上藉以席薦○(妾婢)立婦女之後以服爲行無服在後○(異姓丈夫)坐於幃外之東北向西上○(異姓婦女)坐於幃外之西北向東上俱藉以席(按書儀外作內)○擧哀(自是以後凡言爲位哭皆如此儀○若內喪則親男及婦女皆如此儀同姓丈夫不分尊卑皆坐于幃外之東北向西上異姓丈夫坐于幃外之西北向東上)(有病者不能寢藁藉以草薦亦可)

◉곡하는 자리로 나가는 의례절차.

자리에 나가기를 ○(주인) 시상(屍牀)의 동쪽에서 전상(奠床) 북쪽의 자리이며 ○(주인 이외 여러 아들) 삼 년 복을 입을 아들들은 주인의 아래에 않되 모두 거적자리를 펴고 앉는다. ○(동성 남자) 기공(朞功) 이하 복인들은 차서 대로 주인과 최복인(衰服人) 뒤에서 남쪽을 상석으로 하여 서쪽으로 향하여 앉는다. ○(존항)항렬과 나이 순으로 북쪽 벽 아래에서 동쪽으로 돗자리를 펴고 서쪽을 상석으로 하여 남쪽으로 향하여 앉는다. ○(주부) 시상의 서쪽에서 주인과 마주 보고 앉는다. ○(여러 며느리)주부의 아래에서 여러 아들들과 마주 보고 모두 거적자리를 펴고 앉는다. ○(동성 부녀자) 복의 차서 대로 주부와 며느리들 뒤에서 남쪽을 상석으로 하여 동쪽으로 향하여 앉는다. ○(여자 존항) 항렬과 나이 순으로 시상의 북쪽 벽 밑에서 서쪽으로 돗자리를 펴고 동쪽을 상석으로 삼아 남쪽으로 향하여 앉는다. ○(첩과 여종) 부녀자 뒤에 복의 순으로 서되 무복인은 뒤이다. ○(타성 남자) 휘장 밖 동쪽에서 서쪽을 상석으로 하여 북쪽으로 향하여 앉는다. ○(타성 여자) 휘장 밖 서쪽에서 동쪽을 상석으로 삼아 북쪽으로 향하여 다 같이 자리를 펴고 앉는다.

◉乃飯含(내반함)

主人哭盡哀(士喪禮出南面)左袒(備要按覲禮疏禮事左袒無問吉凶禮皆袒左)自前扱於腰之右(士喪禮主人左袒扱諸面之右疏面前也謂袒左袖扱於右腋之下帶之內取便也)盥手執箱(考證卽錢箱)以入侍者一人揷匙于米盌執以從(士喪禮祝受貝今用錢奠于尸西又受米奠于貝北疏就尸東受從尸南過奠于尸西立主人之右佐飯事)置于尸西徹枕(士喪禮徹楔)以幎巾入覆面主人就尸東由足而西牀上坐東面舉巾(便覽沐浴時所覆者)以匕抄米(士喪禮左扱米)實于尸口之右(尤菴曰扱米多少隨宜)幷實一錢(備要作珠)又於左於中亦如之(士喪記祝徹餘飯)主人襲所袒衣復位

◉곧 이어 밥과 구슬을 입에 물린다.

주인은 슬픔을 다하여 곡하고 나와 남쪽으로 향하여 왼쪽 소매를 벗어 앞 오른쪽 허리춤에 꽂고 손을 씻은 후 구슬 상자를 들고 들어가고 시자(侍者)는 쌀 주발에 버드나무 숟가락을 꽂아 들고 따라 들어가면 축관이 구슬 상자를 받아 시신의 서쪽에 놓고 또 쌀 주발을 받아 구슬 상자 북쪽에 놓는다.

베개를 빼고 입을 설치(楔齒)로 괴였으면 설치를 뺀다. 주인은 시신 동쪽에서 발 서쪽을 지나 시상(尸牀)의 동쪽으로 향하여 앉아 얼굴을 가린 멱건(幎巾)을 걷고 숟가락으로 쌀을 떠서 시신의 입 오른쪽을 채우고 구슬 한 개를 넣는다. 또 왼쪽 또 중간을 그와 같이 채운다. 축관은 주발과 폐(幣) 함을 치우고 주인은 소매를 벗은 채로 제자리로 물러난다.

◆幎巾覆面(멱건복면)

按開元禮五禮儀幎巾倂改作方巾○士喪禮布巾環幅不鑿註環幅廣袤等也不鑿者士之子親含反其巾而已大夫以上實爲之含當口鑿之嫌有惡疏此爲飯含而設所以覆死者面廣袤等也者布幅二尺二寸鄭計布廣狹例除邊幅二寸以二尺爲率則此廣袤等亦二尺也○商祝執巾從入當牖北面徹枕設巾註設巾覆面爲飯之遺落米也疏士之子親含發其巾不嫌惡今設巾覆面者爲飯時恐有遺落米在面上故覆之也

◆飯含(반함)

士喪禮實于口三實一貝左中亦如之又實米唯盈疏左右及中各三匙米九扱恐不滿是以重云唯盈○記實貝柱右顑左顑疏右顑左顑謂牙兩畔最長者象生時齒堅也○退溪曰不獨飯含如斂絞舉尸撫尸之類皆喪者所當自爲古人於此非不知有所不忍所以必如是者以愛親之至通迫之情當此終天之事不自爲而付之人尤所不忍故古禮如此今人不忍於小不忍而反忍於大

不忍切恐不可

⊙飯含儀禮節次(반함의례절차)

擧哀(主人哭盡哀左袒自前扱於腰之右)○盥洗(洗手訖)○奉含貝(主人執箱以入侍者揷匙於米椀執以從置于尸右)○徹枕(徹去其枕)○覆面(以幎巾入覆面)○擧巾(主人就尸左由足而向右狀上坐東面擧巾)○初飯含(以匙抄米實于尸口之右幷實以一錢)○再飯含(再以匙抄米實于尸口之左又實以一錢)○三飯含(三以匙抄米于尸口之中又實以一錢)○去楔齒○復位(主人含訖掩所袒衣復哭位)

⊙반함 의례절차.

모두 곡을 한다. (주인은 슬픔을 다하여 곡한 후 왼쪽 소매를 벗어 앞 오른쪽 허리춤에 꽂는다) ○손을 씻는다. (손을 씻은 뒤) ○구슬을 받친다. (주인이 상자를 들고 들어 가면 시자는 숟가락을 쌀 주발에 꽂아 들고 따라 들어가 시신의 오른편에 놓는다) ○베개를 빼낸다. (시신이 비고 있는 베개를 빼어 치운다) ○얼굴을 가려 덮는다. (멱건(幎巾)을 가지고 얼굴을 덮는다) ○멱건을 든다. (주인은 시신의 왼편의 발 쪽으로 돌아 시상의 오른쪽 위에서 동쪽으로 향하여 앉아 얼굴의 멱건을 든다) ○첫 밥과 구슬을 물린다. (숟가락으로 쌀을 떠서 시신의 오른쪽 입을 채우고 아울러 동전 한 잎을 넣는다) ○두 번째로 쌀과 구슬을 물린다. (두 번째로 숟가락으로 쌀을 떠서 시신의 입 왼쪽을 채우고 동전 한 잎을 넣는다) ○세 번째로 쌀과 구슬을 물린다. (세 번째로 숟가락으로 쌀을 떠서 시신의 입 중간을 채우고 동전 한 잎을 넣는다) ○입을 괴인 설치를 뺀다. ○제자리로 물러난다. (주인은 구슬 물리기를 마쳤으면 얼굴을 가려 놓고 소매를 벗은 채로 제자리로 물러난다)

⊙侍者卒襲覆以衾(시자졸습복이금)

(備要侍者設枕如初去幎巾先著網巾)加幅巾(備要以其帶向巾外過項後相結以垂之○便覽內喪用掩以掩全幅當顚裹之以後二脚向前結於頤下又以前二脚向後繞之結於項中)充耳設幎目(備要以其繫結於後)納履(備要以其繫穿于絇中結于足背又以餘組合繫兩足使不相離)乃襲深衣(備要右袵)結大帶設握手(便覽先以右手置於攦中用下一端掩手背以綦繫繞擘一匝還從上自貫又用上一端重掩之以綦繫向手裹繞擘由手表向上納于無名指長指之間出于長指食指之間以鉤中指取繫向下由小指後擘際復向手裏與自貫者結於掌後節中(卽掌擘之際)於左手亦如之○士喪禮設冒囊之○備要先以殺韜足而上後以質韜首而下乃結其帶)乃覆以衾(備要楔齒與幎巾並埋於坎○遂菴曰飯含餘米埋之似無妨○士喪記甸人築坅坎註築實土其中穿坎之名曰坅○便覽凡襲斂時牀席器用之屬亦埋之可燒者燒之勿令人褻穢)

司馬溫公曰古者死之明日小斂又明日大斂顚倒衣裳使之正方束以絞紟韜以紟帽皆所以保其肌體也今世俗有襲而無大小斂所闕多矣然古者士襲衣三稱大夫五稱諸侯七稱公九稱小斂尊卑通用十九稱大斂士三十稱大夫五十稱君百稱此非貧者所辦也今從簡易襲用衣一稱小大斂則據死者所有之衣及親友所襚之衣隨宜用之若衣多不必盡用也高氏曰禮士襲衣三稱而子羔之襲也衣三稱孔子之喪公西赤掌殯葬焉襲衣十一稱加朝服一雜記曰士襲九稱蓋襲數之不同如此大抵衣衾惟欲其厚耳衣衾之所以厚者豈徒以設飾哉蓋人死斯惡之矣聖人不忍言也但制爲典禮使厚其衣衾而已今世之襲者不知此意或止用單袷一稱雖富貴之家衣衾畢備皆不以襲斂又不能謹藏(古人遺衣裳必置於靈座既而藏於廟中)乃或相與分之甚至輒計直貿易以充喪費徒加功於無用擯財於無謂而所以附其身者曾不之慮嗚呼又孰若用以襲斂而使亡者獲厚芘於九泉之下哉○楊氏復曰按高氏一用禮經而襲斂用衣之多故襲有冒小斂有布絞大斂有布絞布紟所以保其肌體者固矣司馬公欲從簡易而襲斂用衣之少故小斂雖有布絞而襲則無冒大斂則無絞紟此爲疎略先生初述家禮皆取司馬公書儀後與學者論禮以高氏喪禮爲最善遺命治喪俾用儀禮此可以見其去取折衷之意矣況夫古者襲斂用衣之多故古有襚禮(衣服曰襚)士喪禮親者襚庶兄弟襚朋友襚又君使人襚今世俗有襲而無大小斂故襚

禮亦從而廢惜哉然欲悉從高氏之說則誠非貧者所能辦有如司馬公之所慮者但當量其力之所及可也愚故於襲小斂大斂之下悉述儀禮幷高氏之說以備參攷

⊙시자(侍者)는 수의 입히기를 모두 마쳤으면 이불로 시신을 덮는다.

시자는 베개를 비우고 얼굴을 덮었던 멱건(幎巾)을 걷고 먼저 망건을 씌운다. 복건을 그 위에 덧씌우고 그 끈을 복건 외부로 목뒤에서 매어 늘어트린다. 여자는 머리를 싸 덮는 엄(掩)으로 두상을 싸 덮고 뒤 끈을 앞 턱밑에다 매고 앞 끈을 목뒤에다 맨다.

흰 솜으로 만든 충이(充耳)로 양 귀를 막고 눈가리개인 멱목(幎目)으로 눈을 덮고 그 끈을 뒤에다 맨다. 신을 신기고 신코에 끈을 매어 발 위에다 매고 그 끈으로 양 발이 서로 이탈치 않게 합쳐 맨다.

이어 심의를 입히되 생자와 반대로 우측 옷섶으로 싸 덮어 왼쪽으로 여미고 가느다란 띠인 소대를 먼저 매고 큰 띠로 허리를 두 번 돌려 앞에서 양 귀를 내여 맺고 양쪽 끝을 치마 끝까지 늘어트려 가지런히 한다. 손을 싸는 악수(握手)는 먼저 손을 싸되 악수에 손을 놓고 한쪽 끝으로 손등을 싸고 끈을 당겨 한 겹 두르고 또 다른 한 편 끝으로 손등을 거듭 덮고 끈으로 손바닥을 향해 싸고 또 손등으로 향하여 당겨 매고 무명지와 장지(長指) 사이로 넣어 또 장지 식지 사이로 빼서 중지를 얽어 손 뒤에서 맺어 동여맨다. 왼손 역시 그와 같게 하여 손을 싸 덮고 모((冒) 즉 시신을 싸는 보로 시신을 싸되 먼저 분홍색 모(冒)로 발부터 싸 올라가고 또 검은 모로 머리부터 아래로 싸고 그 끈으로 동여맨다. 마쳤으면 이불로 시신을 덮는다.

설치(楔齒), 멱건(幎巾), 반함(飯含)후 남은 쌀 등과 습렴 시 사용한 기구 등을 구덩이에 묻는다.

◆納履(납리)
士喪禮乃屨綦結于跗連絇註跗足上也絇屨飾如刀衣鼻在屨頭上以餘組連之止足拆也疏跗足上謂足背也屨繫既結有餘組穿連兩屨之絇使兩足不相離

◆設握手(설악수)
士喪禮設決麗于擘自飯持之設握乃連擘註設握者以綦繫鉤中指由手表與決帶之餘連結之此謂右手也古文麗亦爲連擘作捥疏按上文握手長尺二寸裹手一端繞於手表必重宜於上掩者屬一繫於下角乃以繫繞手一匝當手表中指向上鉤中指又反而上繞取繫向下與決之帶餘連結以其右手有決今言與決同結明是右手也下記所云設握者此謂左手鄭云手無決者也○記設握裹親膚繫鉤中指結于擘註擘掌後節中也手無決者以握繫一端繞擘還從上自貫反與其一端結之疏手無決者以其經已云設握麗于擘與決連結據右手有決者不言左手無決者故記之○備要先以右手置於搵中用一端掩手背以綦繫繞擘一匝還從上自貫又用一端重掩之以綦繫由手表向上鉤中指又反以上繞取繫向下與繞擘者結於掌後節中於左手亦如之

◆冠帶不送死(관대불송사)
劉氏璋曰古者人死不冠惟用帛裹首謂之掩盖以襲斂主于保庇肥體貴乎柔軟今幞頭紗帽皆堅硬磊嵬難安莫若襲以常服上加幅巾深衣大帶及履既合於古又便于事其幞頭紗帽革帶靴笏葬時置于棺上可也○或問襲斂之禮而無婦人何也曰想亦只以類推亦當襲以常服而加大帶可也今俗用大袖長襖于皆可若能不用裙環之屬亦絕盜心而免發掘

◆用冒之當否(용모지당부)
備要若設冒先以殺韜足而上後以質韜首而下乃結其帶○南溪曰襲用冒古禮也藉首補肩夾

脛未掩面皆今禮也至於用冒之後不便於藉首□ 四者亦或備要之病非家禮所知也

◆親者襚(친자수)

士喪禮親者襚不將命以卽陳註大功以上有同財之義也不將命不使人將之致於主人也卽陳陳在房中

◆庶兄弟襚(서형제수)

士喪禮庶兄弟襚使人以將命于室主人拜于位委衣于尸東牀上註庶兄弟卽衆兄弟變衆言庶容同姓耳將命曰某使某襚拜于位室中位也疏知庶兄弟卽衆兄弟者上文云親者在室又云衆兄弟堂下北面註云是小功以下又云親者襚此云庶兄弟襚以文次而言故知也變衆言庶容同姓者以同姓絶服者有襚法庶者疏遠之稱

◆朋友襚(붕우수)

喪服記疏同門曰朋同志曰友士喪禮朋友襚親以進主人拜委衣如初退哭不踊徹衣者執衣如襚以適房註親以進親之恩也退下堂反實位也凡於襚者出有司徹衣疏如襚者君襚時襚者左執領右執要此徹衣者亦然

◉卒襲覆衾儀禮節次(졸습복금의례절차)

(先)加幅巾○(次)充耳○(次)設幎目○(次)納履○(次)襲深衣○(次)結大帶○(次)設握手○(次)覆衾

◉습을 마치고 이불을 덮는 의례절차.

먼저 ○복건(幅巾)을 씌운다. ○다음으로 충이(充耳). ○다음으로 멱목(幎目)을 덮고. ○다음으로 신을 신기고. ○다음으로 심의(深衣)를 입히고. ○다음으로 큰 띠를 매고. ○다음 손을 싸고. ○다음 이불로 덮는다.

◉設燎(설료)(補)

士喪禮宵爲燎于中庭

　士喪記旣襲宵爲燎于中庭闕明滅燎○備要宵設燎于中庭○便覽按此一節家禮所無而依備要添入古者襲必在死日而今則不能盡然禮疏曰有喪則於中庭終夜設燎至曉滅燎以此觀之雖於襲前當夜似當設之

◉화톳불을 피운다.

마당 중간에 화톳불을 피운다.

제 3 절 영좌(靈座) 혼백(魂魄) 명정(銘旌)

◉置靈座設魂魄(치영좌설혼백)

設椸(內則楎椸註植曰楎橫曰椸疏椸以竿爲之盖置衣服之具)於尸南(幃外)覆以帕置倚卓其前結白絹爲魂帛置倚上(便覽源流以紙裹復衣納諸箱中○儀節衣上置魂帛○尤菴曰蓋則未有考以帕代之或覆或開)設香爐合盞注酒果於卓子上(便覽設香案於卓前置爐盒爐西盒東○備要若日昏先設燭以照饌設巾後還滅之凡奠同)侍者朝夕設櫛頮(手鑑荒內切洗面也)奉養之具皆如平生○司馬溫公曰古者鑿木爲重以主其神今令式亦有之然士民之家未嘗識也故用束帛依神謂之魂帛亦古禮之遺意也世俗皆畫影置於魂帛之後男子生時有畫像用之猶

無所謂至於婦人生時深居閨門出則乘輜軿擁蔽其面既死豈可使畫工直入深室揭掩
面之帛執筆訾相畫其容貌此殊爲非禮又世俗或用冠帽衣履裝飾如人狀此尤鄙俚不
可從也

問重朱子曰三禮圖有畫像可攷然且如司馬公之說亦自合時之宜不必過泥於古也〇楊氏復曰禮大
夫無主者束帛依神司馬公用魂帛蓋取束帛依神之意高氏曰古人遺衣裳必置於靈座既而藏於廟中
恐當從此說以遺衣裳置於靈座而加魂帛於其上可也

⊙영좌(靈座)를 설치하고 혼백(魂魄)을 모신다.

시신 남쪽으로 횃대를 걸고 휘장을 쳐 가리고 그 앞에 교의(交倚)와 탁자를 놓고 흰
명주로 혼백을 접어 교의 위에 안치하되 혼백상자를 만들어 놓고 그 속에 두되 혹
옷을 흰 종이에 싸서 놓기도 하며 상자는 열고 닫게 덮개가 있어야 한다. 탁자 위에
는 잔과 주전자와 과실을 놓고 탁자 앞에는 향안(香案)을 놓고 향로(香爐)와 그 동쪽
에 향합(香盒)을 놓는다. 날이 어두워지면 초를 켜고 시자(侍者)는 조석으로 빗과 세
숫물 등 봉양할 때 갖춰드린 것과 같이 모두 살아 계실 때처럼 한다.

사마온공께서 이르기를 옛날에는 나무에 화상(畫像)을 조각하여 그것을 신주로 숭상
하였으나 지금은 칙령으로 모든 격식이 갖춰져 있다. 그러나 아직 선비의 집들까지도
보편화 되지 못했다. 예로부터 사용하는 속견(束絹)은 혼신을 의지케 하는 혼백으로
이 또한 고례(古禮)에서 기인한 것이다. 세속에서는 모두들 초상화(영정)를 혼백 뒤에
놓고 있는데 남자는 생시에 모습을 똑같게 그릴 수 있으나 아무와도 만날 수 없는
부인은 생시에는 침실 안에서 은밀히 살아가고 출타할 때는 덮개가 있는 수레를 타
서 그 얼굴이 가려져 있으며 이미 사망하였을 때 어찌 화공으로 하여금 침실에 직접
들어가 얼굴을 가린 멱건을 들고 환을 치게 할 것이냐. 설령 붓을 잡고 얼굴을 그린
다 하여도 그릴 때 제멋대로 얼굴을 그려 그 얼굴 모습이 달리 그려져 있을 것이니
이것은 예에 어긋난 것이니라. 또 세속에서는 관(冠)과 의복과 신 등을 화려하게 치
장하여 사람과 같이 한 형상을 쓰는데 이것은 더욱 상스러운 자들의 짓이니 따라서
는 안니 되느니라. 라고 하셨다.

◆重(중)

檀弓重主道也殷主綴重焉周主重徹焉註禮註云士重木長三尺始死作重以依神雖非主而有
主之道故曰主道也殷禮始殯時置重于殯廟之庭曁成虞主則綴此重而懸於死者所殯之廟周
人虞而作主則徹重而埋之也嚴陵方氏曰夫重與主皆所以依神而已或曰重或曰主何也未葬
有柩矣有柩而又設重所以爲重也既有廟矣有廟而必立主是爲主也〇雜記註虞祭畢埋於祖
廟門外之東

◆置靈座(치영좌)

儀節尸前設衣架架上覆以帕或錦被架前置倚倚上置坐褥褥上置衣服衣服上置魂帛倚前設
卓子卓子上設香燭香合酒蓋酒注茶甌果盤菜楪之類侍者朝夕設櫛頮奉養之具皆如生時〇
輯覽大全陳明仲問婦人靈座居中堂曰家無二主似合少退近西爲宜

◆魂帛(혼백)

丘文莊曰帛之制本註引溫公說謂用束帛依神而朱子本文則又謂結白絹爲之考古束帛之
制用絹一匹爲兩端相向而束之結之制無可考近世行禮之家有摺帛爲長條而交互穿結如世
俗所謂同心結者上繫其首旁出兩耳下垂其餘爲兩足有肖人形以此依神似亦可取雖然用帛
代重本非古禮用束用結二者俱可〇按古者鑿木三尺以依神曰重(平)以有柩而又設此故謂
之重至葬時方作主溫公始代以束帛如今之段匹兩頭卷向中者結帛之制始于近世(〇儀節魂
帛以白絹爲之如世俗所謂同心結者垂其兩足按魂帛之制本註引溫公說謂用束帛依神而朱

子本文則又謂結白絹爲之考古束帛之制用絹一匹卷兩端相向而束之結之制無可考近世行
禮之家有摺帛爲長條而交互穿結如世俗所謂同心結者上出其首旁出兩耳不垂其餘爲兩足
有肖人形以此依神似亦可取然用帛代重本非古禮用束用結二者俱可○五禮儀國喪施幄於
大行牀南設牀褥席及屛於幄內以朱恭交倚設於牀上南向內侍疊遺衣盛於小函束白絹一匹
爲魂帛加遺衣上捧函安於交倚註若非奠獻時則以白絹巾巾之以禦塵○俗制以白紙裹初終
時復衣納諸小箱中又裁白布三四尺作神主形於上下以剪白紙一片束之書上字於其上又納
箱中

◆魂帛用同心結及雜制之非(혼백용동심결급잡제지비)

讀禮通考萬斯大曰溫公只云用束帛朱子則云結白絹爲之今世所行儀節所謂同心結者有似
人形更鄙俚不堪道矣不得已從束帛可也○渼湖曰魂帛先輩多用束帛之制而不立而祭之矣
○愚按魂帛當依溫公說用束帛可也此所謂結白絹儀節雖云結制無可考愚則以爲朱子正以
束帛言也蓋據士冠禮束帛註束帛十端也疏凡言束者皆以十爲數云則雖以五匹十端爲束然
溫公所謂束帛未必以十端言之故朱子以結絹替言之而用一匹也蓋結者束之意也白絹者帛
也故其下引溫公說以證結絹之爲束帛也此結絹二字當與小斂條舒絹相對參究蓋以絹一幅
舒兩端而鋪之則是爲舒絹卷兩端而束之則是爲結絹以此言之則結絹之爲束帛不待辨而明
矣丘氏未能詳究此意而乃欲以俗制同心結當之何也溫公之說以世俗冠帽衣履裝飾如人形
爲鄙俚則同心結之有肖人形似未穩當矣且同心結者多是古人男女間通私寄情之所用則其
爲鄙褻甚矣尤豈合於依神之物莫重謹嚴之禮乎丘氏之意尤不敢知也大低同心結之制旣是
不經而俱不合於依神之用孰若用束帛之一出於正也夫束帛之制甚明且易何苦而不爲必欲
反求此不雅之俗制乎但束帛之制本用一匹兩端而一端各丈八尺是爲制幣則當家固宜易辦
貧者似亦難矣若以難辦而遂廢則亦可憫也無已則有一焉雜記曰魯人之贈也廣尺長終幅云
則此雖記魯人之失禮然貧者用此制而爲束帛亦不無所據而猶愈於用同心結等俗制也尺帛
又難則用布或苧或紙恐亦無妨

◆魂帛箱(혼백상)

備要箱所以盛魂帛者○尤菴曰家禮魂帛無用箱之文至返魂註始有魂帛箱之文然用蓋開閉
則未有考豈置帛於箱而以帕或覆或開耶○愚按今俗糊紙爲箱用蓋開閉恐亦無妨若帕則本
爲覆楳恐非覆魂帛者

◆置魂帛之節(치혼백지절)

問魂帛臥置立置之節尤菴曰臥置似是禮意○遂菴曰帛箱以西爲上似宜○愚按據備要結制
圖北上南向恐此爲得

◆魂帛箱覆蓋西上(혼백상복개서상)

艮齋曰問魂帛箱無蓋云則只覆以帕可乎答魂帛始初無箱亦無蓋然今俗自初喪便有箱有蓋
然神道尙幽覆蓋覆帕恐不害理○問遂菴曰帛箱以西爲上又按說據備要結制圖北上南向恐
此爲得云二說誰得答同心結出於丘氏而禮家未善之先師亦每以束帛爲是然則遂翁西上之
說得之矣

◆魂帛不可立置(혼백불가입치)

艮齋曰魂帛苟爲饋奠而立置則雖非饋奠而自朝至暮之間亦不可臥置且弔者雖不奠而賓客
旣至則亦當立之而前賢無如此立論者何也豈非以神魂異於生人故歟

◆大夫無主束帛依神(대부무주속백의신)

通典五經異義或曰卿大夫士有主不荅曰按公羊說卿大夫非有土之君不得祫享昭穆故無主
大夫束帛依神士結茅爲蕝註自天子及士並有其禮但制度降殺爲殊何至於主唯侯王而已禮

言重主道也埋重則立主今大夫士有重亦宜有主以記別座位有尸無主何以爲別今按經傳未
見大夫士無主之義有者爲長○曾子問古者師行無遷主則何主孔子曰主命曰何謂也曰天子
諸侯將出必以幣帛皮圭告于祖禰遂奉以出載于齊車以行每舍奠焉而後就舍反必告設奠卒
斂幣玉藏諸兩階之間乃出盖貴命也註旣以幣玉告于祖廟則奉此幣玉猶奉祖宗之命也故曰
主命每舍必奠神之也反則埋之不敢褻也吳氏曰無遷主謂諸侯受封傳繼未六世者未有當毀
之廟故無已遷之主也廟無虛主有廟者不可以其主行主命謂雖無木主但所受於神之命卽是
主也

◆鑿木爲重以主其神(착목위중이주기신)

士喪禮重木刊鑿之置重于中庭三分庭一在南夏祝鬻餘飯用二鬲鬲用疏布久之繫用靲縣于
重鬲用葦席北面左衽帶用靲賀之結于後(鬻本作粥)註重木也刊鑿爲懸簪孔也士重木三尺
夏祝習夏禮者鬻餘飯以飯尸餘米爲鬻也鬲瓦器久讀爲灸謂盖塞鬲口也靲竹篾也以席覆重
兩端交於後左衽西端在上賀加也疏始死以重主其神以其木有物懸於下相重累故得重名云
繫用靲者用靲納此孔中云簪者若冠之笄竹篾謂竹之靑可以爲繫者云左衽西端在上者據人
北面以席北向掩之於後以東端爲下向西西端爲上向東然後以篾加束之結於後也○檀弓重
主道也殷主綴重焉周主重徹焉註殷禮成虞主則綴此重於殯周人作主徹重而埋之○雜記註
埋於祖廟門外之東○方氏曰未葬有柩而又設重所以爲重也○張子曰重主道也謂人所嗜者
飮食故死以飮食依之旣葬然後爲主未葬之前棺柩尙存未可以爲主故以重爲主○重其形制
甚陋止用葦簟爲之又設於中庭則是敬鬼神而遠之之義也

◆復衣置靈座(복의치영좌)

沙溪曰禮遺衣裳必置於靈座今復衣置於靈座恐亦無妨若並魂帛埋之則不可○尤菴曰復衣
置之靈座葬後以爲遺衣服自是常行之禮

◆設香爐合(설향로합)

雲坪曰葬前香爐合同在饌卓者喪據未備也○問設香爐合於卓上初喪荒迷之際祭儀未備至
虞祭始設香案南溪曰得之○遂菴曰家禮襲奠小斂奠之間更無他奠意者設香爐合盞注酒果
於卓上云者預備此物於別卓欲用於小斂奠○愚按小斂設奠具條自有奠饌盞注之文遂翁所
謂預備云者恐不然然則此條誠可疑旣非移設當肩之奠則無乃不可虛設靈座而然耶

◆奠上食之非(전상식지비)

輯覽按五禮儀此下有始設朝夕奠及上食之文而禮經及家禮則成服之日始設當從禮經也○
退溪曰上食所以象平時也死喪大變之初死者魂氣飄越不定生者被括哭擗無數此時只設奠
以依神則可矣上食以象平時非所以處大變也

⦿靈座之具(영좌지구)

(椸)卽衣架用以障椅後者覆以大襆無則代以屛○又用幨以障尸已見上遷尸條○이. 즉 횃대. ○교
의 뒤 시구 앞을 횃대를 걸고 천을 걸어 가린다. 없으면 병풍으로 대용한다. (席)用以鋪靈座
處者弔賓之席亦預具○석. 즉 자리. (椅)坐褥具用以安魂帛箱者○의. 즉 교의. (大卓)座面紙具
用以設奠饌者○대탁. 즉 다리가 긴 제사상. (魂帛)卽結帛用白絹或苧布三四尺周尺爲之○儀節
摺爲長條交穿如同心結上出其首傍出二耳下垂其餘爲兩足○혼백. (箱)用厚紙爲之○상. 즉 혼백
상자. (復衣)○복의. 즉 초혼한 의복. (帕)卽小襆用紬爲之○파. 즉 혼백상 휘장. (果)或脯醢或
蔬○과. 즉 과실. ○혹 포해(脯醢). 혹 소채. (酒注)○주주. 즉 주전자. (盞盤)○잔반. (罩巾)
儀節○用以覆奠者裂竹爲籌蒙以紙或布○家禮附註以辟塵蠅○조건. 즉 상보. (香案)爐盒匕筯具
○按家禮設香爐盒於卓上而與奠饌同設不便故依祭禮別具○향안. ○제향 때 향로 향합을 올려
놓는 적은 탁자. (燭臺)○촉대. 즉 촛대. (拭巾)用以拭椅卓子○식건. ○교의와 탁자를

닦는 마른행주. (梳貼)○소첩. 즉 빗첩. (盥盆)○관분. 즉 세수대야. (帨巾)并平日所用者○세건. 즉 수건. ○尤菴曰劉氏以爲靈座之間盡用素器以主人有哀素之心故也

⊙魂帛之具(혼백지구)

(帛絹)或紵布三四尺所以爲魂帛者其制有二或束帛或同心結儀節束帛之制用絹一匹卷兩端相向而束之結之制摺帛爲長條而交互穿結上出其首旁出兩耳下垂其餘爲兩足有肖人形二者俱可○백견. 즉 흰 명주 또는 모시 삼사 척으로 혼백을 접는다. 그 방법은 접는 것과 동심결이 있다. (箱)所以盛魂帛者○상. 즉 혼백상자. (帕)白布爲之所以覆魂帛者○파. ○흰 베로 교의 앞을 가려 치는 휘장

⊙立銘旌(입명정)

以降帛爲銘旌廣終幅三品以上(上一作下)九尺五品以上八尺六品以下七尺書曰(云云)無官卽隨其生時所稱以竹爲杠如其長倚於靈座之右

⊙명정(銘旌)을 세운다.

명정은 진 분홍색 비단으로 한다. 넓은 광(廣) 전폭에 종폭(從幅)으로 삼품(三品) 이상은 구 척, 오 품 이상은 팔 척, 육 품 이하는 칠 척에 다음과 같이 쓴다. 관직이 없었으면 생시 칭호대로 써서 대나무로 대를 하여 영좌(靈座) 오른편에 기대어 세워놓는다.

◆設銘旌(설명정)

以絳帛爲之廣終幅三品以上九尺四品五品八尺六品以下七尺以粉筆大書曰某官某公之柩無官則隨其生時所稱以竹爲杠如旌而稍長倚于靈座之右(入棺之後設跗置之)○湯氏曰喪具皆用素惟此用紅者客書贈故也○檀弓曰銘明旌也以死者爲不可別也故以旗識之愛之斯錄之矣○方氏曰凡銘皆所以爲名明旌謂之銘故男子書名焉夫愛之則不忍忘故爲旌以錄死者之名也

◆銘旌(명정)

檀弓銘明旌也以死者爲不可別已故以其旗識之愛之斯錄之矣敬之斯盡其道焉耳註士喪禮銘曰某氏某之柩疏云士長三尺大夫五尺諸侯七尺天子九尺若不命之士則以緇長半幅〇末長終幅廣三寸半幅一尺也終幅二尺也是總長三尺夫愛之而錄其名敬之而盡其道曰愛曰敬非虛文也○小記復與書銘自天子達於士其辭一也男子稱名婦人書姓與伯仲如不知姓則書氏註書銘書死者名字於明旌也男子稱名謂復與銘皆名之也婦人銘則書姓及伯仲此或是殷以上之制如周則必稱夫人也姓如魯是姬姓後三家各有稱氏所謂氏也○開元禮婦人其夫有官封云某官封夫人姓之柩子有官封者云大夫人之柩郡縣君隨其稱若無封者云某姓官之柩六品以下亦如之○大全古者旌旣有等故銘亦有等今旣無旌則如溫公之制亦適時宜按據檀弓則銘旌自是一物而今乃二之未詳其義且所謂溫公之制當考○儀節以粉筆大書○五禮儀用造禮器尺○會成喪具皆用素惟此用紅者容書贈故也

◆除官不就者旌主不書職銜(제관불취자정주불서직함)還納告身當否并論

儒者之不出或以時不可也或以學未成也旣不供職則職名自居未安故疏章亦稱草莽臣此銘旌題主之所以不書官銜而亦有尤菴定論也(問不受官者書旌以徵士未知題主無變耶尤菴曰旌旣書以徵士則於神主又何異)還納告身俄國無此例故雖出而仕於朝者以義未安而辭職則受其告身而不書官銜而已如近世桂田之於領府事勉庵之於工判是也至於追榮其義例與自家辭受似有不同恐難以一律論也○愚亦每謂尤翁說當遵而近見淵齋集却以除官不就者旌主不書職銜爲非故頃者有問今承來諭謂神主親之神靈所依豈可舍本意而從他稱耶令人灑然

◆婦人書稱之式(부인서칭지식)

雜記凡婦人從其夫之爵位〇南溪曰本文既以男子主之其不別擧某封某氏蓋從簡之意〇備
要婦人因夫子有封號則云某封夫人某貫某氏之柩凡婦人稱號從夫實職書之〇問無實職而
只有資級者其妻稱號從何書沙溪曰當從實職不可但以資而稱某封也〇南溪曰近例外官不
得封及婦人〇尤菴曰姓位不書鄕貫自銘旌神主誌石石碑而皆然本朝李姓娶李姓金姓娶金
姓故不得已書鄕貫以別之

◆殤喪書銘(상상서명)

尤菴曰未成人銘旌女子則書以某娘男子則書以某秀才云則庶乎相稱〇按或曰未成人者書
以秀才某君未嫁者書以處子某貫某氏似宜〇南溪曰未成之人不無差等若年十五以上能知
文字有行業者恐當曰秀才某君之柩若十五以下或稱某貫某童子之柩亦可

◉朝鮮官階稱號(조선관계칭호)

◆國制(국제)

◇(正一品)大匡輔國崇祿大夫(議政稱)輔國崇祿大夫〇宗親顯祿興祿大夫〇儀賓綏祿成祿大夫
〇宗親大君妻府夫人

◇(從一品)崇祿崇政大夫〇宗親昭德嘉德大夫〇儀賓光德崇德大夫〇以上文武官妻貞敬夫人〇
宗親妻郡夫人

◇(正二品)正憲資憲大夫〇宗親崇憲承憲大夫〇儀賓奉憲通憲大夫

◇(從二品)嘉義嘉善大夫〇宗親中義正義大夫〇儀賓資義順義大夫〇以上文武官妻貞夫人〇宗
親妻縣夫人

◇(正三品)通政大夫折衝將軍〇宗親明善大夫〇儀賓奉順大夫〇文武官妻淑夫人〇宗親妻愼夫
人(堂上官)

◇(正三品)通訓大夫禦侮將軍〇宗親彰善大夫〇儀賓正順大夫(堂下官)

◇(從三品)中直中訓大夫建功保功將軍〇宗親保信資信大夫〇儀賓明信敦信大夫〇以上文武官
妻淑人〇宗親妻愼人

◇(正四品)奉正奉列大夫振威昭威將軍〇宗親宣徽廣徽大夫

◇(從四品)朝散朝奉大夫定畧宣畧將軍〇宗親奉成光成大夫〇以上文武官妻令人〇宗親妻惠人

◇(正五品)通德通善郎果毅忠毅校尉〇宗親通直秉直郎

◇(從五品)奉直奉訓郎顯信彰信校尉〇宗親謹節愼節郎〇以上文武官妻恭人〇宗親妻溫人

◇(正六品)承議承訓郎敦勇進通校尉〇宗親執順從順郎妻順人

◇(從六品)宣教宣務郎勵節秉節校尉〇以上文武官妻宜人

◇(正七品)務功郎迪順副尉 ◇(從七品)啓功郎奮順副尉〇以上文武官妻安人

◇(正八品)通仕郎承義副尉 ◇(從八品)承仕郎修義副尉〇以上文武官妻端人

◇(正九品)從仕郎效力副尉 ◇(從九品)將仕郎展力副尉〇以上文武官妻孺人

◆銘旌式(명정식)

某官無官則學生隨所稱某公之柩

◆婦人銘旌式(부인명정식)

某封某貫某氏之柩

◉銘旌之具(명정지구)

(竹杠)一所以爲銘旌竿者俗於竿頭刻木爲鳳頭塗以彩口含圓環垂以流蘇〇죽강. 즉 대나무 깃대.

(跗)杠足其制如傘架〇부. 즉 명정 깃대받침. (粉)書銘旌者〇분. 즉 명정을 쓰는 흰 분가루. (鹿角膠)所以和粉者〇록각교. 즉 아교. (絳帛)廣終幅三品以上九尺五品以上八尺六品以下七尺造禮器尺上下有軸用絲繫之〇令善書者大書曰某官某公之柩無官則隨生時所稱〇婦人因夫子有封號則云某封夫人某貫某氏之柩無封云孺人〇凡婦人封號從夫實職書之〇강백. 〇진홍색 비단.

⊙不作佛事(불작불사)

司馬溫公曰世俗信浮屠誑誘於始死及七七日百日期年再期除喪飯僧設道場或作水陸大會寫經造像修建塔廟云爲死者滅彌天罪惡必生天堂受種種快樂不爲者必入地獄剉燒舂磨受無邊波吒之苦殊不知人生含氣血知痛癢或剪爪剃髮從而燒斫之已不知苦况於死者形神相離形則入於黃壤朽腐消滅與木石等神則飄若風火不知何之借使剉燒舂磨豈復知之且浮屠所謂天堂地獄者計亦以勸善而懲惡也苟不以至公行之雖鬼可得而治乎是以唐廬州刺史李舟與妹書曰天堂無則已有則君子登地獄無則已有則小人入世人親死而禱浮屠是不以其親爲君子而爲積惡有罪之小人也何待其親之不厚哉就使其親實積惡有罪豈賂浮屠所能免乎此則中智所共知而擧世滔滔奉之何其易惑而難曉也甚者至有傾家破産然後已與其如此曷若早賣田營墓而葬之乎彼天堂地獄若果有之當與天地俱生自佛法未入中國之前人死而復生者亦有之矣何故無一人誤入地獄見閻羅等十王者耶不學者固不足與言讀書知古者亦可以少悟矣

⊙불교 의식으로 행사하지 않는다.

사마온공(司馬溫公)이 이르기를 세속(世俗)에서는 불교(佛教)가 속여 꾀이는 말을 믿고 사람이 초상(初喪)이 난 때에서 칠일이 닿는 날자 마다 일곱 번과 백일, 일년, 이년 탈상(脫喪) 때마다 승려(僧侶)에게 공양(供養)을 하고 불당(佛堂)에 가 경(經)을 읽어야 하고 혹은 수륙재(水陸齋)를 굉장하게 지내고 불경을 베끼며 불상을 만들고 탑을 수리하거나 세워야 한다면서 이르기를 죽은 사람을 위하여 하늘에 진 죄악을 말끔히 없애줘야 반드시 천당(天堂)으로 들어가 모든 것이 쾌락함을 누릴 것이오 그렇게 하지 않으면 반드시 지옥(地獄)으로 들어가 저미어 불태우고 짓이기고 갈아내며 끝없이 추위로 덜덜 떠는 고통을 받다 죽을 것이라 하니 알지를 못함에서 이니라.

사람이란 살아서는 기(氣)와 혈(血)을 가지고 있어 아프고 가려움을 알아도 혹 손톱을 자르거나 머리를 깎고 바로 뒤따라 태우고 찍고 잘라내도 아픔을 모르는 것인데 황차 사람이 죽으면 육체와 혼신은 떨어져 육체는 땅에 묻혀 썩어 없어져 목석과 같아지고 혼신은 정처 없이 떠돌아다니기를 바람과 불빛 같아서 어디로 갔는지 알지를 못하느니라. 가령 부처로 하여금 저미어 불태우고 짓이기고 갈아내게 한다 하여도 어찌 다시 안다고 하는 것이며 또 불교에서 소위 천당과 지옥이라 하는 것을 헤아려 보면 역시 권선징악(勸善懲惡)이니라.

진실로 지극히 공경치 아니하고 그와 같음이 공공연하게 횡행하여 지는데 아무리 귀신이라 하여도 가히 다스릴 수 있다고 생각 하는가? 그러한 까닭으로 당(唐)나라의 여주랄사(廬州刺史) 이주(李舟)선생이 여동생에게 보낸 서한에서 이르기를 천당이 없으면 그뿐이지만 있다면 군자(君子)만이 올라갈 것이오 지옥이 없으면 그뿐이지만 있다면 소인들이 들어갈 것이니라. 하였느니라.

세상 사람들은 부모가 죽으면 부처를 찾아가 비는데 이는 그의 부모를 군자로 생각하지 아니하고 악을 쌓아 죄가 있는 소인으로 생각함이니라. 어찌 제 부모 대접하기를 중하게 여기지를 않는가? 가령 제 부모로 하여금 악을 잔뜩 쌓아 죄가 있다 하여도 어찌 부처에게 공양을 받혀 지은 죄를 능히 면할 수 있겠는가?

이는 보통의 지혜로도 모두 알 수 있는 바인데 온 세상이 속세의 풍조를 따라 옳은 줄로 믿고 받들고 있으니 어찌 그와 같음에 유혹되기는 쉬우면서 깨닫기는 어렵단 말인가? 심한 자는 가세가 기울어 파산에 이른 연후에야 끝이 나느니 그와 같이 행한 자들은 이와 같이 되고 마는데 어찌 일찍이 전답이라도 팔아 묘지를 조성하였다 그 부모가 작고면 장사하랴. 그 곳에 천당과 지옥이 만약에 정말로 있다 하면 마땅히 천지와 더불어 같이 생겨나야 하느니라. 불법(佛法)이 중국에 들어오지 않은 전부터 사람이 죽었다 다시 살아난 자가 역시 있다 하던가?

무슨 연고로 지옥에 잘못 들어가 염라대왕(閻羅大王) 등 십왕(十王)을 만나 보았다는 자가 한 사람도 없단 말인가? 배우지 못한 자는 진실로 부족하니 찬동하여 말할 것이나 글을 배우고 옛 것을 아는 자는 조금이라도 깨달을 수 있을 것이니라.

◆不作佛事(불작불사)

語類問親死遺囑教用僧道則如何曰便是難處曰可以不用否曰人子之心有所不忍這事須子細商量○魏公好佛敬夫無如之何○問設如母卒父在父要循俗制喪服用僧道火化則如何曰公如何曰只得不從曰其他都是皮毛外事若決如此做從之也無妨若火化則不可泳曰火化則是殘父母之遺骸曰此話若將與喪服浮屠一道說便是不識輕重在○大全郭子從問今有人焉其父尊信浮屠若子若孫皆不忍改將何時而已恐人子之遭此勿用浮屠可也至於家舍所敬形象必須三年後改不知如何曰如此亦善胡伯量問治喪不用浮屠或親意欲用之不知當如何處曰且以委曲開釋為先如不可回則又不可咈親意也○集說問不作佛事或有非之者曰吝其財以儉其親自中人以下見理不明執善不固者無不墮其計奈何曰君子用財視義可否縱傾產以資佛老何益亡者至於葬具反為苟且多矣蓋親喪固所自盡也衣衾棺椁極誠營之宅兆祭祀盡禮為之而已固不可避小嫌而乖大義亦不可恤人言而墮其計也

◆弊有二而廢禮(폐유이이폐례)

謝子蘭氏曰喪禮之廢久矣今流俗之弊有二而廢禮尤甚其一鋪張祭儀務為觀美甚者破家蕩產以侈聲樂器琓之盛視其親之棺椁衣衾反為餘事也其二廣集浮屠大作佛事甚者經旬踰月以極齊羞布施之盛顧身之衰麻哭踊反若虛文也斯二者非害禮之甚者乎然而祭儀之設惟有力者能之若浮屠之事習以成俗無有貧富貴賤之間否則人爭非之殊不知彼浮屠之有識者猶以其事為恥可不悟尤子游曰喪致乎哀而止今也苟未能純用古禮必先去此二者之弊以盡夫哀痛慘怛之實則禮雖不足亦可不畔於道或問不作佛事或有非之者曰吝財以儉其親自中人以下見理不明執善不固者無不墮其計奈何馮氏曰君子用財視義可否縱傾產以資佛老何益亡者至於葬具反為苟且多矣盖親喪固所自盡也衣衾棺椁極誠營之宅兆祭祀盡禮為之而已固不可避小嫌而乖大義亦不可恤人言而墮其計也○丘文莊曰佛之言止說天堂地獄故向之者可以免苦而即樂未有所謂科儀也而科儀之作盖我中國之人竊吾儒之土苴乘其隙而用之以攫民財吾儒不之覺也又曰追薦之說惟浮屠氏有之而近世黃冠師亦有所謂煉度者彼見浮屠得財亦效而為之也在宋時猶未盛故溫公書儀止言浮屠而家禮亦止云不作佛事非謂道教可用也

◆世俗信浮屠(세속신부도)

雪匡詹陸曰此篇辨浮屠害俗之說委曲明快實足以破愚民之惑但天堂地獄之事雖是浮屠設以誘民為善去惡之意而實非中國有此陰府之事尤見浮屠之偽也蓋嘗考之佛國在極西之境其所居謂之天堂猶後世天朝天闕之稱其犯法者皆掘地為居室而處之謂之地獄如南宋主子業囚其諸王為地牢亦此類耳其法有剉燒舂磨之刑如書所載九黎三苗之為也閻羅則後世之刑官也金剛則後世之衛士也皆其蕃國處生人之制而學佛者不察謂施於已死者則世相傳流本非佛氏真教也所謂夜叉羅刹鬼國者皆其西方之土名其地去中國既遠風化不及故其所生

亦多異狀無復人類如史所謂狗國羅施鬼國者可考也此雖其初學佛者不察本非中國之所有者而流傳之久後之異敎者亦以爲眞愚民亦不覺其爲僞而水陸道場寫經造像修建塔廟者皆懼此苦楚之禍以求快樂之福何異敎中之僞以陷愚民之不知如此耶嗚呼哀哉

◆天堂地獄浮屠說(천당지옥부도설)

雪匡詹陵曰天堂地獄雖是浮屠說以誘民爲善去惡之意而實非中國有此陰府之事盖嘗考之佛國在極西之境其所居謂之天堂猶後世天朝天闕之稱其犯法者皆掘地爲居室而處之謂之地獄如南宋主子業囚諸王地牢亦此類耳其法有剉燒舂磨之刑如書所載九黎三苗之爲也閻羅則後世之刑官也金剛則後世之衛士也皆其蕃國處生人之制而學佛者不察謂施於已死者則世相傳流本非佛氏眞敎也所謂夜叉羅利鬼國者皆其西方之土名其地去中國絶遠風化不及故其所生亦多異放無復人類如史所謂狗國羅施鬼國者可考也此雖其初學佛者不察本非中國之所有而流傳之久後之異敎者亦以爲眞愚民亦不覺其爲僞而水陸道塲寫經造像修建塔廟者皆懼此若楚之禍以求快樂之福何異敎之陷愚民如此耶嗚呼尤○問治喪不用浮屠或親意欲用之不知當如何朱子曰且以委曲開釋爲先如不可回則又不可咈親意也○問親死遺囑敎用僧道則如何曰便是難處曰可以不用否曰人子之心有所不忍這事須仔細商量○問其父尊親浮屠若子若孫皆不忍改將何時而已恐人子之遭此勿用浮屠可也至於家舍所敬形像必須三年而後改不知如何曰如此亦善○問設如母卒父在父要用僧道火化則如何曰只得不從

◆焚楮錢(분저전)

都氏穆曰今士庶之家祭祀則必焚楮錢亦有焚金銀楮錢者唐書王璵傳載漢以來皆有瘞錢里俗稍以紙寓之璵乃用于祠祭則祭祀之焚楮錢盖始于璵又陶穀淸異錄載周世宗發引之日金銀錢宝皆寓以形而楮錢大若盞口其印文黃曰泉臺上宝白曰冥崇巨宝則金銀楮錢始于五代時矣○康節邵先生春秋祭祀約古今禮行之亦焚楮錢程伊川恠問之則曰明器之類也脫有一非豈孝子慈孫之心乎○晁氏曰紙錢始于殷長史至王璵乃用于祠祭今儒家以爲釋氏法于喪祭皆屛去不用予謂不然以紙寓錢亦明器也但俗謂有資于冥途則可笑

◆飯僧設道場(반승설도장)

程子曰天竺之人重僧必飯之作樂於前○應劭風俗通中書御史所止皆曰寺故后代道場祠宇皆取其稱焉○會成喪禮之廢久矣今流俗之弊有二而廢禮尤甚其一鋪張祭儀務爲觀美甚者破家蕩產以侈聲樂器玩之盛視其親之棺槨衣衾反爲餘事也其二廣集浮屠大作佛事甚者經旬踰月以極齋羞布施之盛顧身之衰麻器踊反若虛文也斯二者非害禮之甚者乎然而祭儀之設惟有力者能之若浮屠之事習以成俗無有貧富貴賤之間否則人爭非之殊不知彼浮屠之有識者猶以其事爲恥可不悟哉子游曰喪致乎哀而止今也苟未能純用古禮必先去此二者之弊以盡夫哀痛慘怛之實則禮雖不足亦可弗畔於道

◆七七日(칠칠일)

劉氏曰古者天子九虞以九日爲節諸侯七虞以七日爲節大夫五虞以五日爲節士三虞以三日爲節春秋末世大夫僭諸侯七虞之禮後也代遂以親亡以後每七日必供佛飯僧以爲是日當於地府見某王吁古人七虞之設乃如是哉

◆不冝作樂宴客(불의작악연객)

溫公曰鄙野之人或初喪未斂親賓則齎酒饌徃勞之主人亦自備酒饌相與飮餟醉飽連日及葬亦如之甚者初喪作樂以娛尸及殯葬則以樂導輴車而號泣隨之亦有乘喪即嫁娶者噫習俗之難變愚夫之難曉亦至此尤○宋宣仁上仙東坡爲禮部尙書與禮官及太常諸官關決諸禮儀事至七日忍有旨下光錄供羊酒若干欲爲太后太妃皇后煖孝東坡上疏以煖孝之禮出於俚俗王后之擧當化天下不敢奉詔有旨遂罷○洪武初御史高原侃言京師人民脩習元人舊俗凡有喪

葬設宴會親友作樂娛尸惟較酒肴原薄無哀戚之情流俗之壞至此甚非所以爲治且京師者天下之本萬民之所取則一事非禮則海內之人轉相視倣樊可勝言況送終禮之大者不可不謹乞禁止以厚風俗詔終之

⦿執友親厚之人至是入哭可也(집우친후지인지시입곡가야)

主人未成服而來哭者當服深衣(儀節淡色衣)臨尸哭盡哀出拜靈座(補註出是出帷)上香再拜(尤庵曰當看情義之輕重)遂弔主人相向哭盡哀主人以哭對無辭(高氏曰古人謂弔喪不及尸非禮也今多待成服而弔則非矣)

⦿선친(先親)의 벗이나 친분이 두터운 분들이 조문 온 이가 있으면 이때부터 들어가 곡함도 가하다.

주인이 아직 성복하지 않았을 때 조문 와 곡하는 이는 마땅히 심의를 입고 시신 앞으로 들어가 슬픔을 다하여 곡하고 영좌 전으로 나와 분향 후 재배한다. 마쳤으면 주인에게 조문한다. 서로 마주보고 슬픔을 다하여 곡을 한다. 주인은 곡으로 대할 뿐 답의 말을 하지 않는다.

◆尊親者來弔(존친자내조)

丘文莊曰高氏曰古人謂弔喪不及尸非禮也今多待成服而後弔則非矣又曰親始死雖不敢出見賓然有所尊者則不可不出今本註有弔主人相向哭盡哀主人亦哭對無辭之文則是主人出見賓矣然考書儀及厚終禮又有未成服主人不出護喪代拜之說今兩存之各爲其儀于後俾有喪者於所尊親用前儀於所踈遠者用後儀云○按禮云親始死主人不敢出見賓高氏則謂有所尊者不可不出故文莊本家禮本註及喪大記爲一儀節以答尊親者本溫公書儀及高氏厚終禮爲一儀節以答踈遠者又爲一儀節以答成服後來弔者前後二儀節于弔者始至之拜不答盖本之禮記以其爲助喪執事而來非行賓主之禮也但今人弔必答拜不答恐來人傲慢之譏若謂之代亡者答拜則無謂矣此楊氏所以非之也侯先生易以哭伏以俟甚有理但據楊氏除去賓主交拜一節謂弔賓之來有哭拜或尊禮主人拜賓以謝之此賓所以不答拜而書儀家禮俱云賓答拜以主人拜賓賓不敢當故答拜

◆主人未成服來哭(주인미성복내곡)

檀弓曾子襲裘而弔子游裼裘而弔曾子曰夫夫也爲習於禮者如之何其裼裘而弔也主人旣小斂袒括髮子游趨而出襲裘帶絰而入曾子曰我過矣夫夫是也疏凡弔喪之禮主人未變服前弔者吉服吉服者羔裘玄冠緇衣素裳又袒去上服以露裼衣此裼裘而弔是也主人旣變服後弔者雖著朝服而加武以絰武吉冠之卷也又掩其上服若是朋友又加帶此襲裘帶絰而入是也方氏曰曾子徒知喪事爲凶而不知始死之時尙從吉此所以始非子游而終善之也○會成主人未成服來哭者宜淺淡素衣今人必以白色衣往弔者非也○丘儀主人未成服來哭者素淡色衣可也按高氏曰古人謂弔喪不及尸非禮也今多待成服而弔則非矣又曰親始死雖不敢出見賓然有所尊者不可不出今本註有弔主人相向哭盡哀主人以哭對無辭之文則是主人出對賓矣然考書儀及厚終禮又有未成服主人不出護喪代拜之說今兩存之各爲其儀于後俾有喪者於所尊親用前儀於所疏遠者用後儀弔者臨尸哭詣靈座前上香再拜哀止弔者向主人致辭曰某人如何不淑主人徒跣扱袵拊心立西階下向賓且拜且哭無辭賓荅拜弔者與主人相向哭盡哀弔者哭出主人哭入護喪送弔者出門以上主人未成服有來弔者用此盖本家禮及喪大記也弔者入門望尸哭哀止護者見弔者致辭曰竊聞某如何不淑弔者拜護喪拜荅辭曰孤某遭此凶禍蒙慰問以未成服不敢出見不勝哀感使某拜再拜弔者荅拜退護喪送出門外以上主人未成服有來弔者用此儀盖本書儀及厚終禮也○士喪禮君使人弔徹帷主人迎于寢門外見賓不哭先入門右北面弔者升自西階東面主人進中庭弔者致命主人哭拜稽顙成踊賓出主人拜送于外門外○魏氏堂曰按禮云親始死主人不敢出見賓高氏則謂有所尊者不可不出故文莊本家禮本

註及喪大記爲一儀節以荅尊親者本溫公書儀及高氏厚終禮爲一儀節以荅疎遠者又爲一儀節以荅成服後來弔者前後二儀節於弔者始至之拜不答蓋本之禮記以其爲助喪執事而來非行賓主之禮也但今人弔必答拜不答恐來人傲慢之譏若謂之代亡者答拜則無謂矣此楊氏所以非之也侯先生易以哭伏以竢甚有理但據楊氏除去賓主交拜一節謂弔賓之來有哭拜或奠禮主人拜賓以謝之此賓所以不答拜而書儀家禮俱云賓答拜以主人拜賓不敢當故答拜大明會典于品官庶人喪禮弔奠處俱有主人再拜賓答拜之文則交拜爲是○檀弓子游曰聞諸夫子主人未改服則不経○曾子襲裘而弔子游裼裘而弔曾子指子游而示人曰夫夫也爲習於禮者如之何其裼裘而弔也主人旣小斂袒括髮子游趨而出襲裘帶経而入曾子曰我過矣我過矣夫夫是也註夫夫猶言此丈夫也於主人變乃變也○喪大記弔者襲裘加武帶経疏若未小斂之前來弔者裘上有裼衣裼衣上有朝服開朝服露裼衣今小斂之後弔者以朝服掩襲裘上裼衣加武者賀氏云武謂吉冠之卷主人旣素冠素弁故弔者加素弁於武帶経者謂要帶首経即緦之経帶以朋友之恩故加帶與経也若無朋友之恩則無帶唯経而已圖式主人旣襲帶経故弔者亦襲裘帶経也許氏曰以衣蒙裘謂之裼裼之色與裘類裼上加襲則朝祭之服也経環経單股也○家語季桓子死魯大夫朝服而弔子游問於孔子曰禮乎夫子曰始死羔裘玄冠者易之而已汝何疑焉勉齋曰按檀弓曰始死羔裘玄冠者易之而已據養疾者言之家禮所載據弔者言之文同而意異

◆親友行奠(친우행전)

用香燭酒果金銀楮錢可具一狀與此禮先投進主人然燭以待奠者至靈柩前跪焚香三奠酒俯伏興平身少退又再拜(或四拜)主人哭以答之焚楮錢餘同弔儀若具香燭楮錢來弔者亦同但不具狀幷奠酒

◆弔者之戒(조자지계)

禮曰弔于人是日不樂行弔之日不飮酒食肉○又曰弔喪不能賻不問其所費以口惠而實不至爲可愧也○呂氏曰詩云凡民有喪制匐救之不謂死者可救而復生謂生者或不救而死也夫孝子之喪親不能食者三日其哭不絶聲旣病矣杖而後起問而後言其惻怛之心痛疾之意幾不欲生則思慮所及雖大事有不能周者而況于他哉故親友鄕黨聞之而往者不徒弔哭而已莫不致力焉後世不然賓止于弔哭而莫肯與其事主人舍其哀而爲飮食以奉之甚者至于損奉終之禮以謝賓之勤廢弔哀之儀以寬主之痛由是先王之禮意亡矣今欲行之者不必盡如禮意于始喪則哭之有事則奠之量力之所及爲營葬具之未具者以應其求輟子弟僕隷之能幹者以助其役易紙幣壺酒之奠以爲襚除供帳饋食之祭以爲賵與賻凡喪家之待己者悉以他辭無受爲則幾矣○按衣被曰襚助死者之襲斂也貨財曰賻車馬曰賵(奉)助生者之送死也牲醴曰祭香燭酒果曰奠

⊙喪大記未成服來哭儀禮節次(상대기미성복내곡의례절차)

擧哀(弔者臨尸哭)○詣靈座前上香○鞠躬拜興拜興平身○哀止○弔主人(弔者向主人致辭曰某人)○如何不淑○主人稽顙拜興拜興(主人徒跣扱衽拊心立西階下向賓立且拜且哭無辭賓答拜)○相向哭(弔者與主人相向哭盡哀)○禮畢(弔者哭出主人哭入護喪送弔者出門○以上主人未成服有來弔者用此蓋本家禮本註及喪大記也)

⊙상대기(喪大記) 미성복시 조문하는 의례절차.

모두 곡한다. (조문자(弔問者)는 시신(屍身)을 내려다 보며 곡한다) ○영좌(靈座) 앞으로 가서 분향(焚香)한다. ○국궁(鞠躬) 재배한다. ○곡을 그친다. ○주인에게 조문한다. (조문자는 주인에게 치사(致辭)하되 모인(某人)이 작고하셨사오니 어찌하면 좋을고. 라 한다) ○주인은 계상(稽顙)재배를 한다. (주인은 버선을 벗고 옷소매를 벗은 채로 서쪽층계 아래에 서서 동동거리고 몸부림치며 또 절을 하고 또 곡을 하되 한마디의 말도 하지 않는다. 조문객은 답배한다) ○서로 마주 보고 곡한다. (조문자와 주인은 같이 서로 마주보고 슬픔을 다하여 곡한다) ○예를 마친다. (조문자가 곡을 하고 나가면 주인은 곡을 하며 들어오고 호상이 조문자를 대문 밖까지 따라 나가 보낸다. 이상은 주인이 아직 성복하지 않았을 때 조문 온 이가 있으면 대개 이와 같이 한다. 출처는 가례(家禮) 본주(本註)와 상대기(喪大記)이다)

⊙書儀厚終禮來哭儀禮節次(서의후종례내곡의례절차)

擧哀(弔者入門望尸哭)○哀止(護喪者見)○弔者致辭曰竊聞某如何不淑○拜興拜興平身(弔者拜護喪答拜)○護喪答辭曰孤某遭此凶禍蒙慰問以未成服不敢出見不勝哀感使某○拜興拜興平身(弔者答拜)○禮畢(弔者退護喪送出門外以上主人未成服者有來弔者用此儀蓋本書儀及厚終禮也若成服以後有來弔者其儀見本條下)

⊙서의(書儀) 후종례(厚終禮) 조문하는 의례절차.

모두 곡한다. (조문객은 문안으로 들어가 시신을 바라보며 곡한다) ○곡을 멈춘다. (호상이 조문객을 맞이한다) ○조문객이 치사로 인사하기를 듣자 하오니 모인께서 작고 하셨사오니 어찌 할 고. 라 하며 재배한다. ○호상이 답하기를 고자모(孤子某)는 이런 흉화를 당하여 위문을 받아야 하오나 아직 성복하지 않아 감히 나와 맞이하지 않는 것은 슬픈 감회를 억누를 수가 없어 저에게 시켰사옵니다. 라 하고 재배한다. (조문객도 답배한다) ○예를 마친다. (조문객이 물러나면 호상이 대문 밖까지 나가 환송한다. 이상 주인이 아직 성복하지 않았을 때 조문객이 있으면 대개 이와 같이 한다. 출처는 서의(書儀)와 후종례(厚終禮)이다)

⊙尊親者來吊儀節(존친자내조의절)

擧哀(吊者臨尸哭)○詣靈座前上香○鞠躬拜興拜興平身○哀止○吊主人(吊者向主人致辭)曰某人如何不淑○主人稽顙拜興拜興(主人徒跣扱衽拊心立西階下向賓立且拜且哭無辭賓答拜)○相向哭(吊者與主人相向哭盡哀)○禮畢(吊者哭出主人哭入護喪送吊者出門)

⊙踈遠者來吊儀節(소원자내조의절)

擧哀(吊者入門望尸哭)○哀止(護喪出見)吊者致辭曰竊聞某如何不淑○拜興拜興平身(吊者拜護喪荅拜)護喪荅辭曰孤某遭此凶禍蒙慰問以未成服不敢出見不勝哀戚使某致謝○拜興拜興平身(吊者荅拜)○禮畢(吊者退護喪送出門外)

⊙親厚之人入哭(친후지인입곡)

尤菴曰魂帛銘旌之具一時皆備則待其設而哭拜可也或曠日未設則親厚之人何可等待不入哭乎哭尸而當拜與否未有明文不敢質言○問入哭盡哀則出拜時不哭耶尤菴曰當看情義之輕重也○便覽按遂弔主人一段儀節之見於備要者頗詳然此在始死日孝子哀遑罔極之中未可語此出見禮不出見禮恐皆難行親厚之入哭者拜靈座後還入幃內向主人而哭主人哭對無辭如是而已未親厚者徐待成服而弔慰未晚也

⊙친분이 두터운 이는 들어가 곡한다.

우암(尤菴) 선생의 말씀에 혼백(魂魄)과 명정(銘旌)이 동시에 모두 갖춰지기를 기다리다 그것이 갖춰진 뒤에 들어가 시신에 곡하고 상주에게 조문 절하는 것이 옳은 것이다. 혹 오래도록 지체하여 혼백과 명정을 갖추지 않으면 미리 기다리고 있던 친분이 두터운 이는 들어가 곡하지 않는 것이 어찌 옳다 하겠는가? 당연히 시신에 곡하고 절을 하라거나 안 된다고 명확히 기록된 조문이 있는 것도 아니니 감히 딱 잘라 말을 할 수가 없다. 라 하셨다.

여쭙건대 상청(喪廳)에 들어가 슬픔을 다하여 곡하고 나와 절할 때 곡을 하지 않아야 합니까. 우암(尤庵)선생께서 대답하시기를 당연히 인정과 의리의 경중으로 곡을 하고 하지 않는다.

이상과 같이 살펴 볼 때 주인에게 조문은 한층 더 망설여지나 의절(儀節)에도 보이며 비요(備要)에도 자못 상세하다. 그러나 이에 초상의 첫날에 효자(孝子)는 몹시 황황하고 망극한 중이라 이런 것을 의논함이 옳지 않으며 조문객을 맞이 하는 예나 마지 하지 않는 예나 모두 실행하기에 아마도 어려울 것이니 친분이 두터운 이는 들어가 곡을 하고 영좌(靈座) 전에 절을 한 후 휘장(揮帳) 안으로 다시 들어가 주인을 향하여 조문객은 곡을 한다. 주인은 마주하여 말 없이 곡만 할 뿐이다. 친분이 두텁지 않은 조문객들은 천천히 기다리다 성복한 후에 조문을 하고 위로를 하여도 늦지 않은 것이다.

제 4 절 소렴(小斂) 단(袒) 괄발(括髮) 문(免) 좌(髽) 전(奠) 대곡(代哭)

⊙厥明(궐명)
謂死之明日

⊙그 다음 날이다.
궐명이라 함은 작고한 다음날을 이른다.

◆襲不可同日小斂(습불가동일소렴)
檀弓夏后氏尙黑大事斂用昏殷人尙白大事斂用日中周人尙赤大事斂用日出註大事謂喪事陳註禹以治水得天下故尙水色湯以征伐故尙金色周取火勝金也○書儀今事辦則斂不拘何時○雲坪曰世人或有衣服未備至死一日之後始爲襲者乃以同日小斂大非禮也

⊙執事者陳小斂衣衾(집사자진소렴의금)
以卓子陳于堂東壁下(士喪禮南領西上綪)據死者所有之衣隨宜用之若多則不必盡用也衾用複者絞橫者三縱者一皆以細布或綵一幅而析其兩端爲三橫者取足以周身相結縱者取足以掩首至足而結於身中(便覽下有舒絹之文此時亦當具絹)

高氏曰襲衣所以衣尸斂衣則包之而已此襲斂之辨也○小斂衣尙少但用全幅細布析其末而用之凡斂欲方半在尸下半在尸上故散衣有倒者惟祭服不例凡鋪斂衣皆以絞紟爲先小斂美者在內故次布散衣後布祭服大斂美者在外故次布祭服後布散衣也○斂以衣爲主小斂之衣必以十九稱大斂之衣多至五十稱夫旣襲之後而斂衣若此之多故非絞以束之則不能以堅實矣凡物束斂(斂一作練)緊急則細小而堅實夫然故衣衾足以朽肉而形體深秘可以使人之勿惡也今之喪者衣斂旣薄絞紟不施懼夫形體之露也遽納之於棺乃以入棺爲小斂蓋棺爲大斂入棺旣在始襲之時蓋棺又在成服之日則是小斂大斂之禮皆廢矣○楊氏復曰按儀禮士喪小斂衣十九稱絞橫三縮一廣終幅析其末註云絞所以收束衣服爲堅急也以布爲之縮縱也橫者三幅縱者一幅析其末令可結也

⊙집사자(執事者)는 소렴할 옷과 이불을 진열한다.
이때 집사자는 탁자를 당의 동쪽 벽 아래에 붙여놓고 옷깃을 남쪽으로 하여 서쪽부터 옷을 접어놓는다. 죽은 이의 옷으로 하되 용처(用處)에 따라 알맞게 하며 만약 옷이 많다 하여도 다 쓸 필요는 없다. 이불은 겹이불을 쓰며 횡포(橫布) 매듭은 세 폭이고 종포(縱布) 매듭은 한 폭이다. 모두 고운 베나 혹은 비단으로 매 폭 양끝을 세 가닥씩으로 나눈다. 횡포 한 가닥씩을 취하여 몸을 빠짐없이 서로 매듭을 짓고 종포의 가닥을 취하여 머리와 발을 싸 몸의 중간에서 매듭을 짓는 것이다.

◆速斂之非(속렴지비)

梁徐勉遷尙書時人間喪事多不遵禮朝終夕殯相尙以速勉上疏曰禮記問喪云三日而后斂者以俟其生也三日而不生亦不生矣頃來不遵斯制送終之禮殯以苫日潤屋豪家乃或半晷衣衾棺槨以速爲榮親戚徒隷各念休返故屬纊纔畢灰釘已具忘狐鼠之顧步媿燕雀之徊翔傷情滅理莫此爲大旦人子承衾之時志懣心絶喪事所資悉關他手愛憎深淺事實難原如覘視或爽存沒違濫使萬有其一怨酷已多豈可不緩其告斂之辰申其望生之冀請自今士庶宜悉依古三日大斂如其不奉加以糾繩詔可其奏

◆陳小斂衣衾(진소렴의금)

補註以衣衾之數有多少故有小大之名○大記凡陳衣者實之篋取衣者亦以篋升降者自西階凡陳衣不詘非列采不入絺綌紵不入註陳衣者實之篋自篋中取而陳之取衣收取襚者所委之衣不詘舒而不卷非列采爲間色雜色也斂尸者當暑亦用袍故絺綌紵布皆不入○士喪禮緇衾赬裏無紞疏被本無首尾生時有紞爲記識前後恐於後互換死者一定不須別其前後○大記小斂君錦衾大夫縞衾士緇衾皆一衾註皆一衾者君大夫士皆一衾○丘儀古人之死必爲之大小斂者所以束其尸而使之堅實后世不知此禮往往有謂不忍將死者束縛而不胃斂者此愚下之見也

◆絞布加幅(교포가폭)

備要二十尺許(布帛尺)按吾東布幅甚狹必加半幅聯縫用之爲宜然則當入三十尺許橫者三幅其長各四尺或三尺餘縱者一幅其長十尺或九尺餘各隨其尸之長短肥瘠裁定每幅折其兩端爲三片橫幅則留中八寸餘縱幅則留三分之二不折○沙溪曰連幅之未安不猶愈於狹布之不中度乎○愚按依備要以半幅聯縫雖好今俗例於橫三幅又加一幅半每幅但聯縫其當尸身處八寸許於每幅兩端析爲二片合四幅半爲九絞則自中制度其縱幅則不得已聯縫乃用而或有不聯縫而以單一幅析爲三片者

⊙小斂之具(소렴지구)

(牀)○상. 즉 소렴 상. (席)○석. 즉 자리. (褥)○욕. 즉 요. (枕)○침. 즉 베개. (卓)○탁. 즉 탁자. (衾)用紬聯縫爲衾有綿隨人長短裁定長可用五尺半(布帛尺)下同○士喪禮緇衾赬裏無紞註凡衾制同皆五幅○紞衾領○금. 즉 이불. (絞)用細布鍛濯者爲之縱者一幅長十尺許析其兩端各爲三片留其幅中間三分之二不析橫者三幅長各四尺或三尺餘亦每幅兩端各析爲三片留其幅中間八寸許不析吾東則布廣甚狹用四幅每幅兩端各析爲二片又加佗半幅合爲九片凡量尺隨其尸之長短肥瘠裁定橫者取足以周身相結縱者取足以掩首與足而結於正中○교. 즉 속포. ○장포 혹 종포 횡포. (上衣)卽深衣團領之類內喪當用褖衣圓衫之類深衣制見上深衣篇團領褖衣圓衫並制見上陳襲衣條○상의. 즉 겉옷. (散衣)如袍襖雜衣袴之類或顚或倒承藉掩裹或以補空○士喪禮凡十有九稱陳衣繼之不必盡用註禪複具曰稱○喪大記衣必有裳謂之稱○又別具一厚襖疊于舒絹上以掩首○산의. 즉 헌 옷. ○생전에 입던 옷. (絹)三四尺或一匹用以舒於疊衣下當首處者○或用紬十餘尺屈其半爲褥厚著新綿縱鋪於衣下衾上上下兩端取足以裹首掩足俗稱長片衣又以紬五六尺餘屈其半爲片衣厚著新綿橫鋪於長片衣上當背處左右斂起取足以過脅而不及腹俗稱橫片衣○견. 즉 명주로 삼사 척이나 혹은 한 필로 시신을 이불로 싸고 명주로 덮어서 구의로 싼다. (新綿)用以補空多少隨宜○신면. 즉 새 솜 허한 곳을 채운다. (俟衾)卽柩衣用以覆尸者以綿布爲之廣五幅上玄下纁○이금. 즉 구의(柩衣). 시신을 덮어 싸는 것. (盥盆)○관분. 즉 세수대야. (帨巾)○세건. 즉 수건.

⊙設奠(설전)

設卓子于阼階東南置奠饌及盞注于其上(檀弓奠以素器以生者有哀素之心也)巾之設盥盆帨巾各二于饌東其東有臺者祝所盥也其西無臺者執事者所盥也別以卓子設潔滌盆新拭巾於其東所以洗盞拭盞也此一節至遣並同(增解按盥帨在阼階東南未變吉也虞祭則在西階西南士虞註反吉也)

⊙전제의 상을 갖춰 놓는다.

탁자를 동쪽층계 동쪽에서 남쪽으로 향하게 놓고 전제 올릴 찬품(饌品)과 술잔과 주전자를 그 위에 놓고 상보로 덮어 놓는다. 세수대야와 수건을 각각 둘씩을 찬상(饌床) 동쪽으로 놓되 그 동쪽으로 받침이 있는 세수대야는 축관의 손 씻을 곳이며 그 서쪽에 받침이 없는 곳은 집사자들의 손 씻을 곳이다. 다른 탁자에 물동이를 놓고 새 행주를 놓아 그 동쪽으로 두고 잔을 물로 씻어 행주로 잔을 닦는 것이다. 이 일절은 견전제(遣奠祭)에 이를 때까지 모두 같다.

◆設奠具(설전구)

輯覽按河西曰下文具字當在奠字下觀大斂章可見○開元禮饌於東堂下瓦甒二實醴及酒觶二(六品以下瓦甒實酒觶二)角柶一(六品以下無)少牢及腊六品以下特牲三俎籩豆各八(籩實醢脯棗栗之屬也豆實醢醬蓲菹之類也四品五品則籩豆各六六品以下籩豆各二實亦如之)○增解士喪禮饌于東堂下脯醢醴酒設盆盥于饌東有巾註爲奠設盥喪事略故無洗○陳一鼎于寢門外其實特豚設扃鼏素俎在鼎西覆匕東柄○記凡籩豆實具設皆巾之○雜記枇(音匕)以桑長三尺註枇所以載牲體

⊙奠之具(전지구)

(卓子)二○탁자 2. (盞)盤具○잔반. (注)○주. 즉 주전자. (罩巾)裂竹爲之蒙以紬紗或以布巾○조건. 즉 상보. (燭)臺具○촉. 즉 초와 촛대. (盥盆)二一有臺祝所盥無者執事所盥○관분 2. 즉 세수대야. (帨巾)二○세건 2. 즉 수건. (潔滌盆)一所以洗盞○결척분 1. 즉 물동이. (新拭巾)一所以拭盞○신식건 1. 즉 새 행주. (饌)酒果脯醢之類○찬. 즉 전제 찬품. ○주 과포해(果脯醢) 등. ○士喪記奠以素器劉氏曰凡靈座之間除金銀酒器外盡用素器○전제에는 평상시의 그릇으로 한다. ○영좌를 폐하기 전은 금은으로 된 주전자나 잔반을 제외하고는 그 밖에 용기는 모두 평상시의 그릇을 사용한다.

⊙具括髮麻免布髽麻(구괄발마면포좌마)

括髮謂以麻繩撮髻又以布爲頭㡇也免謂裂布或縫絹廣寸自項向前交於額上郤遶髻如著掠頭也髽亦用麻繩撮髻竹木爲簪也設之皆于別室

⊙남자의 풀었던 머리를 올려 묶을 삼끈과 문(免)을 할 때와 여자의 머리를 올려 묶을 삼끈을 갖춰놓는다.

괄발(括髮)할 때 머리를 모와 올려 삼끈으로 매어 상투를 틀고 또 부인들의 머리를 묶는 끈은 삼끈으로 하며 남자들의 망건 같이 머리는 베를 찢어 묶거나 혹은 명주를 광이 한치 되게 꿰매어 목뒤에서 앞으로 향하여 상투를 사이에 두고 둘러 이마 위에서 매어 망건(網巾)을 쓴 것 같이 한다. 여자의 결발(結髮) 역시 삼끈으로 모와 묶고 대나무나 나무로 비녀를 만드는데 이것들을 모두 별실에 진열한다.

◆頭㡇(두수)

備要布頭㡇卽總所以束髮者圖式婦人以六升布爲總束其本末出紒後所垂者六寸期大功八

寸小功總一尺按家禮本書儀男子斬衰亦以布爲頭帣也○愼獨齋曰斬衰章婦人服有布頭帣則此條似當如之但此論婦人之制莫是從殺而言不別齊斬耶男子而何可用布於斬衰乎○喪服圖式總布之升數象男子冠數○愚按內則子事父母婦事舅姑皆曰櫛縱筓總則古者吉時裂繒束髮爲總男女皆同故家禮之冠禮及居家雜儀男子亦用頭帣以此也但以古之喪禮言之則男子則以冠布之升數別斬衰以下五服之輕重女子則以總布之升數別五服之輕重以對男子之冠故古禮男子服制無以總言者以此也至於書儀乃以古者吉時之總男女俱用之義用之於喪禮而男子斬衰亦用布頭帣家禮因之故與古禮不同以起後人之疑而至成服條則又只用布頭帣於婦人還用古禮矣然此條則言於男子服制成服條則言於婦人服制以爲互見而通用之意耶

◆免(면)

士喪禮衆主人免註始死將齊衰者素冠至小斂將袒以免代冠免制如冠狀廣一寸如著幓頭矣疏母雖齊衰初亦髻髮與斬衰同故去筓纚而紒紒上著髻髮也○喪服小記爲母髻髮以麻免而以布○士喪記疏齊衰以下至緦麻皆免○呂氏曰免以布爲卷幘以約四垂短髮而露其髻於冠禮謂之缺項(註缺頍同)冠者必先著此缺項而後加冠故古者有罪免冠而缺項獨存因謂之免免以其與冕弁之冕其音相亂故改音問○朱子曰免或讀如字謂去冠○問註疏括髮免髽皆云如著幓頭所謂幓頭何也曰幓頭如今之掠頭編子自項而前交於額上却繞髻也○河西曰掠頭如今網巾○尤菴曰免非爲斂髮也免冠故免以代之○愚按士喪註謂之幓頭溫公時謂之㡃頭朱子時謂之掠頭隨世異名而制則同矣

◆括髮麻免布(괄발마면포)

喪服小記斬衰括髮以麻爲母括髮以麻免而以布註斬衰主人爲父之服也親始死子服布深衣去吉冠而猶有筓縱徒跣扱深衣前衽於帶將小斂乃去筓縱著素冠斂訖去素冠而以麻自項而前交於額上郤而繞於紒如著幓頭然幓頭今人名掠髮此謂括髮以麻也母死亦然故云爲母括髮以麻言此禮與喪父同也免而以布專言爲母也盖父喪小斂後拜賓竟子即堂下之位猶括髮而踊母喪則此時不復括髮而著布免以踊故云免而以布也○朱子曰括髮束髮爲髻也愚按此說與小記不同家禮所謂括髮亦當如此否更詳之○藍田呂氏曰免以布爲卷幘以約四垂短髮而露其髻於冠禮謂之缺項冠者必先著此缺項而后加冠故古者有罪免冠而缺項獨存因謂之免者免與冕弁之冕其音相亂故改音問○丘儀免以鑢布爲巾代之亦可

◆童子居喪(동자거상)

劉氏曰已冠者爲喪變而去冠則必着免盖雖去冠猶嫌于不冠故加免也童子初未冠則雖爲喪亦不免以其未冠故不嫌于不冠也若爲童子而當室則童子亦免以其爲喪主而當成人之禮也

◆小斂弁絰(소렴변질)

備要白布巾制如俗孝巾小斂時所著環絰麻一股而纏大如緦絰以加白布巾者雜記小斂環絰公大夫士一也疏親始死孝子去冠至小斂不可無飾士委貌(按鄭註素委貌)大夫以上素弁(按鄭註素爵弁)而貴賤悉得加環絰(按雜記疏止此)襲絰乃去至啓殯並白巾復用之以至卒哭(按襲絰乃去云者不見經記反鄭氏孔氏註疏說且至葬復用巾絰是王侯禮說見下)又按古禮環絰小斂時所著而至襲絰去之儀節在於憑尸之後當以禮經爲正但今禮小斂時尙被髮如欲從古恐當撮髻而加巾絰○檀弓叔孫武叔之母死旣小斂舉者出尸出戶袒且投其冠括髮子游曰知禮註尸出戶乃變服失哀節喲之冠素委貌疏括髮在小斂後奉尸夷堂之前今武叔夷堂後括髮故云○通解按武叔奉尸夷堂之後乃投冠括髮故子游喲之以此推之小斂之時士素委貌大夫素弁而加環絰可知○喪服圖式按崔氏云始死後小斂前皆加素冠於筓纚之上始死去冠惟留筓纚不應遽加素冠於筓纚之上按小記斬衰括髮以麻疏云將小斂去筓纚著素冠視斂訖投冠而括髮當以小記之疏爲正○愚按備要所云弁絰至襲絰乃去云者可疑盖古禮親始死去冠只

留弁纚將小斂去弁纚而著弁絰斂訖投冠而袒括髮則冠卽弁也然則素弁與環絰此時已俱去矣蓋絰加於弁上故也備要襲絰乃去云據何書而言耶尸出戶投冠子游尙喘之況至襲絰耶弁絰尙在首則何以括髮也且袒括髮而尙著弁絰則問喪所謂冠至尊也不居肉袒之體云者豈不相戾耶皆可疑也〇書儀古者主人素冠環絰視小斂今恐倉猝未能具冠絰故小斂訖男子婦人皆括髮髽〇龜峰曰環絰等變服雖載於丘儀而家禮之所刪也不可棄朱子所定而又尋古禮〇尤菴曰環絰雖是古禮而朱子不載於家禮者以其繁文難行也朱子嘗言曰而今禮文覺繁多使人難行後聖有作必是裁減了方是行得乃於家禮裁減古禮處甚多此實朱子折衷之禮也朱子非後聖乎

◆大斂弁絰(대렴변질)

備要按禮大斂亦環絰〇喪大記君將大斂子弁絰卽位註大夫之喪子亦弁絰疏成服則著喪冠也〇圖式按弁絰本爲弔服而設然親始死孝子去冠小斂大斂不可無飾故必素弁而加環絰〇崔氏變除大斂成服以來括髮不改大夫素弁士素冠皆加於括髮之上〇愚按據古禮弁絰是將小斂時所著斂訖去之而著括髮至拜賓後加首絰矣若大斂亦弁絰則未知去小斂後所著首絰而復著環絰耶抑並首絰環絰而兼著耶是可疑也

◆葬時弁絰(장시변질)

檀弓弁絰葛而葬與神交之道也有敬心焉註接神之道不可純凶天子諸侯變服而葬冠素弁以葛爲環絰旣虞卒哭乃服受服也踰時哀殺而敬生則服有飾大夫士三月而葬未踰時疏大夫士三月而葬敬心未生故知天子諸侯也〇圖式啓葬虞卒變服圖其葬條曰天子諸侯冠素弁以葛爲環絰大夫素弁加環絰士素委貌加環絰〇愚按據檀弓註疏則弁絰而葬分明是天子諸侯之禮非大夫士所得爲者通考徐氏之論亦然而圖式之兼大夫士言之者蓋本於崔氏變除之文而誤者也圖式旣誤而備要未及改正乃有至啓殯復用以至卒哭之說而通大夫士言之者未敢知也又按圖式則弁絰在於葬條而備要則云啓殯復用此亦未知其如何也

⊙設小斂牀布絞衾衣(설소렴상포교금의)

設小斂牀施薦席褥于西階之西鋪絞衾衣舉之升自西階置于尸南先布絞之橫者三於下以備周身相結乃布縱者一於上以備掩首及足也(五禮儀次布衾於絞上次布散衣次布團領)衣或顚或倒但取正方唯上衣不倒(士喪禮布絞衾散衣祭服美者在中)

⊙소렴상(小斂牀)을 놓고는 매듭을 펴고 이불과 옷을 펴 놓는다.

소렴상에 자리와 요를 펴기를 서쪽층계 서쪽에서 매듭과 이불과 옷을 펴고 소렴상을 들고 서쪽층계로 올라와 시신의 남쪽으로 놓고 먼저 매듭지을 베를 놓되 횡포 세 폭을 아래에서부터 시신을 빠짐없이 돌려 서로 매듭을 지을 수 있도록 갖춰놓고 그 위에 종포(縱布) 한 폭을 머리에서 발까지 싸 덮어 매듭을 지을 수 있도록 갖춰놓고는 옷을 놓되 혹시 뒤집혔거나 혹은 꺼꾸로 되었으면 그것을 바르게 잡아 놓되 여하 한 일이 있어도 겉옷만은 꺼꾸로 놓아서는 아니 된다.

◆布絞衾衣(포교금의)

大記小斂於戶內大斂於阼小斂布絞縮者一橫者三大斂布絞縮者三橫者五布紟二衾君大夫士一也絞一幅爲三不辟註絞一幅爲三不辟者辟讀如關開也蓋小斂之絞縮一橫三者皆以布之全幅爲數也大斂之絞縮三橫五者皆以布之小片爲數也橫絞之五旣是以兩幅之布通身裁開爲六片而用其五片矣縮絞之三亦是以一幅之布裁開其兩端爲三但中間當腰處約計三分其長之一不剪破爾其橫縮之絞八片皆狹小故結束處不用更辟裂之也若小斂橫縮之絞是全幅之布則其末須是剪開爲三方可結束也但其剪開處不甚長非如大斂之縮絞三分其長之二

皆剪開也紟用布五幅聯合爲一如今單布被斂衾直鋪布衾橫鋪斂時先緊捲布衾以包裹斂衾
然後結束縮絞之三縮絞結束畢然後結束橫絞之五也〇按吾東布幅甚狹大斂橫絞若依中朝
布裂爲三片則狹不可用矣須取三幅每幅裂爲二片而用五可也〇五禮儀鋪衾於絞上次鋪散
衣次鋪圓領

⊙設床儀禮節次(설상의례절차)

設床(設床于西階之西)〇施薦席(於床上施薦)〇施褥(席上施褥)〇鋪布絞(先布橫者三幅於褥
上乃布直者一幅於橫者上)〇加衾(又於布絞上加衾)〇加衣(衾上加衣或顚或倒但取方正惟上衣
不可倒)〇擧斂狀(旣畢乃擧牀置于尸南)

⊙소렴상 설치 의례절차.

소렴상을 설치한다. (소렴상을 서쪽층계 서쪽에 놓는다) 〇밑자리를 편다. (시상 위에
밑자리를 편다) 〇이불을 편다. (자리 위에 이불을 편다) 〇매듭 지을 베를 편다. (먼
저 횡포매듭 베 세 폭을 이불 위에 펴고 종포(縱布) 매듭을 횡포(橫布) 매듭 위에 편
다) 〇이불을 위에 더 편다. (또 매듭 위에 이불을 더 편다) 〇옷을 더 놓는다. (이불
위에 옷을 더 놓되 혹 구부러져 있거나 혹 거꾸로 되어 있으면 다만 그것을 바르게
잡아놓고 오직 제일 위에 있는 옷만은 거꾸로 되어서는 안 된다) 〇염상을 들어 옮긴
다. (모두 마쳤으면 염상을 들어 시신의 남쪽으로 옮겨 놓는다)

⊙乃遷襲奠(내천습전)

執事者遷置靈座西南俟設新奠乃去之後凡奠皆放此

⊙곧 이어 전상(奠床)을 옮겨 놓고 습전(襲奠)을 올린다.

집사자는 새 전상을 영좌(靈座) 서남쪽으로 옮겨놓고 잠시 기다렸다 새 전상은 곧 이
어 물리고 이후 모든 전은 이와 같다.

◆設新奠(설신전)

士喪禮徹饌先取醴酒北面其餘取先設者出于足降自西階婦人踊設于序西南當西榮如設于
堂註爲求神於庭孝子不忍使其親須臾無所憑依堂謂尸東也凡奠設于序西南者畢事而去之
疏不巾以不久設故也〇記小斂辟奠不出室註未忍神遠之也辟襲奠以辟斂旣斂則不出室設
于序西南畢事而去之疏始死猶生事之不忍卽爲鬼神事之故奠不出室辟襲奠以辟斂者以經
云小斂辟奠故知辟襲莫只爲辟斂也旣斂則不出於室設於序西南者又解襲奠不出室若將大
斂則辟小斂奠於序西南此將小斂辟奠於室至於旣小斂則亦不出於室設于序西南故言不出
室若然奠不出室爲旣斂而言也事畢而去之者斂事畢奉尸夷于堂乃去之而設小斂奠于尸東
〇旣夕徹遷祖奠條註不設於序西南者非宿奠也宿奠必設者爲神憑依之久也疏以其大斂小
斂奠及夕奠乃皆經宿故皆設之今日側徹之未經宿卽徹故不設于序西南也

⊙遂小斂(수소렴)

侍者盥手(喪大記斂者袒凡六人徹衾)擧尸男女共扶助之遷于小斂牀上先去枕而舒絹疊
衣以藉其首仍卷兩端以補兩肩空處(尤菴曰以絹先鋪於當頭處然後疊衣藉其首仍卷兩端補其
肩虛處而以絹結之使不解散則肩上不殺而小斂方正也)又卷衣夾其兩脛(增解按兩脛比上體細小
故卷衣夾其兩旁使與上體齊)取其正方然後以餘衣掩尸左衽不紐(喪大記皆左衽結絞不紐註
衽衣襟也生向右左手解抽帶便也死則襟向左示不復解)裹之以衾(便覽先掩足次掩首次掩左次掩
右先結縱者次結橫者〇喪大記結絞不紐)而未結以絞未掩其面蓋孝子猶俟其復生欲時見
其面故也(儀節儀禮有卒斂之文無未結絞未掩面之說家禮盖本書儀也若當暄熱之時依儀禮卒斂爲

是掩首結絞先結直者後結橫者)斂畢(便覽用剪板長竹樣出長及高廣以識)別覆以衾(士喪禮俟衾)

⊙소렴을 한다.

시자(侍者)는 소매를 걷고 손을 씻은 후 남녀가 함께 조력하여 시신을 들어 소렴상 위로 옮긴다. 먼저 베개를 버리고 명주옷을 포개 접어 천천히 시신의 머리 밑으로 넣고 양 끝을 두루마리 같이 말아 양 어깨 목 빈 곳을 보충하여 채우고 또 옷을 말아 양 정강이 사이에 끼워 넣고 시신을 사방이 바르게 한 후 시신을 남은 옷으로 싸 덮을 때 옷섶은 왼쪽으로 향하며 끈은 매지 않는다.

시신의 얼굴을 이불로 덮고 속포(束布)로 묶지 않는데 이것은 효자(孝子)가 차마 시신의 얼굴을 가려 덮기를 망설이고 시신이 다시 소생하기를 바라고 기다리며 그 얼굴을 살펴보고 있기 때문이다. 이불로 싸 덮되 하체를 먼저 덮고 상체를 가려 덮은 후 왼쪽을 먼저 가려 덮고 오른쪽을 가려 덮는다.

속포(束布)로 매듭을 짓는다. 먼저 장포(長布)로 매듭을 짓고 횡포로 상체부터 매듭을 지어 하체에서 마감을 한다. 마쳤으면 다른 이불로 덮는다.

매듭은 억매지 않고 양끝을 엇걸리게 하여 틀어 꽂는다. 모든 매듭은 이와 같다.

대나무를 시신의 높이와 넓이, 길이와 같게 잘라 관을 제작할 때 견본으로 사용한다.

◆未結絞面(미결교면)

儀節按儀禮有卒斂徹帷之文無有未結絞未掩面猶俟其生之說家禮此說蓋本溫公書儀也今擬若當天氣暄熱之時死者氣已絶肉已冷決無可生之理宜依儀禮卒斂爲是增入掩首結絞於裹衾之下而於大斂條擧棺入置堂中儀節下去掩首結小斂絞〇沙溪曰丘氏所論似有理〇同春曰不結一二條以存愛禮之意〇頤菴曰小斂大斂今俗惟以縛束牢緊爲能事擇壯者極力結絞誤矣

◆小斂(소렴)

頤菴曰小斂大斂者只要掩蓋尸體仍爲固護之道耳今俗不知此意惟以縛束牢緊爲能事擇壯者極力結絞誤矣中國之布比我國布其廣可加一半而乃以三幅裂作六片去其一不用用五片爲大斂彼布廣而裂作三片摠爲十五片橫絞蓋三倍於禮制則片小而絞密其束緊當如何禮於小斂猶未結絞者豈獨孝子浴時見其面乎蓋人死一二日或有復生者矣而緊絞若此是重絶生道也豈禮以明日小斂又明日大斂之本意哉况於入棺之後多塡衣服高若堆阜及加蓋板乃用長木大索左右挽引若猶不合又使健僕並登而蹴踏其爲不敬未暇論矣兇陷復折必至之勢也而可忍爲乎護喪者須更思之結絞當一如禮棺中只令平滿其長木大索等物切勿備之可也

◆左衽不紐(좌임불뉴)

喪大記小斂大斂皆左衽結絞不紐疏曰衽衣襟也生向右左手解抽帶便也死則襟向左示不復解也結絞不紐者生時帶並爲屈紐使易抽解死時無復解義故絞束畢結之不爲紐也〇備要按家禮左衽不紐與喪大記結絞不紐不同蓋喪大記指絞而言家禮指衣之小帶而言不紐之文雖同而義則自別也家禮之意以爲衣襟旣向左則自不結小帶故曰不紐世俗或割去小帶誤矣〇又按士喪禮襲三稱鄭註凡衣死者左衽不紐蓋鄭氏因喪大記小斂大斂皆左衽之文而有此說然喪大記初不言襲而儀禮及家禮亦無襲時左衽之說鄭註恐不可從襲則右衽至小大斂始左衽疑得禮意〇增解喪大記小斂大斂皆左衽結絞不紐註衽向左反生時也疏衽衣襟也生向右左手解抽帶便也死則向左示不復解結絞不紐生時帶幷屈紐使易抽解死時無復解義故絞束畢結之不爲紐也問左衽者夷狄之風大記說可疑遂菴曰欲與生時有變也此制肇於周公儀禮之時而左衽之說始見於春秋之後後世禮家遵承古經則夷風之嫌何必言增解愚按先布斂衣於牀上然後置尸於衣上斂兩衽而掩尸之際先掩左次掩右如收衾之制故曰左衽至若襲時左

衽鄭註之誤備要已辨而輯覽則以爲家禮不忍死其親移於小斂云者自相逕庭恐如何

◆祖(단)

備要按禮動尸擧柩皆祖於事便也(註婦人不祖)事訖還襲家禮從簡故皆略之只一祖於將遷尸之際今雖難一一從古如大小斂等大節目恐當依禮經爲正〇問喪動尸擧柩祖而踊之〇喪大記凡斂者祖遷尸者襲陳註執小斂大斂之事者其事繁故必祖以取便遷尸入柩則事易故不祖〇愚按備要引問喪文使主人將小斂而祖然問喪文本主斂訖奉尸夷堂而言非謂將小斂而先祖也大記說則以大小斂執事者言之非指主人也歷考士喪禮只有三祖襲時祖爲將飯含也小斂祖爲斂訖奉尸夷堂也大斂祖爲將奉尸斂于棺也故家禮從之而惟大斂無祖今若以祖補於大斂則可也若更補於將小斂則家禮此下自有祖括髮之文此時祖豈不重疊耶

⊙小斂儀禮節次(소렴의례절차)

侍者盥手(洗畢)〇擧尸(男女共扶助之)〇安尸于牀(遷尸于向所設牀上)〇去枕(先去其枕)〇藉首(舒絹疊衣以藉其首)〇補空(仍卷兩端以補兩肩空處)〇夾脛(又卷衣以夾其兩脛取其正方然後以餘衣掩尸)〇掩尸(其衣皆衽向左爲死結而不爲紐)〇裹衾(裹之以衾其橫直之絞皆未結開其首不掩)〇覆衾(又別以衾蓋之)按儀禮有卒斂徹帷之文無有未結絞未掩面猶俟其生之說家禮此說蓋本溫公書儀也今擬若當天氣暄熟之時死者氣已絶肉已冷決無可生之理宜依儀禮卒斂爲是增入掩首結絞於裹衾之下而於大斂條擧棺入置堂中儀節下去掩首結小斂絞

⊙소렴 의례절차.

시자(侍者)는 손을 씻는다. (손을 씻었으면) 〇시신을 든다. (남녀가 다같이 서로 협력한다) 〇시신을 시상으로 안전하게 옮긴다. (시신을 그 곳에 설치된 시상 위로 향한다) 〇베개를 빼낸다. (먼저 시신이 비고 있는 베개를 빼낸다) 〇머리 밑에 명주옷을 접어 깐다. (명주옷을 포개서 시신의 머리 밑에 편다) 〇빈 곳을 채운다. (그대로 양 끝을 두루마리 말 듯 말아서 양 어깨 빈 곳을 채운다) 〇정강이 사이를 채운다. (또 옷을 말아 시신의 양 정강이 사이를 채워 정강이를 바르게 하여 놓은 연후에 남은 옷으로 시신을 싼다) 〇시신을 싸 묶는다. (시신을 옷으로 덮을 때 옷섶은 모두 왼편으로 싸 덮어야 하고 시신의 매듭은 억매지 않는다) 〇이불로 싼다. (이불로 싸고 종포(從布)와 횡포(橫布)로 묶어 매듭을 질 때 모두 매듭을 짓지 않고 시신의 머리는 싸 덮지 않고 열어 놓는다) 〇이불로 덮는다. (또 다른 이불로 시신을 덮어 놓는다)

⊙主人主婦憑尸哭擗(주인주부빙시곡벽)士喪禮主人西面憑尸踊無筭主婦東面憑亦如之

主人西向憑尸哭擗主婦東向亦如之(增解按大記纂要餘人隨宜)〇凡子於父母憑之(喪大記註身俯而憑之)父母於子夫於妻執之(喪大記註執持其衣)婦於舅姑奉之(喪大記記奉持其衣)舅(增解大記舅下有姑字)於婦撫之於昆弟執之(喪大記妻於夫拘之〇雜記嫂不撫叔叔不撫嫂〇君不撫僕妾)凡憑尸父母先妻子後(喪大記斂者旣爲則必哭踊疏斂者大祝衆祝之屬也)

⊙주인과 주부는 시신에 의지하여 몹시 슬퍼 가슴을 치며 슬피 곡한다.

주인은 서쪽으로 향하여 시신에 기대어 가슴을 치며 통곡을 하고 주부는 동쪽으로 향하여 역시 그와 같이한다.

모든 자식들은 부모에게는 기대어 가슴을 치며 곡을 하고 부모가 자식에게 남편이 아내에게는 그의 옷을 잡고 곡하며 며느리가 시부모에게는 그의 옷을 받들어 잡고 곡하며 시아버지가 며느리에게는 쓰다듬으며 형제간에는 옷을 잡고 곡한다. 부인은 남편의 옷을 잡고 곡하며 형 제수는 시 형제를 만지지 않으며 시 형제도 형 제수를

만지지 않는다. 주인은 종과 첩을 어루만지지 않는다. 대체로 시신에 기대어 곡함을
부모가 먼저하고 처와 자식들이 뒤에 한다.

◆憑尸(빙시)

大記君於臣撫之父母於子執之子於父母馮之婦於舅姑奉之舅姑於婦撫之妻於夫拘之夫於
妻於昆弟執之註撫之者當尸之心胷處撫按之也執之者執持其衣馮之者身俯而馮之奉之者
捧持其衣拘之者微牽引其衣皆於心胷之處總言之皆謂馮尸〇雜記君不撫僕妾註略於賤也
〇嫂不撫叔叔不撫嫂註宜遠嫌

◉祖括髮免髽于別室(단괄발면좌우별실)

男子斬衰者祖括髮(檀弓祖括髮變也去飾去美也有所祖有所襲哀之節也〇便覽語類束髮爲髻小
記註以麻自項而前交於額上卻繞紒)齊衰以下至同五世祖者皆祖免(便覽著之與括髮同)于別
室婦人髽(士喪禮疏著之如男子括髮與免〇先以竹木簪安髻乃髽)于別室

> 司馬溫公曰古禮祖者皆當肉袒免者皆當露髮今祖者止袒上衣免者惟主人不冠齊衰以下去帽着頭
> 巾加免於其上亦可也婦人髽則當去冠梳(梳疑揪)〇楊氏復曰小斂變服斬衰者祖括髮今人無祖括
> 髮一節何也緣世俗以襲爲小斂故失此變服一節在禮聞喪奔喪入門詣柩前再拜哭盡哀乃就東方去
> 冠及上服被髮徒跣如始喪之儀詣殯東面坐哭盡哀乃就東方祖括髮又哭盡哀如小斂之儀明日後日
> 朝夕哭猶祖括髮至家四日乃成服夫奔喪禮之變也猶謹其序而況處禮之常可欠小斂一節又無祖括
> 髮乎此則孝子知禮者所當謹而不可忍也

◉윗옷의 왼쪽 소매를 벗고 풀었던 머리를 묶어 매어 문(免)을 하고 부인들은 상중 복 머리를 별실에서 한다.

남자 참최(斬衰) 복인들은 윗옷 왼쪽 소매를 벗고 풀었던 머리를 올려 묶고 망건 쓴
것 같이 문(免)을 하고 자최(齊衰) 이하 동 오대조까지 모두 별실에서 단과 문을 하
고 부인들도 별실에서 상중(喪中) 복 머리를 한다.

◆祖括髮免髽(단괄발면좌)

士喪禮主人髻(括)髮祖衆主人免(問)于房註始死將斬衰者鷄斯將齊衰者素冠今至小斂變又
將初喪服也髻髮者去笄纚而紒衆主人免者齊衰將袒以免代冠冠服之尤尊不以袒也免之制
未聞舊說以爲如冠狀廣一寸喪服小記斬衰髻髮以麻爲母免而以布此用麻布爲之狀如今之
着幓頭矣自項而前交於額上郤繞紒也于房于室釋髻髮宜於隱者〇婦人髽側于室註始死婦
人將斬衰者去笄而纚將齊衰者骨笄而纚今言髽者亦去笄纚而紒也齊衰以上至笄猶髽髽之
異於髻髮者旣去纚而以髮爲大紒如今婦人露紒其象也其用麻布亦如著幓頭然疏齊衰以上
至笄猶髽者謂從小斂着未成服之髽至成服之笄猶髽不改至大斂殯後乃着成服之髽代之也
古者男子婦人吉時皆有笄纚有喪至小斂則男子去笄纚著髻髮婦人去纚而著髽髽形先以髮
爲大紒紒上斬衰婦人以麻齊衰婦人以布其着之如男子髻髮與免旣髻髮與髽皆如着幓頭而
異爲名者以男子陽外物爲名而謂之髻髮婦人陰內物爲稱而謂之髽也經云婦人髽于室者男
子髻髮與免在東房若相對婦人宜髽于西房大夫士無西房故於室內戶西皆於隱處爲之也〇
喪服疏男子陽多變斬衰名括髮齊衰以下名免耳婦人陰少變故齊斬同名髽〇朱子曰儀禮註
疏男子括髮與免及婦人髽皆云如着幓頭然所謂幓頭卽如今之掠頭編子免或讀如字謂去冠
〇陸氏曰士喪禮主人括髮祖衆主人免于房婦人髽于室則祖括髮一人而已諸子皆免〇小記
男子冠而婦人笄男子免而婦人髽其義爲男子則免爲婦人則髽註吉時男子首有吉冠婦人首
有吉笄若親始死男去冠女則去笄父喪成服也男以六升布爲冠女則箭篠爲笄若喪母男則七
升布爲冠女則榛木爲笄〇開元禮男子斂髮衰布帕頭女子斂髮而髽〇大記凡斂者祖遷尸者
襲註執小斂大斂之事者其事煩故必袒以取便遷尸入柩則其事易故不袒〇檀弓註括髮當在
小斂之後尸出堂之前主人爲將奉尸故祖以括髮耳〇補註問喪註已冠者爲喪變而去冠則必

著免蓋雖去冠猶嫌於不冠故加免也童子初未冠則雖爲喪亦不免以其未冠故不嫌於不冠也
若爲孤子而當室則雖童子亦免以其爲喪主而當成人之禮也蓋問喪亦指齊衰以下者言也○
小記總小功虞卒哭則免註總與小功服之輕者也殯之後啓之前雖有事不免及虞與卒哭則必
免不以恩輕而略於後也○丘儀男子斬衰者袒始用麻繩括其散髮齊衰以下至同五世祖者皆
袒用布纏頭或用布巾婦人用麻繩撮髻戴竹木簪○會成孝子于別室去網巾帶白布巾加環絰
至成服日去之服仍舊加腰絰絞帶齊衰以下巾同但不加環絰婦人皆退如別室帶白假髻加削
竹簪腰絰又曰按禮成服始着喪冠正義云親始死去冠既斂不可無飾故士素委貌大夫素燕弁
而加以環絰文莊以環絰之下固宜有巾帽承之三代委貌燕弁之制今世不存乃更以孝巾然皆
詳于男子略于女子夫男子斂髮既以孝巾爲飾女子只以麻繩束髮豈得爲飾故愚又更之如上
○楊氏復曰括髮免髽乃小斂至大斂未成服之制又有變禮括髮免髽者奔喪是也有啓殯見尸
柩變同小斂之時者既夕禮丈夫髽散帶垂是也大要不出此三節而免之用爲尤廣蓋喪禮未成
服以前莫重於袒括髮檀弓曰袒括髮去飾之甚也免之禮稍殺於袒括髮也是故小斂爲父括髮
而至於成服爲母則即位之後不括髮而爲免小斂有括髮有免及啓殯則雖斬衰亦免而無括髮
以至卒哭不惟此也自斬至總皆有免五世無服者亦袒免童子當室免朋友在他邦亦袒免君弔
雖不當免時必免是免之用爲尤廣也

◆著頭巾(저두건)

按斬衰括髮之制與齊衰之免相等蓋古禮親始死露笄縱將小斂乃去笄縱著素冠斂訖又去素
冠於是時也頭無所著故以麻免代之而今則始死被髮斂後束髮而例著頭巾既著頭巾則麻免
之制似無所施固當從古禮去頭巾而只用麻免習俗之久有難猝變嘗見溫公之說有曰齊衰以
下著頭巾加免於其上此則只言齊衰而不及於斬衰然免既加於其巾則括髮之麻亦無不可施
之義愚意以爲無論斬齊衰皆當著頭巾而加之以麻免此所謂頭巾即丘氏所謂白布之巾也或
者謂免之爲名出於免冠則既巾而免殊無意義是則有不然者蓋孝巾所以承冠者非冠也龜峰
嘗論要訣中用孝巾行祭之失曰免冠而拜先祖可乎栗谷亦不能難以此觀之巾之不可爲冠明
矣然則白巾上加麻免有何不可乎○頭幂一節家禮雖有之而今不得其制之詳故依冠禮陳冠
服條姑略之

◆童子居喪(동자거상)

劉氏曰已冠者爲喪變而去冠則必着免盖雖去冠猶嫌于不冠故加免也童子初未冠則雖爲喪
亦不免以其未冠故不嫌于不冠也若爲童子而當室則童子亦免以其爲喪主而當成人之禮也

◉還遷尸牀于堂中(환천시상우당중)

執事者(儀節徹幬)徹襲牀遷尸其處(增解補註連牀遷尸於堂中安于向所置襲牀處○備要士喪禮
幠用夷衾)哭者(便覽士喪禮襲○儀節掩向所袒之上衣具絰帶首戴白布巾上加以單股之絰具腰絰散
垂其末三尺及具絞帶)復位(增解即襲時尸牀東西哭位)尊長坐卑幼立(增解士喪禮疏大夫之喪尊
者坐卑者立○南溪曰尊長卑幼皆以亡者爲主)

◉별실에서 돌아와 시상을 당의 중앙으로 옮긴다.

집사자는 습상(襲牀)을 거둬 철거하고 시상(尸牀)을 습상이 있던 곳으로 옮기고 복인
들은 제자리에서 곡을 하되 어른은 앉고 항렬이 낮거나 어리면 서서 곡한다.

◆主人拜賓襲絰(주인배빈습질)

丘儀補殮畢謝賓具絰帶具列于下○士喪禮士舉男女奉尸侇于堂主人出于足降自西階衆主
人東即位婦人阼階上西面主人拜賓大夫特拜士旅之即位踊襲絰于序東復位註拜賓鄉賓位
拜之也即位踊東方位襲絰于序東東夾前疏衆主人雖無降階之文當從主人降自西階主人就
拜賓之時衆主人遂東即位於阼階以主人位南西面也主人降自西階即云主人拜賓明不即位

而先拜賓是主人鄕賓位拜賓可知復位者復阼階下西面位〇丘儀襲謂掩向所袒之衣經謂首
絰及腰絰也〇雜記小斂大斂啓皆辯徧拜註禮當小斂大斂及啓攢之時賓客至則不徹事待事
畢乃卽堂下之位而徧拜之應氏曰小斂大斂啓殯皆喪事之變節而切於死者之身也生者之痛
莫此爲甚亦於是拜死者弔生者故主人皆徧拜以謝之而致其哀也〇丘儀主人降下階凡與斂
之人皆拜之拜訖卽於階下且哭且踊訖掩向所袒之上衣首戴白布巾上加以單股之絰禮所謂
環絰也成服日去之具腰絰散垂其未三尺及具絞帶復位按禮於奉尸夷于堂之後有拜賓襲絰
之文家禮無之今補入者蓋以禮廢之後能知禮者少賓友來助斂者不可不謝之也又家禮卷首
腰絰圖有散垂至成服乃絞之說而家禮無有所謂未成服而先具腰絰者故據禮補入

◆拜賓襲絰當否(배빈습질당부)

遂菴曰小斂後不言襲似是文不備〇備要(主人拜賓襲絰)士喪禮奉尸夷于堂男女踊主人降
自西階(疏衆主人從)拜賓卽位踊襲絰于序東復位〇儀節謝賓拜哭踊襲衣具絰帶按禮有拜
賓之文家禮無之今補入者蓋以禮廢之後能知禮者少賓友來助斂者不可不謝之〇備要今按
此說主人兄弟遷尸之後皆當首絰要絰散垂〇愚按備要節略疏說曰衆主人從云則是衆主人
亦從而同拜之意也然考之經文衆主人則降階後先東卽位疏說又明本無同拜賓之意且據上
喪記有君命衆主人不出註不二主又奔喪云奔喪者非主人則主人爲之拜然則衆主人當不
拜〇陶菴曰備要有將小斂白布巾環絰旣遷尸拜賓襲絰之文蓋據古禮也然孝子哀遑罔極之
中似未暇於此等儀節家禮之闕而不書無亦以是耶〇愚按拜賓固是古禮之近於繁文者家禮
闕之似是序文所謂略浮文之意也至若襲與絰則異於此前旣有袒此當有襲故遂菴云文不備
且旣襲則兼加絰亦何害此則恐非弁絰繁文之比而今俗所通行者且以括髮免至成服無乃太
簡乎又按家禮無拜賓故無殯前階下位如欲襲絰則恐不必於階下序東矣

◆五服布巾(오복포건)

按儀節之白巾環絰固近繁文而遂菴以爲今從備要旣著孝巾則何可幷戴白巾云則雖未成服
以孝巾承絰而加於括髮之上如何蓋孝巾本非古禮之所有而備要旣取開元禮禿者縫巾加絰
之說則開元禮似亦以小斂時襲絰而言之耳然則依此用於襲絰亦何害至於期以下則據溫公
說當著頭巾而弟免上著頭巾頭巾上加首絰恐不甚悖未知如何

◆拜賓之節(배빈지절)

士喪禮士擧男女奉尸夷于堂幠用夷衾男女如室位踊無筭註夷之言尸也堂謂楹間牀第上也
〇主人出于足降自西階衆主人東卽位婦人阼階上西面主人拜賓大夫特拜士旅之卽位踊襲
絰于序東復位註拜賓向賓位拜之也卽位踊東方位序東東夾前疏主人降自西階拜賓之時衆
主人從降遂東卽位於阼階主人位南西面主人不向位而先拜賓訖卽向阼階下卽西面位踊訖
襲絰于序東當序墻之東東夾之前非堂上也復位者阼階下西面位〇雜記小斂大斂啓皆辯
(徧)拜陳註當大小斂啓攢之時君來吊則輟事而出拜之若他賓客至則待事畢徧拜之〇檀弓
大夫吊當事而至則辭焉陳註大夫雖尊當小大斂或殯之事而至則擯者以其事告

⊙遷尸牀儀禮節次(천시상의례절차)

(執事者)徹幃(徹去向所設之帷堂)〇徹襲牀〇遷尸牀(連牀遷尸于堂中安於向所置襲牀處)〇
(補)謝賓(主人降下階凡與斂之人皆拜之)〇拜興拜興哭踊(拜訖卽於階下且哭且踊訖)〇襲衣
(掩向所袒之上衣)〇具絰帶(首戴白布巾上加以單股之絰禮所謂環絰也成服日去之具腰絰散垂其
末三尺及具絞帶)〇復位按禮於奉尸夷于堂之後有拜賓襲絰之文家禮無之今補入者蓋以禮廢之後
能知禮者少賓友來助斂者不可不謝之也又家禮卷首腰絰圖有散垂至成服乃絞之說而家禮無有所謂
未成服而先具腰絰者故據禮補入以上俱詳見考證

⊙시신을 시상(尸牀)으로 옮기는 의례절차.

집사자들은 ○휘장을 걷는다. (휘장을 거둬 내고 당(堂)에 휘장을 쳐 향소를 설치한다) ○습상을 철거한다. ○시상으로 시신을 옮긴다. (시상을 붙여 놓고 시신을 옮겨 당의 중앙의 향소로 시신을 안온하게 습상이 있던 곳으로 안치한다) ○염한 이들에게 감사의 인사를 한다. (보입)(주인은 다같이 모두 층계 아래로 내려가 염한 이 모두에게 절을 한다) ○재배하고 슬피 곡한다. (절을 마치고는 곧 층계아래서 또 곡을 하고 또 슬피 곡을 하고 마친다) ○겉옷소매를 습(襲) 뒤의 의식으로 갖춘다. (앞을 여미고 겉옷 왼쪽소매를 벗는다) ○환질(環絰)과 요질(腰絰), 교대(絞帶)를 갖춘다. (수질은 흰 베 건 위에 단고(單股)의 수질을 덧쓰는 예로 이른바 환질이라 하며 성복하는 날 벗는 것이다. 요질을 매되 끝을 석자 풀어 헤쳐 늘어트리고 교대를 갖춘다) ○제자리로 다시 간다.

◉乃奠(내전)
祝帥執事者盥手擧饌升自阼階至靈座前(便覽徹襲奠設新奠)祝焚香(增解按或曰襲奠未成奠儀小斂則設於靈座始備奠儀故焚香也)洗盞斟酒奠之卑幼者皆再拜(儀節孝子不拜○備要按儀節孝子不拜更詳之)侍者巾之(備要罩巾裂竹爲之蒙以紬紗或以布巾)

◉곧 이어 전제(奠祭)를 올린다.
축관은 집사들을 데리고 손을 씻고는 전제 올릴 찬상을 들고 동쪽층계로 올라 영좌 앞에 이르러 축관이 분향을 하고 잔을 씻어 술을 따라 올리고 항렬이 낮거나 수하자들은 모두 재배를 한다. 시자(侍者)는 전상을 상보로 덮는다.

◆乃奠(내전)
士喪禮乃奠擧者盥註擧鼎者○乃朼載進柢執以俟註以朼出牲體而載俎柢本也進本末異於生也骨有本末○夏祝及執事盥執醴先酒脯醢俎從升自阼階巾待于阼階下奠于尸東豆錯俎錯于豆東醴酒錯于豆南祝受巾巾之

◆尊長不拜(존장불배)
家禮本註卑幼者皆再拜○儀節孝子不拜○沙溪曰言卑幼則孝子似在其中不言尊長尊長於卑幼喪不拜○按士喪禮則葬前奠無拜禮只哭踊

◉奠儀禮節次(전의례절차)
祝帥執事者○盥洗(洗手)○擧奠案(先所設奠案至是擧之升自阼階置靈前)○祝詣靈座前○跪○焚香興(洗盞)○斟酒○奠酒(卑幼者皆再拜孝子不拜)○鞠躬拜興拜興平身○罩巾(用巾罩奠饌)○擧哀

◉전(奠) 올리는 의례절차.
축관이 집사들을 데리고 ○세수대야에서 손을 씻는다. (손을 씻는다) ○전상을 든다. (먼저 전상을 차려 놓은 곳으로 가서 바르게 들고 동쪽층계로 올라와 영좌 앞에 놓는다) ○축관은 영좌 앞으로 간다. ○무릎을 꿇고 앉는다. ○분향을 하고 일어선다. (잔을 씻는다) ○잔에 술을 따른다. ○술을 올린다. (항렬이 낮거나 수하자(手下者)는 재배를 하고 상주는 절을 하지 않는다) ○국궁 재배 평신한다. ○상보로 덮는다. (조건(罩巾)으로 전찬(奠饌)을 덮는다) ○모두 곡한다.

◉主人以下哭盡哀乃代哭不絶聲(주인이하곡진애내대곡불절성)

⊙주인 이하 복인들은 슬픔을 다하여 곡을 하고 이어 대곡이라도 하여 곡 소리가 끊이지 않게 한다.

◆代哭(대곡)

士喪禮註代更也孝子始有親喪悲哀憔悴禮防其以死傷生使之更哭不絶聲而已人君以官尊卑士賤以親疏爲之○集說問代哭似非人情之實乎曰此亦敎民無以死傷生而爲節哀今不必深究其義但各自盡其情而已○旣夕疏初死直主人哭不絶聲士二日小斂主人懈怠容更代而哭也

◆死於外者斂而返(사어외자렴이반)

曾子問曰君出疆以三年之戒以椑從君薨其入也如之何孔子曰共(供)殯服則子麻弁絰疏衰菲杖入自闕升自西階如小斂則子免而從柩入自門升自阼階君大夫士一節也註戒猶備也棺曰椑君已大斂殯服布深衣苴絰散帶垂供之以待其來闕謂毀宗也毀殯宮門西墻也柩毀宗而入升自西階皆異於生也君已小斂主人布深衣不括髮者行遠不可無飾入自門升自阼階親未在棺不忍異於生使如生來反陳註必爲三年戒備恐未得卽返也大斂之後主人從柩歸則其國有司供主人殯時所著之服謂布深衣苴絰散帶垂主人從柩在路未成服惟著麻弁加環絰疏衰薦屨且杖也毀門西墻其處空缺故謂之闕○開元禮凡死於外者小斂而返則於素服衰巾帕頭徒跣而從大斂而返亦如之凡死於外者斂而返毀門西墻而入

제 5 절   대렴(大斂)

◆大斂(대렴)

喪大記小斂於戶內大斂於阼階小斂布絞縮者一橫者三(縮直也)大斂布絞縮者一橫者五絞一幅爲三不辟謂大斂直絞也臨川吳氏曰絞一幅爲三不辟者辟讀如闢開也蓋小斂之絞縮一橫三者曰一曰三皆以布之全幅爲數也大斂之絞縮三橫五者曰三曰五者皆以布之小片爲數也橫絞之五旣是以兩幅之布通身裁開爲六片而用其五片矣縮絞之三亦是以一幅之布裁開其兩端爲三但中間當腰處約計三分其長之一不剪破爾其橫縮之絞入片皆狹小故結束處不用更辟裂之也若小斂橫縮之絞是全幅之布則其末須是翦開爲三方可結束也但其翦開處不甚長非如大斂之縮絞一分其長之一皆翦開也紟五幅者蓋用布五幅合爲一如今單布衿斂衾直鋪布衿橫鋪斂時先緊捲布被以包裹斂衾絞後結束縮絞之三縮絞結束畢然後結束橫絞之五也○按家禮本註無大斂絞之文止是附註引高氏說縮者三取一幅布裂爲三片也橫者五蓋取布三幅裂爲六片而用五也世俗不察乎此而惑於卷首圖註往往以橫者五爲五全幅遂至每幅兩端各折爲十五片間有用高氏說者亦不知直幅裂入三分之二及橫幅通身裁開之說今引吳氏此說庶行禮者有據云

⊙厥明(궐명)

小斂之明日死之第三日也○司馬溫公曰禮曰三日而斂者俟其復生也三日而不生則亦不生矣故以三日爲之禮也今貧者喪具或未辦或漆棺未乾雖過三日亦無傷也(增解朱子曰今棺以用漆爲固要拘三日便殯亦難)世俗以陰陽拘忌(增解考證謂如時日不利之類)擇日而斂盛暑之際至有汁出蟲流豈不悖哉

⊙그 다음날이다.

소렴을 한 다음날이며 운명한지 삼일 째 되는 날이다.
사마온공(司馬溫公)이 이르기를 예서(禮書)에 염할 때는 삼일 동안을 그가 소생(蘇生)

하기를 기다린다. 삼일 안에 다시 소생치 않으면 살아 날 수 없는 것이다. 그렇기 때문에 삼 일을 기다렸다 염을 하는 것이 예(禮)인 것이다.

집안 형편이 가난하여 상을 치르는데 소용되는 것을 곧바로 혹 갖추지 못한다거나 관(棺)의 칠이 아직 마르지 않았으면 아무리 삼 일이 지난다 하여도 근심할 것은 없으나 세상의 속인들은 음양오행(陰陽五行)으로 염(斂)하는 날이 흉하다 하여 좋은 날로 골라 택일을 하여 염을 하고 있다. 한 더위에 이르러 염을 할 때 즙이 흐르고 벌레가 나오게 되면 어찌 인륜에 어그러짐이 아니겠느냐? 하셨다.

◆大斂棺中(대렴관중)

按家禮小斂條厥明陳小斂衣衾其註下備書布絞縱橫之數又於設奠具庪之後設小斂床布絞衾衣其註下文備書布絞先後之序至於大斂條止書陳大斂衣衾而註下無布絞之數惟云衣無常數衾用有綿者所謂衣者卽乃大斂條下卷以塞空缺者也所謂衾者卽擧棺條下垂其裔于外者也皆非用以斂者也且此後並無設大斂布絞衣衾之文而乃六斂條下註所云掩首結絞者蓋以小斂時未掩其面未結以絞至是始掩而結之所謂結絞者政謂結小斂之絞耳註中所謂扠衾亦謂扠向置于棺內其裔之外垂者也由是觀之家禮無大斂之絞明矣惟卷首有大斂圖其布絞之數亦與附註所引高氏說不同蓋非家禮本文也竊意家禮本書儀蓋合兩斂以爲一小斂雖布絞而未結至將入棺乃結之以是以入棺卽爲大斂也溫公非不知古人大小斂之制蓋欲從簡以便無力者耳然君子不以天下儉其親有力者自當如禮大斂絞數用縱一橫五而斂之於床斂訖擧以入棺別用衣塞其空處而以衾之有綿者事之斯得禮意矣若夫無力者不得已如家禮只一小斂亦可又詳見考証及楊氏說

◆三日而後斂(삼일이후렴)

問喪或問曰死三日而后斂者何也曰孝子親死悲哀志懣故匍匐而哭之若將復生然安可得奪而斂之也故曰三日而后斂者以俟其生也三日而不生亦不生矣孝子之心亦益衰矣家室之計衣服之具亦可以成矣親戚之遠者亦可以至矣是故聖人爲之斷決以三日爲之禮制也方氏曰始死而未忍斂孝子之心存乎仁也三日而必斂之聖人之禮制以義也○程子曰有死而復蘇者故禮三日而斂然趙簡子十日猶蘇雖蛆食其舌鼻猶不害故未三日而斂皆有殺之之理

⊙執事者陳大斂衣衾(집사자진대렴의금)

以卓子陳于堂東壁下衣無常數(備要士喪禮南領西上緇○喪大記士三十稱大夫五十稱無則隨所有)衾用有綿者(喪大記絞縮者三橫者五)

高氏曰大斂之絞縮者三蓋取一幅布裂爲三片也橫者五蓋取布二幅裂爲六片而用五也以大斂衣多故每幅三析用之以爲堅之急也衾凡二一覆之一藉之○楊氏復曰儀禮士喪大斂衣三十稱紟不在算不必盡用註云紟單被也小斂衣數自天子達大斂則異矣大斂布絞縮者三橫者五

⊙집사자는 대렴할 옷과 이불을 진열한다.

탁자를 동쪽 벽 아래에 놓고 옷을 진열하되 정한 수가 없이 옷깃을 남쪽으로 가게 하여 서쪽부터 상(上)이 위로 오게 접어놓고 이불은 솜이불로 한다.

◆大斂絞縮布(대렴교축포)

會成云用卓子陳于東壁下衣無常數衾用有綿者一單者一絞用布三大幅爲之橫者三幅通身劈裂爲六片去其一片而用五片直者一幅裂開兩頭各爲三片留其中間三分之一其長如小斂者○臨川吳氏曰絞一幅爲三片不辟者辟讀如闢開也盖小斂之絞縮一橫三者曰一曰三皆以布之全幅爲數也大斂之絞縮三橫五者曰三曰五皆以布之小片爲數也橫絞之五旣是以兩幅之布通身裁開爲六片而用其五片矣縮絞之三亦是以一幅之布裁開其兩頭爲三但中間當腰處約計三分其長之一不剪破爾其橫縮之絞八片皆狹小故結絞束處不用更辟裂之也若小斂

橫縮之絞是全幅之布則其末須是剪開爲三方可結束也但其剪開處不甚長非如大斂之縮絞三分其長之二皆剪開也絞五幅者盖用布五幅聯合爲一如今單布被斂衾直鋪布絞橫鋪斂時先緊捲布絞以包裹斂衾然後結束縮絞之三縮絞結束畢然後結束橫絞之五也○丘文莊曰家禮本註無大斂絞之文止是附註引高氏說縮者三盖取一幅布裂爲三片也橫者五盖取布二幅裂爲六片而用五也世俗不察乎此而惑于卷首圖註往往以橫者五爲五全幅遂至每幅兩端各析爲三共十五片間有用高氏說者亦不知縮幅裂入三分之二及橫幅通身裁開之說今引吳氏此說庶行禮者有據云

◆絞縮布(교축포)

備要絞縮三橫五橫者二幅其長圍棺內兩端出外垂下各至兩傍之半而止通身劈裂爲六片去其一用五縱者一幅其長從棺頭圍於兩傍其端各跨棺足兩角棺木厚則纔跨而止薄則布端相及而止三分其長留中一分劈開其兩端各爲三片若幅狹則橫者用三幅每幅析爲二去一用五縱者加半幅按家禮圖大斂橫絞分作十五片誤也○喪大記大斂布絞縮者三橫者五絞一幅爲三不辟疏辟擘也言小斂絞全幅析裂其末爲三而大斂之絞旣小不復擘裂其末陳註一幅兩頭分爲三段而中不劈裂也吳氏曰辟讀如闢開也盖小斂之絞縮一橫三皆以布之全幅爲數也大斂之絞縮三橫五皆以布之小片爲數也橫絞之五是以兩幅布通身裁開爲六小片而用其五縮絞之三亦以一幅布裁開其兩端爲三但中間當腰處約計三分其長之一不剪破爾其橫縮之絞八片皆狹小故結束處不用更辟裂也若小斂橫縮之絞是全幅布則其末須是剪開爲三方可結束○愚按不辟之義陳註則只以縮絞言吳氏則以橫縮八絞通言之不同然吳氏與疏義合正得經旨備要取陳註可疑○退溪曰絞束相去之間雖未聯接無害何可增用耶○丘氏曰家禮止書陳大斂衣衾而無布絞之數所謂衣者卽大斂條下卷以塞空缺者也所謂衾者卽擧棺條垂其裔於四外者也皆非用而斂者也所謂掩首結絞者正謂結小斂之絞耳由是觀之家禮無大斂之絞明矣竊意家禮本書儀蓋合兩斂以爲一小斂雖布絞而未結至將入棺乃結之以是入棺卽爲大斂也溫公非不知古人大小斂之制蓋欲從簡以便無力者耳然君子不以天下儉其親有力者自當如禮若夫無力者不得已如家禮只一小斂亦可

⊙大斂之具(대렴지구)

(秫米灰)卽糯米灰用不去皮者亦可丘氏曰秫糯也本草糯米殺蟲又(字書)黍粘曰秫又泛稱粘穀曰秫用器煉熟或熾炭燒之令色黑作屑八九斗或六七斗隨棺高下增減無秫則代以炭灰並篩下所以鋪棺底者○출미회. 즉 찹쌀 재. ○관 바닥에 편다. (厚白紙)五六張用鋪灰上者○후백지. 즉 두꺼운 흰 종이 오륙 매. 재 위에 편다. ○관 바닥 재위에 편다. (褥)用色繒有裏夾縫之長廣隨棺內裁定用鋪於七星板者○욕. 즉 요 ○관내 칠성판 위에 편다. (席)廣狹依褥四邊飾以色紬所以鋪褥上者○석. 즉 자리. ○관내 요 위에 편다. (牀)○상. 즉 대렴 상. (薦)○천. 즉 밑자리. (席)○석. 즉 자리. (褥)○욕. 즉 요. (枕)○침. 즉 베개. ○薦以下加於床上者 ○밀 자리 이하 염상 위에 차례 대로 편다. (細布)二十尺許若幅狹則三十尺許○橫者二幅其長圍棺內兩端出外垂下各至兩傍之半而止通身劈裂爲六片去其一用五縱者一幅其長從棺頭圍於兩傍其端各跨棺足兩角棺木厚則纔跨而止薄則布端相及而止三分其長留中一分劈開其兩端各爲三片若幅狹則橫者用三幅每幅析爲二去一用五縱者加半幅○喪大記大斂絞縮者三橫者五絞一幅爲三不辟註一幅兩頭分爲三段而中不劈裂也吳氏曰橫絞之五通身裁開縮之三裁開其兩端爲三但中間當腰處不剪破爾○按家禮圖大斂橫絞分作十五片誤也○세포. ○속포용 종포 한 폭 횡포 두 폭. (衾)二幷有絮一以承藉(卽始死所覆者)一以覆之○금 2. 즉 이불. (散衣)○산의. ○생전의 옷. (上衣)喪大記士三十稱大夫五十稱(無則隨所有)○상의. 즉 겉옷. (漆)○칠. 즉 옻 진. (白苧布)五六尺所以用漆塗棺縫者無則只塗油紙○백저포. 즉 흰 모시. (油紙)三張所以貼棺縫者○유지. 즉 기름먹인 종이. (菽末)用菽二升乾燥作末和水用之所以粘油紙者○숙말 두되. 즉 콩가루를 종이에 발라 기름

을 먹인다. (油芚)九張付者一或四張付者二所以裹棺者○유둔 9장. ○관을 싼다. (小索)五十餘把○소삭. 즉 가느다란 끈으로 오십여 발. (大索)十餘把以上二物所以結棺者○대삭. ○굵은 동아줄 십여 발 이상. (盥盆) (帨巾)○관분. ○세건. 즉 세수대야와 수건.

◉設奠具(설전구)

如小斂之儀

◉전제 찬품을 갖춰 진설 한다.

소렴전 의식과 모두 같다.

◆奠具(전구)

士喪禮東方之饌兩瓦甒其實醴酒甒豆兩其實葵菹芋蠃醢兩籩布巾其實栗脯註甒白也全菹爲芋巾籩巾今文蠃爲蝸○奠席在饌北註大斂奠而有席彌神之也疏小斂奠無巾大斂奠有巾已是神之又有席是彌神之○陳三鼎于門外北上豚合升魚鱄鮒九腊左胖髀不升註合升合左右體升於鼎註合升合左右體升於鼎

◉擧棺入置于堂中少西(거관입치우당중소서)

執事者先遷靈座及小斂奠於旁側(增解士喪禮徹饌降自西階設于序西南當西榮如設于堂○便覽士喪禮主人及親者袒備要設大斂牀○士喪禮帷堂婦人尸西東面主人及親者西面袒○備要設大斂)役者擧棺以入(備要士喪棺入主人不哭)置于牀西(增解按古禮棺先在肂中奉尸納之而因塗殯家禮則無塗殯故置棺于牀西因以奉尸納之而殯之以從溫公堂中少西之說置棺當從尸南首)承以兩凳(備要卽俗塊木長準棺之廣足高三四寸)若卑幼則於別室役者出侍者(備要鋪秫灰於棺中使極均平次鋪厚白紙次下七星板次鋪褥席○五禮儀先布絞之橫者五於棺中次布縱者三於其上次布衾次布團領次布散衣)先置衾于棺中垂其裔於四外○司馬溫公曰周人殯於西階之上今堂室異制或狹小故但於堂中少西而已今世俗多殯於僧舍無人守視往往以年月未利踰數十年不葬或爲盜賊所發或爲僧所棄不孝之罪孰大於此

◉관(棺)을 들고 들어가 당의 중간에서 조금 서쪽에 놓는다.

집사자(執事者)는 먼저 영좌와 소렴 전상(奠床)을 옆으로 옮겨놓는다. 역자(役者)는 관을 들고 들어와 대렴상의 서쪽에 굄목 둘을 놓고 그 위에 올려 놓는다. 만약 항렬이 낮거나 어리면 별실에서 한다. 역자는 나가고 시자(侍者)가 먼저 관의 바닥에 찹쌀 재를 평평하게 펴고 두꺼운 종이로 덮어 펴고 그 위에 칠성판을 놓고 그 위에 자리를 깔고 요를 편다. 이불을 관 안에 펴되 네 귀가 관(棺) 밖으로 나와 늘어지게 하여놓는다.

사마온공(司馬溫公) 말씀에 주(周)나라 사람들은 서쪽층계 위에 빈을 하였다. 지금은 집안구조가 다르고 혹 협소하면 당의 중간에서 조금 서쪽으로 하면 된다. 지금 세속에서는 절에다 빈을 많이들 하고 있으나 지키거나 보살피는 사람이 없으며 오래도록 형편이 미치지 않아 수 십 년이 넘도록 장사치 않아 혹은 도적이 파헤쳐 놓거나 혹은 중들이 그 곳을 버려놓고 있으니 불효의 죄가 어느 것이 이 보다 더 크랴. 하였느니라.

◆置棺之所(치관지소)

檀弓孔子曰周人殯于西階之上子游曰大斂於阼殯於客位(註曰大斂由在東階未忍離其爲主之位也主人奉尸斂于棺則在西階矣掘肂於西階之上肂陳也謂陳尸於坎也置棺於坎而塗之

謂之殯)○古者爲禮主人就東階客就西階其親之始死也襲歛皆于東階未忍即離主人之位既
大歛則掘坎於西階下置棺于坎中累墼及塗之墼未燒磚也惟其在西階也是以賓禮待之故謂
之殯○溫公曰周人殯於西階之上今堂室異制或狹小故但於中堂少西而已今世俗多殯於僧
舍無人守視往往以年月未利踰數年不葬或爲盜賊所發或爲僧所棄不孝之罪孰大於此○丘
文莊曰古者大歛而殯旣大歛則累墼塗之今或漆棺未乾又南方土多螻蟻不可塗殯故從其便
○又曰阼階在東客位在西大歛與殯一在東一在西是爲兩處則爲兩事亦明矣家禮從簡省至
於大歛條下舉棺入置堂中少西而註引溫公說周人殯于西階之上今堂室異制但于堂中少西
而已則固以殯爲言矣惟乃大歛註下云古者大歛而殯旣大歛則累墼塗之其意盖謂古人大歛
旣畢旣殯于坎中而塗之所謂累墼塗之即古所謂置棺于坎而塗之之謂殯也今世雖
不塗棺而奉尸入棺亦殯也然大歛旣畢即舉尸入棺雖曰二事而實同日行之故通解雖今大歛
與殯爲兩節而陳大歛殯具併作一節書之此亦可見

◆設大歛牀(설대렴상)

士喪禮布席如初布絞衾衣○備要設大歛牀施薦席褥枕于西階之西鋪絞衾衣舉之升自西階
置于尸南先布絞之橫者於不以備周神相結乃布縱者於其上以備掩首乃足次衾次上衣次散
衣或顚或倒但取方正士喪禮美者在外按大歛一節似不可廢今依儀禮添入○喪大記小歛大
歛祭服不倒皆左衽○愚按備要補此設牀鋪絞之節本在遷靈座之前而今移之於此者盖靈座
及奠尙在尸南則靈座未撤之前雖欲舉牀置於尸南得乎據儀禮布席布絞本在徹奠及棺入之
後儀節亦然故今從之(又按)士喪禮布席於阼階上布絞衾衣記大歛于阼疏亦云於楹間少南
近阼階然則是於尸牀爲南而近東也備要之設歛牀於西階西而升置尸南未知何據意或依家
禮小歛條然古禮旣不然如欲引古禮補之則恐當直設歛牀於尸牀東南因布絞衾衣而遷尸歛
之訖舉尸入棺於堂中少西以倣古禮歛於阼殯於西階之義如何

◉舉棺入置儀禮節次(거관입치의례절차)

執事慈先○遷靈座(次)○遷小歛奠(俱於旁側)○舉棺(役者先置兩凳于堂中少西舉棺以入置
凳上)○置衾柩中(置衾之有綿者垂俱裔于四外)○設大歛牀(牀上施薦褥衾絞如小歛畢舉而置尸
牀之右並列)○盥洗(侍者與子孫婦女俱洗手)○掩首(掩蓋其頭)○結小歛絞(先結直者後結橫
者)○舉尸(侍者洗手)○安尸于大歛牀○徹小歛牀

◉관을 들고 들어가 차려 놓는 의례절차.

집사는 먼저 ○영좌를 옮겨놓고 (다음으로) ○소렴 전상을 옮긴다. (영좌 곁에 함께
놓는다) ○관을 들고 들어온다. (역자가 먼저 굄목 둘을 당의 중앙에서 조금 서쪽으로
놓고 관을 들고 들어와 굄목 위에 놓는다) ○관 안에 이불을 편다. (이불은 솜이불로
하여 관에 펴기를 네 가닥 다 같이 밖으로 늘어지게 펴놓는다) ○대렴 상을 설치한다.
(대렴 상위에 자리를 펴고 요를 펴고 이불과 매듭 포를 소렴과 같이하여 다 놓았으면
들어 다시 상의 오른편에 나란히 놓는다) ○손을 씻는다. (시자와 자손 부녀자들은 다
같이 손을 씻는다) ○머리를 싸 덮는다. (소렴시 남겨 놓았던 시신의 두상을 모두 싸
덮는다) ○남겨 놓은 소렴 때 매듭을 마감한다. (먼저 장포 매듭을 지은 뒤 횡포 매듭
을 짓는다) ○시신을 든다. (시자들은 손을 씻는다) ○시신을 안온하게 대렴 상으로
옮긴다. ○소렴상을 철거한다.

◉乃大歛(내대렴)

侍者與子孫婦女俱盥手掩首結絞(備要若用古禮則遷于大歛牀上先去枕歛衣衾先掩足次掩首
次掩左次掩右先結絞之縱者次結橫者○喪大記結絞不紐集說註生時帶並屈紐使易抽解死時無復解
義故絞畢結之不爲紐也○士喪禮徹帷○儀節小歛時未掩其面未結以絞至是始掩而結之先結直者後

結橫者)共擧尸納于棺中(便覽納棺之際必須謹審無少偏側)實生時所落齒髮(備要並沐浴時所落髮)及所剪爪(增解按並沐浴時所剪爪)于棺角(喪大記註實于棺內之四隅)又揣其空缺處卷衣塞之務令充實不可搖動謹勿以金玉珍玩置棺中啓盜賊心(便覽用天衾覆棺內)收衾先掩足次掩首次掩左次掩右令棺中平滿(備要若用古禮大斂後入棺則似無收衾一節)主人主婦憑哭盡哀婦人退入幕中乃召匠加蓋(便覽古下釘而今則設衽設衽時用漆彌之)下釘(備要設衽則不用釘)徹牀(增解按徹小斂牀)覆柩以衣(增解備要卽侇衾士喪禮疏殯時南首葬前不異於生皆南首○便覽以厚紙小索裹結之冬月則以氈厚裹又以油單大索裹結之然後乃覆以侇衾)祝取銘旌設跗于柩東復設靈座於故處(便覽士喪禮主人復位襲親者亦當襲所袒衣)留婦人兩人守之○司馬溫公曰凡動尸擧棺哭擗無筭然殯斂之際亦當輟哭臨視務令安固不可但哭而已○按古者大斂而殯旣大斂則累墼塗之今或漆棺未乾又南方土多螻蟻不可塗殯故從其便

⊙곧 이어 대렴을 한다.

시자(侍者)와 자손 부녀자들은 모두 손을 씻고 소렴시 남겨 두었던 시신의 머리를 싸 덮어 매듭을 마치고 모두 협력하여 시신을 들어 관의 중앙으로 입관하고 생시의 낙치(落齒) 낙발(落髮)과 습시(襲時) 깎아 놓은 손발톱 주머니를 관의 네 모서리에 넣고 또 관속의 빈 곳을 헤아려 옷을 말아 채우되 힘을 주워 꽉 채워 시신이 움직이지 않게 한다. 금이나 옥 등 보물과 노리개는 관속에 넣지 말아야 하는 것은 훔치고 싶은 생각이 들어 묘를 파헤치는 것이다.

이불을 거둬 먼저 발을 싸 덮고 다음으로 머리를 싸 덮은 다음 왼편을 싸 덮고 다음으로 오른편을 싸 덮되 관속이 가득하면서도 평평하게 한다. 주인과 주부는 관을 부둥켜 안고 슬픔을 다하여 곡하고 부인들은 휘장 안으로 들어가면 곧 목수를 불러 관의 덮개를 덮고 나무 못을 박게 한다. 염상(斂牀)을 거둬내고 구의(柩衣)로 덮고 절관을 한다. 축관은 명정(銘旌)을 관의 동쪽으로 받침에 받쳐 세우고 영좌(靈座)를 먼저 있던 제자리에 다시 옮겨놓는다. 부인 두 사람이 상청에 머무르며 지키게 한다.

사마온공(司馬溫公)이 이르기를 시신을 옮기거나 관을 들 때는 모두 가슴을 무수히 치며 곡을 하는 것이 이치에는 맞는 것이며 그러나 염을 마치고 빈소로 또 옮길 때는 당연히 곡을 멈추고 현장을 살펴보며 안존하고 견고하게 힘써 하도록 시키는 것은 옳지 않으니 다만 곡만 할 따름이니라. 하셨느니라.

살펴보건대 옛날에는 대렴을 하면 관을 묻어 놓았는데 대렴을 마치면 지금은 흙 벽돌을 쌓아 다락같이 하여 흙을 발라놓는다. 혹 옷 칠이 마르지 않았다거나 남쪽지방에서 흙에 땅강아지와 개미가 많아 빈소(殯所)에 흙 바르기가 불가능하면 빈소는 옛날식을 따르는 것이 편리하니라.

◆大斂(대렴)

大記君將大斂小臣布席商祝鋪絞紟衾衣士盥于盤上士擧遷尸于斂上疏小臣鋪席者謂下莞上簟敷於阼階上供大斂也商祝亦周禮喪祝也鋪絞紟衾衣等致于小臣所布席上以待尸士喪祝之屬也將擧尸故先盥于盤上也斂上卽斂處也○丘儀按此則大斂不在棺中可知矣世俗不知卷首圖非朱子本意往往據其說就棺中大斂殊非古禮況棺中逼窄結絞甚難讀禮者細考之又按家禮大斂止書陳大斂衣衾而無布絞之數惟云衣無常數衾用有綿者所謂衣者卽大斂條下卷以塞空缺者也所謂衾者卽擧棺條下垂其裔于外者也皆非用以斂者也所云掩首結絞者蓋以小斂時未掩其面未結以絞至是始掩而結之正謂結小斂之絞耳註中所謂收衾亦謂收向置棺內其裔之外垂者也由是觀之家禮無大斂之絞明矣惟卷首有大斂圖其布絞之數亦與附

註高氏說不同蓋非家禮本文也竊意家禮本書儀蓋合兩斂以爲一小斂雖布絞而未結至將入棺乃結之以是入棺卽爲大斂也溫公非不知古人大小斂之制蓋欲從簡以便無力者耳然君子不以天下儉其親有力者自當如禮大斂絞數用縱一橫五而斂之於床斂訖擧以入棺別用衣塞其空處而以衾之有綿者裹之斯得禮矣若無力者不得已如家禮只小斂亦可又見楊氏說

◆棺中大斂(관중대렴)

備要若用古禮大斂後入棺則無此收衾一節○退溪曰家禮大斂無絞故就棺而斂今依丘氏說用絞斂上大斂而但恐或與棺中不相稱穩須十分商量令無此患可也或曰雖用絞就棺而斂亦無大害於理也○沙溪曰棺中大斂非但非古禮棺中逼窄結絞之際多有不敬之事決不可爲也但人家堂室常患挾小旣置棺於堂西又設斂牀于東則或未免挾窄難容如此者不獲已就斂於棺中耳○頤菴曰小斂大斂者只要掩蓋尸體爲固護之道耳今俗不知此意惟以束縛牢緊爲能事擇壯者極力結絞誤矣人死一二日或有復生者緊絞若此是重絕生道也況於入棺之後多塡衣服高若堆阜及加蓋板乃用長木大索左右挽引若猶不合又使健僕幷登而蹴踏其爲不敬未暇論矣胷陷腹坼必至之勢也可忍爲乎護喪者須更思之結絞當一如禮棺中只令平滿其長木大索等物切勿備之可也○問世或尸體下棺便解絞布愼獨齋曰或說何必論

◆大斂絞縮先後(대렴교축선후)

若用古禮則遷于大斂牀上先去枕斂衣衾先掩足次掩首次掩左次掩右先結絞之從者次結橫者喪大記結絞不紐註生時帶並屈紐使易抽解死時無復解義故絞畢結之不爲紐也○士喪禮徹帷

◆實髮爪于棺角(실발조우관각)

大記君大夫鬢爪實于祿角中士埋之註鬢亂髮也爪手足之爪甲也生時積而不棄今死爲小囊盛之而實于棺內之四隅故讀祿爲角四角之處也士則以物盛而埋之耳

◆加蓋下釘(가개하정)

大記大夫蓋用漆二衽二束士蓋不用漆二衽二束註蓋棺之蓋板也用漆謂以漆塗其合縫用衽處也衽束並說見檀弓○按國俗棺外四面隙處以漆布塗之或以菽末油紙塗之裹以油芚書上字于上頭以索結之以麤布或麻條從棺底近上五六處緊結之以爲擧棺之資未結裹前棺之長短廣狹高下書諸壁上以憑外槨之造

◆設靈座於故處(설영좌어고처)

會成復靈座下註設于柩前又曰按禮尸未入棺祀尸尸入棺魂依於帛則祀魂帛旣葬神依於主則祀主棺非所重者也故古禮殯棺於西階上家禮設棺于堂之少西唯靈座則皆設於堂中今人以棺爲主設棺于堂中設魂帛於棺之傍非也若拘古禮設棺于西似不合時可並設于堂中棺近北靈座設于棺前庶爲兩盡又曰按古之幃堂者以尸未襲斂不欲人褻之故幃之也旣小斂則徹幃今人設于入棺之後以別內外旣葬乃徹

◉大斂(대렴)(古禮)

若用古禮則遷于大斂牀上先去枕斂衣衾先掩足次掩首次掩左次掩右先結絞之從者次結橫者喪大記結絞不紐註生時帶並屈紐使易抽解死時無腹解義故絞畢結之不爲紐也○士喪禮徹帷

◉대렴.

만약 옛날 예법과 같이 대렴을 할 때는 시신을 대렴상 위로 옮겨놓고 먼저 베개를 빼버리고 생시의 옷으로 시신을 덮어 싸고 이불을 덮어 가리되 먼저 발을 덮어 가리고 다음 머리를 덮어 가리고 다음 좌측 이불자락을 우측으로 덮고 다음으로 우측 이불자락을 좌측으로 덮어 가린 다음 매듭 포는 먼저 종포로 매듭을 짓되 발쪽 한 가닥과 머리 쪽 한 가닥씩을 묶어 세 매듭을 짓고 다음 횡포매듭을 상체부터 그와 같이 다섯 매듭을 짓는다. ○모든 매듭은 억매지 않고 틀어 꽂는다.

⊙大斂儀禮節次(대렴의례절차)

盥洗(子孫婦女及侍者俱洗手)○掩衾(單被也)○結絞(先結直者三後結橫者五)○擧尸于棺(結絞畢子孫婦女及侍者共擧尸納棺中綿衾內)○實齒髮(實生時齒髮及所剪爪于棺中四角)○塞空缺(又揣其空缺處卷衣塞之務令克實不可動搖)○收衾(收綿衾之裔垂棺外者先掩足次掩首次掩左次掩右令棺中平滿)○憑哭盡哀(主人主婦憑棺而哭哭畢婦人俱退入幕中)○蓋棺(乃召匠加蓋下釘)○謝賓○拜興拜興○徹大斂牀○復靈座于故處○設銘旌跗(立于柩東)

⊙대렴 의례절차.

손을 씻는다. (자손 부녀자 및 시자 모두 손을 씻는다) ○이불을 덮는다. (홋 이불이다) ○매듭을 짓는다. (먼저 종포 매듭 셋을 맺고 횡포매듭 다섯을 짓는다) ○시신을 들어 입관한다. (매듭을 마쳤으면 자손 부녀자 및 시자들은 서로 협력하여 시신을 들어 관 가운데 이불 속으로 들여 놓는다) ○낙치와 낙발을 넣는다. (생시에 빠진 이와 머리카락과 습(襲)시 깎아 놓은 손톱과 발톱을 관의 네 귀에 넣는다) ○빈 곳을 채운다. (또 관속의 비고 허한 곳에 옷을 말아 힘을 들여 단단히 채워 시신이 움직이지 않게 한다) ○이불을 덮는다. (관 밖으로 늘어져 있는 이불자락을 거둬 덮되 먼저 발을 싸 덮고 다음으로 머리를 싸 덮고 다음으로 왼쪽을 싸 덮고 다음으로 오른쪽을 싸 덮어 관 안을 가득히 편평하게 채운다) ○관에 기대어 슬픔을 다하여 곡한다. (주인과 주부는 관을 부둥켜안고 곡하고 마치면 부인들은 모두 물러나 휘장 안으로 들어간다) ○관 덮개를 덮는다. (이어 곧 목공을 불러 덮개를 덮고 못을 친다) ○염자들과 작별 인사로 ○재배를 한다. ○대렴상을 철거한다. ○영좌를 다시 먼저 있던 자리로 옮겨 놓는다. ○명정을 받침에 받쳐 세운다. (관의 동쪽으로 세운다)

◆大斂(대렴)

司馬溫公曰禮三日而斂者俟其復生也三日而不生則亦不生矣故以三日爲之禮也今貧者喪具或未辦或漆棺未乾雖過三日亦無傷也世俗以陰陽拘忌擇日而斂盛暑之際至有汁出蟲流豈不悖哉○士喪禮大斂衣三十稱絝(單被)不在算不必盡用(註)小斂衣數自天子達大斂則異矣大斂布絞縮者三橫者五○大記君將大斂小臣鋪席(謂下莞上簟敷於阼階上供大斂也)○商祝(周禮商祝)鋪絞絝衾衣(置于小臣所鋪席上)士(喪祝之屬)盥于盤上(將擧尸故先盥)士擧遷尸于斂上(卽斂處也○丘氏曰按此則大斂不在棺中可知矣世俗不知家禮卷首圖非朱子本意往往據其說就棺中大斂殊非古禮竊意家禮本書儀蓋合兩斂以爲一小斂布絞將入棺乃結之溫公非不知古人大小斂之制蓋欲從簡以便無力者耳然君子不以天下儉其親有力者自當如禮○沙溪曰棺中大斂非但非古禮而已棺中逼窄結絞之際多有不敬之事決不可爲也但人家堂室常患狹少旣置棺於堂西又設斂床於東則或未免狹窄難容如此者不獲已就斂於棺中耳○大記君大夫鬢(亂髮音舜)爪(手足爪甲)實于綠(音角四角之處)中四埋之(註)生時積而不棄今死爲小囊盛之而實于棺內之四隅士則以物盛而埋之耳○疑禮問解問復衣不用於襲斂則初死所覆之衾亦不用於襲斂耶答溫公曰按士喪禮疏大斂之時兩衾俱用一衾承薦於下一衾以覆尸則始死所用之衾至大斂卽以承薦非停而不用也○大記君殯用輴(盛柩之車)欑(猶叢也)至于上畢(盡也)塗屋大夫殯以幬(覆也)欑至于西序塗不曁于棺士殯見衽塗上帷之(註)殯時以柩置輴上叢木于輴之四面至于棺上以泥盡塗之此欑木似屋形故曰畢塗屋也大夫殯不用輴其棺一面貼西序之壁而欑其三面上不爲屋形但以棺衣覆之故曰以幬欑至西序也塗不曁于棺者天子諸侯之欑木廣而去棺遠大夫欑狹而去棺近所塗者僅不及于棺而已

士殯掘肂以容棺肂卽坎也棺在坎中不沒其蓋縫用衽處猶在外而可見其衽以上亦用木覆而
塗之貴賤皆有帷惟朝夕哭乃塞擧其帷所以帷者鬼神尙幽暗故也○語類先生殯其長子就寒
泉菴西向掘地深二尺闊三四尺內以火磚鋪砌用石灰重重徧塗之棺木及外用土磚夾砌○伯
量問殯禮可行否曰此不用問人當自視其宜今以不漆不灰之棺欲以甋土圍之必不可矣○司
馬溫公曰周人殯于西階之上今堂室異制或狹小故但於堂中少西而已○按古者大歛而殯旣
大歛則累墼(未燒磚也)塗之今或漆棺未乾又南方土多螻蟻不可塗殯故從其便○疑禮問解
問人家殯宮火患甚可畏或有沙殯或塗殯者未知如何答禮君大夫士殯皆用塗所以備火也溫
公以漆棺未乾又南方土多螻蟻廢此不用以從其便今若以火爲慮則或塗或沙隨宜用之○士
喪禮將大歛主人及親者袒卒塗主人復位襲○沙溪曰據禮小大歛皆有變服之節而家禮則脫
漏變服一節

◆殯(빈)

喪大記君殯用輴欑至于上畢塗屋大夫殯以幬欑至于西序塗不曁于棺士殯見衽塗上帷之註
君諸侯也輴盛柩之車也殯時以柩置輴上欑猶叢也叢木于輴之四面至于棺上畢盡也以泥盡
塗之此欑木似屋形故曰畢塗屋也大夫之殯不用輴其棺一面貼西序之壁而欑其三面上不爲
屋形但以棺衣覆之幬覆也故言大夫殯以幬欑至于西序也塗不曁于棺者天子諸侯之欑木廣
而去棺遠大夫欑狹而去棺近所塗者僅僅不及于棺而已士殯掘肂以容棺肂卽坎也棺在肂中
不沒其蓋縫用衽處猶在外而可見其衽以上亦用木覆而塗之帷幬也貴賤皆有帷故帷朝夕之
哭乃褰擧其帷耳所以帷者鬼神尙幽闇故也○檀弓君於士有賜帟註帟幕之小者置之殯上以
承塵也大夫以上則有司供之士卑又不得自爲故君於士之殯以帟賜之也○丘氏曰阼階在東
客位在西大歛與殯一在東一在西是爲兩處則爲兩事亦明矣家禮從簡省止於大歛條下云擧
棺入置于堂中少西而註引溫公說周人殯于西階之上今堂室異制但于堂中少西而已則固以
殯爲言矣惟乃大歛註下云古者大歛而殯旣大歛則累墼塗之其意蓋謂古人大歛旣畢卽殯于
坎中而塗之所謂累墼塗之卽註所謂置棺于坎而塗之之謂殯也今世雖不塗棺而奉乃入棺亦
殯也然大歛旣畢卽擧尸入棺雖曰二事而實同日行之故通解雖分大歛與殯爲兩節而陳大歛
殯具並作一節書之此亦可見○備要按古禮殯于坎中而塗之朱子殯長子亦然家禮所謂累墼
塗之卽此意今俗亦有塗殯或沙殯者當隨宜○士喪禮卒塗主人復位襲士虞禮註同時在殯皆
異几○便覽若塗殯則或翼廊或斜廊隨便爲之掘地深二尺許闊三四尺長七八尺(營造尺)內
以火甋鋪之四旁亦以甋壘之以塞土用石灰泥塗其隙鋪藁席置兩凳將下棺設奠旣下覆柩衣
又於坎外上下立(童子木)用一長木置其上如屋樑用小木多設於其上如屋椽用索交絡以藁
席厚覆之其上塗土或聚沙殯前設素帳施屏于帳內

◆成殯(성빈)

陳氏曰置棺于肂中而塗之謂之殯○士喪禮掘肂見衽(註)肂埋棺之坎也掘之於西階上衽小
要也(疏)肂陳尸於坎○喪大記大夫殯以幬襀置于西序塗不曁于棺士殯見衽塗上幬之○檀
弓夏后氏殯於東階殷人殯於兩楹之間周人殯於西階之上又曰殯於客位○士喪記大歛于阼
(註)奉尸歛于棺則西階上賓之(疏)大歛于阼未忍便離主人位也歛訖卽奉尸歛于棺則西階上
賓客之○朱子曰以不漆不灰之棺而欲以甋土圍之必不可矣○溫公曰漆棺未乾南方又多螻
蟻廢此不用○語類先生殯其長子就寒泉庵西向掘地內以火塼鋪砌用石灰重重徧塗之棺木
及外用土塼灰砌(按)此爲山下出殯之例耶○省齋曰士喪禮掘肂見衽在大歛之前(殯具條)奉
尸歛于棺乃盖在大歛之後(殯條)則先以棺置肂中歛尸入棺(註棺在肂中歛焉所謂殯也)而
塗之也以此觀之殯是禮之大節也今雖不行肂中入棺之禮入棺後成殯決不可已也而近世禮
家謂家禮因書儀而不用殯然書儀有塗殯啓殯之節則成殯二字偶漏耳非廢禮也特南方卑濕
又多螻蟻故宋俗不用而家禮並無啓殯之節然寒泉之殯則考之語類可見矣○家禮註古者大
歛而殯旣大歛則累墼塗之今或漆棺未乾又南方土多螻蟻不可塗殯故從其便○王制天子七

日而殯七月而葬諸侯五日而殯五月而葬大夫士庶人三日而殯三月而葬

◆沙殯塗殯(사빈도빈)

同春問人家殯宮火患甚可畏或有沙殯或塗殯者未知如何沙溪曰禮君大夫士殯皆用塗所以備火也溫公以漆棺未乾又南方土多螻蟻廢此不用以從其便今若以火爲慮則或塗或沙隨宜爲之○喪大記君殯用輴欑至於上畢塗屋大夫殯以幬欑至于西序塗不曁于棺士殯見衽塗上帷之註輴盛柩之車也殯時以柩置輴上欑猶叢也叢木于輴之四面至于棺上以泥盡塗之此欑木似屋形故曰畢塗屋也大夫之殯不用輴其棺一面貼西序之壁而欑其三面上不爲屋形但以棺衣覆之塗不曁于棺者天子諸侯之欑木廣而去棺遠大夫欑狹而去棺近所塗者僅僅不及于棺而已士殯掘理䦵以容棺䦵卽坎也棺在坎中不沒其盖縫用衽處猶在外而可見其衽以上亦用木覆而塗之貴賤皆有帷惟朝夕哭乃褰鬼神尙幽闇也○語類先生殯其長子就寒泉庵西向掘地深二尺闊三四尺內以火磚鋪砌用石灰重重徧塗之棺木及外用土磚來砌○伯量問殯禮可行否曰此不用問人當自觀其宜今以不漆不灰之棺而欲以甎石圍之必不可矣

◆婦人守殯(부인수빈)

南溪曰留婦人守之者盖男子旣歸於中門外廬次婦人亦居別室則殯廳將無人留侍所以爲此制盖似今人輪回直宿之規而婦人之位本在堂上故耳○愼獨齋曰兩婦人之守守靈座也備要圖書於帷中恐其誤也各歸喪次則兩婦人亦當然也所謂喪次亦不遠也○問外喪亦以婦人守之耶遂庵曰此婦人通指女子婢妾而言男僕不敢入門則捨婦人而使誰守殯乎

◉設靈牀于柩東(설영상우구동)

牀帳薦席屛枕衣被(備要櫛頮)之屬皆如平生時

◉시구의 동쪽으로 혼령의 침상을 설치한다.

침상에는 휘장을 치고 병풍을 두르고 자리와 요를 펴고 베개와 옷과 이불, 빗 등을 생시와 모두 같게 하여 차려놓는다.

◆靈牀(영상)

尤菴曰靈座靈牀兩設盥櫛之具似無是理靈座註說櫛頮奉養之具云云恐是未設靈牀時事也○問三才圖會及儀節靈牀皆東首圖之沙溪曰靈牀東首恐非是病時東首以受生氣也死後則自襲皆南首獨於靈牀東首甚無據○問今俗葬前殯宮長燈禮歟曰據禮只於行事處爲燎以照厥明滅之殯宮長燈非禮○南溪曰長燈似出釋敎

◉乃設奠(내설전)

如小斂之儀(增解問家禮殯後不言位次沙溪曰成殯後當以尸柩所在爲上主人之位以北爲上衆主人自北而南古禮然也家禮不分曉可疑)

◉곧 이어 대렴 전(奠)을 올린다.

소렴 전 의식과 같다.

◆大斂奠(대렴전)

士喪禮乃奠祝執巾席設于奧東面註自是不復奠於尸執巾執席爲安神位巾委於席右室中西南隅謂之奧疏以巾爲神故委於席右○祝降及執事執饌士擧鼎入如衵載魚左首進鬐腊進柢註如小斂柀載儀鬐脊也左首進鬐未異於生未異於生者不致死也○祝執醴酒豆籩俎從升奠入于室設豆右菹菹南栗栗東脯豚當豆魚次腊特于俎北醴酒在籩南巾如初註右菹菹在醢南此左右統於席醴當栗南酒當脯南

◉奠儀禮節次(전의례절차)

祝帥執事者○盥洗(洗手)○擧奠案(先所設奠案至是擧之升自阼階置靈前)○祝詣靈座前○跪○焚香興(洗盞)○斟酒○奠酒(卑幼者皆再拜孝子不拜)○鞠躬拜興拜興平身○罩巾(用巾罩奠饌)○擧哀

⊙전 올리는 의례절차.

축관이 집사자들을 데리고 ○세수대야에서 손을 씻는다. (손을 씻는다) ○전상을 든다. (먼저 전상을 차려놓은 곳으로 가서 바르게 들고 동쪽층계로 올라와 영좌 앞에 놓는다) ○축관은 영좌 앞으로 나아간다. ○무릎을 꿇고 앉는다. ○분향을 하고 일어선다. (잔을 씻는다) ○잔에 술을 따른다. ○술을 올린다. (항렬이 낮거나 수하자는 재배를 하고 상주는 절을 하지 않는다) ○국궁 재배 평신한다. ○상보로 덮는다. (조건(罩巾)으로 전찬(奠饌)을 덮는다) ○모두 슬퍼 곡한다.

⊙主人以下各歸喪次(주인이하각귀상차)

中門之外擇朴陋之室(增解手鑑陋小也鄙也)爲丈夫喪次(喪大記父不次於子兄不次於弟)斬衰寢苫枕塊(增解士喪記註苫編藁塊堛也疏寢苫者哀親之在草枕塊者哀親之在土)不脫絰帶(增解士喪記註哀戚不在於安疏云不脫絰帶者冠衰自然不脫以絰帶在冠衰上故擧絰帶言)不與人坐焉非時見乎母也不及中門齊衰(便覽朞之喪)寢席(增解父母之喪居倚廬寢苫枕塊是居母喪與斬衰無異)大功以下異居者旣殯而歸居宿於外三月而復寢婦人次于中門之內別室或居殯側去帷帳衾褥之華麗者(喪大記婦人不居廬不寢苫)不得輒至男子喪次

⊙주인 이하 각각 상중 거처할 처소로 돌아간다.

중문 밖 질박하고 허름한 방을 택하여 남자들의 상중 거처 할 처소로 정하고 참최(斬衰)복인은 잘 때 흙덩이를 베개로 삼아 베며 수질(首絰)과 요질(腰絰) 교대(交帶)를 풀지 않으며 다른 사람과 앉아서 이야기 하지 않는다.

중문은 왕래치 않아야 하나 어찌 모친께 조석문안을 드리지 않을 것까지 있을까? 자최(齊衰)복인은 자리를 펴고 자며 대공(大功)이하 복인으로 같이 살지 않으면 이미 빈(殯)을 하였으면 제집 외침에서 자며 석 달 후에는 내침에 들 수 있다. 부인들의 처소는 중문 안 별실에 처소를 정하고 혹 빈소 곁에 거처하며 화려한 휘장과 이불과 요는 멀리하고 남자들의 상차(喪次)에는 함부로 가서는 아니 된다.

⊙止代哭者(지대곡자)(便覽按代哭旣止朝夕哭當自此日始)

⊙대신시키던 곡을 중지한다.

◆喪次(상차)

小記父不爲衆子次於外註長子死父爲之居喪次於中門外庶子否○大記兄不次於弟疏喪卑故尊者不居其殯宮之次也○通典宋庚蔚之謂父喪內祖又亡則應兼主二喪今代以廬爲受弔之處則立二廬是也人爲父喪來弔則往父廬之所若爲祖喪來弔則往祖廬之所

◆大功以下殯而歸(대공이하빈이귀)

旣夕禮兄弟出主人拜送註兄弟小功以下也異門大功亦可以歸疏兄弟等始死之時皆來臨喪殯訖各歸其家朝夕哭則就殯所至葬開殯而來葬所至反哭各歸其家至虞卒哭祭還來豫焉故喪服小記緦小功虞卒哭則皆免是也異門大功亦可以歸者大功以上有同財之義爲異門則恩輕故可歸也

◆倚廬(의려)

喪大記父母之喪居倚廬不塗寢苫枕凷非喪事不言君爲廬宮之大夫士檀之疏曰倚廬者於中門外東牆下倚木爲廬也不塗者但以草夾障不以泥塗飾之也寢苫臥於苫也枕塊枕土塊也爲廬宮之者廬外以帷障之如宮牆也禮袒也其廬袒露不以帷幛之也○喪服傳孝子居倚廬寢苫枕塊不脫絰帶居門外之廬哀親之在外也寢苫枕塊者哀親之在草土也既虞剪屛柱楣既練舍外寢○大記婦人不居廬不寢苫父不次於子兄不次於弟(疏)喪卑故尊者不居其殯宮之次也○小記父不爲衆子次於外(註)長子死父爲之居喪次於中門外庶子否○通典宋庾蔚之謂父喪內祖又亡則應兼主二喪今代以廬爲受吊之處則立二主廬是也人爲父喪來吊則往父廬之所若爲祖喪來吊則往祖廬之所○既葬柱主楣塗廬不於顯者君大夫士皆宮之註柱楣者先時倚木於牆以爲廬葬後哀殺稍擧起其木拄之於楣以納日光略寬容也又於內用泥以塗之而免風寒不於顯者不塗廬外顯處也皆宮之不禮也○士喪禮主人揖就次(註次謂斬衰倚廬齊衰堊室也○周禮疏堊室者兩下爲之與廬異○喪大記疏堊白也塗堊於牆壁令白稍飾也)○凡非適子者自未葬以於隱者爲廬疏曰既非喪主故於東南角隱映處爲廬經雖云未葬其實葬竟亦然也○期居廬終喪不御於內者父在爲母爲妻齊衰期者大功布衰九月者皆三月不御於內婦人不居廬不寢苫喪父母既練而歸期九月者既葬而歸註喪父母謂婦人有父母之喪也既練而歸練後乃歸夫家也女子出嫁爲祖父母及爲父後之兄弟皆期服九月者謂本是期服而降在大功者此皆哀殺故葬後卽歸也○間傳父母之喪居倚廬寢苫枕塊不梲(脫)絰帶齊衰之喪居惡室苄(下)翦不納大功之喪寢有席小功緦麻牀可也此哀之發於居處者也○臨川吳氏曰士斬衰不居倚廬乃臣爲君服父爲衆子齊衰不居惡室者乃尊者爲卑者服也○記居倚廬註倚木爲廬在中門外東方北戶疏倚東壁爲廬一頭至地北戶向殯既虞柱楣翦屛西鄕開之○備要按喪大記父母之喪居倚廬疏於中門外東牆下倚木爲廬以草夾障不以泥塗飾之既練始居惡室與家禮不同量而行之可也○便覽若次倚廬則依唐禮設廬次於東廊下無廊則於牆下北上凡倚廬先以一木橫於牆下去牆五尺臥於地爲楣卽立五椽於上斜倚於東墉上以草苫蓋之其南北面亦以草屛之向北開門一孝一廬門簾以縗布形如偏屋其閒容半席廬閒施苫塊其廬南爲惡室以墼壘三面上至屋如於牆下卽亦如偏屋以瓦覆之西向開戶室施薦木枕室南爲大功幕次中施蒲席次南爲小功緦麻次施牀幷西戶其堊室及幕次不必每人爲之共處可也其爲母與父同爲妻準母婦人次西廊下○沙溪曰按喪大記父母之喪居倚廬疏於中門外東牆下倚木爲廬以草夾障不以泥塗飾之既練始居堊室與家禮不同量而行之可也○問中門外擇撲陋室爲喪次云几筵設正寢而居於中門非常侍几筵之意南溪曰孝子晝則長在廬中夜則退于中門之室晨則入哭與平日侍奉一體是乃所謂常侍几筵者豈可以所居稍遠貳之耶○問非適子以隱爲廬云云南溪曰喪服註倚廬在中門外東方北戶非適子者廬於東南角以其適子當應接弔賓故不於隱者其辨如此○又問疏衰不廬廬嚴也然則疏衰之爲廬非禮耶南溪曰齊斬之分其嚴如此今則居憂者雖斬衰堊室而無倚廬況齊衰耶○同春問倚廬今俗例於發引日卽毀以古人諒闇三年之事觀之不撤似可沙溪曰古者喪人三年居于倚廬何可毀也但發引時如或有礙則姑撤無妨否

◆止代哭者(지대곡자) 便覽按代哭既止朝夕哭當自此日始

問喪親始死雞斯徒跣扱上衽交手哭惻怛之心痛疾之意傷腎乾肝焦肺水漿不入口三日不擧火故隣里爲之糜粥以飲食之夫悲哀在中故形變於外也痛疾在心故口不甘味身不安美也○三日而斂在牀曰尸在棺曰柩動尸擧柩哭踊無數惻怛之心痛疾之意悲哀志懣氣盛故袒而踊之所以動體安心下氣也○婦人不宜袒故發胸擊心爵踊殷殷田田如壞牆然悲哀痛疾之至也故曰辟踊哭泣哀以送之送形而往迎精而反也○其往送也望望然汲汲然如有追而弗及也其反哭也皇皇然若有求而弗得也故其往送也如慕其反也如疑求而無所得之也入門而弗見也上堂又弗見也入室又弗見也亡矣喪矣不可復見已矣故哭泣辟踊盡哀而止矣○心悵焉愴焉惚焉愾焉心絶志悲而已矣祭之宗廟以鬼享之徼幸復反也成壙而歸不敢入處室居於倚廬哀親之在外也寢苫枕塊哀親之在土也故哭泣無時服勤三年思慕之心孝子之志也人情之實也

○或問曰死三日而后斂者何也曰孝子親死悲哀志懣故匍匐而哭之若將復生然安可得奪而斂之也故曰三日而后斂者以俟其生也三日而不生亦不生矣孝子之心亦益衰矣家室之計衣服之具亦可以成矣親戚之遠者亦可以至矣是故聖人爲之斷決以三日爲之禮制也○或問曰杖者以何爲也曰孝子喪親哭泣無數服勤三年身病體羸以杖扶病也則父在不敢杖矣尊者在故也堂上不杖辟尊者之處也堂上下趨示不遽也此孝子之志也人情之實也禮義之經也非從天降也非從地出也人情而已矣○間傳斬衰之哭若往而不反齊衰之哭若往而反大功之喪三曲而偯小功緦麻哀容可也此哀之發於聲音者也○斬衰唯而不對齊衰對而不言大功言而不議小功緦麻議而不及樂此哀之發於言語者也○檀弓喪禮哀戚之至也節哀順變也君子念始之者也註孝子之哀發於天性之極至豈可止遏聖人制禮以節其哀蓋順以變之也言順孝子之哀情以漸變而輕減也始猶生也生我者父母也毀而滅性是不念生我者矣○嚴陵方氏曰始而生之者親也終而成之者子也苟過於哀而不知變則或以死傷生矣故節哀順變者以君子念始之者也○又曰孝子之事親固有愛之道只其死也猶復以冀其復生則愛之道於是爲盡故曰盡愛之道也冀其復生固所以有禱祠之禮也特有是心耳故曰有禱祠之心莊子曰鬼神守其幽則幽者鬼神之道也復之時望其魂氣自幽而反故曰望反諸幽南爲陽有明之義北爲陰有幽之義故曰北面求諸幽也

◆始死奠因名襲奠(시사전인명습전)

艮齋曰襲在當日者其間不甚久遠則奠從家禮備要設於襲後恐亦不至大未安也但聖人制禮之意至爲精微遷尸後卽設奠如陶菴所定恐尤得之來諭襲奠至然後撤此奠此却不然士喪禮疏始死奠反之於尸東因名襲奠據此則始死奠外恐無所謂襲奠也

◆葬前奠無拜(장전전무배)

士喪禮葬前奠無拜家禮成服前奠亦無拜蓋皆哀遑未暇也然則小斂奠卑幼皆拜恐非幷指孝子而言也

◆靈座留婦人守之(영좌류부인수지)

竹庵曰大殮註設靈座於故處留婦人守之考諸儀禮而無文似非古禮今世之不行不爲無據○剛齋曰此一節愚亦疑之朴南溪曰盖似今人輪回直宿之意而婦人之位本在堂上故耳幸加考詳如何○柳氏曰先師曰是時束縛尸體遷動就木死者神魂亦且警駭飄散於寊寊之中無所依泊而婦人者幽陰之類而安靜之物故使守之有以際接其所無底向之魂其招來慰安之道其義精矣

◆喪禮考證(상례고증)

喪大記疾病內外皆掃(謂病困時也)寢東首於北牖下廢牀(置之於地冀其生氣復反也)徹褻衣(脫去褻居之衣)加新衣(加上新製之衣貴者朝服庶人深衣)體一人(加衣之時每手足各一人持之)屬纊以俟絶氣(按此廢牀寢地在屬纊之前而高氏厚終禮則屬纊在廢牀之前今從高氏者恐有妨於將死者也)男子不死於婦女之手婦女不死於男子之手(恐其褻也)○始死遷尸于牀(病困時置于地至是死則遷尸于牀)幠(音呼)用斂衾(幠覆也覆尸則用將用以大斂之被也)去死衣(去向所加以死者之新衣也)小臣楔齒用角柶綴足用燕几(見儀節)○士喪禮死于適室(正寢之室○喪大記亦云士之妻皆死于寢右初終)○問喪親始死雞斯徒跣扱上衽(註謂雞斯讀爲笄纚笄謂以骨爲笄也纚卽內則所謂縱者韜髮之繒也蓋謂親始死孝子去其冠露出笄纚而未反去至括髮乃去之也非謂以之爲喪服也歷考古禮並無有所謂被髮者惟唐開元禮有男子易以白布衣被髮女子易以靑縑衣被髮之說溫公謂笄纚今人平日所不服被髮尤哀毀無容故從開元愚按今世人雖無韜髮之纚然實用笄以貫髮今其包網巾與纚頗相似今擬初喪卽去冠帽露出網巾骨笄至括髮時始去之似亦同古意然不敢自是姑記于此右易服)○士喪禮帷堂(堂上設帳幔也)○檀弓曾子曰尸未設飾故帷堂小斂而徹帷(始死未襲斂而設帷於堂蓋以人死斯惡之矣故遮蔽之至小斂則設飾矣故徹去焉右帷堂)○奔

喪凡喪父在父爲主(謂父在而子有妻子之喪則父主之與賓客爲禮宜使尊者朱子曰父存子無主喪之禮)父沒兄弟同居者各主其喪(父沒之後兄弟雖同居各主其妻子之喪朱子曰凡妻之喪夫自爲主以子爲喪主未安)親同長者主之(謂同是兄弟輩父母喪則長子主之兄弟喪則長兄主之)不同(句絕)親者主之(謂親不同者則惟其最親者一人主其喪如從父兄弟之喪則用彼親者自主之也)○喪大記喪有無後無無主(言雖絶嗣不可無喪主也按家禮立喪主註凡主人謂長子無則長孫承重主饋奠其與賓客爲禮則同居之親且尊者主之蓋親者主饋奠尊者主賓客凡喪皆然右立喪主)○樂記商祝辨乎喪禮(商祝明商禮者周人用相喪禮)○周禮肆師凡鄕大夫之喪相其禮○檀弓杜橋之母之喪宮中無相以爲沽(音古)也(疏曰沽麤略也孝子喪親悲迷不得自知禮節事儀皆須人相導而橋母死宮中不立相時人謂於其禮爲麤略也)○家語孔子在衛司徒敬子之卒夫子弔焉主人不哀夫子哭不盡聲而退蘧伯玉曰衛鄙俗不習喪禮煩吾子相焉孔子許之(按此數條則喪禮不可無相明矣右相禮)○士虞禮賓執事者如弔服皆卽位于門外○曲禮助喪必執紼○檀弓孔子之故人曰原壤其母死夫子助之沐椁○孔子之喪公西赤爲志焉(志記識也)子張之喪公明儀爲志焉(按此則喪禮之行不可無執事之人明矣右執事)○檀弓父兄命赴者(疏曰生時與人有恩識者今死則其家宜使人往相赴告士喪禮孝子自命赴者大夫以上則父兄代命之士則自命赴可也○按家禮有司書蓋孝子初喪其親悲迷不得自書有司代爲書而稱哀子名可也右報赴)○士喪禮陳襲事于房中西領南上不紶(襲事謂衣服也紶讀爲□□屈也謂所陳之衣皆直而不屈也)掩(音奄)練帛廣終幅長五尺析其末(掩裹首也析其末爲將結於頤下又還結於項中今家禮以幅巾代之)瑱用白纊(瑱充耳也纊新綿必用綿以塞尸耳也)幎目用緇方尺二寸□裏著組繋(幎音覓幎目用覆面者也緇黑色用皁絹爲之四方尺有二寸□者赤也用赤色爲裏著者充之以綿繋也組繋者四角用組爲繋結之於後也)握手用玄纁裏長尺二寸廣五寸牢中旁寸著組繋(握手用帛一幅於死者手中握之也其色用玄以淺絳色爲裏長一尺二寸廣五寸牢讀爲摟義取摟斂表少之義謂削約握之中央以安手也著謂其中絮綿組繋謂有繋以結之也)冒緇質長與手齊□殺(去聲)掩足(冒韜尸者也以布爲二囊止曰質黑色其長與手齊下曰殺絳色其長二尺下掩足其制縫合一頭又縫連一邊縫一邊不縫又於不縫之邊上下安三帶綴以結之喪大記曰士冒緇綴旁三者是也用時先以殺韜足而上後以質韜首而下今小斂有衾不用亦可然用之亦無害按此所謂乃襲不用時事者今人不知古制乃縫如兩袋套於旣斂衾衣之上非是右掩冒)○檀弓銘明旌也以死者爲不可別也故以其旗識(音志)之(右銘旌)重(平聲)主道也(註云士重木三尺始死作重以依神雖非主而有主之道故曰主道也溫公書儀以魂帛代之朱子謂其合時之宜不必泥古)○雜記重旣虞而埋之(右重)○檀弓縣子曰夫喪不可不深長思也買棺外內易(買棺當令精好斲削內外使之平易)○王制六十歲制(歲制謂棺也人至六十則死期將近矣故必豫爲制之恐其一旦不測倉卒之變猝難措置縱能成之亦多苟且取具木旣非良漆亦不固或遇暑月遂至穢惡外聞孝子事親烏可以豫凶事爲解而不先事爲備哉且古者國君卽位而爲椑歲一漆之況上庶乎)○孟子古者棺椁無度中古棺七寸(周七寸只如今四寸許)椁稱之自天子達於庶人非直爲觀美也然後盡於人心(朱子曰欲其堅厚久遠非特爲人觀視之美而已右治棺)○檀弓子思曰喪三日而殯凡附於身者必誠必信勿之有悔焉耳矣三月而葬凡附於棺者必誠必信勿之有悔焉耳矣(附於身者襲斂衣衾之具附於棺者明器用器之屬)○喪具君子恥具一日二日而可爲也者君子弗爲也(此卽王制所謂絞紟衾冒死而后制者也若夫棺椁之類不可猝置者自不妨歲制時制月制日修矣然謂之恥具者恥成其制也非謂不可不蓄其質也)子游問喪具夫子曰稱家之有無子游曰有無惡乎齊夫子曰有(句絶)毋過禮苟亡矣斂手足形還葬(還讀爲旋謂斂畢卽葬也)縣(懸)棺而封(封作窆謂以手懸繩而下之)人豈有非之者哉(禮有定制富而厚葬非也貧而厚葬尤非也苟貧以稱家有無而不能備禮焉人豈非之哉)○孟子不得不可以爲悅無財不可以爲悅(此泛說葬禮不專爲棺也不得爲法制所不當爲)得之爲有財古之人皆用

之吾何爲獨不然(言有財者自當如禮制爲之)○吾聞之也君子不以天下儉其親(朱子曰送終
之禮所當得爲而不自盡是爲天下愛惜此物而薄於吾親也右喪具)○喪大記小斂於戶內大斂於
阼階小斂布絞縮者一橫者三(縮直也)大斂布絞縮者一橫者五絞一幅爲三不辟(謂大斂
直絞也臨川吳氏曰絞一幅爲三不辟者辟讀如闢開也蓋小斂之絞縮一橫三者曰一曰三皆以布之全幅
爲數也大斂之絞縮三橫五者曰三曰五者皆以布之小片爲數也橫絞之五旣是以兩幅之布通身裁開爲
六片而用其五片矣縮絞之三亦是以一幅之布裁開其兩端爲三但中間當腰處約計三分其長之一不剪
破爾其橫縮之絞八片皆狹小故結束處不用更辟裂之也若小斂橫縮之絞是全幅之布則其末須是翦開
爲三方可結束也但其翦開處不甚長非如大斂之縮絞一分其長之一皆翦開也紟五幅者蓋用布五幅合
爲一如今單布衿斂衾直鋪布衿橫鑲斂時先繫捲布被以包裹斂衾絞後結束縮絞之三縮絞結束畢然後
結束橫絞之五也○按家禮本註無大斂絞之文止是附註引高氏說縮者三取一幅布裂爲三片也橫者五
蓋取布三幅裂爲六片而用五也世俗不察乎此而惑於卷首圖註往往以橫者五爲五全幅遂至每幅兩端
各析爲十五片間有用高氏說者亦不知直幅裂入三分之二及橫幅通身裁開之說今引吳氏此說庶行禮
者有據云)○君將大斂小臣鋪席商祝鋪絞紟衾衣士盥于盤上士舉遷尸于斂上(疏曰小臣
鋪席者謂下筵上簞簇於阼階上供大斂也商祝喪祝也鋪絞紟衾衣等致于小臣所鋪席上以待尸也士喪
祝之屬也將舉尸故先盥手盤上也斂上卽斂處也按此則大斂不在棺中可知矣世俗不知卷首圖非朱子
本意往往據其說就棺中大斂殊非古禮況棺中逼窄結絞甚難讀禮者細考之)○士喪禮小斂衣十九
稱大斂三十稱紟不在筭不必盡用(單衣複衣皆具曰稱今人家不能皆具隨所有用之可也右小大
斂)○士喪禮主人奉尸斂于棺踊如初乃蓋(註曰棺在肂中斂尸焉所謂殯也肂埋棺之坎也)○
檀弓孔子曰周人殯於西階之上子游曰大斂於阼殯於客位(註曰大斂出在東階未忍離其爲
主之位也主人奉尸斂于棺則在西階矣掘肂於西階之上肂陳也謂陳尸於坎也置棺于坎而塗之謂之殯
○按阼階在東客位在西大斂與殯一在東一在西是爲兩處則爲兩事亦明矣家禮從簡省止於大斂條下
云舉棺入置于堂中少西而註引溫公說周人殯于西階之上今堂室異制但于堂中少西而已則固以殯爲
言矣惟乃大斂註下云古者大斂而殯旣大斂則累墼塗之其意蓋謂古人大斂旣畢卽殯于坎中而塗之所
謂累墼塗之卽註所謂置棺于坎而塗之之謂殯也今世雖不塗棺而奉尸入棺亦殯也然大斂旣畢卽舉尸
入棺雖曰二事而實同日行之故通解雖分大斂與殯爲兩節而陳大斂殯具幷作一節書之此亦可見右殯)
○士喪禮士舉男女奉尸侇于堂(此卽家禮所謂還遷尸于堂中也)主人出于足降自西階衆
主人東卽位婦人阼階上西面主人拜賓大夫特拜士旅之卽位踊襲絰于序東復位(拜賓
面賓位拜之也主人拜賓訖卽面東方阼階下卽西面位踊踊訖襲絰也襲謂掩向所袒之衣絰謂首絰及腰
絰也)○喪大記奉尸侇于堂降拜○雜記小斂大斂啓辯拜(辯與遍同謂事竟於堂下遍拜之也
右謝賓)雜記小斂環絰公大夫士一也(環絰一股而纏也蓋兩股相交謂之絞環是同廻纏繞之名疏
云素委貌大夫以上素爵弁而加此絰焉散帶正義云親始死孝子去冠至小斂不可無飾士素委貌大夫以
素弁而貴賤悉得加環絰故云公大夫士一也喪服變除云小斂之後大夫以上冠素弁士則素委貌其素弁
素冠皆加環絰故云小斂環絰君大夫士一也)○喪大記君將大斂弁絰(此弁絰謂弁上加絰也弁如
爵弁而素疏云成服則著喪冠也此雖以大斂爲文小斂時亦弁絰按此二條及諸家之說則首絰之下必有
巾帽以承之可知矣三代委貌爵弁之制今世不存宜用白布如世俗製孝巾小帽之類似亦得禮之意右環
絰及絰上加弁)○士喪禮苴絰大鬲下本在左腰絰小焉散帶垂長三尺牡麻絰右本在上亦
散帶垂(苴絰者斬衰之絰也牡麻絰者齊衰以下之絰也疏云小斂訖當服未成之麻也按此條儀禮圖列
於陳小斂服前或者不考疏家未成麻之說遂謂腰絰之制成服後亦當如此非是)○雜記大功以上散
帶(小功緦輕初而絞之大功以上散垂不忍卽成之至成服乃絞按家禮卷首所圖絰帶據此二條)喪禮
記旣憑尸主人絞帶衆主人布帶(疏云小斂于戶內訖主人袒括髮散帶又云衆主人齊衰以下至緦
麻皆免也按此二條則小斂之後侇堂之前則凡有服者不徒具腰絰又當具絞帶也但服斬者則用環絰齊
衰以下首不用絰皆免耳)

⊙初終圖式초종도식)

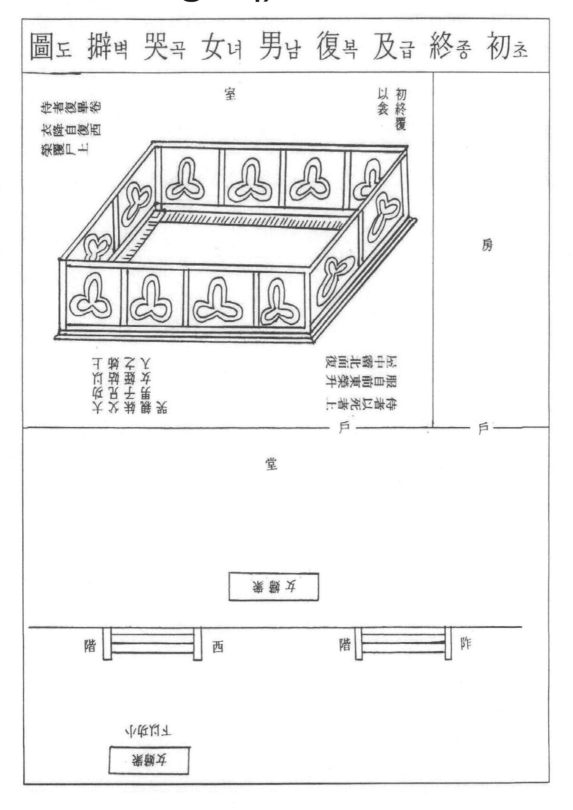

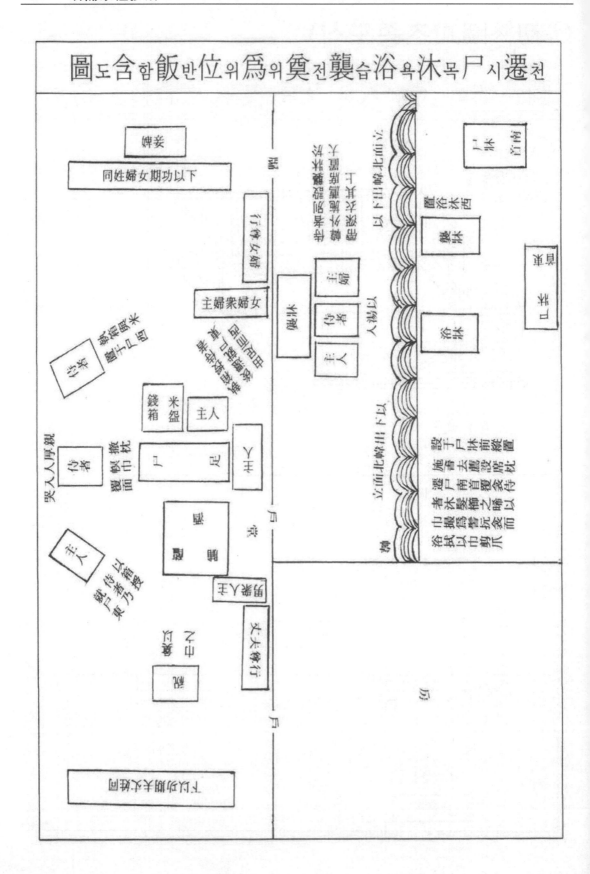

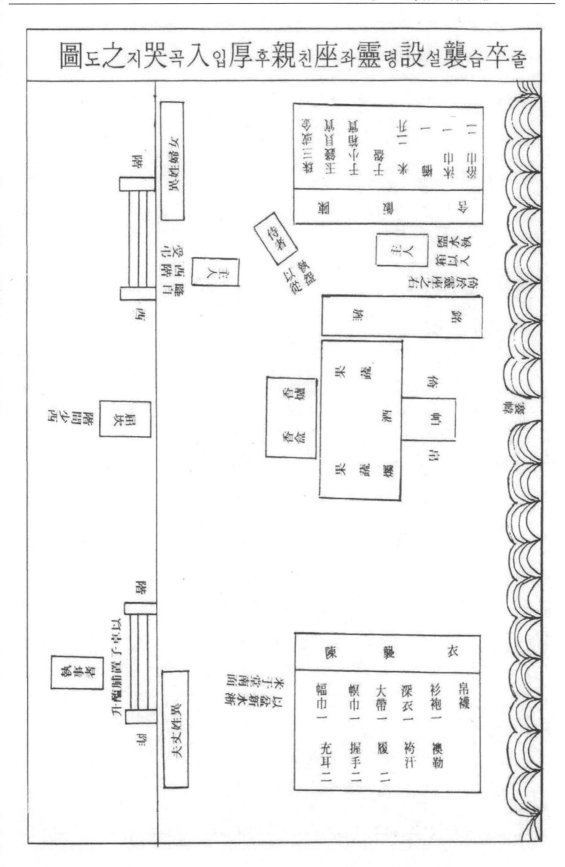

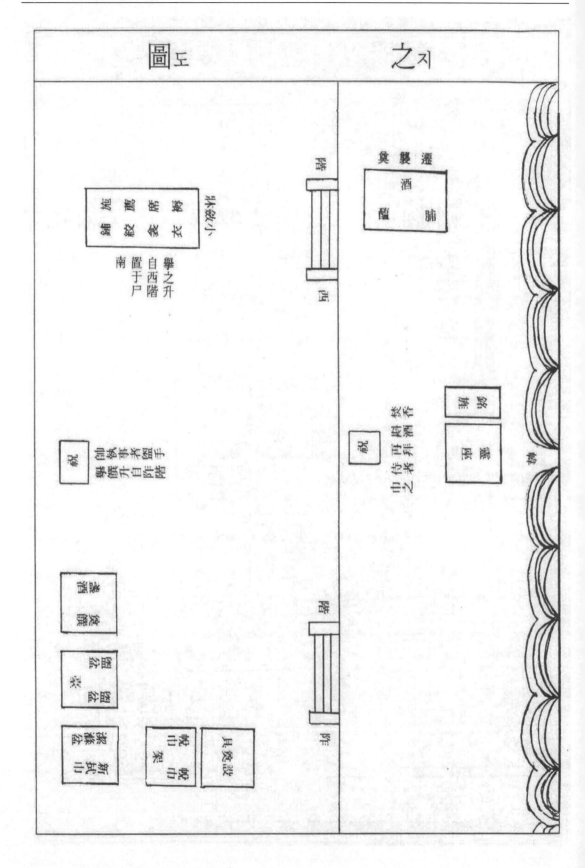

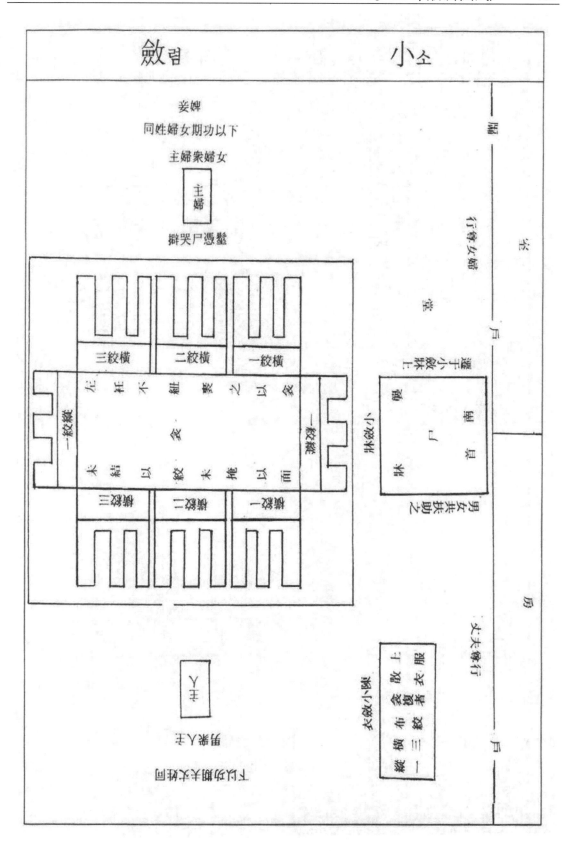

斂렴　　小소

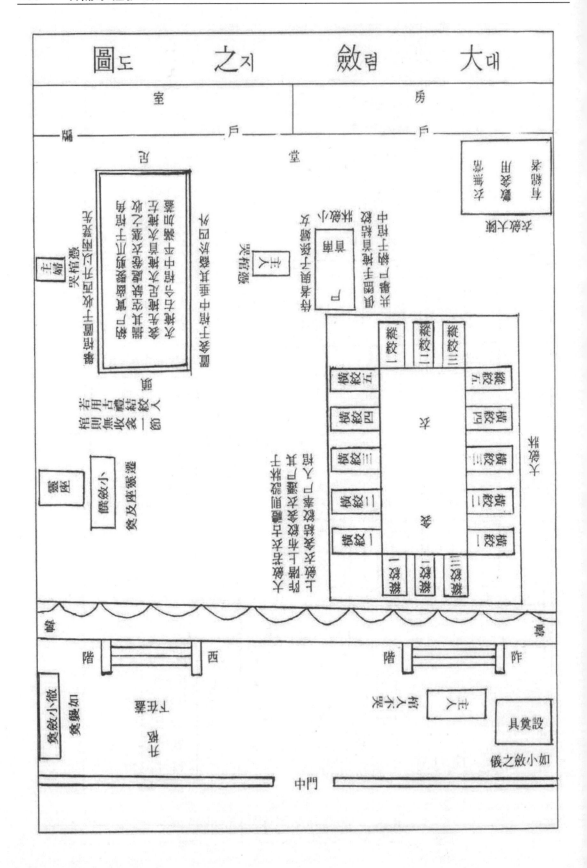

圖도之지奠전及급床상靈령設설旌정銘명立립

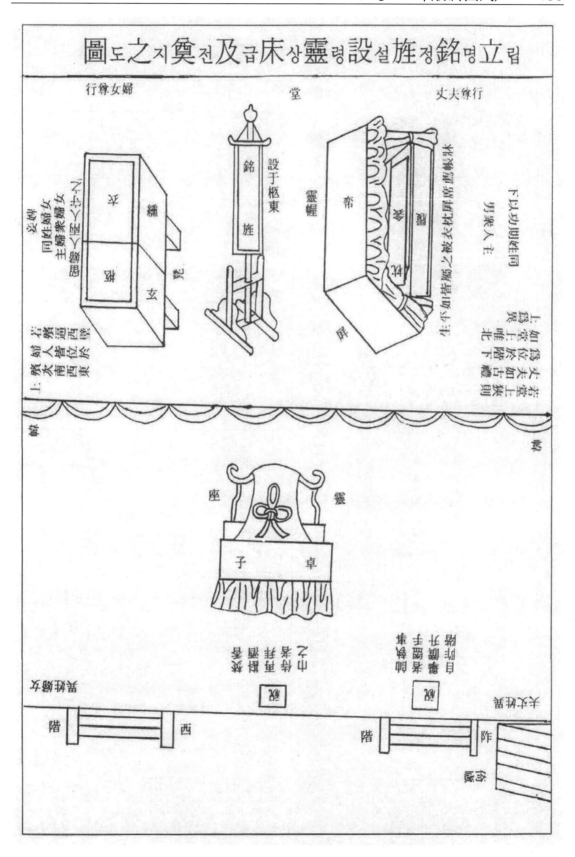

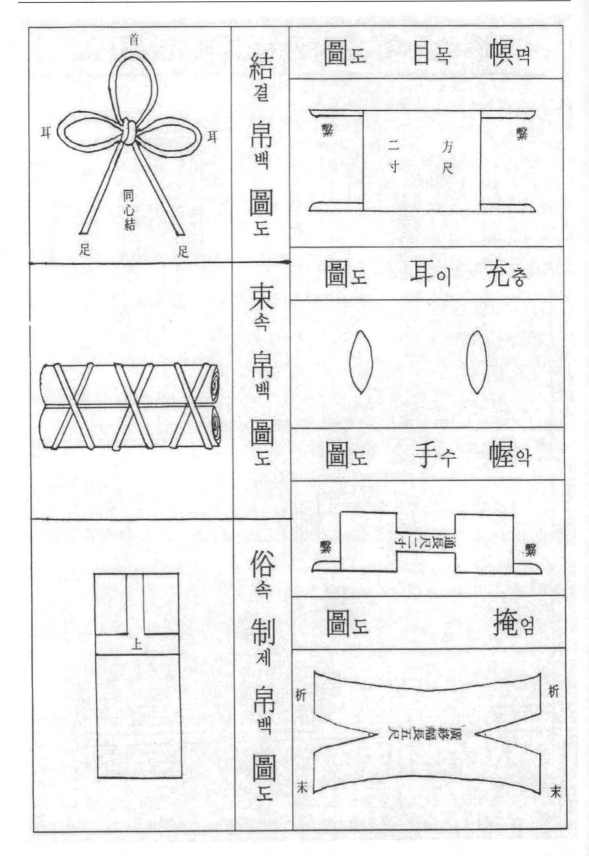

圖도 目목 幎멱

繫　　方尺 二寸　　繫

圖도 耳이 充충

圖도 手수 幄악

繫　　通長三尺　　繫

圖도 掩엄

析　　複終幅長五尺　　析
末　　　　　　　　　　末

結결 帛백 圖도

首
耳　　同心結　　耳
足　　　　　　　　足

束속 帛백 圖도

俗속 制제 帛백 圖도

上

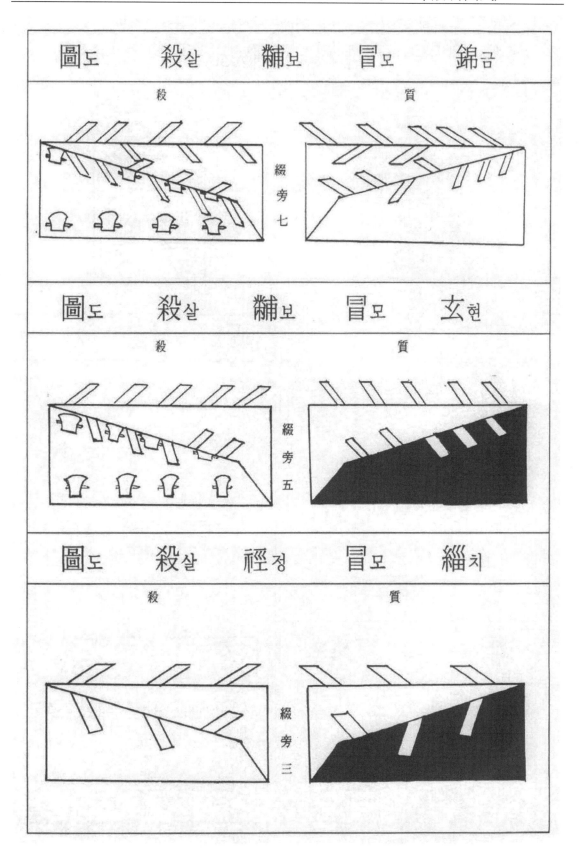

圖도　　　　　　跗부

圖도　　　　　倚의

圖도　　　棺관　治치

蓋

圖도 板관 星성 七칠

圖도　　　　　凳등

棺

○집람치관도(家禮輯覽治棺圖)(添補)

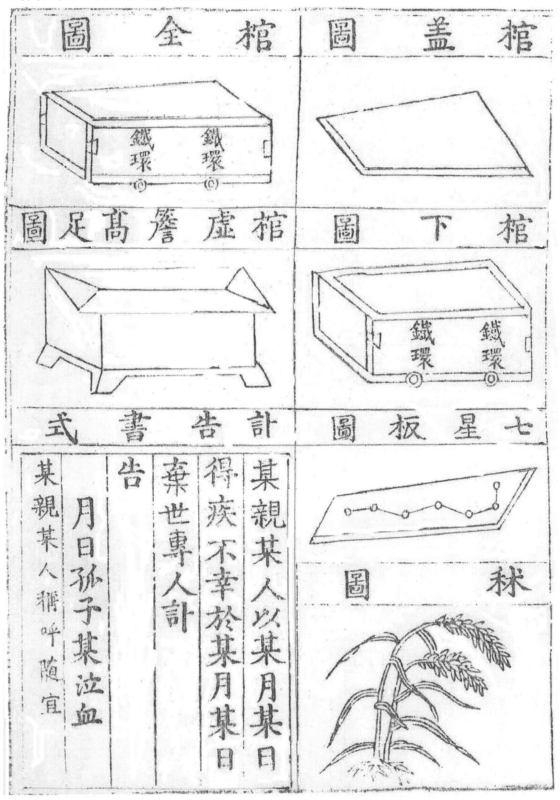

法법　　疊첩　　摺접　　帛백　　魂혼

寸三尺一

九　八　七　六　五　四　三　二　一

一尺

혼 백 접 는 법

마포 한자 세치를 아홉 칸으로 접되 첫째칸 부터 여덟째 칸 까지는 한치 오푼으로 하고 아홉째 칸은 한치로 한다

一　一번과 二번을 맞 닿게 접는다

二　三번을 이등분 하여 一번의 뒤로 가게 접는다

三　四번은 四번 보이게 하여 二번 뒤로 가게 접는다

四　五번 중간을 五번 속으로 가게 접어 一번의 뒷면에 가서

五　三번과 맞닿게 접으면 五번은 보이지 않는다

六　六번과 四번이 맞닿게 접으면 六번은 보이지 않는다

七　七번을 접어 六번 뒷 면에 붙이면 七번이 보이지 않는다

八　八번은 七번과 맞닿게 접는다

　　四번과 七번 사이를 벌리고 윗면을 한치 되게 접어서 四번과

九　七번과 八번 사이를 벌리고 아랫 변을 한치 되게 접어서 七

十　九번을 접어서 四번 아랫 변과 윗 변의 접은 것을 싸서 꽂는
다

十一　八번이 앞으로 오게 한다

丈장 夫부 喪상 次차

〔圖〕 倚廬　東　墻
（슬라브 형태의 세 개의 倚廬 — 倚廬所在）

〔乘〕 輯覽（三禮圖）

輯覽　三禮圖
倚廬者、倚木爲廬、在中門外東方、北戶。喪服……

〔脱〕

脱経帶　居門外之廬　苫枕塊
傳、孝子倚廬寢、苫枕塊、塊者哀親之　既……

〔在〕

在草土也、寢苫　居苫綰藁塊者哀親　既
外也、寢苫枕塊、塊哀親之　五

〔虞〕

虞三虞之後、故改舊蓆、廬西向
翣屏、柱楣、寢有蓆、九虞之五……

〔開戶〕

開柱楣者、去戶楣、謂之梁、梁下兩
戶翣、翣去戶楣、戶傍兩箱屏、屏餘

〔草柱〕

草柱楣者、去戶傍、謂之兩梁、梁下兩
柱楣者、去戶楣、戶傍之箱屏、屏下餘

〔頭堅〕（右側 長欄）

頭堅、不柱、施梁乃夾戶傍之屏、寢有席者間、傳席、既虞加
苫翣、不納、鄭云苫、今之蒲萃、即此寢有席、謂蒲席

〔於苫〕

於上也、既練舍外寢、此寢謂中門外、於屋下壘堲
爲之不塗堅之堲室也、屋下對廬偏知、東壁而言也

〔初喪〕

初喪居廬堊室、子爲父、臣爲君、各依親疏之居、親疏序
天官宮正云、大喪授廬舍、辨其親疏之居、注云、親者

〔貴者〕

貴者居廬、疏者居堊室、雜記云、朝廷卿大夫士居廬
都邑之士居堊室、案唐大曆年中有楊垂撰於喪圖

〔說廬〕（左側 長欄）

說廬形制、及堲室幕次、斂列次第云、橫廬次於東廊
下無廊、於墻下北上、凡起廬先以一木橫於墻下去

墻五尺臥於地爲楯即立五於上斜倚東塢上以草苫蓋之其南北面亦以草橡之向北開門一孝一廬門簾以緣布形如偏屋其間容半席廬間施苫塊其廬南爲堊室以堊壘三面上至屋如於墻下卽亦如偏屋以瓦覆之西向戶室施薦木枕室南爲大功幃次中施蒲席次南又爲小功總麻次施林並西戶如諸侯始起廬門外便有小屏餘則否其爲母與父同爲繼母慈母不居廬居堊室如繼母有子卽隨子居廬爲妻准母其堊室幃次次不必每致之共處可也婦次於西母下見於塊庭障中以蓽薄覆之既違古制故引唐禮以規之○增解士虞記註疏及大記疏倚廬說俱目上喪次本註下○楊垂喪服圖說以一木去墻五尺臥地爲楯立五橡於上斜倚東塢上以草苫蓋之其南北面亦以草屏之向北開門廬南爲堊室以堊壘三面以瓦覆之西向戶○按古禮父母喪居倚廬齊衰期居堊室異門大功以下各歸其家而楊垂圖說又有大小功總幕次而備要取之皆作倚廬之制可疑

제 2 장 성복(成服)

◆服制(복제)

喪服疏黃帝之時朴略尙質行心喪之禮終身不變唐虞之日淳朴漸虧雖行心喪更以三年爲限三王以降澆僞漸起故制喪服以表哀情○三年問凡生天地之間者有血氣之屬必有知有知之屬莫不知愛其類今是大鳥獸則失喪其羣匹越月踰時焉則必反巡過其故鄕回翔焉鳴號焉蹢躅焉踟躕焉然後乃能去之小者至於燕雀猶有啁噍之頃焉然後乃能去之故有血氣之屬者莫知於人故人於其親也至死不窮將由夫患邪淫之人與則彼朝死而夕忘之然而從之則是曾鳥獸之不若也夫焉能相與羣居而不亂乎將由夫脩飾之君子與則三年之喪二十五月而畢若駟之過隙然而遂之則是無窮也故先王焉爲之立中制節壹使足以成文理則釋之矣註不肖者之情薄故其親朝死而夕已忘之若從其情而不以禮勉其不及則親死不哀不如鳥獸於死者如此則其於生者安能保其不如鳥獸之亂乎賢者之情厚視二十五月之久如駒過隙之速若遂其情而不以禮抑其過則哀親之情無窮已之時也故先王爲之立中使不可及亦不可過制爲喪服年月之限若更過此節則不肖有所不勝更不及此節則賢者有所不滿也○然則何以至期也曰至親以期斷是何也曰天地則已易矣四時則已變矣其在天地之中者莫不更始焉以是象之也疏父母本三年何以至期是問其一期應除之義故答云至親以期斷是明一期可除之節故期而練男子除絰婦人除帶○然則何以三年也曰加隆焉爾也焉使倍之故再期也註又問旣是以期斷矣何以三年也答謂孝子加隆厚於親故如此也焉語辭猶云所以也○由九月以下何也曰焉使不及也故三年以爲隆緦小功以爲殺期九月以爲間上取象於天下取法於地中取則於人孔子曰子生三年然後免於父母之懷夫三年之喪天下之達喪也註弗及恩之殺也三月不及五月五月不及九月九月不及期也期與大功在隆殺之間故云期九月以爲間取象於天地者三年象閏期象一歲九月象物之三時而成五月象五行三月象一時取則於人者始生三月而剪髮三年而免父母之懷也方氏曰或以三月或以五月或以九月或以期年或以三年喪凶禮也乃以陽數之奇何哉蓋陰所以致死陽所以致生死而致生之者孝子不忍死其親之意也○漢書文帝遺詔服大紅十五日小紅十四日纖七日釋服註應劭曰凡三十六日而釋服矣此以日易月也晉灼曰漢書例以紅爲功師古曰此喪制者文帝自率已意創而爲之非有取於周禮也何爲以日易月乎三年之喪其實二十七月豈有三十六日之文禫又無七月也應氏旣失之於前近代學者因循謬說未之思也○大傳服術有六一曰親親二曰尊尊三曰名四曰出入五曰長幼六曰從服疏親親者父母爲首次妻子伯叔尊尊者君爲首次公卿大夫名者若伯叔母及子婦弟婦兄嫂之屬出入者女在室爲入適人爲出及爲人後者長幼者長謂成人幼謂諸殤從服者下文六等是也○從服有六月屬從有徒從有從有服而無服有從無服而有服有從重而輕有從輕而重註屬親屬也子從母而服母黨妻從夫而服夫黨夫從妻而服妻黨是屬從也徒空也非親屬而空從之服其黨如臣從君而服君之黨妻從夫而服夫之君妾服女君之黨庶子服君母之父母子服母之君母是徒從也如公子之妻爲父母期而公子爲君所厭不得服外舅外姑是妻有服而公子無服如兄有服而嫂無服是從有服而無服也公子爲君所厭不得爲外兄弟服而公子之妻則服之妻爲夫之昆弟無服而服娣姒是從無服而有服也妻爲其父母期重也夫從妻而服之三月則爲輕母爲其兄弟之子大功重也子從母而服之三月則爲輕此從重而輕也公子爲君所厭自爲其母練冠輕矣而公子之妻爲之服期此從輕而重也○自仁率親等而上之至于祖名曰輕自義率祖順而下之至于禰名曰重一輕一重其義然也疏自用也仁恩也率循也親父母也等差也子孫若用恩愛依

循於親節級而上至於祖遠者恩愛漸輕故名曰輕也義主斷割用義循祖順而下之至於禰其義
漸輕祖則義重故名曰重也義則祖重而父母輕仁則父母重而祖輕一輕一重宜合如是故云其
義然也按喪服條例衰服表恩若高曾之服本應緦麻小功而進以齊衰豈非爲尊重而然耶至親
以期斷而父母三年寧不爲恩深乎〇小記親親以三爲五以五爲九上殺下殺旁殺而親畢矣註
由已身言之上有父下有子宜言以一爲三而不言者父子一體無可分之義故唯言以三爲五謂
因此三者而由父以親祖由子以親孫是以三爲五也又不言以五爲七者蓋由祖以親曾高二祖
由孫以親曾孫玄孫其恩皆已疏略故惟言以五爲九也由父而上殺之至高祖由子而下殺之至
玄孫是上殺下殺也同父則期同祖則大功同曾祖則小功同高祖則緦麻是旁殺也高祖外無服
故曰畢矣〇檀弓喪服兄弟之子猶子也蓋引而進之也嫂叔之無服也蓋推而遠之也姑姊妹之
薄也蓋有受我而厚之者也註兄弟之子雖異出也然在恩爲可親故引而進之與子同服嫂叔之
分雖同居也然在義爲可嫌故推而遠之不相爲服姑姊妹在室與兄弟姪皆不杖期出適則皆降
服大功而從輕者蓋其夫受之而服爲之杖期以厚之故本宗皆降一等也〇朱子曰世父母叔父
母本是大功加成期其從祖伯父母叔父母小功者乃正服之不加者耳〇小記從服者所從亡則
已屬從者所從雖沒也服〇喪服記兄弟皆在他邦加一等不及知父母與兄弟居加一等註皆在
他邦謂行仕出遊若避仇不及知父母父母早卒疏在他邦加一等者二人共在他國一死一不死
相愍不得辭於親眷故加一等也不及知父母與兄弟居加一等者謂各有父母或父母早卒者與
兄弟共居而死亦當愍其孤幼相育特加一等(傳)何如則可謂之兄弟曰小功以下爲兄弟註於
此發兄弟傳者嫌大功已上又加也大功已上若皆在他國則親自親矣若不及知父母則固同財
矣〇小記生不及祖父母諸父昆弟而父稅喪已則否降而在緦小功者則稅之註稅者日月已過
始聞其死追而爲之服也此言生於他國而祖父母諸父昆弟皆在本國已皆不及識之今聞其死
而日月已過父則追而服之已則不服也降者殺其正服也如叔父及適孫正服皆不杖期死在下
殤則皆降服小功如庶孫之中殤以大功降而爲緦也從祖昆弟之長殤以小功降而爲緦也如此
者皆追服之檀弓曾子所言小功不稅是正服小功非謂降也凡降服重於正服通典淳于睿云降
在小功不稅自正也非不相識者也〇檀弓曾子曰小功不稅則是遠兄弟終無服也而可乎註小
功輕故不稅疏曰此據正服小功也馬氏曰曾子於喪有過乎哀是以疑於此然小功之服雖不必
稅而稅之者蓋亦禮之所不禁也昔齊王子請欲爲其母之喪孟子曰雖加一日愈於已推此則不
稅而欲稅之者固可矣〇通典北齊張亮云小功兄弟居遠不稅曾子猶歎之而况祖父母諸父兄
弟恩親至近而生乖隔而鄭君云不責人所不能此何義也生不及者則是已未生之前已沒矣乖
隔斷絕父始奉諱居服而已不者尋此文意蓋以生存異代後代之孫不復追服先代之親耳豈有
竝代乖隔便不服者哉晉元帝制曰小功緦麻或垂竟聞問宜全服不得服其殘月賀循曰小功不
稅者謂喪月都竟乃聞喪者耳若在服內則自全五月徐邈答王詢云鄭玄云五月之內則追服王
肅云服其殘月小功不追以恩輕故也若方全服與追何異宜服餘月宋庾蔚之謂鄭王所說雖各
有理而王議容朝聞夕除或不容成服求之人心未爲允愜〇魏劉德問田瓊曰失君父終身不得
者其臣子當得昏否答曰昔鄭玄云若終身不除是絕嗣也除而成婚違禮適權也晉徐宣瑜云鄭
玄云君父亡令臣子心喪終身深所甚惑心喪是也終身非也荀組云至父年及壽限行喪制服立
宗廟於事爲長禮無終身之制晉劉智釋問曰亡其親者不知其死生則不敢服然則終身不祭乎
智曰唯疑其生故不敢服也必疑死焉可不祭乎古之死者必告於廟今亡其親必告其先廟使咸
知之求之三年若不得也則又告之告之者欲令其生也則隨而祐之其後疑祭必告今知其疑不
受也鬼死者終歸饗也祝辭以告疑則還廟不遷矣憑靈之心加崇於尊此孝子之情也〇宋庾蔚
之謂一人身而內外兩親論尊卑之殺當以已族爲正昭穆不可亂也論服當以親者爲先親親之
情不可沒也或族叔而是姨弟若此之類皆是也禮云夫屬父道妻皆母道夫屬子道妻皆婦道此
言本無親也若本有外屬之親則當推其尊親之宜外親不關母婦之例嫌其昭穆之亂故可得隨
其所親而服之若外甥女爲已子婦則不用外甥之服是從親者服也姊妹而爲兄弟之妻亦宜
用無服之制兄弟妻之無服乃親於外親之有服也至若從母而爲從父昆弟之子婦則不可以婦

禮待之由外親之屬近而尊也其餘皆可推而知矣○間傳斬衰何以服苴苴惡貌也所以首其內
而見諸外也斬衰貌若苴齊衰貌若枲大功貌若止小功緦麻容貌可也註斬衰服苴苴絰與苴杖
也麻之有子者以爲苴絰竹杖亦曰苴杖惡貌者疏云苴是黎黑色又小記疏云至痛內結必形色
外章所以衰裳絰杖俱備苴色也首者標表之義蓋顯示其內心之哀痛於外也枲牡麻也枯黲之
色似之大功之喪雖不如齊斬之痛然其容貌亦若有所拘止而不得肆者蓋亦變其常度也吳氏
曰容貌謂貌如平常之容喪不若禮不足而哀有餘可也云者微不滿之意○語類問喪服用古制
恐駭俗不知當如何曰駭俗猶小事○丘儀愚按服有五斬衰齊衰大小功緦麻是也唯斬齊二者
謂之衰既同謂之衰則其制度必皆同矣但緝不緝異耳古人喪父以斬喪母以齊喪母而父在則
齊杖期父沒則齊三年則是服之重者莫大乎斬與齊也齊衰服有三年杖期不杖期五月三月之
異用布則有粗細不同若其制度則未必有異也使其有異古人必異其稱矣凡喪服上曰衰下曰
裳五服皆同惟於斬齊二服只用布一片當心亦謂之衰意者古人因此而特用以爲名稱歟不然
何功緦之稱則專取於用功治絲之義而於此乃獨以其上衣爲名哉必不然也儀禮註所謂孝子
哀戚之心無所不在特就其重者言爾豈具服者於其旁親皆無哀戚之心特假是以爲文具哉所
見如此姑書之以俟知禮之君子○溫公曰古者既葬練祥禫皆有受服變而從輕今世俗無受服
自成服至大祥其衰無變故於既葬別爲家居之服是亦受服之意也○語類聖人之心如四時然
其變也有漸且如古者喪服始死至終喪中間節次漸漸變去不似今人直到服滿一頓除脫便衣
華采也○喪服四制苴衰不補註不補雖破不補完也○大全李繼善問昨者遭喪之初服制只從
俗苟簡不經深切病之今欲依古禮而改爲之如何曰服已成而中改似亦未安不若且仍舊○檀
弓既葬各以其服除註三月而葬葬而虞虞而卒哭親重而當變麻衰者變之其當除者卽自除之
不俟主人卒哭之變也○小記爲兄弟既除喪已及其葬也反服其服報虞卒哭則免如不報虞則
除之註此言爲兄弟除服及當免之節

◆服(복)

論語子曰子生三年然後免於父母之懷夫三年之喪天下之通喪也○孟子曰三年之喪齊疏之
服飦粥之食自天子達於庶人三代共之○喪服小記親親以三爲五以五爲九上殺下殺旁殺而
親畢矣陳註由己身上有父下有子宜言以一爲三而不言者父子一體無可分之義故惟言以三
爲五謂因此三者而由父以親祖由子以親孫是以三爲五也又不言以五爲七者蓋由祖以親曾
高二祖由孫而親曾孫玄孫其恩皆已疏略故惟言以五爲九也由父而上殺至高祖由子而下殺
至玄孫是上殺下殺也同父期同祖大功同曾祖小功同高祖緦麻是旁殺也高祖外無服故曰畢
矣○服問罪多而刑五喪多而服五上附下附列也陳註大功以上附於親小功以下附於疏此五
服之上附下附也疏罪與喪其限同五其等列相似故云列也○南塘曰聖人之制喪服其義不一
而條理間架至爲整齊同父期同祖大功同曾祖小功同高祖緦此一義也服祖之子同於祖服曾
祖之子同於曾祖服高祖之子同於高祖服兄弟之子同於兄弟此一義也服父之子不敢同於父
三年之喪不可貳也故降在期

◆衰服(최복)

喪服疏易繫辭云古者喪期無數是黃帝以前心喪終身不變也唐虞之日心喪三年亦未有服制
也唐虞以上吉凶同服唯有白布衣白布冠而已夏禹以下用唐虞白布冠衣爲喪服矣死者既喪
生人制服服之者貌以表心服以表貌斬衰貌若苴齊衰貌若枲大功貌若止小功緦麻貌容可也
衰有淺深故貌有此不同而布亦有精麤也○檀弓衰與其不當物也寧無衰註惡其亂禮不當物
謂精麤廣挾不應法制○雜記端衰喪車皆無等疏端正也吉時玄端服身與袂同二尺二寸爲
正而喪衣亦如之用衰綴心前故曰端衰言喪之衣衰及惡車天子至士制度同無貴賤等差也按
喪服記袂二尺二寸其制正幅故云端則與玄端同○春官小宗伯王崩縣衰冠之式于路門之外
○白虎通喪禮必制衰麻何以副意也服以飾情情貌相配中外相應故吉凶不同服歌哭不同聲
所以表中誠也○續通解按喪服各有制度設官掌之不如度者禁之朝廷之制既然則鄉黨亦自

有制以故衣服不貳而風俗同後世漫無法度是以異政殊俗此知禮者所深歎也○朱子曰禮時
爲大某嘗謂衣冠本以便身古人亦未必一一有義又是逐時增添名物愈繁若要可行須是酌古
之制去其重復使之簡易然後可又云一人自在下面做不濟事須是朝廷理會一齊與整頓過○
問古者男子殊衣裳婦人不殊裳今以古人連續之衰加於婦人殊裳之制加於男子則世俗未之
嘗見皆以爲迂且惟曰若考得古制分明改之固善○問用深衣制而麤布加衰可乎曰深衣於古
便服朝玄端夕深衣深衣是簡便之衣吉服依玄端制却於凶服亦倣爲之則宜矣○古人此等衣
服冠屨每日接熟於耳目所以一旦喪禍不待講究便可以如禮今却閑時不曾理會一旦荒迷之
際欲旋講究勢必難行必不得已且從俗禮而已若有識禮者相之可也

◆裳(상)

喪服記疏凡裳前三幅後四幅者前爲陽後爲陰故前三後四各象陰陽也○丘儀其作䙓子也每
幅布上頭將入腰處用指提起布少許摺向右又提起少許摺向左兩相輳著用線綴住而空其中
間以爲䙓子其大小隨人肥瘦大約䙓子如今人裙䙓相似但裙䙓向一邊順去此䙓則兩邊相向耳
其縫也邊幅皆向內前三後四共七幅同作一腰腰兩頭各有帶○補註衰裳䙓與幅巾䙓少異
幅巾䙓是屈其兩邊相輳在裏衰裳䙓是屈其兩邊相輳在上也

◆衰(최)

丘儀此當心者既名以衰而喪服又通以衰爲名取其哀摧在於遍體不止心也按禮疏有綴衰於
外衿之上之文既謂有外衿則必有內衿矣今世俗作衰綴繫帶於衣身兩衿之旁際如世俗所謂
對衿衣者衣著之際遂使衰不當心殊失古制今擬綴繫帶四條一如朝祭等服以外衿掩於內衿
之上則具服之際衰正當心矣

◆冠(관)

喪服傳斬衰冠繩纓條屬右縫冠六升外畢鍛而勿灰註屬猶著也通屈一條繩爲武垂下爲纓著
之冠也雜記曰喪冠條屬以別吉凶三年之練冠亦條屬右縫小功以下左縫外畢者冠前後屈而
出縫於武也疏鍛而勿灰者以冠爲首飾布倍衰裳而用六升又加以水濯勿用灰而已著之冠也
者武纓皆上屬著冠冠六升外畢是也引雜記者證條屬是喪冠若吉冠則纓武異材外畢者冠廣
二寸落頂前後兩頭皆在武下鄉外出反屈之縫於武而爲之兩頭縫畢鄉外故云外畢○總六升
疏總六升者首飾象冠數也上云男子冠六升此女子總用布當男子冠故同六升以同首飾故也
○補註彎厚紙爲梁廣三寸長足以跨頂前後用稍細布裹之就摺其布爲三細䙓子三條直過梁
上○喪服圖式按五服之喪冠其制之異者有四升數之不同一也斬衰六升齊衰七升大功十升
小功十一升總十五升繩纓之與布纓澡纓二也惟斬衰用麻繩爲纓自齊三年至小功皆用布爲
纓總冠澡纓右縫之與左縫三也大功以上縫向右小功以下縫向左勿灰之與灰四也惟斬衰鍛
而勿灰自齊三年以下皆用灰治之總則有事其縷復以灰治之也其制之同者亦四條屬一也外
畢二也辟積之數三也廣狹之數四也○檀弓喪冠不緌註冠必有笄以貫之以紘繫笄順頤而下
結之曰纓垂其餘於前者謂之緌喪冠不緌蓋去飾也○喪服傳疏首飾尊故吉服之冕三十升亦
陪於朝服十五升也○雜記註吉冠則䙓縫向左左爲陽吉也凶冠則向右右爲陰凶也功總輕故
向左同於吉○檀弓古者冠縮縫今也衡縫故喪冠之反吉非古也疏縮直也殷尚質吉凶冠皆直
縫直縫者辟積䙓少故一一前後直縫之周尙文冠多辟積不一一直縫但多作䙓而幷橫縫之若
喪冠質猶疏辟而直縫是與吉冠相反

◆喪冠繩武(상관승무)

問性齋許氏論喪冠繩武之非曰喪服斬衰章曰冠繩纓傳曰冠繩纓喪服四制曰衰冠繩纓鄭註
所云一條繩爲武垂下爲纓者謂以繩環於武垂以爲纓也繩在武外以表哀則其重在繩矣故云
是亦武云爾若本無布武而但有一繩則當曰冠繩武不當曰冠繩纓也證據頗詳未知如何答繩
武據鄭註與家禮恐非如某氏說

◆首絰(수질)

檀弓絰者實也註麻在首在腰皆曰絰分言之則首曰絰腰曰帶絰之言實也明孝子有忠實之心也首絰象緇布冠之缺項○喪服疏服以象貌貌以象心是孝子有忠實之心若服苴而貌美心不苴惡者是中外不相稱無忠實之心者也○傳苴絰大搹左本在下去五分一以爲帶齊衰之絰斬衰之帶也去五分一以爲帶大功之絰齊衰之帶也去五分一以爲帶小功之絰大功之帶也去五分一以爲帶緦麻之絰小功之帶也去五分一以爲帶註搤手曰搹搹扼也中人之扼圍九寸以五分一爲殺者象五服之數也○經長殤九月纓絰中殤七月不纓絰註絰有纓者爲其重也自大功以上絰有纓以一條繩爲之小功以下絰無纓也疏絰之有纓所以固絰猶如冠之有纓以固冠亦結於頤下也○丘儀用有子麻爲單股繩約長一尺七八寸先將麻頭安在左邊當耳上却將其餘從額前向右邊圍回項後邊至左邊原起頭處卽以麻尾加在麻頭上綴殺之又以細繩二條一繫在左邊原起麻頭上一繫在右邊當耳上以固結之各垂其末爲纓如冠之制按知此爲單股者以家禮本註腰絰有兩股相交之說故知此爲單股也○愚按檀弓叔仲皮學子柳叔仲皮死其妻魯人也衣衰而繆絰叔仲衍以告請緦衰而環絰註繆絞也謂兩股相交五服之絰皆然惟弔服之環絰一股疏曰言叔仲皮敎訓其子子柳而子柳猶不知禮叔仲皮死子柳妾雖是魯鈍婦人猶知爲舅著齊衰而首服繆絰衍是皮之弟子柳之叔見當時婦人好尙輕細告子柳云汝妻何以著非禮之服子柳見時皆如此亦以爲然乃請於衍令其妻身著緦衰首服環絰大全胡伯量問按三禮圖所畫苴絰之制疑與先儒所言環絰相似不論其制近得廖丈西仲所畫圖乃似不亂麻之本末紐而爲繩屈爲一圈相交處以細繩繫定本垂於左末屈於內似覺與左本在下之制相合然竟未知適從不知當如何曰未盡曉所說然恐廖說近之觀此兩說丘瓊山單股之說可知其非也○語類問溫公儀首絰綴於冠而儀禮疏說別材而不相綴朱子曰綴也得不綴也得無緊要○喪服疏斬衰之絰圍九寸者首是陽故欲取陽數極於九自齊衰以下自取降殺之義無所法象也

◆首絰麻本(수질마본)

艮齋曰此喪服傳文疏本謂麻根以父是陽左亦陽下是內以痛從心內發故也此對爲母右本在上近世華西之喪首絰交處在項後柳稺程見愚言今使人作冠巾合縫處應在後故如是爾此雖細節豈可舍子夏傳而爲手分現化耶

◆腰絰散垂三尺(요질산수삼척)

按士喪記三日絞垂註成服日絞要絰之散垂者疏以絰小斂日要絰大功以上散垂不言成服之時絞之故記人言之小功緦麻皆初而絞之不待三日也旣夕禮丈夫散帶垂註爲將啓變也疏散帶垂者小斂節大功以上男子皆然若小功以下及婦人無問輕重皆初而絞之玉藻五十不散送疏始死三日之前要絰散垂三日之後乃絞之至啓殯亦散垂旣葬乃絞五十旣衰不能備禮故不散垂以此觀之小斂日散垂而成服日乃絞明矣而家禮散垂之文見於成服條而不言其絞之之時與禮經不同恐是闕文又按大全答胡伯量書曰絞帶一頭作環以一頭穿之而反揷於要間以象革帶絰帶則兩頭皆散垂之以象大帶觀此文勢似謂成服後仍亦散垂然豈初年議論未定時之說歟恐當以禮經爲正

◆絞帶(교대)

丘儀用有子麻一條圓圍二三寸許初起長二尺就當中屈轉分爲兩股各長一尺結合爲一彄子然後合兩股爲一條按文公語錄首絰大一搹腰絰較小絞帶又小於要絰今家禮本註絞帶下謂其大如腰絰今擬較小爲是按喪服疏以絞麻爲繩作帶故云絞帶據此則通全帶以繩爲之不但彄子而已卽所謂三重四股者也丘儀與疏說不同鄭道可亦從丘說當以疏說爲正○朱子曰絞帶正象革帶但無佩耳革帶是正帶以束衣者不專爲佩而設大帶乃申束之耳申重也故謂之紳

◆苴杖(저장)

小記註心如斬斫貌必著苴所以纕裳絰杖俱備苴色○喪服傳杖各齊其心皆下本杖者何爵也

無爵而杖者何擔主也非主而杖者何輔病也童子何以不杖不能病也註爵謂天子諸侯卿大夫
士也無爵謂庶人也擔猶假也無爵者假之以杖尊其爲主也非主謂衆子也疏按小記云経殺五
分而去一杖大如経鄭註如要経也如要経者以杖從心已下與要経同處故如要経也杖所以扶
病病從心起故杖之高下以心爲斷也以其吉時五十以後乃杖所以扶老今爲父母之喪有杖有
不杖不知故執而問之以其有爵之人必有德有德則能爲父母致病深故許其以杖扶病庶人無
爵亦得杖以其雖無爵無德然適子故假取有爵之杖爲喪主象子雖非爲主子爲父母致病是同
亦爲輔病也○問喪孝子喪親哭泣無數服勤三年身病體羸以杖扶病也則父在不敢杖矣尊者
在故也註父在謂服母喪之時當父在之處也○小記虞杖不入於室祔杖不升於堂註虞祭在寢
祭後不以杖入室祔祭在祖廟祭後不以杖升堂皆殺哀之節也士虞註小記云云然則練杖不入
於門明矣○大記君之喪子大夫寢門之外杖寢門之內輯之子有王命則去杖聽卜有事於尸則
去杖註子兼適庶及世子也寢門殯宮門也子大夫盧在寢門外得拄杖而行至寢門子與大夫幷
言者據禮大夫隨世子以入子杖則大夫輯子輯則大夫去杖故下文云大夫於君所則輯杖也此
言大夫特來不與子相隨故云門外杖門內輯若庶子之杖則不得持入寢門也聽卜卜葬卜日也
有事於尸虞與卒哭及祔之祭也○子皆杖不以卽位大夫士哭殯則杖哭柩則輯杖註子凡庶子
不獨言人夫士之庶子也不以杖卽位避適子也哭殯則杖哀勝敬也哭柩啓後也輯杖敬勝哀也
○小記註適子得執杖進阼階哭位庶子至中門外則去之○開元禮唯適子及有爵之庶子皆得
杖在位其庶子無爵者杖於他所不杖在位凡正寢戶內曰室戶外曰堂虞杖不入室祔杖不升堂
以今言之卽盧靈堂戶之內外也周人祔在卒哭今之百日也哀衰敬生故其杖不升靈寢之堂前
其**繐**服及杖皆致之於盧內應杖者朝夕哭則杖之若孝子出無異適唯向殯又向墳墓而已遠則
乘車近則使人代執杖○會成持杖用右手拜則兩手分據地而跪首至於地既畢右手拄杖而起
今有兩手幷舉杖而拜如頓首者非也又曰按苴杖自死之竹也○按五禮儀宜六節如無不必六
節豈因家禮卷首所圖者適六節而誤認爲宜六歟禮杖之高下各取齊心而已○既夕疏本謂根
本順木之性也

◆杖本在下(장본재하)

喪服杖各齊其心皆下本杖下本竹桐一也○既夕禮疏本謂根本順木之性也

◆屨(구)

喪服斬衰菅屨疏衰疏屨(傳)菅屨者菅菲也疏屨者**麤**蒯之菲也註疏猶**麤**也疏疏屨者取用草
之義卽爾雅疏不熟之疏猶**麤**者直釋經疏衰而已不釋疏屨之疏斬衰章言菅屨見草體者以其
重故見草體舉其惡貌此言疏以其稍輕故舉草之總稱自此以下各舉差降之宜故不杖期章言
麻屨齊衰三月與大功同繩屨小功緦麻輕又沒其屨號○又註舊說小功以下吉屨無絢也(疏)
絢者屨鼻頭有飾爲行戒喪中無行戒故無絢以其小功輕從吉屨爲其太飾故無絢○大全荅周
叔謹書曰菅屨疏屨今不可考略以輕重推之斬衰用今草鞋齊衰用麻鞋可也麻鞋今卒伍所著
者

◆大袖(대수)

丘儀如今婦人短衫而寬大其長至膝袖長一尺二寸其邊皆縫向外不緣邊準男子衰衣之制按
古者婦人皆有衰家禮本書儀而代以時俗之服所謂大袖者今世不知何等服也今人家有喪婦
女或爲短衫或爲長衫其制不一按事物記原唐命婦服**裙襦**大袖爲禮衣又云大袖在背子下身
與衫子齊而袖大及考衫子之制乃云女子衣與裳連至秦始皇方令短作衫衣裙之分自秦始也
據此說則大袖長短與衫子齊但袖大耳然謂之大袖則裁制必須寬大今準以衰袂之袪爲長尺
二寸蓋準袂恐太長故酌中而準以袪耳○五禮儀本國長衫

◆其服之制(기복지제)

一曰斬衰三年二曰齊衰三年杖期不杖朞五月三月三曰大功九月四曰小功五月五曰緦麻三
月○按斬不緝也今人謂緝爲練凡衣裳旁際下際皆不縫練故曰斬衰不言裁割而言斬者痛甚

之意也衰者哀摧之意也齊緝也謂緝其旁際下際之邊也大功言布之用功粗大也小功言布之
用功細小也總絲也以其縷之細如絲也又以澡治莩垢之麻爲經帶故曰總麻○又按禮謂服之
正皆期年而除以天地則已易矣四時則已變矣其在天地之中者莫不更始焉以是象之也聖人
以孝子之心不可以已于是再期再期又不可已于是加之三月共二十七月是三年喪畢者特加
隆于父母已爾以二十七月歷三年故必爲三年且以象天地之閏與子生三年始免父母之懷之
義也期年者衆天地之一歲也九月者象物之三時而成也五月者象五行也三月者象一時也○
又按斬齊大小功總者五服也而齊衰之制復有五其一曰齊衰三年乃子爲母女在室及反在室
爲母承重者爲祖母母及繼母慈母爲長子妾爲夫之長子婦爲夫之母爲人後者爲所後母○國
初更定服制著爲孝慈錄去齊衰三年之制不用而分其凡爲母者皆入斬衰凡爲子者皆入不杖
期今從之

◆期功以下成服(기공이하성복)

檀弓成人有其兄死而不爲衰者聞子皐將爲成宰遂爲衰成人曰蠶則績而蟹有匡范則冠而蟬
有緌兄則死而子皐爲之衰註喭兄死者其衰之不爲死如蟹有匡蟬有緌不爲蠶之績范之冠也
范蜂也緌蟬喙長在腹下陳註成魯邑名匡背殼似匡也○張子曰某始持期喪恐人非笑已亦自
若羞恥自後雖大功小功亦服之人亦以爲熟已亦熟之天下事大患只是畏人非笑又詩曰有喪
不勉道終非少爲親嫌老爲衰擧世但知隆考妣功總不見我心悲註時人以親嫌不持功服○問
今俗期功以下喪不成服只用布帶失禮甚矣退溪曰親親之義衰薄甚矣可歎也

◆服有四制(복유사제)

一曰正服如爲父母爲祖父母爲伯叔爲兄弟之類二曰加服謂本輕而加之爲重如嫡孫爲祖不
杖期承重則斬衰三年之類三曰降服謂本重而降之爲經如爲妻杖期姑在則不杖之類四曰義
服謂本無服而以義起之者如舅姑爲婦及爲人後者爲所後之類

◆五服年月(오복년월)

三年問三年之喪何也曰稱情而立文因以飾群別親疏貴賤之節而弗可損益也故曰無易之道
也創鉅者其日久痛甚者其愈遲三年者稱情而立文所以爲至痛極也斬衰苴杖居倚廬食粥寢
苫枕塊所以爲至痛飾也三年之喪二十五月而畢哀痛未盡思慕未忘然而服以是斷之者豈不
送死有已復生有節也哉凡生天地之間者有血氣之屬必有知有知之屬莫不知愛其類今是大
鳥獸則失喪其群匹越月踰時焉則必反巡過其故鄉翔回焉鳴號焉蹢躅焉踟躕焉然後乃能去
之小者至於燕雀猶有啁噍之頃焉然後乃能去之故有血氣之屬者莫知於人故人於其親也至
死不窮將由夫患邪淫之人與則彼朝死而夕忘之然而從之則是曾鳥獸之不若也夫焉能相與
群居而不亂乎將由夫脩飾之君子與則三年之喪二十五月而畢若駟之過隙然而遂之則是無
窮也故先王焉爲之立中制節壹使足以成文理則釋之矣然則何以至期也曰至親以期斷是何
也曰天地則已易矣四時則已變矣其在天地之中者莫不更始焉以是象之也然則何以三年也
曰加隆焉爾也焉使倍之故再期也由九月以下何也曰焉使弗及也故三年以爲隆總小功以爲
殺期九月以爲間上取象於天下取法於地中取則於人人之所以群居和壹之理盡矣疏鉅大也
復生復吉反常之禮遂之謂不除也壹使之壹謂齊同言立中制節君子小人皆使足以成文章義
理則釋去其服陳註人不能無群立文以飾之則親疏貴賤之等明矣弗可損益者中制不可不及
亦不可過是所謂無易之道也焉使之焉語辭弗及恩之殺也取象於天地者三年象閏期象一歲
九月象三時五月象五行三月象一時也取則於人者始生三月而翦髮三年而免父母懷也和以
情言壹以禮言○喪服小記再期之喪三年也期之喪二年也九月七月之喪三時也五月之喪二
時也三月之喪一時也故期而祭禮也期而除喪道也祭不爲除喪也○方氏曰或以三月或以五
月或以九月或以期年或以三年喪凶禮也乃以陽數之奇何哉蓋陰所以致死陽所以致生死而
致生之者不忍死其親之意也○愚按五服年月之數三年問及小記之說盡矣其七月之象三時
五月之象二時而其數少差者特以降殺以兩之義行乎其間耳陳註所謂五月象五行之說亦得

矣方氏說恐傳會

◆服術(복술)

大傳自仁率親等而上之至于祖名曰輕自義率祖順而下之至于禰名曰重一重一輕其義然也
疏率循也親父母也等差也若用恩愛依循於親節級而上至於祖遠者恩愛漸輕故名曰輕也義
主斷割用義循祖順而下之至於禰其義漸輕祖則義重故名曰重也義則祖重而父母輕仁則父
母重而祖輕高曾之服進以齊衰豈非爲尊重而然耶至親以期斷而父母三年寧不爲恩深乎○
服術有六一曰親親二曰尊尊三曰名四曰出入五曰長幼六曰從服註術猶道也疏親親者父母
爲首次妻子伯叔尊尊者君爲首次公卿大夫名者若伯叔母及子婦弟婦兄嫂之屬也出入者女
在室爲入適人爲出及爲人後者也長幼者長謂成人幼謂諸殤從服者下文六等是也○從服有
六有屬從有徒從有從有服而無服有從無服而有服有從重而輕有從輕而重陳註屬親屬也子
從母而服母黨妻從夫而服夫黨夫從妻而服妻黨是屬從也徒空也非親屬而空從之服其黨如
臣服君之黨妻服夫之君妾服女君之黨庶子服君母之父母子服母之君母是徒從也如公子之
妻爲父母期而公子爲君所厭不得服外舅外姑如兄有服而嫂無服是從有服而無服也公子爲
君所厭不得爲外兄弟服而公子之妻則服之妻爲夫之昆弟無服而服娣姒是從無服而有服也
妻爲其父母期重也而夫從妻服三月則輕母爲其兄弟之子大功重也而子從母服三月則輕此
從重而輕也公子爲君所厭自爲其母練冠輕矣而公子之妻服期此從輕而重也○服問有從輕
而重公子之妻爲其皇姑有從重而輕爲妻之父母有從無服而有服公子之妻爲公子之外兄弟
有從有服而無服公子爲其妻之父母○喪服小記從服者所從亡則已屬從者所從雖沒也服疏
服術有六其一是徒從徒從有四妾服女君之黨子服母之君母妾子服君母之黨臣服君之黨此
四徒之中惟女君雖沒妾猶服女君之黨其餘三徒所從既亡則止而不服已止也屬者骨血連續
以爲親也亦有三是子服母黨妻服夫黨夫服妻黨此三從雖歿猶從之服其親也○檀弓喪服兄
弟之子猶子也蓋引而進之也嫂叔之無服也蓋推而遠之也姑姊妹之薄也蓋有受我而厚之者
陳註兄弟之子在恩可親故引而進之與子同服嫂叔之分在義可嫌故推而遠之不相爲服姑姊
妹出適降服者蓋其夫受之而服杖期以厚之故本宗皆降一等○喪服傳註降有四品君大夫以
尊降公子大夫之子以厭降公之昆弟以旁尊降爲人後者女子子嫁者以出降○程子曰服有正
有義有從有報古者婦喪舅姑以期今以三年於義亦可但名未正此亦謂之從服(註從夫也)報
服若姑之子爲舅之子者服是也若爲母而推則及舅而止爲姑而推則可以及其子故舅之子無
服姑之子須當報之○朱子曰夏商以上大槩只是親親長長之義到得周來則又添得許多貴貴
底禮數如始封之君不臣諸父昆弟封君之子不臣諸父而臣昆弟期之喪天子諸侯絶大夫降然
諸侯大夫尊同則亦不絶不降姊妹嫁諸侯者則亦不絶不降此皆貴貴之義○南溪曰周制以公
大夫士爲升降服制之節至於家禮不用此義蓋自開元禮而然也○通考呂柟曰婦人爲夫之父
母世叔父母以上何不從夫爲夫之昆弟之子婦以下則何以從夫也曰上焉者夫之所尊也先我
而有者也我自外而入也故可降也下焉者夫之所親也後我而有者也彼自內出也故可不降也
○愚按婦之於夫黨皆是義服而相報者也夫之父母世叔父母以上則是已爲婦道而彼從已夫
降一等而服乎已故已亦降一等以報之也夫之昆弟之子女以下則是已爲母道而彼皆從已夫
而不敢降服乎已故已亦不降以報之也

◆致喪方喪心喪之制(치상방상심상지제)

檀弓事親有隱而無犯左右就養無方服勤至死致喪三年事君有犯而無隱左右就養有方服勤
至死方喪三年事師無犯無隱左右就養無方服勤至死心喪三年劉氏曰致喪極其哀毀之節也
方喪比方於親喪也心喪身無衰麻之服而心有哀戚之情所謂若喪父而無服是也○喪服四制
凡禮之大體體天地法四時則陰陽順人情故謂之禮夫禮吉凶異道不得相干取之陰陽也喪有
四制變而從宜取之四時也有恩有理有節有權取之人情也恩者仁也理者義也節者禮也權者
知也仁義禮智人道具矣其恩厚者其服重故爲父斬衰三年以恩制者也門內之治恩掩義門外

之治義斷恩資於事父以事君而敬同貴貴尊尊義之大者也故爲君亦斬衰三年以義制者也三
日而食三月而沐期而練毀不滅性不以死傷生也喪不過三年苴衰不補墳墓不培祥之日鼓素
琴告民有終也以節制者也資於事父以事母而愛同天無二日土無二王國無二君家無二尊以
一治之也故父在爲母齊衰期者見無二尊也杖者何也爵也或曰擔主或曰輔病婦人童子不杖
不能病也百官備百物具不言而事行者扶而起言而後事行者杖而起身自執事而後行者面垢
而已禿者不髽偏者不袒跛者不踊老病不止酒肉凡此八者以權制者也陳註四制謂以恩制以
義制以節制以權制也疏爵者有德其恩必深其病必重故杖爲爵者設喪服傳云無爵而杖者何
擔主也擔假也尊其爲主假之以杖喪服傳云非主而杖者何輔病也謂庶子以下皆杖爲輔病故
也婦人未成人之婦人○坊記喪父三年喪君三年示民不疑也疏君無骨肉之親若不爲重服民
則疑其不尊今喪三年與父同示民不疑君之尊○荀子君之喪所以取三年者何也曰君者治辨
之主也詩曰愷悌君子民之父母彼君子者固有爲民父母之說焉父能生之不能養之母能食之
不能敎誨之君者已能食之矣又善敎誨之者也三年畢矣哉註治辨謂治人使辨別也食音嗣食
謂廩祿敎誨謂制命也君者兼父母之恩以三年報之猶未畢矣○學記師無當於五服五服不得
不親疏師於弟子不當五服之一而弟子若無師之敎誨則五服之屬不相親是師有三年之義故
亦與親爲類○白虎通義弟子爲師服者弟子有君臣父子朋友之道也故生則尊敬而親之死則
哀痛之恩深義重故爲之隆服○朱子君臣服議曰事親者親死而致喪三年情之至義之盡者也
事師者師死而心喪三年謂其哀如父母而無服情之至而義有所不得盡者也事君者君死而方
喪三年謂其服如父母而分有親疎此義之至而情或有不至於其盡者也然則所謂方喪者豈曰
必使天下之人寢苫枕塊飮水食粥泣血三年眞若居父母之喪哉

◆庶孽服(서얼복)

退溪曰爲庶之服人多疑問非徒家禮大明律無之如儀禮經傳集合古禮無不該載而亦無其文
尋常不曉竊恐古人嫡庶之分雖嚴而骨肉之恩無異非如今人待之以奴隷故其制服無所差別
歟國典亦不分差等今豈敢臆決惟在人自度處之○沙溪曰庶孽服勸人自度處之若無識之人
以無服爲是而不服則豈非害於倫理○問有服之親或於已婢有子而其子乃有服之人則如何
已婢未放良前似當無服尤菴曰婢爲乳母則當服況其親屬乎古有君爲臣服之禮矣

◆罪犯惡逆無服(죄범악역무복)

周禮公族有罪磬于甸人如其倫之喪無服註磬縊殺也甸人郊外不於市朝隱之也○文王世子
公族之罪刑于隱者不弔不爲服○問罪犯惡逆則大義滅親者服制遂菴曰滅親則無服義理然
也

◆爲親屬爲僧者服當否(위친속위승자복당부)

宋史禮志陳可曰進士黃價有叔爲僧喪服無明文釋門儀式見父母不拜居父母喪不経死則法
門弟子爲之制服其於本族幷無服式禮爲叔父外繼者降大功爲叔僧合比外繼服大功○通考
徐乾學曰僧道不爲親屬行服則爲之親屬者亦當不爲僧道行服矣

◆童子有経帶(동자유질대)

艮齋曰童子有経帶喪服及雜記疏俱有明文故鏡湖梅山皆不從沙溪說昔先師喪仲季二胤用
首経雖有人言而不之改矣

◆童子成服當否(동자성복당부)

備要或曰凡服必相報長者於童子有三殤遞减之制則童子於長者亦當遞减其服更詳之○沙
溪曰據喪服記註疏當室童子雖服本宗而不服外親緦是亦遞减之義也不當室者雖本宗亦無
緦則小功以上獨不遞减乎惟祖父母曾祖父母則依女雖適人不降之義而不降○尤菴曰成人
之降殤家禮有明文而殤之降成人只見於通典亦難據此以爲不易之定論耳○退溪曰禮童子
不緦當室則緦然古有子幼則以衰抱而拜賓之禮況過十歲童子寧不服耶但其服或未必如成

人而總則不服耳○南溪曰禮有上下尊卑之體尊者雖以童子減其服而卑者恐不當以童子而減長者之服○南塘曰童子之遇親喪者不可自計其年而遞降其喪則他服不可獨異童子不可盡責以成人之事故不服輕服此與服而降其月數者其義不同矣○陶菴曰劉智云童子八歲則制服今童子八歲以上者哀慼親黨之喪如成人者有之又況年十八九者於五服之喪豈可以已爲童子而遞減其服乎備要說恐難遞從

◆衰布用縣無害(최포용면무해)

艮齋曰木綿是名古貝(或訛作吉貝)非今之草綿草綿出南蕃宋末始入江南云云此載本草綱目大槪與所示同韋觀所聞淸人邵作舟所傳中州喪服之通用麻綿二布已五六百年者恐非浪傳丁氏若鏞亦有縣布衰裳之說大抵周公時所未有故禮只有麻布之制自是理勢然爾愚嘗對溪雲丈言國恤殯前貧民遭艱艱於貿布而不制服者代用縣布恐無不可矣比見南俗喪者用染黃麻布爲衣甚駭人眼目如此者不如用粗縣布此意再與韋觀商兩而示之也

제 1 절 상복제도(喪服制度)

⊙厥明(궐명)

大斂之明日死之第四日也

⊙그 다음 날이다.

대렴(大斂)한 다음날로 운명(殞命)한지 나흘째 되는 날이다.

◆生死者計日數(생사자계일수)

曲禮生與來日死與往日註與猶數也成服杖生者之事也數死之明日爲三日斂殯死者之事也從死日數之爲三日是三日成服者乃死之第四日也○永嘉戴氏曰死者日遠生者日忘聖人念之故三日而殯死者事也以往日數三日而食生者事也以來日數其情哀矣聖人察於人情之故而致意於一日二日之間以此敎民而猶有朝祥暮歌者悲夫

◆大斂成服不可同日(대렴성복불가동일)

備要按楊氏曰大斂雖畢人子不忍死其親故不忍遽成服必四日而後成服據此大斂與成服不可同日幷行也世人或以斂具未備過三日而大斂仍以其日成服殊失禮意也○沙溪曰雖四日五日而大斂人子不忍之意與三日大斂何異不可以上食稍遲而遽成服也○尤菴曰先王制禮旣以入棺成服爲死者生者之日其所以分而二之者深意存焉何可以入棺之進退合之於一日乎

⊙五服之人各服其服入就位然後朝哭相弔如儀(오복지인각복기복입취위연후조곡상조여의)

(便覽儀節是日夙興五服之人各服其服去括髮免著喪冠以孝巾承之加首絰服衰裳承以中衣帶絞帶腰絰著屨杖期以上執杖婦人去髽亦着冠衰裳絰帶屨(杖)○雜記爲長子杖則其子不以杖卽位男位於柩東西向女位於柩西東向各以服爲序擧哀相弔諸子孫就祖父及諸父前跪哭盡哀又就祖母及諸母前亦如之女子就祖母及諸母前哭遂就祖父及諸父前如男子之儀賓至拜之)

　　楊氏復曰三日大斂可以成服矣必四日而後成服何也大斂雖畢人子不忍死其親故不忍遽成服必四日而後成服也禮生與來日死與往日取此義也

⊙오복(五服)의 복인(服人)들은 각각 당한 상복(喪服)을 입고 위전으로 들어가 조곡(朝哭)을 한 연후에 서로 의례(儀禮)에 따라 조문(弔問)한다.

이날 아침 일찍 일어나 오복(五服)의 복인(服人)들은 각각 당한 상복(喪服)을 입되 머리를 올려 묶었던 끈과 머리를 돌려 묶은 문(免)끈을 풀고 효건(孝巾)에 상관(喪冠)을 쓰고 그 위에 수질(首絰)을 덧쓴다.

중의(中衣) 위에 최(衰)상복과 치마를 입고 교대(交帶)와 요질(腰絰)을 두르고 짚신을 신는다. 상장(喪杖)은 일년 이상 복인만 집는다. 부인들은 상중 복 머리를 풀고 역시 관(冠)을 쓰며 최(衰)상복에 수질(首絰)과 요질을 두르고 교대를 띠고 짚신을 신는다.

장자(長子)를 위하여 상장(喪杖)을 짚으면 그의 자식들은 상장을 짚지 않는다. 앉는 자리는 남자는 시구(尸柩)의 동쪽에서 서쪽으로 향하여 앉고 여자의 자리는 시구의 서쪽에서 동쪽으로 향하되 복의 차서 대로 하여 모두 슬피 서로 조문(弔問)한다.

자손들 모두는 조부(祖父)와 여러 부친 앞으로 나아가 무릎을 꿇고 슬픔을 다하여 곡하고 또 조모(祖母)와 여러 모친 앞으로 나아가 역시 같게 한다. 여자들도 조모(祖母)와 여러 어머니 앞에서 곡하고 조문을 마쳤으면 조부(祖父)와 여러 부친(父親) 앞으로 나아가 남자들의 의식과 같이 조문한다. 조문객이 도착하였으면 조문을 받고 절을 한다.

◆相弔哭(상조곡)

儀節是日夙興五服之人各服其服執杖有腰絰者絞其麻本之散垂諸子孫就祖父前及諸父前跪哭皆盡哀又就祖母及諸母前哭亦如之女子就祖母及諸母前哭遂就祖父諸父前如男子之儀主婦以下就伯叔母哭亦如之訖復位按弔哭儀出大明集禮今採補入○愚按開元禮始有此禮○魏氏堂曰禮惟擧哀相弔今有設牲醴以祭者朱子曰禮未葬奠而不祭但酌酒陳饌再拜以祭爲吉禮故也

◆朝哭(조곡)

備要士喪禮婦人卽位于堂南上哭(圖式堂東西面)丈夫卽位于門外西面北上外兄弟(註異姓有服者)在其南南上賓繼之北上門東北面西上門西北面東上西方東面北上(疏外位皆有哭)主人卽位辟(註開也)門婦人不哭主人拜賓旁三(註先西面拜乃南面拜東面拜)右還入門哭婦人踊主人堂下直東序西面兄弟皆卽位如外位(註兄弟齊衰大功者主人哭則哭小功緦麻亦卽位哭)卿大夫在主人之南諸公門東少進(註賓皆卽此位乃哭)○儀節男位於柩東西向女位於柩西東向各以服爲次○龜峯曰今人多膠守襲時位次而不改甚不可○南溪曰所謂入就位者皆指爲位哭條尸牀東西位也竊詳家禮葬前則皆用此位今備要直用儀禮西向位恐非家禮本意但今人家廳堂狹隘勢不得不阼階下位○愚按古禮小斂前則男女位在尸牀東西皆南上至小斂拜賓後主人阼階下西面北上婦人阼階上西面南上成服朝夕哭位及饋奠時皆如是故饋奠設於奧而其位皆順且便矣家禮則殯後雖不詳言爲位而靈座設於堂中而柩在靈座之北近西序則男女位皆如古禮然後方可無所妨礙要訣已然而書儀弔奠條亦云主人導賓入至靈座前則可見位在階下矣若一從襲時尸牀東西位則婦人位已難容矣儀節之位於柩東西者蓋以殯柩在堂中故也如此則其行饋奠於靈座之時男女皆拜於靈座之後矣其可乎備要之兼取儀節可疑又按備要取士喪禮門外位及拜賓儀皆是本世之所難行者故陶菴有哀遑罔極似未暇之說今據此恐當刪丈夫卽位以下至婦人踊一節○沙溪曰襲後及祥禫皆以服之輕重爲次雖諸父在主人之後○河西曰朝哭卽下所謂朝夕哭之朝哭也

◆成服奠當否(성복전당부)

魏氏堂曰禮惟擧哀相弔今有設牲醴以祭者朱子曰禮未葬奠而不祭以祭爲吉禮故也○五禮
儀入就位哭盡哀乃奠註如大斂儀○遂菴曰各服其服而朝哭朝哭後服人相弔設朝奠上食則
在於食時今俗合設奠上食名曰成服祭一依禮說行之宜矣○南溪曰成服盛祭於禮無據蓋以
事死之初故情勝至此勿用可也

◆相弔如儀(상조여의)

儀節諸子孫就祖父及諸父前跪哭盡哀又就祖母及諸母前亦如之女子就祖母及諸母前哭遂
就祖父諸父前如男子之儀主婦以下就伯叔母哭亦如之哭弔儀出大明集禮○輯覽按開元禮
始有此禮○尤菴曰旣曰相弔如儀朱子時必有其儀而今不可考耳世俗男女相向跪哭依此行
之亦無所妨耶

◆父祖偕喪成服先後(부조해상성복선후)

問祖父母與父母偕死襲斂成服何以爲之沙溪曰喪在一日內襲斂當先祖後父若父喪差先一
二日則當以先死爲先也成服亦然若祖喪差先則諸父諸兄不可拘於承重孫退日成服也宗孫
則在父母喪被髮或括髮之時不可遽成祖父母之服而殺其哀也待父母喪成服之日先祖後父
似爲得也○愚按成服亦然之訓可疑蓋父喪差先一二日則襲斂固當先父也成服比襲斂稍緩
而亦先父則在其祖襲斂之際諸孫免絰在首而成父服莫或未安否且若宗孫則是承重服而方
在被括之中尤豈非未安之甚者耶恐皆當退待成祖服之日而先尊後卑矣未知如何

◆父祖在不同杖(부조재부동장)

問禮曰爲長子杖則其子不以杖卽位然則父在爲母杖者亦不以杖卽位乎尤菴曰爲母杖者亦
當避父而未見明文不敢質言○問祖母若母之喪祖若父杖則雖杖而同處則未杖乎愼獨齋曰
卽位則不可同杖也

⊙各服其服入就位朝哭相弔儀禮節次(각복기복입취위조곡상조의례절차)

是日夙興○具服(五服之人各服其服執杖有腰絰者絞其麻本之散垂者)○各就位(男位於柩東西
向女位於柩西東向各以服爲次序)○擧哀○相弔(諸子孫就祖父前及諸父前跪哭皆盡哀又就祖母
及諸母前哭亦如之女子就祖母及諸母前哭遂就祖父諸父前如男子之儀主婦以下就伯叔母哭亦如之
訖)○復位○按哭弔儀出大明集禮今採補入

⊙각각 당한 상복을 입고 제자리로 들어가 조곡(朝哭)을 하고 서로 조문하는 의례절차.

이날 일찍 일어나 ○상복을 갖춰 입는다. (오복인은 각각 당한 상복을 입고 상장을
집고 요질을 매되 그 끝을 풀어 늘어트린다) ○각각 제자리로 나간다. (남자의 자리는
시구의 동쪽에서 서쪽으로 향하고 여자의 자리는 시구의 서쪽에서 동쪽으로 향하여
복의 차서 대로 선다) ○모두 슬피 곡한다. ○서로 조문한다. (자손 모두는 조부와 여
러 부친 앞으로 나아가 무릎을 꿇고 모두 슬픔을 다하여 곡하고 또 조모와 여러 어
머니 앞에서 곡하기를 또한 같게 한다. 여자들도 조모와 여러 어머니 앞에서 곡하고
조문을 마쳤으면 조부와 여러 부친 앞으로 나아가 남자들의 의식과 같게 조문을 한
다. 주부 이하는 백숙모에게로 가서 곡하기를 역시 같게 하고 마친다) ○제자리로 간
다.

◆喪服制度(상복제도)

喪服四制凡禮之大體體天地法四時則陰陽順人情故謂之禮訾(訾)之者是不知禮之所由生
也夫禮吉凶異道不得相干取之陰陽也喪有四制變而從宜取之四時也有恩有理有節有權取

之人情也恩者仁也理者義也節者禮也權者知也仁義禮知人道具矣註體天地以定尊卑法四時以爲往來則陰陽以殊吉凶順人情以爲隆殺先王制禮皆本於此不獨喪禮爲然也故曰凡禮之大體吉凶異道以下始專以喪禮言之喪有四制謂以恩制以義制以節制以權制也○嚴陵方氏曰恩則有所愛故曰仁理則有所宜故曰義節則有所制故曰禮權則有所明故曰知此四者人之所由廢一不可也取之者謂取而法之故也其所謂則也順也蓋亦若是而已○馬氏曰天地者禮之本也陰陽者禮之端也四時者禮之柄也人情者禮之道也恩義所以厚其死節權所以存其生厚其死者故爲父斬衰三年爲君亦斬衰三年存其生者故曰毀不滅性不以死傷生也

⊙成服之具(성복지구)

(衰裳布)斬衰極麤生布齊衰次等麤生布期次等生布大功稍麤熟布小功稍細熟布緦極細熟布每一人三十五六尺(布帛尺)若布狹而連幅則五十二三尺○최상포. 즉 상복 짓는 베. ○참최복은 제일 성근 생베이며 자최복은 다음 성근 생베이며 일년상복은 다음 생베이며 대공복은 조금 성근 숙포이며 소공복은 조금 고운 숙포이며 시마복은 아주 고운 숙포(熟布)로 짓되 한 사람마다 삼십 오륙 척씩이다. 만약 베의 광이 좁은 협포이면 베폭을 붙여 써야 하니 오십 이삼 척이다. (孝巾及冠梁布)各於其服用稍細者○효건 급 관량포. ○각각 상복보다 조금 고운 베로 한다. (冠梁紙)厚紙或褙用○관량지. ○두꺼운 종이나 혹은 배접하여 쓴다. (纓武布)齊衰以下各於其服用稍細者○영무포. 즉 굴건 끈과 굴건 갓끈. ○자최 이하는 각각 그 상복보다 조금 고운 베로 한다. (中衣布)升數各如其服○중의포. ○승수는 각각 그 상복과 같게 한다. (竹)斬衰杖○죽. 즉 대나무. ○참최 복인의 상장. (桐)齊衰杖○家禮集說無桐代以柳蓋柳者類也猶桐者同也卽無葛之鄕用潁之義○동. 즉 오동나무. ○자최 복인 상장. (菅)或藁斬衰齊衰屨次○관. 즉 거적자리. ○혹 볏짚으로 참최 자최 복인들의 신과 거적자리를 만든다. (麻)不杖期屨次斬齊婦人同○마. ○부장기 복인의 신과 참최 자최 부인들도 같다. (繩)或布大功屨次杖期以下婦人同用布○승. 즉 노끈. ○혹은 삼으로 대공 복인의 신과 자리를 만들고 장기 이하 부인들도 같은 삼으로 한다. (婦人衰裳布)準男子衰裳之布○부인 최상포. ○남자들의 최상포에 준한다. (蓋頭布)準男子冠梁之布○개두포. ○남자들의 관량포에 준한다. (頭帉布)婦人以六升布爲總束其本末出紒後所垂者○두수포. 즉 머리를 가려 덮는 옷. ○부인들이 육승 베로 외출 할 때 머리에 뒤집어 쓰고 쪽 뒤로 늘어트리는 옷. (竹木簪)○죽목잠. 즉 대나무나 나무 비녀. (侍者衣布)稍麤生布○시자의포. 즉 종들의 옷. ○조금 거친 생포로 짓는다. (針)○침. 즉 바늘. (線)○선. 즉 실.

⊙斬衰男子服式(참최남자복식)

家禮極麤生布用麻有子麻○通解正服衰三升冠六升義服衰三升有半冠六升

⊙참최(斬衰) 남자 복식.

가례(家禮) 복식에는 제일 거친 생베로 짓되 삼은 씨 있는 삼이다. ○통해(通解)의 복식에는 정복으로 최복(衰服)은 삼승(三升)이며 굴건은 육승이고 의복으로 최복은 삼승에 반을 더하고 굴건은 육승이다.

●冠(관)

便覽用厚紙糊爲材廣五寸二分半裹以布布升比衰稍細三年之喪鍛而勿灰期以下用灰鍛襞積爲三梁其法從一方計七分半之外又中摺七分半爲梁如是者凡三所餘又爲七分半襞積之則爲廣三寸或以廣五寸二分半之材分識作七以第二分第四分第六分中摺之爲梁則如法而大功以上皆向右小功以下皆向左用線縱縫其梁長足跨頂前後斬衰以麻繩爲武齊衰以下用布夾縫廣一寸許從額上約之至項後交向前各至耳邊結之垂其餘爲纓使結於頤下屈冠兩頭入武內向外反屈之縫於武所謂外畢○按今之喪冠太狹似未安就考三才圖會所畵喪冠其廣

恰覆人首豈華人所著不似我東所著之狹耶朱子於造主尺式云非如律尺得一書爲據足矣如
神主之重大而猶以得一書爲據爲足則家禮喪冠下旣無用指尺之語今若度用布帛尺則可與
圖會所畫合矣朱子於喪冠之制考之政和禮而始知之或以政和所用之尺言之而東人未之考
耶

雜記註吉冠則福縫向左在爲陽吉也凶冠則向右右爲陰凶也功緦輕故向左同於吉○檀弓古者冠縮
縫今也衡(橫)縫故喪冠之反吉非古也疏曰縮直也殷尙質吉凶冠皆直縫直縫者辟積福少故一一前
後直縫之衡橫也周尙文冠多辟積不一一直縫但多作福而幷橫縫之若喪冠質猶疎辟而直縫是與吉
冠相反時人因言古喪冠與吉冠反故記者釋之云非古也止是周世如此耳古則吉凶冠同直縫也

●|冠(冠)| 즉 속칭 굴건(屈巾). ○제법. 두꺼운 종이로 광이 다섯 치 두 푼 반으로 하
여 베로 싸 붙인다. 베의 승수는 상복에 견줘 조금 고운 것으로 삼 년 복인은 잿물에
삶지 않고 다듬은 베이며 기복 이하는 잿물로 삶아 다듬은 베로 관(冠)의 주름을 셋
으로 접되 접는 법은 종으로 주름 셋을 접을 것을 계산하고 첫 번 주름을 외부로 칠
푼 반을 접는다. 또 중간을 칠 푼 반을 접어 붙여 관의 골을 처음과 같이 만들고 또
나머지 칠 푼 반을 접으면 주름이 모두 셋이 되는데 주름 셋의 광은 세치가 된다.

또는 광 다섯 치 두 푼 반을 칠 등분하여 두 번 째 등분된 선과 첫 번째 등분 된 선
중간을 접어 붙이면 제일 량(第一梁)이 되고 제사등분선 제육 등분 선을 그와 같이
하면 된다. 주름의 접어 붙이는 방향은 대공(大功)이상 복인의 관은 오른편으로 접어
붙이고 소공(小功) 이하 복인의 관은 왼편으로 접어 붙여 종으로 실로 감친다.

량(梁)을 양다리와 같이 반을 접어 앞과 뒤로 참최(衰) 관은 머리에 둘러매는 끈을
마(麻) 끈으로 매고 자최(齊衰) 이하의 관은 베를 폭이 한치쯤 되게 좁게 접어 꿰매
어 이 끈에 관량(冠梁)의 한쪽을 이마 위에서 매고 또 관량의 한쪽 끝을 뒤에서 엇걸
리게 하여 매고 그 양 끈을 양쪽 귀 위에서 맺어 턱밑까지 늘어트려 늘어진 끈을 관
(冠) 끈으로 삼는다. 굴건의 앞과 뒤 양끝을 관의 끈에 이어 맬 때 끈 속으로 관을
넣어 밖으로 접어 관 끈에 접어 붙인다. 이른바 이를 외필(外畢)이라 한다.

●孝巾(효건)

備要用以承冠者其制用布裹首合縫在後之中摺其兩旁藏在裏縫合其上從前後望之如方冠
俗稱頭巾

●|효건(孝巾)| 즉 속칭 두건. ○제법. 베 폭(幅)을 머리에 둘러 뒤에서 꿰매고 양 귀
위 양방을 안으로 접어 넣어 그 위를 꿰맨다.

●衣(의)

便覽用布二幅各長四尺六寸(指尺)中屈下垂前後各長二尺三寸除縫餘一寸則長二尺二寸
兩肩上中屈處四寸之下疊前後兩葉左右幅各裁入四寸訖分摺所裁者向外各加兩肩上以爲
左右適卽辟領也旣摺所裁者向外其前後左右虛處各方四寸卽闊中也(大功以下無辟領其分
摺向外者卽翦去之)以後兩葉聯合背後縫凡五服衣縫皆向外下並同

●|의(衣)| 즉 상복 최상의(衰喪衣). ○제법. 베를 길이 넉자 여섯 치 되게 두 폭을 재
단하여 각 폭 중간을 접으면 두자 세치가 된다. 지척(指尺)으로 한치는 꿰매 붙이는
여유 분으로 제하면 실지 길이는 두자 두 치가 된다. 양 어깨 접은 위 즉 목 부분에
서 네 치 아래 전후 폭을 겹쳐 좌우 폭 모두 옆으로 네 치를 자르고 밖으로 꺾어 접
어 양 어깨위로 올려 붙이면 좌우적(左右適) 즉 벽령(辟領)이 된다. 자른 것을 좌우로
접어 붙인 전후 좌우 빈 곳을 활중(闊中)이라 한다. 이후 양 의신(衣身)의 뒤를 붙여
꿰맨다. 오복의 윗옷은 외부로 솔기를 내어 꿰맨다. 윗옷을 꿰매 붙일 때는 모두 이
와 같이 한다. ○옆과 하단은 접어 꿰매지 않는다.

●袂(메)

用布二幅各長四尺六寸中屈之縫聯於衣身之左右又縫合其下際除縫餘一寸則亦各二尺二寸又於袂端縫合其下一尺爲方袂留其上一尺二寸爲袂口卽袪也

●메(袂) 즉 소매. ○제법. 베 두 폭을 각 장을 넉자 여섯 치 되게 재단(裁斷)하여 중간을 접어 의신(依身)의 좌우에 붙여 꿰맨다. 소매 아래 단을 한치 남기고 꿰매면 소매통은 두 자 두 치가 된다. 메구(袂口) 즉 소매 부리로 한자 두 치를 남기고 밑으로 남은 한자를 꿰매 봉하면 소매 부리가 된다.

●加領(가령)

別用布長一尺六寸許闊八寸許縫摺而中分之其下一半兩端各裁斷方四寸除去不用只留中間八寸以加後之闊中從項上分左右對摺向前垂下以加於前闊中

●가령(加領) 즉 옷깃. ○제법. 베 한자 여섯 치 광 여덟 치쯤 되게 하여 양쪽 귀부분을 사방 네 치 되게 정사각형으로 잘라낸다. 잘라내고 남은 여덟 치가 뒤 가령(加領)이 되고 윗부분 한자 여덟 치를 중간을 접어 좌우변이 마주보게 접어 내려 앞 활중(闊中)에 붙이면 앞 가령 즉 앞의 양 깃이 된다.

●袷(겁)

卽加於領裏者用布一條長一尺六寸許廣一尺四寸分作三條二條疊縫於領以加於前闊中一條橫摺爲二重加於後闊中並加領乃三重也

備要楊氏所謂分作三條施於袷而適足無餘欠者也○南溪曰袷今人識禮之家只用於孝子喪服蓋亦鮮矣○鏡湖曰喪服經傳記及註疏與禮記及通解圖式幷無所謂喪服之袷者而獨此附註有之且袷之名義殊未正當未知楊說何據儀節所不取而獨備要取之窃恐可疑矣然則據古禮不用恐當

●겁(袷) 즉 덧붙이는 안 옷깃. ○제법. 베의 길이 한자 여섯 치 광이 한자 네 치를 석장으로 나눠 두 장은 접어서 앞 활중에 꿰매 붙이고 한 장은 종(縱)으로 접어 겹으로 만들어 뒤 활중(闊中)에 덧붙이면 가령(加領)과 함께 세 겹이 된다.

●帶下尺(대하척)

用縱布廣一尺一寸上屬於衣橫繞於腰以腰之闊狹爲度除縫餘一寸則高一尺

●대하척(帶下尺). 즉 의신(衣身) 밑에 덧붙이. ○제법. 베 폭을 종으로 광을 한자 한치로 하여 의신 밑에 횡으로 붙인다. 꿰매 붙이는 여유 한치를 제하면 높이는 한자가 된다.

●袵(임)

用布二幅各長三尺五寸每幅上於左旁一尺之下裁入六寸下於右旁一尺之上亦裁入六寸便於盡處相望斜裁以廣頭向上疊之布邊在外交暎垂之如燕尾狀沓綴於衣兩旁腋下斬衰前掩其後齊衰以下後掩其前

●임(袵) 즉 양 겨드랑이 의신 밑에 붙여 늘어트리는 옷자락. ○제법. 베 두 폭을 각 석자 다섯 치로 하여 매 폭 좌변 상단 귀에서 아래로 한자 되는 점에서 안쪽으로 여섯 치 자른다. 또 그 폭 우측 하단에서 한자 위를 안쪽으로 여섯 치를 자른 후 상단 자른 종점과 우변 하단 자른 종점을 이어 엇비스듬히 자르면 두 장으로 나뉘어진다. 각 밑의 장을 뒤집어 넓은 쪽을 위로하여 비스듬히 자른 쪽을 안으로 하여 겹치면 양 갓 변은 두자 다섯 치가 된다. 그러면 엇갈려 늘어진 모양이 흡사 제비꼬리 같게 된다. 이것을 의신 양 겨드랑이 밑에 참최복에는 두 장이 겹친 것이 앞으로 싸 덮게 하여 뒤로 가게하고 자최 이하 복에는 뒤로 싸 덮어 앞으로 오게 한다.

●衰(최)

用布長六寸廣四寸綴於衣外衿之前當心處大功以下不用

●최(衰) ○제법. 베 폭을 길이 여섯 치 광을 네 치로 재단하여 의신 앞 좌측 옷 밖으로 심장이 있는 곳에 얽어 맨다. 대공 이하의 복인에는 없다.

●負版(부판)

用布方尺八寸綴於領下當背垂之大功以下不用

備要大功以下無負版辟領衰○又按儀禮五服皆有衰負版辟領家禮大功始除此三者而今之行禮者牽於楊氏之說雖於祖父母及妻喪亦不用之恐非禮意當以家禮爲正

●부판(負版) 즉 부모를 등에 업고 다닌다는 뜻으로 의신의 뒤 대하척(帶下尺) 위쪽에 붙이는 베 폭. ○제법. 베 폭을 사방 한자 여덟 치로 잘라 의신 뒤 깃 밑에 꿰매 달아 늘어지게 한다. 대공 이하 복인은 없다.

●衣繫(의계)

四卽小帶二各綴於內外衿旁一綴於衣外右腋下一綴於衣內左腋下使相掩結

●의계(衣繫) 즉 옷고름. ○제법. 적은 띠 두 쌍으로 각 내외 옷섶에 꿰매 붙여 달되 한 쌍은 의신의 오른쪽 옷섶과 겨드랑이 밑 밖으로 달고 한 쌍은 왼쪽 옷섶과 겨드랑이 속으로 달아 매어 옷섶을 여며 맨다.

●裳(상)

用布七幅長短隨宜縫合爲前三後四每縫除左右縫餘各一寸前後不連每幅作三輒其作輒則於每幅上頭用指提起小許摺向右又提起小許摺向左兩相揍著用線綴住而空其中以爲輒相揍在外與幅巾輒不同如是者三又以布一條廣四五寸縱摺之綴前後七幅而前後相當處疊複小許而夾縫之約圍於腰又交掩小許兩端皆有小帶後帶短向前前帶長向後使重圍而相結於前○備要五服衣裳斬衰不緝邊齊衰以下緝邊○家禮本註衣縫向外裳縫內向○備要用線綴住

●상(裳) 즉 치마. ○제법. 베 일곱 폭으로 길이는 키에 맞춘다. 각 폭을 연결하여 꿰매 붙이되 앞이 세 폭 뒤가 네 폭으로 앞뒤 폭은 서로 연결하지 않는다. 매 폭 상단에 주름을 셋씩 잡되 주름 하나는 오른쪽으로 향하게 접고 또 한 주름은 왼쪽으로 향하게 접어 붙여 실로 바닥에 꿰매 붙인다. 또 한 주름을 반대쪽으로 잡고 또 한쪽의 주름을 잡되 그와 마주하게 하여 접어 붙인다. 각 폭을 이와 같이 주름을 셋씩을 잡는다. 또 같은 베로 광이 네 다섯 치를 종으로 접어 앞으로 세 폭 뒤로 네 폭을 조금 겹치게 하여 촘촘히 꿰매 붙여 허리에 둘러맨다. 매는 끈은 좁게 하여 양 말기 끝에 달되 뒤 끈은 짧게 하여 앞으로 향하게 하고 앞 끈은 길게 하여 뒤로 한번 돌려 앞에서 맨다. ○참최복은 단을 꿰매지 않고 자최 이하 복은 단을 접어 꿰매 붙인다. ○상의는 솔기를 외부로 향하게 하여 꿰매고 치마는 솔기를 안으로 되게 하여 꿰맨다.

●衰衣(최의)

便覽金賁亨曰喪禮衰衣圖無內外衿與儀禮不合儀禮喪服云衰長六寸博四寸註云廣袤當心疏云綴於外衿之上故得廣袤當心觀此衰衣有衿明矣今圖無衿而衰綴於衣之左殊失當心之義○王廷相曰衿註疏謬誤之大莫甚於此問喪曰親始死扱上衿若在裳之兩旁安謂之上大記曰小斂大斂祭服不倒皆在衿論語曰被髮左衿謂左掩其衿也若在裳之兩旁謂之左衿何居許氏說文曰衿衿交也若在裳之兩旁安有交義當別用布交解裁之綴於衣身之旁以承領以一爲上衿以一爲下衿黃氏所謂領下施衿是也近世丘氏有云註疏有綴衰於外衿上之文既曰有外衿則必有內衿矣今之衰衣制只有衣身而繫帶於兩旁如世俗所謂對衿衣者衣着之際遂使衰不當心殊失古制今擬綴繫帶四條以外衿掩於內衿之上則具服之際衰正當心矣丘氏雖有是

論然不知以衿施於袼下續於衣正幅之旁雖欲以外衿掩內然領止於領下安得斜掩於脇亦不
通之論也惟四明黃氏論云衽二尺五寸言用布一幅長二尺五寸斜尖裁施於領下作內外衿乃
爲得之蓋衣必有衿而後可以掩其胷體若如鄭賈之說是衣皆無衿如對衿比甲之制矣當心正
中其膚體暴露豈事理之順適聖人制衣之善哉○黃宗羲曰鄭賈之說衽綴於衣兩旁以掩裳旁
際此與深衣之曲裾其義同蓋以深衣之裳一旁連一旁不連故曲裾兩條重沓而掩於一旁喪服
前後不連故衽分綴於兩旁也夫既同是一物不應在彼爲鉤邊在此爲衽知彼曲裾之非則知此
衽之制未爲得矣且衣既對衿則前綴之衰不能居中鄭所謂廣袤當心者亦自牴牾矣今用布二
尺五寸交解裁之爲二狹頭向上廣頭向下綴於衣身之旁上以承領下與衣齊在左爲外衽在右
爲內衽此定制也喪服之制惟黃潤玉爲得之○按儀禮喪服記具著喪服制度其曰衣帶下尺者
謂束帶之下一尺則衣通長足以掩裳上際也其曰衽二尺五寸者謂前衿二尺五寸則其廣足以
交掩而結於腋下而兩領之交自方也其曰袂屬幅衣二尺有二寸者謂衣袂相屬處足以運肘也
其曰袪尺二寸者爲袂口足容幷兩手也聖人制衣皆以人身爲度取便而止非有巧法而若其曰
負曰適曰衰者皆是衣外之別物綴於衣身之前後左右義各有取其文義本非難曉而註疏家艱
險求之傅會已甚欲得巧法其說多鑿不必盡信是故朱子於家禮著其制而不言衣尺寸幾何但
曰衣長過腰足以掩裳上際盡棄註疏之說此蓋朱子深有得於聖人制作之意也以其衣者人之
所常服其制不必更著而惟長短則有許多般不可不明言故以人身爲準只據喪服記所謂衣帶
下尺之長曰過腰而掩裳上際其意甚簡易矣有領有衿衣之所必然雖不各著其制而人自知之
故不別言而包在一衣字之中矣非謂有巧法也又非謂無是也於負版辟領之下泛云綴於領下
則可知領無別般制也於衰下云綴於左衿之前則可知其有左右衿矣而楊氏拾取疏說於朱子
所棄之餘乃列用布尺寸之數詳錄裁領綴領之法必於衣身中裁成辟領爲左右適巧則巧矣而
未必是聖人制衣之意乃曰吉凶異制喪服領與吉服領不同是果有見於經傳乎同一衣也而吉
凶之所以不同者如內削幅外削幅之異及吉服則有黼黻文章以明其等威凶服則有衰適負版
以表其哀戚而已上下經傳衣領不同之說不少槪見凡經傳中言領者只有玉藻衿二寸及深衣
曲袷如矩則喪服領與吉服領不同者楊氏何證而取此說也尤可疑者作爲無衿之衣若果無衿
則所謂左衿者是何物也是故後儒論說不止金氏以圖爲與儀禮不合黃氏王氏以衽爲衿丘氏
則綴四繫相掩備要亦取丘說是不過欲使衰當心而如是則衰雖當心衣前牽引不正袼反當胷
亦非恰好之制徐氏通考以黃氏王氏說爲最善至以得此數說而衰裳之式無遺憾爲言夫註疏
之說若果是正當之制則朱子何不取錄於家禮之中而只以一衣字了當也朱子之意又有可證
者語類因論喪服朱子曰禮時爲大某嘗謂衣冠本以便身古人亦未必一一有義若要行須是酌
古之制去其重複使之簡易然後乃可此正家禮不從註疏說之意也又於君臣服議引用冕服朝
服曰皆直領垂之則如今婦人之服交掩而束帶焉則如今男子之服語類又答人問衰服領曰古
制直領如今婦人服以今考之冕服朝服領衿之制與東俗所謂直領衣之領衿無異且宋之婦人
服卽大衣而大衣領衿亦與今常服之衣無異以彼以此無一合於疏家之制而又於家禮斬衰註
曰旁及下際皆不緝齊衰註曰旁及下際皆緝若如疏家之制則其將指何邊謂旁而可緝不可緝
耶以是知疏家之制非朱子之所取也楊氏說載於家禮附註故卽今仍襲既久有難廢革而以朱
子改楊氏恐爲當然今以家禮爲正而參之以大全語類之意證之以朝服大衣之制兼採王氏黃
氏之說質之曲袷如矩之文略倣丘氏新制深衣衿領之樣著其制于下方而家禮又無帶下尺別
用布之文明儒又以別用布爲謬妄無據不成法制故亦依家禮不用別布而衽則王廷相所引衽
字來歷皆有可據黃宗羲所云知曲裾之非則知衽之制未爲得者足破註疏家衽與曲裾義同之
語矣朱子晚年去深衣曲裾不用則喪服之衽亦安知不在當去之中而既無朱子不用之證則今
不敢擅爲除去當仍存之而姑錄諸儒說以竢知者○今擬釐正喪服之制用布二幅各長六尺八
寸(指尺)中屈下垂前後各長三尺四寸兩肩上各裁入五寸縫合背後直縫除縫餘各一寸則兩
肩上裁入合爲八寸此衣身正幅也又於衣身兩旁自中屈處留接袖二尺三寸之下疊前後兩葉
左右各裁入八寸(布狹則隨宜)留一尺四寸反摺至衣下翦去之縫合兩旁除兩邊縫餘則每幅

廣各一尺二寸接袖處除袂下合縫一寸則摺轉處長一尺二寸除経帶之廣二寸(斬衰腰経圍七寸二分徑一圍三徑二寸四分故舉大數云二寸)則其下一尺此所謂帶下尺也又用布一幅長二尺五寸交解裁之爲二一頭廣一頭狹廣頭爲一尺四寸狹頭爲八寸以狹頭向上各綴於衣前左右正幅之旁除縫餘一寸則下廣一尺三寸上廣七寸下與正幅齊上以備承領此卽衿也衣正幅四各廣一尺二寸左右衿各廣一尺三寸衣前通廣二尺五寸所謂袵二尺五寸者似指此也齊衰以下兩衿旁各緝邊一寸則圍七尺二寸又自兩肩上裁入處至衿上斜摺又自衿上屬正幅處至衿邊上於六寸之下斜摺皆剪去之或摺向裏藏在又用布一條長四尺八寸廣八寸自項後摺轉向前綴於肩上左右裁入處至兩衿上斜摺處表裏各四寸夾縫之如婦人衣領此卽領也又用布二幅各長四尺六寸中屈之縫聯於衣身之左右又縫合其下際除縫餘一寸則長各二尺二寸此所謂袂屬幅衣二尺有二寸也又於袂端縫合其下一尺爲方袪留其上一尺二寸爲袪口此所謂袪尺二寸也又用布四條縫合爲衣繫四二各綴於內外衿旁領末一綴於衣外右腋下一綴於衣內左腋下使相掩結凡五服衣縫皆向外但斬衰旁及下際皆不緝齊衰以下旁及下際皆緝之展出外用線綴住負版同前衰同前適卽辟領左右有辟領用布各方八寸屈其兩頭相著爲廣四寸綴於領下在負版兩旁各擽負版一寸大功以下無負版辟領衰袵同前裳同前○又按儀禮負廣出於適寸適博四寸出於衰凡言長又言博者廣也單言博則方也書儀云辟領方四寸亦以此也似當用布兩片各方四寸分綴於領下左右搭在肩上後在負版兩旁各擽負版內一寸使負版左右各出於適外一寸適前出於衰上左右而家禮改書儀方四寸爲方八寸屈其兩頭相著爲廣四寸者必有意義故不敢遽改而復從書儀姑依家禮本文錄之博識者宜詳考之

●衰服(최복)

戼禮家禮衣長過腰足以掩裳上際此通帶下尺而言與喪服記衣二尺有二寸之說不同當以喪服記爲正又考大全答胡伯量書論帶下尺之制云衣只到帶處此半幅綴於其下以接之此當爲後來定論○衣背後縫但聯合而已非如深衣之左右各除一寸此據備要便覽可見○衣袂相聯處據衣則削幅袂則屬幅如深衣玄端朝服祭服皆然非獨衰服爲然○楊信齋衰服裁領綴領只是注疏說而非朱子所用嘗見大全答周叔謹書用布(缺)綴於領傍與家禮槃同而尤翁謂朱子不用闊中之制而直縫衣身如常制陶菴謂楊氏拾取疏說於朱子已棄之餘乃於衣中裁領爲適巧則巧矣而未必是聖人之意乃曰吉凶異制喪服領吉服領不同果見於經傳乎巍巖曰吉凶之別在於布帛之精疏綵緝之采素不必別爲崎嶬如鄭賈所云也今取完布無故鍥制而別用布艱辛塡補巧則巧矣其義安在朱子之不用乃聖賢超世之見而信齋却云差誤不亦惑歟今據三賢所論及喪服記負廣出於適寸及家禮辟領各擽負板一寸之說則領廣表裏各四寸不得不然而但長無可考然吉凶衣領不同之文上下經傳不少槪見且深衣領長與衣身齊而家禮云如今之直領衫語類答人問衰服領亦曰古制直領君臣服議又明言直領是古之喪服答黃寺丞問衰服領又明言當如深衣直領然則衰服深衣之領皆長二尺二寸而惟廣不同耳○領廣四寸則衰之綴於領外者或疑其不當心然此以我國布狹故有是言也古者布廣二尺二寸則衣之被於體者寬大而衰自當心(不拘領之內外要以當心爲主)○君臣服議曰私喪五服之制不殊溫公書儀但斬衰齊衰用此制而大功以下從俗禮非是按家禮與此不同實襲書儀之說也今此議乃朱子五十八歲所定而吾東先輩或未及細究乎此而謂家禮之大功以下去三物乃後賢損益之制今擬初喪五服及親喪練服皆用古禮而不苟徇俗例○負板若布狹雖聯幅必取方尺八寸之數○君臣服議曰斬衰其服直領大袖布衫加布衰辟領負板揜袵按領如楊氏只裁入四寸而塡布於其中而已則此何足謂之直領如深衣之制乎且辟領如楊氏只就衣裁開而已則又何以與別用布裁成之衰版袵幷言而云加歟袵如四禮便覽所疑安知不在當去之中云者則朱子此議在晚年而亦不去則不去之明證不必疑也○裳舊圖幷作一條前三幅綴於右後四幅綴於左張皐文圖前三幅居中後四幅分綴兩傍黃氏禮書通故謂二者皆非而其自爲說曰凡前三幅後四幅分作兩片服時先著後四幅再著前三幅裳際在兩傍前後相掩今按張圖誠未是舊圖則雖無不可恐未若黃圖之謹嚴○喪冠三寸便覽謂之太狹而用布帛尺此似無妨盖古者惟禿者用布巾承

冠則其餘人無巾而單著三寸之冠誠若無儀嘗質於先師則曰喪者衣裳絰帶皆用指尺而冠獨
用布帛尺却似未穩此又難違也

●中衣(중의)

便覽用以承衰服者用布生熟同衰服布升比衰稍細制同深衣斬衰亦以布緣邊○或用中單衣
制如俗(周遮衣)袂端不圓殺袂端及衿裔末皆緣之一名汗衫備要中衣卽古深衣制所以承衰
者或用中單衣之制不妨按雖斬衰深衣亦以布緣邊○喪服傳帶緣各視其冠疏帶謂布帶謂喪
服之內中衣用布緣之二者

●중의(中衣) 즉 최복을 받쳐입는 옷 일명 중단의(中單衣). ○제법. 최복 보다 조금
고운 베로 심의(深衣)와 같게 짓는다.

●行纏(행전)

便覽卽家禮所謂勒帛小學所謂縛袴禮雖不見於喪服今人皆用布爲之固不可廢布升當如中
衣

●행전(行纏) 즉 늑백(勒帛). ○제법. 베 승수는 중의와 같으며 양쪽 정강이에 꾀이
는 원통형으로 위에 끈을 둘을 달아 오금에 둘러맨다.

●首絰(수질)

便覽用以加於冠上者用麻兩股相交其大斬衰九寸齊衰七寸二分大功五寸七分小功四寸六
分緦三寸五分○士喪禮疏大拇指與大巨指搤圍九寸○喪服疏齊衰以下皆以五分去一絰帶
之等倣此推之○儀節長一尺七八寸○斬衰麻本在左從額前向右圍之以其未加於本上而繫
之齊衰以下麻本在右從額前向左圍之以其未繫於本下斬衰以麻繩爲纓而垂之結於頤下齊
衰以下用布小功以下無纓中殤七月亦無纓

> 檀弓絰也者實也陳註麻在首要皆曰絰分而言之則首曰絰要曰帶絰之言實明孝子有忠實之心也
> 首絰象緇布冠之缺項○喪服疏服以象貌貌以象以若服苴而貌美心不苴惡是中外不相稱無忠實
> 之心者也○儀節用有子麻帶黑色者爲單股繩約長一尺七八寸先將麻頭安在左邊當耳上却將其餘
> 從額前向右邊圍回項後邊至左邊原起頭處卽以麻尾加在麻頭上綴殺之又以細繩二條一繫在左邊
> 原起麻頭上一繫在右邊當耳上以固結之各垂其末爲纓如冠之制○斬衰麻本在左從額前向右圍之
> 以其末加於本上而繫之齊衰以下麻本在右從額前向左圍之以其末繫於本下斬衰以麻繩爲纓而垂
> 之結於頤下齊衰以下用布小功以下無纓中殤七月亦無纓○喪服傳左本左下疏本謂麻根以父是陽
> 左亦陽下是內以痛從心內發故也此對爲母右本在上○語類問溫公儀首絰綴於冠而儀禮疏說別材
> 而不相綴朱子曰綴也得不綴也得無緊要○輯覽喪服疏斬衰之絰圍九寸者首是陽故欲取陽數極於
> 九自衰以下自取降殺之義無所法象也

●수질(首絰) 즉 관 위에 덧쓰는 마(麻)를 외로 꽈 만든 굵은 머리띠. ○제법. 마(麻)
를 외로 꽈 양 끝을 서로 매어 머리에 맞게 둥글게 한다. 참최 수질의 굵기는 아홉
치이며 자최는 일곱 치 두 푼, 대공은 다섯 치 칠 푼, 소공은 네 치 육 푼, 시마(緦麻)
복인은 세치 오 푼이다. 맺는 법은 참최 수질은 마의 뿌리 쪽을 왼쪽 귀 위에서 뒤로
향하게 두고 앞이마를 지나 뒤로 돌려 뿌리 쪽 위에 끝을 앞으로 향하게 올려놓고
매며 자최 이하의 수질은 오른쪽 귀 위에서 뿌리 쪽을 뒤로 향하게 놓고 앞이마를
지나 뒤로 돌려 뿌리 밑으로 끝을 앞으로 향하게 놓고 맺는다.

●腰絰(요질)

便覽用以申束絞帶上者用麻兩股相交五分首絰去一以爲腰絰其圍斬衰七寸二分齊衰五寸
七分大功四寸六分小功三寸五分緦二寸八分其長中取圍腰而相結處左右各綴小帶以備固
結斬衰用麻繩齊衰以下用布絰相交之下左右各散垂三尺不絞至卒哭後絞之年五十以上者
及小功以下及婦人不散垂初卽絞之亦垂三尺兩頭用麻繩結之使不解散

> 備要婦人於憑尸後帶之男子遷尸後帶之又大功以上散垂其末長三尺至成服及絞啓殯復散垂卒哭

乃絞小功以下及年五十者及婦人初卽絞之殤之絰不絞其帶之垂者見儀禮禮記○輯覽按士喪記三
日絞垂註成服日絞要絰之散垂者疏以經小斂日要絰大功以上散垂不言成服之時絞之故記人言之
小功總麻皆初而絞之不待三日也旣夕禮丈夫散帶垂註爲將啓變也疏散帶垂者小斂節大功以上男
子皆然若小功以下及婦人無問輕重皆初而絞之玉藻疏始死三日前要絰散垂三日之後乃絞五十旣
衰不能備禮故不散垂以此觀之小斂日散垂而成服日乃絞明矣而家禮散垂之文見於成服條而不言
其絞之之時與禮經不同恐是闕文又按大全答胡伯量書曰絞帶一頭作環以一頭穿之而反揷於要間
以象革帶絰帶則兩頭皆散垂之以象大帶觀此文勢似謂成服後仍亦散垂然豈初年議論未定時之說
歟恐當以禮經爲正

●|요질(腰絰)| 즉 허리 띠. 교대(絞帶)를 매고 그 위에 마를 외로 꽈 허리에 매는 띠.
○제법. 수질의 굵기에서 오분지 일씩을 제한 굵기다. 즉 참최 수질 아홉 치에서 오
분지 일인 한치 팔 푼을 제한 일곱 치 두 푼의 굵기이며 자최는 다섯 치 칠 푼, 대공
은 네 치 육 푼, 소공은 세치 오 푼, 시마 복인은 두 치 팔푼이다. 요질의 중간을 쥐
고 허리에 둘러 서로 엇걸린 곳 좌우에 각각 짧은 끈을 달아 단단히 묶는데 참최는
마(麻) 끈으로 묶고 자최 이하에는 베 끈으로 묶는다. 요질의 서로 만나서 묶는 아래
좌우 양끝을 석자씩 풀어내려 졸곡(卒哭) 때까지 있다 졸곡이 지나면 다시 꽈 끝을
묵는데 나이가 오십이 넘었거나 소공 이하 복인과 부인들은 처음부터 풀지 않으며
석자 풀었던 것을 맬 때 역시 양끝을 마 끈으로 묶어 풀어지지 않도록 한다.

●絞帶(교대)

便覽用以束於腰絰下者斬衰用麻繩一條長十八九尺中屈之爲兩股各一尺餘結合爲彄子然
後合其餘順目相糾四脚積而相重卽三重四股其大較小於腰絰通長八九尺圍腰從左過後至
前乃以其右端穿彄子而反揷於右齊衰以下用布廣四寸許夾縫之爲二寸大功小功總以次較
狹皆屈其右端尺許用線綴住以爲彄布升各如其冠生熟各如其服

儀節用有子麻爲繩一條圓圍二三寸許初起長二尺就當中屈轉分爲兩股各長一尺結合爲一彄子然
後合兩股爲一條(此是經較小些)圍腰從左邊後至前乃以末稍串從彄子口邊反揷於右邊交絰之下
(如今人繫公服之革帶相似)○儀節按文公語錄首絰大一搤腰絰較小絞帶又小於腰絰今家禮本註
絞帶下謂其大如腰絰今擬較小爲是○朱子曰絞帶正象革帶但無佩耳革帶是正帶以束衣者不專爲
佩而設大帶乃申束之耳申重也故謂之紳

●|교대(絞帶)| 즉 요질(腰絰) 밑에 매는 허리띠. ○제법. 참최(斬衰)는 마 끈으로 길
이는 십 팔구 척을 중간을 접어 두 갈래로 하여 한자쯤에서 합쳐 고를 만든 뒤 두
가닥을 반대로 돌리면 네 가닥이 되는데 이를 꽈 돌리면 겹친 모양이 네 가닥으로
꽈으나 겹침은 세 가닥이 되니 이를 삼중 사고라 하며 대략 요질 보다는 가늘며 통
장(通長)이 팔구 척으로 줄어든다. 허리를 따라 좌측 뒤로 돌려 앞에서 우측 끝을 고
리구멍으로 꾀어 오른쪽으로 당겨 꽂는다. 자최(齊衰) 이하의 교대(絞帶)는 광이 네
치 되는 베를 좁게 꿰매어 두 치로 하며 대공, 소공, 시마(總麻) 교대(絞帶)는 차등이
있게 좁게 하여 모두 오른쪽을 한자쯤 접어 그 자리에 꿰매 붙여 고라는 구멍을 만
든다. 베의 승수는 각각 굴건(屈巾) 승수와 같게 한다.

●杖(장)

便覽家禮本註斬衰用竹高齊心本在下齊衰以桐之附註削之使下方取象於地○小記大如絰
註腰絰○無桐用柳

喪服疏爲父杖竹者父者子之天竹圓象天又內外有節象子爲父亦有內外之通又竹能貫四時
而不變子之爲父哀通亦經寒溫而不改也○問喪孝子喪親哭泣無數服勤三年身病體羸以杖
扶病也則父在不敢杖矣尊者在故也堂上不杖辟尊者之處也堂上不趨示不遽也此孝子之志
也人情之實也禮義之經也非從天降也非從地出也人情而已矣○喪服小記虞杖不入於室祔
杖不升於堂註虞祭在寢祭後不以杖入室祔祭在祖廟祭後不以杖升堂皆殺哀之節也○喪大

記大夫士哭殯則杖哭柩則輯杖棄杖者斷(短)而棄之於隱者陳註不以杖卽位避適子也哭殯
則杖哀勝敬也哭柩啓後也輯杖敬勝哀也○開元禮唯適子及有爵之庶子皆得杖在位其庶子
無爵者杖於他所不杖在位凡正寢戶內曰室戶外曰堂虞杖不入室祔杖不升堂以今言之卽盧
靈堂戶之內外也周人祔在卒哭今之百日也哀衰敬生故其杖不升靈寢之堂前其繰服及杖皆
致之於盧內應杖者朝夕哭則杖之若孝子出無異適唯向殯又向墳墓而已遠則乘車近則使人
代執杖○會成持杖用右手拜則兩手分據地而跪首至於地旣畢右手拄杖而起今有兩手幷擧
杖而拜如頓首者非也○雜記爲長子杖則其子不以杖卽位註其子長子之子也祖不厭孫此長
子之子亦得杖但與祖同處不得以杖獨居已位耳○爲妻父母在不杖不稽顙註此謂適子妻死
而父母俱存故其禮如此然大夫主適婦之喪故其夫不杖若父沒母存母不主喪則子可以杖但
不稽顙耳此幷言之讀者不以辭害意可也

●장(杖) 즉 상장. ○참최 상장은 대나무로 길이는 가슴 심장 높이이며 뿌리 쪽을
아래로 하여 집고 자최 상장은 오동나무로 위는 둥글게 하고 아래는 네모 지게 하여
집는다. ○오동 나무가 없으면 버드나무로 대용한다.

●屨(구)
便覽喪服斬衰菅屨疏齊衰疏屨不杖麻屨○小記齊衰三月與大功繩屨註小功以下吉屨無絇
○儀節小功用白布爲之

●구(屨) 즉 집신. ○참최는 띠신 자최는 거친 집신 부장기는 삼신 대공은 실신 소공
이하는 장식 없는 평상 신으로 한다.

●方笠(방립)
●방립(方笠) 즉 방갓

●生布直領(생포직령)
備要幷出入時所着雖非古制從俗亦可
○생포직령(生布直領) ○출입할 때 방갓을 쓰고 생포직령을 입는 것으로 아무리 옛
날 제도는 아니라 하여도 세속의 예를 따름도 그 또한 괜찮다.

⊙婦女子服式(부녀자복식)
備要楊氏曰家禮男子衰服純用古制而婦人不用古制幷無経帶之文此則未詳當以禮經爲正
○喪服女子子在室爲父衰三年註凡服上曰衰下曰裳此但言衰不言裳婦人不殊裳衰如男子
衰下如深衣則無帶下尺又無袧

●蓋頭(개두)
便覽用以障身者用布稍細者凡三幅長與身齊或五尺(布帛尺)斬衰不緝邊齊衰緝邊今俗羅
兀卽其遺意儀節此衣裙稍細者凡三幅長與身齊不緝邊按事物記原唐初官人著冪䍦全身幛
蔽永徽之後用幃帽又戴卓羅五尺今曰蓋頭凶服者亦以一幅布爲之按此則蓋頭之來也遠矣
雖非古制是亦古禮婦人出而擁蔽其面之意○五禮儀蓋頭代以本國女笠帽

●개두(蓋頭) 즉 부인들이 외출할 때 얼굴 일부를 가려 머리 뒤로 넘겨 가리는 너울
의 옷. ○제법. 조금 고운 베로 모두 세 폭으로 길이는 몸에 맞춰 가지런히 한다. 혹
은 대자로 하기도 하며 참최는 갓 변을 꿰매지 않으며 자최 개두는 갓 변을 접어 꿰
맨다.

●布頭帽(포두수)
儀節用略細布一條爲之長八寸用以束髮根而垂其餘於後
事物記原燧人時爲髻但以髮相纏無物繫縛女媧之女以羊毛爲繩向後繫之後世易之以絲及
采絹名頭䰂○儀節按此卽所謂總也儀禮女子在室爲父布總傳曰總長六寸註謂六寸出髻外

所垂之飾也曾子問縞總註縞白絹也長八寸今世俗婦女有服者用白布束髻上謂之孝圈亦是
此意但彼加於髻上而不束髮本不垂其餘○五禮儀頭帬代以本國首帊

●포두수(布頭帬) ○제법. 대략 고운 베 한 가닥으로 하되 길이는 여덟 치로 하여
머리 밑을 묶고 그 나머지는 뒤로 늘어트린다.

●竹釵(죽채)

儀節削竹爲之長五六寸
喪服小記箭笄終喪三年註齊衰惡笄以終喪爲母也此言箭笄三年女子在室爲父也箭篠也○
儀節按此卽儀禮所謂箭笄也儀曰箭笄長尺又恐太長其長僅以約髮可也

●죽채(竹釵) 즉 대나무 비녀. ○제법. 대나무를 깎아 길이가 대여섯 치쯤으로 한다.

●衰(최)

備要布升數及裁制幷同男子但無帶下尺又無衽

●최(衰). ○제법. 베의 승수와 자르는 방법은 남자와 같다. 다만 여자 최복에는 대
하척(帶下尺)이 없으며 또 임(衽)을 붙이지 않는다.

●裳(상)

備要用布六幅交解爲十二幅如深衣之裳連綴於衣

●상(裳) 즉 치마. ○제법. 베 여섯 폭을 엇비스듬히 잘라 열두 폭으로 하여 심의(深
衣) 치마와 같이하여 최상의(衰喪衣) 밑에 이어 붙인다.

●수질(首経)○수질. (腰経)○요질. (絞帶)○교대. ○幷見男子服條○모두 남자
복조에 있는 것과 같다.

●大袖(대수)

丘氏曰如今婦人短衣而寬大其長至膝袖長二尺二寸準男子衰衣之制五禮儀卽本國長衫也

●대수(大袖) ○제법. 단의(短衣)와 같다. 헐렁하게 만들고 기장은 무릎에 닫게 하고
소매의 기장은 두자 두 치이며 남자의 최상복(衰喪服)에 준하여 짓는다. 즉 장삼(長
衫)이다.

●長裙(장군)

丘氏曰用布六幅裁爲十二破聯以爲裙其長拖地準男子衰裳之制五禮儀卽本國裳也
丘氏曰按家禮婦人服制本書儀自大袖以下皆非古制今特補入腰経一事蓋以禮男子重首婦
人重帶存其最重者使後人因此而復古也

●장군(長裙) 즉 긴치마. ○제법. 베 여섯 폭을 엇걸리게 반씩을 잘라 열두 폭으로
서로 이어 치마를 만든다. 기장은 땅에 닿을 정도로 하되 남자들의 상복 짓는 법에
준한다. 즉 치마다.

●背子(배자)

儀節本註云象妾則以背子代大袖用極粗生布爲之長與身齊小袖縫向外不緝邊
儀節按事物記原秦詔衫子加背子其制袖短於衫身與衫齊由是觀之則今背子乃長衫也○五
禮儀背子本國蒙頭衣

●배자(背子) 소실이 입는 옷으로 대용으로 대수(大袖)를 입기도 한다. ○제법. 아
주 거친 생포(生布)로 짓는다. 기장은 몸에 맞추고 적은 소매를 밖으로 붙이고 갓 변
을 꿰매지 않는다.

●屨(구)

備要圖式曰無明文恐與男子同○儀節斬衰齊衰麻鞋杖期以下用布小功以下用白布○五禮
儀幷以白綿布爲之侍婢造以白皮　○구(屨). 즉 집신.

⊙童子服式(동자복식)
●童子服(동자복)
備要禮童子八歲以上乃爲成服○按記曰童子不冠今俗或加巾絰非禮也

喪服疏童子不杖此庶童子也問喪云童子當室則免而杖矣謂適子也當室童子雖稱少以衰抱
之且有杖矣○喪服小記女子子在室爲父母其主喪者不杖則子一人杖註以無男昆弟而使同
姓爲攝主也○玉藻童子無緦服唯當室緦童子哭不偯不踊不杖不菲不廬○戴德曰禮不爲未
成人制服者爲用心不能一也其能服者亦不禁不以制度唯其所能勝○譙周曰童子小功以上
皆服本親之衰○庚蔚之曰禮稱童子不一愚謂當室是八歲以上及禮之人以其當室故與成人
同射慈以爲未八歲者服其近屬布深衣或合禮意○或曰凡服必相報長者於童子有三殤遞減
之制則童子於長者亦當遞減其服更詳之○喪服斬衰傳疏童子不杖不菲則直有緦裳絰對而
已

●동자복(童子服) ○팔세 이상이면 성복일에 성복을 시킨다. 동자는 굴건을 쓰지 않
는다. 그런데 지금 세속에서는 혹간 건과 수질을 씌우는데 이는 예(禮)가 아니다.

⊙侍者服式(시자복식)
●(侍者服)備要喪服疏士無臣故僕隷等爲之弔服加麻
●효건(孝巾)○효건. (環絰)○환질.
●(腰絰)制如絞帶而其圍比環絰五分去一
●요질. ○제법. 교대와 같다. 그 둘레는 환질보다 오분지 일을 적게 한다.
●(生布衣)制如俗直領衣或中單衣○생포의. ○제법. 세속의 직령(直領)과 같다. 혹 중단
과도 같다.

⊙妾婢服式(첩비복식)
便覽生布背子竹木簪絞帶
○생 베로 배자를 짓고 나무비녀와 교대이다.

⊙其服之制一曰斬衰三年(기복지제일왈참최삼년)
斬不緝也衣裳皆用極麁生布(增解喪服記衰三升三升半註三升半義服也)旁及下際皆不緝
也衣縫向外(增解喪服記凡衰外削幅裳內削幅)裳前三幅後四幅縫內向前後不連每幅作三
輒輒謂屈其兩邊相著而空其中也衣長過腰足以掩裳上際縫外向背有負版用布方尺
八寸綴於領下垂之前當心有衰用布長六寸廣四寸綴於在衿之前左右有辟領各用布
方八寸屈其兩頭相著爲廣四寸綴於領下在負版兩旁各攙負版一寸兩腋之下有衽各
用布三尺五寸上下各留一尺正方一尺之外上於左旁裁入六寸下於右旁裁入六寸便
於盡處相望斜裁却以兩旁左右相沓綴於衣兩旁垂之向下狀如燕尾以掩裳旁際也冠
比衣裳用布稍細紙糊爲材廣三寸長足跨頂前後裹以布爲三輒皆向右縱縫之用麻繩
一條從額上約之至項後交過前各至耳結之以爲武屈冠兩頭入武內向外反屈之縫於
武武之餘繩垂下爲纓結於頤下首絰以有子麻爲之其圍九寸麻本在左從額前向右圍
之從頂過後以其末加於本上又以繩爲纓以固之如冠之制腰絰大七寸有餘兩股相交
兩頭結之各存麻本散垂三尺其交結處兩旁各綴細繩繫之交帶用有子麻繩一條大半
腰絰中屈之爲兩股各一尺餘乃合之其大如絰圍腰從左過後至前乃以其右端穿兩股

間而反揷於右在絰之下○苴杖用竹高齊心本在下屨亦粗麻爲之婦人則用極粗生布爲大袖長裙蓋頭皆不緝布頭𦀗竹釵麻屨衆妾則以背子代大袖凡婦人皆不杖其正服則子爲父也(便覽喪服女子子在室嫁反在室小記女爲父母喪未練而出則三年旣練而出則已未練而反則期旣練而反則遂之)其加服則適孫父卒爲祖若曾高祖承重者也父爲適子當爲後者也(備要不解官雜記爲長子杖則其子不以杖卽位註祖不厭孫長子之子亦得杖但與祖同處不得杖喪服疏曰繼祖及禰通已三世卽得爲斬雖承重不得三年有四種一正體不得傳重謂適子有廢疾不堪主宗廟也二傳重非正體庶孫爲後是也三體而不正立庶子爲後是也四正而不體立嫡孫爲後是也按疏養他子爲後者亦不服三年○便覽小記註將所傳重非適服之如庶子疏養他子爲後者)其義服則婦爲舅也夫承重則從服也(備要承重孫遭祖父母喪其妻當從服曾玄孫承重曾高祖父母喪曾玄孫之妻亦從)爲人後者爲所後父也爲所後祖承重也(備要曾高祖承重同)夫爲人後則妻從服也妻爲夫也妾爲君也(備要妾爲君之父妾爲君之黨服女君同妾爲君之父母似亦當爲三年也(備要今制)爲母女在室及女反在室者同爲繼母爲慈母爲養母庶子爲所生母嫡孫父卒爲祖母及曾高祖母承重者婦爲夫之母夫承重則從服庶子之妻爲夫之所生母夫爲人後則從服爲所後母爲所後祖母承重者)

問周制有大宗之禮立嫡以爲後故父爲長子三年今大宗之禮廢無立嫡之法而子各得以爲後則長子少子不異庶子不得爲長子三年不必然也父爲長子三年亦不可以嫡庶論也朱子曰宗法雖未能立然服制自當從古是亦愛禮存羊之意不可妄有改易也如漢時宗子法已廢然其詔令猶云賜民當爲父後者爵一級是此禮猶在也豈可謂宗法廢而庶子皆得爲父後者乎○楊氏復曰喪服制度惟辟領一節沿襲差誤自通典始按喪服記云衣二尺有二寸蓋指衣身自領至腰之長而言之也用布八尺八寸中斷以分左右爲四尺四寸者二又取四尺四寸者二中摺以分前後爲二尺二寸者四此卽尋常度衣身之常法也合二尺二寸者四疊爲四重從一角當領處四寸下取方裁入四寸乃記所謂適博四寸註疏所謂辟領四寸是也按鄭註云適辟領也則兩物卽一物也今記曰適註疏又曰辟領何爲而異其名也辟猶開也從一角當領處取方裁開入四寸故曰辟領以此辟領四寸反摺向外加兩肩上以爲左右適故曰適乃疏所謂兩相向外各四寸是也辟領四寸旣反摺向外加兩肩上以爲左右適故後之左右各有四寸虛處當脊而相並謂之闊中前之左右各有四寸虛處當肩而相對亦謂之闊中乃疏所謂闊中八寸是也此則衣身所用布之處(處一作度)與裁之之法也註又云加辟領八寸而又倍之者謂別用布一尺六寸以塞前後之闊中也布一條縱長一尺六寸橫闊八寸又縱摺而中分之其下一半裁斷左右兩端各四寸除去不用只留中間八寸以加後之闊中元裁辟領各四寸處而塞其缺當脊之相並處此所謂加辟領八寸是也其上一半全一尺六寸不裁以布之中間從項上分左右對摺向前垂下以加於前之闊中與元裁斷處當肩相對處相接以爲左右領也夫下一半加於後之闊中者用布八尺而上一半從項而下以加前之闊中者又倍之而爲一尺六寸焉此所謂而又倍之者是也此則衣領所用之布與裁之之法也古者衣服吉凶異制故衰服領與吉服領不同而其制如此也註又云凡用布一丈四寸者衣身八尺八寸衣領一尺六寸合爲一丈四寸也此是用布正數又當少寬其布以爲針縫之用然此卽衣身與衣領之數若負衰帶下及兩衽又在此數之外矣但領必有袷此布何從出乎曰衣領用布闊八寸而長一尺六寸古者布幅闊二尺二寸除衣領用布闊八寸之外更餘闊一尺四寸而長一尺六寸可以分作三條施於袷而適足無餘欠也通典以辟領爲適本用註疏又自謂喪服記文難曉而用臆說以參之旣別用布以爲辟領又不言制領所用何布又不計衣身衣領用布之數失之矣但知衣身八尺八寸之外又別用布一尺六寸以爲領凡用布共一丈四寸則文義不待辨而自明矣○又按喪服記及註云袂二尺二寸緣衣身二尺二寸故左右兩袂亦二尺二寸欲使縱橫皆正方也喪服記又云袪尺二寸袪者袖口也袂二尺二寸縫合其下一尺留上一尺二寸以爲袖口也○又按喪服記云衣帶下尺緣古者上衣下裳分別上下不相侵越衣身二尺二寸僅至腰而止無以掩裳上際故於衣帶之下用縱布一尺上屬於衣橫繞於腰則以腰之闊狹爲準所以掩裳上際而後綴兩衽於其旁也○度用指尺中指中節爲寸首絰腰絰圍九寸七寸之類亦同○菅屨儀禮註菅屨非屨也家禮云屨以粗麻爲之恐當從儀禮爲正○儀禮妻爲夫妾爲君女子子在室爲父布緫箭笄髽衰三年以家禮參攷之儀禮小斂婦人髽于室以麻爲髽家禮小斂婦人用麻繩撮髻爲髽其制同儀禮婦人成服布緫六寸謂出紒後所垂者六寸箭笄長尺家禮婦人成服布頭𦀗竹釵所謂布頭𦀗卽儀禮之布緫也所謂竹釵卽儀禮之箭笄也凡喪服上曰衰下曰裳儀禮婦人但言衰不言裳者婦人不殊裳衰如男子衰下如深衣無帶下尺無衽夫衰如男子衰未知備負版辟領之制與否下如深衣未知裳用十二幅與否此雖無文可明但衣身必二尺二寸袂必屬幅裳必上屬於衣裳旁兩幅必相連屬此所以衣不用帶下

尺裳旁不用衽也今攷家禮則不用此制婦人用大袖長裙蓋頭男子衰服純用古制而婦人不用古制此
則未詳儀禮婦人有経帶経首経也帶腰帶也圍之大小無明文大約與男子同卒哭丈夫去麻帶服葛帶
而首経不變婦人以葛爲首経而麻帶不變旣練男子除経婦人除帶其謹於経帶變除之節若此家禮婦
人並無経帶之文當以禮經爲正○喪服斬衰傳曰童子何以不杖不能病也婦人何以不杖不能病也疏
曰童子不杖此庶童子也問喪云童子當室則免而杖矣謂適子也婦人不杖亦謂童子婦人若成人婦人
正杖喪大記云三日子夫人杖五日大夫世婦杖諸經皆有婦人杖又如姑在爲夫杖母爲長子杖按喪服
小記云女子子在室爲父母其主喪者不杖則子一人杖鄭云女子子在室亦童子也無男昆弟使同姓爲
攝主不杖則子一人杖謂長女也許嫁及二十而笄笄爲成人成人正杖也是其童女爲喪主則亦杖矣愚
按家禮用書儀服制婦人皆不杖與問喪喪大記喪服小記不同恨未得質正○劉氏璋曰衰服之制前言
已載惟裳制則未之詳按司馬溫公曰古者五服皆用布以升數爲別共(共一作其)以八十縷爲一升又
衰裳記曰凡衰外削幅裳內削幅幅三袧疏曰衰外削幅者謂縫之邊幅向外裳內削幅者謂縫之邊幅向
內有幅三袧者據裳而言用布七幅幅二尺二寸兩畔各去一寸爲削幅則二七十四丈四尺若不辟積其
腰中則束身不得就故一幅布凡三處屈(屈一作屬)之又禮惟斬衰不緝餘衰皆緝之緝必外向所以別
其吉服也○又杖屨一節按三家禮云斬衰苴杖竹也爲父所以杖用竹者父是子之天竹圓亦象天內外
有節象之爲父亦有內外之痛又貫四時而不變子之爲父亦經寒溫而不改故用之也菅屨謂以菅草爲
屨毛傳云野菅也已漚爲菅又云菅非外納則周公時謂之屨子夏時謂非外納者外其飾向外編之也○
黃氏端節曰先生長子塾卒以繼體服斬衰禮謂之加服俗謂之報服也

⊙상복제도의 첫째가 참최(斬衰) 삼년 복이다.

참최복(斬衰服)은 갓 변을 꿰매지 않는다. 상복(喪服) 상하 모두 제일거친 생포(生布)
로 짓되 옆 변과 하단을 모두 꿰매지 않는다. 위 상복은 솔기를 밖으로 하여 꿰매고
치마는 앞 세 폭 뒤 네 폭으로 하여 솔기를 안으로 하여 꿰매서 앞 폭과 뒤 폭을 서
로 연결하지 않는다. 매 폭 마다 주름을 셋씩 잡되 접기를 양 옆으로 접어 중간을 비
게 한다. 상의(上衣)의 기장은 허리를 지나 옷 끝이 치마 위를 덮게 하고 등에는 부
판(負版)을 베 폭 사방 한자 여덟 치로 하여 깃 밑에 달아 늘어 트리고 앞 가슴 심장
있는 곳에는 최포(衰布)를 길이 여섯 치 광이 네 치로 하여 앞 좌측 옷깃에 꿰매 붙
이고 좌우 벽령(辟領)을 각각 베 사방 여덟 치를 구부려 양끝을 서로 붙여 광이 네
치로 하여 깃 밑 부판 양 옆으로 한치를 부판 속으로 꽂아 꿰맨다.

양 겨드랑이 밑으로 임(衽)을 붙인다. 각각 베 석자 다섯 치로 하여 매 폭 좌변 상단
귀에서 아래로 한자 되는 점에서 안쪽으로 여섯 치 자른다. 또 그 폭 우변 하단에서
한자 위 되는 점에서 안쪽으로 여섯 치를 자른 후 상단 자른 종점과 하단 자른 종점
을 이어 엇비슷이 자르면 두 장으로 나뉜다. 각각 밑의 장을 뒤집어 각 위 장의 상
변과 밑 장의 하 변을 서로 맞닿게 겹쳐 붙이면 양 갓 변의 길이는 석자 다섯 치가
된다. 의신(衣身)의 양쪽 겨드랑이 밑에 붙이면 그 모양이 흡사 제비꼬리 같이 치마
옆을 덮는다.

관(冠)은 의상 베보다 조금 고운 베로 두꺼운 종이와 배접하여 광(廣)을 세치로 하고
길이는 중간을 접어 양끝을 앞 이마에서 정수리를 넘겨 머리 뒤에 이르게 한다. 관에
는 주름을 셋을 모두 오른쪽으로 향하게 하여 꿰매 붙이고 마(麻) 끈 한 가닥으로 관
의 한쪽 끝을 이마 위에서 매고 또 관의 한쪽 끝을 정수리 뒤에서 관의 끈을 서로
엇걸리게 하여 매고 양쪽 귀 위에서 양쪽 관 끈을 맺어 그 끈이 턱 밑까지 늘어지게
하여 관의 끈으로 삼는다.

수질은 유자마(有子麻)로 굵기는 아홉 치 되게 외로 꽈 수질의 뿌리 쪽을 이마 좌측
에 두고 이마 앞을 따라 왼편으로 향하게 하여 오른쪽 귀 위를 지나 정수리 뒤로 돌
려 그 끝을 뿌리 위에 올려놓고 마(麻) 끈으로 단단히 묶고 양쪽 귀 위쯤에는 끈을
달아 늘어트리기를 관의 끈과 같게 한다.

요질(腰絰)의 굵기는 일곱 치를 넘게 하여 양쪽을 서로 엇걸리게 하여 매게 하고 각각 끝 석자씩을 풀어 늘어트렸다 졸곡(卒哭) 후에 다시 꽈 묶는다. 엇걸리게 하여 매는 곳에는 양쪽 옆 각각 끈을 달아 놓아 매게 한다.

교대는 유자마 끈 한 가닥을 요질의 반 굵기로 하여 중간을 구부려 양 쪽 다리를 한자 넘게 합하여 삼중사고로 고를 만들고 교대의 크기를 요질과 같게 하여 허리에 두르되 좌측을 따라 뒤를 지나 앞에서 양(兩) 고 사이로 꽂아 반대로 당겨 오른쪽으로 꽂는다. 교대는 요질의 속에 매는 것이다.

상장은 대나무로 만들고 높이는 심장높이로 하여 뿌리 쪽을 밑으로 하여 집는다. 집신 역시 거친 마로 삼는다.

부인들의 상복은 아주 거친 생포로 한다. 대수(大袖), 장군(長裙), 개두(蓋頭) 모두 갓변을 꿰매지 않으며 머리는 베 끈으로 묶고 대나무 비녀에 신은 삼으로 만든다. 여러 첩들은 배자(背子)나 대수(大袖)이다. 대체로 부인들은 모두 상장을 집지 않는다.

○복 입는 법.
○정복(正服)으로 자식이 부친을 위한 복이다. 여식이 출가를 하였다 되돌아온 이도 같다.

○가복(加服)(덧입는 복) 즉 승중(承重)복으로 적손(適孫)으로 부친이 먼저 작고하고 조부(祖父) 또는 증조부(曾祖父)나 고조부(高祖父)가 생존해 계시다 작고하였으면 이때 이를 승중(承重)복이라 하여 조부 증조부 고조부를 위한 복이다. 아버지가 적자(適子)를 위한 복이다. 양자 된 자 역시 같다.

○의복(義服)(혈연관계 없이 입는 복)으로 며느리가 시아버지를 위한 복이며 남편이 승중으로 입는 복을 따라 입는 복이다. 양자(養子) 된 자가 양부모를 위한 복이며 승중 시도 같다. 남편이 양자 되였으면 그의 처도 같이 따라 입는 복이다. 부인이 남편을 위한 복이며 첩들이 남편을 위한 복이다. 첩이 남편의 부친을 위한 복이며 승중 시도 따라 입는다.

◆斬衰三年服(참최삼년복)
正服(己)子爲父(女)女在室及嫁反在室者爲父○加服(己)嫡孫父卒爲祖爲高曾祖父承重者父爲嫡子當爲後者○義服(婦)婦爲舅夫承重則從服夫爲人後則從服妻爲夫(繼)爲人後者爲所後父爲所後者承重其祖(庶)妾爲君(君謂夫)○今制(己)子爲母爲繼母爲慈母(謂生母卒父命他妾養己者)爲養母(謂自幼過房與人庶子爲其所生母嫡孫父卒爲祖母若高曾祖母)承重者(女)女在室及嫁反在室者爲母(婦)婦爲姑承重則從服庶子之妻爲夫之所生母婦爲人後者爲其所後母及爲高曾祖母承重者

◆三年之喪(삼년지상)
三年問三年之喪何也曰稱情而立文因以飾群別親疏貴賤之節而弗可損益也故曰無易之道也創鉅者其日久痛甚者其愈遲三年者稱情而立文所以爲至痛極也斬衰苴杖居倚廬食粥寢苫枕塊所以爲至痛飾也三年之喪二十五月而畢哀痛未盡思慕未忘然而服以是斷之者豈不送死有已復生有節也哉凡生天地之間者有血氣之屬必有知有知之屬莫不知愛其類今是大鳥獸則失喪其群匹越月踰時焉則必反巡過其故鄉翔回焉鳴號焉蹢躅焉踟躕焉然後乃能去之小者至於燕雀猶有啁噍之頃焉然後乃能去之故有血氣之屬者莫知於人故人於其親也至死不窮○又上取象於天下取法於地中取則於人人之所以群居和壹之理盡矣故三年之喪人道之至文者也夫是之謂至隆是百王之所同古今之所壹也未有知其所由來者也孔子曰子生三年然後免於父母之懷夫三年之喪天下之達喪也註弗及恩之殺也三月不及五月五月不及

九月九月不及期也期與大功在隆殺之間故云期九月以爲間也取象於天地者三年象閏期象
一歲九月象物之三時而成五月象五行三月象一時也取則於人者始生三月而翦髮三年而免
父母之懷也和以情言謂情無不睦也壹以禮言謂禮無不至也人之所以相與羣居而情和禮壹
者其理於喪服盡之矣父母之喪無貴賤故曰天下之達喪也達論語作通

◆婦爲舅(부위구)

儀禮通解續本朝乾德三年左僕射魏仁浦等奏議曰謹按內則婦事舅姑如事父母即舅姑與父
母一也古禮有期年之說雖於義可稽唐劉岳書儀著三年之文實在禮爲當盖五服制度前代損
益已多況三年之內几筵尙存豈可夫衣纛衰婦襲紈綺夫婦齊體哀樂不同求之人情實傷至治
況婦人爲夫有三年之服於舅姑而止服周是尊夫而卑舅姑也丁酉始令婦爲舅姑三年齊斬一
從其夫○張子曰古者爲舅姑齊衰期正服也今斬衰三年從夫也爲夫之高曾宜無服而緦者何
此亦古無明文至唐開元禮始爲夫之曾高緦宋朝猶然

◆妻爲夫(처위부)

喪服傳夫至尊也疏言夫至尊者雖是體敵齊等夫者猶是妻之尊敬以其在家天父出則天夫又
婦人有三從之義在家從父出嫁從夫夫死從子是其男尊女卑之義故云夫至尊同之於君父也

◆妾爲君(첩위군)

喪服傳妾謂夫爲君者不得體之加尊之也雖士亦然疏妾之言接聞彼有禮走而往焉以得接見
於君子是名妾之義旣名爲妾故不得名壻爲夫故加其尊名名之爲君也亦得接於夫又有尊事
之稱故亦服斬衰也士身不合名君至於妾之尊夫與臣無異是以雖士妾得稱夫爲君

◆代父服祖(대부복조)

艮齋曰有喪者病革而不得免則其臨行時念吾親之喪之無主其痛慕無窮之恨宜何如也苟有
吾子可以代之終喪則其萬一之幸又何如也此人死後爲之子者但行父喪而服祖止乎朞朞之
後有同無主之喪矣是不忍於自已遽踐父位輒行父禮之心而乃忍於亡父貫徹幽明無窮無涯
之孝心是可謂事死如事生事亡如事存之道乎故父喪成服之日述其由幷告兩筵哀痛迫切慟
哭抆血而受代重之服及葬亦常特祖服而父之斬衰惟有事時暫服而止誠所謂孝子善繼人之
志者也宋李兩公直據已見而盡棄前言硬主不敢代服之說以傷仁人孝子之心甚可惜也喪服
傳父卒然後爲祖後者服斬一句據注疏諸說指繼體之君有祖之喪而其父宜嗣位而早卒故爲
祖服斬者言也與今私家父死喪中孫代之主喪者義例不同恐難援以爲證未知如何

◆五代孫服斬(오대손복참)

艮齋曰五代祖孫生存而中間四代皆沒則此祖孫卽是父子豈可諉以四代之外而祖死而不斬
孫死而不服耶且此祖上下祖禰子孫祭薦皆此祖主之而高祖以下祀版以厽子厽孫題之矣卽
此祖是一家祠堂之宗主而於其死也爲其孫者何忍計較世代之昵遠而不受承重之服僅以齊
衰三月草草了勘而不主其練祥禫吉遂使爲無主之喪乎非惟不忍亦所不敢余謂不但五代祖
便十代祖亦只一理大山說決不可從(雖五代支孫於其五代祖苟得逮事不計高曾存沒亦當齊
衰三月況五代長孫於五代祖喪無高曾以下而僅同於它餘支孫於汝安乎)此等處若不以天理
人情深切而體驗之但據常禮言之而已恐天命至善之體壅遏障塞而不能流行於彝倫之間矣
豈不大可慮乎

◆衰負版辟領(최부판벽령)

儀禮註前有衰後有負版左右有辟領孝子哀戚之心無所不在疏曰孝子有哀摧之志負者負其
悲哀適者指適緣於父母不念餘事楊氏曰按註釋衰負版辟領三者之義惟子爲父母用之旁親
則不用也家禮至大功乃無衰負版辟領者盖家禮乃初年本也後先生之家所行之禮旁親皆無
衰負版辟領若此之類皆從後來議論之定者爲正(愚按)服有五斬衰齊衰大小功緦麻是也惟
斬齊二者謂之衰旣同謂之衰則其制度必皆同矣但緝不緝異耳古人喪父以斬喪母以齊喪母

而父在則齊杖期父沒則齊三年則是服之重者莫大乎斬與齊也齊衰服有三年杖期不杖期五月三月之異用布則有粗細不同若其制度則未必有異也使其有異古人必異其稱矣凡喪服上曰衰下曰裳五服皆同惟於斬齊二服只用布一片當心亦謂之衰意者古人因此而特用以爲名稱歟不然何功緦之稱則專取於用功治絲之義而於此乃獨以其上衣爲名哉必不然也儀禮註所謂孝子哀戚之心無所不在特就其重者言爾豈具服者於其旁親皆無哀戚之心特假是以爲文具哉所見如此故書之以俟知禮之君子

◆長子服制(장자복제)

艮齋曰長子斬燕居周衣出外道袍皆用生布(帶用麻絞)白笠竹杖驂網白緣爲得而先賢以不解官之故或有黑笠之論矣愚意私居用白笠公所用官服亦無不可未知如何(家禮增解五之冊六板尤遂陶八之六十板尤菴說參考又按梅山集十三冊二十五之八板蘇持平答書亦有所論)○長子斬衰當以蔽陽子布深衣小竹杖爲出入之服祥後白笠禫後黲笠李氏之論得之但深衣下宜添麻絞帶○爲長子斬者平凉子較勝於白笠(尤翁所謂布衰笠正指此遂菴以爲黑笠恐未若陶菴之謂白笠也)而縱著白笠至於大祥恐無變白戴黑之理必至禫始著黑笠恐合情禮○長子服制之說自子夏傳已是禰嫡得斬之證而鄭氏註說尤極明白初無難曉者乃爲諸家所亂而遂有紛紛之說也愚觀此註上文既曰爲父後者然後爲長子三年其下又釋庶子不得爲長子三年之義曰庶子者爲父後者之弟也其說固已曉然無可疑者而中閒重其之其字又分明是指亡者而言與下句以其之其字一串貫來如此則所謂不繼祖又安得爲縱庶子分上說者耶特賈氏庾氏之釋自爲一說而非子夏與鄭氏之本指也小記不繼祖與禰之說及續通解所載疏說亦自爲一義而不可與傳註之說混合爲一意看也今來書併引諸說以爲喩最以鄭註不繼祖爲指庶子之左契愚不敢信其必然也且此註首尾三五十言只是一意而門下獨取中閒數句其上爲父後者然後爲長子三年一句則郤以爲未經朱子之所勘定而棄之愚竊謂此註雖見載於續通解而其實非續解之所刱以釋子夏傳者乃朱子以前所已有之說也何可泛然以爲續解之說而謂未經朱子也且庶子不得爲長子三年此亦本是喪服傳文而下論郤換作小記說又何也至於尤翁所釋朱子之說只可爲禰嫡猶爲庶之證恐不可併作禰嫡不得爲長子斬之證也庶子之子字若必欲活看而以孫字替換說則其將以爲父後之父字亦須遷就作祖字看耶恐決無此理也妄意如此未審尊意又以爲如何○問純廟庚寅翼宗大王之喪(以孝明世子昇遐)老洲吳文元公獻議定爲純廟三年之服(翼廟純廟之正體純廟正廟之正體而正廟則於眞廟爲繼后子揆以賈疏亦不成爲四世之適)則是不論中閒有繼后與否也至若兪知禮(宗彥)吳尙州(玖成○老洲子)金羅州(在敬)諸公則又皆不以已之出后爲嫌而服其長子斬矣此豈非有見於尤翁定論而然爾耶但嘗見淵齋丈邦禮辨誤說其中一段有如性潭說者今其從弟台(秉瓚)抵社倉金友書云云者非無所受也但與尤翁說有不同者令人不能無疑也答老州所定翼宗服制無可疑者愚常謂子之入繼者死猶可諉以非體而不斬矣已之入繼而遭所生長子喪則猶可諉以非體而不斬矣至於已爲考之所生長子子爲已之所生長子而遭長子喪者何敢以考與祖之入繼謂之此非所生遂存貶降之意而不斬於其長子耶夫子之入繼猶當視之如所生況祖考之入繼何得降同於衆子之例耶無乃有乖於父子祖孫之大倫大義耶故愚則自少時常不快於疏說而不欲從之矣○問以尤翁答朴士元書爲定論非惟性潭爲然冠峯近齋亦然然遂菴農巖南塘櫟泉鏡湖老洲梅山全齋之論則又郤皆如朴受汝書矣未知後學當何適從雖然尤翁於已亥邦禮力主仁廟爲昭顯世子服斬之論曰昭顯世子之喪仁祖大王從國制只服期年而據經則實斬衰也既於昭顯服長子服則於孝廟當依衆子服無疑矣只是諸人怯於尹許脅持之說而不敢分明說破故掩蓋晦昧以爲今日士禍之端(昭顯於仁廟爲正體仁廟於元廟爲正體而元廟則於宣廟體而不正也揆以疏說則仁廟不當服昭顯斬而尤翁主論如此○春翁說亦然)蓋已亥禮論是帝王家莫大莫重之禮則先生獻議時其十分審愼而博證細攷以致其精確者豈知舊門人閒隨例往復之比以此竟至於被讒遠竄而靡悔也則平日定論孰有過於此哉二說之取舍可不待辨而定矣性潭說却如彼恐未知其何如也答尤翁答朴受汝書許爲人後者亦爲長子服斬矣已亥獻議定以體

而不正者之子亦爲長子服斬矣據此兩款先生之不以賈疏爲不可易之論的然明矣其答朴士
元書則以朱塾五代祖振是惟甫支子爲非適適相承者其上文又泛言父祖以上又言累代之後
是皆與賈疏適適相承之止於繼曾祖之長子者不同恐是一時未及致詳而云爾也來諭以已亥
獻議爲先生定論可謂考得精詳而說得的確可敬可敬(朴士元書作於庚申朴受汝書作於其後
乙丑)

◆長子未娶已冠當服斬禰嫡當服長子斬(장자미취이관당복참녜적당복장자참)

愚每謂長子雖未娶而已冠或年過長殤而死者其父當服斬三年且雖繼禰之宗亦當爲長子三
年矣昔年任先生遭長子喪議服制於溪丈則以爲旣是繼禰之宗且亡者冠而未娶則只當服期
已矣彼時依此行之近見尤菴答朴子玉書以爲長子年過二十而不服斬衰是大誤矣(大全八十
三卷)未冠者猶然況已冠者何爲而不服斬乎禮又有庶子不爲長子三年之文明非庶子皆得爲
長子服斬也豈可以不繼祖以上而降同於庶子乎

◆爲繼后子服斬(위계후자복참)

艮齋曰爲入繼子不服斬覺得情理有未盡盖彼旣降其所生之天而加隆於所後之父也而爲之
父者不以正體視之但服朞而止則於天理人心有不安者盱江李氏曰據正體言之則妻之長子
爲適其次子以下及妾所生通謂之庶子也○今此入繼子是妻之長子爲適者也非次子以下也
又非妾所生也謂之正體有何不可乎李桐湖世弼言傳文正體之正應經文長子之長正體之體
應經文長子之子謂長子爲正體余每謂此說深得精義矣況家禮斬衰章父爲適子當爲後者也
今此入繼子不得爲適子乎又不得爲當爲後子乎何爲而不得斬乎瞽見似此欲質於禮家也○
養宅子爲後者如衆子古無經據只見於疏說及開元禮所謂他子是異姓則已若是同宗則其生
父且以其後大宗不降而服朞況所後父安得不視同適子而不服斬耶小記疏曰父母於子將傳
重者非適適服之如庶子今入繼子旣是將傳重又是適子其父之不服斬不知其何義也○古者
非大宗不立後而猶取支子基本生父不降此子而仍服朞爲重其後大宗也本親且然況所後父
獨不重其爲先祖之適孫而不服斬可乎且以人情言之此子降其所生父母爲朞而服斬於我而
我則不視爲所生而只服朞豈天理人情之所當出乎且雖立後後生子亦只以入繼者爲適子然
則其父有子兄弟而都無服斬之適子亦豈禮也哉

◆庶子不得父爲適子(서자부득부위적자)

喪服父爲長子註不言嫡子通上下也亦言立嫡以長疏亦言立嫡以長者欲見適妻所生皆名適
子第一子死也則取適妻所生第二長者立之亦名長子(傳)何以三年也正體於上又乃將所傳
重也庶子不得爲長子三年不繼祖也註爲長子三年重其當先祖之正體又以其將代已爲宗廟
主也庶子者爲父後者之弟也言庶者遠別之也疏以其父祖適適相承於上已又是適承於後故
云正體於上云又乃將所傳重者爲宗廟主是有此二事乃得三年云庶子不得爲長子三年不繼
祖也者此明適適相承故須繼祖乃得爲長子三年也註云庶子遠別之也者庶子妾子之號嫡妻
所生第二長者是衆子今同名庶子遠別於長子故與妾子同號也雖承重不得三年有四種一則
正體不得傳重謂適子有廢疾不堪主宗廟也二則傳重非正體庶孫爲後是也三則體而不正立
庶子爲後是也四則正而不體立適孫爲後是也○喪服傳庶子不得爲長子三年不繼祖也註庶
子者爲父後者之弟也言庶者遠別之也疏庶子者爲父後者之弟也者此鄭據初而言其實繼父
祖身三世長子四世乃得三年○朱子曰雖爲禰適而於祖猶爲庶故禰適謂之庶也五宗悉然○
通典按禮註用恩則父重用義則祖重父之與祖各有一重之義故聖人制禮服祖以至親之服而
傳同謂之至尊也已承二重之後長子正體於上將傳宗廟之重然後可報之以斬故傳記皆據祖
而言也若繼禰便得爲長子斬則不應云不繼祖喪服傳及大傳皆云不繼祖明庶子雖繼禰而不
繼祖則不服長子斬也○按其意以爲已雖庶子當爲其長子三年也庶子旣得承重則其父亦當
爲之三年也

◆未滿八歲子親喪受服當否(미만팔세자친상수복당부)

問小子之子今纔七歲而於其母喪哀號欲服故以布中單成服矣此無徑情爲禮之罪乎艮齋答受服之年限以八歲爲始欒以其前幼不知哀故也今令胤能哀而欲服何可以不滿八歲而不令受服所行恐無可疑也

◆爲人後(위인후)

喪服傳何以三年也受重者必以尊服服之何如而可爲之後同宗則可爲之後何如而可以爲人後支子可也爲所後者之祖父母妻妻之父母昆弟昆弟之子若子註若子者爲所後者之親如親子疏以其他家適子自爲小宗當收斂五服之內亦不可闕則適子不得後他故取支子支子則第二已下庶子也不言庶子云支子者若言庶子妾子之稱言謂妾子得後人則適妻第二已下子不得後人是以變庶言支支者取支條之義不限妾子而已妻卽後人之母也妻之父母昆弟昆弟之子於後人爲外祖父母及舅與內兄弟也直言爲所後者之外親之等不言緦麻小功大功及期之骨肉親者擧疏以見親言外以包內○爲人後者孰後後大宗也曷爲後大宗大宗者尊之統也大宗者收族者也不可以絶故族人以支子後大宗也適子不得後大宗註收族者謂別親疏序昭穆大傳曰繫之以姓而弗別綴之以食而弗殊雖百世婚姻不通者周道然也疏此問小宗大宗二者與何者爲後後大宗也按何休云小宗無後當絶與此義同○通典漢石渠議大宗無後族無庶子已有一嫡子當絶父祀以後大宗否戴聖云大宗不可絶言嫡子不爲後者不得先庶耳族無庶子則當絶父以後大宗田瓊曰以長子後大宗則成宗子禮諸父無後祭於宗家後以其庶子還承其父○丘氏曰黃潤玉謂大宗絶立後小宗絶不立後爲今制然觀宋儒陳淳謂古人繼嗣大宗無子則以族人之子續之而不及小宗則我朝親藩初封未有繼別之子而國絶則不爲立繼蓋古禮也親藩且然況庶民乎然則今庶民無子者往往援律令以爭承繼非歟謹按聖祖得國之初著大明令與天下約法有云凡無子許令同宗昭穆相當之姪承繼先盡同父周親次及大功小功緦麻如無方許擇立遠旁及同姓爲嗣若立嗣之後却生親子其家産幷許與元立均分並不許乞養異姓爲嗣以亂宗族立同姓者亦不得尊卑失序以亂宗族其後天下旣定又命官定律有立嫡子違法條云若養同宗之人爲子所養父母無子而捨去者杖一百發付所養父母收管若有親生子及本生父母無子欲還者聽若立嗣雖係同宗而尊卑失序其子歸宗改正立應繼之人其遺棄小兒年三歲以下雖異姓仍聽收養卽從其姓竊詳律令之文所謂立嗣之後却生親子幷所養父母無子而捨去及若有親子等辭皆謂其人生前自立繼嗣及將昭穆相應之人自幼鞠養從其自便然恐其前旣立繼而後又有子或所養之人中道背棄及有尊卑失序者故立爲律令以禁戒之也令如漢高祖入關之約法律乃令蕭何所次者也斷此獄者當以律文爲正若夫其人旣死之後有來告爭承繼者其意非是欲承其宗無非利其財産而已若其人係軍匠籍官府雖脇之使繼彼肯從哉春秋推見至隱而誅人之意請自今以後其人若係前代名人之後或在今朝曾有顯官者以宗法爲主先求繼禰小宗次繼祖之宗次繼曾祖之宗又次繼高祖之宗此四宗者俱無人然後及疏房遠族及同姓之人若其人生前或養同宗之子雖其世系比諸近派稍遠然昭穆若不失序亦不必更求之他所以然者以其於所養之人有鞠育之恩氣雖不純而心已相孚故也凡有爲人後者除大宗外其餘必有父在承父之命方許出繼已孤之子不許所以不許者爲人後者爲之子則稱其所生或爲伯或爲叔不承父命而輒稱已父母爲伯叔可乎是貪利而忘親也如此則傳序旣明而爭訟亦息矣○程子曰旣是爲人後者便須將所後者呼之以爲父以爲母不如是則不正也却當甚爲人後後之立疑義者只見禮不杖期內有爲人後者爲其父母報便道須是稱親禮文蓋言出爲人後則本父母反呼之以爲叔爲伯也故須著道爲其父母以別之非謂却將本父母亦稱父母也○語類今人爲所生父母齊衰不杖期爲所養父母斬衰三年以理觀之自是不安然聖人有簡存亡繼絶底道又不容不安○小記丈夫冠而不爲殤爲殤後者以其服服之註言爲後者據承之也殤無爲人父之道以本親之服服之疏爲殤後者謂大宗子在殤中而死族人爲後大宗而不得後此殤者爲子也以其父無殤義故也旣不後殤而宗不可絶今來爲後殤者之人不以殤者爲父而依兄弟之服服此殤也註言據承之者旣不與殤爲子則不應云爲後今言爲後是據已承其處

爲言也云以本親之服服之者依其班秩如本列也爲人後者若子於無後之宗旣爲殤者父作子
則應服以兄弟之服而云以本親之服服者當在未後之前不復追服不責人以非時之恩故推此
時本親兄弟亡在未後之前者亦宜終其本服之日月唯爲後之後如有母亡而猶在三年之內則
宜接其餘服不可以吉居凶若出三年則不追服矣愚按陳註謂此乃是已冠之子爲之後者卽爲
之子以其服服之者子爲父之服舊說非也未知當從何說○曾子問孔子曰宗子爲殤而死庶子
弗爲後也註族人以其倫代之明不紋昭穆立之廟其祭之就其祖而已代之者主其禮○大全李
繼善問嫡子已娶無子而沒或者以爲母在宜用尊厭之例不須備禮曰宗子成人而無子當立
尊厭之說非是又問嫡子死而無後當誰主其喪曰若已立後則無此疑矣○通典異姓爲後議後
漢吳商曰或問以異姓爲後然當還服本親及其子當又從其父而服耶將以異姓而不服也答曰
神不歆非族明非異姓所應祭也頃世人無後竝取異姓以自繼然本親之服骨肉之恩無絶道也
異姓之義可同於女子出適還服本親皆降一等至於其子應從服者亦當同於女子之子從於母
而服其外親今出爲異姓作後其子亦當從於父母服之也父爲所生父母周子宜如外祖父母之
加也其昆弟之子父雖服之大功於子尤無尊可加及其姉妹爲父小功則子皆宜從於異姓之服
不得過緦麻也○魏時或爲四孤論曰遇兵飢饉有賣子者有棄溝壑者有生而父母亡無緦親其
死必也有俗人以五月生子妨忌之不擧者有家無兒收養敎訓成人或語汝非此家兒禮異姓不
爲後於是便欲還本姓爲可然否博士田瓊議曰雖異姓不相爲後禮也家語曰絶嗣而後他人於
理爲非今此四孤非故廢其家祀旣是必死之人他人收而養活且褒姒長養於褒便稱曰褒姓無
常也其家若絶嗣可四時祀之門戶外有子可以爲後所謂神不歆非類也徐幹曰祭所生父母於
門外不如左右邊特爲立宮室別祭也軍謀史于達叔議曰此四孤者非其父母不生非遇公媼不
濟旣生旣育由於二家棄本背恩實未之可今宜謂子竭其筋力報於公媼育養之澤若終爲報父
在爲母之服別立宮宇而祭之畢已之年也司徒陳矯本劉氏養於陳氏及其薨劉氏弟子疑所服
以問王肅答曰昔陳司徒喪母諸儒陳其子無服甚失理矣爲外祖父母小功此以異姓而有服者
豈不以母之所生反重於父之所生不亦左乎爲人後者其婦爲舅姑大功婦他人也猶爲夫故父
母降一等祖至親也而可以無服乎推婦降一等則子孫宜依本親而降一等○晉賈充李郭二夫
人有男皆夭充無嗣及薨郭表充遺意以外孫韓謐爲充子詔曰太宰尊勳不同常人自餘不得爲
比○宋庾蔚之曰旣爲人後何不戴其姓神不歆非類蓋捨已族而取他族爲後若已族無所取後
而養他子者生得養已之老死得奉其先祀神有靈化豈不知其功乎唯所養之父自有後而本親
絶嗣者便當還本宗奉其宗祀服所養父母依繼父齊縗周若二家俱無後則宜停所養家依爲人
後服其本親例降一等有子以後其父未有後之間別立室以祭祀是也○北溪陳氏曰養異姓爲
嗣者陽若有繼而陰實絶之固爲不可然同姓又有賜姓變姓實爲混雜其立同宗者不可恃同姓
爲憑須擇近親來歷分明者立之則一氣所感父祖不至失祀○又曰今世多以女之子爲後以姓
雖異而氣類相近然賈充以外孫韓謐爲後秦秀已議其昏亂紀度是則氣類雖近而姓氏實異此
說斷不可行

◆童子(동자)

雜記童子哭不偯不踊不杖不菲不廬註偯委曲之聲○喪服疏按雜記童子不杖不菲直有衰裳
絰帶而已○通典爲父後持宗廟之重者其服深衣不裳其餘與成人同禮不爲未成人制服者爲
用心不能一也其能服者亦不禁纚絰不以制度唯其所能勝○喪服記童子惟當室緦註童子未
冠之稱也當室者爲父後承家事者爲家主與族人爲禮於有親者雖恩不至不可以無服疏童子
未冠之稱者謂十九已下按內則年二十敦行孝弟十九已下未能敦行孝弟非當室則無緦麻以
當室故服緦也雖恩不至不可以無服者以其童子未能敦行孝弟故云恩不至此當室童子與族
人爲禮有此服不及外親故不在緦章而在此記也○玉藻童子無緦服聽事不麻註雖不服緦猶
免深衣無麻疏按問喪及鄭註之意皆以童子不當室則無免而此註云猶免者崔氏熊氏並云不
當室而免者謂未成服而來也問喪不當室不免者謂據成服之後也知猶免深衣者以經但云無
緦服是但不著緦服耳猶同初著深衣也知免者以問喪云免不冠者之服故知未成服童子雖

不當室猶著免也陳註無總服謂父在時已雖有總親之喪不爲之著總服但往聽主人使令之事
不麻謂免而深衣不加絰也童子未能習禮且總服輕故父在不總父沒則本服不可違矣○通典
宋庾蔚之曰昔射慈以爲未八歲者服其近屬布深衣或合禮意○本註童子初未冠則雖爲喪亦
不免以其未冠故不嫌於不冠也若爲孤子而當室則雖童子亦免以其爲喪主而當成人之禮○
開元禮若嫡子雖童子亦杖幼不能自杖人代執之

◆八十縷爲一升(팔십루위일승)

喪服註升字當爲登登成也今皆以登爲升俗誤行已久矣○問布升數朱子曰八十縷爲一升古
尺一幅只闊二尺二寸筭來斬衰三升如今網一般又如漆布一般所以未爲成布也如深衣十五
升布如今極細絹一般這處升數又曉未得古尺又短於今尺若盡一千二百縷一幅闊不止二尺
二寸所謂布帛精麤不中數不粥於市又如何自要闊得這處亦不可曉○集說問程子遺書古者
八十縷爲一升斬衰三升布則是二百四十絲於今之布已爲細總麻十五升則是千有二百絲今
蓋無有矣按程氏之說則今總麻當用何等布曰間傳總麻十五升去其半則用六百絲布正是今
之稍麤麻布宜用之但云斬衰三升布爲細則比今俗稱冷布者已爲麤矣若三升布更嫌細則恐
非三升織不成布

◆爲父母斬衰三年(위부모참최삼년)

舊禮父沒爲母齊衰三年父在爲母齊衰杖期○大明令父在爲母與父沒同亦服齊衰三年○臨
川吳氏服制考詳序云爲母齊衰三年而父在爲母杖期豈薄於其母哉蓋以夫爲妻之服旣除則
子爲母之服亦除家無二尊也子服雖除而不飲酒不食肉不處內三者居喪之實如故則所殺者
三年之文而已實固未嘗殺也女子在室爲父斬旣嫁則爲夫斬而爲父母期蓋曰子之所天者父
妻之所天者夫嫁而移所天於夫則降其父婦人不貳斬者不二天也降己之父母而期爲夫之父
母亦期期之後夫未除服婦已除服而居喪之寔如其夫是舅姑之服期而寔三年也豈必從夫服
斬而後爲三年哉喪服有以恩服者有以義服者有以名服者恩者子爲父母之類是也義者婦爲
舅姑之類是也名者爲從父從子之妻之類是也從父之妻名以母之黨而服從子之妻名以婦之
黨而服兄弟之妻不可名以妻之黨其無服者推而遠之也然兄弟之妻之喪已之妻有娣姒婦之
服一家老幼俱已有服已雖無服必不華美於其躬宴樂於其室如無服人也同爨且服總朋友尙
加麻鄰喪里殯猶無相杵巷歌豈獨於兄嫂弟婦而恝然如行路乎古人制禮之意有在也寔之無
所不除者仁之至文之有所或殺者義之精後世父在爲母亦三年婦爲舅姑從夫斬齊竝三年爲
嫂有服爲弟婦亦有服意欲加厚於古而不知古者子婦叔於母姑嫂未嘗薄也後世有所增改者
皆溺乎其文昧乎其寔而不究古人制禮之意者也古人所勉者喪之寔自居於已者也後世所加
者喪之文可號於人者也誠僞之相去何如裁○胡氏翰讀喪禮云三年者其降服父在爲母期傳
曰何以期也屈也至尊在不敢伸其私尊也夫期之喪子爲父屈而三年之喪母爲子得遂揆其輕
重二者蓋不侔矣唐孔氏謂子於母屈而從期心喪三年蓋亦於義不安而創爲是說耳古未之聞
也古者弟子爲師心喪三年若喪父而無服由子貢以義起之也子貢以孔子之施於門人者還以
報之苟施於母子之間則疏衰裳齊非若師之無服也服斷以期而猶爲心喪則是外屈於父之尊
而內存喪母之哀所謂服者何以表衷也斯亦僞而已矣後世之言禮者不以父降其母而使子得
伸其尊誠不過矣抑所本者何取於古也又古者爲曾祖父母齊衰三月傳曰何以齊衰三月也小
功也小功兄弟之服也不敢以兄弟之服服至尊也故重其衰麻減其月日尊尊而恩殺也是雖不
及高祖父母說者謂兼高祖而言則其服同其日月亦同也今禮家定爲曾祖父母齊衰五月爲高
祖父母齊衰三月則其服同其日月不同矣以經考之服之數盡於五總麻三月小功五月等而至
於高曾意其月日以是爲差其服制則一以齊衰斷也且疏云爲父加除三年則爲祖宜大功爲曾
祖宜小功苟以齊衰之服從大功小功之月日亦若可爲也古之制禮者所以不出乎二者之間而
一斷以三月之制豈無其義乎故尊尊而恩殺爲高曾三月者後世不必易也至尊在不敢伸其私
尊爲母齊衰期者雖古不必盡從也何以權之禮以義起而緣乎人情者也

⦿二日齊衰三年(이왈자최삼년)

齊緝也其衣裳冠制並如斬衰但用次等麤生布(增解間傳陳註齊衰降服四升正服五升義服六升)緝其旁及下際冠以布爲武及纓(增解喪服疏布纓亦如繩纓以一條爲武垂下爲纓)首經以無子麻爲之(增解喪服傳牡麻者枲麻疏枲是碓麻蕡是子麻)大七寸餘本在右末繫本下布纓腰經大五寸餘絞帶以布爲之而屈其右端尺餘杖以桐爲之上圓下方婦人服同斬衰但布用次等爲異後皆放此其正服則子爲母也(便覽父在降嫁降出降〇備要妾子爲嫡母同女子子在室及嫁反在室者同父卒三年之內母卒仍服期)士之庶子爲其母同(增解圖式庶子爲其母條云公子爲其母練冠麻衣縓緣旣葬除之君卒爲其母大功大夫之庶子爲其母大功大夫卒爲其母三年士在庶子爲其母杖期父卒爲母三年)而爲父後(增解喪服傳註謂父沒承重)則降也其加服則嫡孫父卒爲祖母(便覽通典被出無服)若曾高祖母承重者也(備要祖若曾高祖在則降)母爲嫡子當爲後者也(便覽喪服疏不問夫之在否〇備要此亦繼三世長子今制國制)其義服則婦爲姑也(備要夫之繼母同妾子之妻爲夫之嫡母同舅在則降)夫承重則從服也(備要曾高祖母同祖若曾高祖在則降夫爲人後則從服承重所後亦從服)爲繼母也(備要父在則降出則無服〇便覽通典所後母被出無服)爲慈母謂庶子無母而父命他妾之無子者慈已也(便覽父在降父不命則降)繼母爲長子也妾爲君之長子也(備要妾爲君之母爲養父母謂三歲前收而養育者己之父母在者及父沒長子則降〇又曰喪服疏父卒三年之內母卒仍服期要父服除而母死乃得申三年通典杜元凱曰若父已葬而母卒則服母服至虞訖服父之服旣練則服母之服父喪可除則服父之服以除之訖而服母之服按父死未殯而母死則未忍變在猶可以通典所云父未殯服祖周之說推之而服母期也若父喪將竟而又遭母喪則亦以父喪三年內而仍服期似未安不敢輕議姑在諸說)

楊氏復曰按儀禮補服條當增祖父卒而後爲祖母後者也爲所後者之妻若子也〇劉氏璋曰齊衰削杖桐也爲母按三家禮云桐者言同也取內心悲痛同於父也以外無節象家無二尊外屈於父(父一作天)削之使下方者取母象於地也疏屨者粗屨也疏讀如不熟之疏草也斬衰重而言菅以見草體擧其惡貌齊衰輕而言疏擧草之總稱也不杖章言麻屨齊衰三月與大功同繩屨小功緦麻輕又沒其屨號麻屨註云不用草〇凡言杖者皆下本順其性也高下各齊其心其大小如腰經〇喪服小記削杖桐也疏削者殺也桐隨時凋落調母喪外雖削殺服徒時除而終身之心與父同也

⦿둘째는 자최(齊衰) 삼년 복이다.

상복(喪服)의 옆 변과 하단을 접어 꿰맨다. 상복 상하와 관(冠)의 제법은 모두 참최(斬衰)복과 같다. 다만 다음 거친 생포로 짓되 옆 변과 하단을 접어 꿰맨다. 관을 매는 끈과 양쪽의 갓끈 모두 베로 한다. 수질(首絰)은 무자마(無子麻)로 하고 굵기는 일곱 치로 하여 뿌리 쪽을 오른쪽으로 하여 끝을 뿌리 밑으로 되게 하여 매고 양쪽 귀위로 베 끈을 매여 갓끈으로 삼는다. 요질(腰絰)의 굵기는 다섯 치 남짓하고 교대는 베로 하되 고를 우측으로 한자 정도를 구부려 만들고 상장(喪杖)은 오동나무로 위는 둥글고 아래는 모가 나게 한다. 부인복도 참최복과 같다. 다만 베는 다음 거친 생포(生布)로 짓는다. 이하 자최(齊衰)복은 이를 본떠 짓는다.

○복(服) 입는 법.

○정복(正服)으로 자식이 어머니를 위한 복이다. 부친이 생존하여 계시면 감한다. 개가를 하였거나 쫓김을 당하였으면 감한다. 여식이 출가를 하였으면 감하고 되돌아왔으면 감하지 않는다. 서자(庶子)가 그의 어머니를 위한 복이며 부친이 생존해 계시면 감한다.

○가복(加服)으로 적손(嫡孫)으로 그의 부친이 작고한 후 조모(祖母), 증조모, 고조모의 승중(承重)복이다. 쫓김을 당하였으면 복이 없다. 조모에게는 조부, 증조모에게는 증조부, 고조모에게는 고조부가 생존해 계시면 감한다. 어머니가 적자(適子)를 위한

복이다.

○의복(義服)으로 며느리가 시어머니를 위한 복이다. 시아버지가 생존하여 계시면 감한다. 남편의 승중(承重)복을 따라 입는다. 계모(繼母)를 위한 복이며 부친이 생존하여 계시면 감하고 쫓김을 당하였으면 복이 없다. 며느리가 계모(繼母)를 위한 복이며 첩의 아들이 적모(嫡母)를 위한 복이며 첩의 자식 처가 적모를 위한 복이다. 자모(慈母)를 위한 복이며 서자가 어머니를 잃어 부친의 명으로 길러준 다른 소실이 자식이 없을 때의 복이나 부친이 생존하여 계시면 감한다. 계모가 적장자(適長子)를 위한 복이며 소실이 본처의 적장자를 위한 복이다. 소실들이 남편의 부모를 위한 복이며 양부모를 위한 복이다.

◆子爲母(자위모)

喪服父卒則爲母疏直云父卒爲母足矣而云則者欲見父卒三年之內而母卒仍服期要父服除而母死乃得伸三年故云則以差其義也傳何以期也屈也至尊在不敢伸其私尊也○通解續唐前上元元年武后上表請父在爲母終三年之服詔依行焉開元五年右補闕盧履氷上言唯禮父在爲母一周除靈三年心喪請仍舊章刑部郎中田再思建議上古喪服無數自周公制禮之後孔子刊經以來方殊厭降之儀以標服記之節重輕從俗斟酌隨時循古未必是依今未必非也履氷又上疏天無二日土無二君家無二尊以一理之也所以父在爲母服周者避二尊也左散騎常侍元行冲奏議今若捨尊厭之重虧嚴父之義事不師古有傷名教後中書令蕭嵩與學士改修五禮又議請依上元父在爲母齊衰三年爲令遂爲成典○大全郭子從問儀禮父在爲母曰盧履氷議是但今條制如此不敢違耳按宋朝循用唐制故家禮因之○補註程子曰古之父在爲母服期今則皆爲三年之喪家有二尊矣可無嫌乎處今之宜服齊衰一年外以墨衰終月筭可以合古之禮全今之制○雜記期之喪十一月而練十三月而祥十五月而禫

◆齊衰三年服(자최삼년복)

正服(己)子爲母士之庶子爲其母同爲父後則降○加服(己)嫡孫父卒爲祖母若高曾祖母承重(婦)母爲嫡子當爲後者○義服(己)爲繼母爲慈母(婦)婦爲姑夫承重則從服繼母爲長子(妾)妾爲君之長子

◆無桐代以柳(무동대이류)

集說無桐代以柳蓋柳者類也猶桐者同也卽無葛之鄕用穎之義○便覽無桐用柳

◆繼母服(계모복)

喪服傳繼母何以如母繼母之配父與因母同故孝子不敢殊也註因猶親也疏已母早卒或被出之後繼續已母○大全答黃商伯書本生繼母蓋以名服如伯叔父之妻於已有何撫育之恩但其夫屬乎父道則妻皆母道況本生之父所再娶之妻乎

◆慈母養母服(자모양모복)

喪服慈母如母傳曰妾之無子者妾子之無母者父命妾曰女以爲子命子曰女以爲母若是則生養之終其身如母死則喪之三年如母貴父之命也註不命爲母子則亦服庶母慈己之服可也疏庶母慈己者服小功也○問爲慈母三年父在杖期當爲心喪耶祭之當如何沙溪曰小記曰慈母不世祭庾蔚之曰慈母無天屬之愛寧有心喪之文庾說可疑更在斟酌○逐菴曰雖不乳育旣有父命安得不三年雖服慈母所生母三年亦當無減○問若有生母而無父命則慈已之恩雖重只當服小功耶愼獨齋曰慈母無父命則不必服三年但大典三歲前收養者齊衰三年以此而言則酌量恩義之輕重處之似當然有父母則降大典亦言之○備要國制爲養父母謂三歲前收而養育者己之父在者及父沒長子則降士大夫於賤人亦降○通考顧湄曰養母之服不見於輕宋開寶禮始載入齊衰三年章見於史者後魏憑熙表求依趙氏之孤爲所養母持服詔聽服期夫乳哺拊育恩參造化寧有不爲制服之理○家禮卷首三父八母圖養母條謂養同宗及三歲以下遺

棄之子者與親母同正服齊衰三年○通典四孤議曰此四孤者非遇公嫗不齊今宜子竭其力報
公嫗養育之澤若終爲報父在爲母之服○沙溪曰所謂收養卽三歲前收而養之者雖路人當服
三年通典亦言之中原閣老申時行爲他人所養爲三年服若已長成者則不可謂收養

◆妻從夫服慈母及養子妻從服當否(처종부복자모급양자처종복당부)

通考賀彦先曰慈母之子不服慈母之黨婦又不從夫而只服慈姑小功服無從故也○南溪曰爲
慈母者之妻禮無其服亦不可以所後者率之或當素服終喪否○問妻爲夫之慈母服沙溪曰從
夫服無疑○沙溪曰其妻從服無疑○愼獨齋曰其妻則無收養之恩從服似過而齊體之人似不
宜異同或以爲君師服三年而妻無服(按喪服爲夫之君服期)亦何異也此說如何○尤菴曰養
子之妻服無明文先師所謂從夫服者豈亦不得已而惟此猶爲有據故云然耶古禮夫斬而妻期
者謂之從服至宋同服齊斬三年然此獨指舅姑服爲言其餘服則因舊各降其夫一等矣鄙意夫
旣不行齊斬三年(按此以玄石爲養母服期言)則恐當從從夫降一等之舊例猶爲有據若夫爲
異姓之收養則以同爨服緦亦豈至全然無事乎然禮宜從厚則先師之說爲可行耶

◆祖母喪中父沒特服之節(조모상중부몰특복지절)

艮齋曰特服在家常特齊衰雖居先丈墓廬除拜墓外恐不當著斬衰且尊祖妣練後欲特斬衰以
待先丈練事此有可據之說否恐未若直至尊祖妣祥畢始服斬衰而居墓下以終月數也

◆養父爲養子服(양부위양자복)

南塘曰收養子無服與繼父之無服於子同二子之爲其父服只爲其有養育之恩二父之於其子
亦有恩之可言耶若以同居之情欲報之則亦只當用同爨緦之文耳

◆父母偕喪服(부모해상복)

備要喪服疏父卒三年之內母卒仍服期要父服除而母死乃得申三年通典杜元凱曰若父已葬
而母卒則服母服云云(按此非杜氏ㅐ本意乃備要斷章取義)按父死未殯而母死則未忍變在
猶可以通典所云父未殯服祖周之說推之而服母期也若父喪將竟而又遭母喪則亦以父喪三
年內而仍服期似未安不敢輕議姑存諸說

◆父先亡母後亡服母三年(부선망모후망복모삼년)

喪服父卒則爲母疏直云父卒爲母足矣而云則者欲見父卒三年之內而母卒仍服期要父服除
而母死乃得申三年故云則以差其義○通考徐氏曰賈氏之妄不但解經之繆亦可見薄於天性
之愛矣○尤菴曰父喪中爲母期之疑終未能釋然今所諭此年父死明年母死者母之期尙在父
喪未畢之前猶有壓屈之義矣若是明日父喪當畢而今日母死則亦當期而期盡之後便爲無服
之人耶玆不可不深思也經所謂父卒則爲母三年云者正欲以見父在則不敢三年之意而已自
是父卒後爲母之常禮而以此一則字生出父喪未除母死之說者非常情所及故雖勉齋載之於
續解終不敢以爲必然而信之也○同春曰通典云父母同日卒其葬先母後父皆服斬衰其虞祔
先父後母各服其服卒事反服父服若父已葬而母卒則服母之服至虞訖反服父之服旣練則服
母之服父喪可除則服父服以除之訖而服母之服云據此則分明服母三年何嘗仍服期耶○陶
菴曰儀禮父卒則爲母之文本自明白而賈氏因一則字曲爲解釋沙溪尤菴旣以爲可疑與其滯
泥於可疑之疏說母寧直依經文之爲寡過若一依經文則父先卒而母後死者雖一日之間亦可
以申三年未知如何○愚按小記父母之喪偕先葬者不虞祔待後事其葬服斬衰註偕謂同月若
同日死也先葬者母也其葬服斬衰則虞祔各以其服矣及練祥皆然卒事反服重疏云其葬服斬
衰直以葬爲文明爲母虞祔練祥皆齊衰也云云據此註疏則父母雖同日偕喪若母喪在後則亦
服母三年明矣陶菴說眞得鄭孔之旨矣然則喪服賈疏之誤據此可知而沙尤諸先生只駁賈疏
而曾不據此註疏而爲證可疑通典杜氏之論惟爲同春之所證而與此鄭註孔疏相合三家之說
如合符節可見其爲從古通行之常典矣然則此禮當與父祖偕喪承重與否之義同而其先後之
差隆殺之節皆當一體施行矣備要所謂人子不忍死其親之意爲母爲祖宜無異同之論眞可謂

千古禮訟之定案愚故曰父祖偕喪承重之論定則此論亦從而可定矣

◆母先亡父後亡服母期(모선망부후망복모기)

尤菴曰父在服母既定之爲期何忍以父亡而遽伸之耶若父亡於母葬之前者則其題主以亡室似無其義雖題之以妣而練祥仍如父在恐不相妨耶若然則其題主及練祥具由以告事方宛轉○問母喪未葬遭父喪服母期則是象父生存題母主則子主之無乃半上落下耶遂菴曰父在時己服母期則不忍改服然題主子當主之十一月而練十三月而祥既不敢變易則祥後入廟有何未安○問母先亡父後亡練祥之節南溪曰葬後題母主以顯妣當於練祥前日因上食措辭告以依禮文行練祥之意於妣位○問父母同日死者其母死於朝其父死於日中當依父在母喪禮耶陶菴曰雖數時之頃終是母死於父在之時惟當一依禮律而已○愚按母喪後父亡者其服制則是父生前事也故父亡而未忍遽伸母服是爲父之死而不忍致死之義也題主是父殯葬後事也已告父喪於母之几筵故不敢題以亡室是爲父之死而不敢致生之義也又按賈疏則專主爲父象生之義固爲太過而鄭孔杜三家之說又無偕喪先後之差近世諸賢或有以母喪在父葬前後爲期三年之差亦未見其必然也惟陶菴說恐畢竟爲定論也又按母死後父若成服而亡則其父喪服當陳於靈牀一如己卯諸儒所定喪中死者陳服之儀矣若未成服而亡則恐亦當別製喪服一件陳於靈牀矣不如此則不見象父生而爲父屈之義故也此亦恐當與斬衰父祖偕喪說參考而即備要爲母爲祖宜無異同之義也未知如何

◆八母服(팔모복)

爲嫡母繼母慈母養母俱斬衰三年爲嫁母出母庶母俱杖期父卒繼母嫁而已從之者亦爲服不杖期爲乳母緦麻○舊禮爲繼母慈母養母俱齊衰三年爲庶母緦麻若爲父後者爲嫁母出母及繼母嫁者俱無服○庶子無母父命他妾養之其子謂己者爲慈母幼子過房與人恩養不以爲後其子謂養己者爲養母自幼乳哺己者爲乳母○宋郭積幼孤母邊更嫁王氏既而母亡積解官服喪知禮院宋祁言積服喪爲過禮詔下有司愽議用馮元等奏聽解官申心喪申心喪蓋始於積鳴呼若仲徵者可謂能自盡矣胡明仲之賢不在積下以爲人後而不爲其所生母服秦檜囑言者論其不孝明仲以此得罪是雖檜惡其不附己之私雖然君子自處禮在可得爲者不可不過於厚以取議也○詒謀錄曰士大夫家不行出妻爲之子者非其親生猶可不服苟其所親生而視之恝然則非人類矣張永德嘗作二堂左繼母劉氏居之右馬氏居之不敢以出母加於繼母永德事二母如一人無間言時大臣妻母皆得入謁劉氏存日馬氏不敢同入禁中劉氏卒馬始得入謁太宗勞問嘉歎封莒國大夫人此可爲人子事出母之法○或問朱子范氏言宋襄公出母事有生則致孝死則盡禮之說然出母既義不可迎之以皈則所謂致孝盡禮者恐只是使命往來遺問否朱子曰恐只是如此如定省之類自是都做不得矣○朱子荅何淑京書謂出母有服爲是儀禮却說爲父後者則無服此尊祖敬宗家無二主之意先王制作精微不苟蓋如此子上若是子思嫡長自合用此禮而子思却不如此說此則可疑竊意檀弓所謂必有失其傳者又荅林擇之書云喪服傳出母之服期但爲父後者無服爾子思此事不可曉兼汚除之說亦似無交涉或記者之誤歟

⊙杖期(장기)

服制同上但又用次等生布其正服則適孫父卒祖在爲祖母也(備要增高祖母承重同)其降服則(備要喪服父在爲母繼母適母慈母同)爲嫁母(增解漢石渠議問父卒母嫁何服蕭太傅云當服周爲父後則不服)出母(便覽爲父後則無服)也其義服則爲父卒繼母嫁而已從之者也(備要婦舅在爲姑夫承重同○便覽開元禮不從則無服)夫爲妻也子爲父後則爲出母嫁母無服繼母出則無服也(備要父在爲母心喪三年爲嫁母出母亦心喪三年)

楊氏復曰按齊衰杖期恐當添爲所後者之妻若子也祖父在嫡孫爲祖母也据先生儀禮經傳補服條修首一條已具齊衰三年下

⊙상장(喪杖)을 집는 자최 일년 복이다.

상복 짓는 법은 위 자최(齊衰)복과 같다. 다만 베를 자최 삼 년 복 보다 조금 고운 생포로 한다.

○복 입는 법.

○정복(正服)으로 적손이 부친이 작고한 후 조부는 생존하였을 때 조모를 위한 복이다. 승중시 증조모, 고조모 역시 같다.

○강복(降服)으로 부친 생존 시 모친을 위한 복이며 계모, 적모(嫡母), 자모(慈母) 역시 같다. 모친이 개가(改嫁)를 하였거나 쫓김을 당하였을 때의 복이다.

○의복(義服)으로 며느리가 시아버지가 생존해 계실 때 시어머니를 위한 복이며 남편이 승중에 입는 복을 따라 입는다. 부친이 작고한 후 계모가 개가를 할 때 따라 간 전실(前室) 소생이 그 계모를 위한 복이며 따라 가지 않았으면 복이 없다. 남편이 아내를 위한 복이다.

○양자간 자가 양가의 어머니가 개가를 하였거나 쫓김을 당하였으면 복이 없다.

◆齊衰杖期服(자최장기복)

正服(己)嫡孫父卒祖在爲祖母○降服(己)子爲嫁母出母○義服(己)父卒繼母嫁而己從之者子爲父後則爲嫁母出母及繼母出俱無服夫爲妻○今制(己)嫡子衆子爲庶母嫁母出母(婦)嫡子衆子之妻爲夫之庶母

◆降服(강복)

喪服傳註降有四品君大夫以尊降公子大夫之子以厭降公之昆弟以旁尊降爲人後者女子子嫁者以出降疏降有四品者鄭因傳降不降之文遂總解喪服上下降服之義○中庸註喪服自期以下諸侯絶大夫降○圖式朱子曰夏商而上只是親親長長之意到周又添得許多貴貴底禮數如始封之君不臣諸父昆弟封君之子不臣諸父而臣昆弟期之喪天子諸侯絶大夫降然諸侯大夫尊同則亦不絶不降姊妹嫁諸侯者則亦不絶不降此皆貴貴之義上世想皆簡略未有許多貴貴底禮數凡此皆天下之大經前世所未備到得周公搜剔出來更不可易○通典虞喜釋滯曰按喪服經傳始封之君不臣諸父兄弟封君之子不臣諸父封君之孫盡臣之矣夫始封之君尙服諸父昆弟而始爲大夫便降旁親尊者就重而卑者卽輕輕重顚倒豈禮意哉然當有此意爲據諸侯成例包於大夫以相兼通也如此則一代爲大夫不降諸父二代爲大夫不降兄弟三代爲大夫皆降之古者貴大夫有采邑繼位不止一身魯之三桓鄭之七穆皆其比也

◆父在母服(부재모복)

備要喪服父在爲母疏心喪猶三年盧履氷曰一周除靈(註通典靈筵不得終三年)按家禮雖從時王之制父在爲母亦三年而朱子嘗曰父在爲母期非是薄於母只爲尊在其父不可復尊在母須從儀禮爲正又曰盧履氷議是且我國之制與禮經同今當從之○國制父在則十一月而練十三月而祥十五月而禫解官心喪三年○喪服父在爲母傳曰何以期也屈也至尊在不敢伸其私尊也疏母於子爲尊夫不尊之故曰私尊○喪服四制天無二日土無二王國無二君家無二尊以一治之也故父在爲母齊衰期者見無二尊也○程子曰古之父在爲母期今則皆爲三年之喪家有二尊矣可無嫌乎處今之宜服齊衰一年外以墨衰終月算可以合古之禮全今之制○沙溪曰儀禮父在爲母期心喪猶三年爲千古不易之典唐武曌請於高宗令天下父在爲母亦三年輕壞聖典實俑於此宋朝仍之至大明遂有同父喪斬衰之制國制從古禮最得無二尊不貳斬之義○尤菴曰武曌始爲母終三年此違經悖禮之大者惜乎宋朝因之而朱子於家禮不敢違然其平日議論不啻明白况家禮於杖期條嫡孫祖在爲祖母也則朱子之意尤可見矣○問喪父在不敢杖矣尊者在故也堂上不杖辟(避)尊者之處也

◆夫爲妻(부위처)

輯覽喪服傳爲妻何以期也妻至親也註適子父在則爲妻不杖以父爲之主也父在子爲妻以杖
卽位謂庶子疏言妻至親者妻旣移天齊體與已同奉宗廟爲萬世之主故云至親也以杖卽位者
天子以下至士庶人父皆不爲庶子之妻爲喪主故夫皆爲妻杖得伸也小記同○雜記爲妻父母
在不杖不稽顙註尊者在不敢盡禮於私喪也疏此謂適子爲妻父母見存不敢爲妻稽顙故云
按喪服云大夫爲適婦爲喪主父爲己婦之主故父在不敢爲婦杖若父沒母存爲妻雖得杖而不
得稽顙不杖屬於父在不稽顙文屬母在故云父母在不杖不稽顙○喪服記公子爲其妻縓冠葛
絰帶麻衣縓緣旣葬除之○經大夫之適子爲妻疏大夫之適子爲妻在此不杖章則上杖章爲妻
者是庶子爲妻父沒後適子亦爲妻杖亦在彼章也○傳何以期也父之所不降子亦不敢降也何
以不杖也父在則爲妻不杖註大夫不以尊降適婦者重適也凡不降者謂如其親服服之疏服問
云君所主夫人妻太子適婦是大夫爲適婦喪主也若然此適子通貴賤天子諸侯雖尊不降可知
○小記世子爲妻與大夫之適子同○增解備要補服大夫之庶子爲妻杖期大夫之適子父沒爲
妻杖期按喪服註父在則不杖以父爲之主也疏天子以下至士庶人父皆不爲庶子之妻爲喪主
故夫皆爲妻杖得伸也據此父主喪則夫不杖父不主喪則夫杖不惟大夫爲然士庶人亦同而但
奔喪曰凡喪父在父爲主與疏異姑存之以備參考又按雜記爲妻父母在不杖註此謂適子妻死
而父母俱存故其禮如此然大夫主適婦之喪故其夫不杖若父沒母存母不主喪則子可以杖耳
此幷言之不以辭害意云云家禮附註父母在爲妻不杖期之說疑出於此而據註說父沒母在似
當杖更詳之○尤菴曰妻喪實具三年之體段故練杖祥禫四者只是一串事○父在爲妻不杖期
古有其禮矣然家禮不論父在與父亡而通爲杖期杖則禫矣今之行禮者若一遵家禮則無此疑
矣○陶菴曰雜記有父在爲妻不杖之文而家禮不論父在父亡通爲杖期當以家禮爲正

◆父在爲妻杖朞當否(부재위처장기당부)

問屛溪老州柳持平皆以父在爲妻不杖原是儀禮經文而尤翁只主家禮不論父在不在通爲杖
朞非經意此果然否艮齋答父在不杖儀禮以大夫言而家禮只主士禮其實儀禮家禮同是一意
而杖朞爲當

◆母嫁還歸者服(모가환귀자복)

遂菴答人曰其母賤人雖不能守節其子成長之後棄彼來此亦不害爲三從之道況伯令公(統制
公)知而不禁則到今在其子之道安敢曰母行不純而不以母事之乎又曰統制令監喪時僉使之
母若服喪則不可以嫁母論不服喪則他日僉使當服嫁母之服

◆適母慈母嫁者服(적모자모가자복)

唐王博乂秦喪服惟出母特言出妻之子明非生己則皆無服嫡繼慈養皆非所生嫁雖比出稍輕
於父終爲義絕繼母之嫁旣殊親母慈嫡義絕豈合心喪今請凡非所生父卒而嫁爲父後者無服
非承重者服周並不心喪詔從之○愚按若以下繼母嫁條備要所論不從則不服之說推之則嫡
母慈母之嫁己若不從則雖非承重者恐亦當不服周然若曾有養育之恩則當如何

◆繼母嫁不從則不服(계모가불종즉불복)

備要按圖式崔凱王博義以爲繼母嫁不從猶服周王肅及開元禮宋服制令不從則不服今詳經
文特言嫁從而不言不從則恐以不服爲斷

◆爲父後者雖從不服(위부후자수종불복)

圖式崔凱曰出妻之子爲母及父卒繼母嫁從爲之服報皆爲庶子耳爲父後者皆不服傳云與尊
者爲體不敢服其私親此不獨爲出母言繼母嫁已隨之服則是私也爲父後者亦不敢服也

◆迎還出母制服之非(영환출모제복지비)

通典魏鍾毓爲父後以出母無主迎還輒自制服庚蔚之曰爲父後不服出母爲廢祭也母出而迎
還是子之私情率情制服非禮意也○按此當以朱子說嫁母不可養於家之義參考見不杖期繼
父同居條

◆服嫁母之節(복가모지절)

檀弓子思之母死於衛柳若謂子思曰子聖人之後也四方於子乎觀禮子蓋愼諸子思曰吾何愼哉吾聞之有其禮無其財君子不行也有其禮有其財無其時君子不行也吾何愼哉註伯魚卒其妻嫁於衛柳若見子思欲爲嫁母服恐其失禮戒之嫁母齊衰期時所止則止時所行則行也如子贈襚之屬不踰主人疏嫁母之服喪服無文按杖期章云父卒繼母嫁從爲之服報則親母可知故鄭約云齊衰期張逸問世本以孔子後數世皆一子禮適子爲父後爲嫁母無服子思服嫁母何鄭答子思哭嫂爲位必非適子或者兄早死無繼故云數世一子若嫁母之家主人貧乏斂者足形還葬已雖有財不得過於主人故註云贈襚之屬不踰主人

◆出母嫁母輕重(출모가모경중)

通典吳商曰出母無服此由尊父之命嫁母父不命出何得同出母乎又出母之黨無服嫁母之黨自應服之豈可復同乎○朱子曰禮不著嫁母之服而律令有之或者疑其不同以予考之禮於嫁母雖不言親而獨言繼又著出母之服焉皆擧輕以明重而見親母之嫁者尤不可以無服又於爲父後者但言出母之無服而不及嫁是亦擧輕以別重而見嫁母之猶應有服也○沙溪曰據朱子說嫁母出母輕重之義可見家禮爲父後者爲嫁母無服與此不同

◆前母出無服(전모출무복)

遂菴曰繼母出則雖非爲父後者亦不服○按繼母出無服則前母出無服可推而知

◆所後母出無服(소후모출무복)

通典步熊問所後之母出不復與親母同耶許猛曰禮爲人後者爲所後者若子夫言若者明其制如親其情則異也母出亦當異於親子矣

◆本生母出無服(본생모출무복)

許猛曰禮爲人後者爲所後者若子則不應復服親母出以廢所後者之祭也○按據上王愽乂所論嫡繼慈養凡非所生不心喪之說所生當有心喪矣出後者於親母旣是所生則被出而死雖不敢服恐當有心喪之節未知如何

◆嫡母慈母養母出無服(적모자모양모출무복)

通典問庶子服出嫡母否徐邈曰非所生則無服○按據王愽乂所論嫡繼慈養皆是一體而嫡母出旣無服則慈母養母出無服可推而知

○前妻還後妻子服嫡母服(전처환후처자복적모복)

通典漢黃司農爲獨郡太守得所失婦便爲正室使後婦下之○晉鄭子郡娶陳氏後隔呂布之亂更娶蔡氏徐州平後陳氏得還蔡氏之子元疊爲陳氏服嫡母之服鄕里先達以爲合宜

⊙不杖期(부장기)

服制同上但不杖又用次等生布其正服則爲祖父母(備要繼祖母同)女雖適人不降也(增解喪服傳何以期也不敢降其祖也疏祖父母正期故不敢降)庶子之子爲父之母(便覽爲祖後則不服)而爲祖後則不服也(備要按猶當心喪期)爲伯叔父也爲兄弟也爲衆子男女也(便覽長子不當斬者子爲人後者同)爲兄弟之子也爲姑**姉**妹女在室(備要圖姑**姉**妹女嫁皆大功)及適人而無夫與子者也(備要已嫁被出同)婦人無夫與子者爲其兄弟**姉**妹及兄弟之子也(便覽已嫁被出同○喪服姑**姉**妹報疏女子子不言報者出適反爲父母自然猶期不須言報)妾爲其子也其加服則爲嫡孫若曾玄孫當爲後者也(備要祖母同國制降○便覽喪服傳有適子者無適孫○增解繼祖母及庶祖母恐亦同)女適人者爲兄弟之爲父後者也(便覽父在則同衆昆弟)其降服則嫁母出母爲其子子雖爲父後猶服也妾爲其父母也其義服則(備要爲所後祖父母爲繼祖母)繼母嫁母(嫁母之母一作而)爲前夫之子從已者也爲伯叔母也爲夫兄弟之子也繼父同居父子皆無大功之親者也妾爲女君也(便覽喪服註

女君於妾無服)妾爲君之衆子也舅姑爲嫡婦也(便覽長子當斬者之妻國制父母在爲養父母父母雖沒長子則期而除○增解繼姑及庶母恐亦同○楊氏復曰父母在則爲妻也)

楊氏復曰按不杖期註正服當添一條姉妹既嫁相爲服也○其義服當添一條父母在則爲妻不杖也○按爲人後者爲其父母報(報一作服)女子子適人者爲其父母此是不杖期大節目何以不書也盖此條在後凡男爲人後者與女適人者爲其私親皆降一等中故不見於此

⊙상장을 짚지 않는 자최(齊衰) 일년 복이다.

상복 짓는 법은 위 장기(杖期) 제법과 같다. 다만 상장이 없으며 베는 장기(杖期)보다 조금 고운 생 베로 한다.

○복 입는 법.

○정복(正服)으로 조부모를 위한 복이다. 여자가 출가를 하였어도 감하지 않는다. 서자의 아들이 부친의 어머니를 위한 복이다. 첩인 할머니의 복은 없다. 백숙부를 위한 복이며 형제를 위한 복이다. 적장자를 제외한 여러 아들딸들을 위한 복이며 형제의 자식을 위한 복이다. 고모, 자매 여식이 출가를 하지 않았거나 출가를 하였더라도 남편과 자식이 없거나 되돌아왔을 때 입는 복이다. 남편과 자식이 없는 부인이 그 형제자매와 형제의 자식을 위한 복이며 첩이 그의 자식을 위한 복이다.

○가복(加服)으로 적손(嫡孫)과 뒤를 이을 적증현손을 위한 복이며 출가한 여자가 친가 부친의 뒤를 이을 형제를 위한 복이다.

○강복(降服)으로 개가한 어머니나 쫓김을 당한 어머니가 그의 아들을 위한 복으로 비록 적장자라도 복은 같다. 첩이 그의 친가 부모를 위한 복이다.

○의복(義服)으로 계모가 개가할 때 따라온 전남편의 아들을 위한 복이며 백숙모를 위한 복이다. 남편 형제를 위한 복이며 동거중인 계부가 그의 부친이나 자식이 없고 대공복을 입을 친족이 모두 없을 때의 복이며 첩이 본처를 위한 복이다. 첩이 남편의 적장자를 제외한 뭇 자식들을 위한 복이며 시부모가 맏며느리를 위한 복이다. 부모가 생존하여 계실 때 양부모를 위한 복이며 부모가 비록 작고하였다 하여도 장자(長子)는 일년 후에 복을 벗는다. 부모가 생존 시 처(妻)를 위한 복이다.

◆齊衰不杖期服(자최부장기복)

正服(己)爲祖父母庶子之子爲父之母而爲祖後則不服謂父是庶出者己若承祖後則不爲父所生母服爲伯叔父爲兄弟爲在室之姑姉妹及嫁無夫與子者爲衆子及女在室與嫁而無夫與子者爲兄弟之子(女)女爲祖父母雖適人不降女在室者爲兄弟姉妹及兄弟之子其適人而無夫與子者同姉妹既嫁相爲服(庶)妾爲其子○加服(己)爲嫡孫及曾玄孫當爲後者(女)女適人爲其兄弟之當爲父後者○降服(己)父在則爲妻不杖(女)女適人者爲其父母(婦)嫁母出母爲其子子雖爲父後猶服妾爲其父母(繼)爲人後者爲其本生父母○義服(己)爲伯叔母舅爲嫡婦父母在者爲妻(婦)爲夫兄弟之子姑爲嫡婦繼母嫁母爲前夫之子從己者謂非親生者(繼)爲人後者爲所後之祖父母(庶)妾爲女君謂夫(正室)妾爲君之衆子妾爲君之父母(異)繼父同居父子兩無大功之親者○今制(己)父爲嫡長子(婦)母爲嫡長子繼母爲長子及衆子慈母爲長子及衆子妾爲夫之長子及所生母

◆父在則爲妻不杖(부재즉위처부장)

按喪服註父在則不杖以父爲之主也疏天子以下至士庶人父皆不爲庶子之妻爲喪主故夫皆爲妻杖得伸也據此父主喪則夫不杖父不主喪則夫杖不惟大夫爲然士庶人亦同而但奔喪曰凡喪父在父爲主與此疏異姑存之以備參考○又按襍記爲妻父母在不杖不稽顙註此謂適子妻死而父母俱存故其禮如此然大夫主適婦之喪故其夫不杖若父沒母存母不主喪則子可以杖但不稽顙耳此幷言之不以辭害意云云家禮附註父母在爲妻不杖期之說疑出於此而據註

說父沒母在似當杖更詳之

◆伯叔父服(백숙부복)

喪服世父母叔父母疏伯言世者欲見繼世傳何以期也與尊者一體也然則昆弟之子何以亦期也旁尊也不足以加尊焉故報之也父子一體也夫妻一體也昆弟一體也故父子首足也夫妻牉合也昆弟四體也故昆弟之義無分然而有分者則辟子之私也子不私其父則不成爲子故有東宮有西宮有南宮有北宮異居而同財有餘則歸之宗不足則資之宗世母叔母何以亦期也以名服也註宗者世父爲小宗典宗事者也資取也疏與尊者一體也者雖非至尊旣與尊者爲一體故服期然昆弟之子無此義何以亦期云旁尊也不足以加尊焉故報之也者凡得降者皆由己尊也故降之世叔非正尊故生報也云父子一體己下云云傳云此者上旣云一體故傳又廣明一體之義父子一體者謂子與父骨血是同爲體因其父與祖亦爲一體又見世叔與祖亦爲一體也夫妻一體者亦見世叔母與世叔父爲一體也昆弟一體者又見世叔與父亦爲一體也昆弟之義無分者以手足四體本在一身不可分別是昆弟之義不合分也然而分者則辟子之私也使昆弟之子各自私朝其父故須分也若兄弟同在一宮則尊崇諸父之長者第二己下其子不得私其父不成爲人子之法也按內則云命士以上父子異宮不命之士父子同宮縱同宮亦有隔別爲四方之宮也世母叔母是路人以來配世叔父則生母名旣有母名則當隨世叔而服之故云以名服也〇楊氏復曰世叔父者父之兄弟若據祖期則世叔父母宜九月而世叔父是父一體故加至期

◆適人而無夫與子(적인이무부여자)

喪服註凡女行於大夫以上曰嫁行於士庶人曰適人疏庶人謂庶人在官者府史胥徒名曰庶人至於民庶亦同行士禮以禮窮則同之〇經姑姊妹女子子適人無主者姑姊妹報(傳)無主者謂其無祭主者也何以期也爲其無祭主故也註無主後者人之所哀憐不忍降之疏無主有二謂喪主祭主傳不言喪主者喪有無後無無主者人之所哀憐者謂行路之人見此無夫復無子而不嫁猶生哀慇況姪與兄弟及父母故不忍降之也除此之外餘人爲之服者仍依出降之服而不加以其恩疏故也

◆繼父同居(계부동거)

喪服疏夫死不嫁終身不改詩共姜自誓不許再歸此得有婦人將子嫁而有繼父者彼不嫁者自是貞女守志亦有嫁者雖不如不嫁聖人許之傳何以期也曰夫死妻穉子幼無大功之親與之適人而所適者亦無大功之親以其貨財爲之築宮廟歲時使之祀焉妻不敢與焉若是則繼父之道也同居則服齊衰期異居則服齊衰三月必嘗同居然後爲異居註妻穉謂年未滿五十子幼謂年十五已下子無大功之親謂同財者也爲之築宮廟於家大門之外神不歆非族妻不敢與焉恩雖至親族已絶矣天不可二此以恩服爾未嘗同居則不服之疏子家無大功之內親繼父家亦無大功之內親繼父以財貨爲此子築宮廟使此子四時祭祀不絶三者皆具卽爲同居子爲之期恩深故也三者若闕一事則爲異居假令三者皆具後或繼父有子卽是繼父有大功內親亦爲異居矣如此則爲之齊衰三月初與母往繼父家時或繼父有大功內親或己有大功內親或繼父不爲己築宮廟三者一事闕雖同在繼父家亦名不同居繼父全不服之矣爲之築宮廟於家門之外者以其中門外有已宗廟則知此在大門外築之也隨母嫁得有廟者非必正廟但是鬼神所居曰廟若祭法云庶人祭於寢

◆姊妹旣嫁相爲服(자매기가상위복)

愚問此禮亦見於他書乎儀禮及禮記無明文楊氏之說恐誤鄭愚伏答曰期年楊氏添條常以爲疑高明亦疑之矣但聞姊妹皆嫁不再降亦未見其出處只是理當如此(愚)謂儀禮大功章出降者兩女各出不再降若兩男爲人後亦如之以不再降之文觀之其一降可知楊儀恐不可從

◆收養服(수양복)

問自三歲時彼養於其從母其從母夫之喪服制當如何此人有父母似當期而除心喪三年若奉

祀則屬號及旁題何以書之沙溪曰期年後脫衰以白衣白帶黑笠行心喪恐宜屬號及旁題古禮無據不敢爲說○玄石問世采實承先人之後又繼母在堂似當從大典分註降服期以不杖期爲定又有中單衣布直領平凉子等如世俗爲人後者爲本生父母矣尤菴曰養父母服制古所未有當依從周之義從不杖期之文矣中衣固古制而直領平凉子出於俗例如此無害者從之無妨○問人將立後取養兄弟之子生纔半歲者年長而未及聞官其人夫妻一時俱歿其姪服喪題主及三年後奉神主何以爲之曰三歲前收養國法雖有卽同已子之文然有本服之觀則當只服本服矣先儒論韓文公爲嫂加服之非可見矣況此叔父母之親乎然亦不可全然無別故本服盡後有心喪之禮如朴進善世采氏是也所養如無子孫則被養者當主祀服盡後祔於宗家可也○問收養於繼祖母者欲伸心喪三年如何陶菴曰收養之恩可論於他人非可論於祖父母本服之外恐不當別伸心喪蓋幼養之恩比天屬爲輕也○問爲外祖父母三歲前收養者亦服齊衰三年耶父母在則服期耶愼獨齋曰韓文公爲嫂加服張子非之蓋先王制禮不可擅改今依張子說服外祖父母本服持心喪可也若據國制服三年有父母則降期亦不爲無據○尤菴曰外曾祖收養亦自是道理我自是其子孫而今乃比之他人服而報之則其所以厚之者還爲似薄矣或私伸情義如心喪者之爲則不至大戾否

◆三歲後收養服(삼세후수양복)

問一士人無子取養甥之子亦非三歲前也其人旣沒爲其養者服制如何其神主當書以外從祖耶沙溪曰此非三歲前收育不可服三年服期之說似近神主稱號來示爲當○問少失母養於舅妻今忍棄背舅妻禮雖無服忍遺其難報之恩乎或曰旣非三歲前收養又有父母心喪期年而解官則不可云如何愼獨齋曰養母三年謂三歲前收養也今異於此三年服與解官非所論也大典舅妻緦麻服緦後斟酒心制若干月可也○陶菴曰旣無先王定制則五六或七八歲收養者只當斟量其恩義自伸心制而恐亦不敢爲三年也

◆侍養服(시양복)

寒岡曰收養則國法許同已子若侍養則情有淺深義有輕重當有斟酌○問弟只有一子爲兄後其子生二子以其次子還主本生祖祀其服制如何尤菴曰此不可以繼論只從本服降一等爲是又問欲申心喪三年如何曰恐未見其可耳○按或曰人有一子出爲大宗後取其仲孫名以侍養及其喪後服大功而心喪恐當○問有婦人以夫之八寸孫爲侍養者服制南溪曰所謂侍養終無古今經傳之可據其服似當倣通典曹述初之說以從同爨之制而已心喪則沙溪每曰量其情義之淺深恐非外人所可得以酌處者但旣長侍養如用三年之限則其自幼被養者雖欲加隆而無其地至於題主益難爲說今旣曰夫之八寸孫則親屬稱謂並無可據之文禮有族祖母之說或可據用否

⊙五月(오월)

服制同上其正服則爲曾祖父母(備要義服繼曾祖母同)女嫡人者不降也

⊙자최 오월 복이다.

상복 짓는 법은 위와 같다.

○복 입는 법.

○정복(正服)으로 증조부모를 위한 복이다. 여자가 출가를 하여도 감하지 않는다.

○의복(義服)으로 계(繼)증조모 역시 같다.

◆齊衰五月服(자최오월복)

正服(己)爲曾祖父母(女)女爲曾祖父母適人者不降○義服(己)爲人後者爲所後之曾祖父母(按)附註引儀禮通解補服條增爲所後者之祖父母若子也蓋其所謂所後者之祖父母在所後之人者則爲曾祖父母也若子之若字解與如字同謂如其人之親子也非若本註若高曾祖承重

者若曾玄當爲後者之若之比附註凡引補服條皆倣此〇備要補服爲所後者之祖父母

◆曾高祖服(증고조복)

喪服傳何以齊衰三月也小功者兄弟之服也不敢以兄弟之服服至尊也註正言小功者服之數
盡於五則高祖宜緦麻曾祖宜小功也據祖期則曾祖大功高祖小功也高祖曾祖皆有小功之差
則曾孫玄孫爲之服同也重其衰麻尊尊也減其日月恩殺也疏不敢以兄弟之服服至尊者傳釋
服齊衰之意也重其衰麻謂以義服六升衰九升冠此尊尊者也減其日月謂減五月爲三月者因
曾高於已非一體恩殺故也〇通典貞觀十四年魏微奏謹按曾祖高祖舊服齊衰三月請加爲齊
衰五月〇開元禮爲曾祖父母齊衰五月高祖父母齊衰三月〇語類問魏玄成加服曰觀當時所
加曾祖之服仍爲齊衰而加至五月非降爲小功也今五服格仍遵用之雖於古爲有加然恐亦未
爲不可也

◉三月(삼월)

服制同上其正服則爲高祖父母女適人者不降也(便覽語類自四世以上凡逮事者皆當齊衰三月)
其義服則(備要繼高祖母同)繼父不同居者謂先同今異或雖同居而繼父有子己有大功以
上親者也其元不同居者則不服(備要喪服丈夫婦人爲宗子宗子之妻(傳)宗子之母在則不爲宗子之妻
服)
　楊氏復曰按儀禮補服條當增爲所後者之祖父母若子也

◉자최 삼월 복이다.

상복 짓는 법은 위와 같다.

○복 입는 법.

〇정복(正服)으로 고조부모를 위한 복이다. 여자가 출가를 하였더라도 감하지 않는
다. 고조이상은 자최 삼월 복이다.

〇의복(義服)으로 계고조모를 위한 복이며 계부(繼父)가 같이 살지 않아도 처음에는
같이 살다가 지금은 달리 산다거나 혹은 비록 같이 산다 하여도 계부가 자식이 있다
거나 이미 대공(大功)이상 복을 입을만한 유복지친(有服之親)이 있을 때의 복이다. 계
부(繼父)가 처음부터 같이 살지 않았으면 복이 없다. 집안의 남자와 부인들이 종자
(宗子)와 종부(宗婦)를 위한 복이며 종자(宗子)의 어머니가 생존하였으면 종부(宗婦)
의 복은 없다.

◆齊衰三月服(자최삼월복)

正服(己)爲高祖父母(女)女爲高祖父母適人者不降〇義服(己)族人爲宗子宗子之母妻(繼)
爲人後者爲所後之高祖父母(異)同居繼父有子及己有大功以上親者爲先同居今不同居之
繼父其原不同居者不服

◆四世以上祖服(사세이상조복)

通典問玄孫持高祖重玄孫之子來孫何服殷仲諶曰孫之於祖自有正服不以父服爲升降〇哀
準曰今有彭祖之壽無名之祖存焉爾雅有來孫雲孫仍孫昆孫有相及者故也十代之祖在堂則
不可以無服〇朱子曰沈存中云高祖齊衰三月不特四世祖爲然自四世以上凡逮事皆當服齊
衰三月

◆宗人服(종인복)

爲宗子及宗子之母妻皆齊衰三月〇爲同爨者緦麻〇國朝之制本族五服之外爲祖免親遇喪
葬則素服尺布纏頭此可爲法(用麻布頭巾)然近世功緦之服亦多尺布纏頭而已曾未及月或
甫及葬又悉除之甚可嘆也然則親近而無服者雖同於此亦何害乎

◆宗子宗婦服(종자종부복)

備要喪服丈夫婦人爲宗子宗子之母妻○喪服傳曰何以齊衰三月也尊祖也尊祖故敬宗敬宗者尊祖之義也宗子之母在則不爲宗子之妻服也疏祖謂別子百世不遷之祖當祭之日同宗皆來陪位助祭故云尊祖也大宗者尊之統故同宗敬之宗子父卒宗子主祭今宗子母在未年七十母自與祭母死宗人爲之服宗子母七十已上則宗子妻得與祭宗人乃爲宗子妻服也必爲宗子母妻服者以宗子燕食族人於堂其母妻亦燕食族人之婦於房皆序以昭穆故族人爲之服也○記疏宗子期親服齊衰期自大功親以下月數雖依本皆服齊衰者以其絶屬者猶齊衰三月明親者無問大功小功緦麻皆齊衰三月旣葬受服乃始受以大功小功衰也○張子曰宗子之母在不爲宗子之妻服非也宗子之妻與宗子共事宗廟之祭者豈可夫婦異服故宗子雖母在亦當爲宗子之妻服也東酌犧象西酌罍尊須夫婦共事豈可母子共事也○敖繼公曰族人於宗子之妻其服與否惟以其母之在不在爲節宗子之母雖老而妻代主家事若先其母而卒族人亦不爲服此義與宗子不孤而死族人不服意實相類○雲坪曰喪服傳疏說恐未然七十而不與祭父獨有不然耶今只以有嫡子者無嫡孫孫婦亦如之之言爲傍照則傳文之義自可見矣

◉三日大功九月(삼왈대공구월)

服制同上但用稍粗熟布無負版衰辟領首経五寸餘腰経四寸餘其正服則爲從父兄弟**姊**妹謂伯叔父之子也爲衆孫男女也(備要孫女已嫁被出同爲庶孫承重者適子在爲長孫支子爲適孫同)其義服則爲衆子婦也(便覽長子不當斬者之妻出後子婦同○增解按繼母亦同又按禮妾服君之黨與女君同則庶母之爲君衆子婦亦同)爲兄弟子之婦也爲夫之祖父母(備要繼祖母同)伯叔父母兄弟子之婦也夫爲人後者其妻爲本生舅姑也(備要爲同母異父之兄弟○**姊**妹旣嫁相爲服)

楊氏復曰儀禮註云前有衰後有負版左右有辟領孝子哀戚之心無所不在疏云衰者孝子有哀摧之志負者負其悲哀適者指適緣於父母不念餘事○又按註疏釋衰負版辟領三者之義惟子爲父母用之旁親則不用也家禮至大功乃無衰負版辟領者蓋家禮乃初年本也後先生之家所行之禮旁親皆無衰負版辟領若此之類皆從後來議論之定者爲正○大功九月恐當添爲同母異父之昆弟也或曰爲外祖母也据先生儀禮經傳補服條修同母異父之昆弟本子游答公叔木之問以同父同母則服期今但同母而是親者血屬故降一等蓋恩繼於母不繼於父若子夏答狄儀以爲齊衰則過矣故註疏家以大功爲是外祖母只据魯莊公爲齊王姬服大功檀弓或曰外祖母也今家禮以外祖父母爲小功正服則當以家禮爲正○劉氏垓孫曰沈存中說喪服中曾祖齊衰服曾祖以上皆謂之曾祖恐是如此如此則皆合有齊衰三月服看來高祖死豈有不爲服之禮須合行齊衰三月也伊川頃言祖父母喪須是不赴擧後來不曾行今法令雖無明文看來爲士者爲祖父母期服內不當赴擧今人齊衰用布大細又大功小功皆用苧布恐皆非禮大功須用市中所賣大麻布稍細者或熟麻布亦可小功須用虔布之屬古者布帛精粗皆用升數所以說布帛精粗不中數不鬻於市今更無此制聽民之所爲所以倉卒難得中度者只得買來自以意擇製之耳

◉세 번째가 대공(大功) 구월 복이다.

상복 짓는 법은 위와 같다. 다만 조금 거친 숙포(熟布)로 짓되 부판(負版)과 최(衰) 그리고 벽령(辟領)이 없으며 수질의 굵기는 다섯 치 남짓이며 요질은 네 치 남짓이다.

○복 입는 법.

○정복(正服)은 종형제자매를 위한 복이며 적손을 제외한 손자손녀에 대한 복이다. 손녀가 이미 출가를 하였다 되돌아왔으면 같다. 적손을 제외한 여러 손에 대한 복이며 승중한 적자가 살았는데 장손을 위한 복이며 지자(支子)가 적손(適孫)을 위한 복도 같다.

○의복(義服)으로 적장자부를 제외한 여러 자부를 위한 복이며 형제들의 자부를 위한 복이다. 남편의 조부모를 위한 복이며 계조모 역시 같다. 남편의 백숙부모를 위한 복이며 남편 형제의 자부를 위한 복이다. 양자 된 자의 처가 본생 시부모를 위한 복

이며 어머니는 같으나 아버지가 다른 형제자매의 복이다. 자매가 이미 출가를 하였을 때 서로 입는 복이다.

◆大功九月服(대공구월복)

正服(己)爲從父兄弟及姊妹之在室者謂堂兄弟姊妹爲衆孫男及孫女之在室者○降服(己)爲女適人者爲姑姊妹及兄弟女適人者爲兄弟之子爲人後者(女)女適人者爲衆兄弟及兄弟之子女適人者爲伯叔父母姑姊妹及兄弟之女在室者(繼)爲人後者爲其本生兄弟及姑姊妹在室者爲人後者爲其本生伯叔父母○義服(己)爲衆子婦爲兄弟之子婦謂姪(婦)婦爲夫之祖父母伯叔父母及兄弟之子婦(謂姪婦)爲夫兄弟女之適人者(繼)夫爲人後其妻爲本生舅姑

◆大功(대공)

喪服註大功布者其鍛治之功麤沽之疏斬衰皆不言布與功以其哀痛極未可言布體與人功至此輕可以見之言大功者用功麤大故沽疏其言小者對大功是用功細小

◆姊妹旣嫁相爲服(자매기가상위복)

按此條楊儀爲不杖期而朱子亦曰姊妹於兄弟旣嫁則降服而於姊妹則未嘗降但考儀禮喪服大功章女子嫁者爲姑姊妹又疏云兩女各出不再降若兩男爲人後亦如之又家禮女適人者爲其私親皆降一等據此雖不再降降一等爲大功無疑更詳之

⊙四曰小功五月(사왈소공오월)

服制同上但用稍熟細布冠左縫(增解喪服傳疏大功以上哀重其冠三辟積鄕右從陰小功緦麻哀輕三辟積鄕左從陽)首絰四寸餘腰絰三寸餘其正服則爲從祖祖父從祖祖姑謂祖之兄弟姊妹也爲兄弟之孫爲從祖父從祖姑謂從祖祖父之子父之從父兄弟姊妹也爲從父兄弟之子也爲從祖兄弟姊妹謂從祖父之子所謂再從兄弟姊妹者也爲外祖父母謂母之父母也(便覽喪服傳出妻之子爲外祖父母無服)爲舅謂母之兄弟也爲甥也謂姊妹之子也爲從母謂母之姊妹也(備要女爲姊妹之子外親雖適人不降)爲同母異父之兄弟姊妹也其義服則爲從祖祖母也爲夫兄弟之孫也爲從祖母也爲夫從兄弟之子也爲夫之姑姊妹適人者不降也女爲兄弟姪之妻已適人亦不降也爲娣姒婦謂兄弟之妻相名長婦謂次婦曰娣婦娣婦謂長婦曰姒婦也庶子爲嫡母之父母兄弟姊妹嫡母死則不服(便覽小記爲母之君母母卒則不服)母出則爲繼母之父母兄弟姊妹也(便覽虞氏曰雖有十繼母當服次其母者之黨○增解服問傳曰母出則爲繼母之黨服母死則爲其母之黨服爲其母之黨服則不爲繼母之黨服)爲庶母慈已者謂庶母之乳養已者也爲嫡孫若曾玄孫之當爲後者之婦其姑在則否也爲兄弟之妻也爲夫之兄弟也(備要補服(婦)姑爲嫡婦不爲舅後者按儀禮從子婦大功衆子婦小功魏徵秦議升衆子婦爲大功今嫡婦不爲舅後者與衆子婦同則亦當同升爲大功也(繼)爲所後者妻之父母○檀弓曾子曰小功不稅追爲服也則是遠兄弟終無服乎疏降而在緦者亦稅之其餘則否)

　　楊氏復曰按儀禮補服條當增爲所後者妻之父母若子也姑爲嫡婦不爲舅後者也諸侯爲嫡孫之婦也

⊙넷째가 소공(小功) 오월 복이다.

상복 짓는 법은 위와 같다. 다만 대공복 포(布) 보다 조금 고운 숙포(熟布)로 짓는다. 관의 벽적(襞積)을 좌측으로 접어 꿰매고 수질은 네 치 남짓이며 요질은 세치 남짓이다.

○복 입는 법.

○정복(正服)은 조부형제를 위한 복이며 출가하지 않은 대고모(大姑母)의 복이며 출가를 하였으면 감한다. 형제의 손을 위한 복이며 당숙부, 당고모를 위한 복이며 종질과 종질녀를 위한 복이다. 재종형제자매를 위한 복이며 외조부모를 위한 복이다. 외숙(外叔), 이모(姨母)를 위한 복이며 여자가 출가를 하였으면 모두 감한다. 생질(甥姪),

생질녀를 위한 복이다.

○의복(義服)은 종조모와 당숙모를 위한 복이며 남편형제의 손과 남편종형제의 자녀를 위한 복이며 여자가 출가를 하였으면 감한다. 남편의 고모(姑母), 남편의 자매를 위한 복이며 여자가 출가를 하였어도 감하지 않는다. 여자가 형제의 처와 조카의 처를 위한 복으로 본인이 출가를 하여도 감하지 않는다. 시동서간에 서로 입는 복이며 서자가 적모(嫡母)의 친정부모 형제자매를 위한 복으로 적모가 작고한 후는 복이 없다. 친모가 쫓김을 당하였으면 계모의 친정 부모 형제자매를 위한 복이다. 젖을 먹여 길러준 서모(庶母)의 복이며 적손부를 위한 복이다.

적증현손부(適曾玄孫婦)의 복이나 시어머니가 생존하였으면 복이 없다. 형제의 처를 위한 복이며 남편의 형제를 위한 복이다.

◆小功五月服(소공오월복)

正服(己)爲從祖祖父及從祖祖姑之在室者卽伯祖父叔祖父祖姑母爲從祖父及從祖姑之在室者卽堂伯父堂叔父堂姑母爲從祖兄弟之子及姊妹之在室者卽再從兄弟姊妹爲兄弟之孫及女之在室者卽姪孫爲從父兄弟之子卽堂姪爲外祖父母謂母之父母爲舅母之兄弟爲甥姊妹之子爲從母卽姨母(異)爲同母異父之兄弟姊妹○降服(己)爲孫女適人者爲從父姊妹之適人者女女適人者爲從父之兄弟(繼)爲人後者爲其本生姑姊妹適人者○義服(己)爲從祖祖母卽伯祖母叔祖母爲從祖母卽堂伯母堂叔母爲庶母慈己者謂庶母之乳養己者庶子爲嫡母之父母兄弟姊妹嫡母死則不服母出爲繼母之父母兄弟姊妹爲兄弟之妻爲嫡孫及曾玄孫之當爲後者之婦其姑在則否(女)女爲兄弟姪之妻己嫡人者亦不降(婦)爲夫兄弟之孫及女之在室者卽夫姪孫爲夫從兄弟之子及女之在室者卽夫堂姪爲夫之兄弟爲夫之姑姊妹適人者不降爲娣姒長婦謂次婦曰娣次婦謂長婦曰姒俗所謂嫂嬸也爲庶婦(繼)爲人後者爲所後之外祖父母

◆庶子爲嫡母之父母(서자위적모지부모)

喪服君母之父母從母註君母父之適妻也從母君母之姊妹(傳)何以小功也君母在則不敢不從服君母不在則不服註不敢不服者恩實輕也凡庶子爲君母如適子疏言無情實但畏敬故云不敢不從服也君母不在者或出或死如適子者則如適妻之子非正適長而據君母在而云如若君母不在則不如若然君母在既爲君母父母其己母之父母或亦兼服之若馬氏義君母不在乃可申矣

◆母出則爲繼母之父母(모출즉위계모지부모)

服問傳曰母出則爲繼母之黨服母死則爲其母之黨服爲其母之黨服則不爲繼母之黨服註母死謂繼母死也其母謂出母也鄭氏曰雖外親亦無二統吳氏曰母出謂己母被出而父再娶己母義絶子雖不絶母服而母黨之恩則絶矣故加服繼母之黨與己母之黨同也母死謂己母死而父再娶己母祔廟是父之初配雖有繼母而子仍服死母之黨按註與吳氏論母死不同吳說恐是○通典虞喜通疑曰縱有十繼母則當服次其母者之黨也○或問杖期章爲嫁母出母同而小功章爲其黨不服只言出母若然爲嫁母之黨可以服之耶曰按通典成洽難喪服傳曰出妻之子爲父後者爲出母無服與尊者爲體不敢服其私親也經爲繼父服者亦父後者也爲父後服繼父則自服其母可知也出母之與嫁母俱絶族今爲嫁母服不爲出母服其不然乎經證若斯其謬耳吳商答曰出母無服此由尊父之命嫁母父不命出何得同出母乎爲繼父服者爲其父沒年幼隨母恩由繼父所以爲報耳今欲以出母同於嫁母違廢父命豈人子所行又出母之黨無服嫁母之黨自應服之觀此則只不服出母黨之義可知

◆嫂叔服(수숙복)

喪服傳夫之昆弟何以無服也其夫屬乎父道者妻皆母道也其夫屬乎子道者妻皆婦道也謂弟

之妻婦者是嫂亦可謂之母乎故名者人治之大者也可無愼乎註道猶行也謂弟之妻爲婦者卑
遠之故謂之婦嫂者尊嚴之稱嫂猶傁也傁老人稱也是謂序男女之別爾若己以母婦之服服兄
弟之妻兄弟之妻以舅子之服服己則是亂昭穆之序也治猶理也父母兄弟夫婦之理人倫之大
者大傳曰名著而男女有別疏此二者欲論不著服之事若著服則相親近于淫亂故推而遠之程
子曰推而遠之此說不是古之所以無服只爲無屬兄弟己之屬也難以妻道屬其妻○通典貞觀
十四年太宗謂侍臣曰同爨尙緦麻而嫂叔無服宜詳議侍中魏徵等議曰制服緣恩之厚薄或有
長年之嫂遇孩童之叔劬勞鞠育情若所生及其死也則推而遠之深所未喩今請小功五月服制
可至開元二十年中書令蕭嵩奏依貞觀禮爲定大全嫂叔之服先儒固謂雖制服亦可然則徵議
未爲大失○語類問嫂叔無服而程先生云後聖有作須爲制服曰守禮經舊法此固是好纔說起
定是邦箇不穩然有禮之權處父道母道亦是無一節安排看推而遠之便是合有服但安排不得
故推而遠之若果是鞠養於嫂恩義不可已是他心自住不得又如何無服

◆外黨服隨母而立(외당복수모이립)

艮齋曰旣服母黨而母出又服繼母黨始以外親不二統疑其未穩旣而與諸友商訂而得而見外
黨服當隨母而立之說而更思之此爲理到之言今假使再服繼母黨者繼母又出而三繼母黨又
不得不服鄙當改見而從來示矣

◉五曰緦麻三月(오왈시마삼월)

服制同上但用極細熟布首絰三寸腰絰二寸並用熟麻纓亦如之其正服則爲族曾祖父
(五寸大父○喪服疏族屬也骨肉相連屬)族曾祖姑(五寸大姑)謂曾祖之兄弟姊妹也(備要族曾祖
姑嫁無)爲兄弟之曾孫也(備要女嫁無)爲族祖父(六寸大父)族祖姑(六寸大姑)謂族曾祖父
之子也(備要謂祖之從父兄弟姊妹族祖姑嫁無)爲從父兄弟之孫也(備要女嫁無)爲族父族姑
謂族祖父之子也(備要族姑嫁無)爲從祖兄弟之子也(備要女嫁無)爲族兄弟姊妹謂族父之
子所謂三從兄弟姊妹也(備要姊妹嫁無)爲曾孫玄孫也(備要曾玄孫之妻無○增解按繼祖母
及庶祖母亦同)爲外孫也(便覽通典子雖不服外祖○謂出妻之子爲子外祖父母無服者○外祖猶爲
服)爲從母兄弟姊妹謂從母之子也(備要謂兩姨兄弟姊妹雖適人不降)爲外兄弟謂姑之子
也(增解外姊妹亦雖適人不降)爲內兄弟謂舅之子也(便覽尤菴曰姑之子舅之子只言兄弟而不言
姊妹者省文也○增解內姊妹亦適人不降)其降服則庶子爲父後者爲其母而爲其母之父母
兄弟姊妹則無服也其義服則爲族曾祖母也爲夫兄弟之曾孫也(備要女嫁無)爲族祖母
也爲夫從兄弟之孫也(備要女嫁無)爲族母也爲夫從祖兄弟之子也(備要女嫁無)爲庶孫
之婦也(便覽適孫婦其姑在者支子爲適孫婦出後孫婦同)士爲庶母謂父妾之有子者也(便覽通
典兩妾之子相爲庶母)爲乳母也爲壻也爲妻之父母妻亡而別娶亦同卽妻之親母雖嫁出
猶服也(便覽尤菴曰適母繼母之不嫁出者同於親母)爲夫之曾祖高祖也爲夫之從祖祖父母
也(儀節爲夫之從祖姑卽夫之從祖祖姑)爲兄弟孫之婦也爲夫兄弟孫之婦也爲夫之從祖父
母也(便覽國制爲夫之從祖姑)爲從父兄弟子之婦也爲夫從兄弟子之婦也(便覽國制爲從父
兄弟之妻爲夫從父兄弟)爲夫從父兄弟之妻也爲夫之從父姊妹適人者不降也(備要女適人
者爲其從父兄弟之妻)爲夫之外祖父母也爲夫之從母及舅也爲外孫婦也女爲姊妹之子
婦也爲甥婦也(備要爲夫之從祖姑爲從父兄弟之妻爲甥從父兄弟爲舅之妻兩妾相爲服爲養父母
○便覽爲同爨)

　楊氏復曰當增爲同爨也爲朋友也爲改葬也大夫爲貴妾也士爲妾有子也按通典漢戴德云以朋友有
　同道之恩故加緦三月晉曹述初問有仁人義士矜幼携養積年爲之制服當無疑耶徐邈答曰禮然情耳
　同爨緦朋友緦又按儀禮補服條同爨謂以同居生於禮可許旣同爨而食合有緦麻之親改葬謂墳墓以
　他故崩壞將亡失尸柩也言改葬者明棺物毁敗改設之如葬時也此臣爲君也子爲父也妻爲夫也餘無
　服必服緦者親見尸柩不可以無服緦三月而除之謂葬時服之又按通典戴德云制緦麻具而葬葬而除

謂子爲父妻妾爲夫臣爲君孫爲祖後者也其餘親皆弔服魏王肅云非父母無服無服則弔服加麻士妾有子而爲之緦無子則已謂士卑妾無男女則不服不別貴賤也大夫貴妾雖無子猶服之故大夫爲貴妾緦是別貴賤也○劉氏垓孫曰司馬公書儀斬衰古制而功緦又不古制此却可疑蓋古者五服皆用麻但布有差等皆用冠経但功緦之経小耳今人吉服不古而凶服古亦無意思今俗喪服之制下用橫布作襴惟斬衰用不得

⊙다섯째가 시마(緦麻) 삼월 복이다.

상복 짓는 법은 위와 같다. 다만 아주 고운 숙포(熟布)로 짓는다. 수질은 세치이며 요질은 두 치로 하고 갓끈은 고운 베 끈으로 한다.

○상복 입는 법.

○정복(正服)으로 증조의 형제자매를 위한 복으로 여자가 출가를 하였으면 감한다. 형제의 증손을 위한 복이며 조부의 종형제자매를 위한 복이며 여자가 출가를 하였으면 감한다. 재종손을 위한 복이며 아버지의 종형제자매(재당숙고)를 위한 복이며 여자가 출가를 하였으면 감한다. 재종질을 위한 복이며 삼종형제자매(팔촌)를 위한 복이며 여자가 출가를 하였으면 감한다. 적증현손을 제외한 여러 증현손을 위한 복이며 외손을 위한 복이다. 쫓김을 당한 처의 자식은 그의 외조부모에 대한 복은 없으며 그도 같다. 이종형제자매, 고종형제자매, 외종형제자매를 위한 복이며 출가를 하였어도 감하지 않는다.

○강복(降服)으로 서자로서 아버지의 적자로 입적 되었으면 그의 친모를 위한 복이며 친모 생가 부모 형제자매의 복은 없다.

○의복(義服)으로 족증조(증조의 형제)모를 위한 복이며 남편 형제의 증손을 위한 복이다. 족조(조부의 종형제)모를 위한 복이며 남편의 종형제(사촌)의 손을 위한 복이다. 재당숙모를 위한 복이며 남편의 증조부모, 고조부모를 위한 복이며 남편의 조부의 형제자매를 위한 복이다. 형제의 손부를 위한 복이며 남편의 당숙부모, 당고모를 위한 복이며 남편의 종형제자매를 위한 복이다. 종형제의 처도 같다. 남편의 종형제자부를 위한 복이며 남편의 출가한 종형제의 여식에 대한 복이다. 남편의 재종형제의 자녀에 대한 복이며 여자가 출가를 하였으면 감한다. 남편의 손부에 대한 복이며 적증현손을 제외한 여러 증현손에 대한 복이다.

적손부를 제외한 여러 손부에 대한 복이며 남편 형제의 출가한 손녀의 복이며 남편의 종형제 손녀에 대한 복이다. 여자가 출가를 하였으면 감한다. 남편 형제의 증손녀에 대한 복이며 출가를 하였으면 감한다. 서(庶)손부의 복이며 시어머니 생존시의 적손부의 복이며 지자의 적손부의 복이며 양자간 손부의 복이다. 서모의 복이며 소실 자식들이 다른 소실을 위한 복이다. 유모를 위한 복이며 사위를 위한 복이며 처부모를 위한 복이다. 부인이 사망 후 별취하였다 하여도 같다.

개가를 하였거나 쫓김을 당하였으면 처부모 복은 없다. 적모나 계모가 개가나 쫓김을 당하지 않았으면 친모와 같다. 종형제의 자부의 복이며 종형제의 처복이다. 남편의 외조부모를 위한 복이며 남편의 이모와 외숙을 위한 복이다. 외손부의 복이며 여자가 자매의 자부에 대한 복이다. 생질부에 대한 복이며 외숙모를 위한 복이며 외숙모가 생질에 대한 복이다. 소실간의 복이며 동거 무복인 간의 복이며 벗의 복이며 개장 시 주인의 복이다.

◆緦麻三月服(시마삼월복)

正服(己)爲族曾祖父及族曾祖姑之在室者(卽曾伯祖曾叔祖曾祖姑出嫁者無服下同)爲兄弟

之曾孫爲族祖父及族祖姑之在室者(卽堂伯祖堂叔祖堂祖姑)爲族父族姑之在室者(卽再從伯父叔父姑母)爲族兄弟及姊妹之在室者(卽三從兄弟姊妹)爲從父兄弟之孫及女之在室者(卽堂姪孫)爲從祖兄弟之子及女之在室者(卽再從姪)爲曾孫婦無服玄孫同爲玄孫(曾孫之子)爲外孫(女之子)爲從母兄弟姊妹(卽兩姨子)爲外兄弟(卽姑之子)爲內兄弟(舅之子)○降服(己)庶子爲父後者爲其母其母之兄弟姊妹無服爲兄弟之孫女出嫁者爲從父兄弟之女出嫁者爲從姊妹之出嫁者爲從祖祖姑及從祖姑之出嫁者(卽祖姑母及堂姑母)(女)女出嫁爲從祖父母(卽伯叔祖父母)女出嫁爲從父母(卽堂伯叔父母)女出嫁爲從父兄弟之子女(卽堂姪女)女出嫁爲從祖祖姑及從祖姑在室者(卽堂祖姑及堂姑)爲從祖姊妹之出嫁者(卽堂姊妹)(繼)爲人後者爲其本生外祖父母○義服(己)爲族曾祖母(卽曾伯祖母曾叔祖母)爲族祖母(卽堂伯叔祖母)爲族母(卽再從伯叔母)爲庶母謂父妾之有子者爲乳母爲庶孫之婦爲兄弟孫之婦(卽姪孫)婦爲從父兄弟子之婦(卽堂姪婦)爲妻之父母妻亡而別娶亦同(卽妻之親母雖嫁猶服)爲婿爲甥婦爲妹孫婦爲從兄弟之妻爲同爨爲朋友(女)女爲姊妹之子婦婦爲夫兄弟之曾孫(卽夫曾姪孫)爲夫從兄弟之孫(卽夫堂姪孫)爲夫從祖兄弟之子(卽夫再從姪)爲夫之曾祖高祖父母爲夫之從祖祖父母(卽夫之堂伯叔祖父母)爲夫之從祖父母(卽夫堂伯叔父母)爲夫從父兄弟之妻(卽夫堂兄弟之妻)爲夫之從父姊妹適人者不降(卽夫之堂姊妹)爲夫兄弟孫之婦(卽夫姪孫婦)爲夫之外祖父母爲夫之從母及舅爲夫之從父兄弟爲夫之從祖姑及從祖姑之在室者

◆總麻(시마)

喪服傳總者十五升抽其半有事其縷無事其布註謂之總者治其縷細如絲也抽猶去也疏古之總絲字通故作總字十五升抽其半者以八十縷爲升十五升千二百縷抽其半六百縷縷麤細如朝服縷則半之可謂總而疏服最輕故也有事其縷無事其布者按下記傳錫者十五升抽其半無事其縷有事其布註謂之錫者治其布使之滑易也不治其縷哀在內也總者不治其布哀在外若然則二衰皆同升數但錫衰重故治布不治縷哀在內故也此總麻衰治縷不治布哀在外故也

◆宗人服(종인복)

此不在五服之內者○爲宗子及宗子之母妻皆齊衰三月○爲同爨者總麻○國朝之制本族五服之外爲袒免親遇喪葬則素服尺布纏頭此可爲法用麻布頭巾然近世功總之服亦多尺布纏頭而已曾未及月或甫及葬又悉除之甚可嘆也然則親近而無服者雖同於此亦何害乎

◆朋友總服(붕우시복)

喪服記朋友皆在他邦袒免歸則已註謂服無親者當爲之主每至袒時則袒袒則去冠代之以免已猶止也歸有主則止也主若幼少則未止小記大功者主人之喪有三年者則必爲之再祭朋友虞祔而已疏或共遊學皆在他國而死者每至可袒之節則爲之袒而免與宗族五世祖免同歸則已者謂在他國袒免爲死者無主歸至家自有主則止不爲袒免也服無親者當爲之主者以其有親入五服今言朋友故知是義合之輕無親者也旣孤在外明爲之作主可知每至袒時袒者凡喪至小斂節主人素冠環絰以視斂訖投冠括髮將括髮先袒乃括髮括髮據正主人齊衰已下皆以免代冠以冠不居肉袒之體故也歸有主則之也主若幼少則未止者本在外爲無主與之爲主今至家主若幼少不能爲主則朋友猶爲主未止○朋友麻註朋友雖無親有同道之恩相爲服總之絰帶檀弓曰群居則絰出則否其服弔服也疏在他國加袒免今此在國相爲弔服麻絰帶而已按禮運云人其父生而師敎之朋友成之又學記云獨學而無友則孤陋而寡聞論語云以文會友以友輔仁以此言人須朋友而成也故云朋友雖無親有同道之恩故爲之服檀弓群居則絰出則否者彼註群謂七十二弟子相爲朋友彼亦是朋友相爲之法居則絰謂在家居止則爲之絰出家行道則否引之者證此亦然也彼又云孔子之喪二三子皆絰而出是爲師出行亦絰也凡弔服直云素弁環絰不言帶或有解云有絰無帶但弔服旣著衰首有絰不可著吉時之大帶吉時之大帶旣有采矣麻旣不加于采采可得加於凶服乎明不可也首言環絰則其帶未必如環但亦五分去

一爲帶紏之矣其弔服之除按雜記云君於卿大夫比葬不食肉比卒哭不擧樂是知未吉則凡弔服亦當依氣節而除幷與緦麻同三月除之矣爲士雖比殯不擧樂其服亦當既葬除矣○檀弓朋友之墓有宿草而不哭焉註草根陳宿是期年之外可無哭矣方氏曰師猶父朋友相視猶兄弟既以喪父之義處喪師則以喪兄弟之義處喪朋友不亦可乎墓有宿草則期年矣是以兄弟之義喪之也然必以墓草爲節者蓋生物既變而慕心可已故也○大全答孫敬甫曰朋友之喪古經但云朋友麻則如弔服而加麻経耳然不言日數至於祭奠則溫公說聞親戚之喪者但當爲位哭之不當設祭以其神靈不在此也此其大槩如此亦當以其厚薄少長而爲之節難以一定論也

◆改葬緦麻(개장시마)

喪服記改葬緦註謂墳墓以他故崩壞將亡失尸柩者也改葬者明棺物毁敗改設之如葬時也其奠如大斂從廟之廟從墓之墓禮宜同也服緦者臣爲君子爲父妻爲夫也必服緦者親見尸柩不可以無服緦三月而除之疏直言棺物毁敗而改設不言衣服則所設者喻此棺如葬時也按既夕記朝廟至廟中更設遷祖奠云如大斂奠卽此移柩向新葬之處所設之奠亦如大斂奠禮宜同也者卽設奠之禮朝廟載柩之時士用軝軸大夫已上用輴不用蜃車飾以帷幭則此從墓之墓亦與朝廟同可知臣爲君子爲父妻爲夫也知者若更言餘服無妨更及齊衰已下今直言緦之輕服明知唯據極重而言故以三等也不言妾爲君差輕故也不言女子子婦人外成在家又非常故亦不言諸侯爲天子在畿外差遠改葬不來故亦不言也親見尸柩不可以無服者君親死已多時哀殺已久可以無服但親見君父尸柩暫時之痛不可不制服以表哀三月而除者謂葬時服之及其除也亦法天道一時故亦三月除也若然鄭言三等擧痛極者而言父爲長子子爲母亦與此同也○通典許猛云按經文以謂諸有三年者皆當緦如註意擧此三者明唯斬者爾今父卒孫爲祖後而葬祖雖不受重於祖據爲主雖不爲祖斬亦制緦以葬也○晉王翼云按禮改葬緦鄭氏以爲臣子妻也以例推之女子雖降父母卽亦子也今男女皆緦於義自通○晉胡濟云改葬前母今禮無其章故取繼母服準事目下得伸孝養之情推此所奉前繼一也以爲前母改葬宜從衆子之制○劉鎭之問父尙在母出嫁亡今改葬應有服否徐廣答云改葬緦服唯施極重此既出嫁未聞兒有服之文然緣情立禮令制服奉臨就從重之義合卽心之理亦當無疑於不允也○晉袁準云喪無再服然哀甚不可無服若終月數是再服也道遠則過之可也道近旬月可也○語類問改葬緦鄭玄以爲終緦之月數而除服王肅以爲葬畢便除如何曰如今不可考禮宜從厚當如鄭氏問王肅以爲既虞而除之若是改葬神已在廟久矣何得虞乎曰便是如此而今都不可考看來也須當反哭於廟問鄭氏以爲只是有三年服者服緦非三年服者弔服加麻葬畢除之否曰然子思曰禮父母改葬緦而除則非父母不服緦也愚按子思之言既葬後卽除服丘儀亦然然韓文公改葬議三月後脫服朱子亦曰當如鄭氏(三月而除)當以終三月爲正

◆師喪服制(사상복제)

艮齋曰師喪白布深衣大帶(幷素緣○不能具者用素衣帶)素委貌(三梁向右○不能具者用白巾)加環経白布鞋(或麻屨)守廬隨柩饋奠燕居皆同此制○士弔服疑衰卽深衣疑衰者擬于衰也故用深衣庶人之弔素委貌今失其制以白巾代之而委貌之制黃氏禮書通故載梁正張鎰二本故今用梁氏本環経仁山厚齋雲坪鏡湖咸謂當用兩股緦経而尤遂以及近世諸先生說却又不然故今用單股也古人経而出而不無古今之異故今用笠子

◆師不制服(사불제복)

程子曰師不立服不可立也當以情之厚薄事之大小處之如顏閔于孔子雖斬衰三年可也以成已之功與君父並其次各有淺深稱其情而已下至曲藝莫不有師豈可一槩制服○張子曰古不制師服師服無定體也見彼之善而已效之亦師也故有得其一言一義而爲朋友者有親炙如兄弟者有成就已身而恩如天地父母者此豈可一槩制之故聖人不制其服○丘文莊曰宋儒黃榦喪其師朱子服加麻制如深衣用冠経王柏喪其師何基服深衣加帶経冠加絲武柏卒其弟子金履祥喪之則加経于白巾経如緦麻而小帶用細苧黃王金三子皆朱門之嫡傳其所制之師服非

無稽也後世欲報師之恩義者宜準之以爲法云

◆師喪弔服旣葬除之(사상조복기장제지)

問白虎通義疏師経旣葬除之按凡弔服皆旣葬除之公子父在爲其母練冠麻経麻衣緣緣爲其妻練冠葛経帶麻衣緣緣皆旣葬除之朋友加麻旣葬除之嫂叔弔服旣葬除之其他如繐衰總衰錫衰疑衰亦皆旣葬除之何獨於師之弔麻而不然乎盖師者處於恩義之間其恩愛成已有同於親故不爲制服而戚容如喪父其爲之麻経乃弔麻也非制服也三月弔麻而三年心喪恐無不可若以麻経終三年則是加麻三年非心喪三年也尤翁弔服加麻是無服之服也卽所謂心喪也除此而復心喪尋常未曉之說未能無疑如何○夏按厚齋曰某聞先師之言曰葬前用加麻之制葬後用心喪之服又曰父在母喪脫衰後爲心喪遭師喪者亦當於過葬脫麻後服心喪近齋曰旣云喪父而無服則不以加麻爲服也加麻之制仍到三年朞年者未見其必然也老洲曰弔麻本非正服乃無服者臨喪之權制也毋論師與友當葬訖而除不可拖長除服之外以心喪終事而心旣有哀戚則食旨自不甘聞樂自不樂又何資於外面弔麻而爲之喪乎梅山曰心本非服故借朋友麻爲弔服加麻之制旣葬而除仍伸心喪是爲得禮弔服自弔服心喪自心喪不可混而一之也孔子之喪二三子皆経而出者指未葬而云爾若三年則當以弔服爲心制乎盖此諸先生旣知尤翁所論而猶如此則似當從之未知如何答師喪弔服說不易考得如此詳悉盖旣葬除之自是古禮而昔年全翁喪時見尤翁說始疑其當用之故遂與同門共行今又得厚近老梅四先生旣見尤翁說而猶主古禮(全翁所行亦然)夏當改見而從之矣前此鄙答諸人問皆主尤翁說矣今將來示盡載而使後來者得以考覽可也○問或云吊服加麻皆三月除之云云葬或未如朞則留其服爲送葬之用歟曰否小記爲兄弟旣除喪已及其葬也反服報虞卒哭則免此以緩葬而服除者言則凡除服于葬前者皆可例推(子思亦曰朞大功之喪旣除乃葬則服其所除之服旣葬除之見孔叢子)若師喪爲三年或朞年者勿問葬之緩急皆以葬爲朞而卒哭後除之不可先葬而除如除喪者然同春於愼齋喪三月後朔朝除其弔麻留爲送葬之用以非其純師如沙溪故歟答師喪過期未葬則環経不可如他喪旣除留服之例鄙意亦然愼齋喪春翁所行竊意其一時未省而然恐未必以非純師之故也○問卒哭後平居以白布冠帶(衣服一切皆用蒿素出入則用舊漆笠)寓意似好厚齋淡墨布笠帶後賢已謂之過矣答師喪卒哭後居室用白布冠帶出門戴舊漆笠鄙見亦如來示

◉凡爲殤服以次降一等(범위상복이차강일등)

凡年十九至十六爲長殤十五至十二爲中殤十一至八歲爲下殤應服期者長殤降服大功九月中殤七月下殤小功五月應服大功以下次降等不滿八歲爲無服之殤哭之以日易月(便覽馬融曰以哭之日易服之月殤之期親則旬有三日哭緦麻之親則以三日爲制)生未三月則不哭也(增解通考徐乾學曰王氏馬氏謂以哭之日易服之月其說最爲合禮)男子已娶女子許嫁皆不爲殤(備要小記丈夫冠而不爲殤婦人笄而不爲殤男子受職亦不爲殤)

◉대체로 어린아이 복은 차서 대로 한 등급씩 감한다.

나이 열여섯 살에서 열아홉 살 안에 죽으면 장상(長殤)이라 하고 열두 살에서 열다섯 살 안에 죽으면 중상(中殤)이라 하고 여덟 살에서 열한 살 안에 죽으면 하상(下殤)이라 한다.

기년복(期年服)을 입어야만 할 이의 장상은 대공복으로 아홉 달로 감하여 입고 중상이면 대공복으로 일곱 달로 감하여 입고 하상이면 소공복으로 다섯 달로 감하여 입는다. 대공 이하의 복에 해당하는 이의 죽음에도 차서 대로 감하여 입는다. 여덟 살 미만에 죽으면 복이 없다. 곡을 하는 날수는 달 수를 날수로 계산하여 장상인 대공 구월 복은 아흐레를 곡하고 중상 칠월은 이레를 곡을 한다. 이하 이와 같다. 출생한 지 석 달 미만에 죽으면 곡을 하지 않는다. 남자가 이미 장가를 들었거나 여자가 혼인을 허락하였으면 상(殤)이라 하지 않는다.

◆哭日數(곡일수)

按鄭云以日易月謂生一月哭之一日疏云若至七歲歲有十二月則八十四日哭此則唯據父母於子不關餘親(子中通)長嫡若成人爲之斬衰三年今殤死與衆子同者以不成人如穀未熟故同入殤大功也王肅馬融以爲以哭之日易服之月殤之期親則旬有三日哭緦麻之親則以三日爲制兩說不同姑存之以備參考○通考徐乾學曰王氏馬氏謂以哭之日易服之月其說最爲合禮

◆殤喪(상상)

凡年十九至十六爲長殤十五至十二爲中殤十一至八歲爲下殤○小記丈夫冠而不爲殤婦人笄而不爲殤○家禮男子已娶女子許嫁皆不爲殤○沙溪曰小記家禮雖似不同冠笄嫁娶恐皆勿殤○經國大典已受職者並不爲殤○檀弓註周人以殷人之棺槨葬長殤以夏后氏之墍周葬中殤下殤以有虞氏之瓦棺葬無服之殤○曾子問下殤土周(墍周)葬於園遂輿(抗也)機(輿尸之具)而往塗邇故也今墓遠(不葬於園)則其葬也如之何曰吾聞諸老聃曰昔者史佚(周初良史)有子而死下殤也墓遠召公謂曰何以不棺斂於宮中史佚曰吾何敢乎哉召公言(問也)於周公周公曰豈不可史佚行之○吳氏曰周人葬下殤之禮不用棺但以衣斂尸而置之尸狀不用車載衆手舁之以往曾子問去墓近者可如此若去墓遠則輿尸以往而不用棺不用車似若不可孔子遂因老聃所言史佚之事以答蓋史佚曾葬下殤之子而其墓遠方疑於輿尸之不可而召公勸以棺斂於宮中則如成人而載以喪車不舁機也史佚以前未有此禮故有所不敢於是召公爲佚問之周公周公曰豈不可蓋禮有從權而義起者墓近則舁機墓遠則棺斂而車載以往雖前時禮所未有然亦無害於義也史佚依周公所言行之○開元禮三殤之喪始死浴襲及大小斂與成人同其長殤有棺及大棺中殤下殤有棺靈筵祭奠進食葬送哭泣之位與成人同其苞牲及明器長殤三分減一中殤三分減二唯不復魂無含事辦而葬不立神主既虞而除靈座凡無服四歲而上曁與下殤同又無靈筵惟大斂小斂奠而已三歲以下斂以瓦棺葬于園又不奠○沙溪曰凡殤不立神主程朱以前之事也家禮自八歲皆立神主矣朝夕奠上食虞後撤几筵則皆依開元禮而祔於祖廟似宜○檀弓戰于郎禺(遇)人與其隣重(童)汪踦往皆死焉魯人欲勿殤重汪踦問於仲尼仲尼曰能執干戈以衛社稷雖欲勿殤亦不可乎(註)戰于郎魯哀公十一年齊伐魯禺人名公子公爲也魯人以踦有成人之行欲以成人之喪禮葬之而孔子善其權禮之當也

◆殤服(상복)

韻會殤痛也或作傷○喪服大功子女子子之長殤中殤註殤者男女未冠笄而死可哀傷者女子子許嫁不爲殤疏子女子子在章首者以其父母於子哀痛情深故在前兄弟之子亦同此而不別言者以其兄弟之子猶子故不言且中殤或從上或從下是則殤有三等制服唯有二等者欲使大功下殤有服故也若服亦三等則大功下殤無服矣聖人之意然也(傳)何以大功也未成人也何以無受也喪成人者其文縟喪未成人者其文不縟故殤之姪不樛垂無服之殤以日易月殤而無服故子生三月則父名之死則哭之未名則不哭也註縟猶數也其文數者謂變除之節也不樛垂者不絞帶之垂者以日易月謂生一月者哭之一日也殤而無服者哭之而已疏成人至葬後皆以輕服受之今未成人卽無受又三等殤皆以四年爲差取法四時穀物變易故也又以八歲已上爲有服七歲已下爲無服者按家語本名云男子八月生齒八歲齔齒女子七月生齒七歲齔齒今傳據男子而言故八歲已上爲有服之殤也傳必以三月造名始哭之者以其三月一時天氣變有所識盼人所加憐故據名爲限也未名則不哭者不止依以日易月而哭初死亦當有哭而已不樛垂者成服後亦散不絞以示未成人故與成人異亦無受之類以日易月謂生一月者哭之一日也若至七歲歲有十二月則八十四日哭之此既於子女子子下發傳則唯據父母於子不關餘親殤而無服哭之而已者此鄭總解無服之殤以日易月哭之事也王肅馬融以爲日易月者以哭之日易服之月殤之期親則以旬有三日哭緦麻之親則以三日爲制若然哭緦麻三月喪與七歲同又此

傳承父母子之下而哭緦麻孩子疎失之甚也○通典吳徐整問射慈曰八歲已上爲殤有服未滿八歲爲無服假令子以元年正月生七年十二月死此爲七歲則無服也或以元年十二月生以八年正月死以但踐八年計其日月適六歲耳然號爲八歲日月甚少全七歲者日月爲多若人有二子各死如此其七歲者獨無服則父母之恩有偏頗答曰凡制數自以生月計之不以歲也問曰無服之殤以日易月哭之於何處有位無答曰哭之無位禮葬不殤於園中則無服之殤亦於園也其哭之就園也○小記除殤之喪者其祭也必玄註玄謂玄冠玄端也殤無虞卒哭及練之變服其除服之祭用玄冠玄端黃裳此於成人爲釋禫之服所以異於成人○通典凡殤數其年以月不以歲○開元禮三殤之喪始死浴襲及大小斂與成人同長殤有棺及大棺中殤下殤有棺靈筵祭奠進食葬送哭泣之位與成人同其苞牲及明器長殤三分減二不復魂無含事辦而葬不立神主旣虞而除靈座按家禮程朱之論自八歲以上皆當立神主○其虞祝辭云維年月朔日子父告于子某(註若兄云告弟某若弟云弟某敢昭告某兄)日月易往奄及反虞悲念相屬心焉如燬(註兄云悲痛猥至情何可處弟云悲痛無已至情如何)今以(註弟祭兄則云謹以)潔牲嘉薦普淖明齊溲酒薦虞事于子某(註某兄弟某)魂其饗之(註弟祭兄云尙饗)

◆殤服次降一等(상복차강일등)

韻會殤痛也或作傷○喪服大功布衰牡麻絰無受者註大功布者其鍛治之功麤沽之傳曰何以無受也喪成人者其文縟喪未成人者其文不縟故殤之絰不樛垂蓋未成人也年十九至十六爲長殤十五至十二爲中殤十一至八歲爲下殤不滿八歲以下爲無服之殤無服之殤以日易月以日易月之殤殤而無服故子生三月父名之死則哭之未名則不哭也註縟猶數也其文數者謂變除之節也不樛垂者不絞其帶之垂者以日易月謂生一月者哭之一日也凡言子者關適庶也疏三等殤皆以四年爲差取法四時穀物變易故也按家語云男子八月生齒八歲齔齒女子七月生齒七歲齔齒今據男子而言故八歲已上爲有服之殤也三月造名始哭者以三月一時天氣變有所識眄人所加憐故據名爲限也未名則不以日易月哭初死亦當有哭而已變除之節者成人之喪旣卒哭以輕服受之今於殤則無此節月滿則除之凡喪大功以上散帶之垂至成服乃絞今殤大功至成服後亦散不絞與成人異也生一月哭之一日若至七歲歲有十二月則八十四日哭此則惟據父母於子不關餘親關適庶關通也爲子中通有長適若成人爲之斬衰今殤死與衆子同者以殤不成人如穀物未熟故同殤大功也王肅馬融以爲以哭之日易服之月殤之期親旬有三日哭緦麻之親以三日爲制此傳承父母子之下而哭緦麻疎失之甚也○其長殤皆九月纓絰其中殤七月不纓絰註絰有纓者爲其重也疏五月之正無七月之服唯此大功中殤有之絰有纓爲其情重故也○小功布衰裳澡麻帶絰五月者註澡者治去莩垢不絶其本也疏言小功者用功細小精密也殤大功直言無受不言月數此直言月不言無受者欲互見爲義又下章(按謂正服小功章)言卽葛此不言卽葛亦是兼見無受之義也○緦麻三月者(按此通殤服與正服而言其制無異已見上)○小記下殤小功帶澡麻不絶本詘(屈)而反之以報之陳註其帶以澡麻爲之謂戛治其麻使之潔白也不絶本不斷去其根也報猶合也垂麻向下又屈之而反向上以合而糾之○除殤之喪其祭也必玄陳註玄謂玄冠玄端殤無虞卒哭及練之變除其除服之祭用玄冠玄端黃裳此於成人爲釋禫之服所以異於成人

◆殤喪儀(상상의)

開元禮三殤之喪始死浴襲及大小斂與成人同其長殤有棺及大棺中殤下殤有棺靈筵祭奠進食葬送哭泣之位與成人同其苞牲及明器長喪三分減一中殤三分減二惟不復魂無含事辦而葬不立神主旣虞而除靈座其虞祝辭云維年月朔日子父告于子某(註若兄云告弟某若弟云弟某敢昭告某兄)日月易往奄及反虞悲念相屬心焉如燬(註兄云悲痛猥至情何可處弟云悲痛無已至情如何)今以(註弟祭兄則云謹以)潔牲嘉薦普淖明齊溲酒薦虞事于子某(註某兄弟某)魂其饗之(註弟祭兄云尙饗)凡無服四歲以上略與下殤同又無靈筵唯大斂小斂奠而已三歲以下斂以瓦棺葬于園又不奠○問殤喪不復無含則無贈耶同春曰喪成人者其文縟喪不成

人者其文不緟據此則殤喪之禮恐不必太備〇南溪曰殤喪節目玄纁以上七條皆爲喪葬之備禮似當並在減殺之例矣〇今無聖周之法數歲兒喪或以小木棺葬者〇備要按家禮程朱之論自八歲以上皆當立神主〇沙溪曰凡殤不立神主程朱以前之事也家禮自八歲皆立神主矣朝夕奠上食虞後撤几筵則依開元禮而祔於祖廟似宜〇愼獨齋曰殤喪撤靈座虞後則太據似當變通待服盡而撤之似可〇尤菴曰殤喪上食似當斷以開元禮而但開元禮殤儀太薄以家禮祭及兄弟之子之文觀之則葬後便祔恐不如開元禮之促也第無明文未知如何則可又答人曰示諭長兒撤几筵據禮則當在服盡之日或初期之日〇按殤主有卒哭祔祭說見卒哭章〇問殤喪計月之說不趐詳備計月則亡兒不滿下殤云云愼獨齋曰貴兒之殤旣在疑似之間恐不設主爲當墓前一虞後仍於其處埋置魂帛如何

⊙殤喪服(상상복)
●大功九月七月服(대공구월칠월복)
子女之長殤中殤〇叔父之長殤中殤〇姑姊妹之長殤中殤〇昆弟之長殤中殤〇適孫之長殤中殤〇夫之昆弟之子女之長殤中殤(國制以上中殤幷小功)〇大夫之庶子爲適昆弟之長殤中殤〇公大夫爲嫡子之長殤中殤(疏嫡子是正統成人斬衰今爲殤死不得著代故入大功)今制爲嫡曾玄孫及兄弟之子女長殤中殤〇按喪服其長殤九月其中殤七月疏五服之正無七月之服唯此大功中殤有之

●小功五月服(소공오월복)
叔父之下殤〇嫡孫之下殤〇昆弟之下殤〇姑姊妹女子之下殤(國制以上幷緦)〇爲人後者爲其昆弟之長殤中殤〇從父昆弟之長殤中殤(國制長殤緦)〇夫之叔父之長殤〇昆弟之子女之下殤(國制緦)〇庶孫丈夫婦人之長殤中殤(今制中殤下殤緦)〇夫之昆弟之子女之下殤〇姑爲姪之長殤中殤(按故則出嫁姑今制中殤下殤緦國制三殤幷緦)〇大夫之庶子爲嫡昆弟之下殤〇大夫公之昆弟大夫之子爲其昆弟庶子姑姊妹女子子之長殤中殤〇大夫之妾爲君之庶子之長殤

●緦麻三月服(시마삼월복)
庶孫之下殤〇從祖父之長殤〇按從祖祖父長殤禮雖不言亦當服緦〇從祖昆弟之長殤〇從父昆弟之子之長殤〇昆弟之孫之長殤〇從父昆弟之下殤〇姑爲姪之下殤〇從母之長殤〇夫之叔父之中殤下殤〇夫之姑姊妹之長殤(以上國制無)〇今制爲舅之長殤〇國制曾玄孫長殤中殤〇堂姑長殤

●不爲殤(불위상)
小記丈夫冠而不爲殤婦人笄而不爲殤陳註男子亦有不俟二十而冠者冠則成人也陸氏曰不言男子女子而言丈夫婦人則以冠宜有丈夫之道笄宜有婦人之德故也自童汪踦觀之冠而無丈夫之道笄而無婦人之德雖以爲殤可也〇穀梁傳許嫁笄而字之死則以成人之喪治之(按公羊傳同)〇尤菴曰家禮男子必主已娶而不言已冠當時生子飮乳而有已冠者不可以此爲成人也故男子則必以已娶爲斷女子則以許嫁爲斷〇沙溪曰小記家禮雖似不同冠笄嫁娶恐皆勿殤耳〇陶菴曰家禮已娶不爲殤宋俗十歲總角者無之故朱子有此斟酌而今則與宋不同男子當依古禮以冠爲度女子則今無笄當以嫁爲準〇遂菴曰過長殤之年則雖未冠笄何可以殤例論也〇屛溪曰年過二十而死則雖未冠笄當以本服服之矣〇問十二月立春後死者以正月計而爲年二十成人處之耶浦渚曰以立春前後爲新舊歲者只可用之於術家推命恐不可移用於殤喪計年之制也〇通典鄭玄曰殤年爲大夫乃不爲殤爲士猶殤之今代則不然受命出官便同成人也〇國制男子受職不爲殤〇檀弓戰于郎公叔禺人與其隣重(童)汪踦往皆死焉魯人欲勿殤重汪踦問於仲尼仲尼曰能執干戈以衛社稷雖欲勿殤也不亦可乎(禺音遇)註重當爲童春秋傳曰童汪踦陳註戰于郎齊伐魯也禺人昭公子也〇邵寶曰童汪踦戰死而勿殤是故有

有功而勿殤有有德而勿殤有封爵而勿殤其亦可也○尤菴曰凡謂長子皆以成人言也若在殤
年則不得爲長子故家禮無斬衰之殤○按或曰適子雖冠死在殤年而未娶則似在不得承重之
科恐不當三年也○旅軒曰當服三年而死於長殤恐當服期○愚按喪服以公大夫爲適子之長
中殤著在大功而疏以成人斬衰爲言註亦曰長嫡成人斬衰今殤不成人故與衆子同殤大功也
然則服期之說恐不必然然以長殤之年雖未娶而若已冠則降斬衰而猶服期以同成人衆子而
以準宗子孤爲殤絕屬者降齊衰而尙服三月之義耶不敢質言

◉凡男爲人後女適人者爲其私親皆降一等私親之爲之也亦然
(범남위인후여적인자위기사친개강일등사친지위지야역연)

女適人者降服未滿被出則服其本服已除則不復服也○凡婦服夫黨當喪而出則除之
○凡妾爲其私親則如衆人

　司馬溫公曰喪服小記云爲父母喪未練而出則三年旣練而出則已未練而返則期旣練而返則遂之

◉모든 남자가 남의 후사로 입후 되였거나 여자가 출가를 하면 그의 친 생가 친족에게는 한 등급씩 감한다. 친 생가 친족 역시 그와 같다.

여자가 출가를 하면 친 생가의 복을 감하여 입는다. 복을 마치기 전에 되돌아오면 본 복을 입고 되돌아오기 전에 그 복을 마쳤으면 본 복의 잔여 복을 입지 않는다. ○모든 부인들은 남편 집안 상중에 쫓김을 당하였으면 그날로 복을 면한다. ○모든 소실들은 그의 친 생가의 복은 보통 사람들과 같다.

◆男爲人後女適人者其私親皆降一等(남위인후여적인자기사친개강일등)

喪服爲人後者爲其父母報(傳)何以期也不貳斬也何以不貳斬也持重於大宗者降其小宗也
○女子子適人者爲其父母(傳)爲父何以期也婦人不貳斬也不貳斬者何也婦人有三從之義
無專用之道故未嫁從父旣嫁從夫夫死從子故父者子之天也夫者妻之天也婦人不貳斬者猶
曰不貳天也婦人不能二尊也疏婦人不貳斬者則丈夫容有二斬故有爲長子皆斬至於君父別
時而喪仍得爲父申斬則丈夫有二斬至於女子子在家爲父出嫁爲夫唯一無二故特言婦人異
於男子故也若然按雜記云與諸侯爲兄弟者服斬是婦人爲夫幷爲君得二斬者然則此婦人不
貳斬者在家爲父斬出嫁爲夫斬爲父期此其常事彼爲君不可以輕服服君非常之事不得決此
也言婦人有三從之義者欲言不貳斬之意婦人從人所從卽爲之斬若然夫死從子不爲子斬者
子爲母齊衰母爲子不得過齊衰故亦不斬○或問爲人後者爲其私親與女適人者相爲之服也
其降二等耶(曰按)喪服小功章爲人後者爲其**姊**妹適人者註云不言故者擧其親者而恩輕者
降可知以此觀之其降二等明矣

◆未練而出(미련이출)

本註若當父母之喪未期而爲夫所出則終父母三年之制爲已與夫族絕故其情復隆於父母也
若在父母小祥後被出則是已之期服已除不可更同兄弟爲三年服故已也若被出後遇父母之
喪未及期夫命之反則但終期服反在期後則遂終三年蓋緣已隨兄弟小祥服三年之喪不可中
廢

◆出繼出嫁者服(출계출가자복)

通典瘐蔚之曰五服皆定於始制之日女子大功之末可嫁旣嫁必不可五月而除其服男子在周
服之內出爲族人後亦不可九月而除矣是知凡服皆以始制爲斷惟有婦人於夫氏之親被義絕
出則除之○尤菴曰女大功未盡而出嫁者恐當遂之而不可徑除也

◆降服(강복)

喪服疏外親雖適人不降○兩男各爲人後不再降○兩女各出不再降○沙溪曰儀禮爲人後者
爲其姊妹適人者見小功章再降矣若降一等與他兄弟無異○尤菴曰兩男各出繼兩女各出嫁
皆不再降出繼人子孫復出繼亦不再降惟出繼而出嫁然後再降矣

◆出後者之子爲本親服(출후자지자위본친복)

通典崔凱曰出後者及子孫還服本親於所後者有服與無服皆同降一等○尤菴曰出後者旣降
其私親一等則其子從而亦降一等何疑又答人曰從祖服云云恐有窒礙處今此子則其父之所
後父與所生父爲同産兄弟故此子謂其所生祖爲從祖也若使其父爲無服人之後則此子爲所
生祖不得爲從祖而無服乎故不問其族屬遠近當從本服降一等也○按爲本生曾高祖父母服
亦當從此推之

◆出後者本生及兩女各出服(출후자본생급양녀각출복)

問出繼人之次子還爲本生祖後服制南溪曰制服主祭則亦從其父爲本親降一等之禮服以大
功題主以從祖有不得已者惟心喪之制世人雖多行之禮律無明文未知何爲而可也○按或曰
出後者之次子爲本生祖侍養孫服大功而心喪云云見期章侍養條○問出後於人而其所後父
亦繼後者其所後父之所生父母兄弟以本派則爲無服之親死則當有服否逐菴曰所後父卽其
父也其父所生之親及兄弟皆當降一筭○鄭氏曰雖外親無二統○沙溪曰旣爲所後母黨服又
爲生母黨服則是二統也所生母黨降一筭爲是○喪服疏兩女各出不再降○問出嫁女服南塘
曰三年之喪不可二統而自期以下則無二統之嫌降於父母無二統也不降於祖父母曾高祖不
敢薄於祖先也降於兄弟姪內夫家也不降於其妻不欲殺其兄弟姪之恩也○愚按出嫁女不降
祖父母以上服以有歸宗之義也不降兄弟姪之妻之服以因恩疎略在家及嫁同小功說俱見期
與小功本條○問降服者服盡後以白衣黑帶不與宴樂以終其餘日如何南溪曰禮雖不言略如
示意深恐得宜

⊙心喪三年(심상삼년)

(己)檀弓疏爲師○喪服父在爲母按適母繼母同○嫡孫祖在爲祖母(曾高祖母同)○爲出母嫁母○楊
儀爲父後者雖不服申心喪○庶子爲父後者爲其母(婦)舅在爲姑夫承重及所後同○爲夫之本生父母
及嫁母出母庶子爲父後者之妻爲其夫所生母同○爲其父母(繼)爲本生父母(見楊儀)(按)所後父在
爲所後母及所後承重祖在爲祖母曾高祖母同 (養)己之父母在則爲養父母亦解官

> 禮記爲師○王肅曰禮師弟子無服以弔服加麻臨之哭於寢○喪服疏麻謂環絰○鄭稱曰凡弔服加麻
> 者三月除之○庾蔚之曰旣葬除之○譙周曰雖服除心喪三年○程子曰師不立服不可立也當以情之
> 厚薄事之大小處之○丘氏曰宋儒黃幹喪其師朱子弔服加麻制如深衣用冠絰王栢喪其師何基服深
> 衣加帶絰冠加絲武栢卒其弟子金履祥喪之則加絰于白巾絰如緦麻而小帶用細苧黃王金三子皆朱
> 子之嫡傳其所製師服非無稽也後世欲服師之恩義者宜準之以爲法云○栗谷李先生曰師則隨其情
> 義淺深或心喪三年或期年或九月或五月或三月友則雖最重不過三月

⊙심상으로 입는 3년 복이다.

본인 복으로 스승을 위한 복이며 아버지 생존 시 어머니를 위한 복이다. 적모 계모도
같다.

적손이 조부 생존 하였을 때 조모를 위한 복이며 증조모 고조모도 같다. 쫓김을 당한
어머니나 개가한 어머니를 위한 복이며 아버지 뒤를 이은 자를 위한 복으로 비록 복
은 없더라도 심상을 입어야 한다. 서자가 아버지의 뒤를 이을 자로 입적된 자가 그의
어머니를 위한 복이다.

며느리 복으로 시아버지가 생존한 시어머니를 위한 복이며 남편의 승중 시 복과 양

자 된 복을 따라 입는다. 남편이 양자 되였을 때 본가 부모 및 개가를 하였거나 쫓김을 당한 어머니를 위한 복이며 서자가 아버지 뒤를 이은 적자의 처를 위한 복이며 남편이 양자되였을 때 친 생가 어머니를 위한 복도 같다.

양자의 복으로서 본가의 복으로 본가의 부모를 위한 복이며 양가의 아버지는 생존하였을 때 어머니를 위한 복이며 승중 시 조부가 생존 시 할머니를 위한 복이며 증조모 고조모도 같다.

길러준 양부모의 복으로 친 부모가 생존하였을 때 길러준 부모를 위한 복으로 역시 관직에서 물러나 복상하여야 한다.

◆師服(사복)

備要爲師心喪三年○檀弓事師左右就養無方服勤至死心喪三年○白虎通義弟子爲師服者弟子有君臣父子朋友之道也○奔喪哭師於廟門外○檀弓孔子曰師吾哭諸寢○孔子之喪門人疑所服子貢曰昔者夫子之喪顔淵若喪子而無服喪子路亦然請喪夫子若喪父而無服註弔服而加麻心喪三年疏知爲師弔服加麻者按喪服朋友麻師與朋友同故亦加麻也麻謂經與帶也皆以麻爲之故云加麻鄭云總之經帶是也爲師及朋友皆旣葬除之凡弔服唯有弁經朋友之相爲服則弔服也唯加總之經帶爲異耳又曰凡弔服不得稱服陳註以後章二三子經而出言之此所謂無服蓋謂弔服加麻疏云士弔服疑衰麻謂環經也五服經皆兩股唯環經一股○孔子之喪二三子皆經而出群居則經出則否註尊師也群謂孔子相爲朋友服子夏曰吾離群而索居○程子曰師不立服不可立也當以情之厚薄事之大小處之如顔閔於孔子雖斬衰三年可也其成已之功與君父並其次各有淺深稱其情而已下至曲藝莫不有師豈可一槪制服○張子曰聖人不制師服師無定體見彼之善而已欲之便是師也故有得其一言一義如朋友者有相親炙而如兄弟者有成就已身而恩如天地父母者豈可一槪服之故聖人不制其服心喪之可也孔子死弔服加麻亦是服也却不得謂無服○元儒林傳何基卒金履祥謂治喪之禮四方所觀瞻乃考禮而爲之議曰爲師弔服加麻心喪三年古之制也疑衰古士之弔服也其服亡矣白布深衣古庶人之弔服也其制今猶存焉然古之士今之官也今之士其未仕者古之庶人也宜用古庶人之服而以深衣爲弔服深衣布以十五升極細則用苧代麻久矣其冠則庶人素委貌失其制矣以白巾代之加經於冠可也加麻之經總服之經也今用總經而小可也帶總服之帶也今用細苧可也○備要栗谷李先生曰師則隨其情義淺深或心喪三年或期年或九月或五月或三月友則雖最重不過三月○問師服栗谷說可以遵行而弔服加麻者必三月而除之則期九月五月者服何服耶尤菴曰爲師心喪或三年或期年或五月三月者自是一說此則以弔服加麻而行之者也三月而後除之而復伸期九月五月者又是一說也○弔服加麻此無服之服也所謂心喪也除此而復心喪云者尋常未曉其說也期九月而飲酒食肉則心喪之義安在此不如量其力而只三月可也○師服以單股環經及白布巾並白布衫謂之弔服加麻帶則或布或綿皆無所妨○遂菴曰老先生喪時門人白布巾加練麻環經素服加練布夾帶矣○南溪曰師服禮經與程朱少異大抵禮經從重處而言程朱就其中分輕重要皆不可廢然愚意師生之義不當隨服而漸降蓋如庶人服國君三月然其君臣之義未嘗與公卿大夫異也○師服以冠絲武或白巾總經帶白布深衣爲之○雲坪曰禮註曰弟子皆弔服而加麻記曰朋友麻蓋弔服與加麻各自有其制疑衰環經弔禮本服也去環經而用總之麻經師友之服致加焉者也弔服自一制加麻又自一制弔服所同而加麻所獨也此所謂無服之服也漢去古不甚遠陳寔鄭玄諸人之卒嘗受業者皆制衰麻至若勉齋之服朱子亦自謂持舅甥之服行心喪之制前載所云班班可考而一自東匪誤註禮記之後古制淆亂重以瓊山錯引勉齋語後來學者一例被誤麻制遂廢輒以所謂環經者當之此豈聖人制爲無服之服之初意耶近考南溪集詳定加麻之制所見略同第所謂疑衰素裳古制歷歷可據今必欲廢此而改用庶人常服之白布深衣者却甚未允○愚按古之師服用弔服加麻所謂弔服士用疑衰素裳其冠則素爵弁庶人用白布深衣而冠素委貌但弔時則加單股環經於爵弁是謂弁経師服則去環

経而加兩股總経於爵弁是謂加麻此是不同者也然金仁山則自以未仕庶人處之而用布深衣
又云疑衰其服亡矣然則已仕者當用何服且弔服有古今之異家禮既云弔皆素服謂用時服之
素者也且以冠言之爵弁委貌金氏既云失其制而以白巾代之則獨不可以今世素服代古疑衰
布深衣乎尤遂諸先生之用素服良以此也且欲復疑衰深衣之古制則必也並用素爵弁委貌然
後方可矣然爵弁委貌既無以復古王氏之別創冠絲武之新制恐無所據不若但用白巾之質素
而近古意然若首著冠巾而身服疑衰深衣則非古非今半上落下矣故愚則以爲冠服皆當代用
白巾素服以練麻兩股絞之爲總経而加巾上腰用練布帶恐當且總経本有帶卽腰経也古則施
於疑衰者今則恐不合於白布衫也自金氏以下皆不用腰経者恐亦以此也然経必有帶古禮也
今亦並用亦似無妨如何

◆師心喪(사심상)

檀弓註心喪身無衰麻之服而心有衰戚之情所謂若喪父而無服○檀弓孔子之喪門人疑所服
子貢曰昔者夫子之喪顏淵若喪子而無服喪子路亦然請喪夫子若喪父而無服○程子曰師不
立服當以情之厚薄事之大小處之如顏閔於孔子雖斬衰三年可也其成已之功與君父並其次
各有淺深稱其情而已下至曲藝莫不有師豈可一槩制服○檀弓孔子之喪二三子皆経而出註
弔服加麻者出則變之今出外而不免経所以隆師○丘氏曰宋儒黃榦喪其師朱子弔服加麻制
如深衣用冠経王栢喪其師何基服深衣加帶経冠加絲武栢卒其弟子金履祥喪之則加経于白
布巾経如總麻而小帶用細芓黃王金三子皆朱門之嫡傳其所制師服非無稽也後世欲服師之
恩義者宜準之以爲法云○張子曰聖人不制師服師無定體見彼之善而已效之便是師也故有
得其一言一義如朋友者有相親炙而如兄弟者有成就已身而恩如天地父母者豈可一槩制之
故聖人不制其服心喪之可也孔子死弔服加麻亦是服也却不得謂無服

◆朋友服(붕우복)

喪服記朋友麻註朋友雖無親有同道之恩相爲服總之経帶其服弔服也周禮凡弔則弁経其服
有三錫衰也總衰也疑衰也王爲三公六卿錫衰爲諸侯總衰爲大夫士疑衰諸侯及卿大夫亦以
錫衰爲弔服士以總衰爲喪服其弔服則疑衰也布上素下朋友之相爲服卽士弔服疑衰素裳庶
人不爵弁則素委貌疏知服總之経帶者以總是五服之輕爲朋友之経帶約與之等故云總之経
帶也按周禮錫衰總衰疑衰其首服皆弁経庶人不爵弁則其冠素委貌不言其服則白布深衣也
以白布深衣庶人之常服又尊卑未成服以前服之故庶人得爲弔服也其弔服之除按雜記云君
於卿大夫比葬不食肉比卒哭不舉樂是知弔服亦當依氣節而除並與總麻同三月而除爲士亦
既葬除之矣○檀弓群居則経出則否○朱子曰朋友之喪古経但云朋友麻則如弔服而加麻経
耳然不言日數至於祭奠則溫公說聞親戚之喪者但當爲位哭之不當設祭以其神靈不在此也
此其大槩如此○栗谷曰友則雖最重不過三月○尤菴曰爲朋友弔服加麻今世有難行者只素
帶三月亦可以伸情矣然吾能自樹立則何可以人之是非而不爲其所當爲者耶

◆追服(추복)

朱子曰補塡如今追服意亦近厚○通典苟伯子曰若本服大功之親雖數十載之後猶追爲稅服
至於出後之子在三年之外便不爲繼父追服○沙溪曰追服之禮先儒已謂非禮不可行也○尤
菴答人曰所諭追服未服之喪未之前聞古今未伸至情者何限則自我作古未知如何且哀省事
以後卽以行此則雖曰非禮而或諉於徑情至於今日則益無所據矣且徑情二字聖人以爲夷虜
幸乞更入思慮如何○前日所陳徑情之語蓋孔聖小孤至不知父墓所在而未聞有追服之禮今
欲出於聖人之外故敢呈妄見耳○小記生不及祖父母諸父昆弟而父稅喪已則否註謂子左於
外者也父以他故居異邦而生已已不及此親存時歸見之今其死於喪服年月已過乃聞之父爲
之服已則否者不責非常之恩於人所不能也當其時則服○檀弓曾子曰小功不稅則是遠兄弟
終無服也而可乎註日月已過乃聞喪而服曰稅疏小功不稅則遠處兄弟聞喪恒晚終無服而可
乎此據正服小功也馬氏曰曾子於喪道有過乎哀是以疑於此然小功之服雖不必稅而稅之者

蓋亦禮之所不禁也○奔喪聞遠兄弟之喪旣除喪而后聞喪免袒成踊拜賓則尙左手註小功緦
麻不稅者也雖不服猶免袒疏尙左手從吉拜○退溪曰追服朱先生以爲意亦近厚觀亦近二字
其非得禮之正明矣旣非正禮則又豈可立法而使之通行耶蓋旣失其時而從事吉常久矣一朝
哭擗行喪已不近情其於節文亦多有窒礙難行處故也有稅服此乃聞喪後時而追服與此又不
同也

◉成服之日主人及兄弟始食粥(성복지일주인급형제시식죽)

諸子食粥妻妾及期九月疏食水飮不食菜果五月三月者飮酒食肉不與宴樂自是無故
不出若以喪事及不得已而出入則乘樸馬布鞍素轎布簾(備要出入時方笠生布直領雖非古制從俗亦
可)

◉성복하는 날 주인과 형제들은 비로소 죽을 먹는다.

아들 모두는 죽을 먹고 처와 소실과 기복인(期服人)과 대공(大功) 구월 복인은 거친
밥과 소채(蔬菜)와 물은 먹되 과실은 먹지 않으며 소공(小功) 오월 복인과 시마(緦麻)
삼월 복인은 술과 고기를 먹되 연회에 참석하여 즐기지 않으며 이날부터 까닭 없이
출타치 않으며 만약 상사(喪事)의 일이거나 부득이하여 출입하게 되면 말에는 베 안
장을 하고 가마를 탈 때는 흰 가마에 베로 발을 친다. 그렇지 않으면 방갓에 생 베
직령(直領)으로 비록 옛 제도는 아니나 속례(俗禮)를 따르는 것도 또한 괜찮다.

◆成服之日食飮(성복지일식음)

禮曰食粥不下者濟以菜羹又曰喪食雖惡必充飢飽而忘哀固非禮飢而廢事亦非禮也○又按
禮凡居喪有尊者之賜雖梁肉不避若有酒醴則辭爲見顔色故也或問居喪爲尊者强飮以酒當
何如朱子曰若不得辭則勉循其意亦無害但不可至醉食已復初可也坐客有歌唱者當起避

◆父母喪出入服(부모상출입복)

備要方笠生布直領並出入時所著雖非古制從俗亦可○寒岡曰喪中出古人用墨衰吾東人
則用布深衣方笠方笠者羅濟時常著之笠也今人著蔽陽子者似未安○南溪曰方笠入人家則
恐無服去之義○遂菴曰今之中單衣直領所以代古之中衣中衣制同深衣而禮未嘗言斬深衣
則中單直領自當緝邊矣○愼獨齋曰直領雖俗制然斬衰當斬下齊耳○芝村曰斬衰直領依正
服不緝邊爲得尤菴亦云此無明文然當從衰服而不緝耳云○南溪曰生布直領似不當緣邊○
愼獨齋曰喪人以俗制喪服出入則只帶絞帶也

◆長子及妻喪出入服(장자급처상출입복)

尤菴曰知禮者爲長子服斬而出入時以麤生布爲衣而著布褁笠以絞麻爲帶爲妻亦然而帶則
以布矣○問尤菴所謂布褁笠指白布耶陶菴曰是白布而今俗罕用○遂菴曰適子喪旣不解官
則白笠恐不可著在官者旣著黑紗帽故常居著布笠而若在野者則雖著平凉子可也又曰先師
所謂布褁笠似是黑笠

◆期喪平居出入服(기상평거출입복)

尤菴曰期服常居喪次時當用喪服常聞樂靜於其祖母喪中常著布頭巾布帶云似爲得禮○黑
笠布帶豈合於禮者不過時俗然也好禮之家則必著布笠黲色者略與黑笠有異矣○問重服之
人黑冠白纓不合於禮乎遂菴曰禮家皆黑冠黑纓似當從之○旅軒曰重服黑笠白纓似駭人見
淡黑之如何○芝村曰今人持服者平居未必常持成服之帶多有別造白布帶而帶之

◆居喪廢業(거상폐업)

陸子靜與呂伯恭居憂時書云天下事理有愚夫愚婦之所與知而大賢君子不能無蔽者元獻晏
公尹南京曰文正范公居母夫人憂元獻屈致敎導諸生從之遊者多有聞于時竊聞執事儼然在
憂戚之中而戶外之屨亦滿伯夷柳下惠孟子雖言其聖至所願學則孔子文正雖近世大賢至其

居憂敎授豈大賢君子之所蔽乎執事之所爲標的者豈不在此執事天資之美學問之博此事之不安於心未契於理要不待煩說博引而後喩竊聞凡在交遊者皆不爲執事安諒執事之心亦未必自安也夫苟不安何憚而不幡然改之乎於此而改其所以感弅諸生亦不細矣○吳幼淸題朱文公荅陳正已請學帖後云大功弅業況服齊斬乎古人居父母之喪三年不爲禮三年不爲樂斬衰唯而不對齊衰對而不言自發一言且不可況可與人論學哉眉山二蘇兄弟文人耳而其居喪也再期之內禁斷作詩文是亦講聞乎喪禮也正已蘄學聖賢身有母喪而交書論學不異常時則三年之喪爲虛矣夫親喪本也論學末也忘其本而務其末不知所論之學果何學歟朱子荅書固已箴其失然舍其大而議其小或者姑爲掩覆也耶

◆居喪不可吊人(거상불가조인)

曾子問曰三年之喪吊乎孔子曰三年之喪練(句)不群立不旅行君子禮以飾情三年之喪而吊哭不亦虛乎謂重喪雖至練祥不與人群立旅行恐或言及他事即爲忘哀若吊哭於人哀彼則忘吾親哀在親則吊爲矯僞耳此所以爲虛也曾子旣聞此言而檀弓記其以喪母之齊衰而往哭於子游得非好事者爲之辭與

⊙凡重喪未除而遭輕喪則制其服而哭之月朔設位服其服而哭之旣畢返重服其除之也亦服輕服若除重喪而輕服未除則服輕服以終其餘日(범중상미제이조경상즉제기복이곡지월삭설위복기복이곡지기필반중복기제지야역복경복약제중상이경복미제즉복경복이종기여일)

問從母之夫舅之妻皆無服何也朱子曰先王制禮父族四故由父而上爲從曾祖服緦麻姑之子姊妹之子女子之子皆有服皆由父而推之故也母族三母之父母之母母之兄弟恩止於舅故從母之夫舅之妻皆不爲服推不去故也妻族二(二一作一)妻之父妻之母乍看時似乎雜亂無紀子細看則皆有義存焉又言呂與叔集中一婦人墓誌凡遇功緦之喪皆蔬食終其月此可爲法○問喪禮衣服之類逐時換去如葬後換葛衫小祥後換練布之類今之墨縗可便於出入而不合於禮經如何曰若能不出則不服之亦好但要出外治事則只得服之○問居喪爲尊長强之以酒當如何曰若不得辭則勉徇其意亦無害但不可至沾醉食已復初可也問坐容有歌唱者如之何曰當起避○楊氏復曰心喪三年按儀禮父在爲母期註子於母雖爲父屈而期心喪猶三年唐前上元元年武后上表請父在爲母終三年之喪○禮記師心喪三年○今服制今庶子爲後者爲其母緦亦解官申心喪三年○母出及嫁爲父後者雖不服申心喪三年○爲人後者爲其父母不杖期亦解官申心喪三年○嫡孫祖在爲祖母齊衰杖期雖期除仍心喪三年先生曰喪禮須從儀禮爲正如父在爲母期非是薄於母只爲尊在其父不可復尊在母然亦須心喪三年這般處皆是大項事不是小節目後來都失了而今國家法爲所生父母皆心喪三年此意甚好○又按先生此書雖自儀禮中出其於國家之法未嘗遺也前章所論爲所生父母心喪槩可見矣五服年月之制旣已備載則式假一條恐亦當補入今喪葬假寧格非在職遭喪期三十日大功二十日小功十五日緦麻七日降而絶服三日無服之殤期五日大功三日小功二日緦麻一日葬期五日大功三日小功二日緦麻一日除服期三日大功二日小功緦麻一日○在職遭喪期七日大功五日小功緦麻二日降而絶服之殤一日本宗及同居無服之親之喪一一改葬期以下親一日私忌在職非在職祖父母父母並一日遰事高曾同

⊙모든 중상 중에 경상을 당하면 그 복에 당한 상복을 지어 입고 곡을 하고 초하루 보름으로는 위(位)를 설치하고 그 복을 입고 곡을 하며 그 복을 마치면 다시 중복을 입

고 그 복을 마친다. 또 경복(輕服) 중에 만약 중복(重服)을 벗게 되면 경복이 남았으면 경복을 입고 그 남은 날을 마친다.

◆喪未除而遭喪(상미제이조상)

曾子問並有喪如之何何先何後孔子曰葬先輕而後重其奠也先重而後輕自啓及葬不奠行葬不哀次及葬奠而後辭於殯遂脩葬事其虞也先重而後輕註問同時有父母或祖父母之喪先後之次如何孔子言葬則先母而後父奠則先父而後母自從也從啓母殯之後及至葬柩欲出之前惟設母啓殯之奠朝廟之奠及祖奠遣奠而已不於殯宮爲父設奠次者大門外之右平生待賓客之虞柩至此則孝子悲哀柩車暫停今爲父喪在殯故不得爲母伸哀於所次之虞及葬母而反卽於父殯設奠告賓以明日啓父殯之期遂脩葬父之事也葬是奪情之事故先輕奠是奉養之事故先重也虞祭亦奠之類故亦先重張子曰古者掘壙而葬旣並有喪則先葬者不復土以待後葬者之入相去日近故也○大全郭子從問並有父母之喪同葬同奠亦何害焉其所先後者何也曰此雖未詳其義然其法具在不可以己意輒增損也○小記父母之喪偕先葬者不虞祔待後事其葬服斬衰註不虞祔不爲母設虞祔祭也蓋葬母之明日卽治父葬葬畢虞祔然後爲母虞祔故云待後事其葬母亦服斬衰者從重也以父未葬不敢變服○雜記有父喪如未沒喪而母死其除父喪也服其除服卒事反喪服註沒猶終也除也父喪在小祥後大祥前是未沒父喪也又遭母喪則當除父喪時自服除喪之服以行大祥之禮此禮事畢卽服喪母之服若母喪未葬而値父二祥則不得服祥服者以祥祭爲吉未葬爲凶不忍於凶時行吉禮也○雖諸父昆弟之喪如當父母之喪其除諸父昆弟之喪也皆服其除喪之服卒事反喪服註諸父昆弟之喪自始死至除服皆在父母服內輕重雖殊而除喪之服不廢者篤親愛之義也若遭君喪則不得自除私服○有殯聞外喪哭之他室入奠卒奠出改服卽位如始卽位之禮註有殯謂父母喪未葬也外喪兄弟之喪在遠者也哭不於殯宮而於他室明非哭殯也入奠者哭之明日之朝着已本喪之服入奠殯宮奠畢而出乃脫已本喪服着新死者未成服之服而卽昨日他室所哭之位如始卽位之禮者謂今日之卽哭位如昨日始聞喪而卽位之禮也○大全曾擇之問或者以爲方服重不當改衣輕服如何曰非是○曾子問君未殯而臣有父母之喪則如之何孔子曰歸殯反于君所有殷事則歸朝夕否大夫室老行事士則子孫行事大夫內子有殷事亦之君所朝夕否○問君薨旣殯而臣有父母之喪則如之何曰歸居于家有殷事則之君所朝夕否○問君旣啓而臣有父母之喪則如之何曰歸哭而反送君○問君之喪旣引聞父母之喪如之何曰遂旣封而歸不俟子○問父母之喪旣引及塗聞君薨如之何曰遂旣封改服而往○問大夫士有私喪可以除矣而有君服其除也如之何曰有君喪服於身不敢私服又何除焉於是乎有過時而弗除也君之喪服除而后殷祭禮也註室老家相之長也以大夫士在君所殷事之時或朝夕恒在君所則親喪朝夕之奠有缺然奠不可廢也大夫使室老攝行其事士則子孫攝也內子卿大夫之適妻也爲夫之君如爲舅姑服齊衰故殷事亦之君所(盧氏曰人君五日而殯故可歸殯父母而往殯君也若臨君殯則歸哭父母而來殯君殯君訖乃歸殯父母也)○殷盛之事謂朔望及薦新君有此事則往適君所○啓啓殯也歸哭哭親喪也返送送君復往送君之葬也○遂遂送君柩也旣窆而歸下棺卽歸也不俟子不待孝子返而已先返○改服而往者雜記云非從柩與返哭無免於堩此時孝子首着免乃去免而括髮徒跣布深衣而往不敢以私喪之服喪君○君重親輕以義斷恩也殷祭盛祭也君服除乃得爲親行二祥之祭以伸孝心以其禮大故曰殷也假如此月除君服卽次月行小祥之祭又次月行大祥之祭若親喪小祥後方遭君喪則他時君服除後惟行大祥祭也然此皆謂適子主祭而居官者若庶子居官而行君服適子在家自依時行親喪之禮他日庶子雖除君服無追祭矣○近者洪校理滂幷有父母喪愚謂父卒三年之內而母卒仍服期十一月小祥十三月大祥十五月禫祭脫衰心喪古禮然矣人誰有非之者洪答曰母喪旣練之後肆然脫衰遽行心喪揆諸情禮終有所不忍焉者朱夫子所謂古禮固難行恐指此等處而發也洪之所言亦近情義未知如何○通典按賀循喪服記云父死未殯而祖父

死服祖以周旣殯而祖父死則三年此謂嫡子爲父後者也父未殯服祖以周者父屍尚在人子之
義未可以代重也○庾蔚之謂禮云三日而不生亦不生矣故君薨未斂入門升自阼階明以生奉
之也父亡未殯同之平存是父爲傳重正主已攝行事按此說可疑父亡未殯只服期年不忍變在
也然喪不可無主以嫡孫而不服三年旣無承統之義且無大祥又不行禫祭若無後者之喪可乎
○圖式石祖仁祖中立死未葬叔從簡爲後而又亡祖仁自以嫡孫請追服博士宋敏求議曰服可
再制明矣祖仁宜因其葬而制斬衰後有如其類而已葬者用再制服折衷禮文以沿人情○又曰
今服制令嫡子未終喪而亡嫡孫承重亡在小祥前者則於小祥受服在小祥後者則申心喪並通
三年而除○按嫡子凡追服祖父者父亡在期內而已服未除則因變服節未葬之虞旣葬之卒哭
期之練宜成斬衰以盡餘月若亡在期後而已服已除則宜用女適人被出已除本宗服不得追服
云者似然矣然以嫡孫而不復制服則祥禫無主可乎古人之議雖不可輕改畢竟未安○通典晉
雷孝淸問爲祖母持重旣葬而母亡服制云何別開門更立廬不言稱孤孫爲稱孤子范宣曰按禮
應服後喪之服承嫡居諸父之上一身爲兩喪之主無緣更別開門立廬以失居正之意至祖母練
日則變除居惡室事畢反後喪之服稱孤孫存傳重之目祖母訖服然後稱孤子○杜元凱云若父
已葬而母卒則服母之服至虞訖反服父之服旣練則服母之服喪可除則服父之服以除之訖而
服母之服賀循云父之喪服未竟又遭母喪當父服應竟之月服祥祭之服卒事反母之喪服也庾
氏問母喪已小祥而父亡未葬至母十三月當伸服三年猶壓屈而祥耶徐廣答曰按賀循云父未
殯而祖亡承重猶周此不忍變父在也故自用父在服母之禮靈筵不得終三年也禮云三年之喪
旣葬乃爲前喪練祥則猶須後喪葬訖乃得爲前喪變服練祥也○間傳斬衰之喪旣虞卒哭遭齊
衰之喪輕者包重者特疏斬衰受服之時遭齊衰初喪男子輕要得著齊衰要帶而兼包斬衰之帶
婦人輕首得著齊衰首絰而包斬衰之絰男子重首特留斬衰之絰婦人重要特留斬衰要帶○旣
練遭大功之喪麻葛重疏斬衰旣練男子唯有要帶婦人唯有首絰今遭大功之喪男子首空著大
功麻絰又以大功麻帶易練之葛帶婦人要空著大功麻帶又以大功麻絰易練之葛絰是重麻也
至大功旣虞卒哭男子帶以練之故葛帶首著期之葛絰婦人絰其練之故葛絰著期之葛帶是重
葛也期之葛絰葛帶謂麤細與期同其實是大功葛絰葛帶也○齊衰之喪旣虞卒哭遭大功之喪
麻葛兼服之註此據男子言之以大功麻帶易齊衰之葛帶而首猶服齊衰葛絰是麻葛兼服也○
昔年人有並遭祖與父喪者問以何服爲重而常持乎韓鳴吉百謙以父服爲重愚以爲俱是斬衰
而祖父尊當以所尊爲重論辨不決矣今見通典諸說愚見果不虛然通典與間傳家禮互有異同
姑並存于右以備參考○通典庾蔚之云立服之旨皆定於始制之日女子大功之末可嫁旣嫁必
不可五月而除其服男子在周服之內出爲族人後亦不可九月而除矣是知凡服皆以始制爲斷
唯有婦於夫之親被義絶出則除之○又曰父喪內祖父亡則應兼主二喪立二廬人爲父喪來弔
則往父廬若爲祖喪來弔則往祖廬

◆居重喪遭重喪(거중상조중상)

父喪未滿而遭母喪則當除父喪之時服除喪之服以行大祥之禮行事畢即服母喪之服若母喪
未葬而值父之二祥則不得服祥服居母喪遭父喪者亦然服除服而後返遭服者以示前喪之有
終也祥吉禮也禮未葬爲凶卒哭後始漸入于吉有殯而不服祥服者不忍于凶時行吉禮也

◆重喪未除而遭輕喪(중상미제이조경상)

間傳斬衰之喪旣虞卒哭遭齊衰之喪輕者包重者特疏斬衰受服之時而遭齊衰初喪男子輕要
得着齊衰要帶而兼包斬衰之帶婦人輕首得着齊衰首絰而兼包斬衰之絰男子重首特留斬衰
葛絰婦人重要又不葛帶特留斬衰麻帶又曰麻同則兼服之○杜元凱云父已葬而母卒則服母
服至虞訖服父之服旣練則服母之服父喪可除則服父之服以除之訖而服母之服(按)杜說與間
傳不同而家禮又與相異姑存諸說以備參考○大全曾擇之問三年喪復有期喪者當服期喪之
服以奠其喪卒事反初服或者以爲方服重不當改衣輕服朱子曰或者之說非是○按爲祖母
持重旣葬而母亡則當依杜氏偕喪之說而惟稱號則不可隨服變改仍稱哀孫爲宜

◆喪未除遭喪君親偕喪義(상미제조상군친해상의)

曾子問曰大夫士有私喪可以除之矣而有君服焉其除之也如之何孔子曰有君喪服於身不敢私服又何除焉於是乎有過時而弗除也君之喪服除而后殷祭禮也註君重親輕以義斷恩也若君服在身忍遭親喪則不敢爲親制服初死尙不得成服終可行除服之禮乎此所以雖過時而不除也殷祭盛祭也君服除乃得爲親行二祥之祭以伸孝心以其禮大故曰殷也假如此月除君服卽次月行小祥之祭又次月行大祥之祭若親喪小祥後方遭君喪則他時君服除後惟行大祥祭也然此皆謂適子主祭而居官者若庶子居官而行君服適子在家自依時行親喪之禮他日庶子雖除君服無追祭矣○嚴陵方氏曰有君之喪而不敢私服則以義斷恩故也○曾子問曰君薨旣殯而臣有父母之喪則如之何孔子曰歸居于家有殷事則之君所朝夕否註殷盛之事謂朔望及薦新之奠也君有此事則往適君所朝夕則不往哭○又曰君旣啓而臣有父母之喪則如之何孔子曰歸哭而反送君註啓啓殯也歸哭哭親喪也反送君復往送君之葬也此二節皆對言君親之喪若臣有父母之喪旣殯而後有君喪則歸君所父母喪有殷事則來歸家朝夕亦恒在君所也若父母之喪旣啓而有君之喪則亦往哭於君所而反送父母之葬也下文君未殯而臣有父母之喪亦與父母之喪未殯而有君喪互推之○又曰君未殯而臣有父母之喪則如之何孔子曰歸殯反于君所有殷事歸朝夕否大夫室老行事士則子孫行事大夫內子有殷事亦之君所朝夕否註室老家相之長也室老子孫行事者以大夫士在君所殷事之時或朝夕恒在君所則親喪朝夕之奠有缺然奠不可廢也大夫尊故使室老攝行其事士卑則子孫攝也內子卿大夫適妻也爲夫之君如爲舅姑服齊衰故殷事亦之君所○盧氏曰人君五日而殯故可歸殯父母而往殯君也若臨君殯則歸哭父母而來殯君殯君訖乃歸殯父母也○曾子問曰君之喪旣引聞父母之喪如之何孔子曰遂旣封(窆)而歸不俟子註遂遂送君柩也旣窆而歸下棺卽歸也不俟子不待孝子返而已先返也○又曰父母之喪旣引及塗聞君薨如之何孔子曰遂旣封(窆)改服而往註遂遂送親柩也旣窆之後改服而往者雜記云非從柩與反哭無免於堩此時孝子首著免乃去免而括髮徒跣布深衣而往不敢以私喪之服喪君也

◆君親偕喪服(군친해상복)

曾子問曰父母之喪旣引及塗聞君薨如之何孔子曰遂旣封改服而往註封當爲窆改服括髮徒跣布深衣扱上衽不以私喪包至尊疏親死小斂始括髮今聞君喪卽括髮者父母葬在塗首服免聞君喪若著衤幸繩則與尋常吉同故括髮也○按古禮則親喪啓殯後斬衰男子免故其禮如此而家禮則啓殯後但各服其服而已則聞君喪改服亦當與古異○曾子問曰大夫士有私喪可以除之矣而有君服焉其除之也如之何孔子曰有君喪服於身不敢私服又何除焉於是乎有過時而弗除也君之喪服除而后殷祭禮也陳註君重親輕以義斷恩也殷祭盛祭也假如此月除君服卽次月行小祥又次月行大祥然此謂適子主祭而居官者若庶子居官行君服適子在家自依時行親喪之禮他日庶子雖除君服無追祭矣○尤菴曰曾子問適子庶子居官云云者以古者君喪居官者皆在君所故其禮如此矣後世則皆以親喪爲主皆在私次則不可以古禮之文而兄弟有所異同○禮記所謂適子自依時行親喪之禮云者此適子是庶人也古禮庶人服君喪但齊衰三月則無不可行親喪之義矣我國則士大夫家無論有官無官皆服三年則事體與古不同矣○古禮以君服爲重故有君服在身不敢服私服之文然古今異宜只當於君喪成服時暫著君服而還持私服此則京中士大夫之通禮也○國恤中私喪三年則國家許伸其私○南溪曰君喪不敢服私喪之禮今皆已廢蓋嘗思之漢文遺詔短喪之後天下不服君喪而只服父母喪故因以成俗今旣爲幞袍斬衰三年之制雖未能一準古禮恐不宜因循謬規○同春曰有君服不敢私服固是古禮於今誠爲異宜然重喪中遭輕喪者亦必制其服而哭之況方喪重服是何等大節目而諉以私服在身古今異宜遂廢不服耶五禮儀旣以布帽布團領麻帶爲百官之服前銜堂上以上則與百官服同堂下則白笠白衣白帶以此爲一代之制則恐不可捨此而他求也○問大夫士私喪三年內遭君喪則似當入公府成服而凡民在喪者亦當成服於公府歟抑與鄕隣相會而成服歟曰似皆不妨然以朱子說觀之庶民皆入公府爲宜○南溪曰嘗見士人不能奔赴合數村同行望哭成服

之禮語類所謂亦可聚哭者指此等處而言耶○芝村曰喪人成服兩宋先生皆亦以白笠成服爲宜云而近多以平凉子爲之蓋取其易辦且爲於喪人服色相近故也私服是凶服比君喪白笠麻帶輕重相懸今乃捨重取輕不著凶服與無故人一樣自處豈不大段未安耶○按喪禮補編大喪百官以斬衰成服生員進士生徒則布笠布衣布帶成服又受教條曰國恤三年內禁方笠過矣此後勿禁云

◆父母偕喪服(부모해상복)

小記父母之喪偕先葬者不虞祔待後事其葬服斬衰註偕俱也謂同月若同日死也先葬者母也曾子問曰葬先輕而後重其葬服斬衰者喪之隆衰宜從重也假令父死前月而同日葬猶服斬衰不葬不變服也言其葬服斬衰則虞祔各以其服矣及練祥皆然卒事反服重○間傳除服者先重者易服者易輕者斬衰之喪旣虞卒哭遭齊衰之喪輕者包重者特註易服謂爲後喪所變也卑可以兩施而尊者不可貳疏先有前喪重今更遭後喪輕服故云爲後喪所變也斬衰受服之時而遭齊衰初喪男子輕腰得著齊衰腰帶而兼包斬衰之帶若婦人輕首得著齊衰首絰而兼包斬衰之絰故云輕者包也男子重首特留斬衰之絰婦人重腰特留斬衰之帶是重者特也○小記斬衰之葛與齊衰之麻同齊衰之葛與大功之麻同麻同皆兼服之陳註斬衰卒哭後葛絰與齊衰初死麻絰大小同齊衰葛絰與大功麻絰同兼服謂居重喪而遭輕喪服麻又服葛也○雜記有父之喪如未沒喪而母死其除父之喪也服其除服卒事反喪服註沒猶竟也除服謂祥祭之服也疏父喪大祥前遭母喪母葬後值父大祥服除服以行祥事父祥竟還服母服○通典杜元凱曰若父母同日死其葬先母後父皆服斬衰其虞祔先父後母各服其服卒事反服父服若父已葬而母卒則服母之服至虞訖服父之服旣練則服母之服父喪可除則服父之服以除之訖而服母之服○沙溪曰雜記及通典之言與間傳小記麻葛兼服之說不同家禮又與相異且家禮重喪在身遭輕喪者制其服而哭之旣畢反重服以此觀之當斬衰練後已去首絰母喪在身不著首絰可乎諸說不同以何說爲定乎○問偕喪者先葬母而必服斬衰然則母殯雖各設而父喪未葬前不可服母服而哭之乎曰小記之說分明今不可違也○尤菴曰古禮卒哭有變服之節今當以小祥準古之卒哭而行之也夫並有喪雖常特重而男子腰帶婦人首絰則當兼服輕服之帶與絰也如此則諸說之同異皆無窒礙第今世無有行此者或恐駭俗○父未葬不敢釋其服而服輕服禮也然家禮明言重喪未除遭輕喪則制其服而哭之此通葬前葬後而言也似與前說有異然成服時暫著輕服與著輕服行祭有異然則兩說或可相備而不相妨耶○南溪曰父母偕喪未吉祭之前當各服其服先後行祭事雖煩而義則正矣○陶菴曰輕包重特之說本爲斬衰卒哭受葛後遭齊衰者而設哀家則齊衰未成服之前又遭斬衰雖於葬後豈有麻葛包特之可論耶夫並有喪者常特重服而於輕者亦當祭而服其服則壓屈之中亦容其自伸之道○愚按家禮所謂旣畢返重服其除之也亦服輕服之說專是祖述雜記偕喪說與通典杜氏說及小記註虞祔練祥各以其服之文矣旣以此定爲通行之禮則間傳小記輕包重特及麻葛兼服之說今不必爲拘也未知如何

◆父祖偕喪服(부조해상복)

輯覽人有並遭祖與父喪問以何服爲重而常持乎韓鳴吉伯謙以父服爲重愚以爲俱是斬衰而祖父尊當以所尊爲重○問父喪中祖父母卒承重者常持何服尤菴曰以恩則父重而祖輕以分則祖尊而父卑故禮曰自仁率親等而上之自義率祖順而下之一輕一重其義然也夫於父三年於祖期者此主恩而然也若祖父偕則似當以義斷之而以尊者爲主也旣曰代父服祖則其常持祖服者乃所以順父之孝心也無損於爲父致隆之道也○愚按父祖偕喪當論其先後雖以一日若祖先亡父後亡則不當承重而只以期服攝行其祖之喪禮矣然則其父葬前若葬祖則當服祖期衰者此與父母偕喪不變斬衰有間故也至其父祖虞祔練祥卽當各服其服矣若其常持之服則當以父斬爲重而常持矣若父先亡祖後亡則當承其重而其葬及虞祔練祥亦當各服其服卒事反服父服矣若父已葬而祖卒則服祖之服以至虞祔祔後當反服父服父喪練後服祖之服祖喪練後反服父服以至大祥除服反服祖服以除之矣此蓋與父母偕喪小記註說及杜氏說旁照

而參酌耳尤菴所謂以尊爲主而常持祖服云者雖以大傳父祖恩義說爲據然竊有不然者喪服
四制已云門內之治恩掩義門外之治義斷恩據此則此實門內之治也豈宜反從門外治而義斷
恩耶

◆心制中遭服(심제중조복)

遂菴曰心制中遭期大功喪則當服喪服今心制所著黑布帶是古黪制也○南塘曰心制中遭期
大功重服者當服期大功喪服之帶蓋心制以心而無服心制從心服制從服義各有當本不相妨
況心制黪帶亦是黑帶重服黑帶豈不駭人所見耶○問心喪中期以下持服芝村曰父母喪三年
內雖遭功緦之喪亦必服其服而成服況心喪中尤何可不服平日常持之帶則常持緇帶恐未安
今人持服者平居未必常持成服之帶多有別造白布帶而帶之者今亦如此則旣無駭俗之患且
合於持服之義○陶菴曰心喪者黪黑帶旣非服矣遭他喪安得不服其所當服之帶乎

◆從母夫舅妻無服(종모부구처무복)

集說問姑之子舅之子姨兄弟及同爨朋友皆緦何舅之妻從母及姑之夫反薄於此乎曰禮必有
義不可苟也國朝之制本族五服之外爲祖免親遇喪葬則素服尺布纏頭此可爲法(緦麻布頭巾)
然近世功緦之服亦多尺布纏頭而已曾未及月或甫及葬又悉除之甚可歎也然則親近而無服
者同於此亦何害乎○檀弓從母之夫舅之妻二夫人相爲服君子未之言也或曰同爨緦註從母
母之姊妹舅母之兄弟從母夫於舅妻無服所以禮經不載故曰君子未之言時偶有甥至外家見
此二人相依同居者有喪而無文可據於是或人爲同爨緦之說以處之此亦原其情之不可已而
極禮之變焉耳○或問從母之夫舅之妻皆無服何也朱子曰先王制禮父族四故由父而上爲族
曾祖父緦麻姑之姊妹之子女子子之子皆由父而推之也母族三母之父母之母母之兄弟恩
止於舅故從母之夫舅之妻皆不爲服推不去故也妻族二妻之父妻之母乍看似乎雜亂無紀子
細看則皆有義存焉

◆父在爲母期(부재위모기)

喪服四制天無二日土無二王家無二尊故父在爲母期者見無二尊也○臨川吳氏曰爲母齊衰
三年而父在爲杖期豈薄於其母哉蓋以夫爲妻之服旣除則子爲母之服亦除家無二尊也子服
雖除而不飲酒不食肉不處內三者居喪之實如故則所殺者三年之文而已實固未嘗殺也後世
有所增改者皆溺乎其文昧乎其實者也古人所勉者喪之實而後世所加者喪之文誠僞之相去
何如哉○胡氏幹曰唐孔氏謂子於母屈而從期心喪三年蓋亦於義不安而創爲是說古未之聞

◉五服衰冠升數(오복최관승수)

◆斬衰三年(참최삼년)

正服衰三升○冠六升○旣葬以其冠爲受衰六升○冠七升○義服衰三升有半○冠六升○旣
葬以其冠爲受衰六升○冠七升

◆齊衰三年齊衰期齊衰不杖(자최삼년자최기자최부장)

降服衰四升○冠七升○旣葬以其冠爲受衰七升○冠八升○正服衰五升○冠八升○旣葬以
其冠爲受衰八升○冠九升○義服衰六升○冠九升○旣葬以其冠爲受衰九升○冠十升○義
服衰六升○冠九升○無受

◆大功九月(대공구월)

殤降服衰七升○冠十升○無受○成人降服衰七升○冠十升○旣葬以其冠爲受衰十升○冠
十一升○自斬衰至大功降服凡八條冠皆校衰三等○正服衰八升○冠十升○旣葬以其冠爲
受衰十升○冠十一升○義服衰九升○冠十一升○旣葬以其冠爲受衰十一升○冠十二升○
已上二條冠皆校衰二等

◆緦衰裳(세최상)

四升有半○冠八升○旣葬除之

◆小功五月(소공오월)

殤降服衰十升○冠升同○無受○(成人)降服衰十升○冠升同○旣葛五月無受○正服衰十一升○冠升同○旣葛五月無受○義服衰十二升○管升同○旣葛五月無數

◆緦麻三月(시마삼월)

降正義同衰十五升抽其半○冠升同○無數○已上衰冠升數幷受服出本經記賈氏疏詳見喪服制度衰裳條又有旣練受服見練變服受服圖

◉降正義服例(강정의복례)儀禮經傳通解

◎斬衰三年(참최삼년)

◆正服衰三升(정복최삼승)

父○父爲長子○爲人後者○妻爲夫○妾爲君○女子子在室爲父○女嫁反在父之室爲父三年○傳父卒然後爲祖父後者服斬

◆義服衰三升有半(의복최삼승유반)

諸侯爲天子○君○公士大夫之衆臣爲其君布帶繩屨

◎齊衰三年(자최삼년)

◆降服衰四升(강복최사승)

父卒爲母○繼母如母○慈母如母○記祖父卒而后爲祖母後者三年

◆正服衰五升(정복최오승)

母爲長子○妾爲君之長子

◎齊衰杖期(자최장기)

◆正服衰五升(정복최오승)

父在爲母(按父在爲母乃降齊衰三年而爲杖期當是降服經傳註疏無明文當考)○妻○出妻之子爲母○父卒繼母嫁從爲之服報

◎齊衰不杖期(자최부장기)

◆降服衰四升(강복최사승)

爲人後者爲其父母報○女子子適人者爲其父母○公妾以及士妾爲其父母

◆正服衰五升(정복최오승)

祖父母○世父母叔父母○大夫之適子爲妻不降○昆弟○衆子○昆弟之子○大夫之庶子爲適昆弟不降○適孫○女子子適人者爲其昆弟之爲父後者不降○姑姊妹女子子適人無主者姑姊妹報不降○公妾大夫之妾爲其子○女子子爲祖父母不降○大夫之子爲世叔父母子昆弟昆弟之子姑姊妹女子子無主者爲大夫命婦者唯子不報不降○大夫爲祖父母適孫爲士者不降○爲夫之君○爲君之父母妻長子祖父母○妾爲女君○婦爲舅姑○繼父同居者○夫之昆弟之子

◎齊衰三月(자최삼월)

◆服衰六升(복최육승)

寄公爲所寓○丈夫婦人爲宗子宗子之母妻○爲舊君君之母妻○庶人爲國君○大夫在外其

妻長子爲舊國君○繼父不同居者○曾祖父母○大夫爲宗子○舊君○曾祖父母爲士者如衆人不降○女子子嫁者未嫁者爲曾祖父母不降

◎大功無受者(대공무수자)

◆降服衰七升(강복최칠승)

子女子女之長殤中殤○叔父之長殤中殤○姑姊妹之長殤中殤○昆弟之長殤中殤○適孫之長殤中殤○大夫之庶子爲適昆弟之長殤中殤○公爲適子之長殤中殤○大夫爲適子之長殤中殤

◆義服九升(의복구승)

夫之昆弟之子女子子之長殤中殤

◎大功九月(대공구월)

◆降服衰七升(강복최칠승)

姑姊妹女子子適人者○爲人後者爲其昆弟○女子子適人者爲衆昆弟○大夫爲世叔父母子昆弟昆弟之子爲士者○公之庶昆弟大夫之庶子爲母妻昆弟○女子子嫁者未嫁者爲母父母叔父母姑姊妹

◆正服衰八升(정복최팔승)

從父昆弟○庶孫○適婦不降○姪丈夫婦人服○公之庶昆弟大夫之庶子皆爲其從父昆弟之爲大夫者不大夫大夫之妻大夫之子公之昆弟爲姑姊妹女子子嫁於大夫有出降無尊降○君爲姑姊妹女子子嫁於○有出降無尊降○義服衰九升夫之祖父母世父母叔父母○爲夫之昆弟之婦人子適人者○大夫之妾爲君之庶子

◎總衰裳衰四升半(세최상최사승반)

◆義服(의복)

諸侯之大夫爲天子

◎殤小功(상소공)

◆降服衰十升(강복최십승)

叔父之下殤○適孫之下殤○昆弟之下殤○大夫庶子爲適昆弟之下殤○姑姊妹女子子之下殤○爲人後者爲其昆弟之長殤○從父昆弟之長殤○昆弟之子女子子之下殤○姪庶孫丈夫婦人之長殤○大夫公之昆弟大夫之子爲其弟庶子姑姊妹女子子之長殤○大夫之妾爲庶子之長殤

◆義服衰十二升(의복최십이승)

夫之叔父之長殤○夫之昆弟之子女子子之下殤

◎小功五月(소공오월)

◆降服衰十升(강복최십승)

從父姊妹○孫適人者○爲人後者爲其姊妹適人者○大夫大夫之子公之昆弟庶孫姑姊妹女子子適士者○大夫之妾爲庶子適人者

◆正服衰十一升(정복최십일승)

從祖祖父母○從祖父母報○從祖昆弟○外祖父母○從祖丈夫婦人報○庶婦○君母之父母從母○君子子爲庶母慈已者

◆義服衰十二升(의복최십이승)

夫之姑姊妹娣姒婦報

◎緦麻三月(시마삼월)

◆降服十五升抽其半(강복십오승추기반)

庶孫之中殤(注云中當作下)○從祖父從祖昆弟之長殤○從父昆弟姪之下殤○從母之長殤報○從父昆弟之子之長殤○昆弟之孫之長殤○庶子爲父後者爲其母

◆正服升數與降服同(정복승수여강복동)

族曾祖父母○族祖父母○族父母○族昆弟○從祖姑姊妹適人者報○從祖昆弟之子○父之姑○甥○妻之父母○舅○君母之昆弟○庶孫之婦○外孫○曾孫○從母昆弟○壻○姑之子○舅之子

◆義服升數與降服同(의복승수여강복동)

夫之叔父之中殤下殤○夫之姑姊妹之長殤○士爲庶母○貴臣貴妾○乳母○夫之諸祖父母報○爲夫之從父昆弟之妻

⊙爲出母嫁母服(위출모가모복)

◆出母有服嫁母無服當否(출모유복가모무복당부)

問黃氏曰出母有服嫁母無服引呂氏(坤)出母不嫁爲父守也夫死而嫁忘我父也制禮者宜等之說而證之李素山曰出母則父出之故子不得伸練禫嫁母則父未嘗絶之爲其子者何忍無父命而同之於出母乎按黃氏則以出母重於嫁母素山則以嫁母重於出母二說皆不能無疑出母嫁母名雖異其不成母道則一是以生不養於正堂死不祔於家廟故朱子於家禮通爲杖期據此則黃李說恐不可從未知如何答出母罪輕(謂非不順與淫)而終身守義則情雖可矜而不得配夫與祔廟則與嫁母同惡可與無故之母一例服喪乎至於嫁母父雖未嘗絶之其亂倫無義之罪甚於出母矣要之黃李二說皆不可從(我朝若不聞官而出者自服本服)

◆嫁出母奔喪黲制(가출모분상참제)

艮齋曰人子於嫁母出母之喪雖以爲父後之故不敢制服而其哀痛迫切之情如何無得李兄之謂不可奔喪抑又何心哉服色以黲制爲之已矣

◆爲出母服(위출모복)

所後母祖母被出幷論

問出母之服父在與父沒無異否沙溪曰通典已論之晉賀循云父在爲母壓尊故屈而從周出母服不減者以本旣降義無再壓故也今在杖條杖者必居廬居廬者必禫○檀弓註出母無禫(與賀說不同更詳之)○又問所後母及祖母被出則當何服沙溪曰通典論之(或云妻出母亦服則出外祖母有服明矣推此則出祖母無服似未安)通典晉步熊問曰爲人後而所後之母出得與繼母出同不復與親母同耶父亡已爲祖後祖母見出服之云何祖父亡與在服之有異否許猛答曰禮爲人後者爲所後者若子則不能復服親母出以廢所後者之祭也爲人後者若子繼母如母夫言若言如者明其制如親其情則異也繼母如母則異親母爲人後者若子母出亦當異於親子矣爲父後者不得服出母則足明祖後母子至親無絶道則非母子者出則絶矣是以經文不見出祖母之服若苟無服則無繫祖存亡○同春曰嫁母出母之服自有定制恐不敢叅以他論第雖不敢爲三年喪而齊衰杖期之制如父在母喪之例又何可不許也方笠或平凉恐皆不妨○遂庵曰父旣聲罪告祠而黜其妻則子何敢以母事之若夫　國法之許不許不見於禮　朝家不許則爲夫者不敢再娶勢固然也父旣絶之則其子何敢棄父命而服三年乎大抵萬古綱常與一時　國制似有輕重愚意父命之重不下於　國法不知所以爲對也

◆爲嫁母(위가모)

嫡母繼母祖母嫁幷論

問父卒母嫁子無貶母之義何以降服耶沙溪曰通典已論之漢石渠議問父卒母嫁爲之何服蕭
太傅云當服周爲父後則不服韋玄成以爲父沒則母無出義若服周是子貶母也宣帝詔曰子無
出母之義玄成議是也又問夫死妻稚子幼與之適人子後何服玄成對與出妻子同服周或以爲
子無絶母應服三年蜀譙周據繼母嫁猶服周以親母可知故無經也又曰父卒母嫁非父所絶爲
之服周可也〇宋庾蔚之曰母子至親本無絶道母得罪於父猶追服周若父卒母嫁而反不服則
是子自絶其母豈天理耶宜與出母同制按晉制寧假二十五月是終其心喪耳〇沙溪曰按大全
范濰妻前已更嫁至是卒人以其服爲疑王氏曰禮無嫁母服而律有心喪三年之文是嘗爲洪雅
配不得爲仲芸母乎卽命服喪如律朱子旣述其事而曰處變事而不失其常嗚呼賢哉〇問出母
與嫁母無輕重之差歟沙溪曰朱子說可攷　朱子曰禮不著嫁母之服而律令有之或者疑其不同
以予考之禮於嫁母雖不言親而獨言繼又著出母之服焉皆擧輕以明重而見親母之嫁者尤不
可以無服又於爲父後者但言出母之無服而不及嫁是亦擧輕以別重而見嫁母之猶應有服也
(按據此朱子說輕重之義可見又按家禮爲父後則爲嫁母無服與此不同)〇喪服傳曰爲父後者爲出母無服
吳商曰此由尊父之命嫁母父不命出何得同出母乎又出母之黨無服嫁母之黨自應服之豈可
復同乎〇又問嫡母繼母嫁服之當如生母歟爲父後亦服之否沙溪曰通典及圖式論之甚詳可
考也　周制父卒繼母嫁從爲之服報貴終也馬融曰繼母爲已父三年喪畢嫁後夫重成母道故隨
爲之服繼母亦報子周也若繼母不終已父三年則不服也王肅云從乎繼而寄育則服不從則不
服〇皇密云經稱繼母如母者盖謂配父之義恩與母同故孝子之心不敢殊也傳云繼母何以如
母明其不同是以出母服周而繼母無制不同之驗也〇唐王博義(一作乂)奏喪服惟出母特言出
妻之子明非生已則皆無服嫡繼慈養皆非所生嫁雖比出稍輕於父終爲義絶繼母之嫁旣殊親
母慈嫡義絶豈合心喪今請凡非所生父卒而嫁爲人後者無服非承重者服周幷不心喪詔從之
〇開元禮父卒繼母嫁從爲之服報不從則不服〇宋服制令繼母嫁從齊衰杖期不從則不服〇
宋崔凱云父卒繼母嫁從爲之服報鄭玄云嘗爲母子貴終其恩也王肅云若不隨則不服凱以爲
出妻之子爲母及父卒繼母嫁從爲之服報此皆爲庶子耳爲父後者皆不服也傳云與尊者爲體
不敢服其私親此不獨爲出母言爲繼母發已從則爲之服是私也爲父後則不服鄭玄云貴終其
恩不別嫡庶王肅云隨嫁乃爲之服此二議時人惑焉凱以爲繼母如母則當終始與母同不得隨
嫁乃服不隨則不服如此者不成如母爲父後者則不服庶子皆服也(按王博義崔凱之說則以爲不從
猶服周開元及宋禮以爲不從則不服著於通解已爲斷案况儀禮特焉嫁從而不言不從者可知其不服矣)〇又曰
不杖朞條繼母嫁母之下母字分明是而字之誤〇同春曰嫁母出母服云云(答李永輝詳見爲出母條)
〇問妾孫爲其父所生母當服期而祖母適他則當服其服乎尤庵曰祖母嫁而其孫之服無所考
不敢質言〇南溪曰嫁祖母服禮無所考恐只當依嫁母之服爲之節度子於嫁母猶以爲父後不
服况孫於嫁祖母乎子於出母更還依已者猶不當爲之制服又况於嫁祖母乎愚意此服准禮爲
父後者只依本服同心喪之制而已沙溪先生曰妾母不世祭元無承重之義此恐尤爲不得三年
之證也

◆爲父後者爲出母嫁母(위부후자위출모가모)

問爲父後者爲嫁母出母禮經雖無服情理似未案且子不爲母服而母爲其子服何義沙溪曰通
典及儀禮喪服圖式論之甚詳　宋仁宗景祐三年太常博士宋祁言集賢校理郭稹生始數歲遭父
喪母邊氏更適王氏今邊不幸而聞稹乃解官行服臣愚深用爲疑伏見五服制度勅齊衰杖期降
服之條曰父卒母嫁及出妻之子爲母其左方註曰謂不爲父後者若爲父後者則爲嫁母無服侍
御史劉夔奏曰父卒爲出母杖期及爲父後者無服周孔定禮初無是說今博士宋祁謂郭稹不當
解官行服臣謹按天聖六年勅開元五服制度開寶通禮幷載齊衰降服條例與祁所言不異又假
寧令母出及嫁爲父後者雖不服亦申心喪註云皆爲生已者今龍圖閣學士王博文御史中丞杜
杜頃年幷爲出嫁母解官行喪若使生爲母子歿同路人則必虧損名教瑕玷孝治臣又聞劉智釋
義云雖爲父後猶爲嫁母齊衰譙周云父卒母嫁非父所絶爲之服周可也昔孔鯉之妻爲子思之

母而嫁於衛故檀弓曰子思之母死柳若謂子思曰子聖人之後也四方於子乎觀禮子盍愼諸子
思曰吾何愼哉石苞問淳于睿曰爲父後者不爲出母服嫁母猶出母也睿引子思之義爲答且言
聖人之後服嫁母明矣詳觀古賢精密之論則積之行服不爲過矣詔太常禮院御史臺同共詳定
翰林學士馮元奏謹按儀禮禮記正義開寶通禮五服年月勅言爲父後者爲出母無服惟通禮義
纂引唐天寶六年制出母嫁母并終服三年又引劉智釋義雖爲父後者猶爲出母嫁母齊衰卒哭
乃除二者并存其事相違何也竊詳天寶六年之制言諸子爲出母嫁母故云并終服三年劉智釋
義言爲父後者爲出母嫁母故云猶爲齊衰卒哭乃除二理昭然各有所謂固無疑也況天聖中五
服年月勅父卒母嫁及出母之子爲降杖期則天寶六年出母嫁母并服三年之制不可行用又五
服年月勅但言母出及嫁爲父後者雖不服亦申心喪卽不言解官臣以爲若專用禮經則是全無
服施之今世理有未安若俯同諸子杖期又於條制更相違戾乞自今後子爲父後無人可奉祭祀
者依通禮義纂劉智釋義服齊衰之服卒哭乃除踰月乃祭仍申心喪不得作樂卽與儀禮禮記正
義通典通禮爲父後爲出母嫁母無服之言不相遠也如諸子非爲父後者爲出母嫁母依五服年
月勅降服齊衰杖期亦解官申其心喪則與通禮五服制度言雖周除仍心喪三年及刑統言出妻
之子合降其服皆二十五月內爲心喪其義一也以此論之則　國朝見行典制與古之正禮合則餘
書有偏見之說不合禮經者皆不可引用也乞依前所陳施行詔今後似此并聽解官以申心喪〇
晉東哲(東一作束)問嫡子爲出母無服母爲子何服步熊答母爲之服周〇問孔子旣使鯉喪出
母則子思之獨不使白也喪之何耶南溪曰子於父母其恩義雖一其尊卑從違之義本註所謂禮
爲出母齊衰杖期而爲父後者無服心喪而已者已自十分明白以此爲疑則何事不疑耶盖此條
朱子有兩說大全答何叔京林擇之書以檀弓所記爲誤語類諸說與此註合恐爲定論但所謂汚
隆之說語類以隨時之義釋之是亦不可不知也〇問庶姪子惠章有嫁母云云遂庵曰禮嫁母之
服云云但曾聞柳僉使之生母中年雖歸家統制令監晚年來在一家之內云如此則似不可以嫁
母論生當奉養於郡邑沒後當服齊衰三年未知如何〇統制令監喪時僉使之母若服喪則不可
以嫁母論不服喪則他日僉使當服嫁母之服〇愚意以爲其母賤人雖不能守節其子成長之後
棄彼來此亦不害爲三從之道況伯令公知而不禁則到今在其子之道安敢曰母行不純而不以
母事之乎旣不禁來在門墻之下則年久之後追覈其侍寢與否無乃太深乎〇問爲父後者爲出
母之更還依已者當何服耶沙溪曰通典已論之可考也〇通典魏嘉平元年魏郡太守鍾毓爲父
後以出母無主迎還輒自制服宋庾蔚之謂爲父後不服出母爲廢祭也母出而迎還是子之私情
至於嫡子不可廢祭鍾毓率情制服非禮意也

◆嫁母出母爲其子(가모출모위기자)

問杖期條子爲父後爲出母嫁母無服而不杖期條嫁母出母爲其子子雖爲父後猶服也前後說
不同何也且母不嫁不出則爲長子當服三年而爲衆子則當服期也今泛稱降服亦未詳尤庵曰
此段之意以爲子爲父後則不爲出母嫁母服而出母嫁母則爲其子之爲父後者猶服也盖服有
往來相報之義故於此差其義曰子雖以父後之故絶母而不服也其母則無絶道故猶服也母不
出不嫁則爲其長子當三年而今降與衆子同服期故曰降盖承上文爲父後者言之故其立文如
是也

⊙喪服制度(상복제도)

度用指尺裁製之際又當量其人長短肥瘦以爲度〇尺式及指尺圖見首卷〇愚按喪服制度家
禮備矣但詞義深古及附註所引用又多繁雜深於問學者固已瞭然於心若夫窮鄉淺學之士況
文者各執已見仕情者妄有作爲卒無定制竊不揆愚陋一本家禮而又考古禮經以懲宂之易簡
古之辭以淺近之語庶幾學古者易曉云

●斬衰(참최)用極麤生麻布爲之斬不緝也凡衣裳旁及下際皆不縫緶

衣制〇(身)用布二幅各長四尺四寸(用指尺)每幅分中屈之爲前後兩葉每葉長二尺一寸兩幅共四葉
前兩葉後兩葉屈記然後將後兩葉縫合爲脊縫留上四寸不合凡縫皆以邊幅向外後　有縫者皆放此〇

(袂)卽袖也用布二幅亦各長四尺四寸異衣身同亦分中屈之亦長二尺一寸縫連衣身前後四葉又縫合其下際以爲袖按儀禮曰袂屬幅註謂不削也不削謂隨其布幅不用剪裁脩飾○(袪)卽袖之口也袖長二尺二寸從下量上一尺縫合之留其上一尺二寸不縫爲袖口○(適)卽所謂辟領也從衣身分中屈處直量下四寸卽後兩葉脊縫原留不合處及在前兩葉之上邊前後四葉各橫裁入四寸當直量下四寸處分裁從邊入中四寸雖裁開不斷裁訖分指所裁者向外當衣身兩肩上爲左右適在左肩上向左爲左適右肩上向右爲右適旣轉所裁者向外其間空缺處前後俱名爲闊中○(領)別用布一幅長一尺六寸闊八寸許摺爲兩長條不斷分上下條上四寸下四寸將其下條之兩頭各裁出一塊方四寸除去不用留其中間八寸連上條裁訖將所留連上八寸處綴在衣身後兩葉合縫上原裁爲闊中處以塞其空缺此謂後闊中旣綴定又將上條分中斜摺兩頭向前綴在前兩葉原裁爲闊中處此謂前闊中○(帶下尺)又用布高一尺上縫連衣身橫繞腰前後○(衽)用布二幅各長三尺五寸每幅上下各從一頭直量入一尺先旁上頭所量一尺處從左橫裁入中間六寸又於下頭所量一尺處從右橫裁入中間六寸然後從上邊所裁六寸處斜剪去尋下邊所裁六寸處分爲兩片各長二尺五寸其兩片俱以所留一尺處爲主用裁開處相向其上片蓋下片垂交兩條如燕尾狀綴在衣身兩旁當服下蓋過帶下尺必掩裳之旁際分開者○(袞)用布一片長六寸廣四寸綴在衣前左邊當心處○(負版)用布一幅方一尺八寸衣後當領下垂之縫邊○(補衣繫)按禮疏有綴袞於外衿之上之文旣謂有外衿則於有內衿矣今世俗作袞綴繫帶於衣身兩衿之旁際如世俗所謂對衿衣者衣著之際遂使袞不當心殊失古制今擬綴繫帶四條一如朝祭等服以外衿掩於內衿之上則具服之際袞正當心矣

●裳制(상제)○(裳)裳用布七幅其喪短隨人身前縫三幅作一聯後縫四幅作一聯前後不相連每一幅做三箇䙆子前三幅九箇後四幅十二箇其作䙆子也於每幅布上頭將入腰處用指提起布少許摺向右又提起少許摺向左兩相輳着用線綴住而空其中間以爲䙆子其大小隨人肥瘦大約䙆子如今人裙䙆相似但䙆向一邊順去此䙆子則兩邊相向耳其縫也邊幅皆向內前三後四共七幅同作一腰腰兩頭各有帶

●冠制(관제)○(冠)卽所謂梁也褙厚紙爲梁廣三寸長足以跨頂前後用稍細布裹之就摺其布爲細䙆子三條直過梁上其䙆俱向右是謂三辟積其梁之兩頭盡處捲屈向外以承武是謂外畢○(武)用麻繩一條析其中從額上約之至項後交過前各至耳邊結住以爲武○(纓)又以武之餘繩垂下爲纓結於頤下按禮喪冠條屬疏謂纓武同材今世俗別用繩爲之非是詳見考證○(合冠制)先將冠梁析彎安在武內又於冠梁兩頭盡處各出少許於外向上却將武安在其上向外縫之垂纓兩旁下結

●絰帶制(질대제)○(首絰)用有子麻帶黑色者爲單股繩約長一尺七八寸圓圍九寸(或云只是大指與第二指一搤也)先將麻頭安在左邊當耳上却將其餘從額前向右邊圍回項後邊至左邊原起頭處卽以麻尾加在麻頭上綴殺之又以細繩二條一繫在左邊原起麻頭上一繫在右邊當耳上以固結之各垂其末爲纓如冠之制按知此爲單股者以家禮本註腰絰有兩股相交之說故知此爲單股也○(腰絰)用有子麻兩股相交爲䰂繩圓圍七寸有餘兩相交結之除圍身外兩頭各存散麻尺未結待成服日方結之其交結處兩頭各綴細繩繫之○(交帶)用有子麻爲繩一條圓圍二三寸許初起長一尺就當中屈轉分爲兩股各長一尺結合爲一彄子然後合兩股爲一條此是絰較小些圍腰從左邊後至前乃以末稍串從彄子口邊反挿於右邊腰絰之下如今人繫公服之革帶相似○按文公語錄首絰大一搤腰絰較小絞帶又小於腰絰今家禮本註絞帶下謂其大如腰絰今擬較小爲是

●杖屨制(장구제)○(杖)父用竹爲之母用桐木削上圓下方其長俱齊心圍九寸本在下按古禮衰服父斬母齊斬杖用竹齊杖用桐○今制父母俱服斬其冠裳之制並同獨於杖有異今從之○(屨)用菅草或䰂麻爲之其餘末枚向外(以上俱見考證)

●婦人服制(부인복제)○(大袖)用極䰂生麻布爲之如今婦人短衫而寬大其長至膝袖

長一尺二寸其邊皆縫向外不緶邊準男子衰衣之制○按古者婦人皆有衰家禮本書儀而代以
時俗之服所謂大袖者今世不知何等服也今人家有喪婦女或爲短衫或爲長衫其制不一按事
物紀原唐命婦服裙襦大袖爲禮衣又云大袖在背子下身與衫子齊而袖大乃考衫子之制乃云
女子衣與裳連至秦始皇方令短作衫衣裙之分自秦始也據此說則大袖長短與衫子齊衫子旣
是秦所作之短衫則大袖亦是衫之短者但袖大耳然謂之大袖則裁製必須寬大今準以衰袂之
袪爲長尺二寸蓋準袂恐大長故酌中而準以袪耳○(長裙)用極麤生麻布六幅爲之六幅共裁
爲十二破聯以爲裙其長施地其邊幅俱縫向內不緶邊準男子衰裳之制○按事物紀原隋作長
裙十二破今大衣中有之然不謂之幅而謂之破意其分一幅而爲兩也故疑其制如此然古禮婦
女亦有衰不若準衰裳之制前三幅後四幅每幅爲三幅子爲不失古意姑書所見以俟擇者○(蓋
頭)用稍細麻布爲之此衣裙稍細者凡三幅長與身齊不緝邊按事物紀原唐初官人著冪䍥全身
幛蔽求徽之後用幃帽又戴卓羅五尺今曰蓋頭凶服者亦以一幅布爲之按此則蓋頭之來也遠
矣雖非古制是亦古禮婦人出而擁蔽其面之意○(布頭𢄼)用略細布一條爲之長八寸用以束
髮根而垂其餘於後○按此卽所謂總也儀禮女子在室爲父布總傳曰總長六寸註謂六寸出鬠
外所垂之飾也曾子問縞總註縞白絹也長八寸今世俗婦女有服者用白布束髻上謂之孝圈亦
是此意但彼加於髻上而不束髮本不垂其餘○(竹釵)削竹爲之長五六寸按此卽儀禮所謂箭
笄也儀曰錢笄長尺又恐太長其長僅以約髮可也○(麻鞋)用麻爲之或粗生布亦可○(背子)
本註云衆妾則以背子代大袖用極粗生布爲之長與身齊小袖縫向外不緝邊按事物紀原秦詔
衫子加背子其制袖短於衫身與衫齊由是觀之則今背子乃長衫也

(補)腰絰用有子麻爲之制如男子繫於大袖之上未成服不散垂○按家禮婦人服制皆本書儀
自大袖以下皆非古制今亦不敢擅有增損如因其舊而詳考其制如又特補入腰絰一事者蓋以
禮男子重乎首婦人重乎帶存其一之最重者使後人或因此以復古也故特補此而又詳考禮書
以爲婦人服制考證于後有志於復古者誠能參考以有取焉使三代之時男女服制皆復其舊是
亦朱子待後世之意也

●齋衰齋緝也用比斬衰次等麤生布凡衣裳旁及下際皆緝

●**衣制(의제)**○身○袂○袪○適○帶下○衽○負版○裳　俱與斬衰同但布與緝邊不同

●**冠制(관제)**冠制俱同惟武與纓不同○(武)用布一條重疊之析其中從額上終之至項後
交過前各至耳用線綴之爲武各垂其末稍爲○(纓)縮之頤下按世俗齊衰下冠武往往褙紙爲
材用布裹之別以布爲纓非儀禮條屬之制不可用詳見考證

●**絰帶制(질대제)**○(首絰)用無子麻爲之麤繩周圍七寸餘先將繩頭安在右邊當耳上却
將餘繩從額前向左邊圍向頂後過至右邊原起繩頭處卽以繩尾藏在繩頭之下繩頭楷在繩尾
之上綴殺之又用布兩條約長二尺許廣寸半許用線綴在首絰上左右兩邊垂下以爲纓○(腰絰)
大五寸餘其制一如斬衰而小○(絞帶)用布夾縫之約寬四寸許屈其右端尺許用線綴之連下
稍通長七八尺繫時圍腰從左過後至前乃以其末稍穿過其右端屈轉處之中而反挿於右邊如
今革帶之制

●**杖屨制(장구제)**○(杖)用桐木爲之上圓下方長齊心圍五寸餘○(屨)以草或麻爲之枚
其餘末向內

●**婦人服制(부인복제)**○(大袖)○(長裙)○(蓋頭)○(背子)俱同斬衰但用布稍細緝
邊○(布總)○(竹釵)○(麻鞋)或用布○(腰絰)制如男子用無子麻爲之

●**杖期制(장기제)**俱同上但用麤生布比齊衰三年所用者又次等耳

●**衣制(의제)**衰負版辟領俱同上按楊氏附註謂旁親不用衰負版辟領以爲朱子後來議論

之定者愚按齊衰有三年杖期不杖期之別然禮通謂之齊衰恐不當分別也使有所分別則古人必異其稱矣當從家禮本註爲是詳見考證○(裳)○(首絰)○(腰絰)○(杖)○(屨)(婦人服制)俱同上

●**不杖期(부장기)**服制同杖期但不杖又用麤生布比杖期所用者又次等耳

●**五月(오월)** ○**三月(삼월)**服制俱同杖期

●**大功(대공)**大功者言布之用功麤大也服制同齊衰但用布比齊衰稍熟耳

●**衣制(의제)**無衰負版辟領餘並同○(裳)○(冠)同上○(首絰)圍五寸餘○(腰絰)四寸餘○(絞帶)同上○(屨)用布爲之○(婦人服制)同上但用布稍熟

●**小功(소공)**小功者言布之用功細小也服制同大功但用布比大功稍熟細耳

●**衣制(의제)**○(裳)同上○(冠)辟積縫向左○(首絰)圍四寸餘○(腰絰)三寸餘○(絞帶)

○**屨(구)**用白布爲之○(婦人服制)俱同上但用布稍熟紬

●**緦麻(시마)**緦絲也治其縷細如絲也又以澡治莩木之麻爲絰帶故曰緦麻服制同小功但用極細熟布爲之

○**衣制(의제)**○(裳)同上○(冠)辟積縫向左○(首絰)圍三寸○(腰絰)圍二寸並用熟麻爲之○(婦人服制)同小功但用熟麻布極熟細

◆喪服考證(상복고증)

儀禮斬衰裳苴絰杖絞帶冠繩纓管屨者(凡喪服上曰衰下曰裳謂之斬者斬布以爲衰裳也不言裁割而言斬者取痛甚之意也苴是惡色苴絰杖絞帶者謂以苴麻爲首絰腰絰苴竹爲杖及以苴麻爲絞帶也冠繩纓者謂以布爲冠又屈繩爲武垂下爲纓也管屨謂以管草爲屨也)傳曰斬者何不緝也(謂斬布爲衰裳而不緶也緶今人謂之緝)疏衰裳齊牡麻絰冠布纓削杖布帶疏屨三年者傳曰齊者何緝也(疏麤也牡麻泉麻也用枲麻爲首絰也冠用布爲纓削杖者削桐木爲之上圓下方也疏屨者疏取用草之義不熟之貌也三年者明此爲齊衰三年服制也)疏衰裳齊牡麻絰冠布纓削杖布帶疏屨期者(解見上謂之期者明此爲齊衰期年服制也觀其文不異如此則期年服亦有負版衰適明矣)儀禮註前有衰後有負版左右有辟領孝子哀戚之心無所不在(疏曰)孝子有哀摧之志負者負其悲哀適者指適緣於父母不念餘事楊氏曰按註釋衰負版辟領三者之義惟子爲父母用之旁親則不用也家禮至大功乃無衰負版辟領者蓋家禮乃初年本也後先生之家所行之禮旁親皆無衰負版辟領若此之類皆從後來議論之定者爲正(愚按)服有五斬衰齊衰大小功緦麻是也惟斬齊二者謂之衰旣同謂之衰則其制度必皆同矣但緝不緝異耳古人喪父以斬喪母以齊喪母而父在則齊杖期父歿則齊三年則是服之重者莫大乎斬與齊也齊衰服有三年杖期不杖期五月三月之異用布則有粗細不同若其制度則未必有異也使其有異古人必異其稱矣凡喪服上曰衰下曰裳五服皆同惟於斬齊二服只用布一片當心亦謂之衰意者古人因此而特用以爲名稱歟不然何功緦之稱則專取於用功治絲之義而於此乃獨以其上衣爲名哉必不然也儀禮註所謂孝子哀戚之心無所不在特就其重者言爾豈具服者於其旁親皆無哀戚之心特假是以爲文具哉所見如此故書之以俟知禮之君子(古總論服制)○喪服凡衰(言凡者摠五服而言也)外削幅(謂縫之邊幅向外也)裳內削幅(謂縫之邊幅向外也)幅三衵(音鉤言每裳一幅三帆子也)若齊(音咨)裳內衰外(言若是四等齊衰之服緶裳邊則展入內緶衰邊則展出外)負廣出於適寸(負負其悲哀也言負版綴皆上兩邊各出辟領外一寸也)適博四寸出於衰(適卽辟領也以其闊開爲領故謂之辟領以其指適不念餘事故謂之適博廣也左右兩適名旁出於衰之外)衰長六寸博四寸(衰者摧也以孝子有哀摧之志故也此當心者旣名以衰而喪服

又通以衰爲名取其哀摧在於遍体不止心也)衣帶下尺(謂衣腰也此謂帶衣之帶非大帶革帶
比也)袵二尺有五寸(凡用布三尺五寸上止一尺燕尾一尺五寸)袂屬幅(屬猶連也謂不削去其
幅也卽俗所謂整幅)衣二尺有二寸(衣謂身也)袪尺有二寸(右衰裳)〇喪服斬衰冠鍛而勿灰
(鍛用水濯布勿用灰也)〇斬衰冠繩纓條屬(條屬謂通屈一條繩爲武垂下爲纓而著之冠也)〇
雜記喪冠條屬以別吉凶(按禮疏曰吉冠則纓武異材凶冠則纓武曰材今世人爲齊衰以下冠往
往以紙糊爲武而用布裹之而又別用布爲纓蓋不知條屬之義也今正之)〇服圖說按五服之喪
冠其制度之異者有四升數之不同一也(凡布八十縷爲一升(升音登)斬衰六升齊衰七升大功
十升小功十一升總十五升)繩纓之與布纓澡纓二也右縫之與左縫三也(大功以上右縫小功
以下左縫)勿灰之與灰四也(惟斬衰用鍛而弗灰自齊以下皆用灰治之布總麻則用治絲所爲
之布是則所謂澡纓也)其制之同者亦四條屬一也(條屬解見前五服之冠之武與纓皆然)外畢
二也辟積之數三也(五服皆三)廣狹之數四也(冠梁皆廣三寸右冠)〇喪服斬衰苴絰傳曰苴絰
者麻之有蕡者也(以色言謂之苴以質言謂之蕡蕡有子麻也)〇疏衰(凡言疏衰皆指齊衰也)牡
麻經傳曰牡麻者枲麻也(枲是雄麻蕡是子麻苴是色惡者枲是色好者〇按經麻斬衰用苴麻齊
衰以下皆用牡麻小功以下用澡麻澡麻者治枲麻去莩垢使之滑淨也今世人五服之麻少有分
別者失輕重之差矣)苴絰大搹(朱子首絰大一搹只是拇指與第二指一圍也)去五分一以爲帶
齊衰之絰斬衰之帶也去五分一以爲帶大功之絰齊衰之帶也去五分一以爲帶小功之絰大功
之帶也去五分一以爲帶總麻之絰小功之帶也去五分一以爲帶(斬衰絰九寸圍五分去一則餘
七寸二分故斬衰帶圍如之斬衰帶圍七寸二分則齊衰之絰圍亦如斬衰之帶餘放此〇(從)語
錄首絰大一搹腰絰較小絞帶又小於腰絰腰絰象大帶兩頭長垂下絞帶象革帶一頭有彄子以
一頭串於上而結之右絰帶)〇[喪服]斬衰菅屨傳曰菅屨者菅菲也(菲屨之別名)外納(外納者
謂枚餘未向外取醜惡不可飾也(按)家禮用粗麻然則考古禮用菅草爲是)疏衰疏屨傳曰藨(皮
表反)蒯之類也(二者皆草名)不杖麻屨〇[喪小記]齊衰三月與大功同者繩屨〇[喪服註]小
功以下吉屨無絇(絇屨頭飾也〇按比數條則知五服之屨各有等差矣右屨)〇[喪服]杖各齊
其心皆下本(本根也根在下順木性)杖下本竹桐一也喪大記杖大如絰(杖之大小如其腰絰右
杖)女子在室爲父衰三年(註曰凡服上曰衰下曰裳此言衰不言裳者婦人不殊裳衰如男子衰
下如深衣深衣則衰無帶下又無袵〇楊氏曰衰如男子衰未知備負版闢領之制與否下如深衣
未知裳用十二幅與否此雖無文可明但衣身必二尺二寸袂必屬幅裳必上屬註衣裳旁兩幅必
相連屬此所以衣不用帶下尺裳旁不用袵也(愚按)此言則婦人亦有衰服但衰與裳相連而無
帶下與袵耳今無可據雖不敢爲負版辟領之制然亦宜用極麤生布如深衣制度爲之上身外其
縫裳用十二幅內其縫斬衰則不緝齊衰以下則緝之然旣謂之衰則亦宜於衣左衿上如男子服
制綴布一片以爲衰雖未必盡合古制然猶彷彿古人遺意之一二如此則女皆古服矣謹書所見
如此以俟知禮君子質焉)〇士喪禮婦人之帶牡麻結本(其制如男子但男子未成服散垂婦人
則結其本而不垂)〇士虞禮卒哭婦人脫首絰少儀婦人葛絰而麻帶(此旣虞卒哭之絰)〇間傳
男子除乎首婦人除乎帶男子重首婦人重帶(註云小祥男子除首絰婦人除腰絰居重喪而遭輕
喪男子易腰絰婦人易首絰觀此數條則婦人首腰皆有絰明矣今家禮無之楊氏云當以禮經爲
正故補之又見制度)〇喪大記三日子夫人杖五日大夫世婦杖〇喪小記婦人不爲主而杖者姑
在爲夫杖〇喪服傳婦人何以不杖不能病也(賈疏曰婦人不杖謂童子婦人苦成人婦人正杖楊
氏曰如傳所云婦人不皆杖非不杖也家禮用書儀服制多與古異又恨不得質正云右婦人服制)
〇檀弓衰與其不當物也寧無衰(不當物謂精麤廣狹不應法制〇臨川吳氏曰喪禮制爲斬齊功
總服者其文也不飲酒食肉不處內者其實也中有其實而外飾之以文是爲情文之稱徒服其服
而無其實則與不服等耳雖不服其服而有其實者謂之心喪心喪之實有隆而無殺服制之文有
殺而有隆古之道也右總論喪服)〇程子曰師不立服不可立也當以情之厚薄事之大小處之如
顏閔於孔子雖斬衰三年可也其成已之功與君父並其次各有淺深稱其情而已下至曲藝莫不
有師豈可一槩制服(右師服)

제 2 절 조석곡(朝夕哭) 전(奠) 상식(上食)

⊙朝奠(조전)

每日晨起主人以下皆服其服入就位尊長坐哭卑者立哭(便覽卽朝哭)侍者設盥櫛之具于靈牀側奉魂帛出就靈座(便覽徹盥櫛之具○儀節侍者入靈牀斂枕被)然後朝奠(便覽士喪禮註徹大斂奠此從成服日說自後作前奠看)執事者設蔬果脯醢(便覽盞盤)祝盥手焚香斟酒(增解通典主人不奠以孝子悲哀思慕不暇執事)主人以下再拜(沙溪曰再拜非爲朝夕哭也爲設奠也)哭盡哀(便覽出就次侍者巾之)

> 劉氏章曰凡奠用脯醢者蓋古人家常有之如無別具饌數器亦可夫朝夕奠者謂陰陽交接之時思其親也朝奠將至然後徹夕奠夕奠將至然後徹朝奠各用罩子若暑月恐臭敗則設饌如食頃去之止留茶酒果屬仍罩之

⊙아침 전제(奠祭)를 지낸다.

매일 주인 이하 복인들은 새벽 일찍 일어나 모두 당한 상복을 입고 위전으로 나아가 항렬(行列)이 높은 이는 앉아서 곡하고 낮은 이는 서서 조곡(朝哭)을 한다. 시자(侍者)는 세숫물과 수건과 머리 빗을 갖춰 영상(靈牀) 곁에 놓고 잠시 있다 혼백(魂魄)을 받들고 나와 영좌(靈座)에 모신 연후에 아침 전제를 올린다. 집사자는 채소와 과실과 포와 육장과 잔반(盞盤)을 진설한다. 축관은 손을 씻고 분향 후 술을 따라 올린다. 주인은 슬픈 중이라 집전(執奠)할 겨를이 없는 것이다. 주인 이하 재배를 한다. 조석 곡에는 재배치 않고 전을 올릴 때만 재배한다. 슬픔을 다하여 곡한 뒤 시자(侍者)는 전상(奠床)을 상보로 덮는다.

◆朝奠設饌品(조전설찬품)

士喪禮乃奠醴酒脯醢升入如初設不巾註入入室也如初者豆先次籩次酒次醴也不巾無菹栗

◆朝夕哭奠(조석곡전)

雜記朝夕哭不帷無柩者不帷註朝夕之間孝子欲見殯故哭則褰擧其帷哭畢仍垂下之無柩謂葬後神主祔廟後還在室無事於堂故不復施帷(河西)曰此禮之昏定晨省○檀弓朝奠日出夕奠逮日註逮日及日之未落○旣夕記疏必朝奠待日出夕奠須日未沒者欲得父母之神隨陽而來故也○開元禮每日先具朝奠於東階下內外凤興各纕服男子就東階下位(若升哭於殯東其位如始成服之式)婦人升詣殯西位內外皆哭○愚按儀禮朝夕哭與奠節次各異而或者以哭奠誤認爲一項事非是

◆朝夕哭奠位次(조석곡전위차)

艮齋曰葬前朝夕哭奠及上食喪者位次皆在階下(葬后當在堂上)祔祭亦然但虞卒哭練祥禫位在堂上先賢說錄在下方○家禮增解成服條下載南溪說云人家廳堂狹隘不得不阼階下位鏡湖按說云書儀弔奠條云主人導賓至靈座前則可見位在階下矣又考朝奠註入就位小註鏡湖云位次詳見成服條此下主人以下皆再拜註載南溪說云殯後男子位于堂下此似據要訣殯後男子位于階下之文而云也更考虞祭主人以下入哭註其位皆北面小註載沙溪說云家禮虞祭主人以下在堂上之位卒哭練祥禫皆如上儀惟祔祭宗子主婦及喪主喪主主婦分立兩階之下矣梅山亦有所論幷宜參考

◆朝夕哭無拜不帷(조석곡무배불유)

問孝子於尸柩之前在喪禮都不拜如何朱子曰想只是父母生時子弟欲拜亦須俟父母起而衣

服今恐未忍以神事之故亦不拜○沙溪曰喪人常侍几筵故無朝夕拜謁之禮也○愚按據上朱子說則朝夕哭不拜乃是象生之義也是卽居家雜儀所載子婦之每晨唱喏安置而無拜之禮也至若祠堂之晨謁再拜方是以神事之也然則喪中祭禮之都無參神拜者恐示象生之義也沙翁所謂常侍無拜云者亦以象生言耶○雜記朝夕哭不帷陳註孝子欲見殯故哭則褰擧其帷哭畢垂下○檀弓帷殯非古也自敬姜之哭穆伯始也註穆伯魯大夫敬姜穆伯妻也疏朝夕哭不帷今敬姜以避嫌之故不復徹帷

◆朝夕哭拜(조석곡배)

艮齋曰古者朝夕哭無拜以象生也今則平日已行拜禮者朝夕哭反無拜無乃近於以神事之耶故全翁喪時與諸公商議而行拜禮以象生時矣然此但以情理裁度而已未見前據是所兢兢焉耳○朝夕哭無拜朱子謂親生時起坐而後拜故今未忍以神事之此則既然矣但鄙昔事父母及全翁據愼齋例雖臥亦拜故朝夕哭亦拜此與朱子說不同而其未忍神事之意則一也鏡湖說中擧雜儀每晨唱喏之文如此則平日定省揖者朝夕哭亦揖方是象生之義也○朝夕哭無拜之疑據朱子所論生時之意而推之父兄生時雖臥而亦拜者(愼齋所行如此)每日拜姑者(唐氏所行如此)晨夜唱喏者(溫公書儀朱子家禮如此)皆當依生時或拜或揖不爾反有神事之嫌

◆無祝代行(무축대행)

問葬前奠上食無祝可以斟酒上香者主人自行則似當盥手如何尤菴曰當用略自澡潔之文或無妨○南溪曰無執事則婦人卑幼行之喪人盥洗禮有明禁又曰家禮所謂執事侍者兼言婢僕則姑使奉奠似無妨

◆朝夕奠再拜當否(조석전재배당부)

沙溪曰再拜非爲朝夕哭也爲設奠也○按士喪禮葬前奠只哭踊見小斂奠條○南溪曰殯後男子位于堂下婦人猶在堂上饋奠之時婦人恐無不參之理既參則又恐無不拜之理○朱子曰夫祭妻亦當拜

◆朝奠儀(조전의)

每日晨起侍者設頮盆帨巾櫛其于靈牀側凡生時所用之物皆列之執事者設蔬果脯醢羹飯茶酒匙筯于靈座前卓子上置執事盥盆帨巾於其座東○劉氏璋曰凡奠用脯醢者盖古人家常有之如無別具饌數器亦可朝夕奠者謂陰陽交接之時思其親也朝奠將至然後徹夕奠夕奠將至然後徹朝奠各用罩子若暑月恐臭敗則設饌如食頃去之止留茶酒果屬仍罩之

⊙朝奠儀禮節次(조전의례절차)

主人以下各服其服入○就位(尊者坐卑者立)○擧哀(皆哭盡哀)○奉魂帛出就靈座(侍者入靈牀捧出魂帛置交倚上魂帛出侍者入靈牀中斂枕被)○祝盥洗(祝洗手)○焚香○斟酒○點茶(主人以下)○拜興拜興平身(且哭且拜)○禮畢○罩巾(用罩巾罩蔬果之類夏月徹去脯醢茶酒之類)按補註凡奠用脯醢者蓋古人家常有之如無別具饌數器亦可朝夕奠者謂陰陽交接之時思其親也朝奠將至然後徹夕奠夕奠將至然後徹朝奠各用罩子若暑月恐臭敗則設饌如食頃去之止留茶酒果屬仍罩之

⊙아침 전제 의례절차.

주인 이하 각각 당한 상복을 입고 상청으로 들어간다. ○제자리로 나아간다. (항렬이 높으면 앉고 낮으면 선다) ○모두 슬프게 곡한다. (모두 슬픔을 다하여 곡한다) ○혼백을 영상에서 영좌로 받들고 나온다. (시자가 영상으로 들어가 혼백을 받들고 나와 교의 위에 안치한다. 혼백을 들고 나가면 시자가 들어가 영상에 있는 베개와 이불을 개어 놓는다) ○축관은 손을 씻는다. (축관은 손을 씻는다) ○분향을 한다. ○술을 따라 올린다. ○차를 따라 올린다. (주인 이하) ○재배를 한다. (또 곡하고 또 절을 한다)

○예를 마친다. ○전상을 상보로 덮는다. (조건 즉 댓개비를 역어 통발 같이 만들어 상을 덮는 것으로 덮되 여름에는 소채와 과실 따위는 내리고 포와 육장과 차와 술만 남겨 놓는다) 모든 전제(奠祭)에는 포(脯)와 해(醢)를 올리는데 옛날 사람들의 집에는 상시 있는 찬품이다.

⊙食時上食(식시상식)

如朝奠儀(便覽但徹酒不徹奠設上食饌品及匕筯椗斟酒啓飯蓋扱匕正筯食頃徹羹進熟水小間徹)

⊙식사 때에는 음식을 올린다.

조전(朝奠) 의식과 같다. ○아침 전제상을 물리지 않고 다만 술만은 철주(徹酒)하고 상식(上食) 찬품(饌品)과 수저접을 진설하고 술을 따라 올린 뒤 메의 덮개를 열고 삽시정저(挿匙正筯)를 한 뒤 식간(食間)을 있다 국을 물리고 숙수(熟水)를 올린 뒤 잠깐 동안 있다 상식(上食) 찬품만 내린다.

◆平生所用供養(평생소용공양)

士喪記燕養饋羞湯沐之饌(按饌士轉反既夕記夷牀輤軸饌于西階東其二廟則饌于補廟據此則陳字設字之義)如他日註燕養平常所用供養也饋朝夕食也羞四時之珍異湯沐所以洗去汚垢內則曰三日具沐五日具浴孝子不忍一日廢其事親之禮於下室曰設之如生存也進徹之時如其頃疏鄭註鄉黨云不時非朝夕日中時一日之中三時食今註云朝夕不言日中者或鄭略言亦有日中也或以死後略去日中直有朝夕食也進徹之時如其頃一如平生子進食於父母故雖死象生時若一時之頃○朔月若薦新則不饋于下室註以其殷奠有黍稷也下室如今之內堂正寢聽朝事疏大小斂奠朝夕奠等皆無黍稷故上篇朔月有黍稷鄭註云於是始有黍稷唯有下室若生有黍稷今此殷奠大奠也自有黍稷故不復饋食於下室也若然大夫以上又有月半奠有黍稷亦不饋食於下室可知○大全李繼善問檀弓既祔之後唯朝夕哭拜朔奠而張先生以爲三年之中不徹几筵故有日祭溫公亦謂朝夕當饋食則是朝夕之饋當終喪行之不變與禮經不合如何曰此等處今世見行之禮不害其爲厚而又無嫌於僭且當從之

◆上食儀(상식의)

問初喪上食時徹朝夕奠否退溪曰勿徹可也又曰每上一酌爲是○南溪曰上食用酒雖無明文世人行之已久有不得而廢矣○簡易家禮上食不用酒○沙溪曰三年內上食象生時左飯右羹爲是○尤菴曰進茶後抄飯東俗也家禮無之恐當以家禮爲正○問上食如朝奠儀云而無啓蓋扱匙正筯進茶之文亦不言徹出之時何也遂菴曰上食時啓飯等事家禮及備要無之似是偶然未備○南溪曰上食終始立哭者是也

◆並有喪成服前前喪饋奠行廢(병유상성복전전상궤전행폐)

備要按並有喪則後喪成服前前喪朝夕奠上食似姑當廢○尤菴曰大功之喪當相爲之三不食矣當據此廢三時上食矣○芝村曰出嫁孫女之喪寧有不食之理況喪出遠外尤無可論成服前上食諸節似當無變○雜記有殯聞外喪哭之他室入奠出改服卽位疏有殯謂父母喪未葬外喪謂兄弟喪在遠者入奠者明日之朝入奠殯宮及下室○按喪服傳曰小功以下爲兄弟據此雜記說則小功以下之喪似不廢殯宮上食及奠矣

◆並有喪行饋奠之節(병유상행궤전지절)

問父喪中遭母喪後喪殯後當擧朝夕祭于考之几筵而主人既未梳洗則使人攝之而主人只拜哭祭畢歸奠于母殯耶葬後欲共一几筵而祭之而以祭則先重後輕之文觀之古人各一几筵者無疑且練祥之時節次非便矣如何愼獨齋曰來示皆得○同春曰葬前喪人不澡潔前喪饋奠不可親行唯立於位而哭使子弟奠酌似宜

◆並有喪饋奠用素(병유상궤전용소)

問父喪中遭母喪殯後奠于母殯當用素饌葬後虞祭始用肉耶愼獨齋曰得之○尤菴曰先正云
祖喪中遭父喪者葬前用素於父殯自虞以後則薦肉蓋自虞祭以後則神之之故也今此家父虞
已過而但祖喪在殯則似有難言者曾見愼獨齋先生於文元公小祥時遭國恤成服前用素於几
筵而云亡親無恙則雖年衰亦當行素於成服前矣亦不以已經虞祭而全不用素此等無明文處
只可參酌情文而行之耳○子喪中父母死則成服前廢祭成服後始祭而不用素饌者以子喪虞
後旣已神之故也然朝夕祭旣曰象生時則父母葬前用素恐合於人情○問亡母在喪未期而違
世生前病重時旣以用權故奠仍用肉饌然竊恐生時用權禮之變也不可襲其變於旣亡之後似
當反以素饌如何南溪曰限葬前還用素饌恐宜○問曾祖母喪中祖父死祖父祭奠用酒肉之節
當如何雲坪曰葬前事以生事不用肉先賢已言之酒之不當用可推而知葬而鬼事伊始不奠而
祭所宜無改虞禮而但家禮從俗仍行上食上食非祭也依然是事生之禮曾祖母喪中祖父豈可
食肉祖父除是七十以上當食肉者外上食不用酒肉以盡曾祖母大祥之期爲當○愚按特牲饋
食疏曰大羹此在左者神禮變於生人士虞禮大羹在右與生人同云則虞祭亦未全用神事之禮
者是聖經之旨也況虞後象生之上食乎朱子亦曰卒哭祔廟後主復于寢以事生之禮事之云則
並有喪而後喪虞後上食猶用素以盡前喪之期者恐是不易之定論

⊙上食儀禮節次(상식의례절차)

執事者徹去朝奠陳設如前○主人以下各服其服入
就位○擧哀○祝盥洗○焚香○斟酒○點茶(主人以下)○拜興拜興平身○禮畢○罩巾
(一如朝奠儀但不用出魂帛)

⊙상식 의례절차.

집사자는 아침 전상을 철상하고 그와 같이 진설한다. ○주인 이하 각각 당한 상복을
입고 들어간다. ○제자리에 늘어 선다. ○모두 슬프게 곡한다. ○축관은 손을 씻는다.
○분향을 한다. ○술을 따라 올린다. ○차를 따라 올린다. (주인 이하) ○재배한다. ○
예를 마친다. ○상보로 덮는다. (하나같이 아침전제 의식과 같다. 다만 혼백 나오는
예만 사용치 않는다)

⊙夕奠(석전)

如朝奠儀畢(儀節侍者先入靈牀內鋪被安枕然後出)主人以下奉魂帛入就靈座(備要夕哭)哭盡哀
(便覽出就次)

⊙저녁 전제를 올린다.

아침 전제(奠祭) 의식과 같이 하고 마친다. 시자가 먼저 영상(靈牀) 안으로 들어가 이
불과 베개를 편안하게 주무실 수 있게 펴놓고 나오면 주인 이하 혼백을 받들고 들어
가 영상의 자리에 눕혀 취침하시게 하고 석곡(夕哭)으로 슬픔을 다하여 곡하고 나와
상차(喪次)로 간다.

⊙夕奠儀禮節次(석전의례절차)

執事者徹去舊奠陳設如前○主人以下各服其服入
就位○擧哀○祝盥洗○焚香○斟酒○點茶(主人以下)○拜興拜興平身(且拜且哭)○奉
魂帛入靈牀(侍者先入靈牀內鋪被安枕然後出奉魂帛安牀上置靸鞋于牀下收晨所陳頮櫛之具)

⊙저녁 전제 의례절차.

집사자는 아침 전제 지낸 전상을 철상하고 앞의 전상과 같이 다시 진설한다. ○주인
이하 각각 당한 대로 상복을 입고 들어간다. ○자리에 늘어선다. ○모두 곡한다. ○축
관은 손을 씻는다. ○분향한다. ○술을 따라 올린다. ○차를 따라 올린다. (주인 이하)

○재배한다. (절하며 곡한다) ○혼백을 받들고 영상으로 들어간다. (시자가 먼저 영상 안으로 들어가 이불과 베개를 편안하게 주무실 수 있도록 펴놓고 나오면 혼백을 받들어 영상 위에 편안하게 안치하고 신발을 영상 밑에 놓고 새벽에 쓸 수 있도록 세수할 물과 빗 같은 것을 놓아 둔다)

◉哭無時(곡무시)

朝夕之間哀至則哭於喪次

◉곡을 때 없이한다.

조석곡(朝夕哭) 사이에도 슬픔이 일면 상차(喪次)에서 곡을 한다.

◆哭無時(곡무시)

喪服疏哭有三無時始死未殯以前哭不絕聲一無時旣殯以後卒哭祭已前阼階之下爲朝夕哭在廬中思憶則哭二無時旣練之後無朝夕哭唯有廬中或十日或五日思憶則哭三無時也卒哭之後未練之前唯有朝夕哭是一有時也○檀弓穆伯之喪敬姜晝哭文伯之喪晝夜哭孔子曰知禮矣註哭夫以禮哭子以情中節矣故孔子美之嚴陵方氏曰經曰寡婦不夜哭蓋其遠嫌(思人道)之道不得不然爾穆伯之於敬姜夫也故居其喪止於晝哭而不嫌於薄文伯之於敬姜子也故居其喪晝夜哭而不嫌於厚此孔子所以謂之知禮

◆出入哭拜(출입곡배)

檀弓父母之喪哭無時使必知其反也疏旣小祥哭無時其時可爲君所使金革之事也若爲使還家必設祭告親之神令知其反亦出告反面之義也○開元禮居父母之喪遠行而還者必告○問要訣殯後男子位于階下則出告歸拜之禮亦行於其位歟同春曰詣靈座前北面哭禮有明文○問喪中出入哭拜几筵者若歸在夕哭後則待翌日朝哭時兼行耶尤菴曰朱子嘗晨夕謁廟以一日暮醉歸爲未安而仍廢夕謁據此則夜歸而廢哭拜者或彷彿於此耶○南溪曰喪中出入異於常時但哭拜行之可也似不必焚香

◉朔日則於朝奠設饌(삭일즉어조전설찬)

饌用肉魚麪米食羹飯各一器禮如朝奠之儀(朱子曰未葬奠而不祭)

問母喪朔祭子爲主朱子曰凡喪父在父爲主父沒兄弟同居各主其喪註云各爲妻子之喪爲主也則是凡妻之喪夫自爲主也今以子爲喪主似未安○高氏曰若遇朔望節序則具盛饌其品物比朝夕奠差象禮疏曰士則月望不盛奠唯朔奠而已○楊氏復曰按初喪立喪主條凡主人謂長子無則長孫承重以奉饋奠今乃謂父在父爲主父在子無主喪之禮二說不同何也蓋長子主喪以奉饋奠以子爲母喪恩重服重故也朔奠則父爲主者朔殷奠以尊者爲主也喪服小記曰婦之喪虞卒哭其夫若子主之虞卒哭皆是殷祭故其夫主之亦謂父在父爲主也朔祭父爲主義與虞卒哭同

◉초하루 날에는 아침 전제에 찬품을 진설 한다.

찬품은 육류와 생선과 면식류(麵食類) 미식류(米食類) 메 국을 각각 한 그릇씩으로 하여 조전(朝奠) 의식과 같이 한다. ○장사(葬事) 전에는 전(奠)이지 제사(祭祀)가 아니다.

◆朔奠饌(삭전찬)

士喪禮朔月奠用特豚魚腊陳三鼎如初東方之饌亦如之無籩有黍稷用瓦敦有蓋當籩位註朔月月朔日也大夫以上月半又奠如初者謂大斂時始有黍稷死者之於朔月月半猶平常之朝夕大祥之後則四時祭焉疏始死以來奠不言黍稷至此乃言之故云始有黍稷○按家禮無論士與大夫皆無月半之奠蓋朱子斟酌時宜從簡之道也東俗雖寒士家亦設於月半非家禮之意然其來已久似難猝變○士喪禮徹朔奠先取醴酒其餘取先設者敦啓會面足序出如入其設于外如于室註啓會徹時不復蓋也面足執之令足間鄕前也敦有足則敦之形如今酒敦外序西南疏以

前設時卽不蓋至徹亦不蓋今經云敦啓會嫌先蓋至徹重啓之故云不復蓋也○大全李繼善問
政和儀六品以下至庶人無朔奠溫公書儀有之今當以何者爲據曰旣有朝奠則朔奠且遵當代
之制不設亦無害

◆朔日朝奠饌(삭일조전찬)

士喪禮朔月奠用特豚魚腊陳三鼎如初東方之饌亦如之註如初謂大斂時○無籩有黍稷用瓦
敦有盖○卒徹註徹宿奠○擧鼎入升皆如初奠之儀其序醴酒菹醢黍稷俎其設于室豆錯俎錯
腊特黍稷當籩位醴酒位如初(錯七故反) ○祝與執豆者巾乃出○曾子問孔子曰天子諸侯之喪
斬衰者奠大夫齊衰者奠士則朋友奠不足則取於大功以下者不足則反之陳註主人以悲哀不
暇執事故不親奠天子諸侯之喪諸臣皆斬衰故云斬衰者奠大夫則兄弟之齊衰者奠士不以齊
衰者奠避大夫也故朋友奠入不充數則取大功以下又不足則反取大功以上也○士喪禮小斂
奠進柢註云未異於生大斂奠載魚左首進鬐註亦云未異於生也未異於生者不致死也又士虞
記載猶進柢魚進鬐註猶猶士喪云云據此自斂至虞皆當用象生之禮明矣

◆母喪父爲主(모상부위주)

問母喪朔祭子爲主朱子曰凡喪父爲主今以子爲喪主似未安楊氏曰立喪主條凡主人謂長子
無則長孫今乃謂父在子無主喪之禮二說不同何也蓋長子奉饋奠以子爲母恩重服重也朔奠
則父爲主者朔殷奠以尊者爲主也喪服小記婦之喪虞卒哭其夫若子主之虞卒哭皆殷祭故夫
主之亦謂父在父爲主也朔祭父爲主義與虞卒哭同

◆用素器(용소기)

檀弓奠以素器以生者有哀素之心也唯祭祀之禮主人自盡焉爾豈知神之所饗亦以主人有齊
敬之心也註鄭氏曰哀素言哀痛無飾也凡物無飾曰素哀則以素敬則以飾禮由人心而已○方
氏曰士喪禮有素俎士虞禮有素几皆其哀而不文故也喪葬凶禮故若是至於祭祀之吉禮則必
自盡以致其文焉故曰唯祭祀之禮主人自盡焉爾然主人之自盡亦豈知神之所享必在於此乎
且以表其心而已耳○臨川吳氏曰虞以前親喪未久奠而不謂之祭其奠也非不敬其親也哀心
特甚禮尙質朴無心於飾故用素器虞以後親喪漸久卒祔練祥雖猶在喪制之中然已是祭祀之
禮其祭祀也非不哀其親也敬心加隆非如初喪之素器也然其盡禮而漸文豈是爲死者眞能來
享而然亦自盡其禮以致敬親之心焉爾大槩喪主於哀祭主於敬故喪奠以素器之質而見其哀
祭祀則盡禮之文以寓其敬

◆進食亦象生奠之儀(진식역상생전지의)

曲禮凡進食之禮食居人之左羹居人之右○按自斂至虞皆用象生禮則羹飯亦當依曲禮生人
進食之禮飯左羹右明矣特牲疏已言之詳見初虞○朱子曰未葬奠而不祭○退溪曰如朝奠儀
者謂只一獻耳非謂設饌只如朝奠也○遂菴曰奠必留酒果者以依神也朔奠雖撤麵餅之屬酒
果則仍存可也

◆奠貴修潔不貴豐腆(전귀수결불귀풍전)

頤菴曰朱子曰凡祭主於盡愛敬之誠而已貧則稱家之有無劉氏璋曰凡祭祀品味亦稱人家貧
富不貴豐腆貴在修潔奈何今俗於喪中奠薦尤務華侈兄弟姊妹先後相尙以物具之豐儉議精
誠之厚薄其中油蜜果子花燭等物爭高競大以美僉觀富者旣遠於誠慤貧者終困於經營顧於
親身久遠之圖多所闕而不暇恤可歎也已

◆朔奠後不復設上食(삭전후불복설상식)

士喪記朔月若薦新則不饋于下室註以其殷奠有黍稷也下室如今之內堂疏大小斂奠朝夕奠
等皆無黍稷唯下室若生有黍稷今此殷奠自有黍稷故不復饋食於下室也下室爲燕寢故鄭擧
漢法內堂況之天子諸侯路寢以聽政燕寢以燕息大夫士聽私朝亦在正寢也○朱子曰下室在
適寢之後○備要按朔奠已設羹飯朝上食不當復設

◆望奠(망전)

士喪禮月半不殷奠註殷盛也士月半不復如朔盛奠下尊者疏云下尊者以下大夫以上有月半奠故也○輯覽按家禮無論士與大夫皆無月半之奠蓋朱子斟酌時宜從簡之道也東俗雖寒士家亦設於月半非家禮之意然其來已久似難猝變○沙溪曰望奠差減而行之爲可○尤菴曰家禮不分貴賤而皆無望奠東俗朔望皆奠雖云禮宜從厚終無降殺之義矣

◆俗節(속절)

沙溪曰俗節因朝奠兼上食行之似過盛上食後別設無妨○尤菴曰俗節重於朔望審矣問解所答恐別是一義也且以兼設於上食爲過盛而欲別設焉若以常情言之則別設爲重而合設爲輕今反以合設爲盛恨不得稟質於柩衣之日也

◆生辰(생신)

問三年內遇亡人生辰不忍虛過上食後別設饌行之如何尤菴曰恐禮如此鄙家喪中象平日饌品稍備而行之耳○問生辰茶禮先儒非之而時俗或於三年內設行可從否遂菴曰三年內象生時設行無妨○愚按上食後別設之禮當與上條俗節說參考而處之○陶菴曰生朝之祭一日再祭恐近於瀆兼設於殷奠似爲允當

◆七七百日之儀(칠칠백일지의)

劉氏曰古者天子九虞以九日爲節降而諸侯七虞以七日爲節大夫五虞以五日爲節士三虞以三日爲節春秋大夫僭諸侯七虞之禮後世遂以人死之後每七日必供佛飯僧言當見地下某王其謬甚矣按大明會典皇妃親王公侯之死其七七百日皆有御祭而士夫家于每七日或用牲體祭之夫既不供佛飯僧又不致祭恐人子於是日心有不安古禮未葬不祭恐難太拘今擬于七七百日各隨貧富盡禮致祭若與朔日同期則廢朔奠

◉朔奠儀禮節次(삭전의례절차)

是日晨起侍者陳設蔬果肉魚麵米等食羹飯茶酒之類比朝夕奠加盛望日如常儀

主人以下各服其服入○就位○擧哀○奉魂帛出就靈座○盥洗○焚香○斟酒○點茶○拜興拜興平身(且哭且拜)○禮畢○罩巾

◉초하루 전례 의례절차.

이날 새벽 일찍 일어나 시자(侍者)는 소채(蔬菜)와 과실과 육류와 생선 류와 면식 류와 미식 류 등과 메와 국과 술 등을 조석 전상에 덧진설 하고 보름날은 일상의 의례와 같다. 주인 이하 각각 당한 상복을 입고 들어간다. ○자리에 차서 대로 늘어선다. ○모두 곡한다. ○혼백을 받들어 영좌로 내모신다. ○손을 씻는다. ○분향한다. ○술을 따라 올린다. ○차를 따라 올린다. ○재배한다. (또 곡하고 또 절한다) ○예를 마친다. ○상보로 덮는다.

◉父在母喪之奠儀禮節次(부재모상지전의례절차)

儀節按禮母喪朔祭則用父爲主用父爲主則是以夫而祭妻也其禮視子於父母爲輕其行禮之際稍加節文似亦不爲過今擬子之喪母有父在主祭者之儀于右就位(主人以下就位)○擧哀○奉魂帛出就靈座○主人盥洗○詣香案前○焚香○斟酒○執事者點茶○鞠躬拜興拜興平身○禮畢

儀節按母喪而父主之若父不親焚香斟酒則與子主者何異子喪父母所以不親行者居重喪未葬不當用行也

◉부(父) 생존 시 모상(母喪)에 전제 지내는 의례절차.

부(父) 생존 시 모상(母喪)에 삭전(朔奠)을 지낼 때는 부(父)가 주인이 되고 부(父)가 주인이 되면 남편이 처 제사를 지내는 것이니 그 전제 예법은 자식이 부모전제 예법에 견줘 경하게 한다.

자리로 나아간다. (주인 이하 자리로 나아간다) ○모두 곡한다. ○혼백을 받들어 영좌에 내 모신다. ○주인은 손을 씻는다. ○향안 앞으로 간다. ○분향한다. ○강신한다. ○집사자가 차를 따라 올린다. ○국궁 재배 평신한다. ○예를 마친다.

모상(母喪)에 부(父)가 주인일 때 만약 부(父)가 친히 분향짐주(焚香斟酒)를 못하게 되어 자식이 집전을 할 때 어찌 부모상을 당하였을 때와 달리할 수가 있을 것인가?

⊙有新物則薦之(유신물즉천지)

如上食儀

　劉氏璋曰孝子之心事死如事生斯須不忘其親也如遇五穀百果一應新熟之物必以薦之如上奠儀凡靈座之間除金銀酒器之外盡用素器不用金銀錢飾以主人有哀素之心故也

⊙새로운 음식물이 있으면 먼저 올려드려야 한다. (천신)

조석 상식(上食) 의식과 같다.

◆薦新(천신)

士喪禮有薦新如朔奠註薦五穀若時果物新出者疏按月令仲春開氷先薦寢廟季春薦鮪于寢廟孟夏以彘嘗麥先薦寢廟仲夏羞以含桃(櫻桃)先薦寢廟皆是薦新如朔奠者牲牢籩豆一如上朔奠也○檀弓註薦新重時物也薦新於廟死者已遠則感傷或淺薦新於殯其痛尚新則感傷必重朔祭謂之大奠其禮視大斂故薦新亦如之○文獻通考宋神宗詔舊制薦新米麥之屬皆取於市今後宜令諸園及後花供具○詳定郊廟禮古者薦新于廟之寢無尸不卜日不出神主奠而不祭近時擇日而薦非也物熟則薦不以孟仲季爲限月令孟夏薦麥孟秋薦黍季秋薦稻呂氏月令一歲之間八薦新物開元禮加以五十餘品景祐中禮官建議以爲呂記簡而近薄唐令雜而不經請自今孟春薦韭以卵羞以荇仲春薦氷季春薦筍羞以含桃孟夏以彘嘗麥仲夏嘗雛以黍羞以瓜季夏羞以芡以菱孟秋嘗栗與稷羞以棗以梨仲秋嘗麻嘗稻羞以蒲季秋嘗菽羞以兔以栗孟冬羞以鴈仲冬羞以麏季冬羞以魚今春不薦鮪實爲闕典請季春薦鮪以應經義如鮪魚闕卽以鮥鯉代之○丘儀凡初出而未嘗者用大盤盛陳于靈座前卓子上

◆有新則薦廟(유신즉천묘)

按新死者固朔奠薦新矣然祭禮月朔則告廟有新則薦廟與凡俗節有祭四時有祭吉凶相襲無乃有不可者朱子曰薦新告朔未葬可廢旣葬則使輕服或已除者入廟行禮可也四時大祭旣葬亦不可行又曰家間頃年居喪于四時正祭則不敢擧而俗節薦享則以墨衰行之蓋正祭三獻受胙非居喪所可行而俗節惟普同一獻不讀祝不受胙也又曰喪三年不祭者以古人居喪衰麻之衣不釋于身哭泣之聲不絶于口其出入起居言語飲食皆與平日絶異故宗廟之祭雖廢而幽明之間兩無憾爲今人居喪與古人異卒哭之後遂墨其衰凡出入起居言語飲食與平日所爲皆不廢也而獨廢此一事恐有未安竊謂欲處此義者但當自省所以居喪之禮果能始卒一一合于典禮卽廢祭無可疑若他時不免墨衰出入或其他未合禮者尚多卽卒哭之前不得已準禮且廢卒哭之後可以畧倣左傳杜預之說遇四時祭日以衰服特祭于几筵以墨衰常祀于宗廟可也

◆薦新品類(천신품류)

備要新物謂稻黍稷麥菽百果蔬菜新熟之物盛以大盤陳于靈座前卓子○沙溪曰五穀何可一一皆薦如大小麥及新米作飯或作餠上之爲可

◆用素器(용소기)

檀弓奠以素器以生者有哀素之心也惟祭祀之禮主人自盡焉豈知神之所饗亦以主人有齊敬之心也註虞以前親喪未久奠而不謂之祭其奠也非不敬其親也哀心特甚禮尚質朴無心於飾

故用素器虞以後親喪漸久卒祔練祥雖猶在喪制之中然已是祭祀之禮其祭祀也非不哀其親
也敬心加隆非如初喪之素器也然其盡禮而漸文豈是爲死者眞能來享而然亦自盡其禮以致
敬親之心焉大槩喪主於哀祭主於敬故喪奠以素器之質而見其哀祭祀則盡禮之文以寓其敬

⊙薦新儀禮節次(천신의례절차)

新物者五穀果品菜蔬一應新熟之物凡初出而未嘗者用大盤盛陳于靈座前卓子上
執事者徹去朝奠陳設如前○主人以下各服其服入○就位○擧哀○祝盥洗○焚香○
斟酒○點茶(主人以下)○拜興拜興平身○禮畢○罩巾(一如朝奠儀但不用出魂帛)

⊙천신 의례절차.

새로운 음식물이란 오곡과 과실 류와 채소 일절로 첫 익은 음식물 모두 먼저 먹지
않고서 큰 소반에 담아 영좌 앞 탁자 위에 진설을 한다.

집사자는 아침 전상을 철상하고 그와 같이 진설 한다. ○주인 이하 각각 당한 상복을
입고 들어간다. ○제자리에 늘어선다. ○모두 슬프게 곡한다. ○축관은 손을 씻는다.
○분향을 한다. ○술을 따라 올린다. ○차를 따라 올린다. (주인 이하) ○재배한다. ○
예를 마친다. ○상보로 덮는다. (하나같이 아침전제 의식과 같다. 다만 혼백 나오는
예만 사용치 않는다)

제 3 절 조(吊) 전(奠) 부(賻)

◆吊(조)

檀弓五十無車者不越疆而弔人註始衰之年不可以筋力爲禮○大夫弔當事而至則辭焉弔於
人是日不樂婦人不越疆而弔人行弔之日不飮酒食肉註大夫弔弔於士也大夫雖尊然當主人
有小大斂或殯之事而至則殯者以其事告之辭猶告也若非當事之時則孝子不堂迎之婦人無
外事故不越疆而弔是日不樂不飮酒食肉皆爲餘哀未忘也○大夫之喪庶子不受弔註大夫之
喪適子爲主拜賓或以他故不在則庶子不敢受弔不敢以卑賤爲有爵者之喪主也○死而不弔
者三畏厭(壓)溺註戰陳無男非孝也其有畏而死者乎君子不立巖墻之下其有厭而死者乎孝子
舟而不游其有溺而死者乎三者皆非正命故先王制禮在所不弔應氏曰情之厚者豈容不弔但
其辭未易致耳若爲國而死於丘亦無不弔之理○少儀尊長於已踰等喪俟事不値特弔註俟事
謂待朝夕哭時因而弔之不特弔也○通解續孔叢子魯人有同姓死而不弔者人曰在禮當免不
免當弔不弔有司罰之如之何子之無弔也荅曰吾以其疏遠也子思聞之曰無恩之甚也昔者季
孫問於夫子曰百世之宗有絶道乎子曰繼之以姓義無絶也故同姓爲宗合族爲屬雖國子之尊
不廢其親所以崇愛也是以綴之以食序列昭穆萬世婚姻不通忠篤之道然也○曲禮弔喪不能
賻不問其所費註以財助喪曰賻不問者以徒問爲愧也○廣記凡弔辭當云如何不淑或如之何
之類再以言慰其居喪之意凡有喪者二人以上止弔其服重者一人服均則弔其主喪者或長不
相識則止弔其識者喪無二主故也凡弔在同里則相約同往除襚奠外不可設道祭凡聞所知之
喪可以往哭則往哭之末能往哭則遣使致奠襚之物就外次衣弔服再拜哭送之惟情重者如此
過期年則不哭情重者亦哭殯或墓而已凡死者是敵以上則拜是少者則不拜皆擧哭盡哀當祭
奠則助奠其酒食若主人不哭則亦不哭其情重者主人不哭亦哭之○曾子問孔子曰三年之喪
而弔哭不亦虛乎註已有父母之喪而哀弔他人則是哀在吾親而弔爲虛僞矣言不可弔○檀弓
有殯聞遠兄弟之喪雖緦必往非兄弟雖隣不往註三年之喪在殯不得出弔然於兄弟則恩義存
焉故雖緦服兄弟之異居而遠者亦當往哭其喪若非兄弟則雖近不往○雜記三年之喪雖功衰
不弔自諸侯達諸士如有服而將往哭則服其服而往疏小祥後衰與大功同故曰功衰如有五

服之親喪而往哭不着已之功衰而依彼親之節以服之也不弔與往哭二者貴賤皆同○期之喪
未葬弔於鄉人哭而退不聽事焉功衰弔待事不執事註喪服傳姑姊妹適人無主者姪與兄弟爲
之齊衰不杖期此言期之喪正謂此也雖未葬亦可出弔但哭而退不聽事也此喪旣葬受以大功
之衰謂之功衰此後弔於人可以待主人襲斂等事但不親自執其事耳○小功緦執事不與於禮
註執事謂擯相也禮饋奠也○旣葬大功弔哭而退不聽事焉註弔哭而退謂往弔他人之喪則弔
畢卽退去不待與主人襲斂等事也○凡喪服未畢有弔者則爲位而哭拜踊疏言凡者五服悉然
○丘儀弔者至護喪先入白主人以下各服其服就位哭以待弔者至向靈座前立擧哀哀止詣靈
座前上香再拜弔者拜畢主人持杖哭出西向立賓弔主人曰不意凶變某親某官如何不淑再拜
主人答拜尊丈來弔不拜主人主人致辭曰某罪逆深重禍延某親蒙賜慰問不勝哀感稽顙再拜
弔者答之弔者退主人哭入喪次護喪代送出按家禮未小斂前已有親厚者入哭條愚旣從爲儀
節矣而又爲此者蓋未成服前來弔者用前儀成服後來弔者用此儀有祭奠用下儀○弔有奠儀
旣通名主人炷香燃燭布席就位哭以俟護喪出迎賓祝至進揖訖引至靈座前序立(獨祭則曰就位)
擧哀哀止再拜詣靈座前(若是衆賓則尊者一人獨詣)焚香跪執事跪奉盞與賓賓接之傾酒于地執事
接盞置靈座前讀祭文(祝跪于賓之右讀)訖擧哀俯伏興復位再拜焚祭文哀止禮畢主人哭出西向
稽顙再拜賓亦哭答拜賓慰主人曰云云主人謝賓曰云云再拜賓答拜賓主相向哭盡哀賓哀止
寬主人曰云云賓揖而出主人哭而入護喪送出○祭文式維年歲次某干支某月干支朔越若干
日干支忝親某官姓某等謹以淸酌庶羞之奠致祭于某親某官某公之柩云云尙饗○士喪禮君
使人弔徹帷主人迎于寢門外見賓不哭先入門右北面弔者入升自西階東面主人進中庭弔者
致命主人哭拜稽顙成踊賓出主人拜送于外門外註使者至使人入將命乃出迎之寢門(內門也
)徹帷屋之事畢則下之主人不升賤也致命曰君聞子之喪使某如何不淑○開元禮若刺史哭其
所部主人設席於柩東西向刺史素服將到相者引主人去杖立於門內之左北面刺史入升自東
階卽座西向坐哭主人升就位哭刺史哭盡哀將起主人降復階下位刺史降出主人拜送於大門
外杖哭而入○若刺史遣使弔使者至掌次者引就次內外俱繐服主人以下就階下位婦人入就
堂上位內外俱哭使者素服執書相者引入門而左立於階間東面使者到辭主人拜稽顙相者引
主人進詣使者前西面受書退復位左右進受書主人拜送於位相者引使者出使者若自入弔如
上弔儀客出少頃內外止哭○檀弓將軍文子之喪旣除喪而后越人來弔主人深衣練冠待于廟
垂涕洟子游觀之曰將軍文氏之子其庶幾乎亡於禮者之禮也其動也中註禮無弔人於除喪之
後者深衣吉凶可以通用小祥練服之冠不純吉亦不純凶廟者神主之所在待而不迎受弔之禮
也不哭而垂涕哭之時已過而哀之情未忘也庶幾近也子游善其處禮之變故曰擧動皆中節矣
○呂氏曰詩云凡民有喪匍匐救之不謂死者可救而復生謂生者或不救而死也夫孝子之喪親
不能食者三日其哭不絶聲旣病矣杖而後起問而後言其惻怛之心痛疾之意幾不欲生則思慮
所及雖大事有不能周者而況於他哉故親友鄉黨聞之而往者不徒弔哭而已莫不致力焉後世
不然賓止弔哭而莫肯與其事主人舍其哀而爲飲食以奉之甚者至損奉終之禮以謝賓之勤廢
弔哀之儀以寬主人之痛由是先王之禮意亡矣今欲行之者不必盡如禮意于始喪則哭之有事
則奠之量力之所及爲營葬具之未具者以應其求輟子弟僕隸之能幹者以助其役易紙幣壺酒
之奠以爲襚除供帳饋食之祭以爲賵與賻凡喪家之待已者悉以他辭無受焉則幾矣

◆弔奠賻(조전부)

文王世子弔臨賻賵睦友之道也○族之相爲也宜弔不弔宜免不免有司罰之至于賵賻承含皆
有正焉註承讀爲贈正正禮也○荀子貨財曰賻輿馬曰賵衣服曰襚玩好曰贈玉貝曰含賻賵所
以佐生也贈襚所以送死也○孔叢子魯人有同姓死而不弔者人曰在禮當免不免當弔不弔有
司罰之如之何子之無弔也荅曰吾以其疏遠也子思聞之曰無恩之甚也昔者季孫問於夫子曰
百世之宗有絶道乎子曰繼之以姓義無絶也故同姓爲宗合族爲屬雖國子之尊不廢其親所以
崇愛也是以綴之以食序列昭穆萬世昏姻不通忠篤之道然也註國子諸侯卿大夫之子○旣夕

禮若奠賓將命如初疏賓所致之物或可堪爲奠於祭祀者(按此疏說則儀禮所謂奠與家禮不同矣)○兄弟賵奠可也所知則賵而不奠知死者贈知生者賻註兄弟有服親者賵奠於死生兩施所知通問相知也疏小功以下爲兄弟大功以上有同財之義無致賵奠之法也奠雖兩施於死者爲多故所知爲疏不許行之○書儀古者但致奠具而已漢氏以來必設酒食沃酹○曲禮弔喪不能賻不問其所費註不問者以徒問爲愧○檀弓孔子之衛遇舊館人之喪入而哭之哀出使子貢說驂而賻之子貢曰於門人之喪未有所說驂說驂於舊館無乃已重乎夫子曰予鄕者入而哭之遇於一哀而出涕予惡夫涕之無從也小子行之陳註舊館人舊時舍館之主人也駕車兩旁馬爲驂從自也今若不賻此涕爲無自而出矣○伯高之喪孔氏之使者未至冉子攝束帛乘馬而將之孔子曰異哉徒使我不誠於伯高陳註攝貨也○呂氏曰詩云凡民有喪匍匐救之不謂死者可救而復生謂生者不救而或死也夫孝子之喪親杖而後起問而後言其惻怛之心痛疾之意幾不欲生故親友鄕黨聞之而往者不徒弔哭而已莫不致力焉後世不然賓止弔哭而莫肯與其事主人舍其哀而爲飮食以奉之由是先王之禮意亡矣今欲行者不必盡如禮于始喪則哭之有事則奠之量力之所及爲營喪葬之未具者以應其求輟子弟僕隷之能幹者以助其役易紙幣壺酒之奠以爲襚除供帳饋食之祭以爲賵與賻凡喪家之待已者悉以他辭無受焉則幾矣

◆死而不弔(사이불조)

檀弓死而不弔者三畏壓溺註謂輕身忘孝也畏如孔子畏於匡人以非罪攻已已不能有以說(按脫同)而死之者壓行止危險之下溺不乘橋般應氏曰情之厚者豈容不弔但其辭未易致耳○左傳琴張聞宗魯死將往弔之仲尼曰齊豹之盜而孟縶之賊汝何弔焉註言齊豹所以爲盜孟縶所以見賊皆由宗魯

◆三年喪中吊人之節(삼년상중조인지절)

曾子問曰三年之喪弔乎子曰三年之喪練不群立不旅行君子禮以飾情三年之喪而弔哭不亦虛乎註爲彼哀則不專於親也爲親哀則是妄弔○雜記三年之喪雖功衰不弔如有服而將往哭之則服其服而往期之喪練則弔註功衰旣練之服父在爲母功衰可以弔人者以父在故輕於出也疏輕於出言得出也○檀弓有殯聞遠兄弟之喪雖緦必往非兄弟雖隣不往所識其兄弟不同居者皆弔疏若其骨肉雖緦必往若其疏外雖隣不往今有旣非兄弟又非疏外平生識知往來恩好若死亦往弔之其死者兄弟不同居尙往弔之則死者子孫就弔可知已有殯得弔之者以其死者與我有恩舊○子張死曾子有母之喪齊衰而往哭之或曰齊衰不以弔曾子曰我弔也歟哉陳註曾子之意但以友義隆重不容不往哭之又不可釋服而往但往哭而不行弔禮耳故曰我弔也歟哉劉氏曰曾子嘗問三年之喪弔乎夫子曰三年之喪而弔哭不亦虛乎旣聞此矣而以母喪弔友必不然也凡經中言曾子失禮之事不可盡信此亦可見○問禮居喪不弔其送葬無明文然執紼卽是執事禮亦有妨鄕俗不特往弔送葬凡親舊家有吉凶之事皆有所遺不知處此當如何朱子曰吉禮固不可與然弔送之禮却似不可廢所謂禮從宜者此也○書儀非兄弟雖隣不往若執友死雖齊衰亦可以往哭曾子之哭子張是也○問禮有父母之喪而聞遠兄弟之喪則往哭之異姓則雖隣不往云親疏厚薄之不齊恐難一槩斷定沙溪曰異姓之恩雖不可不殺而其服有重於同姓之緦者恐不可以此斷定而不爲之往哭也○如外祖父母及師喪不可不往哭○尤菴曰曾子有母之喪而往哭子張而曰我弔也歟哉據此則當觀情義之如何耳○芝村曰曾子之弔子張劉氏旣謂曾子必不然陳氏亦於曾子問註以往哭子張疑其爲好事者之所爲今何可掃去此等說而謂曾子果有此事也竊觀世人雖親切朋友之喪其欲謹守禮法者未見其往哭必待服闋而行蓋彼之三年自當於已服闋後畢告也○南溪曰禮有殯非兄弟雖隣不往然同隣有喪而不相弔於情義甚覺缺然然禮不可犯也必欲伸此情義或因面議喪事之端勿以爲彼此受弔如賓客之禮只於中間村舍或如行廊之類約會相見而哭之○如果情義痛切所不可堪則或於葬後往哭新阡否蓋原野之事異於居室賓主之節故耳

◆彼此遭喪相慰之節(피차조상상위지절)

艮齋曰彼此遭喪相慰答只用一幅誠苟且其用兩件各寫其式者却不害理蓋彼此因禮疑或不得已而有所往復則亦難如來示矣(只先答疏待除喪往慰彼喪)

◆禫前吊人之節(담전조인지절)

尤菴曰家禮書疏之儀雖禫前亦與練祥前無異恐不可以旣祥而吊人也○問禫前不得吊人前已聞命矣若雖非親戚而情厚義重者或遇其喪或過其墓恐不得不一哭如何若以朱子吊送之禮却似不可廢之說觀之雖祥前亦或無大害耶曰雖猝然過之然非情義深者則只可避之情義若深則當遵朱子之訓行之於凶禮而不行於吉事恐得矣○遂菴曰禫服內出入吊問非一家切親家則不可

◆期功以下吊人節(기공이하조인절)

雜記旣葬大功吊哭而退不聽事焉陳註已有大功之喪已葬往吊他人喪則吊哭畢卽退不待與主人襲斂等事也○期之喪未葬吊於鄕人哭而退不聽事焉功衰吊待事不執事陳註姑姊妹適人無主者爲之齊衰期此言期喪正謂此也雖未葬亦可出吊但哭而退不聽事也此喪旣葬受以功衰此後吊人可以待主人襲斂等事不親執其事○小功緦執事不與於禮陳註執事謂擯相也禮饋奠也○問以雜記註說觀之則爲姑姊妹服期者乃可吊人於葬前正服之期不可吊耶遂菴曰註說亦好而雖正服之期亦有不得不吊處

◆慶吊同時之節(경조동시지절)

語類司馬溫公薨當明堂大饗朝臣以致齊不及奠肆改畢蘇子瞻率同輩以往而伊川固爭引論語哭則不歌子瞻曰不可謂歌則不哭也伊川又諭司馬諸孤不得受吊子瞻戲曰可謂燠糟鄙俚叔孫通也(按程氏外書作鏖糟陂裡註言其山野)○問程子以郊禮成賀而不吊如何朱子曰這也可疑或問賀則不吊而國家事體又重不吊似無可疑曰便是不恁地所以東坡謂不聞歌則不哭蓋由哀而樂則難由樂而哀則甚易且如早作樂而暮聞親屬緦麻之戚不成道旣歌則不哭這箇是一脚長一脚短不解得平以某觀之是伊川有些過處○退溪曰朱子以伊川爲不是竊有疑焉蓋是時一慶一吊皆同朝共擧一日之間吉凶相襲旋罷旋集禮瀆情散恐不如翌日早吊之爲得不宜以恒人聞親戚之喪卽趁奔赴者例論之也伊川豈不思而失言於其間哉

⊙凡吊皆素服(범조개소복)

幞頭衫帶皆以白生絹爲之(便覽退溪曰素冠雖不可爲白衣白帶甚可)
　問今吊人用橫烏此禮如何朱子曰此是玄冠以吊正與孔子所謂羔裘玄冠不以吊者相反

⊙대체로 조문은 모두 소복(素服)을 한다.

복두(幞頭)와 의복과 띠 모두 흰 생명주로 지어 입고 가서 조문한다. 흰 관을 아무리 갖출 수가 없다 하여도 갖춰야 하며 흰 옷에 흰 띠가 가장 옳은 것이다.

◆吊服(조복)

司服凡吊事弁絰服註弁絰者如爵弁而素加環絰大如緦絰其服錫衰緦衰疑衰諸侯及卿大夫亦以錫衰爲吊服士疑衰裳以素耳疏五服之絰皆兩股絞之今環絰與絞絰有異以麻爲體又以一股麻糾而橫纏如環士吊服疑衰不用疑裳避諸侯也凡吊服皆旣葬除之○王爲三公六卿錫衰爲諸侯緦衰爲大夫士疑衰其首服皆弁絰註錫者十五升去其半有事其布無事其縷緦亦十五升去其半有事其縷無事其布疑衰十四升疑之言擬也擬於吉也○凡弁絰其衰侈袂註侈猶大也袂之小者二尺二寸侈袂三尺三寸疏士則其衰不侈故司服有素端○喪服記疏凡吊服直云素弁環絰不言帶或云有絰無帶但吊服旣著衰首有絰不可著吉時之大帶首言環絰則其帶未必如環但亦五分去一爲帶糾之矣○圖式庶人吊服素委貌白布深衣婦人吊服吉笄無首素總其服婦與夫同

◆吊用白冠當否(조용백관당부)

艮齋曰弔用白冠據論語家禮固當如此然以退翁之質懿且有白冠不可爲之訓先師之篤實猶有白巾恐難行之敎(昔年愚嘗欲袖白巾臨弔用之質於先師則以此見答)蓋皆以久則難變而然爾今欲從古禮且自一二人行之(近見德卿袖白布巾以弔人然猶自謂晴有淺深人有雅俗似難用一切法)而漸見其信從者則善矣若不能充類而只行此事或欲驅使諸人盡效之恐未知如何耳

⊙成服後弔問儀禮節次(성복후조문의례절차)

各隨其人所當服之衣而用縞素者(按)本註幞頭衫帶皆以白生絹爲之今制惟一國恤用布裹紗帽其餘則不許有官者衣可變而冠不可變若無官者用素巾可也弔者至護喪先入白主人以下各服其服就位哭以待此參用書儀及厚終禮

就位(弔者至向靈座前立)○擧哀○哀止○詣靈座前○上香○鞠躬拜興拜興平身(弔者拜畢主人持杖哭出西向立)○賓弔主人曰不意凶變(某親某官)如何不淑(隨意致稱亦可)○鞠躬拜興拜興平身(弔者拜主人答拜尊長來弔不拜主人)○主人致辭曰某罪逆深重過延某親(非父母及承重不用此二句)○蒙賜慰問不勝哀感○稽顙拜興拜興平身(主人拜弔者答之)○禮畢(弔者退主人哭入喪次護喪代送出或少延待一茶)

按家禮未小斂前已有親厚者入哭條愚既從爲儀節矣而又爲此者蓋未成服以前來弔者用前儀成服以後來弔者用此儀有祭奠用下儀

⊙성복 후 조문 의례절차.

조문자는 각각 그의 처지에 따라 의관을 갖추고 오면 호상이 먼저 들어가 알린다. 주인 이하 각각 당한 상복을 입고 자리로 가서 곡하며 기다린다. ○자리로 간다. (조객은 도착하면 영좌 앞으로 향하여 선다) ○모두 슬피 곡한다. ○곡을 멈춘다. ○영좌 앞으로 간다. ○분향한다. ○국궁 재배 평신한다. (조문객이 절을 마치면 주인은 상장에 의지하여 곡하며 나가 서쪽으로 향하여 선다) ○조문객이 주인에게 말하기를 모친 모관께서 불의의 흉변에 작고하시어 어찌하여야 하올지요. (문상 의미는 친분 관계에 따르는 것도 가하다) ○국궁 재배 평신한다. (조객이 절을 하면 주인은 답배를 하며 존장이 와 조문할 때는 주인에게 절을 하지 않는다) ○주인이 답으로 말하기를 모 죄역이 심중하여 그 죄가 모친에게 미치었사옵니다. (부모나 승중이 아니면 이 두 구절은 쓰지 않는다) ○위문의 말씀을 받자오니 슬픔이 감동하여 몸 둘 바를 모르겠사옵니다. ○계상 재배를 한다. (주인이 절을 하면 조객이 답배를 한다) ○예를 마친다. (조객이 물러나면 주인은 곡하며 상차로 들어가고 호상이 대신 따라나가 환송한다. 혹 잠깐 지체하며 차 한잔을 대접하기도 한다)

⊙奠用香茶燭酒果(전용향다촉주과)國俗不用茶

有狀或用食物卽別爲文

⊙제물로 올릴 것은 향(香)과 차(茶), 초, 술과 과실이다.

혹 음식이나 물품을 제물로 올릴 때는 물목(物目)을 쓴 글이 있어야 한다. 즉 달리 제문(祭文)으로 슬픔을 고하여야 한다.

◆奠用酒果(전용주과)

頤菴曰今俗致奠爭相侈靡粗粆重行飣餖滿案其次焉者亦須五星餠椊倂脩豊美以爲不若是不足以行禮或有謀諸婦而未易辦則遂不行之惑矣何不烹一隻鷄釃一壺酒一哭而酹之靈魂必爲歆享矣

◆奠物不務豊腆(전물불무풍전)

溫公曰奠貴哀誠酒食不必豊腆○頤菴曰今俗致奠爭相侈靡以爲不若是不足以行禮或未易辦則遂不行之惑矣

◆喪中祭文之非(상중제문지비)

問三年喪中得做祭文祭故舊否朱子曰古人壓不弔祭今不奈何胡籍溪言只散句做不狎韻○尤菴曰諸紙覽過此人自是某門高弟何故犯禮至此至於侑奠之文則又有說焉朱子嘗荅人曰古人居喪言不文蓋哀戚勝之不能文也今文甚矣又將振而矜之吾友誠慤之心未至而華藻之心常過其哀不可不省云云朱子此說豈非今日之所當警○老先生於石潭其祭文不見於誄輓諸文中又於私稿中未見焉恐只哭臨而已○問居憂中替奠分厚之喪如何遂菴曰愼齋喪尤菴先生方居憂只奔哭而無操文致奠之節○按旣夕禮書贈於方若九若七若五註方板也書贈奠賻贈之人名與其物於板每板若九行七行五行疏賓客所致有贈奠賻贈而直云書贈者擧首而言云則家禮之奠與賻皆有狀亦書贈之義也下文讀奠賻狀亦古讀贈之義也○按備要祭文式亦見下疏狀條

◆燭(촉)

周禮秋官司烜氏掌以夫遂取明火於日共祭祀之明燭註夫遂陽遂也取日之火欲得陽之潔氣也明燭以照饌陳疏祭日之旦饌陳於堂東未明須燭照之○禮器季氏祭逮闇而祭日不足繼之以燭○士喪禮士擧男女奉尸俟于堂宵爲燎于中庭厥明滅燎註宵夜也燎火燋(哉約反又祖堯反一本作燭)疏按少儀主人執燭抱燋註未爇曰燋古者以荊燋爲燭故云燎大燋也或解庭燎與手執爲燭別大燭或云以布纏葦以蠟灌之謂之庭燎則此云庭燎亦如之云大者對手執者爲大也○燭俟于饌東註燭燋也饌東方之饌也有燭者堂雖明室猶闇火在地曰燎執之曰燭疏前小斂陳衣于房無燭者近戶得明故無燭此大斂於室之奧故有燭以待之○乃奠燭升自阼階註執燭者先升堂照室疏以其設席于奧當先照之爲明也○旣夕二燭俟于殯門外註早闇以爲明也燭用蒸(薪也)疏二燭者以其發殯宮○燭入註照徹與啓殯者疏上云二燭此鄭云照徹與啓殯則一燭入室中照徹奠一燭於室照開殯殯也○遷于祖用軸重先奠從燭從柩從燭從主人從疏柩之前後皆有燭者以其柩車爲隔恐闇故各有燭以照道若至廟燭在前者升照正柩在後者在階下照升柩故下記云燭先入者升堂東楹之南西面後入者西階東北面在下是也○質明滅燭註質正也疏自啓殯至此時在殯宮在道及祖廟皆有二燭爲明以尙早故也今至正明故滅燭也○宵爲燎于門內之右註爲哭者爲明疏必於門內之右門東者奠於柩車西鬼神尙幽闇不須明柩車東有主人階間有婦人故於門右照之爲明而哭也○厥明滅燎執燭俠輅北面註照徹與葬奠也疏昨日朝祖日至夕云宵爲燎于門內之右至此滅燎旣滅二人執燭俠輅北面一人在輅東一人在輅西輅西者照徹祖奠輅東者照葬奠之饌○讀遣卒命哭滅燭出註遣者入壙之物燭俠輅疏知燭俠輅者上陳設葬奠云執燭俠輅北面故知也○記巾奠執燭者滅燭出降自阼階註巾莫而室事已疏上篇大斂奠時直云乃奠燭升自阼階無執燭降故記人言之○按喪祭禮用燭之節如右仍記于此以備參考○又按本朝五禮儀大夫士庶人喪成墳旣畢別設掩壙奠而又於白晝丘壟之上設燭以奠此吾東俗墓祭用燭之始也然未知其義今姑從禮經之說早闇則燃燭旣明則滅之可也

◆貧者爲之執綍(빈자위지집발)

曲禮貧者不以貨財爲禮老者不以筋力爲禮○檀弓弔於葬者必執引若從柩及壙皆執綍註引引柩車之索也綍引棺索也鄭氏曰示助之以力疏曰弔葬本爲助執事故必相助引柩車凡執引用人貴賤有數數足則餘人皆散行從柩至窆時則不限人數皆實執綍也引者長遠之名故在車車行遠也綍是撥擧之義故在棺惟撥擧不長遠也○曲禮註諸侯之禮曰寡君有宗廟之事使一介老某相執綍則助葬者雖諸侯亦執綍也

◆別作祭文(별작제문)

問卽別爲文卽別作祭文之謂也只用酒果亦可爲文何必待食物而後爲文耶尤菴曰只用酒果是分不甚厚而循例致奠者惟分厚者然後用食物故亦別爲文也

◎祭文(제문)

◆祭延平李先生文(제연평이선생문) 文公先生

山頹梁壞歲月不留卽遠有期親賓畢會柳車旣飭薤露懷悲生榮死哀孰不摧慕熹等久依敎育義重恩深學未傳心言徒在耳載瞻繐綌彌切痛傷築室三年莫酬夙志學觴一慟永訣終天嗚呼哀哉

◆祭呂伯恭著作文(제여백공저작문)

嗚呼哀哉天降割于斯文何其酷耶往歲已奪吾敬夫今日伯恭胡爲又至於不淑耶道學將誰使之振君德將誰使之復後生將誰使之誨斯民將誰使之福耶經說將誰使之繼事記將誰使之續耶若我之愚則病將孰爲之箴而過將誰爲之督耶然則伯恭之亡曷爲而不使我失聲而驚呼號天而慟哭耶嗚呼伯恭有著龜之智而處之若愚有河漢之辯而守之若訥胷有雲夢之富而不以自多詞有黼黻之華而不易其出此固今之所難而未足以議兄之彷彿也若乃孝友絶人而勉勵如弗及恬淡寡慾而持守不少懈盡言以納忠而羞爲訐秉義以飭躬而恥爲介是則古之君子尙或難之而吾伯恭猶欿然而未肯以自大也蓋其德宇寬弘識量宏廓旣海納而川停豈澄淸而撓濁矧涵濡先訓紹文獻於厥家又隆師而親友極探討之幽邃所以稟之旣厚而養之深取之旣博而成之粹宜所立之甚高亦無求而不備故其講道於家則時雨之化進位于朝則鴻羽之儀造辟陳謨則宣公獨御之對承詔奏篇則右尹祈招之詩上方虛心而聽納衆亦注目其胥施何遭時之不逮遽縈疾而言歸慨一臥以三年尙左圖而右書聞逍遙以曳杖恍沂上之風雩衆咸喜其有瘳冀卒攄其素蘊不則傳道以著書抑亦後來之程準何此望之難必奄一夕而長終增有邦之珍瘁極吾黨之哀恫嗚呼哀哉我實無似兄辱與遊講摩深切情義綢繆粤前日之枉書尙粲然其手筆始言沈痼之難除猶幸死期之未卽中語簡編之次第卒誇草樹之深幽謂昔騰賤而有約蓋今命駕以來遊欣此旨之可懷懍訃音而偕至考日月之幾何不旦暮之三四嗚呼伯恭而遽死耶吾道之衰乃至此耶旣爲位以泄哀復緘辭以寓奠冀嗣歲之有間尙前言之可踐嗚呼哀哉尙享

◆祭蔡季通文(제채계통문)

維慶元四年歲次戊午十月二十有九日癸巳新安朱熹竊聞亡友西山先生蔡君季通羈旅之櫬遠自舂陵言歸故里謹以家饌隻鷄斗酒酹于柩前嗚呼哀哉尙饗

◆又祭蔡季通文(우제채계통문)

慶元四年十有二月六日新安朱熹竊聞亡友西山先生蔡兄季通輤車祖載將就窆㐲已飭素車往助執紼而連日大病遂不能前謹遣男埜奉香燭茶酒往奠柩前於其行也哭而送之曰嗚呼季通而至此耶精詣之識卓絶之才不可屈之志不可窮之辯不復可得而見矣天之生是人也果何爲耶西山之顚君擇而居西山之足又卜而藏而我於君之生旣未得造其廬以遂半山之約至於今日又不能扶曳病軀以視君之反此眞宅而永訣以終天也竝遊之好同志之樂已矣已矣哀哉哀哉

◆祭劉氏妹文(제유씨매문)

年月日兄具位以酒饌祭于亡妹五十六娘之靈昔妹之亡兄縻郡紱病弗及療斂弗克臨歸來撫棺一慟永訣今玆窆㐲已復有期輒具酒肴來哭爾殯兄及老幼共此一哀惟爾有靈尙其歆享嗚呼痛哉

◆弔者致奠賻狀式(조자치전부장식)

　　具位姓某

　　某物若干

　　右謹專送上

　某人(儀節某官某公女喪云某封某氏)靈筵聊備賻儀(香茶酒食云奠儀)伏惟

歆納謹狀

年　月　日具位姓某狀<small>(若平交以下狀內無年他倣此)</small>

◆조객의 부조물목 서식.

모성 모가 얼마 되지 않는 모 물품을 삼가 외람되게 모관 모공 영연에 부족하나마 부조물로 준비하였사옵니다. 공손히 엎드려 생각하옵건대 삼가 물목서를 드리오니 받아 주옵소서.

◆皮封式(피봉식)

上狀

某官某公<small>(女喪云某封某氏)</small>靈筵具位姓某謹封

◆謝狀式(사장식)<small>(三年之喪未卒哭只令子姪發謝書)</small>無子姪以族人代

具位姓某

某物若干

右伏蒙

尊慈<small>(平交改尊慈爲仁私降等去伏蒙尊慈四字)</small>以某<small>(發書者名)</small>某親違世

特賜<small>(平交以下改賜爲貺)</small>賻儀<small>(襚奠隨事)</small>下誠<small>(平交不用此二字)</small>不任哀感之謹具狀

上謝<small>(平交云謹封狀陳謝)</small>謹狀

年　月　日具位姓某狀

◆답장서식.<small>(삼년상에 졸곡전에는 다만 발송자 명을 영자질발사서(令子姪發謝書)라</small>

하고 아들이나 조카가 없으면 족인이 대행한다)

모성(某姓) 모인(某人)의 모물(某物) 약간. 이와 같은 물품을 엎드려 받자오니 높으신 사랑으로 모의 모친(某親)께서 작고하시자 특별히 부의(賻儀)로 내려주시어 슬픈 감회 감내하기 어렵사와 삼가 답서를 올리나이다.

◆皮封式(피봉식)

狀上

某官座前具位姓某謹封

◆弔祭文式(조제문식)

維

歲次干支幾月干支朔幾日干支忝親<small>(隨所稱)</small>某官姓某謹以淸酌庶羞之奠

致祭于

某親某官某公之柩云云<small>(別爲文字以敍情意)</small>尙

饗<small>(廣記所知之喪未能往哭則遣使致奠賻之物就外次衣弔服再拜哭送之)</small>

◆조객 제문식.

세차 모 간지 기월 기일 첨친 모관 모가 삼가 맑은술과 여러 가지 음식을 제물로 들이며 모친 모관 모공의 영연(靈筵)에 극진히 제사 올리오니(정분의 뜻을 차례대로 적어 넣는다) 바라옵건대 흠향하옵소서.

◆裂帛散賓(열백산빈)

東里揚少師曰吊是常禮孝是凶物豈可自進凶物使人爲已持孝大非理也命子孫曰吾死後決不可行此○丘文莊曰裂帛分散習俗已久一旦驟革恐亦未能有力之家隨俗亦可若貧無力者勉强擧債鬻産爲之則不可爾○或問辟裂布絹給散親識有費扵財無益扵事然世俗行之久矣當如何馮氏曰葬具已備而有餘財不免隨俗行之若家無餘財因懼薄俗非笑致賣田宅以營辦者決不可也甚至衣衾葬具反爲苟且棄本逐末莫此爲甚士君子當力變之移此布帛之財厚其葬具豈不美乎

◉賻用錢帛(부용전백)

有狀惟親友分厚者有之

司馬溫公曰東漢徐穉每爲諸公所辟雖不就有死喪負笈赴弔嘗於家豫炙雞一隻以一兩綿絮漬酒中暴乾以裹雞徑到所赴冢隨外以水漬絮使有酒氣汁米飯白茅爲藉以雞置前醨酒畢留謁則去不見喪主然則奠貴哀誠酒食不必豊腆也

◉부의(賻儀)는 금전이나 비단으로 한다.

부의(賻儀) 물목(物目)을 적은 전부장(奠賻狀)이 있어야 한다. 오직 친한 벗이거나 교분이 두터운 이에게 부의를 한다.

◆賻(부)

既夕註賻補也助也○公羊車馬曰賵貨財曰賻衣被曰襚(穀梁)貝玉曰含○少儀賻者既致命坐委之擯者擧之主人無親受也註主人不親受異於吉事也○檀弓孟獻子之喪司徒旅歸四布夫子曰可也疏送終既畢賻布有餘歸還四方之布夫子曰可也善其能廉陳氏曰知死者贈知生者賻贈賻之餘君子不可利於已亦不可歸於人利於已則啓天下家喪之心歸於人則絶天下恤喪之禮與其利於已寧歸於人與其歸於人寧班諸兄弟之貧者旅歸四布孔子可之以其賢乎利於已者而已不若班諸貧者爲盡善

◆奠賻狀(전부장)

按狀式亦見下疏狀條○問往弔時奠賻狀式可得聞乎尤菴曰其式略如家禮所載而刪去送上歆納等字則或不甚遠否○愚按家禮所載卽往弔時奠賻狀也卽下文所謂讀祭文奠賻狀云者是也恐不必云略如家禮所載而更加刪節也

◆不家於喪(불가어상)

檀弓子柳之母死既葬子碩欲以賻布之餘具祭器子柳曰不可吾聞之也君子不家於喪請班諸兄弟之貧者註子柳子碩元古者謂錢爲泉布不家於喪惡因死者以爲利陳註班猶分也○書儀不家於喪則爲人之子孫者豈可幸其親之喪以利其家耶彼爲祭器且不可況實囊橐增産業乎故當使司貨別置曆收之其物專供喪用有餘則班諸親戚之貧者

◆几筵(궤연)

檀弓虞而立尸有几筵註未葬之前事以生者之禮葬則親形已藏故虞祭則立尸以象神也筵席也大斂之奠雖有席而無几此詩則設几與筵相配也

◉具刺通名(구자통명)

賓主皆有官則具門狀(增解碎鎖錄手謁註國朝有官君子請謁於人親書云某手謁上某官即今之門狀也)否則名紙(備要榜子)題其陰面先使人通之與禮物俱入

◉명함을 갖춰 통명을 한다.

조문객과 주인 모두 유관자이면 문장식(門狀式)으로 갖춰 통명을 하고 유관자가 아니면 성명을 두루마리 좌측에서 우측으로 써서 좌측으로 두르르 마는 방자식(榜子式)을 먼저 심부름하는 이를 통하여 예물과 같이 들여보낸다.

◆刺(자)

韻會七賜切書姓名於奏白曰刺○事始古未有紙削竹木以書姓名故謂之刺後以紙書故曰名紙

◆門狀(문장)

碎瑣錄手謁註國朝有官君子請謁於人親書云某手謁上某官卽今之門狀也唐李德裕爲相人務加禮改具銜候起居之狀謂之門狀

◆陰面(음면)

書儀作名紙右卷之以線橫繫之題其陰面註凡名紙吉者左卷之題陽面凶者反卷之陽面在左陰面在右

◆門狀式(문장식)

　　　某位姓某
　　　右某謹詣
　　　門屛(平交去此四字)祗慰
　　某位(平交云某官)伏聽
　　　　處分(平交去此四字)謹狀
　年　　月　　日某位姓某狀

◆문장식.

모위 성모 우모가 삼가 문밖에 이르러 공경하고 위로코자 하옵니다. 엎드려 모위의 처분을 기다리겠사옵니다. 삼가 드립니다.

◆榜子式(방자식)

　　　某官姓某慰

◆방자식.

모관 모성 모가 위로코자 하옵니다.

◉入哭奠訖乃弔而退(입곡전흘내조이퇴)

既通名喪家炷火燃燭布席(儀節主人以下各就位○靈座東南)皆哭以俟護喪出迎賓賓入至聽事進揖曰竊聞某人傾背不勝驚怛敢請入酹(便覽河西曰酹當作奠○備要不奠則改酹爲哭)并伸慰禮護喪引賓入至靈座前哭盡哀(儀節立擧哀)再拜(增解廣記凡死者是敵以上則拜是少者則不拜)焚香跪(儀節若衆賓則尊者獨詣)酹茶酒(備要執事者跪奉盞與賓賓受之還授執事者置靈座前)俛伏興護喪止哭者祝(便覽西向)跪讀祭文奠賻狀於賓之右畢興賓主皆哭盡哀賓再拜(儀節焚祭文)主人哭出(輯覽阼階下)西向稽顙再拜賓亦哭東向答拜進曰不意凶變某親某官奄忽傾背伏惟哀慕何以堪處主人對曰某罪逆深重禍延某親伏蒙奠酹并賜臨慰(備要不奠則無奠酹并賜四字)不勝哀感又再拜賓答拜(便覽胡儀孝子尊弔人卑則側身避位候孝子伏次卑者卽跪還須詳緩去就無令跪伏與孝子齊)又相向哭盡哀賓先止寬譬主人曰脩短有數痛毒奈何願抑孝思俯從禮制乃揖而出主人哭而入護喪送至聽事茶湯而退主人以下止哭(出就次)○若亡者官尊卽云薨逝稍尊卽云捐館生者官尊則云奄棄榮養存亡俱無官卽云色養若尊長拜賓禮亦同此惟其辭各如啓狀之式見卷末

司馬溫公曰凡弔人者必易去華盛之服有哀戚之容若賓與亡者爲執友則入酹婦人非親戚與其子爲
執友嘗升堂拜母者則不入酹凡弔及送喪者問其所乏分導營辦貧者爲之執綍負土之類母擾及其飲
食財貨可也○高氏曰既謂之奠而乃燒香酹酒則非奠矣世俗承習久矣非禮也○又曰喪禮賓不答拜
凡非弔喪無不答拜者胡先生書儀曰若弔人是平交則落一膝展手策之以表半答若孝子尊弔人卑則
側身避位候孝子伏次卑者即跪還須詳緩去就無令跪伏與孝子齊○楊氏復曰按程子張子與朱先生
後來之說奠謂安置也奠酒則安置於神座前既獻則徹去奠而有酹者初酹酒傾少酒于茅代神祭也
今人直以奠爲酹而盡傾之於地非也高氏之說亦然與此條所謂入酹跪酹似相牴牾蓋喪禮乃初年本
當以後來已定之說爲正詳見祭禮降神條○又曰按弔禮主人拜賓賓不答拜此何義也蓋弔賓來有哭
拜或奠禮主人拜賓以謝之此賓所以不答拜也故高氏書有半答跪還之禮凡禮必有義不可苟也書儀
家禮從俗有賓答拜之文亦是主人拜賓賓不敢當乃答拜今世俗弔賓來見几筵哭拜主人亦拜
謂代亡者答拜非禮也既而賓弔主人又相與交拜亦非禮也

⊙들어가 곡하고 전례를 마치면 곧 상주에게 조문하고 물러난다.

이미 성명이 통하였으면 상가(喪家)에서는 등불을 켜고 초에 불을 당기며 자리를 펴고 주인 이하 각각의 자리로 가서 모두 곡하며 조객(弔客)이 들어오기를 기다린다. 호상이 나아가 조객을 맞아 들인다. 조객이 들어와 청사에 이르러 읍을 하고 가로되 모인(某人)의 부음(訃音)을 듣고 놀라움을 금할 수 없사와 감히 술을 따라 올리고 아울러 위문의 예를 펴고자 하옵니다. 라고 호상에게 말하면 호상은 조객을 영좌 앞으로 인도한다.

조객은 영좌 앞으로 들어가 서서 슬픔을 다하여 곡을 하고 재배하되 대등 이상에는 절을 하고 어린 자에게는 절을 하지 않으며 분향을 하고 무릎을 꿇고 앉는다. 만약 여러 명이 함께 조문할 때는 최 연장자가 나아가 무릎을 꿇고 앉아 헌주(獻酒)한다. 집사가 무릎을 꿇고 앉아 잔을 받들어 조문객에게 주면 조문객은 잔을 받아 든다. 집사자가 잔에 술을 따르면 조문객은 잔을 다시 집사자에게 주면 집사자는 술잔을 받아 영좌 전에 올린다. 집사자는 물러나 제자리에 서고 조문객은 엎드렸다 일어나면 호상이 곡을 멈추게 한다. 축관은 조문객의 오른쪽에서 서쪽으로 향하여 무릎을 꿇고 앉아 제문(祭文)과 전부장(奠賻狀)을 고한다. 고하기를 마치고 일어나면 조문객과 주인은 슬픔을 다하여 곡을 한다. 조문객이 재배를 하고 축관은 제문을 불사른다.

주인은 곡하며 나아가 동쪽층계 아래에서 서쪽으로 향하여 이마가 땅에 닿도록 계상(稽顙)재배를 하면 조문객 역시 곡을 하며 동쪽으로 향하여 답배를 하고 다가서서 위안하기를 뜻하지 않은 흉변에 모친 모관께서 갑자기 작고하시어 엎드려 생각 하옵건대 슬프고 사모하심을 어찌 감내 하시옵니까. 라고 하면 주인이 대답하기를 모가 죄역(罪逆)이 심중하여 그 화가 모친께 미치었사옵니다. 술을 따라 올리고 아울러 부의를 주시며 위로의 말씀에 임하오니 슬프고 감동하여 사모함을 이길 수 없사옵니다. 라하고 또 재배를 하면 조문객 역시 답배를 한다.

그러나 상주가 존자(尊者)이고 조문객이 어리면 몸을 옆으로 피하여 상주는 처소에서 엎드려 기다린다. 어린 조객이 들어가고 곧 무릎을 꿇고 앉았다 천천히 마치고 돌아와 오기를 기다린다. 법령에는 없으나 무릎을 꿇고 부복하기를 상주도 같이한다. 또 서로 마주하여 슬픔을 다하여 곡한다.

조문객이 먼저 곡을 멈추고 너그러이 하라며 주인에게 예를 들어 말하기를 운명에는 길고 짧음이 있아온데 슬퍼하고 한탄하신들 어찌 하오리까. 원하옵건대 힘을 내시어 거상(居喪) 입으신 것을 생각하시어 예의제도를 따르소서. 하고 곧 조문객이 읍을 하고 나가면 주인은 곡을 하며 들어간다. 호상은 조문객을 청사로 보내고 주인 이하 곡을 멈춘다.

◆待賓不可設酒(대빈불가설주)

丘文莊曰世俗之人于親賓來吊往往設席待之甚爲非禮至送往之日親友醵錢爲主人設宴于墓所醉飽歌唱甚者孝子亦與飲餕此何禮也今擬親賓之來路遠者令无服之人設素饌以待之似无害但不可飲酒爾

◆稽顙拜(계상배)

檀弓孔子曰拜而后稽顙頹乎其順也稽顙而后拜頎(懇)乎其至也三年之喪吾從其至者註此言喪拜之次序也拜拜賓也稽顙者以頭觸地哀痛之至也拜以禮賓稽顙以自致謂之至者以其哀常在於親而敬暫施於人爲極自盡之道也夫子從其至者亦與其易也寧戚之意○語類問稽顙而后拜拜而后稽顙曰兩手下地曰拜拜而后稽顙先以兩手伏地如常然後引首向前扣地稽顙而后拜開兩手先以首扣地却交手如常稽者稽留之意拜字從兩手下○小記爲父母長子稽顙婦人爲夫與長子稽顙註服重者先稽顙而后拜賓服輕者先拜賓而後稽顙

◆不知死則不哭(불지사즉불곡)

廣記凡弔謂弔生者哭謂哭死者與生者死者皆識則旣弔且哭但識死者不識生者則哭而不弔但識生者則弔而不哭○問交深者在喪則雖不知亡者弔而且哭可乎栗谷曰子夏喪明而曾子哭之若哀其在喪而欲哭之情發則雖哭無妨○問生者情厚則雖不知死似不可不哭沙溪曰死者無分則豈可强意哭之○尤菴曰弔生哭死禮經之文甚明朱受之詣東萊時朱子令致語曰某於門下自先祖父以來事契深厚云而只令展拜席下郎中公几筵亦以命焚香再拜而已未嘗令哭則其情文之間必有量度處中之道矣○曲禮知生者弔知死者傷知生而不知死弔而不傷知死而不知生傷而不弔註方氏曰不知生而弔之則其弔也近於諂不知死而傷之則其傷也近於僞

◆不知生亦弔哭(불지생역조곡)

雲坪曰弔於情親之喪而哭拜靈座之後主人哭出西向再拜則徒以其前日偶未相見而漠然不顧而出殊乖古人一見如舊之義

◆婦人喪弔哭(부인상조곡)

問內外喪同殯入哭之節沙溪曰內外喪不可同殯入哭與否不須問也○退溪曰今人弔內喪者雖非親戚而直拜靈座此非禮也生時未有通家升堂之分則內外之禮截然不可亂也豈以之死而遽廢婦人之道乎○問婦人喪未升堂者不入哭禮也雖同姓親旣非同五世祖者而又未升堂則不可入哭歟異姓親雖七八寸曾未升堂則無入哭之義歟尤菴曰同姓則無問親疎異姓則當視情分之如何耳○內喪入哭當隨平日分義而處之尹子仁於亡室未嘗相見而亦入哭此恐參酌情禮而處之者也○遂菴曰內喪入哭者雖同姓不可太無限節祖免之外則似未安矣異姓戚誼若切近則平日雖偶未及升堂入哭有何不可

◆生死皆未識不哭拜(생사개미식불곡배)

問未曾識者請見則當哭拜接之耶沙溪曰於死於生皆所不知之人非爲喪事亦不爲弔慰而來則不必哭也

◆知舊母喪哭(지구모상곡)

問朋舊相好之間弔其母喪而不哭乎沙溪曰未及升堂則不哭可也○問平日分厚之人奄然在哀疚中顔色之戚哭泣之哀不待强意自然悲惻豈忍不哭乎內喪几筵雖不入哭對喪人哭之如何遂菴曰哭之亦何不可○南塘曰若是朋友情契重者雖不知死雖是婦人喪豈可不哭乎

◆弔時婦人哭(조시부인곡)

問鄭註云非親戚來弔則帷中之哭不可云云南溪曰禮無內外皆哭之文鄭說似是也惟說奠時

必用女僕則或可從哭以助主人之哀也

◆兄弟有知不知並受弔(형제유지불지병수조)

問人之弔問也兄弟有知有不知則知者獨可受弔耶抑不知者可並出受耶南溪曰來客無請弔知者之意則主家恐難以不知之故告自引避

◆諸子拜賓(제자배빈)

書儀秦穆公弔公子重耳重耳稽顙不拜以未爲後故也今人衆子皆拜非禮也然恐難頓改○雲坪曰禮喪無二主衆主人亦當隨出而位於主人之後北上哭而已世人多有並立而俱拜者非也○愚按士喪記衆主人不出註不二主又奔喪曰奔喪者非主人則主人爲之拜賓云則拜賓是主人事衆主人不得與也然但雜記云凡喪服未畢有弔者則爲位而哭拜踊疏言凡者五服悉然據此而言諸子或可隨主人共拜耶且廣記曰凡喪者二人以上止弔其識者云則識者當拜謝豈必皆適子耶又按檀弓大夫之喪庶子不受弔疏適子或有他故不在則庶子不敢受弔不可以賤者爲有爵者喪主大夫庶子不受弔則士之庶子得受弔也據此疏說主人有故則諸子亦可代受弔也

◆婦人受弔(부인수조)

大記婦人迎客送客不下堂下堂不哭男子出寢門外見人不哭註非其處而哭猶野哭也陳註堂以內至房婦人之事堂以外至門男子之事非其所而哭非禮也婦人於敵者固不下堂若君夫人來弔則主婦下堂至庭稽顙而不哭男子於敵者之弔亦不出門若有君命而出迎亦不哭○問婦人受弔無考只隔門行拜爲宜耶巍巖曰來示恐得○問女適人者遭父母喪而與舅姑同居則受弔非便南溪曰雖與舅姑同居必有私室行弔恐無甚妨矣

◆野次受弔(야차수조)

檀弓孔子惡野哭者陳註所知吾哭諸野夫子嘗言之蓋必設位而帷之以成禮此所惡者或郊野道路哭非其地使人疑駭○哀公使人弔蕢尙遇諸道辟於路畵宮而受弔焉曾子曰蕢尙不如杞梁之妻之知禮也齊莊公襲莒于奪祀梁死焉其妻迎其柩於路而哭之哀莊公使人弔之對曰君之臣免於罪則有先人之敝廬在君無所辱命註畵宮畵地爲宮象春秋傳曰齊侯弔諸其室陳註辟除闢道路○沙溪曰檀弓之言雖如此遇相識野次停柩豈可不弔○南溪曰猝然遇喪於原野或迎喪出郭哭拜在其中何可以無位而不行耶

◆行弔不飮酒食肉(행조불음주식육)

檀弓弔於人是日不樂行弔之日不飮酒食肉陳註皆爲餘哀未忘也○書儀凡弔人者必有慼容若在喪家談笑諧謔豈弔人之道耶○集說薄俗有設酒食待客者非禮宜痛革之○朱子曰子食於有喪者之側未嘗飽有食不下咽之意○問弔喪之日不飮酒食肉可以施於有服之親或情分之厚者若弔泛常之人只當於行弔之時不飮酒食肉弔畢則復常未審然否曰有服則不但弔日不飮酒食肉矣其他則視情分之厚薄可也○問臨乎有喪者之側主人固留飮或辭之不得或與長者同行長者留則少者有不得而辭者辭以實則形主人之非禮辭以疾則僞難掩力辭而峻拒則又恐拂情而近於硜硜之信果不知如何爲當曰行弔而遇酒食須力辭必不得已留亦須數辭先起不可醉飽○問喪中對客進肉饌未安而賓亦不可食愼獨齋曰若不與喪人共處則可以用肉喪家雖設以肉以喪者之側不飽食之義推以處之可也○尤菴曰情不親厚則只一不肉亦可也

◆奠訖弔而退(전흘조이퇴)

雜記客立于門西孤降自阼階拜之升哭與客拾踊三客出送于門外拜稽顙陳註主客俱升堂哭而更踊者三○曲禮知生者弔知死者傷知生而不知死弔而不傷知死而不知生傷而不弔註弔傷皆謂致命辭也雜記曰諸侯使人弔辭曰寡君聞君之喪寡君使某如何不淑此施於生者傷辭未聞說者云皇天降災子遭罹之如何不淑此施於死者辭畢退皆哭疏弔辭乃使口致命若傷辭

當書之於板使者讀之而奠致殯前也按雜記行弔之後致含襚賵畢乃臨若不致含襚賵則弔訖乃臨也故云弔傷辭畢皆哭方氏曰不知生而弔之則近於諂不知死而傷之則近於僞

◆受弔位次(수조위차)

雜記弔者入主人升堂西面書儀賓請入酹則主人導賓哭而入賓亦哭而入至靈座前輯覽增解諸圖主人皆在靈座東南非但儀節便覽爲然然則賓入賓出主人哭於廬次而已恐非如梅翁之敎矣至於杖非可入於靈座者梅翁所論無可疑矣

◆受弔不問尊卑貴賤主人先拜(수조불문존비귀천주인선배)

艮齋曰凡受弔不問尊卑老少主人皆當先拜此梅翁說余見人輒爲言其意甚好鮮有信及者比閱呂和叔所著弔說亦云主人見賓不以尊卑貴賤莫不拜之明所以謝之且自別于常主也原註云平日見客或主人先拜客或客先拜主人此已有前修篤論謹當奉行勿違但卑賤者又自有不特弔之禮此却在彼耳

◆主人有故或幼諸子代受弔(주인유고혹유제자대수조)

檀弓大夫之喪庶子不受弔疏適子有故不在則庶子不敢受弔不可以賤者爲有爵者喪主大夫庶子不受弔則士之庶子得受弔也鏡湖據此以爲主人有故則諸子亦可代受弔也今喪主幼不解事未免離次則亦與有故不在者同也又廣記言凡喪者二人以上止弔其識者云則所識當拜辭豈必皆適子耶只於臨時避主人之位以存重宗之意如來諭之云恐不至大悖也但主人在時衆主人但哭而不拜賓可也

◆只弔主人之弟(지조주인지제)

艮齋曰賓不知主人不哭几筵而只弔主人之弟則主人無拜賓之義如此者主人之弟只於廬次哭拜爲得

⊙弔哭拜之節(조곡배지절)

曲禮知生而不知死弔而不傷知死而不知生傷而不弔〇檀弓死而不弔者三畏壓溺行弔之日不飮酒食肉不樂〇有殯(註三年之喪)聞遠兄弟之喪雖緦必往非兄弟〇(異姓)雖鄰不往〇雜記三年之喪不弔有服而將往哭之則服其服而往〇少儀尊長於已踰等喪俟事不特弔疏待朝夕哭時不非時而獨弔〇司馬溫公曰婦人非親戚及與其子爲執友嘗升堂拜母者則不入酹〇廣記凡死者是敵以上則拜少者則不拜〇喪者二人以上只弔其識者〇過期年則不哭情重者哭

⊙타인의 상에 조문하고 곡하고 절하는 예의범절.

산사람을 알고 죽은 이를 모를 때는 상주에게는 조문을 하고 영좌에는 곡을 하지 않으며 죽은 이는 알고 산사람을 모를 때는 영좌에는 곡 재배하고 산사람에게는 조문치 않는다. 〇조문치 않는 세가지 상이 있다. 전장에서 도망치다 놀라 죽은 외사자(外死者), 위험한 돌담 밑을 조심치 않다 깔려 죽은 압사자, 배타고가다 빠져 헤엄쳐 나오지 못하고 익사한자는 조상치 않는다. 〇친상 중에 먼 형제의 상 소식을 들으면 비록 시마복일지라도 반드시 가야하고 형제가 아닌 이성이면 아무리 가깝다 하여도 가지 않는다. 〇친상 중에는 조문하지 않는다. 복이 있으면 가서 곡할 때 그 복을 입고 곡하고 온다. 〇대체로 죽은 이가 대등 이상이면 절을 하고 수하이면 절을 하지 않는다. 〇친상의 형제가 두 사람 이상이면 다만 그 중에서 아는 이에게만 조문을 한다. 〇초상 후 일년이 넘었을 때는 곡을 하지 않는 것이나 정이 두터웠으면 곡을 한다.

◆某親稱呼(모친칭호)

附錄稱呼類父本族祖父母公公某官尊前無官封者不必稱婆婆某封尊前或媽媽自稱孫小孫

稱人令祖令大父令祖母答稱家祖大父祖母伯叔祖父母伯公叔公伯婆叔婆尊前自稱姪孫從則稱從孫族則稱族孫稱人令伯祖令叔祖令伯祖母令叔祖母答稱伯祖叔祖或稱家伯祖家叔祖伯祖母叔祖母父母爹爹某官尊前媽媽某封尊前或嬭嬭自稱男女子自稱阿奴男婦自稱媳婦稱人令尊丈令府丈令親答稱家父大人老母老親俗稱父親母親伯叔父母第幾叔父某官第幾叔母某封尊前伯同自稱姪從則稱從姪或稱從子族則稱族姪稱人令伯父令叔父令伯母叔母答稱家伯家叔伯母叔母兄幾哥兄長某官尊右從兄族兄同自稱弟或稱小弟從稱從弟族稱族弟兄之妻家嫂嫂氏自稱稱人令兄令昆令嫂答稱家兄家嫂嫂氏弟幾郎賢弟從弟族弟同自稱兄或稱卑兄從稱從兄族稱族兄弟之妻幾嫂自稱稱人令弟玉季令弟婦答稱舍弟弟婦子稱其名或稱位第自稱父母或稱老父老母子之婦幾嫂從族子婦同自稱稱人令似令郎令器賢家婦答稱頑子小兒豚犬子舍長婦從子卽姪幾郎賢姪族子同自稱伯則稱伯叔則稱叔稱人令姪答稱姪子孫稱其名從族孫同或位第自稱祖翁伯祖叔祖伯公叔公孫婦幾嫂自稱稱人令孫蘭玉令孫婦答稱小孫孫子孫婦○姑姊妹女子適人之族祖姑姑婆某封尊前自稱姪孫稱人令姑婆答稱祖姑家祖姑姑幾姑某封尊前父之姊曰伯姑妹曰叔姑自稱姪稱人令姑答稱家姑舍姑姑之夫第幾姑夫某官尊前自稱內姪稱人令姑夫答稱舍姑夫姑之子兄則稱第幾表兄某官弟則稱第幾表弟某官自稱弟則稱表弟表末兄則稱表兄忝表稱人令表兄令表弟姑之舅姑親家大翁親家大婆自稱忝眷姊幾姊某封尊右自稱小弟弟女則稱妹女弟妹幾妹某封或稱賢妹自稱兄女則稱女兄稱人令妹令女兄令妹答稱女兄家姊舍妹姊之夫第幾姊夫某官尊右自稱內弟妹之夫第幾妹夫某官自稱內弟或稱眷末忝眷稱人令姊夫令妹夫姊妹之舅姑親家丈親家母亦曰姻家自稱忝眷姊妹之子第幾賢甥某官自稱舅姊之子則稱叔舅妹之子則稱伯舅稱人令甥答稱甥子亦曰小甥女子與男子同孫或稱幾姐自稱父祖父母祖母稱人令愛令女孫答稱小女小女孫女之夫第幾賢壻某官或稱賢親自稱外舅姻末稱人令女壻貴客令東床俗稱令坦答稱女夫子壻半子女之子幾孫自稱外公稱人賢甥令甥宅相答稱外孫甥子女之舅姑尊親家丈尊親家母自稱忝眷忝戚稱人令親家幾丈答稱姻家○母族母之父母外祖父某官外祖母某封尊前外公外婆自稱外孫稱人令外祖父令外祖母答稱外祖父外祖母母之兄弟尊舅某官尊前其妻曰尊妗某封尊前自稱甥稱人令舅令妗答稱舅氏或稱家舅妗氏母之姊妹幾姨某封尊前俗稱姨媽其夫曰幾姨夫自稱甥子稱人令姨令姨夫答稱姨氏姨夫母兄弟之子長曰表兄幼曰表弟答稱表兄表弟母姊妹之子同母兄弟之子自稱同上母兄弟之孫表姪從則曰表從姪自稱忝表或稱表末○妻之父族妻之父母外舅某官尊前外妗某封尊前自稱子壻女壻稱人令外舅俗稱令岳丈令外妗俗稱令岳母答稱妻父妻母妻之叔伯母俗稱尊伯丈尊叔丈伯丈母叔丈母自稱姪壻妻族內外皆可稱門壻稱人盛親幾丈答稱妻伯妻叔妻伯母妻叔母妻之兄弟內舅某官自稱內兄內弟稱人令舅答稱妻兄妻弟妻之姊妹姨自稱妻姊妹之夫姨夫自稱友壻連襟稱人令姨令姨夫連袂答稱妻女兄姨夫妻妹妻兄弟姊妹之子表姪自稱姑夫稱人令表姪答稱妻姪

◆君臨臣喪(군임신상)

大記君於大夫大斂往焉爲之賜則小斂焉於士旣殯而往焉爲之賜大斂焉(按君臨士之大斂見士喪禮)大夫士旣殯而君往焉使人戒之主人具殷奠之禮俟于門外見馬首先入門右巫止于門外祝代之先君釋菜于門內祝先升自阼階負墉南面君卽位于阼小臣二人執戈立于前二人立于後擯者進主人拜稽顙君稱言視祝而踊主人踊大夫則奠可也士則出俟于門外命之反奠卒奠主人先俟于門外君退主人送于門外拜稽顙陳註君於大夫視大斂常禮也若加恩賜則視小斂大夫士之喪君或不及斂則殯後亦往釋菜以禮門神負墉在房戶之東背壁而向南也君稱言者擧其所來之言謂弔辭也出俟于門外謂君將去也○檀弓君臨臣喪以巫祝桃茢執戈以惡之也所以異於生也註爲有凶邪之氣在側君聞大夫喪已襲則去桃茢桃鬼所惡茢萑苕可掃不祥疏此君謂天子○家語顏回死魯定公弔焉使人訪於孔子孔子對曰凡在封內皆臣子也禮君弔其

臣升自東階向戶而哭其恩賜之施不有竿也(竿蘇亂反)註竿計竿也〇朱子曰古禮君於大夫小
斂往焉大斂往焉於士旣殯往焉何其誠愛之至今乃超然這也只是自渡江後君臣之勢一向懸
絕無相親之意故如此古之君臣所以事事做得成緣是親愛一體〇祖宗時於舊執政喪亦親臨
渡江以來一向廢此

◆弔奠位次(조전위차)

要訣出自喪次〇愚按書儀弔條若主人未成服則被髮徒跣自梡左哭而出賓東向弔主人西向
拜賓若已成服則自出受弔畢若賓請入酹則主人導賓哭而入賓亦哭而入至靈座前云則家禮
哭出西向云者盖是書儀未成服前位次而未及改定成服後弔奠位次故後人皆疑其哭出之文
且書儀則分弔與奠爲兩事而先後行之故主人有兩度再拜而家禮則合爲一事故後人又疑其
兩再拜之文此皆恐是朱子未及再修而然也〇輯覽按士喪禮君使人襚主人卽位于西階下東
面註未忍在主人位雜記弔者入主人升堂西面弔者升自西階註主人由阼階而升也曲禮居喪
之禮升降不由阼階謂平常無弔賓時耳以此觀之始死拜賓在西階下東面而小斂後始就阼階
下西面

◆稽顙再拜(계상재배)

問喪稽顙觸地無容〇士喪禮註頭觸地〇通典劉世明曰喪無二孤受弔之禮唯喪主稽顙餘人
哭踊而已〇檀弓孔子曰拜而后稽顙頹乎其順也稽顙而后拜頎(懇)乎其至也三年之喪吾從其
至者註拜而后稽顙殷之喪拜稽顙而后拜周之喪拜顙順也頎惻隱貌〇朱子曰兩手下地曰拜
拜而后稽顙先以兩手伏地如常然後引首向前扣地稽顙而后拜開兩手先以首扣地却交手
如常稽者稽留之意〇小記爲父母長子稽顙婦人爲夫與長子稽顙

◆慰人父母亡疏式(위인부모망소식)(慰適孫承重者同)廣記路遠或有故不及

赴弔者爲書慰問

　　　　　某頓首再拜言(降等止云頓首平交但云頓首言)不意凶變(亡者官尊卽云邦國不幸後皆倣此)
先某位(無官卽云先府君有契則加幾丈於某位府君之上〇母云先某封無封卽云先夫人〇承重則云尊祖
考某位尊祖妣某封餘並同)語類問弔人妾母之死合稱云何朱子曰恐只得隨其子平日所稱而稱之或曰五峯稱
妾母爲小母)奄
棄榮養(亡者官尊卽云奄捐舘舍或云奄忽薨逝母封至夫人者亦云薨逝)備要按我朝大行稱薨士夫不敢用
(若生者無官卽云奄違色養)承
訃驚怛不能已已伏惟(平交云恭惟降等緬惟)
孝心純至思慕號絕何可堪居日月流邁遽踰旬朔(經時卽云已忽經時已葬卽云遽經
襄奉卒哭小祥大祥禮除各隨其時)哀痛奈何罔極奈何不審自
罹荼毒(父在母亡卽云憂苦)
氣力何如(平交云何似)伏乞(平交云伏願降等云惟冀)
强加餰粥(已葬云疏食)俯從禮制某役事所縻(在官則云職業有守)未由奔
慰其於憂戀無任下誠(平交以下但云未由奉慰悲係增深)謹奉疏(平交云狀)伏惟
鑑察(平交以下去此四字)不備謹疏(平交云不宣謹狀〇補註卑幼云不具不悉不一)
年月日某位(降等用郡望)姓某疏上(平交云狀)某官大孝(苫前母亡卽云至孝平交以下云苫次)
　　　　喪儀云父母亡日月遠云哀前平交以下云哀次

◆타인 부모상에 위문하는 서한문.

(승중 시 적손 위로(慰勞) 서한 서식도 같다. ○길이 멀거나 또는 유고 시 조문을 가

지 못하는 이가 이와 같은 서한으로 위문한다)

모 돈수(頓首) 이마가 땅에 닿도록 굽혀 절함) 재배하며 아뢰나이다. 뜻밖의 흉변에 선친 모 직위께서 입신 양명하셔서 미복하셨사온데 갑자기 세상을 뜨셨다 하옵는 부음을 받잡고 슬픔과 놀라움을 금할 수 없사옵니다. 엎드려 생각 하옵건대 도타운 효심이 지극하셨사온데 사모함에 절규하고 통곡하심을 어찌 가히 감당하고 계시오이까. 세월은 급히 흘러 순삭(旬朔)이 지났아온데 애통하심을 어찌 하시오며 망극하심을 어찌 하옵고 계시온지 자세하게 알 수는 없사오나 씀바귀 독과 같사올 것이온데 기력은 어찌 하시옵니까. 엎드려 빌건대 억지로라도 미음과 죽이라도 드셔서 예의제도를 굽어 따르소서. 모는 일에 얽매어 달려가 위로하고 상을 근심하며 그리워하고 곡하지도 못하고 돕지 못하는 것은 제 정성이 부족한 것이 오라 몸 둘 바를 모르겠사옵니다. 삼가 글월을 올리오니 엎드려 생각 하옵건대 굽어 살펴 주옵소서. 예의법도를 다 갖추지 못하고 삼가 올리나이다.

◈皮封式(피봉식)重封同

　　疏上

　　某官大孝(苫前)具位姓某謹封(降等卽用面簽云某官大孝苫次郡望姓名狀謹封)

◈答書附錄(답서부록)

求挽詩箚子某泣血控告伏念某罪逆不孝禍延先考號天哭地無所赴愬重惟先考受知聖朝致身從列平生歷歷中外皆知今將襄奉欲得名世鴻筆發揮幽潛以授挽者輒敢稽顙百拜奉壙志以請仰丐台慈特加矜久存沒均受大賜僭易皇恐伏乞台察〇某等不孝忍死先君襄奉銜哀茹苦擬干大手貢以邊蕭之章倘蒙矜久則存沒均被華袞之榮行實拜呈台察〇復書某伏承貶翰示先丈行實以挽章猥賜垂喩極荷不鄙先丈某官淸名偉節照暎一世夫豈愚庸所能發揚其萬一耶聊復牽課以塞嚴命玆審窆歾已遂吉卜某偶以臥病不能預挽紼之列引領束望殊用悽愴匆匆占報伏乞台察〇某不意變故大宜人奄棄奉養日月如流遽至成服致力襄事承需挽詩顧鄙語不足以相哀紼荷意之勤敢不勉奉

◈擬祖父母亡謝人弔賻會葬不行躬謝疏(의조부모망사인조부회장불행궁사소)(補)

按世俗旣葬之後凡有親戚僚友來弔祭賻葬者其哀子必具衰絰躬造其門拜之謂之謝若有不行者恠責叢焉謂之不知禮遂使居喪者舍几筵朝夕之奉緫然衰服奔走道途信宿旅次甚至浹旬經月不歸者往往有之此禮行之已久世俗習以爲常考之古禮無有也今擬爲書一通旣襄事後卽命子弟遍奉諸親朋之來祭葬者備述所以不躬拜謝之故待釋服之後然後行之謹錄于此以備采取知禮君子旣當以禮自處又當以禮愛人痛革世俗非禮之禮可也

某稽顙再拜言某罪逆深重不自死滅禍延先考(母則云先妣承重則祖父曰先祖考祖母曰先祖妣)幸而克襄大事皆賴諸親相助之力(非親戚則曰諸賢)旣蒙下弔(平交以下則曰臨弔)又賜賻奠(止有賻則曰賻儀止有奠則曰祭奠)逮其送往又辱寵臨(如不送葬去此二句)感德良深莫知所報欲効世俗具衰絰踵門拜謝奈緫然重服哀疚在躬遠離几筵非獨古無此禮亦恐賢人君子之不忍見也故不敢以俗禮上瀆高明(平交以下去上字)伏惟尊慈特賜鑒察哀感之至無任下誠謹此代謝荒迷不次謹疏月日孤子(母喪稱哀子俱亡卽稱孤哀子承重者稱孤孫哀孫孤哀孫)姓名疏上某位(座前謹空)(平交以下去此二字)封皮重封竝同前

◈慰人祖父母亡啓狀(위인조부모망계장)(謂非承重者伯叔父母姑兄姊弟妹妻子姪孫同)

某啓(備要按本朝進御文字皆稱啓字私書恐不敢用代以白字如何)不意凶變(子孫不用此句)

尊祖考某位奄忽

違世(祖母曰尊祖妣某封無官封有契已見上○伯叔父母姑卽加尊字兄姊弟妹加令字降等皆加賢字若彼一等之親有數人卽加行弟云幾某位無官云幾府君有契卽加幾丈幾兄於某位府君之上姑姊妹則稱以夫姓云某宅尊姑令姊妹○妻則云賢閤某封無封則但云賢閤○子卽云伏承令子幾某位姪孫幷同降等則曰賢無官者稱秀才)承

訃驚怛不能已已(妻改怛爲愕子孫但云不勝驚怛)伏惟(恭惟緬惟見前)

孝心純至哀痛摧裂何可勝任(伯叔父母姑云親愛加隆哀慟沉痛何可堪勝○兄姊弟妹則云友愛加隆○妻則云伉儷義重悲悼沉痛○子姪孫則云慈愛隆深悲慟沉痛餘與伯叔父母姑同)

孟春猶寒(寒溫隨時)不審

尊體何似(稍尊云動止何如降等云所履何似)伏乞(平交以下如前)

深自寬抑以慰

慈念(其人無父母卽但云遠誠連書不上平)某事役所縻(在官如前)未由趨

慰其於憂想無任下誠(平交以下如前)謹奉狀伏惟

鑑察(平交如前)不備(平交如前)謹狀

年　月　日具位姓名狀上

某位(服前平交云服次)

◆타인의 조부모상에 위로하는 서한문.

(서식은 승중이 아니거나 남의 백숙부모, 고모, 형제자매, 처, 아들, 조카, 손자 모두 같다)

모 사뢰옵니다. 뜻밖의 흉변(凶變)으로 존경하옵는 조부 직위께서 갑자기 작고 하셨다는 부음(訃音)을 받잡고 슬픔과 놀라움을 금할 수 없사옵니다. 엎드려 생각 하옵건대 도타운 효심이 지극 하셨사오니 몹시 슬픔에 기(氣)가 꺾이어 가슴이 찢어지는 듯 하오실 텐데 어찌 가히 감당하시고 계시오이까? 맹춘(孟春)이기는 하오나 날씨는 아직 찬데 존체는 어찌 이어가시는지 궁금하옵니다. 엎드려 빌건대 깊이 스스로 너그러이 억제하시고 부모님의 슬픔을 위로하여 주옵소서. 모는 일에 얽매이어 속히 가서 위로치 않고 상을 근심하며 고인(故人)을 생각하여야 하온데 제 정성이 부족한 것이오니 몸 둘 바를 모르겠사옵니다. 삼가 글월을 올리오며 엎드려 생각하옵건대 굽어 살펴 주옵소서. 예의법도를 다 갖추지 못하고 삼가 올리나이다.

◆皮封式(피봉식)重封同前

◆祖父母亡答人啓狀(조부모망답인계장)(謂非承重者伯叔父母姑兄姊弟妹妻子姪孫同)

某啓家門凶禍(伯叔父母姑兄姊弟妹云家門不幸○妻云私家不幸○子姪孫云私門不幸)

先祖考(祖母云先祖妣○伯叔父母云幾伯叔父母○姑云幾家姑○兄姊云幾家兄幾家姊○弟妹云幾舍弟幾舍妹○妻云室人○子云小子某○姪云從子某○孫曰幼孫某)奄忽棄背(兄弟以下云喪逝○子姪孫云遽爾夭折)痛苦摧裂不自勝堪(伯叔父母姑兄姊弟妹云摧痛酸苦不自堪忍○妻改摧痛爲悲悼○子姪孫改悲悼爲悲念)伏蒙

尊慈特賜

慰問哀感之至不任下誠(平交降等如前)孟春猶寒(寒溫隨時)伏惟(恭惟緬惟如前)

某位尊體起居萬福(平交不用起居降等但云動止萬福)某卽日侍奉(無父母卽不用此

句)幸免他苦未由

面訴徒增哽塞謹奉狀上(平交云陳)謝不備(平交如前)謹狀

年　　月　　日　　　某郡姓名狀上

　某位(座前謹空平交如前)

◆조부모 상에 조객에게 보내는 답서 서식.

(승중이 아닐 때 백숙부모, 고모, 형제, 자매, 처, 자식, 조카, 손자 모두 같다)

모 사뢰옵니다. 가문에 흉화로 선조고께서 갑자기 작고 하시어 기가 꺾이고 가슴이 찢어지는 듯한 고통을 스스로 감당하여 이겨나갈 수 없었사온데 높으신 사랑으로 특별하게 부의(賻儀)를 주시옴을 엎드려 받자옵고 슬픈 감회 지극한 위문에도 제 정성이 부족 하였사오니 어찌 할 바를 모르겠습니다. 초봄이라고는 하나 오히려 춥사옵니다. 모 위께서는 존체 일향만강하옵소서. 모는 그날 받들어 모시고 다행이 상사는 다른 고난 없이 마치었사옵니다. 그 날 이후 뵙고 절하며 아뢸 수 없었사오니 도연(徒然)하와 더욱 목이 메입니다. 삼가 글월을 받들어 올립니다. 다 갖추지 못하고 삼가 올리나이다.

◆皮封式(피봉식)重封如前

⊙弔問儀禮節次(조문의례절차)

旣通名主人炷香然燭布席○具服就位哭以俟護喪出迎賓祝至進揖訖引至靈座前立定 序立(獨祭則曰就位)○擧哀○哀止○鞠躬拜興拜興平身○詣靈座前(若是衆賓則尊者一人獨 詣)○焚香○跪(尊長者則不用此句)○酹酒(執事者跪奉盞與賓賓接之傾酒于地)○奠酒(執事接盞置靈 座前)○讀祭文(祝跪于賓之右讀訖)○擧哀○俯伏興平身(若不跪不用此二句)○復位○鞠躬拜 興拜興平身○焚祭文○哀止○禮畢

儀節按曲禮凡非弔喪非見國君無不答拜者則弔喪不答拜明矣而家禮本書儀乃從世俗有賓主拜答 之文蓋禮從宜二先生蓋以義起也弔不答拜禮有明說二先生尙以義起之若夫祭 奠而主人代亡者拜恐無甚害今擬弔奠者尊長於亡者則主人代拜平等與卑者則否

⊙조문 의례절차.

이미 통명이 되었으면 주인은 향을 피우고 초에 불을 당기고 자리를 편다. ○상주는 상복을 갖춰 입고 자리로 나아가 곡을 하며 기다리면 호상이 나아가 조문객을 맞이 한다. 축관과 마주하여 읍을 하고 마쳤으면 축관은 조문객을 영좌 전으로 인도하여 조상하는 자리에 선다. ○차서 대로 선다. (혼자면 취위라 한다) ○모두 곡한다. ○곡을 멈춘다. ○국궁 재배 평신한다. ○영좌 앞으로 간다. (만약 이때 조문객이 여러 명이면 존장자 한 사람이 나간다) ○분향한다. ○무릎을 꿇고 앉는다. (망자 보다 존장자면 무릎을 꿇지 않는다) ○강신한다. (집사자가 무릎을 꿇고 앉아 술잔을 조문객에게 주면 조문객은 받아 술을 땅에 기우려 따른다) ○술을 따라 올린다. (집사자는 잔을 받아 영좌 앞에 올린다) ○제문을 고한다. (축관은 조문객의 오른편에서 무릎을 꿇고 앉아 독축하고 마쳤으면) ○모두 곡한다. ○부복하였다 일어난다. (만약 무릎을 꿇지 않았으면 이 두 예는 하지 않는다) ○제자리로 물러선다. ○국궁 재배 평신한다. ○제문을 불사른다. ○곡을 그친다. ○예를 마친다.

⊙慰謝儀儀禮節次(위사의의례절차)

行禮畢主人哭出西向○主人稽顙拜興拜興(賓亦哭答拜)○賓慰主人曰某親傾背哀慕何堪○主人謝賓曰伏蒙奠酹幷賜臨慰不勝哀感○拜興拜興(賓答拜)○擧哀(賓主相向哭盡哀)○哀止(賓哀止寬主人曰)願抑孝思俯從禮制○禮畢(賓揖而出主人哭而入護喪送出或少延茶湯而退)

⊙상주를 위문하고 물러나는 의례절차.

영좌의 예를 마쳤으면 주인은 곡하며 나아가 자리에서 서쪽으로 향하여 선다. ○주인은 계상 재배한다. (조문객 역시 곡하며 답배한다) ○조문객이 상주에게 위문의 말을 한다. 모친께서 작고 하심에 슬프고 사모함을 어찌 감당하시옵니까? 라 하면. ○상주는 조문객에게 말하기를 술을 부어 올리시고 아울러 부의를 내려 주심을 엎드려 받잡고 위로의 말씀에 임하오니 슬픈 감회 이길 수 없사옵니다. 라 하고. ○재배를 한다. (조문객이 답배를 한다) ○모두 곡한다. (조문객과 주인이 마주하여 슬픔을 다하여 곡한다) ○곡을 멈춘다. (조문객이 곡을 멈추고 주인에게 너그러이 하라며) 이르기를 원하옵건대 슬픔을 억제하시고 거상 입으신 것을 생각하시어 굽어 예의제도를 따르소서. 라 한다. ○예를 마친다. (조문객이 읍을 하고 물러나면 주인은 곡을 하며 들어간다. 호상이 문밖까지 나가 환송한다. 혹은 차와 탕으로 조금 지체하다 물러나기도 한다)

◆受弔之拜(수조지배)

檀弓孔子曰拜而后稽顙頹乎其順也稽顙而后拜頎懇乎其至也三年之喪吾從其至者註拜拜賓也稽顙者以頭觸地哀痛之至也拜以禮賓稽顙以自致謂之至者以其哀常在於親而敬暫施於人爲極自盡之道也夫子從其至者亦與其易也寧戚之意(語類)問稽顙而后拜拜而后稽顙曰兩手下地曰拜拜而后稽顙先以兩手伏地如常然後引首向前扣地稽顙而后拜開兩手先以首扣地却交手如常稽者稽留之意拜字從兩手下○小記爲父母長子稽顙婦人爲夫與長子稽顙註服重者先稽顙而后拜賓服經者先拜賓而後稽顙○檀弓穆公曰仁夫公子重耳夫稽顙而不拜則未爲後也故不成拜註喪禮先稽顙後拜謂之成拜爲後者成拜所以謝弔禮之重今公子以未爲後故不成拜也○大記婦人迎客送客不下堂下堂不哭男子出寢門外見人不哭註堂以內至房婦人之事堂以外至門男子之事非其所而哭非禮也此言小斂後男主女主迎送弔賓之禮婦人於敵者固不下堂若君夫人來弔則主婦下堂至庭稽顙而不哭也男子於敵者之弔亦不出門若有君命而出迎亦不哭○小記註朝夕之哭與受弔之哭皆卽門內之位○呂氏曰主人見賓不以尊卑貴賤莫不拜之明所以謝之且自別於常主也賓見主人無有答其拜者明所以助之且自別於常賓○丘儀按曲禮凡非弔喪非見國君無不答拜者則弔喪不答拜明矣而家禮本書儀乃從俗有賓主答拜之文蓋禮從宜二先生蓋以義起也弔不答拜禮有明說二先生尙以義起之若夫祭奠而主人代亡者拜恐無甚害今擬弔奠者尊長於亡者則主人代拜平等與卑者則否○問曲禮曰居喪之禮升降不由阼階則拜賓之時亦由西階而升降乎今家禮主人哭出西向再拜賓亦東向答拜所謂西向之位其不在阼階下乎愚曰按士喪禮君使人襚主人拜如初有大夫則特拜之卽位于西階下東面不踊註卽位西階下未忍在主人位也疏小斂後始就東階下西南面主人位也又男女奉尸侇于堂主人出于足降自西階衆主人東卽位主人拜賓卽位踊註卽位踊東方位疏卽位踊東方位者謂主人拜賓訖卽向東方阼階下卽西面位又按雜記曰弔者卽位于門西東面主孤西面相者入告出曰孤某須矣弔者入主人升堂西面弔者升自西階註門西大門之西也主孤西面立於阼階之下也須待也凶禮不出迎故云須矣主人升堂由阼階而升也曲禮升降不由阼階謂平常無弔賓時耳以此觀之始死拜賓在西階下東面而小斂後始就阼階下西面

◆弔賓茶湯而退(조빈다탕이퇴)

集說薄俗有設酒食待客者非禮宜痛革之○丘儀按書儀賓答拜后有主人置杖坐几子或不設坐褥或設白褥茶湯至則不執托子賓退持杖而送之之文今世士大夫聞喪賓弔之有設草座對客者客出不送此雖俗禮若來弔者果平日親厚之人有事相資者少留恐亦無害

제 4 절 문상(聞喪) 분상(奔喪)

◆聞喪哭位(문상곡위)

檀弓曾子與客立於門側其徒趨而出曾子曰爾將何之曰吾父死將出哭於巷曰反哭於爾次曾子北面而弔焉陳註其徒門弟子也次其人所寓之館舍也○子思之母死於衛赴於子思子思哭於廟門人至曰庶氏之母死何爲哭於孔氏之廟乎子思曰吾過矣吾過矣遂哭於他室陳註伯魚卒其妻嫁於衛庶氏嫁母與廟絶故不得哭於廟○奔喪哭父之黨於廟母妻之黨於寢師於廟門外朋友於寢門外所識於野張帷陳註檀弓云師吾哭諸寢舊說異代之禮所以不同不然記者所聞或誤歟○檀弓伯高死於衛赴於孔子孔子曰吾惡乎哭諸兄弟吾哭諸廟父之友吾哭諸廟門之外師吾哭諸寢朋友吾哭諸寢門之外所知吾哭諸野於野則已疏於寢則已重夫由賜也見我吾哭諸賜氏遂命子貢爲之主曰爲爾哭也來者拜之知伯高而來者勿拜也方氏曰爲子貢而來則弔生之禮在子貢知伯高而來則傷死之禮在伯高或拜或不拜稱其情耳

◆奔喪(분상)

奔喪註男子有事於四方安能免離親哉然則奔喪之事不幸而時亦有焉此先王所以作爲之禮○雜記大夫士將與祭於公旣視濯而父母死則猶是與祭也次於異宮旣祭釋服出公門外哭而歸其他如奔喪之禮如未視濯則使人告告者反而後哭註視濯監視器用之滌濯也次於異宮以吉凶不可同處也如未視濯而父母死則使人告於君俟告者反而後哭父母也○如諸父昆弟姑姊妹之喪則旣宿則與祭卒事出公門釋服而后歸其他如奔喪之禮如同宮則次于異宮註旣宿謂祭前三日將致祭之時旣受宿戒必與公家之祭以期以下之喪服輕故也如同宮則次於異宮者謂此死者是己同宮之人則出次異宮○通典晉束楷問有父母之喪遭外緦麻喪往奔不步熊答曰不得也若外祖父母喪非適子可往若姑姊妹喪嫡庶皆宜往奔○傳純曰禮先重後輕則輕服臨之輕服臨者新亡新哀以表新情亦明親親不可無服及其還家復着重者是輕情輕服已行故也

⊙始聞親喪哭(시문친상곡)

親謂父母也以哭答使者又哭盡哀問故

⊙타지에 거주하다 부모상 소식을 처음 들었을 때 곡한다.

친(親)이란 부모를 이름이다. 상 소식을 전하러 온 이로부터 부음을 받으면 곡으로 답하고 또 심부름 온 이에게 작고 한 연유를 묻고 슬픔을 다하여 곡한다.

◆聞喪儀(문상의)

按禮記有奔喪篇家禮本書儀書儀本禮記但畧擧其要耳其聞次第儀節盖已詳具家禮喪禮篇於此不復重出使人臨時考行而已然今世士夫游宦於外一聞凶訃心緒瞶亂平時不素講明倉卒之際豈能細考縱一閱之亦爲能因其畧而遽得其詳耶今條析爲僃節于后

◆始聞親喪哭(시문친상곡)

奔喪奔喪之禮始聞親喪以哭答使者盡哀問故又哭盡哀(注)親父母也以哭答使者驚怛之哀無辭也問故問親喪所由也雖非父母聞喪而哭其禮亦然也(疏)奔喪至盡哀○

正義曰此一篇總明奔五服之喪也從始聞至於喪所成服之節今各隨文解之此一節論初聞至節五服皆然故鄭注云雖非父母聞喪而哭其禮亦然鄭必知五服皆然者以下文云日行百里不以夜行喩父母之喪見星而行別云喩父母則知以前兼五服也○拜賓反位成踊賓出主人拜送于門外反位於又哭括髮袒成踊於三哭猶括髮袒成踊(註又哭至明日朝也三哭又其明日朝也必又哭三哭者象小斂大斂時也雜記曰士三踊其夕哭從朝不括髮不袒不踊不以爲數)○凡爲位不奠(註)以其精神不存乎是○丘儀是日爲位設椅子前設卓子置香爐香盒燭臺各就位藉以藁哭不絕聲具括髮經帶衰服次日袒括髮經帶設奠於卓子上有子孫在喪側者不設○南溪曰爲位者生人位次也盛水則俗規不可行也

◆在謫聞喪(재적문상)

晦齋行狀先生至謫所之明年大夫人下世以遺衣服設位朝夕攀號毀戚以盡三年○疑禮問答問若在謫所聞喪不得歸則當設位饋奠以從三年歟曰在外聞喪喪次無他子孫則設位設奠禮也此亦似當倣此而行之若是長子則當於所在處奉几筵如常儀若是支子則當只於練祥時設虛位以祭而變除矣

◆在官聞喪(재관문상)

本註溫公曰法令有不得於州縣公廨舉哀之文則在官者當哭於僧舍○問公廨不得舉哀則聞命矣若衙舍則異於公廨雖舉哀亦無妨邪寒岡曰衙舍自是私室舉哀恐無妨

◆出使聞喪(출사문상)

聘禮若有私喪則哭于館衰而居不饗食歸使衆介先衰而從之○奔喪若未得行則成服而後行○公羊大夫以君命出聞喪徐行而不反(註)不反重君命也徐行爲君當使人追代

◆始聞親喪哭報發喪(시문친상곡보발상)

奔喪之禮始聞親喪以哭答使者盡哀問故又哭盡哀註問故問親喪所由也雖非父母問喪而哭其禮亦然○問聞父母喪者不見訃書則發喪固不當輕舉而傳聞若的實則遲待訃書不爲發喪於情果如何遂菴曰只憑流播之言何可輕易發喪雖甚罔極當俟的報

⊙易服(역복)

(儀節男子去冠及上服婦人去首飾及華盛之服被髮徒跣不食哭擗無數)裂布爲四脚白布衫繩帶麻屨

⊙의복을 바꿔 입는다.

남자는 관과 겉옷을 벗고 부인은 머리 장식과 화려한 옷을 벗고 머리를 풀고 버선을 벗고 가슴을 치며 곡하기를 한없이 한다. 베를 잘라 머리를 걷어 올리고 사각건을 쓰고 흰 베옷에 흰 끈으로 허리띠를 삼고 짚신을 신는다.

◆四脚巾(사각건)

大全君臣服議四脚之制用布一方幅前兩角綴兩大帶後兩角綴兩小帶覆頂四垂因以前邊抹額而繫大帶於腦後復收後角而繫小帶於髻前以代古冠亦名幞頭亦名折上巾其後乃以漆紗爲之專謂之幞頭○儀節按裂布爲四脚家禮本書儀恐是當時有此製今世人不用忽然以行遠路恐駭俗觀擬用有子粗麻布爲衫戴白帽束以麻繩着麻鞋

◆被髮行路之非(피발행로지비)

大全四脚之制用布一方幅前兩角綴兩大帶後兩角綴兩小帶覆頂四垂因以前邊抹額而繫大帶於腦後復收後角而繫小帶於髻前以代古冠亦名幞頭後乃以漆紗爲之專謂之幞頭○備要按此當有被髮一節而家禮不見蓋蒙上文初終之儀也儀節於入門詣柩前再變服條有曰就東

方被髮如初喪則始聞喪被髮徒跣而爲奔喪不可被髮而行故斂髮著四脚巾到家又被髮徒跣也○沙溪曰奔喪註云不可以括髮行於道路括髮而行尙云不可今俗奔喪者或被髮而行甚非也

◆巾上加蔽陽子(건상가폐양자)

儀節按裂布爲四脚家禮本書儀恐是當時有此制今忽然以此行路恐駭俗觀擬用粗麻布爲衫戴白帽束以麻繩著麻鞋○問今俗奔喪者以四脚巾加於白帽上如何尤菴曰家禮用四脚巾而儀節用白帽各是一制而今人兼用之則誤矣○愚按儀節所謂白帽卽大帽而用蔽雨日之笠子也凶故用白據下入門條儀節說去冠之文可知蓋儀節欲去駭俗之四脚巾故用白帽然加帽於巾上恐當今當代以蔽陽子加巾上

⊙遂行(수행)

日行百里不以夜行(奔喪惟父母之喪見星而行見星而舍)雖哀戚猶辟害也

⊙길을 떠난다.

하루 백리를 가되 밤에는 걷지 않으며 부모상이면 별이 지기 전에 걷기시작 하여 별이 뜨면 여숙(旅宿)에 든다. 아무리 서러워도 남에게 해를 피해서 곡을 하여야 한다.

◆日行百里(일행백리)

奔喪遂行日行百里不以夜行唯父母之喪見星而行見星而舍註不以夜行避患害也細註嚴陵方氏曰古者吉行五十里今以凶變之遽故倍之○儀節按日行百里言其大約也道路舍止不能皆然書儀云今人雖或與親屬偕行不能百里道中亦不可留滯也

◆婦人奔喪(부인분상)

家語婦人不百里而奔喪註不百里猶言不越境○南溪曰女子之嫁於千里者未見有不奔喪之義雜記曰婦人非三年之喪不踰封而弔然則所謂不百里奔喪者指期服以下而言也

⊙道中哀至則哭(도중애지즉곡)

哭避市邑喧繁之處○司馬溫公曰今人奔喪及從柩行者遇城邑則哭過則止是飾詐之道也

⊙가는 도중 슬픔이 일면 곡한다.

시읍(市邑)의 번화하고 시끄러운 곳에서는 곡을 하지 않는다.
○사마온공(司馬溫公)이 이르기를 오늘날 사람들은 부음을 받고 갈 때나 상여(喪輿) 뒤를 따를 때 성읍(城邑)을 만나면 곡을 하고 다 지나면 곡을 그치는데 이는 거짓을 꾸미는 짓이니라. 하였다.

⊙望其州境其縣境其城其家皆哭(망기주경기현경기성기가개곡)

家不在城望其鄕哭

⊙주(州)의 경계와 현(縣)의 경계와 성(城)과 집이 보이면 모두 곡을 한다.

인가(人家)가 없는 곳에서 성이 보이고 그 동리가 보이면 곡을 한다.

⊙入門詣柩前再拜再變服就位哭(입문예구전재배재변복취위곡)

(奔喪入門左升自西階○儀節詣柩前且拜且哭)初變服如初喪(儀節就東方被髮徒跣不食)柩東西
向坐哭盡哀又變服如大小斂亦如之(奔喪西面坐哭括髮袒)

⊙문으로 들어가 시구 앞으로 가서 재배를 하고 다시 변복(變服)을 하고 제자리로 가서 곡한다.

문의 왼편으로 들어가 서쪽층계로 올라 시구 앞으로 가서 곡하며 절하고 곡하며 절을 한다. 첫 번째 변복은 초상 때 변복 의식과 같게 하되 시구의 동편으로 가서 머리를 풀고 버선을 벗고 금식을 한다. 시구의 동쪽에서 서쪽으로 향하여 앉아 슬픔을 다하여 곡하고 또 변복을 대소렴 때 의식과 같게 하고 서쪽으로 향하여 앉아 곡하고 머리를 올려 묶고 소매를 벗는다.

◆入門詣柩哭(입문예구곡)

奔喪至於家入門左升自西階殯東西面坐哭盡哀括髮袒降堂東卽位西鄕哭成踊襲絰于序東絞帶反位拜賓成踊送賓反位註此言奔父喪之禮爲人子者升降不由阼階今父新死未忍異於生故入自門左升自西階也在家而親死則笄纚小斂畢乃括髮此自外而至故卽括髮而袒衣也鄭云已殯者位在下此奔喪在殯後故自西階降而卽其堂下東之位也襲絰者俺其袒而加要絰也序東者在堂下而當堂上序墻之東也不散麻者亦異於在家之節也此絞帶卽襲絰之絰非象革帶之絞帶也絰重象革帶之絞帶輕反位復先所卽之位也凡拜賓皆就賓之位而拜之拜竟則反已之位而哭踊也○有賓後至者則拜之成踊送賓皆如初衆主人兄弟皆出門出門哭止闔門相者告就次於又哭括髮袒成踊於三哭猶括髮袒成踊三日成服拜賓送賓皆如初註皆如初者如先次之拜賓成踊與送賓反位也次倚廬也在中門外又哭明日之朝也三哭又其明日之朝也皆升堂而括髮且袒如始至時三日三哭之明日也○奔喪者非主人則主人爲之拜賓送賓奔喪者自齊衰以下入門左中庭北面哭盡哀免問麻于序東卽位袒與主人哭成踊於又哭三哭皆免袒有賓則主人拜賓送賓丈夫婦人之待之也皆如朝夕哭位無變也○奔母之喪西面哭盡哀括髮袒降堂東卽位西鄕哭成踊襲免絰于序東拜賓送賓皆如奔父之禮於又哭不括髮○婦人奔喪升自東階殯東西面坐哭盡哀東髽卽位與主人拾踊註婦人謂姑姊妹女子子東階東面階非阼階也婦人入者由闈門闈門是東邊之門東階卽雜記所謂側階也髽說見小記東髽髽於東序不髽於房變於在室者也拾更也主人與之更踊賓客之也○爲母所以異於父者壹括髮其餘免以終事他如奔父之禮細註嚴陵方氏曰入門而哭於母止於一括髮於父則不一焉此隆後之別也○儀節(奔喪者將至在家者男婦各具服就次哭又待奔喪者至哭入門升自西階)詣柩前拜興拜興拜興拜興(且拜且哭)擗踊無數(哭少間)拜弔尊長受卑幼拜弔(且哭且拜幷問所以病死之故乃就東方去冠及上衣)披髮徒跣不食(如初喪)就位哭(各就其位次而哭第二日晨興男子)袒括髮(婦女)髽(至上食時)襲衣(捲所袒衣)加絰帶(首戴白布巾上加環絰腰具絰散垂其末幷具絞帶)

◆婦人奔喪入哭之節(부인분상입곡지절)

奔喪婦人奔喪升自東階殯東西面坐哭盡哀東髽卽位與主人拾踊註東階東面階也婦人入者由闈門東髽髽於東序不髽於房變於在室者也去纚大紒曰髽拾更也主人與之更踊賓客之疏諸侯夫人奔喪入自闈門明卿大夫以下婦人皆從闈門入陳註東面階卽雜記所謂側階非阼階也闈門是東邊之門○雜記如三年之喪則君夫人歸夫人至入自闈門升自側階君在阼其他如奔喪禮然註歸奔父母喪也宮中之門曰闈門側階亦旁階也

⊙奔喪儀禮節次(분상의례절차)

奔喪者將至在家者男婦各具服就次哭又待奔喪者至哭入門升自西階
詣柩前○拜興拜興拜興拜興(且拜且哭)○擗踊無數(哭少間)○拜弔尊長○受卑幼拜弔

(且哭且拜幷問所以病死之故乃就東方去冠及上衣)○披髮徒跣○不食(如初喪)○就位哭(各就其位次而哭第二日晨興男子)○袒括髮(婦女)○髽(至上食時)○襲衣(捲所袒衣)○加絰帶(首戴白布巾上加環絰腰具経散垂其末幷具絞帶)

⊙분상 의례절차.

분상자(奔喪者)가 오기 전에 집에 있는 남녀 복인은 각각 당한 상복을 갖춰 입고 상차로 나가 곡하며 분상자가 오기를 기다린다. 분상자는 집에 도착하면 곡하며 대문으로 들어와 서쪽층계로 올라 온다. ○시구(屍柩) 앞으로 간다. ○사배한다. (곡하며 절을 하고 곡하며 절을 한다) ○무수히 가슴을 치고 뛰며 곡을 한다. (곡을 잠깐 멈추고) ○존장에게 절을 하며 조문한다. ○항렬이 낮거나 수하자(手下者)에게서는 절과 조문을 받는다. (곡하며 절하면서 병환과 작고하신 연유를 묻고 곧 동쪽으로 가서 관(冠)과 겉옷을 벗는다) ○머리를 풀고 버선을 벗어 맨발이 된다. ○음식을 먹지 않는다. (초상과 같다) ○제자리로 가서 곡한다. (각각 상차(喪次)의 제자리로 가 곡하고 둘째 날 아침 일찍 일어나 남자들은) ○겉 옷 왼쪽 소매를 벗고 풀었던 머리를 올려 묶어 맨다. ○부인은 머리를 올려 묶어 상중 복 머리를 한다. (상식 때가 되면) ○습 시(襲時)의 옷으로 고쳐 입는다. (겉 옷 소매를 벗어 말아 꽂는다) ○수질(首絰)을 쓰고 요질(腰絰)과 교대(絞帶)를 두른다. (수질을 백포건(白布巾) 위에 덧쓰고 환질(環絰)과 요질을 두르되 요질의 끝을 풀어 늘어트리고 아울러 교대를 두른다)

⊙後四日成服(후사일성복)

與家人相弔賓至拜之如初

⊙분상 후 나흘 만에 성복을 한다.

가족들과 더불어 서로 조문하고 조문객이 오면 조문을 받고 절하기를 처음과 같이한다.

◆四日成服(사일성복)

奔喪哭免袒成踊於三哭猶免袒成踊三日成服疏曰若奔在葬後而三月之外大功以上則有免麻東方三日成服若小功緦麻則不得有三日成服小功以下不稅無追服之理若葬後通葬前未滿五月小功則亦三日成服其緦麻者止臨喪節而來亦得三日成服也○哭括髮袒成踊於三哭猶括髮袒成踊三日成服於五哭相者告辭畢註五哭者初至象始死爲一明日象小斂爲二哭又明日象大斂爲三哭又明日成服之日爲四哭又明日爲五哭皆數朝哭夕哭鄭云旣期而至者則然故相者告事畢若未期則猶朝夕哭不五哭而畢也哭雖五而括髮成踊則止於三○儀節是日朝夕奠具哀絰持杖入哭○陶菴曰奔喪之主人日滿自可成服兄弟之在家者則先爲成服恐無害於義

◆父母追服(부모추복)

朱子曰補塡如今追服意亦近厚(按葉賀孫問賤婦喪母卒哭而歸大記曰喪父母旣練而歸令反終其月數而誤歸之月尙可補塡乎朱子荅云云)○問人有少時喪親及長追服者退溪曰追服朱先生以爲意亦近厚觀亦近二字其非得禮之正明矣旣非正禮則又豈可立法而使之通行耶蓋旣失其時而從事吉常久矣一朝哭擗行喪已不近情其於節文亦多有窒礙難行處故也禮有稅服此乃聞喪後時而追服與此又不同也○沙溪曰追服之禮先儒已謂非禮不可行也○尤菴荅人曰所諭追服未服之喪未之前聞古今未伸至情者何限則自我作古未知如何且哀省事以後卽以行此則雖曰非禮而或誘於徑情至於今日則益無所據矣且徑情二字聖人以爲夷虜幸乞更入思慮如何○前日所陳徑情之語蓋孔聖小孤至不知父墓所在而未聞有追服之禮今欲出於聖人之外故敢呈妄見耳

◆所後父追服(소후부추복)

通典荀伯子曰若本服大功之親雖數十載之後猶追爲稅服至於出後之子在三年之外便不爲繼父追服○尤菴曰所謂稅服云者父母在遠而沒其子久後聞訃則雖過三年亦必追服故謂之稅服今所後父死後數十年而始爲之子則是與生不及祖父母不稅之義同

◆祖父母諸父昆弟追服(조부모제부곤제추복)

小記生不及祖父母諸父昆弟而父稅喪已則否註謂子生於外者也父以他故居異邦而生已已不及此親存時歸見之今其死於喪服年月已過乃聞之父爲之服已則否者不責非常之恩於人所不能也當其時則服(按稅當作稅博雅云過則追服謂之稅)○通典王肅云昆弟父之昆弟劉智蔡謨等云弟爲衍字張亮云小功兄弟居遠不稅曾子猶歎之而況祖父母諸父兄弟鄭君云不責人所不能此何義也生不及者是已未生之前已沒矣乖隔斷絶父始奉諱居服而已否者尋此文義蓋以生存異代後代之孫不復追服先代之親耳豈有並代乖隔便不服哉王肅以爲已之生不及此親之存則不稅若此親未亡之前而已生則稅之

◆所後祖喪期年內爲後追服(소후조상기년내위후추복)

芝村曰來後於所後祖喪期年之內則似與服未盡前聞喪者相同自今服期至明年除服似宜○陶菴曰出後於人而在於所後祖父母喪期年內則其追服與否據小記生不及祖父母諸父昆弟父稅喪已則否張亮說旁照則可以已未生前已沒之事爲準且未出後而在本生家者便可與生於他國一例看○愚按芝村說卽以尤翁所論所後父喪中來後者從繼後文書到家日爲聞訃日服三年之義旁照而推說耳然陶菴說旣如此尤菴又論來後於所後家昆弟死未久者追服當否而引小記說以爲不當追服之證則祖父母與昆弟據小記本無差別而其不當追服則一也又按通典曰五服皆定於始制之日男子在周服之內出後者不可九月而除云則假如本生祖喪期服內出後者又値所後祖喪期年內則恐不可卽除本生期而服所後祖也此與南溪所論父喪中出後於所後父喪中之禮恐有間矣蓋父則固不可一刻貳也若祖以上服則有適子者無適孫孫無承重之義自當與父子有間矣不但小記說爲可據也

◆從父出後所後祖追服(종부출후소후조추복)

陶菴曰死而無後者期年之內取人爲子而其子又有子此亦當從父稅服已則否之例矣

◆所後外祖追服(소후외조추복)

南溪曰繼後外祖之服恐不當追服蓋其亡時與已未及成親故也

◆所後昆弟追服(소후곤제추복)

尤菴曰出後於人而所後家子死未久則所後子追服與否之疑是亦變禮只有一事可以證授者小記生不及祖父母諸父昆弟其父稅喪已則否張亮曰生不及者是已未生之前已沒矣蓋以生存異代不復追服云云今此所後家之子死在於已之未及出後之前則當以已未生之前已沒之例準之矣

◆婦人爲夫黨追服(부인위부당추복)

遂菴曰女子嫁而夫黨已有喪者婦之從服大功於夫皆爲重制自不當娶婦若緦小功則元無追服之事人家之未見追服者良以此也○愚按此禮恐亦當以小記生不及之義旁照而處之矣

◆期大功追服(기대공추복)

通典荀伯子曰若本服大功之親雖數十載之後猶追爲稅服○問稅服沙溪曰期九月之重服雖過月數與初喪聞訃者無異設位而哭四日成服如家禮之文可也

◆正小功追服(정소공추복)

檀弓曾子曰小功不稅則是遠兄弟終無服也而可乎註日月已過乃聞喪而服曰稅疏小功不稅則遠處兄弟聞喪恒晚終無服而可乎此據正服小功也馬氏曰曾子於喪道有過乎哀是以疑於

此然小功之服雖不必稅而稅之者蓋亦禮之所不禁也○奔喪聞遠兄弟之喪旣除喪而后聞喪免祖成踊拜賓則尙左手註小功緦麻不稅者也雖不服猶免祖疏尙左手從吉拜○韓昌黎與人書曰今人男出仕女出嫁或千里之外家貧訃告不及時則是不服小功者恒多而服者恒鮮矣君子之於骨肉死則悲哀而爲之服者豈有間於新故死哉近出弔人見其顔色慼慼類有喪者而其服則吉問之則云小功不稅者也不識禮之所謂不稅果不追服乎無乃別有所指而傳註者失其宗乎○劉敞曰如專爲情也則至親不可以期斷小功不可以不稅如爲文也則至親之期斷小功之不稅一也夫曾子韓子隆於情而不及文雖然韓子疑之是也小功雖不稅亦不吉服而已記曰聞遠兄弟之喪旣除喪而后聞之則祖免哭之成踊又曰降而無服者麻(奔喪文註雖無脫猶弔服加麻)不稅是亦降而無服哀之以其麻哭之以其情逾月然後已其亦愈乎吉也○遂菴曰據檀弓說則雖緦小功亦當稅服

◆降小功緦追服(강소공시추복)

小記降而在緦小功者則稅之註謂正親在齊衰大功者正親緦小功不稅矣陳註如叔父及嫡孫正服期在下殤則皆降小功如庶孫之中殤以大功降緦如此者皆追服之凡降服重於正服

◆正服緦追服(정복시추복)

尤菴曰小功不稅之非旣有明文而緦則無所考通典亦無一定之說或云月數未滿而聞則可稅已滿旣久則不稅云此說亦有據歟

◆服內間喪脫者服(복내간상탈자복)

通典徐邈曰鄭玄云限內聞喪則追全服王肅云服其殘月小功不稅人恩輕故也若方全服與追何異宜服餘月庾蔚之曰王議容朝聞夕除或不容成服求之人情未爲允愜賀循曰不稅者謂喪月都竟乃聞喪者耳若在服內則自全五月○晉元帝制小功緦麻或垂竟聞問宜全服不得服其殘月

⊙成服儀禮節次(성복의례절차)

是日朝奠時在家男婦各服其服就位哭

擧哀(奔喪者具衰絰持杖向靈座伏地哭)○相弔(少頃詣所尊諸入前跪哭又向詣母前跪哭卑幼者又向奔喪者前跪哭一如前成服儀)○受弔(賓客有來弔慰者則哭出迎之)○稽顙拜興拜興(且拜且哭尊長不答拜其餘否)

⊙분상자 성복 의례절차.

이날 아침 전제 올릴 때 집에 있던 남녀 복인들은 각각 당한 상복을 입고 제자리로 나아가 곡을 한다. ○모두 슬피 곡을 한다. (분상자는 최복과 질대(絰帶)를 갖추고 상장을 집고 영좌 전을 향하여 땅에 엎드려 곡한다) ○서로 조문한다. (조금 지난 뒤 여러 존장이 있는 곳으로 들어가서 무릎을 꿇고 곡하고 또 모친 앞으로 가서 무릎을 꿇고 곡하고 항렬이 낮거나 수하자는 또 분상자 앞으로 가서 무릎을 꿇고 곡하기를 하나 같이 성복은 앞의 성복 의식과 같게 한다) ○조문을 받는다. (조문객이 조문하러 와 있으면 곡하며 나아가 조문을 받는다) ○계상(稽顙)재배한다. (또 절하고 또 곡하되 본인이 존장이면 답배치 않으나 그 외는 그렇지 않다)

⊙若未得行則爲位不奠(약미득행즉위위불전)

設椅子一枚以代尸柩左右前後設位哭如儀但不設奠若喪側無子孫則此中設奠如儀

⊙만약 상 소식을 듣고 출행하지 않았으면 위(位)를 차려 놓고 곡을 하되 전제(奠祭)는 올리지 않는다. (未得行禮)

의자(椅子) 하나를 시구(尸柩) 대용으로 차려놓고 전후 좌우에 자리를 정하여 곡하기를 의례대로 한다. 다만 전제는 올리지 않는다. 만약 상가 측근(側近)에 자손이 없으면 이곳에서 차려놓고 의례와 같이 올린다.

◆三哭三日成服(삼곡삼일성복)

奔喪若未得行則成服而后往疏此奉君命使事未了不可以已私廢公事故成服以俟君命他人代已也○不得奔喪哭盡哀問故又哭盡哀乃爲位括髮袒成踊襲経絞帶卽位拜賓反位於又哭括髮袒於三哭猶括髮袒三日成服疏聞喪日卽経帶者喪至此赴者至踰其日節故也○凡爲位不奠註不奠以其精神不存乎是也張子曰爲位者爲哭位也然亦有神位

⊙變服(변복)變疑成

亦以聞後之第四日(儀節亦以聞後之第四日○備要按變服必不待四日之後而此下又無成服一節疑變字卽成字之誤)

⊙성복한다. (未得行禮)

역시 부음(訃音)을 들은 지 4일 째 되는 날 성복한다.

◆聞喪儀(문상의)

按禮記有奔喪篇家禮本書儀書儀本禮記但畧擧其要耳其間次第儀節蓋已詳具家禮喪禮篇於此不復重出使人臨時考行而已然今世士夫游宦於外一聞凶訃心緒瞶亂平時不素講明倉卒之際豈能細考縱一閱之亦焉能因其略而遽得其詳哉今條析爲儀節於後

⊙聞訃儀禮節次(문부의례절차)

是日訃至○擧哀(擧家男婦皆哭少頃問使者以病及終之故)○易服(男子皆去冠及上服女子去首飾與凡華盛之服)○被髮徒跣○不食○男女哭擗無數

⊙부음을 받고 행하는 의례절차. (未得行禮)

부음을 받은 그날. ○모두 곡한다. (모든 가족 남자와 여자들은 곡을 잠깐 동안하고 심부름 온 이에게 병환과 작고한 연고를 묻는다) ○옷을 고쳐 입는다. (남자들은 관과 상의를 벗고 여자들은 머리장식을 떼고 모든 화려한 옷을 벗는다) ○머리를 풀고 버선을 벗는다. ○음식을 금한다. ○남녀는 한없이 가슴을 치며 통곡한다.

⊙爲位儀禮節次(위위의례절차)

是日堂中設倚子一枚以代柩倚子前設卓子一張上置香爐香合燭台之類
各就位(主人坐於位東衆男坐其下皆藉以藁主婦坐於位西衆婦女坐其下以南爲上)○擧哀(哭不絶聲○是日具括髮経帶衰服等物)

⊙허위를 차려놓고 자리를 정하여 곡하는 의례절차.(未得行禮)

이날 당의 중간에 관을 대신하여 교의 하나를 놓고 교의 앞에 탁자 하나를 놓는다. 탁자 위에는 향로와 향합과 촛대 등을 놓는다. ○각각 제자리로 간다. (주인의 자리는 위(位)에서 동쪽이며 여러 남자들은 그 뒤에 앉되 모두 거적자리를 펴고 앉으며 주부의 자리는 위(位)에서 서쪽이며 여러 부녀자들은 그 뒤에 앉되 남쪽이 상석이다) ○슬픔을 다하여 곡 한다. (곡 소리가 끊어지지 않게 계속한다. ○이날 풀었던 머리를 올려 묶어 매고 질대(経帶)와 최복(衰服) 등을 갖춘다)

⊙變服儀禮節次(변복의례절차)

聞訃之次日○袒(男子皆袒去上衣)○括髮(散髮者用麻繩束之)○具経帶(首戴白布巾上加單股之経禮所謂環経也其腰経散垂其末三尺及其絞帶詳見喪禮篇初終遷尸牀條下)○婦人髻(婦人

用麻繩撮髻卽挿竹木簪子)〇服輕者袒免(服輕者皆着素服袒開上衣用布纏頭或着白巾亦可)

⊙옷을 고쳐 입는 의례절차. (未得行禮)

부음을 받은 다음 날이다. 〇윗옷 소매를 벗는다. (남자들은 모두 윗옷소매를 벗는다) 〇풀었던 머리를 묶어 맨다. (머리를 풀었던 복인은 삼끈으로 올려 묶는다) 〇질대를 갖춘다. (머리에 쓸 백포건과 그 위에 덧쓸 수질과 그리고 요질(腰絰)은 그 끝을 석자를 풀어놓고 교대를 갖추되 상례편 초종장 천시상조(遷尸牀條)를 자세히 살펴 그와 같게 한다) 〇부인은 상중 복머리를 한다. (부인은 베 끈으로 머리를 올려 묶고 대나무나 나무 비녀를 꽂는다) 〇가벼운 복인들은 윗옷의 왼쪽소매를 벗고 머리에는 베로 망건을 만들어 쓴다. (복이 가벼운 이는 모두 흰옷을 입되 소매를 벗고 베로 머리를 둘러매며 혹은 흰 건을 씀도 가하다)

⊙設奠儀禮節次(설전의례절차)

爲位之後是日卽陳設蔬果脯醢羹飯茶酒之類於卓子上用侍者一人爲祝有子孫在喪側者不設

盥洗(祝洗手)〇跪〇焚香〇興〇斟酒〇鞠躬拜興拜興平身(祝拜)〇罩巾〇擧哀(自是以後朝夕日中凡三次遇朔日卽盛設如在家儀)

⊙전상을 차려놓고 올리는 의례절차. (未得行禮)

위(位)를 설치한 뒤 이날 곧 진설을 하되 소채와 과실과 포, 육장, 국과 메, 차와 술 등을 탁자 위에 진설하고 시자(侍者) 한 사람을 축관으로 삼는다. 상가(喪家) 측근에 자손이 있으면 전(奠)을 올리지 않는다. 손을 씻는다. (축관은 손을 씻는다) 〇무릎을 꿇고 앉는다. 〇분향한다. 〇일어선다. 〇술을 따라 올린다. 〇국궁 재배 평신한다. (축관만 재배한다) 〇상보로 덮는다. 〇모두 슬프게 곡한다. (이날 이후부터는 아침저녁과 점심때 모두 세 차례이며 매월 초하루 날에는 곧 진설 하기를 집에서의 의식과 같게 한다)

⊙成服儀禮節次(성복의례절차)

聞訃第四日夙興〇各具服(五服之人各服其服執杖有腰絰者絞其麻本之散垂者去環絰不用)〇各就位(男位於靈位東女位于西各以尊卑爲序)〇擧哀〇相弔(卑幼者以次就尊長前跪哭弔慰盡哀)〇復位

⊙성복하는 의례절차. (未得行禮)

부음을 들은 날로부터 나흘째 되는 날이 되면 일찍 일어나. 〇각각 상복을 갖춰 입는다. (오복(五服)을 입을 복인들은 당한 상복을 입고 상장을 집고 요질과 교대를 두르되 그 끝을 풀어 늘어트리고 환질은 벗어 놓는다) 〇각각 제자리로 간다. (남자들의 자리는 영좌의 동쪽이며 여자들의 자리는 영좌의 서쪽으로 각각 어른과 항렬이 낮은 이의 자리를 차서 대로한다) 〇모두 슬프게 곡한다. 〇서로 조문한다. (항렬이 낮거나 수하자는 차례로 존장 앞으로 나아가 무릎을 꿇고 앉아 슬픔을 다하여 조위를 한다) 〇제자리로 물러난다.

⊙受弔儀禮節次(수조의례절차)

未成服以前來弔者弔者入門子弟出見之揖訖或門生屬吏皆可

賓致辭曰竊聞(某親某官或隨所言)不淑何時訃至〇答辭曰孤某遭此凶變蒙賜慰問以未成服不敢出見不勝哀感使某拜〇鞠躬拜興拜興平身(賓答拜尊長則回半禮禮畢賓退子弟送出門或少延茶湯)〇禮畢已成服以後來弔者弔者入門望位哭主人持杖哭而出〇弔主人曰(某親某官)不淑何時訃至〇鞠躬拜興拜興平身(主人答拜)〇主人致辭曰蒙慰問不

勝哀感稽顙拜興拜興平身(賓答拜)〇禮畢(賓退子弟送之出或少延茶湯)

　儀節按書儀賓答拜後有主人置杖坐几子或不設坐褥或設白褥茶湯至則不執托子賓退持杖而送之之文今世士大夫聞喪賓弔之有設草座對客者客出不送此雖俗禮若來弔者果平日親厚之人有事相資者少留恐亦無害姑書於此

⊙조문 의례절차. (未得行禮)

성복 전(前)에 조문자가 와 조문하는 법은 조문객이 대문으로 들어오면 자제가 나가 읍례(揖禮)를 하고 맞이한다. 혹 문하생이나 속한 아전(衙前) 모두가 하여도 된다. 〇 조문객이 일러 말하되 외람되이 모친 모관(혹은 그 곳에서 부르던 바 대로 한다)께서 작고하셨다 하여 조문코자 하옵는데 부음이 언제 왔사옵니까. 〇대답하기를 고자(孤子) 모는 이 흉변을 당하여 위문의 은혜를 받아야 하오나 아직 성복하지 않아 감히 나와 조문을 받을 수가 없사오니 사자(使者) 모는 슬프고 감동됨이 이보다 더할 수가 없사옵니다. 라 하고 절을 한다. 〇국궁 재배 평신한다. (조문개은 답배를 한다. 존장이면 반절을 하고 돌아간다. 예를 마치고 조문객이 물러나면 자제가 대문까지 따라 나가 인사하고 보낸다. 혹 차와 탕 대접으로 조금 지체하기도 한다) 〇예를 마친다. 이미 성복을 마친 뒤에 조문객이 문으로 들어와 위(位)를 바라보고 곡을 하면 주인은 상장에 의지하여 곡을 하고 나간다. 〇조문객이 주인에게 위문하기를 모친 모관께서 작고하셨다는 부음이 언제 왔사옵니까. 〇국궁 재배한다. (주인은 답배를 한다) 〇주인이 대답하기를 위문을 받사오니 슬프고 감동됨이 이보다 더할 수는 없사옵니다. 라 하고 계상 재배한다. (조문객은 답배를 한다) 〇예를 마친다. (조문객이 물러나면 자제가 따라 나가 인사하고 보낸다 혹은 차와 탕 대접으로 조금 지체하기도 한다)

⊙至家儀禮節次(지가의례절차)

在家者聞其至各具服以俟其人衰絰持杖哭入門升自西階〇詣柩前拜興拜興拜興(且拜且哭)〇哭擗無數〇拜弔尊長(哭拜且弔如成服儀)〇受卑幼拜弔〇就位哭(就其位次坐哭在家者皆哭)

⊙집에 도착한 후 의례절차.

집에 있던 복인들은 외지에 있는 복인이 온다는 소식을 들으면 각각 당한 상복을 갖춰 입고 기다린다. 외지에서 온 복인은 최복에 질대를 두르고 상장을 집고 곡하며 대문으로 들어와 서쪽층계로 오른다. 〇시구 앞으로 가서 사배를 한다. 또 절하고 또 곡한다) 〇가슴을 치며 곡하기를 한없이 한다. 〇존장에게 절하며 조문한다. (곡하며 절하고 또 조문하기를 성복 의식과 같게 한다) 〇항렬이 낮거나 수하자에게서는 절과 조문을 받는다. 〇제자리로 가서 곡한다. (그의 위치의 자리로 가서 앉아 곡하고 집에 있던 복인들도 다같이 곡한다)

⊙在道至家皆如上儀(재도지가개여상의)

若喪側無子孫則在道朝夕爲位設奠至家但不變服其相弔拜賓如儀

⊙오는 도중에 집에 올 때까지 모두 위 의식과 같게 한다.

만약에 상가 측근에 자손이 아무도 없을 때는 오는 도중이라도 조석으로 위(位)를 차려 놓고 전(奠) 올리기를 집에 올 때까지 한다. 다만 옷은 고쳐 입지 않으며 그 곳에서도 서로 조문하고 조문객과 절하기를 의례와 같게 한다.

◆不變服(불변복)

書儀已成服者不袒括髮〇備要按奔喪旣除喪而后歸亦括髮據此成服而奔喪者恐當有括髮之節〇愚按不變服不但此條爲然下文旣葬而奔喪者已成服則亦然此正家禮損益之義而從

書儀者也恐不必一一準以古禮而須括髮也未知如何

◆婦未于歸奔舅喪之節(부미우귀분구상지절)

問婦未于歸聞舅喪成服而奔喪者亦有奠菜而姑之前亦有禮物乎南溪曰吉凶昏喪其分甚嚴
苟以人情俗例行奠於始哭之日則客或可也必欲以此爲奠菜之常禮則恐未的當且赴舅初喪
何論見姑之常禮乎

⊙若旣葬則先之墓哭拜(약기장즉선지묘곡배)

之墓者望墓哭至墓哭拜如在家之儀未成服者變服於墓歸家詣靈座前哭拜四日成服
如儀已成服者亦然但不變服

⊙만약 이미 장례를 마쳤으면 먼저 묘소(墓所)로 가서 곡하고 절한다.

묘소로 갈 때 묘가 보이면 곡을 하며 묘에 이르면 곡하며 절하기를 시구(尸柩)가 집에 있을 때 의식과 같게 한다. 성복을 하지 않았으면 묘소에서 옷만 고쳐 입고 집으로 돌아와 영좌 전에서 곡하며 절을 하고 4일 째 되는 날 의식과 같게 성복을 한다. 이미 성복을 하였어도 또한 그와 같이 하고 다만 변복하지 않는다.

◆先之墓(선지묘)

奔喪不及殯先之墓北面坐哭盡哀主人之待之也卽位於墓左婦人墓右成踊盡哀括髮東卽主
人位絞帶哭成踊拜賓反位成踊相者告辭畢遂冠歸入門左北面哭盡哀括髮袒成踊東卽位
拜賓成踊賓出主人拜送有賓後至者則拜之成踊送賓如初衆主人兄弟皆出門哭止相者告就
次於又哭括髮成踊於三哭猶括髮成踊三日成服於五哭相者告辭畢註不及殯葬後乃至也尸
柩旣不在家則當先哭墓此奔喪者是適子故其衆主人之待之者與婦人皆往墓所遂冠而歸者
不可以括髮行於道路也冠謂素委貌入門出門皆謂殯宮門也○若除喪而後歸則之墓器成踊
東括髮袒絰拜賓成踊送賓反位又哭盡哀遂除於家不哭主人之持之也無變於服與之哭不踊
註袒絰者袒而襲襲而加絰也遂除卽於墓除之也無變於服謂在家者但著平常吉服○河西曰
亦然者歸家詣靈座前哭拜也○丘儀按今制仕宦者於杖期以下喪不得奔喪及其官滿而歸往
往在服滿之後今擬戴白布巾具要絰詣墓再拜哭踊隨俗具酒饌以奠獻亦可○小記奔兄弟之
喪先之墓而後至家爲位而哭所知之喪則哭於宮而後至墓註兄弟天倫也所知人情也係於天
者情急於禮由於人者禮勝於情宮故殯宮○雜記適兄弟之送葬者弗及遇主人於道則遂之墓
註適往也往送兄弟之葬而不及當送之時乃遇主人葬畢而反則此送者不可隨主人反哭必自
至墓所而後反也

◆不得奔喪旅次守制(부득분상여차수제)

南溪曰謫中居喪如晦齋亦只朝夕設位哭而已○南塘曰旅館守制之節揆以情理居喪者之朝
夕哭斷不可已旣行朝夕哭則設位以爲憑依之所亦不可已家中旣有子孫奉饋奠則此中不可
疊設旣不行饋奠則只設交倚不設牀卓諸具可矣不行上食則上食兩時之哭不可依行耳客來
受弔當以衰絰不可以深衣方笠練後雖無朝夕哭在家猶有晨昏展拜且有朝夕上食之哭在外
若廢朝夕哭則是一日之內全然無事依前不廢恐是得宜

⊙齊衰以下聞喪爲位而哭(자최이하문상위위이곡)

尊長於正堂卑幼於別室○司馬溫公曰今人皆擇日擧哀凡悲哀之至在初聞喪卽當哭
之何暇擇日但法令有不得於州縣公廨擧哀之文則在官者當哭於僧舍其他皆哭於本
家可也

⊙자최(齊衰) 이하의 상(喪) 소식을 들으면 위(位)를 차려 놓고 곡을 한다.

존장이면 정침이나 당에 차리고 항렬이 낮거나 수하자(手下者)이면 별실에 차린다. ○사마온공(司馬溫公)이 이르기를 지금 사람들은 모두 날을 잡아 모여 곡을 하는데 모든 슬픔과 서러움은 처음 상(喪) 소식을 들었을 때가 지극함이 있어 즉시 곡함이 당연할진대 어찌 천천히 날을 잡아 곡을 하여서 되겠느냐. 하였느니라.

◆所後父喪成服後聞生母喪(소후부상성복후문생모상)

問聞所後父喪既成服又聞本生母喪則當別設哭位仍著所後斬衰乎退溪曰就位哭時不得已脫去衰服自此至成服中間恐不可間間還著衰服入前喪次須待成服還脫而入前次矣○愚按退溪此說與雜記哭之他室入奠出改服之說不同然雜記以家有殯聞外喪者言也退溪所荅則是在旅中聞兩喪而無前喪入奠之節故耶

◆大功路中聞喪(대공노중문상)

問期大功之喪於路中聞之何以爲之寒岡曰路中及馬上非擧哀之所還家設位爲之不妨路左幽僻處亦恐近野哭○按或曰路中聞喪須就村家靜僻處設位而哭云云如此固好然哭於村家亦似難便下文奔齊衰之喪亦必望鄉而哭則此非哭於路中耶然則孔子之所惡野哭者未知果指聞喪哭而言耶奔喪者之路中哭則有異於是耶皆未可詳也

◆聞喪爲位哭(문상위위곡)

奔喪凡爲位非親喪齊衰以下皆卽位哭盡哀而東免経卽位袒成踊襲拜賓反位哭成踊送賓反位相者告就次三日五哭卒主人出送賓衆主人兄弟皆出門哭止相者告事畢成服拜賓若所爲位家遠則成服而往註人臣奉君命以出而聞父母之喪則固爲位而哭其餘不得爲位也此言非親喪而自齊衰以下亦得爲位者必非奉君命以出而爲私事未奔者也此以上言五哭者四前三節言五哭皆止計朝哭故五日乃畢獨此所言三日五哭卒者謂初聞喪一哭明日朝夕二哭又明日朝夕二哭并計夕哭者以私事可以早畢而亟謀奔喪故也若所爲位者之家道遠則成服而后往亦可蓋外喪緩可容辦集而行也○無服而爲位者唯嫂叔及婦人降而無服者麻註婦人降而無服謂姑**姊**妹在室者總麻嫁則降在無服也哭之亦爲位麻者弔服而加總之環経也鄭氏曰正言嫂叔尊嫂也兄公於弟之妻則不能也疏兄公謂夫之兄也於弟之妻則不能爲位哭之楊氏復曰雖無服弔服加麻袒免爲位哭也○檀弓妻之昆弟爲父後者死哭之適室子爲主○又申祥哭言思註妻之昆弟外喪也而既無服則不得爲哭位之主矣○小記哭朋友者於門外之右南面註南向者爲主以待弔賓也○檀弓伯高死於衛赴於孔子孔子曰吾惡乎哭諸兄弟吾哭諸廟父之友吾哭諸廟門之外師吾哭諸寢朋友吾哭諸寢門之外所知吾哭諸野於野則已疏於寢則已重夫由賜也見我吾哭諸賜氏遂命子貢爲之主註兄弟出於祖而內所親者故哭之廟父友聯於父而外所親者故哭之廟門外師以成已之德而其親視父故哭諸寢友以輔已之仁而其親視兄弟故哭諸寢門之外至於所知又非朋友之比有相趨者有相揖者有相問者有相見者皆泛交者也孔子哭伯高以野爲太疏而以子貢爲主方氏曰伯高之於孔子非特所知而已由子貢而見故哭於子貢之家且使之爲主以明恩之有所由

◆無服爲位(무복위위)

奔喪無服而爲位者惟嫂叔及婦人降而無服者麻(註)雖無服猶弔服加麻袒免爲位哭也(疏)哭嫂與叔爲位並及族姑**姊**妹女子出嫁元是總麻今降而無服亦當爲位哭之加弔服之麻不爲之袒免故云無服者麻麻謂總之経也兄公於弟妻不服卑遠之也弟妻於兄公不服尊絶之也婦人謂夫之兄爲兄公○檀弓妻之昆弟爲父後者死哭之適室子爲主袒免哭踊(疏子己子也令己子爲主受吊拜賓也)父在哭於妻之室非爲父後者哭諸異室○子思之哭嫂也爲位婦人倡踊(註)有服者娣姒婦小功倡先也○問解雖元無服分厚之喪亦當爲位而哭

◆親喪中聞外喪(친상중문외상)

雜記有殯聞外喪哭之他室入奠卒奠出改服卽位如始卽位之禮疏有殯謂父母喪未葬外喪謂
兄弟喪在遠者聞外喪哭殯宮則嫌是哭殯於別室哭之明爲新喪入奠者明日之朝著重服入奠
殯宮及下室終奠而出改重服著新死未成服之服卽昨日他室之位○問雜記註改重服著新死
未成服之服云云何其與父喪未葬不敢服母服之義不同耶南溪曰未成服之服卽指免絰之類
中衣則恐不可去矣與葬母不同者此猶未成服故也○檀弓有殯聞遠兄弟之喪哭于側室無側
室哭于門內之右○問聞有服之喪告于几筵而哭之否尤菴曰孔子曰兄弟吾哭諸廟此可爲來
示之證○愚按尤菴此說與雜記哭之他室之文不同恐當參訂

◆在官聞喪(재관문상)

本註溫公曰法令有不得於州縣公廨擧哀之文則在官者當哭於僧舍○問公廨不得擧哀則聞
命矣若衙舍則異於公廨雖擧哀亦無妨邪寒岡曰衙舍自是私室擧哀恐無妨

◆將祭聞喪(장제문상)

問大忌正齊日聞功親或相切之友訃音則爲位哭未安罷祭後哭耶旣已過之仍不哭耶寒岡曰
功親當廢祭而奔哭無服而情切則祭畢爲位哭情不甚厚而聞訃累日則不必追哭不可以一例
論

⊙若奔喪則至家成服(약분상즉지가성복)

奔喪者釋去華盛之服裝辦卽行旣至齊衰望鄕而哭(雜記大功以上見喪者之鄕而哭疏謂降
服大功也)大功望門而哭小功以下至門而哭(奔喪緦麻卽位而哭)入門(增解遂菴曰奔期功之
喪者到門外先去冠出於鄕俗豈有其義)詣柩前哭再拜成服就位哭弔如儀

⊙만약 상 소식을 듣고 급히 떠났으면 집에 이르러 성복을 한다.

분상자(奔喪者)는 화려한 옷을 벗고 길 떠날 준비를 하여 즉시 떠난다. 가까이 와서
자최(齊衰) 복인은 동리가 보이면 곡을 하고 대공 복인은 문이 바라보이면 곡을 하고
소공 이하 복인은 문에 이르러 곡을 하며 시마 복인은 자리로 가 곡하되 문으로 들
어가 시구 앞으로 가 곡하며 재배를 하고 성복 한 후 자리로 가서 곡하며 의례와 같
이 상호 조문한다.

◆奔喪(분상)

奔喪註陸曰鄭云奔喪者居於他邦聞喪奔歸之禮實曲禮之正篇也(疏)正義曰案鄭目錄云名
曰奔喪者以其居他國聞喪奔赴之禮此於別錄屬喪服之禮矣實逸曲禮之正篇也○又曰男子
有事於四方安能免離親哉然則奔喪之事不幸而時亦有焉此先王所以作爲之禮

◆奔喪服色(분상복색)

家禮本註裂布爲四脚(案朱子曰四脚之制用布一方幅前兩角綴兩大帶後兩角綴兩小帶覆頂
四垂因以前邊抹額而繫大帶於腦後復收後角而繫小帶於髻前此蓋吉時所著也此云裂布爲
之則直烈其兩端繫於前後不用前後綴帶之制凶巾異於吉也)白布衫繩帶麻屨○奔喪註未成
服者素委貌深衣○書儀素委貌深衣非倉卒所辦今從便爲四脚布衫○丘儀按裂布爲脚恐是
當時有此制今忽然以行路恐駭俗觀擬用有子粗麻布爲衫戴白帽束以麻繩著麻鞋○問解按
奔喪註不可以括髮行於道路也括髮而行尙云不可今俗奔喪者或被髮而行甚非也○疑禮問
答問奔喪者繩帶斬衰之制也麻屨齊衰之制也斬衰奔喪服色斑駁當各以其服奔之歟且繩帶
之制亦當具兩股歟曰麻屨似以未成服之故斬衰者亦著之也繩帶非絞帶只以小繩爲帶以易
其常服也有何斬衰之別只當依家禮行之耳(案曾子問君出疆而薨其入也子麻弁絰疏衰菲杖

註未忍成服於外也疏疏衰齊衰也據此則其未成服也固不分斬與齊若各以其服則是爲已成服也此家禮所以不分斬齊也)○南溪曰婦在遠地未及見舅姑而舅姑歿婦成服而來歸則入哭之日亦有奠菜之禮否廟見禮若舅歿姑存則當時見姑三月亦廟見而既聞喪來則似當先哭靈筵而後吊姑也姑之前亦似有禮物而既非常時則闕之如何曰新婦三月奠菜之說自是儀禮文第念吉凶婚喪之際其分甚嚴苟以人情俗例行奠於始哭之日則容或可矣赴舅初喪何論見姑之常禮乎○問爲人後者女子已嫁者奔哭則當着何冠曰奔喪所着男子則四脚巾女子則未聞其爲人後者似亦只用白(匚+敢)頭之屬

◆未小斂奔喪(미소렴분상)

奔喪註未小斂而至與在家同(疏)威儀節度與在家同其帶絰等自用其奔喪日數也○喪大記疏其未小斂而奔者則在東方與在家同

◆小斂後奔喪(소렴후분상)

喪大記哭尸于堂上主人在東方由外來者在西方諸婦南鄉(註)由外來者謂奔喪者也無奔喪婦人猶東面疏此小斂後尸出在堂時法也位如室中若於時有斬奔喪者婦人避近北以向南也奔喪者居尸西所以爾者欲見異于在家者

◆主人奔喪未至殯葬與否(주인분상미지빈장여부)

喪大記爲後者不在在境內則俟之在境外則殯葬可也(疏)爲後者不在謂主出行不在而家有喪主行近在國境之內則俟其還乃殯葬在國外訃不可待則殯殯後又不可待則葬可也

◆至家成服(지가성복)

奔喪奔喪者自齊衰以下入門左中庭北面哭盡哀免麻于序東卽位祖註齊衰以下亦入自門之左而不升階但於中庭北面而哭也免麻謂加免于首加絰于要也上文言襲絰于序東此言免麻于序東輕重雖殊皆是堂下序墻之東凡祖與襲不同位○雜記未服麻而奔喪及主人之未成絰也疏者與主人皆成之親者終其麻帶絰之日數疏未服麻而奔喪者謂道路既近聞喪卽來至在主人小斂之前故云及主人之未成絰也疏謂小功以下值主人成服之節則與主人皆成就之親謂大功以上初來奔至雖值主人成服未卽成之必終竟其麻帶絰滿依禮日數而後成服○奔喪齊衰以下不及殯先之墓西面哭盡哀免麻于東方卽位與主人哭成踊襲相者告事畢遂冠歸註奔父母喪之墓而哭則北面齊衰以下則西面者蓋北方重陰以示哀之隆西方小陰以示哀之殺○若除喪後歸則齊衰以下免麻註齊衰大功小功緦之服其奔喪在除服後惟首免要絰於墓所哭罷卽除無括髮等禮

◆奔喪者成服(분상자성복)

奔喪奔喪者自齊衰以下入門左中庭北面哭盡哀免麻于序東卽位祖與主人哭成踊於又哭三哭皆免祖註麻絰帶也凡祖於位襲於序東不相因位疏中庭北面者主人在東階下故奔喪者在中庭統於主人○齊衰望鄉而哭大功望門而哭小功至門而哭緦麻卽位而哭○雜記凡異居聞兄弟之喪未服麻而奔喪及主人之未成絰也疎者與主人皆成之親者終其麻帶絰之日數陳註未服麻而奔喪者以道路近聞死卽來此時主人未行小斂故未成絰小功以下謂之疎值主人成服之節則與主人皆成之大功以上謂之親雖值主人成服必終竟其日數而後成服也

◆成服未奔除喪後奔哭(성복미분제상후분곡)

奔喪除喪而後歸則之墓哭成踊束括髮祖絰拜賓成踊送賓反位又哭盡哀遂除○疑禮問答以久不葬留喪服之義觀之似當留既除之喪服至於墓更着喪服哭而後除之又以奔喪註齊衰大功以下奔在除服之後者惟首免腰麻絰於墓所哭罷卽除之文觀之只言齊衰以下而不言父母之喪則其不但服絰亦可矣

◆出嫁女奔喪(출가녀분상)

奔喪婦人奔喪升自東階殯東西向坐哭盡哀東髻卽位與主人拾踊註髽於東序不髽於旁變於左室者也拾更也○孔子曰婦人不百里而奔喪○寒岡曰百里不奔之說固不合今日用得許令奔喪俾伸爲人子之情○南溪曰不百里奔喪者指朞服以下而言苟未及此者省墳時用素服似宜

◆旣嫁未行遭喪奔哭(기가미행조상분곡)

親迎男女遭喪之禮曾子問之詳矣今有男就成於女家久而未歸若婿之父母死女之奔喪如之何朱子曰此乃原頭不是且傚在道之禮行之可也

◆所後喪中奔本生喪(소후상중분본생상)

退溪曰重喪旣成服在道只以重喪服行而至彼行未成之禮似可蓋重喪遭輕喪當其事則服其服旣事反重服云則重服爲常故也

◆喪中奔齊衰以下之喪(상중분자최이하지상)

檀弓有殯聞遠兄弟之喪雖緦必往○雜記有服而將往哭則服其服而往○晉束晳問有父母喪遭外緦麻喪往奔否步熊答曰不得也若外祖父母喪非嫡子可往若姑姊妹喪嫡庶皆宜往奔也傳純云禮先重後輕則輕服臨之輕服臨者新亡新哀以表新情亦明親親不可無服及其還家復着重服者是輕情輕服已行故也

◆齊衰以下奔喪成服(자최이하분상성복)

奔喪者釋其華盛之服裝辦卽行奔喪齊衰望鄕而哭大功望門而哭小功至門而哭緦麻卽位而哭入門詣柩前哭再拜成服就位哭吊如儀○附註奔喪者至而値主人成服之時小功以下直與主人成之大功以上必待四日竟日數而後成服

◆齊衰以下不奔喪則四日成服(자최이하불분상즉사일성복)

不奔喪者齊衰三日中朝夕爲位會哭四日朝成服亦如之大功以下始聞喪爲位會哭四日成服亦如之皆每月朔爲位會哭月數旣滿次月之朔乃爲位會哭而除之○要訣師喪欲行三年朞年者不能奔喪則亦當設位而哭四日而止情重者不止此限師友雖無服月朔會哭亦同

◆齊衰以下葬後奔哭(자최이하장후분곡)

奔喪齊衰以下不及殯先之墓西面哭盡哀免麻於東方卽位與主人哭成踊襲遂冠歸入門左北面哭盡哀免袒成踊東卽位拜賓成踊於又哭免袒成踊於三哭猶免袒三日成服於五哭

◆齊衰以下除服後奔喪(자최이하제복후분상)

奔喪除喪而歸則齊衰以下所以異者麻免○丘儀今仕宦者杖朞以下喪不得奔喪及其官滿而歸往往在除服之後今擬戴白布巾具腰絰詣墓再拜哭踊隨俗具酒饌以奠獻亦可

◆親喪葬前奔師喪(친상장전분사상)

明齋曰有殯往哭遠兄弟之喪則師喪比遠兄弟輕重顯殊當奔哭無疑

⊙若不奔喪則四日成服(약불분상즉사일성복)

不奔喪者齊衰三日中朝夕爲位會哭四日之朝成服亦如之(要訣大功者亦同)大功以下始聞喪爲位會哭四日成服亦如之皆每月朔爲位會哭月數旣滿次月之朔乃爲位會哭而除之其間哀至則哭可也(要訣師喪欲行三年期者不能奔喪則當朝夕設位而哭四日而止情重者不止此限○又曰師友雖無服月朔會哭亦同)

⊙만약 상 소식을 듣고도 달려가지 못하였으면 나흘째 되는 날 성복한다.

상 소식을 듣고도 달려가지 못한 자최 복인은 사흘 동안 조석으로 위(位)를 차려 놓고 모두 모여 곡을 하고 나흘째 되는 날 아침에 성복을 똑 같게 하고 대공 이하 복인은 처음 상 소식을 들으면 위를 차려놓고 모두 모여 곡을 하고 나흘째 되는 날 똑 같게 성복한다. 모두 매월 초하루가 되면 위를 차려놓고 모두 모여 곡을 하며 복을 벗을 달 수가 이미 차면 다음달 초하루 날 위를 차려 놓고 모두 모여 곡을 하고 복을 벗는다. 그 사이라도 슬픔이 일면 곡함도 가하다.

◆齊衰以下葬後始聞奔喪(자최이하장후시문분상)

奔喪齊衰以下不及殯先之墓西面哭盡哀免麻于東方卽位與主人哭成踊襲相者告事畢遂冠歸入門左北面哭盡哀免袒東卽位於又哭免袒於三哭猶免袒三日成服疏齊衰以下若奔在葬後而三月之外大功則有免麻東方三日成服小功以下若未滿五月小功亦三日成服其緦麻者臨喪節而來亦得三日成服也爲父母不及殯於又哭三哭括髮不言袒今齊衰乃言袒知二祖字衍也○小記奔兄弟之喪先之墓而後之家爲位而哭所知之喪則哭於宮而後之墓註宮殯宮也

◆齊衰以下除服後奔喪(자최이하제복후분상)

奔喪自齊衰以下所以異者免麻疏此明齊衰以下除服後奔喪之節唯著免麻墓所哭罷卽除謂至緦麻也○儀節按今制仕宦者於杖期以下喪不得奔喪及其官滿而歸往往在服滿之後今擬戴白布巾具腰絰詣墓再拜哭踊隨俗具酒饌以奠獻亦可○愚按儀節雖依古禮有變服之節家禮則父母喪旣葬後奔喪猶不變服況齊衰以下除服之後乎

◆過期聞輕喪(과기문경상)

按禮於遠兄弟之喪日月已過始聞其死猶當追爲之服謂之稅(退)禮又曰小功不稅又曰降而在小功者稅之餘則否曾子以爲若是則遠兄弟終無服矣按曾子此言則小功以下皆稅言兄弟則餘可以類推

◆輕喪滿後歸家(경상만후귀가)

丘文莊曰今制於杖期以下喪皆不得奔及其官滿而歸往往在服滿之後今擬帶白布巾具腰絰詣其墓再拜哭踊若隨俗具酒饌以奠獻亦可

◆親喪脫喪(친상탈상)

小記稅(他外反)喪(註)以他故居異邦今其死於喪服年月已過乃聞之爲之服○通典稅服謂日月已過而後聞喪聞喪之日卽初死之時爲制服之始哀情與始遭喪同是以聞喪或在數十年後猶追服重○問人有久拘異域聞親喪過累年然後歸家當追服否寒岡曰追服之制不可輕議但在異國聞喪雖行素累年而旣不得伸哭踊之節被衰麻之服推以人子之情想宜有不忍已者矣古人在遠聞親喪過三年後始奔喪者先之墓括髮袒絰不製麤衣及杖哭盡哀遂除於墓歸不哭也家人待之如常其不製衰衣者以其衰服已除不當重製也此異於彼耳

◆稅服全服月數(탈복전복월수)

檀弓疏鄭康成義若限內聞喪則追全服王肅義限內聞喪但服殘日限滿卽止假如王義限內只少一日乃始聞喪服未得成卽除也若其不服又何名追服王義非也○通典晉元帝制曰小功緦麻或垂竟聞宜全服不得服其殘月以爲永制○賀循曰不稅者謂喪月都竟乃聞喪者耳若在服內則自全五月

제 5 절 오복외복제(五服外服制)

◆公子爲母妻(공자위모처)

喪服記公子爲其母練冠麻麻衣縓緣爲其妻縓冠葛絰帶麻衣縓緣皆旣葬除之(註)公子君之

庶子(疏)諸侯絶朞公子不合爲母服不奪母子之恩故五服外權爲制此服○詳妾庶服章庶子爲母爲妻兩條

◆主人服緦(주인복시)

開元禮其日內外諸親皆就次主人衆主人妻妾女子子俱緦麻立哭盡哀卑者皆拜○寒岡曰緦服當服於告啓墓之初○問婦與妻不得往墓則啓墓日成服於家耶南溪曰然(案改葬之緦爲親見尸柩也恐當先啓而後服)

◆罷繼還本後服前所後者(파계환본후복전소후자)

通典宋庚蔚之云嘗爲父子愛敬兼加豈得事改便同疎族方之繼母嫁於情爲得

◆同五世者祖免(동오세자단면)

本註同五世祖者皆祖免于別室○大傳四世而緦服之窮也五世祖免殺同姓也六世親屬竭矣(疏)六世不復祖免○文王世子族之相爲也宜弔不弔宜免不免有司罰之

◆嫂叔祖免(수숙단면)

逸奔喪禮無服祖免爲位者惟嫂與叔

◆堂姨舅祖免(당이구단면)

通典唐開元二十三年制曰堂姨舅今古未制服朕思敦睦九族引而親之宜服祖免侍中裴耀卿中書令張九齡奏曰謹按大唐新禮舅加至小功與從母同服更制舅母緦麻堂姨舅祖免登服取類新法垂示將來制從之

◆降而無服者麻(강이무복자마)

奔喪婦人降而無服者麻(疏族姑姉妹女子嫁於人降而無服亦當爲位哭之加弔服之麻不爲之祖免麻謂緦之経男之於女女之於男皆無服而加麻)

◆同爨緦(동찬시)

檀弓從母之夫舅之妻二人相爲服君子未之言也(註時有此二人同居死相爲服者)或曰同爨緦(疏旣同爨而食合有緦麻之親此據緦麻之正者非弔服也)○通典晉曹述初問有仁人義士矜幼携養積年爲之制服當無疑邪徐邈答曰禮緣情耳同爨緦又朋友麻(案此謂三歲後被養者)

◆爲師心喪(위사심상)

檀弓事師服勤至死心喪三年(註)心喪戚容如父而無服此以恩義之間爲制疏有親恩君義故以恩義之間爲制○孔子之喪門人疑所服子貢曰昔者夫子之喪顏淵若喪子而無服喪子路亦然請喪夫子若喪父而無服(註)弔服而加麻心喪三年疏按喪服朋友麻師與朋友同故知亦加麻也麻謂経與帶也皆以麻爲之故云加麻也爲師及朋友旣葬除之○孔子之喪二三子皆経而出羣居則経出則否(註)尊師也出謂有所適然則几弔服加麻者出則變服○愚伏曰註云羣者諸弟子相爲朋友服竊詳經文之義似不如此蓋二三子乃七十子之徒恩深義重故所以出而猶経羣謂其餘羣弟子其恩義不如七十子之徒故居則経出則否也○學記師無當於五服五服不得不親(註)當猶主也(疏)師於弟子不當五服之一也而弟子之家若無師誨則五服之情不相和親故云不得不親是師情有在三年之義故亦與親爲類○家語孔子葬於魯城北弟子皆家于墓行心喪之禮○孟子孔子沒三年之外門人治任將歸入揖於子貢相嚮而哭皆失聲然後歸子貢反築室於場獨居三年然後歸○白虎通弟子爲師服者弟子有君臣父子朋友之道也故生則尊敬而親之死則哀痛之恩深義重故爲之隆服○漢書侯芭從揚雄受太玄法言雄卒爲起墳喪之三年○陳寔卒制衰麻者以百數○鄭玄卒自郡守以下嘗受業者縗経赴會千餘人○通典晉賀循謂新禮弟子爲師齊衰三月摯虞駁曰仲尼聖師只弔服加麻心喪三年淺教之師暫學之徒不可皆爲之服或有廢興悔吝生焉宜定新禮無服如舊范甯問曰奔喪禮師哭於廟門外孔子曰師吾哭之寢何也徐邈答曰蓋殷周禮異也○宋庚蔚之曰今受業於先生者皆不執弟子之禮惟師

氏之官王命所置故諸王之敬師國子生之服祭酒猶粗依古禮吊服加麻既葬除之但不心喪三年耳〇程子曰師不立服不可立也當以情之厚薄事之大小處之如顏閔之於孔子雖斬衰三年可也其成已之功與君父並其次名有淺深稱其情而已下至曲藝莫不有師豈可一槩制服〇張子曰聖人不制師之服服無定禮如何是師見彼之善而已效之便是師也故有得其一言一義如朋友者有相親炙而如兄弟者有成就其身而恩如天地父母者豈可一槩服之故聖人不制其服心喪之可也孔子死吊服加麻是亦服也却不得爲無服也〇大學衍義補心喪者身無衰麻之服而心有哀慽之情三年之間不飲酒不食肉不御內時至而哀哀至而哭充充瞿瞿慨然廓然無以異於倚廬之間几筵之下兆域之側也夫是之謂心喪〇宋儒黃幹喪其師朱子吊服加麻制如深衣用冠絰(淵源錄心喪三年)王柏喪其師何基服深衣加帶絰冠加絲武柏卒其弟子金履祥喪之則加絰于白巾絰如總麻而小帶用細苧布黃王金三子皆朱門之嫡傳其所制之服非無稽也後世欲服師者宜準之以爲法云〇言行錄先生之喪門人金就礪著練布巾深衣卒哭除之李國弼亦著白巾其餘門生並以黑冠白衣帶從事金富弼金富儀金富倫趙穆琴應夾琴應壎琴蘭秀等素帶素食過小祥〇趙穆等終三年不與宴不入內〇南溪曰師服之制甞考成一說蓋以冠絲武或白巾總絰帶白布深衣爲定未知果是也〇疑禮問答問師友之喪亦當有稅服之禮否曰師服似當用稅服之禮友則雖重不過於緦似不當稅〇沙溪在喪中服栗谷之喪朔望服其服而往哭之〇痛慕錄考終日記門人李宗洙具衰加麻冠絲武金宗德等白布巾帶柳長源等黑冠素帶

◆師爲弟子服(사위제자복)

檀弓夫子之喪顏淵若喪子而無服喪子路亦然〇疑禮問答程朱以下皆以朋友待門人則於情義之重者當用朋友之服恐無疑

◆朋友服(붕우복)

喪服記朋友皆在他邦袒免歸則已(註)謂服無親者當爲之主每至袒時則袒袒則去冠代之以免已猶止也歸有主則止也主若幼少則未止(疏)或共遊學皆在他國而死者每至可袒之節則爲之袒而免與宗族五世袒免同〇朋友麻(註)朋友雖無親有同道之恩相爲服緦之絰帶(疏)朋友在他國加袒免今此在國相爲吊服麻絰帶而已其吊服則疑衰也其除與緦麻同三月既葬除之〇檀弓羣居則絰出則否(註)羣謂七十二弟子相爲朋友服〇勉齋黃氏曰按家語子游曰吾聞諸夫子喪朋友居則絰出則否喪所尊雖絰而出可也〇朱子曰朋友之喪古經但云朋友麻則如吊服而加麻絰耳

◆姊妹夫(자매부)

問世或有姊妹夫論以朋友而服麻者此可遵行否明齋曰或有服之者或有不服者亦當觀其情義之輕重而處之恐難以一槩論也

◆從母之夫姑之夫(종모지부고지부)

集說問同爨朋友皆緦何從母及姑之夫反薄於此乎曰禮必有義不可苟也國制本宗五服之外爲袒免親遇喪葬則素服用麻布頭巾然則親近而無服者同於此亦何害乎

◆家臣爲其主(가신위기주)

喪服斬衰公士大夫之衆臣爲其君布帶繩屨(註)士卿士也公卿大夫厭於天子諸侯故降其衆臣布帶繩屨貴臣得伸不奪其正(疏)衆臣降布帶繩屨其餘服杖冠絰則如常布帶與齊衰同繩屨與大功等也貴臣得伸絞帶菅屨

◆僕隷爲其主(복예위기주)

喪服疏士無臣故雖有地不得君稱僕隷等爲其喪吊服加麻不服斬也〇備要孝巾環絰(大如總絰)腰絰其圍比環絰五分去一生布衣制如俗直領衣或中單衣侍婢當依丘儀衆妾服制〇明齋曰奴婢爲其主當爲三年

◆擧人爲擧主(거인위거주)

通典魏景元元年傳玄擧將僕射陳公麌光祿鄭小同云宜服弔服加麻三月而除之司徒鄭公云昔王司徒爲諫議大夫遭擧將喪雖有不反服(案雜記違諸侯之大夫不反服違大夫之諸侯不反服註其君尊卑異也疏自尊適卑自卑適尊不反服舊君也)今不同古便制齊衰三月漢代名臣皆然○宋庚蔚之謂身蒙擧達恩深於常宜弔服加麻爲允

◆郡縣吏爲守令(군현리위수령)

通典魏令官長卒官者官吏皆齊衰葬訖而除之○蜀譙周云秦漢郡縣吏權假斬衰代至則除之○晉喪葬令長吏卒官吏皆齊衰以喪服理事若代者至皆除之

◆郡縣守令遷臨未至而亡新舊吏服(군현수령천임미지이망신구리복)

通典魏士孫德祖以樂陵太守遷陳雷已授印綬發邁未入境而亡河南尹司馬芝曰德祖見陳雷太守故樂陵守耳樂陵吏以舊君服復何疑也劉綽難云雖去樂陵其義未絶陳雷雖迎其恩未加今使恩未加而服重恩未絶而服輕乎禮娶女有吉日而女死婿齊衰而弔旣葬除之謂樂陵宜三年矣芝答德祖已受帝命君名已定乃欲以已成名之君比未成之婦何邪綽又難陳雷之吏旣未相見而使三年是責非時之恩禮云仕而未有祿違而君薨不爲之服明服以恩不以名也○宋庚蔚之謂爵位以受命爲判德祖已受陳雷之印則於樂陵爲舊君矣陳雷君吏之名雖判而恩實未接同吉日之婦於情爲安按宛令遷爲元城已來在道令死二懸吏疑所服焉博士以爲宛君臣未絶舊吏不得不服元城宜弔服加麻賈博士以爲已正名元城然未入境可依女在塗之服宛當爲舊君之服或問長吏遷在傳舍而死彼迎吏未至此二國吏服誰當輕重孫叔然答曰古者諸侯以國爲家衛出其君于襄牛不書出奔以未出境也衛侯奔死鳥傳曰猶在境內則衛君也雖出傳舍固當以君服之彼迎吏依娶女有吉日夫死斬衰而弔旣葬除之

제 6 절 雜服(잡복)

◆再嫁女爲人繼母而亡前家子取柩去(재가녀위인계모이망전가자취구거)

通典晉束哲問有婦人再嫁爲人繼母而亡前家子取柩去父與之繼子服何如步能云當服期亡取去亦服期○庚蔚之謂子當以父服爲正父若服以爲妻則子亦應服之如母若父與去而不服則子依繼母出不服

◆叔母守寡其兄將嫁之已定日而暴亡(숙모수과기형장가지이정일이폭망)

通典問甲叔母乙守寡十年其兄迎還人有求昏於兄兄意許定已剋吉日乙暴亡應有服晉許參軍曰乙勵操十載雖潛交幣而乙不與焉無愧於幽明矣不應絶也○省齋曰兄雖交幣而乙實不知則當日暴亡必是恐爲汚辱而自裁尤爲可哀服之何疑

◆婦人少寡而歸家未有所適而亡(부인소과이귀가미유소적이망)

通典晉王景平問婦人夫沒無男其姑悲其少寡欲令更出要其兄歸未有所適而亡伯叔之子應爲服否李思龍曰姑以宜出而遣兄以可出而迎歸辭姑從兄是爲欲出之意定也李彦冲以爲姑有嫁婦之文故令歸母氏之黨已絶之理理自灼然當無服虞子卿駁曰衛共伯之妻父母欲奪而嫁之誓而不去就姑有命未可要謂之必出也當有服○省齋曰姑勿論伯叔子之服此婦若有子則其將服出母服耶抑將服嫁母服耶父生時旣不出矣父死後又未嫁矣姑雖遣還而必出之心不箸兄雖迎歸而必嫁之迹不見則子不可自貶其母絶之於父而降服之也然則伯叔子之有服當如虞說

◆宗族爲僧道服(종족위승도복)

宋史禮志進士黃價有叔爲僧服無明文陳可曰禮爲叔父外繼者降大功以此爲倣○徐乾學曰
僧道不爲親屬行服則親屬亦不當爲僧道服○東史綱目高麗肅宗弟釋煦死王議服制政堂文
學李頯言煦於上雖朞親而按禮出家無服然煦才行俱優名重遼宋不可不服王與羣臣玄冠素
服三日○省齋曰離倫絶族出家爲僧道則何服之有

◆兄嫂服(형수복)

宋紀仁宗時吉州參軍祝紳幼孤鞠於兄嫂爲嫂持服及兄喪又請解官持喪帝曰紳雖所服非禮
然不忘鞠養恩亦可勸也

제 7 절　稅服(탈복)

稅他外反稅服追服也○小記稅喪註以他故居異邦今其死于喪服年月已過乃聞之爲之服
○通典稅服謂日月已過而後聞喪聞喪之日卽初喪之時爲制服之始喪或在數十年後猶追
重服

◇三年期九月及降而爲五月三月者皆稅之○喪服小記降而在緦小功者則稅之

檀弓曾子曰小功不稅此則正小功也○通典董勛曰小功緦但擧哀而已不復追服大功以上
以聞喪日爲始大功降在緦小功者亦以聞喪日爲始服之○韓愈曰小功最多親則叔父與昆
弟與適孫之下殤尊則外祖父母從祖祖父母不可不追服胡澹庵亦同韓說然從祖祖父母本
正小功也追服未知如何也外祖則母必稅服子獨無服恐非情禮雖正小功亦當追服○類編
惟降而在緦小功則稅之正服緦小功不稅也若稅其降小功則疑若不稅其降緦若稅其降緦
則宜若不須言降小功而今並疊言之何也禮大功以上爲親小功以下爲疎親者雖降而在緦
小功必稅疎者雖正服不稅如從父昆弟之長殤中殤爲小功下殤爲緦則不可不稅也又如兄
弟之下殤及爲人後者爲其姊妹適人者皆爲小功豈有不稅之理乎○禮所謂降重於正者
實猶降小功重於正小功降緦重於正緦自重而降故也豈有自小功而降者反重於不降小功
之理哉○要儀大功以上從聞訃日計日計月而除之○省齋曰降服重於正服者謂自重而降
輕者也非謂本服之輕者降之則反重於本服也陳說誤矣○又按隋書梁何佟之雖有追服三
年無禫之說然三年者二十七月之制也自追服之日計之二十七月而行禫可也此非過時故
也杖期之禫亦然

◇(小記)生不及祖父母諸父昆弟而父稅喪已則否

王肅曰父與祖離隔子之生時祖父母已死故曰生不及祖父母若至長大父稅服已則不服也
諸父伯叔也昆弟諸父之昆弟也○通典蔡謨以爲大功猶稅況此三親情次於所生服亞於斬
衰雖不相見絶其稅服豈稱情乎夫言生不及者謂彼已沒已乃生耳○北齊張亮云祖父母諸
父兄弟恩親至近而鄭君云不責人所不能者何義也生不反者是已未生之前已沒矣盖以生
存異代後代之孫不復追服前代之親耳豈有並代乖隔便不服者哉○省齋曰昆弟之弟或云
諸父之昆弟或云衍字皆未當也旣曰諸父則諸父之昆弟在其中矣其以弟爲衍字者不能活
看而曲解者也此是已之兄弟之弟特順口用之

◇遠兄弟之喪旣除喪而後聞喪免袒成踊拜賓尙左手

奔喪鄭註小功緦麻不稅者也間訃在服限之外雖不稅而袒免成踊從吉拜左手在上○要儀
小功以下不稅而始聞喪素服而哭踊踰月復吉可也

◇雖緦小功聞喪於服限之內者亦全服

檀弓疏鄭原成義若限內聞喪則追全服○通典晉元帝制曰小功緦麻垂竟聞訃宜全服不得
服其殘月以爲永制○賀循曰不稅者喪月都竟乃聞喪者耳若在服內自全五月○省齋曰服

限之內聞訃者非竟喪而稅服之比恐當依奔喪之例王肅服其殘月之說不可從也

◇幼而喪親不宜追服

退溪曰追服宋先生以爲意亦近厚觀亦近二字非禮之正明矣禮有稅服此乃聞喪後時而追服與此又不同○星湖曰不肖生於辛酉明年壬戌六月先君沒于雲山今復見六甲還復若新遭喪也然退溪先生生於辛酉至壬戌六月其先考沒與不肖事相類先生不曾行追服又言追服之非是此爲可據之地○明齋曰追喪禮無其文孔聖與孟子皆少孤而未聞有追服之事孔子六十一歲自楚反衛則其不追服可知也○省齋曰近世遺腹子及幼而喪親者或有追服於親沒之回甲其情則戚而非先王之制也又非禮所謂稅服也○後漢哀紹遭母憂三年禮竟又行父服凡六年○北史楊引三歲喪父年七十五母終三年服畢追服斬衰經三年哀慕不改○南史哀昂父顗敗時昂年五歲至十五制服廬墓○宋史胡朝服母喪旣除乃言父卒時嘗詔奪哀從事請追服三年○明閔玄幼失父母服闋追服三年○汧陽王誠洌父薨竟喪以母早卒追服復三年

◇所後祖父喪雖在未爲後之前服限未盡則當服期

省齋曰禮降小功降緦猶在稅服則祖而服期何容夏議乎爲後雖晚其爲父之父則一也父之父則祖也祖而服期何容夏議乎此不當以生前已沒之例推之若服限已盡而爲後者禮無稅服也○東儒或云所後祖父之喪在於已未及出後前或可以已未生前已沒之事爲準且未出後而在本生家者便可與生於他國一例看則稅服恐無所據○省齋曰此說決不可從

◆喪禮考證(상례고증)

曲禮知生者弔知死者傷知生而不知死弔而不傷知死而不知生傷而不弔○檀弓弔於人是日不樂行弔之日不飲酒食肉焉○死而不弔者三畏(自經於溝瀆之類)壓(立巖墻下之類)溺(無故不舟而遊之類)○婦人不越疆而弔人○曾子問孔子曰三年之喪而弔哭不亦虛乎(己有父母之喪而哀弔他人則是哀在吾親而弔爲虛僞矣言不可弔也)○雜記凡喪服未畢有弔者則爲位而哭拜踊(言凡者五服皆然)○少儀尊長於已踰等喪俟時不犆(特)弔(俟時謂待朝夕哭時因而弔之不持弔也)○論語羔裘玄冠不以弔(按家禮本註幞頭衫帶皆以白生絹爲之○今制惟國卹用白布裏冠帽其餘人家喪恐不可也右弔)○公羊車馬曰賵貨財曰賻衣被曰襚○穀梁貝玉曰含○檀弓孔子之衛遇舊舘人之喪入而哭之哀出使子貢脫驂而賻之(右賻喪)○呂氏禮說曰詩曰凡民有喪匍匐救之不謂死者可救而復生謂生者或不救而死也夫孝子之喪親不能食者二日其哭不絶聲旣病矣杖而後起問而後言其惻怛之心痛疾之意不欲生則思慮所及雖其大事有不能周之者而況於他哉故親戚僚友鄉黨聞之而往者不徒弔哭而已莫不爲之致力焉始則致含襚以周其急見士喪禮文王世子三日則共糜粥以扶其羸(見問喪)每奠則執其禮(見曾子問)將葬則助其事(見檀弓)其從柩也少者執綍長者專進止(見雜記)曾子問其掩壙也壯者盈坎老者從反哭(見雜記)祖而賵焉不足則贈焉不足則賻焉(並見士喪禮)凡有事則相焉(見檀弓)斯可謂能救之矣故適有喪者之詞不曰願見而曰比雖國君之臨亦曰憂君丞事他國之使者曰寡君使某母敢視賓客(見少儀檀弓雜註)主人見賓不以尊卑貴賤莫不拜之明所以謝之且自別於常主也賓見主人無有荅其拜者明所以助之且自別於常賓也(見曲禮)自先王之禮壞後世雖傳其名數而行之者多失其義喪主之待賓也如常主喪賓之見主人也如常賓如常賓故止於弔哭而莫敢與其事如常主故舍其哀而爲衣服飲食以奉之其甚者至於損奉終之禮以謝賓之勤廢弔哀之儀以寬主之費由是則先王之禮意其可以下而已乎今欲行之者雖未能盡得如禮至於始喪則哭之有事則奠之(奠不必更自致禮惟代主人之獻爵是也)又能以力之所及爲營喪具之未具者以應其求輊子弟僕隷之能幹者以助其役易紙幣壺酒之奠以爲襚除供帳饋食之祭以爲贈與賻凡喪家之待已者悉以他辭受焉庶幾其可也(按)今世俗於親賓來弔奠往往設席以待之裂帛以散之是政呂氏所謂如待以常賓舍其哀而爲衣服飲食以奉之者今世俗之人送往之日親友醵錢爲主人設宴於墓所醉飽歌唱甚者孝子亦預飲啜此何禮也今擬親賓之來路遠者令無服之人設素饌以待之似亦無害但不可飲酒尔至於裂帛分散習俗已久一旦驟革恐亦未能有事力之家隨俗亦可若貧無力者勉强擧債鬻産爲之則不可耳(總論弔)○喪小記爲父母長子稽顙婦人爲夫與長子稽顙(註曰服

重者先稽顙而後拜賓服輕者先拜賓而後稽顙○朱子曰稽顙而後拜開兩手而先以首叩地却交手如常也(右稽顙)○奔喪奔喪之禮始聞親喪以哭荅使者盡哀問故又哭盡哀遂行(方氏曰四方男子所有事苟有事於四方安能免離親哉然則奔喪之事不幸而時亦有焉此先王所以作爲之禮也又始聞喪)至於家入門左升自西階殯東西面坐哭盡哀括髮袒降堂東即位西鄉(去聲)哭成踊襲絰于序東絞帶反位拜賓成踊送賓反位(此言奔父喪之禮爲人子者升降不由阼階今父新死未忍異於生故入自門左升自西階也在家而親死則弁纚小斂畢乃括髮此自外而至故即括髮而袒衣也奔喪在殯後故自西階降而即其堂下東之位也襲絰者掩其袒而加要絰也不散麻者亦異於在家之節也此絞帶即襲絰之絰非象革帶之絞帶也反位復先所即之位也凡拜賓皆就賓之位而拜之拜竟則反已之位而哭踊也(右至家)若除喪而後歸則之墓哭成踊東括髮袒絰拜賓成踊送賓反位又哭盡哀遂除(祖絰者袒而襲襲而加絰也遂除即於墓除之也)主人之待之也無變於服與之哭不踊(謂在家者但着平常吉服也)自齊衰以下所以異者免麻(齊衰大小功緦之服其奔喪在除服之後者惟首免要麻絰於墓所哭罷即除無括髮等禮也(按今制仕宦者於杖期以下喪不得奔喪及其官滿而歸往往在服滿之後今擬戴白布巾具腰絰詣墓再拜哭踊隨俗具酒饌以奠獻亦可右除喪後歸)

⊙成服圖式(가례초해성복도식)

圖도	冠관

斬衰冠

三辟積向右　紐　纓　繩纓　繩纓　武

總麻冠	小功冠	大功冠
功餘與齊衰同	澡纓辟積同小	业同齊衰
	三辟積向左	餘與齊衰同
	餘與齊衰同	

齊衰冠

三辟積向右　武　布纓　布纓

孝巾

上合縫在裏藏

合縫在後之中

摺兩旁

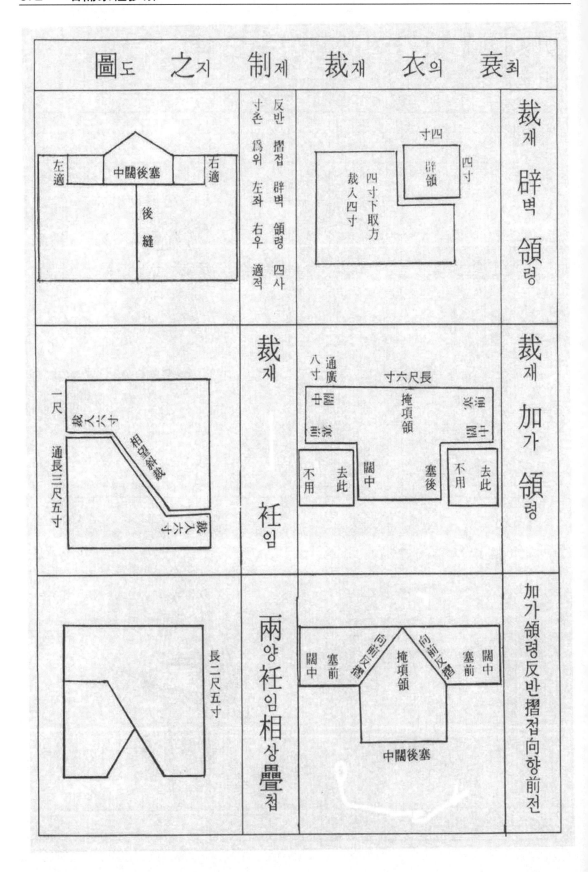

圖도 之지 制제 裁재 衣의 衰최

裁재 辟벽 領령

裁재 加가 領령

加가領령反반摺접向향前전

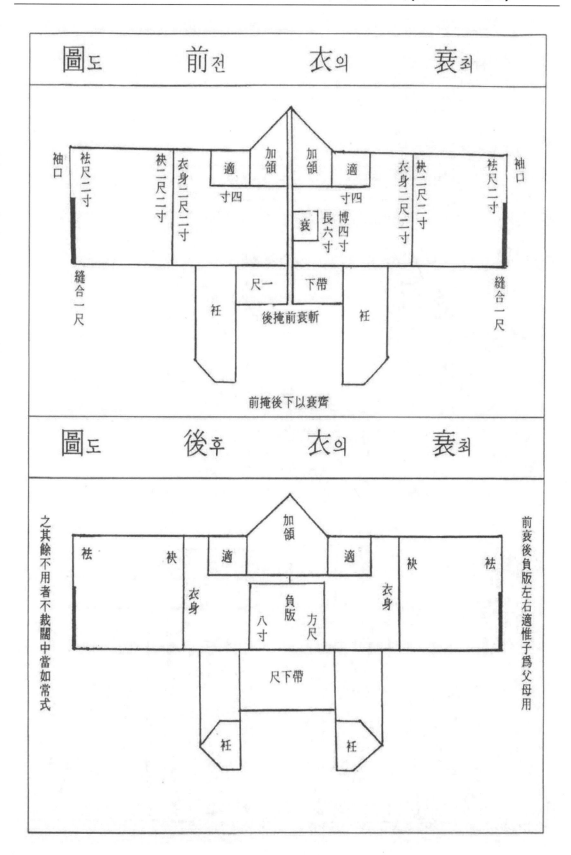

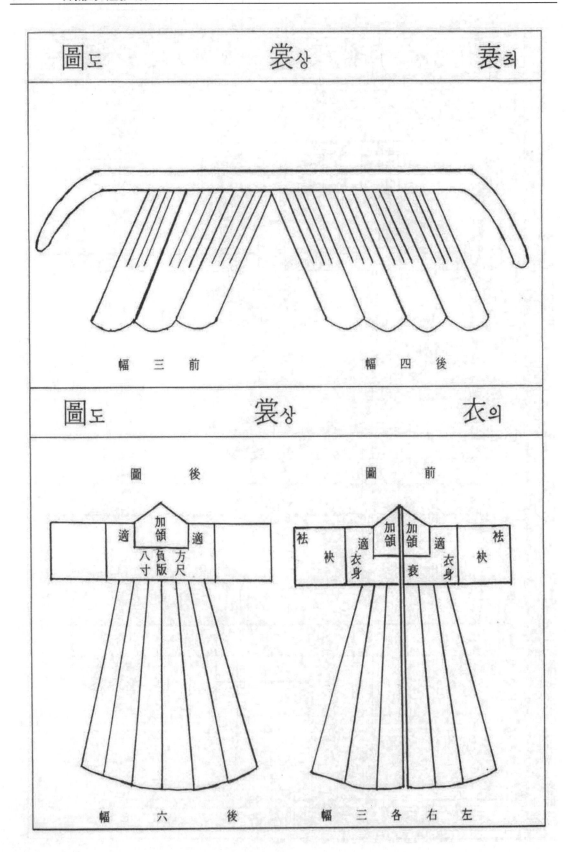

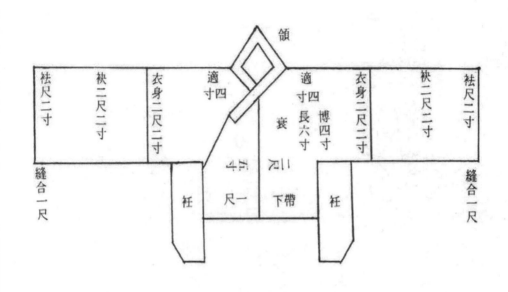

圖도 前전 制제 新신 衣의 衰최 覽람 便편

領

祛尺二寸　袂二尺二寸　衣身二尺二寸　適寸四　衰　適寸四　長六寸　博四寸　衣身二尺二寸　袂二尺二寸　祛尺二寸

縫合一尺　衽　二尺一尺五　下帶　衽　縫合一尺

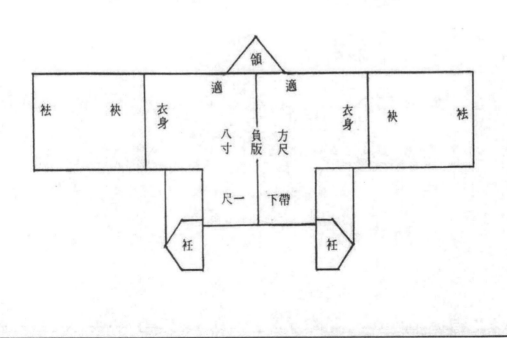

圖도 後후 制제 新신 衣의 衰최 覽람 便편

領

祛　袂　衣身　適　適　衣身　袂　祛

八寸　負版　方尺

尺一　下帶

衽　衽

圖도 頭두 蓋개

圖도 冠관 人인 婦부

圖도 絰질 首수 衰최 齊자

圍 七 寸 二 分

右本在下

下圍各以次五分去一

大功以下同小功以下及

中殤七月無纓

布纓

圖도 絰질 首수 衰최 斬참

圍 九 寸

左本在下

繩纓

圖도帶대絞교衰최斬참

用麻

圖도絰질腰요衰최斬참

圍 七 寸 二 分

五十以上及婦人初卽
絞之齊衰以下同

齊衰以下圍各以
次五分去一

散垂

其絞
結處
兩旁
却細綴繩
繫之

圖도帶대絞교下하以이衰최齊자

用布

廣四寸

大功以下同
以次較狹

圖도絰질腰요下하以이功공小소

結本不散垂

참斬최衰장杖구屨도圖

菅屨

苴杖高齊心本在下

자齊최衰장杖구屨도圖

疏屨

削杖上圓下方高齊心

家禮士喪禮疏曰
○問経在帶首在腰之制皆曰経分而言之

小撿只是腰経腰搤指経象大帶兩頭一長垂下経絞帶象革帶又

首一経右本在上者齊衰経之中制而束麻根
○處朱先生曰右

邊而從額前向左圍向頭後却就右邊元麻尾之根上

相接以麻尾藏在左麻根向之下麻根却就右邊搭在邊麻元尾之上

有纓者以其加於冠外頂著纓方不脫落也

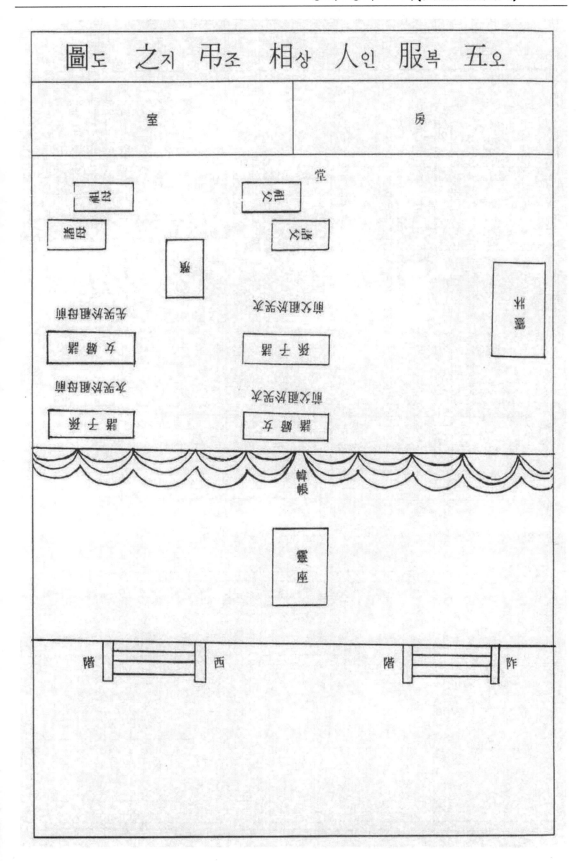

服복　之지　圖도

世代	服（直系）	旁系①	旁系②	旁系③	旁系④
高祖	齊衰三月承重齊衰三年　高祖母（承重祖在則不杖期）				
曾祖	齊衰五月承重齊衰三年　曾祖母（承重祖在則不杖期）	族曾祖姑　曾祖之姊妹　緦　嫁無			
祖	齊衰不杖期承重齊衰三年　祖母（承重祖在則不杖期）	從祖祖姑　祖父之姊妹　小功　嫁緦	族祖姑　祖父之從姊妹　緦　嫁無		
父	齊衰三年　母（父在則不杖期）	姑　不杖期　嫁大功	從祖姑　父之從姊妹　小功　嫁緦	族姑　父之再從姊妹　緦　嫁無	
己	齊衰杖期　妻（父在則不杖期）	姊妹　不杖期　嫁大功	從父姊妹　己之從姊妹　大功　嫁小功	從祖姊妹　己之再從姊妹　小功　嫁緦	族姊妹　己之三從姊妹　緦　嫁無
子	長不杖期　婦　衆大功	兄弟之女　不杖期　嫁大功	從父姊妹　己之從姪女　小功　嫁緦	從祖兄弟之女　己之再從姪女　緦　嫁無	
孫	適小功　孫婦（姑在則不　衆無）	兄弟之孫女　小功　嫁緦	從父兄弟之孫女　己之從姪孫女　緦　嫁無		
曾孫	適小功　曾孫婦（姑在則不　衆無）	兄弟之曾孫女　緦　嫁無			
玄孫	適小功　玄孫婦（姑在則不　衆無）				

（上右框注）
姑姊妹女子子在
室服並與男子同
嫁反者亦與男子同
無夫與子者爲其
兄弟姊妹及兄弟
之子不杖期

（下左框注）
凡女適人者爲其
私親皆降一等惟
祖及曾高祖不降
爲兄弟之爲父後
者不降爲兄弟姪
之妻不降

五오　　宗종　　本본

嫡孫父卒爲祖若
曾高祖承重者斬
衰三年爲祖母曾
高祖母承重者齊
衰三年

高祖父 齊衰三月 承重斬衰三年							
曾祖父 齊衰五月 承重斬衰三年	族曾祖父母 緦麻	曾祖之兄弟					
祖父 齊衰不杖期 承重斬衰三年	從祖祖父母 不杖期	祖父之兄弟 緦麻	族祖父母	祖父之從兄 弟			
父 斬衰三年	伯叔父母 不杖期	從祖父母 小功	父之從兄弟 緦	族父母	父之再從兄 弟		
己	兄弟 不杖期 妻小功	從父兄弟 大功 妻國制緦	己之從兄弟	從祖兄弟 小功 妻無	己之再從兄 弟	族兄弟 緦 妻無	己之三從兄 弟
子 長斬衰三年 衆不杖期 女嫁降	兄弟之子 不杖期 婦大功	從父兄弟之子 小功 婦緦	己之從姪	從祖兄弟之子 緦 妻無	己之再從姪		
孫 適不杖期 衆大功 女嫁降	兄弟之孫 小功 婦緦	從父兄弟之孫 緦 婦無	己之再從孫				
曾孫 適不杖期 衆緦 女嫁降	兄弟之曾孫 緦 婦無						
玄孫 適不杖期 衆緦 女嫁無							

凡男爲人後者爲
其私親皆降一等
惟本生父母降服
不杖期申心喪三
年其本生父母亦
爲之降服不杖期

복　　의　　도

									차최삼월
								고조모 승중참삼년 선망장기	
							증조모 승중참삼년 선망장기		자최오월
						증조의자매			
					족증조고 시마 출가무				
							조모 승중참삼년 선망장기		자최부장기
						조부의자매			
					증조조고 소공 출가시마				
				조부의재종자매					
			족조고 시마 출가무						
						모 선망장기			자최삼년
					부의자매				
				고모 부장기 출가대공					
			당고모						
		종조고 소공 출가시마							
	족고 시마 출가무								
부의재종자매									
					처 기 부재부장				자최장기
				자매 부장기 출가대공					
			종자매						
		조부자매 대공 출가소공							
	재종자매								
종조자매 소공 출가시마									
삼종자매									
족자매 시마 출가무									
				며느리 고재무 중부대공					장부부장기
			질녀						
		형제의녀 부장기 출가대공							
	종질녀								
종부형제의손녀 소공 출가시마									
재종질녀									
종조형제의녀 시마 출가무									
		손부 고재무 중시마							적소공
	형제의손녀 소공 출가시마								
종부형제의손녀 시마 출가무									
		승손부 고재무 중무							적소공
	형제의증손녀 시마 출가무								
		현손부 고재무 중무							적소공

오		종			본
고조부 (승중 참최삼년)	자최삼월				
증조부 (승중 참최삼년)	자최오월	족증조부모 시마 (증조의형제)			
조부 (승중 참최삼년)	자최부장기	종조조부모 소공 (조부의형제)	족조부모 시마 (제 조부의종형)		
부 참최삼년		백숙부모 부장기	종조부모 소공 (당숙부모)	족부모 시마 (재당숙)	
본인		형제 (부장기 처소공)	종부형제 (대공 처시마) · 종형제	종조형제 (소공 처무) · 재종형제	족형제 (시마 처무) · 삼종형제
자 (중자 부장기, 출가녀 대공)	장자 참최삼년	형제의자 (부장기 부대공) · 조카	종부형제의자 (소공 부무) · 종질	종조형제의자 (시마 처무) · 재종질	
손 (중손 대공, 출가녀 소공출)	적손 부장기	형제의손 (소공 부시마)	종부형제의손 (시마 부무) · 재종손		
증손 (중시마, 출가녀 소공)	적증손 부장기	형제의증손 (시마 부무)			
현손 (중시마, 출가녀 무)	적현손 부장기				

圖도   之지   制제   服복

父繼居同不元						父繼異			
小	姉	母	附	則	元	衰	上	有	父
功	妹	之	異	無	不	三	親	大	有
五	各	兄	父	服	同	月	服	功	子
月	服	弟	同		居		齊	己	已

					繼			母				
弟	爲	杖	繼	之	母	○	母	不	爲	齊	爲	三	母
姉	繼	期	母	乃	嫁	若	出	杖	衆	衰	長	義	父
妹	母	○	報	服	而	父	則	期	子	三	子	○	再
小	之	母	服	杖	已	卒	無	○	乃	年	報	繼	齊	娶
功	兄	出	不	期	從	繼	服	繼	服	○	服	母	衰	之

				母									
小	己	自	慈	期	父	女	三	爲	三	長	○	衰	之	其	○	後	期
功	者	小	己	○	母	君	年	君	年	子	爲	不	衆	子	庶	則	而
義	乳	者	庶	不	爲	○	斬	○	齊	君	杖	子	爲	母	無	爲
服	養	謂	母	杖	其	爲	衰	妾	衰	之	期	齊	君	爲	服	祖

			母		養				母	乳		
衰	正	親	子	遺	歲	宗	謂	緦	母	哺	謂
三	服	母	者	棄	以	及	養	麻	義	曰	小
年	齊	同	與	之	下	三	同		服	乳	乳

者	之	不	子	爲	乃	子	不	母	嫁	謂
服	子	服	爲	女	服	己	杖	爲	降	父
不	從	○	父	報	大	適	期	服	亡
杖	己	前	後	服	功	人	○	乃	杖	母
期	嫁	夫	者	○	母	者	女	服	期	再

母모　　八팔　　父부　　三삼

今	居	同	先
同	後	繼	先	不
居	異	父	隨	同
異	或	同	母	居
繼	雖	居	嫁	謂

父	繼	居	同
不	親	大	父	同
杖	乃	功	子	居
期	義	以	皆	繼
	服	上	無	父

母　　　　　嫡

死	妹	母	嫡	○	服	爲	亦	母	齊	嫡	父	妾
不	小	兄	母	庶	不	衆	報	與	衰	母	正	生
服	功	弟	之	子	杖	子	服	嫡	三	正	室	子
	母	姊	父	爲	期	則	○	子	年	服	日	謂

庶

之	之	服	姊	父	爲	其	父	○	父	衰	爲	士	服	子	有	謂
母	子	○	妹	母	其	母	後	庶	後	三	其	之	緦	爲	子	父
不	爲	庶	則	兄	母	緦	子	子	則	年	母	庶	麻	之	者	妾
杖	父	子	無	弟	之	而	爲	爲	降	爲	齊	子	○	義	衆	之

母　　　　慈

功	命	三	服	親	己	子	妾	父	無	謂
	則	年	齊	母	也	者	之	命	母	庶
	小	不	衰	義	同	慈	無	他	子	

母　　　　出

女	服	爲	服	父	杖	爲	降	謂
亦	大	出	○	後	期	子	服	被
報	功	母	女	者	○	降	杖	父
服	母	乃	嫡	則	子	服	期	離
	爲	降	人	不	爲	不	母	棄

			삼	부	팔	모	복	도

삼부팔모복도

동거 계부 부장기	대공이상무친족 처음은동거하다뒤부동거 계부 자최삼월	처음부터부동거 계부 무복	부가다른동모 형제자매 대공
적모 자최삼년	계모 자최삼년 부망재가무		
양모 자최삼년	자모 자최삼년	개가한 가모 자최장기	쫓겨난 출모 자최장기
서모 시마	유모 시마		

圖도　之지　服복　殤상　三삼

		從祖祖姑 長三月 中從下 無服		從祖祖父 長三月 中從下 無服		
	從祖姑 長三月 中從下 無服	姑 長七月 中九月 下五月	伯叔父 長九月 中七月 下五月	從祖姑 長三月 中從下 無服		
從祖姊妹 長三月 中從下 無服	從父姊妹 長五月 三月 中從上下	姊妹 長九月 中七月 下五月	己	兄弟 長九月 中七月 下五月	從父兄弟 長五月 三月 中從上下	從祖兄弟 長五月 中從下 無服
從父兄弟之女 長三月 中從下 無服	兄弟之女 長九月 中七月 下五月	子 長九月 中七月 下五月	兄弟之子 長九月 中七月 下五月	從父兄弟之子 長三月 中從下 無服		
	兄弟之孫女 長三月 中從下 無服	孫 適 長九月 中七月 下五月 衆 長五月 中從上 下三月	兄弟之孫 長三月 中從下 無服			
齊衰之殤中從上 大功之殤中從下 小功之殤亦中從 下此妻爲夫黨殤 者服也		適曾玄孫 長九月 中七月 下五月		大功之殤中從上 齊衰之殤亦中從 上小功之殤中從 下此丈夫爲殤者 服也		

妻(쳐)爲(위)夫(부)黨(당)服(복)之(지)圖(도)

右上註：夫爲祖曾高祖父母承重者及爲人後者並從夫服爲本生舅姑服大功

左上註：從夫服降一等夫外祖父母及舅從母並緦麻

右下註：凡婦服夫黨當喪而出則除之

世代	(左3)	(左2)	(左1)	(中·婦系)	(中·本系)	(右1)	(右2)	(右3)
高祖				夫高祖母 緦麻	夫高祖父 緦麻			
曾祖				夫曾祖母 緦麻	夫曾祖父 緦麻			
祖			夫從祖祖姑 緦麻	夫祖母 大功	夫祖父 大功	夫從祖祖夫 緦麻		
父		夫從祖祖姑 緦麻	夫姑 適人不降 小功	姑 齊衰三年	舅 斬衰三年	夫伯叔父母 大功	夫從祖祖父母 緦麻	
己	夫從祖姊妹 適人不降 小功	夫從父姊妹 適人不降 小功	夫姊妹 適人不降 小功	己	夫 斬衰三年	夫兄弟娣姒 小功	夫從父兄弟 妻緦麻	夫從祖兄弟 緦麻
子	夫從祖兄弟之女 嫁無 緦麻	夫從父兄弟之女 嫁緦麻 小功	夫兄弟之女 嫁大功 不杖期	婦 適不杖期 衆大功	子 適齊衰三年 衆不杖期	夫兄弟之子 不杖期 婦大功	夫從父兄弟之子 小功 婦緦麻	夫從祖兄弟之子 緦麻 婦無
孫		夫從父兄弟之孫女 嫁緦麻 緦麻	夫兄弟之孫女 嫁緦麻 小功	孫婦 適小功 衆緦麻	孫 適不杖期 衆大功	夫兄弟之孫 小功 婦緦麻	夫從父兄弟之孫 緦麻 婦無	
曾孫		父兄弟之曾孫女 緦麻 家無		曾孫婦 適緦麻 衆無	曾孫 適不杖期 衆緦麻	夫兄弟之曾孫 緦麻 婦無		
玄孫				玄孫婦 適小功 衆無	玄孫 適不杖期 衆緦麻			

도　복　가　시

			시고조모 시마	시고조부 시마				
			시증조모 시마	시증조부 시마				
		시대고모 시마	시조모 대공	시조부 대공	시종조조부모 시마			
	시당고모 시마	시고모 소공	시어머니 자최 삼년	시아버지 참최 삼년	시백숙부모 대공	시당숙부모 시마		
	시종자매 시마	시자매 소공	본인	부군 참최 삼년	시형제 동서소공 소공	시종형제 처시마 시마		
시재종질녀 출가무 시마	시종질녀 출가시마 소공	시질녀 출가대공 소공	며느리 중대공 적부장기	아들 적참최삼년 중자부장기 참최	시조카 부대공 부장기	시종질 부시마 소공	시재종질 부무 시마	
	시형제의손 손녀 출가시마 시마	손 녀 중시마 소공 중시마 부	손 중손대공 적손부장기 적소공	손 적손장기 중손대공	시형제의손 부시마 소공 손	시종형제의 손 부무		
		시형제의중 손녀 출가무 시마	중손부 중시마 중소공	중손 적소공 중시마 부	시형제의중 손 부무 시마			
			현손 중무 중손부 적소공	현손 적부장기 중시마				

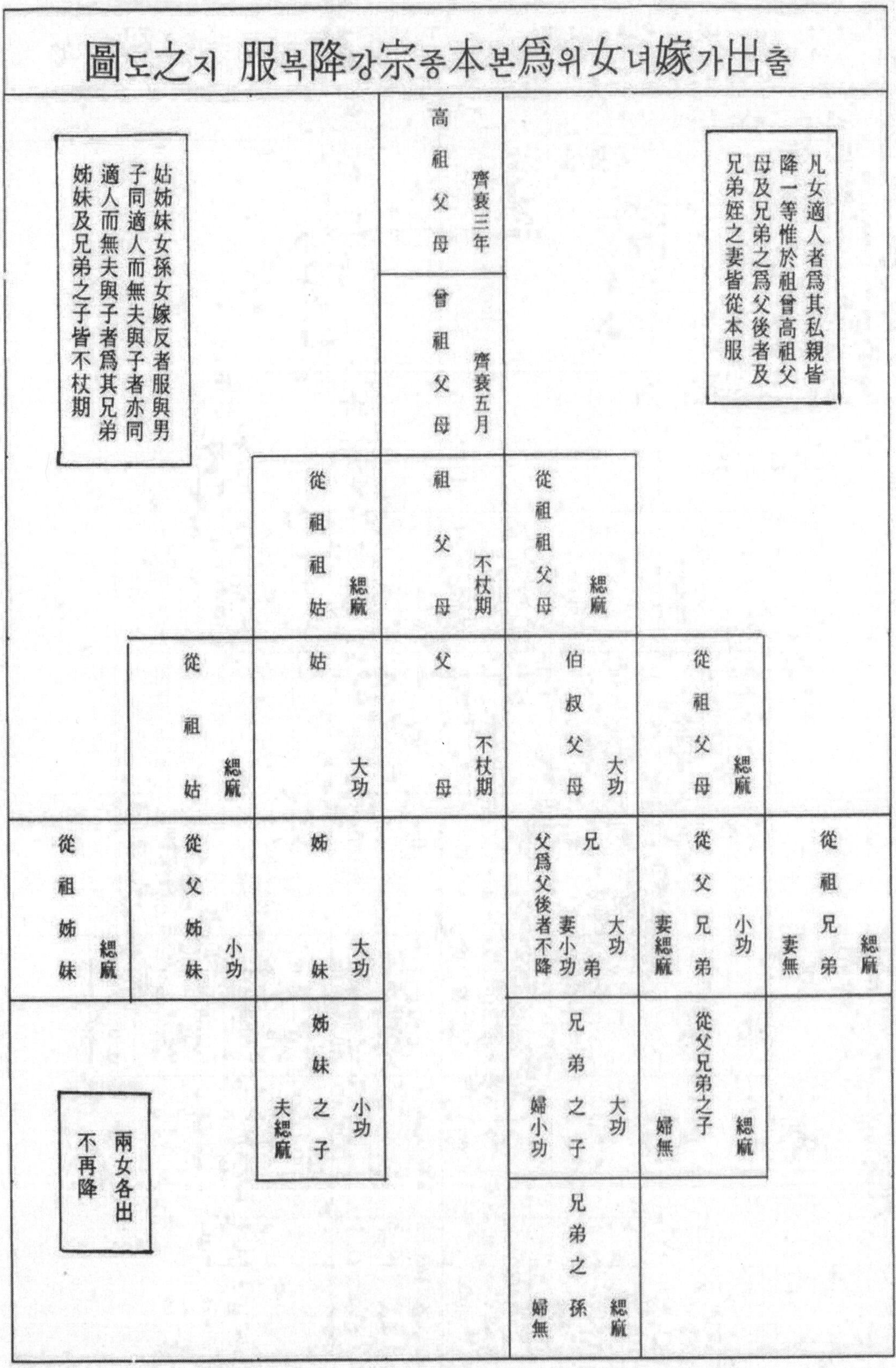

出嫁女爲本宗降服之圖

（右側 설명상자）

凡女適人者爲其私親皆
降一等惟於祖曾高祖父
母及兄弟之爲父後者及
兄弟姪之妻皆從本服

（左側 설명상자）

姑姊妹女孫女嫁反者服與男
子同適人而無夫與子者亦同
適人而無夫與子者爲其兄弟
姊妹及兄弟之子皆不杖期

（左下 설명상자）

兩女各出
不再降

圖表

			高祖父母　齊衰三年			
			曾祖父母　齊衰五月			
	從祖祖姑　緦麻		祖父母　不杖期		從祖祖父母　緦麻	
	從祖姑　緦麻	姑　大功	父母　不杖期	伯叔父母　大功	從祖父母　緦麻	
從祖姊妹　緦麻	從父姊妹　小功	姊妹　大功	兄　父爲父後者不降／弟　大功　妻小功	從父兄弟　小功　妻緦麻	從祖兄弟　緦麻　妻無	
		姊妹之子　小功　夫緦麻	兄弟之子　大功　婦小功	從父兄弟之子　緦麻　婦無		
			兄弟之孫　緦麻　婦無			

출가녀본종강복도 (出嫁女本宗降服圖)

			고조부모 자최오월			
			증조부모 자최오월			
		대고모 시마	조부모 부장기	종조부모 시마		
	당고모 시마	고모 대공	부모 부장기	백숙부모 대공	당숙부모 시마	
재종자매 시마	종자매 소공	자매 대공	본인	형제 대공 처소공	종형제 소공 처시마	재종형제 시마 처무
		자매의자 소공 부시마		형제질 대공 처소공 부소공	종질 대공 처시마 부무	
				형제의손 시마 부무		

爲人後者爲本生降服之圖

圖도 之지 服복 降강 生생 本본 爲위 者자 後후 人인 爲위

> 凡爲人後者爲其私親皆降一等私親之爲之也亦然惟其本生父母爲之不杖期

> 兩男各爲人後不再降男出後女出嫁者再降

			曾祖父母 總麻			
		從祖祖父母 總麻	祖父母 大功	從祖祖父母 總麻		
	從祖祖姑 嫁無 總麻	姑 大功 嫁小功	父母 不杖期 心喪三年	伯叔父母 大功	從祖父母 總麻	
從祖姑 嫁無 總麻	從父姊妹 嫁總麻 總麻	姊妹 大功 嫁小功	己	兄弟 大功 妻總麻	從父兄弟 小功 妻無	從祖兄弟 總麻 妻無
從祖姊妹 嫁無 總麻	從父兄弟之女 嫁無 總麻	兄弟之女 大功 嫁小功		兄弟之子 大功 婦小功	從父兄弟之子 總麻 婦無	
		兄弟之孫女 嫁無 總麻		兄弟之孫 總麻 婦無		

양자(養子) 된 자 본생(本生) 강복도(降服圖)

				증조부모 시마				
			대고모 출가무 시마	조부모 대공	종조조부모 시마			
		당고모 출가무 시마	고모 출가소공	부 심상삼년 / 모 부장기	백숙부모 대공	당숙부모 시마		
	재종자매 출가무 시마	종자매 출가시마 소공	자매 출가소공 대공	본인	형제 대공 / 처시마	종형제 처무 소공	재종형제 처무 시마	
	종형제의녀 출가무 시마	질녀 출가소공	질 대공	질 婦小功	종형제의자 부무 시마			
		형제의손녀 출가무 시마		형제의손 부무 시마				

外당黨　妻처　黨당　服복圖도

君母之父君母死則不服母之君母死不服庶子爲後者爲其外祖無服

母出則爲繼母之父母兄弟姊妹小功

外祖父母　小功
祖父母緦麻
婦人爲夫外

舅　小功
母之兄弟婦人

從母　母之姊妹婦人　小功
妻父母緦麻
母雖嫁出猶服
妻之親
妻亡別娶亦同
爲夫之舅緦麻

爲夫從母緦麻

舅姑之子　緦麻
舅之子曰內兄弟
姑之子曰外兄弟

從母之子　緦麻
兩姨兄弟姊妹謂從之子也
己身

甥　小功
婦緦麻
姊妹之子曰甥

婿　緦麻
甥女　小功
姊妹之女曰甥女

外孫　緦麻
女之子也
婦服並同

外親雖適人不降

도복당처당외

도복당	처당외			
		외조부모 소공 / 부군외조부모 시마		
이모 소공 / 남편이모 시마	처부모 시마		외숙부모 소공 / 부군외숙 시마	
이종형제 시마	본인		외종형제 시마	고종형제 시마
생질녀 소공	사위 시마 / 외손 시마 / 외손부 시마		생질 소공 / 생질부 시마	

妾첩 服복 圖도

君 斬衰三年 卿大夫爲貴妾 士妾有子緦	君之父母 齊衰不杖期 儀禮妾爲君之黨 服得與女君同	女君 齊衰不杖期 女君於妾無服	妾爲其私親服與女子子適人有同	첩 복 도	부 군 참최삼년	부군의 부모복 적처와 같다	적처 자최부장기 적처첩복무
君之長子 齊衰三年	君之衆子 齊衰不杖期	其衆子 齊衰不杖期			부군의 장자 자최삼년	부군의 중자 자최부장기	그 지자 최부장기

大宗小宗圖(대종소종도)

諸侯						
諸侯	別子 百世不遷					
百世爲諸侯		高祖				
			曾祖			
				祖		
					禰	
	繼別大宗	繼高祖小宗	繼曾祖小宗	繼祖小宗	繼禰小宗	無大宗則事四宗　身事五宗

劉氏垓孫曰呂汲公家祭儀曰古者小宗有四有繼禰之宗繼祖之宗繼曾祖之宗繼高祖之

宗所以主祭祀而統族人後世宗法既廢散無所統祭祀之禮家自行之支子不能不祭祭不

必告於宗子今宗法雖未易復而宗子主祭之儀略可舉行宗子爲士庶子爲大夫以上牲祭

於宗子之家故今議家廟雖因支子而立亦宗子主其祭而用其支子命數所得之禮可合禮

意○先生日祭祀須是用宗子法方不亂不然前面必有不可處置者○父在主祭子出仕宦

不得祭父沒宗子主祭庶子出仕宦祭時其禮亦合減殺不得同宗子○宗子只得立適雖庶

長立不得若無適子則亦立庶子所謂世子之同母弟世子是適若世子死則立世子之親弟

亦是次適也是庶子不得立也○大宗法既立不得亦當立小宗法祭自高祖以下親盡則請

出高祖就伯叔位服未盡者祭之嫂則別處後其子私祭之今世禮全亂了

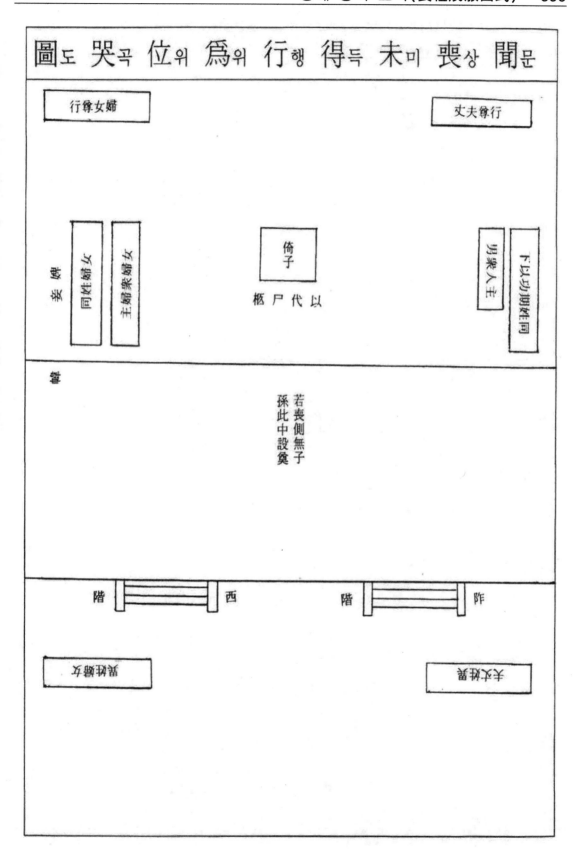

聞喪未得行爲位哭圖

行尊夫丈　　　　婦女尊行

倚子
以代
柩

若喪側無子孫此中設奠

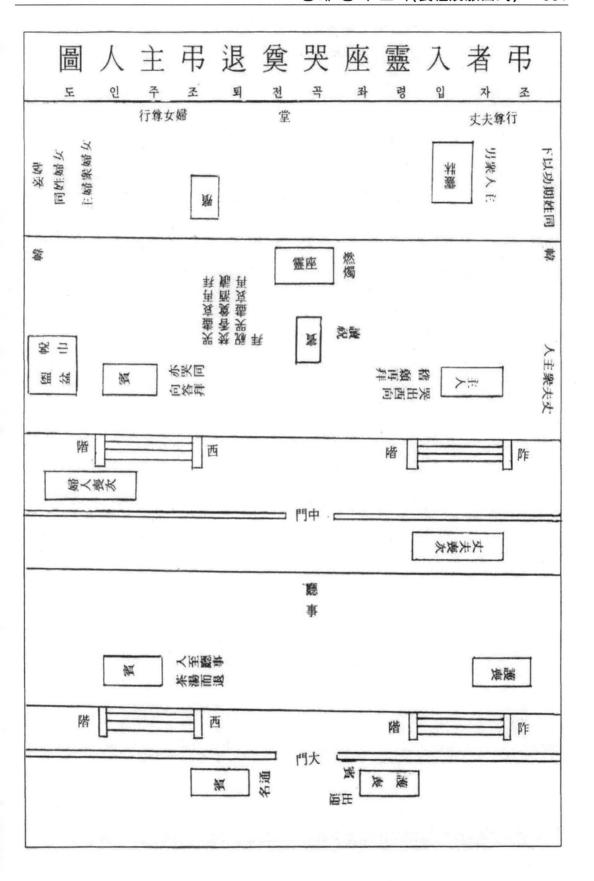

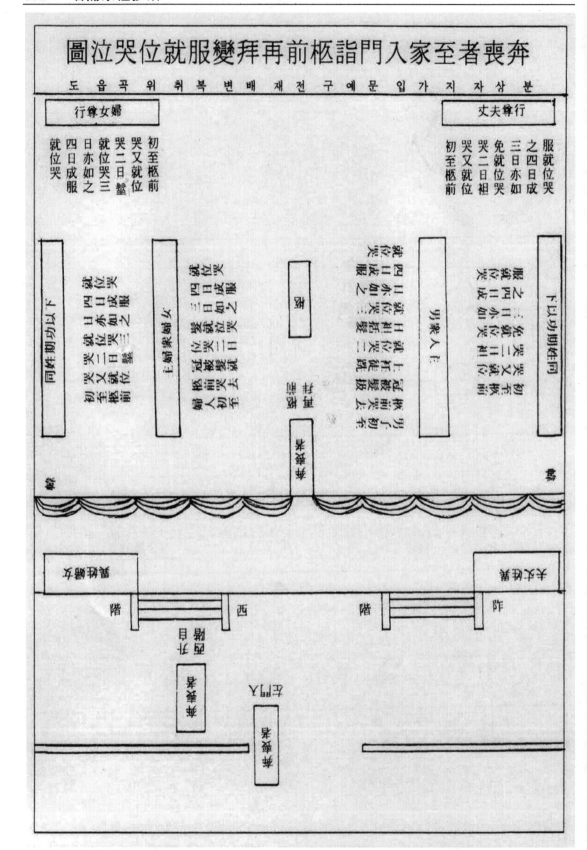

慰大官門狀式
<ruby>위 대 관 문 장 식</ruby>

具位姓某
右某謹詣
門屏祗慰
某位伏聽
處分謹狀
年月日具位姓某狀

慰平交門狀式
<ruby>위 평 교 문 장 식</ruby>

具位姓某
右某謹詣
某
官謹狀
年月日具位姓某狀

輯覽凡門狀用大
紙一幅前空二寸
眞楷小書字疏密
相對如前式武官
不用全幅紙但闊
四五寸後不用具
年但云某月日姓
某狀公吏同武官
式僧道同官員式
尤貴細書

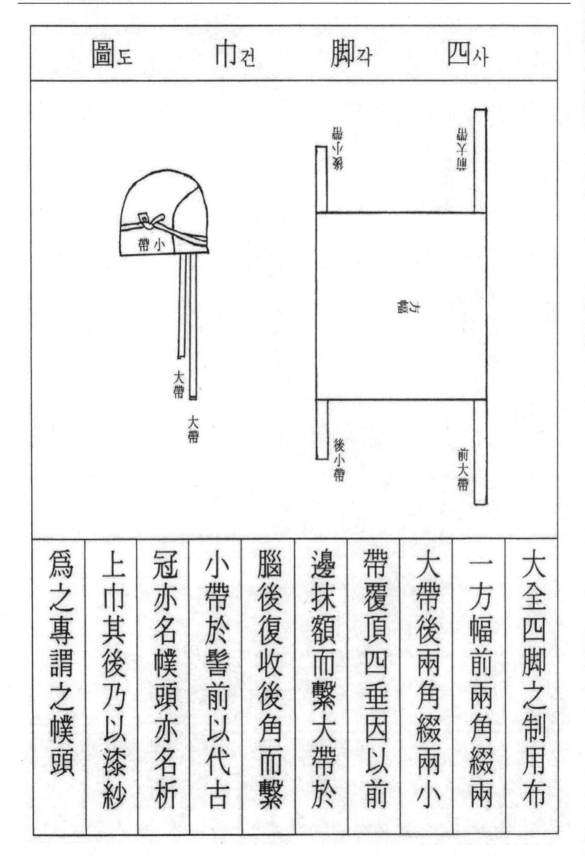

圖도　　巾건　　脚각　　四사

大全四脚之制用布

一方幅前兩角綴兩

大帶後兩角綴兩小

帶覆頂四垂因以前

邊抹額而繫大帶於

腦後復收後角而繫

小帶於髻前以代古

冠亦名幞頭亦名析

上巾其後乃以漆紗

爲之專謂之幞頭

제 3 장 치장(治葬)

⊙治葬(치장)

成壙而歸不敢入處室居於倚廬哀親之在外地寢苫枕塊哀親之在土也故哭泣無時服勤三年思慕之心孝子之志也人情之實也

⊙치장(治葬)

광(壙)을 지어 봉분을 이루고 돌아가 감히 거처하던 방으로 들어가지 못하고 의려(倚廬)에서 거처하는 것은 어버이께서 집 밖 맨땅에 계심을 슬퍼함이요, 거적자리에 흙덩이를 베고 자는 것은 어버이께서 흙 속에 계심을 슬퍼함 때문이다. 그러하기 때문에 슬피 때 없이 소리 내여 울고 상복을 3년 동안 몸에서 끄르지 않는 것은 어버이를 사모함의 근본이요. 효자의 본심이며 인정의 결실임이니라.

◆葬(장)

易古之葬者厚衣之以薪葬之中野不封不樹喪期無數後世聖人易之以棺槨蓋取諸大過註取其過厚疏不云上古直云古者猶在穴居結繩之後不封不樹不積土爲墳不種樹以標其處　孟子蓋上世有不葬其親者其親死則擧而委之於壑他日過之狐狸食之蠅蚋姑嘬之其顙有　睨而不視夫　也非爲人　中心達於面目蓋歸反虆　而掩之掩之誠是也則孝子仁人之掩其親亦必有道矣註姑語助聲嘬攢共食之也　　然汗出之貌反覆也虆土籠裡土擧也掩覆其尸此葬埋之禮所由起也　檀弓國子高曰葬也者藏也藏也者欲人之不得見也是故衣是以飾身棺周於衣椁周於棺土周於椁反壤樹之哉疏備以衣衾棺椁欲其深邃不使人知今乃反封壤爲墳種樹以標哉國子意在儉非周禮之法　禮器有以大爲貴者棺槨之厚丘封之大此以大爲貴也　周禮大司徒施敎灃于邦國都鄙四閭爲族使之相葬疏百家立一上士爲族師百家之內有葬者使之相助益故云相葬○左傳天子七月而葬同　畢至(極四海之內同　諸侯莫不盡至)諸侯五月同盟至(同方岳之盟其地漸近故五月可至)大夫三月同位至(古者行役不踰時故三月而同位至)士踰月外姻至(外親愈近故過月可至此言赴吊各以遠近爲差因爲葬節)○王制大夫士庶人三日而殯三月而葬(註)諸侯降於天子而五月大夫降於諸侯而三月士庶人又降於大夫故踰月也今總云大夫士庶人三日而殯此固所同然皆三月而葬則非也其以上文降殺俱兩月在下可知故畧言之歟孔氏因左傳大夫三月士踰月者謂大夫除死月爲三月士數死月爲三月是踰越一月故言踰月耳○士虞禮疏曲禮云生與來日死與往日謂殯歛以死日數也大夫以上皆以來日數若然士云三日殯三月葬皆通死日死月數大夫以上殯葬皆殊死日死月數是以士之卒哭得葬之三月內大夫三月葬除死月通死月則四月大夫有五虞卒哭在五月諸侯以上以義可知○司馬溫公曰古者天子七月諸侯五月大夫三月士踰月而葬今五服年月敕王公以下皆三月而葬然世俗信葬師之說既擇年月日時(己亥日用葬最凶之類)又擇山水形勢以爲子孫貧富貴賤賢愚壽夭盡繫於此而其爲術又多不同爭論紛紜無時可　至有終身不葬或累世不葬或孫衰替忘失處所遂棄捐不葬者正使殯葬實能致人禍福爲子孫者亦豈忍使其親臭腐暴露而自求其利耶悖禮傷義無過於此然孝子之以憂患深遠恐淺則爲人所掘深則濕潤速朽故必求土厚水深之地而葬之所以不可不擇也或問家貧鄕遠不能歸葬則如之何公曰子游問喪具夫曰有毋過禮苟無矣歛手足形還(旋)葬(謂歛畢卽葬)懸棺而窆(以手縣繩而下之不設碑　也)人豈有非之者哉昔廉范千里負喪郭平自賣營墓豈待　富然後葬其親哉在禮未葬不變服食粥居廬寢苫枕塊盖憫親之未有所歸故寢食不安奈何舍之出游食稻衣錦不知其何以爲心哉世人又有遊宦沒於遠方子孫火焚其柩收燼歸葬者夫孝子愛親之肌體故歛

而葬之殘毀他人之尸在律猶嚴　子孫乃悖謬如此其始盖出於羌胡之俗浸染中國行之已久習以爲常見者恬然曾莫之恠豈不哀哉延陵季子適齊其子死葬於嬴博之間孔子以爲合體必也不能歸葬葬于其地可也豈不猶愈於焚之哉○程子曰卜其宅兆卜其地之美惡也非陰陽家所謂禍福者也地之美則其神靈安其子孫盛若培壅其根而枝葉茂理固然矣地之惡者則反是然則曷謂地之美者土色之光潤草木之茂盛乃其驗也父祖子孫同氣彼安則此安彼危則此危亦其理也而拘忌者惑以擇地之方位　日之吉凶不亦泥乎甚者不以奉先爲計而專以利後爲憂尤非孝子安厝之用心也惟五患者不得不謹須使他日不爲道路不爲城郭不爲溝池不爲貴勢所奪不爲耕　所及也一本云所謂五患者溝渠道路避村落遠井　○朱子曰葬之爲言藏也所以藏其祖考之遺體也以子孫而藏其祖考之遺體則必致其謹重誠敬之心以爲安固久遠之計使其形體全而神靈得安則子孫盛而祭祀不絕此自然之理也是以古人之葬必擇其地而卜筮而　之不吉則更擇而卜焉近世以來卜筮之法雖廢而擇地之說猶存其或擇之不精地之不吉則必有水泉螻蟻地風之屬以賊其內使其形神不安而子孫亦有死亡絕滅之憂甚可畏也其或雖得吉地而葬之不厚帳之不深則兵戈亂離之際無不遭置發掘暴露之變此又所當慮之大者○古者葬地葬日皆　於卜筮今人不曉占法且從俗擇之可也○葬經葬者乘生氣也○臨川吳氏曰葬師之說盛於東南郭氏葬經者其術之祖也盖必原其脈絡之所從來審其形勢之所止聚有水以界之無風以散之然後乘地中之生氣以養死者之留骨俾常溫煖而不速朽腐死者之體魄安則子孫之受其氣而生者不致凋瘁乃理之自然而非有以覬其效之必然也若曰某地公可侯可將可相則術者倡是術以愚世人而要重賄也其言豈足信哉世之人惑於術士之說有貪求吉地未能愜意至數十年不能葬其親者有旣葬以爲不吉一掘未已至再至三者有因買地致訟棺未入土而家已蕭條者有兄弟數房惑於各房風水之說至於骨肉化爲仇讐者凡此皆璞之書所爲也且人之生貧富貴賤天禀已定謂之天命不可改也豈塚中枯骨所能轉移乎若如其說則上天之命反制於一抔之土矣○補註按禮大夫士三日而殯故三月而葬旣殯之後卽謀葬事其有祖塋則祔葬其次若窄狹及有所防碍則別擇地可也愚謂人之死也其魂氣雖散而體魄猶存故及其未甚腐敗而葬于地則可以復其魂氣而有靈擇地之法惟在識乎丘(高地)隴(高山)之骨岡(大隴)阜(大丘)之支丘卽阜之所分隴卽岡之所出支卽來自大阜降自大岡者也金華胡氏曰察乎陰陽之理審乎流峙之形辨順逆究分合別明暗定淺深崇不傷乎急卑不失乎緩折而歸之中若璞之所謂乘生氣者宜於是得之○輯覽按風水之說其希覬富貴之說雖不可信若夫乘生氣以安祖考之遺體盖有合於伊川本根枝葉之論先儒往往取之文公先生與蔡季通預卜葬穴及歿門人裹糗行　六日始至盖亦愼擇也昔朱子論擇地謂必先論其土勢之强弱風氣之聚散水土之淺深穴道之偏正力量之全否然後可以較其地之美惡後之擇葬地者誠本朱子是說而叅以伊川光潤茂盛之驗及五患之防庶幾得之矣○司馬公葬說將葬太尉公族人皆曰葬者家之大事奈何不詢陰陽此必不可吾兄伯康無如之何乃曰詢於陰陽則可矣安得良葬師而詢諸族人曰近村有張生者良師也數縣皆用之吾兄乃召張生許以錢二萬張生野夫也世爲葬師爲野人葬所得不過千錢聞之大喜兄曰汝能用吾言吾俾爾葬不用吾言將求他師張生曰惟命是聽於是兄自以已意處歲月日時及壙之淺深廣狹道路所從出皆取便於事者使張生以葬書飾之曰大吉以示族人族人皆喜無違異者今吾兄年七十九以列卿致仕吾年六十六忝備侍從宗族之從仕者二十有三人視他人之謹用葬書未必勝吾家也前年吾妻死棺成而歛裝辦而行壙成而葬未嘗以一言詢陰陽家迄今亦無他故吾嘗疾陰陽家立邪說以惑衆爲世患於喪家尤甚頃爲諫官嘗奏乞禁天下葬書當時執政莫以爲意今著玆論庶俾後之子孫葬必以時欲知葬具之不必厚視吾祖欲知葬書之不足信視吾家○呂才曰古者卜葬盖以市朝變遷泉石交侵不可前知故謀之龜筮近代或選年月或相墓田以爲窮達壽夭皆因卜葬所致按禮天子諸侯大夫葬皆有月數是古人不擇年月也春秋九月丁巳葬定公雨不克葬戊午日下昃乃克葬是不擇日也鄭葬簡公司墓之室當路毀之則朝而窆不毀則日中而窆是不擇時也○王制自天子達於庶人喪從死者祭從生者(註)中庸曰父爲大夫子爲士葬以大夫祭以士父爲士子爲大夫葬以

士祭以大夫蓋葬用死者之爵祭用生者之祿與此意同○庶人縣封葬不爲雨止(註)縣棺而下
之封土而　之不爲雨止以其有進無退也魯葬定公與敬嬴以雨不克葬而春秋譏之則不爲雨
止者不特庶人而已○檀弓太公封於營丘比及五世皆反葬於周(註)太公雖封於齊而留周爲
太師故死而遂葬於周子孫不敢忘其本故亦自齊而反葬於周以從先人之兆五世親盡而後止
也○延陵季子適齊於其反也其長子死葬於嬴博之間孔子曰延陵季子吳之習於禮者也往而
觀其葬焉其坎深不至於泉其斂以時服既而封左祖右還其封且號者三日骨肉歸復于土命
也若魂氣則無不之也無不之也而遂行孔子曰延陵季子之於禮也其合矣乎(註)吳公子札讓
國而居延陵故曰延陵季子嬴博齊二邑名不至於泉謂得淺深之宜也時服隨死時之寒暑所衣
也封築土爲墳也左祖以示陽之變右還以示陰之歸骨肉之歸土陰之降也魂氣之無不之陽之
升也季子以骨肉歸復于土爲命者此精氣爲物之有盡謂魂氣則無不至者此遊魂爲變之無方
也壽夭得於有生之初可以言命魂氣散於既生之後不可以言命也再言無不之也者愍傷離訣
之至情而冀其魂之隨以以歸也不惟適旅葬之節而又且通幽明之故宜夫于之善之也

◆貧葬(빈장)

禮曰喪不慮居盖喪禮稱家之有無不可勉爲厚葬而致有敗家之慮家敗則宗廟不能以獨存矣
　子游問喪具子曰稱家之有無子游曰有無惡乎齊子曰有無過禮苟無矣斂手足形還(旋)葬
(謂斂畢即葬)懸棺而窆(謂不用碑　)人豈有非之者　○溫公曰廉范千里負喪郭平自賣塋墓
古人非待豊富然後葬也

◆火葬不孝(화장불효)

溫公曰世人沒於遠鄕子孫焚其柩收燼歸葬夫孝子愛親之肌體故斂而藏之殘毀他人之尸在
律猶嚴　爲子孫者乃悖謬如此其始出於羌胡之俗浸染中華行之既久習而爲常見者恬然曾
莫之怪豈不哀哉延陵季子適齊其子死葬於嬴博之間孔子以爲合禮必也不能歸葬葬於其地
可也豈不猶愈於焚之也

◆遺命九日葬之非(유명구일장지비)

艮齋曰洪參議遺命九日葬識者皆以爲非禮而譏之今承示諭一鄕靡然從之尤可歎也余謂先
王聖人而洪公名宦也卽遠有期禮也而大夫旋葬非禮也然循先王之禮則苦於企及而從洪公
之失則便於已私故人多從之然此非一朝一夕之故朝廷之無敎無法久矣故有此弊也苟上之
人能行道禮齊刑之政則洪公亦必無此命而其家亦必不敢從矣來諭所謂士大夫一言一行可
不愼者亦扶持頹俗之一事而今則人類化爲`麋鹿禮義淪於糞壤不可復救痛歎奈何

제 1 절 사후토(祠后土) 천광(穿壙)
조명기(造明器)

⦿三月而葬先期擇地之可葬者(삼월이장선기택지지가장자)

司馬溫公曰古者天子七月諸侯五月大夫三月士踰月而葬(王制天子七日而殯七月而葬諸
侯五日而殯五月而葬大夫士庶人三日而殯三月而葬)今五服年月敕王公以下皆三月而葬然
世俗信葬師之說既擇年月日時又擇山水形勢以爲子孫貧富貴賤賢愚壽夭盡繫於此
而其爲術又多不同爭論紛紜無時可決至有終身不葬或累世不葬或子孫衰替忘失處
所遂棄損不葬者正使殯葬實能致人禍福爲子孫者亦豈忍使其親臭腐暴露而自求其
利邪悖禮傷義無過於此然孝子之心慮患深遠恐淺則爲人所　音骨深則濕潤速朽故
必求土厚水深之地而葬之所以不可不擇也或問家貧鄕遠不能歸葬則如之何公曰子
游問喪具夫子曰稱家之有無子游曰有無惡音烏乎齊子細切夫子曰有毋過禮苟無矣

斂手足形還葬懸棺而窆(彼斂切)人豈有非之者哉昔廉范千里負喪郭平自賣營墓豈待
豊富然後葬其親哉在禮未葬不變服食粥居廬寢苫枕塊蓋憫親之未有所歸故寢食不
安奈何舍之出游食稻衣錦不知其何以爲心哉世人又有遊宦沒於遠方子孫火焚其柩
收燼歸葬者夫孝子愛親之肌體故斂而藏之殘毀他人之尸在律猶嚴　子孫乃悖謬如
此其始蓋出於羌胡之俗浸染中華行之既久習以爲常見者恬然曾莫之恠豈不哀哉延
陵季子適齊其子死葬於嬴博之間孔子以爲合禮必也不能歸葬葬于其地可也豈不猶
愈於焚之哉　程子曰卜其宅兆卜其地之美惡也非陰陽家所謂禍福者也地之美則其
神靈安其子孫盛(尤菴曰拘於時日而渴葬者自是違經悖禮之甚者此何足言　朽淺曰山運之說出
於後世術家之熒惑至有緣此而經年者甚無謂)若培壅其根而枝葉茂理固然矣地之惡者則反
是然則曷謂地之美者土色之光潤草木之茂盛乃其驗也父祖子孫同氣彼安則此安彼
危則此危亦其理也而拘忌者或以擇地之方位決日之吉凶不亦泥乎甚者不以奉先爲
計而專以利後爲慮尤非孝子安厝之用心也惟五患者不得不謹須使他日不爲道路不
爲城郭不爲溝池不爲貴勢所奪不爲耕　所及也一本云所謂五患者溝渠道路避村落
遠井窯(韻會窯余招切或作窰說文燒瓦窯　增解按本文此下又曰葬之穴尊者居中左昭右穆而次後
則或東或西亦左右相對而啓穴也)　按古者葬地葬日皆決於卜筮今人不曉占法且從俗擇
之可也(既夕禮啓期告于賓　儀節既得地則擇日豫先以啓期告于親戚姻　僚友之當會葬者　朱子
曰招魂葬非禮先儒已論之備要按今人有死而失其尸者或葬以衣冠殊非禮意)

⊙석 달 후 장례(葬禮)를 치르되 먼저 장지(葬地)를 골라 장사를 지낸다.

사마온공(司馬溫公)이 이르기를 옛날에는 천자(天子)는 칠 개월 제후(諸候)는 오 개월
대부(大夫)는 삼 개월 선비는 한 달을 넘겨 장사를 지냈으나 지금은 오복(五服)의 기
간을 정한 칙령에 왕공(王公)이하 모두 석 달 만에 장사케 하였다.

그러나 세속에서는 지관(地官)의 말만 믿고 장례 일시를 택하고 또 자손을 위하여 빈
부귀천과 어질고 어리석음과 장수(長壽)를 하고 요절(夭折)함이 이에 모두 매였다 하
여 산수형세를 택하려 하나 그 행하는 술법이 다양하고 같지 않아 한 터를 놓고 논
쟁이 분분하여 모두 옳다고 결정되는 곳이 없어 종신토록 장례를 치르지 않는가 하
면 여러 대 장례를 치르지 않아 혹은 자손이 쇠하여 버리거나 있던 곳도 드디어 잊
어버려 틀림없이 장례를 치르지 않을 것이니라.

묻은 장지로 하여금 진실로 화복이 산 사람에게 이른다 하여 능히 할 짓이며 자손을
위하여 또한 어찌 그런 것 때문에 어버이 시신을 풍설과 우로(雨露)에 바래고 부패함
을 참고 견딜 것이냐. 그런 것은 제 이익을 구함이니 예법에 어긋나고 도의(道義)의
손상됨이 이보다 더 지나친 것은 없느니라. 그러기에 효자의 마음에 멀고 가까운 것
을 근심을 하여야 할 것이며 또한 걱정할 것은 얕은 즉 다른 사람이 파헤칠 것이며
깊은 즉 습기에 속히 부패 할 것이다. 그렇기 때문에 반드시 흙이 두텁고 물이 깊은
곳에 매장하여야 하는 것이니 이런 까닭으로 장지를 택하지 않을 수 없는 것이니라.
하였다.

정자(程子)가 이르기를 장지를 고를 때 점을 치는 것은 묘지의 좋고 그름을 점을 치
는 것이지 음양가(陰陽家)의 이른바 자손의 화복을 고르는 것이 아니니라. 좋은 땅에
는 그 신령이 편안하고 그 자손이 성하며 좋지 못한 땅은 그 반대가 되느니라. 좋은
땅이란 흙의 색이 광택과 윤기가 있고 초목이 무성하며 그 징조로 조상과 자손들은
동기이기 때문에 저쪽이 편안하면 내가 편안하고 저쪽이 위태로우면 나도 위태롭게

되는 것과 같은 이치이니라. 그러나 꺼리는 이는 혹 묘지의 방위와 장례 일을 결정할 때 길한 것을 택하고 흉하면 택하지 안느니라. 또한 거리낌이 심한 이는 조상을 받드는 계획은 생각하지 않고 오로지 후세의 이해만 염려하니 더욱 효자로서 조상을 편안히 모시려는 마음 씀씀이가 아니니라. 오직 다섯 가지 피할 곳은 다음날 길이 될 곳이거나 성곽이나 도랑이 될 곳 권세가에 빼앗길 곳 전지가 될 곳은 피하여야 하느니라. 라 하였다.

장지(葬地)를 택하였으면 친척과 친우에게 알리고 축관은 아침 전제 때 고한다.

◆別擇地可(별택지가)

按禮大夫士三日而殯故三月而葬旣殯之後卽謀葬事其有祖塋則祔葬其次若窄狹及有所妨礙則別擇地可也   丘文莊曰古者擧事必決之卜筮雖以周公定必假之於龜後世卜筮之法無傳俗所用者不足爲據其時月塋兆幸世有選擇之法

◆擇地之可葬(택지지가장)

丘儀朱子曰葬之爲言藏也所以藏其祖考之遺體也以子孫而藏其祖考之遺體則必致其謹重誠敬之心以爲安固久遠之計使其形體全而神靈得安則子孫盛而祭祀不絶此自然之理也是以古人之葬必擇其地而卜筮以決之不吉則更擇而卜焉近世以來卜筮之法雖廢而擇地之說猶存其或擇之不精地之不吉則必有水泉螻蟻地風之屬以賤其內使其形神不安而子孫亦有死亡絶滅之憂甚可畏也其或雖得吉地而葬之不厚藏之不深則兵戈亂離之際無不遭罹發掘暴露之變此又所當慮之大者葬經葬者乘生氣也臨川吳氏曰葬師之說盛於東南郭氏葬經者其術之祖也蓋必原其脉絡之所從來審其形勢之所止聚有水以界之無風以散之然後乘地中之生氣以養死者之留骨俾常溫煖而不速朽腐死者之體魄安則子孫之受其氣以生者不致瘁乃理之自然而非有心覬其效之必然也若曰某地可公可侯可將可相則術者倡是術以愚世人而要重賄也其言豈足信哉羅大經曰世之人惑於術士之說有貪求吉地未能愜意至數十年不能葬其親者有旣葬以爲不吉一掘未已至再至三者有因買地致訟棺未入土而家已蕭條者有兄弟數房惑於各房風水之說至於骨肉化爲仇讎者凡此皆璞之書所爲也且人之生貧富貴賤夭稟已定謂之天命不可改也豈   中枯骨所能轉移乎若如其說則上天之命反制於一抔之土矣愚按風水之說其希覬富貴之說雖不可信若夫乘生氣以安祖考之遺體蓋有合於伊川本根枝葉之論先儒往往取之文公先生與蔡季通預卜葬穴及歿門人裹糧行   六日始至蓋亦愼擇也昔朱子論擇地謂必先論其主勢之强弱風氣之聚散水土之淺深穴道之偏正力量之全否然後可以較其地之美   後之擇葬地者誠本朱子是說而參以伊川光潤茂盛之驗及五患之防庶幾得之矣   補註按禮大夫士三日而殯故三月而葬旣殯之後卽謀葬事其有祖塋則祔葬其次若窄狹及有所妨碍則別擇地可也愚謂人之死也其魂氣雖散而體魄猶存故及其未甚腐敗而葬于地則可以復其魂氣而有靈擇地之法惟在識乎丘隴之骨岡阜之支(高地曰丘高山曰隴大丘曰阜大隴曰岡)丘卽阜之所分隴卽岡之所出支卽來自大阜降自大岡者也   金華胡氏曰察乎陰陽之理審乎流峙之形辨順逆究分合別明暗穵淺深崇不傷乎急卑不失乎緩折而歸之中若璞之所謂承生氣者宜於是得之   司馬溫公葬說曰葬者藏也孝子不忍其親之暴露故斂而藏之今之葬書乃相山川岡壟之形勢考歲月日時之支干以爲非此地非此時不可葬也至有終身累世而不葬遂有棄失屍柩者嗚呼所貴於身後有子孫者爲能藏其形骸也其所爲乃如是曷若無子孫死於道路猶有仁者見而   之耶昔者將葬太尉公族人皆曰葬者家之大事奈何不詢陰陽吾兄伯康無如之何乃曰詢於陰陽則可矣安得良葬師而詢諸族人曰近村有張生者良師也數縣皆用之吾兄乃召張生許以錢二萬張生野夫也世爲葬師爲野人葬所得不過千錢聞之大喜兄曰汝能用吾言吾俾爾葬不用吾言將求他師張生曰惟命是聽於是兄自以已意處歲月日時及壙之淺深廣狹道路所從出皆取便於事者使張生以葬書飾之曰大吉以示族人族人皆悅無違異者今吾兄年七十九以列卿致仕吾年六十六忝備侍從宗族之從仕者二十有三人

視他人之謹用葬書未必勝吾家也前年吾妻死棺成而斂裝辦而行壙成而葬未嘗以一言詢陰陽家迄今亦無他故吾嘗疾陰陽家立邪說以惑衆爲世患於喪家尤甚頃爲甚頃爲諫官嘗奏乞禁天下葬書當時執政莫以爲意今著玆論庶俾後子孫葬必以時欲知葬書之不足信視吾家　檀弓太公封於營丘比及五世皆反葬於周註太公雖封於齊而留周爲大師故死而遂葬於周子孫不敢忘其本故亦自齊而反葬於周以從先人之兆五世親盡而後止也　王制自天子達於庶人喪從死者祭從生者註中庸曰父爲大夫子爲士葬以大夫祭以士父爲士子爲大夫葬以士祭以大夫蓋葬用死者之爵祭用生者之祿與此意同　庶人縣封(窆)葬不爲雨止註縣棺而下之封土而　之不爲雨止以其有進無退也魯葬定公與敬嬴以雨不克葬而春秋譏之則不爲雨止者不特庶人而已　大全郭子從問招魂葬曰招魂葬非禮先儒已論之矣　丘儀按儀禮旣夕請啓期告于賓而書儀於筮得吉之後主人至殯前哭遂使人告于親戚僚友應會葬者

◆葬月數(장월수)

王制天子七日而殯七月而葬諸侯五日而殯五月而葬大夫士庶人三日而殯三月而葬註諸侯降於天子而五月大夫降於諸侯而三月士庶人又降於大夫故踰月也今　云大夫士庶人三日而殯此固所同然皆三月而葬則非也其以上文降殺俱兩月在下可知故略言之歟孔氏引左傳大夫三月士踰月者謂大夫除死月爲三月士數死月爲三月是踰越一月故言踰月耳劉氏曰天子功德施於四海諸侯功德洽於一國大夫士恩德孚於一家庶人恩德著於其族固有大小之差矣及其終也臣子之心未忍死之猶冀其復生故其殯也不得已而殯之是以有七日五日之差雖庶人之殯猶俟三日是豈得已哉若夫葬者當其朝歲諸侯雖在六服罔有不至或奔喪也或會葬也或會於練祥也亦如四時之朝焉其不當朝歲之諸侯則爲位服於其國而遣卿以會葬同軌畢至者謂此也七月而葬所以極四海之哀誠也諸侯之葬必五月者相爲賓也同盟之諸侯也雖非同盟而爲其舅甥姑　妹之邦也大夫士庶人三月而葬其事具其誠盡矣　士虞禮記疏曲禮云生與來日死與往日謂殯斂以死日數也大夫以上皆以來日數若然士云三日殯三月葬皆通死日死月數大夫以上殯葬皆殊死日死月數是以士之卒哭得葬之三月內大夫三月葬除死月通死月則四月大夫有五虞卒哭在五月諸侯以上以義可知

◆擇地之法(택지지법)

按此上下兩大文前則曰擇地之可葬者此以葬地言也後則曰擇日開塋域以葬日言也此註專言擇地而又並及擇日者其事相關故也　問憑何文字擇地程子曰只昭穆是地理書也但風調地厚處足矣　朱子山陵議狀曰葬之爲言藏也以子孫而藏其祖考之遺體則必致其謹重誠敬之心以爲安固久遠之計使其形體全而神靈得安則子孫盛而祭祀不絶此自然之理也是以古人之葬必擇其地而卜筮以決之不吉則更擇而再卜焉近世以來卜筮之法雖廢而擇地之說猶在其或擇之不精地之不吉則必有水泉螻蟻地風之屬以賊其內使其形神不安而子孫亦有死亡絶滅之憂甚可畏也凡擇地者必先論其主勢之强弱風氣之聚散水土之淺深穴道之偏正力量之全否然後可以較其地之美惡　朱子曰陰陽家說前輩所言固爲定論然恐幽明之故有所未盡故不敢從然今亦不須深考其書但道路所徑耳目所接有數里無人烟處有欲住者亦住不得其成聚落有舍宅處便須山水環合略成氣像然則欲俺藏其父祖安處其子孫者亦豈可都不揀擇以爲久遠安寧之慮而率意爲之乎但不當極意過求必爲富貴利達之計耳此等事自有酌中恰好處便是正理世俗固爲不及而必爲高論者亦似過之　問舊聞風水之說斷然無之比因謀葬先人周旋思慮不敢輕置旣葬之後略聞或者以爲塋業坐向少有未安便覺惕然不安乃知人子之喪親盡心擇地以求亡者之安亦未爲害曰伊川先生力破俗說然亦自言須是風順地厚之處乃可然則亦須稍有形勢拱揖環抱無空闕處乃可用也但不用某山某水之說耳　西山眞氏曰以安親爲心則地不可以不擇其擇也不可太拘夫某山强則某枝富某山弱則某枝貧非唯義理所不當問雖陰陽家書亦有深排其說者唯野師俗巫則張皇煽惑以爲取利之資擇地者必先破此謬說而後無太拘之患　臨川吳氏曰葬師之說盛於東南郭氏葬經者其術之祖也蓋必原其脉絡之所從來審其形勢之所止聚有水以界之無風以散之然後乘地中之生氣以養死者

之留骨俾常溫煖而不速朽腐死者之體魄安則子孫之受其氣以生者不致　瘁乃理之自然而
非有心覬其效之必然也若曰某地可公可侯可將可相則術者倡是說以愚世人而要重賄也其
言豈足信哉世之人惑於術士之說有貪求吉地不能愜意至數十年不能葬其親者有既葬以爲
不吉一掘未已至再至三者有因買地致訟棺未入土而家已蕭條者有兄弟數房惑於各房風水
之說至於骨肉化爲仇讐者凡此皆璞之書所爲也且人之生貧富貴賤天稟已定謂之天命不可
改也豈　中枯骨所能轉移乎若如其說則上天之命反制於一抔之土矣　羅大經曰古人建都
邑立室家未有不擇地者如書所謂達觀于新邑營卜　澗之東西詩所謂升虛望楚降觀于哀度
其隰原觀其流泉蓋自三代時已然矣余行天下凡通都會府山水固皆翕聚至於百家之邑十室
之市亦必倚山帶溪氣像回合若風氣虧疏山水飛走則必無人烟起聚此誠不可不擇也古人所
謂卜其宅兆者乃孝子慈孫之心謹重親之遺體使其他日不爲城邑道路溝渠耳借曰精擇亦不
過欲其山水廻合草木茂盛使遺體得安耳豈籍此以求子孫富貴乎郭璞謂本骸乘氣遺體受蔭
此說殊未通夫銅山西崩靈鍾東應木花於山栗芽於室此乃活氣相感也今枯骨朽腐不知痛痒
積日累月化爲朽壤蕩蕩游塵矣豈能與生者相感以致禍福乎楊誠齋嘗言郭璞精於風水宜妙
選吉地以福其身以利其子孫然璞身不免於刑戮子孫卒以衰微是其說已不能驗於其身矣而
後世方且誦其遺書而尊信之不亦惑乎　丘氏曰按風水之說其希覬富貴之說雖不可信若夫
乘生氣以安祖考之遺體蓋有合於伊川本根枝葉之說先儒往往取之文公先生與蔡季通預卜
葬穴及歿門人裹糧行　六日始至蓋亦愼擇也昔朱子論擇地謂必先論其主勢之强弱風氣之
聚散水土之淺深穴道之偏正力量之全否然後可以較其地之美惡後之擇葬地者誠本朱子是
說而參以伊川光潤茂盛之驗及五患之防庶幾得之矣　補註按禮既殯之後卽謀葬事其有祖
塋則祔葬其次若窄狹及有所防礙則別擇地可也金華胡氏曰察乎陰陽之理審乎流峙之形辨
順逆究分合別明暗宅淺深崇不傷乎急卑不失乎緩折而歸之中若璞之所謂乘生氣者宜於是
得之

◆論吉凶在人自致(논길흉재인자치)

南軒張氏曰景純葬書談地理者率以爲印龜然富貴利達當自致未可專以地理言且以不才之
子不學之儒有能以地理而取科第者乎不仁之人不善之家有能以地理而保生産者乎語曰吉
人凶其吉凶人吉其凶人必以予言爲然而汲汲乎人事之自修則是益驗矣　趙　葬書問答曰
夫家之將興必先多潛德陰善厚施而不食其報若是者雖不擇而葬其吉地之遇與子孫之昌固
已潛符默契蓋天　之也後世見其先之鼎盛不知所自來而妙貪巧取牢籠刻削亦植私窺利之
一端耳其設心如是則獲罪於天而自促其數者多矣

◆延陵季子葬法(연능계자장법)

檀弓下延陵季子適齊於其反也其長子死葬於嬴博之間孔子曰延陵季子吳之習於禮者也往
而觀其葬焉其坎深不至於泉其斂以時服既葬而封廣輪　坎其高可隱也既封左袒右還其封
且號者三曰骨肉歸復于土命也若魂氣則無不之也無不之也而遂行孔子曰延陵季子之於禮
也其合矣乎註吳公子札讓國而居延陵故曰延陵季子嬴博齊二邑名不至於泉謂得淺深之宜
也時服隨死時之寒暑所衣也封築土爲墳也橫曰廣直曰輪下則僅足以　坎上則纔至於可隱
皆儉制也左袒以示陽之變右還以示陰之歸骨肉之歸土陰之降也魂氣之無不之陽之升也陰
陽氣也命者氣之所鍾也季子以骨肉歸復于土爲命者此精氣爲物之有盡謂魂氣則無不之者
此遊魂爲變之無方也壽夭得於有生之初可以言命魂氣散於既死之後不可以言命也再言無
不之也者愍傷離訣之至情而冀其魂之隨已以歸也不惟適旅葬之節而又且通幽明之故宜夫
子之善之也然爲疑辭而不爲決辭者蓋季子乃隨時處中之道稱其有無而不盡拘乎禮者也故
夫子不直曰季子之於禮也合矣而必加其乎二字使人由辭以得意也讀者詳之

占穴之法(점혈지법)

朱子曰地理之法譬如針灸自有一定之穴而不可有毫釐之差

◆驗地氣之法(험지기지법)

外書程氏自先生兄弟所葬以昭穆定穴不用墓師以五色帛埋旬日視色明暗卜地氣善否　張子曰葬法有風水山岡此全無美理不足取南方用靑囊猶或得之西方人用一行尤無義理南人試葬法將五色帛埋於地下經年而取觀之地美則采色不變地氣惡則色變矣又以哭貯水養小魚埋經年以死生卜地美惡取草木之榮枯亦可卜地之美惡

◆驗地風地法(험지풍지법)

朱子曰丘墓中棺木能翻動皆是風吹蓋風在地中(缺)聚出地面又散了　風無處不入棺在地中吹　吹翻地上置物烈風未能吹動風在地中蘊蓄欲發其力盛猛也　玉峯寶傳龍勢雄猛石骨多空土脈麤疎陰氣强而陽氣弱則有地風轉尸之患蔡西山曰開壙之際試以燈燭雖孩提之童斷可自識

◆開壙水湧別卜(개광수용별복)

朱子曰過崇安視彦集所開地岡巒形勢目前無大虧缺而水泉湧溢殊不可曉問之邑人但謂開壙太深使然今若移穴近高而淺其壙則無此患矣此語使人不敢信因語彦集莫若更呼術人別卜他處然留彼三日三往諦觀亦覺形有可疑處所以致水蓋非偶然

◆穿穴不可多(천혈불가다)

朱子山陵議狀曰穿鑿已多之處地氣已淺雖有吉地亦無全力而祖塋之側數興土功以致驚動亦能挺災此雖術家之說然亦不爲無理

◆族墳墓(족분묘)

周禮大司徒以本俗六安萬民二曰族墳墓註族猶類也同宗者生相近死相迫

◆葬不害人(장불해인)

檀弓公叔文子升於瑕丘蘧伯玉從文子曰樂哉斯丘也死則我欲葬焉蘧伯玉曰吾子樂之則瑗請前註刺其欲害人良田瑗伯玉名劉氏曰我請前行以去子矣示不欲與聞其事　成子高寢疾慶遺入請曰子之病革矣如至乎大病則如之何子高曰吾聞之也生有益於人死不害於人吾縱生無益於人吾可以死害於人乎哉我死則擇不食之地而葬我焉註革急也不食謂不墾耕

◆陰陽家(음양가)

漢志陰陽家者流蓋出於羲和之官敬順昊天曆象日月星辰敬授民時此其所長也及拘者爲之則牽於禁忌泥於小數舍人事而任鬼神　朱子訓寶從周曰公說不信陰陽家說亦只孟浪不信伊川曾說地美神靈安子孫盛伊川言方爲至當古人卜其宅兆是有吉凶方卜　問墓以藏體魄也所謂安者何所指耶朱子曰正指體魄而言耳程子論此意思甚詳讀之使人惻然感動　金華胡氏曰察乎陰陽之理審乎流峙之形辨順逆究分合別明暗定淺深崇不傷乎急卑不失乎緩折而歸之中若璞之所謂乘生氣者宜於是得之　朽淺曰山運之說出於後世術家之熒惑至有緣此而經年者甚無謂也

◆術家妄言大歲方位(술가망언대세방위)

今之陰陽家於人有修造營葬必言大歲占某方不宜動土故有至數年不修造營葬者殊不知大歲乃天上之游神非地下之居神也昔者宋欲修東華門太史言太歲在東不可犯仁宗批其奏曰東家之西卽西家之東西家之東卽東家之西大歲果何在其興工勿忌晋孫遜亦曰大歲之屬自是游神譬日出之時向東則　非藏體地中者此足以破今古之疑

◆術家妄斷禍福(술가망단화복)

程子葬法決要論曰古者聖人制卜葬之禮蓋以市朝遷變莫得窺測水泉交侵不可前知所以定吉凶決善惡也後代陰陽家流競爲詭誕之說葬書一術遂至百二十家爲害之大妄謬之甚在分五姓五姓之說驗諸經典本無證據古陰陽書亦無此說直是野俗相傳竟無所出之處惟堪輿經

黃帝對天老乃有五姓之言且黃帝之時只有姬姜二姓其諸姓氏盡出後代何得當時已有此語
固謬妄無稽之言其所謂五姓者宮　角徵羽是也天下萬物悉配屬之行事吉凶依此爲法至如
以張王等爲　爲羽是則同韻相求及其以柳姓爲宮以趙　非四群相管其間亦有同是一姓分
屬宮　覆姓數字徵角不辯都無憑據只信其臆說耳夫姓之於人也其始也亦如萬物之同形者
乎其白黑小大以爲別爾後世聖人乃爲之制因生賜姓胙土命氏其後子孫因邑因官分枝布葉
而庶姓益廣如管蔡　霍魯衛毛聃郜雍曹滕畢原　本皆姬姓華向蕭亳皇甫本皆子姓其餘
皆爾不可勝舉今若用其祖姓則往往數經更易難盡尋究　復葬書不載古姓若用今姓則皆後
代所受乃是吉凶隨時改變也人之分宗譬如木之異枝木之性有所宜之地也取其枝而散植之
其性所宜寧有異乎若一祖之裔姓音不同同葬一地遂彼凶而此吉決無是理設有人父本宮姓
子以功勳更賜　群則將如何用之今二人同言則必擇其賢者信之葬禮聖人所制五姓俗人所
說何乃舍聖制而從俗說不亦愚乎昔三代之時天下諸侯之國卿大夫之久者千餘歲其下至數
百歲不絶此時葬者未有五姓也及漢而後諸侯公卿之國家猶尚長久有數百歲十餘世者此時
亦未有五姓也古之時庶人之年不可得而見矣君卿大夫史籍所可見者往往八九十歲百歲者
不少矣自唐而來五姓葬法行於世矣數世百歲之家鮮矣人壽七八十歲者希矣苟吉凶長短不
由於葬邪則安違聖人之制李從愚俗所尚吉凶長短果由於葬邪是乃今之法徒使人家不久長
壽命短促大凶之法也進退無取何足言哉夫葬者藏也一藏之後不可復改必求其永安故孝子
慈孫尤所甚重欲地之安者在乎水之利水旣利而終無虞矣不止水一事此大槩也而今之葬者
謂風水隨姓而異此尤大害也愚者執信將求其吉反獲其凶矣至於下穴之位不分昭穆易亂尊
卑死者如有知居之其安乎如此背謬者多矣今不欲盡斥但當棄而勿用自從正法耳　或問術
者斷已葬之地禍福及爲人　穴言一時應驗屢中何如余氏曰此雖術家已有攻之者俯察要覽
云善斷者必謬於葬地理新書載每月吉時應候有曰應候之說或適値有之巫史所以粉澤其術
爾鄭譴葬書釋註亦極排斷驗小數之非蓋世之鄙人不識地理正術又立心險邪專務惑衆必陰
執左道言已往禍福及一時應驗使人敬信然後得以售其詭誕之說如今之以妖術占卦者已往
事無不知之未來則一毫不應地理斷驗卽此類也愚者不察其奸信而用之顚倒錯亂爲害尤甚
地理正術曷嘗有此等妖妄哉

◆地理亦有感應非如葬師之說(지리역유감응비여장사지설)

程子曰卜其宅兆卜其地之美惡也非陰陽家所謂禍福也地之美者則其神靈安其子孫盛若培
壅其根而枝葉茂理固然也地之惡者則反是然則曷謂地之美者土色之光潤草木之茂盛乃其
驗也父祖子孫同氣彼安則此安彼危則此危亦其理也而拘忌者惑於擇地之方位決日之吉凶
不亦泥乎甚者不以奉先爲計而專以利後爲慮尤非孝子安措之用心也　吳氏曰死者之體魄
安則子孫之受其氣者不致凋瘁乃理之自然而非有心覬其效之必然也　余氏曰地理感應雖
有之不過禍福兩端而已謂之福則凡興盛之事皆福也謂之禍則凡衰敗之事皆禍也豈可就其
間巧爲分別以惑人哉如古聖賢教人卜筮不過吉凶悔吝而後世卜者旣不能傳其法又生百般
誣妄之說以感人聽二家之失正相似也

◆兄弟盛衰無關於葬地(형제성쇠무관어장지)

或問人之兄弟宗族共一墳墓乃有盛衰不同術家因此以爲地理有偏蔭一人者信乎余氏曰天
之生物宜無不均尙萬有不齊氣本參差故也　山川靈秀鐘於一二人則其餘固不能皆然如一
木共根本而枝有或大或小或枯或榮非不同稟一氣而分析旣多自是不齊固非山川氣脉生定
偏於一人尤非術者能彼此揀擇左右邪移使之偏於一人也世俗愚昧信術家誑誘致有兄弟異
心各求福利或遷延屢年不葬其親或葬之已安以爲福蔭不均而移易他處此皆術家惑人之罪
亦世人兄弟恩薄自不明理故也

◆擇陰地不如養心地(택음지불여양심지)

牧堂蔡氏曰求地者必以積德爲本若其德果厚天必以吉地應之是所以福其子孫者心也而地

之吉亦將以符之也其惡果盈天必以凶地應之是所以禍其子孫者心也而地之凶亦將以符之
也蓋心者氣之主氣者德之符天未嘗有心於人而人之一心一氣感應自相符合爾郭氏云氣感
而應鬼福及人人之於先骸固不可不擇其所而安措之然不修其本惟末是圖則不至於累其子
孫者寡矣　欲有以福其子孫哉　余氏曰或云求地既本於德則亦脩德而已擇地之說又何用
乎蓋人之積善已厚而欲求吉地者固易易爾或不能爲善而未至爲惡則由未見棄於天而吉地
亦可求而得之惟爲惡之人反是且天下之事得之雖由天而求之則在人苟有吉地而不能明擇
地之術以求之則爲善之人亦無坐得吉地之理　未能爲善者乎但求而得之者天也求而不得
得而復失亦天也若夫世人信俗師妄說據一已謬見於所求以致葬者多非吉地此則人謀未臧
亦或爲惡之家天不福之故使之顚倒錯亂如此地理書曰主者福壽良師輻輳主者當衰盲師投
机亦此意也

◆葬地宜擇(장지의택)

溫公曰孝子之心慮患深遠恐淺則爲人所　深則濕潤速朽故必求土厚水深之地而葬之所以
不可不擇也(　音掘穿也)　程子曰古人之葬欲比化者不使土親膚奇玩之物尙保藏固密以
防損汚　親之遺骨當何如哉世俗淺識惟欲不見而已且又有求速化之說者是豈知必誠必信
之義夫不欲土親膚者非必欲其不化也未化之前保全當如是爾至於五患又所當謹須使他日
不爲道路不爲城郭不爲溝池不爲貴勢所奪不爲耕犁所及也(一本云五患一溝渠二道路三村
落四井五窯皆所當避)　朱子曰以子孫而藏其祖考之遺體則必致其謹重誠敬之心以爲安固
久遠之計使其形體全而神靈得安則子孫盛而祭祀不絶此自然之理也然則不擇地之美惡不
識穴之淺深使有水蟻之屬爲死者體魄之累豈必誠必信之義乎又曰擇之不精地之不吉則必
有水泉螻蟻地風之屬以賊其內使其形神不安而子孫亦有死亡滅絶之憂甚可畏也

◆地不易擇(지불역택)

番陽余氏曰天下之人君子不一二小人常千百山川稟氣純粹十分融結者亦猶善人君子之難
得也是以朱子與蔡季通預卜葬穴其後與門人裹糗行　六日始至豈非以地之難得而擇之若
是其遠乎世之術者欲得重賄動以某地可公可侯某地可將可相欺世囚人豈足聽信且人之富
貴貧賤自有禍福本源而不盡係於地之美惡先正闢之詳矣就使地理之說赳應則好地誠未易
得而術者乃言之易焉其詭誕之情蓋可見矣

◆擇地不必高山(택지불필고산)

余氏曰人皆謂擇山之高大土厚水深處葬之則必無水患殊不知水猶人身之血足至低頭至高
血之周流不以頭足而有異山雖高大安能獨無水乎惟得形勢融結風氣　藏之處則不拘高低
並無水患亦猶人身用針苟中其穴則不拘頭足自然不出血也

◆擇地不可拘滯(택지불가구체)

西山眞氏曰按司馬氏論葬曰孝經云卜其宅兆而安厝之謂卜地決其吉凶爾非若陰陽家相其
山岡風水也程子曰卜其宅兆卜其地之美惡也合二先生之言觀之以安親爲心則地不可以不
擇其擇也不可太拘擇焉苟不至於太拘則葬不患不時矣然世人多遷延不葬者以昆若弟各懷
自利之心而野師俗巫又從而誑惑之甚至偏納其賂而　之以私已愚而無知者安受其欺而不
悟也夫某山强則某枝富某山弱則某枝貧非惟義理所不當問雖近世陰陽家書亦有深排其說
者惟野師俗巫則張煌扇惑以爲取利之資擇地者必先破此謬說而後無太拘之患焉爲人子者
所當深察也　或問擇地而葬必執地理之說豈不遲延歲月葬不以時又使人務求吉地不計墳
墓遠近皆非所以爲死者慮也余氏曰西山先生有言以安親爲心則地不可以不擇其擇也不可
太拘苟不至於太拘則葬不患不時矣夫所謂太拘者如術家紛紛謬說各持一端使人牽制難從
今世之專欲希求福利者必得十全吉地方肯安厝故有如爾之慮若苟知地理正術則擇地之法
亦甚簡易而無紛紛難從之患苟知葬以安親爲本則但得無水蟻之地便可安厝豈必十全吉地
而後用哉如此則遲遠非所慮矣吳文正公云人子卜宅兆藏親之體魄以孝先也豈爲利後計哉

或萌貪欲之心而便貪欲者之枝或持貪欲之枝而蠹貪欲者之心一則小點一則大癡愚謂此言
誠可爲世之戒也

◆葬地拘於擇者則有害(장지구어택자즉유해)

溫公曰世俗信葬師之說旣擇年月日時又擇山水形勢以爲子孫貧富貴賤賢愚壽夭皆係於此
而其爲術又多不同爭論紛紜無時可決至有終世不葬或累世不葬或子孫衰替亡失所在遂棄
損不葬者正使殯葬宷能致人禍福爲子孫者亦豈忍使其親臭腐暴露而自求其利耶悖禮傷義
無過於此在禮未葬不變服食粥居廬寢苫枕塊蓋惘親之未有所歸故寢食不安奈何舍之出遊
食稻衣錦不知其何以爲心哉夫所貴乎身後有子孫者爲能藏其形骸其所爲乃如是曷若無子
孫死於道路猶有仁者見而斂之也(今人有三年未葬其親而遂除禫行吉禮者觀此宜知愼矣)
　羅氏(大經)曰古人建都邑立室家未有不擇地者如詩所謂望楚與堂降觀於桑度其隰原觀
其流泉書所謂達觀於新邑營卜　澗之東西蓋自三代時已然矣天下凡通都會府山水固皆翕
聚至於百家之邑十室之市亦必倚山帶溪氣像回合若風氣虧疏山水飛走則必無人烟之聚此
誠不可不擇也乃若葬者藏也藏者欲人之不得見也古人所謂卜其宅兆者乃孝子慈孫謹重親
之遺体使異日不爲城郭道路溝渠爾借曰精擇亦不過欲其山水回合草木茂盛使親之遺體得
安爾豈借此以求子孫富貴乎世之人有貪求吉地未能愜意至數十年不葬其親者有旣葬以爲
不吉一掘不已至再至三者有因買地致訟棺未入土而家已蕭條者有兄弟數人惑於各旁風水
之說至於骨肉化爲仇讎者凡此皆郭璞之書爲之也且人之生貧富貴賤賢愚壽夭禀賦已定謂
之天命不可改也豈　中枯骨所能轉移乎若如璞之言則上天之命反制於一杯之土矣楊誠齊
嘗言郭璞精於風水宜妙選吉地以福其身利其子孫然璞身不免於刑戮子孫卒以衰微則其說
已不驗於其身矣而後世方且誦其遺書而尊信之不已惑乎

◆筮宅(서택)

士喪禮筮宅　人營之掘四隅外其壤掘中南其壤註宅葬居也　人有司掌墓地兆域者疏南其
壤爲葬時北首故壤在足　旣朝哭主人皆往兆南北面免絰命筮者在主人之右筮者東面抽上
　兼執之南面受命註兆域也免絰者求吉不敢純凶在主人之右命龜者宜由右出也少儀曰詔
辭自右　藏　之器也兼與　執之疏云抽上　者下　未抽待用筮時乃並抽也　命曰哀子某
爲其父某甫筮宅度玆幽宅兆基無有後艱筮人許諾不述命右還北面指中封而筮卦者在左註
某甫字也基始也言今謀此以爲幽冥居兆域之始後艱謂有非常若崩壞也述循也旣受命而申
言之曰述不述者士禮略中封者中央壤也卦者識爻卦畵地者疏述命者按少牢是大夫筮禮彼
云遂述命曰假爾泰筮有常是也(按少牢疏大夫著五尺立筮士著三尺坐筮)　卒筮執卦以示
命筮者受視反之東面旅占卒進告于命筮者與主人占之曰從主人絰哭不踊若不從筮擇如初
儀歸殯前北面哭不踊註族衆也與其屬共占之謂掌連山歸藏周易者從猶吉也筮擇如初更擇
也而筮之疏夏易以純艮爲首象山之出雲連連不絕故名連山殷易以純坤爲首坤爲地萬物歸
藏於地故名周以十一月爲正月一陽爻生爲天統故以乾爲首天能周　四時故名周易　記筮
宅　人物土註物猶相也相其地可葬者疏凡葬皆先相乃筮　小記祔葬者不筮宅註前人葬已
筮之

◆古人葬不擇年月日時(고인장불택년월일시)

唐太常博士呂才曰古之卜獎蓋以市朝變遷泉石交浸不可前知故謀之龜筮近代或選年月或
相墓田謂壽夭窮達皆因卜獎所致按禮天子諸侯大夫葬皆有月數是不擇年月也春秋定公十
五年九月丁巳葬定公雨不克葬戊午日下昃乃克葬是不擇日也昭公十二年鄭葬簡公司墓之
室當路毀之則朝而窆不毀則日中而窆子產不毀是不擇時也今以妖巫妄言遂於擗踊之際擇
地選時以希富貴或云辰日不宜哭泣遂莞爾而對弔客或云同屬忌於臨壙遂吉服不送其親傷
教敗禮莫斯爲盛

◆古人擇日非爲利害(고인택일비위리해)

沈顏曰古者國家將有事乎戎祀必先擇日以定其期是用備物於有司習儀於禮寺俾增其慮而戒其誠非所以定吉凶決勝負也後之惑者不詳其故推考時日妄生穿鑿斯風不革拘忌益深使凡庶之家將欲開一溝隍折一葭葦必待擇日而後爲之構一衡宇薙一蓁蕪必審方向而後爲之且吉凶由人焉係時日故吉人凶其吉凶人吉其凶一之於人之所爲而已矣惑者不知其在人也有一不吉則歸罪於時日且以不謀之將不練之士有能以時日勝者乎不耕之土不棄之穀有能以時日種者乎必不能也時日於人何有哉　伊川程氏曰葬者逢日食則舍於道左待明而行是必須晴明不可用昏黑也而葬者用乾艮二時爲吉此二時皆是夜半如何用之又曰巳亥日葬凶今按春秋之中此日葬者二十餘人皆無其應宜忌者不忌而不忌者反忌之顚倒虛妄之甚也

◆卜日(복일)

士喪禮卜日旣朝器皆復外位卜人先奠龜于西塾上南首有席楚焞置于燋在龜東(焞徒敦反又音純)註楚荊也荊焞鑽灼龜者燋炬也所以燃火者凡以明火爇燋遂灼其焌契以授卜師遂以役之疏存火者爲炬亦用荊爲之明火以陽燧取火於日以爇燋使燃又將焌契以柱於燋火吹之使熾焌者銳頭也　族長涖卜及宗人吉服立于門西東面南上占者三人在其南北上卜人及執燋席者在塾西註族長有司掌族人親疏者也涖臨也吉服玄端也占者三人掌玉兆瓦兆原兆者也疏宗人掌禮之官著玄端則筮史亦服練冠長衣雜記所云是求吉故筮者不純凶也周禮大卜掌三兆之法云兆者灼龜發於火其形可占者其象似玉瓦原之　罅是用名焉原原田也三兆又有體色墨坼之等故占人云君占體大夫占色史占墨卜人占坼註云體兆象色兆氣墨兆廣坼兆也體有吉凶色有善惡墨有大小坼有微明周公卜武王占之曰體王其無害凡卜體吉色善墨大坼明則逢吉　闔東扉主婦立于其內席于　西閾外宗人告事具主人北面免絰左擁之涖卜卽位于門東西面註涖卜族長也更西面當代主人命卜　卜人抱龜燋先奠龜西首燋在北宗人受卜人龜示高涖卜受視反之宗人還少退受命註示高以龜腹甲高起所當灼處示涖卜也疏卜人抱龜燋者謂從塾上抱向闔外待也禮記云禎祥見乎龜之四體鄭註云春占後左夏占前左秋占前右冬占後右今云腹甲高者謂就龜之四體腹下之甲高起處鑽之以示涖卜　命曰哀子某來日卜葬其父某甫考降無有近悔許諾不述命還卽席西面坐命龜興授卜人龜負東扉卜人坐作龜興註考登也降下也言卜此日葬魂神上下得無近於咎悔乎宗人不述命亦士禮略作猶灼也周禮凡卜事示高揚火以作龜致其墨　宗人受龜示涖卜涖卜受視反之宗人退東面乃族占卒不釋龜告于涖卜與主人占曰某日從授卜人龜告于主婦主婦哭告于異爵者使人告于衆賓卜人徹龜宗人告事畢主人経入哭如筮宅賓出拜送若不從卜擇如初儀註不釋龜復執之也衆賓僚友不來者也　曲禮凡卜筮日喪事先遠日吉事先近日註喪事葬與練祥

◆葬期進退(장기진퇴)

公羊傳不及時渴葬也註渴喩急也　尤菴曰未及三月而葬則誠有無故渴葬之嫌而葬踰三月則有明據蓋朱子於癸亥三月丁韋齋憂翌年甲子葬于白塔山月則未考雖在正月猶十一月矣其葬祝夫人亦在五月之後今踰期而葬恐當以此援例而無僭逼之慮　家禮不問尊卑皆令三月而葬然孔子嘗許貧者旋葬以貧殘不得已而葬之於三月之內者恐與無故渴葬有異也　南溪曰渴慢兩葬其失均矣然其過期者怕多者爲有近於先遠日之義而雖古君子亦時不免焉此所以愈於不及者　陶菴曰古禮唯大夫三月士則踰月假令人死於晦間而葬於來旬前則謂之逾月者苟也必過三十日可也

◆招魂葬(초혼장)

通典晉元帝時袁　上表請禁招魂葬云故僕射曹馥沒於寇亂適孫胤招魂殯葬聖人制禮因情作教椁周於棺棺周於身非身無棺非棺無椁胤無喪而葬招幽魂氣於德爲愆義於禮爲不物請下禁斷或引漢之新野公主魏之郭循皆招魂葬答曰末代所行豈禮也或引喬山有黃帝之塚是葬神也答曰時人思帝葬其衣冠非葬神也于寶駁招魂葬以爲失形於彼穿塚於此亡者不可以假存無者獨可以僞有哉未若於遭禍之地備迎神之禮宗廟以安之哀敬以盡之　宋庾蔚之曰

葬以藏形廟以享神季子所云魂氣無不之寧可得招而葬之乎　朱子曰招魂葬非禮先儒已論
之矣　愼獨齋曰招魂虛葬先儒非之若題主則俟三月葬期擇日而題之於几筵似當　按亡失
屍柩服制變除

◆衣冠葬(의관장)

備要按今人有死而失其尸者或葬以衣冠殊非禮意　問人有其父從軍而死其母藏其遺衣及
落髮而遺令並入其棺中矣其子不忍同藏一棺欲別具一小棺用合葬之禮而追服斬衰未知如
何尤菴曰此是無於禮之禮也不敢有所論說然其不以父之遺衣及落髮同入母棺則得矣

◆反葬(반장; 歸葬)

檀弓太公封於營丘比及五世皆反葬於周君子曰樂(岳)樂(洛)其所自生禮不忘其本古之人有
言曰狐死正丘首仁也陳註太公雖封於齊留周爲太師故死葬於周子孫不忘本亦自齊反葬於
周以從先人之兆親盡而後止丘狐所窟藏之地是亦生而樂於此故及死猶正其首以同丘

◆慢葬(만장)

南溪曰渴慢兩葬其失均矣然其過期者恒多者爲有近於先遠日之義而雖古君子亦是不免焉
此所以踰於不及者○按尤庵曰葬踰三月則有明據盖朱子於癸亥三月丁韋憂翌年甲子葬于
白塔山其葬祝夫人亦在五月之後今踰期而葬恐當以此援例而無　逼之慮然若無家故而只
緣術說或至經年甚無謂

◆閏月葬(윤월장)

問閏非正月葬不可用尤庵曰吉凶大事不可用閏月云者非是○按閏月葬春秋已有之

⊙告啓期(고계기)(補)

儀節按儀禮既夕葬請啓期告于賓而書儀於筮得吉之後主人至殯前哭遂使人告于親
戚僚友應會葬者家禮無之今補入　既得地則擇日豫先以啓期告于親戚姻　僚友之
當會葬者

⊙빈소에 고하고 장례에 참여할 이에게 알린다.

장지를 정하였으면 택일을 하고 빈소(殯所)에 고한 후 참여할 이들에게 알리면
친척과 모든 슬퍼할 벗들은 마땅히 장례에 참석하여야 한다.

◆婦人守殯(부인수빈)

艮齋曰留婦人守殯之說南溪所論恐得之而所示金說似亦近此耳此通葬前而言來喩得之
南溪曰留婦人守之者盖男子既歸廬次婦人亦居別室則殯廳將無人留侍所以爲此制盖似今
人輪　直宿之規而婦人之位本在堂上故耳　又按鹿門曰既殯丈夫皆歸喪次故婦人守之

◆偕喪啓殯先重(해상계빈선중)

問曾子問曰幷有喪自啓及葬不奠惟設母啓殯之奠朝廟之奠祖奠遣奠不於殯宮爲父奠也盖
古者偕喪者葬母明日始治父葬故先啓母殯也今偕喪者同時葬則啓殯似當先重艮齋曰答啓
殯先重聞諸先師

◆啓殯無拜(계빈무배)

艮齋曰小大斂啓殯古禮皆有拜賓之節而家禮闕而不書盖以孝子荒迷罔極之中無　及於此
等儀節也

◆殯前告辭式(빈전고사식)

今而得地於某郡某里祔葬先塋則此下當添先塋下三字某坐之原將以某月某日襄
奉合葬則不言得地某所但云將以某月某日合窆于某親某官府君或某親某封某氏之墓敢告妻弟以

下云玆告

◆택지와 택일을 빈소에 알리는 고사식.

금일 이미 장지(葬地)를 모군 모리 모좌(某坐)로 묘지 터를 얻어 모월 모일 받들어 모시겠사옵기에 감히 고하나이다.

◆通知書式(통지서식)

某親某人葬禮將以某月某日行於某郡某里某月某日當啓殯謹專人不

專人則改人爲書告期

年　　月　　日護喪姓名上

某位座前

◆皮封式(피봉식)

狀上

某位座前

◆장지와 택일 통지서식.

모친 모인의 장례를 앞으로 모월 모일에 모리로 모시려 모월 모일 빈소를 열겠삽기 인편에 알려드리나이다.

⊙擇日開塋域祠后土(택일개영역사후토)

主人既朝哭帥執事者於所得地掘穴(穴一作兆)四隅(皇朝制塋地一品九十步每品減十步七品以下不得過三十步庶人止於九步)外其壤(便覽不問何向背但以前爲南)掘中南其壤各立一標當南門立兩標擇遠親或賓客一人告后土氏(儀節改后土氏爲土地之神)祝帥執事者設位(便覽用新潔席)於中標之左南向設盞注酒果脯醢於其前(便覽席之南端)又設盥盆帨巾二於其東南其東有臺架(盆之臺巾之架)告者所盥其西無者執事者所盥也告者吉服入立於神位之前北向(便覽主人於告者之右去杖脫絰西向立不與祭)執事者在其後西上東上皆再拜告者與執事者皆盥帨(便覽告者進跪位前)執事者一人取酒注西向跪一人取盞東向跪告者(取注)斟酒反注取盞酹于神位前(儀節傾酒于地復斟酒置神位前)俛伏興少退立(便覽跪)祝執版立於告者之左東向跪讀(云云)訖復位告者再拜祝及執事者皆再拜徹出主人若歸則靈座前哭再拜後放此

司馬溫公曰茔卜或命茔者擇遠親或賓客爲之及祝執事者皆吉冠素服註云非純吉亦非純凶素服者但徹去華采珠金之飾而已

⊙택일을 하여 묘지의 일을 시작하고 후토제(后土祭)를 지낸다.

주인은 조곡(朝哭)을 마친 후 집사자들을 데리고 정하여 놓은 묘 자리에 묘역(墓域)의 네 모퉁이 밖과 광중 팔 곳 중앙과 남쪽에 각각 푯말을 하나씩을 세우고 그 남쪽으로 문에 해당하는 곳에 푯말을 양쪽으로 세운다. 먼 친척이나 빈객 중에서 한 사람이 후토씨(后土氏)에게 고한다.

축관은 집사자를 데리고 위를 설치하기를 중앙 푯말 좌측에서 남쪽으로 향하게 하여 잔과 주전자와 과실과 포와 육장을 그 남단에 진설하고 또 세수대야와 수건 둘씩을 그 동쪽에서 남쪽으로 놓되 세수대야에 받침과 수건거리가 있는 것은 고자(告者)의

손 씻을 곳이며 그 서쪽으로 받침이 없는 세수대야와 걸이 없이 수건을 놓아 집사자의 손 씻을 곳으로 한다. 고자(告者)는 길복(吉服)을 입고 들어가 신위 전에서 북쪽으로 향하여 서고 주인은 고자의 오른쪽에서 수질(首絰)을 벗고 상장(喪杖)은 집지 않은 채 서쪽으로 향하여 서 있기만 하고 제사에는 참여치 않는다.

집사자는 고자의 뒤에서 서쪽을 상석으로 서서 모두 재배한다. 고자(告者)와 집사자는 모두 손을 씻고 고자가 위전으로 가서 무릎을 꿇고 앉으면 집사자 한 사람이 주전자를 들고 고자 동쪽에서 서쪽으로 향하여 무릎을 꿇고 앉고 또 집사자 한 사람은 잔반(盞盤)을 들고 고자의 서쪽에서 동쪽으로 향하여 무릎을 꿇고 앉는다. 고자가 주전자를 받아 잔에 술을 따르고 주전자는 되돌려주고 잔을 받아 신위전의 땅에 기우려 강신을 하고 다시 술을 따라 신위 전에 올린다. 부복(俯伏)하였다 일어나 조금 뒤로 물러나 무릎을 꿇고 앉으면 축관(祝官)은 축관을 들고 고자의 좌측에서 동쪽으로 향하여 무릎을 꿇고 앉아 다음과 같이 고한다. 고하기를 마쳤으면 축관은 물러나 제자리에 서고 고자는 일어나 재배한 후 물러나 축관, 집사자 모두 사신(辭神)재배한 후 철상을 하고 물러난다.

주인은 돌아와 영좌 전에 곡 재배 후 이와 같이 한다.

◆后土氏(후토씨)
丘文莊曰古禮雖有合葬墓左之文而無所謂后土氏者惟唐開元禮有之溫公書儀本開元禮家禮本書儀其喪禮開塋域及窆與墓祭俱祀后土然后土之稱對皇天也士庶之家有似於僭考之文公大全集有祀土地祭文今擬改后土氏爲土地之神

◆擇日年月日時(택일년월일시)
按如葬書以巳亥之日用葬最凶之類 呂才曰古者卜葬蓋以市朝變遷泉石交侵不可前知故謀之龜筮近代或選年月或相墓田以爲窮達壽夭皆因卜葬所致按禮天子諸侯大夫葬皆有月數是古人不擇年月也春秋九月丁巳葬定公雨不克葬戊午日下昃乃克葬是不擇日也鄭葬簡公司墓之室當路毀之則朝而窆不毀則日中而窆子產不毀是不擇是也

◆后土(후토)
月令註五行獨土神稱后者后君也位居中統領四行故稱君也 韻會地爲后土取厚載之儀古字厚通 語類問后土氏之祭曰極而言之亦似僭然此卽古人中 之祭而今之所謂土地者郊特牲取財於地取法於天是以尊天而親地敎民美報焉故家主中 國主社觀此則天不可祭而土神在民亦可祭雖曰土神而只以小者言之非如天子所謂祭皇天后土之大者也

◆告后土氏(고후토씨)
雜記祝稱卜葬子孫曰哀夫曰乃兄弟曰某卜葬其兄弟曰伯子某註子卜葬父則祝辭云哀子某卜葬其父某甫孫則云哀孫某卜葬其祖某甫夫則云乃某卜葬其妻某氏乃者助語之辭妻卑故耳若弟爲兄則云某卜葬兄伯子某兄爲弟則云某卜葬其弟某

◆祔葬告先墓(부장고선묘)
備要按祔葬先塋則別以酒果告于祖先合葬則又告先葬之位 沙溪曰祔葬先塋則使服輕者用酒果告之云今爲孫某官某營建宅兆謹以酒果用伸虔告云云當有參降之節先祖前稱名可也 問祔葬而先塋有累代則告禮當如何南溪曰告先塋葬地遠近同則當告最尊者遠近不同則當告同穴之尊者 旣祔葬先山之內則雖不相望告禮恐不可闕旁親兄弟雖近不必行也告先塋祝辭當以宗子名使服輕者代行雖於已祧之墓猶當以當初直派大宗名爲主也

◆合葬告舊墓(합장고구묘)
寒岡曰將合葬先用酒果告于舊墓訖行后土之祠 旅軒曰合葬祠后土不須用五標但就前日

所祭之壇告之而先告舊墓稍開塋域然後乃告后土若喪主不能往則告墓代告亦似宜矣　問合葬先妣主人當自告否同春曰告先妣自告不妨告辭當據備要所載略改措語主人自告則情理自當哭　南溪曰雖雙墓豈有不告之理　無服輕者則喪人親行之不可用異姓之親服色依問解喪中祭先之服　合葬告先葬當云某親某封某氏已於某月某日損世將於某月某日行合葬之禮不勝感痛云云　逐菴曰合葬告辭當曰將於某月某日合窆先妣某封某氏今日開墓伏惟尊靈不震不驚　陶菴曰告辭用孤哀名而奠酌則使人爲之可也

◆祔葬先塋位次(부장선영위차)

程子曰下穴之位不分昭穆易亂尊卑死者如有知居之其安乎　尤菴曰墓地旣曰倒用則可見其違理矣　有程子定論復何疑乎

◆考妣合葬之節(고비합장지절)

檀弓孔子曰衛人之祔也離之魯人之祔也合之善夫疏祔合葬也離之謂以一物隔二棺之間於椁中也魯人則合葬兩棺置椁中無別物隔之陳註生旣同室死當同穴故善魯　問地道以右爲尊恐男當居右朱子曰當如此　古者椁合衆材爲之故大小隨人所爲今用全木則無許大木可以爲椁故合葬者只同穴而各用椁也　問今人合葬築灰於兩棺之間而隔之蓋慮摧陷也古亦有或離或合而孔子善其合者則不可從俗尤菴曰祔葬當從聖人之說今人合墓同椁者外蓋用橫板益無　陷之憂矣

◆考妣新舊合葬之節(고비신구합장지절)

寒岡曰將合葬于舊墓於舊墓劈破一半姑勿安金井先暫穿以驗舊墓灰隔上下兩旁然後乃量設金井而穿壙焉及至葬之日俟平土後盡破舊墓前未破之封乃量塋域而成墳似當

◆考妣祔葬位次(고비부장위차)

南溪曰世之葬法有以男左女右爲次者有以考前妣後爲次者地道尙右朱子若陳安卿之問已有定論考前妣後亦似不安以神道論之廟制太祖居北二昭二穆以次而南以地道論之山勢後高而前低北上而南下今必反易其常何哉

◆考妣三位祔葬(고비삼위부장)

程子曰合葬須以元妣　張子曰譬之人情一室中豈容二妻以義斷之須祔以首娶繼室別爲一所可也　朱子曰今人夫婦未必皆合葬繼室別營兆域宜亦可耳　問一之改葬前妣與其先丈合爲一封土而以繼妣少間數步又別爲一封土朋友議以神道尊右而欲二妣皆列於先塋之左不審是否答曰一之所處得之　尤菴曰今世若前夫人無子而後夫人有子則不但以後夫人合葬至有不知前夫人葬在何處者極可寒心前後皆祔之制猶愈於舍前取後之　(按與顧同)尙不如別葬其後之正也又朱子別葬其父母於百里之遠如不得已則前後夫人皆可別葬也　一墓而爲品字形者亦士大夫家所行之制也若以三主一檀之意推之則似無不可而如張子之訓則似不以爲是當矣　品字之形蓋考位居上前妣居前右後妣居前左神道以右爲尊故也若前妣居左後妣居右則反失先後之序矣

◆妻妾放出者別葬(처첩방출자별장)

南溪曰今國典無出妻法其夫生前情義甚疏或居家內而不相接或送本家而久不推還皆近於出也然法旣無文且旣所生子主祀似當合葬然父若遺命勿爲合葬則亦當異葬至於此妾則位賤行悖父又遺書放絕則主宗之家不使葬於先　乃正論也其子亦當從遺命別葬

◆父母偕喪葬禮(부모해상장례)

曾子問曰並有喪如之何何先何後孔子曰葬先輕而後重其奠也先重而後輕禮也自啓及葬不奠行葬不哀次及葬奠而后辭於殯逐修葬事其虞也先重而後輕禮也註並謂父母若親同者同月死不奠務於當葬者殯當爲賓聲之誤也辭於賓謂告將葬啓期也陳註從啓母殯至葬惟設母

啓殯之奠朝廟之奠及祖奠遣奠而已不於殯宮爲父設奠故云不奠次者大門外之右平生待賓
客之處柩至此則孝子悲哀柩車暫停今父喪在殯故不得爲母伸哀於所次之處也葬母而返卽
於父殯設奠告賓以明日啓父殯之期遂修葬父之事也葬是奪情之事故先輕奠是奉養之事故
先重也虞亦奠類故先重　小記父母之喪偕先葬者不虞祔待後事其葬服斬衰

◆祠后土無焚香當否(사후토무분향당부)

便覽同春曰家禮后土祀無焚香一節后土地神故只求之於陰而不求之於陽義似如此　儀節
詣香案前跪上香　增解問家禮后土祠無焚香一節其意必非偶然蓋焚香求神於陽也灌地求
神於陰也后土地神故只求之於陰而不求之於陽義似如此而備要祠后土具有香爐香盒何也
沙溪曰家禮不言上香只酹酒無乃有意耶儀節及家禮正衡皆有上香之禮故備要因之未知是
否

◆祠后土饌品(사후토찬품)

問開塋域及葬時后土祠只用告事禮設酒果脯醢而已乎世俗或豊或簡無準式何以得禮之中
沙溪曰某家用盛饌未知果如何也　南溪曰葬時祠土地奠也墓祭祠土地祭也

⊙祠后土儀禮節次(사후토의례절차)

就位(告者立北向執事者二人在其後)　鞠躬拜興拜興平身(告者與執事者皆拜)　盥洗(告者
與執事者俱洗)　詣香案前　跪　上香　斟酒(執事者一人執酒注西向跪一人執盞東向跪告者
取注斟酒于盞畢反注取盞)　酹酒(傾酒于地)　獻酒(復斟酒置神位前)　俯伏興(少退立)　讀
祝(祝執板跪于告者之左而讀之)　復位　鞠躬拜興拜興平身　禮畢
　儀節按古禮雖有合葬墓左之文而無所謂后土氏者惟唐開元禮有之溫公書儀本開元禮家禮本書儀
　其喪禮開塋域及窆與墓祭俱祀后土然后土之稱對皇天也士庶之家有似乎僭考之文公大全集有祀
　土地祭文今擬改后土氏爲土地之神

⊙산신제 의례절차.

위전(位前)으로 들어간다. (고자는 북쪽으로 향하여 서고 집사자 두 사람은 그 뒤에
선다)　국궁 재배 평신한다. (고자와 같이 집사자 모두 재배한다)　손을 씻는다. (고
자와 같이 집사자 모두 손을 씻는다)　향안(香案) 앞으로 간다.　무릎을 꿇고 앉는
다.　분향한다.　술을 따른다. (집사자 한 사람이 주전자를 들고 고자의 오른편에서
서쪽으로 향하여 무릎을 꿇고 앉고 또 한 사람은 잔반을 들고 고자의 왼편에서 동쪽
으로 향하여 무릎을 꿇고 앉으면 고자는 주전자를 받아 잔에 술을 따르고 마쳤으면
주전자는 되돌려 주고 잔을 받는다)　강신한다. (술을 땅에 기우려 따른다)　헌주(獻
酒)한다. (다시 술을 따라 신위 전에 올린다)　부복하였다 일어선다. (조금 뒤로 물러
나 선다)　독축한다. (축관은 축판을 들고 고자의 왼쪽에서 무릎을 꿇고 앉아 독
축(讀祝)을 한다)　제자리로 물러나 선다.　국궁 재배 평신한다.　예를 마친다.

◆祠后土祝文式(사후토축문식)

　　　維
歲次干支幾月干支朔幾日干支某官姓名敢昭告于
　土地之神今爲某官姓名書儀主人也　便覽按若以主人名則文勢欠詳士喪禮哀子某爲其
　　父某甫云云以此推之此下當添爲其父某官某公或爲其母某封某氏營建宅兆合葬則改營建
　　宅兆爲合窆于某封某氏或某官某公之墓
　神其保佑俾無後艱謹以淸酌脯醢祗薦于
　神尙

饗

◆**산신제 축문식.**

세차 모 간지 기월 기일 모관 모성 모가 토지의 신께 감히 밝혀 고하나이다. 오늘 모관 성명의 부 모관 모공의 유택을 지으려 하오니 신께서 그를 보호하시고 도우시어 그로 하여금 뒤에 어려움이 없도록 하여 주옵소서. 삼가 맑은 술과 포해를 정성을 다하여 드리오니 신께서는 바라옵건대 흠향하옵소서.

◆**先塋告辭式(선영고사식)**沙溪曰祔葬先塋使服輕者用酒果告之亦當有參降之節

維

歲次干支幾月干支朔幾日干支某親某敢昭告于

顯某親某官府君或某封某氏合窆位則列書之墓今爲孫隨屬稱某官內喪云某封某氏營建宅兆此下當添于某所三字　若有先葬而合窆則改營建宅兆爲合窆于某親某封某氏或某親某官之墓謹以酒果用伸虔告謹告

◆**같은 산 선조묘 고사식.**

세차 모 간지 기월 기일 모친 모는 존경하옵는 모친 모관 부군의 묘소에 감히 밝혀 고하나이다. 오늘 손 모관의 유택을 모소(某所)에 지으려 하옵니다. 삼가 주과를 펴 올리고 삼가 고하고 삼가 아뢰나이다.

◆**合窆告先葬告辭式(합폄고선장고사식)**備要合葬則又告先葬之位　便覽親喪合祔使人于舊墓似或有未　於心者告辭用孤哀名而奠酌則使人爲之可也　始至及告畢主人兄弟當有哭拜之節

維

歲次干支幾月干支朔幾日干支孤哀子承重稱孤哀孫旁親卑幼隨屬稱某弟以下不名敢昭告于弟以下但云告于

顯考母先葬云顯妣承重云顯祖考或顯祖妣旁親卑幼隨屬稱卑幼改顯爲亡某官府君或某封某氏卑幼去府君二字之墓某罪逆凶舋旁親卑幼喪去某罪以下五字

先妣母先葬云先考承重云先祖考或先祖妣旁親卑幼隨屬稱見背卑幼改見背爲喪逝日月不居葬期已屆將以某月某日祔母先葬改祔爲合封旁親卑幼喪皆推此于

墓左母先葬改左爲右旁親卑幼喪皆推此昊天罔極旁親卑幼喪改昊天罔極四字以他語謹以弟以下云玆以酒果用伸虔告謹告弟以下改用伸以下六字爲用伸厥由

◆**합폄(合窆) 할 때 먼저 묻힌 분께 알리는 고사식.**

세차 모 간지 기월 기일 고애자 모 공경하옵는 아버님 모관 부군 묘소에 감히 밝혀 고하나이다. 불효의 죄로 허물이 흉하여 어머님께서 작고 하셨사온데 세월은 머물러 있지 않사와 장례 일이 이미 다다라서 앞으로 모월 모일에 묘 왼편에 합폄하려 하옵니다. 부모님 은혜가 하늘과 같이 크고 넓음이 한이 없었사옵니다. 삼가 주과를 펴 올리고 삼가 고하고 삼가 아뢰나이다.

◉**開塋域祠土地之具(개영역사토지지구)**

(標木)七　표목 7. 즉 말뚝. (告者)擇遠親或賓客爲之及祝執事者皆吉冠素服　고자. 즉 축관

은 친척이나 빈객 중에서 택하고 축관과 집사자 모두 길관(吉冠)에 소복이다. (祝) 축. 즉 축문. (執事者)二人　집사자 두 사람. (盥盆) 관분. 즉 세수대야. (帨巾) 세건. 즉 수건. 盥盆帨巾各二東有臺架告者所盥其西無執事者所盥 (席)二一祭席一拜席　석 2. 즉 자리 두 장. (牀) 상. (盞)盤具　잔. 즉 술잔 받침을 갖춘다. (酒注) 주주. 즉 주전자. (饌)酒果脯醢之類　찬.　주과포해 등. (香盒)香具　향합. 향과 소용기구 포함. (香爐)　향로. (祝板)以板爲之長一尺高五寸周尺祭時以紙書文粘於其上祭畢焚之　축판.

⊙遂穿壙(수천광)

司馬溫公曰今人葬有二法有穿地直下爲壙而懸棺以窆者有鑿隨道旁穿土室而　柩於其中者按古者唯天子得爲隨道其他皆直下爲壙而懸棺以窆今當以此爲法其穿地宜狹而深狹則不崩損深則盜難近也(增解程氏外書范淳夫之葬伊川爲之經理掘地深數丈不置一物葬之日招在近父老犒以酒食示之其後發塚者相繼而淳夫獨免)

問合葬夫妻之位朱子曰某初葬亡室時只存東畔一位亦不曾高禮是如何陳安卿云地道以右爲尊恐男當居右曰祭時以西爲上則葬時亦當如此方是　人家墓壙棺槨切不可太大當使壙僅能客槨槨僅能客棺乃善去年此間陳家墳墓遭發掘者皆緣壙中太闊其不能發者皆是壙中狹小無著脚手處此不可不知也此間墳墓山脚低卸故盜易入問墳與墓何別曰墓想是塋域墳卽封土隆起者光武紀云爲墳但取其稍高四邊能走水足矣古人墳極高大壙中容得人行也沒意思今法令一品以上墳得高一丈二尺亦自儘高矣李守約云墳墓所以遭發掘者亦陰陽家之說有以啓之蓋凡發掘者皆以葬淺之故若深一二丈自無此患古禮葬亦許深曰不然深葬(葬一作皆)有水嘗見興化漳泉間墳墓甚高問之則曰棺只浮在土上深者僅有一半入地半在地上所以不得不高其封後來見福州人擧移舊墓稍深者無不有水方知興化漳泉淺葬者蓋防水爾北方地土深厚深葬不妨豈可同也

⊙광중을 짓는다.

사마온공(司馬溫公)이 이르기를 요즘 사람들의 장례는 두 가지 법이 있는데 땅을 곧게 파 광중을 지어 관을 매달아 하관(下棺)하는 법이 있고 파 내려가 옆으로 굴을 뚫어 길 같이 내고 넓게 토실(土室)을 만들어 시구(尸柩)를 그 가운데 놓는 법이 있다.

살펴보건대 옛날에는 오직 천자(天子)만이 굴을 파 장사를 하였고 그 외는 모두 광중을 지어 관을 달아 하관을 하였으나 지금은 이중에서 땅을 파 광중을 지어 장사를 함이 마땅하니라. 하였다. 광중을 지을 때는 땅을 좁게 파는 것이 옳다. 좁게는 깊이파도 무너지지 않는 것이며 깊게 파면 도굴꾼이 근접하기가 어려운 것이다.

◆穿壙(천광)

朱子曰人家墓壙棺槨切不可太大當使壙僅能容槨槨僅能容棺乃善去年此間人家墳墓遭發掘者皆緣壙中太　其不能發者皆是壙中狹小無着脚手　此不可不知也此間墳墓山脚低卸故盜易入問墳與墓何別曰墓思是塋域墳卽封土隆起者　按國朝稽古定制墳地一品九十步每品減十步七品以下不得過三十步庶民止於九步墳一品高一丈八尺每品減二尺七品以下不得過六尺

◆隨道(수도)

春官及　以度爲丘隨註讀　爲穿謂葬穿壙也隨　道也疏先量度作丘作隨道之處廣狹長短左傳晉文公請隨不許則天子有隨諸侯已下有　道隨與　異者隨道則上有負土　道無負土若然隨與　別而鄭云　道者對則異散則通故鄭擧　爲　也　國語晉文公請隨註闕地通路曰隨　問隨道乃天子之禮也溫公泛言葬有二法而不明言其僭退溪又曰後世上下通行今人不顧禮防而皆行之果不陷於僭乎沙溪曰隨道諸侯猶不敢用　其下者乎溫公非許以用之也泛言葬法之有二也退溪不以犯禮禁之似爲未安

◆合葬夫妻位(합장부처위)

白虎通合葬者所以同夫妻之道也故詩曰穀則異室死則同穴　檀弓季武子曰合葬非古也自
周公以來未之有改也　丘儀按葬位固當如祭位但世俗循冒已久葬皆男左女右一家忽然如
此行之數世之後安知子孫不誤以考爲妣乎不如且姑從朱子葬劉夫人之例也(按)語類答堯
卿問曰某當初葬亡室只存東畔一位安卿問地道以右爲尊恐男當居右曰祭以西爲上則葬時
亦當如此方是今丘說如此未可知也

◆合葬元妃(합장원비)

問合葬夫妻之位恐男當居右朱子曰祭以西爲上則葬時亦如此方是　程子曰合葬以元妃
朱子曰繼室別營兆域　按今俗品字之制非禮之正也元配祔繼配葬於別岡有先賢定論而鮮
有行之者可歎

◆豊碑(풍비)

備要豊碑轆轤　檀弓公室視豊碑三家視桓楹註言視者僭天子與諸侯也豊碑形如石碑四角
樹之穿中爲鹿盧下棺以　繞天子六　四碑前後各重鹿盧也桓楹形如大楹諸侯四　二碑大
夫二　二碑士二　無碑疏豊大也謂用大木爲碑穿鑿碑木使之空於空間著鹿盧兩頭各八碑
木　卽　也以　之一頭係棺緘以一頭繞鹿盧而人各背碑負　末頭聽鼓聲以漸却行而卜之
也桓楹不似碑通而言之亦曰碑諸侯二碑兩柱爲一碑而施鹿盧　韻會鹿盧通作轆轤井上汲
水圓轉木也　南溪曰豊碑固爲天子之制司馬公乃有有勳德者豊碑下棺之說其來已久　愚
按司馬公豊碑下棺說亦必以二碑之桓楹而言也桓楹亦通言曰碑故也此則大夫之所可通用
者也備要圖豊碑四碑之制有若上下通行者然可疑其下圖今制金井機兩柱轆轤方可爲士大
夫通行之制但古無金井機也

⊙穿壙之具(천광지구)

(莎土匠)　사토장. 즉 매장에 유 경험자. (墓上閣)俗稱甕家用以覆壙上蔽雨日者　묘상각.
비나 햇빛을 가리기 위하여 광중 위에 짓는 옹가. (棺樣)卽漆棺後樣出者　관양. (金井機)備
要　用以安於地上穿其內爲壙者用木四條爲匡匡外各留尺許如井字形匡內取棺樣先度其長短廣狹
又量四墻灰廣幾寸及棺樣外上下左右各剩幾寸合計得幾尺(營造尺)以定內樣其四隅相交處著木釘
使不動搖又於機之縱橫四木正中幷標以墨以審正方位　금정기.　광중 위에 설치하여 관을 쉽게
하관하는 장치. (金井蓋)俗稱俺壙窓鑰具停役時用以閉鎖壙口者或用薄板聯付如門扇機與蓋左右
相當處施鐵樞鐵環排目以備開鎖　금정개. (曲尺)備要所以度金井機者　곡척. 즉 격자자. (地平
尺)俗用二條木作丁字形當中柱面著繩墨柱頭垂絲末懸錘安於壙底視絲之當墨而驗其地平　穴深
隨宜若合葬則依舊壙　지평척. (細繩)備要所以度壙者　세승. 즉 노끈. (器用)備要　如曲錇畚
及直廣耳之類　기용.　곡괭이, 삼태기, 직괭이, 둥구미 등. (布巾)　포건. 즉 베건.
(布裳)　포상. 즉 베 치마. (布襪)　포말. 즉 베 행전.　並俗以爲莎土匠所著至灰隔皆仍

⊙作灰隔(작회격)

穿壙旣畢先布炭末於壙底築實厚二三寸然後布石灰細沙黃土拌勻者於其上灰三分
二者各一可也築實厚二三尺(五禮儀尺作寸)別用薄板(集說板厚二寸)爲灰隔如槨之狀內
以瀝青塗之厚三寸許中取容棺墻高於棺四寸許置於灰上乃於四旁(增解隔板外四旁
集說周圍約空七八寸)旋下四物亦以薄板隔之(增解謂以薄板隔炭末與三物之間築之使不相雜)
炭末居外三物居內如底之厚築之旣實則旋抽其板近上(增解補註旋抽其板乃築板也)復
下炭等而築之及墻之平而止(退溪曰此當與下文加灰隔內外盖處通看方得其詳)盖旣不用槨
則無以容瀝青故爲此制又炭禦木根辟水蟻石灰得沙而實得土而黏歲久結而爲全(全
一作金)石螻蟻盜賊皆不得進也(尤庵曰朱先生旣主不用槨之說而有灰隔之制鄙家遵用之)
程子曰古人之葬欲比化者不使土親膚今奇玩之物尙保藏固密以防損汙　親之遺骨

當何如哉世俗淺識惟欲不見而已(檀弓國子高曰葬也者藏也藏也者欲人之不得見也)又有求速化之說者(檀弓子游曰昔者夫子居於宋見桓司馬自爲石椁三年而不成夫子曰若是其靡也死不如速朽之愈也死之欲速朽爲桓司馬言之也註靡侈也)是豈知必誠必信之義且非欲求其不化也未化之間保藏當如是爾

問槨外可用灰雜沙土否朱子曰只純用炭末置之槨外槨內實以和沙石灰或曰可純用灰否曰純灰恐不實須雜以篩過細沙久之灰沙相乳入其堅如石槨外四圍上下一切實以炭末約厚七八寸許既辟濕氣免水患又截樹根不入樹根遇炭皆橫(橫一作生)轉去以此見炭灰之妙蓋炭是死物無情故樹根不入也抱朴子曰炭入地千年不變問范家用黃泥拌石灰實槨外如何曰不可黃泥久之亦能引樹根又問古人用瀝青恐地氣蒸熟瀝青溶化棺有偏陷却不便曰不曾親見用瀝青利害但書傳間多言用者不知如何　禮壙中用牲(牲一作生)體之屬久之必潰爛却引蟲蟻非所以爲亡者慮久遠也古人壙中置物甚多以某觀之禮文之意大備(備一作簡)則防患之意反不足要之只當防慮久遠毋使土親膚而已其他禮文皆可略也又如古者棺不釘不用漆粘而今灰漆如此堅密猶有(有一作自)蟻子入去何　不使釘漆此皆不可行　楊氏復曰先生答廖子晦曰所問葬法後來講究木槨瀝青似亦無益但於穴底先鋪炭屑築之厚一寸許其上卽鋪沙灰四傍卽用炭屑側厚一寸許下與先所鋪者相接築之旣平然後安石槨於其上四傍又下三物如前槨底及棺四傍上面復用沙灰實之俟滿加蓋復布沙灰而加炭屑於其上然後以土築之盈坎而止蓋沙灰以隔螻蟻愈厚愈佳頃嘗見籍溪先生說嘗見用灰葬者後因遷葬則見灰已化爲石矣炭屑則以隔木根之自外至者亦里人改葬所親見故須令常在沙灰之外四面周密都無縫罅然後可以爲固但法中不許用石槨故此不敢用全石只以數片合成庶幾不戾法意耳

⊙회(灰)막이를 만든다.

광중 파기를 마쳤으면 먼저 숯가루를 광중 바닥에 두 세치 두께로 다져 채운 후 삼물(三物)인 석회 삼분지 이와 고운 모래와 황토 각 일씩 섞은 흙을 그 위에 두 세자를 다져 채운다. 별도 박판으로 덧 널 모양과 같이 회 칸막이를 만든다. 안에는 역청(瀝靑)을 세치쯤을 발라 그 안에 관을 하관 하는 곳이다.

회(灰)담은 관보다 네 치 높게 만든다. 관 모양의 박판을 회 바닥 위에 놓고 사방 밖으로 숯 가루를 외부로 세치 두께이며 삼물(三物)이 그 안으로 두 세자로 바닥 두께와 같이하여 다진다. 위를 일정하게 다진 뒤 마친다.

외관(外棺)을 쓰지 않을 때는 송진을 넣지 않으므로 이 제도로 한다. 숯가루는 나무뿌리 접근을 막고 개미들이 피하는 것이며 석회가 모래와 섞이면 굳고 황토와 섞이면 접착이 되어 세월이 오래될수록 쇠와 돌같이 굳어져 땅 벌레나 개미, 도적 들이 침입하지 못하는 것이다.

◆作灰隔(작회격)

穿壙旣畢布石灰細沙黃土伴勻者築實爲灰隔(築底厚二三寸然後攤平其上卽於中間容棺之處先布以淨灰務取方正以識底平乃於四旁納三物拌勻者以二三寸爲度中實淨土亦如之幷杵踏築至八九度或十餘度視棺高加四五寸然後攤平其上卽於正中安內金井機掘去所實淨土盡淨灰而止初築底者卽爲地灰)語類以薄板布于下用油灰布其縫如槨之狀(墻高於棺一寸許○若用槨則先築地灰然後下槨而躧實泥灰於槨外四墻)語類仍用糯米汁調淨灰遍灰四方(薄塗如俗屋壁塗沙○問考妣二柩不無長短之差則齊其上乎齊其下乎沙溪曰當齊其上

◆灰隔新制(회격신제)

簡易灰隔舊制先開壙後築底次築墻其法似難用功且不堅實只須開壙三尺餘卽攤平如地乃度穴道寬廣於四圍開溝二尺深四五尺留其中爲母務取方正卽布炭屑於溝內以糯米煎汁拌灰沙黃土每灰三石用沙土各一石務令巧勻周遭下之每石許築實傍外處仍用炭屑及母而止方可掘取中心築底厚三尺以薄板鋪于下用油灰布其縫仍用糯米汁調淨灰遍灰四旁俟下棺後乃用厚板蓋上加灰物輕輕躧之勢如魚脊此法最爲簡當且堅實此予親督人築之者　愚伏

曰家禮用書儀不用椁今人難得許大好木與其用多節而白邊者決不如不用之爲得也木雖良
終歸腐朽與骸骨相雜且令壙中寬廣不能牢固然則雖有良材不如不用隔板用灰之制雖出近
代石灰之堅完精緻比石椁片片相合者不啻過之有何小欠於孝子必誠必信之心乎聖人復起
必不以此制爲不厚於其親矣聞湖西及都下士大夫多用此制云矣　問作灰隔古今異制南溪
曰灰隔一款蓋緣不用炭灰瀝靑等物而然非有他也　外棺鄙家亦有先戒自來只用石灰近方
酌用薄板　按或曰厚大其椁占地寬廣決知其不可第安柩於灰土之上無所隔籍實覺不安雖
不用瀝靑以薄板略如外棺之制最便好　又按愚伏所謂灰隔新制略與上簡易之制同而但無
四圍開溝留中爲母之法也先設金井機於壙上地面而穿之盡壙之深而止乃以三物拌勻者塡
之隨塡隨築約高漁於棺四五寸而止留數日俟灰土稍凝之節復作內金井四圍準椁之長廣中
取容棺安於灰土之上復穿其灰土如穿壙之法但穿之不盡小留數寸灰乃調灰塗四旁如簡易
之制以薄板鋪地灰上以安棺俟下棺後以厚板蓋其上以其所掘灰土加於蓋板之上而築之蓋
此制較於用椁去其四墻之板而已然或說所謂用薄板如外棺之制云者正無高大占地之患而
恐亦可取也未知如何

◆合葬之通穴(합장지통혈)

陶菴曰合葬時通穴大抵後世多動於吉凶之說然雖通得一邊三邊事有不可知終恐無益又曰
不必以通穴更告

◆秫灰不用(출회불용)

艮齋曰秫稻之粘者卽糯米也本草糯米殺蟲棺內用秫灰取殺蟲非出於辟毒也然灰爲水搖
蕩遍被尸身誠有如或者所傳之說則勿用恐得而諸禮書之所取何敢質言

◆橫臺(횡대)

用橫板五片或七片厚約三四寸長廣取足以加於灰隔四旁上各二寸(營造尺)每板相聯處交
翦生脣約二三分使相　合俗稱(治翦)

⊙窆葬之具(폄장지구)

(石灰)四墻灰廣各八寸許上灰約厚數三尺(營造尺)則當八千斗四墻灰廣約七寸許則八六百斗餘皆
推之　석회. (黃土) 황토. (細沙)皆節過用之各於石灰用三分之一　三物拌均時用水多少適中
세사. 즉 고운 모래 일명 석별. (松脂) 송지. 즉 송진. (隔板)四所以築三物者 격판 4. 즉
칸막이. (炭末)今或不用 탄말. 즉 숯가루. (椁)加禮不用而今人多用之 곽. 즉 외관 덧 널.
(誌石) 지석. (磚)所以藏誌石者 전. 즉 벽돌. (明器)　기. 식기 류, 집기 류 등 생전 소
용 품. (下帳) 하장.　편방 용품. (苞) 포. 즉 그령포 바구니. 견전제에 올렸던 포를 담는
다. (　) 소. 즉 대바구니 오곡을 담는다. (　) 앵. 즉 술 단지.　語類問明器亦君子不忍死
其親之意朱子曰某家不曾用 (小版)所以塞明器便房者　소판. 묘소 곁 편방을 막는 판자. (大
轝) 대여. 즉 상여. (翣) 삽.　상여 양 옆에 큰 부채 모양으로 된 운삽과 불삽을 세워 들고
따름. (玄纁)玄六纁四雜記魯人之贈也三玄二纁各丈八尺家貧不能具則玄纁各一可也　현훈. 즉
폐백. (神主)粉鹿角膠木賊具 신주.　흰 분가루, 아교, 목적 포함. (櫝)黑漆之且容一主夫婦
俱入祠堂不稍廣其制容二主備要按坐式司馬公制兩　櫝韓魏公制家禮圖並存之今人有俱用者恐非
是 독. 즉 신주함. (韜) 도.　독자루. (藉) 자.　신주 독 안을 바른다. 남자는 자색 여자
는 주홍 색 비단. (薄板)所以作灰隔內蓋　박판. 즉 회 막이 틀. (豐碑) 풍비.　하관 기구.
(柱) 주.　풍비 설치 기둥. (轆轤) 록로. 즉 활차. (　)二十把許 불. 즉 상여 줄.
　已上四件所以下棺者 (下棺布)十五尺許　하관 포.

⊙刻誌石(각지석)

用石二片其一爲蓋刻(云云)其一爲底刻(云云)葬之日以二石字面相向而以鐵束束之

埋之壙前近地面三四尺間蓋慮異時陵谷變遷或誤爲人所動而此石先見則人有知其
姓名者庶能爲掩之也(增解問政和儀九品以下至庶人無誌石而溫公書儀皆有之今當以何者爲據
朱子曰誌石或欲以爲久遠之驗則略其文而淺　之亦未遽有僭逼之嫌也　翰墨全書齊王儉曰石誌不
出禮經宋元嘉中顏延之作玉珠墓誌埋文墓下將以千載之後陵谷變遷欲後人有所聞知然則宋齊以來
有墓誌也近代貴賤通用之)

⊙지석(誌石)에 각자(刻字)를 한다.

돌 두 조각에 각자(刻字)를 한다. 한 조각에는 덮개 각자(刻字)를 다음과 같이 하고
또 한 조각에는 다음과 같이 바닥 본 각자(刻字)를 하여 각자 한 면(面)을 서로 붙여
쇠줄로 묶어 광중(壙中) 앞 삼사 척 사이에 묻는 것이다. 우려하지 않을 수 없는 것
은 후일에 묘역(墓域)이 변천되거나 혹 다른 사람이 오인(誤認)을 하고 발굴하였다
묻을 때 장소가 이동되는 것이다. 이런 때에는 지석을 먼저 보면 여러 사람 중에서
그의 성명을 아는 이가 있는 것인즉 제자리에 올바르게 묻어야 한다.

◈誌蓋式(지개식)

某官無官則隨屬稱某公此下當添諱某二字之墓崇禎以後我東士大夫家多以有明朝鮮國五字首
揭於某官之上

◈덮개 석 각자식.

모관 모공 휘 모 지묘

◈誌底式(지저식)

某官某公諱某字某某州某縣人考諱某某官母備要此下有某字氏某封某年月
日生敍歷官遷次某年月日終某年月日葬于某鄕某里某處娶某氏某人之
女子男某某官女適某官某人

◈바닥 본석(本石) 각자식.

모관 모공 휘 모 자모 모주 모 현 사람이다. 선고는 휘 모 모 관이며 모친은 모씨 모
봉이며 모년 모월 모일 생이다. 관직의 내력을 차례대로 쓰고 모년 모월 모일에 졸하
여 모년 모월 모일에 모 마을 모리에 장사하였다. 모씨 모 인의 여식에게 장가를 들
었고 아들 모는 모 관이며 여식은 모관 모 인에게 출가를 하였다.

◈婦人誌蓋式(부인지개식)

某官姓名(夫亡則云某官某公)此下當添諱某二字某封某封上當添配字夫無官則但云妻〇尤庵
曰某封卽無官者妻字之換稱也以俗見則書以某人妻某封某氏似可某氏某氏上或書某郡二字之
墓

◈부인 덮개 각자식.

모관 모성 모명의 부인 모봉 모씨의 묘

◈婦人誌底式(부인지저식)

敍年若干適某氏因夫子輯覽謂夫及子也致封號其餘措語與男子誌底式參用

◈부인 바닥 본 석 각자식.

년도 별로 약간 쓰고 모씨에게 출가하였다. 남편과 아들로 인하여 봉호에 이르렀다.

그 외는 남자 지석식을 참용한다.

◆墓碣墓表墓誌埋銘墓記之別(묘갈묘표묘지매명묘기지별)

海虞吳氏曰墓碣近世五品以下所用文與碑同墓表則有官無官皆可其辭則　學行德履墓誌則直述世系歲月名字爵里用防陵谷遷改埋銘墓記則墓誌異名古今作者惟昌黎最高行文事面目首尾不再蹈襲凡碑碣表於外者文則稍詳誌銘埋於壙者文則嚴謹其書法則唯書其學行大節小善寸長則皆不錄近世弗知者至將墓誌亦刻墓前斯失之矣大抵碑銘所以論列德善切烈雖銘之義稱美弗稱惡以盡其孝子慈孫之心然無其美而稱者謂之誣有其美而弗稱者謂之蔽誣與蔽君子之所弗由也歟　溫公曰古人有勳德刻銘鍾鼎正以自別其賢愚耳非出於禮經南宋元嘉中顏延之爲王球作墓志以其素族無銘誄故以記行自此遂相祖習

⊙造明器(조명기)

刻木爲車馬僕從侍女各執奉養之物象平生而小準令五品六品三十事七品八品二十事非陞朝官十五事

⊙생전 소용 품을 그와 같게 만든다.

나무에 조각을 하여 수레와 말 그리고 노복과 시종 시녀를 만들고 봉양할 물품을 평상시와 같이 각각 조그마하게 만들어 놓는다. 이에 준하여 영(令)으로 오 품(五品) 육품은 서른 개 칠 품 팔 품은 스무 개 관(官)에 오르지 못하였으면 열 다섯 개이다.

◆明器(명기)

檀弓孔子曰之死而致死之不仁而不可爲也之死而致生之不知而不可爲也是故竹不成用瓦不成味木不成斵琴瑟張而不平等笙備而不和有鍾磬而無　(箈)　(虡)其曰明器神明之也註劉氏曰之往也之死謂以禮往送於死者也往於死者而極以死者之禮待之是無愛親之心爲不仁故不可行也往於死者而極以生者之禮待之是無燭理之明爲不知故亦不可行也此所以先王爲明器以送死者竹器則無滕緣而不成其用瓦器則麤質而不成其黑光之沬木器則樸而不成其雕斵之文琴瑟則雖張絃而不平不可彈也等笙雖備具而不和不可吹也雖有鍾磬而無懸挂之　不可擊也凡此皆不致死亦不致生而以有知無知之間待死者故備物而不可用也備物則不致死不可用則亦不致生其謂之明器者蓋以神明之道待之也　孔子謂爲明器者知喪道矣備物而不可用也哀哉死者而用生者之器也不殆於用殉乎哉其曰明器神明之也塗車芻靈自古有之明器之道也孔子謂爲芻靈者善謂爲俑者不仁不殆於用人乎哉　長樂陳氏曰不曰神明之器特曰明器者以神之幽不可不明故也周官凡施於神者皆曰明故水曰明水火曰明火以至明　明燭明　者皆神明之也蓋其有竹瓦木之所用琴瑟竽笙鍾磬之所樂者明之也所用非所用所樂非所樂神之也宋襄公葬其夫人醯醢百甕豈知此哉　孔子謂爲明器者知喪道矣備物而不可用　高氏曰晉成帝詔重壤之下豈宜重飾惟潔掃而已張說曰墓中不置甌　以其近於水也不置羽毛以其近於尸也不置黃金以其　而爲怪也不置丹朱雄黃　石(毒石出漢中　羊茹切)以其近烈而燥使土枯而不滋也古人納明器於墓此物　而致蟲必矣如必欲用之則莫若於壙旁別爲坎以　也　朱子曰某家不用　丘儀泥塑亦可

◆明器今人不用(명기금인불용)

朱子曰子謂爲芻靈也善謂爲俑者不仁雖是前代已用物事到不是處也須改用敎是始得　問明器亦君子不忍死其親之意曰某家不曾用又曰今人亦或全不用也　尤菴曰朱子曰禮文之意大備則防患之意不足明器卽其一也夫車馬等三十事腐朽之後空虛成坎蟲蛇居之且妨牢固之勢朱子之不用似出於此也

⊙下帳(하장)

謂牀帳茵席椅卓之類亦象平生而小

⊙편방(便房)의 생활도구.

이른바 침상, 휘장, 깔개자리, 의자, 탁자 등을 생시의 것과 같이 본떠 작게 만든다.

◆下帳(하장)

通典三品已上帳高六尺方五尺女子等不過三十人長八寸五品已上帳高五尺五寸方四尺五寸音聲僕從二十五人長七寸五分六品已下帳高五尺方四尺音樂僕從二十人長七寸三品以優厚料則有三梁帳蚊幬婦人梳洗帳並準式　開元二十九年正月　古之送終所尙乎儉其明器墓田等令於舊數內減其下帳不得有　禽奇獸魚龍化生其別　優厚官供者準本品數十分加三分不得別爲華飾　退溪曰下帳下之之帳指床帳茵席而言也　鄭道可問曰下帳置之不敢知(愚)答以爲下帳恐是對上服而言如公服靴笏幞頭襴衫鞋履之類屬身上所用之物故曰上服如牀帳茵席椅卓之類屬身下所用之物故曰下帳看下陳器附註可知也道可曰來敎得之

⊙苞(포)

竹掩一以盛遣奠餘脯

劉氏璋曰旣夕禮苞二所以裹奠羊豕之肉註云用便易者謂茅長難用裁取三尺一道編之

⊙그령포 바구니에 포를 담는다.

견전(遣奠)에 남은 포(脯)를 대로 싼 한 덩어리를 바구니에 예물로 담는다.

◆苞(포)

曲禮註苞裹魚肉之屬　補註苞草也古稱苞苴是也

⊙　　(소)

竹器五以盛五穀

司馬溫公曰今但以小甕貯五穀各五升可也　劉氏璋曰旣夕禮　三容與筥同盛黍稷麥其實皆　註云皆湛之以湯神之所享不用食道所以爲敬

⊙대바구니에 오곡(五穀)을 담는다.

대바구니 다섯에 오곡을 담는다.

◆　　(소)

旣夕疏按下記云筲　三則　以菅草爲之　五禮儀竹器有冪圓徑七寸五分高六寸四分容三升　集說今世又只用五小瓦鑵各盛數合耳或問穿便房引水不便欲貯埋誌處何如曰雖不用可也唯埋明器

⊙　　(앵)

器三以盛酒醯醢　司馬溫公曰自明器以下俟實土及半乃於其旁穿便房以貯之按此雖古人不忍死其親之意然實非有用之物且脯肉腐敗生蟲聚蟻尤爲非便雖不用可也

⊙항아리.

자기항아리 셋에 술과 식초, 육장(肉醬)을 담는다.　사마온공(司馬溫公)이 이르기를 항아리로부터 명기(明器)이하는 광중에 흙을 반정도 채울 때까지 기다렸다 옆을 뚫어 편방(便房)을 만들어 그 안에 넣어둔다.　살펴보건대 이와 같이하는 것은 옛사람들은 그 부모의 죽음을 부인하는 생각에서 그렇게 담아두나 사용하는 물건은 아니다. 또 포와 육장(肉醬)은 부패하면 벌레가 생기고 개미가 꼬이니 더욱 할 것이 못 된다. 아무리 편히 쉬는 곳이라 하여도 사용하지 않는 것이 좋으니라.

◆　(앵)

五禮儀磁器有冪口圓徑四寸腰圓徑七寸五分底圓徑四寸二分高八寸二分容三升　　明器等
不用可

家禮按此雖古人不忍死其親之意然實非有用之物且脯肉腐敗生蟲聚蟻尤爲非便雖不用可也　儀
節愚按朱子謂此雖古人不忍死其親之意然實非有用之物　脯肉腐敗生蟲蟻尤爲非便雖不用可也
竊謂宜小其制每種各置少許五穀每種存數十粒脯醢存一二塊庶幾存占似亦無害

⊙大轝(대여)

古者柳車制度甚詳今不能然但從俗爲之取其牢固平穩而已其法用兩長杠杠上加伏
兔附杠處爲圓鑿別作小方床以載柩足高二寸旁立兩柱柱外施圓柄令入鑿中長出其
外柄鑿之間須極圓滑以膏塗之使其上下之除柩常適平兩柱近上更爲方鑿加橫局局
兩頭出柱外者更加小局杠兩頭施橫杠橫杠上施短杠短杠上或更加小杠仍多作新麻
大索以備扎縛此皆切要實用不可闕者但如此制而以衣覆棺亦足以少華道路或更欲
加飾則以竹爲之格以綵結之上如撮蕉亭施帷幔四角垂流蘇而已然亦不可太高恐多
罣礙不須太華徒爲觀美若道路遠決不可爲此虛飾但多用油單裹柩以防雨水而已(儀
節大夫用黻翣雲翣士用雲翣　便覽按大轝之制固好而有非貧家所能辦者從俗制用喪轝無妨)

朱子曰某舊爲先人飾棺考制度作帷　延平先生以爲不切而今禮文覺繁多使人難行後聖有作必是
裁減了方始行得

⊙큰 상여.

옛날에는 유거(柳車) 제도가 심히 상세하였으나 지금은 그렇게 할 수가 없다. 그렇기
때문에 다만 풍습에 따라 세속의 상여를 쓰면 번잡하지 않다. 큰 상여 제작법은 길고
굵은 체대인 장강(長杠) 두 개를 나란히 놓고 장강 위에 토끼가 엎드려 있는 형상인
복토를 붙인다.

장강의 붙인 곳에 둥글게 구멍을 판다. 별도로 관을 실을 작은 방상(方牀)을 만들되
땅을 바치는 다리인 족고(足高)는 두 치로 한다. 옆으로 두 개의 기둥을 세우고 기둥
밖을 둥근 장부(장부란 이쪽을 저쪽에 꽂아 끼우도록 가늘게 깎아낸 부분) 헐겁게 하
여 구멍 속으로 꽂아 밖으로 길게 나오게 하는데 장부와 구멍 사이에는 사용할 때
아주 원활하도록 기름을 발라 사용한다. 그 위와 밑을 손질하여 관이 항상 적절하게
평평하도록 양 기둥 위 가까이 다시 모난 구멍을 파 가로로 빗장을 끼우고 기둥 밖
으로 나온 빗장 양 머리에 다시 작은 빗장을 붙인다.

장강의 양 머리에도 가로로 멜대인 횡강(橫杠)을 붙이고 횡강 위에 작은 멜대인 단강
(短杠)을 붙이고 단강 위에 혹 다시 짧은 멜대인 소강(小杠)을 붙이기도 한다. 거푸
새 삼으로 줄을 많이 만들어 조각들을 동여매게 준비한다. 이는 모두 실제로 사용하
는 데 매우 중요하여 빠뜨려서는 아니 된다.

다만 이 제도와 같이 하여 관을 덮개로 덮으며 모두 길을 조금 화려하게 하면 족하
다. 혹 다시 더 꾸미고자 한다면 상여 덮개인 죽격(竹格)을 만드는데 대나무로 몸체
를 만들고 채색 비단으로 덮어 싸고는 위는 촬초정(撮蕉亭) 같이 휘장을 두르고 네
귀에는 오색의 실로 만든 수술을 달아 늘어뜨릴 뿐이다. 그러나 역시 너무 높으면 안
될 것은 거리끼는 것이 많을까 두려우며 너무 화려하게 꾸며도 안되며 다만 보기에
아름답게 하면 된다. 만약 길이 멀면 실상 없는 외면 치레를 하여서는 절대로 안 된
다. 다만 기름먹인 천으로 관(棺)의 겉을 많이 싸서 빗물을 막을 뿐이다.

◆大轝(대여)

儀節大轝之制用兩長杠杠上加伏兎附杠處爲圓鑿別作小方床以載柩足高二寸旁立兩柱柱外施圓柄令入鑿中長出其外柄鑿之間須極圓滑以膏塗之兩柱近上加橫局局兩頭出柱外者更加小局杠兩頭施橫杠橫杠上加短杠短杠上更或加小杠此本註也按治棺下註云棺制僅取容身勿爲高大由是推之大約不過二尺餘而已若如卷首圖於兩杠間施以短杠四人於中幷行局促迫窄實難轉動　本註亦無明說今擬施橫杠出長杠之外庶幾寬敞可以行動又棺中斂物不無多寡柄鑿轉動多致偏重臨載之際或偏有低昂須用他物稱墜方得適平今擬於方牀四隅各加一鐵鐶而兩長杠之上亦如之繫繩於下鐶而貫之於上隨其低昂而　縱之如此則適平矣又此轝止可行近地寬平之處不可行遠今增損舊制別爲新式以便行遠其長杠量截去兩頭每頭出棺首尾各留尺五六寸就於兩頭各施橫杠從杠頭量八尺許又施橫杠却於分中處加一直杠俱用麻繩札縛然後加以短杠如舊式或用八人十六人隨宜以此行遠庶幾側隘之處無所妨礙

◆柳轝(유여)

儀節士喪禮商祝飾柩一池設披屬引註飾柩爲設墻柳也墻卽柳衣也柳者聚也諸飾之所聚也以此障柩猶垣墻之障家故名池者象宮室之承　織竹爲籠衣以靑布披用帛爲之繫於柳中人牽之登高則引前以防車之軒適下則引後以防車之飜欹左則引右欹右則引左屬猶着也引所以引柩車也喪大記大夫畫帷二池畫荒火三列黻三列素錦褚纁紐二玄紐二齊三采三具黻翣二畫翣二皆戴綏魚躍拂池大夫戴前纁後玄披亦如之士布帷布荒一池揄絞纁紐二緇紐二齊三采一具畫翣二皆戴綏士戴前纁後緇二披用纁註帷柳車邊墻也畫爲雲氣荒蒙也柳車上覆也火三列畫爲火三行黻三列畫爲兩已相背三行素錦白色錦也褚屋也紐用帛爲之聯帷與荒前纁後黑齊者猶臍也用絳黃黑三色繒衣之三具者又連具爲三交絡齊上翣形似扇用木爲之在路則障車八槨則障柩黻者畫兩已相背也畫者爲雲氣也綏者用五采羽作葵綴翣之兩角也魚躍拂池以銅魚懸池之下車行則魚跳躍上拂於池也戴者用帛繫棺紐着柳車之骨也士帷皆白布不畫也一池惟前有之揄讀爲搖搖翟也雉類赤質五色絞用靑黃絹畫翟於絞按禮大夫士棺飾如此華盛家禮從簡便惟用竹格若仕宦之家有餘力者於竹格上稍加華飾似亦不爲過鑿歃會在到切穿孔也　柄韻會濡稅切刻木端所以入鑿　流蘇集覽按考索倦遊錄盤線繪繡之毬五綵錯爲之同心而下垂者曰流蘇摯虞曰流蘇緝鳥尾而垂之若流然以其　下垂故曰蘇今俗謂條頭　爲蘇吳都賦註流蘇者五色羽飾帷四角而垂之　罜韻會　或作罜古賣切　也　扎韻會紮通側八切纏束也

◆國恤時私喪大轝(국휼시사상대여)

問國恤時大夫士葬用彩轝未安尤菴曰素轝與否未見明文然以親喪中死者葬禮準之則此有可據者矣大槩自斂襲衣衾以至旌翣皆當以素然後轝亦可以用素矣不然則爲斑駁之歸矣

⊙翣(삽)

以木爲匡(匡一作筐)如扇而方兩角高廣二尺高二尺四寸衣以白布柄長五尺黼翣畫黼黻翣畫黻畫翣畫雲氣其緣皆爲雲氣皆畫以紫准格(儀節大夫用雲翣黻翣士用雲翣)

⊙삽.

나무로 방정하게 부채와 같이 만들되 양 귀에는 높게 뿔을 만든다. 넓이가 두 자이고 높이가 두자 네 치이며 흰 천을 씌운다.

자루의 길이는 다섯 자이며 보삽(黼翣)에는 자루 없는 도끼를 그리고 불삽(黻翣)에는 몸기자 두 자를 서로 반대로 하여 그리고 화삽(畫翣)에는 구름같이 공중으로 피어 오르는 운기(雲氣) 같은 형상을 그린다. 모두 가장자리에는 운기를 그리되 신선(神仙) 집에서 피여 오르는 기운같이 자색(紫色)으로 그린다. 대부(大夫)는 운삽(雲翣)과 불삽(黻翣)이며 선비는 운삽이다.

◆大夫士翣(대부사삽)

喪大記君黼翣二黻翣二畫翣二皆戴圭註翣形似扇木爲之在路則障車人椁則障柩二畫黼二畫黻二畫雲氣六翣之兩角皆戴圭玉也　大夫黻翣二畫翣二皆戴綏　士畫翣二皆戴綏

◆翣(삽)

說文棺羽飾也天子八諸侯六大夫四士二喪大記註飾棺者以華道路及壙中不欲衆惡其親也車行使人持之而從旣窆樹於壙中檀弓曰周人墻置翣是也　愚按家禮窆條無翣入壙之文或是闕文　故略之與

◆畫黼畫黻畫雲氣(화보화불화운기)

輯覽丘儀圖周禮白與黑謂之黼黼爲斧形黑與靑謂之黻今擬用黑靑二色相間爲亞形以紫畫爲雲氣按禮惟諸侯得用黼翣以家禮本註有之姑畫于此以備其制今擬大夫用黻翣二雲翣二士用雲翣二　便覽黻翣二大夫所用以木爲匡方二尺(周尺)兩角高角廣二寸高四寸合高二尺四寸衣以白布或厚紙用紫色畫爲亞形其緣畫雲氣　畫翣二大夫士所用制同黻翣但畫爲雲氣緣亦如之　並以竹爲杠長五尺俗刻木爲荷葉狀而緣漆設於杠頭以承翣

⊙作主(작주)

程子曰作主用栗趺方四寸厚寸二分鑿之洞底以受主身身高尺二寸博三寸厚寸二分剡上五分爲圓首寸之下勒前爲頷而判之四分居前八分居後頷下陷中長六寸廣一寸深四分合之植於趺下齊竅其旁以通中圓徑四分居三寸六分之下下距趺面七寸二分以粉塗其前面　司馬溫公曰府君夫人共爲一櫝　按古者虞主用桑將練而後易之以栗今於此便作栗主以從簡便或無栗止用木之堅者櫝用黑漆且容一主夫婦俱入祠堂乃如司馬氏之制

　程子曰庶母亦當爲主但不可入廟子當祀於私室主之制度則一蓋有法象不可益損益損則不成矣朱子曰伊川制士庶不用主只用牌子看來牌子當如古制只不消二片相合及竅其旁以通中且如今人未仕只用牌子到任後不中換了若是士人只用主亦無大利害主式乃伊川先生所制初非朝廷立法固無官品之限萬一繼世無官亦難遽易但繼此不當作耳牌子亦無定制竊意亦須似主之大小高下但不爲判合陷中可也凡此皆是後賢義起之制今復以意斟酌於古禮未有考也今詳伊川主式書屬稱本註屬謂高曾祖考稱謂官或號行如處士秀才幾卽幾公之類如此則士庶可通用周尺當省尺七寸五分弱程集與書儀誤註五寸五分弱溫公圖以謂三司布帛尺卽省尺程沙隨尺卽布帛尺今以周尺校之布帛尺正是七寸五分弱然非有聲律高下之差亦不必屑屑然也得一書爲據足矣

⊙신주(神主)를 제작한다.

정자(程子) 신주 작법이다. 밤나무로 만들되 사방 네 치에 두께 한치 두 푼 되는 받침에 바닥으로 구멍을 깊이 파서 신주의 본 신을 꽂아 세운다. 본 신의 높이는 한자 두 치이며 넓이는 세치에 두께는 한치 두 푼이다. 닷푼 위로 머리를 둥글게 깎아낸다. 머리에서 한치 아래 턱과 같이 자르기를 앞 판이 네 푼 뒤 판이 팔 푼 되게 쪼갠다.

뒤 판 턱밑으로 속 신주를 쓸 홈을 파낸다. 홈의 길이는 여섯 치 넓이 한치 깊이 네 푼을 파내고 앞 뒤 판을 합하여 받침에 하부를 가지런히 하여 꽂아 세운다. 뒤 신주 옆에 중앙으로 통하게 구멍을 직경이 네 푼 되게 뚫기를 세치 육 푼 아래이며 아래로는 받침 면에서 일곱 치 두 푼이다. 신주 앞면에는 흰 분 칠을 한다.

사마온공이 이르기를 고비(考妣) 신주를 하나의 독에 같이 합독한다.

옛날에는 우제(虞祭) 신주는 뽕나무를 쓰고 대상(大喪)이후는 밤나무로 바꿨다. 지금은 편리하게 밤나무로 신주를 만들어 간편함을 따른다. 혹 밤나무가 없으면 견고한 나무로 만들어 쓴다. 신주 독(櫝)은 검은 옷 칠을 하고 또 독(櫝)에는 신주 하나씩 담아 부부 함께 사당(祠堂)에 들였는데 사마공의 신주 제도와 같다.

◆神主式(신주식)

禮經及家禮舊本於高祖考上皆用皇字大德年閒省部禁止回避皇字今用顯可也　伊川先生云作主用栗取法於時日月辰趺方四寸象歲之四時高尺有二寸象十二月身博三十分象月之日厚十二分象日之辰(身趺皆厚一寸二分)剡上五分爲圓首寸之下勒前爲頷而判之一居前二居後(前四分後八分)陷中以書爵姓名行(書曰故某官某公諱某字某第幾神主陷中長六寸闊一寸)合之植於趺(身出趺上一尺八分并趺高一尺二寸)竅其旁以通中如身厚三之一(謂圓徑四分)居二分之上(謂在七寸二分之上)粉塗其前以書屬稱(屬謂高曾祖考稱謂官或號行如處士秀才幾郎幾公)旁題主祀之名(曰孝子某奉祀)加贈易世則筆滌而更之(水以灑廟墻)外改中不改

◆櫝韜藉式(독도자식)

家禮;按書儀云版下有趺韜之以囊藉之以褥府君夫人共爲一匣而無其式今以見於司馬家廟者圖之　程先生木主之制取象甚精可以爲萬世法然用其制者多失其眞往往不攷用尺之長短故也蓋周尺當今省尺七寸五分弱而程氏文集與溫公書儀多誤註爲五寸五分弱而所謂省尺者亦莫知其爲何尺時擧舊嘗質之晦翁先生荅云省尺乃是京尺溫公有圖子所謂三司布帛尺者是也繼從會稽司馬侍郎家求得此圖其間有古尺數等周尺居其右三司布帛尺居其左以周尺校之布帛尺正是七寸五分弱於是造主之制始定今不敢自隱因圖主式及二尺長短而著伊川之說於其旁庶幾用其制者可以曉然無惑也嘉定癸酉季秋乙卯臨海潘時擧仲善父識

◆桑主式(상주식)

五禮儀虞主用桑木爲之長一尺方五寸上頂徑一寸八分四廂各剡一寸一分四隅各剡一寸上下四方通孔徑九分　倚凡長二尺三寸廣七寸厚二寸足高五寸　內櫃頂虛四面高一尺一寸八分廣各一尺九分底長廣各一尺三寸厚四分　外櫃蓋平四面直下長各一尺四寸五分廣各二尺二寸厚四分　臺長廣各一尺三寸厚三寸用栢子板　匱內外皆有紫綾座子外則裹白綃主有白苧覆巾王后則靑苧巾位板同唯無覆巾　位板用栗木爲之長一尺二寸厚八分廣四寸圭首趺長八寸廣四寸厚二寸　座制面頂俱虛底板長一尺四寸廣九寸厚二寸三面板高各一尺三寸一分厚各三分後面廣一尺五分左右面廣各五寸　蓋制平頂四向直下正闊旁狹蓋板長一尺一寸七分廣六寸三分有奇厚三分前後板長一尺三寸五分廣一尺一寸七分厚三分左右板長一尺三寸五分廣六寸三分有奇　臺長一尺四寸廣九寸厚三寸用栢子板

◆虞主用桑(우주용상)

公羊傳虞主用桑練主用栗用栗者藏主也註用桑者取其名與麤　期年練祭埋虞主於兩階之間易用栗也夏后氏以松殷人以栢周人以栗松猶容也想見容貌而事之栢猶迫也親而不遠栗猶戰栗謹敬貌也禮士虞記曰桑主不文吉主皆刻而諡之蓋爲　　時別昭穆也疏鄭氏註出論語哀公問社於宰我故也今文論語無社字是以何氏以爲廟主耳　曲禮措之廟立之主曰帝疏措置也王葬後卒哭而祔置廟立主使神依之也主用木木有終始又與人相似也記之以爲題欲令後可知也方尺或曰尺二寸漢書前方後圓五經異義云主狀正方穿中央達四方天子長尺二寸諸侯長一尺天神曰帝今號此主同於天神卒哭主暫祔廟畢更還殯宮至小祥作栗主入廟乃埋桑主於祖廟門左埋重處故鄭云虞而作主至祔奉以祔祖廟大夫士亦卒哭而祔崔靈恩云大夫士無主以幣帛祔祔竟還殯宮至小祥而入廟也公羊傳云虞主用桑則似虞已有主而左傳云祔而作主左傳不同其意則皆是虞祭總了然後作主去虞實近故公羊上係於虞又作主爲祔所須故左氏據祔而言　朱子曰左氏所傳祔而作主與禮家虞而作主者不合左氏此說乃當時之失　五經異義三五之代小祥以前主用桑(註桑猶喪也)練主夏后氏以松殷人以栢周人以栗　輯覽按論語註古者各以所宜木名其社非取義於木也三代主木之不同亦以其土之所宜歟

愚按據上公羊疏則古者練主用栗者蓋以周制社主旣用栗故廟主亦以栗耳然則夏殷松栢亦然歟

◆神位兩傍有竅是通四方之義(신위양방유규시통사방지의)

艮齋曰神位兩傍有竅每被人問而莫詳其義或云使神出入此甚陋矣五經通義五經異義并云主之制方正穿中央以達四方黃氏以周云公羊何註說同蓋有所授之也穿中央以達四方者于面背左右各開孔達中央禮記外傳云廟主四向孔穴午達相通此之謂也唐及金元俱準是式或說背面亦開孔似非制明代禮家多用程子主式亦不古(黃說止此)按穿中央云者自上至下皆通似是通天地四方之義也伊川式只兩旁開孔無乃左右是陰陽通于陰陽則上下前後亦皆在陰陽之中故歟抑背面開孔似非制如或者之意歟但白虎通義云主用木方尺或云尺二寸五經通義云天子尺二寸諸侯一尺此與白虎通義不言天子諸侯之異不同未詳孰是然尺二寸旣應一歲十二月之數故伊川式長用此歟

◆神主(신주)

五經異義主者神象也孝子旣葬心無所依以虞而立主以事之唯天子諸侯有主卿大夫無主尊卑之差也　張子曰重主道也士大夫得有重應當有主旣埋重不可一日無主故設苴及其已作主即不用苴　朱子曰古人自始死弔魂復魄立重設主便是常要接續他些子精神在這裏

⊙功布(공포)(補)

用新布稍細者爲之長三尺用以御柩遇路有低昂傾虧則視之以爲節使舁柩者知所備

⊙공포(功布)

조금 고운 새 베로 한다. 길이는 석자로 한다.

◆功布(공포)

功布大功之布也盖用新布稍細者長三尺有柄令人執之遇路有低　傾虧則爲抑揚左右之節使舁柩者知所備

⊙作主之具(작주지구)

(執事者)子弟一人監造　집사자. (木工) 목공. (新潔席) 신결석. 즉 돗자리. (卓)用以安主材者　탁. 즉 탁자. (主材)上見作主條　주재. 즉 신주에 쓸 나무. (粉)用以塗主面者　분. 즉 백분. (鹿角膠)備要　用以煎取汁和粉者　록각교. 즉 아교. (木賊)備要　用以磨滑主身者　목적. 즉 속새.　粉以下用餘留置以備題主時改書誤字之用 (韜)書儀考紫姙緋　用以韜主者制如斗帳方闊視主樣用厚紙貼褙令堅剛裹之以帛合縫居後之中方四寸許長尺二寸許自上而下韜之與主身齊俗於頂之中央著(團柩)以便開合　도. 남자는 자색 여자는 주홍 색으로 위에서 내려 싸는 자루. (藉)書儀　用以藉櫝內者紫緋同韜方闊與櫝內同疊布加厚裹之以帛　자. 즉 깔개. (櫝座)用板爲之黑漆之丹漆其內內方四寸許稍寬於趺高尺二三寸比主身稍高面頂俱虛底板四方各出半寸許以受蓋底板下四隅有跗高寸許又於前面下橫貼板如閾高與趺齊　독좌. 즉 신주를 넣는 신주 집의 속 바탕. (櫝蓋)四向直下容韜櫝座但後面下許　독개 4. 즉 신주 독 덮개. (箱)用以盛主者　상. 즉 신주를 거두어 담는 상자. 或(兩　櫝)家禮圖平正四直前作兩　下作平底臺座　양창독. 즉 두 짝 문을 내어 가옥 형태로 만든 신주 독. (布巾)(布裳)並俗以爲木工所著　포건. 포상 즉 목공이 입을 치마와 수건.

제 2 절 천구(遷柩) 조조(朝祖) 전부(奠賻) 진

기(陳器) 조전(祖奠)

⊙發引前一日因朝奠以遷柩告(발인전일일인조전이천구고)

(儀節五服之親皆來會各服其服入就位　既夕禮外內不哭)設饌如朝奠祝斟酒訖北面跪告曰(云云)俛伏興主人以下哭盡哀再拜蓋古有啓殯之奠今旣不塗殯則其禮無所施然(施下一無然字)又不可全無節文故爲此禮也

楊氏復曰古禮自啓殯至卒哭更有兩變服之節啓殯斬衰男子括髮婦人髽蓋小斂括髮髽今啓殯亦見尸柩故變同小斂之節也此是一節今旣不塗殯則亦不啓雖不變服可也古禮啓殯之後斬衰男子免至虞卒哭皆免此又是一節開元禮主人及諸子皆去冠経以邪布巾帕頭亦放古意家禮今皆不用何也司馬公曰自啓殯至于卒哭日數甚多若使五服之親皆不冠而祖免恐其驚俗故但各服其服而已

⊙발인 하루 전날 시구(尸柩)를 옮기고, 사당 조상을 뵙고, 전을 올리고, 부의를 드리고, 발인지구를 벌려 놓고, 길신제를 지낸다.

오복의 복인들은 모두 모여 각각 당한 상복을 입고 자리로 나아가되 곡은 하지 않는다. 진설하기를 조전(朝奠)과 같이한다. 축관이 헌주를 하고 북쪽으로 향하여 무릎을 꿇고 앉아 다음과 같이 고하고 부복하였다. 일어나면 주인 이하 슬픔을 다하여 곡하며 재배한다. 옛날에는 모두 계빈(啓殯) 전제(奠祭)가 있었으나 요즘은 이미 도빈(塗殯)을 하지 않았으면 그 예는 하지 않는다. 또 할 수가 없는 것은 예법의 법식이 모두 없어져 단절 되었기 때문에 이 예로 하는 것이다.

⊙遷柩告儀禮節次(천구고의례절차)

設饌如朝奠　就位(五服之外親皆來會各服其服入就位哭)　奉魂帛出靈座　祝盥洗　跪　斟酒　告辭曰今以吉辰遷柩敢告　俯伏興平身　擧哀(主人以下)　拜興拜興平身　禮畢

⊙천구고사 의례절차.

진설 찬품은 조전과 같이 한다.　자리로 나아간다. (오복인과 무복의 친척들은 모두 모여 각각 당한 상복을 입고 자리로 들어가 곡을 한다)　혼백을 영상에서 받들고 영좌(靈座)로 나오면 축관은 손을 씻는다.　무릎을 꿇고 앉는다.　술을 따라 올린다.　고하기를 오늘이 길한 날이오라 시구를 옮길 것을 감히 고하나이다.　부복하였다 일어선다.　모두 슬프게 곡한다. (주인 이하)　국궁 재배 평신한다.　예를 마친다.

◆遷柩告辭式(천구고사식)若塗殯則啓殯時別設奠

今以吉辰遷

柩敢告妻弟以下云玆告

◆시구 옮김을 알리는 고사식.

오늘이 길한 날이 오라 시구를 옮겨야 하겠삽기에 감히 고하나이다.

⊙奉柩朝于祖(봉구조우조)

將遷柩(儀節祝跪告云云　便覽俯伏興)役者入婦人退避主人及衆主人輯杖(儀節擧之不拄地)立視祝以箱奉魂帛前行詣祠堂前執事者奉奠及倚卓次之銘旌次之役者擧柩次之主人以下從哭男子由右婦人由左重服在前輕服在後服各爲敍侍者在末無服之親男居男右女居女左皆次主人主婦之後婦人皆蓋頭至祠堂前(備要中門當開　便覽非宗子則不當開)執事者先布席(便覽兩階間當中)役者致柩於其上北首而出婦人去蓋頭祝帥執事

者設靈座及奠于柩西東向主人以下就位(備要婦人柩西東面主人柩東西面)立哭盡哀止
(儀節人家狹隘難於遷轉今擬奉魂帛以代柩則奉奠椅卓前行銘旌次之魂帛又次之至祠堂前置魂帛於
席上北向)此禮蓋象平生將出必辭尊者也

楊氏復曰按儀禮朝祖正柩之後遂匠始納載柩之車于階間卽家禮所謂大轝也方其朝祖時又別有
軸註云　軸狀如長牀夫　狀如長牀則僅可承棺轉之以軸輔之以人故得以朝祖旣正柩則用夷牀蓋
朝祖時載柩則有　軸正柩則有夷牀後世皆闕之今但使役者擧柩柩旣重大如何可擧恐非謹之重之
之意若但魂帛朝于祖亦失遷柩朝祖之本意恐當從儀禮別制　軸以朝祖至祠堂前正柩用夷牀北首
祝帥執事者設靈座及奠于柩西東向主人以下就位立哭盡哀止　輯斂也謂擧之不以拄地也　旣夕
禮遷于祖正柩于兩楹間席升設于柩西奠設如初註奠設如初東面也不統於柩神不西面也不設柩東
東非神位也

⊙시구(尸柩)를 받들고 사당 조상을 뵙는다.

시구를 사당(祠堂)으로 옮기기 전에 축관은 시구 앞에 무릎을 꿇고 앉아 다음과 같이
고하고 부복하였다 일어나면 시구를 사당으로 옮겨 갈 역자(役者)들이 들어온다. 역
자가 들어오면 부인들은 물러나 피하고 주인과 여러 주인 형제들은 상장을 들고 읍
을 하고 서서 시구를 안정이 받드는가 살펴본다.

축관은 혼백상을 받들고 앞에서 인도하여 사당 앞으로 나아가고 집사자들은 전제 올
릴 전제기구를 들고 다음으로 따라 가고 역자들이 시구를 받들고 다음으로 따라 가
고 주인 이하 다음으로 곡을 하며 우측으로 따라 가고 부인들은 좌측으로 따른다. 중
복 인은 앞에서고 경복 인은 뒤 따르되 복의 경중 차서 대로 따른다. 무복의 친척 역
시 남자는 오른쪽이며 여자는 왼쪽으로 주인 주부를 따르되 차서 대로 따른다. 시자
(侍者)들은 마지막에 그와 같이 따르며 부인들은 모두 개두(蓋頭)를 쓰고 사당 앞까
지 간다.

집사자가 사당 중문을 연다. 만약 종자가 아니면 중문을 열지 않는다. 먼저 양 층계
사이에 자리를 펴면 역자들은 시구를 그 위에 상(上)이 북쪽으로 향하게 시구를 놓고
나온다. 부인들은 개두를 벗고 축관은 집사자들과 함께 영좌를 시구의 서쪽에서 동쪽
으로 향하게 놓고 그 앞에 전상을 놓되 조전(朝奠) 때의 것으로 별설(別設)치 않으며
술 역시 따르지 않는다.

주인 이하 자리로 나아가 서되 부인들은 시구의 서쪽에서 동쪽으로 향하여 서고 주
인과 남자들은 시구의 동쪽에서 서쪽으로 향하여 서서 슬픔을 다하여 곡하고 그친다.
집이 협소하여 시구를 옮기기가 어려우면 그와 같이 할 것이 아니라 바로 혼백을 시
구로 대신하되 전 올린 교의와 탁자를 앞에서 받들고 가고 명정(銘旌)이 뒤를 따르며
혼백이 또 다음으로 따라가 사당 앞에 이르면 혼백을 자리 위에 상(上)이 북쪽으로
향하게 놓는다. 이 예법은 생전 평상시 외출할 때 사당에 고하는 예와 같이 반드시
어른에게 인사하는 예이다.

◆朝祖(조조)

檀弓喪之朝也順死者之孝心也其哀離其室也故至於祖考之廟而后行　丘儀按奉柩朝祖象
其平生出必辭尊者也固不可廢但今人家多狹隘難於遷轉今擬奉魂帛以代柩雖非古禮猶逾
於不行若其屋宇寬大者自宜如禮(以上輯覽)　旣夕禮遷于祖用軸註朝祖廟也象平生時出
必辭尊者軸狀如轉轔　狀如長牀　重先奠從燭從柩從燭從主人從註丈夫由右婦人由左以
服親疏爲先後　升自西階註柩也猶用子道不由　也　奠俟于下主人從升婦人升東面衆主
人東卽位疏主婦東面則主人西面可知衆主人以下東階下西面　正柩于兩楹間用夷牀註兩
楹間鄕牖戶也是時柩北首疏楹間近西北首者朝祖不可以足鄕之　主人柩東西面置重如初
席升設于柩西奠設如初巾之升降自西階主婦及親者由足西面註奠設如初東面也不統於柩

神不西面也不設柩東東非神位也疏此論設宿奠奠設如初據神東面設於席前也　質明滅燭
徹者升自　階降自西階註質正也徹者避新奠　乃奠如初升降自西階註爲遷祖奠也奠升不
由　階避柩足疏遷祖奠謂遷柩朝祖之奠也　記旣正柩賓出遂匠納車于階間　檀弓喪之朝
也順死者之孝心也其哀離其室也故至於祖考之廟而后行疏人子之禮出告反面今載柩而朝
是順死者之孝心(以上增解)

◆朝祖祖字王父之稱(조조조자왕부지칭)

問尤翁曰古人謂廟曰祖雖繼禰之家亦可謂之祖按此似與通解按說朝祖者舉祖包禰之說不
同艮齋答曾疑尤翁認朝祖祖字未詳本義今考士喪禮經文及註疏諸說祖是王父之稱非禰廟
之謂也盖士是二廟故只稱祖禰也恐與左祖右社所指自別

◆陳朝祖奠具(진조조전구)

旣夕禮設盥于祖廟門外註下士祖禰共廟　陳鼎皆如殯東方之饌亦如之　牀饌于階間註如
殯如大斂旣殯之奠　(記)夷牀　軸饌于西階東註夷牀饌於祖廟　軸饌於殯宮　其二廟則
饌于禰廟如小斂奠乃啓疏上士二廟則先朝禰後朝祖故先於禰廟饌之上文朝祖如大斂奠此
朝禰如小斂奠

◆廟遠廢朝祖(묘원폐조조)

尤菴曰異居者朝祖竊恐難行具由並告於廟與柩意甚婉轉周詳矣然略有義起之嫌不敢質言
耳　南溪曰支子異居者朝祖之禮不得行則只當措辭告于几筵

◆返葬朝祖(반장조조)

問返柩直到山下仍行窆禮自山下奉魂帛朝於家廟如何遂菴曰喪行所過與家至近則停柩於
道奉魂帛至家朝祖甚便直到山下而與本家若近成殯後奉魂帛朝祖遣奠行於山所殯次似
宜

⊙朝祖儀禮節次(조조의례절차)

按奉柩朝祖象其人平生出必辭尊者也固不可廢但今人家多狹隘難於遷轉今擬奉魂帛以代柩雖非古
禮蓋但主於必行猶愈於不行者爾若其屋宇寬大者自宜如禮

將遷柩婦人退避主人以下輯杖立(輯謂擧之不以拄地)　祝跪　告辭曰請朝祖　俯伏興
平身(祝以箱奉魂帛)　奉魂帛詣祠堂(執事者奉奠及倚卓前行銘旌次之魂帛又次之按奉柩則魂
帛前行今以魂帛代柩故次銘旌)　主人以下哭從(男子由右婦人由左重服在前輕服在後婦人皆蓋
頭至祠堂前)　執事者布席(先布席以俟旣至)　奉魂帛朝祖(置魂帛箱於席上北向)　主人以
下就位(婦人去蓋頭)　舉哀(少頃)　哀止　舉魂帛還柩所(若奉柩云則奉魂帛)　主人以下
哭從(如來儀)　安魂帛於靈座　主人以下就位　舉哀　哀止

⊙사당 알현하는 의례절차.

살피건대 시구를 받들고 사당조상을 뵙는 것은 사람이 평상시 출입할 때는 반드시
어른에게 인사를 하는 것으로 본디가 폐할 수 없는 것이다. 다만 지금 사람들의 많은
집들이 협소하면 시구(尸柩)대신으로 혼백을 받들고 가 뵈인다.

시구를 옮기려 하면 부인들은 물러나 피하고 주인 이하 상장(喪杖)을 잡고 서 있다.
[집(輯)이라 함은 상장을 땅에 짚지 않고 들고 있다는 말이다]　축관은 시구 앞에
무릎을 꿇고 앉는다.　고하기를 조상 뵙기를 청하옵니다.　부복하였다 일어선다. (축
관은 상자에 혼백을 받든다.)　혼백을 받들고 사당으로 향하여간다. (집사자들은 전
제상과 교의 탁자를 받들고 앞서가고 명정(銘旌)이 다음으로 따르고 혼백이 다음으로
따라 간다. 살피건대 시구를 받들고 가면 혼백이 앞서가는 것인데 지금 혼백을 시구
대신으로 하기 때문에 명정이 다음으로 가는 것이다.)　주인 이하 곡을 하며 따

라 간다. (남자는 우측으로 따르고 부인들은 좌측으로 따르되 중복인(重服人)이 앞서 가고 경복인이 뒤따르며 부인들은 모두 개두(蓋頭)를 쓰고 사당 앞으로 간다)　집사자들이 자리를 편다. (먼저 자리를 펴놓고 기다리다 도착하면)　혼백을 받들고 조상을 뵙는다. (혼백상사를 자리 위에 북쪽으로 향하게 놓는다)　주인 이하 제자리로 가 선다. (부인들은 개두를 벗는다)　모두 슬프게 곡한다. (잠깐 동안 곡한다)　곡을 그친다.　혼백을 들고 시구 있는 곳으로 돌아온다. (만약 시구를 받들었으면 혼백도 받든다)　주인 이하 곡하며 따른다. (오던 의식과 같다)　혼백을 영좌에 안치한다. 모두 슬프게 곡한다.　곡을 그친다.

◆朝祖告辭式(조조고사식)

請朝

祖

◆사당 뵙기를 청하는 고사식.

사당 조상 뵈리 가시옵기를 청 하옵나이다.

⊙邃遷于廳事(수천우청사)

執事者設帷於廳事役者入婦人退避(儀節祝跪告曰請遷柩于廳事)祝奉魂帛導柩右旋主人以下男女哭從如前詣廳事執事者布席役者置柩于席上南首而出祝設靈座及奠(便覽卽朝祖時執事所奉)于柩前南向主人以下就位坐哭藉以薦席(儀節今人家未必有廳又有堂其停柩之處卽是廳事略移動可也若有兩處者自合依禮遷之　便覽若以魂帛代柩朝祖則朝祖後擧魂帛奉安于靈座卽於停柩處略加移動以存遷柩之意)

⊙마쳤으면 청사로 옮긴다.

집사자는 청사(廳事)에 휘장을 친다. 관을 옮길 역자들이 들어오면 부녀자들은 물러나 피한다. 축관이 무릎을 꿇고 앉아 고하기를 청하옵건대 시구를 청사로 옮겨 가시옵니다. 축관이 혼백을 받들고 앞에서 인도한다. 역자(役者)들은 관(棺)을 들고 오른쪽으로 돌아 나오면 주인 이하 남녀 복인들은 곡하며 앞과 같이하고 따라 청사로 온다.

집사자들이 청사에 자리를 펴놓으면 역자들은 시구를 자리 위에 머리가 남쪽으로 향하게 하여 놓고 나온다. 축관은 영좌와 전상을 시구 앞에 남쪽으로 향하게 차려놓는다. 주인 이하 자리로 나아가 거적자리를 펴고 앉아 곡을 한다.

만약 시구 대신 혼백으로 사당을 뵈였으면 조상을 뵈인 후 혼백을 들고 가 영좌에 봉안하고 곧 시구가 있는 곳으로 가서 약간 이동하여 놓음으로써 시구를 옮겨 놓은 것으로 대신한다.

◆邃遷廳事(수천청사)

丘儀役者入祝跪告曰請遷柩于廳事俯伏興　今人家未必有廳又有堂其停柩之處卽是廳事略移動可也若有兩　者自當依禮遷之　補註大斂在堂中小西所以倣古殯于西階之意遷柩在廳事正中亦所以倣啓殯之意

◆無廳事者遷柩儀(무청사자천구의)

儀節今人家未必有廳又有堂其停柩之處略移動可也　南溪曰初喪殯于中堂今自廟遷于外廳以示卽遠之義而人家未必有中外兩所其勢只得還于舊停之處略加移動云耳　愚按若無廳事而柩還于正寢舊處則亦當徹去靈牀而安柩於堂中仍設靈坐於其前一用遷于廳事之禮恐當

◆右旋(우선)

按旣夕禮御者執策立于馬後哭成踊右旋出疏右者亦取便故也今家禮導柩右旋倣此意也

◆徹靈牀(철영상)

按家禮大斂殯時柩在堂西而靈座設於堂中則在銘旌與靈牀之前而不在柩前矣及此遷于廳事而靈座設于柩前則是靈座與柩皆在堂中而靈牀不復設矣然則葬時雖無徹靈牀之明文而靈牀之自此時已徹可知蓋自正寢遷于廳事已是卽遠之漸故不復用奉養之禮耳銘旌則猶當設跗復立於柩東據下去跗執之之文可知

⊙遂遷廳事儀禮節次(수천청사의례절차)

執事者設帷於廳事　今人家未必有廳又有堂其停柩之處卽是廳事略移動可也若有兩處者自合依禮遷之

役者入婦人避退　祝跪　告辭曰(請遷柩于廳事)　俯伏興平身　役者舉柩　祝奉魂帛前導(右旋)　主人以下哭從(如朝祖儀)　布席(執事者先布席于廳事中)　安柩(役者置柩于席上南首)　設靈座　設奠　主人以下就位(藉以薦席)　舉哀(坐哭)

⊙시구(尸柩)를 청사로 옮기는 의례절차.

집사자는 청사에 휘장을 설치한다.　요즘 사람들의 집이 반드시 청사가 있는 것이 아니다. 또 당이 있으면 그 곳을 시구가 있을 곳으로 하여 곧 이곳을 청사라 하고 조금 이동함도 가하며 만약 두 곳 다 있으면 예법대로 합당하게 옮겨가야 한다.

관을 옮길 역자가 들어오면 부인들은 물러나 피한다.　축관은 시구 앞에 무릎을 꿇고 앉는다.　옮길 것을 고하기를 청하옵건대 시구를 청사로 옮겨 가시옵니다.　부복하였다 일어선다.　역자(役者)들이 시구를 든다.　축관은 혼백을 받들고 앞에서 인도한다. (오른쪽으로 돌아 나온다)　주인 이하 곡하며 따른다. (사당 조상 뵙던 의식과 같다)　자리를 편다. (집사자들이 먼저 청사 중간에 자리를 펴놓는다.)　시구를 안치한다. (역자들은 시구를 머리가 남쪽으로 향하게 하여 안치한다)　영좌를 설치한다.　전상을 차려놓는다.　주인 이하 제자리로 간다. (거적자리를 편다)　모두 곡한다. (앉아서 곡한다)

⊙乃代哭(내대곡)

如未斂之前以至發引

⊙곧 이어 대곡(代哭)을 시킨다.

염하기 전 대곡과 같게 발인(發引)할 때까지 계속한다.

⊙親賓致奠賻(친빈치전부)

如初喪儀

⊙친척이나 조문객이 이르러 전을 올리고 부의를 한다.

초상 때 의식과 같다.

◆致奠賻(치전부)

旣夕禮兄弟　奠可也所知則　而不奠註兄弟有服親者可且　且奠許其厚也　奠於死生兩施所知通問相知也降於兄弟奠施於死者爲多故不奠疏凡小功以下爲兄弟大功以上有同財之義無致　奠之法所知許其　不許其奠兄弟許其貳　兼奠而上經亦賓而有　有奠有賻三者彼亦不使並行三禮之中有則任行其一故　見之　知死者贈知生者賻註各主於所知　書　於方若九若七若五註方板也書　奠賻贈之人名與其物於板疏直云書　者擧首而言但所

送有多少故行數不同　開元禮啓之日親賓致奠於主人設啓奠後諸奠者入立於寢門外東向(謂卑幼者其有故則遣使)祭具陳於奠者東南北向西上相者引奠者入奠者曰某封若某位伯叔將歸幽宅謹奉奠若異姓各從其稱若使者云某封若某姓位聞某封若某官將歸幽宅使某奉辭奠畢應拜者再拜　丘儀初喪奠用香茶酒果至是親厚用牲可也祭文不能作者請文士代之亦可

◆葬時待弔客之節(장시대조객지절)

程子葬父使周恭叔主客客欲酒恭叔以告先生曰勿陷人於惡　朱子曰喪葬之時只當以素食待客祭饌葷食只可分與僕役　退溪嘗謂學者曰世俗例於葬送祥祭之日喪家必設酒食以待弔客客之無知者或醉呼連夜甚無謂也及易簀之日遺命禁之若勢有所難則設於遠地以待之云　問鄉俗葬時以主奠退後酒饌大供來客是則大害於義以若干果餠療飢送之無妨耶陶菴曰葬時酒饌大壞禮防雖曰若干療飢豈不同歸一套恐只當以程子告周恭叔者爲法

◆奠賻儀(전부의)

按即指上吊奠賻條而言　開元禮啓之日親朋致奠於主人設啓奠後諸奠者入於寢門外東向(註其有故則遣使)祭具陳於奠者東南北向西上相者引奠者入哭設饌訖奠者止哭酌酒奠于柩東奠者曰某封(註若某位伯叔)將歸幽宅謹奉奠(註若異姓各從其稱若使者云某封若某姓位聞某封若某官將歸幽宅使某奉辭)奠畢應拜者再拜　儀節陳設祭儀訖主人就位哭俟護喪出迎賓賓至引詣柩前立　舉哀哀止再拜詣靈座前跪尊長不跪焚香執事者一人執酒注向右跪一人執酒盞向左跪祭者取注斟酒于盞反注取酒傾少許于地執事者接盃置靈座上祝跪讀祭文于祭者之右讀訖起舉哀俯伏興復位再拜焚祭文哀止　按此本註既曰如初喪儀則恐當一依上篇弔奠之禮而無詣柩前哭拜之儀矣　會成初喪奠用香茶酒果至是親厚用牲可也祭文不能作者請文士代之亦可

⊙致賻奠儀禮節次(치부전의례절차)

初喪奠用香茶燭酒果至是親厚者用牲可也祭文不能作者請文士代之亦可陳設祭儀訖主人就位哭俟護喪出迎賓賓至引詣柩前立定贊唱

序立　舉哀　哀止　鞠躬拜興拜興平身(若婿甥及弟子四拜)　詣靈座前跪(尊長不用此)　焚香(執事者一人執酒注向右跪一人執酒盞向左跪祭者取注斟酒于盞反注取酒)　酹酒(傾少許于地)　奠酒(執事者接盃置靈座上若卑幼則三獻)　讀祭文(祝跪讀祭文于祭者之右讀訖起)　舉哀　俯伏興平身(若不跪不用此句)　復位　鞠躬拜興拜興平身(若卑幼四拜)　焚祭文　哀止　禮畢

⊙조문(弔問)와 부의와 전(奠) 올리는 의례절차.

초상(初喪)에는 전 올릴 때 쓰는 것으로 향이나 차나 초나 술이나 과실이며 친분이 두터운 이는 제물로 쓰는 짐승을 함도 가하다. 제문을 쓰지 못하는 이는 글을 잘 쓰는 이에게 청하여 대신 작문함도 또한 가하다.　제사 의식과 같이 진설하기를 마쳤으면 주인은 자리로 가서 곡하며 기다린다. 호상이 나아가 조문객을 맞아들여 조문객이 시구 앞으로 가 서면 찬자(贊者)가 홀창(笏唱)을 한다.

제자리에 서시오.　모두 곡을 하시오.　곡을 멈추시오.　국궁 재배 평신하시오. (만약 사위나 생질이나 동생이나 자식이면 사배로 한다)　영좌 앞으로 나아가 무릎을 꿇고 앉으시오. (망자에 비하여 어른이면 이 예는 하지 않는다)　분향하시오. (집사자 한 사람이 술 주전자를 들고 오른쪽으로 향하여 무릎을 꿇고 앉고 또 한 사람은 술잔을 들고 왼쪽으로 향하여 무릎을 꿇고 앉으면 조문자는 주전자를 받아 술을 잔에 따르고 주전자는 되돌려주고 술잔을 받아 든다)　강신하시오. (조금씩 땅에 기울인다)

술을 따라 올리시오. (집사자들은 계속 그와 같이하여 잔을 받아 영좌 앞에 올려놓는다. 만약 항렬이 낮거나 자식 벌이면 삼헌(三獻)을 한다)   제문을 낭독하시오. (축관이 무릎을 꿇고 앉아 제문을 읽되 조문자의 오른쪽에서 읽고 마쳤으면 일어난다)   모두 곡하시오.   부복하였다 일어나 평신 하시오. (만약 무릎을 꿇고 앉지 않았으면 이 구절은 사용치 않는다)   제자리로 물러나 서시오.   국궁 재배 평신하시오. (만약 항렬이 낮거나 자식 벌이면 사배를 한다)   제문을 불사르시오.   곡을 그치시오.   예를 마칩니다.

⊙陳器(진기)

方相在前狂夫爲之冠服如道士執戈揚盾四品以上四目爲方相以下兩目爲　頭(增解 韻會　丘奇　逐儺有　頭亦方相也　會通　頭鬼首也)次明器下帳苞　以牀昇之次銘旌 去跗執之次靈車(增解集說或以魂亭代車　唐元陵儀註昇木主用腰輿)以奉魂帛香火次大轝 (儀節轝前有功布)轝旁有翣使人執之(便覽翣前雲後)

劉氏璋曰司馬溫公喪禮陳器篇內於下帳之下有曰上服二字者註云有官則公服靴笏幞頭無官則襴 衫鞋履之類又大轝旁有翣貴賤有數庶人無之今書雖不曾載姑附此亦備引用

⊙장례 소용품을 진열한다.

방상(方相)의 소용 품을 맨 앞에 놓되 방상(方相)이 입을 의관은 도사(道士)와 같으며 창, 도끼, 방패를 갖춰놓되 사품(四品) 이상의 탈은 눈이 넷인 방상(方相)의 탈이며 오품(五品) 이하는 눈이 둘인 기두(　頭)의 탈이다. 다음으로 명기(明器), 다음 생활용품, 다음 그령포 바구니, 다음 오곡 대바구니와 항아리 셋을 마주 드는 큰상에 진열하여 놓고 다음 명정 받침대, 다음으로 영거(靈車), 다음으로 상여 양 옆에 있을 앞에 불삽(黻翣)과 뒤에 운삽(雲翣) 등을 진열하여 놓는다.

◆陳器(진기)

小記陳器之道多陳之而省納之省陳之而盡納之註陳器陳列從葬之明器也凡朋友賓客所贈 遺之明器皆當陳列所謂多陳之也而所納於壙者有定數故云省納之省減殺也若主人所作者 依禮有限故云省陳之而盡納之　按丘儀陳器條功布補入　既夕薦車直東榮北輈註薦進也 進車者象生時將行陳駕也今時謂之魂車輈轅也疏以其神靈在故謂魂車　薦馬纓三就入門 北面交轡圉人夾牽之註駕車之馬每車二匹纓馬鞅也就成也飾纓以三色而三成此三色者蓋 條絲也疏薦馬幷薦纓者纓爲馬設故與馬同時薦之卽上文薦車之馬也　記薦乘車載皮弁服 道車載朝服槀車載　笠註士乘棧車皮弁服視朔之服道車朝夕及燕出入之車朝服曰視朝之 服也槀猶散也散車以田以鄙之車　笠備雨服疏此三乘謂葬之魂車　丘儀按此則今世俗送 葬男生時所乘鞍馬牽之柩前及將所衣衣服陳列從葬似亦無害又今世俗送葬有食案香案從 俗用之亦可

◆方相(방상)

集說軒轅本記云帝周游時元妃　祖死于道因置方相亦曰防喪蓋始于此　周禮方相氏掌蒙 熊皮黃金四目玄衣朱裳執戈揚盾大喪先匶(柩同)註鄭註曰冒熊皮者以驚歐疫癘之鬼如今 　頭也鄭鍔曰熊之爲物猛而有威百獸畏之蒙熊皮所以爲威金陽剛而有制用爲四目以見剛 明能視四方疫癘所在無不見也玄者北方之色也天事之武也朱者南方之色地事之文也以玄 爲衣所上者武以朱爲裳輔之以文李嘉會曰鬼神陰物狂夫四目玄衣朱裳皆象陽氣以抑陰氣 執戈擊刺揚盾自衛劉執中曰凶事多邪慝乘之　及墓入壙以戈擊四隅歐方良註鄭註曰方良 罔兩也天子之椁栢黃　爲裡而表以石焉國語曰木石之怪夔罔兩鄭鍔曰葬用木石久而變怪 生故始葬則歐之亦厭勝之術

◆狂夫(광부)

月令命國難(那)註難之事方相氏掌之方氏曰難以狂夫爲之狂疾以陽有餘足以勝陰慝故也
吳氏曰難者聚衆戲劇以盛其喜樂之氣使人之和氣充盈則足以勝天地之乖氣此亦先王燮理
之一事而微其機使百姓由之而不知也

◆ 頭(기두)

韻會 丘奇功逐儺有 頭方相也 廣記八品九品無

◆挽詞(만사)

按政和禮挽歌在 車之前 左傳吳伐齊將戰公孫夏命其徒歌虞殯註賈逵云虞殯遣殯歌杜
云送葬歌啓殯而葬日中而虞蓋以啓殯將虞之歌歌者樂也喪者哀也送葬得有歌者蓋挽引之
人爲歌聲以助哀今之挽歌是也舊說挽歌漢初田橫之臣爲之據此挽歌之有久矣晉初荀 制
禮以吉凶不雜送葬不宜有歌去之摯虞駁之云詩云君子作歌維以告哀歌不爲害也復存之
事文類聚高帝召田橫至於尸鄕自刎從者不敢哭而不勝哀爲歌以寄哀音其薤露章曰薤上露
何易晞露晞明朝更復落人死一去何時歸漢武時分爲二曲薤露送王公貴人蒿里送大夫士庶
人蒿里歌曰蒿里誰家地聚斂精魄無賢愚鬼伯(一作魄)一可相催促人命不得少踟 丘氏
曰左傳公孫夏命其徒歌虞殯杜預註云虞殯送葬歌也則執 者挽歌其來遠矣舊說以爲出於
田橫之客其後李延年分爲薤露蒿里二曲晉新豐又以爲出於漢武役人之勞歌歌聲哀切遂爲
送終之禮雖音曲摧愴非經典所制方在哀慕不宜以歌爲名摯虞謂詩云君子作歌維以告哀以
歌爲名亦無所嫌遂復用之然外說(按莊子說)曰 謳之生必於斥苦註斥疏緩也苦用力也引
所以有謳者爲人用力不齊故促急之也此說近之大抵古人挽歌專用之以相斥苦齊衆力至
于今世舁柩者猶歌之辭雖鄙俚亦是歡人生必死死者不可復回之意非苦近世所謂挽詩者父
祖物故子孫爲之遍千世之能詩者爲之甚至死已數十年猶追爲之者失古意矣唐宋以來固有
是作然皆是平日交遊有契誼之舊有親比之好一日聞其死而哀傷之自發於言爾近世作詩者
與其人乃至有素昧平生無半面之識一日之雅者亦皆强 之大無謂也 退溪曰挽詞廣求虛
誇則非不然用之何害○旅軒曰挽詞者親舊各以其情爲之者也喪家之分幅求挽是要人之議
其親也甚害義理遺戒 求○尤菴曰挽詞朱先生多有爲人作者未知先生自製以誄人耶或自
喪家請之耶未有所考○遂菴曰送紙請挽禮文所無不爲之可也○按輯覽所載求挽詩箚子過
於華藻恐非苫塊者之所宜也○陶菴答人曰顧今丹書未洗如哀自處宜若古人藁葬之爲者恐
不必乞挽已請者今不可收回如有製來者亦勿用於啓靷在道之時如何○問葬用挽雖當國恤
之初似無所嫌尤庵曰挽詞是衰死之語與尋常歌詞不同用之恐無妨

◆功布(공포)

士喪禮註鍛濯灰治之布疏大功之布 旣夕禮註道有低仰傾虧以布爲抑揚左右之節疏道有
低則抑下其布使知下坂道有仰則揚擧其布使知上坂云左右者謂道傾虧高下則左右其布使
知道之有傾虧 備要布三尺爲之以竹爲柄所以拂去棺上塵土

⊙發引之具(발인지구)

(挽詞)以厚紙爲之上下有軸以竹爲柄親舊作詞以哀之者丘氏曰左傳公孫夏命其徒歌虞殯杜預註云
虞殯送葬歌也則執 者挽歌其來遠矣 만사. 일명 만장. (炬)多少隨宜 거. 즉 횃불. (功布)以
盥濯灰治之布三尺爲之以竹爲柄所以拂去棺上塵土發靷時祝執此以指麾役者 공포. 관위의 먼
지와 흙을 털고 닦는 수건. (鐸)俗用搖鈴所以齊衆者 탁. 즉 요령. (大轝)見上大轝條 대여.
즉 큰상여. (燭籠)四或二鐵索或竹木爲格上下有圓板衣以紅綃或用油紙內設蠟燭 촉롱 4. 즉
등불. (轝夫)擔索五行則三十六人三行則二十二人或二十八人或駕以牛 여부. 즉 상여
멜 사람들. (舁牀)舁明器者 여상. 즉 앞뒤에서 마주 드는 들상. (靈車)奉魂魄者 영거.

혼백을 받들어 싣고 가는 가마. (雨具)用油芚或油紙爲之大擧昇牀靈車銘旌挽詞等皆有備 우
구. 우천시 상여 등을 덮을 우장. (方相)狂夫爲之冠服如道士(周禮四人掌蒙熊皮黃金四目玄
衣朱裳)執戈揚盾四品以上四目爲方相以下兩目爲 頭 방상. (翣)以木爲筐如扇而方兩角高廣二
尺高二尺四寸衣以白布柄長五尺黼翣畫黼黻翣畫黻畫翣畫雲氣其緣皆爲雲氣皆畫以紫準格 삽.
   보삽에는 도끼를 그리고 불삽에는 버금아자를 중간을 띄어 그리고 운삽에는 운기를 그린
네모진 부채 모양으로 상여 양 옆에서 따른다. (祖奠具) 조전구. (遣奠具) 견전구. (倚卓)
仍用靈座前所設每舍及墓設之 의탁. 즉 교의와 탁자. (白幕)男女從柩用以夾障者 백막.
남녀 복인들이 상여를 따를 때 둘레를 가려 치는 좁은 휘장. (幕帷帳)靈幄親賓次婦人幄所
設者 역막유장. 영좌를 가려 칠 장막,   친빈 처소와 부인 처소를 가려 칠 장막. (席)及
墓用以置柩者 석. 즉 묘에 관을 내려 놓을 자리.

⊙日晡時設祖奠(일포시설조전)

饌如朝奠(便覽書儀如殷奠)祝斟酒訖北向跪告曰(云云)俛伏興餘如朝夕奠儀(便覽旣夕禮
宵爲燎于門內之右) 司馬溫公曰若柩自他所歸葬則(儀節啓行前一日因朝奠祝跪告云云)行
日但設朝奠(儀節納大擧於庭祝跪告云云)哭而行至葬乃備此及下遣奠禮

⊙해질녘 신시(申時)에 행로신(行路神)에게 전제를 베푼다.

찬품은 아침전제와 같다. 축관이 술을 따라 올린 후 북쪽으로 향하여 무릎을 꿇고 앉
아 다음과 같이 고하고 부복하였다 일어선다. 그 뒤는 조석 전례 의식과 같다.

사마온공(司馬溫公)이 이르기를 만약 시구가 다른 곳에서 돌아와 장례를 할 때는 하
루 전 아침 전례 때 축관이 무릎을 꿇고 앉아 다음과 같이 고하여 당일에 행하고 다
만 아침 전제는 상여에 시구를 싣고 마당에 진설을 하고 축관이 무릎을 꿇고 앉아
다음과 같이 고하고 곡한 후 와서 장사 지낼 때 까지 이 예와 견전제를 갖춘다.

◆祖奠(조전)

漢臨江王傳註黃帝之子累祖好遠遊而死於道故後人以爲行神祖者送行之祭也 旣夕註將
行飲酒曰祖祖始也疏按詩韓侯出祖出宿于屠顯父薦之淸酒百壺又云出宿于 飲餞于禰皆
是將行飲酒曰祖此死者將行亦曰祖爲始行故曰祖 或問祖奠時主人以下位次及車所向愚
答曰按旣夕禮乃祖註還柩向外爲行始又踊襲少南當前束註主人也柩還則當前束南(束束棺
於柩車)疏經云少南鄭云則當前束南者以其車未還之時當前束近北今還車亦當前束少南以
此推之可見

◆自他所歸葬(자타소귀장)

出外死者初終至哭奠其儀節皆如前儀 (制喪具)入棺後卽作大擧竹格功布及雨具其餘明
器等物至家始備 (告啓期)旣擇 行期豫先告于死者之僚友及素相往來者 (啓行前一日
因朝奠以遷柩告)有服者各以其服就位哭祝焚香斟酒跪告曰今擇以某日遷柩就擧將還故鄕
敢告主人以下拜哭 (親賓致賻奠)如儀 (陳器)若卽日啓行不用此若在官故者宜如前陳器
行至水次斂之 (闕明因朝奠告以遷柩就擧)是日淸晨役夫納大擧於庭各具服就位祝焚香
斟酒跪告曰今日遷柩就擧敢告主人以下哭拜徹靈座役夫擧柩載于擧幷備油單包裹主人從
柩哭降視載 (發引)男左女右隨柩後行陸行至無人處乃乘馬舟行至水次登舟 (設奠)登舟
則設靈座置銘旌朝夕哭奠如儀陸行則途次遇食時上食 (迎柩)未至家前一日豫遣人報知
在家者急於去家十里便處設幄具奠以待至日五服之人各服其服至幄次哭迎柩至暫住有服
者以服爲次擧哀祝焚香斟酒跪告曰今靈 遠歸將至家親屬來迎敢告再拜 (主人以下男女
哭步從)男左女右隨柩後行如儀 (柩至家)若死者乃宗子或尊屬則由中門以入安柩于中堂
若非宗子尊屬各隨便門入安於其所居若居城中門禁不許者則先設次於郭外便安之處有服

者各具其服就位哭祝焚香斟酒跪告曰靈　遠歸至家敢告哭拜　(相弔)卑者皆向尊者前相向跪哭如成服儀　(受弔)如奔喪儀自後朝夕哭奠治葬發引皆如常儀

⊙祖奠儀禮節次(조전의례절차)

設饌如朝奠儀而加禮　若柩自他所歸葬則行日但設朝奠哭而行至葬乃備此及下遣奠禮主人以下　就位　擧哀　哀止　祝盥洗　詣靈座前　跪　焚香　斟酒　告辭曰永遷之禮靈辰不留今奉柩車式遵祖道　俯伏興平身　擧哀(主人以下且哭且拜)　拜興拜興拜興拜興平身　禮畢

⊙행로신에 대한 전례 의례절차.

찬품(饌品)은 아침 전례와 같이 진설을 하고 예를 갖춘다.　만약 시구가 다른 곳에서 본가로 돌아와 장례를 하게 되면 그 날에는 다만 아침 전례에 곡만하고 와서 장사할 때까지 이 예와 다음 견전제를 갖춘다.　주인 이하 제자리로 간다.　모두 곡한다.　곡을 그친다.　축관은 손을 씻는다.　영좌 앞으로 간다.　무릎을 꿇고 앉는다.　분향한다.　술을 따라 올린다.　고하기를 영원히 가시는 예이옵니다. 영구께서는 하루를 더 머물 수가 없사와 이제 상여를 받들고 행로신의 법대로 따라 가겠사옵니다. 부복하였다 일어나 평신한다.　모두 곡한다. (주인 이하 또 곡하고 또 절한다)　사배하고 평신한다.　예를 마친다.

◆祖奠告辭式(조전고사식)

　　永遷之禮靈辰不留今奉
　柩車式遵祖道

◆행로신에 고하는 고사식.

영원히 가시는 예이옵니다. 영구께서는 하루를 더 머물 수가 없사와 이제 상여를 받들고 행로신의 법대로 따라 가겠사옵니다.

◆挽章書(만장서)

苦海雖苦苦亦樂胡然今日邃然離角聲嗚咽靑山近丹　飄　白日遲　證識人生一夢場奈何敢忍送斯行父老孩堤永訣地薤歌護哭總悽凉　武陵溪口駐扁舟溪水隨君向北流行到荊門上三峽莫將孤月對猿愁　問君何事作斯行謫降仙人返玉京隣社親朋送此訣潛然垂淚不堪情　生從何處去何方萬事悠悠夢一場數曲薤歌人已遠賓朋執　弔斜陽　慟哭君靈淚不輕如何先我上帝京遙憶瀟湘寒夜月忍何隻雁鳴咽聲　靑山橫北郭白水遶東城此地爲一別孤蓬萬里往浮雲遊子意落日故人情揮手自玆去蕭蕭班馬鳴　古宅雲深悲鶴髮空閨月落哭峨眉可憐此別成千古淚酒東風荒草陂　匹馬西從天外歸揚鞭只共鳥爭飛送君九月交河北雪裡題詩淚滿衣　以酒爲生以酒死生時豪傑死時仙黃泉今日平安去應入竹林會七賢　瀟湘何事等閑回水碧沙明兩岸苔二十五絃彈夜月不勝淸怨却飛來　空手來空手去世上事如浮雲孤墳成客散後山寂寂月黃昏　朋友怊悵來執　兒孫號哭去攀　儀容杳漠幽冥隔痛哭秋原日夕時　小時修習每同筵晩境戲諧相老年無斷忍然仙化去送君揮淚夕陽天　靑雲龍閣顯君忠爲國謀猶卓越功上帝應召任治政飄然駕鶴一隅空　先生昨夜辭塵緣國失著龜鄕失賢後人從此依何處月滿空山星滿天　秋霜溢夜落東星天慟地悲水自鳴別淚盡盡蒼海輪怨心疊疊泰山輕　堂堂義理生前業烈烈精神死後名千秋有恨憑誰問寂莫荒陵月獨明

제 3 절 견전(遣奠)

⊙厥明遷柩就舉(궐명천구취여)

舉夫納大舉於中庭(便覽南向　增解卽廳事前大門內之庭)脫柱上橫局執事者徹祖奠(增解既夕禮將設葬奠先徹祖奠)祝北向跪告(云云)遂遷靈座置傍側(便覽載舉於大門外祝奉魂帛先行侍者各執椅卓香案隨之至載舉處)婦人退避召役夫遷柩就舉乃載施局加楔(尤庵曰楔以木牽緊物者蓋先以索圍繞以木貫之而回轉使索緊急者也)以索維之令極牢實主人從柩哭降視載婦人哭於帷中載畢祝帥執事者遷靈座于柩前南向(便覽祝安魂帛箱于靈座)

司馬溫公曰啓殯之日備布三尺以盥濯灰治之布爲之祝御柩執此以指麾役者　劉氏璋曰儀禮云商祝拂柩用功布　火吳切用　衾註曰商祝祝習商禮者商人敎之以敬於接神功布拂去棺上塵土　覆之爲其形露也　之言尸也　衾覆尸之衾也

⊙그 다음날 날이 밝으면 시구(尸柩)를 상여로 옮겨 싣는다.

상여 멜 이들이 상여를 마당 중간에 남쪽으로 향하게 차려놓는다. 집사자들이 행로신 전상을 철상하면 축관은 북쪽으로 향하여 무릎을 꿇고 앉아 다음과 같이 고하기를 마쳤으면 영좌를 옆으로 옮겨놓고 상여를 대문 밖에 차려 놓았으면 축관은 혼백을 받들고 먼저 나가고 집사자들은 교의와 탁자와 향안(香案)을 들고 따라나가 상여 있는 곳으로 간다.

부인들이 물러나 피하면 역부들을 불러 시구를 들고 나가 상여에 싣는다. 굵은 밧줄로 시구를 상여 대체에 사방을 단단히 동여매고 덮개를 덮는다. 주인은 곡하며 시구를 따라 나와 시구를 상여에 싣는 것을 살피고 부인들은 곡하며 휘장 안에 있으며 견전에는 참여치 않는다. 축관은 집사자들을 시켜 영좌를 옮겨 시구 앞에 남쪽으로 향하게 놓는다. 축관은 혼백상자를 영좌에 안치한다.

◆發引時上食(발인시상식)

尤菴曰遣奠之時不必與上食相値故下發引註別有食時上食之文恐當各設也　遂菴曰途中遇哀則哭註云食時上食而今人於發引前行朝上食是從簡便非正禮也依備要食時上食宜矣　南溪曰或拘於事勢則行上食於遣奠之後

◆　衾(이금)

喪大記自小斂以往用夷衾夷衾質殺之裁猶冒也註小斂有冒故不用衾小斂以後則用夷衾覆之夷尸裁猶製也夷衾與質殺之制皆覆冒尸形而作舊說夷衾亦上齊手下三尺繒色及長短制度如冒之質殺　士喪禮疏上以緇下以　連之乃用也冒則韜上韜下訖乃爲綴旁使相屬此色與形制大同而連與不連則異　既夕疏夷衾本擬覆柩故斂時不用今得覆棺於後朝廟及入壙不言用夷衾又無徹文以覆棺言之當隨柩入壙

◆柩車所向(구거소향)

按世或以遣奠時柩車所向爲疑然據古禮則祖奠遣奠皆行於祖廟之庭蓋因朝祖而仍行于此耳朝祖時則柩北首及其載車時則以足向前下堂載祖奠時還柩向外南首乃奠厥明又因其位設遣奠而發引也家禮亦朝祖時北首遷于廳事時南首而設祖奠厥明遷柩就舉時仍南首而設遣奠於廳事之庭而發引據此則柩車所向不須疑矣

⊙遷柩就舉儀禮節次(천구취여의례절차)

出殯之日也　婦人退避

是日役夫　納大舉於中庭(脫柱上橫局)　執事者徹祖奠　祝跪　告辭曰今遷柩就舉敢告　俯伏興平身　遷靈座(置旁側訖召役夫婦人退避)　遷柩就舉(役夫俱用手舉柩疾以

遷之旣就乃載柩于轝施局加楔以索維之令極牢實)   載轝畢   主人視載(主人從柩哭降視其載
柩於轝婦人哭于帷中)   安靈座(祝帥執事者遷靈座于柩前南向)

⊙시구를 상여로 옮기는 의례절차.

출상(出喪)하는 날이다.   부인들은 물러나 피한다.
이날 역부들은   상여를 마당 중간으로 들여 놓는다. (대체에서 덮개를 떼 놓는다)
집사자들은 행로신 전상을 철상 한다.   축관은 시구 앞에 무릎을 꿇고 앉는다.   다
음과 같이 고한다.   부복하였다 일어나 평신한다.   영좌를 옮긴다. (영좌를 옆으로
옮겨 놓고 역부를 부르면 부인들은 물러나 피한다)   시구를 상여로 옮긴다. (역부들
은 다 같이 손으로 시구의 밑을 들고 나가 상여에 시구를 싣고 사방을 밧줄로 단단
히 동여맨다)   상여에 시구 싣기를 마칠 때까지   주인은 시구를 상여에 싣는 것을
살핀다. (주인은 시구를 곡하며 따라 내려가 상여에 시구를 싣는 것을 살펴본다. 부인
들은 곡하며 휘장 안에 있는다)   영좌를 안치한다.
(축관은 집사자들을 시켜 영좌를 시구 앞에서 남쪽으로 향하게 옮겨 놓는다)

◈就轝告辭式(취여고사식)

今遷

柩就轝敢告妻弟以下云茲告下同

◈시구를 상여로 옮김을 고하는 고사식.

이제 시구를 상여로 옮겨가야 하옵기에 감히 고하나이다.

◈附自他所返柩前一日告辭式(부자타소반구전일일고사식)

今擇以某日將還故鄕敢告

◈다른 곳에서 시구를 고향으로 돌아 올 때 하루 전에 고하는 고사식.

이제 모일을 택하여 앞으로 고향으로 돌아가셔야 하옵기에 감히 고하나이다.

◈行日告辭式(행일고사식)

今日遷

柩就轝敢告

◈고향으로 돌아 오는 날 고사식.

오늘 시구를 상여로 옮겨가셔야 하겠기에 감히 고하나이다.

⊙乃設遣奠(내설견전)

饌如朝奠有脯(雜記喪奠脯醢而已)惟婦人不在(便覽高儀祝斟酒訖跪告云云   儀節主人以下哭
拜)奠畢執事者徹脯納苞中置轝牀上遂徹奠
　　楊氏復曰高氏禮祝跪告曰靈   旣駕往卽幽宅載陳遣禮永訣終天   載謂升柩於轝也以新組左右束
　　柩於轝乃以橫木楔柩足兩旁使不動搖

⊙곧 이어 견전(遣奠) 찬품을 진설한다.

찬품은 아침전제 찬품과 같다. 포는 반드시 있어야 하며 초상의 전제에는 포와 육장
뿐이다. 부인들은 견전제에 참석하지 않으며 축관은 술을 따라 올리고 무릎을 꿇고

앉아 다음과 같이 고하고 일어서면 주인 이하 모두 곡하며 재배한다. 전제를 마치면 집사자는 포를 내려 그령포 바구니에 담아 들상 위에 놓고 곧 전상을 철상한다.

◆遣奠(견전)

既夕註遣猶送也　經厥明陳鼎五于門外如初註鼎五羊豕魚腊鮮獸各一鼎也士禮特牲三鼎盛葬奠加一等用少牢也如初如大斂奠時　東方之饌四豆脾(毗)析　醢蔡菹　醢註脾讀爲鷄脾　之脾脾析百葉也　蜂也今文　爲蝸疏陳鼎既訖又陳東方之饌于主人之南前輅之東其豆有四　析一　醢二葵菹三　醢四按周禮註細切爲　全物若　爲菹又云　菹之稱菜肉通此經脾析者卽　也按醢人註脾析牛百菜也此不云牛者此用少牢無牛是羊百葉也　卽蛤也　四邊棗糗栗脯註糗以豆糗粉餌疏按邊人云羞邊之實糗餌粉　鄭云此二物改粉稻米黍米所爲也合蒸曰餌餠之曰　糗者擣粉熬大豆爲餌　之粘著以粉之耳餌言糗　言粉互相足者此本一物餌言糗謂熬之亦粉之　言粉擣之亦糗之　記凡糗不煎註以膏煎之則褻非敬疏正經葬奠直云四邊棗糗栗脯不云糗之煎不故明之凡糗空糗而已不用脂膏煎和之此篇唯葬奠有糗而云凡者記人通記大夫已上

◆徹脯納苞中(철포납포중)

既夕禮徹者入踊如初徹巾苞牲取下體註苞者象既饗而歸賓俎者也取下體者脛骨象行雜記父母而賓客之所以爲哀疏以父母將行鄕壙故取前脛後脛下體行者以送之故云象行也引雜記者按彼云曾子謂或人曰吾子不見大饗乎夫大饗既饗卷三牲之俎歸于賓館父母而賓客之所以爲哀　集說今或不用苞就卓上昇至墓所

◆父在父爲主哭位(부재부위주곡위)

問父在母喪從柩及祭奠時序立父子先後尤菴曰父在父爲主則如發引條所謂主人以下之主人豈非謂父耶寧有子先父後之理耶

◆徹脯納苞當否(철포납포당부)

按本註有奠畢執事者徹脯納苞中置昇牀之文而既不用明器則納苞中已無所施故今刪之然神道依於飮食孝子之心雖須臾之頃何忍使神無憑依之所乎或問於曾子曰既奠而包其餘猶既食而裹其餘君子既食則裹其餘乎曾子曰吾子不見大饗乎夫大饗既饗卷三牲之俎歸于賓館父母而賓客之所以爲哀也子不見大饗乎以此觀之其意甚微恐不可全廢世之好禮者或有裹遣奠餘脯納于靈車而行者此雖涉於義起而蓋原於徹脯納苞中之禮從之恐亦無妨耶　今人例於遣奠前先行上食或遣奠時兼設上食蓋爲路中難於設食也然奠與食自有先後之序且於發引條明言食時上食則不可從俗行之也

◆用脯不用苞(용포불용포)

集說今或不用苞就卓子昇至墓所　陶菴曰以曾子說觀之其意甚微恐不可全廢世之好禮者或有裹遣奠餘脯納于靈車而行者此雖涉於義起而從之恐亦無妨　遂菴曰遣脯到山次設奠時去之既不用苞則便同他奠之退物區處何難

⊙遣奠儀禮節次(견전의례절차)

饌如朝奠有脯　惟婦人不在

主人以下　就位　擧哀　哀止　祝盥洗(祝洗手)　詣靈座前　跪　焚香　斟酒　告辭曰靈　既駕往卽幽宅載陳遣禮永訣終天　俯伏興平身　納脯(納于苞中置昇卓子上)　擧哀(主人以下且哭且拜)　拜興拜興拜興拜興平身　禮畢

⊙견전 의례절차.

찬품(饌品)은 아침 전제(奠祭)와 같되 포(脯)는 있어야 한다.　부인들은 자리를 피하고 그 곳에 있지 않는다.　주인 이하.　제자리로 간다.　모두 곡한다.　곡을 그친다.　축관(祝官)은 손을 씻는다. (축관은 손을 씻는다)　영좌(靈座) 앞으로 간다.
무릎을 꿇고 앉는다.　분향한다.　술을 따라 올린다.　견전고사를 다음과 같이 한다.
부복하였다 일어나 평신한다.　포를 담는다. (포를 그령포 바구니에 넣어 들
상 위에 놓는다)　모두 곡한다. (주인 이하 또 곡하고 또 절을 한다)　사배 평신한
다.　예를 마친다.

◆遣奠告辭式(견전고사식)

靈　既駕往卽幽宅載陳遣禮永訣終天

◆견전 고사식.

영혼께서는 이미 상여에 오르시어 곧 가시면 유택(幽宅)이옵니다. 보내드리는 예 베
풀었사오니 영원히 이세상을 마치시었사옵니다.

⊙祝奉魂帛升車焚香(축봉혼백승거분향)

別以箱盛主置帛後至是婦人乃蓋頭出帷降階立哭守舍者哭辭盡哀再拜而歸尊長則
不拜

⊙축관은 혼백을 받들고 수레에 올라 분향한다.

다른 상자에 신주를 담아 혼백 뒤에 두고 간다. 이때 부인들은 이곳으로 나오되 곧
휘장 안에서 개두(蓋頭)를 쓰고 나와 층계를 내려가 서서 곡을 한다. 집에 남아 있을
여자들은 곡을 하며 인사로 슬픔을 다하여 곡하며 재배하고 들어간다. 존장은 절을
하지 않는다.

⊙奉魂帛升車儀禮節次(봉혼백승거의례절차)

別以箱盛主置魂帛後至是婦人乃蓋頭出帷降階立哭

擧哀　祝奉魂帛升車　焚香　守舍者辭柩(男左女右且哭且拜尊長不拜)　拜興拜興拜
興拜興平身

⊙혼백을 받들고 영거(靈車)에 오르는 예의절차.

다른 상자에 신주를 담아 혼백 뒤에 둔다. 부인들은 이곳으로 나오되 곧 휘장 안에서
개두를 쓰고 나와 층계를 내려가 서서 곡한다.

모두 곡한다.　축관은 혼백을 받들고 영거에 오른다.　분향을 한다.　집에 남을 이
들은 시구에 인사를 한다. (남자들은 왼편 여자들은 오른편에서 곡하며 절하고 곡하
며 절한다. 존장은 절을 하지 않는다)　사배평신 한다.

제 4 절 발인(發引)

⊙柩行(구행)

方相等前導如陳器之　(便覽椅卓在靈車之前)

⊙상여가 떠난다.

방상(方相) 등이 앞에서 인도하되 장례용품을 진열한 순서와 같다. 교의와 탁자는 영
거(靈車) 앞이다.

◆柩行(구행)

曾子問葬引至于 (鄧反道也)日有食之則有變乎孔子曰昔者吾從老 助葬於巷黨及 日有食之老 曰丘止柩就道右止哭以聽變旣明反而後行曰禮也反葬而丘問之曰夫柩不可以反者也日有食之不知其已之遲數(速)則豈如行哉老 曰夫柩不蚤出不莫宿見星而行者惟罪人與奔父母之喪者乎日有食之安知其不見星也且君子行禮不以人之親 患註聽變聽日食之變動也明反日光復常也安知其不見星謂日食旣而星見則昏暗中恐有奸慝也 病也謂不可使人之親病於危亡之患 程子曰按葬者逢日食則舍於道左待明而行是必須晴明不可昏黑也而葬書用乾艮二時爲吉此二時皆是夜半如何用之 雜記士喪有與天子同者三其終夜燎及乘人專道而行註終夜燎謂遷柩之夜須光明達朝也乘人使人執引也專道柩行於路人皆避之也 旣夕記唯君命止柩于 其餘則否註不敢留神 或問柩行尸首所向愚曰按開元禮宿止條靈車到帷門外廻南向柩車到入 帷停於西廂南轅到墓亦然入墓始北首以此觀之是時尸當南首而轅以南向首在前可知(以上輯覽) 旣夕禮商祝執功布以御柩執披主人祖乃行出宮踊襲註哀次疏大門外有賓客次舍之 父母生時接賓之所故主人至此感而哀 記)執披者旁四人疏兩旁八人 唯君命止柩于 其餘則否(古鄧反)註不敢留神也 道也 雜記士喪有與天子同者三其終夜燎乃乘人專道而行註乘人謂使人執引專道謂人避之疏遷柩之夜須光明故竟夜燎也 曲禮送喪不由徑送葬不辟(避)塗燎臨喪則必有哀色執 不笑陳註不由徑不苟取其速也不避泥燎嫌於憚勞也 檀弓季子 葬其妻犯人之禾申祥以告曰請庚之子 曰孟氏不以是罪予朋友不以是棄予以吾爲邑長於斯也買道而葬後難繼也註子 高柴孟氏之邑成宰犯躪也庚償也恃寵虐民非也陳註此亦愚而過慮之一端然出於誠心非文飾之辭

◆柩行尸首所向(구행시수소향)

輯覽愚曰按開元禮宿止條靈車到帷門外廻南向柩車到入凶帷停於西廂南轅到墓亦然入墓始北首以此觀之是時尸當南首而轅以南向首在前可知 艮齋禮說問竹菴曰柩行前其足按此說不能無疑檀弓及墓始北首前此皆南首可知也朝廟雖有北首時賈疏曰不可以足向之故北首順死者之孝心黃氏通故曰尸柩自內之外南首自外之內北首賈氏不得其說而强爲說云云據此則竹菴說恐不得爲定論如何如何(朝廟北首說黃說似得正義)答來示得之

◆發靷時尸首所向(발인시시수소향)

兼山曰按塗殯時北首啓殯後南首朝祖時北首遷于廳事時復南首入墓時復北首夫啓殯後入墓前皆南首而獨北首朝祖者檀弓謂順死者之孝心註曰旣言朝祖不可以足向之則其意爲可見矣但朝祖時北首以首爲向禮固有明文而就擧時尸柩所向則禮無所論獨集覽答柩行尸首所向之問引開元禮宿止條靈車到帷門外回南向柩車到入凶帷停於西廂南轅到墓亦然入墓始北首之說以爲是時尸當南首而轅以南向首在前可知也據此今世俗柩行時必以尸首爲前者未爲無據也但若是則勿論北首南首固當以首爲前可也獨葬後成墳坐向則必以足所在爲前者未知何意柩可疑也〇問紐 後緇紐是何物降奠當前東是奠在足與卽床奠當 不同竹庵曰紐今之喪車服色所謂絡纓也人不知設纓之本意(卞上下之意卽上緇 下) 緇渾編而遂無以足向前之事當前東卽是當尸 也註疏已及此意又問前 之前前束之前何以異看曰前東以棺束言前 以棺飾言〇又曰飾柩前 後緇經有明文而楊氏圖亦有此意則柩行時前其足更無可疑盖自襲斂至朝祖則前其首其載車而祖也(祖奠)前其足此所以祖爲行始也苞牲取脛骨鄭註言衆行雖以此等說觀之柩行以足可知以此推之斂殯至朝祖前其首者以非行路時故也〇又曰先王制禮玄纁之用象天法地試以士喪禮言則初喪設冒 殺掩足且 衾沙溪用下纁之制則柩行之時前 後緇之爲前其足斷然無疑〇又曰行喪前其足據經文前 後緇其義自明若始生先首非所當引如人俯伏而行則必當前首若仰臥而行而前首則却是倒行也此理甚明〇近齋曰遷尸南首猶用受生氣之義至葬始北首以地是下陰也〇又曰發引時尸柩出門先首先足之分議論紛紜其欲先足者爲象生時也然尸之臥行有不得象生時者且先首

禮已言之而人特不考耳家禮輯覽答人問曰按開元禮宿止條靈車到帷門外回南向柩車到入
凶帷停於西廂南轅到墓亦然入墓始北首以此觀之是時尸當南首而轅以南向首在前可知沙
溪所論如此當從無疑按發引時尸首所向旣有輯覽說則當以首爲前而如此則行者前首却是
倒行亦有竹庵說寓意開元禮宿止條靈車到帷門外回南向迴南向則初非南向迴然後南向其
下所謂柩車到入凶帷停於西廂南轅亦安知非初非南首入帷後南首耶盖行則前足宿止則前
首似各有義至於入墓始北首云者永爲北首也

◆挽歌(만가)

左傳曰公孫夏命其徒歌虞殯杜預註云虞殯送葬歌也則執　者挽歌其來遠矣舊說以爲出於
田横之客其後李延年分爲薤露蒿里二曲晋新禮又以爲出於漢武役人之勞歌辭哀切遂爲送
終之禮雖音曲摧愴非經典所制方在哀慕不宜以歌爲名摯虞謂詩稱君子作歌維以告哀以歌
爲名亦無所嫌遂復用之然莊子曰　謳之生必於斥苦註謂斥疏緩也苦用力也引　所以有謳
者爲人用力不齊故促急之也此說近之大抵古人挽歌專用之以相斥苦齊衆力至於今世舁柩
者猶歌之辭雖鄙俚亦是嘆人生必死死者不可復回之意非若近世所謂輓詩者父祖物故子孫
爲之遍干世之能詩者爲之甚至死已數十年猶追爲之者失古意矣唐宋以來固有是作然皆平
日交遊有契誼之舊有親比之好一旦聞其死而哀傷之自發於言爾近世作詩者與其人無一日
之雅亦强聒之大無謂也〇莊子曰　謳之生必於斥苦(註)　引柩索斥疎緩苦用力也引　謳
歌者其人有用力不齊者促急之也〇譙周曰齊横至尸郷亭自刎從者不敢哭而不勝哀故爲歌
以寄哀音〇事物記原漢武時李延年分爲二曲薤露送王公蒿里送士大夫庶人亦曰輓歌薤露
歌薤上朝露何易晞露晞明朝更復落人死一去何時歸蒿里歌蒿里誰家地聚斂精魄無賢愚神
伯一何相催促人命不得少踟　何燕泉曰導轜執　籍諸永言以助其力始自春秋之世今挽
詩由子孫請托者固非若加於大臣賢烈士則宜盖生而稱慕於人歿宜悼痛於人也昔賢有曠百
世其久道其墓而歔欷數千里其遠無一日雅聞其云亡而相弔哭者詩之所由作感於物動於中
發於詠歌自不能已文子興歎晋原賈生續騷湘水休文懷舊齊代子昂覽古薊丘燕公五詠杜甫
八哀下逮宋元收淚揮毫情各有寄天下後世之所同悼豈獨于一家所戚一時知且厚者而已哉
〇儀節古人輓歌用之以相斥苦齊衆力亦是人死不可復回非苦近世父祖物故子孫遍干世之
能詩者唐宋以來有是然皆平日交遊聞其死哀傷之自發於言爾近世無半面之識者亦皆强操
之大無謂也〇退溪曰輓詞廣求虛誇則非不然用之何害〇愚伏曰輓詞終非禮文內喪則尤不
必用〇丘氏旣譏求輓而又著求輓書式事甚矛盾愚意求之則不可而朋友哀而有詞則當用之
矣〇哀詞劉　曰以詞遣哀不在黃髮必施夭昏三良殉秦百夫莫贖事同夭横黃島賦哀漢武封
禪霍子侯暴亡帝傷而作詩後漢汝陽王亡崔瑗哀辭始變前代至於蘇愼張升並逮哀文雖發其
精華而未極心實建安哀辭惟偉長卿善行女一篇則有惻怛及潘岳繼作實踵其美

⊙發引儀禮節次(발인의례절차)

先方相一次明器牀一次銘旌一次靈車一次大轝夾以功布及翣(今世俗送葬有食案香案
從俗用之亦可)

⊙발인 의례절차.

먼저 방상, 다음 명기, 들상, 다음 명정, 다음 영거(靈車), 다음 상여, 상여 곁에 공포
(功布)와 삽(翣)이 따른다.

⊙主人以下男女哭步從(주인이하남녀곡보종)

如朝祖之　出門則以白幕夾障之

⊙주인 이하 남녀는 곡하며 걸어서 상여 뒤를 따른다.

사당 뵈이러 갈 때 차서와 같이 대문을 나서면 흰 휘장을 둘러치고 따라 간다.

◆哭步從(곡보종)

或問家禮旣曰主人以下哭步從而後不言乘車馬之時若墓遠及病不堪步者如之何愚曰凡禮孝子從柩者不許乘車馬故家禮只言其常不及其變且按開元禮出郭若親賓還者權停柩車內外尊行者皆下車馬依服之龘細爲序立哭如式相者引親賓以次就柩車之左向柩立哭盡哀卑者再拜而退婦人亦如之親賓旣還內外乘車馬註墓遠及病不堪步者雖無親賓還主人及諸子亦乘堊車去塋三百步皆下

◆墓遠及孝子病(묘원급효자병)

若墓遠或孝子有病不堪步者皆許出郭乘馬去塋三百步乃下

◉尊長次之無服之親又次之賓客又次之(존장차지무복지친우차지빈객우차지)

皆乘車馬親賓或先待於墓所或出郭哭拜辭歸

◉존장이 다음으로 따르고 무복의 친척이 또 그 다음으로 따르고 빈객이 또 그 다음으로 따른다.

모두 말이나 수레를 탄다. 혹 먼저 묘소나 혹은 성밖에서 기다리던 친한 조문객은 인사로 곡하며 절하고 돌아간다.

◆從柩親賓弔問而退之節(종구친빈조문이퇴지절)

雜記相趨也出宮而退相揖也哀次而退相問也旣封(窆)而退相見也反哭而退朋友虞祔而退註此言弔喪之禮恩義有厚薄故去留有遲速相趨者古人以趨示敬論語過之必趨左傳免冑趨風之類是也言此弔者與主人昔嘗有相趨之敬故來弔喪以情輕故柩出廟之宮門卽退去也相揖者已嘗相會相識故待柩至大門外之哀次而退也相問遺者是有往來恩義故待窆畢而退嘗執贄行相見之禮者情又加重故待孝子反哭於家乃退朋友恩義更重故待虞祭附祭畢而后退也　弔非從主人也四十者執　(弗)鄕人五十者從反哭四十者待盈坎註言弔喪者是爲相助凡役非徒隨從主人而已故年四十以下者力壯皆當執　同鄕之人五十者始衰之年故隨主人反哭而四十者待土盈壙乃去　檀弓弔於葬者必執引若從柩及壙皆執　註引引柩車之索也　引棺索也　鄭氏曰示助之以力　疏曰弔葬本爲助執事故必相助引柩車凡執引用人貴賤有數數足則餘人皆散行從柩至下棺窆時則不限人數皆悉執　也引者長遠之名故在車車行遠也　是撥擧之義故在棺棺惟撥擧不長遠也　嚴陵方氏曰引在前屬之於車以道柩也　在旁屬之於棺以弸柩也道柩者惟在路用之而已弸柩者至下棺亦用焉故雖不執引而或從柩及壙亦皆執　也曲禮曰助葬者必執　蓋謂是矣

◉親賓設幄於郭外道旁駐柩而奠(친빈설악어곽외도방주구이전)

如在家之儀(五禮儀卽路祭也)

◉친빈은 성밖 길옆에 장막을 치고 기다리다 상여가 도착하면 멈춰 전(奠)을 올린다.

집에서 하던 의식과 같다. 즉 노제(國朝五禮儀: 路祭)를 지낸다.

◆親　郭外駐柩奠(친빈곽외주구전)

五禮儀註卽路祭也　集說廣記祭奠皆主人之事親朋止可助以奠物或助其執奠近世道次設祭甚無謂　或問廣記道次設祭甚無謂之說何如愚曰按旣夕記唯君命止柩于　其餘則否註不敢留神也又按開元禮出郭若親朋還者權停柩車以次就哭盡哀卑者再拜而退無所謂駐柩

而奠之說未知此禮出於何書也疑亦當時俗禮而溫公書儀采入而家禮因之

◆路祭(노제)

五禮儀註卽路祭也　書儀令　喪葬之家不得於街衢致祭然親賓祭於喪家大門內及郭門外
亦非街衢也　廣記祭奠皆主人之事親朋止可助以奠物或助其執奠近世道次設祭甚無謂
輯覽或問廣記道次設祭甚無謂之說如何愚曰按旣夕記唯君命止柩于　其餘則否註不敢留
神也又按開元禮出郭若親朋還者權停柩車以次就哭盡哀卑者再拜而退無所謂駐柩而奠之
說未知此禮出於何書也疑亦當時俗禮而溫公書儀采入而家禮因之　問道旁駐柩而奠明是
親朋之奠而世俗因謂之路祭雖無親　之奠必自主家設行如何南溪曰路祭本國恤所行其在
士大夫尤不可自家別設

◆路奠(노전)

問家禮停柩奠是親賓之奠而世俗因謂之路奠雖無親賓之奠自主家設奠南溪曰此漢中所無
但五禮儀親賓駐柩而奠註云卽路祭似因此而誤也　路祭本國恤所行其在士大夫尤不可自
家別設以犯　逼之患

◆路祭儀(노제의)

五禮儀: 前一日典設司設靈帳殿於城門外南向施屛帳南置帷門設靈座於帳殿正中如常又連
設帷帳於靈帳殿之西以爲大轝小駐之次其日攸司設禮饌(見序例)於靈座前設香爐香合幷
燭於其前奠祭文於靈座之左設尊於靈座東南北向置盞三於尊所引儀設留都文武　官位於
帳殿帷門外東西北向設贊儀引儀位如常靈駕將至贊儀引儀先入就位引儀分引　官入就位
(班首及執事者皆預盥手)魂帛車至帳殿帷門外　左通禮進當車前俯伏跪啓請降車陞轝俯
伏興內侍以腰轝進魂帛車前大祝捧魂帛函安於腰轝至帷門內攝左通禮啓請降轝陞座俯伏
興大祝捧魂帛函安於帳殿中靈座虞主匱置其後大轝至攝左通禮進當大轝前啓請靈駕小駐
俯伏興退贊儀唱跪俯伏哭　官跪俯伏哭贊儀唱止哭興四拜興平身　官止;哭興四拜興平身
引儀引班首詣靈座前北向立贊跪贊儀唱跪　官皆跪引儀贊三上香執事者以盞酌酒授班首
班首執盞獻盞以盞授執事者奠于靈座前(連奠三盞)引儀贊俯伏興小退北向跪大祝進靈座
之左西向跪讀祭文訖引儀贊俯伏興平身班首俯伏興平身贊儀唱俯伏興平身　官俯伏興平
身引儀引班首退復位(內喪則引儀引班首稍前北向立贊儀唱跪班首及　官皆跪尙食進香案
前跪三上香又酌酒三盞奠于靈座前典言進靈座之左跪讀祭文訖還侍位贊儀唱俯伏興平身
班首及　官俯伏興平身引儀引班首還本位)贊儀唱跪俯伏哭　官跪俯伏哭贊儀唱止哭興四
拜興平身　官止哭興四拜興平身贊儀又唱跪俯伏哭　官跪俯伏哭盡哀贊儀唱止哭興四拜
興平身　官止哭興四拜興平身奉辭訖攝左通禮進當靈座前啓請降座陞轝俯伏興內侍以腰
轝進帷門內大祝捧魂帛函安於腰轝內侍捧腰轝進車前攝左通禮啓請降轝陞車俯伏興大祝
捧魂帛函安於車攝左通禮啓請車駕進發又攝左通禮進當大轝前啓請靈駕進發俯伏興退靈
駕動儀衛導從如初

⊙路祭儀禮節次(노제의례절차)

各隨其人所當服之衣而用縞素者今制惟一國恤用布裹紗帽其餘則不許有官者衣可變而冠不可變若
無官者用素巾可也○就位(弔者至向靈座前立)　擧哀　哀止　詣靈座前　上香　鞠躬拜
興拜興平身(弔者拜畢主人持杖哭出西向立)　賓弔主人曰不意凶變(某親某官)如何不淑
(隨意致稱亦可)　鞠躬拜興拜興平身(弔者拜主人答拜尊長來弔不拜主人)　主人致辭曰某
罪逆深重過延某親(非父母及承重不用此二句)　蒙賜慰問不勝哀感　稽顙拜興拜興平
身(主人拜弔者答之)　禮畢

⊙노제 의례절차.

주인 이하 각각 당한 상복을 입고 자리로 가서 곡하며 기다린다.　자리로 간다. (조객(弔客)은 도착하면 영좌 앞을 향하여 선다)　모두 슬피 곡한다.　곡을 멈춘다. 영좌 앞으로 간다.　분향한다.　국궁 재배 평신한다. (조문객이 절을 마치면 주인은 상장에 의지하여 곡하며 나가 서쪽으로 향하여 선다)　조문객이 주인에게 말하기를 모친 모관께서 불의의 흉변에 작고하시어 어찌하여야 하올지요. (문상 의미가 관계에 따르는 것도 가하다)　국궁 재배 평신한다. (조객이 절을 하면 주인은 답배를 하며 존장(尊長)이 와 조문할 때는 주인에게 절을 하지 않는다)　주인이 답으로 말하기를 모 죄역이 심중하여 그 죄가 모친에게 미쳤사옵니다. (부모나 승중이 아니면 이 두 구절은 쓰지 않는다) 위문의 말씀을 받자오니 슬픔이 감동하여 어찌할 수가 없사옵니다.　계상 재배한다. (주인이 절을 하면 조객이 답배한다)　예를 마친다.

⊙塗中遇哀則哭(도중우애즉곡)
若墓遠則每舍(便覽周禮註舍所解止之處　集說舍三十里)設靈座於柩前朝夕哭奠食時上食夜則主人兄弟皆宿柩旁親戚共守衛之(便覽設燎于中庭及門)

⊙도중이라도 슬픔이 일면 곡한다.
만약 묘가 멀면 삼십 리마다 있는 매 여관에 들러 시구 앞에 영좌를 차려놓고 조석곡을 하고 전을 올리며 조석 때가 되면 상식을 올린다. 밤이 되면 주인형제 모두 시구 옆에서 자며 친척들도 다같이 지켜야 한다. 마당 중간과 대문 앞에는 화톳불을 피운다.

제 5 절 급묘(及墓) 하관(下棺) 사후토(祠后土) 제목주(題木主) 성분(成墳)

⊙未至執事者先設靈幄(미지집사자선설영악)
在墓道西南向有倚卓(旣夕禮至于壙陳器于道東南北上)

⊙상여가 도착하기 전에 집사자들은 먼저 영좌를 안치할 장막을 친다.
묘소로 통하는 길 서쪽에서 남쪽으로 향하게 치고 교의와 탁자가 있어야 하며 장례용품들은 묘도(墓道)의 동쪽에서 북쪽을 상석으로 하여 남쪽으로 놓는다.

⊙親賓次(친빈차)
在靈幄前十數步男東女西次北與靈幄相値皆南向

⊙친척과 손님이 머물 처소를 설치한다.
영좌의 장막 십 수 보(步) 앞에 남자는 동쪽 여자의 처소를 서쪽으로 설치하되 북쪽은 영좌의 장막과 마주 보게 하여 모두 남쪽으로 향하게 친다.

◆女賓(여빈)
芝村曰此爲親賓之次而女亦與焉何也　問會通云此是親朋婦女南溪曰是　愚按旣夕禮乃窆條主婦亦拜賓註拜女賓也云則古者女賓亦會葬矣

⊙婦人幄(부인악)

在靈幄後壙西

⊙부인들의 장막을 친다.

광중의 서쪽으로 영좌의 장막 뒤에 친다.

⊙方相至(방상지)

以戈擊壙四隅

⊙방상이 도착한다.

방상(方相)은 도착하면 창으로 광중의 네 귀를 두드린다.

◆方相(방상)

或問聖賢治喪闢異端去佛老何爲鄙用方相又使其以戈擊壙四隅此何義也馮氏曰乍看無意細看來亦似有意論語曰鄕人儺朝服而立於　階釋者去恐其驚先祖五祀之神欲其依已而安也今用方相存古道與欲亡者依彼爲衛而安與不然先儒亦何用此　若說人死便無　氣似亦難必若說人死去登天堂人地獄此則　無也

◆以戈擊四隅(이과격사우)

夏官方相氏及墓入壙以戈擊四隅歐方良註方良罔兩也天子之椁柏黃　爲裡而表以石焉國語曰木石之怪夔罔兩鄭鍔曰葬用木石久而變惟生故始葬則歐之亦壓勝之術

⊙明器等至(명기등지)

陳於壙東南北上

⊙명기(明器) 등이 도착한다.

광중의 동쪽에서 남쪽으로 진열하되 북쪽을 상석으로 삼는다.

⊙靈車至(영거지)

祝奉魂帛就幄座主箱亦置帛後

⊙영거(靈車)가 도착한다.

축관은 혼백을 받들고 영좌의 장막으로 들어가 교의에 안치하고 신주 상자 역시 혼백 뒤에 둔다.

⊙遂設奠而退(수설전이퇴)

酒果脯醢(便覽遣奠餘脯至是乃徹)

⊙혼백을 영좌에 안치하였으면 전제 찬품을 진설하고 나온다.

찬품은 술과 과실과 포와 육장이다. 견전포가 도착하면 이때 올린 포는 내린다.

◆設奠(설전)

備要設於靈座前卓子　遂菴曰別無新設奠而仍以發引時靈車所載之奠設之故無再拜之文矣　愚按遣奠條只云徹奠而無載奠於靈車之文遂菴說可疑又按開元禮行次奠條曰凡停宿進酒脯之奠如朝奠儀又到墓條曰靈座前遂設酒脯之奠如初書儀亦然故家禮從之

⊙柩至(구지)

執事者先布席於壙南柩至脫載置席上北首(便覽先置兩凳去所裹油單及索祝以功布拭柩用　衾)執事者取銘旌去杠置柩上

⊙상여가 도착한다.
집사자들이 먼저 광중의 남쪽으로 자리를 펴고 상여가 도착하면 시구를 상여에서 내려 자리 위에 머리가 북쪽으로 향하게 하여 관 받침 위에 내려 놓는다.
집사자들은 먼저 관을 싼 유단(油單)과 결관 줄을 풀면 축관은 공포로 관을 닦고 관 이불로 덮는다. 집사자들은 명정(銘旌)에서 자루를 떼고 시구 위에 펴 덮는다.

◆柩至壙南(구지광남)
既夕記柩至于壙斂服載之註柩車至壙祝脫載除飾乃斂乘車道車藁車之服載之不空之以歸送形而往迎精而反亦禮之宜疏說載謂下棺於地除飾謂除去帷荒柩車既空乃斂乘車道車藁車三者之服載之於柩車示不空之以歸

◆北首(북수)
檀弓葬於北方北首三代之達禮也之幽之故也陳註北方國之北殯猶南首未忍以鬼神待其親葬則終死事故葬而北首三代通用此禮也南方昭明北方幽暗之幽釋所以北首之義方氏曰南方以陽而明北方以陰而幽人之生也自幽而出乎明故生者南鄉及其死也自明而反乎幽故死者北首凡以順陰陽之理而已三代之禮雖有文質之變至於葬之北方北首則通而行之皆所以順死者之反乎幽故也　集說問柩在家南首至葬北首然人家墳地及居屋未必皆南向如何曰按祠堂章註不問何向背以前爲南後爲北愚以爲墳地居屋皆然　禮運死者北首生者南向疏死者北首歸陰之義生者南向歸陽也

⊙主人男女各就位哭(주인남녀각취위곡)
主人諸丈夫立於壙東西向主婦諸婦女立於壙西幄內東向皆北上如在塗之儀

⊙주인과 남녀 복인들은 곧 각각 제자리로 나아가 곡한다.
주인과 모든 남자들은 광(壙)의 동쪽에서 서쪽으로 향하여 서고 주부와 모든 부녀들은 광의 서쪽 장막 안에서 동쪽으로 향하여 서되 모두 북쪽을 상석으로 삼으며 길에 있을 때의 의식과 같다.

⊙賓客拜辭而歸(빈객배사이귀)(既夕禮在贈幣之後)
(儀節賓客詣柩前哭再拜)主人拜之賓答拜

⊙빈객은 폐백(幣帛)을 마칠 때까지 기다렸다 작별인사로 절을 하고 돌아간다.
빈객은 시구 앞으로 가서 곡하고 재배를 하고 주인이 절을 하면 빈객은 답배한다.

◆賓客拜辭歸(빈객배사귀)
既夕賓出則拜送註相問之賓也凡弔賓有五去皆拜之此擧中焉疏按雜記云相　也出宮而退相揖也哀次而退相問也既封而退相見也反哭而退朋友虞祔而退註此弔者恩薄厚去遲速之節也相　謂相問姓名來會喪事也相揖嘗會於他也相問嘗相惠遺也相見嘗執摯相見也以此而言此經既葬而退是相見問遺之賓擧中以見上下五者去即皆拜送可知　丘儀賓客詣柩前擧哀再拜主人謝賓賓答拜

◆窆時弔奠(폄시조전)
書儀親賓奠於墓所皆如在家儀　問未下棺前人或有致奠及弔者受之於靈幄歟尤菴曰禮當事則雖國君弔之亦當辭焉(按檀弓大夫弔當事而至則辭焉)此時豈可致奠耶　問葬時主人位於壙東未題主前人若來弔則於所在位拜賓乎愼獨齋曰人若具奠物來弔主人似當就靈座前拜賓也

⊙賓客拜辭歸儀禮節次(빈객배사귀의례절차)

賓客詣柩前　舉哀　鞠躬拜興拜興平身　主人謝賓　鞠躬拜興拜興平身(賓答拜)

⊙빈객이 작별인사를 하고 돌아가는 예의절차.

빈객은 시구 앞으로 간다.　모두 곡한다.　국궁 재배 평신한다.　주인이 빈객에게
고마움을 표하고　국궁 재배 평신한다. (빈객은 답배한다)

⊙乃窆(내폄)

先用木杠橫於灰隔之上乃用索四條穿柩底鐶不結而下之至杠上則抽索去之別摺細
布若生絹兜柩底而下之更不抽出但截其餘棄之若柩無鐶卽用索兜柩底兩頭放下至
杠上乃去索用布如前大凡下柩最須詳審用力不可誤有傾墜動搖主人兄弟宜輟哭親
臨視之已下再整柩衣銘旌令平正(便覽開元禮翣倚於壙內兩相歃上雲下只用雲翣則當中)

⊙곧 이어 하관(下棺)한다.

먼저 회 막이 위에 통목 둘을 횡으로 걸쳐 놓고 밧줄 네 가닥으로 관의 밑 쇠고리
구멍으로 꾀어 옭매지 않고 빼어 관을 들어 횡목 위로 내려놓는다. 밧줄은 풀어내고
다른 고운 베나 생명주를 접어 관의 밑으로 넣어 이것으로 하관을 하고 다시 빼내지
않는다. 다만 겉으로 나온 것만 잘라 버린다.

만약 관에 쇠고리가 없으면 밧줄을 아래위로 넣어 그와 같이 횡목 위로 내려놓고 밧
줄은 빼내고 베 폭으로 앞과 같이 하관을 한다. 관이 모두 원하는 대로 되도록 세세
히 살핀다. 잘못하여 기울어지거나 떨어트리거나 흔들리어 움직이지 않도록 힘을 써
야 한다. 주인형제는 곡을 멈추고 친히 하관하는 곳에서 자세히 살펴 봐야 한다.

하관이 되였으면 다시 구의(柩衣)와 명정을 평평하고 치우침이 없게 바르게 시구 위
에 편다. 큰 부채인 삽(翣)은 광내 양 옆 벽 쪽으로 넣되 불삽(黻翣)은 상(上)쪽이며
운삽(雲翣)은 하(下)쪽으로 넣는다. 다만 운삽만 있을 때는 중간에 넣는다.

◆新下棺(신하관)

五禮儀先用木長杠二縱置於壙口左右不令搖動又用杠四橫置長杠之上又用杠二橫置於灰
隔上乃用索二條繞棺兩頭一　舉安於橫杠上正其四旁然後以索兩端繞於縱置長杠每一頭
二人執引乃去橫杠一時齊聲漸漸放下至灰隔上去槨上橫杠下棺或用兩柱轆轤極便好　便
覽主人兄弟徹哭臨視下柩最須詳審用力不可誤有傾墜動搖　先用木杠短者二橫置灰隔上
又用長杠二橫置壙口不令動搖徹銘旌柩衣置傍側別用長杠二橫舉于柩上兩頭用布二條摺
之兜柩底兩頭以其布四端直上懸繫於所橫舉之杠腰每一杠繫布兩端齊舉其杠四頭遷柩置
壙口兩杠上正其四旁乃微舉所舉杠而去壙口兩杠漸漸放下所舉杠安柩於短杠上更量懸繫
布長可到壙底然後復繫如初令二人分立灰隔上下以手按柩四隅令不偏倚而又微舉杠去短
杠仍漸下之　備要或用兩柱轆轤已下解布去杠抽出其布用素絲長與棺同縱置柩上中央正
當橫紙標墨處用蠟粘絲兩頭令不動又於金井機面標墨處以一條細繩引著而照看令絲與繩
相當以審其正然後去絲繩及柩上下標紙用雪綿子拭柩上塵整柩衣銘旌令平正開元禮翣倚
於壙內兩相歃上雲下只用雲翣則當中

◎合葬(합장)

白虎通曰合葬所以同夫婦之道也檀弓曰合葬非古禮也自周以來未之有改也陳淳問合葬夫
婦之位朱子曰某初葬亡室時只存東畔一位亦不考禮是如何淳又問地道以右爲尊恐男當居
右否朱子曰祭而以西爲上則葬時亦當如此方是丘文莊以爲世俗循習已久凡葬皆男左女右

一家忽然如此行之數世之後安知子孫不誤以考爲妣乎不如且從朱子葬劉夫人之例也○檀
弓孔子曰衛人之祔離之魯人之祔合之善夫(註)生旣同室死當同穴故善魯疏祔合葬也離之
謂以一物隔二棺之間於一槨中也魯人則合并兩棺置槨中無別物隔之也○東漢壽張侯樊公
遺令與夫人同墳異藏光武曰吾萬歲後欲以爲式○朱子曰古者槨合衆材爲之故大小隨人所
爲今用全木則無許大木可以爲槨故合葬者只同穴而各用槨也○張子曰古者并有喪先葬者
必不復土以待後葬之入日相近故也又曰祔葬合祭只合祔一人夫只合一娶婦只合一嫁今婦
死再娶其葬其祔雖爲同穴同筵几譬之人情一室中豈容二妻以義斷之須祔以首娶繼室則別
爲一所可也○程子曰合葬用元妣配享用宗子所出○朱子曰程子說恐誤矣唐會要中有論凡
是嫡母無先後皆當并祔合祭與古者諸侯之禮不同又曰夫婦之義如乾大坤至自有次等故方
其生存夫得有妻有妾而妻所天不容有二　於死而配祔又非生存之比橫渠說亦似推之太過
只合從唐人所議爲允又有先妻無子後妻有子之礙勢將有甚　捏而未安者惟葬則今人夫婦
未必偲合葬繼室則別塋兆亦可○語類堯卿問合葬夫婦之位曰某當初葬亡室只存東畔一位
亦不曾考禮是如何安卿云地道以右爲尊恐男當居右曰祭以西爲上則葬時亦當如此方是○
陳淳問某欲葬先妣祔於先塋以先妣與先父合爲一封土而以繼妣少間數步別爲一封土與人
議以神道尊右而二妣皆列於先塋之左不審是夫然程子葬穴圖又以昭居左穆居右而廟制亦
左昭右穆何也朱子曰昭穆但今世數不分尊卑如父爲穆則子爲昭豈可尊卑論乎周室廟制太
王文王爲穆王季武王爲昭此可考也○陳龍正曰合葬三穴若槩尚右則是有邊而無中邊反尊
中反卑故必男居中先妻右後妻左○呂坤曰兩婦夾夫藝也夫一位婦一位左右分矣雖三五婦
同在一位○省齋曰人有再娶三娶者其葬也或乾位在上坤位在其前左右如品字或元妃合窆
繼妃在前或三位合窆二位在前各隨地勢東俗如此矣

◆同槨異槨方位掩壙先後之說(동곽이곽방위엄광선후지설)

同春問合葬是同槨耶只是同壙耶妻當祔於何方沙溪曰禮記及朱子說可考○檀弓孔子曰衛
人之祔也離之魯人之祔也合之善夫註生旣同室死當同穴故善魯疏祔合葬也離之謂以一物
隔二棺之間於一槨中也魯人則合并兩棺置槨中無別物隔之○朱子曰古者槨合衆材爲之故
大小隨人所爲今用全木則無許大木可以爲槨故合葬者只同穴而各用槨也○陳淳問合葬夫
婦之位曰某初葬亡室時只存東畔一位亦不曾考禮是如何淳聞地道以右爲尊恐男當居右曰
祭時以西爲上則葬時亦如此方○又問考妣兼用一槨如何沙溪曰古人有兼用一槨者而鄙
見則壙中太闊易爲崩陷莫如用兩槨而兩槨之間壙以石灰如何○退溪曰兩親墓東西定位想
中國俗葬皆男左女右故朱先生葬劉夫人時只循俗爲之其後丘文莊亦不欲異俗而云云也然
朱子答陳安卿之問分明謂祭而以西爲上葬時亦當如此是則此乃爲晚年定論而後世之所當
法也○又曰葬地前後之宜似以考前妣後爲當然前旣無地可占合葬雙墳勢俱爲難則似不得
不隨地勢以處○沙溪曰丘儀按葬位固當如祭位但世俗循冒已久葬皆男左女右一家忽然如
此行之數世之後安知子孫不誤以考爲妣乎不如且姑從朱子葬劉夫人之例也按語類云云祭
以西爲上則葬時亦當如此方是今丘說如此未可知也○南溪曰世之葬法有以男左女右爲次
者有以考前妣後爲次者傳曰神道尚右又曰地道尚右而朱子答陳安卿之問已有定論若考前
妣後之說亦似不安以神道論之都官昭穆之制太祖居北二昭二穆以次而南以地道論之山勢
後高而前低北上而南下今必反易其常何哉程子葬說云云此說皆主墓居中子孫左昭右穆其
後或東或西以次而南之證而亦無尊前卑後之義今之族葬者恐當以此爲率而夫婦之不能合
葬者亦當推此則是將不失古道而庶正俗失矣○陶庵曰朱子之論退溪先生之說俱有初晚之
異後學只當以晚年定論爲主　近世士大夫皆用尚右之制恐難變改○問考妣二柩同槨而葬
者不無長短之差則當齊其上乎齊其下乎沙溪曰當齊其上○同春問同壙而葬者若待後葬而
掩壙則其間日子稍遲似爲未安沙溪曰張子旣有敎恐不可違然爲日若久似不可膠守耳○張
子曰古者并有喪則先葬者必不復土以待後葬之入相去日近故也○問今人合葬築灰於兩棺
之間而隔之此非古人祔葬之禮也古亦有或離或合而孔子善其合者則　不可從俗未知何如

尤庵曰祔葬當從聖人之說今人合墓同槨者外盖用橫板益無摧陷之憂矣○旅軒曰用同槨一盖則其盖板須加厚可也

◆前後室合祔當否(전후실합부당부)

同春問人有繼室或三室其葬祭似皆合祔云云沙溪曰程張朱子論之已詳可考也○程子答富鄭公曰合葬用元妣配享用宗子之所出○張子曰祔葬祔祭極至理而論只合祔一人夫婦之道當其初昏未嘗約再配是夫只合一娶婦只合一嫁今婦人夫死而不可再嫁如天地之大義夫豈得以再娶然以重者計之養親承家祭祀繼續不可無也故有再娶之理然其葬其祔雖爲同穴同筵几譬之人情一室中豈容二妻以義斷之須祔以首娶繼室別爲一所可也○朱子曰程先生說恐誤唐會要中有論凡是嫡母無先後皆當幷祔合祭與古者諸侯之禮不同又曰夫婦之義如乾大坤至自有等差故方其生存夫得有妻有妾而妻之所天不容有二　於死而配祔又非生存之比橫渠之說似亦推之有大過也只合從唐人所議爲允　又有前妻無子後妻有子之碍其勢將有甚　捏而未安者惟葬則今人夫婦未必皆合葬繼室別營兆域宜亦可耳○黃勉齋曰今按喪服小記云婦祔於祖姑祖姑有三人則祔於親者再娶之妻自可祔廟程子張子考之不詳朱先生所辦正合禮經也○尤庵曰程張朱諸先生之論不啻明白而張子之論尤嚴截矣今世此意廢壞若前夫人無子而後夫人有子則不但以後夫人合葬至有不知前夫人葬在何處者極可寒心以尊家事言之則今年雖不可以前夫人還祔於伯氏如遇吉歲必如諸先生之說是正當道理也前後皆祔之制雖愈於捨前取後之　尙不如別葬其後之正也又記朱子別葬其父母於百里之遠如不得已則前後夫人皆可別葬也程朱論禮法處必曰世族之家先行之方可使以下士大夫行之今日尊家如復違禮則世人無所取則而或反曰某家尙如此云爾則非小事也天下之寶幸須爲天下惜之也○又曰世或以考與前後妣之墓品字之形盖考位居上前妣居前右後妣居前左其曰前曰左右者皆據考位而言也前妣居右者神道以右爲尊故也旣以右爲尊故只考妣兩位相祔則考居于右而妣居于左此與前妣右而後妣左其義同也若於品字之制前妣居左後妣居右則反失前後之序矣前右前左四字出易啓蒙○問葬前後母者世多用品字制而其法不肯或一壙中並安三喪而父居中稍後前母右後母左而各稍前或三墓一行幷峙而父居右二母循序次之或同兆異穴列樹三墓考墓居後前妣右後妣左而各稍前以爲品字狀南溪曰前後葬法已有文公定論難容異議矣姑以所示品字之制言之恐最後者爲勝○又曰有前後妻者同葬一岡之禮其規不二有夫塚北而妻祔南者有夫塚南而兩妻祔北者近考葬法昭穆之說程制主穴在北子孫以次而南周禮主穴在中子孫貴者在南賤者在北已頗逕庭而又皆子孫之位也然前後妻祔葬者亦不可舍此別求他法則夫塚北而祔南者終當爲是○又曰若開壙而棺木朽敗勢當改斂改殯則無不得行喪之理第若終不至遷動者決不可獨與後妣合葬或雙墳或上下墳以示不敢準禮合葬之意猶有限節也○退溪曰據禮言之兩妣皆當祔於考塋未則遷先而祔可也滉先妣葬在別處而先考葬於族葬乃家後山也滉兄弟六七人遭後母喪取便近而祔葬於先塋先妣墓已經七十餘年難於遷動又亡兄嫂及姪隨葬亦多已成一族葬因遂未遷其於事理極爲未安尙賴所云別處亦去家僅五六里而近每祭兄弟子姪祭於先　次日祭於先妣墓未嘗設位先　而遙祭之也兩處皆有齋舍或於其一處有故不可行祭則就無事處設位合祭之耳此乃從前處事未盡善曁乎今日雖欲改之勢有甚難之故也

◆合葬前夫非禮也(합장전부비례야)

通典晉王式繼母前夫終　適式父式父喪服訖議還前夫家前夫家亦有繼子奉養至終合葬前夫式自云父臨終母求去父許諾於是制出母齊衰期卞壺奏曰就如式父臨終許諾必也正名依禮爲無所据若夫有命須顯七去之責當存時去之無緣以義絶之妻留家制服若式父臨困謬亂使去留自由者式宜正之以禮魏顆父命不從其亂春秋善之式母於夫生事奉終非爲旣絶之妻夫亡制服不爲無義之婦自云守節非爲改嫁離絶之斷在夫歿之後夫之旣沒是其從子之日而式以爲出母此母以子出也致使存無所容居沒無托地寄命於他人之門埋尸於無名之塚若式

父亡後母尋沒於式家必不以爲出母明矣假使二門之子皆此母之生母戀前子求去求絕非禮
於後家還反又非禮於前門去不可去還不可還則爲無寄之人矣式必內陳匡諫外極防閑不絕
明矣式爲國士於母存則去留自由母亡則合葬路人虧損世敎不可以居人倫銓正之任疏奏詔
式付鄕邑淸議廢棄終身

◆夫在時前後室合葬之非(부재시전후실합장지비)

陶庵曰祔者所以從葬也其夫生存而前後妻合葬則未知何所從也陽能統陰夫旣葬則雖兩室
三室皆可統於夫矣夫旣生存而兩妻同穴則將使後妻統於前妻耶天下豈有陰統陰之理

◆妻妾放出者還葬夫家先塋可否(처첩방출자환장부가선영가부)

南溪曰今國典無出妻法其夫生前情義甚疎或居家內而不相接或送本家而久不推還皆近於
出也然法旣無文且旣所生子主祀似當合葬然父若遺命勿爲合葬則亦當異葬至於此妾則位
賤行悖父又遺書放絕則主宗之家不使葬於先　乃正論也其子亦當從遺命別葬而已

◆妾不可合葬(첩불가합장)

明史英宗時定國公徐永寧奏欲遷所生祖母沈合葬祖塋改嫡祖母張別所及請詰封生母並妻
事下禮部尙書姚夔等交劾其狂妄停祥半年○陳龍王曰妾有子無子皆宜葬羅城外

◆合葬時告先葬(합장시고선장)未合葬亦告幷論

南溪曰所謂合葬告先葬之位者不必深泥雖用　墓豈有不告之理○問父喪啓母墓告辭南溪
曰無服輕者則喪人親行之不可用異姓之親○問母喪啓父墓告辭南溪曰依問解喪中祭先之
服告祭其父恐無所妨○同春曰祠后土主人亦有自告之禮今告先妣自告恐不妨告辭當據備
要所載略改如何主人自告則情理自當哭○南溪曰告先葬祝恐當曰云云某親某封某氏已於
某月某日捐世將於某月某日行合葬之禮不勝感痛云云○遂庵曰合葬告辭開塋域日當別爲
措辭曰年月日云云將於某月某日合窆先妣某封某氏今日開墓伏惟尊靈不震不驚○陶庵曰
親喪合祔之時使人告于舊墓似或有未　於心者故鄙人則嘗自告矣告辭禮書旣無可考只當
以已意爲辭耳若欲依此行之則告辭用孤哀名而奠酌則使人爲之可也○問新卜之所在祖墓
傍當告于祖墓而旣非合窆則不必復告於父墳耶陶庵曰告先塋之禮固當用於祖墓而於父墳
亦當以新喪某日窆於某所合祔則姑待吉年之意告之爲得

◆祔葬先塋告辭(부장선영고사)(附)

沙溪曰祔葬先塋則使服輕者用酒果告之云今爲孫某官某營建宅兆謹以酒果用伸虔告云云
似得參降之節亦當有之所謂某甫云者指亡者之字也先祖前則稱名可也古者雖稱字今不可
用后土祭亦然○南溪曰告先塋葬地遠近同則當告最尊者遠近不同則當告同穴之尊者先葬
母後葬父則恐可使服輕者代告其辭亦當從子稱考不當從母稱夫○又曰酒果告先之禮旣祔
葬先山之內則雖不相望恐不可闕旁親兄弟雖近不必行也○又曰告先塋云云祝辭當以宗子
名使服輕者代行雖於已祧而諸位迭掌之墓猶以當初直　大宗名爲主也

◆合葬祠后土(합장사후토)

問新舊合葬其祝欲書曰宅兆不利將改將于此以某封某氏祔云云退溪曰當如此而祔字上加
新字○問祔葬者恐當不用營建宅兆之句妄意改此一句今以某親祔葬某親云云南溪曰來示
得之○問兩葬同　而破土安葬同日時幷用斬破時及實土後祠土地各設某祭耶若合設則祝
辭當何書之南溪曰同祝爲當○問合葬時祠后土祝辭中今爲字下新喪則依古訓書之而舊葬
則以改葬之意書之乎盖不可欺者神則直以某親某封某氏合葬之意書之乎南溪曰若各葬則
各告所葬之位若合葬則只告所葬之夫位似可盖婦統於夫也至於遷葬曲折不宜備列非欺之
也乃所以尊之故也○又曰新山祠后土祝似當只以正位爲主然幷告祔葬之位亦無大妨否耶

◆合葬時通穴(합장시통혈)

陶庵曰合葬時通穴大抵後世多動於吉凶之說而然宜禮書之不見也雖通得一邊二邊事有不
可知終恐無益○又曰破墓時旣有告辭不必以通穴一事更告也哭泣之節哀情所發何能已耶

◆合葬後行祭可否(합장후행제가부)

退溪曰葬後合祭於古禮無考今旣不能免俗而行之則當取其稍穩便者爲之位板今難屠而後
難處不若紙榜今附櫝內而後日焚之爲便○愼獨齋曰來示先考位全然無事似爲未安云云考
之古禮曾無幷祭之儀盖虞者孝子爲親之魂氣彷徨設祭以安之也先妣設位固當而先考位則
安屠已久無事於虞矣　始役之日旣以酒果告以破墓雖於葬先妣之日無事於先考亦非全然
無事也恐不可創設新規也若封墓旣畢設酒果幷告以役畢則情禮無妨耳○問合窆後舊墓雖
不動灰隔似當有慰安之祭○南溪曰慰安之祭亦所未聞盖旣不見其尸柩只得始事時一告而
已

◆雙墳時舊山告由(쌍분시구산고유)

近齋曰歲月日干支敢昭告于之下曰某親某封某氏不幸於某月某日損世禮當合祔而年運有
拘將用雙墳之制不勝感愴謹以酒果云云告者當用親族之人

⊙窆儀禮節次(폄의례절차)

橫杠(役者先用木杠橫於灰隔之上)　主人以下輟哭(審視)　下棺(乃用索四條穿柩底鐶不結而
下之至杠上別摺細布或生絹兜柩底而下之更不抽出截其餘棄之)　整柩衣　鋪銘旌(須令平正)

⊙하관 의례절차.

통목을 가로로 걸쳐 놓는다. (역자들은 먼저 통나무로 광중 회벽 위에 가로질러 걸쳐
놓는다)　주인 이하 모두 곡을 멈춘다. (상세히 살펴본다)　관을 내린다. (이어 밧줄
네 가닥으로 관의 밑 쇠고리 구멍에 옭매지 않고 꾀어 아래 횡강목 위로 관을 내려
놓는다. 밧줄은 빼내고 다른 고운 베나 생명주를 접어 관 밑으로 넣어 들고 하관을
하고 다시 빼내지 않고 겉으로 나온 것만 잘라낸다)　관 덮개를 바르게 고쳐놓고
명정을 관 위에 편다. (바르고 평평하게 펴야 한다)

⊙乃窆之具(내폄지구)

(執事者)六人或十人四人舉懸棺兩杠或每頭二人舉之則爲八人二人立於灰隔上下隅按棺以下仍整
柩衣銘旌　집사자. 즉 하관할 역부. (短杠)二　단강 2. 즉 짧은 통목. (長杠)四　장강 4. 즉
긴 통목. (測日器)俗用以測時刻者　或用時繩　측일기. 즉 시계. (下棺布)備要　用二條廣全
幅長各十尺許(布帛尺)　하관포. (紙)俗用二條於棺上下各準其廣而中摺之墨標糊付者　지. 즉
한지 두 권. (素絲)俗用以蠟粘棺上下頭者　소사. 즉 흰실. (細繩)俗用以引著金井機者　세승.
즉 가느다란 노끈. (雪綿子)俗用以拭棺者　설면자. 즉 풀솜. (柩衣) 구의. (銘旌) 명정.
(翣)柩衣以下今俗用絹沙之類別製以用制並依前　삽. 즉 부채. (轆轤)先於金井機左右各竪上下
兩柱凡四柱每頭作圓鑿如半月形以受轆轤之杠俾容轉環取二長杠堅實者橫設其上杠兩頭之出柱外
處鑿孔以小木橫貫又以小木交貫於其旁作十字形用熟麻或白布合作大索分繫於杠腰之上下纏杠數
　以其兩端聯繫下棺布令健丁每柱各二人分執小木兩端一心用力徐徐轉下務極審愼　大索卽　備
要二十把許　록로. 즉 활차.

⊙主人贈(주인증)

玄六纁四(增解補註玄　色纁淺紅色　尤菴曰玄纁用天地之正色而世俗或用間色未知有所考否)
各長丈八尺(芝村曰當用周尺)主人奉置柩旁再拜稽顙(增解開元禮奉玄纁束帛授主人主人受
以授祝主人稽顙再拜祝奉以入奠于柩東)在位者皆哭盡哀家貧或不能具此數則玄纁各一
可也(備要於上文直曰玄纁各長丈八尺而刪此家貧一節)其餘金玉寶玩並不得入壙以爲亡者

之累

⊙주인은 폐백을 드린다.

검은 비단이 여섯 필(匹)이며 붉은 비단이 네 필이다. 각각 길이는 한 장(丈) 팔 척으로 주인이 받들고 들어가 시구 옆에 놓고 나와 계상(稽顙) 재배하면 그 자리에 있는 복인(服人) 모두 슬픔을 다하여 곡한다. 가정형편이 가난하여 혹 이와 같은 수량으로 갖추지 못할 때는 검은 비단과 붉은 비단을 각각 한 필씩도 가하다. 그 외 금이나 옥이나 보물과 노리개 등은 다같이 광중에 넣지 말아야 망자(亡者)를 위하는 것이다.

⊙幣帛贈(폐백증)

便覽開元禮奉玄纁授主人執事者授之主人受以授祝祝奉以入奠於柩束　尤菴曰置棺槨之間　沙溪曰上玄下纁主人再拜稽顙在位者皆哭盡哀

⊙폐백 드림.

집사자가 폐백을 받들어 주인에게 주면 주인은 받아 축관에게 준다. 축관은 폐백을 받들고 광중으로 들어가 시구의 동편으로 놓고 나오면 주인은 계상(稽顙)재배를 하고 자리에 있는 복인 모두는 슬픔을 다하여 곡을 한다.

◆主人贈(주인증)

雜記註以物送別死者於椁中也　或問家禮集說去此主人贈一節何也愚曰按既夕禮至于邦門公使宰夫贈玄纁束註公國君也贈送也疏贈用玄纁束帛者即是至壙窆訖主人贈死者用玄纁束帛也以其君物所重故用之送終也以此觀之後世雖無君贈之禮而家禮所以存之疑亦是愛禮存羊之意歟

◆幣帛(폐백)

春官典端大喪共贈玉註玉璧也璧以帛疏是贈先王之物也既夕禮士贈用束帛天子亦有束帛而以璧配之　既夕禮至于邦門公使宰夫贈玄纁束註贈送也疏檀弓云葬于北方北首三代之達禮也此邦門者國城北門也贈用玄纁束帛者即是至壙窆訖主人贈死者用玄纁束帛也以其君物所重故用之送終也　乃窆主人哭踊無　襲贈用制幣玄纁束拜稽顙註丈八尺曰制二制合之束十制五合疏朝貢及巡狩禮皆以丈八尺爲制昏禮幣用二丈取成數凡禮幣皆用制者取以儉爲節凡物十曰束玄纁之率玄居三纁居二每一端丈八尺二端爲一匹五匹合爲十制也雜記魯人之贈也三玄二纁廣尺長終幅疏記魯失也既夕禮贈用制幣玄纁束今魯人雖三玄二纁而用廣尺長終幅不復丈八尺則失禮也

◆贈幣置棺槨之間(증폐치관곽지간)

問贈置于柩傍似是奠于柩上尤翁置棺槨之間之說可疑艮齋曰柩旁之傍厚齋答李世弼書引證甚多皆是傍側之旁據此則尤翁之以棺槨之間爲是者是矣但下棺後築灰者不得不奠於柩上之東邊矣

◆古今玄纁之數文異實同(고금현훈지수문이실동)

芝村曰當用周尺　按既夕疏幣用玄三纁二而家禮用倍數者蓋古禮二端爲一匹而玄三匹則六端也纁二匹則四端也合十端是謂十制而爲一束家禮則直以端數言之而謂玄六纁四然則文雖異而實則同也又按既夕疏丈八尺爲制昏幣用二丈云者蓋古昏幣以四十尺爲一匹而從兩端卷至中而爲兩卷子則一卷爲二十尺兩卷合爲四十尺一匹也其制幣則以三十六尺爲一匹而從兩端卷至中爲兩卷子則一卷爲十八尺而兩卷合爲三十六尺而爲一匹也然則古禮之玄三纁二是爲五匹而各長三十六尺也家禮之玄六纁四亦爲五匹而以各長丈八尺合計爲三十六尺也

◆玄六纁四各長丈八尺(현육훈사각장장팔척)

補註玄　色纁淺紅色按書禹貢註玄赤黑色幣也　旣夕主人襲贈用制幣玄纁束註丈八尺曰制二制合之束十制五合疏昏禮幣用二丈取成數凡禮幣皆用制者取以儉爲節聘禮註凡物十曰束玄纁之率玄居三纁居二此註云二制合之束十制五合者則每一端丈八尺二端爲一匹五匹合爲十制也

◆柩旁上下左右之辨(구방상하좌우지변)

輯覽按家禮旣曰柩旁則似當以玄纁分置兩旁而今或並置於柩東之旁似以開元禮爲據然則其置之亦當如柩衣之上玄下纁也　退溪曰玄纁卷束而置棺左右比世人鋪在棺上此爲得之　尤菴曰玄纁置柩旁云者家禮之文自分明若置於柩上之一邊則當曰柩邊矣當從朱子禮置柩椁之間而玄右纁左　雲坪曰柩上是何等嚴敬之地而可以物薦之乎　愚按玄纁若以陰陽言之則玄屬陽當居左纁屬陰當居右以上下言之則當玄上纁下矣然則尤翁所謂玄右纁左只主於上下之義而言也蓋地道尊右故也

◆父母皆葬贈(부모개장증)

問窆雖先輕贈當先重耶尤菴曰贈是伸情之事其先重後輕可知

◆代行贈(대행증)

南塘曰父在母喪父老或病則贈時以子代行　問兄不幸無嗣葬時贈祝皆弟主之耶寒岡曰然　問一歲兒不得至葬所則贈玄纁誰可爲之寒岡曰攝主當攝行

◆贈時他人再拜之否(증시타인재배지부)

芝村曰主人贈玄纁再拜非以柩入地而拜辭也乃爲其贈也故餘子孫則無拜矣　客之隨主人一時再拜未見有拜辭之意而反不能無嫌

⊙贈幣儀禮節次(증폐의례절차)

玄六纁四長丈八尺(玄　色纁淺紅色)貧家不能具此數玄纁各一亦可其餘金玉玩好皆不可入壙恐爲死者之累

主人奉玄纁置柩傍　就位(且拜且哭)　拜興拜興稽顙(以首叩地)　興　擧哀(在位者皆哭盡哀)

⊙폐백 드리는 의례절차.

검은 비단이 여섯 필이고 붉은 비단이 네 필로 길이는 한 장 팔 척이고 (현(玄)이란 흑색이며 훈(纁)이란 엷은 붉은 색이다)집안이 가난하여 이 수량을 갖출 수가 없으면 현훈 각각 한 필씩도 가하며 그 외 금붙이나 옥이나 노리개 등 도둑이 좋아하는 것은 모두 광중에 넣으면 안 된다. 망인에게 누가 될까 두려워서이다)

주인은 폐백을 받들고 광중으로 들어가 시구의 옆에 놓고 나온다.　자리로 간다. (곡하며 절한다)　계상재배를 한다.　모두 곡한다. (자리에 있는 복인 모두 슬픔을 다하여 곡한다)

⊙加灰隔內外蓋(가회격내외개)

(輯覽內盖即所謂薄板也外盖即所謂乃加外盖也)先度灰隔大小制薄板一片旁距四墻取令合(增解韻會　美隕切　合無波際貌　莊子註渾渾然相合而無縫罅也)至是加於柩上更以油灰彌之然後旋旋少灌瀝靑於其上令其速凝即不透板約已厚三寸許乃加外蓋(備要若不用瀝靑只用外蓋　便覽用橫板聯鋪灰隔上令　合)

⊙회벽 위에 속 덮개와 겉 덮개를 덮는다.

먼저 회벽의 크고 작음을 재어 박판 한쪽을 네 벽에 꼭 맞게 덮이도록 만들어 시구 위를 덮고 다시 회를 묽게 개어 두루 편 뒤에 역청(瀝靑)을 조금씩 빙빙 돌려가며 뿌리면 역청이 속히 응결 되여 곧 박판(薄板)까지 들어가지 않고 엉거 붙는다. 이미 두께가 세치쯤 되였으면 겉 덮개를 덮는다. 만약 역청을 쓰지 않으면 겉 덮개만 덮고 덮개는 회벽 위를 덮되 횡대와 횡대 사이를 맞물리게 한다.

◆蓋(개)

輯覽按內蓋卽所謂薄板也外蓋卽所謂乃加外蓋也　龜峰曰內蓋在柩上隔瀝靑外蓋在瀝靑上隔灰沙　備要若不用瀝靑只用外蓋　便覽用橫板聯鋪灰隔上令　合

⊙實以灰(실이회)

三物拌勻者居下炭末居上各倍於底及四旁之厚以酒灑而踊實之恐震柩中故未敢築但多用之以俟其實耳

⊙회로 채운다.

삼물(三物) 즉 석회 고운 모래 황토를 고루 섞어 숯가루를 바닥에 넣고 그 위에 회를 넣되 광중 바닥과 네 벽의 배 두께로 하여 술을 뿌리고 채워 밟아 다진다. 관(棺)속이 움직여 질까 염려가 되어 감히 공이로 다져서는 아니 되며 다만 삼물(三物)을 많이 넣고 여럿이 떼지어 천천히 밟으며 광중을 채워야 한다.

⊙乃實土而漸築之(내실토이점축지)

下土每尺許卽輕手築之勿令震動柩中

⊙곧 이어 흙을 채우고 점점 다져간다.

매번 흙을 한자쯤 채우고 손으로 가볍게 다져야 한다. 시신이 움직이지 않도록 다져야 한다.

⊙祠后土於墓左(사후토어묘좌)

如前儀祝板前同但云今爲某官封謚窆玆幽宅神其後同
　　劉氏璋曰爲父母形體在此故禮其神以安之

⊙묘(墓) 왼편에서 후토제(后土祭)를 지낸다.

앞 후토제 의식과 같다. 축문식은 단지 금위모관봉시폄자유택신기(今爲某官封謚窆玆幽宅神其) 이하 모두 같다.

◆祠后土(사후토)

春官　人掌公墓之地大喪旣有日請度甫　遂爲之尸註甫始也請量度始　之處爲尸者成葬爲祭墓地之尸鄭司農云始　時祭后土　人爲尸疏大喪謂王喪甫　謂始穿地之處也先鄭據始穿時祭墓後鄭據葬訖祭墓者據小宗伯成葬而祭墓爲位則初穿地時無祭墓之事　春官小宗伯成葬而祭墓爲位註成葬丘已封也位壇位也先祖形體托於此地祀其神以安之　檀弓旣反哭主人與有司視虞牲有司以几筵舍(釋)奠於墓左反日中而虞陳註孝子先反而視牲別令有司釋奠以禮地神爲親之托體於此也奠者置也釋置此祭饌也待有司之反卽於日中虞祭

◆祠后土祝辭(사후토축사)

按祝辭出開元禮　沙溪曰開塋域與葬時祠后土祝辭或稱姓名或稱封謚前後不同必有其義而未可知也或云檀弓請謚於君曰日月有時將葬矣請所以易其名者易名以諱故不稱姓名歟未知是否　問開塋域祝辭稱姓名葬日祝辭不稱姓名者旣於開塋域已告矣神道固已有領會之義是以前後不同如何尤菴曰恐是偶然闕文若以爲神道已於初告領會故後不言姓名則此

封謚初不欲領會而必欲於再告時領會何也此等詳略古今經傳多有之或以互見或以相證皆
不可知　按書儀開塋域祝某官姓名下註主人也謂爲主人營建其親宅兆葬曰祝某官封謚下
註亡者也未知家禮之意亦如是否

⊙祠后土儀禮節次(사후토의례절차)

就位(告者立北向執事者二人在其後)　鞠躬拜興拜興平身(告者與執事者皆拜)　盥洗(告者
與執事者俱洗)　詣香案前　跪　上香　斟酒(執事者一人執酒注西向跪一人執盞東向跪告者
取注斟酒于盞畢反注取盞)　酹酒(傾酒于地)　獻酒(復斟酒置神位前)　俯伏興(少退立)　讀
祝(祝執板跪于告者之左而讀之)　復位　鞠躬拜興拜興平身　禮畢

儀節按古禮雖有合葬墓左之文而無所謂后土氏者惟唐開元禮有之溫公書儀本開元禮家禮本書儀
其喪禮開塋域及窆與墓祭俱祀后土然后土之稱對皇天也士庶之家有似乎僭考之文公大全集有祀
土地祭文今擬改后土氏爲土地之神

⊙후토제 의례절차.

위전으로 들어간다. (고자(告者)는 북쪽으로 향하여 서고 집사자 두 사람은 그 뒤에
선다)　국궁 재배 평신한다. (고자와 같이 집사자 모두 재배한다)　손을 씻는다. (고
자와 같이 집사자 모두 손을 씻는다)　향안 앞으로 간다.　무릎을 꿇고 앉는다.
분향을 한다.　술을 따른다. (집사자 한 사람이 주전자를 들고 고자의 오른편에서 서
쪽으로 향하여 무릎을 꿇고 앉고 또 한 사람은 잔반을 들고 고자의 왼편에서 동쪽으
로 향하여 무릎을 꿇고 앉으면 고자는 주전자를 받아 잔에 술을 따르고 마쳤으면 주
전자는 되돌려주고 잔을 받는다)　강신한다. (술을 땅에 기우려 따른다)　헌주한다.
(다시 술을 따라 신위 전에 올린다)　부복하였다 일어선다. (조금 뒤로 물러나 선다)
　독축한다. (축관은 축판을 들고 고자의 왼쪽에서 무릎을 꿇고 앉아 독축을 한다)
제자리로 물러나 선다.　국궁 재배 평신한다.　예를 마친다.

◆祠后土祝文式(사후토축문식)

　　維
歲次干支幾月干支朔幾日干支某官姓名敢昭告于
　　土地之神今爲某官封謚書儀亡者也　此下當添某公二字　內喪云某封某氏窆茲幽
　　宅
　　神其保佑俾無後艱謹以淸酌脯醢祇薦于
　　神尙
　　饗

◆산신제 축문식.

세차 모간지 기월 기일 모관 모성 모가 토지의 신께 감히 밝혀 고하나이다. 이제 모
관 봉시 모공을 이 유택에 하관을 하였사옵니다. 신께서 그를 돕고 보호하시어 훗날
어려움이 없도록 하여 주옵소서. 삼가 맑은 술과 포해를 정성을 다하여 드리오니 바
라옵건대 흠향하옵소서.

⊙藏明器等(장명기등)

實土及半乃藏明器下帳苞　　於便房以版塞其門(增解據上本註明器等雖不用可也之說
而不用之則當無此藏器一節)

⊙명기(明器) 등을 묻는다.

광중에 흙을 반정도 채웠으면 곧 이어 명기(明器)를 묻고 침상과 생활 용품인 포(脯)를 담은 그령포 바구니와 오곡 대바구니와 술과 안주를 담은 항아리 등을 쉬는 휴게실을 만들어 넣고 판자로 막아 편방(便房)의 문으로 한다.

◆明器(명기)

丘文莊曰朱子謂此雖古人不忍死其親之意然寔非有用之物且脯肉腐敗生虫蟻尤爲非便雖不用可也竊謂　小其制每種各置少許五穀每種存數十粒脯醢存一二塊庶幾存古似亦無害　高氏曰晉成帝詔重壤之下豈　重飾惟潔掃而已張說曰墓中不置　以其近於水也不置羽毛以其近於尸也不置黃金以其久而爲恠也不置丹朱雄黃　石以其近烈而燥使土枯而不滋也古人納明器於墓此物久而致　必矣如必欲用之則莫若於壙外別爲坎以　之也

◆藏明器(장명기)

既夕禮藏器於旁加(見賢遍反)註器用器役器也見棺飾也更謂之見者加此則棺柩不復見矣先言藏器乃云加見者器在見內也疏飾則帷荒以其與棺爲飾此柩入壙還以帷荒加於柩　藏苞　於旁註於旁者在見外也不言甕　饌相次可知四者兩兩而居喪大記棺樟之間君容祝大夫容壺士容　疏以其陳器之法後陳者先用先用甕　後用苞　藏明甕　先藏可知苞居一旁甕　居一旁故云兩兩而居也　開元禮　出持翣者入倚翣於壙內兩廂遂以下帳張於柩東南面米酒脯陳於下帳東北食盤設於下帳前苞牲置於四隅醢醢陳於食盤之南藉以版明器設於壙內之左右

◆挽章所處(만장소처)

退溪曰挽章納于壙中禮雖無據從俗恐無害蓋不納則置之無所宜故也　沙溪曰壙中納雜物恐不可　南溪曰挽章葬後或焚之或收之要以不褻用爲宜

⊙下誌石(하지석)

墓在平地則於壙內近南先布磚一重置石其上又以磚四圍之而覆其上若墓在山側峻處則於壙南數尺間掘地深四五尺依此法埋之

⊙지석(誌石)을 묻는다.

묘지가 평지에 있으면 광중 안에 가까운 남쪽으로 먼저 벽돌 한 켜를 깔고 그 위에 지석(誌石)을 놓는다. 또 사방을 벽돌로 에워 쌓은 뒤 위를 벽돌로 덮는다. 만약 묘가 산의 옆으로 치우쳐 있거나 산이 높고 험준한 곳이면 광중 남쪽으로 수척 사이에 땅을 사오 척 깊게 파고 이법에 의하여 묻는다.

◆誌石(지석)

政和制九品以下無誌石朱子曰誌石爲久遠之驗則未有　逼之嫌○家禮刻誌石註用石二片其一爲盖刻云某官某公之墓無官則書其字曰某君某甫其一爲底刻云某官某公諱某字某某州某縣人考諱某某官母某氏某封某年月日生　歷官遷次某年月日終某年月日葬某鄕某里某處娶某氏某人之女子男某某官女適某官某人婦人夫在則盖云某官姓名某封某氏之墓無封則云妻夫無官則書夫之姓名夫亡則云某官某公某封某氏夫無官則云某君某甫妻某氏其底　年若干適某氏因夫子致封號無則否葬之日以石字面相向而以鐵索束之埋之壙前○書儀銘誌但可直敍鄕里世家官簿始終而已○王儉曰石誌不出禮經起顏延之爲王彌作墓志以其素族無銘誄故也遂相祖襲魏侍中繆製埋文父母墓下但記姓名歷官姻　而已若有德則爲銘文王戎墓銘有數百字然則魏晉以來有墓誌也漢杜子春臨終作文命刊石埋墳前墓誌恐因此始詳見續事始○檀弓孔子之喪公西赤爲志子張之喪公明儀爲志○宋熙寧中洛中有人耕于鳳凰山下獲石誌方廣一尺餘乃婦人撰夫誌也其文曰君姓曹氏名禋字禮夫世爲洛陽人三十歲兩擧不中卒于長安道中朝廷卿大夫鄕里故老聞之莫不哀其孝友睦婣篤行能文何其夭

之如是耶唯見聞之獨不然乃慰其母曰家有南　足以養其親室有遺文足以敎其子凡累于陰
陽之間者至死數不可逃夫何悲喜之有哉丙子三月十八日卒以其年十月十五日葬於鳳凰山
之原余姓周氏君妻也歸君室八歲生子一人尙幼以其恩義之不可忘故作銘銘曰其生也天其
死也天苟達些理哀哉何言其生也浮其死也休終何爲哉慰母之情〇顧炎武金石文字記曰隋
榮澤令常醜奴墓志墓志始自南朝南齊書云宋元嘉中顏延之作王球石誌梁任昉云誌始于晉
殷仲文隷釋云始自東漢昉未之見也宋周必大得光武時梓潼屘君墓甄以此知東漢志墓也初
猶有甄久方刻石今謂起於江左者疑亦禁碑之後至晉末復　爲之而名曰誌〇陳安卿問誌石
之制在士庶當如何題溫公謂當書姓名恐未安夫婦合葬者所題之辭又當如何朱子答曰宋故
進士或云處士某君夫人某氏之墓下署記名字鄕里年歲子孫及葬之年月〇墓在平地則於壙
內近南先布甄一重置石其上又以甄四圍之而覆其上若墓在山側峻處則於壙南數尺間掘地
一二尺依此法埋之(盛以木櫃用石灰拌勻者塗其上下四方尤妙〇先以泥灰築底及四方置木
櫃納燔誌又覆以泥灰築之〇書儀自南朝有銘誌埋之墓中盖慮異時人所動而誌石先見則庶
爲掩之

◆埋誌石(매지석)

大全李繼善問政和儀九品以下至庶人無誌石而溫公書儀皆有之今當以何者爲據曰誌石或
欲以爲久遠之驗則略其文而淺　之亦未有僭偪之嫌也嘗見前輩說大凡誌石須在壙上二三
尺許卽他日或爲畚錭誤及猶可及止若在壙中則已暴露矣雖或見之無及於事也此說有理
或問墓在山側峻處則誌石埋於壙南之意愚曰墓在山側峻處則恐易崩壞而誌石露出故必於
壙南堀地深四五尺而埋之若是壙內則不可深堀故也

⊙復實以土而堅築之(복실이토이견축지)

下土亦以尺許爲準但須密杵堅築

⊙흙을 반복하여 채우고 견고하게 다진다.

흙을 채울 때는 한자 정도를 기준으로 한다. 다지는 것만은 공이로 꼼꼼히 단단히 다
진다.

⊙題主(제주)

執事者設卓子於靈座東南西向置硯筆墨對卓置盥盆帨巾如前主人立於其前北向(沙
溪曰衆主人在其下)祝盥手出主(便覽去跌判之)臥置卓上使善書者盥手西向立(便覽或坐書
便於事)先題陷中父則曰云云粉面曰(云云)其下左旁曰(云云)母則曰(云云)粉面曰(云云)
主旁亦如之無官封則以生時所稱爲號題畢(便覽合主植跌)祝封置靈座而藏魂帛於箱
中以置其後炷香斟酒執版出於主人之右跪(便覽主人亦跪)讀之曰子同前但云孤子某
敢昭告于(云云)畢(儀節不焚)懷之興復位主人(便覽以下)再拜哭盡哀止母喪稱哀子後放
此凡有封諡皆稱之後皆放此

　　問夫在妻之神主宜書何人奉祀朱子曰旁註施於所尊以下則不必書也　高氏曰觀木主之制旁題主
祀之名而知宗子之法不可廢也宗子承家主祭有君之道諸子不得而抗焉故禮支子不祭祭必告於宗
子宗子爲士庶子爲大夫則以上牲祭於宗子之家其祝詞曰孝子某爲介子某薦其常事若宗子居于他
國庶子無廟則望墓爲壇以祭其祝詞曰孝子某使介子某執其常事若宗子死則稱名不稱孝蓋古人重
宗如此自宗子之法壞而人不知所自來以至流轉四方往往親未絕而有不相識者是豈敎人尊祖收族
之道哉

⊙신주를 쓴다.

집사자는 탁자를 영좌 동남쪽에서 서쪽으로 향하게 놓고 탁자 위에 벼루와 먹, 붓을
놓고 탁자를 마주하여 세수대야와 수건을 앞의 의식과 같이 놓아 둔다. 주인은 탁자

앞에서 북쪽으로 향하여 서고 주인의 동생들은 그 뒤에 선다. 축관은 손을 씻고 신주를 상자에서 내어 받침에서 본 신주를 빼어 겉 신주와 속 신주를 떼어 탁자 위에 뉘어 놓는다. 글씨 잘 쓰는 이(善書者)로 하여금 신주를 쓰게 한다.

선서자(善書者)는 손을 씻고 서쪽으로 향하여 서서 쓰거나 앉아서 쓰거나 편리한대로 하고 쓴다. 먼저 속 신주를 다음과 같이 쓰고 다음으로 겉 신주를 다음과 같이 쓴 다음 그 아래 좌측 옆으로 다음과 같이 봉사자(奉祀者) 명을 쓴다. 어머니이면 속 신주를 다음과 같이 쓰고 겉 신주를 다음과 같이 쓴 다음 옆 아래 역시 그와 같이 쓴다. 남자는 관직이 없었고 여자가 봉함이 없었으면 생시 부르던 호칭대로 쓴다.

신주 쓰기를 모두 마쳤으면 축관은 겉 신주와 속 신주를 합하여 받침에 꽂아 받들어 영좌에 안치하고 혼백은 상자에 넣어 신주 뒤에 둔 후 분향을 하고 술을 따라 올린 후 축판을 들고 주인의 오른쪽에서 무릎을 꿇고 앉으면 주인 이하 모두 무릎을 꿇고 앉는다. 이날에는 아들을 고자(孤子)라 하여 다음과 같이 독축을 하고 마치면 축문을 불사르지 않고 품에 품고 일어나 제자리로 물러나 선다. 주인 이하 모두 재배하고 슬픔을 다하여 곡을 하고 그친다.

어머니 상(喪)이면 애자(哀子)라 칭하기를 이후 이와 같으며 봉과 시호(諡號)가 있으면 부르기를 모두 이와 같이 한다.

◆題木主(제목주)

宋　菴曰家禮陷中第幾神主丘儀作行幾盖行第二字乃中國俗語如吾東所稱行列座目之語也中國人於兄弟不分遠近男女從其次第稱號其最長者謂之大其二三以下只計數無定限如崔大杜二陳三盧四南八歐九六嫂四娘可見而族多者至於五六十此乃天生次第不以貴賤存沒而有改故爲尊卑老少之通稱也然東俗旣不用行第之稱號則其於陷中亦勿書可也○沙溪曰古者婦人亦稱行第如吊狀幾家　妹是也我國男子婦人並不用之○家禮圖云禮經及家禮舊本於祖考上皆用皇字大德年間省部禁止　避皇字今用顯可也○曲禮註皇以君之稱尊之也○丘氏曰皇與顯皆明也其義相通○高氏曰觀木主之制旁題主祀之名而知宗子之法不可廢也○疑禮問解問神主旁題家禮曰其下左旁或以爲當題於神主之左或以爲當從寫者之左願聞折衷之說答何氏小學圖奉祀之名題於神主之左何氏之意盖以神道以右爲尊奉祀不當書主衛之右創自改之考禮者不深究本義而反以爲家禮本文文勢然也乃以其下左旁之左爲神主之左不從卷首圖而從何氏所圖者恐非朱子本意何以知其然也按家禮立小碑章曰略述其世系名字行實而刻於其左轉及其後右而周焉此左字正與其下左旁之左文勢同然則碑文亦將逆書而周焉乎　不然也○問妻喪題主當何書耶答朱子稱亡室丘氏稱亡妻周元陽祭錄稱嬪當依朱子所定○大全問夫在妻之神主宜書何人奉祀朱子曰旁註施於所尊以下則不必書也○陳明仲問妻喪奉祀之題其子曰此亦未安不須題奉祀之名亦得○寶文敬問子之所生母死題主當何稱曰若避嫡母則止稱亡母而不稱妣○疑禮問解問無官而非學生者題主稱學生似未穩稱號如何婦人則不書孺人只稱鄕貫亦不妨否答無官而死者不稱學生則無他稱號勢不得已當書學生處士秀才各隨其宜可也婦人孺人之稱書亦可不書亦可丘氏謂無官婦人宜如俗稱孺人盖禮窮則從下之義也○問婦人神主稱號從夫實職問庶　婦人神主稱號答云云(並見上銘旌條)(問庶　婦人書某氏氏字未安則當何書答氏所以別其姓也庶　雖賤稱之何嫌或書以某姓之柩無妨)○問凡喪無子孫只有子婦奉其祭祀則其神主旁題以孝子某之婦某氏書之耶禮無婦女主祭旁題不書乎若有乳下之兒則以兒之乳名旁題及長定名後改題可乎答婦人無奉祀之義周元陽祭錄婦祭舅姑者祝辭顯舅顯姑云云若不得已或依此題主耶旁題亦無明文若有乳下兒則定其名卽書旁題何必待長○問夫亡而無子則其神主當何書而朱子曰旁註施於所尊妻旣主祀則旁註當何以書之答妻祭夫稱辟(法也妻所法式也)出於禮記周元陽祭錄亦曰主婦某氏祭顯辟云云稱顯辟似有據旁題禮無明文○問世俗或有以外孫主

祀者神主當以顯外祖考妣書之旁註亦書之耶外祖神主或傳於外孫女則亦將何以書之耶答外孫奉祀猶爲不可　外孫女耶何必書奉祀闕之可也〇輯覽或問題主者當着何服答曰恐當以其時所着之服服之而只令䔍潔可也〇丘儀主人再拜謝題主者答拜〇沙溪曰拜亦可不拜亦可

◆第幾神主(제기신주)

菴曰家禮陷中故某官某公諱某字某第幾神主丘儀第幾作行幾又於家禮圖粉面書屬稱註曰屬謂高曾祖考稱謂官或號行如處士秀才幾郎幾公蓋行第二字乃中國俗語或云輩行如吾東所稱行列座目之語也中國人於兄弟不分遠近男女從其次第稱呼其最長者謂之大其二三以下只計數無定限如崔大杜二陳三盧四南八歐九六嫂四娘可見而族多者至於五六十此乃天生次第不以貴賤存沒而有改故爲尊卑老少之通稱也此於中國雖兒童婦女皆所能知而在吾東則不用此故名爲儒者亦或不知士之生於偏方之不幸有如是夫然東俗既不用行第之稱呼則其於陷中亦勿書可也　退溪曰行　按家禮云彼一　之親有幾人稱幾丈云云以此觀之通同姓有服之兄弟而分其先後生次　而爲稱號明矣　尤菴曰男子行　未知通一族而數之耶只從有服之親而數之耶無可據之文不敢質言

題主奠當否(제주전당부)

備要按家禮無別設饌之文而五禮儀有題主奠今俗或用之〇輯覽按此奠於禮無之不必行也
菴曰題主之後登時反魂何也蓋接引靈魂依付木主其道至微其事甚急故以俗情言之築土成墳宜非小事而顧使子弟一人監之乃至擧子孫族屬擁行回還如將不及者其輕重必有在矣家禮不設別奠只於題了令炷香斟酒其爲禮甚略而讀祝纔畢便擧以升車其意可知也而世俗不能深究乃置主靈座仍設別奠以爲大禮會葬賓客無不與焉謂之題主奠却於虞祭視爲尋常豈非昧義理而哭輕重哉　遂菴曰先師常以題主奠爲非禮從俗與否只在於行事之人非談禮者之所可知也

◆題主別奠之非(제주별전지비)

艮齋曰題主別奠之非　菴所論極有補於禮敎此沙翁所以編入於輯覽也其答同春書有從俗不放之訓恐是一時未定之論更詳之如何

◆皇顯之稱可否(황현지칭가부)

備要家禮圖云禮經及家禮舊本於祖考上皆用皇字大德年間省部禁止回避皇字今用顯可也
尤菴曰家禮舊本稱皇考皇妣別本則只稱考妣胡元禁皇字而俾稱顯字好禮之家嫌於胡元之制從別本只稱考妣矣然朱子大全告先祖祝文有惟我顯考之文胡元之制亦出於此則仍用顯字亦無所嫌耶家禮祝辭加以故字果與神主之制有異未知所以　南溪曰顯考之稱見於周元陽祭錄韓魏公亦嘗用之家禮圖雖有大德年間之說當時只禁皇字而其謂用顯者即撰圖之人所爲恐非可拘　雲坪曰家禮本文皆稱皇至元時禁皇字故元儒作家禮圖代用顯曲禮祭辭曰皇祖考皇考皇辟此周公之禮也故朱子從之彼醜虜不識義理令於其國其國固可從也安有士君子行禮乃不從周公晦翁之言而必從胡元之今也然有欲變今俗而從古禮者如非庶子之子始在親喪之日即以題乎主也其勢亦不可得也

◆考妣(고비)

曲禮王父曰皇祖考王母曰皇祖妣父曰皇考母曰皇妣夫曰皇辟註曰皇曰王皆以君之稱尊之也考成妣　辟法也妻所法式也　通解註郭璞曰禮記云生曰父母妻死曰考妣嬪按書曰大傷厥考必事厥考厥長聰聽祖考之彝訓蒼頡篇曰考妣延年書曰嬪于虞詩曰聿嬪于　周禮有九嬪之官明此非死生之異稱矣猶今謂兄爲　妹爲

◆陷中字數多書兩行(함중자수다서양행)

牛溪曰神主職銜字數多者陷中書以兩行

◆父題子主陷中書公(부제자주함중서공)

問父主子喪神主陷中公字宜代以君字尤菴曰陷中雖易世之後無復變改者故父雖在而只依例書之矣

◆卑幼亦書諱字(비유역서휘자)

問諱字無乃不稱於卑幼耶沙溪曰死曰諱無尊卑矣

◆妻子旁親不書旁註(처자방친불서방주)

問妻喪題主朱子曰不須題奉祀之名　問父在子死主牌書父主祀如何曰此類且得不寫若尊長則寫　備要旁親雖尊亦不必書旁註

◆書貫當否(서관당부)

尤菴曰婦人神主家禮無書貫之文不書爲當矣第家禮第幾之規我國不能行旣不書第幾則書貫或不至甚悖耶且念國俗金與金李與李爲夫妻者甚衆不書其貫則尤爲無別書之無乃爲宜乎

◆男子無官者所稱(남자무관자소칭)

沙溪曰無官者不稱學生則無他稱號勢不得已當書學生處士秀才各隨其宜可也

◆婦人無封者所稱(부인무봉자소칭)

沙溪曰丘氏謂無官婦人宜如俗稱孺人蓋禮窮則從下之義也　寒岡曰國法雖通政而非曾經實職則妻不許封

◆殤主男稱秀才女稱處女(상주남칭수재녀칭처녀)

問寒岡曰於殤主男子則當書以秀才某郡某公神主女子則當書曰某郡某氏神主殤主稱公字似未安艮齋曰男則當書以某親秀才神主女則當云處子

◆廢疾長子題主(폐질장자제주)

問長子疾廢次子專主喪事則題主何以爲之寒岡曰雖病廢不得不書長子之名　愼獨齋曰長子雖病廢有子則豈不可傳重耶

◆父母皆喪題主(부모개상제주)

尤菴曰父母同日窆則當先題重喪之主虞祭亦先行之蓋葬是奪情之事故雖先母後父而題主則是伸情之事故先父後母耳又曰題主以亡室似無其義　遂菴曰父在時母已死仍服期年一如問解說無疑但題主則不可以亡室書之書以顯妣有何相妨　南塘曰母喪成服而父亡者雖服期而葬時題主稱妣有何難處之義　愚按據陶菴說雖以一日母若先亡則服母以期而至於題主則已告父喪於母之几筵且在其父殯葬之後不當題以亡室須題以顯妣而旁註云子某攝祀恐當初虞祝芝村問　及小祥祝南溪說皆然若父先亡則自當稱妣稱孝云

◆父與祖父母偕喪題主(부여조부모해상제주)

問祖母喪旣殯父亡葬時祖母題主何以爲之雲坪曰所謂父爲傳重正主已攝行事者題主則稱顯妣從正主也無旁題已告喪於前喪几筵也祝辭稱孫稱祖妣從攝事也　愚按先師之論題主以顯妣雖云從正主而以祝辭之稱孫稱祖妣觀之則一位靈筵祝主異稱有似斑駁且此雖出於不忍死其親之義而　之死而致死之固是不仁也之死而致生之亦是不知也今題以顯妣果不涉於致生之嫌耶此恐與服制之不得承重有間矣蓋服制是父生前事也父服祖喪而亡未忍以父亡而變之故仍服祖以期固當然也題主則是父亡後事也已告父喪於前喪几筵而又在其父殯葬後則豈宜以父致生之而題之以考妣乎尤菴嘗論父母偕喪題主曰題以亡室似無其義遂菴南塘之論亦然今以此義旁照則題以祖考妣而旁註稱孫某攝事喪畢改題以孝孫奉祀則恐不悖於從正主攝行事之本意也恨未早質於樞衣之日也若父先亡而祖父母後亡則自當承重

而題主以祖考妣矣此則不須疑矣

◆有適婦次子題主(유적부차자제주)

尤菴曰次子不敢旁題而只稱攝行者實嚴宗統之一大防但旣無主人則攝之一字無所當矣觀於成王幼周公攝政可知攝字之義不得已次子主祭則用權字無乃稍安耶　南塘曰婦人題主出於周元陽祭錄此恐是無子與孫而只有婦人者也愚意婦人不敢專家人臣不敢僭上天地之大義也適子死無後次子奉祀題主去孝字不稱奉祀而稱攝祀恐或得宜或曰無主而謂攝未可曰此有婦人故謂之攝耳適長立後復歸宗事理順事便又曰宗婦主祀以婦人計世而不祧親盡之主固不可旣題主奉祀而又行祧遷之事亦不可其勢不得不以其弟題主　陶菴曰殷及(註兄亡弟及之謂)之制旣無父兄遺命則支子當喪義不敢自爲權攝之外無他策題主以顯考妣啓殯日告以支子某攝祀之由其後行祭祝輒以攝祀事孤子某爲稱

◆遺腹兒未生前攝主題主(유복아미생전섭주제주)

朽淺曰在腹之兒男女未判之前似當以無後處之當以攝主旁題若後日遺腹子爲男則練祭時更題不爾則繼後

◆無男主婦題舅主(무남주부제구주)

周元陽祭錄無男主而婦祭舅姑者祝辭云新婦某氏祭顯舅顯姑　南溪曰禮經必無男主然後用女主　南塘曰長子先亡而長孫後亡則長孫婦當服喪三年而主喪題主長孫先亡而長子後亡則長子婦主喪題主以待長孫立後而傳重　愚按子先亡孫後亡孫婦主喪題主云者恐未然喪服傳云有適子者無適孫孫婦亦如之其曰亦如者謂有適婦者無適孫婦也據此無論長子長孫先後亡子婦皆當主喪題主而其孫婦則以屬從所從雖沒也服之義服其喪則可也其主喪題主則恐不可也且按小記婦人不爲主而杖者姑在爲夫杖云則姑在婦不得主喪此亦可爲旁證矣未知如何

◆攝祀題主(섭사제주)

類編宗子死有妻無子今人每以立後爲重故其親喪以子某攝祀題主待他日立兄後當改○省齋曰此謂兄無子而弟代行也若有子而幼則以幼子名題主次子則但攝行其事朱子答李孝述書可考

◆有妻無子兄弟題主(유처무자형제제주)

問父子俱亡父有妻若昆弟子有妻若三歲女子其題主何以爲之愼獨齋曰其父之主當以其昆弟之長題之其子之主當以其女子題之尹吉甫曰其父子神主皆當以父之昆弟題之未知如何則可也　同春曰顯辟之稱出於千萬不得已有兄有弟則自可主之而祔於祖龕得禮之正　南溪曰無男主然後立女主父兄弟姪皆可爲男主則恐可姑依班祔例以伯氏爲題　若只有妻則恐當用諸親題主攝行以待立後而不用妻然今俗必不安於諸親攝行而安於妻稱顯辟恐難抑而行之　若書顯辟則三年後當改題其先舅曰顯舅猶有可據者以上諸位則推不去矣且旣稱顯辟則當遷入正室而其先勢當遞遷未立後而先遞遷又甚不便以此推之必先　三年後事而後可以皇辟題主又按小記有三年者必爲之再祭疏曰有三年者謂死者有妻若子妻不可爲主而子猶幼小故大功者爲之練祥再祭此亦可見妻不主喪之意也　周元陽祭錄弟祭無子之兄曰顯兄兄祭其弟曰弟某甫　南塘曰兄主弟喪神主書名古也不名今也兩皆無妨朱子已稱亡室則亡弟亡子之稱自是一例

◆無子無親妻題夫主(무자무친처제부주)

問夫亡無子神主稱顯辟耶旁註何以書之沙溪曰妻祭夫稱辟出於禮記周元陽祭錄亦曰主婦某氏祭顯辟稱顯辟似有據旁題禮無明文　南溪曰曲禮祭夫曰皇辟之言無乃家無諸親如周元陽所謂祭無男主故不得已而爲此者耶　題主諸親非宗子又爲遠屬則用皇辟之設似可用之又曰雖以皇辟題主者虞祔諸祭依小記(按卽大功者主人之喪必爲之再祭疏妻不可爲主

說)行之恐當

◆兄嫂弟婦題主(형수제부제주)

問兄嫂喪題主遂菴曰家禮立喪主條註親同則長者主之據此則尊嫂之喪達卿可主旣主其喪
題主不可異同稱顯伯嫂爲宜旁題則闕之早晚立後之後改題何難　問兄主亡弟夫妻喪者其
弟神主則書以亡弟弟妻則何以書之沙溪曰以弟婦書之爲可

◆庶　題主(서얼제주)

尤菴曰武藝庶　以武學或以業武書之　遂菴曰學生業儒當從生時所稱

◆庶　婦人題主(서얼부인제주)

尤菴曰妾用氏字未見其僭　遂菴曰庶　之稱孺人未知其當

◆幼子題主(유자제주)

李繼善問先兄嘗收一襁褓之子爲嗣按喪大記云子幼則以衰抱之人爲之拜是當以所立之子
主喪而孝述爲之攝否朱子曰攝主但主其事名則宗子主之不可易也　沙溪曰婦人無奉祀之
義若有乳不兒則　其名卽書旁題何必待長　渼湖曰禮子幼則有以衰抱而行禮之儀雖在乳
下當以其子題主而凡祭祀時若難於抱衰則以其幼告於几筵而使人攝之似宜

◆妻喪題主(처상제주)

問妻喪題主沙溪曰朱子稱亡室丘氏稱亡妻周元陽祭錄稱嬪當依朱子所　　問退溪曰朱先
生嘗以亡室書之云而某意亡字似切迫非不死其人之義以故字書之無妨云如何尤菴曰亡室
之書旣有朱子之訓何敢違也退溪說似不敢從

◆本生題主(본생제주)

問於本生父母不得已主祀則屬稱何以書之沙溪曰當依程子朱子之言以顯伯叔父稱之自稱
從子　陶菴曰出後者又還主生親之喪實有違於別嫌重統之義顯辟之稱亦是窮極盡處萬不
得已之事二者俱苟而已然取此較彼顯辟差爲寡過耶　愚按本生家若無他親可爲男主則出
後子以伯叔父題主權攝其祀而不用女主恐無妨於別嫌重統之義未知如何陶菴又有爲本生
親喪題主當去旁題之訓恐此爲定論　南塘曰所生父母旣不得立後祔於宗家則稱以伯叔父
母或使次子奉其祭祀而主其題主祝文則於所生祖父母稱以從祖從孫似亦無害於大義耳
陶菴曰出繼子之　二子雖權爲主喪而至於題主則中問旣闕一世稱祖稱孫決不敢矣　一子
似是宗家以顯從祖題主而無旁題用班祔之例爲宜　問爲本生祖侍養者題主南溪曰題主以
從祖有不得已者

◆養父母題主(양부모제주)

問人將立後取養兄弟之子生纔半歲者未及聞官其人夫妻俱沒其侄服喪題主何以爲之尤菴
曰本服盡後有心喪之禮如朴進善世采氏是也所養如無子孫則被養者主祀祔於宗家可也
南溪問題主旣書養妣旁題不必並用養字只可稱子否曰題主屬稱旣曰養妣則旁題只稱子不
稱養似不相應矣

◆子孫喪題主(자손상제주)

同春曰父主子喪祖主孫喪主面書名似當昔亡子葬時尤相臨會力言當書名鄙意以爲旣書其
職雖不書名似無所妨竟不書之不知果如何　問父主子喪題主當書名耶尤菴曰昔年伯兄亡
先親問於沙溪先生書以亡子某神主矣其後同春喪子書以亡子某官神主問之則鄭愚伏如此
云矣　稱官未有明文然世俗皆稱之於理恐無妨也書名一款據備要則無所疑父前子名古禮
也此謂孫當名其父於其祖之前也今將祔子於父龕而反不名耶恐無是理

◆伯叔父母題主(백숙부모제주)

旅軒曰雖旁親若尊位則皆用顯字府君字　南塘曰母者生我之稱雖非生我者苟有父母之道
者皆可稱之妣者配父之稱苟非配父者不可以混稱也伯叔母旣不可稱妣則伯叔父又不可獨
稱考矣此則考妣之稱不可以復加於旁尊矣　問仲父無后而伯父主宗故題以亡弟矣今有仲
母喪而伯父且卒從兄移在遠地家親今則主喪題主何以爲之陶菴曰在重宗之義恐當以令從
兄爲主題主以顯仲母矣令從兄方在遠哀姑攝祭畢竟班祔爲得　問人有父于俱亡無從其子
只有幼女其寡姑孀婦又俱沒其題主以其父之從子爲之耶以幼女題之而待其立後耶遂菴曰
幼女雖是血屬出嫁後則不可仍主其祀從子主之似宜

◆殤主男稱秀才女稱處女(상주남칭수재여칭처녀)

問寒岡曰於殤主男子則當書以秀才某郡某公神主女子則當書曰某郡某氏神主殤主稱公字
似未安艮齋曰男則當書以某親秀才神主女則當云處子

◆外祖父母題主(외조부모제주)

問世俗或以外孫主祀神主以外祖考妣書之旁註亦書之耶或傳於外孫女則何以書之沙溪曰
外孫奉祀猶不可　外孫女耶何必書奉祀闕之可也　問外庶孫奉其外祖父母祭祀則未知於
嫡祖妣上加嫡字以別之所生祖母只稱外祖母以別之乎南溪曰朱子曰若避嫡母只稱亡母準
此後說似近之　尤菴曰外孫奉祀朱子斥以非族之祀(見上通禮班祔條祔註外孫奉祀說)

◆追當立主(추당입주)

艮齋曰親始死設重束帛旣葬立木主皆以依神卒哭明日而祔未忍一日無所歸也喪畢立廟廟
者貌也所以彷彿先人之形容也是皆盡報本反始之心尊祖敬宗之意實有家名分之首務開業
傳世之大本也故聖人重之孝子愼之而後賢之有意於禮敎者不立主不許葬其無主而祭者亦
敎之追成祀版以聚其已散之魂補其久闕之典特裔戎昧識蔑禮而不以爲人道之所當然也近
世敎化不行人心已死彼縉紳儒士猶且有從夷者號爲一省儒宗者又從而製不立主之祝辭以
助之噫其痛矣昔吾同門孟完淳以丙寅洋擾之日死族人謂今日國中名門大家已有埋主者今
何必造主其大人竹觀公斥之曰以此時也故尤宜從禮今日立主明日　置然且爲之君子多之
今聞德門未曾立主此是人家大闕典不可一日淹遲者亟歸而告諸尊堂以成之庶幾祖宗飄散
之靈得有所萃而子孫無係之心得有所歸也

◆諡(시)

周禮太史大喪遣之日讀諡小喪賜諡註諡謂積累生時德行以賜之命遣謂祖廟之庭大奠人道
終於此累其行而讀之小喪卿大夫也疏至葬則以鬼事之當稱諡故於南郊祭天之所稱天以諡
之是王諡成於天道若然先於南郊制諡遣之日讀之卿大夫將作諡請於其君君親爲制諡使大
史　賜之　小史卿大夫之喪賜諡讀諡疏賜諡是大史之事於賜諡之時諡列生時行迹而讀之
　曾子問賤不諡貴幼不諡長禮也惟天子稱天以諡之諸侯相諡非禮也註諡當由尊者成　諡
法(按文獻通考云周公諡法一卷不著撰人名氏)惟周公旦太公望開嗣王發建功于牧野及終
將葬乃制諡法諡者行之迹號者功之表車服者位之章也是以大行受大名細行受小名行出於
已名生於人　表記子曰先生王諡以尊名節以壹惠　名之浮於行也註名謂聲譽壹讀爲一惠
猶善也言聲譽雖多即以其行一大善者爲諡爾　檀弓公叔文子卒其子戌請諡於君曰日月有
時將葬矣請所以易其名者君曰謂夫子貞惠文子　郊特牲古者生無爵死無諡註爵謂大夫以
上也　檀弓士之有誄自縣賁父始也　方氏曰誄之爲義達善之實而不欲飾者也諡則因誄之
言而別之有誄則有諡矣

◎諡法解(시법해)

◆請諡(청시)古禮將葬請諡(通典)啓殯後贈諡故請諡序在啓殯之次

周禮太史小喪賜諡(註)小喪卿大夫也(疏)將作諡之時其子請於君君親爲之制諡使大夫將往
賜之小史至遣之日往讀之○遣之日讀誄註遣謂祖廟之庭大奠將行時也人之道終於此累其
行而讀之(疏)未葬之前孝子不忍異於生仍以生禮事之至葬以鬼事之故旣葬之後當稱諡故
誄生時之行而讀之○小史卿大夫之喪賜諡讀誄疏賜諡太史之事小史於太史賜諡之時須誄
列生時行蹟而讀之諡法依誄爲之○鄭註讀誄賜諡事相成也○檀弓死諡周道也(疏)殷以上
有生號仍爲死後之稱堯舜禹湯之例是也周則死後別立諡○公叔文子卒其子戌請諡於君曰
日月有時將葬矣請所以易其名者(註)諡者行之迹(疏)生存君呼其名旣死將葬請所以誄行作
諡易代其名者○表記子曰先王諡以尊名節以壹惠(註)壹專也惠善也善行雖多取其大者以
專其善○郊特牲生無爵死無諡(註)大夫以上乃謂之爵○開元禮告贈諡於柩六品以下無○
史記正義諡法解惟周公旦太公望開嗣王發建功于牧野終將葬乃制諡遂　諡法諡者行之迹
號者功之表是以大行受大名細行受細名行出於已名生於人(註)名謂號諡○程子曰勸善懲
惡爲政之大權至要莫先於諡法刑罰雖嚴可警於一時爵賞雖重不及於後世惟美惡之諡一定
則榮辱之名不朽矣○和靖尹氏曰諡法最公以成周之時其子孫自以幽厲柀爲諡孝子慈孫所
不能改也文王只用文字武王只用武字大小大公○五峯胡氏曰周公作諡法豈使子議父臣議
君哉合天下之公奉君父以天道耳夫以筆寫神者必欲其肖不肖則非吾父非吾君奈何以諡立
神而不肖之乎○朱子曰古人有善雖多擧一以爲諡如有十事皆善只擧一善可以包之如九事
不善只有一善則亦可以一善爲諡皆無一善而後名之以幽厲凡二字諡非禮也如貞惠文子睿
聖武公皆是饒兩字周末王亦有二字諡○大典文武官實職正二品二上贈諡親功臣職卑亦諡
大提學雖從二品亦諡儒賢及死節人表著者雖非正二品特諡○文獻備考禮典諡狀呈禮曹時
撰進人無故者則其後身故或被罪依例啓下○周文王周文公同諡周桓王蔡桓候同諡晉武時
郭奕諡景侯與孝宗同諡而王欣徐邈皆以爲姬朝盛明父子齊稱諸侯與周同號郭奕不以犯帝
諡而改也帝詔貴賤不嫌同號此可以爲後世法而今則人或爲疑可異也

◆周諡法(주시법)

神 壹民無爲(註)以至無爲神道宣敎○民無能名(註)不名一善 皇 靖民則法○靖安 王 仁義歸往(註)
民柱歸之 公 立志及衆(註)志無私也 侯 執應八方(註)所執行八方應之 君 賞慶刑威(註)能
行四者○平正不阿○從之成　(註)民從之 聖 楊善賦簡(註)所稱得人所善得實所賦得簡○
敬祀享禮(註)旣敬於祀能通神道○敬賓厚禮(註)厚於禮 文 經緯天地(註)成其道○道德博
聞(註)無不知○勤學好問(註)不　下問○慈惠愛民(註)惠而成政○愍民惠禮(註)惠而有禮
○賜民爵位(註)與同升 武 剛强直理(註)剛無欲强不屈懷忠恕正曲直一云强無撓直正直理
忠恕○威强敵德(註)與有德者敵○克正禍亂(註)以兵往故能定○刑民克服(註)法以正民能
使服○夸志多窮(註)大志行兵多所窮極 德 綏柔士民(註)安民以居安士以事○諫爭不威(註)
不以威拒諫○執義揚善(註)稱人之善○一作懷字解 忠 危身奉上(註)險不辭難 孝 五宗安
之(註)五世之宗○秉德不回(註)順德不違○慈惠愛親(註)周愛親族○協時肇厚(註)協和肇
始常如初○大慮行節(註)成其節 敬 夙夜敬戒(註)敬身急戒○夙興恭事(註)敬以莅事○令
善典法(註)非敬何以善○象方益平(註)法常而和 欽 威儀悉備(註)威可畏儀可象 恭 尊賢貴
義○尊賢敬讓(註)敬有德讓有功○執禮御賓(註)迎大賓○執事堅固(註)守正不移○愛民長
弟(註)順長接下○芘親之闕(註)修德以益之○旣過能改(註)自知○尊賢讓善(註)不專已善
推於人)○敬事供上 正 內外賓服(註)以正服之 貞 淸白守節○大慮克就(註)非正而何○不
隱無屈(註)恒然無私 節好廉自克(註)自勝其情欲 烈 有功安民(註)以武立功○秉德尊業
(註)業以通德爲而能尊 簡 一德不懈(註)一不委曲○平易不眥(註)不信眥毁 元 能思辨衆
(註)別之使各有次○行義悅民(註民悅其義)○始建國都(註)非善之長何以始之○主義行德
(註)以義爲主 成 安民立政(註)政而安定 懿 溫柔賢善(註)性純淑 靖 恭已鮮言(註)恭已正

身少言而中○寬樂令終(註)性寬樂義以善自終○柔德安衆○靜字解安作敎 獻聰明睿哲○
知質有聖(註)有所通而無蔽 肅剛德克就(註)成其敬使爲終○執心折斷(註)言嚴果 長敎誨
不倦(註)以道敎之 明照臨四方○譖訴不行(註)逆知之故不行○思慮果遠(註)自任多近於
專 良溫良好樂(註)言其樂可好可人 直肇敏行成(註)始疾行成言不深 憲博聞多能(註)雖
多能不至大道 昭容儀恭美(註)有儀可象行恭可美○昭德有勞(註)能勞謹○聖聞周達(註)
聖聖通合○一作宣字解 穆布德執義(註)故穆穆○中情見貌(註)性公露 定大慮慈民(註)思
樹惠○慈一作靜○安民大慮○安民法古(註)不失舊意○純行不爽(註)行一不傷 襄辟地有
德(註)取之以義○甲胄有勞(註)亟征伐 康淵源流通(註)性無忌○安樂撫民(註)無四方之
虞○令民安樂(註)富而敎○溫柔好樂(註)好豐年勤民事 順慈和徧服(註)能使人皆服慈和
質名實不爽(註)不爽言相應 威彊義執正(註)問正言○猛以剛果○(註)猛則小寬果敢行○
猛以强果(註)强甚於剛○彊義一作彊毅 思道德純一(註)道大德一○大省於民(註)大親民
而不殺○外內思索(註)言求善○追悔前過(註)思而能改 僖小心畏忌(註)思所當忌○質淵
受諫(註)深故能受 釐有伐而還(註)知難而退 度心能制義(註)制事得宜 慤行見中外(註)
表裏如一 慧柔質受諫(註)以虛受人 莊兵革亟作(註)以數征爲嚴革一作甲○死於原野(註)
非嚴何以死難○屢征殺伐(註)以嚴整之 壯兵圉克服(註)禁圉敵人能使服之兵一作叡又云
通邊圉能使服○勝敵志强(註)不撓故勝○武而不遂(註)武功不成 平治而無眚(註)無灾罪
○執事有制(註)不任意○布綱治紀(註)施之政 桓辟土服遠(註)以武征四夷○辟士兼國(註)
兼故啓土○克敵動民(註)敬以使之 宣聖善周聞(註)聞所善事○善聞周達(註)通於善道聲
敎宣聞○施而不私(註)雲行雨施日月無私 惠柔質慈民(註)知其性○愛民好與(註)與謂施
○施勤無私一作類字解 翼思慮深遠(註)小心翼翼○剛克爲伐(註)伐功也 景由義而濟○
耆意大慮(註)耆强也○布義行剛(註)以剛行義 白外內直復(註)正而復始終一 戴愛民好治
○典禮不愆 安好和不爭(註)生而少斷 剛彊毅果敢(註)追補前過 供敬事供上(註)奉上○
又恭字解 克愛民左刑(註)道以政齊以法 靈不勤成名(註)任本性不見賢思齊○死而志成
(註)志事不法命○死見神能(註)有鬼不爲厲○亂治不損(註)不能以治損亂治一作而○好祭
鬼怪(註)瀆鬼神不致遠怪一作交○極知鬼神(註)其智能聰徹神一作事 知官人應實(註)能
官人 原一作厚○思慮不爽 勸溫年好樂康字解年作柔(註)同一 堅彰義掩過(註)明美以盖
前過 莫德正應和(註)正其德應其和 類施勤無私(註)惟義所在 譽狀古述今(註)立言之稱
商昭功寧民(註)明有功者 齊執心克莊(註能有嚴)○輕　洪就(註)　有所輕而洪成○資輔
就共(註)資輔資而共成 魏克威捷行(註)有威而敏行○克威惠禮(註)雖威不逆禮惠一作順
頃甄心動懼(註)甄精○敏以敬愼 胡彌年壽考(註)胡久也○保民耆艾(註)六十曰耆七十曰
艾 匡貞心大度(註)心正而用察少 愍在國遭憂(註)仍多大喪○在國逢　(註)兵　之事○禍
亂方作(註)國無政動長亂○使民悲傷(註)苛政賊害 隱隱拂不成(註)不以隱括改其性○不
顯尸國(註)以間主國○見美堅長(註)美過其令 悼肆行勞祀(註)攻心勞於淫祀不修○年中
早夭○恐懼從處(註)險記 哀早孤短折(註)早未知人事○恭仁短折(註)體恭質仁功未施 殤
短折不成(註)有志而大 殤傷未家短折(註)未娶 懷慈仁哲行執義揚善○慈仁短折短未六
十折未三十 靖柔德敎衆○靖字解敎作安 □思慮過敢 紹疏遠繼位(註)非其弟過得之 丁
述義不克(註)欲立志義而不能成○述事不弟(註)不遜弟也 聲不生其國(註)生於外家 圉威
德剛武(註)禦亂患 夸華言無實(註)恢誕華一作空 易好　改舊(註)變故改常 繆名與實爽

(註)名美而實傷 使治民克盡(註)克盡無恩惠 愛嗇於賜予 惑滿志多窮(註)自足者必不足 祈治典不敷(註)秉常不衰 躁好變動民(註)改舊以勞動民 醜怙威肆行 荒外內從亂(註)家不治官不治○好樂怠政(註)淫於聲樂怠於政事 穅凶年無穀(註)不務稼穡一作荒字解 □怠政外交 抗逆天虐民(註)背尊大以逆之 夷克殺秉政(註)不任賢○安心好靜(註)不爽政 剌愎狼逐過(註)去諫曰愎反是曰狼○不思忘愛(註)忘其愛已者 幽壅遏不通(註)弱損不變○蚤孤鋪位(註)鋪位卽位而卒鋪一作銷 厲殺戮無辜 煬好內怠政(註)內則淫朋外則荒政○好內遠禮(註)淫於家不奉禮○去禮遠衆(註)不率禮不親長 戾不悔前過(註)知而不改 比擇善而從(註)比方善而從之 湯除殘去虐 隱哀也 景武也 文施德 武除惡 襄辟地 桓服遠 發剛克一作僖字解 懿柔克 莊履正 僖有遇 和會也○不剛不柔 勤勞也 㝡修也 爽傷也 肇始也 怗恬也 享祀也 胡大也 秉順也 就會也 錫與也 典常也 肆放也 康虛也 叡聖也 惠愛也 綏安也 堅長也 耆疆也 考成也 周至也 懷思也 式法也 布施也 敏疾也速也 平惠無內德(註)無內德惠不成也一作獻字解載事彌久以前周書謚法周代君王弁取作謚(儀禮經傳通解續)所載及(張守節史記正義)所載參考正之而彼此各有所闕者採以補焉其相左者著於左

●(通解續)祈紹莊類殤五字弁闕而祈字謚與解俱闕紹字作遠莊字皆作壯而勝敵志强一解闕之類字之施勤無私爲惠字解殤字之短折不成爲傷字解神字之民無能名君字之從之成威字之猛而疆果悼字之恐懼從處明字之思慮果遠昭字之聖聞周達弁闕之靖康平荒詳見下正義○(正義)　穅供靜遠勤壯七字弁闕而　字解亦闕穅字之凶年無穀爲荒解供字之敬事供上爲恭解靜字之柔德敎衆爲靖解而敎作安遠字之紹遠繼位爲紹解勤字之溫年好樂爲康解而年作柔壯字皆作莊又惠字之施勤無私爲類解懷字之執義揚善爲德解獻字之惠無內德爲平解敬字之象方益平一解闕之○外此一二字相左者甚多未知孰是

◆蔡邕獨斷諡法(채옹독단시법)

黃靖法則民 堯翼聖傳善 舜仁聖盛明 桀殘人多壘 紂殘義損善 昭聲聞宣遠 神安仁立政 敬夙興夜寐 貞淸白自守 靖柔德好衆 康安樂治民 順慈仁和民 莊好勇致力 謬名實過爽 厲暴虐無親 景致志大圖 殤去禮遠衆○短折不成

◆會篇續載諡法(회편속재시법)

勝容儀恭美 勇勝敵壯志 捍思慮深遠 棿喪國心慙 穅凶年無穀

◆後代諡議(후대시의)

武除僞寧眞○北魏元脩諡議 闇隋諡 專好功自是○張星諡議 墨貪而敗官○張環諡議

◆蘇洵諡法釋義(소순시법석의)

文脩德來遠修治班制○忠信　理敏而好學○剛柔相制施而中禮 武保大定功剛强以順○辟土斥境折衝禦侮 成禮樂明具邃民之美○持盈守滿通遠强立 康溫良好樂 獻嚮忠內德智質自操 懿柔克有光溫柔聖善 元體仁長民道德純一 章法度大明敬愼高明○出言有文 宣善聞周達施而不私○誠意遠見 明任賢致遠招集殊異○獨見先識察色見情能揚側陋 昭明德有功聖聞周達 恭卑以自牧敬順事上○尊賢敬讓不害爲德○執事堅固治典不易○愛民敬長尊賢讓美○執禮御賓旣過能改○責難于君正德美俗○庇親之闕 莊嚴敬臨民威而不猛○履正忠和 壯共國克服 憲賞善罰惡行善可紀 敏應事有功 端守禮執義 介執一不遷 通物至能應事起而辨 賢行義合道明德有誠 孝能養能恭繼志成事○幹蠱用譽 忠盛衰純

國惟賢盡忠○臨患不忘國廉方公正 `和`柔遠能邇號令民悅○不剛不柔推賢讓能 `惠`柔質受
諫勤施無私 `安`兆民寧賴 `質`忠直無邪 `威`賞勸刑懲以刑服遠 `勇`率義共用 `義`制事合宜見
義能終○先君後己除去天地之害○取而不食 `剛`致果殺敵强而能斷 `節`謹行制度 `襄`因事
有功 `勤`能修其官 `溫`德性寬和 `良`中心敬事 `脩`勤其世業好學近智 `恪`敬恭官次威容端嚴
溫恭朝夕 `敦`溫仁忠厚善行不怠○能記國善 `思`謀慮不愆外內思索○念終如始 `容`寬裕溫
柔 `肅`正已攝下 `定`大慮慈仁安民法古 `簡`治典不殺正直無邪 `毅`致果殺敵强而能斷 `友`
睦于兄弟 `禮`奉義順則恭儉莊敬 `達`質直好善疏中通理 `懷`失位而死 `理`才敏審諦 `裕`强學
好問 `素`達禮敎樂 `翼`愛民好治 `密`追補前過 `榮`寵祿光大 `順`和比于理 `純`中心精粹 `潔`
不汚不義 `隱`懷情不盡 `確`執德不惑 `顯`行見中外 `果`好力致勇 `悼`恐懼徒虐 `懋`以德修官
以功受賞 `信`守命共時出言可復 `虛`凉德薄禮華言無實 `愿`敗亂百度柔無立志○忘德敗禮
`縱`弱而立志 `煬`去禮違正違天虐民

◆皇明通用謚法(황명통용시법)

`忠`臨患不忘國事君盡節 `勇`臨亂不懼 `順`慈仁和民 `僖`小心恭愼無過爲僖 `果`好學近習毅
善行不怠溫仁忠厚○能記國善 `寧`國初謚中山王謚法未載太祖取不殺之義 `愼`成化中謚夫
人韓氏曰恭愼 `冲`嘉靖中謚皇太子曰哀冲或取冲年之義 `淑`嘉靖中謚康妃杜氏曰榮淑 `善`
弘治中謚夫人項氏曰榮善 `崇`洪武初謚合浦侯陳淸曰崇武弘治中謚夫人胡氏曰崇善夫人姚
氏曰崇敬○(弇州稿)以爲能修其官曰崇

◆私謚(사시)

烈女傳柳下惠門人將謚之妻誄之曰夫子之謚宜爲惠乎門人從以爲謚此恐私謚之始也其後
東漢陳寔卒海內赴者三萬人共刻石立碑號爲文範先生晉陶潛誄寬樂令從之美好廉克己之
操有合謚典詢諸友好宜謚曰靖節徵士又王通世家仲尼旣沒文不在玆乎易曰黃裳元吉文在
中也請謚曰文中子唐孟郊墓誌張籍曰先生揭德振華於古有光賢者古事有易名　士哉請曰
貞曜先生皆曰然遂用之○張橫渠卒門人欲謚爲明誠溫公答明道書曰張子厚平生用心欲率
今世之人復三代之禮者也曾子問曰賤不誄貴幼不誄長禮也惟天子稱天以誄之諸侯相誄猶
爲非禮　弟子而誄其師乎孔子之歿哀公誄之不聞弟子復爲謚也今關中諸君欲謚子厚不合
於古禮非子厚之志與其以陳文範陶靖節文中子孟貞曜爲比曷若以孔子爲比乎○古禮天子
稱天而誄之請謚於天也柳宗元作陸文通墓表曰陸先生質講道者二十年書以志之者又十餘
年爲春秋集註十篇辨疑七篇微指三篇門人以先生爲能文聖人之書通于後世相與謚曰文通
先生

◆行狀(행장)

文心雕龍云狀者貌也禮貌本原取其事實先賢表謚幷有行狀狀之大者也○金石錄云行狀惟
韓退之狀董公如式○朱子曰退之狀董晉稍長○說　兪文豹吹　錄曰女以行稱者者誄旣醉
曰釐以女士註女有士行也漢列女傳　次材行晉列女傳載循六行班姬女史箴有婦行篇然古
今志婦入者止曰碑曰誌未有稱行狀近有鄕人志其母曰行狀不知何據

⊙題主儀禮節次(제주의례절차)

執事者設卓子於靈座前左向右置硯筆墨卓置盥盆帨巾
主人向卓子前立　盥洗(祝與題主者俱洗)　出主(祝開箱出木主臥置卓子上題主者盥手畢向
右立)　題主(先題陷中次題粉面題畢)　祝奉主置靈座(置畢)　收魂帛(乃藏魂帛於箱中置主
後)　祝焚香　斟酒　跪(主人以下皆跪)　讀祝(祝讀畢懷之不焚)　興　復位　鞠躬拜興
拜興拜興拜興平身(主人以下哭盡哀)　(補)謝題主者(主人再拜題主者答拜)

⊙신주 쓰는 의례절차.

집사자들은 탁자를 차려놓되 영좌(靈座) 앞에서 좌측으로 향하게 차리고 탁자 위 오른편에 벼루와 붓과 먹을 올려놓고 또 탁자를 놓고 세수대야와 수건을 놓는다.

주인은 탁자를 향하여 앞에 선다.　손을 씻는다. (축관과 신주 쓸 이는 함께 손을 씻는다)　신주를 내놓는다. (축관은 상자를 열고 나무 신주를 꺼내어 탁자 위에 눕혀 놓는다. 신주 쓸 이가 손을 다 씻었으면 오른쪽으로 향하여 선다)　신주를 쓴다. (먼저 속 신주를 쓴 다음 겉 신주를 쓰고, 쓰기를 마치면)　축관은 신주를 받들어 영좌에 안치한다. (안치하기를 마쳤으면)　혼백을 거둔다. (곧 이어 혼백을 상자 속에 넣어 신주 뒤에 둔다)　축관은 분향을 한다.　술을 따라 올린다.　무릎을 꿇고 앉는다. (주인 이하 모두 무릎을 꿇고 앉는다)　독축을 한다. (축관은 독축을 마치면 불사르지 않고 품에 품는다)　일어선다.　제자리로 물러나 선다.　국궁 사배 평신한다.

(주인 이하 슬픔을 다하여 곡한다)　주인은 신주 쓴 이에게 인사한다. (주인이 재배를 하면 신주 쓴 이도 답배를 한다)

◆陷中式(함중식)

故某官_{無官則隨常時所稱如學生處士秀士別號之類粉面同}某公諱某字某_{本有第幾二字而東俗不同○退溪曰今人生時無第幾之稱神主不用恐無不可}神主

◆속 신주식.

고(故) 모관 모공 휘(諱)모 자(字)모 신주.

◆粉面式(분면식)

顯_{家禮圖用顯字而備要從之後倣此}考_{承重云顯祖考旁親卑幼隨屬稱卑幼改顯爲亡}某官府君_{卑幼去府君二字}神主

◆겉 신주식.

현고 모관 부군 신주.

◆旁題式(방제식)

孝子_{承重稱孝孫}某奉祀_{書于原行下旁寫者之左}　朱子曰旁註施於所尊以下則不必書 備要旁親雖尊不書

◆옆면식.

효자 모 봉사.

◆婦人陷中式(부인함중식)

故某封_{無封亦稱孺人此下或添某貫粉面同}某氏諱某_{本有字某第幾四字而東俗不用}神主

◆부인 속 신주식.

고 모봉 모씨 휘모 신주.

◆婦人粉面式(부인분면식)

顯妣_{承重云顯祖妣妻云亡室旁親卑幼隨屬稱卑幼改顯爲亡}　大全庶子之所生母稱亡母某封某氏神主

◆부인 겉 신주식.

현비 모봉 모씨 신주.

◆婦人旁題式(부인방제식)同前式

◆題主祝文式(제주축문식)

維

歲次干支幾月干支朔幾日干支孤子_{備要母喪稱哀子俱亡稱孤哀子承重稱孤孫哀孫孤}

哀孫　妻喪稱夫旁親卑幼隨屬稱某弟以下不名敢_{妻去敢字}昭告于_{弟以下但云告于　備}
要告弟只云兄告于弟某告子只云父告于子某姪孫倣此　便覽按弟某子某之某字官號與名似
當幷包於其中凡祭皆同

顯考_{母云顯妣承重云顯祖考或顯祖妣妻云亡室旁親卑幼隨屬稱卑幼改顯爲亡庶子於所生母云}
亡母某官封諡府君_{內喪云某封某氏卑幼去府君二字}形歸窀　神返室堂神主
既成伏惟_{卑幼去此二字}

尊靈_{妻弟以下但云惟靈}舍舊從新是憑是依

◆제주 축문식.

세차 모 간지 기월 기일 고자(孤子) 모는 공경하옵는 아버님 모관 봉시(封諡) 부군께
감히 밝혀 고하나이다. 형체는 무덤에 계시옵고 신주는 이미 이뤄져 혼신만 집으로
돌아 가시게 되었사옵니다. 엎드려 바라옵건대 존령께서는 옛 것을 잊으시고 새 제도
에 따르시어 이에 의지하고 이에 편안히 계시옵소서.

◆不題主祝文式(불제주축문식)俗禮(變改於前式)

維

歲次干支幾月干支朔幾日干支孤子某敢昭告于
顯考某官府君形歸窀　神返室堂
神主未成魂箱猶存仍舊是依

◆신주를 갖추지 않았을 때 축문식.

세차 모간지 기월 기일 고자 모 공경하옵는 아버님 모관 부군께 감히 밝혀 고하나이
다. 형체는 무덤에 계시옵고 혼신만 집으로 돌아가시게 되었사온데 신주는 갖추지 못
하였사오나 혼백상자는 있사오니 전과 같이 이에 의지 하옵소서.

⊙祝奉神主升車(축봉신주승거)

魂魄箱在其後

⊙축관은 신주를 받들고 영거(靈車)에 오른다.

혼백상자는 신주 뒤에 둔다.

◆用韜櫝之節(용도독지절)

備要按韜藉櫝當於此用之而家禮至返哭入就位然後如云櫝之可疑　問題主後不卽用韜櫝
備要謂可疑妄意以爲奉主升車時以魂帛箱在其後旣入就位又置主後初虞祭畢而始埋之者
豈有他意蓋疑其神之未及舍舊從新也以此推之韜櫝不先用之意益可見矣遂菴曰愚意亦如
來示

⊙執事者徹靈座遂行(집사자철영좌수행)

主人以下哭從如來儀出墓門尊長乘車馬去墓百步許卑幼亦乘車馬但留子弟一人監視實土以至成墳

⊙집사자는 영좌를 철거하고 따라 간다.

주인 이하 곡하며 오던 의식과 같이 따른다. 묘문(墓門)을 나와 존장은 묘에서 백 보쯤 가서 수레나 말을 타고 어린이 역시 수레나 말을 탄다. 다만 자제 중 한 사람이 남아 광중에 흙을 채우고 봉분을 마칠 때까지 살피며 감독한다.

◆封建祭當否(봉건제당부)

輯覽五禮儀掩壙奠俟成墳旣畢執事者設靈幄於墓前設香爐香合幷燭於靈座前設饌訖祝盥手詣香案前北向跪三上香斟酒奠于案俯伏興退在位者哭再拜按此奠於禮無之不必行也
增解南溪曰返魂時拜辭墓前禮雖未言人情不得不然　問返魂時拜辭於墓否沙溪曰不哭拜於墓專意於神主故也世人哭拜恐非禮意也

◆墳墓不倍(분묘불배)

喪服四制墳墓不倍註不拜一成丘壟之後不再加益其土也　檀弓孔子先反門人後雨甚(句)至(句)孔子問焉曰爾來何遲也曰防墓崩孔子不應三孔子泫(胡犬反)然流涕曰吾聞之古不修墓註雨甚而墓崩門人脩築而後反孔子流涕者自傷其不能謹之於封築之時以致崩　且言古人所以不修墓者敬謹之至無事於修也　　胡氏曰作墓時當爲堅久之計不可令崩壞而加治

◆留子弟監視(유자제감시)

集說問主人不親監視成墳而留子弟於心安否曰按雜記論吊者註五十者隨主人反哭四十者待土盈坎乃去則是主人先奉靈車而反哭也○　菴曰題主後登時反虞築土成墳顧使子弟監之何也盖引接靈魂依付木主其事甚急讀祝纔畢擧以升車其意可知也世俗不能深究乃置主靈座仍設別奠以爲大禮却於虞祭視猶尋常豈非失其輕重

⊙墳高四尺立小石碑於其前亦高四尺趺高尺許(분고사척립소석비어기전역고사척부고척허)

司馬溫公曰按令式墳碑石獸大小多寡雖各有品數(增解唐葬令五品以上螭首龜趺降五品爲碣圓首方趺其高四尺　廣記墳塋封王塋地周圍一百步墳高二丈四圍墳墻高一丈石人四石虎二石羊二石馬二望柱石二一品塋地九十步墳高一丈八尺墳墻高九尺石人二石虎二石羊二石馬二望柱石二)然葬者當爲無窮之規後世見此等物安知其中不多藏金玉邪是皆無益於亡者而反有害故令式又有貴得同賤賤不得同貴之文然則不若不用之爲愈也　今按孔子防墓之封其崇四尺故取以爲法用司馬公說別立小碑但石須闊尸以上其厚居三之二(尤庵曰石面之闊一尺二寸則其厚當爲八寸也　備要高四尺)圭首而刻其面如誌之蓋乃略述其世系名字行實而刻於其左轉及後右而周焉婦人則俟夫葬乃立面如夫亡誌蓋之刻云
　　司馬溫公曰古人有大勳德勒名鍾鼎藏之宗廟其葬則有豊碑以下棺耳秦漢以來始命文士襃贊功德刻之於石亦謂之碑降及南朝復有銘誌埋之墓中使其人果大賢也則名聞昭顯象所稱頌流播終古不可掩蔽豈待碑誌始爲人知若其不賢也雖以巧言麗詞强加棌綵功侔呂望德比仲尼徒取議笑其誰肯信碑猶立於墓道人得見之誌乃藏於壙中自非開發莫之賭也隋文帝子秦王俊薨府僚請立碑帝曰欲求名一卷史書足矣何用碑爲徒與人作鎭石耳此實語也今旣不能免依其誌文但可直　鄕里世家官簿始終而已季扎墓前有石世稱孔子所篆云嗚呼有吳延陵季子之墓豈在多言然後人知其賢也今但刻姓名於墓前人自知之耳

⊙봉분의 높이는 넉자로 하고 그 앞에 돌 비석을 세우되

역시 높이는 넉자이며 비석받침의 높이는 한자 정도로 한다.

사마온공(司馬溫公)께서 이르기를 조정(朝廷)의 령(令)을 살피건대 봉분과 비석, 석수(石獸)의 대소다과(大小多寡)의 법식에 각각 품수(品數)가 있어 오직 장사 지내는 자들은 합당하게 오래도록 법규로 삼았는데 후세 사람들에게 이와 같은 등등의 치산(治山) 물품을 보고 그 묘 속에는 금과 옥이 다량 매장되어 있음을 알게 하는 일이 아니겠는가? 이는 모두 망자(亡者)에 대하여 이롭지 못하고 도리어 해로움만 있을 것이니라. 그러한 고로 영(令)과 법식에도 또한 귀(貴)한 자는 천(賤)한 자와 같이 할 수 있어도 천한 자는 귀한 자와 같이 할 수 없다는 글이 있으니 그런즉 따르지도 말고 사용하지도 않는 것이 훨씬 나으니라.

지금에 와서 공자(孔子)가 부모를 곡부현(曲阜縣) 방산(防山)에 쓴 묘의 봉분을 보면 그 높이가 넉자인 고로 이를 취하여 치산의 법으로 삼은 사마온공의 말씀대로 작은 비석을 별도로 세우되 다만 비석은 모름지기 넓이는 한자가 좀 넘게 하고 두께는 그것에 삼분지 이에 해당하게 하며 비의 머리는 둥글게 하고 비의 앞면에는 지석(誌石)의 덮개와 같이 색이고 이어 간단하게 망자의 세계(世系)와 이름 자(字)와 생전의 행실을 비의 좌측에 색이되 뒤로 돌아 비의 우측 옆까지 두루 새긴다. 부인이면 남편의 장례까지 기다렸다 곧이어 앞면은 죽은 남편의 지개석(誌蓋石)과 같이 새겨야 하느니라.

⊙成墳(성분)(補)

備要平土後卽於金井機內鋪炭屑或石灰小許以備佗日修墓或合葬之時取考乃於正中立標木又以繩一端繫於標木執其一端而環之隨植小木爲標其徑十六七尺合葬則二十餘尺(營造尺)以爲成墳之墓又於塋域前後各立一標以正向背徹金井機及墓上閣成墳旣畢並去標木加莎草於墳上及塋域別立小碑婦人則竢夫葬乃立　備要石人石牀望柱石亦置墳前俗置魂遊石於石牀之北香案石於石牀之南

⊙봉분을 만든다.(보)

광중에 흙을 채워 평평하게 되였으면 금정기 안으로 숯가루를 펴놓거나 석회를 조금 뿌려놓아 다음날을 대비하여 묘를 고치거나 합장할 때 이를 찾아 참고케 함이다. 곧 광중 중앙에 표목을 세우고 표목에 노끈 한쪽 끝을 매고 또 한쪽 끝에 작은 나무토막을 매어 한 바퀴 돌려 표시를 하되 그 직경이 십 육칠 척이며 합장을 할 때는 이십여 척이다. 척식은 영조척(營造尺)이며 그 안에 봉분을 쌓는다.

또 영역 앞과 뒤에 각각 향배를 바르게 하기 위하여 표목 하나씩을 세우고 금정기와 묘상각(墓上閣)을 철거한다. 이미 봉분이 완성되었으면 표목을 모두 제거하고 먼저 봉분을 떼로 덮고 다음으로 영역을 떼로 덮는다. 별도로 작은 비석을 세우되 부인이면 남편의 장례 때까지 기다렸다 그때 세운다.

석물은 석인(石人)과 석상(石床) 망주석(望柱石)을 또 봉분 앞에 세운다. 세속에서는 혼유석(魂遊石)은 석상의 북쪽이며 향안석(香案石)은 석상의 남쪽이다.

成墳(성분)

家禮留子弟一人監視實土以至成墳○集說問主人不親監視成墳而留子弟於心安否曰按雜記論弔者註五十者隋主人反哭四十者待土盈坎乃去則是主人先奉靈車而反哭也○喪服四

制墳墓不培註不培一成丘隴之後不再加益其土也　檀弓孔子先反門人後兩甚至孔子問焉曰爾來何遲也曰防墓崩孔子不應三孔子泫然流涕曰吾聞之古不修墓註兩甚而墓崩門人脩築而後反孔子流涕者自傷其不能謹之於封築之時以致崩圮且言古人所以不脩墓者敬謹之至無事於脩也　五禮儀掩壙奠俟成墳旣畢執事者設靈幄於墓前設香爐香合幷燭於靈座前設饌訖祝盥手詣香案前北向跪三上香斟酒奠于案俯伏興退在位者哭再拜按此奠於禮無之不必行也(以上輯覽)　備要平土後卽於金井機內鋪炭屑或石灰小許以備佗日修墓或合葬之時取考乃於正中立標木又以繩一端繫於標木執其一端而環之(隨植小木爲標)其徑十六七尺合葬則二十餘尺(營造尺)以爲成墳之墓(又於塋域前後各立一標以正向背徹金井機及墓上閣成墳旣畢並去標木加莎草於墳上及塋域)別立小碑婦人則竢夫葬乃立　備要石人石牀望柱石亦置墳前(俗置魂遊石於石牀之北香案石於石牀之南　按家禮墓無佗石物只有小碑後人尙文必欲侈大而後已故貧不能備者只設牀石等物而碑則闕焉甚失輕重之義今之竪碑者只當依家禮立小碑其佗石物徐圖亦不妨〇五禮儀掩壙奠俟成墳旣畢執事者設靈幄於墓前設香爐香合並燭於靈座則設饌(見上奠條)〇疑禮問解問五禮儀有成墳奠而退溪亦有雖非禮而從俗之敎如何答成墳奠於禮無據不敢爲說〇輯覽按此奠於禮無之不必行也〇家禮墳高四尺(孔子防墓之封其崇四尺故取以爲法)〇廣記墳塋封王塋地周圍一百步每面二十五步墳高二丈四圍墳墻高一丈一品塋地周圍九十步每面二十二步半墳高一丈八尺四圍墳墻高九尺二品塋地周圍八十步每面二十步墳高一丈六尺四圍墳墻高八尺三品塋地周圍七十步每面十七步半墳高一丈四尺四圍墳墻高七尺四品塋地周圍六十步每面十五步墳高一丈二尺四圍墳墻高六尺五品塋地周圍五十步每面十二步半墳高一丈四圍墳墻高四尺六品塋地周圍四十步每面十步墳高八尺七品塋地周圍三十步每面七步半墳高八尺庶人塋地九步穿心計十八步〇丘儀按國朝稽古定制塋地一品九十步每品減十步七品以下不得過三十步庶民止於九步墳一品高一丈八尺每品減二尺七品以下不得過六尺〇翰墨大全庶人墓田四向去心各九步卽是四圍相去十八〇疑禮問解問圓墳與馬鬣不知何制爲得檀弓子夏曰昔者夫子言之曰吾見封之若堂者矣見若坊者矣見若覆夏屋者矣見若斧者矣從若斧者焉馬鬣封之謂也云云據此則當以馬鬣爲準而今俗罕爲此制何歟答馬鬣比圓墳覆土頗廣稍去稜隅則似或堅完吾家累代墓皆從此制〇檀弓孔子旣合葬於防曰吾聞之古者墓而不墳(封土爲曰墳)今丘也東西南北之人也不可以不識也於是封之崇四尺〇喪服四制墳墓不培(註不培一成丘　之後不再加益其土也)〇檀弓孔子先反門人後雨甚至孔子問焉曰爾來何遲也曰防墓崩孔子不應三孔子泫然出涕曰吾聞之古不修墓(註)雨甚而墓崩門人修築而後及孔子出涕者自傷其不能謹之於封築之時以致崩圮且言古人所以不脩墓者敬謹之至無事於脩也

◆封墳(봉분)

檀弓孔子之喪有自燕來觀者舍於子夏氏子夏曰聖人之葬人與(平聲)人之葬聖人也子何觀焉昔者夫子言之曰吾見封之若堂者矣見若坊者矣見若覆夏屋者矣見若斧者矣從若斧者焉馬鬣封之謂也今一日而三斬板而已封尙行夫子之志乎　陳註封築土爲墳也若堂者如堂之基四方而高也坊堤也若坊者上平旁殺而南北長也若覆夏屋者旁廣而卑也若斧者上狹如刃較之上三者皆用功多而難成此則儉而易就故俗謂之馬鬣封今封築孔子之墳不假多時一日之間三次斬板卽封畢矣其法側板於坎之兩旁而用繩約板乃內土而築之土與板平則斬斷約板之繩而升此板於築土之上又實土而築之如此者三也疏若覆夏屋者殷人始屋四阿夏屋唯兩下而已

◆冬節成墳(동절성분)

省齋曰若葬在冬月則莎草必於未寒豫備置之地窖厚覆以草待時用之可也

◆葬遇雨(장우우)

王制庶人縣窆葬不爲雨止(註)雖雨猶葬以其禮儀少疏威儀旣少日又促遽將葬不爲雨止按

公羊雨不克葬謂天子諸侯也卿大夫賤不以雨止廢疾云在廟未發庶人及卿大夫亦得爲雨止
若已發在路不爲雨止其人君在廟在路及葬皆爲雨止○左宣八年葬我小君敬嬴雨不克葬禮
也禮卜葬先遠日辟不懷也(註)卜葬先遠日辟不思念其親汲汲早葬之也若冒雨而葬亦是不
思其親欲得早葬故擧卜葬先遠日以證爲雨而止○穀梁葬旣有日不爲雨止禮也雨不克葬喪
不以制也(註喪事有進無退又士喪禮有潦車載　笠則人君之張設固兼備矣)○胡傳或曰諸
侯旅見天子入門而雨霑服失容則廢矧送終大事反可冒雨不待成禮而葬乎潦車載　笠士喪
禮也有國家者乃不能爲雨備何也是儉其親也故穀梁曰雨不克葬喪不以制也○先師答崔汝
浩曰葬時遇雨進退出於審愼之義又不泥陰陽拘忌之說固爲甚善而古者卿大夫猶不敢行似
有意義未知如何所示將葬當周思審愼雖前期一兩日必得淸明日發引不當以葬不爲雨止爲
正而必待卽日發引致有窘促之患此數語有以洗世俗徇習之失而暗合於古禮吾輩當持此以
爲準尺耳蓋穀梁說曰葬旣有日不爲雨止禮也雨不克葬喪不以制也釋之者以爲凡喪事有進
貳無退故不爲雨而止此禮之正也然以卜葬先遠日之意觀之則冒雨行葬近於不思其親故避
之而少止禮之原於人情者也正禮固謹ㄴ嚴而原於人情者又近而易行故春秋諸君皆遵而用
之耳

◆安陵奠儀(안능전의)(立主返虞後行)國朝五禮儀

俟覆土旣畢贊者設獻官位於丁字閣東南西向設執事者位於獻官之後稍南西向北上(設盥洗
於諸執事位後東南隨地之宜臨時獻官諸執事盥手入就拜位)贊者謁者贊引位於執事之南西
向北上監察位於執事西南北向(書事陪其後)陵司設靈座於丁字閣內近北南向典祀官陵司
各帥其屬入奠祝文於靈座之左(有　)設香爐香合幷燭於靈座前次設禮饌設尊於戶外之左
置盞三於尊所贊者謁者贊引先入庭北向西上四拜訖就位贊引引監察及典祀官大祝祝史齊
郞入庭重行北向西上贊者唱鞠躬四拜興平身監察及典祀官以下鞠躬四拜興平身贊引引監
察及典祀官以下各就位謁者引獻官入就位贊者唱跪俯伏哭獻官跪俯伏哭贊者唱止哭興四
拜興平身獻官止哭興四拜興平身謁者引獻官陞自東階詣尊所西向立執尊者酌酒執事者以
盞受酒謁者引獻官入詣靈座前北向立贊跪執事者一人捧香合一人捧香爐謁者贊三上香執
事者奠爐于案(捧香在東西向奠爐在西東向授爵奠爵唯此)執事者以盞授獻官獻官執盞獻
盞以盞授執事者奠于靈座前(連奠三盞)謁者贊俯伏興小退北向跪大祝進靈座之左西向跪
讀祝文訖謁者贊俯伏興平身引獻官出戶降復位贊者唱跪俯伏哭獻官跪俯伏哭盡哀贊者唱
止哭興四拜興平身獻官止哭興四拜興平身謁者引獻官出贊引引監察及典祀官以下俱復拜
位贊者唱鞠躬四拜興平身監察及典祀官以下鞠躬四拜興平身贊引以次引出謁者贊者贊引
就拜位四拜而出典祀官陵司各帥其屬徹禮饌大祝捧祝文　於坎(若王后同塋則設王后神座
於靈座之東加盞三於尊所各設禮饌)

◆成墳奠非禮(성분전비례)

問五禮儀成墳奠沙溪曰成墳奠於禮無據不敢爲說　輯覽按此奠於禮無之不必行也○退溪
曰成墳祭是不安神於神主而仍安於墓所甚無謂

◆追後成墳祭告之節(추후성분제고지절)

問新墓以癘氣尙未成墳今當封役似有告辭旅軒曰臨作成墳之役似將厥由爲辭以告之而成
墳之後歸詣几筵致一盛奠

◆合窆後舊墓祭當否(합폄후구묘제당부)

問合葬後於考位全然無事耶愼獨齋曰始役之日旣以酒果告若封墓旣畢設酒果並告以役畢
則情禮無妨耳　問合窆後舊墓似有慰安之祭南溪曰慰安之祭亦所未聞蓋旣不見尸柩只得
始事時一告而已

◆葬者乘生氣(장자승생기)

臨川吳氏曰葬師之說盛於東南郭氏葬經者其術之祖也蓋必原其脉絡之所從來審其形勢之
所止聚有水以界之無風以散之然後乘地中之生氣以養死者之留骨俾常溫煖而不速朽腐死
者之体魄安則子孫之受其氣以生者不致凋瘁乃理之自然而非有心覬其效之必然也若曰某
地可公可侯可將可相則術者倡是術以愚世人而要重賄者也其言豈足信哉羅大經曰古人所
謂卜其宅非者乃孝子慈孫之謹重親之遺體使異日不爲城邑道路溝渠耳借曰精擇亦不過欲
其山水廻合草木茂盛使親之遺體得安耳豈借此以求子孫富貴乎世之人惑於術士之說有貪
求吉地未能愜意至數十年不能葬其親者有旣葬以爲不吉一掘未已至再至三者有因買地致
訟棺未入土而家已蕭條者有兄弟數房惑於各房風水之說至於骨肉化爲仇讐者凡此皆璞之
書所爲也且人之生貧富貴賤天禀已　謂之天命不可改也豈　中枯骨所能轉移乎若如其說
則上天之命反制於一抔之土矣愚按風水之說其希覬求富貴之說雖不可信若夫乘生氣以安
祖考之遺体蓋有合於伊川本根枝葉之論先儒往往取之文公先生與蔡季通預卜藏穴門人裹
糧行　六日始至蓋亦愼擇也昔朱子論擇地謂必先論其主勢之强弱風氣之聚散水土之淺深
冗道之偏正力量之全否然後可以較其地之美惡後之擇葬地者誠本朱子是說而參以伊川光
潤茂盛之驗及五患之防庶幾得之矣

◎石物(석물)

廣記封王石人四(文二武二)石虎二石羊二石馬二石望柱二一品石人二(文官用武官用一文
一武)石虎二石羊二石馬二石望柱二二品(上同)三品石虎二石羊二石馬二石望柱二四品石
虎二石馬二石望柱二五品石羊二石馬二石望柱二〇司馬溫公曰按令式墳碑石獸大小多寡
雖各有品數然葬者當爲無窮之規後世見此等物安知其中不多藏金玉耶是皆無益於亡者而
反有害故令式又有貴得同賤賤不得同貴之文然則不若不用之爲愈也〇丘氏曰慮遠者於所
當得縱不能盡去少加減殺可也

◆石碑(석비)

家禮高四尺趺高尺許(註)用司馬公說別立小碑但石須闊尺以上其厚居三之二圭首而刻其
面如誌之蓋乃畧述其世系名字行實而刻於其左轉及後右而周焉〇廣記封王螭首高三尺二
寸碑身高九尺闊三尺六寸龜趺高三尺八寸一品螭首高三尺碑身高八尺五寸闊三尺四寸龜
趺高三尺六寸二品盖用麟鳳高二尺八寸碑身高八尺闊三尺二寸龜趺高三尺四寸三品盖用
天祿辟邪高二尺六寸碑身高七尺五寸闊三尺龜趺高三尺二寸四品圓首高二尺四寸身高七
尺闊二尺八寸方趺高三尺五品圓首高二尺二尺身高六尺五寸闊二尺六寸方趺高二尺八寸
六品圓首高二尺身高六尺闊二尺四寸方趺高二尺六寸七品圓首高一尺八寸身高五尺五寸
闊二尺二寸方趺高二尺四寸〇碑石闊尺以上其厚居三之一圭首而刻其面如誌之蓋婦人則
竢夫葬乃立　丘文莊曰按時制石碑一品螭首二品麒麟三品天祿辟邪皆用龜趺四品至七品
皆圓首方趺其石人石獸長短廣狹以次減降著在令甲可考也貴得同賤雖富不得同貴慮遠者
於所當得縱不能盡去少加減殺可也　孫氏何曰檀弓曰公室視豊碑三家視桓楹釋者曰豊碑
斲大木爲之桓楹者形如大楹謂之桓植喪大記曰君葬四　二碑大夫葬二　二碑又曰凡封用
　去碑釋者曰碑桓楹也樹之於壙之前後以　繞之間之轆轤輓棺而下之用　去碑者縱下之
時也祭義曰祭之日君牽牲旣入廟門麗於碑釋者曰麗繫也謂牽牲入廟繫著中庭碑也或曰以
　貫碑中也聘禮曰賓自碑內聽命又曰東西北上碑南釋者曰宮必有碑所以識日景引陰陽也
考是四說則古之所謂碑者乃葬祭饗聘之際所植一大木耳而其字從石者將取其堅且久乎然
未聞勒銘於上者也今喪葬令其螭首龜趺泊丈尺品秩之制又易之以石者後儒增耳堯舜夏商
周之盛六經所載皆無刻石之事管子稱無懷氏封泰山刻石紀功者出自寓言不足傳信又世稱
周宣王蒐於岐陽命從臣刻石今謂之石鼓或曰獵碣泊延陵墓表俚俗目爲夫子十字碑者其事

皆不經見吾無取焉司馬遷作始皇本紀著其登嶧山上會稽甚詳止言刻石頌德或曰立石紀頌亦無勒碑之說今或謂之嶧山碑者乃野人之言耳漢班固有泗水亭長碑文蔡邕有郭有道陳太丘碑文其文皆有序冠篇末則亂之以銘由魏而下迄乎李唐立碑者不可勝數大抵皆繼班蔡而爲者也○海虞吳氏曰儀禮士昏禮入門當碑楫又禮記祭義云入麗於碑賈氏註云宮廟皆有碑以識日影以知早晚說文註又云古宗廟立碑繫牲後人因於上紀功德禮疏云豊碑以木爲之形如石碑樹於槨前後穿中爲轆轤繞之　用以下棺事祖廣記曰古者葬有豊碑以窆秦漢以來死有功業則刻於上稍改用石是謂刻石曰碑自秦漢始也晉宋間又稱爲神道碑蓋地理家以東南爲神道碑立於其地故名○司馬溫公曰古人有大勳德勒名鍾鼎藏之宗廟不葬則有　碑而下棺耳秦漢以來始命文士褒贊功德刻之於石亦謂之碑降及南朝復有銘誌埋之墓中使其人果大賢也則名聞昭顯衆所稱頌流播終古不可掩蔽豈待碑誌始爲人知若其不賢雖以巧言麗詞强加采飾功倖呂望德比仲尼徒取譏笑其誰肯信碑猶立於墓道人得見之誌乃藏於壙中自非開發莫之睹也隋文帝子秦王俊薨府僚請立碑帝曰欲求名一卷史書足矣何用碑爲徒與人作鎭石(○鞍術家禳鎭法凡人家有喪服不絶者以石九十斤埋於艮上大吉鎭石疑亦此類歟○退溪曰如今動土防灾墓石用之以禦鬼)耳此實語也今旣不能免俗其誌文但可直敍鄉里世家官爵始終而已季札墓前有石世稱孔子所篆云嗚呼有吳延陵季子之墓豈在多言然後人知其賢也今但刻姓名於墓前人自知之耳○又溫公曰使其人果大賢則名聞昭顯衆所稱頌流播終古不可掩蔽豈待碑誌始爲人知若其不賢也雖以巧言麗辭强加采飾功倖呂望德比仲尼徒取譏笑其誰有信碑猶立於墓道人得見之誌乃藏於墓中自非開發莫之覩也隋文帝子秦王俊薨府僚請立碑帝曰欲求名一卷書史足矣何用碑爲但與人作鎭石爾此實語也○丘儀　碑以下棺非刻字其上也秦漢以來稍用石爲之刻字其上亦謂之碑晉宋間死者皆有神道碑蓋地理家以東南爲神道碑立其地故因以爲名墓碣近世五品以下所用文與碑同墓表則有官無官皆可用表立墓左誌銘埋地中司馬溫公曰古人有勳德刻名鍾鼎止以自知其賢愚耳非出於禮經南宋元嘉中顏延之爲王殊作墓誌以其素族無銘誄故以記行自此遂相祖習大抵碑表敍學行履歷勳業誌銘述世系爵里生卒雖其義稱美不稱惡然前人有言無其美而稱者謂之誣有其美而不稱者謂之蔽誣與蔽君子不由也

◆碑碣(비갈)_{附石物}

後漢書註方者碑圓者碣李斯所造○霍光傳光薨夫人修大其塋制起三幽闕築神道神道之名起於此○漢桂陽太守趙越墓有碑有石柱石人石獸○漢碑高不過三尺或有碑上一大孔○晉謝太傅墓碑但樹貞石初無文字○漢金鄉長侯成碑末云夫人以延熹十八歲生甲辰十一月三日庚午遭疾終○北齊孝子郭巨墓碑文曰開府中兵叅軍梁恭之盛工篆隷兵叅軍申嗣邑微學　藻此列名之始也○後漢趙岐傳岐年三十餘有重疾臥蓐七年遺令兄子曰大丈夫生世遽無箕山之操仕無伊呂之勳天不我與復何　哉可立一圓石於我墓前刻之曰漢有逸人姓趙名嘉(岐初名)有志無時命也奈何○後漢蔡邕謂盧植曰吾爲碑銘多矣帷郭有道無愧色○劉宋文帝碑只書太祖文皇帝之神道碑八字而已○漢隷釋謁者景君墓元初五年此墓表之起也○丘儀馬江碑云夫人宛句曹氏終溫淑愼咸曰女師年五十五建寧三年十二月卒此夫人並誌之始也○顧炎武金石文字記曰漢以後天下送死奢靡多作石室石獸碑銘至晉元帝大興元年有司奏言驃騎主簿故恩營葬舊君顧榮求立碑詔特聽立自是後禁漸頹大臣長吏人皆私立碑義熙中裴松之又議禁斷故終魏世畧無述行記功之文其立碑之見於史者惟田預斐二人而晉世則扶風王駿魏舒羊祜杜預閭德唐彬　紹丁紹范卒立碑之事百有餘年僅七八人齊建武中范雲上表求爲太宰竟陵王子良立碑事竟不行若劉　之生爲立碑安城王秀之四碑並建史家書之以爲異事而自魏至陳文字之罕傳於後有由然矣梁天監中申明葬事凡墓不得造石人獸碑惟聽作石柱記名位而已○又曰漢末蔡中郎集中胡廣陳寔各三碑喬玄楊賜胡碩各二碑又韋蒲年十五胡根年七歲各有碑至於闕樓人獸之飾亦多枉桓靈之世水經閭寺擅權五侯暴世割剝公私以事生死由上之人不爲之制限也然則魏武之禁其可已乎○開元禮五品以上螭首龜趺

高九尺七品以上立碣圭首方趺高四尺○太平廣記封王墳塋石人四一品二品石人二三品以上石虎二石羊二石馬二石望柱二四品石虎一石馬二石望柱二五品石羊二石馬二石望柱二六品以下無所論○書儀秦漢以來始命文士褒贊功德刻之於石謂之碑使其人果大賢也名聞昭顯何待碑誌若其不賢也雖巧言麗詞徒取譏笑隋文帝子秦王俊薨府僚請立碑帝曰欲求名一卷史足矣季札墓前有石世稱孔子所篆云鳴呼有吳延陵季子之墓豈在多言然後人知其賢也但刻姓名人自知之耳○孔子題季札碑歲久湮沒宋朱彦明取孔子書刻碑○世人好爲高墓大碑自誇榮貴無益於亡者不用尤善也南唐司徒李建戒家人勿封土立碑○朱子曰古人塚廟有碑廟中者以繫牲塚上繫索下棺所謂　碑或因而刻字會稽禹墓碑上有隸字後人刻之也○禹墓窆石尙存高五六尺廣二尺厚一尺其中有窺以受　引棺者也然則窆亦用石矣檀弓云公室　碑三家視桓楹豈天子諸侯以石故謂之碑大夫以下用木故謂之楹歟廟中同謂之碑則固皆用石也○丘儀　碑以木爲之非刻字也秦漢以來用石爲刻字晉宋間有神道碑盖地理家以東南爲神道立碑其地故因以名焉墓碣近世五品以下所用文與碑同墓表則有官無官皆可用表立墓左誌銘埋地中○又曰大抵碑表稱美不稱惡然前人有言無其美而稱者謂之誣有其美而不稱謂之蔽誣與蔽君子不由也○明齋曰墓表最爲切必於三年內立之不必有陰記只刻姓名可矣碑碣不必有○南溪曰立於墓左爲墓碣立於墳前近地曰墓表其文體自柳　以來主議論與碑碣不同文章辨體曰墓表敍學行德履豈緣此而成制歟○省齋曰禮輯朱子葬母於天湖山墳前小碑題曰朱母祝夫人墓此爲可法○又曰祭統曰銘者稱揚先祖之美酌之祭器云則古之銘銘於鍾鼎如孔氏之鼎銘是也後世乃有墓碑銘墓誌銘○又曰家禮小石碑之外無他石物從之可也而石牀則不甚侈大設之亦可然先立墓表而隨力設之宜矣世或不設墓表而只設石牀刻姓名官爵於其前面恐非害義

◆墓銘(묘명)

祭統銘者稱揚其先祖之美而明著之後世者也銘之義稱美而不稱惡孝子孝孫之心也論撰其先祖之有德善功烈勳勞慶賞聲名列於天下而酌之祭器以祀其先祖者也(疏酌斟酌也祭器種鼎也若有聲名徧普天下者則斟酌列書著於君之種鼎也以祀其先祖者謂預君　祭也禮功臣旣得銘鼎則得預君　)其先祖無美而稱之是誣也有善而不知不明也知而不傳不仁也此三者君子之所恥也(案此雖非墓銘而實爲銘之所本故附於此○書儀秦漢以來始命文士褒贊功德刻之於石謂之碑使其人果大賢也名聞昭顯衆所稱誦流傳終古不可掩蔽豈待碑誌始爲人知若其不賢也雖以巧言麗詞强加采飾功侔呂望德比仲尼徒取譏笑其誰肯信隋文帝子秦王俊薨府僚請立碑帝曰欲求名一卷史書足矣何用碑爲徒與人作鎭石耳此實語也季札墓前有石世稱孔子所篆云鳴呼有吳延陵季子之墓豈在多言然後人知其賢也今但刻姓名於墓前人自知之耳○語類陳同父家來求銘先生是時例不作此寫與有宋龍川先生陳君同甫之墓十二字○禮輯孔子過季札墓大書曰鳴呼有吳延陵季子之墓朱子葬母於天湖山墳前小碑題曰朱母祝夫人墓此可爲法誇功飾美貽誚後世矣往往厚賄作者使之稱揚先世之美飾貪濁爲潔淸譽慘刻爲長厚使人讀之訕笑　起是將以揚祖宗之美而反彰其惡也

◆墳碑各有品數(분비각유품수)

廣記封王螭首高三尺二寸碑身高九尺闊三尺六寸龜趺高三尺八寸一品螭首高三尺碑身高八尺五寸闊三尺四寸龜趺高三尺六寸二品蓋用麟鳳高二尺八寸碑身高八尺闊三尺二寸龜趺高三尺四寸三品蓋用天祿辟邪高二尺六寸碑身高七尺五寸闊三尺龜趺高三尺二寸四品圓首高二尺四寸身高七尺闊二尺八寸方趺高三尺五品圓首高二尺二寸身高六尺五寸闊二尺六寸方趺高二尺八寸六品圓首高二尺身高六尺闊二尺四寸方趺高二尺六寸七品圓首高一尺八寸身高五尺五寸闊二尺二寸方趺高二尺四寸　墳塋封王塋地周圍一百步每面二十五步墳高二丈四圍墳墻高一丈石人四(文二武二)石虎二石羊二石馬二石望柱二一品塋地周圍九十步每面二十二步半墳高一丈八尺四圍墳墻高九尺石人二(文官用文武官用一文一

武)石虎二石羊二石馬二石望柱二二品塋地周圍八十步每面二十步墳高一丈六尺四圍墳墻
高八尺石人二(文官用文武官用一文一武)石虎二石羊二石馬二石望柱二三品塋地周圍七
十步每面一十七步半墳高一丈四尺四圍墳墻高七尺石虎二石羊二石馬二石望柱二四品塋
地周圍六十步每面一十五步墳高一丈二尺四圍墳墻高六尺石虎二石馬二石望柱二五品塋
地周圍五十步每面一十二步半墳高一丈四圍墳墻高四尺石羊二石馬二石望柱二六品塋地
周圍四十步每面十步墳高八尺七品塋地周圍三十步每面七步半墳高八尺庶人塋地九步穿
心計一十八步　丘儀按國朝稽古定制塋地一品九十步每品減十步七品以下不得過三十步
庶民止於九步墳一品高一丈八尺每品減二尺七品以下不得過六尺其石碑一品螭首二品麒
麟三品天祿辟邪皆用龜趺四品至七品皆圓首方趺其石人石獸長短闊狹以次減降其石人石
獸望柱皆有次　著在令甲可考也貴得同賤雖富不得同貴慮達者於所當得縱不能盡去少加
減殺可也　翰墨大全庶人墓田四向去心各九步卽是四圍相去十八步按式廣地五尺爲步則
是官尺每一向合得四丈五尺以今俗營造尺論之卽五丈四尺也

◆　碑(풍비)

檀弓公室視豐碑註　碑天子之制疏凡言視者比擬之辭　大也謂用大木爲碑穿鑿去碑中之
木使之空於空間著鹿盧兩頭各入碑木以　之一頭係棺緘以一頭繞鹿盧旣訖而人各背碑負
　末頭聽鼓聲以漸却行而下之也按韻會鹿盧通作轆轤井上汲水圓轉木　儀節　碑以木爲
之樹於椁前後穿中爲鹿盧繞之　用以下棺耳非刻字其上也秦漢以來稍用石爲之刻字其上
亦謂之碑晉宋間死者皆有神道碑蓋地理家以東南爲神道碑立其地故因以爲名墓碣近世五
品以下所用文與碑同墓表則有官無官皆可用表立墓左誌銘埋地中司馬溫公曰古人有勳德
刻名鍾鼎止以自知其賢愚耳非出於禮經南宋元嘉中顏延之爲王珠作墓誌以其素族無銘誄
故以記行自此遂相祖習大抵碑表　學行履歷勳業誌銘述世系爵里生卒雖其義稱美不稱惡
然前人有言無其美而稱者謂之誣有其美而不稱者謂之蔽誣與蔽君子不由也按韻會　劣戌
切繩也船上用

◆墳樹(분수)

春官以爵　爲丘封之庶與其樹數註王公曰丘諸臣曰封漢律列侯墳高四丈關內侯以下至庶
人各有差　尊者丘高而樹多卑者封下而樹少　　制庶人縣封(窆)葬不爲兩止不封不樹
白虎通大夫墳高八尺樹以欒士四尺樹以槐庶人無墳樹以楊柳

◆碑墡(비증)

唐葬令曰碑者悲也古者懸而窆用木後人書之以表其功德因留而不忍去碑之名由是而得自
秦漢以降生而有功德政事者亦碑之而又易之以石　朱子曰古人惟　廟有碑廟中者以繫牲
　上四角四箇以繫索下棺棺旣下則埋於四角所謂豐碑是也或因以刻字於其上後人凡碑則
無不刻之今會稽大禹廟有一碑下廣銳而上小薄形制不方不圓尙用以繫牲云是當時葬禹之
物上有隷字蓋後人刻之也　今禹墓窆石尙存然則窆亦用石矣檀弓云公室視豐碑三家視桓
楹豈天子諸侯以石故謂之碑大夫以下用木故謂之楹歟廟中同謂之碑則固皆謂石也　纂要
石碑始於秦漢誌銘起於南朝今擧世用之無分貴賤

◆碑碣表之制(비갈표지제)

讀禮通考王行曰神道碑有碑額有碑文碑額之題簡碑文之題詳程大昌曰霍光塋起三山闕築
神道神道神行之道也　後漢書註方者謂之碑圓者謂之碣李斯所造　詩話碣者揭示操行而
立之墓隨也表石題云某人之墓無文詞　儀節晉宋間死者皆有神道碑蓋地理家以東南爲神
道碑立其地故因以爲名墓碣近世五品以下所用文與碑同墓表則有官無官皆可用表立墓左
誌銘埋地　退溪曰碑石表石但以大小詳略而異其名別其用　南溪曰表石只是大書其官職
姓名以表其墓　表石立於墓前禮也不然則當立於左旁蓋右是神道之尊位

◆碑額(비액)

金石例碑額眞字八分書謂之題額篆字則云篆額　朱子曰墓銘之額更著宋字亦可　語類陳
同父一子一壻同來求銘先生是時例不作此寫與有宋龍川先生陳君同父之墓十二字　原李
參仲於先生爲鄕舊其子亦來求墓銘只書有宋鍾山先生李公之墓與之　旅軒曰我國古人之
墓亦有直書姓名者而涉於未安故今人不書名只書公字而錄其名字於碑陰矣　愚按此本文
旣曰刻其面如誌之蓋云而誌蓋云某官某公之墓而名則刻於其底碑面之不書名固有明文矣
　南溪曰未復官之人題主稱及第乃我國通例墓額恐無所異至於稱號或是非常調者不得已
爲之事恐難爲法　陶菴曰亡者有實行當書以處士而或不厭於鄕黨公議則所以尊之者適所
以誣之此不可不愼　尤菴曰婦人墓表不書鄕貫自有家禮之文而我東未變胡風娶於同姓故
必書鄕貫略使有別而遂以成俗故雖非同姓而亦書之者多矣

◆銘　(명서)

讀禮通考張師正曰前漢碑極少魏晉之後其流寢盛李北海以此得潤葦金帛皆是諛墓之物韓
退之亦不免焉本朝惟東坡獨能守之　曾鞏曰作銘者當觀其人苟託之匪人則書之匪公不足
以行世而傳後　朱子撰皇考韋齋行狀曰竊惟納銘幽堂具著聲烈以告萬世蓋自近古以來未
之有改而公贈官通議大夫正第四品準格又當立碑螭首龜趺其崇九尺刻辭頌美以表于神道
用敢追述其平生議論行實之大者如右以請于當世立言之君子　答劉平甫書曰墓表須看令
式合高多少臨時分上一截寫額下一截刻文舊文多所更　漸覺詳備銘文亦已得數語但不甚
佳　答郭希呂曰示諭銘敍此非有所憂但老病心力衰耗不能盡給四方之求不得不自爲性命
計耳且銘重於敍旣已作銘若有餘力何惜於敍而費許多詞說分疎耶　答王近思曰前此欲銘
先夫人之墓以未嘗習爲之無以應命亦自念君子之事親以誠正不在此但能篤志力行使人謂
之君子之子則其爲親榮也大矣

◆合葬墓碑銘額(합장묘비명액)

退溪曰一穴異封表面分刻俗例如此恐程子所謂事之無害於義者從俗可也者此類之謂也其
單題考前恐未安兩封共表銘文之刻例未有考今世或有分刻者有合述者愚意分刻固善然以
同牢一體共穴合祭之義言之合而述之亦似爲得　表石床石今人雙墓率用一件恐不違禮
問合葬墓碣面兩書墓字如何曰府君書墓而夫人只書祔字似宜　尤菴曰夫與元妃合葬于上
繼妃祔于下則表石當主于夫而書曰前妃某氏祔左繼妃某氏祔下云而石人石床則似當設於
下墓之下矣若上下墓太遠則似當各設矣　南溪曰兩位表石右書府君左書夫人而世人或多
用順書之制未知孰是夫人位只書祔以別正位似可

◆石物之設(석물지설)

備要石人石床望柱石亦置於墓前　尤菴曰床石非禮文所設也其所謂席者卽設饌之席也
遂菴曰墓前各設床石深得禮意但人家事力難行惟在自量　南溪曰備要多設石物恐非家禮
之意　魂遊石乎　陶菴曰家禮墓無他石物只有小碑後人尙文必欲侈大而後已故貧不能備
者只設石床等物而碑則闕焉甚失輕重之義　愚按今俗貧不能具設碑及石物者或有設石床
而稍高其制橫刻碑額之文於其前面者矣

◆碑銘(비명)

語類先生因人求墓銘曰吁嗟身後名於我如浮煙人旣死了又更要這物事做甚又曰所可書者
以其有可爲後世法今人只是虛美其親若有大功大業則天下之人都知得了又何以此爲且人
爲善亦自是本分又何必須要恁地寫出　錢希言曰古人墓文之簡只十餘字今人則連篇累牘
不諛地下則諛地上耳後魏隱士趙逸云生時中庸之人耳及其死也碑文墓誌莫不窮天地之德
生民之能事直所謂省爲盜跖死爲夷齊妄言傷正華詞損實當時作文之士慚逸此言據此則南
北朝時已然不獨唐時諛墓而已蔡邕云吾爲碑銘多矣皆有慚德唯於郭有道無愧色耳則西京

時已有此風耶

◆墓志(묘지)

按家禮墓志止書其人姓名鄕貫祖考子孫生年卒葬及其官封無有求文人代譔之說然自晉宋以來孝子順孫欲顯揚先德者必假一時名筆旣已成俗卒難遽革今於文公大全集中擇其尤質實者節其繁文以爲式俾後之作者不至溢美以來諛墓之譏

◆石麟石羊石虎(석린석양석호)

說　曰古之葬者棺椁淺薄往往有猛獸所傷猛獸畏麒麟故爲石麟以辟之後人謂石麟乃帝王陵寢所用改石羊石虎○省齋曰杜甫詩苑邊高塚臥麒麟此則臣下亦用石麟之證也

◆石闕(석궐)

水經注漢司徒黃尙墓前有　石闕○霍光墓三幽闕見上○顧炎武金石文字記漢荊州刺使李岡之石闕弘農太守張伯雅之石隍蜀郡太守王子雅之石樓窮巧奇刻葬埋之侈至此而極矣

◆考妣位石物合設或各設(고비위석물합설혹각설)

退溪曰雙墓表石牀石今人率用一件恐不違禮○旅軒曰夫婦若雙封一碣則正面當中題曰某國某官某公之墓其左旁低其題曰某夫人某氏祔○問表石左字俗皆從祔左位地夫人封號必書左行今以文理連着而書之如何ㅣ明齋曰鄙家祖考表石從寫者之左右而書之如示矣退溪先生所論神主旁題之事分明可據○上下墳同一牀石而合祭之世多如此

◆劉十九府君墓誌銘(유십구부군묘지명) 文公先生

府君諱某字致端建寧府崇安人其曾大父職方郞中贈開府儀同三司諱某始以文學起家歷典數州皆有惠愛大父朝請郞諱某爲縣有所不得行其志年未七十卽致其事以歸父某明經勵行不仕以卒而鄕人敬之娶同郡余氏讀書史有智識實生府君兄弟國子祭酒翁公所爲志其墓者也府君於兄弟爲最長自少則任家事以故不及於學而其孝愛恭敬誠信敦篤自有以過人者家世淸貧至先府君時食口益衆府君經營纖密而不失大体蓋凡春秋晨夕之奉昏喪燕勞之須以至族姻黨友賀吉而弔凶其厚薄往來之數無不稱情而合禮者先府君於是得以放情事外而遂其高諸弟亦皆得以遊學四方親師取友各成就其器業而聘君先生卓然傑立遂爲一世之聞人名立於不朽實府君有以相之也府君自少無外慕晚歲足迹不出里門者數十年其精神氣力老而不衰登山臨水常翛然獨往其所以自樂者人不得而言也年八十有五以乾道癸巳正月某日病卒于家而葬於宅之西南數百步曰彭原者府君娶信安祝氏有賢行前卒子男某也女適進士江之瑞孫男潤女三人銘曰士學口耳弗誠以身旣佻以償汗我冠紳孰如丈人庸信庸謹詞無枝葉動有繩準彭原之木有翳其陰我銘斯刻以詔來今

◆建安郡夫人游氏墓誌銘(건안군부인유씨묘지명)

有宋建安郡夫人游氏右宣義郞致仕任金紫光祿大夫邵武黃公諱崇之妻而子端明殿學士諱中台州史君諱章之所追爵也世爲建州建陽縣長平里人曾祖正卿祖希古父儀皆不仕而隱德鄕里推長者夫人姿靜淑族母阮氏以婦德爲女師夫人幼嘗學焉受班昭女訓通其大義至他組筆札之藝皆不刻意而能輕過人早孤其母鍾愛之以歸大夫公事舅姑承祭祀勤肅不懈舅喜賓客佳辰令節親舊滿門夫人供饋惟謹未嘗頃刻自逸而委勞於娣姒也姑性嚴諸婦侍旁有二十年不命坐者夫人獨能順適其意盥　溫淸禮無違者姑有疾非夫人進樂不嘗每因事指言以爲諸婦模楷遭舅喪大夫公素貧昆弟相顧謀　田以葬夫人曰母墮爾先業爲也退斥囊中裝以奉其役以故大夫公得以不煩於衆而襄大事大夫公爲人誠慤莊重夫人以柔順堅正佐之相敬如賓謀無不協其待遇族姻謙謹有禮樂道其美而不喜聞其過至其窮困則賙之必盡其力曰誦女訓及他經言以自箴警娠子則必端居靜室焚香讀書不疾呼不怒視曰此古人胎敎之法也故其子生皆賢材而夫人所以敎之者又甚至稍能言則實膝上授以詩書少長則爲迎師擇友敎

詔諱悉從兄御史先生學於河南程氏行業淳懿爲學者所宗夫人每語諸子曰視乃舅而師法之
足以爲良士矣紹興壬子四月二十三日以疾卒病革大夫公泣視之夫人曰生死聚散如夜旦然
何以戚戚爲哉於是年五十有六矣二子皆擧進士中其科而端明公實以第二人賜第其後侍從
兩朝出入二十餘年忠言直節老而益壯退居于鄉天子閔勞以事嘗遣信使奉璽書就而問之其
忠孝大節固已偉然而其言行之細又皆可紀人以爲夫人之遺敎也台州嘗爲御史臺主簿亦以
治行精敏議論慷慨有聞於時二公前後凡數逢慶恩得追榮其母至今封里人榮之一女則貢士
劉紀其壻也卒之明年葬于邵武縣石岐之原大夫公嘗命台州狀其行而未有所託銘後四十有
六年端明公乃以命熹其語具於大夫公之誌此不著獨按狀文刻其大者書而銘之銘曰長平之
游世有德人弗耀于世乃里其人女士攸宜壺彝是式配德娠賢慶餘善積尚書刺史之德之才湯
沐之封本邦是開煌煌命書賁此玄宅伐石篆辭永世貽則

◆先考朱府君遷墓記(선고주부군천묘기)

先府君諱松字喬年姓朱氏徽州　源人曾祖諱振祖諱絢妣皆汪氏考諱森妣程氏三世皆不仕
考妣以府君故贈承事郎孺人府君生于紹聖四年閏三月戊申性至孝有高志大節落筆語輒驚
人政和八年以同上舍出身授迪功郎建州政和縣尉承事公卒貧不能歸因葬其邑而游宦往來
閩中始從龜山楊氏門人爲大學中庸之學調南劍州尤溪縣尉監泉州石共鎮稅循左從政郎紹
興四年召試除秘書省正字丁內艱服除召對改宣敎郎除秘書省校書郎遷著作佐郎尙書度支
員外郎兼史館校勘歷司勳吏部兩曹皆領史職如故以史勞轉奉議郎以年勞轉承議郎丞相趙
忠簡公張忠獻公皆深知府君未及用而去秦檜以是忌之而府君又方率同列極論和戎不便檜
益怒出府君知饒州未赴請間差主管台州崇道觀以十三年三月辛亥卒于建州城南之寓舍年
四十有七所爲文有韋齋集十二卷娶同郡祝氏處士確之女封孺人後二十七年卒男熹嘗爲左
迪功郎差充樞密院編脩官女嫁右迪功郎長汀縣主簿劉子翔孫男塾垕在女巽兌皆幼初府君
將沒欲葬崇安之五夫卒之明年遂窆其里靈梵院側時熹幼未更事卜地不詳既懼体魄之不獲
其安乃以乾道六年七月五日遷于里之白水鵝子峰下熹攀慕號殞痛貫心骨重惟先君既不得
信其志以沒而熹又無所肖似不能有以顯揚萬分敢次　姓系官閥志業梗槩刻而掩諸幽且將
請作文者以表其隧昊天罔極嗚呼痛哉

◆先妣祝孺人壙記(선비축유인광기)

先妣孺人祝氏徽州歙縣人其先爲州大姓父諱確始業儒有高行娶同郡喩氏以元符三年七月
庚午生孺人性仁厚端淑年十有八歸于我先君諱松字喬年姓朱氏逮事舅姑孝謹篤至有人所
難能者以先君校中秘書賜今號及先君卒熹年纔十有四孺人辛勤撫敎俾知所向不幸既長而
愚不適世用貧病困塵人所不堪而孺人處之怡然乾道五年九月戊午卒年七十生男三伯仲皆
夭熹其季也嘗爲左迪功郎差充樞密院編脩官一女適右迪功郎長汀縣主簿劉子翔孫男塾垕
在女巽兌皆幼越明年正月癸酉葬于建寧府建陽縣後山天湖之陽東北距先君白水之兆百里
而遠不孝子熹號慕隕絶敢竊記壙中如此昊天罔極嗚呼痛哉

제 6 절 反哭(반곡)

既夕記卒窆而歸不驅(註)孝子往如慕反如疑爲親之在彼(疏)孝子往如慕者如　兒隨母而啼
慕反如疑者孝子不見其親不知精魂歸否疑之爲親之在彼謂精魂在彼不歸○檀弓孔子在衛
有送葬者而觀之曰善哉爲喪乎足以爲法矣小子識之子貢曰夫子何善爾曰其往也如慕其反
也如疑子貢曰豈若速反而虞乎孔子曰小子識之我未之能行也(註)小子識之我未之能行也
善其哀慕虞祭雖遲不害○返哭升堂反諸其所作也主婦入于室反諸其所養也(註)所作者平
生祭祀冠昏所行禮之處也所養者所饋食供養之處也○朱子曰反哭升堂○云云須知得這意
思則所謂踐其位行其禮等事行之自安方見得繼志述事之事○楊氏復曰按先生此言蓋謂古

者反哭于廟反諸其所作謂親所行禮之處反諸其所養謂親所饋食之處皆指反哭于廟而言也
先生家禮反哭于廳事婦人先入哭于堂又與古異者後世廟制不立祠堂狹隘所謂廳事者乃祭
祀之地主婦饋食亦在此堂也○　菴曰檀弓曰喪之朝也順死者之孝心也其哀離其室也註云
云又曰返哭升堂云云朱子曰云云然則反主乃喪禮之最大者故三虞以下須至家乃行而國俗
以廬墓遂不反主而仍就廬行祭以終三年此徒知取便而不知其大失禮經之旨也朱子居喪廬
墓而朔望則歸拜于几筵蓋廬墓乃吾私事而若朔望時候之變也禮不可以不親也大抵喪者自
欲廬墓則固不禁矣若朔望几筵之禮不可廢也能知朱子所爲則情禮兩全矣吾東自圃隱鄭文
忠公居廬之後始知慕效漸久成俗今非敢以廬墓爲非非只辨其不反主之非耳○擊蒙要訣今
之識禮之家多於葬後反魂此固正禮但時人效嚬遂廢廬墓之俗反魂之後各還其家與妻子同
處禮防大壞甚可寒心凡喪親者自度一一從禮無毫分虧欠則當依禮反魂如或未然則當依舊
俗廬墓可也

◆反哭(반곡)

問喪入門而不見也上堂又不見也入室又不見也亡矣喪矣不可復見矣故哭泣擗踊盡哀而止
矣　　菴曰檀弓返哭升堂反諸其所作也主婦入于室反諸其所養也註所作者平生祭祀冠昏
所行禮之處也所養者所饋食供養之處也又曰喪之朝也順死者之孝心也其哀離其室也註子
之事親出必告反必面今將葬而奉柩以朝祖固爲順死者之孝心然求之死者之心亦必自哀其
違離寢處之居而永棄泉壤之下亦欲至祖考之廟而訣別也朱子於反哭之事謂之曰須知得這
意思則所謂踐其位行其禮等事行之自安方見得繼志述事之事然則反主乃喪禮中之最大者
故三虞以下須至家乃行而國俗以廬墓遂不反主而仍就廬行祭以終三年此徒知取便而不知
其大失禮經之旨也朱子居喪廬墓而朔望則歸拜于几筵蓋廬墓乃吾私事而若朔望時候之變
也禮不可以不親也大抵喪者自欲廬墓則固不禁矣若朔望几筵之禮不可廢也能如朱子所爲
則情禮兩全矣吾東自圃隱鄭文忠公居廬之後始知慕效漸久成俗今非敢以廬墓爲非只辨其
不反主之非耳　大全胡伯量問某既葬歸在家間中門外別室常令一二弟居宿墳庵某時一展
省未知可否曰墳土未乾時一展省何害於事但不須立廬墓之名耳　擊蒙要訣今之識禮之家
多於葬後反魂此固正禮但時人效嚬遂廢廬墓之俗反魂之後各還其家與妻子同處禮坊大壞
甚可寒心凡喪親者自度一一從禮無毫分虧欠則當依禮反魂如或未然則當依舊俗廬墓可也

◉主人以下奉靈車在塗徐行哭(주인이하봉영거재도서행곡)

其反如疑爲親在彼哀至則哭

◉주인 이하 영거(靈車)를 받들고 길을 갈 때 오던 길을 따라 곡하며 천천히 간다.

그도 같이 돌아가는가 의심스럽고 부친이 저쪽에 계신 것이라 생각나기도 한 것이니
슬픔이 일 때 마다 곡을 한다.

◆在道徐行哭(재도서행곡)

檀弓孔子在衛有送葬者而夫子觀之曰善　爲喪乎足以爲法矣小子識(志)之子貢曰夫子何
善爾也曰其往也如慕其反也如疑子貢曰豈若速反而虞乎子曰小子識之我未之能行也註往
如慕反如疑此孝子不死其親之至情也子貢以爲如疑則反遲不若速反而行虞祭之禮是知其
禮之常而不察其情之至矣夫子申言小子識之且曰我未之能行則此豈易言　○廬陵胡氏曰
小子識之我未之能行也善其哀慕虞祭雖遲不害

◆其反如疑(기반여의)

既夕記卒窆而歸不驅註孝子往如慕反如疑爲親之在彼疏孝子往如慕者如嬰兒隨母而啼慕
反如疑者孝子不見其親不知精魂歸否疑之爲親之在彼謂精魂在彼不歸　檀弓孔子在衛有

送葬者而觀之曰善哉爲喪乎足以爲法矣小子識之子貢曰夫子何善爾曰其往也如慕其反也如疑子貢曰豈若速反而虞乎

至家哭(지가곡)

望門卽哭

집에 도착하면 곡한다.

대문이 보이면 곡한다.

◆反哭升堂(반곡승당)

檀弓反哭升堂反諸其所作也主婦入于室反諸其所養也註此堂與室皆謂廟中也卒窆而歸乃反哭於祖廟其二廟者則先祖後禰所作者平生祭祀冠昏所行禮之處也所養者所饋食供養之處也

⊙祝奉神主入置于靈座(축봉신주입치우령좌)

執事者先設靈座於故處祝奉神主入就位檀之幷出魂帛箱置主後

⊙축관은 신주를 받들고 들어가 영좌에 안치한다.

집사자들이 영좌를 먼저 있던 자리에 설치하면 축관은 신주를 받들고 들어가 제자리에 내모시고 독(檀)과 같이 혼백상자를 신주 뒤에 둔다.

◆靈座於故處(영좌어고처)

按朝祖後遷柩廳事而靈座設于柩前則此故處似指廳事然下文先哭于廳事而遂詣靈座前哭云則正指正寢堂中之故處也○旣夕禮乃反哭入升自西階東面衆主人堂下東面北上婦人入丈夫踊升自　階主婦入于室踊出卽位及丈夫拾踊三註反哭者於祖廟　婦人不升西階者由主人在西階但主人旣在西階親所行禮之　以婦人無外事故於親所饋食之　哭也卽位者階上西面也

⊙主人以下哭于廳事(주인이하곡우청사)

主人以下及門哭入升自西階哭于廳事婦人先入哭於堂

朱子曰反哭升堂反諸其所作也主婦入于室反諸其所養也須知得這意思則所謂踐其位行其禮等事行之自安方見得繼志述事之事　楊氏復曰按先生此言蓋謂古者反哭于廟反諸其所作謂親所行禮之處反諸其所養謂親所饋食之處皆指反哭于廟而言也先生家禮反哭于廳事婦人先入哭于堂又與古異者後世廟制不立祠堂狹隘所謂廳事者乃祭祀之地主婦饋食亦在此堂也

⊙주인 이하 청사에서 곡한다.

주인 이하 대문 앞에 이르면 곡하며 들어가 서쪽층계로 올라가 청사에서 곡하고 부인들은 먼저 당으로 들어가 곡한다.

⊙遂詣靈座前哭(수예영좌전곡)

哭盡哀止

⊙영좌 앞으로 나아가 곡한다.

슬픔을 다하여 곡하고 그친다.

◆望望汲汲(망망급급)

問喪送形而往迎精而反也其往送也望望然汲汲然如有追而弗及也其反哭也皇皇然若求而弗得也故其往送也如慕其反也如疑求而無所得之也入門而弗見也上堂又弗見也入室又弗見也亡矣喪矣不可復見已矣故哭泣辟踊盡哀而止矣註望望瞻望之意也汲汲促急之情也

皇皇猶彷徨之意盡哀而止者他無所寓其情也　成壙而歸不敢入處室居於倚廬哀親之在外也寢苫枕塊哀親之在土也故哭泣無時服勤三年思慕之心孝子之志也人情之實也註此言反哭至終喪之情惚猶恍惚也慽猶嘆恨也勤謂憂苦

⊙有弔者拜之如初(유조자배지여초)

謂賓客之親密者旣歸待反哭而復弔檀弓曰反哭之弔也哀之至也反而亡焉失之矣於是爲甚

⊙조문 할 이가 있으면 초상 때와 같이 절한다.

이른바 빈객이 정이 친밀한 이는 먼저 돌아와 기다리다 반곡(反哭) 이후에 또 조문한다. 예기(禮記) 단궁편(檀弓篇)에 이르기를 반곡(反哭)하고 조문하는 것은 슬픔의 지극함이다. 돌아와도 그가 죽어 떠나가 잃었으니 이때가 슬픔이 제일 심한 것이다. 라 하였다.

◆反哭而弔(반곡이조)

檀弓殷旣封(窆)而弔周反哭而弔孔子曰殷已慤(殼)吾從周註殷之禮窆畢賓就墓所弔主人周禮則俟主人反哭而後弔孔子謂殷禮太質慤者蓋親之在土固爲可哀不若求親於平生居止之所而不得其哀爲尤甚也故弔於墓者不如弔於家者之情文爲兼盡故欲從周也細註嚴陵方氏曰人之始死也則哀其死旣葬也則哀其亡亡則哀爲甚矣故反哭之時有弔禮焉問喪曰入門而弗見也上堂又弗見也入室又弗見也亡矣喪矣不可復見矣故哭泣辟踊盡哀而止矣大宗伯以喪禮哀死亡蓋死亡之別如此旣封而弔者受弔於壙也反哭而弔者受弔於家也夫弔也者所以弔其哀而已葬雖爲哀然不若反哭之哀爲甚此孔子所以謂殷爲已慤周人弔於家示民不　也子云死民之卒事也吾從周其言蓋本諸此　陶菴曰檀弓殷旣封而弔周反哭而弔孔子曰殷已慤吾從周按今俗於反哭之時賓客多出郭外迎慰於路傍紛擾之處拜未成儀哭不從聲此何禮也孔子之惡野哭者以郊野道路非可哭之地也昔齊莊公襲莒杞梁死焉其妻迎其柩於路哭之哀莊公使人弔之辭曰猶有先人敝廬在下妾不得與郊弔齊侯弔諸其室今之讀書知義理者反爲女子之所不爲寧不愧乎雖或迎於郭外切勿行弔禮於路側只當隨後還喪次待反哭而後弔可也

⊙期九月之喪者飮酒食肉不與宴樂小功以下大功異居者可以歸 (기구월지상자음주식육불여연락소공이하대공이거자가이귀)

⊙기년과 대공 구월 복인은 술과 고기는 먹되 연회에 참석하여 즐기지 말 것이며 소공 이하와 대공 복인으로 달리 살면 집으로 돌아가도 된다.

◆食肉(식육)

喪大記期之喪三月旣葬食肉飮酒期終喪不食肉不飮酒父在爲母爲妻註上言期之喪者謂不杖期下言父在爲母爲妻者謂杖期故不同也

◆大功異居者可歸(대공이거자가귀)

喪大記期居廬終喪不御於內者父在爲母爲妻齊衰期者大功布衰九月者皆三月不御於內婦人不居廬不寢苫喪父母旣練而歸期九月者旣葬而歸註喪父母謂婦人有父母之喪也旣練而歸練後乃歸夫家也女子出嫁爲祖父母及爲父後之兄弟皆期服九月者謂本是期服而降在大功者此皆哀殺故葬後卽歸也　大夫士父母之喪旣練而歸朔日忌日則歸哭于宗室諸父兄弟之喪旣卒哭而歸註命士以上父子皆異宮庶子爲大夫士而遭父母之喪殯宮在適子家旣練各

歸其宮至月朔與死之日則往哭于宗子之家謂殯宮也諸父兄弟期服輕故卒哭卽歸也　婦人喪父母旣練而旣期九月者旣葬而歸陳註婦人爲祖父母及爲父後之兄弟皆期也本期服而降大功者皆葬後卽歸　喪服記卒哭子折笄首以幷布　傳折笄首者折吉笄之首也註卒哭而喪之大事畢女子子可以歸於夫家而著吉笄折其首者爲其大飾也疏喪大記女子子旣練而歸與此註違者彼小祥歸是其正法此歸者容有故許之可以權許之耳○旣夕禮兄弟出主人拜送(註)兄弟小功以下異門大功亦可以歸(疏)此兄弟等始死之時皆來臨喪殯訖各歸其家朝夕哭則就殯所至葬開殯而來喪所至此反哭各歸其家至虞卒哭祭還來預也故小記云緦小功虞卒哭則皆免是也異門大功亦可以歸者大功以上有同財之義爲異門則恩輕故可歸之

◆期九月者飮酒食肉(기구월자음주식육)

喪大記期之喪三月旣葬食肉飮酒期終喪不食肉不飮酒父在爲母爲妻九月之喪食飮猶期之喪也食肉飮酒不與人樂之註上言期之喪者謂不杖期下言父在爲母爲妻者謂杖期故不同也○旣夕禮兄弟出主人拜送註兄弟小功以下也異門大功亦可以歸　兄弟　始死臨喪殯後各歸其家朝夕哭則就殯所至葬開殯而來反哭各歸其家至虞卒哭還來預也○南溪曰復寢重於食肉然大功不過以葬爲限期服中如祖父母衆子嫡孫　喪終其服不御無不可者其餘事在斟酌○按服中赴擧說見成服之日條○南溪曰服雖同是期年而有正統旁期之別緦冠玄武子姓之冠與伯叔父母兄弟非可一例論也由此程子於元祐之議首擧以爲言實禮家之大防孝子順孫之所當自致者也豈可從俗而應擧○市南曰程子只論祖父母服其意有在旁期葬後意或可赴○遂菴曰妻喪葬後則雖入壝屋何害

◆朝夕省墓哭拜(조석성묘곡배)

問廬墓者朝夕哭省有拜禮否尤菴曰以小學王裒事見之則可知其有拜矣　朱子居寒泉哭墓與否不可知然以南軒常時上墓痛哭之文觀之則三年之內哭墓無疑　問几筵朝夕雖無拜廬墓朝夕哭省宜有拜且小祥後雖止朝夕哭於几筵而省墓時則不得不哭同春曰然　南溪曰省墓者朝夕行拜亦當蓋身在外不參几筵上食則情禮不得不然

◆奉几筵廬墓者節祀(봉궤연여묘자절사)

問奉几筵居廬墓下則四時節祀只行於几筵耶尤菴曰當如是○農巖曰居廬者非大段不得已者則不可離喪次○按喪中節日新墓几筵兩祭愼齋說見墓祭

◆上食朔望節日(상식삭망절일)

遂菴曰先生嘗敎曰朱子居祝夫人憂常在墓下朔望歸奠几筵上食則必使家人將事今人每言朱子卒哭後卽停上食此無出處何所據而云耶愚之平日所聞如是　退溪曰居廬者朔望節日當行於几筵其有並行於墓所者非也

◆父母同終(부모동종)

曾子問孔子曰並有喪如之何何先何後孔子曰葬先輕而後重其尊也先重而後輕盖古禮爲父斬衰三年爲母齊衰三年父在爲母齊衰杖期是服有輕重也今制子爲父母俱斬衰三年無有輕重則難拘先後之例同葬同奠爲是

◆合葬(합장)

白虎通曰合葬所以同夫婦之道也檀弓曰合葬非古禮也自周以來未之有改也陳淳問合葬夫婦之位朱子曰某初葬亡室時只存東畔一位亦不考禮是如何淳又問地道以右爲尊恐男當居右否朱子曰祭而以西爲上則葬時亦當如此方是丘文莊以爲世俗循習已久凡葬皆男左女右一家忽然如此行之數世之後安知子孫不誤以考爲妣乎不如且從朱子葬劉夫人之例也

◆異居者歸家(이거자귀가)

旣夕禮兄弟出主人拜送(註)兄弟小功以下異門大功亦可以歸(疏)此兄弟等始死之時皆來臨

喪殯訖各歸其家朝夕哭則就殯所至葬開殯而來喪所至此反哭各歸其家至虞卒哭祭還來預
也故小記云總小功虞卒哭則皆免是也異門大功亦可以歸者大功以上有同財之義爲異門則
恩輕故可歸也○喪大記喪父母旣練而歸期九月者旣葬而歸(註)喪父母謂婦人有父母之喪
也旣練而歸練後乃歸夫家也女子出嫁爲祖父母及爲父後之兄弟皆期服九月者謂本是期服
而降在大功者此皆哀殺故葬後卽歸也

제 7 절 葬禮笏記(장례홀기)

◇告遷(고천)

前一日朝執事者進靈座徹宿奠設朝奠○祝詣前跪焚香斟酒訖○西面告曰(今以吉辰遷柩敢
告)○俛伏興○主人以下且哭且拜○盡哀止○食時上食如常儀

◇殯(계빈)

將啓主人免主婦髽並散帶垂○大功以上皆散帶(五十者不散垂)○主人拜賓賓答拜○主人
入卽位祖○衆服人及諸親幷入卽位○婦人卽位于內次○不哭止喧囂○祝免祖執功布升自
西階○當戶外三噫歆○啓戶入○立於柩前抗聲三言啓○內外皆哭盡哀○哭止○祝取銘置
于西南○役者入啓殯○主人輯杖立視○啓畢祝以功布拂柩○　用夷衾○役者退○主人以
下哭盡哀止

◇朝祖(조조)

執事者先布席安凳于祠堂之庭當　(今因祠堂狹窄楹間難容奉柩周旋故姑就庭中云)○祝
詣柩前跪告曰(請朝祖)○役者入○主人輯杖立視○祝以盤卓奉魂帛前行○執事者奉奠(仍
朝奠)及椅卓次之○銘旌次之○役者奉柩次之○主人以下哭從○男子由右婦人蓋頭由左以
服爲序○無服之親在後○侍者在末○至祠堂○役者致柩於凳上北首而出○婦人去蓋頭○
祝率執事者設靈座及奠于柩西東向○銘旌直于柩南○主人位柩東西面衆丈夫次之○主婦
位柩西東面衆婦人次之○幷哭盡哀止

◇遷于廳事(천우청사)

執事者先設帷于廳事○祝詣靈座前跪告曰(請遷柩于廳事)○俛伏興○婦人退避○役者入
○祝奉魂帛導柩右旋○主人以下哭從如前○詣廳事○執事者布席安凳○役者致柩于其上
南首而出○主人乃襲経○祝還設靈座及奠于室中故處(按家禮設靈座及奠于柩前南向然今
人廳事未必寬大棺柩則固當依禮奉遷而靈座則還設故處恐或爲時措之宜而且不失古者神
內尸外之意)○主人以下就位坐哭藉以薦席

◇請祖期(청조기)

祝請祖期○護喪曰日側

◇陳器(진기)

祝命陳器○方相在前○銘旌次之○次舁床○次靈車○次乘車(今之魂轎)○次挽章○次功
布○次大轝○畫翣在轝　(夜則斂藏)

◇祖奠(조전)

日晡陳設者進靈座徹朝奠○設祖奠○司籩致籩○司豆致豆○司俎致俎○司敦致飯○司
致羹○司尊致酒○奉爐致爐○奉香致香○祝詣前跪焚香○司尊執注向祝跪在祝之右○奉
爵執盞向祝跪在祝之左○奠爵立于奉爵之左○祝取注斟酒于盞○反注○奉爵以盞授奠爵
○奠爵受盞奉置靈座前訖○祝西面告曰(永遷之禮靈辰不留今奉柩車式遵祖道)○俛伏興
復位○主人以下且哭且拜○盡哀哭止○賓出○主人拜送○賓答拜○祝請葬期○護喪曰來

日日中○入復位○乃代哭宵爲燎於門內之右

◇親賓致奠(친빈치전)

陳設者設奠品如儀○主人就位哭○護喪引賓至靈座前○賓跪焚香再拜○司尊在右執注向賓跪○奉爵在左執盞向賓跪○奠爵又立于其左○賓取注斟酒于盞○反注○取盞少傾于器○以盞授奉爵○奉爵受盞授奠爵○奠爵受盞奉置靈座前○祝止哭者○讀文者跪讀祭文於賓之右○讀訖立○賓俯伏興復位再拜○賓主皆哭盡哀○哭止○賓退○有繼奠者如初○奠畢司几筵設靈寢如常儀

◇就轝(취여)

厥明祝又命陳器○司几筵入徹靈寢○納衣衾於乘車○轝夫納大轝於中庭○祝詣靈座前跪告曰(今遷柩就轝敢告)○俛伏興○役者入遷柩就轝○主人以下從柩哭降視載○婦人哭於帷中

◇遣奠(견전)

載畢祝同司几筵遷靈座於柩西南向○陳設者乃設奠如祖奠儀(兼上食)○祝詣前跪○焚香斟酒如上儀訖○北面告曰(靈　既駕往卽幽宅載陳遣禮永訣終天)○俛伏興○主人以下哭再拜盡哀○祝徹脯納苞中置舁牀上○遂徹奠包載(至山餉丁)

◇奉帛升車(봉백승거)

祝奉魂帛升車焚香○別以箱盛主置帛後○婦人乃蓋頭出帷降階立哭盡哀再拜辭(尊者不拜)

◇柩行(구행)

方相在前○銘旌次之○次舁牀○哭奴婢次之○靈車次之○靈座諸具分行于左右○乘車次之○次挽章○商祝執功布居柩前以導○大轝隨行○畫翣分行于大轝左右

◇哭從(곡종)

主人袒○出宮襲哭從○諸丈夫以服爲次哭步從○及門受服者次之○尊長及無服之親次之○賓客在後以齒爲序

◇設幄(설악)

未至設靈幄于墓道西南向○設親賓次于幄前十數步以待柩至

◇柩至(구지)

方相至以戈擊壙四隅○舁牀至○司几筵出陳諸具于幄內○靈車至祝奉魂帛設靈座於幄次○置主箱于帛後○陳設者遂設酒果脯醢於靈座前○祝焫香○乘車至停于幄左○司几筵先布席於幄後○柩至轝夫脫載○主人徹哭臨視○安柩于席承以凳○祝取銘旌畫翣並去杠置柩上及兩　○主人以下哭盡哀○退侍靈座

◇窆(폄)

護喪命視日○視窆者曰及時○司几筵布席于壙南○役者運柩於席上承以凳北首○脫所裹油單及索子○祝以功布拭柩○主人憑柩哭盡哀○諸親及及門者再拜辭訣(主人不拜)○主人袒撤哭臨視下棺○視窆者先用短木杠二橫置外金井上○又橫置長杠二于壙口○祝撤銘旌柩衣置傍側○視窆者用布二條兜柩底兩頭○別用二杠橫擧于柩上兩頭○以布四端直上懸於橫杠之腰○役夫擧杠遷柩置長杠上正其四　○乃微擧繫布之杠而去壙口兩杠○以漸放柩於短杠上○視窆者分立左右上下以手按柩四隅令不偏倚○又微擧繫布之杠而去短杠○以漸下棺于壙底○視窆者審厥向背(或有不正則稍引擧布以正之或以種裏紙入柩　正之)○既正柩抽出擧布○祝用功布拭柩○整柩衣○鋪銘旌於柩上○倚翣於兩

◇贈(증)

既窆主人哭踊無　○乃襲○祝以玄纁授主人○主人奉以置柩　(左上贈玄右下贈纁)○主
人哭再拜稽顙○在位者皆哭盡哀

◇實土(실토)

視窆者加見自下而上以次○　加油紙于見上○主人袒取土(今俗有主人取土之例恐或無
妨)○遂拜賓○賓答拜○主人襲退侍靈座○取黏黃土作泥躪實于見上(役夫布襪築實但勿
令震柩)○加泥灰于黃土之上躪實○視窆者立標木於正中以準壙上四　○次取潔土每下尺
許卽輕手築實

◇祠后土(사후토)

纔贈幣山祝同執事者設位于墓左潔處南向○設盞注酒果脯醢於位前○設盥盆帨巾各二於
其東南○始實土獻官吉服入立於神座前北向○執事者在其後東上○皆再拜叅神○獻官盥
帨詣位○執事者盥帨從之○獻官跪○右執事取注西向跪○左執事取盞東向跪○獻官取注
斟酒于盞○反注○取盞酹于地○復取注斟酒于盞○反注○以盞授執事者○執事者受盞奉
置神座前○祝執版跪獻官之左東向讀祝曰(維歲次干支幾月干支朔幾日干支某官姓名敢昭
告于后土氏之神今爲某官某貫某公窆玆幽宅神其保佑俾無後艱謹以淸酌脯醢祇薦于神尙
饗)○讀訖俛伏興復位○獻官再拜○祝執事者皆再拜○徹

◇下誌(하지)

壙南數尺許掘地深四五尺○乃以泥灰築底及四　○乃置櫃納誌○　加泥灰築之

◇題主(제주)

纔取土陳設者便設奠於靈座○司几筵設卓子于靈座東南西向○置硯筆墨于卓上○對卓置
盥盆帨巾各二○主人輯杖立於其前北向○祝盥帨出主臥置卓上○書者盥帨西向跪○先題
陷中(朝鮮故某官某貫某公諱某字某神主)○次題粉面(顯考某官府君神主)○次題左傍(孝
子某奉祀)○題畢主人再拜謝書者○書者答拜○祝奉置神主於靈椅○藏魂帛於箱置諸主後
○就香案前跪○炷香斟酒(執事如常儀)○執版出於主人之右跪讀曰(維歲次干支幾月干支
朔幾日干支孤子某敢昭告于顯考某官府君形歸窀　神返室堂神主旣成伏惟尊靈舍舊從新
是憑是依)○懷祝興復位○主人以下再拜哭盡哀止

◇奉主升車(봉주승거)

祝詣靈座奉主升車○置魂帛箱及韜藉櫝蓋于主後○司几筵徹靈座諸具○遂行○主人以下
哭從如來儀○留監墳者董役者視實土以至成墳

◇反哭(반곡)

主人以下從靈車不改路○徐行如疑望門哭○及門哭○婦人迎哭于堂○至廳事前停靈車○
司几筵設席于廳事南向○祝奉神主暫安于席上○主人以下哭于西階下○婦人哭于戶內○
祝奉主詣祠堂○魂帛箱隨之○主人以下哭從○至廟○祝由西階升奉置神主于西階上位○
魂帛箱在其西○主人從升東面立○婦人升自　階西面立○諸丈夫以序立西階下○並哭盡
哀○祝奉主還○魂帛箱隨之○主人以下哭從如來儀

◇奉主靈座(봉주령좌)

司几筵先設靈座於故處○祝奉主入就位櫝之○置帛于後○主人以下卽位○婦人卽位于房
○並哭盡哀○弔者升自西階曰如之何○主人拜稽顙○弔者答拜○弔者降出○主人拜稽顙
○諸親出門哭止○闔門○主人就次暫息○整頓祭饌卽行虞

제 8 절　廬墓(여묘)

◆總論廬墓返魂得失(총론여묘반혼득실)

退溪曰設殯於正寢者使其神安在於生存之處也歸葬于山野平土纔畢題主畢使子弟看封墓卽速返魂者恐神魂飄散無依泊欲　依歸卽安於平昔居息之處此孝子之心也今只以居廬爲善未知返魂之意至畢三年後乃返魂于家魂散久矣其能返乎胡伯量問曰某結屋數間於　所葬後與諸弟常居其間敬子以爲主喪者旣葬當居家盖神已歸家則家爲重却令弟　宿墓可也舜弼亦云廬墓非禮某目此常在中門外別室更令一二弟居宿墳庵某時一展省未知可否朱子曰墳土未乾時一展省何害於事但不立廬墓之名耳盖漢唐以下未有居廬之名其中或有廬墓者表旌其閭由是廬墓成俗而返魂之禮遂廢甚可歎也但末世禮法壞亂返魂于家者多有不謹之事反不若廬墓之免於混雜也然其不謹如此者名雖廬墓恐亦不能致謹於廬墓也○　庵曰檀弓返哭升堂反諸其所作也主婦入于室返諸其所養也註所作者平生祭祀冠昏所行禮之處也所養者所饋食供奉之處也朱子於返哭之事謂之曰須知得這意思則所謂踐其位行其禮等事行之自安方見得繼志述事之事然則返主乃喪禮中之最大者故三虞以下須至家乃行而國俗以廬墓遂不返主而仍就廬行祭以終三年此徒知取便而不知其大失禮經之旨也朱子居喪廬墓而朔望則歸拜于几筵盖廬墓乃吾私事而若朔望時候之變也禮不可以不親也大抵喪者自欲廬墓則固不禁矣若朔望几筵之禮不可廢也能如朱子所爲則情禮兩全矣吾東自圃隱居廬之後始知慕效漸久成俗今非敢以廬墓爲非只辨其不返主之非耳○牛溪曰廬墓雖近於情然非禮之正也孝子以禮自守而情文皆備則何必以在家喪禮不專爲懼耶先儒言墓　體魄而致生之不智廟奉宗祐而致死之不仁盖魂魄旣分則當以魂之所在爲致誠敬之地○栗谷曰今之識禮之家多於葬後返魂固正禮但時人效嚬遂廢廬墓返魂之後各還其家與妻子同處禮防大壞甚可寒心凡喪親者自度一一從禮無毫分虧欠則當依例返魂如或未然則當依舊俗廬墓可也○龜峰曰鄭孝有病偏母年高云云從禮返哭而結廬墓下時　省拜以便孝理如何○同春問禮言返哭而或以廬墓爲善將何適從沙溪曰栗谷所論可考也○尤庵曰返魂於家而守几筵自是正禮兄弟中或守此正禮有何不可朱子於母喪返魂而常在墓所朔望歸奠几筵則是廬墓之禮亦爲後學之大典矣不待栗谷說然後爲可行也○南溪曰反哭重在神主經禮也　今有上食之禮於几筵乎朱子服喪時若行上食而常在寒泉則固可爲今日之證矣若其時從古禮不行上食則恐難以朱子所行而長違几筵莫如從返哭之禮而兄弟輪回時省墳墓之爲得宜也○陶庵曰以禮意言之廟重於墓故識禮之家葬後返魂而不爲廬墓苟有兄弟則長子侍几筵次子居墓廬亦可而哀是獨子旣不可兩行義當長侍几筵而墓則一月一省或再省爲得

◆廬墓拜哭祭奠之節(여묘배곡제전지절)

問廬墓者朝夕哭省有拜禮否尤庵曰以小學王裒事見之則可知其有拜矣○問墓所朝夕哭省則似異於靈筵宜有拜禮同春曰然○南溪曰居喪非饋奠致敬之節不拜禮也墓所雖與几筵有間逐日再次行拜殊未安只申哭盡哀循守常禮爲是○又曰往來省墓者朝夕行拜亦當盖以身在外不叅几筵上食則情禮不得不然○遂庵曰上墓時中原人立哭東俗伏哭皆無所妨○退溪曰居廬者朔望節日當行於几筵其有並行於墓所者非也○問奉几筵居廬墓下則四時節祀只行於几筵歟尤庵曰似當行於几筵盖以家禮始祖親盡後墓祭例之則恐當如是矣

◆祥禫後廬墓之非(상담후여묘지비)

退溪曰聞欲於祥禫後仍不毁廬室以作居室恒處其中朝夕上食就墓前行之此禮何據若使先王制禮可不顧而直情行之曾參孝已無除喪罷上食之日矣以閔子騫之孝除喪而鼓琴切切而哀曰先王制禮不敢過也今君欲行曾閔所不行之行以爲驚世駭俗之事不足以爲孝適取譏於識理之君子豈不可惜之甚者後漢趙宣以親墓隧道爲室而居其中行喪二十年仇香按得其服中多生子怒而治其罪今君廬室雖非隧道之比以事言之亦趙宣之類也世或有如仇香之賢安知不以爲罪乎

◆廬墓(여묘)

喪大記父母之喪居倚廬不塗寢苫枕　非喪事不言君爲廬宮之大夫士　之疏曰倚廬者於中門外東牆下倚木爲廬也不塗者但以草夾障不以泥塗飾之也寢苫臥於苫也枕　枕土塊也爲廬宮之者廬外以帷障之如宮牆也　袒也其廬袒露不以帷障之也○又曰期居廬終喪不御於內者父在爲母爲妻齊衰期者

大功布衰九月者皆三月不御於內婦人不居廬不寢苫○漢原仁先廬墓三年顯名京師　後漢蔡邕母喪廬墓有兎馴擾木生連理　晋夏方廬墓側猛獸馴其旁　胡伯量問某營葬時結屋數椽於先壟之西旣葬後與諸弟常居其間庶得朝夕展省且免在家人事混雜敬子以爲主喪者旣葬當居家蓋神已歸家則家爲重若念不能忘却令弟輩宿墓時一展省可也旣聞此說不欲更遂初志卽在家間中門外別室常令一二弟居宿墳菴某時一展省未知可否朱子曰墳土未乾時一展省何害於事但不須立廬墓之名耳　朱子撰吳茝神道碑曰公性至孝必廬墓側終制不交人事無墨衰絰　菴曰檀弓曰反哭升堂反諸其所作也主婦入于室反諸其所養也又曰喪之朝也順死者之孝心也其哀離其室也然則反主乃喪禮中之㝡大者故三虞以下須至家乃行而國俗以廬墓遂不反主而仍就廬行祭以終三年此徒知取便而不知其大失禮經之旨也朱子居喪廬墓而朔望則歸拜于几筵蓋廬墓乃吾私事而若朔望時候之變几筵之禮不可廢也喪者欲自廬墓則固不禁矣若能如朱子所爲則情禮兩全矣吾東自圃隱居廬之後始知慕效漸久成俗今非敢以廬墓爲非只辨其不反主之非耳　退溪曰題主纔畢卽速反魂者恐神魂飄散無依泊欲趁依歸卽安於平昔居息之處此孝子之心也今只以居廬爲善未知反魂之意至畢三年後乃反魂於家魂散久矣其能反乎蓋漢唐以下或有廬墓者表旌其閭由是廬墓成俗而反魂之禮遂廢可歎也但末世禮法壞亂反魂於家者多有不謹之事不若廬墓之免於混雜也然其不謹如此者名雖廬墓恐亦不能致謹於廬墓也　栗谷曰今之識禮之家多於葬後反魂此固正禮但時人效嚬遂廢廬墓之俗反魂之後各還其家與妻子同處禮防大壞甚可寒心凡喪親者自度一一從禮無毫分虧欠則當依禮反魂如或未然則當依舊俗廬墓可也　尤菴曰反魂於家而守几筵自是正禮兄弟中或守此正禮有何不可朱子於母喪反魂而常在墓所朔望歸奠几筵則是廬墓之禮亦爲後學之大典矣不待栗谷之說然後爲可行也若諸弟不守几筵而各歸其家則其無行大矣爲其兄者當以誠意開導之　按或曰獨子而奉筵無人則不可廬墓云者不然朱子遭喪居寒泉朱子亦獨子也　陶菴曰以禮意言之廟中於墓故識禮之家葬後反魂而不爲廬墓苟有兄弟則長子侍几筵次子居墓廬亦可

◆廬墓祥後反哭(여묘상후반곡)

問祥祭後反哭又設盛祭於舊堂倣虞儀行事耶龜峯曰祭則不可疊行倣祠堂章告事之儀告以反哭之意行奠禮如何

◆廬墓者上墓哭(여묘자상묘곡)

朽淺曰依禮行朝夕哭於几筵而省墓則朔望爲之無乃可乎　問墓在家後晨昏上塚哭否農巖曰似不可已只一日一上墓而當有拜　問拜墓雖路遠持衰往哭如何陶菴曰恐無可疑

◆心制人廬墓(심제인여묘)

南溪曰父在母喪十五月過禫後請於嚴親往依墓下日日只行哭拜禮朔望則歸行祠堂參禮庶幾得之蓋以禫後新主入廟孝子情無依泊之處故也又曰心喪者三年內哭墓情理不得不然

◆三年後猶廬墓之非(삼년후유여묘지비)

退溪與人書曰似聞孝思無盡欲於祥禫後仍不毀廬室似作居室恒處其中朝夕上食就墓前行之不審此禮何所據而然乎若使先王制禮可不顧而直情行之曾參孝已無除喪罷上食之日矣以閔子騫之孝除喪而鼓琴切切而哀曰先王制禮不敢過也今君欲行曾閔所不行之行以爲驚世駭俗之事不足以爲孝適取譏於識理之君子豈不可惜之甚昔後漢趙宣以親墓遂道爲室而居其中行喪二十年仇香(按漢書作陳蕃)按得其服中多生子怒而治其罪今君廬室雖非隨道

之比以事言之亦趙宣之類也世有仇香安知不以爲罪

제 9 절 草殯(초빈)

◆入棺前草殯成服(입관전초빈성복)

靜觀齋曰草殯成服固未安但於其前只服素帶不但有拖引之嫌而已前頭入棺旣未知定在某時則屢月後入棺成服之節旣與追服等禮不同功總月數之際尤豈不難處耶

◆草殯時朝祖祖遣奠之節(초빈시조조조견전지절)

近齋曰山殯雖異永窆靈柩旣已離家則不可不卽行朝祖雖以魂箱代柩不必待永窆時○又曰祖遣奠待永窆時不可行也○老洲曰山殯旣在遠地則朝祖及祖遣奠行於出殯之時與夫雖殯魂魄(帛誤)猶存當用未葬之禮不廢朝夕之奠盛諭似具得之

◆草殯時魂帛銘旌(초빈시혼백명정)

近齋曰發靷日魂帛與柩間   山下草殯後當還奉魂帛于本第以行饋奠魂箱雖已朝而復還于家亦似無害盖禮本有葬後魂帛至家待三虞埋之之文○又曰草殯後魂帛雖姑還奉本第銘旌則仍爲去杠置諸柩上爲可盖銘旌屬於柩不可相離故也

◆草殯時發靷告辭(초빈시발인고사)

近齋曰發靷時無告辭恐涉昧然告辭措辭曰今以事勢權行藁殯將奉靈柩   就山上發靷之曉因上食或奠而告之魂帛齡前不所埋者似當還奉而祭之

◆啓草殯至葬時諸祝辭(계초빈지장시제축사)

朽淺曰啓草殯時告辭將以某月某日定行葬禮玆於吉辰啓出靈柩始安幕所敢告○祖奠告曰永遷之禮靈辰不留將奉靈柩式遵祖道○遣奠告辭今奉靈柩   卽幽宅敢陳遣禮永訣終天○下棺時告曰今遷柩就壙敢告

◆山殯年久者處變之節(산빈연구자처변지절)

問有人父母俱沒於染疾入棺卽爲山殯今至十二年之久云云陶庵曰山殯雖不能盡如葬禮亦不可不謂之葬是必以葬斷之而後凡百難處之事一時平了唯至今不撤靈筵一切以喪人自處猝然曰我於其時已行葬云爾者不成事理就此地頭而論之汲汲行葬禮翌月行小祥又翌月行大祥此外無他道矣

◆山殯葬(산빈장)

問有人父母俱沒於染疾入棺卽爲山殯至今十二年之久云云陶庵曰山殯雖不能盡如葬禮亦不可不謂之葬必以葬斷之而後凡百難處之事一時平了唯至今不撤靈筵一切以喪人自處猝然曰我於其時已行葬云爾則不成事理就此地頭而論之汲汲行葬翌月行小祥又翌月行大祥此外無他道矣

제 10 절 虛葬(허장)

◆總論(총론)

沙溪曰權葬非禮至於無事時行之甚無謂也○問權葬者其以出殯于山之謂耶雖以葬禮行之而將遷改之謂耶欲依小記所謂家貧或有他故不得待三月之說姑行報葬云云南溪曰所謂權葬者所論後說是也盖不備其禮而出殯於山則謂之藁葬矣今此喪雖曰無主乃係一家之尊行有難以徑行葬禮者然理勢所在姑依小記之文處之亦似不無所據○愼獨齋曰雖非永窆而旣葬體魄且其事勢遷改未易則當其權厝題主無妨

◆虛葬之非(허장지비)遺衣落髮葬幷論

問招魂葬栗谷曰死於軍或沒於水不得其尸則以服招魂而葬其服然非禮矣○牛溪問隣有溺死不得其屍其子欲招魂爲墓於義理如何龜峰曰墓只是葬體魄旣不得其屍則不墓似合惟魂無所間爲主以祭爲得義理之當○問人死不得其尸體者聖賢立言何無處此之道耶或招魂葬或遺衣葬在禮何所據耶沙溪曰虛葬之非先儒已言之何謂無處此之道乎僕嘗抄錄數條詳見于下○通典晉元帝時哀　上表請禁招魂葬云故僕射曹馥沒於寇亂嫡孫胤招魂殯葬聖人制禮因情作敎樠周於棺棺周於身非身無棺非棺無樠胤無喪而葬招幽魂氣於德爲愆義於禮爲不物監軍王崇太傅劉洽皆招魂葬請下禁斷博士阮放傳純張亮等議如　表賀循啓辭宜如所上荀組非招魂葬議亦如前或引漢之新野公主魏之郭循皆招魂葬答曰末代所行豈禮也或引喬山有黃帝之塚是葬神也答曰時人思帝葬其衣冠非葬神也于寶駁招魂葬以爲失形於彼穿塚於此亡者不可以假存無者獨可以僞有哉未若於遭禍之也備迎神之禮宗廟以安之哀敬以盡之孔衍禁招魂葬議云招魂而葬委巷之禮殯葬之意本以葬形旣葬之日迎神而返不忍一日離也　乃招魂而葬反於人情以亂聖典宜可禁也李瑋難曰伯姬火死而叔弓如宋葬恭姬宋王先賢光武明王伏恭范逤幷通義理公主亦招魂葬豈皆委巷乎衍曰恭姬之焚以明窮而彌正不必灰燼也就復灰燼骨肉雖灰灰則其實何緣舍埋灰之實而反當葬魂乎此末代失禮之舉非合聖人之舊也北海公沙歆招魂論云卽生推亡依情處禮則招魂之理通矣招魂者何必葬乎盖孝子竭心盡哀耳陳舒武陵王招魂葬議云禮無招魂葬之文宜以禮裁不應聽遂張憑招魂葬議云禮典無招靈之文若葬　棺以奉終則非原形之實埋靈爽於九原則失事神之道博士江淵議葬之言藏所以閉藏尸柩非爲魂也無尸而殯無殯而窆任情長　非禮所許○宋庾蔚之論葬以藏形廟以享神季子所云魂氣無不之寧可得招而葬乎○綱目范氏曰人之死也魂氣歸于天形魄歸于地葬所以藏體魄也若魂氣則無不之也苟無體魄則立廟以祀之而已魂氣不得而葬也而必爲之墓不亦　乎○朱子曰招魂葬非禮先儒已論之矣○通典亡失尸柩服議劉智云訖葬而變者喪之大事畢也若無尸柩則不宜有葬變寒暑一周正服之終也是以除首絰而練冠也亡失親之尸柩孝子之情所欲崇也可令因周練乃服變衰絰雖無故事而制之所安也開元禮云亡失尸柩則變除如常禮○尤庵問頃日死於國事者　多招魂虛葬禮譏　閭復之以失則招魂戰沒者旣失禮意而　葬亦甚無據但欲題主則當於何時何處耶愼獨齋曰招魂虛葬先儒非之若題主則竢三月葬期擇日而題之於几筵似當○南溪曰招魂葬旣有朱子所論斥之以非禮何敢容議至於題主節次設魂帛於正寢而行之似宜○問有人其父從軍而死其母藏其遺衣及落髮而遺令幷入其棺其子不忍同藏一棺欲別具一小棺用合葬之禮而追服三年云云尤庵曰此是無於禮之禮也不敢有所說論然其不以父之遺衣及落髮同入母棺則得矣

◆兵火中權厝未備葬禮者追行諸節(병화중권조미비장례자추행제절)

同春問有一士人遭喪而遭胡變不得已爲權葬而事勢甚急祖奠遣奠等禮皆未及行賊勢稍退之後始爲謀葬而祖遣等禮皆已過時欲遂已則情理不安欲行之則不知何時行之也權厝掘破奉柩而出然後行祖奠旣載於轝然後行遣奠可不失禮意否且神主未及造成若遷廷至於數三年之久則形歸於地而神未有依且喪期雖盡豈可脫服乎今若難於　速改窆則先備木主告辭而書之設虞以安之如是則練祥等祭亦或可行而不悖於禮否云云沙溪曰來示曲折幷與鄙意相合若久不改葬先書神主行虞祭爲可何子平之八年在殯恐權葬亦不得也○問葬時或因變亂未及設主則追造於何日旅軒曰或祥或朔望題主似可○問有人在乳喪父不得立主其意他日因母喪立主南溪曰母亡之前過了許多歲月而終不立主奉祭其果安於人子之心乎恐不如卽墓造主之猶爲彼勝於此也○又曰追行立主之禮嘗以爲當行於正廳盖以退溪答祠堂火改題主之說爲拘也今便思之初未立主者其義與此不同盖改題主者當初旣已返魂於祠堂故不得不改題於前日安神之所也初未立主者雖其行葬已久神魂未必尙寓於墓所而當初旣無立主返魂之節則今日立主之時亦無所謂前日安神之所其義亦不得不往行於墓前猶有所憑依者也如何○同春曰付紙題主恐無古據雖不免失之於前而今可改之於後但旣返魂行虞卒哭

等禮則何可追題於墓耶須於朔望時具由告辭去其紙書而幷陷中題寫於几筵葬事則只依遷
葬之禮行之恐是處變之道○尤庵曰葬時神主未及造則追後合櫝不可少緩當俟主成卽當設
祭以告而祔之何待於忌祭時祭也告時亦當以追祔之意告於舊主矣○陶庵曰前喪之不爲造
主旣非士夫家所當有之事則今之追造爲有可證之禮也第以臆見言之祠堂火而改造神主時
則必卽其前日安神之所設虛位改題焚香設祭使飄散之神更依於主者卽先儒定論今則初不
造主豈有安神之所唯前喪之柩爲其合葬而復出於地此猶足爲依據之地以復衣置於椅上合
葬後先於新喪而題主仍爲焚香行奠三虞一如初喪而行之爲可如無復衣則以亡人曾所身着
之衣繞壙而三呼如喪出初皐復之禮仍設靈座曾所身着之衣如又無之則實無奈何古人有剪
紙招魂之語此則爲生者行之者而亦未可移用於死者耶所謂剪紙卽剪紙爲　卽旗也追造神
主時先告于靈座而告辭則以爲孝子某前喪時稺眛不能成喪全闕題主之節今因合窆始爲顯
考某官府君追造神主敢告云云主成後設奠時則以常用題主祝用之亦不妨○寒岡曰改題旣
未及喪畢之日似當於時祭前一日具文以告而題之○問舍弟所後前母題主時族叔未記諱字
陷中容二字空之其後問於本家而識之矣今當改題追塡爲計云云陶庵曰諱字追塡先賢豈有
論此者耶然容二字空之以待後日遺意可見改題時塡書恐無所妨

제 11 절 權葬(권장)

◆總論(총론)

沙溪曰權葬非禮至於無事時行之甚無謂也○問權葬者其以出殯于山之謂耶雖以葬禮行之
而將遷改之謂耶欲依小記所謂家貧或有他故不得待三月之說姑行報葬云云南溪曰所謂權
葬者所諭後說是也盖不備其禮而出殯於山則謂之藁葬矣今此喪雖曰無主乃係一家之尊行
有難以徑行葬禮者然理勢所在姑依小記之文處之亦似不無所據○愼獨齋曰雖非永窆而旣
葬體魄且其事勢遷改未易則當其權厝題主無妨

◆權葬(권장)

疑禮問解問權葬出於亂時而今人於無事時行之不悖於禮耶沙溪曰權葬非禮至於無事時行
之甚無爲也　問亂中權葬廢却祖奠遣奠題主虞祭等禮則追後改葬時出柩後行祖奠以下諸
禮若難　遠改葬則先作木主告辭而書之設虞以安之如是則練祥等禮亦可依時行之否曰是
　問以亂離權厝者權厝時題主耶奉魂帛還家朝夕奠靈牀之禮一依柩在時俟其永窆而題主
耶愼獨齋曰雖非永窆旣葬體魄且其事勢遷改未易則當其權厝題主無妨矣旣已葬矣更設靈
牀殊未妥當○近齋曰權厝盖不得已也雖曰權厝亦當一用葬禮完窆時則以改葬之禮處之爲
宜○又曰雖未完窆旣行虞祭則朝夕奠當罷靈寢之具又不當設○又曰雖權窆之後當行虞卒
祔則孝子櫛髮剪爪着巾何可廢乎○補疑按問解亂中權葬廢却祖奠遣奠題主虞祭等禮則追
後改葬時出柩後行祖奠以下諸禮若難　速改葬則先作木主告辭而書之設虞以安之如是則
練祥等禮亦可依時行之○近齋曰權厝盖不得已也雖曰權厝亦當一用葬禮完窆時則以改葬
之禮處之爲宜○又曰雖未完窆旣行虞祭則朝夕奠當罷靈寢之具又不當設○又曰雖權窆之
後當行虞卒祔則孝子櫛髮剪爪著巾何可廢乎

제 12 절 報葬(보장: 疾葬 渴葬 速葬)

問無主之喪欲依小記所謂家貧或有他故不得待三月之說姑行報葬南溪曰今此喪雖曰無主
乃係一家之尊行有難以徑行葬禮者然理勢所在姑依小記之文處之亦似不無所據○公羊傳
不及時渴(註渴猶急也)

◆喪禮考證(상례고증)

檀弓孔子曰之死而致死之不仁而不爲也(之往也以禮往送死者而極以死者之禮待之是無愛物之仁)之死而致生之不知而不可爲也(往送死者而以生者之禮待之是無燭理之明)是故竹不成用(竹器)瓦不成味(瓦器不成黑沫之光)木不成斲其曰明器神明之也(以神明之道待之也)　孔子謂爲明器者知喪道矣備物不可用也(高氏曰晉成帝詔重壤之下豈宜重飾惟潔掃而已張說曰墓中不置蠟　以其近於水也不置羽毛以其近於尸也不置黃金以其久而爲怪也不置丹朱椎黃　石以其近烈而燥便土枯而不滋也古人納明器於墓此物久而致蟲必矣如必欲用之則莫若於壙旁別爲坎以　之也)(右明器)　士喪禮商祝飾棺(註爲設牆柳也牆卽柳衣也柳者聚也諸飾之所聚也以此障柩猶垣牆之障家故名)一池(池者象宮室之承　織竹爲龍衣以青布)設披(披用帛爲之繫於柳中人牽之登高則引前以防車之軒適下則引後以防車之飜欹左則引右欹右則引左)屬引(屬猶着也引所以引柩車也)喪大記大夫畫帷(帷柳車邊障也畫爲雲氣)二池畫荒(荒蒙也柳車上覆也)火三列(畫爲火三行)黻三列(又畫兩已相背二行)素錦褚(素錦白色錦褚屋也)縟紐二玄紐二(紐用帛爲之聯帷與荒前縟後黑)齊三采三貝(齊者猶臍也用絳黃黑三色繒衣之三貝者又連貝爲三交絡齊上)黼翣二畫翣二皆戴綏(翣形如扇用木爲之在路則障車入椁則障柩黼者畫黑白斧形也畫者爲雲氣也綏者用玉采羽作蕤綴翣之兩角也)魚躍拂池(以銅魚懸池之下車竹則魚跳躍上拂於池也)大夫戴前纁後玄披亦如之(戴者用帛繫棺紐着柳車之骨也)士布帷布荒(皆白布不畫也)一池(幃前有之)揄(讀爲搖)絞(搖翟也雉類赤質五色絞用青黃絹畫翟於絞)縟紐二緇紐二齊三采一貝畫翣二皆戴綏士戴前纁後緇二披用纁(按禮大夫士棺飾如此華盛家禮從簡便惟用竹格若仕宦之家有餘力者於竹格上稍加華飾似亦不爲過)(古飾棺及翣)　士喪禮既夕哭請啓期告于賓(將葬當遷柩于祖執事者於是請啓柩之期於主人以告賓使賓知其時可以會葬也)(右啓期)　士喪禮薦車直東榮北輈(薦進也進車者衆生時將行陳駕也輈轅也)薦馬纓三就入門北面交轡圉人夾牽之(纓馬鞅也三就三色也)記薦乘車載皮弁服道車載朝服槀車載　笠(按此則今世俗送葬男生時所乘鞍馬牽之柩前及將所衣衣服陳列從葬似亦無害)(右送葬)　喪禮商祝拂柩用功布(功布者大功之布也用灰治布用布長三尺道有低仰傾虧以布爲抑揚左右之節)(右功布)　周禮方相氏狂夫四人掌蒙熊皮黃金四目玄衣朱裳執戈揚盾大喪先匶(柩同)及墓入壙以戈擊四隅(冠服如道士四品以上爲四目以下兩目爲　頭)(右方相)　檀弓葬者藏也藏也者欲人之弗得見也(溫公曰葬者藏也孝子不忍其親之暴露故斂而藏之齋送不必厚厚者有損無益古人論之詳矣今人葬不厚於古而拘於陰陽禁忌則甚焉古者雖卜宅卜吉蓋先謀人事之變然後質諸蓍龜庶無後艱耳無常地與常日也今之葬書乃相山川岡畝之形勢考歲月日時之支干以爲子孫貴賤貧富壽夭賢愚皆繫焉非此地非此時不可葬也舉世惑而信之於是葬親者往往久而不葬問之旦歲月未利也又曰未有吉地也又曰游宦遠方未得歸也又曰貧未能辦葬具也至有終身累世而不葬遂失尸柩不知其處者鳴呼可不令人深歎愍哉人所貴於身後有子孫者爲能藏其形骸也其所爲乃如是曷若無子孫死於道路猶有仁者見而　之耶朱子曰葬之爲言藏也所以藏其祖考之遺體也以子孫而藏其祖考之遺體則必致其謹重誠敬之心以爲安固久遠之計似其形體全而神靈得安則子孫盛而祭祀不絶此自然之理也是以古人之葬必擇其地而卜筮以決之不吉則更擇而卜焉近世以來卜筮之法雖廢而擇地之說猶存其或擇之不精地之不吉則必有水泉螻蟻地風之屬以賊其內使其形神不安而子孫亦有死亡絶滅之憂甚可畏也其或雖得吉地而葬之不厚藏之不深則兵戈亂離之際無不遭櫂發掘暴露之變此又所當慮之大者也)葬於北方北首三代之達禮也之幽之故也(殯猶南首未忍以鬼神待其親也)　孟子且比化者無使土親膚於人心獨無　乎(比猶爲也化者死者也　快也言爲死者不使土親近於膚肌於人子之心豈不快然無所恨乎伊川曰古人之葬欲比化者不使土親膚今奇玩之物尙保藏固密以防損污　親之遺骨當何如哉土中之患有二蟲與水是也所謂毋使土親膚者不惟以土爲污蓋有土則有蟲蟲之侵骨甚可畏也)　葬經葬者乘生氣也(臨川吳氏曰葬師之說盛於東南郭氏

葬經者其術之祖也蓋必原其脉絡之所從來審其形勢之所止聚有水以界之無風以散之然後乘地中之生氣以養死者之留骨俾常溫煖而不速朽腐死者之体魄安則子孫之受其氣以生者不致凋瘁乃理之自然而非有心覬其效之必然也若曰某地可公可俟可將可相則術者倡是術以愚世人而要重賄者也其言豈足信哉羅大經曰古人所謂卜其宅兆者乃孝子慈孫之謹重親之遺體使異日不爲城邑道路溝渠耳借曰精擇亦不過欲其山水廻合草木茂盛使親之遺體得安耳豈借此以求子孫富貴乎世之人惑於術士之說有貪求吉地未能愜意至數十年不能葬其親者有既葬以爲不吉一掘未已至再至三者有因買地致訟棺未入土而家已蕭條者有兄弟數房惑於各房風水之說至於骨肉化爲仇讎者凡此皆璞之書所爲也且人之生貧富貴賤天禀已

謂之天命不可改也豈　中枯骨所能轉移乎若如其說則上天之命反制於一抔之土矣愚按風水之說其希覬求富貴之說雖不可信若夫乘生氣以安祖考之遺体蓋有合於伊川本根枝葉之論先儒往往取之文公先生與蔡季通預卜藏穴門人裹糧行　六日始至蓋亦愼擇也昔朱子論擇地謂必先論其主勢之强弱風氣之聚散水土之淺深冗道之偏正力量之全否然後可以較其地之美惡後之擇葬地者誠本朱子是說而參以伊川光潤茂盛之驗及五患之防庶幾得之矣)(右葬地)　白虎通合葬者所以同夫婦之道也故詩曰穀則異室死則同穴又禮檀弓曰合葬非古也自周以來未之有改也(按朱子語錄陳淳問合葬夫婦之位曰某初葬亡室時只存東畔一位亦不考禮是如何淳問地道以右爲尊恐男當居右否曰祭而以西爲上則葬時亦當如此方是愚按葬位固當如祭位但世俗循肙已久凡葬皆男左女右一家忽然如此行之數世之後安知子孫不誤以考爲妣乎不如且姑從朱子葬劉夫人之例也)(右合葬)　檀弓孔子既合葬於防曰吾聞之古者墓而不墳今丘也東西南北之人也不可以弗識(音志)也於是封之崇四尺(墓塋域也封土爲壟曰墳　按國朝稽古　制塋地一品九十步每品減十步七品以下不得過三十步庶民止於九步墳一品高一丈八尺每品減二尺七品以下不得過六尺其石碑一品螭首二品麒麟三品天祿辟邪皆用龜趺四品至七品皆圓首方趺其石人石獸長短闊狹以次減降其石人石獸望柱皆有次第著在令甲可考也貴得同賤雖富不得同貴慮遠者於所當得縱不能盡去少加減殺可也)(右墳墓)　檀弓季康子之母死公肩假曰公室視　碑(　碑以木爲之樹於槨前後穿中爲鹿盧繞之　用以下棺耳非刻字其上也秦漢以來稍用石爲之刻字其上亦謂之碑晉宋間死者皆有神道碑蓋地理家以東南爲神道碑立其地故因以名墓碣近世五品以下所用文與碑同墓表則有官無官皆可用表立墓左誌銘埋地中司馬溫公曰古人有勳德刻銘鍾鼎止以自知其賢愚耳非出於禮經南宋元嘉中顔延之爲王珠作墓志以其素族無銘　故以記行自此遂相祖習大抵碑表敍學行履歷勳業誌銘述世系爵里生卒雖其義稱美不稱惡然前人有言無其美而稱者謂之誣有其美而弗稱者謂之蔽誣與蔽君子弗由也)(右碑誌)左傳公孫夏命其徒歌虞殯(按杜預註云虞殯送葬歌也則執　者挽歌其來遠矣舊說以爲出於田橫之客其後李延年分爲薤露蒿里二曲晉新禮又以爲出於漢武役人之勞歌聲哀切遂爲送終之禮雖音曲摧愴非經典所制方在哀慕不宜以歌爲名摯虞謂詩稱君子作歌維以告哀以歌爲名亦無所嫌遂復用之然莊子曰　之生必於斥苦註謂斥疏緩也苦用力也引　所以有　者爲人用力不齊故促急之也此說近之大抵古人挽歌專用之以相斥苦齊衆力至于今世舁柩者猶歌之辭雖鄙俚亦是嘆人生必死死者不可復回之意非若近世所謂輓詩者父祖物故子孫爲之遍于世之能詩者爲之甚至死已數十年猶追爲之者失古意矣唐宋以來固有是作然皆平日交游有契誼之舊有親比之好一日聞其死而哀傷之自發於言耳近世作詩者與其人乃至有素昧平生無半面之識一日之雅者亦皆强操之大無謂也)(右挽歌)

제 13 절 久不葬(구불장)

久而不葬者惟主喪者不除其餘以麻終月數者除喪則已(小記疏子爲父妻爲夫臣爲君孫爲祖得爲主喪四者悉不除其餘期以下至緦也除喪則已者謂月足而除然此皆藏之至葬則反服之也故下云及其葬也反服

其服又曰承重之身爲其祖曾)服三年者服不變期大功以下各以月數除之及其葬也反服其服
報虞卒哭則免如不報虞則除之(孔叢子服其所除之服以葬○通典張憑雖有 謂男女之說然出適女本
是期服且有夫家奉祀則恐不可以本親久不葬之故服之四年五年十年之遠也當除其服而藏之臨葬還服可也庚蔚
之曰女適人男爲人後者隨其服而釋○除出有所出也素服心衰以至葬此說恐當)按父在母喪過期不葬子
當於葬後練祥而類輯有曰夫於妻亦有三年之義似當與子同其進退矣此無古據矣爲
妻杖期自有練祥禫而實非三年之練祥禫也葬若延過四年五年之久則夫何可因着齊
衰乎一從小記之文可也○三年而后葬者必再祭其祭之間不同時而除喪(小記註間不同
時者當異月也既祔明月練而祭又明月祥而祭不禫○或曰時者春夏秋冬之謂上文曰九月七月之喪三時也五月之
喪二時也三月之喪一時也此章正承此意既以再祭則一祭之限理宜經時時者天道小變之時也然纏涉三月期之喪
十一月而練十三月而祥十五月而禫今擬三年後葬者此月虞中月而練又中月而祥邃除無禫也又言未再周而葬者
既虞中月而練二十五月而祥又中月而禫○此與鄭註及開元禮不同而其義則是矣然世之信行鄭註開元禮者久矣
且自漢以來短喪成俗恐不肯延過一兩月也)通典東晉元帝告下曰若亡於賊難求索理絕者行喪
三年而除不得從未葬之禮

◎葬考(장고)

●合葬(합장): 季武子成寢杜氏之葬在西階之下請合葬焉許之入宮而不敢哭武子曰合葬非古也

●薄葬(박장): 樊宏傳宏卒遺救薄葬一無所用以爲棺柩一藏不宜復見如有腐敗傷孝子之心使與
夫人同墳異藏

●贏葬(나장): 唐書傳奕傳奕病未嘗問醫忽酣 蹶然悟曰吾死矣乎以醉死遺言戒子六經名敎言
若可習也妖胡之法愼勿爲吾死當贏葬

●厚葬(후장): 論語顔淵死門人欲厚葬之子曰不可門人厚葬之子曰回也視予猶父也予不得視猶
子也非我也夫二三子也

●歸葬(귀장): 漢書韋玄成傳建昭三年薨父賢以昭帝時徙平陵玄成別徙杜陵病且死因使者自白
曰不勝父子恩願乞骸骨歸葬父墓上許焉

●客葬(객장): 舊唐書白居易遺命不歸下邽可葬於香山如滿師塔之側家人從命而葬焉

●招魂葬(초혼장): 孔衍禁招魂葬議曰時有沒在 賊失亡尸骸皆招魂而葬

●分尸葬(분시장): 通鑑唐德宗時朱 攻奉天渾 力戰却之泚復攻城將軍高重 與泚將李日月
戰於梁山之隅破之乘勝逐北賊伏兵擒之其麾下十餘人奮不顧死追奪之乃斬其首棄其身而去麾下
牧之入城上親撫而哭之盡哀結蒲爲首而葬之贈司空朱泚見其首亦哭之曰忠臣也束蒲爲身而葬之

●殉葬(순장): 明英宗實錄天順八年正月己巳帝大漸召皇太子至榻前諭之曰殉葬非古禮仁者所
不忍衆妃不要殉葬憲宗卽位遵之

●衣冠葬(의관장): 虞集程夫人墓誌銘史台孫喪其曾太母不知其處刻木像神具衣裳葬諸湖之新
塋或曰葬以藏體魄也象而藏之殆不可然則立石先大夫之墓具載夫人之事以示子孫傳後世或曰其
可也請徵文於子某感其言爲 其次而著之

●火葬(화장): 東都事略建隆三年三月丁亥詔曰王者設棺槨之品建封樹之制所以厚人倫而一風
化也近代以來率多火葬甚愆典禮自今宜禁之

●義葬(의장): 范叔孫錢唐人同里范法先父母兄弟七人同時疫死惟餘法先病又危篤喪尸經日不
收叔孫悉備棺器親爲殯瘞又同里施大范苗范敬宗並有死喪疾病親鄰畏避莫敢營視叔孫盡爲殯
躬恤病者並皆得全鄉曲貴其義行

●會葬(회장): 穀梁傳葬曰會其志重天子之禮也薨稱公擧上也葬我君接上下也僖公葬而後擧謚
謚所以成德也會葬之禮於鄙上

⊙治葬圖式(치장도식)

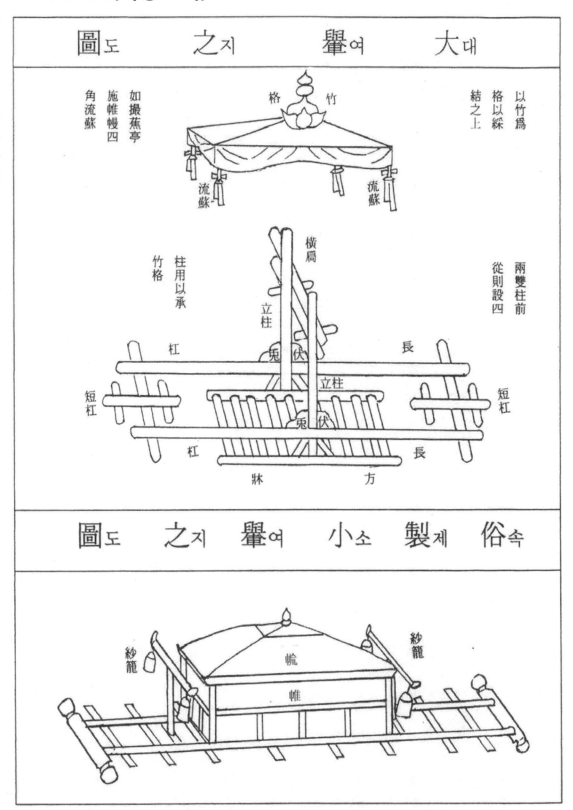

圖도　之지　轝여　大대

以竹爲
格以綵
結之上

兩雙柱前
從則設四

格　竹

流蘇　流蘇

橫局

竹格　柱用以承

立柱

杠　長

兔伏　立柱

短杠　短杠

兔伏

杠　長

牀　方

角流蘇
施帷幔四
如撮蕉亭

圖도　之지　轝여　小소　製제　俗속

紗籠　紗籠

帆

帷

罌앵　圖도

筲소　圖도

苞포　圖도

功공　布포　圖도

輓만　詞사　圖도

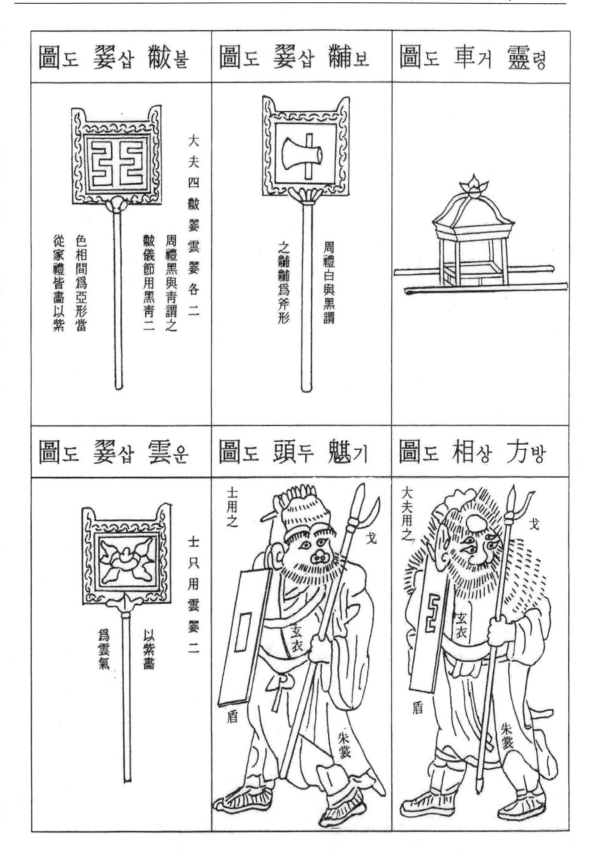

圖도 黻삽 黻불

大夫四黻翣雲翣各二

周禮黑與青謂之
黻儀節用黑青二

色相間爲亞形當
從家禮皆畫以紫

圖도 黼삽 黼보

周禮白與黑謂
之黼黼爲斧形

圖도 車거 靈령

圖도 翣삽 雲운

士只用雲翣二

以紫畫

爲雲氣

圖도 頭두 魁기

士用之

玄衣

盾

戈

朱裳

圖도 相상 方방

大夫用之

玄衣

盾

戈

朱裳

神主式 식

禮經及家禮舊本於高祖考上皆用皇字大德年間省部禁止回避字今用顯可也

圓首

全式

顯高祖考某官封諡府君神主
孝元孫某奉祀

前

顯高祖考某官封諡府君神主
孝元孫某奉祀

分式三分之一居前前

伊川先生云作主用栗

取法於時日月辰趺方

四寸象歲之四時高尺

有二寸象十二月　身博三十

分象月之日　厚十二分象日

之辰　身趺皆厚一寸二分　剡上五

分為圓首寸之下勒前

為頷而判之一居前二

居後　前四分後八分　陷中以書

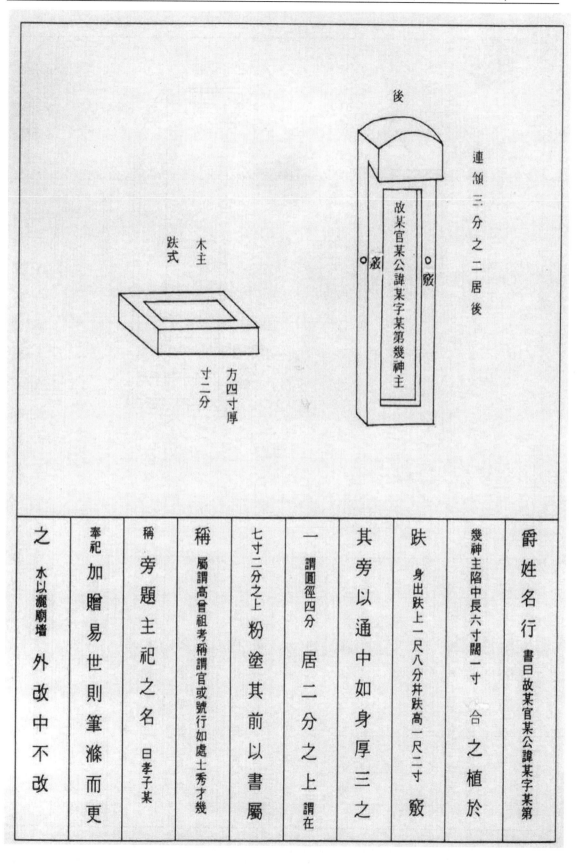

後

連領三分之二居後

故某官某公諱某字某第幾神主

竅

竅

木主

趺式

方四寸厚

寸二分

爵姓名行	幾神主	趺	其旁以通中如身厚三之	一	七寸二分之上	稱	稱	奉祀	之
書曰故某官某公諱某字某第	陷中長六寸闊一寸 合之植於	身出趺上一尺八分并趺高一尺二寸		謂圓徑四分 居二分之上 謂在	粉塗其前以書屬	旁題主祀之名 曰孝子某	屬謂高曾祖考稱謂官或號行如處士秀才幾	加贈易世則筆滌而更	水以灑廟墻 外改中不改

櫝韜藉式 독도자식

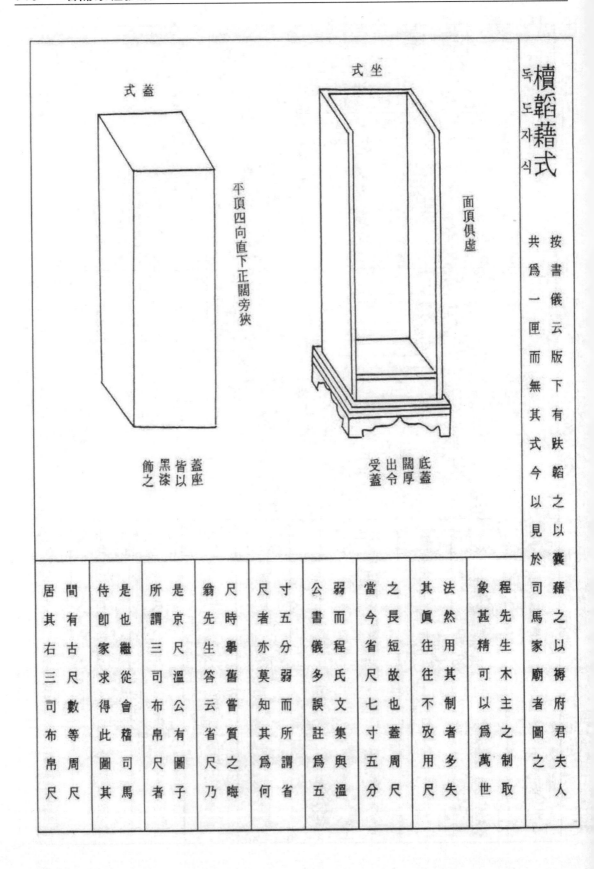

式蓋

式坐

독도자식

平頂四向直下正闊旁狹

面頂俱虛

蓋座皆以黑漆飾之

底蓋　闊厚　出令　受蓋

按書儀云版下有跌韜之以襄藉之以褥府君夫人共爲一匣而無其式今以見於司馬家廟者圖之

程先生木主之制取象甚精可以爲萬世
其法然用其制者多失眞往往不攷用尺
之長短故也蓋周尺當今省尺七寸五分
弱而程氏文集與溫公書儀多誤註爲五
尺者亦莫知其爲何寸五分弱而所謂省
尺時擧舊嘗質之晦翁先生答云省尺乃
是京尺溫公有圖子所謂三司布帛尺者
是也繼從會稽司馬侍郎家求得此圖其
間有古尺數等周尺居其右三司布帛尺

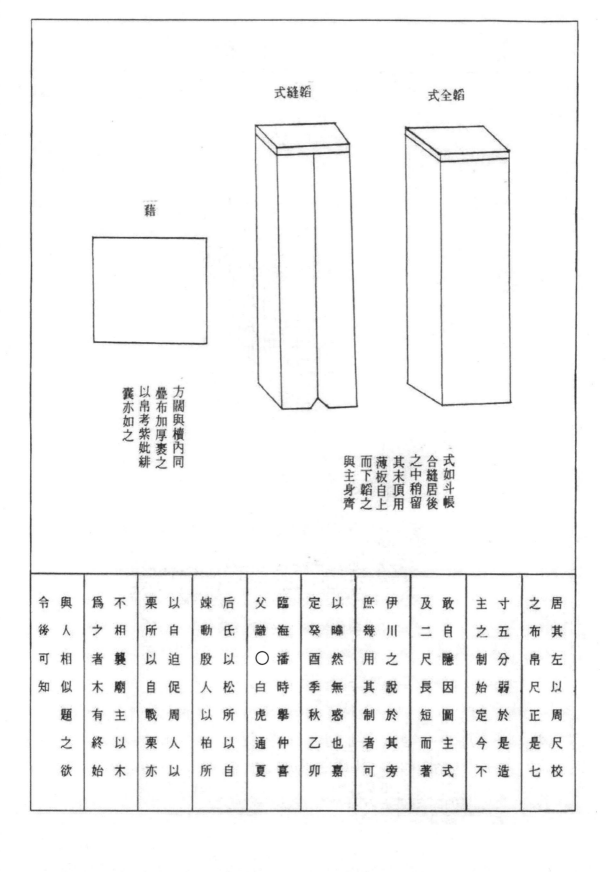

式縫韜

式全韜

藉

方闊與檀內同
疊布加厚褥之
以帛考紫妣緋
囊亦如之

式如斗帳
合縫居後
之中稍留
其末頂用
薄板自上
而下韜之
與主身齊

| 令後可知 | 與人相似題之欲 | 不相襲廟主以木爲之者木有終始 | 以白迫促周人以栗所以自戰栗亦 | 后氏以松所以自妹動殷人以柏所 | 父識 ○ 白虎通 | 臨海潘時舉仲喜夏 | 定癸酉季秋乙卯 | 以暗然無惑也嘉 | 庶幾用其制者可 | 伊川之說於其旁及二尺長短而著 | 敢自隱因圖主式 | 主之制始定今不 | 寸五分弱於是造 | 之布帛尺正是七 | 居其左以周尺校 |

式식　櫝독

平頂四直

下作平底臺座

前作兩窓啓閉

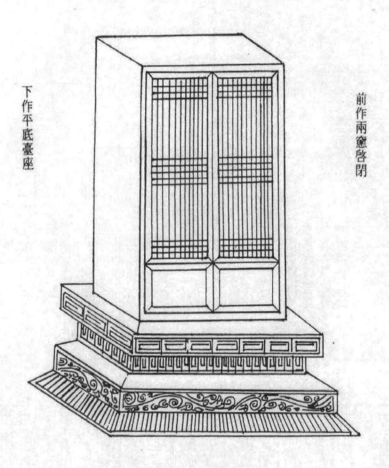

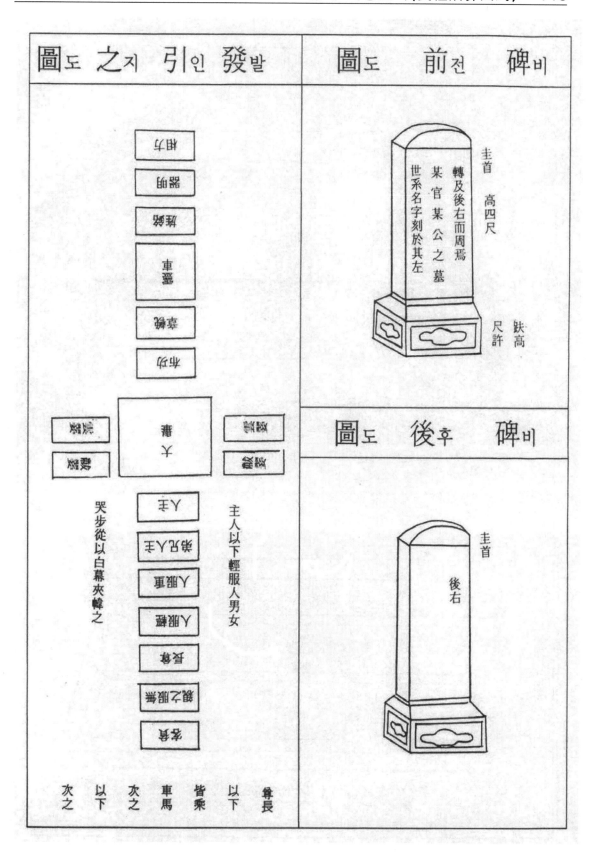

圖도 之지 引인 發발

圖도 前전 碑비

相方

器明

揭系

翣畫

銘旌

布功

圭首　高四尺

轉及後右而周焉
某官某公之墓
世系名字刻於其左

跌高
尺許

圖도 後후 碑비

人丈

靈座

主人以下輕服人男女

方相

明器

銘旌

功布

哭步從以白幕夾輴之

人丈

主人男親

人執車

人執鐸

僧導

輴之擡無

率者

人丈

人執車

人執鐸

僧導

率者

圭首

後右

次之

以下

次之

車馬

皆乘

以下

尊長

家禮輯覽治葬圖式)(添補)

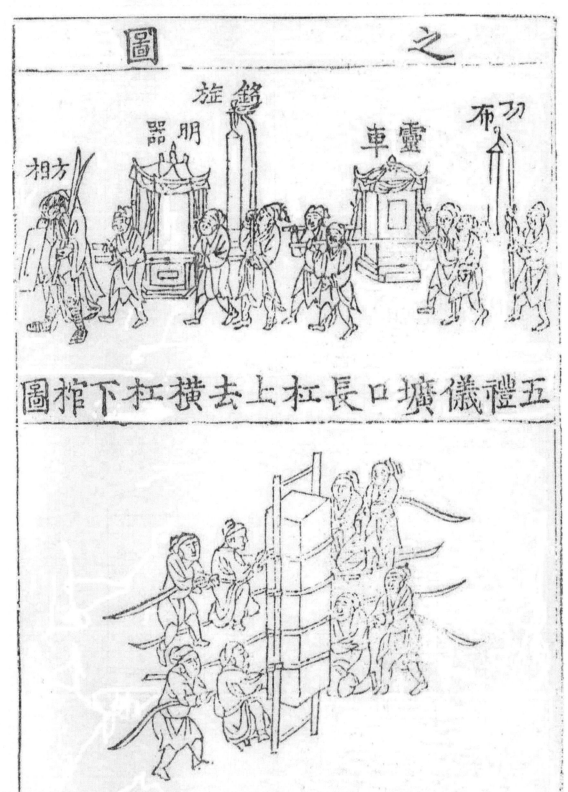

○집람치장도식(家禮輯覽治葬圖式)(添補)

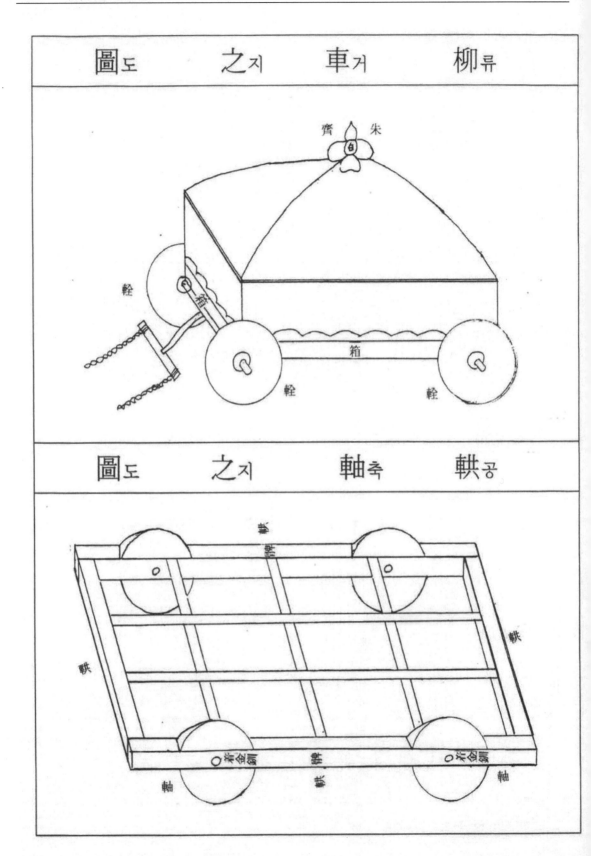

圖도　　之지　　車거　　柳류

圖도　　之지　　軸축　　軩공

家禮輯覽治葬圖式)(添補)

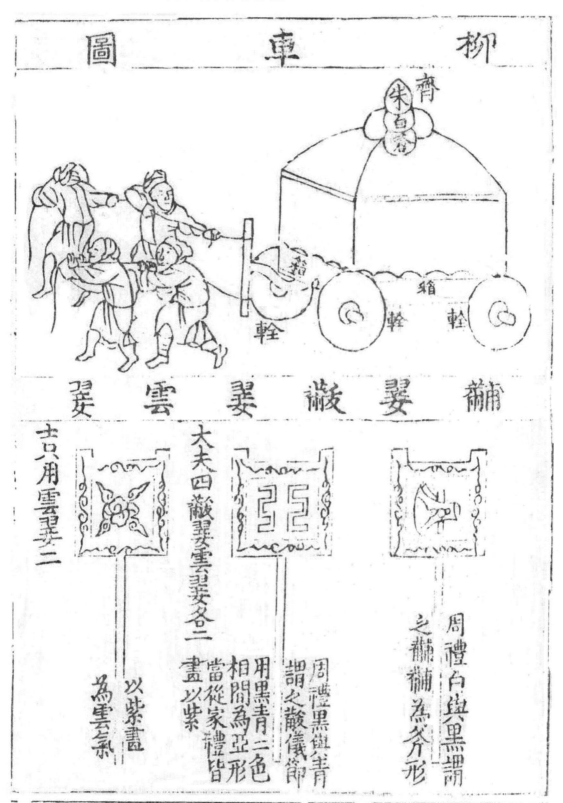

家禮輯覽治葬圖式)(添補)

圖柩下杠橫去上槨內壙儀禮五

今制金井機上下各立柱眉梜柩下柩圖

○편람치장도식(四禮便覽治葬圖式)(添補)

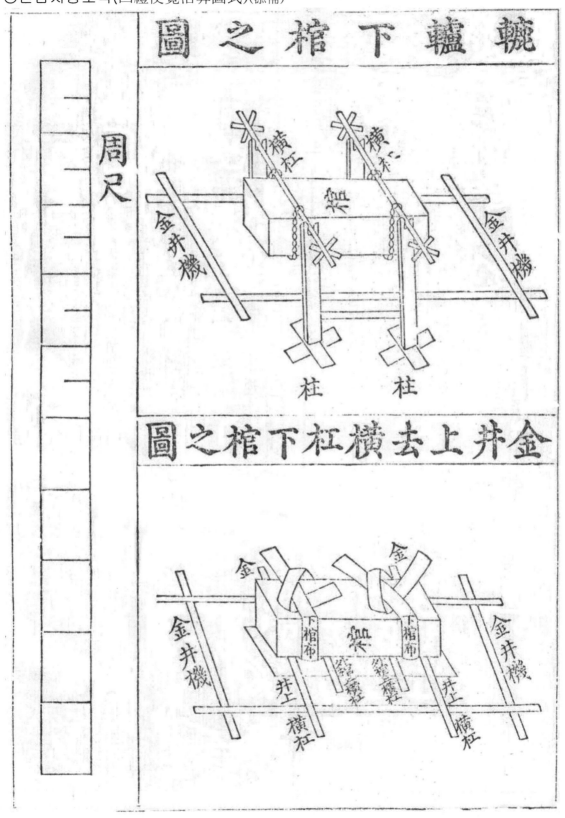

轜轤下棺之圖

金井上去橫杠下棺之圖

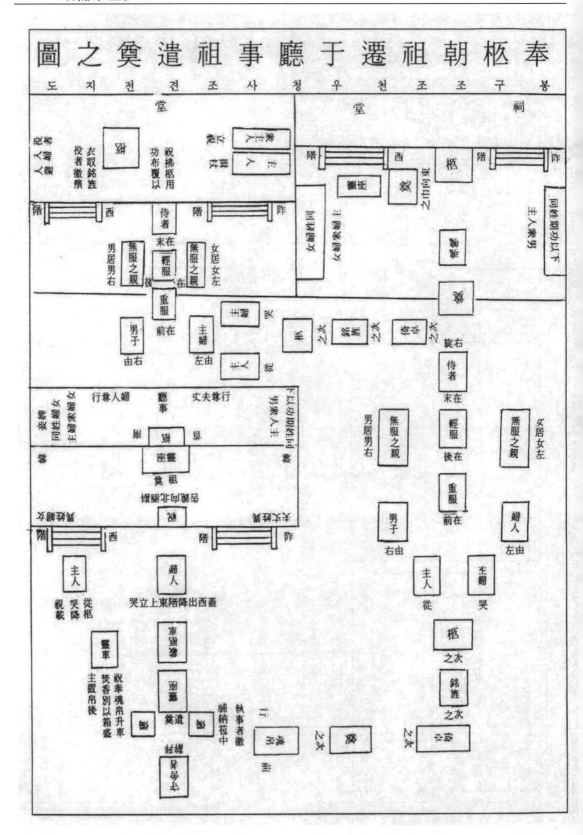

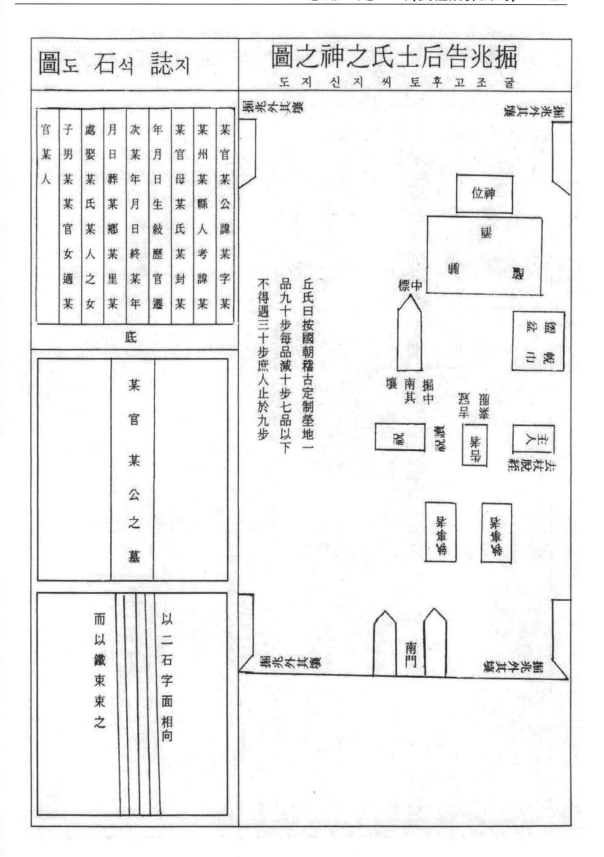

圖도 石석 誌지

圖之神之氏土后告兆掘
도지신지씨토후고조굴

某官某公諱某字某
某州某縣人考諱某
某官某母某氏封某
年月日生絞歷官遷
次某年月日終某年
月日葬某鄉某里某
處娶某氏某人之女
子男某某官女適某
官某人

底

某官某公之墓

以二石字面相向
而以鐵束束之

丘氏曰按國朝稽古定制塋地一
品九十步每品減十步七品以下
不得過三十步庶人止於九步

位神

中標
南其掘中
壤

舘帨盆巾

主人杖去脫絰

南門

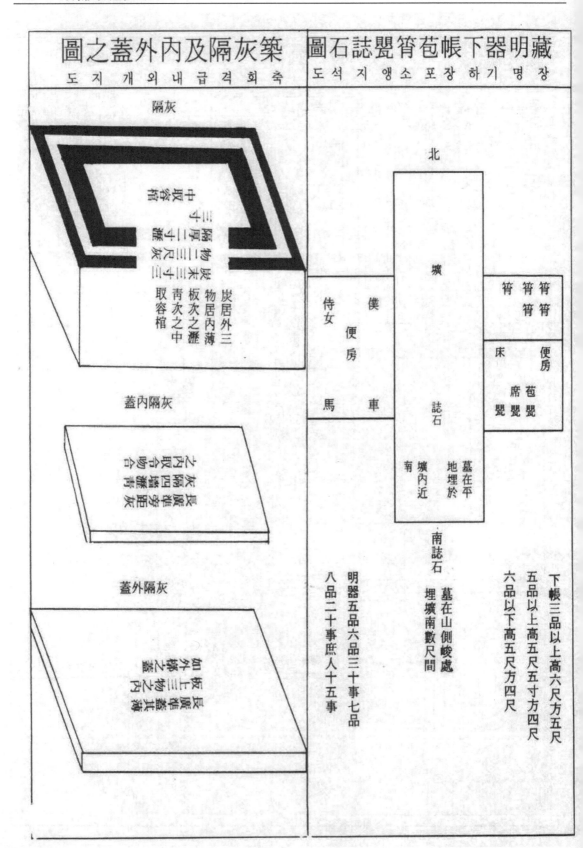

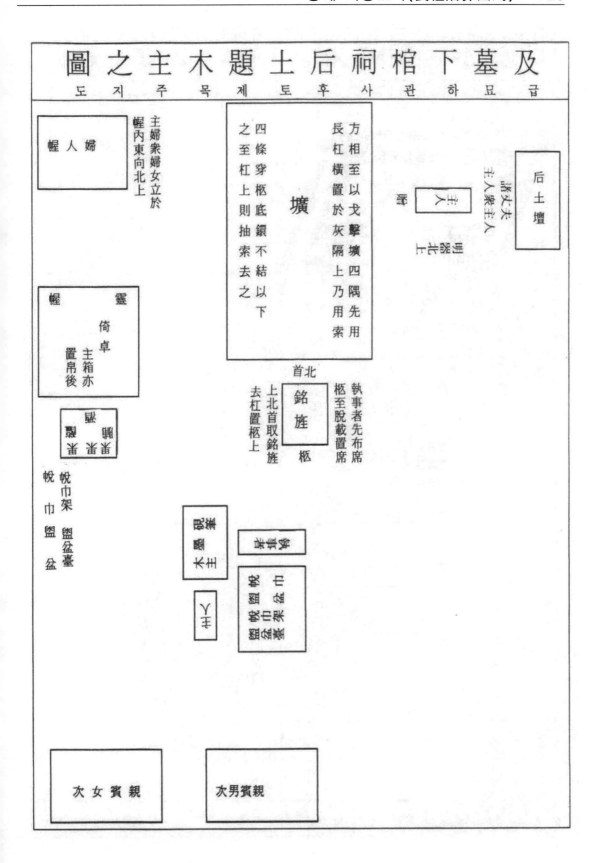

圖之主木題土后祠棺下墓及
도 지 주 목 제 토 후 사 관 하 묘 급

婦人幄

主婦衆婦女立於
幄內東向北上

壙

方相至以戈擊壙四隅先用
長杠橫置於灰隔上乃用索
四條穿柩底銀不結以下
之至杠上則抽索去之

后土壇

諸丈夫
主人衆主人

明器

主人

靈幄

倚卓
置主箱亦
帛後

北首

銘旌

柩

執事者先布席
柩至脫載置席
去杠置柩上
上北首取銘旌

盥盆
巾帨
架巾

帨巾架 盥盆臺
帨巾 盥盆

木主題筆硯

執事者

盥盆架 巾帨
帨盥 巾帨
盆 帨

主人

親賓女次

親賓男次

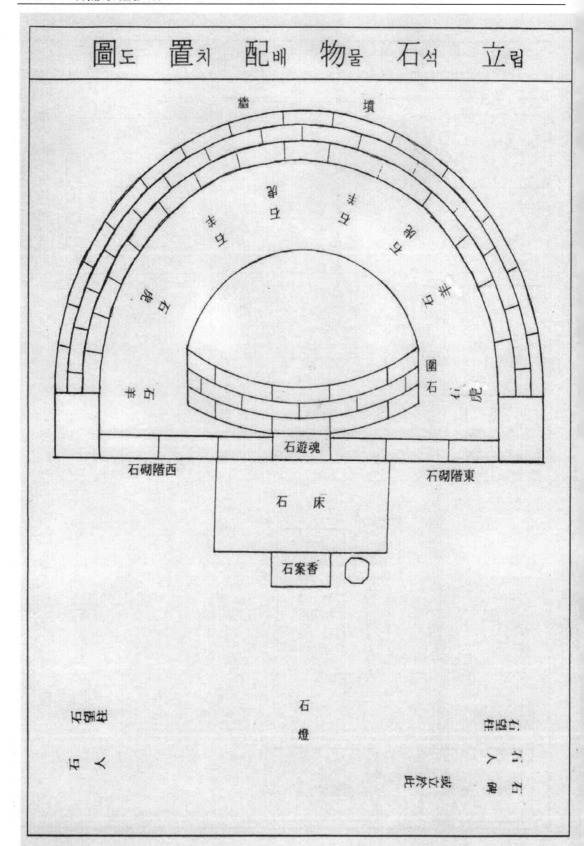

輯覽墳圖)(添補)

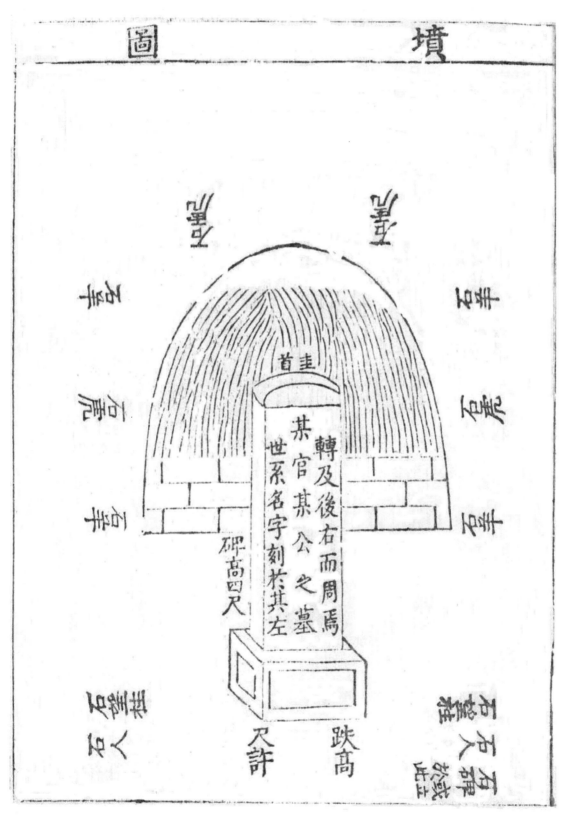

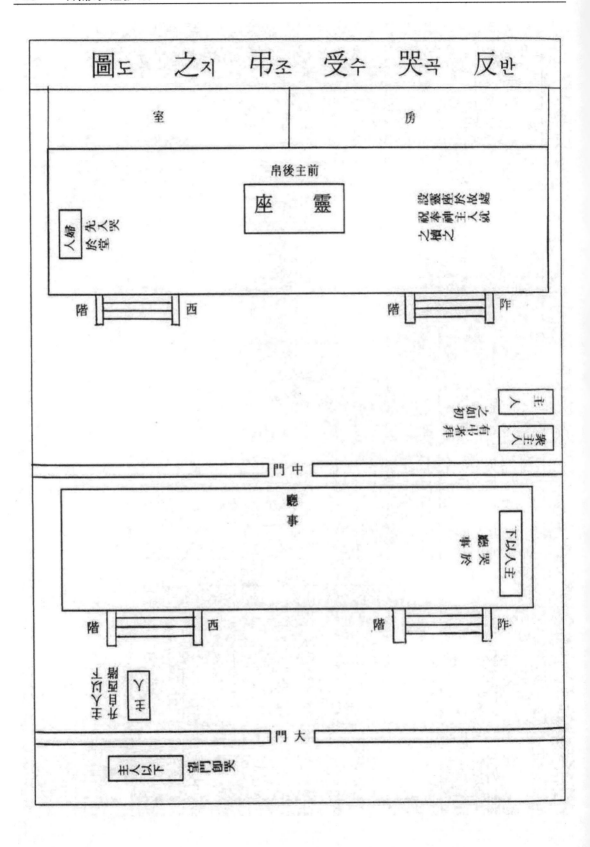

제 4 장 우제(虞祭)

⊙虞祭(우제)(士虞禮註虞安也士旣葬父母迎精而反日中而祭之於殯宮以安之虞於五禮屬凶)葬之日日中(士虞記註朝葬日中而虞君子擧事必用辰正再虞三虞皆質明疏辰正者謂朝夕日中也)而虞或墓遠則但不出是日可也(增解問若一日同葬而日短事多未及虞祭雖行之於夜亦不至大失耶寒岡曰何至大失)若去家經宿以上則初虞於所舘行之(所舘行禮恐寓他人宅舍未必皆寬敞及哭位於他宅俗人所忌若經宿以上豫先用蓬葦構屋度寬可行禮似爲簡便)鄭氏曰骨肉歸于土魂氣則無所不之孝子爲其彷徨三祭以安之

⊙우제(虞祭)

장례 지낸 날 그날을 넘기지 않고 우제(虞祭)를 지낸다. 혹 묘가 멀어도 그 날을 넘기지 않고 우제를 지내야 한다. 만약 그 날 집에 가지 못하고 도중에서 자게 되면 초우제(初虞祭)는 유숙(留宿) 하는 여관(旅舘)에서라도 지내야 한다. 정현(鄭玄)이 이르기를 골육(骨肉)은 흙 속으로 돌아가고 갈 곳 없이 방황하는 혼기(魂氣)를 세 번 제사하여 안정케 하는 것은 효자(孝子)로서 행할 바이니라. 하였다.

朱子曰未葬時奠而不祭但酹酒陳饌再拜虞始用祭禮卒哭謂之吉祭

주부자(朱夫子)께서 이르시기를 장사를 지내지 않았을 때는 전(奠)이지 제사(祭祀)가 아니다. 다만 찬을 진설하고 술을 따르고 재배만 한다. 우제(虞祭)부터 처음으로 제사 예법대로 지내며 졸곡제(卒哭祭)를 이르시기를 길제(吉祭)라 하셨다.

◆虞祭(우제)

士虞禮註虞安也士旣葬其父母迎精而反日中而祭之於殯宮以安之　檀弓葬日虞不忍一日離也註弗忍其無所歸　集說按傳註天子九虞以九日爲節諸侯七虞以七日爲節大夫五虞士三虞春秋末世大夫僭用諸侯七虞之禮後世遂以人死之後每七日供佛飯僧言當見地府某王吁古人七虞之說乃如此哉後世妄誕不足信也　小記報葬者報虞三月而後卒哭註報讀爲赴疾之赴旣葬卽虞虞安神也卒哭之祭待哀殺也疏急葬謂貧者或因事故死而卽葬未得待三月也急虞虞是安神故宜急也卒哭是奪於哀痛故不忍急而待哀殺也○檀弓其變而之吉祭也比至於祔必於是日也接不忍一日未有所歸也註此言變者以其變易常禮也所以有變者以其有他故未及葬期而卽葬也據士禮速葬速虞之後卒哭之前其日尙　不可無祭之往也虞往至吉祭其禮如何曰虞後比至於祔遇剛日連接其祭若丁日葬則己日再虞後虞改用剛日則庚日三虞也此後遇剛日則祭至祔而後止此孝子不忍使其親一日無所依歸也按註說可疑愚意所謂變而至吉祭者葬之謂也未葬前乃是凶禮旣葬則以虞變奠又變而至於卒哭與祔則爲吉祭矣此言其常非速葬變禮也古崔氏說亦然姑記鄙見以備參考

제 1 절 초우(初虞)

◆初虞(초우)

儀節按所舘行禮恐寓他人宅舍未必皆寬敞及哭位於他宅俗人所忌若經宿以上預先用蓬葦構一屋度寬可行禮似爲簡便○丘氏曰若於所　行禮恐不能備可略去闔門啓門噫歆告利成四節○喪服小記父母之喪偕先葬者不虞祔待後事疏葬母不卽虞祔待葬父先虞父後虞母各以其服練祥皆然卒事反服重

◆速葬者宜速虞(속장자의속우)

王氏達曰人之爲人心不可須臾去仁昔宰我欲短喪是絶於仁矣絶於仁則良心死故聖人告之
以繁切之言雖愚頑如盜跖者不能不蘙然興於念也世俗　下人不若古苟簡於父母之終者比
比是也所謂虞祭一切要亦急事夫古人所以虞祭者爲骨肉歸於土魂氣無所不之孝子爲之徬
徨三祭以安之也故經曰葬日虞不忍一日離也然古人三月葬後行此今人不能三月亦當行之
於旣葬之後雖葬有遲速安親之靈則一而已若夫報虞之禮擇一日具物以薦告之安之可也又
豈待擬古人之三月乎必待三月則親已葬矣已葬而待虞於三月之後則親之神靈何所依哉此
孝子仁人所當急爲者也

◆父母偕喪行虞(부모해상행우)

曾子問曰並有喪如之何孔子曰葬先輕而後重其虞也先重而後輕禮也註並謂父母若親同者
同月死也虞是奉養之事故先重也○小記父母之喪偕先葬者不虞祔待後事註偕謂同月若同
日死也先葬者母也疏葬母竟不卽虞祔者以父喪在殯也待葬父竟先虞父乃虞母○問禮記云
云同葬同奠亦何害焉其所先後者何也朱子曰此雖未詳其義然其法具在不可以己意輒增損
也○愚伏曰並有喪聖人答曾子問曰其虞也先重而後輕此則分明是兩祭各行之文若如來論
同設几筵則何若而不爲同祭之簡便必爲先後之紛紜煩數耶○尤菴曰禮曰祭則先重而後輕
若是父葬後行父虞而日尙早則母虞行之於其日亦或一道而不敢質言○南溪曰葬日行父虞
俟翌日行母虞爲宜○遂菴曰嘗見人家合葬父母而先行父虞同日次行母虞此於情理合當也
然小記說如此何敢輕議○愚按古禮則先葬母畢方啓父殯而乃葬與今世同日同葬之禮有間
則其虞祭恐只當不失先重後輕之古義而同日行之尤遂兩先生之說恐爲　論

◆日中而虞(일중이우)

士虞記註朝葬日中而虞君子舉事必用辰正再虞三虞皆質明疏辰正者謂朝夕日中也以朝有
葬事故云日中而行虞事也再虞三虞皆質明者以朝無葬事故皆質明而行虞事是用朝之辰正
也

⊙主人以下皆沐浴(주인이하개목욕)

(士虞記虞沐浴不櫛註期以下櫛)或已晩不暇卽略自澡潔可也

⊙주인 이하 모두 목욕을 한다.

우제에는 목욕을 하고 머리는 빗지 않으며 기(期)이하 복인은 머리를 빗는다. 혹 너
무 늦어서 목욕을 할 사이가 없으면 목욕은 생략하되 손발과 세수라도 하여야 한다.

◆沐浴(목욕)

士虞記虞沐浴不櫛註不櫛未在於飾唯三年之喪不櫛期以下櫛可也○雜記凡喪小功以上非
虞附練祥無沐浴註潔飾所以交神故非此四祭則不沐浴也方氏曰有祭則不可以不齊戒齊戒
則不可不沐浴

◆立尸(입시)

檀弓虞而立尸有几筵(註)男則男子爲尸女則女子爲尸尸之爲言主也不見親之形容心無所
係故立尸而使之着死者之服所以使孝子之心主於此也禫祭以前男女異尸異凡祭於廟則舞
女尸而几亦同矣少牢云某妃配是男女同尸○曲禮禮曰君子抱孫不抱子此言孫可以爲王父
尸子不可以爲父尸○呂氏曰抱孫不抱子古禮經語也曾子問曰孫幼則使人抱之抱孫之爲言
生於孫幼且明尸必以孫以昭穆之同故也古之祭祀必有尸尸神象也主人之事尸以子事父也
尸必篹求諸神而不敢專也○曾子問孔子曰祭成喪者必有尸尸必以孫孫幼則使人抱之無孫
則取於同姓可也○疑禮問解問尸必着死者之衣非童子所可衣也答曾子問可考然禮周公祭
泰山以召公爲尸則不必童明矣○語類古者男女皆有尸自周以來不見說有女尸想是漸次廢
了這箇也嶢崎古者君迎尸在廟門之外則全臣子之禮在廟門之內則君拜之杜佑說上古時中
國但與夷狄一般後聖改之有未盡者尸其一也○答用之曰看來古人用尸自有深意非朴陋也

陳丈云盖不敢死其親之意曰然用之云祭祀之禮酒肴　潔必誠必敬所以望神之降臨乃歆享
其飮食也若立之尸則爲尸者旣已饗其飮食鬼神豈復來享之如此却爲不誠曰此所以爲盡其
誠也盖子孫旣是祖宗相傳一氣下來氣類固已感格而其言語飮食若其祖考之在焉則有以慰
不孝子順孫之思而非怳惚無形像不及之可比矣古人用尸之意所以深遠而盡誠盖爲是耳今
人祭祀但能盡誠其祖考猶來格　是子孫則其來格也益速矣因言今世鬼神之附着生人而說
話者甚多亦有祖先降于其子孫者盖皆其氣類之相感所以神附着之也周禮祭墓則以墓人爲
尸亦是此意○又曰古人立尸是將生人生氣去接他○又曰程先生言古人之用尸也質意謂今
不用亦得

⊙執事者陳器具饌(집사자진기구찬)

盥盆帨巾各二於西階西南上東盆有臺巾有架西者無之凡喪禮皆放此酒瓶幷架一於
靈座東南置卓子於其東說注子及盤盞於其上(便覽又置空器以備退酒)火爐湯瓶於靈座
西南置卓子於其西設祝版於其上設蔬果盤盞於靈座前卓上匙　居內(備要內卽床北
一行)當中酒盞在其西醋楪居其東果居外(備要外卽次四行○士虞禮棗栗棗在西)蔬居果內
備要卽次三行(增解有脯醢蔬菜脯醢相間設)實酒于瓶設香案於堂中炷火於香爐束茅(備
要截茅一搤許長八寸)聚沙(備要或用椀)於香案前(備要若日昏則設燭具臺)具饌如朝(朝疑朔)
奠(備要又設陳饌大牀)陳於堂門外之東(便覽　階東南)

⊙집사자(執事者)들은 제사에 소용되는 기구들을 제자리에 진열하고 제수음식을 갖춘다.

세수대야와 수건을 각각 둘씩을 서쪽층계 서쪽에서 남쪽에 동쪽을 상석(上席)으로 하
여 받침에 세수대야를 받쳐놓고 수건거리에 수건을 걸어 놓는다. 그 서쪽으로 받침과
수건거리 없이 세수대야와 수건을 놓는다. 모든 상례(喪禮)에는 이와 같이 한다.

술병은 시렁 위에 얹어 영좌의 동남쪽으로 놓는다. 탁자를 그 동쪽으로 놓고 주전자
와 잔반을 그 위에 둔다. 또 빈 그릇을 퇴주그릇으로 준비한다. 화로와 탕병(湯瓶)은
영좌 서남쪽으로 놓고 탁자를 그 서쪽에 두고 축판을 그 위에 둔다. 소채와 과실과
잔반을 영좌 앞 탁자에 진설하되 수저를 영좌의 자리 앞쪽 즉 상(床)의 북단 첫째 줄
로 중간에 놓고 잔반을 그 서쪽으로 놓으며 식초 그릇은 그 동쪽으로 놓는다. 과실은
상 밖으로 놓는다. 즉 넷째 줄로 대추와 밤을 놓되 대추가 먼저다. 소채는 과실 안쪽
으로 놓는다. 즉 셋째 줄로 포(脯)와 육장(肉醬)은 있어야 하며 소채는 그 사이에 놓
는다. 병에는 술을 채워 놓는다.

향안(香案)을 당의 중간에 놓고 향로에는 불을 피워 놓는다. 모속(茅束)은 한 움큼을
길이를 여덟 치정도 되게 잘라 중간을 붉은 끈으로 동여매어 모래를 모사기(茅沙器)
에 담아 모래에 꽂아 향안 앞에 놓는다. 만약 날이 어두우면 촛대에 초를 꽂아 불을
켜놓는다. 초하루 전제 때와 같이 찬품을 갖춰 큰상에 진설하여 당의 문밖 동쪽 층계
동쪽에서 남쪽으로 놓아 둔다.

◆具饌(구찬)

於靈座前卓子上近靈前一行設匙　當中近內設酒盞在匙　西醋楪在東羹在醋楪東飯在酒
盞西次二行以俟行禮時進饌次三行設蔬菜脯醢次四行設果實又於卓子前置一卓以盛牲俎
(按)此據禮陳設耳若夫倉卒之際卽用世俗所設卓面似亦簡便　乃死者平生所用似亦得事
死如事生之意

◆陳器具饌(진기구찬)

士虞禮側亨于廟門外之右註側亨亨一胖也亨於爨用鑊〇魚腊爨亞之註爨竃記陳牲寢右註
言牲腊在其中寢右者當升左胖疏特牲牲尙右今反吉〇　爨在東壁(　尸志反)註炊黍稷曰
　疏三鑊在西方反吉　爨在東亦反吉〇設洗於西階西南水在洗西　在東〇尊于室中北墉
下兩　醴酒酒在東〇素几葦席在西序下苴　茅長五寸束之實于　註有几始鬼神也苴猶藉
也〇饌兩豆菹醢從獻豆兩(記)豆實葵菹　醢〇四邊(記)棗蒸栗擇〇黍稷二敦(音對)〇陳三
鼎于門外之右設扃　(記)羹飪升左肩臂臑肫骼脊脅離肺膚祭三取諸左　上肺祭一實于上
鼎(肫音純骼音格　音益)註肉謂之羹飪熟也脊脅正脊正脅也離肺擧肺也　胳肉左股上〇
(記)升魚　鮒九實于中鼎升腊左胖髀不升實于下鼎註特牲魚十五喪祭差減之腊亦七體肩
臂臑肫骼脊脅〇羞燔俎註肝俎在東〇(記)　芼用苦若薇有滑夏用葵冬用荁註苦苦　也
荁類乾則滑

⊙設蔬果酒饌(설소과주찬)(補)

設於靈座前卓上匙　居內(內卽床北第一行)當中酒盞在其西醋楪居其東(次二行空之俟
進饌)果居外(外卽次四行)蔬居果內(卽次三行)實酒于瓶(熾炭于爐炊煖酒饌皆令極熟以盒盛出
置門外大牀上)

⊙소채와 과실 술과 안주를 진설한다.

영좌 앞 탁자 위에 수저를 안으로 (안이란 즉 상 북쪽 첫째 줄이다) 한 중간에 놓고
술잔은 그 서쪽에 놓으며 식초 그릇은 그 동쪽에 놓는다. (다음 둘째 줄은 비워두고
있다 진찬 때에 올린다) 과실은 상 밖이며 (밖이란 즉 다음 넷째 줄이다)

소채는 과실 안쪽이며. (즉 다음 셋째 줄이다) 〇병에는 술을 채워 놓는다. (화로에는
숯을 피워 놓고 술안주를 모두 뜨겁게 하여 합(盒)에 담아 내다 문밖 큰 상위에 둔다)

◆設蔬果酒饌(설소과주찬)

設於靈座前卓上匙　居內(內卽床北第一行)當中酒盞在其西醋楪居其東(次二行空之俟進
饌)果居外(外卽次四行)蔬居果內(卽次三行)實酒于瓶(熾炭于爐炊煖酒饌皆令極熟以盒盛
出置門外大牀上)

◆設蔬果(설소과)

便覽按家禮正文無設蔬果一節而只見於具饌下註故依備要添入而移置本註於此

◆天地産奇偶數(천지산기우수)

郊特牲鼎俎奇而籩豆偶陰陽之義也籩豆之實水土之品也不敢用褻味而貴多品所以交於旦
明之義也細註長樂陳氏曰鼎俎之實以天産爲主而天産陽屬故其數奇籩豆之實以地産爲主
而地産陰屬故其數偶不敢用褻味據此魚肉當用奇數果蔬當用偶數

⊙虞祭之具(우제지구)

(盥盆)二一具臺一無臺〇관분 2. 즉 세수대야 둘을 갖추되 받침대 있는 것 하나 없는 것 하
나. (帨巾)二一具架一無架〇세건 2. 즉 수건 둘을 갖추되 걸이 있는 것 하나 없는 것 하나.
(卓子)二一設注及盤盞者一置祝版者〇탁자 2. 둘을 갖추되 하나는 주전자와 잔반 탁자이며
하나는 축판 탁자. (大床)一所以陳饌者〇대상 1. 즉 진찬용 큰상. (酒瓶)一瓶架〇주병 1. 병
시렁 하나 포함. (酒注)一〇주주 1. 즉 주전자. (酒盞)二具盤〇주잔 2. 즉 술잔 받침 포함.
(火爐)一具　〇화로 1. 불 젓가락 포함. (湯瓶)〇탕병. (香盒)〇향합. (香爐)〇향로. (香案)
〇향안. (燭)一雙具臺〇촉 1. 즉 초. 한 쌍과 촛대 포함. (祝版)〇축판. (果)〇과. 즉 과실.
(蔬菜)〇소채. 즉 채소. (脯)〇포. (醢)〇해. 즉 육장 혹 젓장. (匙　)〇시저. 즉 숟가락과 젓
가락. (肉)〇육. 즉 고기. (魚)〇어. 즉 생선. (麵食)〇면식. 즉 국수 등. (米食)〇미 식. 즉

떡 류. ○以上各一楪○이상 각각 한 그릇. (羹)○갱. 즉 국. (飯)○반. 즉 메. ○各一椀備要按
家禮具饌雖不言飯羹然陳器旣有匕　又祝曰菜盛又卒哭進饌主人奉羹主婦奉飯如虞祭之設則有飯
羹無疑矣 (酒)○주. 즉 술. (肝炙)○적간. (醋)○초. 즉 식초. (淸醬)○청장. 즉 맑
은 간장. (茅沙)截茅一搤許長八寸○모사.

⊙祝出(備要啓櫝)神主于座主人以下皆入哭(축출신주우좌주인이하개입곡)

主人及兄弟倚杖於室外(書儀堂門外○便覽今中門外之西)及與祭者皆入哭於靈座前其位
皆北面以服爲列重者居前輕者居後尊長坐卑幼立丈夫處東西上婦人處西東上逐行
各以長幼爲序侍者在後

⊙축관은 독(櫝)을 열고 신주(神主)를 영좌로 내모시면 주인 이하 모두 들어가 곡한다.

주인과 형제들은 방문 밖에서 상장(喪杖)을 집고 곡하며 제사에 참여한 이들은 모두
영좌 앞으로 들어가 곡한다. 그 자리는 모두 서열 순으로 북쪽으로 향하되 복(服)이
중한 이는 앞이며 경한 이는 뒤이고 존장은 앉고 항렬이 낮거나 수하(手下)인자는 선
다. 남자들의 자리는 동쪽에서 서쪽을 상석으로 삼고 부인들의 자리는 서쪽에서 동쪽
을 상석으로 삼아 각 항렬마다 장유(長幼)로서 앞뒤 순서를 정하고 시자(侍者)들은
그 뒤에 있는다.

◆倚杖堂門外(의장당문외)

書儀堂門外○小記虞杖不入於室祔杖不升於堂註哀益殺敬彌多也○沙溪曰士虞禮註倚杖
西序古禮虞祭男女序立反於初喪必男西女東而其升降男子亦由西階其入室也近於西序故
仍以倚之所以取其便也今家禮位次變於古而丈夫處東西上則其倚杖亦於東壁下可也或云
主人兄弟升降必由西階則倚杖之所不必變古未知是否○遂菴曰室字從古禮文而不改也祭
於堂則倚杖於堂外無疑○愚按古禮則設几筵於牖下而祭之於室中故倚杖於室外也家禮則
不然靈座旣出於堂則其倚杖之所當退一次然後禮意得而節文順也上文旣有堂門之文則此
堂之門可當古室之戶書儀則直云堂門外然則以杖倚之於堂門外西階之上而祔練以下以次
推行則庶不違於禮意矣

◆主人以下皆哭(주인이하개곡)

士虞禮主人及兄弟如葬服賓執事如弔服皆卽位于門外婦人及內兄弟卽位于堂註葬服旣夕
丈夫髽散帶垂賓執事賓客來執事也○祝免澡葛絰帶布席于室中東面右几降出及宗人卽位
于門西東面註澡治也治葛以爲首絰及帶接神宜變也○主人卽位于堂衆主人及兄弟賓卽位
于西方○祝盥升取苴降洗之升入設于几東席上東縮降洗　升止哭主人倚杖入祝從在左西
面註縮縱也主人北旋倚杖西序乃入○櫝弓虞而立尸有几筵　大斂奠有席無几下室有吉几
筵虞有素几筵相配○按　士虞禮祝盥升之文祝出主時當盥○問座者是櫝之外倚之上乎南
溪曰是

⊙降神(강신)

祝止哭者主人降自西階盥手帨手詣靈座前焚香再拜執事者皆盥帨一人開酒實于注
西面(備要立於主人之右)跪以注授主人主人跪受一人奉卓上盤盞東面跪(備要作立)於主
人之左(備要主人及執事者皆跪執注者授注)主人斟酒於盞以注授執事者(便覽執事者反注於
卓上復位)左手取盤右手執盞酹之茅上以盤盞授執事者(便覽執事者反盞盤於卓上復位)俛
伏興少退再拜復位

⊙강신례(降神禮)(상제에는 참신이 없다)

축관이 곡을 멈추게 하면 주인은 서쪽층계로 내려가 세수대야에서 손을 씻고 수건으로 물기를 닦은 후 영좌 앞으로 가서 분향 재배한다.

집사자들은 모두 손을 씻고 한 사람은 병을 열어 주전자에 술을 채워 들고 주인의 오른쪽에서 서쪽으로 향하여 무릎을 꿇고 앉아 주인에게 주전자를 주면 주인은 무릎을 꿇고 앉아 주전자를 받는다. 한 사람은 탁자 위의 강신 잔반을 들고 주인의 왼쪽에서 동쪽으로 향하여 무릎을 꿇고 앉으면 주인은 술을 잔에 따르고 주전자는 집사자에게 되돌려 주면 집사자는 주전자를 받아 들고 일어나 탁자 위에 두고 물러나 제자리에 선다.

주인은 왼손으로 반을 쥐고 오른손으로 잔을 잡아 모사(茅沙) 위에 술을 부어 강신을 하고 잔반을 집사자에게 주면 집사자는 잔반을 받아 들고 일어나 탁자 위에 놓고 물러나 제자리에 선다. 주인은 부복하였다 일어나 조금 뒤로 물러나 서서 재배하고 제자리로 물러나 선다.

◆喪祭無參神(상제무참신)

儀節按虞祭於辭神下有云主人以下哭再拜而前此只是主人行禮而主人以下惟序立而已別無參拜之文今補入○退溪曰虞祭無參神非闕漏也參者參謁之名是時如事生如事存之兩際故去參神以見生時常待之意行降神以見求神於怳惚之間此甚精微曲盡處瓊山率意添入恐有不知而作之病也當從朱子○備要家禮虞卒哭祥禫並無參神之文只於祔祭有之而其下註特言參祖考妣則其於新主無參神明矣○備要按家禮虞卒哭大小祥禫並無參神之文只於祔祭有之而其下註特言參祖考妣則其於新主無參神之禮明矣意者三年之內孝子常居其側故無可參之義只入哭盡哀而已丘氏補入恐非家禮本意○輯覽按丘氏補入參神一條曰虞祭於辭神下有云主人以下哭再拜而前此只是主人行禮主人以下序立而已別無參拜之文今補入然愚意虞卒哭大小祥祭並無所謂參神之文而只於祔祭有之而其下註特言參祖考妣則其於新主別無參神之禮明矣而丘氏妄加補入非家禮本意意者所謂參神者參謁也凡祭既奉主於別所則不可虛視故必拜而謁之至於新主則三年內孝子常居其處未練前仍有朝夕哭以象生時定省而未嘗一日不在於靈座前雖遇行祭之日無可參謁之義故只言入哭而已○尤菴曰竊意祝出主後主人以下入哭者恐是參神之義也○增解按備要所謂常居其側故無參云者可疑三年內何必常處殯宮耶蓋參神者是參謁之禮與祠堂晨謁同而乃神事之禮也家禮父母生時只有每晨唱　而無拜故有問於朱子曰孝子於尸柩之前在喪禮都不拜如何答曰未忍以神事之故無拜云云則喪中祭都無參神拜者朱子蓋用生事之禮也家禮於三年內用事生之禮者蓋已多矣

⊙祝進饌(축진찬)

執事者佐之其設之　如朝奠(備要以盤奉魚肉炙肝麪食米食飯羹從升至靈座前肉奠于盞盤之南麪食奠于肉西魚奠于醋楪之南米食奠于魚東卽第二行飯奠于盞盤之西羹奠于醋楪之東炙肝奠于匕楪之南祝及執事者皆復位)

⊙축관은 찬품을 올린다.

집사자들이 찬품(饌品)의 진설(陳設)을 돕되 순서는 아침 전제 때와 같다. 집사자들이 생선과 고기와 적간(炙肝), 면식(麵食) 류, 미식(米食) 류와 메, 국을 담은 소반을 받들고 따라 올라가 영좌(靈座) 앞에 이르면 축관은 고기를 잔반 남쪽으로 올리고 면식 류를 고기 서쪽으로 올리고 생선을 식초접 남쪽으로 올리고 미식 류를 생선 동쪽으로 올린다. 즉 둘째 줄이다. 메를 잔반 서쪽으로 올리고 국은 식초접 동쪽으로 올린다. 적간은 수저접 남쪽으로 올리고 마쳤으면 축관과 집사자들은 모두 제자리로 물러나 선다.

◆進饌(진찬)

士虞禮贊薦葅醢醢在北註主婦不薦齊斬之服不執事○鼎入設于西階前東面北上匕俎從設佐食及右人載註載載於俎○俎入設于豆東魚亞之腊特(按謂特設於豚魚俎之北)○設二敦于俎南黍其東稷疏西黍東稷以西上也○設一　于豆南註　菜羹○祝酌醴佐食啓會卻于敦南祝奠　于　南○尸入墮祭祝祝卒尸嘗醴祭　嘗　泰羹　入設于　南歳四豆設于左註肉汁也歳切肉也疏　南　北留空處以待泰羹歳四豆設于薦豆之北是左也○主婦亞獻尸兩邊棗栗設于會南棗在西○記載猶進祇魚進鬐註猶猶士喪言不可以吉也祇本也鬐脊也疏未可以吉者與吉反明與生人同士喪禮小斂大斂葬奠皆未異於生少牢進下進腴○曲禮凡進食之禮左殽右歳(側史切)食居人之左羹居人之右膾炙(　)處外醢醬處內葱渫(裔)處末酒漿處右以脯脩置者左胸(劬)右末陳註肉帶骨曰殽純肉切曰歳骨剛故左肉柔故右飯左羹右分燥濕也醢醬食之主故在殽歳之內葱渫烝葱也胸謂中屈也胸置左也

◆飯羹左右之節(반갱좌우지절)

問時祭陳饌飯右羹左而喪祭陳饌未見明文或以爲三年內象生時飯左羹右爲是如何沙溪曰陳饌飯右羹左未知其意愚意三年內上食則象生時左飯右羹爲是亡友趙重峰汝式嘗曰禮食居人之左羹居其右酒醬處其間生死異設何所據耶烹飪具饌代神祭酒扱匙西柄皆用養生之道而陳饌引致死之義亦未詳其所指也○羹居東飯居西恐是出於當時俗禮書儀從之而家禮未之改故歟然當依家禮左設不可有異議○尤菴曰重峰之說主於禮記沙溪之說主於家禮家禮乃損益古今而爲之定制者故沙溪以爲不可有異議耳(詳見時祭)○愚按沙翁所謂羹左飯右出於俗禮之說恐是偶失照勘於士虞特牲等禮設饌之規而云然也今按特牲饋食禮設大羹　于醢北疏曰醢北爲薦左合食大夫禮昏禮大羹皆在薦右此在左者神禮變於生人士虞禮大羹設　南在右與生人同(士虞禮進抵進鬐與生人同設又見上)云云據此經文與疏說則左右設之義可見而其左右設之必主於羹而言者亦可見矣其設飯之規則特牲與士虞皆同蓋此二禮神位皆在奧東向而葅醢兩豆在其前是之謂薦薦東有俎俎南有黍稷而　羹則在薦之南然則　羹與飯二禮皆同而但大羹之設特牲則用神禮而在薦北是在左而爲左設矣士虞則象生人而在　南是在右而爲右設矣此爲吉凶不同故疏說如此今當據此二禮喪祭則當右羹羹右則飯不得不左矣時祭諸禮則皆當左羹羹左則飯不得不右矣家禮虞祭陳饌雖無明文此既曰設如朔奠則初喪朔奠尚用象生之禮其飯左羹右明矣此非右設之明文乎備要所載沙溪所論並從時祭而左設恐失儀禮及家禮之旨矣但祔祭則士虞記既有如饋食之文則似當自此用神禮而左羹矣然家禮猶云並同虞祭是可疑也詳見祔祭○又按儀節則以炙肝並設於進饌備要則雖以炙肝補入而不言與他饌並設恐是依古禮進於初獻時之意耶詳見初獻

◆虞祭扱匙正　在進饌時(우제삽시정저재진찬시)

問禹司諫性傳以爲虞祥雖曰漸用吉禮而與四時吉祭有異故小變其禮然則扱飯正　當在進饌之時退溪先生以其言爲是今當以禹說行之否先祖曰退溪先生是禹說恐當依此爲宜○沙溪曰退溪雖以爲然未知其是也扱飯之節當在侑食之時云然在孝子事死如生之義恐當依先祖說

⊙初獻(초헌)

主人進詣注子卓前執注北向立執事者一人取靈座前盤盞立於主人之左(便覽東向)主人斟酒反注於卓子上與執事者俱詣靈座前(備要執事者奉盞隨之立於主人之左東向)北向立主人跪執事者亦跪(備要主人之左)進盤盞主人受盞三祭於茅束上(便覽以盞授執事者)俛伏興執事者受盞奉詣靈座前奠於故處(備要乃啓飯蓋置其南復位主人俛伏興稍退跪以下皆跪)祝執版出於主人之右西向跪讀(云云)皆興祝興備要置祝版於香案上復位主人哭

(備要以下皆哭少頃)再拜復位哭(儀節以下皆哭少頃)止(增解備要改正曰主人哭以下皆哭少頃哭止主人再拜復位○問朔奠及題主條云再拜哭盡哀遷柩條云哭盡哀再拜虞祭則哭再拜文勢不同丘儀皆以且哭且拜爲之儀節沙溪曰丘儀亦可從也)牲用豕則曰剛鬣不用牲則曰淸酌庶羞　合也欲其合於先祖也(便覽執事者以他器徹酒置盞故處)

⊙초헌례(初獻禮).

주인은 주전자가 있는 탁자 앞으로 가서 주전자를 들고 북쪽으로 향하여 서면 집사자는 영좌(靈座) 앞의 잔반을 들고 주인의 왼편에서 동쪽으로 향하여 선다. 주인은 집사자의 잔에 술을 따른 후 주전자는 탁자 위에 놓고 영좌 앞으로 가서 북쪽으로 향하여 선다. 집사자는 잔반을 받들고 따라가 주인의 왼편에서 동쪽으로 향하여 선다. 주인이 무릎을 꿇고 앉으면 집사자 역시 무릎을 꿇고 앉아 잔반을 주인에게 준다. 주인은 잔반을 받아 모속(茅束) 위에 조금씩 세 번 기우려 삼제(三祭)를 하고 잔반을 집사자에게 되돌려주고 부복(俯伏)하였다 일어선다. 집사자는 잔반을 받아 받들어 들고 영좌 앞으로 가서 먼저 있던 제자리에 잔반을 놓고 이어 메의 덮개를 열어 그 남쪽에 놓고 제자리로 물러나 선다. 주인은 뒤로 조금 물러나 무릎을 꿇고 앉으면 이하 참례자 모두 무릎을 꿇고 앉는다.

축관(祝官)은 축판(祝板)을 들고 주인의 오른쪽에서 서쪽으로 향하여 무릎을 꿇고 앉아 다음과 같이 고하고 나면 모두 일어난다. 축관은 축판을 향안 위에 두고 물러나 제자리에 선다. 주인이 곡을 하면 모두 잠깐 동안 곡을 한다. 주인은 재배하고 물러나 제자리에 서면 곡을 멈춘다. 집사자는 다른 그릇으로 퇴주를 하고 잔은 제자리에 놓고 철주(撤酒)한 퇴주그릇은 탁자 위에 둔다.

◆初獻(초헌)

士虞禮祝酌醴佐食啓會卻于敦南祝奠　于　南復位註會敦盖也○主人再拜稽首祝饗註饗告神饗也(記)曰哀子某哀顯相夙興夜處不寧敢用潔牲剛鬣香合嘉薦普卓明齊溲酒哀薦事適爾皇祖某甫饗註顯相助祭者也香又作薌黍曰薌合黍稷合言普卓而已此言香合記者誤耳嘉薦菹鹽也明齊新水也以新水溲釀此酒也始虞謂之　事者欲其合先祖也以與先祖合爲安疏卒哭後乃有祔祭始合先祖今始虞而言　者是預言　之意○佐食取黍稷祭于苴三取膚祭祭如初祝取奠　祭亦如之反奠之主人再拜稽首註苴所以藉祭孝子將納尸以事親爲神疑於其位設苴以　之疏或曰苴主道也若爲主道特牲少牢亦宜設苴而無苴是爲藉祭非主道也○祝祝卒主人拜如初哭出復位註祝祝者釋孝子祭辭疏祭辭經記無文○(迎尸)○(尸九飯)主人洗廢爵酌酒　尸尸拜受爵主人北面　拜尸祭酒嘗之註爵無足曰廢　安食也○　長以肝從實于俎縮右塩○尸左執爵右取肝　塩振祭　之加于俎　降反俎于西塾復位○尸卒爵祝受主人拜尸　拜

◆進炙之節(진적지절)

士虞禮主人　尸賓長以肝從實于俎縮右塩註縮從也喪祭進胏縮執俎言右塩則肝塩幷也疏胏本也肝之本頭向尸○問備要所補進饌酌獻之後不復進炙但老先生曾祭其女尹氏婦之常事也乃具炙三獻曰祭異於奠爵旣三獻則炙亦各進以此已已老先生虞卒哭也三獻各進炙矣逐菴曰先生末年所行者如是則吾輩只當遵行矣○愚按上陳器條有火爐而他無用處若據時祭炙肝于爐之文則此有炙肝與肉明矣且旣用柔毛剛鬣之牲而豈有三獻不進炙之理也此必是家禮之文不備者也又按士虞禮有右塩之文家禮時祭及初祖祭皆有塩楪及加塩之文據此進炙則當加塩又據時祭等禮兄弟之長當進之

◆孤哀之稱(고애지칭)

艮齋曰俱　孤哀退尤所論亦有與盛說同者然禮經父喪亦云哀子至通典始有孤子之稱而溫

公因之以別父母不欲混幷之朱子謂從之無害後人不察而若永感者不問久近而內外艱皆稱孤哀安在其別父母不欲混之義哉具前云孤後謂孤哀是一子而再孤前云哀後云孤哀是一子而再哀亦何義理且祖父亡父稱孤而死後祖母亡孫合稱孤哀此尤無理且禮凡喪父在父爲主自是不易之定理而家禮題主註明言母喪稱哀子此子父在則何敢越父而自主母喪題主之祝乎如此則俱　非幷有喪而何哉試使人具此等疑義而奉質於退尤二先生亦安知其不得印可矣乎

◆子幼攝主祝(자유섭주축)

問子幼而叔父攝主則當告其由耶尤菴曰攝主之意如虞卒哭等大祭祀則須皆告之雖亡者之弟攝行其祝文頭辭則必云孤子某幼未將事云矣○代者是尊行則使字未安改云代叔父或兄云云祖先之稱當從代者之屬○南溪曰攝是尊行則用使字未安當曰孤子某幼不將事屬某親某敢昭告云云矣○愚按曾子問宗子使庶子攝主祝曰使介子某云云則是蓋用祖禰之屬稱矣若用宗子之屬稱則當曰介弟矣今以尊行代攝而稱叔父者恐違於古禮矣似當從亡者之屬稱曰孤子某幼未將事弟某攝事敢昭告于顯兄云云而都不用代字屬字如何南溪所論孫幼次子攝告說恐爲定論

◆孫幼攝主祝(손유섭주축)

南溪曰退溪答寒岡書有攝祀事子某之說然此則宗子未及立後故也今者已得立後事體與寒岡家不同恐當用朱子兒名攝主告之說爲祝辭曰孤哀孫某幼未能卽禮孤哀子某攝事敢昭告于云云恐當

◆只有婦人攝主祝(지유부인섭주축)

退溪曰宗子死未立後之前權以季爲攝主○南塘曰或曰今無主者而謂之攝未可曰此有婦人故謂之攝耳○陶菴曰支子當喪權攝題主以顯考妣啓殯日告以支子某攝祀之由而其後行祭祝輒以攝祀事孤子某爲稱

◆父母偕喪祝(부모해상축)

問父喪出於母喪題主之後服制與練祥禫仍用父在母喪之禮者庾蔚之諸說不啻明揭而獨其自虞以後祝辭欲從其使某之例則名實違迕欲從子告母之例又非不忍變於父在之意惟庾蔚之祖父母代服條所謂父爲傳重正主已攝行事事無所關之說似可旁照以此準之爲攝告之辭曰孤哀子某敢攝告于顯妣云云果免差繆否或謂稱孤哀子則與攝告之意相左此則不然稱孤哀者見其實也其稱攝告者未忍變其在也如何芝村曰當如來示

◆舅主婦喪祝(구주부상축)

小說婦之喪虞卒哭其夫若子主之祔則舅主之註謂凡適婦庶婦也陳註虞卒哭在寢祭婦也祔於廟祭舅之母也尊卑異故所主不同○問小記云云虞卒哭之祭夫雖主之祝辭則當云舅使子某告婦歟愼獨齋曰當如此○南溪曰婦喪舅夫所主之各異禮固有其文矣　當行事之際不免相　尤丈云無論適庶與同宮異宮一主於父在父爲主之說然後無有妨碍牴　之弊尋常以爲可據而行

◆祖舅主孫婦喪祝(조구주손부상축)

芝村曰以父在父爲主之義大舅主之以孫婦題主則其祝辭當云大舅告于孫婦云云而但小記云云備要亦引之然則練祥亦當使其夫若子主之尤菴答人曰所謂主之者主其饋奠而已至於練祥禫其禮重於虞卒哭舅當主之云愼齋則以虞卒哭夫雖主之祝辭則云舅使子某告婦爲當據此尤齋則似謂夫若子雖主饋奠祝辭則其舅當主之愼齋則舅雖爲主當使其夫若子告之此少不同玄石以爲尤丈一主父在父爲主之說深得家禮註意矣旣以父爲主告辭題主似當準此云矣大舅之稱亦有出處否姑旣謂之祖姑則舅亦謂之祖舅無乃或勝否

◆子幼攝主祝辭(자유섭주축사)

問人死子幼者以子名題主而攝主告之已詳於朱子書矣但夙興夜處哀慕不寧等語無乃不近
於嬰兒之所稱耶沙溪曰當以兒名主之告以攝主之意夙興夜處等語改用不妨○南溪曰兒名
攝主告祝辭沙溪謂夙興夜處等語當改用然此處下語極難直繼以淸酌庶羞云云恐亦無妨○
以兒名爲告攝主代行此以襁褓兒論之禮適子若八歲以上當室者服喪與成人同則今之行禮
恐當尊長執持而敎導之如哀慕不寧等語自不心改用

◆卑幼喪獻爵之節(비유상헌작지절)

遂菴曰祭弟與從弟從姪皆不當拜若祭弟之妻則安得無拜○屛溪曰卑幼之喪父若兄主之者
謂主祝主獻也當坐而獻爵坐哭無拜矣

◆　　事(협사)

士虞記疏三虞卒哭後乃有祔祭始合先祖今始虞而言　者鄭云以與先祖合爲安故下文云適
爾皇祖某甫是始虞預言　之意也

◆淸酌庶羞(청작서수)

曲禮酒曰淸酌註古之酒禮皆有淸有糟未　者爲糟旣　者爲淸也○饋食禮註庶衆也衆羞以
豕肉所以爲異味○周禮天官註羞進也羞出於牲及禽獸以備滋味謂之庶羞賈氏曰下大夫有
　　　此出於牲者也上大夫加以雉兔鶉　此出於禽獸者也王氏曰國君庶羞內則所載者三
十一物自牛脩鹿脯至於　梨薑桂是也愚按禮庶羞不踰牲則與饋食註及天官註不同更詳之

◆初虞祝文式(초우축문식)凡告祝以家禮爲主而如年月干支改皇爲顯等句語多從
備要書之○備要便覽年號幾年今不用去此四字

　　　　維
歲次干支幾月干支朔幾日干支孤子母喪稱哀子俱亡稱孤哀子承重稱孤孫哀孫孤哀孫
　　妻喪稱夫旁親卑幼隨屬稱某弟以下不名敢昭告于妻去敢字弟以下但云告于
顯考母云顯妣承重云顯祖考或顯祖妣妻云亡室旁親卑幼隨屬稱卑幼改顯爲亡某官此下當有
封諡二字下同府君內喪云某封某氏卑幼去府君二字日月不居奄及初虞備要再虞云
再虞三虞云三虞夙興夜處哀慕不寧備要告子云悲念相屬心焉如燬告弟云悲痛猥至情
何可處告兄云悲痛無已至情如何告妻云悲悼酸苦不自勝堪謹以妻弟以下云玆以淸酌庶
羞家禮潔牲柔毛粢盛醴齊牲用豕則曰剛鬣不用牲則曰淸酌庶羞　合也欲其合於先祖也○儀
節潔牲柔毛粢盛庶品哀薦旁親云薦此妻弟以下云陳此　事備要再虞云虞事三虞云成事
　　尙
　　饗

◆초우 축문식.

세차 모 간지 기월 기일 고자 모 공경하옵는 아버님 모관 부군께 감히 밝혀 고하나
이다. 세월은 머무르지 않아 어언 초우가 되었사옵니다. 밤낮으로 아버님을 슬피 사
모함에 편할 수가 없사와 삼가 여러 가지 음식과 맑은 술을 따라 협사(　事)에 슬피
드리오니 바라옵건대 흠향하옵소서.

⊙亞獻(아헌)

主婦爲之(便覽主婦及內執事皆盥洗)禮如初(性潭曰初下恐脫獻字○儀節亞獻亦祭酒○若進炙
則據時祭諸婦女當進炙肉)讀祝(不字義止此)四拜(執事徹酒)

⊙아헌례(亞獻禮).

주부가 아헌을 한다. 주부와 내 집사자들은 모두 손을 씻는다. 예법은 초헌례와 같다. 다만 축이 없으며 사배(四拜)를 하고 집사자는 철주한다.

◆主婦亞獻(주부아헌)

備要按家禮主婦條主婦謂亡者之妻三年之內凡言主婦者似皆指亡者之妻而但橫渠云東酌犧尊西酌罍樽須夫婦共事豈可母子共事以此觀之初喪則亡者之妻當爲主婦虞祔以後凡祭祀之禮必夫婦親之更詳之○儀節若主婦行禮不跪不俯伏立傾酒于地四拜○輯覽按家禮主婦條主婦謂亡者之妻三年之內凡言主婦者似皆指亡者之妻而但橫渠云東酌犧象西酌罍尊須夫婦共事豈可母子共事以此觀之初喪則亡者之妻當爲主婦虞祔以後必夫婦親之更詳之又按婦人不跪不俯與古禮不同更詳之

⊙終獻(종헌)

親賓(書儀親戚)一人(增解士虞禮　執事者註　客來執事者疏曾子問士則朋友奠以此而言則公有司執事雖屬官亦爲朋友)或男或女(男女乃主人之子女)爲之禮如亞獻(便覽但不徹酒○儀節終獻亦祭酒)

⊙종헌례(終獻禮).

친빈(親賓) 중 한 사람이 종헌을 하거나 혹은 남자 혹은 여자 복인이 종헌을 하되 아헌 의식과 같게 한다. 다만 철주를 하지 않는다.

◆親賓終獻(친빈종헌)

書儀親戚○士虞禮賓執事者註賓客來執事者疏曾子問士則朋友奠以此而言則公有司執事雖屬官亦爲朋友○問親賓終獻之禮於妣位則似不合如何屛溪曰姻親或平日升堂之賓則亦可獻於妣位矣

⊙侑食(유식)

執事者執注就添盞中酒(便覽反注卓子備要扱匙飯中西柄正　正置楪上復位)

⊙술을 권하고 음식을 흠향케 한다.

집사자는 주전자를 들고 위전으로 가서 잔에 첨작을 하고 주전자는 탁자 위에 두고 숟가락을 메의 가운데 바닥이 동쪽으로 향하게 꽂고 젓가락을 바르게 골라 쥐는 곳이 서쪽으로 가게 하여 시저접(匙　楪) 위에 가지런히 하여 바르게 놓고 물러나 제자리에 선다.

◆侑食(유식)

禮器註侑者勸尸爲飮食之進○玉藻註食而勸侑禮之勤也○按凡吉祭侑食條俱有揷匙飯中及正　之文而此虞祭及下祔卒哭大小祥祭並無丘儀亦無意者喪祭哀遽故從簡省之歟

◆侑食執事者添酌(유식집사자첨작)

特牲饋食禮尸三飯告飽祝侑主人拜尸又三飯告飽祝侑之如初尸又三飯告飽祝侑之如初註三飯告飽禮一成也侑勸也侑辭曰皇尸未實○沙溪曰主人荒迷不能成禮故執事者行之而亦無拜也

◆扱匙飯中西柄正　(삽시반중서병정저)

按家禮之侑食而闔門如食間者用古無尸之禮而如尸九飯祝侑之頃故曰侑食也且添酒扱匙亦是勸之之意○備要扱匙飯中西柄正　按凡祭侑食俱有扱匙正　之文而家禮虞卒哭祔練祥禫祭並無之儀節亦無之未知何也

⊙主人以下皆出祝闔門(주인이하개출축합문)(無門處降簾)

主人立於門東西向卑幼丈夫在其後重行北上主婦立於門西東向卑幼婦女亦如之尊
長休於他所如食間(備要卽一食九飯之頃)

　　楊氏復曰士虞禮無尸者祝闔牖戶如食間詳見後四時祭禮

⊙주인 이하 모두 밖으로 나가면 축관은 문을 닫는다. 문이 없으면 발을 친다.

주인은 문의 동쪽에서 서쪽으로 향하여 서고 항렬이 낮거나 수하(手下)의 남자들은
주인의 뒤에서 북쪽을 상석으로 삼아 겹쳐 서고 주부는 문의 서쪽에서 동쪽으로 향
하여 서고 항렬이 낮거나 수하(手下)의 부녀자들은 주부의 뒤에서 남자들과 같게 선
다. 존장들은 다른 곳에서 쉬게 하고 식간(食間)즉 밥 한 그릇 비울 시간을 이와 같
이 하고 서 있는다.

◆闔門食間(합문식간)

月令註門戶之蔽以木曰闔○士虞禮贊闔牖戶註鬼神尙居幽闇或者遠人乎(如)間註隱之如
尸一食九飯之頃也疏隱之者謂闔牖戶也九飯之頃時節也○丘儀若於所館行禮可略去闔門
啓門噫歆告利成四節

◆闔門(합문)

士虞記無尸則禮及薦饌皆如初註無尸謂無孫列可使者也殤亦是也禮謂衣服卽位升降○旣
饗祭于苴祝祝卒疏祝釋饗神辭訖佐食取黍稷祭于苴無尸者祝祝卒無迎尸以後之事下文不
綏祭之等也○不綏祭無泰羹　戝從獻註事尸之禮始於綏祭從於從獻綏當爲墮疏此四事皆
爲尸○主人哭出復位祝闔牖戶降復位于門西男女拾踊三如食間疏祝祝卒無尸可迎無上四
事主人遂哭出○祝升止哭聲三啓戶註聲者噫歆也○主人入祝從啓牖鄕如初註牖先闔後啓
扇在內也疏北牖名鄕○主人哭出復位卒徹祝佐食降復位疏有尸者有陰厭有陽厭今無尸者
陰厭時闔牖戶更設饌於西北隅復闔牖戶爲褻瀆故不爲也○宗人詔降如初疏降禮畢降堂也
○朱子曰古者不用尸則有陰厭書儀中所謂闔門垂簾是也欲使神靈厭飫之也○愚按士虞禮
有尸則迎尸之前先爲陰厭卽記所謂旣饗祭于苴祝卒等禮是也尸出之後更爲陽厭卽更設饌
於西北隅而贊闔牖戶是也無尸則無綏祭以下九飯三獻等禮只有饗祭祝卒而祝因闔牖戶如
尸九飯之頃是通前後但爲陰厭而已無復設饌西北隅闔牖戶之陽厭矣家禮之三獻是象有尸
之獻尸禮也闔門如食間者是用無尸禮也其陰厭陽厭之義則陳氏所謂迎尸之前祝酌奠釋辭
此時在室奧陰靜之處故云陰厭也尸謖之後徹尸薦俎設於西北隅得戶明白之處故曰陽厭是
也

◆尸(시)

士虞禮男男尸女女尸疏虞卒哭之祭男女別尸○檀弓旣封(窆)贈而祝宿虞尸陳註尸之言主
也不見親之形容心無所係故立尸而使著死者之服使孝子之心主於此也禫祭以前男女異尸
異几祭於廟則無女尸而几亦同少牢云某妃配是男女共尸○曾子問孔子曰祭成喪者必有尸
尸必以孫孫幼則使人抱之無孫則取於同姓可也○曲禮孫可以爲王父尸子不可以爲父尸○
程伯子曰古人祭祀用尸極有深意蓋人之魂氣旣散孝子求神而祭無尸則不饗無主則不依魂
氣必求其類而依之人與人旣爲類骨肉又爲一家之類已與尸潔齊至誠相通以此求神宜其饗
之後世不知此直以尊卑之勢遂不肯行○事神易爲尸難○程叔子曰自周以來女無可以爲尸
者故無女尸能爲尸者亦非尋常人○朱子曰古人立尸也是將生人生氣去接他○神主之位東
向尸在神主之北○古者君迎尸在廟門之外則全臣子之禮在廟門之內則君拜之杜佑說上古
時中國但與夷狄一般後聖改之有未盡者尸其一也○問祭祀之禮酒肴豊潔必誠必敬所以望
神之降臨乃歆饗其飮食也若立之尸則爲尸者旣已饗其飮食鬼神豈復來享如此却爲不誠曰
此所以爲盡其誠也蓋子孫旣是祖宗相傳一氣下來氣類固已感格而其言語飮食若其祖考之

在焉則有以慰其孝子順孫之思而非怳惚無形想像不及之可比矣古人用尸之意所以深遠而盡誠蓋爲是耳今人祭祀但能盡誠其祖考猶來格　既是他親子孫則其來格也益速矣因言今世鬼神之附著生人而說話者甚多亦有祖先降神于其子孫者又如今之師巫亦有降神者蓋皆有氣類之相感所以神附著之也周禮祭墓則以墓人爲尸亦是此意○問祭五祀有尸曰墓祭以人爲尸以此推之則祀竈之尸恐是膳夫之類祀門之尸恐是閽人之類又如祀山川則是虞衡之類○問古人　祭時每位有尸否曰固是周家旅酬六尸是每位皆有尸也古者主人獻尸尸酢主人開元禮猶如此不知甚時因甚事廢了到本朝都把這樣禮數併省了○程先生言古人之用尸也質意謂今不用亦得○問尸童之童字沙溪曰禮周公祭泰山以召公爲尸則不必童明矣

◆無尸者(무시자)

檀弓註男則男子爲尸女則女子爲尸尸之爲言主也不見親之形容心無所係故立尸而使之着死者之服所以使孝子之心主於此也禫祭以前男女異尸異几祭於廟則無女尸而几亦同矣少牢云某妃配是男女共尸○士虞記註無尸謂無孫列可使者殤亦是也○語類神主之位東向尸在神主之北○問今祭欲用尸如何曰古者男女皆有尸自周以來不見說有女尸想是漸次廢了這箇也嶢崎古者君迎尸在廟門之外則全臣子之禮在廟門之內則君拜之杜佑說上古時中國但與夷狄一般後聖改之有未盡者尸其一也○答用之曰看來古人用尸自有深意非朴陋也陳丈云盖不敢死其親之意曰然用之云祭祀之禮酒肴豊潔必誠必敬所以望神之降臨乃歆享其飲食也若立之尸則爲尸者旣已饗其飲食鬼神豈復來享之如此却爲不誠曰此所以爲盡其誠也盖子孫旣是祖宗相傳一氣下來氣類固已感格而其言語飲食若其祖考之在焉則有以慰其孝子順孫之思而非怳惚無形想像不及之可比也古人用尸之意所以深遠而盡誠盖爲是耳今人祭祀但能盡誠其祖考猶來格　旣是子孫則其來格也益束矣因言今世鬼神之附著生人而說話者甚多亦有祖先降于其子孫者盖皆其氣類之相感所以神附著之也周禮祭墓則以墓人爲尸亦是此意○又曰古人立尸是將生人生氣去接他○又曰程先生言古人之用尸也質意謂今不用亦得

⊙祝啓門主人以下入哭辭神(축계문주인이하입곡사신)

祝進當門北向噫歆告啓門三(增解陳氏曰噫是歎恨之聲歆者欲其歆饗之義○儀節作咳聲者三或者以爲告啓門凡三次非是)乃啓門主人以下入就位執事者(便覽徹羹)點茶(便覽奠于徹羹處○備要國俗代以水○儀節置匙　傍)祝立于主人之右西向告利成(便覽執事者下匕　于楪中合飯蓋復位)斂主匣之置故處(便覽復位)主人以下哭再拜盡哀止(備要祝揭祝文而焚之○便覽並焚題主祝)出就次執事者徹

⊙축관이 문을 열면 주인 이하 들어가 곡하고 사신(辭神)한다.

축관이 문으로 다가가 북쪽으로 향하여 서서 문을 열 것을 알리는 헛기침으로 희흠(噫歆)을 세 번하고 곧 문을 열면 주인 이하 제자리로 들어가 선다.

집사자는 국을 옆으로 물려놓고 숙수를 국의 자리에 올린다. 축관은 주인의 오른쪽에서 서쪽으로 향하여 봉양(奉養)의 예가 모두 잘 이루어졌습니다. 라는 이성(利成)이라고(告)한다. 집사자는 수저를 내려 수저그릇에 놓고 메에 개를 덮고 물러나 제자리에 선다. 축관은 신주를 독에 담아 있던 자리에 안치하고 제자리로 물러나 서면 주인 이하 곡하며 재배 사신(辭神)하고 슬픔을 다하여 곡하고 그친다. 축관은 축관의 축문과 제주축문(題主祝文)을 같이 불사르고 제자리로 물러나 나오면 집사자들이 철상한다.

◆進茶後立而少遲(진다후립이소지)

問凡祭進茶後旋卽辭神似爲太遽或立或伏少遲如何沙溪曰立而少遲可也伏則無據

◆告利成(고리성)

士虞禮祝出戶西面告利成主人哭皆哭註西面告告主人也利猶養也成畢也言養禮畢也不言養禮畢於尸間嫌疏以其處主人東故祝西面對而告之若言養禮畢即於尸中間有嫌諷去之或本間作閑以養尸事畢而尸空閑嫌諷去之○集說或問本註古有告利成一句其義何謂今去之何說曰按曾子問註利猶養也謂供養之禮已成也蓋古者祭祀有尸主人事尸禮畢則祝告利成遂導尸以出今以無尸廢此禮○按饋食禮疏祭禮畢孝孫徂位祝於是致孝孫之意告尸以利成不言禮畢於尸間之嫌者間閒暇無事若言禮畢即於尸閒暇無事有發遣尸之嫌故直言利成而已以此觀之所謂告利成雖告於主人而其實欲令尸聞而起也是以其下即云尸謖(註所六反起也)此集說所以以無尸廢此禮歟○愚按曾子問孔子曰祭殤不擧無肵俎無玄酒不告利成陳註以無尸廢此禮云則集說之以無尸廢告利成蓋本於此也○問告利成今不必行否沙溪曰後世既不用尸則恐不須行然家禮既有之行之恐當○問告利成祭妻及旁親與卑幼似不可用南溪曰利訓養非養親之養乃養神之養幷用恐不妨○巍巖曰告利成是存羊之義也妻弟以下有何所嫌而獨廢之耶

◆噫歆三聲(희흠삼성)

輯覽韻會噫於其切歆虛音切○曾子問祝聲三註以警動神聽乃告之也噫是歎恨之聲歆欲其歆享之義也○增解陳氏曰噫是歎恨之聲歆者欲其歆饗之義○儀節作咳聲者三或者以爲告啓門凡三次非也

◆進茶不徹羹(진다불철갱)

尤菴曰今人徹羹然後進熟水豈以不徹則無地可安耶○愚按要訣亦有徹羹之文然儀節既云置匙　傍則自不與羹挨逼羹雖不徹已有可安茶盞之地矣　家禮儀禮皆無先徹羹之文乎

◆進茶未抄飯(진다미초반)

尤菴曰進茶後抄飯一節東俗也家禮則無之恐當以家禮爲正

◆徹饌禮畢(철찬예필)

丘文莊曰虞祭於辭神下有云主人以下哭再拜而前此只是主人行禮而主人以下惟序立而已別無參拜之文余補入又若路遠於所館行禮恐不能備可略去闔門啓門噫歆告利成四節○士虞禮曰祝辭三啓戶註曰辭者噫歆也將啓戶警覺神也又曰利養也利成謂供養之禮已成也

◆虞時斂主前後辭神(우시렴주전후사신)

問虞祭無參神以常侍几筵故也既曰常侍則辭神似不必爲之無乃不是辭退之拜而只是祭畢之拜故不廢耶遂菴曰以無參之意揆之則辭神果可疑然大祭豈可無拜而遽徹　來示只是祭畢之拜云者似得禮意○問虞祭則斂主匣之後哭再拜時祭則辭神再拜後納主不同何意沙溪曰未詳或曰虞祭主無遷動故先斂後拜時祭將奉就西階卓斂櫝故未出先拜未知是否

◆一日二上食(일일이상식)

問一中行虞夕時復上食或以爲一日三上食非禮○尤菴曰虞與上食自是二事而今人例於夕時行虞故不復上食矣若於日中行虞則夕時自當上食矣

◆渴葬三虞追行(갈장삼우추행)

艮齋曰今人渴葬雖拘於彼禁而行之然再虞後朝夕奠孝子不忍遽撤則禮家恐難以以虞易奠之文而抑遏之二君之意如此鄙亦無異論也頃答任潤萬書則雖在一旬之內而既行三虞則以無復設奠之義喩之矣然恨未及引尤翁渴葬者三虞則追行之說以細論之也

⊙初虞祭儀禮節次(초우제의례절차)

通贊唱○序立○出主(祝啓櫝出主服重者在前輕者在後男東女西以長幼爲序○今擬用禮生二人

一通贊一引贊其說具祭禮)○擧哀(少頃)○哀止○(引贊唱)盥洗○詣靈座前○焚香○鞠躬
拜興拜興平身○降神(執事者二人皆洗手一人開酒實于注西面立一人取卓子盤盞捧之東面立)
○跪(主人跪執事二人者向主人跪執注者以注授主人主人受注執之斟酒于執事所捧之盞斟訖以注
授執事者)○酹酒(主人左手取盤盞右手執盞盡傾于茅沙上訖以盤盞授執事者)○俯伏興平身(少
退)○鞠躬拜興拜興平身○復位○(通)參神○鞠躬拜興拜興平身○進饌(祝以魚肉炙肝
米麪食進列于靈前卓子上次二行空處)○初獻禮(主人進詣注子卓前執注北向立執事者一人取靈
座前盤盞立主人之左主人斟酒于盞中訖反注于卓子上)○(引)詣靈座前(主人詣靈座前執事者捧盞
隨之)○跪(主人跪)○祭酒(執事者跪進酒盞主人受之三傾于茅沙上)○奠酒(執事者受盞置靈座
前)○俯伏興平身(退稍後立)○跪○(通)主人以下皆跪○(引)讀祝(祝執版立主人之右西向
跪讀之畢)○俯伏興平身(少退)○(通)擧哀(主人以下皆哭少頃)○哀止○(引)鞠躬拜興拜興
平身(主人獨拜)○復位○(通)亞獻禮○(引)詣靈座前○跪○祭酒○奠酒○俯伏興拜興
拜興平身(若主婦行禮不跪不俯伏立傾酒于地四拜)○復位○(通)終獻禮○(引)詣靈座前○
跪○祭酒○奠酒○俯伏興拜興拜興平身○復位○(通)侑食(子弟一人執注就添盞中酒)○
主人以下皆出(主人立於門東西向卑幼丈夫在其後重行北上主婦立於門西東向卑幼婦女在後重
行北上尊長休於他所俱肅靜以俟)○闔門(執事者閉門無門下簾食頃)○祝噫歆(祝當門北向作欬
聲者三)○啓門(乃開門捲簾)○復位(主人以下復舊位)○點茶(執事者進茶置匙　旁)○告利成
(祝立于主人之右西向)○利成○辭神(主人以下皆拜)○擧哀(且拜且哭)○鞠躬拜興拜興平
身○哀止○焚祝文○納主○徹饌○禮畢儀節按虞祭於辭神下有云主人以下哭再拜而前此只
是主人行禮而主人以下惟序立而已別無參拜之文今補入又若路遠於所館行禮恐不能備可略去闔門
啓門噫歆告利成四節(譯者補;初獻條啓飯蓋. 侑食條挿匙正 　. 辭神前下匕　于楪中合飯蓋)

⊙초우제 의례절차.

통찬이 창을 한다. ○차서 대로 서시오. ○신주를 내 모시시오. (축관은 신주독을 열
고 신주를 내 모신다. 중복인은 앞에 있고 경복인은 뒤이다. 남자들은 동쪽이며 여자
들은 서쪽으로 수상과 수하의 차서 대로이며 예생(禮生) 두 사람을 쓰되 한 사람을
통찬(通贊) 즉 예순을 불러줘 예를 진행하는 홀창자로 하고 한 사람은 헌관을 인도하
는 인찬(引贊)으로 갖춰 예를 알려주고 예를 진행한다) ○모두 곡하시오. (잠깐 동안
곡을 한다) ○곡을 멈추시오. (통찬이 홀창한다) ○손을 씻으시오. ○영좌 앞으로 가
시오. ○분향하시오. ○국궁 재배 평신하시오.

●행강신례.

(집사자 두 사람 모두 손을 씻고 한 사람은 병을 열어 주전자에 술을 채워 들고 주인
의 동쪽에서 서쪽으로 향하여 서고 한 사람은 탁자 위의 강신 잔반을 받들어 들고
주인의 서쪽에서 동쪽으로 향하여 선다) ○무릎을 꿇고 앉으시오. (주인이 무릎을 꿇
고 앉으면 집사자 두 사람은 주인을 향하여 무릎을 꿇고 앉아 주전자를 들고 있는
집사자가 주전자를 주인에게 주면 주인은 주전자를 받아 들고 집사자가 받들고 있는
잔에 술을 따르고 마쳤으면 주전자는 집사자에게 되돌려 준다) ○술을 부어 강신하시
오. (주인은 왼손으로 반을 잡고 오른손으로 잔을 잡아 모두 모사에 기우려 따르고
마쳤으면 잔반을 집사자에게 되돌려준다) ○부복하였다 일어나 평신하시오. (조금 뒤
로 물러나 선다) ○국궁 재배 평신하시오. (통찬이 창을 한다)

●행참신례.

○국궁 재배 평신하시오. ○행진찬. (축관이 생선과 고기와 적간과 미식 류, 면식 류
를 영좌 앞의 탁자 위 둘째 줄 빈 곳에 면, 육, 적, 어, 병으로 올린다)

●행초헌례.
(주인은 탁자 앞으로 가서 주전자를 들고 북쪽으로 향하여 서면 집사자 한 사람이 영좌 앞의 잔반을 내려 들고 주인의 왼쪽에 선다. 주인은 잔에 술을 따르고 마쳤으면 주전자는 탁자 위에 되놓는다) (찬인이 인도한다) ○영좌 앞으로 가시오. (주인이 영좌 앞으로 가면 집사자도 잔을 받들어 들고 따라간다) ○무릎을 꿇고 앉으시오. (주인은 무릎을 꿇고 앉는다) ○제주하시오. (집사자가 무릎을 꿇고 앉아 술잔을 주인에게 드린다. 주인은 술잔을 받아 모사 위에 세 번 기우려 삼제를 한다) ○술잔을 올리시오. (집사자는 잔을 받아 영좌 앞에 놓는다) ○부복하였다 일어나 평신 하시오. (뒤로 조금 물러나 선다) ○무릎을 꿇고 앉으시오. (통찬이 창을 한다. ○주인 이하 모두 무릎을 꿇고 앉는다. ○찬인이 인도한다) ○독축하시오. (축관은 축판을 들고 주인의 오른쪽에 서서 서쪽으로 향하여 무릎을 꿇고 앉아 독축을 하고 마쳤으면) ○부복하였다 일어나 평신하시오. (조금 물러나 선다) (통찬이 창을 한다) ○모두 슬피 곡 하시오. (주인 이하 모두 잠깐 동안 곡을 한다) ○곡을 멈추시오. (찬인이 인도한다) ○국궁 재배 평신하시오. (주인만 절을 한다) ○제자리로 물러나 서시오. (통찬이 창을 한다)

●행아헌례.
(찬인이 인도한다) ○영좌 앞으로 가시오. ○무릎을 꿇고 앉으시오. ○제주하시오. ○술을 올리시오. ○부복하였다 일어나 재배하고 평신하시오. (만약 주부가 아헌을 할 때는 무릎을 꿇지 않고 부복도 하지 않고 서서 땅에 술잔을 기우려 제주하고 사배를 한다) ○제자리로 물러나 서시오 (통찬이 창을 한다)

●행종헌례.
(찬인이 인도한다) ○영좌 앞으로 가시오. ○무릎을 꿇고 앉으시오. ○제주를 하시오. ○술을 올려 드리시오. ○부복하였다 일어나 재배 평신하시오. ○제자리로 물러나 서시오. (통찬이 창을 한다)

●행유식.
(자제 한 사람이 주전자를 들고 영좌전의 잔에 첨작을 한다) ○주인 이하 모두 밖으로 나가시오. (주인은 문의 동쪽에서 서쪽으로 향하여 서고 수하자와 남자들은 그 뒤에 북쪽을 상석으로 삼아 겹으로 선다. 주부는 문의 서쪽에서 동쪽으로 향하여 서고 수하자와 부녀자들은 북쪽을 상석으로 삼아 겹으로 서고 존장들은 다른 곳에서 쉬게 하고 다같이 조용히 있는다) ○문을 닫으시오. (집사자는 문을 닫는다. 문이 없으면 발을 내리고 한식경을 조용히 있는다) ○축관은 희흠을 하시오. (축관은 문 앞에서 북쪽으로 향하여 헛기침 소리를 세 번을 한다) ○문을 여시오. (곧 문을 열거나 발을 걷어 올린다) ○제자리에 서시오. (주인 이하 다시 먼저의 자리에 선다) ○차를 올리시오. (집사자는 차를 수저 옆으로 올린다) ○이성을 고하시오. (축관은 주인의 오른쪽에서 서쪽으로 향하여 선다) ○이성(봉양이 모두 잘 이뤄졌습니다)

●행사신례.
(주인 이하 모두 절을 한다) ○모두 슬피 곡을 한다. (곡하고 절하고 또 곡하고 절한다) ○국궁 재배 평신하시오. ○곡을 그치시오. ○축문을 불 사르시오. ○신주를 독(櫝) 안으로 모시시오. ○철상 하시오. ○예를 마칩니다.

⊙祝埋魂帛(축매혼백)
祝取魂帛帥執事者埋於屏處潔地

⊙축관은 혼백(魂魄)을 묻는다.
축관은 혼백을 거둬 집사자들을 데리고 변방(邊方)의 깨끗한 곳에 묻는다.

◆埋魂帛(매혼백)

丘儀若路遠於所館行禮必須三虞後至家埋之○會成按今世有俟實土將平壙鋪魂帛於內而埋之其實人家屛處難得　此時神已移於主魂帛同柩而埋之可也○愚按二說不同然奉魂帛升車條別以箱盛主置帛後奉神主升車條魂帛箱在其後又祝曰伏惟尊靈舍舊從新是憑是依以此觀之主與帛不使遽離者恐有意思丘說似長

◆靈牀之徹(영상지철)

尤菴曰三年內不徹靈牀之諭未敢深信也蓋靈牀本爲出入魂帛而設者魂帛既埋則雖無徹之之文而似當於此時並徹之也○愚按初喪時柩在正寢堂西而靈牀在其東靈座設於靈牀之前矣至葬時朝祖之後遷柩于廳事正中且當正寢設靈牀之處而靈座設於柩前則靈牀不復設矣自此不復出入魂帛而靈牀之已徹可知詳見遷于廳事條

◆復衣不埋(복의불매)

問復衣與魂帛俱埋否愼獨齋曰今俗皆埋之然若從古禮則似當與遺衣服藏于廟中矣

◆墓所埋帛(묘소매백)

遂菴曰人家雖有可埋潔地而墓且不遠則埋於墓傍亦無所害

⊙罷朝夕奠(파조석전)

朝夕哭哀至哭如初

⊙아침 저녁 전제를 폐한다.

아침 저녁으로 슬픔이 일면 곡하기를 초상 때와 같게 한다.

◆罷朝夕奠(파조석전)

檀弓以虞易奠註始死小斂大斂朝夕朔月朝祖　遣之類皆喪奠也此日以虞祭代去喪奠故曰以虞易奠也○　菴曰家禮罷朝夕奠不及上食朱子使之仍行無疑○大全李繼善問朝夕之饋終喪行之與禮經不合不知如何曰此等處今世見行之禮不害其爲厚而又無嫌於僭且當從之條○愚按檀弓虞而立尸有几筵卒哭而諱生事畢鬼事始鄭註謂不復饋食於下室而鬼神祭之疏下室謂內寢生時飲食有事處也未葬猶生事當以脯醢奠殯又於下室饋設黍稷至朔月月半而殷奠殷奠有黍稷而下室不設也既虞祭遂用祭禮下室遂無事也然不復饋食於下室文承卒哭之下卒哭之時乃不復饋食於下室黃氏以爲虞則不復饋食於下室於理有疑以此觀之既虞不復饋食於下室先儒已疑之黃勉齋亦收入於通解續且朱子答李繼善之問以爲日祭終喪行之不害其爲厚今之行禮者恐當據此而行也

◆几筵常侍無拜之疑(궤연상시무배지의)

艮齋曰几筵常侍無拜高明疑得來是蓋父母舅姑在而子婦常侍具行朔望之拜晨夜之揖何獨於朝夕哭云然乎家禮二卷廿六板右南溪所引朱子說見語類居喪禮而常侍者無拜五字南溪所添非本文也鏡湖宜略與辨破而不免放過矣

◆虞後上食儀節(우후상식의절)

　菴曰家禮罷朝夕奠不及上食朱子使之仍行無疑○按上食不罷諸說詳見卒哭○問飯羹左右設沙溪曰三年朝夕上食則象生時右設○按或曰虞後上食主人親自焚香斟酒恐當○問虞後朝夕上食時位次亦如虞祭之儀乎同春曰然○小記虞杖不入於室陳註祭後不以杖入室○同春曰陳氏說先正亦疑之○尤菴曰虞杖既倚於室外則此後朝夕饋食恐亦當如是矣然自此不復杖則恐更無用杖終喪之意惟當祭時不敢杖而已○愚按士虞禮初獻畢主人復位註不復入事已也因取杖東面立疏上文主人倚杖入今不復入室因得取杖復位云則倚杖室外者唯室中不敢杖而已在堂上則自當杖矣據此家禮虞祭時亦主人只當不敢杖於靈座前而已行祭時

猶如此　朝夕饋食時乎

제 2 절 재우(再虞)

⊙遇柔日再虞(우유일재우)

乙丁己辛癸爲柔日其禮如初虞惟前期一日陳器具饌厥明夙興設蔬果酒饌質明行事
祝出神主于座祝詞改初虞爲再虞　事爲虞事爲異若墓遠途中遇柔日則亦於所館行
之

⊙유일(柔日)이 드는 날 재우제(再虞祭)를 지낸다.

천간(天干)으로 을, 정, 기, 신, 계(乙丁己辛癸)가 드는 날이 유일(柔日)이다. 그 예법
은 초우제와 같다. 오직 다른 것은 하루 전날 제사 지낼 기구를 제자리에 진열하고
제사음식을 갖춰 다음날 아침 일찍 일어나 영좌 앞의 제사상에 소채와 과실과 안주
를 진설하고 날이 밝으면 재우제를 지낸다. 축관이 신주를 자리에 내모시고 축문에
초우(初虞)를 재우(再虞)로 협사(　事)를 우사(虞事)로 고치며 그 외는 같다. 만약 묘
소가 멀어 오는 도중에 유일을 만나면 역시 묵는 여숙(旅宿)에서 재우제를 지낸다.

◆柔日再虞(유일재우)

士虞記始虞用柔日註葬之日日中虞欲安之柔日陰取其靜疏葬用丁亥是柔日葬始虞用日中
故云始虞用柔日也○再虞皆如初註丁日葬則己日再虞疏以其後虞用剛日初虞再虞皆用柔
日始虞用丁日隔戊日故知再虞用己日○曲禮外事以剛日內事以柔(註)外事治兵巡狩朝
聘盟會之類內事如宗廟之祭冠昏之禮皆是

⊙再虞祭儀禮節次(재우제의례절차)

通贊唱○序立○出主(祝啓櫝出主服重者在前輕者在後男東女西以長幼爲序○今擬用禮生二人
一通贊一引贊其說具祭禮)○擧哀(少頃)○哀止○(引贊唱)盥洗○詣靈座前○焚香○鞠躬
拜興拜興平身○降神(執事者二人皆洗手一人開酒實于注西面立一人取卓子盤盞捧之東面立)
○跪(主人跪執事二人者向主人跪執注者以注授主人主人受注執之斟酒于執事所捧之盞斟訖以注
授執事者)○酹酒(主人左手取盤盞右手執盞盡傾于茅沙上訖以盤盞授執事者)○俯伏興平身(少
退)○鞠躬拜興拜興平身○復位○(通)參神○鞠躬拜興拜興平身○進饌(祝以魚肉炙肝
米麪食進列于靈前卓子上次二行空處)○初獻禮(主人進詣注予卓前執注北向立執事者一人取靈
座前盤盞立主人之左主人斟酒于盞中訖反注于卓子上)○(引)詣靈座前(主人詣靈座前執事者捧盞
隨之)○跪(主人跪)○祭酒(執事者跪進酒盞主人受之三傾于茅沙上)○奠酒(執事者受盞置靈座
前)○俯伏興平身(退稍後立)○跪○(通)主人以下皆跪○(引)讀祝(祝執版立主人之右西向
跪讀之畢)○俯伏興平身(少退)○(通)擧哀(主人以下皆哭少頃)○哀止○(引)鞠躬拜興拜興
平身(主人獨拜)○復位○(通)亞獻禮○(引)詣靈座前○跪○祭酒○奠酒○俯伏興拜興
拜興平身(若主婦行禮不跪不俯伏立傾酒于地四拜)○復位○(通)終獻禮○(引)詣靈座前○
跪○祭酒○奠酒○俯伏興拜興拜興平身○復位○(通)侑食(子弟一人執注就添盞中酒)○
主人以下皆出(主人立於門東西向卑幼丈夫在其後重行北上主婦立於門西東向卑幼婦女在後重
行北上尊長休於他所俱肅靜以俟)○闔門(執事者閉門無門下簾頃)○祝噫歆(祝當門北向作欬
聲者三)○啓門(乃開門捲簾)○復位(主人以下復舊位)○點茶(執事者進茶置匙　旁)○告利成
(祝立于主人之右西向)○利成○辭神(主人以下皆拜)○擧哀(且拜且哭)○鞠躬拜興拜興平
身○哀止○焚祝文○納主○徹饌○禮畢儀節按虞祭於辭神下有云主人以下哭再拜而前此只
是主人行禮而主人以下惟序立而已別無參拜之文今補入又若路遠於所館行禮恐不能備可略去闔門

啓門噫歆告利成四節(譯者補;初獻條啓飯蓋. 侑食條揷匙正　. 辭神前下匕　于椊中合飯蓋　)

◆재우제 의례절차.

통찬이 창을 한다. ○차서 대로 서시오. ○신주를 내 모시오. (축관은 신주 독을 열고 신주를 내모신다. 중(重)복인은 앞에 있고 경(輕)복인은 뒤이다. 남자들은 동쪽이며 여자들은 서쪽으로 수상(手上)과 수하의 차서 대로이며 예생(禮生) 두 사람을 쓰되 한 사람을 통찬 즉 예순을 불러줘 예를 진행하는 홀창자로 하고 한 사람은 헌관을 인도하는 인찬으로 갖춰 예를 알려주고 예를 진행한다) ○모두 곡하시오. (잠깐 동안 곡을 한다) ○곡을 멈추시오. (찬인이 인도하고 통찬이 홀창한다) ○손을 씻으시오. ○영좌 앞으로 가시오. ○분향 하시오. ○국궁 재배 평신하시오.

●행강신례.

(집사자 두 사람 모두 손을 씻고 한 사람은 병을 열어 주전자에 술을 채워 들고 주인의 동쪽에서 서쪽으로 향하여 서고 한 사람은 탁자 위의 강신 잔반을 받들어 들고 주인의 서쪽에서 동쪽으로 향하여 선다) ○무릎을 꿇고 앉으시오. (주인이 무릎을 꿇고 앉으면 집사자 두 사람은 주인을 향하여 무릎을 꿇고 앉아 주전자를 들고 있는 집사자가 주전자를 주인에게 주면 주인은 주전자를 받아 들고 집사자가 받들고 있는 잔에 술을 따르고 마쳤으면 주전자는 집사자에게 되돌려준다) ○술을 땅에 부어 강신하시오. (주인은 왼손으로 반을 잡고 오른손으로 잔을 잡아 모두 모사에 기우려 따르고 마쳤으면 잔반을 집사자에게 되돌려 준다) ○부복하였다 일어나 평신하시오. (조금 뒤로 물러나 선다) ○국궁 재배 평신하시오. (통찬이 창을 한다)

●행참신례.

국궁 재배 평신하시오. ○행진찬. (축관이 생선과 고기와 적간과 미식 류, 면식 류를 영좌 앞의 탁자 위 둘째 줄 빈 곳에 면, 육, 적, 어, 병으로 올린다)

●행초헌례.

(주인이 탁자 앞으로 가서 주전자를 들고 북쪽으로 향하여 서면 집사자 한 사람이 영좌 앞의 잔반을 내려 들고 주인의 왼쪽에 선다. 주인은 잔에 술을 따르고 마쳤으면 주전자는 탁자 위에 되놓는다) (찬인이 인도한다) ○영좌 앞으로 가시오. (주인이 영좌 앞으로 가면 집사자도 잔을 받들어 들고 따라간다) ○무릎을 꿇고 앉으시오. (주인은 무릎을 꿇고 앉는다) ○제주를 하시오. (집사자가 무릎을 꿇고 앉아 술잔을 주인에게 드린다. 주인은 술잔을 받아 모사 위에 세 번 기우려 삼제를 한다) ○술잔을 올리시오. (집사자는 잔을 받아 영좌 앞에 놓는다) ○부복하였다 일어나 평신하시오. (뒤로 조금 물러나 선다) ○무릎을 꿇고 앉으시오. (통찬이 창을 한다) ○주인 이하 모두 무릎을 꿇고 앉으시오. (찬인이 인도한다) ○독축하시오. (축관은 축판을 들고 주인의 오른쪽에 서서 서쪽으로 향하여 무릎을 꿇고 앉아 독축을 하고 마쳤으면) ○부복하였다 일어나 평신하시오. (조금 물러나 선다) (통찬이 창을 한다) ○모두 슬피 곡을 하시오. (주인 이하 모두 잠깐 동안 곡을 한다) ○곡을 멈추시오. (찬인이 인도한다) ○국궁 재배 평신하시오. (주인만 절을 한다) ○제자리로 물러나 서시오. (통찬이 창을 한다)

●행아헌례.

(찬인이 인도한다) ○영좌 앞으로 가시오. ○무릎을 꿇고 앉으시오. ○제주를 하시오. ○술을 따라 올리시오. ○부복하였다 일어나 재배하고 평신하시오. (만약 주부가 아헌을 할 때는 무릎을 꿇지 않고 부복도 하지 않고 서서 땅에 술을 기우려 제주를 하고 사배를 한다) ○제자리로 물러나 서시오. (통찬이 창을 한다)

●행종헌례.

(찬인이 인도한다) ○영좌 앞으로 가시오. ○무릎을 꿇고 앉으시오. ○제주를 하시오.

○술을 올려 드리시오. ○부복하였다 일어나 재배 평신하시오. ○제자리로 물러나 서시오. (통찬이 창을 한다)

●행유식.

(자제 한 사람이 주전자를 들고 영좌 전의 잔에 첨작을 한다) ○주인 이하 모두 밖으로 나가시오. (주인은 문의 동쪽에서 서쪽으로 향하여 서고 수하자의 남자들은 그 뒤에 북쪽을 상석으로 삼아 겹으로 선다. 주부는 문의 서쪽에서 동쪽으로 향하여 서고 수하의 부녀자들은 북쪽을 상석으로 삼아 겹으로 서고 존장들은 다른 곳에서 쉬게 하고 다같이 조용히 있는다) ○문을 닫으시오. (집사자는 문을 닫는다. 문이 없으면 발을 내리고 한 식경(食頃)을 있는다) ○축관은 희흠을 하시오. (축관은 문 앞에서 북쪽으로 향하여 헛기침 소리를 세 번을 한다) ○문을 여시오. (곧 문을 열거나 발을 걷어 올린다) ○제자리에 서시오. (주인 이하 다시 먼저의 자리에 선다) ○차를 올리시오. (집사자는 차를 수저그릇 옆으로 올린다) ○이성을 고하시오. (축관은 주인의 오른쪽에서 서쪽으로 향하여 선다) ○이성(봉양이 모두 잘 이뤄졌습니다)

●행사신례.

(주인 이하 모두 절을 한다) ○모두 슬피 곡을 한다. (곡하고 절하고 또 곡하고 절한다) ○국궁 재배 평신하시오. ○곡을 그치시오. ○축문을 불사르시오. ○신주를 독안으로 모시시오. ○철상하시오. ○예를 마칩니다.

◆再虞祝文式(재우축문식)

維

歲次干支幾月干支朔幾日干支孤子<small>母喪稱哀子俱亡稱孤哀子承重稱孤孫哀孫孤哀孫妻喪稱夫旁親卑幼隨屬稱</small>某<small>弟以下不名</small>敢昭告于<small>妻去敢字弟以下但云告于</small>

顯考<small>母云顯妣承重云顯祖考或顯祖妣妻云亡室旁親卑幼隨屬稱卑幼改顯爲亡</small>某官<small>此下當有封謚二字下同</small>府君<small>內喪云某封某氏卑幼去府君二字</small>日月不居奄及再虞<small>備要再虞云再虞三虞云三虞</small>夙興夜處哀慕不寧<small>備要告子云悲念相屬心焉如燬告弟云悲痛猥至情何可處告兄云悲痛無已至情何如告妻云悲悼酸苦不自勝堪</small>謹以<small>妻弟以下云玆以</small>清酌庶羞哀薦<small>旁親云薦此妻弟以下云陳</small>虞事<small>備要再虞云虞事三虞云成事</small>尙

饗

◆재우 축문식.

세차 모 간지 기월 기일 고자 모 공경하옵는 아버님 모관 부군께 감히 밝혀 고하나이다. 세월은 머무르지 않아 어언 재우가 되었사옵니다. 밤낮으로 아버님을 슬피 사모함에 편치가 않사옵니다. 삼가 여러 가지 음식과 맑은 술을 따라 우사에 슬피 드리오니 바라옵건대 흠향하옵소서.

제 3 절 삼우(三虞)

⊙遇剛日三虞(우강일삼우)

甲丙戊庚壬爲剛日其禮如再虞惟改再虞爲三虞虞事爲成事若墓遠亦途中遇剛日且闕之須至家乃可行此祭

⊙강일(剛日)이 드는 날 삼우제를 지낸다.

천간(天干)으로 갑, 병, 무, 경, 임(甲丙戊庚壬)이 드는 날을 강일이라 한다. 그 의식과 예법은 재우제와 같다. 오직 축문 중에서 재우(再虞)를 삼우(三虞)로 우사(虞事)를 성사(成事)로 고쳐 쓰면 되며 그 외 서식은 재우 축문과 같다. 만약 묘가 멀어 오는 도중에 강일을 만나더라도 그날을 넘기고 집에 와서 곧 그 제사를 지낸다.

◆剛日三虞(강일삼우)

士虞記三虞卒哭他用剛日亦如初註當祔於祖廟爲神安於此後虞改用剛日剛日陽也陽取其動也士則庚日三虞壬日卒哭他謂不及時而葬者喪服小記報葬者報虞三月而後卒哭然則虞卒哭之間有祭事者亦用剛日其祭無名謂之他者假設言之〇喪服傳旣虞翦屛柱楣寢有蓆疏食水飮(註)九虞五虞三虞之後故改舊廬西向開戶剪去戶傍兩箱屛之餘草柱楣者楣謂之梁梁下兩頭竪柱施梁乃夾戶旁之屛寢有蓆者間傳云旣虞剪不納鄭云 今之蒲萃卽此寢有席謂蒲席加於苫上也疏食用籭疏米爲飯而食之飮水者恐虞後飮醬酪等故云飮水而已

◆三虞(삼우)

士虞記三虞卒哭他用剛日亦如初曰哀薦成事註小記報葬者報虞三月而後卒哭然則虞卒哭之間有祭者亦用剛日其祭無名謂之他者假設言之文不在卒哭上者以其非常也〇雜記士三虞大夫五諸侯七〇檀弓葬日虞疏雜記云諸侯七虞然則天子九虞也士之三虞用四日則大夫五虞當八日諸侯七虞當十二日天子九虞當十六日最後一虞與卒哭例同用剛日

◆古禮三日覆墓(고례삼일복묘)

程氏達曰三日覆墓古未之聞但楚俗行之久矣亦有思慕之情在焉無害於理從之可也

⊙三虞祭儀禮節次(삼우제의례절차)

通贊唱〇序立〇出主(祝啓櫝出主服重者在前輕者在後男東女西以長幼爲序〇今擬用禮生二人一通贊一引贊其說具祭禮)〇擧哀(少頃)〇哀止〇(引贊唱)盥洗〇詣靈座前〇焚香〇鞠躬拜興拜興平身〇降神(執事者二人皆洗手一人開酒實于注西面立一人取卓子盤盞捧之東面立)〇跪(主人跪執事二人者向主人跪執注者以注授主人主人受注執之斟酒于執事所捧之盞斟訖以注授執事者)〇酹酒(主人左手取盤盞右手執盞盡傾于茅沙上訖以盤盞授執事者)〇俯伏興平身(少退)〇鞠躬拜興拜興平身〇復位〇(通)參神〇鞠躬拜興拜興平身〇進饌(祝以魚肉炙肝米麪食進列于靈前卓子上次二行空處)〇初獻禮(主人進詣注予卓前執注北向立執事者一人取靈座前盤盞立主人之左主人斟酒于盞中訖反注于卓子上)〇(引)詣靈座前(主人詣靈座前執事者捧盞隨之)〇跪(主人跪)〇祭酒(執事者跪進酒盞主人受之三傾于茅沙上)〇奠酒(執事者受盞置靈座前)〇俯伏興平身(退稍後立)〇跪〇(通)主人以下皆跪〇(引)讀祝(祝執版立主人之右西向跪讀之畢)〇俯伏興平身(少退)〇(通)擧哀(主人以下皆哭少頃)〇哀止〇(引)鞠躬拜興拜興平身(主人獨拜)〇復位〇(通)亞獻禮〇(引)詣靈座前〇跪〇祭酒〇奠酒〇俯伏興拜興拜興平身(若主婦行禮不跪不俯伏立傾酒于地四拜)〇復位〇(通)終獻禮〇(引)詣靈座前〇跪〇祭酒〇奠酒〇俯伏興拜興拜興平身〇復位〇(通)侑食(子弟一人執注就添盞中酒)〇主人以下皆出(主人立於門東西向卑幼丈夫在其後重行北上主婦立於門西東向卑幼婦女在後重行北上尊長休於他所俱肅靜以俟)〇闔門(執事者閉門無門下簾食頃)〇祝噫歆(祝當門北向作欬聲者三)〇啓門(乃開門捲簾)〇復位(主人以下復舊位)〇點茶(執事者進茶置匙 旁)〇告利成(祝立于主人之右西向)〇利成〇辭神(主人以下皆拜)〇擧哀(且拜且哭)〇鞠躬拜興拜興平身〇哀止〇焚祝文〇納主〇徹饌〇禮畢　儀節按虞祭於辭神下有云主人以下哭再拜而前此只是主人行禮而主人以下惟序立而已別無參拜之文今補入又若路遠於所館行禮恐不能備可略去闔門啓門噫歆告利成四節(譯者補;初獻條啓飯蓋. 侑食條挿匙正 . 辭神前下匕 于楪中合飯蓋)

⊙삼우제 의례절차.

통찬이 창을 한다. ○차서 대로 서시오. ○신주를 내 모시시오. (축관은 신주독을 열고 신주를 내모신다. 중복인은 앞에 있고 경복인은 뒤이다. 남자들은 동쪽이며 여자들은 서쪽으로 수상과 수하의 차서 대로이며 예생 두 사람을 두되 한 사람을 통찬 즉 예순을 불러줘 예를 진행하는 홀창자로 하고 한 사람은 헌관을 인도하는 인찬으로 갖춰 예를 알려 주고 예를 진행한다) ○모두 곡하시오. (잠깐 동안 곡한다) ○곡을 멈추시오. (찬인이 인도하고 통찬이 홀창한다) ○손을 씻으시오. ○영좌 앞으로 가시오. ○분향하시오. ○국궁 재배 평신하시오.

●행강신례.
(집사자 두 사람 모두 손을 씻고 한 사람은 병을 열어 주전자에 술을 채워 들고 주인의 동쪽에서 서쪽으로 향하여 서고 한 사람은 탁자 위의 강신 잔반을 받들어 들고 주인의 서쪽에서 동쪽으로 향하여 선다) ○무릎을 꿇고 앉으시오. (주인이 무릎을 꿇고 앉으면 집사자 두 사람은 주인을 향하여 무릎을 꿇고 앉아 주전자를 들고 있는 집사자가 주전자를 주인에게 주면 주인은 주전자를 받아 들고 집사자가 받들고 있는 잔에 술을 따르고 마쳤으면 주전자는 집사자에게 되돌려 준다) ○술을 부어 강신하시오. (주인은 왼손으로 반을 잡고 오른손으로 잔을 잡아 모두 모사에 기우려 따르고 마쳤으면 잔반을 집사자에게 되돌려준다) ○부복하였다 일어나 평신하시오. (조금 뒤로 물러나 선다) ○국궁 재배 평신하시오. (통찬이 창을 한다)

●행참신례.
국궁 재배평신 하시오. ○행진찬. (축관이 생선과 고기와 적간과 미식 류, 면식 류를 영좌 앞의 탁자 위 둘째 줄 빈 곳에 면, 육, 적, 어, 병으로 올린다)

●행초헌례.
(주인은 탁자 앞으로 가서 주전자를 들고 북쪽으로 향하여 서면 집사자 한 사람이 영좌 앞의 잔반을 내려 들고 주인의 왼쪽에 선다. 주인은 잔에 술을 따르고 마쳤으면 주전자는 탁자 위에 되놓는다) (찬인이 인도한다) ○영좌 앞으로 가시오. (주인이 영좌 앞으로 가면 집사자도 잔을 받들어 들고 따라간다) ○무릎을 꿇고 앉으시오. (주인은 무릎을 꿇고 앉는다) ○제주를 하시오. (집사자가 무릎을 꿇고 앉아 술잔을 주인에게 드린다. 주인은 술잔을 받아 모사 위에 세 번 기우려 삼제를 한다) ○술잔을 올리시오. (집사자는 잔을 받아 영좌 앞에 놓는다) ○부복하였다 일어나 평신하시오. (뒤로 조금 물러나 선다) ○무릎을 꿇고 앉으시오. (통찬이 창을 한다) ○주인 이하 모두 무릎을 꿇고 앉으시오. (찬인이 인도한다) ○독축 하시오. (축관은 축판을 들고 주인의 오른쪽에 서서 서쪽으로 향하여 무릎을 꿇고 앉아 독축을 하고 마쳤으면) ○부복하였다 일어나 평신하시오. (조금 물러나 선다) (통찬이 창을 한다) ○모두 슬피 곡을 하시오. (주인 이하 모두 잠깐 동안 곡을 한다) ○곡을 멈추시오. (찬인이 인도한다) ○국궁 재배 평신하시오. (주인만 절을 한다) ○제자리로 물러나 서시오. (통찬이 창을 한다)

●행아헌례.
(찬인이 인도한다) ○영좌 앞으로 가시오. ○무릎을 꿇고 앉으시오. ○제주를 하시오. ○술을 올리시오. ○부복하였다 일어나 재배하고 평신하시오. (만약 주부가 아헌을 할 때는 무릎을 꿇지 않고 부복도 하지 않으며 서서 땅에 술을 기우려 제주를 하고 사배를 한다) ○제자리로 물러나 서시오. (통찬이 창을 한다)

●행종헌례.
(찬인이 인도한다) ○영좌 앞으로 가시오. ○무릎을 꿇고 앉으시오. ○제주를 하시오. ○술을 올려 드리시오. ○부복하였다 일어나 재배 평신하시오. ○제자리로 물러나 서

시오. (통찬이 창을 한다)
●행유식.
(자제 한 사람이 주전자를 들고 영좌 전의 잔에 첨작을 한다) ○주인 이하 모두 밖으로 나가시오. (주인은 문의 동쪽에서 서쪽으로 향하여 서고 수하의 남자들은 그 뒤에 북쪽을 상석으로 삼아 겹으로 선다. 주부는 문의 서쪽에서 동쪽으로 향하여 서고 수하의 부녀자들은 북쪽을 상석으로 삼아 겹으로 서고 존장들은 다른 곳에서 쉬게 하고 다 같이 조용히 있는다) ○문을 닫으시오. (집사자는 문을 닫는다. 문이 없으면 발을 내리고 한 식경을 있는다) ○축관은 희흠을 하시오. (축관은 문 앞에서 북쪽으로 향하여 헛기침 소리로 희흠을 세 번 한다) ○문을 여시오. (곧 문을 열거나 발을 걷어 올린다) ○제자리에 서시오. (주인 이하 다시 먼저의 자리에 선다) ○차를 올리시오. (집사자는 차를 수저 옆으로 올린다) ○이성을 고하시오. (축관은 주인의 오른쪽에서 서쪽으로 향하여 선다) ○이성(봉양이 모두 잘 이뤄졌습니다)
●행사신례.
(주인 이하 모두 절을 한다) ○모두 슬피 곡을 한다. (곡하고 절하고 또 곡하고 절한다) ○국궁 재배 평신하시오. ○곡을 그치시오. ○축문을 불사르시오. ○신주를 독 안으로 모시시오. ○철상 하시오. ○예를 마칩니다.

◆三虞祝文式(삼우축문식)

維
歲次干支幾月干支朔幾日干支孤子_{母喪稱哀子俱亡稱孤哀子承重稱孤孫哀孫孤哀孫}
_{妻喪稱夫親卑幼隨屬稱}某_{弟以下不名}敢昭告于_{妻去敢字弟以下但云告于}
顯考_{母云顯妣承重云顯祖考或顯祖妣妻云亡室旁親卑幼隨屬稱卑幼改顯爲亡}某官_{此下當有}
_{封諡二字下同}府君_{內喪云某封某氏卑幼去府君二字}日月不居奄及三虞_{備要再虞云}
_{再虞三虞云三虞}夙興夜處哀慕不寧_{備要告子云悲念相屬心焉如燬告弟云悲痛猥至情}
_{何可處告兄云悲痛無已至情如何告妻云悲悼酸苦不自勝堪}謹以_{妻以下云玆以}淸酌庶
羞_{哀薦旁親云薦此妻弟以下云陳此}成事_{備要再虞云虞事三虞云成事}尙
饗

◆삼우제 축문식.

세차 모 간지 기월 기일 고자 모 공경하옵는 아버님 모관 부군께 감히 밝혀 고하나이다. 세월은 머무르지 않아 어언 삼우가 되었사옵니다. 밤낮으로 아버님을 슬피 사모함에 편치가 않사옵니다. 삼가 여러 가지 음식과 맑은 술을 따라 성사에 드리오니 바라옵건대 흠향하옵소서.

제 4 절 졸곡(卒哭)

檀弓曰卒哭成事是日也以吉祭易喪祭故此祭漸用吉禮

예기(禮記) 단궁편(檀弓篇)에서 이르기를 졸곡(卒哭)을 일러 이날을 성사(成事)라 한다. 상제(喪祭)에서 길제(吉祭)로 바뀌어지는 고로 이 제사부터 차차로 길례(吉禮)의 예법이 쓰인다. 라 하였다.

◆卒哭(졸곡)

雜記士三月而葬是月也卒哭大夫三月而葬五月而卒哭諸侯五月而葬七月而卒哭○喪服傳

疏卒哭云者卒去廬中無詩之哭唯有朝夕於　階下有時之哭張子曰卒去非常之時哭非不哭
〇士虞禮疏卒哭對虞爲吉祭比祔爲喪祭〇朱子曰百日卒哭乃開元禮以今人葬或不能如期
故爲此權制王公以下皆以百日爲斷殊失禮意今從周制葬候三虞而後卒哭得之矣

◆報葬卒哭(보장졸곡)

問死四十日葬恐爲報葬卒哭可待三月否陶庵曰古禮士踰月而葬豈可以報葬論也假令死於
晦間葬於來旬前則若此者報虞三月後卒哭

⊙三虞後遇剛日卒哭前期一日陳器具饌(삼우후우강일졸곡전기일일진기구찬)

並同虞祭惟更設玄酒瓶一於酒瓶之西(便覽小記註既疾葬亦疾虞以安神不可後也惟卒哭則
必竢三月按近俗無貴賤皆三月而葬而古禮惟大夫三月士則逾月假令人死於晦閒而葬於來旬前則謂
之逾月者苟也若此者三月而後當行卒哭)

⊙삼우제를 지낸 뒤 강일을 만나면 졸곡제를 지낸다. 그 하루 전날 제사기구를 진열하고 제수음식을 갖춘다.

우제의 예법과 모두 같다. 단지 다른 것은 현주(玄酒) 한 병을 술병 서쪽으로 놓는다.

◆三殤卒哭(삼상졸곡)

按父母偕葬行虞卒哭葬母畢遭父喪行母虞卒祖與父偕喪先葬祖行虞卒祖母與父偕葬行虞
卒母與妻偕喪行虞卒祖與孫婦偕喪虞卒妻與期親偕喪虞卒國恤中私喪虞卒凡九條俱見初
虞題目〇尤菴曰開元禮三殤不立神主既虞而除靈座既曰既虞而除靈座則其無卒哭祔祭可
知然據家禮則當立神主視開元禮稍備無乃亦有卒哭祔耶〇南溪曰殤喪卒哭祔祭似難率易
而獨虞祭證以禮經既虞之說並行三次不甚未安〇陶菴曰殤主當入廟則恐不可無祔祭既有
祔祭則又不可無卒哭

⊙厥明夙興設蔬果酒饌(궐명숙흥설소과주찬)

並同虞祭惟更取井花水(卽平朝第一汲水)充玄酒(鄕飮酒義陳註地道尊右設玄酒在西者貴其
質素也)

⊙그 다음날 일찍 일어나 소채와 과실과 안주를 진설한다.

우제(虞祭)와 모두 같다. 단지 다른 것은 샘의 깨끗한 물을 아침 일찍 제일 먼저 현
주(玄酒)를 담는다.

◆玄酒(현주)

秋官疏玄酒井水也〇醫書平朝　一汲者爲井花水〇鄕飮酒義尊有玄酒敎民不忘本也陳註
玄古之世無酒以水行禮故後世因謂水爲玄酒不忘本者思禮之所由起也〇士昏禮疏神農時
未有酒醴以水爲玄酒而已記云後聖有作以爲酒醴據黃帝以後而言也〇禮運疏玄酒水也以
其色黑故謂之玄酒陳註後王重古故尊之名爲玄酒每祭必設其實不用之以酌〇郊特牲註五
齊加明水三酒加玄酒疏明水以陰鑒取月中之水也明水亦名玄酒

⊙質明祝出主(질명축출주)

同虞祭(虞祭一作再虞)

⊙날이 밝으면 축관은 신주를 내모신다.

우제와 같다.

⊙主人以下皆入哭降神(주인이하개입곡강신)

並同虞祭

⊙주인 이하 모두 들어가 곡하고 강신(降神)한다.

모두 우제와 같다.

⊙主人主婦進饌(주인주부진찬)

主人(增解按據初虞主人降神時已盥帨故此不復言而下文只言主婦盥帨)奉魚肉主婦盥帨奉麪米食主人奉羹主婦奉飯以進如虞祭之設(便覽執事者進炙肝○增解據士虞禮疏至於祔祭主婦薦主人自執事之說主人主婦進饌當自祔祭始而家禮則自卒哭始與古禮不同詳見祔祭又按自虞以後設饌並當象生右羹說詳見初虞)

⊙주인과 주부는 진찬(進饌)을 한다.

주인은 생선과 고기를 받들어 올리고 주부는 손을 씻고 국수 등과 떡 류를 받들어 올리고 주인은 국을 받들어 올리고 주부는 메를 받들어 올리기를 우제 때 진찬례와 같게 한다. 적간(炙肝)은 집사자가 올린다.

⊙初獻(초헌)

並同虞祭惟祝執版出於主人之左東向跪讀爲異詞並同虞祭但改三虞爲卒哭哀薦成事下云來日隮祔于祖考某官府君尙饗○按此云祖考謂亡者之祖考也

朱子曰溫公以虞祭讀祝於主人之右卒哭讀祝於主人之左蓋得禮意○楊氏復曰高氏禮祝進讀祝文曰日月不居奄及卒哭叩地號天五情糜潰謹以淸酌庶羞哀薦成事尙饗

⊙초헌례.

우제와 모두 같다. 다만 축관은 축판을 들고 주인의 왼편에서 동쪽으로 향하여 무릎을 꿇고 앉아 독축을 한다. 축사는 우제축과 같으나 다른 것은 다만 삼우(三虞)를 졸곡(卒哭)이라 하고 애천성사 밑으로 이르기를 내일제부우조고모관부군상향(來日隮祔于祖考某官府君尙饗)이라 한다. ○살펴보건대 이에 이른다 함을 조고(祖考)는 죽은 이의 조부를 이름이다.

◆祭稱孝子(제칭효자)

雜記祭稱孝子孝孫喪稱哀子哀孫疏祭吉祭謂自卒哭以後之祭也吉則申孝子心故祝辭云孝喪謂自虞以前祭也喪則痛慕未申故稱哀也故士虞禮稱哀子卒哭乃稱孝子○續通解按卒哭以吉祭易喪祭則合稱孝子孝孫今尙稱哀者豈孝子不忍忘哀至祔而神之乃稱孝歟○備要按儀禮家禮則祔祭始稱孝當從儀禮

◆卒哭祝文式(졸곡축문식)

維

歲次干支幾月干支朔幾日干支孤子屬稱隨改見上虞祭祝式某敢昭告于告妻及弟以下見上虞祭祝式

顯考某官府君屬稱隨改見上虞祭祝式日月不居奄及卒哭夙興夜處哀慕不寧妻子兄弟改措語見上虞祭祝式謹以淸酌庶羞哀薦旁親及妻弟以下改措語見上虞祭祝式成事來日隮祔于

祖考亡者之祖在則云高祖考內喪亦推此某官府君內喪云祖姑某封某氏姑姊妹以下喪云祖妣某封某氏尙

饗

◆졸곡 축문식.

세차 모 간지 기월 기일 고자 모 공경하옵는 아버님 모관 부군께 감히 밝혀 고하나이다. 세월은 머무르지 않아 어언 졸곡제가 되었사옵니다. 밤낮으로 아버님을 슬피 사모함에 편할 수가 없사와 삼가 여러 가지 음식과 맑은 술을 따라 성사에 올려 드리옵니다. 내일은 할아버지 모관 부군께 곁 드려야 하옵기에 사당으로 드셔야 하옵니다. 바라옵건대 흠향하옵소서.

⊙亞獻終獻侑食闔門啓門辭神(아헌종헌유식합문계문사신)備要徹饌

並同虞祭惟祝西階上東面告利成

⊙아헌을 하고 종헌을 한 후 권하고 문을 닫고 나왔다 문을 열고 들어가 사신재배하고 철상한다.

우제와 모두 같다. 다만 축관이 서쪽층계 위에서 동쪽으로 향하여 봉양이 모두 잘 이뤄졌음을 알리는 이성(利成)을 고한다.

◆散帶垂者還絞之節(산대수자환교지절)

玉藻五十不散送註喪禮啓殯以後要経之麻散垂葬畢乃絞此言五十始衰不散麻以送葬也○備要按儀禮卒哭経帶變麻受葛而家禮略之今雖不能從古啓殯散垂者至是當還絞○便覽按古禮小斂後経帶散垂至成服乃絞啓殯復散卒哭易葛此書既本家禮成服始経而散垂而家禮卒哭既不易葛又無還絞之文故尤菴曰腰経散垂終無結之之文豈有因此而終三年不結之理乎云云而備要卒哭條有啓殯散垂者至是當還絞之語推此則成服散垂者亦當於此時還絞也○增解愚按士虞禮主人及兄弟如葬服疏丈夫髻散帶垂者始虞與葬服同三虞皆同至卒哭乃變麻服葛也云則散垂者似無葬後還絞之節至卒哭後將祔直受葛則與玉藻疏不同可疑且玉藻疏曰既葬乃絞則備要之卒哭還絞未知據何書而言耶意者只爲以絞垂當古受服之節而必待卒哭耶此恐是備要義起之禮也

⊙卒哭儀禮節次(졸곡의례절차)

(通)序立○出主(祝盥洗啓櫝出主服重者在前輕者在後男東女西以長幼爲次序其旁注並同虞祭)○舉哀○哀止○降神○(引)盥洗(主人降階洗手)○詣香案前○跪○上香○酹酒(傾於茅沙上)○俯伏興拜興拜興平身○復位○(通)參神○鞠躬拜興拜興拜興拜興平身○進饌(主人奉魚肉主婦奉麪米食主人奉羹主婦奉飯)○初獻禮○(引)詣靈座前○跪○祭酒(傾少許于茅沙上)○奠酒(執事者接盞置神主前)○俯伏興拜興拜興平身(退稍後立)○(引)跪○(通)主人以下皆跪○讀祝(祝執版立於主人之左東向讀之畢)○俯伏興平身(少退)○(通)舉哀(主人以下皆哭少頃)○哀止○(引)鞠躬拜興拜興平身(主人獨拜)○復位○亞獻禮○詣靈座前○跪○祭酒○奠酒○俯伏興拜興拜興平身(若主婦行禮則拜四拜不用俯伏平身)○復位○(通)終獻禮○(引)詣靈座前○跪○祭酒○奠酒○俯伏興拜興拜興平身○復位○(通)侑食(子弟一人執注就添盞中酒)○主人以下皆出○闔門(執事者閉門無門下簾少頃)○祝噫歆(祝當門北向作聲三)○啓門(乃開門)○復位(主人以下皆復位)○點茶(執事者以茶進)○告利成(祝立西階上東面曰)○利成○辭神○舉哀(主人以下皆哭)○鞠躬拜興拜興拜興拜興平身○哀止○焚祝文○納主○徹饌○禮畢(譯者補;初獻條啓飯蓋. 侑食條挿匙正筯. 辭神前下匕筯于楪中合飯蓋)

⊙졸곡제 의례절차.

(통찬창) ○제자리에 서시오. ○신주를 내 모시시오. (축관은 손을 씻고 독을 열고 신주를 내모신다. 중복인은 앞에 있고 경복인은 뒤이며 남자들은 동쪽이고 부녀자들은

서쪽이며 어른과 아이가 본문 옆 주해를 보고 차서 대로 서기를 모두 우제와 같이 선다) ○모두 곡을 하시오. ○곡을 멈추시오.

●행강신례.

(인찬이 인도한다) ○손을 씻으시오. (주인은 층계를 내려가 손을 씻는다) ○향안 앞으로 가시오. ○무릎을 꿇고 앉으시오. ○분향하시오. ○강신하시오. (술을 모사 위에 기우려 따른다) ○부복하였다 일어나 재배 평신하시오. ○제자리로 물러나 서시오. (통찬이 창을 한다)

●행참신례.

국궁 사배 평신하시오. ○찬을 올리시오. (주인은 생선과 고기를 받들어 올리고 주부는 국수 류와 떡 류를 받들어 올리고 주인은 국을 받들어 올리고 주부는 메를 받들어 올린다)

●행초헌례.

(찬인이 인도한다) ○영좌 앞으로 가시오. ○무릎을 꿇고 앉으시오. ○제주를 하시오. (모사 위에 조금 기울인다) ○술잔을 올리시오. (집사자가 잔을 받아 신주 앞에 놓는다) ○부복하였다 일어나 재배 평신하시오. (뒤로 조금 물러나 선다) (찬인이 인도한다) ○무릎을 꿇고 앉으시오. (통찬이 창을 한다) ○주인 이하 모두 무릎을 꿇고 앉으시오. ○독축하시오. (축관은 축판을 들고 주인의 왼쪽에서 동쪽으로 향하여 서서 독축을 하고 마치면) ○부복하였다 일어나 평신하시오. (조금 뒤로 물러난다) (통찬이 창을 한다) ○모두 곡을 하시오. (주인 이하 모두 잠깐 곡을 한다) ○곡을 그치시오. (찬인이 인도한다) ○국궁 재배 평신하시오. (주인만 절을 한다) ○제자리로 물러나 서시오.

●행아헌례.

영좌 앞으로 가시오. ○무릎을 꿇고 앉으시오. ○제주를 하시오. ○술을 올리시오. ○부복하였다 일어나 재배 평신하시오. (만약 주부가 예를 진행할 때는 절은 사배를 하고 부복과 평신은 하지 않는다) ○제자리로 물러나 서시오. (통찬이 창을 한다)

●행종헌례.

(찬인이 인도한다) ○영좌 앞으로 가시오. ○무릎을 꿇고 앉으시오. ○제주를 하시오. ○술잔을 올려 드리시오. ○부복하였다 일어나 재배 평신하시오. ○제자리로 물러나 서시오. (통찬이 창을 한다) ○권하여 드리시오. (자제 한 사람이 주전자를 들고 위전으로 가서 잔에 술을 첨작을 한다) ○주인 이하 모두 문 밖으로 나가시오. ○문을 닫으시오. (집사자가 문을 닫되 문이 없으면 발을 치고 잠깐 동안 있는다) ○축관은 인기척으로 희흠을 하시오. (축관은 문 앞으로 가서 북쪽으로 향하여 세 번 인기척으로 희흠을 세 번 낸다) ○문을 여시오. (곧 문을 연다) ○제자리에 서시오. (주인 이하 모두 제자리에 선다) ○차를 올리시오. (집사자가 차를 올린다) ○잘 이뤄졌음을 고하시오. (축관은 서쪽층계 위에서 동쪽으로 향하여 서서) ○이성(고하기를 봉양의 예가 모두 잘 이뤄졌습니다)

●행사신례.

○모두 곡하시오. (주인 이하 모두 곡한다) ○국궁 사배 평신하시오. ○곡을 그치시오. ○축문을 불사르시오. ○신주를 독에 넣으시오. ○철상하시오. ○예를 마칩니다.

◆三虞卒哭他用剛日之議(삼우졸곡타용강일지의)

儀禮曰卒哭他用剛日(註)曰謂惟卒哭用剛日他別也謂于柔日之外別用剛日也盖卒哭之明日卽祔祔祭重于卒哭當用柔日故卒哭不得不用剛日也又曰鄭氏合三虞卒哭作句謂其皆用剛日又以他爲不及時而葬者其說支離故正之○經義述聞曰三復士虞記文三虞二字當在皆

如初上寫者錯亂在下耳再虞三虞是兩事故曰皆如初皆者統兩事而言之也若止再虞一事則
但云如初可矣何得言皆乎然則再虞皆如初當爲再虞三虞皆如初明甚鄭不悟三虞爲錯亂在
下之文以三虞卒哭連讀於是用柔日之三虞誤以爲用剛日矣敖氏讀此不審乃以三虞卒哭爲
一事大誤雜記下大夫之虞也**牲卒哭成事祔皆少牢**鄭彼註曰卒哭成事祔言皆則卒哭成事
祔與虞異矣是鄭亦謂卒哭成事不與虞同然則三虞當與再虞同用柔日而稱虞事斷無與卒哭
同用剛日而稱成事之理也學者據雜記之註以正此註可矣○三虞二字誤置於卒哭他用剛日
之上故漢世說虞者皆以最後一虞爲用剛日而虞祭所歷之日遂少一日○鄭謂他爲不及時而
葬者之祭在虞卒哭之間其說誠不安矣敖繼公以他爲變易之詞若然則經文但云他乎今考上
文始虞與再虞間一日矣以是例之則三虞與再虞亦當間一日己日再虞則辛日三虞可知其三
虞之明日爲壬日卽是剛日似可卒哭然士喪禮及檀弓皆言祔在卒哭之明日而不言卒哭在三
虞之明日是卒哭日與三虞之日不相接也盖三虞之明日雖爲剛日而不以之卒哭必用明日以
後之剛日乃爲卒哭之日故不直曰用剛日而曰他用剛日明所用者他日非明日也如用三虞之
明日則當依明日以其班祔之例云三虞明日卒哭文義始明不用三虞之明日則當遠言之若但
云用剛日則明日正是剛日無以見所用者之非明日也此經文之所以;云他也他用剛日盖三虞
以後第二剛日也日無常則當卜筮今卒哭不聞諏日是有常日矣三虞以後避去明日不用則所
用者非第二剛日而何曰始虞再虞三虞皆間一日而三虞與卒哭乃間二日何也曰孝子思親朝
夕悲哀不忍卒哭之速故間二日而後卒哭也且始虞再虞三虞皆虞也故皆間一日卒哭成事則
變而之吉祭矣故間二日以別之盖卒哭與虞本不相接故報葬之後可遲至三月而必卒哭也若
當相接則報虞之明日已行卒哭之祭何待三月之久乎此又三虞之明日不卽卒哭之一證矣說
此者必尋討士喪禮檀弓之文而知卒哭之日非三虞之明日而後經文他字之義較然明耳(並見
皇淸經解)○敖繼公曰三虞卒哭謂三虞遂卒朝夕哭也他用剛日則三虞卒哭後於再虞三日矣
三虞與祔日相當相接經云明日以其班祔而三虞云成事者謂神靈適祖之意已定也三祭之辭
皆告之以適其皇祖云云○五禮通考方氏苞曰卒哭曰成事是日也以吉祭易喪祭何謂也三虞
卒哭祝詞曰哀薦成事明而祔虞之後不聞更有卒哭之祭也以吉祭易喪祭謂以未虞之吉祭易
初再虞之喪祭○又曰鄭康成据雜記上大夫虞以小牢卒哭成事祔皆太牢謂三虞後更有卒哭
之祭亦非也禮於虞卒哭並擧者亦不害末虞可包卒哭也間有虞卒哭並擧者亦不害末虞爲卒
哭也而卽以雜記之文言之安見非以末虞爲卒哭而易牲以祭如士奠之以小牢哉○按士虞記
始虞用柔日曰哀子某哀顯相夙興夜處不寧敢用潔牲剛**鬣**香合嘉薦普淖明齊溲酒哀薦**祫**事
適爾皇祖某甫饗再虞皆如初曰哀薦虞事三虞卒哭他用剛日亦如初曰哀薦成事(哀顯相助祭
者也豕曰剛**鬣**黍曰香合嘉薦**菹醢**也普淖黍稷也明齊新水也言以新水溲釀此酒)盖始虞用柔
日者古者葬必用柔日而葬之日始虞故曰始虞用柔日也再虞皆如初者其用柔日及饗詞(哀子
某以下至某甫饗)皆如始虞也然但祝詞中**祫**之一言不復仍用故特言哀薦虞事也他用剛日者
他者彼也彼與此分別之義也謂三虞卒哭不視此初再虞之柔日而別用彼剛日也他用猶言用
他也其下云亦如初者祭日則雖用他剛而祝詞則仍用故曰亦如初也然虞事之虞字不復仍用
故特言成事也其文如是明的而諸家之解經甚艱鄭氏則曰他謂不及時而葬者(報葬者)虞卒
哭之間有祭亦用剛日謬妄極矣報葬者虞卒哭之間有何無名之祭而有經可据乎經義迷聞則
穿鑿之不足而反謂經文錯亂乃欲三虞於柔日卒哭於間二日抑何義也

◆三虞卒哭二祭義(삼우졸곡이제의)

凌曙禮說曰謂三虞卽卒哭不分爲二此敖氏之誤萬氏反而崇之謹(按)命名之義虞安也謂安
神也白虎通所以虞而立主何孝子旣葬日中反虞念親已沒棺柩已去悵然失望彷徨哀痛故設
桑主以虞所以慰孝子之心虞安其神也釋名旣葬還祭于殯宮曰虞謂虞安樂神使還此也卒哭
云者謂三虞之後祭名始朝夕之間哀至則哭至此祭止也朝夕哭而已釋名又祭曰卒哭卒止也
止孝子無時之哭朝夕而已卒哭非安神之比其名不同其義安得不異故釋名承虞祭而言又祭
以別之不作三虞卽卒哭之祭其謬一也雜記祭稱孝子孝孫喪稱哀子哀孫孔冲遠曰士虞禮稱

哀子而卒哭乃稱孝子此稱謂之不同也賈公彦曰大夫以上虞而受服士卒哭而受服此受服之不同也而謂三虞卽卒哭之祭乎其謬二也雜記上大夫之虞也小牢卒哭成事祔皆太牢下大夫之虞也牲牲卒哭成事祔皆小牢(註)卒哭成事言皆則卒哭成事祔與虞異矣此牲之不同也而謂與虞一事乎其謬三也雜記三年之喪祥而從政期之喪卒哭而從政檀弓曰殷練而祔喪大記公之喪大夫俟練士卒哭而歸而謂卒哭非祭名乎其謬四也雜記士三月而葬是月也卒哭大夫三月而葬五月卒哭諸侯五月而葬七月而卒哭士三虞大夫五諸侯七士葬而卽虞虞與卒哭相接其誤猶可說也大夫以上卒哭皆去虞較兩月則虞祭旣終不得與卒哭相接而可謂之一祭乎其謬五也檀弓虞而立尸有几筵卒哭而諱如其一祭曷不云虞而立尸有几筵而諱乎未爲不辭也喪服小記婦之喪虞卒哭其夫若子主之不以虞爲卒哭也今皆分言之則其爲二事明矣其謬六也喪服小記報葬者報虞三月而後卒哭孔冲遠曰雖急卽葬而不卽卒哭猶待三月報葬虞與卒哭不同而謂卒哭卽虞祭乎其謬七也前人亦有以三虞與卒哭爲一事鄭已破前人之說非敖氏之創也敖萬皆號稱知禮者今按其說顯背經傳其謬如此學者毋輕議禮旨哉

◆喪祭哀孝之分(상제애효지분)

雜記祭稱孝子孝孫喪稱哀子哀孫疏曰祭吉祭也謂卒哭以後之祭也吉則伸孝子之心故祝詞云孝喪稱哀子哀孫者自虞以前之祭也喪則痛慕未伸故稱哀也故士虞禮稱哀子卒哭稱孝子祔練祥禫通用○或云士虞禮卒哭稱孝子之說輕無明文其饗詞哀子某圭(潔也)爲而哀薦之饗(註)鄭氏曰吉祭饗尸曰孝子此以卒哭爲吉祭而發然經文只稱哀不稱孝則不可以註疏爲準也饗詞卽卒哭之祝詞而鄭註之如此未可知也盖卒哭尙稱哀者猶不忍忘哀至祔始神之故士虞記祔祭祝詞稱孝子是也

⊙自是朝夕之間哀至不哭(자시조석지간애지불곡)

猶朝夕哭

⊙이때부터 조석간에 슬픔이 일어도 곡을 하지 않는다.

조석으로 곡은 계속한다.

◆朝夕哭(조석곡)

檀弓卒哭而諱生事畢而鬼事始已註謂不復饋食於下室而鬼神祭之已辭也疏諱謂神名也古者生不相諱卒哭之前猶生事之故不諱至卒哭乃諱也下室謂內寢生時飲食有事處也未葬猶生事以脯醢奠殯又於下室饋設黍稷旣虞遂用祭禮下室遂無事也然不復饋食於下室文承卒哭之下卒哭乃不復饋食皇氏以爲虞則不復饋食於理有疑○朱子答陸子壽書曰據禮小斂(按當作大斂)有席至虞而後有几筵但卒哭後不復饋食於下室(已上論上食當罷)○張子曰禮卒哭猶存朝夕哭若無祭於殯宮則哭於何處國語言曰祭月享禮中豈有日祭之禮此正謂三年之中不徹几筵故有日祭朝夕之饋猶定省之禮如其親之存也(按通解作程子說)○朱子答葉味道書曰國語有日祭之文則是主復寢後猶日上食矣○李繼善問檀弓旣祔之後唯朝夕哭拜朔奠(沙溪曰檀弓無此文無乃指卒哭而諱條鄭註及疏說耶)而張先生以爲三年之中不徹几筵故有日祭溫公亦謂朝夕當饋食(按大全胡伯量問云書儀亦謂葬後饋食爲俗禮)則是朝夕之饋當終喪行之不變與禮經不合不知如何曰此等處今世見行之禮不害其爲厚而又無嫌於僭且當從之○沙溪曰葬後上食以橫渠溫公及朱子答葉味道書觀之當不罷然古禮分明罷之家禮雖無罷之語而以朱子常居寒泉朔望來奠几筵之文觀之似於罷朝夕奠之日並罷上食只行殷奠於朔望誠難爲準唯當以朱子所謂不害其爲厚又無嫌於僭且當從之之敎爲定論耳○尤菴曰朱子雖居寒泉而几筵饋食則使家人攝之耶抑廢而不行耶家禮初喪有朝夕哭無時哭朝夕奠朝夕上食而葬後止朝夕奠卒哭止無時哭小祥止朝夕哭而不言並止上食則其仍行上食無疑矣家禮此四欵井井分明恐不可以此而擬之於靈牀徹不徹之無明文也

⊙主人兄弟疏食水飲不食菜果寢席枕木(주인형제소식수음불

식채과침석침목)

(便覽雜記飲水漿無鹽酪不能食食鹽酪可也○以書弔者須答之)

　楊氏復曰按古者旣虞卒哭有受服練祥禫皆有受服蓋服以表哀哀漸殺則服漸輕然受服數更近於文繁今世俗無受服自始死至大祥其衰(衰一作哀)無變非古也書儀家禮從俗而不泥古所以從簡

⊙주인형제는 거친 밥에 물은 마시나 소채와 과실은 먹지 않으며 목침을 베고 자리를 펴고 잔다.

미음은 마시되 간을 하지 않은 죽은 먹지 말고 간을 한 죽을 먹어야 한다. 조문 온 이들에게 답으로 서한을 보내야 한다.

◆疏食水飲(소식수음)

喪服傳旣虞翦屛柱楣寢有席疏食水飲疏用麤疎米爲飯而食之水飲者恐虞後飲漿酪等故云飲水而已

◆卒哭後行祭(졸곡후행제)

栗谷曰凡三年之喪古禮則廢祠堂之祭而朱子曰古人居喪衰麻之衣不釋於身哭泣之聲不絶於口其出入居處衣服飲食皆與平日絶異故宗廟之祭雖廢而幽明之間兩無憾焉今人居喪與古人異而廢此一事恐有所未安朱子之言如此故未葬前則準禮廢祭而卒哭後則於四時節祀及忌祭墓祭亦同使服輕者朱子喪中以墨衰薦于廟今人以俗制喪服當墨衰者而出入若無服輕者則亦恐可以俗制喪服行祀行薦而饌品減於常時只一獻不讀祝不受胙可也○又曰期大功則葬後當祭如平時但不受胙未葬前時祭可廢忌祭墓祭略行如上儀緦小功則成服前廢祭五服未成服前雖忌祭亦不可行也成服後則當祭如平時但不受胙服中時祀當以玄冠素服黑帶行之○問妻喪已葬當祭否朱子曰恐不得祭某家廢四時正祭猶存節祀忌者喪之餘祭似無嫌然正寢已設几筵無祭處恐可暫停○尤菴曰最長房之奉祧主其事體與宗家有異只欲權奉祭祀而復三年廢祭有所未安最長房死則其所奉神主當卽遷于次長不必待三年喪畢○問最長房葬後遷奉次長房則當以酒果告遷抑告遷時改題而遷奉耶尤菴曰凡祧主改題自是遷奉者之事旣遷之後似亦當有酒果告由之禮其時改題似宜矣○按喪中入廟服栗谷以俗制喪服當之俗制喪服卽孝巾直領而龜峯難之以免冠拜先祖栗谷答以謹改而要訣無改或未及釐正耶今以平浪子別製布帶直領入廟似宜○妻喪是主婦之喪而几筵已設於正寢未除服前雖忌祭恐不可備儀饌品減於平時一獻不讀祝而行於廳事似當○最長房葬後遷奉祧主於次長房雖無古據揆以人情誠爲合宜且旣有尤菴定論今當遵行矣

◆俗節參禮先後(속절참례선후)

問三年內朔望俗節皆先几筵而後家廟耶沙溪曰然○尤菴曰朔望參禮先祠後殯此無疑祠中雖有卑於新亡者然旣統於尊者則似無所嫌矣○南溪曰家禮冬至祭始祖後行祠堂祭今雖喪禮當先行祠堂參

◆祧主遷奉次長房後改題告辭式(조주천봉차장방후개제고사식)

　　維
歲次干支幾月干支朔幾日干支玄孫某官某敢昭告于
　顯高祖考某官府君
　顯高祖妣某封某氏今以玄孫某喪葬已訖某當以次長奉祀

神主今將改題謹以酒果用伸虔告謹告

◆적손으로 봉사 세대가 지난 신주를 다음 자손 집으로 옮겨 고쳐 쓰는 고사식.

세차 모 간지 기월 기일 현손 모관 모는 공경하옵는 고조할아버님 모관 부군과 공경하옵는 고조할머님 모봉 모씨께 감히 밝혀 고하나이다. 이제 현손 모의 상을 당하여 장사를 이미 마쳤사와 의당 다음 자손이 제사를 받들어야 하옵기에 신주를 지금 고쳐 쓰겠삽기 삼가 주과를 펴 올리고 삼가 고하고 삼가 고하나이다.

◆父母亡答人慰疏式(부모망답인위소식)適孫承重者同

某稽顙再拜言(降等云叩首去言字)劉氏曰按稽顙而後拜以頭觸地曰稽顙三年之禮也雖於平交降等者亦如此但去言字何則古禮受弔必拜之不問幼賤故也某罪逆深重不自死滅禍延先考(母云先妣承重則祖父云先祖考祖母云先祖妣)攀號擗踊五內分崩叩地叫天無所逮及日月不居奄踰旬朔卒哭小祥大祥禫隨時酷罰罪苦(父在母亡卽云偏罰罪深父先亡則母與父同)無望生全卽日蒙

恩(平交以下去此四字)祇奉几筵苟存視息伏蒙尊玆(平交云仰承仁恩)俯賜平交改賜爲垂降等去伏蒙以下六字但云特承

慰問哀感之至無任下誠(平交云仰承仁恩俯垂慰問其爲哀感但切下懷降等云特承慰問哀感良深○司馬溫公曰凡遭父母喪知舊不以書來弔問是無相恤之心於禮不當先發書不得已須至先發卽刪此四句)未由號訴不勝隕絶謹奉疏(降等云狀)荒迷不次謹疏(降等云狀)

年號幾年某月某日孤子(母喪稱哀子俱亡卽稱孤哀子承重者稱孤孫哀孫孤哀孫)備要按翰墨全書居心喪云申心制或曰心喪居禫服云居禫祖父母喪云縗服妻喪云期服而具書姓名於其下

　　姓名疏上某位座前謹空(平交以下去此二字)

◆조문 온 이에게 답하는 서식.

모 계상(稽顙)재배 하고 말씀 올리나이다. 모는 죄역(罪逆)이 심중하여 제가 죽어 제지하지 못하고 그 화가 선고께 미쳤사와 부둥켜 잡고 부르짖으며 가슴을 치고 몸부림을 치고 애통하여 오장이 산산이 찢어지는 듯하여 땅을 치고 하늘에 부르짖어도 소용없이 미치고 말았습니다. 세월은 머무르지 않아 어언 순삭(旬朔)이 지났사옵니다. 혹독한 벌과 죄스러운 고통에 온전한 삶을 바랄 수 없던 터에 그날 은혜를 입사와 궤연을 정성껏 받들기를 간신히 살피며 살아가고 있사옵니다. 높으신 사랑과 위문을 굽어 내려 주심을 엎드려 받잡고 슬픈 감회 지극한데 부담 없는 정성을 내려 주셨사옵니다. 아직 슬픔이 지나가지 아니하였사와 통곡하며 호소 하옵니다. 운절(隕絶)함을 이길 수 없사와 삼가 받들어 올림이 황망 중이오라 두서 없이 삼가 올리나이다.

◆皮封式(피봉식)

疏隨改同前上

　某位座前

　　　　孤子隨改同前姓名謹封

제 5 절 부제(祔祭)

檀弓曰殷旣練而祔周卒哭而祔孔子善殷註曰期而神之人情(增解孝經曰爲之宗廟以
鬼享之孔子善殷者以不急於鬼其親也)然殷禮旣亡其本末不可考今三虞卒哭皆用周禮
次第則此不得獨從殷禮

예기(禮記) 단궁편(檀弓篇)에 이르기를 은(殷)나라에서는 소상을 지내고 나서 부제를
지내고 주(周)나라에서는 졸곡제(卒哭祭)를 지낸 뒤에 부제를 지냈다. 공자(孔子)께서
는 은(殷)나라의 제도가 더 좋으시다고 하셨다.

◆祔(부)

檀弓曰殷旣練而祔周卒哭而祔孔子善殷謂不急於鬼其親也然殷禮旣亡其本末不可考今三
虞卒哭皆用周禮次第此不得獨從殷禮〇朱子曰古者廟有昭穆昭常爲昭穆常爲穆故祔新死
者于祖父之廟則爲告其祖父以當遷他廟而告新死者以當入此廟之漸也今公私之廟皆爲同
堂異室之制而無復左昭右穆之次一有遞遷則群室皆遷而新死者當入於其禰之故室矣此乃
禮之大節與古不同而爲禮者猶執祔于祖父之文似無意義愚謂今〇太廟之制左昭右穆與古
制同則告祔當如古禮告祖品官庶人祠堂之制四龕並列一有遞遷則祧其高祖而曾祖入高祖
之故室祖入曾祖之故室禰入祖之故室空其禰之故室以俟新者當從朱子之意告禰爲是故前
卒哭祝文舊告祖考今改爲顯考

◆祔祭(부제)

檀弓註祔之爲言附也祔祭者告其祖父以當遷他廟而告新死者以當入此廟也畢事虞主復于
寢三年喪畢遇四時之吉祭而後奉新主入廟也〇語類問練而祔是否曰此是殷禮而今人都從
周制若如陸子靜說祔了便除去几筵則須練而祔若鄭氏說祔畢復移主出於寢則當如周制祔
亦何害〇大全胡伯量問士虞記卒哭明日以其班祔禮記卒哭明日祔于祖父又曰殷練而祔周
卒哭而祔孔子善殷開元禮政和禮皆曰禫而祔伊川先生橫渠先生皆曰喪三年而祔溫公書儀
雖卒哭而祔然祔祭畢只反祖考神主於影堂仍置亡者神主於靈座以爲不忍一日未有所歸則
旣祔自當遷主於廟若復主于靈座以盡哀奉之意則先設祔祭又似文具不知書儀之意如何續
觀先生復陸敎授書吉凶之禮其變有漸卒哭而祔者漸以神事之復主于寢者猶未忍盡以事死
之禮事之也某向來卒哭後旣失祔祭之禮不知可以練時權宜行之否曰祔與遷是兩事卒哭而
祔禮有明文遷廟則大戴記以爲在練祭之後然又云主祭者皆玄服又似可疑若曰禫而後遷則
大祥便合徹去几筵亦有未便橫渠有一說〇雜記大夫祔於士士不祔於大夫祔於大夫之昆弟
無昆弟則從其昭穆雖王父母在亦然註祖爲士孫爲大夫而死可以祔祭於祖之爲士者故曰大
夫祔於士若祖爲大夫孫爲士不可祔祭於祖之爲大夫者惟得祔祭於大夫之兄弟爲士者若祖
之兄弟無爲士者則從其昭穆謂祔於高祖之爲士者若高祖亦是大夫則祔於高祖昆弟之爲士
者也雖王父母在亦然者謂孫死應合祔於祖今祖尙存無可祔亦祔於高祖也〇王父死未練祥
而孫又死猶是祔於王父註孫之祔祖禮所必然故祖死雖未練祥而孫又死亦必祔於祖〇士虞
記明日以其班祔沐浴櫛搔翦註彌自飾也搔音爪疏彌自飾者上文虞沐浴不櫛註云未在於飾
鄭雖不言不在於飾沐浴少飾今祔時櫛是彌自飾也〇小記妾祔於妾祖姑亡則中一以上而祔
祔必以其昭穆註妾祔於妾祖姑言妾死則祔於祖之妾也亡無也中間也若祖無妾則又間曾祖
一位而祔高祖之妾〇妾無妾祖姑者易牲而祔於女君可也註今又無高祖妾則當易妾之牲而
祔於適祖姑女君謂適祖姑也〇或問祠堂只有禰龕則其禮如何不得已而祔於禰則其祝文亦
當改曰隮祔子某乎退溪曰如此等禮古所未有未敢以己意創說〇雜記婦祔於其夫所祔之妃
無妃則亦從其昭穆之妃註夫所祔之妃夫之祖母也昭穆之妃亦謂間一代而祔高祖之妃也〇
士虞記以其班祔註凡祔已復于寢如旣祫主反其廟練而後遷廟疏如旣祫主反其廟者曾子問
云天子諸侯旣祫祭主各反其廟故引爲證也練而後遷廟者穀梁傳曰作主壞廟有時日於練焉
壞廟是練而遷廟若然唯祔祭與練祭祭在廟祭訖主反於寢其大祥與禫其主自然在寢祭之〇
檀弓明日祔于祖父陳註祔之爲言附也〇張子曰祔與遷自是兩事祔者奉新死者之主而告以

將遷于此廟也既告則復新死者之主於寢而祖亦未遷〇朱子曰若如陸子靜說練了便除去几
筵則須練而祔若鄭氏說祔畢復移主出於寢則當如周制祔亦何害〇答陸子壽書曰衆言淆亂
則折諸聖孔子之言萬世不可易矣尙復何說況期而神之之意揆之人情亦爲允愜但其節文次
第今不可考而周禮則有儀禮之書自始死以至祥禪其節文度數詳焉故溫公書儀雖記孔子之
言而卒從〇儀禮之制盖其意謹於闕疑以爲旣不得其節文之詳則雖孔子之言亦有所不敢從
者耳程子之說意亦甚善然鄭氏說凡祔已復于寢練而後遷廟左氏傳亦有特祀于主之文(按)
左傳曰君薨卒哭而祔祔而作主特祀于主)則是古人之祔固非遂徹几筵程子於此恐其考之有
所未詳也開元禮之說則高氏旣非之矣然其自說大祥徹靈座之後明日乃祔于廟以爲不忍一
日未有所歸(按高氏曰開元禮則旣禪而祔夫孝子哀奉几筵至大祥而旣徹之矣豈可復俟禪祭
乃始祔乎唐禮祥祭與禪祭隔兩月此又失之於緩故今於大祥徹靈座之後明日祔于廟緣孝子
之心不忍一日未有所歸也)殊不知旣徹之後未祔之前尙有一夕其無所歸也久矣凡此皆有所
未安恐不若且從儀禮溫公之說次序節文亦自曲有情意〇又答書曰先王制禮本緣人情吉凶
之際其變有漸故始死專用事生之禮旣卒哭祔廟然後神之然猶未忍盡變故主復于寢而以事
生之禮事之至三年而遷廟然後全以神事之也其遷廟一節鄭氏用穀梁練而壞廟之說杜氏用
賈逵服虔說處則以三年爲斷(按卽指左傳特祀於主杜氏註卒哭以新死者之神祔於祖造木主立
几筵用喪禮祭於寢之說及吉禘于莊公註三年喪畢致新死者之主於廟蓁說也)其間同異得失
雖未有考然穀梁但云壞舊廟不言遷新主則安知其非於練而遷舊主於三年而納新主耶故區
區之意竊意杜氏之說爲合於人情也來諭考證雖詳其大槩以爲旣吉則不可復凶旣神事之則
不可復以事生之禮接爾竊恐如此非惟未嘗深考古人吉凶變革之漸而亦未暇反求於孝子慈
孫深愛至痛之情也至謂古者几筵不終喪據禮虞而後有几筵但卒哭而後不復饋食於下室耳
周禮自虞至祔曾不旬日不應方設而遽徹之如此其速也又謂古者每代異廟故有祔于祖父祖
姑之禮今同一室則不當專祔於一人此則爲合於人情矣然伊川先生嘗譏關中學禮者有役文
之弊而呂與叔以守經信古學者庶幾無過而已義起之事正在盛德者行之然則此等苟無大害
於義理不若且依舊說亦夫子存羊愛禮之意也〇又答胡伯量曰祔與遷是兩事卒哭而祔禮有
明文遷廟則大戴記以爲在練祭之後然又云主祭者皆玄服又似可疑橫渠有一說三年後祫祭
於太廟因其祭畢還主之時遂奉祧主歸於夾室遷主新主皆歸于其廟此似爲得禮〇愚伏曰雖
不應入祖廟者猶以昭穆合於其神〇南溪曰祔祭與班祔俱是孫祔於祖以順昭穆之義而班祔
則必殤與無後者然後祔於祖廟祔祭則凡人死卒哭之後無論嫡庶男女行祔祭自是兩項

◆祔母(부모)

若只祔母止設顯妣一位妣有二人以上惟以親者雜記曰男子祔于王父則配女子祔于王母則
不配註云有事于尊者可以及卑有事于卑者不可以及尊也〇補註云藍田呂氏曰主人未除喪
主未遷於新廟故以其主祔藏于祖廟有祭卽而祭之此說非也主人未除喪以主祔祭于祖廟祭
畢復奉還靈座猶存朝夕哭旣除喪而後主遷于新廟若母喪父在旣除喪則祔藏于祖廟有祭卽
而祭之待父他日三年喪畢始考妣同遷也

◆祔妻(부처)

楊氏復曰父在祔妣則父爲主乃是夫祔妻於祖妣三年喪畢未遷尙祔于祖妣待父他日三年喪
畢遞遷祖考妣始考妣同遷也高氏謂父在而祔妣不可遞遷祖妣其說亦是但謂別室藏主待考
同祔則非也〇胡氏泳曰高氏別室藏主之說未然先生內子之喪主只祔在祖妣之旁此當爲據

◆未廟見婦祔祭(미묘견부부제)

曾子問曰女未廟見而死則如之何孔子曰不遷於祖不祔於皇姑〇尤菴曰後世不親迎者多故
婦或生子而尙在其室者有焉豈有生子而猶未成婦之理也或曰古禮如此不可祔於夫黨云者
極爲害理

◆支子祔祭(지자부제)

尤菴曰人死則其魂氣與祖考合故葬後必設祔祭以漸爲之兆此則雖支子之當立別廟者亦復如是矣○雖非當祔於祖廟者其魂氣當與祖合故虞祭祝不分宗子支子而皆曰哀薦祫事祫合也欲其合於先祖也

◆支子妻祔祭(지자처부제)

問支子之子旣立其父廟則其妻喪神主當入父廟不可行祔祭於宗家祠堂耶尤菴曰雖不入祖廟之人其祔祭則必於其祖廟禮也

◆妾母妾子祔祭(첩모첩자부제)

小記妾祔於妾祖姑亡則中一以上而祔䟽妾母不世祭於孫否則妾無廟今乃云祔及高祖者當爲壇祔之耳○妾無妾祖姑者易牲而祔於女君可也䟽若無妾祖姑則當祔高祖妾又無高祖妾則當易妾之牲用女君之牲祔於女君女君適祖姑也○問妾母不世祭則又安有妾祖姑之可祔者耶朱子曰未詳又曰妾母不世祭則永無妾祖姑矣恐䟽義之說或不可從也爲壇之說恐亦未安祔嫡而祫妾並坐尤爲未便恐於禮或容有別廟但未有考耳○問庶弟不敢祔祖龕而亦無祔祭一節耶遂菴曰服制無適庶之別而祭禮亦無異同祔祭亦不可闕

⊙卒哭明日而祔卒哭之祭旣徹卽陳器具饌(졸곡명일이부졸곡지제기철즉진기구찬)

器如卒哭唯陳之於祠堂堂狹卽於廳事隨便設亡者祖考妣位於中南向西上設亡者位於其東南西向母喪則不設祖考位酒瓶玄酒瓶於阼階上火爐湯瓶於西階上(儀節在祠堂則設一卓在西階上盛新主若在他所設二卓一盛祖考妣櫝一盛新主櫝)具饌如卒哭而三分母喪則兩分祖妣二人以上則以親者(便覽小記註謂舅所生母也)○雜記曰男子祔于王父則配女子祔于王母則不配註有事於尊者可以及卑有事於卑者不敢授尊也

高氏曰若祔妣則設祖妣及妣之位更不設祖考位若父在而祔妣則不可遞遷祖妣宜別立室以藏其主待考同祔若考妣同祔則並設祖考及祖妣之位○胡氏泳曰高氏別室藏主之說恐未然先生內子之喪主只祔在祖妣之傍此當爲據楊復曰父在祔妣則父爲主乃是夫祔妻於祖妣三年喪畢未遷尙祔於祖妣待父他日三年喪畢遞遷祖考妣始考妣同遷也高氏父在不可遞遷祖妣之說亦是但別室藏主之說則非也

⊙졸곡 다음날 부제(祔祭)를 지낸다. 졸곡제 상(床)을 철상하고 곧 제사기구를 진열하고 제수품을 갖춘다.

제사기구는 졸곡제(卒哭祭)와 같다. 다만 진열을 사당에 한다. 사당이 협소하면 청사(廳事)나 형편에 따라 차린다. 망자의 조고비위(祖考妣位)는 당의 중간에다 남쪽으로 향하게 하여 서쪽을 상석으로 설위(設位)하고 망자(亡者)의 자리는 조고비(祖考妣)의 자리 동쪽에서 남쪽으로 하여 서쪽으로 향하게 설위한다.

모친(母親)의 상(喪)이면 조고(祖考)의 자리는 설위(設位)하지 않으며 술병과 현주(玄酒)병은 동쪽층계 위이며 화로와 탕병(湯瓶)은 서쪽층계 위이다. 사당에다 차릴 때는 탁자 하나를 서쪽층계 위에 놓고 망자의 신주를 모셔놓고 만약 다른 곳에다 차렸으면 탁자 둘을 놓고 한 탁자에는 조고비 신주 독을 올려놓고 탁자 하나에는 망자의 신주 독을 올려놓는다.

제수음식은 졸곡제 때와 같으며 세 위(位) 분으로 갖춘다. 모친의 상(喪)이면 양 위분으로 하고 조비(祖妣)가 두분 이상이면 친생 조모만 설위한다.

◆沐浴櫛搔翦(목욕즐소전)

備要按丘氏曰今網巾與纚頗相似但古禮只言其去纚之節而不言其還施之時至祔祭主人以下沐浴櫛髮則此時似當用纚而無明文開元禮及杜氏說雖與古禮不同喪人當斂髮之義則似有據更詳之

⊙厥明夙興設蔬果酒饌(궐명숙흥설소과주찬)

並同卒哭

⊙그 다음날 일찍 일어나 소채와 과실과 술과 안주를 진설 한다.

모두 졸곡과 같다.

⊙質明主人以下哭於靈座前(질명주인이하곡어영좌전)

主人兄弟皆倚杖于階下(便覽西階之西○增解小記祔杖不升於堂○尤菴曰祔祭時五服之人各服其服無疑矣註言倚杖于階下而其下仍有詣祠堂奉神主之文此可見仍服其喪服矣○愚案士虞記疏大功以下至祔朝以葛帶即位云則主人之服衰服據此尤明)入哭盡哀止○按此謂繼祖宗子之喪其世嫡當爲後者主喪乃用此禮若喪主非宗子則皆以亡者繼祖之宗主此祔祭○禮註云祔于祖廟宜使尊者主之

⊙날이 밝으면 주인 이하 영좌 앞에서 곡을 한다.

주인형제는 모두 상장(喪杖)을 집고 서쪽층계 아래 서쪽에서 곡하고 복인들은 들어가서 슬픔을 다하여 곡하고 그친다. 사당을 이어가는 종자(宗子)의 상(喪)에는 그의 대를 이어가는 적자가 당연히 후자로 주상(主喪)이 되어 본 예와 같이 행하고 만약 상주가 종자가 아니면 모두 망자의 조상을 이어가는 종자가 주관하여 이와 같이 부제를 지낸다.

◆杖不入於堂(장불입어당)

喪服小記虞杖不入於室祔杖不升於堂註虞祭在寢祭後不以杖入室祔祭在祖廟祭後不以杖升堂皆殺哀之節也細註嚴陵方氏曰喪禮先虞而後祔虞杖特不入於室而已至於祔杖則雖堂亦不升焉蓋哀雖哀而敬愈不衰也室內而堂外故於室曰入堂高而陛卑故於堂曰升論語云升堂入室義亦如此

◆攝主祔祭(섭주부제)

旅軒曰哀門宗子非但穉弱方在初喪之中則次宗子可攝行○尤菴曰支子與宗子雖異居亦須宗子主之而宗子有故則以攝主行之可也○南溪曰有故則宗子命兄弟中一人以已名爲祝代行其事爲近世諸賢之例○問今主喪者於亡者旣非祭主於祖廟又屬旁親則其禮如何南溪曰祔重祭也童子賤妾所不得廢且以朋友而猶爲之祭况於諸親乎蓋其爲亡友而行人廟中事者以有幼子爲之主故也朱子曰兄名攝主告今雖諸親爲之主喪其祝辭則當用皇辟雖或攝行若先告攝行之意則餘倣家禮隨宗子所稱之說斟酌而處之又問以諸親攝婦人已非其宜又將於廟中先祖欲用攝祀之例唯於新舊隮適之辭爲難曰若以攝行言之恐無廟中祔祭之異矣

⊙詣祠堂奉神主出置于座(예사당봉신주출치우좌)

祝軸簾啓櫝奉所祔祖考之主置于座內執事者奉祖妣之主置于座西上(便覽母喪則只奉出祖妣一位)若在他所則(儀節跪告云云奉其櫝以行)置于西階上卓子上然後啓櫝(便覽奉主置于座如儀○增解問祭時奉置主櫝於西階卓上留櫝於卓只出神主就于倚座耶沙溪曰然)○若喪主非宗子而與繼祖之宗異居則宗子爲告于祖(增解問祔祭宗子告祠堂當前期一日以酒果只告所祔之龕耶沙溪曰是)而設虛位(備要用紙牓)以祭(便覽陳氏曰只設虛位則當先降而後參)祭訖

除之

⊙사당(祠堂)으로 가 신주를 받들고 나와 자리에 안치한다.

축관은 감실(龕室)의 발을 걷어 올리고 신주독을 열고 부제 지낼 곳으로 조고의 신주를 받들어 자리에 안치하고 내집사자는 조비(祖妣)의 신주를 받들어 자리에서 서쪽을 상석으로 내 모신다. 모친상이면 단지 조비 신주 한 위이며 만약 다른 곳에서 부제를 지낼 때는 축관이 무릎을 꿇고 앉아 다음과 같이 고하고 그 독을 받들고 가서 서쪽 층계 위의 탁자 위에 놓고 독을 열어 신주를 받들고 자리에 내모시기를 의례와 같이 한다.

만약 상주가 비종자로 사당을 이어가는 종자와 달리 기거하면 종자로 하여금 사당에 고하고 지방(紙榜)으로 허위(虛位)를 차려놓고 부제를 지내되 선강후참(先降後參)으로 부제를 마치고 지방은 불살라 없애야 한다.

◆喪主非宗子(상주비종자)

若喪主非宗子則宗子主祭奉迎新主惟喪主及喪主婦行之序立之時宗子宗婦分立于兩階下喪主立宗子之右喪主婦立宗婦之左尊則少前卑則少後禮分三次行宗子行初獻讀祝文喪主乃行亞獻宗婦行終獻俱不讀祝祝文中隨宗子所稱若亡者于宗子卑幼則宗子于亡者前不拜新主返靈座時喪主哭而先行宗子亦哭送之哀盡則止

◆異居則虛位(이거즉허위)

備要用紙榜○南溪曰祔祭必使繼祖宗子主之令姪雖在衰服中似當自稱孝孫爲告行祔之意於祖廟而往當祔之喪家設紙榜行祭恐無可疑○陳氏曰只設虛爲則當先降而後參

◆出主告辭式(출주고사식)儀節有告欠詳今參酌時祭出主告辭

孝曾孫承重稱孝玄孫妻旁親卑幼喪則屬稱隨亡者當祔位○若喪主非宗子則隨宗子屬稱某今以隮祔先考母喪云先妣承重云先祖考或先祖妣妻旁親卑幼喪則隨屬稱有事于顯曾祖考母喪云顯曾祖妣承重云顯高祖考或顯高祖妣妻喪云顯祖妣旁親卑幼喪則屬稱隨亡者當祔位某官府君內喪云某封某氏敢請

顯曾祖考

顯曾祖妣有前後配則列書內喪只請祖妣若祖妣二人以上則親者位神主出就于座若在他所則改于座爲正寢或廳事

◆신주 내모시는데 고하는 고사식.

효증손 모는 이제 작고하신 아버님을 공경하옵는 증조할아버님 모관 부군 곁에 곁들이는 제사가 있사와 감히 청하옵건대 공경하옵는 증조할아버님과 공경하옵는 증조할머님 신주께서는 자리로 내어 모시겠사옵니다.

◆宗子異居告辭式(종자이거고사식)祠堂有事則告條

維
歲次干支幾月干支朔幾日干支某親屬稱隨亡者當祔位某敢昭告于
顯某考某官府君內喪云顯某妣某封某氏○屬稱隨亡者當祔位今以孫某官內喪云孫婦某封某氏或第幾孫女禮當隮祔而所居異宮不得行祭於

祖廟將以某日謹用紙牓薦于其家謹以酒果用伸虔告謹告

◆종자와 달리 살 때 고사식.

세차 모 간지 기월 기일 모친 모가 공경하옵는 모친 모관 부군께 감히 밝혀 고하나이다. 이제 손 모관을 예법상 당연히 사당으로 올라가 곁들여야 하온데 거처하는 집이 달라 사당에서 부제를 지낼 수가 없사와 앞으로 모일에 삼가 그 집으로 지방으로 옮기겠사옵기에 삼가 주과를 진설하고 삼가 고하고 삼가 고하나이다.

◆紙牓式(지방식)

顯某考屬稱隨亡者當祔位下同某官府君神位

顯某妣某封某氏神位祖妣二人以上別具紙各書內喪則不設祖考位

◆지방식.

현모고모관부군신위

현모비모봉모씨신위

◆지방(紙牓)

지방의 규격은 명문화 되어 있는 예문은 없다. 다만 신주의 규격을 준용하면 세로가 1자 2치며 가로가 3치로 cm로 환산 하면 세로가 약 24cm 가로가 약 6cm 이며 위양 귀를 가로 세로 1cm씩 사선으로 소두(掃頭)를 하며 중앙에 붓으로 해서체(楷書體)로 가늘게 고비(考妣)를 각각 쓴다.

⊙便覽紙榜式(편람지방식)

陶菴曰用厚白紙長廣隨宜以眞楷細書於紙中央臨祭貼於椅上隨位各書又曰祖妣二人以上別具紙各書

⊙편람 지방(紙牓) 쓰는 법.

도암(陶庵)선생께서 이르시기를 두꺼운 흰 종이로 길이와 폭은 쓰기 알맞게 하여 해서체로 종이의 중앙에 가늘게 써서 제사에 임하여 교의 위에 붙이되 위 마다 각각 써야 한다. 또 이르시기를 할머니가 두분 이상이면 지방지를 별도로 갖춰 각각 써야 한다.

⊙祠堂神主出就座儀禮節次(사당신주출취좌의례절차)

主人兄弟旣於靈座前哭止〇詣祠堂(主人以下俱往)〇啓櫝(祝就啓祠堂所祔之祖考妣櫝)〇請主就座(出其主置所設祖考妣位上若行禮於他所則跪告曰請主詣某所乃捧其櫝以行至置西階卓子上然後啓櫝請主就座)

⊙사당에서 신주 내모시는 의례절차.

주인형제는 영좌 앞에서 곡하기를 마쳤으면. 〇사당으로 간다. (주인 이하 모두 간다) 〇독을 연다. (축관이 사당에 곁들일 조고비의 독을 연다) 〇청하옵건대 신주께서는 자리로 가시옵소서. (그 신주를 놓을 곳에 조고비 신주를 독에서 내어 그 위에 안치한다. 만약 다른 곳에서 부제를 지낼 때는 축관은 무릎을 꿇고 앉아 고하기를 청하옵건대 신주께서는 모(某) 소로 가시옵소서. 라 고하고 곧 그 독을 받들고 가서 서쪽층계 위 탁자 위에 놓고 난 후 독을 열고 청하옵건대 신주께서는 자리로 나가시옵소서. 라 한다)

⊙還奉新(新一作神)主入祠堂置于座(환봉신주입사당치우좌)

主人以下還詣靈座所(備要所一作前)哭祝奉主櫝詣祠堂(儀節若在廳事則詣廳事)西階上卓子上主人以下哭從如從柩之叙至門止哭祝啓櫝出主如前儀若喪主非宗子則唯喪主主婦(退溪曰喪主之妻)以下還迎

⊙사당에서 돌아와 새 신주를 받들고 사당으로 들어가 자리에 안치한다.

주인 이하 사당에서 돌아와 영좌 있는 곳으로 가서 곡을 하고 축관이 신주독을 받들고 사당으로 가서 서쪽층계 위에 있는 탁자 위에 놓는다.

주인 이하 곡하며 따르기를 관(棺)이 사당 하직할 때 따르던 차서 대로 따라 문까지 와 곡을 멈춘다. 축관은 독을 열고 앞의 의식과 같이 하여 신주를 내 모신다. 만약 상주가 종자가 아니면 다만 상주와 주부 이하만 돌아가 새 신주를 받들고 온다.

⊙新主入祠堂儀禮節次(신주입사당의례절차)

主人以下自祠堂還至靈座前○舉哀○祝奉新主詣祠堂(若在廳事則曰詣廳事祝捧櫝以行)○主人以下哭從(男子由右女子由左重服在前輕服在後至門)○哀止(祝乃以櫝置西階卓子上)○啓櫝○請新主就座(祝啓櫝出主置于所設亡者位上)○若非宗子則惟喪主主婦還迎

⊙새 신주 사당으로 들어가는 의례절차.

주인 이하 사당에서 돌아와 영좌 앞으로 간다. ○모두 곡한다. ○축관이 신주를 받들고 사당으로 간다. (만약 청사에서 부제를 지내면 신주에 고하기를 청사로 가시옵소서. 라 하고 독을 받들고 간다) ○주인 이하 곡하며 따른다. (남자들은 오른쪽으로 따르고 여자는 왼쪽으로 따르되 중복인은 앞서고 경복인은 뒤에서 따라 문에 이른다) ○곡을 그친다. (축관은 곧 독을 서쪽층계 탁자 위에 놓는다) ○독을 연다. ○청하옵건대 신주께서는 자리로 가시옵소서. (축관은 곧 독을 열고 신주를 내어 위를 차린 곳에 망자의 자리에 안치한다) ○만약 종자가 아니면 다만 상주와 주부가 돌아와서 모신다.

◆入主告辭式(입주고사식)

　　請
　主詣
　祠堂正寢廳事隨所設

◆새 신주 사당에 들이는 고사식.

청하옵건대 신주께서는 사당으로 가시옵소서.

⊙叙立(서립)

若宗子自爲喪主則叙立如虞祭之儀若喪主非宗子則宗子主婦分立兩階之下喪主在宗子之右喪主婦在宗子婦之左長則居前少則居後餘亦如虞祭之儀

⊙차서 대로 늘어선다.

만약 종자 자신이 상주가 되었으면 늘어서는 순서는 우제 때 의식과 같고 만약 상주가 종자가 아니면 종자와 종부가 양쪽 층계 아래에 나뉘어 서고 상주는 종자의 오른편에 서고 주부는 종부의 왼편에서 종자보다 손위면 앞으로 조금 나가 서고 손아래면 뒤로 물러나 선다. 그 외 다른 예 또한 우제 의식과 같다.

◆虞祔祭叙立(우부제서립)

按叙立之位虞祭則在靈座前祔祭則在兩階下其文在下此云如虞祭者以男東女西叙立之儀而言也非謂其立於靈座前也

⊙參神(참신)

在位者皆再拜參祖考妣(增解按於新主獨無參神者是用事生之禮也)

⊙참신례.

참석자 모두 조고비 위에 재배한다.

⊙降神(강신)

若宗子自爲喪主則喪主行之若喪主非宗子則宗子行之並同卒哭

⊙강신례.

만약 종자자신이 상주일 때는 상주가 행하고 만약 상주가 종자가 아니라도 종자가 행하며 모두 졸곡 의식과 같다.

⊙祝進饌(축진찬)

並同虞祭(便覽但先詣祖考妣位前進饌次詣新主前進饌)

⊙축관이 진찬을 한다.

우제와 모두 같다. 단 먼저 조고비 위전에 진찬(進饌)을 하고 새 신주 앞으로 가서 진찬을 한다.

◆非宗子進饌(비종자진찬)

按喪主非宗子則宗子宗婦當進饌于祖考妣位使喪主喪主婦進饌于新主而儀同卒哭

◆進饌古禮不同(진찬고례부동)

士虞禮贊薦脯醢疏主婦不薦齊斬之服不執事也至於祔祭主婦薦主人自執事也知者記云其他如饋食按特牲云主人及佐食擧牲鼎是也○愚按據此士虞疏主人主婦之進饌當自祔祭始而家禮則於卒哭言主人主婦進饌而於此祔祭反言祝進饌同虞祭與古禮不同又疏曰卒哭比虞爲吉祭比祔爲喪祭云則祔爲愈吉矣今於愈吉之祭乃用反凶之禮是可疑也南溪說有曰宗子猶爲喪家主祭故此則自用喪禮耶云者恐亦未然蓋家禮以宗子自爲喪主者爲正禮而兼及喪主非宗子之禮則何可以此爲用凶禮之證耶○又按檀弓曰卒哭而諱生事畢而鬼事始已註謂鬼神祭之云則是指祔祭始用神事之禮而言也又士虞疏曰記云祔用專膚爲折俎其他如饋食是祔與特牲吉祭同云則古禮自祔始用神事之禮者尤較著矣然則不但行祭儀節與士虞不同其設饌之規亦當用神禮而左羹矣然家禮則卒哭以後至祔練祥禫皆如虞祭之說而虞祭本如葬前朔奠則是右羹矣然則家禮終三年專用象生之禮者可知矣據此則朱子所謂卒哭祔廟後主復于寢以事生之禮事之云者此正撰修家禮之本旨而後人鮮有講明而發揮者耳由是觀之則於祔祭使祝進饌用反凶之禮者與卒哭後猶不罷上食之義皆是因古禮而損益之以示祔後猶以事生之禮爲重之義耶然於祖考之位亦用生事之右羹而使祝進饌與新主無異者異竟可疑

⊙初獻(초헌)

若宗子自爲喪主則喪主行之若喪主非宗子則宗子行之並同卒哭但酌獻先詣祖考妣前(備要執事者飯蓋置其南祝執版立於主人之左東向跪讀○便覽云云祝興主人再拜)皆不哭次詣

亡者前(備要祝立於主人之左南向跪讀○便覽云云祝興主人再拜)若喪主非宗子則隨宗子所
稱若亡者於宗子爲卑幼則宗子不拜

⊙초헌례.

만약 종자 자신이 상주이면 상주가 초헌을 하고 만약 상주가 종자가 아니라도 종자
가 행하기를 모두 졸곡제와 같게 한다. 다만 먼저 조고비 위전으로 가서 술을 따라
올리고 집사자가 메의 개를 열어 그 남쪽으로 놓고 축관은 축판을 들고 주인의 왼편
에서 동쪽으로 향하여 무릎을 꿇고 앉아 다음과 같이 고하고 축관이 일어나면 주인
은 재배를 한다. 모두 곡은 하지 않는다. 다음으로 망자 위전으로 간다. 축관은 주인
의 왼쪽에 서서 남쪽으로 향하여 무릎을 꿇고 앉아 다음과 같이 고하고 축관이 일어
서면 주인은 재배한다. 만약 상주가 종자가 아니라도 소칭(所稱)을 종자 명으로 하고
만약 망자가 종자보다 항렬이 낮거나 어리면 종자는 절을 하지 않는다.

◆祔祭稱子孝(부제칭자효)

雜記祭稱孝子孝孫喪稱哀子哀孫註祭吉祭也卒哭以後爲吉祭故祝辭稱孝子或孝孫自虞以
前爲凶祭故稱哀細註嚴陵方氏曰祭所以追養而盡於一身之終喪所以哭亡而止於三年孝則
爲人子孫終身之行也故子孫之於祭必稱孝哀則發於聲音見於衣服蓋三年之禮而已故子孫
之於喪止稱哀○士虞記曰孝子某孝顯相夙興夜處小心畏忌不惰其身不寧註稱孝者吉祭

◆祖考位祝文式(조고위축문식)

維
歲次干支幾月干支朔幾日干支孝曾孫屬稱隨改見上出主告式某謹以淸酌庶羞
適于
顯曾祖考某官府君屬稱隨改見上出主告式隮祔孫某官內喪云孫婦某封某氏姑姊妹
以下云第幾孫女尙
饗

◆조고 위 축문식.

세차 모 간지 기월 기일 효 증손 모 삼가 맑은 술과 여러 가지 음식으로 공경하옵는
증조할아버님 모관 부군께 손 모관을 격에 맞게 부위로 곁들려야 하옵니다. 바라옵건
대 흠향하옵소서.

◆新主祝文式(신주축문식)

維
歲次干支幾月干支朔幾日干支孝子承重稱孝孫妻稱夫旁親卑幼隨屬稱○若喪主非宗
子則隨宗子屬稱某弟以下不名謹以妻弟以下云玆以淸酌庶羞哀薦旁親云薦此妻弟
以下云陳此祔事于
顯考母云顯妣承重云顯祖考或顯祖妣妻云亡室旁親卑幼隨屬稱卑幼改顯爲亡某官府君內
喪云某封某氏卑幼去府君二字適于
顯曾祖考某官府君內喪云顯曾祖妣某封某氏尙
饗

◆신주 축문식.

세차 모 간지 기월 기일 효자 모 삼가 맑은 술과 여러 가지 음식을 슬피 드리오며 공경하옵는 아버님 모관 부군을 공경하옵는 증조할아버님 모관 부군께 격에 맞게 부위로 곁 드셔야 하옵니다. 바라옵건대 흠향하옵소서.

⊙亞獻終獻(아헌종헌)

若宗子自爲喪主則主婦爲亞獻親賓爲終獻若喪主非宗子則喪主爲亞獻主婦(便覽宗子婦也)爲終獻並同卒哭及初獻儀惟不讀祝(便覽終獻不徹酒)

⊙亞獻禮(아헌례) 終獻禮(종헌례)

만약 종자 자신이 상주이면 주부가 아헌을 하고 친빈(親賓)이 종헌을 한다. 만약 상주가 종자가 아니면 상주가 아헌을 하고 종부가 종헌하기를 졸곡제 및 초헌 의식과 모두 같으며 다만 독축하지 않으며 종헌 뒤 퇴주하지 않는다.

⊙侑食闔門啓門辭神(유식합문계문사신)

並同卒哭但不哭

⊙권함, 문닫음, 문엶, 사신례.

모두 졸곡제와 같다. 다만 곡을 하지 않는다.

◆斂主辭神前後(염주사신전후)

陶菴曰虞卒哭及大小祥無遷主之事故先斂主而後辭神祔祭則有遷奉之節故先辭神而後斂主○愚按陶菴說固然然竊恐新喪虞卒等祭姑未全用神事之禮也如無參神等儀是也至於祔祭而於祖考妣位旣出主而參神未斂主而辭神皆用廟中常祭之禮不敢以新主同祭而變其禮也未知如何

⊙祝奉主各還故處(축봉주각환고처)

祝先納祖考妣神主于龕中匣之次納亡者神主西階卓子上匣之奉之反于靈座出門主人以下哭從如來儀盡哀止若喪主非宗子則哭而先行宗子亦哭送之盡哀止若祭於他所則祖考妣之主亦如新主納之(便覽奉歸祠堂如來儀按于故處降簾闔門而退還詣祭所奉新主反于靈座)

程子曰喪須三年而祔若卒哭而祔則三年却都無事禮卒哭猶存朝夕哭無主在寢哭於何處○朱子曰古者廟有昭穆之次昭常爲昭穆常爲穆故祔新死者於其祖父之廟則爲告其祖父以當遷他廟而告新死者以當入此廟之漸也今公私之廟皆爲同堂異室以西爲上之制而無復左昭右穆之次一有遞遷則群室皆遷而新死者當入于其禰之故室矣此乃禮之大節與古不同而爲禮者猶執祔于祖父之文似無意義然欲遂變而祔于禰廟則又非愛禮存羊意○楊氏復曰司馬禮家禮並是旣祔之後主復于寢所謂奉主各還故處也

⊙축관은 신주를 받들어 각각 먼저 자리로 다시 모신다.

축관은 먼저 조고비 신주를 감실의 독에 넣고 다음으로 망자의 신주를 서쪽층계 탁자 위 독에 넣어 받들고 영좌로 되돌아온다. 문을 나설 때 주인 이하 곡을 하며 따르기를 올 때와 같이 하고 영좌에 모시고 슬픔을 다하여 곡하고 그친다. 만약 상주가 종자가 아니면 먼저 새 신주를 받들고 가고 종자 역시 곡하며 보내고 슬픔을 다하여 곡하고 그친다. 만약 부제를 다른 곳에서 지냈으면 조고비 신주가 가고 또 새 신주도 같이 독에 넣어 영좌로 들어간다.

조고비 신주를 받들고 사당으로 돌아 갈 때 오던 의식과 같게 하고 가서 먼저 자리에 안치하고 감실 발을 내리고 문을 닫고 돌아와 제사 지낸 곳으로 가서 새 신주를 받들고 영좌로 돌아온다.

⊙祔祭儀禮節次(부제의례절차)

(通)叙立(卜重者在前輕者在後男東女西主人非宗子則宗子主祭主人立宗子右宗子若於亡者爲尊長則不拜)○(通)參神○鞠躬拜興拜興拜興拜興平身○降神○(引)盥洗○詣香案前○跪○上香○酹酒○俯伏興拜興拜興平身○進饌(祝以進饌執事者佐之)○初獻禮○(引)詣祖考神位前○跪○祭酒○奠酒○俯伏興拜興拜興平身(祔母則不用祖考)○詣祖妣神位前○跪○祭酒○奠酒○俯伏興拜興拜興平身○(通)跪(主人以下皆跪)○讀祝(祝執版立主人之左東向跪讀畢)○俯伏興(主人獨拜)○(引)鞠躬拜興拜興平身○詣顯考神位前(母則云妣後放此)○跪○祭酒○奠酒○俯伏興拜興拜興平身○(通)跪(主人以下皆跪)○讀祝(祝立主人之左南向跪讀之畢)○俯伏興(主人獨拜)○(引)鞠躬拜興拜興平身○復位○(通)亞獻禮(若宗子自爲喪主則主婦爲亞獻親賓爲終獻若喪主非宗子則喪主爲亞獻主婦爲終獻)○(引)詣祖考神位前○跪○祭酒○奠酒○俯伏興拜興拜興平身○詣祖妣神位前○跪○祭酒○奠酒○俯伏興拜興拜興平身○詣顯考神位前○跪○祭酒○奠酒○俯伏興拜興拜興平身○(通)終獻禮(其儀一如亞獻)○侑食(執事者以注徧斟滿盞中酒)○主人以下皆出○闔門(有門則閉無則下簾)○祝噫歆(祝當門北面作聲者三)○啓門○主人以下復位○主婦點茶○告利成(祝立西階上東面曰)○利成○辭神○鞠躬拜興拜興拜興平身○焚祝文○納主(祝先納祖考妣於龕中次納亡者神主西階卓子上俱匣之)○奉新主返靈座(主人以下哭從)○擧哀(至靈座中納主訖又如之)○禮畢 若禮行于廳事則改納主云奉神主返祠堂主人送至祠堂納主訖後回西階卓子上奉新主 (譯者補;初獻條啓飯蓋. 侑食條揷匙正筯. 辭神前下匕筯于楪中合飯蓋)

⊙부제 의례절차.

통찬이 창을 한다. ○차서 대로 자리에 서시오. (복이 중한 이는 앞에 있고 복이 경한 이는 뒤이며 남자는 동쪽이고 여자는 서쪽이다. 주인이 종자가 아니면 종자가 제사를 주관하고 주인은 종자의 오른쪽에 서며 종자가 만약 망자의 존장이면 절을 하지 않는다) (통찬이 창을 한다)

●행참신례.

국궁 사배 평신하시오.

●행강신례.

(인찬이 인도 한다) ○손을 씻으시오. ○향안 앞으로 가시오. ○무릎을 꿇고 앉으시오. ○분향을 하시오. ○강신하시오. ○부복하였다 일어나 재배 평신하시오. ○찬을 올리시오. (축관이 진찬을 하고 집사자들이 나가 돕는다)

●행초헌례.

(인찬이 인도한다) ○조고 신위 앞으로 나가시오. ○무릎을 꿇고 앉으시오. ○제주를 하시오. ○술을 올리시오. ○부복하였다 일어나 재배 평신하시오. (모친을 곁들이면 조고를 뺀다) ○조비 신위 앞으로 가시오. ○무릎을 꿇고 앉으시오. ○제주를 하시오. ○술을 올리시오. ○부복하였다 일어나 재배 평신하시오. (통찬이 창을 한다) ○무릎을 꿇고 앉으시오. (주인 이하 모두 무릎을 꿇고 앉는다) ○독축하시오. (축관은 축판을 들고 주인의 왼쪽에서 동쪽으로 향하여 무릎을 꿇고 앉아 독축을 하고 마치면) ○부복하였다 일어서시오. (주인만 절한다) (인찬이 인도한다) ○국궁 재배 평신하시오. ○고위 전으로 가시오. (모친이면 비위 전이라 한다) ○무릎을 꿇고 앉으시오. ○제주를 하시오. ○술을 올리시오. ○부복하였다 일어나 재배 평신하시오. (통찬이 창을 한다) ○무릎을 꿇고 앉으시오. (주인 이하 모두 무릎을 꿇고 앉는다) ○독축 하시오. (축관은 주인의 왼쪽에 서서 남쪽으로 향하여 무릎을 꿇고 앉아 독축을 하고 마치면)

○부복하였다 일어서시오. (주인만 절한다) (인찬이 인도한다) ○국궁 재배 평신하시오. ○제자리로 물러나 서시오. (통찬이 창을 한다)

●행아헌례.
(만약 종자 자신이 상주면 주부가 아헌을 하고 빈객이 종헌을 하며 만약 상주가 종자가 아니면 상주가 아헌을 하고 주부가 종헌을 한다) (인찬이 인도한다) ○조고위 전으로 가시오. ○무릎을 꿇고 앉으시오. ○제주를 하시오. ○술을 올리시오. ○부복하였다 일어나 재배 평신하시오. ○조비 전으로 가시오. ○무릎을 꿇고 앉으시오. ○제주를 하시오. ○술을 올리시오. ○부복하였다 일어나 재배 평신하시오. ○고위 전으로 가시오. ○무릎을 꿇고 앉으시오. ○제주를 하시오. ○술을 올리시오. ○부복하였다 일어나 재배 평신하시오. (통찬이 창을 한다)

●행종헌례.
(그 모두 하나 같이 아헌례와 같다) ○권하여 드리시오. (집사자가 주전자를 들고 술잔에 술을 가득 따른다) ○주인 이하 모두 밖으로 나가시오. ○문을 닫으시오. (문이 있으면 닫고 없으면 발을 친다) ○축관은 기척으로 회흠을 하시오. (축관은 문 앞에서 북쪽으로 향하여 기척을 세 번을 낸다) ○문을 여시오. ○주인 이하 제자리에 서시오. ○주부는 차를 따라 올리시오. ○모두 잘 이루어졌음을 고하시오. (축관은 서쪽층계 위에서 동쪽으로 향하여 서서 이르기를) ○봉양의 예가 모두 잘 이루어졌습니다.

●행사신례.
국궁 사배 평신하시오. ○축문을 불사르시오. ○신주를 드리시오. (축관은 먼저 조고비 신주를 감실에 드려 모시고 다음으로 망자 신주를 서쪽층계 탁자 위의 독으로 들고 간다) ○새 신주를 받드시오. (영좌로 돌아올 때 주인 이하 곡하며 따른다) ○모두 곡하시오. (왔으면 영좌 안으로 신주를 드려 모시고 마친다) ○예를 마칩니다. (만약 청사에서 행사를 하였으면 납주(納主)를 고쳐 이르기를 봉신주(奉神主)라 하고 사당으로 돌아가 신주를 들여 놓기를 마친 연후에 돌아와 서쪽층계 탁자 위의 새 신주를 받든다)

제 6 절 소상(小祥)

鄭氏云祥吉也

정씨(鄭氏名玄)가 이르기를 상제(祥祭)는 길제(吉祭)라 하였다.

◆祥(상)
喪服小記再期之喪三年也期之喪二年也九月七月之喪三時也五月之喪二時也三月之喪一時也故期而祭禮也期而除喪道也祭不爲除喪也註期而祭謂再期之喪致小祥之祭也期而除喪謂除衰絰易練服也小祥之祭乃孝子因時以伸其思親之禮也練時男子除首絰婦人除腰帶乃生者隨時降殺之道也祭與練雖同時並擧然祭非爲練而設也細註馬氏曰期而祭者謂之禮其除喪也謂之道禮存乎人道存乎天

⊙期而小祥(기이소상)
自喪至此不計閏凡十三月古者卜日而祭今止用初忌以從簡易大祥放此

⊙한돌이 소상(小祥)이다.
초상으로부터 소상까지 윤달을 계산하지 않고 열 석 달째이다. 옛날에는 점을 쳐 날을 받아 소상제를 지냈으나 요즘은 첫 기일 날 소상제를 지내게 되어 간편하다. 대상제도 이를 본 뜬다.

◆小祥(소상)

小記註小祥之祭乃孝子因時以伸其思親之禮也○曾子問祭如之何則不行旅酬之事矣孔子曰聞之小祥者主人練祭而不旅奠酬於賓賓弗舉禮也昔者魯昭公練而舉酬行旅非禮也孝公大祥奠酬不舉亦非禮也註曾子問祭而不行旅酬之禮何祭爲然孔子言惟小祥練祭爲然不旅者不旅酬也奠酬於賓奠其酬爵於賓前也賓不舉者賓不舉以旅也言此祭主人得致爵於賓賓不可舉此爵而行旅酬此禮也大祥則可旅酬矣○雜記自諸侯達諸士小祥之祭主人之酢也嚌(才細反)之衆賓兄弟則皆啐之大祥主人啐之衆賓兄弟皆飮之可也註嚌至齒爲入口爲啐疏主人之酢也嚌之者謂正祭之後主人獻賓長賓長酢主人主人受酢則嚌之也衆賓兄弟啐之謂祭末受獻之時則啐之也○凡侍祭喪者告賓祭薦而不食陳註侍祭喪謂相喪祭禮之人也薦謂脯醢也相禮者但告賓祭此脯醢而已賓不食之也若吉祭賓祭畢則食之此亦謂練祥之祭主人獻賓賓受獻主人設薦時也虞祔無獻賓之禮○父母之喪將祭而昆弟死旣殯而祭如同宮則雖臣妾葬而后祭註將祭將行小祥或大祥之祭也適有兄弟之喪則待殯訖乃祭然此死者乃是異宮之兄弟耳若是同宮則雖臣妾之卑賤亦必待葬後乃祭以吉凶不可相干也劉氏曰按喪不宜有異居然則昆當作兄兄弟或不同居矣喪服小功以下爲兄弟○小記三年而後葬者必再祭其祭之間不同時而除喪註孝子以事故不得及時治葬中間練祥時月以尸柩尙存不可除服今葬畢必舉練祥兩祭故云必再祭也但此二祭仍作兩次舉行不可同在一時如此月練祭則次月祥祭乃除衰服○語類問三年後葬者必再祭鄭註小戴記以爲只是練祥無禮曰不知禮經上下文如何道看見也是如此○喪服四制期而練○父母之喪十三月而練冠○雜記期之喪十一月而練○主妾之喪則自祔至於練祥皆使其子主之○喪大記大夫士父母之喪旣練而歸朔日忌日則歸哭于宗室註父子皆異宮庶子爲大夫士而遭父母之喪殯宮在適子家旣練各歸其宮至月朔與死之日則往哭于宗子之家謂殯宮也○婦人喪父母旣練而歸○公之喪大夫俟練士卒哭而歸○間傳期而小祥居堊室寢有席○雜記三年之喪雖功衰不弔疏曰小祥後衰與大功同故曰功衰如有五服之親喪而往哭不著已之功衰而依彼親之節以服之也不弔與往哭二者貴賤皆同之

◆不計閏(불계윤)

通典鄭玄云以月數者數閏以年數者不數射慈云三年周喪歲數沒閏九月以下數閏也○喪遇閏月議東晉謝攸孔粲議按左氏春秋經魯襄公二十八年十二月甲寅天王崩乙未楚子卒其間相去四十二日是則乙未閏月之日也經不書閏月而書十二月明閏非正宜附正之文其不曰二十九年正月是附前月之證又禮記喪事先遠日則祥除應在閏月○宋博士丘遷之議閏月亡者應以本正之月爲忌建平王宏謂遷之議不可准據晉代及皇代以來閏月亡者皆以閏之後月祥博士孫休議尋三禮喪遇閏歲數者沒閏閏在周內故也鄱陽哀王去年閏三月薨月次節物則是四月之分應以今年四月末爲祥按晉元明二帝並以閏月崩以閏後月祥先代成准則是今比太常丞庾蔚之議禮正月存親故有忌日之感四時旣變人情亦衰故有二祥之殺是則祥忌皆以周月爲議而閏亡者明年無其月不可以無其月而不祥忌故必宜用所附之月閏月附正公羊明義故班固以閏九月爲後九月月名旣不殊天時亦不異若用閏之後月則春夏永革節候亦殊縱然人以閏臘月亡者若用閏後月爲祥忌則祥忌應在後年正月祥涉三載旣失周歲之義冬亡而春忌又乖致感之本譬今年末三十日亡明年末月小若以去年二十九日親尙存則應用後年正朝爲忌此必不然若其不然則閏亡者亦可知也通國並用閏附於正而正不假閏得周便祥何待於閏且祥忌異月亦非禮意

◆亡失尸柩練祥(망실시구련상)

通典亡失尸柩服議劉智云若無尸柩則不宜有葬變寒署一周正服之終也是以除首絰而練冠也可令因周練變衰絰○開元禮亡失尸柩則變除如常禮

◆父在母喪過時葬練祥(부재모상과시장련상)

問父在母喪去正月遭喪十二月始襄事十一月練祭之節已蹉過矣今當遵小記曾子問次月行

練次月行祥之節襄畢後行練於正月似當而初忌適在月內仍用是日如何正月行練則又次月
當行祥事而適值閏正月又何以行之鄭氏曰以年數者不計閏以月數者計閏據此則母喪雖降
元是杖期其間月數進退不過零碎曲折而不計閏爲大節目若不計閏而行祥於二月則禫祭又
間一月行之於四月耶自喪至三月實是十五月應禫之月行禫於三月耶愼獨齋曰以年數者不
計閏者其意蓋不欲遷兩期之月也今但本以不計閏之喪而到此欲從數月之制無乃未安乎擇
吉行練於正月而初忌則只行祭到二月行大祥間月行禫或云祥雖退禫則當行於應禫之月

◆喪中立後者練祥(상중입후자련상)

尤菴曰喪後繼後者從啓下文書到家日爲聞訃曰四日成服其練祭亦以翌年文書來到月擇日
行之喪家如有服期者則自當於初忌日脫服耳○問出繼族父者未及禮斜遭所後母喪葬前禮
斜服衰其練祥當以公文到日計月定行而凡父在母喪練祥其父皆已主行矣追行練祥誰可主
之遂菴曰練祥其父已行子何可再行公文到日發喪計其月數設虛位哭而除之○南塘曰三年
內立後者母在則母自行其練祥禫祭子不可復行○愚按南塘又論三年內立後者再期徹几筵
設虛位朝夕哭臨變除之節亦哭而行之之說在大祥條亦是祭不爲除喪之義也正與上通典所
論聞喜王奔喪禮靈筵祭奠再期而毀之說相合矣

◆無後喪練祥(무후상연상)

問弟死無妻子者葬後卽徹几筵否沙溪曰弟雖無妻子卒哭後徹几筵有所不忍禮妻喪期年後
徹几筵依此行之如何○同春曰老先生所謂依此行之者卽徹几筵則不忍至三年則似過恐是
參酌人情而有是敎也然若有幼兒或奴僕可行三年則行之○尤菴曰喪無三年者不得爲二祥
在三殤則猶可成人無後者亦當然耶忌祭以故差過而又全然無事有所不忍追後擇日略倣二
祥行之或怜於人情耶○外孫不敢奉祀自有朱子明訓喪家未立後之前其出嫁女權奉饋奠則
亦有俗例而非禮之正也至於其女服盡之後不徹几筵則尤有所難處者○問有人無後而死只
有出嫁女來主其祭期年後則服盡姪子異居者亦不可以主祭几筵固當徹之耶或曰使婢僕守
其几筵而姪子攝祭以終三年未知如何遂菴曰無喪主而祭三年於禮未見又曰禮曰大功者主
人之喪有三年者則必再祭此言其妻在則不徹几筵而行大小祥只有奴僕而祭三年所未嘗聞

◆徹几筵(철궤연)

南溪曰子婦亡服除後似無仍存几筵之義本宗雖有期年之親其義不繫於本宗故耳○南塘曰
舅姑於子婦之無夫與子者朝夕上食似當以舅姑之服爲限然本家有爲之期者則又當以此服
爲限○陶菴曰凡喪無三年者則徑徹几筵在其父母兄弟之情有所不忍弟喪是期期年猶有可
據此則主喪是大功只限初期亦無所當然人情爲勝終未忍遽徹○問妻喪纔練身又沒而無子
女只有稚弟其嫂几筵何以處之遂菴曰禮大功者主人之喪有三年者則必再祭今無三年者祥
祭可廢擇日告辭奉入祠堂爲可○愚按遂菴所謂擇日告辭云者恐是以葬兄後言也若其兄未
葬則尙是生事之時也遽徹其嫂之几筵恐是不忍也且雖或葬兄而祥期且不遠則略設行之然
後徹几筵恐不甚悖未知如何○尤菴曰長殤徹几筵當在服盡之日或初期之日

◆閏月亡者祥忌(윤월망자상기)

開元禮閏月亡者祥及忌日皆以閏所祔之月爲正○通典孔粲議按春秋襄公二十八年十二月
甲寅天王崩乙未楚子卒其間相去四十二日是則乙未閏月之日也經不書閏月而書十二月明
閏非正宜附正之文其不日二十九年正月是附前月之證也庾蔚之議閏亡者明年無其月不可
以無其月而不祥忌故必宜用所附之月若用閏之後月則春夏永革節侯亦殊縱然人以閏臘月
亡者若用閏後月祥忌則祥忌應在後年正月祥涉三載旣失周歲之義譬今年末三十日亡明年
末月小若以去年二十九日親尙存用後年正朝爲忌此必不然閏亡者亦可知也

◆妻喪練祭卜日(처상연제복일)

沙溪曰家禮大小祥用初再期故卜日一節無所施只於禫有卜日之儀若夫爲妻小祥用十一月

而祭則其日卜如禫儀而先命以下旬之日似宜

⊙前期一日主人以下沐浴陳器具饌(전기일일주인이하목욕진기구찬)

主人率衆丈夫灑掃滌濯主婦率衆婦女滌釜鼎具祭饌他皆如卒哭之禮

⊙그날 하루 전에 주인 이하 목욕을 하고 제사기구를 진열하여 놓고 제찬을 갖춘다.

주인은 남자들을 데리고 제청과 집안을 깨끗이 청소를 하고 주부는 여자들을 데리고 솥을 닦고 제수 음식을 갖춘다. 기타의 다른 것은 모두 졸곡제 예법과 같다.

◆支子別具饌酒(지자별구찬주)

按今俗或於小大祥及忌日支子孫別具饌酒謂以加供侑食之後雜陳於卓前其爲黷褻孰甚於此如欲伸情則以物助具饌之需似合於古禮獻賢之義矣

⊙設次陳練服(설차진련복)

丈夫婦人各設次於別所置練服於其中男子以練服(輯覽按喪服疏旣練練布爲冠以此觀之所謂練服之服恐當從布字讀五禮儀引此條亦作布)爲冠(增解補註以練熟之布爲冠服故謂之練冠別爲練其制一如衰冠)去首絰負版辟領衰(增解補註衰裳如大功衰服用稍粗熟麻布爲之)婦人截長裙不令曳地(備要婦人腰絰除之○增解補註婦人服制亦用稍麤熟麻布爲之)應服期者改吉服然猶盡其月不服金珠錦繡紅紫唯爲妻者猶服禫盡十五月而除

> 楊氏復曰按儀禮喪服記載衰負版辟領之制甚詳但有闕文不言衰負版辟領何時而除司馬公書儀云旣練男子去首絰負版辟領衰故家禮據書儀云小祥去首絰負版辟領衰但禮經旣練男子除首絰婦人除腰帶家禮於婦人成服時並無婦人絰帶之文此爲疏略故旣練亦不言婦人除帶當以禮經爲正

⊙처소(處所)를 정하여 놓고 소상 후 입을 연복(練服)을 진열한다.

남자와 여자 각각 다른 곳에 처소를 정하여 그 곳에 연복을 둔다. 남자의 연복은 수질(首絰)은 벗고 관뿐이며 부판(負版)과 벽령(辟領), 최(衰)를 상의(上衣)에서 뗀다. 부인은 장군(長裙)을 땅에 끌리지 않게 자르고 요질을 벗으며 기복인은 그 달이 지나도록 기다렸다 길복으로 고쳐 입되 금붙이나 구슬로 치장치 않으며 비단에 울긋불긋하게 수를 놓은 옷은 입지 않는다. 다만 부인의 상이면 그 복으로 담월(禫月)을 지나 열 다섯 달 만에 복을 벗는다.

◆男重首女重腰(남중수녀중요)

檀弓練練衣黃裏縓緣疏曰練小祥也小祥而著練冠練中衣故曰練也練衣者以練爲中衣黃裏者黃衣中衣裏也正服不可變中衣非正服但承衰而已縓淺絳色緣謂中衣領及褒之緣也○葛要絰繩屨無絇註小祥男去首之麻絰惟餘要葛也故曰葛要絰繩屨者父母初喪菅屨卒哭受齊衰蒯薦屨小祥受大功繩麻屨也無絇謂無屨頭飾也○喪服小記除喪者先重者註小祥而男子除首絰婦人除要絰此之謂除喪者先重者也○間傳期而小祥練冠縓緣要絰不除男子除乎首婦人除乎帶男子何爲除乎首也婦人何爲除乎帶也男子重首婦人重帶除服者先重者易服者易輕者註小祥男子除首絰婦人除要帶此除先重也居重喪而遭輕喪男子則易要絰婦人則易首絰此易輕者也

◆練服(연복)

儀節按家禮於設次陳練服下旣曰男子以練服爲冠而不言冠之制又曰去首絰負版辟領衰而

不言別有所褎今考之韻書練漚熟絲也意其以練熟之布爲冠服設謂之練焉古人因其所服遂以爲小祥之稱雜記云三年之練冠亦條屬右縫註謂三年練冠小祥之冠也則小祥別有冠明矣服問云三年之喪旣練矣則服其功衰雜記亦云有父母之喪尙功衰註謂三年喪練後之衰升數與大功同故云功衰也則小祥別有衰明矣又檀弓云練練衣黃裏緣緣葛要帶繩履註練衣中衣之承衰者也葛腰帶用葛爲腰經也繩履用麻繩爲履也又喪小記曰練皆腰經杖繩履今擬冠別爲練其制繩武條屬右縫一如衰冠但用稍粗熟麻布爲之其服制則上衰下裳一如大功衰服而布用稍粗熟麻布爲之不用負版適衰腰經用葛爲之麻履用麻繩爲之父杖用竹母杖用桐如故又按溫公書儀謂今人無受服及練服小祥則男子除首經及負版辟領衰婦人長裙不令曳地蓋不復別有所製惟仍其舊而已冠上去首經服上去負版等三物婦人之服只截去舊裙使不曳地意古禮以小祥爲練小祥而不製練服可乎故今擬爲練服如右及擬婦人服制亦用稍粗熟麻布爲之庶稱練之名云

◆去負版辟領衰(거부판벽령최)

家語季桓子練而無衰孔子曰無衰衣者不以見賓何以除焉○按儀禮禮記儀禮經傳通解及杜氏通典開元禮等書幷無小祥去衰負版辟領之文而朱子家禮從溫公書儀去之從俗禮也今依古禮不去衰負版辟領未爲不可然此已經溫公朱子而未之改焉後人遵而行之可也

◆男子除首經婦人除腰帶(남자제수질부인제요대)

間傳男子除乎首婦人除乎帶男子重首婦人重帶除服者先重易服者易輕註小祥男子除首經婦人除腰帶此除先重也居重喪而遭輕喪男子則易腰經婦人則易首經此易輕者也○士虞記丈夫說經帶于廟門外入徹主人不與婦人脫首經不脫帶註不脫帶齊斬婦人帶不脫也婦人少變而重帶帶下體之上也疏婦人少變者以其男子旣葬首經腰帶俱變男子陽多變婦人旣葬直變首經不變帶故云少變也重帶帶下體之上也者帶男子陽重首首在上體婦人陰重腰腰是下體以重下體故帶不變也

◆父在爲母練祭(부재위모연제)

檀弓註祥禫之制施於三年之喪則其月同施於期之喪則其月異雜記十一月而練十三月而祥十五月而禫此期之喪也父在爲母有所屈三年所以爲極而至於二十五月者其禮不可過以三年之愛而斷於期者其情猶可伸○喪服疏爲妻亦伸年月禫杖亦與母同○尤菴曰妻喪實具三年之體段故練杖祥禫四者只是一串事今以不杖而不禫則獨行練祭恐是半上落下○備要按父在爲母與爲妻雖十五月而畢喪然實具三年之體故十一月而練者正當期年之數也不可謂以月計而第閏也○愚按備要所謂不可謂以月計而數閏云者謂假令遭喪於十月者明年八月爲練期則八月前雖有閏固當不計而八月後有閏則亦不當謂祥期隔兩月而退行練於次月也

◆父喪練衰緝邊之非(부상연최집변지비)

問斬衰後緝邊之說粉粉未定魏顥曰緝與不緝別斬齊矣又曰如便緝之斬名何得復存我朝巍巖老洲鹿門說亦同雖有同異之論恐當以此爲定良齋答曰父喪練後緝邊之說不在多言只經傳中斬衰三年一句如何區處

◆婦人衰裳(부인최상)

補註婦人服制亦用稍麤熟麻布爲之○同春曰用長裙之制則依家禮截之用古衰之制則恐無截之之禮矣○按備要成服婦人亦用衰裳之制則練亦當與男子同

◆夫爲妻練變除(부위처연변제)

愚按此卽小祥祭則實爲妻十一月之練也而此云爲妻者猶服禫則以十三月之祥而言也語似攙越然朱子之意只主於期年月數而言則乃是爲妻大祥之期也活看可也○通考徐乾學曰昔人論妻喪謂彼以父服服我我故以母服服之此不易之論也○南溪曰夫爲妻亦是三年之制則練祭變除恐與孝子無異○遂菴曰夫爲妻服練則首經亦當去

◆十一月練期親不變服(십일월연기친불변복)

同春曰十一月之練只是夫爲妻及父在爲母欲具三年之禮例也他餘期親自不當變服

◆父在母喪再期忌祭儀(부재모상재기기제의)

南溪曰父在母喪再期祭無入哭及變服○問父在母喪再期行事之節同春曰似當依忌祭然三
獻辭神之哭恐情理禁不得○愚按禫祭尙三獻不哭與二祥異者蓋爲神主已入廟彌以神事之
而衰益殺故也況於禫後再期之忌祭恐不合復做二祥而行之且此再期則當依廟中常祭而有
參神拜矣此尤可見與二祥不同矣恐當依忌祭初獻一哭而已未知如何

◆三重四股(삼중사고)

間傳旣虞卒哭去麻服葛葛帶三重註五分去一而四科之陳註以葛経易腰麻経差小於前四股
科之積而相重則三重蓋單科爲一重兩股合爲一繩是二重又合爲一繩是三重也○按三重之
制最初單一股則左科之是爲一重以此一股屈兩合之爲繩則右科之是二重兩股也又以此繩
屈而合之爲繩則還復左科之是成三重而股則四矣世俗或以二重之右科爲繩者還復右科之
使四股同歸之此則不成繩制而大違間傳註之旨矣○同春曰要経用三重者是漸殺向吉之意
○南溪曰其法則當用初喪要経各綴細繩之制

◆練服式(연복식)

備要今依圖式冠與中衣練之而衰裳則以大功七升布改製而不練恐無違於古禮而與疏家正
服不變之文相合矣然橫渠用練之說圖式引之而不以爲非家禮亦謂大功用熟布小祥換練布
則雖幷練衰裳亦不爲無據○牛溪曰練時葛経卽俗所謂(靑忽致)是也○尤菴曰練帶用葛去
其外皮則潔白光鮮不宜於喪服○又曰絞帶之用布出於儀禮好古之家從之○又曰家禮旣云
練布爲冠則武與纓似當幷在其中矣○又曰練時衣裳見於備要圖式而家禮儀禮皆無斬衰緝
邊之文若於小祥緝邊則更無斬衰終三年之意○按家禮只云陳練服而無某服不練之文正服
不練雖是疏說旣練冠及中衣不練衰裳則上下表裏甚不相稱並練衰裳恐得宜○斬衰練冠之
武纓先儒說不同而旣變繩絞爲布絞則繩武之仍存甚不相稱且衣裳之布與制皆同大功則冠
亦當一如大功當以尤庵說爲正○練後経帶世多用熟麻而熟麻只見於備要葛経與布帶則出
於経多矣只當以古禮爲準○葛経之葛沙溪以爲疑用鹿皮尤庵以用鹿爲不可易至以全
者爲言而以無葛之鄕用穎之義推之穎卽俗所謂(於作外)其光鮮甚於精葛牛溪靑忽致之說
似是而尤翁以不宜於喪服駁之旣無明證則不可遽用潔白者以皮葛略加漚治爲之似得宜

⊙陳練服之具(진연복지구)

(執事者)○집사자. (丈夫次)設于東序之東○장부차. 즉 남자들의 연복을 진열한 처소로 동편.
(婦人次)設于西序之西○부인차. 즉 여자들의 연복을 진열한 처소는 서편. (冠)用稍細練布鍛
爲之右縫布纓如大功○관. 즉 굴건 조금 고운 베를 삶아 다듬어 골을 오른쪽으로 꿰매고 베로
갓끈을 한 대공 굴건과 같다. (孝巾)用稍細練布鍛爲之○효건. 조금 고운 베를 삶아 다듬어
짓는다. (網巾)用稍細練布鍛爲之○망건. (衣)(裳)並用稍鹿練布鍛爲之斬衰猶不緝邊但去負版
辟領衰如大功○의. ○상. 즉 최상복. 다 같이 조금 거친 베를 쓰되 삶아 다듬어 짓는다.
참최복은 여전히 갓변을 꿰매지 않는다. 다만 부판과 벽령과 최(衰)는 떼고 대공복과 같이 짓
는다. (中衣)用稍細練布鍛爲之○중의. 일명 중단. (腰経)用葛爲之四股科之積而相重卽三重四
股其圍五寸七分齊衰四寸六分其長中取圍腰経兩端垂餘三尺斬衰亦當布纓○요질. 칡껍질로 삼중
사고로 하여 굵기는 다섯 치 칠 푼이며 자최 요질은 네 치 육 푼이다. 허리에 둘러매고 석자
를 늘어뜨린다. (行縢)用稍細練布鍛爲之○행전. 조금 고운 베를 삶아 다듬어 짓는다. (首経)
用葛爲之其圍七寸二分齊衰五寸七分斬衰亦當布纓○수질. 칡껍질로 만든다. 굵기는 일곱 치 두
푼이며 자최 수질은 다섯 치 칠 푼이다. 참최 수질에는 역시 갓끈도 베로 한다. (簪)仍舊○잠.
즉 비녀 그대로 꽂는다. (蓋頭)用稍細練布鍛爲之○개두. 여자들의 얼굴을 가려 쓰는 너울로

조금 고운 베를 삶아 다듬어 짓는다. (衣)○의. 즉 최복. (裳)衣裳皆用稍龘練布鍛爲之○상. 즉 치마. ○의상 모두 조금 거친 베를 삶아 다듬어 짓는다. ○斬衰猶不緝邊 但(有便覽去負版辟領衰)○首経以下婦人服○참최복은 여전히 갓 변은 꿰매지 않으며 부판과 벽령과 최만 뗀다. ○수질 이하 부인복. (絞帶)用稍細練布鍛爲之○교대. 조금 고운 베를 삶아 다듬어 짓는다. (杖)仍舊○장. 즉 상장 그대로 집는다. (屨)用漚麻爲之○구. 즉 미투리 오래 담가 부드럽게 된 삼으로 삼는다. ○絞帶以下男子婦人通服○교대 이하는 남녀 같다. (童子服) 並制同長者但無冠巾○동자복. 짓는 법은 어른들 것과 같다. 다만 관과 효건이 없다. (爲人後 者爲本生父母服)制同下禫服○양자간 자의 친가 부모 복(服) 짓는 법은 아래 담복과 같다. (侍者妾婢服)用練布○시자 첩비복. 삶아 다듬은 베로 짓는다. (吉服)期服人 所服祭訖還著素服如忌日服明日反著吉服○길복. 기복인들의 옷으로 돌아갈 때 입는 소복이다.

⊙厥明夙興設蔬果酒饌(궐명숙흥설소과주찬)
並同卒哭

⊙다음날 일찍 일어나 소채와 과실과 안주를 진설한다.
모두 졸곡과 같다.

⊙質明祝出主主人以下入哭(질명축출주주인이하입곡)
皆如卒哭但主人倚杖於門外(便覽寢門外之西○士虞禮註小記曰虞杖不入於室祔杖不升於堂 然則練杖不入於門明矣)與期親各服其服而入若已除服者來豫祭(增解文王世子五廟之孫祖 廟夫毁雖爲庶人死必赴練祥則告)亦釋去華盛之服皆哭盡哀止

⊙날이 밝으면 축관이 신주를 내모시면 주인 이하 들어가 곡한다.
모두 졸곡제와 같다. 다만 주인은 문밖의 서쪽에서 상장을 집고 있고 기복인 친족들은 다같이 각각 당한 상복을 입고 들어간다. 만약 이미 복을 벗은 이들도 미리 와서 제사에 참석하되 역시 화려하거나 치장(治粧)은 뗀 의복을 입는다. 모두 슬픔을 다하여 곡을 하고 그친다.

◆杖不入於門(장불입어문)
士虞禮註小記曰虞杖不入於室祔杖不升於堂然則練杖不入於門明矣○按門卽正寢中門也 士喪禮疏大夫士惟有寢門外門云則倚廬在寢門外外門內也練杖不入門者主人自倚廬入中 門時以杖倚之於此也家禮喪次亦在中門外也

⊙乃出就次易服復入哭(내출취차역복복입곡)
祝止之(便覽男女有服者皆出就次易練服期親換吉服惟父在爲母爲妻十一月而練者易服與服三年 者同復入哭少頃祝止之)

⊙곧 이어 연복(練服)을 진열한 처소로 가서 옷을 바꿔 입고 다시 들어와 곡한다.
축관이 곡(哭)을 그치게 한다. 남자나 여자나 복이 아직 남아있는 이들은 모두 연복이 진열된 처소로 가서 연복으로 바꿔 입고 기복인의 친족들도 길복으로 갈아 입고 돌아온다. 다만 부친은 생존하였는데 모친 상이거나 처의 상인 십일월의 연복자도 삼년 복자와 같다. 다시 들어와 곡을 잠깐 하면 축관이 곡을 멈추게 한다.

⊙降神(강신)

如卒哭(增解按降神下恐脫進饌一節○又按進饌象生右設說見初虞及祔祭)

⊙강신례.

졸곡제와 같다.

⊙進饌(진찬)(補)

儀節降神自此以後儀節並同卒哭(便覽降神下當有進饌○增解降神下恐脫進饌)

⊙진찬.(보)

졸곡제의 진찬 의식과 모두 같다.

⊙三獻(삼헌)

如卒哭之儀祝版但(云云)

⊙초헌, 아헌, 종헌.

졸곡제 의식과 같다. 축문은 다음과 같다.

◆常事(상사)

曾子問薦其常事註薦其歲之常事也○士虞記薦此常事註祝辭之異者言常者期而祭禮也古文常爲祥疏異者以虞祔之祭非常一期天氣變易孝子思之而祭是其常事小記期而祭禮也期而除喪道也祭不爲除喪也註禮正月存親親亡至今而期期則宜用祭期天道一變哀惻之情益衰衰則宜除不相爲也是以謂小祥祭常事也

◆無子有妻攝主祝(무자유처섭주축)

按子幼攝主祝孫幼攝主祝兩條見初虞○問人有幼子而死以子名題主而其子死未及繼後之前練祥禫誰主之當於祭時改題主婦耶南溪曰禮大功者主人之喪有三年者必爲之再祭註曰練祥也然則子雖死其父之近親當任其責從而立後則無立女主之患○問有人死擘子承嫡而葬後亦夭其於祥事承嫡者之妻初獻耶陶菴曰婦人主祭是萬萬迫不得已之事於禮未穩亡者之姪子礿獻爲可而祭前先告以替攝之意尤爲曲盡耶亡者之妾則僭甚宜不敢論也

◆小祥退行祝(소상퇴행축)

問退行小祥祝辭芝村曰退行之由初必已告至於祝辭則無變改之事○問練祥若有故退行則祝式如何尤菴曰祝文當用常時所用而末段略告退行之由似宜○愚按祥祭若有故退行則初忌日必有略設之奠此時若告退行祥之意則當如芝村說祝無變改若未告則如尤菴說略告於末段矣

◆小祥祝文式(소상축문식)

維

歲次干支幾月干支朔幾日干支孝子屬稱隨改見上虞祭祝式某敢昭告于告妻及弟以下見上虞祭祝式

顯考某官府君屬稱隨改見上虞祭祝式日月不居奄及小祥夙興夜處哀慕不寧妻子兄弟改措語見上虞祭祝式謹以妻弟以下云玆以清酌庶羞哀薦旁親及妻弟以下改措語見上虞祭祝式常事尙

饗(便覽按祝式中雖載小心畏忌不惰其身八字而士大夫家不用者居多鄙人曾亦不敢用矣)

◆소상 축문식.

세차 모 간지 기월 기일 효자 모 공경하옵는 아버님 모관 부군께 감히 밝혀 고하나이다. 세월은 머무르지 않아 어언 소상이옵니다. 밤낮으로 아버님을 슬피 사모함에 편치가 않사옵니다. 삼가 여러 가지 음식과 맑은 술을 따라 상사에 드리오니 바라옵건대 흠향하옵소서. (축식에는 아무리 잘 꾸며진다 하여도 소(小), 심(心), 외(畏), 기(忌), 불(不), 타(惰), 기(其), 신(身) 등 여덟 글자는 사대부가에서는 사용치 않는 글자이며 거(居), 다(多), 비(鄙), 인(人), 증(曾) 자 역시 함부로 쓰지 않는다. 한다)

⊙侑食闔門啓門辭神(유식합문계문사신)(備要徹饌)

皆如卒哭之儀

⊙권하고 문을 닫고 나오고 문을 열고 들어가서 사신재배하고 철상한다.

모두 졸곡제 의식과 같다.

◆練祥時待弔客之節(연상시대조객지절)

尤菴曰練日弔哭未之前聞然各旣弔哭則主人何可昧然而已○問葬時具酒肴以待弔客鄕俗滔滔甚無謂也好禮之家自不徇俗而至於練祥人皆謂異於初喪雜記云小祥之祭主人之酢也嚌之衆賓兄弟則皆啐之大祥主人啐之衆賓兄弟皆飮之可也此則非惟飮客主人亦自飮之誠爲末流之口實或漢儒傳會之誤處耶忌日不餕家禮所著今人於練祥設酒饌以待客若不可已者然練祥喪祭也非忌日之比而行此忌日所不行之事鄙野之俗一至於此或云家禮弔禮護喪送至廳事茶湯而退今人旣不用茶則以酒待客不至甚害而遠來之客亦不可全無接待之禮云未知如何愚伏曰古人祭禮與後世不同主人獻賓賓酢主人皆祭時事非如後世之餕也禮以爲重故不敢廢心不能安故不敢飮至齒而已入口而已乃其節也不可視爲傳會之誤若今人於祭饌之外盛備酒食有如宴賓之爲則無埋甚矣決不可從若以祭餘待來會之客而令族人爲禮不至變貌則庶不爲陷人於惡矣○尤菴曰葬時飮酒程子之訓甚嚴何可遠也古人於祥祭擇日行之故有主酢賓之禮今則必用二忌忌者喪之餘也亦何可設酒饌待客也然惟賓客於是日致慰主人而卽去則似好矣

⊙小祥儀禮節次(소상의례절차)

祝出神主○主人以下入擧哀(主人以下期親各服其服倚杖哭於門外少頃)○哀止○就次易服(各出就次易服畢各具新服)○序立○擧哀○哀止○降神○(引)盥洗(主人降階洗手)○詣香案前○跪○上香○酹酒(傾於茅沙上)○俯伏興拜興拜興平身○復位○(通)參神○鞠躬拜興拜興拜興拜興平身○進饌(主人奉魚肉主婦奉麪米食主人奉羹主婦奉飯)○初獻禮○(引)詣靈座前○跪○祭酒(傾少許于茅沙上)○奠酒(執事者接盞置神主前)○俯伏興拜興拜興平身(退稍後立)○(引)跪○(通)主人以下皆跪○讀祝(祝執版立於主人之左東向讀之畢)○俯伏興平身(少退)○(通)擧哀(主人以下皆哭少頃)○哀止○(引)鞠躬拜興拜興平身(主人獨拜)○復位○亞獻禮○詣靈座前○跪○祭酒○奠酒○俯伏興拜興拜興平身(若主婦行禮則拜四拜不用俯伏平身)○復位○(通)終獻禮○(引)詣靈座前○跪○祭酒○奠酒○俯伏興拜興拜興平身○復位○(通)侑食(子弟一人執注就添盞中酒)○主人以下皆出○闔門(執事者閉門無門下簾少頃)○祝噫歆(祝當門北向作聲三)○啓門(乃開門)○復位(主人以下皆復位)○點茶(執事者以茶進)○告利成(祝立西階上東面曰)○利成○辭神○擧哀(主人以下皆哭)○鞠躬拜興拜興拜興拜興平身○哀止○焚祝文○納主○徹饌○禮畢

　(譯者補; 初獻條啓飯蓋. 侑食條挿匙正筯. 辭神前下匕筯于楪中合飯蓋)

⊙소상 의례절차.

축관이 신주를 내모신다. ○주인 이하 들어가 모두 곡한다. (주인 이하 기복의 친족은 각각 당한 상복을 입고 상장을 집고 문밖에서 잠깐 동안 곡을 한다) ○곡을 멈춘다. ○연복을 진열한 처소로 가서 바꿔 입는다. (남녀 각각 처소로 가서 갖춰 놓은 새 연복으로 바꿔 입기를 마쳤으면) ○차서 대로 선다. ○모두 곡한다. ○곡을 멈춘다.

●행강신례.
(인찬이 인도한다) ○손을 씻으시오. (주인은 층계를 내려가 손을 씻는다) ○향안 앞으로 가시오. ○무릎을 꿇고 앉으시오. ○분향하시오. ○강신하시오. (술을 모사 위에 기우려 따른다) ○부복하였다 일어나 재배 평신하시오. ○제자리로 물러나 서시오. (통찬이 창을 한다)

●행참신례.
국궁 사배 평신하시오. ○찬을 올리시오. (주인은 생선과 고기를 받들어 올리고 주부는 국수 류와 떡 류를 받들어 올리고 주인은 국을 받들어 올리고 주부는 메를 받들어 올린다)

●행초헌례.
(찬인이 인도한다) ○영좌 앞으로 가시오. ○무릎을 꿇고 앉으시오. ○제주를 하시오. (모사 위에 조금 세 번 기울여 따른다) ○술잔을 올리시오. (집사자가 잔을 받아 신주 앞에 놓는다) ○부복하였다 일어나 재배 평신하시오. (뒤로 조금 물러나 선다) (찬인이 인도한다) ○무릎을 꿇고 앉으시오. (통찬이 창을 한다) ○주인 이하 모두 무릎을 꿇고 앉으시오. ○독축하시오. (축관은 축판을 들고 주인의 왼쪽에서 동쪽으로 향하여 서서 독축을 하고 마치면) ○부복하였다 일어나 평신하시오. (조금 뒤로 물러난다) (통찬이 창을 한다) ○모두 곡을 하시오. (주인 이하 모두 잠깐 곡을 한다) ○곡을 그치시오. (찬인이 인도한다) ○국궁 재배 평신하시오. (주인만 절을 한다) ○제자리로 물러나 서시오.

●행아헌례.
영좌 앞으로 가시오. ○무릎을 꿇고 앉으시오. ○제주를 하시오. ○술을 올리시오. ○부복하였다 일어나 재배 평신하시오. (만약 주부가 예를 진행할 때는 절은 사배를 하고 부복과 평신은 하지 않는다) ○제자리로 물러나 서시오. (통찬이 창을 한다)

●행종헌례.
(찬인이 인도한다) ○영좌 앞으로 가시오. ○무릎을 꿇고 앉으시오. ○제주를 하시오. ○술잔을 올려 드리시오. ○부복하였다 일어나 재배 평신하시오. ○제자리로 물러나 서시오. (통찬이 창을 한다) ○권하여 드리시오. (자제 한 사람이 주전자를 들고 위전으로 가서 잔에 술을 첨작을 한다) ○주인 이하 모두 문밖으로 나가시오. ○문을 닫으시오. (집사자가 문을 닫되 문이 없으면 발을 치고 잠깐 동안 있는다) ○축관은 인기척으로 희흠을 하시오. (축관은 문 앞으로 가서 북쪽으로 향하여 인기척으로 희흠을 세 번 낸다) ○문을 여시오. (곧 문을 연다) ○제자리에 서시오. (주인 이하 모두 제자리에 선다) ○차를 올리시오. (집사자가 차를 올린다) ○잘 이루어졌음을 고하시오. (축관은 서쪽층계 위에서 동쪽으로 향하여 서서 고하기를 봉양의 예가 모두 잘 이루어졌습니다)

●행사신례.
모두 곡 하시오. (주인 이하 모두 곡한다) ○국궁 사배 평신하시오. ○곡을 그치시오. ○축문을 불 사르시오. ○신주를 독에 넣으시오. ○철상하시오. ○예를 마칩니다.

⊙止朝夕哭(지조석곡)
惟朔望未除服者(便覽卽期以下在外聞喪追服者)會哭其遭喪以來親戚之未嘗相見者相

見雖已除服猶哭盡哀然後叙拜

⊙조석으로 하던 곡을 그친다.

다만 초하루 보름에는 복을 벗지 않은 이들과 기복(期服)이하 멀리 살아 상(喪)소식은 늦게 들은 추복자(追服者)들은 모여 곡을 하고 상 소식을 듣고 달려온 친척들이 서로 조문치 않은 이들은 서로 조문을 하고 비록 이미 복을 벗었어도 같이 슬픔을 다하여 곡을 한 후 차서 대로 절하며 조문한다.

◆晨昏拜揖之節(신혼배읍지절)

退溪曰雖止朝夕哭晨昏當展拜几筵○龜峯曰止朝夕哭後几筵晨夕禮家禮無文欲行祠堂章晨謁之拜則三年內几筵無參神拜朱子云柩前無拜以子事父母必俟起衣後拜則几筵無參拜亦象生之禮也今欲晨夕入伏几筵前行定省之義豈不可全然無事又不可行事神之禮故也○問退溪晨昏展拜几筵之說編入於備要而沙溪又以爲以朱子說觀之三年內有常侍之義朝夕參拜未知如何其意蓋出於不忍死其親之義也二說不同宜何適從尤菴曰二先生之說果有異同然練前有朝夕哭祔廟後有晨謁而中間練後祔前却無事在者是難曉處也禮子於平日晨昏之禮男子唱喏婦人道萬福安置據此則平日常侍不爲昧然無節矣況練後無參拜之儀則是都無事故鄙意每以退溪說爲合於情禮也○農巖曰鄙則只每朝瞻禮而不拜○陶菴曰晨昏入几筵侍立移時而退恐當以禮言之則所謂瞻禮者是也○愚按晨昏展拜固是神事之禮而不宜於三年內象生之時也若龜峯所謂入伏陶菴所謂侍立恐亦未見節文之有據也惟是家禮居家雜儀男子平日有父母前晨昏唱喏而會成云唱喏是揖時聲且節孝徐先生每晨夕具公服揖其母云則平日父母前有揖可知矣瞻禮之文亦在祠堂章而丘儀亦以唱喏言之則瞻禮亦是揖也然則據此數說晨昏入几筵恐當鞠躬作揖而退矣未知如何

⊙始食菜果(시식채과)

問妻喪踰期主祭朱子曰此未有考但司馬氏大小祥祭已除服者皆與祭則主祭者雖已除服亦何害於與祭乎但不可純用吉服須如弔服及忌日之服可也

⊙비로소 소채와 과실을 먹는다.

◆始食菜果(시식채과)

喪服傳旣練舍外寢始食菜果飯素食註外寢中門外室下壘墼爲之不塗墍所謂堊室也素猶故也謂復平生時食也疏兩下爲屋謂之屋偏加東壁非兩下謂之廬也不塗墍不泥塗墍飾也平生時食亦據米飯而言○雜記三年之喪廬堊室之中不與人坐焉○功衰食菜果飲水漿無塩酪不能食食塩酪可也○公羊傳古者臣有大喪則君三年不呼其門已練可以弁冕服金革之事君使之非也臣行之禮也

⊙主人聞喪在後月其亡日前一日告(주인문상재후월기망일전일일고)

喪大記婦人喪父母旣練而歸○語類親喪兄弟先滿者先除後滿者後除以在外聞喪有先後○便覽按古禮練祥之月卜日而祭而先滿先除之文出於儀禮恐非指同月聞訃者而言庶子聞喪若與適子同月則適子練祥時偕除似當先正意皆如此

⊙주인이 친상 부음을 사는 곳에서 들은 것이 한 달이 지난 뒤라면 망일 하루 전에 고한다.

친상(親喪)을 당하여 형제가 먼저 달이 찬 자는 먼저 복을 벗고 뒤에 차는 자는 뒤에 벗는 것이니 타향에 있던 자가 상(喪) 소식 듣기의 선후가 있음에 서다. 고례(古禮)에는 소상의 달에 날을 받아 제사를 하였다.

◆主人聞喪在後月其亡日前一日告辭式(주인문상재후월기망일전일일고사식)

某罪逆凶釁不克敬孝昨年聞訃在於某月某日將以是日退行小祥而明日

諱辰且行一奠之禮彌增罔極謹告

◆망일 하루 전 고사식.

모는 불효의 죄로 흉한 허물을 내렸사와 공경과 효도를 다하지 못하였사옵니다. 작년 부음(訃音)은 받은 날이 모월 모일이었사와 장차 이 날로 줄여 행하고자 하옵니다. 소상(小祥)인 내일이 작고하신 날이 오라 일헌(一獻)의 예(禮)를 행하려 하오니 더욱 더 망극하와 삼가 고하나이다.

제 7 절 대상(大喪)

(길제를 행할 때는 본 대상조를 삭하고 제 7 장으로 대(代)한다)

◆三年之喪(삼년지상)

三年問三年之喪何也曰稱情而立文因以飾群別親疏貴賤之節而弗可損益也故曰無易之道也創鉅者其日久痛甚者其愈遲三年者稱情而立文所以爲至痛極也斬衰苴杖居倚廬食粥寢苫枕塊所以爲至痛飾也三年之喪二十五月而畢哀痛未盡思慕未忘然而服以是斷之者豈不送死有已復生有節也哉註人不能無羣羣不可無別立文以飾之則親疏貴賤之等明矣弗可損益者中制不可不及亦不可過是所謂無易之道也治親疏貴賤之節者惟喪服足以盡其詳服莫重於斬衰時莫久於三年故此篇列言五服之輕重而自重者始○張子曰三年之喪二十五月而畢又兩月爲禫共二十七月禫鑽燧改火天道一變其期已矣情不可以已於是再期再期又不可以已於是加之三月是二十七月也○喪服四制父母之喪衰冠繩纓菅屨三日而食粥三月而沐期十三月而練冠三年而祥比終茲三節者仁者可以觀其愛焉知者可以觀其理焉彊者可以觀其志焉禮以治之義以正之孝子弟弟貞婦皆可得而察焉註比及也三月一節也練一節也祥一節也非仁者不足以盡愛親之道故於仁者觀其愛非知者不足以究居喪之理故於知者觀其理非强者不足以守行禮之志故於强者觀其志一說理治也○藍田呂氏曰父母之喪其大變有三始死至子三月一也十三月而練二也三年而祥三也莫不執喪也

⊙再期而大祥(재기이대상)

自喪至此不計閏凡二十五月亦止用第二忌日祭(雜記期之喪十三月而祥註此謂父在爲母)

⊙두 돌이 대상(大祥)이다.

초상(初喪)으로부터 이날까지 윤달을 계산하지 않고 대체로 스물 다섯 달 되는 두 번째 기일에 대상제를 지낸다. 기(期)의 상(喪)은 열 석 달 뒤가 대상(大祥)이며 이는 부친 생존 시 모친 상(喪)의 이름이다.

◆大祥(대상)

喪服四制父母之喪三年而祥○三年問三年之喪二十五月而畢○語類親喪兄弟先滿者先除後滿者後除以在外聞喪有先後○雜記期之喪十三月而祥○間傳又期而大祥有醯醬居復寢素縞麻衣○喪大記既祥黝堊祥而外無哭者註堊室在中門外練後服漸輕可以謀國政謀家事也祥大祥也黝治堊室之地令黑堊塗堊室之壁令白皆稍致其飾也祥後中門外不哭故曰祥而

外無哭者禫則門內亦不復哭故曰禫而內無哭者所以然者以樂作故也○四制祥之日鼓素琴
○檀弓孔子既祥五日彈琴而不成聲十日而成笙歌○子夏既除喪而見予之琴和之而不和彈
之而不成聲作而曰哀未忘也先王制禮而不敢過也子張既除喪而見予之琴和之而和彈之而
成聲作而曰先王制禮不敢不至焉疏按家語及詩傳皆言子夏喪畢夫子與琴授琴而絃衎衎而
樂閔子騫喪畢夫子與琴授琴而絃切切而哀與此不同當以家語及詩傳爲正○顏淵之喪饋祥
肉孔子出受之入彈琴而后食之

◆喪中立後者祥變除(상중입후자상변제)

問追後立後者過祥後徹几筵與否農巖則以爲三年外仍存几筵終覺未安尤菴則曰中原則或
於三年垂畢之時有始聞喪者然則几筵之設當至六年耶尤菴此說可爲旁照如何陶菴曰此是
變禮之大者累年商量才以几筵先徹爲斷矣兩老之言如此其或不悖否○問三年內立後者再
期雖過几筵不可徹而上食則似無仍行之義南塘曰几筵亦不可不徹只於舊日几筵所設處設
虛位朝夕哭臨變除之節亦只哭而除之神主既入廟則服喪而已祭則無謂也士能以爲几筵徹
後廬墓以終三年其言尤是矣神主久不入廟固非神道之所宜而神主在位不上食亦豈人情之
所安耶三年入廟神道之常也服喪三年子道之常也皆禮之大閑不可踰越者各盡其常無違大
閑不亦可乎

◆父在母喪再期忌祭儀(부재모상재기기제의)

南溪曰父在母喪再期祭無入哭及變服○問父在母喪再期行事之節同春曰似當依忌祭然三
獻辭神之哭恐情理禁不得○愚按禫祭尚三獻不哭與二祥異者蓋爲神主已入廟彌以神事之
而哀益殺故也況於禫後再期之忌祭恐不合復倣二祥而行之且此再期則當依廟中常祭而有
參神拜矣此尤可見與二祥不同矣恐當依忌祭初獻一哭而已未知如何

◆父母偕喪母葬後行父祥(부모해상모장후행부상)

雜記有父之喪如未沒喪而母死其除父之喪也服其除服卒事及喪服註沒猶終也除也父喪在
小祥後大祥前是未沒父喪也又遭母喪則當除父喪之時自服除喪之服以行大祥之禮此禮事
畢卽服喪母之服若母喪未葬而値父之二祥則不得服祥服者以祥祭爲吉未葬爲凶不忍於凶
時行吉禮也細註嚴陵方氏曰除服謂祥祭之服服其除服而後反喪服以示於前喪有終也

⊙前期一日沐浴陳器具饌(전기일일목욕진기구찬)

皆如小祥

⊙하루 전날 목욕을 하고 제사 지낼 기구를 제자리에 진열하고 제수품을 갖춘다.

모두 소상과 같다.

⊙設次陳禫服(설차진담복)

司馬溫公曰丈夫垂脚黲紗幞頭黲布衫布裹角帶(儀節有官者白布盤領袍布帶無官者白直領
衣布帶○五禮儀白衣白靴)未大祥間假以(假以之假一作服梳疑旒)出謁者婦人冠梳假髻以
鵝黃青碧皂白爲衣履其金珠紅繡皆不可用

問子爲母大祥及禫夫已無服其祭當如何朱子曰今禮几筵必三年而除則小祥大祥之祭皆夫主之但
小祥之後夫卽除服大祥之祭夫亦恐須素服如弔服可也但改其祝辭不必言爲子而祭也

⊙처소를 정하여 담복(禫服)을 진열한다.

사마온공(司馬溫公)이 이르기를 남자는 검푸른 깁의 복두(幞頭)에 양쪽으로 끈을 늘
어트리고 검푸른 베옷에 베로 각대를 싸 두르고 대상 전에 간간이 조정(朝廷)에 나가
알현(謁見)할 때도 이와 같이 입으며 부인은 빗질을 하여 머리를 보기 좋게 하여 쪽

을 찌고 관을 쓴다. 옷과 신은 검거나 흰 것으로 하되 옷과 신에는 금붙이나 옥 또는 울긋불긋하게 수를 놓은 것은 모두 아니 된다. 하였느니라.

◆祥後服(상후복)

玉藻縞冠玄武子姓之冠也縞冠素紕(皮)既祥之冠也註縞生絹也武冠卷也以縞爲冠凶服也武則玄色吉也所以吉凶相半者蓋父有喪服子不可用純吉故曰子姓之冠姓生也孫是子之所生故謂之子姓素熟絹也紕冠兩邊及卷下畔之緣也縞冠素紕謂冠與卷身皆用縞但以素緣之耳既祥之冠者祥祭後所服也○方氏曰爲祖之亡也故冠縞以示其凶爲父之存也故武玄以示其吉冠上而武下爲祖而縞者尊尊於上也爲父而玄者親親於下也○喪服小記除殤之喪者其祭也必玄除成喪者其祭也朝服縞冠註玄謂玄冠玄端也殤無虞卒哭及練之變服其除服之祭用玄冠玄端黃裳此於成人爲釋禫之服所以異於成人之喪也若除成人之喪則祥祭用朝服縞冠朝服玄冠緇衣素裳今不用玄冠而用縞冠是未純吉之祭服也又按玄端黃裳者若素裳則與朝服純吉同若玄裳又與上士吉服玄端同故知此爲黃裳也○雜記祥主人之除也於夕爲期朝服祥因其故服註祥大祥也○疏曰祥祭之時主人除服之節於夕爲期謂於祥祭前夕預告明日祭期也朝服謂主人著朝服緇衣素裳其冠則縞冠也祥因其故服者謂明旦祥祭時主人因著其前夕故朝服也又曰此據諸侯卿大夫言之從祥之吉凡服有六祥祭朝服縞冠一也祥訖素縞麻衣二也禫祭玄冠黃裳三也禫訖朝服綅冠四也踰月吉祭玄冠朝服五也既祭玄端而居六也○陸氏曰綅息廉反黑經白緯曰綅○間傳又期而大祥素縞麻衣中月而禫禫而纖無所不佩疏曰二十五月大祥祭此日除脫則首服素冠以縞紕之身著朝服而祭祭畢而哀情未除更反服微凶之服首著縞冠以素紕之身著十五升麻深衣未有采緣故云素縞麻衣也大祥之後更間一月而爲禫祭禫祭之時玄冠朝服祭訖則首著纖冠身著素端黃裳以至吉祭平常所服之物無不佩也黑經白緯曰纖○儀節按說文黪淺黑青也今世無垂脚幞頭之制擬有官者用白布裹帽白布盤領袍布帶無官者用白布巾白直領衣布帶婦人純用素衣履

◆禫服(담복)

雜記祥主人之除也於夕爲期朝服祥因其故服註祥大祥也疏曰祥祭之時主人除服之節於夕爲期謂於祥祭前夕預告明日祭期也朝服謂主人著朝服緇衣素裳縞冠祥因其故服者謂明朝祥祭時主人因著其前夕朝服也又曰此據諸侯卿大夫言之從祥至吉凡服有六祥祭朝服縞冠一也祥訖素縞麻衣二也禫祭玄冠黃裳三也禫訖朝服綅冠四也踰月吉祭玄冠朝服五也既祭玄端而居六也陸氏曰綅息廉反黑經白緯曰綅○小記除成喪者其祭也朝服縞冠註除成人之喪則祥祭用朝服縞冠朝服玄冠緇衣素裳今不用玄冠而用縞冠是未純吉之祭服也○丘儀擬有官者用白布裹帽白布盤領袍布帶無官者用白布巾白直領布帶婦人純用素衣履○按五禮儀有白衣白笠白靴之陳

◆陳祥服(진상복)

儀節白直領布帶五禮儀白笠白靴婦人用素衣履內外各設次陳之○檀弓祥而縞○書傳純白之色曰縞大祥則服乎縞也○間傳大祥素縞麻衣○按家禮此條云陳禫服而不無古今之異且在萬曆年間鄭松江赴京問於禮部則郎中胡僖答曰禫而陳禫服序也今當薦此祥事之日而先陳禫服人無不微疑其間我朝議禮考文祥禫服參酌時宜大祥日用細熟麻布爲冠服及至禫祭卽服禫服承祭云而今文獻無徵故但以陳祥服三字爲大文註以皇朝制以丘儀與國制開錄于下而禫服一段移置禫條

⦿告遷于祠堂(고천우사당)(據附註祫祭迭遷說移此節于禫祭後吉祭條)

以酒果告如朔日之儀若無親盡之祖則祝版(云云)告畢改題神主如加贈之儀遞遷而西虛東一龕以俟新主若有親盡之祖而其別子也則祝版(云云)告畢而遷于墓所不埋其支子也而族人有親未盡者則祝版(云云)告畢遷于最長之房使主其祭其餘改題遞遷如前

若親皆已盡則祝版(云云)告畢埋于兩階之間(朱子曰古人埋桑主於兩階間今則只得埋於墓所 ○芝村曰先生初以埋于兩階間爲註下文又曰埋于墓側豈失於照管未及修正處耶)其餘改題遞遷 如前

⊙사당 신주께 세대가 옮겨짐을 고한다.

과실과 술을 진설하고 고하기를 초하루 참배 의식과 같이한다. 만약 세대가 지나지 않은 신주만 있을 때는 다음과 같이 고하고 의식대로 한 대씩 올려 신주를 고쳐 써 서 서쪽 감실로 차례대로 옮겨 동쪽 감실 한 칸을 비워놓고 새 신주를 기다린다.

만약 적손 세대는 다하였으나 그 지손(支孫)이 있을 때는 다음과 같이 축(祝)으로 고 하고 묘소로 옮겨 매안(埋安)하지 않고 그 다음 형제 집으로 옮기고 족인(族人) 중 봉제사 세대가 지나지 않은 자 있으면 축으로 고하고 가장 위 항렬 어른 집(最長房) 으로 옮겨 그가 신주를 섬기고 제사케 하며 그 외 개제(改題) 체천(遞遷) 의식은 앞 과 같게 한다. 만약 봉 제사 세대가 이미 지난 신주는 축으로 다음과 같이 고하고 묘 소(양 층계 사이)에 묻고 그 외의 개제 체천(遞遷) 의식은 앞과 같다.

◆始祖及不遷之位(시조급불천지위)

有親盡之祖始爲功臣者則當依家禮別子親盡遷于墓所不埋而但國家待功臣甚厚使子孫不 遷其主則祭四代之家幷不遷之主乃五代也據禮人臣不可祭五代不得已高祖當出而祭于別 室耶更詳之

◆最長之房(최장지방)

問最長之房愚答曰按語類賀州有一人家共一大門門裡有兩廊皆是子房如學舍僧房每私房 有人客來則自辦飮食引上大廳請尊長伴五盞後却回私房別置酒云云以此觀之古人累世同 居者於一門之內子孫各有私房以居亦若儀禮所謂南宮北宮然祠堂若有親盡之主當遷而族 人有親未盡者則遷于其中最長之房以祭之也

◆長房奉祧主當告辭於本家祠堂(장방봉조주당고사어본가사당)

艮齋曰長房奉祧主宜有告辭於本家祠堂而備要便覽皆不著誠可疑也曾見先師所定祧主遞 奉儀新補云云某以長房某日當奉來顯某親某官府君云云祧主安于右龕敢告

◆最長房貧莫能奉祭遷于次房則最長房就彼行祀(최장방빈막능봉제천 우차방즉최장방취피행사)

艮齋曰朱子於晩年不用遞遷之禮此見於大全語類者非止一二好禮之家固當承用但吾東遞 遷一款成俗已久有難變今最長房貧窶莫能奉祭而不得已遷于次長房則爲最長房者臨祭畧 具魚果之屬就彼行祀恐爲便宜之道

◆最長房傍題不書庶(최장방방제불서서)

艮齋曰親盡神主當遞遷於庶族親未盡家而傍題稱庶乎答不書庶字

◆遞遷當否(체천당부)

艮齋曰高祖親盡長房遞遷著於家禮大祥章告遷于祠堂條(先生庚寅歲編成家禮被人竊去不 及再修)高祖親盡則就伯叔位服未盡者祭之(語類包敏道癸卯甲辰乙巳所聞)李堯卿問自先 兄去後舍姪祧高祖而祀先兄爲禰某家中闕高祖之祭心實未安欲祭高祖於某家云云答曰此 事只合謹守禮文未可遽以義起(大全○先生庚戌知漳卅時李堯卿始得及門)胡伯量問先兄 旣娶而死欲爲之立後使之主祭則某之高祖當祧去否答曰高祖祧去雖覺人情未安然別未有 以處也家間將來小孫奉祀其勢亦當如此(大全○先生長子以辛亥二月死則此書在先生六十 三歲以後明矣)胡兄問祧主置何處曰埋於兩階間又曰不若埋於始祖墓邊(語類沈莊仲戊午

以後所聞)○家禮長房遞遷在先生四十一歲語類包敏道錄在先生五十四五歲大全答胡伯量李堯卿二書皆在家禮後二十餘年語類沈莊仲錄所謂胡兄卽伯量也此又在先生六十九歲以後也然則大全二書及語類沈錄當爲晚年定論○問適孫主祭則便須祧六世五世廟主若叔祖尙在則乃是祧其高曾祖於心安乎朱子曰也只得如此聖人立法一定而不可易此一條見載於家禮增解一之八十四板而愚今病中神思昏窒不記其出處姑以附此以俟後考(雜著卅二之十五下同)李堯卿問目中闕高祖祭退溪先生云舍姪旣祧遷高祖而堯卿家不可時祭故云闕高祖之祭云云按若用長房遞遷之禮則堯卿家自當奉高祖而行時祭矣記疑說如此而箚疑問目標補管補鹿門陶谷都無疑難之辭且於答胡伯量書伯量高祖祧去之說後賢亦都無一句疑辭何也豈皆以是爲定論家禮爲初年說而然歟○堯卿己於兄在日自立家先龕子(卽指先世神主也)此雖非禮而旣已立主故朱子告以不可改動然則其姪雖祧埋五代祖而堯卿家自有其主此與遞遷何異而朱子只許俗節展誠不許時忌之祭此又支孫不得遞奉之一明據也○問五代祖雖有支子不許遞遷奪情之大者答此在遞還成俗之後故有是說然朱子旣據聖人一定不易之法而不問曾玄情意之安否幷不許遞奉則其於親子安得獨容闊狹之論哉○問妾母其諸子當次第奉祀則五代祖之支子爲其父母不得如妾子可乎答妾母非有宗統之嫌故諸子得以祭之似與支子支孫之祭止位而有干統之嫌者異矣○問五代祖有支子而神主見埋則祔位亦當隨埋然則三殤之主猶得祔祀至於長老之主雖有當祭之從子不得伸情於理安乎答正位雖以親盡而祧埋然其祔位之有至親者自當不埋而奉祭此有春翁說矣○問祭終兄弟之孫之弟字下不得若曰弟之子若孫不得祭則程子何不但曰兄之孫而必下弟字乎答成人無後之祭原無干統之嫌故不分宗支皆得祭之然此亦程子義起之說非先王之正法也恐不可以此爲五代祖亦當遞遷之的證也○問若曰長子亦班祔而弟之子若孫以次奉祭則安有成人無後之長子不立後而祭止於弟之孫之理乎答此雖假設之言然沙翁長子尤翁伯氏皆成人無後而歿然以無受之者故不得立後如此者當祭止於從孫不必疑也○問此事節節窒礙然朱子豈慮不及此而立言如是乎不敢知不敢知答此非朱子之自言乃朱子據聖人一定不易之法而立論者也不可雜引小小窒礙以亂其大體也○問大傳有百世不遷之宗有五世則遷之宗五世則遷者廟毀不相宗小記曰祖遷於上宗易於下據此則五世而遷者宗統已絕以若遷祖易宗之宗子不許支子之遷奉則是以小宗妄行大宗之事豈非干統之大者乎答古無遞遷自是聖人之制非出於小宗之不許今直斥以妄行與干統則豈其實乎且如此說則百世大宗可以世世自祭五代以上之祖而不許支孫之遞遷矣此果出於何書○問以支子言之旣以當祧之主又得許親盡之宗以伸其情者有何干統之嫌乎答五代親盡之主若有當遷之理周孔何不立其制乎且得許親盡之宗此句未妥蓋聖人未嘗立制則親盡之宗固未敢私許其遷而支子孫亦何敢諉以得許於親盡之宗而私祭夫禮所不許之父祖乎故曰有干統之嫌也○問士虞禮疏卒哭後祔祭始合先祖云云若使不得遞奉之子若孫死而葬則無所祔之祖豈有與先祖合之禮乎云云答古無遞遷之時未聞支子孫無祔之虞矣且後世遞遷之制亦何嘗爲支子孫祔祭而起乎○六十三卷七板答胡伯量書云高祖祧去雖覺人情不安然別未有以處也語類論祧主有數段皆云埋於兩階之間又云埋於始祖墓邊據此則高祖主祭者親盡則祧而埋之而已不用長房次房遞遷之禮如家禮之文豈此爲晚年所定而家禮未及再修故歟(朱子大全標疑下同)○先生所謂此事正指堯卿問某家上闕高祖之祭以下而言也今日只合謹守禮文未可遽以義起則不用遞遷之例明矣東賢於家禮有難違異然此等處以先生後來定論斷之恐未爲不可未審如何○若用家禮長房遞遷之禮則堯卿家豈有不行時祭於高祖之義耶記疑說如此而箚疑問目標補管補鹿門陶谷都無疑難之辭豈皆以家禮遞遷爲未定說而然歟此宜細講○宗孫代盡長房遞遷家禮也朱子晚年議論却謂祧主當瘞無支孫遞祭之說此累見於大全語類故愚嘗以是爲正而曾議及於宋約齋其意亦以爲然但東賢之尊信家禮已久猝然改之恐有人言此亦深長慮也今承俯詢未敢自斷惟在博議而審處之耳○梅山答徐夏卿書曰語類祧主只言埋不言遞遷則家禮遞遷恐是初年說若家禮不中佚而致再修則遞遷一款仍舊不刊未可知也

⊙告遷于祠堂儀禮節次(고천우사당의례절차)

陳器如通禮朔日儀別設一卓於其東置淨水粉盞刷子筆硯於其上

序立(主人詣祠堂前)○盥洗○啓櫝○出主○參神○鞠躬拜興拜興拜興拜興平身○降神○盥洗○詣香案前○跪○上香○酹酒○俯伏興拜興拜興平身○斟酒(主人執注遍斟酒盞中畢少退立)○主婦點茶(茶畢與主人並立)○鞠躬拜興拜興平身○主婦復位(主人不動)○跪(主人以下皆跪)○讀祝(祝跪讀之)○俯伏興拜興拜興平身○請主(主人進奉主于卓子上執事者洗其當改字別塗以粉俟乾其親盡者以紙裹暫置卓子上)○題主(命善書者改題曾祖考妣爲高祖又改祖考妣爲曾祖又改考妣爲祖題畢)○遷主(主人自奉其主遞遷而西虛東一龕以俟新主少退立)○鞠躬拜興拜興平身○復位○辭神○鞠躬拜興拜興拜興平身○焚祝文○禮畢

祝文神主止書官封稱呼而不書高曾祖考妣者是時高祖親盡曾祖祖考妣神主未改題故也

補按禮喪小記父母竝喪則先葬母而不虞祔以待父喪畢而後祔今擬若父先死則用此告遷儀節若父在母先死則是父爲喪主惟祔於祖母之櫝不必告遷也待父死之後然後用此儀節告遷而於祝文大祥已屆下添入及先妣某封某氏先亡祔于祖妣於禮遷入廟之上若父先亡已入祠堂而後母死只告先考一位其祝文曰玆以先妣某封某氏大祥已屆禮當祔於先考竝享不勝感愴竝同

⊙신주를 한 세대씩 옮김을 사당에 고하는 의례절차.

제사기구의 차림은 통예(通禮) 초하루 의식과 같다. 따로 탁자 하나를 향안 동쪽으로 놓고 그 위에 물과 흰 분가루 잔, 털이개와 붓과 벼루를 갖춰 놓는다.

차서 대로 선다. (주인은 사당 앞으로 간다) ○손을 씻는다. ○주독(主櫝)을 연다. ○신주를 내놓는다. ○참신 재배한다. ○국궁(鞠躬) 사배 평신한다. ○강신을 한다. ○손을 씻는다. ○향안(香案) 앞으로 간다. ○무릎을 꿇고 앉는다. ○분향을 한다. ○강신을 한다. ○부복하였다 일어나 재배 평신한다. ○술을 따른다. (주인은 주전자를 들고 위전의 잔에 두루 술을 따르고 마쳤으면 조금 뒤로 물러나 선다) ○주부는 차를 따른다. (차(茶) 따르기를 마쳤으면 주인과 나란히 선다) ○국궁 재배 평신한다. ○주부는 제자리로 물러나 선다. (주인은 움직이지 않는다) ○무릎을 꿇고 앉는다. (주인 이하 모두 무릎을 꿇고 앉는다) ○독축을 한다. (축관은 무릎을 꿇고 앉아 독축한다) ○부복하였다 일어나 재배 평신한다. ○개제(改題)함을 신주에게 고한다. (주인이 나가 신주를 받들어 탁자 위에 눕혀 놓으면 집사자가 고칠 글자를 지우고 흰 분 칠을 하여 마르기를 기다린다. 세대가 다한 신주는 종이로 싸서 탁자 위에 잠깐 놓아둔다) ○신주를 고쳐 쓴다. (글씨 잘 쓰는 이가 신주를 고쳐 쓰되 증조고비 신주는 고조고비 신주로 고쳐 쓰고 조고비 신주는 증조고비 신주로 고쳐 쓰고 고비 신주는 조고비 신주로 고쳐 쓴다. 고쳐 쓰기를 마쳤으면) ○신주를 옮긴다. (주인이 스스로 신주를 받들어 서쪽 빈 감실(龕室)로 옮기고 동쪽 감실 한 칸을 비워 두어 새 신주를 기다린다. 마쳤으면 조금 뒤로 물러나 선다) ○국궁 재배평신 한다. ○제자리로 물러나 선다. ○사신(辭神) 재배한다. ○국궁 사배 평신한다. ○축문을 불사른다. ○예를 마친다.

◆改題告辭式(개제고사식)

維

歲次干支幾月干支朔幾日干支五代孫承重稱六代孫繼曾祖以下之宗隨屬稱某敢昭告于

顯五代祖考某官府君

顯五代祖妣某封某氏_{高祖考妣至祖考妣列書承重則自六代祖考妣至曾祖考妣列書}茲
以先考_{承重云先祖考}某官府君喪期已盡禮當遷主入廟_{承重則此下云先考某}
_{官府君已於某年某月祔于祖龕亦當遷主入廟}

顯五代祖考某官府君

顯五代祖妣某封某氏_{承重則先書六代祖考妣}親盡神主當祧

顯高祖考某官府君

顯高祖妣某封某氏_{至祖考妣列書承重則至曾祖考妣列書}神主今將改題_{祔位有改題}
_{者則此下當云某親某官府君或某親某封某氏神主亦當改題○卑幼不書府君}世次迭遷不
勝感愴謹以酒果用伸虔告謹告

◆**개제 고사식.**

세차 모 간지 기월 기일 오대손 모 공경하옵는 오대조할아버님 모관 부군과 오대조
할머님 모봉 모씨와 공경하옵는 고조할아버님 모관 부군과 고조할머님 모봉 모씨와
공경하옵는 증조할아버님 모관 부군과 증조할머님 모봉 모씨와 공경 하옵는 할아버
님 모관 부군과 할머님 모봉 모씨께 감히 밝혀 고하나이다. 이에 작고하신 아버님의
상기가 이미 다하여 예법상 의당 신주를 사당으로 옮겨 드려야 하옵니다. 공경하옵는
오대조할아버님 모관 부군과 오대조할머님 모봉 모씨께서는 봉사할 세대가 다하여
의당 사당에서 옮겨야 하옵고 공경하옵는 고조할아버님 모관 부군과 고조할머님 모
봉 모씨와 공경하옵는 증조할아버님 모관 부군과 증조할머님 모봉 모씨와 공경하옵
는 할아버님 모관 부군과 할머님 모봉 모씨의 신주는 이제 세대의 차서를 한대씩 옮
겨 고쳐 써야 하옵니다. 감모하여 비창함이 이보다 더할 수가 없사와 삼가 주과를 펴
드리오며 삼가 고하고 삼가 고하나이다.

◆**母先亡父喪畢改題妣位告辭式(모선망부상필개제비위고사
식)**_{祖母先亡承重祖父喪畢改題祖妣位告辭同但改屬稱}

　　　維
歲次干支幾月干支朔幾日干支孝子某敢昭告于
　顯妣某封某氏當初題主時
　先考某官府君爲主故以其屬書之今
　先考喪期已盡禮當遷主入廟
　顯妣神主亦當合享某將以
　顯妣改題世次迭遷彌增罔極謹以酒果用伸虔告謹告

◆**어머니가 먼저 작고 후 아버지 상을 마치고 어머니 신
주를 고쳐 쓸 때 고사식.**

세차 모 간지 기월 기일 효자 모 공경하옵는 어머님 모봉 모씨께 감히 밝혀 고하나
이다. 처음 신주를 쓸 때 작고 하신 아버님 모관 부군께서 주인이셨기에 아버님 속칭
(屬稱)으로 신주를 썼사온데 이제 아버님의 상기가 이미 다하여 의당 아버님 신주를
옮겨 사당에 들어가서 어머님 신주와 합향하여 드림이 마땅하옵기에 공경하옵는 어
머님의 세대의 차서를 한대 옮겨 신주를 고쳐 쓰려 하오니 더더욱 망극하와 삼가 주

과를 펴 드리오며 삼가 고하고 삼가 고하나이다.

◈承重祖父喪畢改題考位告辭式(승중조부상필개제고위고사식)

維

歲次干支幾月干支朔幾日干支孝子某敢昭告于

顯考某官府君俱亡則顯妣某封某氏列書下同當初題主時

先祖考某官府君爲主故以其屬書之今

先祖考喪期已盡禮當遷主入廟

顯考神主亦入正位某將以

顯考改題世次迭遷彌增罔極謹以酒果用伸虔告謹告

◈승중에 조부상을 마치고 선고(先考) 신주를 고쳐 쓰는 고사식.

세차 모 간지 기월 기일 효자 모 공경하옵는 아버님 모관 부군께 감히 밝혀 고하나이다. 당초 신주를 쓸 때 작고하신 할아버님 모관 부군을 주인으로 하여 할아버님 속칭(屬稱)으로 신주를 썼사온데 작고하신 할아버님 상기(喪期)가 이미 다하여 예법상 의당 할아버님 신주를 옮겨 사당으로 들어 가셔야 하옵고 공경하옵는 아버님 신주 역시 부위에서 정위로 오르셔야 하옵기에 모는 공경하옵는 아버님 신주를 세대의 차서 대로 옮겨 고쳐 쓰고자 하오니 더더욱 망극하옵니다. 삼가 주과를 펴 올리오며 삼가 고하고 삼가 고하나이다.

⊙厥明行事皆如小祥之儀(궐명행사개여소상지의)

惟祝版改小祥曰大祥常事曰祥事

⊙그 다음날 대상제를 지내되 모두 소상 때 의식과 같게 한다.

다만 축판에 소상(小祥)을 대상(大祥)으로 고치고 상사(常事)를 상사(祥事)로 고친다.

◈父在父主祝(부재부주축)

問父主子喪祥禫主祝尤菴曰凡喪父在父爲主父雖除服祥禫諸祭父仍主之○問庶子祥禫父猶主之耶若異宮則父不主之耶遂菴曰父雖闋服禮當主祭老先生曰周時貴貴大夫不主庶子喪故庶子各主其子喪後世不然故無長庶而皆其祖父主之據此則同宮異宮今不須論矣○按婦若孫婦喪祥禫父祖主祝說見初虞

◈吉祭(길제)

按家禮無吉祭故此條上有告遷祠堂之文而今行吉祭則當在吉祭時玆依備要移置○虞卒哭及小祥無遷主之故先斂主而後辭神祔祭則有奉還之節故先辭神而後斂主大祥旣當奉入祠堂則亦如祔祭而先辭後斂爲是

⊙大祥儀禮節次(대상의례절차)

祝出神主○主人以下擧哀(主人以下各服其服倚杖哭於門外少頃)○哀止○就次易服(各出就次易服畢各具新服)○序立○擧哀○哀止○降神(引)○盥洗(主人降階洗手)○詣香案前○跪○上香○酹酒(傾於茅沙上)○俯伏興拜興拜興平身○復位(通)○參神○鞠躬拜興

拜興拜興拜興平身○進饌(主人奉魚肉主婦奉麪米食主人奉羹主婦奉飯)○初獻禮(引)○詣
靈座前○跪○祭酒(傾少許于茅沙上)○奠酒(執事者接盞置神主前)○俯伏興拜興拜興平
身(退稍後立)(引)○跪○(通)主人以下皆跪○讀祝(祝執版立於主人之左東向讀之畢)○俯伏
興平身(少退通)○擧哀(主人以下皆哭少頃)○哀止(引)○鞠躬拜興拜興平身(主人獨拜)○
復位○亞獻禮○詣香案前○跪○祭酒○奠酒○俯伏興拜興拜興平身(若主婦行禮則拜
四拜不用俯伏平身)○復位(通)○終獻禮(引)○詣靈座前○跪○祭酒○奠酒○俯伏興拜
興拜興平身○復位(通)○侑食(子弟一人執注就添盞中酒)○主人以下皆出○闔門(執事者
閉門無門下簾少頃)○祝噫歆(祝當門北向作聲三)○啓門(乃開門)○復位(主人以下皆復位)○
點茶(執事者以茶進)○告利成(祝立西階上東面曰)○利成○辭神○擧哀○焚祝文○祝奉
新主入祠堂○主人以下哭從(至祠堂)○安神主(安神主于櫝)○哀止○鞠躬拜興拜興平
身○禮畢 (譯者補; 初獻條啓飯蓋. 侑食條揷匙正筯. 辭神前下匕筯于櫝中合飯蓋)

⊙대상 의례절차.

축관이 신주를 내놓으면 ○주인 이하 곡하시오. (주인 이하 각각 당한 상복을 입고 문밖에서 상장을 집고 잠깐 동안 곡을 한다) ○곡을 그치시오. ○처소로 가서 옷을 바꿔 입으시오. (남녀 각각 상복(祥服)을 진열한 처소로 가서 새 상복으로 바꿔 입는다. 바꿔 입기를 마쳤으면) ○차서 대로 서시오. ○곡하시오. ○곡을 멈추시오.

●행강신례.

(인찬이 인도한다) ○손을 씻으시오. (주인은 층계를 내려가 손을 씻는다) ○향안 전으로 가시오. ○무릎을 꿇고 앉으시오. ○분향하시오. ○강신하시오. (모사 위에 기우려 따른다) ○부복하였다 일어나 재배 평신하시오. ○제자리로 물러나 서시오. (통찬이 창을 한다)

●행참신례.

국궁 사배 평신하시오. ○행진찬. (주인은 생선과 고기를 받들어 올리면 주부는 면식류와 미식 류를 받들어 올리고 주인이 국을 받들어 올리면 주부는 메를 받들어 올린다)

●행초헌례.

(인찬이 인도한다) ○영좌 전으로 가시오. ○무릎을 꿇고 앉으시오. ○제주를 하시오. (모사 위에 조금 기울인다) ○술잔을 올리시오. (집사자들이 잔을 받아 신주 앞에 놓는다) ○부복하였다 일어나 재배 평신하시오. (조금 뒤로 물러나 선다) (인찬이 인도한다) ○무릎을 꿇고 앉으시오. (통찬이 창을 한다) ○주인 이하 모두 무릎을 꿇고 앉으시오. ○독축하시오. (축관은 축판을 들고 주인의 왼쪽에서 동쪽으로 향하여 무릎을 꿇고 앉아 독축하고 마쳤으면) ○부복하였다 일어나 평신하시오. (조금 뒤로 물러난다) (통찬이 창을 한다) ○모두 곡을 하시오. (주인 이하 모두 잠깐 동안 곡을 한다) ○곡을 멈추시오. (인찬이 인도한다) ○국궁 재배 평신하시오. (주인만 절한다) ○제자리로 물러나 서시오.

●행아헌례.

향안 앞으로 가시오. ○무릎을 꿇고 앉으시오. ○제주를 하시오. ○술을 올리시오. ○부복하였다 일어나 재배 평신하시오. (만약 주부가 아헌을 할 때는 절은 사배로 하고 부복과 평신은 하지 않는다) ○제자리로 물러나 서시오. (통찬이 창을 한다)

●행종헌례.

(인찬이 인도한다) ○영좌 전으로 가시오. ○무릎을 꿇고 앉으시오. ○제주를 하시오. ○술을 올리시오. ○부복하였다 일어나 재배 평신하시오. ○제자리로 물러나 서시오.

(통찬이 창을 한다)

○행유식.

(자제 중 한 사람이 주전자를 들고 위전으로 가서 잔에 술을 첨작한다) ○주인 이하 모두 문밖으로 나가시오. ○문을 닫으시오. (집사자가 문을 닫는다. 문이 없으며 발을 치고 잠깐 있는다) ○축관은 희흠을 하시오. (축관은 문 앞으로 가 북쪽으로 향하여 희흠을 세 번 한다) ○문을 여시오. (이어 곧 문을 연다) ○제자리로 가 서시오. (주인 이하 모두 제자리로 가 선다) ○차를 따라 올리시오. (집사자가 차를 따라 올린다) ○ 행고리성. (축관은 서쪽층계 위에서 동쪽으로 향하여 서서 고하기를) ○이성. (봉양의 예가 모두 잘 이루어졌습니다)

●행사신례.

국궁 사배 평신하시오. ○모두 곡을 하시오. ○축문을 불 사르시오. ○축관은 새 신주를 받들어 사당에 모시오. ○주인 이하 곡하며 따르시오. (사당에 이르면) ○신주를 독에 넣으시오. (신주를 독에 넣는다) ○곡을 멈추시오 ○국궁 재배 평신하시오. ○예를 마칩니다.

◆大祥祝文式(대상축문식)

維

歲次干支幾月干支朔幾日干支孝子屬稱隨改見上虞祭祝式某敢昭告于告妻及弟
以下見上虞祭祝式

顯考某官府君屬稱隨改見上虞祭祝式日月不居奄及大祥夙興夜處哀慕不寧
妻子兄弟改措語見上虞祭祝式謹以淸酌庶羞哀薦旁親及妻弟以下改措語見上虞祭祝
式祥事尙

饗

◆대상 축문식.

세차 모 간지 기월 기일 효자 모 공경하옵는 아버님 모관 부군께 감히 밝혀 고하나이다. 세월은 머무르지 않아 어언 대상이 되었사옵니다. 밤낮으로 아버님을 슬피 사모함에 편치 않사와 삼가 여러 가지 음식과 맑은 술을 따라 상사에 드리오니 바라옵건대 흠향하옵소서.

⊙畢祝奉神主入于祠堂(필축봉신주입우사당)

(備要祝跪告云云)主人以下哭從如祔之叙至祠堂前哭止

⊙예를 마치면 축관은 신주를 받들고 사당으로 들어간다.

축관은 무릎을 꿇고 앉아 다음과 같이 고하고 신주를 받들고 간다. 주인 이하 곡하며 따르기를 부제 때 따르던 차서와 같으며 사당 앞에 이르면 곡을 멈춘다.

◆祥後禫祭當否(상후담제당부)

寒岡曰祔祭若行於大祥明日大祥祭畢不敢卽入廟稍移新主於故處而仍行夕上食明日祔祭後始爲入廟矣○朱子曰高氏說大祥徹靈座之後明日乃祔于廟以爲不忍一日未有所歸殊不知旣徹之後未祔之前尙有一夕其無所歸也久矣○尤菴曰喪期旣以大祥爲斷豈可以權置故處之故而復設當止之上食乎更思之與其行於祥後而有多少難便之節不若且從殷禮之爲有據而又無窒礙逕庭之事矣大祥以前皆當爲練後矣

◆入祠堂告辭式(입사당고사식)

請入于

祠堂

◆신주에게 사당으로 들 것을 고하는 고사식.

청하옵건대 사당으로 드시옵소서.

⊙大祥之具(대상지구)

(倚)○의. 즉 교의. (卓子)○탁자. (牀)○상. (席)○석. 즉 자리. (香爐)○향로. (香盒)香具○향합. 향 포함. (燭)臺具○촉. 즉 초. 촛대 포함. (茅沙)○모사. (祝版)○축판. (栢珓)所以卜者或用竹根長二寸判而爲之○배교. (酒注)○주주. 즉 주전자. (盞盤)○잔반. (椀)○완. 즉 주발. (楪子)○접자. 즉 대접. (匙筯)○시저. 즉 수저. (酒樽)○주준. 즉 술 항아리. (玄酒)○현주. 즉 아침 일찍 샘물을 퍼 담은 정화수. (樽)○준. 즉 단지. (勺)○작. 즉 술 국자. (盥盆)臺具○관분. 즉 세수대야 받침 포함. (帨巾)架具○세건. 즉 수건 수건거리 포함. (火爐)具筯○화로. 불 젓가락 포함. ○以上器物隨其合用之數皆具貯而封鎖之不得他用不可貯者列外門之內力不能具者臨時代以常用之器 (冠)黲色五禮儀白笠○관. 즉 백립. (服)黲布衫婦人以鵝黃靑碧爲衣履五禮儀白衣白靴婦人純用素衣履○복. 즉 의복 흰옷과 흰 신. ○丘氏曰擬有官者用白布裹帽白布盤領袍布帶無官者用布巾白直領衣布帶婦人純用素義履○喪服小記除成喪者其祭也朝服縞冠疏以祥祭奪情故朝服緇衣素裳卽吉正祭服也猶縞冠未純吉也○間傳大祥素縞麻衣疏祥祭雖訖哀情未忘加着縞冠素紕麻衣禫而纖疏禫祭玄衣玄冠矣大吉當玄衣素裳今用黃裳未大吉也旣祭乃服緣冠亦變除禮也○少牢吉祭朝服疏若吉祭在禫月則禫祭竟猶未純吉禫之後月乃得復常無所不佩○備要按雜記疏據卿大夫士之從祥至吉凡服有六祥祭朝服縞冠一也祥訖素縞麻衣二也禫祭玄冠黃裳三也禫訖朝服緣冠四也吉祭玄冠朝服五也旣祭玄端而居六也今倣此禮祥祭着微吉之服祭訖反着微凶之服禫祭着吉服祭訖着微吉之服至吉祭後復常似合禮意 (祝文)見初虞○축문.

⊙徹靈座斷杖棄之屏處(철영좌단장기지병처)(大記棄杖者斷而棄之於隱者疏杖是喪至尊之服雖大祥棄之猶恐人褻慢斷之不堪他用棄於幽隱之處)奉遷主埋于墓側(備要移此埋主一節于吉祭)始飮酒食肉(備要移此節于禫祭)而復寢(備要移此節于吉祭)

問祧主朱子曰天子諸侯有太廟夾室則祧主藏於其中今士人家無此祧主無可置處禮記說藏於兩階間今不得已只埋於墓所○李繼善問曰納主之儀禮經未見書儀但言遷祠版匣於影堂別無祭告之禮周舜弼以爲昧然歸匣恐未爲得先生前云諸侯三年喪畢皆有祭但其禮亡而大夫以下又不可考然則今當何所據耶曰橫渠說三年後祫祭於太廟因其告祭畢還主之時遂奉祧主歸於夾室遷主新主皆歸于其廟此似爲得禮鄭氏周禮註大宗伯享先王處似亦有此意而舜弼所疑與熹所謂三年喪畢有祭者似亦暗與之合但旣祥而徹几筵其主且當祔于祖父之廟俟祫畢然後遷耳○楊氏復曰家禮祔與遷皆祥祭一時之事前期一日以酒果告訖改題遞遷而西虛東一龕以俟新主厥明祥祭畢奉神主入于祠堂又按先生與學者書則祔與遷是兩項事旣祥而徹几筵其主且當祔于祖父之廟俟三年喪畢合祭而後遷蓋世次迭遷昭穆繼序其事至重豈可無祭告禮但以酒果告遽行迭遷乎在禮喪三年不祭故橫渠說三年喪畢祫祭於太廟因其祭畢還主之時迭遷神主用意婉轉此爲得禮而先生從之或者又以大祥除喪而新主未得祔廟爲疑竊嘗思之新主所以未遷廟者正爲體亡者尊敬祖考之意祖考未有祭告豈敢遽遷也况禮辨昭穆孫必祔祖凡合祭時孫常祔祖今以新主且祔於祖父之廟有何所疑當俟吉(吉一作告)祭前一夕以薦告遷主畢乃題神主厥明合祭畢奉祧主埋於墓所奉遷主新主各歸于廟故並述其說以俟參考○高氏告祔遷祝文曰年月日孝曾孫某罪積不滅歲及免喪世次迭遷昭穆繼序先王制禮不敢不至

⊙영좌(靈座)를 철거하고 상장(喪杖)을 잘라 멀리 한적한

곳에 버리고 세대가 지난 신주는 묘 옆에 묻고 비로소 술을 마시고 고기를 먹으며 이후부터 다시 내침(內寢)에 든다.

◆斷杖棄之(단장기지)

大記註杖於喪服爲重大祥棄之必斷截使不堪他用而棄於幽隱之處不使人褻賤之也○橫渠曰祭器祭服以其嘗用於鬼神不敢褻用故有焚埋之禮至於衰絰冠履不見所以毀之之文惟杖則言棄諸隱者棄諸隱者不免有時而褻何不卽焚埋之常謂喪服非爲死者已所以致哀也不須道敬喪服也毀喪服者必於除日毀以散諸貧者或守墓者可也蓋古人不惡凶事而今人以爲嫌留之家人情不悅不若散之焚埋之又似惡喪服

◆飮酒食肉(음주식육)

喪大記祥而食肉愚按祥後食肉之文與間傳所謂禫後始食酒先飮醴酒始食肉先食乾肉之說不同家禮所謂大祥始飮酒食肉是因喪大記而有此說非闕文也然不可從也○大全胡伯量問比者祥祭止用再忌雖衣服不得不易惟酒食一節欲以踰月爲節不知如何曰踰月爲是○補註丘氏曰始飮酒食肉而復寢當在禫之後按禮中月而禫禫而飮醴酒始飮酒者先飮醴酒始食肉者先食乾肉又大祥居復寢禫而牀由是觀之則禫又未可以食肉飮酒猶飮醴食脯而已况大祥乎今擬禫後始飮淡酒食乾肉大祥後雖復寢至禫後乃臥牀庶幾得禮意○按古禮祥月便禫故雖有分言祥禫之祭而例以祥包禫而言者故禮曰孔子旣祥五日彈琴十日成笙歌魯人有朝祥而暮歌者子路笑之孔子以爲責人已甚然又曰踰月則善也今家禮大祥後飮酒食肉復寢之文正因喪大記之文而大記之文亦包禫而言之者也此等處當活看可也若以爲朱子之意必於祥日飮酒食肉復寢云則恐滯泥而不通也

◆復寢(복침)

大記禫而從御吉祭而復寢註從御鄭氏謂御婦人杜預謂從政而御職事杜說近是蓋復寢乃復其平時婦人當御之寢耳吉祭四時之常祭也禫祭後値吉祭同月則吉祭必而復寢若禫祭不値吉祭之月則踰月而吉祭乃復寢也○汪氏克寬曰按集說取杜說近是非也猛獻子比御而不入則御爲婦人之當御明矣○大全胡伯量問喪大記有吉祭而復寢之文不審所謂吉祭卽月享或禘祫之禮否曰月享無明文只祭法國語有之恐未足據吉祭者疑謂禘祫之屬然亦無明據今以義起可也不然且從大記疏說

◆埋于墓所(매우묘소)

尤菴曰祧主埋於本墓之右邊旣掘坎以木匣先安於坎中然後以主櫝安于木匣中子孫皆再拜而辭畢閉匣門而掩土堅築後加以莎草或云盛以瓷缸則不朽或云瓷缸入水則永無乾時不若木匣之爲善云矣○問埋主時似當有告墓之節尤菴曰以酒果告之似宜○按此條註說家禮在告遷條下故今移置于此○祧主埋安時無子孫擧哀之文而今俗多有行之者情禮俱得

◆正位薦奉祔位幷遷(정위천봉부위병천)

艮齋曰正位遷奉祔主埋安沙尤兩先生之說如此然家禮班祔條旣特載程先生義起之論以盡幽明之情又於大祥章止云遷于長房而無所謂祔位不遷之說則前後只是一串文字何處見得正位纔遷祔位便埋之證乎况春翁答迂齋書云祔位於長房爲至親則幷奉以祭亦似爲安金厚齋亦言祔位只當以終兄弟之孫爲限豈有不同遷之理以此數說錯綜其義乃盡

◆勳臣不祧(훈신불조)

祭法馬氏註曰天子之廟七而其功德之大則數有加焉諸侯五世而已雖有功德而數不增先王之禮如此也王制太祖無可毀之理爲有功德者言之祭法祖有可毀之理爲無功德者言之○五禮儀若有親盡之祖始爲功臣而百世不遷者則代數之外別立一龕祭之○旅軒曰不遷之位豈可幷數於四代乎旣有國令雖祀五代無害○南溪曰沙溪以爲高祖當出旅軒以爲旣有國令雖

祀五代無害尤庵以爲立高祖廟於墓所未必皆當其疑於僭者在龕而不在世欲倣古禮官師一廟祖禰共享之義以處之〇尤庵答李選曰貴宗兩大君一功臣俱是不遷之位又奉四親則祭七世也若從家禮藏廟之儀則俱爲不遷之位而雖十功臣亦無所礙矣〇類編曰今人之僭在於祭四代若革此不祭則其當祭之始祖何疑之有雖有數世勳臣自是國制然也祭之而已〇四龕之外又添始基之祖尤覺未安故朱子有遷于墓所不埋之說然只立廟於山原一祭之外無人汎掃或人家弊殘至於不能庇護則誠爲未安今之時制只許祭及三世而其別子及有功勳者雖累世皆定爲不遷之主若只遵此制雖於古禮有所未合居今之世行今之法聖人亦且肯之矣同堂異室之制自天子達國家立法之意必不獨容其別立一廟也審矣然則有累世功勳者雖六世七世之多未有嫌於一廟之奉如以累世爲僭則不祭斯可矣今不能不祭而反欲別立一廟別立與同堂果有僭不僭之殊耶又况別立尤覺犯分不可爲也古者群主各廟唯諸侯之中下士祖禰共廟則別立之重於同堂可知太祖之不別廟天下之所共而大夫士猝然獨行其可乎哉今人祭四代而又祭始祖誠與國家無別此持祭四世之過也非祭始祖之過也乃不欬動於法外之四世反遷當祭之始祖奚可哉如曰朱子家禮亦不可不從而必祭高祖則雖有與國家無別之嫌只得如此而已更無他道理也盖天子定爲三昭三穆諸侯二昭二穆則大夫之祭四世豈非僭乎雖大夫亦當有太祖而今或不然者豈非闕乎以凡情言之僭者廢之闕者舉之當矣朱子許其僭而難其闕必有微意或者宋時廟制未定皆祭四世而不許其祭始祖故四世已僭遷墓不埋之說不得已云爾耶〇按不遷之廟有二義而各自爲禮始祖而不遷者子孫尊之也此王制所云太祖之廟(大夫三廟一昭一穆與太祖之廟而三〇(註)太祖別子始爵者大傳曰別子爲祖謂此雖非別子始爵者亦然凡有數條一是別子初雖爲大夫中間廢退至其遠世子孫始得爵命者則以爲太祖別子不得爲太祖也二是別子及子孫不得爵命者後世始得爵命自得爲太祖三是全非諸侯子孫異姓爲大夫者及他國之臣初來仕爲大夫者亦得爲太祖此皆殷制若其周制別子始爵其後得立別子爲太祖若非別子之後雖爲大夫但立父祖曾祖三廟而已隨時而遷不得立始爵者爲太祖故祭法云大夫三廟曰考廟曰王考廟曰皇考廟註非別子〇大傳所云別子爲祖(註)諸侯之庶子別爲始祖也又若始來在此國者後世亦以爲祖〇陳氏曰別子有三一是諸侯適子之弟別於正適二是異姓公子來自他國別於本國不來者三是庶姓之起於是邦爲卿大夫別於不仕者皆稱別子〇是也功臣而不遷者國家寵之也此朱子祧廟議所云宗不在禮數之正是也始祖限於廟制之內而不遷功臣別於廟祭之外而不遷故始祖未必是功臣而若或有始祖而爲功臣者則無可議焉至若繼世而封勳者國家所以厚待功臣而使子孫特祀之也則旣非越法又非違禮有何僭逼之嫌乎然世或言有功臣不遷之位則高祖當遞遷或言高祖出祭於別室或言藏主墓所俱爲不遷之位雖十功臣無礙或言不遷位別作祠堂或曰始祖別立廟諸說紛紛恐皆未久盖始祖之祭三世之廟禮經所著過此常制則僭也故朱子曰如今祭四代已爲僭然家禮又祭高祖則高祖亦不可出也高祖而可出則若有二三世封勳曾祖與祖考又將盡出耶古禮世各異廟降殺以兩不敢踰制東京以來同堂異室而已雖天子諸侯不別立太祖之廟則異廟重於共廟尤嫌於僭也且同堂而五世六世別廟而五世六世有何降殺之別耶古無廟祠至漢始起園寢公卿多建祠堂於墓所(通典古宗廟前廟後寢廟以藏主寢有衣冠秦戶始出寢起於墓側漢因而不改故陵上稱寢殿)然此非爲不遷之位而設也家禮始祖親盡則藏主於墓所云親盡之祖而別子也則遷于墓所不埋此只言別子而爲始祖者也非指功臣不遷之位似不當引以爲證且立祠於墓所而祭之則雖十世而非僭何也夫聖人之制爲廟數非但品節其貴賤實亦參酌其貧富也天子而用佾則七廟而已下士而無田則一廟而已其五三二廟亦皆量其可而適於中也過此則濫且僭也然其有大功德於民國而爲百世不遷之主亦禮之所許也故封之爵邑錫之田祿俾作世享者寵命也雖使子孫祀之其實國家祀之也爲子孫者乃以爲疑或祧其始祖或遷其高曾則其世代之數僅如凡人而不祭其當祭之祖反不如凡人是豈國家厚待功臣之本意又豈子孫追孝之道耶愚謂若從古禮與國制祭三世而有一功臣則爲四龕無嫌於僭矣若從家禮而祭四世則幷功臣爲五龕此不過古禮家禮之別而其僭不僭非所言也(類編曰四世僭也僭而猶祭得朱子爲重而

國之祀典又不可不從也使朝廷之法得行必不捨四世之家而偏禁五世也)至於累世封勳者
問解雖引大典始爲功臣不遷之文以爲第二以下祧遷之論然始爲功臣云者功臣非人人世世
而爲之者則槩言其始爲者也未必謂連世有功而獨以最初者不遷也是以每有功臣無論幾世
各施不祧之典則此國家之禮令子孫之不可以黜其祖而不祀者也然稽之先王之廟制終有犯
分之嫌豈可與帝王之世室比而同之哉是在大宗伯禀命于朝廷定爲世代之數而行之已矣(馬
氏曰天子之廟其數止於七而其功德之大者則數有加焉諸侯止五廟而已雖有功德數不增雖
無功德數不減先王之禮如此)○又按宗廟文廟從享及祠院祀享之忠勳儒賢世或用不遷之例
然旣無先王之禮又無時王之制則是僭也恐不敢擅行○南溪曰宗廟配享文廟從祀之人其主
不遷云者似因圃隱神版事以致訛傳盖古今配從甚多而未聞有果如此言者○明齋曰非功臣
則雖享於祠院不可不遷於廟也子孫以祖先之有德業而私自不祧近於世室無乃僭耶又曰如
從祀文廟不敢遷禮無所據法無其文○五禮通考方氏觀承曰先世有德行道藝雖爵位不顯是
亦古之鄕先生沒而可祭於社者而子孫豈不可以爼豆終古也耶然而此恐臆斷而無古禮可據
矣

⊙奉遷主埋于墓側儀禮節次(봉천주매우묘측의례절차)

補祥祭後陳器具饌如朔日之儀用卓子陳廳事上質明主人奉安親盡之主于卓子上

序立(如常儀)○參神○鞠躬拜興拜興拜興拜興平身○降神○盥洗○詣香案前○跪○
上香○酹酒○俯伏興拜興拜興平身○主人斟酒○主婦點茶(畢並立)○鞠躬拜興拜興
平身○主婦復位○跪○讀祝○俯伏興拜興拜興平身○復位○辭神○鞠躬拜興拜興
拜興拜興平身○焚祝文○送主(執事者用盤盛主捧之主人自送至墓側)○埋主(祝埋畢始回)
儀節按楊氏附註引朱子他日與學者書旣祥而徹几筵其主且當附于祖父之廟俟三年喪畢合祭而後
遷盖有取於橫渠祫祭後奉祧主於夾室之說也而楊氏亦云俟吉祭前一夕以薦告遷主畢乃題神主厥
明今祭畢奉神主埋於墓所奉遷主新主各歸于廟夫所謂合祭者卽橫渠所謂祫祭也家禮時祭之外未
嘗合祭若卽是時祭又不知設新主位于何所今不敢從且依家禮爲此儀節庶幾不失云

⊙신주를 옮겨 묘 옆에 묻는 의례절차.

대상을 지낸 후 제사 기구와 찬품(饌品)을 사당 초하루 참배 의식과 같게 하고 탁자
를 청사 위에 놓는다. 날이 밝으면 주인은 세대가 다한 신주를 받들어 탁자 위에 놓
는다.
차서 대로 선다. (평상의 의식과 같다) ○행참신례. ○국궁 사배 평신한다. ○행강신
례. ○손을 씻는다. ○향안 전으로 간다. ○무릎을 꿇고 앉는다. ○분향한다. ○강신
한다. ○부복하였다 일어나 재배 평신한다. ○주인은 헌주 한다. ○주부는 차를 따른
다. (마쳤으면 같이 선다) ○국궁 재배 평신한다. ○주부는 제자리로 물러선다. ○무
릎을 꿇고 앉는다. ○독축을 한다. ○부복하였다 일어나 재배 평신한다. ○제자리로
물러 선다. ○행사신례. ○국궁 사배 평신한다. ○축문을 불 사른다. ○신주를 옮긴다.
(집사자는 소반에 신주를 담아 받들고 가거나 주인이 받들고 묘 옆으로 간다) ○신주
를 묻는다. (축관이 묻기를 마쳤으면 돌아온다)

◆送主告辭式(송주고사식)

維
歲次干支幾月干支朔幾日干支五代孫某敢昭告于
　顯五代祖考某官府君
　顯五代祖妣某封某氏古人制禮祀止四代心雖無窮分則有限神主當祧
　　不勝感愴謹以酒果百拜告辭本龕有祔位則此下云某親某官府君某親某封某氏神
主亦當並埋尙

饗

◆세대가 지난 신주 옮기는 고사식.

세차 모 간지 기월 기일 오대 손 모 공경하옵는 오대조할아버님 모관 부군과 오대조 할머님 모봉 모씨께 감히 밝혀 고하나이다. 고인의 제도인 예법에 제사는 사대(四代) 로 마치게 되었사옵니다. 비록 마음에는 한없이 모시고 싶사오나 분한에는 한도가 있 사와 신주를 이제 천묘하여야 하옵니다. 감모하여 비창함이 이보다 더할 수 없사와 삼가 주과로 백배사죄하오니 바라옵건대 흠향하옵소서.

◆埋主告辭式(매주고사식)承重則六代祖考妣位告辭式○同治葬先塋條

維

歲次干支幾月干支朔幾日干支五代孫承重稱六代孫某官某敢昭告于

顯五代祖考某官府君

顯五代祖妣某封某氏之墓世次迭遷

神主已祧情雖無窮分則有限式遵典禮埋于

墓側不勝感愴謹以酒果用伸虔告謹告

◆세대가 다한 신주 매안 고사식.

세차 모 간지 기월 기일 오대손 모관 모가 공경하옵는 오대조할아버님과 오대조 할 머님 묘소에 감히 밝혀 고하나이다. 세대의 차서가 한대씩 옮겨져 오대조고비 신주는 이미 봉사세대가 지나 천묘 되었사옵니다. 정으로야 아무리 모셔도 끝이 없사오나 분 한에는 한도가 있사와 전례의 법식에 따라 묘소 옆에 신주를 매안하여야 하옵니다. 감모하여 비창함이 이보다 더할 수가 없사와 삼가 과실과 술을 따라 올리며 삼가 고 하고 삼가 고하나이다.

◆埋主兩階之間當否(매주양계지간당부)

唐元陸儀注祔廟之後禮官帥腰輿詣廟門南幄下大祝捧桑木主并置置于輿遂自廟門南西偏 門昇入詣廟殿北簾下兩階間將作先具鍬钁穿坎方深令可容木主置遂埋而退○朱子曰古人 埋桑主於兩階間今則只得埋於墓所○芝村曰先生初以埋于兩階間爲註下文又曰埋于墓側 豈失於照管未及修正處耶○公羊傳虞主用桑練主用栗註練祭埋虞主於兩階之間易用栗○ 尤菴曰祧主埋於兩階間漢唐禮也○備要親盡之主埋於墓所

◆遷主最長之房告辭式(천주최장지방고사식)

維

歲次干支幾月干支朔幾日干支五代孫某敢昭告于

顯五代祖考某官府君

顯五代祖妣某封某氏玆以先考某官府君喪期已盡禮當遷主入廟先王

制禮祀止四代心雖無窮分則有限

神主當祧遷于某親某之房不遷之位則去某親某之房爲別室尙

饗

◆최장방(最長房)으로 신주를 옮기는 고사식.

세차 모 간지 기월 기일 오대손 모 공경하옵는 오대조할아버님 모관 부군과 오대조할머님 모봉 모씨께 감히 밝혀 고하나이다. 이에 선고 모관 부군의 상기가 이미 다하여 예법상 의당 신주를 사당으로 들어가셔야 하옵니다. 옛날 성군이 만든 예법에 봉제사는 사대로 마치게 되었사옵니다. 마음으로는 아무리 한없이 모시고 싶사오나 분의에는 한이 있사와 신주를 모친 모의 집으로 옮기려 하오니 바라옵건대 흠향하옵소서.

◈遷主最長房改題告辭式(천주최장방개제고사식)上同儀節告遷于祠堂儀

　　　維
歲次干支幾月干支朔幾日干支玄孫曾孫或孫隨屬稱某官某敢昭告于
　　顯高祖考某官府君
　　顯高祖妣某封某氏曾祖考妣或祖考妣隨屬稱下同今以孝玄孫某喪制已畢其子
　　　親盡
　　顯高祖考
　　顯高祖妣神主已祧某當以次長奉祀
　　神主今將改題謹以酒果用伸虔告謹告

◈신주를 최 장방으로 옮겨 고쳐 쓰는 고사식.

세차 모 간지 기월 기일 현손 모관 모는 공경하옵는 고조할아버님 모관 부군과 고조할머님 모봉 모씨께 감히 밝혀 고하나이다. 이제 적현손 모의 상을 제도대로 이미 마치고 그의 아들로는 봉사의 세대가 지나 공경하옵는 고조할아버님과 고조할머님 신주를 천묘하여 모가 의당 다음 자손으로 제사를 받들어야 하옵기에 신주를 이제 고쳐 쓰고자 하옵니다. 삼가 과실을 진설하고 술을 따라 올리며 삼가 고하고 삼가 고하나이다.

◈祫祭太廟(협제태묘)

程氏復心曰祫有二曾子問祫祭於祖則祝迎四廟之主王制天子祫嘗祫蒸諸侯嘗祫蒸祫此時祭之祫也公羊傳毀廟之主陳于太廟未毀廟之主皆升食于太廟此大祫毀廟未毀廟之主而祭之也

◈三年喪畢合祭而後遷(삼년상필합제이후천)

集說庶人無祫但合祭四代於正寢○士虞記是月也吉祭猶未配註是月禫月也當四時之祭月則祭猶未以某妃配某氏哀未忘也疏謂是禫月得禫祭仍在寢此月當四時吉祭之月則于廟行四時之祭於羣廟而猶未得以某妃配哀未忘若喪中然也言猶者如祥祭以前不以妃配也○補註按本條下李繼善楊氏復註則上文告遷于祠堂猶未祧未遷但改題神主厥明行事猶未入新廟且附藏於其祖廟待禫祭畢又卜祫祭然後祧後遷後入也○丘儀按楊氏附註引朱子他日與學者書旣祥而徹几筵其主且當附于祖父之廟俟三年喪畢合祭而後遷蓋有取於橫渠祫祭後奉祧主於夾室之說也而楊氏亦云俟吉祭前一夕以遷告遷主畢乃題神主厥明合祭畢奉神主埋於墓所奉遷主新主各歸于廟夫所謂合祭者卽橫渠所謂祫祭也家禮時祭之外未嘗合祭若卽是時祭又不知設新主位于何所今不敢從且依家禮庶幾不失○愚按士虞禮是月也吉祭則古人於禫後遇四時祭時合祭新主可知丘儀所謂設新主何所者似指世數已滿者言若已滿而又陞新主則是五世果似未安似當以新主姑位於東壁下祭畢遷祧後始入正位恐當然則未滿四世者直爲正位無妨耶

◈行吉祭大祥之禮(행길제대상지례)

再期而大祥(自喪至此不計閏凡二十五月亦止用第二忌日若夫爲妻十三月而祥只用初忌日)
○前期一日沐浴陳器具饌(皆如小祥)○前一日告祠堂○告辭式(承重則父雖祔位亦當有告)
○維年號幾年歲次干支幾月干支朔幾日干支五代孫(承重稱六代孫繼曾祖以下之宗隨屬稱
○若喪主非宗子而宗子告則稱孝玄孫某官)敢昭告于顯五代祖考某官府君顯五代祖妣某封
某氏(高祖考妣至祖考妣列書承重則自六代祖考妣至曾祖考妣列書父先亡母喪則自高祖考
妣至考妣列書祔位不書○若宗子告則自高祖考妣以下至亡者祖先位)玆以先考(母云先妣
承重云先祖考或先祖妣妻云亡室○若宗子告則隨屬稱)某官(內喪云某封某氏)大喪已屆禮
當祔於顯曾祖考(屬稱隨改見上祔祭出主告式)某官府君(內喪云某封某氏)不勝感愴謹以酒
果用伸虔告謹告○支子異居始爲禰廟妣位告辭式○維年號幾年歲次干支幾月干支朔幾日
干支孝子某敢昭告于顯妣某封某氏(父先亡云顯考某官府君)玆以先考(父先亡云先妣)喪期
已盡禮當入廟謹以酒果用伸虔告謹告○陳祥服(皇朝制)(儀節白直領布帶五禮儀白笠白靴
婦人用素衣履內外各設次陳之)○厥明行事皆如小祥之儀○祝文式○維年號幾年歲次干支
幾月干支朔幾日干支孝子(屬稱隨改見上虞祭祝式)某敢昭告于(告妻及弟以下見上虞祭祝
式)顯考某官府君(屬稱隨改見上虞祭祝式)日月不居奄及大祥夙興夜處哀慕不寧(妻子兄弟
改措語見上虞祭祝式)謹以淸酌庶羞哀薦(旁親及妻弟以下改措語見上虞祭祝式)祥事尙饗
○畢祝奉神主入于祠堂(備要祝跪告云云)主人以下哭從如祔之序至祠堂前哭止(詣祖龕軸
簾祔于正位東南西向皆再拜降簾闔門而退○告辭式○請入于祠堂○徹靈座斷杖棄之屛處
(理窟喪服必於除日毀以散諸貧者或守墓者可也喪大記食醯醬)

제 8 절 담제(禫祭)

鄭氏曰澹澹然平安之意

정씨(鄭氏)가 이르기를 마음의 흔들림이 없는 담담함 그러한 상태가 평안하다는 뜻이
다. 라 하였다.

◆禫(담)

小記爲父母妻長子禫○喪服疏母之與父恩愛本同爲父所厭屈而至期是以雖屈猶伸禫杖也
妻雖義合妻乃天夫爲夫斬衰爲妻報以禫杖但以夫尊妻卑故齊斬有異也○檀弓註出母則無
禫○小記庶子在父之室則爲其母不禫註妾子父在厭也○宗子母在爲妻禫註宗子之妻尊也
疏此一節論宗子妻尊得爲妻伸禫之事宗子爲百世不遷之宗賀瑒云父在適子爲妻不杖不杖
則不禫若父沒母存則爲妻得杖又得禫凡適子皆然嫌畏宗子尊厭其妻故特云宗子母在爲妻
禫宗子尙然則其餘適子母在爲妻禫可知賀循云出居廬論稱杖者必廬廬者必禫此明杖章尋
常之禮謂杖章之內居廬必禫若別而言之則杖有不禫禫有不杖者按小記宗子母在爲妻禫則
有非宗子其餘適庶母在爲妻幷不得杖也小記又云父在爲妻以杖卽位鄭玄云庶子爲妻然父
在爲妻猶有其杖則父沒母存有杖可知此是杖有不禫者也小記又云庶子在父之室則爲其母
不禫若其不杖則喪服不杖之條應有庶子爲母不杖之文今無其文則猶杖可知也前文云三年
而後葬者但有練祥而無禫是有杖無禫此二條是杖而不禫賀循又云婦人尊微不奪正服並厭
其餘哀如賀循此論則母皆厭其適適子庶子不得爲妻杖也故宗子妻尊母所不厭故特明得禫
也○語類問女子已嫁爲父母禫否曰禮父在爲母禫止是主男子而言○問爲祖母承重禫否曰
禮惟於父母與長子禫今旣承重則便與父母一般○檀弓孟獻子禫懸而不樂比御而不入孔子
曰加於人一等矣○間傳禫而纖無所不佩疏禫祭之時玄冠朝服祭訖則首著纖冠身著素端黃
裳以至吉祭平常所服之物無所不佩○補註愚謂禫祭不言設次陳服者蓋小祥易練服大祥易
禫服禫祭宜亦吉服間傳所謂禫而纖無所不佩是也厥明又卜日祫祭於禮畢○喪服小記除殤

之喪者其祭也必玄除成喪其祭也朝服縞冠註玄謂玄冠玄端也殤無虞卒哭及練之變服其除
服之祭用玄冠玄端黃裳此於成人爲禫之服所以異於成人之喪也若除成人之喪則祥祭用
朝服縞冠朝服玄冠緇衣素裳今不用玄冠而用縞冠是未純吉之祭服也又按玄端黃裳者若素
裳則與朝服純吉同若玄裳又與上士吉服玄端同故知此爲黃裳也○退溪答人問曰今若以尙
有哭泣之文純吉未安只得依丘氏素服而祭如何又答鄭道可問曰不依小大祥陳服易服之節
不知禫服除在何時吉服著在何日也○愚按今有或者之言禫祭不可遽著純吉之服世或有用
其言以素服爲是者然以雜記間傳看之祥祭著微吉之服祭訖反著微凶之服禫祭著純吉之服
祭訖服微吉之服以至吉祭平常所服之物無不佩矣或者之說恐不然且退溪所答前後不同不
可歸一以何服色爲從乎禫祭不言設次陳服上補註云云恐爲得之更詳之○神宗之喪末除而
百官以冬至表賀伊川先生言節序變遷時思方切請改爲慰及除喪有司又將以開樂置宴先生
又奏請罷宴曰除喪而用吉禮則因事用樂可矣今特設宴是喜之也詔罷之

◆禫之或有或無(담지혹유혹무)

喪服小記爲父母妻長子禫陳註言當禫之喪有此四者然妻爲夫亦禫又慈母之喪無父在亦禫
疏爲慈母亦宜禫也而庶子在父之室爲其母不禫則在父室爲慈母亦不禫○庶子在父之室爲
其母不禫註妾子父在壓也○檀弓陳註爲出母則無禫○喪服小記宗子母在爲妻禫疏宗子爲
百世不遷之宗賀瑒云父在適子爲妻不杖不杖則不禫若父沒母存則爲妻杖又禫凡適子皆然
嫌宗子尊壓其妻故特云宗子母在爲妻禫宗子尙然則其餘適子可知○尤菴曰妻喪實具三年
之體段故練杖祥禫四者只是一串事今以不杖而不禫則獨行練祭恐是半上落下也謂小記註
說(按卽陳註所取賀瑒不杖則不禫說)不得爲定論也○父在爲妻不杖古有其禮矣然家禮不
論父在與父亡而通爲杖期杖則禫矣今之行禮者若一遵家禮則無此疑矣○遂菴曰父在爲妻
不禫其子爲母何可無禫○芝村曰嘗問先生孫婦喪將行禫否曰旣有其子其父雖不禫其子豈
可不禫耶○若曰妻喪是具三年之體而不可無禫則設或不杖而無子似皆當行矣○陶菴
曰不論父在與否爲妻杖期者家禮之文也父在之適子爲妻不杖不禫者疏家之說也愚意欲從
家禮○問女子已嫁爲父母禫否朱子曰父在爲母禫只是主男子而言

◉大祥之後中月而禫(대상지후중월이담)(士虞記中月而禫註中猶間也王肅曰中月月中也)

間一月也自喪至此不計閏凡二十七月(雜記期之喪十五月而禫註謂父在爲母也○備要爲妻也)

　司馬溫公曰士虞禮中月而禫鄭註云中猶間也禫祭名也自喪至此凡二十七月按魯人有朝祥而暮歌
　者子路笑之夫子曰踰月則其善也孔子旣祥五日彈琴而不成聲十日而成笙歌檀弓曰祥而縞註縞冠
　素紕也又曰禫徙月樂三年問曰三年之喪二十五月而畢然則所謂中月而禫者蓋禫祭在祥月之中也
　歷代多從鄭說今律勅三年之喪皆二十七月而除不可違也○朱子曰二十五月祥後便禫看來當如王
　肅之說於是月禫徙月樂之說爲順而今從鄭氏之說雖是禮宜從厚然未爲當

◉대상을 지낸 후 한 달이 지난 다음 달에 담제(禫祭)를 지낸다.

한 달을 사이에 둔다. 초상(初喪)으로부터 담제일 까지는 윤달을 계산하지 않고 대체
로 스물 일곱 달째이다.

◆心喪人哭除之節(심상인곡제지절)

愼獨齋曰心制果盡於再期乎禫月丁日猶之可也終不若待吉祭之期而復常○尤菴曰心喪人
旣以十五月而禫禫而後更無可哭之時亦無可除之服然則通典二十五月哭除之說似可疑然
通典之斷以二十五月者似從王肅是月禫之說則其所謂二十五月卽家禮之二十七月也今當
只論哭除之得失而已月數同異不須言也世俗於二十七月擇丁日復吉者只略據當禫之期而

爲之限節未見其害禮也然古禮復寢聴樂必在踰月吉祭之後則以次月上旬或丁或亥爲復常
之節則用意婉轉似合古禮〇問父在母喪三年後復吉時抑有哭除之節歟曰喪畢後當禪之月
略行哭禮以存行禪之義可也〇陶庵曰尤庵略行哭禮之論雖委曲而設位恐亦未安愚意則持
心制以終禪月禪月既盡來哭於墓前除之似爲穩當〇南唐曰心喪亦以二十七月爲限禪月前
墨笠墨帶布直領之制恐無可變之義婦人服深靑不如服玉色之爲安

◆縞冠素紕(호관소비)

玉藻縞冠素紕既祥之冠也(紕音埤)陳註縞生絹也素熟絹也紕緣也〇沙溪曰縞既曰黑經白
緯纖又曰黑經白緯緣又曰黑經白緯三字皆同一色此甚可疑考韻書緣白經黑緯通作纖云云
且古書凡言縞者皆白色詩傳素冠註雖以黑經白緯訓縞而出其東門註則云縞白色孔氏曰縞
是薄繒不染故色白曾子問布深衣縞緫註縞生白絹爾雅縞皓也文選雪賦萬項同縞漢高祖紀
兵皆縞素且儀禮圖禪後緣冠禪後冠色如此則禪前必彌凶以此觀之國制與丘儀祥服用純白
無乃有所據耶

◆彈琴不成聲(탄금불성성)

註琴以手笙歌以氣疏祥是凶事用遠日故十日得踰月〇檀弓子夏既除喪而見予之琴和之而
不和彈之而不成聲作而曰哀未忘也先王制禮而不敢過也子張既除喪而見予之琴和之而和
彈之而成聲作而曰先王制禮不敢不至焉疏按家語及詩傳皆言子夏喪畢夫子與琴援琴而絃
衎衎而樂閔子騫喪畢夫子與琴援琴而絃切切而哀與此不同當以家語及詩傳爲正〇顏淵之
喪饋祥肉孔子出受之入彈琴而后食之註彈琴以散哀〇沙溪曰來書所謂孔子五日彈琴而不
成聲必在禪及吉祭之後者得之盖古禮祥後便禪大祥後擇日行禪又禪後卽擇日行吉祭無疑
矣禪與吉祭在五日之內故孔子彈琴也

◆中月而禪(중월이담)

檀弓疏王肅以二十五月禪而鄭康成則二十七月而禪鄭必以爲二十七月者以雜記云父在爲
母爲妻十三月大祥十五月禪爲母爲妻尙祥禪異月豈容三年之喪乃祥禪同月按曲禮喪事先
遠日則大祥當在下旬禪又在祥後何得云中月而禪又禪後何以容吉祭戴德喪服變除二十五
月大祥二十七月而禪故鄭依而用焉〇馬氏曰祥禪之制施於三年之喪則其月同施於期之喪
則其月異三年所以爲極而至於二十五月者其禮不可過以三年之愛而斷於期者其情猶可伸

◆不計閏二十七月(불계윤이십칠월)

開元禮凡三年及周喪不數閏註禪則數之〇張子曰三年之喪祥禪閏月亦筭之〇輯覽今或有
祥後不計閏中二月而禪者恐非禮意也〇沙溪曰據先儒說大小祥以年數則不計閏宜矣禪則
雖從鄭氏間一月之說猶是以月數則不計閏無據家禮所謂不計閏統言自喪至此非必謂祥後
也張子說分曉〇尤菴曰祥禪之間據橫渠說則計閏無疑而家禮則明言不計閏朱子以王肅二
十五月祥後便禪爲是今於二十七月之外以閏月之故又引而伸之爲二十八月則恐非朱子本
意矣〇張子說蓋謂祥禪之間也非祥與禪之謂也朱子常以祥月便禪爲是與家禮不同而不改
於家禮者從時王之禮也

⊙前一月下旬卜日(전일월하순복일)

下旬之首擇來月三旬各一日或丁或亥(增解少牢饋食禮疏按陰陽式法亥爲天倉祭祀所以求
福宜稼于田故取亥〇朱子曰丁有丁寧意)設卓子于祠堂門外置香爐香合环(环一作環)珓盤
子于其上西向主人禪服西向衆主人次之少退北上子孫在其後重行北上執事者北向
東上主人炷香熏珓(便覽兩手執之薰於爐上〇易筮儀將筮合五十策兩手執之薰於爐上今此薰珓
卽是)命以上旬之日曰(云云)卽以珓擲于盤以一俯一仰爲吉(書儀皆仰爲平皆俯爲凶)不吉
更命中旬之日又不吉則用下旬之日(便覽下旬則不卜〇時祭云不復卜而直用下旬之日又時祭

有既得日祝開中門一節)主人乃入祠堂本龕前再拜在位者皆再拜主人焚香祝(再拜)執辭立於主人之左(便覽東向)跪告(云云)主人再拜降與在位者皆再拜祝闔門退若不得吉則不用卜既得吉一句

⊙한 달 전 하순에 담제 일을 점을 친다.

하순(下旬)의 첫날에 다음달 삼순(三旬)에서 각각 정(丁)자 혹은 해(亥)자 드는 날로 하루를 택한다. 탁자를 사당 문 밖에 놓고 향로와 향합과 점을 치는 기구인 배교(环珓)와 배교를 던져 점을 치는 배교 대반을 그 위에 서쪽으로 향하게 놓는다.

주인은 담제복을 입고 탁자 동쪽에서 서쪽으로 향하여 서고 주인의 형제들은 주인의 뒤에서 조금 물러나 북쪽을 상석으로 하여 서고 자손들은 그 뒤에 겹 열로 서되 북쪽이 상석이다.

집사자들은 탁자 남쪽에서 북쪽으로 향하여 서되 동쪽이 상석이다. 주인은 향을 피우고 배교를 두 손으로 잡고 향로 위에서 향 연기에 쬐어 상순의 날로 명을 받는 다음과 같이 축사를 하고 즉시 배교(环珓)를 배교 대반에 던져 하나는 엎어지고 하나는 뒤쳐지면 길한 것이며 불길하면 다시 명을 받는 고사를 중순의 날로 하고 그와 같이 점을 친다. 또 불길하면 점을 또 치지 않고 하순의 날로 정한다. 주인은 곧 사당으로 들어가 본 감실 전에 재배를 하면 참례자 모두 재배한다.

주인이 분향을 하면 축관은 고사(告辭)판을 들고 주인의 왼쪽에 선다. 모두 무릎을 꿇고 앉으면 다음과 같이 고하고 마치면 모두 일어난다. 축관은 물러나 제자리에서면 주인은 재배를 하고 내려와 다같이 참례자 모두 재배한다. 축관은 사당 문을 닫고 물러난다. ○만약 점으로 길한 날을 얻지 못하였으면 고사에 복기득길(卜既得吉) 한 구절은 고하지 않는다.

◆卜日(복일)

曲禮外事以剛日內事以柔日註甲丙戊庚壬爲剛乙丁己辛癸爲柔先儒以外事爲治兵然巡狩朝聘盟會之類皆外事也內事如宗廟之祭冠昏之禮皆是○凡卜筮日旬之外曰遠某日旬之內曰近某日喪事先遠日吉事先近日疏曰今月下旬筮來月上旬是旬之外日也祭則於旬初卽筮旬內之日主人告喪事謂葬與二祥是奪哀之義非孝子所欲但不獲已故先從遠日而起示不宜急微伸孝心也吉事謂祭祀冠昏之屬

◆卜日或丁或亥(복일혹정혹해)

少牢饋食禮來日丁亥用薦歲事于皇祖註丁未必亥也直擧一日以言之耳禘于大廟禮曰日用丁亥不得丁亥則己亥辛亥亦用之無則苟有亥焉可也疏丁未必亥也直擧一日以言之耳者以日有十辰有十二以五剛日配六陽辰以五柔日配六陰辰若云甲子乙丑之等以日配辰丁日不定故云丁未必亥經云丁亥者不能俱載直擧一日以丁當亥而言餘或以己當亥或以丁當丑此等皆得用之也不得丁亥則己亥辛亥亦用之者鄭云此吉事先近日唯用上旬若上旬之內或不得丁巳以配亥或上旬之內無亥以配日則餘陰辰亦用之無則苟有亥焉可也者此卽乙亥是也必須亥者按陰陽式法亥爲天倉祭祀所以求福宜稼于田故先取亥上旬無亥乃用餘辰也○劉敞曰丁巳丁亥皆取於丁以先庚三日後甲三日故也大抵郊祭卜辛社祭卜甲宗廟祭卜丁無取於亥註家不論十干之丁巳專取十二支之亥以爲解其失經文之意遠矣日有十干辰有十二支以五剛日配六陽辰以五柔日配六陰辰甲子乙丑之類是也以日配辰或丁丑或丁卯或丁巳丁未丁酉丁亥丁日不定故直擧丁當亥一日以言之其意或以己當亥或以丁當丑皆用之云爾○曲禮外事以剛日內事以柔日註先儒以外事爲治兵然巡狩朝聘盟會之類皆外事也內事宗廟之祭冠昏之禮皆是游氏曰外事以剛日內事以柔日此謂順其陰陽也聖人之治天下本之以自

然行之以至順如此而已〇表記註馬氏曰郊爲外事矣而用辛社爲內事矣而用甲說者以天地
至尊之祭不可同於外內其說似得之矣

◆环珓(배교)

書儀环珓其制取大竹根判之或止用兩錢〇四聲通解环卜且环珓判竹根爲之或作筊筴〇輯
覽用竹根長二尺判爲二爲之〇退溪曰卜以环珓古所未聞而後世用之其問於神明之意則與
古奚異然其爲物不能如蓍龜之靈則安能保其必得神明之告而不差乎只緣龜卜不傳著草又
不可得則不得已而用其次故其於筮占亦用竹筭意亦如此耳〇尤菴曰环珓之制旣非難備者
又不必俯易而仰難正如今俗歲時栿木爲戲之具今世無端不用未可曉也

⊙卜日儀禮節次(복일의례절차)

設卓子于祠堂門外置香爐香合環珓盤子于其上主人具素服於祠堂門外西向弟次之子孫又次之
炷香薰珓(主人將环珓香煙上薰)〇祝辭曰某將以來月某日祇薦禫事于先考某官府君尚
饗〇卜珓(擲珓於盤以一俯一仰爲吉不吉卜中旬又不吉卜下旬又不吉用忌日旣得吉)〇詣先考
神位前〇鞠躬拜興拜興平身〇跪〇焚香〇告辭曰孝子某將以來月某日祇薦禫事于
先考某官府君卜旣得吉敢告〇俯伏興平身〇復位(凡與在位者皆拜)〇鞠躬拜興拜興
平身〇禮畢

⊙점을 처 제삿날 받는 의례절차.

탁자를 사당 문 밖에 놓고 향로와 향합과 배교를 굴리는 대반을 그 위에 놓는다.
주인은 소복으로 갖춰 입고 사당 문 밖에서 서쪽으로 향하고 형제들이 그 다음이고
자손들이 또 그 다음이다. 〇향을 피우고 연기에 배교를 쪼인다. (주인은 배교를 향
연기 위에서 쪼인다) 〇축사를 다음과 같이 한다. 〇배교 점을 친다. (배교를 배교 대
반에 던져 하나는 엎어지고 하나는 뒤쳐지면 길한 것이며 불길하면 중순의 날로 점
을 치고 또 불길하면 하순의 날로 점을 치고 또 불길하면 불길하여도 그 날로 정한
다. 이미 길한 날이 정하여 졌으면) 〇선고(先考) 신위 전으로 간다. 〇국궁 재배 평
신 한다. 〇무릎을 꿇고 앉는다. 〇분향한다. 〇고사를 다음과 같이 한다. 〇부복하였
다 일어나 평신한다. 〇제자리로 물러나 선다. (재위자 모두 같이 절한다) 〇국궁 재
배 평신한다. 〇예를 마친다.

◆命辭式(명사식)

　　某將以來月某日卽三旬內或丁或亥祇薦妻子改祇薦爲陳禫事于

　　先考母云先妣承重云先祖考或先祖妣妻云亡室子云亡子某官府君內喪云某封某氏子去府
　　君二字尚

　　饗

◆명을 받는 고사식.

모는 다음달 모일 아버님 모관 부군의 담제를 정성을 다하여 올리려 하오니 좋아하
옵소서.

◆當位告辭式(당위고사식)

　　孝子承重稱孝孫妻稱夫某告子但云父將以來月某日祇薦妻子改措語見上命辭式
　　禫事于
　　先考某官府君屬稱隨改見上命辭式卜旣得吉用下旬日則去此四字敢告妻子云玆告

◆해당위전 고사식.

효자 모는 다음달 모일에 아버님 모관 부군의 담제를 정성껏 올리려고 점을 쳐 이미 좋은 날을 얻었사옵기에 감히 고하나이다.

⊙前期一日沐浴設位陳器具饌(전기일일목욕설위진기구찬)

設神位於靈座故處他如大祥之儀

⊙담제(禫祭) 하루 전날 목욕을 하고 신위의 자리를 설위(設位)하고 제사기구를 벌려놓고 제사음식을 갖춘다.

영좌(靈座)가 있던 그 자리에 신위의 자리를 설치한다. 그 외 다른 것은 대상 의식과 같다.

◆禫無參神之義(담무참신지의)

問禫祭在祔廟後似與常侍之義不符而亦無參神何也退溪曰豈以禫亦喪之餘故耶○愚按家禮時忌等祭之有參神是用神事之禮也喪中諸祭之無參神是用象生之禮也禫之無參神是亦喪祭而尙用象生之禮故也

⊙設次陳吉服(설차진길복)(補)

按家禮無設次陳服可疑退溪曰不依小大祥陳服易服之節不知禫服除在何時吉服着在何日

　增解沙溪曰三年喪畢孝子有悲哀之心則雖著吉哭泣似不悖於情禮○釋禫禮玄衣黃裳玄冠○間傳　禫而纖無所不佩

⊙처소를 정하여 길복을 진열 한다.

⊙厥明行事皆如大祥之儀(궐명행사개여대상지의)

但主人以下詣祠堂(便覽本龕前軸簾○儀節焚香跪告云云再拜)祝奉主櫝(便覽主人以下從之)置于西階卓子上出主置于座主人以下皆哭再拜盡哀(出就次易服)三獻不哭改祝版大祥爲禫祭祥事爲禫事至辭神乃哭盡哀(便覽拜畢奉主就西階卓上櫝之)送神主至祠堂不哭(備要降簾闔門而退)

　朱子曰薦新告朔吉凶相襲似不可行未葬可廢旣葬則使輕服或已除者入廟行禮可也四時大祭旣葬亦不可行如韓魏公所謂節祠者則如薦新行之可也又曰家間頃年居喪於四時正祭則不敢擧而俗節薦享則以墨衰行之蓋正祭三獻受胙非居喪所可行而俗節則唯晉同一獻不讀祝不受胙也○又曰喪三年不祭但古人居喪衰麻之衣不釋於身哭泣之聲不絕於口其出入居處言語飲食皆與平日絕異故宗廟之祭雖廢而幽明之間兩無憾焉今人居喪與古人異卒哭之後遂墨其衰凡出入居處言語飲食與平日之所爲皆不廢也而獨廢此一事恐亦有所未安竊謂欲處此義者但當自省所以居喪之禮果能始卒一一合於古(古一作曲)禮卽廢祭無可疑若他時不免墨衰出入或其他有所未合者尙多卽卒哭之前不得已準禮且廢卒哭之後可以略倣左傳杜註之說遇四時祭日以衰服特祀於几筵用墨衰常祀於家廟可也○楊氏復曰先生以子喪不與盛祭就祠堂內致薦用深衣幅巾祭畢反喪復哭奠子則至慟

⊙그 다음 날 날이 밝으면 담제를 지내되 모두 대상 의식과 같다.

다만 주인 이하 사당으로 가서 본 감실(龕室)의 발을 걷어 올리고 분향 후 무릎을 꿇고 앉아 다음과 같이 고하고 재배한다. 축관이 신주 독을 받들고 오면 주인 이하 따른다. 신주 독을 서쪽층계 위 탁자에 놓고 신주를 내어 신위의 자리에 내모시면 주인이하 모두 슬픔을 다하여 곡 재배한다. 삼헌(三獻)을 할 때는 모두 곡을 하지 않는다.

축판에서 고칠 것은 대상(大祥)을 담제(禫祭)라 하고 상사(祥事)를 담사(禫事)로 고치며 사신(辭神)할 때가 되면 곧 슬픔을 다하여 곡하고 절을 마치면 신주를 받들어 서쪽층계로 가서 탁자 위의 독에 넣어 사당으로 가서 본 감실에 안치하되 곡은 하지않으며 발을 내리고 문을 닫고 물러난다.

⊙禫祭儀禮節次(담제의례절차)

主人以下具素服詣祠堂○焚香○跪○告辭曰孝子某將祗薦禫事敢請先考神主出就正寢○俯伏興拜興拜興平身○奉主就位(祝奉主櫝于西階卓子上)○出主(祝出主置于座)○(通)序立○擧哀○哀止○降神○(引)盥洗(主人降階洗)○詣香案前○跪○上香○酹酒(傾於茅沙上)○俯伏興拜興拜興平身○復位○(通)參神○鞠躬拜興拜興拜興拜興平身○進饌(主人奉魚肉主婦奉麪米食主人奉羹主婦奉飯)○初獻禮○(引)詣神位前○跪○祭酒(傾少許于茅沙上)○奠酒(執事者接盞置神主前)○俯伏興拜興拜興平身(退稍後立)○(引)跪○(通)主人以下皆跪○讀祝(祝執版立於主人之左東向讀之畢)○俯伏興平身(少退)○(通)擧哀(主人以下皆哭少頃)○哀止○(引)鞠躬拜興拜興平身(主人獨拜)○復位○亞獻禮○詣神位前○跪○祭酒○奠酒○俯伏興拜興拜興平身(若主婦行禮則拜四拜不用俯伏平身)○復位○(通)終獻禮○(引)詣神位前○跪○祭酒○奠酒○俯伏興拜興拜興平身○復位○(通)侑食(子弟一人執注就添盞中酒)○主人以下皆出○闔門(執事者閉門無門下簾少頃)○祝噫歆(祝當門北向作聲三)○啓門(乃開門)○復位(主人以下皆復位)○點茶(執事者以茶進)○告利成(祝立西階上東向曰)○利成○辭神○鞠躬拜興拜興拜興平身○擧哀○哀止○焚祝文○送主(主人以下從)○納主○禮畢 (譯者補; 初獻條啓飯蓋. 侑食條揷匙正筯 辭神前下匕筯于楪中合飯蓋)

⊙담제 의례절차.

주인 이하 소복으로 갖춰 입고 사당으로 간다. ○분향한다. ○무릎을 꿇고 앉는다. ○다음과 같이 고한다. ○부복하였다 일어나 재배 평신한다. ○신주를 받들고 신위의 자리로 온다. (축관은 주독을 서쪽층계 탁자 위에 놓는다) ○신주를 내놓는다. (축관은 신주를 독에서 내어 자리에 안치한다) (통찬이 창을 한다) ○차서 대로 서시오. ○모두 곡하시오. ○곡을 멈추시오.

●행강신례.

(인찬이 인도한다) ○손을 씻으시오. (주인은 층계를 내려가 손을 씻는다) ○향안 앞으로 가시오. ○무릎을 꿇고 앉으시오. ○분향하시오. ○강신하시오. (모사 위에 따른다) ○부복하였다 일어나 재배 평신하시오. ○제자리에 서시오. (통찬이 창을 한다)

●행참신례.

국궁 사배 평신하시오. ○찬을 올리시오. (주인은 생선과 고기를 올리고 주부는 면식 류와 미식 류를 올리고 주인은 국을 올리고 주부는 메를 올린다)

●행초헌례.

(인찬이 인도한다) ○신위 전으로 가시오. ○무릎을 꿇고 앉으시오. ○제주를 하시오. (모사 위에 조금 기울인다) ○술잔을 올려드리시오. (집사자는 잔을 받아 신주 앞에 놓는다) ○부복하였다 일어나 재배 평신하시오. (뒤로 조금 물러나 선다) (인찬이 인도한다) ○무릎을 꿇고 앉으시오. (통찬이 창을 한다) ○주인 이하 모두 무릎을 꿇고 앉으시오. ○독축하시오. (축관은 축판을 들고 주인의 왼쪽에서 동쪽으로 향하여 서서

독축을 하고 마쳤으면) ○부복하였다 일어나 평신하시오. (조금 물러난다) (통찬이 창을 한다) ○모두 곡하시오. (주인 이하 모두 잠깐 동안 곡을 한다) ○곡을 멈추시오. (인찬이 인도한다) ○국궁 재배 평신하시오. (주인만 절한다) ○제자리로 가 서시오.

●행아헌례.

신위 앞으로 가시오. ○무릎을 꿇고 앉으시오. ○제주하시오. ○술잔을 올려 드리시오. ○부복하였다 일어나 재배 평신하시오. (만약 주부가 아헌을 하면 절은 사배로 하고 부복과 평신은 하지 않는다) ○제자리로 물러나 서시오. (통찬이 창을 한다)

●행종헌례.

(인찬이 인도한다) ○향안 앞으로 가시오. ○무릎을 꿇고 앉으시오. ○제주를 하시오. ○술잔을 올려 드리시오. ○부복하였다 일어나 재배 평신하시오. ○제자리로 가 서시오. (통찬이 창을 한다)

●행유식.

(자제 중 한 사람이 주전자를 들고 가서 술잔에 첨작을 한다) ○주인 이하 모두 밖으로 나가시오. ○문을 닫으시오. (집사자가 문을 닫는다. 문이 없으면 발을 치고 잠시 있는다) ○축관은 인기척으로 희흠을 하시오. (축관은 문 앞으로 가서 북쪽으로 향하여 희흠을 세 번 한다) ○문을 여시오. (집사자가 문을 연다) ○제자리로 가 서시오. (주인 이하 모두 제자리로 가 선다) ○차를 올리시오. (집사자가 차를 따라 올린다) ○이성을 고하시오. (축관은 서쪽층계 위에 서서 이르기를) ○이성. (봉양의 예가 모두 잘 이뤄 졌습니다)

●행사신례.

국궁 사배 평신하시오. ○모두 곡하시오. ○곡을 멈추시오. ○축문을 불사르시오, ○신주를 받들고 사당으로 가시오. (주인 이하 따른다) ○감실에 들여 모시오. ○예를 마칩니다.

◆出主告辭式(출주고사식)

孝子屬稱隨改見上卜日告式某告子見上卜日告式將祇薦妻子改措語見上命辭式禫事敢妻子去敢字請

先考屬稱隨改見上命辭式神主出就正寢行祭于靈座故處則改正寢爲靈座故處

◆신주 내 모실 때 고사식.

효자 모는 아버님의 담제를 정성껏 올리려 하오니 청하옵건대 신주께서는 정침으로 나가시옵소서,

◆禫祭祝文式(담제축문식)

維

歲次干支幾月干支朔幾日干支孝子屬稱隨改見上卜日告式某告子見上卜日告式敢昭告于妻去敢字告子但云告于

顯考母云顯妣承重云顯祖考或顯祖妣妻云亡室子云亡子某官府君屬稱隨改見上命辭式日月不居奄及禫祭夙興夜處哀慕不寧妻改夙興以下八字爲悲悼酸苦不自勝塡子云悲念相續心焉如燬謹以妻子云玆以淸酌庶羞哀薦妻子云陳此禫事尙

饗

◆담제 축문식.

세차 모 간지 기월 기일 효자 모 공경하옵는 아버님 모관 부군께 감히 밝혀 고하나이다. 세월은 머무르지 않아 어언 담제가 되었사옵니다. 밤낮으로 아버님을 애모함에 편치가 않사옵니다. 삼가 여러 가지 음식과 맑은 술을 담사에 슬피 드리오니 바라옵건대 흠향하옵소서.

제 5 장 길제(吉祭)(原出士虞記)

◆吉祭行與否(길제행여부)

備要按家禮無吉祭改葬二條今采古禮及丘儀補入大祥章告遷于祠堂條行則本條廢廢則當行○又按家禮無吉祭改葬二條今采古禮及丘儀補入朱子曰橫渠說三年後祫祭於太廟因其告祭畢還主之時遂奉祧主歸於夾室遷主新主歸于其廟似爲得禮○楊氏曰世次迭遷昭穆繼序其事至重豈可無祭告在禮喪三年不祭故橫渠說三年喪畢祫祭迭遷用意婉轉此爲得禮而先生從之○士虞記是月也吉祭猶未配註是月禪月也當四時之祭月則祭疏不待踰月能氏曰不當四時祭月則待踰月也又疏曰禪月行四時之祭而猶未得以某妃配哀未忘若喪中然也言猶者如祥祭以前不以妃配又云禪月吉祭未配後月吉如少牢配可知按踰月而祭是爲常制而禪祭若當四時正祭之月則卽於是月而行之蓋三年廢祭之餘正祭爲急故也祭時考妣異位祝用異版祭後合櫝若踰月則祭時合位如時祭儀似合禮意○又按父先亡已入於廟則母喪畢後固無吉祭遞遷之節矣然其正祭似當倣此而行之○喪大記吉祭而復寢註禪祭後值吉祭同月則吉祭畢而復寢若禪祭不值當吉祭之月則踰月而吉祭乃復寢也

◆吉祭(길제)

士虞記是月也吉祭猶未配註是月禪月也當四時之祭月則祭猶未以某妃配某氏(按某妃以下卽少牢配祭考妣祝辭)哀未忘也疏禪月當四時吉祭之月則行四時之祭而猶未得以某妃配哀未忘若喪中然也言猶者如祥祭以前不以妃配也禪月吉祭未配後月吉如少牢配可知也熊氏曰不當四時祭月則待踰月也○大記吉祭而復寢○問所謂吉祭卽月享或禘祫之禮否朱子曰月享無明文只祭法國語有之恐未足據吉祭者疑所謂禘祫之屬然亦無明據今以義起可也不然卽且從大記所說○備要按踰月而祭是爲常制而禪祭若當四時正祭之月則卽於是月而行之蓋三年廢祭之餘正祭爲急故也祭時考妣異位祝用異版祭後合櫝若踰月則祭時合位如時祭儀似合禮意○問二十七月喪盡之後踰月而行吉祭則吉祭實終喪之別祭本非四時之常祭也似不拘於仲月與否而大記陳註乃以爲四時之常祭必欲行之於仲月未曉其意且禪祭在孟月而踰月則固是四時常祭之月也禪祭若在季月則雖踰月亦非常祭之月又惡在其用仲月之意耶愚伏曰來諭所謂吉祭者終喪之別祭者得之士虞記所謂是月吉祭者非以復常爲急乃以正祭爲急也觀鄭註亦不待踰月之文則知踰月爲常制而值正祭之月則不待踰月而卽行也陳註所謂四時之常祭者特以釋吉祭之名非謂必待仲月也○沙溪曰愚伏說是○市南曰朱子云且從大記而其上既疑爲禘祫之屬而謂之義起可也既曰義起則謂之喪畢之祭似無疑矣既云別祭則踰月而行於孟月亦安有僭嫌乎○尤菴曰踰月吉祭是正禮也若或禪月當仲月則不待踰月而吉祭是以奉先爲急也然月數徑縮故祭時猶不以新舊主合享是月數變於常故其禮亦變也

◆父在母喪吉祭(부재모상길제)

問父在母喪十五月禪後行吉祭否沙溪曰吉祭乃四時祭外之別祭蓋喪三年不祭故喪畢而合祭於祖廟仍行遞遷之禮若父在母喪則父爲主以朱子荅竇文卿書觀之雖妻喪廢時祭而以荅范伯崇書觀之雖父母喪亦似不廢妻喪中時祭如果不廢而妻喪又是祔位無遞遷之禮則喪畢後吉祭似無義恐不當設

제 1 절 대상

(길제에 신주를 고쳐 쓸 때의 대상 예법이며 본조(本條) 대상에서 신주를 고쳐 썼으면 이 예와 길제는 행하지 않는다)

⊙再碁而大祥(재기이대상)

自喪至此不計閏凡二十五月亦止用第二忌日(若夫爲妻十三月而祥只用初忌日)

⊙두 번째 기일 날이 대상이다.

초상으로부터 이날까지 윤달을 계산하지 않고 스물 다섯 달로서 역시 마지막 두 번째 기일 날로 대상제를 지낸다.

⊙前期一日沐浴陳器具饌(전기일일목욕진기구찬)

皆如小祥(小記除成喪者其祭也朝服縞冠註成成人也疏祥祭衣朝服而縞冠大夫朝服而祭朝服者玄冠緇衣素裳是純吉也今用縞冠是未純吉之祭服也間傳疏首服素冠以縞紕之)

⊙하루 전날 목욕을 하고 제사기구를 진열하고 제수음식을 갖춘다.

모두 소상과 같다.

⊙前一日告祠堂(전일일고사당)

備要有事則告今新主祔廟不可不先告祠堂○尤菴曰前期告廟而翌日祥祭畢後卽入祔之爲順

⊙하루 전날 사당에 고한다.

사당(祠堂)에 일이 있으면 아뢰는 의식(儀式)과 같이 새 신주가 사당에 곁들여 있으니 마땅히 먼저 사당에 고(告)해야 한다. 하루 전날 사당에 고해야 다음날 대상을 마치고 곧 부위에서 정위(正位)로 들어가는 것이다.

◆祠堂告辭式(사당고사식)

行吉祭時○備要按丘氏曰未改題只書官封稱號而不書高曾祖考妣然愚意以子孫而不稱屬號恐未安祔祭祝辭尙云適于某考某官府君何可以未改題而不稱屬號也今改之如左○五代共爲一版自稱以最尊者爲主○便覽承重則父雖祔位亦當有告

　　　維

歲次干支幾月干支朔幾日干支五代孫承重稱六代孫繼曾祖以下之宗隨屬稱○若喪主

　　非宗子而宗子告則稱孝玄孫某官某敢昭告于

　顯五代祖考某官府君若只祭三代則無五代祖

　顯五代祖妣某封某氏高祖考妣至祖考妣列書承重則自六代祖考妣至曾祖考妣列書父

　　亡母喪則自高祖考妣至考列書祔位不書○若宗子告則自高祖考妣以下至亡者祖先位玆以

　先考母云先妣承重云先祖考或先祖妣妻云亡室○若宗子告則隨屬稱某官內喪云某封某氏

　大祥已屆禮當祔於

　顯曾祖考屬稱隨改見上祔祭出主告式某官府君內喪云某封某氏不勝感愴謹以酒

　果用伸虔告謹告

　　　備要丘氏曰若父在母先死則是父爲喪主惟祔于祖母之櫝待父死然後告遷若父先亡已入祠堂
　　　而後母死其祝文曰玆以先妣某封某氏大祥已屆禮當祔於先考餘同備要按父先亡母喪祥訖依
　　　丘禮祔于考龕而俟祫時合櫝爲宜蓋儀禮禫月吉祭猶未配以此推之母喪纔畢不可卽與父合櫝
　　　明矣○或曰父雖先入廟母喪畢且祔於曾祖妣俟祫時配于父爲近古意更詳之

◆사당 고사식.

세차 모 간지 기월 기일 오대 손 모 공경하옵는 오대조할아버님 모관 부군과 오대조 할머님 모봉 모씨와 공경하옵는 증조할아버님 모관 부군과 증조할머님 모봉 모씨와 공경하옵는 할아버님 모관 부군과 할머님 모봉 모씨께 감히 밝혀 고하나이다. 이제 작고하신 아버님 모관의 대상이 다다라 예법상 마땅히 공경하옵는 증조 할아버님 모 관 부군 곁에 곁들여야 하옵니다. 감모하여 비창함을 이길 수 없사와 삼가 주과를 펴 올리고 삼가 고하고 삼가 고하나이다.

◆支子異居始爲禰廟妣位告辭式(지자이거시위예묘비위고사식)○行吉祭時

　　維

歲次干支幾月干支朔幾日干支孝子某敢昭告于

　顯妣某封某氏父先亡云顯考某官府君玆以

　先考父先亡云先妣喪期已盡禮當入廟謹以酒果用伸虔告謹告

◆달리 사는 지자(支子)가 처음으로 아버지 감실의 비위에 고하는 고사식.

세차 모 간지 기월 기일 효자 모 공경하옵는 어머님 모봉 모씨께 감히 밝혀 고하나이다. 이에 작고 하신 아버님의 상기가 이미 다하여 예법상 마땅히 사당으로 들어오셔야 하옵니다. 삼가 주과를 펴 올리고 삼가 고하고 삼가 고하나이다.

⊙陳祥服(진상복)

儀節白直領布帶五禮儀白笠白靴婦人用素衣屨(內外各設次陳之)

　檀弓祥而縞○書傳純白之色曰縞大祥則服乎縞也○間傳大祥素縞麻衣○便覽安家禮此 條云陳禫服而不無古今之異且在萬曆年間鄭松江赴京問於禮部則郎中胡僖答曰禫而陳 禫服序也今當薦此祥事之日而先陳禫服人無不微疑其間我朝議禮考文祥禫服參酌時宜 大祥日用細熟麻布爲冠服及至禫祭卽服禫服承祭云而今文獻無徵故但以陳祥服三字爲 大文註以皇朝制以丘儀與國制開錄于下而禫服一段移置禫條

⊙대상복(大喪服)을 진열한다.

흰 직령에 베띠에 흰 방갓과 흰 신이며 부인들은 흰옷에 흰 신이다.

⊙大祥之具(대상지구)

(執事者)○집사자. (丈夫次)○장부차. 즉 남자들의 처소. (婦人次)幷同上陳練服條○부인 차. 즉 부인들의 처소. (白笠)裹以白細布○백립. 즉 흰 방갓. (網巾)用白細布爲之○按家禮大 祥直用禫服故於網巾先儒皆從禫服說沙溪以爲用黑白䯻驪雜造爲之而今移禫服於禫條而大祥純用 素服則獨於網巾不當用黲色恐解同春問目亦以爲黑網巾甚不稱於縞素之服欲以白布爲之又有人問 於尤菴曰宋龜峰答鄭松江則以爲當用白布尤菴答曰笠旣白卽巾亦白無妨其後所論多以黲爲言蓋主 禫服說也今於祥服不用黲色故以尤菴初說爲正先輩亦有行之者矣○망건. (直領)○직령. (帶)幷 用白細布爲之○대. 즉 각대. (白靴)今俗代以麻屨○白笠以下男子服○백화. 즉 흰 가죽신. (簪) 仍舊○잠. 즉 비녀. (衣裳)如布深衣白大衣長裙之類○의상. (屨)簪以下婦人服○구. 즉 가죽신.

⊙厥明行事皆如小祥之儀(궐명행사개여소상지의)

　按家禮無吉祭故此條上有告遷祠堂之文而今行吉祭則當在吉祭時玆依備要移置○虞卒

哭及小祥無遷主之事故先斂主而後辭神祔祭則有奉還之節故先辭神而後斂主大祥旣當
奉入祠堂則亦如祔祭而先辭後斂爲是

⊙그날 날이 밝으면 대상제를 지내되 모두 소상 의식과 같다.

◆大祥祝文式(대상축문식)

維

歲次干支幾月干支朔幾日干支孝子^{屬稱隨改見上虞祭祝式}某敢昭告于^{告妻及弟}
　　^{以下見上虞祭祝式}

　顯考某官府君^{屬稱隨改見上虞祭祝式}日月不居奄及大祥夙興夜處哀慕不寧
　　^{妻子兄弟改措語見上虞祭祝式}謹以淸酌庶羞哀薦^{旁親及妻弟以下改措語見上虞祭祝}
　　^式祥事尙

饗

◆대상 축문식.

세차 모 간지 기월 기일 효자 모 공경하옵는 아버님 모관 부군께 감히 밝혀 고하나
이다. 세월은 머무르지 않아 어언 대상이 되었사옵니다. 밤낮으로 아버님을 슬피 사
모함에 편치가 않사옵니다. 삼가 여러 가지 음식과 맑은 술을 따라 상사(祥事)에 드
리오니 바라옵건대 흠향하옵소서.

⊙畢祝奉神主入于祠堂(필축봉신주입우사당)

(備要祝跪告云云)主人以下哭從如祔之序至祠堂前哭止(詣祖龕軸簾祔于正位東南西向皆再
拜降簾闔門而退)

大全旣祥而徹几筵其主且當祔於祖廟竢祫畢後遷○備要父雖先入廟母喪畢且祔於曾祖妣竢祫時
配于父○陶庵按若始爲大宗及非宗子而與宗子異居則大祥前新立祠堂祭訖入廟與宗子同居則祔
于祖廟至吉乃別立廟似合禮意

⊙제사를 마쳤으면 축관은 신주를 사당으로 들여 모신다.

축관은 위전에 무릎을 꿇고 앉아 다음과 같이 고하고 신주를 받들고 사당으로 가면
주인 이하 곡하며 부제 때 차서와 같이 좇아 사당 앞에 이르면 곡을 멈춘다. 조고위
감실로 들어가 발을 걷어 올리고 정위 동쪽에서 남쪽에 서쪽으로 향하게 곁들이면
모두 재배하고 발을 내리고 문을 닫고 물러난다.

◆入祠堂告辭式(입사당고사식)

請入于

祠堂

◆신주에게 사당으로 들 것을 고하는 고사식.

청하옵건대 사당으로 드시옵소서.

⊙徹靈座斷杖棄之屛處(철영좌단장기지병처)

理窟喪服必於除日毀以散諸貧者或守墓者可也喪大記食鹽醬

雜記有父之喪未沒喪而母死其除父之喪也服其除服卒事反喪服○便覽按家禮此條下有埋主飮酒
食肉復寢等文而據古禮及丘儀皆非祥後事故移置下文幷如備要

⊙궤연(几筵)을 철거하고 상장을 잘게 잘라 멀리 깨끗한 곳에 버린다.

상복은 반드시 복을 벗는 날 뜯어서 간고한 사람이나 묘지기에게 주며 소금과 장을 먹는다.

제 2 절 길제(吉祭)

⊙禫祭明日卜日(담제명일복일)

備要士虞疏吉事先近日上旬行禫祭於寢當祭月卽從四時祭於廟亦用上旬爲之踰月亦用上旬或丁或亥餘與下時祭卜日儀同○便覽擇來月三旬各一日或丁或亥禫在中月則就是月內卜日主人禫服帥衆兄弟及子孫執事立於祠堂中門外西向焚香薰珓並如禫祭卜日儀旣得日告如時祭卜日而告之儀

> 便覽士虞記是月也吉祭猶未配註是月禫月也當四時之祭月則祭猶未以妃配○備要踰月而祭是爲常制而禫祭若當四時正祭之月則卽於是月而行之蓋三年廢祭之餘正祭爲急故也祭時考妣異位祝用異板祭後合櫝若踰月則祭時合位○尤菴曰吉祭實喪餘之祭則雖行於孟月亦無嫌也○愼齋曰七月行吉祭則秋祭已行不當再行於八月○備要父先亡已入廟則母喪畢後固無吉祭遞遷之節矣然其正祭似當倣此而行之

⊙담제후 다음날 길제 날을 점을 친다.

다음달 상순(上旬)에서 정(丁)자나 해(亥)자 드는 날 중 하루를 택한다. 담제(禫祭)를 중간 달에 지냈으면 그 달에 점을 친다. 주인은 담제복을 입고 형제들과 자손, 집사자를 데리고 사당 중문 밖에서 서쪽으로 향하여 서서 향을 피우고 배교(环珓)를 쬐어 점을 치기를 모두 담제 날 점치는 의식과 같게 한다. 이미 날을 받았으면 시제(時祭) 날을 받고 고하는 의식과 같게 사당에 고한다.

◈卜日命辭式(복일명사식)同下祭禮時祭本條但不盛服

　　某將以來月某日卽上旬或丁或亥不吉則復命以中旬又不吉則直用下旬日諏此歲事
　　適其祖考始爲禰宗但云考下同尙饗

◈날을 받는 고사식.

모는 앞으로 내월 모일에 세사를 지내 드리려 하옵는데 그날이 적합하올지 조고님께 여쭈오니 바라옵건대 좋아하옵소서.

◈卜日告辭式(복일고사식)

　　孝孫始爲禰宗云孝子下同某將以來月某日祗薦歲事于
　　祖考卜旣得吉用下旬日則去卜旣得吉四字敢告

◈날을 받은 고사식.

효손 모는 앞으로 내월 모일에 조고의 세사를 정성껏 올리려고 점을 쳐 이미 좋은 날을 얻었삽기 감히 고하나이다.

◈祝命執事辭式(축명집사사식)

　　孝孫某將以來月某日祗薦歲事于
　　祖考有司具脩

◆축관이 집사자에게 하명하는 고사식.

효손 모께서 앞으로 내월 모일에 조고의 세사를 정성껏 올리려 하니 유사로서 포수(脯脩)를 갖춰라.

⊙前期三日齋戒(전기삼일재계)

備要如時祭儀○便覽主人帥衆丈夫致齋於外主婦帥衆婦女致齋於內皆沐浴

⊙그날 삼일 전부터 재계한다.

시제 의식과 같다. 주인은 여러 남자들을 데리고 밖의 일에 치재(致齋)하고 주부는 여러 여자들을 데리고 안의 일을 치재를 하고 모두 목욕을 한다.

⊙前一日告遷于祠堂(전일일고천우사당)

便覽前一日夙興詣祠堂以酒果告如朔參之儀但別設一卓於香案之東置淨水粉盞刷子竹刀木賊帨巾硯筆墨於其上主人斟酒再拜訖立於香卓之前祝執版立於主人之左主人以下皆跪祝東向跪讀云云若承重祖喪畢後改題考位神主則主人又就考位所祔龕前跪祝就主人之左跪讀云云告畢祝降復位主人再拜進奉所當改題最尊之主臥置卓上執事者先以帨巾漬水沾潤粉面次以竹刀刮去舊字次以刷子梳去舊粉又以帨巾拭之又以木賊磨之使滑乃別塗以粉竢乾命善書者盥手西向坐改題之陷中不改洗水以灑祠堂之四壁主人奉主置故處改題諸位如前曾祖考妣改題爲高祖考妣祖考妣爲曾祖考妣考妣爲祖考妣旁題皆以其屬書之祔位皆倣此例不書旁題親盡當埋之主則不復改題當遷長房之主亦同若有不遷之位改題以幾代祖旁題亦改書乃降復位與在位者皆再拜辭神納主徹降簾闔門而退

⊙하루 전에 감실 옮길 것을 사당에 고한다.

하루 전날 아침 일찍 일어나 사당으로 가서 주과(酒果)를 진설하고 고하기를 사당 초하루 참배 의식과 같게 한다. 다만 탁자 하나를 향안 동쪽에 놓고 그 위에 깨끗한 물과 흰 분 가루 잔, 대칼, 목적(木賊), 먼지 터는 솔, 수건, 벼루, 붓, 먹을 놓는다.

주인은 술을 따라 올리고 재배하고 향탁 앞에 서면 축관은 축관을 들고 주인의 왼편에 선다. 주인 이하 모두 무릎을 꿇고 앉으면 축관은 동쪽으로 향하여 무릎을 꿇고 앉아 다음과 같이 독축한다. 만약 승중인 조부의 상을 마친 후 개제를 하게 되면 고위 신주에 주인은 또 고위 신주 부위감전으로 가서 무릎을 꿇고 앉는다.

축관은 주인의 왼편으로 가서 무릎을 꿇고 앉아 다음과 같이 고하고 축관은 제자리로 내려온다. 주인은 재배를 하고 개제(改題)할 최 존위 신주를 받들어 탁자 위에 뉘어 놓는다. 집사자는 먼저 수건을 물에 적셔 신주 전면 분칠한 면을 적셔 불균 다음 죽도로 옛 글자를 긁어 낸 후 솔로 옛 분가루를 털어낸다. 또 수건으로 닦아내고 또 목적으로 문질러 반드럽게 한 다음 곧 흰 분가루를 덧바르고 마르기를 기다렸다 글씨 잘 쓰는 선서자(善書者)를 시킨다.

선서자는 손을 씻고 서쪽으로 향하여 앉아 고쳐 쓴다. 속 신주는 고쳐 쓰지 않는 것이다. 사당 네 벽을 물로 닦아 깨끗이 청소를 하고 주인은 신주를 받들어 옛 신주의 자리에 안치한다. 모든 신주를 앞과 같이 고쳐 쓰기를 증조고비라 쓰인 신주는 고조고비로 고쳐 쓰고 조고비라 쓰인 신주는 증조고비라 고쳐 쓰고 고비라 쓰인 신주는 조고비 신주라 고쳐 쓴다. 옆 밑 봉사자명은 모두 속한대로 쓰고 부위도 모두 이와 같은 예로 고치고 봉사자는 쓰지 않는다.

봉사세대가 지나 매안(埋安) 할 신주는 고쳐 쓰지 않으며 친족 중 봉사세대가 있어 그 집으로 옮길 신주 역시 고치지 않는다. 만약 불천지위(不遷之位)가 있으면 기대조고로 고치고 봉사자 역시 고쳐 쓴다. 모두 마쳤으면 곧 제자리로 내려와 서서 재위자와 같이 모두 재배 사신(辭神)한다. 신주를 독에 넣고 감실 발을 내리고 문을 닫은 후 물러난다.

◈改題告辭式(개제고사식)

維

歲次干支幾月干支朔幾日干支五代孫_{承重稱六代孫繼曾祖以下之宗隨屬稱}某敢
　　昭告于

顯五代祖考某官府君

顯五代祖妣某封某氏_{高祖考妣至祖考妣列書承重則自六代祖考妣至曾祖考妣列書}玆
　　以先考_{承重云先祖考}某官府君喪期已盡禮當遷主入廟_{承重則此下云先考某}
　　_{官府君已於某年某月祔于祖龕亦當遷主入廟}

顯五代祖考某官府君

顯五代祖妣某封某氏_{承重則先書六代祖考妣}親盡神主當祧

顯高祖考某官府君

顯高祖妣某封某氏_{至祖考妣列書承重則至曾祖考妣列書}神主今將改題_{祔位有改題}
　　_{者則此下當云某親某官府君或某親某封某氏神主亦當改題○卑幼不書府君}世次迭遷不
　　勝感愴謹以酒果用伸虔告謹告

◈개제 고사식.

세차 모 간지 기월 기일 오대손 모 공경하옵는 오대조할아버님 모관 부군과 오대조할머님 모봉 모씨와 공경하옵는 고조할아버님 모관 부군과 고조할머님 모봉 모씨와 공경하옵는 증조할아버님 모관 부군과 증조할머님 모봉 모씨와 공경하옵는 할아버님 모관 부군과 할머님 모봉 모씨께 감히 밝혀 고하나이다. 이에 작고하신 아버님의 상기가 이미 다하여 예법상 의당 신주를 사당으로 옮겨 드려야 하옵니다. 공경하옵는 오대조할아버님 모관 부군과 오대조할머님 모봉 모씨께서는 봉사할 세대가 다하여 의당 사당에서 옮겨야 하옵고 공경하옵는 고조할아버님 모관 부군과 고조할머님 모봉 모씨와 공경하옵는 증조할아버님 모관 부군과 증조할머님 모봉 모씨와 공경하옵는 할아버님 모관 부군과 할머님 모봉 모씨의 신주는 이제 세대의 차서를 한대씩 옮겨 고쳐 써야 하옵니다. 감모하여 비창함이 이보다 더할 수가 없사와 삼가 주과(酒果)를 펴 드리오며 삼가 고하고 삼가 고하나이다.

◈母先亡父喪畢改題(모선망부상필개제)

問母先亡父喪畢改題備要無告辭何也尤菴曰旣當改題何可不告○陶菴曰母先亡父喪畢改題祝備要果無之有人作祝辭以質於尤菴曰敢昭告于顯妣某封某氏玆以先考某官府君喪期已盡禮當遷主入廟今將改題不勝悲愴尤菴云當如來示依此用之爲好○愚按此禮若依尤菴說曾祖考妣下聯書考妣之例於祖考妣下聯書妣位則不必用此別告之儀然或以爲此時妣主尚在祔位則與正位一祝並告似未安云者恐未然下文承重喪畢祝聯書之考位亦在祔位也

◈承重祖喪畢改題(승중조상필개제)

問承重宗子喪畢改題告辭式尤菴曰祖考某官府君喪期已盡云云而列書諸位處不書祖考妣

位於曾祖考妣下聯書考位矣○問考妣神主祖考在世時以亡子子婦書之矣改題祝文何以措
語曰當告云當初題主時祖考某官府君爲主故以其屬書之矣今某官府君喪期已盡子某將以
考妣改題謹告事由○愚按若依尤菴前說曾祖考妣下聯書考妣則何必用此別告之辭若但繼
祖宗子而承重喪畢改題者則當用此告辭矣

◆母先亡父喪畢改題妣位告辭式(모선망부상필개제비위고사식)
祖母先亡承重祖父喪畢改題祖妣位告辭同但改屬稱

　　　維

歲次干支幾月干支朔幾日干支孝子某敢昭告于

　顯妣某封某氏當初題主時

　先考某官府君爲主故以其屬書之今

　先考喪期已盡禮當遷主入廟

　顯妣神主亦當合享某將以

　顯妣改題世次迭遷彌增罔極謹以酒果用伸虔告謹告

◆어머니가 먼저 작고한 후 아버지 상을 마치고 어머니 신주를 고쳐 쓸 때의 고사식.

세차 모 간지 기월 기일 효자 모 공경하옵는 어머님 모봉 모씨께 감히 밝혀 고하나이다. 처음 신주를 쓸 때 작고 하신 아버님 모관 부군께서 주인이었기에 아버님 속칭으로 신주를 썼사온데 이제 아버님의 상기가 이미 다하여 의당 아버님 신주를 옮겨 사당에 들어가서 어머님 신주와 합향하여 드림이 마땅하옵니다. 공경하옵는 어머님의 세대의 차서를 한대 옮겨 신주를 고쳐 쓰려 하오니 더더욱 망극하와 삼가 주과를 펴드리오며 삼가 고하고 삼가 고하나이다.

◆承重祖父喪畢改題考位告辭式(승중조부상필개제고위고사식)

　　　維

歲次干支幾月干支朔幾日干支孝子某敢昭告于

　顯考某官府君俱亡則顯妣某封某氏列書下同當初題主時

　先祖考某官府君爲主故以其屬書之今

　先祖考喪期已盡禮當遷主入廟

　顯考神主亦入正位某將以

　顯考改題世次迭遷彌增罔極謹以酒果用伸虔告謹告

◆승중에 조부상을 마치고 선고(先考) 신주를 고쳐 쓰는 고사식.

세차 모 간지 기월 기일 효자 모 공경하옵는 아버님 모관 부군께 감히 밝혀 고하나이다. 당초 신주를 쓸 때 작고하신 할아버님 모관 부군을 주인으로 하여 할아버님 속칭으로 신주를 썼사온데 작고하신 할아버님 상기가 이미 다하여 예법상 의당 할아버님 신주를 옮겨 사당으로 들어 가셔야 하옵고 공경하옵는 아버님 신주 역시 부위에서 정위로 오르셔야 하옵기에 모는 공경하옵는 아버님 신주를 세대의 차서 대로 옮겨 고쳐 쓰고자 하오니 더더욱 망극하옵니다. 삼가 주과를 펴 올리오며 삼가 고하고 삼가 고하나이다.

⊙設位(설위)

便覽主人帥衆丈夫及執事者灑掃正寢洗拭椅卓務令蠲潔設五代祖考妣位於堂西北壁下南向考西妣東各用一椅一卓而合之高祖考妣曾祖考妣祖考妣以次而東皆如五代祖考妣之位設考妣位於東壁下西向考北妣南禫月行祭則新主考妣異位世各爲位不屬祔位皆於東序西向北上或兩序相向尊者居西妻以下則於階下○若繼曾祖以下之宗則計世數設位幷新主皆南向如儀

若始爲繼禰之宗則只設新主位於堂中北壁下南向

備要若禫月行祭則考妣異位程子祭儀凡配止以正妻或奉祀之人是再娶所生卽以所生母配張子曰譬之人情一室中豈容二妻須祔以首娶繼室別爲一所可也朱子曰程先生此說恐誤唐會要中有論凡是嫡母無先後皆當幷祔合祭與古者諸侯之禮不同蓋後世繼室以禮聘娶自得爲正又曰橫渠之說似亦推之太過也○沙溪曰世數若已滿而又陞新主則是五世似未安當以新主姑位於東壁下祭畢遷祧後始入正位恐當然則未滿四世者直爲正位無妨○輯覽按丘儀所謂設新主位于何所者似指世數已滿者言若已滿而又陞新主則是五世果似未安似當以新主姑位於東壁下祭畢遷祧後始入正位恐當然則未滿四世者直爲正位無妨耶○增解按若踰月行祭則當依時祭考妣各用一倚一卓而合之

⊙신위의 자리를 설치한다.

주인은 남자들과 집사자들을 데리고 정침을 깨끗이 청소하고 교의와 탁자를 씻고 닦아 깨끗하게 한다. 오대조고비의 자리는 서쪽으로 북쪽 벽 아래에다 남서 여동(男西女東)으로 남향케 하여 각각 교의 하나 탁자 하나씩을 붙여놓는다. 고조고비, 증조고비, 조고비의 자리를 차례대로 동쪽으로 설위하되 모두 오대조고비의 자리와 같게 한다. 고비의 자리는 동쪽 벽 아래에서 서쪽으로 향하게 하여 남북여남(男北女南)으로 설위한다.

담제 달에 길제를 지내게 되면 고비의 새 신주는 서로 붙여놓지 않으며 각 세대도 서로 붙여 설위하지 않으며 부위 신주는 모두 동쪽 벽 아래에서 북쪽을 상석으로 하여 서쪽으로 향하게 한다. 혹 동쪽과 서쪽 벽 아래에 나뉘어 설위 할 때는 높은 항렬이 서쪽이다. 처 이하는 층계아래에 설위한다.

만약 증조를 이어가는 종가이면 세대 수를 헤아려 설위하고 새 신주 모두 의례와 같게 남향케 한다. 만약 처음으로 아버지를 이어가는 집이면 새 신주의 자리는 당의 북쪽 벽 아래 중간에서 남쪽으로 향하게 설위한다.

◆考妣設位(고비설위)

若禫月行祭則考妣異位○程子祭儀凡配止以正妻或奉祀之人是再娶所生卽以所生母配張子曰譬之人情一室中豈容二妻須祔以首娶繼室別爲一所可也朱子曰程先生此說恐誤唐會要中有論凡是嫡母無先後皆當幷祔合祭與古者諸侯之禮不同蓋後世繼室以禮聘娶自得爲正又曰橫渠之說似亦推之太過也

⊙陳器省牲滌器具饌(진기성생척기구찬)

幷如時祭儀

⊙제사기구를 진열하고 제사에 올릴 짐승을 살피며 그릇을 닦고 제수품을 갖춘다.

모두 시제 의식과 같다.

⊙設次陳吉服(설차진길복)

陳氏曰至吉祭平常所服之物無所不佩

尤菴曰朱子以爲卒哭後遇四時祭用墨衰常祀於家廟可也卒哭後且如此况心喪人已從吉服矣其與
於禪祭吉祭有何未安之理乎○便覽按此一節備要在禪條而今移置于此○若是祔位而無吉祭者則
當於禪祭後月朔參而服吉矣○父在母喪持心制以終禪月禪月旣盡來哭於墓前除之亦似穩當

⊙처소를 차려놓고 길복을 진열한다.

길제에는 평상시 입는 의복으로 입되 패물은 무엇이든지 아니 된다.

⊙厥明夙興設蔬果酒饌(궐명숙흥설소과주찬)

如時祭儀

⊙그 다음날 일찍 일어나 소채와 과실과 안주를 진설한다.

시제 의식과 같다.

⊙質明奉主就位(질명봉주취위)

便覽主人以下各就次易盛服盥帨詣祠堂前餘並同時祭儀

⊙날이 밝으면 신주를 받들고 신위의 자리로 나온다.

주인 이하 남녀는 각각 길복을 진열한 처소로 가서 길복으로 바꿔 입고 손을 씻고
사당 앞으로 간다. 이하는 모두 시제 의식과 같다.

◆出主告辭式(출주고사식)

五代孫承重則稱六代孫某今以遞遷父先亡母喪畢云孝玄孫某今旣免喪若始爲禰宗云
孝子某今以妥享母喪畢改妥享爲合享有事于

顯五代祖考某官府君
顯五代祖妣某封某氏高祖考妣至考妣列書承重則自六代祖考妣至考妣列書父先亡母喪
畢自高祖考妣至考妣列書若始爲禰宗則止云顯考某官府君俱亡則顯妣某封某氏列書以某
親某官府君卑幼去府君二字某親某封某氏祔食敢請
神主出就正寢恭伸奠獻

◆신주를 사당에서 내모실 때 고사식.

오대손(五代孫) 모(某)는 지금 공경하옵는 오대조할아버님 모관 부군과 오대조할머님
모봉 모씨와 공경하옵는 고조할아버님 모관 부군과 고조할머님 모봉 모씨와 공경하
옵는 증조할아버님 모관 부군과 증조할머님 모봉 모씨와 공경하옵는 할아버님 모관
부군과 할머님 모봉 모씨와 공경 하옵는 아버님 모관 부군과 어머님 모봉 모씨께 세
대를 옮기는 제사를 올리고자 모친 모관 부군과 모친 모봉 모씨를 곁들여 제향(祭享)
하고자 감히 청하오니 신주께서는 정침으로 나가시옵소서. 공손히 전을 펴 올리나이
다.

⊙參神降神進饌初獻(참신강신진찬초헌)

便覽并如時祭之儀但先詣五代祖位前獻祝以次詣考位前如初○若禪月行祭則考位
獻祝畢復就妣位前獻祝○若承重喪畢則祖位獻祝畢復就考位前獻祝

⊙참신, 강신, 진찬, 초헌.

모두 시제 의식과 같다. 다만 먼저 오대조고 위전에서 잔을 올리고 독축을 하고 차례대로 고위 전에 이르러 처음과 같이한다.

만약 담월에 길제를 지내게 되면 고위에 헌축(獻祝)을 마치고 다시 비위전에 가서 헌축을 한다.

만약 승중 상을 마쳤으면 조위(祖位) 전에 헌축을 하고 다시 고위 전으로 가서 헌축을 한다.

◆祝版異同(축판이동)

尤菴曰備要所謂祝文異版同版云者蓋以禫月吉祭猶未配則當別爲兩位旣爲兩位則祝辭亦當異版矣若是踰月而行之則考妣當配爲一位而祭之故祝辭亦當同版也

◆親盡祖考妣位祝文式(친진조고비위축문식)承重則六代祖考妣位祝同但改屬稱祝亦異板

維

歲次干支幾月干支朔幾日干支五代孫某敢昭告于

顯五代祖考某官府君

顯五代祖妣某封某氏玆以先考屬稱隨改見上改題告式某官府君喪期已盡禮當遷主入廟承重則改措語見上改題告式先王制禮祀止四代心雖無窮分則有限

神主當祧埋于墓所不遷之位則改埋爲遷族人有親未盡者將徙于其房則改埋于墓所爲遷于某親某之房不勝感愴謹以淸酌庶羞百拜告辭本龕有祔位則此下云某親某官府君某親某封某氏神主亦當並埋若正位祧遷于長房而不埋則去亦當並埋四字某氏神主下云埋于本墓尙

饗

◆세대가 다한 조고비위 고사식.

(승중이면 육대조 축문식도 같으며 다만 속한대로 쓰고 세대마다 별 판으로 쓴다)

세차 모 간지 기월 기일 오대손 모 공경 하옵는 오대조할아버님 모관 부군과 오대조할머님 모봉 모씨께 감히 밝혀 고하나이다, 이제 작고하신 아버님의 상기가 이미 다하여 예법상 의당 신주를 사당으로 옮겨야 하옵니다. 선왕의 예법 제도가 봉사는 사대로 마쳐야 하오니 비록 마음은 영원히 모시고 싶사오나 분한에는 법칙이 있사와 신주를 묘소로 옮겨 매안하여야 하옵니다. 감모하여 비창함이 이보다 더할 수가 없사와 삼가 맑은 술과 여러 가지 음식으로 백배 사죄하오니 바라옵건대 흠향하옵소서.

◆高祖考妣至考妣位祝文式(고조고비지고비위축문식)代異各板

維

歲次干支幾月干支朔幾日干支孝玄孫繼曾祖以下之宗隨屬稱某敢昭告于

顯高祖考某官府君

顯高祖妣某封某氏曾祖考妣祖考妣隨屬稱某罪逆不滅歲及免喪世次迭遷昭穆繼序

先王制禮不敢不至父先亡母喪畢及祖先亡承重祖母喪畢此下去世次以下十六字改云時

維仲春隨時追感歲時不勝永慕謹以淸酌庶羞祇薦歲事以

某親某官府君_{卑幼云云見上出主告式}

某親某封某氏祔食尙

饗

◆고조고비에서부터 고비에 이르는 축문식.(대수마다 각 판으로 쓴다)

세차 모 간지 기월 기일 효 현손 모 공경하옵는 고조할아버님 모관 부군과 고조할머님 모봉 모씨께 감히 밝혀 고하나이다. 모는 죄역이 가시질 않아 세월이 상을 면하게 하였사옵니다. 세대의 차서도 번갈아 옮겨지고 사당에 신주를 모시는 차례도 차례대로 계승하여졌사옵니다. 선왕의 예의 제도를 감히 따르지 않을 수 없사와 맑은술과 여러 가지 음식을 정성껏 세사에 드리오며 모친 모관 부군과 모친 모봉 모씨를 곁들여 제향하오니 바라옵건대 흠향하옵소서.

◆新主位祝文式(신주위축문식)_{承重祖考妣位祝同但改屬稱}

維

歲次干支幾月干支朔幾日干支孝子某敢昭告于

顯考某官府君_{母先亡顯妣某封某氏列書}喪制有期_{母先亡改喪制有期爲顯考喪期已盡}

追遠無及今以吉辰式遵典禮隮入_{始爲禰宗改隮入爲妥享}于

廟_{母先亡此下當添配以先妣四字}謹以淸酌庶羞祇薦歲事尙

饗

◆새 신주위 축문식.

(승중시 조부모 축도 같으며 관계를 속한대로 고친다)

세차 모 간지 기월 기일 효자 모 공경하옵는 아버님 모관 부군께 감히 밝혀 고하나이다. 상(喪)의 제도에는 기한이 있사옵니다. 오래도록 모시려 하여도 그럴 수가 없사와 오늘이 길한 날이 오라 제도에 따라서 사당으로 드셔서 정위로 오르셔야 하옵니다. 여러 가지 음식과 맑은 술을 따라 세사에 정성껏 드리오니 바라옵건대 흠향하옵소서.

◆父先亡母喪畢考妣位祝文式(부선망모상필고비위축문식)_{祖先亡承重祖母喪畢祖考妣位下同但改屬稱}

維

歲次干支幾月干支朔幾日干支孝子某敢昭告于

顯考某官府君

顯妣某封某氏

顯妣喪期已盡禮當配享時維仲春_{隨時}追感歲時昊天罔極_{承重改昊天罔極爲}

不勝永慕謹以淸酌庶羞祇薦歲事尙

饗

◆부친이 먼저 사망한 후 모친상을 마친 비위 축문식.(조부

가 먼저 죽고 승중에 조모상을 마친 조고비위 축문식도 같다. 다만 관계를 속한대로

고쳐 쓴다)

세차 모 간지 기월 기일 효자 모 공경하옵는 아버님 모관 부군과 어머님 모봉 모씨께 감히 밝혀 고하나이다. 어머님의 상기가 이미 다하여 예법상 의당 아버님께 배향하여야 하옵니다. 생각하옵건대 때는 중춘 가절이 오라 시절이 옛날을 생각하게 하와 부모님의 은혜가 넓고 큼이 하늘과 같았사옵니다. 삼가 여러 가지 음식과 맑은 술을 따라 세사에 정성껏 올리오니 바라옵건대 흠향하옵소서.

◆父先亡母喪畢禫月行祭考位祝文式(부선망모상필담월행제고위축문식)祖先亡承重祖母喪畢祖考位祝同但改屬稱

維

歲次干支幾月干支朔幾日干支孝子某敢昭告于

顯考某官府君某罪逆不滅歲及免喪母先亡改某罪以下九字爲喪制有期追遠無及今以吉辰式遵典禮母先亡此下當添隮入于廟四字而若始爲禰宗則改隮入爲妥享將配以

先妣某封某氏時維仲春隨時追感歲時昊天罔極改措語見上考妣位祝文○母亡去時維以下十二字謹以淸酌庶羞祗薦歲事尙

饗

◆부친이 먼저 작고하시고 어머니 상을 마친 담월의 제사 축문식.(조부가 먼저 사망한 승중에 조모상을 마친 조고위 축도 같다. 다만 관계는 속한대로 고쳐 쓴다)

세차 모 간지 기월 기일 효자 모 공경하옵는 아버님 모관 부군께 감히 밝혀 고하나이다. 모는 죄역이 끊이지 않아 세월은 상기(喪期)를 면케하였사와 오늘이 길한 날이오라 제도와 의식에 따라 작고하신 어머님 모봉 모씨를 배향하여 드려야 하옵니다. 때는 중춘 가절이 오라 세월은 옛날을 생각하게 하옵니다. 부모님의 은혜 넓고 큼이 하늘과 같았사옵니다. 삼가 여러 가지 음식과 맑은술을 따라 세사에 정성껏 올리오니 바라옵건대 흠향하옵소서.

◆父先亡母喪而禫月行祭祝(부선망모상이담월행제축)

若父先亡母喪而禫月行祭考妣異位則於妣位於云喪制有期追遠無及今以吉辰式遵典禮將配于先考於考位云某罪逆不滅歲及免喪式遵典禮將配以先妣而用時祭祝時維以下語

◆妣位祝文式(비위축문식)承重則祖妣位祝同但改屬稱

維

歲次干支幾月干支朔幾日干支孝子某敢昭告于

顯妣某封某氏喪制有期追遠無及母先亡改喪制以下八字爲某罪逆不滅歲及免喪今以吉辰式遵典禮將配于

先考某官府君謹以淸酌庶羞祗薦歲事尙

饗

◆비위 축문식.(승중시 조비 축문식도 같다. 다만 관계를 속한대로 고친다)

세차 모 간지 기월 기일 효자 모 공경하옵는 어머님 모봉 모씨께 감히 밝혀 고하나이다. 상(喪)의 제도에는 한이 있사와 영원히 모시려 하여도 그럴 수가 없사옵니다. 오늘이 길한 날이 오라 제도에 따라 아버님 모관 부군의 곁에 배향하여야 하옵니다. 삼가 여러 가지 음식과 맑은 술을 따라 세사에 정성껏 올리오니 바라옵건대 흠향하옵소서.

◆承重祖父喪畢考位祝文式(승중조부상필고위축문식)

維

歲次干支幾月干支朔幾日干支孝子某敢昭告于

顯考某官府君_{俱亡則顯妣某封某氏列書下同}某罪逆不滅歲及免喪今以吉辰式

遵典禮

先祖考某官府君_{祖母先亡則顯祖妣某封某氏列書}隮入于廟

先考亦以次入正位世次迭遷昭穆繼序追感彌新昊天罔極謹以淸酌庶

羞祗薦歲事尙

饗

◆승중에 조부상을 마쳤을 때 고위 축문식.

세차 모 간지 기월 기일 효자 모 공경하옵는 아버님 모관 부군께 감히 밝혀 고하나 이다. 모는 죄역이 끊이지 않아 세월이 흘러 상을 면케 이르렀사와 오늘이 길한 날이 오라 제도의 법식에 따라 작고하신 아버님 모관 부군을 사당으로 올려 들여 선고께 서도 정위로 드셔 세대의 차서 대로 옮긴 소목의 질서를 이어야 하옵니다. 추모하는 감회 더욱 새로워지며 부모님 은혜 넓고 큼이 하늘과 같이 한이 없었사옵니다. 삼가 여러 가지 음식과 맑은 술을 따라 정성을 다하여 세사(歲事)에 올리오니 바라옵건대 흠향하옵소서.

⊙亞獻終獻侑食闔門啓門受胙辭神(아헌종헌유식합문계문수조사신)

並如時祭儀

⊙아헌, 종헌, 유식, 합문, 계문, 수조, 사신.

모두 시제 의식과 같다.

◆嘏辭式(하사식)

祖考命工祝承致多福于汝孝孫來_{音釐}汝孝孫使汝受祿于天宜稼于田

眉壽永年勿替引之

◆복 내리는 말씀의 서식.

조고께서 공축에게 명하여 많은 복을 너 효손에게 보내게 하여 받게 할지니 얘 너 효손은 너로 하여금 하늘에서 녹을 받게 할 것이며 화목하게 하고 밭에 씨를 뿌리고 오래오래 장수케 할 것을 바뀜 없이 인도할 지이니라.

⊙納主(납주)

_{便覽}主人主婦皆升各奉主納于櫝考妣有先亡者至是合安于櫝先奉親盡神主安於夾 室以笥斂高祖以下之櫝奉歸祠堂如來儀以次遞升新主亦入正位降簾闔門而退

備要按考妣有先亡者至是合櫝奉親盡之主埋於墓所若族人有親未盡者遷于最長之房使主其祭神
主當以主祭者所稱皆題而旁題不稱孝若有親盡之祖始爲功臣者則當依家禮別子親盡遷于墓所不
埋而但國家待功臣甚厚使子孫不遷其主則祭四代之家並不遷之主乃五代也據禮人臣不可祭五代
不得已高祖當出而祭于別室耶更詳之○凡祔位之主本位出廟則亦當埋于墓所○增解若族人有親
未盡者遷于最長之房使主其祭神主當以主祭者所稱改題而旁題不稱孝

⊙신주를 사당으로 드린다.

주인 주부는 모두 올라가 각각 신주를 받들어 독에 넣되 고비 중 먼저 죽은 이가 있
으면 이때 독에 합하여 봉안하고 먼저 세대가 지난 신주를 협실에 봉안하고 나서 고
조 이하의 독을 상자에 거둬 받들고 사당으로 가기를 올 때와 같은 의식으로 가서
차서 대로 옮기고 새 신주 역시 정위로 올려 들여 모시고 발을 내리고 문을 닫고 물
러난다.

⊙徹餕(철준)

並如時祭儀

⊙철상하고 제사음식을 나눈다.

모두 시제 의식과 같다.

⊙復寢(복침)

喪大記吉祭而復寢

便覽按吉祭家禮所無而備要既採古禮補入故今亦從之而備要所載則猶欠詳備故就其中更加添修
俾便於考閱

⊙다시 내침에 든다.

길제 이후 내침에 든다.

◆始飲酒食肉而復寢(시음주식육이복침)

儀節按此條舊在大祥下今移此按禮中月而禫禫而飲醴酒始飲酒者先飲醴酒始飲肉者先食
乾肉又大祥居復寢禫而牀由是觀之則禫猶未可以食肉飲酒惟飲醴食脯而已而况大祥乎今
疑禫後始飲淡酒食乾肉大祥後惟復寢至是乃臥床庶幾得禮之意○喪大記祥而食肉○間傳
禫而飲醴酒始飲酒者先飲醴酒始食肉者先食乾肉註疏曰孝子不忍發初御醇厚之味故飲醴
酒食乾肉○輯覽愚按祥後食肉之文與間傳所謂禫後始飲酒先飲醴酒始食肉先食乾肉之說
不同家禮所謂大祥始飲酒食肉是因喪大記而有此說非闕文也然不可從也

◆喪三年不祭當否(상삼년불제당부)

曾子問相識有喪服可以與於祭乎孔子曰緦不祭又何助於人問廢喪服可以與於饋奠之事乎
曰說(脫)衰與奠非禮也以擯相可也註所識之人有祭祀而已有喪服可以助爲之執事否夫子
言己有緦麻之服尙不得自祭己之宗廟何得助他人之祭乎廢猶除也饋奠在殯之奠也夫子言
方說衰卽與奠是忘哀太速故言非禮也擯相事輕亦或可○張子曰喪不貳事則祭雖至重亦有
所不可行蓋祭而誠至則哀忘祭而誠不至不如不祭○語類問伊川謂三年喪古人盡廢事故併
祭祀都廢今人事都不廢祭祀可行曰然亦須百日外方可然奠獻之禮亦行不得只是鋪排酒食
儀物之類後主祭者去拜若是百日之內要祭或從伯叔兄弟之類可以行問今人以孫行之如何
曰亦得又曰期大小功緦服今法日子甚少便可以入家廟燒香拜又曰古人緦麻廢祭恐今人行
不得

◆喪中行祭當否(상중행제당부)

張子曰喪不貳事則祭雖至重亦有所不可行蓋祭而誠至則哀忘祭而誠不至不如不祭之爲愈

○喪自齊衰以下不可廢祭○問喪三年不祭朱子曰程先生謂今人居喪都不能如古禮却於祭祀祖先獨以古禮不行恐不得橫渠曰如此則是不以禮事其親也程張二先生所論自不同論正禮則當從橫渠論人情則伊川之說亦權宜之不能已者又曰某嘗謂如今人居喪時行三二分居喪底道理則亦當行三二分祭先底禮數○喪三年不祭蓋孝子居倚廬堊室只是思慕哭泣百事皆廢故不祭耳然亦疑當令宗人攝祭但無明文不可考耳○期大小功緦麻之類服今法上日子甚少便可以入家廟燒香拜○古人緦麻已廢祭恐今人行不得

◆喪中行祭(상중행제)

朱子答嚴時亨書曰居喪不祭伊川橫渠各有說若論今日人家所行則不合禮處自多難以一槩論時祭禮煩非居喪者所能行節祠則其禮甚簡雖以墨衰行事亦無不可也○答王子合書曰家祭一節某頃居喪時不曾行但至時節略具飯食墨衰入廟酌酒瞻拜而已然亦卒哭後方如此前此無衣服可入廟也○栗谷曰凡三年之喪古禮則廢祭而朱子曰古人居喪衰麻之衣不釋於身廢此一事恐有所未安朱子之言如此故未葬前則準禮廢祭而卒哭後則於四時節祀及忌祭墓祭使服輕者行薦而饌品減於常時只一獻不讀祝可也朱子喪中以墨衰薦于廟今人以俗制喪服當墨衰出入若無服輕者則喪人恐可以俗制喪服行祀○問葬後廟祀服色沙溪曰當用布直領孝巾行祀墨衰是晋襄公伐秦之服而朱子時因爲俗制本非古禮頃者禹公性傳問於退溪欲復之恐不穩當絞帶入廟未安別具布帶似或無妨○龜峰曰卒哭後以生布巾與衣薦于神云者大違禮制生布巾衣極凶之製也又無制度旣脫屈冠而只著是巾則是免冠而拜先祖也安有是理朱子以墨衰行禮者是不忍純凶而接神明也○尤菴曰葬前雖小祭祀當一切皆廢○喪中時祭朱子旣爲兩下說話然其以爲不可行者爲多要訣備要之所擇其或出於此耶○問要訣以俗制喪服當墨衰龜峰論其不是則其答有謹改之語而不著其改之之如何曰龜峰服色之說要訣不從栗老之意可知也墨衰之制諸老先生難於復古終以俗制直領當之恐或無妨○陶菴曰孝巾所以承冠者非冠也龜峰嘗論要訣中用孝巾行祭之失曰免冠而拜先祖可乎栗谷亦不能難以此觀之巾之不可爲冠明矣今以平凉子別制布帶直領入廟似宜○雲坪曰朱子之言前後不同然其所答曾光祖之書云云義理更無明辨似此者四時古禮也節薦後俗也古禮當從古禮而廢俗禮亦從俗禮而行是夫子之廢與得中也

◆喪中祭祀(상중제사)

左傳僖公三十三年曰凡君薨卒哭而祔祔而作主特祀於主烝嘗禘於廟(杜氏註)謂此天子諸侯之禮不通於卿大夫蓋卒哭後特用喪禮祀新死者於寢而宗廟四時常祭自如舊也○朱子曰所謂烝嘗禘於廟則與王制喪三年不祭不合疑左氏此說乃當時之失杜氏因之非禮之正○曾子問相識有喪服可以與於祭乎孔子曰緦不祭又何助於人問廢喪服可以與於饋奠之事乎曰說(脫)衰與奠非禮也以擯相可也(註)所識之人有祭事而已有喪服可以助爲之執事否夫子言已有緦麻之服尙不得自祭已之宗廟何得助他人之祭乎廢猶除也饋奠在殯之奠也夫子言方脫衰而與奠是忘哀太速故言非禮也擯相事輕亦或可○張子曰喪不貳事則祭雖至重亦有所不可行蓋祭而誠至則哀忘祭而誠不至則不如不祭○語類問伊川謂三年喪古人盡廢事故倂祭祀都廢今人事都不廢如何獨廢祭祀故祭祀可行朱子曰然百日外方可然奠獻之禮亦行不得只是舖排酒食儀物之類後主祭者去拜若百日之內要祭或從伯叔兄弟之類有人可以行或問今人以孫行之如何曰亦得○又曰期大小功緦麻之類服今法上日子甚少便可以入廟燒香拜古人緦麻已廢祭恐今人行不得○大全竇文卿問夫爲妻喪未葬或已葬而未除服當時祭否不當祭則已若祭則宜何服曰恐不得祭某家則廢四時正祭而猶存節祠只用深衣凉衫之屬亦以義起無正禮可考也忌者喪之餘祭似無嫌然正寢已設几筵卽無祭處亦可暫停也○沙溪曰妻喪几筵在正寢則依栗谷說忌祭隨便行于廳事亦或無妨也更爲詳之○答胡伯量曰薦新告朔吉凶相襲似不可行未葬可廢旣葬則使輕服或已除者入廟行禮可也四時大祭旣葬亦不可行如韓魏公所謂節祠者則亦如薦新行之可也○答曾光祖曰家間頃年居喪於四時正祭則不

敢舉而俗節薦享則以墨衰行之盖正祭三獻受胙非居喪所可行而俗節則唯普(偏也)同一獻不讀祝不受胙也〇答范伯崇曰喪三年不祭但古人居喪衰麻之衣不釋於身哭泣之聲不絶於口其出入居處言語飲食皆與平日絶異故宗廟之祭雖廢而幽明之間兩無憾焉今人居喪與古人異卒哭之後遽墨其衰凡出入居處言語飲食與平日之所爲皆不廢也而獨廢此一事恐亦有所未安竊謂欲處此義者但當自省所以居喪之禮果能始卒一一合於古禮卽廢祭無可疑若他時不免墨衰出入或其他有所未合者尙多卽卒哭之前不得已準禮且廢卒哭之後可以畧倣左傳杜註之說遇四時祭日以衰服特祀於几筵用墨衰常祀於家廟可也〇沙溪曰以朱子觀之雖妻喪廢家廟四時正祭而以此子答竇文卿說觀之雖父母喪亦似不廢當更詳之也〇楊氏復曰先生以子喪不舉盛祭就祠堂內致薦用深衣幅巾祭畢反喪服哭奠子則至慟〇擊蒙要訣凡三年之喪古禮則廢祠堂之祭而朱子答范伯崇云云朱子之言如此故未葬前則準禮廢祭而卒哭後則於四時節祀及忌祭(墓祭亦同)使服輕者(朱子喪中以墨衰薦于廟今人以俗制喪服當墨衰着而出入若無服輕者則喪人恐可以俗制喪服行祀)行薦而饌品減於常時只一獻不讀祝不受胙可也期大功則葬後當祭如平時(但不受胙)未葬前時祭可廢忌祭墓祭畧行如上儀緦小功則成服前廢祭(五服未成服前雖忌祭亦不可行也)成服後則當祭如平時(但不受胙)服中時祀當以玄冠素服墨帶行之〇宋龜峰答栗谷曰生布巾衣極凶之製也時祭極重之吉禮也以凶接吉古無其禮朱子以墨衰行禮者是不忍以純凶而接神明也先賢處置甚有曲折伏望深思〇疑禮問解問葬後廟祀用布直領孝巾似未安家禮墨衰可復於今耶且近世不行卒哭受服之禮不可以成服時絞帶入廟當用何帶耶答當用布直領孝巾行祀此外無他可服墨衰是晉襄公代秦之服(左傳僖三十二年子墨衰絰註晉文公未葬故襄公稱子以凶服從戎墨染其衰而加絰喪服之變於是始)而朱子時因爲俗制本非古禮不過如今俗所謂深衣而已頃者禹公性傳問於退溪欲復之恐不穩當絞帶入廟果爲未安別具布帶似或無妨

◆喪中出入(상중출입)

語類問今之墨縗可便於出入而不合於禮經如何曰若能不出則不服之亦好但要出外治事則只得服之〇丘儀世俗旣葬親戚僚友來吊祭賻葬者其哀子必具衰絰躬造拜之謂之謝若有不行者怪責叢焉遂使居喪者舍几筵朝夕之奉縗然衰服奔走道路信宿旅次甚至浹旬經月不歸者往往有之此禮行之已久世俗習以爲常今擬爲書一通旣襄事後卽命子弟遍奉親朋之來祭葬者備述所以不躬拜謝之故待釋服後行之〇檀弓有殯聞遠兄弟之喪雖緦必往非兄弟雖隣不往〇大全胡伯量問禮居喪不吊其送葬雖無明文然執紼卽是執事禮亦有妨鄕俗不特待吊送喪凡親舊家有吉凶之事皆有所遺不知處此當如何答吉禮固不可預然吊送之禮却似不可廢所謂禮從宜者此也

◆喪中行祭凡節(상중행제범절)

問伊川謂三年喪古人盡廢事故倂祭祀都廢今人事都不廢如何獨廢祭祀故祭祀可行朱子曰然亦須百日外方可然奠獻之禮亦行不得只是鋪排酒食儀物之類後主祭者去拜若是百日之內要祭或從伯叔兄弟之類可以行或問今人以孫行之如何曰亦得〇問朱子答或人之問則曰百日後方行然奠獻之禮亦行不得鋪排酒食儀物之後主祭者去拜答胡伯量之問則曰旣葬使輕服或已除者入廟行禮答曾光祖之問則曰俗節薦享以墨衰行之云從第一說則似謂主祭者雖參祀而奠獻之禮不可親行也第二說則只言使人代行而無主祭者參祀之意第三說則又似親行奠拜之禮斯三者將何所適從且百日內外與葬前後二說似不相貫何耶且不讀祝則出主告辭亦廢之耶尤菴曰朱子有前後三說之異同然各有意義皆無不可遵行者曾見太僕從兄在內喪値考諱使人代奠而以布直領頭巾於酌獻之後伏哭而退似主第二說而參以哭之之節恐於情文爲得也若依第三說而親行如俗節則其儀本自簡略無可減殺矣如忌祭則恐當只一獻如要訣之儀矣忌祭出主時恐不宜昧然則告辭恐不可已也但告辭雖不書主祭之名而考妣之號則不可不書蓋其實主人告之也百日之說蓋士大夫以三月而葬故槩爲此限以爲差進差退

之地耶○喪中行祀於祖先時據朱子說則當使人鋪排酒食之物而主祭者去拜而已然則參神
降神前後節目似當使人行之旣行忌祭則朔望參禮何可不行先祠後殯此無可疑○禫前自與
大祥前一樣故家禮書疏猶稱孤哀疏上蓋猶是喪人也然則雖先祀何可自同平常乎只一獻不
讀祝廢利成可也蓋雖禫後據古禮則猶不敢純吉吉祭以後始同平人矣○葬前祭先墓似與廟
祭有間同春謂支子略設無乃不至大害耶云○栗谷卒哭後忌墓祭之說是所謂恰好處置新墓
之祭尤無所疑○新舊合葬墓祭豊殺當以尊爲主○陶菴曰遞遷在吉祭後其間則以一獻行祀
爲宜○屛溪曰吉祭前雖値忌祭亦不能備禮當一獻無祝獻爵則主人當爲之矣

⊙始飮酒食肉(시음주식육)(補)

間傳禫而飮醴酒始飮酒者先飮醴酒始食肉者先食乾肉註不忍發御厚味
　　按此條家禮在大祥下今依古禮及儀節移于此○沙溪曰復寢比酒肉爲重故在吉祭之後也

⊙처음으로 술을 마시고 고기를 먹는다.

제 6 장 거상 잡의(居喪雜儀)

◆居喪雜儀(거상잡의)

曲禮居喪之禮毀瘠不形視聽不衰升降不由阼階出入不當門隨註門隨門之中道也疏曰居喪
許羸廋不許骨露骨爲形之主故謂骨爲形○有疾則飮酒食肉疾止復初不勝喪乃比於不慈不
孝註朱子曰下不足以傳役故比於不慈上不足以奉先故比於不孝○五十不致毀六十不毀七
十唯衰麻在身飮酒食肉處於內註五十始衰故不極毀六十則又衰矣故不可毀七十之年去死
不遠略其居喪之禮者所以全其易盡之期也方氏曰七十則衰麻之外與平居無以異飮酒食肉
則不必有疾處於內則不必居門外之倚廬也○大記不能食粥羹之以菜可也有疾食肉飮酒可
也五十不成喪七十唯衰麻在身旣葬若君食之則食之大夫父之友食之則食之矣不辟(避)粱
肉若有酒醴則辭註不成喪謂不備居喪之禮節也君食之食臣也大夫食之食士也父友父同志
者此並是尊者食卑者故雖粱肉不避酒醴見顏色故當辭○檀弓喪有疾食肉飮酒必有草木之
滋焉薑桂之謂也註薑者草之滋桂者木之滋酒食之外又有草木之滋者亦慮其不勝喪而已○
雜記喪食雖惡必充飢飢而廢事非禮也飽而忘哀亦非禮也視不明聽不聰行不正不知哀君子
病之故有疾飮酒食肉功衰食菜果飮水漿無鹽酪(洛)不能食食(嗣)鹽酪可也註功衰斬衰齊衰
之末服也○三年之喪如或遺(去聲)之酒肉則受之必三辭主人衰絰而受之如君命則不敢辭
受而薦之喪者不遺人人遺之雖酒肉受也從父昆弟以下旣卒哭遺人可也註喪大記云旣葬君
食之則食之此云衰絰而受雖受而不食也薦之者尊君之賜喪者不遺人以哀戚中不當行禮於
人也卒哭可以遺人服輕哀殺故也王氏曰居喪有酒肉之遺必疾者也○父有服宮中子不與(去
聲)於樂母有服聲聞(去聲)焉不擧樂妻有服不擧樂於其側大功將至辟(婢亦反)琴瑟小功至
不絶樂註宮中子與父同宮之子也命士以上乃異宮不與於樂謂在外見樂不觀不聽也若異宮
則否此亦謂服之輕者如重服則子亦有服可與樂乎聲之所聞又加近矣其側則尤近者也輕重
之節如此大功將至謂有大功喪服者將來也爲之屛退琴瑟亦助之哀戚之意小功者輕故不爲
之止樂陳氏曰樂不止於琴瑟琴瑟特常御者而已○父母之喪不避涕泣而見人鄭註言至哀無
飾也○開元禮三年之喪凡見人皆不去絰○父母之喪賓客已弔而重來者主人哭而見其去也
又哭之○居父母之喪遠行而還者必告○父有覲未除則子不衣文綵○語類問喪禮不飮酒不
食肉若朝夕奠及親朋來奠之饌則如之何曰與無服之親可也○喪葬之時只當以素食待客祭
饌葷食只可分與僕役○大全胡伯量問禮居喪不弔其送葬雖無明文然執紼即是執事禮亦有
妨鄉俗不特往弔送喪凡親舊家有吉凶之事皆有所遺不知處此當如何答吉禮固不可預然弔

送之禮却似不可廢所謂禮從宜者此也〇河西曰雖功緦之喪比葬亦須素服素帶雖已飲酒食
肉亦當盡其日數不與宴樂

⊙檀弓曰始死充充如有窮旣殯瞿瞿如有求而弗得旣葬皇皇如有望而弗至練而慨然祥而廓然

疏曰事盡理屈爲窮親始死孝子匍匐而哭之心形充屈如急行道極無所復去窮急之容也瞿
瞿眼目速瞻之貌如有所失而求覓之不得然也皇皇猶栖栖也親歸草土孝子心無所依託如
有望彼來而彼不知也至小祥但慨歎日月若馳之速也至大祥則情意廖廓不樂而已方氏曰
下篇述顔丁之居喪則言皇皇於始死言慨焉於旣葬問喪則言皇皇於反哭所言不同者蓋君
子有終身之喪思親之心豈有隆殺哉先王制禮略爲之節而已

⊙예기(禮記) 단궁편(檀弓篇)에서 이르기를 부모가 작고한 처음에는 도(道)를 잃고 허
둥대다 궁함이 있는 것 같고 이미 빈소가 설치되면 눈을 크게 뜨고 허둥거리며 주위
를 두리번거리고 구하려 하여도 얻지 못한 것과 같이하며 이미 장례를 지내면 마음
을 안정치 못하고 몹시 조급하여 허둥대고 바람이 있었으나 이르지 못한 것과 같은
것이다. 소상을 지내면 그때서야 몹시 슬퍼하고 대상을 지내게 되면 집안이 텅 빈 것
을 알게 될 것이다. 라 하였느니라.

⊙顔丁善居喪始死皇皇如有求而弗得及殯望望焉如有從而弗及旣葬慨然如不及其反而息

本註顔丁魯人皇皇猶棲棲也望望往而不顧之貌慨感悵之意始死形可見也旣殯柩可見也
葬則無所見矣如有從而弗及似有可及之處也葬後則不復如有所從矣故但言如不及其反
又云而息者息猶待也不忍決忘其親猶且行且止以待其親之反也蓋葬者往而不及然孝子
於迎精而反之時猶如有所疑也

⊙예기 단궁편(壇弓篇)에서 이르기를 안정(顔丁)은 부모상을 당하여 옳게 행하였다.
초종에는 생존하였을 때와 같이 다시 살아나기를 몹시 마음이 급하여져서 안절부절
하였으나 되 살아나질 못하였고 빈소(殯所)를 갖춘 후는 생존하여 계실 때와 같이 섬
기기를 그에 미치지 못할까 하여 매우 부끄러워하는 태도로 몸 둘 바를 몰라 하였고
이미 장례를 치르게 되어서는 가슴을 치고 슬퍼함이 슬픔을 다하지 못하는 것 같이
하였으며 장례를 치르고 반곡 후에도 섬기기를 생존해 계실 때와 같이 하더라.

⊙雜記孔子曰小連大連善居喪三日不怠三月不解期悲哀三年憂

本經有東夷之子也註小連見論語三日親始死時也不怠謂哀痛之切雖不食而能自力以致
其禮也三月親喪在殯時也解與懈同倦也或讀如本字謂寢不脫絰帶也憂謂憂戚憔悴

⊙예기(禮記) 잡기편(雜記篇)에 기록된 공자(孔子)의 말씀이다. 소련(小連)과 대련(大
連)은 부모상을 당하여 옳게 행하였느니라. 상을 당하여 사흘 동안은 섬기기를 게을
리하지 않았으며 석 달 동안은 최질(衰絰)을 끄르지 아니하였으며 일년 동안은 몹시
슬퍼하였으며 삼 년 동안 섬김이 지극하여 병이 나도록 수척하였더라.

⊙喪服四制曰仁者可以觀其愛焉知者可以觀其理焉彊者可以觀其志焉禮以治之儀以正之孝子弟弟貞婦皆可得而察焉

註非仁者不足以盡愛親之道故於仁者觀其愛非知者不足以究居喪之理故於知者觀其理
非强者不足以守行禮之志故於强者觀其志一說理治也謂治斂殯葬祭之事惟知者能無悔
事也故曰觀其理篇首言仁義禮知爲四制之本此獨曰禮以治之儀以正之者蓋恩亦兼義權
非悖禮也孝子弟弟貞婦專言門內之治而不及君臣者亦章首專言父母之喪而恩制爲四制
之首故也藍田呂氏曰父母之喪其大變有三始死至于三月一也十三月而練二也三年而祥

三也莫不執喪也善於此者難莫不善其始也善於終者難故終玆三節以善喪稱者則孝子弟弟貞婦可得而知也惻怛痛疾悲哀志懣非仁者之篤於親則不能也然哭踊無節喪期無數服不別精粗位不別賓主乃野人夷狄直情徑行者其知不足道也哀之發於容體發於聲音發於言語發於飲食發於居處發於衣服輕重有等變除有節至於襲舍斂殯之具賓客弔哭之文無所不中於禮非知者之明於理則不能也然有其文矣實不足以稱之有其始矣力不足以終之其强不足道也喪事不敢不勉此强有志者之所能也故古之善觀人者察其言動之所趨而知其情驗其行事之所久而知其德親喪者人之所自致者也哭死而哀非爲生者則其仁可知矣生事之以禮死葬之以禮祭之以禮則其知可知矣先王制禮不敢不及則其强可知矣故君子之觀人常於此而得之

⊙예기(禮記) 상복사제편(喪服四制篇)의 이름이다. 인자(仁者)는 친상을 당하면 초상으로부터 대상까지 옳게 애모하는가를 보며 지자(知者)는 그것을 도리대로 옳게 하는가를 보며 강자(彊者)는 그것을 뜻대로 옳게 하는가를 본다. 예(禮)로서 다스리고 의로서 바르게 행한다. 효자와 제제(弟弟) 정부(貞婦) 모두 올바르게 살펴 얻어야 하지 않겠는가?

◆喪服四制(상복사제)

禮記篇名○本註喪有四制謂以恩制以義制以節制以權制也○非仁者不足以盡愛親之道故於仁者觀其愛非知者不足以究居喪之理故於知者觀其理非强者不足以守行禮之志故於强者觀其志篇首言仁義禮智爲四制之本此獨曰禮以治之義以正之者盖恩亦兼義權非悖禮也呂氏曰父母之喪其大邊有三始死至于三日一也十三月而練二也三年而祥三也莫不執喪也善於此者難莫不善其始也善於終者難故終玆三節以善喪稱者則孝子弟弟貞婦可得而知也惻怛病疾悲哀志懣非仁者之篤於親則不能也然哭踊無節喪期無數服不別精粗位不別賓主乃野人夷狄直情徑行者其知不足道也哀之發於容體發於聲音發於言語發於飲食發於居處發於衣服輕重有等變除有節至於襲舍斂殯之具賓客弔哭之文無所不中於禮非知者之明於理則不能也然有其文矣實不足以稱之有其始矣力不足以終之其强不足道也喪事不敢不勉此强有志者之所能也故古之善觀人者察其言動之所趨而知其情驗其行事之所久而知其德親喪者人之所自致者也哭死而哀非爲生者則其仁可知矣先王制禮不敢不及則其强可知矣故君子之觀人常於此而得之

⊙曲禮曰居喪未葬讀喪禮旣葬讀祭禮喪復常讀樂章

註復常除服之後也樂章弦歌之詩也呂氏曰讀是書非肄業也當是時不知是事不以禮事其親者也吉凶之事不相干哀樂之情不可以貳故喪凶事也不言樂祭吉事也長樂陳氏曰非喪而讀喪禮則非人子之情居喪而不讀喪禮不失之過則失之不及未葬而讀祭禮則非孝子之情旣葬而不讀祭禮不失之顯則失之怠喪未除而讀樂章則哀不足喪復常而不讀樂章則樂必崩

⊙예기(禮記) 곡례편(曲禮篇)의 이름이다. 친상을 당하여 장례 전에는 상례에 관한 예서(禮書)를 필독(必讀)할 것이며 이미 장례를 마쳤으면 제례에 관한 예서를 필독할 것이다. 거상(居喪)을 마치고 다시 일상의 생활로 돌아와서는 악장(樂章)을 읽어야 하느니라.

◆曲禮讀喪禮(곡례독상례)

小學註曲禮禮記篇名言其節目之委曲也○本註復常除服之後也樂章弦歌之詩也陳氏曰非喪而讀喪禮則非人子之情居喪而不讀喪禮不失之過則失之不及未葬而讀祭禮則非孝子之情旣葬而不讀祭禮不失之顯則失之怠喪未除而讀樂章則哀不足喪復常而不讀樂章樂必崩○語類東坡見伊川主司馬公之喪譏其父在何以學得喪禮人遂爲伊川解說道伊川先丁母艱

也不消如此人自少讀書如禮記儀禮便都已理會了古人謂居喪讀喪禮亦平時理會了到這時
更把來溫審不是方理會

⊙檀弓曰大功廢業或曰大功誦可也(今居喪但勿讀樂章可也)

註業者身所習如學舞學射學琴瑟之類廢之者恐其忘哀也誦者口所習稍暫爲之亦可然稱
或曰亦未定之辭也長樂陳氏曰業者弦歌羽籥之事誦者詩書禮樂之文大功廢業而誦可則
大功而上不特廢業而誦亦不可大功而下不特誦可而業亦不廢也康誥於父子則不戒之以
弗念天顯於弟則戒之以其天性之厚者無事於戒天性之將薄者不可以不戒也禮不曰衰期
廢業而曰大功廢業其意如此而已

⊙예기(禮記) 단궁편(檀弓篇)에서 이르기를 대공(大功) 복인은 업(業)을 폐한다. 혹자
는 말하기를 대공 복인은 글을 암송하는 것은 가하다고도 하였느니라.

◆大功廢業(대공폐업)

本註業者身所習如學舞學射學琴瑟之類廢之者恐其忘哀也誦者口所習稍暫爲之亦可然稱
或曰亦未定之辭也陳氏曰業者弦歌羽籥之事誦者詩書禮樂之文大功廢業而誦可則大功以
上不特廢業而誦亦不可大功以下不特誦可而業亦不廢也○語類問居喪以來惟看喪禮不欲
讀他書然精神元自荒迷更專一用心去考索制度名物愈覺枯燥今欲讀語孟不知如何曰居喪
初無不得讀書之文古人居喪廢業業是簨簴上版子廢業謂不作樂耳古人禮樂不去身惟居喪
然後廢樂故喪復常讀樂章周禮司業者亦司樂也

⊙雜記三年之喪言而不語對而不問(言言已事也爲人說爲語)

註言自言已事也語爲人論說也嚴陵方氏曰言略而語詳對應而問倡言而不語對而不問以
居憂有所不暇故也

⊙예기(禮記) 잡기편(雜記篇)의 이름이다. 삼 년 상중에는 제 뜻을 말할 뿐 대좌(對坐)
하여 답하거나 묻지도 않는 것이니라.

⊙喪大記父母之喪非喪事不言旣葬與人立君言王事不言國事大夫士言公事不言家事

本經君旣葬王政入於國旣卒哭而服王事大夫士旣葬公政入於家旣卒哭弁絰帶金革之事
無辟也註不言國事家事禮之經也旣葬政入以下禮之權也

⊙예기(禮記) 상대기편(喪大記篇)의 이름이다. 부모의 상중에는 상사(喪事)에 관한 말
이 아니면 말을 하지 않는다. 이미 장사를 지내고 남과 같이 있을 때 군주(君主)는
왕사(王事)는 말하되 국사는 말하지 않으며 대부(大夫)와 사(士)는 공사(公事)는 말하
되 집안일은 말하지 않아야 하느니라.

⊙檀弓高子皐執親之喪未嘗見齒(言笑之微)

註子皐名柴孔子弟子疏曰人涕淚必因悲聲而出血出則不由聲也子皐悲無聲其涕亦出如
血之出故云泣血人大笑則露齒本中笑則露齒微笑則不見齒嚴陵方氏曰君子於此固不以
爲是然亦不可以爲非特以爲難而已經於喪有曰居有曰執有曰爲何也蓋以身言之則曰居
以禮言之則曰執以事言之則曰爲合而言之其實一也

⊙예기(禮記) 단궁편(檀弓篇)의 이름이다. 공자(孔子)의 제자 고자고(高子皐)는 친상
중 항상 치아를 드러내지 않았다 하느니라.

⊙雜記疏衰之喪旣葬人請見之則見不請見人小功請見人可也又凡喪小功以上非虞祔練祥無沐浴

註疏衰齊衰也潔飾所以交神故非此四祭則不沐浴也嚴陵方氏曰有祭則不可以不齋戒則不可不沐浴

⊙예기(禮記) 잡기편(雜記篇)의 이름이다. 자최(齊衰) 이상에 이미 장례를 마쳤으면 다른 사람이 만나기를 청하면 만나기는 하되 남에게 만나기를 청해서는 아니 되느니라. 소공(小功) 복인이면 다른 사람을 만나기를 청하여도 되느니라. 또 대체로 상중 소공 이상의 복인은 우제, 부제, 소상, 대상이 아니면 목욕을 하여서는 아니 되느니라.

⊙曲禮頭有瘡則沐身有瘍則浴

⊙예기(禮記) 곡례편(曲禮篇)의 이름이다. 머리에 부스럼이 나면 머리를 감고 몸에 종기가 나면 몸을 씻어야 하느니라.

⊙喪服四制百官備百物具不言而事行者扶而起言而後事行者杖而起身自執事而後行者面垢而已

註百官備謂王侯也委任百官不假自言而事得行故許子病深雖有扶病之杖亦不能起故又須人扶乃起也大夫士旣無百官百物須已言而后喪事乃行故不許極病所以杖而起不用扶也庶人卑無人可使但身自執事不可許病故有杖不用但使面有塵垢之容而已

⊙예기(禮記) 상복사제편(喪服四制篇)의 이름이다. 백관(百官)은 백물이 비축이 되어 있어 말을 하지 않아도 매사를 할 수 있는 자이니 일어서는데도 부축을 받으며 일어서고 말을 해야만 일이 되는 자는 일어서는 데도 의지하여야만 하며 제 스스로 일을 하여야만 하는 자는 얼굴에 수심만 있을 뿐이니라.

⊙凡此皆古禮今之賢孝君子必有能盡之者自餘相時量力而行之可也

⊙대체로 이상은 모두 옛날 예이다. 지금의 현명한 효자(孝子)나 군자(君子)는 반드시 능히 모두 할 수 있는 것이어서 스스로 그때의 능력을 헤아려 보아 행함이 옳으니라.

◆居喪哀毀(거상애훼)

易小過君子以喪過乎哀○論語子曰喪與其易也寧戚○臨喪不哀吾何以觀之哉○雜記子貢問喪子曰敬爲上哀次之瘠爲下顔色稱其情戚容稱其服方氏曰敬足以盡禮故爲上哀足以盡情故次之瘠足以盡容故爲下顔色在乎面色情之所見也戚容兼乎四體服之所被也○檀弓喪禮哀戚之至也節哀順變也君子念始之者也陳註孝子之哀發於天性之極至豈可止遏聖人制禮以節其哀順孝子之情以漸變而輕減也始猶生也毀而滅性是不念生我者○喪不慮居毀不危身喪不慮居爲無廟也毀不危身爲無後也○曲禮居喪之禮毀瘠不形視聽不衰註形謂骨見疏骨爲形之主故謂骨爲形呂氏曰毀瘠形視聽衰幾於滅性

◆居喪容貌(거상용모)

玉藻喪容纍纍色容顚顚視容瞿瞿梅梅言容繭繭陳註纍纍羸憊失意之貌顚顚憂思不舒之貌瞿瞿驚遽之貌梅梅猶昧昧也繭繭猶綿綿聲氣低微之貌○表記君子衰絰則有哀色○間傳斬衰貌若苴齊衰貌若枲大功貌若止小功緦麻容貌可也此哀之發於容體者也陳註麻之有子者爲苴疏云苴是黎黑色又小記疏云至痛內結形色外章所以衰裳絰杖俱備苴色也枲牡麻也枯黯之色似之大功其容貌若有所拘止而不得肆者吳氏曰容貌謂貌如平常之容可也

◆居喪言語(거상언어)

喪服四制三年之喪君不言書云高宗諒闇三年不言此之謂也然而曰言不文者臣下也陳註君不言謂百官百物不言而事行者也臣下不能如此必言而後事行但不文其言辭耳○間傳斬衰唯而不對齊衰對而不言大功言而不議小功緦麻議而不及樂此哀之發於言語者也疏斬衰唯

而不對者親始死但唯而已不以言對雜記云三年之喪對而不問爲在喪稍久故對也大功言而
不議者得言他事而不議論時事之是非○玉藻言容繭繭○尤菴曰客至雖不得一切不語然不
須泛及外事如朝家事尤不可說及矣以喪人不言而謂之驕人者是不識道理之人也不識道理
之人雖有云云何足嫌也○南溪曰喪人自不得不與人相接然若果敍寒暄討喪禮及所讀經義
之外强及他事則其與今人聚客劇談連晝夜不撤以忘其哀者自有所分矣

◆居喪居處(거상거처)

雜記三年之喪廬堊室之中不與人坐焉在堊室之中非時見乎母也不入門○曲禮有憂者側席
而坐有喪者專席而坐註側猶特也憂不在接人陳註有憂謂親疾或他禍患獨坐一席不設待賓
之席呂氏曰專席不與人共坐也○曾子問孔子曰三年之喪練不群立不旅行陳註練小祥也旅
衆也群立旅行則爲忘哀○曲禮居喪之禮升降不由阼階出入不當門隨陳註門隨門之中道也
呂氏曰不由阼階不當門隨執人子之禮而未忍廢也○檀弓齊衰不以邊坐大功不以服勤註爲
褻喪服邊偏倚也○開元禮三年之喪凡見人皆不去経

◆居喪飲食(거상음식)

大記不能食粥羹之以菜可也有疾食肉飲酒可也五十不成喪七十唯衰麻在身註不能食粥謂
性不能者可食飯菜羹成猶備也○雜記喪食雖惡必充飢飢而廢事非禮也飽而忘哀亦非禮也
視不明聽不聰行不正不知哀君子病之故有疾飲酒食肉五十不致毀六十不毀七十飲酒食肉
皆爲疑死註病猶憂也疑猶恐也○曲禮居喪之禮頭有創則沐身有瘍則浴有疾則飲酒食肉疾
止復初不勝喪乃比於不慈不孝五十不致毀六十不毀七十唯衰麻在身飲酒食肉處於內疏不
勝喪謂疾不食酒肉創瘍不沐浴而滅性也致極也五十始衰居喪乃許有毀而不得極羸瘦六十
轉衰都不許毀也朱子曰下不足以傳後故比於不慈上不足以奉先故比於不孝陳註七十去死
不遠略其居喪之禮者所以全其易盡之期也方氏曰七十飲酒食肉則不必有疾處於內則不必
居門外之倚廬也○檀弓曾子曰喪有疾食肉飲酒必有草木之滋焉以爲薑桂之謂也註增以香
味爲其疾不嗜食陳註以爲薑桂之謂一句乃記者釋草木之滋也亦或曾子稱禮書之言而自釋
之歟○大記旣葬若君食(嗣)之則食之大夫父之友食之則食之矣不辟(避)粱肉若有酒醴則辭
陳註君大夫父友並是尊者食卑者故雖粱肉不避酒醴見顔色故當辭疏葬後情殺可從尊者奪
也○雜記三年之喪如或遺之酒肉則受之必三辭主人衰経而受之如君命則不敢辭受而薦之
喪者不遺人人遺之雖酒肉受也從父昆弟以下旣卒哭遺人可也陳註喪大記云旣葬君大夫父
友食之則食此云衰経而受雖受而不食也薦之者尊君之賜喪者不遺人以哀戚中不當行禮於
人也王氏曰居喪有酒食之遺必疾者也○書儀人或體羸不能三日不食者量食粥可也粥不能
飽者旣殯食粗飯可也疏食水飲不能飽者旣葬食菜茹醯醬可也至於餅餌亦無傷大記曰父之
友食之不避粱肉若有酒醴則辭然則飮酒尤不可也又曰凡居父母之喪者大祥之前皆未可飲
酒食肉若有疾暫須食飲疾止亦當復初必若素食不能下咽久而羸憊恐成疾者可以肉汁及脯
醢或肉少許助其滋味不可恣食珍羞盛饌是則雖被衰麻其實不行喪也唯五十以上血氣旣衰
必資酒肉扶養者則不必然也○淳問大祥次日族中尊長爲酒食之會淳走避之後來尊長鎭日
相尋又令人皇恐如何朱子曰不喫也好然此亦無緊要禮君賜之食則食之父之友食之則食之
不避粱肉某始嘗疑此後思之只是當時一食後依舊不食爾父之友旣可如此則尊長之命一食
亦無妨若有酒醴則辭○栗谷曰父母喪非有疾病則當從禮文人或有過禮而啜粥三年者若誠
孝未至而勉强踰禮則是自欺而欺親也切宜戒之○按古禮居喪變食之節各見喪禮本文逐條
下

◆喪者有樂(상자유락)

艮齋曰宰我欲喪朞而止恐三年之久禮樂崩壞爾然孝子專心致哀而盡禮即存養已熟異日習
禮學樂不夏易爲力乎且喪雖凶事禮即在矣至於樂全無交涉然和者樂之所由生也喪者雖不
爲樂第於樂之本無時不從事何以言之哀之盡分禮之得中皆樂之本也是宜詳審而使之無過

不及之 失可也宰我欲致察於禮樂之末而不顧夫禮樂之本之囚也豈不誤哉○樂道之樂疑喪
者之所宜無然道通吉凶而無不在則樂亦通吉凶而無不存焉夫親死當哀是道也忍情而不哭
戾於道而心不樂矣葬當擇地而不能逡誠戾於道而心不樂矣虞卒練祥當哀敬兼至豐儉適中
而或不能然則亦心不樂矣夫合理則樂違理則不樂豈有吉凶之分乎最宜反諸身而使之無不
盡之失可也

◆喪禮文實(상례문실)

艮齋曰凡喪禮制爲斬齊功緦之服者其文也不飮酒不食肉不處內者其實也中有其實而外飾
之以文是爲情文之稱徒服其服而無其實則與不服等耳此吳草廬語今見宋元學案得此自覺
從前持服多可憼今汝方居父喪故亦欲令聞之而勉其實也錄往耳

◆居喪節度(거상절도)

艮齋曰喪制有本有末如致哀感之誠盡禮文之宜嚴內外之別謹言笑之出屛耳目之誘黜宴安
之娛者本也至於哭踊之數飮食之節此則在乎量筋力而行之而已乃所謂末也是以禮曰居喪
之禮毀瘠不形視聽不衰有疾則飮酒食肉不勝喪乃比於不孝不慈此先賢之論也今哀侍以食
素生疾宜開權道俟氣復復行常禮乃爲善物千萬勿疑其所行也○栗谷先生嘗言喪事不過盡
其哀敬而已今要拘制得心使長在哀上勿暫忘勿太過勿忘則外物(如居處飮食衣服帷房之類)
不能奪而常守其中矣無過則氣血不受傷而得保其性矣又要用敬操束得這靈覺住不使向非
僻上去則此心常住於禮而不他適矣如此則庶幾乎道矣

◆喪服出入(상복출입)

艮齋曰衰服出入縱難一一勸人爲之亦何可斷以徑情直行況古今好禮之人往往行之而見稱
於幷世之賢者乎

◆喪者疾重用肉(상자질중용육)

艮齋曰聞哀侍專以執制爲主而不念先人遺體之阽危此非以禮事親之道也焉有不以禮事親
而可以爲君子者乎切望以要訣小學之訓從事切勿師心自用陷於不孝之罪也朱子大全勸喪
者用肉丸以補此可爲法也若疾勢重直須煎肉取汁飮之不可緩也

◆心喪中言不文(심상중언불문)

艮齋曰本生朞後亦當用言不文之禮必待心喪盡後爲文祭師所示得之

◆公私朞以上喪不作詩(공사기이상상불작시)

艮齋曰余從前無問公私朞以上喪則不曾作詩近見南溪云退溪於國恤初喪絶不作詩特言初
喪則葬後無所拘耶栗谷當恭懿殿喪以身有衰服不輓親舊況今所遭尤是擧國臣民所沫血飮
泣以復讎靈恥爲心者則雖非受衰者何忍吟詠詩詞誦習樂章以自放於忠義之外

◆喪葬酒饌接賓之非(상장주찬접빈지비)(艮翁)

近來鄕俗貿貿凡有喪之家自成服以至葬及練祥莫不具酒饌以接賓客不爾則人以爲失禮故
當行之饋奠寧可廢至於賓客之供期於盛設其意以爲不若是不足以杜外人之口竊以爲此恐
非以禮事親誠心待物之道故先賢於此其所訓飭至爲嚴重固當遵行況有伯父主遺敎之申申
者乎先輩說若干條謹此錄呈伏願揭諸壁上用備客位咨目庶賓主以禮相處之地幸甚幸甚

◆父喪三年內不可主奧(부상삼년내불가주오)

艮齋曰先師嘗言世人遭父喪者設几筵於他室而自居處於父所居之室甚不可也以此推之父
喪三年內不可主奧盛見得之

◆喪者哭墓立伏皆可(상자곡묘립복개가)

艮齋曰喪者哭墓立伏之別於禮未有所考僕曾行立哭今觀徐節孝傳母喪廬墓靈夜伏側哭不
絶聲據此行之恐不至爲杜撰也

◆祥前拜墓倚杖階下(상전배묘의장계하)

問虞杖倚於室內祔杖倚於階下則祥前拜墓亦當倚杖於墓階下西耶良齋答曰恐得

◆長子斬衰及期功以下居服之節(장자참최급기공이하거복지절)

檀弓子夏喪其子而喪其明曾子弔之曾子哭子夏亦哭曰天乎予之無罪也曾子怒曰商女(汝)何無罪也吾與女事夫子於洙泗之間退而老於西河之上使西河之民疑女於夫子爾罪一也喪爾親使民未有聞焉爾罪二也喪爾子喪爾明爾罪三也而曰女何無罪與(平聲)子夏投其杖而拜曰吾過矣吾過矣吾離群而索居亦已久矣註明目精陳註以哭甚故喪明也索散也久不親友故有罪而不自知張子曰疑女於夫子者子夏不推尊夫子使人疑夫子無以異於子夏○雜記有服人召之食不往大功以下旣葬適人人食(嗣)之其黨也食之非其黨弗食也註往而見食則可食也爲食而往則不可黨親也○父有服宮中子不與於樂母有服聲聞焉不擧樂妻有服不擧樂於其側大功將至辟(俾亦反)琴瑟小功至不絕樂疏父有服齊衰以下之服也若重服則期後猶有子姓之冠自當不得與樂陳註將至謂大功喪服者將來○問庶叔葬期食肉之節栗谷曰踰月而葬禮也雖葬於一朔之內食肉則以此爲限可也○尤菴曰爲長子斬衰之節當與父喪無異然國法不許解官則居處飲食及其他百爲亦當有與父喪異者矣○服中赴宴會此難以一例斷之然大功則家禮於葬前不食肉飲酒不御於內與期服無異葬後亦不可赴宴無疑矣於緦小功則有說焉或問大功三月不御於內小功緦本無明文其義安在朱先生曰禮無其文即當自如矣服輕故也據此則緦小功成服後自如常時矣然先生常言呂與叔集中一婦人墓誌凡遇功緦之喪皆蔬食終其月此爲可法據此則雖功緦當不赴宴會矣此在行禮者斟酌情文而爲之而已○期服常居喪次時當用喪服布頭巾布帶○河西曰雖功緦之喪比葬亦須素服素帶雖已飲酒食肉亦當盡其日數不與宴樂○問有服者雖無管絃齊會飲酒則不參可乎栗谷曰偶然相值飲酒可也若相約聚會齊坐酬酢之宴則不可參也○陶菴曰尤菴先生遭姊喪成服後即令學徒受業先生自讀於服次以禮有大功誦之文也○靜觀齋遺事公於伯氏喪期內凡輀別應酬皆廢曰重服在身何敢爲也○遂菴曰居喪不得吟咏指齊斬而言朱子妹喪時不停詩章矣○問降服者除服後以白衣黑帶不與宴樂以終其餘日如何南溪曰禮雖不言略如示意深恐得宜○按服中解官應擧等說俱詳見成服之日條

◆子喪儀節(자상의절)

良齋曰韓昌黎慰人子喪詩云云尊諭謂詩已非守禮謹嚴之道而其歡欣之云又豈理耶此正合鄙見愚每謂喪子而哀天理也而古有連喪三子者答人書云敬以畏天(此句極佳)達以破哀哀非可破之物但當節之母使過中祔至於愚則又宜默數平生悔過念罪以敬受天命若夫從古聖賢遭氣數之變者不敢援以自寬也第令入臺殘縷雖非慘毒元自難支若死於是月之間恐有誤蒙人譏之慮是爲所兢兢焉耳○昔人有連喪三子而自謂敬以畏天達以破哀者破哀二字固是方外曠達之見終非吾儒求中之道故今改下句爲勉以及禮此似叏精未審崇解以爲云何

◆居君喪雜儀(거군상잡의)

尤庵曰五禮儀君服之制誠甚苟艱至宣廟朝諸賢更變舊制嗣聖以衰服終喪以布衣冠爲親事服此則可謂一洗千古之謬矣惟臣下服只以布帽布團團領麻帶爲禮旣非喪服又非公服眞所謂茅纏紙裹者也聖考喪賤臣建議請依朱子說君臣同服衰服時大臣李景奭極力攻之遂不行今年改葬時賤臣又請群臣同以細衰麻成服而朝議紛紜竟不行殊可歎也○喪禮補編大喪百官以斬衰成服生員進士生徒則布笠布衣布帶成服(以上服制)○朱子曰君喪士庶亦可聚哭但不可設位哭於官署可也某在潭州時亦多有民庶欲入衙來哭某初不知外面自被門子止約了待兩三日方知遂出榜告示亦有來哭者○西厓曰成服事當待公文之至次弟擧行如鄒生者以罪廢之臣不敢與於公庭成服之列故初四日得府吏之傳即出江舍西望號哭其後第六日又出江舍變服而已○松江問恭懿殿奄棄長樂僕以姊喪到洛下旣非前銜欲入高陽官成服赴闕則凡百多有所碍問於浩源荅云國母喪較輕不可以此呈身躍朝班云云龜峯曰尊侯若在南鄉

則是矣今以私喪來在洛下嫌於進退遭國喪晏然於十里之地不一赴闕殊失情禮以前衙例成服於闕門外似合義○南溪曰方上章辭命雖曰近畿稱號居住自係外臣又非如常仕之人可以入臨而無妨方赴維楊府成服○語類云君喪士庶亦可聚哭但不可設位此似許其聚哭而不許其設位也嘗見士人不能徒步奔赴合數村同行望哭成服之禮語類所謂亦可聚哭者指此等處而言耶又曰不得入官府則只可望闕哭拜而已成服亦然至於晨暮望哭之節恐不敢私行(已上在外朝官士庶成服之節)○南溪曰伊川以草野微未之官亦赴宣仁山陵而退溪於文定王后喪身在宰列終不赴臨恐爲未盡於義又曰朱子不赴高宗之喪者方在辭官之際非所謂無事則恐不當引證也伊川之赴山陵亦是后妃之喪而西厓寒岡皆不得遵守師門舊說次第赴哭盖以其義有所不安故也○山陵緬禮揆以古義恐無必爲趨會之端○尤菴曰下玄宮時自上亦無望哭禮至孝考時始行之甚得禮意矣士庶人從而行之恐亦不害於從厚之義也至於朔望及虞則恐涉拖長矣(已上因山時赴臨及望哭之節)○尤菴曰古者君服只在百工及畿內之民今則無論上中下人皆有服成服前不食肉可也○問國恤葬前爲士者亦當食素否曰書曰百姓如喪考妣三年然朱子曰所謂方喪者豈曰必使天下之人寢苫枕塊飲水食粥泣血三年眞若居父母之喪苂據此二說行禮者自可量宜而行之矣○南溪曰禮經臣爲君斬衰三年庶民齊衰三月其分殊矣今混爲白衣冠三年之制然食肉復寢之節恐當自親禮經制服之義而酌處之(已上君喪食素之節)○栗谷語錄先生遭國恤在衰服中故不輓李丈之大歸且不會葬○南溪曰曾見退溪於國恤初喪絕不作詩栗谷當恭懿殿喪以身有衰服不輓親舊意以爲此必晚年定論正當可法者玆不欲破戒(已上君喪不作詩)○退溪曰當初成服旣於殿牌行之今之除服亦於初行處行之早朝著衰服入庭跪執事上香俯伏哭不拜出就次改服入庭四拜而出似爲合禮(已上君喪除服之節)

◆服中雜儀(복중잡의)

雜記父有服宮中子不與於樂母有服聲聞焉不擧樂妻有服不擧樂於其側大功將至辟琴瑟小功至不絕樂(註)宮中子與父同宮之子也命士以上乃異宮不與於樂謂在外見樂不觀不聽也若異宮則否此亦謂服之輕者如重服則子亦有服可與樂乎聲之所聞又加近矣其側則尤近者也輕重之節如此大功將至謂有大功喪服者將來也爲之屛退琴瑟亦助之哀戚之意小功者輕故不爲之止樂陳氏曰樂不止於琴瑟琴瑟特常御者而已○凡喪小功以上非虞祔練祥無沐浴(註)潔飾所以交神故非此四祭則不沐浴也方氏曰有祭則不可以不齋戒齋戒則不可不沐浴○檀弓大功廢業或曰大功誦可也(註)業者身所習如學舞學射學琴瑟之類廢之者恐其忘哀也誦者口所習稍暫爲之亦可然稱或曰亦未定之辭也陳氏曰業者弦歌羽籥之事誦者詩書禮樂之文大功廢業而誦可則大功以上不特廢業而誦亦不可大功以下不特誦可而業亦不廢也○朱子曰居喪初無不得讀書之文古人居喪廢業是簨簴上板子廢業謂不作樂耳古人禮樂不去身惟居喪然後廢樂故喪復常讀樂章周禮司業者亦司樂也○開元禮父有艱未除則子不衣文綵○疑禮問解問今有一士人遭祖父母喪終期年食素居外一如喪人至於服闋亦曰父有重喪子何敢純吉用白帶素服而不與宴樂此意甚善何如愚伏答曰此正聖人所謂獻子加於人一等者可敬白帶素服亦得縞冠玄武之義然帶用黑色似爲得中如何答鄭說是○程子曰爲士者祖父母期服內不當赴擧○大全李晦叔問爲長子三年及爲伯叔兄弟皆期服而不解官爲士者許赴擧不知當官與赴擧時還吉服耶衰服耶若須吉服則又與五服所載年日相戾矣朱子曰此等事只得遵朝廷法令若心自不安不欲赴擧則勿行可也當官則無法可解罷伊川先生看詳學制亦不禁冒哀守常此可見矣但雖不得不暫釋衰亦未可遽純吉也○疑禮問解問祖父母喪赴擧程子非之而不及兄弟之喪亦有間否然兄弟葬前則赴擧似未安而今之爲士者祖父母期內及兄弟葬前率皆赴擧叅以禮律果無未安否或有外祖葬前不赴擧者此則似過如何愚伏答曰雖同是期豈無差等然葬前則赴擧未安外祖葬前不赴擧似過云未知如何答當以朱子答李晦叔問爲準鄭說得之○朱子曰呂與叔中一婦人墓誌凡遇功緦之喪皆疏食終其月此可爲法○河西曰雖功緦之喪比葬亦須素服素帶雖已飲酒食肉亦當盡其日數不與宴樂

제 7 장 처상 예절(妻喪禮節)
제 1 절 처 졸곡(妻卒哭)

⊙三虞後遇剛日卒哭前期一日陳器具饌厥明夙興設蔬果酒饌質明出主(삼우후우강일졸곡전기일일진기구찬궐명숙흥설소과주찬질명출주)

並同虞祭

⊙삼우(三虞)를 지낸 뒤 강일이 되면 졸곡제를 지낸다. 하루 전날제사기구를 진열하고 제수품을 갖춘다. 그 다음날 일찍 일어나 소채와 과실과 잔반과 주전자와 찬품을 진설하고 날이 밝으면 신주를 내모신다.

우제 의식과 모두 같다.

⊙主人以下皆入哭降神陳饌初獻(주인이하개입곡강신진찬초헌)

並同虞祭惟祝執版出於主人之左東向跪讀(云云)

⊙주인 이하 모두 들어가 곡하고 강신, 진찬, 초헌을 한다.

모두 우제와 같다. 다만 축관은 축판을 들고 주인의 왼편에서 동쪽으로 향하여 무릎을 꿇고 앉아 다음과 같이 고한다.

◈妻卒哭祝文式(처졸곡축문식)

　　維
歲次干支幾月干支朔幾日干支夫某昭告于
　亡室某封某氏日月不居奄及卒哭悲悼酸苦不自勝堪玆以淸酌庶羞陳
　　此成事來日隮祔于
　祖姑某封某氏尙
　　饗

◈처 졸곡 축문식.

세차 모 간지 기월 기일 남편 모가 죽은 아내 모봉 모씨에게 알립니다. 세월은 머무르지 않아 어언 졸곡이 되었구려. 몹시 슬프고 괴로움을 스스로 감내하여 이길 수가 없어 이에 여러 가지 음식과 맑은 술을 진설 하였다오. 내일은 시할머니 모봉 모씨 곁에 부위로 사당으로 들어가야 하오. 바라건대 흠향하시구려.

⊙亞獻終獻侑食闔門啓門辭神(아헌종헌유식합문계문사신)

並同本條虞祭惟祝西階上東面告利成

⊙아헌, 종헌, 유식, 합문, 계문, 사신.

모두 본조 우제 의식과 같다. 다만 축관이 서쪽층계 위에서 동쪽으로 향하여 고리성을 한다.

제 2 절 처 부제(妻祔祭)

⊙卒哭明日而祔卒哭之祭旣徹卽陳器具饌(졸곡명일이부졸곡지제기철즉진기구찬)

皆並同本條祔祭儀

⊙졸곡제 다음날 부제를 지낸다. 졸곡제를 지내고 철상 후 곧 부제 지낼 제사기구를 진열하고 제수 품을 갖춘다.

다같이 본조 부제 의식과 모두 같다.

⊙厥明夙興設蔬果酒饌質明主人以下哭於靈座前詣祠堂奉神主出置于座(궐명숙흥설소과주찬질명주인이하곡어령좌전예사당봉신주출치우좌)

皆並同本條祔祭儀

⊙그 다음날 일찍 일어나 소채와 과실과 안주를 진설하고 날이 밝으면 주인 이하 영좌 전에서 곡을 하고 사당으로 가 조비(祖妣) 신주를 받들고 나와 자리에 안치한다.

모두 본조 부제 의식과 같다.

◈奉主告辭式(봉주고사식)

孝孫某今以隮祔亡室有事于

顯祖妣某封某氏敢請

請祖妣神主出就于座若在他所則改于座爲正寢或廳事

◈신주를 받들어 낼 때 고사식.

효손 모는 오늘 죽은 아내의 부제가 있사와 공경 하옵는 할머님 모봉 모씨께 감히 청하옵니다. 할머님 신주께서는 자리로 가시옵기를 청하옵니다.

◈宗子異居宗子告于祖告辭式(종자이거종자고우조고사식)

維

歲次干支幾月干支朔幾日干支孝孫某敢昭告于

顯祖妣某封某氏今以

孫婦某封某氏禮當隮祔而所居異宮不得行祭於祖廟將以某日謹用

紙牓薦于其家謹以酒果用伸虔告謹告

◈종자(宗子)와 달리 살 때 종자가 사당에 고하는 고사식.

세차 모 간지 기월 기일 효손 모는 공경하옵는 할머님 모봉 모씨께 감히 밝혀 고하나이다. 손부 모봉 모씨를 예법상 의당 사당으로 올려 곁들여야 하오나 거처하는 집이 달라 할아버님 사당에서 부제를 행할 수 없사와 앞으로 모일에 삼가 지방으로 그 집으로 옮기옵니다. 삼가 주과를 진설하고 삼가 고하고 삼가 고하나이다.

⊙還奉神主入祠堂置于座序立參神降神祝進饌初獻(환봉신주입사당치우좌서립참신강신축진찬초헌)

皆並同本條祔祭儀

⊙사당에서 돌아와 신주를 받들고 사당으로 들어가 자리에 안치하고 차서 대로 서서 참신, 강신, 축관이 진찬을 하고 초헌을 한다.

모두 본조 부제 의식과 같다.

◆祖妣位祝文式(조비위축문식)

維

歲次干支幾月干支朔幾日干支孝孫某謹以淸酌庶羞適于

顯祖妣某封某氏隮祔孫婦某封某氏尙

饗

◆조비위 축문식.

세차 모 간지 기월 기일 효손 모는 삼가 맑은 술과 여러 가지 음식으로 적의하게 공경하옵는 할머님 모봉 모씨께 손부 모봉 모씨를 곁에 곁들여야 하오니 바라옵건대 흠향하옵소서.

◆新主祝文式(신주축문식)

維

歲次干支幾月干支朔幾日干支夫某玆以淸酌庶羞陳此祔事于

亡室某封某氏適于

顯祖妣某封某氏尙

饗

◆새 신주 축문식.

세차 모 간지 기월 기일 남편 모가 이에 맑은술과 여러 가지 음식을 여기에 진설(陳設)하고 죽은 아내 모봉 모씨를 적의하게 공경하옵는 할머님 모봉 모씨 곁에 곁들이는 제사를 지내니 바라건대 흠향(歆饗)하시구려.

⊙亞獻終獻侑食闔門啓門辭神祝奉主各還故處(아헌종헌유식합문계문사신축봉주각환고처)

皆並同本條祔祭儀

⊙아헌 종헌 유식 합문 계문 축관이 신주를 받들어 각각 먼저 자리로 다시 모시어 놓는다.

모두 본조 부제 의식과 같다.

제 3 절 처 소상(妻小祥)

雜記期之喪十一月而練十三月而詳十五月而禫註此爲父在爲母○備要按十一月而
練者擇日如禫儀又按父在爲母與爲妻雖十五月而畢喪然實具三年之體故十一月而
練者正當期年之數也不可謂以月計而筭閏也○沙溪曰夫爲妻小祥其祭日卜如禫儀
而先命以下旬之日似宜

일년상에는 열한 달이 소상이며 열 석 달이 대상이고 열 다섯 달에 담제를 지낸다.
이는 부친 생존 시 모친상의 예법이다.

◆父母喪中妻練以深衣孝巾行祭(부모상중처련이심의효건행제)

沙溪曰父母喪既虞之後方行妻之祥以孝巾布服將事似或宜矣若以孝巾布服將事則祥變制
之義何在答妻之練祥以深衣孝巾行祭當如愼齋說而恐當加平凉子

⊙夫爲妻期之喪十一月而小祥(부위처기지상십일월이소상)

⊙남편이 부인의 상은 일년 복으로 열한 달째에 소상제를 지낸다.

⊙前一月下旬卜日(전일월하순복일)

皆如禫祭本條儀

沙溪曰家禮大小祥用初再期故卜日一節無所施只於禫有卜日之儀若夫爲妻小祥用十一
月而祭則其日卜如禫儀而先命以下旬之日似宜

⊙한달 전에 그 달 하순의 날을 점을 친다.

모두 담제 본조 의식과 같다.

◆卜日命辭式(복일명사식)

某將以來月某日卽下旬或丁或亥不吉則復命以中旬又不吉則直用上旬日陳常事于
亡室某封某氏尙饗

◆날을 받는 고사식.

모는 앞으로 내월 모일에 죽은 아내 모봉 모씨의 소상을 지내려 하니 좋아하시구려.

◆卜日告辭式(복일고사식)

夫某將以來月某日陳常事于
亡室某封某氏卜既得吉用上旬日則去卜既得吉四字玆告

◆날을 받은 후 고사식.

남편 모는 앞으로 다음달 모일에 죽은 아내 모봉 모씨의 소상을 지내려고 이미 좋은
날을 얻었기에 이에 알립니다.

⊙前期一日主人以下沐浴陳器具饌設次陳練服厥明夙興設蔬果
酒饌質明祝出主主人以下入哭乃出就次易服復入哭降神三獻
(전기일일주인이하목욕진기구찬설차진련복궐명숙흥설소과
주찬질명축출주주인이하입곡내출취차역복복입곡강신삼헌)

(降神下當有進饌二字)
皆並同小祥本條儀

⊙하루 전날 주인 이하 목욕 재계하고 제사 기구를 벌려 놓고 제수품을 갖춘다. 남녀 처소를 각각 정하여 놓고 연복(練服)을 진열한다. 다음날 일찍 일어나 소채와 과실 주찬을 진설하고 날이 밝으면 축관은 신주를 자리에 내어놓는다. 주인 이하 들어가 곡을 하고 곧 나와 처소로 가서 연복으로 바꿔 입고 다시 들어가 곡을 하고 강신 참신 삼헌을 한다.

모두 소상 본조 의식과 같다.

◆妻小祥祝文式(처소상축문식)

　　　維

歲次干支幾月干支朔幾日干支夫某昭告于

　亡室某封某氏日月不居奄及小祥悲悼酸苦不自勝堪兹以淸酌庶羞陳

　　此常事尙

　　　饗

◆처소상 축문식.

세차 모 간지 기월 기일 남편 모가 죽은 아내 모봉 모씨에게 고하오. 세월은 머무르지 않아 어언 소상이 되였구려. 몹시 슬프고 괴로움에 가슴 아픔을 스스로 참고 견딜 수가 없소. 이에 맑은 술과 여러 가지 음식을 여기 차려놓고 소상을 지내니 바라건대 흠향하시구려.

⊙闔門啓門辭神(합문계문사신)

皆並同小祥本條儀

⊙문닫고 문 열고 들어가 사신(辭神)한다.

모두 소상 본조 의식과 같다.

제 4 절 처 대상(妻大祥)

◆妻喪鬖笠(처상참립)

艮齋曰妻祥仍著白笠至禫卽用吉服誠少變除之一節拍祥祭鬖笠白袍白絲帶(白袍白帶有洲翁說)禫祭始易以吉服如來示善矣(祥時用舊漆笠亦得)

⊙初期而大祥(초기이대상)

雜記期之喪十三月而祥註此謂父在爲母○備要按十一月而練者擇日如禫儀○又按父在爲母與爲妻雖十五月而畢喪朕實具三年之體故十一月而練者正當期年之數也不可謂以月計而筭閏也○便覽夫爲妻十三月而祥只用初忌日

⊙첫 기일이 대상이다.

⊙前期一日沐浴陳器具饌設次陳禫服(전기일일목욕진기구찬설차진담복)

皆並同大祥本條儀

⊙하루 전에 목욕 재계한다. 제사기구를 진열하고 제수품을 갖춘다. 처소를 정하여 담복을 진열한다.

모두 대상 본조 의식과 같다.

⊙前一日告于祠堂(전일일고우사당)

皆並同大祥本條儀

> 備要丘氏曰若父在母先死則是父爲喪主惟祔于祖母之檟待父死然後告遷○又按有事則告今新主祔廟不可不先告祠堂

⊙하루 전날 사당에 고한다.

모두 대상 본조 의식과 같다.

◆祠堂告辭式(사당고사식)

維

歲次干支幾月干支朔幾日干支孝玄孫某敢昭告于

顯高祖考某官府君

顯高祖妣某封某氏曾祖考妣至考妣列書祔位不書玆以亡室某封某氏大祥已屆

禮當祔於顯祖妣某封某氏不勝感愴謹以酒果用伸虔告謹告

◆사당 고사식.

세차 모 간지 기월 기일 효 현손 모 공경하옵는 고조할아버님 모관 부군과 고조할머님 모봉 모씨와 공경하옵는 증조할아버님 모관 부군과 증조할머님 모봉 모씨와 공경하옵는 할아버님 모관 부군과 할머님 모봉 모씨와 공경하옵는 아버님 모관 부군과 어머님 모봉 모씨께 감히 밝혀 고하나이다. 이에 죽은 아내 모봉 모씨의 대상이 이미 다다라 예법상 의당 공경하옵는 할머님 모봉 모씨 곁에 곁들여야 하옵니다. 감모하여 비창함이 이보다 더할 수는 없사와 삼가 주과를 진설하고 삼가 고하고 삼가 고하나이다.

⊙厥明行事皆如小祥之儀(궐명행사개여소상지의)

⊙다음날 제사를 지내되 모두 소상 의식과 같다.

◆妻大祥祝文式(처대상축문식)

維

歲次干支幾月干支朔幾日干支夫某昭告于

亡室某封某氏日月不居奄及大祥悲悼酸苦不自勝堪玆以淸酌庶羞陳

此祥事尙

饗

◆처 대상 축문식.

세차 모 간지 기월 기일 남편 모는 죽은 아내 모봉 모씨에게 고하오. 세월은 머무르지 않아 어언 대상이 되였구려. 몹시 슬프고 괴로움에 가슴 아픔을 스스로 참고 견딜

수가 없구려. 이에 맑은 술과 여러 가지 음식을 상사에 진설하였으니 바라건대 흠향
하시구려.

⊙畢祝奉神主入于祠堂(필축봉신주입우사당)

皆如本條大祥之儀

⊙마쳤으면 축관은 신주를 받들어 사당에 안치한다.

모두 본조 대상 의식과 같다.

◆入于祠堂告辭式(입우사당고사식)

請入于
祠堂

◆신주를 사당에 들이는 고사식.

청 하옵건대 사당으로 드시구려.

⊙徹靈座斷杖棄之屛處始飮酒食肉(철영좌단장기지병처시음주식육)

⊙영좌를 철거하고 상장은 잘라 먼 정결한 곳에 버리고 비로소 술을 마시고 고기를 먹는다.

제 5 절 처 담(妻禫)

⊙大祥之後中月而禫(대상지후중월이담)

間一月也

雜記十五月而禫註此爲父在爲妻○喪服小記爲父母妻長子禫註妻爲夫亦禫

⊙대상을 지낸 뒤 중간 달이 담제다.

한 달을 사이에 둔다.

◆夫爲妻禫祭(부위처담제)

問子爲母大祥及禫夫已無服其祭當如何朱子曰今禮几筵必三年而除則小祥大祥之祭皆夫主之但小祥之後夫即除服大祥之祭夫亦恐須素服如吊服可也但改其祝辭不必言爲子而祭也

◆妻禫或有或無(처담혹유혹무)

小記宗子母在爲妻禫疏宗子爲百世不遷之宗賀瑒云父在適子爲妻不杖不杖則不禫若父沒母在則爲妻杖又禫凡適子皆然嫌宗子尊壓其妻故特云宗子母在爲妻禫宗子尙然則其餘適子可知○尤菴曰妻喪實具三年之體段故練杖祥禫四者只是一串事今以不杖而不禫則獨行練祭恐是半上落下也謂小記註說(按即陳註所取賀瑒瑒不杖則不禫說)不得爲定論也○父在爲妻不杖古有其禮矣然家禮不論父在與父亡而通爲杖期杖則禫矣今之行禮者若一遵家禮則無此疑矣○遂菴曰父在爲妻不禫其子爲母何可無禫○芝村曰嘗問先生孫婦喪將行禫否曰旣有其子其父雖不禫其子豈可不禫耶○若曰妻喪是具三年之體而不可無禫則設或不杖而無子似皆當行矣○陶菴曰不論父在與否爲妻杖期者家禮之文也父在之適子爲妻不杖

不禫者疏家之說也愚意欲終家禮

⊙前一月下旬卜日(전일월하순복일)

如禫祭本條之儀

⊙한 달 전 하순의 날로 점을 친다.

담제 본조 의식과 같다.

◆命辭式(명사식)

某將以來月某日卽三旬內或丁或亥陳禫事于

亡室某封某氏尙饗

◆명을 받는 고사식.

모는 앞으로 내월 모일에 죽은 아내 모봉 모씨의 담사를 지내겠으니 좋아하소서.

◆當位告辭式(당위고사식)

夫某將以來月某日陳禫事于

亡室某封某氏卜旣得吉用下旬日則去此四字玆告

◆해당 위 고사식.

남편 모는 앞으로 내월 모일 죽은 아내 모봉 모씨의 담사를 지내려고 이미 점을 처 길한 날을 얻었기에 이에 알립니다.

⊙前期一日沐浴設位陳器具饌(전기일일목욕설위진기구찬)

如禫祭本條之儀

⊙하루 전에 목욕 재계하고 신위의 자리를 설치하고 제수 품을 갖춘다.

모두 담제 본조 의식과 같다.

⊙厥明行事皆如大祥之儀(궐명행사개여대상지의)

⊙그날 날이 밝으면 담사를 지내되 모두 대상 의식과 같 다.

◆出主告辭式(출주고사식)

夫某將陳禫事請

亡室神主出就正寢

◆신주 내모시는 고사식.

남편 모는 담사를 지내려 하니 청컨대 죽은 아내 신주는 정침으로 가시구려.

◆妻禫祭祝文式(처담제축문식)

維

歲次干支幾月干支朔幾日干支夫某昭告于

亡室某封某氏日月不居奄及禫祭悲悼酸苦不自勝堪玆以淸酌庶羞陳

此禫事尙

饗

◆처 담제 축문식.

세차 모 간지 기월 기일 남편 모는 죽은 아내 모봉 모씨에게 고하오. 세월은 머무르지 않아 어언 담제가 되였구려. 몹시 슬프고 괴로움에 가슴 아픔을 스스로 참고 견딜 수가 없구려. 맑은 술과 여러 가지 음식을 이에 진설하였으니 바라건대 흠향하시구려.

◎附錄(부록)

求挽詩箚子某泣血控告伏念某罪逆不孝禍延先考號天哭地無所赴愬重惟先考受知聖朝致身從列平生敭歷中外皆知今將襄奉欲得名世鴻筆發揮幽潛以授挽者輒敢稽顙百拜奉壙志以請仰丐台慈特加矜久存沒均受大賜僭易皇恐伏乞台察○某等不孝忍死先君襄奉衘哀茹苦擬干大手賁以邊蕭之章倘蒙矜久則存沒均被華袞之榮行實拜呈台察○復書某伏承貶翰示先丈行實以挽章猥賜垂喩極荷不鄙先丈某官淸名偉節照暎一世夫豈愚庸所能發揚其萬一耶聊復牽課以塞嚴命玆審窆穸已遂吉卜某偶以臥病不能預挽綍之列引領東望殊用悽愴匆匆占報伏乞台察○某不意變故大宜人奄棄奉養日月如流遽至成服致力襄事承需挽詩顧鄙語不足以相哀綍荷意之勤敢不勉奉

◆殤喪(상상)

杜氏通典禮一百開元禮纂類三十五凶七三殤三殤之喪始死浴襲及大小歛與成人同其長殤有棺及大棺中殤下殤有棺靈筵祭奠進食葬送哭泣之位與成人同其苞牲及明器長殤三分減一中殤三分減二唯不復魂無啥事辦而葬不立神主旣虞而除靈座其虞祝辭云維年月朔日父云告子某若兄云告弟某若弟云弟某昭告某兄日月易往奄及反虞悲念相續心焉如燬(兄云悲傷猥至情何可處弟曰悲痛無已至情如割)今以(弟祭兄則云謹以)潔牲嘉薦普淖明齊溲酒薦虞事於子某弟某兄某魂其饗之(弟祭兄云尙饗)嫡殤者時享皆祔食於祖無別祝文亦不拜(設祔食之座於祖座之左西面一獻而已不祝不拜者以其從食其祖祝辭末云孫其祔食)庶子不祔食庶子之嫡祔如嫡殤禮凡無服四歲以上畧與下殤同又無靈筵唯大歛小歛奠而已三歲以下歛以瓦棺葬於園又不奠問備要引開元禮曰殤喪不復無含夫程朱之論旣曰當立神主則不復無含恐未安耶且無贈耶同春曰喪成人者其文襧喪不成人者其文不襧卽是儀禮傳文據此則喪殤之禮恐不必太備○問開元禮曰三殤之喪始死浴及大小歛與成人同長殤有棺及大棺中殤下殤有棺靈筵祭奠進食葬送哭泣之位與成人同其苞牲及明器長殤三分減二唯不復魂無含事辦而葬不立神主旣虞而除靈座云此禮今世不用乎抑或有他禮可據者耶沙溪曰凡殤不立神主程朱以前之事家禮自八歲皆立神主矣朝夕奠上食虞後撤几筵則皆依開元禮而祔於祖廟似宜○又曰三殤之作主班祔已載於家禮今人自不行之耳寧不可行乎○問禮六七歲兒不言有棺而雖二三歲兒藁秸掩之於情不忍南溪曰今無聖周之法數歲兒喪或以小木棺葬者似可推行○尤庵曰殤主粉面父爲主則當書曰亡子某神主云矣開元禮三殤不立神主旣虞而除靈座旣曰旣虞而除靈座則其無卒祔祭可知矣據家禮則當立神主視開元禮則稍備無乃亦有卒哭與祔耶未可知也○南溪曰殤喪古禮無此節目至開元禮而有葬虞之文至程子有立主之義今只當行其有據者而已卒哭祔祭似難率易而獨虞祭證以禮經旣虞之說並行三次不至於甚未安矣○雖不敢直行祔祭殤主入廟恐當有告禮行事之節○又曰殤喪節目以開元禮大意觀之虞祭以前似與長者之喪略同然其間又有以中下二殤異於大殤者誠亦不無斟酌玄纁以上七條皆爲喪葬之備制況翣扇之必以大夫士玄纁之有君贈非如告先塋遷柩及遣奠以下之不可全廢者似當幷在減殺之例矣尤庵曰未成人銘旌女子則書以某娘男子則書以某秀才

云則庶乎相稱矣○又曰在室女子銘旌世俗皆書某氏神主亦然然神主粉面書亡子名則女子
亦當書名矣第東俗甚諱女子名恐難猝變○南溪曰未成之人自不無差等若年十五以上能知
文字有行業者恐當曰秀才某君之柩若十五歲以下無文者或稱某貫某童子之柩亦可云雖非
古禮恐義起而無甚害故也○又曰殤年女子之神主世俗書以處女某氏云捨此他無可稱者矣
○陶庵曰題主則只書名不妨然恐莫知其爲殤亡孫下添一童字如何禮記有童汪踦之文此爲
可據○又曰凡例旣略如成人則翣扇玄纁之減去用玄石說似可然若不欲全減則玄纁猶勝於
翣扇耶○問尤庵曰當立神主則視開元禮稍備無乃亦有卒哭與祔耶云云陶庵曰尤庵無乃亦
有之云蓋有持難之意然殤主當入廟則入廟者恐不可無祔祭旣有祔祭則又不可無卒哭○浦
渚曰旣虞而除靈座果似太簡祭之終三年亦似過或於除喪之後除之如何○愼獨齋曰殤喪撤
靈座虞後則太遽似當有變通之制以待服盡而撤之似可○尤庵曰殤喪上食似當斷以開元禮
而但開元禮殤儀太薄以家禮祭及兄弟之子之文觀之則葬後便祔恐不如開元禮之促也第無
明文未知如何則可也○又曰長兒撤几筵據禮則當在於服盡之日或初期之日而其慈氏至情
不欲遽撤於三年之內則亦不宜强拂當諭之以禮不聽則任之而已○又曰喪無三年者不得爲
二祥在三殤則猶可成人無後者亦當然耶忌祭亦以故差過而又全然無事雖在三殤亦有所不
忍追後擇日略倣二祥行之或恔於人情耶然似涉義起不敢質言○問程子曰下殤之祭父母主
之終其身中殤之祭兄弟主之終其身上殤之祭兄弟之子主之終其身成人而無後者兄弟之孫
主之終其身又曾子問云凡殤與無後者祭於宗子家則程子之言與曾子不同何耶寒岡曰三代
之時宗法甚嚴故曾子問所謂殤與無後者祭於宗子實爲得禮之正而在今時家法有不能如古
禮則不得不如程子之言爲之矣○問程子曰下殤之祭終父母之身殤主之祔於廟者其父母死
則當出廟而埋之乎愼獨齋曰也是如此○同春問亡兒今八歲似是下殤而通典殤喪計月之說
不翅詳備計月則亡兒不滿下殤矣但程朱之論皆無計月之說云云愼獨齋曰三殤之分等定制
非但程朱之論實出於儀禮當依此而行之第念小兒立主不無後來難處之患貴兒之殤旣在疑
似之間恐不說之爲當墓前一虞後仍於其處埋置魂帛如何

◆殤服(상복)

喪服大功子女子子之長殤中殤(註)殤者男女未冠笄而死可殤者女子子許嫁不爲殤(疏)子女
子子在章首者以其父母於子哀痛情深故在前兄弟之子亦同此而不別言者以其兄弟之子猶
子故不言且中殤或從上或從下是則殤有三等制服惟有二等者欲使大功下殤有服故也若服
亦三等則大功下殤無服矣聖人之意然也○傳何以大功也未成人也何以無受也喪成人者其
文縗喪未成人者其文不縗故殤之經不樛垂無服之殤以日易月殤而無服故子生三月則父名
之死則哭之未名則不哭也(註)縗猶數也其文數者謂變制之節也不樛垂丁者不絞帶之垂者
以日易月謂生一月者哭之一日也殤而無服者哭之而已○(疏)成人至葬後皆以輕服之今未
成人卽無受又三等殤皆以四年爲差取法四時穀物變易故也又以八歲已上爲有服七歲已下
爲無服者按家語云男子八月生齒八歲齔齒女子七月生齒七歲齔齒今傳據男子而言故八歲
已上爲有服之殤也傳必以三月造名始哭之者以其三月一時天氣變有所識眄人所加憐故據
名爲限也未名則不哭者不以日易月而哭初死亦當有哭而已不樛垂者成服後亦散不絞以示
未成人故與成人異亦無受之類以日易月謂生一月者哭之一日也若至七歲歲有十二月則八
十四日哭之此旣子女子子下發傳則唯據父母於子不關餘親子中通長嫡若成人爲之斬衰三
年今殤死與衆子同者以其殤不成人如穀物未熟故同入殤大功也殤而無服哭之而已者此鄭
總解無服之殤以日易月哭之事也王肅馬融以爲日易月者以哭之日易服之月殤之期親則以
旬有三日哭緦麻之親者則以三日爲制若然哭緦麻三月喪與七歲同又此傳承父母子之下而
哭緦麻孩子疎失之甚也○喪服其長殤九月其中殤七月(註)不忍從父昆弟之降而絕也蓋不
立七歲之制則從父昆弟長殤爲小功中殤爲緦麻下殤則絕故也疏五服之正無七月之服唯此
大功中殤有之○家禮應服期者長殤大功九月中殤七月下殤小功五月應服大功以下以次降
等○喪服長殤九月纓絰中殤七月不纓絰○通典吳徐整問射慈曰八歲已上爲殤者服未滿八

歲爲無服假令子以元年正月生七歲十二月死此爲七歲則無服也或以元年十二月生以八歲
正月死以但踐八年計其日月適六歲耳然號爲八歲日月甚少全七歲者日月爲多若人有二子
各死如此其七歲者獨無服則父母之恩有偏頗答曰凡制數自以生月計之不以歲也問曰無服
之殤以日易月哭之於何處有位無答曰哭之無位禮葬下殤於園中則無服之殤亦於園也其哭
之就園也〇小記除殤之喪者其祭也必玄(註)玄謂玄冠玄端也殤無虞卒哭及練之變服其除
服之祭用玄冠玄端黃裳此於成人爲釋禫之服所以異於成人也

◆稅服(탈복)

小記生不及祖父母諸父昆弟而父稅喪已則否降而在緦小功者則稅之(註)此言生於他國而
祖父母諸父昆弟皆在本國已皆不及識之今聞其死而日月已過父則追而服之已則不服也降
者殺其正服也如叔父及適孫正服皆不杖期死在下喪則皆降服小功如庶孫之中(中疑作下)
殤以大功降而爲緦也從祖昆弟之長殤以小功降而爲緦也如此者皆追服之檀弓曾子所言小
功不稅是正服小功非爲降也凡降服重於正服〇檀弓曾子曰小功不稅則是遠兄弟終無服也
而可乎(註)若是小功之服不稅則再從兄弟之死在遠者聞之恒後時則終無服矣其可乎(疏)此
據正服小功也馬氏曰曾子於喪有過乎哀是以疑於此然小功之服雖不必稅而稅之者蓋亦禮
之所不禁也昔齊王子請欲爲其母之喪孟子曰雖加一日愈於已推此則不稅而欲稅之者固可
也〇通典北齊張亮云小功兄弟居遠不稅曾子猶歎之而況祖父母諸父兄弟恩親至近而生乖
隔而鄭君云不責人所不能此何義也生不及者則是已未生之前已沒矣乖隔斷絶父始奉諱居
服而已不者尋此文意蓋以生存異代後代之孫不復追服先代之親耳豈有並代乖隔便不服者
哉〇疑禮問解問小記註生於他國而祖父母諸父昆弟皆在本國已皆不及識之今聞其死而日
月已過父則追而服之已則不服也祖父母至親而以已之在遠不及識不稅其喪揆諸情理終有
所未安無乃鄭註或失本意抑有他意於其間耶答小記說固可疑也通典張亮果有云云〇晉元
帝制曰小功緦麻或垂竟聞問宜全服不得服其殘月〇賀循曰小功不稅者謂喪月都竟乃聞喪
者耳若在服內則自全五月〇徐邈杳王詢曰鄭玄云五月之內則追服王肅云服其殘月小功不
稅以恩輕故也若方全服與追何異宜服餘月宋庾蔚之謂鄭王所說雖有理而王議容朝聞石除
或不容成服求之人情未爲允愜

◆書疏(서소)

司馬溫公曰凡遭父母喪知舊不以書來吊問是無相恤之心於禮不當先發書〇家禮註以書來
吊者並須卒哭後答之〇丘儀按禮喪稱哀子哀孫祭稱孝子孝孫而書儀於父亡則稱孤子母亡
則稱哀子父母俱亡稱孤哀子不知何所據也凡禮中所言孤子如當室及不純乚采之類皆謂已
孤之子非謂所自稱也而鄭氏禮註亦云三十以下無父稱孤明三十以上不得爲孤也今旣行古
禮父母喪俱宜稱哀子然世俗相承已久恐卒難變或欲隨俗亦可〇朱子曰父喪稱孤子母喪稱
哀子溫公所稱蓋因今俗以別父母不欲混並之也且從之亦無害〇愚伏曰禫前書疏仍用孤哀
〇沙溪曰爲人後者爲本生父母喪稱喪人而已不可稱孤哀也人之爲吊書者亦只以喪人待之
不可稱大孝至孝也〇疑禮問解問父在母喪者十五月禫後不當稱疏稱哀如何答自稱曰心喪
人古有其文也〇語類問吊人妾母之死合稱云何曰恐也只得隨其子平日所稱而稱之或曰五
峰稱妾母爲少母南軒亦然據爾雅亦有小姑之文五峰想是本此〇劉氏璋曰司馬公自伯叔父
母以下今人多只用平時往來啓狀止於小簡中言之雖亦可行但裴儀舊有此式古人風義敎篤
當如此不敢輒刪某親稱號附錄**本族祖父母**(公公某官尊前婆婆某封尊前或媽媽自稱孫小
孫稱人令祖令大父令祖母答稱家祖大父祖母)**伯叔祖父母**(伯公叔公伯婆叔婆自稱姪孫從
則稱從孫族則稱族孫稱人令伯祖令叔祖令伯祖母令叔祖母答稱伯祖叔祖或稱家伯祖家叔
祖伯祖母叔祖母)**父母**(爹爹媽媽或嬭嬭自稱男女子自稱阿奴男婦自稱媳婦稱人令尊丈令
府丈令親答稱家父大人老母老親)**伯叔父母**(第幾伯父叔父第幾伯母叔母自稱姪或稱從子
從則稱從姪族則稱族姪稱人令伯父叔父令伯母叔母答稱家伯家叔伯母叔母〇大全稱姪固

未安稱猶子亦不典按禮有從祖從父之名則亦嘗有從子從孫之目矣以此爲稱似稱穩當)**兄**(幾哥兄長某官尊右從兄族兄同自稱弟或稱小弟從稱從弟族稱族弟兄之妻家嫂嫂氏自稱稱人令兄令昆令嫂答稱家兄家嫂嫂氏)**弟**(幾郎賢弟從弟族弟同自稱兄或稱卑兄從稱從兄族稱族兄弟之妻幾嫂自稱稱人令弟玉季令弟婦答稱舍弟弟婦)**子**(稱其名或稱位第自稱父母或稱老父老母子之婦幾嫂從族子婦同自稱稱人令似令郎令器賢家婦答稱頑子小兒豚犬子舍長婦)*從子*(卽姪幾郞賢姪族子同自稱伯則稱伯叔則稱叔稱人令姪答稱姪子)**孫**(稱其名從族孫同或位第自稱祖翁伯祖叔祖伯公叔公孫婦幾嫂自稱稱人令孫蘭玉令孫婦答稱小孫孫子孫婦)**姑姊妹女子適人族祖姑**(姑婆某封尊前自稱姪孫稱人令姑婆答稱祖姑家祖姑)**姑**(父之姊曰伯姑妹曰叔姑自稱姪稱人令姑答稱家姑舍姑)**姑之夫**(第幾姑夫某官尊前自稱內姪稱人令姑夫答稱舍姑夫)**姑之子**(兄則稱第幾表兄某官第則稱第幾表弟自稱弟則稱表弟表末兄則稱表兄忝表稱人令表兄令表弟)**姑之舅姑**(親家大翁親家大婆自稱忝眷)**姊妹**(幾姊某封尊右自稱小弟弟女則稱妹女弟妹幾妹某封或稱賢妹自稱兄女則稱女兄稱人令姊令女兄令妹答稱女兄家姊舍妹)**姊妹之夫**(第幾姊夫某官尊右自稱內弟某幾妹夫某官自稱內弟或稱眷ロ末忝眷稱人令姊夫令妹夫)**姊妹之舅姑**(親家丈親家母亦曰姻家自稱忝眷)**姊妹之子**(第幾賢甥自稱姊之子則稱叔舅妹之子則稱伯舅稱人令甥答稱甥子亦曰小甥女子與男子同)**孫女**(或稱幾姐自稱父祖父母祖母稱人令愛令女孫答稱小女小女孫)**女之夫**(第幾賢壻或稱賢親自稱外舅姻末稱人令女壻貴客令東床俗稱令坦答稱女夫子壻半子)**女之子**(幾孫自稱外公稱人賢甥令甥宅相答稱外孫甥子)**女之舅姑**(尊親家丈尊親家母自稱忝眷忝戚稱人令親家幾丈答稱姻家)○**母族外祖父母**(外公外婆自稱外孫稱人令外祖父母答稱外祖父母)**母之兄弟**(尊舅其妻曰尊妗自稱甥稱人令舅令妗答稱舅氏或稱家舅妗氏)**母之姊妹**(幾姨俗稱姨媽其夫曰幾姨夫自稱甥子稱人令姨令姨夫答稱姨氏姨夫)**母兄弟之子**(長曰表兄幼曰表弟答稱表兄表弟)**母娣妹之子**(同母兄弟之子)**母兄弟之孫**(表姪從則曰表從姪自稱忝表或稱表末)**妻族妻父母**(外舅某官尊前外妗某封尊前自稱子壻女壻稱人令外舅俗稱令岳丈令外妗俗稱令岳母答稱妻父妻母)**妻之伯叔母**(俗稱尊伯丈尊叔丈伯丈母叔丈母自稱姪壻妻族內外皆可稱門壻稱人盛親幾丈答稱妻伯妻叔妻伯母妻叔母)**妻之兄弟**(內舅自稱內兄內弟稱人令舅答稱妻兄妻弟)**妻之姊妹**(姨自稱妻姊妹之夫姨夫自稱友壻連襟稱人令姨令姨夫連袂答稱妻女兄姨夫妻妹)**妻兄弟姊妹之子**(表姪自稱姑夫稱人令表姪答稱妻姪)○廣記婦人謂小叔曰郎叔又曰小郎謂小姑曰女妐(手鑑妐音鍾夫之兄也)又曰女叔

◆喪禮考證(상례고증)

檀弓葬日虞弗忍一日離也(弗忍親之魂無所歸)是日也以虞易奠(自始死至祖遣皆是喪奠也此日始以虞祭代去喪奠)卒哭曰成事是日也以吉祭易喪祭(三虞皆是喪禮至卒哭則漸吉禮矣祭以吉爲成故曰成事)明日祔于祖父(明日卒哭之次日也祔之爲言祔也祔祭者告其祖考以當遷他廟而告新死者以當入此廟也右虞卒哭祔)○喪服小記婦祔於祖姑祖姑有三人則祔於親者(此言祔廟之禮三人有二繼也親者謂舅所生母者也○按此祔語錄季晦叔問祭儀謂凡配止以正妻一人或奉祀之人是再娶所生卽以所生母配曰程說恐誤唐會要中有論凡嫡母無先後皆當並祔合祭右祔)○語錄問夫在妻之神主宜書何人奉祀朱子曰旁註施於所尊以下則不必書也○或問子之所生母死題主當何稱祭於何所曰若避嫡母止稱妣以別之也伊川云祭於私室(右題主)○曾子問曰並有喪如之何何先何後孔子曰喪先輕後重(如並有父母喪則先葬母)其尊也先重而後輕(奠則先父)禮也(其禮如此)自啓及葬不奠(其先葬母也惟設母啓殯朝廟之奠不爲設奠也)行葬不哀次(行葬之時不得爲母伸哀於所次之處)反葬(葬母而反)奠而後辭於殯(殯當作賓)遂脩葬事(旣反卽於父殯設奠告辭於賓以啓父殯之期遂脩營葬父之事也)其虞也先重

而後輕禮也(如虞祭偶同則異日而祭先父後母)〇喪小記父母之喪偕(謂父母同時死也)先葬
者不虞祔(先葬母不爲母設虞祔)待後事(葬母之明日卽治父葬待葬父後虞祔畢然後爲母虞祔也)
其葬服斬衰(從父服也)〇雜記有父之喪如未沒喪而母死其除父之喪也服其除服卒事
反喪服(父喪未盡而遭母喪則當除父喪之時自服除喪之服以行大祥之禮此禮事畢卽當服喪母之服)
雖諸父昆弟之喪如當父母之喪其祭諸父昆弟之喪也皆服其除喪之服卒事反喪服(當
父母之喪謂始死至除服皆在父母服內也)有殯聞外喪哭之他室入奠卒奠出改服卽位如始
卽位之禮(有殯謂父母未葬也外喪謂兄弟之喪在遠者也入奠者哭之明日之朝著已本喪之服入奠殯
官奠畢而出脫已本喪服著新死者未成服之服而卽他室所哭之位如昨日始聞喪爲位哭之禮也又按曾
擇之問於朱子曰三年喪復有期喪者當服期喪之服以奠其喪卒事則反初服或者以爲方服重不當改衣
輕服曰或者之說非是右並有喪)〇喪小記久而不葬唯主喪者不除(謂子於父母妻於夫孤孫於
祖父母也)其餘(謂期以下之親也)以麻終月數者除喪則已

제 8 장 개장(改葬)

儀節家禮無改葬今采集禮補入〇備要按古者改葬爲墳墓以他故崩壞將亡失尸柩也
世俗惑於風水之說有無故而遷葬者甚非也

가례에는 없으나 다른 예서에서 모아 보충한 예이다.

옛날에는 묘가 붕괴되어 시구(尸柩)를 잃을 다른 연고가 있을 때에 개장을 하였는데
세속에서는 풍수지리설에 혹하여 연고도 없는데 천장(遷葬)하고 있는 자는 크게 예를
벗어난 짓이니라.

◆改葬(개장)

按家禮無改葬今采古禮及丘儀補入〇喪服記改葬註謂墳墓以他故崩壞將亡失尸柩者也〇
呂氏春秋王季歷葬于過山之尾欒水嚙其墓見棺之前和文王曰先王必欲一見羣臣百姓也夫
故欒水見之於是出而爲張朝百姓皆見之三日而後更葬之高綉曰棺題曰和〇韓文公改葬服
議曰改葬者爲山崩水湧毀其墓及葬而禮不備者若文王之葬王季以水嚙其墓魯隱公之葬惠
公以有宋師太子少葬故有闕之類是也〇朱子曰改葬之儀旣非人謀所及假卜筮以決之亦古
人所不廢〇遷葬重事似不宜容易擧動凡百更切審細爲佳若得已不如且已也〇備要按古者
改葬爲墳墓以他故崩壞將亡失尸柩也世俗惑於風水之說有無故而遷葬者甚非也〇南溪曰
古者卜葬之法以有伏石涌泉後世又多地風蟲蛇之變其不屑地理者雖先墓罹患而不知救其
惑者妄聽時師之言往往輕遷而或反遭害此人子所當致愼者〇南唐曰據朱子說啓墓出柩設
奠於柩前未葬前朝夕哭奠上食旣葬奠於墓前一獻而止無別設靈座行虞之事此獻者急於返
哭未暇備禮也歸告而廟中不可哭故出主於寢而祭告之旣祭告之則當脩祭禮矣若不可脩祭
禮則朱子不當曰祭告與上奠而歸不同其文也以王肅旣虞之云觀之則亦見古人之有是祭也
神舊在廟似無事於更虞而以山崩銅應之理推之則體魄與神本只一人之身體魄之動神豈獨
安乎於是而祭以安之似不可已朱子所答或人何得虞之言似只是一時之見耳不然則何以復
有祭告出寢之文耶丘儀無葬畢奠墓返哭安神之節皆闕也

◆父喪中改葬母(부상중개장모)

問父喪中改葬母以喪事有進無退之說究之自舊山當奉柩卽就于新山而勢有所不能若遷還
于家則殯於門外靈座則設於廳事殯與靈座其爲異處非大違於禮耶艮齋答曰殯於門外設筵
廳事爲勢所拘不得不然

◆取土改葬之非(취토개장지비)

艮齋曰親盡祖之墓或有緬禮而無骸骨則依舊還封乎依俗說取土改葬乎答葬所以葬體魄今云取土改葬不知所謂也

◉將改葬先擇地之可葬者(장개장선택지지가장자)

◉장차 개장(改葬)을 하려면 먼저 장사(葬事) 할만한 좋은 땅을 택한다.

◉治棺(치관)

如初喪之儀

◉관(棺)을 짠다.

초상(初喪) 의식과 같다.

◉制服(제복)

子爲父妻爲夫總麻餘皆素服布巾

備要喪服記改葬總註臣爲君子爲父妻爲夫也疏父爲長子子爲母亦同通典孫爲祖後亦總前母改葬從衆子之制王肅曰無服則弔服加麻丘氏曰餘皆素服布巾備要按禮意應服三年者皆服總

◉상복제도(喪服制度).

자식이 아버지를 위하여 부인이 남편을 위하여는 시마(總麻) 복이며 그 외는 소복(素服)에 베 건(巾)이다.

◆制服(제복)

男子婦人應服三年者皆制總孫曾玄爲後者及其妻亦同應有服之親皆具弔服加麻夫爲妻亦同○喪服記改葬總註臣爲君子爲父妻爲夫疏父爲長子子爲母○通典孫爲祖後亦總○尤菴曰三年內遷葬者以原服行之不必改制總也○沙溪曰父喪中改葬母者父未葬不敢變服若父旣葬則恐當依重喪未除遭輕喪之例服母改葬之總以終事杖亦當去○按父在母喪者雖壓屈而不能自伸其間猶能具三年之體緬禮之時恐當服總

◆見柩服總(견구복시)

艮齋曰厚齋答李普溟書所論以爲遷葬服總本爲見尸柩則尸柩旣葬之後始製總於禮無據因據瓊山退溪說大祥後仍以素衣素帶終總月之數此說可疑盖若用子思旣葬除之說則已今旣因鄭玄朱子而盡三月之制則何可以尸柩旣葬遂不服總乎退翁所答金鶴峯之問以示旣葬非如見柩時仍令易麻而服素如此則改葬之總不待三月而除矣豈朱子之意乎○梅翁論改葬云見柩爲重故雖仍舊復土亦當受服此與尤翁答尹石湖書見柩復土卽除服之云不同然尤翁他日答玄以規書論墳墓被侵犯卻云見柩則服總三月盖石湖長於尤翁一歲玄公則門人之後進者玄書當爲定論梅翁豈無所考而率爾失言哉元謙之終是駁正恐未免汰哉之誚矣○改葬受服當在奉出尸柩後此潛冶說而老梅兩賢皆從之矣丘儀却在啓墓前恐失見尸柩後受服之意而備要便覽仍之似當釐正

◆改葬總麻(개장시마)

穀梁傳改葬之禮總擧下緬也疏緬遠也下謂服之最輕者○通典王肅云司徒文子改葬其叔父問服於子思子思曰禮父母改葬總旣葬而除之不忍以無服送至親也肅又云非父母無服無服則弔服加麻

◆禫後改葬者當釋禫而服總(담후개장자당석담이복시)

艮齋曰愚見無論初喪緦改葬緦皆當依儀禮用負版衰辟領(朱子大全君臣服議參考)然則禪後改葬者當釋禪而服緦也○禪服雖曰三年未畢之服其視改葬服之具負版辟領衰者不啻輕矣南溪常持禪服之說恐未之思也非惟禪服雖祥後白衣冠之制終是輕於改葬服苟非大祥前遷窆者皆當常持緦服

◆墓毀及槨者服緦(묘훼급곽자복시)

艮齋曰通典庚蔚之言墓被毀發雖已修復猶宜制服三月而除又杜夷議塚墓毀發依改葬服緦則何修之言不及於槨可依新宮火三日哭而已據此則毀及於槨者雖仍舊復土亦當服緦三月來書所引尤翁說與此不同未知如何○先山見掘於人因公決還封者雖未知舉柩而若或露棺則恐不可不服緦也

◆祖父母改葬時諸孫之斬衰者當加麻(조부모개장시제손지참쇠자당가마)

艮齋曰祖父母改葬時諸孫之在斬衰者亦當布巾加麻盖改葬如初喪之禮尤翁說無可疑矣

◆出嫁母改葬緦當否(출가모개장시당부)

問通典問父尚在母出嫁亡今改葬有服否徐廣云改葬服緦惟施極重此既出嫁未聞兒有服之文然緣情制服就從重之義卽心之理云云此說恐未安艮齋答曰非應服三年者改葬無服緦之禮而鏡湖於增解另立出母改葬服一條而引徐廣此說以實之無乃爲大不可者耶

◆墓遇毀發追聞受服(묘우훼발추문수복)

艮齋曰梅禮中見柩而舉哀設殯而受服一款來諭謂之定論此誠然也但徒知此說之爲正而不知隨事而處變則亦未盡也如墓遇毀發及於棺槨或已修復追聞猶服者見柩設殯元無可論何可執一論耶

⊙具斂牀布絞衾衣(구렴상포교금의)

如大斂之儀(增解喪服記改葬註改葬者棺物毀敗改設之如葬時也疏不言衣服則所設者唯棺)

⊙염상(斂牀)에 베 매듭과 이불 수의를 갖춘다.

대렴(大斂) 의식과 같다.

⊙治葬具(치장구)

便覽葬具一如始葬儀(三禮儀葬具如銘旌翣扇大轝石灰盖板玄纁之類)

⊙장사 치를 기구를 준비한다.

장사 준비는 하나 같이 처음 장례 때 의식과 같다.

⊙擇日開塋域祠土地遂穿壙作灰隔皆如始葬之儀(택일개영역사토지수천광작회격개여시장지의)

⊙택일을 하여 묘역을 열 곳에 산신제(山神祭)를 지내고 광중(壙中)을 지어 회벽 만들기를 모두 처음 장례 할 때 의식과 같게 한다.

⊙新山祠土地儀禮節次(신산사토지의례절차)

行禮者以士人主之告者吉服入○就位○鞠躬拜興拜興平身(告者與執事者皆拜)○盥洗(告者與執事者俱洗)○詣神位前○跪○上香○斟酒(執事者一人取注西向跪一人取盞東向跪

告者斟酒反注)○酹酒(取盞傾少許于神位前)○獻酒(復斟酒置神位前)俯伏興(少退立)○讀祝 (祝執版跪于告者之左而讀之)○復位○鞠躬拜興拜興平身○焚祝文○禮畢

◉신산 산신제 의례절차.

산신제를 지내는 자는 예를 아는 선비가 주인이 되며 고자(告者)는 길복을 입고 임한 다. 위전으로 간다. ○국궁 재배평신 한다. (고자와 집사자는 함께 손을 씻는다) ○위 전으로 간다. ○무릎을 꿇고 앉는다. ○분향한다. ○술을 따른다. (집사자 한 사람이 주전자를 들고 고자의 동쪽에서 서쪽으로 향하여 무릎을 꿇고 앉고 또 한 사람은 잔 반을 들고 고자의 서쪽에서 동쪽으로 향하여 무릎을 꿇고 앉는다. 고자는 주전자를 받아 잔에 술을 따르고 주전자는 되돌려 준다) ○강신한다. (잔을 받아 신위 앞에 조 금씩 기울인다) ○술을 따라 올린다. (다시 술을 따라 신위 앞에 놓는다) ○부복하였 다 일어선다. (조금 뒤로 물러나 선다) ○독축한다. (축관은 축판을 들고 고자의 왼편 에서 무릎을 꿇고 앉아 독축한다) ○제자리에 선다. ○국궁 재배평신 한다. ○축문을 불사른다. ○예를 마친다.

◆祠土地祝文式(사토지축문식)若合窆或繼葬則告先葬及告先塋祝文與治葬本 條祝式參看

　　　　維

歲次干支幾月干支朔幾日干支某官姓名敢昭告于

　　土地之神今爲此下當添某官姓名之五字主人自告則當添某之二字某親某官主人自

　　　　則此下當添府君二字卑幼則否○或某封某氏宅兆不利將改葬于此合窆則改宅

　　　兆以下九字爲改兆合窆于某官某公或某封某氏之墓

　　神其保佑俾無後艱謹以淸酌脯醢祗薦于

　　神尙

　　　饗

◆산신제 축문식.

세차 모 간지 기월 기일 모관 성명이 토지의 신께 감히 밝혀 고하나이다. 지금 모관 모의 모친(某親) 모관의 유택이 이롭지 못하여 여기에 개장코자 하옵니다. 신께서 보 호하고 도우셔서 후환이 없게 하여 주옵소서. 삼가 맑은 술과 포해(脯醢)를 정성을 다하여 신께 드리오니 바라옵건대 흠향하옵소서.

◉前期一日告于祠堂(전기일일고우사당)

便覽夙興詣祠堂就所當遷葬之位別設香卓於龕前束茅聚沙於其前以酒果告如有事 則告之儀○若道遠則臨行預告○若三年內改葬則就靈座因上食告

　　備要序立啓櫝出所當遷葬之主參神皆再拜主人盥洗詣香卓前跪降神上香再拜酹酒俯伏興再拜主 　　人斟酒主婦點茶主人以下皆跪告辭曰云云主人俯伏興再拜復位辭神皆再拜納主餘同○增解愚按 　　此告儀本出儀節而其先參後降及斟酒後無再拜皆與家禮告事儀不同皆當一從家禮爲是

◉하루 전에 사당(祠堂)에 고한다.

일찍 일어나 사당으로 가 옮겨 장사할 위전에 가서 감실(龕室) 앞에 향탁(香卓)을 별 도로 놓고 그 앞에 모반(茅盤)을 놓는다. 주과(酒果)로 고하기를 일이 있으면 사당에 고하는 의식과 같게 고한다. ○만약 길이 멀면 떠날 때 미리 고하고 떠난다. ○만약 삼년 안에 개장을 하게 되면 영좌(靈座) 전에 상식(上食) 때 고한다.

⊙告于祠堂儀禮節次(고우사당의례절차)

序立(男左女右)〇啓櫝出主(出所當遷葬之主)〇參神(衆拜)〇鞠躬拜興拜興拜興拜興平身〇降神〇主人盥洗〇詣香案前〇跪〇上香〇酹酒(盡傾茅沙上)〇俯伏興拜興拜興平身〇主人斟酒〇主婦點茶(畢二人並拜)〇鞠躬拜興拜興平身〇主婦復位(主人不動)〇跪(主人以下皆跪)〇告辭曰茲以某(考妣)體魄托非其地恐有意外之患驚動先靈不勝憂懼將卜以是月某日改葬于某所敢告〇俯伏興平身(主人獨拜)〇鞠躬拜興拜興平身〇復位〇辭神(衆拜)〇鞠躬拜興拜興拜興拜興平身〇納主〇禮畢

⊙사당에 고하는 의례절차.

차서 대로 선다. (남자는 왼편 여자는 오른편으로 선다) 〇독을 열고 신주를 내모신다. (내모실 신주는 옮겨 장사할 신주다) 〇행참신. (모두 절한다) 〇국궁 사배 평신한다. 〇행강신. 〇주인은 손을 씻는다. 〇향안 앞으로 간다. 〇무릎을 꿇고 앉는다. 〇분향한다. 〇강신한다. (모사 위에 기울인다) 〇부복하였다 일어나 재배 평신한다. 〇주인은 술을 따른다. 〇주부는 차를 따른다. (마쳤으면 두 사람 함께 절한다) 〇국궁 재배 평신한다. 〇주부는 물러나 제자리에 선다. (주인은 그 자리에 있는다) 〇무릎을 꿇고 앉는다. (주인 이하 모두 무릎을 꿇고 앉는다) 〇다음과 같이 고한다. 〇부복하였다 일어나 평신 한다. (주인만 절한다) 〇국궁 재배 평신한다. 〇제자리로 물러나 선다. 〇행사신. (모두 절한다) 〇국궁 사배 평신한다. 〇신주를 독에 넣는다. 〇예를 마친다.

◆焚香當否(분향당부)

問家禮后土祠無焚香一節其意必非偶然蓋焚香求神於陽也灌地求神於陰也后土地神故只求之於陰而不求之於陽義似如此而備要祠后土具有香爐香盒何也沙溪曰家禮不言上香只酹酒無乃有意耶儀節及家禮正衡皆有上香之禮故備要因之未知是否

◆父葬前遷母墓告廟儀(부장전천모묘고묘의)

問父喪未葬改葬母告廟之節沙溪曰酒果只奠本龕可也主人自告豈可代行也凶服入廟於祔祭可見〇愚按孝子告廟服色以祔祭凶服爲證則指衰服而言耶恐當以喪中行祭服色直領蔽陽子行之未知如何〇問父未葬遷母葬告廟時上香斟酒自行否尤菴曰使祝行之如新喪靈座之禮似宜

◆當位告辭式(당위고사식)

維

歲次某干支幾月干支朔幾日干支某親某官弟以下不名敢昭告于妻去敢字弟以下但云告于

顯某親某官府君或某封某氏同遷合葬則列書妻弟以下改顯爲亡卑幼去府君二字體魄托非其地恐有意外之患驚動

先靈旁親改先爲尊妻弟以下去驚動先靈四字不勝憂懼將卜以是月某日改葬于某所合窆則改體魄以下三十二字爲將以某月某日改兆合窆于某親某官府君或某封某氏之墓謹以妻弟以下云茲以酒果用伸虔告謹告妻弟以下改用伸以下六字爲用告厥由

◆해당 위전 고사식.

세차 모 간지 기월 기일 모관 모는 공경하옵는 모친 모관 부군께 감히 밝혀 고하나이다. 체백을 모신 그 땅이 좋지 못하와 뜻밖의 근심이 있을까 염려되어 선영을 놀라시게 하게 되었사옵니다. 근심과 걱정이 이보다 더할 수가 없사옵니다. 점을 처 이달 모일에 모소(某所)로 개장코자 하옵니다. 삼가 주과를 진설하고 삼가 고하고 삼가 고하나이다.

⊙執事者於舊墓所張白布幙(집사자어구묘소장백포막)
開戶向南布席其下○便覽張於墓西南向布席有椅卓

⊙집사자(執事者)는 구묘(舊墓)에 흰 장막을 친다.
장막은 묘(墓)의 서편에다 남쪽으로 향하게 치고 자리를 펴고 교의(交椅)와 탁자를 놓는다.

⊙爲男女位次(위남녀위차)
便覽男子於墓東西向北上婦人於墓西幄內東向北上

⊙남녀를 위한 처소.
남자는 묘(墓)의 동쪽에서 서쪽으로 향하되 북쪽이 상석이며 여자는 묘의 서쪽 장막 안에서 동쪽으로 향하되 북쪽이 상석이다.

⊙厥明內外諸親皆至各就次主人服緦麻餘皆素服(궐명내외제친개지각취차주인복시마여개소복)

⊙그 다음날 내외 모든 친족들은 각각 구묘 처소로 간다. 주인은 시마(緦麻) 복을 입고 그 외는 모두 소복을 한다.

◆待啓墓服緦(대계묘복시)
治谷曰瓊山改葬儀節將啓舊墳遽已服緦行哭余嘗竊疑服華綵從事吉常之久者未見柩而先哭不哭而先服凶似不合人情仍思之見柩去冠哭踊以象初終奉柩就幕次服緦以象成服似有節次○寒岡曰緦麻當服於告啓墓之初○尤菴曰破墓告辭當用於始役之時而因服緦矣○朽淺曰述家例以破塚日爲重不計日數之遠略破某方豈啓墓而親見尸柩之比耶謬意恐當以素衣帶告以遷墓之意且告后土而歸以俟後日啓墓穿壙之時乃服緦

⊙爲(備要爲改就)位哭盡哀(위위곡진애)
尤菴曰子孫之不得來會者素服望哭情理之不可已者況國朝已成典禮者耶

⊙자리에서 슬픔을 다하여 곡한다.

⊙祝祠土地(축사토지)
便覽將啓墓先以酒果祠土地於墓左如始葬之儀

⊙축관은 산신제를 지낸다.
구 묘를 열기 전에 먼저 묘 왼편에서 주과를 진설하고 산신제를 처음 장례 때와 같이 지낸다.

⊙舊山祠后土儀禮節次(구산사후토의례절차)
就位(告者立北向執事者二人在其後)○鞠躬拜興拜興平身(告者與執事者皆拜)○盥洗(告者與執事者俱洗)○詣香案前○跪○上香○斟酒(執事者一人執酒注西向跪一人執盞東向跪告者

取注斟酒于盞畢反注取盞)○酹酒(傾酒于地)○獻酒(復斟酒置神位前)○俯伏興(少退立)○讀祝(祝執板跪于告者之左而讀之)○復位○鞠躬拜興拜興平身○禮畢

儀節按古禮雖有合葬墓左之文而無所謂后土氏者惟唐開元禮有之溫公書儀本開元禮家禮本書儀其喪禮開塋域及窆與墓祭俱祀后土然后土之稱對皇天也士庶之家有似乎僭考之文公大全集有祀土地祭文今擬改后土氏爲土地之神

⊙산신제 의례절차.

위전으로 들어간다. (고자(告者)는 북쪽으로 향하여 서고 집사자 두 사람은 그 뒤에 선다) ○국궁 재배 평신한다. (고자와 같이 집사자 모두 재배한다) ○손을 씻는다. (고자와 같이 집사자 모두 손을 씻는다) ○향안 앞으로 간다. ○무릎을 꿇고 앉는다. ○분향을 한다. ○술을 따른다. (집사자 한 사람이 주전자를 들고 고자의 오른편에서 서쪽으로 향하여 무릎을 꿇고 앉고 또 한 사람은 잔반을 들고 고자의 왼편에서 동쪽으로 향하여 무릎을 꿇고 앉으면 고자는 주전자를 받아 잔에 술을 따르고 마쳤으면 주전자는 되돌려 주고 잔을 받는다) ○강신한다. (술을 땅에 기우려 따른다) ○헌주한다. (다시 술을 따라 신위 전에 올린다) ○부복하였다 일어선다. (조금 뒤로 물러나 선다) ○독축한다. (축관은 축판을 들고 고자의 왼쪽에서 무릎을 꿇고 앉아 독축을 한다) ○제자리로 물러나 선다. ○국궁 재배 평신한다. ○예를 마친다.

◈舊山祠土地祝文式(구산사토지축문식)

維

歲次干支幾月干支朔幾日干支某官姓名敢昭告于

土地之神玆有添措語見上祠土地祝式某親某官添措語見上祠土地祝式卜宅玆地恐有他患若爲合窆而改葬則改恐有他患四字爲今爲合祔將啓窆遷于他所謹以淸酌脯醢祗薦于

神神其佑之尙

饗

◈구산 산신제 축문식.

세차 모 간지 기월 기일 모관 성명이 토지의 신께 감히 밝혀 고하나이다. 여기에 있는 모의 모친(某親) 모관의 유택을 점을 처 이 땅에 정하였으나 다른 근심이 있을까 염려 되어 앞으로 묘를 열어 다른 곳으로 옮겨 장사하려 하옵니다. 삼가 맑은 술과 포해를 정성을 다하여 신께 드리오니 신께서는 그를 도와 주옵소서. 바라옵건대 흠향 하옵소서.

◈舊岡告先塋告辭式(구강고선영고사식)尤菴曰啓墓之時祖先墓同處一岡則如此重事何可不告耶此雖無明文然以祔葬時告于先墓推之則遷改時當告無疑矣○又曰兩墓同岡而一遷一否則兩告之

維

歲次干支幾月干支朔幾日干支某親某官某敢昭告于

顯某親某官府君或某封某氏合窆位則列書之墓曾以某親某官府君或某封某氏同遷合葬則列書卑幼去府君二字祔葬于此恐有他患將啓窆遷于他所若在局內則云某方○若爲合窆而改葬則改恐有以下十一字爲將以某月某日改兆合封于某親某官府君或某封某氏之墓謹以酒果用伸虔告謹告

◆구산 선영(先塋) 묘에 고하는 고사식.

세차 모 간지 기월 기일 모친 모관 모는 공경하옵는 모친 모관 부군의 묘에 감히 밝혀 고하나이다. 일찍이 모친 모관 부군을 이 곁에 장사(葬事)하였사온데 다른 근심이 있을까 염려되어 앞으로 묘를 열어 다른 곳으로 옮겨 장사하려 하옵니다. 삼가 주과를 진설하고 삼가 고하고 삼가 고하나이다.

◆兩墓同岡一遷一否告不遷之墓告辭式(양묘동강일천일부고불천지묘고사식)

維

歲次干支幾月干支朔幾日干支某親某官弟以下不名敢昭告于告弟以下見上當位

告式

顯某親某官府君或某封某氏卑幼改顯爲亡去府君二字下同之墓曾以

顯某親某封某氏或某官府君同葬于一岡恐有他患今將啓窆遷于他所此下

叙下能同遷之由追感彌新考妣此下當添昊天罔極四字弟以下改追感彌新以他語謹以弟

以下云玆以酒果用伸虔告謹告弟以下改用伸以下六字爲用告厥由

◆두 묘 중 한 묘는 옮기고 옮기지 않는 묘에 고하는 고사식.

세차 모 간지 기월 기일 모친 모관 모는 공경하옵는 모친 모관의 묘에 감히 밝혀 고하나이다. 일찍이 공경하옵는 모친 모봉 모씨를 같은 산에 장사를 하였으나 다른 근심이 있을까 염려되어 앞으로 묘를 열어 다른 곳으로 옮겨 장사하려 하옵니다. 옛날을 미뤄 생각하옵자니 더욱더욱 새로워지옵니다. 삼가 주과를 진설하고 삼가 고하고 삼가 고하나이다.

◉啓墓(계묘)

便覽用新潔席陳於墓前設盞盤酒果脯醢於其上有石牀則設於其上設香爐盒於其前主人以下叙立擧哀哀止再拜主人焚香酹酒奠酒再拜復位祝噫歆三聲北面跪告云云興復位主人以下哭再拜乃徹

◉묘를 연다.

묘 앞에 깨끗한 돗자리를 펴고 잔반과 술과 포해(脯醢)를 그 위에 진설한다. 상석(床石)이 있으면 그 위에 진설하고 향로와 향합을 그 앞에 놓는다. 주인 이하 차서 대로 서서 슬프게 곡한다. 곡을 멈추고 재배를 한다. 주인은 분향, 강신, 헌주, 재배하고 제자리로 물러서면 축관은 희흠(噫歆)을 세 번하고 북쪽으로 향하여 무릎을 꿇고 앉아 다음과 같이 고하고 일어나 제자리로 물러나 서면 주인 이하 모두 곡 재배하고 곧 철상한다.

◆開墳告儀(개분고의)

問遷奉合葬於先塋而日者曰先塋及權厝處破舊墳皆於吉日略爲開土臨時始爲破開云祠土地告先塋則已行於初矣臨時破開又不可無節而若又設酒果則反似重疊未知只當焚香更告於先塋耶南溪曰此誠無於禮者如必用之則舍此恐無他道理

◉啓墓奠儀禮節次(계묘전의례절차)

序立○擧哀○哀止○鞠躬拜興拜興平身○詣墓道前○跪○焚香○酹酒○奠酒○俯

伏興拜興拜興平身○復位(祝噫歆三聲)○祝告曰(某官某人)葬于玆地歲月滋久體魄不寧今將改葬伏惟尊靈不震不驚○擧哀○鞠躬拜興拜興平身○哀止○禮畢(各就他所)

⊙묘 열기 전 전례 의례절차.

차서 대로 선다. ○모두 곡한다. ○곡을 멈춘다. ○국궁 재배 평신한다. ○묘 앞으로 간다. ○무릎을 꿇고 앉는다. ○분향한다. ○강신한다. ○헌주한다. ○부복하였다 일어나 재배 평신한다. ○제자리로 물러선다. (축관은 기척으로 희흠을 세 번 한다) ○축을 다음과 같이 고한다. ○모두 곡한다. ○국궁 재배 평신한다. ○곡을 그친다. ○예를 마친다. (각기 맡은 곳으로 간다)

◆啓墓告辭式(계묘고사식)

維

歲次干支幾月干支朔幾日干支某親某官某敢昭告于告妻及弟以下見上當位告式

顯某親某官府君屬稱隨改見上當位告式葬于玆地歲月滋久

體魄不寧今將改葬合窆則改葬于以下十六字爲將以某月某日合封于某親某官府君或某親某封某氏

尊靈妻弟以下但云惟靈不震不驚

◆묘 열 때 고사식.

세차 모 간지 기월 기일 모친 모관 모가 공경하옵는 모친 모관 부군께 감히 밝혀 고하나이다. 여기에 장사한지가 세월이 오래되고 체백(體魄)이 편치 못하시어 이제 앞으로 개장코자 하오니 공손히 엎드려 생각하옵건대 존령께서는 두려워 마시옵고 놀라지 마옵소서.

⊙役者開墳(역자개분)

俟開墳訖內外各就哭如初

⊙산역자(山役者)들은 묘를 연다.

묘 열기를 기다렸다 묘 열기를 마쳤으면 남자와 부녀자들은 각각 자리로 나아가 곡하기를 초상 때와 같게 한다.

◆合葬父母出柩先後(합장부모출구선후)

問合葬父母者出柩先後尤菴曰出柩是伸情之事似當先父

◆開墳(개분)

破墳至天灰又掘開四旁灰隔外土至天灰旁灰交縫處乃於交縫處用鐵抹作穴次用大小鐵抹或木抹俗稱地乃漸次劈開納兩長杠杠下枕大塊木撐擧天灰細審壙內然後以兩松板縱置於左右旁灰上面松板上橫排大小散輪又於前面灰隔盡處拓開地道縱置兩長杠杠上排散輪高與墻灰齊用大索兜天灰上頭從下頭引索兩端齊力退出男女各就位哭如初訖掘退三面灰隔外土乃劈去灰隔以便出柩

⊙役者擧棺出置于幙下席上(역자거관출치우막하석상)

男女俱哭從於幙所男東女西

便覽婦人退避帷中執事者用布二條摺之兜柩底兩頭擧棺衆扶助之出置幕下席上南首主人以下哭從○增解問合葬父母者出柩先後尤菴曰出柩是伸情之事似當先父

⊙산역자들이 관을 들어 내어 장막 안 자리 위로 옮겨 놓

는다.

남녀는 함께 곡하며 장막으로 따라가 남자의 자리는 동쪽이며 여자의 자리는 서쪽이다.

⊙祝以功布拭棺覆以衾(축이공포식관복이금)(衾卽俠衾)

便覽設帷於柩南主人以下男女爲位而哭如初喪祝取銘旌設跗于柩東

⊙축관은 공포(功布)로 관을 닦고 이불로 덮는다.

시구의 남쪽으로 장막을 치고 주인 이하 남녀가 자리잡고 곡을 하되 초상 때와 같이 곡을 하고 축관은 명정(銘旌)을 시구의 동쪽으로 받침을 놓고 세운다.

⊙祝設奠于柩前(축설전우구전)

備要用卓子置酒盞酒注香爐及設蔬果飯羹如常儀主人以下擧哀再拜詣香案前跪焚香酹酒奠酒俯伏興擧哀再拜少頃徹○退溪曰設靈座朝夕上食按朝夕哭奠亦當如初喪儀

便覽設梡覆以帕或設屛於柩南幃外置椅卓其前置遺衣服於椅上設酒果脯醢於卓上設香案於卓前置香爐盒祝盥手詣香案前焚香斟酒主人以下再拜哭盡哀○食時上食及朝夕哭奠皆如初喪儀○執友親厚之人至是入哭可也遂弔主人主人拜之

⊙축관은 시구(尸柩) 앞에 전상을 차린다.

탁자를 놓고 술잔, 주전자, 향로와 함께 소채와 과실, 메, 갱을 평상시의 의례대로 진설한다. 주인 이하 곡하며 재배한다. 향안 앞으로 나아가 분향을 하고 강신, 헌주를 하고 부복하였다 일어나 재배한 후 조금 있다 철상한다. 조석으로는 상식을 하며 조석 곡과 전 올리기를 초상 때와 같게 한다.

◆遷葬奠無酹酒(천장전무뇌주)

問酹酒是降神之謂耶尤菴曰凡禮書單言酹酒者是指奠酒也兼言酹酒奠酒者酹是傾酒茅上奠是奠于神前也然備要所載遷葬時酹酒奠酒出於儀節也家禮則葬前無酹酒之義恐當以家禮爲正○按三禮儀無酹酒

◆靈座上食哭奠之節(령좌상식곡전지절)

備要退溪曰設靈座朝夕上食按朝夕哭奠亦當如初喪矣○按開元禮有朝夕奠上食○問改葬靈座只設倚子耶若有遺衣服置於倚上似宜沙溪曰然○尤菴曰遷葬時靈座不設魂魄○遺衣服有則設之無則只設虛位況旣異殯則尤無同異虧完之嫌矣○改葬一如初喪則焚香酹酒皆當以祝行之

⊙奠儀禮節次(전의례절차)

用卓子上置酒盞酒注香爐及設蔬果飯羹如常儀
主人以下○鞠躬拜興拜興平身○詣香案前○跪○焚香○酹酒○奠酒○俯伏興拜興拜興平身(少頃徹奠)

⊙전 의례절차.

같은 탁자 위에 술잔과 주전자와 향로 및 소채와 과실, 메, 갱을 평상시 의례와 같이 진설한다.
주인 이하. ○국궁 재배 평신한다. ○향안 앞으로 간다. ○무릎을 꿇고 앉는다. ○분향을 한다. ○강신한다. ○헌주한다. ○부복하였다 일어나 재배 평신한다. (잠깐 있다 전상을 철상한다)

◆遷葬時弔禮(천장시조례)

同春曰弔禮親戚情厚者外恐不可一如初喪之儀

◉役者舁新柩於帳門外(역자여신구어막문외)(南向)遂詣幕所(수예막소)(以綿衾置棺中垂四裔于外)執事者設斂牀於新棺之西牀上施薦褥褥上鋪布絞橫五直一絞上加單被被上加衣(집사자설렴상어신관지서상상시천욕욕상포포교횡오직일교상가단피피상가의)(如不易棺則不設牀)執事者開棺擧尸置于斂牀遂斂如大斂之儀(집사자개관거시치우렴상수렴여대렴지의)

◉일하는 이는 장막(帳幕) 문밖 새 관을 마주 들고 장막 염(斂)할 곳에 남쪽으로 향하게 놓고 면(綿) 이불을 관 안에 넣어 이불 네 귀가 관 밖으로 나와 늘어지게 하여 놓는다. 집사자는 렴상(斂牀)을 새 관 서쪽으로 놓고 염상 위에 요를 펴고 요 위에 횡포(橫布) 매듭 다섯 가닥과 종포(從布) 매듭 한 폭을 펴고 매듭 위에 홑이불을 펴고 홑이불 위에 옷을 더 놓는다. 만약 관을 바꾸지 않으면 염상은 설치하지 않는다. 집사자는 관을 열고 시신을 들어 렴상(斂牀) 위에 놓고 염을 하되 대렴 의식과 같게 한다.

◆大斂儀(대렴의)

設新棺及斂牀於幕門外之西施席褥於牀上執事者先遷靈座及奠於幕下西廂主人及親者袒擧斂牀置于柩南少東先鋪給次鋪絞衾衣於其上如大斂儀役者擧新棺入置于柩西承以兩凳役者出執事者鋪秫灰下七星板鋪褥枕皆如儀乃開舊棺徹四旁板用片竹揷於七星板地板之間其密如簀用轝板二縱置七星板外用細繩編結竹端於轝板極牢固侍者洗手共擧轝板四頭舁尸遷于斂牀上解去轝板拔片竹乃斂衣衾結絞皆如大斂之儀而微緩其結使衣衾不散而已子孫侍者俱盥手共擧給之四裔納于新棺中斂衾四裔覆于尸上棺中有空缺處則用新綿充實而毋敢壓得太重覆天衾主人主婦以下憑哭盡哀婦人退入幕中乃召匠加蓋而漆棺徹斂牀及舊棺覆柩以倢衾設靈座於古處皆如儀主人及親者襲所袒衣乃設奠如大斂之儀○若不改棺則但開棺審視若空缺則鋪新綿充實而加蓋若不至於當改而甚朽敗動柩下棺有難支之慮則用薄板爲棺匣於舊棺而漆其外若略朽則用布浸于漆中裹棺四旁而漆其外

◆只餘骸骨者斂藏之節(지여해골자염장지절)

問或曰年久薄葬者啓墓之後極爲無形難可收拾則別以板子造棺去地板罩蓋還斂築以成墳爲得或曰雖至無形若妙手則移斂安頓不至散處兩說孰善寒岡曰後者之言是也若著手精妙百分謹愼則用竹片移奉斂襲安頓不差毫釐○旅軒曰移墓於歲久之後則例未免拾骨所拾者骸骨不可以親膚而並收其土

◉大斂儀禮節次(대렴의례절차)

侍者洗手○舁尸置于斂牀(安於布絞上用淨絲綿裹之)○結絞(先結直者後結橫者)○入棺(子孫婦女共擧尸置棺中)○收衾(收綿衾之四裔垂者)○蓋棺(召匠加釘訖仍覆以衾)○擧哀(主人主婦憑哭盡哀)○撤去舊奠

⊙대렴 의례절차.

시자는 손을 씻는다. ○시신을 마주 들어 염상 위로 올려놓는다. (매듭 포 위에 반듯하게 놓고 깨끗한 명주나 솜으로 싼다) ○매듭을 짓는다. (먼저 종 포로 매듭을 짓고 뒤에 횡포로 매듭을 짓는다) ○입관한다. (자손 부녀자들이 함께 협력하여 시신을 들어 관에 넣는다) ○이불을 거둬 싼다. (네 귀에 늘어진 면 이불을 거둬 싼다) ○관의 덮개를 덮는다. (목수를 불러 나비 못을 치고 이불로 덮는다) ○모두 곡한다. (주인 주부는 관에 기대어 슬픔을 다하여 곡한다) ○전상은 철상한다.

◆三年內改葬饋奠(삼년내개장궤전)

問改葬朝夕上食並設於靈筵及柩前否同春曰並設恐不得不爾○南溪曰初喪固合屍柩魂帛而祭之然葬時魂帛爲神主屍柩入地則又當各祭矣今以遷葬還奉屍柩於一家則殊亦可疑恐依常例後神主而祭之爲宜○尤菴曰三年內遷葬之家每以饋奠當於何處爲疑而第無古今論此者以禮宜從厚爲義而兩處並奠者似無大害第今哀家則略異於前義蓋旣還殯於家則與几筵同處於一家之內矣一家之內並設兩處几筵未知如何必欲行之於一處則母寧捨几筵而行於殯耶不敢臆斷

⊙遷柩就轝(천구취여)

備要祝跪告(云云)

⊙관을 상여로 옮긴다.

축관이 무릎을 꿇고 앉아 다음과 같이 고한다.

◆遷柩告辭式(천구고사식)

今日遷柩就轝敢告

◆시구를 상여로 옮기는 고사식.

이제 관(棺)을 옮겨 상여로 나가셔야 하옵기에 감히 고하나이다.

⊙乃設奠(내설전)

備要就位擧哀祝盥洗焚香斟酒跪告曰(云云)俯伏興再拜

⊙곧 이어 전제 찬품을 진설한다.

제자리로 가서 모두 곡을 한다.

축관은 손을 씻고 분향을 하고 헌주 후 무릎을 꿇고 앉아 다음과 같이 고하고 부복하였다 일어나 재배한다.

◆奠禮(전례)

陳器如始葬之儀納大轝於幕門外執事者徹奠祝北向跪告云云遂遷靈座置傍側婦人退避幕中召役夫遷柩就轝乃載載畢執事者遷靈座及卓於柩前南向乃設奠於卓上祝盥帨焚香斟酒跪告云云俯伏興主人以下哭再拜遂徹奠納遺衣於靈車焚香無遺衣則只置爐盒於靈車而焚香○按庾蔚之曰若墓遠至家復葬則當有祖奠遣奠今若還家則用自他所歸葬例行日但設朝奠告以還家之意至葬時乃設祖奠遣奠爲可○婦人從柩不便始葬儀旣依守舍者哭辭則此時亦哭辭而歸無妨

⊙設奠儀禮節次(설전의례절차)

就位○擧哀○祝盥洗○焚香○斟酒○跪○告辭曰靈輀載駕往卽新宅○俯伏興平身○鞠躬拜興拜興平身

⊙전 올리는 의례절차.

제자리로 간다. ○모두 곡한다. ○축관은 손을 씻는다. ○분향을 한다. ○술을 따라 올린다. ○무릎을 꿇고 앉는다. ○다음과 같이 고한다. ○부복하였다 일어나 평신한다. ○국궁 재배 평신한다.

◆設奠告辭式(설전고사식)

　　靈輀載駕往卽新宅

◆설전(設奠) 고사식.

영께서는 상여에 오르셨아옵니다. 가시면 곧 새로운 유택이 옵니다.

◆發引還家者因朝奠告辭式(발인환가자인조전고사식)

　　　今日將遷
　　柩就轝還歸室堂敢告

◆집으로 돌아가는 발인(發引)을 할 때 아침 전제 고사식.

금일 시구를 옮겨 상여로 나가시어 앞으로 집으로 돌아 가시옵기에 감히 고하나이다.

◆至家復葬者前一日祖奠告辭式(지가복장자전일일조전고사식)

　　　永遷之禮靈辰不留今奉
　　柩車式遵祖道

◆집으로 돌아와 다시 장사할 때 하루 전날 행로신전(行路神奠) 고사식.

영구를 옮기는 예이옵니다. 영(靈)께서는 하루를 더 머물 수가 없사와 이제 상여를 받들고 행로신의 법대로 따라 가겠사옵니다.

⊙發引男女哭從如始葬發引之儀(발인남녀곡종여시장발인지의)

⊙발인하여 남녀가 곡하며 따르기를 초상 발인 의식과 같다.

◆考妣同遷行引(고비동천행인)

三禮儀若並引父母喪則先重後輕喪○尤菴答宋文哉曰雖先破鳴山而姑殯於其處外引歷過前路時兩引相會略停於路次而告由外喪曰祖妣靈柩出自鳴山或云舊墓今將同奉以行敢告云云內喪曰今與祖考靈柩相會於路次今將以下同又曰隨其事勢內引先行先殯於新山亦何害也

⊙未至執事者先設靈幄靈座(미지집사자선설영악영좌)

在墓道西南向有倚卓

⊙상여가 도착하기 전에 집사자는 시구를 안치할 장막을 치고 영좌를 차린다.

차릴 곳은 묘도(墓道)의 서쪽에서 남향케 하여 장막을 치고 교의와 탁자가 있어야 한다.

⊙爲男女位次(위남녀위차)
男左女右婦女蔽以帳帷

⊙남자와 여자가 머물 처소
남자의 자리는 왼편이며 여자의 자리는 오른편으로 부녀자의 처소는 장막을 치고 휘장으로 가려야 한다.

⊙柩至(구지)
執事者先布席於壙南柩至脫載置席上北首

⊙시구가 도착한다.
집사자는 먼저 광중 남쪽으로 자리를 편다. 시구가 도착하면 상여에서 시구를 내려 자리 위에 머리를 북쪽으로 향하게 모신다.

⊙主人男女各就位哭(주인남녀각취위곡)
男東女西相向而哭

⊙주인과 남녀는 각각 자리로 나아가 곡을 한다.
남자들은 시구의 동쪽이며 여자들은 시구의 서쪽에서 서로 마주하여 곡을 한다.

⊙乃窆(내폄)
備要一如始葬之儀

⊙곧 이어 하관을 한다.
하나 같이 처음 장례 의식과 같게 한다.

◆新舊喪合葬下棺(신구상합장하관)
問孔子曰葬則先輕而後重或云改葬則當以喪之新舊爲先後如何愼獨齋曰喪雖新舊有間而在殯則一也奪情之擧無間於新舊○遂菴曰雖是遷葬下棺亦當先母後父何論其服制輕重哉

⊙窆葬儀禮節次(폄장의례절차)
橫杠(執事者先用木杠橫灰隔之上)○主人輟哭○下棺○加灰隔內外蓋(實以土一如始窆之儀)

⊙하관 의례절차.
통목을 가로 걸쳐 놓는다. (집사자는 먼저 통목을 회벽 위에 가로 걸쳐 놓는다) ○주인은 곡을 그친다. ○하관한다. ○회벽 위에 속 덮개(횡대)와 겉 덮개를 덮는다. (흙 채우기를 하나 같이 처음 장사 때 의식과 같게 한다)

⊙祠土地於墓左(사토지어묘좌)
如常儀

⊙산신제를 묘 좌측에서 지낸다.
평상의 의식과 같다.

⊙祠后土儀禮節次(사후토의례절차)

就位(告者立北向執事者二人在其後)〇鞠躬拜興拜興平身(告者與執事者皆拜)〇盥洗(告者與執事者俱洗)〇詣香案前〇跪〇上香〇斟酒(執事者一人執酒注西向跪一人執盞東向跪告者取注斟酒于盞畢反注取盞)〇酹酒(傾酒于地)〇獻酒(復斟酒置神位前)〇俯伏興(少退立)〇讀祝(祝執板跪于告者之左而讀之)〇復位〇鞠躬拜興拜興平身〇禮畢

儀節按古禮雖有合葬墓左之文而無所謂后土氏者惟唐開元禮有之溫公書儀本開元禮家禮本書儀其喪禮開塋域及窆與墓祭俱祀后土然后土之稱對皇天也士庶之家有似乎僭考之文公大全集有祀土地祭文今擬改后土氏爲土地之神

⊙산신제 의례절차.

위전으로 들어간다. (고자(告者)는 북쪽으로 향하여 서고 집사자 두 사람은 그 뒤에 선다) ○국궁 재배 평신한다. (고자와 같이 집사자 모두 재배한다) ○손을 씻는다. (고자와 같이 집사자 모두 손을 씻는다) ○향안 앞으로 간다. ○무릎을 꿇고 앉는다. ○분향한다. ○술을 따른다. (집사자 한 사람이 주전자를 들고 고자의 오른편에서 서쪽으로 향하여 무릎을 꿇고 앉고 또 한 사람은 잔반을 들고 고자의 왼편에서 동쪽으로 향하여 무릎을 꿇고 앉으면 고자는 주전자를 받아 잔에 술을 따르고 마쳤으면 주전자는 되돌려 주고 잔을 받는다) ○강신한다. (술을 땅에 기우려 따른다) ○헌주한다. (다시 술을 따라 신위 전에 올린다) ○부복하였다 일어선다. (조금 뒤로 물러나 선다) ○독축한다. (축관은 축판을 들고 고자의 왼쪽에서 무릎을 꿇고 앉아 독축한다) ○제자리로 물러나 선다. ○국궁 재배 평신한다. ○예를 마친다.

◆祠土地祝文式(사토지축문식)

　　維
歲次干支幾月干支朔幾日干支某官姓名敢昭告于
　　土地之神今爲此下當添某官姓名之某親七字主人自告則當添某之某親四字某官添措語
　　　見上祠土地祝式建玆宅兆合窆則改建玆宅兆爲今已葬畢
　　神其保佑俾無後艱謹以淸酌脯醢祇薦于
　　神尙
　　饗

◆산신제 축문식.

세차 모 간지 기월 기일 모관 성명이 토지의 신께 감히 밝혀 고하나이다. 모관 성명의 모친(某親) 모관의 유택을 지었사오니 신께서 그를 돕고 보호하시어 훗날 근심이 없도록 하여 주옵소서. 삼가 맑은 술과 포해를 정성을 다하여 올리오니 신께서는 바라옵건대 흠향하옵소서.

⊙旣葬就幙所靈座前行虞祭(기장취막소령좌전행우제)

如初虞儀備要但序立擧哀哀止三獻辭神並不擧哀

便覽按語類問王肅以爲旣虞而除之若是改葬神已再廟久矣何得虞乎曰便是如此而今都不可考看來也須當反哭於廟蓋改葬之虞始於丘儀而尤菴以爲失朱子之意而云只於葬畢奠於墓而哭之而已故虞祭一節刪去且依語類添入奠而歸及告廟哭二段〇遭新喪遷舊葬合窆者當其懷祝反虞之時不可以參墓奠急宜反哭行虞於新喪而復至墓所待事畢奠而歸爲可

⊙장사를 마쳤으면 막소의 영좌 앞으로 가서 우제를 지낸다.

초우제 의식과 같다. 다만 차서 대로 서서 모두 곡을 하고 곡을 그친 뒤 삼헌 사신
할 때까지 모두 곡을 하지 않는다.

◆行虞當否(행우당부)

問語類問云云朱子曰便是如此云而儀節有之未知何據沙溪曰朱子說固然但王肅以爲旣虞
而除之朱子又有一說曰葬畢奠而歸云恐丘氏因此而推之爲儀節也○愼獨齋曰竊詳朱子之
意蓋謂改葬神已在廟不當設虞又不可都無事故葬畢而奠哭廟而畢夫虞者祭也奠者非祭也
若以朱子之言爲定則元不當設虞若未免從俗則當從儀節○尤菴曰遷葬據朱子說則無虞只
奠而歸又哭而告廟而已○葬畢只以小祀哭廟者朱子之意也其設一虞者丘儀也二者各是一
義而今人旣虞又哭廟恐失二禮之意也愚意則每以爲當只從朱子說而世俗並行丘儀已久似
難猝變○陶菴曰改葬之虞尤菴以爲失朱子之意故虞祭一節刪去且依語類添入奠而歸及告
廟二段○問旣不行虞則設奠於墓前耶曰虞祭行於靈座矣若不行虞則於此處設奠爲可耶○
南塘曰葬畢奠於墓旣曰奠則當一獻矣虞祭又不可遂廢當行於反哭之時此有朱子說可據矣
語類曰葬畢奠而歸又告廟哭而後畢事方穩當祭告時却出主於寢旣出主於寢則又不可以一
獻之儀祭之故曰祭告而不曰奠告則意可見矣語類或疑神已在廟久矣何得復虞者恐是察理
未精也神魂之與體魄本合爲一體死而雖分其相感之理則未應遽亡也旣葬其體魄復祭而安
其神揆以神理參以人情恐不可已也朱子之答以爲便是如此者恐是一時偶未思量旣有定論
不當復以此爲拘也反哭虞祝仍用丘辭似亦無妨

◆母喪中並改父母葬行虞(모상중병개부모장행우)

問母喪三年內遷父母兩墓合葬行虞之節遂菴曰新喪虞祭已行於初葬反哭之後遷葬時虞似
不當復行於几筵當與舊喪虞各設靈座於墓所先行外而後內矣

◆父喪中遷母墓合葬行虞(부상중천모묘합장행우)

問父喪中遷母墓合葬行虞先後沙溪曰父之虞祭葬日反哭後行之母之虞祭翌日行之○尤菴
曰大凡初虞皆在日中父虞過後乃行母虞似無未及之理而人家虞祭例致晚暮是爲難處也○
遂菴曰母之虞行之於家未安翌日就幕次行之亦未安愚意欲於葬訖行奠於墓前歸家行父喪
初虞似宜矣○合葬後反哭於家行初虞仍卽上山行改葬虞近來通行之例然改葬之虞本非禮
據朱子之訓除却虞祭一節只反哭於廟爲當耶

◆母喪中遷父墓合葬行虞(모상중천부묘합장행우)

問母喪中遷父墓合葬則新喪題主後行改葬虞事旣聞命矣而從柩臨壙已著緦服題主若在舊
葬一虞之前則不得不變著齊衰題主後脫衰著緦似煩先行一虞後卽題主反哭如何愼獨齋曰
行虞後題主反哭無妨○尤菴曰母喪題主後臨其虞祭時主人始可澡潔然則未題前先行改葬
虞亦難便須待題主後卽澡潔而行父虞又曰先行改葬父虞於墓所卽行母虞不待告改葬之後
也○問愼齋尤菴說不同南塘曰尤翁說似是

◆遷母墓合葬舊墓告儀(천모묘합장구묘고의)

問遷母墓合葬於父墓於父墓雖不動灰隔似當有慰安之祭南溪曰慰安之祭亦所未聞蓋旣不見尸柩只
得始事時一告而已○問母喪禮後破母墓祔葬先考墓當行虞祭於靈座而於先考位全然無事耶愼獨齋
曰封墓旣畢設酒果並告以畢役則情禮無妨耳

◉虞祭儀禮節次(우제의례절차)

序立○擧哀○哀止○降神○盥洗○詣香案前○跪○上香○酹酒○俯伏興拜興拜興
平身○復位○進饌○初獻禮○祭酒○奠酒○讀祝○俯伏興○鞠躬拜興拜興平身○
復位亞獻禮○祭酒○奠酒○俯伏興拜興拜興平身○終獻禮○祭酒○奠酒○俯伏興
拜興拜興平身○侑食○點茶○辭神○鞠躬拜興拜興拜興拜興平身○焚祝文○禮畢

⊙우제 의례절차.

차서 대로 선다. ○모두 곡한다. ○곡을 멈춘다. ○행강신례. ○손을 씻는다. ○향안 앞으로 간다. ○무릎을 꿇고 앉는다. ○분향한다. ○강신한다. ○부복하였다 일어나 재배 평신한다. ○제자리로 물러나 선다. ○행진찬. ○행초헌례. ○제주를 한다. ○술을 따라 올린다. ○독축한다. ○부복하였다 일어선다. ○국궁 재배 평신한다. ○제자리로 물러선다. ○행아헌례. ○제주를 한다. ○술을 따라 올린다. ○부복하였다 일어나 재배 평신한다. ○행종헌례. ○제주를 한다. ○술을 따라 올린다. ○부복하였다 일어나 재배 평신한다. ○행유식. ○차를 따라 올린다. ○행사신례. ○국궁 사배 평신한다. ○축문을 불사른다. ○예를 마친다.

◆虞祭祝文式(우제축문식)

維

歲次干支幾月干支朔幾日干支孝子屬稱隨某敢昭告于

顯某親某官府君或某封某氏新改幽宅禮畢終虞夙夜靡寧啼號罔極妻子以 下改以他語謹以淸酌庶羞祗薦虞事尙

饗

◆우제 축문식.

세차 모 간지 기월 기일 효자 모 공경하옵는 모친 모관 부군께 감히 밝혀 고하나이다. 유택을 새로운 곳에 개장을 마치고 우제를 지내게 되오니 온 종일 편할 수 없사와 울부짖사옵니다. 부모님 은혜 한이 없었사와 삼가 맑은 술과 여러 가지 음식을 진설하고 우제를 정성껏 올리오니 바라옵건대 흠향하옵소서.

◆墓奠祝文式(묘전축문식)(便覽廢虞祭告式)

維

歲次干支幾月干支朔幾日干支某親某官某敢昭告于告妻及弟以下見上當位告 式

顯某親某官府君屬稱隨改見上當位告式之墓新改幽宅事畢封塋伏惟

尊靈改措語見上啓墓告式永安體魄

◆개장을 마치고 우제를 폐한 묘전(墓前) 고사식.(우제를 폐한 편람식)

세차 모 간지 기월 기일 모친 모관 모는 공경하옵는 모친 모관 부군의 묘에 감히 밝혀 고하나이다. 유택을 개장하여 새롭게 고치는 봉분과 영역의 일을 마치었사옵니다. 엎드려 바라옵건대 존령과 체백께서는 영원히 편안 하옵소서.

◆遭新喪遷舊葬合窆先亡位祝文式(조신상천구장합폄선망위 축문식)

維

歲次干支幾月干支朔幾日干支孝子承重稱孝孫旁親卑幼隨屬稱某敢昭告于告弟 以下見上當位告式

顯考母先亡云顯妣承重云顯祖考或顯祖妣旁親卑幼隨屬稱卑幼改顯爲亡某官府君或某封

某氏卑幼去府君二字之墓新改幽宅合祔以

先妣承重云先祖妣某封某氏母先亡改以合祔于先考某官府君承重及旁親卑幼亦推此事
畢封塋伏惟

尊靈弟以下但云惟靈永安體魄

◆상(喪)을 당하여 구묘에 합폄 선장 위(位) 고사식.

세차 모 간지 기월 기일 효자 모 공경하옵는 아버님 모관 부군의 묘소에 감히 밝혀 고하나이다. 유택을 새롭게 고치기를 선비 모봉 모씨를 합폄하고 봉분과 영역의 일을 마치었사옵니다. 엎드려 바라옵건대 존령과 체백이 영원히 편안하옵소서.

◉祭畢徹靈座主人以下出就別所釋緦麻服素服而還(제필철영좌주인이하출취별소석시마복소복이환)

備要三月而除服

◉우제를 마쳤으면 영좌를 철거하고 주인 이하 다른 곳으로 가서 시마 복을 벗고 소복을 입고 돌아간다.

비요(備要)에서는 석 달이 지난 뒤에 복을 벗는다.

◉告于祠堂(고우사당)

如前儀

◉사당에 고한다.

처음의 의식과 같다.

◉告于祠堂儀禮節次(고우사당의례절차)

序立(男左女右)○啓櫝出主(出所當遷葬之主)○參神(衆拜)○鞠躬拜興拜興拜興拜興平身○降神○主人盥洗○詣香案前○跪○上香○酹酒(盡傾茅沙上)○俯伏興拜興拜興平身○主人斟酒○主婦點茶(畢二人並拜)○鞠躬拜興拜興平身○主婦復位(主人不動)○跪(主人以下皆跪)○告辭曰孝孫某今以某親某官體魄托非其地已於今月某日改葬于某所事畢敢告○俯伏興平身(主人獨拜)○鞠躬拜興拜興平身○復位○辭神(衆拜)○鞠躬拜興拜興拜興拜興平身○納主○禮畢

◉사당에 고하는 의례절차.

차서 대로 선다. (남자는 왼편 여자는 오른편으로 선다) ○독을 연다. (내놓는 신주는 옮겨 장사한 신주다)

●행참신례.

(모두 절한다) ○국궁 사배 평신한다.

●행강신례.

주인은 손을 씻는다. ○향안 앞으로 간다. ○무릎을 꿇고 앉는다. ○분향한다. ○강신 한다. (모사 위에 기울인다) ○부복하였다 일어나 재배 평신한다. ○주인은 술을 따른 다. ○주부는 차를 따른다. (마쳤으면 두 사람 함께 절한다) ○국궁 재배 평신한다. ○주부는 물러나 제자리에 선다. (주인은 그 자리에 있는다) ○무릎을 꿇고 앉는다. (주인 이하 모두 무릎을 꿇고 앉는다) ○다음과 같이 고한다. ○부복하였다 일어나 평신한다. (주인만 절한다) ○국궁 재배 평신한다. ○제자리로 물러나 선다.

●행사신례.
(모두 절한다) ○국궁 사배 평신한다. ○신주를 독에 넣는다. ○예를 마친다.

◈祠堂告辭式(사당고사식)

維
歲次干支幾月干支朔幾日干支孝子前同某今以
　顯某親某官府君或某親某封某氏體魄托非其地已於今月某日改葬于某所
　事畢謹以酒果用伸虔告謹告

◈사당 고사식.

세차 모 간지 기월 기일 효자 모 이제 공경하옵는 모친 모관 부군이 계시던 그 땅이 좋지 못하여 이미 이 달 모일 모소로 개장의 산역(山役)을 마치었사옵니다. 삼가 주과를 진설하고 정성을 다하여 삼가 고하고 삼가 고하나이다.

◉三月而除服(삼월이제복)

自破墳第四月之朔設虛位服其服哭而除之○弔服加麻者祭告訖卽除之

◉석 달이 지나면 복을 벗는다.(備要式)

파묘한 날로부터 넉 달 되는 초하루 날 허위를 차려놓고 그 복을 입고 곡한 뒤에 벗는다. ○조복 가마자(加麻者)인 소복자들은 돌아와 사당에 고하고 곧 벗는다.

◈居服之節(거복지절)

子思曰父母改葬緦旣葬而除之○語類問鄭玄以爲終緦之月數而除服王肅以爲葬畢便除如何曰如今不可考禮宜從厚當如鄭氏○按除服時當設虛位哭而除之也○問改葬非他緦服之比終三月不出入食素居外如何沙溪曰不與宴樂居外爲可旣不解官不出入食素無乃過乎○尤菴曰葬後除服前服色只如凡干緦服人服色矣

◈改葬家禮無(개장가례무)

便覽按改葬家禮所無而備要依丘儀補入故今亦從之而備要所載則節目之間頗欠詳備玆取本條幷採經歷慣熟者之言參互錄之而正之以先儒說另加添修俾便於據而行之

◈改葬考證(개장고증)

喪服記改葬緦(疏曰謂墳墓以他故崩壞改設之如葬時也服緦者子爲父也夫爲妻也親見尸柩不可無服緦三月而除之)朱子曰改葬須告廟而後告墓方啓墓以葬葬畢奠而歸又告廟哭而後畢事方穩當行葬更不必出主祭告時却出主於寢

제 9 장 반장의(返葬儀)

◈返葬(반장)

馮氏曰沒於外不能歸者可葬於其地有力者宜還葬太公封于營丘北及五世皆返葬于周不忘本也

◉出外死者初終至哭奠其儀節皆如前(출외사자초종지곡전기의절개여전)

詳見前喪禮

◉외처에서 사망한자의 초종(初終)까지 곡하고 전 올리는 의례절차는 모두 앞과 같다.

자세한 예법은 앞의 상례편(喪禮篇)을 살펴 보라.

◉製喪具(제상구)

入棺後卽作大轝竹格功布及雨具其餘明器等物至家始備

◉상에 필요한 기구를 제작한다.

입관 후 곧 상여와 덮개인 죽격(竹格)과 공포(功布) 및 우장구(雨裝具)를 제작하고 그 외 명기(明器) 등 물건은 집에 이르러 처음 장례 때와 같이 준비한다.

◉告啓期(고계기)

旣擇定行期豫先告于死者之僚友及素相往來者

◉출발할 때를 알린다.

이미 출발할 때를 정하였으면 먼저 망자의 동료, 친구와 평상시 서로 왕래가 있던 이들에게 알린다.

◉啓行前一日因朝奠以遷柩告(계행전일일인조전이천구고)

◉출발 하루 전날 조전(朝奠) 때 천구(遷柩)함을 고한다.

⊙前一日遷柩告儀禮節次(전일일천구고의례절차)

就位(有服者各以其服就位哭)○祝盥洗○焚香○斟酒○跪○告辭曰今擇以某日遷柩就轝將還故鄉敢告○俯伏興平身(主人以下拜哭)○拜興拜興拜興拜興○禮畢

◉하루 전에 시구(尸柩) 옮김을 고하는 의례절차.

자리로 간다. (유복자는 각각 당한 상복을 입고 제자리로 가 곡한다) ○축관은 손을 씻는다. ○분향한다. ○헌주한다. ○무릎을 꿇고 앉는다. ○다음과 같이 고한다. ○부복하였다 일어나 평신한다. (주인 이하 곡하며 절한다) ○사배한다. ○예를 마친다.

◆就轝告辭式(취여고사식)

今擇以某日遷柩就轝將還故鄉敢告

◆상여로 나갈 때 고사식.

이제 모일을 택하여 시구를 상여로 옮겨 고향의 집으로 돌아 가옵기에 감히 고하나이다.

◉親賓致賻奠(친빈치부전)

如前儀

◉와있는 친빈은 부의를 하고 전(奠)을 올린다.

앞의 초상 의식과 같다.

◉陳器(진기)

若卽日啓行不用此若在官故者宜如前陳器行至水次或十里長亭之斂之

⊙장례 기구를 진열한다.

만약 당일 출발하게 되면 이 예는 하지 않는다. 만약에 관직에 오래 있던 자는 마땅히 앞 초상 때와 같이 명기(明器) 등 상구(喪具)를 갖추고 가되 혹 수로(水路)로 가게 될 때 십 리 마다 있는 역참(驛站)의 여관에 가 쉬면서 잡도리를 하고 간다.

⊙厥明因朝奠告以遷柩就轝(궐명인조전고이천구취여)

⊙그날 날이 밝으면 조전(朝奠) 때 관을 옮겨 상여로 나감을 고한다.

⊙遷柩就轝告儀禮節次(천구취여고의례절차)

是日淸晨役夫○納大轝於庭(脫柱上橫局)○就位(各具服)○祝盥洗○焚香○斟酒○跪○告辭曰今日遷柩就轝敢告○俯伏興平身(主人以下哭拜)○徹靈座○遷柩就轝(役夫齊用手擧柩底以遷之旣就乃載柩于轝施局加楔以維之令極牢實幷備油單包裹)○主人視載(主人從柩哭降視其載柩于轝)

⊙시구를 옮겨 상여로 나가는 의례절차.

이날 새벽 날이 밝아오면 역부(役夫)들은 ○상여를 마당에 들여온다. (상여의 덮개를 떼어 놓는다) ○자리로 간다. (각각 당한 상복을 갖춘다) ○축관은 손을 씻는다. ○분향한다. ○헌주한다. ○무릎을 꿇고 앉는다. ○다음과 같이 고한다. ○부복하였다 일어나 평신한다. (주인 이하 곡 재배한다) ○영좌를 철거한다. ○시구를 상여로 옮겨간다. (역부들은 다 같이 손으로 시구의 밑을 들고 상여로 나가 싣고 밧줄로 단단히 매고 덮개를 덮는다. 아울러 우천시 덮을 유단을 준비한다) ○주인은 시구를 상여에 싣는 것을 살핀다. (주인은 시구를 곡하며 따라 내려와 시구를 상여에 싣는 것을 살펴본다)

◆遷柩就轝告辭式(천구취여고사식)

今日遷柩就轝敢告

◆시구를 옮겨 상여로 나가는 고사식.

이제 시구를 옮겨 상여로 나가심을 감히 고하나이다.

⊙發引(발인)

男左女右隨柩後行陸行至無人處乃乘馬舟行則至水次登舟

⊙발인.

남자는 왼편 여자는 오른편으로 영구의 뒤를 따른다. 육로로 갈 때 인적이 없는 곳에 이를 때 마다 말을 타고 가며 배로 가게 되면 수로의 숙역(宿驛)에 가서 배에 오른다.

⊙設奠(설전)

登舟則設靈座置銘旌朝夕哭奠如儀陸行則途次遇食時上奠

⊙전제수품을 진설한다.

배를 타고 갈 때는 영좌를 설치하고 명정을 세워놓는다. 조석곡과 전제는 의례와 같게 하며 육로로 갈 때는 길가 여숙을 만날 때 식사 때가 되면 상식을 하고 전을 올린다.

◉迎柩(영구)

未至家前一日豫遣人報知在家者急於去家十里便處設幄具奠以待至日五服之人各服其服至幄次哭迎柩至暫駐

◉시구(尸柩)를 맞이한다.

아직 집에 이르기 하루 전에 미리 사람을 보내어 알려 주면 집에 있는 이들은 급히 집에서 십 리쯤 가서 편리한 곳에 장막을 치고 전상을 차려 놓고 기다린다. 그 날에 이르면 오복인들은 각각 당한 상복을 입고 장막에 모여 영구가 이르면 곡하며 맞이하고 잠깐 머문다.

◉迎柩儀禮節次(영구의례절차)

就位(有服者以服爲次序)○擧哀○祝盥洗○焚香○斟酒○跪○告辭曰今靈輀遠歸將至家親屬來迎敢告○俯伏興平身○拜興拜興拜興拜興

◉영구를 맞이하는 의례절차.

자리로 간다. (유복자들은 복의 차서 대로 선다) ○모두 곡한다. ○축관은 손을 씻는다. ○분향을 한다. ○헌주한다. ○무릎을 꿇고 앉는다. ○다음과 같이 고한다. ○부복하였다 일어나 평신한다. ○사배한다.

◆迎柩告辭式(영구고사식)

今靈輀遠歸將至家親屬來迎敢告

◆영구(靈柩)를 맞이하는 고사식.

지금 영거(靈車)가 멀리서 돌아와 앞으로 집에 도착하심을 친속들이 마중 나와 감히 고하나이다.

◉主人以下男女步哭從(주인이하남녀보곡종)

男左女右隨柩後行如儀

◉주인 이하 남녀는 걸어 따른다.

남자는 왼편 여자는 오른편으로 영구의 뒤를 따라 가기를 의례와 같이한다.

◉柩至家(구지가)

若死者乃宗子或尊屬則由中門以入安柩于中堂若非宗子尊屬各隨便門入安於其所居若居城中門禁不許入者則先設次于郭外便安之處儀節按世俗出喪多不由門往路別折墻壁以出有旅殯者多拘於忌諱雖宗子尊屬亦不許由中門以入安於堂中行生時所出入居處之處其死也乃不容其居孝子之心安乎

◉영구가 집에 도착한다.

만약 죽은 자가 종자거나 존속이면 중문을 통하여 들어가 영구를 중당에 안치하고 만약 종자나 존속이 아닌 모두는 뒷문으로 들어가 그가 거처 하던 곳에 안치한다.

◉柩至家儀禮節次(구지가의례절차)

就位(有服者各具其服哭)○祝盥洗○焚香○斟酒○跪○告辭曰靈輀遠歸至家敢告○俯伏興平身○擧哀○拜興拜興拜興拜興

◉영구가 집에 도착하는 의례절차.

자리로 간다. (유복자들은 각각 당한 상복을 갖추고 곡한다) ○축관은 손을 씻는다. ○분향한다. ○헌주한다. ○무릎을 꿇고 앉는다. ○다음과 같이 고한다. ○부복하였다 일어나 평신한다. ○모두 곡한다. ○사배한다.

◆柩至家告辭式(구지가고사식)

靈輀遠歸至家敢告

◆영구가 집에 도착한 고사식.

영거가 멀리서 돌아와 집에 도착하였음을 감히 고하나이다.

⊙相弔(상조)

卑者皆向尊者前相向跪哭如成服儀

⊙복인들은 서로 조문한다.

어린자들은 모두 어른을 향하여 영좌 앞에서 서로 마주하여 무릎을 꿇고 앉아 곡하기를 성복(成服) 의례와 같이한다.

⊙受弔(수조)

如奔喪儀

⊙조문을 받는다.

분상 의식과 같다.

⊙自後朝夕哭奠治葬發引虞祔儀節俱如常儀(자후조석곡전치장발인우부의절구여상의)

⊙이후부터 조석 곡과 전례, 치장, 발인, 우제, 부제 의례절차는 다같이 평상의 초상 의식과 같다.

제 10 장 喪禮雜儀(상례잡의)

◎修墓(수묘)

⊙墓崩則修之遇灾則修之遇變則修之(묘붕즉수지우재즉수지우변즉수지)

程子曰古不修墓者欲初爲墓時必使堅固雨而墓崩修之何害聖人言不修者所以深責弟子也

孔子先反弟子誠敬不至纔雨而崩○省齋曰檀弓云孔子少孤不知父墓母亡問於鄒愛父之母乃合葬於防張華博物誌曰蔣濟何晏夏侯玄王肅皆云無此事此實正論○方正學曰父母之棺髐然暴于人而不修合於情當於理哉其誣孔子甚矣○南史劉彪齊建元初降封南康縣侯坐廟墓毀不修削奪

⊙墓毀則服緦(묘훼즉복시)

通典晉荀組言墓毀之制改葬緦庶包之矣鄭康成王子雍皆云棺毀見尸痛之極也今遇賊見毀理無輕重○江淵曰發墓依改葬服緦○江啓表鄭玄云親見尸柩不可無服臨穎表墳墓毀依改葬服緦其不得奔赴已修復者惟心喪縞素深衣白幘哭臨三月○庾蔚之曰其親尸柩毀露及夏

葬便應制服奔往縱已修復亦應臨赴苟道路阻礙猶宜服緦三月而除豈可以不及葬晏然不服乎○梁何佟之議侵止墳土不及於椁可依新宮火三日哭而已○省齋曰我東雖罕有寇賊發掘之變而爭山私掘之患種種相隨此與賊變無異矣若至見柩則服緦若但毀墓而不及柩則素服哭三日而修墓若遇火災只燒莎草則亦素服哭三日以待莎草之再甦而若火至焦土則不得불易土改莎也○南史江泌母墓火燒三日哭○寒岡曰燒墨妻當蔥蒨於數月之內何至藁草之盖只當淨掃而已慰安祭哭行○類編丘木之說今人以墳山遍原之木當之每疑古者質畧貴賤同原以葬必不如今人之廣占而多樹也易曰古之葬者不封不樹以防墓事推之封是識其兆域則樹亦不過爲墓前所樹表記也冢人以爵等爲五封之度與其樹數者可驗矣若指遍原之樹則其可等其樹耶但謂卜斬於王公之丘則未然王公之丘木豈有斬伐者而云爾耶鄭氏；所謂王公曰丘者亦非經文於義未必得○近墓不宜留寸木在也木根遠者延於三二十步深者如縷如繩無堅不入或過尋文之下低者上走高者下達如亂絲穿結（按）此乃先生葬妻開塋穿壙時所見而垂戒也○又修墓記曰塋封樹莎於古未有考墓必有草而惟莎爲良莎者今路傍葉短蔓生者是也俗謂之金莎秋冬黃枯至春復靑與莎薜之莎不同晏獻庭莎記近聞北使必求金莎種子亦或爲塋封之樹也但風射則死又忌茇生茇根蔓延根莖之際莎則衰落土隨而崩壞矣修墓之法須去衆草刮茇根除陰翳又益採金莎種子密播之如斯而已或至崩頹不得已奠告改封今爲祝式云塋封歲久莎草毀崩今當修改敢伸虔告又聞東萊鄭氏家每於節月上墓必先準備隨缺輒補此亦可法○近墓無取莎處雖有而不佳則就好莎處掘起盡去其土只取其根除其舊莎種其新根加新土堅築之○莎者沙上短草也多葉少莖葉可數寸繁密易生最宜樹墓古無樹墓以莎之文家禮亦不言未知刱乄自何時而禮言朋友之墓宿草不哭則墓未嘗無草矣而但非今所謂莎草耶

◎修改墳墓附立石物祝辭式(수개분묘부입석물축사식)

◆修改墳墓附立石物(수개분묘부입석물)

問先墓加土役日早朝先告由役畢具三獻備庶羞別祭如何先一日告由亦如何寒岡曰何必先一日告只於加土之日具酒果用祭文告一酌而畢加土畢役後亦備庶羞行祭恐無妨○按或曰若當節日則役畢後仍行祭祀而用祝文無妨○問修改墳墓或石物堅立時當告有事之墓而若一麓有累代先墓則可並告耶旣告墓則不告祠堂耶告時只用酒果無已忽略耶尤菴曰有事於一墓而並告諸墓未之前聞祠堂告追贈只告所贈之龕此爲可據告於祠堂恐難杜撰據家禮則追贈改題何等大禮而只設酒果今於告墓何獨爲太忽略耶○石物立時若值節祀則因其祭添入于祝詞中以告爲可尙饗下添以某來承祀事百年于玆而家貧力薄墓前石物無計卽成今始拮据僅成石人石牀今將排設而惟是表石垂成礑缺不可苟用勢須遲待來秋謹將事由並此虔告云云以此修潤用之

◆修墓告詞(수묘고사)

維

歲次云云 （某官府君某貫某氏以上同前） 封築不謹歲久頹圮將加修改伏

惟

尊靈不震不驚敢用酒果虔告謹告

◆改莎草告辭式(개사초고사식)

維

歲次干支幾月干支朔幾日干支某親某官某敢昭告于

顯某親某官府君或某封某氏合窆位則列書之墓歲月滋久草衰土圮今以吉辰

益封改莎伏惟

尊靈不震不驚謹以酒果用伸虔告謹告

◆祭后土祝文式(제후토축문식)

維

歲次干支幾月干支朔幾日干支某官姓名敢昭告于

土地之神今爲某官某公塚宅崩頹將加修治

神其保佑俾無後艱謹以酒果祗薦于

神尙

饗

◆改莎草畢告辭式(개사초필고사식)

維

歲次干支幾月干支朔幾日干支某親某官某敢昭告于

顯某親某官府君或某封某氏合窆位則列書之墓旣封旣莎舊宅惟新伏惟

尊靈永世是寧

◆具石物告辭式(구석물고사식)

維

歲次干支幾月干支朔幾日干支某親某官某敢昭告于

顯某親某官府君或某封某氏合窆位則列書之墓伏以事力不逮儀物多闕今具

當下添或碑誌或石床或望柱石或石人或石墻或石階等用衛墓道是憑是安

◆具石物祭后土祝文式(구석물제후토축문식)

維

歲次干支幾月干支朔幾日干支某官姓名敢昭告于

土地之神今爲某親某官之墓今具石物用衛墓道

神其保佑俾無後艱謹以酒果祗薦于

神尙

饗

◆莎草兼立石告辭式(사초겸입석고사식)

維

歲次干支幾月干支朔幾日干支某親某官某敢昭告于

顯某親某官府君或某封某氏合窆位則列書之墓日月愈久墓址崩頹玆以吉辰

改封莎土仍立石物以表塋域伏惟

尊靈是憑是安

◆凍土未完封葬後改莎草告辭式(동토미완봉장후개사초고사

식)
維
歲次干支幾月干支朔幾日干支孝子某敢昭告于
顯考某官府君隨屬稱之墓伏以襄奉卑幼則奉改禮凍土未解未完封莎今將
修葺伏惟
尊靈不震不驚

◆修葺塋域祭后土祝文式(수즙영역제후토축문식)
維
歲次干支幾月干支朔幾日干支某官姓名敢昭告于
土地之神今爲主人自告則當添某之二字某親某官主人自告則此下當添府君二字卑幼則
否塚宅未完將加修治
神其保佑俾無後艱謹以酒果祗薦于
神尙
饗

◆修葺事畢告辭式(수즙사필고사식)
維
歲次干支幾月干支朔幾日干支孝子某敢昭告于
顯考某官府君隨屬稱之墓旣封旣莎修葺事畢伏惟
尊靈永世是寧

◆修石儀告辭式(수석의고사식)
維
歲次干支幾月干支朔幾日干支某親某官某敢昭告于
顯某親某官府君之墓守護不謹石儀斜傾歲月滋久今以吉辰正立修舊
伏惟
尊靈永世是寧

◆水災修墓告辭式(수재수묘고사식)
維
歲次干支幾月干支朔幾日干支某親某官某敢昭告于
顯某親某官府君之墓夏潦稽天水齧墓庭階砌崩汰階砌崩汰時宜改措語今
以吉辰將加修治伏惟
尊靈永世是寧

◆墳藏遇賊慰安告辭式(분장우적위안고사식)
維

歲次干支幾月干支朔幾日干支某親某官某敢昭告于
　顯某親某官府君之墓伏以守護不謹竊發之變至及墳墓以致驚動傷痛
　　罔涯今改封築伏惟
　尊靈永世是寧

◆墓域火災慰安告辭式(묘역화재위안고사식)
　　維
歲次干支幾月干支朔幾日干支某親某官某敢昭告于
　顯某親某官府君之墓野火燎原禍及封塋伏惟震驚不勝痛慕謹以酒果
　　用伸虔告謹告

◆失傳先祖墓確認啓墓告辭式(실전선조묘확인계묘고사식)
　　維
歲次干支幾月干支朔幾日干支某官姓名敢昭告于
　古塚之神某之幾代祖某官某公之墓久失其處古來相傳在於某地既無
　　碑表莫可指的或冀有壙誌之可以考證者不敢不略啓塋域伏惟不震
　　不驚

◆先祖標物確認告辭式(선조표물확인고사식)
　　維
歲次干支幾月干支朔幾日干支幾代孫某官某敢昭告于
　顯幾代祖考某官府君或幾代祖妣某封某氏合窆位則列書之墓竟失守護歲已百
　　餘今玆啓窆乃的幽誌顯晦有時喜且感慕改築既莎既封域玆新伏惟
　尊靈永世是寧謹以酒果用伸虔告謹告

◆誤啓慰安告辭式(오계위안고사식)
　　維
歲次干支幾月干支朔幾日干支某官姓名敢昭告于
　古塚之神竟失先塋將尋幽誌敢毀封域爰玆誤啓仍築既莎依舊新封謹
　　告以酒免咎是寧

◎短喪(단상)

◆단상(短喪)이란.
소정잡록(嘯亭雜錄)에 의하면 한문제(漢文帝)가 단상법(短喪法)을 처음 시행하였는데. 단상(短喪)은 3년상을 이일역월(以日易月)에 의하여 36일에 복을 벗는다

주례의 3년 상은 실은 재기 후 담제까지 27개월로서 이일역월(以日易月)에 의하여 27일에 복을 벗는다는 것이다.

국조상례보편(國朝喪禮補編)설은 주례 설을 따라 삼년복(三年服)은 27일, 기복(朞服)

13일, 대공(大功)은 9일, 소공(小功)은 5일, 시마(緦麻)는 3일을 입는다.

이와 같은 설을 국조보감(國朝寶鑑)에서 단상지법미면만세지죄(短喪之法未免萬世之罪)라 하였으니 단상설(短喪說)은 고대에 일부가 행하였던 예였다 하겠다.

漢文帝本紀帝遺詔曰朕旣不德無以佐百姓今崩又使重服久臨以離寒暑之數哀人之父子傷長幼之志損其飲食絶鬼神之祭祀以重吾不德也其令天下吏民出臨三日皆釋服毋禁取婦嫁女祠祀飲酒食肉者自當給喪事服臨者皆無踐〇服虔曰踐翦也謂無斬衰也孟康曰踐跣也晉灼曰漢語作跣跣徒跣也〇索隱曰漢語書名苟爽所作〇経帶無過三寸宮殿中當臨者皆以朝夕各十五舉聲非朝夕臨無得擅哭已下服大紅十五日小紅十四日纖口七日釋服〇服虔曰大功小功布也纖細布衣也應邵曰凡三十六日而釋服索隱曰已下謂柩已下於壙劉德云三十六日以日易月也〇胡寅曰文帝遺詔謂吏民耳景帝冒用此文自斷三年之制〇南冥集漢文帝爲易月之喪然只爲吏民設景帝遂短喪自行〇性齋曰漢末常短喪於父母也短喪之論未有甚於王肅者禫則曰月中又曰計閏改葬則曰非父母無服(不服祖父母承重者)又曰葬而除服(不服三月)稅服則曰服其殘月此可謂知禮乎〇嘯亭雜錄三年喪;自漢文帝短喪後歷代帝王皆蹈其陋惟晉武帝魏孝文唐德宗宋孝宋四君決意行之〇漢書文帝紀七年六月;服大紅十五日小紅十四日纖七日(註)服虔曰皆當言大功小功布也纖細布衣也應召力曰凡三十六日而釋服矣此以日易月也師古曰紅與功同服晉二說是也周禮也何爲以日易月乎三年之喪其實二十七月豈有三十六月之文應氏旣失之於前而近代學者因循謬說未之思也〇史記孝文帝本紀;遺詔曰(云云)喪事服臨者皆無踐(云云)服大紅十五日小紅十四日纖七日釋服(註)索隱曰劉德云紅功也三十六日以日易月也〇晉書志第十禮中泰始二年八月;詔曰漢文不使天下盡哀亦帝王至謙之志當見山陵何心而無服其以衰経行孚等重奏曰臣聞上古喪期無數後世乃有年月之漸漢文帝隨時之義制爲短喪傳之于後〇南冥曰漢文帝爲易月之喪然只爲吏民設景帝遂短喪自行〇高麗史節要仁宗恭孝大王二年八月;朕自叨上嗣濫位震宮不能以孝行奉於君親仁德聞於士庶不天遘禍(以日)易月終喪〇國朝喪禮補編戒令;沐浴飯含襲殮成殯成服治椑治葬停祭(註)公除以日易月之制也三年二十七日杖朞十五日朞十三日大功九日小功五日緦三日皆自成服日計〇經書類招喪事部短喪;宰我問三年之短喪期已乆矣〇齊宣王欲短喪短喪公孫丑曰爲期之喪猶愈於已乎〇新家禮[龜菴. 宋基夏 ;昭和九年(1934)甲戌七月上旬序];發引五日以內喪服期間父母一年心喪三年 祖父母夫妻六個月長子八個月〇國朝寶鑑中宗二十一月;敎曰自古有爲之君先興孝理以正風敎滕文公行三年之喪顔色之戚哭泣之哀(云云)漢文景雖稱令主而立短喪之法未免萬世之罪(云云)

◎起復(기복)

기복(起復)이란 기복출사(起復出仕)의 준말로 상중인 자는 벼슬을 하지 않음이 법도이나 나라의 필요에 따라 탈복 전이라 하여도 명에 따라 상복을 벗고 벼슬자리로 나오게 하던 제도.

奪情起復後世之失也

春秋公羊傳服金革之事君使之非也臣行之禮也禮記閔子腰経而服事旣而曰若此乎古之道不卽人心退而致仕孔子盖善之註旣事言古者不敢斥君卽近也〇漢趙憙行太尉事遭母喪上疏乞行喪禮明帝不許遣使者爲釋服賞賜甚渥〇唐武后長安三年制三年之喪非從軍更籍者不得起復〇唐甘露二年中書舍人歐陽通起復本官每入朝必徒跣至城門外着鞋襪而朝直宿在省則席地藉藁非公事不言未嘗啓齒歸必衰経號慟〇沈括筆談唐末文臣給事以上武臣刺史以上喪父母者往往以墨衰從事號曰起復國朝慶曆中田元均(況)師秦州乞終喪解官許之帥臣終喪自況始其後富弼丁母憂仁宗詔數十竟終喪大臣終喪自弼始〇唐昭宗時韋貽範母喪詔還兵部侍郞韓渥不草制上疏論之卒使姚洎代草〇宋慶曆中歐陽修論楊察請終喪乞不

奪情○徽宗時左正言仕伯兩論李譓奪服御史劉漢弼論馬光祖奪情○宋史嵩之起復右丞相太學生黃愷伯等武學生翁日善等京學生劉時舉等宗學生興裏等教授盧鉞皆上書不報劉漢弼論罷相○明憲宗時太學士李賢起復羅倫論之神宗時起復太學士張居正編修吳中行檢討趙用賢員外郎艾穆主事沈思孝進士鄒元標相繼論奏居正大怒杖五人於闕下中行用賢削籍穆思孝元標俱謫戍而居正竟留也○崇禎時起復楊嗣昌爲兵部尙書修撰劉同升等皆論之○宋孝宗時起復劉珙爲荊襄宣撫使珙六疏辭之最後言曰三年通喪三代以來未之有改至於漢儒乃有金革無避之說此固先王之罪人也然尙有可諉者曰魯公伯禽有爲爲之也今邊陲幸無犬吠之警臣乃冒金革之名以私利祿之實又不爲漢儒之罪人乎○按宋時執政遭喪無不起復者盖自趙普始普丁毋憂二十一日而起復其後富弼始克終喪其言曰起復金革之變禮不可施於平世○高麗史凶禮五服制度;成宗四年初定此制十一年六月制六品以下不入常參官父母喪百日後所司勸令出仕除起復衛以黪服堅角遙謝行公○經國大典禮典依牒;新法之立舊法之改及在喪人員起復者議政府擬議以聞本曹考司憲府司諫院署經出依牒○大典會通禮典喪葬依牒;[原]新法之立舊法之改及在喪人員起復者議政府擬議以聞本曹考司憲府司諫院署經出依牒○又起復出依牒式;禮曹爲出依牒事某年月日某承旨臣某敬奉教旨前某官某遭某親喪比因某事緊關起復相應着令禮曹知道爲此本曹(以下略)

◆起復出依牒式(기복출의첩식)經國大典

　　　禮曹爲出依牒事某年月日某承旨臣某敬奉

教旨前某官某遭某親喪比因某事緊關起復相應着令禮曹知道爲此本曹

　　啓過蒙准後行據司憲府司諫院回答該卑司商量得所據某員委係奪情起復之人應

　　出依牒請照例施行得此依准上項司憲府司諫院回答所有依牒合行出給者

　　　　右　牒　付

　　　前某官某

　　年　印　月　　日

◆起復出依牒式(기복출의첩식)大典會通

　　　禮曹爲出依牒事某年月日某承旨臣某敬奉

教旨前某官某遭某親喪比因某事緊關起復相應着令禮曹知道爲此本曹

　　啓過蒙準後行據司憲府司諫院回答該卑司商量得所據某員委係奪情起復之人應

　　出依牒請照例施行得此依準上項司憲府司諫院回答所有依牒合行出給者

　　　　右　牒　付

　　　前某官某

　　年　印　月　　日

　　　出　依牒

判書押　參判押　參議押　正郎押　佐郎押

◎失君父處變(실군부처변)

尤庵問失君父終身不得者其處變之禮當如何沙溪曰通典已論之可考也○通典魏劉德問田瓊曰失君父終身不得者其臣子當得婚否答曰昔許叔重已設此疑鄭玄駁云若終身不除是絕嗣也除而成婚違禮適權也○晉徐宣瑜云鄭玄云君父亡令臣子心喪終身深所甚惑心喪是也終身非也苟組云至父年及壽限(中壽百歲)行喪制服立宗廟於事爲長禮無終身之制○環濟議曰春秋之義納室養姑承繼宗祀聘納事在可許仕進須候淸平○又曰父母陷賊不知死生者通典諸儒論之多矣魏劉德問云云鄭玄駁之云云(上見)問亡其親者不知死生則不敢服然則

不祭乎劉智曰猶疑其生故不敢服必疑死則可不祭乎昔晉宣瑜云云(上見)愚以諸儒之說推
之不知其死則心喪終三年若知其定死則當服喪也〇尤庵曰比有失其父不得者愚嘗據通典
使計其父年百歲而發喪制服矣〇陶庵曰比有失其父不得者愚嘗據通典使計其父年百歲而
發喪制服矣尤翁之說雖如此但古人則多享壽者故以百年爲限而今人則壽至百年者盖絶稀
矣若待百年而後發喪則其爲之制服者能有幾哉是必不在其子而在於曾玄矣此則恐難於膠
守也又按劉智曰三年求之不得乃制服居廬祥禫而除(出通典)若用此說則三年求之不得亦
可發喪況此八年乎然而制服祥禫則固無難而其間虛葬與否及作主等事極難處有未敢容易
義起大抵此事擥而論之不死而爲之發喪與其死久而不爲之制服俱所不忍於此二者將何所
擇又按劉智曰古之死者必告於廟今亡其親者必告其先廟使咸知之求之三年若不得也則又
告之告之者欲令其生也則隨而佑之也(通典)此說禮意極精微今亡者之家雖已博求之四方
初告于廟亦未敢必況再告于求不得之後耶愚意則亡者之父以其子亡去之由爲文以告于其
先廟(若非宗子使宗子告之更爲博求之四方如又不得則又三年而後更告之更告之後始可發
喪矣聞亡者之婦尙未于歸未告廟之前不可不先使見舅姑見廟亟宜迎來行禮後仍留于其家
以待三年也于歸時服色勿用全素勿用華盛用黲黑淺炎等色〇代金生告廟辭干支云云某弟
某之子某某年某月某日亡去不知其處自是月至庚申臘月遍求之四方終不能得其生其死不
可得而測也謹稽杜氏通典有曰古之死者必告于廟今亡其親者必告其先廟使咸知之求之三
年若不得也則又告之告之者欲令其生也則隨而佑之也今此姪子亡去係是莫大之變故所當
卽爲告廟而遑遽未暇以至八年之久竊念今日是渠亡去之日情理痛毒無異始失之時爰據禮
書追擧告儀從今以往復欲訪求以三年爲期伏惟尊靈同此傷惻特垂陰騭使父子得以相見於
未死之前不勝泣血禱祝之至謹以酒果用伸虔告謹告

◆喪制(상제)

喪制當一依朱文公家禮若有疑晦處則質問于先生長者識禮處必盡其禮可也復時俗例必呼
小字非禮也少者則猶可呼名長者則不必呼名隨生時所稱可也(婦女尤不宜呼名)母喪父在
則父爲喪主凡祝辭皆當用夫告妻之例也父母初歿妻妾婦及女子皆被髮男子則被髮扱上衽
徒跣(小斂後男子則祖括髮婦人則髽)若子爲他人後者及女子已嫁者皆不被髮徒跣(男子則
免冠)尸在牀而未殯男女位于尸傍則其位南上以尸頭所在爲上也旣殯之後女子則依前位于
堂上南上男子則位于階下其位當北上以殯所在爲上也發引時男女之位復南上以靈柩所在
爲上也隨時變位而各有禮意今人多不解禮每弔客致慰專不起動只俯伏而已此非禮也弔客
拜靈座而出則喪者當出自喪次向弔客再拜而哭可也(弔客將答拜)衰経非出入他處則不可
脫也家禮父母之喪成服之日始食粥卒哭之日始疏食(糲飯也)水飮(不食羹也)不食菜果小
祥之後始食菜果(羹亦可食)禮文如此非有疾病則當從禮文人或有過禮而啜粥三年者若是
誠孝出入無一毫勉強之意則雖過禮猶或可也若誠孝未至而勉強踰禮則是自欺而欺親也切
宜戒之今之識禮之家多於葬後返魂此固正禮但時人效嚬遂廢廬墓之俗返魂之後各還其家
與妻子同處禮坊大壞甚可寒心凡喪親者自度一一從禮無毫分虧欠則當依禮返魂如或未然
則當依舊俗廬墓可也親喪成服之前哭泣不絶於口(氣盡則令婢僕代哭)葬前哭無定時哀至
則哭卒哭後則朝夕哭二時而已禮文大槩如此若孝子情至則哭泣豈有定數哉凡喪與其哀不
足而禮有餘也不若禮不足而哀有餘也喪事不過盡其哀敬而已曾子曰人未有自致者也必也
親喪乎送死者事親之大節也於此不用其誠惡乎用其誠昔者小連大連善居喪三日不怠三月
不懈期悲哀三年憂此是居喪之則也誠孝之至者則不勉而能矣如有不及者則勉而及之可也
人之居喪誠孝不至不能從禮者固不足道矣閒有質美而未學者徒知執禮之爲孝而不知傷生
之失正過於哀毀羸疾已作而不忍從權以至滅牲者或有之深可惜也是故毀瘠傷生君子謂之
不孝凡有服親戚之喪若他處聞訃則設位而哭若奔喪則至家卽成服若不奔喪則四日成服若
齊衰之服則未成服前三日中朝夕爲位會哭(齊衰降大功者亦同)師友之義重者及親戚之無
服而情厚者與凡相知之分密者皆於聞喪之日若道遠不能往臨其喪則設位而哭師則隨其情

義深淺或心喪三年或期年或九月或五月或三月友則雖最重不過三月若師喪欲行三年期年
者不能奔喪則當朝夕設位而哭四日而止(止於四日之朝若情重者則不止此限)凡遭服者每
月朔日設位服其服而會哭(師友雖無服亦同)月數既滿則於次月朔日設位服其服會哭而除
之其閒哀至則哭可也凡大功以上喪則未葬前非有故不可出入亦不可弔人常以治喪講禮爲
事

◆居喪失禮(거상실례)

左傳定九年子明衰絰生子見貶於右師(註)子明樂祁子也右師樂大心也○唐律居父母喪生
子徒一年○陳壽居父喪有疾使婢丸藥鄕黨以爲貶議坐是沉滯坎坷終身○阮籍居喪無禮何
曾言於文帝曰公方以孝治天下而聽阮籍以重哀飮酒食肉宜擯四裔無令污染華夏○阮簡父
喪行遇大雪詣浚儀令爲他賓設黍臛簡食之以致淸議頓廢三十年○溫嶠居憂爲劉司空勸進
母崔氏固留之嶠絕裾而去迄於崇貴鄕品猶不過也每爵皆發詔○謝惠連先愛會稽郡吏杜德
靈及居父憂贈以五言詩十餘首文行於世坐廢不預榮伍○張率以父憂去職其父侍婢數十人
有善謳者有色貌儀曹郎顧玩之求聘焉謳者不願遂出家爲尼嘗因齋會率宅玩之爲飛書言與
率姦南司以聞高祖惜其才寢其奏然服闋後久之不仕○謝安期功之喪不廢絲竹○梅聖兪在
喪時作詩云獨護慈母喪淚落河水流河水終有渴淚泉常在眸人譏其作詩○唐書憲宗時京兆
尹秦故法曹陸賡男愼餘與其兄博文居裳衣華服飮酒食肉詔各決四十流循州駙馬都尉于季
友坐居嫡母喪與進師服宴客季友笞四十忠州安置師服笞四十連州安置以季友父于頔不能
訓子削職階顧炎武曰此唐室之以禮防民所以復振也○范仲淹以大理丞丁母憂晏殊留守南
京請仲淹權掌序學仲淹嘗宿學中訓督學者出題使作賦必先自爲之使學者準以爲法(按)宋
時宰相亦皆起復從仕故有是事耶○晉梁龕明日當除婦服今日請客奏伎爲劉傀所劾○宋天
禧中貢擧人郭稹冒總裳赴擧爲同輩所訟仍命劾問同保人並贖金

◆喪禮考證(상례고증)

檀弓葬日虞弗忍一日離也(弗忍親之魂無所歸)是日也以虞易奠(自始死至祖遣皆是喪奠也
此日始以虞祭代去喪奠)卒哭曰成事是日也以吉祭易喪祭(三虞皆是喪禮至卒哭則漸吉禮
矣祭以吉爲成故曰成事)明日祔于祖父(明日卒哭之次日也祔之爲言祔也祔祭者告其祖考
以當遷他廟而告新死者以當入此廟也)右虞卒哭祔○喪服小記婦祔於祖姑祖姑有三人則祔
於親者(此言祔廟之禮三人有二繼也親者謂舅所生母者也)○按此祔語錄李晦叔問祭儀謂几
配止以正妻一人或奉祀之人是再聚所生卽以所生母配曰程說恐誤唐會要中有論几嫡母無
先後皆當並祔合祭)右祔○語錄問夫在妻之神主宜書何人奉祀朱子曰旁註施於所尊以下則
不必書也○或問子之所生母死題主當何稱祭於何所曰若避嫡母止稱妣以別之也伊川云祭
於私室(右題主)○曾子問曰並有喪如之何何先何後孔子曰喪先輕後重(如並有父母喪則先
葬母)其奠也先重而後輕(奠則先父)禮也(其禮如此)自啓及葬不奠(其先葬母也惟設母啓殯
朝廟之奠不爲設奠也)行葬不哀次(行葬之時不得爲母伸哀於所次之處)反葬(葬母所反)奠
而後辭於殯(殯當作賓)遂脩葬事(既反卽於父殯設奠告辭於賓以啓父殯之期遂脩營葬父之
事也)其虞也先重而後輕禮也(如虞祭偶同則異日而祭先父後母)○喪小記夂母之喪偕(謂父
母同時死也)先葬者不虞祔(先葬母不爲母設虞祔)待後事(葬母之明日卽治父葬待葬父後虞
祔畢然後爲母虞祔也)其葬服斬衰(從父服也)○雜記有父之喪如未沒喪而母死其除父之喪
也服其除服卒事反喪服(父喪未盡而遭母喪別當除父喪之時自服除喪之服以行大祥之禮此
禮事畢卽當服喪母之服)雖諸父昆弟之喪如當父母之喪其祭諸父昆弟之喪也皆服其除喪之
服卒事反喪服(當父母之喪謂始死至除服皆在父母服內也)有殯聞外喪哭之他室入奠卒奠
出改服卽位如始卽位之禮(有殯謂父母未葬也外喪謂兄弟之喪在遠者也入奠者哭之明日之
朝著亡本喪之服入奠殯宮奠畢而出脫已本喪服著死者未成服之服而卽他室所哭之位如昨
日始聞喪爲位哭之禮也又按曾擇之問於朱子曰三年喪復有期喪者當服期喪之服以奠其喪

卒事則反初服或者以爲方服重不當改衣輕服曰或者之說非是)右並有喪○喪小記久而不葬唯主喪者不除(謂子於父母妻於夫孤孫於祖父母也)其餘(謂期以下之親也)以麻終月數者除喪則已

◎國朝五禮儀(국조오례의)
≪士大夫庶人喪(사대부서인상)≫
●初終(초종)
◆疾病遷居正寢侍者四人坐持手足(질병천거정침시자사인좌지수족)
婦人則女侍者

◆內外安靜侍者以新綿置口鼻之上以爲候(내외안정시자이신면치구비지상이위후)
綿不搖動則是氣絶○男子不絶於婦人之手婦人不絶於男子之手

◇復(복)
◆侍者以死者之上服嘗経衣者左荷之陞自前榮(시자이사자지상복상질의자좌하지승자전영)
屋翼也

◆當屋履危左執領右執腰北面招以衣三呼曰某人復(당옥리위좌집령우집요북면초이의삼호왈모인복)
男子稱名婦人稱字

◆畢卷衣降覆尸上男女哭擗無數(필권의강복시상남녀곡벽무수)

◇立喪主(입상주)
凢主人謂長子無則長孫承重以奉饋奠其與賓客爲禮則同居之親且尊者主之

◆主婦(주부)
謂亡者之妻無則主喪者之妻

◆司書司貨(사서사화)
以子弟或僕爲之

◇易服不食(역복불식)
◆妻子婦妾皆去冠及上服被髮男子扱上衽徒跣餘有服者皆去華飾(처자부첩개거관급상복피발남자급상임도선여유복자개거화식)
爲人後者爲本生父母及女子已嫁者皆不被髮徒跣○華飾謂錦繡紅紫金玉珠翠之類

◆子三日不食(자삼일불식)
期九月之喪三不食五月三月之喪再不食○親戚隣里爲糜粥以食之尊者强之少食可也

◇治棺(치관)
◆護喪命匠擇用松板爲棺厚二寸頭大足小僅取容身高廣及長臨時裁定

棺之合縫處用全漆或松脂塗之釘以鐵釘內外皆漆務令堅實(호상명장택용송판위관후이촌두대족소근취용신고광급장임시재정관지합봉처용전칠혹송지도지정이철정내외개칠무령견실)

槨亦用松板爲之厚三寸僅取容棺漆釘同治棺○初喪之日擇木爲棺恐倉卒未得其木漆亦未能堅完或値暑月屍難久留古人亦有生時自爲壽器者况送死之道唯棺與槨爲親身之物孝子所宜盡之非預凶事也

◇訃告于親戚僚友(부고우친척료우)

護喪司書爲之發書若無則主人自訃于親戚不訃僚友自餘書問悉停以書來吊者並須卒哭後答之

◇沐浴(목욕)

◆執事者以帷障臥內侍者設牀於屍牀前縱置之布褥席及枕遷屍其上南首覆以衾(집사자이유장와내시자설상어시상전종치지포욕석급침천시기상남수복이금)

衾用複有綿者

◆侍者以潘(시자이번)

浙米汁也

◆及湯各盛于盆入主人以下皆出帷外北向哭侍者以潘沐髮櫛之晞以巾束髮(급탕각성우분입주인이하개출유외북향곡시자이번목발즐지희이건속발)

以紫紬纓束之女喪則以皂絹帖而歛髮鄕名首帊

◆又以湯抗衾而浴(우이탕항금이욕)

悉去病時衣及復衣

◆拭以巾翦手足爪盛于小囊(식이건전수족조성우소낭)

俟大歛納於棺內

◆遂著明衣以方巾覆面以衾覆之其沐浴餘水幷巾櫛棄于坎而埋之(수저명의이방건복면이금복지기목욕여수병건즐기우감이매지)

先是堀坎于屏處潔地

◇襲(습)

◆執事者陳襲衣于堂前東壁下卓上西領南上設牀於帷外布褥席及枕先布大帶(집사자진습의우당전동벽하탁상서령남상설상어유외포욕석급침선포대대)

表裏白紬紅綠綠女則表裏靑紬

◆黑圓領一褡複一(흑원령일답복일)

卽半臂衣

◆帖裏一裏肚汗衫袴襪之類於其上凡五稱(첩리일과두한삼고말지류어기상범오칭)

五品以下三稱雜用褡複隨所用之多小

◆又以箱盛網巾(우이상성망건)
代用皁紓

◆幅巾(폭건)
用皁紬制如(冖內敢)頭

◆充耳二(충이 2)
用新綿如棗核大所以塞耳者也

◆瞑目一(명목 1)
用緇帛裏纁方尺二寸充之以絮所以覆面者也四角有繫於後結之

◆幄手二(악수 2)
用玄帛裏纁長尺二寸廣五寸所以裹手者也兩端有繫結於掌後

◆履一雙(리일쌍)
用黑紬

◆置于襲牀之東北沐浴將畢侍者遂擧牀入置于浴牀之西遷屍於其上乃襲(치우습상지동북목욕장필시자수거상입치우욕상지서천시어기상내습)
但未著圓領及幅巾等物

◆覆以衾侍者掇浴牀徙尸牀置堂中間南首乃施屛(복이금시자철욕상사시상치당중간남수내시병)

◇奠(전)
◆執事者設饌卓于尸牀之前(집사자설찬탁우시상지전)
饌品隨宜

◆設香爐香合并燭於其前祝(설향로향합병촉어기전축)
以親戚爲之下同

◆盥手(관수)
盥洗設於中門外後倣此

◆陞自阼階詣香案前北向跪三上香斟酒奠于案(승자조계예향안전북향궤삼상향짐주전우안)
連奠三盞

◆俯伏興退侍者巾之(부복흥퇴시자건지)
避塵蠅也

◇爲位哭(위위곡)
◆侍者設主人以下應服三年者位於牀東南西向藉以蒿同姓期功以下位於其後西向南上藉以席薦主婦衆婦女位於牀西南東向藉以蒿同姓婦女位於其後東向南上藉以席薦別設帷以障內外異姓之親丈夫位於帷外之

東北向西上婦人位於帷外之西北向東上皆藉以席並以服次爲序無服者在後(시자설주인이하응복삼년자위어상동남서향자이호동성기공이하위어기후서향남상자이석천주부중부녀위어상서남동향자이호동성부녀위어기후동향남상자이석천별설유이장내외이성지친장부위어유외지동북향서상부인위어유외지서북향동상개자이석병이복차위서무복자재후)

若女喪則同姓丈夫位於帷外之東北向西上異姓丈夫位於帷外之西北向東上

◆主人以下俱就位俯伏哭主婦以下俱就位坐哭(주인이하구취위부복곡주부이하구취위좌곡)

◇含(함)

◆執事者用眞珠三枚實于小箱米二升以新水淅令精實于盌主人哭盡哀左袒自前扱於腰之右盥手執箱以入侍者一人挿匙于米盌執以從置于尸右徹枕主人就尸東西向跪擧巾以匙抄米實于尸口之右幷實眞珠一枚又於左於中亦如之訖主人襲所袒衣復位侍者設枕如初去巾加幅巾充耳設瞑目納履卒襲圓領結大帶設握手乃覆以衾主人以下哭盡哀(집사자용진주삼매실우소상미이승이신수절령정실우완주인곡진애좌단자전급어요지우관수집상이입시자일인삽시우미완집이종치우시우철침주인취시동서향궤거건이시초미실우시구지우병실진주일매우어좌어중역여지흘주인습소단의복위시자설침여초거건가폭건충이설명목납리졸습원령결대대설악수내복이금주인이하곡진애

◇靈座(영좌)

◆執事者設倚卓於屍南結白絹爲魂帛置倚上設香爐香合盞注於卓上侍者設櫛盥奉養之具皆如平生始設朝夕奠及上食(집사자설의탁어시남결백견위혼백치의상설향로향합잔주어탁상시자설즐관봉양지구개여평생시설조석전급상식)

◇銘旌(명정)

◆以絳帛爲銘旌廣終幅長八尺(이강백위명정광종폭장팔척)

五品以下七尺

◆書曰某官某公之柩(서왈모관모공지구)

無官卽隨其生時所稱

◆以竹爲杠如其長有趺立於靈座之右(이죽위강여기장유부립어령좌지우)

執友親厚之人至是入哭上香再拜遂弔主人相向哭盡哀主人以哭對無辭

◇小斂(소렴)

◆厥明(궐명)

死之明日

◆**執事者陳小斂衣衾于堂東壁下卓上(집사자진소렴의금우당동벽하탁상)**

據死者所有之衣隨宜用之衾用複

◆**設小斂牀於帷外鋪褥席及枕先布絞於其上橫者三在下縱者一在上皆以細布或綵一幅而析其兩端爲三(설소렴상어유외포욕석급침선포교어기상횡자삼재하종자일재상개이세포혹채일폭이석기양단위삼)**

橫者取足以周身相結縱者取足以掩首至足而結於身中

◆**次鋪衾於絞之上次鋪散衣次鋪圓領(차포금어교지상차포산의차포원령)**

散衣或顚或倒但取方正唯上衣不倒

◆**凡斂衣十九稱(범렴의십구칭)**

無則各隨所辦絞衾不在稱數

◆**時至執事者對擧牀入置于尸牀西遷襲奠於靈座西南(시지집사자대거상입치우시상서천습전어령좌서남)**

俟設新奠乃去之凣奠倣此

◆**侍者盥手遷尸于小斂牀上先去枕而舒絹疊衣以藉其首仍捲兩端以補兩肩空處又捲衣夾其兩脛取其方正然後以餘衣掩尸左袵不紐裹之以衾而未結以絞未掩其面別覆以衾侍者掇襲牀徙尸牀堂中故處乃施屛主人主婦憑尸哭盡哀(시자관수천시우소렴상상선거침이서초첩의이자기수잉권양단이보양견공처우권의협기양경취기방정연후이여의엄시좌임불뉴과지이금이미결이교미엄기면별복이금시자철습상사시상당중고처내시병주인주부빙시곡진애)**

主人西向主婦東向

◆**男子斬衰者袒括髮(남자참최자단괄발)**

用麻繩撮髮

◆**齊衰以下至同五世祖者袒免于別室婦人髽于別室(자최이하지동오세조자단면우별실부인좌우별실)**

用麻繩而髽

◇**奠(전)**

◆**執事者設饌卓(집사자설찬탁)**

◆**香爐香合幷燭於其前祝盥手陞自阼階詣香案前北向跪三上香斟酒奠于案(향로향합병촉어기전축관수승자조계예향안전북향궤삼상향짐주전우안)**

連奠三盞

◆**俯伏退卑幼者皆再拜侍者巾之主人以下哭盡哀代哭不絶聲(부복퇴비**

유자개재배시자건지주인이하곡진애대곡불절성)

◇大斂(대렴)

◆厥明(궐명)

小斂之明日死之第三日也

◆大斂役者陞棺於帷外執事者以煉熟秫灰鋪其底(대렴역자승관어유외집사자이련숙출회포기저)

厚四寸許

◆加七星板(가칠성판)

厚五分

◆布褥席于其上陳大斂衣衾于堂東壁下卓上(포욕석우기상진대렴의금우당동벽하탁상)

衣無常數衾用複

◆先遷靈座及小斂奠於旁側役者舉棺以入置于牀西承以兩凳役者出侍者先布絞之橫者五於棺中(선천령좌급소렴전어방측역자거관이입치우상서승이양등역자출시자선포교지횡자오어관중)

用布二幅裂爲六片而用五也

◆次布絞之縱者三於其上(차포교지종자삼어기상)

用布一幅裂爲三片

◆次鋪衾次鋪圓領次鋪散衣凡三十稱(차포금차포원령차포산의범삼십칭)

隨時之宜不必盡用

◆各垂其裔於四外然後去小斂覆衾而掩面結絞(각수기예어사외연후거소감복금이엄면결교)

先結縱者次結橫者

◆共舉尸納于棺中實生時所落齒髮及所剪爪于棺角又撏其空闕處卷衣塞之務令充實收衾先掩足次掩首次掩左次掩右結絞(공거시납우관중실생시소락치발급소전조우관각우췌기공궐처권의색지무령충실수금선엄족차엄수차엄좌차엄우결교)

先結縱者次結橫者

◆主人主婦憑尸哭盡哀婦人退入幕中乃召匠加盖下釘徹牀覆柩以衣以木覆棺上乃塗之設帟(주인주부빙시곡진애부인퇴입막중내소장가개하정철상복구이의이목복관상내도지설역)

柩上承塵

◆於殯南復設靈座立銘旌如初設靈牀於柩東其牀帳薦席屛枕衣被盥櫛之屬皆如平生(어빈남복설령좌립명정여초설령상어구동기상장천석병

침의피관즐지속개여평생)

◇ **奠(전)**

如小斂之儀

◆ **主人以下各歸喪次(주인이하각귀상차)**

中門之外擇朴陋之室爲丈夫喪次斬衰寢苫枕塊不脫経帶不與人坐焉非時見乎母也不及中門齊衰寢席婦人次于中門之內別室或居殯側去帷帳衾褥之華麗者不得輒至男子喪次

◆ **止代哭者(지대곡자)**

●成服(성복)

◆ **厥明(궐명)**

大斂之明日死之第四日也

◆ **五服之親各服其服(오복지친각복기복)**

見序例下喪禮喪服圖說

◆ **入就位哭盡哀相弔如儀乃奠(입취위곡진애상조여의내전)**

如大斂奠儀

◆ **主人及兄弟始食粥(주인급형제시식죽)**

妻妾及期九月者跪食水飮不食菜果五月三月者飮酒食肉不與宴樂

◆ **自是無故不出若以喪事及不得已而出入則乘樸馬布鞍素轎布簾(자시무고불출약이상사급부득이이출입칙승박마포안소교포렴)**

◆ **朝夕哭奠(조석곡전)**

日出朝奠逮日夕奠夕奠將至撤朝奠朝奠將至撤夕奠○朔望則於朝奠設饌

◆ **上食(상식)**

◆ **朝奠每日晨起主人以下皆服其服入就位哭侍者設盥櫛之具于靈牀側捧魂帛出就靈座執事者設饌(조전매일신기주인이하개복기복입취위곡시자설관즐지구우령상측봉혼백출취령좌집사자설찬)**

蔬果三器

◆ **祝盥手焚香斟酒主人以下再拜哭盡哀食時上食如朝奠儀夕奠如朝奠儀畢侍者捧魂帛入就靈牀主人以下哭無時(축관수분향짐주주인이하재배곡진애식시상식여조전의석전여조전의필시자봉혼백입취령상주인이하곡무시)**

朝夕之間哀至則哭於喪次

◆ **有新物則薦之如上食儀(유신물즉천지여상식의)**

◇ **朔望奠(삭망전)**

俗節別奠同朔望若値別奠則只行別奠

◆ **執事者設饌卓香爐香合并燭於其前祝盥手陞自阼階詣香案前北向跪**

三上香斝酒奠于案(집사자설찬탁향로향합병촉어기전축관수승자조계예향안전북향궤삼상향짐주전우안)

連奠三盞

◆俯伏退主人以下皆再拜哭盡哀(부복퇴주인이하개재배곡진애)

◇奔喪(분상)

◆始聞父母之喪以哭答使者又哭盡哀問故又哭盡哀易服(시문부모지상이곡답사자우곡진애문고우곡진애역복)

白布衣繩帶麻屨

◆遂行日行百里不以夜行道中哀至則哭望其州境其縣境其城其家皆哭(수행일행백리불이야행도중애지즉곡망기주경기현경기성기가개곡)

初變服如初喪柩東西向坐哭盡哀又變服如大小歛亦如之

◆後四日成服(후사일성복)

與家人相吊賓至拜之如初

◆若未得行則爲位不奠(약미득행즉위위불전)

若喪側無子孫則此中設奠如儀

◆成服(성복)

亦以聞後之第四日

◆在道至家皆如上儀(재도지가개여상의)

若喪側無子孫則在道朝夕爲位設奠至家但不變服其相吊拜賓如儀

◆若旣葬則望墓哭至墓哭拜如在家之儀(약기장즉망묘곡지묘곡배여재가지의)

未成服者變服於墓歸家詣靈座前哭拜四日成服如儀已成服者亦然但不變服

◇弔(조)

◆凡弔皆素服親賓奠用香燭酒果賻用錢帛具刺通名入哭奠訖乃弔而退(범조개소복친빈전용향촉주과부용전백구자통명입곡전흘내조이퇴)

旣通名喪家炷火燃燭布席皆哭以俟護喪出迎賓賓入至廳事進揖曰竊聞某人傾背不勝驚怛敢請入酹幷伸慰禮護喪引賓入至靈座前哭盡哀再拜焚香跪酹酒俯伏興護喪止哭者祝跪讀祭文訖奠賻狀於賓之右畢興賓主皆哭盡哀賓再拜主人哭出西向再拜賓亦哭東向答拜進曰不意凶變某親某官奄忽傾背(生者官尊則云奄棄榮養存亡俱無官云色養)伏惟哀慕何以堪處主人對曰某罪逆深重禍延某親伏蒙奠酹幷賜臨慰不勝哀感又再拜賓答拜又相向哭盡哀賓先止寬譬主人曰脩短有數痛毒奈何願抑孝思俯從禮制乃揖而出主人哭而入護喪送至廳事茶湯而退主人以下止哭

●治葬(치장)

大夫三月士踰月

◆前期擇地之可葬者(전기택지지가장자)

擇土厚水深之地而葬之又五患者不可不謹須使他日不爲道路不爲城郭不爲溝池不爲貴勢
所奪不爲耕犁所及也

◆**擇日開塋域主人旣朝哭帥執事者於所得地掘穴四隅外其壤掘中南其
壤各立一標當南門立兩標擇遠親或賓客一人告后土(택일개영역주인기
조곡수집사자어소득지굴혈사우외기양굴중남기양각립일표당남문립
양표택원친혹빈객일인고후토)**

前祭一日告者以下齊宿其日祝設后土氏位於中標之左南向席以莞設盞注酒果脯醢香燭於
其前又設盥洗於東南持至告者吉服入立於神位之前北向執事者在其後東上皆再拜告者以
下盥洗訖告者詣神位前北向跪上香執事者以盞斟酒跪進告者取盞奠于神位前俯伏興少退
跪祝就告者之左東向跪讀祝文曰維某年歲月朔日子某官姓名敢告于后土氏之神今爲某官
姓名營建宅兆神其保佑俾無後艱謹以淸酌脯醢祗薦于神尙饗訖復位告者再拜祝及執事者
皆再拜徹出

◆**遂穿壙(수천광)**

其穿地宜狹而深狹則不崩損深則盜難近也

◆**畢先布炭末於壙底築實厚二三寸次鋪石灰細沙黃土拌勻者於其上(필
선포탄말어광저축실후이삼촌차포석회세사황토반균자어기상)**

灰三分細沙黃土各一分

◆**築實厚二三寸置槨於其上當中乃於四旁旋下四物用薄板隔之炭末居
外三物居內如底之厚築之旣實則旋抽其板近上復下炭灰等物而築之及
槨之平而止(축실후이삼촌치곽어기상당중내어사방선하사물용박판격
지탄말거외삼물거내여저지후축지기실즉선추기판근상복하탄회등물
이축지급곽지평이지)**

炭禦木根辟水蟻石灰得沙而實得土而黏歲久結而爲金石螻蟻盜賊皆不得進也

◇**刻誌石(각지석)**

◆**用石二片其一爲盖刻云某官某公之墓(용석이편기일위개각운모관모
공지묘)**

無官則書其字曰某君某甫

◆**其一爲底刻云某官某公諱某字某某州某縣人考諱某某官母氏某封某
年月日生敍歷官遷次某年月日終某年月日葬于某鄕某里某處娶某氏某
人之女子男某某官女適某官某人(기일위저각운모관모공휘모자모모주
모현인고휘모모관모씨모봉모년월일생서력관천차모년월일종모년월
일장우모향모리모처취모씨모인지녀자남모모관녀적모관모인)**

婦人夫在則盖云某官姓名某封某氏之墓無封則云妻夫無官則書夫之姓名夫亡則云某官某
公某封某氏夫無官則云某君某甫妻某氏其底敍年若干適某氏因夫子致封号無則否

◆**葬之日以二石字面相向而以鐵束之埋之壙前近地面三四尺間(장지일
이이석자면상향이이철속지매지광전근지면삼사척간)**

蓋慮異時陵谷變遷或誤爲人所動而此石先見則人有知其姓名者庶能爲掩之也

◇造明器(조명기)

◆刻木爲車馬僕從侍女各執奉養之物象平生而小(각목위거마복종시녀각집봉양지물상평생이소)

四品以上三十事五品以下二十事庶人十五事

◆筐一(포 1)

竹器以盛五穀

◆甖三(앵 3)

甖器以盛酒醯醢

◇服玩(복완)

◆牀帳茵席椅卓及公服靴笏幞頭(상장인석의탁급공복화홀복두)

無官襴衫鞋屨

◆之類亦象平生而小(지류역상평생이소)

◇大轝(대여)

◆輪圓徑六尺轂長一尺六寸圓徑一尺二寸外持幅內受軸輻用二十一正長二尺三寸軸長七尺五寸中方(륜원경육척곡장일척육촌원경일척이촌외지폭내수축복용이십일정장이척삼촌축장칠척오촌중방)

方六寸長三尺六寸

◆兩頭圓(양두원)

長各一尺九寸五分圓徑五寸

◆設轄轅長十七尺前圓(설할원장십칠척전원)

長七尺四寸末端漸殺徑五寸

◆後方(후방)

方三寸長九尺六寸

◆貫軸於兩輪轂中端出轂外各三寸設轅於軸上方處五尺二寸五分在後十一尺七寸五分在前左右相距三尺方處兩端內面鑿孔設橫木廣二寸厚一寸五分後端餘三寸又於前後二寸之內鑿孔設橫木廣厚各三寸其橫木內面各鑿五孔設踏木長八尺五寸又設橫木四於踏木之下轅前端設駕木長三尺四寸圓徑六寸次設地臺木於轅上左右各一(관축어양륜곡중단출곡외각삼촌설원어축상방처오척이촌오분재후십일척칠촌오분재전좌우상거삼척방처양단내면착공설횡목광이촌후일촌오분후단여삼촌우어전후이촌지내착공설횡목광후각삼촌기횡목내면각착오공설답목장팔척오촌우설횡목사어답목지하원전단설가목장삼척사촌원경육촌차설지대목어원상좌우각일)

長八尺九寸廣四寸厚三寸其兩端各雙斲長四寸作凸以備納於前後地臺木凹處從地臺木中

央向前三寸許鑿孔深二寸長六寸廣(無一字)寸以備竪柱地臺木下兩端向內各一尺許當轅
處鑿小竅深一寸許小竅當處轅上亦立小柱長一寸許使之交接又於交接外面設排項鉄釵釘
使不搖動或以大索固結亦可

◆前後各一(전후각일)

長四尺六寸廣厚與左右同從中閒二尺八寸之外從內面各雙鑿四寸爲凹以受左右臺木凸處
又其外兩端各餘五寸從上面一寸之外鑿孔以備竪柱又於兩端斳上面長二寸深一寸五分以
備釘接左右欄干機木

◆四面設欄干先設機木左右各一(사면설난간선설기목좌우각일)

長九尺三寸廣二寸厚一寸五分其兩端斳作凸二寸以備納於前後機木凹處兩端設排項鐵以
鉤機木曲鐵

◆次置地臺木於機木上左右各一(차치지대목어기목상좌우각일)

長九尺三寸廣二寸厚一寸五分

◆前後各一(전후각일)

長四尺二寸廣厚與左右同其兩端施曲鐵下接機木

◆次竪隅木於地臺木上左右各二(차수우목어지대목상좌우각이)

各長一尺三寸五分方二寸上端爲圓首又鑿項木竹木所入之孔

◆次竪童子柱於地臺木上左右各四(차수동자주어지대목상좌우각사)

長七寸方一寸五分其上端斳作凸一寸以備納于項木凹處正長五寸

◆用精板設於童子柱之間上接項木下接臺木(용정판설어동자주지간상접항목하접대목)

長一尺七寸六分廣五寸厚六分皆中鑿虛也皃綠漆

◆次加項木左右各一(차가항목좌우각일)

長九尺三寸廣二寸厚一寸五分其兩端各斳長二寸納于隅木〇已上並淡朱漆

◆次設仰蓮葉於項木上左右各四(차설앙련엽어항목상좌우각사)

長三寸廣五寸厚二寸每當童子柱之上面設之綠漆

◆次設竹木於蓮葉之上左右各一(차설죽목어연엽지상좌우각일)

長九尺三寸圓徑一寸五分兩端各斳長二寸納于隅木

◆其前後欄干別造如左右之制(기전후난간별조여좌우지제)

唯隅木厚一寸五分童子柱仰蓮葉各二精板各三長一尺三寸

◆用曲鐵連排左右欄干(용곡철연배좌우난간)

柩陞降時徹去

◆其欄干內左右設踏板(기난간내좌우설답판)

長八尺五寸廣三寸厚一寸

◆其板與機木上面齊內設小方牀以載柩其制先設機木左右各一(기판여기목상면제내설소방상이재구기제선설기목좌우각일)

長七尺三寸廣四寸厚三寸從中央向前當地臺木竪柱處鑿孔長六寸廣一寸五分以納懸柱其
兩端鑿前後機木所入之孔又於中均分四處鑿橫木所入之孔

◆**前後各一(전후각일)**

長二尺六寸廣厚與左右同其內面橫鑿踏板所入之處仍以兩端各四寸斲作凸納左右機木凹處正長一尺八寸

◆**釘抱鐵於四隅施橫木四於左右機木之間(정포철어사우시횡목사어좌우기목지간)**

長二尺廣二寸厚一寸其兩端皆入左右機木斲處

◆**施踏板於橫木上(시답판어횡목상)**

長六尺七寸廣一尺八寸厚一寸其兩端皆斲長一寸納于前後機木

◆**竪懸柱於左右機木上(수현주어좌우기목상)**

長四尺廣六寸厚一寸五分下端二寸廣厚各加一寸以其上端從機木下孔上貫上端有圓孔徑三寸以納橫樑孔上四寸孔下正長二尺八寸加廣厚二寸在孔下

◆**又以冒鐵(우이모철)**

長二尺三寸廣一寸五分

◆**中屈之冒於懸柱上端至橫樑孔下鐵端相對釘以鐵釘(중굴지모어현주상단지횡량공하철단상대정이철정)**

圓孔上下各以帶鐵束之釘以鈇釘立柱孔上下及樑兩端方孔左右同

◆**又以抱鐵(우이포철)**

長二尺二寸廣二寸

◆**中屈之自懸柱下端凸處抱機木至懸柱鐵端相對釘以鐵釘懸柱左右設支木(중굴지자현주하단철처포기목지현주철단상대정이철정현주좌우설지목)**

長一尺厚一寸下廣五寸上端附於懸柱釘以鈇釘下端鑿入機木

◆**機木外四面釘圓環左右各四前後中央各一又釘長一尺許有圓環釘於前後機木兩端(기목외사면정원환좌우각사전후중앙각일우정장일척허유원환정어전후기목양단)**

柩陞後用薄板俠於柩與大釘之間用練布先結於大釘圓環前後左右縱橫結之使之牢固則上下險路自不搖動

◆**方牀之外左右地臺木上立柱(방상지외좌우지대목상립주)**

長四尺四寸五分廣六寸厚二寸以上端二寸斲作凸以備納樑又其下五寸之下鑿圓孔徑三寸以備橫樑之入下端二寸斲作凸以納地臺木凹處○已上並淡朱漆

◆**立柱左右設支木(립주좌우설지목)**

長一尺五寸下廣八寸厚(無一字)寸上端附於立柱釘以鈇釘下端鑿入地臺木綠漆

◆**又其旁立斜柱(우기방립사주)**

長二尺廣一寸五分厚一寸其上端接立柱釘之下端鑿入地臺木

◆**設樑立柱之上(설량립주지상)**

長三尺八寸廣六寸厚二寸兩端各鑿方孔以納立柱上端凸處

◆**次設橫樑(차설횡량)**

長三尺八寸圓徑三寸

◆通貫立柱懸柱而端出立柱之外(통관립주현주이단출립주지외)

端有孔以削木納之○懸柱上孔或用方則橫樑當懸柱方孔亦三寸先通貫懸柱而後貫立柱乃設樑

◆又於前後地臺木四端竪四柱(우어전후지대목사단수사주)

長四尺五寸方一寸五分上端二寸斲作凸以納懸壁與鼈甲下端二寸斲作凸以竪地臺木正長四尺一寸○已上淡朱漆

◆柱上施懸壁木左右各一(주상시현벽목좌우각일)

長九尺三寸廣二寸厚一寸綠漆

◆前後各一(전후각일)

長四尺六寸廣厚與左右同○左右懸壁兩端相距八尺三寸五分上面鑿闊二寸深五分前後懸壁兩端相距三尺七寸下面鑿闊二寸深五分相交接其相接處鑿孔方七分以納柱上削處

◆又作鼈甲加於懸壁上先設排方木左右各一(우작별갑가어현벽상선설배방목좌우각일)

長九尺三寸廣二寸厚一寸

◆前後各一(전후각일)

長四尺七寸廣二寸厚一寸其左右前後木相接處深闊方孔與懸壁同

◆彎衝椽四其形窮窿如屋(만충연사기형궁륭여옥)

長五尺廣一寸五分厚一寸其下端接於排方木

◆其上當中有接椽桶(기상당중유접연통)

長四寸圓徑三寸周回鑿孔以接彎衝椽竹木扇椽

◆又其上以木作覆蓮葉爲臺設頂予於臺上次設竹木扇椽鋪竹網冒以靑布加樑木四(우기상이목작복연엽위대설정여어대상차설죽목선연포죽망모이청포가량목사)

制如彎衝椽蓋兒上當彎衝椽處釘之○已上並朱漆

◆又於四面設上下板簷上向外欹斜(우어사면설상하판첨상향외의사)

綠漆

◆下簷連上簷直垂(하첨연상첨직수)

綠漆

◆用靑紅布辟積爲雙簷垂於下簷之內衝椽四角作鳳頭着彩設環於鳳口以垂流蘇(용청홍포피적위쌍첨수어하첨지내충연사각작봉두착채설환어봉구이수류소)

紅布爲之長十尺

◆四面周回垂振容(사면주회수진용)

用柳靑紬二十六幅每幅畫雉三行

◇翣(삽)

◆以木爲筐如扇而方兩角高廣二尺四寸衣以白布柄長五尺黼翣畫黼黻翣畫黻畫翣畫雲氣其緣皆爲雲氣皆畫以紫(이목위광여선이방양각고광이척사촌의이백포병장오척보삽화보불삽화불화삽화운기기연개위운기개화이자)

◇作主(작주)

◆用栗跌方四寸厚一寸一分鑿之洞底以受主身身高尺二寸博三寸厚一寸二分剡上五分爲圓首寸之下勒前爲頷而判之四分居前八分居後頷下陷中長六寸廣一寸深四分合之植於跌下齊竅其旁以通中圓徑四寸居三寸六分之下下距跌面七寸二分以粉塗其前面(용율부방사촌후일촌일분착지동저이수주신신고척이촌박삼촌후일촌이분섬상오분위원수촌지하륵전위암이판지사분거전팔분거후암하함중장육촌광일촌심사분합지식어부하제규기방이통중원경사촌거삼촌육분지하하거부면칠촌이분이분도기전면)

◇啓殯(계빈)

◆發引前一日因朝奠設饌(발인전일일인조전설찬)饌品如小斂奠

◆訖祝盥手陞詣香案前北向跪三上香斟酒奠于案(흘축관수승예향안전북향궤삼상향짐주전우안)

連奠三盞

◆俯伏少退跪告曰今以吉辰啓殯塗敢告俯伏興主人以下哭盡哀再拜侍者徹饌婦人退避役者入徹殯塗畢侍者以巾拂拭棺覆以棺衣執事者設帷幄床席于廳事祝以箱捧魂帛前行執事者捧倚卓次之銘旌次之役者擧柩次之主人以下男女哭從(부복소퇴궤고왈금이길진계빈도감고부복흥주인이하곡진애재배시자철찬부인퇴피역자입철빈도필시자이건불식관복이관의집사자설유악상석우청사축이상봉혼백전행집사자봉의탁차지명정차지역자거구차지주인이하남녀곡종)

男子由右婦人由左以服重輕爲序婦人蓋頭

◆詣廳事役者置柩于席上祝設靈座及奠如初主人以下就位哭自後至發引乃代哭不絕聲親賓致奠賻如初喪儀(예청사역자치구우석상축설령좌급전여초주인이하취위곡자후지발인내대곡불절성친빈치전부여초상의)

◇陳器(진기)

◆方相二在前(방상이재전)

四品以上四目爲方相五品以下兩目爲魌頭

◆次明器服玩(차명기복완)

以牀舁之

◆次銘旌(차명정)

去趺執之

◆次功布(차공포)

備布三尺以鹽濯灰治之布爲之祝御柩執此以指麾役者

◆次靈車(차령거)

以奉魂帛香火

◆次大轝(차대여)

轝旁有翣使人執之

◇祖奠(조전)

◆日晡時設祖奠(일포시설조전)

饌品如小歛奠

◆祝盥手詣香案前北向跪三上香斟酒奠于案(축관수예향안전북향궤삼상향짐주전우안)

連奠三盞

◆俯伏少退跪告曰永遷之禮靈辰不留今奉柩車式遵祖道俯伏興主人以下哭盡哀再拜(부복소퇴궤고왈영천지례령진불류금봉구거식준조도부복흥주인이하곡진애재배)

◇遣奠(견전)

◆厥明轝夫納大轝於中庭執事者徹祖奠祝北向跪告曰今遷柩就轝敢告遂遷靈座置傍側婦人退避召役夫遷柩就轝乃載以索維之今極牢實主人從柩哭視載婦人哭於帷中載畢祝帥執事者遷靈座于柩前南向乃設遣奠(궐명여부납대여어중정집사자철조전축북향궤고왈금천구취여감고수천령좌치방측부인퇴피소역부천구취여내재이삭유지금극뢰실주인종구곡시재부인곡어유중재필축수집사자천령좌우구전남향내설견전)

饌品如祖奠有脯唯婦人不在

◆祝盥手詣香案前北向跪三上香斟酒奠于案(축관수예향안전북향궤삼상향짐주전우안)

連奠三盞

◆俯伏興少退跪告曰靈輀既駕往卽幽宅載陳遣禮永訣終天俯伏興主人以下哭盡哀再拜訖執事者徹脯納筥中置舁牀上遂徹奠祝捧魂帛陞車焚香別以箱盛主置帛後至是婦人乃盖頭出帷立哭守舍者哭辭盡哀再拜而歸(부복흥소퇴궤고왈영이기가왕즉유택재진견례영결종천부복흥주인이하곡진애재배흘집사자철포납포중치여상상수철전축봉혼백승거분향별이상성주치백후지시부인내개두출유립곡수사자곡사진애재배이

귀)

◇發引(발인)

◆柩行方相等前導如陳器之序主人以下男女哭步從如詣廳事之序(구행방상등전도여진기지서주인이하남녀곡보종여예청사지서)

出門則以白幕俠障之

◆尊長次之無服之親又次之賓客又次之(존장차지무복지친우차지빈객우차지)

皆乘馬親賓或先待於墓所或出郭哭拜辭歸

◆親賓設幄於郭外道傍駐柩而奠(친빈설악어곽외도방주구이전)

卽路祭如在家之儀

◆途中遇哀則哭(도중우애즉곡)

若墓遠則每舍設靈座於柩前朝夕哭奠食時上食夜則主人兄弟皆宿柩旁親戚共守衞之或至墓經宿時同

◇臨壙奠(임광전)

◆前期執事者設靈幄於墓道西南向(전기집사자설령악어묘도서남향)

有倚卓

◆親賓次於靈幄前十數步南向婦人幄於靈幄後壙之西其日方相至以戈擊壙四隅明器服玩贈帛等至陳於壙東南北上靈車至祝捧魂帛就幄座主箱置帛後遂設奠(친빈차어령악전십수보남향부인악어령악후광지서기일방상지이과격광사우명기복완증백등지진어광동남북상령거지축봉혼백취악좌주상치백후수설전)

如遣奠儀

◆柩至執事者脫載置席上北首(구지집사자탈재치석상북수)

先布席於壙南

◆執事者取銘旌去杠置柩上主人男女各就位哭(집사자취명정거강치구상주인남녀각취위곡)

主人諸丈夫立於壙東西向主婦諸婦女立於壙西幄內東向皆北上

◆賓客拜辭而歸(빈객배사이귀)主人拜之賓答拜

◆乃縣窆先用木長杠二縱置於壙口左右當灰隔上不令搖動又用木杠四橫置長杠之上又用木杠四橫置於壙內槨上役夫擧柩安於長杠橫木上北首乃用索四條兜柩底以索兩頭繞於長杠每一頭二人執引(내현폄선용목장강이종치어광구좌우당회격상불령요동우용목강사횡치장강지상우용목강사횡치어광내곽상역부거구안어장강횡목상북수내용삭사조두구저이삭양두요어장강매일두이인집인)

一人近長杠一人在索端

◆去橫木一時齊聲應手漸漸放下至槨上橫杠則抽索去之別摺細布或生

綃兆柩底去杠均力下之更不抽出乃截其餘棄之再整柩衣銘旌令平正(**거횡목일시제성응수점점방하지곽상횡강즉추삭거지별접세포혹생초두구저거강균력하지경불추출내절기여기지재정구의명정령평정**)

几下柩最須詳審用力不可誤有傾墮動搖主人兄弟宜徹哭親臨視之

◆主人捧玄六纁四(주인봉현육훈사)

各長丈八尺〇家貧或不能具此數玄纁各一可也其餘金玉寶玩並不得入壙以爲亡者之累

◆置柩傍再拜稽顙在位者皆哭盡哀乃盖槨實以灰三物拌勻者居下炭末居上各倍於底及四旁之厚以酒洒而躡實之(**치구방재배계상재위자개곡진애내개곽실이회삼물반균자거하탄말거상각배어저급사방지후이주세이섭실지**)

恐震柩中故未敢築但多用之以俟其實耳

◆乃實土而漸築之(내실토이점축지)

下土每尺許卽輕手築之勿令震動柩中

◆祀后土於墓左如初(사후토어묘좌여초)

唯祝詞云今爲某官封謚窆玆幽宅神其後同

◆實土及半乃藏明器服玩於便房以板塞其門下誌石(**실토급반내장명기복완어편방이판색기문하지석**)

墓在平地則於壙內近南先布磚一重置石其上又以磚四圍之而覆其上若墓在山側峻處則於壙南數尺間堀地深四五尺依此法埋之

◆復實以土而堅築之(복실이토이견축지)

下土亦以尺許爲準但須密杵堅築

◇題主(제주)

◆俟實土將畢執事者設卓子於靈座東南西向置硯筆墨對卓置盥盆帨巾主人立於其前北向祝盥手出主臥置卓上使善書者盥手西向立先題陷中曰故某官某公諱某字某第幾神主紛面曰顯考某官封謚府君神主其下左傍曰孝子某奉祀(**사실토장필집사자설탁자어령좌동남서향치연필묵대탁치관분세건주인립어기전북향축관수출주와치탁상사선서자관수서향립선제함중왈고모관모공휘모자모제기신주분면왈현고모관봉시부군신주기하좌방왈효자모봉사**)

母則曰故某封某氏諱某字某第幾神主紛面曰顯妣某封某氏神主傍亦如之無官封則以生特所稱爲號

◆題畢祝捧置靈座藏魂帛於箱中以置其後設奠(**제필축봉치령좌장혼백어상중이치기후설전**)

饌品如臨壙奠

◆置祝版於靈座之左祝盥手詣香案前北向跪三上香斟酒奠于案(**치축판어령좌지좌축관수예향안전북향궤삼상향짐주전우안**)

連奠三盞

◆俯伏興少退跪於主人之右讀祝文曰維某年歲月朔日子孤子(부복흥소
퇴궤어주인지우독축문왈유모년세월삭일자고자)

母喪稱哀子

◆某敢昭告于考某官封諡府君形歸窀穸神返堂室神主既成伏惟尊靈舍
舊從新是憑是依畢懷之興復位主人再拜哭盡哀止祝捧神主陞車魂帛箱
在其後執事者徹靈座遂行主人以下哭從如來儀出墓門尊長乘馬去墓百
步許卑幼亦乘馬留子弟一人監視實土以至成墳墳高四尺立小石碑於其
前亦高四尺石須闊尺以上其厚居三分之二圭首而刻其面如誌之蓋略述
其世系名字行實而刻於其左轉及後右而周焉(모감소고우고모관봉시부
군형귀둔석신반당실신주기성복유존령사구종신시빙시의필회지흥복
위주인재배곡진애지축봉신주승거혼백상재기후집사자철영좌수행주
인이하곡종여래의출묘문존장승마거묘백보허비유역승마유자제일인
감시실토이지성분분고사척립소석비어기전역고사척석수활척이상기
후거삼분지이규수이각기면여지지개략술기세계명자행실이각어기좌
전급후우이주언)

婦人則俟夫葬乃立面如夫亡誌蓋之刻云

◇反哭(반곡)

◆主人以下捧靈車在途徐行哭(주인이하봉영거재도서행곡)

其返如疑為親在彼哀至則哭

◆望門即哭至家哭祝捧神主入置于靈座櫝之(망문즉곡지가곡축봉신주
입치우령좌독지)

執事者先設靈座於故處

◆魂帛箱置主後主人以下哭于廳事遂詣靈座前哭盡哀止有弔者拜之如
初期九月之喪飲酒食肉不與宴樂小功以下大功異居者可以歸(혼백상치
주후주인이하곡우청사수예령좌전곡진애지유조자배지여초기구월지
상음주식육불여연락소공이하대공이거자가이귀)

◇掩壙奠(엄광전)

立主返虞後行

◆俟成墳既畢執事者設靈座於墓前設香爐香合并燭於靈座前酒架盞盤
於靈座之左設饌(사성분기필집사자설영좌어묘전설향로향합병촉어령
좌전주가잔반어령좌지좌설찬)

饌品如臨壙奠

◆訖祝盥手詣香案前北向跪三上香斟酒奠于案(흘축관수예향안전북향
궤삼상향짐주전우안)

連奠三盞

◆俯伏退在位者哭再拜(부복퇴재위자곡재배)

●虞祭(우제)

葬地日日中而虞或墓遠則但不出是日可也若去家經宿以上則初虞於所舘行之

◆主人以下皆沐浴(주인이하개목욕)

或已晚不暇卽略自澡潔可也

◆執事者設酒尊卓於靈座之左置盞三於其上設香爐香合幷燭於靈座前
(집사자설주존탁어령좌지좌치잔삼어기상설향로향합병촉어령좌전)

茅沙在其南

◆置祝版於靈座之左陳器具饌(치축판어령좌지좌진기구찬)

饌品隨宜

◆主人以下盥洗訖祝出神主于座主人以下皆入哭再拜主人陞詣香案前
跪三上香少退跪執事者以盞酌酒跪授主人主人受酒酹之茅上以盞授執
事者復於尊坫主人俯伏興降復位祝陳饌(주인이하관세흘축출신주우좌
주인이하개입곡재배주인승예향안전궤삼상향소퇴궤집사자이잔작주
궤수주인주인수주뢰지모상이잔수집사자복어존점주인부복흥강복위
축진찬)

執事者佐之

◆初獻主人陞詣靈座前跪執事者以盞酌酒跪授主人主人受盞獻盞奠盞
俯伏興少退跪祝跪於主人之右西向讀祝曰子同前但云日月不居奄及初
虞夙興夜處哀慕不寧謹以淸酌庶羞哀薦祫事尙饗畢祝興主人哭復位哭
止亞終獻並如初獻儀(초헌주인승예령좌전궤집사자이잔작주궤수주인
주인수잔헌잔전잔부복흥소퇴궤축궤어주인지우서향독축일자동전단
운일월불거엄급초우숙흥야처애모불녕근이청작서수애천협사상향필
축흥주인곡복위곡지아종헌병여초헌의)

唯無祝亞獻主婦爲之終獻兄弟之長或長男或親賓爲之

◆主人以下再拜哭盡哀止祝納神主主人以下出就次執事者徹饌祝埋魂
帛(주인이하재배곡진애지축납신주주인이하출취차집사자철찬축매혼
백)

埋於屛處潔地

◆罷朝夕奠(파조석전)

朝夕哭哀至哭如初

◆遇柔日再虞(우유일재우)

乙丁己辛癸爲柔日其禮如初虞唯前期一日陳器具饌厥明夙興設饌質明行事祝詞改初虞爲
再虞祫事爲虞事若墓遠途中遇柔日則亦於所舘行之

◆遇剛日三虞(우강일삼우)

甲丙戊庚壬爲剛日其禮如再虞唯改再虞爲三虞虞事爲成事若墓遠亦途中遇剛日且闕之須至家乃行此祭

◇卒哭(졸곡)

◆三虞後剛日卒哭前期一日陳器具饌(삼우후강일졸곡전기일일진기구찬)

並同虞祭

◆厥明夙興設饌具質明祝出主主人以下皆入哭降神(궐명숙흥설찬구질명축출주주인이하개입곡강신)

並同虞祭

◆主人主婦進饌初獻(주인주부진찬초헌)

並同虞祭唯祝跪於主人之左東向讀祝改三虞爲卒哭

◆亞獻終獻辭神(아헌종헌사신)

並同虞祭

◆自是朝夕之間哀至不哭(자시조석지간애지불곡)

猶朝夕哭

◆主人兄弟疏食水飲不食菜果寢席枕木(주인형제소식수음불식채과침석침목)

◇小祥(소상)

◆期而小祥(기이소상)

自喪至此不計閏凡十三月用初忌日

◆前期一日主人以下沐浴陳器具饌(전기일일주인이하목욕진기구찬)

並同虞祭

◆設次(설차)

男女別所

◆陳練服(진련복)

男子以練布爲冠去首経負版辟領衰婦人截長裙不令曳地

◆厥明夙興設饌具質明祝出主主人以下入哭乃出就次易服復入哭(궐명숙흥설찬구질명축출주주인이하입곡내출취차역복복입곡)

祝止之

◆降神三獻(강신삼헌)

皆如卒哭祝版同前但云日月不居奄及小祥夙興夜處小心畏忌不惰其身哀慕不寧謹以淸酌庶羞薦此常事尙饗

◆辭神(사신)如卒哭

◆止朝夕哭(지조석곡)

唯朔望哭其遭喪以來親戚之未嘗相見者相見雖已除服猶哭盡哀然後叙拜

◆始食菜果(시식채과)

◇大祥(대상)

◆再期而大祥(재기이대상)

自喪至此不計閏凡二十五月用第二忌日

◆前期一日沐浴陳器具饌(전기일일목욕진기구찬)

並同虞祭

◆設次(설차)

男女別所

◆陳禫服(진담복)

男子白衣白笠白靴婦人冠梳假髻以鵝黃靑碧皁白爲衣履其金銀紅繡皆不可用

◆告遷于祠堂如常告儀(고천우사당여상고의)

見吉禮唯祝詞云孝曾孫某罪積不滅歲及免喪世次迭遷昭穆繼序先王制禮不可不至

◆告畢改題神主(고필개제신주)

執事者先置卓於堂內之東置淨水粉盞刷子硯筆墨於其上告畢進捧主置卓上執事者洗去舊字別塗以粉俟乾命善書者改題某親云云陷中不改洗水以灑祠堂之四壁

◆遞遷而西虛東一龕以俟新主捧遷主埋于墓側(체천이서허동일감이사신주봉천주매우묘측)

若有親盡之祖始爲功臣而百世不遷者則代數外別立一龕祭之又應遷而支子有親未盡者則遷于最長之房使主其祭

◆厥明行事如小祥之儀(궐명행사여소상지의)

唯祝詞改小祥曰大祥常事曰祥事

◆畢祝捧神主祔于祠堂如儀徹靈座斷杖棄之屏處(필축봉신주부우사당여의철영좌단장기지병처)

◇祔(부)

◆前期一日就祠堂陳器具饌如時享儀厥明夙興設蔬果酒饌俟大祥祭畢主人以下詣祠堂祝捧神主出置于座還詣靈座所哭祝捧主櫝詣祠堂西階上卓子上主人哭從至門止哭祝啓櫝出主捧置于座主人以下再拜主人陞詣香案前跪三上香少退跪執事者以盞酌酒跪授主人主人受酒酹之茅上以盞授執事者復於尊坫主人俯伏興降復位進饌(전기일일취사당진기구찬여시향의궐명숙흥설소과주찬사대상제필주인이하예사당축봉신주출치우좌환예영좌소곡축봉주독예사당서계상탁자상주인곡종지문지곡축계독출주봉치우좌주인이하재배주인승예향안전궤삼상향소퇴궤집사자이잔작주궤수주인주인수주뢰지모상이잔수집사자복어존점주인부복흥강복위진찬)

執事者佐之

◆初獻主人陞詣曾祖考妣座前跪執事者以盞酌酒跪授主人主人受盞獻盞奠盞俯伏興退次詣祖考妣座前獻盞如上儀訖退于香案前跪祝跪於主人之左讀祝詞云某年月日孝曾孫某官某(초헌주인승예증조고비좌전궤집사자이잔작주궤수주인주인수잔헌잔전잔부복흥퇴차예조고비좌전헌잔여상의흘퇴우향안전궤축궤어주인지좌독축사운모년월일효증손모관모)

告二代則稱孝孫○各位共一版其自稱以最尊者爲主

◆敢昭告于某親某官府君某親某封某氏伏以喪制有期追遠無及以今某月某日躋祔先考某官某于廟謹以淸酌庶羞式陳明薦尙饗俯伏興次詣新主座前獻酌如上儀唯祝詞云某年月日孝子某官某敢昭告于顯考某官府君伏以日月不居奄及免喪式遵典禮躋祔于廟謹以淸酌庶羞祗薦常事尙饗亞獻終獻並如初獻儀(감소고우모친모관부군모친모봉모씨복이상제유기추원무급이금모월모일제부선고모관모우묘근이청작서수식진명천상향부복흥차예신주좌전헌작여상의유축사운모년월일효자모관모감소고우현고모관부군복이일월불거엄급면상식준전례제부우묘근이청작서수지천상사상향아헌종헌병여초헌의)

唯無祝亞獻主婦爲之終獻兄弟之長或親賓爲之

◆主人以下再拜祝納神主執事者徹饌主人以下出始飮酒食肉而復寢(주인이하재배축납신주집사자철찬주인이하출시음주식육이복침)

◇禫(담)
◆大祥之後中月而禫(대상지후중월이담)
間一月也喪至此不計閏凡二十七月

◆前一月下旬之首擇來月三旬(전일월하순지수택래월삼순)
或丁或亥

◆前期一日主人以下沐浴執事者設神位於靈座故處陳器具饌厥明行事皆如大祥之儀(전기일일주인이하목욕집사자설신위어영좌고처진기구찬궐명행사개여대상지의)
唯主人以下詣祠堂祝捧主櫝置于西階卓子上出主置于座主人以下皆哭盡哀三獻不哭改祝詞大祥爲禫祭祥事爲禫事至辭神乃哭盡哀送神主至祠堂不哭

⊙虞祭圖式(우제도식)

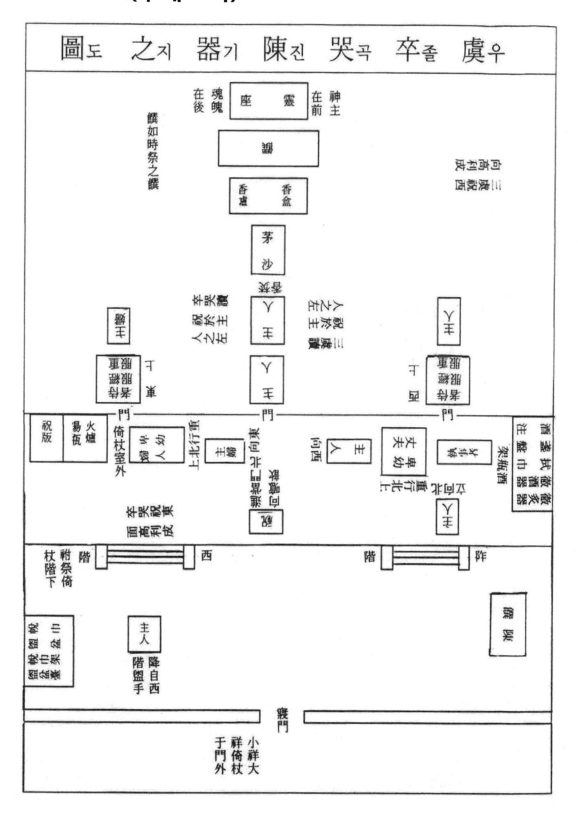

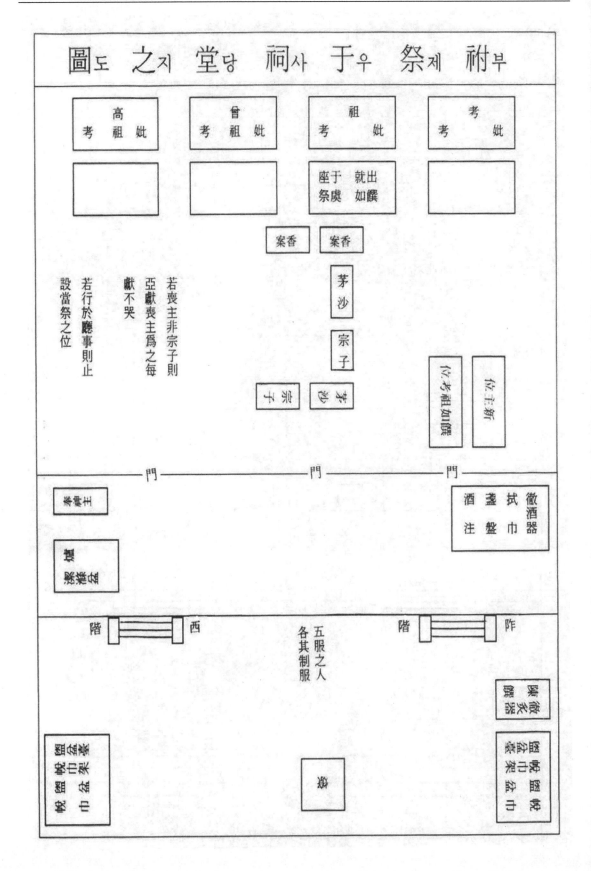

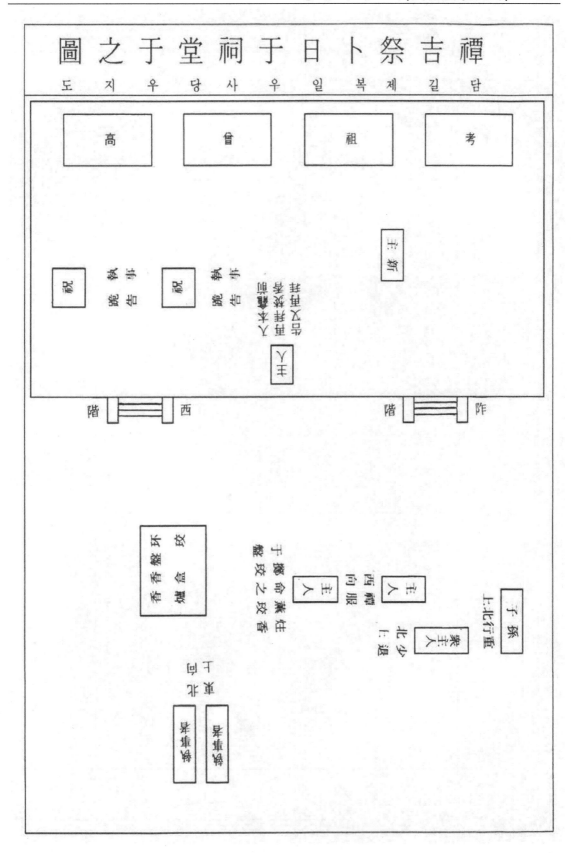

禫吉祭卜日于祠堂于之圖
담 길제 복 일 우 사당 당 사 우 지 도

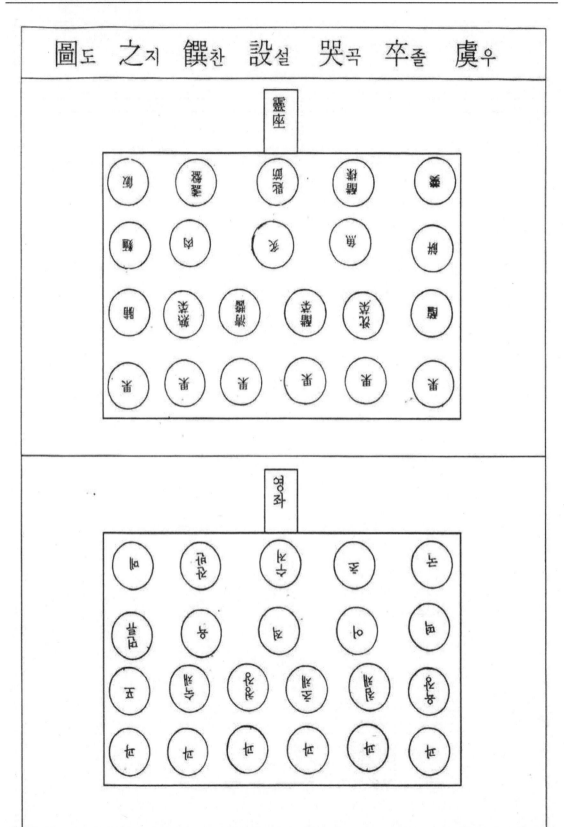

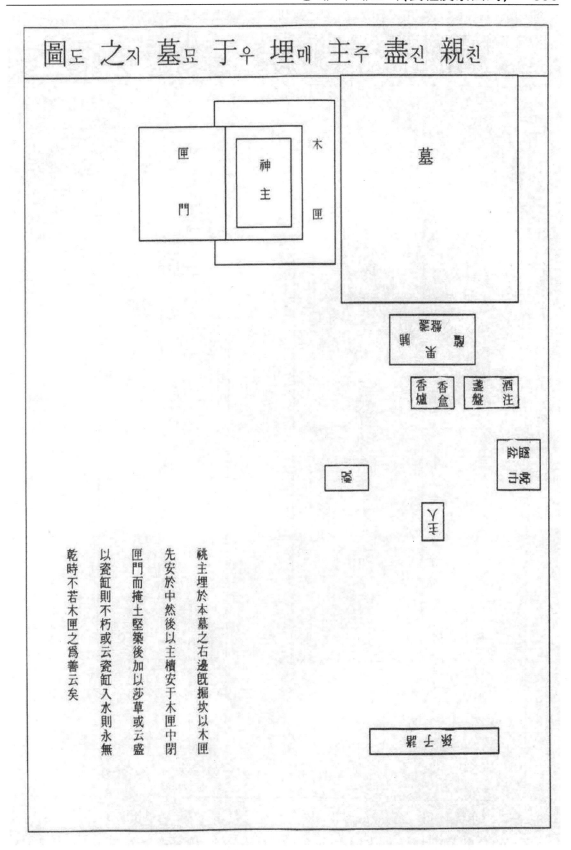

圖도 之지 墓묘 于우 埋매 主주 盡진 親친

木匣

匣門

神主

墓

祝板

盞盤 酒注

香爐 香盒

茅沙

祝盥盆 勺

主人

祝子孫

祧主埋於本墓之右邊旣掘坎以木匣
先安於中然後以主櫝安于木匣中閉
匣門而掩土堅築後加以莎草或云盛
以瓷缸則不朽或云瓷缸入水則永無
乾時不若木匣之爲善云矣

（參圖）

圖도　　　牓방　　　紙지

5 푼

5 푼

顯考某官府君神位

顯妣某封某氏神位

장 1 자 2 치

광 3 치

(주척 1 척 약 20cm)

신주규격 치수의 의미　○ 장(長) 세로　　1 척 2 촌(12치)　　1년 12월
　　　　　　　　　　　　　○ 광(廣) 가로　　　3 촌(30푼)　　　1월 30일
　　　　　　　　　　　　　○ 후(厚) 두께　　1 촌 2 푼(12푼)　　1일 12시

第 五 篇 祭禮(제례)

◆祭祀之禮(제사지례)

祭義祭不欲數數則煩煩則不敬祭不欲疏疏則怠怠則忘霜露既降君子履之必有悽愴之心非其寒之謂也春雨露既濡君子履之必有怵惕之心如將見之惟聖人爲能饗帝孝子爲能饗親饗者鄕也鄕之然後能饗焉○曾子曰父母既沒必求仁者之粟以祀之此之謂禮終○公羊傳春曰祠夏曰礿秋曰嘗冬曰烝士不及玆四者則冬不裘夏不葛(註)四者四時祭士有公事不得及此四時祭者不敢美其衣服思念親之至也○通典先王制禮依四時而祭者時移節變孝子感而思親故奉薦味以伸孝敬之心○程子曰凡物知母而不知父走獸是也知父而不知祖飛鳥是也惟人則能知祖若不嚴於祭祀殆與鳥獸無異矣○冠婚喪祭禮之大者今人都不理會豺獺皆知報本今士大夫家多忽此厚於奉養而薄於先祖甚不可也某嘗修六禮家必有廟廟必有主月朔必薦新時祭用仲月冬至祭始祖立春祭先祖季秋祭禰忌日遷主祭於正寢○陳氏曰月朔一月之始四時天道之變冬至陽生之始立春物生之始季秋成物之始忌日親之死日君子於此必有悽愴怵惕之心故因之而行追遠之禮○問祭起於聖人之制作以敎人否曰非也祭先本天性如豺有祭獺有祭鷹有祭皆是天性豈有人而不如鳥乎聖人因而裁成禮法以敎人耳○朱子曰自天地言之只是一箇氣自一身言之我之氣卽祖先之氣亦只是一箇氣所以纔感必應○古之人誠實眞是見幽明一致如在其上下左右非心知不然姑爲是言以敎也○問祖先非士人而子孫欲變其家風以禮祭之祖先不曉却如何曰公曉得祖先便曉得○問祖宗是天地間一統氣因子孫祭享而聚散否曰這便是上蔡所謂若要有時便有若要無時便無皆由乎人矣鬼神是本有底物事祖宗亦只是同此一氣但有箇總腦處子孫這身在此祖宗之氣便在此他是有箇血脈貫通所以神不歆非類民不祀非族只爲這氣不相關如天子祭天地諸侯祭山川大夫祭五祀雖不是我祖宗然天子者天地之主諸侯者山川之主大夫者五祀之主我主得他氣又總統在我身上如此便有箇相關處○祭祀之禮聖人所以追養繼孝本天性者也蓋子孫之於祖考恩重矣親至矣形氣之相屬也血脈之相貫也居處之相接也笑語之相洽也飲食之相樂也一朝而沒焉則不忍謂已死無知遽然相忘是天理也人情也然則雖皋復而魂不返矣俄者飲食之親不忍遽絶其飲食餘閣之奠不能不象其生也雖永遷而魄已散矣昔者供養之親不忍遽廢其供養下室之饋不能不象其生也然而哀哭殺矣日月三年矣致生之亦不智矣乃徹饋奠而神之神之誠不忍也飲食供養不忍絶而自絶不忍廢而自廢神之誠不忍也然神也者天地之氣也天地之氣不死則祖考之神不死而子孫之氣得與之相感故朱子曰自天地言之只是一箇氣自一身言之我之氣卽祖考之氣亦只是一箇氣所以纔感必應然則子孫之氣存時祖考之氣未或不在矣所以宗廟以饗之是天理也人情也然其所饗之者豈眞如生人之居處笑語飲食爲歟惟在致吾之誠敬而已矣或疑其神之無形無聲而謂祭無益則直不誠不敬而已矣苟致吾之誠敬思其居處愾然見乎其位則親不如在乎思其笑語肅然聞乎其聲則親不如在乎思其所嗜依依然彷彿乎其飲食則親不如在乎孔子曰祭如在又曰洋洋乎如在其上如在其左右在乎孝子之誠敬而已矣○祭統曰身致其誠信誠信之謂盡盡之謂敬敬盡然後可以事神明此祭之道也○郊特牲曰祭豈知神之所饗也自盡其敬而已○凡祭容貌顔色如見所祭者○眞德秀曰愛慕之極儼乎其若存誠慤之極昭乎其有見敬則有不敬則無矣○大全吳伯豐問太極圖義有云人物之始以氣化而生者也氣聚成形則形交感遂以形化而人物生生變化無窮是知人物在天地間其生生不窮者固理也其聚而生散而死者則氣也有是理則有是氣氣聚於此則其理亦命於此今所謂氣者既已化而無有矣則所謂理者抑於何而寓耶然吾之此身卽祖考之遺體祖考之所具以爲祖考者蓋具

於我而未嘗亡也是其魂升魄降雖已化而無有然理之根於彼者旣無止息氣之具於我者復無
間斷吾能致精竭誠而求之此氣旣純一而無所雜則此理自昭著而不可揜此其苗脈之較然可
睹者也上蔡云三日齊七日戒求諸陰陽上下只是要集自家精神盖我之精神卽祖考之精神在
我者旣集卽是祖考之來格也然古人於祭祀必立之尸其義精甚盖又是因祖考遺體以疑聚祖
考之氣氣與質合則其散者庶乎復聚此敎之至也故曰神不歆非類民不祀非族云云曰所諭鬼
神之說甚精密大我人之氣傳於子孫猶木之氣傳於實也此實之傳不泯則其生木雖枯毀無餘
而氣之在此者猶自若也○語類謨問聖人凡言鬼神皆只是以理之屈伸者言曰鬼神固是以理
言然亦不可謂無氣所以先王祭祀或以燔燎或以鬱鬯以其有氣故以類求之耳陳後之問祖宗
是天地間一箇統氣因子孫祭享而聚散否曰這便是上蔡所謂若要有時便有若要無時便無皆
由乎人矣鬼神是本有底物事祖宗亦只是同此一氣但有箇總腦處子孫這身在此祖宗之氣便
在此他是有箇血脈貫通所以神不歆非類民不祀非族只爲這氣不相關如天子祭天地諸侯祭
山川大夫祭五祀雖不是我祖宗然天子者天地之主諸侯者山川之主大夫者五祀之主我主得
他氣又總統在我身上如此便有箇相關處○汪德輔問祖考精神便是自家精神故齊戒祭祀則
祖考來格若祭旁親及子亦是一氣猶可推也至於祭妻及外親則其精神非親之精神矣豈於此
但以心感之而不以氣乎曰但所祭者其精神魂魄無不感通盖本從一源中流出初無間隔雖天
地山川鬼神亦然○問祖考之精神便是自家精神故祭之可以來格至於妻及外親則不知如何
曰但所當祭者其精神魂魄無不感通蓋本皆從一原中流出初無間隔雖天地山川鬼神亦然也
○問祖考精神旣散必須三日齊七日戒求諸陽求諸陰方得他聚然其聚也倏然到得禱祀旣畢
誠敬旣散則又忽然而散曰然○問祭禮古今事體不同行之多窒礙如何曰有何難只但以誠敬
爲主其他儀則隨家豐約如一羹一飯皆可自盡其誠○自招魂復魄立重設主便是常要接續他
些子精神在這裏聖人敎人祭祀要聚得他○南溪問今人祭禮雖號禮法之家各自異行至於一
家有四宗而繼曾或繼祖之宗子欲一倣家禮而行之獨繼高之宗子堅執先世所行及俗禮而不
欲行或至繼曾以下亦然則繼禰小宗當只行古禮於其家耶抑從宗子而循俗耶尤庵曰所謂各
自異行者有家禮五禮儀及要訣等書之不同故也當一從家禮而猶或有疑文然後補以他書則
合於大一統之義而無此獘也然一家長上堅執先世所行而不至甚乖於禮則亦難直情徑行似
當勉從若其甚不可行者則亦當盡吾誠敬宛轉開悟而已此外更無善處之道也○問凡時享生
辰忌墓等祭擧廢隆殺之節及饌品酌定之規若一一依此行之則固善矣但累代傳習之規率然
改定不無專輒之慮以改定之意措辭先告于祠堂而後次第行之似或得宜南溪曰前日所行者
乃時俗仍習之禮也今此所定乃家禮當行之事自不相同以朱子所謂子孫曉得祖先便曉得之
意推之似亦不必申告但若累代承祀之家事體稍異雖告祝而行之亦可矣○問尸童之童字沙
溪曰曾子問可攷然禮周公祭泰山以召公爲尸則不必童明矣○曾子問孔子曰祭成喪者必有
尸尸必以孫孫幼則使人抱之無孫則取於同姓可也○尤庵曰祭不用尸朱子曰一處說有男尸
有女尸亦不知廢於甚時又曰主人獻尸尸酢主人開元禮猶如此不知甚時因甚事後廢了到本
朝都把這樣禮數併省了據此數說則至唐時猶有尸至宋時而永廢之也

제 1 장 內祀(내사)

祭統凡治人之道莫急於禮禮有五經莫重於祭夫祭者非物自外至者也自
中出生於心者也心怵而奉之以禮是故唯賢者能盡祭之義

　　　註五經吉凶軍賓嘉之五禮也心怵卽前篇君子履之必有怵惕之心謂心有感動也○方氏曰盡其心者
　　　祭之本盡其物者祭之末有本然後末從之故祭非物自外至自中出生於心也心怵而奉之以禮者心有
　　　所感於內故以禮奉之於外而已蓋以其自中出非外至者也奉之以禮者見乎物盡之以義者存乎心徇
　　　其物而忘其心者衆人也發於心而形於物者君子也故曰唯賢者能盡祭之義○慶源輔氏曰祭吾之誠

敬耳故曰自中出生於心也凡在外之物所以將之而已故曰非物自外至者也心怵而奉之以禮外徇於
物而內忘其心者有之矣故曰唯賢者能盡祭之義禮義固由賢者出也

예기(禮記) 제통편(祭統篇)의 가르침이다. 대체로 백성을 다스리는 법도(法道)로는 예
(禮)를 가르치는 것보다 더 급한 것은 없느니라. 예법에는 오경(五經)이 있으나 제례
보다 더 중한 것은 없으니 대저 제례(祭禮)라 하는 것은 밖에서 스스로 들어오는 물
건이 아니라 자신의 마음속에서 스스로 생겨 나와야 두려운 마음으로 예법대로 받드
는 것이니라. 이러한 까닭에 오직 현자(賢者)만이 능히 제사의 도리를 다하느니라.

◆祭禮(제례)

語類謨問聖人凡言鬼神皆只是以理之屈伸者言也祭義宰我曰吾聞鬼神之名不知其所謂孔
子曰神也者氣之盛也魄也者鬼之盛也又曰衆生必死死必歸土是之謂鬼骨肉斃于下陰爲野
土其氣發揚于上爲昭明焄蒿悽愴百物之精神之著也魄旣歸土此則不問其曰氣曰精曰昭明
又似有物矣旣只是理則安得有所謂氣與昭明者哉及觀禮運論祭祀則曰以嘉魂魄是謂合莫
註謂莫無也又自上通無莫此說又似與祭義不合曰如子所論是無鬼神也鬼神固是以理言然
亦不可謂無氣所以先王祭祀或以燔燎或以鬱鬯以其有氣故以類求之耳○廣問昭明焄蒿悽
愴之義如何曰此言鬼神之氣所以感觸人者昭明乃光景之屬焄蒿氣之感觸人者悽愴如漢書
所謂神君至其風颯然之意問中庸或問取鄭氏說云口鼻之噓吸者爲魂耳目之精明者爲魄先
生謂此蓋指血氣之類言之口鼻之噓吸是以氣言之耳目之精明是以血言之目之精明以血言
可也耳之精明何故亦以血言曰醫家以耳屬腎精血盛則聽聰精血耗則耳瞶矣氣爲魂血爲魄
故骨肉歸于地陰爲野土若夫魂氣則無不之也廣云今愚民於村落杜撰立一神祠合衆以禱之
其神便靈曰可知衆心之所輻輳處便自暖故便有一箇靈底道理所以祭神多用血肉者蓋要得
籍他之生氣耳聞蜀中灌口廟一年嘗殺數萬頭羊州府亦賴此一項稅羊錢用又如古人釁鍾釁
龜之意皆是如此廣云人心聚處便有神故古人郊則天神格廟則人鬼享亦是此理曰固是但古
人之意正故其神亦正後世人心先不正了故所感無由得正因言古人祭山川只是設壇位以祭
之祭時便有祭了便無故不褻瀆後世却先立箇廟貌如此所以反致惑亂人心倖求非望無所不
至○大全吳伯豐問人物在天地間其生生不窮者固理也其聚而生散而死者氣也有是理則有
是氣氣聚於此則其理亦命於此今所謂氣者已化而無有矣則所謂理者抑何寓耶然吾之此身
卽祖考之遺體祖考之所具以爲祖考者蓋具於我而未嘗亡也其魂升魄降雖已化而無然理之
根於彼者旣無止息氣之具於我者復無間斷吾能致精竭誠而求之此氣旣純一而無所雜則此
理自昭著而不可掩此其苗脉之較然可覩者也曰人之氣傳於子孫猶木之氣傳於實也此實之
傳不泯則其生木雖枯毀無餘而氣之在此者猶自若也此等處但就實事上推之反覆玩味自見
意味○語類陳後之問祖宗是天地間一統氣因子孫祭享而聚散否曰這便是上蔡所謂若要有
時便有若要無時便無皆由乎人矣鬼神是本有底物事祖宗亦只是同此一氣但有箇攝腦處子
孫這身在此祖宗之氣便在此他是有箇血脉貫通所以神不歆非類民不祀非族只爲這氣不相
關如天子祭天地諸侯祭山川大夫祭五祀雖不是我祖宗然天子者天地之主諸侯者山川之主
大夫者五祀之主我主得他氣又攝統在我身上如此便有箇相關處○汪德輔問祖考精神便是
自家精神故齋戒祭祀則祖考來格若祭旁親及子亦一氣猶可推也至於祭妻及外親則其精神
非親之精神矣豈於此但以心感之而不以氣乎曰但所祭者其精神魂魄無不感通蓋本從一源
中流出初無間隔雖天地山川鬼神亦然也○祭統祭者所以追養繼孝也註追其不及之養而繼
其未盡之孝也○程子曰冠昏喪祭禮之大者今人都不理會豺獺皆知報本今士大夫家多忽此
厚於奉養而薄於先祖甚不可也某嘗修六禮家必有廟廟必有主月朔必薦新時祭用仲月冬至
祭始祖立春祭先祖季秋祭禰忌日遷主祭於正寢陳氏曰月朔一月之始四時天道之變冬至陽
生之始立春物生之始季秋成物之始忌日親之死日君子於此必有悽愴忧惕之心故因之而行
追遠之禮○周官制度先王制禮必象天道故月祭象月時祭象時三年之祫五年之禘象閏○丘
儀禮器君親制祭夫人薦盎君親割牲夫人薦酒此雖諸侯之禮由此而推則士庶之家亦必夫婦

親之可知矣內則女子觀於祭祀納酒漿籩豆菹醢禮相助奠言女子則其嫁人躬親爲之可知矣
○文獻通考古者宗廟九獻王及后各四諸臣一自漢以來爲三獻后無入廟之事相循至今○陳
氏禮書上禮主人主婦賓三獻又加爵三長兄弟賓長利獻之也下大夫主人主婦賓又獻又加爵
二賓長利獻之也上大夫特主人主婦賓三獻而已蓋士與下大夫無賓尸故自加爵上大夫有賓
尸故無加爵士之飲禮止於一獻而祭有三獻者攝盛也士加爵三而下大夫加爵二者降也○祭
義仲尼嘗奉薦而進其親也慤其行也趨趨(促)以數已祭子贛問曰子之言祭也濟濟漆漆切然
今子之祭無濟濟漆漆何也子曰夫言豈一端而已夫各有所當註嘗秋祭也慤謹貌趨趨讀爲促
促行步迫狹也數擧足頻也濟濟者衆盛之容也漆漆者專致之容也各有所當言各有所主謂濟
濟漆漆乃宗廟中賓客之容非主人之容也主人之事親宜慤而趨數也○語類先生家祭享不用
紙錢凡遇四仲時祭隔日滌倚卓嚴辦次日侵晨已行事畢○桂陽易氏曰祭所以報本追遠最有
家之急務但儀節未免太繁且如祭酒乃飲食必祭之說因死者不能祭而代之只於初獻行之可
也今則每次皆祭至於闔門噫歆啓門嘏辭利成尤不勝其瑣碎焉嗚呼人之於禮多則憚於行久
則懈於後大抵然也昔孔子謂禘自旣灌而往猶不足觀況奠獻已畢又少休食頃而復行禮寧保
其無懈怠耶古禮之不作良有以也或者不然以爲古人於禮不虛設而羊存猶得以識之殊不知
禮之損益與時宜之今朝廷頒降祭神儀說自迎神送神奠獻之外無他儀何獨祭先繁縟如彼且
祭主於敬敬苟至焉雖擧一觴一酹亦自感格否則終日跪拜徒爲虛勞昔延平李先生云而今禮
文覺繁多使人難行必是裁之方始行得此言最當好古君子當自知之○語類古禮於今實是難
行竊謂後世有大聖人者作與他整理一過令人蘇醒必不一一如古人之繁但倣古人大意簡而
易行耳問祭禮古今事體不同行之多窒礙如何曰有何難行但以誠敬爲主其他儀則隨家豐約
如一羹一飯皆可自盡其誠○自弔魂復魄立重設主便是常要接續他些子精神在這裡又曰聖
人敎人子孫常祭祀要聚得他○尙書大傳祭之爲言察也察者至也人事至然後祭○中庸夫微
之顯誠之不可掩如是夫延平李氏曰於承祭祀時鬼神之理昭然易見○頥菴曰甚矣時俗之怵
於疫疾也夫瘡疹者大有毒熟之病也小兒遇之宜多難保且凡血氣之盛者必有變動又小兒例
有一月一度變蒸之侯而氣運相激或視異狀則昧者疑有鬼神之使作巫覡因之恣爲恐嚇而最
所禁忌者祭祀也牲牢香火諱不敢言其或凶則咎人之有失吉則謂神之有德祈禱無效而不悟
也吁寡婦孀家之惑難解而孤兒弱子諫不行固也至於家長稍有知者亦以爲婦人難可與曉喩
俗習不須爲崖異置不矯正付之悠悠廢祭停薦過時經歲亦狃而安焉古者廢祭則弔今也將祭
則駭異哉一人行疫一家被拘一門信鬼一郷持戒馴至於擧世靡然誰能力挽其頹波乎矧又疾
病之間祈卜並興亦以祭祀爲大禁嗟呼人於疾痛則必呼父母憂患則必聚族而謀之此愚智之
所同知也然則凡有病患當先告祠堂以求先祖之陰佑而徒事乎非鬼何耶嗚呼報本追遠人道
之大者也灾厄之來未必非廢祭之因而顧不知悔罪致誠修祀復禮惟憑巫覡覬回天命灾愈集
而惑愈甚終至於身殞而家敗尤可哀也按宋公之說似有補於風化故姑錄于此○曾子問大夫
之祭鼎俎旣陳籩豆旣設不得成禮廢者幾孔子曰九天子崩后之喪君薨夫人之喪君之大廟火
日食三年之喪齊衰大功皆廢外喪自齊衰以下行也其齊衰之祭也尸入三飯不侑酳不酢而已
矣大功酢而已矣小功緦室中之事而已矣士之所以異者緦不祭所祭於死者無服則祭註士卑
於大夫雖緦服亦不祭所祭於死者無服謂如妻之父母母之兄弟姊妹已雖有服而已所祭者與
之無服則可祭也○孔子曰君子過時不祭禮也註如四時之祭當春祭時或以事故阻廢至夏則
惟行夏時之祭不復追補春祭矣故過時不祭禮之常也惟禘祫大事則不然○曾子問宗子爲士
庶子爲大夫其祭也如之何孔子曰以上牲祭於宗子之家祝曰孝子某爲介子某薦其常事註士
特牲大夫少牢上牲少牢也庶子旣爲大夫當用上牲然必往就宗子家而祭者以廟在宗子家也
孝子宗子也介子庶子也張子曰宗子爲士立二廟支子爲大夫當立三廟是曾祖之廟爲大夫立
不爲宗子立矣然不可二宗別統故其廟亦立於宗子之家所謂以上牲祭於宗子之家者也祖考
皆然非惟爲士直爲庶人亦然○若宗子有罪居於他國庶子爲大夫其祭也祝曰孝子某使介子
某執其常事攝主不厭祭不旅不假不綏祭不配不歸肉註介子非當主祭者故謂之攝主不配者

祭禮初行尸未入之時祝告神曰孝孫某來日丁亥用薦歲事于皇祖伯某以某妃配今攝主不敢
備禮但言薦歲事于皇祖伯某不言以某妃配也不綏祭者綏當作隋減毀之名也主人減黍稷牢
肉而祭尸則取菹及黍稷肺而祭不假者假當作嘏福慶之辭也尸十一飯訖主人酳尸尸酢主人
畢命祝嘏于主人曰云云今亦以避正主故不嘏也不族不族酬也不厭祭者厭是厭飫之意謂神
之歆享也若宗子主祭則凡助祭之賓各歸之以俎肉今攝主故不歸俎肉於賓也○曾子問宗子
去在他國庶子無爵而居者可以祭乎孔子曰祭哉問其祭如之何孔子曰望墓而爲壇以時祭若
宗子死告於墓而後祭於家宗子死稱名不言孝身沒而已註宗子無罪而去國則廟主隨行矣若
有罪去國廟雖存庶子卑賤無爵不得於廟行祭但當祭之時卽望墓爲壇以祭也若宗子死則庶
子告於墓而後祭於其家亦不敢稱孝子某但稱子某而已又非有爵者稱介子某之比也身沒而
已者庶子身死其子則庶子之適子祭禰之時可稱孝也○語類上谷郡君謂伊川曰今日爲我祀
父母明日不復祀矣是亦祭其外家也然無禮經○堯卿問荊婦有所生母在家間養百歲後只歸
祔於外氏之塋如何曰亦可又問神主歸於婦家則婦家陵替欲祀於別室如何曰不便北人風俗
如此○本朝大典外祖父母及妻父母無主祭者當於正旦端午仲秋及各忌日用俗儀祭之○曲
禮非其所祭而祭之名曰淫祀淫祀無福註非所祭而祭之如法不得祭與不當祭而祭之淫過也
以過事神神弗享也故無福

◆淫祀(음사)

曲禮非其所祭而祭之名曰淫祀淫祀無福呂氏曰非所祭如法不得祭與不當祭者也淫過也○
朱子曰天子祭天地諸侯祭山川大夫祭五祀皆是自家精神抵當得他過方能感名得他來如諸
侯祭天地大夫祭山川便沒意思了○如今人祭甚麼廟神都是非其鬼○問今愚民於村落杜撰
立一神祠合衆以禱之其神便靈曰可知衆心之所輻湊處便自暖故便有一箇靈底道理所以祭
神多用血肉者蓋要得籍他之生氣耳又問人心聚處便有神故郊則天神格廟則人鬼享亦是此
理曰固是但古人之意正故其神亦正後世人心不正了故所感無由得正因言古人祭山川只是
設壇位以祭之祭時便有祭了便無故不褻瀆後世却先立箇廟貌如此所以反致惑亂人心倖求
非望無所不至○問今有無後鬼人或見憐備物而徼之則雖非吾子孫將無所不享乎頤菴曰不
然經云神不歆非類民不祀非族若有土之君祀殤祀癘則有之矣此外豈有非吾血屬而應赴之
理

◆行禮儀式(행례의식)

禮運昔者先王未有火化食草木之實鳥獸之肉飲其血茹其毛後聖有作然後脩火之利以炮以
燔以烹以炙以爲醴酪以養生送死以事鬼神上帝陳其犧牲備其鼎俎作其祝號玄酒以祭薦其
血毛腥其俎熟其殽醴醆以獻薦其燔炙君與夫人交獻以嘉魂魄是謂合莫退而合烹體其犬豕
牛羊實其簠簋籩豆鉶羹祝以孝告嘏以慈告是謂大祥此禮之大成也陳註周禮祝號有六一神
號如昊天上帝二鬼號如皇祖伯某三祇號如后土地祇四牲號若一元大武五齍號若稷曰明粢
六幣號若幣曰量幣太古無酒用水行禮後王尊之名爲玄酒每祭必設其實不用之以酳薦其血
毛謂殺牲之時取血及毛入告神於窒也腥其俎謂牲旣殺以俎盛肉進於尸前也祭玄酒薦血毛
腥俎三者是法上古之禮熟其殽以下是中古之禮以湯爓爲熟(按本疏云以湯沉之不全熟次於
腥)醴酒之一宿者周禮謂之醴齊醆卽周禮盎齊朝踐薦血腥時用醴饋獻薦熟時用醆也燔炙燔
肉炙肝也以上皆所以嘉善於死者之魂魄而求以契合於冥漠之中也退而合烹謂先薦爓未是
熟乃退取爓肉更合而烹煮使熟可食隨牲大小體別骨之貴賤以爲衆俎合烹以下當世之禮也
祝主人告神之辭嘏尸致福於主人之辭祥猶善也○朱子曰古禮於今實是難行當祭之時獻神
處少只祝酌奠卒祝迎尸以後都是人自食了交相勸酬甚煩且久所以季氏之祭至於繼之以燭
竊謂後世有大聖人者作與他整理一過令人蘇醒必不一一如古人之繁但倣古人大意簡而易
行耳溫公儀只爲閑辭多長篇浩瀚令人難讀其實行禮處無多某嘗修祭儀只就中間行禮處分
作五六段甚簡易曉後被人竊去亡之矣○問祭儀更有修改否曰大槩只是溫公儀無修改處○

今以燕器代祭器常饌代俎肉楮錢代幣帛○南溪曰今世公私祭禮公則近於古私則近於俗蓋
以公有唐開元禮大槩斟酌儀禮以成之私有朱子家禮雖亦祖述儀禮以整之然其本多出溫公
書儀故歸趣與開元禮自別也如有王者作則當一依古經參以今俗損益通變使公私之禮無所
參差以爲萬世通行之典而大明會典五禮儀既不能然顧曰士大夫禮當從朱文公家禮此今日
私禮尤不得不從家禮者也

◆行禮異儀當一從家禮(행례이의당일종가례)

地官黨正凡其黨之祭祀敎其禮事掌其禁戒疏民者冥也非敎不可故黨正敎禮事掌戒命督禁
之○問祖宗非士人而子孫欲變其家風以禮祭之祖宗不曉却如何朱子曰如何議論得恁地差
異公曉得祖宗不(不一作便)曉得○栗谷曰今俗多不識禮其行禮之儀家家不同甚可笑也若
不一裁之以禮則終不免紊亂無序歸於夷虜之風矣若父兄不欲則當委曲陳達期於歸正○南
溪曰嘗見人家長上雖爲祭式不一二世便漸變易失其舊法者多矣其事有二蓋後孫不深知本
意或見外家聘家名重一世者祭禮相異慕而效之此則以祭儀而言也新婦來嫁其心每以渠家
所行爲是因其見聞輒自變動或不幸值孤幼承家遂至大變者有之此則以祭饌而言也必也一
遵家禮則雖行之百世無所弊者婦人之弊亦在乎男子反身威如之吉耳○問凡時享生辰忌墓
等祭擧廢降殺之節及饌品之規累代傳習之家率然改定不無專輒之慮以改定之意措辭告于
祠堂而後行之似或得宜曰以朱子所謂子孫曉得祖宗便曉得之意推之似亦不必申告但若累
代承祀之家事體稍異雖告祝而行之亦可矣○尤菴曰所謂各自異行者有家禮五禮儀及要訣
等書之不同故也當一從家禮而猶或有疑文然後補以他書則合於大一統之義而無此弊也然
一家長上堅執先世所行而不至甚乖於禮則亦難直情徑行似當勉從若其甚不可行者則亦當
盡吾誠敬宛轉開悟而已此外更無善處之道也○問人家大宗祭儀不合禮則小宗獨改以古禮
毋乃不安乎曰大宗非禮則何必從也

◆行禮名目(행례명목)

周官制度先王制禮必象天道故月祭象月時祭象時三年之祫五年之禘象閏○祭法王立七廟
一壇一墠曰考廟曰王考廟曰皇考廟曰顯考廟曰祖考廟皆月祭之遠廟爲祧有二祧享嘗乃止
去祧爲壇去壇爲墠有禱焉祭之無禱乃止去墠曰鬼○國語楚語古者先王日祭月享時類歲祀
諸侯舍日卿大夫舍月士庶人舍時註曰祭於祖考月享於曾祖時類及二祧歲祀於壇墠張子曰
禮中豈有日祭此所謂三年之中几筵日祭○周語曰祭月祀時享歲貢註曰祭祭於祖考謂上食
也近漢亦然月祀於曾高時享於二祧歲貢於壇墠○王制天子諸侯宗廟之祭春曰礿夏曰禘秋
曰嘗冬曰烝註此蓋夏殷之祭名周則春曰祠夏曰礿詩曰礿祠烝嘗于公先王疏礿薄也物未成
而祭品鮮薄也禘次第也依時次第而祭之嘗者新穀熟而嘗也烝者衆也冬時物成而衆也○按
公羊傳歷擧礿祠烝嘗之名而曰士不及玆四者云則通爲大夫士祭名可知又按祭法自天子七
廟至大夫士三廟二廟皆有享嘗之文則王制所謂天子諸侯宗廟之祭名云者恐是擧尊以包卑
也○程子曰某嘗修六禮大略家必有廟廟必有主月朔必薦新時祭用仲月冬至祭始祖立春祭
先祖季秋祭禰忌日遷主祭於正寢○會通朱子宗法晨興詣家廟瞻敬朔望薦新俗節則祭以時
物祭用分至忌日祭於堂展墓用寒食及十月朔○南溪曰今以祭禮通行者言之四時祭朔望薦
新參者周公儀禮之制也忌祭墓祭俗節告事參者朱子家禮之制也今距朱子之世僅五百年未
聞有名世者作制禮作樂以垂于後則益知家禮爲近古之定制禮義之大經審矣

◆時祭不可不行(시제불가불행)

艮齋曰古之所謂祭是四時正祭而孝子報本追遠之意舍此將何所寓焉故君子雖貧時祭不可
以不行也公羊傳士不及玆四者則冬不裘夏不葛盖以喪禮自處也禮時祭嘏辭有祖考命工祝
致多福于汝孝孫之語餕祝有祖考嘉享伏願某親備膺五福之語實以家門大慶相與之樂也

◆祭法(제법)

祭法有虞氏禘黃帝而郊嚳祖顓頊而宗堯夏后氏亦禘黃帝而郊鯀祖顓頊而宗禹殷人禘嚳而郊冥祖契而宗湯周人禘嚳而郊稷祖文王而宗武王註國語曰有虞氏禘黃帝而祖顓頊郊堯而宗舜夏后氏禘黃帝而祖顓頊郊鯀而宗禹商人禘嚳而祖契郊冥而宗湯周人禘嚳而郊稷祖文王而宗武王○燔紫於泰壇祭天也瘞埋於泰折祭地也用騂犢註燔燎也積柴於壇上加牲玉於柴上乃燎之使氣達於天此祭天之禮也泰壇卽圜丘泰者尊之之辭瘞埋牲幣祭地之禮也泰折卽方丘折如磬折折旋之義喩方也周禮陽祀用騂牲陰祀用黝牲此幷言騂犢者以周人尙赤而所謂陰祀者或是他祀歟○馬氏曰燔柴於泰壇所謂祭天於地上圜丘瘞埋於泰折所謂祭地於澤中方丘謂之圜丘方丘以其出於自然也謂之泰壇泰折以其出於人力也折旋中矩矩方也泰折卽所謂方丘言燔柴於泰壇則知瘞埋於泰折者故也○埋少牢於泰昭祭時也相近於坎壇祭寒暑也王宮祭日也夜明祭月也幽宗(如字)祭星也雩宗祭水旱也四坎壇祭四方也山林川谷丘陵能出雲爲風雨見怪物皆曰神有天下者祭百神諸侯在其地則祭之亡其地則不祭註泰昭壇名也祭時祭四時也相近當爲祖迎字之誤也寒暑一往一來往者祖送之來者迎遚之周禮仲春晝迎暑仲秋夜迎寒則送之亦必有其禮也坎以祭寒壇以祭暑亡其地謂見削奪也○延平周氏曰月爲飮而盛於夜故曰夜明於星謂之幽者以對月而言則月爲明而星爲幽也水旱必謂之雩者以祭旱爲主盖陰中之陽升則爲雨故雩祭所以助達陰中之陽者也四坎壇祭四方豈蜡之祭四方百物之神若先嗇之類則祭於壇若水庸之類則祭於坎歟○大凡生於天地之間者皆曰命其萬物死皆曰折人死曰鬼此五代之所不變也七代之所更立者禘郊祖宗其餘不變也註五代唐虞三代也加顓頊帝嚳爲七代舊說五代始黃帝然未聞黃帝禘郊祖宗之制恐未然○方氏曰人物之生數有長短分有小大莫不受制於天地故大凡生者曰命及其死也物謂之折言其有所毁也人謂之鬼言其有所歸也不變者不改所命之名也更立者更立所祭之人也名旣當於實故無事乎變人旣異於世故必更而立焉名之不變止自堯而下者盖法成於堯而已由堯以前其法未成其名容有變更也更立不及於黃帝者七代同出於黃帝而已黃帝無統於上七代更立於下故也其餘不變者謂禘郊祖宗之外不變也若天地日月之類其庸可變乎○長樂陳氏曰五代所不變者命與折鬼之名也七代所更立者郊禘祖宗之祭也名生於事之實祭出於人之情黃帝而上事有其實而未必有其名故黃帝正名百物以至堯也舜也夏也殷也周也於其三者之名當同之而不變此所謂五代所不變也伏羲而上有其情而未備其祭故伏羲佃漁必備其祭至於黃帝也神農也堯也舜也夏也殷也周也於其所祭之人有所更立此謂七代更立者也然名則起於黃帝而近祭則起於伏羲而遠者何也盖事之實漸文於後世而人之情固隆於上世此名與祭所以遠近之不同耳○天下有王分地建國置都立邑設廟祧壇墠而祭之乃爲親疏多少之類註方氏曰分地建國置都立邑所以尊賢也設廟祧壇墠而祭之所以親親也親親不可以無殺故爲親疏之數焉尊賢不可以無等故爲多少之數焉有昭有穆有祖有考親疎之數也以七以五以三以二多少之數也○是故王立七廟一壇一墠曰考廟曰王考廟曰皇考廟曰顯考廟曰祖考廟皆月祭之遠廟爲祧有二祧享嘗乃止去祧爲壇去壇爲墠壇墠有禱焉祭之無禱乃止去墠曰鬼註七廟三昭三穆與太祖爲七也一壇一墠者七廟之外又立壇墠各一起土爲壇除地曰墠也考廟父廟也王考祖也皇考曾祖也顯考高祖也祖考始祖也始祖百世不遷而高曾祖禰以親故此五廟皆每月一祭也遠廟爲祧言三昭三穆之當遞遷者其主藏於二祧也古者祧主藏於太祖廟之東西夾室至周則昭之遷主皆藏文王之廟穆之遷主皆藏武王之廟也此不在月祭之例但得四時祭之耳故云享嘗乃止去祧爲壇者言世數遠不得於祧處受祭故云去祧也祭之則爲壇其又遠者亦不得於壇受祭故云去壇也祭之則爲墠然此壇墠者必須有祈禱之事則行此祭無祈禱則止終不祭之也去墠則又遠矣雖有祈禱亦不及之故泛然名之曰鬼而已○夫聖王之制祭祀也法施於民則祀之以死勤事則祀之以勞定國則祀之能禦大菑則祀之能捍大患則祀之註此五者所當祭祀也○嚴陵方氏曰聖王者言其有德又有位也有德而無其位有位而無其德皆不可制祭祀旣曰祭又曰祀者盖祭者祀之事祀者祭之道聖王之制祭祀豈徒事其末爲扰故下皆言祀而不言祭也麤而不可陳者法也施則所以陳之也勤故能免乎難定故能止乎一事欲免乎難

而已故於事曰勤國欲止乎一而已故於國曰㞳言以死勤事則不敢偸生以勞㞳國則不敢自逸蓋有天也可禦而已患在人也故可尢焉有一于此則皆在所祀也故每以祀言之聖王之制祭祀凡以有功烈於民而已故以法施於民爲首有民必有事故以以死勤事繼之民者國之本也事者國之治也故以以勞㞳國繼之國有民事爲有常蓋患爲有變故以以禦大蓋捍大患繼之

제 1 절 사시제(四時祭)

司馬溫公曰王制大夫士有田則祭無田則薦註祭以首時薦以仲月○高氏曰何休云有牲曰祭無牲曰薦大夫牲用羔士牲特豚庶人無常牲春薦韭夏薦麥秋薦黍冬薦稻韭以卵麥以魚黍以豚稻以鴈取其新物相宜凡庶羞不踰牲若祭以羊則不以牛爲羞也今人鮮用牲唯設庶羞而已

사마온공(司馬溫公)이 이르시기를 예기(禮記) 왕제편(王制篇)에 대부사(大夫士)는 짐승사냥을 하였으면 제사를 지내고 사냥을 못하였으면 천신(薦新)만 한다. 계절의 첫 달에는 제사를 지내고 중간 달에는 천신만을 한다.

고씨(高氏)가 이르기를 후한의 하휴(何休)선생은 생(牲)이 있으면 제사라 하였고 생이 없으면 천신이라. 한다 하였다. 대부는 어린양을 생(牲)으로 쓰며 사(士)의 생(牲)은 수돼지이며 서인(庶人)은 항상 생이 없느니라. 봄에는 부추를 천신하고 여름에는 보리를 천신하고 가을에는 기장을 천신하고 겨울에는 벼를 천신한다.

부추에는 알과 함께 천신하고 보리에는 생선과 함께 천신하고 기장에는 돼지와 함께 천신하고 벼에는 기러기와 함께 천신해야 하느니라. 그렇게 천신하는 물품은 서로 마땅함을 취함인데 대체로 여러 가지 제물은 생보다 나아서는 아니 되는 것이니 만약 양을 생으로 제사할 때는 소는 올리지 않느니라. 요즘 사람들은 생은 적게 쓰고 오직 여러 가지 음식을 진설할 뿐이다.

◆四時祭(사시제)

公羊傳春曰祠夏曰礿秋曰嘗冬曰烝亟則黷黷則不敬君子之祭也敬而不黷疏則怠怠則忘士不及玆四者則冬不裘夏不葛註禮本下爲士制玆四者謂四時祭也士有公事不得及此四時祭者則不敢美其衣服蓋思念親之至也吳澂曰天道三月一小變而爲一時未及三月而又祭則祭期太促密疑若煩縟而媒瀆已過三月而不祭則祭期太闊遠疑若怠慢而不思其親天道一歲有四時故君子之祭取法乎天道一歲通有四祭是謂不數不疏而得其中合於天道也○祭義祭不欲數數則煩煩則不敬祭不欲疏疏則怠怠則忘是故君子合諸天道春禘秋嘗霜露旣降君子履之必有悽愴之心非其寒之謂也春雨露旣濡君子履之必有怵惕之心如將見之樂以迎來哀以送往陳註王制言天子諸侯宗廟之祭春礿夏禘秋嘗冬烝註云夏殷之祭名周則春祠夏礿秋嘗冬烝也疏春禘秋嘗者擧春秋冬夏可知方氏曰於雨露言春則知霜露之爲秋矣霜露言非其寒則雨露爲非其溫之謂矣雨露言如將見之則霜露爲如將失之矣蓋春夏所以迎其來秋冬所以送其往也○呂氏撰橫渠行狀曰近世喪祭無法喪惟致隆三年自期以下未始有衰麻之變祭先之禮一用流俗燕褻不嚴先生繼遭期功之喪始治喪服輕重如禮家祭始行四時之薦曲盡誠潔聞者始或疑笑終乃信而從之一變從古者甚衆皆先生倡之○經類註春物生未有以享故曰祠夏陽盛以樂爲主故曰礿秋物成可嘗故曰嘗冬庶物盛多故曰烝○通典先王制禮依四時而祭者時移節變孝子感而思親故奉薦以伸孝敬之心○南溪曰人不爲學故識見茫昧家不習禮故私俗纏繞殊不知奉先之道極於時享實乃孝養之本誠敬之至而只欲歸重於忌墓生辰之類吁可憫歎也若歸重忌祭必務多品而廢時享則是以一日之痛而昧終身之慕歸重墓祭必謹四次而廢時享則是以體魄之所國俗之久而忘神道之大至於生辰之法以死而生事之以鬼而人食

之其瀆甚矣若復歸重於此而廢時享則是殆同流於婦孺之情愛臧獲之知識輾轉乖謬莫此爲
甚而尤非達孝守禮之君子所宜處者韓子所謂宦官宮妾之孝賢於周公孔子曾參者正指是也
今欲沿流而正本亦不過反經而已〇朽淺曰四仲月時祭古之正禮禮之重者也四名日墓祭後
之俗禮禮之輕者也一年之內行此八大祭非但人家事力所不及實有逕庭於禮經所謂祭不欲
數數則煩煩則不敬之語今以春冬二仲月如禮祭之以端午秋夕祭於祠堂以當夏秋二仲之時
祭夫如是則四時之祭實皆行之而端秋二名日亦可兼擧矣〇陶菴曰世之只行墓祭不行時祭
者須移祭墓者行之於廟而於墓則一祭之爲宜

◆過時不祭(과시불제)

曾子問孔子曰君子過時不祭禮也註四時之祭當春祭時或以事故阻廢至夏則惟行夏祭不復
追補春祭惟禘祫大事則不然

◆祭日前聞喪(제일전문상)

曾子問曰大夫之祭鼎俎旣陳籩豆旣設不得成禮廢者幾孔子曰九請問之曰天子崩后之喪君
薨夫人之喪君之太廟火日食三年之喪齊衰大功皆廢外喪自齊衰以下行也其齊衰之祭也尸
入三飯不侑酳(胤)不酢而已矣大功酢而已矣小功緦室中之事而已矣士之所以異者緦不祭
所祭於死者無服則祭疏前文云內喪大功以上廢則知內喪小功以下不廢雜記臣妾死於宮中
三月而後祭此內喪緦麻不廢者謂鼎俎旣陳臨祭之時故也大夫至大功爲九士又加緦小功爲
十一士值緦小功不辨內外一切皆廢士輕故爲輕親伸情也若舅舅之子從母昆弟於死者無服
亦祭也此皆母親以父爲主也陳註外喪在大門之外也侑勸也〇遂菴曰鼎俎旣陳籩豆旣設指
祭前一日也〇愚按特牲禮則士禮而陳鼎俎設籩豆在祭前一日少牢禮則大夫禮而祭日乃陳
設鼎俎籩豆二禮之不同疏已言之曾子旣以大夫祭爲問則是少牢之鼎俎籩豆陳設於祭日者
也遂菴恐未照管〇尤菴曰於死者無服則祭云者雖於考有服而於祖以上無服猶不可行時祭
況於高祖有服而敢行於以下乎〇問祭祀時聞外喪則奈何同春曰未出主則廢之旣出主則略
行之事畢後卽位而哭〇問正齊聞訃則奈何寒岡曰切親有服則廢祭而往哭無服而情切則祭
畢爲位而哭〇南溪曰所詢之禮雖非鼎俎旣陳之比亦已卜日而告之廟矣於廟中尊位旣無不
祭之義而特以亡婦一位私服之故因廢正祭實涉不虔以尊位爲主而通行之似無大妨〇同春
曰凡禮皆當統於男子元無以婦人之故而爲之進退者況婦人之外喪則尤無所嫌以曾子問齊
衰以下行之之說推之甚分曉惟遭喪之婦人成服前則恐難參祭也

◆喪中時祭(상중시제)

朱子曰家間頃年居喪於四時正祭則不敢擧〇問夫爲妻喪未葬或已葬而未除服當時祭否朱
子曰恐不當祭〇遂菴曰賢閤祥禫已過時祭行之無疑令胤雖在心喪執事行事之時只參神辭
神侍立而已似無難安之節〇語類先生以子喪不擧盛祭〇遂菴曰據要訣則子婦喪卒哭從祠
堂時祭可以行之〇問愚伏曰禮父母之喪將祭而有兄弟之喪則殯而後祭此練祥二祭也如同
宮則雖臣妾葬而後祭以此推之將祭而家內有婢僕之喪則廢之似當沙溪曰愚伏說是〇問本
生父母喪葬後所後廟時祭當行否芝村曰朱子答范伯崇有倣杜註常祀家廟之說以此推之喪
中亦可行時祭則本生親葬後似無不可行之義矣然朱子於夫人及長子喪內皆不擧四時祭今
本生服雖是期年服色自與三年者無甚異同以喪服而行時祭恐似未安〇問出後者本生喪中
所後家吉祭當行否陶菴曰吉祭實喪餘之祭固不敢不行而至於時祭則權廢亦何妨

◆服中時祭(복중시제)

朱子答呂伯恭書曰祭禮略已成書欲俟之一兩年徐於其間察所未至令又遭此期喪勢須卒哭
後乃可權宜行禮考其實而修之續奉寄求訂正也〇要訣期大功則葬後當祭如平時但不受胙
未葬前時祭可廢緦小功則成服前廢祭成服後則當祭如平時但不受胙〇沙溪曰考曾子問則
要訣服中祭祀之儀與之相合〇問要訣緦小功成服後祭如平時云者與緦不祭之文不合愚伏

曰雖與古禮不相應亦斟酌得好可遵行也○尤菴曰禮喪在外則祭者指當行事而聞訃者也若
不至於鼎俎陳籩豆設則重服未葬前時祭何可行也栗谷先生服中行祭儀期大功葬後祭如平
時但不受胙未葬前時祭可廢云云此爲今日士夫家遵行之禮○雲坪曰受胙是神之事也不祭
則已安可以自廢之也只當不餕以示變可也○愚按要訣所謂但不受胙云者是據朱子所謂正
祭三獻受胙非居喪所可行而俗節則晉同一獻不讀祝不受胙之說而言也然朱子之意蓋謂喪
中祭不得三獻故亦不得受胙而不可行時祭惟俗節則一獻而亦不受胙故可行也云耳據
此則三獻則受胙一獻則不受胙之意可知也非謂喪服中行祭雖行三獻而獨不得受胙也栗谷
恐失照商

◆有疫疾廢祭之誤(유역질폐제지오)

頤菴曰甚矣時俗之怵於疫疾也夫瘡疹者大有毒熱之病也小兒遇之友多難保又小兒例有一
月一度變蒸之候而氣運相激或視異狀則昧者疑有鬼神之使作巫覡因之恣爲恐嚇而最所禁
忌者祭祀也牲牢香火諱不敢言其或凶則咎人之有失吉則謂神之有德祈禱無效而不悟也吁
寡婦孀家之惑難解而孤兒弱子諫不行固也至於家長稍有知者亦以爲婦人難可與曉諭俗習
不須爲崖異置不矯正付之悠悠廢祭停薦過時經歲亦狃而安焉古者廢祭則弔今也將祭則駭
異哉一人行疫一家被拘一門信鬼一鄉持戒馴至於擧世靡然誰能力挽其頹波乎矧又疾病之
間析卜幷興亦以祭祀爲大禁嗟乎人於疾病則必呼父母憂患則必聚族而謀之此愚智之所同
知也然則凡有病患當先告祠堂以求先祖之陰佑而徒事乎非鬼何耶嗚呼報本追遠人道之大
者也災厄之來未必非廢祭之因而顧不知悔罪致誠修祀惟憑巫覡覬回天命災愈集而惑愈甚
終至於身殞而家敗尤可哀也○沙溪曰宋公之說有補於風化

◆産則廢祭(산즉폐제)

問愚伏曰或有産婦則不潔不可祭也沙溪曰愚伏說是○問今人有産或廢祭於七日內抑無過
禮否遂菴曰過三日則似無拘忌

◎廟祭世數(묘제세수)

◆祭三代四代之說(제삼대사대지설)_{庶人無廟大夫以下無主幷論}

晦齋曰高祖有服不祭甚非文公家禮祭及高祖盖亦本於程氏之禮也然禮大夫三廟士二廟無
祭及高祖之文故朱子亦以祭高祖爲僭且今國朝禮典六品以上祭三代不可違也竊意高祖雖
無廟亦不可專廢其祭春秋俗節率其子孫詣墓祭之庶無違禮意而亦不至忘本也○退溪曰祭
四代古禮亦非盡然禮記大傳大夫有事省於其君干祫及其高祖說者謂祫本諸侯祭名以大夫
行合祭高祖之禮有自下干上之義故云干祫以此觀之祭四代本諸侯之禮大夫則家有大事必
告於其君而後得祭高祖而告之不常祭也後來程子謂高祖有服之親不可不祭朱子家禮因程
子說而立爲祭四代之禮盖古者代各異廟其制甚鉅故代數之等不可不嚴後世只爲一廟分龕
以祭制殊簡率猶可通行代數故變古如此所謂禮雖古未有可以義起者此也今人祭三代者時
王之制也祭四代者程朱之制也力可及則通行恐無妨也○頤庵曰時祭則拘於國法止於曾祖
而高祖則只行墓祭忌祭五代祖則只行墓祭於寒食秋夕六代祖之墓祭則只行於寒食○沙溪
曰祭三代乃時王之制然高祖當祭不但程朱有明訓我東先賢如退溪栗谷諸先生皆祭高祖云
○問今人不祭高祖如何程子曰高祖自有服不祭甚非某家却祭高祖又曰自天子至於庶人五
服未嘗有異皆至高祖服旣如是祭祀亦須如是○朱子曰考諸程子之言則以爲高祖有服不可
不祭雖七廟五廟亦止於高祖雖三廟一廟以至祭寢亦必及於高祖但有疏數之不同疑此最爲
得祀之本意今以祭法考之雖未見祭必及高祖之文然有月祭享嘗之別則古者祭祀以遠近
疏數亦可見矣禮家又言大夫有事省於其君干祫及其高祖此則可爲立三廟而祭及高祖之驗
○問士庶當祭幾代曰古時一代即有一廟其禮甚多今旣無廟又於禮缺祭四代亦無害○又曰
栗谷擊蒙要訣亦從國制只祭三代然家禮旣以四代定爲中制故好禮之家多從家禮○同春問

古者庶人只祭考妣國制亦然所謂庶人若是未入仕之通稱則只祭考妣似爲大略沙溪曰程子
曰雖三廟一廟以至祭寢亦必及於高祖又曰雖庶人必祭及高祖今世遵此禮者不爲無據○尤
庵曰廟祭世數盖栗谷以四代爲是而時王之制不敢違故著於要訣者以三代爲定也正如朱子
以父在服母期爲是其見於語類者甚詳而及纂家禮則乃因國朝三年之制此豈非夫子從周之
義也○問程子曰雖庶人祭及高祖比天子諸侯止有疎數朱子曰祭法有月祭享嘗之別古者以
遠近爲疎數尤庵曰**豐**殺疎數程子說似以貴賤言朱子則以遠近言之然皆論古禮如是也古禮
則世各異廟故可得如此今世則同處一廟此禮恐是行不得○南溪曰祭三代古今通行之禮栗
谷之反從時制不可非也但大明會典及我國五禮儀皆許士大夫以從文公家禮是亦不以祭四
代爲罪也然則從程朱祭高祖恐不至未安○尤庵曰庶人雖無廟豈無居室耶有居室則必有寢
矣○問朱子曰古之非命士祭於堂伊川曰庶人祭於寢然則常時位牌藏於何所尤庵曰說者謂
古者大夫以下無主或謂有主先師金先生嘗言謂之有主者似勝此盖主無主而言

◆祭三代家告祠祭四代當否(제삼대가고사제사대당부)

愚伏曰第三代固是時王之制而程朱之論皆以爲高祖有服不可不祭退溪先生謂士子好禮之
家從古禮祭四代亦不爲**僣**具由告辭于先廟而不爲祧出未知如何○同春問愚伏曰云云沙溪
曰如今祭四代雖違古禮與國法鄙家從程朱之說亦祭四代哀亦依愚伏之言不爲祧出未爲不
可○又問寒門祭三代自先世已然故高祖神主於宗子旣爲親盡而遞遷之先考以最長房奉祭
矣今者孤哀若欲祭四代而仍奉不遷則有若奪宗實深未安未知如何雖已遞遷於宗家而祭四
代本合禮意具此由以告而仍奉祭之亦未爲不可耶沙溪曰哀旣非宗子有宗孫在果不可擅斷
因留奉祭似難便祧出爲可○同春追後所錄曰到今思之具由告辭而還奉於宗家似當悔不可
追

⊙時祭用仲月前旬卜日(시제용중월전순복일)

孟春(便覽夏秋冬同)下旬之首擇仲月三旬各一日或丁或亥主人盛服立於祠堂中門外
西向兄弟立於主人之南少退北上子孫立於主人之後重行西向北上置卓子於主人之
前設香爐香合环珓及盤於其上主人搢笏焚香熏珓(儀節香煙上薰)而命以上旬之日曰
云云卽以珓擲于盤以一俯一仰爲吉不吉更卜中旬之日又不吉則不復卜而直用下旬
之日旣得日祝開中門主人以下北向立如朔望之位皆再拜主人升焚香再拜(便覽跪)祝
執詞(便覽東向)跪于主人之左(三禮儀凡讀祝主人皆跪)讀曰(云云興復位)主人再拜降復位
與在位者皆再拜祝闔門主人以下復西向位執事者立于門西皆東面北上祝立于主人
之右命執事者曰云云執事者應曰諾乃退

> 司馬溫公曰孟詵家祭儀用二至二分然今仕宦者職業旣繁但時至事暇可以祭則卜筮亦不必亥日及
> 分至也若不暇卜日則止依孟儀用分至於事亦便也○問舊嘗收得先生一本祭儀時祭皆用卜日今聞
> 却用二至二分祭是如何朱子曰卜日無定慮有不虔司馬公云只用分至亦可

⊙시제는 사계절의 계절마다 중간 달에 지내며 한달 전에 상순의 날부터 점을 친다.

봄의 첫 달 하순 초(初)(여름 가을 겨울도 같다)에 중간 달 즉 다음 달의 삼순(三旬)
중에서 천간(天干)으로 정(丁)자나 지지(地支)로 해(亥)자가 드는 날 중 하루를 택한
다.

주인은 성복을 하고 사당(祠堂) 중문(中門) 밖에서 서쪽으로 향하여 서고 형제들은
주인의 남쪽에서 조금 뒤로 물러나 북쪽을 상석으로 하여 서고 자손들은 주인의 뒤
에서 서쪽으로 향하여 겹 열로 서되 북쪽이 상석이다.

탁자를 주인 앞에 놓고 향로와 향합과 배교(环珓) 및 배교를 던져 점을 칠 배교반을

그 위에 늘어놓는다. 주인은 홀(笏)을 조복(朝服)의 대대(大帶)에 꽂고 향을 피운다. 배교(环珓)를 향 연기에 쪼인 후 상순의 날로 명을 받는다. 다음과 같이 고하고 곧 배교(环珓)를 배교반에 던져 하나는 엎어지고 하나는 뒤쳐지면 길한 괘가 된다. 불길 하면 다시 중순의 날로 점을 치고 또 불길하면 다시 점을 치지 않고 하순의 날로 직 용한다. 날 받기를 마쳤으면 축관은 중문을 연다.

주인 이하 북쪽으로 향하여 서되 사당 초하루 참배 때 서는 차서 대로 서서 모두 재 배한다. 주인은 당으로 올라 분향재배 하고 무릎을 꿇고 앉으면 축관은 고사판을 들 고 주인의 왼편에서 동쪽으로 향하여 무릎을 꿇고 앉아 다음과 같이 고한다. 마쳤으 면 일어나 제자리로 물러나 선다. 주인은 재배하고 내려와 제자리에 서면 자리에 있 는 이 모두 재배한다. 축관은 사당 중문을 닫는다. 주인 이하 다시 자리에서 서쪽으 로 향하면 집사자들은 문의 서쪽에서 모두 동쪽으로 향하여 서되 북쪽을 상석으로 하여 서면 축관은 주인의 오른편에 서서 다음과 같이 집사자들에게 명을 하면 집사 자들은 답으로 "예" 라하고 곧 물러난다.

◆环珓之制(배교지제)

尤庵曰环珓之制既非難備者又不必俯易而仰難正如今俗歲時折木爲戲之具俯仰均矣今俗 無端不用未可曉也○南溪曰环珓之制韻書稱判竹爲之或用竹根其長二寸其制可略想所謂 一俯一仰此必以竹之表裏爲俯仰也

◆或丁或亥(혹정혹해)

小牢饋食禮日用丁巳筮旬有一日註丁巳取自丁寧自變改旬十日也先月下旬之巳筮來月上 旬之巳疏按曲禮外事以剛日內事以柔日內事謂冠昏祭祀外事謂征伐巡守之等下旬巳上旬 巳據用巳而言丁乙辛等皆然○來日丁亥用薦歲事于皇祖註丁未必亥也直舉一日以言之耳 不得丁亥則己亥辛亥亦用之無則苟有亥焉可也疏日有十辰有十二以五剛日配六陽辰以五 柔日配六陰辰以日配辰丁日不定故云丁未必亥經云丁亥者不能具載直舉一日以當亥而 言餘或以己當亥或以丁當丑皆得用之不得丁亥則己亥辛亥亦用之者吉事先近日若上旬之 內或不得丁巳以配亥或無亥以配日則餘陰辰亦用之無則苟有亥焉可也者卽乙亥是也必須 亥者按陰陽式法亥爲天倉祭祀所以求福宜稼于田故先取亥上旬無亥乃用餘辰也○劉氏敞 曰所以取丁者以先庚三日後甲三日故也大抵郊祭卜辛社祭卜甲宗廟祭卜丁無取於亥註家 不論十干之丁巳專取十二支之亥以爲解其失經文之意遠矣○朱子曰巽九五先庚三日後庚 三日看來又似設此爲卜日之占蠱之先甲三日是辛後甲三日是丁此卦先庚三日亦是丁後庚 三日是癸據丁與辛皆是古人祭祀之日但癸日不見用處○庚之言更也辛之言新也丁有丁寧 意

◆丁亥之義(정해지의)

尤庵問祭必用丁亥其義如何沙溪曰經傳論之詳矣可考也○少牢饋食禮來日丁亥用薦歲事 于皇祖註丁未必亥也直舉一日以言之耳禘于太廟禮曰日用丁亥不得丁亥則己亥辛亥亦用 之無則苟有亥焉可也疏丁未必亥也直舉一日以言之耳者以日有十辰有十二以五剛日配六 陽辰以五柔日配六陰辰若云甲子乙丑之等以日配辰丁日不定故云丁未必亥經云丁亥者不 能具載直舉一日以丁當亥而言餘或以己當亥或以丁當丑此等皆得用之也不得丁亥則己亥 辛亥亦用之者鄭云此吉事先近日惟用上旬若上旬之內或不得丁巳以配亥或上旬之內無亥 以配日則餘陰辰亦用之無則苟有亥焉可也者卽乙亥是也必須亥者按陰陽式法亥爲天倉祭 祀所以求福宜稼于田故先取亥上旬無亥乃用餘辰也○劉氏敞曰丁巳丁亥皆取於丁所以取 丁者以先庚三日後甲三日故也大抵郊祭卜辛社祭卜甲宗廟祭卜丁無取於亥註家不論十干 之丁巳專取十二支之亥以爲解其失經文之意遠矣日有十干辰有十二支以五剛日配六陽辰

以五柔日配六陰辰甲子乙丑之類是也以日配辰或丁丑或丁卯或丁巳或丁未或丁酉或丁亥
丁日不定故直擧丁當亥一日以言之其意或以己當亥或以丁當丑皆用之云爾○朱子曰先甲
三日是辛後甲三日是丁先庚三日亦是丁後庚三日是癸丁與辛皆是古人祭祀之日但癸日不
見用處又曰庚之言更也辛之言新也丁有寧意○尤庵曰或丁或亥是禮家所卜之日也不可
以卜日與丁亥二視也○又曰宋之儒先不卜日或用分至此亦可行至於不用前月下旬之文改
以前三日則於事雖便然損益家禮之儀恐似不敢每於擊蒙要訣不能無疑○又曰三月謂之時
則季月亦在原時之內矣○南溪曰卜日之制本係經禮雖有後賢所行似難輕易但其法未詳玆
依要訣只用仲月或丁或亥之日擇定前期三日告廟之說

◆祭則卜筮(제즉복서)

特牲饋食禮特牲饋食之禮不諏註諏謀也士賤職褻時至事暇可以祭則筮其日矣不如少牢大
夫先與有司於廟門諏丁巳之日疏時至事暇可以祭者若祭時至有事不得暇則不可以私廢公
故也若大夫已上尊時至唯有喪故不祭自餘吉事皆不廢祭若有公事及病使人攝祭故論語孔
子云吾不與祭註孔子或出或病不自親祭使攝者爲之不致肅敬於心與不祭同是大夫有病故
皆得使人攝祭按公羊傳春曰祠夏曰礿秋曰嘗冬曰烝士不及玆四者則冬不裘夏不葛何休云
禮本爲士制四者士有公事不得及玆四時祭者則不敢美其衣服若然則士不暇不得祭又不得
使人攝可知

◆次宗不別卜日(차종불별복일)

張子曰祭必卜日若不卜日則時同時同則大宗小宗之家無由相助○問以家禮楊氏所引朱子
說觀之適孫一日祭其曾祖以下餘子孫與祭次日却令次位子孫自祭其祖以下云但小宗異居
遠地者及大宗有故不得祭或行於下旬者必待如是而後行則小宗將有不得祭者矣且次日必
非丁亥將奈何小宗雖異居地近可以相通者必俟大宗行祭而後祭其祖禰否尤菴曰家禮所謂
次日行祭者本爲同居者設耳若考楊氏本文則可知也高祖之祭旣用丁亥則繼曾家不得別卜
日只於次日行之恐是統於尊之義也○南溪曰此段(按指楊氏所引朱子說)以宗法爲主乃義
起之別法也非可以丁亥常制拘也

◆或用分至(혹용분지)

程氏祀先儀註祭祀就仲月內選日○晦齋曰卜日之儀上旬中旬不吉則直用下旬之日若至於
是日或有疾病事故而不得行祭則不能無祭不及時之慮今依程氏儀註擇日行之或用分至爲
便○儀節若止用分至宜先於前一月主人詣祠堂告○要訣時祭用分至前期三日告廟若其日
有故則退定不出三日以退定之故告廟或依家禮卜日若事故無常未可預定不能卜日則只以
仲月或丁或亥之日擇定前期三日告廟○尤菴曰宋之儒先不卜日或用分至此亦可行至於不
用前月下旬之文改以前三日則於事雖便然損益家禮之儀恐似不敢每於要訣不能無疑○左
傳註分春秋分至夏冬至○張子曰祭用分至取其陰陽往來又取其氣之中又貴其時之均

◆行禮設贊唱(행례설찬창)

春官太史祭之日執書疏執書者謂執行祭祀之書若今儀註○儀節按書儀架禮註引開元禮有
設贊唱者位西南向之文況今禮廢之後儀文曲折行者不無參差今疑架引贊二人通贊一人擇
子弟或親朋爲之先期演習庶行禮之際不至蹉跌

◆命以凶事遠吉事近(명이흉사원길사근)

曲禮上篇凡卜筮日旬之外曰遠某日旬之內曰近某日喪事先遠日吉事先近日疏曰今月下旬
筮來月上旬是旬之外日也主人告筮者云欲用遠某日此大夫禮士賤職褻時至事暇可以祭則
於旬初卽筮旬內之日主人告筮者云用近某日天子諸侯有雜祭或用旬內或用旬外其辭皆與
此同喪事謂葬與二祥是奪哀之義非孝子所欲但不獲已故先從遠日而起示不宜急微伸孝心
也吉事謂祭祀冠昏之屬少牢云若不吉則及遠日是先近日也

◆龜爲卜筴爲筮(구위복협위서)

曲禮龜爲卜筴爲筮卜筮者先聖王之所以使民信時日敬鬼神畏法令也所以使民決嫌疑定猶
與也故曰疑而筮之則弗非也日而行事則必踐之註筴蓍也舊說讀踐爲善文義甚迂疏引王氏
說踐履也必履而行之當讀如字○疏曰說文猶獸名與亦獸名二物皆進退多疑人之多疑惑者
似之故謂之猶與○呂氏曰凡常事卜不吉則不筮筮不吉則不卜獻公卜納驪姬不吉公曰筮之
此相襲也若大事則先筮而後卜洪範有龜從筮從或龜從筮逆龜筮並用也晉卜納襄王得黃帝
戰阪泉之兆又筮之遇大有之睽亦龜筮並用也故知不相襲者非大事也信時日者卜筮而用之
不敢改也敬鬼神者人謀非不足而猶求於鬼神知有所尊而不敢必也畏法令者人君法令有疑
者決之卜筮則君且不敢專況不民乎嫌疑者物有二而相似也猶與者事有二而不決也如逮都
邑某地可都某地亦可都此嫌疑也如戰或曰可戰或曰不可戰此猶與也卜筮以決之定之此先
聖王以神道設敎也有疑而筮既筮而不信諏日而卜既卜而弗踐是爲不誠不誠之人不能得之
於人況可得於鬼神乎○金華邵氏曰卜筮之事忽之者則以爲不足信泥之者則以爲不可不信
記禮者慮夫人泥之也則曰不過三不相襲又慮夫人忽之也則曰信時日敬鬼神畏法令是又戒
其忽也然則君子之於卜筮將如之何孔子曰敬鬼神而遠之以其爲無則在所當敬以其爲有則
在所當遠惟處之於若有若無之間君子之於卜筮當如是而已

⊙卜日儀禮節次(복일의례절차)

主人盛服立祠堂中門外西向

序立(兄弟立其南少退子孫立其後重行西向北上主人立香案前)○焚香(薰环珓於其上)○祝辭曰
某以來月某日諏此歲事適其祖考尙饗○卜珓(擲珓于盤以一俯一仰爲吉反此不吉則卜中旬
之日又不吉則不復卜而用下旬之日既得日則開中門主人以下皆轉北向立如朔望之位若不用卜可去
以上儀節只留序立)○鞠躬拜興拜興平身(主人)○詣香案前○跪○焚香○俯伏興拜興拜
興平身(用子弟一人爲祝執事跪于主人之左)○告祭期(祝曰)孝孫某將以來月某日祗薦歲事
于祖考既得日敢告○俯伏興拜興拜興平身○復位○(主人以下)鞠躬拜興拜興平身(祝
闔門畢主人以下復西向立執事者立于門西東面北上)○執事者受訓戒(祝立主人之右命之曰)孝
孫某將以來月某日祗薦歲事于祖考有司具脩○(執事齊應曰)諾○乃退

按朱子曰卜日無定慮有不虔司馬溫公云只用分至亦可今擬若止用分至宜先於前一月主人詣祠堂
告祭期

⊙날을 받는 의례절차.

주인은 성복을 하고 사당 중문 밖에서 서쪽으로 향하여 선다.
차서 대로 선다. (형제들은 주인의 남쪽에서 조금 물러나 서고 자손들은 주인의 뒤에
서쪽으로 향하여 겹 열로 서되 북쪽이 상석이다. 주인은 향안 앞에 선다) ○분향한다.
(배교를 향 연기에 쪼인다) ○축사를 다음과 같이 한다. ○배교를 던져 점을 친다.
(배교를 배교반에 던져 하나는 엎어지고 하나는 뒤쳐지면 길한 것이며 이 반대로 불
길하면 중순의 날로 점을 친다. 또 불길하면 다시 점을 치지 않고 하순의 날로 적용
한다. 이미 날을 받았으면 중문을 열고 주인 이하 모두 자리를 옮겨 삭망 참배 때의
자리와 같이 북쪽으로 향하여 선다. 만약 점으로 날을 받지 않았으면 이상의 의례절
차 없이 차서 대로 선다) ○국궁 재배 평신한다. ○(주인은)향안 앞으로 간다. ○무릎
을 꿇고 앉는다. ○분향한다. ○부복하였다 일어나 재배 평신한다. ○(자제 중 한 사
람을 축관으로 삼아 축판을 들고 주인의 왼편에 무릎을 꿇고 앉는다) ○제삿날을 고
한다. ○국궁 재배 평신한다. ○제자리로 물러나 선다. ○(주인 이하 모두) ○국궁 재
배 평신한다. (축관이 문 닫기를 마치면 주인 이하 모두 다시 서쪽으로 향하여 서면
집사자들은 문의 서쪽에서 동쪽으로 향하여 북쪽이 상석으로 선다) ○(집사자들은 훈

계를 받는다) (축관은 주인의 오른편에 서서 다음과 같이 하명한다) ○(집사자들은 엄숙하게 대답으로 "예" 라 대답한다) ○곧 물러난다.

◆命辭式(명사식)用分至則去

　　某將以來月某日諏此歲事適其

　　祖考繼禰之宗但云考尙饗

◆명을 받는 고사식.(춘분 추분과 하지 동지를 쓰면 이 예는 행하지 않는다)

모는 앞으로 내월 모일이 제사 날로 적합하올지 그것을 조고께 여쭈오니 좋아하옵소서.

◆擇日告辭式(택일고사식)

　　　　孝孫繼禰之宗稱孝子某將以來月某日祗薦歲事于

　　祖考卜旣得吉用下旬日或分至則不言卜旣得吉敢告

◆택일 고사식.

효손 모는 앞으로 다음 달 모일에 조고의 세사를 정성껏 드리려고 점을 처 이미 길일을 택하였삽기 감히 고하나이다.

◆祝命執事辭式(축명집사사식)

　　　　孝孫某將以來月某日祗薦歲事于

　　祖考有司具脩

◆축관이 집사자에게 하명하는 법식.

효손 모는 다음달 모일에 조고의 세사를 정성껏 올리려 하니 유사로 포수(脯脩)를 갖춰라.

◆具脩(구수)(補)

今人家貧富不同不能皆立祠堂置祭田備祭器其牲醴粢盛等物臨時措辦實難況禮久廢行者頗少不人人能也苟非先事備物致用精明演習則其臨時失誤也必多矣今擬合用之器合備之物合用之人于後使行禮之家先期置辦賃借俾請庶不至失誤云

◆合用之器(합용지기)

倚正位每位二張祔位隨用或用甗子亦可卓子正面共四卓祔位用二長者其餘雜用者隨備楪子每卓二十箇又量用小者以盛塩醋之類○湯椀(量多少用)○爵(每主三箇無則以鍾子代之)○盞(兩祔位用)○酒注○酒尊○玄酒尊○受胙盤○饌盤(用以成饌者)○匙筯○茶甌○茶瓶○牲盤(有大牲則用之火爐)○湯瓶○托盤○盥盆○帨巾(二付有臺架)幌(無門則用之)○香案○香爐○幷匙○香合○燭臺○臺盤○茅沙(束茅聚沙每位及香案前共五付)○祝版

◆合備之物(합비지물)

牲(或羊或豕或鷄鵝鴨)○醴酒(淳無則用酒代之)○菓○菜○醬○醋○麪○米粉○茶○柴○魚○醢○酸○塩

◆合用之人(합용지인)

禮生(按書儀架禮註引開元禮有設贊唱者位西南西面之文況今禮廢之後儀文曲折行者不無參差今疑架引贊二人通贊一人擇子弟或親朋子弟爲之先期演習庶禮行之際不至差跌)○祝(讀祝兼致嘏辭執事者)

⊙前期三日齊戒(전기삼일재계)

前期三日主人帥衆丈夫致齊于外主婦帥衆婦女致齊于內沐浴更衣飲酒不得至亂食肉不得茹葷不弔喪不聽樂凡凶穢之事皆不得預

> 司馬溫公曰主婦主人之妻也禮舅沒則姑老不與於祭主人主婦必使長男長婦爲之若或自欲與祭則特位於主婦之前參神畢升立於酒壺之北監視禮儀或老疾不能久立則休於他所俟受胙復來受胙辭神而已○劉氏璋曰祭儀云齊之日思其居處思其笑語思其志意思其所樂思其所嗜齊三日乃見其所以爲齊者專致思於祭祀也

⊙사흘 앞서부터 재계(齊戒)한다.

사흘 앞서 주인은 남자 모두를 데리고 밖의 일에 치재(致齊)하고 주부는 여자 모두를 데리고 안의 일에 치재한다. 목욕을 하고 깨끗한 옷으로 고쳐 입고 술은 어지러울 정도로 마시지 않고 고기는 마늘이나 생강과 같이 먹지 않으며 상(喪)에 조문치 않고 풍악은 듣지도 않는다. 모든 흉하고 추한 일에 모두 참여하여서는 아니 된다.

◆齋戒(재계)

祭統齊之爲言齊也齊不齊以致齊者也是故君子非有大事非有恭敬也則不齊不齊則於物無防也嗜欲無止也及其將齊也防其邪物訖其嗜欲耳不聽樂故記曰齊者不樂言不敢散其志也心不苟慮必依於道手足不苟動必依於禮是故君子之齊也專致其精明之德也故散齊七日以定之致齊三日以齊之定之之謂齊齊者精明之至也然後可以交於神明也○祭義致齊於內散齊於外註齊於內所以愼其心齊於外所以防其物散齊若所謂不飲酒不茹葷之類齊三日則致齊而已必致齊然後見其所爲齊者思之至故也○程氏祭禮散齊二日致齊一日○頤菴曰五禮儀祭享誓戒之目有曰不縱酒不與穢惡事而大明會典則更深一節曰不飲酒不與妻妾同處盖高皇帝熟諳俗習之放失曲爲之防耳又前朝之法於私家祭祀齊戒條有曰不許騎馬出入接待賓客違者科罪云云今之人士多嘵前朝之於禮法爲疏略若此等處果如何耶余見世俗於祭前一日雖不出入親朋萃至則博奕開酌終日讙譁是尙可謂之齊戒乎大凡酒之爲害最能迷亂人情齊時當禁此爲第一况復接客則多闕於所應檢理者矣非唯不可不謝絶實是不得不謝絶也凡吾子孫每當致齊一切謝客如非老病服藥切勿飲酒以專檢理以一思慮其違者以不祭論之可也○又曰凡祭祀齊戒之目不過曰不縱酒不茹葷不弔喪問病不聽樂不行刑不預穢惡事而其爲前期大則三日小則一日如斯而已矣今俗昧求於本原而致曲於末務或前期七日或八日便戒或有婢僕解産於外廊有猫犬殞斃於藩墻或有奴隷乍涉喪家門巷而回便謂之犯梁謬矣苟耳目之不逮及雖隔一壁無所動情苟心神之不收斂則雖處一室未免坐馳千思萬想凶穢淫慝何所不至哉况人倫在世事故多端慶弔歌哭皆不可廢又如從仕之身則夙夜于公不敢顧私國家令式時祭忌祭給暇並止二日或一日尙可望三日外哉故司馬溫公有時至事暇不必卜日之說韓魏公之祭只齊一日者以此也若欲如俗所爲則須連旬月盡廢人事方可豈容行得○問時祭忌祭俱是祭先也而齊戒則有三日一日之異者何也曰按開元禮齋戒註凡大祀散齊四日中祀三日小祀二日致齊大祀三日中祀二日小祀一日以此觀之祭有大小而齊戒之日亦隨而有異也○晦齋曰程子曰思其居處思其笑語此平日孝子思親之心非齊也齊不容有思有思則非齊齊者湛然純一方能與見神接按程子之說有異於祭儀之意盖孝子平日思親之心固無所不至至於將祭而齋其追慕之心益切安得不思其居處言笑志意樂嗜乎然此乃散齊之日所爲也至於致齊日則湛然純一專致其精明之德乃可交於神明也○問七日戒三日齋古禮也而家禮時祭只言三日齊何也退溪曰七日戒三日齊古禮爲然故今廟社四時大享百官前期十日受誓戒誓戒之辭正以云云之事爲禁前三日入淸齋所患人不能盡如禮耳盖大享禮之至重故如此其他祭不盡然也○又曰時祭極事神之道故齊三日忌日墓祭則後世隨俗之祭故齊一日祭儀有不同齊安得不異頤庵曰五禮儀祭享誓戒之日有曰不縱酒不與穢惡事而大明會典則更深一節曰不飲酒不與妻妾同處盖高皇帝熟諳俗習之放失曲爲之防耳又前朝之法於私家祭

祀齋戒條有曰不許騎馬出入接待賓客違者科罪云云今之人士多嗤前朝之於禮法爲疎略若
此等處果如何耶余見世俗於祭前一日雖不出入親朋萃至則博奕開酌終日讙謔是尙可謂之
齋戒乎大凡酒之爲害冣能迷亂人情齋時常禁此爲第一**况**復接客則多闕於所應檢理者矣非
惟不可不謝絶實是不得不謝絶也凡吾子孫每當致齋一切謝客如非老病服藥切勿飮酒以專
檢理以一思慮其違者以不祭論之可也○又曰凡祭祀齋戒之目不過曰不縱酒不茹葷不弔喪
問疾不聽樂不行刑不預穢惡事而其爲前期大則三日小則一日如斯而已矣今俗昧求於本原
而致曲於末務或前期七日或八日便戒或有婢僕解産於外廊有猫犬隕斃於藩墻或有奴隷乍
涉喪家門巷而回便謂之犯染謬矣苟耳目之不逮及雖隔一壁無所動情苟心神之不收斂則雖
處一室未免坐馳千思萬想凶穢淫慝何所不至哉**况**人倫在世事故多端慶弔歌哭皆不可廢又
如從仕之身則夙夜于公不敢顧私國家令式時祭忌祭給暇幷止二日或一日尙可望三日外哉
故司馬溫公有時至事暇不必卜日之說韓魏公之祭只齋一日者以此也若欲如俗所爲則須連
旬日盡廢人事方可豈容行得○栗谷曰時祭散齊四日致齊三日忌祭則散齊二日致齊一日參
禮則齋宿一日所謂散齊者不弔喪不問疾不茹葷飮酒不得至亂凡凶穢之事皆不得預(若路中
猝遇凶穢則掩目而避不可視也)所謂致齊者不聽樂不出入專心想念所祭之人思其居處思其
笑語思其所樂思其所嗜之謂也夫然後當祭之時如見其形如聞其聲誠至而神享也○尤庵問
時祭忌祭俱是祭先也而齊戒則有三日一日之異者何也沙溪曰開元禮齊戒註凡大祀之官散
齋四日中祀三日小祀二日致齊大祀三日中祀二日小祀一日○退溪曰時祭極事神之道云云
以此觀之祭有大小而齊戒之日亦隨而有異也○尤庵曰前期三日齊戒是家禮之文故要訣引
之矣若是賢孝君子依古禮行之則不亦善乎第慮今人十日拘禁似必甚難故家禮之文如是耶
○又曰祭主於嚴此嚴字是嚴敬之意也始目齊戒具需至飮福歸胙苟無是心則所謂禮爲虛也
然此甚難矣程子嘗言齊戒時思其居處心志嗜欲已是一等人○問致齊於內散齊於外註陳氏
以心之內外言吳氏以廟之內外言南溪曰陳氏爲長

◆齊戒凡節(재계범절)

少牢禮疏天子諸侯前期十日卜得吉日則戒諸官散齊至前祭三日卜尸又戒宿諸官致齊士卑
不嫌故得與人君同三日筮尸但下人君不得散齊七日耳大夫尊不敢與人君同直散齊九日前
祭一日筮尸並宿諸官致齊也○祭統齊之爲言齊也齊不齊以致齊者也是故君子非有大事也
非有恭敬也則不齊不齊則於物無防也嗜欲無止也及其將齊也防其邪物訖其嗜欲耳不聽樂
故記曰齊者不樂言不敢散其志也心不苟慮必依於道手足不苟動必依於禮是故君子之齊也
專致其精明之德也故散齊七日以定之致齊三日以齊之定之之謂齊齊者精明之至也然後可
以交於神明也○祭義致齊於內散齊於外方氏曰齊於內若心不苟慮之類齊於外若不飮酒茹
葷之類○繫辭本義湛然純一之謂齊肅然警惕之謂戒○程子曰凡祭必致齊齊之日思其居處
思其笑語此孝子平日思親之心非齊也齊不容有思有思則非齊齊三日必見其所爲齊者此非
聖人之語齊者湛然純一方能與鬼神接然能事鬼神已是上一等人○李敬子問程先生齊不容
有思之說燔嘗以爲齊其不齊求與鬼神接一意所祭之親乃所以致齊也祭義之言似未爲失不
知其意所如何朱子曰祭義之言大槩然爾伊川先生之言乃極至之論須就事上驗之乃見其實
○答吳伯豊問曰鄭氏所引者(按指詩集傳鄭氏所引祭義說)常法也程子之義則益精矣○問
齊戒只是要團聚自家精神然自家精神卽祖考精神不知天地山川鬼神亦只以其來處一般否
曰是如此天子祭天地諸侯祭封內山川是他是主○晦齋曰程子之說有異於祭義之意蓋孝子
平日思親之心固無所不至至於將祭而齊其追慕之心益切安得不思其居處言笑志意樂嗜乎
然此乃散齊之日所爲也至於致齊日則湛然純一專致其精明之德乃可交於神明○要訣所謂
散齊者不弔喪不問疾不**茹**葷飮酒不得至亂凡凶穢之事皆不得預(註若路中猝遇凶穢則掩目
而避不可視也)所謂致齊者不聽樂不出入專心想念所祭之人思其居處思其笑語思其所樂思
其所嗜之謂也夫然後當祭之時如見其形如聞其聲誠至而神享也○韓魏公祭式不得喜怒作
樂判署刑殺○**頤**菴曰五禮儀祭享誓戒之目有曰不縱酒不預穢惡事而大明會典則更深一節

曰不飮酒不與妻妾同處蓋高皇帝熟諳習俗之放失曲爲之防耳又前朝之法於私家祭祀齊戒
條有曰不許騎馬出入接待賓客違者科罪云云今之人士多嘲前朝之於禮法爲疎略若此等處
果如何耶余見世俗於祭前一日雖不出入親朋萃至則博奕開酌終日讙謔是尙可謂之齊戒乎
大凡酒之爲害最能迷亂人情齊時當禁此爲第一况復接客則多闕於所應檢理者矣是不得不
謝絶也凡吾子孫每當致齊一切謝客如非老病服藥切勿飮酒以專檢理以一思慮其違者以不
祭論之可也〇今俗昧求於本原而致曲於末務或前期七八日便戒或有婢僕解産於外廊有猫
犬殞斃於藩墻或有奴僕乍涉喪家門巷而回便謂之犯染謬矣苟耳目之不逮及則雖隔一壁無
所動情苟心神之不收斂則雖處一室未免坐馳千思萬想凶穢淫慝何所不至哉况人倫在世事
故多端慶弔歌哭皆不可廢又如從仕之身則夙夜于公不敢顧私國家令式時祭忌祭給暇並止
二日或一日尙可望三日外哉故司馬公有時至事暇不必卜日之說韓魏公之祭只齊一日者以
此也若欲如俗所爲則須連旬月盡廢人事方可豈容行得〇愚伏曰初喪斂殯執事者則忌之不
爲過

◆齊變食(재변식)

艮齋曰論語齊變食註謂不飮酒不茹葷小註朱子曰不茹葷是不食五辛此與家禮合然則食肉
而但不茹葷耶我東先輩皆以前期不肉爲禮未知的有所據否又不飮酒與家禮異却當以集註
爲正此無可疑

⊙前一日設位陳器(전일일설위진기)

主人帥衆丈夫深衣及執事洒掃正寢洗拭倚卓務令蠲潔設高祖考妣位於堂西北壁下
南向考西妣東各用一倚一卓而合之曾祖考妣祖考妣考妣以次而東皆如高祖之位世
各爲位不屬祔位皆於東序西向北上或兩序相向其尊者居西妻以下則於階下設香案
於堂中置香爐香合於其上(便覽設燭臺於每位卓上)束茅聚沙於香案前及逐位(便覽卓)前
(便覽祔位)不設地上設酒架於東階上別置卓子於其東設酒注一酹酒盞一盤一(便覽下
有以他器徹酒之文此時亦當設空器)受胙盤一匙一巾一茶合茶筅茶盞托塩楪醋甁於其上
火爐湯甁香匙火筯於西階上別置卓子於其西設祝版於其上設盥盆(盆一作盤)帨巾各
二於阼階下之東其西者有臺架又設陳饌大牀于其東

> 問今人不祭高祖如何程子曰高祖自有服不祭甚非某家却祭高祖又曰自天子至於庶人五服未嘗有
> 異皆至高祖服旣如是祭祀亦須如是〇朱子曰考諸程子之言則以爲高祖有服不可不祭雖七廟五廟
> 亦止於高祖雖三廟一廟以至祭寢亦必及於高祖但有疏數之不同耳疑此最爲得祭祀之本意今以祭
> 法考之雖未見祭必及高祖之文然有月祭享嘗之別則古者祭祀以遠近爲疏數亦可見矣禮家又言大
> 夫有事省於其君干祫及其高祖此則可爲立三廟而祭及高祖之驗〇古人宗子承家主祭仕不出鄕故
> 廟無虛主而祭必於廟惟宗子越在他國則不得祭而庶子居者代之祝曰孝子某使介子某執其常事然
> 猶不敢入廟特望墓爲壇以祭蓋其尊祖敬宗之嚴如此今人主祭者遊宦四方或貴仕於朝又非古人越
> 在他國之比則以其田祿脩其薦享尤不可闕不得以身去國而使支子代之也泥古則闊於事情徇俗則
> 無所品節必欲酌其中制適古今之宜則宗子所在奉二主以從之於事爲宜蓋上不失萃聚祖考精神之
> 義(二主常相從則精神不分矣)下使宗子得以田祿薦享祖宗處禮之變而不失其中所謂禮雖先王未
> 之有可以義起者蓋如此但支子所得自主之祭則當留以奉祀不得隨宗子而徙也或謂留影於家奉祠
> 版而行恐精神分散非鬼神所安而支子私祭上及高曾又非所以嚴大宗之正也〇兄弟異居廟初不異
> 只合兄祭而弟與執事或以物助之爲宜而相去遠者則兄家設主弟不立主只於祭時旋設位以紙榜標
> 記逐位祭畢焚之如此似亦得禮之變也

⊙하루 전에 신위의 자리를 설치하고 제사에 소용되는 기구를 진열한다.

주인은 여러 남자들을 인솔하여 심의를 입고 일을 한다. 정침을 깨끗이 청소하고 교
의와 탁자를 씻고 닦기를 힘써 정결하게 한다.

고조고비(高祖考妣)의 자리는 당 서쪽의 북쪽 벽 밑에서 남쪽으로 향하게 하여 설위하기를 고서(考西) 비동(妣東)으로 각각 교의 하나, 탁자 하나씩을 붙여 놓고 증조고비(曾祖考妣), 조고비(祖考妣)와 고비(考妣)를 동편으로 차서 대로 모두 고조(高祖)의 자리와 같게 세대마다 설위하되 서로 붙이지 않는다. 부위(祔位)는 모두 동쪽 벽에서 서쪽으로 향하여 북쪽을 상석으로 하여 설위한다. 혹 동쪽과 서쪽 벽 밑으로 서로 마주하여 설위 할 때는 서쪽이 존자석이며 처 이하는 층계 아래이다.

향안은 당의 중간에 놓고는 향로와 향합을 그 위에 놓고 촛대를 매 위 마다 놓는다. 띠 묶음인 모속을 모래 그릇에 꽂아 향안 앞에 놓고 그와 같이 모반을 각 세대마다 앞에 놓는다. 부위(祔位)에는 모반이 없으며 술병시령을 동쪽층계 위에 놓고 따로 탁자 하나를 그 동쪽에 놓고는 주전자 하나와 강신 잔반 하나와 철주기와 음복소반하나, 수저 하나, 마른행주 하나, 개를 덮은 차 합과 차를 젓는 찻솔과 찻잔, 찻잔받침, 소금그릇, 초병을 그 위에 놓는다. 화로와 탕 병, 향 수저, 불 젓가락은 서쪽층계 위에 놓고 다른 탁자를 그 서쪽으로 놓고는 축판을 그 위에 놓는다. 세수대야와 수건을 둘씩을 동쪽층계 아래 동쪽으로 놓되 그 서쪽으로 받침 있는 세수대야와 수건거리에 수건을 걸어 놓는다. 또 진찬(陳饌) 큰상을 그 동쪽으로 놓는다.

◆設位(설위)

集說地寬則各用一倚一卓而幷合之地狹則用一櫈一卓而考妣二位共之○語類問生時男女異席祭祀亦合異席今夫婦同席如何曰夫婦同牢而食○補註按本註設位之次愚未敢以爲然蓋神主在四龕中則以西爲上以東西分昭穆至於出主在堂或於正寢惟高祖考妣南向其餘曾祖考以下皆東向曾祖妣以下皆西向祔主高祖兄弟祔于高祖左右亦南向曾祖以下兄弟祔于曾祖以下皆東向其妣祔於高祖妣南向祔曾祖妣以下皆西向卑幼男女祔位則在兩序以上下分昭穆也蓋繼高宗子則爲高廟故高祖考妣得居正位繼曾宗子則爲曾廟故曾祖考妣得居正位繼祖宗子則爲祖廟故祖考妣得居正位繼禰宗子則爲禰廟故考妣得居正位非正位者當在側而祔祭者亦世爲一列當祔正位者亦正位當祔側位者亦側位如天子諸侯太廟祫祭惟太祖東向自如其餘在南北牖下亦南北向此自然之理也○按家禮非不知昭穆之爲正禮而姑因時制而爲之節目耳朱子嘗曰古者宗廟之制今日雖未及議尙期興復之後還反舊都則述神宗之志而一新之以正千載之繆成一王之法使昭穆有序而祫享之禮行於室中則又善之大者也據此則補註之說恐是輕加論議也

◆考妣同卓(고비동탁)

集說地寬則各用一倚一卓而合之地狹則用一櫈一卓而考妣二位共之○儀節每位用二倚一卓而合之有牲又於卓前置一卓以盛牲俎無則否○同春曰鄙家用一卓每欲改從家禮只緣貧窶未易辦且五禮儀有共一卓之文非徒五禮古禮亦似如此故不敢率爾○問父有三室四主共一卓難便寒岡曰不得四位各卓則寧四位共一卓而盞盤羹飯炙肝之類各設恐無妨○陶菴曰祭饌一一各設卽是家禮之制然士大夫家蔬果則合設獨各設餠麪飯羹者大抵同然鄙家亦不免如此矣吾外翁凡三聚祭則牀卓難容伯舅趾齋公於末年考妣諸位之餠與麪亦爲合設蓋爲慮後而然也○愚按考妣各卓是禮之正則一卓合設雖似未安然家禮初祖祭只設一位同卓而考妣合享獨羹飯盞盤匙筯爲各設則儀節集說之一卓合設亦據此而然耶

◆祔位皆於東序或兩序(부위개어동서혹양서)

集說問祔位若兩序相向而設其中亦有未安者且如祖之兄弟乃我父之伯叔當祭之時姪則南面而享伯叔則坐兩旁亦自未安曰若依祠堂內排位各祔本龕以祭方安又恐人家廳事狹隘施設饌卓不下莫若只祔東序皆西向者爲善○語類問無後祔祭之位曰古人於東西廂今人家無東西廂某家只位於堂之兩邊正位三獻畢使人分獻一酌如今學中從祀然

◆大宗廟先後行祭(대종묘선후행제)

問始封之祖不遷而高祖祭別室則時祭不可共設於正寢勢不能一時行祭愼獨齋曰似當先祭正位某之宗家先祭正位次祭別室所藏之主

◆束茅聚沙(속모취사)

集說問束茅聚沙是聚沙於地擁住茅束否曰然曰用茅何義也曰程子曰古者灌以降神故用茅縮酌郊特牲註縮酌用茅謂醴濁用茅以泲之也曰今俗用茅三束盤載以酹何歟曰程子謂降神酹酒必澆於地家禮亦同但與代祭澆酒多寡不同耳未聞有盤也至劉氏補註祭初祖條始有茅盤用甆匜孟廣一尺或黑漆小盤截茅八寸餘作束束以紅立于盤內劉必有攷但其不注於時祭各條又恐止宜初祖不敢據也莫如降神則澆於地代祭則澆於盤未知可否曰茅用一束或用三束何也曰按初獻條註用酒三祭于茅束上三祭者三滴酒于茅上非三束茅也豈誤其數歟近見他書每位一獻用酒三盞者尤非也後人有考幷改正焉又曰祔位不設○周禮註必用茅者謂其體順理柔直而潔白承祭祀之德當如此也○補註按本註束茅聚沙在香案前地下所以降神酹酒及逐位前地上所以初獻祭酒也

◆七廟五廟(칠묘오묘)

王制天子七廟三昭三穆與太祖之廟而七諸侯五廟二昭二穆與太祖之廟而五大夫三廟一昭一穆與太祖之廟而三士一廟庶人祭於寢註士止及禰却於禰廟併祭祖天子七廟諸侯大夫士降殺以兩大抵士無太祖而皆及其祖考也○朱子曰天子太祖百世不遷一昭一穆爲宗亦百世不遷二昭二穆爲四親廟高祖以上親盡則毀而遞遷昭常爲昭穆常爲穆諸侯則無二宗大夫又無二廟其遷毀之次則與天子同

◆弟不立主只於祭時施設位(제불립주지어제시시설위)

程子曰古所謂支子不祭者惟使宗子立廟主之而已支子雖不得祭至於齊戒致其誠意則與主祭者不異可與則以身執事不可與則以物助但不別立廟爲位行事而已後世如欲立宗子當從此義雖不祭情亦可安若不立宗子徒欲廢祭適長惰慢之志不若使之祭猶愈於已也

◆望墓爲壇以祭(망묘위단이제)

曾子問曰宗子去在他國庶子無爵而居者可以祭乎孔子曰祭尫請問其祭如之何孔子曰望墓而爲壇以時祭若宗子死告於墓而後祭於家宗子死稱名不言孝身沒而已疏宗子在得言介子今宗子死身又無爵故不得稱介陳註宗子無罪而去國則廟主隨行矣若有罪去國廟雖存庶子卑賤無爵不得於廟行祭但當祭時望墓爲壇以祭也若宗子死則庶子告於墓而後祭於家亦不敢稱孝某但稱子某而已又非有爵者稱介子某之比也身沒而已者庶子身死則其子則庶子之適子祭稱之時可稱孝也○愚按據上曾子問二條說則望墓爲壇者以庶子而又無爵故不得入廟而然也若庶子爲大夫則必爲攝主入廟行祭如上條而但其禮略耳然則朱子不分庶子之貴賤而通謂之不敢入廟云者可疑

⊙設位陳器之具(설위진기지구)

(帟幕)用以設於正寢者○역막. ○정침(正寢) 신위의 위와 둘레를 둘러친다. (屛)用以設於椅後者○병. 즉 병풍 ○교의 뒤를 둘러친다. (席)用以鋪陳者又具主人主婦拜席及受胙席○석. 즉 자리. ○두루 펴고 주인 주부 배석과 음복자리. (椅)八用以設位者如有前後配及祔位則加設大卓亦然○의 8. 즉 교의. ○여덟 개로 신위마다 놓으며 후비나 부위가 있으면 수대로 놓으며 대탁 역시 그와 같다. (坐褥)用以藉於椅上者隨位各具○좌욕. 즉 방석. ○교의에 편다. (小卓)四出主時用以安櫝者○소탁 4. ○네 개로 신주를 내다 신주 독을 올려 놓는다. (大卓)八用以設於椅前而陳饌者○대탁 8. 여덟 개는 교의 앞에 놓는 진설 상이다. (坐面紙)用以鋪於卓上者隨卓各具○좌면지. ○탁자 마다 편다. (拭巾)隨卓各具○식건. 즉 행주. ○탁자 마다 갖춘다.

(屛)或簾用以闔門者寢有門則不具○병. 즉 병풍. ○혹은 발로 문을 가린다. 정침에 문이 있으면 없어도 된다. (深衣)緇冠幅巾大帶絛屨具主人以下所服○심의. ○치관, 폭건, 대대, 심의끈, 집신을 갖춰 주인 이하 남자들이 입는다. (香案)○향안. (香爐)○향로. (香盒)○향합. (香匕)○향비. 즉 향 숟가락. (火筯)○화저. 즉 불 젓가락. (燭臺)○촉대. 즉 촛대. (茅束)五○모속 5. 즉 띠 묶음 다섯 개. (茅盤)五一設於香案前四各設於每位前祔位則不設○모반 5. ○향안 앞에 하나씩 네 위(位) 각각 매 위에 놓고 부위(祔位)에는 놓지 않는다. (卓)二○탁 2. 즉 탁자 두 개. (祝板)四○축판 4. (酒瓶)○주병. 즉 술병. (酒注)○주주. 즉 주전자. (盞盤)用以酹酒者○잔반. ○강신 잔반. (玄酒瓶)取祭日平朝第一汲水盛之○현주병. ○제삿날 아침 제일 먼저 떠 담은 정화수. (酒架)用以安瓶者○주가. 즉 술병시렁. (拭巾)用以拭瓶口者○식건. ○병입 닦는 수건. (徹酒器)亞終獻時用以退酒者每位各一○철주기. ○아헌 종헌하기 전 퇴주 그릇 매 위 각각 하나씩이다. (徹炙器)亞終獻時用以退炙者每位各一○철적기. ○아헌 종헌하기 전 퇴적 그릇 매위 각각 하나씩이다. (大牀)用以先排祭饌者又置徹炙器於其上○대상. ○찬품을 내다 먼저 올려 놓는 상으로 쓰고 또 철적기(徹炙器)를 그 위에 놓는다. (受胙盤)匕具○수조반. 즉 음복 소반 수저 포함. (受胙席)○수조석. 즉 음복(飮福)할 자리. (盤)多少隨宜○반. 즉 소반. ○진찬(陳饌) 등 소용됨에 따른다. (潔滌盆)○결척분. 즉 물동이 속칭 자싯물 동이. (拭巾)並用以洗盞盤及器楪者○식건. 즉 닦는 수건 속칭 행주 잔반과 그릇과 접시를 닦는다. (火爐)用以煖祭饌者○화로. ○제찬을 따뜻하게 데우고 적을 굽는다. (炬)用以設燎於庭者○거. 즉 화톳불. ○마당에 피운다. (盥盆)四二有臺主人主婦及內外親屬所盥二無臺祝及內外執事者所盥○관분 4. 즉 세수대야 네 개. 둘은 받침이 있는 것으로 주인 주부(主婦) 및 내외 친속(親屬)의 손 씻을 곳이며 받침이 없는 두 개는 축관과 내외 집사자들의 손 씻는 곳. (勺)四○작 4. 즉 물을 떠 옮기는 국자 네 개. (帨巾)四二有架二無架○세건 4. 즉 수건. 수건거리에 둘, 걸이 없이 둘.

⊙省牲滌器具饌(성생척기구찬)

主人帥丈夫深衣省牲(儀節牲或羊或豕或鷄鵝鴨)莅殺主婦帥眾婦女背子滌濯祭器潔釜鼎具祭饌每位(要訣所謂每位者考妣各一位)果六品(增解問要訣果用五品何義沙溪曰要訣蓋本司馬公及程氏儀或者常以爲非讀禮記知或說近之今人六品之果若難備四品或兩品庶合禮意)蔬菜及脯醢各三品肉魚饅頭糕各一盤羹飯各一椀肝各一串肉各二串(增解問一獻之炙其數三串耶尤菴曰家禮有炙肝炙肉之文三獻各用一物其多少則恐隨宐)務令精潔未祭之前勿令人先食及爲猫犬蟲鼠所汙

朱子嘗書戒子塾曰吾不孝爲先公棄損不及供養事先妣四十年然愚無識知所以承顔順色甚有乖戾至今思之常以爲終天之通無以自贖惟有歲時享祀致其謹潔猶是可著力處汝輩及新婦等切宜謹戒凡祭肉臠割之餘及皮毛之屬皆當存之勿令殘穢褻慢以重吾不孝○劉氏章曰往者士大夫家婦女皆親滌祭器造祭饌以供祭祀近來婦女驕倨不肯親入庖廚雖家有使令之人效役亦須身親監視務令精潔按古禮有省牲陳祭器等儀今人祭其先祖未必皆殺牲司馬公祭儀用時蔬時果各五品膾(生肉)炙(乾肉)羹(炒肉)殽(骨頭)軒(音獻白肉)脯(乾脯)醢(肉醬)庶羞(珍異之味)麪食(餠饅頭之類)米食(糕糕之類)共不過十五品今先生品饌異同者蓋恐一時不能辦集或家貧則隨鄉土所有惟蔬果肉麪米食數器亦可祭器簠簋籩豆鼎俎罍洗之類豈私家所有但用平日飲食之器滌濯嚴潔竭其孝敬之心亦足矣

⊙제사에 쓸 짐승을 살피고 제기를 깨끗이 씻어 놓고 제찬(祭饌)을 갖춘다.

주인은 심의(深衣)를 입고 남자들을 데리고 제사에 쓸 짐승을 골라 주워 도살케 하고 지켜보며 주부는 배자(背子)를 입고 여자들을 데리고 제기를 깨끗이 닦고 솥을 씻어 제찬을 갖춘다.

매 위 마다 과실이 여섯 가지이며 소채와 포와 육장이 각각 세 가지이며 고기, 생선, 만두, 그리고 떡이 각각 한 대반씩이며 국과 메가 각각 한 주발씩이다. 간(肝)이 각각 한 꽂이씩이고 고기로 각각 두 꽂이씩을 지휘하여 힘써 정결히 갖추게 하고 아직 제사 지내기 전에는 사람이 먼저 맛보지 않으며 고양이나 개, 벌레, 쥐 등이 더럽히지 않게 한다.

◆具饌(구찬)

淮海秦氏曰禮非天降地出出於人心而已合於先王之迹而不合于人心君子不以爲禮夫事死如事生事亡如事存古今之情一也上古之世生養之具未備巢居而穴處食草木之實鳥獸之肉飮其血而茹其毛則祭其先也亦不過薦毛血于中野而已中古以來養生之具漸備範金合土以爲臺榭宮室以炮以燔以烹以炙以爲醴酪夫以備者自奉而以不備者奉其先則非人心之所安也於是始制宗廟之禮祭祀之儀其物則天之所生地之所長苟有可薦者莫不咸在夫豈求勝於上古之世哉盖以爲不如是則人心怵焉而不安此制禮之本意也○頤庵曰語類祭用血肉者盖要藉其生氣耳又曰古者釁龜用牲血是見龜久不靈用些生氣去接續他史記龜筴傳占春將鷄子就上面開卦便是將生氣去接他又曰古人立尸也是將生人生氣去接他又朱子每論時祭忌日或用浮屠誦經追薦是使其先不血食也以此觀之祭祀當須用生魚肉而家禮設饌圖所謂魚肉者正指血腥也今俗少用血薦須知朱子所論如是其切至然後可於祀先之道無欠矣劉氏璋曰今人祭其先祖未必皆殺牲云而引司馬溫公祭儀有鱠生肉之品丘氏儀節牲或羊或豕鷄鵝鴨云今亦雖不能專殺牛猪等肉及肝以爲炙而肉則生切盛楪且魚若體大則截作二三段盛一段於楪可也或以鷄鴨可代生肉蝦蟹可代生魚而鷄鴨不必全體當支割分盛魚之細少者亦可入用不必滿尺而後可也○擊蒙要訣用生魚肉○按特牲饋食禮註祭祀自執始曰饋食饋食者食道也疏孝子於親雖死事之若生故用生人食道饋之也又經云烹于門外東方註烹煮也豕魚腊以鑊各一爨以此觀之頤庵所引朱子說及要訣與饋食說不同行禮者擇而用之可也○丘儀如天道炎熟可半夜起具之禮事死如事生事亡如事存家禮所具之饌亦非三代以前之禮只是常時所用耳今世俗宴會用卓面且吾先祖平生所用者若欲從簡用之亦可今擬每卓用按酒楪五茶食菜果楪各五椒塩醋楪匙筯各一每一奠之先進饌一次如羹米麵食之類皆預爲之備臨祭時用○集說有牲則烹熟㸑割薦以大盤

⊙省牲儀禮節次(성생의례절차)

主人帥衆丈夫○詣省牲所(涖殺)○省牲○省牲畢

⊙희생(犧牲)을 살피는 의례절차.

주인은 여러 남자들을 데리고. ○희생이 있는 곳으로 가 살펴 고른다. (도살을 한다) ○희생으로 쓸 고기를 갖춘다. ○희생 갖추기를 마친다.

◆省牲滌器具饌之節(성생척기구찬지절)

特牲禮主人兄弟衆賓卽位于堂下宗人升自西階視壺濯及豆籩反降東北面告濯具註不言敦鉶省文也○宗人視牲告充雍正作豕宗人擧獸尾告備擧鼎鼎告潔註充肥也雍正官名以策動作豕視聲氣○夙興主人視側殺主婦視饎爨于西堂下註側殺殺一牲炊黍稷曰饎爨竈也疏國語云禘郊之事天子必自射其牲諸侯亦親殺大夫士視之而不親殺○烹于門外東方羹飪實鼎陳于門外註烹豕魚腊以鑊○尊于戶東玄酒在西實豆籩鉶陳于房中如初盛兩敦陳于西堂○少牢禮雍人陳鼎五司馬升羊右胖實于一鼎司士升豕右胖實于一鼎雍人倫膚九實于一鼎註倫擇也膚脅革肉○司士又升魚十有五而一鼎腊一純而一鼎腊用麋

◆王侯祭禮用腥用熟之節(왕후제례용성용숙지절)

郊特牲郊血大饗腥三獻爓一獻熟疏天神尊友敬不褻故用血是貴氣宗廟用腥稍近味杜用爓
又近味一獻羣小祀也○腥肆(剔)爓(音尋)脭(而審反)祭豈知神之所饗也主人自盡其敬而已
矣疏肆剔也脭熟也陳註祭禮或進腥體或薦解剔或進湯沈或薦賣熟豈知神果何所饗乎○春
官以肆獻祼享先王註肆者進所解牲體謂薦熟時也獻獻醴謂薦血腥也祼之言灌灌以鬱鬯謂
始獻尸求神時也祭必先灌乃後薦腥薦熟此逆言之疏灌凡宗廟之祭迎尸入戶坐於主北王以
圭瓚酌鬱鬯以獻尸尸瀝地祭訖晬之尸爲神象灌地所以求神也獻醴是朝踐節灌後王出迎牲
祝迎尸出戶坐於堂上南面迎牲入豚解而腥之薦於神坐王與后以玉爵酌醴齊以獻尸也薦熟
當朝踐後解牲體而爓之是其饋獻獻以盎齊也爓祭訖始迎尸入室乃有黍稷是其饋食(按註云
薦熟而疏云解牲體而爓之爓者即禮運疏所謂以湯沈之不全熟次於腥者也然則註所謂薦熟
乃次於腥之熟也)

◆具饌之儀(구찬지의)

禮器禮也者合於天時設於地財順於鬼神合於人心理萬物者也故天不生地不養君子不以爲
禮鬼神不饗也居山以魚鼈爲禮居澤以鹿豕爲禮君子謂之不知禮陳註合於天時謂四時各有
所生之物取之當合其時設於地財謂設施行禮之物皆地之所産財利也天不生謂非時之物地
不養如山之魚鼈澤之鹿豕之類○郊特牲鼎俎奇而籩豆偶陰陽之義也籩豆之實水土之品也
不敢用褻味而貴多品所以交於旦(神)明之義也陳氏曰鼎俎之實以天産爲主而天産陽屬故
其數奇籩豆之實以地産爲主而地産陰屬故其數偶方氏曰籩之實若菱芡之類豆之實若芹蒲
之類所謂水之品也籩之實若棗栗之類豆之實若菁韭之類所謂土之品也水土之品非人常食
故曰不敢用褻味或水或土所取不一故曰貴多品

◆平日嗜不嗜饌物(평일기불기찬물)

問用其平日不食之物以祭之恐非思其所嗜之意然子孫若世守不替則亦近於屈到薦芰之譏
何以則果合情禮乎沙溪曰來示然矣然並諸位設之則不敢獨異耳○尤菴曰俗尙及祖先平日
之所嗜好不可全然擺脫要在酌中而處之○遂菴曰生前不飮酒則以醴代酒無妨○陶菴曰天
地之間元無不可食之物凡人生有不食者則是氣之偏處其死也安有不可用之理孝子之心雖
若有不忍者而從正不害爲孝

◆饌品從宜(찬품종의)

問祭禮朱子曰今日行之正要簡簡則人易從如溫公書儀人已爲難行其殽饌十五味亦難辦舜
功云隨家豐儉曰然○尤菴曰時祭忌祭鄙家每欲一依家禮本註而或貧不能及於其數或偶有
所得則雖過於其數而不忍不設誠不免於手裏現化之譏矣又曰同春嘗曰家間得美味而不用
則心甚缺然故雖多而亦盡用之云此雖若無品節而亦可見孝子如事生之意矣○三禮儀切肉
肝納餠蜜餠菜之美切而不用深歉於人情若食味肴品之不能悉合於古者是亦隨時從宜之道
何不可用之有卽朱子所謂以常饌代俎肉之遺意

◆腥用熟之節(성용숙지절)

特牲饋食禮註祭祀自熟始曰饋食饋食者食道也疏食道者生人飮食之道士大夫祭禮自熟始
也天子諸侯饋熟已前仍有灌鬯朝踐饋獻之事但饋食進黍稷而云饋熟見牲體而言(按饋謂黍
稷熟謂牲體)○朱子曰少牢特牲是大夫士禮只是有饋食若天子祭便合有初間祭腥等事如所
謂建設朝事燔燔羶薌○用生物祭者皆是假此生氣爲靈○頤菴曰語類云祭神多用血肉者蓋
要藉他生氣耳又曰古者釁龜用牲血是見龜久不靈用些生氣者接續也史記龜筴傳占春將雞
子就上面開卦便是將生氣去接他又曰古人尸也是將生人生氣去接他又朱子每論時祭忌日
或用浮屠誦經追薦是使其先不血食也以此觀之祭祀當須用生魚肉而家禮設饌圖所謂魚肉
者正指血腥也今俗少用血薦須知朱子所論如是其切至然後可於祀先之道無欠矣○輯覽按

頤菴所引朱子說及要訣用生魚肉之說與饋食禮註疏及經云烹于門外東方之說不同行禮者
擇而用之可也○沙溪曰家禮所謂魚肉非生魚肉也乃魚湯肉湯也栗谷之用生雖本於書儀與
饋食禮不同嘗問于牛溪答曰參用生熟雖是古禮至於家禮則朱子曰以燕器代祭器常饌代俎
肉則不用生明矣○尤菴曰家禮初祖祭有腥熟兼設之文至於時祭以下則不用腥豈初祖則是
上世之人故兼用古今之饌而近祖則純用俗饌耶然程朱所論生物生氣等訓旣如此則全不用
腥不安於心故鄙家則用魚膾肉膾蓋是常饌而有生氣者故也○愚按據上春官及特牲註疏則
人君祭禮方有朝踐薦腥饋獻薦燗饋食薦熟等節而大夫士則自饋食薦熟爲始矣然則古禮獨
人君之祭參用生熟而牛溪則以大夫士祭禮言而謂之參用生熟是古禮云者恐失照商然則今
世主用腥之論者只據朱子假此生氣之訓可矣恐不可引古禮爲證也

◆殺牛買肉之節(살우매육지절)

禮器匹士大牢而祭謂之攘馬氏曰攘者非其有而取之也○問匹士大牢以祭謂之攘今欲買肉
以薦如何退溪曰殺牛以祭非士之禮買肉以祭亦恐難非之

◆牲用犬(생용견)

問周禮犬人祭祀供犬牲儀禮有犬人獻犬之文又有犬曰羮獻之名犬之用於祭祀明矣今人何
不用耶尤菴曰禮記曰士無故不殺犬豕註故謂祭祀賓客又周禮夏行腒鱐膳膏臊註臊犬膏據
此則古人祭祀用犬不但來書所引而已然東俗則不用未知其故從古用之可也從俗不用亦可
也此在行禮家裁處○遂菴曰古禮旣用犬則只當遵用習俗之難變非所可論

◆豕不用腸胃(시불용장위)

地官毛炮之豚註燗去其毛而炮之(燗音尋)○旣夕禮豚解無腸胃註無腸胃者君子不食溷腴
疏君子不食溷腴者少儀文彼註謂犬豕之屬食米穀腴有似於人穢

◆果用偶數(과용우수)

問要訣果用五品何義沙溪曰要訣蓋本司馬公及程氏儀或者常以爲非讀禮記(按卽郊特牲鼎
俎奇籩豆偶說)知或說近之今人六品之果若難備四品或兩品庶合禮儀

◆魚肉用奇數(어육용기수)

備要據郊特牲鼎俎奇之義魚肉當用奇數

◆蔬菜脯醢各三品說異同(소채포해각삼품설이동)

要訣脯(註俗稱佐飯)熟菜醢沈菜清醬醋菜各一楪○沙溪曰所謂蔬菜三件沈菜醋菜熟菜等
物在其中脯醢兩物各設爲是圖則合設誤矣○尤菴曰家禮有蔬菜脯醢各三品之文蔬菜三品
則易解而至於脯醢則未知脯三品醢亦三品耶抑脯醢合爲三品耶若如前說則脯以乾脩乾魚
及腊等爲三品醢以魚醢食醢肉醘等爲三品矣而若如後說則未知脯用二品而醢用一品耶此
便難處也鄙家則貧甚隨得用之本無定式矣○家禮泛言蔬菜脯醢各三品而所謂蔬菜者或芹
或苽或菁之類也所謂脯醢者凡乾魚肉皆謂之脯塩魚肉皆謂之醢今當勿論乾者塩者只用脯
二而醢一或醢二而脯一合三品似可矣寒岡之以脯醢並爲一器者固本於家禮卷首圖然卷首
圖本非出於朱子恐不足爲據且脯醢是燥濕相猜之物同盛一器亦未知如何○南溪答尤菴曰
脯醢二物或以脯三醢三爲說惟今日之敎脯二醢一或醢二脯一之規以東來宗法質之蔬菜脯
醢共六品尤似無疑○三禮儀按要訣備要皆不準本註蔬菜脯醢各三品之文今依問解所論用
熟菜沈菜醋菜各一器及脯醢鮓各一器以當之蓋醋菜並見要訣鮓非但世俗所重已見墓祭附
註東萊家範佐飯出要訣當合設於脯楪○按或曰鮓韻書以塩米釀魚爲菹俗語魚鮓今食醢也
要訣備要脯佐飯同一器醢一器可添鮓一品以上應家禮而下補二書之欠云

◆魚肉不必作湯(어육불필작탕)

要訣魚肉當用新鮮生物○沙溪曰家禮所謂魚肉乃魚湯肉湯也○尤菴曰家禮所謂魚肉未有

必是湯之明文然禮有三獻爛之說說者謂爛沈肉於湯也然則今世所謂湯者或意其本於此也
溫公祭儀有肉羹炒肉之文此其爲湯明矣如不欲用湯則依禮記用骰殽之說(按卽曲禮左骰右
殽見進饌)亦何妨哉〇魚肉與湯要訣以爲二物此則與家禮別爲一說矣大抵家禮只說魚肉則
或湯或殽恐皆無妨〇家禮所謂魚肉未知用湯與否用生與否也然兼用生物如要訣之說恐亦
無妨司馬公祭儀有膽炙羹骰等文家禮之文恐亦如此〇三禮儀按特牲饋食禮烹于東方註烹
煮也煮豕魚腊以鑊魚肉不必作湯雖烹後升俎可也〇愚按古無以肉羹喚做湯者郊特牲所謂
三獻爛疏家以爲爛沈肉於湯次腥未熟云則尤翁之援此湯字以爲魚湯肉湯之證者恐未然惟
儀節昏禮有湯飯之文則謂羹爲湯而與飯對稱亦後世之俗語也古禮則只以泰羹鉶羹配黍稷
本無用魚肉羹之文家禮亦旣以羹配飯則此魚肉之非羹明矣且據古禮牲俎魚俎皆烹熟所薦
則家禮之意恐亦只如此三禮儀之說恐爲定論然尤菴據書儀兼用膽則從之亦宜矣

◆油煎用否(유전용부)

士喪禮記凡糗不煎註以膏煎之則褻非敬疏直空糗而已不用脂膏煎和之〇沙溪曰膏煎之物
不用出於儀禮今俗必用蜜果油餠以祭恐不合於古禮〇尤菴曰禮煎熬之物不用云而油果是
煎熬而成者則不用似宜而第三代之時祭尙臭油果之香臭比諸饌特異廢之無乃不可乎鄙家
依先例仍用耳〇熬煎之物不用果是禮經而若律之以爲油煎之類則不可用者似不止造果而
已未知將何以處之

◆祭用醯醬(제용혜장)

尤菴曰醯楪之專設恐是古禮如是要訣代以醋菜者恐未然內則納酒漿籩豆註漿醋水也是祭
禮別用醋矣栗谷所謂醋菜恐當入於蔬菜之類也古禮祭不用醯醬(註考士昏禮可見)醯醋也
不尙褻味也然則內則及家禮之用醋恐亦隨時也則要訣備要之幷用醬恐亦無害如以煩複爲
嫌則依士昏禮和醋於醬而只用一器亦無妨耶〇南溪曰醋則家禮用之醬則要訣用之備要兩
存似無其義矣〇三禮儀淸醬並見家範備要當代醋楪用之〇愚按士昏禮醯醬註生人尙褻味
云則祭神不尙褻味而不用醯醬可知故尤菴說如此然又按天官醯人掌共祭祀之齊菹凡醯醬
之物註齊菹醬皆須醯成味云則古人之祭祀必用醯醬可知而又與內則納酒漿之說相符矣士
昏禮註亦未足爲據也又書儀醬楪註實以醬塩醯而設於北端酒盞匕筯之行則是家禮之醋楪
也蓋醋醬共一器故書儀謂之醬楪家禮謂之醋楪也尤翁所謂和醋於醬用一器云者正合古禮
恐當從之

◆桃之用否(도지용부)

家語孔子曰果屬有六而桃爲下祭祀不用不登郊廟〇愚按天官饋食之籩其實棗栗桃乾藗榛
實疏其八籩者棗一栗二桃三乾藗是乾梅四榛實五其於八籩仍少三桃是濕桃別有乾桃乾梅
明有濕梅棗中亦有乾濕爲八云則古之祭祀用桃明矣家語說與此不同可疑

◆鯉魚不用(리어불용)

黃氏曰抄鯉魚不用於祭祀云

◆支子助物具饌(지자조물구찬)

內則庶子若富則具二牲獻其賢者於宗子夫婦皆齊而宗敬焉終事而后敢私祭陳註賢猶善也
齊而宗敬謂齊戒助祭以致宗廟之敬〇問曾子問云宗子爲士庶子爲大夫以上牲祭於宗子之
家云則今人宗子爲士庶子爲大夫或出宰者當依此說以上牲祭於宗家亦或以物助之爲宜愼
獨齋曰正合情禮〇問程子曰支子雖不得祭至於齊戒致其誠意則與主祭者不異可與則以身
執事不可與則以物助云云而自先世衆子女不但致齊强循謬俗稱以家供別具餠食侑食之後
雜陳於牀前於禮無據所見亦駁今欲只以物助之如何尤菴曰古禮有獻賢之文蓋支子有二牲
則獻其優者於宗子以供祭用正程子所謂以物助之之意也獻其賢者而助之則可致其誠意何
必循此所謂家供之黷褻也

⊙具饌之具(구찬지구)

(內執事)○내집사. (牲)便覽按大夫以羊豕士以豚犬庶人無常牲見於禮書者有卵魚豚鴈鷄鵝鴨今士夫之祭無牲只庶羞而已故祝辭亦皆不稱牲而稱庶羞澤堂曰炙當古之牲云爾今不能全殺未免貿於市則雖牛肉亦不可謂之僭也○생. 즉 제사에 받칠 짐승. (果)家禮本註六品○凡木實之可食者無不用○孔子曰果屬桃下祭祀不用○沙溪曰若難備四品或兩品○과. 즉 과실. ○과실은 여섯 가지로 나무의 열매로 식용할 수 있는 것은 쓰지 않는 것이 없으나 복숭아는 쓰지 않으며 갖추기가 어려우면 네 가지나 혹은 두 가지로 한다. (脯)尤菴曰要訣脯卽佐飯二者恐是一物○又曰凡乾魚肉皆謂之脯○포. ○포나 자반 중 아마도 하나만 쓰는 것이 옳다. 대체로 어포나 육포이다. (醢)食醢魚醢○해. 즉 육장. ○고기 졸임이나 젓장. (蔬菜)熟菜沈菜之屬○소채. ○숙채, 김치. (淸醬)便覽按醬是食之主似不可闕家禮只有醋楪而無用醬之文栗谷沙溪始以淸醬據古禮添入於蔬菜脯醢之中今以淸醬代醢一品用之爲宜○청장. (醋)○초. 즉 식초. (盞盤)○잔반. (匕筯楪)○비저접. 즉 수저그릇. (米食)卽餠○병. 즉 떡. (麪食)如饅頭及俗所謂昌麪酸麪菊羞之類○면식. ○만두, 창면, 산면, 국수 등. (飯)○반. 즉 메. (羹)便覽按古者大羹卽肉羹下致五味者鉶羹卽肉和菜調五味者菜羹卽純用菜者今湯用魚肉則羹當用菜湯不用魚肉則羹當用肉○갱. 즉 국. ○고기 국이다. (肉)家禮本註肉魚各一盤○家蓄及山擇之族可食者無不用○육. 즉 뭍짐승고기. ○가축이나 산짐승으로 식용하는 것은 쓰지 않는 것이 없다. (魚)凡水族之可食者無不用○黃氏曰鯉魚不用於祭祀云○栗谷曰魚肉當用新鮮生物○便覽按魚肉或殽或膾或軒或乾或炒凡羞之以魚肉爲之者俱無不可肉帶骨曰殽腥細切爲膾大切爲軒○어. 즉 생선. ○물고기로 식용할 수 있는 것은 쓰지 않는 것이 없으나 다만 잉어는 쓰지 않는다. 신선한 생물이어야 한다. (酒)○주. 즉 술. (炙)家禮本註肝一串肉二串○肝進於初獻肉分進於亞終獻各盛于盤○要訣又有魚雉等物○少牢禮魚右首○尤菴曰三獻各用一物多少隨宜○적. ○위(位)당 간(肝) 한 꽂이, 육(肉) 두 꽂이, 간적(肝炙) 초헌, 육적(肉炙) 아 종헌. (茶)備要國俗代以水○卽熟水○다. 즉 차. ○숙수. ○果以下隨位各具○과실. 이하 위 마다 각각 갖춘다. (祭器)備饌時所用○제기.

◎具祭服(구제복)

●笠子(입자)

卽大帽子也俗稱黑漆笠○僿說笠子之制原於折風折風乃東方最古之服吉凶通用

●道袍(도포)

星湖曰古大裘之遺也○按家禮三加雖有襴衫襴衫唐初士人服今進士所服然亦非士庶家恒有則不若代以道袍道袍東俗大夫士通用○吉祭用靑忌祭用白○帶亦隨而殊其色

●深衣(심의)

通禮深衣條參照○笠子道袍東俗有官無官者之通用無深衣則以道袍代之

●幞頭(복두)

家禮通禮深衣條參照○通典:幅巾用全幅向後幞髮俗人謂之幞頭後周武弟因裁爲四脚○炙轂子古者以三尺皂絹裹髮名折上巾周武裁爲四脚裹髻而已隋大業中以桐木爲之內外皆漆裹於幞頭之內○朱子曰唐人幞頭初以紗爲之後以其軟斫木作一山子在前襯起名軍容頭其先幞頭四脚有脚兩脚係向前兩脚係向後後來遂橫兩脚以鐵線張之至本朝易以藤織者以紗冒之近世方易以漆紗

●帽子(모자)

通典帽義取覆首本纚也古者冠下有纚以繒爲之後世因裁纚爲帽自乘輿燕居下至庶人皆服之宋制黑帽綴紫標標以繒爲之長四寸廣一寸後制高屋白紗帽諫因之名高頂帽唐又制烏紗帽○朱子曰桶頂帽子乃隱士之冠○丘儀帽子以紗爲之溫公時猶以軟幅裹頭文公時始爲高

梗之制其制不可考然此非古制今不可用今世帽子有二等大帽子是笠子用蔽雨曰小帽子或紗或羅或緞爲之○按明時大帽子卽我東笠子

●公服(공복)

通典;隋文帝改制度詔曰祭祀之服須合禮經自餘公事皆從公服○唐貞觀制;三品以上服紫五品以上緋七品以上綠九品以上靑○朱子曰隋煬帝令百官戎服唐謂便服又謂從省服乃今之公服也○又曰古今朝祭之服皆用直領今之上領公服乃夷狄之戎服隋煬帝戎服以紫緋綠爲九品之別非先王法服一切革去則庶乎一王之制○按我東公服紗帽團領品帶黑靴爲平時之服而戎服則非常用

●襴衫(난삼)

朱子曰衣與裳相連曰襴○丘氏曰襴衫爲生員之服今但爲士人之服○按襴者裳之襴下者也此亦古深衣之遺制也

●皂衫凉衫(조삼양삼)

朱子曰前輩居家服皂衫至渡江變爲白凉衫後又變爲紫衫○事物記原;近世士人朝服秉馬以黲紗變爲紫衫

●背子(배자)

事物紀原;秦二世詔衫子上朝服加背子其制袖短于衫身與衫齊隋大業中內官多服長袖唐高祖減其袖謂之半臂或曰綽子士人競服隋制也今俗名褡襱○按家禮初終復條有大袖背子則背子亦有大袖○五禮儀褡襱卽半臂也

●笏(홀)

玉藻;象笏○諸侯以象大夫以漁須文竹士竹本象○按大夫則用魚須及文竹士則用竹本或用象笏亦可也故崔氏盧氏陸氏皆如此鮮之○朱子曰笏者忽也所以備忽忘漢書執笏奏事又曰執簿亦笏之類手執服觀口誦或於君前有所指畫不敢用手以笏指畫○笏是古人記事手板須以紙黏笏上記其頭緒○按家禮冠昏及朔參時祭皆有執笏搢笏出笏之文則凡敬謹之事無不用記事手板今俗所云笏記是也

> 家禮祠堂章朔參註;凡言盛服者有官則幞頭公服帶靴笏進士則幞頭襴衫帶處士則幞頭皂衫帶無官者通用帽子衫帶又不能具則或深衤或凉衫有官者亦通服帽子以下但不爲盛服婦人則假髻大衣長裙女在室者冠者背子衆妾假髻背子○書儀婦人大袖裙帔○曲禮有田祿者先爲祭服疏衣服不可假借○君子雖寒不衣祭服○祭服敝則焚之

⊙厥明夙興設蔬果酒饌(궐명숙흥설소과주찬)

主人以下深衣及執事者俱詣祭所(便覽燃燭竢明乃滅)盥手設果楪於逐位卓子南端(卽第四行○士虞禮兩邊棗栗棗在西註尙棗棗美)蔬菜脯醢相間次之(卽第三行)設盞盤醋楪于北端盞西楪東匙筯居中(卽第一行)設玄酒及酒各一瓶於架上玄酒其日取井花水充在酒之西(特牲禮註玄酒在西尙之也○尤菴曰玄酒若以爲文具而去之則如茅沛焚香等亦可去也)熾炭于爐(儀節用以炙肝肉○龜峯曰亦用煖酒)實水于瓶(儀節用以點茶)主婦(儀節帥衆婦女)背子炊煖祭饌皆令極熟(儀節酒亦溫熱)以合盛出置東階下大牀上

⊙그 다음날 일찍 일어나 소채와 과실과 술 그리고 안주를 진설한다.

주인 이하 심의를 입고 집사자들과 같이 제사 지낼 곳으로 가서 촛불을 밝히고 손을 씻고 과실접시를 신위의 자리로부터 탁자의 남단에 진설한다. 즉 제4행(第四行)이다. 소채와 포와 육장을 신위와 과실 사이에 진설한다. 즉 제3행(第三行)이다. 다음으로 잔반과 식초종지를 상의 북단에 놓되 잔이 서쪽이며 초접(醋楪)이 동쪽이다. 수저는 그 중간에 놓는다. 즉 제1행(第一行)이다. 현주와 술을 각각 한 병씩을 시렁 위에 놓는다. 현주는 그날 담은 정화수(井花水)로 술병의 서쪽에 놓는다. 화로에는 숯불을 피우고 병에는 차(茶) 탈 물을 담아 놓는다. 주부는 배자를 입고 밥을 짓고 제찬을 뜨겁게 하되 모두 푹 익혀 합에 담아 동쪽층계 아래 큰상 위에 내다 놓는다.

◆天産陽地産陰(천산양지산음)

曲禮凡祭宗廟之禮牛曰一元大武豕曰剛鬣豚曰腯肥羊曰柔毛鷄曰翰音犬曰羹獻雉曰疏趾兎曰明視脯曰尹祭槀魚曰商祭鮮魚曰脡祭水曰淸滌酒曰淸酌黍曰薌合粱曰薌其稷曰明粢稻曰嘉蔬韭曰豊本塩曰鹹鹺玉曰嘉玉幣曰量幣細註藍田呂氏曰祭宗廟之禮內則盡志外則盡物所謂盡物者盡其物之至美以薦之然後可以不嫌於心鬼神其來享也故祝辭皆擧其美而言言於物不敢不盡也禽獸之獻以肥腯爲美魚腊鮮槀以得宜爲美水與酒以潔淸爲美黍稷稻粱以馨香明潔爲美韭以苗之盛爲美塩以味之厚爲美玉以不瑕爲美幣以可制爲美○郊特牲鼎俎奇而籩豆偶陰陽之義也籩豆之實水土之品也不敢用褻味而貴多品所以交於旦明之義也註自一鼎至九鼎皆奇數其十鼎者陪鼎三則正鼎亦七也十二鼎者陪鼎三則正鼎亦九也正鼎鼎別一俎故云鼎俎奇也籩豆偶者○長樂陳氏曰鼎俎之實以天産爲主而天産陽屬故其數奇籩豆之實以地産爲主而地産陰屬故其數偶不敢用褻味所以盡志貴多品所以盡物盡志所以交於神盡物所以交於明先儒以旦爲神其說是也○嚴陵方氏曰籩之實若菱芡之類豆之實若芹蒲之類所謂水之品也籩之實若棗栗之類豆之實若菁韭之類所謂土之品也水土之品非人常所食故曰不敢用褻味或水或土所取不一故曰而貴多品

◆饌品(찬품)

淮海秦氏曰禮非天降地出出於人心而已合於先王之迹而不合于人心君子不以爲禮夫事死如事生事亡如事存古今之情一也上古之世生養之具未備巢居而穴處食草木之實鳥獸之肉飮其血而茹其毛則祭其先也亦不過薦毛血于中野而已中古以來養生之具漸備範金合土以爲臺榭宮室以庖以燔以烹以炙以爲醴酪夫以備者自奉而以不備者奉其先則非人心之所安也於是始制宗廟之禮祭祀之儀其物則天之所生地之所長苟有可薦者莫不咸在夫豈求勝於上古之世哉蓋以謂不如是則人心怵焉而不安此制禮之本意也○丘文莊曰家禮所具之饌亦非三代以前之禮只是當時所用耳今世俗宴會用卓面且吾先祖平生所用者若欲從簡用之亦可今擬每卓用按酒楪五茶食果菜蔬楪各五椒鹽醋楪匙筯各一羹米麵食之類皆預爲之備臨祭先釘楪擺卓炊蒸飯食調羹溫酒每一獻進羹飯一次或進饌一次如世俗宴會之禮似亦庶幾事死如事生之意

◆魚肉東西之義(어육동서지의)

尤菴曰要訣脯下註云卽佐飯以此見之則西北陸故設脯於右東南海故設魚於左今俗所謂佐飯者多是海物則恐不可並謂之脯而皆設於右也

◆醯醬處(혜장처)

尤菴答南溪曰若如來諭以淸醬當醋楪之文而設之於北端雖似合宜然醋亦是饌品之一而特東俗不爲特設耳且以儀禮言之則醬是食之主故設之於中今以代醋之故而設之於偏處亦未知如何○愚按特牲少牢二禮則皆無設醯醬之文而但士昏禮公食大夫等禮及曲禮進食之禮皆以醯醬處內與家禮醋楪之位在北端者同而但稍近右且書儀醬楪實以醬和醯而亦設於酒盞匕筯之行則與備要醬居蔬菜之行者絶不同然則備要疑亦從俗矣尤翁所謂儀禮醬設於中云者恐失照管也然則須據古禮醯醬處內之義以醋和醬設之於家禮醋楪之位恐當三禮儀之以醬代設於醋楪之位而不和以醋者旣非古禮菹醬須醯成味之義又失家禮用醋及書儀醯醬之旨矣

◆用祭酒之節(용제주지절)

問祭酒用平生所嘗嗜如何退溪曰屈到嗜芰遺言要薦君子有譏○沙溪曰燒酒出於元時故見於經傳我國文昭殿日祭夏月則用燒酒栗谷亦謂喪中朝夕祭夏月淸酒味變用燒酒甚好云

◆設蔬果進饌宋時俗禮(설소과진찬송시속례)

按家禮祭禮之先設蔬果後進饌旣非祖述特牲少牢等古禮者而與家禮昏禮之同牢及饋舅姑之儀略同恐是宋時生人饋饗間常禮而書儀因以爲祭禮家禮亦因之者耳

◆灌用鬱鬯(관용울창)

郊特牲註周人尙氣臭而祭必先求諸陰故牲之未殺先酌鬯酒灌地以求神以鬯之有芳氣也故曰灌用鬯臭又擣鬱金香草之汁和合鬯酒使香氣滋甚故云鬱合鬯也以臭而求諸陰其臭下達於淵泉矣蕭香蒿也取此蒿及牲之脂膋合黍稷而燒之使其氣旁達於墻屋之間是以臭而求諸陽也此是天子諸侯之禮非大夫士禮也王氏曰鬯灌之地此臭之陰者也蕭焫上遶此臭之陽者也○丘儀鬯用秬黍爲酒也此雖是諸侯之禮後世焚香祭神實取此義

◆焚香酹酒以代之(분향뢰주이대지)

朱子曰溫公儀降神一節亦似僭禮大夫無灌獻亦無爇蕭灌獻爇蕭乃天子諸侯之禮爇蕭欲以通陽氣今太廟亦用之或以爲焚香可當爇蕭然焚香乃道家以此物氣味香而供養神明非爇蕭之比也○丘氏曰古無今世之香後百越入中國始有之(詳見參禮)○按古無今世之香漢以前只是焚蘭芷蕭艾之類後百越入中國始有之雖非古禮然通用已久鬼神亦安之矣○語類溫公書儀以香代爇蕭楊子直不用以爲香只是佛家用之○按周人先求諸陰故灌鬯在先今以焚香代焫蕭而在酹酒之先是用殷人先求諸陽之禮也又按溫公此說當入降神條而附註者誤編也源流則移入降神

◆簠簋(보궤)

禮運註簠內圓而外方盛稻粱之器簋外圓而內方盛黍稷之器○特牲禮疏敦有虞氏之器周制士用之大夫異姓用異代之器故少牢用敦同姓之士用簋

◆籩豆(변두)

禮運註籩豆形制同竹曰籩木曰豆○周禮註籩豆其容實皆四升

◆鼎俎(정조)

明堂位俎有虞氏以梡夏后氏以蕨殷以椇周以房俎註梡斷木爲四足蕨謂中足爲橫距之象椇謂曲橈之也房謂足下跗也上下兩間似堂房

⊙質明奉主就位(질명봉주취위)

主人(主婦)以下各盛服盥手帨手詣祠堂前衆丈夫敘立如告日之儀主婦西階下北向立主人有母則特位於主婦之前諸伯叔母諸姑繼之嫂及弟婦姊妹在主婦之左其長於主母主婦者皆少進子孫婦女內執事者在主婦之後重行皆北向東上立定(便覽開門軸簾)主人升自阼階搢笏焚香出笏(便覽跪)告曰(云云)告訖(便覽俯伏興)搢笏斂櫝正位祔位各置一笥各以執事者一人捧之主人出笏前導主婦從後卑幼在後至正寢置于西階卓子上主人搢笏啓櫝奉諸考神主出就位主婦盥帨升奉諸妣神主亦如之其祔位則子弟一人奉之旣畢主人以下皆降復位

⊙날이 밝으면 신주를 받들고 신위로 나온다.

주인 주부 이하는 각각 성복을 하고 손을 씻은 후 사당 앞으로 간다. 여러 남자들이 차서 대로 서기를 날을 받을 때 고하는 의식과 같이 선다. 주부는 서쪽층계 아래에서 북쪽으로 향하여 서고 주인의 모친이 계시면 주부의 앞에 특별히 자리하고 백숙모 여러 고모 계모 형수 제수 자매는 주부의 왼편에 서되 주인의 모친과 주부보다 그가 손위자이면 조금 앞으로 나가 서고 자부, 손부, 여식과 내집사자는 주부의 뒤에 겹으로 서 있기를 북쪽으로 향하여 동쪽이 상석으로 선다. 모두 바르게 섰으면.

주인은 동쪽층계로 올라 홀을 조복 띠에 꽂고 분향을 하고 홀을 빼어 들고 무릎을 꿇고 앉아 다음과 같이 신주를 내감을 고하고 마쳤으면 부복하였다 일어나 홀을 조복 띠에 꽂고 신주독을 거둬 정위와 부위를 각각 상자 하나씩에 담아 집사자 한 사람씩 각각 받들어 든다. 주인은 홀을 빼어 들고 앞서 인도하고 주부는 뒤를 따르며 항렬이 낮거나 수하자들은 차서 대로 그 뒤를 따른다. 정침에 이르면 서쪽층계 탁자 위에 신주독을 올려 놓는다.

주인은 홀을 조복 띠에 꽂고 독을 열고 남자 신주들을 받들어 내어 신위의 자리에 모시고 주부는 손을 씻고 올라가 여러 여자 신주를 받들어 그와 같게 한다. 그 외 낮은 부위 신주는 자제 한 사람이 받들어 내어 그와 같이 하고 마쳤으면 주인 이하 모두 내려가 제자리에 선다.

◆祭日闇(제일암)

祭義夏后氏祭其闇殷人祭其陽周人祭日以朝及闇註方氏曰闇者日旣沒而黑夏尙黑故祭其闇陽者日方中而白殷尙白故祭其陽也日初出而赤將落亦赤周尙赤故祭以朝及闇及者未至於闇蓋日將落時也祭日謂祭之日也〇淸江劉氏曰周人祭日以朝及闇此言周人尙赤日出先日欲出之初猶逮及闇則可行祭事矣故季氏祭仲由爲宰晏朝而退仲尼謂之知禮也

◆未明之時祭(미명지시제)

陳氏禮書祭義夏后氏祭其闇商人祭其陽周人祭日以朝及闇檀弓夏后氏大事用昏商人大事用日中周人大事用日出夏尙黑用昏故祭其闇商尙白用日中故祭其陽周尙赤用日出故祭以朝及闇蓋三代正朔之所尙正則夏以建寅商以建丑周以建子朔則夏以平旦商以鷄鳴周以夜半是皆夏據其末商周探其本則祭之早晏亦若此也少牢大夫之祭宗人請期曰旦明行事子路祭於季氏質明而始行事晏朝而退孔子取之此周禮也然禮與其失於晏也寧早則周雖未明之時祭之可也

◆質明(질명)

祭統鋪筵設同几爲依神也註筵席也几所憑以爲安者人生則形體異矣故夫婦之倫在於有別死則精氣無間共設一几〇士喪禮質明滅燭據此則其早晚可知矣〇禮器季氏祭逮闇而祭日不足繼之以燭雖有强力之容肅敬之心皆倦怠矣有司跛倚以臨祭其爲不敬大矣他日祭子路與室事交乎戶堂事交乎階質明而始行事晏朝而退孔子聞之曰誰謂由也而不知禮乎註室事祭時堂事儐尸疏質正也正明也禮從宜寧略而敬不可煩而怠〇檀弓夏后氏尙黑大事用昏殷人尙白大事用日中周人尙赤大事用日出註大事謂喪事通解按祭義疏大事非止喪亦兼諸祭

◆行祭早晚之節(행제조만지절)

張子曰五更而祭非禮也〇語類先生家凡遇四仲時祭隔日滌倚卓嚴辦次日侵晨已行事畢〇尤菴曰祭太早不可太晚亦不可惟當以質明然孔子曰與其晏也寧早聖人之微意可知也

◆行禮設贊唱(행례설찬창)

儀節按書儀架禮註引開元禮有設贊唱者位西南向之文况今禮廢之後儀文曲折行者不無參差今擬架引贊二人通贊一人擇子弟或親朋爲朱期演習庶行禮之際不至嗟跌〇按周禮太史祭之日執書疏執書者謂執行祭祀之書若今儀註

⊙奉主就位儀禮節次(봉주취위의례절차)

是日主人主婦詣祠堂前〇盥洗〇啓櫝(執事者啓櫝)〇出主〇詣香案前〇跪〇焚香〇告辭曰孝孫某今仲某之月有事于高曾祖考妣敢請神主出就正寢恭伸奠獻〇俯伏興平身(執事者以盤盛主主人前導諸親從之至正寢)〇奉主就位(主人奉考主主婦奉妣主子弟奉祔食主)

⊙신주를 받들고 자리로 나오는 의례절차.

이날 주인과 주부는 사당 앞으로 간다. ○손을 씻는다. ○독을 연다. (집사자는 독을 연다) ○신주를 내모신다. ○향안 앞으로 간다. ○무릎을 꿇고 앉는다. ○분향한다. ○출주함을 고한다. ○부복하였다 일어나 평신한다. (집사자들이 신주를 소반에 담으면 주인이 앞서 인도하고 모든 친족들이 뒤를 따라 정침에 이르면) ○신주를 받들고 신위의 자리로 간다. (주인은 남자의 신주를 받들어 내 모시고 주부는 여자의 신주를 받들어 내 모시고 자제가 부위 신주를 받들어 내모신다)

◆出主告辭式(출주고사식)

孝孫屬稱隨改見上卜日告式某今以仲春仲夏秋冬隨時之月有事于

顯高祖考某官府君

顯高祖妣某封某氏曾祖考妣至考妣列書繼曾祖以下之宗亦以最尊位爲主而隨屬稱以某

親某官府君卑幼去府君二字某親某封某氏祔食敢請

神主出就正寢或廳事恭伸奠獻

◆출주(出主) 고사식.

효손 모는 오늘 중춘의 달에 공경하옵는 고조할아버님 모관 부군과 고조 할머님 모봉 모씨와 공경하옵는 증조할아버님 모관 부군과 증조할머님 모봉 모씨와 공경하옵는 할아버님 모관 부군과 할머님 모봉 모씨와 공경하옵는 아버님 모관 부군과 어머님 모봉 모씨께 세사가 있사와 모친 모관 부군과 모친 모봉 모씨를 함께 곁들여 제향을 드리려고 감히 청하옵건대 신주께서는 정침으로 가시옵기를 공손히 사뢰어 드리나이다.

◆四代共一版稱孝孫(사대공일판칭효손)

問祠堂章告事祝云四代共一版則自稱以最尊者爲主而時祭出主祝稱以孝孫前後不同何歟尤菴曰或云時祭出主祝脫一玄字抑古人無問先代遠近只有稱孫者此亦仍古而稱之耶然前說近是○愚按上卜日告辭亦只稱祖考孝孫者疑從特牲禮祭祖禰之舊文說已見上矣此下稱高祖則亦當稱玄孫而猶稱孫者恐是仍用上文而未及修改者也或說脫玄字則必不然祠堂章告事條則悉擧孝元孝曾孝孫孝子而此下初獻條則本文只擧孝玄孫而下文又發凡例曰曾祖前稱孝曾孫考前稱孝子云獨不言祖前稱孝孫者以此條已有孝字故也然則非玄字之脫可知

⊙參神(참신)

主人以下敍立如祠堂之儀立定再拜若尊長老疾者休於他所

司馬溫公曰古之祭者不知神之所在故灌用鬱鬯臭陰達于淵泉蕭合黍稷臭陽達于墻屋所以廣求神也今此禮旣難行於士民之家故但焚香酹酒以代之○北溪陳氏曰廖子晦廣州所刊本降神在參神之前不若臨漳傳本降神在參神之後爲得之蓋旣奉主於其位則不可虛視其主而必拜而肅之故參神宜居於前至灌則又所以爲將獻而親饗其神之始也故降神宜居於後然始祖先祖之祭只設虛位而無主則又當先降而後參亦不容以是爲拘

⊙참신례.

주인 이하 늘어서기를 사당 참배 의식과 같이 정하여진 자리에 바르게 섰으면 재배한다. 만약 존장이 노쇠하거나 병중에 있는 자는 다른 곳에서 쉬게 한다.

◆祠堂行禮先降後參(사당행례선강후참)

要訣若時祭行于祠堂則無奉主就位節次餘如上儀先降神而後參神

◆灌用鬱鬯蕭合黍稷臭廣求神(관용울창소합서직취광구신)

郊特牲周人尙臭灌用鬯臭鬱合鬯臭陰達於淵泉灌以圭璋用玉氣也既灌然後迎牲致陰氣也
蕭合黍稷臭陽達於墻屋故既奠然後爇(如悅反)蕭合羶(馨)薌(香)凡祭愼諸此魂氣歸于天形
魄歸于地故祭求諸陰陽之義也殷人先求諸陽周人先求諸陰陳註周人祭先求諸陰故牲之未
殺先酌鬯酒灌地又擣鬱金香草之汁和合鬯酒使香氣滋深故曰鬱合鬯也灌之禮以圭璋爲瓚
之柄用玉氣亦尙臭也蕭香蒿也取蒿及牲之脂膋合黍稷而燒之以求諸陽也既奠謂延尸戶內
薦熟之時馨香卽黍稷也此天子諸侯之禮非大夫士禮也丘氏曰此雖諸侯之禮後世之酹酒降
神焚香祭神實取此義○祭義宰我曰吾聞鬼神之名不知其所謂子曰氣也者神之盛也魄也者
鬼之盛也合鬼與神敎之至也衆生必死死必歸土此之謂鬼骨肉斃于下陰爲野土其氣發揚于
上爲昭明焄(熏)蒿悽愴此百物之精也神之著也二端既立報以二禮建設朝事燔燎羶薌見(覸)
以蕭光以報氣也薦黍稷羞肝肺首心見間(註二字合爲覸)以俠甒加以鬱鬯以報魄也註陰讀
爲蔭言骨肉蔭於地中爲土壤陳氏曰如口鼻呼吸是氣那靈處便屬魂視聽是體那聰明處便屬
魄陳註二端謂氣者神之盛魄者鬼之盛也二禮謂朝踐(註鄭註作朝事)之禮與饋熟(按鄭註作
饋食)之禮也朝事謂祭日早朝所行之事也見讀爲覸雜至之饋熟之時以黍稷薦而羞肝肺首心
之饌見間卽覸字誤分也俠甒兩甒也雜以兩甒醴酒也加以鬱鬯本在祭初言非獨薦羞爲報魄
初加鬱鬯亦是報魄也○問昭明焄蒿悽愴之義朱子曰此言鬼神之氣所以感觸人者昭明乃光
景之屬焄蒿氣之感觸人者悽愴如漢書所謂神君至其風颯然之意○問子孫祭祀盡其誠意以
聚祖考精神不知是合他魂魄只是感格其魂氣曰爇蕭祭脂所以報氣灌用鬱鬯所以招魂(按據
祭義當曰報魄)便是合他所謂合鬼與神敎之至也又問不知常常恁地只是祭祀時恁地曰但有
子孫之氣在則他便在然不是祭祀時如何得他聚

⊙降神(강신)

主人升搢笏焚香(焚香下疑脫再拜二字)出笏少退立執事者一人開酒取巾拭瓶口實酒于
注一人取東階卓子上盤盞立于主人之左一人執注立于主人之右主人搢笏跪奉盤盞
者亦跪進盤盞主人受之執注者亦跪斟酒于盞主人左手執盤右手執盞灌(朱子曰盡傾)
于茅上以盤盞授執事者(便覽執事者反注及盞反於故處先降復位)出笏俛伏興再拜降復位
　問既奠之酒何以置之程子曰古者灌以降神故以茅縮酌謂求神於陰陽有無之間故酒必灌於地若謂
　奠酒則安置在此今人以澆在地上甚非也既獻則徹去可也○張子曰奠酒奠安置也若言奠摯奠枕是
　也謂注之於地非也○朱子曰酹酒有兩說一用鬱鬯灌地以降神則惟天子諸侯有之一是祭酒蓋故者
　飮食必祭今以鬼神自不能祭故代之之祭也今人雖存其禮而失其義不可不知○問酹酒是少傾是盡傾
　曰降神是盡傾○楊氏復曰此四條降神酹酒是盡傾三獻奠酒不當澆之於地家禮初獻取高祖考(考一
　作妣)盞祭之茅上者代神祭也禮祭酒少傾於地祭食於豆間皆代神祭也

⊙강신례.

주인은 향안 앞으로 올라가 홀을 띠에 꽂고 분향재배하고는 홀을 빼어 들고 조금 뒤
로 물러나 선다. 집사자 한 사람은 술병을 열고 병 입을 수건으로 닦고 술을 주전자
에 따라 채운다. 또 집사자 한 사람은 동쪽층계 탁자 위의 강신 잔반을 들고 주인의
왼쪽에 선다. 주전자를 든 집사자는 주인의 오른쪽에 선다. 주인이 홀을 띠에 꽂고
무릎을 꿇고 앉으면 잔반을 받든 집사자 역시 무릎을 꿇고 앉아 잔반을 주인에게 준
다. 주인이 잔반을 받아 들면 주전자를 들고 있는 집사자 역시 무릎을 꿇고 앉아 잔
에 술을 따른다.

주인은 왼손으로 반을 잡고 오른손으로 잔을 잡아 모사 위에 모두 기우려 따른다. 잔
반을 집사자에게 되돌려 주면 집사자들은 일어나 주전자와 잔반을 다시 제자리에 두
고 먼저 제자리로 내려와 선다. 주인은 홀을 빼 들고 부복하였다 일어나 재배하고 내
려와 제자리에 선다.

◆降神(강신)

溫公曰古之祭者不知神之所在故灌用鬱鬯臭陰達於淵泉蕭合黍稷臭陽達於墻屋所以廣求神也今此禮旣難行于士民之家故但焚香酹酒以代之○問旣奠之酒何以置之程子曰古者灌以降神故以茅縮酒謂求神於陰陽有無之間故酒必灌於地若謂奠酒則安置在此今人以澆在地上甚非也旣獻則徹去可也○馮氏曰香案前茅沙乃降神之茅沙酒當傾盡逐位前茅沙乃主人代神祭者酒宜少傾蓋古者飮食必祭今以鬼神自不能祭故代之或問束茅聚沙是聚沙於地擁住茅束否曰然曰用茅何義也曰程子曰古者灌以降神故用茅縮酌郊特牲註云縮酌用茅謂醴濁用茅以泲之也曰今俗用茅三束盤載以酹何與曰程子謂降神酹酒必澆於地家禮亦同但與代祭澆酒多寡不同耳未聞用盤也至劉氏璋補註祭初祖條始有茅盤用甆匜盂廣一尺或黑漆小盤截茅八寸餘作束束以紅立于盤內劉必有考但其不註於時祭各條又恐止宜初祖不敢據也莫若降神則澆於地代祭則澆於盤未知可否曰茅用一束或用三束何也曰按初獻條註用酒三祭于茅束上三祭者滴三滴酒于茅上非三束茅也豈誤其數與近見他書每位一獻用酒三盞者尤非也

◆焚香再拜(분향재배)

備要再拜○問家禮朔望焚香灌酒各再拜時祭則只於灌酒後再拜何耶沙溪曰焚香再拜求神於陽也灌酒再拜求神於陰也時祭一再拜恐闕誤備要依朔參禮以兩再拜添補未知得否○按書儀有焚香再拜則家禮明是闕文

◆縮酌(축작)

郊特牲縮酌用茅明酌也註謂泲醴酒以明酌也五齊醴尤濁和之以明酌泲之以茅縮去滓也明酌者事酒也春秋傳曰爾貢包茅不入王祭不共無以縮酒疏周禮三酒一曰事酒二曰昔酒三曰淸酒三酒之中事酒尤濁五齊之內醴齊尤濁陳註縮泲也醴齊濁泲而後可酌故云縮酌以茅覆藉而泲之○天官祭祀供蕭茅註蕭或爲茜茜讀爲縮束茅立之祭前沃酒其上酒滲下去若神飮之故謂之縮○問釃酒云縮酌用茅是此意否恐茅乃以酹朱子曰某亦嘗疑今人用茅縮酌古人芻狗乃酹酒之物則茅之縮酒乃今人醡酒也想古人不肯用絹帛故以茅縮酒也○按據郊特牲註及朱子說以茅縮酌乃泲酒也非降神之謂也程子恐據天官註而言

◆飮食必祭(음식필제)

鄕黨註古人飮食每種各出少許置之豆間之地以祭先代始爲飮食之人不忘本也○春官大祝辨九祭一曰命祭二曰衍祭三曰炮祭四曰周祭五曰振祭六曰擩祭七曰絶祭八曰繚祭九曰共祭註九祭皆謂祭食命祭者玉藻曰君若賜之食而君客之則命之祭是也衍當爲延炮當爲包延祭者曲禮曰客若降等執食興辭於客客坐主人延客祭是也包猶兼也有司曰贊者取黑白授尸尸受兼祭於豆祭是也周猶徧也曲禮曰殽之序徧祭之是也振祭擩祭本同祭末禮殺但擩肝塩中振之擬之若祭狀不祭謂之振祭以肝肺擩塩醢中以祭謂之擩祭絶祭繚祭亦同繚祭以手從肺本循之至于末乃絶以祭也絶祭不循其本直絶以祭禮多者繚之略者絶祭共猶授也王祭食宰夫授祭疏生人祭食不合與祭鬼神同科故九祭皆生人祭食謂生人將食先以少許祭先造食者黑白白謂稻黑謂黍殽之序徧祭謂所設殽羞次茅徧祭

⊙進饌(진찬)

主人升主婦從之執事者一人以盤奉魚肉一人以盤奉米麪食一人以盤奉羹飯從升至高祖位前主人搢笏奉肉奠于盤盞之南主婦奉麪食奠于肉西主人奉魚奠于醋楪之南主婦奉米食奠于魚東(卽第二行)主人奉羹奠于醋楪之東主婦奉飯奠于盤盞之西主人出笏以次設諸正位使諸子弟婦女各設祔位皆畢主人以下皆降復位

⊙진찬.

주인이 위전으로 오르면 주부는 주인의 뒤를 따라 오른다. 집사자 한 사람은 생선과 고기 대반을 받들고 또 한 사람은 떡 류와 면식 류 대반을 받들고 또 한 사람은 국 과 메 대반을 받들고 뒤를 따라 올라 고조(高祖) 위(位) 앞으로 간다. 주인은 홀을 띠에 꽂고 고기를 받들어 잔반의 남쪽에 올리고 주부는 면식 류(麪食類)를 받들어 고기의 서쪽에 올린다.

주인이 생선을 받들어 식초접 남쪽에 올리면 주부는 떡 류를 받들어 생선의 동쪽에 올린다. 즉 제2행 이다. 주인이 국을 받들어 식초 접 동쪽에 올리면 주부는 메를 받들어 잔반의 서쪽에 올린다.

다음으로 이와 같이 모든 정위에 진설을 하고 주인은 홀을 띠에서 빼어 든다. 여러 자제와 부녀자들로 하여금 각 부위에 이와 같이 진설 하기를 모두 마쳤으면 주인 이하 모두 내려와 제자리에 선다.

◆進食之禮(진식지례)
曲禮凡進食之禮左殽右胾(則吏反)食(嗣)居人之左羹居人之右膾炙處外醯醬處內葱渫處末酒漿處右以脯脩置者左朐(劬)右末註肉帶骨曰殽純肉切曰胾骨剛故左肉柔故右飯左羹右分燥濕也膾炙異饌故在殽胾之外醯醬食之主故在殽胾之內葱渫烝葱亦菹類加豆也故處末酒漿或酒或漿也處羹之右若兼設則左酒右漿疏曰脯訓始始作卽成也脩亦脯脩訓治治之乃成薄折曰脯捶而施薑桂曰腵脩朐謂中屈也左朐朐置左也脯脩處酒左以燥爲陽也呂氏曰其末在右便於食也食脯脩者先末方氏曰食以六穀爲主穀地産也所以作陽德故居左羹以六牲爲主牲天産也所以作陰德故居右○特牲饋食禮主人升入復位俎入設于豆東主婦設兩敦黍稷于俎南西上及兩鉶芼設于豆南南陳註芼菜也○按曲禮言凡進食之禮特牲言饋食之禮然食黍稷皆居東而家禮則不然羹居東飯居西未知何義恐是出於當時俗禮而書儀從之而家禮亦未之改故歟○問飯器啓蓋宜在何時(曰按)饋食祝洗爵奠于鉶南遂命佐食啓會佐食啓會却于敦南出立于西南面主人再拜稽首祝在左卒祝主人再拜稽首迎尸于門外以此觀之當在初獻之後未讀祝之前○(按少牢禮設饌略同而但主婦先薦韭菹醓醢蔡菹蠃醢四豆佐食設羊豕魚腊膚五俎主婦設二黍二稷四敦皆兩列相對設之又無泰羹至儐尸乃有之爲不同耳)○曲禮凡進食之禮左殽右胾食居人之左羹居人之右膾炙處外醯醬處內

◆魚脯進時頭西尾東(어포진시두서미동)
少牢禮魚右首進腴疏凡載魚生人死人皆右首地道尊右故也鬼神進腴(腹也)是氣之所聚故也生人進鰭者鰭是脊生人尙味故也○特牲饋食禮陳鼎拜賓視牲告期條棜在其南順實獸于其上東首牲在其西北首東足(鄭玄注)棜之制如今大木轝矣上有四周下無足(朱子註)無足獸腊也東足者常右也○疏曰下文牲在西北首東足此實獸棜上東首不與牲相統東足者尙右也周人尙右將祭故也○退溪曰祭饌尙左之說恐未然盖食以飯爲主故飯之所在卽爲所尙如平時陳食左飯右羹是爲尙左而祭則右飯左羹是乃尙右所謂神道尙右者然也而今云尙左非也○與猶堂曰案少牢右首進腴(註鄭云右首變於生)公食禮右首進鰭此兩文皆在杙載之時不在陳設之時則載與設無二法也左右者神位之左右也○俛宇集書答李子剛別紙喪祭疑義;祭需陳設東頭西尾取其陰陽左右耶

◆魚脯進頭東尾西(어포진두동미서)
曲禮脯脩置者在朐右末註呂氏曰其末在右便於食也食脯脩者先末○少牢禮魚十有五右首進腴疏凡載魚生人死人皆右首地道尊右故也鬼神進腴者腴是氣之所聚故也生人進鰭者鰭是脊生人尙味故也腴腹也○尤菴曰以古禮言之則西北陸故設肉於右東南海故設魚於左

◆特牲禮進饌(특생례진찬)
特牲禮主婦薦兩豆蔡菹蝸醢醓醢在北○主人出及佐食擧牲鼎賓長及執事擧魚腊鼎入當阼階鼎西面註少牢禮腊用麋士腊用兎○贊者錯俎加匕佐食升阼俎設于阼階西註肵之言敬也敬尸之俎○卒載(記)尸俎右肩臂臑肫胳正脊二骨橫脊長脅二骨短脅膚三離肺一刌肺三魚十有五腊如牲骨○俎入設于豆東魚次腊特于俎北○主婦設兩敦黍稷于俎南西上及兩鉶芼設于豆南南陳註芼菜也○祝洗酌奠奠于鉶南佐食啓會却于敦南○尸入祝饗尸挼祭註挼與墮

同○設大羹湆于醓北註大羹者煮肉汁不和塩菜貴其質醓北爲薦左神禮變於生人○羞肵俎
于腊北佐食羞庶羞四豆設于左南上有醓註庶羞也衆羞以豕肉四豆者膮炙臐醓南上者以膮
炙爲上○佐食盛肵俎註取牲魚腊之餘盛於肵俎將以歸尸俎○主人酳尸賓長以肝從○主婦
亞獻尸宗婦執兩邊主婦受設于敦南註兩邊棗栗棗在西疏棗烝栗擇○兄弟長以燔從○賓長
三獻燔從如初

◆時祭喪祭羹飯左右之異(시제상제갱반좌우지이)

輯覽按曲禮言凡進食之禮特牲言饋食之禮然食黍稷皆居東而家禮則不然羹居東飯居西未
知何義恐是出於當時俗禮而書儀從之而家禮亦未之改故歟○問家禮陳饌飯右羹左未曉其
意重峯先生以生死異設爲無所據沙溪先生亦以爲然而又謂當依家禮左設不可有異議者何
耶(按重峯沙溪說見初虞進饌條)退溪云時祭右陳神道尙右故也今人以飯右羹左爲左設飯
左羹右爲右設沙溪所謂左設亦如此而退溪謂之右陳者以飯右爲主耶尤菴曰重峯之說主於
禮記沙溪之說主於家禮家禮乃損益古今而爲之定制者故沙溪以爲不可有異議耳且左右設
云云今人以象生時者爲右以變於生時者爲左而退溪則主飯而言故以飯居右爲右陳爾○愚
按家禮時祭陳饌左設之義實本於特牲禮經文及疏義而諸先生恐未及照商耳按特牲禮設大
羹湆于醓北疏醓北爲薦左(按菹醓兩豆謂之薦神位東向故謂北爲左)公食大夫禮昏禮大羹
皆在薦右此在左者神禮變於生人士虞禮大羹設鉶南在右與生人同云云據此疏說則其象生
而右設神事而左設之義可見而其左右設之只主於大羹而言不主於飯與鉶羹者亦可見矣輯
覽所謂進食禮與特牲禮黍稷皆居東云者誠未可曉也進食禮則以生人南向者言而食居人左
固爲東也特牲禮則神位東向而菹醓兩豆在其前豆東有俎俎南設黍稷則是飯居前中而近右
與進食禮絶不同矣豈可合而言之由是觀之當據此經與疏說喪祭則象生而皆當右羹羹右則
飯不得不左矣時祭以下則神事而皆當左羹羹左則飯亦不得不右矣故家禮之時祭喪祭皆本
此古禮也

◆飯羹左右之義(반갱좌우지의)

問祭品陳饌尙左而扱匙則西柄似有尙右用右手之義何也退溪曰祭饌尙左之說恐未然盖食
以飯爲主故飯之所在卽爲所向如平時陳食左飯右羹是爲尙左而祭則右飯左羹是乃尙右所
謂神道尙右者然也而今云尙左非也扱匙西柄果如所疑人之尙左食用右手則神之尙右似當
用左手矣然嘗思得之所謂尙左尙右但以是方爲上耳非爲謂尙左方則手必用右尙右方則手
必用左也故雖陳饌以右爲上而手之用匙依舊只用右手何害焉○沙溪曰曲禮言凡進食之禮
特牲言饋食之禮然食黍稷皆居東而家禮則不然羹居東飯居西未知何義恐是出於當時俗禮
而書儀從之而家禮亦未之改故歟○或問以爲三年內象生時飯左羹右爲是謬意則卒哭始用
吉禮事以神道此不得獨象生時沙溪曰陳饌飯右羹左未知其意至於挿匙西柄以右爲尙則左
陳之意尤不可知也愚意三年內上食則象生時左飯右羹爲是亡友趙重峯汝式嘗曰禮食居人
之左羹居其右酒醬處其間生死異設何所據耶烹飪具饌代神祭酒扱匙西柄皆用養生之道而
陳饌則引致死之義亦未嘗其所指也○曲禮凡進食之禮左殽右胾食居人之左羹居人之右膾
炙處外醯醬處內蔥渫(渫)處末酒漿處右以脯備置者左朐(呴)右末註肉帶骨曰殽純肉切曰胾
骨剛故左肉柔故右飯左羹右分燥濕也膾炙異饌故在殽胾之外醯醬食之主故在殽胾之內蔥
渫烝蔥亦菹類加豆也故處末酒漿或酒或漿也處羹之右若兼設則左酒右漿疏曰脯訓始始作
卽成也脩亦脯脩訓治治之乃成薄析曰脯捶而施薑桂曰腶脩朐謂中屈也朐置左也脯脩處酒
左以燥爲陽也呂氏曰其末在右便於食也食脯脩者先末方氏曰食以六穀爲主穀地産也所以
作陽德故居左羹以六牲爲主牲天産也所以作陰德故居右○特牲饋食禮主人升入復位俎入
設于豆東主婦設兩敦黍稷于俎南西上及鉶芼于豆南南陳(觀此數說凡祭設饌羹宜居西飯宜
居東家禮則不然羹居東飯居西未知何義恐是出於當時俗禮書儀從之而家禮亦未之改故歟
然當依家禮左設不可有異議)○問家禮陳饌飯右羹左未曉其意義重峯以先死異設爲無所據

沙溪亦以爲然而又謂當依家禮左設不可有異議者何耶退溪曰時祭右陳神道尙右故也今人
以飯右羹左爲左設飯左羹右爲右設沙溪所謂左設亦如此而退溪謂之右陳者豈以飯右爲主
而然耶若如退溪說則飯右羹左果合於尙右之義耶尤庵曰重峯說主於禮記沙溪說主於家禮
家禮乃損益古今而爲之定制者故沙溪以爲不可有異議耳且左右設云云今人以尙生時者爲
右以變於生時者爲左退溪則主飯而言故以飯居右爲右陳이

⊙初獻(초헌)

主人升詣高祖位前執事者一人執酒注立于其右(冬月卽先煖之)主人搢笏奉高祖考盤
盞位前東向立執事者西向斟酒于盞主人奉之奠于故處次奉高祖妣盤盞亦如之(便覽
執事者反注故處)出笏位前北向立執事者二人奉高祖考妣盤盞立于主人之左右主人搢
笏跪執事者亦跪主人受高祖考盤盞(便覽左手執盤)右手取盞祭(便覽三祭之○要訣少頃)
之茅上(增解要訣少頃淸○按虞祭云三祭于茅束上)以盤盞授執事者反之故處受高祖妣盤
盞亦如之出笏俛伏興少退立執事者炙肝于爐(輯覽按士昏禮贊以肝從註飮酒宜有肴以安之
以此觀之祭用肝炙象生時之用歟○退溪曰炙字有二音肉之方燔之石切親炙熏炙皆從是音已燔之夜
切膾炙嗜秦人之炙皆從是音)以楪盛之兄弟之長一人奉之奠于高祖考妣前匕筯楪之南(備要
啓飯蓋置其南降復位)祝取版立於主人之左(便覽東向)跪(儀節主人以下皆跪)讀曰(云云)畢興
(便覽置板於卓上降復位)主人再拜退詣諸位獻祝如初每逐位讀祝畢卽兄弟衆男之不爲
亞終獻者以次分詣本位所祔之位酌獻(便覽不祭酒)如儀但不讀(開元禮不拜)祝獻畢皆
降復位執事者以他器徹酒及肝置盞故處(便覽降復位)○凡祔者伯叔祖父祔于高祖伯
叔父祔于曾祖兄弟祔于祖子孫祔于考餘皆放此如本位無卽不言以某親祔食

楊氏復曰司馬公書儀主人升自阼階詣酒注所西向立執事一人左手奉曾祖考酒盞右手奉曾祖妣酒
盞一人奉祖考妣酒盞一人奉考妣酒盞皆如高祖考妣之次就主人所主人搢笏執注以次斟酒執事者
奉之徐行反置故處主人出笏詣曾祖考妣神座前北向執事者一人奉曾祖考酒盞立于主人之左一人
奉曾祖妣酒盞立于主人之右主人搢笏跪取曾祖考妣酒酹之授執事者盞反故處乃讀祝此其禮與虞
禮同家禮則主人升詣神位前主人奉祖考妣盤盞一人執注立于其右斟酒此則與虞禮異竊詳虞禮神
位惟一時祭則神位多家禮主人升詣神位前奉盤盞位前東向立執事者斟酒主人奉之奠于故處次奉
祖妣盤盞亦如之如此則禮嚴而意專若書儀則時祭與虞祭同主人詣酒注卓子前執事者左右手奉兩
盤盞則其禮不嚴主人執注盡斟詣神位酒則其意不專此家禮所以不用書儀之禮而又以義起之也

⊙초헌례.

주인이 올라 고조위(高祖位) 전으로 가면 집사자 한 사람은 겨울이면 곧 먼저 술을
따뜻하게 데운 주전자를 들고 주인의 오른쪽에서 선다. 주인은 홀(笏)을 띠에 꽂고
고조고(高祖考) 전의 잔반을 받들고 위전에서 동쪽으로 향하여 서면 집사자는 서쪽으
로 향하여 서서 잔에 술을 따른다. 주인은 잔반을 받들어 제자리에 올리고 다음으로
고조비(高祖妣)의 잔반을 그와 같게 하고 집사자는 주전자를 제자리에 둔다.

주인은 홀을 띠에서 빼어 들고 위전에서 북쪽으로 향하여 선다. 집사자 두 사람이 고
조고(高祖考)와 고조비(高祖妣)의 잔반을 각각 받들고 주인의 좌우에 서면 주인은 홀
을 띠에 꽂고 무릎을 꿇고 앉는다. 집사자 역시 무릎을 꿇고 앉으면 주인은 고조고의
잔반을 받아 왼손으로 반을 잡고 오른손으로 잔을 잡아 모사 위에 조금씩 기우려 삼
제(三祭)를 하고 잔반을 집사자에게 되돌려 주면 집사자는 잔반을 받아 제자리에 다
시 올려 놓는다. 다음으로 고조비 잔반을 받아 역시 그와 같게 한다.

주인은 홀을 띠에서 빼어 들고 부복하였다 일어나 조금 뒤로 물러나 선다. 집사자들
이 화로에서 간을 구워 소반에 담으면 형제중의 맏이가 고조고와 고조비의 시저접(匕
筯楪) 남쪽에 올려 놓고는 메의 개를 열어 그 남쪽 빈 곳에 놓고 내려와 제자리에 선

다. 축관이 축판을 들고 주인의 왼편에서 동쪽으로 향하여 무릎을 꿇고 앉으면 주인 이하 모두 무릎을 꿇고 앉는다. 다음과 같이 독축(讀祝)을 하고 마치면 일어난다. 축관(祝官)은 축판은 탁자 위에 놓고 물러나 제자리에 서면 주인은 재배하고 물러난다.

모든 위에 헌주(獻酒)하고 축사하기를 처음과 같이하며 신위마다 따라 가며 독축(讀祝)하기를 마치면 곧 형제와 여러 남자 중에서 아헌과 종헌을 하지 않는 이들이 나뉘어 본위에 곁들인 부위마다 술을 따라 올리기를 의례대로 하되 다만 제주치 않으며 축(祝)이 없고 절을 하지 않는다. 술 따라 올리기를 마쳤으면 모두 내려와 제자리에 선다.

집사자들은 다른 그릇으로 철주를 하고 잔은 제자리에 놓고 간적(肝炙)을 거두고 제자리로 내려와 선다.

대체로 부위의 곁들임은 백숙조부는 고조에게 곁들이고 백숙부는 증조에게 곁들이고 형제는 조위(祖位)에 곁들이고 자손은 고위(考位)에 곁들인다.

◆時祭正位獻畢次獻祔位(시제정위헌필차헌부위)

艮齋曰主人之妻當祔食於組龕而祖考尙在宗家則當用中一之例而祔於遞遷之高祖主人之孫亦當再用中一之例而亦祔於高祖歟如此則正位獻畢次獻祔位如家禮之文則妻先曾祖而食孫先五代祖而食禮意極未安不如依朱子晩年所行正位三獻畢祔位使人一獻之例也○時祭祔位三獻家禮也無拜開元禮也近考得語類先生晩年正位三獻畢使人分獻一酌如學中從祀又考大全釋菜儀先聖位獻祝再拜配位如初但不讀祝據此則祔位亦當有拜

◆攝幼兒祝(섭유아축)

問若有乳下兒猶以兒名告否退溪曰兒名攝主告○問攝主祝辭愼獨齋曰祝文措辭當告以代攝之意

◆攝女主祝(섭녀주축)

退溪曰宗子死未立後之前權以季爲攝主不稱孝只書名其爲攝主之意當告於攝行之初祭其後則只云攝祀事子某云云○南塘曰或曰無主而謂之攝未可曰此有婦人故謂之攝耳

◆子弟攝主祝(자제섭주축)

曾子問孔子曰宗子居於他國庶子爲大夫其祭也祝曰孝子某使介子某執其常事○遂菴曰家廟大小薦宗子有故則使子弟代行可也何必主婦爲也○問宗子老傳其子代祭祝辭同春曰當曰孝子某衰耗不堪事使子某云云可也○尤菴曰凡祭主人有故則使子弟代之者詳於家禮附註矣然代者是尊行則使字未安故俗禮改云孝子某有故代叔父或兄云云而祖先之稱當從代者之屬云未知必合於禮否也○叔父代行而以宗子之屬稱稱其父爲祖旣有所未安若或以己之屬稱稱之則又與尊祖敬宗不敢入廟之義相悖尋常於此不敢有杜撰之意故前書以未知如何仰報矣○所攝之中如有尊行則子弟以不敢爲攝主矣○問宗子有故支子代行則其祝文何以爲之南溪曰當從使某之例蓋雖曰父兄之尊旣壓於祖先則恐無所妨如君前臣名父前子名可見也○遂菴曰宗子有疾病不得參祭則祝辭改曰孝孫某有疾病介子某代行薦禮敢昭告云云○愚按尊行代攝祖先屬稱尤翁雖有此兩下說然據曾子問宗子使庶子攝祭祝曰使介子某云而不曰使介弟則是用祖禰之屬稱而不用宗子之屬稱明矣今若曰代叔父或兄云則是用宗子之屬稱而非曾子問不稱介弟之義矣今於高祖之祭叔父攝告曰代叔父敢昭告于曾祖云則其曰叔父者主於宗子也其曰曾祖者主於代者也一祝之間稱號班駮半上落下恐或未安似當曰介曾孫某敢攝告于曾祖云云而都不用代字使字可也據曾子問庶子有爵者旣稱介子而許入廟攝事則如此稱之恐無不可尤翁所謂不敢入廟云者恐不必然且家禮則通稱介子不論爵之有無矣此與使子弟攝告事體自別若使子弟則恐不得不曰使介子某或使子某告于高祖云

矣未知如何

◆尊行攝主祭卑幼祝(존행섭주제비유축)

尤菴曰所祭於攝主爲子姪則當用祭子弟之祝而不拜矣

◆炙肝加塩(적간가염)

備要按少牢饋食賓長羞牢肝塩在右特牲饋食以肝從疏亦當如少牢塩在右而此不言者文不其也據此時祭亦當加塩○問退溪曰塩不必楪設各就其器而用之云此說如何尤菴曰塩楪之專設恐是古禮如此各用魚肉設塩於其器者似褻恐是國俗而先正未及改正也○愚按加塩非但古禮如此上陳器條既設塩楪則正爲加於炙肝及肉而設也此特文不備耳據初祖祭炙肝加塩亦可見也又按士虞禮賓長以肝從實于祖縮右塩註言右塩則肝塩併也疏執俎右畔有塩左畔有肝云據此以塩當就炙肝之器而加之但在右耳

◆無祝則自告(무축즉자고)

韓魏公祭儀無祝者主人自告○沙溪曰無祝則自讀不妨

◆初獻後啓飯盖(초헌후계반개)

退溪曰扱匙雖在三獻後其前開盖使饌氣同上○按特牲禮祝洗爵奠于鉶南命佐食啓會據此則啓盖當在初獻之後未讀祝之前可知矣

◆時祭祝文式(시제축문식)代各異板○凡告祝以家禮爲主而如年月干支改皇爲顯淸酌庶羞等句語多從備要書之○按今不用去年號幾年

維

歲次干支幾月干支朔幾日干支孝玄孫孝曾孫孝孫孝子隨屬稱某官某敢昭告于
顯高祖考某官府君
顯高祖妣某封某氏曾祖云顯曾祖考某官府君顯曾祖妣某封某氏祖考妣及考妣皆倣此氣
序流易時維仲春隨時追感歲時不勝永慕家禮本註考改不勝永慕爲昊天罔極敢
以淸酌庶羞祗薦歲事以某親某官府君卑幼去府君二字某親某封某氏祔
食家禮本註如本位無卽不言凡祔倣此尙
饗

◆시제(時祭) 축문식.

세대마다 축판을 각각 써야 한다. ○축문은 가례위주로 년 월 일과 간지는 같으나 황(皇)자를 고쳐 현(顯)자로 하며 청작서수(淸酌庶羞) 어구 등 많이 따랐으며 비요 축문식과 같이 하였다. 살피건대 요즘 사용치 않는 년호기년(年號幾年)은 삭제하였다.

세차 모 간지 기월 기일 효 현손 모관 모가 공경하옵는 고조할아버님 모관 부군과 공경하옵는 고조할머님 모봉 모씨께 감히 밝혀 고하나이다. 계절의 차서는 흐르듯이 바뀌어 시절은 생각 하옵건대 중춘이옵니다. 연중 시절 마다 옛일이 생각되어 영원히 조상님을 사모하여도 다 할 수 없사와 감히 맑은 술과 여러 가지 음식으로 정성을 다하여 세사를 드리오며 모친 모관 부군과 모친 모봉 모씨를 곁들여 제향하오니 바라옵건대 흠향하옵소서.

⊙亞獻(아헌)

主婦爲之諸婦女奉炙肉(增解按據初祖祭亞獻亦炙肉于爐以楪盛之加塩)及分獻如初獻儀但不讀祝(朱子曰未有主婦則弟得爲亞獻○徹酒下炙)

朱子曰祭禮主人作初獻未有主婦則弟得爲亞獻弟婦爲終獻○楊氏復曰按亞獻如初儀潮州所刊家
禮云惟不祭酒于茅潮本所云不祭酒于茅是乎曰所謂祭酒于茅者爲神祭也古者飮食必祭及祭祖考
祭外神亦爲神祭少牢饋食禮主人初獻尸尸祭酒而後啐酒卒爵主婦亞獻尸尸祭酒而後卒爵賓長三
獻尸尸祭酒而後卒爵士虞特牲禮亦然凡三獻尸皆祭酒爲神祭也鄕射大射獲者獻候先右箇次中次
左箇皆祭酒爲候祭也以此觀之三獻皆當祭酒于茅潮本蓋或者以意改之故與他本不同失之矣

⊙아헌례.

아헌은 주부가 하며 여러 부녀자들이 적육(炙肉)을 받들고 함께 역할을 분담하여 술
을 따라 올리기를 초헌 의식과 같게 한다. 다만 축이 없다. ○마쳤으면 철주를 하고
적을 내린다.

◆攝主妻亞獻(섭주처아헌)

問初獻主人有故兄弟代行則主婦亞獻似未安尤菴曰主人兄弟與兄嫂行禮似有難便朱子於
昏禮有禮相妨之言今此祭禮似亦當相準也○南溪曰旣曰使子某告于云云則便是攝行也攝
主妻姑爲主婦

◆攝主妻亞獻之疑(섭주처아헌지의)

退溪答寒岡弟爲攝主嫂叔行禮極礙若避嫌於主婦則出繼仲只爲亞獻賤婦爲終獻何如之問
曰恐當如此

◆亞終獻不使諸父(아종헌불사제부)

問亞終獻不許諸父諸兄爲之或欲自爲亞終獻則似不可倒使尊長爲亞終獻之意申告强止否
退溪曰亞終獻不使諸父應有其意不可考然以情理言之廟中以有事爲榮況諸父之於祖考非
衆子弟之比終祭無一事豈非欠缺耶若諸兄則其所云兄弟之長卽諸兄也非不使爲獻也申告
强止恐不近情○要訣若主婦有故則諸父若兄弟中最尊者爲之○南溪曰家禮不許諸父爲亞
終獻蓋爲叔父於主人爲尊行也然尊家只有叔姪兩人行祀何可拘於常禮而不爲之變通乎鄙
意迭行諸獻無不可者○韓魏公祭式如皆不足則主祭者自行三獻

⊙終獻(종헌)

兄弟之長或長男或親賓(特牲禮宿賓疏賓是士之屬吏命於其君者也)爲之衆子弟奉炙肉及
分獻如亞獻儀(但不徹酒及炙)

⊙종헌례.

형제 중에서 연장자나 혹은 장남 혹은 친빈(親賓) 중에서 종헌을 하며 여러 자제들이
적육(炙肉)을 받들고 헌주(獻酒)에 분담하기를 아헌(亞獻) 의식과 같게 한다. 다만
철주(徹酒)하지 않고 적(炙)도 내리지 않는다.

◆無人則主人自行三獻(무인즉주인자행삼헌)

韓魏公祭式亞終獻皆不足則主祭者自行三獻

◆子弟適孫終獻(자제적손종헌)

朱子曰祭只三獻主人初獻適子或主婦亞獻庶子弟或適孫終獻

◆親賓終獻(친빈종헌)

問所謂親賓親戚中爲賓者歟昔同春喪虞祭李執義翔爲終獻此旣非親戚則凡祭非親戚而亦
可爲終獻矣此於祖先旣非裔屬於主人又非尊行其參祀已無意義況可以終獻耶尤菴曰親賓
謂所親之賓客也古者必筮賓而祭者或以賢或以爵皆所以重其事也非裔屬非尊行似不當論
○親賓與祭今之知禮之家例行之○南溪曰祭禮用親賓古禮也家禮因之然至於時祭乃堂室
之事雖與主人有厚分其與婦人並爲行禮於至近之地恐是古今異宜處若非姑姊妹夫一家之

親則似難泛行

◆三獻皆祭酒(삼헌개제주)

楊氏曰少牢饋食禮主人初獻尸尸祭酒而後啐酒卒爵主婦亞獻尸尸祭之而後卒爵賓長三獻尸尸祭之而後卒爵士虞特牲禮亦然以此觀之三獻皆當祭酒于茅

◆外神(외신)

語類外神如山川社稷五祀之類與山林溪谷之神能興雲雨者

⊙侑食(유식)

主人升揑笏執注就斟諸位之酒(便覽祔位不斟)皆滿(便覽反注故處)立於香案之東南主婦升扱匙飯中西柄正筯(沙溪曰正之於楪中)立于香案之西南皆(便覽謂主人主婦)北向再拜(便覽主婦四拜○祔位扱匕正筯諸子弟婦女行之而不拜)降復位

⊙유식(侑食) 즉 권함.

주인이 올라가 홀을 띠에 꽂고 주전자를 들고 모든 위전의 잔에 부위는 제외하고 술을 가득 따르고 주전자를 제자리에 놓고 향안의 동남쪽에 선다. 주부가 올라와 숟가락을 메의 중간에 바닥이 동쪽으로 향하게 꽂고 젓가락은 쥐는 곳이 서쪽으로 향하게 하여 수저그릇에 바르게 놓고 향안의 서남쪽에 서서 주인주부 모두 북향재배 하되 주부는 사배한다. 부위의 삽시정저(扱匙正筯)는 여러 자제와 며느리 딸들이 하되 절은 하지 않고 모두 내려와 제자리에 선다.

◆無主婦者侑食(무주부자유식)

問主婦不參祭扱匙點茶主人爲之否退溪曰當然

◆正筯之所(정저지소)

問正筯之所退溪曰正之於羹器○輯覽按退溪說恐未然家禮之意若是正之於羹器則何獨於匙特言扱之之所而筯則無說乎以文勢觀之恐正之於匙楪中也豈中國之俗爲然耶○沙溪曰正之於楪中○南溪曰正置於楪上首西尾東

◆扱匙正筯之節(삽시정저지절)

寒岡問主婦不參祭則扱匙主人爲之否退溪曰當然○松江問扱匙飯中西柄之義須是令匙背向西如生人擧匙拈飯之爲乃合而或云令匙內向北如生人所扱而微偃匙柄於西可也恐是非西柄之義龜峰曰前說飯在匙上將食之狀後說以匙取飯之狀後說似是○南溪曰龜峰扱匙微偃之說只是取以匙取食之意而已今詳南北曰縱東西曰橫凡祭饌皆橫說正筯亦然若獨於匙縱插則恐未安○問扱匙西柄逐庵曰古禮無匙筯今人扱匙正筯乃虞祭象生時仍以不變○退溪曰古人羹有菜者用筯以食祭時上筯于羹不妨○沙溪曰正筯之所退溪曰正之於羹器恐未然若是正之於羹器則何獨於匙特言插之所而筯則無說乎恐正之於匙楪中也○南溪曰所謂正筯者似指其正置於楪上首西尾東也

⊙闔門(합문)

主人以下皆出祝闔門無門處卽降簾可也(便覽或屏幃)主人(便覽以下皆升階)立於門東西向衆丈夫在其後主婦立於門西東向衆婦女在其後如有尊長則少休於他所(在一食九飯之頃)此所謂厭也

　　楊氏復曰士虞禮無尸者祝闔牖戶如食間註如尸一食九飯之頃也又曰祝聲三啓戶註聲者噫歆也祭今旣無尸故須設此儀

⊙합문(闔門) 즉 문을 닫는다.

주인 이하 모두 나오면 축관이 문을 닫는다. 문이 없으면 발을 치거나 병풍으로 가려 친다. 주인은 문의 동쪽에서 서쪽으로 향하여 서고 여러 남자들은 그 뒤에 차서 대로 서며 주부는 문의 서쪽에서 동쪽으로 향하여 서고 여러 부녀자들은 그 뒤에 남자들과 같게 선다. 존장이 있으면 다른 곳에서 잠시 쉬게 하고 한끼 식사 시간 동안 있는다. 이곳에서는 조용히 하여야 한다.

◆厭祭(염제)

曾子問陳註厭是厭飫之義謂神之歆享也厭有陰有陽陰厭者迎尸之前祝酌奠訖爲主人釋辭於神勉其歆享此時在室奧陰靜之處故云陰厭陽厭者尸謖之後佐食徹尸之薦俎設於西北隅得戶明白之處故曰陽厭制禮之意不知神之所在於彼乎於此乎皆庶幾其享之而厭飫也○按古禮有尸則迎尸之前先爲陰厭尸出之後復爲陽厭而闔牖戶若無尸則當初陰厭時因闔牖戶如尸九飯之頃而無陽厭矣

◆一食九飯之頃(일식구반지경)

問一食九飯何義退溪曰一食而九擧匙然否愚伏謂嘗見中原人飮食以小器盛飯旣食又進之又食又進之據此則一食卽統言九飯卽小數之節此說如何沙溪曰小牢饋食禮註食大名小數曰飯疏天子十五飯諸侯十三飯大夫十一飯九飯士禮也特牲饋食禮註三飯禮一成也又三飯又三飯禮三成也曲禮三飯疏三飯而告飽勤乃更食云云此註疏說可考愚伏說近之○愚按少牢疏曰曲禮云飯黍無以箸是古者飯不用匙箸器中取之又士虞禮尸飯播餘于篚註古者飯用手吉時播餘于會云據此諸說則古者飯用手矣九飯非九擧匙可知也又按少牢註食大名小數曰飯疏小數曰飯者此三飯五飯九飯之等據一口謂之一飯五口謂之五飯云據此則九飯非以器盛飯之數亦可知也

◆府伏當否(부복당부)

問闔門之後或有不出而俯伏於前者何如退溪曰家禮所闔之門卽中門也出者出此門也但今人家廟中門與古所謂中門似異若以今楣下出入戶爲中門則所謂俯伏於前卽是出也○愚按此門卽堂門也家禮虞祭陳器條有堂門之文可考也古禮則祭於廟室故闔牖戶而主人以下出於堂家禮則祭於正寢之堂故闔堂門而主人以下立於階下是只退一位矣豈宜遠出於正寢前廳事後之中門也正寢堂門則不可名中門門在堂故無門則設簾矣惟家禮祠堂之中門則在前楣下然時祭旣非行於祠堂則祠堂中門非所擧論且俯伏於前云云非家禮之旨而退溪不加非斥可疑

⊙啓門(계문)

祝聲三噫歆(儀節祝當門北向作咳聲者三)乃啓門主人以下皆入其尊長先休于他所者亦入就位(增解按以先字觀之卽指參神條尊長老疾休于他所者言也爲將受胙復入也若闔門時尊長休於他所者則包在主人以下皆入之中也)主人主婦(便覽升徹羹)奉茶(便覽代以水)分進于(便覽諸位)考妣之前(便覽奠于徹羹處)祔位使諸子弟婦女進之(便覽主婦以下先降復位)

⊙계문(啓門) 즉 문 엶.

축관이 문 앞에서 희흠이라 세 번을 하고 곧 문을 연다. 주인 이하 모두 들어갈 때 잠깐 쉬던 존장이나 먼저 다른 곳에서 쉬던 노약자 병자들도 역시 같이 들어가 제자리에 선다. 주인과 주부는 올라가 국을 물리고 숙수를 올리기를 세대마다 고비전으로 나뉘어 나아가 국 물린 자리에 올린다. 부위는 여러 자제와 부녀자들이 나아가 숙수를 올리게 하고 주부 이하는 먼저 내려와 제자리에 선다.

◆噫歆(희흠)

艮齋曰噫歆字義旣與欱不同(噫集韻歎聲歆說文神饗氣兩字幷無咳義)字音又與欱稍異(試

自口呼噫歆又自看果與歆絶無小異否)且歆是從古來原有底字而鄭陳二氏之註聲三也何不
直擧歆字乃紆回去別處却將與歆音義俱異底字以代之朱先生於家禮又何不改正而乃俟夫
後世之丘瓊山而後始定也乎此區區所聽瑩也然細詳丘氏下字如是之曲折似緣或者誤認家
禮初虞註爲告啓門之義故且借與噫歆音近者以明之曰此是作歆聲非告啓門云爾也然猶未
若直云口呼噫歆云云之爲明白也萬一丘氏直認噫歆爲歆聲而云然也則恐未免亂道誤人之
譏矣來喩云旣曰聲則非歆聲耶愚謂噫歆亦聲爾何必歆之然後乃可謂之聲乎且如士喪禮臯
某復三臯聲也如盛見則不得呼某復而必作歆聲耶聲噫歆三正如臯某復三同一文勢愚見決
定如此雖擧世笑之亦不恤也來喩又曰作歆聲則自然爲噫歆愚謂與其如此模糊豈若直擧本
字之爲明白有據而亦自近於聲歆也耶來諭又曰若欲其歆享則當在闔門之時愚竊謂子孫之
於祭先也冀其歆享之心自始至終無時無之故酌獻之初雖已有尙饗之辭矣然其出門而如聞
歎息之聲也其幸或顧歆之誠當尤切至矣故將於啓門也又必擧噫歆之聲而三致意焉玆豈非
聖人制禮之精義孝子享先之誠意乎蓋此本非難曉之文亦非費辭之事只被高明疑之再三問
之詳悉又見近時諸賢例爲丘儀所眩而不遵朱子鄭陳諸公之說故臨紙不覺縷縷然亦不必煩
蓋恐識者見之反以多事笑之耳○日知錄論此義曰歎息而言神其歆我乎又曰噫是古人發聲
多云噫今作聲令神歆享又引旣夕禮註舊說以爲噫興也噫興者嘆息而欲神之興也噫歆者歎
息而欲神之歆也

◆徹羹澆飯當否(철갱요반당부)

要訣徹羹而退○尤菴曰今人徹羹然後進熟水豈以不徹則無地可安耶澆飯於熟水似是象生
時也然中朝之人則常時飯畢飯茶少許云然則澆飯亦東俗耶○抄飯一節家禮無之恐當以家
禮爲正○陶菴曰中州人重茶每食必設若古之食竟飲酒蕩口安食之義也祭祀亦用之我國以
水代茶而至於調飯卽是俗禮故好禮之家徹羹進水而已○愚按陳器條有茶盞托而此不言設
於何處據儀節虞祭條置茶匙筯傍則匙筯與羹隔醋楪一位雖不徹羹自有可安茶盞之地矣古
禮亦無泰羹鉶羹先徹之文矣

◆徹羹進茶伏立之節(철갱진다복립지절)

退溪曰今人進湯水是古進茶之意○尤庵曰今人徹羹然後進熟水豈以不徹則無地可安耶澆
飯於熟水似是象生時也然中朝之人則常時飯畢飯茶少許云則澆飯亦東俗耶○同春曰和飯
置匙等事禮所不言吾家則不爲也雖爲之恐無大妨○問點茶時禮無取飯放水之規而人家皆
行之南溪曰此亦從俗而然曾聞鄭守夢家不行盖以禮爲準故也鄙家亦不用○陶庵曰中州人
重茶每食必設若古之食竟飲酒蕩口安食之義也祭祀亦用之我國則常時不用茶故祭時以水
代茶而至於調飯卽是俗例故好禮之家徹羹進湯水而已○問今人祭時進湯水後飯中所扱之匙
移置于湯水器云云遂庵曰禮所不言刱開未安○問凡祭進茶後旋卽辭神似爲太遽沙溪曰立
而少遲可也伏則無據○退溪曰祭時當立據禮文無疑但國俗生時子弟無侍立之禮祭時不能
盡如古禮如墓祭忌祭皆循俗爲之惟於時祭則三獻以前皆立侑食後乃坐此家間所行之禮也

◉受胙(수조)

執事者設席于香案前主人就席北面(儀節詣飮福位)祝詣高祖考前擧酒盤盞詣主人之
右主人跪祝亦跪主人搢笏受盤盞祭酒(便覽于席前○要訣少傾於地)啐酒(增解啐七內反○
儀節略嘗少許)祝取匙幷盤(增解按卽東階卓上所設受胙盤與匙)抄取諸位之飯各少許奉以
詣主人之左嘏于主人(郊特牲嘏長也大也○特牲禮註嘏古雅反受福曰嘏嘏長也大也尸授之以長
大之福也)曰(云云)主人置酒于席前出笏俛伏興再拜搢笏跪受飯嘗之實于左袂掛袂于
季指(少牢禮註實於左袂便有手也季猶少也)取酒卒飮執事者(便覽跪)受盞自右置注旁受飯
自左(少牢禮宰夫以籩受嗇黍稷註收斂曰嗇明豊年乃有黍稷)亦如之主人執笏俛伏興立於東階
上西向祝立於西階上東向告利成(特牲禮註利猶養也供養之禮成不言禮畢於尸間之嫌疏不言

禮畢於尸間之嫌者禮畢尸間暇無事有發遣尸之嫌故直言利成而已)降復位與在位者皆再拜(書儀此受胙拜)主人不拜降復位(栗谷曰執事者升詣諸位合飯蓋降復位〇合飯蓋時先下匕筯于楪中)

　劉氏璋曰韓魏公家祭云凡祭飲福受胙之禮久已不行今但以祭餘酒饌命親屬長幼分飲食之可也

⊙수조(受胙) 즉 음복.

집사자는 향안 앞에 음복할 자리를 편다. 주인은 음복할 자리로 가서 북쪽으로 향하여 서면 축관은 고조고 전으로 가서 잔반의 술을 들고 주인의 오른쪽으로 간다. 주인이 무릎을 꿇고 앉으면 축관 역시 무릎을 꿇고 앉는다. 주인은 홀을 띠에 꽂고 잔반을 받아 제주를 하고 술을 마신다.

축관은 숟가락과 같이 수조반을 들고 모든 신위전의 메를 조금씩 떠 담아 받들고 주인의 왼쪽에서 다음과 같이 복 내림 고사를 한다.

주인은 술잔을 좌석 앞에 놓고 홀을 빼 들고 부복하였다 일어나 재배를 하고 홀을 띠에 꽂고 무릎을 꿇고 앉아 밥을 받아 맛을 볼 때 왼쪽소매를 새끼손가락에 걸어 바로 잡는다. 술을 다 마셨으면 집사자는 오른쪽으로 와서 무릎을 꿇고 앉아 잔을 받아 주전자 곁에 놓고 왼쪽으로 와서 밥을 받아 그와 같이한다.

주인은 홀을 빼 들고 부복하였다 일어나 동쪽층계 위에서 서쪽으로 향하여 서고 축관은 서쪽층계 위에서 동쪽으로 향하여 서서 이성(利成) 즉 공양(供養)의 예가 모두 잘 이뤄졌습니다. 라 하고 내려와 제자리에 서면 재위자 모두 재배를 한다. 이때 주인은 절을 하지 않는다.

집사자가 올라가 위전의 모든 메에 개를 덮고 내려와 제자리에 선다. 개를 덮을 때 먼저 수저를 내려 수저대접에 쥐는 곳이 서쪽으로 향하게 하여 놓는다.

◆受胙祭酒(수조제주)

艮齋曰少牢主人獻尸尸祭酒而後卒爵尸酢主人而嘏于主人據此則非餕餘故主人亦祭酒家禮無尸酢主人而主人祭酒是損益之義歟抑是刪未盡者耶

◆胙致福(조치복)

韻會胙存故切福肉也〇穀梁傳胙致福也〇朱子曰飲福受胙卽尸酢主人之事〇古者胙字與酢字通受胙者猶神之酢已也〇按特牲及少牢皆主人初獻尸尸酢主人而嘏于主人主婦亞獻尸酢如主人之禮而不嘏家禮則三獻畢後行之是損益之義

◆受胙拜(수조배)

問祝與在位者皆再拜爲受胙而拜耶爲告利成而拜耶若爲告利成而拜則主人胡爲不拜乎愼獨齋曰未詳其義而受胙告利成皆一時之事主人已再拜而未復位告利成者祝與在位者之事故主人則不拜似無他意〇巍巖曰受胙拜是主人答神致福之拜也告利成拜是祝告養畢於主人之拜也〇愚按愼齋巍巖俱未照管乎書儀受胙拜之說而有此論也且據上附註溫公說舅沒則始老或自與祭而老疾不能久立則休於他所俟受胙復來受胙辭神朱子說亦然則在位者之必有受胙拜可知也又按朱子所撰釋奠儀受胙條初獻官受胙再拜復位後在位者再拜註已受胙者不拜云正與此同

◆無執事廢受胙之禮(무집사폐수조지례)

問無執事而主人獨行則受胙嘏辭告利成等禮何以爲之退溪曰無執事則已闕於禮何能備此禮耶

◆告利成(고리성)

特牲禮註利猶養也供養之禮成不言禮畢於尸間之嫌疏不言禮畢於尸間之嫌者禮畢尸間暇無事有發遣尸之嫌故直言告利成而已〇問受胙後主人再拜而告利成在位皆再拜主人不拜云云愼獨齋曰受胙告利成皆一時之事主人已再拜而未復位告利成者祝與在位者之事故主人則不拜似無他意〇問告利成再拜爲尸耶爲主人耶尤庵曰利養成終也謂祭畢也嫌於請尸起去故但告祭畢則尸自起去矣告利成後衆主人再拜爲尸也

◆告利成之義(고리성지의)

沙溪曰利成之義禮經詳之後世旣不用尸則恐不須行然家禮旣有之行之恐當〇曾子問註云利猶養也謂供養之禮已成也饋食禮疏祝告尸以利成不言禮畢若言禮畢有發遣尸之嫌故直言利成而已盖古者祭有尸事尸禮畢則告利成雖告主人而其實欲令尸聞而起也是以其下文卽曰尸謖

◆攝主無受胙(섭주무수조)

曾子問孔子曰攝主不猒〇按據曾子問此說攝主行祭則當闕受胙一節

◆嘏辭式(하사식)

祖考^{屬稱隨改見上}命辭式命工祝承致多福于汝孝孫^{屬稱隨改見上卜日告式下同}來_{音釐}汝孝孫使汝受祿于天宜稼于田眉壽永年勿替引之

◆하사식.

조고께서 공축에게 명하여 너 효손에게 많은 복을 보내게 하여 받도록 할 것이며 너 효손으로 하여금 하늘의 녹을 받게 할 것이며 밭에서는 농사가 잘되게 하고 오래도록 살게 할 것을 변함 없이 인도케 할지니라.

⊙辭神(사신)

主人以下皆再拜(儀節焚祝文〇要訣有老疾休於他所指入就位辭神)

⊙사신례.

주인 이하 다른 곳에서 쉬던 노약자나 병자도 이때 같이 들어가 모두 재배하고 축문을 불사른다.

⊙納主(납주)

主人主婦皆升各奉主納于櫝(增解按其祔位則恐亦當令子弟奉納)主人以笥斂櫝奉歸祠堂如來儀(便覽各安于故處降簾闔門而退)

⊙신주를 사당으로 거둬 들인다.

주인과 주부는 올라가 각각 신주를 독에 담아 상자에 거둬 받들고 사당으로 돌아가되 내올 때 의식과 같게 하고 가서 각각 먼저 자리에 안치하고 발을 내리고 문은 닫고 물러난다.

⊙徹(철)

主婦還監徹(增解詩廢徹不遲註廢去也不遲以疾爲敬亦不留神惠之意)酒之在盞注他器中者皆入于瓶緘封之所謂福酒果蔬肉食並傳于燕器主婦監滌祭器而藏之

⊙철상한다.

주부는 사당에서 돌아와 철상하는 것을 살핀다. 잔과 주전자와 철주기에 있는 술을 모두 병에 담아 봉한다. 이를 복주(福酒)라 하는 것이다. 과실과 소채 고기와 음식물은 다같이 상용 그릇에 옮겨 담게 하고 제기(祭器)는 깨끗이 닦아졌나를 살펴보고 저장한다.

⊙時祭儀禮節次(시제의례절차)

(通)○序立(主人以下序立如圖位凡書通者通贊也引者引贊也)○參神○鞠躬拜興拜興拜興拜興平身○降神(執事者開酒取巾拭瓶口)○(引)盥洗○詣香案前○跪○上香○酹酒(子弟一人跪于主人之左進盤盞主人受之一人跪于主人之右執注斟酒于盞主人左手執盤右手執盞盡傾于茅沙上斟畢二人俱起)○俯伏興拜興拜興平身○復位○(通)進饌(主人升主婦從執事者一人以盤盛魚肉一人以盤奉米麪食一人以盤奉羹飯主人主婦逐位自進子弟進祔位畢)○初獻禮(主人升執事者注酒于盞每位各一人捧盞從之引亞獻終獻同)○詣高祖考妣神位前○跪○祭酒(傾少許於茅沙上)○奠酒(執事受之置高祖考主前)○祭酒(又傾少許于茅沙上)○奠酒(執事者受之置高祖妣主前)○俯伏興平身○詣曾祖考妣神位前○跪○祭酒○奠酒○祭酒○奠酒(如高祖考妣儀)○俯伏興平身○詣祖考妣神位前○跪○祭酒○奠酒○祭酒○奠酒(如曾祖考妣儀)○俯伏興平身○詣考妣神位前○跪○祭酒○奠酒○祭酒○奠酒(如祖考妣儀)○俯伏興平身○(引)詣讀祝位○跪○(通)主人以下皆跪○讀祝(祝取版跪主人之左讀之畢起)○俯伏興拜興拜興平身○(引)復位○(通)分獻(兄弟之長者分獻祔位)○奉饌(執事者以盤盛肝兄弟之長者每位奠之卑幼進祔位每一獻畢執事者以他器徹酒及饌置盞故處)○亞獻禮○(引)盥洗(主人再行則不用此句)○詣高祖考妣神位前○跪○祭酒○奠酒○祭酒○奠酒(如初獻下同)○祔伏興平身○詣曾祖考妣神位前○跪○祭酒○奠酒○祭酒○奠酒○俯伏興平身○詣祖考妣神位前○跪○祭酒○奠酒○祭酒○奠酒○俯伏興平身○詣考妣神位前○跪○祭酒○奠酒○祭酒○奠酒○俯伏興平身○復位○(通)分獻(獻酒于祔位)○奉饌(主婦亞獻則諸婦之長者逐位進炙肉若主人或其兄弟之長者行則次長者進之)○終獻禮○盥洗○詣高祖考妣神位前○跪○祭酒○奠酒○祭酒○奠酒○俯伏興平身○詣曾祖考妣神位前○跪○祭酒○奠酒○祭酒○奠酒○俯伏興平身○詣祖考妣神位前○跪○祭酒○奠酒○祭酒○奠酒○俯伏興平身○詣考妣神位前○跪○祭酒○奠酒○祭酒○奠酒○俯伏興平神○復位○(通)分獻○奉饌(如亞獻儀)○(引)侑食(主人執注徧斟諸位前俱滿主婦徧揷匙飯中俱退分立香案前)○鞠躬拜興拜興平身○復位○(通)主人以下皆出○闔門(無門則垂簾幃男左女右俱少休食頃)○祝噫歆(祝當門北向作咳聲者三)○啓門○主人以下各復位○獻茶(主人主婦進茶於四代考妣前子弟婦女分祔位)○飲福受胙○(引)詣飲福位(執事者設席於香案前主人就席北面立)○跪(祝取酒盞于高祖前詣主人之右跪主人亦跪)○受酒(祝以盞授主人)○祭酒(傾少許于地)○啐酒(略嘗少許祝取匙抄諸位之飯各少許以盤子盛詣主人左)○(通)嘏辭曰祖考命工祝承致多福無疆于汝孝孫來汝孝孫使汝受祿于天宜稼于田眉壽永年勿替引之(主人置酒席前地上)○(引)俯伏興拜興拜興平身○跪○受胙(祝以胙授主人主人受飯嘗之實于左袂掛袂于季指)○卒飲(取所置酒卒飲之以盞及飯受執事者)○俯伏興拜興拜興平身(若欲從簡止詣飲福位食跪○嘏辭○飲福酒○受胙○俯伏興拜興拜興平身○主人退位于東階上西向祝於西階上東向)○(通)告利成(祝曰)○利成(在位者皆拜)○鞠躬拜興拜興平身(主人不拜)○(引)復位○(通)辭神○鞠躬拜興拜興拜興平身○焚祝文○送主(主人主婦皆升捧主歸祠堂如來儀納之)○徹饌○禮畢

儀節按獻禮儀節不盡用家禮本註蓋參用今朝廷頒降祭神儀注庶幾簡易可行(譯者補; 初獻條啓飯蓋. 侑食條揷匙正**筯**.辭神前下匕**筯**于楪中合飯蓋)

⊙시제 의례절차.

(통찬이 창한다) ○차서 대로 서시오. (주인 이하 차서 대로 서기를 서립도(序立圖)의

자리와 같이 선다. 통이라 함은 통찬의 이름이며 인(引)이라 함은 인찬의 이름이다)

●**행참신례.**

국궁 사배 평신하시오.

●**행강신례.**

(집사자는 술병을 열고 수건으로 병 입을 닦는다) (인찬이 인도한다) ○손을 씻으시오. ○향안 앞으로 가시오. ○무릎을 꿇고 앉으시오. ○분향하시오. ○강신하시오. (자제 한 사람이 주인의 왼쪽에서 무릎을 꿇고 앉아 잔반을 드리면 주인은 잔반을 받는다. 또 한 사람이 주전자를 들고 주인의 오른 쪽에서 무릎을 꿇고 앉아 잔에 술을 따른다. 주인은 왼손으로 반을 잡고 오른손으로 잔을 잡아 모사 위에 모두 기우려 따르고 마치면 두 사람은 함께 일어선다) ○부복하였다 일어나 재배 평신하시오. ○제자리로 물러나 서시오. (통찬이 창한다)

●**행진찬.**

(주인이 오르면 주부도 따라 오른다. 집사자 한 사람은 생선과 고기가 담긴 소반을 받들고 또 한 사람은 미식(米食) 류와 면식(麵食) 류가 담긴 소반을 받들고 또 한 사람은 국과 메가 담긴 소반을 받든다. 주인과 주부는 신위 마다 돌아가며 올리고 부위는 자제들이 올린다. 마쳤으면)

●**행초헌례.**

(주인이 오르면 집사자가 주전자와 잔을 매 위(位) 마다 한 사람씩 잔을 받들고 따른다. 이와 같이 아헌 종헌을 인도한다) (인찬이 인도한다) ○고조고비 신위 전으로 가시오. ○무릎을 꿇고 앉으시오. ○제주하시오. (모사 위에 조금씩 기울여 삼제한다) ○헌주하시오. (집사자는 잔을 받아 고조고 신주 전에 놓는다) ○제주를 하시오. (또 모사 위에 조금만 기울인다) ○헌주하시오. (집사자는 잔을 받아 고조비 신주 앞에 놓는다) ○부복하였다 평신하시오. ○증조고비 신위 전으로 가시오. ○무릎을 꿇고 앉으시오. ○제주하시오. ○헌주하시오. ○제주하시오. ○헌주하시오. (고조고비 의식과 같다) ○부복하였다 일어나 평신하시오. ○조고비 신위 전으로 가시오. ○무릎을 꿇고 앉으시오. ○제주하시오. ○헌주하시오. ○제주하시오. ○헌주하시오. (증조고비 의식과 같다) ○부복하였다 일어나 평신하시오. ○고비 신위 전으로 가시오. ○무릎을 꿇고 앉으시오. ○제주하시오. ○헌주하시오. ○제주하시오. ○헌주하시오. (조고비 의식과 같다) ○부복하였다 일어나 평신하시오. (인찬이 인도한다) ○독축 위로 가시오. ○무릎을 꿇고 앉으시오. (통찬이 창한다) ○주인 이하 모두 무릎을 꿇고 앉으시오. ○독축하시오. (축관은 축판을 들고 주인의 왼쪽에서 무릎을 꿇고 앉아 독축을 하고 마쳤으면 일어선다) ○부복하였다 일어나 재배 평신하시오. (인찬이 인도한다) ○제자리로 물러나 서시오. (통찬이 창한다) ○분헌. (형제의 맏이가 부위에 헌주한다) ○봉찬. (집사자가 간적을 소반에 담으면 형제의 맏이는 매 위에 올리고 항렬이 낮거나 어린 부위도 올린다. 매 한 번 잔 올릴 때 마다 마치면 집사자는 다른 그릇에 철주를 하고 적을 거두고 잔은 제자리에 놓는다)

●**행아헌례.**

(인찬이 인도한다) ○손을 씻으시오. (주인이 다시 아헌을 하게 되면 이 구절을 행하지 않는다) ○고조고비 신위 전으로 가시오. ○무릎을 꿇고 앉으시오. ○제주하시오. ○헌주하시오. ○제주하시오. ○헌주하시오. (초헌과 같으며 이하도 같다) ○부복하였다 일어나 평신하시오. ○증조고비 신위 전으로 가시오. ○무릎을 꿇고 앉으시오. ○제주하시오. ○헌주하시오. ○제주하시오. ○헌주하시오. ○부복하였다 일어나 평신하시오. ○조고비 신위 전으로 가시오. ○무릎을 꿇고 앉으시오. ○제주하시오. ○헌주

하시오. ○제주하시오. ○헌주하시오. ○부복하였다 일어나 평신하시오. ○고비 신위 전으로 가시오. ○무릎을 꿇고 앉으시오. ○제주하시오. ○헌주하시오. ○제주하시오. ○헌주하시오. ○부복하였다 일어나 평신하시오. ○제자리로 물러나 서시오. (통찬이 창한다) ○분헌. (부위에 헌주 한다) ○봉찬. (주부가 아헌을 하였으면 여러 부녀자들의 맏이가 위를 돌아가며 육적을 올린다. 만약 주인이나 그의 형제의 맏이가 아헌을 하였으면 다음 차순자가 올려야 한다)

● **행종헌례.**
손을 씻으시오. ○고조고비 신위 전으로 가시오. ○무릎을 꿇고 앉으시오. ○제주하시오. ○헌주하시오. ○제주하시오. ○헌주하시오. ○부복하였다 일어나 평신하시오. ○증조고비 신위 전으로 가시오. ○무릎을 꿇고 앉으시오. ○제주하시오. ○헌주하시오. ○제주하시오. ○헌주하시오. ○부복하였다 일어나 평신하시오. ○조고비 신위 전으로 가시오. ○무릎을 꿇고 앉으시오. ○제주하시오. ○헌주하시오. ○제주하시오. ○헌주하시오. ○부복하였다 일어나 평신하시오. ○고비 신위 전으로 가시오. ○무릎을 꿇고 앉으시오. ○제주하시오. ○헌주하시오. ○제주하시오. ○헌주하시오. ○부복하였다 일어나 평신하시오. ○제자리로 물러나 서시오. (통찬이 창한다) ○분헌. ○봉찬. (아헌 의식과 같다) (인찬이 인도한다)

● **행유식.**
(주인은 주전자를 들고 여러 위전을 돌아가며 다같이 잔에 술을 가득 따르고 주부는 두루 돌아가며 메의 중간에 수저를 꽂고 함께 물러나 향안 앞에 나뉘어 선다) ○국궁 재배 평신하시오. ○제자리로 물러나 서시오. (통찬이 창한다) ○주인 이하 모두 나가시오. ○문을 닫으시오. (문이 없으면 발을 내려쳐 가리고 남자는 왼쪽 여자는 오른쪽으로 다같이 식경 동안 잠깐 쉰다) ○축관은 희흠을 하시오. (축관은 문으로 가서 북쪽으로 향하여 희흠 소리를 세 번 한다) ○문을 여시오. ○주인 이하 제 각각의 자리로 가 서시오. ○차를 올리시오. (주인 주부는 올라가 각 세대 고비 정위에 차를 올리고 자제 부녀자들이 나뉘어 부위에 올린다)

● **행수조.**
(인찬이 인도한다) ○음복할 자리로 가시오. (집사자는 향안 앞에 음복할 자리를 펴면 주인은 음복위로 가서 북쪽으로 향하여 선다) ○무릎을 꿇고 앉으시오. (축관은 고조 전의 술잔을 들고 주인의 오른쪽으로 와서 무릎을 꿇고 앉으면 주인 역시 무릎을 꿇고 앉는다) ○술을 받으시오. (축관은 술을 주인에게 준다) ○제주를 하시오. (땅에 조금 기울인다) ○술을 맛보시오. (대략 조금 맛본다. 축관은 수저를 들고 여러 위의 메를 각각 조금씩 떠 그릇에 담아 들고 주인의 왼쪽으로 온다) (통찬이 창을 한다) ○복 내림 고사를 하시오. (주인은 술잔을 좌석 앞에 놓는다) (인찬이 인도한다) ○부복하였다 일어나 재배하시오. ○무릎을 꿇고 앉으시오. ○조육을 받으시오. (축관이 밥을 주인에게 주면 주인은 밥을 받아 맛본다) ○술을 마시오. (잔을 들고 술을 마시면 집사자들이 잔과 밥을 받는다) ○부복하였다 일어나 재배 평신하시오. (만약 간단하게 하려면 음복 위에서 무릎을 꿇고 앉고 하사(嘏辭)를 하고 음복을 하고 밥을 받는다) ○(주인은 자리로 물러나 동쪽 층계 위에서 서쪽으로 향하고 축관은 서쪽 층계 위에서 동쪽으로 향한다) ○부복하였다 일어나 재배 평신하시오. (통찬이 창한다)

● **고리성**
이성을 고하시오. (축관이 고한다) ○이성 (즉 봉양의 예가 모두 잘 이루어졌다는 뜻임. 재위자 모두 절한다) ○국궁 재배 평신하시오. (주인은 절을 하지 않는다) (인찬이 인도한다) ○제자리로 물러나 서시오. (통찬이 창한다)

●**행사신례.**

국궁 사배평신 하시오. ○축문을 불 사르시오. ○신주를 사당으로 드리시오. (주인과 주부는 모두 올라가 신주를 받들고 사당으로 되돌아가기를 내올 때 의식과 같이하여 가서 들여 모신다) ○철상 하시오. ○예를 마칩니다.

⊙**餕(준)**

是日主人監分祭胙品取少許置于合幷酒皆封之(書儀貴於神餘不貴豊腆)遣僕執書(云云)歸胙於親友遂設席男女異處尊行自爲一列南面自堂中東西分首若止一人則當中而坐其餘以次相對分東西向尊者一人(書儀若主人主婦之上更有尊長則主人帥衆男主婦帥婦女以獻壽)先就坐衆男叙立(便覽尊者前北向)世爲一行以東爲上(書儀男女皆以右爲上○增解按衆男皆北面故以東爲上而尙右)皆再拜子弟之長者一人少進立執事者一人執注立于其右一人執盤盞立于其左獻者搢笏跪(弟獻則尊者起立子姪則坐)受注斟酒反注受盞祝曰(云云)授執盞者置于尊者之前長者出笏尊者擧酒畢長者俛伏興退復位與衆男皆再拜尊者命取注及長者之盞置于前自斟之祝曰(云云)命執事者以次就位斟酒皆徧長者進跪受飮畢俛伏興退立衆男進揖退立飮長者與衆男皆再拜諸婦女獻女尊長於內如衆男之儀(書儀婦女不能祝者黙斟而已立斟立受)但不跪(增解問不跪何義南溪曰恐婦人不以跪爲禮)旣畢乃就坐(便覽東西相向下同)薦肉食諸婦女諸堂前(增解按謂正寢堂前)獻男尊長壽男尊長酢之如儀衆男詣中堂獻女尊長壽女尊長酢之如儀(便覽坊記云男女同姓則親獻異姓則使人攝之)乃就坐薦麪食內外執事者各獻內外尊長壽如儀而不酢遂就斟在坐者徧俟皆擧乃再拜退遂薦米食然後泛行酒間以祭饌酒饌不足則以他酒他饌益之將罷主人頒胙于外僕主婦頒胙于內執事者徧及微賤其日皆盡(增解鄕黨祭肉不出三日註家之祭肉不過三日皆以分賜盖過三日則肉必敗而人不食之褻鬼神之餘也)受者皆再拜乃徹席

　　楊氏復曰司馬溫公書儀曰禮祭事旣畢兄弟及賓迭相獻酬有無筭爵所以因其接會使之交恩定好優勸之(特性禮爵皆無筭註筭數也賓取觶酬兄弟之黨長兄弟取觶酬賓之黨唯已所欲亦交錯以辯無次第之數因今接會使之交恩定好優勸之)今亦取此儀

⊙**제사 음식을 나눠 식음한다.**

이날 주인의 감독 하에 제사에 쓰인 제육과 제물마다 조금씩 나눠 합에 담고 술도 함께 담아 봉하여 노복(奴僕)에게 다음과 같이 서한을 써서 가까운이들에게 보낸다.

나눠 보내기를 마쳤으면 자리를 펴되 남녀를 달리하여 높은 항렬을 한열로 당의 중앙에서 남쪽으로 향하게 어른을 중앙으로 하여 동서로 나누고 만약에 존장이 한 분 뿐이면 당연히 중간에 앉히고 그 외 다음 항렬은 서로 마주하게 나뉘어 동쪽과 서쪽으로 향하게 한다.

어른 한 분이 먼저 나와 앉으면 여러 남자들은 어른 앞에서 북쪽으로 향하여 차서대로 세대마다 한열이 되어 동쪽을 상석으로 삼아 서서 모두 재배한다. 자제 중 맏이 한 사람이 조금 앞으로 나와 서면 집사자 한 사람이 주전자를 들고 그의 오른쪽에 서고 집사자 한 사람은 잔반을 들고 그의 왼쪽에 선다. 헌자(獻者)는 홀(笏)을 띠에 꽂고 무릎을 꿇고 앉는다. 아우가 헌자(獻者)이면 존자(尊者)는 일어나 서고 아들이나 조카가 헌자이면 존자는 앉는다. 헌자는 주전자를 받아 잔에 술을 따르고 주전자는 되돌려 주고 잔을 받아 들고 다음과 같이 축사를 하고 잔을 들었던 집사자에게 주면 존장 앞에 잔을 놓는다. 헌자는 홀을 빼 들고 존장(尊長)은 술잔을 들고 마신다. 마치면 헌자는 부복하였다 일어나 제자리로 물러나 서서 여러 남자들과 같이 모두 재배한다.

존장은 명하여 맏이 앞에 주전자와 잔을 놓게 하여 스스로 술을 따르게 하고 다음과 같이 축사를 한다. 집사자에게 일러 차순자 자리로 가서 모두 두루 미치게 술을 따르게 한다. 맏이가 나아가 무릎을 꿇고 앉아 술을 받아 마시기를 마치고 부복하였다 일어나 조금 물러나 서면 여러 남자들이 나아가 읍을 하고 물러나 서서 술을 마신다. 맏이와 같이 여러 남자들은 모두 재배를 한다.

여러 부녀자들도 여 존장에게 안에서 잔들이기를 여러 남자들의 의식과 같이한다. 다만 무릎을 꿇지 않는다. 마쳤으면 곧 좌석으로 가서 동쪽과 서쪽으로 서로 마주하여 앉으면 고기와 음식을 올린다. 모든 부녀자들은 당 앞으로 가서 남자 존장에게 장수를 비는 술을 드리면 남자 존장이 술을 돌리되 의례와 같이한다.

여러 남자들이 중당(中堂)으로 가서 여 존장에게 장수를 비는 술을 드린다. 여 존장이 술을 돌리되 의례와 같이 한다. 곧 자리로 가 앉으면 면(麪) 음식을 올린다. 내외 집사자들이 각각 안팎 존장에게 장수를 비는 술 드리기를 의례대로 하면 존장들은 술을 돌리지 않는다. 마쳤으면 앉아 있는 이들에게로 가서 술을 두루 따르고 모두 들기를 기다렸다 곧 재배를 하고 물러난다. 마쳤으면 떡 류를 올린 후에 술잔이 오고 가는 동안 제사 음식으로 하되 술과 찬이 부족하면 다른 술과 찬으로 파할 때까지 더한다.

주인은 남자 노복에게 남은 제육을 나눠 주고 주부는 여 집사자들에게 남은 제육을 나눠 줘 미천한 이들에게도 두루 미치게 나눠 준다. 받은 자들은 모두 재배를 하고 곧 자리를 거둔다.

◆餕(준)

祭統夫祭有餕餕者祭之末也不可不知也是故古之人有言曰善終者如始餕其是已是故古之君子曰尸亦餕鬼神之餘也惠術也可以觀政矣註劉氏曰祭畢而餕餘是祭之終事也必謹夫餕之禮者愼終如始也故引古人曰善終者如其始之善今餕餘之禮其是此意矣所以古之君子有言尸之飮食亦是餕鬼神之餘也此卽施惠之法也觀乎餕之禮則可以觀爲政之道矣○要訣分祭物送于親友家會親賓子弟叙坐以酒饌酬酢而罷

◆備膺五福(비응오복)

洪範五福一曰壽二曰富三曰康寧四曰攸好德五曰考終命○祭統賢者之祭也必受其福非世所謂福也福者備也備者百順之名也無所不順者之謂備言內盡於已而外順於道也忠臣以事其君孝子以事其親其本一也上則順於鬼神外則順於君長內則以孝於親如此之謂備唯賢者能備能備然後能祭是故賢者之祭也致其誠信與其忠敬奉之以物道之以禮安之以樂參之以時明薦之而已矣不求其爲此孝子之心也註應氏曰不求其爲無求福之心也所謂祭祀不祈也細註慶源輔氏曰必受其福以理必之也世所謂福則不可必也鄭謂孝子受大順之顯名非是名猶名言之名猶言備者百順之謂而已內盡於已外順於道則仰不愧天俯不愧人內不愧心心安體胖是賢者之所謂福也不言外順於物物有不可順者也能備然後能祭則祭之必受福可知也經之所謂福其於未祭之前世之所謂福應於已祭之後前言心怵而奉之以禮者福寓於物也此云奉之以物道之以禮者物必將之以禮也不求其如此然後能盡祭之義一有所求義不盡矣奉之以物以物將其誠敬也道之以禮以禮行其誠敬也安之以樂以樂安其誠敬也參之以時以時參其誠敬也奉之以物則不爲虛拘行之以禮則輔以威儀安之以樂則不爲勉强參之以時則發必中節如此然後能盡其心

◆餕禮行否(준례행부)

會通朱子宗法時祭畢合族飮福○要訣分祭物送于親友家會親賓子弟叙坐以酒饌酬酢而罷○三禮儀餕禮似源於書儀然魏公東萊皆言難行雜儀要訣略而不論行禮者更在斟酌也

⊙餕儀禮節次(준의례절차)

祭畢主人主婦正坐堂中南向有尊長則依序坐○序立(諸子諸婦世爲一列男左女右立階下)○鞠躬拜興拜興拜興拜興平身(長者一人捧酒盞)○詣尊坐前(當兩席間)○跪(若子姪則坐受之弟則起立)○祝辭曰祀事旣成祖考嘉饗伏惟尊親備膺五福保族宜家(祝畢以盞授執盞者置于尊者之前)○俯伏興平身○復位(與衆男皆拜)○鞠躬拜興拜興拜興拜興平身○告諭(主人告諭曰)祀事旣成五福之慶與汝曹共之(畢)○鞠躬拜興拜興拜興拜興平身○禮畢(然後衆丈夫餕于外女子餕于內如世俗儀)○(補)謝禮生(祭畢主人帥衆男子再拜謝禮生禮生答拜仍以祭餘設席待之如常儀若子弟自爲則不用此禮)

⊙준(餕) 의례절차.

제사를 마쳤으면 주인과 주부는 당의 중간에서 남쪽으로 향하여 앉는다. 존장이 있으면 차서 대로 앉는다. ○차서 대로 서시오. (여러 자손들은 한 세대를 한 줄로 하여 남자는 왼쪽 여자는 오른쪽으로 하여 층계 아래에 선다) ○국궁 사배 평신하시오. (맏이 한 사람이 술잔을 받든다) ○존장이 앉아 있는 앞으로 가시오. (당연히 두 좌석 사이이다) ○무릎을 꿇고 앉으시오. (만약에 아들이나 조카이면 앉아서 받고 동생이면 서서 받는다) ○다음과 같이 축사를 하시오. (축사를 마치고 잔을 주면 잔을 받아 가지고 가 어른 앞에 놓는다) ○부복하였다 일어나 평신하시오. ○자리로 물러나 서시오. (여러 남자들과 같이 모두 절을 한다) ○국궁 사배 평신하시오. ○훈계를 하시오. (주인이 다음과 같이 훈계를 하고 마치면) ○국궁 사배 평신하시오. ○예를 마칩니다.

◆歸胙所尊書式(귀조소존서식)

某惶恐平交以下去惶恐二字白今月某日有事于

祖考謹降等改謹爲今遣歸降等改歸爲致胙于

執事平交以下去于執事三字伏惟

尊慈俯賜平交去尊慈俯賜四字

容納平交改容納爲留納降等去伏惟以下八字某惶恐再拜平交去惶恐二字降等改惶恐再拜爲白

某人執事平交改執事爲左右

◆제물을 존자에게 보내며 동봉하는 서한문식.

모 황공하옵게 사뢰나이다. 이 달 모일 조고의 세사가 있사와 삼가 집사께 제사 음식을 보내 드리오니 엎드려 바라옵건대 높으신 사랑으로 받아 주옵소서. 모 황공 재배하나이다. 모인 집사께.

◆所尊復書式(소존복서식)

某白降等云惶恐白○降等平交云云皆指復書者而言下同吾子平交以下云伏承某人孝享

祖考不專有其福降等云欲廣其福施降等改施爲辱及老夫平交云賤交降等云賤子感慰

良深平交云不勝感戢降等云過蒙恩私不勝感戴之至某白

某人平交云某再拜某人左右降等云某惶恐再拜某人執事

◆皮封式(피봉식)同前式

◆존자의 답장서식.

모 답서를 드리오. 그대가 조고께 효성스러운 제향을 올리고 그 복을 혼자 누리지 않고 베풂이 노부에게 까지 미치니 감위가 참으로 깊소. 모인에게 모 쓰오.

◆獻者祝辭式(헌자축사식)

祀事既成

祖考嘉饗伏願

某親備應五福保族宜家

◆존자에게 술 올리고 하는 축사식.

제사의 섬김이 이미 이뤄져 조고께서는 맛있게 흠향하였사옵니다. 엎드려 원하옵건대 모친께서는 오복을 갖춰 받으시어 가족을 보호하시고 집안이 화목하게 하여 주옵소서.

◆尊長酢長少祝辭式(존장초장소축사식)

祀事既成五福之慶與汝曹共之

◆존장이 잔을 돌려 줘 술을 따르게 하고 하는 축사식.

세사의 섬김을 이미 마쳤으니 오복의 경사를 너희 모두와 함께 같이할지어다.

⊙凡祭主於盡愛敬之誠而已貧則稱家之有無疾則量筋力而行之財力可及者自當如儀(범제주어진애경지성이이빈즉칭가지유무질즉량근력이행지재력가급자자당여의)(韻會筋舉炘切肉之力也)

⊙무릇 제사를 지내는데 주인은 조상(祖上)을 위하고 존경하며 정성을 다할 따름이니 가난하면 가산의 유무를 헤아려 행할 것이며 질병이 있으면 근력(筋力)을 헤아려 행할 것이나 재력이 가히 미치는 자는 스스로 의례와 같이 행함이 마땅하니라.

◆祭盡受敬之誠(제진수경지성)

檀弓子路曰吾聞諸夫子祭禮與其敬不足而禮有餘也不若禮不足而敬有餘也○祭義祭之日入室優然必有見乎其位周還(旋)出戶肅然必有聞乎其容聲出戶而聽愾然必有聞乎其歎息之聲是故先王之孝也色不忘乎目聲不絶乎耳心志嗜欲不忘乎心致愛則存致愨則著著存不忘乎心夫安得不敬乎君子生則敬養死則敬享思終身不辱也陳註優然彷彿之貌肅然儆惕之貌容聲舉動容止之聲也愾然太息之聲也愨誠也存以三不忘言著以見于其位以下言○孝子之祭可知也其立之也敬以詘(屈)其進之也敬以愉其薦之也敬以欲退而立如將受命已徹而退敬齊之色不絶於面方氏曰可知言觀其祭可知其心也立待事而立也進從事而進也薦奉物而薦也敬而欲則冀其享焉○孝子將祭祀必有齊莊之心以慮事以具服物以修宮室以治百事及祭之日顏色必溫行必恐如懼不及愛然其奠之也容貌必溫身必詘(屈)如語焉而未之然宿者皆出其立卑靜以正如將弗見然及祭之後陶陶遂遂如將復入然方氏曰如懼不及愛然即所謂致愛則存矣如語焉而未之然即所謂如聽命矣如將不見然即所謂如將失之矣葉氏曰顏色溫者有愉色也容貌溫者有婉容也卑靜以正者有深思也陶陶者其氣和也遂遂者其志得也○曲禮臨祭不惰疏鬼神享德若怠惰則神不歆○祭事不言凶○周禮銜枚氏大祭祀令禁無囂疏譁囂則不敬故也○禮器季氏逮闇而祭日不足繼之以燭有司跛倚以臨祭其爲不敬大矣○東來宗法子弟不奉家廟未冠執事**狠慢**已冠頹廢先業並行夏楚執事**狠慢**謂祭祀時醉酒高聲喧笑鬪爭久待不至之類頹廢先業謂不孝不忠不廉不潔之類○方氏曰君子之行禮固不欲速又

惡乎久而怠焉久而怠寧若速而敬爾蓋禮以敬爲主故也○朱子曰但以誠敬爲主其他儀則隨
家禮約如一羹一飯皆可自盡其誠○尤菴曰祭主於嚴此嚴字是敬之意也始自齊戒具需終至
飮福歸胙苟無是心則所謂禮爲虛也

◆時祭量財力而行(시제량재력이행)

曲禮貧者不以貨財爲禮老者不以筋力爲禮○祭義孝子將祭慮事不可以不豫比時具物不可
以不備虛中而治之註比及也虛中清明在躬心無雜念也○王制祭用數之仂(勒)喪用三年之
仂喪祭用不足曰暴有餘曰浩祭豊年不奢凶年不儉註筭一歲經用之數用其什一喪大事用三
年之什一暴猶耗也浩猶饒也不奢不儉常用數之仂○雜記孔子曰凶年則祀以下牲陳註如用
大牢者降用少牢少牢者降用特牲王制云凡祭豊年不奢凶年不儉與此不同未詳○穀梁傳一
穀不升謂之嗛二穀不升謂之饑三穀不升謂之饉四穀不升謂之康五穀不升謂之大侵大侵之
禮禱而不祀註升成也嗛不足貌康虛侵傷也○祭義父母既沒必求仁者之粟以祀之此之謂禮
終註貧因猶不取惡人物以事亡親○朱子曰禮雖有七十曰老而傳則祭祀不與之說然亦自期
儘年至此必不敢不自親其事然自去年來拜跪已難至今年春間僅能立得住遂使人代拜○尤
菴曰趙重峰遞報恩宰移入沃川山中欲設時祭其大夫人責之曰貧賤如此何以具辦重峰以溫
言跪對曰但賜聽諾則子當隨力所及矣及至祭日所設各位只羹飯及粟米爲餠瓜蔬各一器而
已極其精潔云貧家奉先當以此爲法也○南溪曰愼齋當昏朝時家甚窘祭祀無以成樣每行時
祭祭饌至有一位用乾石魚一尾者在誠不在物亦可爲後人法

◆時祭忌祭俗節儀(시제기제속절의)

前享四日主人以下應與祭者並散齊二日致齊一日(忌日俗節淸齊一日)前一日主人帥子弟
掃除家廟(廟在正寢東凡三間若地窄不必三間)設神坐俱在北南向西上(祔位皆於東序西向
北上忌日則只設當祭一位之坐於正寢)設主人拜位於東階東南伯叔諸兄於其東諸親男子於
其後俱北向西上主婦拜位於西階西南諸母姑嫂於其西諸親婦女於其後俱北向東上設酒尊
卓於東階上置盞於其上爐炭於西階上省牲滌器具饌設盥洗於東階下執事者盥洗在東厥明
夙興設香爐案於廟內當中茅沙於其前奠祝版各一於神位之右(祔位則否)設饌具如式主人
以下成服(有職者紗帽品帶無職者笠子絛兒忌日則淡服)盥手帨手訖俱就位主人升自東階
(諸執事陞降皆自東階)啓櫝捧出神主各設於座降復位主人以下再拜諸執事各就位主人升
詣香案前跪三上香小退跪執事者取盞斟酒以進主人執盞灌于茅上以盞授執事者俯伏興降
復位進饌(熾炭於爐炊暖饌物盛之以器)主人升主婦從之執事者以次捧飯羹麪餠魚肉炙肝
盤從升至曾祖考妣神位前主人主婦以次捧奠扱匙飯中西柄正筯俯伏興次詣各神位前捧奠
並如上儀訖俱降復位(祔位則使子弟進饌)初獻主人升詣曾祖考妣神位前跪執事者取盞斟
酒以進主人執盞獻盞奠盞俯伏興少退跪祝進神位之右跪櫝祝(其祝曰維某年月日孝曾孫孝
孫孝子隨位改稱某官某敢昭告于曾祖考某官府君曾祖妣某封某氏祖考祖妣及考妣隨位改
稱伏以氣序維易時維仲春夏秋冬隨時改稱追感歲時不勝永慕考妣位不勝永慕改昊天罔極
敢以潔牲庶品粢盛醴齊祗薦常事以某親某官府君某封某氏祔食無祔位則否尚饗○忌日祝
詞曰云云歲序遷易諱日復臨追遠感時不勝永慕考妣位不勝永慕改昊天罔極敢以清酌庶羞
祗薦常事尚饗○俗節無祝)訖俯伏興次詣各神位前酌獻並如上儀訖降復位亞終行禮並如初
獻儀(惟無祝亞獻主婦爲之諸婦女助之終獻兄弟之長或長男或親賓爲之衆子弟助之)訖主
人升詣香案前飲福位(忌日俗節則否)跪祝以盞酌尊酒授主人主人受盞飲訖祝受虛盞復於
尊卓主人俯伏興降復位主人以下在位者皆再拜素頃又再拜主人捧納神主徹酒饌乃餕(主人
以下帥執事者男女異位隨宜安飲忌日俗節則否)

◆文公先生時祭祝文(문공선생시제축문)

粤此季秋成物之始茲兹弱質維望以降(朔江反)永念劬勞莫伸報効昊天罔極悲慕何窮謹以
潔牲粢盛醴齊祗薦歲事以某人祔食尚饗

◆文公先生歲祭祝文(문공선생세제축문)

氣序流易歲律將更追遠感時不勝永慕謹以潔牲剛鬣粢盛醴齊祗薦歲事以某人祔食尙饗(按此卽時祭祝文微有不同故錄)

◎補土神祭(土神祭)

儀節按朱子大全集有四時祭土地文夫墓祭祭后土則時祭而祭土地亦禮之宜也今擬于后○按常變通攷祭土地雖不見於家禮而朱子盖嘗行之矣丘儀亦有其文今畧著于此祀竈亦以類附○語類土神之祭四時及歲末皆祭之○要訣今雖不能備擧四時之祭例於春冬時祀別具一分之饌家廟禮畢乃祭土神似爲得宜○三禮儀土神祭盖古禮祭五祀之意也居室旣成先築土神壇於後園西北隅淨處壇下有階常加蠲潔每四時家廟祭畢設席屛倚卓於壇上如家祭之儀但初獻扱匙正筯無侑食進茶之儀若値風雨不可行於壇上則或依韓魏公例行於家中○尤庵曰土神之祭要訣所謂只行於春冬者視大全已減其半矣今又減其半無乃太簡乎且吾東禮儀全是蔑芳若以駭俗爲嫌則恐無備禮之日○栗谷曰謹按朱子居家有土神之祭四時及歲末皆祭土神今雖不能備擧四時之祭例於春冬時祀別具一分之饌(不設匙筯)家廟禮畢乃祭土神似爲得宜降神參神進饌初獻皆如家廟之儀其祝辭曰維年歲某月某朔某日某甲某官某敢昭告于土地之神維此仲春歲功云始若時昭事敢有不欽酒肴雖薄庶將誠意惟神監顧永奠厥居尙饗(冬祭則改曰維此仲冬歲功告畢若時報事云云餘並同)亞獻終獻(無侑食進茶之儀)辭神乃徹(祭土神之所宜於家北園內淨處除地築壇)○沙溪曰朱子大全有家中四時土地之祭儀節及擊蒙要訣亦皆有之好禮家采而用之可也○同春問擊蒙要訣云云依此行之如何但不設匙筯亦無侑食進茶之儀則應不設飯羹矣此是何義耶然則墓祭土神亦不設飯羹耶國家山川廟社之祭不設飯羹匙筯祭神固異於祭先栗谷不設匙筯於土神無乃有意耶沙溪曰家中土神祭世無行之者若行之則當依墓祭土神具飯羹匙筯也家禮墓祭土神有設盞盤匙筯于其北餘幷同上之文則其有飯羹明矣丘儀亦有匙筯家中若祭土神則宜無異同要訣無乃從簡而云耶○尤庵曰土神之祭雖不見於家禮而大全有之要訣所謂只行於春冬者視大全已減其半矣今又減其半無乃太簡乎且吾東禮儀全是蔑裂若以駭俗爲嫌則恐無備禮之日矣○問土神祭云云依凡祭質明行之耶遂庵曰近世淸陰宅行之祭禮依來示似當

⊙每季仲月擇日及歲暮布席陳饌(매계중월택일급세모포석진찬)

春則於所居之東夏則南秋則西冬則北隨俗設饌

⊙土神祭儀禮節次(토신제의례절차)

就位(主人以下序立)○降神○詣香案前○跪○上香○祭酒○俯伏興平身○參神○鞠躬拜興拜興平身○初獻酒○跪○讀祝○亞獻酒○三獻酒○辭神○鞠躬拜興拜興平神○焚祝文○禮畢

◆土神祭祝文式(토신제축문식)

維

歲次干支幾月干支朔幾日干支某官姓某敢昭告于

土地之神維此仲春(夏秋冬隨時維歲暮則云歲聿將更)歲功云始(夏時物暢茂秋歲功將就冬歲功告畢歲暮聿此安吉)若時昭事(夏秋冬改昭爲報)敢有不虔蘋藻雖微庶將誠意維神監享永奠厥居(歲暮介爾景祺)尙

饗(大全又曰春云春曰載陽玆有仲月夏云氣序徂遷時維仲夏秋云氣序徂遷仲秋戒令冬云冬序告

中一陽復式陳明薦用格神休尙其顧歆俾我無斁○熹竊奔走玆復奠居老幼無虞以及改歲繄神之賴報祀敢怠尙其顧歆永垂覆佑謹告○要訣改不虔爲不歆改蘋藻雖微爲酒肴雖薄改監享爲監顧)

◎補祀竈祭(사조제)

月令夏祀竈註陽氣盛熟於外祀之於竈從熟類也竈在廟門外之東先設席於門之奧設主於竈陘他如祀中霤之禮疏主位西向○儀節國初禁淫祀庶人猶得祀其先及歲暮祭竈今擬祭儀與祀土地同○古者大夫祀五祀士立二祀庶人立一組或立霤竈或立戶今國初禁淫祀庶人惟得祀其先及歲暮祭竈今擬儀如後

⊙祀竈祭儀禮節次(사조제의례절차)

就位(主人以下序立)○降神○詣香案前○跪○上香○祭酒○俯伏興平身○參神○鞠躬拜興拜興平身○初獻酒○跪○讀祝○亞獻酒○三獻酒○辭神○鞠躬拜興拜興平神○焚祝文○禮畢

◆祀竈祭祝文式(사조제축문식)

維
歲次干支幾月干支朔幾日干支某官姓某敢昭告于
祀竈之神歲云暮矣一門康吉享玆火食皆賴
神休若時報祀罔敢不虔菲禮將誠維
神顧歆尙
饗

◎焚黃告祭儀(분황고제의)

◎焚黃告祭儀節(분황고제의절)

祠堂章下雖有封贈告廟儀上一獻然今朝官三年推恩封贈皆許請告焚黃恭奉恩命千里還鄉先塋父母而所行之禮止於一獻無乃大簡乎今散祭禮爲之儀
先期齊戒設位○省牲陳器皆如時祭儀○是日主人夙興詣祠堂詣香案前焚香跪○請主告辭見祝式○序立若仕者有父兄則父凡主祭仕者立本位○參神降神○陳饌○初獻祝立主人之左讀之○宣制詞禮生一人立香案前東面讀之○祝見祝文式○亞獻有父兄則父兄爲初獻仕者行亞獻○終獻○侑食闔門啓門辭神幷同時祭

제 2 절 초조제(初祖祭)

⊙惟繼始祖之宗得祭(유계시조지종득제)

問(增解李堯卿)始祖之祭朱子曰古無此伊川先生以義起某當初也祭後來覺得似僭今不敢祭
(增解語類此下曰古者諸侯只得祭始封之君以上不敢祭大夫有大功則請於天子得祭高祖然止得祭一番常時不敢祭)○始祖之祭似禘先祖之祭似祫今皆不敢祭

⊙오직 시조를 이어가는 종자가 지내는 제사다.

이요경(李堯卿)이 시조제(始祖祭)에 대하여 여쭙자 주자(朱子)께서 답하시기를 옛날에는 시조제가 없었으나 정이천(程伊川)선생이 사람 된 의리로서 제사를 지내기 시작한 것인데 모(某)도 처음에는 시조제를 지냈으나 나중에서야 분수에 넘쳐 외람된 것 같음을 깨닫게 되어 지금은 감히 제사를 감당하여 지내지 못한다. ○시조제는 체제(禘祭)와 같고 선조제는 협제(祫祭)와 같은데 지금은 둘 다 감히 제사를 감당하여 지내지 못한다.

◆初祖(초조)

語錄曰或問而今士庶亦有始基之祖莫亦只祭得四代以上則可不祭否曰若是始基之祖想亦只存得墓祭禮無明文雖親盡而祭恐亦無害○丘文莊曰或問朱子以始祖之祭朱子曰古無此伊川先生以義起某當初也祭後來覺得似僭不敢祭今從之不爲儀節○侯氏庭訓曰朱子覺得始祖之祭似禘先祖之祭似祫皆不敢祭今考朱子小學備載先生之說謂豺獺皆知報本今士大夫家多忽此厚於奉養而薄於先祖甚不可也又謂人家能存得此等事數件雖幼者可使漸知禮義則此禮固皆君子所當講者云

◆時祭及始祖之祭(시제급시조지제)

問權思祖問冬至祭始祖伊川義起而朱子則初也祭後以僭廢今擧世人於冬至祭近祖是待近祖以始祖也豈非莫大之嫌乎性潭極是之曰善哉如君之問自宋至我東行之旣久習俗難變按此習俗難變之語則恐指參禮而言也盖參禮與祭禮不同云云艮齋答曰始祖之祭程子以一陽始生令只設一位朱子答南軒書亦言時祭用分至則冬至二祭相仍亦近煩瀆今改用卜日之制此亦見冬至專意始祖之意矣然今旣以以僭而廢則高曾以下歲事之仍用分至旣無嫌於一陽一位之義又不礙於二祭相仍之瀆權氏之問性潭之答皆不敢知也且若以參爲祭則恐尤未安大抵來示云云得之矣但以大全陳明仲書不更別祭爲不行參禮者却似未察朱子意本謂是日旣祭始祖是月他日又當行歲事故不更別祭非謂不行參禮也盖時祭月中不行參禮禮無其文則何可指別祭爲參耶而箚疑所論亦如來喩恐合更商○龜峯據朱子答南軒書謂分至不可爲式此似未然語類問舊嘗收朱子一本祭儀時祭用卜日今聞却用分至祭(此是朱子後來所定宗法)是如何曰卜日無定慮有不虔司馬公云只用分至亦可此說在張書之後且二祭煩瀆故改用卜日今旣不祭始祖又無此嫌且張子所論分至取其陰陽往來又取其氣之中又貴其時之均一段實有意義不可不思也

◆祭始祖(제시조)

○大傳禮不王不禘王者禘其祖之所自出以其祖配之趙氏曰王者旣立始祖之廟又推始祖所自出之帝祀之於始祖之廟而以始祖配之也○朱子曰禘是於始祖廟推所自出之帝設虛位以祀之而以始祖配周禘帝嚳以后稷配之(註大禘圖嚳東向稷南向)○程先生說禘並羣廟之主皆祭之此說恐不然○王制陳註祫合也其禮有二時祭之祫則羣廟之主皆升而合食於太祖之廟而毀廟之主不與三年大祫則毀廟之主亦與焉○問祫祭位朱子曰太祖東向則昭穆之南北向者當以西爲上○說苑三年一祫五年一禘祫者合也禘者諦也祫者大合祭於祖廟也禘者諦其德而差優劣也○朱子曰始祖先祖之祭伊川方有此說固足以盡孝子慈孫之心然嘗疑其禮近於禘祫非臣民所得用遂不敢行德厚者流光德薄者流卑故古者大夫以下極於三廟而干祫可以及其高祖今用先儒之說通祭高祖已爲過矣其上世久遠自合遷毀不當更祭○尤菴曰不祭始祖先祖似是先生晚年事

⊙冬至祭始祖(동지제시조)

程子曰此厥初生民之祖也(增解詩厥初生民時維姜嫄註民人也)冬至一陽之始故象其類而祭之

⊙동짓날 시조제를 지낸다.

정자(程子)가 이르기를 이에 시조란 씨족을 처음 탄생시킨 조상이다. 동지(冬至)는 양

(陽)이 처음 시작하는 날로 예로부터 법도가 그와 비슷하게 같아서 제사를 지낸다. 하였느니라.

◆受姓之祖(수성지조)

問冬至祭始祖是何祖朱子曰或謂受姓之祖如蔡氏則蔡叔之類或謂厥初生民之祖如盤古之類○南溪曰本謂厥初生民之祖若後自爲別族則亦當以受姓者爲始祖

⊙前期三日齊戒(전기삼일재계)

如時祭之儀

⊙사흘 전부터 재계한다.

시제 의식과 같다.

⊙前期一日設位(전기일일설위)

主人衆丈夫深衣帥執事者灑掃祠堂滌濯器具設神位於堂中間北壁下(增解伊川祭禮祭始祖灑掃廳事只設一位○祭始祖無主用祝以妣配祭只一位者夫婦同亨也)設屛風於其後食牀於其前

⊙하루 전날 신위의 자리를 설치한다.

주인과 여러 남자들을 심의를 입고 집사자들을 데리고 사당을 청소하고 제사 기구를 씻고 닦는다. 신위의 자리는 당의 중간 북쪽 벽 밑에 설위하고 병풍으로 뒤를 둘러치고 신위의 앞에 제사상을 놓는다.

◆始祖祠堂有無(시조사당유무)

龜峰曰祠堂未知何處補註云設於墓所卽祠堂章所謂始祖親盡則藏主於墓所處也楊復所云必有祠堂以奉遷主者也然今所云祠堂未知定指此處也

◆設位(설위)

伊川祭禮祭始祖只設一位以妣配○補註設於墓所以義推之只恐當設初祖一位而已妣不在其內世遠在所略也祭先祖亦然退溪曰此說可疑更詳之

⊙陳器(진기)

設火爐於堂中設炊烹之具于東階下盥東炙具在其南束茅以下並同時祭主婦衆婦女背子帥執事者滌濯祭器潔釜鼎具(具下一無蔬字)果楪(楪下一無各字)六盤三(即毛血盤一首心肝肺盤一熟肉盤一也)杅六(即飯杅二大羹杅二鉶羹杅二也)小盤三(即三獻時所用切肝盤一切肉盤二也)盞盤匙筯各二脂盤一酒注醋酒盤盞一受胙盤匙一(增解按此初祖祭只設一位而合享考妣故祭饌皆同器合設而惟盤盞是筯飯羹則異器各設也)○按此本合用古祭器今恐私家或不能辦且用今器以從簡便神位用蒲薦加草席皆有緣或用紫褥皆長五尺闊二尺有半屛風如枕屛之制足以圍席三面食牀以版爲面長五尺闊三尺餘四圍亦以版高一尺二寸二寸之下乃施版面皆黑漆

⊙제사 기구를 진열한다.

화로는 당의 중앙에 놓고 취사용 기구와 복고 삶아 요리할 기구는 동쪽층계 아래에 설치하고 세수대야는 동쪽이며 적을 구울 기구는 그 남쪽에 두며 모속(茅束) 이하는 시제와 같다.

주부와 여러 여자들은 배자를 입고 집사자들을 데리고 제기를 씻고 닦으며 가마솥과 고기를 삶을 솥과 그 기구들을 깨끗하게 씻는다. 과실 대반이 여섯이고 바리 즉 놋 주발이 셋이고 소반이 여섯, 잔반이 셋, 수저가 각각 둘, 비계쟁반 하나와 주전자 또 잔반 하나와 음복할 수조 대반과 숟가락 하나를 갖춰 놓는다.

살피건대 본래 이와 같이 옛 제기를 써야 합당하나 지금 사가(私家)에서 아마도 혹 갖출 수가 없어 대다수가 지금의 그릇을 간편함에 따라 쓰고 있다. 신위의 자리는 부들자리를 펴고 그 위에 초석을 편다. 모두 자리 가를 천으로 싸 돌린 것이며 혹 자색 요를 펴기도 한다. 모두 길이가 대자이며 넓이가 두자 반이다. 병풍은 머릿병풍과 같이 만들되 신위의 자리 삼면을 두르기에 족하게 만든다. 제사상은 널판자로 면의 길이가 대자 넓이가 석자 남짓하게 하고 사면(四面) 둘레 역시 판자로 높이 한자 두 치 되게 하고 사방보다 두 치 아래에 상판(上板)을 편다. 각 면 모두 검은 옷 칠을 한다.

◆重席(중석)

春官司几筵諸侯祭祀席蒲筵繢純加筦席紛純右雕几註純(音準)緣也繢畫文也紛讀爲和粉之粉白繡也疏凡敷席之法初在地者一重卽謂之筵重在上者謂之席禮器云天子之席五重諸侯三重者據大袷祭而言若四時祭天子三重諸侯二重卿大夫以下特牲少牢唯有一重耳生人則几在左鬼神几在右○朱子曰筵席二字一物而二名耳疏說非是

⊙具饌(구찬)

晡時殺牲主人親割毛血爲一盤首心肝肺爲一盤脂雜以蒿爲一盤皆腥之左胖不用右胖前足爲三段脊爲三段脅爲三條後足爲三段去近竅一節不用凡十二(二一作一)體飯米一杅置于一盤蔬果各六品切肝一小盤切肉一(一一作二)小盤

⊙제수품을 갖춘다.

신시(申時) 즉 해질 무렵에 제사에 쓸 짐승을 도살할 때 주인이 친히 털을 자르고 피를 받아 한 쟁반에 담고 머리와 심장, 간, 폐를 한 쟁반에 담고 내장기름에 쑥을 섞어 한 쟁반에 담고 모두 생고기로 하는데 성(腥)의 좌(左) 반체(半體)는 제사에 올리지 않으며 우 반체에서 앞다리 세 토막 즉 어깨 부위, 허벅지, 정강이로 세 토막으로 내어 담고 척추를 상, 중, 하로 세 토막 내어 담고 갈비를 상, 중, 하로 세 쪽으로 하여 담고 뒤 다리를 엉덩이와 넓적다리와 정강이로 세 토막 내어 담되 뒤 배설 부위 부근 한 토막은 쓰지 않고 버리니 모두 열한 토막이 된다. 밥지을 쌀 한 바리를 쟁반에 담아 놓고 소채와 과실이 각각 여섯 가지이며 저민 간이 한 소반 저민 고기가 한 소반이다.

◆薦牲(천생)

祭義祭之日君牽牲穆答君卿大夫序從旣入廟門麗于碑卿大夫袒而毛牛尙耳鸞刀以刲取膵膋乃退燗祭祭腥而退敬之至也註父爲昭子爲穆穆答君言君牽牲之時子姓對君共牽也卿大夫佐幣士奉芻以次序在牲之後故云序從也麗牲之碑在廟之中庭麗猶繫也謂以牽特之紖繫于碑之孔也袒衣示有事也將殺牲則先取耳旁毛以薦神毛以告全耳以主聽欲神聽之也以耳毛爲上故云尙耳也鸞刀燗祭祭湯中所燗之肉也祭腥祭生肉也燗腥之祭畢則禮終而退矣此皆敬心之極至也○郊特牲血祭盛氣也祭肺肝心貴氣主也祭黍稷加肺祭齊加明水報陰也取膵膋燔燎升首報陽也註有血有氣乃爲生物血由氣以滋死則氣盡而血亦枯矣故血祭者所以表其氣之盛也肺肝心皆氣之所舍故云氣主周祭肺殷祭肝夏祭心也祭黍稷加肺者謂尸隋祭之時以黍稷兼肺而祭也祭齊加明水謂尸正祭之時陳列五齊之尊又加明水之尊也祖考形魄歸地屬陰而肺於五行屬金金水陰也故加肺加明水是以陰物而報陰靈也膵膋腸間脂也先燔燎于爐至薦孰則合蕭與黍稷燒之黍稷陽也牲首亦陽體魂氣歸天爲陽此以陽物報陽靈也細註嚴陵方氏曰血腥燗祭用氣也然腥燗之氣不若血之幽氣聚於幽而散於明聚則盛矣故曰血

祭盛氣也肺則金氣之所主也肝心木火氣之所主也獨言三者則以三代之所用者言之故也黍
稷地產皆陰類也燔燎之火則司烜氏所取於日者也首者陽之體升者陽之事皆陽類也凡此皆
取而祭之也

◆毛血首心肝肺(모혈수심간폐)

祭義祖而毛牛尙耳註祖衣示有事也將殺牲則先取耳旁毛以薦神毛以告全耳以主聽欲神聽
之也以耳毛爲上故云尙耳○郊特牲血祭盛氣也祭肺肝心貴氣主也祭黍稷加肺祭齊加明水
報陰也取膟膋燔燎升首報陽也註有血有氣乃爲生物血由氣以滋死則氣盡而血亦枯矣故血
祭者所以表其氣之盛也肺肝心皆氣之所舍故云氣主周祭肺股祭肝夏祭心也祭黍稷加肺者
謂尸隋祭之時以黍稷兼肺而祭也祭齊加明水謂尸正祭之時陳列五齊之尊又加明水之尊也
祖考形魄歸地屬陰而肺於五行屬金金水陰也故加肺加明水是以陰物而報陰靈也膟膋腸間
脂也先燔燎于爐至薦熟則合蕭與黍稷燒之黍稷陽也牲首亦陽體魂氣歸天爲陽此以陽物報
陽靈也

◉(補)省牲(성생)

按四時祭有省牲今無故補入○曾解問初祖先祖兩祭實有獻牲之節以時祭次序言則省牲一節當在具
饌之上今闕恐有脫誤南溪曰似然

(主人帥衆丈夫) ○詣省牲所(涖殺) ○省牲○省牲畢

◆毛血(모혈)

國語曰毛以示物血以告殺接誠援取以獻具爲齊敬也

◉厥明夙興設蔬果酒饌(궐명숙흥설소과주찬)

主人深衣帥執事者設玄酒瓶及酒瓶于架上酒注酳酒盤盞受胙盤匕各一(按謂考妣各一
也下盤盞各一亦同與受胙盤匕各一義不同)於東階卓子上祝版及脂盤于西階卓子上匕筯各
一於食牀北端之東西相去二尺五寸盤盞各一於筯西果在食牀南端蔬在其北毛血腥
盤(按謂毛血盤及腥肉盤也)切肝肉(按謂切肝及切肉)皆陳於階下饌牀上米實階下炊具十二
(二一作一)體實烹具中以火爨而熟之盤一杅六置饌牀上

◉그 날 일찍 일어나 소채와 과실 술과 찬을 진설한다.

주인은 심의를 입고 집사자들을 데리고 현주(玄酒)병과 술병을 시렁 위에 두고 주전
자와 강신 잔반과 수조 반과 숟가락을 각각 하나씩 동쪽층계 탁자 위에 놓고 축판과
내장 기름쟁반은 서쪽층계 탁자 위에 둔다. 수저 한 가락을 식상 북단을 두자 반으로
나눠 각각 그 중간에 놓고 잔반은 각각 수저 서쪽으로 놓는다. 과실은 식상(食床) 남
단이며 소채는 과실 북쪽으로 놓는다. 모혈(毛血)과 생고기 쟁반과 저민 간과 저민
고기는 모두 층계 아래 찬상(饌牀) 위에 두고 쌀은 층계 아래 가마솥에 넣고 밥을 지
으며 열한토막 생체는 솥에 넣고 불을 지펴 삶아 익히고 대반 하나, 바리 여섯 개를
찬상 위에 놓아 둔다.

◆兼用腥熟古王侯禮(겸용성숙고왕후례)

尤菴曰家禮初祖祭有腥熟兼設之文至於時祭以下則不用腥豈初祖則是上世之人故兼用古
今之饌而近祖則純用俗饌耶○愚按用腥用熟尤菴說雖如此據禮只是古者分貴賤之禮也朱
子有曰特牲少牢是大夫士禮只是有饋食若天子祭便合有初間祭腥等事如所謂建設朝事燔
燎羶薌云云則大夫士祭禮不用腥明矣然而此初祖及先祖祭皆參用腥熟與人君朝踐薦腥饋
獻薦爛饋食薦熟之禮同者可疑尤菴所謂初祖是上世之人云者恐亦推不去初祖固是上世人
也先祖則非近世人耶且初祖雖上世人而據禮祭用生者之祿則以今士大夫而行古王侯禮果
合於禮耶非但此也燎脂亦古王侯之禮也然則朱子之廢此二祭恐非但爲禘祫之僭也亦爲此

薦腥燔燎之亦近於僭故也未知如何

⊙質明盛服就位(질명성복취위)
如時祭之儀

⊙날이 밝으면 성복을 하고 자리로 나아간다.
시제 의식과 같다.

◆敍立(서립)
補註曰按家衆叙立之儀在小宗家之祭四親廟則男在主人之右女在主婦之左世爲一列前爲昭而後爲穆也在大宗家之祭始祖先祖則一世居左二世居右三世居左四世居右左爲昭而右爲穆也而女不在內者蓋祭四親廟則四親之子孫皆在世近屬親男女會于一堂自不爲嫌若祭始祖先祖則自始祖先祖以下子孫皆在世遠族疏又人數衆多故女不得在內祭者莫非自然之理也又曰祭畢而餕設大席于堂東西而其三昭四向爲穆世爲一席各以齒而坐所以會宗族而篤恩義也

◆就位(취위)
補註按家衆叙立之儀在小宗家之祭四親廟則男在主人之右女在主婦之左在大宗家之祭始祖先祖則一世居左二世居右三世居左四世居右左爲昭右爲穆而女不在內者盖祭四親廟則子孫世近屬親男女會於一堂自不爲嫌若祭始祖先祖子孫世遠屬疏又人數衆多女不得在內列者莫非自然之理也○南溪曰補註謂親屬畢集女不當在內然以亞獻註衆婦炙肉以從觀之可疑

⊙降神參神(강신참신)
主人盥升奉脂盤詣堂中爐前跪告曰(云云)遂燎脂于爐炭上俛伏興少退立再拜執事者開酒主人跪酹酒于茅上如時祭之儀
劉氏璋曰茅盤用甆匜盂廣一尺餘或黑漆小盤截茅八寸餘作束束以紅立于盤內

⊙강신 참신.
주인은 손을 씻고 내장기름에 쑥을 섞어 놓은 쟁반을 들고 올라가 당의 중간에 있는 화로 앞으로 가서 무릎을 꿇고 앉아 다음과 같이 고하고 마쳤으면 기름에 버무린 쑥을 화로의 숯불 위에 얹어 태우고 부복하였다 일어나 조금 뒤로 물러나 서서 재배한다. 집사자는 술병을 열고 주전자에 술을 부어 채워 들고 주인이 무릎을 꿇고 앉아 모사(茅沙) 위에 술잔을 기우려 강신하기를 시제의식과 같게 한다.

◆束用紅絲(속용홍사)
按劉氏此說卽韓魏公祭儀全文也本時祭初獻祭酒所用茅盤而附註者誤編於此者也○問束茅必以八寸者何義束用紅絲與用沙亦何義尤菴曰紅欲其文沙取其淨八寸之義未詳○愚按古者以鬱鬯灌地故用沙代之也

◆焚香告辭式(분향고사식)
孝孫某今以冬至有事于
始祖考
始祖妣敢請
尊靈降居神位恭伸奠獻

◆분향 고사식.

효손(孝孫) 모는 금일 동짓날 시조(始祖)할아버님과 시조할머님의 세사(歲事)가 있사와 감히 청하옵건대 존령(尊靈)께서는 신의 자리로 강림하옵소서. 공손히 펴 올리나이다.

⊙進饌(진찬)

主人升詣神位前執事者奉毛血腥肉(增解按腥肉卽首心肝肺也)以進主人受設之于蔬北西上(輯覽按唐元陵儀註毛血盛以豆祼後始奠饌將升未焚蒿之前還徹之云而此無徹文行禮者當更考)執事者出熟肉置于盤(增解按卽上文盤一置饌牀上者也)奉以進主人受設之腥盤之東(增解禮運薦其毛血腥其俎熟其殽方氏曰腥其俎則事之以神道熟其殽則事之以人道)執事者以杅二盛飯杅二盛肉湇不和者(增解士昏禮大羹湇註湆肉汁也今文湇作汁○左傳大羹不和以塩菜是貴其質也)又以杅二盛肉湇以菜者奉以進主人受設之飯在盞西大羹在盞東鉶羹在大羹東皆降復位

⊙진찬.

주인은 신위 앞으로 오른다. 집사자들이 모혈쟁반과 생육쟁반을 받들어 올리면 주인은 받아 식상 소채의 북쪽에 서쪽을 상석으로 하여 진설하고 집사자들이 솥에서 익힌 고기를 꺼내어 쟁반에 담아 받들어 올리면 주인은 받아 성육(腥肉)쟁반 동쪽으로 진설한다. 집사자들이 바리에 밥을 두 바리 담고 흐트러지지 않은 고기 국을 또 두 바리 담되 고기 국에 채소가 있는 국을 담아 받들어 올리면 주인은 받아 밥이 있는 잔의 서쪽에 진설하고 소금이나 양념을 전혀 하지 않은 고기 국인 대갱(大羹)은 잔의 동쪽이며 오미를 섞어 끓인 형갱(鉶羹)은 대갱의 동쪽이다. 마쳤으면 모두 내려와 제자리에 선다.

◆進饌(진찬)

禮運作其祝號玄酒以祭薦其血毛腥其俎執其殽與其越席疏布以冪衣其澣帛醴醆以獻薦其燔炙君與夫人交獻以嘉魂魄是謂合莫然後退而合享體其犬豕牛羊實其簠簋籩豆鉶羹祝以孝告嘏以慈告是謂大祥此禮之大成也註周禮祝號有六一神號二鬼號三祇號四牲號五齍號六幣號作其祝號者造爲鬼神及牲玉美號之辭神號如昊天上帝鬼號如皇祖伯某祇號若后土地祇牲號若一元大武齍號若稷曰明粢幣號若幣曰量幣祝史稱之以告鬼神也每祭必設玄酒其實不用之以酌薦其血毛謂殺牲之時取血及毛入以告神於室也腥其俎謂牲旣殺以俎盛肉進於尸前也祭玄酒薦血毛腥俎此三者是法上告之禮執其殽以下是中古之禮殽骨體也以湯爓爲熟又尸俎惟載右體其餘不載者及左體等亦於鑊中烹煮之故云合享也體其犬豕牛羊者隨其牲之大小烹熟乃體別骨之貴賤以爲衆俎用供尸及待賓客兄弟等也此是祭末饗燕之衆俎非尸前之正俎也○嚴陵方氏曰血所以告幽毛所以告全腥其俎則事之以神道執其殽則事之以人道○禮器君子曰禮之近人情者非其至者也郊血大饗腥三獻爓一獻孰註近者爲褻遠者爲敬凡行禮之事與人情所欲者相近則非禮之極至者其事本多端此獨擧血腥爓孰四者之祭以明之者禮莫重於祭故也郊祭天也郊祀與大饗三獻皆有血腥爓孰此各言者據先設者爲主也郊則先設血後設腥爓孰大饗祫祭宗廟也腥生肉也去人情稍近郊先薦血大饗則迎尸時血與腥同時薦獻酌酒以薦獻也祭社稷及五祀其禮皆三獻故因名其祭爲三獻也爓沈肉於湯也其色略變去人情漸近矣此祭血腥與爓一時同薦但當先者設之在前當後者設之居後據宗伯社稷五祀初祭降神時已埋血據此則正祭薦爓時又薦血也一獻祭群小祀也祀卑酒惟一獻用孰肉無血腥爓三者蓋孰肉是人情所食最爲褻近以其神卑則禮宜輕也細註延平周氏曰獻以血非近人情者也而反以事天獻以孰乃近人情者也而反以事群小祀蓋禮之近人情者非禮之至也爓與孰以牲言質與文以禮言○嚴陵方氏曰由爓而上則尚氣而已至於孰則又尚味焉故郊特牲曰至敬不饗味而貴氣臭也

◆奉毛血腥肉以進(봉모혈성육이진)

按唐元陵儀注毛血盛以豆祼後始奠饌將升未焚蒿之前還徹之云而此無徹文行禮者當更考
○禮運玄酒以祭薦其毛血腥其俎熟其殽註每祭必設玄酒其實不用之以酳薦其毛血謂殺牲
之時取血及毛入告神於室也腥其俎謂牲旣殺以俎盛肉進於尸前也祭玄酒薦血毛腥俎此三
者是法上古之禮熟其殽以下是中古之禮殽骨體也以湯爓爲熟方氏曰血所以告幽毛所以告
全腥其俎則事之以神道熟其殽則事之以人道○禮器君子曰禮之近人情者非其至者也郊血
大饗腥三獻爓(潜)一獻孰註近者爲褻遠者爲敬凡行禮之事與人情所欲者相近則非禮之極
至者郊祭天也郊祀與大饗三獻皆有血腥爓孰此各言者據先設者爲主也郊則先設血後設腥
爓孰大享祫祭宗廟也腥生肉也去人情稍近郊先薦血大享則迎尸時血與腥同時薦獻酳酒以
薦獻也祭社稷及五祀其禮皆三獻故因名其祭爲三獻也爓沈肉於湯也其色略變去人情漸近
矣此祭血腥與爓一時同薦但當先者設之在前當後者設之居後據宗伯社稷五祀初祭降神時
已埋血據此則正祭薦爓時又薦血也一獻祭羣小祀也祀卑酒惟一獻用熟肉無血腥爓三者盖
孰肉是人情所食最爲褻近以其神卑則禮宜輕也方氏曰由爓而上則尙氣而已至於孰則又尙
味焉故郊特牲曰至敬不饗味而貴氣臭也

◆大羹鉶羹(대갱형갱)

禮器註大羹太古之羹也肉汁無塩梅之和後王存古禮故設之亦尙玄酒之意方氏曰大羹之湆
遺其味而無調和之齊所以爲大若鉶羹之類則小矣○陳氏禮書鉶鼎所以實羹者鉶羹所以具
五味也自羹言之則曰鉶羹自器言之則曰鉶鼎○周禮天官註太古茹毛飮血所謂羹者血湆而
已中古漸文則加滋味於是有鉶羹之薦去古旣遠人心滋喪縱口腹之欲窮鼎俎之味聖人懼焉
故使祭祀之時薦太古之大羹貴本也記曰大羹不和貴其質也所以交於神明者非食味之道也
反本復古而已

⊙初獻(초헌)

如時祭之儀但主人旣俛伏興兄弟炙肝加鹽(特牲禮記註肝宜塩也)實于小盤以從祝詞(伊
川祭禮祝出主人之左東向跪讀之)曰(云云)

⊙초헌례.

시제의식과 같다. 다만 주인이 부복하였다 일어서면 형제들이 적간(炙肝)에 소금을
더하여 소반에 담아 따르고 축사는 다음과 같다.

◆炙肝加塩(적간가염)

問加塩之方曰按少牢饋食禮尸祭酒啐酒賓長羞牢肝用俎縮執俎肝亦縮進末塩在右註羞進
也縮從也塩在肝右便尸換之疏塩在肝右據賓長西面手執而言尸東面若至尸前塩在尸之左
尸以右手取肝鄕左換之是其便也以此推之可見又問時祭炙肝獨不言加塩者有何義耶曰按
特牲饋食禮賓長以肝從疏此直言肝從亦當如少牢賓長羞牢肝用俎縮執俎肝亦縮進末塩在
右此亦不言者文不具也以此觀之時祭肝炙亦須加塩也所以不言者亦是文不具也○特牲饋
食記註肝宜塩也

◆始祖祭祝文式(시조제축문식)

　　　維
歲次干支幾月干支朔幾日干支子孝孫姓名(尤庵曰家禮於高祖以下則主人不稱姓
　　於先祖以上始稱之此則似以遠近爲別也○伊川祭禮孝元孫某)敢昭告于
　始祖考

始祖妣今以仲冬陽至之始追惟報本禮不敢忘謹以潔牲柔毛粢盛醴齊
　祗薦歲事尙
　　饗

◆시조제 축문식.

세차 모 간지 기월 기일 자손인 효손 모 성명이 시조할아버님과 시조할머님께 감히 밝혀 고하나이다. 오늘이 중동의 달 양(陽)이 시작되는 동지이옵니다. 옛날을 생각하옵건대 시조께 보답하는 예도를 감히 잊을 수가 있겠사옵니까. 삼가 깨끗한 생의 부드러운 털과 서직(黍稷)을 담고 예주를 엄숙하게 정성을 다하여 세사를 드리오니 바라옵건대 흠향하옵소서.

⊙亞獻(아헌)

如時祭之儀但衆婦炙肉加鹽以從

⊙아헌례.

시제 의식과 같다. 다만 여러 부녀자들이 적육에 소금을 더하여 들고 따른다.

⊙終獻(종헌)

如時祭及上儀

⊙종헌례.

시제 및 아헌례와 같다.

⊙侑食闔門啓門受胙辭神徹餕(유식합문계문수조사신철준)

並如時祭之儀

⊙첨작하여 권하고 문을 닫고 문 열고 들어와 음복하고 사신하고 철상 후 제사음식 나눔.

모두 시제의식과 같다.

◆餕(준)(補註)

祭畢而餕設大席于堂東西二向東向爲昭西向爲穆世爲一席各以齒坐所以會宗族而篤恩義

⊙初祖祭儀禮節次(초조제의례절차)參考用(古禮不用笏記)

(通贊唱)○序立(主人以下凡同族者皆在男左女右世爲一行)○降神○(引贊唱)盥洗○詣香案前○跪○上香○上香○三上香○告辭曰孝孫某今以冬至有事于始祖考始祖妣敢請尊靈降居神位恭伸奠獻○燎脂(主人以脂燎于爐炭已少退立)○俯伏興拜興拜興平身○復位○詣酒尊所○執事者酌酒○詣香案前○跪○酹酒(如時祭儀)○俯伏興拜興拜興平身○復位○(通)參神(主人以下皆拜)○鞠躬拜興拜興拜興拜興平身○進饌○(引)詣始祖考妣神位前○進毛血○進腥肉(執事者奉毛血腥肉盤主人受之設之於蔬北西上)○進熟肉(執事者奉熟肉盤主人受之設腥盤東)○進飯(執事者以飯杅二進主人受之考妣設酒盞西)○進大羹二(考妣設在盞東)○進鉶羹二(考妣設在大羹東)○復位○(通)初獻禮○(引)詣始祖考妣神位前○跪○祭酒○奠酒○祭酒○奠酒○俯伏興拜興拜興平身○進炙肝(兄弟奉炙肝加鹽置卓子上腥肉東熟肉西)○詣讀祝位○跪○(通)主人以下皆跪○讀祝(祝取版于主

人之左讀之畢起)○俯伏興拜興拜興平身○(引)復位○(通)亞獻禮○(引)盥洗(別有行禮者則贊此)○詣始祖考妣神位前○跪○祭酒○奠酒○祭酒○奠酒○俯伏興拜興拜興平身○進炙肝○復位○(通)終獻禮○(引)盥洗(別有行禮者則贊此)○詣始祖考妣神位前○跪○祭酒○奠酒○祭酒○奠酒○俯伏興拜興拜興平身○進炙肝○復位○(引)侑食(主人執注遍斟諸位前俱滿主婦遍揷匙飯中俱退分立香案前)○鞠躬拜興拜興平身○復位○主人以下皆出○闔門(無門則垂簾幙男左女右俱少休食頃)○祝噫歆(祝當門北向作咳聲者三)○啓門○主人以下各復位○獻茶(主婦進茶於先祖諸婦分兩列)○飮福受胙○詣飮福位○跪○嘏辭(曰云云與時祭同)○飮福酒○受胙○鞠躬拜興拜興平身(主人起立于東階上西向)○告利成(祝立于西階上東向曰)○利成○(引)復位○鞠躬拜興拜興平身○(通)辭神○鞠躬拜興拜興拜興拜興平身○焚祝文(併取牌子焚之)○送主○徹饌○禮畢○餕(並同時祭)

⊙시조제 의례절차.(참고용)

통찬이 창한다. ○차서 대로 서시오. (주인 이하 동족(同族)은 모두 남자는 왼쪽 여자는 오른쪽으로 세대마다 한열이 되여 선다)

●행강신례.

(인찬이 창한다) ○손을 씻으시오. ○향안 전으로 가시오. ○무릎을 꿇고 앉으시오. ○상향. ○상향. ○삼 상향. ○고하시오. (다음과 같이 고한다) ○쑥 기름을 태우시오. (주인은 내장기름과 쑥을 화로 숯불 위에 얹어 태우고 조금 뒤로 물러나 선다) ○부복 하였다 일어나 재배 평신 하시오. ○제자리로 물러나 서시오. ○술 단지 있는 곳으로 가시오. ○집사자는 술을 떠 잔에 따르시오. ○향안 전으로 가시오. ○무릎을 꿇고 앉으시오. (시제 의식과 같다) ○부복 하였다 일어나 재배 평신하시오. ○제자리로 물러나 서시오. (통찬이 창 한다)

●행참신례.

(주인 이하 모두 절한다) ○국궁 사배 평신하시오. ○찬을 올리시오. (인찬이 인도한다) ○시조고비 신위전으로 가시오. ○모혈을 올리시오. ○성육을 올리시오. (집사자들은 모혈과 성육 쟁반을 받들어 주면 주인은 받아 소채 열 북쪽에 서쪽을 상석으로 하여 진설한다) ○익힌 고기를 올리시오. (집사자들이 익힌 고기 쟁반을 받들어 주면 주인은 받아 성육 쟁반 동쪽으로 진설한다) ○메를 올리시오. (집사자들이 메 두 주발을 주면 주인은 받아 잔반 서쪽으로 진설한다) ○대갱을 올리시오. (고비 잔반의 동쪽으로 진설한다) ○형갱을 올리시오. (고비 대갱의 동쪽으로 진설 한다) ○제자리로 물러나 서시오. ○(통찬이 창한다)

●행초헌례.

(인찬이 인도한다) ○시조고비 신위 전으로 가시오. ○무릎을 꿇고 앉으시오. ○제주 하시오. ○헌주 하시오. ○제주하시오. ○헌주 하시오. ○부복 하였다 일어나 재배 평신 하시오. ○적간을 올리시오. (형제가 소금을 뿌린 적간을 소반에 담아 받들어 탁자 위 성육과 숙육 사이에 놓는다) ○독축위로 가시오. ○무릎을 꿇고 앉으시오. (통찬이 창한다) ○주인 이하 모두 무릎을 꿇고 앉으시오. ○독축 하시오. (축관은 축판을 들고 주인의 왼쪽에서 무릎을 꿇고 앉아 독축을 하고 마치면 일어선다) ○부복 하였다 일어나 재배 평신하시오. (인찬이 인도한다) ○제자리로 물러나 서시오. ○(통찬이 창 한다)

●행아헌례.

(인찬이 인도한다) ○손을 씻으시오. (다른 사람으로 예를 행할 수 있는 사람이 있으

면 이를 돕는다) ○시조고비 신위 전으로 가시오. ○무릎을 꿇고 앉으시오. ○제주하시오. ○헌주 하시오. ○제주하시오. ○헌주 하시오. ○부복 하였다 일어나 재배 평신하시오. ○적간을 올리시오. ○제자리로 물러나 서시오. ○(통찬이 창 한다)

●행종헌례.

(인찬이 인도한다) ○손을 씻으시오. (다른 사람으로 예를 행할 수 있는 사람이 있으면 이를 돕는다) ○시조고비 신위 전으로 가시오. ○무릎을 꿇고 앉으시오. ○제주하시오. ○헌주 하시오. ○제주 하시오. ○헌주 하시오. ○부복 하였다 일어나 재배 평신하시오. ○적간을 올리시오. ○제자리로 물러나 서시오. ○(인찬이 인도한다) ○권하여 드리시오. (주인은 주전자를 들고 시조 위전을 두루 따라가며 다같이 잔에 가득따른다. 주부는 두루 메 중간에 숟가락을 꽂고 다같이 뒤로 물러나 향안 앞에 나뉘어선다) ○국궁 재배 평신 하시오. ○제자리로 물러나 서시오. ○주인 이하 모두 나가시오. ○문을 닫으시오. (문이 없으면 발을 쳐 가리고 남자는 왼쪽 여자는 오른쪽으로다같이 식경을 잠깐 쉰다) ○축관은 희흠을 하시오. (축관은 문 앞으로 가서 북쪽으로향하여 희흠 소리를 세 번을 낸다) ○문을 여시오. ○주인 이하 모두 각각 제자리로가시오. ○차를 올리시오. (주부가 차를 시조에게 올리되 여러 부녀자들이 양 열로 나뉘어 한다) ○행음복. ○수조. ○음복위로 가시오. ○무릎을 꿇고 앉으시오. ○복 내리는 말씀을 하시오. (이르기를 시제와 같이한다) ○음복하시오. ○밥을 받으시오. ○국궁 재배 평신 하시오. (주인은 일어나 동쪽 층계 위에서 서쪽으로 향하여 선다) ○이성을 고하시오. (축관은 서쪽층계 위에서 동쪽으로 향하여 선다) ○이성. (봉양의 예가 모두 잘 이뤄 졌습니다) (인찬이 인도한다) ○제자리로 물러나 서시오. ○국궁재배 평신하시오. (통찬이 창 한다)

●행사신례.

○국궁 사배 평신하시오. ○축문을 불사르시오. (패자도 다 같이 태워야 한다) ○신주를 되돌려 보내시오. ○철상 하시오. ○예를 마칩니다. ○음식 나눔. (시제와 모두 같다)

◆不爲(불위)

儀節按附錄或問朱子以始祖之祭朱子曰古無此伊川先生以義起某當初也祭後來覺得似僭不敢祭今從之不爲儀節

◆餕(준)(補註)

祭畢而餕設大席于堂東西二向東向爲昭西向爲穆世爲一席各以齒坐所以會宗族而篤恩義

제 3 절 선조제(先祖祭)

繼始祖高祖之宗得祭繼始祖之宗則自初祖以(一作而)下繼高祖之宗則自先祖而下

시조(始祖)를 이어가는 종가와 고조(高祖)를 이어가는 종가의 제사로 시조를 이어가는 종가면 자신의 초조 이하의 조상이며 고조를 이어가는 종가면 자신의 제일 위조상 이하이다.

◆先祖(선조)

程叔子曰祭先之禮不可得而推者無可奈何其可知者無遠近多少猶當盡祭之祖又豈可不報

又豈可厭多盖根本在後雖遠豈得無報○朱子曰伊川時祭上至高祖高祖以上則於立春設二位統祭之而不用主此說是也○問先生舊時立春祭先祖冬至祭始祖後來廢之何故曰覺得忒煞過當和禘祫都包在裏面了恐太僭遂廢之○按繼始祖高祖之宗云者以大宗小宗而言也非謂繼高祖而四世親未盡者

◆祭先祖(제선조)

語類問立春祭先祖則何祖曰自始祖下之第二世及己身以上第六世之祖○又曰伊川時祭止於高祖高祖而上則於立春設二位統祭之而不用主此說是也却又云祖又豈可厭多苟其可知者無遠近多少須當盡祭之疑是初時未曾討論故有此說○補註大宗之家其第二世以下祖親盡及小宗之家高祖親盡所謂先祖也○丘儀按冬至祭始祖立春祭先祖程子說也朱子作家禮多取溫公而此二祭則用程氏焉楊氏謂朱子初年亦嘗行之後覺其似僭不敢祭然朱子於小學書亦既載程子斯言借曰家禮未成之書而小學則已成矣而不刪去之必有其說語錄又有始祖之祭似禘先祖之祭似祫之說考禮禘爲王者之祭祫則諸侯亦得行也則祫比禘爲小矣朱子他日答或人書論祔及遷有取橫渠喪畢祫祭大廟祭畢還主逓遷之說則亦不以祫爲非由是觀之則先祖之祭似亦可行今擬人家同居止四代者固不必行此祭其有合族以居累世共爨生者同居而食死者異席而祭恐難萃合人心於孝享之義宜於立春之日中設先祖考妣位於中堂自先祖而下考左妣右分爲兩列每年一行庶幾累世不分者得以萃聚人心摠撮衆志敬宗收族於悠久云按朱子曰某當初也祭後來覺得僭今不敢祭也此似是朱子定論丘說可疑

⊙立春祭先祖(입춘제선조)

程子曰初祖以下高祖以上之祖也(增解問立春祭先祖則何祖朱子曰自始祖下之第二世及己身以上第六世之祖)立春生物之始故象其類而祭之

⊙입춘 날 선조제를 지낸다.

정자(程子)가 이르기를 초조 이하 고조 이상의 조상을 선조라 한다. 만물이 소생하기 시작하는 입춘 날에 예로부터 법도가 그와 비슷하게 같아서 제사를 지낸다. 하였느니라.

◆遠近合享(원근합향)

按家禮引程子謂祭初祖以下高祖以上之祖則自高祖以下四時常祭者不復與也今擬倂高曾祖考祭之所以然者蓋專爲合族以居者設也凡其子姓在序拜奔走之列者其祖考皆在焉不分遠近親疎皆合享於一堂合祀死者所以萃聚生者也

⊙前三日齊戒(전삼일재계)

如祭始祖之儀

⊙사흘 전부터 재계한다.

시조제 의식과 같다.

⊙前一日設位陳器(전일일설위진기)

如祭初祖之儀但設祖考神位于堂中之西祖妣神位于堂中之東蔬果楪各十二大盤六六一作小盤六餘並同

問祭禮立春云祭高祖而上只設二位若古人祫祭須是逐位祭朱子曰本是一氣若祠堂中各有牌子則不可○諸侯有四時之祫畢竟是祭有不及處方如此如春秋有事于太廟太廟便是群祧之主皆在其中

⊙하루 전 날 신위의 자리를 설위하고 제사 기구를 진열한다.

초조제 의식과 같다. 다만 조고 신위의 자리는 당의 중간에서 서쪽에 차리고 조비의 신위자리는 당의 중간에서 동쪽으로 차린다. 소채와 과실 접이 각각 열 둘이고 큰 쟁반이 넷이고 작은 쟁반이 여섯이며 그 외는 모두 초조제와 같다.

◆設位(설위)

中堂設神位其中用紙爲牌如神主面上書某祖考某官府君某祖妣某封某氏高祖之父爲五世祖推而上之爲六世七世隨所知而書之或以始遷之祖或以起家之祖在高祖以前者一人爲先祖設其位當中南向用屛障其後前設椅子倚前設卓子其餘祖考妣無神主者作紙牌有主者至祭時請主凡同居合族之人有服及親未盡者是日皆合祭分爲兩列左昭右穆相向以北爲上每考妣前設一卓如多列不下則每列各設一長卓又於當中設一卓於香案之北近裏盛牲俎牲卓南設香案香案前列炭爐其餘酒架火爐盥盆之類一一皆如時祭之儀

◆設位陳器(설위진기)

補註設於墓所初祖祠堂中東西向設東向爲昭西向爲穆略如天子大祫之儀○儀節是日主人衆丈夫帥執事者灑掃中堂設神位其中用祗爲牌如神主面上書某祖考某官府君某祖妣某封某氏高祖之父爲五世祖推而上之爲六世七世有所知而書之或以始遷之祖或以起家之祖在高祖以前者一人爲先祖設其位堂中南向用屛障其後前設倚子倚前設卓子其餘祖考妣無神主者作紙牌有主者至祭時請主凡同居合族之人有服及親未盡者是日皆合祭分爲兩列左昭右穆相向以北爲上每考妣前設一卓如多列不下則每列各設一長卓又於當中設一卓於香案之北近裏盛牲俎牲卓南設香案香案前列炭爐其餘酒架火爐盥盆之類一一皆如時祭之儀按語類問祭先祖何以只設二位(考妣二位)曰此只是以意享之而已又問用一分(考妣各一分)曰只是一氣據此則丘儀所謂六世七世有所知而書之云者恐失本意且親盡以上始祖以下通稱先祖而今指一人爲先祖云者尤可疑豈先字是初字之誤耶

⊙具饌(구찬)

如祭初祖之儀但毛血爲一盤(增解按進饌條於祖妣位則無毛血故此只具一盤)首心爲一盤肝肺爲一盤脂蒿爲一盤(儀節脂雜以乾蒿末無蒿用香末代之)切肝兩小盤切肉四小盤餘並同

⊙제수품을 갖춘다.

초조제 의식과 같다. 다만 모혈(毛血)을 한 쟁반으로 하고 머리와 심장을 한 쟁반으로 하고 간(肝)과 폐(肺)를 한 쟁반으로 하고 쑥과 내장기름을 한 쟁반으로 하며 저민 간이 두 소반, 저민 고기가 네 소반으로 하며 그 외는 초조제와 모두 같다.

◆具饌(구찬)

脯時殺牲主人先詣省牲所省牲殺訖親割毛血爲一盤首心爲一盤肝肺爲一盤脂雜以乾蒿末爲一盤(无蒿用香末代之)切肝兩小盤切肺兩小盤又用肉汁不和者爲大羹肉汁和以菜爲鉶羹皆用椀盛皆不煮熟牲全設盛以大盤(按家禮本註牲体去左胖不用右胖分爲十一体蓋用古禮也然家禮按祭器旣用今器以從簡便則於此等處不必拘古似亦無害今)國家祭祀牲体於正祭皆全用其於祔祭則每逐位分段今擬從之

◆補省牲(보성생)

按四時祭有省牲今無故補入(主人帥衆)丈夫詣省牲所(泣殺)省牲○省牲畢

⊙厥明夙興設蔬果酒饌(궐명숙흥설소과주찬)

如祭初祖之儀但每位匙筯各一盤盞各二(二疑一○增解龜峯曰盞一位用二未詳其義或者先祖通稱高祖以上而只設一位故設二盞耶○愚按兩位他饌旣各用一則酒何必獨用二盞耶二字恐當作一)置階下饌牀上(增解按據初祖祭儀匙筯盤盞則設於食牀北端此本時祭以下諸禮所同者而此則

云置階下饌牀上者可疑此條恐有脫誤也)餘並同

⊙그 다음날 일찍 일어나 소채와 과실과 안주를 진설한다.

초조제 의식과 같다. 다만 매 위마다 수저 한가락과 잔반을 각각 둘을 층계 아래 찬상 위에 두고 그 외는 모두 같다.

◆陳設(진설)

儀節主人帥執事者設玄酒瓶及酒瓶于架上酒注酹酒盤盞受胙盤匙筯各一於東階卓子上祝版及胙盤于西階卓子上毛血腥盤切肝肉皆陳于階下牀上(補)主人將祭先詣祠堂請主詣香案前跪上香告辭曰孫某玆以立春合祭先祖于正寢敢請高曾祖考妣同伸奠獻告畢主人以盤盛主捧至中堂各隨次序列其他神主在別室者皆放此告辭各隨所稱○按據初祖祭儀匙筯盤盞則設於食牀北端此本時祭以下諸禮所同者而此則云置階下饌牀上者可疑此條恐有脫誤也

⊙質明盛服就位降神參神(질명성복취위강신참신)

如祭始祖之儀但告詞改始爲先(增解伊川祭禮孝遠孫某今以生物之始共請先祖祖妣以下降居神位)餘並同

⊙날이 밝으면 성복을 하고 제자리로 가서 강신을 하고 참신재배 한다.

시조제 의식과 같다. 다만 축문 중 시(始)자를 고쳐 선(先)자로 하고 그 외는 모두 같다.

◆焚香告辭式(분향고사식)

　　　孝孫某今以立春有事于
　　先祖考
　　先祖妣敢請
　　尊靈降居神位恭伸奠獻

◆강신 고사식.

효손 모는 오늘 입춘 날 선조할아버님과 선조할머님의 세사가 있사와 감히 청하옵건대 존령께서는 신위의 자리에 강림 하옵소서. 공손히 전을 올리나이다.

⊙進饌(진찬)

如祭初祖之儀但先詣祖考位瘞(瘞疑進)毛血奉首心前足上三節脊三節後足上一節次詣祖妣位奉肝肺前足一節脅三節後足下一節餘並同

⊙찬을 올린다.

초조제 의식과 같다. 다만 먼저 조고 위 전으로 가서 모혈(毛血)을 올리고 머리와 심장과 앞 다리 위 세 부위와 척추 세 부위 뒷다리 위 한 부위를 올리고 다음으로 조비 위 전에 간과 폐와 앞다리 한 부위 갈비 세 부위 뒷다리 아래 한 부위를 올리고 그 외는 모두 같다.

⊙初獻(초헌)

如祭初祖之儀但獻兩位各俛伏興當中少退立兄弟炙肝兩小盤以從祝詞改初爲先仲冬陽至爲立春生物餘並同

⊙초헌례.

초조제 의식과 같다. 다만 양 신위에 헌주를 하고 각각 부복하였다 일어나 중간에서 조금 뒤로 물러나 서면 형제들이 적간 두 소반을 받들고 따르며 축사에 초(初)자를 고쳐 선(先)자로 하고 중동양지(仲冬陽至)를 입춘생물(立春生物)로 고치고 그 외는 모두 같다.

◆先祖祭祝文式(선조제축문식)

維

歲次干支幾月干支朔幾日干支子孝孫姓名敢昭告于

先祖考

先祖妣今以立春生物之始追惟報本禮不敢忘謹以潔牲柔毛粢盛醴
齊祇薦歲事尙

饗

◆선조제 축문식.

세차 모 간지 기월 기일 자손인 효손 성명이 선조할아버님과 선조할머님께 감히 밝혀 고하나이다. 오늘이 만물이 소생하기 시작하는 입춘이옵니다. 옛날을 미루어 생각하옵건대 선조께 보답하는 예도를 감히 잊을 수가 있겠사옵니까. 삼가 깨끗한 생의 부드러운 털과 서직을 담고 예주로 엄숙하게 정성을 다하여 세사를 드리오니 바라옵건대 흠향하옵소서.

⊙亞獻終獻(아헌종헌)

如祭初祖之儀但從炙肉各二小盤

⊙아헌례 종헌례.

초조제 의식과 같다. 다만 적육을 두 소반을 받들고 따른다.

⊙侑食闔門啓門受胙辭神徹餕(유식합문계문수조사신철준)

並如祭初祖儀

⊙첨작하여 권하고 출문하여 문을 닫고 있다 문을 열고 들어와서 음복하고 사신재배하고 철상 후 음식 나눔.

모두 초조의식과 같다.

⊙先祖祭儀禮節次(선조제의례절차)

(通贊唱)○序立(主人以下凡同族者皆在男左女右世爲一行)○降神○(引贊唱)盥洗○詣香案前○跪○上香○上香○三上香○告辭曰孝孫某今以立春有事于先祖考某官府君先祖妣某封某氏敢請尊靈降居神位恭伸奠獻○燎脂(主人以脂燎于爐炭已少退立)○俯伏興拜興拜興平身○復位○詣酒尊所○執事者酌酒○詣香案前○跪○酹酒(如時祭儀)○俯伏興拜興拜興平身○復位○(通)參神(主人以下皆拜)○鞠躬拜興拜興拜興拜興平身○進饌○(引)詣先祖考妣神位前○進毛血○進腥肉(執事者奉毛血腥肉盤主人受之設之於蔬北西上)○進熟肉(執事者奉熟肉盤主人受之設腥盤東)○進飯(執事者以飯椀進主人受之設酒盞西)○進大羹(設齋盞東)○進鉶羹(設在大羹東)○復位○(通)初獻禮○(引)詣先祖考

姊神位前○跪○祭酒○奠酒○祭酒○奠酒○俯伏興拜興拜興平身○進肝(兄弟奉肝兩小盤置卓子上)○詣讀祝位○跪○(通)主人以下皆跪○讀祝(祝取版于主人之左讀之畢起)○俯伏興拜興拜興平身○(引)復位○(通)分獻(兄弟之長者分獻兩列逐位注酒于盞中)○亞獻禮○(引)盥洗(別有行禮者則贊此)○詣先祖考姊神位前○跪○祭酒○奠酒○祭酒○奠酒○俯伏興拜興拜興平身○進炙肉○復位○(通)分獻(如初獻)○終獻禮○(引)盥洗(別有行禮者則贊此)○詣先祖考姊神位前○跪○祭酒○奠酒○祭酒○奠酒○俯伏興拜興拜興平身○進炙肉○復位○(通)分獻(如亞獻)○(引)侑食(主人執注遍斟諸位前俱滿主婦遍插匙飯中俱退立香案前)○鞠躬拜興拜興平身○復位○主人以下皆出○闔門(無門則垂簾幓男左女右俱少休食頃)○祝噫歆(祝當門北向作咳聲者三)○啓門○主人以下各復位○獻茶(主婦進茶於先祖諸婦分兩列)○飮福受胙○詣飮福位○跪○嘏辭(曰云云與時祭同)○飮福酒○受胙○鞠躬拜興平身(主人起立於東階上西向)○告利成(祝立於西階上東向曰)○利成○(引)復位○鞠躬拜興拜興平身○(通)辭神○鞠躬拜興拜興拜興平身○焚祝文(併取牌子焚之)○送主○徹饌○禮畢○餕(並同時祭)祝文○維幾年歲次干支幾月干支朔幾日干支孝孫某敢昭告于先祖考某官府君先祖姊某封某氏今以立春生物之始追惟報本禮不敢忘謹以潔牲剛鬣柔毛粢盛醴齊祗薦歲事凡我宗親咸玆合食尙饗

⊙선조제 의례절차.

통찬이 창한다. ○차서 대로 서시오. (주인 이하 동족(同族)은 모두 남자는 왼쪽 여자는 오른쪽으로 세대마다 한열이 되여 선다)

●행강신례.

(인찬이 인도한다) ○손을 씻으시오. ○향안 전으로 가시오. ○무릎을 꿇고 앉으시오. ○상향. ○상향. ○삼 상향. ○고하시오. (다음과 같이 고하시오) ○쑥 기름을 태우시오. (주인은 내장기름과 쑥을 화로 숯불 위에 얹어 태우고 조금 뒤로 물러나 선다) ○부복하였다 일어나 재배 평신하시오. ○제자리로 물러나 서시오. ○술 단지 있는 곳으로 가시오. ○집사자는 술을 떠 잔에 따르시오. ○향안 전으로 가시오. ○무릎을 꿇고 앉으시오. ○강신하시오. (시제 의식과 같다) ○부복하였다 일어나 재배 평신하시오. ○제자리로 물러나 서시오. (통찬이 창한다)

●행참신례.

(주인 이하 모두 절한다) ○국궁 사배 평신하시오. ○찬을 올리시오. (인찬이 인도한다) ○선조고비 신위 전으로 가시오. ○모혈을 올리시오. ○성육을 올리시오. (집사자들은 모혈과 성육 쟁반을 받들어 주면 주인은 받아 소채 열 북쪽에서 서쪽을 상석으로 하여 진설한다) ○익힌 고기를 올리시오. (집사자들이 익힌 고기 쟁반을 받들어 주면 주인은 받아 성육 쟁반 동쪽으로 진설한다) ○메를 올리시오. (집사자들이 메 주발을 주면 주인은 받아 잔반 서쪽으로 진설한다) ○대갱을 올리시오. (잔반의 동쪽으로 진설한다) ○형갱을 올리시오. (대갱의 동쪽으로 진설한다) ○제자리로 물러나 서시오. (통찬이 창한다)

●행초헌례.

(인찬이 인도한다) ○선조고비 신위 전으로 가시오. ○무릎을 꿇고 앉으시오. ○제주하시오. ○헌주하시오. ○제주하시오. ○헌주하시오. ○부복하였다 일어나 재배 평신하시오. ○적간을 올리시오. (형제가 간 두 소반을 받들어 신위 앞 상위에 놓는다) ○독축 위로 가시오. ○무릎을 꿇고 앉으시오. (통찬이 창한다) ○주인 이하 모두 무릎을 꿇고 앉으시오. ○독축하시오. (축관은 축판을 들고 주인의 왼쪽에서 무릎을 꿇고 앉아 독축을 하고 마치면 일어선다) ○부복하였다 일어나 재배 평신하시오. (인찬이

인도한다) ○제자리로 물러나 서시오. (통찬이 창한다) ○나뉘어 헌주 하시오. (형제의 큰 자들이 나뉘어 헌주 하기를 양 열로 나뉘어 주전자를 들고 위를 돌아가며 잔에 술을 따른다)

●행아헌례.

(인찬이 인도한다) ○손을 씻으시오. (다른 사람으로 예를 행할 수 있는 사람이 있으면 이를 돕는다) ○선조고비 신위 전으로 가시오. ○무릎을 꿇고 앉으시오. ○제주하시오. ○헌주하시오. ○제주하시오. ○헌주하시오. ○부복하였다 일어나 재배 평신하시오. ○적육을 올리시오. ○제자리로 물러나 서시오. (통찬이 창한다) ○나뉘어 헌주하시오. (초헌과 같다)

●행종헌례.

(인찬이 인도한다) ○손을 씻으시오. (다른 사람으로 예를 행할 수 있는 사람이 있으면 이를 돕는다) ○선조고비 신위 전으로 가시오. ○무릎을 꿇고 앉으시오. ○제주하시오. ○헌주하시오. ○제주하시오. ○헌주하시오. ○부복하였다 일어나 재배 평신하시오. ○적육을 올리시오. ○제자리로 물러나 서시오. (통찬이 창한다) ○나뉘어 헌주하시오. (아헌례와 같다) (인찬이 인도한다) ○권하여 드리시오. (주인은 주전자를 들고 모든 위전을 두루 따라가며 다 같이 잔에 가득 따른다. 주부는 두루 메 중간에 숟가락을 꽂고 다같이 뒤로 물러나 향안 앞에 나뉘어 선다) ○국궁 재배 평신하시오. ○제자리로 물러나 서시오. ○주인 이하 모두 나가시오. ○문을 닫으시오. (문이 없으면 발을 쳐 가리고 남자는 왼쪽 여자는 오른쪽으로 다같이 식경을 잠깐 쉰다) ○축관은 희흠을 하시오. (축관은 문 앞으로 가서 북쪽으로 향하여 기침 소리를 세 번을 낸다) ○문을 여시오. ○주인 이하 모두 각각 제자리로 가시오. ○차를 올리시오. (주부가 차를 위전에 올리되 여러 부녀자들이 양 열로 나뉘어 한다) ○행음복. 수조. ○음복 위로 가시오. ○무릎을 꿇고 앉으시오. ○복 내리는 말씀을 하시오. (시제와 같이 한다) ○음복하시오. ○밥을 받으시오. ○국궁 재배 평신하시오. (주인은 일어나 동쪽 층계 위에서 서쪽으로 향하여 선다) ○이성을 고하시오. (축관은 서쪽층계 위에서 동쪽으로 향하여 선다) ○이성. (봉양의 예가 모두 잘 이뤄졌습니다) (인찬이 인도한다) ○제자리로 물러나 서시오. ○국궁 재배 평신하시오. (통찬이 창한다)

●행사신례.

국궁 사배 평신하시오. ○축문을 불사르시오. (패자도 다같이 태워야 한다) ○신주를 되돌려 보내시오. ○철상하시오. ○예를 마칩니다. ○음식 나눔. (시제와 모두 같다)

제 4 절 예제(禰祭)

繼禰之宗以上皆得祭惟支子不祭

아버지 사당을 이어가는 종가 이상은 모두 예제(禰祭)를 지낸다. 오직 지자는 예제를 지내지 못한다.

◆禰祭(예제)

朱子曰冬至立春二祭似僭遂已之季秋依舊祭禰而用某生日祭之適值某生曰在九月十五日也○問冬至立春季秋三祭何如曰覺得此箇禮數太遠似有僭上之意○龜峰曰祭禰祭之大也而要訣闕不見錄似當添入○又曰祭禰程子朱子已定之禮而小學家禮旣詳其儀猶曰恐豐于昵也深爲兄致疑焉○沙溪曰栗谷曰祭禰恐豐于昵然以先儒說參考祭亦不妨今好禮之家多

行之者○禮輯曰父廟曰禰禰者近也○程子曰季秋成物之始亦象其類而祭之○朱子曰某家舊時常祭立春冬至季秋三祭後以立春冬至二祭近禘祫之祭覺得不安遂去之季秋依舊祭禰而用某生日祭之適値某生日在季秋遂用此日○問禰祭如何曰此却不妨○寒岡問禰祭欲例用重陽退溪曰家禮卜日註溫公及朱子說已明不必更求異○愚伏曰先大夫生日適在季秋則雖三年之後以其日行禰祭甚得情禮與所謂非禮之禮者自不同矣來示得之○尤庵曰禰祭不嫌於僭而又朱子所行者行之不亦善乎嘗聞李參判端夏說其考澤堂公每言人家當廢而不廢者四節日墓祭也(家禮只一祭而俗四祭之故云)當行而不行者禰祭也今如貴家以右族行之則世自有相效而行之者矣○問或曰只奉禰廟而別行禰祭未安又曰八月正祭或有故而遷于九月則幷擧時祭與禰祭有煩而不敬之疑云云陶庵曰禰祭之必於季秋者實以成物爲主若不行正祭而獨行禰祭則誠有豊昵之嫌矣或人之說則未可知也惟鄙家去月有拘今月又少無故日才過時祭明日又將行禰祭煩數之懼則有之○問禰祭攝主則不可行否寒岡曰弊家亦方奉攝當初祭禰自宗孫改題之後不敢爲之○按朱子定論旣如此故輯要及常變通攷喪禮備要俱爲削去而只存名目

◆始先禰祭廢行當否(시선예제폐행당부)

程子禘說曰萬物本乎天人本乎祖故以所出之祖配天文武之功起於后稷故配天須以后稷嚴父莫大於配天宗祀文王於明堂以配上帝帝則天也聚天之神而言之則謂之上帝此武王祀文王以配上帝若成王祭上帝則須配以武王配天之祖則不易配上帝則必以父以始祖配天須在於至一陽始生萬物之始祭用圓丘宗祀九月萬物之成父者我之所自生帝者生物之祖故推以爲配而祭於明堂也本朝以太祖配於圓丘以禰配於明堂○萬物本乎天人本乎祖故冬至祭天而祖配之以冬至者氣至之始故也萬物成形於地而人成形於父故以季秋享帝而父配之以季秋者成物之始故也○問禰祭如何朱子曰此却不妨○沙溪曰栗谷曰祭禰恐豊于昵然以先儒說參考祭亦不妨今好禮之家多行之者宋龜峯曰祭禰祭之大者小學家禮旣詳其儀而要訣闕不見錄恐未安云云○尤菴答兪弼卿曰禰祭不嫌於僭而又朱先生所行者行之不亦善乎嘗聞澤堂每言人家當廢而不廢者四節日墓祭也(註家禮只一祭而東俗四祭之故云)當行而不行者禰祭也今如貴家以右族行之則世自有相效而行之者矣○陶菴曰禰祭之必於季秋者實以成物爲主若不行正祭而獨行禰祭則誠有豊昵之嫌矣○愚按據程子說則冬至之祭天於郊而配以始祖季秋之祭帝於明堂而配父皆有深義而其爲王者之大祭則同矣家禮始祖之祭固雖類禘而禘則未必以冬至矣至於以始祖配祭於郊則必以冬至然則今以冬至祭始祖正又類於郊矣朱子之廢之固其宜也以此推之則祭禰於季秋者獨不類於明堂之祭乎然則家禮三祭行則當俱行廢則當俱廢而朱子乃廢二而存一者誠可疑也旣不取其始物生物之義而獨取成物之義者無或近於半上落下耶且栗谷所謂豊于昵者亦似然矣然而朱子之不廢禰祭者無乃以其生日之在於季秋旣常祭而不忍遽廢故耶未可詳也

◉季秋祭禰(계추제녜)

程子曰季秋成物之始亦象其類而祭之

◉계추(季秋)에 부모 제사를 지낸다.

정자(程子)가 이르기를 만물이 열매를 맺기 시작하는 계추(季秋)에 역시 법도가 그와 비슷하게 같아서 제사를 지낸다. 하였느니라.

◆支子祭無害(지자제무해)

儀節按古禮禰之祭支子不得行蓋謂季秋成物之時也若夫兄弟異居者正祭雖不敢行而時節奉鮮之獻行之恐亦無害

◉前一月下旬卜日(전일월하순복일)

如時祭之儀惟告辭改孝孫爲孝子又改祖考妣爲考妣若母在則止云考而告于本龕之前餘並同

⊙한달 전 하순에 제삿날을 점을 친다.

시제의식과 같다. 오직 고칠 것은 고사에서 효손(孝孫)을 효자(孝子)라 하고 또 조고비(祖考妣)를 고쳐 고비(考妣)로 한다. 만약 모친이 생존하여 계시면 모친은 제히고 부친만 본 감실 전에 고한다. 그 외는 모두 같다.

◆命辭式(명사식)

某將以來月某日卽上旬或丁或亥不吉則復命以中旬又不吉則直用下旬日諏此歲事適其考妣母在之云考下同尙

饗

◆명을 받는 고사식.

모는 장차 내월 모일이 세사의 날로 적합 하올지 그것을 부모님께 여쭈오니 좋아하옵소서.

◆告辭式(고사식)

孝子某將以某月某日祗薦歲事于
考妣卜旣得吉用下旬日則去卜旣得吉四字敢告

◆고비 감(龕)전에 고하는 고사식.

효자 모는 장차 모월 모일에 정성껏 부모님의 세사를 드리려고 점을 처 길한 날을 얻었삽기 감히 고하나이다.

◆祝命執事辭式(축명집사사식)

孝子某將以來月某日祗薦歲事于
考妣有司具脩

◆축관이 집사자에게 명하는 사식.

효자 모는 장차 내월 모일에 부모님의 세사를 정성껏 드리려 하니 유사(有司)로서 포수(脯脩)를 잘 갖춰라.

⊙前三日齊戒前一日設位陳器(전삼일재계전일일설위진기)

如時祭之儀但止於正寢合設兩位於堂中西上香案以下並同

⊙사흘 전부터 재계를 하고 하루 전날 위를 설치하고 제사 기구를 진열한다.

시제의식과 같다. 다만 정침에 양 위를 합설(合設)을 하되 당의 중간이며 서쪽이 상석이다. 향안(香案) 이하는 모두 같다.

⊙具饌(구찬)

如時祭之儀二分

⊙제수를 갖춘다.

시제의식과 같되 이인(二人) 분이다.

⊙厥明夙興設蔬果酒饌(궐명숙흥설소과주찬)

如時祭之儀

⊙그 다음날 일찍 일어나 소채와 술과 안주를 진설한다.

시제의식과 같다.

⊙質明盛服詣祠堂奉神主出就正寢(질명성복예사당봉신주출취정침)

如時祭于正寢之儀但告辭(云云)

⊙날이 밝으면 성복을 하고 사당으로 가서 신주를 받들고 나와 정침(正寢)으로 온다.

정침 시제의식과 같다. 다만 다음과 같이 고한다.

◆忌祭出就正寢儀(기제출취정침의)

三禮儀當依要訣忌祭儀詣祠堂叙立再拜訖主人升焚香跪告于所祭之主○便覽詣祠堂前序立再拜開門設香案於本龕前軸簾主人升焚香跪告云云俛伏興斂櫝置于笥以執事者一人奉之主人前導主婦從之諸子弟婦女以次隨後至正寢後同

⊙出主儀禮節次(출주의례절차)

主人詣祠堂考妣櫝前○跪○焚香○告辭曰孝子某今以季秋成物之始有事于考某官府君妣某封某氏敢請神主出就正寢恭伸奠獻○俯伏興(執事者以盤盛主主人前導衆親從之至正寢主人奉考主主婦奉妣主于座)

⊙출주 의례절차.

주인은 사당 고비 감실 독 앞으로 간다. ○무릎을 꿇고 앉는다. ○분향을 한다. ○고사를 다음과 같이한다. ○부복하였다 일어선다. (집사자는 신주를 소반에 모시고 주인이 앞에서 인도하고 여러 친족들이 따라 정침에 이르면 주인은 남자 신주를 주부는 여자 신주를 신위의 자리에 내모신다)

◆出主告辭式(출주고사식)

孝子某今以季秋成物之始有事于

顯考某官府君

顯妣某封某氏儀節此下云敢請神主出就正寢恭伸奠獻

◆출취 정침 고사식.

효자 모는 금일 만물이 열매를 맺기 시작하는 계추에 공경 하옵는 아버님 모관 부군과 어머님 모봉 모씨께 세사가 있사와 감히 청하오니 신주께서는 정침으로 나가시옵소서. 공손히 전을 펴 올리나이다.

⊙參神降神進饌初獻(참신강신진찬초헌)

如時祭之儀但祝辭(云云)

⊙참신, 강신, 진찬, 초헌.

시제의식과 같다. 다만 축사를 다음과 같이 고한다.

◈祝文式(축문식)

維

歲次干支幾月干支朔幾日干支孝子某官某敢昭告于

顯考某官府君

顯妣某封某氏今以季秋成物之始感時追慕昊天罔極敢以淸酌庶羞祗

薦歲事尙

饗

◈예제 축문식.

세차 모 간지 기월 기일 효자 모관 모 공경하옵는 아버님 모관 부군과 어머님 모봉 모씨께 감히 밝혀 고하나이다. 만물이 열매를 맺기 시작하는 계추이옵니다. 시절이 추모의 정에 감동되오며 부모님 은혜 하늘과 같이 넓고 큼이 한이 없었사와 감히 맑은 술과 여러 가지 음식을 정성을 다하여 세사를 드리오니 바라옵건대 흠향 하옵소서.

⊙亞獻終獻侑食闔門啓門受胙辭神納主徹餕(아헌종헌유식합문계문수조사신납주철준)

並如時祭之儀

朱子曰某家舊時時祭外有冬至立春季秋三祭後以冬至立春二祭似僭覺得不安遂已之季秋依舊祭禰而用某生日祭之適値某生日在季秋(九月十五日)也

⊙아헌 종헌 권한 후 문을 닫고 나왔다 문 열고 들어가 음복하고 사신재배 후 신주 들여 모시고 철상 음식 나눔.

모두 시제의식과 같다.

⊙禰祭儀禮節次(예제의례절차)

序立(主人主婦及弟婦子姪凡禰所出者皆在)○參神○鞠躬拜興拜興拜興拜興平身○降神○盥洗○詣香案前○跪○上香○酹酒(以下旁注皆與時祭同)○俯伏興拜興拜興平身○進饌○初獻禮○詣考妣神位前○跪○祭酒○奠酒○祭酒○奠酒○俯伏興平身○詣讀祝位○跪○主人以下皆跪○讀祝○俯伏興○鞠躬拜興拜興平身○復位○奉饌○亞獻禮○盥洗○詣考妣神位前○跪○祭酒○奠酒○祭酒○奠酒○俯伏興平身○復位○奉饌○終獻禮○盥洗○詣考妣神位前○跪○祭酒○奠酒○祭酒○奠酒○俯伏興平身○奉饌○侑食○鞠躬拜興拜興平身○復位○闔門○祝噫歆○啓門○主人以下復位○獻茶○飮福受胙○詣飮福位○跪○嘏辭曰(云云四時祭同但去祖字)○飮福酒○受胙○鞠躬拜興拜興平身(主人起立于東階上西向)○告利成(祝立于西階上東向曰)○利成○復位○鞠躬拜興拜興平身○辭神○鞠躬拜興拜興拜興拜興平身○焚祝文○送主○徹饌○禮畢

⊙예제 의례절차.

차서 대로 선다. (주인 주부 및 자손과 조카 그의 소생은 모두 나와 선다)

●행참신례.

○국궁 사배 평신한다.

●**행강신례.**

손을 씻는다. ○향안 앞으로 간다. ○무릎을 꿇고 앉는다. ○분향한다. ○강신한다. (주전자를 들고 옆에서 시중드는 이하 모두 시제와 같다) ○부복하였다 일어나 평신한다. ○찬을 올린다.

●**행초헌례.**

고비신위 앞으로 간다. ○무릎을 꿇고 앉는다. ○제주한다. ○헌주한다. ○제주한다. ○헌주한다. ○부복하였다 일어나 평신한다. ○독축위로 간다. ○무릎을 꿇고 앉는다. (주인 이하 모두 무릎을 꿇고 앉는다) ○독축한다. ○부복하였다 일어선다. ○국궁 재배 평신한다. ○제자리로 물러나 선다. ○적간을 올린다.

●**행아헌례.**

손을 씻는다. ○고비신위 앞으로 간다. ○무릎을 꿇고 앉는다. ○제주한다. ○헌주한다. ○제주한다. ○헌주한다. ○부복하였다 일어나 평신한다. ○제자리로 물러나 선다. ○적육을 올린다.

●**행종헌례.**

손을 씻는다. ○고비 신위 앞으로 간다. ○무릎을 꿇고 앉는다. ○제주한다. ○헌주한다. ○제주한다. ○헌주한다. ○부복하였다 일어나 평신한다. ○적육을 올린다. ○첨작한다. ○국궁 재배 평신한다. ○제자리로 물러 나선다. ○문을 닫고 나간다. ○축관이 희흠을 세 번 한다. ○문을 연다. ○주인 이하 모두 들어가 제자리에 선다. ○차를 올린다. ○음복수조. ○음복위로 간다. ○무릎을 꿇고 앉는다. ○다음과 같이 복 내림 고사를 한다. (사시제와 같다. 다만 조(祖)자를 뺀다) ○음복주를 마신다. ○제물을 받는다. ○부복하였다 일어나 평신한다. (주인은 일어나 동쪽층계 위에서 서쪽으로 향하여 선다) ○고리성. (축관은 서쪽층계 위에서 동쪽으로 향하여 선다) ○이르기를 ○이성. ○제자리로 물러나 선다. ○국궁 재배 평신한다.

●**행사신례.**

국궁 사배 평신한다. ○축문을 불사른다. ○신주를 사당으로 다시 들여 모신다. ○철상한다. ○예를 마친다.

제 5 절 신주 기제(神主忌祭)

◆忌日(기일)

同春問忌祭之義沙溪曰忌者含恤而不及他事之謂非祭名也宋儒始以義起禮經及先儒說可考○檀弓曰忌日不樂○祭義君子有終身之喪忌日之謂也忌日不用非不祥也言夫日志有所至而不敢盡其私也註忌日親之死日也不用不以此日爲他事也非不祥言非以死爲不祥而避之也夫日猶此日也志有所至者此心極於念親也○張子曰古人於忌日不爲薦奠之禮特致哀示變而已○語類古無忌祭近日諸先生方考及此○先生爲無後叔祖忌祭未祭之前不見客○問人在旅中遇有私忌於所舍設卓炷香可否曰這般微細處古人也不曾說若是無大礙於義理行之亦無害○頤菴曰國俗忌祭不論男女輪遆設行國典云祭享之費與祭宗族輪番措辦又言主祭子孫別居遠處衆子孫就其家行祭謂送助其費于宗家耳非使之設行於各家也○忌日必哀○通典王方慶曰按禮經但有忌日而無忌月若有忌月即有忌時忌歲益無理據○顏氏家訓云忌日不樂正以減慕罔極惻愴無聊故不接外賓不理衆務爾必能悲慘自居何限於深藏也世人或端坐奧室不妨言笑盛營甘美厚供齋食迫有急卒密戚至交盡無相見之理盖不知禮意乎

○又問忌日謂之諱日何義沙溪曰忌是禁字之義謂含恤而不及他事也諱是避字之義其義相
近又古語云如有不可諱註謂死也死者人之所不能避故云不可諱諱日之諱無乃出於此耶諱
日之諱卒哭而諱之諱出處雖不同其避義似同卒哭而諱謂以謚稱之而不名以神道待之也亦
非謂卒哭之前則直稱其名也但無用謚諱名之謂也○沙溪曰忌者含恤而不及他事之謂非祭
名也宋儒始以義起

◆忌日在閏月(기일재윤월)

通典范甯曰閏月者以餘分之日閏益月耳非正月也吉凶大事皆不可用也天子不以告朔而喪
者不數○開元禮閏月亡者祥及忌日皆以閏所附之月爲正○問閏月亡者後遇亡歲之閏月則
祭於閏月乎退溪曰閏非正月人之行祭常以正月而獨於是歲依亡歲之月而祭似未穩祭則依
常月行之於閏月亡日則齊素而不祭似當○沙溪曰或謂閏月死者後値閏月當用本月爲忌而
閏月死日亦當行素云云如何○問閏四月亡者今又値閏四月欲於閏月行祭如何寒岡曰吾意
亦然而知禮之人皆以爲不可用閏月

◆在月晦忌日祭(재월회기일제)

庾蔚之曰今年末三十日亡明年末月小若以去年二十九日親尚存用後年正朝爲忌此必不然
○沙溪曰大月三十日死者後値小月固當二十九日爲忌値大月則自當以三十日爲忌小月晦
日死者後値大月當仍以二十九日爲忌不可延待三十日也

◆參禮同日忌祭(참례동일기제)

問祖先忌日若在正至朔望則祭禮與參禮何先沙溪曰宋龜峯云若値高祖忌則忌祭畢仍行參
禮曾祖以下忌則參禮畢行忌祭乃先祭始祖之儀也云○尤菴曰忌祭重而參禮輕無論尊卑似
當先忌後參耳然老先生既從龜峯之說則何敢有異議也恨未及奉質於摳衣之日也

◆同日父祖子孫祭(동일부조자손제)

尤菴曰祖曾忌祭同日則當先後行之蓋偕喪三年中有異殯各祭之文忌日喪之餘也○妻忌與
姪忌同日則一處設位而並祭雖似順便然既無經據則難可杜撰矣且姪忌則哭而行祭無所妨
於下位若是妻之子則不可不哭其母而有壓尊不可哭之義觀於祔祭可見矣大凡變禮若有窒
礙處則便爲失禮然則不若先後祭之爲寡過矣○遂菴曰或有三位之祭同一日則決難先後行
之觀其事勢而行可也○陶菴曰忌祭與時祭名義自別兩忌雖同日決不可並設只當先尊後卑
而各行之雖至達朝亦無傷也

◆喪中忌墓祭(상중기묘제)

朱子曰今人居喪時行三二分居喪底道理則亦當行三二分祭先底禮數○要訣未葬前則準禮
廢祭而卒哭後則於忌祭墓祭使服輕者行薦而饌品減於常時只一獻不讀祝可也若無服輕者
喪人恐可以俗制喪服行祀○問宗子喪未葬祖先忌墓祭喪家當廢而如有介子異居而欲行則
亦不悖禮否愚伏曰禮士總不祭所祭於死者無服則祭以此推之則宗子之喪乃祖考之正統服
未葬廢之似當沙溪曰遇伏說是○南溪曰朱子曰忌者喪之餘祭似無嫌云云今忌祭在葬後卒
哭前者又似與未葬少間殺禮行之恐是人情之所不能已也○栗谷雖云使服輕者行薦註中已
有墨衰之文而況朱子已自行之若無服輕者恐不可曰朔望忌祭喪人一切不得參也○尤菴曰
葬前雖小祭祀當一切皆廢也栗谷卒哭後墓祭忌祭之說是所謂恰好處置然若據古經葬而後
祭之說則三虞之後亦可言葬後從殺行之恐不爲無說○喪中行祀於祖先時據朱子說則當使
人鋪排酒食之物而主祭者去拜而已然則參神降神前後節目似當使人行之若親行則恐當如
要訣之儀矣出主時恐不宜昧然則告辭恐不可已也但告辭雖不書主祭之名而考妣之號則不
可不書蓋其實主人告之也○禫前自與大祥前一樣然則先祀只一獻不讀祝廢利成可也雖禫
後據古禮猶不敢純吉吉祭以後始同平人矣○問吉祭前未合櫝値忌日則不當考妣並祭否南
溪曰似不可並祭○屛溪曰吉祭前雖値忌祭亦不能備禮但一獻無祝獻爵則主人當爲之矣

◆忌墓祭當行於卒哭後(기묘제당행어졸곡후)

艮齋曰三虞之後亦可言葬後忌墓祭從殺行之不爲無說此尤翁答靜觀齋書也同春亦云卒哭前新墓節祀旣從俗設行則先墓都無事恐甚缺然據此則卒哭前忌墓祭無不可行而梅山答鄭文老書却謂栗谷之斷以卒哭後者常爲不易之論未審長者於此看得如何比有人疾葬疾虞者先世忌墓祭當行於三月卒哭之後而或謂不當如此愚意恐當以栗梅兩賢說爲正未知如何○葬後行祭朱子答王子合書以爲喪中節薦亦待卒哭後行之故要訣立文如此而陶庵老洲梅山諸說皆以卒哭爲斷若乃尤庵三虞後殺禮行之南溪卒哭前與未葬有間之說竊所未信也

◆喪中忌祭出主祝(상중기제출주축)

問梅山曰喪中忌祭出主祝不當書屬稱而只云某官府君若或職銜相同或學生相同何以分別艮齋答曰祔祭祝已書屬稱則雖擧屬稱亦何礙

◆妻喪中忌祭(처상중기제)

問妻喪未葬不當祭時或遇先忌不知當祭否朱子曰忌者喪之餘祭似無嫌然正寢已設几筵卽無祭處恐亦可暫停也○備要按今妻喪几筵在正寢則依栗谷說忌祭隨便行于廳事亦或不妨更詳之○雲坪曰宗子妻喪與外喪齊衰絶異卒祔之前凡祭祀皆當廢之○愚按竇文卿以妻喪未葬不當祭時遇先忌爲問故朱子以暫停爲答也其所謂正寢設几筵云云亦只以是爲廢祭之一證也然則未葬前暫停則已葬後祭之可知也備要則不論未葬已葬泛以行于廳事爲說恐欠詳悉也

◆妻喪忌祭殺行(처상기제살행)

艮齋曰朱子答竇文卿書明言妻喪廢正祭則忌祀之殺禮不言而自晰矣要訣朞大功葬後祭如平時之敎非包妻朞言也而淵齋不辨輕重而混施之無乃失於勘歟

◆期功以下服中忌墓祭(기공이하복중기묘제)

要訣期大功則葬後當祭如平時未葬前忌墓祭略行如上儀(按謂減饌品單獻無祝)緦小功則成服前廢成服後則當祭如平時五服未成服前雖忌祭亦不可行○南溪曰宗家祭祀何可以支子異居之家喪不行耶若於宗子非期服則量而行之恐當又曰惟主人期服則略行如要訣○南塘曰遠外緦麻之親晩後聞訃者因此廢其一年一行喪餘之祭情有所不忍成服若在致齊前則固無可議若在致齊後則祭畢行成服似可○問功緦之戚成服日若有大小祭祀則皆當行之耶陶菴曰若在喪次則雖成服後其日則當使人代之蓋未及齊宿而然也至於在他所則成服後躬行無妨成服之行於朝哭禮也晨早成服而後行忌祭亦可○功緦之戚無論本宗外黨妻黨未成服之前忌祭墓祭茶禮皆當廢而如外黨妻黨之服則使家中無服者代行亦可雖喪出他所只當論已之成服與未成服也代行則似當單獻無祝又曰母與妻之祖父母喪雖於未成服只當論已之有服與無服婦人不當論

◆有産行祭當否(유산행제당부)

問愚伏曰或有産婦則不潔不可祭也沙溪曰愚伏說是○問今人有産或廢祭於七日內抑無過禮否遂菴曰過三日則似無拘忌○問祭時家有生産則奈何旅軒曰已不親與汚染之事則或兄弟家或親屬設行可也○南溪曰通解內則妻將生子居側室至于子生夫齊則不入側室之門是當祭者不入産室而已祭則自如可知况於牛馬耶又曰只一婦有産他無代行者則其勢只得姑廢而已

◆失柩未葬則忌祭當行(실구미장즉기제당행)

問孤姪今同宮矣旣以尸柩不在故茶禮忌祭卽皆畧行未知情禮如何抑俟其葬朞後乎艮齋答曰無尸則無葬忌祭卽當如儀行之

◆繼室祭元妃(계실제원비)

問人有前後妻者死而三年後與前妻合櫝其子未及成人而死後妻奉祀則忌祭時可只祭厥辟
歟欲依前並祭則祝文稱謂無據且以後妻而祭前妻非非族之祀耶南溪曰繼室之於元妃與夫
一體奉祀恐甚得禮所謂非族之祀豈指此類而言 耶祝文稱謂禮無明文不敢爲說○愚按據禮
婦人無主祭之義如有亡者之兄弟叔姪則當爲攝主而祝文稱謂自在矣如何

◆忌祭輪行當否(기제윤행당부)

問忌祭定行於主人之家支子女子則只以物助之如何退溪曰此意甚好然亦有一說朱子書有
支子所得自主之祭之說恐是忌祭節祀之類也今若一切皆歸宗子而支子不祭則因循偸惰之
間助物不如式以致衆子孫全忘享先之禮甚爲未安又或宗子貧窶不能獨當而並廢不祭則反
不如循俗行之之爲愈○頤菴曰國俗忌祭不論男女輪遞設行國典云祭享之費與祭宗族輪番
偕辦又言主祭子孫別居遠處衆子孫就其家行祭謂送助其費于宗家耳非使之設行於各家也
○栗谷曰墓祭忌祭世俗輪行非禮也墓祭則雖輪行皆祭于墓上猶之可也忌祭則不祭于神主
而乃祭于紙榜此甚未安雖不免輪行須具祭饌行于家廟庶乎可矣○龜峯曰祭聖必於學祭先
必於宗而今世族不免題紙榜行祭於諸子之家甚不可也○南溪曰雖支子家具饌祝辭必用宗
子名朱子雖言兄家設主弟不立主只於祭時旋設位以紙榜標記祭畢焚之然於其末以更詳之
爲結後來亦無以此通行者惟父母忌日是終天之通與宗家異居者有難每年只行望哭而已若
非往參宗家之時則雖以紙榜設行不至大悖

◆羈旅遇忌日(기여우기일)

問人在旅中遇有私忌於所舍設卓炷香可否朱子曰這般細微處古人也不曾說若是無大礙於
義理行之亦無害○問人有托身於人而遇父母忌請主人之物而行祭何如女子在夫家行其父
母忌祭亦何如退溪曰借物行忌事某亦聞今人以使命在州縣而遇忌有如此者殊覺有未安不
如勿爲之爲愈也但此亦不可以一槩斷定如身雖在他方而家有行祭者固不當行也若其人家
業零替糊口於人而一身之外無行祭者則其間亦須有隨宜處變之道恐不可因遂忘親也婦人
在夫家行私親忌祭禮所不當但世俗成習難以卒禁若避正寢則猶或可也舅姑在則尤未便○
尤菴曰少時嘗見先輩在遠値喪餘或用紙榜設祭家禮小註中似亦有此意愼獨丈嘗言家直値
栗谷忌辰每設祭而栗谷平日不食牛肉故祭饌甚難云云據此則雖出嫁女亦可紙榜奠獻而然
各有形勢之不同不可以一槩論也○答金久之曰旅次忌日之儀朱先生所訓已爲詳悉況如吾
儕一年一伸之哀阻廢已多年歲則窮天之痛益復冤鬱以故此中所行已如來示之爲耳至於設
祭則宗法至嚴宗子雖越在他國而稱宗子以祭者猶且望墓爲壇故朱先生嘗以此爲說而又考
先生他日所說則許支子相去遠者於祭時以紙榜標記逐位祭畢焚之則似指時祭而言也時祭
尙然則況忌日事體尤輕尤無所嫌矣第未知先生二說孰爲後日定論也苟如始祖先祖先祭後
已之說則亦不敢容易取舍故此中則不敢生意耳○問在遠者大忌時以紙榜設祭可否芝村曰
恐只設位哭拜而已尤翁答文谷書云云則文谷所問今無所考所謂來示者未知如何而結之以
不敢生意蓋謂不敢設祭也○南溪曰祖先忌祭子孫異居者食素居外之外終無所爲殊欠節目
今人惟於父母忌別設祭奠祖以上則否矣○遂菴曰旅次遇親忌擧哀例也然或官舍或人家則
不得不停○陶菴曰愚於遠代忌日在遠不得參祀晨起正衣冠而坐素服素帶以終其日

◆母家妻家忌祭(모가처가기제)

大典外祖父母及妻父母無主祭者當於各忌日用俗儀祭之○朱子曰宋公以外祖無後而歲時
祀之然非族之祀於理未安

◆外孫與女婿無主祭之義(외손여여서무주제지의)

艮齋曰外祖父母母主祭妻父母妻主祭此爲正禮外孫與女婿無主祭之義

◆外舅無後妻主祭(외구무후처주제)

艮齋曰外舅無後當使妻主祭而祝以顯考顯妣書之此無二統之嫌故也

◆出嫁女於父母無后者忌日單獻節日略設(출가녀어부모무후자기일단헌절일략설)

艮齋禮設梅禮只許出嫁者於忌日單獻無祝紙榜則亦書顯考妣是爲可從而至於四時節日則亦當略設伸情矣

◆齋舍行忌祭(재사행기제)

退溪曰墓所齋舍爲祭而設其行於此豈害於事若借他僧舍則不可

◆國恤中私家忌墓祭(국휼중사가기묘제)

栗谷曰國恤卒哭前祭祀可行與否無禮文可考但忌祭一年一度其日忌然無事是所不可忍也墓祭則卒哭後亦有節日故不必行也○問國喪卒哭前時祭雖不敢行至於朔望參忌祭亦可略設行奠獻乎龜峯曰忌祭薄設行奠禮而告文並告國喪在殯之由○尤菴曰國葬前祭祀朱夫子於此未有商定本朝諸賢互有異同之論亦有先後自相參差後學莫適所從然朔望參不廢之意則無不相符鄙意則以爲如朔望不廢則忌墓之致哀其視朔望小節不可同日而語矣略其饌品稍如朔望行之恐無不可○國葬前私家忌祭不用祝是先賢定論也只減饌品而普同一獻以示變於常時也降神之節則當只如常祭耳○同春曰沙溪先師每遇國恤卒哭前節祀墓祭並廢惟忌祭設素饌單獻此豈非酌變之宜而又疑事神與事生有異祭子於父喪之內先儒尙云當用肉況國恤成服之後生者則酒肉自如獨於祖考而設素饌莫或未妥耶○芝村曰嘗聞尤翁之言曰人於祭祀必不得已然後廢之爲安如有一分可行之義則亦難廢却此說誠合於人情天理朔望之參旣無所妨則或忌或墓以一獻略設有何異同哉公除者朝家視事之限恐非可論於此成服後卒哭前皆當如一不當分公除前後爲行不行也○遂菴曰沙溪於國恤成服前則雖忌祭亦廢成服後則略設單獻○喪禮補編啓曰卒哭前私家忌祭亦多有備禮行之者極涉未安矣傳曰卿大夫士忌墓祭依練祥禮國恤卒哭後行之

◆祭影終非精義(제영종비정의)

艮齋曰頻示謹悉盖宋時謂廟爲影堂家禮始稱祠堂宋之影堂卽今之祠堂也雖則有影又必有主所祭者主耳非影也所據大全諸證恐未及詳於此也大抵神而後祭之影者形之肖也祭之於形之肖者不幾於致生之不知乎影亦可謂神之喻恐爲未安禮言其極祭影縱有前據似終非精義幸更細商若何○日前考晦翁釋菜儀諸賢用紙牌而先聖用像未知此是塑耶畫耶若是塑像則與畫像何別於此又却有疑欲高明審思而詳敎之也○滄州釋菜來喩己云不敢援石潭儀亦云不敢效惟劉子澄似可依倣而細玩朱先生書辭恐只是說未必其己行與否也且畫像行祭伊川近齋皆不許矣朱子謁濂翁像時似有薦獻然影非神非神而祭恐合商訂

◆忌日接人供客之節(기일접인공객지절)

退溪曰私忌遇尊客而設素食本爲未安然忌有隆殺尊客亦有等級滉於亡妻忌日方伯來此乃忌輕而客尊不敢設素但於進看客肉而主素方伯察之令俱進素矣若遇忌非此等之輕君子以喪之餘處之也何可謂進肉爲宜乎自非極尊之賓恐皆當設素爲禮然其中實有未安者故古禮以忌日不接客爲言今欲遵此禮而客或知主人有忌亦至則非矣○極尊謂如下士於公卿之類非以齒德論也蓋下士爲私忌而設素於公卿之賓恐不可爲者卑之私故難以及於尊也雖重忌亦然但於已也重忌則設素輕忌則設肉不食何如輕忌如妻子忌之類○忌祭邀客已赴人邀雖爲非宜滉自不能盡如禮不敢爲說以報然雖非當日參祭之人而親族親客在傍雖與之同餕恐或無害若辦酒食召遠客則自不當爲耳○朽淺曰齋戒日客至不出見禮也朱子雖於從祖之忌亦不見客寒岡先生於齋戒日作牌懸於門外客見牌而去○同春問吉注書於是日疏食水飮有一士人客至而謝不見疏食水飮其意甚好而客至謝不見則似若加等於喪中如何沙溪曰客至不見人固有行之者鄙人不能行之無乃未安乎○同春曰忌日謝客常欲爲而未能者但溫公謂忌日舊儀不見客於禮無之今不取云且喪中人客來亦無不見之理忌日雖曰終身之喪何至過

於喪時耶以此亦疑其不必然○尤庵曰忌日客至主人辭以實狀而舘客於外且謝曰姑待明日
而就見云爾則似乎宛轉而得宜矣○又曰忌日待尊客不設素退溪盖以爲不可以已之私而廢
尊之義也此恐不無斟酌適宜之意也○陶庵曰古者忌日無祭只行終身之喪而已有宋諸賢特
起奠薦之禮今人但知忌祭之爲大不知忌日之爲重已祭之後應接賓客不異平時或有謂已罷
齋出入如常者甚不可也當節其酬應致哀示變以終是日也

◆不知親死日者卜日行祭(불지친사일자복일행제)

梅山曰不知親死之日者用是月或亥或丁擧祭非可已繆昌期劉球皆死於囹圄而莫知其日故
郎其聞諱日行祀玆爲可遵也忌祭卜日無所於稽惟不詳死日者乃可爲耳

◆不知祖妣姓貫及亡日者行祭之節(불지조비성관급망일자행제지절)

梅山曰旣不識姓貫則神主及紙牓紙題以顯祖妣神主而已若不知亡日則是月也當用或丁或
亥日行忌祭幷不知亡月則發喪餘之薦而擧時節之享已矣

⊙前一日齊戒(전일일재계)

如祭禰之儀(增解按禰祭齊戒則前三日而此云如祭禰者以齊戒凡節之相同者言也禰祭又本同時祭)

⊙하루 전에 재계한다.

예제 의식과 같다.

◆齊戒日數(재계일수)

退溪曰時祭極事神之道故齊三日忌日墓祭則後世隨俗之祭故齊一日祭義有不同齊安得不
異○忌祭前一日齊戒而已家間每遇親忌自有不忍之意故從前二日齊戒○要訣散齊二日致
齊一日

◆齊戒服色(재계복색)

問忌祭致齊亦可素衣帶耶著深衣未知如何尤菴曰家禮忌祭齊戒如祭禰儀祭禰如時祭時祭
齊戒條云沐浴更衣然則似當變於常服而不言何衣不散質言○古人以黑色爲齊服未知於忌
祭致齊時亦用此否鄙意用素恐亦無妨○愚按時祭前一日設位陳器而主人深衣矣此忌祭前
一日齊戒及設位陳器皆云如祭禰祭禰如時祭則其服深衣明矣深衣旣是吉凶通服而非華盛
則服之恐宜且下文祭日方以黲色變服則前一日無服素之義可知

◆齊戒飲食(재계음식)

問忌祭齊戒世俗不敢飲酒食肉此過於厚處從俗如何退溪曰禮宜從厚此類之謂也○忌日雖
非已當行素之親若當行其祭則行齊素善矣○尤菴曰家禮齊戒儀飲酒不至變貌食肉不至變
味至於正忌日始言不飲酒食肉據此似無前期不飲不食之義矣然世俗必前期不飲不食如此
無害於義者從之恐無妨○問前期行素則高曾祖及父母忌日當有差等耶南溪曰似然

⊙設位(설위)

如祭禰之儀但止設一位

⊙신위의 자리를 설치한다.

예제 의식과 같다. 다만 한 위만 설위한다.

◆設位(설위)

補註如父之忌日止設父一位母之忌日止設母一位祖以上及旁親忌日皆然○程氏祠先凡例
祖考忌日則只祭祖考及祖妣祖妣忌日則只祭祖妣及祖考餘位忌日祭同○晦齋曰按文公家
禮忌日止設一位程氏祭禮忌日配考妣二家之禮不同蓋止設一位禮之正也配祭考妣禮之本
於人情者也若以事死如事生鋪筵設同几之意推之禮之本於情者亦有所不能已也○問忌日

設位程朱二先生之禮不同未知孰從愚答曰按士虞禮是月也吉祭猶未配註猶未以某妃配某
氏哀未忘也而祭義君子有終身之喪忌日之謂也以此觀之忌日止祭所祭之位而不配祭者非
薄於所配祭以哀在於所爲祭者故也又吾東俗父母喪三年之內幷祭先亡者尤非也○又按居
家必用眉山劉氏曰或問伊川先生曰忌日祀兩位否先生曰只一位愚謂家庭之祭與國家祀典
不同家庭晨夕朔望於父母之敬未嘗擧一而廢一也魯人之祔也合之孔子以爲善忌祭何獨不
然故忌祭仍當兼設考妣位後之君子更宜審擇據此則程子以祭一位爲是晦齋所引未知出於
何書

◆設一位(설일위)

補註如父之忌日止設父一位母之忌日止設母一位祖以上及旁親忌日皆然○退溪曰並祭考
妣甚非禮也考祭祭妣猶之可也妣祭祭考豈有敢授尊之義乎吾門亦嘗如此而非宗子故不敢
擅改只令吾身後勿用俗耳○輯覽問忌日設位程朱二先生之禮不同未知孰從愚答曰按士虞
禮是月也吉祭猶未配註猶未以某妃配某氏哀未忘也而祭義君子有終身之喪忌日之謂也以
此觀之忌日止祭所祭之位而不配祭者非薄於所配祭以哀在於所爲祭者故也又吾東俗父母
喪三年之內並祭先亡者尤非也○尤菴曰考妣合櫝及忌日只祭一位皆是家禮之文矣然則不
得不於合櫝中只奉出一位矣○陶菴曰只祭一位禮之正也蓋忌日乃喪之餘値其親死之日當
思是日不諱之親而祭於其位下宜援及他位非薄於所配祭以哀在於所爲祭者故耳然則當以
只祭一位爲正考妣並祭雖有先儒之說恐不可從

◆考妣並祭單設(고비병제단설)

晦齋曰按文公家禮忌日止設一位程氏家禮忌日配祭考妣二家之禮不同盖止設一位禮之正
也配祭考妣禮之本於人情者也若以事死如事生鋪筵設同几之意推之禮之本於情者亦有所
不能已也○退溪曰忌日幷祭考妣甚非禮也考祭祭妣猶之可也妣祭祭考豈有不敢援尊之義
乎吾門亦嘗如此而非宗子故不敢擅改只令吾身後勿用俗耳○栗谷曰忌祭則設所祭一位具
饌但具一分○牛溪曰程子俱祭考妣鄙人則用程禮○寒岡曰祭妣而以考合祭固不可祭考而
亦不當合祭妣禮既當然則奉出一位祭之何至未安○同春問雜記云有事於尊者可以及卑有
事於卑者不敢援尊據此府君忌日配祭夫人夫人忌日不敢配祭府君似當沙溪曰忌日幷祭考
妣雖非朱子意我朝先賢嘗行之栗谷亦曰祭兩位於心爲安云援尊之嫌恐不必避也○退溪曰
忌日合ㅂ祭古無此禮但吾家自前合祭之今不敢輕議(愚按忌日只祭所祭之位而不敢配祭者
哀在於所爲祭者故也配祭考妣似非禮之正也然今之士大夫配祭者多從俗恐不至甚害如何)
○又曰按士虞禮是月也吉祭猶未配註猶未以某妣配某氏哀未忘也而祭義君子有終身之喪
忌日之謂也以此觀之忌日止祭所祭之位而不配祭者非薄於所配祭以哀在於所爲祭者故也
○又按居家必用眉山蘇氏曰或問伊川先生曰忌日祀兩位否先生曰只一位愚謂家庭之祭與
國家祀典不同家庭晨夕朔望於父母之敬未嘗擧一而廢一也魯人之祔也合之孔子以爲善忌
祭何獨不然故忌祭仍當兼設考妣位若考忌日則祝辭末句增曰謹奉妣某氏夫人配妣忌日則
曰謹奉以配考某公後之君子更宜審擇據此則程子以祭一位爲是晦齋所引未知出於何書○
朽淺曰凡忌祭當忌之位○旅軒曰忌祭人多幷祭考妣甚非禮也○愚伏曰不敢援尊固有所本
於理亦精然幷祭亦何不可○愼獨齋曰幷祭爲當○尤庵曰考妣合櫝及忌日只祭一位皆是家
禮之文矣然則不得不於合櫝中只奉出一位矣父之所娶雖至於四何害於合櫝配食子思曰爲
伋也妻者是爲曰也母既爲之母則難於取舍也此理甚明○又曰如以幷祭爲是則雖合櫝何妨
於幷出乎若祭一位則雖合櫝何嫌於以空櫝奉出一位耶大抵合櫝自是家禮明文似不敢違矣
○又曰忌日幷祭考妣者當依時祭儀凡于祭于祭物一切各卓各設矣○又曰吾家亦設考妣兩
位雖知其不當而行之已久不能改也○陶庵曰只設一位禮之正也盖忌日乃喪之餘値其親死
之日當思是日不諱之親而祭於其位不宜援及他位只祭所祭之位而不爲配祭非薄於所配祭
以哀在於所爲祭者故耳然則當以只祭一位爲正考妣幷祭雖有先儒之說恐不可從○又曰忌

辰之合祭本於人情雖未忍遽廢而若論禮之正則只設一位是也某人家數世所行既得其正今以奉來祧位之曾前合祭難於異同有此疑問是雖嫌於援尊然廢其正而從其失其可乎以祧位論之前後祭儀之不同固似未安而合設與單設惟奉祀者所處如何爾恐不必爲嫌也

◆並祭考妣(병제고비)

備要若並祭考妣則設兩位○程氏祠先凡例祖考忌日則只祭祖考及祖妣祖妣忌日則只祭祖妣及祖考餘位忌日祭同○晦齋曰按文公家禮忌日止設一位程氏祭禮配祭考妣二家之禮不同蓋止設一位禮之正也配祭考妣禮之本於人情者也若以事死如事生鋪筵設同几之義推之禮之本於情者亦有所不能已也○輯覽按居家必用眉山劉氏曰或問伊川先生曰忌日祀兩位否曰只一位愚謂家庭之祭與國家祀典不同家庭晨夕朔望於父母之敬未嘗擧一而廢一也魯人之祔也合之孔子以爲善忌祭何獨不然故忌祭仍當兼設考妣若考忌日則祝辭末句增曰謹奉妃某氏夫人配妃忌日則曰謹奉以配考某公後之君子更宜審擇據此則程子以祭一位爲是晦齋所引未知出於何書○愚按程氏祠先凡例配祭考妣之儀班班可考故晦齋引之但劉氏所引程子說與此不同輯覽說又如此或是程子初晚年之說不同故耶○沙溪曰忌日並祭考妣雖非朱子意我朝先賢嘗行之栗谷亦曰祭兩位於心爲安云援尊之嫌恐不必避也○尤菴曰吾家亦設考妣兩位雖知其不當而行之已久不能改也

◆並祭(병제)

艮齋曰俯詢禮疑晦齋所引程氏是眉山程氏非程子也二程全書初無幷設之文而惟有止祀一位之敎而溫公朱子皆然之則考妣三位之祭都無所礙若不免從俗則父有前後室者前母忌日同祭後母後母忌日同祭前母愼獨齋已許之梅山禮說亦言妣位統於考位則妣忌之援尊前後配之相及不甚害義欲望左右於此擇而用之雖或幷祭只飯羹盞盤匙筯各設餠麪以下皆當合設是亦有前賢定論勿疑其所行也

◆並祭前後妣(병제전후비)

問父若前後室則前母忌日同祭後母後母忌日同祭前母耶愼獨齋曰並祭爲當

◆後配祭前配當否(후배제전배당부)

艮齋曰斯禮也詳見家禮增解(九卷七十六板右)南溪鏡湖兩說及梅山禮說(六卷六十六板左)可幷參考也鄙說中不如闕而不祭一句似當㝠商然有祠板則已無族親而欲新揭紙牌則無可書之道奈何○問前後妻俱無子又無五服之親只有女子已適人矣夫死後妻祭其元妃也只是設饌而無祝乎答然

◆考妣同卓當否(고비동탁당부)

尤菴曰並祭考妣者當依時祭儀凡干祭物一切各卓各設矣○愚伏曰兩位共一卓五禮儀之文從時王之制亦無妨○問父有三室四主共一卓難便寒岡曰不得四位各卓則寧四位共一卓而盞盤飯羹炙肝之類各設恐無妨○愚按考妣若並祭則各卓各設祭饌固是正禮而但據初祖祭儀則考妣同卓合設而只飯羹匙筯盤盞爲各設耳儀節及集說之於時祭亦皆考妣同卓者或其本於此耶五禮儀恐又本於儀節集說耳然則考妣同卓亦不爲無據今俗亦多用同卓之儀耳

◆考妣忌日同則各設兩位(고비기일동즉각설양위)

艮齋曰考妣忌日同則各設兩位而行事如正祭諸位之儀爲得(兩世忌日同者亦然但祖與考則或哭或不哭未安不如先後各行也)如以猝變先規爲難而合祭則不得已而歲序遷易下添顯考顯妣四字亦可矣

◆考妣幷祭當否(고비병제당부)

厚齋曰聞之師曰晦齋引程氏幷祭考妣之說而以程氏把作程子看沙溪又引晦齋說然程子集中未有幷祭之語近方考得所謂程氏卽(缺)山程氏果非程子也○沙溪曰程子之幷祭人情所

近恐未害於禮也栗谷少時從先世幷祭考妣而年長後只設一位後來又改之幷設兩位吾當稟
之答曰只設一位未安故幷設云○陶庵曰忌祭只設一位禮之正也然旣幷祭則於前後妣亦何
可區別耶○屛溪曰忌祭考妣幷祭晦齋奉先雜儀引程子祭禮爲說近世儒先家各從所好恐皆
有據也妣忌之謂出考位殊涉未安前妣忌之謂出後妣後妣忌之請出前妣亦似無義然幷祭實
緣人情而前後妣亦統於考位旣合一櫝則何至大段不安第家禮之單設最似正當無所礙掣○
竹庵曰合祭考妣不別擧某位忌見於澤堂禮說如是則於妣忌無援尊之嫌從古禮不祭忌則已
祭之則澤堂說恐不可廢○渼湖曰忌日幷祭考妣禮之厚者也只祭當位禮之正者也錐然吾從
其正○鹿門曰忌日是喪餘之祭家禮之只祭當位極當然鄙家示從前合設有難遽改欲自我作
古言于兒輩耳○竹庵曰雖幷祭考妣本不當具二分饌要訣具二分饌云云承家禮圖之誤也
○老洲曰古者祭用尸後世尸廢而用主考妣旣各主故家禮之各卓竊恐以是然精氣合之義豈
有間於尸與主耶然則從五禮儀考妣合饌惟飯羹酒匙筯各設之文者自不害爲微得古禮遺意
歟○又曰考妣祭饌各設雖著於家禮合設亦未始非古禮(祭統曰鋪筵設同几疏曰人生時形體
異故夫婦異几死則魂氣同歸於此故夫婦共几是故少牢特牲皆用一尸一几一筵)故家之各設
從家禮也合設不害爲從古禮也梅山曰妣位統於考位則妣忌之援尊前後配之相及恐不甚害
義也以故國朝群賢幷祭考妣者多爲其人情之所相近也雖則幷祭當用一分饌以鋪筵同几精
氣合之義也非直忌祀時祭亦不當用二分饌也○潁西曰古禮一尸故同几家禮二主故異饌義
各有在何可以家禮爲俗禮耶合設之中飯羹酒盞各設不惟鹿門說爲然近日士夫家多行之如
此此特就其合設中所論如此今之祭禮二主也非一尸也當以家禮爲正而二分之饌合其卓而
共享之其於精氣合之義亦不甚遠

⊙陳器(진기)

如祭禰之儀

◆茅沙用一器二器之辨(모사용일기이기지변)

問忌祭時當設茅沙二器耶或設一器而降神灌酒及初獻祭酒兼用云○尤庵曰降神與三獻各
用茅沙禮文然矣何可疑乎○南溪曰虞祭忌祭等祭似當以一器而通行於降神初獻矣○南氏
曰時祭降神茅沙一器在香案前祭酒茅沙在逐位前故尤庵欲用二神茅沙於忌祭然忌祭及虞
卒練祥等祭祭一位節目簡於時祭從南溪設通用一器無妨○東巖案茅沙忌祭云如祭禰禰祭
云如時祭香案以下並同則各設可知虞祭雖無文恐亦當準此禮蓋降神酹酒是求當祭之神也
獻爵祭酒是祭始爲飮食之人也恐不當混於一器南溪說恐未然

⊙제사용 기구를 진열한다.

예제 의식과 같다.

⊙具饌(구찬)

如祭禰之儀一分

⊙제수품을 갖춘다.

예제 의식과 같이 하되 한 위(位) 분이다.

◆並祭考妣具饌(병제고비구찬)

語類每論士大夫家忌日用浮屠誦經追薦鄙俚可怔是使其先不血食也○按用腥用熟之節具
饌之義饌品從宜平日嗜不嗜饌物餕餘不祭無豊近廟果用偶數油煎用否桃之用否蔬菜脯醢
各三品之數魚肉不必作湯魚肉用奇數參用雜炙祭用醯醬等十四條詳見時祭當參考○要訣
若並祭考妣則二分○按考妣同卓當否奉祧位單並設二條

◆並祭用一分饌(병제용일분찬)

艮齋曰並祭當用一分饌之說非梅翁所創據古禮及後賢說則自周禮一敦一几禮記鋪筵設同
几小牢特牲皆用一几一筵張子全書同几一位以精氣合也五禮儀考妣合饌鹿門集若各設惡
在其同几之義乎老州集精氣合之義豈有間於尸與主耶此皆梅山說之所本也國朝群賢雖有
各饌之論恐不宜舍古禮而從之也

◆喪中値忌用肉(상중치기용육)

退溪曰子孫之亡適在祖先之諱日則其忌日祭用肉以事亡如事存之義推之則似爲未安然神
道異於生人用肉似無妨若害理則古人已言之矣○問先考喪中祭先妣忌日當用肉否沙溪曰
神道有異不妨用肉也退溪所論甚合情禮

⊙厥明夙興設蔬果酒饌(궐명숙흥설소과주찬)

如祭禰之儀

⊙다음날 일찍 일어나 소채와 과실과 주찬을 진설한다.

예제 의식과 같다.

⊙質明主人以下變服(질명주인이하변복)

禰則主人兄弟黲紗幞頭(增解韻會黲上感切○說文黲淺靑黑色○尤菴曰黲恐是我國玉色灰色
之類)黲布衫布裹角帶祖以上則黲紗衫旁親則皁紗衫主婦特髻去飾白大衣淡黃帔(要
訣婦人則白衣白裳祖以上忌則白衣玉色裳)餘人皆去華盛之服

> 問忌日何服朱子曰某只著白絹凉衫黲巾問黲巾以何爲之曰紗絹皆可某以紗又問黲巾之制曰如帕
> 複相似有四隻帶若當幞頭然○楊氏復曰先生母夫人忌日著黲黑布衫其巾亦然問今日服色何謂曰
> 豈不聞君子有終身之喪

⊙날이 밝으려 하면 주인 이하 제복으로 바꿔 입는다.

부모 기제에는 주인과 형제들은 검은 깁으로 된 복두(幞頭)를 쓰고 검푸른 베옷에 베
로 각대(角帶)를 싸서 띤다. 조부모이상의 기제에는 검푸른 사모에 평상 옷을 입고
방친(傍親)의 기제에는 검은 사모(紗帽)에 평상 옷이며 주부는 머리를 틀어 올려 쪽
을 찌되 장식을 떼고 흰 대의(大衣)에 얕은 황색의 배자이며 그 외 사람들은 모두 고
운 옷은 벗는다.

◆忌日服色(기일복색)

問忌日何服朱子曰某只着白絹凉衫黲巾問黲巾以何爲之曰紗絹皆可某以紗又問黲巾之制
曰如帕覆相似有四隻帶若唐幞頭然○王氏達曰晦菴夫人忌日着黲墨巾衫門人問之晦菴曰
豈不聞君子有終身之喪乎夫先王所以制禮者懼賢者之過愚者之不及也孝子之心豈禮所得
而盡載乎然則所謂終身之喪不得不勉之也

◆變服(변복)

張子理窟忌日變服爲曾祖祖皆布冠而素帶麻衣爲曾祖祖之妣皆素冠布帶麻衣爲父布冠帶
麻衣麻履爲母素冠布帶麻衣麻履爲伯叔父皆素冠帶麻衣爲伯叔母麻衣素帶爲兄麻衣素帶
爲弟姪易褐不肉爲庶母及嫂一不肉○大全荅李堯卿書曰橫渠忌日衣服有數等今恐難遽行
且主祭者易以黲素之服可也○荅胡伯量書曰唐人忌日服黲今不曾製得只用白生絹衫帶黲
巾

◆特髻(특계)

記原燧人始爲髻至周王后首服爲副編鄭云三輔謂之假髻其遺事也二儀實錄燧人氏婦人束
髮爲髻髻繼也言女子必有繼于人也但以髮相纏而無物繫縛○按飾如記原所謂燧人始爲髻
舜加首飾文王又加翠翹步搖之類是也

◆古今忌祭服色(고금기제복색)

張子曰忌日變服爲曾祖祖考皆布冠而素帶麻衣爲曾祖祖之妣皆素冠布帶麻衣爲父布冠帶麻衣麻履爲母素冠布帶麻衣麻履爲伯叔父皆素冠帶麻衣爲伯叔母麻衣素帶爲兄麻衣素帶爲弟姪易褐不肉爲庶母及嫂一不肉○朱子曰橫渠忌日衣服有數等今恐難遽行但主祭者易以黲素之服可也○忌日服制王彦輔塵史載富鄭公用垂脚黲紗幞頭黲布衫脂皮帶如今人禫服之制○唐人忌日服黲今不曾制得只用白生絹衫帶黲巾○某自有弔服絹衫絹巾忌日則服之○退溪答鄭道可曰忌雖終身之喪與禫不同留禫服以爲終身之用必非先王制禮之意曾參孝己亦未聞行此事○要訣父母忌則有官者服縞色帽垂脚或黲布帽垂脚玉色團領白布裹角帶無官者服縞色笠或黲色笠玉色團領白帶通着白靴祖以上忌則有官者烏紗帽玉色團領白布裹角帶無官者黑笠玉色團領白帶旁親之忌則有官者烏紗帽玉色團領烏角帶無官者黑笠玉色團領黑帶(註縞白黑雜色)○愚按據古經之文縞只是白色詳見大祥且雖云白黑雜色而古無以縞爲忌日冠服要訣創之可疑○沙溪曰鄙人則於大忌時著黑布笠行祭矣○同春曰黑布笠之制此亦遵行○尤菴曰朱子於禫時及忌日皆用黲色而吾東則無用黲之制然禫時旣用白則忌日亦且用白恐無不可玉色雖非正黲而其實相近好禮之家用之以復朱子之儀不亦可乎○問要訣旁親忌著黑帶與橫渠說有異何所從耶曰當遵其從厚者耳

◆忌祭服色(기제복색)

問忌祭服色張子用布素冠帶朱子家禮用黲幞衫大全答李堯卿書曰橫渠忌日衣服今恐難遽行易以黲素可也答陳明仲書引富鄭公黲紗幞黲布衫而曰如禫服之制答胡伯量書及語類亦皆言白絹衫黲巾矣後人當以朱子說爲定然大全艮齋答曰汪尙書書又論忌日變服却以爲如某前日所定(刱疑家禮語類皆黲布衫黲巾)則與士庶吉服相亂恐不可行按黲雖禫服而終近於吉服故先生云爾歟因恩聖人不以玄冠弔人則況父祖喪餘之祭用布素之冠有何不可而朱子謂橫渠忌服今難遽行耶淺見欲依汪書所論而遵用張子布素冠帶之制但後來諸賢未有行之者不敢自斷玆抑稟乞賜明誨答盛諭甚合於君子終身之喪之意但入廟神事久矣故朱子於橫渠定制之後猶主黲巾之制歟語類先生晩年所行似又有白巾者(第九十卷末末廣過二錄如此此錄上下又有黲巾之說須細檢看也)此宜子細看盖先賢所論忌日服色須細分承祭已祭兩節看不然恐相混也語類先生以墨布衫巾爲君子終身之喪之服則答汪書中前日所定一句恐未必如箚註盖下文吉服相亂觀之或意其如此也前日所定恐是比黲稍吉故云與吉祭相亂也如何如何○問語類謂唐時士大夫於忌日孝服受弔此則未知於禮果有何據然白冠或白幅巾行祭初非難行之事特後人不行焉耳退溪以寒岡之用禫服猶謂之太過恐未敢信及去夜是駿榮曾祖考忌祭而用素巾將事旣畢用黲矣得無徑直之失耶艮齋答曰白巾承祭恐得禮義但世人罕有行之者以退翁之質慤猶有禫服太過之敎矣我輩末學不囿乎流俗一段事大家著眼目然後庶幾不至淪陷要之以理克已之功至彼自不能爲吾病也

◆喪中行祭服(상중행제복)

問先妣心制未闋先考又沒其祭先妣當何服南溪曰恐當以問解喪中祭先之服行之○陶菴曰喪中入廟服栗谷以俗制喪服當之俗制喪服卽孝巾直領而龜峯難之以免冠拜先祖今以平涼子布帶直領入廟似宜

⊙變服之具(변복지구)

(黲布笠)○참포립. 즉 청흑색 갓. (布深衣)○포심의. 즉 베 심의. (白布帶)○백포대. 즉 흰 베로 싼 각대. (白靴)或白靴○以上見上喪禮陳禫服條父母忌所著○백화. 즉 흰 구두. (黑笠)○흑립. 즉 검은 삿갓. (素帶)○소대. 즉 흰 각대. (白靴)黑笠以下祖以上及旁親忌所著○黲紗幞頭黲布衫布裹角帶黲紗衫阜紗衫今俗不用故幷代以此○조화. 즉 검정구두. (淡黃帔)制見上昏禮醮女條○담황피. 즉 엷은 황색치마. (白大衣)制見上朔參條○父母忌婦人所服○백대의. 즉

흰 두루마기. (玄帔)○현피. 즉 검정치마. (玉色裳)玄帔以下祖以上忌婦人所服○옥색상. 즉 옥색치마. (帶)凡忌皆當用白○旁親忌婦人只去華盛之服○대. 즉 각대.

⊙詣祠堂奉神主出就正寢(예사당봉신주출취정침)

如祭禰之儀(備要序立再拜焚香告○增解按備要於時祭出主不言再拜而獨補之於此者恐是於諸位通有晨謁之禮故耳○尤菴曰忌祭則只告於本龕)但告辭(云云)

⊙사당으로 가서 신주를 받들고 정침으로 나간다.

예제(禰祭) 의식과 같다. 다만 다음과 같이 출취(出就) 고사를 한다.

◆紙榜行祭(지방행제)

尤菴曰紙榜行祭一如神主之儀但於祝辭不可不以祭紙榜之故並告也○問人家忌祀若家間不淨以紙榜設行於支子家其儀如何芝村曰嘗見先人說以爲禮家別無紙榜無祝之語只云先降後參當先告事由於家廟後以宗孫名書塡於祝文云若紙榜所題則一依神版而府君下當書神位二字旁題不當書其他節目當無異於家廟矣○愚按若以紙榜行祭則恐當於此設蔬果後出主之時書紙榜奉安於神座以倣奉主之儀似可矣

◆庶母無子不祭(서모무자불제)

問妾之無子者南塘謂祭止嫡子恐非禮意然君則似爲之祭故鄙家會於庶母如此行之今覺不甚合理蓋君於妾之無子者無服無服而有祭未知如何且未得前據爲未安然行之多年猝然廢之亦非神人之所安一敎之若何艮齋答答不世祭本不謂嫡子祭無子之庶母也今君於妾之無子者無服無服則恐不祭父旣不祭則子安得而終身祭乎旣覺非則已之可矣只於最後祭祝告由而廢之幽明之間皆得其安也愚見如此未知如何

⊙神主出就正寢儀禮節次(신주출취정침의례절차)

主人詣祠堂考妣櫝前○跪○焚香○告辭曰今以某親某官遠諱之辰敢請神主出就正寢恭伸追慕○俯伏興(執事者以盤盛主主人前導衆親從之至正寢主人奉考主主婦奉妣主於座)

⊙신주 정침으로 나가는 의례절차.

주인은 사당 고비 감실 앞으로 간다. ○무릎을 꿇고 앉는다. ○분향한다. ○다음과 같이 출주고사(出主告辭)를 한다. ○부복하였다 일어선다. (집사자가 신주를 소반에 담으면 주인이 앞에서 인도하고 여러 친족들이 뒤를 따라가 정침에 이르면 주인은 아버지 신주를 주부는 어머니 신주를 신위의 자리에 내모신다)

◆出主告辭式(출주고사식)

今以

顯某親某官府君或某封某氏並祭則妣列書妻云亡室卑幼改顯爲亡去府君二字遠諱之

辰備要妻弟以下云亡日敢備要妻弟以下不用敢字請

神主出就正寢備要或廳事恭伸追慕備要妻弟以下云追伸情禮

◆출주 고사식.

오늘은 공경하옵는 모친 모관 부군께서 작고하신 날이 오라 감히 청하옵건대 신주께서는 정침으로 나가시옵소서. 추모함을 공손히 펴드리나이다.

⊙參神降神進饌初獻(참신강신진찬초헌)

如祭禰之儀但祝辭(云云)若考妣則祝興主人以(南溪曰以下者即指衆主人及婦人應哭之徒

而言)下哭盡哀(增解問忌日當哭否朱子曰若是哀來時自當哭)餘並同

⊙참신, 강신, 초헌.

예제 의식과 같다. 다만 축사는 다음과 같이 고하고 만약 부모 기일이면 축을 마치고 일어서면 주인 이하 슬픔을 다하여 곡하고 그 외는 모두 같다.

◆並祭祝辭(병제축사)

按丘儀不勝永慕之下有曰用伸奠獻集說有曰恭伸追慕○又按集說眉山劉氏曰忌當兼設考妣若考忌日祝文後謂尙饗之上增一句曰謹奉妣某氏配妣忌日則曰謹奉以配考某公○又按忌日考妣並祭則雙書考妣歲序遷易之下某親諱日復臨

◆考妣諱辰同日祝辭(고비휘진동일축사)

艮齋曰頻詢考妣諱辰同日祝辭孤陋無見但今以下幷書考妣遷易下再書考妣則不必改復爲幷亦可矣然忌祭依程朱單設之禮爲正則當先後行事以遵兩忌同日不可幷設之說恐尤峻正未知如何

◆先降後參(선강후참)

備要紙榜則先降神後參神○按若行祭於祠堂則亦當倣要訣時祭儀先降後參

◆祭卑幼不拜(제비유불배)

問從弟及妹之弟不拜否尤菴曰似不當拜也禮男女異序於妹則未知其如何又問祭子女弟姪立耶坐耶曰喪禮旣曰尊長坐哭祭禮亦豈異同耶○南溪曰退溪曰妻當拜弟不當拜蓋當通喪禮看

◆忌日祭哭(기일제곡)

問忌日當哭否朱子曰若是哀來時自當哭○寒岡曰主人擧哀則其子姪哭而助哀何妨○問祖考妣忌日長孫初獻時諸父不哭至亞獻乃哭未妥初獻時當哭同春曰然○問祖考妣忌祀父母諸叔皆哭而孫獨不哭情理未安遂菴曰從厚何妨○遂菴曰不逮事祖考以上只當竭誠致敬而已無哀之哭是僞也故禮文如此若逮事則雖親盡祖先之忌何可不哭旁親亦然哀至則哭

◆顯辟題主忌祭單獻(현피제주기제단헌)

艮齋曰婦人無主祭之義則雖支子之妻以顯辟題主然其忌祭只得用單獻之禮亦當如所喩矣

◆祭卑幼儀(제비유의)

問從弟及妹之祭不拜否尤菴曰似不當拜也禮男女異序於妹則未知其如何又問祭子女弟姪立耶坐耶曰喪禮旣曰尊長坐哭祭禮亦豈異同耶○南溪曰退溪曰妻當拜弟不當拜盖當通喪禮看

◆諱日(휘일)

曲禮卒哭乃諱註敬鬼神之名諱避也生者不相避名君臣同名春秋不非王肅曰始死哀遽故卒哭乃令諱○左傳周人以諱事神名終將諱之○周禮小史掌邦國之志若有事則詔王之忌諱註志謂記也先王死日爲忌名爲諱故書

◆祭卑位拜坐立當否(제비위배좌립당부)

問從弟及妹之祭可不拜否尤庵曰似不當拜也禮男女異序於妹則未知其如何也○問祭子女弟姪立耶坐耶尤庵曰喪禮旣曰尊長坐哭祭禮亦豈異同耶○南溪曰退溪答李淳曰妻當拜弟不當拜盖當通喪祭看與家禮小斂奠只言卑幼皆再拜之義亦可相發也但今人於年輩相敵從兄弟以下及異姓從甥登處有難以父兄自居者率用答拜之規而獨於死後奠祭必行此禮則似未妥當且如弟姪卑幼之類當初臨喪時猶可以哭代拜矣其於三年後若或時節經過爲省墳土

殊無節目可以遵行云云

◆讀祝之節(독축지절)

問凡祭無執事則祝文自讀之耶沙溪曰不妨○同春問或云無執事則受胙當闕而祝文則主人當自告退溪先生謂張兼善無祝人則設祝文而不讀在苟簡不備禮中自盡其心之事云云兩說如何沙溪曰無祝人則主人自讀猶愈於不讀○退溪曰湖南或有陳而不讀云然古亦無此說矣○寒岡問讀祝當高聲讀抑低聲讀退溪曰太高旣不可太低亦不可要使在位者得聞其聲可也

◆前後室姓同者祝辭不書貫(전후실성동자축사불서관)

艮齋曰忌祭單設爲正禮若合祭則前後室姓同者不問貫同異只書姓氏可也蓋雖只書姓氏而神道亦自有知故不嫌也

◆前後妣姓貫同者告祝區別(전후비성관동자고축구별)

老州曰旣告月日則無待區別而自應會聽者盛見似然而且主面旣下書元繼則祝之書元繼亦涉班駁不書恐爲得宜矣○問前後配忌祭同日姓貫又同祝辭可疑砥山曰出主時當告曰今以顯某親某封某氏顯某親某封某氏遠諱之辰敢請顯某親某官府君顯某親某封某氏顯某親某封某氏神主出就廳事云云祝文則列書下曰歲序遷易諱日復臨云云可也按歲序遷易下又當云顯某親某封某氏顯某親某封某氏

◆忌祭祝文式(기제축문식)

維

歲次干支幾月干支朔幾日干支孝子{祖考妣云孝孫曾祖考妣云孝曾孫高祖考妣云孝玄孫旁親兄弟妻子當云隨屬稱}某官某{弟以下不名}敢昭告于{妻去敢字弟以下但云告于}

顯考某官府君{或母云顯妣某封某氏或高曾祖考妣倣此妻云亡室某封某氏卑幼改顯爲亡去府君二字○備要若考妣並祭則列書}歲序遷易

諱日復臨{備要若考妣並祭則曰某親諱日復臨○妻弟以下云亡日復至}追遠感時昊天罔極{高曾祖考妣改昊天罔極爲不勝永慕旁親妻去追遠以下八字云不勝感愴妻弟以下當改感愴以他語}謹以{妻弟以下云玆以}清酌庶羞恭伸奠獻{備要妻弟以下云伸此奠儀}尙

饗

◆기제 축문식.

세차 모 간지 기월 기일 효자 모관 모 공경하옵는 아버님 모관 부군께 감히 밝혀 고하나이다. 해가 바뀌어 작고 하신 날에 임하오니 아득히 지나버린 그 옛날들이 그리워지고 그 때를 당하여 사무치게 느껴지오며 부모님의 은혜가 하늘과 같이 크고 넓었사옵니다. 삼가 맑은술과 여러 가지 음식을 제수로 진설하고 술을 따라 올려드리오니 바라옵건대 흠향하옵소서.

◆告祝之節祝文(고축지절축문)

寒岡曰若欲幷祭考妣則祝辭在馮善集說家禮然恭未安○同春問幷祭考妣則告辭與祝辭似當添一兩語沙溪曰固然告辭遠諱之辰敢請下當添顯考顯妣(祖以上幷同)神主出就云云祝辭歲序遷易下當添某親(考妣隨所稱祖以上幷同)諱日復臨云云○退溪曰忌日祝末丘氏恭伸奠獻之文用之爲善張兼善無祝人則設文而不讀在苟簡不備禮中自盡其心之事其意善矣但此等權行事只爲一時自處之事難乎以此爲訓於世耳○沙溪曰丘氏祝云恭伸奠獻ㄴ鄙家常用之退溪亦用之云常事出於士虞禮曾子問用於忌祭未知其如何也○士虞禮薦此常事註古文常爲祥疏天氣變易孝子思之而祭是其常事○曾子問薦其常事註薦其歲之常事也○尤

庵曰忌祭祝末端據家禮則當引祭始祖之文而備要不用者未知其意豈以其上有歲序字故嫌
其疊而不用耶未敢知也○遂庵曰忌日是終身之喪故用奠獻字家禮自無病而備要所改似尤
切當○退溪曰尊者與祭卑者爲主人此祭祖考之稱以小宗法之主人論之則據主人而稱之無
疑矣若只如今人輪行辦祭之主而謂之主人則尊者雖非辦祭而旣在其位矣子弟卑行安可以
一時辦祭之故越尊長而以已之昭穆稱祖考乎

◆諸親忌祝有無之辨(제친기축유무지변)

愼獨齋曰妻忌祝無古據諱日復臨下只著不勝感愴四字而已盖祔位無祝子孫祝似不當論○
問愼獨齋以爲弟以下忌無祝家禮言旁親而只云諱日復臨者似是主祔主之尊者而言正如時
祭祝辭擧祔位處只言某親某官府君而弟以下無現文也然則弟以下有祝無疑遂庵曰備要忌
祭祝註曰妻弟以下亡日復至據此則弟以下有祝無疑○寒岡曰問外高曾妻祖無人與祭己爲
初獻則祝文當何書退溪曰當闕

◆父祭妻子讀祝當否(부제처자독축당부)

問夫祭妻而無他執事則其子讀祝耶沙溪曰以子而名父祭母固爲未安祭祖先則壓尊故猶可
問父祭母無他執事則子不可讀祝尤庵曰或只書夫而不稱姓名無妨耶不敢質言○南溪曰母
前子讀祝是承父命而告也恐不至未安

◆使子讀祝當否(사자독축당부)

問解問夫祭妻而無他執事則其子讀祝耶答以子名父祭母未安祭先則壓尊故猶可

◆擧哀之節(거애지절)

主人以下哭盡哀云則主婦固所當哭而子孫宜不得不哭○同春問考妣忌日固當擧哀祖父母
以上忌則當如何沙溪曰丘儀似可行○丘氏儀節考妣及祖考妣近死則擧哀祖考妣遠死則否
(按逮事祖考妣當擧哀)○南溪曰寒岡以主人以下哭盡哀之文爲在位者當哭之證愚謂以下
者卽指衆主人及婦人應哭之徒而言要訣改以下曰兄弟意益分明盖孫行不必哭已在考妣則
三字之中矣○問忌祭孫爲宗主子有參者姪將爲叔父而哭耶愼獨齋曰孫於祖忌及事於生前
者哭否則不哭哭不哭初不係於叔父也○尤庵曰家禮只言主人以下儀節推之於逮事之孫今
又推之於未逮事者節節推去有甚盡期恐只從有據者爲穩也○問大忌病重不能參哭則於調
病處著上衣以哭如何寒岡曰病不能參祭而氣力猶可伸一哭之情則姑著潔衣而哭之不妨○
外祖忌祭與諸表兄同祭而諸表兄不哭則我亦不哭若陪諸舅以祭而諸舅哭之則我亦哭而助
祭何妨然家法各不同吾家則先諱在位諸子孫無不哭盡哀○主人以下哭盡哀云則主婦固所
當哭而子孫宜不得不哭○問長孫初獻之時諸子不哭而至亞獻始哭殊甚未妥諸子於長孫初
獻時哭盡哀似合情理同春曰鄙意亦然○南溪曰寒岡答問以主人以下哭盡哀之文爲在位者
當哭之證愚謂以下者卽指衆主人及婦人應哭之徒而言(要結改以下曰兄弟意益分明)盖孫
行不必哭已在考妣則三字之中矣如何但儀節本文有曰若考妣及祖考妣近死則擧哀非考妣
及祖考妣遠死則否與家禮及問解所引不同殊未曉然矣遠近似以年數世代而言○又曰未及
承顔者其祭時哀情必不及於承顔者其不哭亦不可非之○遂庵曰祭祀之禮以誠爲貴悲痛之
心深則自不得不哭不逮事祖考以上只當竭誠致敬而已無哀之哭是僞也故禮文如此若逮事
則雖親盡祖先之忌何可不哭旁親亦然哀至則哭○問丘儀祖考妣遠死則忌祀不哭父母諸叔
皆哭而孫獨不哭情理似未安至於宗孫則雖未能逮事亦不可不哭耶遂庵曰小過卦曰喪過乎
哀從厚何妨○寒岡曰病不能參祭而氣力猶可以伸一哭之情則姑着潔衣而哭之不妨

⦿亞獻終獻侑食闔門啓門(아헌종헌유식합문계문)

並如祭禰之儀但不受胙

⦿아헌례, 종헌례, 첨작, 문닫고, 문염.

모두 예제 의식과 같다. 다만 음복의 예가 없다.

◆進茶立俟及告利成(진다입사급고리성)

問凡祭進茶後旋卽辭神似爲太遽沙溪曰立而少遲可也伏則無據○芝村曰忌祭一如時祭而只不受胙則告利成一節當如何嘗意此一節旣行於虞卒哭則不當闕之於忌祭○南溪曰告利成當行無疑

◆喪中行祭諸儀(상중행제제의)

問三年內祖先忌祭行一獻則亦不侑食否沙溪曰侑食亦盛祭時禮也只獻一盃則無侑食也○尤菴曰三年內忌祭只一獻則旣獻之後似當仍行侑食之節矣然亦須依時祭一食九飯之頃而進茶○遂菴曰三年內先忌略設行之告利成亦當刪減○陶菴曰一獻則無侑食闔門諸節世俗多行之者謬也○南溪曰喪中若有服輕者行禮則喪人恐辭神後參拜爲勝

⊙辭神納主徹(사신납주철)

並如祭禰之儀但不餕(增解奉先儀是日思慕如居喪此所以不餕)

⊙사신례 신주 사당들임 철상.

모두 예제 의식과 같다. 다만 음식 나눔의 예가 없다.

⊙忌祭儀禮節次(기제의례절차)

序立(主人主婦及弟婦子姪凡當所出者皆在)○參神○鞠躬拜興拜興拜興拜興平身○降神○盥洗○詣香案前○跪○上香○酹酒(以下旁注皆與時祭同)○俯伏興拜興拜興平身○進饌○初獻禮○詣考妣神位前○跪○祭酒○奠酒○祭酒○奠酒○俯伏興平身○詣讀祝位○跪(主人以下皆跪)○讀祝(若考妣及祖考妣近死則讀祝後加)○擧哀○哀止(非考妣及祖考妣遠死則否)○俯伏興○鞠躬拜興拜興平身○復位○奉饌○亞獻禮○盥洗○詣考妣神位前○跪祭酒○奠酒○祭酒○奠酒○俯伏興平身○復位○奉饌○終獻禮○盥洗○詣考妣神位前○跪○祭酒○奠酒○祭酒○奠酒○俯伏興平身○奉饌○侑食○鞠躬拜興拜興平身○復位○闔門○祝噫歆○啓門○主人以下復位○獻茶(主人立于東階上西向)○告利成(祝立于西階上東向)○曰利成○復位○鞠躬拜興拜興平身○辭神○鞠躬拜興拜興拜興拜興平身○焚祝文○送主○徹饌○禮畢

⊙기제 의례절차.

차서 대로 늘어선다. (주인과 주부 및 아우, 며느리, 아들, 조카 등 그 소생들은 모두 나와 선다)

●행참신례.
국궁 사배 평신한다.

●행강신례.
손을 씻는다. ○향안 앞으로 간다. ○무릎을 꿇고 앉는다. ○분향한다. ○강신한다. (주전자를 들고 옆에서 시중드는 이하 모두 시제와 같다) ○부복하였다 일어나 재배 평신한다. ○진찬한다.

●행초헌례.
고비신위 앞으로 간다. ○무릎을 꿇고 앉는다. ○제주한다. ○헌주한다. ○제주한다. ○헌주 한다. ○부복하였다 일어나 평신 한다. ○독축위로 간다. ○무릎을 꿇고 앉는다. (주인 이하 모두 무릎을 꿇고 앉는다) ○독축한다. (만약 고비 및 조고비가 사망한 지가 얼마 안되면 독축 후 뒤의 예를 첨가한다) ○모두 곡한다. ○곡을 그친다. (고비가 아니거나 조고비가 사망한지가 오래되면 곡을 하지 않는다) ○부복하였다 일어선 다. ○국궁 재배 평신 한다. ○제자리로 물러나 선다. ○간적을 올린다.

●행아헌례.

손을 씻는다. ○고비신위 앞으로 간다. ○무릎을 꿇고 앉는다. ○제주한다. ○헌주 한다. ○제주한다. ○헌주 한다. ○부복하였다 일어나 평신 한다. ○제자리로 물러나 선다. ○육적을 올린다.

●행종헌례.

손을 씻는다. ○고비 신위 앞으로 간다. ○무릎을 꿇고 앉는다. ○제주한다. ○헌주 한다. ○제주한다. ○헌주 한다. ○부복 하였다 일어나 평신 한다. ○육적을 올린다. ○첨작한다. ○부복 하였다 일어나 평신 한다. ○제자리로 물러나 선다. ○문을 닫고 나간다. ○축관이 희흠을 한다. ○문을 연다. ○주인 이하 모두 제자리에 선다. ○차 를 올린다. (주인은 동쪽층계 위에서 서쪽으로 향하여 선다) ○고리성(告利成). (축관 은 서쪽층계 위에서 동쪽으로 향하여 선다) ○이성(利成)이라 한다. ○제자리로 물러 나 선다. ○국궁 재배 평신 한다.

●행사신례.

국궁 사배평신 한다. ○축문을 불사른다. ○신주를 사당으로 들인다. ○철상 한다. ○ 예를 마친다.

⊙是日不飮酒不食肉不聽樂黲巾素服素帶以居夕寢于外(시일 불음주불식육불청악참건소복소대이거석침우외)

⊙이 날은 술을 마시지 않으며 고기도 먹지 않고 풍악을 듣지 않으며 검푸른 건을 쓰고 소복에 흰띠를 두르고 있 다 저녁에는 바깥채에서 잔다.

◆不食肉(불식육)

或問禮君子有終身之喪忌日之謂也爲子孫者固皆不飮酒食肉矣一家之人亦皆素食乎愚答曰語類先生家凡値遠諱一家固自蔬食其祭祀食物則以待賓客○補註此所以不餕也

◆不飮酒食肉(불음주식육)

檀弓忌日不樂○孔叢子季節見於子順子順賜之酒辭問其故對曰今日家之忌日也故不敢飮子順曰飮也禮雖服衰麻見於君及先生與之粱肉無辭所以敬尊長而不敢遂其私也忌日方於有服則輕矣○續漢書申屠蟠父母卒思慕不飮酒食肉十餘年忌日哀戚輒三日不食○讀禮通考洪武中鄭公正立朝以廉介受知高廟嘗奉使復命賜兼不飮食上詰其故對曰今日臣父忌日不忍食肉上曰尊者賜少者賤者不敢辭況君命乎公正曰臣聞有父子而後有君臣上悅其言○輯覽問禮君子有終身之喪忌日之謂也爲子孫者固皆不飮酒食肉矣一家之人亦皆素食乎愚答曰語類先生家凡値遠諱一家固自蔬食其祭祀食物以待賓客○問當親忌食稻自有所不忍昔吉注書每於是日疏食水飮依此行之何如退溪曰吉注書甚善後人法之亦固至意若父兄在則如當餕時父兄依他食稻已獨別設疏食豈不難乎不知處此當如何○忌祭邀客已赴人邀雖爲非宜某自不能盡如禮不敢爲說然雖非當日參祭之人而親族親客在傍與之同餕恐或無害若辦酒食召遠客則自不當爲耳○私忌遇尊客而設素未安某於亡妻忌日方伯來此乃忌輕而客尊不敢設素但於進肴客肉而主素○尤菴曰時祭齋戒註飮酒不得至亂食肉不得茹葷忌日前齊戒恐當如此故至於是日始言不飮酒食肉○問不飮酒食肉寢於外不在於致齊之日而曰是日者可疑南溪曰忌者喪之餘不可以此推行於末喪之前禮意然也然東漢申屠蟠爲親忌行

素三日退溪亦曰禮宜從厚以此揆之恐無不可况寢於內視飲食不啻加重者耶〇陶菴曰參祭之人遠近親疎固亦不一然旣參祭而在祭所則雖疎者與主人同之何妨

◆忌日衣服(기일의복)

語類先生考妣諱日祭罷裏生絹黲巾終日〇尤菴曰朱子於祭後仍服黲以居今旣用玉色以祭則祭後亦當玉色以居矣〇愚按朱子忌日服黲故尤翁以今世玉色當之然今俗忌日皆服素衣帶則玉色亦恐近華未知如何家禮亦云是日素服素帶而巾則以黲矣

◆忌日見客(기일견객)

顏氏家訓禮云忌日不樂正以感慕罔極惻愴無聊故不接外客不理衆務爾必能悲慘自居何限於深藏也世人或端坐奧室不妨言笑盛營甘美厚供齊食迫有急卒密戚至交盡無相見之理蓋不知禮意乎〇尤菴曰忌日客至主人辭以實狀而館客於外且謝曰姑待明日而就見云則似乎婉轉而得宜矣〇沙溪曰客至不見人固有行之者鄙人不能行之無乃未安乎〇同春曰溫公謂忌日舊儀不見客於禮無之今不敢云且喪中人客來亦無不見之禮忌日雖曰終身之喪何至過於喪時耶〇陶菴曰古者忌日無祭只行終身之喪而已有宋諸賢特起奠獻之禮今人但知忌祭之爲大不知忌日之爲重已祭之後應接賓客不異平時或有謂已罷齊出入如常者甚不可也當節其酬應致哀示變以終是日可也

제 6 절 지방 기제(紙牓忌祭)

⊙하루 전에 재계한다.

주인 이하 남자들은 다같이 집 밖의 일에 흉하지 않게 조심하고 주부 이하 부녀자들은 다같이 집안일에 흉하지 않게 조심한다. 목욕을 하고 화려하지 않은 옷으로 바꿔 입고 술과 고기는 먹지 않으며 풍악도 듣지 않고 타인의 상에 조문치 말며 모든 흉하고 추한 것은 보지도 생각하지도 말 것이다.

⊙제수품을 갖춘다.

주부는 여러 여자들과 같이 제수품을 정결히 준비하되 먼저 맛을 봐서는 안되며 쥐나 개, 고양이, 벌레 등이 침범치 않게 간수하여야 한다. 〇제수품목과 량은 가세에 따른다. 과실은 여섯 가지 또는 네 가지를 갖추며 복숭아는 제사에 올리지 않는다. 포는 건어포 혹은 육포(혹 자반)를 갖추며 소채는 숙채와 침채와 초채이며 청장과 육장 혹은 젓장이며 고기와 생선 그리고 면식 류로 국수 등이며 미식 류로 떡 등을 갖추며 적으로는 초헌에 구워 올릴 간(肝) 한 꽂이 아헌과 종헌에 구워 올릴 고기 두 꽂이를 준비한다. 〇만약 고비 병제를 하면 간적 육적 떡 국수를 한 위분 더 갖춘다.

⊙전날 어두워지면 신위의 자리를 갖춘다.

양위 병제에 대하여 선유 들께서 논한바 분분하니 단설(單設)이나 병설(並設)은 가속에 따를 것이나 주자설(朱子說)은 단설이다. 〇주인은 남자들에게 당부하여 제청을 쓸고 닦아 깨끗이 청소케 한다. 신위의 자리는 정침 북쪽 벽 아래 중간에다 남향케 하여 교의 즉 신위의 의자를 놓고 그 앞에 제사상을 놓는다. 병풍으로 그 뒤를 가려 치고 배석(拜席)에는 돗자리를 편다. 향안은 제사상 앞 중간에 놓고는 그 위에 향로를 놓고 그 동쪽으로 향합을 둔다. 향안 앞에는 모반에 모래를 담아놓고 모속 즉 여덟 치 정도로 자른 띠 묶음을 모래에 꽂아 세운다. 향안 동쪽으로 탁자를 놓고 주전자에 술을 채워 그 위에 두고 강신잔반 하나 철적기, 철주기를 소반에 받쳐 올려놓는다. 화로는 숯을 피워 향안 서쪽으로 사이를 띄워 불 젓가락과 적쇠를 갖춰놓고 축판은 향안 서쪽으로 탁자를 놓고 그 위에 둔다. 세수대야에 물을 담아 주전자 탁자 동쪽에서 남쪽으로 탁자를 놓고 그 위에 두고 그 남쪽으로 수건을 둬 남자들의 손 씻을 곳으로 하고 화로 서쪽에서 남쪽으로 그와 같이하여 여자들의 손 씻을 곳으로 한다. 진찬 대상을 문밖 동쪽에 놓고 촛대는 제사상 남(혹 북)단 좌우에 놓는다.

⊙망일(亡日) 자시(子時)가 가까우면 소채와 과실과 수저 잔반을 진설한다.

주인과 남자들은 제청으로 가서 손을 씻고 과실을 상 남단 넷째 줄에 놓는다. 가례(家禮) 등 각 예서 진설도에는 과실 종에 따른 순은 없으나 사우례(士虞禮)에서는 대추는 서쪽이며 밤이 그 다음이다. 하였다. 지금 세속에서는 가문(家門)에 따라 조율이 시(棗栗李柿)(대추 밤 배 감) 또는 홍동 백서(紅東白西)(붉은 과실은 동쪽 흰 과실은 서쪽 즉 대추는 동쪽 밤 배는 서쪽)로 진설 하는 예가 있으니 가속에 따른다. 셋째 줄 즉 과실 북쪽에서 서쪽으로부터 포(脯) 다음 숙채, 청장, 김치, 초채, 육장을 차례대로 놓고 둘째 줄은 참신 후 진찬례 때 진설하는 행으로 비워두고 신위 앞 첫째 줄에는 수저를 중간에 놓고 그 서쪽으로 잔반을 둔다. 식초는 수저의 동쪽이다. 진찬 상 위에는 메와 국을 뜨겁게 하여 개를 덮어 올려놓고 면식 류와 미식 류 고기와 생선을 놓고 상보로 가려놓는다. 간적과 육적 꽂이는 화로 곁에 상을 놓고 그 위에 둔다. ○만약 고비 병제 일 때는 수저 잔반 초접을 상 북단을 이등분하여 서쪽과 동쪽으로 나눠 놓고 적과 적 사이로 떡과 국수를 더 놓으면 면(麵), 육(肉), 적(炙), 병(餠), 면(麵), 적(炙), 어(魚), 병(餠)으로 진설이 된다. ○향로에 불을 피운다.

⊙주인 이하 성복을 하되 희거나 푸른 제복으로 고쳐 입는다.

주인 이하 남자들은 검은 관에 희거나 푸른 두루마기나 혹은 도포나 혹은 심의를 입고 행전을 친다. 주부 및 부녀자들은 화려하지 않은 옷을 입으며 모든 장식을 뗀다. ○반소매나 반바지를 입어서는 아니 된다.

⊙차서 대로 늘어선다.

주인과 형제들은 동쪽으로 서되 서쪽으로 주인이 서고 그 동쪽으로 서쪽이 상석이며 북쪽을 상석으로 하여 차서 대로 늘어서고 자손들은 그 뒤에 겹쳐 서되 서쪽을 상석으로 삼고 북쪽을 상석으로 하여 선다. 집사자들은 그 뒤에 서쪽을 상석으로 하여 선다. 주부는 주인의 서쪽에 서고 형 제수는 주부의 서편에서 동쪽을 상석으로 서며 자손부는 그 뒤에 겹으로 서되 북쪽이 상석이며 동쪽이 상석으로 하여 선다. 여 집사자들은 그 뒤에 동쪽을 상석으로 하여 선다. ○숙부나 존장은 형제 중 맏이의 앞이며 어머니나 여 존장은 주인 형제수의 앞이다. 존장은 항렬이 낮거나 수하자에게는 절을 하지 않으며 처나 장자에게는 스스로 주인이 된다. ○헌관과 축관 집사자 등은 미리 정하여 예를 익힌 후에 임한다.

⊙자시가 되면 지방을 교의에 세운다.

주인은 지방함에서 지방을 내어 교의에 세운다. ○병제에는 남서여동이며 주부가 여자 지방을 교의에 세우며 고비(考妣)지방은 절대로 합서를 하여서는 아니 된다. 고비 합서는 예에 크게 어긋난 짓으로 두 분을 한 의자에 앉히는 꼴이니 조상을 바르게 모시는 예가 아니다.

⊙지방 쓰는 법.

두꺼운 흰 한지로 길이와 폭은 신주와 같게 하며 해서체(楷書體)로 가늘게 종이의 중앙에 붓으로 써서 제사에 임하여 교의 위에 붙이되 남자 지방과 여자지방을 각각 써야 한다. (喪禮祔祭條互見)

◆紙牓式(지방식)

陶菴曰用厚白紙長廣隨宜以眞楷細書於紙中央臨祭貼於椅上隨位各書又曰祖妣二人以上別具紙各書(喪禮祔祭條互見)

◆지방(紙牓) 쓰는 법.

도암 선생께서 이르시기를 두꺼운 흰 종이로 길이와 폭은 쓰기 알맞게 하여 해서체로 종이의 중앙에 가늘게 써서 제사에 임하여 교의 위에 붙이되 위마다 각각 써야 한다. 또 이르시기를 할머니가 두분 이상이면 지방지를 별도로 갖춰 각각 써야 하느니라.

◆지방의 규격.

지방의 규격은 명문화 되어 있지 않다. 다만 신주식을 본뜨면 세로 길이는 주척(周尺)으로 열두 치 가로가 세치이며 위를 오푼(五分) 아래서 위로 둥글게 되어 있으며 주척은 cm로는 약 20cm로 높이가 약24cm(신주 장 1자2치) 넓이가 약6cm(신주 폭3치)로 한다. (위 양 가 모서리를 위아래 약1치를 사선(斜線)으로 자르기도 하며 이를 소두(掃頭) 친다. 라 한다) ○지방의 규격과 양식은 상례편 우제장(虞祭章) 말 지방(紙榜) 도식 참조 하라.

◆지방식.

고조고	顯高祖考某官府君神位
고조비	顯高祖妣某封某氏神位
증조고	顯曾祖考某官府君神位
증조비	顯曾祖妣某封某氏神位
조고	顯祖考某官府君　神位
조비	顯祖妣某封某氏　神位
부	顯考某官府君　　神位
모	顯妣某封某氏　　神位
처	亡室某封某氏　　神位
장자	亡子某官　　　　神位

관봉 칭호는 상례장 초종편 입명정조의 관계칭호 표 참조. ○만약 남자에게 관직이 없었으면 남자는 모관에 학생(學生) 그의 처에게는 유인(孺人)이라 쓴다.

◆부녀자의 지방에 관향을 쓰지 않는다.

만약 원비와 계비가 일성이라 하여도 자손들은 그 사실을 알고 있기 때문에 관향을 쓰지 않아도 된다. 이를 불서관(不書貫)이라 한다.

⦿강신.

주인은 손을 씻고 향안 앞으로 나아가 무릎을 꿇고 앉아 분향 재배 후 다시 무릎을 꿇고 앉는다. 우집사자는 손을 씻고 향안 동쪽 탁자 위에 있는 주전자를 들고 주인의 오른편에서 앞으로 조금 나아가 서쪽으로 향하여 무릎을 꿇고 앉는다. 좌집사자는 손을 씻고 향안 동쪽의 탁자 위의 강신 잔반을 받들고 주인의 왼편에서 조금 앞으로 나아가 동쪽으로 향하여 무릎을 꿇고 앉아 잔반을 주인에게 준다. 주인이 잔반을 받아 들면 우집사자는 잔에 술을 따른다. 주인은 왼손으로 반을 잡고 오른손으로 잔을 잡아 모사 위에 잔을 기우려 따르고 잔반을 좌집사자에게 준다. 좌집사자는 잔을 받아 들고 일어나 제자리에 두고 물러나 제자리에 서고 우집사자 역시 일어나 주전자를 제자리에 두고 물러나 제자리에 선다. 주인은 부복하였다 일어나 재배를 하고 물러나 제자리에 선다. 이 제도를 선강후참(先降後參)이라 하며 신주제사에서는 선참후강(先參後降)이다.

⦿참신.
주인 이하 모두 북향 재배한다. ○부녀자는 사배를 한다. ○참신 후 병 노약자는 다른 곳에서 쉬게 한다.

⦿진찬.
주인이 먼저 위전으로 가면 주부는 손을 씻고 따른다. 손을 씻지 않은 집사자는 손을 씻고 한 사람은 생선과 고기 대반을 받들고 또 한 사람은 미식 류와 면식 류 대반을 받들고 또 한 사람은 메와 국 대반을 받들고 따라 위전에 이르면 주인이 먼저 고기를 받들어 잔반의 남쪽으로 놓으면 주부는 면식 류를 받들어 고기 서쪽으로 놓는다. 주인이 생선을 받들어 식초 남쪽으로 놓으면 주부는 미식 류를 받들어 생선의 동쪽으로 놓는다. 즉 이 줄이 제 이행이라 하며 서쪽으로부터 면, 육, 적, 어, 병(麪肉炙魚餠)으로 진설이 된다. 주인이 국을 받들어 식초 동쪽으로 놓으면 주부는 메를 받들어 잔반 서쪽으로 놓는다. 이는 제 일행으로 반, 잔, 시, 초, 갱(盞飯匙醋羹)으로 진설이 된다.

만약 병설을 할 때는 먼저 고위 다음 비위에 진설을 하고 미식 류와 면식 류를 고비 양 적(炙) 사이에 놓으면 면, 육, 적, 병, 면, 적, 어, 병으로 진설이 되고 생선이나 어포 등은 배 부분을 위전으로 하여 머리를 서쪽으로 두는 것은 생자(生者)나 사자(死者)나 같은 것이다. 진설은 동갱 서반, 동병 서면, 동해 서포, 두서미동(神道地道尙右說)(陰陽說; 두동미서)로 진설이 된다. 적의 자리는 비워 뒀다 진적(進炙) 시 올린다.

⦿초헌례.
주인은 향안 앞으로 나아가 무릎을 꿇고 앉는다. 우집사자는 탁자 위의 주전자를 들고 주인의 오른편에서 조금 앞으로 나아가 서쪽으로 향하여 무릎을 꿇고 앉고 좌집사자는 고위전(考位前)의 잔반을 받들고 주인의 왼편에서 앞으로 조금 나아가 동쪽으로 향하여 무릎을 꿇고 앉아 잔반을 주인에게 준다. 주인이 잔반을 받아 들면 우집사자는 잔에 술을 가득 따른다. 주인은 받들었다 잔반을 좌집사자에게 주면 좌집사자는 잔반을 받아 받들고 위전으로 올라가 제자리에 놓고 만약 병제이면 비위 잔반을 내려 그와 같게 한다. 우집사자는 일어나 주전자를 제자리에 두고 단설이면 제자리로 물러나 서고 병설이면 위전으로 가서 좌 집사자는 고위전의 잔반을 다시 내려 받들고 우집사자는 비위 잔반을 받들고 주인의 좌우편에 마주하여 무릎을 꿇고 앉는다. 주인은 먼저 좌집사자의 잔반을 받아 왼손으로 반을 잡고 오른손으로 잔을 잡아 모사 위에 조금씩 세 번 기우려 삼제(三祭)를 하고 잔반을 좌 집사자에게 준다. 좌집사자는 잔반을 받아 받들고 위전의 제자리에 놓는다. 비위 잔반 역시 그와 같게 삼제를 하고 부복하였다 일어나 조금 뒤로 물러나 선다.

집사자들은 일어나 화로에서 간 꽂이를 병제이면 두 꽂이를 구워 접시에 담아 놓으면 형제 중 맏이가 간적(肝炙) 소반을 받들고 위전으로 가서 수저 남쪽 고기와 생선 사이 빈 곳에 놓고 병제이면 비위에 그와 같게 놓고 메의 개를 열어 그 남쪽 빈 곳에 두고 물러나 제자리에 선다.

축관이 축판을 들고 주인의 왼편에서 조금 앞으로 나아가 동쪽으로 향하여 무릎을 꿇고 앉으면 주인 이하 모두 무릎을 꿇고 앉는다. 축관은 다음과 같이 고하고 마치면 주인 이하 모두 일어나 선다. 이때 부모나 승중(承重)의 조고비(祖考妣) 제사이면 곡을 한다. 축관은 축판을 축판 탁자에 두고 제자리에 서면 주인은 재배하고 물러나 제자리에 선다. (축관이 없으면 주인이 자독하고, 헌관이 부족하면 주인이 삼헌을 한다)

집사자는 철주기 소반을 들고 위전으로 올라가 잔에 남은 술을 따르고 빈 잔은 제자리에 놓고 적간을 내려 철주기와 같이 탁자 위에 두고 내려와 제자리에 선다.

◆忌祭祝文式(기제축문식)

維

歳次干支幾月干支朔幾日干支孝子조고비에게는 孝孫 증조고비에게는 孝曾孫 고조고비에게는 孝玄孫 ○방친과 형제와 처와 자식에게는 그가 부르던 칭호대로 쓴다. 某官某 동생 이하 자에게는 이름을 쓰지 않는다. 敢昭告于 처에게는 敢자를 쓰지 않고 동생 이하에게는 告于만 쓴다.

顯考某官 관직이 없었으면 學生이라 쓴다. 府君 어머니 기제에는 顯妣某封某氏라 쓰고 고조고는 顯高祖考某官府君 고조비는 顯高祖妣某封某氏 증조고는 顯曾祖考某官府君 증조비는 顯曾祖妣某封某氏 조고는 顯祖考某官府君 조비는 顯祖妣某封某氏라 쓰고 처는 亡室某封某氏 장자는 亡子某官이라 쓰고 항렬이 낮거나 수하자에게는 顯자를 고쳐 亡자로 하고 府君 두 자를 빼며 방친은 속한대로 쓴다. ○고비 병제를 할 때는 顯妣某封某氏를 열서(列書)한다. 歳序遷易

諱日復臨 병제(並祭)에는 諱日復臨 앞에 아버지 기일에는 顯考 어머니 기일(忌日)에는 顯妣라 쓰고 조고비(祖考妣) 이상 기일 역시 이와 같다. ○처나 동생의 기일이면 諱日復臨을 亡日復至로 고친다. 追遠感時昊天罔極 고조 증조 조고비 기일이면 昊天罔極을 不勝永慕라 고쳐 쓰고 방친(傍親)의 기일이면 追遠 이하 여덟 자를 고쳐 不勝感愴이라 쓰고 처나 동생 이하의 기일이면 感愴을 다른 말로 고친다. 謹以 처나 동생 이하의 기일이면 謹以를 玆以로 고쳐 쓴다. 淸酌庶羞恭伸奠獻 처나 동생 이하에게는 恭伸奠獻을 伸此奠儀라 고쳐 쓴다. 尙

饗

◆기제 축문식.

세차 모 간지 기월 기일 효자 모관 모 공경하옵는 아버님 모관 부군께 감히 밝혀 고하나이다. 해가 바뀌어 작고 하신 날에 임하오니 아득히 지나가버린 그 옛날들이 그리워지고 그 때를 당하여 사무치게 느껴지오며 부모님의 은혜가 하늘과 같이 크고 넓었사옵니다. 삼가 맑은술과 여러 가지 음식을 제수로 진설하고 술을 따라 올려드리오니 바라옵건대 흠향하옵소서.

⊙아헌례.

주부가 아헌을 한다. 만약 주부가 유고일 때는 차 순자가 아헌을 한다. 초헌례 의식과 모두 같다. 다만 주부가 아헌을 할 때는 부녀자들이 손을 씻고 술 따르기와 적 구워 올리는 시중을 들고 육적이며 축이 없다.

⊙종헌례.

주인형제 중 맏이나 주인의 장남 또는 빈객(賓客) 중에서 장자(長者)가 종헌을 한다. 모두 아헌 의식과 같다. 다만 철주치 않으며 적을 내리지 않는다.

⊙유식.

주인은 주전자를 들고 위전으로 올라가 잔에 술을 따라 채우고 주전자는 제자리에 두고 향안 동남쪽에서 조금 뒤로 물러나 선다. 주부가 위전으로 올라가 숟가락을 메의 중간에 바닥이 동쪽으로 향하게 꽂고 젓가락을 바르게 하여 시저접에 쥐는 곳이 서쪽으로 향하게 올려놓는다. 마쳤으면 주부는 향안 서남쪽에서 조금 물러나 주인과 나란히 선다. 주인 주부는 재배(주부 사배)를 하고 물러나 제자리에 선다. ○만약 주부의 유고 시는 주인이 삽시정저를 한다.

⊙합문.

주인 이하 모두 문 밖으로 나가면 축관이 문을 닫는다. 만약 문이 없으면 발을 치거나 병풍으로 가려 쳐 조용하게 한다. 주인은 문의 동쪽에서 서쪽으로 향하여 서고 여러 남자들은 주인의 뒤에서 차서 대로 서며 주부는 문의 서쪽에서 동쪽으로 향하여 서고 여러 부녀자들은 주부의 뒤에 차서 대로 선다. ○존장은 잠깐 다른 곳에서 쉬게 한다. 이때 문 열기 까지는 일식 구반지경이라 하여 보통 밥 한 그릇 비우는 사이를 조용히 서 있는다.

⊙계문.

축관이 문 앞에 서서 인기척으로 희흠(噫歆)을 세 번하고 문을 연다. 주인 이하 모두 들어가 제자리에 선다. 주인과 주부는 신위전의 국을 옆으로 밀어 놓고 그 자리에 숙수를 올리고 숟가락을 숙수(熟水)에 담그고 내려와 제자리에 서서 모두 읍을 하고 잠시 조용히 서 있는다. 잠시 후 집사자가 위전으로 올라가 수저를 거둬 시저기(匙筯器)에 쥐는 곳이 서쪽으로 향하게 놓고 메의 개를 덮고 물러나 제자리에 선다. 이때 다른 곳에서 쉬던 병약자나 존장들도 같이 들어간다.

⊙고리성.

주인은 향안 동쪽에서 서쪽으로 향하여 서고 축관은 향안 서쪽에서 동쪽으로 향하여 서서 "이성(利成)이라 고한다." 즉 봉양의 예가 모두 잘 이루어졌습니다. 라 하고 모두 재배한다. 이때 주인은 절을 하지 않는다. 주인과 축관은 물러나 제자리에 선다.

⊙사신례.

주인 이하 모두 재배한다.

⊙분지방 축문.

주인이 향안 앞에 무릎을 꿇고 앉으면 집사자가 올라가 지방을 받들어 주인에게 주면 주인은 지방을 받아 불사른다. 이때 축문도 함께 불사른다. (축문만 불사를 때는 축관이 행한다)

⊙철상.

주인 이하 모두 물러나면 주부와 부녀자들은 상을 물리고 제기는 깨끗이 씻어 제자리에 보관한다. ○기제에는 수조(受胙) 즉 음복과 준(餕) 즉 음식 나눔의 예가 없다. 기제는 상(喪)의 연속인 까닭이다.

⊙홀기(笏記); 신주 기제사 홀기 준용.

제 7 절 忌祭儀笏記(기제의홀기)

⊙齋戒(재계)

前一日齋戒○主人以下沐浴更衣灑掃正寢洗拭椅卓○主婦以下沐浴更衣滌濯器皿具治祭物○是日也飲酒不至變貌食肉不至變味不茹葷不聽樂

⊙設位(설위)

是夕鋪席于正寢○設屛障椅卓于北壁下○設香案于卓前置香爐香盒于其上○設燭臺于卓南端之兩角別設一小卓于案東置祭器一○又設一小卓于案西置祝板一徹器一○又設一卓于阼階上小東置酒注一盞盤一玄酒注一○束茅(截茅八寸容一撮束以紅絲)聚沙(盛以甆區)于香案前○設盥盆帨巾于阼階下東南○設一卓于西階上小西(將以奉櫝)○設火爐于西階下西南(將以炙肝●冬月則亦煖酒)

⊙設饌(설찬)

厥明主人以下夙興與執事者俱詣祭所盥手○設果楪于卓南端○設脯鱐菹醢蔬菜于果楪之內○設匕筯盞盤醋醬于北端○取井花水實于玄酒注○熾炭于香爐及火爐

⊙奉主(봉주)

質明主人以下盥帨詣祠堂前序立○主人升自阼階開門軸簾焚香再拜○餘衆皆再拜○主人跪告[今以顯考某官府君(妣忌則稱顯妣某夫人某貫某氏祖考祖妣以上皆隨所稱)遠諱之辰敢請顯考顯妣神主出就正寢恭伸追慕]俛伏興奉主以出○祝升閉祠堂中門○主人奉主至正寢升自西階置于西階上卓子啓櫝奉置于椅子●降復位

⊙參神(참신)

主人以下序立再拜

⊙降神(강신)

主人升自阼階焚香再拜少退立○執事者二人由西階升○一人取阼階卓上酒注立于主人之右○一人取盞盤立于主人之左○主人跪○左執事跪進盞盤○主人受之○右執事跪斟酒于盞○主人左執盤右執盞灌于茅上○反盞于左執事○兩執事反盞注于故處先降復位○主人俛伏興再拜降復位

⊙進饌(진찬)

主人升○主婦由西階升(無則子弟代之)執事者奉魚肉麪米食飯羹于盤從升以進○主人奉肉奠于北端之次在西○主婦奉麪食奠于肉西○主人奉魚奠于北端之次在東○主婦奉米食奠于魚東○主人奉羹奠于盞盤之左右(先考後妣)○主婦奉飯奠于羹右(亦先考後妣)○主婦降復位○執事者炙肝于火爐

⊙初獻(초헌)

執事者二人升○主人奉考位前盞盤東向立○執事一人取酒注西向立斟酒于盞○主人奉盞奠于故處○次奉妣位前盞盤東向立○執事西向斟酒○主人奉盞奠于故處○北向立○執事反注于故處○一人奉考位前盞盤立于主人之左○一人奉妣位前盞盤立于主人之右○主人跪○執事者皆跪○主人受考位盞盤左執盤右執盞三祭于器○反盞于執事奠于故處○次受妣位盞盤左執盤右執盞三祭于器○反盞于執事奠于故處○俛伏興少退立○執事者奉炙肝于楪奠于匕筯之南魚肉之正中○啓飯蓋○執事者皆降復位○主人以下皆跪○祝取版跪于

主人之左東向跪(關讀)[維歲次干支幾月干支朔幾日干支孝子某(祖以上忌則孝孫孝曾孫孝玄孫)敢昭告于顯考某官府君顯妣某夫人某氏(祖考妣以上隨所稱)歲序遷易顯考諱日復臨(妣忌則顯妣諱日復臨)追遠感時昊天罔極(祖以上忌稱不勝永慕)謹以請酌庶羞恭伸奠獻尙饗]○俛伏興○祝降復位○主人再拜降復位○執事升寫酒于器反盞故處徹肝楪降復位(若親忌則讀祝畢便當哭盡哀)

⊙亞獻(아헌)
主婦爲之(無則子弟代之)內執事奉炙肉以從如初獻儀但不讀祝

⊙終獻(종헌)
兄弟之長或長男或親賓爲之如亞獻儀但獻畢不寫酒不徹魚肉

⊙侑食(유식)
主人升取注就添酒于考妣前盞盤至滿○主婦升扱匙西柄正筯于楪(無主婦則主人兼行)○分立于香案之前並再拜○降復位

⊙闔門(합문)
祝闔門○主人立於門東西面○衆丈夫在其後○主婦立於門西東面○衆婦女在其後○肅靜如食頃

⊙啓門(계문)
祝聲三噫歆乃啓門○主人主婦升○徹羹授執事者○執事者以盤奉熟水進前○主人主婦奉置于徹羹之處○以匙三抄飯(三抄飯誤)○主婦及執事者皆降復位

⊙告利成(고리성)
主人立於阼階上西向○祝立于西階上東向告利成○祝降復位

⊙辭神(사신)
主人進神位前下匙筯合飯蓋○降復位與在位者皆再拜

⊙納主(납주)
主人升奉主納于櫝奉歸祠堂○餘衆以序從○祝啓中門○主人奉主安于故處降簾闔門而退

⊙徹(철)
主婦監徹○滌祭器藏之○祝揭文焚之○是日也不飮酒不食肉

제 8 절 묘제(墓祭)

◆祭墓(제묘)
所以致其精神而示享之者非體魄之謂其爲義亦精矣○伊川曰加禮不野合故生不野合則死不墓祭蓋燕享祭祀乃宮室中事後世習俗廢禮故墓亦有祭如禮望墓爲壇並冢人爲墓祭之尸亦有時爲之非經禮也南軒曰墓祭非古也然考之周禮則有冢人之官凡祭于墓爲尸是則成周盛時固亦有祭于其墓者雖非制禮之本經而出於人情之所不忍而其義理不至於甚害則先王亦從而許之其必立之尸者亦所以致其精神而示享之者非體魄之謂其爲義亦精矣○吳文正公曰墓焉而體魄安廟焉而神魂聚人子之所以孝於其親者二端而已何也人之生也神與體合而其死也神與體離以其離二也故於其可見而疑於無知者謹藏之而不忍見其亡於其不可見

而疑於有知者謹求之而如或見其存藏之而不忍見其亡葬之道也求之而如或見其存祭之道
也葬之日送形而往於墓葬之後迎精而返於家方其迎精而返於家也一旬之內五祭而不爲數
惟恐其未聚也及其除喪而遷於廟也一歲之內四祭而不敢疏惟恐其或散也家有廟廟有主祭
之禮于家不于墓也墓也者親之體魄所藏而神魂之聚不在是以時展省焉展省之禮非祭也近
代所謂祭者乃或隆於墓而略於家夫伊川野祭古所深慨習俗之由來漸矣不有禮以稽其弊則
雖豪傑之士亦且因仍而莫之怪余嘗適野見車馬塞道士女盈盈於墟墓之間少長咸集攀號悲
泣彷彿初喪之哀未嘗不加其孝誠之篤而亦不能不嘆夫古道之泯也禮有其義人之報本返始
求之於有而不求之於無非無達鬼神之情狀者未易語此〇朱文公曰祭儀以墓祭節祠爲不可然
先正皆言墓祭不害義理又節物所尙古人未有故止於時今人時節隨俗宴飮各以其物祖考生
存之日蓋嘗用之今子孫不廢此而能恝然於祖宗乎〇劉氏璋曰周元陽語錄曰唐開元敕許寒
食上墓同拜掃禮若拜掃非寒食則先期卜日古者宗子去他國庶子無廟孔子許望墓爲壇以時
祭祀卽今之寒食上墓義或有馮依不卜日耳今或羈宦寓於他邦不及此時拜掃松檟則寒食在
家亦可祠祭〇又曰夫人死之後葬形於原野之中與世隔絶孝子追慕之心何有限及當寒暑變
移之際益用增感是宜省謁墳墓以寓時思之敬今寒食上墓之祭雖禮經無文世代相傳寖以成
俗上自萬乘有上陵之禮下達庶人有上墓之祭田野道路士女遍滿皁隷庸丐之徒皆得以登父
母丘隴馬醫夏畦之鬼無有不受子孫追養者凡祭祀品味亦稱人家貧富不貴豐腆貴在精潔整
及誠慤而已事亡如事存祭祀之時此心致敬常在乎祖宗而祖宗洋洋如在安得不格我之誠而
歆我之祀乎〇丘文莊曰按禮經無墓祭之文後世行之雖非古也然祖宗體魄所藏留骨所在爲
子若孫者漠然以土壟視之閲歲踰時不一展省焉其情安乎情之所不安義之所不當此禮所以
貴乎義起也上陵之禮三代以前雖不經見然自漢以後歷代相承率不敢廢非不敢也蓋不忍也
〇又曰人子於其親當一於禮而不可苟於其生也則旣事之以禮矣迨其死也其體魄之瓩於地
者爲宅兆以藏之其魂氣之在乎天者爲廟祏以棲之其洋洋乎在廟祏者則固事之以生矣其纍
纍然在丘壟者安忍以死視之哉但爲之制不可盡備宜視歲享而殺一事之以神道而兼用吉凶
之禮庶乎得古人起禮之義云則此禮雖古無有而今有之亦不爲過矣〇通典三代以前未有墓
祭至秦始起寢於墓側〇補註伊川曰加禮不野合故生不野合則死不墓祭盖燕享祭祀乃宮室
中事後世習俗廢禮故墓亦有祭如禮望墓爲壇並冢人爲墓祭之尸亦有時爲之非經禮也南軒
曰墓祭非古也然考之周禮則有冢人之官凡祭於墓爲尸是則成周盛時固亦有祭於其墓者雖
非制禮之本經而出於人情之所不忍而其義理不至於甚害則先王亦從而許之其必立之尸者
亦所以致其精神而示享之者非體魄之謂其爲義亦精矣〇唐侍御鄭正則祠享儀古者無墓祭
之文孔子許望墓以時祭祀漢光武初纂大業諸將出征鄉里者詔有司給少牢令拜掃以爲享曹
公過喬玄墓致祭其文悽愴寒食墓祭盖出於此〇大全荅王晉輔書曰墓祭不可考先儒說恐是
祭土神但令俗行拜掃之禮其來已久似不可廢〇荅李堯卿書曰墓祭無明文雖親盡而祭恐亦
無害〇問墓祭或墓非一二多至八九東西埋葬丘隴峻險南往北來神倦身疲恐有怠慢之氣或
生而日亦不繼則將何以處之或厥日有終朝之兩則亦將何以爲之如欲預搆一屋於墓側而若
遇如此之時依時祭儀合祭一所如之何退溪曰豈不善㦲〇實記朱子於父母墳墓所托之鄉人
必加禮敵已上則拜之(以上輯覽)〇春官冢人掌公墓之地大喪旣有日請度甫窆(音穿)遂爲之
尸(詳見葬後祠后土)〇冢人凡祭墓爲尸註祭墓或禱祈焉冢人爲尸疏上文遂爲尸是墓新成
祭后土此文云凡故知謂禱祈也〇唐侍御鄭正則祠享儀云古者無墓祭之文孔子許望墓以時
祭祀春秋左氏傳辛有適伊川見被髮於野而祭者曰不及百年此其戎乎意爲陸渾氏焉漢光武
初纂大業諸將出征鄉里者詔有司給少牢令拜掃以爲享曹公過喬玄墓致祭其文悽愴寒食墓
祭蓋出於此〇通典三代以前未有墓祭至秦始起寢於墓側漢因秦上陵皆有圍園寢故稱寢殿
起居衣服象生人之具古寢之意也〇唐開元勅寒食上墓禮經無文近代相傳寖以成俗宜許上
墓同拜掃禮〇柳宗元書曰近世禮重拜掃今已闕者四年矣每遇寒食則北向長號以首頓地想
田野道路士女遍滿皁隷傭丐皆得上父母邱壟焉馬醫夏畦之鬼無不受子孫追養焉〇程叔子

曰嘉禮不野合野合則秕稗也故生不野合則死不墓祭蓋燕饗祭祀乃宮室中事後世習俗廢禮有踏靑藉草飲食故墓亦有祭如禮望墓爲壇並冢人爲墓祭之尸亦有時爲之非經禮也後世在上者未能制禮則隨俗未免墓祭○墓人祭墓則爲尸舊說爲祭后土則爲尸者非也蓋古人祭社之外更無所在有祭后土之禮○問今拜掃之禮何據曰此禮古無但緣習俗然不害義理古人直是識質(註專一也)葬只是藏體魄而神則必歸於廟旣葬則設木主旣除几筵則木主安於廟故古人惟專精祀於廟今亦用拜掃之禮但簡於四時之祭也○朱子曰墓祭非古雖周禮有墓人爲尸之文或是初間祭后土亦未可知但今風俗皆然亦無大害國家不免亦十月上陵○橫渠說墓祭非古卽是周禮上自有了○張南軒答朱子書曰古者不墓祭非有所略也蓋知鬼神之情狀不可以墓祭也神主在廟而墓以藏體魄體魄之藏而祭也於義何居而烏乎饗乎若知其理之不可行而徇私情以强爲之是以僞事其先也若不知其不可行則不知也人主饗陵之禮始於漢明帝蔡邕蓋稱之以爲盛事某則以爲與厚廟何異情非不篤也而不知禮不知禮而徒徇乎情則隳廢天則非孝子所以事其先者也某謂時節展省當俯伏興跪號哭灑掃省視而設席陳饌以祭后土於墓左可也朱子答曰二先生皆有隨俗墓祭不害義理之說故不敢輕廢○徐氏乾學曰禮經無祭墓之文而傳記間有其事如武王將東觀兵上祭于畢則周初有行之者曾子曰椎牛而祭墓不如雞豚逮親存也則春秋末有行之者孟子云東郭墦間之祭則戰國時有行之者張良子孫上先冢並祠黃石則西漢初有行之特天子率百官上陵以每歲正月行之垂爲永制則自漢明帝始耳夫人死魂依於主魄藏於壙故聖人祭魂於廟不祭魄於墓非察於鬼神之情狀者孰能與於此然展墓之禮經有明文顏淵曰反國展墓而入展墓卽後世所謂拜掃也薦以時物亦禮之緣情而生由義而起者也○寒岡曰我國未逮家廟之時通行四時之祭於墓所今旣立家廟而一遵家禮則家廟與墓所自有定規

◆墓祭增減同異(묘제증감동이)

晦齋曰嘉禮墓祭三月上旬擇日行之今世俗正朝寒食端午秋夕皆詣墓拜掃今且從俗行之可也○栗谷曰按家禮墓祭只於三月擇日行之一年一祭而已今俗於四名日皆行墓祭從俗從厚亦無妨但墓祭行于四時與家廟無等殺亦似未安若講求得中之禮則當於寒食秋夕二節具盛饌讀祝文祭土神一依家禮墓祭之儀正朝端午二節則略備饌物只一獻無祝且不祭土神如是則酌古通今似爲得宜○沙溪曰三月上旬想朱子亦從俗爲之耳四節日祭乃我國俗也栗谷之意以春秋爲重故寒食秋夕三獻餘節則只一獻然於古禮亦無考據只當參情酌禮以處之耳○又曰朱子常行墓祭如韓魏公家祭式而與家禮所著果不同今嶺南人只用寒食及十月云然我國祭四節行之已久雖馬醫夏畦之鬼無不受子孫追養者以此思之從俗恐不妨○問寒岡於四名日依朔望俗節禮行之四仲則一如家禮祭之上墓則倣家禮及韓魏公朱夫子所行以三月上旬十月朔爲之云好禮者所當遵行而猶未能者只爲俗禮難擺脫耳今擬揆古參今端秋二節祭於廟以當夏秋二仲之時祭正朝則依朔望之儀上墓則一從韓魏公朱夫子以寒食及十月朔行之如何沙溪曰四名日墓祭固知其過重栗谷欲於寒食秋夕行盛祭正朝端午略行之此意似好但自祖先以來數百年從俗行之至于鄙人不敢容易改之來示亦好而未能斷定○朽淺曰謹按古無墓祭國俗上墓必用四名日者於古無據亦礙於四時之正祭故退溪以爲非禮而難於違俗擊蒙要訣以爲未安而略加裁損寒岡乃以三月上旬十月朔祭之然則今我門中定爲恒式豈不合於情文乎○又曰三月上旬之祭本朱子之著於家禮者而寒岡行之是則慮其寒食之或跨乎仲月而有一日二祭之煩數然朱子雖定此禮而至其躬行則用寒食無乃素行程張之制故雖知上旬之爲合宜而未遽改易耶程朱所行旣如此又不可盡革俗禮故不用上旬而用寒食耳○尤庵曰四節日墓祭目是國俗而家禮則毋論親盡未盡只於三月一祭之而已矣栗谷以爲國俗不可猝變故欲於端午正朝減殺行之今執事欲遵先志有所損益則依家禮雖只存寒食一祭亦可而第有一說墓祭古所未有故南軒與朱子辨論而謂之非禮朱子以人情之不容已者往復甚勤然後南軒竟亦從之然則墓祭與廟祭事體殊別可知矣今人不知廟中四時祭爲大事而有全然不行者今依家禮皆廢三節日墓祭而又不行廟中四時祭則是奉先致孝之道全歸鹵莽矣此又

不可不知者也墓祭減損之意盖有栗老之說則因先志遵賢範以爲中制而使國人通行豈不甚
善愚意以爲端午正朝墓祭雖不減猶爲從衆之義而亦不害於從厚之道也○又曰家禮墓祭只
於三月一行之要訣不能頓變國俗俾於四節日略加隆殺此似爲中制耳○問嶺外人但有秋夕
墓祭尤庵曰寒岡歲一祭於先世之墓嶺俗化而行一祭盖從家禮而然也○南溪曰墓祭寒食始
於唐初十月朔始於宋朝七賢(韓魏公司馬公兩程子張子朱子呂東萊)此雖與家禮三月上旬
擇日之○文少異而義當從先儒所行也至於四名日出於五禮儀俗節(正朝寒食端午秋夕冬至
臘日)之制此自是國家所行不干於士大夫而時俗行之已久牢不可破以此貧窮之家家廟時祭
自至廢闕尤非善理也苟以先儒及時俗所行孰當孰否之義講而求之自不難辨矣○又曰四名
日墓祭退溪沙溪皆不變栗谷似變而實則未變惟寒愚兩公正得中國程朱之義矣鄙家初從要
訣之說反復思惟終亦未安自已歲竊倣程朱舊制而行之○又曰按會通朱子宗法展墓用寒
食及十月朔又與程張墓祭法合今擬以此爲定國俗寒食外三名日已入於祠堂俗節恐不當疊
設○又按寒食有始祖先祖等祭恐當依朱子次日却令次位子孫自祭父祖之義而酌處之○陶
庵曰墓祭非古也朱子隨俗一祭而南軒猶謂之非禮往復甚勤然後始從之然則墓廟事體之殊
別可知矣今於廟行四時祭又於四節日上墓則是墓與廟等也烏可乎哉四節墓祀國俗行之已
久有難頓變故栗谷要訣略加節損然猶未免過重終不若以家禮爲止而三月一祭也盖古所謂
祭卽時祭也祭莫重於時祭今人不知其爲重或全然不行而又廢三節日墓祭則尤爲未安此亦
不可不知也世之只行墓祭不行時祭者須移祭墓者行之於廟而於墓則一祭之爲宜○愚伏墓
祭變通時祠堂告辭曰逐節上墓行之雖久禮實無據今人致隆於此而四時正祭或廢不行尤失
聖人制禮之意今考朱子家禮東萊宗法止於寒食及十月上丁展掃封塋其餘節目則幷就祠堂
薦以時食擧廢之際不敢昧然行之玆因朔參用伸虔告謹告

◆親盡祖墓祭(친진조묘제)

按祠堂章大宗之家始祖親盡則大宗奉其墓祭歲率宗人一祭之百世不改其第二世以下祖親
盡及小宗之家高祖親盡則諸位迭掌其墓田歲率子孫一祭之亦百世不改也○朱子曰墓祭無
明文雖親盡而祭恐亦無害○問親盡之祭或云一獻無祝此說如何尤菴曰觀於家禮初祖先祖
祭儀或說之得失可知矣○南溪曰墓祭寒食有始祖先祖等祭恐當依朱子次日却令次位子孫
自祭父祖之義而酌處之

◆親未盡墓祭(친미진묘제)

尤菴曰家禮則毋論親盡未盡只於三月一祭之而已○南溪曰五禮儀大夫士時享註雖不明言
俗節當行墓祭而山陵則實行之今俗所謂四名日殆原於此也

◆後配合窆前配失墓者祭先後之節(후배합폄전배실묘자제선후지절)

後配之合窆者自應從乾位先享前配之失墓者又當築壇別祭先後失序事勢之不得不然恐未
有他道也

◆同山親盡親未盡墓祭(동산친진친미진묘제)

問先祖與祖考墓同在一山則只祭祖考未安欲略設酒果於先祖墓以伸情愚伏曰饌品不可
有豊約之別歲一祭可也云此說如何沙溪曰只祭祖考果爲未安然而雖在一山非如時祭同當
並享之比只設一獻猶愈於全廢也愚伏說太執○問親盡之墓與未祧之位同岡則節祀時有所
難處尤菴曰先以酒果略薦于親盡之墓鄙家所行如是矣又曰以吾家言之則先人墓與先祖墓
相接四名日不可獨祭先人故亦以一獻之薦先設於先祖及一祭先祖之時則祭自吾家設故亦
以一獻行之然先祖祭若他家行之則豈肯如是哉諸祖墓若在他岡則又與在階下者有間矣○
問節日墓祭時親盡祖墓若同兆則不可不並祭前已聞命矣若以天雨行祀於齋舍則亦可並祭
耶曰似不可以行祀於齋舍而有所異同也

◆喪中先墓祭(상중선묘제)

要訣卒哭後於墓祭使服輕者行薦而饌品減於常時只一獻不讀祝若無服輕者喪人以俗制喪

服行祀〇南溪曰墨衰行薦朱子已自行之如先墓展拜之禮宜無不可行者〇尤菴問高曾二世
先主祧奉于家兄家矣今家兄至此祠堂之祭葬前當廢而其墓祭當如何自長淳兩官略設無妨
耶葬事若在秋夕之前無此疑同春曰長淳略設恐好又問來諭殊合情禮然則於先親之墓亦一
體行之否曰宗子之喪事體自別然厚野之禮從略以行不至大段未安否不敢質言〇尤菴曰葬
前祭先墓似與廟祭有間昔年家兄之亡問於同春則答謂支子略設無乃不至大害耶云故其時
卒從其言雖或非禮之正而於心則怏然矣五代祖墳同在一原者歲一祭之祭而是擇日之祭也
退行爲當矣若以與近祖一原之故而並設者則當從近祖而爲廢不廢矣暫廢恐當〇據古經葬
而後祭之說則三虞之後亦可言葬後從殺行之恐不爲無說〇同春曰卒哭前如直節祀新墳旣
從俗設祭則於先墓都無事恐甚缺然依栗老所敎而行之無乃爲稱耶

◆期功服中墓祭(기공복중묘제)

要訣期大功則葬後祭如平時未葬前墓祭略行如上儀(按謂單獻無祝)緦小功則成服前廢祭
成服後祭如平時〇尤菴曰栗谷以爲緦小功成服前廢祭而墓祭異於忌祭或俟成服後卜日展
掃恐合宜〇問遭伯考之子婦喪未過半月行先墓掃事不爲未安否伯考之墓如或未安則如高
祖及他旁墓何以爲之寒岡曰未葬前固不合上墓但非吉祭之比則一門之人何能皆廢墓事乎
若行於旁墓則何可獨廢伯氏之墓乎況祖與高曾之墓乎

◆喪中先墓新墓同祭(상중선묘신묘동제)

尤菴曰三年內墓祭略設旣有先正定論先位以同在一岡者而與新位同設殷祭未知如何若以
豊約之殊爲嫌則毋寧於新墓省從先位之祭品耶〇新墓盛祭先墓略設此見行之義也山神無
他代行者則當以祭於先祖之服色主人自行之矣新墓行祭其用祭服無疑〇同春曰新墓則喪
人自當以喪服親行其他諸墓則使族人行之而只一獻不讀祝可也〇遂菴曰喪中獨行三獻於
新山而先山則只以單獻

◆喪中考妣新舊合葬墓祭(상중고비신구합장묘제)

愼獨齋曰遭父喪而合葬於母墳則所重在父以喪服行墓祭若父先亡母從葬則以布巾深衣行
祀無妨〇問後喪合葬前墓者從前墓則墓祭饌品似當減殺從後墓則不可減殺何以則可也尤
菴曰合葬墓祭豊殺當以尊爲主若於考位減殺則於妣位不可獨豊又不可以豊於妣之故而亦
豊於考也〇三年內墓祀是合葬之墓其服色當以尊爲主奠獻時哭臨一節亦然然嘗考南軒集
則南軒尋常上墓時必哭鄭松江亦然況母喪因祭而並哭於考位亦何妨〇合葬之後雖壓於舊
墓難可脫衰而行之〇南溪曰母喪合葬父墓墓祭恐當以一獻先行考祭於墓前稍西而以孝巾
深衣行之以三獻次行妣祭於墓前稍東而當著衰麻蓋周禮司几筵註鄭氏謂雖合葬及同時在
殯皆異几體實不同祭於廟同几精氣合以此推之尤似有據〇遂菴曰吉祭之前猶未配合祭誠
爲未安而合葬之墓事勢不得不並設然並祭各設床卓自是古禮雖墓前依此各設則前喪行一
獻之禮後喪行三獻之禮似不相妨〇陶菴曰三年內異几明有禮文神主未合位之前墓所
並祭甚未安凡合葬之墓雖各行而若父先亡母喪三年內則以平凉子直領不哭而先祭父改以
衰服哭而祭母若母先亡父喪三年內則祭父畢脫衰不哭而行母祀似爲合宜

◆喪中新墓祭(상중신묘제)

寒岡曰家禮雖無三年內墓祭之文亦無三年內不墓祭之語孝子於體魄所托雖三年之後而尙
不堪雨露霜露之感況三年之內墳土未乾之時乎時月古人令用三月上旬十月初一今之四名
日之祭非禮也祭饌之備拜獻之節亦自有家禮明文但三年之內祭必有哭況於此寒暑之變乎
〇問高氏云父母體魄所葬之地不可無一祭起義而有安墓祭於卒哭之後從之可乎尤菴曰三
年之內國俗多行墓祭矣然與高氏所謂安墓祭者皆非禮經之文此等雖行之不害於從厚之道
而亦不爲全無所據矣〇三年內旣無祭新墓之文則又豈別有祝文耶不得已用常時祝文恐亦
無所礙也〇三虞之後亦可言葬後新墓之祭尤無所疑也〇問俗節三年內則先設享於几筵後
行祭於墓所耶沙溪曰無妨〇松江曰三年內新喪墓祭叔獻及礪城皆以單獻爲是〇南溪曰几

筵墓山其處所雖異而義則一恐未必行參神也三獻祝辭諸節當並與常式無異○雲坪曰三年
之喪有事乎新墓則降神不哭三獻辭神皆哭○問祥後禫前有墓祭則當哭拜耶遂菴曰然

◆墓祭親朋助奠當否(묘제친붕조전당부)

艮齋曰墓祭親朋曾以女婿甥姪外孫之屬當之後見家禮諺解則曰권당이나如此則朋又自爲
一類豈古者祭筵賓之遺意歟後世合窆之墓非平日升堂拜母者則不可用也

◆設壇而祭(설단이제)

通典古者宗子去他國庶子無廟孔子許向墓遙爲壇以時祭卽今之上墓儀或有憑然神道尙幽
不可逼瀆塋域宜設於塋南山門之外設淨席爲位遙祭以時饌如平生所嗜若一塋數墓每墓各
設位昭穆異列以西爲上主人盥手奠爵三獻而止主人以下泣辭(註精靈感慕有泣無哭)食餘
饌者可於他處僻不見墳所孝子之情也○南塘曰始祖設壇之祭古無所據乃是義起之事淺陋
之見何敢輕議○陶菴曰必明有證據然後方可以祖先墳山待之旣在疑信間則守護猶可祭則
恐過矣但當亟爲改莎就墳之前後左右遍求誌石幸而得之則非徒可祭圖所以表揚烏可已也
○愚按世或有失先墓者雖略知其墓在某山某岡而猶未能的知某墳爲先墓則不得已設壇於
其傍而望祭者有之南塘所謂始祖設壇之祭果指此等而言耶若然則望墓爲壇之祭或可以孔
子之訓爲據耶

◆親盡墓壇碑書式(친진묘단비서식)

問親盡墓在先塋內而不能的認其封就其下築壇立碑行祀則碑面當書某公之壇乎艮齋答曰
之改爲祀恐得近齋集有禹祭酒祀壇之文○問壇前立碑碑前設石床陳饌乎答五禮儀社稷祭
設饌在壇上要訣土神祭所亦是除地築壇處以此推之壇上設床恐宜碑以南溪表石立墓左之
說傍照則似當立於壇東南

◆認壇爲神位之非(인단위신위지비)

艮齋曰今人認壇爲神位但據祭法燔柴于泰壇壇決非神位盖壇與廟墠爲一類而廟釋名云先
祖形貌所在墠說文云祭處則皆非神位也况說文壇祭塲也今擬築壇而北端設神位南端設祭
饌曾見國朝設壇以祭風雲雷雨山川城隍之神其儀如此近俗於壇南立碑碑南置石床盖錯認
壇爲神位而有是謬例也碑則立於壇之東南恐得(先墓雖不的認其處而旣在其上則不當另設神位)

◆望墓爲壇當否(망묘위단당부)

問梅山先生答金復享書有遠祖考妣墓之或傳或不傳者卽其所傳之地築壇幷祭之敎而援望
墓爲壇金太師故例而爲證恐有合商量者竊念聖人所訓是宗子去國庶子代行時祭之禮也金
太師是墓在斯而不能的知者也今若以漠然不知之妣卽其考墓而幷祭則與聖人之訓太師之
事不相襯貼而祭時祝辭所稱亦甚難安未知如何則可得其當耶壇石面所書剛齋云某公神位
祝辭亦以此稱之或無妨耶伏乞明批艮齋答曰失傳之墓鄙意則不得已而闕墓祀盖以祝辭之
難安而然也然不敢質言○所詢壇享世多幸之愚則尋常疑之來書所引朱子始基之祖得存墓
祭者謂祭墓而非壇祀也又引庶子望墓爲壇亦是就墓南爲壇非因墓遠而爲壇於他鄕也老州
答人問有墓而又爲壇非特無經據魄歸于土魂返于堂則魂壇之稱恐甚不類今愚之固陋不敢
妄爲之說幸惟鑑裁

◆齋舍行墓祭(재사행묘제)

問墓祭或墓非一二多至八九東西埋葬邱壟峻險南往北來神倦身疲恐有怠慢之氣或往而日
亦不繼則將何以處之或厥日有終朝之雨則亦將何以爲之欲預搆一屋於墓側而若遇如此之
時依時祭之儀合祭一所如何退溪曰豈不善哉○同原許多墓各行祭之弊世多有此愚意不如
掃視墓域後以紙榜合祭於齋舍無舍則設壇以行之可免瀆弊而神庶享也○問退溪墓祭祭紙
榜之言如何尤菴曰退溪之意欲於墓下齋室以紙榜行之云爾非謂還家而行之如此也○陶菴
曰歲一祭或遇雨則差退日字待晴上墓爲當至於紙榜行事恐違灑掃之意

◆考妣墓相近或亂次行祭(고비묘상근혹란차행제)

沙溪曰考妣兩墓相去不遠雖坐向稍異祭祀及拜禮似當兼行○問父墳在後母墳在前石物則立於父墳祭祀各設否曰行祭與立石當於父墳而合設之不可兩處各設○問三配從夫同葬一岡先後易次者墓祭陶菴曰同在一岡而墳旣異塋則不必同設一床有此難處之端先行男位祭罷次一配次二配次三配如此則節節理順元無可疑○考東妣西旣失禮之正矣子孫序立則只當以西爲上何可順其失而亂其序耶祭饌則各設禮也不必並設於考墓前一依墓位分西分東而祭之似宜

◆榮墳祭(영분제)

問此行歸省先墓當在端午後當別具酒果設薦然則當有祝文耶若値端午依禮參拜似不當自主同春曰別具酒果則告辭去孝字而爲之墓事似與家廟有異矣如値節祀則祝文以孝子某在遠使介子某敢昭告云云例也○問六代祖遞遷奉安於族祖家今行已爲設祭於墓所又於家廟行祀則似近於瀆如何曰四節日旣行參禮於廟旋行節祀於墓諸老先生以爲其地旣異兩行不妨云據此今日行事於墓所數日後設參於家廟恐無不宜○遂菴曰登科或作宰者榮墳時獻酌之禮宗子當行之宗子有故則使宗子之弟與子攝行爲宜

◆墓祀過時追行當否(묘사과시추행당부)

艮齋曰今年墓祀明春追行未知果如何耳盖歲一祭經歲則與時祭過時爲一例雖情理缺然然未見禮義之必然也元朝墓祭朱子有除夕前行之之敎節日墓祀前賢有退行之論此雖若可爲傍照而恐終非正證也如何如何

◆展拜墓(전배묘)

芝村語錄尤菴曰昔愼獨齋撰松江行狀時以每上父母墓必哭一款爲難處諸議以爲此非禮也不錄爲當余謂此雖非禮之禮旣出於至情則錄之似可且松江所爲豈無一一過中之事哉愼齋竟不錄後見南軒語自謂每上墓必哭然後始知先賢之亦爲此矣○遂菴曰曾見兩先生謁廟展墓只行一再拜據此行之未見違於禮也○尤菴曰省墓時初度再拜復再拜而退則禮意尤爲懇惻而周詳矣○問追遠是親否朱子曰言追則不是親了問遠祖時人不解更有追念之意想只是親曰只江南來不如此湖北人上墳不問遠祖也哭這却好人之一身推其所自則必有本便是遠祖畢竟我是他血脈若念及此則自不能無追感之情且如今老人不能得見箇孫子今若便見十世孫時也惜畢竟是自家骨肉人只得不思量到這裏所以追感之誠不至也○問父祖同入一麓拜祖時父墓在後心似未安栗谷曰勢然也視之以異室可也○問旁親墓同在一山則雖不參祭時或虛拜可乎栗谷曰雖四時不必皆拜一年一度不可廢也○問遭喪成服後省墓之節尤菴曰宋尼山亡後同春因卜山至鳴灘哭於夫人墓似是人情之不可已者以此推之則於父母之墓哭之恐無妨至於旁親墓則未知可也○問喪中展拜先壟之禮同春曰以出入時服展拜而去杖而哭哭而後拜似當遠祖墓不必哭○南溪曰遭喪後若上墓自不得不哭墓異於廟故也但遭母喪而父墓遭父母喪而於祖考則可矣若泛施於曾高以上似過○南溪曰心喪者三年之內哭墓其在情理恐不得不然○問從古先賢之墓未必獨葬而率多省謁非禮耶南溪曰譬之生人家中雖夫婦同處從家外拜何害曾見尤菴必偏向男位所安處而行拜

◆國恤時墓祭(국휼시묘제)

退溪曰國恤中墓祭忌日雖似未安似不可廢故不上塚只於齋舍設素饌暫以白衣冠行之似無妨○卒哭前未可上墓其就廟如節祀之禮有官者恐亦不可行○牛溪曰國喪卒哭前陵寢香火亦絶節祀祭先墓未安○尤菴曰國喪葬前私家祭祀退溪之說雖如此而栗谷之說則又以爲朝官與士人有異云據栗谷說則非朝士者當自如行之第未知栗谷之意一如常時而無減殺之節耶退溪所謂不上塚而行於齋舍者所以示變也古有適子去國支子望墓爲壇而祭之之禮退溪之說或略引此變禮耶且以神道事之當自葬後始死已久而其祭猶不用肉則恐於神之之義有相違耳且妄意則栗谷之分士與朝官有所難行者自古禮以至朱子議則臣下以高下居君戚有等殺本朝則不然雖士人大王喪白衣白笠三年王后喪白衣白笠期年則與朝士無異其服無異而其祭不同果是十分無疑者耶且士人所祭祀代數一如大夫而至於君喪則曰我非朝士而有

所異同或有所未安○退溪栗谷有略行之說而不分大王與內喪且自臣子言之則難可等次矣
○遂菴曰忌祭是喪餘之日略設單獻而行之似無所嫌四名日則厥初因燕樂而取義似乎吉禮
也國家旣停山陵之享則雖廢之可也略設如茶禮行於家廟猶勝於全廢耶○喪禮補編卿大夫
士墓祭依練祥禮待國恤卒哭後行之

◆先墓火(선묘화)

南史江泌母墓爲野火所燒依新宮災三日哭淚盡繼之以血○寒岡曰邱壟不免燒黑當卽蔥蒨
於數日之後何至藁草之蓋只當淨掃而已慰安之祭當哭行矣素服行素恐三日而止○尤菴年
譜先生在謫中聞先墓火擧哀○問火犯墳墓何以處禮尤菴曰以墓擬廟則以墓之火焚與被侵
犯不及柩者與廟之火焚同爲一等以侵犯及柩者與廟之並神主見焚同爲一等而但墓之見柩
則服緦哭臨三日新宮火則三日哭而已無服緦之文未知所謂新宮火並神主見焚耶抑只焚其
廟耶未見明文不敢質言

◆奉護先塋(봉호선영)

檀弓子路曰過墓則式過祀則下○語類朱子於父母墳墓所托之鄉人必加禮敵以上則拜之○
朱子十月朔旦懷先壟詩曰十月氣候變獨懷霜露淒僧廬寄楸櫝饋奠失玆時竹栢翳陰罔華林
敝神扉汛掃托群隸瞻護煩名緇封塋諒久安千里一獻歜持身慕前烈御訓倘在斯○尤菴曰朱
子於先塋以僧守之者不過如今士大夫設齋宮於墓所而使僧守之之例也其祭則上塚而行之
退溪所謂行祭於齋舍云者齋室是齋戒宿設之所

◆親盡墓祭尊行主之(친진묘제존항주지)

艮齋曰性潭答成億柱書論先祖歲一祭初獻之禮而曰行尊者當行之而不計年齒矣旣非不祧
之位則豈有宗孫之可論哉(止此)以此推之尊門數百年十餘代宗孫主墓之規無亦有私行不
祧之典之嫌耶鏡湖說恐未可視爲正論而期於遵用也

◆親盡墓祭宗孫主祝之非(친진묘제종손주축지비)

艮齋曰遠祖墓祭宗孫主祝雖有尊門數百年已行之規然此實有違於朱宋已定之論恐未可諉
以非有大損義理而因仍習俗不思所以改正之道也蓋家禮第二世以下祖墓田諸位迭掌云者
正與始祖墓祭大宗猶主之文對言之則尊門所行決與朱子之訓不同矣且有以先祖擬於始祖
之嫌則此又不可之大者也小記祖遷於上宗易於下故朱子曰高祖廟毀不復相宗(止此)承廟
之宗至五世猶如此況祭墓之禮又安有數十世皆用宗孫主鬯之義乎霽月堂問遠祖之祭或曰
旣已祧遷宗子不得主祭或曰宗法至嚴宗子不可不主云云尤菴答曰神主祧遷則宗毀而族人
不復相宗安有宗子之名乎其主在長房則是稍近而尙且如此況神主旣埋而尤遠者則宗子之
名尤無所施矣(此文旁載增解○鏡湖行弟宗法輕重之論尤翁此說已關之矣)尊門所行與尤
翁定論大相遠矣鄙見從來如此所以屢承敎告而不敢唯諾矣

◆墓祭序立西上(묘제서립서상)

艮齋曰墓祭序立西上聞沙溪兩宋先生後孫皆如此此當遵而行之

◆外祖與父母同岡墓祭當先外祖(외조여부모동강묘제당선외조)

艮齋曰外祖與父母同岡行祭而先外祖者以親心爲心之義也從祖與父母同岡而當先祭父母
者親疏之分重而以親心爲心之意輕故也此等處自有精義之不可不審察而處之者非可槪以
父母之　於外祖情重服重而謂先祭親墓又非可泛謂以親心爲心而先祭從祖也○外祖與父母
情之親疏服之輕重誠有不同至於墓在同岡而行祭則但當以親心爲心先祭外祖不當復計其
情與服之懸此退翁所以有先外祖之敎而沙翁之以爲得之者也

◆四名日行祭本義(사명일행제본의)

朽淺曰正朝乃家禮與朔望同其禮者也朱子以爲當行單酌之薦而我國上墓行殷祭寒食本介
子推事天下共行先祖墓祭中原人一年墓祭止此而我國亦行之端午屈原沈江之日也楚俗於
是日納飯於竹筒投之江中以酹屈原之魂其後中國人以爲俗節行薦禮於家廟未聞上塚而我

國則例行墓祭秋夕非中國俗節新羅時男女分曹效績以較勝負負者具酒食設宴於是日名曰嘉排其後國俗因行墓祭

◆上下墓及考妣位易次行祀之節(상하묘급고비위역차행사지절)

蘇齋問墓之岡太短狹以促從先府君遺命窆諸祖墳三四尺之次無地可容行祖祭云云退溪曰上墓地窄設位次墓之前而祭之事涉苟且墓左右設位之說未爲非便但云地勢無餘則不得已用次墓前設位之說設於次墓下之西無善策可出於此外也同春問有人父墳在後母墳在前石物則立於父墳而祭祀時欲并行於尊位前則背母墳而行禮實甚未安各設爲當否沙溪曰行祭與立石當於父墳而合設之不可兩處各設也○又問先妣宅兆左右狹窄合葬雙墳皆有所不便前面亦橫轉急迫不得已稍向右邊而下卜得新穴其間甚近實是上下墳而但上下墳形旣不相直坐向亦不相同將欲遷墓合窆於下穴而未遷之前祭祀及拜禮當兼行耶各行耶沙溪曰考妣兩墓相去不遠雖坐向稍異祭祀及拜禮似當兼行也旣作上下墳則何必遷葬遷葬重難矣○問有三配從夫同葬一岡而拘於地形以致先後易次甲者曰享墓之制一從葬地酌獻之時當以獻男位之酌奠于第三位次以獻于第一配之酌奠于第一位次以獻于第二配之酌奠于第四位次以獻于第三配之酌奠于第二位而飯羹陳設亦當依此奠酌次第而爲之矣乙者曰凡享神之道祠與墓不異豈可以葬地之換次并易其酌獻之次第乎當依享祠廟之制以獻于男位之酌奠于第一位以獻于第一配之酌奠于第二位而第二第三配之酌亦當倣此以奠于第三第四位不可拘於葬地之次序云云南溪曰家禮葬法男西女東而世俗或不免易次爲女西男東者其家立石於墓前書夫人祔右字以別之然則其祭也必先設於男位而後女位與以西爲上之常制不同也今四墓同岡而亂次視此尤甚實無斟量合禮之勢如就所示甲乙兩說而言之甲者爲勝以其本位雖乖而可因行祭次第猶得義精而禮當故耳若如乙者之說其勢倍艱盖祭必依神雖曰祠正而墓亂不從當位之墓次而乃從遠隔之祠次其於彼此交互之際恐有益覺其難安者矣○問有人問云云南溪以甲乙說答之而以甲說爲勝云云陶庵曰同在一岡而墳旣異塋則不必同設一床有此難處之端先行男位祭罷次一配次二配次三配如此則節節理順元無可疑愚見以乙爲稍勝○問合葬者或考東妣西子孫祭時序立當如何且雙墳之間相去頗濶則或從便從重并設於考墓前而依墓位設妣位饌於西或依時祭正禮而設妣位饌於東此亦何者爲是陶庵曰考東妣西旣失禮之正矣子孫則只當以西爲上何可順其失而亂其序耶祭饌則各設禮也不必并設於考墓前一依墓位分西分東而祭之似宜

◆墓祭總論(묘제총론)

問墓祭之儀沙溪曰先儒論之已詳可攷也○通典曰三代以前未有墓祭至秦始起寢於墓側○又曰古者宗子去他國庶子無廟孔子許向墓遙爲壇以時祭卽今之上墓儀或有憑然神道尙幽不可逼黷塋域宜設於塋南山門之外設淨席爲位遙祭以時饌如平生所嗜若一塋數墓每墓各設位昭穆異列以西爲上主人盥手奠爵三獻貳止主人以下泣辭(精靈感慕有泣無哭)食餘饌者可於他處僻不見墳所孝子之情也○唐侍御鄭正則祠享儀云古者無墓祭之文漢光武初纂大業諸將出征鄉里者詔有司給少牢令拜掃以爲享曹公過喬玄墓致祭其文悽愴寒食墓祭盖出於此○唐開元勅寒食上墓禮經無文近代相傳寢以成俗宜許上墓同拜掃禮不得作樂○柳子厚曰每遇寒食田野道路士女遍滿皁隷庸丐皆得上父母丘壠焉馬醫夏畦之鬼無不受子孫追養者○程子曰嘉禮不野合則死不墓祭盖宴享祭祀乃宮室中事後世習俗廢禮有踏靑藉草飮食故墓亦有祭如禮望墓爲壇并塚人爲墓祭之尸亦有時爲之非經禮也○又曰墓人墓祭則爲尸舊說爲祭后土者非也○又曰拜墳則十月一日拜之感霜露也寒食則又從常禮祭之飮食則稱家有無○張子曰寒食者周禮四時變火惟季春最嚴以其大火心星其時太高故先禁火以防其太盛旣禁火須爲數日粮旣有食復思其祖先故祭寒食與十月朔日展墓亦可爲草木初生初死(細註家禮集覽云并州俗以冬至後一百五日爲介子推焚骸日斷火冷食三日是謂寒食後人因以是日上家祭此與張子說不同事文類聚亦有兩說)○朱子曰墓祭程氏亦以爲古無之但緣習俗然不害義理但簡於四時之祭可也○又曰墓祭無明文雖親盡而祭恐亦無害○又曰墓祭不可考但今俗行之已久似

不可廢又墳墓非如古人之族葬若只一處合爲一分而遙祭之亦似未便此等不若隨俗各祭之
爲便也〇又曰橫渠說墓祭非古又自撰墓祭禮卽是周禮上自有了〇又曰墓祭非古雖周禮有
墓人爲尸之文或是初間祭后土亦未可知但今風俗皆然亦無大害國家不免亦十月上陵〇周
元陽祭錄或羈宦寓於他邦不及時拜掃松檟則寒食在家亦可祠祭〇韓魏公家祭式寒食上墓
祭又十月一日如上墓儀若身不能往幷遣親者代祭〇補註云南軒曰墓祭非古也然考之周禮
則有家人之官凡祭於墓爲尸是則成周禮盛時固亦有祭於墓者雖非制禮之本經而出於人情
之所不忍而其義理不至於甚害則先王亦從而許之〇寒岡曰俄國未建家廟之時通行四時之
祭於墓所今旣立家廟而一遵家禮則家廟與墓所自有定規不必更爲之說也〇尤庵曰萬寶收
藏之後寒暑遞序十月行之恐是此意〇謙庵曰先祖墳塋散在各處年代久遠香火或絶名爲子
孫而不識墓門者有之情理極爲哀痛今後每於八月二十日有司以各墓附近子孫分定祭員回
文知委子孫等稍備壹果齊進所定之墓奠掃歲以爲常〇栗谷曰成聽松立墓祭法置祭田臧獲
構室墓下藏器有閣收穀有庫具饌有廳致齊有房凡百皆備以至床席器用之細皆規畫精固爲
之立籍以爲經遠之圖

⊙三月上旬擇日前一日齊戒(삼월상순택일전일일재계)

如家祭之儀

⊙삼월 상순의 날로 택일하고 하루 전에 재계(齋戒)한다.

집 제사 의식과 같다.

◆墓祭期日定式(묘제기일정식)

唐開元勑若拜掃非寒食則先期卜日〇程子曰拜墳則十月一日拜之感霜露也寒食則又從常
禮祭之〇呂氏㞑一歲疏數之節有所不及恐未合人情雨露旣濡霜露旣降皆有所感〇張子曰
寒食與十月朔日展墓亦可爲草木初生初死〇韓魏公祭式凡寒食爲上墓祭又近俗十月一日
祭墓所或祭於家今復定十月一日如上墓之儀至日若身不能往並遣親者代祭〇會通朱子宗
法展墓用寒食及十月朔〇朽淺曰三月上旬之祭朱子著於家禮者慮其寒食之或跨乎仲月而
有一月二祭之煩數然至其躬行則用寒食無乃素行程張之制故未遽改易耶〇正朝乃家禮與
朔望同其禮者也而我國上墓行殷祭寒食本介子推事天下共行墓祭中厚人一年墓祭止此而
我國亦行之端午屈厚沉江之日也楚俗於是日納飯竹筒投江以酹屈厚之魂其後中國人以爲
俗節薦廟未聞上塚而我國則例行墓祭秋夕非中國俗節新羅時男女分曹效績
以較勝負負者具酒食設宴於是日名曰嘉排其後國俗因行墓祭〇晦齋曰家禮墓祭三月上旬
擇日行之今世俗正朝寒食端午秋夕皆詣墓拜掃今且從俗可也〇栗谷曰按家禮墓祭只於三
月擇日行之一年一祭之而已今俗於四名日皆行墓祭從俗從厚亦無妨但墓祭行于四時與家
廟無等殺亦似未安若講求得中之禮則當於寒食秋夕二節具盛饌讀祝文祭土神一依家禮墓
祭之儀正朝端午二節則略備饌物只一獻無祝且不祭土神夫如是則酌古通今似爲得宜〇問
寒岡於四名日依朔望俗節禮行之上墓則依家禮及韓魏公朱子所行以三月上旬十月朔爲之
云今擬揆古參今端秋二節祭於廟以當夏秋時祭正朝則依朔望之儀上墓則一從韓魏公朱夫
子以寒食及十月朔行之如何沙溪曰四名日墓祭固知其過重栗谷欲於寒食秋夕行盛祭正朝
端午略行之此意似好但自祖先以來數百年從俗行之至于鄙人不敢容易改之來示亦好而未
能斷定〇尤菴曰節日薦廟家禮也上墓東俗也(註寒食則中原人亦上墓)又曰家禮則母(按母
一作毋)論親盡未盡只於三月一祭之而已栗谷以爲四節日墓祭國俗不可猝變欲於端午正朝
減殺行之今執事欲有所損益則依家禮雖只存寒食一祭亦可而第有一說墓祭古所未有故南
軒與朱子辨論而謂之非禮朱子以人情之不容已者往復甚勤然後南軒竟亦從之然則墓祭與
廟祭事體殊別可知矣今人不知廟中四時祭爲大事而有全然不行者今依家禮皆廢三節日墓
祭而有不行廟中四時祭則是奉先致孝之道全歸齒莽矣此又不可不知者也〇要訣不能頓變
國俗俾於四節日略加隆殺此似爲中制耳〇南溪曰墓祭寒食始於唐初十月朔始於宋朝七賢

此雖與家禮三月上旬擇日之文少異而義當從先儒所行也至於四名日出於五禮儀俗節之制
此自是國家所行不干於士大夫而時俗行之已久牢不可破以此貧窮之家家廟時祭自至廢闕
尤非善理也又曰五禮儀大夫士時享註雖不明言俗節當行墓祭而山陵則實行之今俗所謂四
名日殆原於此也沙溪以近世禮學之宗而其守並祭四名日甚堅幾亦無異於時俗雖曰禮有正
禮人情兩途不至甚妨而律以大體恐終少讓於寒岡之一遵程朱舊法也○三禮儀按朱子宗法
展墓用寒食及十月朔又與程張墓祭法合今擬以此爲定國俗寒食外三名日已入於祠堂俗節
恐不當疊設○陶菴曰墓祭非古也朱子隨俗一祭而今於廟行四時祭又於四節日上墓則是墓
與廟等也烏可乎哉祭莫重於時祭今人不知其爲重或全然不行而又廢三節日墓祭則尤爲未
安此亦不可不知也世之只行墓祭不行時祭者須移祭墓者行之於廟而於墓則一祭之爲宜

◆墓祭日(묘제일)

韓魏公用寒食及十月一日祭○程子外書拜墳則十月一日拜之感霜露也寒食則又從常禮祭
之飮食則稱家有無○理窟寒食與十月朔日展墓亦爲草木初生初死○晦齋曰按家禮墓祭三
月上旬擇日行之今世俗正朝寒食端午秋夕皆詣墓拜掃今且從俗行之可也

◆親盡祖墓祭日(친진조묘제일)

陶庵曰親盡祖墓祭依韓魏公禮十月一日祭之恐當得宜

◆先後行墓祭(선후행묘제)

問墓祭無他子孫可以分行一日內決難行祀於諸墓嶺南俗於前數日行祀於祖先而當日祭於
考妣此亦合於朱子除夕前行祀之義而亦愈於使奴僕行之沙溪曰前期行祭有朱子之所行嶺
俗得其宜又問儀節有云履端之祭隔年行之恐未安今擬以次日行事此言極是以此推之他節
日亦然遵儀節次日行之猶愈於前期行祭如何曰前期行祭雖有朱子之敎次日行祭尤似便宜
○尤菴曰節日上塚不得一日周旋於諸位則依朱子除夕前之說先後而行之恐無不可況家禮
墓祀只於三月內卜日行之東萊則以十月卜日行之則此事元無一定之日矣況朱先生每稱上
蔡所云子孫精神卽祖考精神之語子孫之不得已通變者實是祖先之所通變也○問古人於祭
祀必擇日行之且俗節異於忌日或前期或退日行之於義俱無害否曰家禮小註朱子有前期行
祭之說又小註有一日祭其曾祖餘子孫與祭次日却令次位子孫自祭其祖及父之文據此兩條
而參商之則或先或後恐皆無妨

⊙具饌(구찬)

墓上每分如時祭之品更設魚肉米麪食各一大盤以祭后土

⊙제수품을 갖춘다.

묘(墓) 매 위(位) 마다 각각 시제(時祭) 제수품과 같이 갖추고 또 다시 생선, 고기, 미
식 류(米食類), 면식 류(麵食類)를 각각 한 대반씩을 후토제(后土祭) 지낼 제수품으로
갖춘다.

◆每分品(매분품)

程子曰張橫渠於墓祭合一分食而祭之故告墓之文有曰奔走荊棘殽亂栢盤之列之語此亦未
盡也如獻尸則可合而爲一鬼神如何可合而爲一又曰橫渠墓祭爲一位恐難推同几之儀(註同
几唯設一位祭之謂夫婦同牢而祭)○朱子曰墳墓非如古人之族葬若只一處合爲一分而遙祭
之亦似未便此等不若隨俗各祭之爲便也

◆單獻具饌(단헌구찬)

輯覽按此條旣曰墓上每分如時祭之品則其有羹飯可知○按用腥用熟以下至祭用醋醬十餘
條見時祭並祭考妣具饌見忌祭○三禮儀惟栗谷所㝎寒食秋夕具盛饌其餘二節只一獻之儀
似可採一獻之饌當用酒果魚肉米麪食炙各一器只去饋食一邊

⊙厥明灑掃(궐명쇄소)

主人深衣帥執事者詣墓所再拜(曲禮適墓不登壟陳註壟墳堆也登之爲不敬)奉行塋域內外
環繞哀省三周其有草棘卽用刀斧鉏斬芟(增解韻會芟師咸切刈草也)夷灑掃訖復位再拜
又除地於墓左以祭后土(輯覽按韻會除陳如切去也按史封禪註封增土也天高不可及負土泰山上
爲壇而祭之冀近神靈也禪除地也以此觀之除地亦所以欲近於之神靈歟)

⊙그 다음날 날이 밝으면 깨끗이 청소를 한다.

주인은 심의(深衣)를 입고 집사자들을 데리고 묘소로 가서 재배를 하고 몹시 슬퍼하
며 영역을 서너 바퀴 돌며 살피고 초목을 낫, 도끼, 호미로 자르고 캐낸다. 청소를 마
쳤으면 제자리로 와서 재배한다. 또 묘 왼편에 산신제 지낼 터를 손질한다.

◆除地(제지)

韻會除陳如切去也按史封禪註封增土也天高不可及負土泰山上爲壇而祭之冀近神靈也禪
除地也以此觀之除地亦所以欲近於地之神靈歟

⊙灑掃儀禮節次(쇄소의례절차)

是日晨起或前一二日主人帥執事者詣墓所
鞠躬拜興拜興平身(拜訖環繞省視)○除草棘○添土(畢)○復位○鞠躬拜興拜興平身(又
除地於墓左祀土神)

⊙벌초 의례절차.

이날 일찍 일어나 혹 하루 이틀 전에 주인은 집사자들을 데리고 묘소로 간다.
국궁 재배 평신한다. (묘를 돌며 자세히 살펴본다) ○벌초를 한다. ○무너진 곳에는
흙을 채운다. (마쳤으면) ○제자리로 다시 온다. ○국궁 재배 평신한다. (또 묘의 왼편
으로 산신제 지낼 터를 닦는다)

⊙布席進饌(포석진찬)

用新潔席陳於墓前設饌(有石牀則陳饌於其上)如家祭之儀(置香爐盒於席前若設香案石則置
於其上)

⊙자리를 펴고 제수를 진설한다.

돗자리를 묘 앞에 펴고 상석이 있으면 그 위에 찬품을 집제사 의식과 같이 진설한다.
향로와 향합을 자리 앞에 놓는다. 만약 향안석이 있으면 그 위에 올려 놓는다.

◆無陳饌一節(무진찬일절)

按家祭儀先設蔬果降神後又進饌而墓祭無進饌一節當於此時同設蓋原野之禮差略故家祭
兩節並包於陳饌二字矣

◆石床當否(석상당부)

問墓祭用席原野之禮有所降殺故耶南溪曰似亦以體魄在土異於廟龕故也或以木床代之而
不爲高足其亦可耶俗人必爲石床設於墓前則無義矣又曰墓祭雖一石而亦當各設其饌矣

◆盛服(성복)

要訣主人以下玄冠素服黑帶○沙溪曰墓祭素服黑帶之制他未有考有官者白衣角帶亦未知
是否又曰鄙人著紗帽則著紅衣品帶著笠子則著白衣○愚按時祭以下諸祭皆於祭日設蔬果
酒饌時則著深衣出主行事時則盛服墓祭皆如家祭之儀其灑掃用深衣則其行事時自有盛服
可知其盛服卽祠堂章參禮條所載有官者幞頭公服進士幞頭襴衫以下是也墓祭之不別言服

色者者恐蒙上文也〇陶菴曰喪中服色以平凉子布帶直領似宜

⊙陳饌之具(진찬지구)

(祝)〇축문. (新潔席)又別用一席以代陳饌大狀〇신결석. 즉 돗자리. (香爐)〇향로. (香合)〇향합. (祝板)〇축판. (饌)同上時祭條但具一分合葬則具二分炙則三獻不各具〇찬. 〇시제(時祭) 찬과 같이 일분 찬을 갖추며 합장이면 이분찬이며 적은 진설할 때 같이 진설한다. (酒瓶)〇주병. 즉 술병. (酒注)〇주주. 즉 주전자. (盞盤)二一用以酹酒者〇合窆位則加具一〇잔반 2. 하나는 강신 잔반이며 합폄이면 하나 더 갖춘다. (匕筋楪)合窆位則匕筋加具一〇비저접. 즉 수저대접 합폄이면 하나 더 갖춘다. (徹酒器)〇철주기. (潔滌盆)〇결척분. 즉 물동이. (拭巾)〇식건. 즉 행주. (湯瓶)用以盛熟水者〇並設別席與火爐陳於墓前之西〇탕병. 즉 숙수병. (盥盆)二〇관분 2. 둘 즉 세수대야. (帨巾)二並主人及祝及執事者所盥洗設於墓前之東〇세건 2. 둘 즉 수건.

⊙參神降神初獻(참신강신초헌)

如家祭之儀但祝辭曰(云云〇栗谷曰扱匕正筋)餘並同

⊙참신, 강신, 초헌례.

집 제사 의식과 같다. 다만 축사만 다음과 같이 고한다. 삽시정저(扱匙正筋)를 하고 그 외는 모두 같다.

◆朱子祭告遠祖墓文(주자제고원조묘문)

維年月日遠孫熹謹率姪某姪孫某等以酒果告于遠祖二十一公制置府君祖妣杜氏夫人之墓惟昔顯祖作鎭兹邦開我後人載祀久遠封塋所寄奉守弗虔佗人有之莫克伸理兹用震怛籲于有司鄉評亦公遂復其舊伐石崇土俾後弗迷卽事之初敢謝其譴謹告

◆朱子歸新安祭墓文(주자귀신안제묘문)

一去鄉井二十七年喬木興懷實勞夢想兹焉展掃悲悼增深所願宗盟共加嚴護神靈安止餘慶下流凡在雲仍畢沾兹廳酒肴之奠惟告其哀精爽如有尙祈鑒饗

◆輪行墓祭宗子主祝(윤행묘제종자주축)

沙溪曰以輪轉行祭之故書祝舍宗子非禮〇尤菴曰朱子嘗曰宗子越在他國則庶子居者望墓爲壇以祭祝曰孝子某使介子某執其常事盖其尊祖敬宗之嚴如此據此則支子雖得行墓祭而祝詞猶以宗子爲主也

◆原野禮有殺(원야례유살)

退溪曰墓祭無進饌侑食或以爲不設羹飯恐不然也原野禮當有殺也〇龜峯曰無進饌一節墓祭從簡也〇要訣初獻時卽扱匙飯中正筋〇問家禮凡祭進饌在初獻之前侑食在終獻之後墓祭獨無此兩節何也沙溪曰豈原野之禮殺於家廟故耶鄙家依要訣三獻前並進魚肉蔬果扱匙正筋未知是否

◆墓祭先降後參(묘제선강후참)

要訣先降神後參神〇沙溪曰設位而無主則先降後參墓祭亦然家禮本文先參後降未知其義要訣墓祭先降後參恐爲得也備要墓祭欲依要訣先降後參而改家禮未安故仍之耳〇愚按下文祭后土先降後參而註曰同上則墓祭亦先降後參據此可知此條之先參後降恐是板本之訛

◆墓祭先參後降(묘제선참후강)

艮齋曰墓祭參降先後後來如何定今日見宋子大全朴是曾學先降爲問先生以墓祭先參後降

而考之不詳警之又曰鄙家墓祭亦先參矣此是先生七十九歲書爲最晚年定論也愚之所行恐
不爲無據矣○墓祭先降是要訣而沙翁以家禮本文先參後降爲難違而南塘近齋梅山皆主先
參任先生亦然故鄙家曾守要訣後改從沙翁矣

◆降參及大全子墓文(강참급대전자묘문)

沙溪曰設位而無主則先降後參墓祭亦然家禮先參後降未知其意要訣墓祭先降恐爲得也○
按大全祭子墓文氣序流易雨露旣濡念爾音容永隔泉壤一觴之酹病不能親諒爾有知尙識予
意於告卑幼則之墓之下遵用此文若躬奠則改一觴之酹病不能親爲淸酌庶羞伸此奠儀似可

◆親盡墓祭主祝(친진묘제주축)

問宗子與父兄尊行同行遠祖之祭則其祼獻誰當主之尤菴曰神主祧遷則其宗毀而族人不復
相宗矣又安有宗子之名乎○遂菴曰親盡墓祭三獻可也祝文臨時製用以行列最尊者爲之可
矣○問先代墓歲一祭之時祝用宗子之名耶用最長者之名耶問解答祧主祭時親盡宗子序立
之次曰廟毀不相宗云而若大宗子則似不可一例看未知如何曰以是長名書之可矣宗子則旣
已代盡無主祭之義矣○愚按廟毀不相宗以四親廟主祭而言也此固然也若墓祭則親盡亦祭
其禮與廟不同若祭遠祖墓則宗子支子均是親盡而必令尊行主祭則行祭尊卑較之宗法孰爲
輕重程子之言曰凡小宗以五世爲親盡則族散若高祖之子尙存欲祭其父則見爲宗子者雖是
六世七世亦須計會今日之宗子然後祭其父且家禮冬至立春始祖先祖之祭必令宗子主之此
可爲旁證矣然朱子以支孫猶祭制置之墓則支孫亦可主墓祭矣當更詳之

◆墓祭祝文式(묘제축문식)

維

歲次干支幾月干支朔幾日干支某親考妣云孝子祖考妣云孝孫曾祖考妣云孝曾孫高祖
考妣云孝玄孫親盡祖考妣云幾代孫妻云夫旁親卑幼則隨屬稱某官某弟以下不名敢昭告
于妻去敢字弟以下但云告于

顯某親某官府君或顯某親某封某氏合窆位則列書妻云亡室卑幼改顯爲亡去府君二字之
墓氣序流易雨露旣濡寒食云云歲時改此句爲歲律旣更端午云時物暢茂秋夕云白露旣
降十月朔云霜露旣降瞻掃

封塋不勝感慕考妣改不勝感慕爲昊天罔極旁親爲不勝感愴妻弟以下云不勝哀戚謹以妻
弟以下玆以淸酌庶羞祗薦旁親云薦此妻弟以下云陳此歲事尙

饗

◆묘제 축문식.

세차 모 간지 기월 기일 모친 모는 공경하옵는 모친 모관 부군 묘소에 감히 밝혀 고
하나이다. 계절의 차서가 바뀌어 벌써 비와 이슬이 내려 적시었사옵니다. 봉역을 찾
아 뵙고 쓸자 하오니 감모하여 사모함을 이길 수 없사옵니다. 삼가 맑은 술과 여러
가지 음식을 세사에 공경하며 드리오니 바라옵건대 흠향하옵소서.

◆親盡墓祭祝文式(친진묘제축문식)(便覽)

維

歲次干支幾月干支朔幾日干支幾代孫某官某敢昭告于

始祖考或先祖考或幾代祖考或始祖妣或先祖妣或幾代祖妣某官府君或某封某氏合窆位則
列書之墓今以草木歸根之時追惟報本禮不敢忘瞻掃

封塋不勝感慕謹以淸酌庶羞祗薦歲事尙
饗

◆세대가 지난 묘제 축문식.

세차 모 간지 기월 기일 모관 모가 시조할아버님 묘소에 감히 밝혀 고하나이다. 이제 초목도 뿌리로 돌아가는 때에 이를 따라 시조할아버님께 보답하는 예 감히 잊을 수 있겠사옵니까. 봉역을 찾아 뵙고 쓸자 하오니 감모하여 사모함을 이길 수 없사와 맑은술과 여러 가지 음식을 세사에 공경하며 드리오니 바라옵건대 흠향하옵소서.

⊙亞獻終獻(아헌종헌)

並以子弟親朋薦之(沙溪曰墓祭無侑食之禮者墓上無闔門啓門之儀此禮無所施故也○寒岡曰不侑食故無添酒之禮○以上增解)

⊙아헌례, 종헌례.

다 같이 자제나 친척 벗이 올려야 한다. 종헌 후 국을 물린 후 숙수를 올린다.

◆進熟水告利成(진숙수고리성)

要訣終獻後徹羹進熟水○問墓祭無闔門之節亦肅俟後進水如何沙溪曰是○按利成者古者告於尸之語也古禮墓祭有冢人爲尸之文則必告利成矣家禮家祭據古旣告利成則墓祭雖是原野之禮恐不當闕之

◆墓祭告利成之非(묘제고리성지비)

艮齋曰冢人爲尸非祭先之禮故朱子云或是初開祭后土亦未可知今鏡湖誤引以爲墓祭告利成之證恐當辨明

⊙辭神乃徹(사신내철)

⊙사신 후 곧 철상 한다.

⊙墓祭儀禮節次(묘제의례절차)

序立(如家祭之儀)○參神○鞠躬拜興拜興拜興拜興平身○降神○盥洗○詣香案前○跪○上香○酹酒○俯伏興拜興拜興平身○進饌○初獻禮○詣某親墓前○跪○祭酒○奠酒○俯伏興平身(如墓列葬非一則逐位詣某親墓前)○詣讀祝位○跪○俯伏興○鞠躬拜興拜興平身○奉饌○亞獻禮○詣某親墓前○跪○祭酒○奠酒○俯伏興平身○復位○奉饌○終獻禮○詣某親墓前○跪○祭酒○奠酒○俯伏興平身○復位○奉饌○侑食○主婦點茶○辭神○鞠躬拜興拜興拜興拜興平身○焚祝文○禮畢

⊙묘제 의례절차.

차서 대로 선다. (집 제사 의식과 같다)

●행참신례.

국궁 사배 평신한다.

●행강신례.

손을 씻는다. ○향안 앞으로 간다. ○무릎을 꿇고 앉는다. ○분향한다. ○강신한다. ○부복 하였다 일어나 재배 평신한다. ○찬을 올린다.

●행초헌례.

모친 묘 앞으로 간다. ○무릎을 꿇고 앉는다. ○제주한다. ○헌주한다. ○부복하였다 일어나 평신한다. (쌍분이면 모친 묘 앞으로 가서 전 묘와 같이한다) ○독축 위로 간다. ○무릎을 꿇고 앉아 독축한다. ○부복하였다 일어난다. ○국궁 재배 평신한다. ○적을 올린다.

●행아헌례.

모친 묘 앞으로 간다. ○무릎을 꿇고 앉는다. ○제주한다 ○헌주한다. ○부복하였다 일어나 평신한다. ○제자리로 물러선다. ○적을 올린다.

●행종헌례.

모친 묘 앞으로 간다. ○무릎을 꿇고 앉는다. ○제주한다. ○헌주한다. ○부복하였다 일어나 평신한다. ○제자리로 물러나 선다. ○적을 올린다. ○첨작한다. ○주부는 차를 올린다.

●행사신례.

국궁 사배 평신한다. ○축문을 불 사른다. ○예를 마친다.

⊙墓祭笏記(묘제홀기)笏唱席墓西東向

丘儀合用之人禮生(按)書儀架禮註引開元禮有設贊唱者位西南西(一作東)面之文況今禮廢之後儀文曲折行者不無參差今疑架引贊二人通贊一人擇子弟或親朋子弟爲之先期演習庶禮行之際不至差跌○國朝五禮儀贊者在東西向

⊙祭官分定(제관분정)

初獻官○亞獻官○終獻官○祝官○執禮○右執事○左執事

⊙唱笏(창홀)

一) 序立(서립)(家祭之儀)

二) 行參神(행참신)

鞠躬拜興拜興平身(皆拜婦女子四拜)○尊長及老疾者休於他所

三) 行降神(행강신)

焚香再拜○主人盥洗○詣香案前跪○上香○俯伏興拜興拜興平身

酹酒再拜○主人跪○左右執事者盥洗○左執事取盞盤跪于主人之左東向(東設卓子上酹酒盞盤)○右執事執酒注跪于主人之右西向(東設卓子上酒注)○左執事進盞盤(主人受盞盤)○右執事斟酒于盞○左手執盤右手執盞盡傾于地(主人)○畢盞盤授左執事○執事俱起盞盤酒注置于故處降復位○俯伏興拜興拜興平身(主人)

●退溪曰墓祭無進饌侑食

四) 行初獻禮(행초헌례)

主人跪○左執事詣考位前執盞盤跪于主人之左東向○右執事執酒注跪于主人之右西向(東設卓子上酒注)○進盞盤(主人受盞盤)○斟酒于盞(右執事者)○盤盞授左執事○奉之奠于故處(左執事者)○左執事詣妣位前執盞盤跪于主人之左東向○進盞盤(主人受盞盤)○斟酒于盞(右執事者)○盞盤授左執事○奉之奠于故處(左執事者)○右執事反酒注故處○左右執事考妣前執盞盤跪于主人左右○進盞盤(左執事者)○受盞盤(主人)○右手取盞三祭傾少許于地○盞盤授執事者○反于故處(左執事者)○受妣盞盤(主人)○右手取盞三祭傾少許于地○盤盞授執事者(右執事

者)○反于故處○奉饌○奉饌者盥洗(兄弟之長一人)○進肝炙盤(左右執事者各一器)
○奉之奠于考妣前(先考肉餅之間後妣麵魚之間)(奉饌者)○啓飯蓋揷匙飯中正筯(奉
饌者)○皆降復位(奉饌者及左右執事者)○俯伏興平身(主人)(如墓列葬非一則逐位詣某
親墓前)○祝取板立於主人之左東向○主人以下皆跪俯伏○讀祝○皆興(讀畢)○
祝板置于故處降復位(祝官)○鞠躬拜興拜興平身(主人再拜)○降復位(主人)○徹
酒下炙(左右執事者升他器徹酒及下炙置于東設卓上)○降復位(左右執事者)

●要訣初獻時揷匙飯中正筯

●沙溪曰家祭儀則三獻進炙似當

五) 行亞獻禮(행아헌례)(主婦獻則諸婦女奉炙肉)

亞獻官盥洗○香案前跪(亞獻官)○左執事詣考位前執盞盤跪于獻官之左東向○
右執事執酒注跪于獻官之右西向(東設卓子上酒注)○進盞盤(獻官受盞盤)○斟酒于
盞(右執事者)○盤盞授左執事○奉之奠于故處(左執事者)○左執事詣妣位前執盞
盤跪于獻官之左東向○進盞盤(獻官受盞盤)○斟酒于盞(右執事者)○盞盤授左執
事○奉之奠于故處(左執事者)○右執事反酒注故處○左右執事考妣前執盞盤跪
于獻官左右○進盞盤(左執事者)○受盞盤(獻官)○右手取盞三祭傾少許于地○盞
盤授執事者○反于故處(左執事者)○受妣盞盤(獻官)○右手取盞三祭傾少許于地
○盤盞授執事者(右執事者)○反于故處○奉饌○奉饌者盥洗(兄弟之長一人)○進
肉炙盤(左右執事者各一器)○奉之奠于考妣前(先考肉餅之間後妣麵魚之間)(奉饌者)
○皆降復位(奉饌者及左右執事者)○鞠躬拜興拜興平身(獻官再拜)○降復位(獻官)○
徹酒下炙(左右執事者升他器徹酒及下炙置于東設卓上)○降復位(左右執事者)

●朱子曰未有主婦則弟得爲亞獻

六) 行終獻禮(행종헌례)(次位及親賓)

終獻官盥洗○香案前跪(獻官)○左執事詣考位前執盞盤跪于獻官之左東向○右
執事執酒注跪于獻官之右西向(東設卓子上酒注)○進盞盤(獻官受盞盤)○斟酒于盞
(右執事者)○盤盞授左執事○奉之奠于故處(左執事者)○左執事詣妣位前執盞盤
跪于獻官之左東向○進盞盤(獻官受盞盤)○斟酒于盞(右執事者)○盞盤授左執事
○奉之奠于故處(左執事者)○右執事反酒注故處○左右執事考妣前執盞盤跪于
獻官左右○進盞盤(左執事者)○受盞盤(獻官)○右手取盞三祭傾少許于地○盞盤
授執事者○反于故處(左執事者)○受妣盞盤(獻官)○右手取盞三祭傾少許于地○
盤盞授執事者(右執事者)○反于故處○奉饌○奉饌者盥洗(衆子弟一人)○進肉炙
盤(左右執事者各一器)○奉之奠于考妣前(先考肉餅之間後妣麵魚之間)(奉饌者)○皆降
復位(奉饌者及左右執事者)○鞠躬拜興拜興平身(獻官再拜)○降復位(獻官)○休於
他所者皆入

●要訣終獻後徹羹進熟水

七) 徹羹進熟水(철갱진숙수)(主婦有故則主人諸行)

主人詣考位前○主婦盥洗○詣妣位前(主婦)○詣取熟水盤香案前(執事一人)○
主人考位奠于徹羹處○主婦妣位奠于徹羹處○畢皆降復位○鞠躬(少頃)○興

八) 合飯蓋(합반개)

執事者升詣考妣位前○下匙筯于楪中○合飯蓋○降服位

九) 告利成(고리성)

主人立於香案東西向○祝立於香案西東向○祝告利成(祝曰利成)○鞠躬拜興拜興平身(皆拜主人不拜)○皆降復位

●鏡湖曰利成者古禮墓祭有家禮家祭據古旣告利成則墓祭雖是原野之禮恐不當闕也

十) 行辭神(행사신)

鞠躬拜興拜興平身(皆拜)

十一)焚祝文(분축문)

祝取祝版詣香案前跪○焚之祝○降復位

十二)禮畢(예필)

主人以下降而退

十三)徹饌(철찬)

執事者徹饌而退

◆兄揖弟墓(형읍제묘)

艮齋曰三淵據語類兄答弟拜之文而拜於弟之祠墓恐似泥古蓋朱先生因言儀禮子冠母先拜幷及古人無受拜禮而曰雖兄亦答拜而已未必使其拜弟也語類揚錄却云拜親時須合坐受兄止立受此是言今人所當行之儀也曾見先師過弟墓止立而一揖此似爲得中爾

◆墓祭考證(묘제고증)

艮齋曰按古不墓祭顧氏曰知錄備言之而閻氏四書釋地以東郭墦間之祭者爲古墓祭之切證因歷擧經史子集以爲據至謂高明如顧寧人亦惑於後人之說然則此可謂定論也然又考周氏四書辨正却謂閻說不然而細辨之終曰總之自漢以來始有墓祭相沿旣久於義無傷不妨從俗但必謂古禮如是則傳會耳(閻周二說幷見四書合纂大成)汪氏於孟子只載閻說而顧周二說皆不擧論恐亦以閻氏爲善也周禮家人凡祭墓爲尸鄭註云此或祈禱焉語類云或是初聞祭后土亦未可知然經云凡祭墓則當是祭祖考爲正義若祈禱或祭后土則未可謂之祭墓也故先生又嘗言墓祭周禮已自有了此當爲定論今此書隨俗墓祭之云恐是初年說也更按孟子文何氏云宋元刊本以卒之東郭墦閒(句)之祭者乞其餘(句)周氏以此爲朱子所定又曰之祭者三字本不與墦閒連屬則亦未必定是祭墓愚謂此恐非先生所定蓋卒之之祭者兩之字皆作往義讀則語疊而文陋不可從也假使此文爲實祭墓原非孟子爲論禮而發只誦其所聞而已則其祭墓又安知非齊國之俗而後世論禮之家何 必以是爲古者祭墓之一大據耶恐未若證以周禮之爲明確也

◆爲壇而祭(위단이제)

近齋曰聞守道公非大君云非大君則不得稱別子不成爲百世不遷之位儀禮家禮及國典皆如此不知貴宗諸人欲用別子不遷例者有何據耶至於壇壝亦或一道而又有難行者墳墓雖失傳而禹祭酒之祀壇猶以故宅遺墟之尙存也金太師之墓壇以購山洞名之可徵也如守道公則毁壇實無處所欲於宗子家築壇則旣非不祧之位其宗子爲毁之宗築壇其家恐涉無義○梅山曰古者無墓祭祭墓者爲壇盖神道尙幽不可逼瀆塋域故通典亦云宜設於塋南山門之外然今已成俗有難從古若至遠祖考妣墓之或不傳或傳者卽其所傳之地當遵望墓爲壇之禮如金太師墓壇之例並祭考妣而以右爲上恐爲變禮而不失其正也○剛齋曰子孫之於祖先神位之壇不當書姓字云爾則凡人家墓表其有不曰某公之墓者耶且此立石爲識神位則何以幷書夫人墓況夫人墓則自當別有表口耶壇石面刻李公下宜有神位二字而闕之此爲未盡耳祭之各設豈壇與墓先後祭之之謂耶若然則非設壇於夫人墓右之意恐爲失於思量也○性潭曰尊門始祖

旣未有不祧之典且失墳墓所在而乃於屢千世累百年之後營建一祠於貫鄕將爲歲薦一祭者
雖出於後裔追慕之誠禮無所據況是涉僭耶○問丙子江都火刧之中五世祖妣舟村夫人與呂
參判夫人同爲被禍及其殯葬莫辨形骸則不得已雙墳於一處卽楊根地也情禮所迫別築魂壇
於舟村墓左此爲無於禮之禮也旣葬於他所別壇於此無或未安耶老洲曰曾聞吳忠烈家以體
魂之未返而虗堂謂非禮設壇行祭云此實出於哀痛惻怛迫不得已也亦未知其果如何而至於
尊宅所愼初旣與同禍他家婦女雙墓於一處者雖緣莫可辨別而不得已爲此然要之形骸已斂
葬而有墓矣與忠烈家所行過異有墓而又爲壇非特無經據魄藏于土魂返于堂則魂壇之稱恐
甚不類矣

◆齋舍合祭或前期次日行祀(재사합제혹전기차일행사)

退溪曰同原許多墓各行祭之弊世多有此愚意不如掃視墓域後以紙榜合祭於齋舍無舍則設
壇以行之可免瀆弊而神庶享也名日祭前期而行雖非在官者當日不免有禮俗往來之煩恐未
專精祭祀徇俗行之耳○問墓祭或墓非一二多至八九東西埋葬丘隴峻險南往北來神倦身疲
恐有怠慢之氣或生而日亦不繼則將何以處之或厥日有終朝之雨則亦將何以爲之欲預構一
屋於墓側而若遇如此之時則依時祭儀合祭一所如之何退溪曰豈不善哉○同春問祖與父墓
各在數舍之外四時墓祭無他子孫可以分行而一日內決難行祀於兩墓則何以爲之嶺南俗例
於前數日行祀於祖先而當日則祭於考妣墓此亦合於朱子除夕前行事之義而亦愈於使奴僕
行之耶沙溪曰前期行祭亦有朱子之所行嶺南之俗得其宜也○又問儀節有云履端之祭隔年
行之恐未安今擬以次日行之此言看來極是以此推之他節日亦然沙溪曰前期行祭雖有朱子
之敎次日行祭尤似便宜○朽淺曰高曾祖禰異日設祭謹按支子支孫各行祖禰之祭不叅高曾
祖之祭則非特有乖於尊祖之義其在祖禰之靈亦豈安乎假令所祭之地相近且當春夏永日諸
處往來必有情倦禮瀆不能致敬之患況所祭地遠又在秋冬寸晷者乎是則雖欲一日幷行不可
得也以此於高曾於祖禰不能不親疎之傷倫悖禮孰大於是古人於忌祭亦有卜日之禮況此俗
節之進退何害於義理乎○尤庵曰退溪之意欲於墓下齋室以紙榜行之云耳非謂還家而行之
如此也○又曰節日薦廟家禮也上墓東俗也(寒食則中原人亦上墓)於廟於墓俱有故則似當
廢之然以朱子答南軒書所謂是日不能不思其親之意觀之則或如來示設紙榜致其如在之誠
或是人情之所不能已者然旣無明據不敢質言○又曰家禮小註朱子有前期行祭之說又小註
有一日祭其曾祖餘子孫與祭次日令次位子孫自祭其祖及父之文據此兩條而叅商之則或先
或後恐皆無妨○又曰節祀之詢不知同春之所以捨朱子而從丘儀之意也且以朱子說觀之祭
祖祭考雖皆行之於除夕之前可也大抵儒家儀範不得徵於朱子然後遷就他說似乎寡過也○
又曰節日上冢不得一日周旋於諸位則依朱子除夕前之說先後而行之恐無不可況家禮墓祀
只於三月內卜日行之東萊則以十月卜日行之則此事元無一定之日矣況朱先生每稱上蔡所
云子孫精神卽祖考精神之語子孫之不得已通變者實祖先之所通變也○同春曰墓祭本無定
期故進退以行恐不至大妨○問今有祖禰墓相遠無他叅祭而身不得兩行使僕行之者甚可寒
心推以朱先生餘意一墓先節日行之如何南溪曰以理言之追行於新元後二三日方始爲得○
芝村曰秋夕墓祀因阻水未行遂以念後卜日往行稟之玄石亦謂丘氏所論正合遵用云(丘氏曰
履端之祭隔年行之恐未安依朝廷元朝行大賀禮於別日行時享之意有官者以次日行事)○陶
庵曰嶺俗正朝墓祀輒進行於臘月晦間世謂出於退溪先生而實則已見於朱子書中矣以此推
之有故則退日而行亦似無害於義

제 9 절 제후토(祭后土)

◆祭后土(제후토)

朱子嘗書戒其子曰比見墓祭土神之禮全然滅裂吾甚懼焉旣爲先公託體山林而祀其主者豈

可如此今後可與墓前一樣菜菓鮓脯飯茶湯各一器以盡吾寧親事神之意勿令其有隆殺○或
問祠后土如何不在墓祭之前曰吾爲吾親來薦歲事專誠在墓土神自宜後祭盖有吾親方有是
神也

◆一山內不別祭土神(일산내불별제토신)

同春曰雖不同岡若是一山之內則恐不必各祭土地○問祖先及子孫同托一山則土地祭當俟
諸位祭畢行之耶沙溪曰諸位祭畢行於最尊位之墓左○南溪曰惟隔壟別局相距稍遠然後可
以更設其祭○問曾祖以下同葬一原者土神祭祝當並書乎愼獨齋曰當以最尊位書之何可逐
位並書乎○遂菴曰先世墓無論單獻三獻旣行祀禮則土神祭祝恭修歲事於先墓之云有何不
可

◆土地祭設饌式(토지제설찬식)

南溪曰葬時祠土地奠也墓祭祠土地祭也旣曰祭則飯羹恐當並設

◆后土先墓行祭先後(후토선묘행제선후)

同春問祖先及子孫同托一山則土地祭當俟諸位祭畢行之耶沙溪曰諸位祭畢行於最尊位之
墓左○家禮集說問祀后土如何不在墓祭之前曰吾爲吾親來薦歲事專誠在墓土神自宜後祭
盖有吾親方有是神也○問先墓雖一局之內而若不同岡則祀土地各祭其岡耶抑祭於上位之
所而不必各行否同春曰雖不同岡若是一山之內則恐不必各祭鄙家所常行如此○問晦庵訓
塾之言曰土神祖先托體之主云云尤庵曰朱子之訓只是土神祭饌不可降殺之義而其說先後
之序則分明先墓而後土神何可以彼而變此乎

◉遂祭后土布席陳饌(수제후토포석진찬)

四盤于席南端設盤盞匙筯于其北餘並同上

◉묘제를 마쳤으면 자리를 펴고 찬(饌)을 진설하고 산신제를 지낸다.

자리 남단으로 어류, 육류, 미식 류, 면식 류, 각 한 대반씩을 진설하고 잔반과 수저는 그 북단이며 그 외는 모두 위 묘제와 같다.

◆設饌(설찬)

沙溪曰上文具饌註旣曰更設魚肉米麪食各一大盤以祭后土云則此云四盤實相照應但朱子
嘗書戒子云可與墓前一樣吾家欲依此行之○尤菴曰墓祭土神只用四大盤者家禮正文也與
墓祭無有等殺者朱子戒子書也從此從彼兩無所妨○土神之祭當依家禮大註至於墓前一樣
云者是朱子戒子書而後人附入者當以本註爲正矣四盤是四器盤如盤盞之盤○南溪曰葬時
祠土地奠也墓祭祠土地祭也旣曰祭則飯羹恐當並設

◆一獻祭亦祭后土(일헌제역제후토)

遂菴曰要訣雖有正朝端午只一獻不祭土神之文旣行墓祭則土地之祭似當行矣

◉降神參神三獻(강신참신삼헌)

同上(增解按謂降參三獻皆與墓祭同其有不同者則輒加但字以註之如下文也此條先降後參而只曰
同上則墓祭之先參是板本之誤無疑)但祝辭曰(云云)

◉강신, 참신, 초헌례, 아헌례, 삼헌례.

위 묘제 의식과 같다. 다만 축사는 다음과 같이 이른다.

◆朱子祭土地神文一(주자제토지신문일)

敢昭告于土地之神仲秋之月萬寶將成蒙神之休幸玆遣免式陳菲薦用以揭虔尙其顧歆永垂
庇佑

◆朱子土地神文二(주자토지신문이)

熹窮年奔走玆復奠居老幼無虞以及改歲繁神之賴報事敢愆尙其顧歆永垂覆祐謹告

◆祭后土祝文式(제후토축문식)

維

歲次干支幾月干支朔幾日干支某官姓名敢昭告于

土地之神家禮后土氏之神某恭妻弟以下去恭字修歲事于某親某官府君或某親某

封某氏卑幼去府君二字同岡最尊者云之墓維時保佑實賴

神休敢以酒饌敬伸奠獻尙

饗

◆산신제 축문식.

세차 모 간지 기월 기일 모관 성명이 토지의 신께 감히 밝혀 고하나이다. 모가 받들
어 세사를 섬긴 모친 모관의 묘소는 오직 신께서 항시 돕고 보호 하심에 진실로 힘
입어 편안하였사와 감히 주찬을 경건히 펴 드리오니 바라옵건대 흠향하옵소서.

⊙辭神乃徹而退(사신내철이퇴)

⊙사신 재배 후 곧 철상하고 물러난다.

⊙祭后土儀禮節次(제후토의례절차)

就位○降神○盥洗○詣香案席前○跪○上香○酹酒○俯伏興○復位○參神○鞠躬
拜興拜興平身○(主人執注)初獻酒○跪○讀祝(祝跪主人之左讀之)○俯伏興平身○復位
○亞獻酒○三獻酒○辭神○鞠躬拜興拜興平身○焚祝文○禮畢

⊙산신제 의례절차.

자리로 간다.

●행강신례.

손을 씻는다. ○향안석 앞으로 간다. ○무릎을 꿇고 앉는다. ○분향한다. ○강신한다.
○부복하였다 일어난다. ○제자리로 물러나 선다.

●행참신례.

국궁 재배 평신한다. (주인은 주전자를 든다)

●행초헌주.

무릎을 꿇고 앉는다. ○독축한다. (축관은 주인의 왼편에서 무릎을 꿇고 앉아 독축한
다)

●행아헌주.

●행삼헌주.

●행사신례.

국궁 재배 평신한다. ○축문을 불사른다. ○예를 마친다.

◆墓祭後祭后土(묘제후제후토)

問墓祭祭后土否朱子曰就墓外設位而祭○集說問祠后土如何不在墓祭之前曰吾爲吾親來
薦歲事專誠在墓土神自宜後祭盖有吾親方有是神也○問祖先及子孫同托一山則土地祭當

俟諸位祭畢行之耶沙溪曰諸位祭畢行於最尊爲之墓左

◆祭影終非精義(제영종비정의)

艮齋曰頏示謹悉盖宋時謂廟爲影堂家禮始稱祠堂宋之影堂卽今之祠堂也雖則有影又必有主所祭者主耳非影也所據大全諸證恐未及詳於此也大抵神而後祭之影者形之肖也祭之於形之肖者不幾於致生之不知乎影亦可謂神之喩恐爲未安禮言其極祭影縱有前據似終非精義幸夏細商若何○日前考晦翁釋菜儀諸賢用紙牌而先聖用像未知此是塑耶畵耶若是塑像則與畵像何別於此又却有疑欲高明審思而詳敎之也○滄洲釋菜來喩己云不敢援石潭儀亦云不敢效惟劉子澄似可依倣而細玩朱先生書辭恐只是說未必其己行與否也且畵像行祭伊川近齋皆不許矣朱子謁濂翁像時似有薦獻然影非神非神而祭恐合商訂

◆私立聖賢影堂釋菜未安(사립성현영당석채미안)

艮齋曰聖廟爲夷獸汚穢此時士類另立影堂以爲瞻依之所誠可爲也若因而欲行釋菜則有退翁之嚴戒不可違也蓋其言曰朱子晚年以道統之傳有不得不自任者故設此禮而不疑若恆人而效顰非大愚則大妄也○是宜十分警惕而不敢率爾也韓希甯集答鄭應善書亦引退溪此訓而言其不敢爲之意又言新安精舍記要洲齋作而以釋菜之故不許○愚竊疑此事今不可苟徇近俗之謬例以貽識者之譏千萬照察

◎省墓(성묘)

◎省墓儀(성묘의): 省墓時初度再拜復再拜而退

問祖父同入一麓拜祖時父墓在後心似未安栗谷曰勢然也視之以異室可也問傍親同在一山則雖不參祭時或虗拜可乎曰雖四時不必皆拜一年一度不可廢也○尤庵曰省墓時初度再拜復再拜而退則禮意尤爲懇惻而周詳矣○遂庵曰曾見兩先生謁廟展墓只行一再拜據此行之未見違於禮也○問此行歸省先墓當在端午後當別具酒果設薦然則當有祝文耶若值端午依禮參拜似不當自主同春曰別具酒果則告辭去孝子而爲之恐不可已墓事似亦與家廟有異矣如值節祀則祝文以孝子某在遠使介子某敢昭告云云例也○遂庵曰登科或作宰者榮墳時獻酌之節禮宗子當行之宗子有故則使宗子弟與子攝行爲宜

제 10 절 생신제(生辰祭)

◆生日辰(생일신)(補)

湯氏鐸曰按家禮親生辰无祭鄭氏曰祭死不祭生伏覩國朝頒降胡秉中祀先圖凡例有生日之祭當以此爲據竊惟親在生辰旣有慶禮歿遇此日能不感慕如死忌之祭可也

◆生忌(생기)

問家禮集說有所謂生忌於先考妣生日設酒食以祭象平生也其祭文曰生旣有慶沒寧敢忘云退溪曰恐孟子所謂非禮也禮此類之謂也○沙溪曰生忌之祭馮善創開退溪非之是矣○愚伏曰禮輯乃明儒屠義英所著生日祭出主於正寢而行之如忌日之儀然忌日之祭亦古者所無宋賢始以義起而朱子於家禮亦著之然比四時正祭頗殺其禮其微意可知也至於生日之祭宋賢之所未起而近於人情之尤者故李先生斷以爲非禮之禮後學似不當有他議也○尤菴曰生辰之祭退溪非禮之答似不可易矣若知其非禮而以先世所行爲難停廢則是非禮之禮無時可改也世人喜說喪祭從先祖之文此殊未安然先世所行之禮昧然遽廢亦似未安須告以廢之之意恐爲婉轉

◆子孫生日薦(자손생일천)

問生忌說旣有退溪定論而子孫生日乃父母劬勞之日也略薦時需以伸其情如何尤菴曰子孫
生日雖異於祖父之生日其難便者亦有數件將獨設父母乎抑並設於諸位耶若子孫衆多而一
一薦享則無乃煩瀆耶○愚伏曰朱子以季秋祭禰而適生日在月內故以其日行之非以生日薦
重也

◆子孫生日薦當否(자손생일천당부)

尤庵曰古人於先世生朝必祭至有祝辭曰生旣有慶沒寧敢忘退溪則截然以爲非禮未知孰是
第念諸位同安一祠未知獨設於原位耶抑幷設耶或請出其主於正廳耶三者皆有所難便退溪
非之者或出於此耶今玆子孫之生日雖異於先世祖父之生日其難便者亦有數件將獨設父母
耶抑並設於諸位耶若子孫衆而一一薦享則無乃煩瀆耶此有所不敢知者不敢質言耳○又曰
祖先中一位生辰若在仲月則行祀於此日恐似婉轉矣朱子生日在九月十五日故其禰祭例行
於是日此雖與祖先生日有間大槩其意則相近矣禰祭是時祀之類○問尤翁以子孫生日薦酌
於亡親爲可未知如何陶庵曰尤庵說亦恐非正當之論不必苟行

◆考妣甲日伸情(고비갑일신정)

艮齋曰考妣甲日欲就墓所略設伸情固可爲也先賢又有廟中諸位普同薦新之論亦可從也

◆生辰祭當否(생신제당부)

寒岡問先考生日設飮食以祭象平生也其祭文曰存旣有慶歿寧敢忘云云此意如何退溪曰恐
孟子所謂非禮之禮此類之謂也○松江曰生日祭議論不同如蘇齋頣庵皆以爲不可後來議及
李叔獻以爲朔望遍奠此亦何傷云云故遍奠諸位今承浩原之說有曰若不能從禮無寧取中原
別祭之制可乎○龜峰曰家禮祭有其數無先親生辰祭祭不可瀆只祠堂章奠無定禮有俗節之
獻倣此行奠禮如何稱生忌用祀似難行矣○沙溪曰生忌之祭馮善創開退溪非之是矣○愚伏
曰朱子以季秋祭禰爲重而適生日在月內故以其日行之非以生日爲重也若於考妣生日有祭
則必著之家禮矣○尤庵曰生辰之祭若知其非禮而以先世所行爲難停廢則是非禮之禮無時
可改也世人喜說喪祭從先祖之文此殊未安然先世所行之儀昧然遽廢亦似未安須告以廢之
之意恐爲婉轉○又曰生辰祭退溪旣謂之非禮然高氏則有祭儀至有祝文只有一位處據高儀
行之恐不至甚害○南溪曰孔子稱生事葬祭以禮爲孝人之生世也爲子孫者喜慶其生日而養
以酒食固禮也及其下世也爲子孫者悲哀其亡日而奠以饋食亦禮也若於歿後猶以酒食追養
其生辰恐於理有悖非如四名日之不至甚妨故君子不爲也○陶庵曰生日之祭非禮也當從古
不當從俗

◆三年內生辰(삼년내생신)

同春問先考生日適在季秋欲於三年後因其日行禰祭而第未知三年內設享亦難免非禮之譏
否沙溪曰几筵異於祠堂以酒果餠麵如朔奠禮設之如何此非祭禮恐無不可○問三年內遇亡
人生辰上食後別設數饌行之何如尤庵曰恐當如此鄙家喪中象平日饌品稍備而行之耳○南
溪曰生辰祭雖曰非禮之禮三年內則又不可不行其儀倣俗節別設○陶庵曰生朝之祭一日再
祭恐近於瀆兼設於殷奠似爲允當○

⊙出就正寢儀禮節次(출취정침의례절차)

儀節並同祭禰○主人詣祠堂考妣櫝前○跪○焚香○告辭曰孝子某今以某親某官府
君降生之辰敢請神主出就正寢恭伸追慕○俯伏興(執事者以盤盛主主人前導衆親從之至
正寢主人奉考主主婦奉妣主于座)

⊙정침으로 신주 내오는 의례절차.

네제 의례절차와 모두 같다. 주인은 사당 고비독 앞으로 간다. ○무릎을 꿇고 앉는다.
○분향한다. ○다음과 같이 고한다. ○부복하였다 일어선다. (집사자가 신주를 소반에

담아 들면 주인이 앞에서 인도를 하고 여러 친속들이 뒤 따라 정침에 이르면 주인은 고위 신주를 신위의 자리에 내모시고 주부는 비위신주를 내모신다)

◈告辭式(고사식)

孝子某今以
顯考某官府君
顯妣某封某氏今以
顯考降生之辰敢請神主出就正寢恭伸追慕

◈고사식.

효자 모는 오늘이 공경하옵는 아버님 모관 부군과 공경하옵는 어머님 모봉 모씨께서는 이제 공경하옵는 아버님의 생신이오라 감히 청하옵건대 신주께서는 정침으로 가시옵기 사모하오며 공손히 사뢰나이다.

⊙生日辰儀禮節次(생일신의례절차)

儀節並同祭禰

序立(主人主婦及弟婦子姪凡禰所出者皆在)○參神○鞠躬拜興拜興拜興拜興平身○降神○盥洗○詣香案前○跪○上香○酹酒(以下旁注皆與時祭同)○俯伏興拜興拜興平身○進饌○初獻禮○詣考妣神位前○跪○祭酒○奠酒○祭酒○奠酒○俯伏興平身○詣讀祝位○跪○主人以下皆跪○讀祝○俯伏興○鞠躬拜興拜興平身○復位○奉饌○亞獻禮○盥洗○詣考妣神位前○跪○祭酒○奠酒○祭酒○奠酒○俯伏興拜興拜興平身○復位○奉饌○終獻禮○盥洗○詣考妣神位前○跪○祭酒○奠酒○祭酒○奠酒○俯伏興拜興拜興平身○復位○奉饌○侑食○鞠躬拜興拜興平身○復位○闔門○祝噫歆○啓門○主人以下復位○獻茶○飲福受胙○詣飲福位○跪○嘏辭曰(云云四時祭同但去祖字)○飲福酒○受胙○鞠躬拜興拜興平身(主人起立于東階上西向)○告利成(祝立于西階上東向曰)○利成○復位○鞠躬拜興拜興平身○辭神○鞠躬拜興拜興拜興拜興平身○焚祝文○送主○徹饌○禮畢

⊙생신제 의례 절차.

의례 절차는 예제(禰祭) 의식과 모두 같게 한다.

차서대로 선다. (주인과 주부 및 친속 모두 대체로 예제(禰祭)와 같이 모두 나와 선다)

●행참신례.

국궁 사배평신.

●행강신례.

손을 씻는다. 향안 앞으로 간다. ○무릎을 꿇고 앉는다. ○분향한다. ○강신한다. ○부복하였다 일어나 재배 평신한다. ○진찬한다.

●행초헌례.

고비위 신위 앞으로 간다. ○무릎을 꿇고 앉는다. ○제주한다. ○헌주한다. ○제주한다. ○헌주한다. ○부복하였다 일어나 평신한다. ○독축 할 자리로 간다. ○무릎을 꿇고 앉는다. ○주인 이하 모두 무릎을 꿇고 앉는다. ○독축한다. ○부복하였다 일어선다. ○주인은 재배 평신한다. ○제자리로 물러나 선다. ○적을 올린다.

●행아헌례.

손을 씻는다. ○고비신위 앞으로 간다. ○무릎을 꿇고 앉는다. ○제주한다. ○헌주한다. ○제주한다. ○헌주한다. ○부복하였다 일어나 재배 평신한다. ○제자리로 물러나 선다. ○적을 올린다.

●행종헌례.

손을 씻는다. ○고비 신위 앞으로 간다. ○무릎을 꿇고 앉는다. ○제주한다. ○헌주한다. ○제주한다. ○헌주한다. ○부복하였다 일어나 재배 평신한다. ○제자리로 물러나 선다. ○적을 올린다. ○첨작한다. ○국궁 재배 평신한다. ○제자리로 물러나 선다. ○문 밖으로 나오고 문을 닫는다. ○축관이 희흠(噫歆)을 세 번 한다. ○문을 연다. ○주인 이하 모두 들어간다. ○숙수(熟水)를 올린다. ○음복 수조. ○음복할 자리로 간다. ○무릎을 꿇고 앉는다. ○복 내리는 고사를 시제의식과 같게 한다. ○음복주를 준다. ○고기를 잘라준다. ○국궁 재배 평신한다. (주인은 일어나 동쪽층계 위로 가서 서쪽으로 향하여 선다) ○고리성(告利成). (축관은 서쪽 층계 위에서 동쪽으로 향하여 선다) ○이성(利成). (봉양의 예가 모두 잘 이뤄졌습니다) ○제자리로 물러나 선다. ○국궁 재배 평신한다.

●행사신례.

국궁 사배 평신한다. ○축문을 불사른다. ○신주를 사당으로 드린다. ○철상한다. ○예를 모두 마친다.

◈生辰祭祝文式(생신제축문식)

維

歲次干支幾月干支朔幾日干支孝卒哭前孤姒哀俱沒則孤哀承重則孝孫卒哭前孤孫哀
孫孤哀孫子隨屬稱某敢昭告于

顯考某官府君

顯姒某封某氏歲序遷易

顯考生辰復臨存旣有慶歿寧敢忘追遠感時昊天罔極承重則改昊天罔極爲不
勝永慕謹以淸酌庶羞恭伸奠獻尙

饗

◈생신제 축문식.

세차 모 간지 기월 기일 효자 모 공경하옵는 아버님 모관 부군과 어머님 모봉 모씨께 감히 밝혀 고하나이다. 세월의 차서가 바뀌고 옮겨져 공경하옵는 아버님의 생신을 맞자오니 생전에는 경사의 잔치가 있었사올텐데 작고하셨다 하여 감히 잊겠사옵니까 그 때가 감동되어 제향을 드리옵자니 부모님의 은혜가 하늘과 같이 넓고 한이 없었사옵니다. 삼가 맑은 술과 여러 가지 음식을 공손히 드리오니 바라옵건대 흠향하옵소서.

제 11 절 회혼회갑(回婚回甲)

◎回婚禮(회혼례)

南溪曰禮無此文想古無此禮而然也今從俗行之則似當傚婚禮設同牢床對坐傳杯儀而已若拜跪諸節不必一一遵行以損安老之大致也擧樂一段旣非初婚之比何必全然廢却○尤庵曰回婚禮近出於士大夫家而無古據然人子情理是日不能昧然經過則不過設酌以賀如晬日之儀○陶庵曰都不設婚儀只子孫上壽而已

◎回甲(회갑)

重庵曰回甲之文而家禮有獻壽儀未知獻壽在於何時耶今從俗設宴則亦用此儀

◇獻　壽　圖(헌수도)

○地道人道尙右說位　　　　○陰陽說位(陽東陰西. 男東女西)

堂	中	間		堂	中	間
父		母		母		父
位		位		位		位
獻		獻		獻		獻
壽		壽		壽		壽
席		席		席		席
諸衆長		長衆		諸衆長		長衆
女婦婦		男男		女婦婦		男男
諸諸		諸		諸諸		諸
孫孫		孫		孫孫		孫
女婦		男		女婦		男

◎獻壽笏記(헌수홀기)

家長兩位(父母)盛服就位南向坐男女子孫盛服序立如圖(男東女西)先共再拜(婦人四拜)獻者一人(子弟之最長者)以盛饌分獻于家長兩位前(各卓)獻者進立于父位前(獻壽席)奉盞○執事斟酒○獻者跪獻盞○祝曰伏願父主備膺五福保族宜家讀訖○家長(父)受盞飲畢○以其盞授執事○獻者次詣母位前(獻壽席)奉盞○執事斟酒○獻者跪獻盞○祝曰伏願父主備膺五福保族宜家讀訖○母受盞飲畢○以其盞授執事○獻者興○退復位○獻者以下皆再拜(家禮有酢于諸卑幼之禮而今俗鮮行酢禮故今刪之)家長命易服○男女諸子孫皆服便服還復就位相向坐(男東女西)各受盃盞盡歡而徹○皆再拜而退

제 12 절 터주제(祠土地)

◆祀土地(사토지)

丘文莊曰按朱子大全集有四時祭土地文夫墓祭祭后土則時祭而祭土地亦禮之宜也今擬祭儀於候○按白虎通曰王者所以有社何爲天下求福報功也又曰王者自親祭社何社者土地之神也土生萬物天下之所主也尊重之故自祭也禮王者二社爲天下立社曰太社自爲立社曰王社太社爲天下報功王社爲京師報功祖宗之體魄藏於山林固當祀其主者以報之矣至于祖宗之神棲於廟祐亦必有主之者而獨不知所以報之可乎四時之祀土地亦爲吾祖宗報功焉爾豈曰非其所祭而祭之比於淫祀耶

◆土地祭(토지제)

儀節按朱子大全集有四時祭土地丈夫墓祭祭后土則時祭而祭土地亦禮之宜也今擬祭儀于后春則於所居之東夏則南秋則西冬則北隨俗設饌○要訣按朱子居家有土神之祭四時及歲末皆祭土神今雖不能備擧四時之祭例於春冬時祀別具一分之饌不設匕筯家廟禮畢乃祭土神似爲得宜降神參神進饌初獻皆如家廟之儀其祝詞曰云云亞獻終獻無侑食進茶之儀辭神乃徹祭土神之所宜於家北園內淨處除地築壇○按要訣祝詞同大全而但改不虔爲不欽蘋藻雖微爲酒肴雖薄鑒享爲鑒顧○備要按大全又有家中四時土地之祭儀節及擊蒙要訣亦皆有

之好禮之家采而用之可也○問要訣不設匙筯於土神何也沙溪曰家中土神祭世無行之者若
行之則當依墓祭土神具飯羹匙筯可也要訣無乃從簡而云耶○三禮儀朱子居家有土神祭蓋
古禮祭五祀之意也居室旣成先築土神壇於後園西北隅淨處壇下有階常加蠲潔每四時家廟
祭畢設席屛倚卓於壇上祭如家祭之儀但初獻扱匙正筯無侑食進茶之儀若値風雨不可行於
壇上則或依韓魏公例行於家中○尤菴曰土神之祭雖不見於家禮而朱子大全有之矣要訣所
謂只行於春冬者視大全已減其半矣今又減其一半無乃太簡乎且吾東禮儀全是蔑裂若以駭
俗爲嫌則恐無備禮之日矣

◆土神祝幼學稱否(토신축유학칭부)

艮齋曰示及立齋集所載答或人書云鼓山於祝文自稱幼學心常疑之此愚所未聞也每見土神
祝只書姓某其前室祀版初書淑人後又改書贈淑夫人而告文曰謹依先輩已例據此則立齋丈
所聞決然誤矣恨其未及刪出於印板之日也

⊙每季仲月擇日及歲暮布席陳饌(매계중월택일급세모포석진찬)

春則於所居之東夏則南秋則西冬則北隨俗設饌

⊙매 철 마다 중간 달에 날을 택하고 세말에 자리를 펴고 제수를 진설한다.

봄에는 본채의 동쪽이며 여름에는 남쪽이고 가을에는 서쪽이며 겨울에는 북쪽이며
제수 진설은 세속에 따른다.

⊙祀土地儀禮節次(사토지의례절차)

就位(主人以下序立)○降神○詣香案前○跪○上香○祭酒○俯伏興平身○參神○鞠
躬拜興拜興平身○初獻酒○跪(皆跪)○讀祝○亞獻酒○三獻酒○辭神○鞠躬拜興拜
興平身○焚祝文○禮畢

⊙터주제 의례절차.

자리로 간다. (주인 이하 차서 대로 선다)

●행강신례.

향안전으로 간다. ○무릎을 꿇고 앉는다. ○분향한다. ○제주한다. ○부복하였다 일어
나 평신한다.

●행참신례.

국궁 재배 평신한다.

●초헌주.

무릎을 꿇고 앉는다. ○독축한다.

●아헌주.

●삼헌주.

●행사신례.

국궁 재배 평신한다. ○축문을 불사른다. ○예를 마친다.

◆祠土地祝文式(사토지축문식)此祝文出朱文公大全集

維

歲次干支幾月干支朔幾日干支某官姓名敢昭告于

土地之神維此仲春夏秋冬隨時惟歲暮則云歲律將更歲功云始夏改維此以下八字云仲夏應期時物暢茂秋云維此仲秋歲功將就冬云維此仲冬歲功告畢歲云歲律將更幸玆安吉若時昭事秋冬歲改昭事爲報事敢有不欽蘋藻雖微庶將誠意惟

神監享永奠厥居歲改永奠厥居爲介以春祺尙

饗

⊙터주제 축문식.

세차 모 간지 기월 기일 모관 성명이 토지의 신께 감히 밝혀 고하나이다. 생각하옵건대 농사철이 시작되는 중춘에 이에 소목의 시제를 받들어 모시고 감히 공경치 않을 수 있사옵니까. 비록 차린 것은 보잘것없사오나 모든 성의로 받드는 것이옵니다. 생각하옵건대 신께서는 감향하시옵고 영원히 그 곳에 거처를 정하시옵소서. 바라옵건대 흠향하옵소서.

제 13 절 사조제(祀竈祭)

◆祀竈祭(사조제)

古者大夫祀五祀士立二祀庶人立一祀或立靁竈或立戶今國初禁淫祀庶人惟得祀其先及歲暮祭竈今擬祭儀如後

◆祀竈(사조)

按月令曰孟夏之月其祀竈白虎通曰竈者火之主人所以自養也夏月火王長養萬物故祭之〇國朝乃令庶人於歲暮祭竈者何也蓋古有五祀獨大夫已上得祭之故必順時以祭於夏今庶人惟許祭竈必俟成功而報之故於歲暮祭之也然則布席陳饌於何所爲宜蔡邕曰祀竈之禮在廟門外之東先席于門奧面東設主于竈陘也〇何燕泉曰禮竈者老婦之祭也盛於盆尊於瓶注老婦先烰器也祭竈以祭先烰也今俗祭竈必辟婦女不知何故范至能祭竈詞男兒獻酌女兒避蓋昔人已如此鄭玄云竈神祝融是老婦按祝融主火化莫大於養祀祝融爲竈神則宜胡有老婦之謂〇又曰古人居屋西南隅曰奧東正南隅曰竈王孫賈之問是相對而言耳又按孔子讀春秋老聃據竈觚而聽之是賓位也古人穴地爲竈故席地可憑其觚今人謂竈東廚尙存其旨

⊙祀竈儀禮節次(사조의례절차)

就位(主人以下序立)〇降神〇詣香案前〇跪〇上香〇祭酒〇俯伏興平身〇參神〇鞠躬拜興拜興平身〇初獻酒〇跪(皆跪)〇讀祝〇亞獻酒〇三獻酒〇辭神〇鞠躬拜興拜興平身〇焚祝文〇禮畢

⊙조왕(부엌신)제 의례절차.

자리로 간다. (주인 이하 차서 대로 늘어선다)

●행강신례.

향안 앞으로 간다. 〇무릎을 꿇고 앉는다. 〇분향한다. 〇강신한다. 〇부복하였다 일어나 평신한다.

●행참신례.

국궁 재배 평신한다.

●초헌주.

무릎을 꿇고 앉는다. 〇독축한다.

●아헌주.

●삼헌주.
●행사신례.
○국궁 재배 평신한다. ○분축한다. ○예를 마친다.

◆祀竈祝文式(사조축문식)

維

歲次干支幾月干支朔幾日干支某官姓名敢昭告于

祀竈之神歲云暮矣一門康吉享玆火食皆賴

神休若時報事罔敢弗虔菲禮將誠惟

神顧歆尙

饗

◆조왕제 축문식.

세차 모 간지 기월 기일 모관 성명이 조왕신께 감히 밝혀 고하나이다. 올해도 저물었사옵니다. 한 집안이 편안하고 행복하게 여기서 음식을 해먹은 것은 모두 관대하신 조왕신의 보살핌이였사오니 이와 같이 보답하여 섬기지 않을 수 없사옵니다. 변변치 못한 제수이오나 정성을 다하여 마련한 것이 오니 신께서는 둘러 보시옵고 받으시어 바라옵건대 흠향하옵소서.

제 14 절 外孫奉祀諸節(외손봉사제절)

◆外孫奉祀(외손봉사)

●通典 : 晉賈充無嗣夫人郭表充遺意以外孫韓謐爲充子詔曰太宰尊勳不同常人自餘不得爲比(北溪陳氏曰賈充以謐爲後當時太常博士秦秀已議其昏亂紀度是則氣類雖近姓氏實異斷不可行)

○통전; 진(晉)나라 가충(賈充)이 후사가 없자 부인 곽씨(郭氏)가 임금님께 상주(上奏) 가충이 남긴 뜻대로 외손 한밀(韓謐)을 충의 아들로 삼았다. 조칙에 이르기를 태재(太宰)의 존귀함과 공훈이 일반 사람들과는 다르니, 여타(餘他)도 견줄 수 없다. 고했다. (북계 진씨가 이르기를 "가충이 밀(謐)을 후사로 삼자, 당시 태상박사(太常博士) 진수(秦秀)가 이미 기강과 법도를 어지럽힌 것이라 논의하였다. 이렇다면 비록 기류(氣類)는 가깝지만 성씨가 진실로 다르니 결단코 행해서는 아니 된다)

●二程全書: 侯夫人病革命伊川曰今日百五爲我祀父母明年復不祀矣(朱子曰是祀其外家也然無禮經)

○이정전서: 후부인(侯夫人; 程子之母)이 병이 매우 위독하자 이천에게 명하여 이르기를, 오늘 한식(寒食; 百五)에 나를 위해 부모님의 제사를 지내고, 내년부터는 다시 제사를 지내지 말라. 했다. (주부자께서 이르시기를 이것은 그의 외가 제사 지내는 것인데 그러나 예경에 없는 것이다)

●朱子曰 : 宋公以外祖無後而歲時祭之此其意可謂厚矣然非族之祀於義旣未安而勢不及其子孫則曷若訪其族親爲之置後

○주부자가 말씀하셨다. 송공(宋公)이 외조에게 후사가 없어서 세시(歲時)로 제사 지냈는데, 이로서 그 뜻이 가히 두텁다고 하겠으나 그러나 친족이 아닌 사람의 제사이

니, 의(義)로서는 이미 편치 못하여 형세가 미치지 못하였다. 그 자손에게 물려줄 형편이 아니라면, 그의 친족 중에서 가까운 이를 찾아 그를 위해 후사로 세워놔야 한다.

●大典：外祖父母及妻父母無主祭者當於正朝端午仲秋及各忌日用俗儀祭之
○대전: 외조부모와 처부모의 제사를 주관할 사람이 없다면 당연히 정월 초하루와 단오, 중추 및 각 기일에 시속의 의식에 따라 제사를 지낸다.

●退溪曰今人以外孫奉祀一廟而異姓同祭夫天之生物使之一本而此則爲二本焉甚不可也今或不幸外家祖先無後不忍其主之無歸則權宜奉置別所往來展省未爲不可
○퇴계 선생께서 말씀하시기를. 요즘 사람들은 외손봉사(外孫奉祀)로 한 사당에서 두 성씨의 제사를 함께 지낸다. 원래 하늘이 만물을 낳으실 때 근본을 하나로 하셨거늘 이러함은 뿌리가 둘이 되는 것이므로 매우 불가하다. 지금 혹 불행하게도 외가 조상에게 후사가 없어 그 신주가 갈 곳이 없는 것을 차마 보지 못한다면 임시로 별도의 장소에 모셔 놓고 오가며 살펴보는 것도 안될 것은 없다.

●南溪曰牛栗諸賢率皆因情理不得已爲外家奉祀而義理關係頗重似當有國家參酌古今定爲經制矣奉祀代數尤不敢僭論或曰當止外孫之身或曰旣已奉祀則不宜只祭一代未詳何爲而可也
○남계 선생께서 말씀하시기를 우계 선생과 율곡 선생 등 제현들께서는 대부분 정리에 이끌려 부득이 외가의 제사를 받들었지만, 의리의 관계는 자못 중요하기 때문에 나라에서 고금의 예를 참작하여 법제를 정함이 옳을 듯하다. 제사를 받드는 대수(代數)는 더욱 감히 함부로 논할 수 없다. 혹자(或者)는 마땅히 외손으로 마쳐야 한다. 하고 혹자(或者)는 기왕에 제사를 받들었으면 단 한 대(代)에서 제사를 그치는 것은 옳지 않다. 하지만, 어찌 하여야 옳은지 자세하지 않다.

●明齋曰外家奉祀旣非正禮則迭遷長房尤無可據恐不可創許也
○명재 선생께서 말씀하셨다. 외가의 제사를 받드는 것이 기왕에 정례(正禮)가 아니라면 장방(長房)으로 번갈아 옮기는 것은 더욱 근거가 없으니 함부로 허가하는 것은 불가할 듯하다.

●東巖曰本宗祭四代則外家祀當減一代曾見尤翁有此說抑有所據耶(題主章外祖父母神主屬稱’條參攷)"
○동암 선생의 말씀이다. 본종(本宗)에서 4 대를 제사 지내면 외가의 제사는 마땅히 한 세대로 줄여야 한다고 일찍이 우옹(尤翁 송시열)께서 이런 주장을 한 것을 보았는데, 또한 근거한 바가 있는 것인가.

◆題主(제주)　外祖父母神主屬稱(외조부모신주속칭)
●問妻母之喪無喪主粉面以外孫之名書之乎寒岡曰不知當如何而爲得宜也如不得已則當書曰‘顯外祖姚某封某氏神主旁題則姑勿書
○물었다. 처모(妻母) 상에 상주가 없으면 분면(粉面)에 외손의 이름을 쓰는가요. 한강 선생이 말했다. 어떻게 하는 것이 마땅할지는 모르겠다. 부득이 하다면 현외조비모봉모씨신주(顯外祖姚某封某氏神主)라 쓰고 방제(旁題)는 쓰지 말아야 한다.

●問解問世俗或有以外孫主祀神主當以顯外祖考姚書之旁註亦書之邪或傳於外孫女則亦將何以書之答外孫奉祀猶爲不可況外孫女邪何必書奉祀闕之可也
○의례문해의 질문이다 세속에서 혹 외손이 제사를 주관하는 경우가 있는데, 신주는 마땅히 현외조고비(顯外祖考姚)라 쓰고 방주(旁註) 또한 써야 하는가? 혹 외손녀에게 옮긴다면 또한 어떻게 써야 하는가. 답했다. 외손봉사도 불가한데 하물며 외손녀이겠는가. 어찌 반드시 봉사(奉祀)를 써야 하겠는가. 빠뜨려도 가하다.

●南溪曰嘗聞顯字乃虛字雖旁親伯叔及兄皆用之云然則雖用於外祖恐不至大妨

○남계 선생이 이르시기를 일찍이 들으니 현(顯) 자는 허자(虛字)이니 비록 방친(傍親)의 백숙(伯叔)과 형이라도 모두 그렇게 쓴다고 한다 그렇다면 비록 외조(外祖)에게 쓰는 것도 크게 꺼릴 것이 없을듯하다.

●問祭父之外祖父母則改題將何以稱之耶或曰稱以外幾代祖或曰只書官封而識之何以則可曰牛栗兩家皆稱以外幾代祖四世而埋主此出於後孫者如此然世人必以此藉口殊可慮也

○물었다. 아버지의 외조부모를 제사하면 개제(改題)에 어떻게 일컬어야 하는가? 어떤 이는 말하기를 외기대조(外幾代祖)라 칭한다 하고, 어떤 이는 단지 관직과 봉호만 써서 표시한다고 하는데 어느 것이 옳습니까. 답했다. 우계(牛溪)선생과 율곡(栗谷)선생 두 집안에서는 모두 외기대조(外幾代祖)라 일컬었고, 4세가 되면 신주를 매안(埋安)하는데, 이는 후손에게서 나온 것이 이와 같았음이다. 그러나 세상 사람들이 반드시 이로써 구실을 삼을 것이라 매우 염려된다. 라 하셨다.

●問奉外家祀者易世後改題旁題當何稱歟明齋曰此於古無文鄙人累奉外家祀事而題主只云某官某公神主又不書旁題雖易世無改題一節祀事時只以其中最長者主之此亦非有可據之禮

○물었다. 외가 봉사하는 자는 세대가 바뀐 뒤에 방제(旁題)를 개제(改題)할 때 속칭을 어찌함이 마땅한지요. 명재 선생이 이르시기를 이는 옛날 문헌에는 없다. 본인은 외가의 제사를 여럿을 받들면서, 제주(題主)에는 다만 모관 모공 신주 라 쓰고, 또 방제는 쓰지 않았다. 비록 세대가 바뀌어도 개제의 한 절차가 없다. 제사 지낼 때는 단지 그 중에 최장자가 주관을 하게 되는데, 이 역시 근거할 만한 예가 있어서가 아니다.

●問有人依於女婿而身歿其外孫雖幼似當主喪奉祀而或云父在父爲主則當以女婿主喪題主此則尤似非禮如何曰所示得之奉外家祀者題以外孫亦出於情之不得已安可有女婿之稱也以哭婦兄弟之喪以子爲主之禮揆之則此處不得用父爲主之文可知矣

○물었다. 사위에게 의지하다 죽은 사람이 있다면, 그 외손이 비록 어려도 상을 주관하고 제사를 받드는 것이 마땅할 것 같다. 혹자는 '아버지가 계시면 아버지가 주관한다고 한다면 당연히 사위가 주상으로 신주를 써야 하는데 이와 같이 한다면 더욱 예가 아닌 것 같은데 어떤가. 답했다. 말씀이 맞다. 외가의 제사를 받드는 자를 외손이라 쓰는 것은 또한 부득이한 인정에서 나왔지만, 어찌 사위의 속칭으로 할 수 있겠는가. 부인 형제의 상에 곡을 하면서 아들을 주인으로 하는 예로 살펴보면, 여기에서는 아버지가 주관한다는 조문으로 쓸 수 없음을 가히 알 수 있을 것이다.

◆上食(상식) 出家女及外孫奉祀服盡後上食之節(출가여급외손봉사복진후상식지절)

●問人有無子以女奉祀其女別設喪次於其家朝夕行祭而至小祥女雖脫衰亦當行朝夕祭否寒岡曰練後遽徹几筵爲未安而欲仍留三年則無寧使掌祭祀之婢僕如俗所謂行者哭婢輩仍奠之乎蓋禮之變而無於禮之禮也

○물었다. "어떤 사람이 아들이 없어 딸이 제사를 받들다 그 딸이 그 집에 상차(喪次)를 별도로 차리고 조석으로 제사를 지내다가 소상에 이르러 딸이 비록 최복(衰服)을 벗었더라도 조석의 제사를 지냄이 가당합니까 가당치 않습니까. 한강께서 이르기를 소상을 지낸 뒤에 갑자기 궤연 철거가 미안하여 그대로 3년 동안 두고자 한다면, 세속의 소위 행자(行者)나 곡비(哭婢) 등과 같이 제사를 맡은 비복(婢僕)을 시켜 그대로 전을 올리는 것이 차라리 낫지 않겠는가? 대개 예의 변개라 할 것이나 예경에 없

는 예이다. 라 하셨다.

●明齋曰昔從兄以外祖母無他子孫奉養於家及遭其喪從兄則五月関服而有所使奴婢爲其主當爲三年故仍不徹几筵以終三年而於朝夕上食朔望奠大小祥從兄以素服參祭而已
○명재 선생이 말씀하셨다. 옛날에 종형이 외조모에게 다른 자손이 없어 집에서 봉양하다가 그 상을 당하자 종형은 5 월 만에 복이 끝났지만 부리던 노비(奴婢)는 그 주인을 위하여 마땅히 3 년 복을 입어야 했기 때문에 그대로 궤연을 철거하지 않고 3 년을 마쳤는데 조석 상식과 삭망전과 대소상에 종형은 소복을 입고 제사에 참여만 할 뿐이었다.

◆墓祭(묘제)　旁親及外先祖祧埋後墓祭(방친급외선조조매후묘제)

●問家禮祭田爲墓田之下曰凡正位祔位皆倣此遞遷條不及祔位者無乃親盡後爲墓田之說已詳於此故只言正位以該之也南溪曰看得是
○물었다. 가례(家禮)에서 제전(祭田)을 묘전(墓田)으로 삼는다. 함은 아래에서 모든 정위(正位)와 부위(祔位)가 모두 이와 같다. 고 했다. '체천(遞遷)'조에서 부위에 대해 언급하지 않음은 사당에서 제사로 모실 대가 다한 뒤에 묘전으로 삼는다'는 설이 이미 여기에 상세한 까닭에 정위 만을 해당시켜 말한 것이다. 남계의. "견해가 옳다.

●外祖父母雖非禮吾家田民皆出於閔氏閔氏則皆出於沈氏兩家旣並無後受人之託享人之財産而使其祭闕而不擧義所不敢出也恐當別置祭田使墓僕謹厚者看守勿怠而主事之人時往行禮庶幾不負其屬託恩義而終無嫌逼之意也
○외손봉사(外孫奉祀)는 비록 예는 아니지만, 우리 집의 전민(田民)들은 모두 민씨(閔氏)에게서 나왔고, 민씨는 모두 심씨(沈氏)에게서 나왔는데, 두 집 모두 이미 후사가 없다. 남의 부탁을 받고 남의 재산을 향유하면서 그 제사를 빠뜨리고 거행하지 않는 것은 의리상 감히 벗어나지 못한다. 아마 따로 제전을 두어 성품이 근후한 묘지기로 하여금 게으름 없이 지키게 하고, 일을 주관하는 사람이 때에 맞게 가서 예를 행한다면, 부탁한 은정과 의리를 저버리지 않아 끝내는 혐의에 핍박되는 뜻이 거의 없을 것이다.

◆外孫奉祀與否(외손봉사여부)와 그 禮法(예법)

외손봉사(外孫奉祀)에 관하여 주부자(朱夫子)께서는 배척을 하셨으나 도암(陶庵) 선유의 말씀이 게시니 예(禮)에 크게 어그러지다 할 수는 없을 것 같으며 대전(大典)에서 예법(禮法)은 용속의(用俗儀)라 하였으니 무축단헌(無祝單獻)의 예(禮)로 마쳐야 합니다.

●朱子曰上谷郡君謂伊川曰今日爲我祀父母明年不復祀矣是亦祭其外家也然無禮經
●大典外祖父母及妻父母無主祭者當於正朝端午中秋及各忌日用俗儀祭之
●陶菴曰朱子非族之祀一句語實爲正論愚意爲外孫者設或不得已而權奉其祀已身歿後卽當埋安
●問外祖無人祭初獻則祝文當何書退溪曰當闕
●通典他國庶子無廟向墓遙爲壇以時祭卽今之上墓儀
●退溪曰外孫奉祀一廟而二姓同祭夫天之生物使之一本而此則爲二本甚不可也其主之無歸則權宜奉置別所而往來奠省未爲不可
●梅山(洪直弼)禮只許出嫁者於其父母無后者忌日則單獻無祝紙榜則亦書顯考妣是爲可從而至於四時節日則亦當略設伸情矣

◆외손대가 끝난 외조부모 신주 매안 예법

○外祖神主權奉者身死埋安祝文

(云云)不得不用親盡之禮今將永遷于墓所不勝感愴(云云)에서

親禮에서도 묘소가 멀면 묘소에 매안하지 않고 潔地에 매안 되니 반드시 묘소에 고하지 않아도 결례는 아닌 상 싶다.

●退溪曰今人無子而有女牽掣情私鮮能斷以大義而立後至以外孫奉祀一廟而二姓同祭夫天之生物使之一本而此則爲二本焉甚不可也今人或不幸其外家祖先無後而未有所處者不忍其主之無歸則權宜奉置別所而往來奠省未爲不可若公然與其本親同享一廟則悖理莫甚所謂神不歆非禮者此類之謂也
●尤庵曰外孫奉祀之非旣有朱子答汪尙書之明訓
●屛溪曰外孫奉祀實無於禮之禮近世雖或行之無先儒事可據而朱子答汪尙書論之已詳其義槩可見矣來示權字大不可若只因一時情義叔出無於禮之禮而必籍於權則豈不可大悖乎權非聖人莫行何敢輕議耶
●老洲曰外孫奉祀朱子議之以非族之享退溪斥之以二本兩賢之論如此其嚴而旣不立主則今何可追造心有所不忍終子之身紙榜行祭庶爲權宜伸情之道也又曰曾有人以此爲問而謂有毋訓不忍違也故不得已勸以勿立主只四節日祭墓忌日以紙榜行祀終外孫之身而止焉未知盛見云何
●問有人窮獨無依托於女婿則其沒而葬題主及祝辭以婿名爲之耶婿有子則以外祖考題主耶洞山曰有外孫則外孫可主矣題主及祝辭皆外孫事也祭亦當止於外孫之孫以其子孫也
●問世俗或有以外孫主祀者神主當以顯外祖考妣書之旁註亦書之耶外祖神主或傳於外孫女則亦將何以書之沙溪曰外孫奉祀猶爲不可況外孫女耶何必書奉祀闕之可也
●問外孫奉祀者題主當以顯外祖考妣書之而其旁題亦以外孫某奉祀書之耶南溪曰終無立後之人則如所示稱謂其亦可否至於旁題問解有當闕之說似當準此
●陶庵曰朱子非族之祀一句語實爲正論以大賢而間不免此者終是苟也非正也愚意則爲外孫者設或不得已而權奉其祀已身亡後卽當埋安
●遂庵曰外孫奉祀甚無於禮之禮但後孫不計疎戚皆稱外裔或有告由則稱以外高祖似無所妨
●性潭曰外孫奉祀實出於不得已則至若外高曾初不湏論也旣無可奉祀之人則事當埋主矣旣埋主則於其墓恐不可諉以非族之祀而全然無事歲修一祭似爲得伸情禮耳
●心石曰外孫奉祀雖曰非族之祀祝辭恐當用不勝感愴之語也
●家禮虞祭祝埋魂帛條祝取魂帛帥執事者埋於屛處潔地
●儀節祔祭(註)若喪主非宗子則宗子主祭降神初獻喪主行亞獻○異居則宗子爲告于祖爲牌位(家禮設虛位條備要用紙榜)而祭畢則焚之
●存齋曰祧主將埋而墓所絶遠者奉就所居近處高山潔地設楹于坎南奉櫝置楹上設酒果不焚香只奠酒告

◎外孫奉祀(외손봉사)
◆外孫奉祀時移安告辭(외손봉사시이안고사)
維
歲次云云外孫姓名敢昭告于
顯外祖考某官府君
顯外祖妣某封某氏嗚呼府君子孫俱歿無嗣宗族甚孤單顧無可立后者宗事可哀禮雖無據某欲以別室奉安未死前權主祀事今以吉辰奉陪移安謹以酒果用伸虔告謹告

◆外祖父母忌祭祝式(외조부모기제축식)

維

歲次干支幾月干支朔幾日干支外孫姓名敢昭告于

顯外祖考某官府君

顯外祖妣某封某氏歲月流易

顯外祖考(或外祖妣)諱日復遇不勝感愴謹以淸酌庶羞敬伸奠獻尙

饗

◆外先祖神主埋安祝式(외선조신주매안축식)(梅山)

維

歲次干支幾月干支朔幾日干支外孫姓名敢昭告于

玆以府君子孫俱歿無後又無可立者不得不用親盡之禮今將永遷不勝感愴謹以

淸酌庶羞敬伸奠獻尙

饗

◆外祖神主權奉者身死埋安祝文(외조신주권봉자신사매안축문)

維

歲次干支幾月干支朔幾日干支外孫姓名敢昭告于

玆以府君子孫俱歿先考以外孫權奉祀事今先考損世祀事無歸不得不用親盡之

禮今將永遷于墓所不勝感愴謹以淸酌庶羞敬伸奠獻尙

饗

◆外先祖墓歲一祭祝文式(외선조묘세일제축문식)

維

歲次云云外裔姓名敢昭告于

顯某官某公府君

顯某封某氏之墓姓孫雖絶外裔猶蕃均是子孫外內何間感時追慕歲維一薦瞻掃

丘封不勝感愴伏惟尙

饗

●問外祖無人祭初獻則祝文當何書退溪曰當闕(문외조무인제초헌칙축문당하서퇴계왈당궐)

누가 묻기를 후손이 없는 외조부모의 제사를 지내면서 초헌 때에 축문은 어찌 써야 마땅하겠습니까. 하고 여쭈니 퇴계선생 가로되 축 없이 지냄이 마땅하다.

◆外孫奉祀妻父母奉祀說(외손봉사처부모봉사설)

大典外祖父母及妻父母無主祭者當於正朝端午中秋及各忌日用俗儀祭之○程叔子曰先姑侯夫人未終前一日命頤曰今日百五爲我祀父母明年不復祀矣○朱子曰上谷郡君謂伊川曰今日爲我祀父母明年不復祀矣是亦祭其外家也然無禮經○宋公以外祖無後而歲時祭之此其意可謂厚矣然非族之祀於理旣未安而勢不及其子孫則爲慮亦未遠曷若訪其族親爲之置後使之以時奉祀之爲安便而久長哉○堯卿問荊婦有所生母在家間養百歲後神主歸於婦家則婦家陵替欲祀於別室如何曰不便北人風俗如此○陳北溪淳曰今世多有以女子之子爲後

以姓雖異而氣類相近似勝於姓同而屬疎者然賈充以外孫韓謐爲後當時博士秦秀已議其昏
亂紀度是則氣類雖近而姓氏實異此說斷不可行○退溪曰今人無子而有女牽掣私情鮮能斷
以大義而立後至以外孫奉祀一廟而二姓同祭夫天之生物使之一本而此則爲二本甚不可也
今人或不幸其外家祖先無後而未有所處者不忍其主之無歸則權宜奉置別所而往來奠省未
爲不可○尤菴曰外孫奉祀朱子旣斥以非族之祀又賈充以外孫爲後秦秀已議其昏亂紀庶何
敢犯此爲之乎程子母夫人將終命伊川曰爲我祀父母若有女子則猶可援此奉祀況侯夫人語
以爲明年不復祀云則其祀當止於侯夫人而伊川則將不得祀矣此亦爲外孫不得奉祀之明證
也○南溪曰本宗祭四代之制雖出於程朱之論主正禮者猶或以爲不可而況外孫侍養非所並
論於本宗者乎○陶菴曰朱子非族之祀一句語實爲正論愚意爲外孫者設或不得已而權奉其
祀已身歿後卽當埋安

◆外孫奉祀之非(외손봉사지비)

退溪曰今人無子而有女牽掣情私鮮能斷以大義而立後至以外孫奉祀一廟而二姓同祭夫天
之生物使之一本而此則爲二本焉甚不可也今人或不幸其外家祖先無後而未有所處者不忍
其主之無歸則權宜奉置別所而往來奠省未爲不可若公然與其本親同享一廟則悖理莫甚所
謂神不歆非禮者此類之謂也○尤庵曰外孫奉祀之非旣有朱子答汪尙書之明訓又賈充以外
孫爲後秦秀已議其昏亂紀度今何敢犯此爲之乎按程子母夫人傳則夫人將終命伊川曰爲我
祀父母明年不復祀矣若具氏諸神主有女子則猶可援此而奉祀或不至無據矣第皇朝之制如
無緦小功以上親許擇立遠房及同姓爲嗣今具氏之蕃豈無可以立後者乎此外更無正當道理
○又曰所引侯夫人語以爲明年不復祀云則其祀當止於侯夫人而伊川則將不得祀矣此亦爲
外孫不得奉祀之明證也父之所祀子猶有不得祀者五代祖是也豈敢曰母之所祀而子必奉其
祀乎○又曰外孫不敢奉祀自有朱子明訓寧有節文之可言者然喪家未立後之前其出家女權
奉饋奠則亦有俗例而非禮之正也至於其女服盡之後不徹几筵則尤有所難便者誰敢於無禮
之中刱出臆見也不若從速立後之爲愈也

◆外孫奉祀稱號代數(외손봉사칭호대수)

問世俗或有以外孫主祀者神主當以顯外祖考妣書之旁註亦書之耶外祖神主或傳於外孫女
則亦將何以書之沙溪曰外孫奉祀猶爲不可況外孫女耶何必書奉祀闕之可也○問外孫奉祀
者題主當以顯外祖考妣書之而其旁題亦以外孫某奉祀書之耶南溪曰終無立後之人則如所
示稱謂其亦可否至於旁題問解有當闕之說似當準此○又曰外孫奉祀代數不敢僭論或曰當
止於外孫之身或曰旣已奉祀則豈宜止祭一代未詳何爲而可也本宗祭四代之制雖出於程朱
之論主正禮者猶或以爲不可而況外孫侍養非所并論於本宗者乎當事之家只當更加詳察斷
而行之而已綜非學禮者所得創說○又曰外孫奉祀詞聞牛栗兩先生家皆稱以外幾代祖至四
世而埋主若果兩先生自定其禮則必有斟量而今乃出於後孫者如此然世人遭外祀者必以此
籍口殊可慮也○又曰今有一家曾孫奉祀而其祖實爲奉外家祀者然則其祖之外曾祖必遷無
疑第其祖行一人在則於所謂外曾祖亦爲曾孫姑安於其室以待日後而永遷之未知如何盖外
家奉祀旣無迭遷長房之義且本家祭四代則外家祀當減一代雖不得如此所謂曾孫奉祀正是
當遷之日然以外曾孫一人尙在而永遷埋墓情理有所不忍○陶庵曰朱子非族之祀一句語實
爲正論以大賢而間不免此者終是苟也非正也愚意則爲外孫者設或不得已而權奉其祀已身
亡後卽當埋安○遂庵曰外孫奉祀甚無於禮之禮但後孫不計疎戚皆稱外裔或有告由則稱以
外高祖似無所妨

◆外祖前後室幷奉(외조전후실병봉)

問奉祀外孫者是前室所出則其後室之無後者亦可同奉耶南溪曰禮云爲伋也妻者是爲白也
母雖曰外祖奉祀後室之有子與否非所當論也

제 15 절 喪服中行祭儀(상복중행제의)

○凡三年之喪古禮則廢祠堂之祭而朱子曰古人居喪衰麻之衣不釋於身哭泣之聲不絶於口其出入居處言語飲食皆與平日絶異故宗廟之祭雖廢而幽明之間兩無憾焉今人居喪與古人異而廢此一事恐有所未安朱子之言如此故 未葬前則準禮廢祭 而卒哭後則於四時節祀及忌祭墓祭亦同 使服輕者朱子喪中以墨衰薦于廟今人以俗制喪服當墨衰著而出入若無服輕者則亦恐可以俗制喪服行祀行薦而饌品減於常時只一獻不讀祝不受胙可也

○期大功則葬後當祭如平時但不受胙未葬前時祭可廢忌祭墓祭略行如上儀

○緦小功則成服前廢祭五服未成服前雖忌祭亦不可行也成服後則當祭如平時但不受胙服中時祀當以玄冠素服黑帶行之

◆상복 중에 제사지내는 법.

○삼년상복자(三年喪服者)
갈장(渴葬; 3개월 안에 일찍 장사함)을 하였다 하여도 졸곡제(卒哭祭) 전(前)은 모든 제사를 폐한다.

졸곡(卒哭)이 지나면 기제(忌祭) 묘제(墓祭) 절사(節祀)가 돌아오면 복이 가벼운 사람을 시켜 약설(略設)하고 무축단헌(無祝單獻)의 예로 마친다.

※졸곡제(卒哭祭) 전(前)이란.
초우제(初虞祭)는 장사 당일 지내고 재우제(再虞祭)는 다음 유일(柔日; 乙. 丁. 己 .辛. 癸)에 지내고 삼우제는 다음 강일(剛日: 甲. 丙. 戊. 庚. 壬)에 지내고 졸곡제(卒哭祭)는 다음 강일(剛日: 甲. 丙 .戊. 庚. 壬)에 지내게 되어 대략 사일(死日)로부터 약93.4일째가 졸곡일이다.

○기복(朞服: 1년복)인과 대공(大功: 9월복)복자.
장사 후(약 93.4일)에는 평시와 같이 모든 제사를 지내고.

○소공복(5월복)인과 시마복(3월복)자.
사일(死日)을 포함 제 4일의 성복(成服)한 다음날부터 평시와 같이 제사한다. ○모든 복인들은 성복전에는 모두 제사를 폐한다.

제 16 절 鄕禮(향례)
一) 鄕飮酒禮笏記(향음주례홀기)

◇禮員(예원)
主人(周時諸侯卿大夫爲之○今鄕社習禮主禮事者爲之)○賓(鄕之處士賢者)○介(處士賢者次於賓者)○遵(鄕中有諸公大夫致仕者來與禮則謂之遵以其爲民所遵法也○此所謂鄕先生主人立賓介時就而謀之)○衆賓(皆鄕中有德行者以齒爲序立首三人爲三賓坐堂上其餘皆立于堂下○黨正正齒

位之禮惟六十以上者坐於堂上此鄕大夫之禮以禮賢能主主賓介以下盖皆年壯强仕之人故三賓只以
衆賓首三人充位未必是六十者今鄕社之禮長老多來與則六十以上皆在堂上而其最尊者三人爲三賓
略倣正齒位之禮)○樂正(樂官之長○鄕社習禮於禮員中乞一人爲之)○主人之相(主人之屬擯贊
傳命者樂賓後作爲司正)○贊者(每主人之屬助主人禮事鋪筵徹冪沃盥遷邊豆設俎者○一人擧觶二
人擧觶亦贊者中爲之)○工(四人二人瑟二人歌每工有相衆賓少者爲之○鄕社習禮以禮員爲工則不
用相)○笙(四人三人吹笙一人吹和和笙之小者○無笙則代用歌詩者)○磬人(一人)○鼓人(一人)
○受俎弟子(主人弟子一人贊者中爲之介遵弟子各一人若無則以衆賓少者爲之○賓授俎于司正故
不用弟子)○今擬加設執禮一人及讀笏者一人相禮者三人皆於賓黨中擇習禮者爲之

◇禮服(예복)

主人服(朝服○鄕社用深衣)○賓介服(深衣○古禮處士用朝服今不可行)○遵服(同主人)○衆
賓以下服(隨所宜)

◇禮器(예기)

筵(用蒲筵緇布純堂上主人賓介遵衆賓每位各具惟遵公三重大夫再重工四人亦每位各具○堂下主
人賓介以下降立位及衆賓樂正司正贊者笙磬鼓位及執禮讀笏相禮位亦宜有席多少隨宜○西階下及
洗南北各具東賓主坐席介遵通用賓席○門外東西各具賓主介拜席阼階下司正拜主人時亦有席)○
尊(二壺實酒及玄一者各具綌冪勺)○禁(一所以載二壺者)○爵(三一獻賓介及衆賓一獻遵一獻工
皆陳于堂上)○觶(五一酬賓陳于堂上一人擧觶二人擧觶司正奠觶各一皆陳于堂下)○篚(二一在堂
上盛爵三觶一一在堂下盛觶四)○鼎(一所以烹狗於東方者)○俎(所以載牲體者主人賓介遵各具)
○鉶(所以進羞者主人賓介遵各具)○籩(所以盛脯者賓主以下至沃洗贊者每位各具)○豆(所以盛
醢者如籩數每一籩一豆具小板一所以祭脯醢者惟三工三笙司正贊者不脯醢位無祭之)○洗槃(一所
以承盥洗水者)○水罍(二一所以盛盥洗水者具科一所以取水沃盥洗者)○巾(二一曰帉所以拭爵
觶者一曰帨所以拭手者)○瑟(二)○笙(四)○磬(一)○鼓(一)

◇禮饌(예찬)

酒(多少隨宜)○玄酒(一壺)○牲(用狗旣烹三分脊骨前爲正脊中爲脡脊後爲橫脊又三分右脅前爲
代脅中爲長脅後爲短脅前右脛骨分三節上肩次臂次臑後右脛骨分二節上膊下胳俟載俎時分等用之
惟肺則隨俎數均分用之○若遵多則牲左體亦入用)○羞(燕所用狗臷醢主人賓介遵各具)○脯(每籩
各五脡別具祭脯半臘不祭位無之)○醢(每豆各實)

◇禮所(예소)

鄕庠(鄕社習禮隨宜用居室或築壇爲位畧倣古屋堂室之制有圖在下)

◇定望(정망)

主人一○賓一(有德行學術者)○介一(德行亞於賓者)○僎(鄕人之爲公大夫而衆所遵法者無定
額)○賓長三(齒高望重者)○衆賓(以齒爲序不限多寡)○贊禮一(通鍊禮儀者)○相司正一(剛
敏公直者)○樂正一(明曉樂律者)○贊唱二○擧觶三○司尊一○司俎一○司籩四○司
豆四○司筵一○司帨一○徹俎三(主人介僎各一)○沃洗一○瑟人二○歌人二(今用儒生)
○笙人四○鼓人一○磬人一○行觶童子四

◇戒賓介(계빈개)

前期主人盛服詣賓門外之西東面立○賓盛服出門外之東西面立再拜○主人答再拜
○主人請(某將以某日行鄕飮酒之儀敢請吾子之爲賓)○賓辭(某固陋不足爲禮敢辭)○主人申

請(謀諸父老咸曰莫若吾子顯敢固以請)○賓許(吾子申命之某敢不敬須)○主人再拜○賓答再拜○主人揖告退○賓再拜○主人不答而退○至介所亦如之(但命辭改賓爲介)

◇設席(설석)

當日夙興贊禮帥司筵設賓席於戶牖之間南面(蒲筵緇緣長丈六尺)○主人席於阼階上少北西面○介席於西階上少北東面○僎席於房戶東南面(公席三重大夫席再重僎多則以次而東又西面北上於主人之北)○賓長席於賓席之西南面不屬○衆賓年六十以上席於三賓之西南面(多則又東面北上於介北)○六十以下席於西階下稍間當序東面北上(多則又北面東上於門外之西)○卷置工席樂正席於房戶內西南隅○設賓介以下降立位於西階下當序東面○主人降立位於阼階下當序西面○相者以下衆執事位於其南少退西面北上○贊禮位於阼階下之西○樂正位於西階下之東○笙人位於磬南北面東上○司正位於笙南中庭北面○賓介以下立位於門外之西東面北上○主人立位於門外之東西面○僎次于門外別所

◇陳器(진기)

贊禮帥司尊司悅司筵沃洗樂正諸執事監設○設兩尊于兩戶之間承以斯禁○玄酒在尊西○加二勻于尊(南柄)覆以綌冪○設篚于禁南東肆實爵三觶一悅巾四○設洗槃于阼階東南(南北以堂深東西當東榮)○水罍于洗東加以沃枓○設篚于洗西南肆實觶四悅巾四○賓介以下坐席于洗南○主人坐席于洗北○磬懸於階間縮霤○鼓懸于阼階西南

◇具饌(구찬)

殺牲拘烹于堂東北○贊禮帥司俎取右體監載○賓俎載正脊代脇肩肺(幷進膌肺則離之下倣此)○主人俎載脡脊長脇臂肺僎俎載脊脅臑肺(脊脅分脡長之次○次僎臑用肫○僎多則加殺牲)○介俎載橫脊短脅胳肺(無僎則胳用肫)○並陳於東壁下南上○贊禮帥司籩司豆監薦○實脯于籩各五挺(長尺二寸)○橫祭脯一挺于其上(長六寸○籩之多寡稱人)○盛醢于豆(五十者二豆六十者三豆七十者四豆八十者五豆九十者六豆)○並陳于房中東西壁下南上○具庶羞陳于房中北壁下(燕時乃用)

◇速賓(속빈)

賓介衆賓俱盛服至近郊就館○司俎告羹定于主人○主人盛服詣賓館門外之西東面立○賓出門外之東西面立○主人速賓(有司已具請吾子涖之)○賓再拜對(吾子重辱某敢不赴命)○主人答再拜○仍揖告退○賓再拜○主人不答而退○詣介館亦如之○主人還○賓介衆賓皆從之○僎就館

◇序立(서립)

主人立於阼階下當序西面○相者以下立於主人之南少退後西面北上○贊禮立於位西面○樂正立於位東面

◇迎賓(영빈)

賓介衆賓序立於門外之西東面北上○主人出門外之東西面立○贊禮相者立於主人之左少退○主人再拜賓○賓答再拜○主人側身西南面一拜介○介答再拜○主人西南面揖衆賓○衆賓答揖○主人西面揖賓○賓答揖○主人先入門右至內霤當曲西面

立待賓○贊禮相者從之○賓厭介介厭衆賓入門左當曲東面北上立○主人揖○賓答
揖○乃相背而行至陳相向立定○主人揖○賓答揖○又各向北而行當碑相向立定主
人揖○賓答揖○又各向北而行至兩階下相向立定○主人揖賓請升(請吾子之先升)○
賓揖辭(某不敢先升敢辭)○主人復揖請(固請吾子升)○賓又揖辭(某誠不敢敢固辭)○主人
復揖請(終請吾子升)○賓又揖辭(某終不敢聞命)○主人由阼階升先右足涉一等○賓由西
階升先左足○並涉級聚足連涉以上○主人至阼階上當楣北面立○賓至西階上當楣
北面立○贊禮就位北面立○相者就立於主黨之北西面○樂正北面○介及衆賓隨至
西階下當西序立東面北上○徹介俎者立于衆賓之末○瑟歌笙人立于徹俎者之右○
主人北面再拜○賓北面答再拜

◇獻賓(헌빈)

司尊升自西階適尊所徹羃奠于禁上降復位○主人詣禁南坐取爵于篚興由阼階降○
賓降自西階當西序東面立○主人阼階前西面坐奠爵興辭(某也行事不敢煩吾子)○賓對
(吾子辱有事某不敢在堂)◑主人坐取爵興適洗北南面坐○賓進洗南北面辭洗(某不足以
辱吾子請勿洗)○主人坐奠爵于篚興對(某將爲禮不敢不致潔)○賓復西階下位東面立○
主人坐盥○沃洗者沃盥○主人取爵沃洗奠爵挩手取爵興詣阼階下西面坐奠爵興向
賓揖○賓答揖○主人讓升(請吾子升)○賓答讓(某不敢先升)○主人取爵先升就阼階上
位北面立○賓繼升就西階上北面拜洗○主人坐奠爵遂答拜興○降階西面立○賓降
階當序東面立○主人辭降(辭見上)○賓對(辭見上)○主人適洗北坐盥○賓進洗南辭盥
(辭見上)○主人興對(辭見上)○賓復西階下位立○主人坐卒盥挩手興及階與賓一揖一
讓升○賓西階上疑立○主人坐取爵興詣尊南坐實酒興○詣賓席前西北面奉爵以立
○賓西階上北面一拜主人少退○賓進席前東北面受爵退復西階上位○主人復阼階
上北面一拜賓少退○司邊司豆升自西階適左房以脯醢出北面坐薦於賓席前脯西醢
東興降復位○賓執爵進升席自西方中席南面立○司俎以折俎由東壁行升自西階詣
賓席前北面坐設于薦南興降復位○賓坐左執爵右取脯挼于醢祭之豆間○奠爵于薦
西興○右手取肺卻左手執本坐弗繚右絶末以祭尙左手嚌之興加于俎○司挩升自西
階適篚取挩詣賓席前進之○賓受挩司挩退復位○賓坐挩手委挩于地○遂取爵三祭
酒於地○執爵興就席末坐啐酒興○降席西坐奠爵興拜告旨坐執爵興○主人阼階上
答拜○賓復西階上北面坐卒爵興坐奠爵遂拜執爵興○主人阼階上答拜

◇賓酢主人(빈초주인)

賓以爵降階下位東面立○主人降立阼階東西面○賓坐奠爵興辭(辭見上)○主人對(辭
見上)○賓坐取爵興適洗南北面坐○主人卽阼階東南面辭洗(辭見上)○賓奠爵于篚興
對(辭見上)○主人復西面立○賓坐興○沃洗者沃盥○賓取爵沃洗奠爵挩手取爵興詣
西階下東面坐奠爵興向主人揖○主人答揖○賓讓升(辭見上)○主人答讓(辭見上)○賓
坐取爵先升西階上北面立○主人繼升阼階上北面拜洗○賓坐奠爵遂答拜興降階東
面立○主人降階西面立○賓辭降○主人對○賓適洗南北面坐盥主人阼階東南面辭
盥○賓興對○主人復西面賓坐卒盥挩手興及階與主人一揖一讓升○主人阼階上疑
立○賓坐取爵興詣尊南坐實酒興○詣主人席前東南面奉爵以立○主人阼階上北面
拜賓少退○賓進席前北面受爵退復阼階上○賓還西階上北面拜主人少退○司邊
司豆升自西階適房以脯醢出東面坐薦於主人席前脯北醢南興降復位○主人執爵進

由席東升自北方中席西面立○司俎以折俎由東壁行升自西階詣主人席前東面坐設于薦西興降復位○主人坐左執爵右手取脯揲于醢祭之豆間○奠爵于薦北興○右手取脯卻左手執本坐弗繚右絕末以祭尙左手嚌之興加于俎○司帨升自西階適篚取帨詣主人席前授之○主人受帨○司帨退復位○主人坐挩手委帨于地○遂取爵祭酒興○就席末坐啐酒興○降席自北方適阼階上北面坐卒爵興○坐奠爵遂拜執爵興○賓西階上北面答拜○主人詣東序端東面坐奠爵興○還詣阼階上北面再拜崇酒○賓西階上答再拜

◇酬賓(수빈)

主人詣尊南坐取觶于篚降階西面立○賓降階東面立○主人坐奠觶興辭○賓對○主人坐取觶興適洗北南面坐奠觶于篚下○沃洗者沃盥○主人取觶卒洗挩手興○及階坐奠觶興與賓一揖一讓坐取觶興升○賓升西階上北面疑立○主人詣尊所坐實觶興○復阼階上北面坐奠觶遂拜執觶興○賓西階上答拜○主人坐祭遂飲卒觶興坐奠觶遂拜執觶興○賓答拜○主人降階西面立○賓降階東面立○主人坐奠觶興辭○賓對○主人坐取觶興適洗北南面坐○賓進洗南北面辭洗○主人奠觶于篚興對○賓復西階下位○主人坐盥○沃洗者沃盥○主人取觶沃洗奠觶挩手取觶興○詣阼階下坐奠觶興一揖一讓坐取觶興升○賓升西階上疑立○主人詣尊所坐實觶興進賓席前北面立○賓西階上北面拜主人少退○進坐奠觶于薦西○賓辭○進席前北面坐取觶興復西階上位○主人還阼階上北面拜賓少退○進席前北面坐奠觶于薦東興復西階上位○主人揖○賓答揖○主人降立阼階下西面○賓降立西階下當序東面

◇獻介(헌개)

主人與介相向揖○介答揖○主人讓升○介答讓○主人先升阼階上北面立○介繼升西階上北面立○主人再拜○介答再拜○主人詣東序端坐取爵興降階西面立○介降階東面立○主人坐奠爵興辭○介對○主人坐取爵興適洗北南面坐○介進洗南北面辭洗○主人坐奠爵于篚興對○介復西階下位○主人坐盥沃洗者沃之○主人取爵沃洗奠爵挩手取爵興詣阼階下西面坐奠爵興揖○介答揖○主人讓升○介答讓○主人坐取爵先升○介繼升西階上疑立○主人詣尊所坐實爵興進介席前西南面奉爵以立○介西階上北面拜主人少退○介進席前北面受爵復西階上○主人就介右北面拜介少退○司籩司豆升自西階適房以脯醢出西面坐薦于介席前脯南醢北興復位○介執爵進升席自北方中席東面立○司俎以折俎由東壁行升自西階詣介席前西面坐設于薦東興復位○介坐左執爵右祭脯醢奠爵于薦南興○右手取肺卻左手執本坐右絕末以祭興加于俎○司帨升取帨于篚進介席前授之○介受帨○司帨退復位○介坐挩手委帨于地遂取爵祭酒執爵興○降席自南方復西階上北面坐卒爵興○坐奠爵遂拜執爵興○主人於介右答拜還阼階上位

◇介酢主人(개초주인)

介以爵降階東面立○主人降階西面立○介坐奠爵興辭○主人對○介坐取爵興適洗南北面坐○主人卽阼階下南面辭洗○介奠爵于篚興對○主人復西面○介坐盥沃洗者沃之○介取爵沃洗奠爵挩手取爵興復階下位○主人適洗南北面坐盥挩手興復階下位○介坐奠爵興向主人揖○主人答揖○介讓升○主人答讓○介坐取爵先升○主人繼升○介進兩楹間東面授主人爵○主人進西面受爵○介復西階上北面立○主人

詣尊所坐實爵興○就西階上介右北面坐奠爵遂拜執爵興○介答拜○主人坐祭遂飮
卒爵興○坐奠爵遂拜執爵興○介答拜○主人就西楹南坐奠爵興○還詣介右再拜崇
酒○介答再拜○主人復阼階上揖○介答揖○主人降立階下西面○階降立于賓南

◇獻三賓(헌삼빈)

主人西南面三拜衆賓○賓長三人各答一拜○主人揖○一賓長答揖○主人升○一賓
長繼升○主人詣西楹南坐取爵興復阼階上○降立于階下○一賓長降階東面立○主
人坐奠爵興辭○一賓長對○主人坐取爵興適洗北南面坐○一賓長進洗南北面辭洗
○主人奠爵于篚興對○賓長復西階下位○主人坐盥沃洗者沃之○主人取爵沃洗奠
爵挩手取爵興復阼階下西面坐奠爵興揖○一賓長答揖○主人坐取爵興先升○一賓
長繼升西階上疑立○主人詣尊所坐實爵興適西階上西南面獻賓長○一賓長北面拜
主人少退○一賓長進北面受爵○主人於賓長之右北面拜賓長少退○司籩司豆升適
房取脯醢北面坐薦于一賓席前脯西醢東興復位○賓長升席自西方中席南面坐○左
執爵右祭脯醢遂祭酒興○降席自西方復西階上北面立卒爵○進授主人爵○主人受
爵坐奠于西楹南○興復西階上揖○賓長答揖○主人降階西面立○一賓長降立于介
南(疊唱)主人向(二三)賓長揖○(二三)賓長答揖○主人升○(二三)賓長繼升○主人詣西
楹南坐取爵興復位降階西面立○(二三)賓長降階東面立○主人坐奠爵興辭○賓長對
○主人坐取爵興適洗北南面坐盥沃洗挩手取爵興復阼階下坐奠爵興揖○(二三)賓長
答揖○主人坐取爵興先升○(二三)賓長繼升西階上疑立○主人詣尊所坐實爵興適西
階上西南面獻賓長○賓長北面拜主人少退○賓長進北面受爵○主人於賓長之右北
面拜賓長少退○司籩司豆升適房取脯醢坐薦于(二三)賓席前興復位○賓長升席自西
方中席南面坐○左執爵右祭脯醢遂祭酒興○降席自西方復西階上北面立卒爵○進
授主人爵○主人受爵坐奠于西楹南興復阼階上揖○賓長答揖○主人降階西面立○
(二三)賓長降立于(一二)賓長之南

◇獻衆賓(헌중빈)疊唱

主人向衆賓一人揖○衆賓一人答揖○主人升○衆賓一人升西階上疑立○主人詣西
楹南坐取爵興○適尊所坐實爵興○適西階上西南面獻衆賓○衆賓一人北面受爵○
司籩司豆適房取脯醢出西面坐(獻樂正時南面坐)○薦于衆賓席前興復位○衆賓一人
升席自西方中席東面坐(樂正則北面坐堂下賓則唱執爵降卽席東面坐)○左執爵右祭脯醢
遂祭酒興降席自西方復(堂下賓則唱執爵升)西階上北面立卒爵○進授主人爵○主人受
爵坐奠于西楹南興復阼階上降階西面立○衆賓降復位○樂正徹俎皆以衆賓序齒獻
畢主人進受爵降奠于洗所之篚○還阼階下西向立

◇一人擧觶(일인거치)

主人向賓揖○賓答揖○主人讓升○賓答讓○主人先升○賓厭介介厭三賓以次升并
就席隨向立○贊者一人詣洗南坐盥取觶于篚沃洗興○升自西階詣尊所坐實觶興○
適西階上北面坐奠觶遂拜執觶興○賓就席西端南面答拜○一人坐祭遂飮卒觶興○
坐奠觶遂拜執觶興○賓答拜○一人降適洗南坐奠觶于篚盥手取觶沃洗興○升詣尊
所坐實觶興○適西階上北面立○賓拜○一人進賓席前坐奠觶于薦西○賓辭坐受觶
興○一人興復西階上北面拜○賓坐奠觶于其所興○一人降復位

◇僎入(선입)

僎入門內之西東面立○主人降○賓介衆賓皆降立于西階下當序東面(賓介之間容僎多寡)○主人詣門內之東西向揖○上僎答揖○主人及衆僎各相背而行至陳相向立○主人揖○上僎答揖○至碑相向立○主人揖○上僎答揖○主人至阼階下西面立○僎至西階下東面立○衆僎以次進立于賓介之間◐主人揖○上僎答揖○主人讓升○上僎答讓○主人先升阼階上北面立○僎繼升西階上北面立○主人再拜○僎答再拜

◇獻僎(헌선) 我國無公爵今只採大夫禮

主人詣禁南坐取爵興降立阼階下西面○僎降立西階下東面○主人坐奠爵興辭○僎對○主人坐取爵適洗北南面坐○僎進洗南辭洗○主人坐奠爵于篚興對○僎復西階下東面立○主人坐盥取爵沃洗奠爵捝手取爵興○詣阼階下西面坐奠爵興揖○僎答揖○主人讓升○僎答讓○主人坐取爵先升○僎繼升西階上疑立○主人詣尊所坐實爵興○進僎席前西北面奉爵以立○僎西階上北面拜主人少退○僎進席前北面受爵復西階上○主人就僎右北面拜僎少退○僎辭加席(某不足加禮請去重席)○主人對(某不敢不致敬願吾子無辭)○司邊司豆升適房取脯醢出詣僎席前北面坐薦脯西醢東興復位○僎執爵進升席自東方中席南面立○司俎以折俎由東壁行升自西階詣僎席前北面坐設于薦南興復位○僎坐左執爵右祭脯醢奠爵于薦西興○右手取肺卻左手執本坐右絕末以祭興加于俎司捝升取捝于篚進僎席前授之○僎受捝○司捝退復位○僎坐捝手委捝于地取爵祭酒執爵興○降席自西方復西階上北面坐卒爵興○坐奠爵遂拜執爵興○主人於僎右答拜還阼階上位○(若僎多則主人答拜之下唱曰僎進授主人爵○主人受爵坐奠于西楹南興復阼階上揖○僎答揖○主人降階西面立○僎降立于賓南○主人向次僎揖○次僎答揖○主人讓升○僎答讓○主人先升阼階上○僎繼升西階上立○主人再拜○僎答再拜○主人詣西楹南坐取爵興復位○降立于阼階下西面○僎降立于西階下東面○此下則依原笏疊唱至獻畢乃唱曰僎降立于上僎之南○上僎向主人揖○主人答揖○僎讓升○主人答讓○僎先升西階上○主人繼升阼階上○僎就西楹南坐取爵興復位降階東面立○仍唱下僎酢原笏○若僎多則獻僎皆畢惟上僎一人酢主人)

◇僎酢主人(선초주인)

僎以爵降西階下東面○主人降階西面立○僎坐奠爵興辭○主人對○僎坐取爵興適洗南北面坐○主人卽阼階下南面辭洗○僎奠爵于篚興對○主人復西面○僎坐盥取爵沃捝奠爵捝手取爵興復西階下東面立○主人適洗北南面坐盥捝手興復阼階下位○僎坐奠爵興向主人揖○主人答揖○僎讓升○主人答讓○僎坐取爵先升○主人繼升○僎進兩楹間東面授主人爵○主人進西面受爵○僎復西階上疑立○主人詣尊所坐實爵興○就西階上僎右北面坐奠爵遂拜執爵興○僎答拜○主人坐祭遂飮卒爵興○坐奠爵遂拜執爵興○僎答拜○主人還阼階降就洗所坐奠爵于篚興○還升詣僎右再拜崇酒○僎答再拜○主人復阼階上揖○僎答揖○主人降階西面立○僎降立于賓南○主人揖○賓答揖○主人讓升○賓答讓○主人升○賓厭僎僎厭介介厭衆賓以次俱升○並就席隨向立

◇樂賓(악빈)

司筵升自西階適房取二席出就西階上當廂少東坐設之樂正席在西工席在東興降復位○樂正升自西階立于席北面○瑟工二人左荷瑟後首右手挎越內絃先入歌二人繼之升自西階就席坐北面東上○並奏鹿鳴(呦呦鹿鳴食野之苹我有嘉賓鼓瑟吹笙吹笙鼓簧承筐是將人之好我示我周行○呦呦鹿鳴食野之蒿我有嘉賓德音孔昭示民不恌君子是則是傚我有旨酒

嘉賓式燕以敖○呦呦鹿鳴食野之芩我有嘉賓鼓瑟鼓琴鼓瑟鼓琴和樂且湛我有旨酒以燕樂嘉賓之心)
○四牡(四牡騑騑周道逶遲豈不懷歸王事靡盬我心傷悲○四牡騑騑嘽嘽駱馬豈不懷歸王事靡盬不遑
啓處○翩翩者鵻載飛載下集于苞栩王事靡盬不遑將父○翩翩者鵻載飛載止集于苞杞王事靡盬不遑
將母○駕彼四駱載驟駸駸豈不懷歸是用作歌將母來諗)○皇皇者華(皇皇者華于彼原隰駪駪征夫每
懷靡及◇我馬維駒六轡如濡載馳載驅周爰咨諏○我馬維騏六轡如絲載馳載驅周爰咨謀○我馬維駱
六轡沃若載馳載驅周爰咨度○我馬維駰六轡既均載馳載驅周爰咨詢)○主人降席自南方詣尊
所坐取爵于篚實酒興○詣工長席前西南面立○工皆左置瑟○工長北面逡拜不興受
爵○主人還阼階上北面拜○司邊司豆升取脯醢出詣工長席前南面坐薦脯東醢西興
復位○工長左執爵右祭脯醢逡祭酒卒飲○主人詣工長席前西南面受爵

(疊唱)詣尊所坐實爵興○詣次工席前西南面立○次工坐受爵○司邊司豆升薦脯醢降
復位○次工祭酒卒飲○主人受爵獻工畢主人坐奠爵于西楹南興○復阼階上北面立
○笙四人入階間磬南北面東上立○樂南陔白華華黍○主人就西楹南坐取爵興詣尊
所坐實爵興○適西階上南面立○笙長一人北面拜盡階不升堂受爵降復位○主人拜
○司邊司豆升取脯醢降就笙長席前南面坐薦脯東醢西興復位○笙長坐祭酒興立卒
飲○升授主人爵降復位

(疊唱)主人受爵詣尊所坐實酒興○適西階上南面立○次笙盡階不升堂受爵降復位
○司邊司豆升取脯醢降薦于次笙席前興復位○次笙坐祭酒興立卒飲○升授主人爵
降復位獻笙畢主人受爵還阼階降奠爵于洗所之篚興○還升卽席西面立○乃間歌魚
麗(魚麗于罶鱨鯊君子有酒旨且多○魚麗于罶魴鱧君子有酒多且旨○魚麗于罶鰋鯉君子有酒多且
有○物其多矣維其嘉矣○物其旨矣維其偕矣○物其有矣維其時矣)○笙由庚○歌南有嘉魚(南
有嘉魚烝然罩罩君子有酒嘉賓式燕以樂○南有嘉魚烝然汕汕君子有酒嘉賓式燕以衎○南有樛木甘
瓠累之君子有酒嘉賓式燕綏之○翩翩者鵻烝然來思君子有酒嘉賓式燕又思)○笙崇丘○歌南山
有臺(南山有臺北山有萊樂只君子邦家之基樂只君子萬壽無期○南山有桑北山有楊樂只君子邦家
之光樂只君子萬壽無疆○南山有杞北山有李樂只君子民之父母樂只君子德音不已○南山有栲北山
有杻樂只君子遐不眉壽樂只君子德音是茂南山有枸北山有楰樂只君子遐不黃耇樂只君子保艾爾後)
○笙由儀○乃合樂關雎(關關雎鳩在河之洲窈窕淑女君子好逑○參差荇菜左右流之窈窕淑女寤
寐求之求之不得寤寐思服悠哉悠哉轉輾反側○參差荇菜左右采之窈窕淑女琴瑟友之參差荇菜左右
芼之窈窕淑女鍾鼓樂之)○葛覃(葛之覃兮施于中谷維葉萋萋黃鳥于飛集于灌木其鳴喈喈○葛之覃
兮施于中谷維葉莫莫是刈是濩爲絺爲綌服之無斁○言告師氏言告言歸薄汗我私薄澣我衣害澣害否
歸寧父母)○卷耳(采采卷耳不盈頃筐嗟我懷人寘彼周行○陟彼崔嵬我馬虺隤我姑酌彼金罍維以不
永懷○陟彼高岡我馬玄ㄴ黃我姑酌彼兕觥維以不永傷○陟彼砠矣我馬瘏矣我僕痡矣云何吁矣)○
鵲巢(維鵲有巢維鳩居之之子于歸百兩御之○維鵲有巢維鳩方之之子于歸百兩將之○維鵲有巢維
鳩盈之之子于歸百兩成之)○采蘩(于以采蘩于沼于沚于以用之公侯之事○于以采蘩于澗之中于以
用之公侯之宮○被之僮僮夙夜在公被之祁祁薄言還歸)○采蘋(于以采蘋南澗之濱于以采藻于彼行
潦○于以盛之維筐及筥于以湘之維錡及釜○于以奠之宗室牖下誰其尸之有齊季女)○磬人北面
鼓之○工長興告于樂正(正歌備)○樂正告于賓(正歌備)○遂降復位○工四人並降復位
○笙四人幷退復位

◇司正擧觶(사정거치)

主人降席自南方降階下東面向相者請爲司正(請司正)○相者禮辭(某不能敢辭)○主人申
請(敢固以請)○相者許(申命之敢不敬從)○主人拜○司正西向答拜○主人升復席○司正
適洗南北面坐盥取觶于篚沃洗挩手興升自西階由楹內適阼階上北面受命于主人○
主人曰請安于賓○司正詣西階上北面告于賓○賓禮辭○司正固請○賓許○司正還

阼階上告于主人○遂退立兩楹間以相○主人降席自南方就阼階上再拜○賓降席自西方就西階上答再拜○主人揖復席○賓答揖復席○司正詣尊所坐實觶興○降自西階詣中庭北面坐奠觶興少退拱立○司邊司豆升取脯醢降南面坐薦于觶北退復位○司正進坐取觶飲卒觶興○坐奠觶遂拜執觶興○適洗南坐洗觶興復中庭坐奠觶于其所興少退立○賓主以下皆拱手肅容正立○司正乃揚聲讀訓(維我國家率由舊章崇尙禮敎今玆舉行鄕飮非專爲飮食而已凡我長幼各相勸勉孝於家忠於國內睦於閨門外比於鄕黨胥訓誥胥敎誨無或愆墜以忝所生)○賓主以下皆再拜

◇旅酬(여수)

賓降席自西方就席前北面坐取薦西之觶興詣阼階上北面立○主人降席自南方立於賓東北面○賓坐奠觶遂拜執觶興○主人答拜○賓立飲卒觶○詣尊所坐實觶興進主人前東南面立○主人北面拜賓少退○主人進受觶○賓就主人之西北面拜仍揖復席○主人以觶詣西階上立○僎降席自東方立於主人之西北面主人坐奠觶遂拜執觶興○僎答拜○主人立飲卒觶○詣尊所坐實觶興詣僎前西南面立○僎北向拜主人少退○僎進受觶○主人就僎右北面拜仍揖復席(○僎多則此下唱曰次僎降席自東方立於上僎之西北面○上僎坐奠觶遂拜執觶興○次僎答揖○上僎立飲卒觶○詣尊所坐實觶興○詣次僎前西南面立○次僎北面拜○上僎少退○次僎進受觶○上僎就次僎之右北面拜仍揖復席)○介降席自南方立於僎西北面○僎坐奠觶遂拜執觶興○介答拜○僎立飲卒觶○**詣尊所坐實觶興**○詣介前西南面立○介北面拜僎少退○介進受觶○僎就介右北面拜仍揖復席○司正升立于西階上少西北面相旅○一賓長降席立於介右北面○司正退立于西序端東面○介坐奠觶遂拜執觶興○一賓長答拜○介立飲卒觶○詣尊所坐實觶興進一賓長前東南面立○一賓長拜介少退○一賓長進受觶○介就賓長之西北面拜仍揖復席

(疊唱)司正又相旅○(二三)賓長降席立於(一二)賓長之左北面○(一二)賓長坐奠觶遂拜執觶興○(二三)賓長答拜○(一二)賓長立飲卒觶○詣尊所坐實觶興進(二三)賓長前西南面立○(二三)賓長拜(一二)賓長少退○(二三)賓長進受觶○(一二)賓長進(二三)賓長之東北面拜仍揖復席司正相旅○衆賓一人升立於三賓長之左北面○三賓長坐奠觶遂拜執觶興○衆賓一人答拜○三賓長立飲卒觶○詣尊所坐實觶興進一人前西南面立○一人拜三賓長少退○一人進受觶○三賓長就拜于一人之東揖復席

(疊唱)司正又相旅○衆賓次一人升立於前一人之左北面○前一人坐奠觶遂拜執觶興○次一人答拜○前一人立飲卒觶○詣尊所坐實觶興進次一人前西南面立○次一人拜前一人少退○次一人進受觶○前一人就拜于次一人之東揖降復位(終於徹俎)卒受者立飲卒觶降奠觶于洗所之篚復位○司正降復中庭

◇二人舉觶(이인거치)

司正命贊者二人舉觶○二人詣洗南坐盥取觶于篚沃洗興升自西階詣尊所坐實觶興○適西階上北面東上坐奠觶遂拜執觶興○賓僎就席末答拜○二人皆坐祭遂飲卒觶興○坐奠觶遂拜執觶興○賓僎就席末答拜○二人遂降適洗南坐盥洗興○升詣尊所坐實觶興○適西階上北面立○賓僎席末拜○二人分詣賓僎席前並坐奠觶于薦右○賓辭(請吾子勿辱)坐取觶興○僎坐受觶興○二人興退西階上北面拜○賓僎皆坐奠觶于其所興○二人退復位

◇徹俎(철조)

司正升自西階由楹內適阼階上北面受命于主人○主人曰請坐于賓○司正詣西階上北面告于賓○賓辭以俎○司正就阼階上北面告于主人○主人曰請徹俎于賓○司正詣西階上告于賓○賓許○司正降階前命弟子並俟徹俎○司正升立西序端東面○賓降席席南北面立○主人降席阼階上北面○僎降席席東南面○介降席西階上北面○弟子皆升西階上北面立於介右○賓取俎還授司正○司正以俎降賓從之降立于階下位東面○主人就席前東面取俎還授弟子○弟子以俎降自西階○主人降立于阼階下位西面○僎北面向席取俎還授執事○執事以俎降○僎從降立于賓南○介就席前西面取俎還授弟子○弟子以俎降○介從降立于僎南○三賓並降立于介南○司正及執事介弟子各以俎授從者于門外○主人弟子以俎藏于東房○司正及執事弟子皆入就位

◇燕(연)

賓主以下幷設屨○主人揖○賓答揖○主人讓升○賓答讓○主人先升○賓厭僎僎厭衆賓俱升○並就席坐○堂下衆賓及主黨諸執事皆坐其位○瑟人歌人並升就席坐○笙人入就席坐○司籩司豆升取脯醓降徧設于諸執事席前退復位坐○司俎乃進羞退復位坐○贊者二人升立西階上○賓僎取二人所奠觶飲卒觶乃擧觶二人分進坐受觶興詣尊所坐實觶興詣○賓觶坐獻于主人○僎觶坐獻于介○主人及介皆受觶卒飲○二人受觶興詣尊所坐實觶興詣○主人觶獻于一賓○介觶獻于次僎○一賓及次僎皆受觶卒飲○二人受觶興詣尊所坐實觶興詣○一賓觶獻于二賓(若又有僎則當獻于僎)○次僎觶獻于三賓○二三賓皆受觶卒飲○二人興降復位坐○司正命童子四人行觶○童子二人並詣二三賓席前坐受觶興○二人取觶于下篚升○並詣尊所坐實觶興詣○二賓觶獻于堂上衆賓之長三賓觶獻于次賓一觶獻于次賓一觶獻于次賓○獻堂上畢次及階下○先獻贊禮次樂正次司正次衆賓○以次畢獻于主黨諸執事及衆賓徧及于諸工終于沃洗者又叟升獻于賓僎主介如前無筭○獻畢童子受觶降奠于下篚退復位坐○行無筭樂

◇賓出(빈출)

賓主及在位者皆興○主人降自阼階○賓僎介降自西階○樂正命鼓人奏陔夏○僎納屨留立于西序東面○主人與賓介衆賓俱納屨分庭而出○主人門外之東西面立○賓以下門外之西東面北上立○主人再拜○賓介不答逡巡而退○主人還入至阼階下立○僎出○主人出○至門外相向立定○主人再拜○僎不答而退

◇拜禮(배례)

明日賓拜賜于主人門外主人不見○賓退主人拜辱于賓之門外賓不見

◇息司正(식사정)

翌日主人乃請司正爲賓獻酬如昨羞惟所有而不殺牲徵惟所欲而遍請先生長者飮酒無筭鄕樂惟所欲而惟賓介不與

迎于門外無拜無三揖至階一揖一讓升升不拜至獻不拜洗無俎無崇酒拜獻衆賓無拜至衆賓皆獻然後使一人擧觶而就坐行燕無旅酬奏樂無小雅惟國風凡嚮日爲主黨諸執事者皆列於賓行之位主人又別命人爲司尊司筵司籩司豆不用行觶童子(此一段戊午補說)

二) 士相見習禮儀(사상견습례의)

◇請見(청견)

賓(賓多則云以下)至門外東面序立○贊者奉幣(用雉)從賓立○主人立於阼階下直東序西面衆執事在其左少東北上○儐者(將命)出門外西面立○賓向儐致辭(某願朝夕聞命于執事者敢請)○儐入詣阼階下北面告主人(某子使某請見)○主人命對(某固願見今吾子有辱請吾子之就次也某將走見)○儐出告賓○賓又致辭(某不足以辱命敢固以請)○儐入告主人○主人又命對(某不敢爲儀固請吾子之就次也某將走見)○儐出告賓○賓又致辭(某不敢爲儀請終賜見)○儐入告主人○主人又命對(某固辭不得命固將拜見聞吾子稱贄敢辭贄)○儐出告賓○賓又致辭(某不以贄不敢見敢請)○儐入告主人○主人又命對(某不足習禮敢固辭)○儐出告賓○賓又致辭(某不依於贄不敢見敢固以請)○儐入告主人○主人又命對(某固辭不得命敢不敬從)○儐出告賓○遂入就執事者位賓以下肅俟

◇傳贄(전지)

主人之執事者設席于門內○儐導主人出門外西面立○主人再拜○賓答再拜○主人揖衆賓○衆賓答揖○主人揖賓入門右西面立儐從○賓入門左東面立贊奉贄從○進詣主人前立○主人再拜○儐詣贊前受贄○贊退復位○賓再拜出門外復位○主人命儐奠贄于東房○儐奠畢復位

◇反見(반견)

儐詣主人之左北面受命○主人命請見于賓(曰請見于賓)○儐以告賓(曰主人請見)○賓對(曰敢不敬從)○儐反命于主人(曰請見于賓賓許)○執事者設賓席于牖前南向○設主人席于阼階上南上○儐導主人出門外西面立○主人揖賓以入○賓厭衆賓以從○主人入門而右○賓入門而左○衆賓從相向立定○主人揖○賓答揖○又各相背而行至陳相向立定○主人揖○賓答揖○又各向北而行至碑相向立定○主人致辭(某將入爲席請吾子之少須也)○賓對(某不足爲禮敢辭)○主人又致辭(某不敢不謹固請吾子之少須也)○賓對(某不敢爲儀敢固以辭)○主人讓升(某既不得命請吾子之先升)○賓對(某不敢敢辭)○主人又讓(固請吾子升)○賓對(敢固以辭)○主人又讓(終請吾子升)○賓對(敢終辭之)○主人先升阼階先右足○賓升西階先左足○衆賓從升○主人阼階上疑立西向○賓以下西階上東面序立南上再拜○主人答再拜○主人進賓席前跪正席○賓詣席西跪撫席致辭(某不足爲禮敢辭)○主人對(某不敢不正)○賓興○主人興復位揖賓就席○賓踐席主人乃坐○賓以下並就坐

◇傳言(전언)

坐既妥主人傳言(曰他日竊聞吾子之名願見而不可得今吾子猥自枉屈使某得親德儀某之愚不勝榮感)○賓對(曰某竊聞吾子德儀之盛有執御之願爲日久矣今幸獲私不勝慰喜願吾子勿孤其所以來之意有以敎之也○若請業之賓則德儀之盛以下曰願供灑掃於門下爲日久矣今幸得侍云云)○主人對(曰某至愚無似不意吾子過聽傳者之言致有勤敎內省惶慙罔知措躬)○賓固請(曰吾子不以鄙卑幸敎以一言)○主人對(曰某學不知方誠不足以堪命然下問之盛有不可以虛辱昔者竊聞之云云〈引古嘉言之切於身者以對〉某之愚蓋嘗有意於此而力莫能也敢以爲獻願吾子加之意焉)○賓起拜謝(曰某雖不敏請事斯語矣)○主人起拜辱復俱坐

◇^附開講(개강)

贊丌書奉置于主人席前○設講席于間丈○主人起○賓以下起○賓致辭(某旣蒙賜見願獲承誨於左右)○主人對(某愚無聞敢辭)○賓又致辭(某與朋友旣獲私矣不承誨不敢退敢固以請)○主人對(某實愚無聞不敢爲儀敢固辭)○賓又致辭(某與朋友將不承誨不敢坐請終敎之)○主人對(某固辭不得命敢不敬從)○主人坐○賓以下皆坐○贊引當講者以次詣丈間揖跪講○儐執筆就書案之南抄錄講說○講畢以次退復位○儐跪誦白鹿洞規○賓以下皆諦聽

◇賓出(빈출)

賓以下起○主人起○賓請退(某與朋友旣獲私矣敢請退)○主人對(某不足以久辱敢不敬應)○賓揖降衆賓從○主人答揖降○至門外相向立定○主人再拜○賓逡巡而退衆賓並退

◇還摯(환지)

主人詣賓門外東向立○賓奉幣從○贊出門外西向立○主人致辭(嚮者吾子辱使某見請還摯於執事者)○贊入告賓○賓命對(某旣得見矣敢辭)○贊出告主人○主人又致辭(某非敢求見固請還摯于將命者)○贊入告賓○賓命對(某旣得見敢固辭)○贊出告主人○主人又致辭(某非敢以聞終請于執事者)○贊入告賓○賓命對(某固辭不得命敢不敬從)○贊出告主人○主人入門左東面立儐奉摯從○賓降階至門右西面立○儐奉摯詣賓前立○賓再拜○贊詣儐前受摯○儐退復位○主人再拜○賓命贊奠摯于房○贊奠畢復位○主人出○賓出○至門外相向立定○賓再拜○主人逡巡而退○若請業之摯則賓出後使儐者還其摯于門外曰某也使某還摯○賓對曰某也旣得見矣敢辭○儐者對曰某也命某某非敢爲儀也敢以請○賓對曰某也夫子之賤私不足以踐禮敢固辭○儐者對曰某也使某不敢爲儀也固以請○賓對曰某固辭不得命敢不從遂再拜受

三) 享祠禮(향사례)
①享祠禮其一(향사례기1)

◇分定記(분정기)

初獻官○亞獻官○終獻官○禮祝○都執事○唱執禮○贊者○贊引○陳設○奉香○奉爐○司尊○奉爵○尊爵

◇新建奉安儀禮節次(신건봉안의례절차)

前一日執禮率諸執事者掃除廟之內外設神位椅子於北壁下設卓子於椅子前○陳設○謁者引獻官升自東階點視○訖還出○執事者設卓子于廟堂北壁下設新版於其上○又別設一卓子于其東置硯筆墨於其上○又別設一卓子於其西○執禮率執事及學生序立門外位○謁者引獻官入就門外位○題牌者盥手帨手就卓子前西向立題某先生位版訖○祝奉位版入置廟中北壁下椅子上南向○祝奉某先生(配享位)位版入置廟中東壁一位椅子上西向○次奉某先生位版入置廟中西壁一位椅子上東向○次奉配享位數如前式訖○執禮謁者贊引先入階間拜位再拜○贊引引祝及諸執事○詣盥洗位盥洗各就位○奉爵奠爵詣爵洗位洗爵拭爵○訖還置於箱奉詣尊所置於坫上降復

位○祝升詣某先生神位前開櫝仍啓簠簋籩豆○次詣諸賢神位前開櫝仍啓簠簋籩豆
○祝降復位○贊引引獻官入就位○獻官及學生皆再拜○贊引引獻官詣盥洗位之南
北向立盥洗帨手○贊引引獻官詣某先生神位前跪○奉香奉爐升○奉香奉香盒詣獻
官之右跪○奉爐奉香爐詣獻官之左跪○獻官三上香○奉香奉爐還置香盒香爐於故
處○獻官俯伏興平身○贊引引獻官降復位再拜○贊引引獻官某先生尊所西向立○
司尊奉爵奠爵升○司尊擧冪酌酒○奉爵以酌受酒○贊引引獻官詣某先生神位前跪
○奉爵詣獻官之右跪○以爵授獻官○獻官執爵獻爵以爵授奠爵○奠爵自左受之奠
于神位前坫上○獻官俯伏興平身○司尊奉爵奠爵降復位○贊引引獻官詣某先生神
位前北向跪○祝升詣獻官之左執祝板東向跪讀祝文○訖還置祝板於故處降復位○
獻官俯伏興平身○贊引引獻官降復位○獻官及學生皆再拜○祝詣神位前闔櫝○贊
引引獻官詣望瘞位北向立○祝取祝版降自西階瘞坎○贊引引獻官出○祝及諸執事
俱復階前位再拜○以次出○執禮謁者贊引贊者俱就階間拜位再拜而出○執事復入
撤饌闔門而退○禮畢

◇享祭儀禮節次(향제의례절차)

前期一日獻官以下入祭○前一日執禮率諸執事掃除廟之內外○設獻官位於堂下北
面諸執事位於其後諸學生又位於其後皆北向西上○設飲福位於堂上前楹外近東西
向○設獻官以下門外位重行北向西上○設望瘞位於瘞坎之南○設祝版於正位前卓
上之右(有坫)○設香爐香盒(爐東盒西)於各位前(有卓)○設燭各二於神位前卓上○設
犧尊(隨位)於堂上東南隅(有卓)加勺冪○設幣篚(各位一)福酒爵一(有坫)俎肉俎一(有刀)
於尊所○設洗器二於東階之下東(盥洗在西爵洗在東)設卓一於洗東置箱二(巾東爵西)○
厥明執禮率諸執事陳設如式卓上北端

◎笏記(홀기)
◇行享事禮(행향사례)

春季(隨時)行事獻官執事學生俱就門外位○獻官以下各服其服○謁者引獻官入就位
○贊者引祝及諸執事入就拜位無聲再拜○謁者引諸執事盥洗位帨手各就位○贊者
引學生入就位○謁者引初獻官升自東階點視陳設訖降復位○祝率諸執事開櫝仍啓
簠簋籩豆明燭○祝引降復位○獻官及學生皆再拜鞠躬拜興拜興平身○謁者進初獻
官之左○白有司謹具請行事

◇行奠幣禮(행전폐례)

祝及奉香奉爐升○謁者引初獻官詣盥洗位帨手○引詣○某先生神位前跪○奉香奉
香盒進獻官之右○奉爐奉香進獻官之左跪○獻官三上香○祝奉幣篚詣獻官之右以
授獻官○獻官執幣獻幣○築自左受之奠于神位前○獻官俯伏興○次詣○某先生神
位前跪○奉香奉爐詣獻官之左右跪○獻官三上香○祝奉幣篚詣獻官之右以授獻官
○獻官執幣獻幣○祝自左受之奠于神位前○獻官俯伏興○次詣(隨配享位)獻官俯伏
興平身仍皆降復位

◇行初獻禮(행초헌례)

謁者引初獻官詣○某先生罇所西向立○奉爵奠爵升○司樽擧冪酌酒○奉爵以酌受

酒○謁者引獻官詣○某先生神位前跪○奉爵以酌授獻官○獻官執酌獻酌○奠爵受之奠于神位前西端第一坫○獻官俯伏興少退跪○祝進獻官之左東向跪讀祝文○祝版還置故處降復位○獻官俯伏興○次詣○某先生神位前跪○奉爵以爵授獻官○獻官執爵獻爵○奠爵受之奠于神位前西端第一坫○獻官俯伏興○次詣(隨配享位)獻官俯伏興平身○仍皆降復位

◇行亞獻禮(행아헌례)

謁者引亞獻官詣盥洗位帨手仍詣○某先生罇所西向立○奉爵奠爵升○司樽擧冪酌酒○奉爵以酌受酒○謁者引獻官詣○某先生神位前跪○奉爵以酌授獻官○獻官執酌獻酌○奠爵受之奠于神位前第二坫○獻官俯伏興○次詣○某先生神位前跪○奉爵以酌授獻官○獻官執酌獻酌○奠爵受之奠于神位前第二坫○獻官俯伏興○次詣○(隨配享位)獻官俯伏興平身○仍皆降復位

◇行終獻禮(행종헌례)

謁者引終獻官詣盥洗位帨手仍詣○某先生罇所西向立○奉爵奠爵升○司樽擧冪酌酒○奉爵以酌受酒○謁者引獻官詣○某先生神位前跪○奉爵以酌授獻官○獻官執酌獻酌○奠爵受之奠于神位前第三坫○獻官俯伏興○次詣○某先生神位前跪○奉爵以酌授獻官○獻官執酌獻酌○奠爵受之奠于神位前第三坫○獻官俯伏興○次詣○(隨配享位)獻官俯伏興平身○仍皆降復位

◇行飮福禮(행음복례)

祝詣○某先生罇所以爵酌福酒置坫上持俎及刀進減正位前脯肉盛于俎上○謁者引獻官詣飮福位西向跪○祝詣尊所執酌獻官之左北向跪以授獻官○獻官受之飮崒酌○祝受虛酌反于坫上○取胙肉授獻官○獻官受胙以授祝○祝受之降自東階出○獻官俯伏興平身仍降復位○獻官皆再拜

◇撤籩豆(철변두)

祝入就正位前闔簠簋籩豆小移故處還出○獻官及學生皆再拜○祝率執事詣神位前闔櫝○畢仍降復位

◇行望瘞禮(행망예례)

祝入奉祝板及幣篚降自西階先導○謁者引初獻官詣望瘞位○祝燒祝文○瘞幣仍降復位○謁者進獻官之左○白禮畢○謁者引獻官出

◇撤饌(철찬)

祝及諸執事入就位西上北向鞠躬再拜以次出執禮謁者贊者贊引再拜以出執事撤饌闔以退出

②享祠禮其二(향사례기2)

◇分定記(분정기)

初獻官○亞獻官○終獻官○禮祝○都執事○唱執禮○贊唱○贊引○陳設○奉香○奉爐○司尊○奉爵○尊爵

◆笏記(홀기)

執禮贊引謁者先入就位各再拜○贊引退出○引祝及諸執事學生就門外位○答唱就門外位以下答唱同○贊引引獻官俱就位○贊引引初獻官點視陳設○引降復位

◆行參神(행참신)

獻官以下諸執事學生皆再拜鞠躬拜而興拜而興平身○謁者進初獻官之左謹具請行事○行奠幣禮○贊引引初獻官詣盥洗位盥洗○仍詣(某官某公或某號先生神位前)○祝及奉香奉爐升○祝開櫝及影幀門點燭○奉香奉爐各進香爐○獻官跪搢笏三上香○祝進幣篚○獻官執幣獻幣○祝自左受之奠于神位前○獻官執笏俛伏興平身○次詣(某官某公或某號某公)神位前○跪搢笏三上香○執幣獻幣○奠于神位前○獻官執笏平身○(餘配享位如皆次位)○引降復位○祝及奉香奉爐皆降復位

◆行初獻禮(행초헌례)

贊引引初獻官詣尊所西向立○司尊奉爵奠爵升○司尊擧冪酌酒○贊引引初獻官詣(某官某公或某號先生)神位前○跪搢笏○奉爵以爵授獻官○獻官執爵獻爵○奠爵自左受之奠于位前第一坫○獻官俯伏興少退跪○祝進詣獻官之左○祝跪讀祝○(讀畢)○獻官執笏平身○祝降復位○贊引引獻官詣配位尊所西向立○司尊擧冪酌酒○引詣(某官某公或某號某公)神位前○跪執爵獻爵○奠爵奠于位前第一坫○獻官平身○(餘配享如皆次位)○引降復位

◆行亞獻禮(행아헌례)

贊引引亞獻官詣盥洗位盥洗○引詣尊所西向立○司尊酌酒○仍詣(某官某公或某號先生)神位前○跪執爵獻爵○奠爵奠于位前第二坫○獻官平身○引詣配位尊所西向立○司尊酌酒○仍詣(某官某公或某號某公)神位前○跪執爵獻爵○奠于位前第二坫○獻官平身○(餘配享位如皆次位)○引降復位

◆行終獻禮(행종헌례)

贊引引終獻官詣盥洗位盥洗○仍詣尊所西向立○司尊酌酒○引詣(某官某公或某號先生)神位前○跪執爵獻爵○奠于位前第三坫○獻官平身○引詣配位尊所西向立○司尊酌酒○仍詣(某官某公或某號某公)神位前○跪執爵獻爵○奠于位前第三坫○獻官平身○(餘配享位如皆次位)○引降復位○奠爵奉爵降復位○三獻官再拜鞠躬拜而興拜而興皆平身

◆行飲福禮(행음복례)

謁者引初獻官詣飲福位○西向跪○奉爵詣尊所○司尊酌福酒○奉爵進獻官○獻官飲卒爵○祝升進減神位前胙肉以授獻官○獻官受胙○獻官以下降復位○初獻官再拜鞠躬拜而興拜而興平身

◆行辭神(행사신)

獻官以下諸執事及學生在位者皆再拜○鞠躬拜而興拜而興平身

◆行望瘞禮(행망예례)

謁者引初獻官詣望瘞位西向立○祝升焚祝○獻官降復位○謁者進初獻官之左白禮畢○祝閉櫝閉影幀門熄燭○獻官以下諸執事學生皆出

제 17 절 居家禮(거가례)

一. 定省儀(정성의)

凡爲人子之禮○昏定而晨省○天欲明咸起○盥漱櫛○帽子衫帶○適父母之所○序立○拜○問安否何如○進盥○進食○擧筯乃各退食○各從其事○夕食亦如之○將寢○定其牀衽○安置而退

◆童子禮定省按十歲以上侵晨先父母起梳洗畢諸父母榻前問夜來安否如父母已起則就旁先作揖後致問問畢仍一揖退昏時侯父母將寢則拂席整衾以待已寢則下帳閉戶而後息(定以安其寢省以問其安此與溫淸之禮皆人子事親之常不以少長有閒者然能習慣於童年則孝愛之節自然馴熟矣)曲禮曰凡爲人子之禮冬溫而夏淸昏定而晨省

二. 賀正儀(하정의)

正至朔望賀家長○是日拜祠堂畢○灑掃室堂設席於北壁下家長坐定○卑幼丈夫處左西上○婦女處右東上皆北向世爲一行○共拜家長○丈夫再拜婦女四拜○諸婦先退○就其中推最長者一人長兄立於家長之左長姊立於家長之右南向○諸弟妹拜訖○又以次推其長者各就列○弟立於長兄之下妹立於長姊之下○拜如前儀○兄弟一等之親先退○子弟一等之親受拜如前儀○拜遍○皆退家長乃起乃徹席

三. 上壽儀(상수의)

◆生日上壽當否(생일상수당부)

程子曰人無父母生日當倍悲痛更安忍置酒張樂以爲樂若具慶者可矣○問誕辰亦受子弟壽酒否朱子曰否一例不受人物事問在官所還受人壽儀否曰否然也有行不得處如作州則可以不受蓋可以自由若有監司所在只得按例與之受蓋他生日時又用還他某在潭州如此在南康漳州不受亦不選問程子曰人無父母生日當倍悲痛如先生舊時亦嘗有壽母生朝及大碩人生朝與向日賀高倅詞恐非先生筆不審又何也豈在人子自已言則非其所宜而爲父母待親朋則其情又有不容已處否然恐爲此則是人子以禮律身而以非禮事其親以非禮待於人也其義如何曰此等事是力量不足放過了處然亦或有不得已者其情各不同也

⊙生日(생일)○回昏(회혼)○回榜壽職(회방수직)○凡家宴(범가연) 笏記(홀기)

續集儀○上壽於家長○灑掃室堂○設席於北壁下○家長坐定○設宴羞於其前○又別設注盞於其東南以卓○卑幼盛服○丈夫處左西上○婦人處右東上皆北向○世爲一行○丈夫再拜○婦人四拜○弟子之最長者一人進立於家長之前○幼者一人執酒盞立於其左○一人執酒注立於其右○長者及二幼者俱跪○長者受盞○執注者斟酒○二幼者起○長者擧手奉盞○祝畢○家長受盞飮畢○授幼者盞反其故處○幼者皆退復位○長者俛伏興退復位○婦女中最長者一人進立於家長之前○婦女中幼者一人執盞立於其左○一人執注立於其右○長者及二幼者俱跪○長者受盞○執注者斟酒○二幼者起○長者擧手奉盞○家長受盞飮畢○授幼者盞反其故處○幼者皆退復位○長者俛伏興退復位○丈夫再拜○婦人四拜○婦人皆先退○家長命諸卑幼皆坐○命侍者偏酢諸卑幼○飮訖○皆起再拜退○家長乃起○乃徹

⊙上壽儀禮節次(상수의례절차)

是日行拜賀禮訖子弟修具畢請家長夫婦並坐於中堂諸卑幼皆盛服
序立(世爲一行男左女右)○鞠躬拜興拜興平身○長者詣尊座前(長者進立於家長之前如弟

則云長弟幼者一人執盞立於其左一人執注立於其右)○跪(長者及二幼者俱跪)○斟酒(長者受盞幼者執注斟酒訖二幼起)○祝壽(長者舉手奉盞祝曰)伏願尊親履玆長至(正旦則改長至爲歲端生旦則改云對玆爲慶)備膺五福保族宜家(祝畢家長受盞飮訖以盞授幼者反其故處長者)○俯伏興平身○復位(與卑幼俱拜)○鞠躬拜興拜興拜興拜興平身○酢酒(拜訖侍者注酒於盞授家長家長命長者至前親以酒授之)○受酒(長者受酒置於席端)○鞠躬拜興拜興平身(取酒)○跪(飮之畢)○興(長者命侍者以次酢諸卑幼皆出位跪飮畢執事者舉食卓入擺列男列於外女列於內婦女辭拜入內席)○命坐(家長命諸卑幼坐惟未冠及冠而未昏者不得坐)○鞠躬拜興拜興平身(諸卑幼俱拜而後坐)○各就席(乃以次行酒或三行或五行子弟迭起勸侑隨宜畢)○各出席○鞠躬拜興拜興平身○禮畢

⊙장수한 어른 잔치에 잔 올리는 의례절차.

이날(명절) 행하는 하례(賀禮)의 절하기를 마치고 하례에 갖춰놓은 모든 것을 잘 정돈하기를 마쳤으면 가장부부를 같이 당의 중간에 앉기를 청하고 모든 비유자들은 모두 성복을 한다. ○차서 대로 선다. (한 세대씩 한열로 하되 남자는 좌측 여자는 우측이다) ○국궁 재배 평신한다. ○장자(자손 중 연장자)는 존좌(尊座)(가장 부부가 앉은 자리) 앞으로 나간다. [장자가 가장 앞으로 나아가 서면 (아우가 이와 같이 할 때는 장제(長弟)라 한다] 유자(幼者; 장자 보다 어린자) 한 사람이 잔을 잡고 그의 좌측에 서고 한 사람은 주전자를 들고 그의 우측에 선다) ○무릎을 꿇고 앉는다. (장자와 유자 두 사람도 함께 무릎을 꿇고 앉는다) ○술을 따른다. (장자가 잔을 받으면 유자는 들고 있는 주전자로 잔에 술을 따른다. 마쳤으면 유자는 일어선다) ○오래 사시기를 비는 축사(祝辭)를 한다. (장자는 잔을 받들어 들고 축사를 아뢴다) 엎드려 원하옵건대 존친께서는 복록(福祿)이 이에 오래도록 이르게 하시고 [정월 초하루에는 장지(長至)를 세단(歲端)으로 하고 생일에는 이자장지(履玆長至)를 대자위경(對玆爲慶)으로 고친다] 오복을 갖춰 받아 가족을 보호하시고 가내가 화목하게 하여 주옵소서. (축수를 마치면 가장은 잔을 받아 술을 마시고 마쳤으면 잔을 유자에게 준다. 유자는 장자의 먼저 섰던 자리로 되돌아온다) ○부복하였다 일어나 평신한다. ○제자리로 물러나 선다. (부복하였다 일어나서 유자와 같이 절을 한다) ○국궁 사배 평신한다. ○가장(家長)은 술잔을 돌린다. (절하기를 마쳤으면 심부름하는 이는 주전자와 술잔을 가장에게 준다. 가장은 장자를 앞으로 나오게 명하여 친히 술을 따라 준다) ○술을 받는다. (장자는 술을 받아 자리의 끝에 놓는다) ○국궁 재배 평신한다. (술잔을 든다) ○무릎을 꿇고 앉는다. (술을 마신다. 마쳤으면) ○일어 선다. (장자는 심부름하는 이에게 명하여 여러 비유(항렬이 낮거나 어린자)자에게 차례대로 술잔을 돌리게 한다. 차례로 나와 무릎을 꿇고 앉아 술 마시기를 모두 마쳤으면 집사는 식탁을 들고 들어와 벌려놓는다. 남자 열은 바깥으로 하고 여자들은 안으로 하되 부녀자들은 절을 하고 안의 자리로 들어간다) ○앉으라고 하명한다. (가장은 모든 비유자에게 앉으라고 명한다. 이때 관례를 하지 않았거나 관례는 하였으나 미혼자도 부득이 앉아야 된다고 생각된다) ○국궁 재배 평신한다. (모든 비유자들도 함께 절을 하고 앉는다) ○각자의 자리로 간다. (곧 이어 주연을 혹 삼 순배(三巡杯) 혹 오 순배로 행하되 자제들이 번갈아 일어나 주고받고 권하기를 안주도 같이 따라 한다. 마쳤으면) ○각자의 자리로 간다. ○국궁 재배 평신한다. ○예를 모두 마친다.

◆上壽笏記(상수홀기)

設父席於堂北壁下少東設己小卓一於其前○父升席自西方南向坐○設母席於北壁下少西設小卓一於其前○母升席自西方南向坐○設卓於堂東壁下近北置酒注於盞盤其上(注東盞

西)〇又設卓於堂南端多置酒盞於其上〇丈夫盛服立於父席前西上北向〇婦人盛服立於母席前東上北向〇丈夫婦人皆再拜(婦人夾拜)〇最長者一人進立於父席前幼者一人執酒盞立於其坐東向〇一人執酒注於立其右西向〇最長者受盞〇執注者斟酒反奠于故處復位〇最長者跪置卓上祝曰伏願大人履玆歲端(南至晬辰隨時稱之)備應五福保族宜家〇父飮畢授幼子盞〇幼子反奠于酒注卓上復初立位〇最長者進母席前〇幼子一人執酒盞立於其左東面〇一人執酒注立於其右西面〇最長者受盞執注斟酒者反奠于故處復位〇最長者跪置卓上祝曰伏願母親履玆歲端備應五福保族宜家〇母飮畢授幼子盞〇幼子反奠于酒注卓上復初立位〇最長者俛伏興退與在位者皆再拜〇父命諸長幼坐長幼皆再拜而坐〇父命諸侍者偏酬諸長幼〇諸長皆起立〇侍者實酒授長者〇長者受酒坐奠于席北端興再拜取酒坐卒飮授侍者盞興再拜〇侍者以盞實酒詣諸長幼前諸長幼皆再拜受卒飮酒皆再拜而退〇侍者撤席及卓子

四. 士相見儀(사상견의)

大禮冠婚喪祭鄕相見(禮記)士相見之禮(儀禮)朋友之際五常之道有通財之義(白虎)君子見〇於所尊敬必執贄以將其厚意(儀注)贄冬用雉夏用腒(儀禮 乾雉 儀注)前期(今補)紹介中間之人達彼此之意(儀疏)請見(通解)是日賓盛服具贄詣主人之門(外右)東向立從者進贄(今補)賓奉贄左頭(儀禮)當心主人盛服立於阼階下直東序西向衆執事立於主人之左少東北上將命者出門左西向立賓請見(今補)曰某也願見(儀禮)於將命者(儀禮)無由達某子(儀禮 紹介之人 儀疏 姓名 儀註)以命(儀禮 主人之意 儀注)命某見(儀禮)今來(儀疏)將命者入詣主人之左北向立告主人曰某子請見(今補)主人對曰某子(儀禮 紹介姓名 儀疏)命某(儀禮)往(儀注)見吾子有辱請吾子之就家也某將走見(儀禮)將命者出立如初以告賓(今補)賓對曰某不足以辱命請終賜見(儀禮)將命者入立如初以告主人(今補)主人對曰某不敢爲儀(儀禮貌也)忠誠欲往(儀注)固請吾子之就家也某將走見(儀禮)將命者出以告賓(今補)賓對曰某不敢爲儀固以請(儀禮)將命者入以告主人(今補)主人對曰某也固辭不得命將走見聞吾子稱(儀禮 擧也儀注)贄敢辭贄(儀禮)將命者出以告賓(今補)賓對曰某不以贄不敢見(儀禮)將命者入以告主人(今補)主人對曰某不足以習禮敢固辭(儀禮)將命者出以告賓(今補)賓對曰某也不依於贄不敢見固以請(儀禮)將命者入以告主人(今補)主人對曰某也固辭不得命敢不敬從(儀禮)將命者出以告賓遂入復位執事者設席(今補)於庭(儀注)中碑南退復位(今補主人出迎于門外(儀禮)之左西向(今補)再拜賓(儀禮)東向坐奠贄于地(今補)答再拜奉贄(儀禮)興(今補)主人讓入賓告辭(通解)主人揖(儀禮)肅(進也)賓(通解)入門右賓入門左(儀禮)相向揖相背既曲又揖皆北向至碑前賓東折就席中少西南向立主人西折就賓左南向立(今補)主人再拜賓送贄主人受賓再拜出(儀禮)門外復初位主人以贄授執事者執事者以入主人復初位執事者徹席退復位(今補)賓主相接以矜莊歡心未交(儀注)主人請見賓反見(儀禮)則燕矣(儀注)取飮食之禮附之(通解)將命者詣主人之左北向受命出門左西向立告賓曰主人請見賓對曰敢不敬從將命者反命于主人曰賓反見遂復位執事者由西階升設賓席于堂中北壁下(今補)南向西頭(通解)主人席于阼階上(今補)西向南頭(通解)降設洗于阼階下東南遂復位(今補)主人出門(儀禮)左西向立(今補)讓入賓固辭(通解)主人揖(儀禮)肅賓(通解)入門右賓入門左(儀禮)相向立(今補)主人請爲席然後迎賓固辭(通解)遂相揖相背(今補 客若降等則就主人之階主人固辭客復就西階(通解)既曲又揖皆北向當碑又揖(今補)至階主人與賓讓等三而賓不從主人先等先右足賓從之先左足拾級聚足連步以上(通解)主人就賓席前(今補)跪正席賓跪撫席而辭(通解)皆興(今補)主人升席自北賓升席自東(通解)主人坐賓亦坐(今補)妥而後俾言(儀禮 出言 儀注)主人先擧問路中無恙(通解)賓乃擧且道所爲來之意而請有以敎之主人辭賓固請主人乃言賓起拜謝主人起答拜皆復坐執事者以饌升自西階陳于楹外負東房西向告曰食具降復位主人興賓亦興(今補)主人降席自南賓降席自東(通解)主人降至阼階下西向立賓從降至西階下直西東向立主人辭降賓不從主人適洗北南向盥賓進洗南北向辭盥

主人不從賓復西階下位主人卒盥至階與賓一讓俱升主人揖賓使坐賓升席(今補)坐盡前(通解)執事者盥升主人就賓席前跪進食執事者相之(今補)左殽(肉帶骨)俎右胾(切肉)豆(通解)于席外地近南(今補)食左羹右(通解)于其近北(今補)膾炙豆處殽胾之外醢醬處殽胾之內蔥㳿(蒸蔥)豆處醯醬之左酒醬處羹之右左酒右漿(通解)饌訖主人興升席(今補 客若降等執飯興主人辭然後客復坐)坐盡前(通解)執事者就主人席前設饌如前儀降復位(今補)主人先祭延客祭主人辭曰疏食不足祭也所進之序徧祭之惟水漿不祭通解主人乃飯賓從飯(今補)主人辭以疏三飯但食醬及他饌賓告飽須勤侑乃更食主人延賓食胾然後徧於殽(殽尊故後食之)主人徧賓乃酳(以酒蕩口　通解)主人亦酳賓興(今補)徹飯主人興辭賓坐(通解)主人乃坐執事者升徹降復位賓興主人亦興賓揖請退(今補)賓退主人送于門外(儀禮)之左西向(今補)再拜(儀禮)賓不答拜不顧而還執事者徹席(今補)復見禮尙往來同曰(儀注)復見之以其贄(儀禮)前賓今爲主人(儀禮)前主人今爲賓賓以所受之贄詣送贄者之門外右東向立從者進贄(今補)賓奉贄左頭(儀禮)主人立於阼階下西向衆執事立於主人之左少東北上將命者(非前者)出門左西向立(今補)賓曰鄉者吾子辱使某見請還贄於將命者(儀禮)將命者入詣主人之左北向立告主人曰某子還贄(今補)主人對曰某也旣得見乚矣敢辭(儀禮)將命者出立如初以告賓(今補)賓對曰某也非敢(儀禮)頻(儀疏)𧥓(儀注)求見請還贄于將命者(儀禮)將命者入立如初以告主人(今補)主人對曰某也旣得見矣敢固辭(儀禮)將命者出以告賓(今補)賓對曰某不敢以聞固以請於將命者(儀禮)將命者入以告主人(今補)主人對曰某也固辭不得命敢不從(儀禮)將命者出以告賓遂入復位執事者設席(今補)於庭(儀注)中碑南退復位(今補 異日則主人出迎　儀注)賓奉贄入門左(儀禮)曲而北至碑前折而東就席中少西南向立主人就賓左南向立(今補)主人再拜賓送贄主人受賓再拜出(儀禮)主人以贄授執事者(今補)送于門外(儀禮)之左西向(今補)再拜(儀禮)賓不答拜而還主人乃入執事者徹席(今補)

五. 家塾束脩儀(가숙속수의)

贄隨宜○束脩○其至薄者○前期紹介者達彼此之意○其日○學者盛服至塾立於門東西向○從者奉贄當門北向立○主人盛服立於東階上西向○將命者出立於門西東向曰敢請事○學者少進曰某願受業於先生敢請見○將命者入告○主人曰某也不德請子無辱○將命者出告○學者曰某不敢爲儀○敢固以請○將命者入告○主人曰請子就位某敢見將命者出告○學者曰某不敢以視賓客○請終賜見○將命者入告○主人曰某辭不得命敢不從○將命者齣告乃入○主人降俟於東階下西向○執事者設席于兩階下及階間○奉贄者以贄東向○授學者學者執贄入門而左○至西階下東向跪奠贄再拜○主人答再拜○學者還避○遂進跪取贄○進主人前東向授贄○主人受贄以授執事者○執事者以東○學者阼階間北向再拜而出○主人不答拜○執事者徹席

五. 宗約儀(종약의)

宗約每歲宗契日○講行於先祖墓舍或宗孫家○是日執事者灑掃舖席○宗中老少衣冠而會○門長就堂ㅇ中北壁下南向坐○次長以下序立於其前重行西上皆拜門長○門長坐答○次長以下就坐于東西壁下相對坐○不盡則于其南宗有司詣門長之前南向立○抗聲讀約逐條演釋○尤致嚴於雜學一事○讀畢退復位○執事者進酒食○修契事已○次長以下序立如初○皆拜門長○門長坐答○乃罷○執事者徹席

六. 洞約儀(동약의)

洞約○每歲洞契日○講信於洞有司家○是日執事者灑掃舖席○洞中老少衣冠而會尊長就堂中北壁下序立南向西上○少者立于西行○幼者立于東行皆北上○下人立于堂下北向西上○立定堂上一時相揖皆坐○下人拜堂上仍立○直月就堂中南向立○抗聲讀約○逐條演釋○尤致嚴於雜技一事○讀畢退復位○下人皆坐○執事者進酒食○修契事已○堂上堂下皆起○堂上一時相揖○下人拜堂上○乃罷○執事者徹席

제 2 장 釋奠大祭(석전대제)

●文廟修改謄錄甲申八月十九日: 平安監司書狀內本道年例春秋 釋奠大祭 及各項祭奠時該用之香各官無路繼用是如江界等數十官一樣牒報

●宗廟修改謄錄癸未正月初三日: 行禮曹判書臣金等謹啓爲祭享事來八月初四日行文宣王 釋奠大祭 及同月初五日行社稷祭同月十二日行風雲雷雨祭

===

◎五禮儀序例(오례의서례)吉禮(길례)

◆辨祀(변사)

凡祭祀之禮天神曰祀地祇曰祭人鬼曰享文宣王曰釋奠○如禳謝等雜祀自有常例今不幷載

●大祀(대사): 社稷宗廟永寧殿

●中祀(중사): 風雲雷雨嶽海瀆先農先蠶雩祀文宣王歷代始祖

●小祀(소사): 靈星老人星馬祖名山大川司寒先牧馬社馬步馬祭禜祭酺祭七祀纛祭厲祭

●祈告(기고): 社稷宗廟風雲雷雨嶽海瀆名山大川雩祀

●俗祭(속제): 文昭殿眞殿懿廟山陵

●州縣社稷文宣王酺祭厲祭禜祭(주현사직문선왕포제려제영제)

◆日時(일시)(觀象監前期三朔報禮曺禮曺啓聞散告中外攸司隨職供辦)

凡祀有常日者仲春仲秋上戊及臘祭社稷(州縣不用臘)朔望俗節(正朝寒食端午秋夕冬至臘)享宗廟(臘偏祭七祀親享則幷祭配享功臣)文昭殿懿廟山陵(去廟則只享寒食敬陵則不在例此○朔望若値別祭只行別祭)忌晨享文昭殿懿廟俗節享眞殿季夏土旺日祭中霤立秋後辰日祀靈星秋分日祀老人星驚蟄後吉亥享先農季春吉巳享先蠶仲春仲秋上丁釋奠文宣王朔望奠文宣王(朔値釋奠只行釋奠)仲春中氣後剛日祀馬祖仲夏中氣後剛日祀先牧仲秋仲氣後剛日祭馬社仲冬中氣後剛日祭馬步講武前一日禡祭驚蟄霜降日祭纛春淸明秋七月十五日冬十月初一日厲祭(幷前期三日發告城隍)○凡祀無常日者並卜日行四孟月上旬享宗廟(七祀春司命及戶夏竈秋門及厲冬行各因時享祭之○配享功臣四時皆祭攝事則只祭冬享)文昭殿懿廟山陵春秋孟月上旬享永寧殿仲春仲秋祀風雲雷雨(山川城隍附)祭嶽海瀆及名山大川享歷代始祖孟夏雩祀季冬藏氷春分開氷享司寒蝗螟酺祭久雨禜祭(二日每日一禜)凡祈告(如水旱疾疫虫蝗戰伐則祈所祈迫切不如封冊冠婚凡國有大事則告○凡卜日廟有修補則有先告事由移還安祭山陵同)報祀(凡祈有應則報如祈水旱則待立秋後報)○凡祀不卜日者宗廟薦新薦禽(若値朔望則兼薦)

◆祝版(축판)

(祝版以松木爲之長一尺二寸廣八寸厚六分禮用造器尺典校署預備○凡祝版親行則前一日(拜陵祭文則前一日)典校署官捧進近侍傳捧以進殿下署訖近侍捧祝版及香付有司(如壇司廟司殿司之類先農則典祀官)攝事及中祀以下則傳香祝如儀○山陵親享祭文慈廟文宣王親享祝及凡祈告報祀先告事由移還安祝詞則臨時撰)

維成化某年歲次某甲某月某朔某日某甲云云(宗廟永寧殿文昭殿眞殿山陵稱孝曾孫孝孫孝子隨位改稱)嗣王臣諱○懿廟國行稱孝姪國王臣諱○風雲雷雨靈星老人星稱朝鮮國王臣姓諱○社稷先農先蠶雩祀文宣王歷代始祖稱朝鮮國王姓諱○嶽海瀆及山川稱國王姓諱○馬祖司寒先牧禡祭纛祭稱朝鮮國王○名山大川城隍七祀馬社馬步酺祭禜祭稱國王○遣官行祭則又有謹遣臣其官某之詞○州縣社稷釋奠禜祭酺祭城隍發告厲祭並稱某州官姓名(府郡縣同)敢昭告于(名山大川城隍七祀則稱致告于州縣城隍則稱敢昭告于)云云(社稷正位稱國社之神國稷之神配位稱后土氏之神后稷氏之神州縣稱社稷之神○宗廟永寧殿文昭殿眞殿山陵稱某祖考某大王某祖妣某王后某氏○懿廟國行

稱皇伯考某王○風雲雷雨稱風雲雷雨之神國內山川之神城隍之神○嶽海瀆稱某嶽之神某海之神某瀆之神○先農正位稱帝神農氏之神配位稱后稷氏之神○先蠶稱西陵氏之神○雩祀稱句芒氏之神祝融氏之神后土氏之神蓐牧氏之神玄冥氏之神后稷氏之神○釋奠正位稱先聖大成至聖文宣王配位稱先師某國某公○歷代始祖稱檀君箕子高句麗始祖新羅始祖百濟始祖高麗始祖大王顯宗大王文宗大王元宗大王○靈星稱靈星之神○老人星稱南極老人星之神○馬祖稱天駟之神○名山大川稱某山之神某川之神○望祈稱某方嶽海瀆之神某方山川之神○司寒稱玄冥之神○先牧稱先牧之神○七祀稱司命司戸司竈中霤國門公厲國行之神○馬社稱馬社之神○馬步稱馬步之神○禡祭稱尤之神○榮祭稱某方山川之神○酺祭稱酺神○蠧祭稱蠧神城隍發告稱城隍之神**伏以**(城隍發告則否)**云云**(社稷國社稱德載物**切**崇立民**冀**右享之弗祿來申后土氏稱職專司土載育萬物是虔享祀介以景福國稷稱食爲民天百穀用成神其降監黍稷惟馨后稷稱誕播嘉穀**羣**黎徧毓顾予吉蠲申錫戩穀○州縣社稷稱厚德載物立我蒸民永言佑之庶歆精禋○宗廟永寧殿文昭殿山陵眞殿稱節序易流當玆令辰深增感慕聊薦明禋○文昭殿忌晨稱光陰易逝諱晨載臨聊薦菲儀式表微忱○風雲雷雨稱默幹玄機品物流形神**切**斯博我祀孔明國內山川稱列峙作鎭善下潤物**切**利在人祀事不忒城隍稱高深莫測衛我邦家人民其依**切**利斯多○嶽稱峻極于天鎭我邦基歆我禋祀介以純禧○海稱百谷之正德著廣利享祀是宜永介多祉○瀆稱爲國之記澤潤萬物克禋克祀錫我百福○先農稱肇興稼穡厚我民天是享是宜迄用康年后稷(與國稷配位詞同)○先蠶稱肇玆蠶桑駿惠我民歆我祀事福祿是申○雩祀句芒稱東作之**切**莫非爾極是用享祀永言率育祝融稱長養萬物德著享嘉以享以祀受福不那后土稱持載簡能德合無疆時祀不忒神其降康蓐收稱萬寶告成旣受厥明以報以祀福祿來成玄冥稱貞固幹事德全終始我祀孔明介以繁祉后稷(與國稷配位詞同)○釋奠文宣王稱道冠百王萬世之師玆值上丁精禋是宜復聖公稱材蘊爲邦仁全克已萬世景仰是禋是祀宗聖公稱三省功加一貫道傳時祀無斁彌億萬年逑聖公稱克**永**先聖允得其宗其從與享百代是崇亞聖公稱敎明七篇道**永**三聖廟食于配享祀益永(州縣無配位祝)○歷代始祖檀君稱實天生德肇基東土是用享祀載錫純祐箕子稱九疇叙倫入條成俗至德難名祀事無斁新羅始祖稱建邦啓土傳祚千**嶺**芯芬修祀庶享于誠高句麗始祖稱自天降靈建邦啓土時祀無斁有秩斯祐百濟始祖稱克創厥業克傳厥祚享祀不忒庶其歆顧高麗太祖稱肇三韓功高萬世享祀是宜福攸介顯宗稱功加一時垂範後嗣歆我明禋錫我繁祉(文宗元宗同)○靈星稱默管玄造功利三農感通精禋百祿來崇○老人星稱載居南極載昭壽徵申錫扶佑胡考是膺○馬祖稱種精毓秀神旣孔多吉日旣禱降福不那○名山稱磅礴崒崔鎭于一方是用禋祀惠我無疆○大川稱性本潤下功利斯溥吉蠲以祀有秩斯祐○司寒稱閟關陰機燮調愆伏至誠斯感錫玆祉福○先牧稱肇制牧養永世之利爰值仲夏是饗是肆○七祀稱節屆孟春(隨時改稱)宜擧精禋祇薦閟宮乃逮明神○別祭中霤稱保養畛庶寔荷神功玆率常禮用昭予衷○馬社稱肇敎乘御萬世永賴祀事孔明維福維介○馬步稱畜馬藩庶軍國是資我祀克明永錫純禧○禡祭稱始制干戈用訓戎事是薦嚴禋綏我嘉祉○榮祭稱霾雨不止傷我稼穡**冀**垂扶佑應時開豁報祀稱霾雨旣霽維神之賜何以報之敢稽祀事○酺祭稱蝗蝝荐生害我嘉穀神其佑之俾殄無育○蠧祭稱維神之靈載揚武威庸薦明禋其右享之○城隍發告稱將以某月某日設壇北郊祭闔境無祀鬼神庶資神力召集赴壇州縣同惟北郊改稱城北**謹以牲幣醴齊粢盛庶品**(宗廟俗節朔望七祀榮祭司寒則稱牲醴庶品文宣王朔望及俗祭城隍發告則稱清酌庶羞)**式陳明薦**(社稷國社則維稱以后土句龍氏配神作主國稷則稱以后稷氏配神作主社稷及先農配位則並稱作主侑神文宣王則稱以先師兗國復聖公顏氏郕國宗聖公曾氏沂國逑聖公孔氏鄒國亞聖公孟氏配)**尙饗**(厲祭敎書敎闔境無祀鬼神王若曰聖帝明王之御天下也發政施仁使無一夫不被其澤以至念人鬼之理一悼魂魄之無衣則又爲三厲國殤之祭焉寡人叨承鴻業景仰前猷治民事神期於盡心惟是封內山川與夫祀典所載上下神祇靡不秩祀尙慮四境之內從古迄今不得良死者其類不一或以水火盜賊或罹飢寒疾疫爲墙屋之頹壓遇虫獸之螫噬或因工而亡軀或在戰陣而死國遭鬪歐而橫傷陷刑辟而非罪或因人掠取財物而逼死被强奪妻妾而隕命或危急自縊或沒而無後或產難而死震死墜死若此之類不知其幾孤魂無托祭祀不及悲呼星月之下冤哭風雨之時陰魂未散結而爲妖興言及此良用惻然爰命有司爲壇於城北遍祭闔境無祀鬼神仍使當處城隍之神召集群靈以主此祭惟爾衆神尙其不昧携朋挈儔來享飮食無爲厲災以干和氣庶幽明之感通底邦國之寧謐故玆敎示尙宜知悉○州縣厲祭祭文云云致祭于無祀鬼神人之死生有萬不齊從古迄今不得良死者其類不一或在戰陣而死國或遭鬪歐而亡軀或以水火盜賊或罹飢寒疾疫或爲墙屋之類壓或遇虫獸之螫噬或陷刑辟而非罪或因財物而逼死或因妻妾而隕命或危急自縊或沒而無後或產難而死或震死或墜死若此之類不知其幾孤魂無托祭祀不及陰魂未散結而爲妖是用告于城隍召集群靈侑以清酌庶羞惟爾衆神來享飮

食無爲厲災以干和氣)

◆雅部樂章(아부악장)(軒架無詞登歌有詞)

黃鐘宮(황종궁) 皇南林姑太姑南林應南葵姑南林黃太黃南太黃應南黃姑太黃南林南姑太黃

太呂宮(태려궁) 大無夷仲夾仲無夷潢無林仲無夷大夾大無夾大潢無大仲夾大無夷無仲夾大

太簇宮(태족궁) 太應南葵姑葵應南汰應夷葵應南太姑太應姑太汰應太葵姑太應南應葵姑太

太鍾宮(태종궁) 夾潢無林仲林潢無汰潢南林潢無夾仲夾潢仲夾汰潢夾林仲夾潢無潢林仲夾

姑洗宮(고세궁) 姑汰應夷葵夷汰應浹汰無夷汰應姑葵姑汰葵姑浹汰姑夷葵姑汰應汰夷葵姑

中呂宮(중려궁) 仲汰潢南林南汰潢姑汰應南汰潢仲林仲汰林仲姑汰仲南林仲汰潢汰南林仲

葵賓宮(유빈궁) 葵浹太無夷無浹汰仲浹潢無浹汰葵夷葵浹夷葵仲浹葵無夷葵浹汰浹無夷葵

林鍾宮(림종궁) 林姑汰應南應姑汰葵姑汰應姑汰林南林姑南林葵姑林應南林姑汰姑應南林

夷則宮(이칙궁) 夷仲浹潢無潢仲浹林仲汰潢仲浹夷無夷仲無夷林仲夷潢無夷仲浹仲潢無夷

南宮宮(남궁궁) 南葵姑汰應汰葵姑葵浹汰葵姑南應南葵應南夷葵南汰應南葵姑葵汰應南

無射宮(무사궁) 無林仲汰潢汰林仲南林姑汰林仲無潢無林潢無南林無汰黃無林仲林汰潢無

應鐘宮(응종궁) 應夷葵浹汰浹夷葵無夷仲浹夷葵應汰應夷汰應無夷應浹汰應夷葵夷浹汰應

送夾鐘宮(송협종궁) 夾南無仲仲林潢無夾潢仲林夾潢仲夾汰潢南林潢夾林仲南林潢無潢林仲夾

送林鍾宮(송림종궁) 林汰汰南南應姑汰林姑南應林姑南林葵姑汰應姑林應南汰應姑汰姑應南林

送黃鍾宮(송황종궁) 黃葵林太太姑南林黃南太姑黃南太黃應南葵姑南黃姑太葵姑南林黃姑太黃

文宣王迎神凝安黃鐘宮 仲呂宮南呂宮夷則宮**奠幣明安**南呂宮○自生民來誰底其盛惟王神明度越前聖粢幣俱成禮容斯稱黍稷荇馨惟神之聽**進饌豊安**姑洗宮**初獻成安**南呂宮○正位大哉聖王實天生德作樂以崇時祀無斁清酤惟馨嘉牲孔碩薦羞神明庶幾昭格○兗國公庶幾潛空淵源深矣亞聖宣猷百世官祀吉蠲斯辰昭陳樽簋旨酒欣欣神其來止○郕國公心傳忠恕一以貫之爰述大學萬世訓惠我光明尊聞行知繼聖迪後是享是宜○沂國公公傳自曾孟傳自公有嫡緖承允得其宗提綱開蘊乃作中庸侑于元聖億載是崇○鄒國公道之由興於皇宣聖惟公之傳知趨正與享在堂情文實稱萬年承休假哉天命**文舞退武舞進舒安**姑洗宮**亞獻終獻成安**姑洗宮**徹邊豆娱安**南呂宮○犧象在前邊豆在列以享以薦旣芬旣潔禮成樂備人和神悅祭則受福率遵無越**送神凝安**送黃鍾宮

◆齋戒(재계)

○**中祀**先農文宣王有親行**前享六日**禮曺啓聞請齊戒殿下散齊三日於別殿致齊二日一日於正殿一日於齊宮世子侍講院前期請齊戒並如式凡散齊不弔喪問疾不聽樂有司不啓刑殺文書致齊惟啓享事凡諸享官及近侍之官應從爲者並散齊三日宿於正寢致齊二日一日於本司一日於享所陪享官文宣王則有學生○攝事無殿下齊儀及陪享官**及諸衛之屬守衛壝門**者每門護軍二人每隅隊長一人攝事則並隊長文宣王廟門及凡壝門同**各於本司清齊一宿工人二舞清齊一宿**於禮曺前享一日質明並集享所肄儀王世子釋奠同陪享宮官館官學官並清齊一宿

◆齋官(재관)

凡以本官行事執事者有故則以他官充獻官進幣爵酒官奠幣瓚爵酒官進幣瓚爵官奠幣瓚爵官薦俎官禮儀使贊禮執禮官闈令皆有預差○執禮大祝並文官

●**文宣王亞獻官**王世子**終獻官**領議政有故則次官**進幣爵酒官**吏曺判書有故則參判**薦俎官**戶曺判書有故則參判**奠幣爵酒官**吏曺參議**配位初獻官**議政有故則次官○亞終獻正位亞終獻官行**殿內東西從享分獻官各一**正二品東西廡從享分獻官各十三四品**典祀官**奉常寺正有故則副正**執禮二**堂上三品堂上官堂下四品**廟司**成均館官**大祝**知製教四品以上正位**祝史**四品**齊郎**五品**執尊**六品**配位祝史**四六品**齊郎**參外**捧俎官各三**參外**殿內東西從享祝史各五**參外**齊郎**參外**東西廡從享祝史各十五**參外**齊郎各二**參外**掌牲令**典牲署主簿有故則直長**協律郎**掌樂院官**爵洗位**六品**盥洗位**

二六品亞獻官盥洗位參外終獻官盥洗位參外○領議政爲亞獻官則不別設贊者二通禮院官謁者
二六品贊引四二六品二參外監察二禮儀使禮曹判書有故則參判近侍四承旨左右通禮禮儀使以下
應奉官奉禮王世子侍從官侍講官正二品以上講書官正三品以下近侍侍臣館官學官侍講官以下視
學侍從官

◆傳香祝(전향축)大祀社稷宗廟永寧殿中祀風雲雷雨先農先蠶雩祀文宣王則親傳其餘中祀以下則前
一日(外則前期)典校署官具香祝以進承旨於外庭代傳

前祭一日未明五刻掖庭署設殿下褥位於思政殿月廊南階下當中南向設香祝案於其前近西
東向兵曹陳鹵簿細仗及香亭於勤政門外中祀則無細仗及香亭三刻諸齊官以時服俱集朝堂殿下具
翼善冠袞龍袍即座典校署官以祝版捧進近侍傳捧以進若並傳則以次捧進殿下署訖近侍捧祝版
及香權置於案一刻引儀引初獻官詣思政殿閤外時至左通禮入於褥位之左俯伏殿下出就褥
位南向立初獻官入並傳則諸初獻官以次入左通禮跪啓請跪殿下跪近侍以香祝東向跪進殿下受香
祝以授初獻官初獻官西向跪受興並傳則先受者立於門外西向以次而比左通禮啓請興鞠躬殿下興鞠躬
香祝由中門出左通禮啓請平身殿下平身還內初獻官出勤政門外置香祝於香亭中細仗前導
香亭次之亞獻官以下隨初獻官出闕門外上馬至齊坊門外下馬入就齊所香祝安於卓上

◆省牲器(성생기)

○中祀前祭一日掌牲令外則有司牽牲詣祭所未後三刻典祀官釋奠則廟司外則有司帥其屬掃除壇
廟同之內外謁者引獻官贊引引監察外則無監察俱以常服視牲充腯詣廚視滌漑省饌具訖各還齊
所晡後典祀官外則掌饌者帥宰人以鸞刀割牲親享先農文宣王則祝史以槃取毛血置於饌所

◎有司釋奠文宣王儀(유사석전문선왕의)

◆時日(시일)見序例

齊戒見序例○陳設釋奠二日廟司帥其屬掃除廟之內外典設司設饌幔於東門外前一日典樂帥
其屬設登歌之樂於堂上前楹間軒架於廟庭俱北向執禮設初獻官位於東階東南西向飲福位
於堂上前楹外近東西向亞獻官終獻官分獻官位於初獻官之後稍南西向執事者位於其後每
等異位重行西向北上監察位於執事之南西向書吏陪其後執禮位二一於堂上前楹外一於堂
下俱近東西向贊者謁者贊引在堂下執禮之後稍南西向北上協律郎位於堂上前楹外近西東
向典樂位於軒懸之北北向館官學官位於西階西南東向北上學生位於庭中北向西上設門外
位諸釋奠官於東門外道南館官學官於釋奠官之東少南學生於其後俱每等異位重行北向西
上設望瘞位於瘞坎之南初獻官在南北向執禮贊者大祝在東西向北上贊者大祝稱却釋奠日未行
事前典祀官廟司各帥其屬入奠祝版各一於大成至聖文宣王兗國復聖公郕國宗聖公沂國述
聖公鄒國亞聖公神位之右各有坫陳幣篚各一於尊所設香爐香合幷燭於神位前次設祭器如式
見序例設福酒爵有坫胙肉俎各一於文宣王尊所設洗於東階東南北向盥洗在東爵洗在西罍在洗東加
勺篚在洗西南肆實以巾若爵洗之篚則又實以爵有坫諸執事盥洗於獻官洗東南北向執尊罍篚冪者
位於尊罍篚冪之後○傳香祝見序例○省牲器見序例

◆行禮(행례)

釋奠日丑前五刻丑前五刻卽三更三點行事用丑時一刻典祀官廟司入實饌具畢贊引引監察升自東階諸
釋奠官陞降皆自東階按視堂之上下斜察不如儀者還出前三刻諸釋奠官及館官學官學生各服其服
釋奠官祭服館官學官公服學生靑衿服贊引引館官學官學生俱就門外位執禮帥贊者謁者贊引入自東門
先就階間懸北拜位重行北向西上四拜訖各就位典樂帥工人二舞入就位文舞入陳於懸北武舞立於
懸南道西贊引引學生入就位引館官學官入就位謁者贊引各引諸釋奠官俱就門外位前一刻贊
引引監察典祀官大祝祝史齊郎協律郎入就懸北拜位重行北向西上立定執禮曰四拜贊者傳
唱凡執禮有辭贊者皆傳唱監察以下皆四拜訖贊引引監察就位引諸執事詣盥洗位盥帨訖各就位齊
郎詣爵洗位洗爵拭爵訖置於篚捧詣尊所置於坫上謁者引初獻官贊引引亞獻官終獻官分獻

官入就位謁者進初獻官之左白有司謹具請行事退復位協律郎俯伏擧麾興工鼓柷軒架作凝
安之樂烈文之舞作樂二成執禮曰四拜獻官以下及學生皆四拜先拜者不拜樂三成協律郎偃麾戞
敔樂止執禮曰行奠幣禮謁者引初獻官詣盥洗位北向立贊搢笏初獻官盥手帨手訖贊執笏引
詣大成至聖文宣王神位前北向立登歌作明安之樂烈文之舞作謁者贊跪搢笏執事者一人捧
香合一人捧香爐跪進謁者贊三上香執事者奠爐于神位前大祝以幣篚授初獻官初獻官執幣
獻幣以幣授大祝奠于神位前捧香授幣皆在獻官之右奠爐奠幣皆在獻官之左授爵奠爵唯此謁者贊執笏俯伏
興平身次詣兗國復聖公郕國宗聖公沂國述聖公鄒國亞聖公神位前東向上香奠幣並如上儀
唯宗聖公亞聖公獻官西向行禮後倣此訖樂止引降復位執禮曰行初獻禮謁者引初獻官詣大成至聖文宣
王尊所西向立登歌作成安之樂烈文之舞作執尊者擧冪酌醴齊執事者以爵受酒謁者引初獻
官詣神位前北向立贊跪搢笏執事者以爵授初獻官初獻官執爵獻爵以爵授執事者奠于神位
前贊執笏俯伏興少退北向跪樂止大祝進神位之右東向跪讀祝文訖樂作謁者贊俯伏興平身
樂止謁者引初獻官出戶詣配位尊所西向立樂作執尊者擧冪酌醴齊執事者四人以爵受酒謁
者引詣復聖公宗聖公述聖公亞聖公神位前東向行禮並如上儀訖唯大祝南向讀祝若宗聖公聖公在西
則大祝北向讀祝引降復位文舞退武舞進軒架作舒安之樂舞者立定樂止初初獻官既復位執禮曰
行亞獻禮謁者引亞獻官詣盥洗位北向立贊搢笏盥手帨手訖贊執笏引詣文宣王尊所西向立
軒架作成安之樂執尊者擧冪酌盎齊執事者以爵受酒謁者引亞獻官詣神位前北向立贊跪搢
笏執事者以爵授亞獻官亞獻官執爵獻爵以爵授執事者奠于神位前謁者贊執笏俯伏興平身
引詣配位尊所西向立執尊者擧冪酌盎齊執事者四人以爵受酒謁者引亞獻官詣復聖公宗聖
公述聖公亞聖公神位前行禮並如上儀訖樂止引降復位執禮曰行終獻禮謁者引終獻官行禮
並如亞獻儀訖引降復位初終獻官將升殿贊引各引分獻官以次詣盥洗位搢笏盥帨訖執笏分
詣殿內及兩廡從享尊所執尊者擧冪酌酒執事者以爵受酒引分獻官詣神位前跪搢笏執事者
授爵分獻官執爵獻爵奠爵執笏俯伏興平身以次分獻訖俱復位執禮曰飲福受胙大祝詣文宣
王尊所以爵酌罍福酒又大祝持俎進減神位前胙肉謁者引初獻官升詣飲福位西向立謁者贊
跪搢笏大祝進初獻官之左北向以爵授初獻官初獻官受爵飲卒爵大祝受虛爵復於坫大祝以
俎授初獻官初獻官受俎以授執事者執事者受俎降自東階出門謁者贊執笏俯伏興平身引降
復位執禮曰四拜在位者及學生皆四拜執禮曰徹籩豆諸大祝入徹籩豆徹者籩豆各一少移於故處登
歌作娛安之樂徹訖樂止軒架作凝安之樂執禮曰四拜獻官以下及學生皆四拜樂一成止執禮
曰望瘞謁者引初獻官詣望瘞位北向立執禮帥贊者詣望瘞位西向立大祝以篚取祝版及幣降
自西階置於坎執禮曰可瘞置土半坎謁者進初獻官之左白禮畢謁者贊引各引初獻官以下以
次出執禮帥贊者還本位贊引引監察及諸執事俱復懸北拜位立定執禮曰四拜監察以下皆四
拜訖贊引引出贊引引館官學官出學生以次出典樂帥工人二舞出執禮帥贊者謁者贊引就懸
北拜位四拜而出典祀官廟司各帥其屬徹禮饌闔戶以降乃退

◎釋奠大祭其一(석전대제기 1)

◆祝文式(축문식)

維歲次干支月干支朔日干支某官姓某敢昭告于

先聖大成至聖文宣王伏以道冠百王萬世之師玆值上丁精禋是宜謹以潔牲醴齊粢盛
庶品式陳明薦以先師兗國復聖公顏氏郕國宗聖公曾氏沂國述聖公孔氏鄒國亞聖
公孟氏配尙

饗

◆笏記(홀기)

掌饌入實具畢三更三點獻官及諸執事諸生皆出就外位○謁者引初獻官陞自東階點視○引
降復位○贊者謁者贊引入自東門先先就階間拜位北向四拜○訖各就位○贊引引祝及諸執
事入就拜位四拜東西唱呼唱○諸執事各就盥洗位洗手就位○祝升開櫝○降復位○謁者詣

初獻官左白謹請行事○謁者引三獻官贊引引分獻官及諸生入就拜位皆四拜東西唱呼唱○
行奠幣禮○謁者引初獻官詣盥洗位北向立○搢笏洗手○執笏引詣文宣王神位前北向搢笏
跪○奉香奉爐升奉香跪右奉爐跪左○獻官三上香○奉香奉爐降復位○祝升以幣篚從右授
獻官○獻官執幣獻幣○祝自左受幣奠于神位前○引降復位○獻官執笏俯伏興平身○獻官
詣兗國復聖公神位前○搢笏跪○奉香奉爐升奉香跪右奉爐跪左○獻官三上香○奉香奉爐
降復位○祝升以幣篚從右授獻官○獻官執幣獻幣○祝自左受幣奠于神位前○引降復位○
獻官執笏俯伏興平身○獻官詣郕國宗聖公神位前○搢笏跪○奉香奉爐升奉香跪右奉爐跪
左○獻官三上香○奉香奉爐降復位○祝升以幣篚從右授獻官○獻官執幣獻幣○祝自左受
幣奠于神位前○引降復位○獻官執笏俯伏興平身○獻官詣沂國述聖公神位前○搢笏跪○
奉香奉爐升奉香跪右奉爐跪左○獻官三上香○奉香奉爐降復位○祝升以幣篚從右授獻官
○獻官執幣獻幣○祝自左受幣奠于神位前○引降復位○獻官執笏俯伏興平身○獻官詣鄒
國亞聖公神位前○搢笏跪○奉香奉爐升奉香跪右奉爐跪左○獻官三上香○奉香奉爐降復
位○祝升以幣篚從右授獻官○獻官執幣獻幣○祝自左受幣奠于神位前○引降復位○獻官
執笏俯伏興平身

●行初獻禮(행초헌례)

謁者引初獻官詣　文宣王尊所西向立○引詣　文宣王神位前北向○搢笏跪○奉爵奠爵升○
奉爵詣尊所受爵從右進爵○獻官執爵獻爵○奠爵自左受爵奠于神位前○奉爵奠爵降復位
○獻官執笏俯伏興○少退跪○祝升進神位之右東向跪○讀祝○引降復位○獻官執笏俯伏
興平身○引詣配位尊所西向立○引詣兗國復聖公神位前○搢笏跪○奉爵奠爵升○奉爵詣
尊所受爵從右進爵○獻官執爵獻爵○奠爵自左受爵奠于神位前○奉爵奠爵降復位○獻官
執笏俯伏興平身○引詣郕國宗聖公神位前○搢笏跪○奉爵奠爵升○奉爵詣尊所受爵從右
進爵○獻官執爵獻爵○奠爵自左受爵奠于神位前○奉爵奠爵降復位○獻官執笏俯伏興平
身○引詣沂國述聖公神位前○搢笏跪○奉爵奠爵升○奉爵詣尊所受爵從右進爵○獻官執
爵獻爵○奠爵自左受爵奠于神位前○奉爵奠爵降復位○獻官執笏俯伏興平身○引詣鄒國
亞聖公神位前○搢笏跪○奉爵奠爵升○奉爵詣尊所受爵從右進爵○獻官執爵獻爵○奠爵
自左受爵奠于神位前○奉爵奠爵降復位○獻官執笏俯伏興平身

●行亞獻禮(행아헌례)

謁者引亞獻官詣盥洗位北向立○搢笏洗手執笏○引詣○文宣王尊所西向立○引詣文宣王
神位前北向○搢笏跪○奉爵奠爵升○奉爵詣尊所受爵從右進爵○獻官執爵獻爵○奠爵自
左受爵奠于神位前○奉爵奠爵降復位○獻官執笏俯伏興平身○引詣配位尊所西向立○引
詣兗國復聖公神位前○搢笏跪○奉爵奠爵升○奉爵詣尊所受爵從右進爵○獻官執爵獻爵
○奠爵自左受爵奠于神位前○奉爵奠爵降復位○獻官執笏俯伏興平身○引詣郕國宗聖公
神位前○搢笏跪○奉爵奠爵升○奉爵詣尊所受爵從右進爵○獻官執爵獻爵○奠爵自左受
爵奠于神位前○奉爵奠爵降復位○獻官執笏俯伏興平身○引詣沂國述聖公神位前○搢笏
跪○奉爵奠爵升○奉爵詣尊所受爵從右進爵○獻官執爵獻爵○奠爵自左受爵奠于神位前
○奉爵奠爵降復位○獻官執笏俯伏興平身○引詣鄒國亞聖公神位前○搢笏跪○奉爵奠爵
升○奉爵詣尊所受爵從右進爵○獻官執爵獻爵○奠爵自左受爵奠于神位前○奉爵奠爵降
復位○獻官執笏俯伏興平身

●行終獻禮(행종헌례)

謁者引亞獻官詣盥洗位北向立○搢笏洗手執笏○引詣○文宣王尊所西向立○引詣文宣王
神位前北向○搢笏跪○奉爵奠爵升○奉爵詣尊所受爵從右進爵○獻官執爵獻爵○奠爵自
左受爵奠于神位前○奉爵奠爵降復位○獻官執笏俯伏興平身○引詣配位尊所西向立○引
詣兗國復聖公神位前○搢笏跪○奉爵奠爵升○奉爵詣尊所受爵從右進爵○獻官執爵獻爵
○奠爵自左受爵奠于神位前○奉爵奠爵降復位○獻官執笏俯伏興平身○引詣郕國宗聖公

神位前○搢笏跪○奉爵奠爵升○奉爵詣尊所受爵從右進爵○獻官執爵獻爵○奠爵自左受爵奠于神位前○奉爵奠爵降復位○獻官執笏俯伏興平身○引詣沂國述聖公神位前○搢笏跪○奉爵奠爵升○奉爵詣尊所受爵從右進爵○獻官執爵獻爵○奠爵自左受爵奠于神位前○奉爵奠爵降復位○獻官執笏俯伏興平身○引詣鄒國亞聖公神位前○搢笏跪○奉爵奠爵升○奉爵詣尊所受爵從右進爵○獻官執爵獻爵○奠爵自左受爵奠于神位前○奉爵奠爵降復位○獻官執笏俯伏興平身

●東西廡行禮(동서무행례)

贊者贊引各引東西分獻官詣盥洗位○搢笏盥洗○洗手執笏○東獻官詣周濂溪神位前○跪搢笏○西獻官詣程明道神位前○跪搢笏○東西奉香奉爐升○三上香○東西奉爵奠爵升○執爵○獻爵○執笏俯伏興平身東獻官詣程伊川神位前○跪搢笏○西獻官詣朱晦菴神位前○跪搢笏○東西奉香奉爐升○三上香○東西奉爵奠爵升○執爵○獻爵○執笏俯伏興平身○東獻官詣弘儒侯神位前○跪搢笏○西獻官詣文昌公神位前○跪搢笏○東西奉香奉爐升○三上香○東西奉爵奠爵升○執爵○獻爵○執笏俯伏興平身○東獻官詣文成公神位前○跪搢笏○西獻官詣文忠公神位前○跪搢笏○東西奉香奉爐升○三上香○東西奉爵奠爵升○執爵○獻爵○執笏俯伏興平身○東獻官詣文敬公神位前○跪搢笏○西獻官文獻公神位前○跪搢笏○東西奉香奉爐升○三上香○東西奉爵奠爵升○執爵○獻爵○執笏俯伏興平身○東獻官詣文正公神位前○跪搢笏○西獻官詣文元公神位前○跪搢笏○東西奉香奉爐升○三上香○東西奉爵奠爵升○執爵○獻爵○執笏俯伏興平身○東獻官詣文純公神位前○跪搢笏○西獻官詣文正公神位前○跪搢笏○東西奉香奉爐升○三上香○東西奉爵奠爵升○執爵○獻爵○執笏俯伏興平身○東獻官詣文成公神位前○跪搢笏○西獻官詣文簡公神位前○跪搢笏○東西奉香奉爐升○三上香○東西奉爵奠爵升○執爵○獻爵○執笏俯伏興平身○東獻官詣文元公神位前○跪搢笏○西獻官詣文烈公神位前○跪搢笏○東西奉香奉爐升○三上香○東西奉爵奠爵升○執爵○獻爵○執笏俯伏興平身○東獻官詣文敬公神位前○跪搢笏○西獻官詣文正公神位前○跪搢笏○東西奉香奉爐升○三上香○東西奉爵奠爵升○執爵○獻爵○執笏俯伏興平身○東獻官詣文正公神位前○跪搢笏○西獻官詣文純公神位前○跪搢笏○東西奉香奉爐升○三上香○東西奉爵奠爵升○執爵○獻爵○執笏俯伏興平身○贊引各引東西分獻官降復位

●行飲福禮(행음복례)

大祝詣正位尊所以爵酌福酒實坫上○大祝持俎及刀進減神位前俎肉盛俎上出實尊所○謁者引初獻官詣飲福位○西向立○跪搢笏○大祝詣尊所執爵就初獻官之左北向跪授初獻官○初獻官飲卒爵○大祝以爵反于坫○大祝取胙肉北向跪授初獻官○初獻官受胙○大祝以胙俎降自東階出○初獻官執笏○俯伏興平身○謁者引初獻官降復位○四拜○獻官皆四拜○東西唱呼唱○鞠躬拜興拜興拜興拜興平身

●行望燎禮(행망료례)

謁者引初獻官詣望燎位○北向立大祝以篚取祝及幣降自西階置于坎○可燎○禮畢○謁者進初獻官之左白禮畢○祝升闔櫝仍降復位○謁者贊引各引獻官出○大祝及諸執事俱復階間拜位四拜出○東西唱呼唱○學生出○執禮降復階間拜位四拜出○謁者贊引俱復階間拜位四拜出○廟司入徹饌闔戶退

◎釋奠大祭其二(석전대제기 2)

◆分定記(분정기)

初獻官○亞獻官○終獻官○東從享分獻官○西從享分獻官○堂上執禮○堂下執禮○大祝○典祀官○廟司○奉香○奉爐○封爵○奠爵○司尊○謁者○贊引

◆笏記(홀기)

典祀官廟司入實饌俱畢○贊人引監察升自東階按視堂之上下糾察○執禮及廟司先就階間拜位 北向西上四拜訖 盥洗位盥手就位○謁者贊人俱就階間拜位 四拜訖 盥洗位盥手就位

◆唱笏(창홀)

典樂帥樂生二舞入就位○贊引引大祝及諸執事入階間拜位北向西上立○四拜大祝以下皆四拜○大祝及諸執事詣盥洗位盥手各就位○廟司及奉香奉爐升點燈開扉開櫝啓蓋○奉香奉爐降復位○贊引引大祝詣前香門前奉祝板香櫃引詣香所○司尊詣爵洗位洗爵拭爵訖置於篚奉詣尊所置於坫上○降復位○謁者贊引各引獻官入就位○謁者請行事(謁者進初獻官之左白有司謹俱請行事)○軒架作凝安之樂烈文之舞作(三成)舉麾○四拜獻官以下儒生在位者皆四拜(一般鞠躬)(鞠躬跪拜興拜興拜興 拜興平身)○樂止偃麾

◆行奠幣禮(행전폐례)

謁者引初獻官詣盥洗位盥手(搢笏盥手帨手執笏)○引詣大成至聖文宣王神位前北向立○登歌作明安之樂烈文之舞作擧麾○大祝及奉香奉爐升(獻官跪而搢笏)三上香○大祝以幣篚授初獻官○初獻官執幣獻幣以幣授大祝○大祝奠于神位前(俯伏興平身獻官執笏)○次詣復聖公神位前(獻官跪而搢笏)三上香○大祝以幣篚授初獻官○初獻官執幣獻幣以幣授大祝○大祝奠于神位前(俯伏興平身獻官執笏)○次詣宗聖公神位前(獻官跪而搢笏)三上香○大祝以幣篚授初獻官○初獻官執幣獻幣以幣授大祝○大祝奠于神位前(俯伏興平身獻官執笏)○次詣述聖公神位前(獻官跪而搢笏)三上香○大祝以幣篚授初獻官○初獻官執幣獻幣以幣授大祝○大祝奠于神位前(俯伏興平身獻官執笏)○次詣亞聖公神位前(獻官跪而搢笏)三上香○大祝以幣篚授初獻官○初獻官執幣獻幣以幣授大祝○大祝奠于神位前(俯伏興平身獻官執笏)○樂止偃麾○初獻官以下降復位

◆行初獻禮(행초헌례)

謁者引初獻官詣大成至聖文宣王尊所西向立○登歌作成安之樂烈文之舞作擧麾○奉爵奠爵司尊升○司尊擧冪酌醴齊奉爵以爵受酒○引詣大成至聖文宣王神位前北向立(獻官跪而搢笏)○奉爵以爵授初獻官○初獻官執爵獻爵以爵授奠爵○奠爵奠于神位前(俯伏興平身獻官執笏小退跪)○樂止偃麾○大祝升○大祝詣獻官之左東向跪(搢笏)○獻官以下諸執事俯伏參祀者諸位鞠躬○讀祝文讀祝畢(興平身)○樂作擧麾○大祝降復位○謁者引初獻官詣配位尊所西向立○司尊擧冪酌醴齊奉爵以爵受酒○引詣復聖公神位前(獻官跪而搢笏)○奉爵以爵授初獻官○初獻官執爵獻爵以爵授奠爵○奠爵奠于神位前(俯伏興平身獻官執笏)○次詣宗聖公神位前(獻官跪而搢笏)○司尊擧冪酌醴齊奉爵以爵受酒○奉爵以爵授初獻官○初獻官執爵獻爵以爵授奠爵○奠爵奠于神位前(俯伏興平身獻官執笏)○次詣述聖公神位前(獻官跪而搢笏)○司尊擧冪酌醴齊奉爵以爵受酒○奉爵以爵授初獻官○初獻官執爵獻爵以爵授奠爵○奠爵奠于神位前(俯伏興平身獻官執笏)○次詣亞聖公神位前(獻官跪而搢笏)○司尊擧冪酌醴齊奉爵以爵受酒○奉爵以爵授初獻官○初獻官執爵獻爵以爵授奠爵○奠爵奠于神位前(俯伏興平身獻官執笏)○樂止偃麾○謁者引初獻官降復位○文舞退武舞進軒架作舒安之樂(二成)擧麾○樂止偃麾

◆行亞獻禮(행아헌례)

謁者引亞獻官詣盥洗位盥手(搢笏盥手帨手執笏)○引詣大成至聖文宣王尊所西向立○軒架作成安之樂昭武之舞作擧麾○司尊擧冪酌盎齊奉爵以爵受酒○引詣大成至聖文宣王神位前北向立(獻官跪而搢笏)○奉爵以爵授亞獻官○亞獻官執爵獻爵以爵授奠爵○奠爵奠于神位前(俯伏興平身獻官執笏)○謁者引亞獻官詣配位尊所 西向立○司尊擧冪酌盎齊奉爵以爵受酒○引詣復聖公神位前北向立(獻官跪而搢笏)○奉爵以爵授亞獻官○亞獻官執

爵獻爵以爵授奠爵○奠爵奠于神位前(俯伏興平身獻官執笏)○次詣宗聖公神位前(獻官跪而搢笏)○司尊擧冪酌盎齊奉爵以爵受酒○奉爵以爵授亞獻官○亞獻官執爵獻爵以爵授奠爵○奠爵奠于神位前(俯伏興平身獻官執笏)○次詣述聖公神位前(獻官跪而搢笏)○司尊擧冪酌盎齊奉爵以爵受酒○奉爵以爵授亞獻官○亞獻官執爵獻爵以爵授奠爵○奠爵奠于神位前(俯伏興平身獻官執笏)○次詣亞聖公神位前(獻官跪而搢笏)○司尊擧冪酌盎齊奉爵以爵受酒○奉爵以爵授亞獻官○亞獻官執爵獻爵以爵授奠爵○奠爵奠于神位前(俯伏興平身獻官執笏)○謁者引亞獻官降復位○樂止偃麾

◆行終獻禮兼分獻禮(행종헌례겸분헌례)

謁者引終獻官詣盥洗位盥手(搢笏盥手帨手執笏)○贊引各引分獻官詣盥洗位盥手(搢笏盥手帨手執笏)○引詣大成至聖文宣王尊所西向立○引詣各引分獻官從享位尊所西向立○各從享位奉爵奠爵司尊升詣定就位○軒架作成安之樂昭武之舞作擧麾○各司尊擧冪酌酒奉爵以爵受酒○引詣大成至聖文宣王神位前北向立(獻官跪而搢笏)○引詣各引分獻官從享位神位前北向立(獻官跪而搢笏)○各奉爵以爵授亞獻官○獻官執爵獻爵以爵授奠爵○奠爵奠于神位前(俯伏興平身獻官執笏)分獻官酌獻從享如上儀○謁者引終獻官詣配位尊所西向立○司尊擧冪酌酒奉爵以爵受酒○引詣復聖公神位前(獻官跪而搢笏)○奉爵以爵授終獻官○終獻官執爵獻爵以爵受奠爵○奠爵奠于神位前(俯伏興平身　獻官執笏)○次詣宗聖公神位前(獻官跪而搢笏)○司尊擧冪酌酒奉爵以爵受酒○奉爵以爵授終獻官○終獻官執爵獻爵以爵授奠爵○奠爵奠于神位前(俯伏興平身獻官執笏)○次詣述聖公神位前(獻官跪而搢笏)○司尊擧冪酌酒奉爵以爵受酒○奉爵以爵授終獻官○終獻官執爵獻爵以爵授奠爵○奠爵奠于神位前(俯伏興平身獻官執笏)○次詣亞聖公神位前(獻官跪而搢笏)○司尊擧冪酌酒奉爵以爵受酒○奉爵以爵授終獻官○終獻官執爵獻爵以爵授奠爵○奠爵奠于神位前(俯伏興平身獻官執笏)○謁者贊引各引終獻官分獻官奉爵奠爵司尊降復位○樂止偃麾

◆行飮福禮(행음복례)

大祝詣文宣王尊所以爵酌罍福酒○又大祝持俎進減神位前胙肉○謁者引初獻官升詣飮福位　西向立　(謁者贊跪搢笏)○大祝進初獻官之左北向以爵授初獻官○初獻官受爵飮卒爵大祝受虛爵復於坫○大祝以俎授初獻官初獻官受俎以俎授執事○執事受俎降自東階出門(謁者贊執笏　俯伏興平身)○謁者引初獻官降復位○四拜獻官四拜

◆撤籩豆(철변두)

登歌作娛安之樂擧麾○大祝升撤籩豆(各一少移)○樂止偃麾○軒架作凝安之樂擧麾○四拜獻官以下儒生在位者皆四拜(一般鞠躬)樂止偃麾(鞠躬跪拜興拜興拜興拜興平身)

◆行望燎禮(행망료례)

謁者引初獻官詣望燎位北向立(執禮帥贊者詣望燎位北向立)○大祝以篚取祝板及幣降自西階置於坎○可燎置土半坎○謁者引初獻官復位○大祝復位○謁者告禮畢(謁者進初獻官之左白告禮畢)○謁者贊引各引獻官出○執禮帥贊者還本位○贊引引大祝及諸執事俱復階間拜位四拜(鞠躬跪拜興拜興拜興拜興平身])○贊引引大祝及諸執事以次出○執禮帥贊者謁者贊引俱復階間拜位四拜訖以次出○典祀官廟司各帥其屬撤禮饌閉櫝閉扉消燈以降四拜出

◎鄕校釋奠大祭(향교석전대제)

◇祝式(축식)

維　或添孔記歲次干支幾月干支朔幾日干支某官姓名敢昭告于　先聖大成至聖文宣王伏以道冠百王萬世之師玆値上丁精禋是宜　謹以潔牲醴齊粢盛庶品式陳明薦以先師　兗國復聖

公顔氏　郕國宗聖公曾氏　沂國述聖公孔氏　鄒國亞聖公孟氏配尙　嚮

◇笏記(홀기)

丑前三刻贊者謁者先就拜位○四拜○各就位○謁者引獻官以下俱就門外位○謁者引祝及
諸執事入就拜位○祝以下皆四拜○盥訖○各就位○謁者贊引引初獻官以下入就拜位○謁
者進初獻官之左白有司謹具請行事○四拜○獻官及學生皆四拜○行奠幣禮○謁者引初獻
官詣盥洗位○盥訖○引詣大聖至聖文宣王神位前○跪搢笏○三上香○獻幣○執笏○俯伏
興平身○次詣○兗國復聖公神位前○跪搢笏○三上香○獻幣○執笏○俯伏興平身○次詣
○郕國宗聖公神位前○跪搢笏○三上香○獻幣○執笏○俯伏興平身○次詣○沂國述聖公
神位前○跪搢笏○三上香○獻幣○執笏○俯伏興平身○次詣○鄒國亞聖公神位前○跪搢
笏○三上香○獻幣○執笏○俯伏興平身○次詣○引降復位

●行初獻禮(행초헌례)

謁者引初獻官詣文宣王罇前○酌訖○引詣神位前○跪搢笏○獻爵○執笏○俯伏興少退北
向跪○祝進神位之左東向跪○讀祝文○讀訖○俯伏興平身○引詣配位罇所○酌訖引詣復
聖公神位前○跪搢笏○獻爵○執笏○俯伏興平身○次詣宗聖公神位前○跪搢笏○獻爵○
執笏○俯伏興平身○次詣述聖公神位前○跪搢笏○獻爵○執笏○俯伏興平身○次詣亞聖
公神位前○跪搢笏○獻爵○執笏○俯伏興平身○引降復位

●行亞獻禮(행아헌례)

謁者引亞獻官詣盥洗位○盥訖○引詣文宣王罇所○酌訖○引詣神位前○跪搢笏○獻爵○
執笏○俯伏興平身○引詣配位罇所○酌訖引詣復聖公神位前○跪搢笏○獻爵○執笏○俯
伏興平身○次詣宗聖公神位前○跪搢笏○獻爵○執笏○俯伏興平身○次詣述聖公神位前
○跪搢笏○獻爵○執笏○俯伏興平身○次詣亞聖公神位前○跪搢笏○獻爵○執笏○俯伏
興平身○引降復位

●行終獻禮(행종헌례)

謁者引終獻官引各引分獻官詣盥洗位○盥訖○引終獻官詣文宣王罇所○各引分獻官詣東
西從享兩廡罇所○酌訖○各引詣神位前○跪搢笏○內外從享執事皆三上香○獻爵○執笏
○俯伏興平身○引詣配位罇所○酌訖引詣復聖公神位前○跪搢笏○獻爵○執笏○俯伏興
平身○次詣宗聖公神位前○跪搢笏○獻爵○執笏○俯伏興平身○次詣述聖公神位前○跪
搢笏○獻爵○執笏○俯伏興平身○次詣亞聖公神位前○跪搢笏○獻爵○內外從享皆獻○
執笏○俯伏興平身○引降復位○贊引各引分獻官降復位

●行飮福禮(행음복례)

謁者引初獻官詣飮福位○北向跪○搢笏○以爵授獻官○獻官受爵飮卒爵○執事受虛爵復
於坫○祝進減胙肉授獻官○獻官受胙以授執事○執事出門○俯伏興○引降復位○四拜○
獻官以下皆四拜○祝入撤籩豆○四拜○獻官及學生皆四拜

●行望瘞禮(행망예례)

謁者引初獻官詣望瘞位北向立○祝取祝板及幣降自西階置於坎○置土半坎○引降復位○
謁者進獻官之左白禮畢○引初獻官以下以次出○祝及諸執事俱復拜位○祝以下皆四拜○
以降出○贊者謁者贊引俱就位○四拜○以降出

◎孔夫子歷代追崇事始(공부자역대추숭사시)

追崇先聖無代無之不可勝載今名錄事始

◆廟(묘)

魯哀公十七年仍堂第立廟俾百戶守之

◆司祭(사제)

前漢高帝過魯以太牢祀孔子　後漢光武破董憲車駕還幸闕里使大司空祀　後漢明帝東巡狩
還過魯幸闕里以太牢祀　後漢章帝元和二年東巡狩還過魯幸闕里以太牢祀孔子及七十二賢
作六代之樂大會孔氏男子二十以上者六十三人曰謂孔僖曰今日之會寧於卿宗有光乎對曰
臣聞明王聖主莫不尊師貴道今陛下親屈萬乘辱臨闕里此乃崇禮先師增輝聖德至於光榮非
所敢承帝笑曰非聖者子孫焉有斯言

◆正南面(정남면)

唐太宗貞觀一年房玄齡言周公仲尼皆聖人然釋奠於學以夫子也大業以前皆以孔子爲先聖
顔子爲先師別祀周公於是罷周公升孔子爲先聖以顔子配高宗永徽中復聖周公師孔子顯慶
二年長孫無忌言漢魏以來取舍各異孔子顔子正作先師周公尼父迭爲先聖貞觀之末親降綸
言依禮記之明文酌成康之與說正夫子爲先聖若周公作禮樂當同王者之祀乃詔以周公配武
王以孔子爲先星玄宗開元二十七年諡孔子爲文宣王衣袞冕二京及州縣學孔子始皆南面先
是開元八年詔十哲爲坐像七十二賢及從祀諸儒圖于廟壁至是皆贈爵有差

◆賜袞冕(사곤면)

唐玄宗開元二十七年正孔子南面坐內出袞冕衣之然其後先聖與門人通服袞　宋徽宗崇寧四
年下太常考正文宣王冠服加冕十二旒服九章仍賜鎭圭同王者之儀　金世宗大定十四年詔從
國子監請先聖冠十二旒服十二章其袞國公繅斿九就(祖庭廣記)

◆州縣學(주현학)

唐太宗貞觀四年詔州縣皆作孔子廟

◆設戟(설극)

宋太祖乾隆二年詔廟門準儀立戟十六枚徽宗政和元年增爲二十四戟

◆二仲丁祀(이중정사)

北齊制春秋二仲釋奠于先聖先師　隋制國子寺每歲以四仲月上丁釋奠先聖先師州郡學則以
春秋二仲　唐玄宗開元二十八年詔祭春秋二仲上丁

◆祭用三獻(제용삼헌)

唐太宗貞觀二十一年許敬宗等請國學釋奠令祭酒初獻司業亞獻博士終獻詞稱皇帝謹遣某
官行禮以爲永制玄宗開元中勅三獻以三公行禮

◆獻官法服(헌관법복)

唐太宗貞觀二十一年詔釋奠先聖獻官如社祭給明衣　宋大觀元年臣寮言太學祭先聖服法服
郡邑則常服請頒祭服式于州郡詔以服式頒郡邑自製(細註)冕前圓後方前俛後仰玄表朱裏
廣八寸長尺二寸綖冠上覆者衡維持冠者施玄紘垂淸纊以塞耳紘繫於笄左右順頤而下結謂
之綏垂其餘謂之緌旒用朱綠不敢備五采每旒各十二玉初獻五旒其服三章畫粉米於衣綉黼
與黻於裳亞終獻三旒其服無文惟裳綉黼而已芾當前佩設於左右革帶以繫之組綬以負之大
帶又從而加其上佩以玉爲之佩玉以銅代中衣朱單連裳如深衣之制先施諸身後加祭服屨鄭
盾云各蒙其裳之色士冠禮爵弁繐裳屨黑絇繶純純博寸綦所以繫其屨也

◆賜禮器(사례기)

徽宗政和六年賜禮器一副(細註)舊禮器皆聶崇義三禮圖樣朱文公嘗申明曰政和中議禮局
鑄造祭器皆考三代遺法制度精密氣像純古可爲後來法式

◆賜樂(사악)

唐玄宗開元二十七年詔祀先聖樂用宮縣舞用六佾　宋太祖詔祭文宣王樂用永安之曲(註寶

儼上十二樂曲)徽宗大晟樂成詔頒降肄習用之

◆設拜(설배)

後周高祖廣順二年親征至袞幸廟再拜或言天子不當拜異代陪臣帝曰夫子聖人也百王取則
安得不拜登墓復拜(細註)祖庭廣記曰周高祖親征慕容彥超至袞州城將破帝夢一人狀甚魁
異披王者服謂帝曰明日當得城及朝帝曰夢兆如此可不務乎遂督衆攻城及午陷之取委卷入
適夫子廟在帝豁然曰昨夢殆夫子乎不然何路與廟會因駐蹕升殿瞻遂一如夢中所見感喜下
拜遂躬幸闕里拜奠詔留所奠銀酒器及鑪於廟復幸聖林拜墓勅所属葺祠宇禁樵採

◆頒降祝文(반강축문)

○宋徽宗崇寧四年頒降祝文云

先聖祝文維年月日具官姓名敢昭告于至聖文宣王惟王固天攸縱誕降生知經緯禮樂闡揚文
敎餘烈遺風千載是仰俾玆宋學依仁游藝謹以制幣牲齊粢盛庶品祇奉舊章式陳明薦以兗國
公鄒國公配尙饗

○兗國公祝文爰以仲春仲秋率遵故實謹脩釋奠于

○至聖文宣王惟公好學之樂簞瓢不改絶塵之縱步趨可望德行扶世心同禹稷具體而微素王
是配謹以制幣牲齊粢盛庶品式神常典秋云明獻從祀配神尙饗

○鄒國公祝文惟公後生孔子百有餘歲其如聖人如親見之辭闢楊墨三聖是承扶世道民以登
配祀首同兗公(細註)朱文公釋奠禮說謂此祝文始於唐今襲用之後五年再頒則時中書所

○先聖祝文王金聲玉振集厥大成有道立敎垂憲萬世

○兗國公祝云惟公有學術業未達一問賢冠四科實惟聖

○鄒國公祝云惟公知言知德亦克允蹈攘剔異端以承聖首尾並如前

◆賜贊(사찬)

唐睿宗太極一年親製贊刻石曰(細註: 猗歟夫子實有聖德其道可尊其儀不忒刪詩定禮百王
取則吾豈瓠瓜東西南北)宋世諸君荐有之

◆禁淫祀(금음사)

東魏孝文帝延興二年詔曰尼父稟達聖賢之資體生知之德窮理盡性道光四海頃者祠典浸廢
禮章殄滅遂致女巫妖覡淫進非禮殺牲鼓舞倡優媟狎豈所以尊明神敬聖道者哉今後祭孔子
廟制用酒脯而已不聽婦人合雜以祈非望之福犯者以違制論其公祀如常禮犧牲粢盛務盡豊
潔臨事致敬令肅如也(註)按魯俗今歲時飡壺諸廟禱祭者不問士庶觀魏文此詔則其來尙矣

◆賜書(사서)

宋太宗至道三年御書六經以賜　眞宗賜御製書一百五十軸幷內降供養器物(細註)仁宗慶曆
入年賜全監書

◆賜田(사전)

宋眞宗祥符元年賜田百頃　哲宗元祐元年添賜田一百六頃(細註八年三月十六日勅將舊賜
田一百頃均給族人新賜田百頃發二十頃廟學贍生員二十頃充歲時祭祀十頃置殿庭簾幕什
物具五十頃歲收出崇修葺宇)金章宗明昌元年三月旨令本廟具隨代給到田土增損數申本廟
言舊賜田二百六頃因值兵火見存四十八大頃八十六畝後戶部符下於豊縣區村張村新村潘
村等處貼撥足數計官畝一百二十三頃二畝一分五釐七毫(細註)三年旨於四擧五擧終場士
人內選充廟學生員其孔氏子孫年十三以上聽就學不限人員依府學養士例人月帮官會二貫
米三斗小學半之今用人力於兗州射粮軍內撥差所需什物依太學例官爲應副委州官進士出
身者提擧

◆蠲稅役(견세역)

○唐高宗乾封元年詔孔氏子孫並除賦役闔門勿事

○宋太宗太平興國二年詔曲阜縣文宣公家歷代以聖人之後不與庸調周顯德遣使均田抑同

編戶今可特免 金熙宗皇統五年行臺戶部符兗州申孔子廟宅賜田自皇宋時不曾輪納稅役至廢齊阜昌五年孔若鑑續後孔端立等狀陳該皇宋承唐後俱免本家賦役尙書省奏臣等參詳孔子之後擧天下止一家他人自難攀例合無依前代施行詔從之(廣記)

◆襲封(습봉)

漢高帝過魯祠孔子封九世孫孔滕爲奉嗣君歷代踵行之至元魏孝文帝始詔選孔宗子一人封崇聖侯奉孔子祀仍世襲宋太宗嘗問四十四代孫孔宜歷世之數宜以實對上嘆曰家世有如此者乎 仁宗至和二年詔封孔子後爲衍聖公(細註)太常博士祖無擇言按前史孔子後襲封者漢魏曰褒成褒崇尊聖晉宋曰奉聖後魏曰崇聖北齊曰恭聖後周及隋並封鄒國唐初曰褒聖開元初追諡孔子爲文宣王遂以其後爲文宣公然祖諡不加於後嗣乞下有司更定別號遂更封四十六代孫宗愿爲衍聖公制曰孔子之後以爵號褒顯其來遠矣自漢元帝封孔子爲褒成宣尼公其後襲爲褒成侯褒成國也宣尼諡也公侯爵也至唐改諡孔子爲文宣王子孫曰嗣爲文宣公去國名而襲諡號禮之失也朕稽考前訓皆謂去漢之失革唐之舊正名爲當宜改封至聖文宣王後宗愿爲衍聖公元祐元年四十六代孫孔宗翰奏曰襲封疏爵本爲侍祠今乃兼領他官及不在故郡朝廷旣許居外何能更戀祖堂以至祠宇頹弊括不爲怪乞下有司議其所宜今後不許襲封之人別領他官終身使在鄕里則知其不可輕去必能嚴潔禮事厚睦親族實襄宗之幸奉聖旨依

◆世宦曲阜(세환곡부)

祖庭廣記曰孔氏鄕官考之譜牒及林廟碑刻始自東漢桓帝以十八代孫樹爲魯從事終漢世十有一人後魏迄唐八人 唐玄宗開元二十七年詔以三十代璲任兗州長史世世勿絶宋徽宗崇寧三年勅文宣王之後常聽一人注兗州僊源縣官許最長承襲(細註先是仁宗皇祐三年詔曰兗州僊源縣國朝以來世以孔子子孫知縣事使奉承廟祀近歲廢而不行非所以尊先聖也自今宜復於孔氏子弟中選充哲宗元祐元年勅身合襲封人與唫求奉郎添又供給隨本資三年理爲一任用本路按察官薦擧依吏部格關升資任每過親祠六禮冬正朝會許赴闕陪位)金章宗明昌中以五十一代元措補文林郎襲封明年旨令秩是四品超授中議大夫後襲封並準此(細註)制祠略云自古昔已尊其爵顧散階如彼卑必也正名難於仍其舊是以興百王之令典峻五品之華資云云

◆墓給灑掃(묘급쇄소)

宋文帝義熙十九年詔郡民居先聖墓側五戶除其賦役供給灑掃(細註)又云元嘉十九年魯哀公置廟初已有守陵廟百戶漢因之唐初廟戶二十玄宗時給墓五戶後亦百戶宋增守墓五十戶後以洒掃五十戶看林五戶爲定額亡金因之

◆墓禁樵採(묘금초채)

後周高祖廣順二年勅禁樵採宋徽宗大觀元年立賞禁樵採所

◆拜謁泣政(배알읍정)

漢高帝十二年詔諸侯王卿相至郡先殿謁而後從政 宋太宗淳化四年從監庫使臣請先聖廟六衙朔望焚香 高宗詔興十四年十月勅州縣文臣到官詣學謁先聖方許視事 寧宗嘉泰中詔武臣理合一體金天德中勅職官到任先詣宣聖廟拜奠訖方許詣以次神廟著之令申

제 3 장 외사(外祀: 君王儀)

◆外祀(외사)

曲禮天子祭天地祭四方祭山川祭五祀歲徧諸侯方祀祭山川祭五祀歲徧大夫祭五祀歲徧士祭其先註呂氏曰祭祀之法冬日至祭天夏日至祭地四時各祭其方以迎氣又各望祭其方之山川五祀則春祭戶夏祭竈季夏祭中霤秋祭門冬祭行此所謂歲徧諸侯有國國必有方祭其所居之方而已非所居之方及山川不在境內者皆不得祭故曰方祀祭法天子立七祀加以司命泰厲

諸侯五祀有司命公厲而無戶竈大夫三祀有族厲而無中霤戶竈士二祀則門行而已○凡祭有
其廢之莫敢舉也有其舉之莫敢廢也非其所祭而祭之名曰淫祀淫祀無福細註北溪陳氏曰天
子祭天地諸侯祭山川大夫祭五祀士祭其先古人祀典品節一定不容紊亂在諸侯不敢僭天子
而祭天地在大夫亦不敢僭諸侯而祭山川如季氏旅泰山便不是禮故曰亦當祭而祭之者名曰
淫祀淫祀無福淫祀不必皆是不正之鬼假如正當正神自家不應祀而祀便是淫祀○王制山川
神祇有不舉者爲不敬不敬者君削以地○天子將出類乎上帝宜乎社造乎禰諸侯將出宜乎社
造乎禰○語類外神如山川社稷五祀之類與山林溪谷之神能興雲雨者○祭法王宮祭日也夜
明祭月也幽宗祭星也雩宗祭水旱也四坎壇祭四方也山林川谷丘陵能出雲爲風雨見怪物皆
曰神有天下者祭百神註方氏曰王宮日出於晝月出於夜則夜爲月之時而明乃其用也故祭月
之坎曰夜明幽以言其隱而小也楊子曰視日月而知衆星之蔑故祭星之所則謂之幽宗焉吁而
求雨之謂雩主祭旱言之耳兼祭水者雨以時至則亦無水患也幽雩皆謂之宗者宗之爲言尊也
細註延平周氏曰月爲陰而盛於夜故曰夜明於星謂之幽者以對月而言則月爲明而星爲幽也
水旱必謂之雩者以祭旱爲主蓋陰中之陽升則爲雨故雩祭所以助達陰中之陽者也四坎壇祭
四方豈蜡之祭四方百物之神若先嗇之類則祭於壇若水庸之類則祭於坎歟○禮器社稷山川
之事鬼神之祭體也註社稷山川鬼神之禮各隨其體之輕重而爲禮之隆殺故曰體次之細註嚴
陵方氏曰天之運之謂時人之倫之謂順形之辨之謂體事之義之謂宜物之平之謂稱堯舜以德
而授受湯武以兵而放伐非人力之能爲蓋天運然也故謂之時引詩者言武王聿追文王之道以
趨時也天地宗廟父子君臣皆出乎自然之理而人則順而序之故謂之倫社稷山川鬼神自有形
以至於無形莫不各有所辨故謂之體

◎入山祭(입산제)

● 辨祀(변사): 小祀(소사)

● 齋戒(재계): 散齋二日(산재2일) 致齋一日(치재1일)

● 陳設(진설); 左八籩右八豆(좌8변우8두)

● 圖式(도식): 下添附祭禮圖式中風雲雷雨山川城隍壇序立圖　左八籩
　　　　　　右八豆之圖

● 分定記(분정기):

初獻官○亞獻官○終獻官　○堂上執禮○堂下執禮○大祝○典祀官○壇司○奉香○
奉爐○封爵○奠爵○司尊○謁者○贊引

◆祝文式(축문식)

◆入山前山神祝一(입산전산신축1)

　　維

歲次干支幾月干支朔幾日干支某官姓某等敢昭告于

　某山之神將以某等(或某山岳會員一同)恭修事于

　神入山登頂無事無故惟時保佑實賴

　神休謹以牲醴庶品式陳明薦尙

　　饗

◆入山前山神祝二(입산전산신축2)

　　維

歲次干支幾月干支朔幾日干支某官姓某等敢昭告于

　　某山之神將以某等(或某山岳會員一同)　心身修養入山登高不辭險峻以安山行
　　　　無事無故惟時保佑實賴
　　神休謹以牲醴庶品式陳明薦尙
　　饗

◆入山前山神祝三 (입산전산신축3)

　　　　維
歲次干支幾月干支朔幾日干支某官姓某等敢昭告于
　　山岳之神今以肢體鍛鍊心身修養登高攀壁伏惟
　　尊神寧加保裕以安山行謹以特牲淸酌粢盛庶品祇薦敬伸尙
　　饗

◎笏記(홀기)

陳設祭壇及祭官序立位上壇序立圖同○典祀官入實饌具畢○贊引引監察升自東階(諸祭官
陞降皆自東階)○按視壇之上下糾察不如儀○贊引監察還出○諸祭官各服其服○執禮帥贊
者謁者贊引入自東門先就階間拜位重行北向西上四拜訖各就位○謁者引諸祭官俱就門外
位○贊引引監察典祀官大祝祝史齊郞入就階間拜位重行北向西上立定○執禮曰四拜(贊者
傳唱. 凡執禮有辭贊者皆傳唱)○監察以下皆四拜訖○贊引引監察就位○諸執事詣盥洗位
○盥帨訖各就位○引齊郞詣爵洗位洗爵拭爵訖置於篚捧詣尊所置於坫上○謁者引獻官入
就位○謁者進獻官之左白有司謹具請行事退復位執禮曰四拜○獻官四拜

◆執禮曰行奠幣禮(집례왈행전폐례)

謁者引獻官詣盥洗位北面立○贊者摺笏獻官盥手帨手訖○贊執笏引獻官升詣神位前北向
立○贊跪摺笏○執事者一人捧香盒○一人捧香爐○皆跪進○謁者贊三上香○獻官三上香
○執事者奠爐于神位前○大祝以幣篚授獻官○獻官執幣獻幣以幣授○大祝幣受奠于神位
前(捧香授幣皆在獻官之右奠爐奠幣皆在獻官之左授爵奠爵准此)○謁者贊執笏俯伏興平
身○引降復位

◆執禮曰行初獻禮(집례왈행초헌례)

謁者引獻官升詣尊所西向立○執尊者擧冪酌醴齊○執事者二人以爵受酒○謁者引獻官詣
神位前北向立贊跪摺笏○執事者以爵授獻官○獻官執爵獻爵以爵授○執事者受爵奠于神
位前○贊執笏俯伏興少退北向跪○大祝進神位之右東向跪讀祝文○訖謁者贊皆俯伏興平
身○獻官大祝皆引降復位

◆執禮曰行亞獻禮(집례왈행아헌례)

謁者引獻官升詣尊所西向立○執尊者擧冪酌盎齊○執事者二人以爵受酒○謁者引獻官詣
神位前北向立贊跪摺笏○執事者以爵授獻官○獻官執爵獻爵以爵授執事者受爵奠于神位
前○贊執笏俯復興平神○謁者引獻官皆降復位

◆執禮曰行終獻禮(집례왈행종헌례)

謁者引獻官升詣尊所西向立○執尊者擧冪酌盎齊○執事者二 以爵受酒○謁者引獻官詣神
位前北向立贊跪摺笏○執事者以爵授獻官○獻官執爵獻爵以爵授執事者受爵奠于神位前
○贊執笏俯復興平神○謁者引獻官皆降復位

◆執禮曰飲福受胙(집례왈음복수조)

執事者詣尊所以爵酌罍福酒○執事者持俎進減神位前胙肉○謁者引獻官升詣飲福位西向
立贊跪摺笏○執事者進獻官之左北向以爵授獻官○獻官受爵飲卒爵○執事者受虛爵復於
坫○執事者北向以俎授獻官○獻官受俎以授執事者○執事者授俎降自東陛出門○謁者贊

執笏俯伏興平身○引降復位○執禮曰四拜○在位者皆四拜

◆執禮曰徹籩豆(집례왈철변두)

大祝入徹籩豆(徹者籩豆各一少移於故處)○執禮曰四拜○獻官四拜

◆執禮曰望瘞(집례왈망예)

謁者引獻官詣望瘞位北向立○執禮帥贊者詣望瘞位西向立○大祝以籠取祝版及幣黍稷飯降自西階置於坎○執禮曰可瘞置土半坎○典祀官監視○謁者進獻官之左白禮畢遂引獻官出○執禮帥贊者還本位○贊引引監察及諸執事俱復階間拜位定○執禮曰四拜○監察以下皆四拜○訖贊引引出○執禮帥贊者謁者贊引就階間拜位四拜而出○典祀官帥其屬徹禮饌以降乃退

◎開基告由祭儀(개기고유제의)

⊙建設工事開基告由祭儀節(건설공사개기고유제의절)

前一日○立標設門於役處[依禮曹關後錄○見來關]○鋪席設卓○又設尊所及獻官以下拜位○厥明○陳饌如儀○祭前一刻○獻官以下具黑團領○就門外位○大祝奠祝版于卓上○陳香盒香爐○還就外位○謁者引大祝及諸執事入○就拜位○皆四拜訖○盥洗陞○謁者又引獻官入○就拜位○獻官四拜○謁者引獻官○詣盥洗位○仍詣尊所○執事者斟酒訖○獻官詣神位前○北向跪○三上香○執爵獻爵○俯伏○興少退○跪○大祝東向跪○讀祝文○獻官俯伏○興平身○謁者引獻官以下○降復位○皆四拜○大祝陞詣神位前○焚祝○徹卓去標○時至始役

◎祝文式(축문식)

◆開基祝文式一(개기축문식 1)

　　維
歲次干支幾月干支朔幾日干支某官姓某敢昭告于
　土地之神今以 （云云） 惟神監佑永世垂休玆涓吉辰虔告事由

◆開基祝文式二(개기축문식 2)

　　維
歲次干支幾月干支朔幾日干支某官姓某敢昭告于
　土地之神今以 云云 酒果虔誠謹告事由神其監佑永底于休

◆開基祝文式三(개기축문식 3)

　　維
歲次干支幾月干支朔幾日干支某官姓某敢昭告于
　土地之神今以（云云）今將始事涓吉開基謹薦菲羞虔告厥由

◆新建屋開基祝文式(신건옥개기축문식)

　　維
歲次干支幾月干支朔幾日干支某官姓名敢昭告于
　土地之神伏以某里某山下我居地也中有結局最云吉者迺卜基此曾考司馬詩書於
　　饔稼穡于野戒爾子孫永矢不假如壽屋子賤茅貴瓦弊舊數椽營新廣厦高容駟馬
　　群處螽麟萬卷充棟百穀滿囷然勿過度儘好安身補力不贍共事四隣運土搬木大

牛鐵輪涓吉始役歲舍某甲先開基址日甲月寅潔饎嘉藻致誠明禋用告厥由保佑
惟神永奠厥居於千萬春

◆新築建物開基祝文式(신축건물개기축문식)

維

歲次干支幾月干支朔幾日干支某官姓名敢昭告于

土地之神伏以滌邪墟開正基立新築建物(建物名)上土于玆諏吉辰載設工役神其監
顧呵禁不祥敢以酒饌敬伸奠獻尙

饗

◆新築造物開基祝文式(신축조물개기축문식)

維

歲次干支幾月干支朔幾日干支某官姓名敢昭告于

土地之神今以吉辰某基築雖工整理人機始就德是神助事中無故不敢請願謹以酒
牲敬伸奠獻尙

饗

◆社倉開基祝文式(사창개기축문식)

維

歲次干支幾月干支朔幾日干支某官姓名敢昭告于

土地之神伏以今我一面建倉于玆琴水之上公岳之陲卜玆築玆經之營之土木始役
盤石爲籬屹彼高廩降我遒釐天慳地秘戶給民滋聖有所命民莫敢私化域新刱建
康遺儀奉命太守監役有司如金之堅相土之宜民曰士曰千斯萬斯陳栗相因周給
隨時乃積乃倉如京如坻納于圝稼享斯楚茨咸寧之澤泰平之基春糶秋糴北斗南
箕惠風偃草化日登曦各守本職永爲常規玆薦苾芬謹將肴厄其監顧呵禁不祥敢
以酒饌敬伸奠獻尙

饗

◆創業祭祝文(창업제축문)

維

歲次干支幾月干支朔幾日干支某官姓名敢昭告于

土地之神維此仲春(隨時)神助創業今爲始務伏惟

尊神保佑世盡日興月昌人集滿堂幣積滿庫無故繁盛享受平康萬歲社名第一天下
守護恩澤不敢忘德社功始敢有不欽酒牲雖微庶將誠意惟

神監享永奠厥居尙

饗

◆開業告祭祝文(개업고제축문)

維

歲次干支幾月干支朔幾日干支某(商號又社名)業主(或代表理事或社長或會長)姓
名敢昭告于

基地之神今以吉辰開業爾來尋訪顧客(隨業改措語)精誠震力社勢萬里綿綿雲集日
益繁昌幣集滿庫無故繁盛享受平康神其保佑謹以牲體庶品式陳明薦尙

饗

◆穿井告由祭祝文(천정고유제축문)

維

歲次干支幾月干支朔幾日干支某官姓名敢昭告于

土地之神有誠有物神祇斯格求福不回其理不忒窮則必變感而遂通韓禱開雲葛祝
祭風醴泉有源出自山脉六府居一厥利溥博昉自何代軒皇伯益卜築瓶岩臨玆大
川引川而飲緶不及泉飲斯啄斯于玆有年瘴嵐肆愿疾涎爲崇新造未遑久矣呼癸
載涓吉辰爰卜善地其日壬寅生方在已堯民鑿飲漢將揚示消瀜渣滓洗滌腸胃不
縮伊盈盈科而進通神去穢膏浲粹面滁釀酒香沉砂壽延萬安安樂沈疴快痊甘露
調和子孫永賴渴者易飲世世不改金液瓊漿銀床玉瓶祇薦芬芯牲潔酟淸

神其保祐終和且平歆此洞酌永垂嘉名尙

饗

◆穿井畢慰安祝文(천정필위안축문)

維

歲次干支幾月干支朔幾日干支某官姓名敢昭告于

泉井之神甘泉湧出荷神之祐瘴氣盡消一　萬壽伏惟

神顧歆尙

饗

◎時旱就祈嶽海瀆及諸山川儀(시한취기악해독급제산천의)

得雨報祀同唯飲福受胙○國朝五禮儀

◎한발에 큰 산과 바다와 큰 강과 같이 모든 산천에서 지내는 기우제의식

◇陳設(진설)

有司掃除壇之內外(廟同)設諸祈官次又設饌幔皆於東門外隨地之宜設神座於壇上近
北南向席以莞(廟則否)贊者設獻官位於壇下(廟則東階)東南西向執事者位於其後稍南西向
贊者謁者位於壇下俱近東西向北上設獻官以下門外位於東門外道南重行北向西上設望瘞
位於瘞坎之南(海瀆川無瘞次)獻官在南北向贊者大祝在東西向北上祈日未行事前掌饌者
帥其屬入奠祝版於神位之右(有坫)陳幣篚於尊所設香爐香合並燭於神位前次設祭器如式
設洗於壇下東南北向(盥洗在東爵洗在西)罍在洗東加勺篚在洗西南肆實以巾爵諸執事盥
洗於獻官洗東南北向執尊罍篚羃者位於尊罍篚羃之後

◇陳說(진설)

유사(有司)는 제단 내외를 청소를 하고(사당도 같다) 여러 제관(祭官)이 머물 처소를
설치한다. 또 제찬의 장막을 세우되 동문 밖 터의 형세에 따라 세운다. 신위(神位)의
자리는 제단 위 가까운 북쪽에서 남쪽으로 향하게 하여 설치하고 돗자리를 편다. 찬
자(贊者)는 헌관(獻官)의 자리를 제단 아래 동쪽의 남쪽에서 서쪽으로 향하게 하고
집사자의 자리는 그 뒤에서 조금 남쪽으로 서향케 하며 찬자와 알자(謁者)의 자리는
제단 아래 가까이 동쪽에서 서향케 하되 북쪽이 상석이다. 헌관 이하 문밖의 자리는
동문 밖 길 남쪽으로 북향하여 겹으로 서되 서쪽이 상석이며 망예위(望瘞位)는 구덩
이의 남쪽이며 헌관이 있을 곳은 망예위의 남쪽에서 북쪽으로 향하며 찬자와 대축(大
祝)이 있을 곳은 망예위의 동쪽에서 서쪽으로 향하여 서되 북쪽이 상석이다. 기우제
지낼 날 아직 행사를 하기 전에 장찬자(掌饌者)는 그에 속한 이들을 데리고 들어가
축판을 신위의 자리 우측으로 받침대에 놓고 폐백 광주리는 준소(尊所)에 진열하고

향로와 향합과 더불어 촛대와 초는 신위의 앞이며 진설은 다음의 제례도식 진설도와
같이 진설한다. 세수대야와 수건은 제단 아래 동남쪽에서 북쪽으로 향하게 하여 놓되
손 씻을 곳은 동쪽이며 잔 씻을 곳은 그 서쪽이다. 술 단지는 세수대야 동쪽으로 작
(술 뜨는 국자)을 같이 놓으며 광주리를 잔 씻을 곳 서남쪽으로 놓고 수건과 술잔을
진열한다. 집사자들의 손 씻을 곳은 헌관의 손 씻는 곳 동남쪽에서 북쪽으로 향하게
하고 준소 담당자의 자리는 준소(尊所) 뒤이다.

◇行禮(행례)

祈日丑前五刻(丑前五刻卽三更三點行事用丑時一刻)掌饌者入實饌具畢退就次服其服升
設神位版於座(廟則否)前三刻獻官及諸執事各服其服贊者謁者入自東門先就壇南(廟則階
間)拜位北向西上四拜訖就位謁者引獻官以下俱就門外位前一刻謁者引祝及諸執事入就壇
南拜位北向西上立定贊者曰四拜祝以下皆四拜訖詣盥洗位盥帨訖各就位(諸執事陞降皆自
東陛廟則東階)執事者詣爵洗位洗爵拭爵訖置於篚捧詣尊所置於坫上謁者引獻官入就位謁
者進獻官之左白有司謹具請行事退復位贊者曰四拜獻官四拜

◇기우제를 지낸다.

제삿날 축시(丑時) 전(前) 오각(五刻) [삼경(三更) 삼점(三點)은 오후 여섯 시경부터
다음날 오전 여섯 시까지 오등분한 밤의 시간으로 일각은 시헌력(時憲曆)의 시간으로
는 십오분 동안임]에 장찬자(掌饌者)가 들어가 찬품을 진설하고 나와 처소로 가서
그의 제관복을 입고 제단으로 올라가 신위판을 자리에 세운다.

축시 전 삼각이 되면 헌관 및 모든 집사들은 각각 그에 당한 의관을 갖춘다. 찬자와
알자는 동문으로 먼저 들어가 제단 남쪽 배위로 가서 서쪽을 상석으로 하여 북향 사
배를 하고 마쳤으면 제자리로 간다. 알자는 헌관 이하 문밖의 자리로 모두 인도한다.

축시 전 일각이 되면 알자는 대축과 모든 집사자들을 인도하여 제단 남쪽 배위로 가
서 북쪽으로 향하여 서쪽을 상석으로 정하여진 자리에 선다. 찬자가 창하기를 사배하
면 대축 이하 모두 사배하고 마쳤으면 관세소로 가서 손을 모두 씻고 각각 제자리로
간다. (모든 집사자들은 모두 동쪽 섬돌로 오르내린다)

집사자는 잔 씻는 곳으로 가서 물로 잔을 씻고 수건으로 잔의 물기를 닦아 광주리에
담아 받들고 준소(尊所)로 가서 잔 받침대 위에 놓는다.

알자는 헌관을 인도하여 들어가 자리에 이르러 알자(謁者)가 헌관의 왼편에서 아뢰기
를 유사가 삼가 갖춰 놓고 제사를 행할 것을 청하옵니다. 라 하고 물러나 다시 제자
리에 선다. 찬자가 사배라 창(唱)하면 헌관은 사배한다.

●贊者曰行奠幣禮謁者引獻官詣盥洗位北向立贊搢笏獻官盥手帨手訖贊執笏升自南陛詣
神位前北向立贊跪搢笏執事者一人捧香合一人捧香爐跪進謁者贊三上香執事者奠爐于神
位前祝以幣篚授獻官獻官執幣獻幣以幣授祝前于神位前(捧香授幣皆在獻官之右奠爐奠幣
皆在獻官之左授爵奠爵准此)謁者贊執笏俯伏興平身引降復位

●찬자가 행 전폐례(奠幣禮)라 창하면 알자는 헌관을 인도하여 관세소(盥洗所)로 가
북쪽으로 향하여 서면 홀을 띠에 꽂을 것을 아뢰고 헌관은 손을 씻고 수건으로 물기
닦고 나면 홀 잡을 것을 아뢰고 남쪽 섬돌로 올라 신위전으로 가서 북쪽으로 향하여
무릎을 꿇고 앉으면 홀을 띠에 꽂을 것을 아뢴다. 집사자 한 사람은 향합을 두 손으
로 받들고 한 사람은 향로를 두 손으로 받들고 무릎을 꿇고 앉아 올리면 알자가 향
을 향로에 세 번 넣을 것을 알린다. 집사자는 향로를 신위 전에 올린다. 대축이 폐백
광주리를 헌관에게 주면 헌관은 폐백을 받아 폐백을 드리되 대축(大祝)에게 폐백을

주워 신위 전에 올리게 한다. (향로를 받들고 폐백을 주는 것은 모두 헌관이 있는 곳의 우측이며 향로를 올리고 폐백을 올리는 것은 모두 헌관의 좌측이다. 잔을 주고 잔을 올리는 것도 이와 같이 한다) 알자는 홀 잡을 것을 아뢰고 헌관은 부복하였다 일어서면 인도하여 내려와 다시 제자리에 선다.

●贊者曰行酌獻禮謁者引獻官升自南陛詣尊所西向立執尊者擧冪酌酒執事者以爵受酒謁者引獻官詣神位前北向立贊跪搢笏執事者以爵授獻官獻官執爵獻爵以爵授執事者奠于神位前贊執笏俯伏興少退北向跪祝進神位之右東向跪讀祝文訖謁者贊俯伏興平神引降復位

●찬자(贊者)가 행 작헌례라 창하면 알자는 헌관을 인도하여 남쪽 섬돌로 올라 준소로 가서 서쪽으로 향하여 선다. 집준자(執尊者: 잔에 술 따르는 이)가 술 단지 덮개를 들고 술을 떠 술잔에 술을 부우면 집사자는 잔에 술을 받는다. 알자(謁者)는 헌관을 인도하여 신위 앞으로 가서 북쪽으로 향하여 무릎을 꿇고 앉아 홀을 띠에 꽂을 것을 아뢴다. 집사자가 잔을 헌관에게 주면 헌관은 잔을 받아 들고 잔을 드리되 집사자에게 주워 신위 전에 올리도록 한다. 알자는 헌관에게 홀을 빼어 잡을 것을 아뢰고 헌관은 부복하였다 일어나 조금 뒤로 물러나 북쪽으로 향하여 무릎을 꿇고 앉는다. 대축이 신위의 오른쪽으로 나아가 동쪽으로 향하여 무릎을 꿇고 앉아 독축을 한다. 독축을 마치면 알자는 헌관은 부복하였다 일어나 평신하시오.라 아뢴다. 알자는 헌관을 인도하여 내려가 다시 제자리에 선다.

●贊者曰徹籩豆祝進徹籩豆(徹者籩豆各一少移於故處)贊者曰四拜獻官四拜

●찬자가 철변두(徹籩豆)라 창을 하면 대축이 나아가 좌변 우두를 물린다. (변두를 물릴 때는 각각 하나씩 있던 자리에서 조금씩 이동 시킨다) 찬자가 사배라 창을 하면 헌관은 사배한다.

●贊者曰望瘞謁者引獻官詣望瘞位北向立贊者詣望瘞位西向立祝以篚取祝版及幣降自西陛置於坎贊者曰可瘞置土半坎(海瀆則沈之)謁者進獻官之左白禮畢遂引獻官出贊者還本位謁者引祝及諸執事俱復壇南拜位立定贊者曰四拜祝以下皆四拜訖謁者引出贊者謁者就壇南拜位四拜而出掌饌者帥其屬藏神位版徹禮饌以降乃退

●찬자가 망예(望瘞)라 창을 하면 알자(謁者)는 헌관을 인도하여 망예위로 가서 북쪽으로 향하여서고 찬자도 망예위로 가서 서쪽으로 향하여 선다. 대축이 광주리에 축판과 폐백을 취하여 서쪽 섬돌로 내려와 구덩이에 놓는다. 찬자가 묻으시오 하면 구덩이를 흙으로 완전히 메운다. (바다나 강에서는 제일 깊은 곳에다 한다) 알자는 헌관의 왼쪽으로 가서 예를 모두 마쳤사옵니다. 라 고하고 헌관을 인도하여 나간다. 찬자는 본위로 돌아가고 알자는 대축 및 집사들을 인도하여 다같이 다시 제단 남쪽 배위 정하여진 자리에 선다. 찬자가 사배라 창을 하면 대축 이하 모두 사배를 하고 마치면 알자가 인도하여 밖으로 나간다. 찬자와 알자가 제단 남쪽 배위로 가서 사배를 하고 나가면 장찬자가 그에 속한 이들을 데리고 신위 판을 넣어 두고 철상 후 내려와 곧 물러난다.

◎雩祀儀(우사의) 國朝五禮儀

◇陳設(진설)

前享二日典祀官帥其屬掃除壇之內外典設司設諸享官次又設饌幔皆於東壝門外隨地之宜前一日典樂帥其屬設登歌之樂於壇上近南軒架於壇下俱北向典祀官其屬設句芒祝融后土蓐收玄冥后稷神座於壇上北方南向西上席皆以莞執禮設初獻官位於壇下東南西向飮福位於壇上南陛之西北向亞獻官終獻官位於初獻官之後稍南西向執事者位於其後每等異位重

行西向北上監察位於執事之南西向書吏陪其後執禮位二一於壇上一於壇下俱近東西向贊
者謁者贊引在壇下執禮之後西向北上協律郎位於壇上近西東向典樂位於軒懸之北北向設
諸享官門外位於東壝門外道南每等異位重行北向西上設望瘞位於瘞坎之南初獻官在南北
向執禮贊者大祝在東西向北上(贊者大祝稍却)享日未行事前典祀官帥其屬入奠祝版各一
於神位之右(各有坫)陳幣篚各一於尊所設香爐香合并燭於神位前次設祭器如式(見享例)設
福酒爵(有坫)胙肉俎各一於尊所設洗於南陛東南北向(盥洗在東爵洗在西)罍在洗東加勺篚
在洗西南肆實以巾(若爵洗之篚則又實以爵有坫)諸執事盥洗於獻官洗東南北向執尊罍篚
羃者位於尊罍篚羃之後

◇行禮(행례)

享日丑前五刻(丑前五刻即三更三點行事用丑時一刻)典祀官入實饌具畢退就次服其服升
設句芒祝融后土蓐收玄冥后稷神位版於座贊引引監察升自東陛(諸執事陛降皆自東陛)按
視壇之上下糾察不如儀者還出前三刻諸享官各服其服執禮帥贊者謁者贊引入自東門先就
壇南懸北拜位重行北向西上四拜訖各就位典樂帥工人二舞入就位(文舞入陳於懸北武舞立
於懸南道西)謁者贊引各引諸享官就門外位前一刻贊引引監察典祀官大祝祝史齊郎協律郎
入就壇南懸北拜位重行北向西上立定執禮曰四拜贊者傳唱(凡執禮有辭贊者皆傳唱)監察
以下皆四拜訖贊引引監察就位引詣執事詣盥洗位盥帨訖各就位齊郎詣爵洗位洗爵拭爵訖
置於篚捧詣尊所置於坫上謁者引初獻官贊引引亞獻官終獻官入就位謁者進初獻官之左白
有司謹具請行事退復位協律郎跪俯伏擧麾興工鼓祝軒架作景安之樂烈文之舞作樂二成執
禮曰四拜獻官皆四拜樂三成協律郎偃麾戞敔樂止執禮曰行奠幣禮謁者引初獻官詣盥洗位
北向立贊搢笏初獻官盥手帨手訖贊執笏引詣壇升自南陛登歌作肅安之樂烈文之舞作詣句
芒神位前北向立贊跪搢笏執事者一人捧香合一人捧香爐跪進謁者贊三上香執事者奠爐于
神位前大祝以幣篚授初獻官初獻官執幣獻幣以幣授大祝奠于神位前(捧香授幣皆在獻官之
右奠爐奠幣皆在獻官之左授爵奠爵准此)謁者贊執笏俯伏興平身引詣祝融后土蓐收玄冥后
稷神位前上香奠幣並如上儀訖樂止引降復位執禮曰行初獻禮謁者引初獻官升自南陛詣尊
所西向立登歌作壽安之樂烈文之舞作執尊者擧羃酌醴齊執事者六人以爵受酒謁者引初獻
官詣句芒神位前北向立贊跪搢笏執事者以爵授初獻官初獻官執爵獻爵以爵授執事者奠于
神位前贊執笏俯伏興少退北向跪樂止大祝進神位之右東向跪讀祝文訖樂作謁者贊俯伏興
平身樂止引詣祝融后土蓐收玄冥后稷神位前行禮並如上儀訖引降復位文舞退武舞進軒架
作舒安之樂舞者立定樂止初初獻官既復位執禮曰行亞獻禮謁者引亞獻官詣盥洗位北向立
贊搢笏亞獻官盥手帨手訖贊執笏引詣壇升自東陛詣尊所西向立軒架作壽安之樂昭武之舞
作執尊者擧羃酌盎齊執事者六人以爵受酒謁者引亞獻官詣句芒神位前北向立贊跪搢笏執
事者以爵授亞獻官亞獻官執爵獻爵以爵授執事者奠于神位前謁者贊執笏俯伏興平身引詣
祝融后土蓐收玄冥后稷神位前行禮並如上儀訖樂止引降復位執禮曰行終獻禮謁者引終獻
官行禮並如亞獻儀訖引降復位執禮曰飲福受胙執事者詣尊所以爵酌罍福酒又執事者持俎
進減句芒神位前胙肉謁者引初獻官升自東陛詣飲福位北向立贊跪搢笏執事者進初獻官之
右西向以爵授初獻官初獻官受爵飲卒爵執事者受虛爵復於坫執事者以俎授初獻官初獻官
受俎以授執事者執事者受俎降自南陛出門謁者贊執笏俯伏興平身引降復位執禮曰四拜在
位者皆四拜執禮曰徹籩豆大祝進徹籩豆(徹者籩豆各一少移於故處)登歌作雍安之樂徹訖
樂止軒架作景安之樂執禮曰四拜獻官皆四拜樂一成止執禮曰望瘞謁者引初獻官詣望瘞位
北向立執禮帥贊者詣望瘞位西向立大祝以篚取祝版及幣黍稷飯降自西陛置於坎執禮曰可
瘞置土半坎典祀官監視謁者進初獻官之左白禮畢謁者贊引各引初獻官以下以次出執禮帥
贊者還本位贊引引監察及諸執事俱復懸北拜位立定執禮曰四拜監察以下皆四拜訖贊引引
出工人二舞以次出執禮帥贊者謁者贊引就懸北拜位四拜而出典祀官帥其屬藏神位版徹禮
饌以降乃

◎雩祀壇祈雨儀(우사단기우의)國朝五禮儀

◇陳設(진설)

前一日典祀官帥其屬掃除壇之內外典設司設諸祈官次又設饌幔皆於東壝門外隨地之宜設
句芒祝融后土蓐收玄冥后稷神座於壇上北方南向西上席皆以莞贊者設獻官位於壇下東南
西向執事者位於其後稍南西向北上監察位於執事之南西向書吏陪其後贊者謁者位於壇下
近東西向北上設諸祈官門外位於東壝門外道南每等異位重行北向西上設芒瘞位於瘞坎之
南獻官在南北向贊者大祝在東西向北上祈日未行事前典祀官帥其屬入奠祝版各一於神位
之右(有坫)陳幣篚各一於尊所設香爐香合並燭於神位前次設祭器如式(見序例)設洗於南陛
東南北向(盥洗在東爵洗在西)罍在洗東加勺篚在洗西南肆實以巾(若爵洗之篚則又實以爵
有坫)諸執事盥洗於獻官洗東南北向執尊罍篚冪者位於尊罍篚冪之後

◇行禮(행례)

祈日丑前五刻(丑前五刻卽三更三點行事用丑時一刻)典祀官入實饌具畢退就次服其服升
設句芒祝融后土蓐收玄冥后稷神位版於座前三刻諸祈官各服其服贊者謁者入自東門先就
壇南拜位北向西上四拜訖就位謁者引諸祈官俱就門外位前一刻謁者引監察典祀官大祝祝
史齊郎入就壇南拜位重行北向西上立定贊者曰四拜監察以下皆四拜訖謁者引監察就位引
諸執事詣盥洗位盥帨訖各就位(諸執事陞降皆自東陛)齊郎詣爵洗位洗爵拭爵訖置於篚捧
詣尊所置於坫上謁者引獻官入就位謁者進獻官之左白有司謹具請行事退復位贊者曰四拜
獻官四拜贊者曰行奠幣禮謁者引獻官詣盥洗位北向立贊搢笏獻官盥手帨手訖贊執笏引詣
壇升自南陛詣句芒神位前北向立贊跪搢笏執事者一人捧香合一人捧香爐跪進謁者贊三上
香執事者奠爐于神位前大祝以幣篚授獻官獻官執幣獻幣以幣授大祝奠于神位前(捧香授幣
皆在獻官之右奠爐奠幣皆在獻官之左授爵奠爵准此)謁者贊執笏俯伏興平身引詣祝融后土
蓐收玄冥后稷神位前上香奠幣並如上儀訖引降復位贊者曰行酌獻禮謁者引獻官升自南陛
詣尊所西向立執尊者舉冪酌酒執事者以爵受酒謁者引獻官詣句芒神位前北向立贊跪搢笏
執事者以爵授獻官獻官執爵獻爵以爵授執事者奠于神位前贊執笏俯伏興少退北向跪大祝
進神位之右東向跪讀祝文訖謁者贊俯伏興平身引詣祝融后土蓐收玄冥后稷神位前酌獻並
如上儀訖引降復位大祝進徹籩豆(徹者籩豆各一少移於故處)贊者曰四拜獻官四拜贊者曰
望瘞謁者引獻官詣望瘞位北向立贊者詣望瘞位西向立大祝以篚取祝版及幣降自西陛置於
坎贊者曰可瘞置土半坎謁者進獻官之左白禮畢遂引獻官出贊者還本位謁者引監察及諸執
事俱復壇南拜位贊者曰四拜監察以下皆四拜訖謁者引出贊者謁者就壇南拜位四拜而出典
祀官帥其屬藏神位版徹禮饌以降乃退

◎祀風雲雷雨儀(사풍운뇌우의)山川城隍附○國朝五禮儀

◇陳設(진설)

前祀二日典祀官帥其屬掃除壇之內外典設司設諸祀官次又設饌幔皆於東壝門外隨地之宜
前一日典樂帥其屬設登歌之樂於壇上近南軒架於壇下俱北向典祀官帥其屬設風雲雷雨山
川城隍三神座於壇上北方南向席皆以莞執禮設初獻官位於壇下東南西向飲福位於壇上南
陛之西北向亞獻官終獻官位於初獻官之後稍南西向執事者位於其後每等異位重行西向北
上監察位於執事之南西向書吏陪其後執禮位二一於壇 上一於壇下俱近東西向贊者謁者贊
引在壇下執禮之後稍南西向北上協律郎位於壇上近西東向典樂位於軒懸之北北向設諸祀
官門外位於東壝門外道南每等異位重行北向西上積柴於燎壇設望燎位於燎壇之北初獻官
在北南向執禮贊者大祝在東西向北上(贊者大祝稍却)祀日未行事前典祀官帥其屬入奠祝

版各一於神位之右(各有坫)陳幣篚於尊所(風雲雷雨幣四山川幣二各共一篚城隍幣一)設香
爐香合並燭於神位前次設祭器如式設福酒爵(有坫)胙肉俎各一於尊所設洗於南陛東南北
向(盥洗在東爵洗在西)罍在洗東加勺篚在洗西南肆實以巾(若爵洗之篚則又實以爵有坫)諸
執事盥洗於獻官洗東南北向執尊罍篚冪者位於尊罍篚冪之後

◇行禮(행례)

祀日丑前五刻(丑前五刻卽三更三點行事用丑時一刻)典祀官入實饌具畢退就次服其服升
設風雲雷雨山川城隍神位版於座贊引引監察升自東陛(諸執事陞降皆自東陛)按視壇之上
下糾察不如儀者還出前三刻諸祀官各服其服執禮帥贊者謁者贊引入自東門先就壇南懸北
拜位重行北向西上四拜訖各就位典樂帥工人二舞入就位(文武入陳於懸北武舞立於懸南道
西)謁者贊引各引諸祀官俱就門外位前一刻贊引引監察典祀官大祝祝史齊郎協律郎入就懸
北拜位重行北向西上立定執禮曰四拜贊者傳唱(凡執禮有辭贊者皆傳唱)監察以下皆四拜
訖贊引引監察就位引諸執事詣盥洗位盥帨訖各就位引齊郎詣爵洗位洗爵拭爵訖置於篚捧
詣尊所置於坫上謁者引初獻官贊引引亞獻官終獻官入就位謁者進初獻官之左白有司謹具
請行事退復位協律郎跪俯伏擧麾興工鼓祝軒架作元安之樂烈文之舞作樂二成執禮曰四拜
獻官皆四拜樂三成協律郎偃麾戛敔樂止執禮曰行奠幣禮謁者引初獻官詣盥洗位北向立贊
搢笏初獻官盥手帨手訖贊執笏引詣壇升自南陛登歌作肅安之樂烈文之舞作詣風雲雷雨神
位前北向立贊跪搢笏執事者一人捧香合一人捧香爐跪進謁者贊三上香執事者奠爐于神位
前大祝以幣篚授初獻官初獻官執幣獻幣以幣授大祝奠于神位前(凡捧香授幣皆在獻官之右
奠爐奠幣皆在獻官之左授爵奠爵准此)謁者贊執笏俯伏興平身次詣山川城隍神位前上香奠
幣並如上儀訖樂止引降復位執禮曰行初獻禮謁者引初獻官升自南陛詣尊所西向立登歌作
壽安之樂烈文之舞作執尊者擧冪酌醴齊執事者三人以爵受酒謁者引初獻官詣風雲雷雨神
位前北向立贊跪搢笏執事者以爵授初獻官初獻官執爵獻爵以爵授執事者奠于神位前贊執
笏俯伏興少退北向跪樂止大祝進神位之左東向跪讀祝文訖樂作謁者贊俯伏興平身樂止次
詣山川城隍神位前酌獻並如上儀訖引降復位文舞退武舞進軒架作舒安之樂舞者立定樂止
初初獻官既復位執禮曰行亞獻禮謁者引亞獻官詣盥洗位北向立贊搢笏亞獻官盥手帨手訖
贊執笏引詣壇升自東陛詣尊所西向立軒架作壽安之樂昭舞之舞作執尊者擧冪酌盎齊執事
者三人以爵受酒謁者引亞獻官詣風雲雷雨神位前北向立贊跪搢笏執事者以爵授亞獻官亞
獻官執爵獻爵以爵授執事者奠于神位前謁者贊執笏俯伏興平身次詣山川城隍神位前酌獻
並如上儀訖樂止引降復位執禮曰行終獻禮謁者引終獻官行禮並如亞獻儀訖引降復位執禮
曰飲福受胙執事者詣尊所以爵酌罍福酒又執事者持俎進減風雲雷雨神位前胙肉謁者引初
獻官升自南陛詣飲福位北向立贊跪搢笏執事者進初獻官之右西向以爵授初獻官初獻官受
爵飲卒爵執事者受虛爵復於坫執事者西向以俎受初獻官初獻官受俎以授執事者執事者受
俎降自南陛出門謁者贊執笏俯伏興平身引降復位執禮曰四拜在位者皆四拜執禮曰徹籩豆
大祝進徹籩豆(徹者籩豆各一少移於故處)登歌作雍安之樂徹訖樂止軒架作元安之樂執禮
曰四拜獻官皆四拜樂一成止執禮曰望燎謁者引初獻官詣望燎位南向立執禮帥贊者詣望燎
位西向立大祝以篚取祝版及幣黍稷飯降自西陛至燎壇置於燎柴執禮曰可燎燎半柴謁者進
初獻官之左白禮畢謁者贊引各引初獻官以下以次出執禮帥贊者還本位贊引引監察及諸執
事俱復懸北拜位立定執禮曰四拜監察以下皆四拜訖贊引引出工人二舞以次出執禮帥贊者
謁者贊引就懸北拜位四拜而出典祀官帥其屬藏神位版徹禮饌以降乃徹

◎風雲雷雨壇祈雨儀(풍운뇌우단기우의)國朝五禮儀

◇陳設(진설)

前一日典設司設諸祀官次又設饌幔皆於東壝門外隨地之宜典祀官帥其屬掃除壇之內外設

風雲雷雨山川城隍三神座於壇上北方南向席皆以莞贊者設獻官位於壇下東南西向執事者
位於其後稍南西向北上監察位於執事之南西向書吏陪其後贊者謁者位於壇下近東西向北
上設諸祈官門外位於東門外道南每等異位重行北向西上積柴於燎壇設望燎位於燎壇之北
獻官在北南向大祝贊者在東西向北上祈日未行事前典祀官帥其屬入奠祝版各一於神位之
右(各有坫)陳幣篚於尊所(風雲雷雨幣四山川幣二各共一篚城隍幣一)設香爐香合幷燭於神
位前次設祭器如式設洗於南陛東南北向(盥洗在東爵洗在西)罍在洗東加勺篚在洗西南肆
實以巾(若爵洗之篚則又實以爵有坫)諸執事盥洗於獻官洗東南北向執尊罍篚冪者位於尊
罍篚冪之後

◇行禮(행례)

祈日丑前五刻(丑前五刻卽三更三點行事用丑時一刻)典祀官入實饌具畢退就次服其服升
設風雲雷雨山川城隍神位版於座前三刻諸祈官各服其服贊者謁者入自東門先就壇南拜位
北向西上四拜訖就位謁者引諸祈官俱就門外位前一刻謁者引監察典祀官大祝祝史齊郎入
就壇南拜位重行北向西上立定贊者曰四拜監察以下皆四拜訖謁者引監察就位引諸執事詣
盥洗位盥帨訖各就位(諸執事陞降皆自東陛)齊郎詣爵洗位洗爵拭爵訖置於篚捧詣尊所置
於坫上謁者引獻官入就位謁者進獻官之左白有司謹具請行事退復位贊者曰四拜獻官四拜
贊者曰行奠幣禮謁者引獻官詣盥洗位北向立贊搢笏獻官盥手帨手訖贊執笏引詣壇升自南
陛詣風雲雷雨神位前北向立贊跪搢笏執事者一人捧香合一人捧香爐跪進謁者贊三上香執
事者奠爐于神位前大祝以幣篚授獻官獻官執幣獻幣以幣授大祝奠于神位前(凡捧香授幣皆
在獻官之右奠爐奠幣皆主獻官之左授爵奠爵准此)謁者贊執笏俯伏興平身引詣山川城隍神
位前上香奠幣並如上儀訖引降復位贊者曰行酌獻禮謁者引獻官升自南陛詣尊所西向立執
尊者舉冪酌酒執事者以爵受酒謁者引獻官詣風雲雷雨神位前北向立贊跪搢笏執事者以爵
授獻官獻官執爵獻爵以爵授執事者奠于神位前贊執笏俯伏興少退北向跪大祝進神位之右
東向跪讀祝文訖謁者贊俯伏興平身引詣山川城隍神位前行禮並如上儀訖引降復位大祝進
徹籩豆(徹者籩豆各一少移於故處)贊者曰四拜獻官四拜贊者曰望燎謁者引獻官詣望燎位
南向立贊者詣望燎位西向立大祝以篚取祝版及幣降自西陛至燎壇置於燎柴贊者曰可燎燎
半柴謁者進獻官之左白禮畢遂引獻官出贊者還本位謁者引監察及諸執事俱復壇南拜位立
定贊者曰四拜監察以下皆四拜訖謁者引出贊者謁者就壇南拜位四拜而出典祀官帥其屬藏
神位版徹禮饌以降乃退

◎親享雩祀壇祈雨儀(친향우사단기우의)續五禮儀

◆齋戒(재계)

見序例

◆陳設(진설)

前享一日典祀官帥其屬掃除壇之內外典設司設大次於壇東門之外近侍次於大次之後又設
饌幔於東壝門之外設諸祭官及陪祭官次於壇近地(並隨地之宜)典樂帥其屬設登歌之樂於
壇上近南軒架於壇下俱北向典祀官帥其屬設句芒祝融后土蓐收玄冥后稷神座於壇上北方
南向西上席皆以莞執禮設殿下版位於壇下東南西向飲福位於壇上南陛之西北向贊者設亞
獻官終獻官進幣爵酒官薦俎官奠幣爵酒官位於東門之內諸執事者位於其後每等異位重行
西向北上監察位二一於南門之內一於西門之內執禮位二一於壇上一於壇下俱近東西向贊
者謁者贊引位於壇下執禮之後西向北上協律郎位於壇上近西東向典樂位於軒懸之北北向
設陪祭官位文官一品以下於東門之內祭官之後每等異位重行北向西上宗親及武官一品以
下於西門之內每等異位重行北向東上設門外位諸享官於東門之外道北文官一品以下位於

享官之後宗親及武官一品以下位於西門之外道南如常積柴於燎壇設望燎位於燎壇之南亞獻官在南北向執禮贊者大祝在東西向北上享日未行事前典祀官帥其屬入奠祝版各一於神位之右(各有坫)陳幣篚各一於尊所設香爐香合並燭於神位前次設祭器如式(見序例)設福酒爵(有坫)胙肉俎各一於尊所設御洗於南陛東南北向(盥洗在東爵洗在西)亞終獻洗又於東南北向罍在洗東加勺篚在洗西南肆實以巾(若爵洗之篚則又實以爵有坫)諸執事盥洗於獻官洗東南北向執尊罍篚羃者位於尊罍篚羃之後○省牲器(見序例)○車駕出宮(見春秋謁太廟儀)○享日丑前五刻(丑前五刻卽三更三點行事用丑時一刻)典祀官入實饌具畢退就次服其服陛設句芒祝融后土蓐收玄冥后稷神位版於座贊引引監察陛自東陛(諸執事陛降皆自東陛)按視壇之上下糾察不如儀者還出前三刻諸享官及百官各服其服(祭官祭服百官四品以上朝服五品以下常服)引儀分引陪祭官俱就門外位執禮帥贊者謁者贊引入自東門先就壇南懸北拜位重行北向西上四拜訖各就位典樂帥工人二舞入就位(文舞入陳於懸北武舞立於懸南道西)引儀分引陪祭官入就位謁者引諸祭官俱就東門外位左通禮詣大次前俯伏跪啓請中嚴贊引引監察典祀官大祝祝史齊郎恊律郎捧俎官執尊罍篚羃者入就懸北拜位重行北向西上立定執禮曰四拜贊者傳唱(凡執禮有辭贊者皆傳唱)監察以下皆四拜訖贊引引監察就位又引諸執事詣盥洗位盥帨訖各就位前一刻謁者引亞獻官終獻官進幣爵酒官薦俎官奠幣爵酒官入就位贊引引齊郎詣爵洗位洗爵拭爵訖置於篚捧詣尊所置於坫上左通禮啓外辦殿下具冕服以出繖扇侍衛如常儀禮儀使導殿下至東門外禮儀使跪啓請執圭近侍跪進圭殿下執圭禮儀使導殿下入自正門(侍衛不應入者止於門外)詣版位西向立(每立定禮儀使俯伏於左)執禮曰禮儀使啓請行事禮儀使跪啓有司謹具請行事執禮曰瘞毛血大祝各捧毛血以授祝史祝史出詣饌所恊律郎跪俯伏擧麾興工鼓祝軒架作景安之樂烈文之舞作樂二成執禮曰四拜禮儀使啓請四拜殿下四拜在位者皆四拜(贊者亦唱先拜者不拜)樂三成恊律郎跪偃麾工戞敔樂止近侍詣盥洗位盥帨訖還侍衛謁者引進幣爵酒官奠幣爵酒官詣盥洗位盥帨訖詣尊所北向立執禮曰禮儀使導殿下行奠幣禮禮儀使導殿下詣盥洗位北向立啓請搢圭殿下搢圭(如搢不便近侍承捧)近侍一人跪取匜興沃水一人跪取槃承水殿下盥手近侍跪取巾於篚以進殿下帨手訖近侍受巾奠於篚禮儀使啓請執圭殿下執圭導殿下陛自南陛登歌作肅安之樂烈文之舞作禮儀使導殿下詣句芒神位前北向立啓請跪搢圭殿下跪搢圭在位者皆跪(贊者亦唱)近侍一人捧香一人奉香爐跪進禮儀使啓請三上香殿下三上香近侍奠爐于神位前近侍以幣篚授進幣爵酒官進幣爵酒官捧幣跪進禮儀使啓請執幣獻幣殿下執幣獻幣以幣授奠幣爵酒官奠于神位前(進香進幣在東西向奠爐奠幣在西東向進爵奠爵准此)禮儀使啓請執圭俯伏興平身殿下執圭俯伏興平身在位者皆俯伏興平身(贊者亦唱)禮儀使導殿下詣祝融后土蓐收玄冥后稷神位前上香奠幣並如上儀訖樂止進幣爵酒官奠幣爵酒官皆降復位禮儀使導殿下降自南陛復位

◆進饌(진찬)

殿下旣陛奠幣贊引引典祀官出帥進饌者詣廚以化升牛于鑊實于一鼎次升羊豕各實于一鼎(每位牛羊豕各一鼎)皆設扃羃祝史對擧入設於饌幔內謁者引薦俎官出詣饌所捧俎官隨之俟殿下奠幣訖復位執禮曰進饌祝史抽扃委于鼎右除羃加化畢于鼎典祀官以化升牛實于牲匣次升羊豕各實于牲匣(每位牛羊豕各一匣)次引薦俎官捧詣神位之俎捧俎官各捧牲匣典祀官引饌入軒架作雍安之樂大祝迎引於壇上薦俎官詣句芒神位前北向跪奠先薦牛次薦羊次薦豕(諸大祝助奠)奠訖啓牲匣盖次詣祝融后土蓐收玄冥后稷神位前跪奠並如上儀訖樂止謁者引薦俎官降自東陛復位諸大祝還尊所謁者引進幣爵酒官奠幣爵酒官詣尊所北向立執禮曰禮儀使導殿下行初獻禮禮儀使導殿下詣尊所西向立登歌作壽安之樂烈文之舞作執尊者擧羃進幣進酒官酌醴齊近侍以爵受酒禮儀使導殿下陛自南陛詣句芒神位前北向立啓請跪搢圭殿下跪搢圭在位者皆跪(贊者亦唱)近侍以爵授進幣爵酒官進幣爵酒官捧爵跪進禮儀使啓請執爵獻爵殿下執爵獻爵以爵授奠幣爵酒官奠于神位前禮儀使啓請執圭俯伏興

少退北向跪殿下執圭俯伏興少退北向跪樂止大祝進神位之右東向跪讀祝文訖樂作禮儀使
啓請俯伏興平身殿下俯伏興平身在位者皆俯伏興平身(贊者亦唱)樂止禮儀使導殿下次詣
祝融后土蓐收玄冥后稷神位前獻爵行禮並如上儀訖進幣爵酒官奠幣爵酒官皆降復位禮儀
使導殿下降復位執禮曰禮儀使導殿下入小次禮儀使啓請入小次殿下將至小次啓請釋圭殿
下釋圭近侍跪受圭殿下入小次文舞退武舞進軒架作舒安之樂舞者立定樂止初殿下將復位
執禮曰行亞獻禮謁者引亞獻官詣盥洗位北向立贊搢笏亞獻官盥手帨手訖贊執笏引詣尊所
西向立軒架作壽安之樂昭武之舞作執尊者擧羃酌盎齊執事者六人以爵受酒謁者引亞獻官
陞自東陛詣句芒神位前北向立贊跪搢笏執事者以爵授亞獻官亞獻官執爵獻爵以爵授執事
者奠于神位前謁者贊執笏俯伏興平身次詣祝融后土蓐收玄冥后稷神位前奠爵行禮並如上
儀訖樂止引降復位初亞獻官獻將畢執禮曰行終獻禮謁者引終獻官行禮並如亞獻儀訖引降
復位謁者引進幣爵酒官薦俎官陞詣飲福位西向立大祝詣尊所以爵酌上尊福酒合置一爵又
大祝持俎進減句芒神位前胙肉合置一俎執禮曰禮儀使導殿下詣飲福位禮儀使啓請詣飲福
位殿下出次禮儀使啓請執圭近侍跪進圭殿下執圭禮儀使導殿下詣飲福位北向立大祝以爵
授進幣爵酒官進幣爵酒官捧爵西向跪進禮儀使啓請跪搢圭殿下跪搢圭在位者皆跪(贊者亦
唱)禮儀使跪請受爵殿下受爵飲訖進幣爵酒官受虛爵以授大祝大祝受復於坫大祝以俎授薦
俎官薦俎官捧俎西向跪進禮儀使啓請受俎殿下受俎以授近侍近侍捧俎降自南陛出門授司
饔院官進幣爵酒官薦俎官皆降復位禮儀使啓請執圭俯伏興平身殿下執圭俯伏興平身在位
者皆俯伏興平身(贊者亦唱)禮儀使導殿下降自南陛復位執禮曰四拜禮儀使啓請四拜殿下
四拜在位者皆四拜(贊者亦唱)執禮曰徹籩豆大祝進徹籩豆(徹者籩豆各一少移於故處)登歌
作雍安之樂徹訖樂止軒架作景安之樂執禮曰四拜禮儀使啓請四拜殿下四拜在位者皆四拜
(贊者亦唱)樂一成止禮儀使啓禮畢(贊者亦唱)導殿下出門禮儀使啓請釋圭殿下釋圭近侍跪
受圭繖扇侍衛如常儀禮儀使導殿下還大次釋冕服執禮曰望燎謁者引亞獻官詣望燎位北向
立執禮帥贊者詣望燎位大祝取黍稷飯藉用白茅束之以筐取祝版及幣降自西陛至燎壇置於
燎柴執禮曰可燎燎半柴典祀官監視謁者引亞獻官出執禮帥贊者還本位引儀分引陪祭官以
次出贊引引監察及諸執事俱復拜位立定執禮曰四拜監察及諸執事皆四拜訖贊引以次引出
典樂帥工人二舞出執禮帥贊者謁者贊引就拜位四拜而出典祀官帥其屬藏神位版徹禮饌以
降乃退○車駕還宮如來儀○今上已未命遵周禮龍見而雩之禮始行此儀

◎親祭嶽海瀆祈雨儀(친제악해독기우의)續五禮儀

◇齊戒(재계)
見序例

◇陳設(진설)
前祭一日典設司設大次於壇東門之外設饌慢於東門之外又設諸祭官及陪祭官次於壇近地
(並隨地之宜)典祀官帥其屬掃除壇之內外設嶽海瀆及諸山川神座各於其方俱內向席皆以
莞執禮設殿下版位於東門之內東陛下西向贊者設亞獻官終獻官進幣爵酒官薦俎官奠幣爵
酒官位於版位之後近南西向諸執事位於其後每等異位俱重行西向北上監察位二一於壇東
一於壇西執禮位二一於南陛上一於南陛下俱西向贊者謁者贊引在壇下執禮之後西向設陪
祭百官位於東西門外俱北向(文東武西○以壇窄無門內位)諸祭官於東門之外道北文官一
品以下於祭官之東宗親及武官一品以下於西門之外如常積柴於燎壇設望燎位於燎壇之南
亞獻官在南北向執禮贊者大祝在東西向北上祈日未行事前典祀官帥其屬入奠祝版各一於
神位之右(各有坫)陳幣筐各一於尊所設香爐香合並燭於神位前次設祭器如式(見序例)設御
洗於東陛下東南北向(盥洗在東爵洗在西)罍在洗東加勺篚在洗西南肆實以巾亞終獻洗又
於東南北向諸執事盥洗於亞終獻洗東南北向執尊罍篚羃者位於尊罍篚羃之後○省牲器(見

序例)○車駕出宮(見春秋謁太廟儀)

◇行禮(행례)

祈日丑前五刻(丑前五刻卽三更三點行事用丑時一刻)典祀官入實饌具畢退就次服其服陛設嶽海瀆及諸山川神位版於座贊引引監察陛自東陛按視壇之上下糾察不如儀者還出前三刻諸察官及陪祭官各服其服(祭官祭服陪祭官常服)引儀分引陪祭官俱就門外位執禮帥贊者謁者贊引入自東門先就壇南拜位重行北向西上立定四拜訖各就位引儀分引諸祭官就門外位贊引引監察及諸執事典祀官大祝祝史齊郞捧俎官執尊罍篚羃者入就拜位立定執禮曰四拜贊者傳唱監察以下皆四拜訖贊引引監察就位引諸執事詣盥洗位盥洗訖各就位前一刻左通禮詣大次前俯伏跪啓請中嚴謁者贊引各引亞獻官終獻官進幣爵酒官薦俎官奠幣爵酒官入就位贊引引齊郞詣爵洗位洗爵拭爵訖置於篚捧詣尊所置於坫上左通禮啓外辦殿下具冕服以出禮儀使導殿下至東門外禮儀使跪啓請執圭近侍跪進圭殿下執圭禮儀使導殿下入自正門(侍衛不應入者止於門外)詣版位西向立(每立定禮儀使俯伏於左)執禮曰禮儀使啓請行事禮儀使跪啓有司謹具請行事執禮曰瘞毛血大祝各捧毛血以出執禮曰四拜禮儀使啓請四拜殿下四拜在位者皆四拜(贊者亦唱先拜者不拜)近侍詣盥洗位盥帨訖還侍位謁者引進幣爵酒官奠幣爵酒官詣盥洗位盥帨訖詣尊所北向立執禮曰禮儀使導殿下行奠幣禮禮儀使導殿下詣盥洗位北向立啓請搢圭殿下搢圭(如搢不便近侍承捧)近侍一人跪取匜興沃水一人跪取槃承水殿下盥手近侍跪取巾於篚以進殿下帨手訖近侍受巾奠於篚禮儀使啓請執圭殿下執圭導殿下陛自南陛詣東方神位前東向立禮儀使啓請跪搢圭殿下跪搢圭在位者皆跪(贊者亦唱)近侍一人奉香合一人奉香爐跪進禮儀使啓請三上香殿下三上香近侍奠爐于案近侍以幣篚授進幣爵酒官進幣爵酒官捧幣跪進禮儀使啓請執幣獻幣殿下執幣獻幣以幣授奠幣爵酒官奠于神位前(進香進幣在西東向奠爐奠幣在東西向進爵奠爵準此)禮儀使啓請執圭俯伏興平身殿下執圭俯伏興平身在位者皆俯伏興平身(贊者亦唱)禮儀使導殿下次詣南方神位前次詣中央神位前次詣西方神位前次詣北方神位前上香奠幣並如上儀訖進幣爵酒官奠幣爵酒官皆降復位禮儀使導殿下降自南陛復位

◇進饌(진찬)

殿下旣陛奠幣贊引引典祀官出帥進饌者詣廚以化升牛于鑊實于一鼎次升羊豕各實于一鼎(每位牛羊豕各一鼎)皆設局羃祝史對擧入設於饌幔內謁者引薦俎官出詣饌所捧俎官隨之俟殿下奠幣訖復位執禮曰進饌祝史抽局委于鼎右除羃加化畢于鼎典祀官以化升牛實于牲匣次升羊豕各實于牲匣(每位牛羊豕各一匣)次引薦俎官捧諸方神位之俎捧俎官各捧牲匣典祀官引饌入大祝迎引於壇上薦俎官詣諸方神位前北向跪奠先薦牛次薦羊次薦豕(諸大祝助奠)奠訖啓牲匣盖謁者引薦俎官降自東陛復位諸大祝還尊所謁者引進幣爵酒官奠幣爵酒官詣尊所北向立執禮曰禮儀使導殿下行初獻禮禮儀使導殿下詣尊所西向立執尊者擧羃進幣爵酒官酌醴齊近侍以爵受酒禮儀使導殿下陛自南陛詣東方神位前東向立啓請跪搢圭殿下跪搢圭在位者皆跪(贊者亦唱)近侍以爵授進幣爵酒官進幣爵酒官捧爵跪進禮儀使啓請執爵獻爵殿下執爵獻爵以爵授奠幣爵酒官奠于神位前禮儀使啓請執圭俯伏興少退東向跪殿下執圭俯伏興少退東向跪大祝進神位之右南向跪讀祝文訖禮儀使啓請俯伏興平身殿下俯伏興平身在位者皆俯伏興平身(贊者亦唱)禮儀使導殿下次詣南方中央西方北方神位前進饌酌獻並如上儀訖進幣爵酒官奠幣爵酒官皆降復位禮儀使導殿下降復位執禮曰禮儀使導殿下入小次禮儀使啓請入小次導殿下將至小次啓請釋圭殿下釋圭近侍跪受圭殿下入小次初殿下將復位執禮曰行亞獻禮謁者引亞獻官詣盥洗位北向立贊搢笏亞獻官盥手帨手訖贊執笏引詣尊所西向立執尊者擧羃酌盎齊執事者以爵受酒謁者引亞獻官升自東陛詣東方神位前東向立贊跪搢笏執事者以爵授亞獻官亞獻官執爵獻爵以爵授執事者奠于神位前謁者贊執笏俯伏興平身次詣諸方神位前獻爵行禮並如上儀訖引降復位初亞獻官獻將畢執禮

曰行終獻禮謁者引終獻官行禮並如亞獻儀訖引降復位初終獻官將復位贊引引山川獻官詣盥洗位搢笏盥手帨手訖執笏引詣東方山川神位前東向立贊跪搢笏三上香執事者授爵獻官執爵獻爵以爵授執事者奠于神位前連奠三爵執事者贊執笏俯伏興少退跪祝史就神位之右跪讀祝文訖執事者贊俯伏興平身次詣諸方山川神位前上香獻爵並如上儀訖引降復位初終獻官既復位謁者引進幣爵酒官薦俎官升詣飮福位北向立大祝詣尊所以爵酌上尊福酒合置一爵又大祝持俎進減神位前胙肉合置一俎執禮曰禮儀使導殿下詣飮福位禮儀使啓請詣飮福位殿下出次禮儀使啓請執圭近侍跪進圭殿下執圭禮儀使導殿下詣飮福位北向立大祝以爵授進幣爵酒官進幣爵酒官捧爵西向跪進禮儀使啓請跪搢圭殿下跪搢圭在位者皆跪(贊者亦唱)禮儀使啓請受爵殿下受爵飮訖進幣爵酒官受虛爵以授大祝大祝受復於坫大祝以俎授薦俎官薦俎官捧俎西向跪進禮儀使啓請受俎殿下受俎以授近侍近侍捧俎降自南陛出門授司饔院官進幣爵酒官薦俎官皆降復位禮儀使啓請執圭俯伏興平身殿下執圭俯伏興平身在位者皆俯伏興平身(贊者亦唱)禮儀使導殿下降自南陛復位執禮曰四拜禮儀使啓請四拜殿下四拜在位者皆四拜(贊者亦唱)執禮曰徹籩豆大祝進徹籩豆(徹者籩豆各一少移於故處)執禮曰四拜禮儀使啓請四拜殿下四拜在位者皆四拜(贊者亦唱)禮儀使啓請畢(贊者亦唱)導殿下出門禮儀使啓請釋圭殿下釋圭近侍跪受圭繳扇侍衛如常儀禮儀使導殿下還大次釋冕服執禮曰望燎謁者引亞獻官詣望燎位北向立執禮帥贊者詣望燎位大祝取黍稷飯藉用白茅束之以篚取祝版及幣降自東陛至燎壇置於燎柴執禮曰可燎燎半柴典祀官監視謁者引亞獻官出執禮帥贊者還本位引儀分引陪祭官以次出贊引引監察及諸執事皆四拜訖贊引以次引出贊者謁者贊引就拜位四拜而出典祀官帥其屬藏神位版徹禮饌以降乃退○車駕還宮如來儀○今上已未命遵皇明集禮親祀北郊之禮始行此儀

◎祭嶽海瀆儀(제악해독의)國朝五禮儀

◇陳設(진설)

前祭二日有司掃除壇之內外(廟同)設諸祭官次又設饌幔皆於東門外隨地之宜前一日設神座於壇上北方南向席皆以莞(廟則否)贊者設獻官位於壇下(廟則東階)東南西向飮福位於壇上南陛之西北向(廟則堂上前楹外近東西向)執事者位於獻官之後稍南西向北上贊者謁者位於壇下近東西向北上設獻官以下門外位於東門外道南重行北向西上設望瘞位於瘞坎之南獻官在南北向祝及贊者在東西向北上祭日未行事前掌饌者帥其屬入奠祝版於神位之右(有坫)陳幣篚於尊所設香爐香合並燭於神位前次設祭器如式設福酒爵(有坫)胙肉俎各一於尊所設洗於壇下東南北向(盥洗在東爵洗在西)罍在洗東加勺篚在洗西南肆實以巾(若爵洗之篚則又實以爵有坫)諸執事盥洗於獻官洗東南北向執尊罍篚羃者位於尊罍篚羃之後

◇行禮(행례)

祭日丑前五刻(丑前五刻卽三更三點行事用丑時一刻)掌饌者入實饌具畢退就次服其服升設神位版於座謁者引獻官升自南陛(諸執事陛降皆自東陛廟則皆自東階)點視陳設訖還出前三刻獻官及諸執事各服其服贊者謁者入自東門先就壇南(廟則階間)拜位北向西上四拜訖各就位謁者引獻官以下俱就門外位前一刻謁者引祝及諸執事入就壇南拜位重行北向西上立定贊者曰四拜祝以下皆四拜訖詣盥洗位盥帨訖各就位執事者詣爵洗位洗爵拭爵訖置於篚捧詣尊所置於坫上謁者引獻官入就位謁者進獻官之左白有司謹具請行事退復位贊者曰四拜獻官四拜贊者曰行奠幣禮謁者引獻官詣盥洗位北向立贊搢笏獻官盥手帨手訖贊執笏引詣壇升自南陛詣神位前北向立贊跪搢笏執事者一人捧香合一人捧香爐跪進謁者贊三上香執事者奠爐于神位前祝以幣篚授獻官獻官執幣獻幣以幣授祝奠于神位前(捧香授幣皆在獻官之右奠爐奠幣皆在獻官之左授爵奠爵准此)謁者贊執笏俯伏興平身引降復位贊者曰行初獻禮謁者引獻官升自南陛詣尊所西向立執尊者舉羃酌醴齊執事者以爵受酒謁者引獻

官詣神位前北向立贊跪搢笏執事者以爵授獻官獻官執爵獻爵以爵授執事者奠于神位前贊
執笏俯伏興少退北向跪祝進神位之右東向跪讀祝文訖謁者贊俯伏興平身引降復位贊者曰
行亞獻禮謁者引獻官詣尊所西向立執尊者擧羃酌盎齊執事者以爵受酒謁者引獻官詣神位
前北向立贊跪搢笏執事者以爵授獻官獻官執爵獻爵以爵授執事者奠于神位前謁者贊執笏
俯伏興平身引降復位贊者曰行終獻禮謁者引獻官行禮並如亞獻儀訖引降復位贊者曰飲福
受胙執事者詣尊所以爵酌罍福酒又執事者持俎進減神位前胙肉謁者引獻官升自南陛詣飲
福位北向立(廟則西向)贊跪搢笏執事者進獻官之右西向(廟則獻官之左北向)以爵授獻官獻
官受爵飲卒爵執事者受虛爵復於坫執事者西向(廟則北向)以俎受獻官獻官受俎以授執事
者執事者受俎降自南陛出門謁者贊執笏俯伏興平身引降復位贊者曰四拜在位者皆四拜贊
者曰徹籩豆祝進徹籩豆(徹者籩豆各一少移於故處)贊者曰四拜獻官四拜贊者曰望瘞謁者
引獻官詣望瘞位北向立贊者詣望瘞位西向立祝以筐取祝版及幣黍稷飯降自西陛置於坎置
土半坎(海瀆則沈之)謁者進獻官之左白禮畢遂引獻官出贊者還本位謁者引祝及諸執事俱
復壇南拜位立定贊者曰四拜祝以下皆四拜訖訖者以坎引出贊者謁者就壇南拜位四拜而出
掌饌者帥其屬藏神位版(廟則否)徹禮饌以降乃退

◎時旱就祈嶽海瀆及諸山川儀(시한취기악해독급제산천의)^得

雨報祀同唯飲福受胙○國朝五禮儀

◇陳設(진설)

有司掃除壇之內外(廟同)設諸祈官次又設饌幔皆於東門外隨地之宜設神座於壇上近北南
向席以莞(廟則否)贊者設獻官位於壇下(廟則東階)東南西向執事者位於其後稍南西向贊者
謁者位於壇下俱近東西向北上設獻官以下門外位於東門外道南重行北向西上設望瘞位於
瘞坎之南(海瀆川無瘞次)獻官在南北向贊者大祝在東西向北上祈日未行事前掌饌者帥其
屬入奠祝版於神位之右(有坫)陳幣筐於尊所設香爐香合並燭於神位前次設祭器如式設洗
於壇下東南北向(盥洗在東爵洗在西)罍在洗東加勺篚在洗西南肆實以巾爵諸執事盥洗於
獻官洗東南北向執尊罍篚羃者位於尊罍篚羃之後

◇行禮(행례)

祈日丑前五刻(丑前五刻卽三更三點行事用丑時一刻)掌饌者入實饌具畢退就次服其服升
設神位版於座(廟則否)前三刻獻官及諸執事各服其服贊者謁者入自東門先就壇南(廟則階
間)拜位北向西上四拜訖就位謁者引獻官以下俱就門外位前一刻謁者引祝及諸執事入就壇
南拜位北向西上立定贊者曰四拜祝以下皆四拜訖詣盥洗位盥帨訖各就位(諸執事陛降皆自
東陛廟則東階)執事者詣爵洗位洗爵拭爵訖置於篚捧詣尊所置於坫上謁者引獻官入就位謁
者進獻官之左白有司謹具請行事退復位贊者曰四拜獻官四拜贊者曰行奠幣禮謁者引獻官
詣盥洗位北向立贊進笏獻官盥手帨手訖贊執笏升自南陛詣神位前北向立贊跪搢笏執事者
一人捧香合一人捧香爐跪進謁者贊三上香執事者奠爐于神位前祝以幣筐授獻官獻官執幣
獻幣以幣授祝前于神位前(捧香授幣皆在獻官之右奠爐奠幣皆在獻官之左授爵奠爵准此)
謁者贊執笏俯伏興平身引降復位贊者曰行酌獻禮謁者引獻官升自南陛詣尊所西向立執尊
者擧羃酌酒執事者以爵受酒謁者引獻官詣神位前北向立贊跪搢笏執事者以爵授獻官獻官
執爵獻爵以爵授執事者奠于神位前贊執笏俯伏興少退北向跪祝進神位之右東向跪讀祝文
訖謁者贊俯伏興平神引降復位贊者曰徹籩豆祝進徹籩豆(徹者籩豆各一少移於故處)贊者
曰四拜獻官四拜贊者曰望瘞謁者引獻官詣望瘞位北向立贊者詣望瘞位西向立祝以筐取祝
版及幣降自西陛置於坎贊者曰可瘞置土半坎(海瀆則沈之)謁者進獻官之左白禮畢遂引獻
官出贊者還本位謁者引祝及諸執事俱復壇南拜位立定贊者曰四拜祝以下皆四拜訖謁者引

出贊者謁者就壇南拜位四拜而出掌饌者帥其屬藏神位版徹禮饌以降乃退

◎祭三角山儀(제삼각산의)國朝五禮儀

◇陳設(진설)

前祭二日典祀官帥其屬掃除廟內外典設司設諸祭官次又設饌幔皆於東門外隨地之宜前一日執禮設獻官位於東階東南西向飮福位於堂上前楹外近東西向執事者位於獻官東南西向北上監察位於執事之南西向書吏陪其後執禮位於堂上前楹外贊者謁者位於堂下俱近東西向北上設諸祭官門外位於東門外道南重行北向西上設望瘞位於瘞坎之南獻官在南北向執禮贊者大祝在東西向北上(贊者大祝稍却)祭日未行事前典祀官帥其屬入奠祝版各一於三角山白嶽山神位之右(各有坫)陳幣篚各一於尊所設香爐香合幷燭於神位前次設祭器如式設福酒爵(有坫)胙肉俎各一於尊所設洗於東階東南北向(盥洗在東爵洗在西)罍在洗東加勺篚在洗西南肆實以巾(若爵洗之篚則又實以爵有坫)諸執事盥洗於獻官洗東南北向執尊罍篚冪者位於尊罍篚冪之後

◇行禮(행례)

祭日丑前五刻(丑前五刻卽三更三點行事用丑時一刻)典祀官入實饌具畢贊引引監察升自東階(諸祭官陞降皆自東階)按視堂之上下斜察不如儀者還出前三刻諸祭官各服其服執禮帥贊者謁者贊引入自東門先就階間拜位重行北向西上四拜訖各就位謁者引諸祭官俱就門外位前一刻贊引引監察典祀官大祝祝史齊郞入就階間拜位重行北向西上立定執禮曰四拜贊者傳唱(凡執禮有辭贊者皆傳唱)監察以下皆四拜訖贊引引監察就位諸執事詣盥洗位盥帨訖各就位引齊郞詣爵洗位洗爵拭爵訖置於篚捧詣尊所置於坫上謁者引獻官入就位謁者進獻官之左白有司謹具請行事退復位執禮曰四拜獻官四拜執禮曰行奠幣禮謁者引獻官詣盥洗位北向立贊搢笏獻官盥手帨手訖贊執笏引獻官升詣三角山神位前北向立贊跪搢笏執事者一人捧香合一人捧香爐跪進謁者贊三上香執事者奠爐于神位前大祝以幣篚授獻官獻官執幣獻幣以幣授大祝奠于神位前(捧香授幣皆在獻官之右奠爐奠幣皆在獻官之左授爵奠爵准此)謁者贊執笏俯伏興平身次詣白嶽山神位前東向上香奠幣幷如上儀訖引降復位執禮曰行初獻禮謁者引獻官升詣尊所西向立執尊者舉冪酌醴齊執事者二人以爵受酒謁者引獻官詣三角山神位前北向立贊跪搢笏執事者以爵授獻官獻官執爵獻爵以爵授執事者奠于神位前贊執笏俯伏興少退北向跪大祝進神位之右東向跪讀祝文訖謁者贊俯伏興平身次詣白嶽山神位前東向行禮幷如上儀訖(祝南向讀祝)引降復位執禮曰行亞獻禮謁者引獻官升詣尊所西向立執尊者舉冪酌盎齊執事者二人以爵受酒謁者引獻官詣三角山神位前北向立贊跪搢笏執事者以爵授獻官獻官執爵獻爵以爵授執事者奠于神位前贊執笏俯伏興平身次詣白嶽山神位前東向行禮幷如上儀訖引降復位執禮曰行終獻禮謁者引獻官行禮幷如亞獻儀訖引降復位執禮曰飮福受胙執事者詣尊所以爵酌罍福酒又執事者持俎進減三角山神位前胙肉謁者引獻官升詣飮福位西向立贊跪搢笏執事者進獻官之左北向以爵授獻官獻官受爵飮卒爵執事者受虛爵復於坫執事者北向以俎授獻官獻官受俎以授執事者執事者授俎降自東陛出門謁者贊執笏俯伏興平身引降復位執禮曰四拜在位者皆四拜執禮曰徹籩豆大祝入徹籩豆(徹者籩豆各一少移於故處)執禮曰四拜獻官四拜執禮曰望瘞謁者引獻官詣望瘞位北向立執禮帥贊者詣望瘞位西向立大祝以篚取祝版及幣黍稷飯降自西階置於坎執禮曰可瘞置土半坎典祀官監視謁者進獻官之左白禮畢遂引獻官出執禮帥贊者還本位贊引引監察及諸執事俱復階間拜位立定執禮曰四拜監察以下皆四拜訖贊引引出執禮帥贊者謁者贊引就階間拜位四拜而出典祀官帥其屬徹禮饌闔戶以降乃退

◎祭漢江儀(제한강의)國朝五禮儀

◇陳設(진설)

前祭二日典祀官帥其屬掃除壇之內外典設司設諸祭官次又設饌幔皆於東門外隨地之宜前一日典祀官設神座於壇上北方南向席以莞執禮設獻官位於壇下東南西向飮福位於南陛之西北向執事者位於獻官東南西向北上監察位於執事之南西向書吏陪其後執禮位於壇上贊者謁者位於壇下俱近東西向北上設諸祭官門外位於東門外道南重行北向西上祭日未行事前典祀官帥其屬入奠祝版於神位之右(有坫)陳幣篚於尊所設香爐香合並燭於神位前次設祭器如式設福酒爵胙肉俎各一於尊所設洗於壇下東南北向(盥洗在東爵洗在西)罍在洗東加勺篚在洗西南肆實以巾(若爵洗之篚則又實以爵有坫)設諸執事盥洗於獻官洗東南北向執尊罍篚冪者位於尊罍篚冪之後

◇行禮(행례)

祭日丑前五刻(丑前五刻卽三更三點行事用丑時一刻)典祀官入實饌具畢退就次服其服升設神位版於座贊引引監察升自南陛(諸執事陞降皆自南陛)按視壇之上下糾察不如儀者還出前三刻諸祭官各服其服執禮帥贊者謁者贊引入自東門先就壇南拜位重行北向西上四拜訖各就位謁者引諸祭官俱就東門外位前一刻贊引引監察典祀官大祝祝吏齊郎入就壇南拜位重行北向西上立定執禮曰四拜贊者傳唱(凡執禮有辭贊者傳唱)監察以下皆四拜訖贊引引監察就位引諸執事詣盥洗位盥帨訖各就位引齊郎詣爵洗位洗爵拭爵訖置於篚捧詣尊所置於坫上謁者引獻官入就位謁者進獻官之左白有司謹具請行事退復位執禮曰四拜獻官四拜執禮曰行奠幣禮謁者引獻官詣盥洗位北向立贊搢笏獻官盥手帨手訖贊執笏引獻官升詣神位前北向立贊跪搢笏執事者一人捧香合一人捧香爐跪進謁者贊三上香執事者奠爐于神位前大祝以幣篚授獻官獻官執幣獻幣以幣授大祝奠于神位前(捧香授幣皆在獻官之右奠爐奠幣皆在獻官之左授爵奠爵准此)謁者贊執笏俯伏興平身引降復位執禮曰行初獻禮謁者引獻官升詣尊所西向立執尊者舉冪酌醴齊執事者一人以爵受酒謁者引獻官詣神位前北向立贊跪搢笏執事者以爵授獻官獻官執爵獻爵以爵授執事者奠于神位前贊執笏俯伏興少退北向跪大祝進神位之右東向跪讀祝文訖謁者贊俯伏興平身引降復位執禮曰行亞獻禮謁者引獻官升詣尊所西向立執事者舉冪酌盎齊執事者一人以爵受酒謁者引獻官詣神位前北向立贊跪搢笏執事者以爵授獻官獻官執爵獻爵以爵授執事者奠于神位前贊執笏俯伏興平身引降復位執禮曰行終獻禮謁者引獻官行禮並如亞獻儀訖引降復位執禮曰飮福受胙執事者詣尊所以爵酌罍福酒又執事者持俎進減神位前胙肉謁者引獻官升詣飮福位北向立贊跪搢笏執事者進獻官之右西向以爵授獻官獻官受爵飮卒爵執事者受虛爵復於坫執事者西向以俎授獻官獻官受俎以授執事者執事者受俎降自東陛出門謁者贊執笏俯伏興平身引降復位執禮曰四拜在位者皆四拜執禮曰徹籩豆大祝進徹籩豆(徹者籩豆各少移於故處)執禮曰四拜獻官四拜執禮曰望瘞謁者引獻官詣望詣位北向立執禮帥贊者詣望瘞位西向立大祝以篚取祝版及幣黍稷飯降自西陛沈之於水謁者進獻官之左白禮畢遂引獻官出執禮帥贊者還本位贊引引監察及諸執事俱復壇南拜位立定執禮曰四拜監察以下皆四拜訖贊引引出執禮帥贊者謁者贊引就壇南拜位四拜而出典祀官帥其屬藏神位版徹禮饌以降乃退

◎祭州縣名山大川儀(제주현명산대천의)國朝五禮儀

◇陳設(진설)

前祭一日有司掃除壇之內外(廟同)設諸祭官次又設饌幔皆於東門外隨地之宜設神座於壇上北方南向席以莞(廟則否)贊者設獻官位於壇下(廟則東階)東南西向飮福位於壇上南陛之西北向(廟則堂上前楹外近東西向)執事者位於獻官之後稍南西向北上贊者謁者位於壇下近東西向北上設獻官以下門外位於東門外道南重行北向西上設望瘞位於瘞坎之南獻官在南北向祝及贊者在東西向北上祭日未行事前掌饌者帥其屬入奠祝版於神位之右(有坫)陳

幣篚於尊所設香爐香合並燭於神位前次設祭器如式設洗於壇下東南北向(盥洗在東爵洗在西)罍在洗東加勺篚在洗西南肆實以巾爵諸執事盥洗於獻官洗東南北向執尊罍篚冪者位於尊罍篚冪之後

◇行禮(행례)

祭日丑前五刻(丑前五刻卽三更三點行事用丑時一刻)掌饌者入實饌具畢退就次服其服升設神位版於座前三刻獻官及諸執事各服其服贊者謁者入自東門先就壇南(廟則階間後倣此)拜位北向西上四拜訖各就位謁者引獻官以下俱就門外位前一刻謁者引祝及諸執事入就壇南拜位重行北向西上立定贊者曰四拜祝以下皆四拜訖詣盥洗位盥帨訖各就位(諸執事陞降皆自東陛廟則皆自東階)執事者詣爵洗位洗爵拭爵訖置於篚捧詣尊所置於坫上謁者引獻官入就位謁者進獻官之左白有司謹具請行事退復位贊者曰四拜獻官四拜贊者曰行奠幣禮謁者引獻官詣盥洗位北向立贊搢笏獻官盥手帨手訖贊執笏引詣壇升自南陛詣神位前北向立贊跪搢笏執事者一人捧香合一人捧香爐跪進謁者贊三上香執事者奠爐于神位前祝以幣篚授獻官獻官執幣獻幣以幣授祝奠于神位前(捧香授幣皆在獻官之右奠爐奠幣皆在獻官之左授爵奠爵准此)謁者贊執笏俯伏興平身引降復位贊者曰行初獻禮謁者引獻官升自南陛詣尊所西向立執尊者擧冪酌酒執事者以爵受酒謁者引獻官詣神位前北向立贊跪搢笏執事者以爵授獻官獻官執爵獻爵以爵授執事者奠于神位前贊執笏俯伏興少退北向跪祝進神位之右東向跪讀祝文訖謁者贊俯伏興平身引降復位贊者曰行亞獻禮謁者引獻官升詣尊所西向立執尊者擧冪酌酒執事者以爵受酒謁者引獻官詣神位前北向立贊跪搢笏執事者以爵授獻官獻官執爵獻爵以爵授執事者奠于神位前謁者贊執笏俯伏興平身引降復位贊者曰行終獻禮謁者引獻官行禮並如亞獻儀訖引降復位贊者曰飮福受胙執事者詣尊所以爵酌福酒又執事者持組進減神位前胙肉謁者引獻官升自南陛詣飮福位北向立(廟則西向)贊跪搢笏執事者進獻官之右西向(廟則獻官之左北向)以爵授獻官獻官受爵飮卒爵執事者受虛爵復於坫執事者西向(廟則北向)以組授獻官獻官受組以授執事者執事者受組降自南陛出門謁者贊執笏俯伏興平身引降復位贊者曰四拜在位者皆四拜贊者曰徹籩豆祝進徹籩豆(徹者籩豆各一少移於故處)贊者曰四拜獻官四拜贊者曰望瘞謁者引獻官詣望瘞位北向立贊者詣望瘞位西向立祝以篚取祝版及幣降自西陛置於坎置土半坎(川則沈之)謁者進獻官之左白禮畢遂引獻官出贊者還本位謁者引祝及諸執事俱復壇南拜位立定贊者曰四拜祝以下皆四拜訖謁者引出贊者謁者就壇南拜位四拜而出掌饌者帥其屬藏神位版(廟則否)徹禮饌以降乃退

◎祭木覓儀(제목멱의)國朝五禮儀

◇進設(진설)

前祭一日典祀官帥其屬掃除廟之內外典設司設諸祭官次又設饌幔皆於東門外隨地之宜執禮設獻官位於東階東南西向飮福位於堂上前楹外近東西向執事者位於獻官之後稍南西向北上執禮位於堂上前楹外饌者謁者位於堂下俱近東西向設諸祭官門外位於東門外道南重行北向西上設望瘞位於瘞坎之南獻官在南北向執禮贊者大祝在東西向北上(贊者大祝稍却)祭日未行事前典祀官帥其屬入奠祝版於神位之右(有坫)陳幣篚於尊所設香爐香合並燭於神位前次設祭器如式設福酒爵(有坫)胙肉組一於尊所設洗於東階東南北向(盥洗在東爵洗在西)罍在洗東加勺篚在洗西南肆實以巾爵諸執事盥洗於獻官洗東南北向執尊罍篚冪者位於尊罍篚冪後

◇行禮(행례)

祭日丑前五刻(丑前五刻卽三更三點行事用丑時一刻)典祀官入實饌具畢退就次服其服前三刻諸祭官各服其服執禮帥贊者謁者先就階間拜位重行北向西上四拜訖就位謁者引諸祭官俱就門外位前一刻謁者引典祀官大祝祝史齊郎入就階間拜位重行北向西上立定執禮曰

四拜贊者傳唱(凡執禮有辭贊者皆傳唱)典祀官以下皆四拜訖詣盥洗位盥帨訖各就位(諸執事陞降皆自東階)齊郎詣爵洗位洗爵拭爵訖置於篚捧詣尊所置於坫上謁者引獻官入就位謁者進獻官之左白有司謹具請行事退復位執禮曰四拜獻官四拜執禮曰行奠幣禮謁者引獻官詣盥洗位北向立贊搢笏獻官盥手帨手訖贊執笏引獻官升自東階詣神位前北向立贊跪搢笏執事者一人捧香合一人捧香爐跪進謁者贊三上香執事者奠爐于神位前大祝以幣篚授獻官獻官執幣獻幣以幣授大祝奠于神位前(捧香授幣皆在獻官之右奠爐奠幣皆在獻官之左授爵奠爵准此)謁者贊執笏俯伏興平身引降復位執禮曰行初獻禮謁者引獻官升詣尊所西向立執尊者擧羃酌酒執事者以爵受酒謁者引獻官詣神位前北向立贊跪搢笏執事者以爵受獻官獻官執爵獻爵以爵授執事者奠于神位前贊執笏俯伏興少退北向跪大祝進神位之右東向跪讀祝文訖謁者贊俯伏興平身引降復位執禮曰行亞獻禮謁者引獻官升詣尊所西向立執尊者擧羃酌酒執事者以爵受酒謁者引獻官詣神位前北向立贊跪搢笏執事者以爵授獻官獻官執爵獻爵以爵授執事者奠于神位前謁者贊執笏俯伏興平身引降復位執禮曰行終獻禮謁者引獻官行禮並如亞獻儀訖引降復位執禮曰飮福受胙執事者詣尊所以爵酌福酒又執事者持俎進減神位前胙肉謁者引獻官升詣飮福位西向立贊跪搢笏執事者進獻官之左北向以爵授獻官獻官受爵飮卒爵執事者受虛爵復於坫執事者北向以俎授獻官獻官受俎以授執事者執事者受服降自東階出門謁者贊執笏俯伏興平身引降復位執禮曰四拜在位者皆四拜執禮曰徹籩豆大祝入徹籩豆(徹者籩豆各一少移於故處)執禮曰四拜獻官四拜執禮曰望瘞謁者引獻官詣望瘞位北向立執禮帥贊者詣望瘞位西向立大祝以篚取祝版及幣降自西階置於坎執禮曰可瘞置土半坎謁者進獻官之左白禮畢遂引獻官出執禮帥贊者還本位謁者引典祀官及諸執事俱復階間拜位立定執禮曰四拜典祀官以下皆四拜訖謁者引出執禮帥贊者謁者就階間拜位四拜而出典祀官帥其屬徹禮饌闔戶以降乃退

◆祭祀雜儀(제사잡의)

○曲禮齊者不樂不弔(註呂氏曰古之有敬事者必齊齊者致精明之德也樂則散哀則動皆有害於齊也不樂不弔者全其齊之志也)

○祭義霜露旣降君子履之必有悽愴之心非其寒之謂也春雨露旣濡君子履之必有怵惕之心如將見之(註方氏曰於雨露言春則知霜露之爲秋矣霜露言非其寒則雨露爲非其溫之謂矣雨露言如將見之則霜露爲如將失之矣蓋春夏所以迎其來秋冬所以送其往也細註延平黃氏曰雨露旣濡則萬物感陽以生霜露旣降則萬物感陰以死萬物以生之時君子不忍致死於其親具謂其與物而來矣)

○致齊於內散齊於外齊之日思其居處思其笑語思其志意思其所樂思其所嗜齊三日乃見其所爲齊者祭之日入室僾然必有見乎其位周還出戶肅然必有聞乎其容聲出戶而聽愾然必有聞乎其歎息之聲(疏曰先思其粗漸思其精故居處在前樂嗜居後細註嚴陵方氏曰齊於內所以愼其心齊於外所以防其物散齊若所謂不飮酒不茹葷之類齊三日則致齊而已必致齊然後見其所爲齊者思之至故也)

○入室入廟室也僾然彷彿之貌見乎其位如見親之在神位也周旋出乎謂薦俎酌獻之時行步周旋之間或自戶內而出也肅然儆惕之貌容聲擧動容止之聲也愾然太息之聲也細註張子曰僾然見乎其位愾然聞乎其歎息齊之至則祭之日自然如此

○馬氏曰入廟而升堂則僾然見乎其位薦腥而出戶則肅然必有聞乎其容聲已薦出戶而聽則愾然必有聞乎其嘆息之聲此祭之序也僾然言其貌肅然言其容愾然言其氣)

○色不忘乎目聲不絶乎耳心志嗜慾不忘乎心致愛則存(極其愛親之心則親雖亡而若存)致慤則著(極其敬親之心則神雖微而猶著)著存不忘乎心夫安得不敬乎君子生則敬養死則敬享思終身弗辱也君子有終身之喪忌日之謂也忌日不用非不祥也言夫日志有所至而不敢盡

其私也(註致愛極其愛親之心也致慤極其敬親之誠也細註嚴陵方氏曰色不忘乎曰常若承顏之際也聲不絕乎耳常若聽命之際也愛言追念之思慤言想見之誠致其愛矣親雖亡而猶存致其慤矣神雖微而猶著孔子曰祭如在祭神如神在非謂是歟

○慶源輔氏曰天地之性人爲貴人之行莫大於孝乃人之心也死王能存其心故父母之容色自不忘於目父母之聲音自不絕於耳父母之心志嗜欲自不忘乎心此固非勉强矯拂之所能然也亦致吾心之愛與敬而已故曰致愛則存致慤則著愛則心也故曰存慤則誠也故曰著存雖若存於內著雖若著於外然誠不可以內外言故終之以著存不忘於心著存不忘乎心則洋洋乎如在其上如在其左右不可度思矧可射思夫安得不敬乎又曰一息不敬則絕于理絕于理則辱其親矣故生則敬養死則敬享是乃思終身弗辱也

○忌日親之死日也不用不以此日爲他事也非不祥言非以死爲不祥而避之也夫曰猶此日也志有所至者此心極於念親也不敢盡其私此私字如不有私財之私言不敢(夫曰此日也志有所至此心極於念親不敢盡其私不敢盡心於已之私事也)盡心於已之私事也)

○忌日必哀稱諱如見親祀之忠也(註宗廟之禮上不諱下故有稱諱之時如祭高祖則不諱曾祖以下也

○嚴陵方氏曰事死如事生所謂祭如在也思死如不欲生所謂至痛極也忌日必哀所謂有終身之喪也稱諱如見親所謂聞名心懼也

○長樂陳氏曰君子之於親生事之以禮故事之之日喜與懼半所謂父母之年不可不知一則以喜一則以懼是也死祭之以禮故祭之之日樂與哀半所謂享之必樂已至必哀是也已至必哀原其始也哀以送往要其終也)

○夫婦齊戒沐浴奉承而進之洞洞乎屬屬乎如弗勝如將失之其孝敬之心至也與

○祭統齊之爲言齊也齊不齊以致齊者也(註延平周氏曰洞洞言其幽深屬屬言其聯續備其百官者言助祭之百官也)

○及其將齊也防其邪物訖其嗜欲耳不聽樂故記曰齊者不樂言不敢散其志也心不苟慮必依於道手足不苟動必依於禮是故君子之齊也專致其精明之德也(註嚴陵方氏曰夫齊所以致一致一則不齊者齊矣大事卽祀事也恭敬則人事也指人言之故曰恭敬耳防以防其外之來也止以止其內之出也物自外入故曰防嗜欲由中故曰止前言止而後言訖者止之而後訖故也後言邪物則前所言物者亦邪物而已齊固不止於耳不聽樂然樂者人之所樂也則所以散其志尤在於樂故也)

○齊者精明之至也然後可以交於神明也(註嚴陵方氏曰德精不爲物所蔽故其德明致者致其至而已故先言致其精明之德而後言精明之至也精之至矣故於祭之心則爲精意精志明之至矣故於祭之道則爲明禋明享焉散齊卽祭義所謂散齊於外是也致齊卽祭義所謂致齊於內是也此以時之先後爲序彼以事之內外爲序也解亦見彼以齊於內致又謂之宿以其宿於內也禮器所謂三日宿者以此以齊於外故又謂之戒言戒於外也禮器所謂七日戒者以此若心不苟慮與訖其嗜欲之類則所以齊其內也若手足不苟動與防其邪物之類則所以齊其外也夫散者集之則一歸乎定故散齊七日以定之致其至焉則未始不齊故致齊三日以齊之定言定於外齊言齊其內)

◆祭禮考證(제례고증)

王制庶人祭于寢大夫士宗廟之祭有田則祭無田則薦(何休云有牲曰祭無牲曰薦(按)後世非世貴富者不復有祭田苟有祿食及財產者皆當隨時致祭不可拘田之有無也)○楚語士庶人舍時(歲乃薦也)○公羊傳亟則黷黷則不敬君子行祭也敬而不黷疏則怠怠則忘士不及茲四者則冬不裘夏不葛(註曰禮本爲士制茲四者謂四時祭也士有公事而不及此四時祭者則不敢着

葛衣裘蓋思念親之祭也)○祭義致齊於內散齊於外(齊於內所以愼其心齊於外所以防其物
散齋若所謂不飮酒不茹葷之類致齊則所謂思其居處笑語之類是已)○祭統及時將祭君子乃
齊散齊七日以定之致齊三日以齊之○君致齊於外夫人致齊於內(按此雖諸侯之禮由是推之
則士庶之家亦然可知矣)君子有終身之喪忌日之謂也忌日不用非不祥也(不用不以此日爲
他事也)○忌日必哀稱諱如見親祀之忠也○郊特牲周人尙臭灌用鬯臭(灌謂灌地以求神也
鬯用秬黍爲酒也鬯酒有芳氣故曰臭)鬱合鬯臭臭陰達於淵泉(又搗鬱金香草之汁以和合鬯
酒使香氣滋甚故曰鬱合鬯臭後世酌酒降神取此義)蕭合黍稷臭陽達於牆屋故旣奠然後焫
(如悅反)蕭合羶(讀爲馨)薌(蕭香蒿也取此蒿及牲之脂膋合黍稷而燒之使其氣旁達于墻屋
之間此雖是諸侯之禮後世焚香祭神實取此義(按古無今世之香漢以前止是焚蘭芷蕭艾之
類後百越入中國始有之雖非古禮然通用已久鬼神亦安之矣)○祭用明水(按禮運玄酒在室
玄酒卽明水也太古無酒之禮以水行禮後世祭則設之重故道也)○禮運祝以孝告(謂祝文也)
嘏以慈告(謂祖考命工祝也)○禮器君親制祭夫人薦盎君親割牲夫人薦酒(按此雖諸侯之禮
由此而推則士庶之家亦必夫婦親之可知矣)○內則女子觀於祭祀納酒漿籩豆菹醢禮相助奠
(言女子觀之則其嫁人躬親爲之可知矣)○士虞禮祝聲三啓戶註聲者噫歆也將啓戶警覺神
也(家禮本註祝北向噫歆告啓門三或者以爲告啓門凡三次非是)○禮註告利成利猶養也謂
共養之禮已成也當祭主人事尸禮畢出立戶外則祝東面告利成○書儀時蔬時果各五品膾(今
紅生)炙(今炙肉)羹(今炒羹)骰(今骨頭)軒(今白肉軒音獻)脯(今乾脯)醢(今肉醬)庶羞
之外其他異味)麵食(如薄餠油餠棗䴵餢頭餺飥之類)米食(謂黍稷稻粱所爲粢䴵團粽餳之
類)共不過十五品(若家貧或鄕土異宜或一時所無不能辦此則各隨其所有蔬果肉麵米食各
數品可也)○孟氏家祭儀用二至二分然今仕宦者職業旣繁但時至事暇可以祭則卜筮亦不必
亥日及分至也若不暇卜日止依孟儀用分至於事亦便也○主婦主人之妻也禮舅沒則姑老不
與於祭主人主婦必使長男長婦爲之若或自欲與祭則特位於主婦之前或老疾不能久立則休
於他所俟受胙復來受胙辭神而已(按老者不以筋力爲禮非獨主母凡行禮有尊長闔門之時少
休於他所)○語錄籩豆簠簋之器乃古人所用故當時祭享皆用之今以燕器代祭器常饌代俎肉
楮錢代幣帛是亦以平生所用是謂從宜也(晁氏曰紙錢始於殷長史漢以來里俗稍以紙寓瘞錢
至唐王璵乃用於祠祭今儒家以爲釋氏法於喪祭皆屛去予謂不然之死而致死之不仁之死而
致生之不知以紙寓錢亦明器也俗謂果資於冥塗則可笑(按此則用紙錢代幣帛似亦無害)○
問始祖之祭朱子曰古無此伊川生以義起某當初也祭後來覺得似僭今不敢祭○始祖之祭似
禘先祖之祭似祫今皆不敢祭○問而今士庶亦有始基之祖莫亦只祭得四代以上則可不祭否
曰若是始基之祖想亦只存得墓祭無明文雖親盡而祭恐亦無害○無後祔食之位古人祭於東
西廂某家只位於堂之兩邊正位三獻畢使人分獻一酌如學中從祀然○嘗書戒其子曰凡祭肉
臠割之餘及毛皮之屬皆當存之勿令殘穢褻慢以重吾不孝○比見墓祭土神之禮全然滅裂吾
甚懼焉旣爲先公托體山林而祀其主者豈可如此今後可與墓前一樣以盡吾寧親事神之意勿
令其有隆殺○喪三年不祭但古人居喪衰麻之衣不釋於身哭泣之聲不絶於口其出入起居言
語飮食皆與平日絶異故宗廟之祭雖廢而幽明之間兩無憾焉今人居喪與古人異卒哭之後邃
墨其衰凡出入居處言語飮食與平日之所爲皆不廢也而獨廢一此事恐亦有所不安竊謂欲處
此義者但當自省所以居喪之禮果能始卒一一合於曲禮卽廢祭無可疑若他時不免墨衰出入
或其他有所未合者尙多卽卒哭之前不得已準禮且廢卒哭之後可以略放左傳杜註之說遇四
時祭日以衰服特祀於几筵用墨衰常祀於宗廟可也

◎國朝五禮儀大夫士庶人四仲月時享儀
(국조오례의대부사서인사중월시향의)

二品以上上旬六品以上中旬七品以下下旬並卜日忌日俗節告祭附

前享四日主人以下應與祭者並散齊二日致齊一日(忌日俗節淸齊一日)前一日主人帥子弟掃除家廟(廟在正寢東凡三間若地窄不必三間)設神座俱在北南向西上(祔位皆於東序西向北上忌日則只設當祭一位之座於正寢)設主人拜位於東階東南伯叔諸兄於其東諸親男子於其後俱北向西上主婦拜位於西階西南諸母姑嫂於其西諸親婦女於其後俱北向東上設酒尊卓於東階上置盞於其上爐炭於西階上省牲滌器具饌設盥洗於東階下執事者盥洗在東廡明夙興設香爐案於廟內當中茅沙於其前奠祝版各一於神位之右(祔位則否)設饌具如式

○序例陳設圖　大夫士庶人時享(忌日用素饌俗節正朝端午秋夕獻以時食饌品隨宜供辦)

◆考妣兩位共一卓五行南上(고비양위공일탁오행남상)

二品以上則第一行果五器第二行菜蔬三器脯醢各一器第三行麪餠魚肉炙肝各一器第四行飯羹匙筯各二器第五行盞六　六品以上則第一行果二器脯醢菜蔬各一器第二行麪餠魚肉炙肝各一器第三行飯羹匙筯各二器第四行盞六　九品以上則第一行果菜蔬各一器脯醢中一器第二行魚肉炙肝各一器餘如六品　庶人則第一行果菜蔬各一器脯醢中一器第二行炙肝一器餘如九品飯羹麪餠魚肉炙肝進饌時設之○設酒尊於戶外之左幷置盞盤

主人以下盛服(有職者紗帽品帶無職者笠子條兒忌日則淡服)盥手帨手訖俱就位主人升自東階(諸執事陞降皆自東階)啓櫝捧出神主各設於座降復位主人以下再拜諸執事各就位主人升詣香案前跪三上香小退跪執事者取盞斟酒以進主人執盞灌于茅上以盞授執事者俯伏興降復位進饌(熾炭於爐炊暖饌物盛之以器)主人升主婦從之執事者以次捧飯羹麪餠魚肉炙肝盤從升至曾祖考妣神位前主人主婦以次捧奠扱匙飯中西柄正筯俯伏興次詣各神位前捧奠並如上儀訖俱降復位(祔位則使子弟進饌)初獻主人升詣曾祖考妣神位前跪執事者取盞斟酒以進主人執盞獻盞奠盞俯伏興小退跪祝進神位之右跪讀祝(其祝詞曰維某年月日孝曾孫　孝孫孝子隨位改稱　某官某敢昭告于曾祖考某官府君曾祖妣某封某氏　祖考祖妣及考妣隨位改稱　伏以氣序流易時維仲春　夏秋冬隨時改稱　追感歲時不勝永慕　考妣位不勝永慕改昊天罔極　敢以潔牲庶品粢盛醴齊祇薦常事以某親某官府君某封某氏祔食　無祔位則否　尙饗○忌日祝詞曰云云歲序遷易諱日復臨追遠感時不勝永慕　考妣位不勝永慕改昊天罔極　敢以淸酌庶羞祇薦常事尙饗○俗節無祝)訖俯伏興次詣各神位前酌獻並如上儀訖降復位亞終獻行禮並如初獻儀(唯無祝亞獻主婦爲之諸婦女助之終獻兄弟之長或長男或親賓爲之衆子弟助之)訖主人升詣香案前飮福位(忌日俗節則否)跪祝以盞酌尊酒授主人主人受盞飮訖祝受虛盞復於尊卓主人俯伏興降復位主人以下在位者皆再拜小頃又再拜主人捧納神主徹酒饌乃餕(主人以下帥執事者男女異位隨宜宴飮忌日俗節則否)○有事則告(事如冠昏授官追贈之類)前一日灑掃齊宿其日執事者每龕設果一盤及盞二設酒架香案盥洗如時享儀時至主人以下盛服盥帨訖入立於東階下重行北向西上主人升自東階啓櫝捧出神主各設於座俯伏興降復位主人以下再拜執事者各就位主人升詣香案前跪三上香執事者取盞斟酒以進主人獻酒如常儀小退跪祝進神位之右跪讀祝　其祝版云維年月日孝曾孫　告二代則稱孝孫告考妣則稱孝子　某官某敢昭告于某親某官府君某親某封某氏伏以云云　詞隨事撰　謹以酒果用申(申伸之誤?)虔告謹告其祝共爲一版自稱以其最尊者爲主　訖主人俯伏興俱降復位主人以下再拜納主而退

제 4 장 종서(終書)

◎제사지의(祭祀之義) (제사에 임하는 올바른 자세)

○祭義祭不欲數數則煩煩則不敬祭不欲疏疏則怠怠則忘是故君子合諸天道春禘秋嘗霜露旣降君子履之必有悽愴之心非其寒之謂也春雨露旣濡君子履之心有怵惕之心如將見之樂以迎來哀以送往故禘有樂而嘗無樂

註毗陵慕容氏曰數則煩爲無敬怠則忘爲無愛愛敬忘於中動而僞爲無所不至矣先王以愛敬出於誠心非可以僞爲也故因天道之自然而行禘嘗之禮疏數之宜非出於人爲故能盡祭之義

○예기(禮記) 제의편(祭義篇)의 가르침이다. 제사는 자주 지내지 않는다. 자주 지내면 번거롭고 번거로우면 공경치 않게 된다. 제사는 소홀이 지내면 안 된다. 소홀한즉 게으르게 되고 게으른즉 잊게 된다. 이러하기 때문에 군자는 모든 것을 천도에 합당하게 봄에는 체제(禘祭)를 지내고 가을에는 상제(嘗祭)를 지낸다. 서리와 찬이슬이 이미 내리면 군자는 이를 밟고서는 반드시 처창한 마음이 드는 것이니 그것은 추운 까닭이 아니니라 봄에는 비와 이슬이 이미 내리면 군자는 이를 밟게 되면 반드시 출척한 마음이 드는 것이니 앞으로 뵈일 것과 같음에서 이니라. 오실 때는 즐거움으로 맞이하고 가실 때는 슬픔으로 보내드리게 되는 것이니라. 그러하기 때문에 체제(禘祭)에는 즐겁고 상제(嘗祭)에는 즐겁지 않은 것이니라.

○致齊於內散齊於外齊之日思其居處思其笑語思其志意思其所樂思其所嗜齊三日乃見其所爲齊者

註方氏曰齊於內所以愼其心齊於外所以防其物散齊若所謂不飮酒不茹葷之類齊三日則致齊而已必致齊然後見其所爲齊者思之至故也

○안을 치재하고 밖을 산재한다. 재계하는 날에는 그가 거처 하시던 곳을 생각하고 그가 웃으시며 말씀하시던 것을 생각하고 그가 뜻한 것을 생각하고 그가 즐겨 찾던 곳을 생각하고 즐겨 좋아하던 곳을 생각한다. 재계한지 삼 일에는 곧 재계한 곳에 그가 나타날 것이니라.

○祭之日入室優然必有見乎其位周還出戶肅然必有聞乎其容聲出戶而聽愾然必有聞乎其歎息之聲

註入室入廟室也優然彷彿之貌見乎其位如見親之在神位也周旋出戶謂薦俎酌獻之時行步周旋之間或自戶內而出也肅然儆惕之貌容聲擧動容止之聲也愾然太息之聲也細註張子曰優然見乎其位愾然聞乎其歎息齊之至則祭之日自然如此

○제사 지내는 날 사당에 들어서면 어렴풋이 그 자리에 계신 것을 반드시 볼 것이며 돌아서서 문으로 나올 때는 숙연히 그 차분한 음성이 반드시 들리는 것 같을 것이며 문밖으로 나가 들으면 한숨을 쉬고 그가 탄식하는 소리가 반드시 들리는 듯할 것이니라.

○是故先王之孝也色不忘乎目聲不絕乎耳心志嗜欲不忘乎心致愛則存致慤則著著存不忘乎心夫安得不敬乎君子生則敬養死則敬享思終身弗辱也

註致愛極其愛親之心也致慤極其敬親之誠也存以上文三者不忘而言著以上文見乎其位以下三者而言不能敬則養與享祇以辱親而已細註慶源輔氏曰天地之性人爲貴人之行莫大於孝乃人之心也先王能存其心故父母之容色自不忘於目父母之聲音自不絕於耳父母之心志嗜欲自不忘乎心此固非勉强矯拂之所能然也亦致吾心之愛與敬而已故曰致愛則存致慤則著愛則心也故曰存慤則誠也故曰著存雖若存於內著雖若著於外然誠不可以內外言故終之

以著存不忘於心若存不忘乎心則洋洋乎如在其上如在其左右不可度思矧可射思夫安得不敬乎又曰一息不敬則絶于理絶于理則辱其親矣故生則敬養死則敬享是乃思終身弗辱也

○그러하기 때문에 옛 성왕의 효도는 안색을 눈에서 잊지 않았으며 음성은 귀에서 끊어지지 않고 품으신 뜻과 즐겨 하시던 것을 마음에서 잊어버리지 않았느니라. 사모하기를 다하면 마음속에 계시게 되고 정성을 다하게 되면 나타나시는 것이니라. 마음속에서 잊지 않으면 마음에 있고 나타나시는 것이니 어찌 얼음인데 공경치 않겠는가? 군자는 살아계실 때는 삼가며 봉양하고 작고하시면 삼가며 제사를 지내느니라. 종신토록 욕되게 하지 않을 것을 생각 함에서이니라.

○君子有終身之喪忌日之謂也忌日不用非不詳也言夫日志有所至而不敢盡其私也

註忌日親之死日也不用不以此日爲他事也非不詳言非以死爲不詳而避之也夫日猶此日也志有所至者此心極於念親也不敢盡其私此私字如不有私財之私言不敢盡心於已之私事也

○군자는 종신의 상이 있다는 것은 기일을 두고 하는 말이니라. 기일 날에는 다른 일을 하지 않으며 상서롭지 않은 일은 하지 않느니라. 말하자면 그날에는 뜻 있는 일을 하여야 하지 감히 그 사사로운 일로 하루를 보내면 아니 된다는 것이니라.

○孝子之祭也盡其愨而愨焉盡其信而信焉盡其敬而敬焉盡其禮而不過失焉進退必敬如親聽命則或使之也

註盡其愨而爲愨盡其信而爲信盡其敬而爲敬言無一毫之不致其極也細註嚴陵方氏曰盡其愨所謂愨善不違身也盡其信所謂致其誠信已盡其敬所謂與其忠敬也盡其禮謂祭之以禮也不過則當其事不失則得其道葉氏曰愨者信之始信者愨之著敬者禮之質禮者敬之文四者於祭祀無不盡而獨於禮不敢過失者明其誠謹與物爲稱也

○효자의 제사는 제사에 꾸밈이 없이 정성을 다하여 성실하게 지내고 제사에 몸을 다 받쳐 진실로 지내며 그를 공경을 다하여 삼가며 지내고 제사를 예법대로 다하여 잘못 지내지 않느니라. 나아가고 물러서는 데는 반드시 경계하고 조심하며 가친(家親)의 명을 받고 곧 심부름 가는 것 같이하여야 하느니라.

○孝子之祭可知也其立之也敬以詘其進之也敬以愉其薦之也敬以欲退而立如將受命已徹而退敬齊之色不絶於面孝子之祭也立而不詘固也進而不愉疏也薦而不欲不愛也退立而不如受命敖也已徹而退無敬齊之色而忘本也如是而祭失之矣

註方氏曰孝子之祭可知者言觀其祭可以知其心也立之者方待事而立也進之者既從事而進也薦之者奉物而薦也退而立者進而復退也已徹而退者既薦而後徹也蓋退而立則少退而立已徹而退則於是乎退焉此其所以異也立之敬以詘則身之屈而爲之變焉故立而不詘固也進之敬以愉則色之愉而致其親焉故進而不愉疏也薦之敬以欲則心之欲而冀其享焉故薦而不欲不愛也退而立如將受命則順聽而無所忽焉故退立而不如受命敖也已徹而退敬齊之色不絶於面則愼終如始矣故已徹而退無敬齊之色而忘本也毗陵慕容氏曰君子以所性爲本故能達而爲容貌敬齊之色不絶於而有本者如是也今無焉是忘其本也心勿忘則有本本存則有其容矣此表裏之符也視其容如此則知非有本者故曰如是而祭失之矣由前而祭則可知其心以循其本故也由後而祭則失之以喪其本故也君子務本所謂本者孝而已故其言必本於孝子

○효자의 제사는 알 수 있느니라. 그가 서있을 때는 공경하는 모습으로 몸을 구부리고 그가 앞으로 나갈 때는 공경하는 모습으로 유락하게 하고 그가 헌작할 때는 공경

하는 모습으로 흠향 하시기를 바라고 물러나 서있을 때는 장차 명을 받는 것 같이하고 이미 철상을 하고 물러나서도 공경하는 것과 같은 안색을 얼굴에서 없애지 않는 것이 효자의 제사니라. 서있을 때 몸을 굽히지 않는 것은 고루한 탓이며 위전으로 나아갈 때 유락하지 않은 것은 소원한 탓이며 헌작할 때 흠향을 바라지 않는 것 같은 태도는 그리워하지 않았기 때문이며 물러나 섰을 때 명을 받는 것 같이 않는 태도는 거만하기 때문이며 이미 철상을 하고 물러났을 때 공경하는 것 같은 안색이 없는 것은 근본을 잊었기 때문이니 이와 같이 하고 제사를 지내는 것은 잘못 하는 것이니라.

○孝子之有深愛者必有和氣有和氣者必有愉色有愉色者必有婉容孝子如執玉如奉盈洞洞屬屬然如弗勝如將失之嚴威儼恪非所以事親也成人之道也

註和氣愉色婉容皆愛心之所發如執玉如奉盈如弗勝如將失之皆敬心之所存愛敬兼至乃孝子之道故嚴威儼恪使人望而畏之是成人之道非孝子之道也細註山陰陸氏曰和氣愉色婉容皆愛根於心其發見於外如此如執玉如奉盈如弗勝言敬故曰愛敬盡於事親

○효자가 그리움이 깊이 있는 자는 반드시 화기가 있고 화기가 있는 자는 반드시 유쾌한 얼굴빛이 있고 유쾌한 얼굴빛이 있는 자는 반드시 아름다운 용색이 있느니라. 효자는 보옥을 쥔 것과 같고 가득 찬 그릇을 받든 것과 같이 성실하고 온순한 태도가 전일하여 이기지 못하는 것과 같이 하고 앞으로 잃지나 않을까 염려하는 것과 같이 하느니라. 위엄이 있고 근엄하며 조신한 것은 부모를 섬기는 바가 아닌 갖춰진 사람의 도리이니라.

○孝子將祭祀必有齊莊之心以慮事以具服物以脩宮室以治百事及祭之日顏色必溫行必恐如懼不及愛然其奠之也容貌必溫身必詘如語焉而未之然宿者皆出其立卑靜以正如將弗見然及祭之後陶陶遂遂如將復入然是故愨善不違身目不違心思慮不違親結諸心形諸色而術省之孝子之志也

註愨善不違身周旋升降無非敬也耳目不違心所聞所見不得以亂其心之所存也結者不可解之意術與述同述省猶循省也謂每事思省○石林葉氏曰顏色溫者有愉色也容貌溫者有婉容也卑靜以正者有深思也蓋有愉色則若將及之故行必恐有婉容則若將聽之故身必詘有深思則若將見之故立必正陶陶者其氣和也遂遂者其志得也愨善於內而言不違身者以其有應於外耳目在外而言不違心者以其有主於內內外定而後爲愛親之至此其序所以與前相反也謹是三者而固守之則曰結發是三者於色則曰形察是三者不失其行則曰術此先王所謂孝也

○효자가 장차 제사를 지내려면 반드시 엄숙한 마음이 있어야 제사를 생각하느니라. 그렇게 됨으로써 제관복과 제기와 제구를 갖추는 것이니라. 그렇게 됨으로써 사당을 닦고 제사에 대한 모든 일을 다스릴 수 있느니라. 제사 지내는 날에 안색은 반드시 온화해지고 행동은 반드시 두려운 것 같이 하고 사랑함이 미치지 못할까 두려워하느니라. 그렇게 하고 제사에 제물을 올리는데 용모는 반드시 온화하게 하고 몸은 반드시 앞으로 구부리고 말은 하지 않는 것 같이 해야 하느니라. 가족이 모두 나와 위전에 섰을 때 겸손한 태도로 조용하게 하고 바르게 하여 앞으로는 뵙지 못할 것 같이 해야 하느니라. 그렇게 하고 제사를 지낸 뒤에는 마음이 온화하여져서 제사가 뜻대로 되어 만족한 감정에 또 다시 들어오실 것 같은 것이니라. 이러하기 때문에 정성스럽고 착하면 몸에 어그러짐이 없고 이목이 마음에서 어그러지지 않으며 부모에 대

한 생각이 어그러지지 않는 것이니라. 마음속에 맺힌 것이 모두 얼굴빛에 나타나게 되는 것이니라. 이는 학문으로 깨닫는 것이니 이것이 효자의 뜻인 것이니라.

○祭統祭者所以追養繼孝也孝子畜也順於道不逆於倫是之謂畜

註劉氏曰追養其親於旣遠繼續其孝而不忘畜者藏也中心藏之而不忘是順乎率性之道而不逆天叙之倫焉細註嚴陵方氏曰追養繼孝養爲事親之事孝爲事親之道追言追其往繼言繼其絶孝子之事其親也上則順於天道下則不逆於人倫是之謂畜孔子曰父子之道天性也則孝之順於天道可知孟子曰內則父子人之大倫也則孝之不逆於人倫可知

○예기 제통편의 가르침이다. 제사라는 것은 뒤를 따라 바로 이어 봉양으로 효도를 계속하는 것이니라. 효도란 축(옆에 모시고 계속 봉양 하는 것)이라 하느니라. 도에 순종하여 인륜에 거스르지 않는 것 이것을 축이라 이르느니라.

○是故孝子之事親也有三道焉生則養沒則喪喪畢則祭養則觀其順也喪則觀其哀也祭則觀其敬而時也盡此三道者孝子之行也

註生事之以禮死葬之以禮祭之以禮養以順爲主喪以哀爲主祭以敬爲主時者以時思之禮時爲大也細註石林葉氏曰養則致其樂而此觀其順者順爲樂之形也喪則致其哀而此觀其哀者哀爲喪之本也祭則致其嚴而此觀其敬者敬爲嚴之體也蓋孝子之行不過此三者而其誠信忠順皆在內者故曰孝子之心也

○이러하기 때문에 효자가 부모를 섬기는 데는 세가지 길이 있느니라. 생존 시는 봉양을 하고 작고하면 초상을 치르고 초상을 마치면 제사를 지내느니라. 봉양할 때는 그가 순종하는가를 보고 초상을 치를 때는 그가 슬퍼하는가를 보고 제사를 지낼 때는 그가 공경하는가를 그때 보느니라. 이 세가지 도리를 다하는 것은 효자가 행할 도리이니라.

○賢者之祭也必受其福非世所謂福也福者備也備者百順之名也無所不順者之謂備言內盡於己而外順於道也忠臣以事其君孝子以事其親其本一也上則順於鬼神外則順於君長內則以孝於親如此之謂備唯賢者能備能備然後能祭是故賢者之祭也致其誠信與其忠敬奉之以物道之以禮安之以樂參之以時明薦之而已矣不求其爲此孝子之心也

註應氏曰不求其爲無求福之心也所謂祭祀不祈也細註慶源輔氏曰必受其福以理必之也世所謂福則不可必也鄭謂孝子受大順之顯名非是名猶名言之名猶言備者百順之謂而已內盡於己外順於道則仰不愧天俯不愧人內不愧心心安體胖是賢者之所謂福也不言外順於物物有不可順者也能備然後能祭則祭之必受福可知也經之所謂福具於未祭之前世之所謂福應於已祭之後前言心怵而奉之以禮者福寓於物也此云奉之以物道之以禮者物必將之以禮也不求其如此然後能盡祭之義一有所求義不盡矣奉之以物以物將其誠敬也道之以禮以禮行其誠敬也安之以樂以樂安其誠敬也參之以時以時參其誠敬也奉之以物則不爲虛拘行之以禮則輔以威儀安之以樂則不爲勉强參之以時則發必中節如此然後能盡其心

○현자(賢者)의 제사는 반드시 그는 복을 받느니라. 그 복은 세속에서 말하는 복(福)이 아니니라. 복이란 비(備)인데 비란 백순(百順)의 이름이니라. 순종치 않는 곳이 없는 것을 비라고 말하느니라. 안으로는 몸을 다하고 밖으로는 도에 순종하는 것이니라. 충신은 그 임금을 섬기고 효자는 그 부모를 섬기는데 그 근본은 같은 것이니라. 위로는 귀신에게 순종하고 밖에서는 군주에게 순종하고 안에서는 부모에게 효도하는 것 이와 같은 것을 비라고 말하느니라. 오직 현자만이 능히 갖출 수 있는 것이고 능히

갖춘 후라야 능히 제사를 지내는 것이니라. 이런고로 현자의 제사는 그 성신과 그 충경을 다하는 것이니라. 물품으로 받들고 예법대로 따르며 즐겁게 하여 편안케 하고 때마다 참여하여 신령께 드릴 뿐으로 그 복을 구하지 않는 것이 효자의 마음인 것이니라.

○栗谷曰日月如流事親不可久也故爲子者須盡誠竭力如恐不及可也
○율곡 선생이 이르시기를 세월은 흐르는 물과 같아서 부모님을 오래도록 섬기지 못할 것이니 그런고로 자식 된 자는 모름지기 정성과 힘을 다하여 부모를 섬겨라. 만일 힘이 미치지 못할까 두려워함이 옳으니라.

○又曰日用之閒一毫之頃不忘父母然後乃名爲孝彼持身不謹出言無章嬉戲度日者皆是忘父母者也
○또 이르시기를 일상 생활하는 동안 잠깐 동안이라도 부모를 잊지 않아야 하느니라. 그런 연후라야 곧 효도를 한다 이름 지을 것이니 본인의 몸가짐을 삼가지 않으며 하는 말에 법도가 없고 놀이로 즐겁게 세월을 보내는 자는 모두 부모를 곧 잊어버린 자이니라.

◎朱子家禮末細書(주자가례말세서)(書間解書)

朱子曰(本文曰敬夫有書理會祭儀以墓祭節祠云云)祭儀以墓祭節祠爲不可然先正(書註先世長官之臣)皆言墓祭不害義理又節物所尙古人未有故止於時祭今人時節隨俗燕飮各以其物祖考生存之日蓋嘗用之今子孫不廢此而能恝然(孟子註恝無愁之貌)於祖宗乎(大全答林擇之書)○改葬須告廟而後告墓方啓墓以葬葬畢奠而歸又告廟哭而後畢事方穩當行葬僾(一作変)不必出主祭告時却出主於寢○祭祀之禮亦只得依本子(輯覽子語辭)做誠敬之外別未有著力處也○籩豆簠簋之器乃古人所用故當時祭享皆用之(程子曰全用古事恐神不享)今以燕器代祭器常饌代俎肉楮錢代幣帛(事物紀原漢以來葬者皆用瘞錢後世稍以紙寓錢至今喪祭之焚楮錢類起於此○唐史以王璵爲祠祭使祈禱或焚紙錢類巫覡習禮者羞之○胡氏曰古者祭必用幣所以來神猶人之相見有贄以爲禮後世淫祠旣衆於是廢幣帛而用楮泉是以賄交于神也王璵行之世猶爲羞今四海用之未有革之者○朱子曰蓋古人以玉幣後來易以錢至玄宗惑於王璵之術而鬼神事繁無許多錢來理得璵作紙錢易之唐禮書載唯顔魯公張司業家祭不用紙錢故衣冠效之而國初言禮者錯看遂作紙衣冠而不用紙錢不知紙錢衣冠有何問別○語類先生每祭不燒紙亦不曾用幣○問祭祀焚幣如何曰祀天神則焚幣祀人鬼則瘞幣人家祭祀之禮喪焚幣亦乖稽考處)是亦以平生所用是謂從宜也(語類○按此二條是總論祭禮說而挿入於上下墓祭說之間有似突兀恐當入於時祭上下)嘗書戒子云比見墓祭土神之禮全然滅裂(中庸小註輕薄也)吾甚懼焉旣爲先公托體山林而祀其主者豈可如此今後可與墓前一樣菜果鮓(韻會側下切以塩米釀魚爲菹○或曰今食醢也)脯飯茶湯各一器以盡吾寧親事神之意勿令其有降殺(降一作降○大全)○劉氏璋曰周元陽(唐時人)祭錄曰唐開元勅許寒食上墓同拜掃禮若拜掃非寒食則先期卜日古者宗子去他國庶子無廟孔子許望墓爲壇以時祭祀卽今之寒食上墓義或有憑依不卜日耳今或羈宦寓於他邦不及此時拜掃松檟(唐音註陵前樹木也檟楸也又爾雅楸散而小曰檟左傳伍員曰樹吾墓檟)則寒食在家亦可祀(祀一作祠)祭(按謂宗子羈官他邦而當寒食則在家庶子亦可祭墓云)○夫人死之後葬形於原野之中與世隔絶孝子追慕之心何有限極當寒暑變移之際益用增感是宜省謁墳墓以寓時思之敬今寒食上墓之祭雖禮經無文世代相傳寢以成俗上自萬乘有上陵之禮(通典後漢都洛陽每帝西幸卽親謁其洛陽陵

每正月上丁祀郊廟畢以次上陵東晉元帝崩後諸公始有謁陵辭陵之事成帝時中宮亦年年拜陵議者以為非禮遂止後魏孝文帝哭於太后陵左終日不絶聲唐太宗朝于獻陵至小次降輿哭入闕門西再拜慟絶不能興)下達庶人有上墓之祭田野道路士女(女一作友)徧滿皁隸(韻會皁馬櫪又賤人直馬者隸屬著於人也僕隸也)備丐之徒皆得以登(柳文作上)父母丘壟馬醫夏畦(孟子註夏月治畦之人)之鬼無有不受子孫追養者(按田野道路以下至此即柳子厚文)凡祭祀品味亦稱人家貧富不貴豊腆貴在脩潔馨(詩註盡也)極誠愨而已事亡如事存祭祀之時此心致敬常在乎祖宗而祖宗洋洋(中庸註流動充滿之意)如在安得不格我之誠而歆我之祀乎〇黃氏瑞節曰南軒張氏次(輯覽次編次也)司馬公張子程子三家之書爲冠昏喪祭禮五卷家禮蓋參三家之說酌古今之宜而大意隱然以宗法爲主不可以弗講也然禮書之備有儀禮經傳集解(按據朱敬之通解記當作通解不然解字是註字之訛耶)亦朱子所輯次云(朱子答余正甫書曰喪祭二禮別作兩門居邦國王朝之後亦甚穩當前此疑於家邦更無安頓處也(按冠昏二禮則已入於通解家禮中故云)〇朱敬之(名在)儀禮通解記曰先君所著家禮五卷鄉禮三卷學禮十一卷邦國禮四卷王朝禮十四卷今刑于南康道院其曰經傳通解者凡二十三卷(按自家禮至邦國禮)盖先君晚歲之所親定是爲絶筆之書而大射禮聘禮公食大夫禮諸侯相朝禮八篇則猶未脫藁也其曰集傳集註者此書之舊名也凡十四卷爲王朝禮(按王朝禮則今尙仍舊名爲集傳集註)先君所草定而未暇刪改者也至於喪祭二例則嘗以規摹次第屬之門人黃榦俾之類次它日書成亦當相從於此庶幾此書始末具備〇楊信齋(名復)喪服圖式序略曰昔文公先生既修家鄉邦國王朝禮以喪祭二禮屬勉齋黃先生編之迨文公屬續之前所與手書尤拳拳以修正禮書爲言先生服膺遺訓不敢少忘然其書久未脫藁嘉定己卯先生奉祠家居生取喪禮藁本精專修改至庚寅之夏而書成凡十有五卷於是喪禮之本末經緯莫不悉備既而又念喪禮條目散闊欲撰喪服圖式一卷以提其要而附古今沿革於其後草具甫就而先生沒矣嗚呼此千古之遺憾也先生所修祭禮事序始終其綱目尤爲詳備先生嘗爲復言祭禮用力甚久規模已定每取其書翻閱而推明之間一二條方欲加意修定而未遂也嗚呼喪服圖式祭禮遺藁尙有未及訂定之遺恨也復又聞之先生曰始余創二禮粗就奉而質之先師先師喜謂余曰君所立喪祭禮規模甚善他日取吾所編家鄉邦國王朝禮其悉用此規模更定之嗚呼是又文公拳拳之意先生欲任斯責而卒不果也豈不痛哉〇又曰嘉定己卯喪禮始克成編以次將修祭禮即以其書藁本授復曰子其讀之盖欲復通知此書本末有助纂輯也自此朝披夕閱不敢釋卷時在勉齋左右隨事咨聞抄識以待先生筆削不幸先生卽世遂成千古之遺憾未有取其書而修定之者顧復何人敢任其責伏自惟念齒髮侵衰曩日幸有所聞不可不及時傳述竊不自揆遂据藁本參以所聞稍加更定以續成其書云〇同春曰喪服圖式黃勉齋未能斷手而歿故楊信齋繼爲之若儀禮圖則專出於信齋云)

◎祭終餘言(제종여언)

祭統凡治人之道莫急於禮禮有五經莫重於祭夫祭者非物自外至者也自中出生於心者也心怵而奉之以禮是故唯賢者能盡祭之義

　　註五經吉凶軍賓嘉之五禮也心怵即前篇君子履之必有怵惕之心謂心有感動也〇方氏曰盡其心者祭之本盡其物者祭之末有本然後末從之故祭非物自外至自中出生於心也心怵而奉之以禮者心有所感於內故以禮奉之於外而已蓋以其自中出非外至者也奉之以禮者見乎物盡之以義者存乎心徇其物而忘其心者衆人也發於心而形於物者君子也故曰喻賢者能盡祭之義細註慶源輔氏曰祭吾之誠敬耳故曰自中出生於心也凡在外之物所以將之而已故曰非物自外至者也心怵而奉之以禮外徇於物而內忘其心者有之矣故曰唯賢者能盡祭之義禮義固由賢者出也故下文言賢者之祭致其誠敬明薦之而已不求其爲者此所謂能盡此祭之義也

◎제례를 마치며 끝으로 덧붙이는 말씀.

　　예기(禮記) 제통편(祭統篇)의 가르침이다. 대체로 사람을 다스리는 도리에는 예(禮)보다 더 급한 것은 없느니라. 예(禮)에는 길례(吉禮) 흉례(凶禮) 빈례(賓禮) 군례(軍禮)

가례(嘉禮) 등 오경(五經)이 있는데 그 중에서 제사보다 더 중한 예는 없느니라. 대저 제사(祭祀)를 지내는 것은 밖에서 저절로 굴러들어오는 것이 아니라 마음 깊은 곳에서 스스로 생겨나와야만 하는 것이니 그래야 마음이 두려워하여 예법대로 받들게 하는 것이니라. 이러한고로 오직 현자(賢者)만이 능히 힘을 다하여 제사를 옳도록 지내느니라.

祭義孝子將祭慮事不可以不豫比時具物不可以不備虛中以治之

　　註比時及時也謂當行禮之時具物陳設器饌之屬虛中淸明在躬心無雜念也

예기(禮記) 제의편(祭義篇)의 가르침이다. 효자가 장차 제사를 지내려 하면 미리 섬기려는 생각을 가지지 않아서는 아니 되느니라. 때에 이르러 제수물품을 갖추려면 미리 준비하지 않으면 아니 되느니 잡념이 없도록 마음을 깨끗이 하고 신명을 대하도록 다스려야 하느니라.

又曰宮室旣脩牆屋旣設百物旣備夫婦齊戒沐浴奉承而進之洞洞乎屬屬乎如弗勝如將失之其孝敬之心至也與薦其薦俎序其禮樂備其百官奉承而進之於是諭其志意以其慌惚以與神明交庶或饗之庶或饗之孝子之志也

　　註洞洞屬屬見禮器兩言奉承而進之上謂主人下謂助祭者諭其志意祝以孝告也細註延平周氏曰洞洞言其幽深屬屬言其聯續備其百官者言助祭之百官也

또 이르기를 궁실이 이미 세워지고 사당과 담도 이미 만들어지고 온갖 물품이 구비되면 주인 주부는 목욕재계하고 음식을 받들어 올리기를 성실하고 엄숙하게 공경하는 태도로 이기지 못하는 것과 같이하고 앞으로 놓칠 것만 같은 마음으로 하는 그런 태도는 조상을 섬기고 공경하는 마음이 지극함이니라. 더불어 올리기를 그에 조육을 올리고 그에 예악을 차서 대로 하며 그에 백관(百官)을 갖추어 음식을 받들어 올려드리기를 옳게 행하여지도록 하느니라. 그러한 마음 때문에 그의 마음이 황홀함으로써 신명과 더불어 정을 주고 받을 것이며 항상 흠향하시기를 바라고 늘 흠향하시기를 바라는 것은 효자의 진정한 마음이니라.

曲禮道德仁義非禮不成敎訓正俗非禮不備分爭辨訟非禮不決君臣上下父子兄弟非禮不定宦學事師非禮不親班朝治軍涖官行法非禮威嚴不行禱祠祭祀供給鬼神非禮不誠不莊是以君子恭敬撙節退讓以明禮

곡례편의 이름이다. 윤리도덕과 인의(仁義)는 예(禮) 없이는 실현되지 않으며 교도하고 훈유(訓諭)를 통해 백성을 가르쳐 습속을 바르게 잡는 것도 예 없이는 갖추어 지지 않으며 분쟁을 분별하고 쟁송을 판결함에도 예 없이는 바르게 결정되지 않느니라. 임금과 신하, 윗사람과 아랫사람, 부자형제간에도 예 없이는 바르게 정해질 수가 없으며 벼슬을 하고 학문을 하며 스승을 섬김에도 예 없이는 친하게 할 수가 없느니라. 조정의 반열에 오르고 군(軍)을 다스리며 벼슬에 나아가 법을 시행함에도 예 없이는 위엄 있게 행하여지지 않으며 기도하고 제사하여 귀신에게 물품을 제공함에도 예 없이는 정성스러울 수가 없으며 예의범절이 엄정할 수가 없으니 이러함으로써 군자는 공경하고 절도를 지키고 사양하며 겸손하여 예를 분명히 하고 밝게 하여야 하느니라.

又曰鸚鵡能言不離飛鳥猩猩能言不離禽獸今人無禮雖能言不亦禽獸之心乎夫惟禽獸無禮故父子聚麀是故聖人作爲禮以敎人使人以有禮知自別於禽獸

또 이르기를 앵무새는 말을 잘하지만 나는 새에 불과하고 성성이도 말을 잘하지만 금수(禽獸)에 지나지 않느니라. 이제 사람으로서 예가 없다면 비록 말은 잘 한다 하여도 역시 금수의 마음과 무엇이 다르겠는가? 저 금수에게는 생각하여 보건대 예라 함이 없느니라. 그러함으로 금수는 무지하여 예라는 것을 모르기 때문에 부자(父子)나 부부(夫婦)의 구별도 없이 한 마리의 암사슴을 공유하고 사느니라. 이러한 고로 성인(聖人)들은 일어나 예를 지키도록 사람들을 가르쳐 사람으로 하여금 예를 가지도록 하여 스스로 사람은 금수와 다르다는 것을 알게 하여야 하느니라.

◎治家(치가)(溫公家範)

衞石碏曰君義臣行父慈子孝兄愛弟敬所謂六順也○齊晏嬰曰君令臣共父慈子孝兄愛弟敬夫和妻柔姑慈婦聽禮也君令而不違臣共而不貳父慈而敎子孝而箴兄愛而友弟敬而順夫和而義妻柔而正姑慈而從婦聽而婉禮之善物也夫治家莫如禮男女之別禮之大節也故治家者必以爲先禮男女不雜坐不同椸枷不同巾櫛不親授受嫂叔不通問諸母不漱裳外言不入於梱內言不出於梱女子許嫁纓非有大故不入其門姑姊妹女子子已嫁而反兄弟弗與同席而坐弗與同器而食皆爲重別也不雜坐謂男子在堂女子在房也椸可以枷衣者通問謂相稱謝也諸母庶母也漱澣也庶母賤可使漱衣不可使漱裳裳賤尊之者亦所以遠別也外言內言男女之職也不出入者不以相問也梱門限也女子許嫁繫纓有從人之端也大故宮中有災變若疾病然後入也女子有宮者亦謂由命士以上也春秋傳曰群公子之舍則已畢矣女子十年而不出嫁及成人可以出矣猶不與男子共席而坐亦遠別也男女非有行媒不相知名見媒往來傳婚姻之言乃相知姓名非受幣不交不親重別有禮乃相纏固故日月以告君周禮凡取判妻入子者媒氏書之以告君謂此也齋戒以告鬼神婚禮凡受女之禮皆於廟爲神席以告鬼神謂此也爲酒食以召鄕黨僚友會賓客也以厚其別也厚重愼也○又男女非祭非喪不相授器祭嚴喪遽不嫌也其相授則女受以篚其無篚則皆坐奠之而后取之奠停地也外內不共并不共湢浴不通寢席不通乞假男子入內不嘯不指夜行以燭無燭則止嘯讀爲叱叱嫌有隱使也女子出門必擁蔽其面夜行以燭無燭則止擁猶障也道路男子由右女子由左地道尊右○又子生七年男女不同席不共食厚其別也男子十年出就外傳居宿於外外傳敎學之師女子十年不出恒居內也○又婦人送迎不出門見兄弟不踰閾閾限也○又國君夫人父母在則有歸寧沒則使鄕寧○魯公父文伯之母如季氏如之也康子在其朝自其外朝也與之言弗應從之及寢門弗應而入入康子之家也康子辭於朝而入見辭其家臣入見敬姜也曰肥也不得問命無乃罪乎曰寢門之內婦人治其業焉上下同之寢門正室之門也上下天子已下也夫外朝子將業君之官職焉內朝子將庀季氏之政焉庀治也皆非吾所敢言也○公父文伯之母季康子之從祖叔母也康子往焉闈門而與之言皆不踰閾仲尼聞之以爲別於男女之禮矣闈關也門寢門也○漢萬石君石奮無文學恭謹擧無與比奮長子建次甲次乙次慶皆以馴行孝謹官至二千石於是景帝曰石君及四子皆二千石人臣尊寵乃擧集其門

故號奮爲萬石君孝景季年萬石君以上大夫祿歸老于家子孫爲小吏來歸
謁萬石君必朝服見之不名子孫有過失不誚讓爲便坐對案不食然後諸子
相責因長老肉袒固謝罪改之乃許子孫勝冠者在側雖燕必冠申申如也僮
僕訢訢如也唯謹其執喪哀戚甚子孫遵敎亦如之萬石君家以孝謹聞乎郡
國雖齊魯諸儒質行皆自以爲不及也建元二年郎中令王臧以文學獲罪皇
太后太后以爲儒者文多質少今萬石君家不言而躬行乃以長子建爲郎中
令少子慶爲內史建老白首萬石君尚無恙每五日洗沐歸謁親人子舍竊問
侍者取親中帬厠牏身自澣灑復與侍者不敢令萬石君知之以爲常萬石君
徙居陵里內史慶醉歸入外門不下車萬石君聞之不食慶恐肉袒謝罪不許
擧宗及兄建肉袒萬石君讓曰內史貴人入閭里里中長老皆走匿而內史坐
車自如固當乃謝罷慶慶及諸子入里門趨至家萬石君元朔五年卒建哭泣
哀思杖乃能行歲餘建亦死諸子孫咸孝然建最甚甚孝於萬石君(以下略)

◎何謂禮(하위례)

禮運云夫禮之初始諸飮食其燔黍捭豚汙尊而抔飮蕢桴而
土鼓猶若可以致其敬於鬼神及其死也升屋而號告曰皐某
復然後飯腥而苴孰故天望而地藏也體魄則降知氣在上故
死者北首生者南鄉皆從其初昔者先王未有宮室冬則居營
窟夏則居檜巢未有火化食草木之實鳥獸之肉飮其血茹其
毛未有麻絲依其羽皮後聖有作然後脩火之利范金合土以
爲臺榭宮室牖戶以炮以燔以亨以炙以爲醴酪治其麻絲以
爲布帛以養生送死以事鬼神上帝皆從其朔故玄酒在室醴
醆在戶粢醍在堂澄酒在下陳其犧牲備其鼎俎列其琴瑟管
磬鐘鼓脩其祝嘏以降上神與其先祖以正君臣以篤父子以
睦兄弟以齊上下夫婦有所是謂承天之祜作其祝號玄酒以
祭薦其血毛腥其俎孰其殽與其越席疏布以冪衣其澣帛醴
醆以獻薦其燔炙君與夫人交獻以嘉魂魄是謂合莫然後退
而合亨體其犬豕牛羊實其簠簋籩豆鉶羹祝以孝告嘏以慈
告是謂大祥此禮之大成也○是故夫禮必本於大一分而爲
天地轉而爲陰陽變而爲四時列而爲鬼神其降曰命其官於

天也未禮必本於天動而之地列而之事變而從時協於分藝
其居人也曰養其行之以貨力辭讓飲食冠昏喪祭射御朝聘
故禮義也者人之大端也所以講信脩睦而固人肌膚之會筋
骸之束也所以養生送死事鬼神之大端也所以達天道順人
情之大竇也故唯聖人爲知禮之不可以已也故壞國喪家亡
人必先去其禮故禮之於人也猶酒之有藥也君子以厚小人
以薄故聖王脩義之柄禮之序以治人情故人情者聖王之田
也脩禮以耕之陳義以種之講學以耨之本仁以聚之播樂以
安之故禮也者義之實也協諸義而協則禮雖先王未之有可
以義起也義者藝之分仁之節也協於藝講於仁得之者强仁
者義之本也順之體也得之者尊故治國不以禮猶無耜而耕
也爲禮不本於義猶耕而弗種也爲義而不講之以學猶種而
弗耨也講之以學而不合之以仁猶耨而弗穫也合之以仁而
不安之以樂猶穫而弗食也安之以樂而不達於順猶食而弗
肥也○故天不愛其道地不愛其寶人不愛其情故天降膏露
地出醴泉山出器車河出馬圖鳳皇麒麟皆在郊棷龜龍在宮
沼其餘鳥獸之卵胎皆可俯而闚也則是無故先王能脩禮以
達義體信以達順故此之實也

⊙祭禮圖式(제례도식)

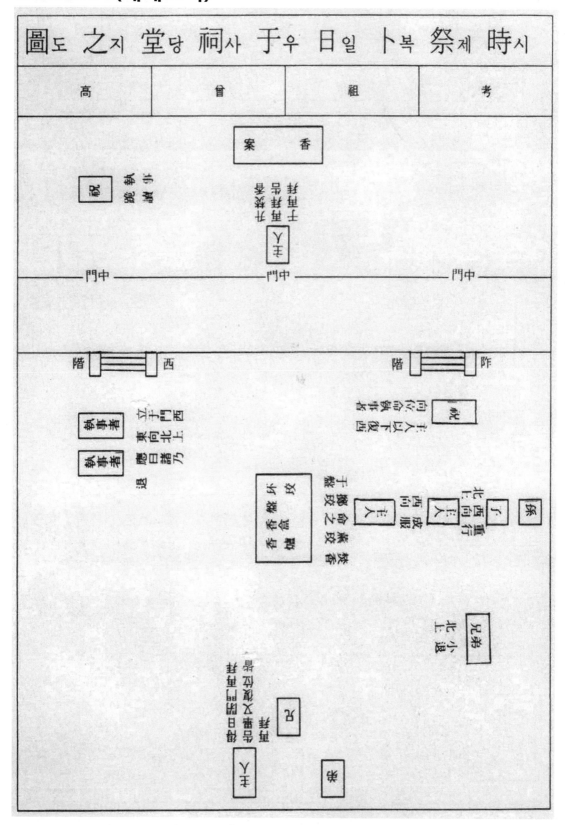

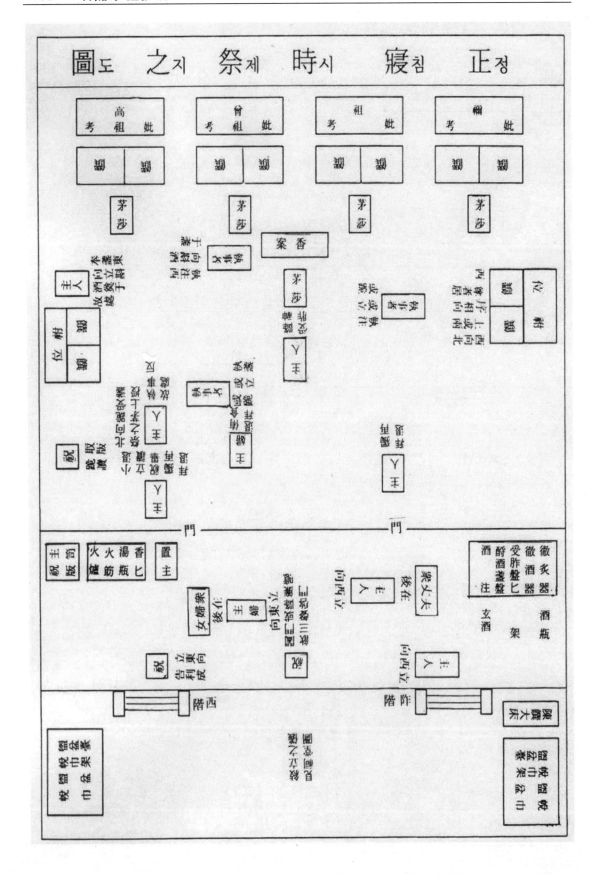

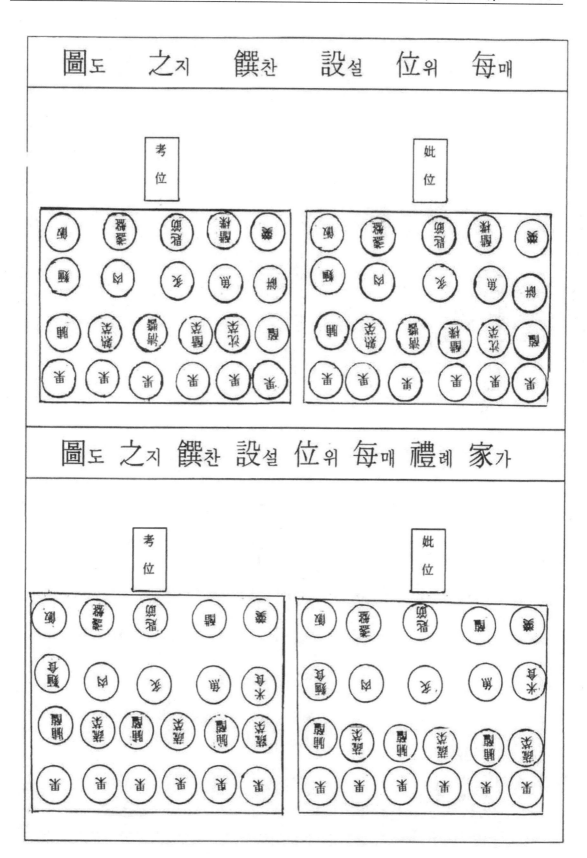

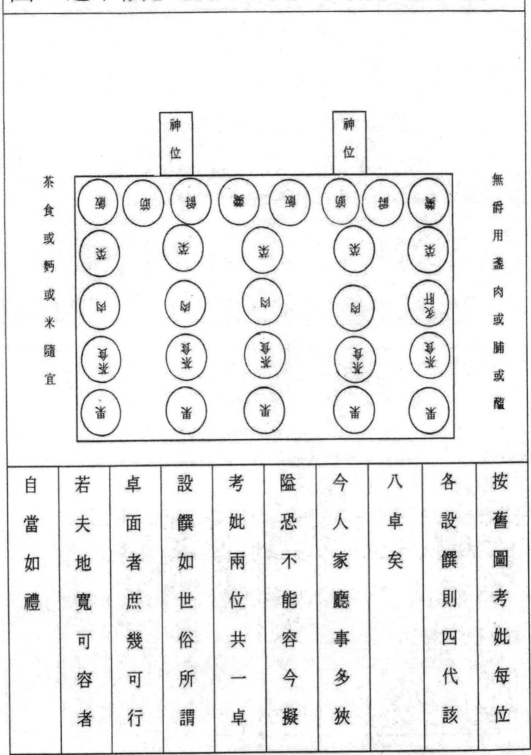

儀節兩位並設饌之圖

神位　　神位

茶食或餅或米隨宜

無爵用盞肉或脯或醢

按舊圖考妣每位

各設饌則四代該

八卓矣

今人家廳事多狹

隘恐不能容今擬

考妣兩位共一卓

設饌如世俗所謂

卓面者庶幾可行

若夫地寬可容者

自當如禮

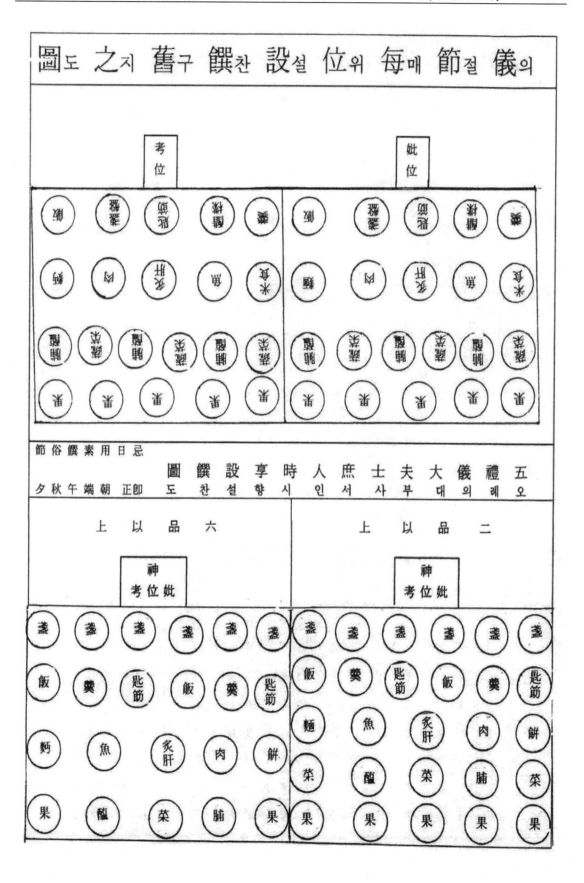

圖도　饌찬　設설　儀의　禮례　五오

庶　人　　　　　　九品以上

神
考位妣　　　　　　神
　　　　　　　　　考位妣

盞　盞　盞　盞　盞　盞　　　盞　盞　盞　盞　盞　盞

飯　羹　匙箸　飯　羹　匙箸　　飯　羹　匙箸　飯　羹　匙箸

炙肝　　　　　　　　　　　魚　　　炙肝　　　肉

菜　　果　　脯醢　　　　　菜　　　果　　　脯醢

器二品以上則第一行果蔬五
第二行菜蔬三器脯醢
各一器第三行魠餅魚肉
炙肝各一器第四行飯羹
匙箸各二器第五行盞六
六品以上則第一行盞六
器魠餅魚肉炙各一器第二
行菜蔬各一器第二
第三行盞六九品以上則
第四行果蔬菜各一器脯
醢中一器第二行果肉炙
肝各一器餘如六品庶人
則第一行果菜蔬各一器
脯醢中一器餘如九品飯羹
一器餘如九品飯羹魠餅
魚肉炙肝進饌時設之。
設酒尊於戶外之左井置
盞盤

圖도 之지 饌찬 設설 位위 每매 訣결 要요

考位					妣位				
匙楪	飯	盞盤	羹	醋菜	匙楪	飯	盞盤	羹	醋菜
麪	肉	炙	魚	餅	麪	肉	炙	魚	餅
湯	湯	湯	湯	湯	湯	湯	湯	湯	湯
佐飯	熟菜	清醬	醢	沈菜	脯	熟菜	清醬	醢	沈菜
果	果	果	果	果	果	果	果	果	果

色三湯色三果具則祭墓祭忌

圖도 之지 饌찬 設설 位위 每매 要요 備비

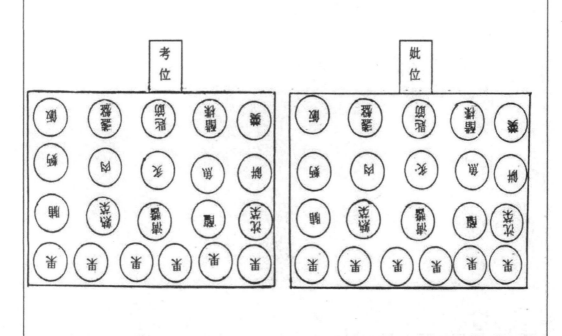

圖도 之지 定정 酌작 饌찬 祭제 儀의 禮례 三삼

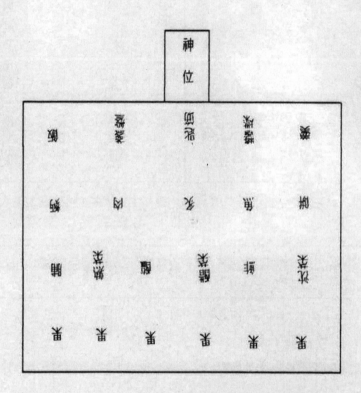

論	禮故茲不別	自當一遵家	例若其祭儀	分饌以見他	儀○只設一	共一卓出於	自有根據蓋	禮父同者亦	按俗饌之與

圖도 之지 饌찬 陳진 祭제 時시 覽람 便편

圖도之지饌찬設설位위每매祭제時시解해增증

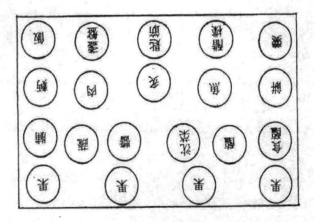

考位　　妣位

<table>
<tr><td>菴</td><td>儀</td><td>從</td><td>醋</td><td>醋</td><td>之</td><td>各</td><td>菜</td><td>以</td><td>菜</td><td>以</td><td>要</td><td>圖</td><td>增</td></tr>
<tr><td>之</td><td>及</td><td>三</td><td>楪</td><td>醬</td><td>文</td><td>三</td><td>脯</td><td>應</td><td>加</td><td>鮓</td><td>而</td><td>從</td><td>解</td></tr>
<tr><td>論</td><td>尤</td><td>禮</td><td>皆</td><td>當</td><td>以</td><td>品</td><td>醢</td><td>蔬</td><td>設</td><td>醋</td><td>但</td><td>備</td><td>按</td></tr>
</table>

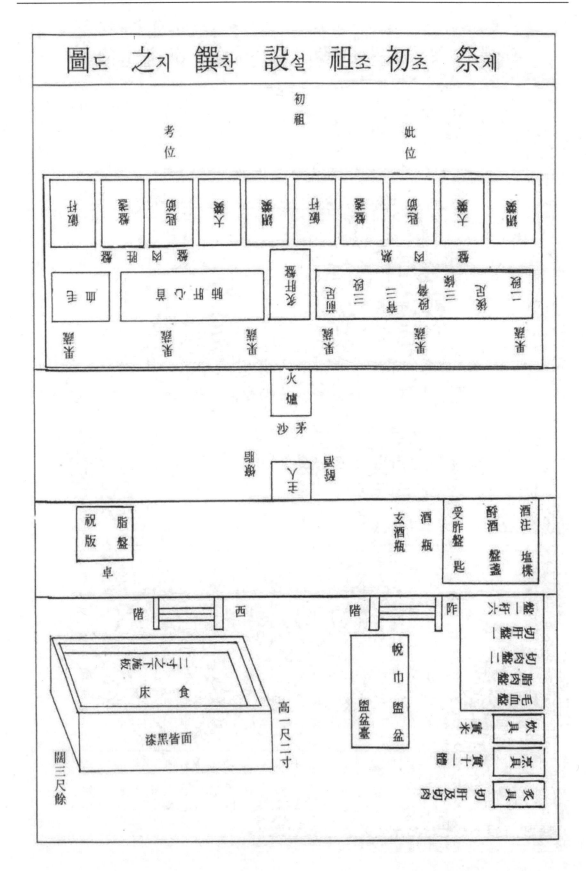

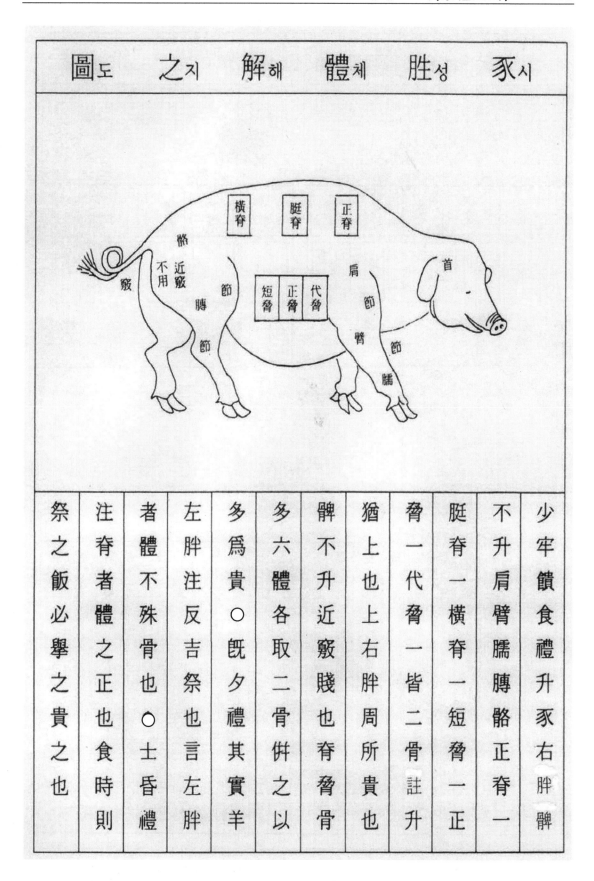

圖도　之지　解해　體체　胜성　豕시

橫脊　脡脊　正脊

肩

短脅　正脅　代脅

節臑

首

骼近窾不用

窾

節膊節

節臑

祭之飯必舉之貴之也

注脊者體之正也食時則

者體不殊骨也○士昏禮

左胖注反吉祭也言左胖

多爲貴○旣夕禮其實羊

多六體各取二骨倂之以

髀不升近窾賤也脊脅骨

猶上也上右胖周所貴也

脅一代脅一皆二骨註升

脡脊一橫脊一短脅一正

不升肩臂臑膞骼正脊一

少牢饋食禮升豕右胖（髀

祭先祖設饌之圖

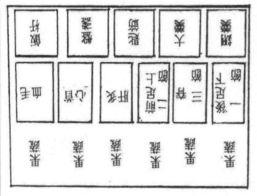

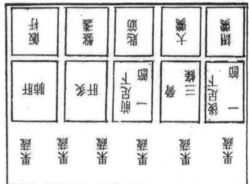

先祖　考位

先祖　妣位

祭祖之儀　餘並同上初

補註　按家衆紋立之	親廟則男婦之主人之	爲一列前爲昭而	祭始祖先祖則自始	不則在內者蓋祭子孫皆親	昭而右爲穆也而爲女	居祭始祖先祖則一世	爲爲一列在前爲昭而家	右女在則主婦在左世	也祭者莫非自然之理	衆多故女屬疏又人數	祖先祖以下子孫皆	於在世近先祖則自會
儀在小宗之家祭	右女在則主婦之左世	爲穆也在前爲大宗之家後	祖先祖以下子孫皆	廟則在四親者蓋子孫皆	昭而右爲四世居右左爲女	居左二世居右左爲					在世遠屬疏又人在內數	祖先祖以下子孫皆	於在世近先祖則自會

考(고) 妣(비) 合(합) 設(설) 饌(찬) 之(지) 圖(도)

考位　　　　　　　　　　妣位

（고위·비위 합설찬도 ― 음식을 원 안에 반서(反書)로 표기한 진설도)

集說地寬則各用一倚一卓而台之 地狹則用一橙一卓而考妣二位共之 ○文公家禮今人家廳事多狹陰恐不能容今擬考妣兩位共一卓 設饌如世俗所謂若面者庶幾可行 夫地寬可容者自當如禮 ○岡寒曰共一卓而盖盤羹飯炙肝之類各設 恐妨○陶卷曰祭饌一一各設卽是 家禮之制然士大夫家蔬果則合設 獨各設餅麵飯羹者

圖도 之지 立립 序서 廟묘 王왕 宣선 文문

大 成 殿

位嬪佾

位 版

協 律 郎

登 歌

登 歌

執 禮

執 禮

西廡

贊 謁 贊
者 引 者

亞 獻
官

終 初
獻 獻
官 官

奠 進 配
俎 幣 爵
官 官 官

監察

陪享宗親武官位

奠 酒
爵 官
官

東廡

執事者位

奠 分
幣 獻
官 官

奠 酒
爵 官
官

陪享文官位

監察

軒
架

軒
架

門

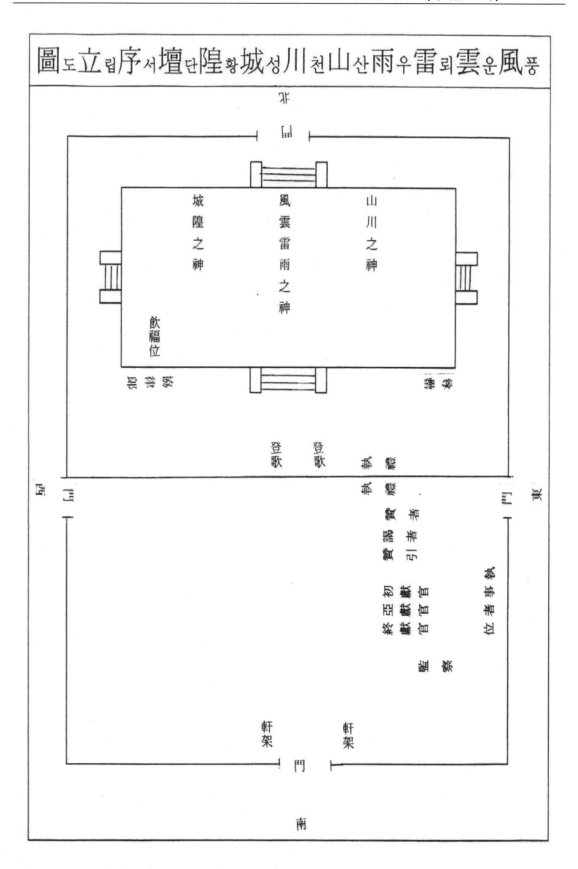

風雲雷雨山川城隍壇序立圖

北

城隍之神　　風雲雷雨之神　　山川之神

飮福位

登歌　登歌　執禮

執禮

贊引　贊謁　引者　執事者

初獻官　亞獻官　終獻官　執事者

監察

軒架　軒架

門

南

西　東

1114   增補家禮抄解

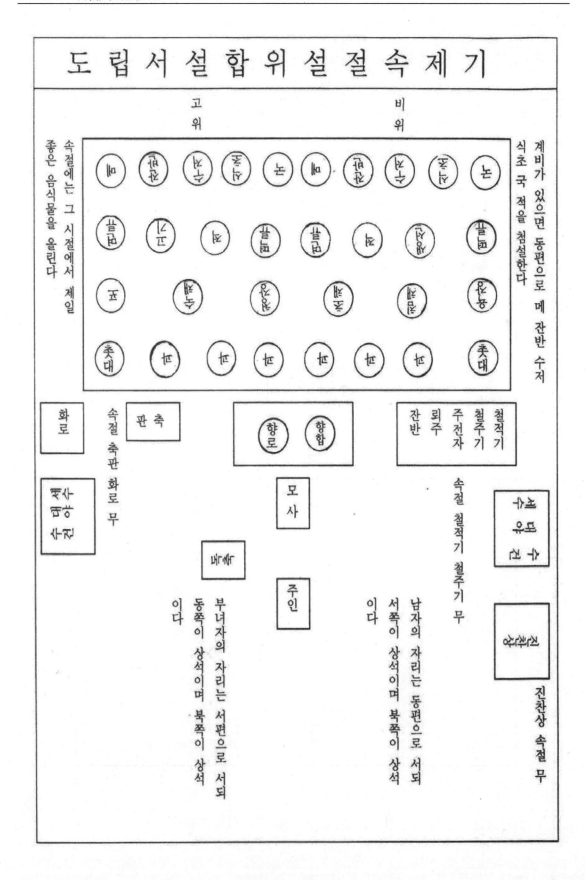

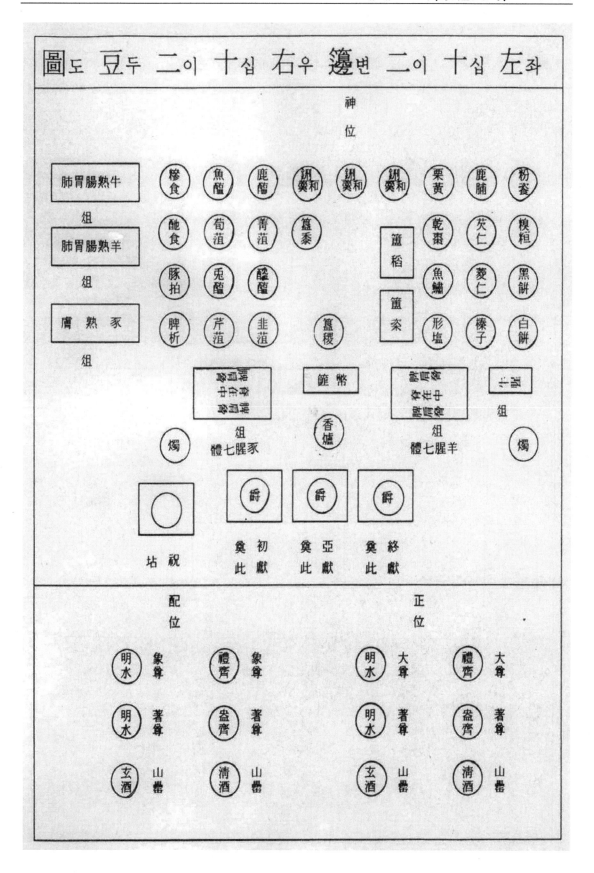

圖도 豆두 二이 十십 右우 籩변 二이 十십 左좌

神
位

豚拍　筍菹　鹿醢　範羹天　範羹天　範羹大　栗黃　芡仁　黑餅

脾析　兎醢　菁菹　鉶羹和　鉶羹和　鉶羹和　乾棗　菱仁　白餅
　　　　　醓醢　簋黍　　簠稻　　　　魚鱐

魚醢　芹菹　韭菹　簠稷　簠粱　形塩　榛子　鹿脯

脾肩脊在肩脊　　　籃幣　　　脾肩脊在肩脊
脾肩中脊　　　　此奠後香上　　脾肩中脊

組　　　　　　　　　　　　　　　組
體七腥豕　　　　　香爐　　　體七腥羊

燭　　　　　　　　　　　　　　　　　燭

爵　　　爵　　　爵

坫祝　　此初獻奠　此亞獻奠　此終獻奠

明水　犧尊　　　　醴酒　犧尊
明水　象尊　　　　盎齊　象尊
玄酒　山罍　　　　清酒　山罍

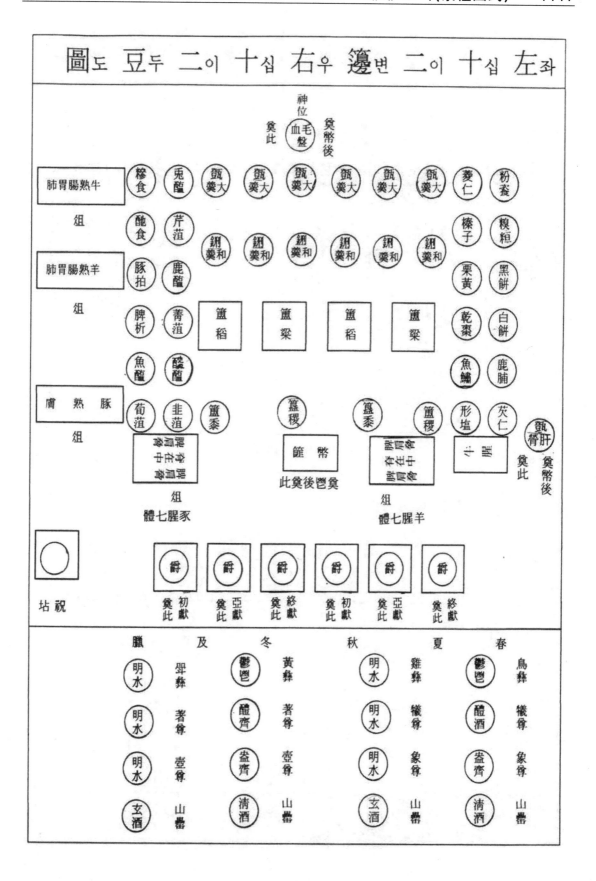

圖도　之지　豆두　十십　右우　籩변　十십　左좌

神位

此　後奠　　奠幣

血毛盤

肺胃腸熟牛　俎	豚拍	筍菹	鹿醢	頣羹大	胏羹大	頣羹大	栗黃	芡仁	黑餠
肺胃腸熟羊　俎	脾析	兎醢	菁菹	鈃羹和	鈃羹和	鈃羹和	乾棗	菱仁	白餠
		醓醢		簠黍	簠稷	魚鱐		
膚熟豚　俎	魚醢	芹菹	韭菹	簠稷	簠粱	形塩	榛子	鹿脯

脊脅肩臂在中脊俎
體七腥豕

篚幣
此奠後香上

脊脅肩臂在中脊俎
體七腥羊

牛俎

燭　　　香爐　　　燭

坫

明水　犧尊
明水　象尊
玄酒　山罍

醴齊　犧尊
盎齊　象尊
清酒　山罍

圖도 之지 豆두 八팔 右우 籩변 八팔 左좌

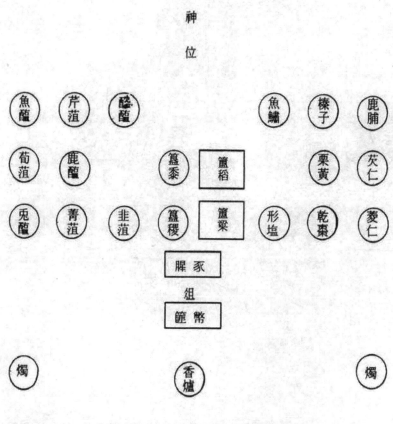

神
位

魚醢　芹菹　醓醢　　　　魚鱐　榛子　鹿脯

筍菹　鹿醢　　　籩黍　簠稻　　栗黃　芡仁

兔醢　菁菹　韭菹　籩稷　簠粱　形塩　乾棗　菱仁

腥豕
俎
篚幣

燭　　　　香爐　　　　燭

○　　爵　　爵　　爵

坫祝

玄酒 象尊　　清酒 象尊

左좌 八팔 籩변 右우 八팔 豆두 陳진 設설 圖도

神位

魚醢　芹菹　醓醢　簜黍　簠稻　魚脯　榛子　鹿脯

筍菹　　鹿醢　簜稷　簠粱　栗黃　　　拍子

兎醢　菁菹　形塩　篚　幣　菱仁　乾棗　梬相子

○　　爵　爵　爵　　羊俎

燭　　　　　　　　　　　燭

祝　　香爐　香盒　　篚　幣

圖도 之지 豆두 四사 右우 籩변 四사 左좌

神
位

魚醢   鹿醢   䤷羹和   乾棗   鹿脯

簋黍   簠稻

芹菹   菁菹   簋稷   簠粱   形塩   栗黃

燭   香爐   燭

爵   爵   爵

祝坫

玄酒 象尊   淸酒 象尊

圖도 設설 陳진 豆두 四사 右우 籩변 四사 左좌

神位

鹿醢　籩黍　簠稻　鹿脯

魚醢　牲俎　魚脯

芹菹　篚幣　拍子

菁菹　爵爵爵　乾棗

燭　初亞終　燭
　　獻獻獻

板祝　香爐 香盒　篚幣

門　　門　　門

坫爵　尊

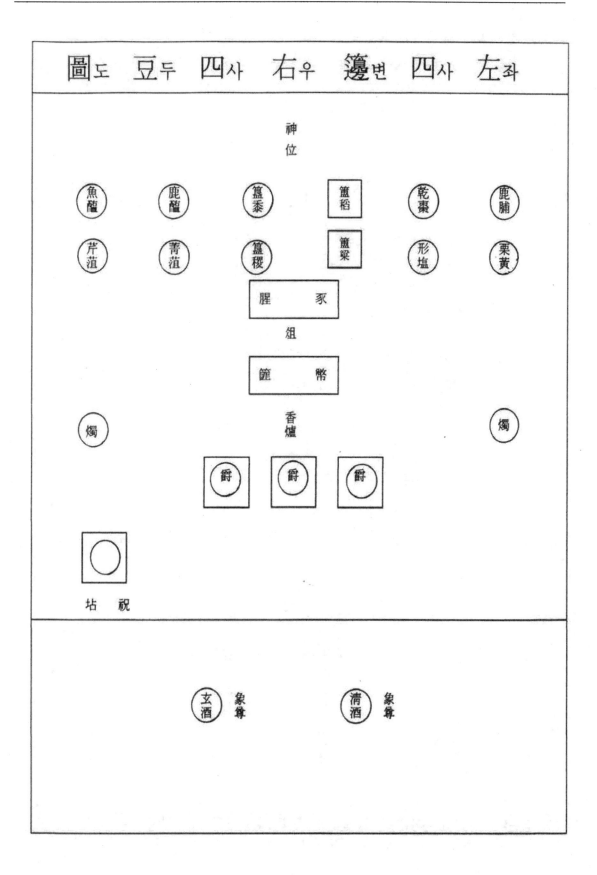

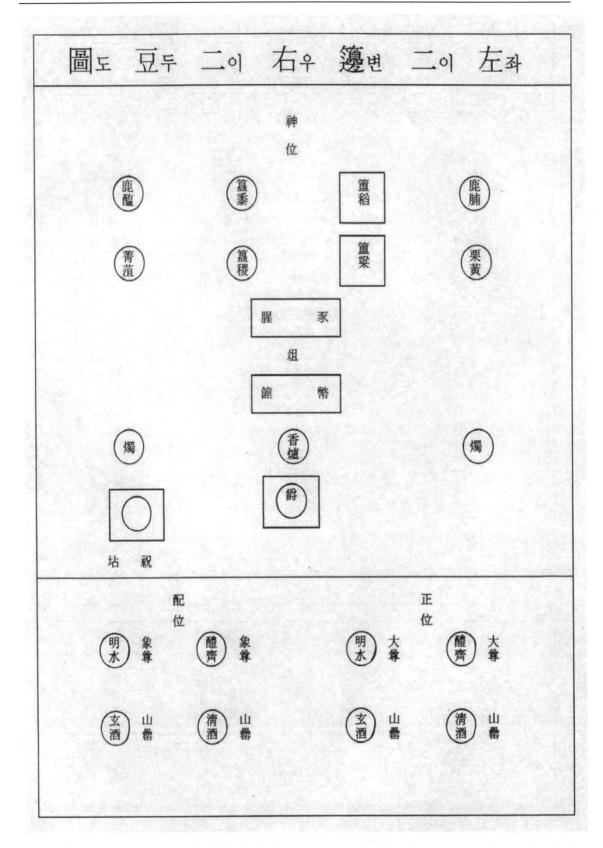

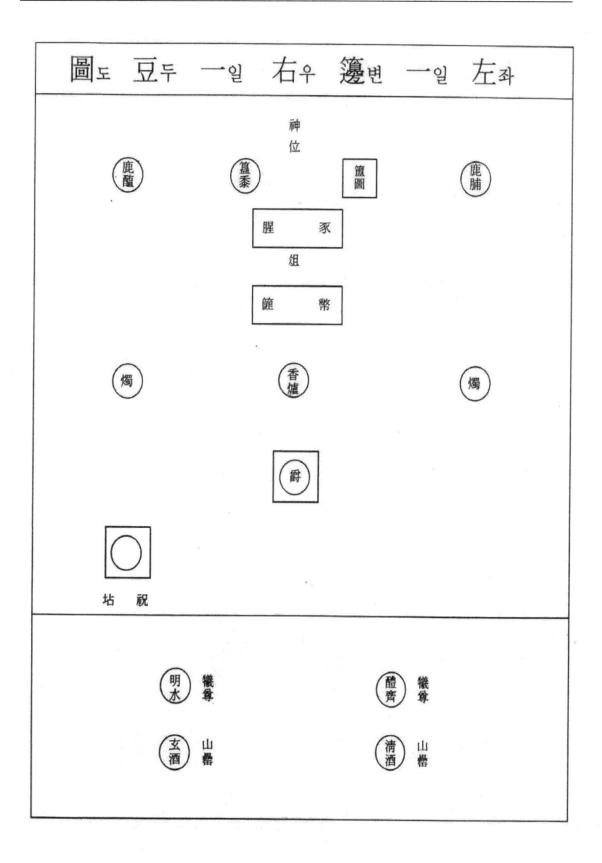

圖도　設설　陳진　祭제　壇단

神位

簠黍　匙筯　簠稻

鹿醢　魚醢　鹿脯　魚脯

菁菹　牲　芹菹

棗　栗　梨　柿

爵　爵　爵

燭　燭

板祝　香爐　香盒　尊

◎대보단도(大報壇圖)

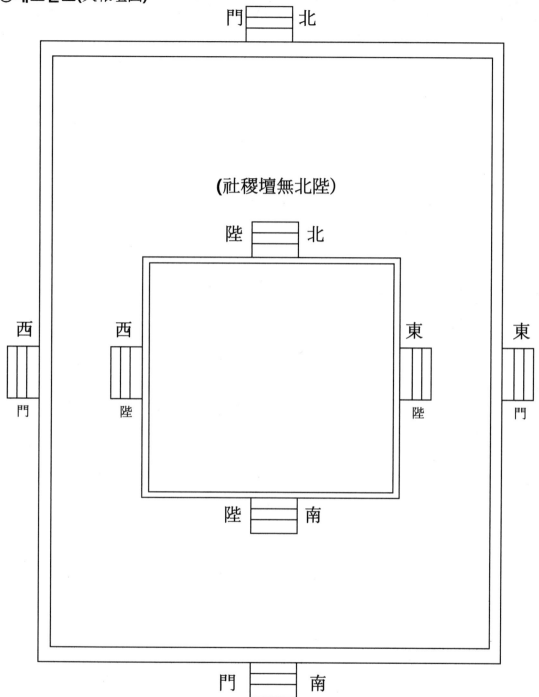

●皇壇儀壇壝圖說; 壇在昌德宮禁花之西集成門外倣我國社稷之制壇高四尺比社壇加高
一尺方廣二十五尺甃以方甎四出陛各九級四面有壝繚以周垣壝內四面又各三十七尺垣外
又設三層橫陛以環之壇北設燎所爲石函稍西神室二間在中門外之西(註藏神榻神座及床卓等物)
其南有夾廊五間(註以爲享官所及內官守直之所)東有朝宗門(註肅宗甲申定號)南有拱北門(註今上乙
丑定號)門之東西各置翼廊五間(註設樓上樓下庫其中藏黃帳房遮帳祭器樂器等物)齊殿三間在朝宗門之
外(神室今上已未改建齊殿乙丑始建)

◎朝鮮儒教淵源圖(조선유교연원도)

●新羅; 薛聰　●崔致遠　●高麗 金良鑑　●崔冲

●高麗: 安裕-白頤正-李齊賢
　　　　　-權溥-李穀-李穡

●麗末: 鄭夢周-吉再-金淑滋-金宗直-金宏弼-
　朝初　　　　趙光祖-成守琛-成　渾-金集-尹宣擧-尹　拯---尹東源-尹光紹-姜必孝-成近默
　　　　　　　金安國-金麟厚-鄭　澈-鄭曄-申翊聖-羅良佐.
　　　　　　　李延慶-徐敬德-李之菡-尹煌-尹宣擧.
　　　　　　　柳　藕-李仲虎-徐　起
　　　　　鄭汝昌-盧友明-盧禎

●中宗: 金　湜-金德秀-李彦迪
　　　　　　　　尹根壽-金尙憲-朴世采
　　　　　　　　　趙　翼

●明宗: 曹　植-吳　健

●明宗; 李　滉-鄭　逑-許　穆,
　　　　　　　　張顯光
　　　　　　柳成龍-鄭經世　　　金聖鐸-李萬運
　　　　　　金誠一-張興孝-李玄逸-李　栽-李象靖-柳道源
　　　　　　朴光前-安邦俊　　　　　李光靖-李　瑀

●宣祖: 李　珥-金長生-金　集-宋時烈-權尙夏-韓元震-宋能相-宋煥箕
　　　　　趙　憲　　　　宋浚吉.鄭　澔-金偉材-金正默-宋穉圭-宋達洙-宋秉璿

●顯宗: 李端相-金昌協-魚有鳳
　　　　　金昌翕-朴弼周-金用謙
　　　　　　金信謙-金亮行-李友信-李恒老-金平默-柳重教
　　　　　　　　　　　　　　　李敏行.崔益鉉.柳基一

●肅宗: 李　縡-宋明欽-宋原淵　　　　　徐政淳
　　　　　金元行-金履安　　　　任憲晦-田　愚
　　　　　任聖周.朴胤源-洪直弼-趙秉悳-金炳昌
　　　　　吳　瑗.李直輔-李述源
　　　　　　　吳允常-吳熙常-兪莘煥-徐應淳

●肅宗: 李　瀷-安鼎福-黃德吉-許　傳
　　　　　　　　　李祥奎

●正祖: 奇正鎭-鄭載圭

●純祖: 柳尋春-許　傅

增補家禮抄解終(증보가례 초해 종)

增補 **家禮抄解** (증보 가례초해)

初版 印刷 : 2017년 7월 10일
初版 發行 : 2017년 7월 20일

編 著 譯 : 田 桂 賢
發 行 者 : 金 東 求

發 行 處 : 明 文 堂(1923. 10. 1 창립)
　　　　　서울시 종로구 윤보선길 61(안국동)
　　　　　우체국 010579-01-000682
　　　　　Tel (영)733-3039, 734-4798
　　　　　　　 (편)733-4748 Fax 734-9209
　　　　　Homepage : www.myungmundang.net
　　　　　E-mail : mmdbook1@hanmail.net
　　　　　등록 1977. 11. 19. 제1~148호

ISBN 979-11-88020-16-4 (03380)
값 50,000원